★ MARCO POLO HIGHLIGHTS 2 – 5

EUROPE MAP 1 : 4 500 000 6 – 21

Europe • Europa • Evropa

ROAD MAP 1 : 300 000 22 – 185

France • Frankreich • Francia
França • Frankrijk • Francja
Francie • Francúzsko • Francuska

TRANSIT MAPS 1 : 150 000 • 1 : 100 000 186 – 205

Brest
Strasbourg
Nimes, Avignon, Orange
Marseille
Nice, Monaco
Paris

CITY MAPS 1 : 20 000 206 – 230

Avignon
Bordeaux
Brest
Carcassonne
Chartres
Caen
Dijon
Grenoble
le Havre
le Mans
Lille
Lyon
Marseille
Limoges
Monaco
Montpellier
Nancy
Nantes
Nice
Nîmes
Orléans
Paris
Perpignan
Reims
Rennes
Rouen
Strasbourg
Toulouse

i 231 – 233

Informations voyageurs • Reiseinformationen • travel information • Informazioni utili per il viaggio
Informações de viagem • Información turística • Reiseinformatie • Informacje dla podróżujących
Cestovní informace • Cestovné informácie • Potovalne informacije • Informacije za putnike

A-Z 235 – 336

Index des localités • Ortsnamenverzeichnis • Index of place names • Indice dei luoghi
Índice de topónimos • Índice dos toponímicos • Register van plaatsnamen • Skorowidz miejscowości
Rejstřík sídel • Register sídiel • Kazalo naselij • Kazalo imena

★ MARCO POLO Highlights

1 CÔTE DE GRANIT ROSE

(UK) The pink-coloured rocks pile up into bizarre shapes and figures. Follow the old customs paths which run along the coast.

(D) Die rosafarbenen Felsen türmen sich zu bizarren Formen und Figuren auf. Folgen Sie den alten Zöllnerpfaden entlang der Küste.

(F) Les rochers roses s'empilent pour former des formes et des figures bizarres. Suivez les anciens sentiers des douaniers le long de la côte.

(I) Le rocce rosa si accumulano in forme e figure bizzarre. Seguite i vecchi sentieri dei doganieri lungo la costa.

2 PARIS

(UK) Fantastic: Eiffel Tower and Louvre, beyond the periphery La Defence and Versailles.

(D) Fantastisch: Eiffelturm und Louvre, jenseits der Peripherie La Defense und Versailles.

(F) Fantastique : la Tour Eiffel et le Louvre, au-delà de la périphérie, La Défense et Versailles.

(I) Fantastico: Torre Eiffel e Louvre, oltre la periferia La Defence e Versailles.

3 DISNEYLAND

(UK) A gigantic fairytale and adventure land east of Paris.

(D) Ein gigantisches Märchen- und Abenteuerland östlich von Paris.

(F) Un gigantesque pays de contes de fées et d'aventures à l'est de Paris.

(I) Una gigantesca terra da favola e avventura a est di Parigi.

4 PRESQU'ÎLE DE CROZON

(UK) The peninsula, whipped by wind and waves, is wildly romantic: cliffs, heaths, caves and secluded sandy beaches beckon.

(D) Wildromantisch präsentiert sich die von Wind und Wellen gepeitschte Halbinsel: Steilküsten, Heide, Grotten und einsame Sandstrände locken.

(F) La péninsule, battue par les vents et les vagues, se présente sous un jour romantique et sauvage : falaises, landes, grottes et plages de sable isolées attirent les visiteurs.

(I) La penisola, sferzata dal vento e dalle onde, è selvaggiamente romantica: scogliere, brughiere, grotte e spiagge sabbiose appartate richiamano.

5 LE MONT-SAINT-MICHEL

(UK) The mighty monastery island in the middle of the mudflats has defied the sea and the tides for centuries.

(D) Unerschütterlich trotzt die mächtige Klosterinsel inmitten des Watts seit Jahrhunderten dem Meer und den Gezeiten.

(F) La puissante île monastique au milieu des vasières a défié la mer et les marées pendant des siècles.

Ⓘ L'imponente isola del monastero in mezzo alle distese di fango ha sfidato per secoli il mare e le maree.

6 RENNES

Ⓤⓚ The proud capital of Brittany impresses with its playful half-timbered houses, classicism and interesting museums.

Ⓓ Die stolze Hauptstadt der Bretagne beeindruckt mit verspieltem Fachwerk, Klassizismus und interessanten Museen.

Ⓕ La fière capitale de la Bretagne impressionne par ses colombages ludiques, classicisme et d'intéressants musées.

Ⓘ L'orgogliosa capitale della Bretagna colpisce per la sua giocosità a graticcio, il classicismo e gli interessanti musei.

7 CATÉDRALE NOTRE-DAME DE CHARTRES

Ⓤⓚ The monumental cathedral can be seen from afar. The annual light festival lets it shine in bright colours.

Ⓓ Schon von weitem ist der monumentale Dom zu sehen. Das alljährliche Lichtfestival lässt sie in bunten Farben erstrahlen.

Ⓕ La cathédrale monumentale se voit de loin. Le festival annuel des lumières la fait resplendir de couleurs vives.

Ⓘ La monumentale cattedrale è visibile da lontano. L'annuale festival delle luci la fa risplendere di colori vivaci.

8 SAINT-DIÉ-DES-VOSGES

Ⓤⓚ The time-honoured episcopal city impresses with its impressive cathedral, the Freedom Tower, and the Musée Pierre Noël.

Ⓓ Die altehrwürdige Bischofsstadt begeistert mit ihrer sehenswerten Kathedrale, dem Freiheitsturm und dem Musée Pierre Noël.

Ⓕ La vénérable cité épiscopale séduit par sa remarquable cathédrale, la Tour de la Liberté et le Musée Pierre Noël.

Ⓘ L'antica città episcopale delizia i visitatori con la sua imponente cattedrale, la Torre della Libertà e il Museo Pierre Noël.

9 COLMAR

Ⓤⓚ Colmar is magical - wander the streets and visit the churches and the famous Unterlinden museum.

Ⓓ Bummeln Sie durch die Gassen, besuchen Sie die Kirchen und das berühmte Musée d'Unterlinden Colmar ist bezaubernd.

Ⓕ Colmar est magique - flânez dans les rues et visitez les églises et le célèbre musée Unterlinden.

Ⓘ Passeggiate per i vicoli, visitate le chiese e il famoso Musée d'Unterlinden, Colmar è incantevole.

10 STRASBOURG

Ⓤⓚ The 'Capital of Europe' inspires visitors with its soaring cathedral, wine taverns and many timber-framed buildings.

Ⓓ Die "Hauptstadt Europas" begeistert ihre Besucher mit der imposanten Kathedrale, den Weinstuben und den vielen Fachwerkhäusern.

Ⓕ La "capitale de l'Europe" inspire les visiteurs par son cathédrale imposante, ses tavernes à vin et ses nombreux bâtiments à colombages.

Ⓘ La "Capitale d'Europa" ispira i visitatori con la sua imponente cattedrale, le enoteche ed i numerosi edifici a graticcio.

11 QUIMPER

Ⓤⓚ A small town with great charm: Quimper enchants visitors with its old town, its faience, and the sky-scraping St Corentin Cathedral.

Ⓓ Kleine Stadt mit großem Charme: Quimper bezaubert mit seiner Altstadt, seinen Fayencen und der himmelstürmenden Kathedrale St. Corentin.

Ⓕ Petite ville au grand charme : Quimper séduit par sa vieille ville, ses faïences et sa cathédrale Saint-Corentin qui domine le ciel.

Ⓘ Piccola città dal grande fascino: Quimper incanta con il suo centro storico, le sue maioliche e l'imponente Cattedrale di San Corentin.

12 CHÂTEAU DE CHENONCEAU

Ⓤⓚ The "Château des Dames" is the most elegant moated castle in the Loire Valley.

Ⓓ Das "Château des Dames" ist das eleganteste Wasserschloss des Loiretals.

Ⓕ Le "Château des Dames" est le château d'eau le plus élégant de la vallée de la Loire.

Ⓘ Il "Château des Dames" è il più elegante castello con fossato della Valle della Loira.

13 MONTBÉLIARD

Ⓤⓚ The castle of Montbéliard towers over the old town centre and is now home to two museums. Take a stroll through this charming town!

Ⓓ Das Schloss von Montbéliard thront über der Altstadt und beherbergt heute zwei Museen. Bummeln Sie durch diesen charmanten Ort!

(F) Le château de Montbéliard trône au-dessus de la vieille ville et abrite aujourd'hui deux musées. Flânez dans cet endroit charmant !

(I) Il castello di Montbéliard domina il centro storico ed è oggi sede di due musei. Passeggiate in questo luogo incantevole!

14 GUÉRANDE

(UK) The "white gold" from Cuérande has a long tradition. But it's not just the local salt that delights, the pretty old town does too.

(D) Das "weiße Gold" aus Cuérande hat eine lange Tradition. Doch nicht nur das hiesige Salz, auch die hübsche Altstadt begeistert.

(F) L'"or blanc" de Cuérande a une longue tradition. Mais le sel local n'est pas le seul à susciter l'enthousiasme, la jolie vieille ville aussi.

(I) L'"oro bianco" di Cuérande ha una lunga tradizione. Ma non solo il sale locale, ma anche il grazioso centro storico ispira.

15 CHARMONIX-MONT-BLANC

(UK) Famous summer and winter sports resort on the highest mountain massif in Europe.

(D) Berühmter Sommer- und Wintersportort am höchsten Gebirgsmassiv Europas.

(F) Célèbre station de sports d'été et d'hiver située sur le plus haut massif montagneux d'Europe.

(I) Famosa stazione di sport estivi e invernali sul massiccio montuoso più alto d'Europa.

16 CLERMONT-FERRAND

(UK) A magnificent cathedral, the location between the Puys and an inviting old town are Clermont-Ferrand's trump cards.

(D) Eine grandiose Kathedrale, die Lage zwischen den Puys und eine einladende Altstadt sind Clermont-Ferrands Trümpfe.

(F) Une cathédrale grandiose, une situation entre les Puys et une vieille ville accueillante sont les atouts de Clermont-Ferrand.

(I) Una grandiosa cattedrale, la posizione tra i Puys e un invitante centro storico sono le carte vincenti di Clermont-Ferrand.

19 VALLÉE DU LOT

(UK) The picturesque river valley can be explored by bike on the Lot Valley cycle path.

(D) Das malerische Flusstal kann auf dem Lot-Tal-Radweg mit dem Fahrrad erkundet werden.

(F) La pittoresque vallée de la rivière peut être explorée à vélo sur la piste cyclable de la vallée du Lot.

(I) La pittoresca valle del fiume può essere esplorata in bicicletta sulla pista ciclabile della Valle del Lot.

17 LYON

(UK) The third largest city in France offers a lively gastronomic scene, important churches and a rich cultural life.

(D) Die drittgrößte Stadt Frankreichs bietet eine lebendige Gastronomieszene, bedeutende Kirchen und ein reiches Kulturleben.

(F) La troisième plus grande ville de France offre une scène gastronomique animée, des églises importantes et une vie riche culturelle.

(I) La terza città più grande della Francia offre una vivace scena gastronomica, importanti chiese e una ricca vita culturale.

18 DUNE DU PILAT

(UK) Europe's largest shifting sand dune rises between the glistening sea and green pine forests.

(D) Zwischen glitzerndem Meer und grünen Kiefernwäldern erhebt sich die größte Wanderdüne Europas.

(F) Entre une mer étincelante et des forêts de pins verdoyantes se dresse la plus grande dune mobile d'Europe.

(I) La più grande duna di sabbia mobile d'Europa si erge tra il mare scintillante e le verdi pinete.

20 GROTTE DE LASCAUX & LASCAUX II

(UK) Original and reconstruction of the cave with the prehistoric rock paintings.

(D) Original und Rekonstruktion der Höhle mit den prähistorischen Felszeichnungen.

(F) Original et reconstitution de la grotte avec les gravures rupestres préhistoriques.

(I) Originale e ricostruzione della grotta con le pitture rupestri preistoriche.

21 NÎMES

(UK) Roman heritage wherever you look - and the Pont du Gard at the gates of the city.

(D) Römisches Erbe, wohin das Auge blickt - und vor den Toren der Stadt der Pont du Gard.

(F) Un héritage romain à perte de vue - et aux portes de la ville, le Pont du Gard.

(I) Patrimonio romano a perdita d'occhio - e alle porte della città il Pont du Gard.

22 AVIGNON

(UK) The "City of Popes" impresses with its old town surrounded by city walls and the imposing papal palace.

(D) Die "Stadt der Päpste" begeistert mit ihrer von Stadtmauern umgebenen Altstadt und dem imposanten Papstpalast.

(F) La "ville des papes" séduit par sa vieille ville entourée de remparts et son imposant palais des papes.

(I) La "Città dei Papi" affiscina con il suo centro storico circondato dalla cinta muraria e l'imponente Palazzo Papale.

23 SISTERON & LES ROUTES DE LA LAVANDE

(UK) First you visit Sisteron, which is set against an impressive rocky backdrop, and then through fragrant lavender fields.

(D) Zuerst besichtigt man das vor eindrucksvoller Felskulisse gelegene Sisteron, dann geht es durch duftende Lavendelfelder.

(F) On commence par visiter le village de Sisteron, situé dans un décor rocheux impressionnant, puis on traverse des champs de lavande odorants.

(I) Prima si visita il Sisteron, che si trova di fronte a un impressionante sfondo roccioso, poi si attraversano profumati campi di lavanda.

24 TOULOUSE

(UK) The "Ville Rose" or pink town is enchanting for visitors with its magnificent buildings and top-quality museums.

(D) Die "Ville Rose" oder rosa Stadt verzaubert die Besucher mit ihren prächtigen Gebäuden und erstklassigen Museen.

(F) La "Ville Rose" séduit les visiteurs avec ses magnifiques bâtiments et ses musées de grande qualité.

(I) La "Ville Rose" o città rosa incanta i visitatori con i suoi magnifici edifici e musei di livello mondiale.

25 CARCASSONNE

(UK) The extensive medieval town centre of Carcassonne with its pretty château will impress and amaze you.

(D) Die ausgedehnte mittelalterliche Stadt von Carcassonne mit ihrem schmucken Château beeindruckt und versetzt ins Staunen.

(F) La vaste cité médiévale de Carcassonne et son joli château impressionnent et émerveillent.

(I) La tentacolare città medievale di Carcassonne con il suo grazioso castello impressiona e stupisce.

26 CORNICHE DES CRÊTES & CALANQUES

(UK) Spectacular: the Route des Crêtes offers fabulous views of the sea and the long rocky bays, the Calanques.

(D) Spektakulär: Die Route des Crêtes bietet sagenhafte Ausblicke auf das Meer und die langen Felsbuchten, die Calanques.

(F) Spectaculaire : la route des Crêtes offre des vues fabuleuses sur la mer et les longues baies rocheuses, les calanques.

(I) Spettacolare: la Route des Crêtes offre favolose viste sul mare e sulle lunghe baie rocciose, le Calanques.

27 DE NICE À MONACO

(UK) An azure dream of glamor and bathing pleasures: do as the jet set does and explore the glamorous French Riviera!

(D) Ein azurblauer Traum aus Glamour und Badefreuden: Tun Sie es dem Jetset gleich und erkunden Sie die mondäne französische Riviera!

(F) Un rêve azuréen de glamour et de plaisirs balnéaires : faites comme la jet-set et partez à la découverte de la très chic Riviera française !

(I) Un sogno azzurro di glamour e piaceri balneari: fate come il jet set ed esplorate la sofisticata Costa Azzurra!

28 CIRQUE DE GAVARNIE

(UK) Imposing rock basin, high waterfalls: one of the most beautiful natural experiences in the country.

(D) Imposanter Felskessel, hohe Wasserfälle: eines der schönsten Naturerlebnisse des Landes.

(F) Imposant cirque rocheux, hautes chutes d'eau : l'une des plus belles expériences naturelles du pays.

(I) Imponente bacino roccioso, alte cascate: una delle esperienze naturalistiche più belle del Paese.

29 PERPIGNAN

(UK) Southern beauty: Perpignan attracts visitors with its picturesque old town and countless sights.

(D) Südliche Schönheit: Perpignan lockt mit malerischer Altstadt und unzähligen Sehenswürdigkeiten.

(F) Beauté méridionale : Perpignan séduit par sa vieille ville pittoresque et ses innombrables curiosités.

(I) Bellezza del sud: Perpignan attrae i visitatori con il suo pittoresco centro storico e le innumerevoli attrazioni.

30 BONIFACIO

(UK) Corsica's most photogenic town with its picturesque harbour is spectacularly situated on limestone cliffs, almost like a balcony.

(D) Die fotogenste Stadt Korsikas mit dem malerischen Hafen liegt spektakulär auf Kalkklippen, fast wie auf einem Balkon.

(F) La ville la plus photogénique de Corse, avec son port pittoresque, est située de manière spectaculaire sur des falaises calcaires, presque comme sur un balcon.

(I) La città più fotogenica della Corsica, con il suo pittoresco porto, è situata in modo spettacolare su scogliere calcaree, quasi un balcone.

1 : 4 500 000

MAPA ÍNDICE · QUADRO D'UNIONE · KLAD MAPOVÝCH LISTŮ
ÍNDICE DE MAPA · CARTE D'ASSEMBLAGE · KLAD MAPOVÝCH LISTOV
BLATTÜBERSICHT · OVERZICHTSKAART · OVERSIGTSKORT
KEY MAP · SKOROWIDZ ARKUSZY · PREGLED LIST

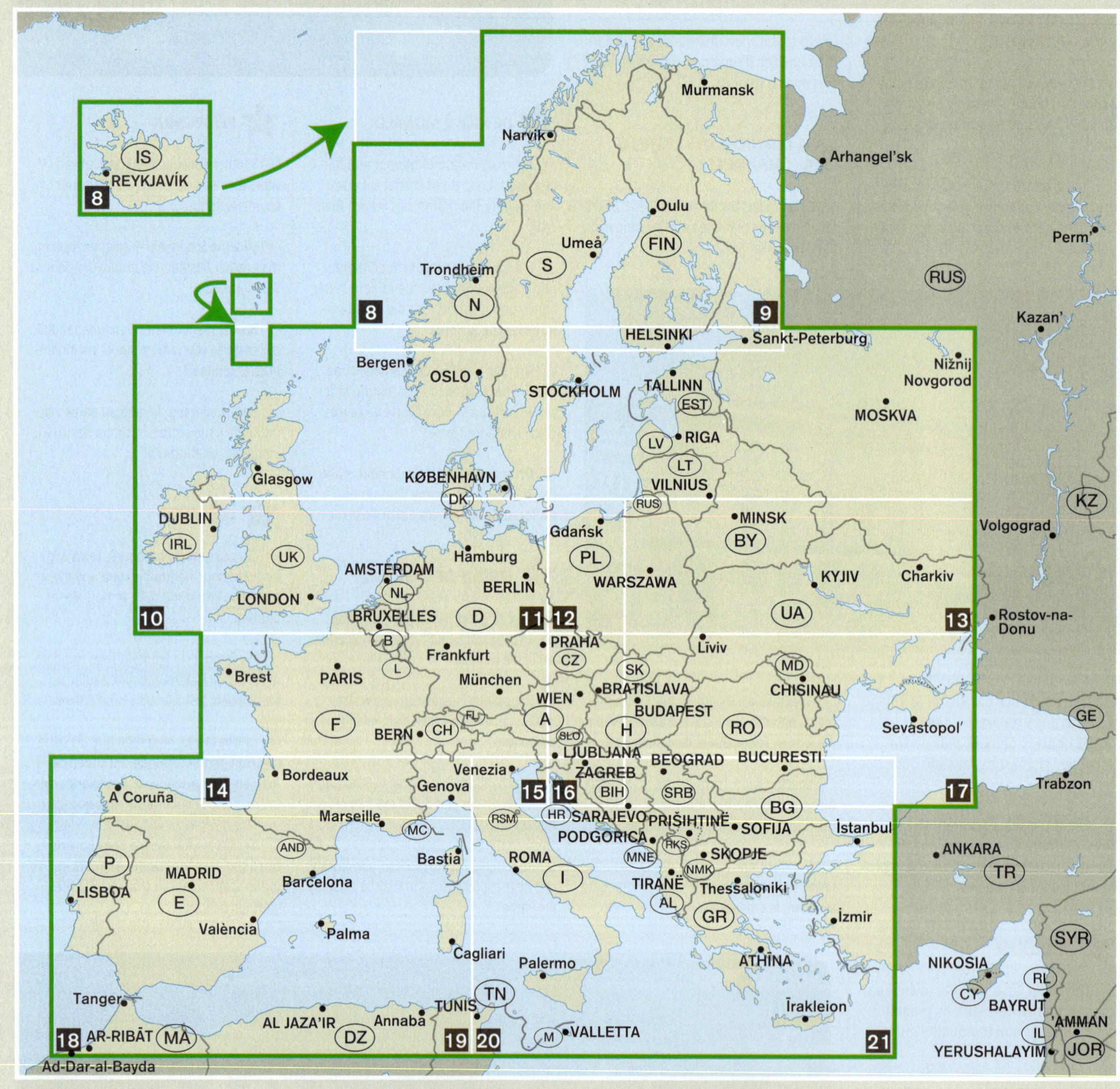

1 : 4 500 000

Légende	Zeichenerklärung	Legend		Segni convenzionali	Sinais convencionais	Signos convencionales
F	D	UK		I	P	E
Autoroute et chaussée double de type autoroutier avec point de jonction	Autobahn und autobahnähnliche Schnellstraße mit Anschlussstelle	Motorway and dual carriageway with motorway characteristics		Autostrada e doppio carreggiata di tipo autostradale con stazione	Auto-estrada e vía rápida de faixas separadas com ramal de acesso	Autopista y autovía con enlace
Route à grande circulation	Fernverkehrsstraße	Trunk road		Strada di grande comunicazione	Estrada nacional principal	Ruta de larga distancia
Route de transit	Durchgangsstraße	Thoroughfare		Strada di attraversamento	Estrada de trânsito	Carretera de tránsito
Route principale	Hauptstraße	Main road		Strada principale	Estrada principal	Carretera principal
Route de communication	Verbindungsstraße	Connecting road		Strada di collegamento	Estrada de ligação	Carretera de enlace
Numéro de route européenne	Europastraßennummer	European road number	E20	Numero di strada europea	Número de estrada europeia	Número de carretera europea
Bac pour automobiles	Autofähre	Car ferry		Traghetto per automobili	Balsa para viaturas	Ferry
Ligne de navigation	Schifffahrtslinie	Shipping route		Linea marittima	Linha de navegação	Ruta marítima
Aéroport	Verkehrsflughafen	Airport		Aeroporto	Aeroporto	Aeroporto
Capitale	Hauptstadt	Capital	PARIS	Capitale di Stato	Capital	Capital
Frontière d'État, Point de contrôle	Staatsgrenze, Grenzkontrollstelle	National boundary, Check-point		Confine di Stato, Punto di controllo	Fronteira nacional, Posto de controlo	Frontera de Estado, Control
Frontière d'État contestée	Umstrittene Staatsgrenze	Disputed international boundary		Confine di stato contestato	Fronteira nacional disputável	Frontera estatal discutida

Legenda	Objaśnienia znaków	Vysvětlivky		Legenda	Legenda	Tumač znakova
NL	PL	CZ		SK	SLO	HR
Autosnelweg en autoweg met gescheiden rijbanen met aansluiting	Autostrada i autostradopodobna droga szybkiego ruchu z rozjazdami	Dálnice a dvouproudá silnice dálnicového typu se čtyřmi jízdními pruhy s najezdem		Dial'nica a čtvorprúdová cesta pre motorové vozidlá s prípojkou	Avtocesta in hitra cesta s priključkom	Autocesta a Četverotračna brza cesta sa prilazom
Weg voor interlokaal verkeer	Droga dalekobieżna	Dálková komunikace		Hlavná dial'ková cesta	Magistralna cesta	Glavna tranzitna cesta
Weg voor doorgaand verkeer	Droga przelotowa	Průjezdní silnice		Priechodná cesta	Tranzitna cesta	Glavna cesta s imena
Hoofdweg	Droga główna	Hlavní silnice		Hlavná cesta	Glavna cesta	Glavna cesta
Verbindingsweg	Droga łącząca	Spojovací silnice		Spájacia cesta	Spojna cesta	Glavna veza cesta s imena
Europees wegnummer	Numer drogi europejskiej	Číslo evropské silnice	E20	Číslo európskej cesty	Števílka evropske ceste	Broj europske ceste
Autoveer	Prom samochodowy	Trajekt pro auta		Trajekt pre automobily	Trajekt za avtomobile	Trajekt za automobile
Scheepvaartroute	Linia żeglugowa	Lodní linka		Lodná linka	Ladijska proga	Brodska pruga
Luchthaven	Port lotniczy	Dopravní letiště		Dopravné letisko	Mednarodno letališče	Zračna luka
Hoofdstad	Stolica	Hlavní město	PARIS	Hlavné mesto	Glavno mesto	Glavni Grad
Rijksgrens, Grenspost	Granica państwa, Placówka celna	Státní hranice, Celnice		Štátna hranica s hraničnom priechodom	Državna meja, Mejna kontrolna točka	Državna granica, Granični prijelaz
Betwiste staatsgrens	Sporna granica państw	Sporná statní hranice		Kontroverzné štátne hranice	Mejna kontrolna točka	Kontroverzna državna granica

ÍSLAND
REYKJAVÍK
Akureyri
Hafnarfjörður
Keflavík
Borgarnes
Akranes
Ísafjörður
Húsavík
Egilsstaðir
Seyðisfjörður
Neskaupstaður
Höfn
Vík í Mýrdal
Selfoss
Vestmannaeyjar
Heimaey
Surtsey
Grímsey
Vatnajökull
Hofsjökull
Langjökull
Mýrdalsjökull
Breiðafjörður
Faxaflói
Húnaflói
NORSKEHAVET
NORWEGIAN SEA
Arctic circle
Lofoten
Vesterålen
Vestfjorden
Tromsø
Kvaløya
Ringvassøy
Senja
Andøy
Hinnøy
Langøya
Austvågøy
Vestvågøy
Moskenesøy
Værøy
Røst
Narvik
Harstad
Bodø
Fauske
Mo i Rana
Mosjøen
Brønnøysund
Vikna
Namsos
Steinkjer
Levanger
Stjørdal
TRONDHEIM
Frohavet
Frøya
Hitra
Kristiansund
Molde
Ålesund
Sunndalsøra
Oppdal
Røros
Rondane
Jotunheimen
Jostedalsbre
Sognefjorden
Førde
Florø
Måløy
Lillehammer
Fagernes
Östersund
Jämtland
Storuman
Vilhelmina
Sollefteå
Kramfors
Hudiksvall
Ljusdal
Bollnäs
Söderhamn
Mora
Rättvik
Dalarna
Idre
Sveg
Kiruna
Jäckvik
Arjeplog
Kvikkjokk
Sorsele
5° Bergen
11 Oslo 10° Oslo
15° Borlänge
Stockholm
0 25 50 100 150 km
0 25 50 100 miles

BARENTS SEA
BARENCEVO MORE
BELOE MORE
ROSSIJA
SUOMI FINLAND
BOTTENVIKEN PERÄMERI
BOTTENHAVET SELKÄMERI
FINSKIJ ZALIV
Ladožskoe ozero
Onežskaja guba
Kandalakšskaja guba
Kol'skij poluostrov
Varangerhalvøya
Varangerfjorden
Finnmarksvidda
Mageroya
Nordkapp
Hammerfest
Kvaløy
Sørøya
Alta
Vadsø
Vardø
Kirkenes
Nikel'
Pečenga
Poljarnyj
Severomorsk
MURMANSK
Kola
Olenegorsk
Apatity
Kirovsk
Monchegorsk
Kandalakša
Kovdor
Kem'
Belomorsk
Segeža
Kostomukša
Medvež'egorsk
PETROZAVODSK
Sortavala
Priozersk
Vyborg
Lodejnoe Pole
Volhov
Kiriši
SANKT-PETERBURG
KOLPINO
Puškin
Petrodvorec
Kronštadt
Sosnovyj Bor
Inari
Ivalo
Sodankylä
Kittilä
Rovaniemi
Kemijärvi
Tornio
Kemi
Haparanda
Oulu (Uleåborg)
Kajaani
Kuusamo
Kiruna
Gällivare
Boden
Luleå
Piteå
Skellefteå
Umeå
Örnsköldsvik
Vaasa Vasa
Kokkola Karleby
Jakobstad
Seinäjoki
KUOPIO
Joensuu
Jyväskylä
Varkaus
Savonlinna
Mikkeli
Lappeenranta
Imatra
Kotka
Hamina
Kouvola
Lahti
Hämeenlinna
TAMPERE TAMMERFORS
Pori
Rauma
HELSINKI/HELSINGFORS
Porvoo Borgå
Turku/Åbo
Tallinn
Arhangel'sk
Vologda

12

ATLANTIC
OCEAN
CELTIC
SEA
Rockall (U.K.)
St. Kilda
Føroyar Færøerne (Danmark)
Tórshavn Thorshavn
Shetland Islands
Mainland
Lerwick
Fair Isle
Orkney Islands
Kirkwall
Outer Hebrides
Nah-Eileanan Siar
Inner Hebrides
Lewis Leòdhais
Stornoway Steòrnabhagh
Skye
North West Highlands
Grampian Mountains
Moray Firth
Inverness
ABERDEEN
DUNDEE
Perth
Stirling
Firth of Forth
EDINBURGH
GLASGOW
Greenock
Kilmarnock
Ayr
Dumfries
Carlisle
UNITED KINGDOM
Great Britain
Ireland Éire
NEWCASTLE UPON TYNE
SOUTH SHIELDS
SUNDERLAND
Durham
Hartlepool
Stockton-on-Tees
MIDDLESBROUGH
Whitby
Scarborough
YORK
LEEDS
BRADFORD
Lancaster
Blackpool
PRESTON
BOLTON
Burnley
Southport
LIVERPOOL
MANCHESTER
HUDDERSFIELD
KINGSTON UPON HULL
Grimsby
Doncaster
SHEFFIELD
STOCKPORT
Chester
Crewe
STOKE-ON-TRENT
DERBY
NOTTINGHAM
Lincoln
LEICESTER
WOLVERHAMPTON
WALSALL
BIRMINGHAM
COVENTRY
Peterborough
NORTHAMPTON
CAMBRIDGE
IPSWICH
COLCHESTER
LUTON
OXFORD
Gloucester
Cheltenham
SWINDON
READING
LONDON
SOUTHEND-ON-SEA
Maidstone
Canterbury
Dover
BRIGHTON
Hastings
Worthing
SOUTHAMPTON
PORTSMOUTH
BOURNEMOUTH
POOLE
Salisbury
Bath
BRISTOL
NEWPORT
CARDIFF
SWANSEA
Carmarthen
Aberystwyth
Shrewsbury
Telford
Worcester
Hereford
Taunton
Exeter
Torquay
PLYMOUTH
Penzance
Isles of Scilly
English Channel
La Manche
Bristol Channel
St. George's Channel
IRISH SEA
Isle of Man
Douglas
Anglesey
North Channel
BELFAST
Londonderry Derry
Northern Ireland
IRELAND
ÉIRE
BAILE ÁTHA CLIATH DUBLIN
Dún Laoghaire
Dundalk
Drogheda
Galway
Limerick Luimneach
Kilkenny
Waterford Port Láirge
Wexford Loch Garman
CORK CORCAIGH
Tralee
Killarney
Sligo
In Great Britain and Northern Ireland distances in miles
FRANCE
Paris
Calais
Boulogne
0° Greenwich

14

0° Greenwich
5°
Ålesund
8
Trondheim
10°
15°
NORTH SEA
NORDSEE
Skagerrak
Kattegat
OSTSEE
Deutsche Bucht
Pommersche Bucht
N O R G E
S V E R I G E
D A N M A R K
D E U T S C H L A N D
NEDERLAND
BELGIË
BELGIQUE
POLSKA
BERGEN
Stavanger
Haugesund
Kristiansand
Arendal
Skien
Porsgrunn
Drammen
Kongsberg
OSLO
Moss
Sarpsborg
Fredrikstad
Halden
Hamar
Lillehammer
Hønefoss
Kongsvinger
Elverum
Karlstad
ÖREBRO
Kristinehamn
Karlskoga
Mora
Falun
Borlänge
Linköping
Jönköping
Borås
GÖTEBORG
Uddevalla
Trollhättan
Vänersborg
Lidköping
Skövde
Växjö
Halmstad
Helsingborg
Lund
MALMÖ
KØBENHAVN
Roskilde
Helsingør
Hillerød
Trelleborg
Ystad
Bornholm
Rønne
Hirtshals
Hjørring
Frederikshavn
Skagen
AALBORG
Randers
AARHUS
Viborg
Herning
Silkeborg
Horsens
Vejle
Fredericia
Kolding
Esbjerg
ODENSE
Svendborg
Nyborg
Næstved
Sjælland
Flensburg
Schleswig
KIEL
Neumünster
HAMBURG
LÜBECK
Wismar
ROSTOCK
Stralsund
Greifswald
Rügen
Schwerin
Neubrandenburg
SZCZECIN
BERLIN
POTSDAM
Brandenburg
Frankfurt (Oder)
Cottbus
BREMEN
BREMERHAVEN
OLDENBURG
Emden
GRONINGEN
Leeuwarden
Zwolle
AMSTERDAM
HAARLEM
DEN HAAG
'S-GRAVENHAGE
ROTTERDAM
UTRECHT
APELDOORN
Hengelo
ENSCHEDE
ARNHEM
NIJMEGEN
MÜNSTER
OSNABRÜCK
BIELEFELD
HANNOVER
BRAUNSCHWEIG
WOLFSBURG
MAGDEBURG
SALZGITTER
HILDESHEIM
GÖTTINGEN
KASSEL
PADERBORN
HAMM
DORTMUND
ESSEN
DUISBURG
WUPPERTAL
SOLINGEN
DÜSSELDORF
KÖLN
BONN
AACHEN
KREFELD
EINDHOVEN
TILBURG
BREDA
ANTWERPEN
GENT
BRUGGE
BRUSSEL
BRUXELLES
LILLE
HALLE (SAALE)
LEIPZIG
DRESDEN
CHEMNITZ
JENA
ERFURT
Weimar
Gotha
Zwickau
Arras
Reims
Mons
Luxembourg
Trier
Koblenz
Frankfurt a. M.
15
Würzburg
Nürnberg
Hof
Gävle
Stockholm
Västervik
Oskarshamn
Kalmar
Koszalin
Wałcz
Gorzów Wlkp.
Poznań
Legnica
Görlitz
ČESKO

BOTTENHAVET
SELKÄMERI
SUOMI
FINLAND
Rauma
Uusikaupunki
TURKU
ÅBO
Salo
HELSINKI
HELSINGFORS
Porvoo
Borgå
Kotka
Hamina
Lahti
Hämeenlinna
Riihimäki
Hyvinkää
Järvenpää
Forssa
Loimaa
Hanko
Hangö
Åland
Ahvenanmaa
Mariehamn
Maarianhamina
FINSKIJ ZALIV
SUOMENLAHT
Gävle
Sandviken
Söderhamn
Bollnäs
Avesta
Fagersta
Sala
UPPSALA
Enköping
VÄSTERÅS
Köping
Eskilstuna
Strängnäs
Norrtälje
Kapellskär
STOCKHOLM
Södertälje
Västerhaninge
Nynäshamn
Katrineholm
Nyköping
Oxelösund
Norrköping
Linköping
Västervik
Vimmerby
Mållila
Oskarshamn
Mönsterås
Kalmar
Emmaboda
Nybro
Karlskrona
SVERIGE
ÖSTERSJÖN
Gotland
Visby
Fårö
Fårösund
Slite
Roma
Ljugarn
Burgsvik
Öland
Borgholm
Färjestaden
Gotska Sandön
BALTIC SEA
MORZE BAŁTYCKIE
Bornholm (DK)
TALLINN
Paldiski
Rakvere
Kohtla-Järve
Narva
EESTI
Tartu
Viljandi
Pärnu
Valga
Võru
Haapsalu
Hiiumaa
Saaremaa
Kuressaare
Liivi laht
Rīgas līcis
Ruhnu
Sankt-Peterburg
Kronštadt
Petrodvorec
Puškin
Gatčina
Kingisepp
Luga
Pskov
Ostrov
Velikij Novgorod
RĪGA
LATVIJA
Ventspils
Talsi
Tukums
Jelgava
Bauska
Saldus
Kuldīga
Liepāja
Valmiera
Cēsis
Sigulda
Gulbene
Alūksne
Madona
Jēkabpils
Daugavpils
Rēzekne
Ludza
LIETUVA
(LITHUANIA)
Klaipėda
Palanga
Šiauliai
Panevėžys
Mažeikiai
Telšiai
Kėdainiai
Ukmergė
Utena
KAUNAS
VILNIUS
Marijampolė
Alytus
Tauragė
Šilutė
Sovetsk
ROSSIJA
KALININGRAD
Baltijsk
Zelenogradsk
Černjachovsk
Gusev
Polack
Hlybokae
Maladzečna
MINSK
BARYSAU
Lida
HRODNA
BARANAVIČY
Slonim
Vaŭkavysk
BEL
Belaruskaja hrada
PINSK
BREST
Kobryn
GDYNIA
Sopot
GDAŃSK
Tczew
ELBLĄG
OLSZTYN
Słupsk
Ustka
KOSZALIN
Kołobrzeg
Malbork
Suwałki
Ełk
Augustów
BIAŁYSTOK
Łomża
Ostrołęka
BYDGOSZCZ
TORUŃ
Grudziądz
WŁOCŁAWEK
PŁOCK
WARSZAWA
Siedlce
Piła
GORZÓW WLKP.
POZNAŃ
Gniezno
Konin
KONIN
Kalisz
ŁÓDŹ
Piotrków Tryb.
RADOM
KIELCE
LUBLIN
Chełm
Zamość
CZĘSTOCHOWA
OPOLE
WROCŁAW
Legnica
Lubin
Wałbrzych
Jelenia Góra
Zielona Góra
Leszno
Świebodzin
POLSKA
Kovel'
Luc'k
Rivne
UK
Liberec

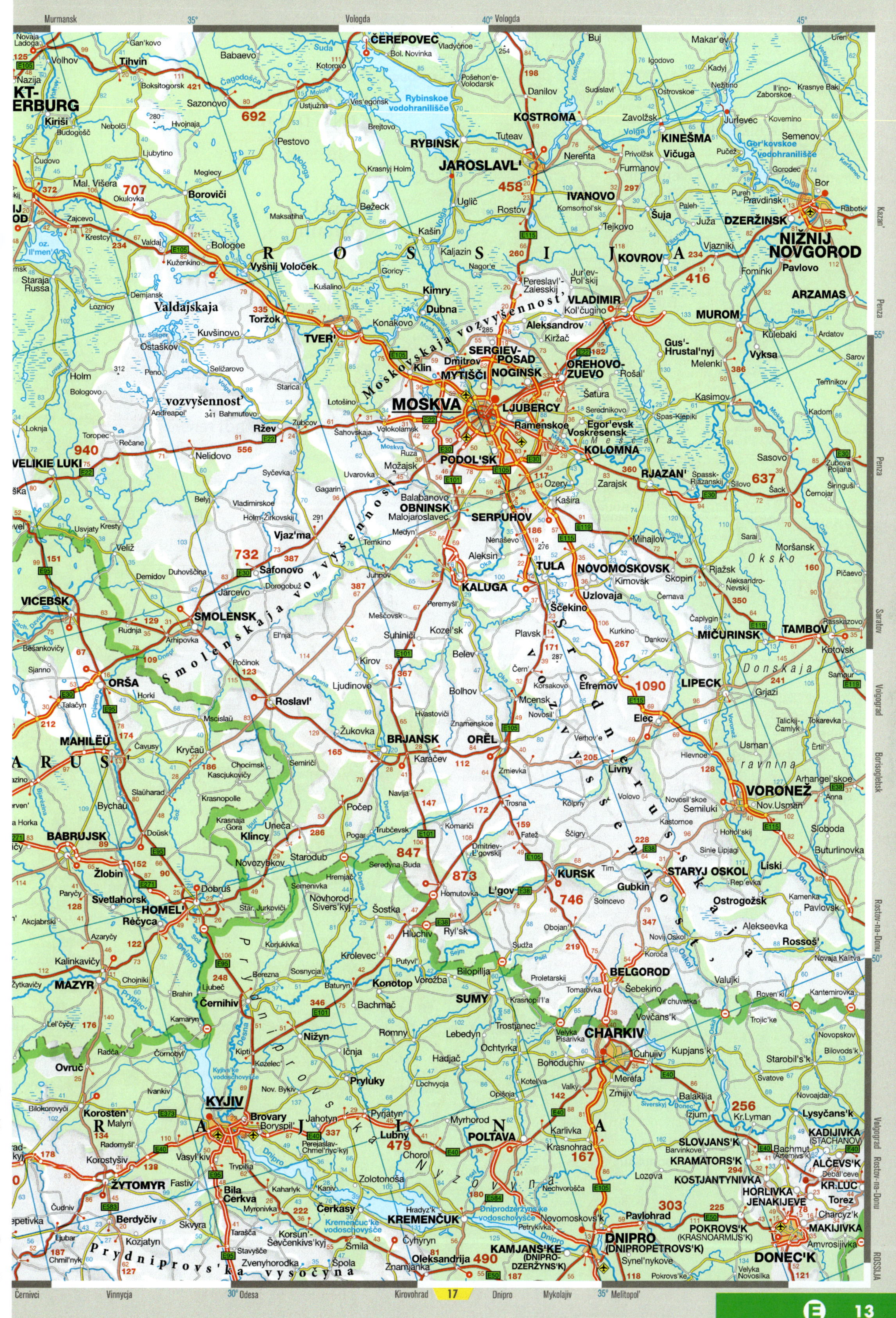
Murmansk
Vologda
ČEREPOVEC
RYBINSK
JAROSLAVL'
KOSTROMA
KINEŠMA
IVANOVO
DZERŽINSK
NIŽNIJ NOVGOROD
Pavlovo
ARZAMAS
VLADIMIR
KOVROV
MUROM
Rybinskoe vodohranilišče
Gor'kovskoe vodohranilišče
R O S S I J A
Valdajskaja vozvyšennost'
Moskovskaja vozvyšennost'
Vyšnij Voloček
Toržok
TVER'
Kimry
Dubna
SERGIEV-POSAD
MYTIŠČI
NOGINSK
OREHOVO-ZUEVO
MOSKVA
LJUBERCY
Ramenskoe
Egor'evsk
Voskresensk
KOLOMNA
PODOL'SK
OBNINSK
SERPUHOV
RJAZAN'
KALUGA
TULA
NOVOMOSKOVSK
Ščekino
Uzlovaja
TAMBOV
MIČURINSK
LIPECK
Elec
SMOLENSK
Safonovo
Vjaz'ma
Rževu
Roslavl'
Smolenskaja vozvyšennost'
Srednerusskaja vozvyšennost'
Prydniprovs'ka vysočyna
Prydniprovs'ka nyzovyna
BRJANSK
OREL
KURSK
STARYJ OSKOL
VORONEŽ
Gubkin
BELGOROD
CHARKIV
SUMY
POLTAVA
KREMENČUK
DNIPRO (DNIPROPETROVS'K)
KAMJANS'KE (DNIPRODZERŽYNS'K)
DONEC'K
MAKIJIVKA
HORLIVKA
KRAMATORS'K
SLOVJANS'K
KOSTJANTYNIVKA
Pavlohrad
KYJIV
Brovary
Boryspil'
Bila Cerkva
ŽYTOMYR
Berdyčiv
Černihiv
Nižyn
Konotop
Pryluky
HOMEL'
Rečyca
Svetlahorsk
MAZYR
BABRUJSK
MAHILËŬ
ORŠA
VICEBSK
VELIKIE LUKI
Kremenčuc'ke vodoschovyšče
Kyjivs'ke vodoschovyšče
Kazan'
Penza
Saratov
Volgograd
Borisoglebsk
Rostov-na-Donu
RUSSIA
Černivci
Vinnycja
Odesa
Kirovohrad
17
Dnipro
Mykolajiv
Melitopol'

Derry
Belfast
Glasgow
10
Newcastle
0° Greenwich
UNITED KINGDOM
In Great Britain and Northern Ireland distances in miles
NORTH SEA
NORDSEE
Great Britain
IRISH SEA
ÉIRE
IRELAND
BAILE ÁTHA CLIATH
DUBLIN
Dún Laoghaire
Isle of Man
SUNDERLAND
Hartlepool
MIDDLESBROUGH
Darlington
Durham
Workington
Penrith
Kendal
Lancaster
BLACKPOOL
PRESTON
Burnley
BRADFORD
YORK
LEEDS
Scarborough
Bridlington
KINGSTON UPON HULL
Beverley
Scunthorpe
Grimsby
Southport
BOLTON
MANCHESTER
LIVERPOOL
HUDDERSFIELD
STOCKPORT
SHEFFIELD
Doncaster
Chesterfield
Lincoln
Anglesey
Holyhead
Bangor
Chester
Crewe
STOKE-ON-TRENT
DERBY
NOTTINGHAM
Boston
Skegness
Wells-next-the-Sea
Cromer
Shrewsbury
Telford
WOLVERHAMPTON
WALSALL
LEICESTER
BIRMINGHAM
COVENTRY
Peterborough
King's Lynn
NORWICH
Great Yarmouth
Lowestoft
Aberystwyth
Worcester
Hereford
Kettering
NORTHAMPTON
CAMBRIDGE
Stratford-upon-Avon
Cheltenham
Gloucester
OXFORD
LUTON
Bedford
IPSWICH
Felixstowe
Harwich
COLCHESTER
LONDON
SOUTHEND-ON-SEA
Carmarthen
SWANSEA
Neath
NEWPORT
CARDIFF
BRISTOL
Bath
SWINDON
READING
Guildford
Rochester
Maidstone
Canterbury
Ramsgate
Dover
Folkestone
Ashford
Hastings
BRIGHTON
Eastbourne
Newhaven
Worthing
Chichester
SOUTHAMPTON
PORTSMOUTH
Winchester
Salisbury
BOURNEMOUTH
POOLE
Weymouth
Dorchester
Yeovil
Taunton
Exeter
Torquay
PLYMOUTH
Falmouth
Penzance
Barnstaple
Bristol Channel
English Channel
La Manche
Isle of Wight
Pembroke Dock
Fishguard
Wexford
Rosslare Harbour
Drogheda
Dundalk
Newry
St. George's Channel
Salcombe
26-185
Channel Islands
Guernsey
Jersey
Alderney
St.Peter Port
St.Helier
Cherbourg-en-Cot.
LE HAVRE
CAEN
ROUEN
Dieppe
Fécamp
Évreux
AMIENS
Abbeville
Boulogne-sur-Mer
Calais
Dunkerque
LILLE
Oostende
BRUGGE
GENT
ANTWERPEN
BRUSSEL
BRUXELLES
Mons
CHARLEROI
NAMUR
LIÈGE
Leuven
Hasselt
Maastricht
AACHEN
Tournai
Valenciennes
Cambrai
Arras
Douai
St-Quentin
Laon
Charleville-Mézières
Sedan
REIMS
Soissons
Compiègne
Beauvais
Senlis
Pontoise
PARIS
Versailles
Meaux
Melun
Fontainebleau
Étampes
Chartres
Châlons-en-Champagne
Verdun
METZ
NANCY
Troyes
St-Dizier
Chaumont
Luxembourg
ROTTERDAM
DEN HAAG
'S-GRAVENHAGE
AMSTERDAM
HAARLEM
UTRECHT
Alkmaar
Den Helder
Texel
Vlieland
Leeuwarden
NEDERLAND
APELDOORN
ARNHEM
NIJMEGEN
'S-Hertogenbosch
BREDA
TILBURG
EINDHOVEN
Venlo
KREFELD
DUISBG.
Roermond
Waddeneilanden
Zwolle
BREST
Morlaix
St-Brieuc
St-Malo
Dinan
RENNES
Lorient
Quimper
Quimperlé
Vannes
St-Nazaire
NANTES
Fougères
Laval
Vitré
Alençon
Mayenne
LE MANS
ANGERS
TOURS
Saumur
Blois
ORLÉANS
Châteaudun
Vendôme
Cholet
La Roche-sur-Yon
Les Sables-d'Olonne
La Rochelle
Rochefort
Île d'Oléron
Île de Ré
Niort
Poitiers
Châtellerault
Bourges
Vierzon
Nevers
Montargis
Auxerre
DIJON
BESANÇON
Beaune
Chalon-sur-Saône
Mâcon
Bourg-en-Br.
LYON
Vienne
ST-ÉTIENNE
GRENOBLE
Chambéry
Annecy
GENÈVE
LAUSANNE
Neuchâtel
Belfort
Vesoul
MULHOUSE
Roanne
Vichy
CLERMONT-FERRAND
Thiers
Montluçon
Moulins
LIMOGES
Guéret
Angoulême
Cognac
Saintes
Royan
Périgueux
Brive-la-Gaillarde
Tulle
Aurillac
Le Puy-en-Velay
Valence
Montélimar
Mende
Rodez
Cahors
Villeneuve-sur-Lot
Agen
Bergerac
Libourne
BORDEAUX
Arcachon
Mimizan
Figeac
ATLANTIC OCEAN
Golfe de Gascogne
Golfo de Vizcaya
Bilbao
Santander
Roscoff
Pau
Toulouse
19
Albi
Narbonne
Marseille
Cork
Waterford
Limerick
Sligo

Esbjerg
Kolding
København
SVERIGE
Malmö
11
MORZE
BAŁTYCKIE
OSTSEE
DANMARK
ODENSE
Sjælland
Bornholm
Rügen
KIEL
ROSTOCK
LÜBECK
HAMBURG
BREMEN
Stralsund
Greifswald
KOSZALIN
GDYNIA
GDAŃSK
ELBLĄG
SZCZECIN
BYDGOSZCZ
TORUŃ
WŁOCŁAWEK
GORZÓW WLKP.
POZNAŃ
BERLIN
POTSDAM
HANNOVER
WOLFSBG.
BRAUNSCHWG.
MAGDEBURG
BIELEFELD
OSNABRÜCK
MÜNSTER
DORTMUND
ESSEN
KÖLN
LEIPZIG
HALLE (SAALE)
DRESDEN
ŁÓDŹ
WROCŁAW
CZĘSTOCHOWA
OPOLE
POLSKA
FRANKFURT A.M.
WIESBADEN
MAINZ
ERFURT
CHEMNITZ
PRAHA
PLZEŇ
ČESKO
BRNO
OLOMOUC
OSTRAVA
WÜRZBURG
NÜRNBERG
REGENSBURG
MANNHEIM
HEIDELBERG
KARLSRUHE
STUTTGART
AUGSBURG
MÜNCHEN
SALZBURG
LINZ
WIEN
BRATISLAVA
SLOVENSKO
GYŐR
ZÜRICH
BASEL
BERN
SCHWEIZ
INNSBRUCK
ÖSTERREICH
GRAZ
MAGYARORSZÁG (HUNGARY)
MARIBOR
LJUBLJANA
SLOVENIJA
ZAGREB
HRVATSKA (CROATIA)
BANJA LUKA
BOSNA I HERCEGOVINA
MILANO
TORINO
BERGAMO
BRESCIA
VERONA
VICENZA
PADOVA
VENEZIA
TRIESTE
RIJEKA
ITALIA
PARMA
MODENA
REGGIO NELL'EMILIA
BOLOGNA
FERRARA
MARE ADRIATICO
JADRANSKO MORE
Cuneo
Savona
Nice
Genova
La Spezia
Firenze
Rimini
Ravenna
20
Zadar
ROSSIJA
Warszawa
Piotrków Trybunalski
Kraków
Ružomberok
Zvolen
Budapest
Mohács
Beograd
Osijek

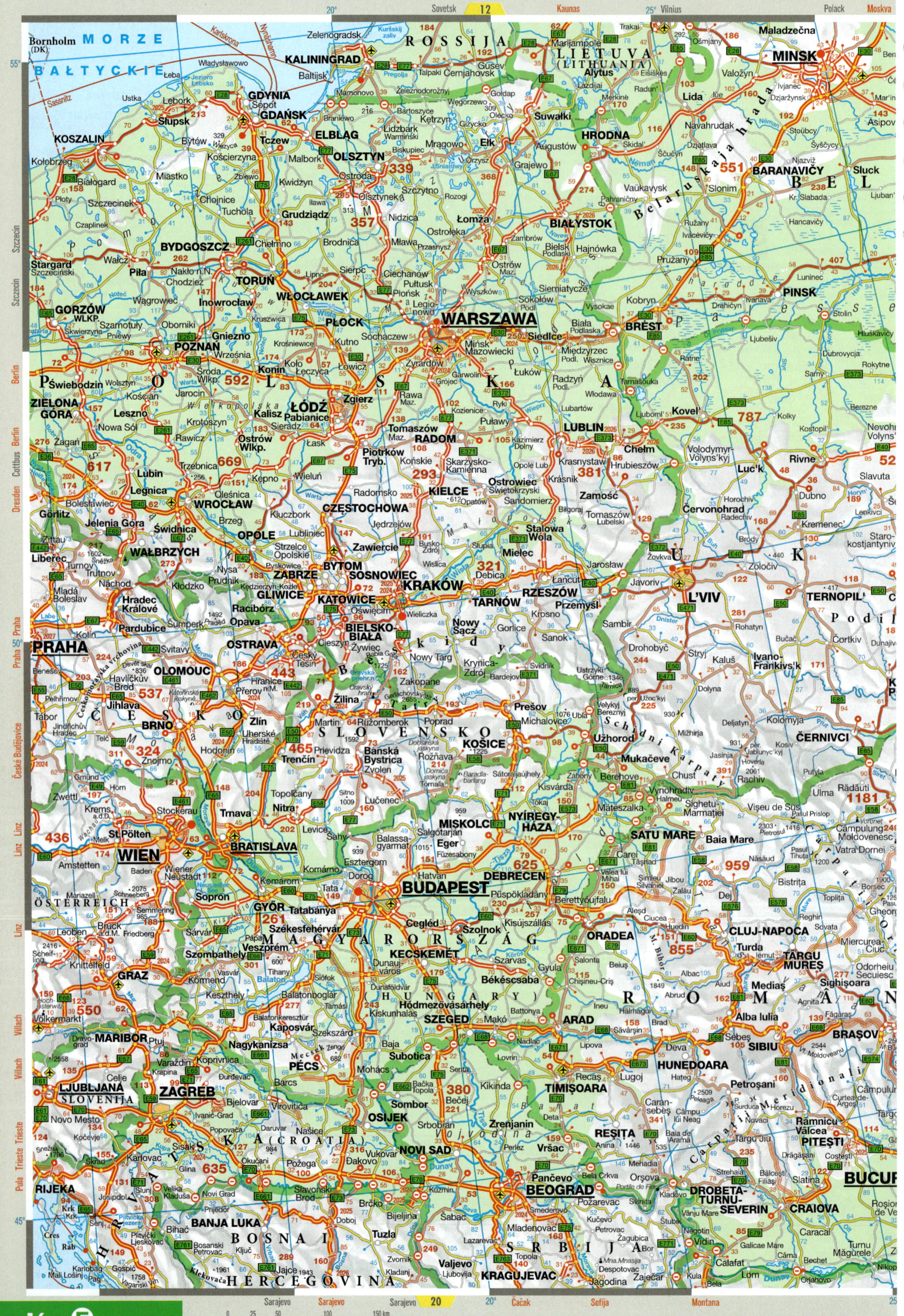

Sarajevo 20 Čačak Sofija Montana

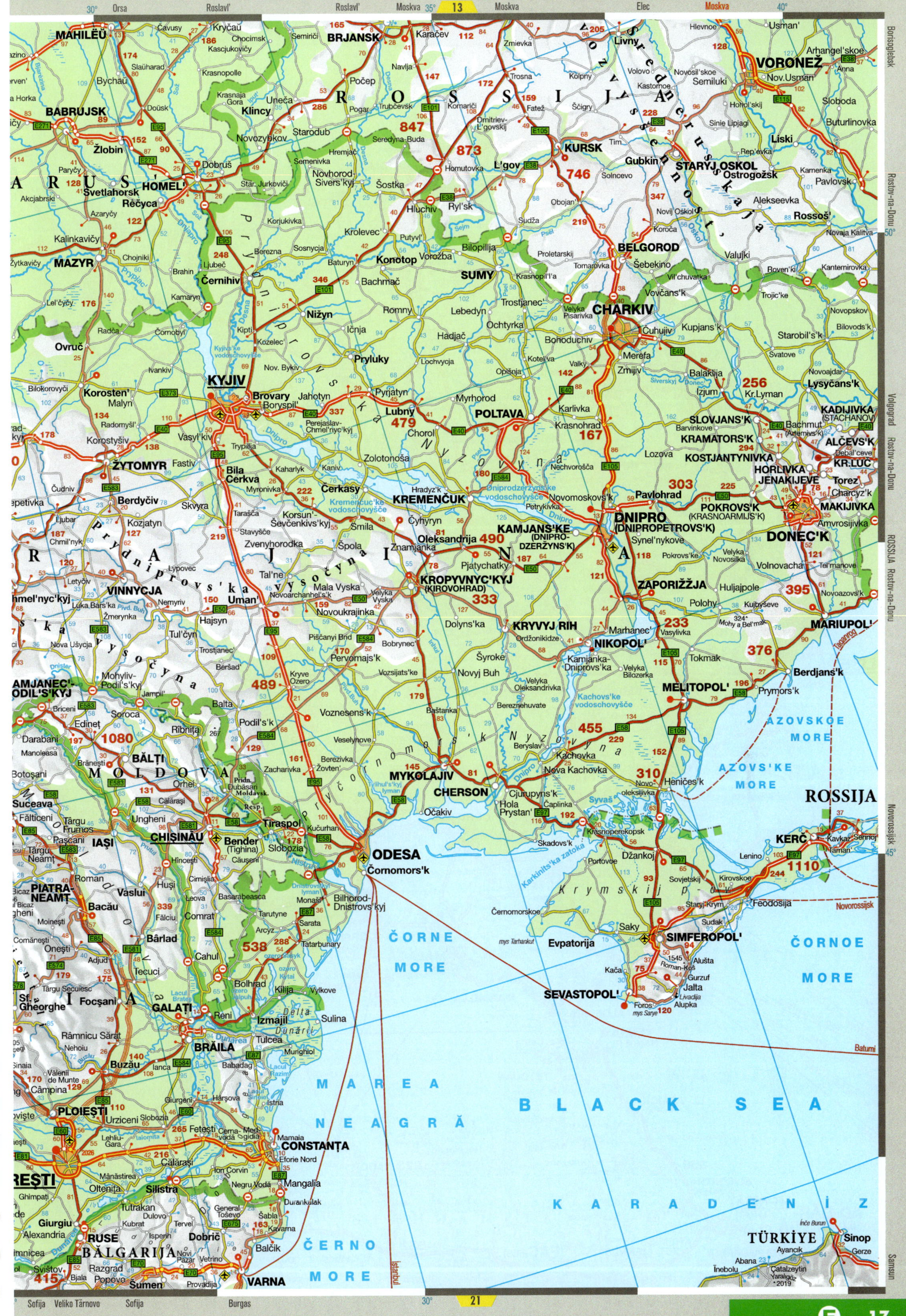
MAHILËU
BRJANSK
Karačev
Livny
VORONEŽ
BABRUJSK
Klincy
ROSSIJA
Srednerusskaja vozvyšennost'
KURSK
STARYJ OSKOL
Žlobin
HOMEL'
Rečyca
Svetlahorsk
Novozybkov
Starodub
Šostka
L'gov
Gubkin
Ostrogožsk
Rossoš'
MAZYR
Kalinkavičy
Černihiv
Konotop
SUMY
BELGOROD
Prydniprovs'ka vysočyna
Nižyn
Romny
CHARKIV
Kupjans'k
Starobil's'k
Ovruč
Pryluky
Lysyčans'k
KYJIV
Brovary
Boryspil'
Korosten'
Pyrjatyn
Lubny
POLTAVA
Myrhorod
Izjum
Kr.Lyman
SLOVJANS'K
KRAMATORS'K
KOSTJANTYNIVKA
ALČEVS'K
KR.LUČ
ŽYTOMYR
Bila Cerkva
Čerkasy
Zolotonoša
Kremenčuc'ke vodoschovyšče
KREMENČUK
Dniprodzeržyns'ke vodoschovyšče
Novomoskovs'k
Pavlohrad
POKROVS'K (KRASNOARMIJS'K)
MAKIJIVKA
DONEC'K
HORLIVKA
JENAKIJEVE
Berdyčiv
Smila
KAMJANS'KE (DNIPRODZERŽYNS'K)
DNIPRO (DNIPROPETROVS'K)
UKRAJINA
Oleksandrija
KROPYVNYC'KYJ (KIROVOHRAD)
Pjatychatky
ZAPORIŽŽJA
VINNYCJA
Uman'
Podil's'ka vysočyna
KRYVYJ RIH
NIKOPOL'
Kachovs'ke vodoschovyšče
MARIUPOL'
Berdjans'k
MELITOPOL'
Pervomajs'k
Voznesens'k
KAMJANEC'-PODIL'S'KYJ
Mohyliv-Podil's'kyj
Balta
BĂLŢI
Soroca
Edineţ
MOLDOVA
Prydniprovs'ka nyzovyna
Pryčornomors'ka nyzovyna
MYKOLAJIV
CHERSON
Nova Kachovka
Henićes'k
AZOVSKOE MORE
AZOVS'KE MORE
ROSSIJA
KERČ
Suceava
IAŞI
CHIŞINĂU
Bender (Tighina)
Tiraspol
ODESA
Čornomors'k
Bilhorod-Dnistrovs'kyj
Krasnoperekopsk
Džankoj
Krymskij poluostrov
Feodosija
SIMFEROPOL'
Evpatorija
SEVASTOPOL'
Jalta
PIATRA-NEAMŢ
Bacău
Vaslui
Bârlad
Focşani
GALAŢI
Izmajil
Reni
Tulcea
Delta Dunării
Sulina
BRĂILA
Buzău
ČORNE MORE
ČORNOE MORE
MAREA NEAGRĂ
BLACK SEA
KARADENIZ
PLOIEŞTI
CONSTANŢA
BUCUREŞTI
Mangalia
Silistra
RUSE
Dobrič
BĂLGARIJA
Balčik
VARNA
ČERNO MORE
TÜRKIYE
Sinop
Batumi
Novorossijsk
İstanbul

ATLANTIC OCEAN
Golfe de Gascogne
Golfo de Vizcaya
A CORUÑA
Ferrol
SANTIAGO
Lugo
OURENSE
VIGO
Pontevedra
GIJÓN
OVIEDO
SANTANDER
BILBAO
DONOSTIA SAN SEBASTIÁN
VITORIA-GASTEIZ
PAMPLONA IRUÑEA
LOGROÑO
BURGOS
LEÓN
Ponferrada
Palencia
VALLADOLID
Zamora
SALAMANCA
Segovia
Ávila
MADRID
Guadalajara
Toledo
Cuenca
ZARAGOZA
BRAGA
PORTO
Aveiro
Viseu
Guarda
COIMBRA
Leiria
Santarém
LISBOA
Setúbal
Évora
Beja
Faro
Cáceres
Mérida
BADAJOZ
HUELVA
SEVILLA
CÓRDOBA
JAÉN
GRANADA
MÁLAGA
ALMERÍA
MURCIA
CARTAGENA
ALBACETE
Ciudad Real
JEREZ DE LA FRONTERA
CÁDIZ
ALGECIRAS
Gibraltar (UK)
Ceuta (Esp.)
MARBELLA
Costa del Sol
Costa Cálida
Costa Blanca
TANJA (TANGER)
TÉTOUAN
EL-'ARÂICH (LARACHE)
AR-RIBÂT (RABAT)
AD-DĀR-AL-BAYḌĀ (CASABLANCA)
MOHAMMEDIA
MEKNÈS
FĀS (FÈS)
TAZA
NADOR
Melilla (Esp.)
UJDA (OUJDA)
TLEMCEN
SIDI-BEL-ABBES
WAHRĀN (ORAN)
AL-MAGHRIB (MAROC)
ESPAÑA
PORTUGAL
Cordillera Cantábrica
Cordillera Central
Sierra Morena
Sierra Nevada
Golfo de Cádiz
Estrecho de Gibraltar
OCEAN
Isla del Alborán (Esp.)
ELX
ALICANTE
Alcoi
Lorca
Linares
Puertollano
Talavera de la Reina
Plasencia
Soria
Teruel
Tudela
Bayonne
Biarritz
BORDEAUX
Arcachon
Greenwich
0°
5°
10°
35°
40°
Azrou
Bouârfa
Aïn Sefra
Béchar
0 25 50 100 150 km
0 25 50 100 miles

CLERMONT-FERRAND
LYON
ST-ÉTIENNE
GRENOBLE
Valence
Chambéry
Annecy
Genève
TORINO
MILANO
BERGAMO
Novara
Pavia
Cremona
Piacenza
Alessandria
Asti
GENOVA
ITALIA
Rapallo
LA SPEZIA
Savona
Cuneo
Imperia
Sanremo
Monaco
NICE
Cannes
Fréjus
St-Tropez
Hyères
TOULON
MARSEILLE
AIX-EN-PROV.
Avignon
Arles
NÎMES
MONTPELLIER
Sète
Béziers
Narbonne
Carcassonne
TOULOUSE
Montauban
Agen
Périgueux
Brive-la-Gaillarde
Aurillac
Rodez
Albi
Castres
Tarbes
Pau
Lourdes
Pamiers
Foix
FRANCE
Golfe du Lion
Côte d'Azur
Riviera di Ponente
MARE LIGURE
PERPIGNAN
Figueres
Girona
Andorra la Vella
ANDORRA
Huesca
LLEIDA
Manresa
TERRASSA
SABADELL
MATARÓ
BARCELONA
Costa Brava
REUS
TARRAGONA
Vilanova i la Geltrú
Tortosa
Costa Daurada
Vinaròs
CASTELLÓ DE LA PLANA
VALÈNCIA
Golf de València
Mallorca
PALMA
Manacor
Menorca
Ciutadella
Maó
Eivissa Ibiza
Formentera
Cabrera
Illes Balears
Corse (France)
Bastia
Calvi
Ajaccio
Porto-Vecchio
Bonifacio
Sardegna (Italia)
SASSARI
Olbia
Alghero
Porto Torres
La Maddalena
Nuoro
Oristano
Tortolì
Iglesias
Carbonia
CAGLIARI
MAR MEDITERRÁNEO
MEDITERRANEAN SEA
Galite
BINZART (BIZERTE)
TŪNIS
Béja
Jendouba
El-Kef
Kairouan
TŪNIS
AL-JAZĀ'IR (ALGER)
El-Harrach
Tizi-Ouzou
Bejaïa
Jijel
SKIKDA
ANNABA
GUELMA
QACENTINA (CONSTANTINE)
Sétif
SOUK AHRAS
AÏN-BEÏDA
KENCHELA
TÉBESSA
Batna
Barika
M'Sila
Bou-Saada
CHLEF
Aïn-Defla
Khemis Miliana
El-Boulaïda (Blida)
Médéa
Tiaret
Tissemsilt
AL-JAZĀ'IR
26-185

0 25 50 100 150 km
0 25 50 100 miles

17

Timişoara
Petroşani
Sibiu
Braşov
Buzău
ROMÂNIA
BUCUREŞTI
PLOIEŞTI
PITEŞTI
Râmnicu Vâlcea
CRAIOVA
DROBETA-TURNU-SEVERIN
CONSTANŢA
MAREA NEAGRĂ
Giurgiu
RUSE
Silistra
Dobrič
VARNA
ČERNO MORE
BLACK SEA
KARADENİZ
Pleven
Veliko Tărnovo
Šumen
BURGAS
Jambol
Sliven
STARA ZAGORA
Gabrovo
BĂLGARIJA
SOFIJA
Pernik
PLOVDIV
Haskovo
Pazardžik
Blagoevgrad
Kărdžali
NIŠ
Leskovac
PRIŠTINA
PRIZREN
SKOPJE
SEVERNA MAKEDONIJA
Ohrid
Bitola
Prilep
Edirne
İSTANBUL
İZMİT
ADAPAZARI
BURSA
BALIKESİR
KÜTAHYA
TÜRKİYE
İZMİR
MANISA
AYDIN
DENİZLİ
UŞAK
Çanakkale
Marmara Denizi
THESSALONÍKI
Xánthi
Kavála
Komotiní
Alexandroúpoli
Thássos
Límnos
Lésvos
Mitilíni
Chíos
Sámos
LÁRISA
Vólos
Tríkala
Lamía
Halkída
Évvia
ATHÍNA
PIREÁS
PÁTRA
Kórinthos
Tripolí
Kalamáta
Kefalloniá
Zákinthos
Ioánnina
Préveza
Kiklades
Náxos
Páros
Míkonos
Thíra (Santoríni)
Rhódos
BODRUM
Kárpathos
IRÁKLIO
Haniá
Réthimno
Kríti
Kritikón Pélagos
Mirtóo Pélagos
Vóries Sporádes
Egéo Pélagos
Thrakikó Pélagos
Karpáthio Pélagos
IÓNIO PÉLAGOS
NEO
MEDITERRANEAN SEA

1 : 300 000

CARTE D'ASSEMBLAGE
ÍNDICE DE MAPA
KLAD MAPOVÝCH LISTŮ

BLATTÜBERSICHT
MAPA ÍNDICE
KLAD MAPOVÝCH LISTOV

KEY MAP
OVERZICHTSKAART
PREGLED LISTOV

QUADRO D'UNIONE
SKOROWIDZ ARKUSZY
PREGLED LIST

1 : 300 000

Légende / Zeichenerklärung

Legend / Segni convenzionali

CIRCULATION (F) · VERKEHR (D) — (UK) TRAFFIC · (I) COMUNICAZIONI

F / D		UK / I
Autoroute avec point de jonction · Numéro de point de jonction · Gare de péage Autobahn mit Anschlussstelle · Anschlussnummer · Gebührenstelle	Belfort-Nord 16	Motorway with junction · Junction number · Toll station Autostrada con svincolo · Svincolo numerato · Barriera
Hôtel, motel · Restaurant · Snack-bar · Parc avec WC · Parking sécurisé poids lourds Rasthaus mit Übernachtung · Raststätte · Kleinraststätte · Parkplatz mit WC · LKW-Sicherheitsparkplatz	Champoux	Hotel, motel · Restaurant · Snackbar · Parking area with WC · Truck secure parking Hotel, motel · Ristorante · Bar · Parcheggio con WC · Truck parcheggio di sicurezza
Poste d'essence · GNC · Relais routier · GNC Tankstelle · mit Erdgas CNG · Autohof · mit Erdgas CNG		Filling-station · CNG · Truckstop · CNG Area di servizio · GNC · Parco automobilistico · GNC
Autoroute en construction avec date prévue de mise en service · Autoroute en projet Autobahn in Bau mit voraussichtlichem Fertigstellungsdatum · Autobahn in Planung	Date Datum Date	Motorway under construction with expected date of opening · Motorway projected Autostrada in costruzione con data d'apertura prevista · Autostrada in progetto
Double chaussée de type autoroutier · en construction · en projet Autobahnähnliche Schnellstraße · in Bau · in Planung		Dual carriageway with motorway characteristics · under construction · projected Doppia carreggiata di tipo autostradale · in costruzione · in progetto
Route de grand trafic · avec point de jonction Fernverkehrsstraße · mit Anschlussstelle		Trunk road · with junction Strada di grande comunicazione · con svincolo
Route principale importante · Route principale Wichtige Hauptstraße · Hauptstraße		Important main road · Main road Strada principale importante · Strada principale
Routes en construction · en projet Straßen in Bau · geplant		Roads under construction · projected Strade in costruzione · in progetto
Route secondaire · Chemin carrossable Nebenstraße · Fahrweg		Secondary road · Carriageway Strada secondaria · Sentiero carrabile
Chemin carrossable, praticabilité non assurée · Sentiers Fahrweg, nur bedingt befahrbar · Fußwege		Carriageway, use restricted · Footpathes Sentiero carrabile, traffico ristretto · Sentieri
Tunnels routiers Straßentunnel		Road tunnels Gallerie stradali
Numéro de route européenne · Numéro d'autoroute · Numéro de route Europastraßennummer · Autobahnnummer · Straßennummer	E45 A18 209	European road number · Motorway number · Road number Numero di strada europea · Numero di autostrada · Numero di strada
Montée · Col · Fermeture en hiver Steigung · Pass · Wintersperre	10-15% > 15% (1328) IX-II	Gradient · Pass · Closure in winter Pendenza · Passo · Chiusura invernale
Route non recommandée · interdite aux caravanes Straße für Wohnanhänger nicht empfehlenswert · gesperrt		Road not recommended · closed for caravans Strada non consigliata · vietata al transito di caravan
Route à péage · Route interdite aux véhicules à moteur Gebührenpflichtige Straße · Straße für Kfz gesperrt		Toll road · Road closed for motor vehicles Strada a pedaggio · Strada vietata ai veicoli a motore
Parcours pittoresque · Route touristique Landschaftlich schöne Strecke · Touristenstraße	Route du Rhin	Route with beautiful scenery · Tourist route Percorso pittoresco · Strada turistica
Bac pour automobiles · Bac fluvial pour automobiles · Ligne de navigation Autofähre · Autofähre an Flüssen · Schifffahrtslinie		Car ferry · Car ferry on river · Shipping route Traghetto auto · Trasporto auto fluviale · Linea di navigazione
Chemin de fer principal avec gare · Chemin de fer secondaire avec halte Hauptbahn mit Bahnhof · Nebenbahn mit Haltepunkt		Main line railway with station · Secondary line railway with stop Ferrovia principale con stazione · Ferrovia secondaria con fermata
Gare auto-train · Chemin de fer touristique AutoZug-Terminal · Museumseisenbahn		Car-loading terminal · Tourist train Terminal auto al seguito · Treno turistico
Chemin de fer à crémaillère, funiculaire · Téléférique · Télésiège Zahnradbahn, Standseilbahn · Kabinenseilbahn · Sessellift		Rack-railway, funicular · Aerial cableway · Chair-lift Ferrovia a cremagliera, funicolare · Funivia · Seggiovia
Aéroport · Aéroport régional · Aérodrome · Terrain de vol à voile Verkehrsflughafen · Regionalflughafen · Flugplatz · Segelflugplatz		Airport · Regional airport · Airfield · Gliding site Aeroporto · Aeroporto regionale · Aerodromo · Campo per alianti
Distances en km sur autoroutes Entfernungen in km an Autobahnen	75 30 35 45	Distances in km along the motorway Distanze autostradali in km
Distances en km sur routes Entfernungen in km an Straßen	25 10	Distances in km along the other roads Distanze stradali in km

CURIOSITÉS · SEHENSWÜRDIGKEITEN — PLACES OF INTEREST · INTERESSE TURISTICO

F / D		UK / I
Localité particulièrement intéressante Besonders sehenswerter Ort	BORDEAUX	Place of particular interest Località di particolare interesse
Ville très recommandée Sehr sehenswerter Ort	BIARRITZ	Very interesting city Località molto interessante
Monument culturel particulièrement intéressant · Monument culturel très recommandé Besonders sehenswertes kulturelles Objekt · Sehr sehenswertes kulturelles Objekt	St. Pierre · Chateau	Cultural monument of particular interest · Very interesting cultural monument Monumento di particolare interesse · Monumento molto interessante
Monument naturel particulièrement intéressant · Monument naturel très recommandé Besondere Natursehenswürdigkeit · Natursehenswürdigkeit	Grotte · Cascade	Natural object of particular interest · Very interesting natural monument Monumento naturale di particolare interesse · Monumento naturale molto interessante
Autres curiosités: culture - nature Sonstige Sehenswürdigkeiten: Kultur - Natur	★ Dolmen · ★ Gorge	Other objects of interest: culture - nature Altre curiosità: cultura - natura
Jardin botanique, parc intéressant · Jardin zoologique Botanischer Garten, sehenswerter Park · Zoologischer Garten		Botanical gardens, interesting park · Zoological gardens Giardino botanico, parco interessante · Giardino zoologico
MARCO POLO Highlight MARCO POLO Highlight	1	MARCO POLO Highlight MARCO POLO Highlight
Parc national, parc naturel · Point de vue Nationalpark, Naturpark · Aussichtspunkt		National park, nature park · Scenic view Parco nazionale, parco naturale · Punto panoramico
Église · Chapelle · Église en ruines · Monastère · Monastère en ruines Kirche · Kapelle · Kirchenruine · Kloster · Klosterruine		Church · Chapel · Church ruin · Monastery · Monastery ruin Chiesa · Cappella · Rovine di chiesa · Monastero · Rovine di monastero
Château, château fort · Château fort en ruines · Monument · Moulin à vent · Grotte Schloss, Burg · Burgruine · Denkmal · Windmühle · Höhle		Palace, castle · Castle ruin · Monument · Windmill · Cave Castello, fortezza · Rovine di fortezza · Monumento · Mulino a vento · Grotta

AUTRES INDICATIONS · SONSTIGES — OTHER INFORMATION · ALTRI SEGNI

F / D	UK / I
Terrain de camping permanent · saisonniers · Auberge de jeunesse · Hôtel, motel, auberge, refuge, village touristique Campingplatz ganzjährig · saisonal · Jugendherberge · Hotel, Motel, Gasthaus, Berghütte, Feriendorf	Camping site permanent · seasonal · Youth hostel · Hotel, motel, inn, refuge, tourist colony Campeggio tutto l'anno · stagionale · Ostello della gioventù · Hotel, motel, albergo, rifugio, villaggio turistico
Terrain de golf · Marina · Cascade Golfplatz · Jachthafen · Wasserfall	Golf-course · Marina · Waterfall Campo da golf · Porto turistico · Cascata
Piscine · Station balnéaire · Plage recommandée Schwimmbad · Heilbad · Empfehlenswerter Badestrand	Swimming pool · Spa · Recommended beach Piscina · Terme · Spiaggia raccomandabile
Tour · Tour radio, tour de télévision · Phare · Bâtiment isolé Turm · Funk-, Fernsehturm · Leuchtturm · Einzelgebäude	Tower · Radio or TV tower · Lighthouse · Isolated building Torre · Torre radio o televisiva · Faro · Edificio isolato
Mosquée · Ancienne mosquée · Église russe orthodoxe · Cimetière militaire Moschee · Ehemalige Moschee · Russisch-orthodoxe Kirche · Soldatenfriedhof	Mosque · Former mosque · Russian orthodox church · Military cemetery Moschea · Antica moschea · Chiesa ortodossa russa · Cimitero militare
Frontière d'État · Point de contrôle international · Point de contrôle avec restrictions Staatsgrenze · Internationale Grenzkontrollstelle · Grenzkontrollstelle mit Beschränkung	National boundary · International check-point · Check-point with restrictions Confine di Stato · Punto di controllo internazionale · Punto di controllo con restrizioni
Limite administrative · Zone interdite Verwaltungsgrenze · Sperrgebiet	Administrative boundary · Prohibited area Confine amministrativo · Zona vietata
Forêt · Lande Wald · Heide	Forest · Heath Foresta · Landa
Sable et dunes · Mer recouvrant les hauts-fonds Sand und Dünen · Wattenmeer	Sand and dunes · Tidal flat Sabbia e dune · Barena

Sinais convencionais
Signos convencionales

Legenda
Objaśnienia znaków

TRÂNSITO (P) / TRÁFICO (E) — (NL) VERKEER / (PL) KOMUNIKACJA

Sinais convencionais / Signos convencionales	Legenda / Objaśnienia znaków
Auto-estrada com ramal de acesso · Número de acesso · Portagem Autopista con acceso · Número de acceso · Peaje	Autosnelweg met aansluiting · Aansluiting met nummer · Tolkantoor Autostrada z węzłem · Węzeł z numerem · Płatna rogatka
Hotel, motel · Restaurante · Snack-bar · Parque de estacionamento com retrete · Truck Parqueamento Segurança Hotel, motel · Restaurante · Bar · Aparcamiento con retrete · Truck seguridad parking	Motel · Restaurant · Snackbar · Parkeerplaats met WC · Beveiligde parkeerplaats voor vrachtwagens Motel · Restauracja · Bufet · Parking i WC · Bezpieczeństwo parkowanie ciężarówka
Posto de abastecimento · GNC · Área de serviço para camiãos · GNC Estación de servicio · GNC · Área de servicio y descanso · GNC	Tankstation · CNG · Truckstop · CNG Stacja benzynowa · CNG · Postój ciężarówek i noclegi dla kierowców · CNG
Auto-estrada em construção com data de conclusão · Auto-estrada projectada Autopista en construcción con fecha de apertura al tráfico · Autopista en proyecto	Autosnelweg in aanleg met geplande openingsdatum · Autosnelweg in ontwerp Autostrada w budowie z datą oddania do użytku · Autostrada projektowana
Via rápida de faixas separadas · em construção · projectada Autovía · en construcción · en proyecto	Autoweg met gescheiden rijbanen · in aanleg · in ontwerp Droga szybkiego ruchu · w budowie · projektowana
Itinerário principal · com ramal de acesso Carretera de tránsito · con acceso	Weg voor doorgaand verkeer · met aansluiting Droga przelotowa · z węzłem
Estrada de ligação principal · Estrada regional Carretera principal importante · Carretera principal	Belangrijke hoofdweg · Hoofdweg Ważna droga główna · Droga główna
Estradas em construção · projectadas Carreteras en construcción · en proyecto	Wegen in aanleg · in ontwerp Drogi w budowie · Drogi projektowane
Estrada secundária · Caminho Carretera secundaria · Camino	Secundaire weg · Rijweg Droga drugorzędna · Droga bita
Caminho a trânsito limitado · Trilho Camino, tránsito restringido · Sendas	Rijweg, beperkt berijdbaar · Voetpaden Droga bita (o ograniczonej przejezdności) · Drogi dla pieszych
Túnels de estrada Túneles de carreteras	Wegtunnels Tunele drogowe
Número de estrada europeia · Número de auto-estrada · Número de estrada Número de carretera europea · Número de autopista · Número de carretera	Europees wegnummer · Nummer van autosnelweg · Wegnummer Numer drogi europejskiej · Numer autostrady · Numer drogi
Subida · Passagem · Estrada fechada ao trânsito no inverno Pendiente · Puerto · Cerrado en invierno	Stijging · Bergpas · Winterafsluiting Strome podjazd · Przełęcz · Zamknięte zimą
Estrada não aconselhável · interdita a autocaravanas Carretera no recomendada · Cerrada para caravanas	Voor caravans niet aan te bevelen · verboden Wjazd z przyczepą kempingową niezalecany · zakazany
Estrada com portagem · Estrada fechada ao trânsito Carretera de peaje · Carretera cerrada para automóviles	Tolweg · Gesloten voor motorvoertuigen Droga płatna · Droga zamknięta dla ruchu samochodowego
Itinerário pitoresco · Rota turística Ruta pintoresca · Ruta turística	Landschappelijk mooie route · Toeristische route Piękna droga widokowa · Droga turystyczna
Barca para viaturas · Batelãos para viaturas nos rios · Linha de navegação Transbordador para automóviles · Paso de automóviles en barca · Línea marítima	Autoveer · Autoveer over rivieren · Scheepvaartroute Prom samochodowy · Prom rzeczny samochodowy · Linia okrętowa
Linha ferroviária principal com estação · Linha secundária com apeadeiro Línea principal de ferrocarril con estación · Línea secundaria con apeadero	Hoofdspoorlijn met station · Spoorlijn met halte Kolej główna z dworcem · Kolej drugorzędna z przystankiem
Estação com carregação de viaturas · Comboio turístico Terminal autoexpreso · Tren turístico	Autotrein-terminal · Toeristische stoomtrein Stacja przeładunkowa dla samochodu · Kolej zabytkowa
Via férrea de cremalheira, funicular · Teleférico · Telecadeira Ferrocarril de cremallera, funicular · Teleférico · Telesilla	Tandradbaan, kabelspoorweg · Kabelbaan · Stoeltjeslift Kolej zębata, kolej linowa szynowa · Kolej linowa napowietrzna · Wyciąg krzesełkowy
Aeroporto · Aeroporto regional · Aeródromo · Aeródromo para planadores Aeropuerto · Aeropuerto regional · Aeródromo · Campo de aviación sin motor	Luchthaven · Regionaal vliegveld · Vliegveld · Zweefvliegveld Port lotniczy · Lotnisko regionalne · Lotnisko · Teren dla szybowców
Distâncias em quilómetros na auto-estrada Distancias en km en la autopista	Afstanden in km aan autosnelwegen Odległości w kilometrach na autostradach
Distâncias em quilómetros na estrada Distancias en km en carreteras	Afstanden in km aan wegen Odległości w kilometrach na innych drogach

PONTOS DE INTERESSE / PUNTOS DE INTERÉS — BEZIENSWAARDIGHEDEN / INTERESUJĄCE OBIEKTY

Sinais convencionais / Signos convencionales	Symbol	Legenda / Objaśnienia znaków
Povoação de interesse especial Población de interés especial	BORDEAUX	Bijzonder bezienswaardige plaats Szczególnie interesująca miejscowość
Povoação muito interessante Localidad de mucho interés	BIARRITZ	Zeer bezienswaardige plaats Bardzo interesująca miejscowość
Monumento cultural de interesse especial · Monumento cultural de muito interesse Monumento cultural de interés especial · Monumento cultural de mucho interés	St. Pierre · Chateau	Bijzonder bezienswaardig cultuurmonument · Zeer bezienswaardig cultuurmonument Szczególnie interesujący zabytek · Bardzo interesujący zabytek
Monumento natural de interesse especial · Monumento natural de muito interesse Curiosidad natural de interés · Curiosidad natural	Grotte · Cascade	Bijzonder bezienswaardig natuurmonument · Zeer bezienswaardig natuurmonument Szczególnie interesujący pomnik przyrody · Bardzo interesujący pomnik przyrody
Outros pontos de interesse: cultura - natureza Otras curiosidades: cultura - naturaleza	★ Dolmen · ★ Gorge	Overige bezienswaardigheden: cultuur - natuur Inne interesujące obiekty: kulturlny - przyrodniczy
Jardim botânico, parque interessante · Jardim zoológico Jardín botánico, parque de interés · Jardín zoológico		Botanische tuin, bezienswaardig park · Dierentuin Ogród botaniczny, interesujący park · Ogród zoologiczny
MARCO POLO Highlight MARCO POLO Highlight	1	MARCO POLO Highlight MARCO POLO Highlight
Parque nacional, parque natural · Vista panorâmica Parque nacional, parque natural · Vista pintoresca		Nationaal park, natuurpark · Mooi uitzicht Park narodowy, park krajobrazowy · Punkt widokowy
Igreja · Capela · Ruína de igreja · Mosteiro · Ruína de mosteiro Iglesia · Ermita · Iglesia en ruinas · Monasterio · Ruina de monasterio		Kerk · Kapel · Kerkruïne · Klooster · Kloosterruïne Kościół · Kaplica · Ruiny kościoła · Klasztor · Ruiny klasztoru
Palácio, castelo · Ruínas castelo · Monumento · Moinho de vento · Gruta Palacio, castillo · Ruina de castillo · Monumento · Molino de viento · Cueva		Kasteel, burcht · Burchtruïne · Monument · Windmolen · Grot Pałac, zamek · Ruiny zamku · Pomnik · Wiatrak · Jaskinia

DIVERSOS / OTROS DATOS — OVERIGE INFORMATIE / INNE INFORMACJE

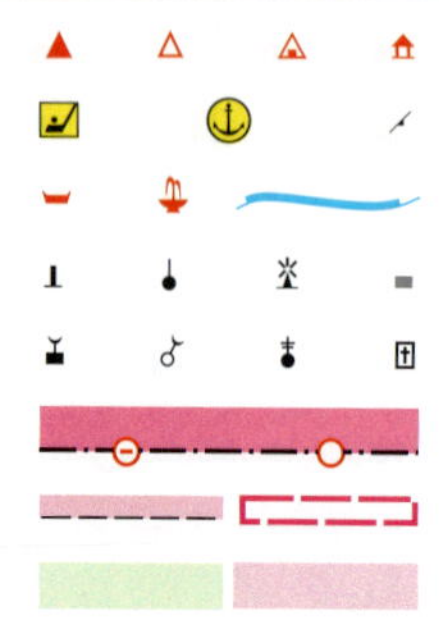

Sinais convencionais / Signos convencionales	Legenda / Objaśnienia znaków
Parque de campismo durante todo o ano · sazonal · Pousada da juventude · Hotel, motel, restaurante, abrigo de montanha, aldeia turística Camping todo el año · estacionales · Albergue juvenil · Hotel, motel, restaurante, refugio, aldea de vacaciones	Kampeerterrein het gehele jaar · seizoensgebonden · Jeugdherberg · Hotel, motel, restaurant, berghut, vakantiekolonie Kemping przez cały rok · sezonowy · Schronisko młodzieżowe · Hotel, motel, restauracja, schronisko górskie, wieś letniskowa
Área de golfe · Porto de abrigo · Cascata Campo de golf · Puerto deportivo · Cascada	Golfterrein · Jachthaven · Waterval Pole golfowe · Port jachtowy · Wodospad
Piscina · Termas · Praia recomendável Piscina · Baño medicinal · Playa recomendable	Zwembad · Badplaats · Mooi badstrand Pływalnia · Uzdrowisko · Plaża rekomendowana
Torre · Torre de telecomunicação · Farol · Edifício isolado Torre · Torre de radio o televisión · Faro · Edificio aislado	Toren · Radio of T.V. mast · Vuurtoren · Geïsoleerd gebouw Wieża · Wieża stacji radiowej, telewizyjnej · Latarnia morska · Budynek odosobniony
Mesquita · Mesquita antiga · Igreja russa ortodoxa · Cemitério militar Mezquita · Antigua mezquita · Iglesia rusa-ortodoxa · Cementerio militar	Moskee · Voormalig moskee · Russisch orthodox kerk · Militaire begraafplaats Meczet · Dawny meczet · Cerkiew prawosławna · Cmentarz wojskowy
Fronteira nacional · Posto de controlo internacional · Posto de controlo com restrição Frontera nacional · Control internacional · Control con restricciones	Rijksgrens · Internationaal grenspost · Grenspost met restrictie Granica państwa · Międzynarodowe przejście graniczne · z ograniczeniami
Limite administrativo · Área proibida Frontera administrativa · Zona prohibida	Administratieve grens · Afgesloten gebied Granica administracyjna · Obszar zamknięty
Floresta · Charneca Bosque · Landa	Bos · Heide Las · Wrzosowisko
Areia e dunas · Baixio Arena y dunas · Aguas bajas	Zand en duinen · Bij eb droogvallende gronden Piasek i wydmy · Watty

1 : 300 000

Vysvětlivky / Legenda | Legenda / Tumač znakova

DOPRAVA (CZ) / DOPRAVA (SK)		(SLO) PROMET / (HR) PROMETNICE
Dálnice s přípojkou · Přípojka s číslem · Místo výběru poplatků Diaľnica s prípojkami · Prípojkami · Miesto výberu poplatkov	Belfort-Nord 16	Avtocesta s priključkom · Izvoz-številka · Cestninska postaja Autocesta sa prilazom · Izlaz-broj · Pristojba
Motel · Motorest · Občerstvení · Parkoviště s WC · Truck parkování bezpečnosti Motel · Raststätte · Občerstvenie · Parkovisko s WC · Truck Parkovisko zabezpečenia	Champoux	Motel · Restavracija · Počivališče · Tovornjak parkiranje varnost Odmorište s prenoćištem · Restoran · Bife · Parkiralište sa WC-om · Kamion parking sigurnost
Čerpací stanice · CNG · Parkoviště pro TIR · CNG Čerpacia stanica · CNG · Parkovisko pre nákladné autá · CNG		Bencinska črpalka · CNG · Parkirišče za voznike tovornj. · CNG Benzinska crpka · SPP · Benzinska crpka, restoran za kamione · SPP
Dálnice ve stavbě s termínem uvedení do provozu · Dálnice plánovaná Diaľnica vo výstavbe s termínom uvedenia do prevádzky · Diaľnica plánovaná	Datum Datum Dátum Dátum	Avtocesta v gradnji in izdelavni termin · Avtocesta v načrtu Autocesta u gradnji sa datumom otvoranja · Autocesta u planu
Dvouproudá silnice dálnicového typu se čtyřmi jízdními pruhy · ve stavbě · plánovaná Čtvorprúdová cesta pre motorové vozidlá · vo výstavbe · iplánovaná		Hitra cesta · v gradnji · v načrtu Četverotračna brza cesta · u gradnji · u planu
Dálková silnice · s přípojkou Hlavná diaľková cesta · s prípojkou		Magistralna cesta · s priključkom Glavna tranzitna cesta · sa prilazom
Důležitá hlavní silnice · Hlavní silnice Dôležité hlavné cesty · Hlavné cesty		Pomembna glavna cesta · Glavna cesta Regionalna cesta · Glavna cesta
Silnice ve stavbě · plánované Cesty vo výstavbe · plánované		Ceste v gradnji · v načrtu Ceste u gradnji · u planu
Vedlejší silnice · Zpevněná cesta Vedľajšia cesta · Spevnená cesta		Stranska cesta · Vozna pot Lokalna cesta · Provozni put
Zpevněná cesta, sjízdná podmíněně · Stezky Spevnená cesta, zjazdné podmienene · Chodníky		Vozna pot, pogojno prevozna · Steze Provozni put, uslovno prohodan · Staze
Silniční tunely Cestný tunel		Cestni predori Ulični tuneli
Číslo evropské silnice · Číslo dálnice · Číslo silnice Číslo európskej cesty · Číslom dia nica · Číslo cesty	E45 A18 209	Številka evropske ceste · Oznaka avtoceste · Oznaka ceste Broj europske ceste · Broj autoceste · Broj ceste
Stoupání · Průsmyk · Silnice uzavřená v zimě Stúpanie · Pries · Terén pre vetrone	10-15% >15% (1328) IX-II	Vzpon · Prelaz · Zimska zapora Uspon · Prijevoj · Zabrana prometa zimi
Silnice nedoporučena · uzavřená pro přívěsy Cesta uzavretá pre karavany · neodporúčaná		Ni priporočljivo za stanovanjske prikolice · prepovedano Ne preporuča se za kamp prikolice · zabranjeno
Silnice s placením mýtného · Silnice uzavřená pro motorová vozidla Cesta s povinným poplatkom · Cesta uzavretá pre motorové vozidlá		Cesta s plačilom cestnine · Cesta zaprta za motorni promet Cesta s plaćanjem pristojbe · Cesta zabranjena
Úsek silnice s pěknou scenérií · Turistická silnice Cesta s malebnou krajinou · Turistická cesta	Route du Rhin	Slikovita cesta · Turistična cesta Cesta u lijepom krajoliku · Turistička cesta
Prám pro auta · Říční přívoz pro auta · Trasa lodní dopravy Trajekt pre automobily · Riečny prievoz pre automobily · Lodná linka		Trajekt za avtomobile · Rečna trajektna proga · Ladijska proga Trajekt za automobile · Riječna trajektna pruga · Brodska pruga
Hlavní železniční trať se stanicí · Místní železniční trať se zastávkou Hlavná železnica so stanicou · Vedľajšia železnica so zastávkou		Glavna železniška proga z železniško postajo · Stranska železniška proga z postajališčem Glavna željeznička pruga sa kolodvorom · Lokalna željeznička pruga s postajom
Terminál autovlaků · Historická železnice Železničný terminál · Historická železnica		Železniški avtoprevoz · Muzejska železniška proga Utovar automobila na vlak · Istorijska željeznica
Ozubnicová lanovka, kabinová lanovka · Kabinová visutá lanovka · Sedačková lanovka Ozubnicová dráha, Pozemní lanovka · Kabínková visutá lanovka · Sedačková lanovka		Proga zobate železnice, Vzpenjača · Gondolska žičnica · Sedežnica Zupčana željeznica, žičara bez sjedišta · Žičara · Uspinjača
Dopravní letiště · Regionální letiště · Přistávací plocha · Terén pro větroně Dopravné letisko · Regionálne letisko · Pristavácia plocha · Terén pre vetrone		Mednarodno letališče · Lokalno letališče · Letališče · Letališče za jadralna letala Zračna luka · Regionalna zračna luka · Uzletište · Površina za jedriličarenje
Vzdálenosti v kilometrech na dálnici Vzdialenosti na diaľniciach v kilometroch	75	Razdalje v km na avtocestah Udaljenosti u kilometrima na autocesti
Vzdálenosti v kilometrech na silnici Vzdialenosti na cestách v kilometroch	30 35 45 25 10	Razdalje v km na cestah Udaljenosti u kilometrima na cestama

ZAJÍMAVOSTI / ZAUJÍMAVOST		ZAMINIVOSTI / ZANIMLJIVOSTI
Turisticky pozoruhodná lokalita Mimoriadne pozoruhodné miesto	BORDEAUX	Posebej zanimivo naselje Vrlo znamenito naselje
Velmi zajímave místo Veľmi pozoruhodnév miesto	BIARRITZ	Zelo zanimivo naselje Znamenito naselje
Turistická pozoruhodná kulturní památka · Velmi zajímavý kulturní památka Mimoriadne pozoruhodné kultúra objekt · Veľmi pozoruhodnév kultúra objekt	St. Pierre · Chateau	Posebej zanimiva kulturna znamenitost · Zanimiva kulturna znamenitost Vrlo zanimljiva građevina · Zanimljiva građevina
Turistická pozoruhodná přírodní památka · Velmi zajímavý přírodní památka Mimoriadna prírodná zaujímavosť · Zaujímavosť	Grotte · Cascade	Posebej zanimiva naravna znamenitost · Zanimiva naravna znamenitost Posebna prirodna znamenitost · Prirodna znamenitost
Jiné zajímavosti: kultura - příroda Iná pozoruhodnosťi: kultúra - príroda	★ Dolmen · ★ Gorge	Druge znamenitosti: kultura - priroda Ostale znamenitosti: kultura - priroda
Botanická zahrada, pozoruhodný park · Zoologická zahrada Botanická záhrada, Pozoruhodný park · Zoologická záhrada		Botanični vrt, zanimiv park · Živalski vrt Botanički vrt, znamenit perivoj · Zoološki vrt
MARCO POLO Highlight MARCO POLO Highlight	1	MARCO POLO Highlight MARCO POLO Highlight
Národní park, přírodní park · Krásný výhled Národný park, Prírodný park · Vyhliadka		Narodni park, naravni park · Razgledišče Nacionalni park, prirodni park · Vidikovac
Kostel · Kaple · Zřícenina kostela · Klášter · Zřícenina kláštera Kostol · Kaplnka ·Zrúcanina kostola · Kláštor · Zrúcanina kláštora		Cerkev · Kapela · Razvalina cerkve · Samostan · Samostanska razvalina Crkva · Kapela · Crkvena ruševina · Samostan · Samostanska ruševina
Zámek, hrad · Zřícenina hradu · Pomník · Větrný mlýn · Jeskyně Zámok, Hrad · Zrúcanina hradu · Pomník · Veterný mlyn · Jaskyňa		Graščina, grad · Razvalina grada · Spomenik · Mlin na veter · Jama Utvrda, grad · Gradina · Spomenik · Vjetrenjača · Spilja

JINÉ ZNAČKY / INÉ ZNAČKY		DRUGI ZNAKI / OSTALE OZNAKE
Kempink s celoročním provozem · sezónní · Ubytovna mládeže · Hotel, motel, hostinec, horská bouda, rekreační středisko Kemping celoročný · sezónne · Mládežnická ubytovňa · Hotel, motel, hostinec, horská chata, rekreačné stredisko		Kamp celo leto · sezonske · Mladinski hotel · Hotel, motel, gostišče, planinska koča, počitniško naselje Kamp cijele godine · sezonski · Omladinski hotel · Hotel, motel, gostionica, planinarska kuća, ferijalna kolonija
Golfové hřiště · Jachtařský přístav · Vodopád Golfové ihrisko · Prístav pre plachetnice · Vodopád		Igrišče za golf · Marina · Slap Igralište golfa · Marina · Vodopad
Plovárna · Lázně · Doporučená pláž Kúpalisko · Kúpele · Pláž vhodná na kúpanie		Bazen · Toplice · Obala primerna za kopanje Bazen · Toplice · Obala pogodna za kupanje
Věž · Rozhlasová, televizní věž · Maják · Jednotlivá budova Veža · Rozhlasový, televízny stožiar · Maják · Osamote stojacá budova		Stolp · Radijski ali televizijski stolp · Svetilnik · Posamezno poslopje Toranj · Radio-, televizijski toranj · Svjetionik · Pojedinačna zgrada
Mešita · Dřívější mešita · Ruský ortodoxní kostel · Vojenský hřbitov Mešita · Ehemalige Moschee · Ruský ortodoxný kostol · Vojenský cintorín		Džamija · Nekdanja džamija · Rusko-pravoslavna cerkev · Vojaško pokopališče Džamija · Prijasnja džamija · Rusko-ortodoksna crkva · vojnivojničko groblje
Státní hranice · Hraniční přechod · Hraniční přechod se zvláštními předpisy Štátna hranica · Medzinárodný hraničný priechod · Hraničný priechod s obmedzením		Državna meja · Mednarodni mejni prehod · Mejna kontrolna točka z omejitvijo Državna granica · Međunarodni granični prijelaz · Međudržavni granični prijelaz
Správní hranice · Zakázaný prostor Administratívna hranica · Zakázaná oblasť		Upravna meja · Zaprto območje Upravna granica · Zabranjeno područje
Les · Vřesoviště Les · Pustatina		Gozd · Goljava Suma · Pustara
Písek a duny · Mělké moře Piesok a duny · Plytčina		Pesek in sipine · Bibavični pas Pijesak i prudi · Plitko more

Ba
Bb
Bc
Bd
Be
40
41
42
43
44
WHITSTABLE
HERNE BAY
Reculver Regulbium
MARGATE
Aquarium
Foreness Point
Margate Caves
North Foreland
Broadstairs
Birchington
Isle of Thanet
Acol
Manston
Cliffs End
RAMSGATE
St Nicholas at Wade
Sarre
Monkton
Minster
Chesterfield
Marshside
Yorkletts
Heath
Upstreet
Hersden
Grove
West-Stourmouth
East-Stourmouth
Stour
Hugin
Pegwell Bay
Richborough Castle
Great Stonar
Sandwich
St Clement
Sandwich Bay
Honey Hill
Rough Common
Tyler Hill
Broad Oak
Sturry
Westbere
Fordwich
Preston
Elmstone
Hoaden
CANTERBURY
Cathedral
Howletts Wild Animal Park
Chartham Hatch
Thanington
Littlebourne
Wickhambreaux
Wingham
Ash
Staple
Marshborough
Worth
Chartham
Shalmsford Street
Bekesbourne
Goodnestone
Eastry
Bridge
Lower Hardres
Adisham
Aylesham
Nonington
Chillenden
The Downs
Petham
Bishopsbourne
Kingston
Womenswold
Easole Street
Elvington
Tilmanstone
Northbourne
Sholden
Deal Castle
DEAL
Waltham
Bossingham
Barham
Barfrestone
Mongeham
Great Mongeham
East Studdal
Ripple
WALMER
Walmer Castle
Kingsdown
Stelling Minnis
Lyminge Forest
Woolage Green
Eythorne
Shepherdswell or Sibertswold
West Langdon
Sutton
Ringwould
Denton
Wootton
Elmsted
Rhodes Minnis
Lydden
Whitfield
East Langdon
St Margaret's at Cliffe
St Margaret's Bay
Lymbridge Green
Stowting
Elham
Temple Ewell
Guston
Swingfield Minnis
Alkham
BUCKLAND
North Downs Way
Lyminge
Paddles-worth
Densole
Hawkinge
St Radigond's Abbey
St Mary in Castro
Dover Castle
Postling
Etchinghill
West Hougham
Stanford
Eurotunnel Terminal
DOVER
Capel-le-Ferne
Chalk Cliffs
Samphire Hoe
East Wear Bay
Lympne Castle
Castle of Saltwood
Lympne
SALTWOOD
SANDGATE
FOLKESTONE
Hythe
North
Strait of Dover
Eurotunnel
Pas de Calais
Côte d'Opale
Blériot-Plage
Sangatte
Cap Blanc-Nez
Escalles
Coquelles
Tunnel sous la Manche
Peuplingues
Fréthun
Bonningues-lès-Calais
Wissant
Ramesault
Sombre
Hervelinghen
Pihen-lès-Calais
Cap Gris Nez
le Châtelet
Framzelle
Camp Romain
St-Inglevert
Audembert
Tardinghen
Leubringhen
Landrethun-le-Nord
Audinghen
Aire de 2 Caps
Cran-aux-Œufs
Parc
Bernes
Château de Blacourt
Bazinghen
Leulinghen
Ferques
Audresselles
Raventhun
Marquise
Elinghen
Ambleteuse
Slack
l'Européenne
Rinxent
Beuvrequen
Offrethun
L'Epitre
Réty
Wierre-Effroy
Wimille
Wacquinghen
Wimereux
Hesdres
Château de la Briquerie
Mont Com
Maninghen Honne
Pittefaux
Wimereux-Sud
Souverain Moulin
Colonne de la Gde Armée
Conteville-lez-Boulogne
Belle-et-Houllefort
le Wast
Rupembert
Pernes-lez-Boulogne
la Capelle-lès-Boulogne
BOULOGNE-SUR-MER
Boulogne-Est
Desvres
Maquinghen
la Villeneuve
Bellebrune
Baincthun
le Portel
Boulogne-Port
Forêt de Boulogne
le Possart
Crémarest
Cap d'Alprech
Echinghem
Outreau
St-Léonard
Questinghen
Wirwignes
Forêt de
28
Montreuil
Etaples/le Touquet
Faversham
Ashford
New Romney
UNITED KINGDOM
F
D
UK
I
Péage
Maut
Toll
Stazione a barriera
Douane
Zollstelle
Customs
Dogana
Départ voyageurs
Abfahrt Passagiere
Departure passengers
Partenza passeggeri
Départ marchandises
Abfahrt Fracht
Departure freight
Partenza merce
Arrivée voyageurs
Ankunft Passagiere
Arrival passengers
Arrivo passeggeri
Arrivée marchandises
Ankunft Fracht
Arrival freight
Arrivo merce
Folkestone Terminal
Lyminge
London Ashford
Dover
M20
E15
20
11a
12
2034
Euro-Tunnel Exhibition Centre
Folkestone
0 1 2 4 6 8 10 km
0 1 2 4 6 miles

Calais Terminus
Euro-Tunnel Exhibition Centre
Euro-Tunnel Operation Centre
A16
E402
Mer du Nord
DUNKERQUE
CALAIS
Gravelines
Bourbourg
Bergues
St Omer
Hazebrouck
Cassel
De Panne (La Panne)
Koksijde
BELGIË/BELGIQUE

Bb
Bc
Bd
Be
Bf
Calais
Boulogne-s.-M.
26
44
45
46
47
48
English Channel
La Manche
Côte d'Opale
BOULOGNE-SUR-MER
le Portel
Cap d'Alprech
Outreau
Equihen-Plage
St-Étienne-au-Mont
Condette
Hardelot-Plage
Neufchâtel-Hardelot
Mont St Frieux
Dannes
Camiers
Plage-Ste-Cécile
Embouchure de la Canche
le Touquet-Paris-Plage
Étaples
Trépied
Stella-Plage
Merlimont-Plage
Merlimont
Cucq
Berck-s-Mer
Berck-Plage
Rang-du-Fliers
Verton
Groffliers
Waben
Baie de l'Authie
Fort-Mahon-Plage
Quend-Plage-les-Pins
Quend
Rue
St-Quentin-en-Tourmont
Parc Ornithologique du Marquenterre
Baie de Somme
Pointe de Hourdel
le Crotoy
St-Valery-sur Somme
Cayeux-sur-Mer
Brighton
Pendé
Ault
Friville-Escarbotin
Mers-les-Bains
le Tréport
Eu
Criel Plage
Criel-sur-Mer
Bainthun
Desvres
Samer
Montreuil
Neuville-sous-Montreuil
Hesdin
Campagne-lès-Hesdin
Crécy-en-Ponthieu
Forêt de Crécy
Nouvion
ABBEVILLE
St-Riquier
Pont-Remy
Parc Naturel Régional des Caps et Marais d'Opale
Vallée de l'Authie
Vallée de la Somme
La Baie de Somme
Canal de la Somme
Fressenneville
Feuquières-en-Vimeu
Woincourt
Dargnies
Incheville
Oisemont
Hallencourt
Airaines
Neufchâtel-en-Bray
Blangy-sur-Bresle
37
38

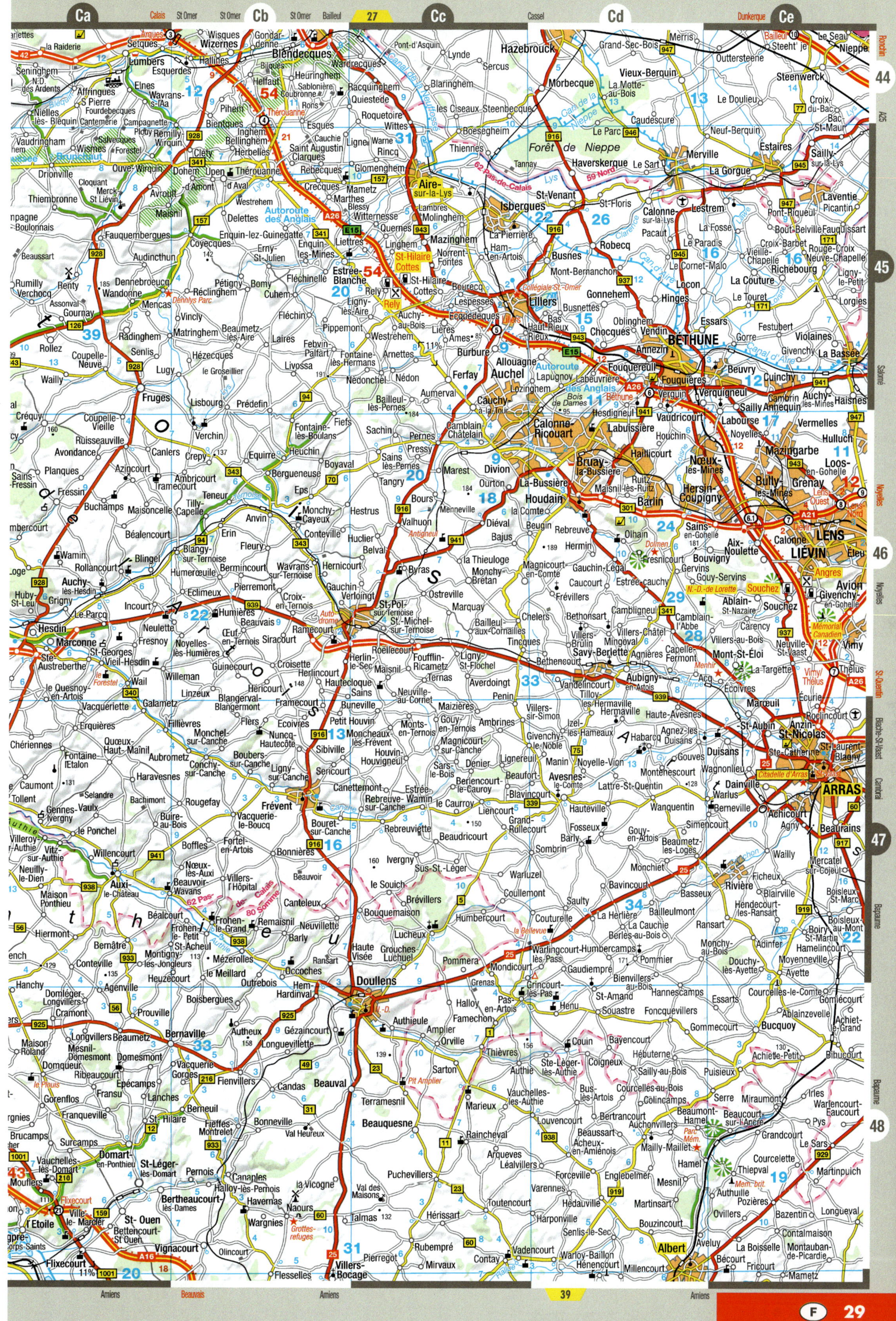
Ca
Cb
27
Cc
Cd
Ce
44
45
46
47
48
39
Hazebrouck
Blendecques
Aire-sur-la-Lys
Forêt de Nieppe
Merville
La Gorgue
Estaires
St-Venant
Isbergues
Lillers
Béthune
Auchel
Bruay-la-Buissière
Calonne-Ricouart
Houdain
Barlin
Nœux-les-Mines
Bully-les-Mines
Lens
Liévin
Avion
Hesdin
Fruges
St-Pol-sur-Ternoise
Frévent
Doullens
Arras
Achicourt
Beaurains
St-Laurent-Blangy
St-Nicolas
Anzin-St-Aubin
Auxi-le-Château
Bernaville
Beauval
Beauquesne
Albert
Villers-Bocage
Marconne
La Bassée
Wingles
Vimy

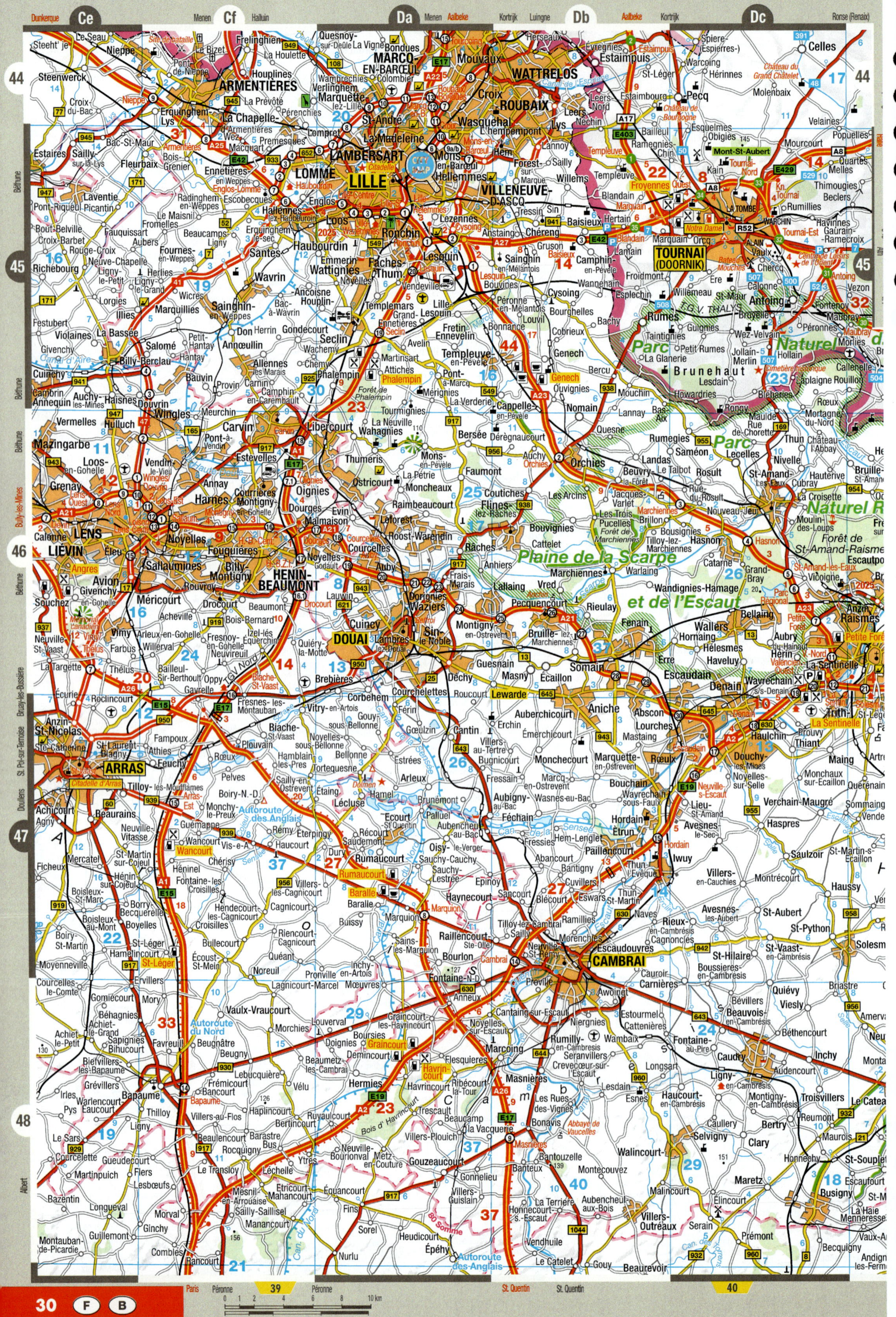

Ce
Cf
Da
Db
Dc
Dunkerque
Menen
Halluin
Aalbeke
Kortrijk
Luingne
Ronse (Renaix)
44
45
46
47
48
ARMENTIÈRES
MARCQ-EN-BARŒUL
WATTRELOS
ROUBAIX
Wasquehal
LAMBERSART
LILLE
LOMME
VILLENEUVE-D'ASCQ
Mouvaux
Croix
Estaimpuis
Celles
Pecq
Hérinnes
Molenbaix
TOURNAI (DOORNIK)
Antoing
Rumes
Brunehaut
Parc Naturel
Plaine de la Scarpe et de l'Escaut
Seclin
Templeuve
Orchies
Phalempin
Carvin
Libercourt
Wingles
Douvrin
LENS
LIÉVIN
Noyelles
HENIN-BEAUMONT
DOUAI
Marchiennes
Somain
Denain
Valenciennes
Aniche
Raismes
Anzin
ARRAS
Saint-Nicolas
Bapaume
CAMBRAI
Caudry
Le Cateau
Solesmes
Avesnes-les-Aubert
Marcoing
Masnières
Gouzeaucourt
Épéhy
Le Catelet
Beaurevoir
Bohain
Busigny
Autoroute du Nord
Autoroute des Anglais
Béthune
Bully-les-Mines
St-Pol-sur-Ternoise
Doullens
Albert
Paris
Péronne
39
40
St Quentin

Dunkerque
Cd
Ieper
Ce
BELGIË/BELGIQUE
Cf
Da
Brugge
Db
Kuurne
Waregem
KORTRIJK (COURTRAI)
WEVELGEM
MENEN (MENIN)
Wervik
Halluin
MOUSCRON (MOESKROEN)
TOURCOING
WATTRELOS
Estaimpuis
Mouvaux
Croix
MARCQ-EN-BARŒUL
Bondues
Comines
Warneton (-Waasten)
Heuvelland
ARMENTIÈRES
Nieppe
Steenwerck
Bailleul
Méteren
Hazebrouck
Steenvoorde
Wormhout
Poperinge
Mont des Cats
Mont des Recollets
Godewaersvelde
Boeschepe
Dikkebus
Voormezele
Zillebeke
Geluveld
Beselare
Moorsele
Gullegem
Bissegem
Lauwe
Rekkem
Aalbeke
Bellegem
Rollegem
Dottignies
Herseaux
FRANCE
44
Dd
De
Df
Ea
Eb
l'Escaut
Plaines
Péruwelz
Bernissart
Condé-sur-l'Escaut
Quiévrain
St-Ghislain
Quaregnon
Boussu
Colfontaine
Frameries
Dour
MONS (BERGEN)
Jurbise
Le Rœulx
LA LOUVIÈRE
Manage
Seneffe
Chapelle-lez-Herlaimont
Morlanwelz
Binche
Anderlues
Fontaine-l'Évêque
Estinnes
Quévy
Erquelinnes
Thuin
Lobbes
46
VALENCIENNES
Crespin
Onnaing
Quarouble
Hensies
Honnelles
Bavay
MAUBEUGE
Jeumont
Hautmont
Louvroil
Le Quesnoy
Forêt de Mormal
Parc Naturel Régional de l'Avesnois
Beaumont
Sivry-Rance
Fagnes
Chimay
47
Landrecies
Maroilles
Avesnes-sur-Helpe
Avesnelles
Le Cateau-Cambrésis
Englefontaine
Fourmies
Trélon
Momignies
Wignehies
La Flamengrie
Le Nouvion-en-Thiérache
Boué
Wassigny
La Capelle
Étrœungt
Solre-le-Château
Sars-Poteries
Felleries
48
Guise
FRANCE
Hirson
Vervins
41

Xb
Xc
Xd
Xe
Xf
50
51
52
53
54
English Channel
La Manche
Channel Islands
(Îles Anglo-Normandes)
Guernsey
(Guernesey)
Alderney
(Aurigny)
Sark
(Sercq)
Jersey
Herm
Jethou
Brecqhou
Little Sark
Burhou
Renonquet
Les Casquets
St Anne
Braye
Braye Bay
Longis Bay
Roche
Clonque Bay
Telegraph Bay
Alderney Race
Raz Blanchard
Cap de
Auderville
la Roche
Baie Ecalgrain
Nez de Jobourg
Portsmouth
St Peter-Port
Vale
Bordeaux
St Sampson
Capelles
Castel
le Villocq
King's Mills
Catel
St Andrew
St Peter in the wood
Torteval
Forest
St Martin
Perelle
Lihou
Pleinmont Point
Rocquaine Bay
L' Eree Bay
Vazon Bay
Cobo Bay
Grand Havre
Forêt Doyle
Dehus Dolmen
Delancey Park
Belgrave Bay
Castle Cornet
Aquarium
Little Church
St-Martins Chapel
Guernsey Airport
Petit Bot Bay
Icart Point
Moulin Huet Bay
Little Roussel
Big Roussel
la Seigneurie
Collinette
Port Gorey
la Coupée
Guernsey (Guernesey)
Jersey
Les Dirouilles
Pierres de Lecq
Plémont Point
Plémont
Grosnez Point
Grosnez Castle
Sorel Point
Devil's Hole
Belle Hogue Point
St-John
Bouley Bay
Rozel Bay
la Coupe Point
Rozel
Trinity
Durrell
St-Martin
St Catherine's Bay
Puits-de-Léoville
St Mary
la Hague
Carrefour Selous
St-Lawrence
Les Augrès
la Hougue Bie
Faldouët
Mont Orgueil
l'Etacq
St Ouën
Jersey Airport
St-Peter
Ville es Nouaux
Tumulus
St-Ouën's Bay
Beaumont
St Brélade
La Pulente
St-Aubin
St-Aubin's Bay
St Saviour
Gourey
St Helier
Grouville
St-Clément
La Rocque
Corbière Point
St Brélade's Bay
Elizabeth Castle
Noirmont Point
le Croc
St-Clemen's Bay
La Rocque Point
Guernsey
St-Malo
Granville
Cap de
Anse
0 1 2 4 6 8 10 km
0 1 2 4 6 miles

Ya
Yb
Yc
Yd
Ye
50
51
52
53
54
Rosslare Harbour
Poole
Portsmouth
Grande Rade
la Hague
St-Germain-des-Vaux
Pointe Jardeheu
Port-Racine
Omonville-la-Petite
Omonville-la-Rogue
Digulleville
Jobourg
Mont Pali
Gréville-Hague
Urville-Nacqueville
Herqueville
Beaumont-Hague
Querqueville
le Hameau-de-la-Mer
Equeurdreville-Hainneville
CHERBOURG-en-Cotentin
Tourlaville
Bretteville
Digosville
Cap Lévy
Fermanville
Cosqueville
Vrasville
Réthoville
Néville-sur-Mer
Pointe de Barfleur
Phare
Gatteville-le-Phare
Barfleur
Montfarville
Anneville-en-Saire
la Pernelle
Réville
Pointe de Saire
Ile de Tatihou
Quettehou
St-Vaast-la-Hougue
Fort de la Hougue
Maupertus-sur-Mer
Théville
Carneville
St-Pierre-Église
Tocqueville
Valcanville
le Vicq
le Vast
Brillevast
Teurthéville-Bocage
Morsalines
Crasville
Aumeville-Lestre
Quinéville
Lestre
Vaudreville
Octeville-l'Avenel
Huberville
Valognes
Tamerville
Brix
Sottevast
Rochemont
Chiffrevast
Bricquebec-en-Cotentin
Négreville
Yvetot-Bocage
Montebourg
St-Floxel
Fontenay-sur-Mer
Hameau-du-Nord
Ravenoville
Ravenoville-Plage
Émondeville
Azeville
Foucarville
St-Germain-de-Varreville
St-Martin-de-Varreville
Utah Beach
la Madeleine
Ste-Mère-Église
Neuville-au-Plain
Turqueville
Audouville-la-Hubert
Boutteville
Ste-Marie-du-Mont
Pouppeville
Brucheville
Carquebut
Picauville
Blosville
Hiesville
Vierville
Houesville
Liesville-sur-Douve
Beuzeville-la-Bastille
Angoville-au-Plain
St-Côme-du-Mont
Brévands
Catz
Carentan-les-Marais
St-Hilaire-Petitville
St-Pellerin
Veys
Bayeux
Baie des Veys
Parc
Nat.
Régional
des
Marais
du Cotentin
et du
Bessin
Passe de Carentan
Vauville
Biville
La Hague
Flottemanville-Hague
Acqueville
Sideville
Nouainville
Martinvast
Hardinvast
Tollevast
St-Martin-Gréard
Vasteville
Teurthéville-Hague
Virandeville
Couville
St-Christophe-du-Foc
Héauville
Siouville-Hague
Diélette
Flamanville
E.D.F. Centre nucléaire
Tréauville
Benoîtville
Sottevil
Bricquebosq
Grosville
Rauville-la-Bigot
St-Martin-le-Hébert
Les Pieux
Le Rozel
Pointe du Rozel
Surtainville
Pierreville
St-Germain-le-Gaillard
Quettetot
Le Vrétot
Les Perques
Sénoville
Sortosville-en-Beaumont
Le Valdécie
Néhou
Ste-Colombe
Beaubigny
les Moitiers-d'Allonne
Le Bosquet
la Haye-d'Ectot
Barneville-Carteret
Cap de Carteret
Carteret
Barneville-Plage
St-Jean-de-la-Rivière
St-Georges-de-la-Rivière
Port-Bail-sur-Mer
Portbail
St-Lô-d'Ourville
Denneville
Denneville-la-Plage
Lindbergh-Plage
St-Sauveur-le-Vicomte
Rauville-la-Place
Crosville-sur-Douve
Orglandes
Gourbesville
Amfreville
Hautteville-Bocage
Golleville
Colomby
Hémevez
Urville
Le Ham
Fresville
Lieusaint
La Bonneville
Catteville
Selsouef
Les Moitiers-en-Bauptois
Neuville-en-Beaumont
Canville-la-Rocque
Doville
St-Nicolas-de-Pierrepont
Varenguebec
Coigny
Prétot-Vicquemare
Ste-Suzanne
Baupte
Auvers
Appeville
Neufmesnil
La Haye-du-Puits
La Haye
Bolleville
Mont Castre
Lithaire
Montgardon
St-Symphorien-le-Valois
St-Rémy-des-Landes
Surville
Glatigny
Bretteville-sur-Ay
Angoville-sur-Ay
St-Germain-sur-Ay
St-Germain-s-Ay-Plage
Havre de Lessay
Lessay
Créances
Pirou
Pirou-Plage
Pissot
Vesly
Laulne
Gorges
Gonfreville
Raids
Sainteny
Méautis
Auxais
Marchésieux
Périers
St-Sébastien-de-Raids
St-Martin-d'Aubigny
Remilly-sur-Lozon
Remilly Les Marais
Le Mesnil-Vigot
Le Lozon
Feugères
St-Michel-de-la-Pierre
St-Aubin-du-Perron
Vaudrimesnil
La Feuillie
Millières
Geffosses
Anneville-sur-Mer
Gouville-sur-Mer
Montsurvent
Muneville-le-Bingard
St-Sauveur-Lendelin
Saint-Sauveur-Villages
Marigny
Le Lorey
Le Poteau
Camprond
Cametours
Cambernon
Monthuchon
Servigny
La Vendelée
Boisroger
Brainville
Gratot
Blainville-sur-Mer
Agon-Coutainville
Coutainville
Tourville-sur-Sienne
St-Malo-de-la-Lande
Coutances
Cathédrale
Courcy
Savigny
Carantilly
Quibou
Dangy
St-Martin-de-Bonfosse
Canisy
St-Gilles
Hébécrevon
Amigny
Le Hommet-d'Arthenay
Tribehou
Le Dézert
St-Jean-de-Daye
St-Lô
Côte des Havres
Passage de la Déroute
Anse de Sciotot
Granville
Villedieu-les-Poêles
46

Ye
Yf
Za
Zb
Zc
50
51
52
53
54
Rosslare Harbour
Baie de la
Côte de Nac
Rade de la Chapelle
Pointe de Barfleur
Phare
Réthoville
Néville-sur-Mer
Gouberville
Gatteville-le-Phare
Roville
Barfleur
Tocqueville
Mont-Roty
Ste-Geneviève
Canteloup
Montfarville
Anneville-en-Saire
Maltot
Valcanville
le Vicel
Réville
la Froide-Rue
Jonville
la Pernelle
Pointe de Saire
le Tronquet
Quettehou
Ile de Tatihou
St Vaast-la-Hougue
le Rivage
Fort de la Hougue
Morsalines
Crasville
Aumeville-Lestre
Octeville-l'Avenel
Lestre
Bourg-de-Lestre
Quinéville
Ozeville
Hameau-du-Nord
Fontenay-sur-Mer
St-Floxel
Dangueville
Crisbec
St-Marcouf
Ravenoville-Plage
Joganville
Emondeville
Azeville
Ravenoville
Foucarville
les Dunes-de-Varreville
Utah Beach
Parc
Fresville
Baudienville
St-Germain-de-Varreville
St-Martin-de-Varreville
Neuville-au-Plain
Beuzeville-au-Plain
les Mézières
Ste-Mère-Eglise
Audouville-la-Hubert
la Madeleine
la Chaussée
Turqueville
Ecoquenéauville
Gambosville
Sébeville
Boutteville
Chef-du-Pont
Nat
Ste-Marie-du-Mont
Pouppeville
Carquebut
les Forges
Blosville
Hiesville
la Rue
Brucheville
la Bastille
Lieusville-s-Douve
Houesville
Vierville
la Rive
Régional
Banc du Gd Vey
Passe de Carentan
Passe d'Isigny
Angoville-au-Plain
St-Côme-du-Mont
Vindefontaine
la Rue-Mary
Addeville
Brévands
Appeville
Coquebourg
Bucaille
Isigny-sur-Mer
Les Veys
Catz
Auvers
Cantepie
St-Hilaire-Petitville
la Fontaine
St-Pellerin
la Madeleine
la Godillerie
Carentan-les-Marais
la Lande-Godard
le Mesnil
Méautis
Montmartin-en-Graignes
Cap
la Planque
Marais
le Port-St-Pierre
St-Georges-de-Bohon
Raffoville
la Branderie
les Forges
Terre-et-Marais
Sainteny
du Cotentin
la Guillotterie
Château de la Rivière
Bois-Grimot
St André-de-Bohon
la Goucherie
la Roserie
la Bruchollerie
le Haut-Verney
St-Jean-de-Daye
Raids
et
le Mesnil-Angot
le Mesnil-Véneron
St-Fromond
Auxais
Tribehou
le Glinel
du
la Perrine
le Rivet
le Désert
le Mesnil
Marchésieux
Bessin
Le Hommet-d'Arthenay
Cavigny
Remilly-sur-Lozon
Le Champs-de-Losque
Esglandes
le Bourg-d'Aubigny
le Gd Moulin
Pont-Hébert
la Goudrie
Remilly Les Marais
le Mesnil-Vigot
le Mesnil-Eury
Feugères
Amigny
le Mesnilbus
Le Lozon
Montreuil-sur-Lozon
Rampan
Thèreval
la Tortinière
Hébécrevon
Montcuit
Hauteville-la-Guichard
l'Hôtel-d'Artenay
La Chapelle-en-Juger
Agneaux
St-Lô
les Mesnil-Amey
Marigny
St-Gilles
le Lorey
Camprond
le Poteau
Gourfaleur
Baudre
Cametours
la Bourdonnière
St-Ebremond-de-Bonfosse
la Mancellière-sur-Vire
la Dinière
Carantilly
Quibou
St-Sauveur-de-Bonfosse
Bourgvallées
St-Samson-de-Bonfosse
Ste-Suzanne-sur-Vire
Condé-sur-Vire
Dangy
St-Martin-de-Bonfosse
Savigny
Grandcamp-Maisy
Pointe du Hoc
St-Pierre-du-Mont
Omaha Beach
Vierville-sur-Mer
Maisy
Château de Beaumont
Englesqueville-la-Percée
les Moulins
St-Laurent-sur-Mer
le Douet
Cricqueville-en-Bessin
Asnières-en-Bessin
Louvières
Gefosse-Fontenay
la Cambe
Deux-Jumeaux
le Gd-Hameau
Colleville-sur-Mer
Ste-Honorine-des Pertes
Port-en-Bessin-Huppain
le Chaos
Arromanches-les-Bains
St-Clément
St-Germain-du-Pert
Longueville
Formigny
Aure sur Mer
Villiers-sur-Port
Commes
Longues-sur-Mer
Manvieux
Tracy-sur-Mer
Musée du Débarquement
Osmanville
Cardonville
les Mares
Canchy
Ecrammeville
La Bataille
Surrain
Russy
Escures
Abbaye Ste-Marie
Fontenailles
Meuvaines
l'Aure Inférieure
Bessin
Aignerville
Trévières
Mosles
Etréham
Maisons
Manoir d'Argouges
Vaux-sur-Aure
Magny-en-Bessin
Ryes
Hameau-Minet
Colombières
Dungy
Mandeville-en-Bessin
Tour-en-Bessin
Bayeux
St-Sulpice
Sommervieu
Les Oubeaux
Vouilly
Bricqueville
Rubercy
Vaucelles
Neuilly-la-Forêt
Castilly
la Forêt
Mestry
Bernesq
Saonnet
la Goherrerie
Cussy
St-Vigor-le-Grand
les Landes-du-Rosey
les Clerbosq
la Poterie
Saon
Cottun
Blay
Barbeville
Cathédrale
St-Martin-des-Entrées
Vienne-en-Bessin
la Folie
le Breuil-en-Bessin
Crouay
St-Loup-Hors
Vaussieux
Vaux-sur-Seulles
Lison
St-Marcouf
le Molay
Ranchy
Nonant
la Lande
Cartigny-l'Epinay
St-Martin-de-Blagny
Campigny
Agy
Gueron
Monceaux-en-Bessin
le Molay-Littry
le Tronquay
Subles
Noron-la-Poterie
Carcagny
Tournières
Baynes
Littry
les Petits-Carreaux
la Tuilerie
Arganchy
Condé-sur-Seulles
Ste-Marguerite-
Airel
la Fotelaie
Ste-Marguerite-d'Elle
14 Calvados
50 Manche
Forêt de Cerisy
St-André-la-Village-de-Juaye
Ellon
Mondaye
la Forge Fallot
Moon-sur-Elle
Cerisy-la-Forêt
Vaubadon
Castillon
Juaye-Mondaye
Chouain
Audrieu
le Pont-Roc
les Hauts-Vents
Trungy
St-Clair-sur-l'Elle
St-Jean-de-Savigny
Balleroy-sur-Drôme
St-Paul-du-Vernay
Bernières-Bocage
Verrières
la Meauffe
Montfiquet
Lingèvres
Tilly-sur-Seulles
St-Pierre
les Foulons
Villiers-Fossard
Couvains
St-Quentin
Litteau
la Bazoque
Planquery
Cahagnolles
Torteval-Quesnay
Longraye
Hottot-les-Bagues
Juvigny-sur-Seulles
le Mesnil-Rouxelin
St-Georges-d'Elle
Ste-Honorine-de-Ducy
Parfouru-l'Eclin
Crauville
les Douesnots
Orbois
St-Vaast-sur-Seulles
Vendes
Bérigny
le Chemin-de-St-Lô
Foulognes
la Luzerne
St-Georges-Montcocq
Martinville
St-Germain-d'Elle
Cormolain
St-Germain-d'Ectot
Sermentot
Feuguerolles-sur-Seulles
Tournay-s.-Odon
Missy
St-Pierre-de-Semilly
la Barre-de-Semilly
Notre-Dame-d'Elle
le Haut-Digny
Sallen
les Maréchaux
Livry
Anctoville
Aurseulles
Monts-en-Bessin
Saint-Jean-d'Elle
Rouxeville
Vidouville
Caumont-sur-Aure
Havetot
Villy-Bocage
St-Jean-des-Baisants
Précorbin
La Vacquerie
Caumont-l'Eventé
Briquessard
Château du Bosq
St-Louet-sur-Seulles
Villers-Bocage
Parfouru-sur-Odon
la Gerardière
Lamberville
le Breuil
Biéville
Sept-Vents
Amayé-s.-Seulles
Tracy-Bocage
Epinay-sur-Odon
La Chapelle-du-Fest
La Lande-sur-Drôme
Cahagnes
Beaumont
Jurques
Aunay-s.-Odon
Longvillers
St-Amand-Villages
le Perronl
Dampierre
St-Jean-des-Essartiers
Val-de-Drôme
les Loges
Coulvain
Maisoncelles-Pelvey
Malherbe
46
47
Villedieu-les-Poêles
Torigni-sur-Vire
Vire
Equeurdreville-Hainneville
Valognes
La Haye-du-Puits
Lessay
Coutances
0 1 2 4 6 8 10 km
0 1 2 4 6 miles

Zd
Ze
Zf
Aa
Ab
50
51
52
53
54
Portsmouth
Portsmouth
Seine
Côte de Grâce
Côte Fleurie
Rade de Caen
Gold Beach
Juno Beach
Sword Beach
Campagne de Caen
Étretat
Falaise d' Amont
Falaise d' Aval
Cap d' Antifer
Fécamp
St-Jouin
La Route de l'Ivoire et des Epices
Heuqueville
Cauville
Montivilliers
Octeville-sur-Mer
Aeroport du Havre Octeville
Phare de la Hève
Ste-Adresse
Harfleur
Gonfreville-l'Orcher
Musée St-Joseph
CITY MAP
LE HAVRE
Goderville
Bolbec
Bourneville
Vasouy
Pennedepie
Criquebœuf
Villerville
Hennequeville
Trouville-sur-Mer
Deauville
Honfleur
Benerville-sur-Mer
Blonville-sur-Mer
Villers-sur-Mer
Falaise des Vaches Noires
Houlgate
Cabourg
Merville-Franceville-Plage
Ouistreham
Touques
Pont l'Évêque
Port-Audemer
Beuzeville
Lieurey
Bernières-sur-Mer
St-Aubin-sur-Mer
Langrune-sur-Mer
Luc-sur-Mer
Lion-sur-Mer
Courseulles-sur-Mer
Ver-s-Mer
Douvres-La Délivrande
Hermanville-sur-Mer
Colleville-Montgomery
Bénouville
Ranville
Hérouville-St-Clair
Colombelles
Dives-sur-Mer
Dozulé
Autoroute de Normandie
Beuvron-en-Auge
Cambremer
Lisieux
CAEN
CITY MAP
Carpiquet
Bretteville-sur-Odon
Mondeville
Giberville
Troarn
Argences
Mézidon Vallée d'Auge
Crèvecœur-en-Auge
St-Pierre-des-Ifs
Ifs
Fleury-sur-Orne
St-Martin-de-Fontenay
May-sur-Orne
Evrecy
St-Sylvain
Cagny
Frénouville
Bourguébus
Chicheboville
Moult-Airan
Bretteville-sur-Laize
Cintheaux
Vieux-Pont-en-Auge
Flers
Falaise
Falaise
48

Aa
Ab
Ac
Ad
Ae
48
49
50
51
52
53
English Channel
La Manche
Côte d'Alb
St-Valery-en Caux
Veulettes-sur-Mer
Paluel
Cany-Barville
Fécamp
St-Léonard
Yport
Étretat
Cap d'Antifer
Bénouville
Vattetot-sur-Mer
Froberville
Les Loges
Criquetot-l'Esneval
Goderville
Bréauté
Valmont
Thiergeville
Ypreville-Biville
Terres-de-Caux
Fauville-en-Caux
Yvetot
Valliquerville
Bolbec
Lillebonne
Gruchet
Lanquetot
St-Romain-de-Colbosc
Montivilliers
Harfleur
Gonfreville-l'Orcher
Octeville-sur-Mer
St-Jouin-Bruneval
Heuqueville
Cauville
Rolleville
Épouville
LE HAVRE
CITY MAP
Ste-Adresse
Rosslare Harbour
Portsmouth
Port Sud
Honfleur
Pennedepie
Villerville
Criquebœuf
Côte de Grâce
Vasouy
Equemauville
la Rivière-St-Sauveur
Trouville-sur-Mer
Deauville
Touques
Hennequeville
St-Gatien-des-Bois
Beuzeville
Pont-Audemer
Bourneville
Routot
Quillebeuf-sur-Seine
Port-Jérôme-sur-Seine
Notre-Dame-de-Gravenchon
Tancarville
la Frenaye
Petiville
Parc Naturel Régional des Boucles de la Seine Normande
Forêt de Brotonne
Vallée de la Seine
Rives-en-Seine
Caudebec-en-Caux
St-Arnoult
Villequier
La Route de l'Ivoire et des Épices
Marais-Vernier
St-Opportune-la-Mare
Trouville-la-Haule
Manneville-sur-Risle
Corneville-sur-Risle
Fourmetot
Pont l'Évêque
Caen
Bernay
Brionne
0 1 2 4 6 8 10 km
0 1 2 4 6 miles
F

DIEPPE
ROUEN
LE GD-QUEVILLY
SOTTEVILLE-LÈS-ROUEN
ST-ÉTIENNE-DU-ROUVRAY
BOIS-GUILLAUME
BIHOREL
Neufchâtel-en-Bray
Forges-les-Eaux
Londinières
Envermeu
Arques-la-Bataille
Varengeville-sur-Mer
Tôtes
Yerville
Clères
Buchy
Darnétal
Pavilly
Barentin
Montville
Malaunay
Isneauville
Elbeuf
Oissel
Grand-Couronne
Duclair
Jumièges
Bellencombre
St-Saëns
Incheville
Gamaches
Blangy-sur-Bresle
Foucarmont
Aumale
Gournay-en-Bray
Lyons-la-Forêt
Forêt d'Eu
Haute Forêt d'Eu
Basse Forêt d'Eu
Forêt d'Eawy
Forêt de Lyons
Forêt de Roumare
Forêt de Mauny
Pays de Bray
Caux
Newhaven
Abbeville
Amiens
Beauvais

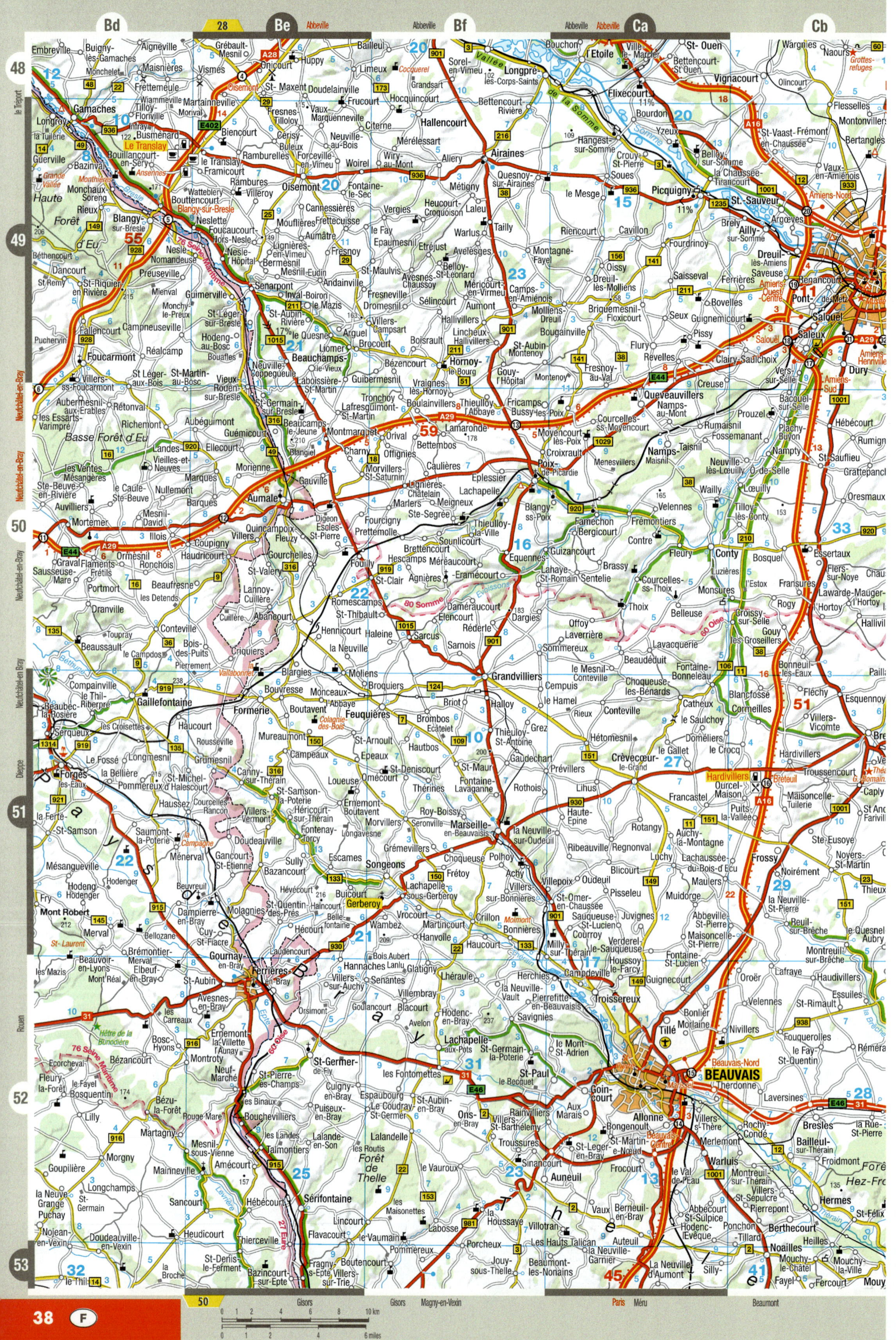

Bd
28
Be
Abbeville
Bf
Abbeville
Ca
Cb
48
49
50
51
52
53
Le Tréport
Neufchâtel-en-Bray
Dieppe
Rouen
Abbeville
Gamaches
Blangy-sur-Bresle
Oisemont
Hallencourt
Airaines
Longpré-les-Corps-Saints
Picquigny
St-Sauveur
Amiens
Salouël
Saleux
Dury
Aumale
Poix-de-Picardie
Conty
Hornoy-le-Bourg
Foucarmont
Gaillefontaine
Forges-les-Eaux
Formerie
Grandvilliers
Crèvecœur-le-Grand
Marseille-en-Beauvaisis
Songeons
Gerberoy
Gournay-en-Bray
Ferrières-en-Bray
St-Germer-de-Fly
Beauvais
Auneuil
Allonne
Tillé
Froissy
Breteuil
Hardivilliers
Noailles
Hermes
Sérifontaine
Forêt de Thelle
Basse Forêt d'Eu
Haute Forêt d'Eu
Pays de Bray
A29
A28
A16
Gisors
Magny-en-Vexin
Paris
Méru
Beaumont
50

AMIENS
Albert
Péronne
Doingt
Corbie
Longueau
Camon
Cagny
Boves
St-Fuscien
Villers-Bretonneux
Moreuil
Ailly-sur-Noye
Montdidier
Roye
Nesle
Ham
Estouilly
Noyon
Rollot
Lassigny
Ressons-sur-Matz
St-Just-en-Chaussée
Maignelay-Montigny
Tricot
Estrées-St-Denis
COMPIÈGNE
Margny-lès-Compiègne
Clermont
Liancourt
Agnetz
Fitz-James
Breuil-le-Vert
Pont-Ste-Maxence
Verberie
Longueil-Annel
Thourotte
Ribécourt-Dreslincourt
Carlepont
Chaulnes
Rosières-en-Santerre
Harbonnières
Bray-sur-Somme
Moislains
Monchy-Lagache
Eppeville
Guiscard
Picardie
Santerre
Forêt de Compiègne
Forêt de Laigue
Cathédrale Notre-Dame
Cathédrale Notre-Dame de Noyon
Abbaye d'Ourscamps
A1
A29
E15
E19
E44
E46
TGV Nord
48
49
50
51
52
53

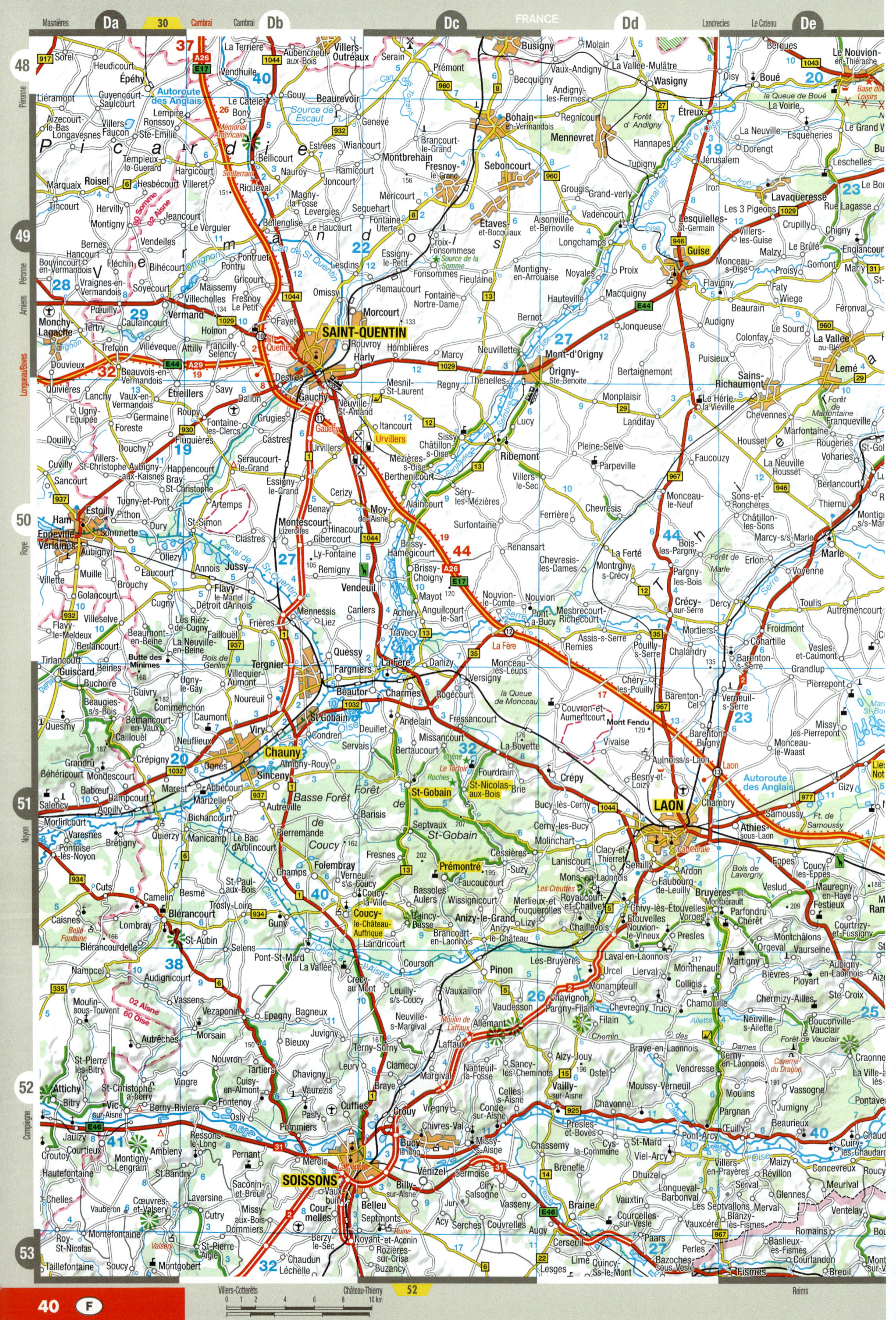

Villers-Cotterêts 52 Château-Thierry Reims
0 1 2 4 6 8 10 km
0 1 2 4 6 miles

Df
Avesnes-sur-Helpe
31
Ea
Eb
Chimay
BELGIË/BELGIQUE
Ec
Couvin
Ed
48
49
50
51
52
53
FRANCE
Parc Naturel Régional de l'Avesnois
Sambre-et-Meuse
Bois de Chimay
Forêt de Signy-le-Petit
Forêt de St-Michel
Forêt d'Hirson
Fourmies
Hirson
St-Michel
Momignies
Macquenoise
Anor
Wignehies
La Capelle
Vervins
Montcornet
Rozoy-sur-Serre
Parfondeval
Aubenton
Signy-le-Petit
Rocroi
Maubert-Fontaine
Rimogne
Renwez
Revin
Charleville-Mézières
Signy-l'Abbaye
Forêt de Signy
Porcien
Château-Porcien
Rethel
Attigny
Vouziers
Poix-Terron
Ardennes Woinic
Sissonne
Villeneuve-sur-Aisne
Champ Roland
Mont-de-Nizy
Asfeld
Juniville
Bazancourt
Warmeriville
Isles-sur-Suippe
Massif de St-Thierry
Courcy
Reims
Reims-Tinqueux
Reims-Cormontr.
Aisne
Ardennes
Canal des Ardennes
53
54
F
B
41

Ed
Ee
Ef
Fa
Fb
FRANCE
BELGIË/BELGIQUE
Aubrives
Beauraing
Rochefort
48
49
50
51
52
53
Forêt de Nismes
Oignies-en-Thiérache
Le Mesnil
Fépin
Forêt
Hargnies
Haybes
Fumay
Franche Forêt
Forêt du Franc Bois
Forêt de la Manise
Ardennes
Revin
Mont Tranet
les Hauts-Buttés
Anchamps
Laifour
Vallée de Misère
Bois Huet
les Mazures
Monthermé
Deville
Roc de la Tour
Laval-Dieu
Vieille-Forge
Lac des Vieilles-Forges
Château-Regnault
Bogny-s-Meuse
Haulmé
Thilay
Sorendal
Nohan
Renwez
Montcornet
Harcy
Lonny
Arreux
Joigny-s-Meuse
Meillier-Fontaine
Braux
Bois des Hazelles
Gespunsart
Bagimont
Sécheval
Rocroi
Hirson
Bourseigne-Neuve
Bourseigne-Vieille
Vencimont
Malvoisin
Sart-Custinne
Willerzie
Rienne
Patignies
Gedinne
Croix Scaille
Bois de Rienne
Louette-St-Pierre
Louette-St-Denis
Houdremont
Bièvre
Bellefontaine
Nafraiture
Monceau-en-Ardenne
Petit-Fays
Orchimont
Oizy
Les Hautes-Rivières
Hérisson
Vresse-sur-Semois
Membre
Chairière
Mouzaive
Bohan
Laforêt
Alle
Rochehaut
Frahan
Poupehan
Botassart
Corbion
Sugny
Pussemange
Gros-Fays
Cornimont
Vivy
Baillamont
Bois de St-Remacle
Haut-Fays
Gembes
Porcheresse
Graide
Our
Opont
Naomé
Daverdisse
Redu
Transinne
Euro Space Center
Smuid
Poix-St-Hubert
Libin
Villance
Maissin
Glaireuse
Anloy
Framont
Paliseul
Jéhonville
Sart
Merny
Carlsbourg
Offagne
Assenois
Nollevaux
Fays-les-Veneurs
Plainevaux
Mogimont
Bellevaux
Sensenruth
Noirefontaine
Bouillon
Château-Fort de Bouillon
Curfoz
Les Hayons
Dohan
Cugnon
Auby-sur-Semois
Mortehan
Herbeumont
Bertrix
Orgeo
Libramont
Ochamps
Arville
Forêt d'Herbeumont
Ancien Prieuré de Conques
Parc national
de la Vallée de la Semois
Sormonne
Cliron
Houldizy
Tournes
Damouzy
Nouzonville
Neufmanil
CHARLEVILLE-MÉZIÈRES
Aiglemont
Montcy-N-Dame
La Grandville
Gernelle
Rumel
St-Laurent
Issancourt-et-Rumel
Bosseval-et-Briancourt
Vivier-au-Court
Villers-Semeuse
Ville-s-Lumes
Lumes
Vrigne-aux-Bois
St-Menges
Fleigneux
Illy
La Chapelle
Givonne
Floing
Sedan
Daigny
Villers-Cernay
Pouru-aux-Bois
Francheval
Escombres-et-le-Chesnois
Pouru-St-Rémy
Messincourt
Bazeilles
Douzy
Wadelincourt
La Moncelle
Rubécourt-et-Lamécourt
Donchery
Glaire
Iges
Nouvion-s-Meuse
Vrigne-Meuse
Dom-le-Mesnil
Ham-les-Moines
Haudrecy
Hardoncelle
Belval
Giraumont
Sury
Warcq
St-Marcel
Clavy-Warby
Neuville-lès-This
This
Fagnon
Prix-lès-Mézières
Warnécourt
Evigny
Ayvelles
St-Marceau
Gruyères
Mondigny
Champigneul-s-Vence
Chalandry-Elaire
Flize
Boulzicourt
St-Pierre-s-Vence
Guignicourt-s-Vence
Touligny
Barbaise
Jandun
Balaives-et-Butz
Étrépigny
Boutancourt
Hannogne-St-Martin
Feuchères
Villers-s-le-Mont
Élan
Sapogne-et-Feuchères
Poix-Terron
Singly
Terron
Raillicourt
Montigny-s-Vence
Villers-le-Tourneur
Villers-le-Tilleul
Omicourt
Connage
Cheveuges
St-Aignan
Noyers-Pont-Maugis
Chéhéry
Chaumont
Thelonne
Pont-Maugis
Remilly-Aillicourt
Angecourt
Bulson
Haraucourt
Villers-devt-Mouzon
Mairy
Brévilly
Tétaigne
Amblimont
Euilly-et-Lombut
Mouzon
Carignan
Blagny
Osnes
Sachy
Pure
Matton-et-Clémency
Tremblois-lès-Carignan
Les Deux-Villes
Mogues
Charbeaux
Puilly-et-Charbeaux
Linay
Auflance
Villers-devant-Orval
Florenville
Fontenoille
Muno
Chassepierre
Lambermont
Laiche
Ste-Cécile
Sailly
Vaux-lès-Mouzon
Fromy
Moiry
Sapogne-s-Marche
Malandry
Margut
La Ferté-sur-Chiers
Signy-Montlibert
Olizy-s-Chiers
Bièvres
Lamouilly
Chauvency-St-Hubert
Chauvency-le-Château
Moulins-St-Hubert
Autréville-St-Lambert
Villemontry
Yoncq
Létanne
Pouilly-s-Meuse
Inor
Nepvant
Martincourt-s-Meuse
Luzy-St-Martin
Brouennes
Cesse
Cervisy
Stenay
Quincy-Landzécourt
Baâlon
Mouzay
Charmois
Louppy-sur-Loison
Wiseppe
Beauclair
Villefranche
Halles-s/s-les-Côtes
Montigny-devt-Sassey
Lion-devant-Dun
Mont-devt-Sassey
Villers-devant-Dun
Milly-sur-Bradon
Dun-sur-Meuse
Murvaux
Bréhéville
Doulcon
Fontaines-St-Clair
Liny-devant-Dun
Aincreville
Clery-le-Petit
Grand Clery
Bantheville
Cunel
Brieulles-sur-Meuse
Haraumont
Vilosnes-Haraumont
Sivry-sur-Meuse
Dannevoux
Romagne-Gesnes
Sommerance
Landres-et-St-Georges
St-Georges
St-Juvin
Champigneulle
Imécourt
Beffu-et-le-Morthomme
Verpel
Sivry-lès-Buzancy
Rémonville
Landreville
Bayonville
Andevanne
Thénorgues
Buzancy
Bar-lès-Buzancy
Harricourt
Barricourt
Nouart
Tailly
Fossé
Vaux-en-Dieulet
Le Champy-Haut
Beaufort-en-Argonne
Laneuville-sur-Meuse
Forêt de Dieulet
Belval
Sommauthe
Oches
La Berlière
Mont Damion
Beaumont-en-Argonne
Stonne
La Besace
Les Grandes-Armoises
Sy
Tannay
Sauville
La Neuville-à-Maire
Artaise-le-Vivier
Maisoncelle-et-Villers
Flaba
Raucourt-et-Flaba
Chémery
Malmy
Vendresse
la Horgne
Omont
Baâlons
Bouvellemont
Chagny
la Cassine
Bois de la Cassine
Jonval
Louvergny
Marquigny
La Sabotterie
Tourteron
Lametz
Suzanne
Day
Le Chesne
Montgon
Les Petites-Armoises
Verrières
Brieulles-sur-Bar
St-Pierremont
Autruche
Authe
Germont
Belleville-et-Châtillon-sur-Bar
Châtillon-sur-Bar
Noirval
Quatre-Champs
Toges
Vandy
Ballay
Terron-sur-Aisne
Les Alleux
Voncq
Semuy
Rilly-s-Aisne
Attigny
Ste-Vaubourg
Roche
Chuffilly-Roche
Vaux-Champagne
Coulommes-et-Marqueny
Chardeny
Grivy-Loisy
Vrizy
Vouziers
Mars-s/s-Bourcq
Tourcelles-Chaumont
Mazagran
Blaise
Ste-Marie
Contreuve
Sugny
Semide
Mont-St-Martin
St-Morel
Savigny-sur-Aisne
Falaise
Chestres
la-Croix-aux-Bois
Longwé
Boult-aux-Bois
Briquenay
Forêt de Boult
Forêt de la Croix-aux-Bois
Talma
Grandpré
Primat
Olizy-Primat
Brières
Brécy-Brières
Termes
Chevières
Marcq
Senuc
Mouron
Challerange
Monthois
Liry
Les Mts Chéry
Hagnicourt
Mazerny
Vaux-Montreuil
Wignicourt
St-Loup-Terrier
Chesnois-Auboncourt
Guincourt
les Aisement
Ecordal
Alland'Huy-et-Sausseuil
Charbogne
St-Lambert-et-Mont-de-Jeux
Neuville-Day
Montgon
Bairon et ses environs
Rethel
Reims
Charleroi
Montcornet
Verdun
Ste Menehould
54
Parc de Vision
Forêt de Sedan

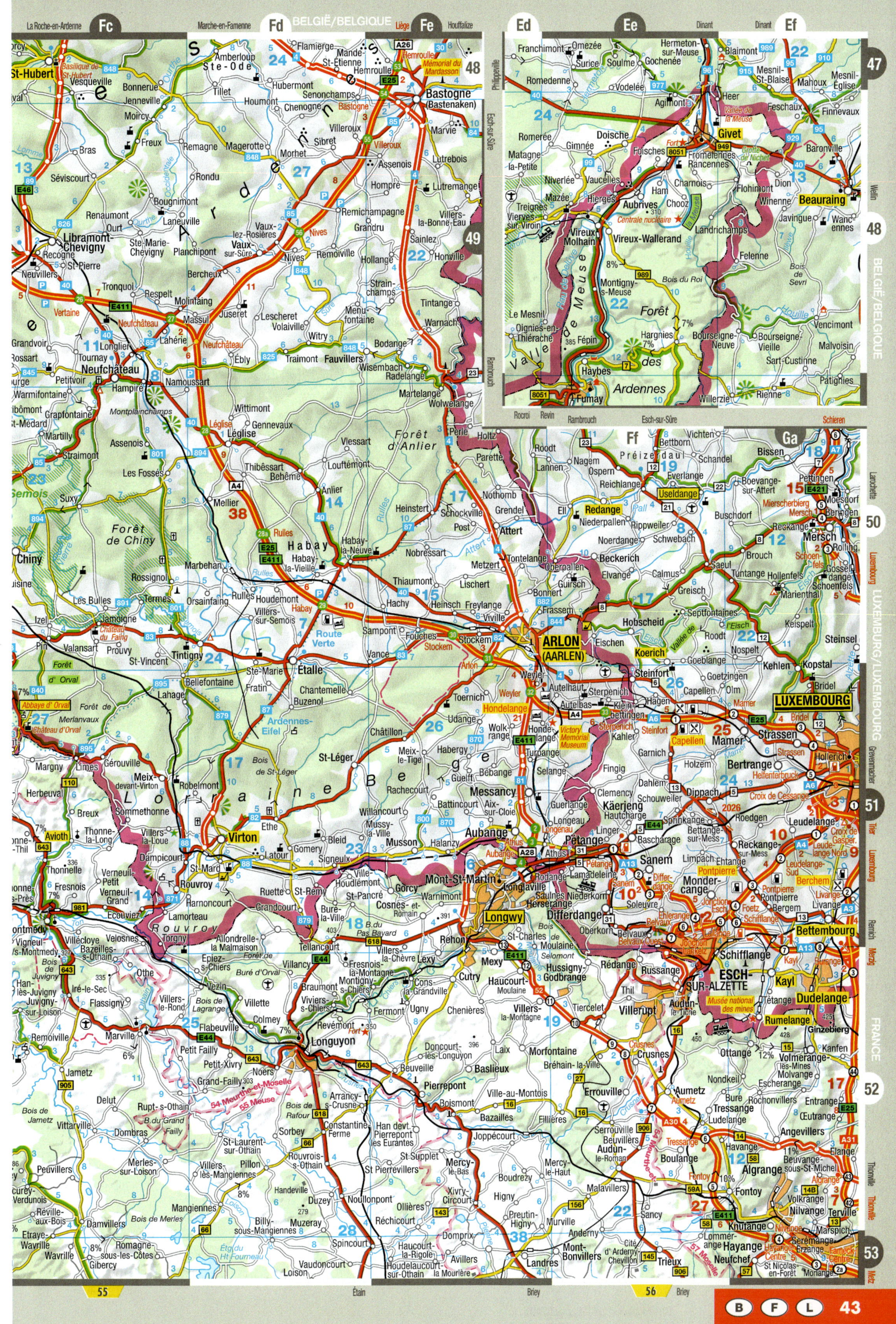

La Roche-en-Ardenne
Fc
Marche-en-Famenne
Fd
BELGIË/BELGIQUE
Liège
Fe
Houffalize
Ed
Ee
Dinant
Dinant
Ef
47
48
49
50
51
52
53
Ff
Ga
BELGIË/BELGIQUE
LUXEMBURG/LUXEMBOURG
FRANCE
St-Hubert
Bastogne
(Bastenaken)
Libramont-Chevigny
Neufchâteau
Givet
Beauraing
Fumay
Forêt des Ardennes
Vallée de la Meuse
Forêt d'Anlier
Forêt de Chiny
ARLON
(AARLEN)
LUXEMBOURG
Mersch
Redange
Useldange
Etalle
Habay
Virton
Messancy
Aubange
Mont-St-Martin
Longwy
Longuyon
Pétange
Differdange
Bertrange
Strassen
Mamer
Capellen
ESCH-SUR-ALZETTE
Dudelange
Bettembourg
Kayl
Rumelange
Hayange
Algrange
Fontoy
Villerupt
Audun-le-Roman
Lorraine Belge
Rochroi
Revin
Rambrouch
Esch-sur-Sûre
Schieren
Étain
Briey
Briey
Metz
55
56

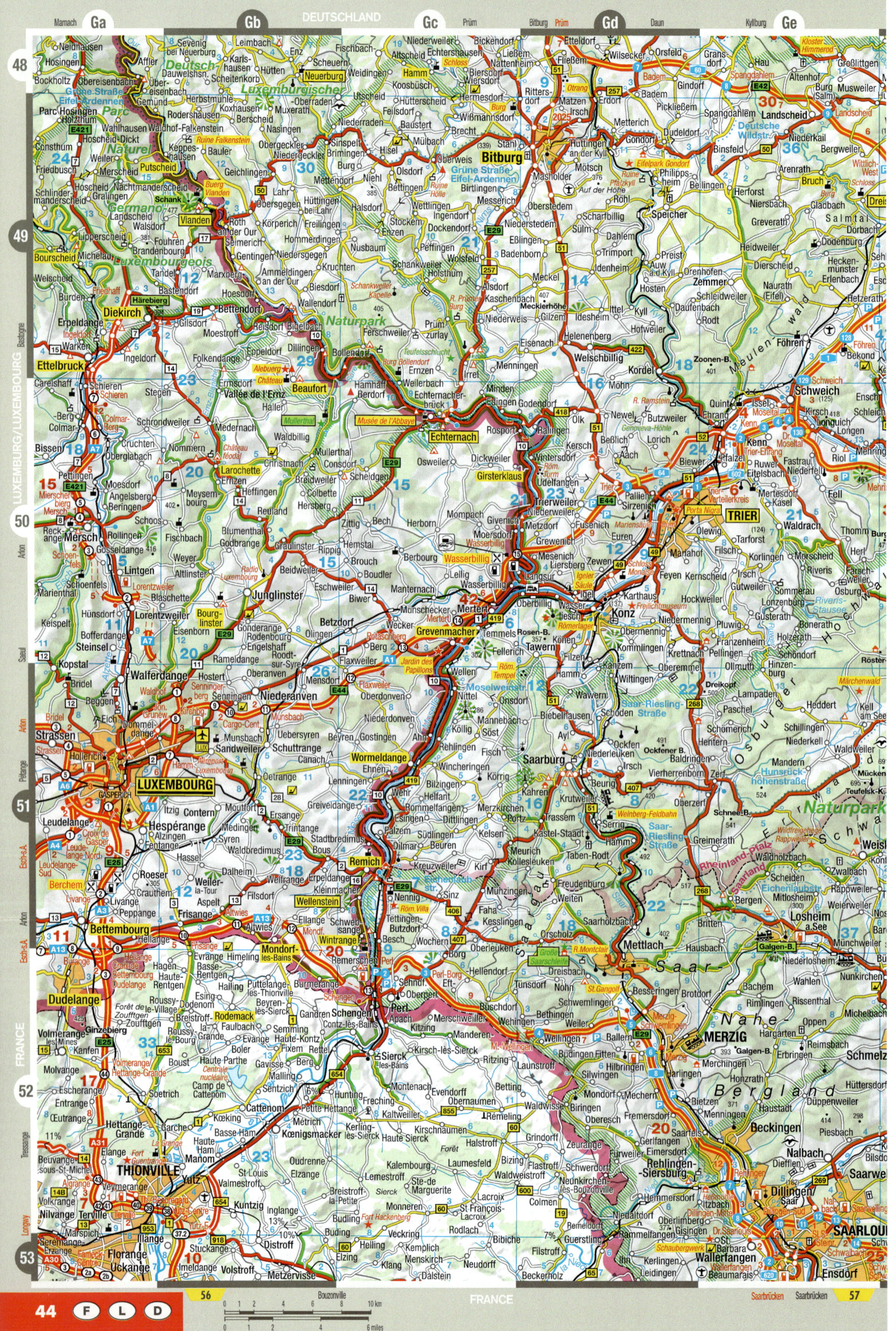
48
49
50
51
52
53
LUXEMBURG/LUXEMBOURG
FRANCE
Deutsch-Luxemburgischer Naturpark
Germano-Luxembourgeois
Naturpark
Hosingen
Vianden
Diekirch
Ettelbruck
Beaufort
Echternach
Bitburg
Speicher
Schweich
Trier
Konz
Saarburg
Wasserbillig
Grevenmacher
Junglinster
Mersch
Larochette
Niederanven
Sandweiler
LUXEMBOURG
Hesperange
Remich
Wormeldange
Mondorf-les-Bains
Schengen
Perl
Bettembourg
Dudelange
Thionville
Yutz
Kœnigsmacker
Cattenom
Sierck-les-Bains
Merzig
Mettlach
Beckingen
Dillingen/Saar
SAARLOUIS
Wallerfangen
Saar
Osburger Hochwald
Schwarzwälder Hochwald
Hunsrück-höhenstraße
Saar-Riesling-Straße
Rheinland-Pfalz
Saarland
Porta Nigra
Landscheid
Föhren
Kordel
Welschbillig
Irrel
Zerf
Losheim
Schmelz
Saarwellingen
Nalbach
Florange
Uckange
Hayange
Ensdorf

Dr. Vulkaneifel
Gf
Daun
Ha
Cochem
Cochem
Hb
Emmelshausen
Hc
Emmelshausen
Hd
Oberwesel
48
49
50
51
52
53
Rheinböllen
Bad Kreuznach
Meisenheim
Kaiserslautern
Kaiserslautern
Pirmasens
DEUTSCHLAND
Völklingen
Saarbrücken
Saarbrücken
Saarbrücken
DEUTSCHLAND
Saarbrücken
Pirmasens
Zweibrücken
Zweibrücken
58
Wittlich
Traben-Trarbach
Bernkastel-Kues
Neumagen-Dhron
Piesport
Morbach
Simmern/Hunsrück
Kirchberg
Kirn
Idar-Oberstein
Hermeskeil
Birkenfeld
Baumholder
Nohfelden
Freisen
Kusel
Wadern
Tholey
St. Wendel
Lebach
Ottweiler
Schiffweiler
Illingen
Eppelborn
Heusweiler
Quierschied
Merchweiler
Friedrichsthal
Neunkirchen
Bexbach
Homburg
Waldmohr
Bruchmühlbach
Landstuhl
Ramstein-Miesenbach
Wolfstein
Lauterecken
Meisenheim
Hunsrück-Höhenstraße
Moselweinstraße
Nationalpark Hunsrück-Hochwald
Saar-Hunsrück
Naturpark Soonwald-Nahe
Naheweinstraße
Deutsche Alleenstraße
Rheinland-Pfalz
Saarland

Yb
Yc
Yd
Ye
Yf
52
53
54
55
56
33
66
Equeurdreville-Hainneville
Valognes
Grand Maisy
Parc Nat. Régional des Marais du Cotentin et du Bessin
English Channel
La Manche
Côte des Havres
Baie des Veys
Îles Chausey
Falaise de Champeaux
Cap de Carteret
Barneville-Carteret
Port-Bail-sur-Mer
Lessay
Créances
Pirou
Périers
Carentan-les-Marais
St-Lô
Agneaux
Marigny
Coutances
Gouville-sur-Mer
Agon-Coutainville
Quettreville-sur-Sienne
Lingreville
Bréhal
Granville
Pointe du Roc
Donneville-les-Bains
Jullouville
Sartilly-Baie-Bocage
Avranches
St-Senier-s-Avranches
Percy-en-Normandie
Villedieu-les-Poêles
Tessy-Bocage
Brécey
Gavray-sur-Sienne
Hambye
Cerisy-la-Salle
Montmartin-sur-Mer
Hauteville-sur-Mer
St-Sauveur-Villages
Canisy
Saint-Sauveur-Villages
Ducey

Za
Zb
34
Zc
Zd
Ze
Côte de Nacre
Pointe du Hoc
Omaha Beach
Gold Beach
Juno Beach
Sword Beach
Portsmouth
Port-en-Bessin-Huppain
Bayeux
Arromanches-les-Bains
Courseulles-sur-Mer
Bernières-sur-Mer
St-Aubin-sur-Mer
Langrune-sur-Mer
Luc-sur-Mer
Lion-sur-Mer
Ouistreham
Riva-Bella
Douvres-la-Délivrande
Hérouville-St-Clair
CAEN
Mondeville
Colombelles
Giberville
Bretteville
Louvigny
Fleury-sur-Orne
Ifs
Cormelles-le-Royal
Carpiquet
Verson
Isigny
Trévières
Balleroy-sur-Drôme
Caumont-sur-Aure
Villers-Bocage
Tilly-sur-Seulles
Thue et Mue
Creully sur Seulles
Fontaine-Henry
Évrecy
Aunay-sur-Odon
Les Monts d'Aunay
Torigni-les-Villes
Saint-Jean-d'Elle
St-Amand-Villages
Souleuvre en Bocage
Valdallière
Vire Normandie
Vire
Vassy
Condé-en-Normandie
Thury-Harcourt
Cesny-les-Sources
Suisse Normande
Clécy
Pont-d'Ouilly
Tinchebray-Bocage
Flers
La Selle-la-Forge
Messei
Briouze
Sourdeval
Mont de Cerisy
Bocage
Campagne de Caen
Collines de Normandie
Forêt de Cinglais
Bretteville-sur-Laize
May-sur-Orne
Fontenay-le-Marmion
Cabourg
Pont l'Évêque
Lisieux
Falaise
Argentan
52
53
54
55
56
St-Hilaire-du-Harcouët
Domfront
67
La Ferté-Macé

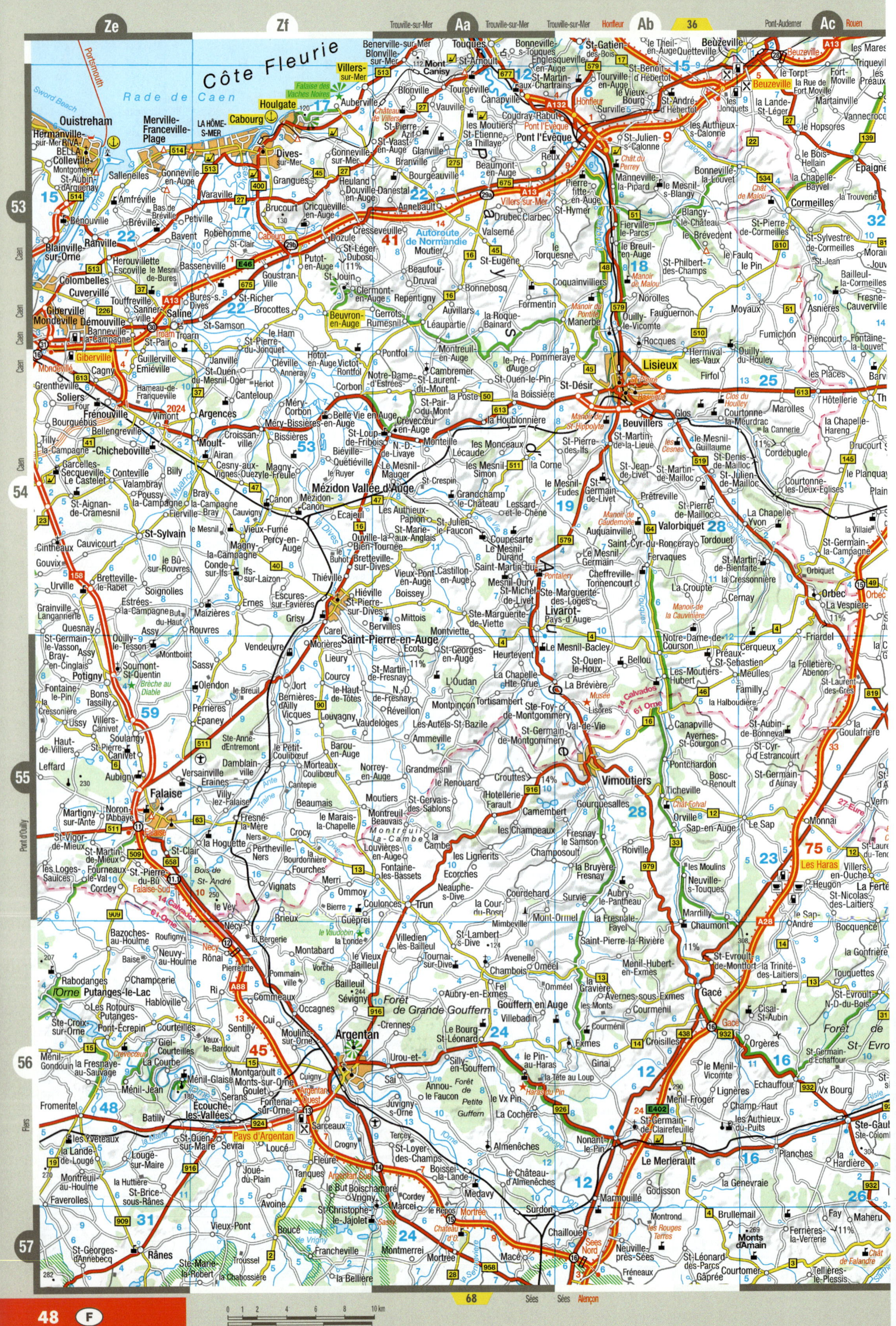

0 1 2 4 6 8 10 km
0 1 2 4 6 miles

Pont-Audemer
Bourneville
Yvetot
Caen
Rouen
53
54
55
56
57
69
Mortagne-au-Perche
Gaillon
Paris
Pacy-s-Eure
Dreux
Campagne du Neubourg
Pays d'Ouche
Forêt de Conches
Forêt de Breteuil
Forêt d'Evreux
Caudebec-lès-Elbeuf
Elbeuf
St-Pierre-lès-Elbeuf
Louviers
Val-de-Reuil
Le Neubourg
Brionne
Bernay
Beaumont-le-Roger
Conches-en-Ouche
ÉVREUX
Breteuil
Rugles
L'Aigle
Verneuil-sur-Avre et d'Iton
Tillières-sur-Avre
Nonancourt
St-Lubin-St-Remy
Damville
Broglie
Montfort-sur-Risle
Bourgtheroulde
Le Bec-Hellouin
Serquigny
Nassandres-sur-Risle
Mesnil-en-Ouche
Acquigny
Pitres
Alizay
Les Damps
Igoville
Moulineaux
Grand Couronne
Pont-de-l'Arche
Le Thuit-de-l'Oison
Gravigny
Huest
Gauciel
Aulnay
Les Ventes
Guichainville
Arnières-sur-Iton
Parville
Neaufles-Auvergny
Bémécourt
Francheville
Bourth
Chandai
Aube
Rai
Moisville
Ardivillières
Brezolles
Crucey
Montreuil-l'Argillé
Thiberville
Lieurey
Cormeilles
Corneville-sur-Risle
St-Germain-Village
Fontaine-l'Abbé
Grosley-sur-Risle
La Ferrière-sur-Risle
Champignolles
Ste-Marthe
Glisolles
La Bonneville-sur-Iton
St-Sébastien-de-Morsent
Normanville
Clef Vallée d'Eure
La Madeleine-de-Nonancourt

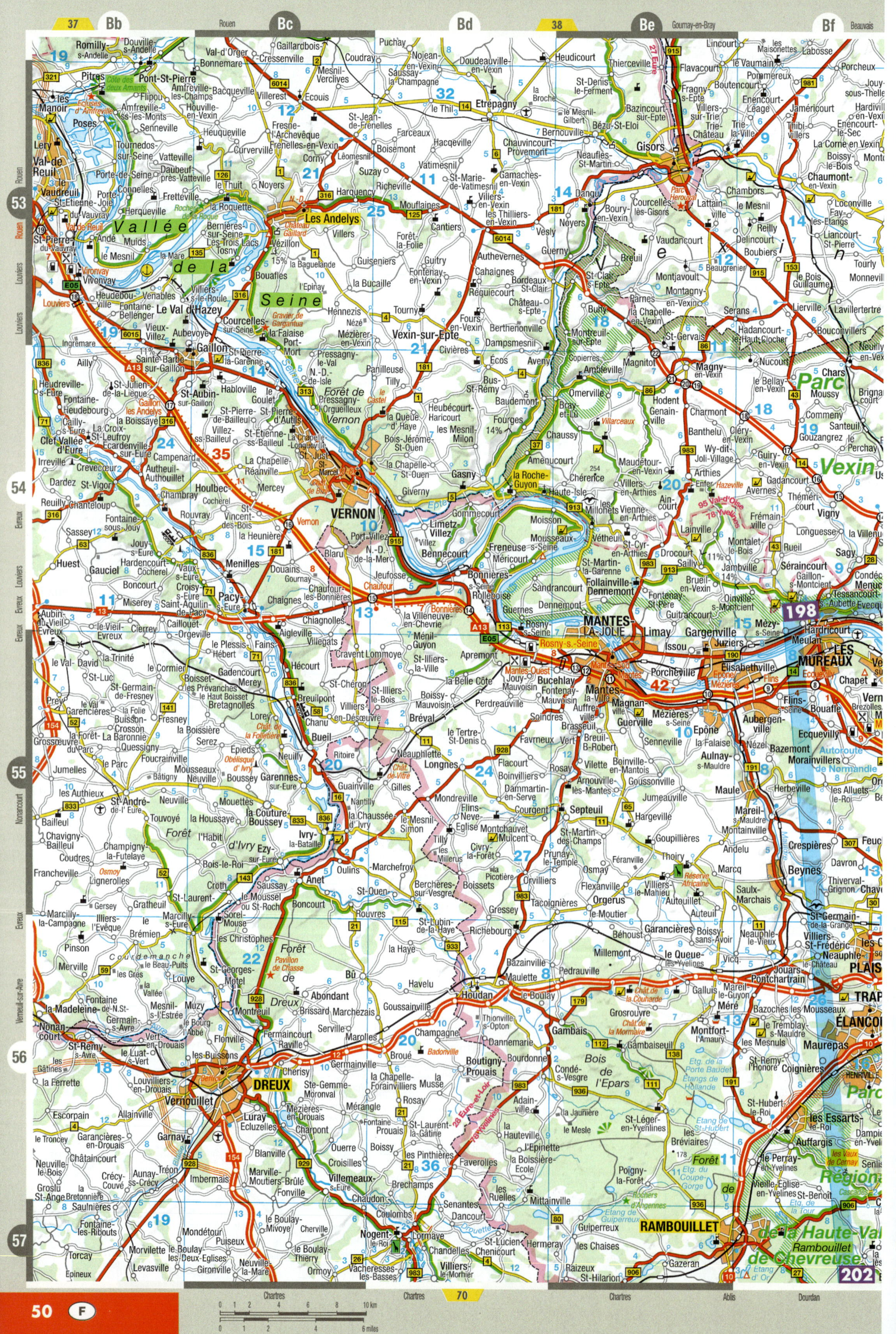

0 1 2 4 6 8 10 km
0 1 2 4 6 miles

Villotran
Les Hauts Talican
Auneuil
Noailles
Mouy
Angy
Liancourt
Verberie
Pont-Ste-Maxence
Nogent-sur-Oise
Montataire
CREIL
Forêt d'Halatte
Méru
Chambly
Senlis
Chantilly
Forêt de Chantilly
Persan
Beaumont-sur-Oise
Viarmes
Luzarches
Marines
Régional du Vexin Français
L'Isle-Adam
PONTOISE
CERGY
Dammartin-en-Goële
TAVERNY
CONFLANS-STE-HONORINE
HERBLAY
FRANCONVILLE
ERMONT
VILLIERS-LE-BEL
SARCELLES
GONESSE
GOUSSAINVILLE
TREMBLAY-EN-FRANCE
VILLEPINTE
ARGENTEUIL
ACHÈRES
SARTROUVILLE
BEZONS
POISSY
HOUILLES
COLOMBES
GENNEVILLIERS
ASNIÈRES-S-S.
CLICHY
ST-DENIS
AULNAY-SS-BOIS
SEVRAN
DRANCY
BOBIGNY
ST-GERMAIN-EN-LAYE
COURBEVOIE
NANTERRE
NEUILLY-S-S.
CHATOU
RUEIL-MALMAISON
PARIS
PANTIN
ROMAINVILLE
BONDY
GAGNY
CHELLES
MONTREUIL
VINCENNES
NOGENT-S-M.
BOULOGNE-BILLANCOURT
VERSAILLES
LE CHESNAY
ISSY-LES-M.
MONTROUGE
CHARENTON-LE-PONT
CHAMPIGNY-S-M.
TORCY
MEUDON
CLAMART
BAGNEUX
CACHAN
IVRY
VITRY
MAISONS-ALFORT
ST-MAUR-DES-FOSSÉS
PONTAULT-COMBAULT
MONTIGNY-LE-BRETONNEUX
GUYANCOURT
L'HAY-LES-ROSES
VILLEJUIF
CHOISY-LE-ROI
CRÉTEIL
ANTONY
MASSY
VILLENEUVE-ST-GEORGES
YERRES
CROSNE
PALAISEAU
GIF-SUR-YVETTE
LES ULIS
SAVIGNY-SUR-ORGE
ATHIS-MONS
JUVISY
DRAVEIL
VIRY-CHÂTILLON
GRIGNY
STE GENEVIÈVE-DES-BOIS
RIS-ORANGIS
Evry
Brie-Comte-Robert
Forêt de Sénart

Verberie
St-Sauveur
Béthisy-St-Pierre
Crépy-en-Valois
Villers-Cotterêts
Forêt de Retz
Pierrefonds
Longpont
Oulchy-le-Château
La Ferté-Milon
Neuilly-St-Front
Nanteuil-le-Haudouin
Ermenonville
le Plessis-Belleville
Lizy-sur-Ourcq
Château-Thierry
Bois de Montigny
Crouy-sur-Ourcq
Claye-Souilly
MEAUX
Trilport
La Ferté-sous-Jouarre
Charly-sur-Marne
Nogent-l'Artaud
Lagny
Marne-la-Vallée
Chessy
Serris
Crécy-la-Chapelle
Coulommiers
Rebais
La Ferté-Gaucher
Vallée du Grand Morin
Ferrières
Forêt d'Armainvilliers
Gretz-Armainvilliers
Tournan-en-Brie
Rozay-en-Brie
Jouy-le-Châtel
Forêt de Jouy
Fontenay-Trésigny
Chaumes-en-Brie
Verneuil-l'Étang
Guignes
Ozouer-le-Voulgis
Disneyland

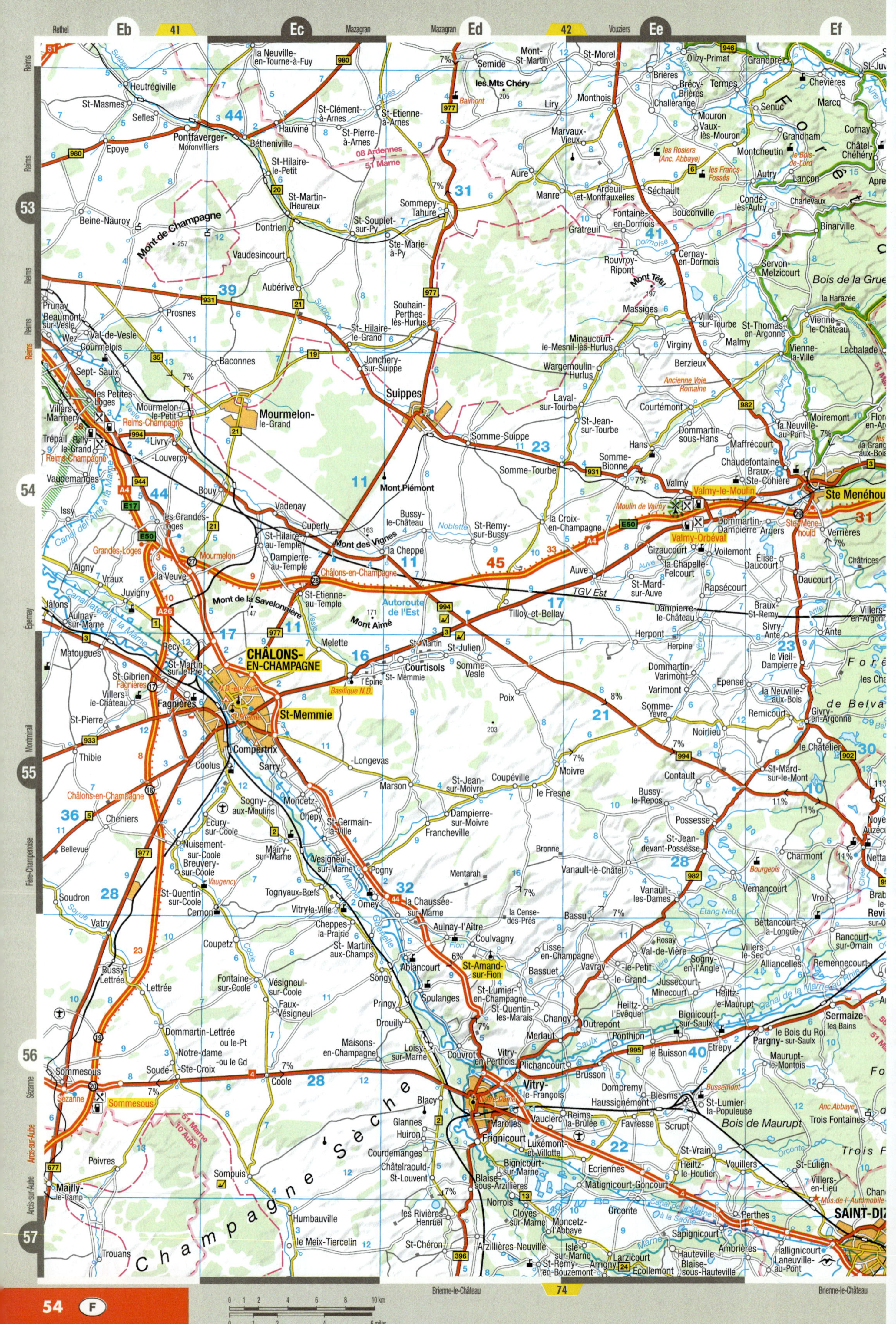

Rethel
Eb
41
Ec
Mazagran
Ed
42
Vouziers
Ee
Ef
Reims
Heutrégiville
St-Masmes
Selles
Pontfaverger-Moronvilliers
Bétheniville
Epoye
Hauviné
St-Clément-à-Arnes
St-Etienne-à-Arnes
St-Pierre-à-Arnes
08 Ardennes
51 Marne
St-Hilaire-le-Petit
St-Martin-l'Heureux
Sommepy-Tahure
St-Souplet-sur-Py
Ste-Marie-à-Py
Beine-Nauroy
Mont de Champagne
Dontrien
Vaudesincourt
Aubérive
Prosnes
Prunay
Beaumont-sur-Vesle
Wez
Val-de-Vesle
Courmelois
Sept-Saulx
Baconnes
Souhain-Perthes-lès-Hurlus
St-Hilaire-le-Grand
Jonchery-sur-Suippe
Suippes
Mourmelon-le-Grand
Mourmelon-le-Petit
Villers-Marmery
Les Petites-Loges
Reims-Champagne
Trépail
Billy-le-Grand
Livry-Louvercy
Vaudemanges
Bouy
Vadenay
Cuperly
Mont Piémont
Somme-Suippe
Somme-Tourbe
Issy
Les Grandes-Loges
St-Hilaire-au-Temple
Dampierre-au-Temple
Mourmelon
Mont des Vignes
Bussy-le-Château
St-Remy-sur-Bussy
La Cheppe
Châlons-en-Champagne
La Veuve
Aigny
Vraux
Juvigny
Jâlons
Aulnay-sur-Marne
Mont de la Savelonnière
St-Etienne-au-Temple
Autoroute de l'Est
Mont Aimé
Tilloy-et-Bellay
Matougues
Recy
St-Martin-sur-le-Pré
CHÂLONS-EN-CHAMPAGNE
St-Memmie
Melette
St-Martin
St-Julien
Courtisols
Somme-Vesle
L'Épine
Basilique N.D.
St-Gibrien
Fagnières
Villers-le-Château
St-Pierre
Thibie
Compertrix
Coolus
Sarry
Longevas
Marson
Poix
St-Jean-sur-Moivre
Coupéville
Moivre
Le Fresne
Chéniers
Sogny-aux-Moulins
Ecury-sur-Coole
Moncetz-Longevas
Chepy
St-Germain-la-Ville
Dampierre-sur-Moivre
Francheville
Nuisement-sur-Coole
Breuvery-sur-Coole
Mairy-sur-Marne
Vésigneul-sur-Marne
Pogny
Mentarah
Bronne
Vanault-le-Châtel
Bellevue
Soudron
St-Quentin-sur-Coole
Cernon
Tognyaux-Bœfs
Vitry-la-Ville
Omey
La Chaussée-sur-Marne
La Cense-des-Prés
Vanault-les-Dames
Bassu
Vatry
Coupetz
Cheppes-la-Prairie
St-Martin-aux-Champs
Aulnay-l'Aître
Coulvagny
Lisse-en-Champagne
Vavray-le-Petit
Vavray-le-Grand
Bussy-Lettrée
Lettrée
Fontaine-sur-Coole
Vésigneul-sur-Coole
Faux-Vésigneul
Songy
Ablancourt
St-Amand-sur-Fion
Bassuet
Soulanges
Pringy
St-Lumier-en-Champagne
St-Quentin-les-Marais
Changy
Outrepont
Dommartin-Lettrée
Notre-dame
Sommesous
Soudé-Ste-Croix
Coole
Maisons-en-Champagne
Drouilly
Loisy-sur-Marne
Couvrot
Vitry-en-Perthois
Vitry-le-François
Plichancourt
Brusson
Blacy
Glannes
Huiron
Courdemanges
Châtelraould-St-Louvent
Frignicourt
Marolles
Vauclerc
Reims-la-Brûlée
Luxémont-et-Villotte
Sézanne
Poivres
Sompuis
Mailly-le-Camp
Humbauville
le Meix-Tiercelin
Trouans
Champagne Sèche
Les Rivières-Henruel
St-Chéron
Blaise-sous-Arzillières
Norrois
Cloyes-sur-Marne
Arzillières-Neuville
St-Remy-en-Bouzemont
Isle-sur-Marne
Arrigny
Ecollemont
Larzicourt
Moncetz-l'Abbaye
Orconte
Sapignicourt
Hauteville
Blaise-sous-Hauteville
Ambrières
Hallignicourt
Laneuville-au-Pont
Perthes
SAINT-DIZIER
Ecriennes
Matignicourt-Goncourt
Bignicourt-sur-Marne
Favresse
Scrupt
Bois de Maurupt
St-Vrain
Heiltz-le-Hautier
Vouillers
St-Eulien
Villers-en-Lieu
Trois Fontaines
Haussignémont
Blesme
St-Lumier-la-Populeuse
Dompremy
Le Buisson
Etrepy
Pargny-sur-Saulx
Maurupt-le-Montois
Sermaize-les-Bains
Bignicourt-sur-Saulx
Heiltz-l'Evêque
Heiltz-le-Maurupt
Merlaut
Ponthion
Jussecourt-Minecourt
Sogny-en-l'Angle
Villers-le-Sec
Alliancelles
Remennecourt
Rancourt-sur-Ornain
Bettancourt-la-Longue
Vernancourt
Val-de-Vière
Rosay
Charmont
Possesse
St-Jean-devant-Possesse
Bussy-le-Repos
Contault
St-Mard-sur-le-Mont
Le Châtelier
Givry-en-Argonne
Noirlieu
Somme-Yèvre
Remicourt
La Neuville-aux-Bois
Epense
Varimont
Dommartin-Varimont
Herpont
Herpine
Le Vieil-Dampierre
Sivry-Ante
Ante
Dampierre-le-Château
Braux-St-Remy
Daucourt
Villers-en-Argonne
Rapsécourt
St-Mard-sur-Auve
Auve
La Chapelle-Felcourt
Gizaucourt
Voilemont
Élise-Daucourt
Valmy
Valmy-le-Moulin
Valmy-Orbéval
Moulin de Valmy
Dommartin-Dampierre
Argers
Ste Menehould
Verrières
Châtrices
La Croix-en-Champagne
Somme-Bionne
Hans
Dommartin-sous-Hans
Maffrécourt
Chaudefontaine
Braux-Ste-Cohière
La Neuville-au-Pont
Moirémont
Courtémont
Ancienne Voie Romaine
St-Jean-sur-Tourbe
Laval-sur-Tourbe
Wargemoulin-Hurlus
Minaucourt-le-Mesnil-lès-Hurlus
Virginy
Berzieux
Malmy
St-Thomas-en-Argonne
Vienne-le-Château
Vienne-la-Ville
Lachalade
La Harazée
Bois de la Gruerie
Ville-sur-Tourbe
Massiges
Mont Têtu
Rouvroy-Ripont
Cernay-en-Dormois
Servon-Melzicourt
Binarville
Fontaine-en-Dormois
Gratreuil
Bouconville
Séchault
Ardeuil-et-Montfauxelles
Manre
Aure
Marvaux-Vieux
Monthois
Liry
Semide
Les Mts Chéry
Baimont
Mont-St-Martin
St-Morel
Brières
Brécy-Brières
Challerange
Olizy-Primat
Termes
Grandpré
Mouron
Vaux-lès-Mouron
Les Rosiers (Anc. Abbaye)
Les Francs-Fossés
Montcheutin
Autry
Condé-lès-Autry
Senuc
Grandham
Marcq
Chevières
Cornay
Châtel-Chéhéry
Lançon
Le Bois-de-Lord
Apremont
Charlevaux
Forêt d'Argonne
St-Juvin
Forêt de Belval
Mus. de l'Automobile
Anc. Abbaye
Bussemont
Etang Neuf
Vaugency
Bourgeois
Châlons-en-Champagne
Grandes-Loges
Épernay
Montmirail
Fère-Champenoise
Sézanne
Arcis-sur-Aube
51 Marne
10 Aube
TGV Est
Canal latéral à la Marne
Canal de la Marne au Rhin
Marne
Suippe
Vesle
Coole
Saulx
Orconte
Dormoise
Noblette
Yèvre
Bienne
Ornain
Brienne-le-Château
74
54
0 1 2 4 6 8 10 km
0 1 2 4 6 miles

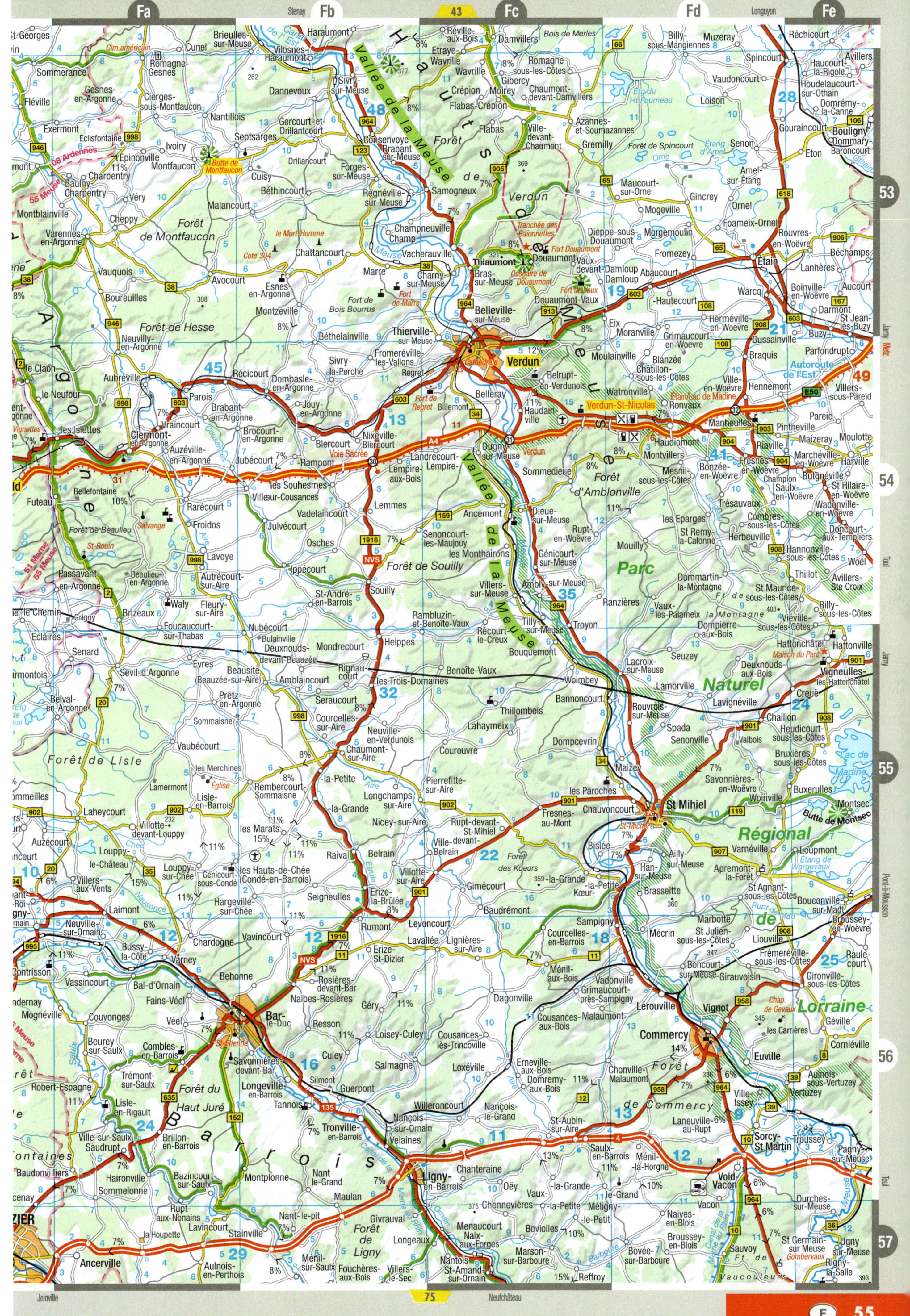

Fa
Stenay
Fb
43
Fc
Fd
Longuyon
Fe
53
54
55
56
57
Metz
Jarny
Toul
Pont-à-Mousson
Joinville
75
Neufchâteau
Vallée de la Meuse
Hauts de Meuse
Forêt de Montfaucon
Forêt de Hesse
Argonne
Verdun
Belleville-sur-Meuse
Thierville-sur-Meuse
Etain
Forêt de Souilly
Forêt d'Amblonville
Parc Naturel Régional de Lorraine
St Mihiel
Butte de Montsec
Forêt de Lisle
Bar-le-Duc
Forêt du Haut Juré
Barrois
Commercy
Forêt de Commercy
Ligny-en-Barrois
Forêt de Ligny
Vaucouleurs
Vignot
Sorcy-St Martin
Void-Vacon
Ancerville
St-Dizier
Lac de Madine
Clermont-en-Argonne
Revigny-sur-Ornain
Vigneulles-lès-Hattonchâtel
Spincourt
Damvillers
Dieue-sur-Meuse
Souilly
Pierrefitte-sur-Aire
Gondrecourt
Autoroute de l'Est
Voie Sacrée

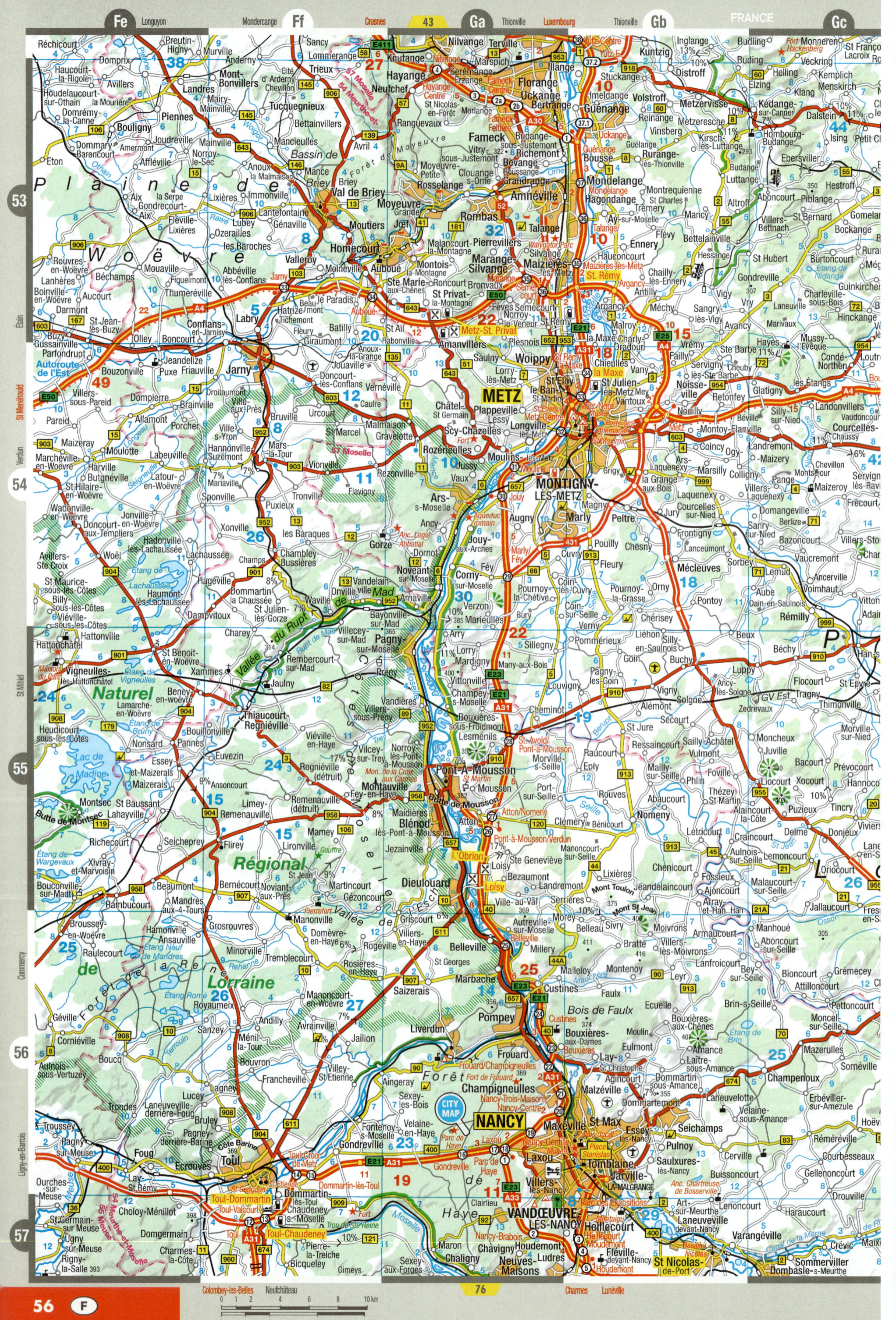

METZ
NANCY
MONTIGNY-LÈS-METZ
Pont-À-Mousson
VANDŒUVRE-LÈS-NANCY
Thionville
Hayange
Florange
Fameck
Amnéville
Rombas
Marange-Silvange
Maizières-lès-Metz
Woippy
Moyeuvre-Grande
Homécourt
Jœuf
Briey
Val de Briey
Jarny
Conflans-en-Jarnisy
Labry
Marly
Ars-s-Moselle
Pagny-sur-Moselle
Dieulouard
Pompey
Frouard
Champigneulles
Maxéville
Laxou
Villers-lès-Nancy
Jarville-la-Malgrange
Heillecourt
Tomblaine
Essey-lès-Nancy
Seichamps
Pulnoy
St Max
Malzéville
Toul
Ecrouves
Liverdun
St Nicolas-de-Port
Dombasle-s-Meurthe
Laneuveville-devant-Nancy
Fléville-devant-Nancy
Ludres
Neuves-Maisons
Chaligny
Guénange
Uckange
Bertrange
Stuckange
Kuntzig
Metzervisse
Kédange-sur-Canner
Vigy
Ennery
Rémilly
Pange
Courcelles-Chaussy
Nomeny
Thiaucourt-Regniéville
Vigneulles-lès-Hattonchâtel
Lac de Madine
Plaine de la Woëvre
Naturel
Régional
Lorraine
Forêt de Haye
Bois de Faulx
Saizerais
Belleville
Marbache
Custines
Bouxières-aux-Dames
CITY MAP

SAARLOUIS
Schwarzenholz
Heusweiler
NEUNKIRCHEN
Friedrichsthal
Wallerfangen
Ensdorf
Schwalbach (Saar)
Püttlingen
Riegelsberg
Quierschied
Sulzbach/Saar
Spiesen-Elversberg
ST. INGBERT
Bouzonville
Wadgassen
VÖLKLINGEN
SAARBRÜCKEN
Überherrn
Großrosseln
Creutzwald
Forbach
Stiring-Wendel
Kleinblittersdorf
Gersheim
Mandelbachtal
Biosphärenreservat Bliesgau
Boulay-Moselle
Porcelette
L'Hôpital
Freyming-Merlebach
Hombourg-Haut
Farschviller
Longeville-lès-St-Avold
St-Avold
Folschviller
Faulquemont
Créhange
Sarreguemines
Puttelange-aux-Lacs
Sarralbe
Keskastel
Sarre-Union
Diemeringen
Drulingen
Fénétrange
Mittersheim
Dieuze
Morhange
Vic-sur-Seille
Château-Salins
Parc Naturel Régional de Lorraine
Sarrebourg
Réding
Phalsbourg
Lorquin
Abreschviller
Réchicourt-le-Château
Moussey
Avricourt
Einville-au-Jard
Forêt de Parroy
Plateau Lorrain
DEUTSCHLAND
FRANCE
53
54
55
56
57

53
54
55
56
57
NEUNKIRCHEN
HOMBURG
Kirkel
Blieskastel
ZWEIBRÜCKEN
PIRMASENS
Rodalben
Waldfischbach-Burgalben
Dahn
Hauenstein
Pfälzerwald
Biosphären-reservat
Bliesgau
Gersheim
DEUTSCHLAND
FRANCE
Sarreguemines
Volmunster
Bitche
Wissembourg
Parc Naturel Régional des Vosges du Nord
Lembach
Niederbronn-les-Bains
Reichshoffen
Soultz-sous-Forêts
Hunspach
Ingwiller
Bouxwiller
Haguenau
Forêt de Haguenau
La Petite-Pierre
Sarre-Union
Phalsbourg
Saverne
Marmoutier
Wasselonne
Brumath
Bischwiller
Hochfelden
Dabo
Sarrebourg
Drusenheim
Rheinau
190-191

Naturpark
Speyerdorf
SPEYER
Dudenhofen
Hockenheim
Walldorf
Wiesloch
Leimen
Nußloch
Reilingen
Sankt Leon-Rot
Waghäusel
Philippsburg
Lingenfeld
Germersheim
Sankt Martin
Edenkoben
Maikammer
Landau i.d.Pfalz
Offenbach an der Queich
Bellheim
Rülzheim
Herxheim
Kandel
Jockgrim
Wörth a.Rh.
Linkenheim-Hochstetten
Leopoldshafen
Eggenstein-Leopoldshafen
Stutensee
Bruchsal
Forst
Karlsdorf-Neuthard
Bretten
Weingarten
Walzbachtal
KARLSRUHE
Rheinstetten
ETTLINGEN
Pfinztal
Königsbach-Stein
Remchingen
Kämpfelbach
Karlsbad
Keltern
PFORZHEIM
Birkenfeld
Neuenbürg
Bad Herrenalb
Naturpark
Schwarzwald
Gaggenau
Gernsbach
Baden-Baden
Rastatt
Durmersheim
Bietigheim
Malsch
Muggensturm
Kuppenheim
Iffezheim
Sinzheim
Bühl
Achern
Ottersweier
Lauterbourg
Seltz
Hatten
Bad Wildbad
Forbach
Nord/Mitte
Deutsche Weinstraße
Deutsch-Französische Touristikroute
Badische Spargelstraße
Bertha Benz Memorial Route
Schwarzwald-Bäderstraße
Schwarzwald-Hochstraße
Route du Rhin
Rhein
Bienwald
DEUTSCHLAND

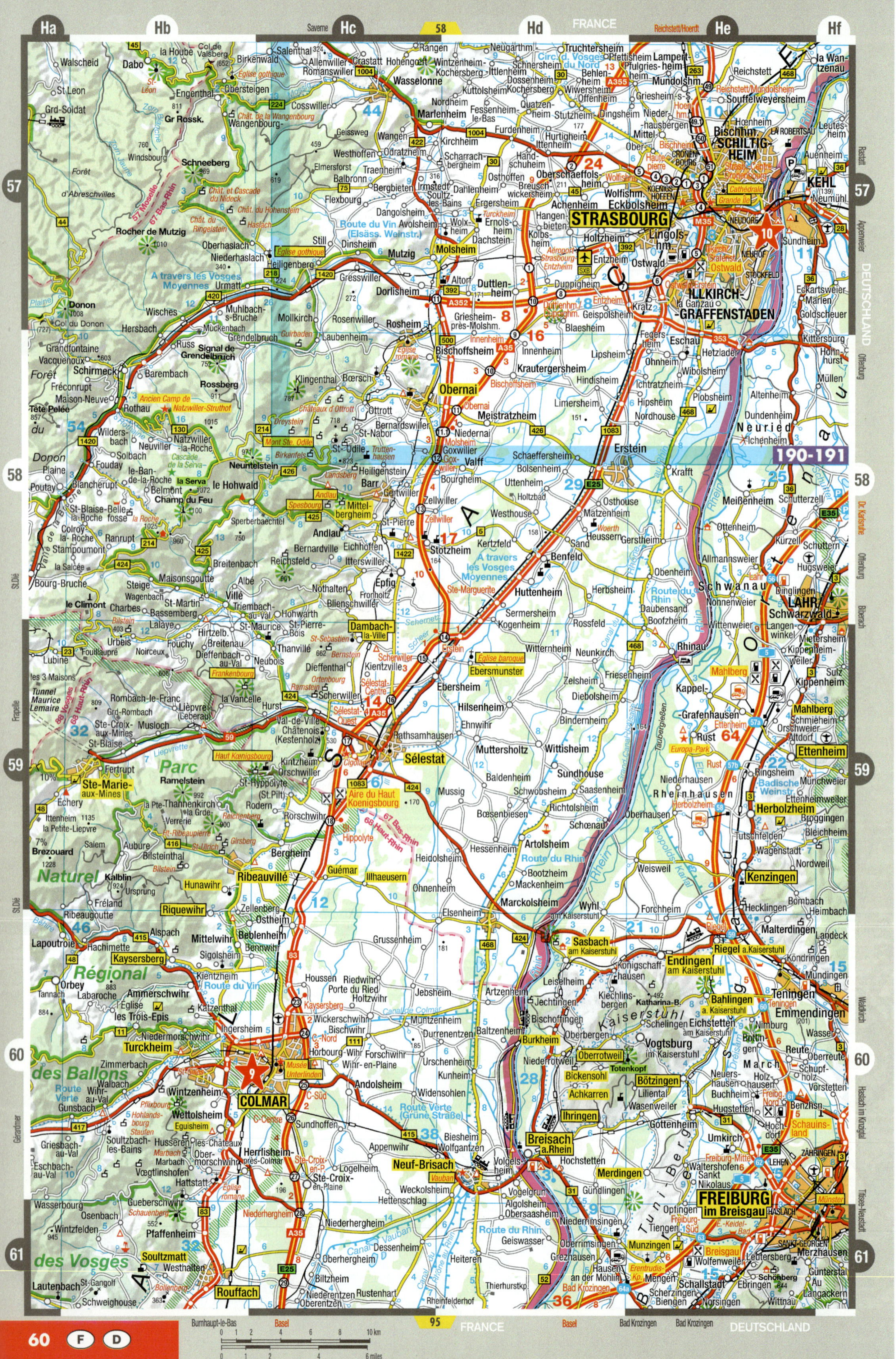

0 1 2 4 6 8 10 km
0 1 2 4 6 miles

Uf
Va
Vb
Vc
Vd
57
58
59
60
61
Côte des Légendes
les Abers
188-189
Île d'Ouessant
Phare de l'Île Vierge
Île Vierge
Kélerdut
St-Michel
le Curnic
Île Vénan
Île Stagadon
Lilia
Pengouvern
Plouguerneau
Île Vrac'h
Île Tariec
Vourch
Île Guenioc
Aber-Vrac'h
Kermenguy
Landéda
Île Garo
Broënnou
Lannilis
Île du Bec
Portsall
Kervasdué
St-Pabu
Trémazan
Pointe de Landunvez
Lampaul-Ploudalmézeau
Kersaint
Ploudalmézeau
Tréglonou
Landunvez
Plouvien
Île Yoc'h
Argenton
Plouguin
Porspoder
Kergastel
Plourin
Coat-Méal
Plabennec
Larret
Tréouergat
Guipronvel
Bourg-Blanc
Kermerrien
Île Melon
Melon
Brélès
Lanrivoaré
Lanildut
Rocher du Crapaud
la Franchise
Milizac
Lampaul-Plouarzel
Lanvénec
Gouesnou
Pays de Léon
St-Renan
Île Ségal
Kerescart
Plouarzel
Lokournan
Guilers
Bohars
Trézien
Lamber
Pointe de Corsen
Porsmoguer
Ploumoguer
Kerhornou
Pont-l'Hôpital
Plage des Blancs Sablons
Illien
Plouzané
Castel-Nevez
Pointe de Kermorvan
Lanfeust
Kergonan
Locmaria-Plouzané
la Trinité
BREST
Trébabu
Kerfily
Ste-Anne-du-Portzic
Cosquer
le Conquet
Porsmilin
Kerjean
Plage de Porsliogan
Plougonvelin
le Trez-Hir
Anse de Bertheaume
Toulbroch
Kerinou
Goulet de Brest
Rade de Brest
Pointe des Espagnols
Pointe de St-Mathieu
St-Mathieu
Pointe de Creac'h-Meur
Pointe de Point Minou
Trevarguen
Roscanvel
Pointe de l'Amorique
Île Longue
Pointe de Lanvéoc
Kergadou
Frugullou
Niou
Lampaul
Pointe de Pern
Loqueltas
Porsguen
Toulalan
Pointe de Porz Doun
Feuteunvelen
Phare de la Jument
Passage du Fromveur
Île de Bannec
Île de Balanec
Lédénès de Molène
Île-Molène
Île Molène
Lédénès de Quéménes
Île de Lytiry
Île de Trielen
Île de Quéménés
Parc Naturel Régional d'Armorique
Île de Beniguet
Chenal de la Helle
Chenal du Four
Quélern
Rostellec
Pointe du Toulinguet
Anse de Camaret
le Fret
Lanvéoc
Camaret-sur-Mer
Tour Vauban
Lambézen
Larrial
Pen-an-Ero
KAMELEO
Alignements de Lagatjar
Landaoudec
Pointe de Pen-Hir
Lanilien
Kerséguénou
Crozon
Anse de Dinan
Goulien
Ranvédan
Présquîle de Crozon
Dinan
Gaoulac'h
Pointe de Dinan
Tromel
Plage de l'Aber
Lost-March
Grandes Grottes
la Palue
Kerglintin
Plage de la Palue
Kerdreux
Postudel
Cap de la Chèvre
Baie de Douarnenez
OCÉAN
ATLANTIQUE
Mer d'Iroise
Pointe du Millier
Pointe de Beuzec
Lescogan
Pointe de Brézellec
Lesven
Kerven
Beuzec-Cap-Sizun
Chaussée de Sein
Pointe du Van
Kermeur
Penharn
Goulien
Moulin Castel
Cléden-Cap-Sizun
Lescleden
Pont-Croix
Baie des Trépassés
Troloan
Lannuign
Île de Sein
Lescoff
Plogoff
Île-de-Sein
Pointe du Raz
Pendreff
Kerandraon
Primelin
Toramur
Pointe de Feuntcunod
Anse du Loc'h
St-Tugen
Audierne
Plouhinec
Lambadu
Esquibien
Lezaroen
Lesvénez
St-Dreyer
Pointe de Lervily
Ty-Pic
Ménez-Drégan
Poulhan
0 1 2 4 6 8 10 km
0 1 2 4 6 miles

Vd
Ve
Vf
Wa
Wb
55
56
57
58
59
La Manche
Ceinture dorée
Rossiare Harbour, Cork
Plymouth
Île de Batz
Roscoff
Île de Siec
St-Pol-de-Léon
KASTELL-PAOL
Île Callot
Pointe de Primel
Primel-Trégastel
Pointe du Diben
Plougasnou
St-Jean-du-Doigt
Carantec
Sibiril
Cléder
Plougoulm
Santec
Dossen
Moguériec
Plouescat
Kerlouan
Brignogan-plages
Plounéour-Trez
Pointe de Beg Pol
Guissény
Plouguerneau
Lannilis
Tréflez
Plouider
Lesneven
le Folgoët
Pays de Léon
Plouzévédé
Plouvorn
Landivisiau
Taulé
Henvic
Locquénolé
Plouézoch
St-Martin-des-Champs
Morlaix
Montroulez
Guiclan
St-Thégonnec
Pleyber-Christ
Plabennec
Landerneau
Landerne
Guipavas
Gouesnou
BREST
Plougastel-Daoulas
Daoulas
Loperhet
la Roche-Maurice
Pencran
la Martyre
Sizun
Lampaul-Guimiliau
Guimiliau
Commana
Roc'h Trévezel
Loc-Eguiner-St-Thégonnec
Plounéour-Menez
Rade de Brest
Pointe de l'Armorique
Pointe du Château
Lanvéoc
Crozon
Argol
Telgruc-sur-Mer
Le Faou
Hanvec
Rumengol
Forêt du Cranou
Parc Naturel Régional d'Amorique
Monts d'Arrée
Brennilis
Roc'h Begheor
St-Herbot
Brasparts
Pleyben
Lopérec
Pont-de-Buis-lès-Quimerch
Châteaulin
Kastellin
Dinéhault
Ménez-Hom
Bassin de Châteaulin
Plomodiern
Châteauneuf-du-Faou
Plonévez-du-Faou
Lennon
Gouézec
Pont-Coblant
Lothey
St-Coulitz
Baie de Douarnenez
188-189
78
Douarnenez
Quimper/Kemper
0 1 2 4 6 8 10 km
0 1 2 4 6 miles

Côte de Granit Rose
les Sept Iles
Pointe du Squéouel
Île Renote
Île Tomé
Ill St-Gildas
Pointe du Château
Îles d' Er
Île Modez
Île de Bréhat
Phare du Paon
Ploumanac'h
Trégastel-Plage
Île Grande
Perros Guirec
Trégastel
Lannion
Lannuon
Tréguier
Landreger
Paimpol
Pempoull
Ploubazlanec
Pointe de l'Arcouest
Porz Even
Pointe de Guilben
Plouézec
Plougrescant
Pleubian
Lanmodez
Penvénan
Plouguiel
Port-Blanc
Trévou-Treguignec
Trélévern
Louannec
Pleumeur-Bodou
Pleumeur-Gautier
Lézardrieux
Trédarzec
Minihy-Tréguier
La Roche-Derrien
La Roche-Jaudy
Pommerit-Jaudy
Baie de Lannion
Pointe de Beg-an-Fry
Pointe de Locquirec
Locquirec
Pointe de Séhar
Locquémeau
Pointe de Dourvin
Pointe de Bihit
Trébeurden
Ploulec'h
Ploubezre
Plestin-les-Grèves
Trédrez
St-Michel-en-Grève
Ploumilliau
T r é g o r r o i s
Rospez
Caouënnec-Lanvézéac
Cavan
Tonquédec
Prat
Pontrieux
Pontrev
Quemper-Guézennec
Plouëc-du-Trieux
Runan
Ploëzal
Plouaret
Plouared
Le Vieux-Marché
Pluzunet
Bégard
Bear
Guénézan
Pédernec
Ménez Bré
Louargat
Plounévez-Moëdec
Belle-Isle-en-Terre
Plouaret
Plouigneau
Plouegat-Moysan
Guingamp
Gwengamp
Grâces
St-Agathon
Ploumagoar
Pabu
Plouisy
Châtelaudren
Plouagat
Lanrodec
Goudelin
Lanvollon
Pommerit-le-Vicomte
Loguivy-Plougras
Plougras
Forêt de Beffou
Plougonver
Guerlesquin
Plougonven
Scrignac
Bourbriac
Boulvriag
Callac
Kallag
Bulat-Pestivien
Maël-Pestivien
St-Nicodème
Corlay
Korle
St-Nicolas-du-Pélem
Plounévez-Quintin
Maël-Carhaix
Carhaix-Plouguer
Karaez Plougêr
Rostrenen
Rostrennenn
Plouguernével
Glomel
Cléden-Poher
Roc de Toullaëron
Lac de Guerlédan
Forêt de Quénécan
Mûr-de-Bretagne
Bon Repos sur Blavet
St-Brieuc/St-Brieg
Gourin
Loudéac
55
57
58
59
79

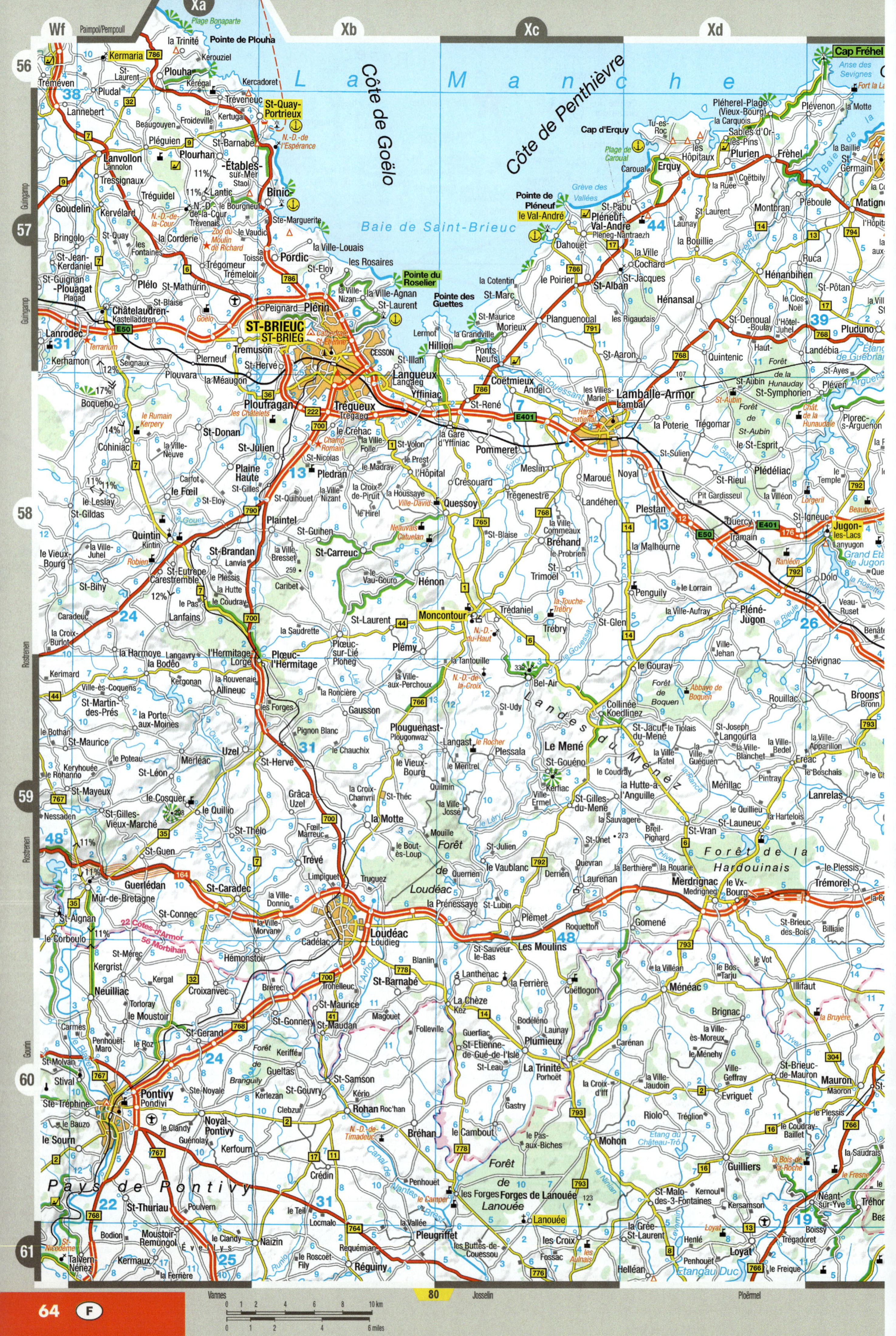

Xa
Xb
Xc
Xd
Wf
56
57
58
59
60
61
La Manche
Côte de Goëlo
Côte de Penthièvre
Baie de Saint-Brieuc
Cap Fréhel
Cap d'Erquy
Pointe de Plouha
Pointe du Roselier
Pointe des Guettes
Pointe de Pléneuf
St-Quay-Portrieux
Binic
Étables-sur-Mer
Paimpol/Pempoull
Plouha
Tréveneuc
Lanvollon
Pordic
Plérin
ST-BRIEUC
ST-BRIEG
Langueux
Yffiniac
Trégueux
Ploufragan
Châtelaudren-Plouagat
Quintin
Plœuc-l'Hermitage
Moncontour
Lamballe-Armor
Erquy
Pléneuf-Val-André
le Val-André
St-Cast
Plurien
Fréhel
Matignon
Hénanbihen
Jugon-les-Lacs
Plénée-Jugon
Plestan
Broons
Collinée
Le Mené
Landes du Méné
Forêt de Boquen
Forêt de la Hardouinais
Merdrignac
Loudéac
Uzel
St-Caradec
Mûr-de-Bretagne
Guerlédan
Pontivy
Noyal-Pontivy
Rohan
Josselin
Forêt de Lanouée
Les Forges de Lanouée
Ploërmel
Mauron
Ménéac
La Trinité-Porhoët
Mohon
Pays de Pontivy
Vannes
Guingamp
Rostrenen
Gourin
E50
E401
22 Côtes-d'Armor
56 Morbihan

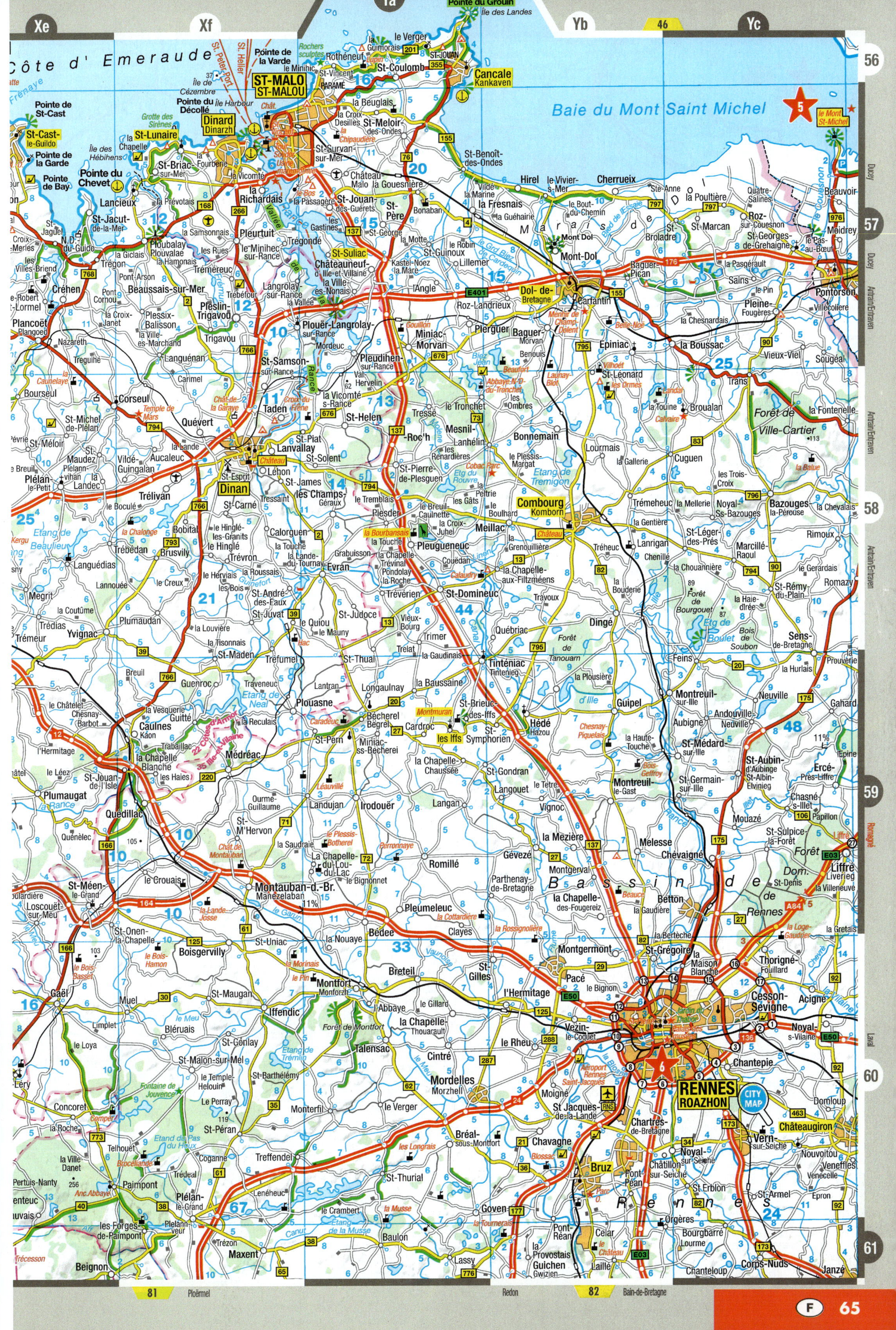

Xe
Xf
Ya
Yb
46
Yc
Pointe du Grouin
Île des Landes
Côte d' Emeraude
Baie du Mont Saint Michel
56
57
58
59
60
61
ST-MALO
ST-MALOU
Cancale
Kankaven
Dinard
Dinarzh
St-Lunaire
St-Cast-le-Guildo
Pointe de St-Cast
Pointe du Chevet
Pointe de la Varde
Rotheneuf
le Verger
St-Coulomb
St-Servan-sur-Mer
la Richardais
Pleurtuit
Lancieux
St-Jacut-de-la-Mer
St-Briac-sur-Mer
Ploubalay
Plouvalae
Crehen
Beaussais-sur-Mer
Plancoët
Pleslin-Trigavou
Trigavou
Châteauneuf-d'Ille-et-Vilaine
St-Suliac
la Gouesnière
St-Père
St-Benoît-des-Ondes
Hirel
le Vivier-s-Mer
Cherrueix
Ste-Anne
la Poultière
Roz-sur-Couesnon
St-Georges-de-Gréhaigne
St-Marcan
Beauvoir
Moidrey
le Mont St-Michel
Pontorson
Mont-Dol
Dol-de-Bretagne
Baguer-Pican
Baguer-Morvan
Epiniac
la Boussac
Sougéal
Vieux-Viel
Pleine-Fougères
Trans
Broualan
Forêt de Ville-Cartier
la Fontenelle
Miniac-Morvan
Pleudihen-sur-Rance
Plouër-Langrolay-sur-Rance
St-Samson-sur-Rance
la Vicomté-s-Rance
Taden
Corseul
Quévert
Dinan
Lanvallay
St-Hélen
Tressé
Mesnil-Lanhélin
Bonnemain
Lourmais
Cuguen
Combourg
Komborn
Meillac
Pleugueneuc
St-Pierre-de-Plesguen
Trélivan
Vildé-Guingalan
Aucaleuc
Plélan-le-Petit
Languédias
Bobital
Brusvily
le Hinglé
Trévron
Calorguen
Evran
les Champs-Géraux
St-Carné
St-André-des-Eaux
St-Juvat
St-Judoce
Tréverien
St-Domineuc
Québriac
Dingé
Tinténiac
Feins
Montreuil-sur-Ille
Guipel
Hédé
Hazou
St-Médard-sur-Ille
St-Germain-sur-Ille
Andouillé-Neuville
Aubigné
Sens-de-Bretagne
Ercé-Près-Liffré
Plumaudan
Yvignac
Trédias
Trémeur
Trefumel
St-Maden
Guenroc
Plouasne
Longaulnay
la Baussaine
St-Brieuc-des-Iffs
Cardroc
Bécherel
Becherel
les Iffs
St-Symphorien
Caulnes
Kaon
Médréac
St-Pern
Miniac-sous-Bécherel
la Chapelle-Chaussée
St-Gondran
Langouet
Vignoc
la Mézière
Melesse
Chevaigné
St-Aubin-d'Aubigné
Liffré
Liverieg
Forêt Dom. St-Denis
Gévezé
Montgerval
Parthenay-de-Bretagne
Bassin de Rennes
Betton
Plumaugat
St-Jouan-de-l'Isle
Quédillac
Landujan
Irodouër
Langan
St-M'Hervon
la Chapelle-du-Lou-du-Lac
Romillé
Montauban-d.-Br.
Manezelaban
le Crouais
St-Méen-le-Grand
Bédée
Pleumeleuc
Clayes
la Nouaye
Breteil
Montfort
Monforzh
Iffendic
St-Gilles
l'Hermitage
Montgermont
St-Grégoire
Pacé
Thorigné-Fouillard
Cesson-Sévigné
Acigné
Noyal-s-Vilaine
Boisgervilly
Gaël
Muel
Bléruais
St-Maugan
St-Gonlay
Talensac
la Chapelle-Thouarault
le Rheu
Vezin-le-Coquet
RENNES
ROAZHON
CITY MAP
Chantepie
Domloup
Châteaugiron
Mordelles
Morzhell
Cintré
St-Malon-sur-Mel
St-Péran
Monterfil
le Verger
Bréal-sous-Montfort
Chavagne
St Jacques-de-la-Lande
Chartres-de-Bretagne
Vern-sur-Seiche
Noyal-sur-Seiche
Bruz
Paimpont
Plélan-le-Grand
Treffendel
St-Thurial
Goven
Pont-Péan
St-Erblon
St-Armel
Châtillon-sur-Seiche
Orgères
Bourgbarré
Maxent
Baulon
Lassy
Guichen
Laillé
Chanteloup
Corps-Nuds
Janzé
Beignon
les Forges-de-Paimpont
Concoret
Mauron
81
Ploërmel
Redon
82
Bain-de-Bretagne

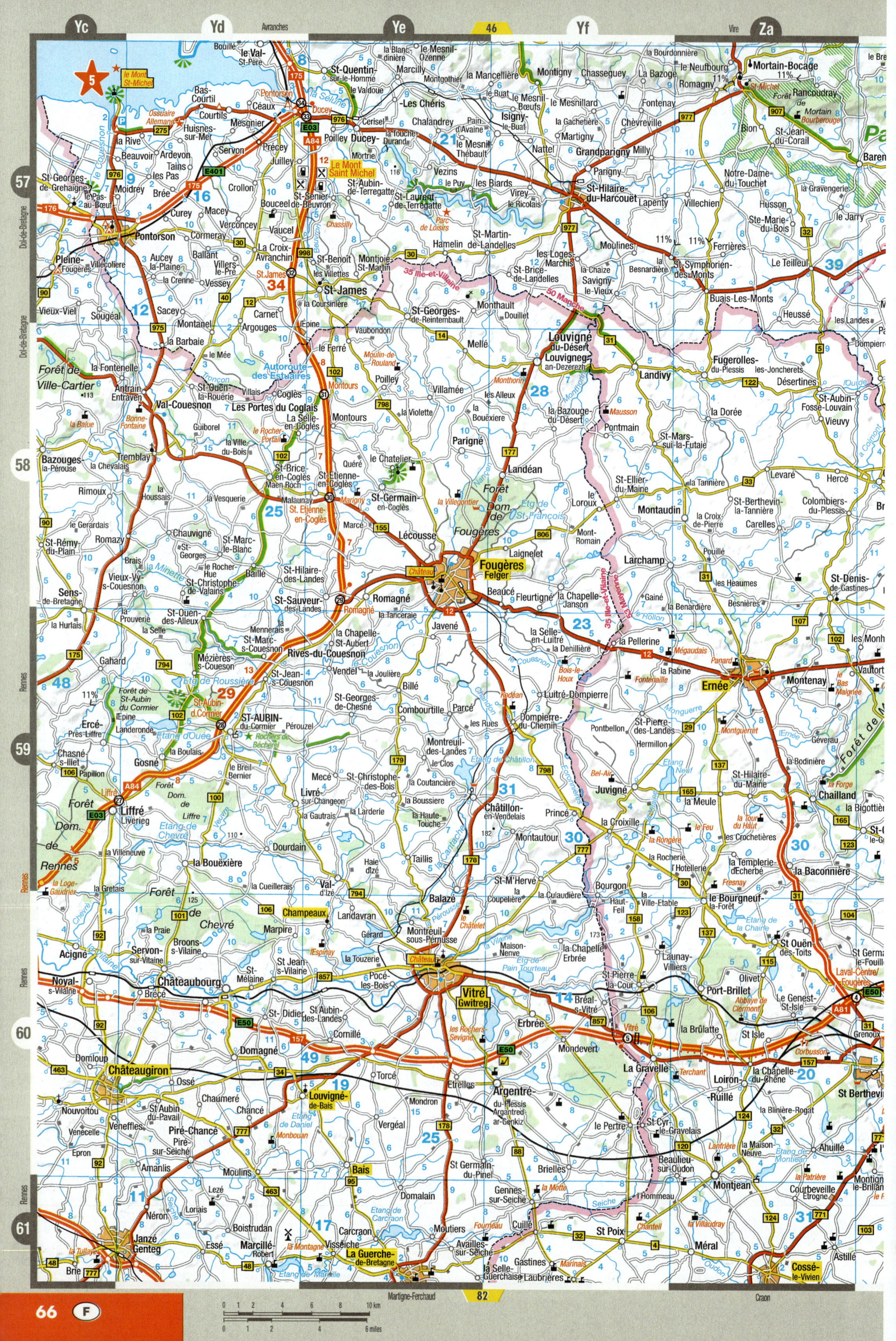

Yc
Yd
Avranches
Ye
46
Yf
Vire
Za
57
58
59
60
61
le Mont St-Michel
Pontorson
St-James
Ducey
Isigny-le-Buat
St-Hilaire-du-Harcouët
Mortain-Bocage
Louvigné-du-Désert
Landivy
Fougères
Felger
Forêt de Fougères
Val-Couesnon
Antrain
Les Portes du Coglais
St-Brice-en-Coglès
St-Étienne-en-Coglès
St-Germain-en-Coglès
Lécousse
Romagné
Javené
Beaucé
Fleurtigné
la Pellerine
Ernée
Montenay
Juvigné
Chailland
St-Aubin-du-Cormier
Liffré
Forêt Dom. de Rennes
Rennes
la Bouexière
Forêt de Chevré
Champeaux
Châteaubourg
Vitré
Gwitreg
Châteaugiron
Argentré-du-Plessis
Louvigné-de-Bais
Piré-Chancé
Bais
Janzé
Genteg
La Guerche-de-Bretagne
Martigné-Ferchaud
82
Craon
Cossé-le-Vivien
Méral
Montjean
Port-Brillet
Loiron-Ruillé
St Berthevin
la Gravelle
la Baconnière
St Ouën-des-Toits
Laval-Centre/Fougères
Landéan
Parigné
Larchamp
Montaudin
Pontmain
Fugerolles-du-Plessis
Ferrières
Rives-du-Couesnon
St-Sauveur-des-Landes
St-Ouën-des-Alleux
Mézières-s-Couesnon
Sens-de-Bretagne
Bazouges-la-Pérouse
Vieux-Vy-s-Couesnon
St-Marc-le-Blanc
Chauvigné
Romazy
Rimoux
Tremblay
Dol-de-Bretagne
Ille-et-Vilaine
Manche
Mayenne
Autoroute des Estuaires

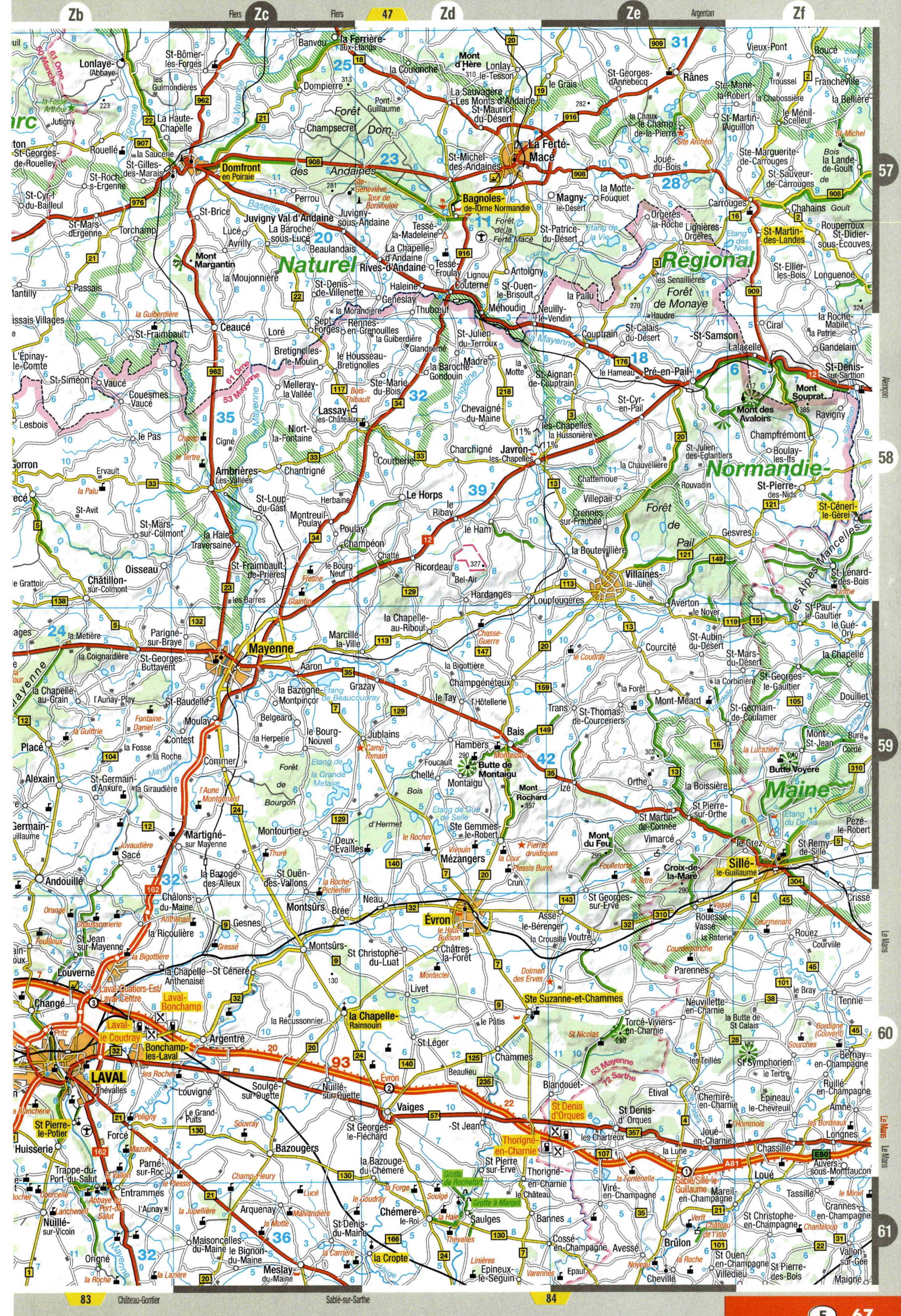
Zb
Zc
Zd
Ze
Zf
Flers
47
Argentan
57
58
59
60
61
Alençon
Le Mans
83
Château-Gontier
Sablé-sur-Sarthe
84
Domfront en Poiraie
La Ferté-Macé
Bagnoles-de-l'Orne Normandie
Rânes
Carrouges
Juvigny Val-d'Andaine
Lassay-les-Châteaux
Pré-en-Pail-St-Samson
Mont des Avaloirs
Naturel
Régional
Normandie-
Maine
Forêt de Monaye
Forêt de Pail
Ambrières-les-Vallées
Villaines-la-Juhel
Mayenne
Bais
Butte de Montaigu
Évron
Sillé-le-Guillaume
Laval
Laval-le Coudray
Bonchamp-lès-Laval
Argentré
la Chapelle-Rainsouin
Ste Suzanne-et-Chammes
Vaiges
Thorigné-en-Charnie
Chémeré-le-Roi
la Cropte
Meslay-du-Maine
Loué
Brûlon
Montsûrs
Jublains
Louverné
Changé
Nuillé-sur-Vicoin
Les Alpes Mancelles
St-Céneri-le-Gérei

Zf
Aa
Ab
48
Ac
Ad
Argentan
Falaise
Bernay/Brionne
Ste-Gauburge-Ste-Colombe
57
58
59
60
61
Pré-en-Pail
Mayenne
Laval
Sées
Mortagne-au-Perche
Alençon
Mamers
Bellême
Fresnay-sur-Sarthe
Beaumont-sur-Sarthe
Bonnétable
La Ferté-Bernard
Le Mans
Montfort-le-Gesnois
Connerré
Parc Naturel Régional Normandie-Maine
Forêt de Perseigne
Forêt de Bellême
Forêt de Bonnetable
Forêt d'Écouves
Signal d'Écouves
Mont Souprat
Butte Voyère
La Dentelle d'Alençon
Les Alpes Mancelles
Vallée de l'Huisne
St-Céneri-le-Gérei
St-Denis-sur-Sarthon
Carrouges
Le Mêle-sur-Sarthe
Courtomer
Moulins-la-Marche
Villeneuve-en-Perseigne
Sillé-le-Philippe
Savigné-l'Évêque
Champagné
Yvré-l'Évêque
Coulaines
Allonnes
Arnage
Ruaudin
Changé
Conlie
Coulans-sur-Gée
Sarthe-Sargé-L.M.
City Map
68
F
La Flèche
Château-du-Loir
85
10 km
8 miles

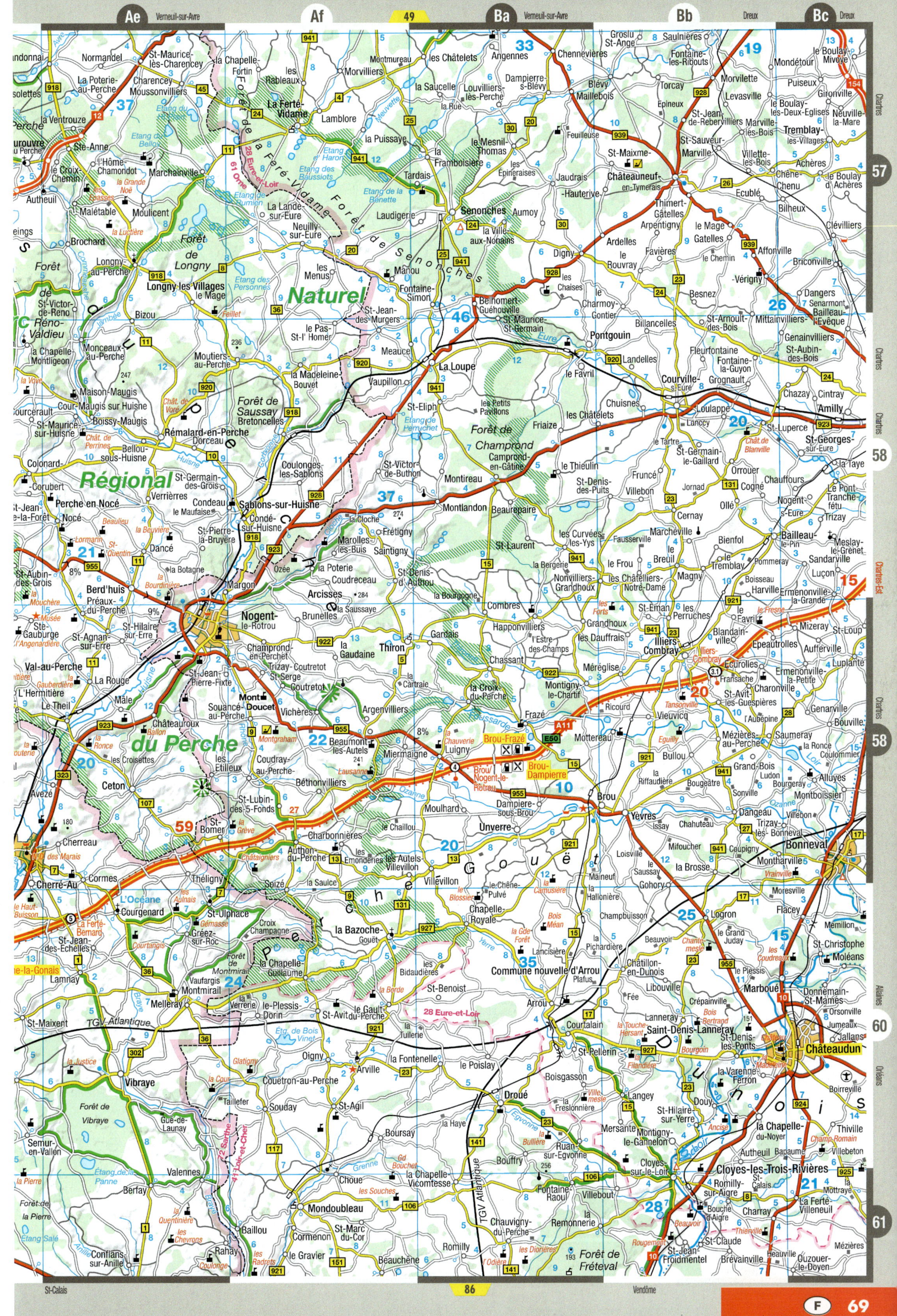

Normandel
St-Maurice-lès-Charencey
la Chapelle-Fortin
Montmureau
les Châtelets
Argennes
Chennevières
Saulnières
Mondétour
La Poterie-au-Perche
Charencey
Moussonvilliers
les Rableaux
Morvilliers
la Saucelle
Louvilliers-lès-Perche
Dampierre-s-Blévy
Blévy
Maillebois
Torcay
Morvilette
Levasville
Puiseux
Gironville
La Ferté-Vidame
Lamblore
la Puisaye
le Mesnil-Thomas
Tremblay-les-Villages
St-Sauveur-Marville
Ste-Anne
Marchainville
la Framboisière
Tardais
Jaudrais
St-Maixme-Hauterive
Châteauneuf-en-Thymerais
Ecublé
Bilheux
Clévilliers
Autheuil
Maletable
Moulicent
la Lande-sur-Eure
Laudigerie
Senonches
Aumoy
Thimert-Gâtelles
Ardelles
Digny
Favières
le Mage
Gatelles
Affonville
Briconville
Brochard
Forêt de Longny
Neuilly-sur-Eure
la Ville-aux-Nonains
le Rouvray
Longny-au-Perche
Longny les Villages
Manou
Fontaine-Simon
Belhomert-Guéhouville
St-Maurice-St-Germain
Naturel
Forêt de Senonches
Bizou
le Pas-St-l'Homer
St-Jean-des-Murgers
Pontgouin
Billancelles
St-Arnoult-des-Bois
Mittainvilliers
Bailleau-l'Evêque
Monceaux-au-Perche
Moutiers-au-Perche
Meaucé
La Loupe
le Favril
Landelles
Fleurfontaine
Fontaine-la-Guyon
Genainvilliers
St-Aubin-des-Bois
la Madeleine-Bouvet
Vaupillon
Courville-sur-Eure
Chazay
Cintray
Amilly
Maison-Maugis
Cour-Maugis sur Huisne
Boissy-Maugis
Forêt de Saussay
Bretoncelles
St-Eliph
Les Petits Pavillons
Forêt de Champrond
Friaize
les Châtelets
Chuisnes
Loulappe
St-Luperce
St-Georges-sur-Eure
St-Maurice-sur-Huisne
Rémalard-en-Perche
Dorceau
Bellou-sous-Huisne
Champrond-en-Gâtine
le Thieulin
St-Germain-le-Gaillard
Orrouer
la Taye
Colonard-Corubert
Régional
St-Germain-des-Grois
Coulonges-les-Sablons
St-Victor-de-Buthon
Montireau
Fruncé
St-Denis-des-Puits
Villebon
Jornad
Cogné
Chauffours
Le Pont-Tranchefétu
Perche en Nocé
Verrières
Condeau
Sablons-sur-Huisne
Montlandon
Beaurepaire
Nogent-sur-Eure
Noce
Condé-sur-Huisne
la Cloche
Frétigny
Cernay
Ollé
Trizay
Dancé
St-Pierre-la-Bruyère
Marolles-les-Buis
Saintigny
St-Laurent
les Curvées-les-Yys
Marchéville
Bienfol
Bailleau-le-Pin
Meslay-le-Grenet
Sandarville
la Botagne
la Poterie
Coudreceau
St-Denis-d'Authou
la Bergerie
Nonvilliers-Grandhoux
le Frou
les Châtelliers-Notre-Dame
Breuil
Magny
le Tremblay
Pommeray
Boisseau
Harville
Ermenonville-la-Grande
Luçon
St-Aubin-des-Grois
Berd'huis
Préaux-du-Perche
Margon
Arcisses
la Saussaye
la Bourgogne
Combres
St-Eman
les Perruches
Mizeray
Ste-Gauburge
St-Hilaire-sur-Erre
Nogent-le-Rotrou
Brunelles
Happonvilliers
Grandhoux
Illiers-Combray
Blandainville
Epeautrolles
St-Loup
St-Agnan-sur-Erre
Champrond-en-Perchet
la Gaudaine
Thiron
Gardais
l'Estre-des-Champs
les Dauffrais
Aufferville
Val-au-Perche
Trizay-Coutretot
St-Serge
Coutretot
Chassant
Méréglise
Ecurolles
Ermenonville-la-Petite
Luplanté
La Rouge
St-Jean-Pierre-Fixte
Montigny-le-Chartif
Charonville
St-Avit-les-Guespières
L'Hermitière
Mâle
Mont-Doucet
Vichères
Argenvilliers
la Croix-du-Perche
Frazé
Ricourd
Vieuvicq
Genarville
Le Theil
Souancé-au-Perche
Bouville
Châteauroux
Beaumont-les-Autels
Luigny
Brou-Frazé
Mottereau
Mézières-au-Perche
Saumeray
du Perche
Miermaigne
Brou/Nogent-le-Rotrou
Brou-Dampierre
Bullou
Grand-Bois
Ludon
Les Croisettes
Les Etilleux
Coudray-au-Perche
Béthonvilliers
Bouche-d'Aigre
Alluyes
Ceton
Moulhard
Dampierre-sous-Brou
Brou
Bougeatre
Montboissier
St-Lubin-des-5-Fonds
Yèvres
Sonville
Dangeau
Aveze
Le Chaillou
Unverre
Trizay-lès-Bonneval
Cherreau
St-Bomer
Charbonnières
Issay
Chahuteau
Bonneval
Authon-du-Perche
les Emonderies
les Autels-Villevillon
Gouët
Mifoucher
Coupigny
Montharville
Cherré-Au
Cormes
Théligny
Soizé
la Saulce
Villevillon
Loisville
le Saussay
la Brosse
Moresville
Courgenard
St-Ulphace
Croix Champagne
la Bazoche-Gouët
Chapelle-Royale
Gohory
la Hallonière
Logron
Flacey
Le Haut-Buisson
La Ferté-Bernard
St-Jean-des-Echelles
Grèez-sur-Roc
Forêt de Montmirail
la Chapelle-Guillaume
les Bidaudières
Lancisière
la Pichardière
Champbuisson
Beauvoir
le Grand Juday
Mémillon
St-Christophe
Moléans
Lamnay
Vaufargis
Montmirail
Melleray
St-Benoist
Commune nouvelle d'Arrou
Plafus
Châtillon-en-Dunois
Libouville
le Plessis
Marboué
Donnemain-St-Mamès
St-Maixent
TGV Atlantique
la Verrerie
le Plessis-Dorin
St-Avit-du-Perche
le Gault-du-Perche
28 Eure-et-Loir
la Tuilerie
Arrou
Courtalain
Crépainville
Lanneray
Saint-Denis-Lanneray
St-Denis-les-Ponts
Châteaudun
Jallans
Jumeaux
Orsonville
Oigny
la Fontenelle
le Poislay
St-Pellerin
Vibraye
Arville
Couëtron-au-Perche
Boisgasson
la Varenne-Ferron
Boirreville
Forêt de Vibraye
Taillefer
Souday
St-Agil
Droué
la Freslonnière
Langey
St-Hilaire-sur-Yerre
Douy
Gué-de-Launay
Boursay
la Haye
Mersante
Montigny-le-Gannelon
La Chapelle-du-Noyer
Thiville
Semur-en-Vallon
Ruan-sur-Egvonne
Cloyes-sur-le-Loir
Autheuil
Bapaume
Villebeton
Valennes
Choue
la Chapelle-Vicomtesse
Bouffry
Cloyes-les-Trois-Rivières
Berfay
Fontaine-Raoul
Villebout
Romilly-sur-Aigre
St-Calais
Mottraye
Mondoubleau
Charray
La Ferté-Villeneuil
Baillou
Cormenon
St-Marc-du-Cor
Chauvigny-du-Perche
Remonnerie
Conflans-sur-Anille
Rahay
Le Gravier
Beauchêne
Romilly
Forêt de Fréteval
St-Jean-Froidmentel
St-Claude
Brévainville
Ouzouer-le-Doyen
Mézières

Dreux
Bc
Houdan
Bd
50
Be
Versailles
Bf
Bures-sur-Y.
Ca
57
58
59
60
61
Châteauneuf-en-Thymerais
Nogent-le-Rotrou
Le Mans
Vendôme
Blois
RAMBOUILLET
Parc Nat. Régional de la Haute-Vallée de Chevreuse
Forêt de Rambouillet
CHARTRES
CITY MAP
Mainvilliers
Lucé
Lèves
Maintenon
Épernon
Nogent-le-Roi
Ablis
Auneau
Dourdan
Forêt de Dourdan
St-Arnoult-en-Yvelines
Bonneval
Châteaudun
Angerville
Janville-en-Beauce
Toury
Orgères-en-Beauce
Patay
Artenay
Chevilly
Voves
Les Villages Vovéens
Illiers
Gallardon
St-Symphorien
Sours
Marboué
Cloyes
Outarville
Pussay
Méréville
Fleury-les-Aubrais
Saran
Gidy
Orléans-Saran
Orléans-Gidy
Forêt d'Orléans
L'Océane
L'Aquitaine
TGV Atlantique
Route des Parcs et Jardins
28 Eure-et-Loir
45 Loiret
78 Yvelines
91 Essonne
41 Loir-et-Cher
87
Ouzouer-le-Marché
Orléans

Orsay
Paris
Cb
Paris
Paris
Paris
Cc
Paris
51
Cd
Brie-Comte-Robert
Brie-Comte-Robert
Ce
Fontenay-Trésigny
Coulommiers
57
58
59
60
61
Nangis
St-Denis-lès-Sens
Montereau-Fault-Yonne
Sens
Courtenay
Courtenay-Ouest
Joigny
Châteauneuf-sur-Loire
88
Briare
STE GENEVIÈVE-DES-BOIS
RIS-ORANGIS
ÉVRY
BRÉTIGNY-SUR-ORGE
COURCOURONNES
CORBEIL-ESSONNES
SAVIGNY-LE-TEMPLE
MELUN
Arpajon
Étampes
Parc
Naturel
Régional
du
Gâtinais
Français
Forêt de
Fontainebleau
Fontainebleau
Avon
Moret-Loing-et-Orvanne
Nemours
Malesherbes
Milly-la-Forêt
La Ferté-Alais
Mennecy
Pithiviers
Puiseaux
Château-Landon
Beaune-la-Rolande
Bellegarde
Montargis
Ferrières
Amilly
Dammarie-lès-Lys
Le Mée
Étréchy
Dourdan
Beauce
Gâtinais
Orléans

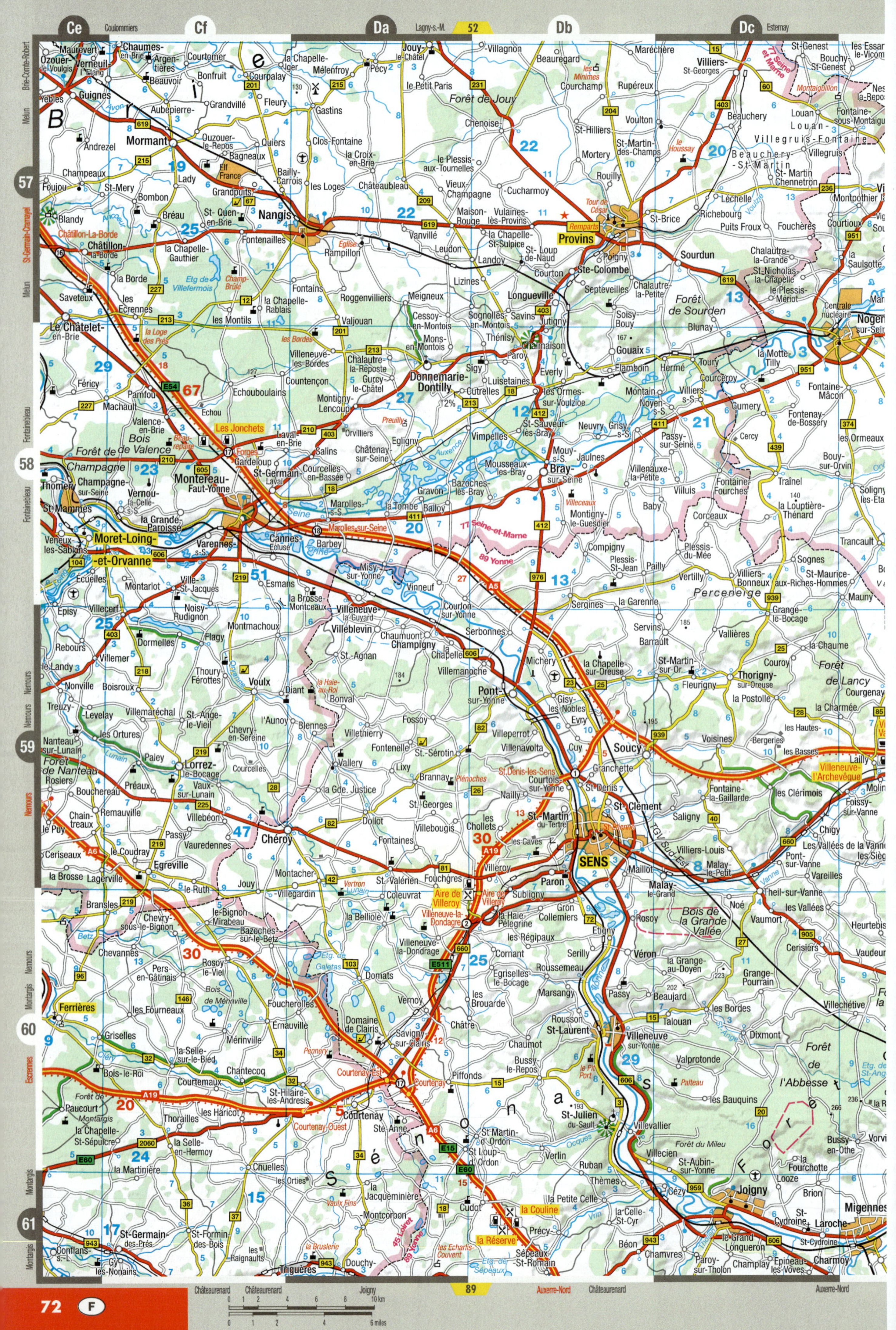
Ce
Cf
Da
Db
Dc
Coulommiers
Lagny-s.-M.
52
Esternay
57
58
59
60
61
Brie
Mormant
Nangis
Provins
Montereau-Fault-Yonne
Moret-Loing-et-Orvanne
Bray-sur-Seine
Nogent-sur-Seine
Donnemarie-Dontilly
Villeneuve-la-Guyard
Pont-sur-Yonne
Chéroy
Sens
Soucy
St-Clément
Paron
Malay-le-Grand
Villeneuve-sur-Yonne
St-Julien-du-Sault
Joigny
Migennes
Courtenay
Ferrières
Egreville
Lorrez-le-Bocage
Voulx
Champigny
Villeblevin
Sergines
Thorigny-sur-Oreuse
Fontaine-Mâcon
Villiers-St-Georges
Jouy-le-Châtel
Guignes
Châtillon-la-Borde
Le Châtelet-en-Brie
Forêt de Jouy
Forêt de Sourden
Forêt de Valence
Forêt de Nanteau
Forêt de Lancy
Forêt de l'Abbesse
Bois de la Grande Vallée
Perceneige
Seine
Yonne
77 Seine-et-Marne
89 Yonne
Les Jonchets
Aire de Villeroy
La Couline
La Réserve
Villeneuve-l'Archevêque
Châteaurenard
Auxerre-Nord
89
10 km
6 miles

Forêt de la Traconne
Lancourt
la Forestière
Barbonne-Fayel
Queudes
Villeneuve-St-Vistre-et-Villevotte
Fontaine-Denis-Nuisy
Chantemerle
Bethon
la Celle-sous-Ch.
St-Quentin-le-Verger
Allemanche-Launay-et-Soyer
Montgenost
Potangis
Villiers-aux-Corneilles
Saron-sur-Aube
Baudement
Anglure
Esclavolles-Lurey
Conflans-s-S.
Marcilly-s-S.
St-Just-Sauvage
Plessis-Barbuise
la Villeneuve-au-Châtelot
Courtavant
Perigny-la-Rose
Barbenthal
Sauvage
Romilly-sur-Seine
Maizières-la-Gde-Paroisse
Pont-sur-Seine
Crancey
St-Hilaire-sous-Romilly
Pars-lès-Romilly
les Granges
Longueperle
St-Aubin
Gélannes
Quincey
Ferreux-
St-Loup-de-Buffigny
Origny-le-Sec
Orvilliers-St-Julien
Tremblay
la Fosse-Corduan
St-Martin-de-Bossenay
Ossey-les-Trois-Maisons
Avant-lès-Marcilly
Rigny-la-Nonneuse
Fay-lès-M.
Charmoy
Marigny-le-Châtel
St-Flavy
Avon-la-Pèze
Echemines
Prunay-Belleville
Marcilly-le-Hayer
St-Lupien
Bercenay-le-Hayer
Faux-Villecerf
Pouy-sur-Vannes
Villadin
Dierrey-St-Pierre
Dierrey-St-Julien
Mesnil-St-Loup
Palis
Planty
Rateau
Villemaur-sur-Vanne
Estissac
Neuville-sur-Vannes
Villeneuve-l'Archevêque
Vulaines
St-Benoist-sur-Vanne
Paisy-Cosdon
Aix-Villemaur-Pâlis
Aix-en-Othe
Bagneaux
Flacy
Rigny-le-Ferron
Vaujurennes
les Cornées-Laliat
Villemoiron-en-Othe
le Bois de Rigny
Cérilly
Bérulle
la Bouillant
St-Mards-en-Othe
Coulours
les Chevreaux
Fournaudin
la Lisière des Bois
Forêt des Rajeuses
les Loges
Bœurs-en-Othe
la Grande Jaronnée
Beauciard
Forêt de Potence
Arces-Dilo
Othe
la Coudre
la Tuilerie
Dilo
le Vaudevanne
les Fourneaux
la Guette
les Fays
Chailley
Sormery
Vachy
le Monteland
Boullay
Neuvy-Sautour
Bellechaume
Vigny
Venizy
Turny
Mercy
Chatton
Champlost
St-Florentin
Avrolles
Paroy-en-Othe
Bligny-en-Othe
Brienon-sur-Armançon
Esnon
Ormoy
Cheny
Chichy
Mont-St-Sulpice
Bouilly
Vergigny
Rebourseaux
l'Ordonnois
Chéu
Jaulges
Percey
Butteaux
Germigny
la Chaussée
Villiers-Vineux
Flogny-la-Chapelle
Marigny
Angluzelles
Courcelles
Fresnay
Thaas
Faux-Fresnay
la Chapelle-Lasson
St-Saturnin
Courcemain
Marsangis
Vouarces
Granges-sur-Aube
Boulages
Plancy-l'Abbaye
Etrelle-sur-Aube
Bagrieux
Longueville-sur-Aube
Charny-le-Bachot
Rhèges-Bessy
Clesles
St-Oulph
Méry-sur-Seine
Châtres
Droupt-Ste-Marie
Droupt-St-Basle
Mesgrigny
Vallant-St-Georges
St-Mesmin
Rilly-Ste-Syre
Chauchigny
Fontaine-les-Grès
Savières
Villacerf
Mergey
Payns
St-Benoît-sur-Seine
St-Lyé
Ste-Maure
le Pavillon-Ste-Julie
Villeloup
Grange-l'Évêque
Barberey-aux-Moines
Barberey-St-Sulpice
Mesnil-Vallon
Macey
Montgueux
Fontvannes
Grange-au-Rez
Torvilliers
Bucey-en-Othe
Messon
le Chaast
Prugny
Thuisy
Chennegy
Vauchassis
Laines-aux-Bois
Bercenay-en-Othe
Souligny
le Valdreux
Bouilly
Sommeval
Maraye-en-Othe
les Boulins
Forêt Chenu
Nogent-en-Othe
Eaux-Puiseaux
Pigy
Vosnon
Puiseaux
Villeneuve-au-Chemin
Auxon
Sivrey
Coursan-en-Othe
la Brosse
Montigny-les-Monts
Roncenay
Champigiron
Montfey
la Coudre
Racines
Ervy-le-Châtel
Lasson
Davrey
Courcelles
Beugnon
Courtaoult
Soumaintrain
Vieux-Champs
les Croûtes
Chessy-les-Prés
les Maisons-Rouges
Mézières
Le Breuil
Bois-Gérard
Bernon
Lignières
Marolles-sous-Lignières
Coussegrey
Salon
Champfleury
Villiers-Herbisse
Herbisse
Champagne Sèche
Allibaudières
le Grand
Viâpres-le-Petit
Champigny-sur-Aube
Ormes
Bessy
Pouan-les-Vallées
Arcis-sur-Aube
le Chêne
Torcy-le-Grand
Torcy-le-Petit
St-Nabord-sur-Aube
Vaupoisson
Villette-sur-Aube
Premierfait
Nozay
St-Étienne-sous-Barbuise
St-Rémy-sous-Barbuise
les Grandes-Chapelles
Voué
Chapelle-Vallon
Montsuzain
Aubeterre
Charmont-s/s-B.
Feuges
Charmont
Autoroute des Anglais
Charmont-sous-Barbuise
Fontaine-Luyères
Luyères
Vailly
la Belle Epine
Mesnil-Sellières
la Vallotte
Lavau
Creney-près-Troyes
Villechétif
TROYES
les Noës-près-Troyes
Ste-Savine
La Chapelle St-Luc
Pont-Ste-Marie
St-Parres-aux-Tertres
Bouranton
Laubressel
Belley
Thennelières
St-Julien-les-Villas
la Rivière-de-Corps
St-André-les-Vergers
Lépine
St-Germain
Rosières-près-Troyes
St-Léger-près-Troyes
Bréviandes
Ruvigny
Rouilly-St-Loup
Rouilly-Sacey
Menois
Courgerennes
Buchères
Verrières
Rouillerot
Daudes
Montaulin
St-Pouange
Isle-Aumont
Moussey
Savoie
Bierne
Villemereuil
St-Thibault
Clérey
St-Aventin
Renault
Fresnoy-le-Château
Courbeton
Villy-le-Maréchal
la Vendue-Mignot
Bray
les Bordes-Aumont
Vaudes
Assenay
Villery
St-Jean-de-Bonneval
Villy-le-Bois
Longeville-sur-Mogne
Cormost
St-Parres-les-Vaudes
Montceaux-les-Vaudes
le Long du Bois d'Aumont
Machy
Jeugny
Cresantignes
Fays
la Chapelle-St-Phal
Maupas
Forêt de Crogny
Chamoy
les Loges-Margueron
Metz-Robert
la Loge-Pomblin
les Granges
Forêt de Cussangy
Vanlay
Turgy
Avreuil
Chaource
Lagesse
Cussangy
Vallières
Chesley
Prusy
Etourvy
Chaserey
Quincerot
Vinets
Isle-Aubigny
Ramerupt
Ortillon
Chaudrey
Mesnil-la-Comtesse
Nogent-sur-Aube
Mesnil-Lettre
Avant-lès-Ramerupt
Longsols
Onjon
Bouy-Luxembourg
Assencières
Sacey
Dosches
Rosson
Parc Naturel Régional de la Forêt d'Orient
Courteranges
Lusigny-sur-Barse
le Haut Chêne
Montiéramey
Montreuil-sur-Barse
Troyes-le-Plessis
Villemoyenne
Troyes-Fresnoy-le-Château
Chappes
Fouchères
Courtenot
Rumilly-lès-Vaudes
Nicey
Forêt de Rumily
Jully-sur-Sarce
Vougrey
Villemorien
Lantages
la Cordelière
Villiers-sous-Praslin
Praslin
Arrelles
Pargues
Lingey
Avirey-Lingey
Bois du Hayet
Bagneux-la-Fosse
Maisons-lès-Chaource
Vaudron
Bragelogne-Beauvoir
Balnot-la-Grange
Beauvoir-sur-Sarce
Villiers-le-Bois
Channes
Trouans
Dosnon
Grandville
Lhuitre
Brienne-le-Château
Bar-sur-Aube
Magnant
Châtillon-sur-Seine

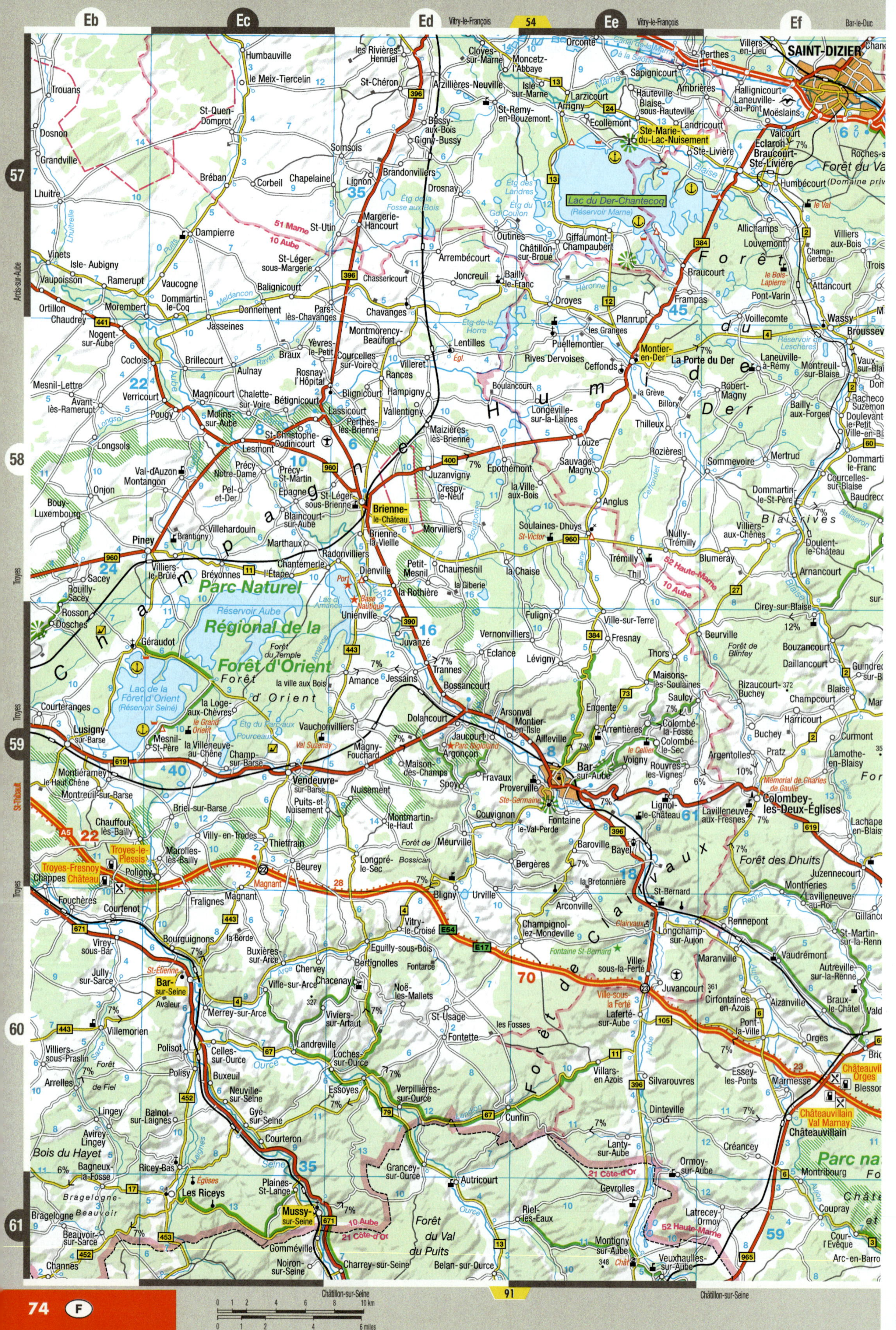
57
58
59
60
61
SAINT-DIZIER
Lac du Der-Chantecoq
(Réservoir Marne)
Ste-Marie-du-Lac-Nuisement
Forêt du Der
Humide
Champagne
Parc Naturel Régional de la Forêt d'Orient
Lac de la Forêt d'Orient
(Réservoir Seine)
Réservoir Aube
Forêt d'Orient
Brienne-le-Château
Montier-en-Der
Bar-sur-Aube
Bar-sur-Seine
Mussy-sur-Seine
Les Riceys
Colombey-les-Deux-Églises
Châteauvillain
Clairvaux
Forêt de Clairvaux
Forêt des Dhuits
Forêt du Val du Puits
Bois du Hayet
Troyes-Fresnoy
Chappes
Château
Troyes-le-Plessis
Piney
Vendeuvre-sur-Barse
Dienville
Lesmont
Arcis-sur-Aube
Troyes
St-Thibault
Châtillon-sur-Seine
51 Marne
10 Aube
52 Haute-Marne
21 Côte-d'Or
Parc naturel

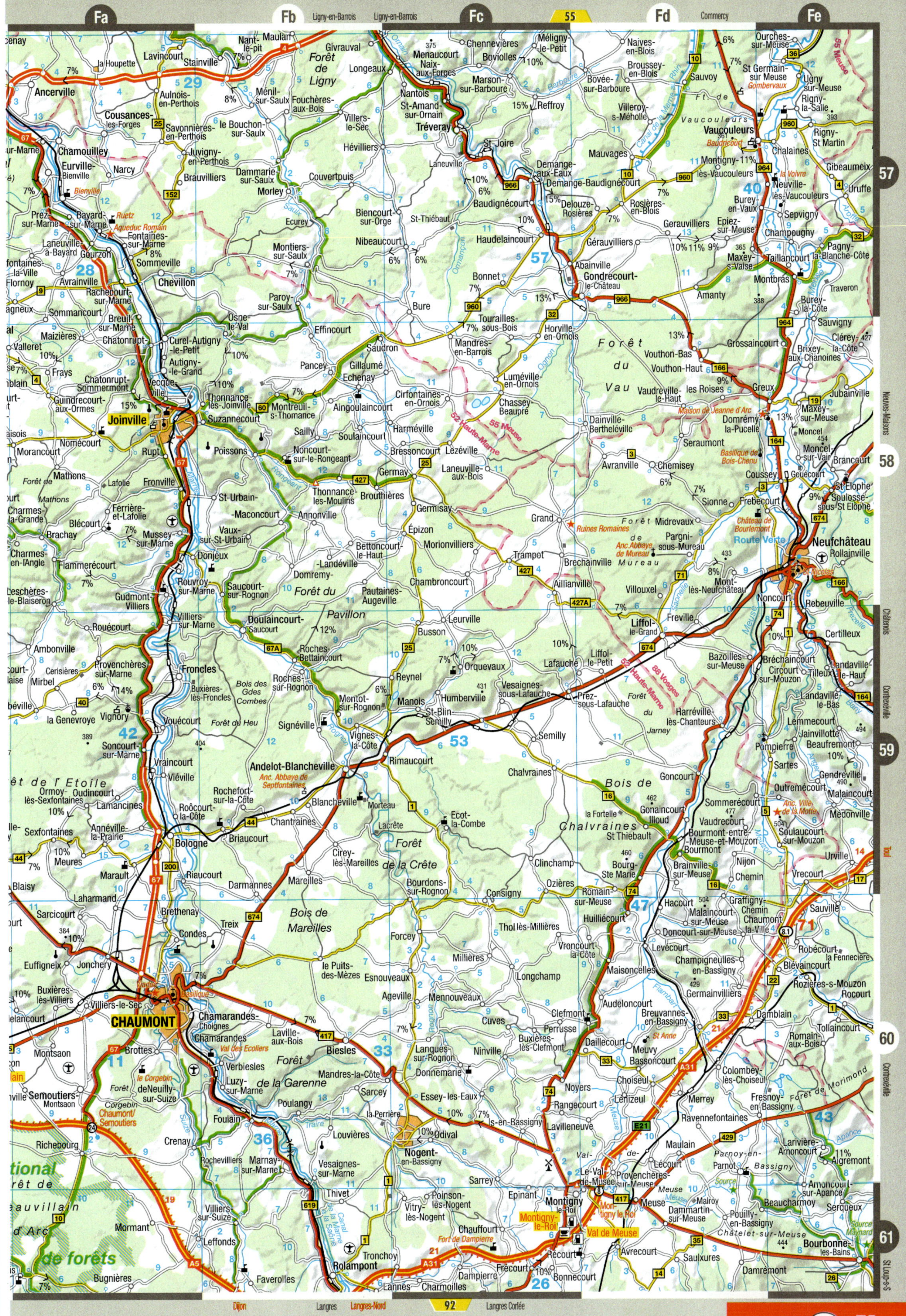

Fa
Fb
Ligny-en-Barrois
Fc
55
Fd
Commercy
Fe
Forêt de Ligny
Ancerville
Cousances-les-Forges
Chamouilley
Eurville-Bienville
Narcy
Savonnières-en-Perthois
Juvigny-en-Perthois
Aulnois-en-Perthois
Le Bouchon-sur-Saulx
Ménil-sur-Saulx
Fouchères-aux-Bois
Dammarie-sur-Saulx
Morley
Couvertpuis
Villers-le-Sec
Héviliers
Longeaux
Nantois
Menaucourt
Naix-aux-Forges
St-Amand-sur-Ornain
Tréveray
Chennevières
Boviolles
Méligny-le-Petit
Marson-sur-Barboure
Reffroy
St-Joire
Laneuville
Demange-aux-Eaux
Demange-Baudignécourt
Baudignécourt
Delouze-Rosières
Naives-en-Blois
Broussey-en-Blois
Bovée-sur-Barboure
Villeroy-s-Méholle
Sauvoy
Vaucouleurs
Mauvages
Rosières-en-Blois
Montigny-lès-Vaucouleurs
Chalaines
Neuville-lès-Vaucouleurs
Burey-en-Vaux
Sepvigny
Champougny
Epiez-sur-Meuse
Maxey-s-Vaise
Taillancourt
Pagny-la-Blanche-Côte
Ourches-sur-Meuse
St Germain-sur Meuse
Ugny sur Meuse
Rigny-la-Salle
Rigny-St Martin
Gibeaumeix
Uruffe
Chevillon
Sommeville
Bayard-sur-Marne
Prez-sur-Marne
Fontaines-sur-Marne
Gourzon
Rachecourt-sur-Marne
Sommancourt
Breuil-sur-Marne
Montiers-sur-Saulx
Paroy-sur-Saulx
Ecurey
Biencourt-sur-Orge
St-Thiébaut
Nibeaucourt
Bure
Bonnet
Haudelaincourt
Gondrecourt-le-Château
Abainville
Géraudvilliers
Gerauvilliers
Amanty
Montbras
Burey-la-Côte
Traveron
Osne-le-Val
Effincourt
Saudron
Tourailles-sous-Bois
Mandres-en-Barrois
Horville-en-Ornois
Forêt du Vau
Vouthon-Bas
Vouthon-Haut
Grossaincourt
Sauvigny
Brixey-aux-Chanoines
Clérey-la-Côte
Curel-Autigny
Chatonrupt
Maizières
Vallerets
Frays
Chatonrupt-Sommermont
Guindrecourt-aux-Ormes
Joinville
Vecqueville
Thonnance-lès-Joinville
Suzannecourt
Montreuil-s-Thonnance
Pancey
Gillaumé
Echenay
Aingoulaincourt
Cirfontaines-en-Ornois
Lumeville-en-Ornois
Chassey-Beaupré
Dainville-Bertheléville
Vaudreville-le-Haut
les Roises
Greux
Maxey-sur-Meuse
Domrémy-la-Pucelle
Jubainville
Nomécourt
Morancourt
Rupt
Poissons
Sailly
Noncourt-sur-le-Rongeant
Soulaincourt
Harméville
Bressoncourt
Lezéville
Laneuville-aux-Bois
Germay
Seraumont
Avranville
Chemisey
Moncel-sur-Vair
Coussey
Brancourt
Mathons
Fronville
Lafolie
Ferrière-et-Lafolie
Blécourt
Brachay
Charmes-la-Grande
Charmes-en-l'Angle
St-Urbain-Maconcourt
Thonnance-les-Moulins
Brouthières
Annonville
Germisay
Epizon
Grand
Ruines Romaines
Sionne
Frebécourt
Midrevaux
Parqni-sous-Mureau
Neufchâteau
Rollainville
St Elophe
Soulosse-sous-St Elophe
Vaux-sur-St-Urbain
Mussey-sur-Marne
Donjeux
Flammerécourt
Gudmont-Villiers
Rouvroy-sur-Marne
Saucourt-sur-Rognon
Landéville
Domremy-
Forêt du Pavillon
Bettoncourt-le-Haut
Morionvilliers
Pautaines-Augeville
Chambroncourt
Trampot
Brechainville
Aillianville
Villouxel
Mont-lès-Neufchâteau
Noncourt
Rebeuville
Eschères-le-Blaiseron
Rouécourt
Doulaincourt-Saucourt
Villiers-sur-Marne
Leurville
Busson
Liffol-le-Grand
Freville
Certilleux
Ambonville
Provenchères-sur-Marne
Froncles
Roches-Bettaincourt
Roches-sur-Rognon
Reynel
Orquevaux
Lafauche
Liffol-le-Petit
Vesaignes-sous-Lafauche
Prez-sous-Lafauche
Bazoilles-sur-Meuse
Bréchaincourt
Circourt-sur-Mouzon
Tilleux
Landaville-le-Haut
Landaville-le-Bas
Cerisières
Mirbel
Buxières-lès-Froncles
Bois des Gdes Combes
Montot-sur-Rognon
Manois
Humberville
St-Blin-Semilly
Semilly
Harréville-lès-Chanteurs
Lemmecourt
Jainvillotte
Beaufremont
Pompierre
la Genevroye
Vignory
Vouécourt
Forêt du Heu
Signéville
Vignes-la-Côte
Rimaucourt
Chalvraines
Sartes
Gendreville
Soncourt-sur-Marne
Vraincourt
Viéville
Andelot-Blancheville
Bois de Chalvraines
Goncourt
Outremécourt
Malaincourt
Forêt de l'Etoile
Ormoy-lès-Sexfontaines
Oudincourt
Lamancines
Roôcourt-la-Côte
Rochefort-sur-la-Côte
Blancheville
Morteau
Ecot-la-Combe
la Fortelle
Gonaincourt
Illoud
Sommerécourt
Vaudrecourt
Bourmont-entre-Meuse-et-Mouzon
Bourmont
Soulaucourt-sur-Mouzon
Médonville
Sexfontaines
Annéville-la-Prairie
Meures
Bologne
Chantraines
Briaucourt
Lacrête
Forêt de la Crête
Cirey-lès-Mareilles
Clinchamp
St Thiebault
Bourg-Ste Marie
Brainville-sur-Meuse
Nijon
Chemin
Urville
Vrecourt
Blaisy
Marault
Laharmand
Riaucourt
Darmannes
Mareilles
Bourdons-sur-Rognon
Ozières
Consigny
Romain-sur-Meuse
Huilliécourt
Hacourt
Malaincourt-sur-Meuse
Graffigny-Chemin
Chaumont-la-Ville
Doncourt-sur-Meuse
Sauville
Sarcicourt
Brethenay
Condes
Treix
Bois de Mareilles
Forcey
Thol lès-Millières
Vroncourt-la-Côte
Levécourt
Robécourt
la Fenneciere
Euffigneix
Jonchery
le Puits-des-Mèzes
Esnouveaux
Millières
Longchamp
Maisoncelles
Champigneulles-en-Bassigny
Germainvilliers
Blévaincourt
Rozières-s-Mouzon
Rocourt
Buxières-lès-Villiers
Villiers-le-Sec
CHAUMONT
Chamarandes-Choignes
Laville-aux-Bois
Ageville
Mennouveaux
Audeloncourt
Breuvannes-en-Bassigny
Damblain
Tollaincourt
Romain-aux-Bois
Montsaon
Brottes
Biesles
Cuves
Clefmont
Perrusse
Buxières-lès-Clefmont
Daillecourt
Meuvy
Bassoncourt
Colombey-lès-Choiseul
Semoutiers-Montsaon
Verbiesles
Forêt de la Garenne
Mandres-la-Côte
Langues-sur-Rognon
Donnemarie
Ninville
Noyers
Rangecourt
Choiseul
Lénizeul
Merrey
Ravennefontaines
Fresnoy-en-Bassigny
Forêt de Morimond
Luzy-sur-Marne
Neuilly-sur-Suize
Poulangy
Sarcey
Essey-les-Eaux
la Perrière
Is-en-Bassigny
Lavilleneuve
Maulain
Larivière-Arnoncourt
Richebourg
Foulain
Crenay
Louvières
Odival
Nogent-en-Bassigny
Val-de-Meuse
Lécourt
Provenchères-sur-Meuse
Parnoy-en-Bassigny
Parnot
Aigremont
Rochevilliers
Marnay-sur-Marne
Vesaignes-sur-Marne
Sarrey
Montigny-le-Roi
Meuse
Dammartin-sur-Meuse
Mairoy
Beaucharmoy
Pouilly-en-Bassigny
Châtelet-sur-Meuse
Serqueux
Amoncourt-sur-Apance
Thivet
Poinson-lès-Nogent
Vitry-lès-Nogent
Epinant
Chauffourt
Val de Meuse
Villiers-sur-Suize
Mormant
Leffonds
Faverolles
Bugnières
Rolampont
Tronchoy
Lannes
Charmoilles
Dampierre
Frécourt
Bonnecourt
Récourt
Avrecourt
Saulxures
Damrémont
Bourbonne-les-Bains
Dijon
Langres
Langres-Nord
92
Langres Corlée
57
58
59
60
61

Fe
St Dizier
Nancy
Ff
56
Ga
Nancy
Nancy
Gb
Gc
57
58
59
60
61
Void-Vacon
Ligny-en-Barrois
Chaumont
Montigny-le-Roi
Langres-Nord
Montigny-le-Roi
Montigny-le-Roi
VANDŒUVRE-LES-NANCY
Heillecourt
Neuves-Maisons
St Nicolas-de-Port
Dombasle-sur-Meurthe
Colombey-les-Belles
Neufchâteau
Châtenois
Mirecourt
Charmes
Vittel
Contrexéville
Bulgnéville
Darney
Lamarche
Bourbonne-les-Bains
ÉPINAL
Chantraine
Golbey
Xertigny
Bains-les-Bains
Plombières-les-Bains
Forêt de Meine
Forêt de St-Amond
Forêt de Charmes
Forêt de Flabémont
Forêt de Selles et Passavant
Signal de Vaudémont
Côte de Hautmont
St Loup-sur-Semouse
93
St Loup-sur-Semouse
Luxeuil-les-
0 1 2 4 6 8 10 km
0 1 2 4 6 miles

Lunéville
Forêt de Parroy
Forêt de Mondon
Baccarat
Rambervillers
Forêt de Rambervillers
Raon-l'Étape
Forêt du Val de Senones
Senones
Moyenmoutier
Saint-Dié-des-Vosges
Forêt de Mortagne
Forêt de Champ
Bruyères
Forêt d'Epinal
Gérardmer
Remiremont
Forêt de Fossard
Forêt de Longegoutte
Vallée des Granges
La Bresse
Ste-Marie-aux-Mines
Lapoutroie
Munster
Le Hohneck
Parc Naturel Régional des Ballons des Vosges
Route des Crêtes
Forêt de Humont
Blâmont
Cirey-s-Vezouze
Badonviller
Donon
St-Quirin
Ventron
Cornimont
57
58
59
60
61

0 1 2 4 6 8 10 km
0 1 2 4 6 miles

59
60
61
62
63
64
Roc de Toullaëron
Tréogan
Bois de Conveau
Gourin
St-Hervé
St-Nicolas
la Trinité-Langonnet
Trégornan
Plouray
St-Michel
Mellionnec
Lescouët-Gouarec
Perret
Forêt de Quénécan
Ste-Brigitte
Boduic
Silfiac
St-Aignan
Lanmeur
le Corboulo
Neuillac
Kergrist
Langoëlan
Séglien
Cléguerec
Roudouallec
Quélennec
Kerbiquet
Ste-Julienne
Langonnet
Kerguzul
Locuon
Toubahado
le Merzer
St-Houarno
Poul-Grellec
Quénépévan
St-Tugdual
Restergant
Coët-Milin
Ploërdut
N.-D.-de-Crénénan
Guéméné-s-Scorff
Locmalo
Stumultan
Malguénac
Pontivy
Pondivi
Stival
Ste-Tréphine
le Bauzo
le Sourn
St-Nizon
St-Molvan
Gueltas
Niziao-d'en-Bas
Perros
Kergoat
Priziac
le Croisty
St-Hervezen
Kerlividic
Lignol
St-Caradec-Trégomel
Meslouan
Persquen
Kerlénant
Guern
Pradigo
Quelven
St-Samson
Pays de Pontivy
Guiscriff
Scaër
Skaer
Croajou
St-Gilles
Lambelléguic
Le Faouët
Ar Faoued
St-Fiacre
St-Georges
Botquenven
Kerviniou
Lanvénégen
le Quilloten
Meslan
Berné
Etang de Pont Callec
Kernascléden
Canquisquélen
Kerandal
St-Vincent
Caniac
Kerboharn
St-Armel
Kervalan
St-Clément
Melrand
Ste-Ficare
-Bleuzy
St-Nicolas-des-Eaux
Talvern-Nénez
Cascadec
St-Jacques
Lezennet
Querrien
le Moustoir
Roches du Diable
Inguiniel
Locolven
Locmaria
Lochrist
Bubry
Nénec
St-Hilaire
Kerbregent
Pluméliau
Bannalec
Banaleg
St-Thurien
Kerdoudu
Locunolé
Kerdonars
Guilligomarc'h
Kergueoscanff
Kerscoulic
Keraize
St-Rivalain
St-Thuriau
Kernestic
Ste-Gertrude
Contrôal
Kernouarn
Arzano
Plouay
Ploue
Lanvaudan
St-Maurice
St-Yves
Quistinic
Locunolé
Locmaria
St-Barthélemy
St-Adrien
Kergroix
Guénin
Mellac
Tréméven
le Trévoux
Tý Bodel
St-Adrien
Locmaria Grâce
St-Étienne
Kériruel
les Pérenno
Calan
St-Symphorien
Bois de Trémelin
Lomelec
Mané-er-Ven
la Forêt
Quellenec
Pont-Augan
Kerandué
Lann-Menhir
Lambézégan
Ste-Barbe
Crann
Baud
Badd
Kerdéhel
Quimperlé
Kemperle
Rédéné
St-Guénaël
Cléguer
Senebret
Inzinzac-Lochrist
Penquesten
Trébihan
Lanveur
le Gd-Resto
Forêt de Camros
Camros
Baye
Loctudy
Kéraël
Riec-s-Bélon
Moëlan-sur-Mer
Lothéa
Locmaria
Kerdalhué
le Bas-Pont-Scorff
Pont-Scorff
Caudan
Hennebont
Henbont
Langroix
St-Jean
Gonnec
Languidic
Kerdosso
Locoal-Camors
Kersaux
Kerglien
Clohars-Carnoët
Forêt de Carnoët
St-Maurice
la Madeleine
Coat-er-Malo
Moustoiric
Gestel
Quéven
Kevenn
Penprat
le Roze
Kervégant
Kerdual
Miladec
Trévideri
Haquéla
Brandérion
Kervréhan
Malachappe
Séludierne
Tréaurav
Trélécan
Doëlan
St-Cado
Langlazic
le Pouldu
Guidel
Porsmoric
Guidel-Plages
Méné-Guen
Coat-Coff
St-Mathieu
Ploemeur
Lanester
Lannarster
le Resto
Lotuen
Locadour
Kervignac
Nostang
St-Thomin
Légevin
Langombrac'h
Landévant
Landaul
Pulvigner
Kergroix
Tréavrec
St-Trémeur
Calan
N.-D.-de-la-Paix
Anse du Pouldu
le Fort-Bloqué
Lannénec
Kergantic
Kervenois
Soye
Lorient
An Oriant
Larmor-Plage
Pen Mané
Locmiquélic
St-Sterlin
Merlevenez
Ste-Hélène
Kerdavid
Pointe du Verdon
Locoal-Mendon
Brech
St-Dégan
le Courégan
Kerroc'h
le Pérello
Lomener
Pointe du Talut
Kerpape
Port-Louis
Kerner
Riantec
Locjan
Gâvres
Pointe de Gâvres
Plouhinec
Magouëro
Kervarlay
Pointe de Mané Hellec
Nestadic
St-Cado
la Forest
le Moustoir
Auray
Kerstran
Chartreuse d'Auray
Pointe de Bileric
Quelhuit
Pen Men
Port Lay
Port-Tudy
Île de Groix
Port-St-Nicolas
Quénello
Groix
Kerrohet
Plage des Grands Sables
Locmaria
Trou de l'Enfer
Locqueltas
Loguénin
Lamor
Belz
Mérieu
Étel
Kerdonnerch
St-Cado
St-Laurent
Ploemel
Locmaria
Erdeven
Lisveur
Crucuno
Dolmen de Crucuno
Pointe d'Erdeven
Loperhet
Ste-Barbe
Plouharnel
Ste-Anne-de-Kergonan
Dolmen, Tumulus, Alignements
Penhouet
Crac'h
St-Michel
le Ménec
Musée de préhistoire
Kerisper
St-Philibert
Carnac
Carnac-Plage
la Trinité-sur-Mer
St-Colomban
Pointe Saint-Colomban
Penthièvre
Île Theviec
Fort de Penthièvre
Portivy
Kerhostin
St-Pierre-Quiberon
Pointe du Percho
Côte Sauvage
Présqu'île de Quiberon
Quiberon
Kiberen
Port-Haliguen
Beger Houlannec
Kernevest
Kervozès
Pointe du Conguel
Baie de Quiberon
Île d'Houat
I Q U E

We
79
Wf
Pontivy
Xa
Pontivy
64
Xb
Pontivy
Xc
61
62
63
64
65
Inguiniel
Lochrist
St-Armel
Melrand
Bieuzy
St-Nicolas-des-Eaux
Talvern-Nénez
Kermaux
Pluméliau
Réguiny
Radenac
Lantillac
Bubry
St-Rivalain
St-Hilaire
Remungol
Siviac
Moréac
Guernic
Kerrob
Faouët
Buléon
St-Yves
St-Maurice
Quistinic
Locmaria
St-Barthélemy
St-Adrien
Guénin
Kergroix
St-Allouestre
Lanvaudan
Locunolé
Baud
Kergilet
Locminé
Bignan
Guéhenno
Calan
St-Symphorien
Bois de Trémelin
Pont-Augan
Lambézégan
La Chapelle-Neuve
Plumelin
Moustoir-Ac
St-Yann-Brevele
St-Jean-Brévelay
Billio
Inzinzac-Lochrist
Lanveur
Gonnec
Camros
Forêt de Lambel
Forêt de Floranges
Kerhéro
le Bézo
Plumelec
Hennebont
Henbont
Languidic
Locoal-Camors
Landes de Lanvaux
Colpo
Lanester
Lannarstêr
Brandérion
Malachappe
Trélécan
Bienzy-Lanvaux
Bois de Botségalo
Loperhet
Plaudren
Trédion
Kervignac
Landévant
Pulvigner
Brandivy
Locqueltas
Morbouleau
Locmaria-Gd-Champ
Locméren-des-Bois
Nostang
Landaul
St-Trémeur
Plumergat
Grand-Champ
Gregam
Elven
An Elven
Merlevenez
Ste-Hélène
Langroix
Brech
Monterblanc
Riantec
Plouhinec
Pointe du Verdon
Locoal-Mendon
Ste-Anne-d'Auray
Meriadec
Plescop
Meucon
St-Ave
St-Trve
St-Nolff
Magouëro
Belz
Auray
Pluneret
St-Goustan
Plougoumelen
Ploeren
St-Guen
Menimur
Vannes
Gwened
Treffléan
Sulniac
Étel
Erdeven
Ploemel
Ste-Avoye
Bono
Arradon
Theix-Noyalo
Pointe d'Erdeven
Crac'h
Baden
Séné
Ste-Barbe
Plouharnel
Carnac
Carnac-Plage
la Trinité-sur-Mer
St-Philibert
Locmariaquer
Golfe du Morbihan
Surzur
Penthièvre
Pointe Saint-Colomban
Arzon
Port Navalo
Pointe du Petit Mont
Sarzeau
Île aux Moines
Pointe de Liouse
Pointe du Percho
Portivy
St-Pierre-Quiberon
Présqu'île de Quiberon
Côte Sauvage
Quiberon
Kiberen
Port-Haliguen
Baie de Quiberon
St-Gildas-de-Rhuys
Kerignard
Kerfontaine
Pointe de St-Jacques
Pointe de Penvins
Penvis
Beger Houlannec
Kervozès
Pointe du Conguel
Phare de la Teignouse
Passage de la Teignouse
Île d'Houat
Houat
Pointe des Poulains
Pointe de Cardinal
Sauzon
Port-Fouquet
Pointe de Taillefer
Le Palais
Belle-Île
Pointe de Vieux Château
Île d'Hœdic
Hœdic
Passage des Sœurs
Bordelanne
Bangor
Kervilahouen
Samzun
Pointe de Kerdonis
Locmaria
Port Maria
Pointe de Pouldon
Pointe de l'Échelle
Côte Sauvage
Océan Atlantique
Île Dumet
Phare du Four
la Calebasse
0 1 2 4 6 8 10 km
0 1 2 4 6 miles

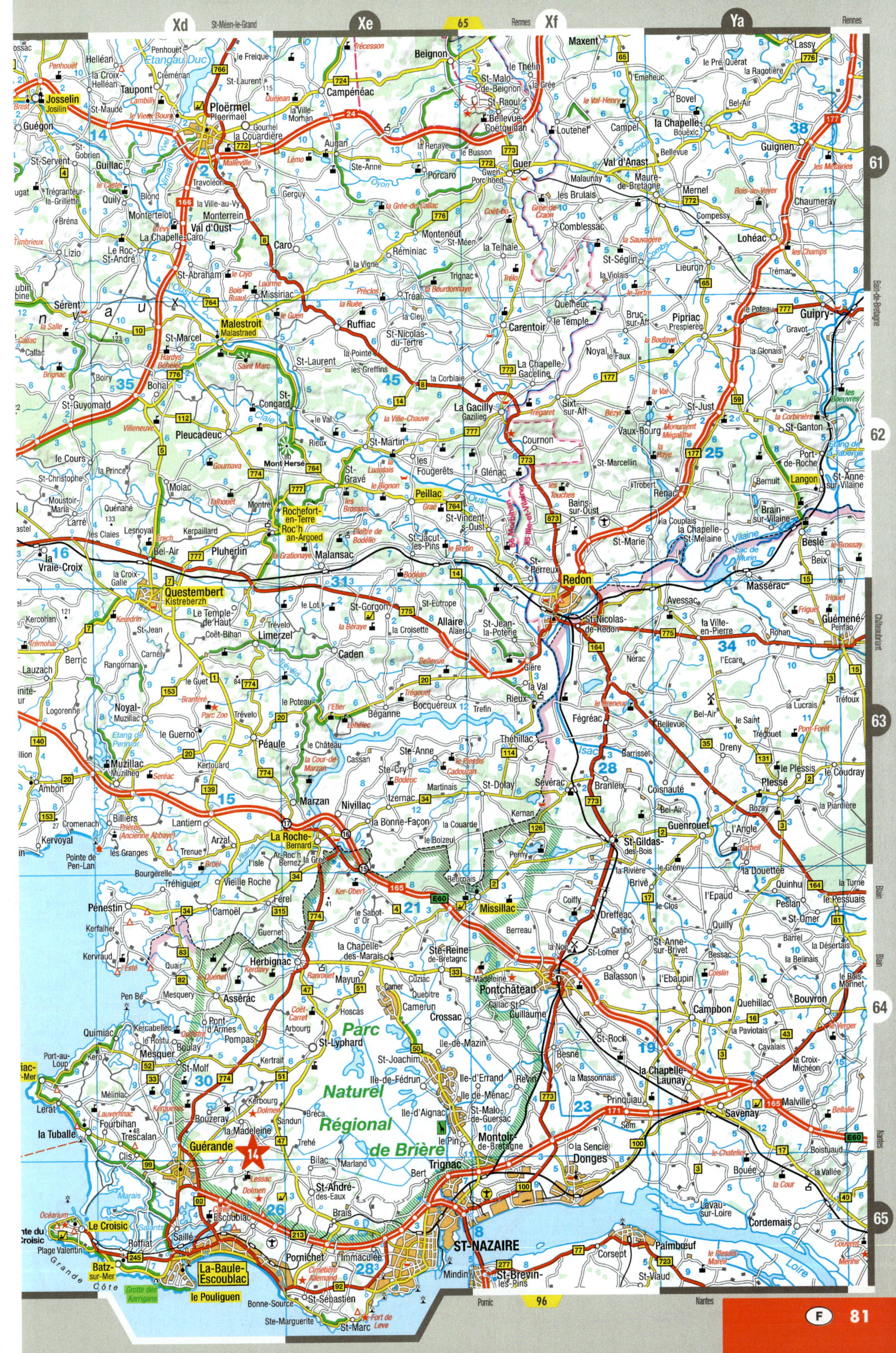

Xd
Xe
Xf
Ya
St-Méen-le-Grand
Rennes
65
61
62
63
64
65
Josselin
Ploërmel
Campénéac
Beignon
St-Malo-de-Beignon
St-Raoul
Bellevue-Coëtquidan
Maxent
Taupont
Guillac
Guégon
Mauron
Augan
Porcaro
Guer
Val d'Anast
Maure-de-Bretagne
Monteneuf
Réminiac
Val d'Oust
Caro
Monterrein
Montertelot
Lizio
Sérent
Malestroit
Missiriac
Ruffiac
St-Nicolas-du-Tertre
Carentoir
Quelneuc
Pipriac
Guipry
Lohéac
St-Séglin
Lieuron
Bruc-sur-Aff
St-Marcel
St-Laurent
Tréal
La Gacilly
La Chapelle-Gaceline
Sixt-sur-Aff
St-Just
St-Ganton
Pleucadeuc
St-Congard
St-Martin
Cournon
Glénac
Les Fougerêts
Peillac
Renac
Bains-sur-Oust
St-Vincent-s-Oust
Rochefort-en-Terre
Malansac
Pluherlin
Questembert
Redon
St-Nicolas-de-Redon
Avessac
Allaire
Caden
Limerzel
Bocquéreux
Béganne
Rieux
Fégréac
Péaule
Marzan
Nivillac
La Roche-Bernard
Muzillac
Billiers
Arzal
St-Dolay
Sévérac
Guenrouet
St-Gildas-des-Bois
Plessé
Pénestin
Camoël
Férel
Herbignac
Missillac
Pontchâteau
Drefféac
Campbon
Bouvron
Asserac
Mesquer
St-Molf
Crossac
St-Lyphard
Guérande
La Turballe
Le Croisic
Batz-sur-Mer
La Baule-Escoublac
Le Pouliguen
Pornichet
St-Nazaire
St-André-des-Eaux
Trignac
Montoir-de-Bretagne
Donges
Savenay
Malville
Cordemais
Paimbœuf
Corsept
St-Brevin-les-Pins
St-Viaud
Parc Naturel Régional de Brière
Loire
Vilaine
Nantes
Pornic
96

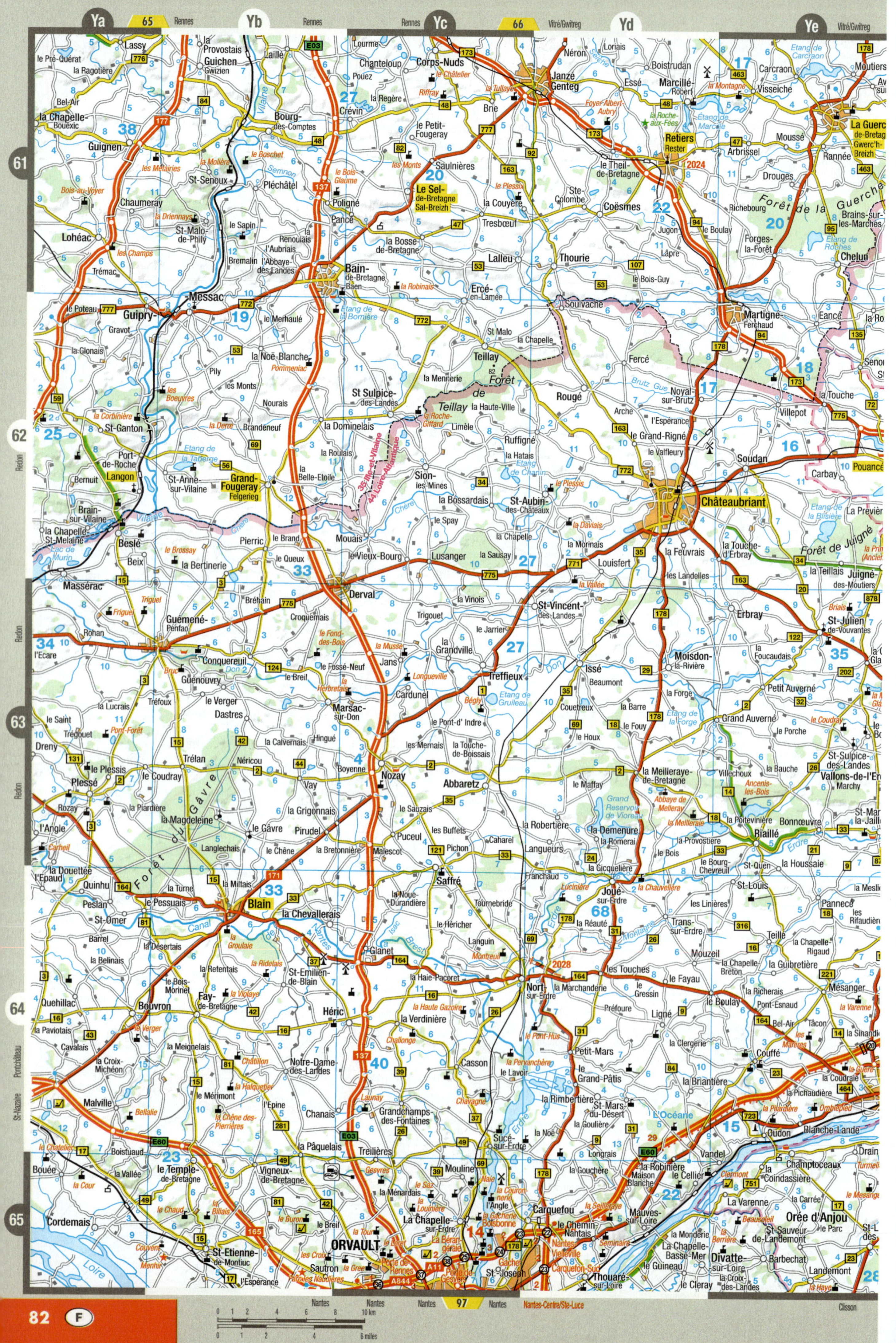
Ya
65
Rennes
Yb
Rennes
Rennes
Yc
66
Vitré/Gwitreg
Yd
Ye
Vitré/Gwitreg
61
62
63
64
65
Redon
St-Nazaire
Nantes
Nantes
97
Nantes
Nantes-Centre/Ste-Luce
Clisson
Guichen
Janzé
Genteg
Retiers
Rester
La Guerche-de-Bretagne
Le Sel-de-Bretagne
Sal-Breizh
Bain-de-Bretagne
Baen
Messac
Guipry
Grand-Fougeray
Felgerieg
Langon
Châteaubriant
Derval
Martigné-Ferchaud
Teillay
Forêt de Teillay
Forêt de la Guerche
Forêt de Juigné
Guémené-Penfao
Nozay
Blain
Forêt du Gâvre
Saffré
Joué-sur-Erdre
Nort-sur-Erdre
Riaillé
Pouancé
Vallons-de-l'Erdre
Héric
Orvault
Carquefou
La Chapelle-sur-Erdre
Sucé-sur-Erdre
Le Temple-de-Bretagne
St-Etienne-de-Montluc
Cordemais
Oudon
Orée d'Anjou
Divatte-sur-Loire
Thouaré-sur-Loire
Mauves-sur-Loire
Ancenis-les-Bois
Loire
Vilaine
Erdre
Canal de Nantes à Brest
Bouvron
Fay-de-Bretagne
Plessé
Quilly
Malville
Treffieux
Moisdon-la-Rivière
Erbray
Soudan
St-Julien-de-Vouvantes
La Meilleraye-de-Bretagne
Abbaretz
Marsac-sur-Don
Conquereuil
Sion-les-Mines
St-Aubin-des-Châteaux
Lusanger
St-Vincent-des-Landes
Louisfert
Rougé
Noyal-sur-Brutz
Pierric
Massérac
Avessac
Besié
Brain-sur-Vilaine
St-Sulpice-des-Landes
Guémené
Petit-Mars
Casson
Grandchamps-des-Fontaines
Treillières
Vigneux-de-Bretagne
Notre-Dame-des-Landes
Les Touches
Trans-sur-Erdre
Le Cellier
Ligné
Mouzeil
Teillé
Pannecé
Mésanger
Couffé
Le Pin
Le Fresne
Landemont
St-Sauveur-de-Landemont
Barbechat
La Chapelle-Basse-Mer
Vandel
L'Océane
E60
A11
A844
E03
137
171
178
773
775

Laval
St Poix
Méral
Cuillé
Gastines
Laubrières
la Selle-Guerchaise
Fontaine-Couverte
Ballots
la Roë
Cossé-le-Vivien
Astillé
Cosmes
Nuillé-sur-Vicoin
Origné
Quelaines St Gault
Houssay
la Chapelle-Craonnaise
le Pont-Vien
Athée
Livré
Denazé
Simplé
Peuton
St Gault
la Roche-Neuville
Loigné-sur-Mayenne
St-Sulpice
St-Germain-de-l'Hommel
Villiers-Charlemagne
Maisoncelles-du-Maine
le Bignon-du-Maine
Meslay-du-Maine
St-Denis-du-Maine
Chémeré-le-Roi
la Cropte
Préaux
St Charles-la-Forêt
le Buret
Ruillé-Froid-Fonds
Froid-Fonds
Grez-en-Bouère
Beaumont Pied-de-Bœuf
St Loup du-Dorat
les Agets
Bouère
St-Brice
la Monnerie
le Bourgneuf-la-Forêt
Longuefuye
Gennes-Longuefuye
Fromentières
Gennes-sur-Glaize
St-Aignan
Château-Gontier sur-Mayenne
Azé
Bazouges
St-Michel-de-la-Roë
la Haie-Rouge
les Thibergères
St Aignan sur-Roë
la Selle-Craonnaise
Craon
Niafles
la Brancherie
le Haut-Breuil
Marigné-Peuton
Laigné
Prée-d'Anjou
la Tuilerie
Beauchêne
la Crue
St-Saturnin-du-Limet
Bouchamps-lès-Craon
Pommerieux
Ampoigné
Congrier
St-Martin-du-Limet
Renazé
Chérancé
Mée
St-Fort
Coudray
Châtelain
Bierné
Bierné-les-Villages
Argenton-Notre-Dame
St-Michel-de-Feins
St-Laurent-des-Mortiers
St-Denis-d'Anjou
St-Martin-de-Ville-Anglose
Miré
Chemiré-sur-Sarthe
Daon
Ménil
la Répenelaie
la Boissière
St-Christophe
St-Quentin-les-Anges
Bourg-Philippe
Chemazé
Molière
Vireboutton
St-Aubin
Chazé-Henry
la Chapelle-Hullin
St-Gilles
Grugé-l'Hôpital
Bourg-l'Evêque
Champiré
Bouillé-Ménard
Châtelais
les Anges
St-Sauveur-de-Flée
L'Hôtellerie-de-Flée
Flée
la Ferrière-de-Flée
Montguillon
la Jaille-Yvon
Marigné
Sœurdres
Contigné
Vergonnes
Armaillé
Ombrée d'Anjou
Combrée
Bel-Air
Noyant-la Gravoyère
Nyoiseau
Bois II
Brège
St-Aubin-du-Pavoil
Avire
St-Martin-du-Bois
Segré-en-Anjou Bleu
Louvaines
la Chapelle-sur-Oudon
Chenillé-Changé
Cherré
Les Hauts d'Anjou
les Varennes
Brissarthe
Châteauneuf-sur-Sarthe
Noëllet
St-Michel-et-Chanveaux
Le Bourg-d'Iré
Le Tremblay
Ste-Gemmes-d'Andigné
Andigné
la Jaillette
Chambellay
Querré
la Salle
Chenillé-Champteussé
Champteussé-sur-Baconne
Champigné
Montreuil-sur-Maine
Juvardeil
Etriché
Cellère
Moulin-d'Ivray
la Source
la Blamerie
la Poterie
Roche-d'Iré
Piedgermé
Marans
Gené
la Motte
Challain-la-Potherie
la Mariolle
Loiré
Chazé-sur-Argos
Le Lion-d'Angers
Thorigné-d'Anjou
Sceaux-d'Anjou
Feneu
Ecuillé
Cheffes
Tiercé
Grez-Neuville
les Mortiers
Vieux-Bourg
le Pin
le Saule
Erdre-en-Anjou
la Chollaie
Vritz
Candé
Angrie
la Boulinaie
le Vivier
Brain-sur-Longuenée
Pruillé
Bourg
Soulaire-et-Bourg
Verigné
le Vieux Briollay
Rives-du-Loir-en-Anjou
la Rochefoulques
Bas-Aunay
la Bohinière
Freigné
les Canteries
la Culée
La Pouëze
les Poiriers
La Membrolle-sur-Longuenée
Noyant
Briollay
Pechevêque
la Varenne
Chasnière
les Forges
le Préjean
Le Plessis-Macé
Longuenée-en-Anjou
Juigné-Béné
Cantenay-Epinard
Ecouflant
Verrières-en-Anjou
Pellouailles-les-Vignes
la Dionière
la Pugle
la Haie
les Touches
la Haie-Diot
le Louroux-Béconnais
les Brosses
St-Clément-de-la-Place
Montreuil-Juigné
St-Sylvain-d'Anjou
La Cornuaille
Val d'Erdre-Auxence
la Rousserie
Bécon-les-Granits
St-Jean-des-Marais
La Meignanne
Avrillé
les Plessis-Grammoire
le Chillon
St-Lambert-la-Potherie
St-Jean-de-Linières
la Gautraie
les Essarts
Beaucouzé
ANGERS
Maumusson
Lasseron
Villemoisan
la Regeserie
Pouillé-les-Côteaux
Belligné
St-Sigismond
St-Augustin-des-Bois
les Landes
St-Léger-des-Bois
St-Jean-de-Linières
Pruniers
Trélazé
la Roche-Blanche
St-Michel-du-Bois
Loireauxence
la Rouxière
La Chapelle-St.-Sauveur
Barbe-Chat
Varades-Le Genetais
la Duberie
la Peignerie
le Pin
L'Abbaye
le Petit-Pas
Ste-Gemmes-sur-Loire
la Daguenière
Juigné-sur-Loire
la Houx
St-Herblon
Vair-sur-Loire
Varades-Le Bedoire
la Charbonnerie
Champtocé-sur-Loire
Ingrandes-Le Fresne-sur-Loire
St-Germain-des-Prés
la Janière
St-Georges-sur-Loire
St-Martin-du-Fouilloux
Bouchemaine
la Pointe
Epiré
Les Ponts-de-Cé
Mûrs-Erigné
St-Jean-de-la-Croix
Les Garennes sur Loire
St-Jean-des-Mauvrets
St-Saturnin-sur-Loire
Ancenis
Anetz
Varades
Montrelais
Dodineau
Montjean-sur-Loire
Savennières
la Possonnières
Béhuard
Denée
Soulaines-sur-Aubance
St-Melaine-sur-Aubance
Aubance
le Marillais
St-Florent-le-Vieil
Aleu
Le Mesnil-en-Vallée
Lingrée
Châteaupanne
le Port-Girault
Rochefort-sur-Loire
Mozé-sur-Louet
la Marzelle
Brissac Loire
Bouzillé
St-Laurent-du-Mottay
Mauges-sur-Loire
La Pommeraye
Chalonnes-sur-Loire
la Haie-Longue
le Breuil
Bois-Garreau
Vauchrétien
Liré
La Chapelle-St-Florent
Marigné
la Boutouchère
Beausse
les Galardières
Bourgneuf-en-Mauges
St-Laurent-de-la-Plaine
Chaudefonds-sur-Layon
St-Aubin-de-Luigné
Beaulieu-sur-Layon
Notre Dame-d'Allençon
le Carroye
la Boissière-sur-Èvre
Botz-en-Mauges
la Blinière
Val-du-Layon
la Touche
Croix-des-Victoires
Le Fuilet
Chaudron-en-Mauges
St-Quentin-en-Mauges
Ste-Christine
la Jumellière
St-Lambert-du-Lattay
Rablay-sur-Layon
Faye-d'Anjou
Bonnezeaux
les Recoins
St-Rémy-en-Mauges
Montrevault-sur-Èvre
St-Pierre-Montlimart
le Plessis-Boiteau
la Clairtière
Neuvy-en-Mauges
Doua
l'Espérance
Chanzeaux
Bellevigne-en-Layon
Champ-sur-Layon
Thouarcé
Chavagnes
Beaupréau
Chemillé
Mauléon/Cholet-Sud
98
61
62
63
64
65

Zc
Zd
67
Ze
Zf
Chartres-Est
Aa
Le Mans
Laval
Château-Gontier
Nantes
Angers
Mauléon Cholet-Sud
61
62
63
64
65
St-Denis-du-Maine
Chémeré-le-Roi
Saulges
Bannes
Brûlon
St Christophe-en-Champagne
Crannes-Souligné-Flacé
St Georges-du-Bois
la Cropte
Cossé-en-Champagne
Avessé
St Ouen-en-Champagne
Chantenay-Villedieu
Allonnes
Spay
Arnage
Épineux-le-Seguin
Poillé-sur-Vègre
Auvers-le-Hamon
Chevillé
Vallon-sur-Gée
Étival-lès-le-Mans
Louplande
Voivres-lès-le-Mans
Chemiré-le-Gaudin
Fillé
la Belle-Étoile
Ballée
Val-du-Maine
Préaux
le Buret
Beaumont-Pied-de-Bœuf
St-Loup-du-Dorat
Grez-en-Bouère
Fontenay-sur-Vègre
Asnières-sur-Vègre
Pirmil
Tassé
St-Benoît
Fercé-sur-Sarthe
Roëzé-sur-Sarthe
La Suze-sur-Sarthe
Guécélard
St-Gervais-en-Belin
Bouère
Bouessay
les Agets
Gastines-sur-Erve
Juigné-sur-Sarthe
Avoise
Parcé-sur-Sarthe
Noyen-sur-Sarthe
St-Jean-du-Bois
le Pâtis
St-Brice
Solesmes
Sablé-sur-Sarthe
Dureil
L'Océane
Parigné-le-Pôlin
Cérans-Foulletourte
Souvigné-sur-Sarthe
la Chapelle-du-Chêne
Vion
Mézeray
Malicorne-sur-Sarthe
Oizé
Yvré-le-Pôlin
Bierné-les-Villages
Pincé
Courtillers
Parcé-s.-Sarthe
Arthezé
Courcelles-la-Forêt
la Fontaine-St-Martin
Requeil
St-Denis-d'Anjou
Louailles
la Chevalerie
Roche-Davy
Ligron
St-Martin-de-Ville-Anglose
Précigné
le Bailleul
Villaines-sous-Malicorne
le Point-du-Jour
le Frêne
Miré
Chemiré-sur-Sarthe
Vaugaillard
Bagatelle
Crosmières
la Blanchetière
Chambriant
Pontvallain
Morannes-sur-Sarthe-Daumeray
Notre-Dame-du-Pé
la Chapelle-d'Aligné
Château-Sénéchal
St-Jean-de-la-Motte
Mansigné
Contigné
Juigné
Bosses
Chênevert
Verron
St-Germain-du-Val
Clermont-Créans
Pringé
Luché-Pringé
les Varennes
Corde
Daumeray
Bazouges-sur-le-Loir
Mareil-sur-Loir
Brissarthe
Châteauneuf-sur-Sarthe
St-Germain
la Flèche
Durtal
Bazouges Cré sur Loir
Cré-sur-Loire
Thorée-les-Pins
la Flourière
la Forêt
la Rivaudière
Parc Zoologique du Tertre Rouge
Juvardeil
Étriché
Doucé
Huillé
Lézigné
les Rairies
les Loges
les Cartes
le Bon-Verger
la Lune
Le Lude
Cheffes
Briollay
Tiercé
Montreuil-sur-Loir
Brignac
Bourgneuf
Fougeré
St-Quentin-lès-Beaurepaire
Clefs-Val d'Anjou
Montigné-lès-Rairies
Fosse-Porée
Savigné-sous-le-Lude
Dissé-sous-le-Lude
le Doussai
Verigné
le Vieux Briollay
la Rochefoulques
Matheflon
Seiches-sur-le-Loir
Richebourg
Chevigné-le-Rouge
Montpollin
Vaulandry
Genneteil
Chigné
Rives-du-Loir-en-Anjou
Soucelles
Marcé
Beauvau
le Vaux
Broc
Villevêque
Corzé
Chaumont-d'Anjou
Jarzé Villages
Échemiré
St-Martin-d'Arcé
Pontigné
Baugé-en-Anjou
Martoisière
Chalonnes-sous-le-Lude
la Dionière
Verrières-en-Anjou
Pellouailles-les-Vignes
Écouflant
St-Sylvain-d'Anjou
l'Épinière
Lué-en-Baugeois
Sermaise
Échigné
le Vieil-Baugé
Chavaignes
Lasse
Dénezé-sous-le-Lude
Auverse
Noyant-Villages
les Plessis-Grammoire
Sarrigné
Fontaine-Milon
Parçay
Bocé
Le Guédéniau
Méon
Meigné-le-Vicomte
Les Portes d'Angers
ANGERS
Foudon
Bauné
Cornillé-les-Caves
St-Georges-du-Bois
Fontaine-Guérin
Chartrené
le Boulay
Coutardière
Monceau
la Croix-Boujeau
Beaufort-en-Vallée
Les Bois d'Anjou
Cuon
la Lande Chasles
Mouliherne
Rabion
Breil
Gué-Morin
Andard
Corné
les Rendus
Mazé-Milon
Gée
la Croix-de-Bois-Maudet
Brion
Vendanger
Tesseul
Linières-Bouton
la Pellerine
Parçay-les-Pins
Trélazé
Brain-sur-l'Authion
Loire-Authion
Parc
la Macrere
le Canada
Longué-les-Cossonnières
le Carrefour
la Bridonnières
La Daguenière
la Bohalle
St-Mathurin-sur-Loire
Beaufort-en-Anjou
Embranchement
Juigné-sur-Loire
les Garennes sur Loire
St-Sulpice
Blaison-Gohier
Chauvigne
la Ménitré
le Montil
Longué-la-Couaille
Porteaux
Tonnelièvre
le Bois-de-Boulogne
Vernantes
Vernoil
Courléon
Gizeux
St-Jean-des-Mauvrets
St-Saturnin-sur-Loire
St-Rémy-la-Varenne
le Clairay
Longué-Jumelles
St-Philbert-du-Peuple
St-Melaine-sur-Aubance
Soulaines-sur-Aubance
Brissac Loire Aubance
Coutures
le Thoureil
Saint-Georges-des-Sept-Voies
Naturel
les Mancotiers
Blou
la Sablonnière
Chaumont
Charcé-St-Ellier-sur-Aubance
Chemellier
St-Pierre-en-Vaux
Les Rosiers-sur-Loire
St-Clément-des-Levées
Neuillé
la Breille-les-Pins
la Cave-Vandelet
la Marzelle
Vauchrétien
Grézillé
Gennes-Val-de-Loire
Cunault
Trèves-Cunault
St-Martin-de-la-Place
Vivy
le Gué-de-Lauet
la Vende
Tourvois
les Alleuds
la Genevraie
la Cour-d'Avort
Chênehutte-Trèves-Cunault
le Vieux-Vivy
Loire
Anjou
la Touche
Notre Dame
Aligny
Saulgé-l'Hôpital
Louerre
Régional
la Croix-de-la-Voulte
Brain-sur-Allonnes
St-Nicolas-de-Bourgueil
Chevrette
Faye-d'Anjou
Bonnezeaux
Luigné
Noyant
Milly-le-Meugon
Pompierre
la Croix
Allonnes
Bourgueil
Fougerolles
Bellevigne-en-Layon
Terranjou
Chavagnes
Linière
Tuffalun
la Plaine
Ambillou-Château
Beaucheron
St-Hilaire
Russé
Les Fondis
la Taille
Thouarcé
Sousigné
la Villaine
la Bourrée
Verrie
St-Florent
SAUMUR
Villebernier
99
Doué-la-Fontaine
Montreuil-Bellay
Chinon
Chouzé-sur-Loire
10 km
6 miles

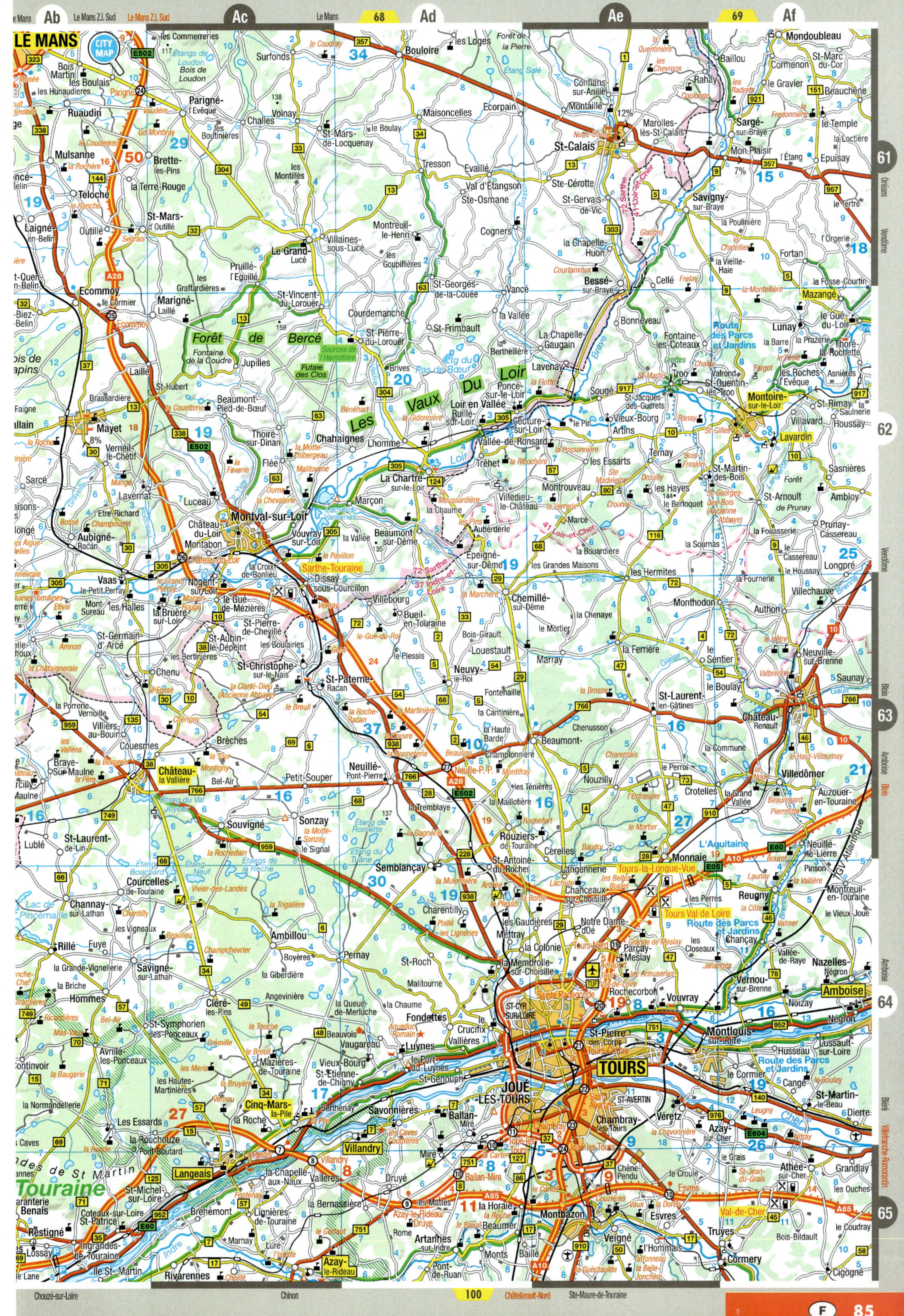
LE MANS
CITY MAP
Ruaudin
Mulsanne
Teloche
Brette-les-Pins
Parigné-l'Évêque
Challes
Surfonds
Volnay
Bouloire
St-Mars-de-Locquenay
Maisoncelles
Ecorpain
Conflans-sur-Anille
Montaillé
St-Calais
Marolles-lès-St-Calais
Sargé-sur-Braye
Mondoubleau
Cormenon
St-Marc-du-Cor
Le Gravier
Beauchêne
Le Temple
Epuisay
Savigny-sur-Braye
St-Mars-d'Outillé
Le Grand-Lucé
Villaines-sous-Lucé
Montreuil-le-Henri
Tresson
Evaillé
Val d'Etangson
Ste-Osmane
Cognets
Ste-Cérotte
St-Gervais-de-Vic
La Chapelle-Huon
Bessé-sur-Braye
Cellé
Fortan
Ecommoy
Marigné-Laillé
St-Vincent-du-Lorouër
Courdemanche
St-Pierre-du-Lorouër
St-Georges-de-la-Couée
Vancé
St-Frimbault
La Vallée
La Chapelle-Gaugain
Lavenay
Bonneveau
Fontaine-les-Coteaux
Lunay
Forêt de Bercé
Jupilles
Mayet
Laillé
Beaumont-Pied-de-Bœuf
Thoiré-sur-Dinan
Chahaignes
Lhomme
Les Vaux du Loir
Loir en Vallée
Ruillé-sur-Loir
Poncé-sur-le-Loir
Couture-sur-Loir
Vallée-de-Ronsard
Sougé
Artins
Vieux-Bourg
Ternay
Montoire-sur-le-Loir
Lavardin
Villavard
Saulnerie
Houssay
Sasnières
Ambloy
Prunay-Cassereau
Longpré
Verneil-le-Chétif
Sarcé
Lavernat
Aubigné-Racan
Luceau
Flée
Montval-sur-Loir
Château-du-Loir
Montabon
Vouvray-sur-Loir
Marçon
La Chartre-sur-le-Loir
Beaumont-sur-Dême
Villedieu-le-Château
Montrouveau
Les Hayes
St-Martin-des-Bois
Les Essarts
Vaas
Nogent-sur-Loir
Dissay-sous-Courcillon
Sarthe-Touraine
Le Gué-de-Mézières
St-Pierre-de-Chevillé
St-Aubin-le-Dépeint
St-Christophe-sur-le-Nais
St-Paterne-Racan
Villebourg
Bueil-en-Touraine
Chemillé-sur-Dême
Neuvy-le-Roi
Marray
La Ferrière
Monthodon
Authon
Villechauve
Neuville-sur-Brenne
Saunay
Château-Renault
St-Laurent-en-Gâtines
Le Boulay
Beaumont-Louestault
Louestault
Chenusson
Nouzilly
Crotelles
Villedômer
Auzouer-en-Touraine
Château-la-Vallière
Courcelles-de-Touraine
Brèches
Couesmes
Neuillé-Pont-Pierre
Sonzay
Rouziers-de-Touraine
Cerelles
Monnaie
Neuillé-le-Lierre
Souvigné
Semblançay
St-Antoine-du-Rocher
Langennerie
Chanceaux-sur-Choisille
Tours-la-Longue-Vue
Tours Val de Loire
Reugny
Vernou-sur-Brenne
Nazelles-Négron
Amboise
Noizay
Vouvray
Rochecorbon
Parçay-Meslay
Notre-Dame-d'Oé
Mettray
La Membrolle-sur-Choisille
Charentilly
Ambillou
Pernay
St-Roch
Cléré-les-Pins
Savigné-sur-Lathan
Hommes
Rillé
Channay-sur-Lathan
Fondettes
St-Cyr-sur-Loire
TOURS
St-Pierre-des-Corps
Montlouis-sur-Loire
Husseau
Lussault-sur-Loire
St-Martin-le-Beau
Dierre
Luynes
Vallières
Joué-lès-Tours
St-Avertin
Chambray-lès-Tours
Véretz
Azay-sur-Cher
Larçay
Cinq-Mars-la-Pile
Savonnières
Ballan-Miré
Villandry
Langeais
Druyé
Chênes-Pendu
Esvres
Truyes
Cormery
Montbazon
Veigné
Artannes-sur-Indre
Monts
Azay-le-Rideau
Bréhémont
Lignières-de-Touraine
Rivarennes
Restigné
Benais
Ingrandes-de-Touraine
St-Patrice
St-Michel-sur-Loire
Touraine
Athée-sur-Cher
Val-de-Cher
Bléré
Amboise
Blois
Vendôme
A28
A10
A85
E502
E60
E05
E604
61
62
63
64
65

Af
Ba
Bb
Bc
Bd
69
Châteaudun
61
62
63
64
65
Mondoubleau
Chauvigny-du-Perche
Romilly-sur-Aigre
Cloyes
La Ferté-Villeneuil
Le Mée
Forêt de Fréteval
Fréteval
Morée
Ouzouer-le-Doyen
Beauce la Romaine
Ouzouer-le-Marché
Sargé-sur-Braye
Epuisay
Danzé
Vendôme
Forêt de Vendôme
Lunay
Mazangé
Montoire-sur-le-Loir
Lavardin
Petite Beauce
Beauce
Forêt de Marchenoir
Marchenoir
St-Laurent-des-Bois
Oucques
Selommes
Villetrun
Coulommiers-la-Tour
Mer
Talcy
Champigny-en-Beauce
Herbault
Blois
St-Sulpice
Forêt de Blois
Vineuil
Villebarou
Villerbon
Suèvres
Muides-sur-Loire
St-Dyé-sur-Loire
Montlivault
Chambord
Parc de Chambord
Forêt de Boulogne
Huisseau-sur-Cosson
St-Claude-de-Diray
Château-Renault
Villedômer
Auzouer-en-Touraine
Autrèche
Mesland
Onzain
Veuzain-sur-Loire
Chaumont-sur-Loire
Candé-sur-Beuvron
Les Montils
Cellettes
Chailles
Cour-Cheverny
Cheverny
Forêt de Cheverny
Bracieux
Le Controis-en-Sologne
Contres
Sambin
Pontlevoy
Montrichard Val de Cher
Chissay-en-Touraine
Chenonceaux
Chenonceau
Bléré
Amboise
Nazelles-Négron
Pocé-sur-Cisse
Montreuil-en-Touraine
Noizay
St-Martin-le-Beau
Athée-sur-Cher
Thésée
Angé
St-Aignan
Seigy
Noyers-sur-Cher
Selles-sur-Cher
Chémery
Soings-en-Sologne
Couddes
Oisly
Thenay
Montrichard
Francueil
Sublaines
Luzillé
Céré-la-Ronde
Mareuil-sur-Cher
St-Romain-sur-Cher
Meusnes
Châtillon-sur-Cher
TGV Atlantique
A10
E60
E05
E604
Route des Parcs et Jardins
Route des Dames de Touraine
Loches
Châtillon-sur-Indre
Châteauroux
Tours
100
101
12
0 1 2 4 6 8 10 km
0 1 2 4 6 miles

Châteaudun
Be
Paris
Artenay
Bf
70
Pithiviers
Ca
Cb
Cc
Nemours
61
62
63
64
65
Gien
Bonny-sur-Loire
Vierzon
102
ORLÉANS
CITY MAP
St-Sigismond
Saumery
Boulay-les-Barres
Orléans-Saran
Cercottes
Chanteau
Traînou
Sully-la-Chapelle
Seichebrières
Sury-aux-Bois
Champs
Gémigny
Cerqueux
Epieds-en-Beauce
Rozières-en-Beauce
Bucy-St-Liphard
Les Barres
Saran
Fleury-les-Aubrais
Marigny-les-Usages
Vennecy
Vitry-aux-Loges
Combreux
Coulmiers
Bois de Bucy
Ormes
Ingré
Semoy
Boigny-sur-Bionne
les Barres
Fay-aux-Loges
les Quatre Routes
St-Jean-de-la-Ruelle
St-Jean-de-Braye
Donnery
Le Creux
Huisseau-sur-Mauves
Bourg Neuf
Combleux
Chécy
Mardié
St-Denis-de-l'Hôtel
Châteauneuf-sur-Loire
Chaingy
la Chapelle-St-Mesmin
St-Pryvé-St-Mesmin
St-Jean-le-Blanc
Darvoy
Jargeau
St-Martin-d'Abbat
Rondonneau
Préau
Fourneaux
St-Denis-en-Val
le Caillot
le Pont
Sandillon
Férolles
les Vallées
Germigny-des-Prés
St-Aignan-des-Gués
Bray-en-Val
Aunay
St-Ay
la Perrière
St-Hilaire-St-Mesmin
Mareau-aux-Prés
Olivet
St-Cyr-en-Val
Sigloy
Ouvrouer-les-Champs
le Mesnil
Meung-sur-Loire
Mézières-lez-Cléry
Cléry-St-André
Route des Parcs et Jardins
Villiers
St-Benoît-sur-Loire
Bray-Saint-Aignan
Ste-Scholastique
Beaugency-Messas
Baule
Messas
Vernon
Dry
Beaugency
Vienne-en-Val
Neuvy-en-Sullias
Guilly
Tigy
Bouteille
le Carrouge
Ardon
Sologne
Lailly-en-Val
la Bargoudière
Marcilly-en-Villette
Farges
Sully-sur-Loire
les Trois-Cheminées
Monçay
Jouy-le-Potier
Viglain
St-Laurent-Nouan
La Ferté-St-Aubin
Vannes-sur-Cosson
Ménestreau-en-Villette
Ligny-le-Ribault
Sennely
Villemurlin
Isdes
45 Loiret
41 Loir-et-Cher
Forêt de Vouzon
Vouzon
Lamotte Beuvron
La Ferté-St-Cyr
Chaumont sur Tharonne
La Ferté St-Aubin
Souvigny-en-Sologne
Cerdon
Yvoy-le-Marron
Villeny
Chaumont-sur-Tharonne
Lamotte-Beuvron
Chaon
Dhuizon
la Marolle-en-Sologne
Clémont
Brinon-sur-Sauldre
Montrieux-en-Sologne
Le Grand-Soupeau
la Blondellerie
Neung-sur-Beuvron
La Ferté-Beauharnais
Nouan-le-Fuzelier
les Rouches
les Petits-Bouffards
Bois-Renard
Bauzy
Vernou-en-Sologne
St-Viâtre
Pierrefitte-sur-Sauldre
Villeneuve
Bourg Neuf
les Marchais
Ste-Montaine
Marcilly-en-Gault
Bourdaloue
le Village
Souesmes
Ménétréol-sur-Sauldre
Millançay
Bourgnouveau
Salbris
les Loges
la Basculle
les Petits-Bas
Veilleins
Monthault
Loreux
le Glandier
La Ferté-Imbault
Les Tanières
Presly
Mur-de-Sologne
Selles-St-Denis
la Maison-Rouge
Station de Radioastronomie de Nançay
Villeherviers
les Vaux
Salbris-Theillay
Salbris-la-Loge
Nançay
les Petits-Coulons
le Vieux-Nançay
Romorantin-Lanthenay
la Loge
les Anneaux
Pruniers-en-Sologne
Bois-Chavant
Bailly
les Bretets
Theillay
Fontenay
Neuvy-sur-Barangeon
Méry-ès-Bois
Villefranche-sur-Cher
la Gendretière
Lojon
Orçay
Saugirard
Villedieu
Langon
le Many
la Borne
Forêt de Vouzon
la Pécherie
St-Julien-sur-Cher
Mennetou-sur-Cher
Châtres-sur-Cher
les Brosses
la Lœuf-du-Houx
le Grand-Millanfroid
Gièvres
les Galliers
la Chapelle-Montmartin
Chabris
St-Loup
Thénioux
Forêt de Vierzon
Vouzeron
Mitterand

Seichebrières
Sury-aux-Bois
la Baraudière
Auvilliers-en-Gâtinais
Chevillon-sur-Huillard
Amilly
Combreux
Presnoy
St-Firmin-des-Vignes
St-Germain-des-Prés
St-Firmin-des-Bois
Vitry-aux-Loges
Beauchamps-sur-Huillard
Chailly-en-Gâtinais
Lombreuil
Vimory
Mormant-sur-Vernisson
Conflans-s.-L.
Gy-les-Nonains
Châteaurenard
les Quatre Routes
Châtenoy
les Bois de Romaison
Thimory
Oussoy-en-Gâtinais
Courtoin
la Commodité
Mocquepoix
Coudroy
Noyers
St-Hilaire-sur-Puiseaux
Montcresson
Forêt d'Orléans
Grignon
Lorris
Ouzouer-des-Champs
Solterre
Cortrat
Melleroy
Châteauneuf-sur-Loire
Vieilles-Maisons-sur-Joudry
la Cour-Marigny
Montblin
Pressigny-les-Pins
les Lorrains
St-Martin-d'Abbat
Varennes-Changy
la Chapelle-sur-Aveyron
Jardin des Arbres
Route des Parcs et Jardins
Nogent-sur-Vernisson
Montbouy
les Guidus
le Briou
Bouzy-la-Forêt
Montereau
Germigny-des-Prés
St-Aignan-des-Gués
le Moulinet-sur-Solin
St-Maurice-sur-Aveyron
le Mesnil
St-Benoît-sur-Loire
Bray-en-Val
les Bordes
Langesse
Châtillon-Coligny
Bray-Saint-Aignan
Neuvy-en-Sullias
Guilly
Ste-Scholastique
Bonnée
les Choux
Ste-Geneviève-des-Bois
le Carrouge
les Bézards
la Charme
Bouteille
St-Père-sur-Loire
Ouzouer-sur-Loir
Bois-morand
Dammarie-sur-Loing
Aillant-sur-Milleron
Sully-sur-Loire
les Marches
Adon
Rogny-les-Sept-Écluses
Dampierre-en-Burly
St-Aignan-le-Jaillard
la Bussière
Feins-en-Gâtinais
Champcevrais
Viglain
Lion-en-Sullias
Escrignelles
Nevoy
Gien
Bléneau
St-Gondon
Arrabloy
St-Florent
Poilly-lez-Gien
Breteau
Villemurlin
Ouzouer-sur-Trézée
Isdes
St-Martin-sur-Ocre
St-Brisson-sur-Loire
Briare
Route Jacques Cœur
Cerdon
St-Firmin-sur-Loire
Dammarie-en-Puisaye
Coullons
Autry-le-Châtel
Forêt de St-Brisson
Batilly-en-Puisaye
Châtillon-sur-Loire
Étang du Puits
Ousson-sur-Loire
Villiers
Clément
les Boires-den-Haut
Thou
Faverelles
Brinon-sur-Sauldre
la Chabinerie
Chanoy
Assay
Bonny-sur-Loire
Argent-sur-Sauldre
les Ménigaults
Puits-d'Avenat
l'Étang
les Quétins
Beaulieu
Annay
Bois-Renard
Blancafort
Cernoy-en-Berry
Neuvy-sur-Loire
les Gauvins
Pierrefitte-ès-Bois
Mainbray
Santranges
Concressault
Belleville-sur-Loire
Aubigny-sur-Nère
Ste-Montaine
Oizon
Barlieu
Sury-près-Léré
le Village
la Grande-Borne
les Brossiers
Léré
la Celle-sur-Loire
Ménétréol-sur-Sauldre
Dampierre-en-Crot
la Bassinerie
Sury-ès-Bois
Vailly-sur-Sauldre
Charpignon
Savigny-en-Sancerre
Myennes
la Bascule
la Gaucherie
Sours
Cours
Ennordres
Assigny
les Petits-Bas
les Naudins
Villegenon
Thou
Boulleret
Cosne-Cours-sur-Loire
la Vallée-au-Paré
Subligny
Ste-Gemme-en-Sancerrois
Presly
Forêt d'Ivoy
Jars
la Chapelle-d'Angillon
la Savaterie
le Noyer
les Mollets
Colline du Sancerrois
Bannay
Sury-en-Vaux
Boucard
Villechaud
les Petits-Coulons
Ivoy-le-Pré
la Chapelotte
Menetou-Râtel
Verdigny
Chaudoux
St-Satur
Moussard
Maltaverne
Chavignol
Sancerre
St-Thibault
Neuvy-sur-Barangeon
les Cherriers
Sens-Beaujeu
Crézancy-en-Sancerre
Bué
Vinon
Ménétréol-sous-Sancerre
Thauvenay
Tracy-sur-Loire
Méry-ès-Bois
les Gaudins
Boisbelle
les Gimonetes
les Châtelets
Henrichemont
Neuilly-en-Sancerre
Neuvy-Deux-Clochers
Bannon
St-Boulze
Couargues
Pouilly-sur-Loire
Forêt de Vouzeron
le Grand-Millanfroid
Mitterand
Achères
la Borne
le Motte
Motte d'Humbligny
la Bussière
Veaugues
Gardefort
Champalais
les Vallées
Bourges
Bourges
La Charité-sur-Loire
0 2 4 6 8 10 km
0 1 2 4 6 miles
61
62
63
64
65
102
103

Joigny
Migennes
Vergigny
Cudot
la Couline
la Petite Celle
la Celle-St-Cyr
St-Cydroine
Laroche-St-Cydroine
Esnon
Montcorbon
Précy-
la Réserve
Béon
Chamvres
le Grand Longueron
Ormoy
Bouilly
Rebourseaux
Douchy-
Sépeaux-
le Grand Bailly
Paroy-sur-Tholon
Champlay
Charmoy
Cheny
Chichy
Mont-St-Sulpice
l'Ordonnois
Triguères
Villefranche
St-Romain
Champvallon
Epineau-les-Voves
Bonnard
Forêt de Pontigny
Dicy
les Grands Moreaux
Volgré
la Maladrerie
Neuilly
Bassou
Beaumont
Hauterive
les Baudières
Pontigny
Prunoy
Chevillon
la Ferté-Loupière
Senan
Villemer
Seignelay
Rouvray
Chêne-Arnoult
Malvrain
Chichery
Valravillon
Guerchy
Chemilly-sur-Yonne
Héry
Sevry
Venouse
Fontenouilles
Charny
Charny Orée de Puisaye
la Vieille Ferté
Villiers-sur-Tholon
Aillant-sur-Tholon
Laduz
Branches
Appoigny
Gurgy
Sougères-sous-Sinotte
Lignorelles
Montigny-la-Resle
Bois des Ferriers
les Fièvres
Perreux
les Joubins
Chambeugle
Poilly-sur-Tholon
Sarrigny
Fleury-la-Vallée
les Bries
Auxerre-Nord
Villeneuve-St-Salves
St-Martin-sur-Ouanne
Sommecaise
les Ormes
Chassy
Bleury
le Grand Ponceau
Monéteau
Laborde
Bleigny-le-Carreau
Marchais-Béton
St-Maurice-Thizouaille
St-Aubin-Château-Neuf
Mormont
Brécy
Charbuy
Perrigny
AUXERRE
Beine
St-Denis-sur-Ouanne
le Vieil
Malicorne
le Val d'Ocre
Saint-Martin-sur-Ocre
Égleny
les Soleines
Venoy
Grandchamp
les Delétangs
Forêt de Merry-Vaux
Jeuilly
Merry-la-Vallée
Lindry
les Ouches
St-Georges-sur-Baulche
Egriselles
Venoy-Soleil Levant
Villiers-St-Benoît
Beauvoir
Chazelles
Villefargeau
Nangis
Quenne
Montallery
Champignelles
la Villotte
Nantou
Vergeot
la Villotte
Augy
Venoy Grosse Pierre
Louesme
les Bergers
Parly
Pourrain
Chevannes
Vaux
Chitry
St-Cyr-les-Colons
Dracy
le Petit Arran
Vallan
Champs-sur-Yonne
St-Bris-le-Vineux
Toucy
Diges
Riot
Bailly
Villeneuve-les-Genêts
Tannerre-en-Puisaye
le Vernoi
Sauilly
Varennes
Escamps
Gy-l'Evêque
Jussy
Escolives-Ste-Camille
Vincelottes
Autoroute du Soleil
Moulins-sur-Ouanne
Semilly
Avigneau
Irancy
Cheuilly
Septfonds
les Carreaux
Fontaines
Volvent
Coulanges-la-Vineuse
Vincelles
Mézilles
la Grilletière
Coulangeron
Lalande
Migé
St-Privé
Leugny
Val-de-Mercy
Cravant
Vermenton
les Proux
Pesteau
Bazarnes
Accolay
St-Martin-des-Champs
Ronchères
Merry-Sec
le Tremblay
Levis
Chastenay
Ouanne
Mouffy
Ste-Pallaye
Etangs des Barres
Sementron
Bouron
Charentenay
Préglibert
St-Fargeau
les Roudons
les Foucards
Fontenoy
Pierrefitte
Fontenailles
Trucy-sur-Yonne
la Puisaye
St-Sauveur-en-Puisaye
le Défens
Courson-les-Carrières
Fontenay-sous-Fouronnes
Séry
Bessy-sur-Cure
Base de Loisirs
Saints
le Grand Banny
Lain
Vassy
Taigny
Molesmes
Anus
Fouronnes
Mailly-le-Château
Moutiers
Chapoux
Mailly-la-Ville
Réservoir de Bourdon
Lavau
l'Orme du Pont
Thury
Grangette
Fouilet
Aubigny
Villepot
la Malrue
Boutissaint
Avigny
Forêt de Frétoy
la Bussière
Moulery
Merry-sur-Yonne
Guerchy
Ste-Colombe-sur-Loing
la Motte
Sougères-en-Puisaye
Pesselière
le Chêneau
Festigny
Lac Sauvin
les Gibelins
Vrilly
Ratilly
Treigny-
Source du Loing
Lainsecq
Druyes-les-Belles-Fontaines
Fontenailles
Châtel-Censoir
Bois-d'Arcy
Arquian
Beauvais
Perreuse
Chauminet
la Sauvin
Coulanges-sur-Yonne
Crain
Misery
Fontenille
Brosses
Argenoux
St-Amand-en-Puisaye
la Breuille
Meugnes
les Fragnes
la Poterie
Ferrières
Andryes
Lucy-s-Yonne
Faulin
Montillot
Sainpuits
Etais-la-Sauvin
Bourg Basson
Dampierre-sous-Bouhy
les Bordes
les Barres
89 Yonne
58 Nièvre
Villeprenoy
Surgy
Pousseaux
Lichères-s-Yonne
Bouteau
Jérusalem
Bitry
Flacy
Bouhy
le Tremblay
Charmois
Avrigny
Asnières-sous-Bois
St-Vérain
Forges
le Chesnois
Château-du-Bois
Billy-s-Oisy
Oisy
la Forêt
les Bois-de-la-Madeleine
Chamoux
Gauthiers
Ravière
Entrains-sur-Nohain
Fondelin
Clamecy
Armes
Alligny-Cosne
Trucy-l'Orgueilleux
Paroy
Moulot
Chemin de St-Jacques
St-Loup
Villegénéray
Ciez
Jussy
Vrillon
Réveillon
Dordres
Corvol-l'Orgueilleux
Breugnon
Chevroches
Dornecy
Sardy-les-Forges
Rix
Forêt de Maulay
Fontenay-près-Vézelay
Vauchery
les Ormeaux
la Bruyère
Menestreau
les Beaudions
Créantay
Sauzay
Villaine
Flez
Creux
Brèves
Parigny
Chivres
Châteauvert
Villiers-sur-Yonne
la Maison-Dieu
la Grande-Brosse
la Motte
la Crotte
Courcelles
Ouagne
Davion
Metz-le-Comte
Chambre
Perroy
Couloutre
la Chapelle-St-André
Asnois
Teigny
Nuars
Brétignelle
Saligny
Pougny
les Bardins
St-Pierre-du-Mont
Eglise gothique
Champagne
Bonnecon
Fontbout
le Vaudoizy
Amazy
St-Martin-sur-Nohain
Villiers-le-Sec
Thurigny
St-Germain-des-Bois
Cuzy
Flez-Cuzy
Vignol
Donzy-le-Pré
Donzy
Abbaye de Notre Dame de Lepeau
Manou
Cuncy-lès-Varzy
Tannay
Villiers
Chauffour
Buzy
Varzy
St-Didier
Saizy
Seigne
St-Quentin-sur-Nohain
Forêt de Donzy
Collines du Nivernais
Charlay
Mhers
Beuvron
Cervenon
Lys
Flez
Vignes
St-Laurent
les Cabets
Colméry
Oudan
St-Pierre
Villiers-s-Beuvron
les Granges
Suilly-la-Tour
Champcelée
Cessy-les-Bois
le Châtelet
les Duprés
Fly
Serres
Talon
la Coudraye
Vaux
Moissy-Moulinot
Monceaux-le-Comte
Sommel
Chambeau
Dreigny
le Beauchot
St-Malo-en-Donziois
Mignyr
Marcy
Parigny-la-Rose
Grenois
Ruages
Chemin
Maréchal
les Bordes
Sancy
Ste-Colombe
Villarnaud
les Bouquettes
Bourras-la-Grange
Masserons
Asnan
Challement
Dirol
Congy
Chaume
le Magny
Forêt de Bellary
les Carrès
Fontaye
Bourras-l'Abbaye
Champeau
Hubans
Taconnay
Inty
Maizière
Station Géophysique du Nivernais
le Lignou
Champlemy
Corvol-d'Embernard
Chevannes-Changy
Mouchy
Sauvigny
Marigny-sur-Yonne
Villemolin
Bailly
Courcelanges
Auxois
Vèvres
Bellary
Vielmanay
Grand Guichy
les Taules
Chateauneuf-Val-de-Bargis
Neuville
Chazeuil
Authiou
Treigny
Brinon-s-Beuvron
Moraches
Michaugues
Dompierre-sur-Héry
Agriez
Germenay
les-Mines
Corbigny
Garchy
Nannay
Chamery
la Vénerie
Thouez
Vassy
Soffin
Bussy-la-Pesle
Beaulieu
Héry
Doussas
Tonnerre
Beaune
Avallon

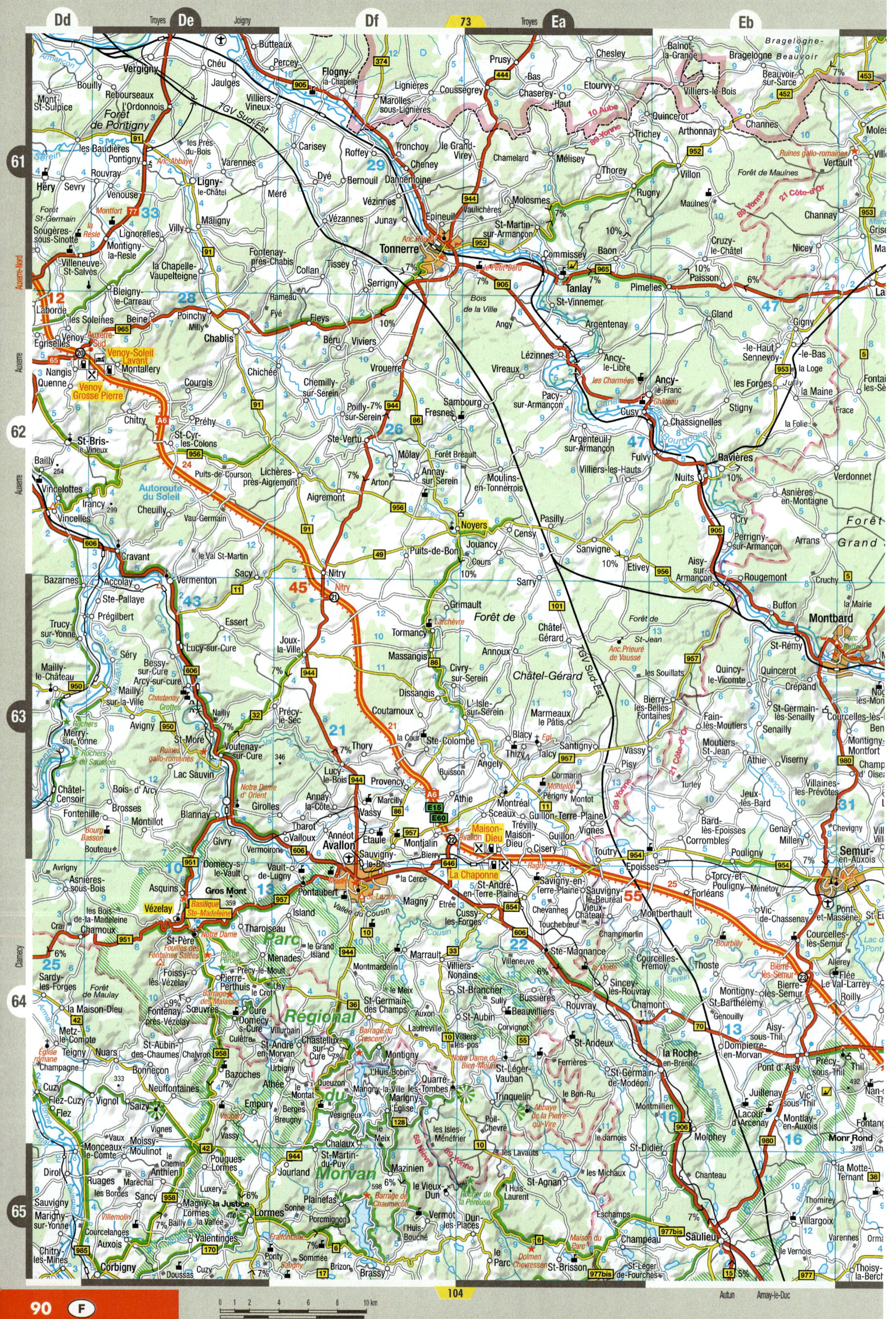
Troyes
Joigny
Troyes
Butteaux
Percey
Flogny-la-Chapelle
Prusy
Chesley
Balnot-la-Grange
Bragelogne-Beauvoir
Vergigny
Chéu
Jaulgés
Lignières
Coussegrey
Chaserey
Etourvy
Villiers-le-Bois
Beauvoir-sur-Sarce
Bouilly
Rebourseaux
Mont-St-Sulpice
Forêt de Pontigny
Villiers-Vineux
Marolles-sous-Lignières
Quincerot
Arthonnay
Channes
TGV Sud-Est
10 Aube
89 Yonne
Carisey
Tronchoy
le Grand-Virey
Trichey
les Baudières
Pontigny
Roffey
Cheney
Chamelard
Mélisey
Thorey
Villon
Forêt de Maulnes
Vertault
Ruines gallo-romaines
Héry
Sevry
Rouvray
Venouse
Ligny-le-Châtel
Varennes
Méré
Dyé
Bernouil
Dannemoine
Vézinnes
Molosmes
Rugny
Maulnes
21 Côte-d'Or
Forêt St-Germain
Montfort
Maligny
Vézannes
Junay
Epineuil
St-Martin-sur-Armançon
Channay
Sougères-sous-Sinotte
Lignorelles
Villy
Tonnerre
Commissey
Baon
Cruzy-le-Châtel
Nicey
Villeneuve-St-Salves
Montigny-la-Resle
Fontenay-près-Chablis
Collan
Tissey
Serrigny
Tanlay
Paisson
Pimelles
Bleigny-le-Carreau
la Chapelle-Vaupelteigne
Rameau
St-Vinnemer
Laborde
Fyé
Bois de la Ville
Gland
Gigny
les Soleines
Beine
Poinchy
Milly
Chablis
Fleys
Béru
Viviers
Angy
Argentenay
Egriselles
Venoy
Auxerre-Sud
Venoy-Soleil Levant
Nangis
Quenne
Montallery
Venoy Grosse Pierre
Chichée
Courgis
Vrouerre
Lézinnes
Vireaux
Ancy-le-Libre
les Charmées
Ancy-le-Franc
le-Haut
Sennevoy-le-Bas
la Loge
les Forges
Jully
la Maine
Chemilly-sur-Serein
Poilly-sur-Serein
Sambourg
Fresnes
Pacy-sur-Armançon
Château
Cusy
Stigny
Chitry
Préhy
St-Bris-le-Vineux
St-Cyr-les-Colons
Ste-Vertu
Môlay
Forêt Bréault
Argenteuil-sur-Armançon
Chassignelles
la Folie
Fraice
Bailly
Puits-de-Courson
Lichères-près-Aigremont
Arton
Annay-sur-Serein
Moulins-en-Tonnerrois
Villiers-les-Hauts
Fulvy
Ravières
Nuits
Verdonnet
Vincelottes
Autoroute du Soleil
Aigremont
Asnières-en-Montagne
Irancy
Cheuilly
Vau-Germain
Noyers
Pasilly
Cry
Perrigny-sur-Armançon
Arrans
Forêt Grand
Vincelles
Censy
Jouancy
Sanvigne
Etivey
Cravant
le Val St-Martin
Puits-de-Bon
Cours
Aisy-sur-Armançon
Rougemont
Bazarnes
Accolay
Vermenton
Sacy
Nitry
Sarry
Cruchy
Ste-Pallaye
Buffon
la Mairie
Prégilbert
Essert
Grimault
Forêt de
Forêt de
Montbard
Trucy-sur-Yonne
Lucy-sur-Cure
Joux-la-Ville
Tormancy
Châtel-Gérard
St-Jean
Anc. Prieuré de Vausse
St-Rémy
Mailly-le-Château
Sery
Bessy-sur-Cure
Arcy-sur-Cure
Massangis
Annoux
Cruzy
Quincy-le-Vicomte
Quincerot
Crépand
Mailly-la-Ville
Chastenay Grottes
Civry-sur-Serein
Dissangis
Châtel-Gérard
les Souillats
Merry-Sur-Yonne
Rochers du Saussois
Avigny
Nailly
Précy-le-Sec
Coutarnoux
L'Isle-sur-Serein
Marmeaux le Pâtis
Bierry-les-Belles-Fontaines
Fain-lès-Moutiers
St-Germain-lès-Senailly
Senailly
Courcelles-lès-Semur
St-Moré
Ruines gallo-romaines
Voutenay-sur-Cure
Thory
la Cour
Ste-Colombe
Blacy
Thizy
Talcy
Santigny
Vassy
Pisy
Moutiers-St-Jean
Montigny-Montfort
Lac Sauvin
Lucy-le-Bois
Provency
Buisson
Angely
Athie
Cormarin
Monteloup
Périgny
Montot
Turley
Jeux-lès-Bard
Athie
Viserny
Châtel-Censoir
Bois-d'Arcy
Notre Dame d'Orient
Girolles
Annay-la-Côte
Vassy
Marcilly
Montréal
Sceaux
Guillon-Terre-Plaine
Villaines-les-Prévôtes
Fontenille
Brosses
Montillot
Blannay
Tharot
Valloux
Annéot
Avallon
Etaule
Montjalin
Bierry
Maison-Dieu
Trévilly
Maison-Dieu
Guillon
Vignes
Bard-lès-Epoisses
Corrombles
Genay
Millery
Bourg Basson
Bouteau
Givry
Vermoiron
Sauvigny-le-Bois
Cisery
Toutry
Pouligny
Chevigny
Semur-en-Auxois
Avrigny
Domecy-sur-le-Vault
Vault-de-Lugny
la Cerce
la Chaponne
Epoisses
Torcy-et-Pouligny
Ménétoy
Asnières-sous-Bois
Asquins
Gros Mont
Pontaubert
St-Lazare
Magny
Etrée
St-André-en-Terre-Plaine
Savigny-en-Terre-Plaine
Sauvigny-le-Beuréal
Vieux-Château
Forléans
Pont-et-Massène
Vézelay
Basilique Ste-Madeleine
Island
Vallée du Cousin
Chevannes
Touchebœuf
Montberthault
Vic-de-Chassenay
Les Bois-de-la-Madeleine
Chamoux
Tharoiseau
Notre Dame
Champmorlin
Courcelles-lès-Semur
Cray
St-Père
Fouilles des Fontaines Salées
Parc
Menades
le Grand Island
Marrault
Ste-Magnance
Courcelles-Frémoy
Bourbilly
Thoste
Bierre-lès-Semur
Allerey
Flée
Le Val-Larrey
Sardy-les-Forges
Forêt de Maulay
Foissy-lès-Vézelay
Pierre-Perthuis
Précy-le-Moult
Usy
Montmardelin
Villiers-Nonains
St-Branchér
Sully
Bussières
Beauvilliers
Rouvray
Sincey-lès-Rouvray
Chamont
Montigny-St-Barthélemy
Genouilly
Roilly
la Maison-Dieu
Fontenay-près-Vézelay
Sœuvres
Cure
Domecy-sur-Cure
Régional
St-Germain-des-Champs
Auxon
St-Aubin
Corvignot
Metz-le-Comte
Villurbain
Cultêtre
Barrage du Crescent
Lautreville
Villiers-lès-Pos
Aisy-sous-Thil
Teigny
Nuars
St-Aubin-des-Chaumes
Chalvron
St-André-en-Morvan
Chastellux-sur-Cure
Montigny
St-Andeux
la Roche-en-Brenil
Dompierre-en-Morvan
Précy-sous-Thil
Thil
Eglise romane
Champagne
Bonnecon
Bazoches
Urbigny
l'Huis-Bobin
Quarré-les-Tombes
Notre Dame du Bien-Mourir
St-Léger-Vauban
Ferrières
St-Germain-de-Modéon
Pont d'Aisy
Cuzy
Neuffontaines
Athée
le Montal
Queuzon
du
Marigny-la-Ville
Marigny-l'Eglise
Trinquelin
le Bon-Ru
Juilleney
Vic-sous-Thil
Flez-Cuzy
Flez
Vignol
Saizy
Empury
Berges
Breugny
Vésigneux
Abbaye de la Pierre-qui-Vire
Montmillien
Lacour-d'Arcenay
Nan-s
Montlay-en-Auxois
Fontang
Vignes
Vassy
Chalaux
Meix
Poil-Chèvre
les Isles-Ménéfrier
le Jarnois
Molphey
Monr Rond
Vaux
Moissy-Moulinot
Monceaux-le-Comte
Pouques-Lormes
St-Martin-du-Puy
les Lavaults
St-Didier
Dirol
Anthien
le Chemin
Jourland
Morvan
Mazinien
les Michaux
Chanteau
la Motte-Ternant
Ruages
les Bordes
Marechal
Sancy
Magny
la Justice
Plainefas
Barrage de Chaumeçon
le Vieux-Dun
Rocher de la Pérouse
l'Huis-Laurent
St-Agnan
Thomirey
Sauvigny
Marigny-sur-Yonne
Villemolin
Bailly
Lormes
la Vallée
Sonne
Porcmignon
Vermot
Dun-les-Places
Eschamps
Villargoix
Courcelanges
Auxois
Valentinges
Luxery
Fraitonnaire
l'Huis-Bouché
Champeau
Saulieu
Varennes
Chitry-les-Mines
Corbigny
Doussas
Cuzy
Dorty
Saugny
Sommée
Brizon
Brassy
le Parc
Dolmen Chevresson
Maison du Parc
St-Brisson
St-Léger-de-Fourches
le Vernois
Thoisy-la-Berch
Autun
Arnay-le-Duc
104
0 1 2 4 6 8 10 km
0 1 2 4 6 miles

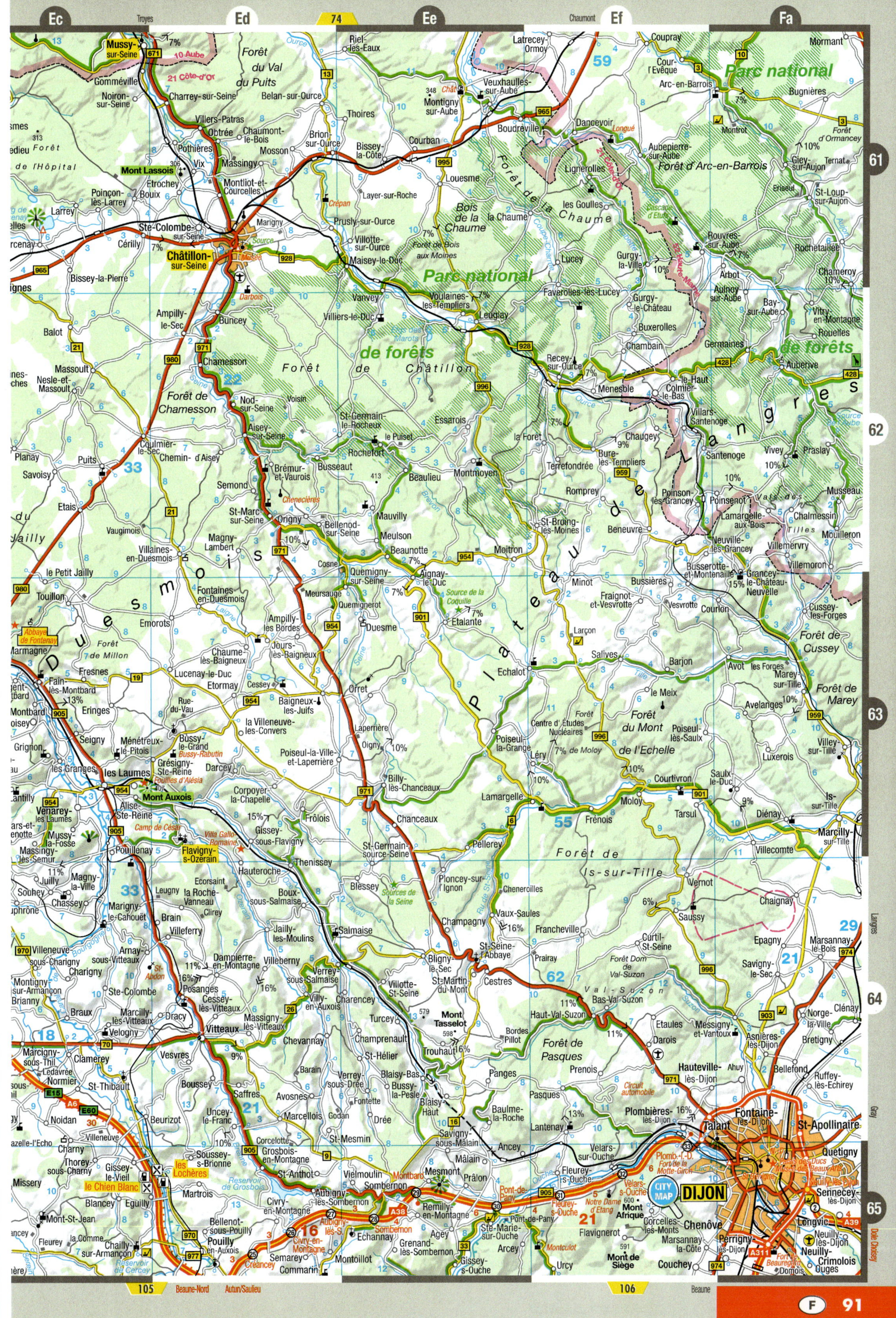

Ec
Troyes
Ed
74
Ee
Chaumont
Ef
Fa
61
62
63
64
65
Mussy-sur-Seine
10 Aube
21 Côte-d'Or
Forêt du Val du Puits
Riel-les-Eaux
Latrecey-Ormoy
Coupray
Mormant
Gommeville
Noiron-sur-Seine
Charrey-sur-Seine
Belan-sur-Ource
Veuxhaulles-sur-Aube
Montigny-sur-Aube
Cour-l'Evêque
Arc-en-Barrois
Parc national
Bugnières
Villiers-Patras
Obtrée
Thoires
Dancevoir
Longué
Boudreville
Chaumont-le-Bois
Brion-sur-Ource
Bissey-la-Côte
Courban
Aubepierre-sur-Aube
Forêt d'Arc-en-Barrois
Pothières
Vix
Massingy
Mosson
Mont Lassois
Lignerolles
Giey-sur-Aujon
Forêt d'Ormancey
Etrochey
Montliot-et-Courcelles
Louesme
Layer-sur-Roche
Poinçon-lès-Larrey
Boux
Larrey
Crépan
Bois de la Chaume
Forêt de la Chaume
la Chaume
les Goulles
Ste-Colombe-sur-Seine
Marigny
Prusly-sur-Ource
Cérilly
Châtillon-sur-Seine
Villotte-sur-Ource
Maisey-le-Duc
Rouvres-sur-Aube
Rochetaillée
St-Loup-sur-Aujon
Bissey-la-Pierre
Lucey
Gurgy-la-Ville
Arbot
Aulnoy-sur-Aube
Chameroy
Darbois
Vanvey
Voulaines-les-Templiers
Faverolles-lès-Lucey
Gurgy-le-Château
Bay-sur-Aube
Vitry-en-Montagne
Ampilly-le-Sec
Buncey
Villiers-le-Duc
Leuglay
Buxerolles
Rouelles
Balot
Parc national de forêts
Chambain
Germaines
Auberive
Massoult
Chamesson
Forêt de Châtillon
Recey-sur-Ource
Nesle-et-Massoult
Forêt de Chamesson
Menesble
Colmier-le-Haut
Colmier-le-Bas
Villars-Santenoge
Nod-sur-Seine
Voisin
St-Germain-le-Rocheux
Essarois
Aisey-sur-Seine
le Puiset
la Forêt
Chaugey
Coulmier-le-Sec
Chemin-d'Aisey
Rochefort
Bure-les-Templiers
Santenoge
Vivey
Praslay
Planay
Puits
Brémur-et-Vaurois
Busseaut
Beaulieu
Montmoyen
Terrefondrée
Savoisy
Semond
Chenecières
Rompey
Poinson-lès-Grancey
Poinsenot
Musseau
Etais
Mauvilly
Lamargelle-aux-Bois
Chalmessin
St-Marc-sur-Seine
Origny
Bellenod-sur-Seine
St-Broing-les-Moines
Beneuvre
Vaugimois
Villaines-en-Duesmois
Magny-Lambert
Meulson
Neuville-lès-Grancey
Villemervry
Mouilleron
Beaunotte
Moitron
Villemoron
Cosne
Quemigny-sur-Seine
Aignay-le-Duc
Busserotte-et-Montenaille
Grancey-le-Château-Neuvelle
le Petit Jailly
Fontaines-en-Duesmois
Meursauge
Quemignerot
Minot
Bussières
Touillon
Source de la Coquille
Fraignot-et-Vesvrotte
Vesvrotte
Courlon
Cussey-les-Forges
Emorots
Ampilly-les-Bordes
Duesme
Etalante
Plateau de Langres
Abbaye de Fontenay
Forêt de Millon
Jours-lès-Baigneux
Larçon
Forêt de Cussey
Marmagne
Chaume-lès-Baigneux
Salives
Barjon
Avot
Les Forges
Fresnes
Echalot
Marey-sur-Tille
Forêt de Marey
Fain-lès-Montbard
Lucenay-le-Duc
Etormay
Cessey
Orret
Montbard
Rue-du-Vau
Baigneux-les-Juifs
le Meix
Eringes
Forêt du Mont
Avelanges
Seigny
Ménétreux-le-Pitois
Bussy-le-Grand
la Villeneuve-les-Convers
Laperrière
Centre d'Etudes Nucléaires
Poiseul-lès-Saulx
Villey-sur-Tille
Grignon
Bussy-Rabutin
Oigny
de l'Echelle
Grésigny-Ste-Reine
Darcey
Poiseul-la-Ville-et-Laperrière
Poiseul-la-Grange
Léry
de Moloy
Luxerois
les Granges
les Laumes
Billy-lès-Chanceaux
Courtivron
Saulx-le-Duc
Mont Auxois
Fouilles d'Alésia
Corpoyer-la-Chapelle
Lamargelle
Moloy
Tarsul
Is-sur-Tille
Venarey-les-Laumes
Alise-Ste-Reine
Frôlois
Chanceaux
Frénois
Diénay
Camp de César
Villa Gallo-Romaine
Gissey-sous-Flavigny
Forêt de Is-sur-Tille
Marcilly-sur-Tille
Mussy-la-Fosse
Massingy-lès-Semur
Pouillenay
Flavigny-sur-Ozerain
Thenissey
St-Germain-source-Seine
Pellerey
Villecomte
Hauteroche
Juilly
Magny-la-Ville
Ecorsaint
la Roche-Vanneau
Boux-sous-Salmaise
Blessey
Sources de la Seine
Poncey-sur-l'Ignon
Chenecerilles
Vernot
Chaignay
Souhey
Chassey
Leugny
Clirey
Vaux-Saules
Saussy
Marigny-le-Cahouët
Brain
Champagny
Epagny
Marsannay-le-Bois
Villeferry
Jailly-les-Moulins
Salmaise
Francheville
Curtil-St-Seine
Villeneuve-sous-Charigny
Arnay-sous-Vitteaux
Dampierre-en-Montagne
Villeberny
Bligny-le-Sec
St-Seine-l'Abbaye
Prairay
Forêt Dom de Val-Suzon
Savigny-le-Sec
Charigny
St-Aubon
Posanges
Verrey-sous-Salmaise
Villotte-St-Seine
St-Martin-du-Mont
Cestres
Val-Suzon
Norge-la-Ville
Clénay
Montigny-sur-Armançon
Brianny
Ste-Colombe
Cessey-lès-Vitteaux
Villy-en-Auxois
Charencey
Mont Tasselot
Haut-Val-Suzon
Bas-Val-Suzon
Etaules
Messigny-et-Vantoux
Braux
Marcilly-lès-Vitteaux
Dracy
Massingy-lès-Vitteaux
Turcey
Bordes Pillot
Darois
Asnières-lès-Dijon
Bretigny
Velogny
Vitteaux
Chevannay
Champrenault
Trouhaut
Forêt de Pasques
Marcigny-sous-Thil
Clamerey
Vesvres
St-Hélier
Prenois
Hauteville-lès-Dijon
Ahuy
Bellefond
Lédavrée
Normier
St-Thibault
Barain
Verrey-sous-Drée
Blaisy-Bas
Bussy-la-Pesle
Panges
Circuit automobile
Ruffey-lès-Echirey
Boussey
Saffres
Fontette
Pasques
Plombières-lès-Dijon
Fontaine-lès-Dijon
Talant
St-Apollinaire
Noidan
Beurizot
Uncey-le-Franc
Avosnes
Marcellois
Godan
Drée
Blaisy-Haut
Baulme-la-Roche
Lantenay
Charny
Villeneuve
Corcelotte
Grosbois-en-Montagne
St-Mesmin
Savigny-sous-Mâlain
Ancey
Velars-sur-Ouche
Plomb.-l.-D. Forêt de la Motte-Giron
Quetigny
Thorey-sous-Charny
Gissey-le-Vieil
les Lochères
Soussey-s-Brionne
St-Anthot
Vielmoulin
Sombernon
Montbard
Mesmont
Mâlain
Prâlon
Fleurey-sur-Ouche
CITY MAP
DIJON
Sennecey-lès-Dijon
Missery
le Chien Blanc
Martrois
Réservoir de Grosbois
Aubigny-lès-Sombernon
Remilly-en-Montagne
Pont-de-Pany
Velars-s-Ouche
Notre Dame d'Etang
Mont Afrique
Blancey
Eguilly
Civry-en-Montagne
Ste-Marie-sur-Ouche
Fleurey-s-Ouche
Corcelles-les-Monts
Chenôve
Longvic
Mont-St-Jean
Bellenot-sous-Pouilly
Aubigny-lès-S.
Somberon
Agey
Pont-de-Pany
Flavignerot
Marsannay-la-Côte
Perrigny-lès-Dijon
Neuilly-lès-Dijon
Neuilly-Crimolois
Fleurey
la Comme
Chailly-sur-Armançon
Pouilly-en-Auxois
Civry-en-Montagne
Echannay
Grenand-lès-Sombernon
Arcey
Montculot
Mont de Siège
Couchey
Réservoir de Cercey
Créancey
Semarey
Commarin
Montoillot
Gissey-s-Ouche
Urcy
Fort de Beauregard
Domois
Ouges
105
Beaune-Nord
Autun/Saulieu
106
Beaune
Langres
Gray
Dole Chaussin
F
91

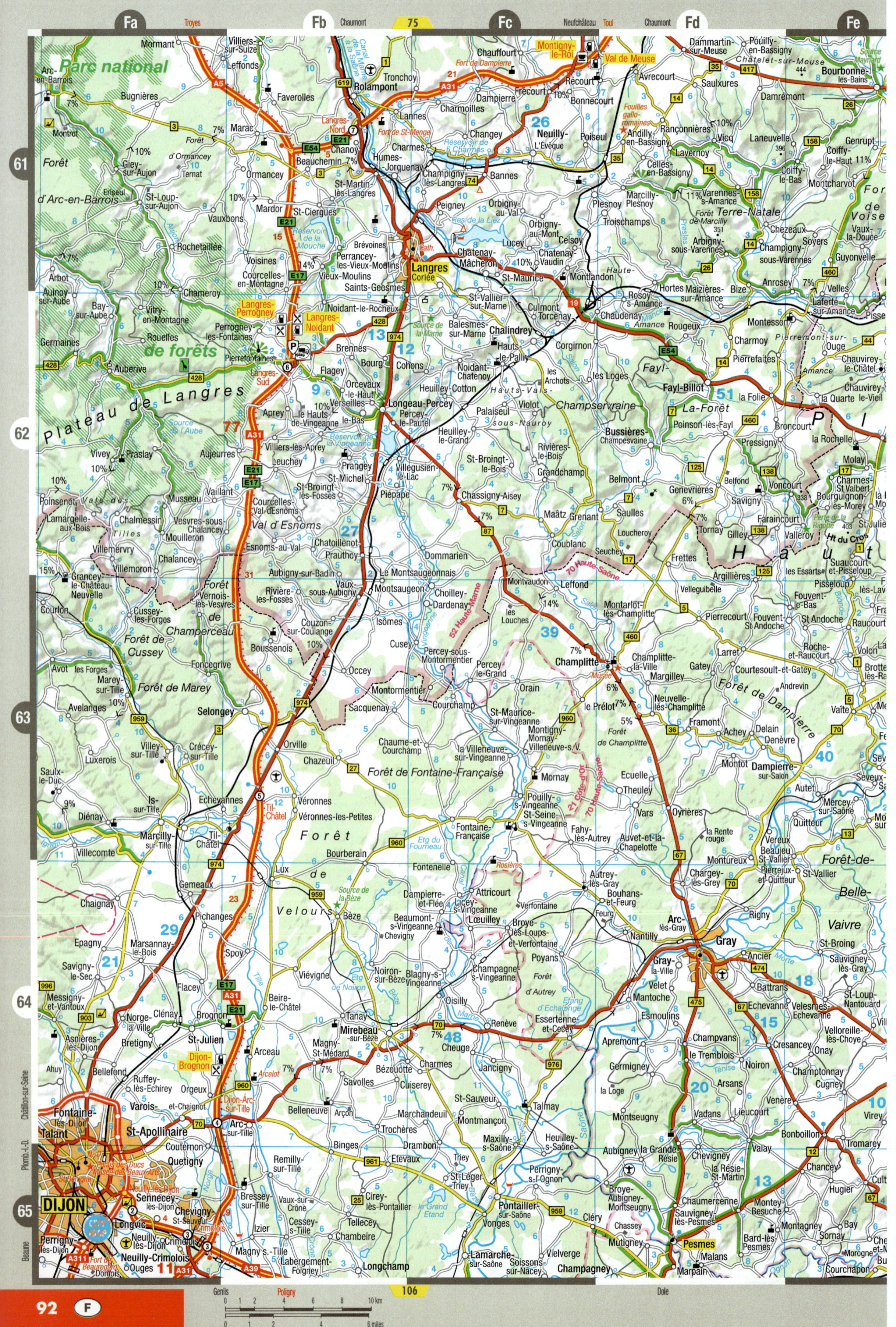

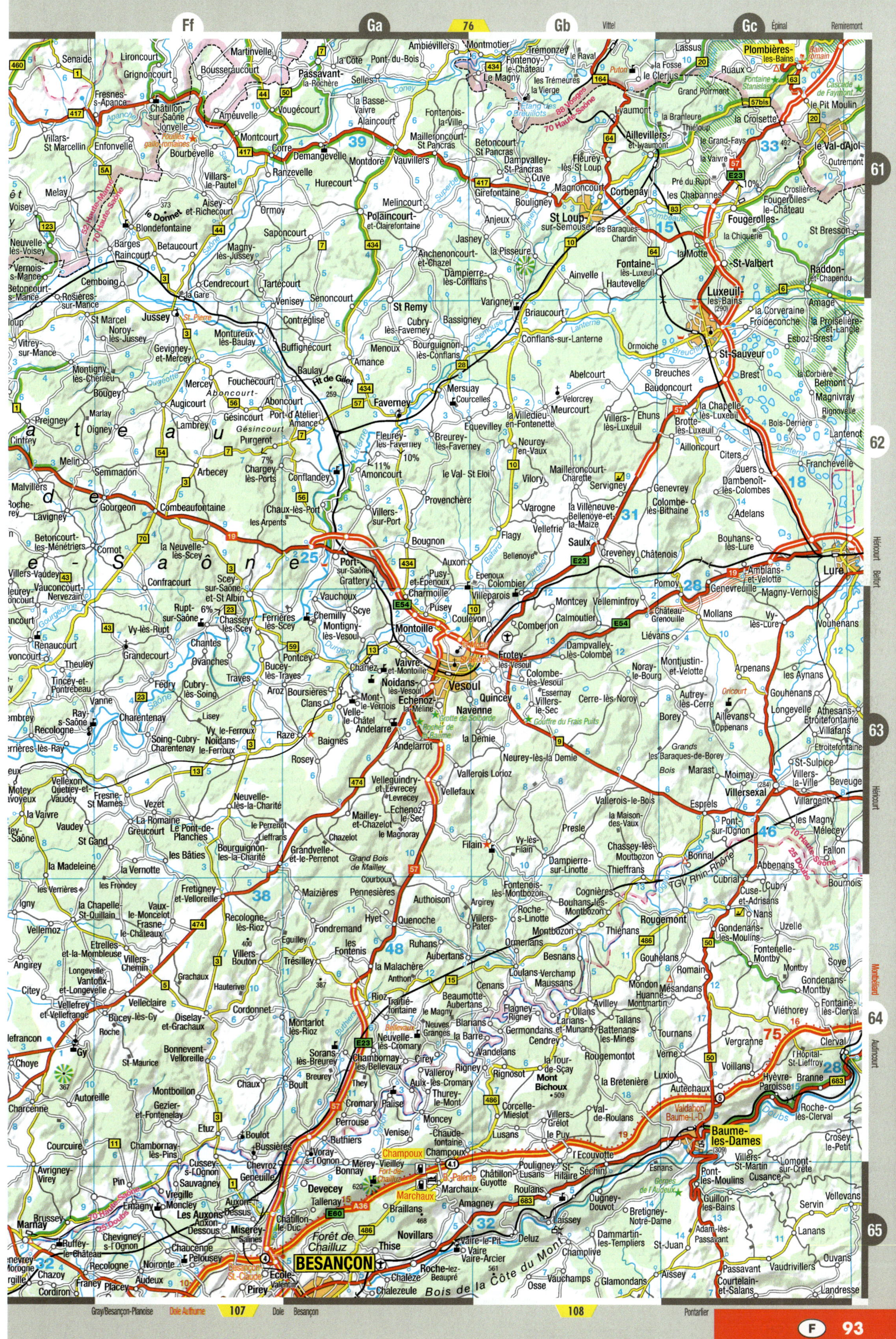
Senaide
Lironcourt
Martinvelle
Passavant-la-Rochère
Ambiévillers
Montmotier
Trémonzey
Le Magny
Plombières-les-Bains
Ruaux
Grignoncourt
Bousseraucourt
Selles
Fontenoy-le-Château
Fresnes-s-Apance
Châtillon-sur-Saône
Vougécourt
Alaincourt
Fontenois-la-Ville
Les Trémeures
Le Clerjus
Grand Poirmont
Le Pit Moulin
Villars-St Marcellin
Enfonvelle
Jonvelle
Ameuvelle
Montcourt
Corre
Demangevelle
Montdoré
Vauvillers
Mailleroncourt-St Pancras
Betoncourt-St Pancras
Aillevillers-et-Lyaumont
La Croisette
Le Val-d'Ajol
Bourbévelle
Ranzevelle
Hurecourt
Dampvalley-St-Pancras
Cuve
Fleurey-lès-St Loup
Girefontaine
Magnoncourt
Corbenay
Melay
Villars-le-Pautel
Aisey-et-Richecourt
Ormoy
Melincourt
Polaincourt-et-Clairefontaine
Anjeux
Bouligney
St Loup-sur-Semouse
Fougerolles-le-Château
Fougerolles
Voisey
Le Donnet
Blondefontaine
Saponcourt
Jasney
Les Baraques
Chardin
La Chiquerie
St Bresson
Neuvelle-lès-Voisey
Barges
Raincourt
Betaucourt
Magny-lès-Jussey
Anchenoncourt-et-Chazel
La Pisseure
Fontaine-lès-Luxeuil
La Motte
St-Valbert
Raddon-et-Chapendu
Vernois-s-Mance
Cemboing
Cendrecourt
Tartécourt
Dampierre-lès-Conflans
Ainvelle
Hautevelle
Betoncourt-s-Mance
Rosières-sur-Mance
La Gare
Venisey
Senoncourt
St Remy
Varigney
Briaucourt
Luxeuil-les-Bains
La Corvaine
Froideconche
Amage
La Proiselière-et-Langle
St Marcel
Jussey
Contréglise
Cubry-lès-Faverney
Bassigney
Conflans-sur-Lanterne
Ormoiche
Esboz-Brest
Vitrey-sur-Mance
Noroy-lès-Jussey
Montureux-lès-Baulay
Buffignécourt
Menoux
Bourguignon-lès-Conflans
St-Sauveur
Brest
Montigny-lès-Cherlieu
Gevigney-et-Mercey
Baulay
Ht de Gilet
Amance
Abelcourt
Breuches
Belmont
Magnivray
Mercey
Fouchécourt
Faverney
Mersuay
Velorcey
Meurcourt
Baudoncourt
La Chapelle-lès-Luxeuil
Bougey
Augicourt
Aboncourt-Gésincourt
Courcelles
La Villedieu-en-Fontenette
Villers-lès-Luxeuil
Ehuns
Brotte-lès-Luxeuil
Bois-Derrière
Rignovelle
Preigney
Marlay
Lambrey
Gésincourt
Port-d'Atelier-Amance
Equevilley
Aillioncourt
Lantenot
Oigney
Purgerot
Fleurey-lès-Faverney
Breurey-lès-Faverney
Neurey-en-Vaux
Citers
Francheville
Cintrey
Melin
Semmadon
Arbecey
Chargey-lès-Port
Conflandey
Amoncourt
le Val-St Eloi
Mailleroncourt-Charette
Servigney
Quers
Dambenoît-lès-Colombes
Malvilliers
Gourgeon
Combeaufontaine
Chaux-lès-Port
Provenchère
Vilory
Genevrey
Colombe-lès-Bithaine
Lavigney
Les Arpents
Villers-sur-Port
Varogne
La Villeneuve-Bellenoye-et-la-Maize
Adelans
Betoncourt-les-Ménétriers
Cornot
La Neuvelle-lès-Scey
Port-sur-Saône
Bougnon
Flagy
Vellefrie
Saulx
Creveney
Châtenois
Bouhans-lès-Lure
Villers-Vaudey
Vauconcourt-Nervezain
Confracourt
Grattery
Auxon
Pusy-et-Epenoux
Epenoux
Bellenoye
Colombier
Amblans-et-Velotte
Lure
Scey-sur-Saône-et-St Albin
Vauchoux
Charmoille
Villeparois
Montcey
Velleminfroy
Pomoy
Genevreuille
Magny-Vernois
Rupt-sur-Saône
Ferrières-lès-Scey
Chemilly
Scye
Pusey
Coulevon
Calmoutier
Château-Grenouille
Mollans
Vy-lès-Lure
Chassey-lès-Scey
Montigny-lès-Vesoul
Montoille
Comberjon
Liévans
Vouhenans
Renaucourt
Vy-lès-Rupt
Chantes
Pontcey
Vaivre-et-Montoille
Frotey-lès-Vesoul
Dampvalley-lès-Colombe
Montjustin-et-Velotte
Arpenans
Grandecourt
Ovanches
Bucey-lès-Traves
Charriez
Noroy-le-Bourg
Les Aynans
Theuley
Tincey-et-Pontrebeau
Traves
Noidans-lès-Vesoul
Colombe-lès-Vesoul
Gouhenans
Vesoul
Quincey
Essernay
Cerre-lès-Noroy
Autrey-lès-Cerre
Vanne
Fédry
Cubry-lès-Soing
Aroz
Boursières
Clans
Mont-le-Vernois
Echenoz-la-Méline
Navenne
Villers-le-Sec
Longevelle
Athesans-Etroitefontaine
Ray-s-Saône
Charentenay
Lisey
Velle-le-Châtel
Grotte de Solborde
Gouffre du Frais Puits
Aillevans
Oppenans
Borey
Villafans
Recologne
Soing-Cubry-Charentenay
Vy-le-Ferroux
Noidans-le-Ferroux
Raze
Baignes
Andelarre
Andelarrot
La Demie
Neurey-lès-la Demie
Les Baraques-de-Borey
Etroitefontaine
Ferrières-lès-Ray
Rosey
Vallerois Lorioz
Marast
Moimay
St-Sulpice
Villers-la-Ville
Beveuge
Vellexon-Queutrey-et-Vaudey
Velleguindry-et-Levrecey
Vellefaux
Villersexal
Villargent
Motey
Fresne-St Mamès
Vezet
Neuvelle-lès-la-Charité
Echenoz-le-Sec
Vallerois-le-Bois
Esprels
La Vaivre
La Romaine
Le Pont-de-Planches
Vaudey
Greucourt
Le Perrenot
Mailley-et-Chazelot
La Maison-des-Vaux
Pont-sur-l'Ognon
Les Magny
Mélecey
St Gand
Les Bâties
Lieffrans
Chazelot
Le Magnoray
Filain
Vy-lès-Filain
Presle
Chassey-lès-Montbozon
Fallon
La Madeleine
La Vernotte
Bourguignon-lès-la-Charité
Grandvelle-et-le-Perrenot
Grand Bois de Mailley
Dampierre-sur-Linotte
Thieffrans
Bonnal
Abbenans
Les Verrières
Les Frondey
Fretigney-et-Velloreille
Courboux
Fontenois-lès-Montbozon
Cognières
TGV Rhin-Rhône
Cubrial
Cuse-et-Adrisans
Cubry
Bournois
La Chapelle-St-Quillain
Vaux-le-Moncelot
Maizières
Pennesières
Authoison
Argirey
Roche-s-Linotte
Bouhans-lès-Montbozon
Rougemont
Nans
Vellemoz
Frasne-le-Châteaux
Recologne-lès-Rioz
Fondremand
Hyet
Quenoche
Villers-Pater
Montbozon
Thiénans
Gondenans-les-Moulins
Uzelle
Etrelles-et-la-Montbleuse
Villers-Chemin
Villers-Bouton
Eguilley
Les Fontenis
Ruhans
Aubertans
Ormenans
Besnans
Gouhelans
Fontenelle-Montby
Soye
Angirey
Longevelle
Vantoux-et-Longevelle
Grachaux
Trésilley
La Malachère
Anthon
Loulans-Verchamp
Maussans
Romain
Montby
Gondenans-Montby
Citey
Hauterive
Rioz
Cenans
Mondon
Huanne-Montmartin
Mésandans
Velleclaire
Cordonnet
Traitié-fontaine
Beaumotte-Aubertans
Flagney-Rigney
Ollans
Avilley
Viéthorey
Fontaine-lès-Clerval
Vellefrey-et-Vellefrange
Bucey-lès-Gy
Oiselay-et-Grachaux
Montarlot-lès-Rioz
Le Magny
Blarians
Larians-et-Munans
Tallans
Battenans-les-Mines
Tournans
Vergranne
Clerval
Roche
Bellevaux
Neuvelle-lès-Cromary
Neuves Granges
La Barre
Germondans
Cendrey
Gy
Bonnevent-Velloreille
Sorans-lès-Breurey
Chambornay-lès-Bellevaux
Cirey
Vandelans
Rougemontot
Verne
Voillans
L'Hôpital-St-Lieffroy
Choye
St-Maurice
Breurey
Boult
Valleroy
Rignosot
La Tour-de-Sçay
Mont Bichoux
La Bretenière
Luxiol
Hyèvre-Paroisse
Branne
Autoreille
Montboillon
Gezier-et-Fontenelay
Chaux
They
Aulx-lès-Cromary
Thurey-le-Mont
Cromary
Palise
Corcelle-Mieslot
Villers-Grélot
Val-de-Roulans
Autechaux
Roche-lès-Clerval
Charcenne
Etuz
Perrouse
Moncey
Valdahon/Baume-L-D
Baume-les-Dames
Crosey-le-Petit
Courcuire
Chambornay-lès-Pins
Boulot
Bussières
Buthiers
Venise
Chaudefontaine
Lusans
Le Puy
Villers-St-Martin
Lomont-sur-Crête
Cussey-s-l'Ognon
Voray-s-l'Ognon
Merey-Vieilley
Champoux
L'Ecouvotte
Avrigney-Virey
Pin
Sauvagney
Chevroz
Geneuille
Bonnay
Châtillon-Guyotte
Pouligney-Lusans
St-Hilaire
Séchin
Esnans
Pont-les-Moulins
Cusance
Vregille
Devecey
Palente
Marchaux
Roulans
Gorges de l'Audeux
Guillon-les-Bains
Servin
Vellevans
Marnay
Brussey
Emagny
Moncley
Les Auxons
Auxon-Dessus
Auxon-Dessous
Tallenay
Champvans
Amagney
Brailians
Ougney-Douvot
Bretigney-Notre-Dame
Adam-lès-Passavant
Lanans
Ruffey-le-Château
Chevigney-s-l'Ognon
Chaucenne
Miserey-Salines
Châtillon-le-Duc
Forêt de Chailluz
Novillars
Deluz
Laissey
Dammartin-les-Templiers
St-Juan
Recologne
Noironte
Pelousey
Thise
Vaire-le-Petit
Vaire-Arcier
Champlive
Ouvans
Chazoy
Franey
Placey
Audeux
École-Valentin
Pirey
BESANÇON
Roche-lez-Beaupré
Chalèze
Chalezeule
Bois de la Côte du Mont
Vauchamps
Glamondans
Aissey
Passavant
Vaudrivillers
Courtelain-et-Salans
Landresse
Osse
Cordiron
Montbéliard
Héricourt
Belfort
Audincourt

Gc
Gd
Ge
Gf
Ha
77
61
62
63
64
65
Épinal
Remiremont
St-Loup-sur-Semouse
Vesoul
Baume-les-Dames
Besançon
Plombières-les-Bains
Le Val-d'Ajol
Fougerolles
Luxeuil-les-Bains
St-Sauveur
Lure
Villersexal
Parc Naturel Régional des Ballons des Vosges
Forêt de Longegoutte
Le Thillot
Ballon d'Alsace
Giromagny
Rougemont-le-Château
Masevaux
Thann
Belfort
Héricourt
Montbéliard
Sochaux
Audincourt
Valentigney
Beaucourt
Delle
Porrentruy
Courgenay
L'Isle-sur-le-Doubs
Pont-de-Roide
St-Hippolyte
Montagnes du Lomont
Rochers du Bourbet
Le Bémont
Morteau
108
10 km
6 miles

MULHOUSE
BASEL
LÖRRACH
RHEINFELDEN
Delémont
Liestal
Ensisheim
Rouffach
Guebwiller
Bad Krozingen
Müllheim
Staufen im Breisgau
Schopfheim
Rheinfelden
Naturpark Südschwarzwald
SCHWEIZ/SUISSE/SVIZZERA
DEUTSCHLAND
61
62
63
64
65

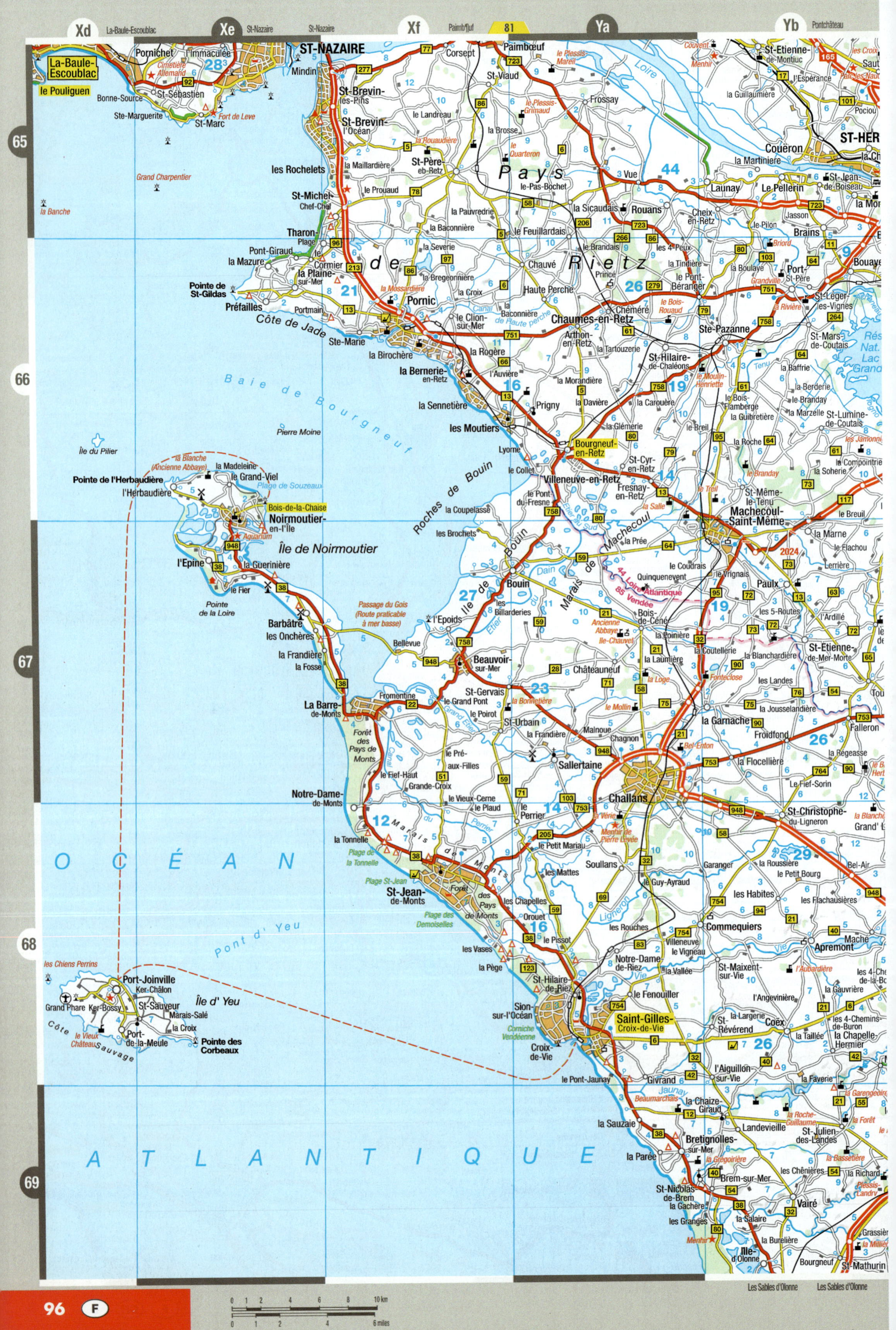

0 1 2 4 6 8 10 km
0 1 2 4 6 miles

NANTES
CITY MAP
ORVAULT
BLAIN
REZÉ
ST-SÉBASTIEN-SUR-LOIRE
Thouaré-sur-Loire
Carquefou
St-Julien-de-Concelles
Le Loroux-Bottereau
Divatte-sur-Loire
Barbechat
Landemont
la Chapelle-Basse-Mer
le Cleray
St-Christophe-la-Couperie
les Recoins
le Fuilet
St-Rémy-en-Mauges
la Gâtine
Montrevault-sur-Èvre
St-Pierre-Montlimart
la Salle-et-Chapelle-Aubry
la Clairière
la Chapelle-Aubry
Beaupréau-en-Mauges
Andrezé
Chillou
Ville-Neuve
le Puiset-Doré
le Fief-Sauvin
le Doré
la Chaussaire
Landronnière
la Chapelle-du-Genêt
Basse-Goulaine
Haute-Goulaine
Bas-Briacé
la Chapelle-Heulin
Vertou
Corcoué-sur-Logne
les Sorinières
la Haie-Fouassière
St-Fiacre-sur-Maine
Vallet
Mouzillon
le Pallet
Sèvremoine
Tillières
St-Crespin-sur-Moine
St-Germain-sur-Moine
Montfaucon-Montigné
la Renaudière
St-Philbert-en-Mauges
Bégrolles-en-Mauges
St-Macaire-en-Mauges
St-André-de-la-Marche
Villedieu-la-Blouère
Clisson
Gorges
Monnières
Aigrefeuille-sur-Maine
Château-Thébaud
Pont-St-Martin
Passay
la Chevrolière
Viais
le Bignon
Montbert
Geneston
Remouillé
St-Lumine-de-Clisson
St-Hilaire-de-Clisson
Gétigné
Cugand
la Bernardière
Boussay
Torfou
Roussay
la Romagne
la Séguinière
le Longeron
St-Christophe-du-Bois
Tiffauges
la Bruffière
St-Philbert-de-Grand-Lieu
St-Colomban
la Limouzinière
la Planche
le Marché-Neuf
la Noue-Morin
St-Hilaire-de-Loulay
Treize-Septiers
Montaigu-Vendée
Boufféré
Vieillevigne
St-Philbert-de-Bouaine
Rocheservière
les Landes-Genusson
St-Aubin-des-Ormeaux
St-Martin-des-Tilleuls
Mortagne-sur-Sèvre
Évrunes
St-Hilaire-de-Mortagne
Chanverrie
la Verrie
la Gaubretière
St-Symphorien
la Guyonnière
St-Georges-de-Montaigu
la Boissière-de-Montaigu
la Bénate
Val-de-Morière
la Rivière
le Pont-Légé
Grand Belon
la Rancuneliere
Bazoges-en-Paillers
Beaurepaire
Les Herbiers
Mont des Alouettes
St-Mars-la-Réorthe
Mesnard-la-Barotière
les Douteries
St-André-Treize-Voies
Montréverd
Mormaison
l'Herbergement
la Garnerie
la Sorderie
la Bésilière
Legé
St-Sulpice-le-Verdon
la Grande-Chevasse
les Brouzils
Chavagnes-en-Paillers
Benaston
la Rabatelière
l'Hôpital
St-Fulgent
la Copechagnière
la Grande-Villeneuve
la Tuelevrière
St-Étienne-du-Bois
la Gaconnière
Beaufou
les Lucs-sur-Boulogne
St-Denis-la-Chevasse
Chauché
St-André-Goule-d'Oie
la Brossière
Vendrennes
Ardelay
Palluau
l'Auspierre
la Chapelle-Palluau
St-Paul-Mont-Penit
Saligny
Bellevigny
Boulogne
Grand Village
Ste-Florence
l'Oie
le Gué-Jourdain
St-Paul-en-Pareds
Rochetrejoux
Mouchamps
Le Poiré-sur-Vie
la Baserière
Aizenay
la Touche
les Tuileries
la Merlatière
Essarts en Bocage
Belle-Entrée
le Plessis-Cosson
Fraigne
Ste-Cécile
St-Vincent-Sterlanges
les Grois
St-Germain-de-Princay
St-Prouant
Monsireigne
la Génétouze
la Ribotière
Dompierre-sur-Yon
la Roussière
la Ferrière
Lairière
Aubretière
la Grève
St-Martin-des-Noyers
Bois-aux-Moines
les Chaffauds
la Sangle
Sigournais
Puybelliard
Chantonnay
Mouilleron-le-Captif
le Précanteau
la Davière
Beaulieu-sous-la-Roche
Venansault
Noiron
Château-Fromage
La Chaize-le-Vicomte
la Ménardière
St-Hilaire-le-Vouhis
la Marzelle
St-Mars-des-Prés
Landeronde
LA ROCHE-SUR-YON
Fougeré
la Boule
le Bois-Bonnaud
Bournezeau
le Fuiteau
l'Angle
la Charpre
Libaud
la Châtaigneraie
la Leue
St Philbert-du-Pont-Charrault
la Jaudonnière
St-Hilaire-du-Bois
St-Georges-de-Pointindoux
la Bardonnière
la Landette
les Clouzeaux
la Limouzinière
le Puits-Pellerin
la Marinière
le Grand-Poiron
Thorigny
la Mothe-Achard
Ste-Flaive-des-Loups
le Beignon
Aubigny
Les Achards
la Chapelle-Achard
Nieul-le-Dolent
Nesmy
Rives de l'Yon
Chaillé-sur-les-Ormeaux
St-Florent-des-Bois
Château-Guibert
les Pineaux
la Borelière
le Reorthe
Féole
St-Vincent-Puymaufrais
St-Juire-Champgillon
St-Martin-Lars-en-Ste-Hermine
Pouzacq
Champgillon
la Chapelle-Thémer
le Girouard
la Boissière-des-Landes
le Tablier
la Mainborgère
Bellenoue
le Pü
Ste-Pexine
Simon-la-Vineuse
Ste-Hermine
Vendée
Chantonnay
St-Ouen

Za
Zb
Zc
Zd
Ze
83
Les Ponts-de-Cé
Angers
65
66
67
68
69
Varades
Nantes
Montaigu
Roche Est
Les Herbiers
Chantonnay
Beaupréau-en-Mauges
Chemillé-en-Anjou
Bellevigne-en-Layon
Doué-la-Fontaine
Doué-en-Anjou
Vihiers
Lys-Haut-Layon
CHOLET
Maulévrier
Yzernay
Mauléon
Argentonnay
Argenton-les Vallées
Val en Vignes
Mortagne-sur-Sèvre
St-Laurent-sur-Sèvre
Les Épesses
Sèvremont
Cerizay
Bressuire
Pouzauges
Moncoutant-sur-Sèvre
La Châtaigneraie
Secondigny
Vouvant
110
Niort
Fontenay-le-Comte
10 km
6 miles

Parc
Naturel
Régional
Loire
Anjou
Touraine
SAUMUR
Montreuil-Bellay
Montsoreau
Candes-St-Martin
Fontevraud-l'Abbaye
Bourgueil
Chinon
Azay-le-Rideau
L'Ile Bouchard
Richelieu
Loudun
Les Trois-Moutiers
Curçay-sur-Dive
Moncontour
Airvault
Mirebeau
Lencloître
Parthenay
Vouillé
Neuville-de-Poitou
Saint Martin la Palu
Vendeuvre-du-Poitou
Jaunay-Clan
Chasseneuil-du-Poitou
Migné-Auxances
POITIERS
Faye-la-Vineuse
Champigny-sur-Veude
Rigny
Chatellerault-Sud
Res. Nat. du Pinail
Forêt de Moulière
Futuroscope
Thouars
Loudun
Vasles
Lavausseau
St-Loup-Lamairé
St-Martin-du-Fouilloux
Chalandray
Ayron
Frontenay-sur-Dive
Thénezay
Vouzailles
Champigny-le-Sec
Vienne
Dive
79 Deux-Sèvres
86 Vienne
37 Indre-et-Loire

Ac
Ad
Ae
Af
Ba
85
Tours
Amboise
Blois
Chinon
Poitiers
65
66
67
68
69
Azay-le-Rideau
Artannes-sur-Indre
Monts
Truyes
Cormery
Sorigny
St-Branchs
Courçay
Cigogné
Reignac-sur-Indre
Azay-sur-Indre
Chédigny
St-Quentin-sur-Indrois
Genillé
Sublaines
Luzillé
le Liège
Villaines-les-Rochers
Thilouze
L'Aquitaine
Chemin de St-Jacques
Villeperdue
Louans
Tauxigny
St-Bauld
Chambourg-sur-Indre
Forêt de Loches
Ste-Catherine-de-Fierbois
Ste-Maure de Touraine
Crissay-sur-Manse
St-Epain
Noyant-de-Touraine
Ste-Maure-de-Touraine
Manthelan
Dolus-le-Sec
Chanceaux-près-Loches
Loches
Beaulieu-lès-Loches
Ferrière-sur-Beaulieu
Sennevières
Bossée
la Chapelle-Blanche-St-Martin
Mouzay
Vou
Perrusson
St-Jean-St-Germain
St-Germain
Pouzay
Sepmes
Bournan
Ciran
Varennes
Route des Dames de Touraine
Verneuil-sur-Indre
St-Hippolyte
Nouâtre
Maillé
Draché
Ligueil
St-Senoch
Bridoré
St-Cyran-du-Jambot
Marcé-sur-Esves
Cussay
Esves-le-Moutier
Ports
Port-de-Piles
la Celle-St-Avant
Descartes
Balesmes
Ferrière-Larçon
Betz-le-Château
Châtillon-sur-Indre
Les Ormes
Buxeuil
Neuilly-le-Brignon
Paulmy
St-Flovier
Dangé-St-Romain
Abilly
la Celle-Guenand
Le Grand-Pressigny
Pressigny
Charnizay
Obterre
Leugny
Vaux-sur-Vienne
St-Ustre
la Guerche
Preuilly-sur-Claise
Azay-le-Ferron
Paulnay
Chaumussay
Boussay
Parc de Boussay
Bossay-sur-Claise
Martizay
Parc
St-Michel-en-Brenne
CHÂTELLERAULT
St-Sauveur
Coussay-les-Bois
la Roche-Posay
Yzeures-sur-Creuse
Naintré
Leigné-les-Bois
Pleumartin
Tournon-St-Pierre
Tournon-St-Martin
Lureuil
Linge
Vouneuil-sur-Vienne
Archigny
Angles-sur-l'Anglin
Lurais
Pouligny-St-Pierre
Bonneuil-Matours
Rés. Nat. du Pinail
Forêt de Moulier
la Puye
Bellefonds
Chenevelles
Mérigny
Le Blanc
Régional
Ingrandes
Concremiers
Lavoux
Bonnes
Paizay-le-sec
St-Savin
Chauvigny
St-Julien-l'Ars
Sèvres-Anxaumont
St-Hilaire-sur-Benaize
Ruffec
Lussac-les-Châteaux
Bellac
112
0 1 2 4 6 8 10 km
0 1 2 4 6 miles

St-Aignan
Noyers-sur-Cher
Châtillon-sur-Cher
Selles-sur-Cher
Gièvres
la Pêcherie
St-Julien-sur-Cher
Mennetou-sur-Cher
Châtres-sur-Cher
Céré-la-Ronde
Seigy
Couffi
Meusnes
la Vernelle
Chabris
la Chapelle-Montmartin
St-Loup
Maray
Thénioux
Zoo Parc de Beauval
Châteauvieux
Lye
Fontguenand
Menetou-sur-Nahon
Coulommiers
St-Georges-sur-la-Prée
Orbigny
les Vallées
Lucicux
Varennes-sur-Fouzon
Val-Fouzon
Parpeçay
Sembleçay
Dun-le-Poëlier
Lépina
St-Christophe-en-Bazelle
Anjouin
Haut-Bourg
Genouilly
Beaumont-Village
Villentrois-Faverolles-en-Berry
Forêt de Gâtine
Ste-Cécille
Espaillat
Bagneux
Montrésor
Valençay
Poulaines
Orville
St-Outrille
Graçay
Nohant-en-Graçay
Villeloin-Coulangé
Nouans-les-Fontaines
Route des Dames de Touraine
Luçay-le-Mâle
Fertay
Veuil
Semoire
Vicq-sur-Nahon
Garsenland
Chambon
Buxeuil
Aize
Mineaux
Binfou
Reboursin
Les Champs d'Amour
Vatan
Lenay
Loché-sur-Indrois
Ecueillé
Langé
Bourgneuf
la Brissonnière
Entraigues
Rouvres-les-Bois
Guilly
Villejeu
Fontenay
Meunet-sur-Vatan
Luçay-le-Libre
Giroux
Villedômain
Hervault
Gehée
Baudres
la Petite Roche
Bouges-le-Château
les Michots
Paudy
Préaux
Jeu-Maloches
Moulins-sur-Céphons
Bouffegenet
Cigognolles
Liniez
Vœu
Heugnes
Selles-sur-Nahon
Frédille
St-Martin-de-Lamps
Levroux
Bretagne
Chantorin
Ménétréols-sous-Vatan
Route des Parcs et Jardins
Lizeray
Pellevoisin
Saint Pierre-de-Lamps
St-Phalier
la Vieille-Epine
Brion
les Lagnys
Palluau-sur-Indre
Villegouin
Sougé
Francillon
Clion
St-Genou
Argy
Villours
Villegongis
Buzançais
St-Lactencin
Chezelles
Vineuil
Coings
Montierchaume
Neuvy-Pailloux
Chemin de St.-Jacques
Ste-Fauste
Saulnay
Bois-Septier
Ste-Gemme
Bonneau
Chambon
Villedieu-sur-Indre
Villers-les-Ormes
Cité de Brassioux
Céré
Déols
Crevant
Marlanges
Chaveton
la Chapelle-Orthemale
Mehun
Niherne
St-Maur
CHÂTEAUROUX
Forches
Diors
Vouillon
Mézières-en-Brenne
Subtray
Corbançon
Vendœuvres
Claise
Neuillay-les-Bois
la Croix-Rouge
Etrechet
Mâron
Boisramier
Naturel
la Caillaudière
Baratte
les Bernards
Luant
le Poinçonnet
Forêt de Châteauroux
Ardentes
Sassierges-St-Germain
Méobecq
Migné
Mille Étangs
Val de l'Indre
le Blizon
Rosnay
Pied-Mohant
la Pérouille
Lothiers
Velles
Arthon
les Loges-de-Champ
Chemin de St.-Jacques
Nuret-le-Ferron
Chézeau-Chrétien
Chasseneuil
Vauzelles
Jeu-les-Bois
Lys-St-Georges
Mers-sur-Indre
Montipouret
St-Gaultier
Pont-Chrétien-Chabenet
Tendu
Buxières-d'Aillac
Tranzault
Scoury
Ciron
Chitray
Rivarennes
Thenay
Prunget
Mosnay
Bouesse
Sarzay
Neuvy-St-Sépulchre
Cors
les Brunets
Chabenet
St-Marcel
Argenton-sur-Creuse
Oulches
St-Nazaire
Bazaiges
Gournay
Malicornay
Maillet
Chavin
le Pêchereau
Chaumont
Mouhers
Fougerolles
Argenton-sur-Creuse
de la Brenne
113 Limoges 114

Bf
Ca
Cb
Cc
Cd
Orléans-Centre
87
Neuvy-sur-Barangeon
Aubigny-sur-Nère
88
65
66
67
68
69
Forêt de Vierzon
VIERZON
Vierzon-Nord
Vierzon-Est
Vierzon-Villages
Châtres-sur-Cher
Thénioux
Méry-sur-Cher
St-Georges-sur-la-Prée
St-Hilaire-de-Court
Dampierre-en-Graçay
Massay
Mereau
Foëcy
Brinay
Vouzeron
St-Laurent
Vignoux-sur-Barangeon
Allouis
Mehun-sur-Yèvre
Allogny
St-Palais
Quantilly
St-Martin-d'Auxigny
St-Georges-sur-Moulon
Menetou-Salon
Achères
Parassy
Aubinges
Les Aix-d'Angillon
Rians
Bourgneuf
Vasselay
Fussy
St-Eloy-de-Gy
Asnières
St-Doulchard
Marmagne
Berry-Bouy
BOURGES
Cathédrale St.-Etienne
Palais Jacques Cœur
St-Germain-du-Puy
Moulins-sur-Yèvre
Nohant-en-Goût
Osmoy
Savigny-en-Septaine
Soye-en-Septaine
Crosses
Plaimpied-Givaudins
St-Just
Vornay
Lury-sur-Arnon
Chéry
Cerbois
Quincy
Preuilly
Vignoux-sur-Barangeon
Reuilly
Lazenay
Limeux
Ste-Thorette
Villeneuve-sur-Cher
Morthomiers
Le Subdray
Trouy
St-Florent-sur-Cher
Lunery
Châteauneuf-sur-Cher
Chârost
Saugy
Civray
Issoudun
St-Ambroix
Chouday
Ségry
Mareuil-sur-Arnon
Nouan
Corquoy
Lapan
Levet
Senneçay
Lissay-Lochy
Annoix
Vorly
St-Germain-des-Bois
Dun-sur-Auron
Contres
Parnay
Route Jacques Cœur
Bois de Meillant
Meillant
Chavannes
St-Loup-des-Chaumes
Crézançay
Uzay-le-Venon
Venesmes
Vallenay
Bruère-Allichamps
Farges-Allichamps
Centre de la France
St-Amand-Montrond
Orval
Drevant
Colombiers
Ainay-le-Vieil
Orcenais
Arcomps
Faverdines
La Celette
La Perche
Le Grand-Bord
Saulzais-le-Potier
Épineuil-le-Fleuriel
Ardenais
Le Châtelet
St-Christophe-le-Chaudry
Châteaumeillant
Reigny
St-Maur
Beddes
Néret
Lignières
Chezal-Benoît
Villecelin
Ineuil
Montlouis
Morlac
Marçais
Touchay
St-Hilaire-en-Lignières
St-Christophe-en-Boucherie
St-Chartier
Nohant-Vic
Thevet-St-Julien
Vicq-Exemplet
Sarzay
Montgivray
La Châtre
Briantes
Montlevicq
Ambrault
Bommiers
Pruniers
Meunet-Planches
Vouillon
Condé
St-Aoustrille
Thizay
Brives
St-Aubin
Montipouret
Vinceuil
Villechère
Sassierges-St-Germain
Route des Parcs et Jardins
Chemin de St-Jacques
Selles-sur-Cher
Châteauroux-St-Christophe
Châteauroux
Argenton-sur-Creuse
Montluçon
La Châtre
114
Gannat
0 1 2 4 6 8 10 km
0 1 2 4 6 miles

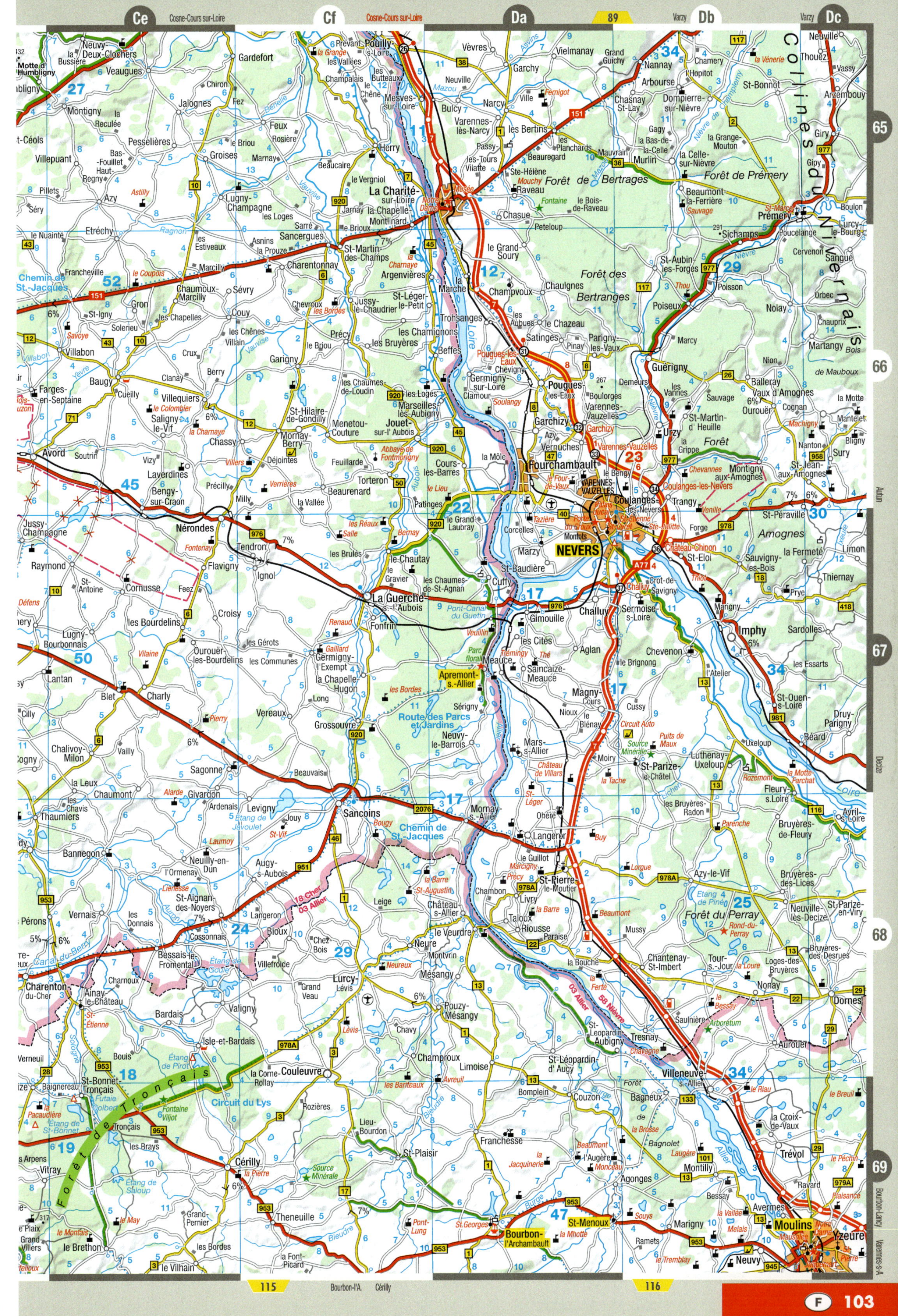

Neuvy-Deux-Clochers
Gardefort
Pouilly-s-Loire
Vèvres
Vielmanay
Nannay
Arbourse
Dompierre-sur-Nièvre
Collines du Nivernais
Vauges
Jalognes
Feux
Herry
La Charité-sur-Loire
Forêt de Bertranges
Forêt de Prémery
Prémery
Sichamps
Lugny-Champagne
Sancergues
St-Martin-des-Champs
Argenvières
Champvoux
Forêt des Bertranges
St-Aubin-les-Forges
Poiseux
Chemin de St-Jacques
Charentonnay
Sévry
Couy
Jussy-le-Chaudrier
Beffes
Pougues-les-Eaux
Parigny-les-Vaux
Guérigny
Villabon
Baugy
Farges-en-Septaine
Garigny
St-Hilaire-de-Gondilly
Menetou-Couture
Jouet-sur-l'Aubois
Germigny-sur-Loire
Garchizy
Varennes-Vauzelles
Urzy
Balleray
Vaux d'Amognes
Ourouër
Avord
Villequiers
Chassy
Mornay-Berry
Cours-les-Barres
Fourchambault
Coulanges-lès-Nevers
Montigny-aux-Amognes
St-Jean-aux-Amognes
Sury
Laverdines
Bengy-sur-Craon
Nérondes
Torteron
Patinges
Marzy
NEVERS
Sauvigny-les-Bois
La Fermeté
Amognes
Thiernay
Jussy-Champagne
Tendron
Flavigny
Ignol
La Guerche-s.-l'Aubois
Cuffy
Challuy
Sermoise-s-Loire
St-Eloi
Imphy
Sardolles
Raymond
Cornusse
Croisy
Fonfrin
Gimouille
Lugny-Bourbonnais
Ourouer-les-Bourdelins
Germigny-l'Exempt
Apremont-s.-Allier
Saincaize-Meauce
Chevenon
St-Ouen-s-Loire
Druy-Parigny
Lantan
Blet
Charly
Vereaux
Grossouvre
Route des Parcs et Jardins
Neuvy-le-Barrois
Magny-Cours
Luthenay-Uxeloup
Béard
Chalivoy-Milon
Sagonne
Mars-s-Allier
St-Parize-le-Châtel
Fleury-s.-Loire
Thaumiers
Chaumont
Givardon
Sancoins
Chemin de St-Jacques
Mornay-s.-Allier
Langeron
Bruyères-de-Fleury
Bannegon
Neuilly-en-Dun
Augy-s-Aubois
St-Pierre-le-Moûtier
Azy-le-Vif
St-Aignan-des-Noyers
Château-s-Allier
Livry
Forêt du Perray
St-Parize-en-Viry
Vernais
Bessais-le-Fromental
Neure
Chantenay-St-Imbert
Charenton-du-Cher
Ainay-le-Château
Lurcy-Lévis
Pouzy-Mésangy
Dornes
Isle-et-Bardais
Couleuvre
St-Léopardin-d'Augy
Tresnay
Villeneuve-s.-Allier
St-Bonnet-Tronçais
Forêt de Tronçais
Circuit du Lys
Limoise
Couzon
Bagneux
Trévol
Vitray
Cérilly
St-Plaisir
Franchesse
Theneuille
Bourbon-l'Archambault
St-Menoux
Marigny
Avermes
Moulins
Yzeure
Neuvy
Le Brethon

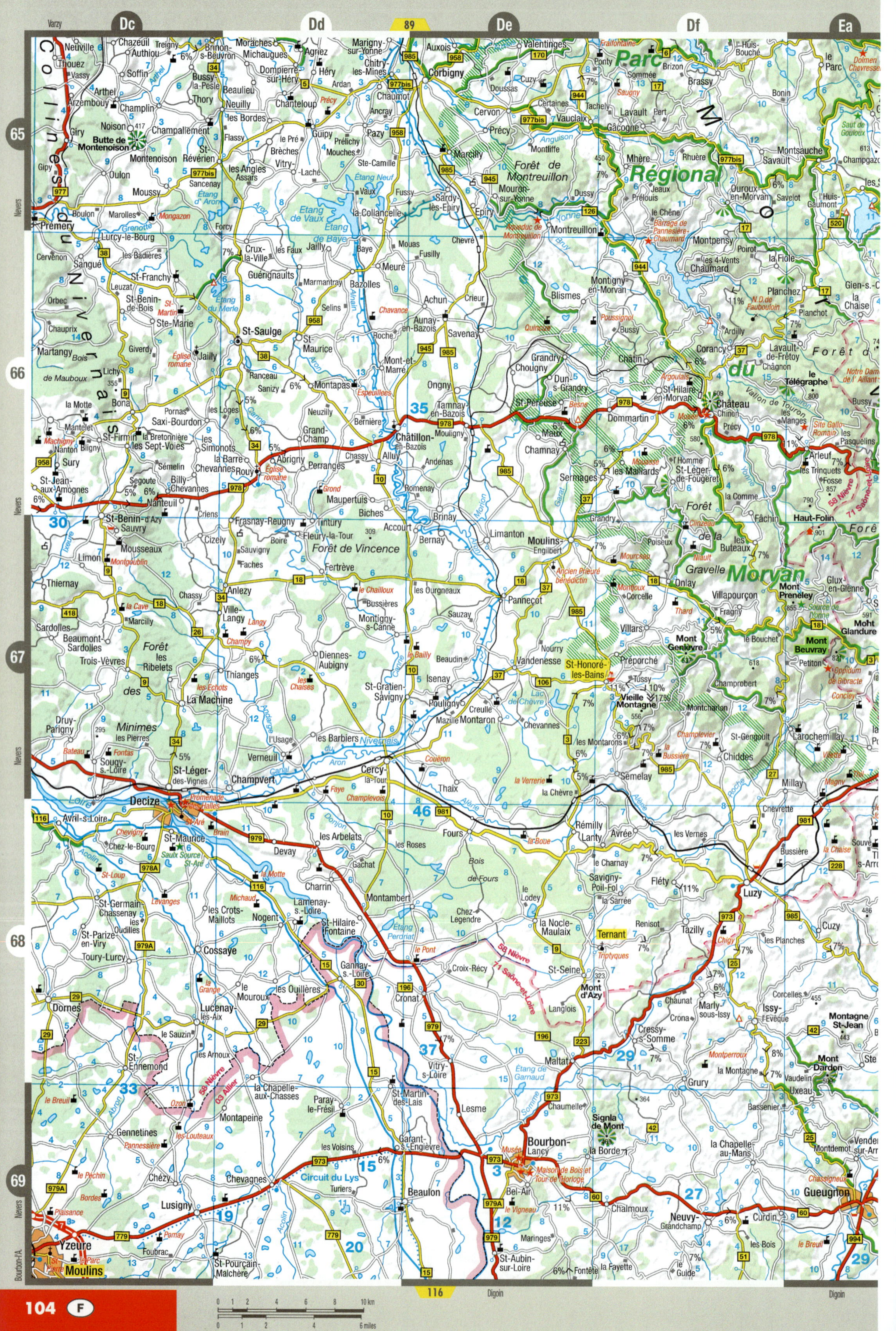
Collines du Nivernais
Parc Régional du Morvan
Neuville
Chazeuil
Authiou
Brinon-s-Beuvron
Moraches
Michaugues
Marigny-sur-Yonne
Chitry-les-Mines
Auxois
Corbigny
Valentinges
Brassy
le Parc
Thouez
Soffin
Arthel
Arzembouy
Champlin
Bussy-la-Pesle
Thory
Dompierre-sur-Héry
Héry
Beaulieu
Neuilly
Chanteloup
Ardan
Chaumot
Ancray
Cervon
Précy
Vauclaix
Gâcogne
Lavault
Sommée
Doussas
Cuzy
Tachely
Noison
Giry
Butte de Montenoison
Champallement
Montenoison
Révérien
Flassy
les Bordes
le Pré
Brèches
Vitry-Laché
Guipy
Prélichy
Mouches
Pazy
Ste-Camille
Marcilly
Forêt de Montreuillon
Montliffe
Mhère
Rhuère
Montsauche
Savault
Champgazon
Gipy
Oulon
Moussy
Sancenay
les Angles
Assars
Étang Neuf
Vaux
Fussy
Sardy-lès-Épiry
Épiry
Mouron-sur-Yonne
Dussy
Jeaux
Prélouis
Ouroux-en-Morvan
Savelot
Prémery
Boulon
Marolles
Forcy
Étang de Vaux
Étang de Baye
la Collancelle
Aqueduc de Montreuillon
Montreuillon
le Chêne
Barrage de Pannesière-Chaumard
Montpensy
Poirot
la Fiole
Lurcy-le-Bourg
Cervenon
Sangué
les Badières
Crux-la-Ville
les Faux
Jailly
Baye
Mouas
Fusilly
Chevre
Meuré
Guérignaults
les 4-Vents
Chaumard
St-Franchy
Leuzat
Orbec
St-Benin-de-Bois
Ste-Marie
Marmantray
Bazolles
Selins
Chavance
Achun
Crieur
Aunay-en-Bazois
Blismes
Montigny-en-Morvan
Poussignol
Quinsize
Planchez
Gien-s-Cure
la Chaise
Chauprix
Martangy
St-Saulge
St-Maurice
Savenay
Bussy
Ardilly
Giverdy
Jailly
Église romane
Roche
Mont-et-Marré
Grandry
Chougny
Dun-s-Grandry
Châtin
Corancy
Lavault-de-Frétoy
Chagnon
Forêt d'Anost
Lichy
de Mauboux
Bona
Ranceau
Sanizy
Montapas
Espeuilles
Ongny
Tamnay-en-Bazois
St-Péreuse
Besne
Dommartin
Argoulais
St-Hilaire-en-Morvan
Château-Chinon
le Télégraphe
Notre Dame de l'Allant
la Motte
Mantelet
Machigny
Nanton
Bligny
Pornas
Saxi-Bourdon
St-Firmin
la Bretonnière
les Sept-Voies
les Loges
Neuzilly
Grand-Champ
Bernière
Châtillon-en-Bazois
Moulingy
Maux
Chamnay
Mousse
Précy
les Manges
Site Gallo-Romain
les Pasquelins
Sury
St-Jean-aux-Amognes
Sémelin
Segoute
Billy-Chevannes
les Simonots
la Barre
Chevannes
Rouy
Église romane
Abrigny
Perranges
Chassy
Alluy
Andenas
Sermages
les Maillards
l'Homme
St-Léger-de-Fougeret
Arleuf
les Trinquets
Fosse
Nanteuil
Grond
Maupertuis
Romenay
la Comme
Forêt
Hauts-Folin
St-Benin-d'Azy
Sauvry
Criens
Frasnay-Reugny
Tintury
Fleury-la-Tour
Forêt de Vincence
Biches
Accourt
Brinay
Bernay
Limanton
Moulins-Engilbert
Grandry
Poiseux
la Buteaux
Limon
Mousseaux
Montgoublin
Cizely
Sauvigny
Boiré
Faches
Fertrève
Ancien Prieuré bénédictin
Mourceau
Niault
Gravelle
Morvan
Glux-en-Glenne
Thiernay
Chassy
Anlezy
le Chailloux
les Ourgneaux
Panneçot
Montloux
Corcelle
Onlay
Villapourçon
Mont Preneley
Source de l'Yonne
la Cave
Ville-Langy
Langy
Bussières
Montigny-s-Canne
Sauzay
Thard
Fragny
Mont Glandure
Sardolles
Marcilly
Beaumont-Sardolles
Trois-Vèvres
Forêt les Ribelets
des Minimes
Champy
Thianges
Diennes-Aubigny
le Bailly
Beaudin
Nourry
Vandenesse
St-Honoré-les-Bains
Préporché
Villars
Mont Genièvre
le Bouchet
Mont Beuvray
Oppidum de Bibracte
Petiton
les Échots
les Chaises
Isenay
Tussy
Vieille Montagne
Champrobert
Concley
Druy-Parigny
les Pierres
La Machine
St-Gratien-Savigny
Pouligny
Creuille
Mazille
Montaron
Lac de Chèvre
Chevannes
Montcharlon
Gateau
Fontas
Sougy-s-Loire
St-Léger-des-Vignes
l'Usage
les Barbiers
Nivernais
Verneuil
Aron
Couëron
les Montarons
Champlevier
la Bussière
St-Gengoult
Larochemillay
Chiddes
Villette
Decize
Champvert
Cercy-la-Tour
Faye
Champlevois
Thaix
la Verrerie
la Chèvre
Sémelay
Millay
Magny
Promenade des Halles
St-Aré
Avril-s-Loire
Chevigny
St-Maurice
Brain
les Arbelats
Devay
les Roses
Fours
la Boue
Rémilly
Lanty
Avrée
les Vernes
Chevrette
Souvert
Chez-le-Bourg
Saulx Source St-Aré
la Motte
Gachat
Bois de Fours
le Charnay
Savigny-Poil-Fol
la Sarrée
Fléty
Luzy
Bussière
la Chaise
St-Loup
Lavanges
Michaud
les Crots-Maillots
Nogent
Charrin
Lamenay-s-Loire
Montambert
Chez Legendre
le Lodey
la Nocle-Maulaix
Ternant
Triptyques
Renisot
Tazilly
Chigy
les Planches
Cuzy
St-Germain-Chassenay
les Oudilles
St-Parize-en-Viry
Toury-Lurcy
Cossaye
St-Hilaire-Fontaine
Étang Péronat
le Pont
58 Nièvre
71 Saône-et-Loire
Croix-Récy
Gannay-s-Loire
St-Seine
Mont d'Azy
Marly-sous-Issy
Corcelles
Issy-l'Évêque
Montagne St-Jean
Dornes
la Grange
le Mouroux
les Ouillères
Lucenay-lès-Aix
Cronat
Langlois
Chaunat
Crona
Cressy-s-Somme
le Sauzin
St-Ennemond
les Arnoux
Vitry-s-Loire
Maltat
Étang de Gaaud
Montperroux
la Montagne
Mont Dardon
Uxeau
Vaudelin
Grury
le Breuil
Ozon
58 Nièvre
03 Allier
la Chapelle-aux-Chasses
Paray-le-Frésil
St-Martin-des-Lais
Lesme
Chaumelle
Signal de Mont
Bassenier
Montapeine
Gennetines
Pannessière
les Louteaux
les Voisins
Garant-s-Engièvre
Musée
Bourbon-Lancy
Maison de Bois et Tour de l'Horloge
la Borde
la Chapelle-au-Mans
Montdemot
Vendenesse-sur-Arroux
Chassigneux
le Péchin
Chézy
Bordes
Chevagnes
Circuit du Lys
Turiers
Beaulon
Bel-Air
le Vigneau
Chalmoux
Neuvy-Grandchamp
Curdin
Gueugnon
Plaisance
Lusigny
Pomay
Yzeure
Moulins
Foubrac
St-Pourçain-Malchère
Maringes
St-Aubin-sur-Loire
Fontête
la Fayette
le Guide
les Bois
le Breuil
Nevers
Bourbon-l'A.
Digoin
116
0 1 2 4 6 8 10 km
0 1 2 4 6 miles

Ee
Ef
91
Dijon
Fa
Langres-Nord
Fb
92
Fc
65
66
67
68
69
Chenôve
Neuilly-Crimolois
Genlis
Longchamp
Auxonne
Gevrey-Chambertin
Nuits-St-Georges
Forêt de Cîteaux
Forêt du Grand Hâ
DOLE
Beaune
Seurre
Forêt de Pourlans
Chaussin
Verdun-s.-le-Doubs
Forêt de Gergy
CHALON-SUR-SAÔNE
St-Rémy
St-Marcel
Mervans
St-Germain-du-Bois
Bletterans
Louhans
Tournus
Cuisery
Montpont-en-Bresse
118
Mâcon-Centre
Bourg-en-Bresse
Cuiseaux
10 km
6 miles

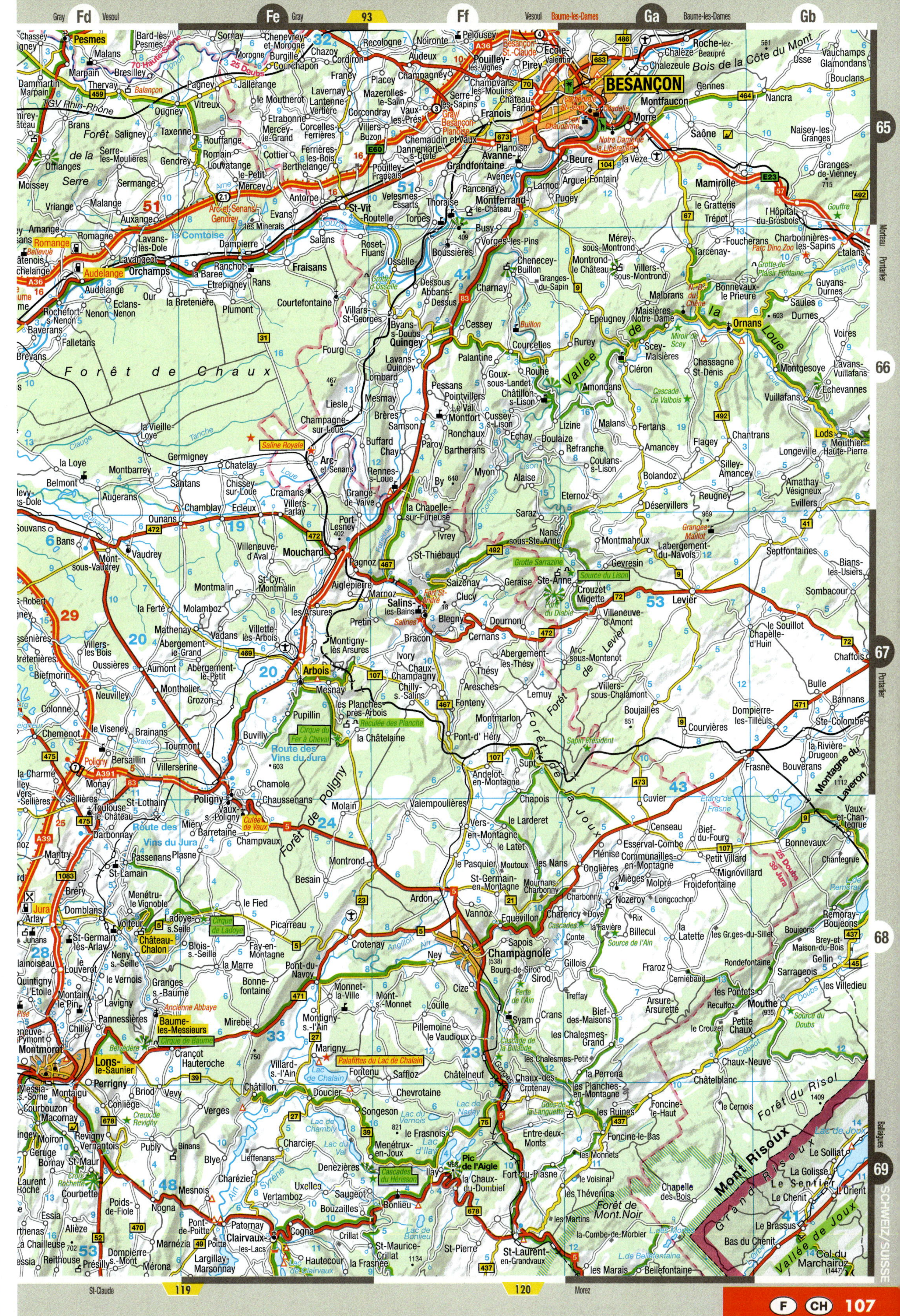

Pesmes
Besançon
Montfaucon
Saône
Mamirolle
Bois de la Côte du Mont
65
Forêt de la Serre
Forêt de Chaux
Orchamps
Fraisans
Quingey
Ornans
Vallée de la Loue
66
Arc-et-Senans
Saline Royale
Mouchard
Salins-les-Bains
Levier
Arbois
Poligny
Forêt de Poligny
Forêt de la Joux
Frasne
67
Château-Chalon
Champagnole
Nozeroy
Mouthe
68
Lons-le-Saunier
Baume-les-Messieurs
Clairvaux-les-Lacs
St-Laurent-en-Grandvaux
Forêt du Risol
Mont Risoux
69
Schweiz/Suisse

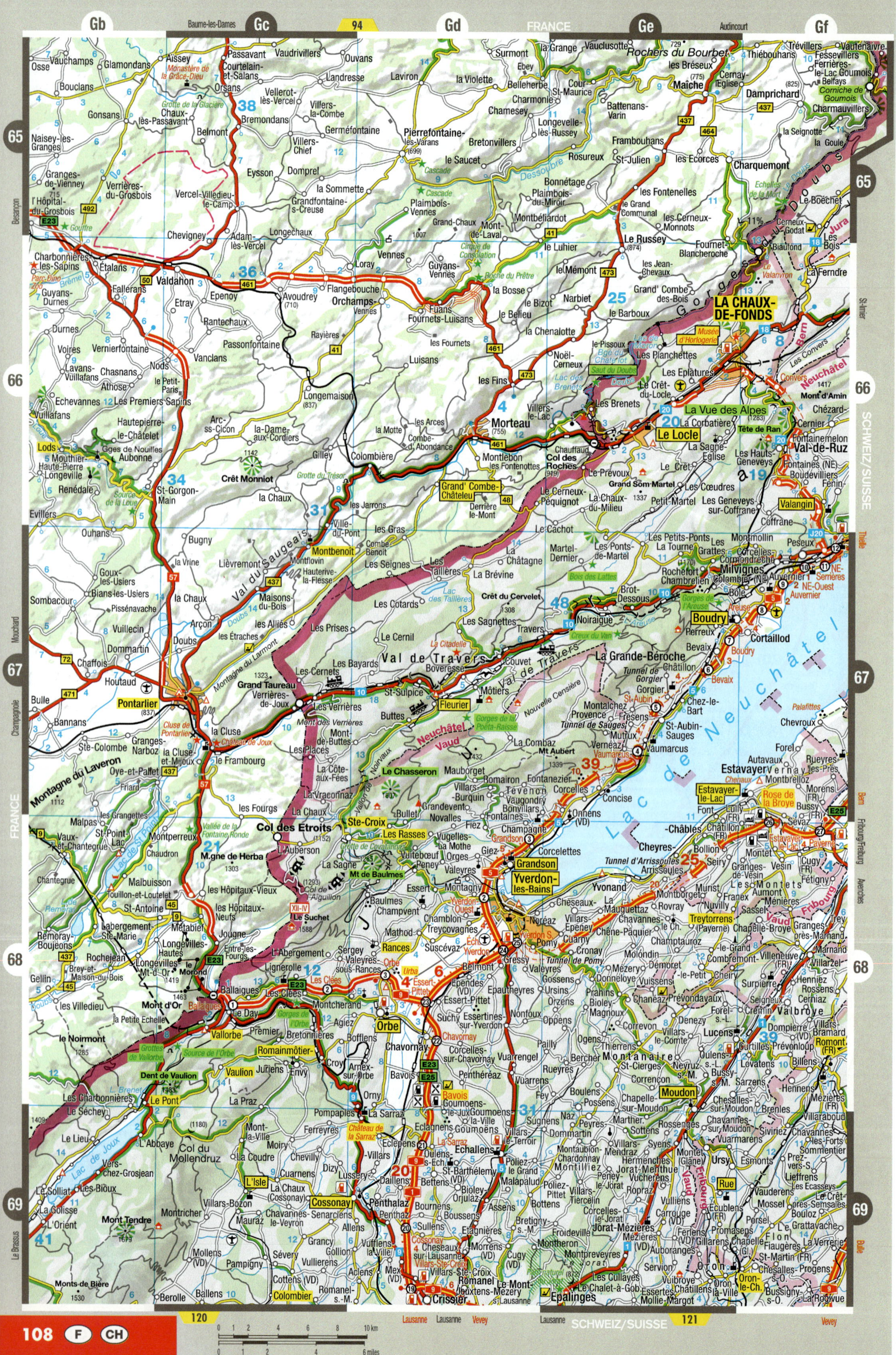

Gb
Gc
Gd
Ge
Gf
Baume-les-Dames
94
FRANCE
Audincourt
65
66
67
68
69
Besançon
Mouchard
Champagnole
Le Brassus
St-Imier
SCHWEIZ/SUISSE
Bern
Fribourg/Freiburg
Avenches
Bulle
Lausanne
Vevey
120
121
LA CHAUX-DE-FONDS
Le Locle
La Vue des Alpes
Val-de-Ruz
Valangin
Neuchâtel
Boudry
Cortaillod
Lac de Neuchâtel
Estavayer-le-Lac
Yverdon-les-Bains
Grandson
Orbe
Vallorbe
Pontarlier
Morteau
Maîche
Valdahon
Orchamps-Vennes
Pierrefontaine-les-Varans
Fleurier
Val de Travers
Col des Etroits
Ste-Croix
Le Chasseron
Mt de Baumes
Les Rasses
Romainmôtier
Vaulion
Dent de Vaulion
Le Pont
Lac de Joux
L'Isle
Cossonay
Penthalaz
Echallens
Moudon
Lucens
Payerne
Rue
Oron-la-Ville
Crissier
Epalinges
Colombier
Gorges du Doubs
Saut du Doubs
Grand' Combe-Châteleu
Montbenoit
Val du Saugeais
Crêt Monniot
Mont d'Or
Le Suchet
Mont Tendre
Lac de St-Point
Chaux-de-Milieu
La Brévine
Les Verrières
Vaud
Fribourg
Sauges
Vaumarcus
Montagne du Laveron
Trévillers
Charquemont
Le Russey
Maison-du-Bois
Malbuisson
Treytorrens
La Sarraz
Bavois
Chavornay

Les Sables d'Olonne
la Chaume
Talmont-St-Hilaire
Nieul-le-Dolent
Moutiers-les-Mauxfaits
Luçon
Avrillé
Longeville-sur-Mer
Jard-sur-Mer
St-Vincent-sur-Jard
Angles
la Tranche-sur-Mer
la Grière
l'Aiguillon-sur-Mer
la Faute-sur-Mer
Parc Interrégional du Marais Poitevin
Réserve Nat. de Chasse
Pertuis Breton
Pointe du Grouin du Cou
Pointe de l'Aiguillon
Anse de l'Aiguillon
les Portes-en Ré
Phare des Baleines
St-Clément-des-Baleines
Ars-en Ré
Loix
St-Martin-de-Ré
la Flotte
la Couarde-sur-Mer
le Bois-Plage-en Ré
Rivedoux-Plage
Île de Ré
LA ROCHELLE
Nieul-sur-Mer
Lagord
OCÉAN ATLANTIQUE
Pertuis d'Antioche
Rade des Basques
Île d'Aix
Phare de Chassiron
St-Denis-d'Oléron
St-Georges-d'Oléron
Boyardville
St-Pierre-d'Oléron
Dolus-d'Oléron
Île d'Oléron
Le Château-d'Oléron
le Grand-Village-Plage
Fontenay-le-Comte
Rochefort
69
70
71
72
73

Ye
Nantes
La Roche-s.-Y.
Yf
Chantonnay
97
Za
La Châtaigneraie
Zb
98
l'Absie
Zc
69
70
71
72
73
La-Roche-Sur-Yon
Talmont-St-Hilaire
St-Martin-de-Ré
Île d'Oléron
Luçon
Parc
Interrégional
du Marais
Poitevin
Vouvant
Coulonges-sur-l'Autize
Fontenay-le-Comte
Maillezais
Coulon
Marans
Anse de l'Aiguillon
Mauzé-sur-le-Mignon
LA ROCHELLE
Surgères
Aigrefeuille-d'Aunis
La Jarrie
Châtelaillon-Plage
Rade des Basques
Île d'Aix
Fouras
Île Madame
ROCHEFORT
Tonnay-Charente
Tonnay-Boutonne
St-Jean-d'Angély
St-Savinien
Le Château-d'Oléron
Brouage
Viaduc d'Oléron
Mervent
Xanton-Chasseron
Benet
Damvix
Courçon
Marsilly
Nieul-sur-Mer
Lagord
Puilboreau
Périgny
Aytré
Angoulins
Échillais
Soubise
Beauvoir-sur-Niort
La Chateaudrie
La Canepetière
Ste-Hermine
Chaillé-les-Marais
Vendée
85 Vendée
17 Charente-Maritime
110
F
Marennes
Royan
Saintes
122

Allonne
St-Pardoux
Beaulieu-sous-Parthenay
Vasles
Lavausseau
Vouneuil-sous-Biard
Poitiers
69
la Boissière-en-Gâtine
Château-Bourdin
Soutiers
Chevreau
Reffannes
Vausseroux
Benassay
Boivre-la-Vallée
Montreuil-Bonnin
la Torchaise
Mazières-en-Gâtine
St-Lin
Vautebis
les Forges
la Chapelle-Montreuil
Fontaine-le-Comte
les Groseilles
St-Marc-la-Lande
Verruyes
la Pagerie
l'Aquitaine
A10
E05
St-Rémy
les Châteliers
Coutières
Curzay-sur-Vonne
Ruffigny
Champdeniers-St-Denis
St-Georges-de-Noisné
Clavé
Ménigoute
Sanxay
Coulombiers
Champeaux
Abbaye des Châteliers
Rouillé-Pamproux
Germond-Rouvre
St-Denis
la Chapelle-Bâton
Fomperron
Jazeneuil
Marçay
Breilbon
la Barlière
la Robelière
St-Germier
Brantelay
Cloué
St-Christophe-sur-Roc
la Ferrandière
63
Lusignan
Rouvre
Saivres
Exireuil
Soudan
Narbonneau
Vivonne
Villeneuve
Augé
St-Maixent-l'École
St-Maixent/Lusignan
Rouillé
Céllé-Levescault
Marigny-Chémereau
Cherveux
Nanteuil
les Fosses
27
la Villedieu-du-Perron
Chemin de St-Jacques
70
Azay-le-Brûlé
Cerzeau
Ste-Éanne
Pamproux
le Grand Breuil
Venours
Vaugeton
Échiré
Boisragon
St-Martin-de-St-Maixent
Salles
Avon
Nillé
Chavagné
St-Gelais
Ste-Néomaye
Souvigné
La Mothe-St-Héray
Bougon
St-Sauvant
les Minières
50
François
Romans
le Parc
Chauray
Ruffigny
la Crèche
Aiript
Exoudun
Loubigné
Voulon
Chaban
Reigné
32
la Chevraise
Neuil
Anché
Tressauves
le Lineau
Bagnault
Jassay
Payré
Chavagne
la Chesnaye
Pouzeau
Ceaux-en-Couhé
Vouillé
Bougouin
Aigonnay
la Couarde
le Souil
Brieuil
Chenay
Courgé
Châtillon
NIORT
Veaumoreau
Fressines
Prailles
Bizon
Valence-en-Poitou
Couhé
Gascougnolle
Montaillon
Chey
Vançais
Aiffres
Les Ruralies
Aigondigné
Beaussais
Rom
Vaux
Mougon
Thorigné
Sepvret
Montaigu
la Lande
Vitré
Pliboux
Bonneuil
les Chaumes
31
la Roche-Élie
Mairé-Bas
Triou
Celles-sur-Belle
Lezay
Messé
Prahecq
Chemin de St-Jacques
L'Aquitaine
16
Tauché
Coudray
Ste-Soline
Chez Fouché
71
Ste-Blandine
la Ronze
la Grande Foye
la Roche-de-Bord
Bonneuil
Brux
Epanvilliers
La Rochelle / Niort
Verrines-sous-Celles
St-Léger-de-la-Martinière
St-Coutant
Vanzay
St-Martin-de-Bernegoue
Fors
Melle
St-Martin-lès-Melle
St-Vincent-la-Châtre
Pers
Panièvre
la Blotière
Juscorps
St-Romans-des-Champs
Montigné
St-Romans-lès-Melle
Chail
la Feolle
Marigny
St-Médard
Rabalot
Mazières-sur-Béronne
Pouffonds
Caunay
Chaunay
Brûlain
Béronne
Marcillé
Fontivillié
20
Clussais
Blanzay
la Revêtizon
Périgné
Étrochon
St-Génard
Maisonnay
Chaignepain
la Pommeraie
Champagne-le-Sec
Péré
Vaubalier
Pouzou
Vernoux-sur-Boutonne
Paizay-le-Tort
Limort
Linazay
les Fosses
Secondigné-sur-Belle
Sompt
Les Alleuds
Mairé-Levescault
Vauthion
St-Pierre-d'Exideuil
Forêt
Virollet
Séligné
Lusseray
Tillou
Gournay-Loizé
Alloinay
les Brousses
Sauzé-Vaussais
Civray
Fricaudière
Villiers-en-Bois
Zoorama
Brioux-sur-Boutonne
Vezançais
Luché-sur-Brioux
Melleran
Pouilloux
St-Saviol
de Chizé
Maillé
Villefollet
Chérigné
Fontenille
-Loizé
Mandegault
la Chapelle-Pouilloux
Limalonges
Chizé
Genay
les Vaux
Vaussais
les Poiriers
le Breuil-d'Haleine
St-Macoux
Villiers-sur-Chizé
43
Juillé
St-Martin-d'Entraigues
Chef-Boutonne
le Breuil-Coiffaud
Lorigné
Montalembert
le Vert
Availles-sur-Chizé
la Commanderie
Vandeleigne
Ardilleux
Fontaine
Nieuillet
Voulême
St-Séverin-sur-Boutonne
la Sauzaie
Ensigné
Paizay-le-Chapt
la Bataille
Bouin
la Place
la Forêt-de-Tessé
Montjean
Londigny
les Adjots
72
Arsanges
la Chauvière
Ré
Crézières
Loubigné
Valdelaume
Hanc
Jouhé
Pioussay
Lugée
Tessé
10
Dampierre-sur-Boutonne
le Pouiller
la Villedieu
Forêt
Semoussais
St-Martin-du-Clocher
Chaufour
Taizé-Aizie
Blanzay-sur-Boutonne
Aubigné
Loubillé
Theil-Rabier
la Magdeleine
Villiers-le-Roux
Bernac
Aizie
Lavaud
St-Georges-de-Longuepierre
Pinsenelle
d'Aulnay
Fleury
Saveille
Embourie
la Chèvrerie
Salles-lès-Aulnay
St-Mandé-sur-Brédoire
Vinax
Bret
Bois-Naudouin
Paizay-Naudouin-Embourie
la Faye
Ruffec
Nuaillé-sur-Boutonne
Aulnay
Gâtebourse
Échorigné
Villemain
Empuré
Villefagnan
Condac
Contré
Chantemerlière
Saleignes
Bellavau
Brettes
Raix
les Plans
les Touches
Chemin de St-Jacques
Grand Virollet
Villemorin
Paradis
Romazières
Longré
Courcôme
Villegats
Barro
Villarçay
le Chiron
les Éduts
la Touche
Couture-d'Argenson
Marsillé
le Villeret
Verteuil-sur-Charente
Paillé
le Breuil
Néré
Villiers-Couture
le Vivier
Souvigné
Tuzie
les Nègres
Poursac
les Églises-d'Argenteuil
Cherbonnières
Seigné
Chives
le Vivier-Jusseau
les Gours
St-Fraigne
Bessé
Charmé
Salles-de-Villefagnan
Chenon
St-Pierre-de-Juillers
St-Martin-de-Juillers
Loiré-sur-Nie
Fontaine-Chalendray
Sécheboue
Lupsault
Baunac
Ébréon
Chenommet
Aunac-sur-Charente
73
Courpeteau
Gibourne
le Gicq
Breuillaud
le Bouchet
Tusson
Lignié
Juillé
Lonnes
Varaize
Les Touches-de-Périgny
Cressé
Bazauges
Barbezières
Chillé
Oradour
Ancienne Abbaye
Fontenille
Bayers
Moutonneau
Esset
le Temple
Luchéville
Ranville-Breuillaud
Germeville
Villejésus
St-Groix
Lichères
le Treuil
Reignier
Bagnizeau
la Cour
Gourvillette
Beauvais-sur-Matha
Verdille
Guignefolle
Aigre
Fouqueure
Luxé
Fontclaireau
Mouton
les Hillairets
la Brousse
Matha
61
Bresdon
le Breuil
Mansle
le Chêne
Ste-Même
Chagnon
Aumagne
Blanzac-lès-Matha
Marestay
Haimps
Massac
St-Ouen
Chez-Veillon
Mons
Villeneuve
Échoisy
Cellettes
45
St-Ciers-sur-Bonnieure
Ébéon
la Grange-à-Robin
Fréneau
Lanville
Ambérac
Villognon
Puyréaux

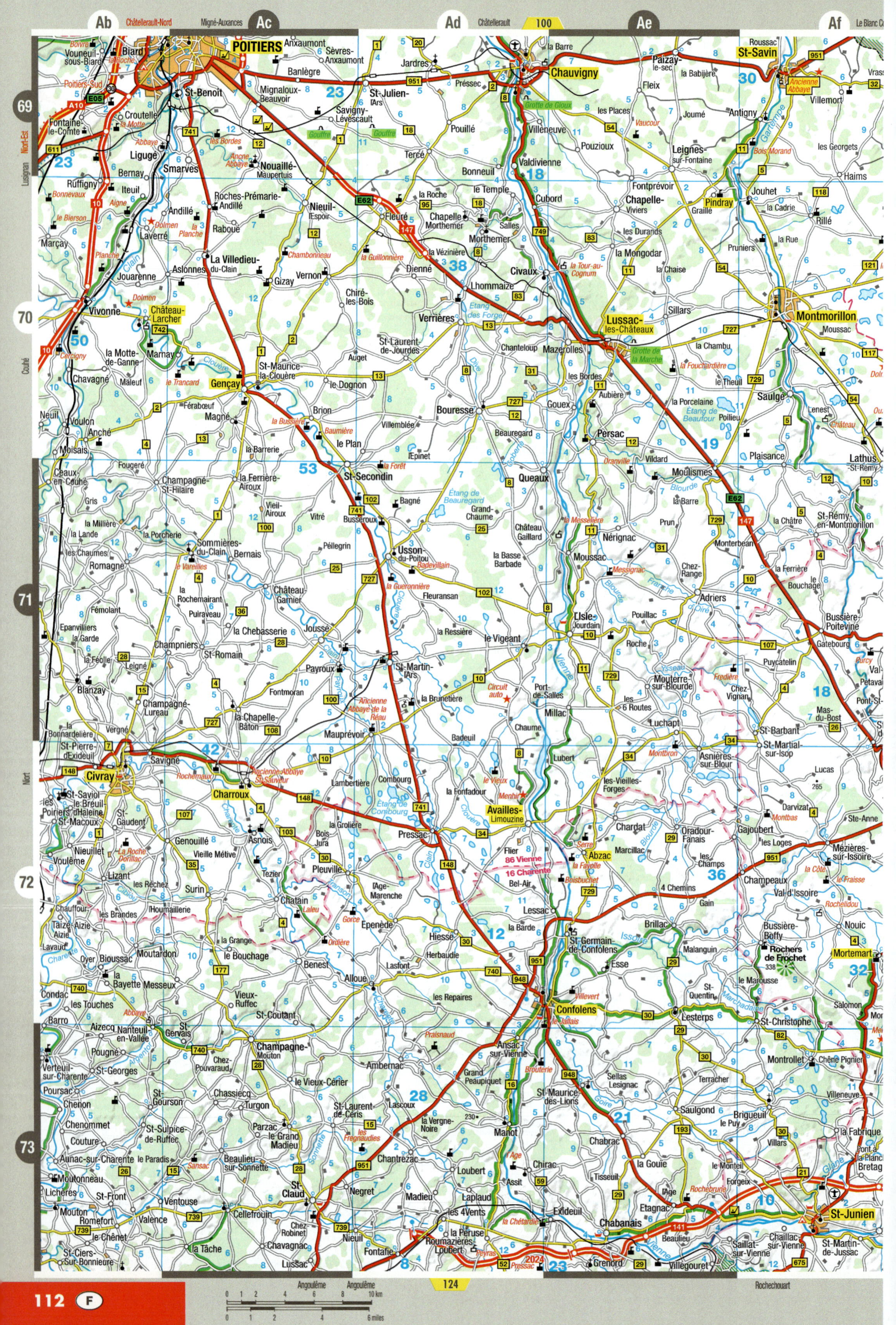

69
70
71
72
73
Nord-Est
Lusignan
Couhé
Niort
POITIERS
Anxaumont
Sèvres-Anxaumont
Biard
Vouneuil-sous-Biard
Poitiers-Sud
St-Benoit
Mignaloux-Beauvoir
Banlègre
Jardres
Chauvigny
Paizay-le-sec
la Babijère
St-Savin
Roussac
Villemort
Fontaine-le-Comte
Croutelle
Ligugé
Smarves
Nouaillé-Maupertuis
Savigny-Lévescault
St-Julien-l'Ars
Pouillé
Tercé
Bonneuil
Valdivienne
Villeneuve
Pouzioux
Leignes-sur-Fontaine
Antigny
Journé
Flexix
les Places
les Georgets
Haims
Rouffiny
Iteuil
Roches-Prémarie-Andillé
Nieuil-l'Espoir
Fleuré
la Roche
le Temple
Cubord
Fontprévoir
Chapelle-Viviers
Pindray
Jouhet
la Cadrie
Rillé
Marçay
Laverré
Andillé
Raboué
Chapelle-Morthemer
Salles
Morthemer
les Durands
la Mongodar
Pruniers
la Rue
Jouarenne
Aslonnes
La Villedieu-du-Clain
Gizay
Vernon
la Vézinière
Dienné
Civaux
la Chaise
Vivonne
Château-Larcher
Chiré-les-Bois
Verrières
Lhommaizé
Sillars
Montmorillon
Moussac
Lussac-les-Châteaux
Marnay
la Motte-de-Ganne
Chavagné
Maleuf
St-Maurice-la-Clouère
Auget
St-Laurent-de-Jourdes
Chanteloup
Mazerolles
la Chambu
Gençay
le Dognon
Aubière
les Bordes
le Thieuil
Saulgé
Neuil
Voulon
Férabeuf
Magné
Brion
Bouresse
Gouex
la Porcelaine
Anché
Villemblée
Beauregard
Persac
Moisais
le Plan
Fougeré
Ceaux-en-Couhé
Champagné-St-Hilaire
la Ferrière-Airoux
St-Secondin
Queaux
Vildard
Moulismes
Plaisance
Lathus-St-Rémy
Gris
Vieil-Airoux
Vitré
Bagné
Grand-Chaume
la Barre
Prun
la Châtre
St-Rémy-en-Montmorillon
la Millière
la Lande
la Porcherie
Busseroux
Château Gaillard
Nérignac
Monterbeau
les Chaumes
Sommières-du-Clain
Bernais
Péllegrin
Usson-du-Poitou
la Basse Barbade
Moussac
Chez-Range
la Ferrière
Bouchage
Romagne
Château-Garnier
Fleuransan
Adriers
Pouillac
Bussière-Poitevine
la Rochemairant
Puiraveau
l'Isle-Jourdain
Epanvilliers
la Garde
la Chebassière
Jousse
la Ressière
le Vigeant
Roche
Gatebourg
Champniers
St-Romain
Puycatelin
la Feolle
Leigné
Payroux
St-Martin-l'Ars
Mouterre-sur-Blourde
Chez-Vignan
Blanzay
Champagné-Lureau
Fontmoran
la Brunetière
Port-de-Salles
les 6 Routes
Mas-du-Bost
la Chapelle-Bâton
Millac
Luchapt
Vergné
Mauprévoir
Badeuil
Chaume
St-Barbant
St-Pierre-d'Exideuil
Civray
Savigné
Charroux
Lambertière
Combourg
la Fontadour
Availles-Limouzine
Lubert
Asnières-sur-Blour
St-Martial-sur-Isop
Lucas
les Vieilles-Forges
St-Saviol
le Breuil
les Poiriers d'Haleine
St-Macoux
St-Gaudent
Genouillé
Asnois
Bois Jura
la Grolière
Pressac
Flier
Chardat
Oradour-Fanais
Gajoubert
Ste-Anne
Nieuillet
Voulème
Vieille Métive
Pleuville
Abzac
Marcillac
les Loges
Mézières-sur-Issoire
Lizant
les Réchez
Surin
Tezier
l'Age-Marenche
Bel-Air
les Champs
Champeaux
Val-d'Issoire
Chauffour
Taizé-Aizie
les Brandes
l'Houmaillerie
Chatain
Epenède
Lessac
4 Chemins
Gain
Brillac
Bussière-Boffy
Nouic
la Grange
le Bouchage
Hiesse
la Barde
St-Germain-de-Confolens
Malanguin
Rochers de Frochet
Mortemart
Lavaud
Oyer
Bioussac
Moutardon
Benest
Herbaudie
Esse
le Marousse
Condac
la Bayette
Messeux
Alloue
Lasfont
les Repaires
St-Quentin
Salomon
les Touches
Vieux-Ruffec
St-Coutant
Confolens
Lesterps
Barro
Aizecq
Nanteuil-en-Vallée
St-Gervais
St-Christophe
Pougné
Champagne-Mouton
Ansac-sur-Vienne
Montrollet
Chêne Pignier
Verteuil-sur-Charente
St-Georges
Chez-Pouvaraud
Ambernac
Grand Peaupiquet
Terracher
Poursac
Chassiecq
le Vieux-Cérier
St-Maurice-des-Lions
Sellas Lesignac
Villeneuve
Chenon
St-Gourson
Turgon
St-Laurent-de-Céris
Lascoux
Saulgond
Brigueuil
Chenommet
Couture
St-Sulpice-de-Ruffec
Parzac
le Grand Madieu
la Vergne-Noire
Manot
Chabrac
Villars
la Fabrique
Aunac-sur-Charente
le Paradis
Beaulieu-sur-Sonnette
Chantrezac
Chirac
la Gouie
le Monteil
Moutonneau
Loubert
Assit
Tisseuil
Forgeix
Lichères
St-Front
St-Claud
Negret
Madieu
Laplaud
Etagnac
Ventouse
Cellefrouin
Mouton
Romefort
Valence
Exideuil
Chabanais
St-Junien
le Chêne
Chez Robinet
Nieuil
les 4 Vents
la Péruse
Beaulieu
Chaillac-sur-Vienne
St-Ciers-sur-Bonnieure
la Tâche
Chavagnac
Lussac
Fontafie
Roumazières-Loubert
Grenord
Villegouret
Saillat-sur-Vienne
St-Martin-de-Jussac
86 Vienne
16 Charente
Circuit auto
Angoulême
Rochechouart
124

Parc Naturel Régional de la Brenne
Le Blanc
Bélâbre
La Trimouille
Le Dorat
Magnac-Laval
Bellac
Châteauponsac
La Souterraine
Argenton-sur-Creuse
Eguzon-Chantôme
St-Benoît-du-Sault
Fresselines
Dun-le-Palestel
Bénévent
Le Grand-Bourg
Ambazac
Nantiat
Compreignac
Razès
St-Sulpice-les-Feuilles
Arnac-la-Poste
Fromental
Monts de Blond
Limoges

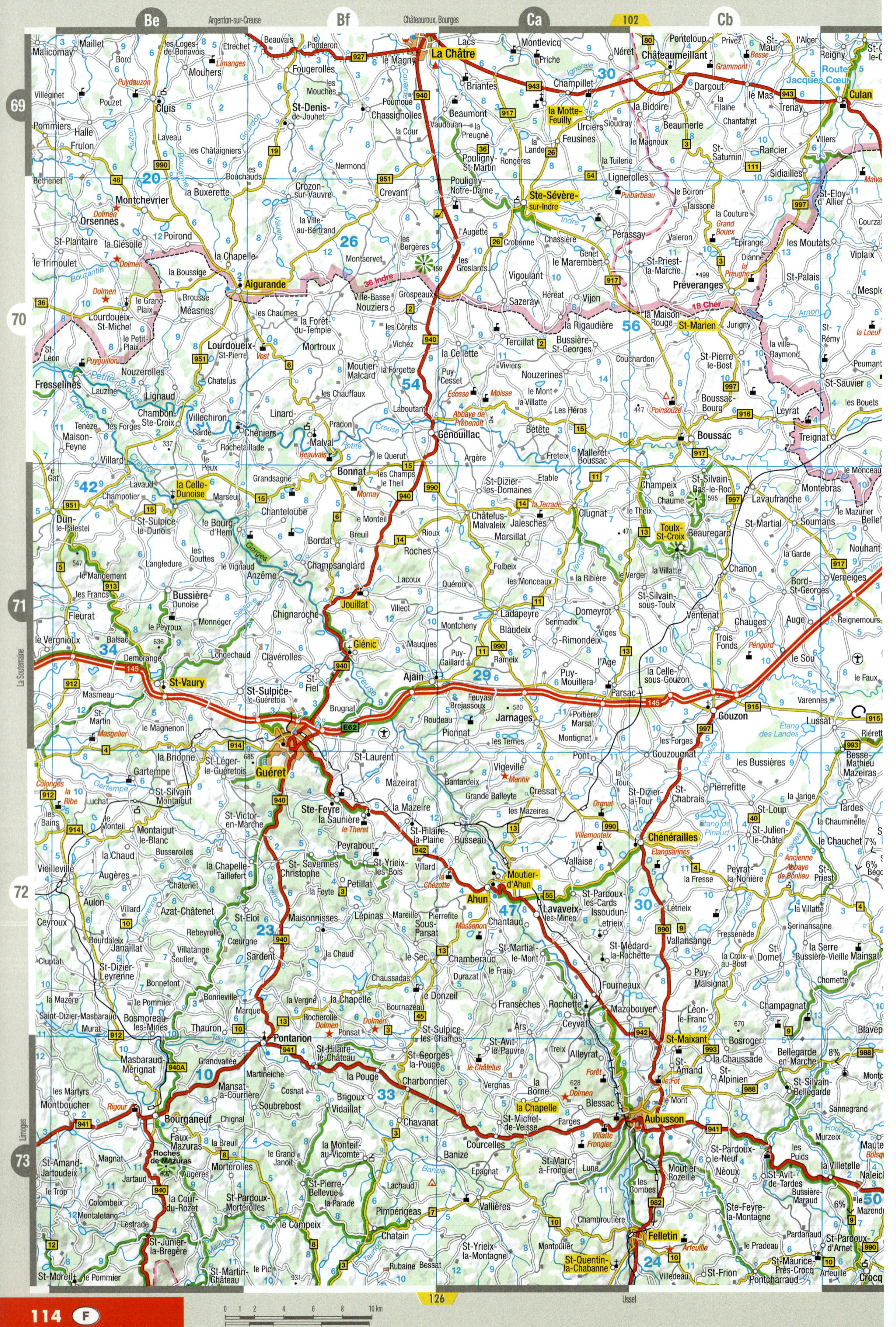
Be
Argenton-sur-Creuse
Bf
Châteauroux, Bourges
Ca
102
Cb
La Châtre
Châteaumeillant
Culan
Route Jacques Cœur
Cluis
St-Denis-de-Jouhet
Ste-Sévère-sur-Indre
la Motte-Feuilly
Aigurande
36 Indre
18 Cher
Préveranges
St-Marien
Boussac
Genouillac
Bonnat
la Celle-Dunoise
Dun-le-Palestel
Toulx-Ste-Croix
Chambon-Ste-Croix
Jouillat
Glénic
St-Vaury
Guéret
Ajain
Jarnages
Gouzon
Parsac
Chénérailles
Moutier-d'Ahun
Ahun
Bourganeuf
Pontarion
St-Maixant
Aubusson
la Chapelle
Felletin
St-Quentin-la-Chabanne
Crocq
La Souterraine
Limoges
Ussel
126
69
70
71
72
73

MONTLUÇON
Domérat
Désertines
Commentry
Néris-les-Bains
Montmarault
St-Eloy-les-Mines
Montaigut
Marcillat-en-Combraille
Pionsat
Evaux-les-Bains
Chambon-sur-Voueize
Auzances
Hérisson
Cosne-d'Allier
Huriel
Vallon-en-Sully
Villefranche-d'Allier
Le Montet
Deux-Chaises
Menat
Châteauneuf-les-Bains
St-Gervais-d'Auvergne
Manzat
Combronde
Châtelguyon
Riom
Mozac
Volvic
Pontaumur
Les Ancizes-Comps
St-Georges-de-Mons
Mérinchal
La Villeneuve
Gorges de la Sioule
Forêt de Tronçais
Forêt de Gros-Bois
Bocage Bourbonnais
Circuit de Jonquilles
Parc Naturel Régional des Volcans d'Auvergne
L'Allier Saulzet
L'Alliers Doyet
Vulcania
Combraille
69
70
71
72
73

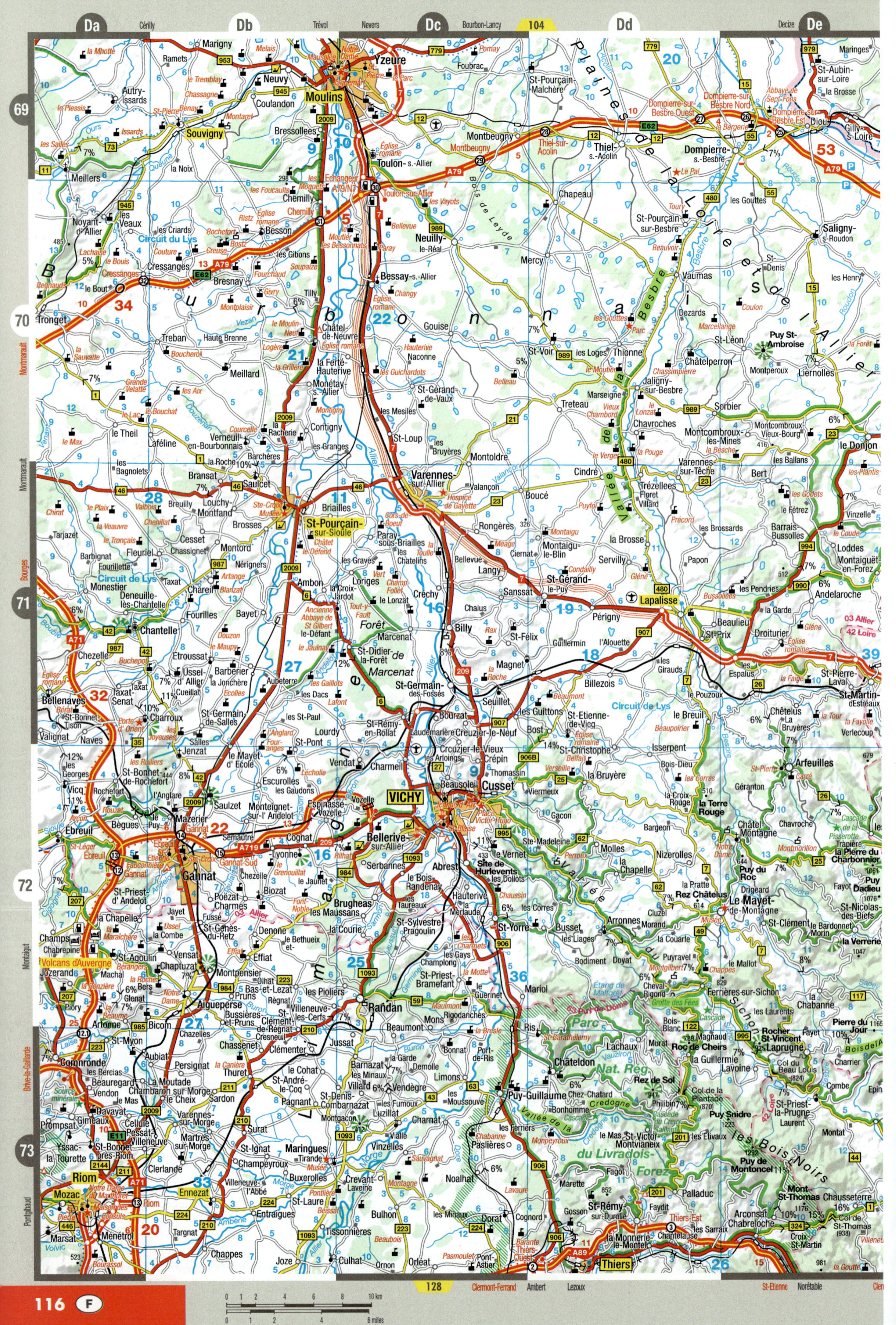

0 1 2 4 6 8 10 km
0 1 2 4 6 miles

Génelard
Palinges
Oudry
Clessy
Digoin
Paray le-Monial
Charolles
Volesvres
Vitry-en-Charollais
Molinet
Chassenard
Coulanges
Perrigny-s-Loire
St-Agnan
Pierrefitte-sur-Loire
Monétay-sur-Loire
St-Didier-en-Donjon
Neuilly-en-Donjon
Luneau
Avrilly
Vindecy
Bourg-le-Comte
Anzy-le-Duc
Marcigny
Semur-en-Brionnais
St-Yan
l'Hôpital-le-Mercier
Montceaux-l'Etoile
Versaugues
Poisson
Nochize
Charnay-en-Vaux
Prizy
St-Julien-de-Civry
Dyo
Amanzé
Oyé
Sarry
St-Christophe-en-Brionnais
Vareilles
Curbigny
Laclayette
Varennes-sous-Dun
Châtenay
Baudemont
St-Laurent-en-Brionnais
Vauban
Ligny-en-Brionnais
Iguerande
Melay
Chambilly
Céron
Urbise
Artaix
Vivans
La Pacaudière
Changy
Briennon
St Nizier-sous-Charlieu
Charlieu
Pouilly-sous-Charlieu
Vougy
Mably
ROANNE
Riorges
Renaison
Ambierle
St-Germain-Lespinasse
St-Haon-le-Vieux
St-Haon-le-Châtel
St-André-d'Apchon
St-Alban-les-Eaux
Lentigny
Villerest
Perreux
Montagny
Thizy-les-Bourgs
Cours
Cuinzier
Chauffailles
Coublanc
Ecoche
Belmont-de-la-Loire
St Bonnet-le-Troncy
Mardore
Lamure-s-Azergues
Chambost-Allières
Chamelet
Amplepuis
Neulise
St Symphorien-de-Lay
Régny
St Victor-s-Rhins
Ternand
Tarare
Vindry-sur-Turdine
Pontcharra-s-Turdine
St-Just-en-Chevalet
Crémeaux
Mont Groussot
Monts de la Madeleine
Cordelle
St-Jodard
St-Marcel-de-Félines
St-Marcel-l'Eclairé
Matour
Mont des Cargés
Butte de Suin
Suin
Gibles
Trivy
St-Bonnet-de-Joux
La Guiche
Marizy
la Croix-de-Mornay
St-Bonnet-de-Vieille-Vigne
Grandvaux
Baron
Fontenay
Viry
Champlecy
Hautefond
Lugny-lès-Charolles
Changy
Vendenesse-lès-Charolles
Vaudebarrier
Ouroux-sous-le-Bois-Ste-Marie
Colombier-en-Brionnais
Propières
Azolette
Poule-lès-Echarmeaux
Claveisolles
Ranchal
Thel
Lay
Fourneaux
Machézal
Joux
Sevelinges
Coutouvre
Combre
Pradines
Notre Dame-de-Boisset
Commelle
Ouches
Cherier
St-Priest-la-Roche
St-Polgues
Souternon
Grézolles
St-Paul-de-Vézelin
Pinay
Champoly
St-Romain-d'Urfé

Blanzy
Ed
Ee
106 Chalon-sur-Saône
Ef
Fa
Louhans
69
70
71
72
73
Paray-le-Monial
Chauffailles
Clermont-Ferrand
Tournus
Cuisery
Cluny
Mâcon
Pont-de-Vaux
Bourg-en-Bresse
Villefranche-s-Saône
Belleville-en-Beaujolais
Châtillon-sur-Chalaronne
Villars-les-Dombes
Trévoux
Neuville-s-Saône
Pérouges
Meximieux
Chalamont
Lyon
130
Aéroport Lyon-St. Exupéry
10 km
6 miles

Ste-Croix
Cuiseaux
Poulet de Bresse
Orgelet
Clairvaux-les-Lacs
Coyron
Meussia
Moirans-en-Montagne
Parc Naturel Régional du Haut-Jura
St-Claude
Lavans-lès-St-Claude
Coligny
St-Amour
Marboz
Val-Revermont
Dortan
Oyonnax
Arbent
Crêt de Chalam
Crêt de la Neige
Bourg-en-Bresse
Ceyzériat
Nantua
Montréal-la-Cluse
Valserhône
Bellegarde-sur-Valserine
Plateau de Retord
Pont-d'Ain
Cerdon
Ambérieu-en-Bugey
Plateau d'Hauteville
Hauteville-Lompnes
Lagnieu
St-Rambert-en-Bugey
Seyssel
Frangy
Rumilly
Grand Colombier
Autoroute Blanche

Ff
Ga
Gb
Gc
Gd
FRANCE
SCHWEIZ/SUISSE/SVIZZERA
108
69
70
71
72
73
Cogna
Champagnole
Vallorbe
Yverdon-les-Bains
Yverdon-l.-B.
St-Claude
Bellegarde-s.-Valserine
Lyon
LAUSANNE
GENÈVE
ANNECY
THONON-LES-BAINS
ANNEMASSE
Nyon
Morges
Rolle
Gland
Versoix
Carouge (GE)
Lancy
Vernier
Meyrin
Onex
Evian-Les-Bains
St-Julien-en-G.
Bonneville
Cluses
Sallanches
Thônes
Rumilly
Parc Naturel
Régional
du Haut-Jura
Vallée de Joux
Forêt du Risoux
Le Léman
Zone franche
Chablais
Chaîne du Bargy
Chaîne du Reposoir
Montagne des Frêtes
Montagne des Auges
Mont Lachat
Aravis
Mont Salève
Col de la Givrine
La Dôle
Col de la Faucille
Col de la Croix-Fry
Col de la Colombière
la Clusaz
le Grand-Bornand
Roc d'Enfer
Pointe de Marcelly
Tête du Parmelan
Dent du Cruet
Pointe Percée
Crêt de la Neige
Chambéry
Ugine
Flumet
132
FRANCE
0 1 2 4 6 8 10 km
0 1 2 4 6 miles

69
70
71
72
73
SCHWEIZ/SUISSE/SVIZZERA
ITALIA
Montpréveyres
Epalinges
Savigny
Belmont
Pully
Lutry
Grandvaux
Cully
Chexbres
Puidoux
Chardonne
Jongny
Corseaux
Corsier
St-Saphorin (Lavaux)
Vevey
La Tour-de-Peilz
Clarens
Montreux
Blonay
St-Légier
Mont Pèlerin
Oron-le-Ch.
Châtel-Saint-Denis
Attalens
Remaufens
Semsales
Le Moléson
Gruyères
Grandvillard
Lessoc
Vanil Carré
Montbovon
Rossinière
Château-d'Oex
Rougemont
Saanen
Gstaad
Saanenmöser
Schönried
Zweisimmen
Reichenstein
Oeschseite
Abländschen
Rueren
Hochmatt
Fribourg
Vaud
Bern
Pays d'Enhaut
L'Etivaz
Gummfluh
Lauenen
Feutersoey
Gsteig
Col du Pillon
Col du Sanetsch
Les Diablerets
Col des Mosses
La Lécherette
Ormont-Dessous
Leysin
Aigle
Ollon
Villars-sur-Ollon
Gryon
Bex
St-Maurice
Lavey-les-Bains
Dt. de Morcles
Grand Muveran
Derborence
Savièse
SION
Vétroz
Ardon
Chamoson
Leytron
Riddes
Saillon
Saxon
Fully
Martigny
Nendaz
St-Pierre-de-Clages
Conthey
Verbier
Le Châble
Val de Bagnes
Orsières
Champex-Lac
Sembrancher
Bourg-St-Pierre
Grand Combin
Gran S.Bernardo
Col du Gd.St. Bernard
Colle d. Gran S.Bernardo
Tunnel 5,8km
Ferret
La Fouly
Val Ferret
Col de la Forclaz
Trient
Le Châtelard
Finhaut
Salvan
Les Marécottes
Vernayaz
Relais du Saint Bernard
Evionnaz
Collonges
Monthey
Collombey-Muraz
Champéry
Troistorrents
Val-d'Illiez
Pas de Morgins
Morgins
Vouvry
Le Bouveret
St-Gingolph
Villeneuve (VD)
Port-Valais
Lac Léman
Zone franche
Abondance
Châtel
Morzine
Avoriaz
Les Gets
Samoëns
Sixt-Fer-à-Cheval
Col des Montets
Argentière
Chamonix-Mont-Blanc
Les Houches
St-Gervais-les-Bains
Le Fayet
Passy
Aiguille du Midi
Massif du Mont Blanc
Mont Blanc du Tacul
Grandes Jorasses
Tunnel du Mont Blanc 11,5 km
Le Brévent
Mer de Glace
Aig. Verte
Montenvers
Tour Sallière
Dents du Midi
Dents Blanches
Les Avoudrues
Tête du Colonney
Désert de Platé
Pointe de Nyon
Le Pleney
Dent d'Oche
Cornettes de Bise
Le Grammont
Le Chablais
Rochers de Naye
Caux
Glion
Veytaux
Chillon
Noville
Rennaz
Roche (VD)
Yvorne
Corbeyrier
Vionnaz
Torgon
Thollon-les-Mémises
Meillerie
Lugrin
Pic de Mémise
Bernex
Evian
E62
E27
Courmayeur
Aosta/Aoste

Ye
St-Pierre-d'Oléron
Yf
110
Rochefort
Za
Rochefort
Rochefort
Zb
Niort
Zc
73
74
75
76
77
Île d'Oléron
Le Château-d'Oléron
Viaduc d'Oléron
Bourcefranc-le-Chapus
Brouage
Marennes
Saint-Trojan-les-Bains
Tramway touristique
Pointe de Manson
Pointe de Gatseau
Pertuis de Maumusson
Ronce-les-Bains
Tour des 4 Fontaines
Côte Sauvage
Forêt de la Coubre
La Tremblade
Arvert
Étaules
Parcs à huîtres
Seudre
Mornac-sur-Seudre
Chemin de fer touristique
Phare de la Coubre
Pointe de la Coubre
La Palmyre
Saint-Augustin
Les Mathes
Breuillet
Saujon
Médis
Vaux-sur-Mer
Saint-Palais-sur-Mer
Royan
Grand Passe de l'Ouest
Phare de Cordouan
Saint-Georges-de-Didonne
Semussac
Meschers-sur-Gironde
Talmont
Cozes
Pointe de Grave
Mont U.S.A.
Fort du Verdon
le Verdon-sur-Mer
Passe Sud ou de Grave
Soulac-sur-Mer
Gironde
Saint-Vivien-de-Médoc
Phare de Richard
Grayan-et-l'Hôpital
Vendays-Montalivet
Montalivet-les-Bains
Côte d'Argent
Forêt du Flamand
Parc Naturel Régional Médoc
Lesparre-Médoc
Saint-Christoly-Médoc
Saint-Yzans-de-Médoc
Saint-Seurin-de-Cadourne
Saint-Estèphe
Pauillac
Île Patiras
Hourtin
Étang d'Hourtin et de Carcans
Hourtin-Plage
Saint-Sauveur
Vertheuil
Cissac-Médoc
Mortagne-sur-Gironde
Saint-Fort-sur-Gironde
Saint-Dizant-du-Gua
Saint-Thomas-de-Conac
Saint-Sorlin-de-Conac
Saint-Bonnet-sur-Gironde
Mirambeau
Saint-Ciers-sur-Gironde
Centrale nucléaire du Blayais
Braud-et-Saint-Louis
Saint-Aubin-de-Blaye
Gémozac
Pons
Saint-Léger
Saintes
Taillebourg
Saint-Porchaire
Pont-l'Abbé-d'Arnoult
Champagne
Saint-Agnant
Saint-Savinien
Romegoux
Pisany
Thézac
Rioux
Tesson
Berneuil
Sablonceaux
Ancienne Abbaye Sablonceaux
Camp Romain
Tour de Pirelonge
Amphithéâtre Romain
A10
A837
E602
E05
134
Castelnau-de-Médoc
Blaye
St-André-de-C.

St-Jean-d'Angély
Zd
Ze
111
Zf
Aa
73
74
75
76
77
La Rochefoucauld
Ruelle
Chalais
Angoulême
Bordeaux
Saint André-de-Cubzac
135
la Roche-Chalais
Nantillé
Ste-Même
Chagnon
Aumagne
les Hillaires
Blanzac-lès-Matha
la Grange-à-Robin
Ébéon
Matha
Marestay
Fréneau
Haimps
Beauvais-sur-Matha
St-Ouen
Massac
la Bistandille
Bresdon
Verdille
le Breuil
Chez-Veillon
Vilieneuve
Mons
Lanville
Marcillac-Lanville
Ambérac
Villognon
Échoisy
Cellettes
St-Hilaire
Villefranche
Juicq
Audebert
Bercloux
Aujac
Courcerac
Thors
Sonnac
Louzignac
Siecq
le Breuil-Batard
Auge-St-Médart
Val-d'Auge
Patreville
Bonneville
la Chapelle
Coulonges
le Fouilloux
Vervant
Écoyeux
Brizambourg
Authon-Ébéon
Bardon
Prignac
Mons
Brie-sous-Matha
Ballans
Neuvicq-le-Château
Macqueville
Anville
Montigné
Gourville
le Breuil
les Caillétières
Xambes
Vouharte
la Bernarde
Chez Quimand
Villars-les-Bois
Migron
la Tâcherie
Sonneville
Lignères
le Temple
Cerceville
Genac
St-Amant-de Boixe
la Fichère
Vénérand
Petit Bois
le Seure
Bréville
Puygard
Loret
Grosville
Laubertière
Bignac
le Breuil
Montignac-Charente
Chez-Portier
le Gros
Bonnet
Burie
Mesnac
Vignolles
Marmounier
la Bédie
Herpes
Bourg-des-Dames
le Plessis
Mareuil
Rouillac
les Bouchauds
Théâtre Gallo-Romain
Chébrac
la Chapelle-des-Pots
Saint Bris-des-Bois
Saint Sulpice-de-Cognac
Orlut
Courbillac
les Buges
Houlette
Saint Cybardeaux
Saint Amant-de-Nouère
Basse
le Portal
Vars
le Maine-Allain
les Béguillères
Saint Césaire
Chêne
les Chaudrolles
Saint André
Cherves-Richemont
Champblanc
Sainte Sévère
Rulle
Plaizac
Vaux-Rouillac
Sainte Catherine
Grosbot
Saint Genis-d'Hiersac
Marsac
Rouhénac
Saint Sauvant
Chaniers
Chez-les-Rois
Richemont
Chez-Froin
Réparsac
Sigogne
Cors
Fleurac
Échallat
Fontenelle
Fontguyon
Neuillac
Roissac
Guissalle
Chapelot
Vindelle
Chauveau
Orlac
Chanteloup
Boutiers
Nercillac
Luchac
Foussignac
Douzat
Balzac
Dompierre-sur-Charente
Lolzac
Saint André
Chérac
Saint Laurent-de-Cognac
Javrezac
la Billarderie
Parc François 1er
Ancien Château
Saint Trojan
Julienne
Chassors
les Métairies
Mérignac
Orlut
Villars
Nouère
Asnières-sur-Nouère
Brénat
Saint Yrieix-sur-Charente
Chez Fruger
Dion
Cognac
Saint Brice
Château Garde-Épée
la Groie
Jarnac
Lantin
Bourras
Lautrait
Triac-Lautrait
Marange
la Vallade
Saint Sever-de-Saintonge
le Treuil
Rouffiac
Vieux-Bourg
Bourg-Charente
Gondeville
Malveille
Chevaille
Jarlac
Brives-sur-Charente
Salignac-sur-Charente
Merpins
Châteaubernard
Veillard
Bassac
Abbaye
Hiersac
Saint Saturnin
Fléac
Linars
Colombiers
le Prunelas
la Pallue
Gensac-la-Pallue
Mainxe
Saint Même-les-Carrières
Graves
Saint Amant-de-Graves
Vibrac
Saint Simon
Moulidars
Trois Palis
Champmillon
Angoulême
Fléac
Saint Michel
l'Oisellerie
Montils
Virlet
Goux
Ars
Montperron
Genté
Gimeux
Treillis
la Nérolle
Chez-Richon
Angeac-Charente
Saint Simeux
Mosnac
Sireuil
Nersac
Auvignac
Saint Seurin-de-Palenne
Sainte Foy
Pérignac
Larceau-les-Corbinaux
Salles-d'Angles
Roissac
Segonzac
Chassors
Lijardière
Montignac
Coulonges
Usson
Celles
le Maine-Neuf
Angeac-Champagne
Saint Preuil
Bouteville
Saint Surin
La Couronne
Breuty
Mougnac
Vœuil-et-Giget
Bougneau
Figers
Meussac
Rouchave
Lonzac
Angles
Juillac-le-Coq
Châteauneuf-sur-Charente
Bourgilloux
St-Estèphe
Roullet-St-Estèphe
Échebrune
Saint Martial-sur-Né
Saint Fort-sur-le-Né
Fontpinot
Sonneville
Bonneuil
Éraville
Pondeville
Pons
Biron
Germignac
Verrières
le Château
Lignères
le Breuil
Bellevigne
Birac
Chardin
Chez-Chotard
Caverne Préhistorique
Forge
Mouthiers-sur-Boëme
Avy
Orsin
la Pouyade
Jarnac-Champagne
Chez-Grimard
Cierzac
Chadon
Ambleville
Touzac
Malaville
les Bouries
Claix
Gersac
Fléac-sur-Seugne
Chadenac
la Pierre-Percée
le Grand-Breuil
Saint Palais-du-Né
Chadeuil
Pétignac
Juignac
Val de Vignes
Plassac-Rouffiac
Nanteuillet
Les Augers
Sainte Lheurine
Criteuil-la Magdeleine
la Magdeleine
Nonaville
Étriac
Chez Nolin
Marignac
Rosier
Neuillac
Lachaise
Viville
Ladiville
Mainfonds
Roufflac
Saint Grégoire-d'Ardennes
Gibeau
Usseau
Chez Bouchet
Archiac
Lagarde-sur-le-Né
la Roche
la Marguerite
Écly
les Ouvrards
Champagne-Vigny
Voulgézac
Mosnac
Antignac
Neulles
Romas
Arthenac
Saint Eugène
les Bruns
Saint Médard
Vignolles
le Clos
Bécheresse
Saint Genis-de-Saintonge
Saint Georges-de-Cubillac
Clam
la Pouyade
Barret
Aubeville
Maine-Giraud
Chadurie
Antignac
Saint Maurice-de-Tavernole
Moings
Brie-sous-Archiac
Barbezieux-St-Hilaire
St Bonnet
Péreuil
Blanzac-Porcheresse
Abbaye de Puypéroux
Plassac
Clion
Lussac
Reaux
Allas-Champagne
Guimps
Angeduc
St-Léger
Pérignac
Saint Germain-de-Lusignan
Saint Martial-de-Vitaterne
Saint Martial-sur-Trèfle
Les Fonteneaux
Salles-de-Barbezieux
Saint Aulais-la-Chapelle
Malatret
Côteaux du Blanzacais
Cressac-St-Genis
l'Âge
Aignes-et-Puypéroux
Saint Sigismond-de-Clermont
Guitinières
Jonzac
Meux
Saint Ciers-Champagne
Montchaude
Conzac
les Potiers
Ancienne Abbaye de Tenaille
la Dimerie
Montmérac
Lamérac
Chez-Saillant
Chez-Grassin
la Chapelle
Bessac
la Léotardie
Saint Hilaire-du-Bois
Champagnac
Saint Germain-de-Vibrac
Saint Maigrin
Peurché
Reignac
Challignac
Brie-sous-Barbezieux
Devlat
Nonac
Saint Cybard
Saint Eutrope
Nieul-le-Virouil
les Amaudeaux
Maigrin
Condéon
Chez-Baudet
la Gabrielle
la Faye
Villeneuve
Montmoreau
Saint Cybard
Chez-Gentet
Saint Simon-de-Bordes
Saint Médard
Passignac
Mortiers
le Tâtre
Berneuil
Poullignac
Courgeac
Saint Laurent-de-Belzagot
Allas-Bocage
Agudelle
Ozillac
Puyrigaud
Baignes-Sainte Radegonde
Touvérac
Chez-Bobe
Sainte Souline
Chez-le-Blais
Mirambeau
Villexavier
Léoville
les Roussillères
Bois Vert
Oriolles
Chillac
Saint Félix
Saint Martial
Peudry
les Perrotins
Petit Niort
Soubran
Tugéras
Chaunac
Vanzac
la Grolle
Saint Laurent-des-Combes
la Gâtine
Salignac-de-Mirambeau
Chartuzac
Saint Maurice
Vibrac
Trignac
Messac
Bran
Pilledou
Bois Delage
Châtignac
Passirac
Ruines Romaines
Foucaud
Montboyer
Courpignac
Rouffignac
Expiremont
Pommiers-Moulons
Mérignac
Chantillac
les Bises
Bors
Bors d. Baigne
Boisbreteau
Brossac
Brie-sous-Chalais
Vaux
le Soulard
Boisredon
Chamouillac
Coux
le Pin
Chatenet
Chevanceaux
Chez-Thomas
Brie-Bardenac
Dagnaud
Bellon
Courlac
Villedieu
Bondou
Souméras
Montendre
Vallet
Sainte Colombe
les Roux
les Dodins
Boresse-et-Martron
Saint Vallier
Curac
Yviers
Chalais
Orival
Saint Romain
Saint Caprais-de-Blaye
Chandas
Val-de-Livenne
Gablezac
Jussas
Polignac
Saint Palais-de-Négrignac
le Pérat
Chez-Tureau
Sauvignac
Saint Quentin-de-Chalais
Rouffiac
Saint Martial
Marcillac
la Touille
Corignac
Pouillac
Montlieu-la Garde
Renard
Martron
16 Charente
Rioux-Martin
Saint Avit
Bonnes
le Grand Village
Saugon
Donnezac
les Viauds
Chepniers
Neuvicq
Cressac
Bellevue
Bazac
Médillac
les Essards
Puychaud
les Rousseaux
Reignac
Fraineau
la Nauve
Brignac
la Tuillerie
Orignolles
Saint Martin-d'Ary
le Haut Mont
Jourdain
Réaud
Verdot
le Pas-de-Bret
Bussac-Forêt
Chierzac
Vrignon
Collardeau
Gadebourg
le Gat
Lampiat
la Génétouze
Lamaure
Chenaud
Saint Aulaye
la Barreyrie
la Merlette
Chagnas
le Cap-d'Avias
le Jard-de-Bourdillas
le Pas-de-Bussac
Fradon
Montguyon
le Fouilloux
Boscamnant
Champagne
le Pacaud
Parcoul
Puymangou
Telègue
Énérac
Brochet
17 Charente Maritime
le Jarculet
Millet
le Grand Village
le Gibeau
Veyssière
Petit Aubry
L'Aquitaine
Saugon
Lugeras
Souillac
Clérac
Simonneau
Malleville
Saint Pierre-du-Palais
Jeancolin
Saint Aigulin
Léparon
Bédenac
Massicot

Ruffec
Confolens
112
St-Junien
Angoulême
La Rochefoucauld-en-Angoumois
Montbron
Nontron
Périgord
Régional
Brantôme en Périgord
Ribérac
Périgueux
Périgord vert
Périgord Blanc
Montpon-Ménestérol
136
Bergerac
St-Pierre-de-Chignac
Bordeaux

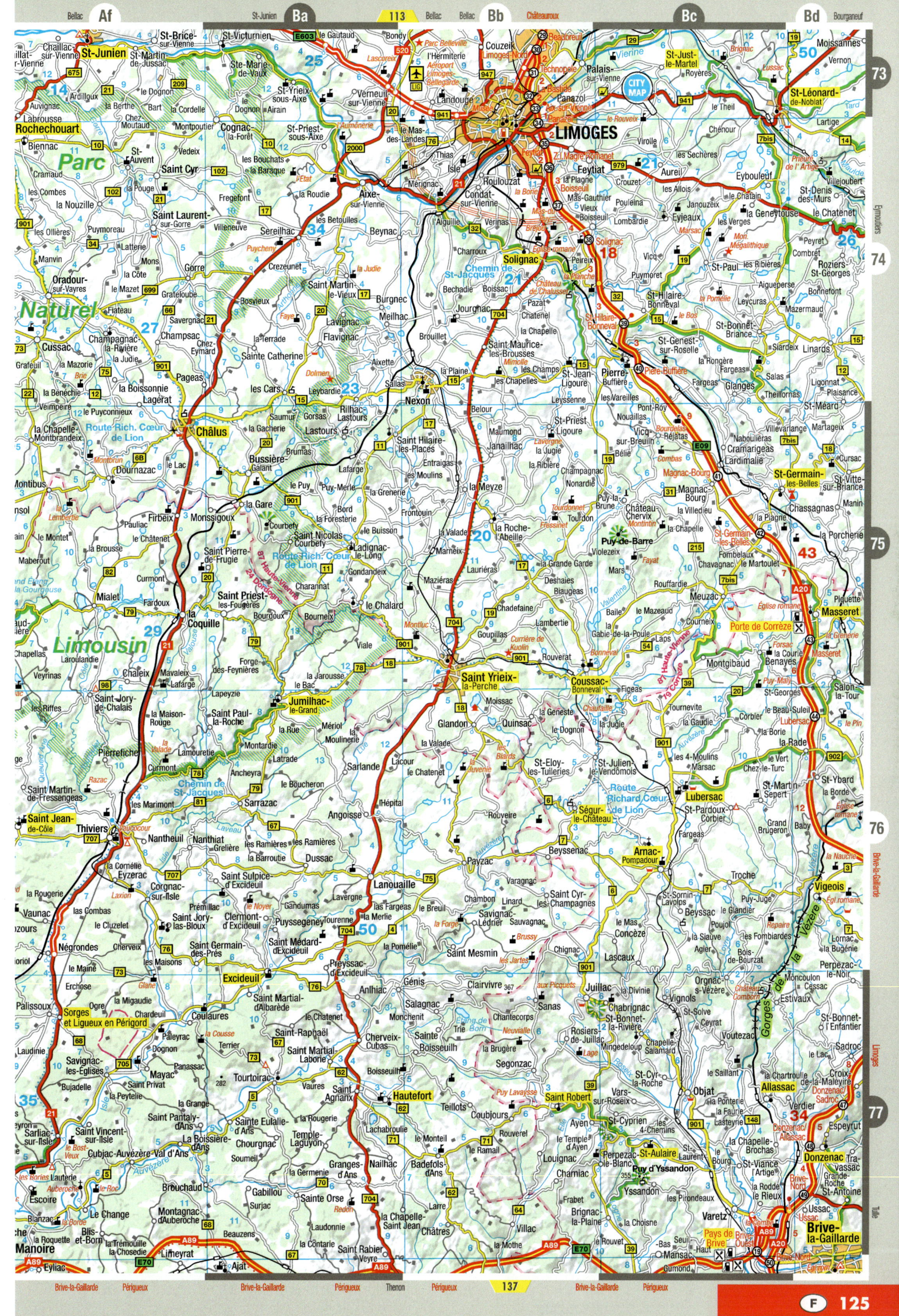
Bellac Af
St-Junien Ba
113
Bellac Bb
Châteauroux
Bc
Bd
Bourganeuf
73
74
75
76
77
LIMOGES
CITY MAP
St-Junien
Rochechouart
Parc
Naturel
Limousin
Saint Laurent-sur-Gorre
Oradour-sur-Vayres
Cussac
Châlus
Aixe-sur-Vienne
Solignac
Nexon
Feytiat
Pierre-Buffière
Eymoutiers
St-Léonard-de-Noblat
St-Germain-les-Belles
Masseret
Saint Yrieix-la-Perche
Coussac-Bonneval
Jumilhac-le-Grand
Thiviers
Saint Jean-de-Côle
Lanouaille
Excideuil
Sorges et Ligueux en Périgord
Hautefort
Lubersac
Ségur-le-Château
Arnac-Pompadour
Vigeois
Uzerche
Juillac
Allassac
Donzenac
Objat
Saint Robert
St-Aulaire
Brive-la-Gaillarde
Manoire
Savignac-les-Églises
Puy-de-Barre
Gorges de la Vézère
Route Rich. Cœur de Lion
Chemin de St-Jacques
Porte de Corrèze
Brive-la-Gaillarde
Périgueux
Thenon
137
Tulle
Limoges

73
74
75
76
77
St-Léonard-de-Noblat
Limoges
Périgueux / Montauban
Ussac
Moissannes
Auriat
St-Junien-la-Bregère
Royère-de-Vassivière
Felletin
St-Quentin-la-Chabanne
Peyrat-le-Château
Lac de Vassivière
Gentioux-Pigerolles
Eymoutiers
Bujaleuf
Masléon
Châteauneuf-la-Forêt
Plateau de Millevaches
Signal d'Audouze
Tarnac
Toy-Viam
Millevaches
Bugeat
Sornac
Mont Gargan
La Croisille-sur-Briance
Treignac
Puy de Razel
Mont Bessou
Meymac
Puy Pendu
Puy Messou
Route de Ventadour
Suc-au-May
St-Angel
Masseret
Uzerche
Chamboulive
Egletons
Seilhac
Corrèze
La Corrèze
La Moyenne Corrèze
Naves
Tulle
Laguenne
Gimel-les-Cascades
Marcillac-la-Croisille
Donzenac
Cornil
Ste-Fortunade
Brive-la-Gaillarde
Aubazines
Puy de Pauliac
Puy du Bassin
Gorges de la Dordogne
Dordogne
Spontour
Lapleau
St-Pantaléon-de-Lapleau
Meyssac
Dampniat
Palazinges
Argentat
Beaulieu-sur-Dordogne

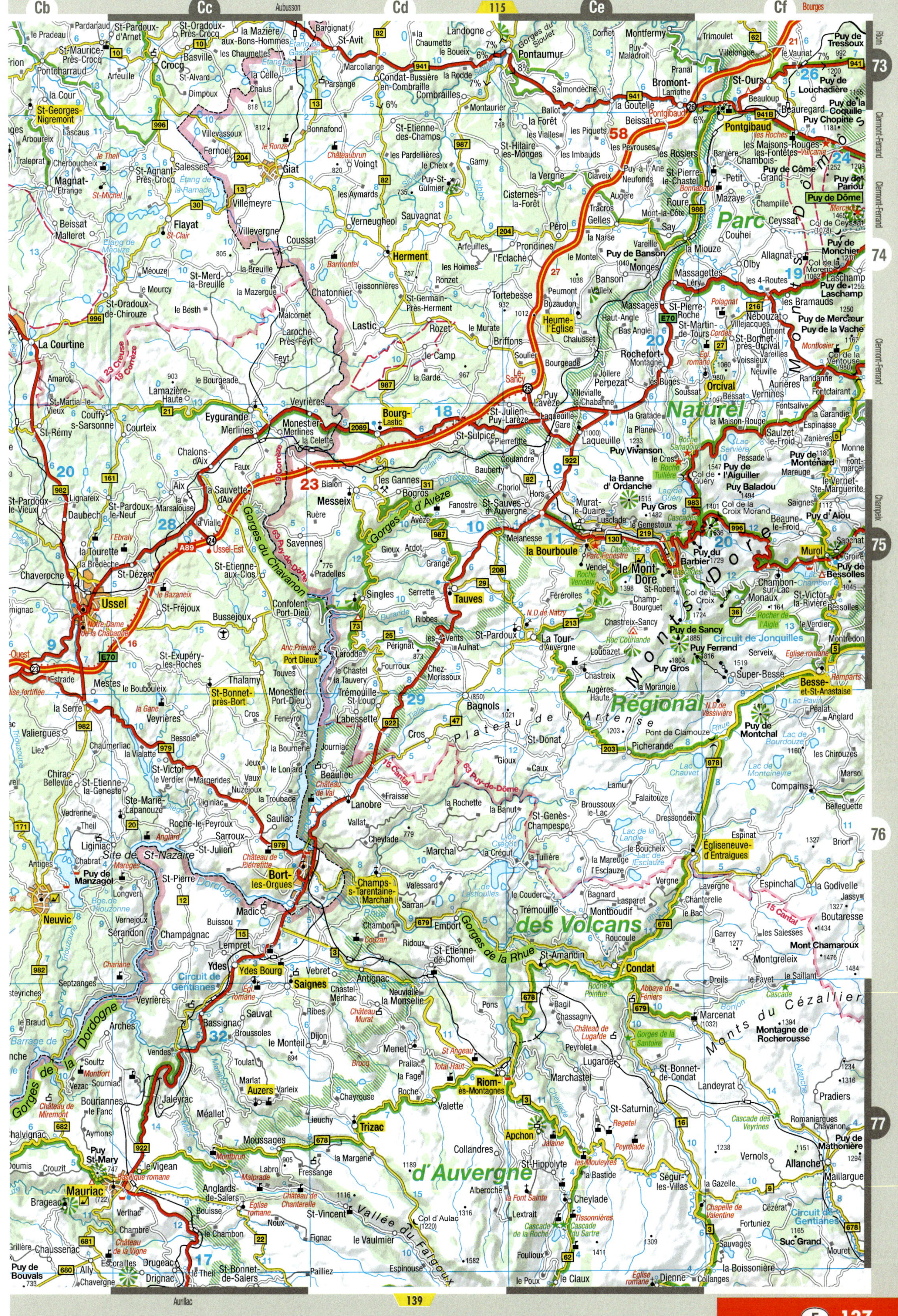

Cb
Cc
Aubusson
Cd
115
Ce
Cf
Bourges
73
74
75
76
77
139
Aurillac
Riom
Clermont-Ferrand
Champeix
le Pradeau
St-Pardoux-d'Arnet
St-Oradoux-Près-Crocq
la Mazière-aux-Bons-Hommes
Bargignat
St-Avit
Landogne
Gorges de la Sioulet
Pontaumur
Cornet
Montfermy
Trimoulet
Puy de Tressoux
St-Maurice-Près-Crocq
Pontcharraud
Basville
Crocq
les Chaumettes
Marcollange
Condat-Bussière en Combraille
la Rodde
Pranal
Bromont-Lamothe
St-Ours
Puy de Louchadière
la Cour
St-Georges-Nigremont
St-Alvard
la Celle
Parsange
Combrailles
Salmondèche
la Goutelle
Pontgibaud
Beauregard
Puy de la Coquille
Puy Chopine
Dimpoux
Chalus
Montaurier
Ballot
Beissat
St-Etienne-des-Champs
la Forêt
les Vialles
les Piquets
Arbouneix
Villevassoux
Bonnafond
Fernoël
Giat
Voingt
St-Hilaire-les-Monges
les Imbauds
les Peyrouses
les Rosiers
les Maisons-Rouges
les Fontêtes
Chambois
Puy de Côme
Puy de Pariou
Puy de Dôme
Magnat-l'Etrange
St-Agnant-Près-Crocq
Salesses
les Aymards
Puy-St-Gulmier
Cisternes-la-Forêt
la Vergne
Clavier
Neufonds
Aurière
St-Pierre-le-Chastel
Mazaye
Petit
Grand
Champille
Ceyssat
Beissat
Malleret
Flayat
Villemeyre
Villevergne
Coussat
Verneugheol
Sauvagnat
Péro
Gelles
Say
Roure
Mont-la-Côte
Parc
Couhei
Herment
Arfeuilles
Prondines
l'Eclache
la Miouze
Olby
Allagnat
Puy de Monchier
la Breuille
St-Merd-la-Breuille
Méouze
le Mourcy
la Mazergue
Chatonnier
les Holmes
Ronzet
Teissonnières
St-Germain-Près-Herment
Tortebesse
Le Montel
Banson
Monges
Puy de Banson
Massagettes
les 4-Routes
Laschamp
Puy de Laschamp
St-Oradoux-de-Chirouze
le Besth
Malcornet
Laroche-Près-Feyt
Lastic
Rozet
le Murate
Briffons
Heume-l'Eglise
Bouzaudon
Massages
St-Pierre-Roche
Nébouzat
Puy de Mercœur
Puy de la Vache
St-Martin-de-Tours
St-Bonnet-près-Orcival
La Courtine
Feyt
le Camp
la Garde
Soulier
Chalusset
Bourgeade
Rochefort-Montagne
Vernines
Aurières
Randanne
Lamazière-Haute
le Bourgeade
Bourg-Lastic
Puy Lavèze
Villevialle
Perpezat
les Buges
Orcival
Fontclairant
Amaroy
St-Martial-le-Vieux
Couffy-s-Sarsonne
Courteix
Eygurande
Merlines
Monestier-Merlines
Veyrières
St-Julien-Puy-Lavèze
Laqueuille-Gare
la Chabanne
la Gratade
Naturel
la Maison-Rouge
Fontsalive
La Garandie
St-Rémy
Chalons-d'Aix
Faux
la Celette
St-Sulpice
Pierrefitte
Laqueuille
Puy Vivanson
Saulzet-le-Froid
Espinasse
Zanières
Monne
St-Pardoux-le-Vieux
Lignareix
Aix
la Sauvette-d'Aix
Bialon
Messeix
les Gannes
Bogros
Goulandre
Baubert
Choriol
Hors
Murat-le-Quaire
la Banne d'Ordanche
le Cros
Puy de Montenard
Pessade
Puy de l'Aiguiller
Mareuge
le Vernet-Ste-Marguerite
Daubech
St-Pardoux-le-Neuf
Marsalouse
la Viallé
Ruère
Gorges d'Avèze
Fanostre
St-Sauves-d'Auvergne
Avèze
Mejanesse
la Bourboule
Puy Gros
Lusclade
la Genestoux
Puy Baladou
Col de la Croix Morand
Beaune-le-Froid
Puy d'Alou
Saignes
la Tourette
la Brédèche
Chaveroche
St-Dézery
Ussel
Ussel-Est
Savennes
St-Etienne-aux-Clos
Prades
Gioux
Ardot
Grange
Vendel
le Mont-Dore
Puy du Barbier
Murol
Sagnat
Puy de Bessolles
Groire
Champ-Bourguet
St-Robert
Col de la Croix
Chambon-sur-Lac
Monaux
St-Victor-la-Rivière
Bessolles
Gorges du Chavanon
Confolent-Port-Dieu
Bussejoux
St-Fréjoux
Singles
Serrette
Tauves
Férérolles
Chastreix-Sancy
Puy de Sancy
Circuit de Jonquilles
le Verdier
Montredon
Ribbes
les-4-Vents
St-Pardoux
La Tour-d'Auvergne
Aulnat
Loubazet
Puy Ferrand
Serviex
St-Exupéry-les-Roches
Port Dieux
Larodde
Pérignat
Fourroux
Chez-Morissoux
Monts Dore
Puy Gros
Super-Besse
Besse-et-St-Anastaise
Mestes
le Bouboulex
Thalamy
Touves
la Tauvery
Trémouille-St-Loup
Chastreix
la Morangie
Augères-Haute
Régional
Pont de Clamouze
Puy de Montchal
Pialat
Anglard
St-Bonnet-près-Bort
Monestier-Port-Dieu
Labessette
Bagnols
Plateau de l'Artense
Picherande
la Serre
Veyrières
Cros
Feneyrol
Valiergues
Bessole
St-Donat
Liez
Chaumerliac
la Vialatte
la Bourneix
Journiac
Gioux
Caux
les Chirouzes
Marsol
Chirac-Bellevue
St-Victor-le-Verdier
St-Etienne-la-Geneste
Margerides
Jeux
Vaux
le Lonjard
Beaulieu
Fraisse
Lamur
Falaitouze
Compains
Belleguette
Vedrenne
Ste-Marie-Lapanouze
Liginiac
Nuzéjoux
la Troubade
Lanobre
la Rochette
la Banut
St-Genès-Champespe
Broussoux-le-Lac
Dressonlèix
Espinat
Eglisenueve-d'Entraigues
Brion
Theil
Roche-le-Peyroux
Sarroux
Sauliac
Vallat
Cheylade
Marchal
la Crégut
la Tuillière
le Boucheix
la Mareuge
l'Esclauze
Vergne
Chabrat
Site de St-Nazaire
St-Julien
Bort-les-Orgues
Champs-s-Tarentaine-Marchal
Valessard
le Couderc
Bagnard
Lasparet
Lavergne
Chanterelle
le Bac
Espinchal
la Godivelle
Jassy
Puy de Manzagol
Antiges
Longvert
St-Pierre
Sarran
Trémouille
Montboudif
Boutaresse
Neuvic
Vernejoux
Sérandon
Madic
Buissou
Chambon
Embort
Gorges de la Rhue
des Volcans
Roucoule
Garrey
les Salesses
Mont Chamaroux
Champagnac
Lempret
Ridoux
St-Etienne-de-Chomeil
St-Amandin
Montgreleix
Ydes
Ydes Bourg
Vebret
Saignes
Antignac
Condat
Dreils
le Fayet
le Saillant
Septzanges
Veyrières
Chastel-Merlhac
Neuvialle
la Monselle
Pons
Bagil
Chassagny
Marcenat
Monts du Cézallier
Montagne de Rocherousse
le Braud
Arches
Bassignac
Sauvat
Ribes
Peyrolet
Gorges de la Dordogne
Vendes
Brousseles
Le Monteil
Dijon
Menet
Prailac
la Fage
Lugarde
St-Bonnet-de-Condat
Landeyrat
Soultz
Vezac
Sourniac
Toulat
Marlat
Auzers
Varleix
Riom-ès-Montagnes
Roche
Marchastel
Pradiers
Bourliannes
le Fanc
Jaleyrac
Méallet
Chayrouse
Valette
St-Saturnin
Romaniargues
Chavanon
Aymons
Puy St-Mary
Moussages
Lieuchy
Trizac
Apchon
Puy de Mathonière
Vernols
Allanche
Crouzit
le Vigean
Labro
Fressange
la Margerie
Collandres
St-Hippolyte
Ségur-les-Villas
la Gazelle
Maillargue
Mauriac
d'Auvergne
Brageac
Anglards-de-Salers
Alberoche
la Bastide
Cheylade
Fortuniez
Cézérat
Verthac
Bouisse
Noux
St-Vincent
Vallée du Falgoux
Col d'Aulac
Lextrait
Suc Grand
Chambre
le Chambon
Fignac
le Vaulmier
Fouilloux
Sauvages
Mouret
Chaussenac
Escorailles
Drugeac
Ally
Puy de Bouvals
Chavergne
Drignac
le Theil
St-Bonnet-de-Salers
Pailliez
Espinouse
le Poux
le Claux
Dienne
Collanges
la Boissonière

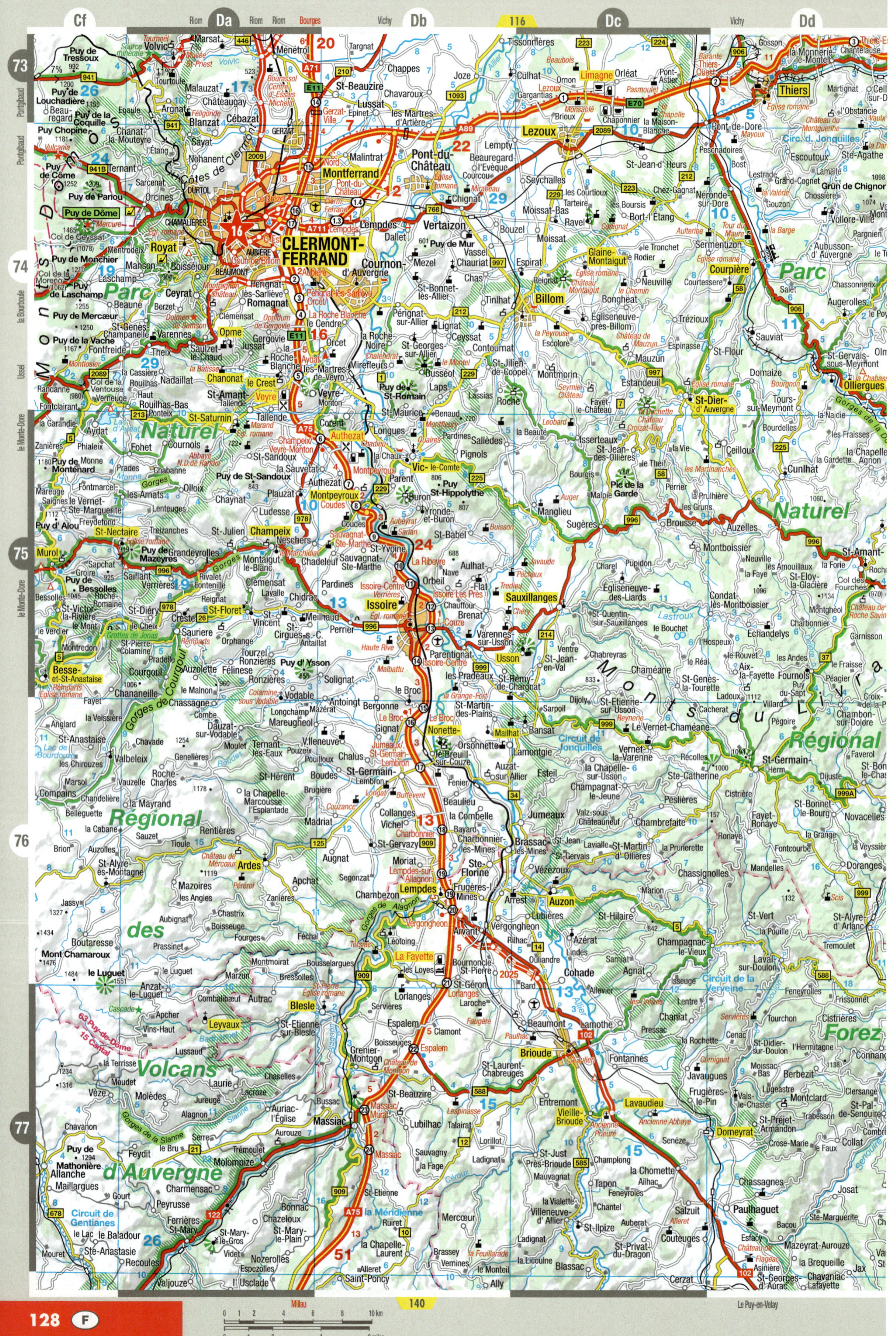
73
74
75
76
77
CLERMONT-FERRAND
Montferrand
Thiers
Lezoux
Pont-du-Château
Billom
Vertaizon
Cournon-d'Auvergne
Chamalières
Royat
Aubière
Romagnat
Volvic
Riom
Vichy
Issoire
Brioude
Lempdes
Sauxillanges
Usson
Vic-le-Comte
Champeix
Murol
Besse-et-St-Anastasie
St-Nectaire
Ardes
Blesle
Massiac
Lavaudieu
Vieille-Brioude
Courpière
Ambert
Cunlhat
St-Dier-d'Auvergne
Olliergues
Puy de Dôme
Puy de Pariou
Puy de Côme
Puy Chopine
Puy de Tressoux
Puy de Louchadière
Puy de Monchier
Puy de Laschamp
Puy de Mercœur
Puy de la Vache
Puy de Monne
Puy de Montenard
Puy de Mazeyres
Puy de Bessolles
Puy d'Alou
Puy d'Ysson
Puy St-Romain
Puy St-Hippolyte
Puy de Mur
Monts Dôme
Monts du Livradois
Parc Naturel Régional des Volcans d'Auvergne
Parc Naturel Régional Livradois-Forez
Limagne
Gorges de Courgoul
Gorges de Alagnon
Gorges de la Sianne
Mont Chamaroux
Le Luguet
Auzon
La Fayette
Nonette
Mailhat
Domeyrat
Paulhaguet
Gergovie
Plateau de Gergovie
A71
A75
A89
E11
E70
Le Puy-en-Velay
Millau
140
0 1 2 4 6 8 10 km
0 1 2 4 6 miles

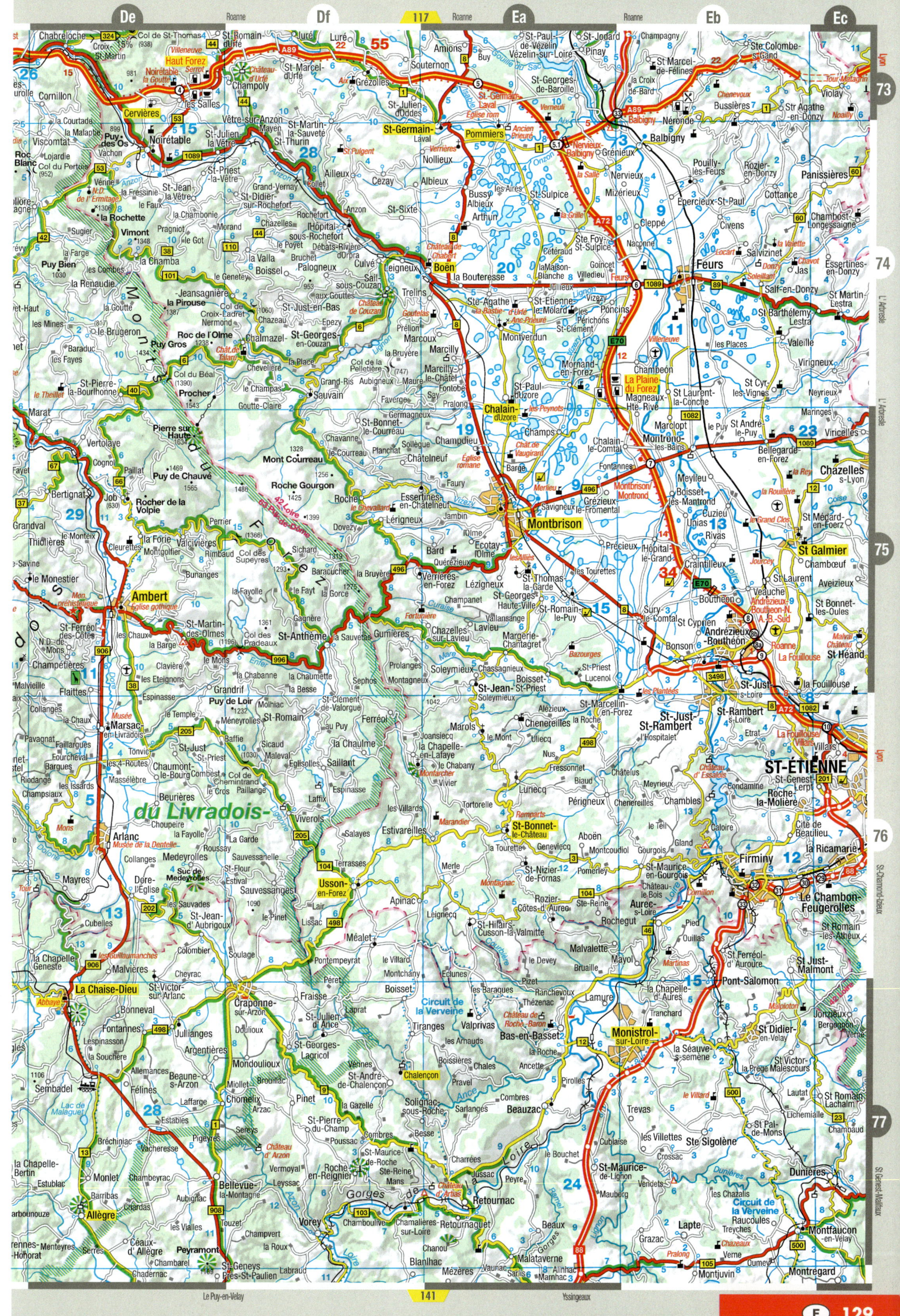
Haut Forez
Noirétable
Cervières
St-Germain-Laval
Pommiers
Balbigny
Feurs
Boën
Montbrison
Chalain-d'Uzore
La Plaine du Forez
St Galmier
Andrézieux-Bouthéon
ST-ÉTIENNE
Firminy
Le Chambon-Feugerolles
Ambert
du Livradois-
Arlanc
Usson-en-Forez
St-Bonnet-le-Château
La Chaise-Dieu
Craponne-sur-Arzon
Monistrol-sur-Loire
Bas-en-Basset
Chalencon
Retournac
Allègre
Bellevue-la-Montagne
Vorey
Montfaucon-en-Velay
Montregard
St Didier-en-Velay
Dunières
Ste Sigolène
Pont-Salomon
Aurec-s-Loire
Puy de Chauvé
Mont Courreau
Roche Gourgon
Pierre sur Haute
Puy de Loir
Gorges de la Loire
Circuit de la Verveine
73
74
75
76
77
Lyon
L'Arbresle
St-Chamond
St-Genest-Malifaux
Le Puy-en-Velay
Yssingeaux

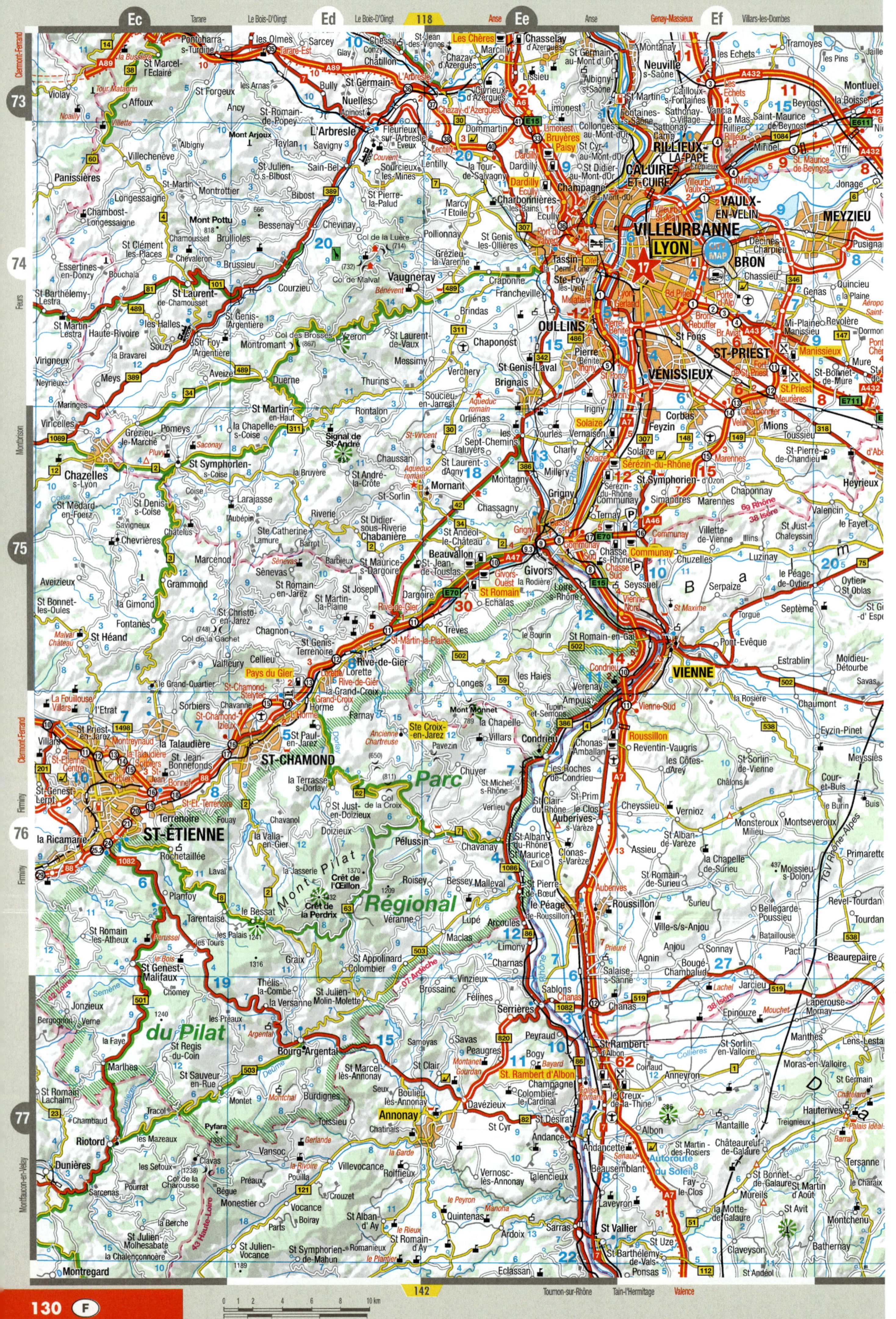

0 1 2 4 6 8 10 km
0 1 2 4 6 miles

73
74
75
76
77
Lyon-Montluel
Dagneux
Béligneux
Charnoz
Pérouges
Meximieux
St-Jean-de-Niost
Loyettes
Crémieu
Morestel
Belley
Yenne
Culoz
Artemare
Lhuis
Brangues
Les Avenières
Veyrins-Thuellin
St-Genix-les-Villages
Pont-de-Beauvoisin
Les Abrets en Dauphiné
La Tour-du-Pin
Bourgoin-Jallieu
L'Isle-d'Abeau
Villefontaine
Chamagnieu
Satolas-et-Bonce
Heyrieux
Virieu
Villages du Lac de Paladru
Charavines
Le Grand-Lemps
La Côte-St André
Rives
Voiron
Moirans
Voreppe
Tullins
Vinay
St Marcellin
St-Égrève
Sassenage
Fontaine
Grenoble
Meylan
Seyssinet
Seyssins
Parc Naturel Régional de la Chartreuse
Parc Naturel Régional du Vercors
Plateau de Chambaran
Forêt de Chambaran
Terres Froides
St Laurent du-Pont
Les Echelles
St Geoire-en-Valdaine
St Jean-de-Bournay
Beaurepaire
Marcilloles
Brézins
St Etienne-de-St-Geoirs
Chambéry
Annecy
Aix-les-Bains

0 1 2 4 6 8 10 km
0 1 2 4 6 miles

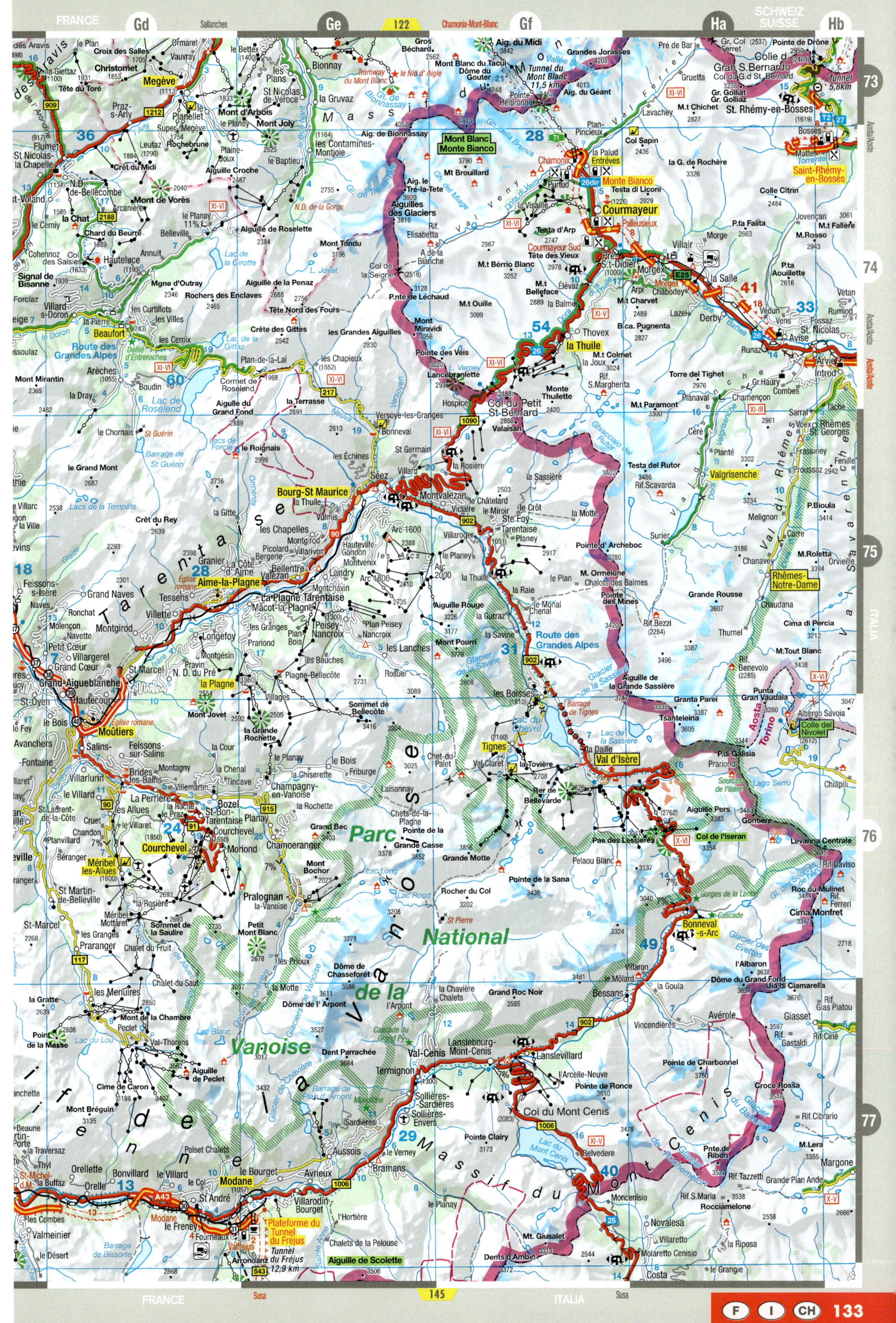
73
74
75
76
77
Megève
Flumet
St Nicolas-la Chapelle
N.D.-de-Bellecombe
Hauteluce
Beaufort
Route des Grandes Alpes
Arèches
Mont Mirantin
les Contamines-Montjoie
Massif du Mont Blanc
Aig. de Bionnassay
Aig. du Midi
Mont Blanc du Tacul
Tunnel du Mont Blanc 11,5 km
Grandes Jorasses
Aig. du Géant
Mont Blanc Monte Bianco
Chamonix
Entrèves
Monte Bianco
Courmayeur
Pré-St-Didier
Morgex
la Salle
Derby
Avise
Arvier
Introd
Aig. des Glaciers
Mont Tondu
Aiguille de Roselette
Crête des Gittes
Mont Miravidi
Lancebranlette
Col du Petit St-Bernard
la Thuile
Valaisan
Thovex
Gr. Col Ferret
Col du Gd St Bernard
Gran S.Bernardo
St. Rhémy-en-Bosses
Saint-Rhémy-en-Bosses
Col Sapin
la G. de Rochère
Colle Citrin
M.t Fallère
Aosta/Aoste
Val Ferret
Torre del Tighet
M.t Paramont
Testa del Rutor
Valgrisenche
Rhêmes-Notre-Dame
Rhêmes St Georges
Val di Rhêmes
Val Savarenche
Grande Rousse
Cima di Percia
M.t Tout Blanc
Punta Gran Vaudala
Colle del Nivolet
Aosta Torino
Lac de Roselend
Cormet de Roselend
Bourg-St Maurice
Séez
Montvalezan
Ste-Foy-Tarentaise
Arc 1600
Arc 1800
Arc 2000
Tarentaise
Aime-la-Plagne
la Plagne
Macot-la-Plagne
Peisey-Nancroix
Moûtiers
Hautecour
Grand-Aigueblanche
Brides-les-Bains
Bozel
Champagny-en-Vanoise
Courchevel
Méribel les-Allues
St Martin-de-Belleville
les Menuires
Val-Thorens
Pralognan la-Vanoise
Mont Pourri
Route des Grandes Alpes
Aiguille Rouge
les Boisses
Tignes
Lac du Chevril
Val Claret
Val d'Isère
la Daille
Aiguille de la Grande Sassière
Col de l'Iseran
Aiguille Pers
Levanna Centrale
Bonneval -s-Arc
Pointe de la Sana
Rocher du Col
Grande Motte
Grande Casse
Parc National de la Vanoise
Dôme de Chasseforêt
Dôme de l'Arpont
Dent Parrachée
Termignon
Val-Cenis
Lanslebourg-Mont-Cenis
Lanslevillard
Bessans
Pointe de Charbonnel
Croce Rossa
Col du Mont Cenis
Lac du Mont Cenis
Massif du Mont Cenis
Pointe Clairy
Rocciamelone
Novalesa
Moncenisio
Mont Bréguin
Cime de Caron
Aiguille de Péclet
Mont de la Chambre
Modane
St André
Avrieux
Aussois
Sollières-Sardières
Bramans
Villarodin-Bourget
Plateforme du Tunnel du Fréjus
Tunnel du Fréjus 12,9 km
Aiguille de Scolette
Mt. Giusalet
Dents d'Ambin
Valmeinier
Orelle
St-Michel-d.M.
A43
Costa
ITALIA

0 1 2 4 6 8 10 km
0 1 2 4 6 miles
146

Saint Savin
Saint Aigulin
La Roche-Chalais
Bourg
Cavignac
Guîtres
Coutras
Saint Médard-de-Guizières
Saint André-de-Cubzac
Saint Seurin-sur-l'Isle
Galgon
Lussac
Fronsac
LIBOURNE
Saint Emilion
Castillon-la-Bataille
Villefranche-de-Lonchat
Montagne
Saint Michel-de-Montaigne
Sainte-Foy-la-Grande
Arveyres
Pomerol
LE BOUSCAT
TALENCE
VILLENAVE-D'ORNON
Carbon-Blanc
Ambarès-et-Lagrave
Créon
Branne
Targon
La Brède
Cadillac
Podensac
Rions
Sauveterre-de-Guyenne
Saint Maixant
Langon
La Réole
Le Bazadais
Monségur
Villandraut
Saint Symphorien
Bazas
Marmande
Montpon-Ménestérol
Périgueux Est
78
79
80
81
82

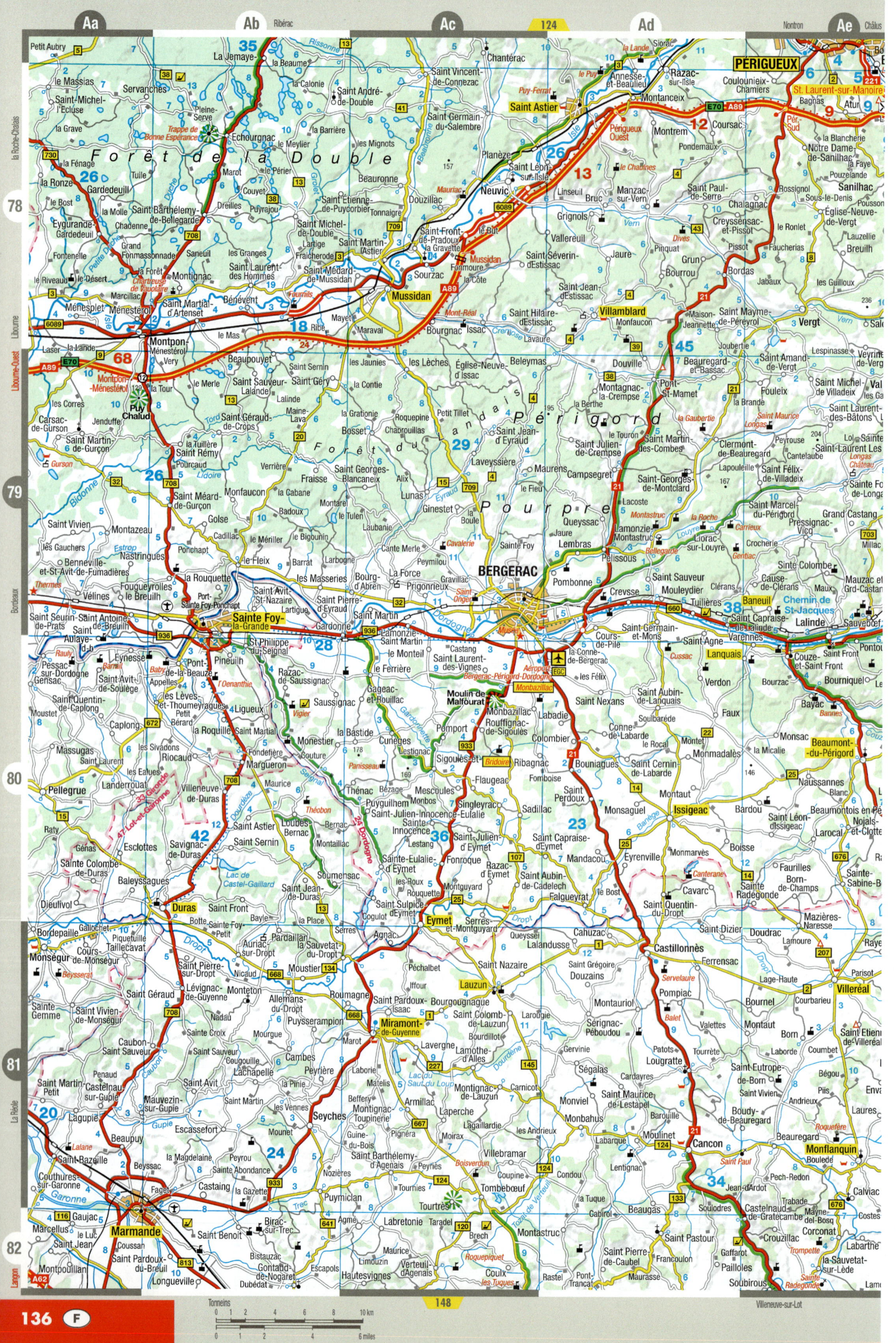
Ribérac
Nontron
Châlus
PÉRIGUEUX
Saint Astier
Razac-sur-l'Isle
Annesse-et-Beaulieu
Montanceix
Coulounieix-Chamiers
St. Laurent-sur-Manoire
Périgueux Ouest
Pér.-Sud
Boulazac
Atur
Bassillac
Coursac
Montrem
Notre Dame-de-Sanilhac
Sanilhac
Chanterac
Saint Vincent-de-Connezac
Saint André-de-Double
Saint Germain-du-Salembre
Neuvic
Planèze
Saint Léon-sur-l'Isle
Douzillac
Saint Front-de-Pradoux
Mussidan
Sourzac
Saint Séverin-d'Estissac
Saint Jean-d'Estissac
Villamblard
Grignols
Manzac-sur-Vern
Saint Paul-de-Serre
Chalagnac
Creyssensac-et-Pissot
Bordas
Vergt
Breuilh
Église-Neuve-de-Vergt
La Jemaye
Servanches
Echourgnac
Forêt de la Double
Saint Michel-l'Ecluse
le Massias
la Grave
Gardedeuil
la Ronze
Eygurande-Gardedeuil
Saint Barthélemy-de-Bellegarde
Saint Michel-de-Double
Saint Laurent-des Hommes
Saint Martin-l'Astier
Saint Médard-de-Mussidan
Saint Martial-d'Artenset
Montignac
Ménesplet
Ménesterol
Montpon-Ménestérol
Le Pizou
Bénévent
Saint Sauveur-Lalande
Saint Géry
Saint Géraud-de-Corps
Puy Chaud
Saint Martin-de-Gurçon
Saint Rémy
Saint Méard-de-Gurçon
Monfaucon
Fraisse
Saint Georges-Blancaneix
Lunas
Ginestet
Montazeau
Saint Vivien
Nastringues
Fougueyrolles
le Fleix
la Rouquette
Port-Sainte-Foy-et-Ponchapt
Sainte Foy-la-Grande
Saint Avit-Saint-Nazaire
Vélines
Saint Antoine-de-Breuilh
Lamonzie-Saint Martin
Gardonne
Saint Pierre-d'Eyraud
Prigonrieux
La Force
BERGERAC
Pombonne
Creysse
Mouleydier
Tuilières
Baneuil
Lalinde
Couze-et-Saint Front
Lanquais
Cours-de-Pile
Saint Agne
Varennes
Chemin de St-Jacques
Les Lèches
Église-Neuve-d'Issac
Beleymas
Douville
Saint Jean-d'Eyraud
Laveyssière
Maurens
Campsegret
Saint Julien-de-Crempse
Saint Martin-des-Combes
Saint Georges-de-Montclard
Lembras
Queyssac
Périgord
Pourpre
Forêt du Landais
Lamonzie-Montastruc
Liorac-sur-Louyre
Saint Félix-de-Villadeix
Saint Marcel-du-Périgord
Grand Castang
Pressignac-Vicq
Saint Michel-de-Villadeix
Fouleix
Beauregard-et-Bassac
Saint Amand-de-Vergt
Clermont-de-Beauregard
Saint Laurent-des-Bâtons
Saint Mayme-de-Péreyrol
Pineuilh
Saint Philippe-du-Seignal
Eynesse
Pessac-sur-Dordogne
Gensac
Saint Avit-de-Soulège
Pont-de-la-Beauze
Les Lèves-et-Thoumeyragues
Saint Quentin-de-Caplong
Caplong
Ligueux
Razac-de-Saussignac
Saussignac
Gageac-et-Rouillac
Monestier
La Bastide
Cunèges
Saint Laurent-des-Vignes
Moulin de Malfourat
Monbazillac
Rouffignac-de-Sigoulès
Pomport
Sigoulès
Colombier
Ribagnac
Flaugeac
Saint Nexans
Saint Aubin-de-Lanquais
Faux
Verdon
Conne-de-Labarde
Bouniagues
Saint Cernin-de-Labarde
Monmadalès
Monsac
Beaumont-du-Périgord
Naussannes
Issigeac
Monsaguel
Montaut
Eyrenville
Plaisance
Bardou
Saint Léon-d'Issigeac
Beaumontois en Périgord
Nojals-et-Clotte
Faurilles
Boisse
Sainte Radegonde
Saint Quentin-du-Dropt
Cavarc
Margueron
Massugas
Riocaud
Landerrouat
Pellegrue
Villeneuve-de-Duras
Saint Astier
Saint Sernin
Loubès-Bernac
Savignac-de-Duras
Esclottes
Sainte Colombe-de-Duras
Baleyssagues
Duras
Saint Front
Dieulivol
Thénac
Puyguilhem
Saint-Julien-Innocence-Eulalie
Mescoules
Singleyrac
Sadillac
Saint Perdoux
Saint Capraise-d'Eymet
Mandacou
Razac-d'Eymet
Saint Aubin-de-Cadelech
Fonroque
Falgueyrat
Soumensac
Saint Jean-de-Duras
Eymet
Serres-et-Montguyard
Cahuzac
Castillonnès
Ferrensac
Lalandusse
Saint Sulpice-d'Eymet
Agnac
La Sauvetat-du-Dropt
Auriac-sur-Dropt
Pardaillan
Monségur
Cours-de-Monségur
Saint Pierre-sur-Dropt
Lévignac-de-Guyenne
Saint Géraud
Allemans-du-Dropt
Moustier
Roumagne
Saint Pardoux-Isaac
Miramont-de-Guyenne
Saint Nazaire
Lauzun
Bourgougnague
Saint Colomb-de-Lauzun
Douzains
Montauriol
Sérignac-Péboudou
Pompiac
Doudrac
Villeréal
Bournel
Montaut
Parisot
Rayet
Sainte Gemme
Saint Vivien-de-Monségur
Caubon
Saint Sauveur
Puysserampion
Marot
Lavergne
Lamothe-d'Alles
Peyrière
Cambes
Lachapelle
Saint Avit
Mauvezin-sur-Gupie
Saint Martin-Petit
Castelnau-sur-Gupie
Escassefort
Lagupie
Beaupuy
Seyches
Montignac-Toupinerie
Armillac
Laperche
Montignac-de-Lauzun
Monviel
Saint Maurice-de-Lestapel
Monbahus
Ségalas
Cancon
Lougratte
Saint Eutrope-de-Born
Boudy-de-Beauregard
Monflanquin
Saint Étienne-de-Villeréal
Saint Bazeille
Couthures-sur-Garonne
Marmande
Gaujac
Marcellus
Coussan
Saint Pardoux-du-Breuil
Longueville
Montpouillan
Fourques-sur-Garonne
Virazeil
Birac-sur-Trec
Saint Benoit
Castaing
Puymiclan
Agmé
Labretonie
Tombeboeuf
Tourtrès
Saint Barthélemy-d'Agenais
Villebramar
Coulx
Verteuil-d'Agenais
Brech
Montastruc
Saint Pierre-de-Caubel
Saint Pastour
Beaugas
Castelnaud-de-Gratecambe
Monbahus
Trentels
Moulinet
Jean-d'Ardot
Monbalen
Gaffarot
Pailloles
Soubirous
La Sauvetat-sur-Lède
Corconat
Calviac
Villeneuve-sur-Lot
Tonneins
A89
E70
A62
Garonne
Dordogne
Dropt
Isle
La Réole
Langon
Libourne
Bordeaux
la Roche-Chalais

Boulazac Isle Manoire
Saint Laurent-sur-Manoire
Eyliac
Limeyrat
Ajat
Azerat
la Bachellerie
Thenon
Peyrignac
Terrasson-la-Villedieu
Pazayac
Larche
Brive
Saint Pierre-de-Chignac
Saint Antoine-d'Auberoche
Fossemagne
Milhac-d'Auberoche
Saint Geyrac
Rouffignac-St-Cernin-de-Reilhac
Auriac-du-Périgord
Montignac
Grotte de Lascaux
Aubas
Coly-Saint-Amand
Saint Amand-de-Coly
Chavagnac
Nadaillac
Jayac
Thonac
Plazac
Saint Léon-s-Vézère
Fleurac
Sergeac
Valojoulx
la Chapelle-Aubareil
Saint Geniès
Paulin
Le Moustier
Peyzac-le-Moustier
Tursac
Manaurie
Périgord
Noir
Tamniès
Marcillac-Saint-Quentin
Salignac-Eyvignes
Saint Crépin-et-Carlucet
Borrèze
Les Eyzies-de-Tayac-Sireuil
Marquay
Proissans
Souillac
Le Bugue
Saint Cirq
Campagne
Meyrals
Sarlat-la-Canéda
Prats-de-Carlux
Carlux
Peyrillac-et-Millac
Cazoulès
Limeuil
Trémolat
Saint Chamassy
Audrix
Castels et Bézenac
Saint Cyprien
Beynac-et-Cazenac
Vézac
la Roque-Gageac
Vitrac
Montfort
Le Buisson-de-Cadouin
Siorac-en-Périgord
Cadouin
Urval
Belvès
Sagelat
Carves
Domme
Grolejac
Saint Cirq-Madelon
Nadaillac
Payrac
Montferrand-du-Périgord
Larzac
Daglan
Saint Pompont
Gourdon
Monpazier
Capdrot
Villefranche-du-Périgord
Besse
Salviac
Dégagnac
Cazals
Montcléra
Frayssinet-le-Gélat
Saint-Germain-du-Bel-Air
Sauveterre-la-Lémance
Gavaudun
Fumel
Duravel
Puy-L'Evêque
Prayssac
Luzech
Mercuès
Cahors
Libos
Montayral
Dordogne
Lot
Chemin de St-Jacques
Villeneuve-sur-Lot 149 150
78 79 80 81 82

Bc
Bd
Be
Bf
Ca
126
150
78
79
80
81
82
Brive-la-Gaillarde
Malemort
Noailles
Turenne
Collonges-la-Rouge
Meyssac
Beynat
Argentat-sur-Dordogne
Servières-le-Château
St-Privat
Martel
Souillac
Vayrac
Beaulieu-sur-Dordogne
Curemonte
Bretenoux
St-Céré
Gramat
Rocamadour
Alvignac
Padirac
Autoire
Carennac
Floirac
Creysse
Meyronne
Montvalent
Payrac
Labastide-Murat
Assier
Figeac
Capdenac
Capdenac-Gare
Lacapelle-Marival
Cardaillac
Aynac
Thémines
Livernon
Espagnac-Ste-Eulalie
Marcilhac-sur-Célé
Cabrerets
Sauliac-sur-Célé
Larroque-Toirac
Cajarc
St-Cirq-Lapopie
Cénevières
Calvignac
Peyrusse-le-Roc
Parc Naturel Régional des Causses du Quercy
Causse de Gramat
Gouffre de Padirac
Jardin des Causses du Lot
Villefranche-de-Rouergue
Cahors
Gourdon
Sarlat-la-Canéda
Périgueux Est
Terrasson-la-Villedieu
0 1 2 4 6 8 10 km
0 1 2 4 6 miles

Mauriac
Parc Naturel
Régional
des
Volcans
d'Auvergne
Monts du Cantal
Vallée de Mandailles
Route des Crêtes
Pleaux
Salers
Puy Violent
Puy de la Tourte
Pas de Peyrol
Puy Mary
Puy Chavaroche
Col de Legal
Col de Bruel
Col de Fontbulin
St-Cernin
Tournemire
Marmanhac
Murat
Le Lioran
Super-Lioran
Puy du Rocher
Plomb du Cantal
Puy Gros
Thiézac
Vic-sur-Cère
Laroquebrou
AURILLAC
Arpajon-sur-Cère
Carlat
Puy de la Grousse
Malbo
Pierrefort
Raulhac
Mur-de-Barrez
Ste-Geneviève-sur-Argence
Argences-en-Aubrac
Laguiole
Maurs
Montsalvy
Puy de l' Arbre
Entraygues-sur-Truyère
Puy de Montabès
Gorges de la Truyère
Gorges du Lot
Conques-en-Rouergue
Decazeville
Aubin
Estaing
Espalion
St-Côme-d'Olt
Marcillac-Vallon
Causse de Lanhac
Bozouls
Bournazel
Montbazens
St-Flour
Villefranche-de-Rouergue
Rodez
151
152
78
79
80
81
82

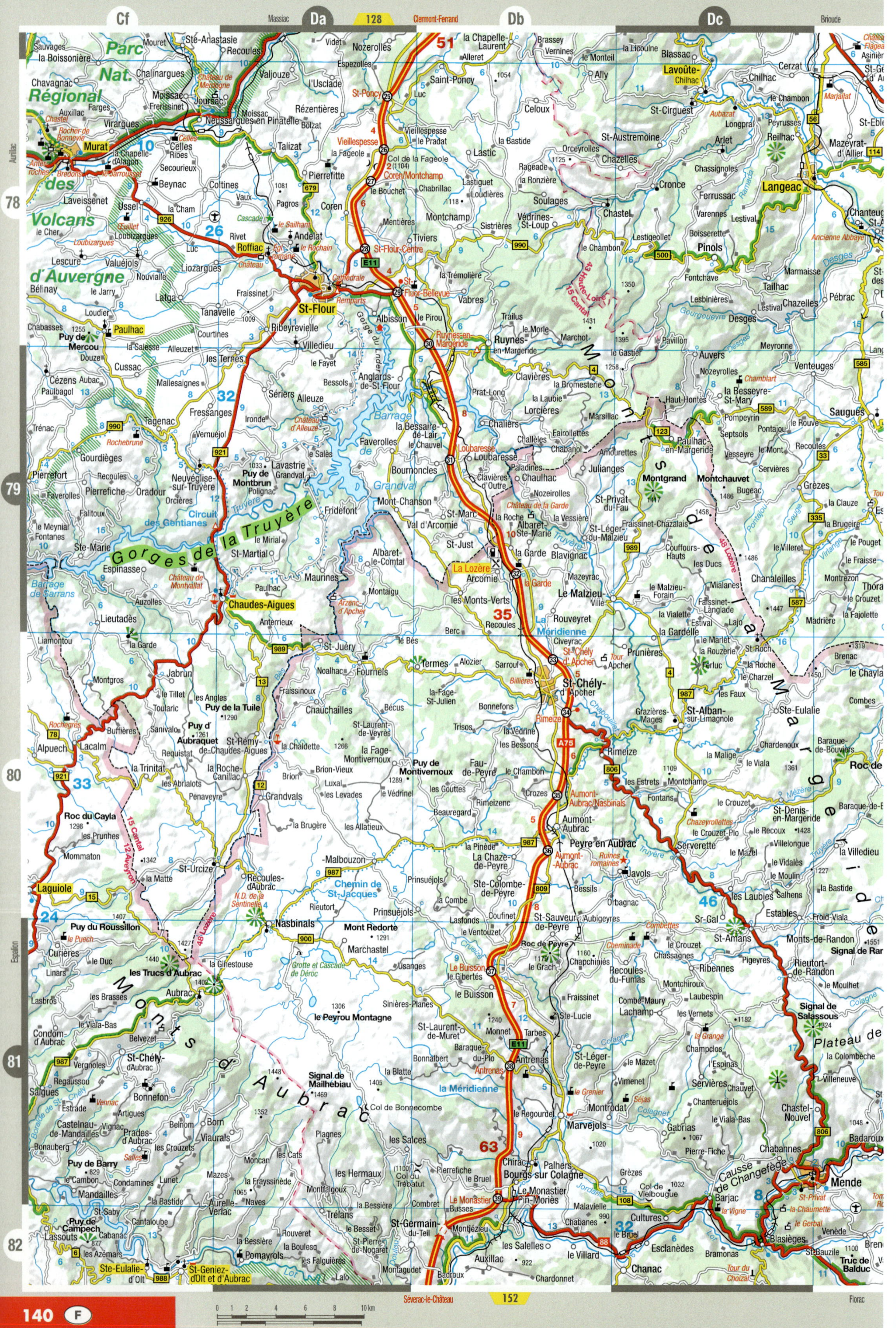
Parc Nat. Régional des Volcans d'Auvergne
Murat
Allanche
Massiac
Ste-Anastasie
Recoules
Valjouze
Vèze
Nozerolles
Espezolles
la Chapelle-Laurent
Brassey
Vernines
le Monteil
la Licoulne
Blassac
Lavoûte-Chilhac
Chilhac
Cerzat
St-Poncy
Saint-Poncy
Luc
Ally
Celoux
Sauvages
la Boissonière
Chavagnac
Chalinargues
Moissac
Joursac
Neussargues-en Pinatelle
Rézentières
Bolzat
Talizat
Vieillespesse
le Pradat
la Bastide
Lastic
St-Austremoine
St-Cirgues
Arlet
Reilhac
Mazeyrat-d'Allier
Langeac
Virargues
Celles
Ribes
Col de la Fageole
la Fageole
Pierrefitte
Coren/Montchamp
Coren
Chabrillac
Lastiquet
Loudières
Rageade
la Ronzière
Orceyrolles
Chazelles
Chassignolles
Cronce
Ferrussac
Varennes
Lestival
Laveissenet
Ussel
Beynac
Coltines
Vaux
Pagros
la Cham
le Bouchet
Mentières
Montchamp
Sistrières
Soulages
Védrines-St-Loup
Chastel
le Chambon
Lestigeollet
Pinols
le Cher
Loubizargues
Rivet
Andelat
Roffiac
Tiviers
St-Flour-Centre
St-Flour
Fluor-Bellevue
Vabres
la Trémolière
Fontchave
Tailhac
Pébrac
Lescure
Valuéjols
Nouvialle
Liozargues
Fraissinet
Bélinay
le Jarry
Latga
Tanavelle
Ribeyrevielle
Villedieu
Albisson
le Pirou
Lesbinières
Desges
Chazelles
Loudier
Paulhac
Puy de Mercou
Chabasses
la Saisse
Alleuzet
Courtines
les Ternes
le Fayet
Ruynes-en-Margeride
Trailus
le Morle
Marchot
le Pavillon
Auvers
Nozeyrolles
Meyronne
Douze
Cussac
Anglards-de-St-Flour
Bessols
Clavières
la Bromesterie
le Gastier
Venteuges
Cézens
Aubac
Paulbagol
Mallesaignes
Fressanges
Sériers
Alleuze
Prat-Long
la Laubie
Lorcières
Haut-Hontès
la Besseyre-St-Mary
Chamblart
Saugues
Trénac
Tagenac
Barrage de Grandval
la Bessaire-de-Lair
le Chauvel
Chaliers
Eairollettes
Marsillac
Pompeyrin
Pontajou
le Rouve
Gourdièges
Vernuéjol
Irondé
Faverolles
Loubaresse
Chabanol
Chaliès
Paulhac-en-Margeride
Septsols
Vesseyre
le Mont
Recoulles
Pierrefort
Recoules
Neuvéglise-sur-Truyère
Lavastrie
Grandval
Puy de Montbrun
Polignac
Bournoncles
Clavières-d'Outre
Paladines
Chaulhac
Juliangès
Amourettes
Servières
Faverolles
Pierrefiche
Oradour
Orcières
Circuit des Gentianes
Fridefont
Mont-Chanson
Nozeyrolles
Montgrand
Montchauvet
Bugeac
Grèzes
Faliloux
le Meynial
Fontanes
Val d'Arcomie
St-Marc
la Roche
Albaret-Ste-Marie
la Vessière
St-Privat-du-Fau
Fraissinet-Chazalais
St-Léger-du-Malzieu
la Clauze
la Brugeire
Ste-Marie
Gorges de la Truyère
Espinasse
St-Martial
le Mirial
St-Just
Albaret-le-Comtal
la Garde
Blavignac
Couffours-Hauts
les Ducs
le Villeret
le Pouget
le Fraisse
Barrage de Sarrans
Château de Montvallat
Paulhac
Maurines
La Lozère
Arcomie
Montaigu
Mazeyrac
le Malzieu-Forain
Le Malzieu-Ville
Mialanes
Chanaleilles
Montrezon
Chaudes-Aigues
Auzolles
Arzenc-d'Apcher
les Monts-Verts
Fraissinet-Langlade
le Crouzet
Lieutadès
Anterrieux
Berc
Recoules
Rouveyret
la Viallette
l'Estival
la Gardelle
Lajo
Madrière
la Fajolette
Liamontou
la Garde
St-Juéry
le Bès
Termes
Alozier
Sarroul
Civeyrac
St-Chély-d'Apcher
Tour Apcher
Prunières
le Mazet
la Rouzière
Orlue
St-Roch
la Roche
Brenac
Jabrun
Noalhac
Fournels
la-Fage-St-Julien
le Charzel
le Chayla
Montgros
le Tillet
Toularic
les Angles
Puy de la Tuile
Fraissinoux
Chauchailles
Bécus
Bonnefons
Rimeize
Grazières-Mages
St-Alban-sur-Limagnole
les Faux
Ste-Eulalie
Combes
Buffières
Sanivalo
Puy d'Aubraquet
St-Rémy-de-Chaudes-Aigues
la Chaldette
St-Laurent-de-Veyrès
Trisos
la Védrine
les Bessons
Rimeize
Chardenoux
Baraque-de-Bouviers
Alpuech
Lacalm
Requistat
la Trinitat
la Roche-Canillac
Brion
Brion-Vieux
la Fage-Montivernoux
Puy de Montivernoux
Fau-de-Peyre
le Chambon
la Malige
le Viala
Roc de
les Abrialots
Penaveyre
Grandvals
Luxal
les Levades
le Védrinel
les Gouttes
Crozes
Aumont-Aubrac/Nasbinals
les Estrets
Montchamp
Fontans
le Crouzet
St-Denis-en-Margeride
Roc du Cayla
les Prunhes
la Brugère
les Allatieux
Beauregard
Rimeizenc
Aumont-Aubrac
Peyre en Aubrac
le Crouzet-Plo
le Recoux
Mommaton
la Matte
St-Urcize
Malbouzon
la Pinède
la Chaze-de-Peyre
Ruines romaines
Javols
Serverette
le Mazel
Villelongue
les Vidales
le Moulin
la Villedieu
Laguiole
Recoules-d'Aubrac
N.D. de la Sentinelle
Chemin de St-Jacques
Prinsuéjols
Ste-Colombe-de-Peyre
Bessils
Orbagnac
les Laubies
Salhens
la Bastide
Puy du Roussillon
le Puech
Nasbinals
Riuetort
Mont Redorte
la Combe
Lasfonds
Coufinet
St-Sauveur-de-Peyre
Aubigeyres
Estables
Froid-Viala
Curières
le Duc
la Ginestouse
Marchastel
le Ventouzet
Roc de Peyre
Chapchinies
Cheminade
Combettes
le Crouzet
Chassagnes
St-Amans
Pigeyres
Monts-de-Randon
Signal de Randon
Linars
les Truces d'Aubrac
Grotte et Cascade de Déroc
Usanges
le Buisson
les Gibertès
le Grach
Recoulès-du-Fumas
Ribennes
Rieutort-de-Randon
le Moulhet
Lasbros
les Brasses
Aubrac
Monts d'Aubrac
le Peyrou Montagne
Sinières-Planes
le Buisson
Fraissinet
Combe-Maury
Lachamp
Montchiroux
Laubespin
les Vernets
Signal de Salassous
Condom-d'Aubrac
le Viala-Bas
Belvezet
St-Laurent-de-Muret
Monnet
Tarbes
Ste-Lucie
la Grange
Champclos
Plateau de
Vergnoles
St-Chély-d'Aubrac
Baraque-du-Plo
Antrenas
St-Léger-de-Peyre
le Mazet
l'Espinas
la Colombèche
Regaussou
Bonnefon
Signal de Mailhebiau
la Blatte
Vimenet
Servières
Chauvet
Villeneuve
Salgues
Vennac
l'Estrade
Artigues
Col de Bonnecombe
la Méridienne
le Grenier
Séjas
Montrodat
Chanterue jols
le Viala-Bas
Chastel-Nouvel
Castelnau-de-Mandailles
Vignac
Prades-d'Aubrac
Belmon
Born
Viaurals
Plagnes
les Salces
le Regourdel
Marvejols
Colagnet
Gabrias
Pierre-Fiche
Badaroux
Bonauberg
les Crouzets
Puy de Barry
le Cambon
Condamines
Lunet
Moncan
les Cats
les Hermaux
Col du Trébatut
Pierrefiche
le Bruel
Chirac
Palhers
Bourgs sur Colagne
Grèzes
Col de Vieillbougue
Causse de Changefège
Chabannes
Mende
Mandailles
la Bastide
Mazes
la Fraysinnède
Naves
Aurelle-Verlac
Montfalgoux
la Bessière
Combret
Le Monastier-Pin-Moriès
Malavielle
Barjac
la Vigne
St-Privat
la Chaumette
Puy de Campech
St-Saby
Cantaloube
Lassouts
Cabanac
Trélans
St-Germain-du-Teil
le Besset
St-Pierre-de-Nogaret
Busses
Montjézieu
les Salelles
Chabanes
Cultures
le Bruel
Esclanèdes
Bramonas
le Gerbal
Blasièges
Venède
Brenoux
les Azémars
la Bessière
Rouveret
le Boulesq
les Falguières
Pomayrols
Auxillac
le Villard
Ste-Eulalie-d'Olt
St-Geniez-d'Olt et d'Aubrac
Lalo
Montagudet
Badroux
Chardonnet
Chanac
Tour du Choizal
St-Bauzile
Truc de Balduc
A75
E11
Truyère
Lot
Montagne de la Margeride
Monts de la Margeride

Monistrol-sur-Loire
78
79
80
81
82
St-Agrève
Aubenas
Le Puy-en-Velay
Yssingeaux
Langogne
Pradelles
Monistrol-d'Allier
Saugues
Loudes
St-Paulien
Craponne
Polignac
Brives-Charensac
Blavozy
St-Julien-Chapteuil
Boussoulet
Fay-sur-Lignon
St-Front
Le Monastier-sur-Gazeille
Solignac-sur-Loire
Cayres
Costaros
Le Bouchet-St-Nicolas
Mont Recours
Monts du Devès
Mont Mézenc
Mont d'Alambre
Le Béage
Issarlès
Coucouron
Lanarce
Thueyts
Montpezat s/s-Bauzon
Mayres
Serre de la Croix de Bauzon
le Tanargue
Massif de Prataubérat
Valgorge
Joyeuse
Jaujac
La Souche
Largentière
Langogne
Réservoir de Naussac
Naussac
Grandrieu
Châteauneuf-de-Randon
Palais du Roi
Laubert
Montagne du Goulet
Le Bleymard
Bagnols-les-Bains
Mas-d'Orcières
Villefort
La Bastide-Puylaurent
St-Laurent-les-Bains
Loubaresse
Sommet de 3 Seigneurs
Le Moure de la Gardille
Cubières
Cubiérettes
Chasseradès
Belvezet
Allenc
Luc
Laveyrune
Ste-Marguerite-Lafigère
Pied-de-Borne
07 Ardèche
48 Lozère
Ste-Eulalie
Gerbier de Jonc
Suc de Sara
Sagnes-et-Goudoulet
Usclades-et-Rieutord
Suc du Pal
Burzet
Mazan-l'Abbaye
St-Cirgues-en-Montagne
Montgarnier
Lac d'Issarlès
Chaudeyrolles
Les Estables
Freycenet-la-Tour
Freycenet-la-Cuche
Présailles
Alleyrac
Goudet
Salettes
Arlempdes
St-Arcons-de-Barges
Barges
Vielprat
La Sauvetat
Landos
Ancette
Chapeauroux
Chambon-le-Château
Bel-Air-Val-d'Ance
St-Symphorien
Auroux
Rocles
Pierrefiche
St-Flour-de-Mercoire
Cellier-du-Luc
St-Alban-en-Montagne
Le Plagnal
St-Etienne-de-Lugdarès
Borne
Loire
Allier
Chemin de St-Jacques
Circuit de la Verveine
Gorges de l'Allier
Gorges de la Loire
Col du Pertuis
Queyrières
Montagne du Meygal
Araules
Suc d'Ollières
Bessamorel
Malataverne
Versilhac
Montjuvin
Chenereilles
Lavoûte-sur-Loire
St-Vincent
Chaspinhac
Le Monteil
Blanzac
St-Geneys-près-St-Paulien
Varennes
Allègre
Peyramont
Séneujols
Bains
Vergezac
Fontannes
Sanssac-l'Église
Vals-près-le-Puy
Espaly-St-Marcel
Coubon
Cussac-sur-Loire
Le Brignon
Chadron
Ussel
Bessamorel
Le Béage
St-Martial
Mont Lozère et Goulet
Tanargue
102
88
590
589
585
985
906
901
903
103
105
500
535
536
537
122
15
16
24
104
239
968

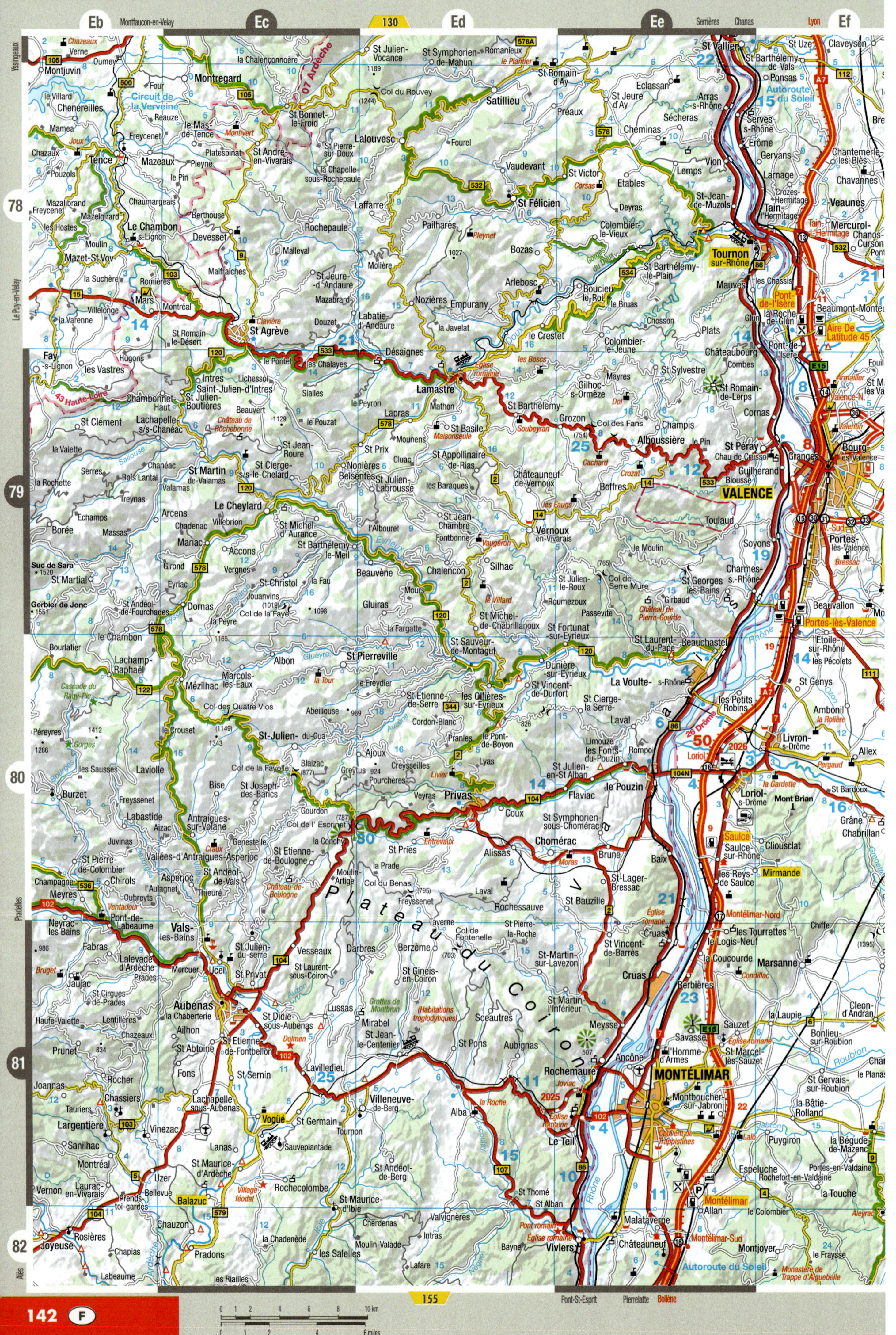

0 1 2 4 6 8 10 km
0 1 2 4 6 miles

Voiron
Grenoble
Villard-de-Lans
Bathernay
Crépol
St-Laurent-d'Onay
St-Antoine-l'Abbaye
St Marcellin
St Véranc
Cognin-les-Gorges
Autrans
Engins
St Nizier-du-Moucherotte
Charmes-s-l'Herbasse
le Chalon
Montmiral
Chatte
Chagneux
Izeron
Malleval
la Sarvagère
Autrans-Méaudre en Vercors
Marges
St Michel-s-Savasse
Montagne
St Bonnet-de-Chavagne
St Romans
Beauvoir-en-Royans
St Pierre-de-Chérennes
la Rochette
Méaudre
Lans-en-Vercors
le Moucherotte
Marsaz
St Donat-s-l'Herbasse
Geyssans
Parnans
la Sône
Rencurel
Parc
Peyrins
Châtillon-St Jean
Triors
St Lattier
St Hilaire-du-Rosier
Presles
St Bardoux
Mours-St Eusèbe
Génissieux
Porte de la Drôme
Royans-Vercors
St Just-de-Claix
St André-en-Royans
Choranche
Pic St Michel
St Paul-de-Varces
Clérieux
Eymeux
Villard-de-Lans
Roc Cornafion
les Balmes
la Baudière
St Nazaire-en-Royans
Auberives
Pont-en-Royans
Grotte de Bournillon
St Julien-en-Vercors
ROMANS-SUR-ISÈRE
Granges-les-Beaumont
St Paul-lès-Romans
la Baume d'Hostun
la Motte-Fanjas
Ste Eulalie-en-Royans
St Laurent-en-Royans
la Narce
Corrençon-en-Vercors
Bourg-de-Péage
Hostun
Jaillans
St Martin-en-Vercors
Nat.
Rég.
la Cote
Prélenfrey
Châteauneuf-s-Isère
Chabeuil
Crest
Mondy
Papelissier
Meymans
St Jean-en-Royans
la Grande Moucherolle
St Barthélemy
Chatuzange-le-Goubet
St Mamans
Beauregard-Baret
Oriol-en-Royans
les Barraques-en-Vercors
Tourte
les Soubredioux
Col de l'Arzelier
Col de la Machine
Alixan
les Mirabeaux
Château-Bernard
les Merciers
Miribel-Lanchâtre
les Petits Eynards
Marches
Rochefort-Samson
-le-Bas
Chartreuse
la Chapelle-en-Vercors
St Andéol
Besayes
Fauconnières
Barbières
St Guillaume
Sinard
St Didier
Bouvante-
Serre Brion
Monestier-de-Clermont
Montélier
Charpey
St Vincent-la-Commanderie
la Charge
-le-Haut
Serre Plume
St Agnan-en-Vercors
la Tour
du
Sommet de Malaval
la Combe
les Fraisses
Parlanges
les Bérards
Peyrus
la Mure
la Brillère
les Deux
la Ville
Gresse-en-Vercors
Malissard
les Faucons
Léoncel
Eglise romane
Col de la Bataille
Vassieux-en-Vercors
Roissard
Châteaudouble
Roc de Toulau
Puy de la Gagère
Grotte
Col de l'Allimas
St-Michel-les-Portes
les Breyrons
les Caires
la Bâtie
Beaumont-lès-Valence
Montvendre
Omblèze
la Cime
Col de St Alexis
Rousset
le Grand Veymont
P. de Brion
Combovin
Route d'Hiver des Alpes
Remparts Temple romain
Barcelonne
Cascades de la Pissoire
St-Michel
St Martin-de-Clelles
Vercors
Col de Rousset
Mont Aiguille
Clelles-en-Trièves
les Ferrands
les Arbods
Trésanne
St Julien-en-Quint
Montéléger
les Dorelons
Montmeyran
la Paillette
Ansage
Lallet
But de St Genis
Donnière
Ruthière
la Baume-Cornillane
la Blache
les Maillets
Chichilianne
les Oches
Longetent
Plan-de-Baix
Montrond
Marignac-en-Diois
les Granges
Percy
Upie
l'Escoulin
Lozeron
St Andéol
Ourches
Gigors
Chamaloc
les Blancs
Montoison
Eygluy-Escoulin
Ponet-et-St Auban
la Rochette-s-Crest
les Gauthiers
Romeyer
38 Isère
26 Drôme
Beaufort-sur-Gervanne
Ste Croix
Arc de triomphe romain
Cathédrale romane
Col de Menée
les Siquets
Vaunaveys-la-Rochette
Montagne de Glandasse
Cirque d'Archiane
Eurre
Suze
Die
Cobonne
Vaugelas
Véronne
Montclar-sur-Gervanne
Pontaix
But de l'Aiglette
Valcroissant
Donjon
Crest
Aouste-sur-Sye
Barsac
Sallières
Molières-Glandaz
Solaure en Diois
les Nonières
Treschenu-Creyers
Mirabel-et-Blacons
Laval d'Aix
Menée
St Pierre
Lambres
Divajeu
Route Annidal
Vercheny
Vlopis
Aix-en-Diois
Borne
Saillans
Aurel
Châtillon-en-Diois
Glandage
Piégros
Aubenasson
Colombe
St Roman
Col de Grimone
Autichamp
St Sauveur-en-Diois
Espenel
Montmaur-en-Diois
St Ferréol
les Payats
Reychas
la Roche
Col du Devès
Rimon-et-Savel
Serre Chauvière
Gorges des Gas
les Gallands
Toussière
les Tatins
le Péage
les Lombards
les Auberts
St Benoit-en-Diois
Barnave
Menglon
Ravel
Saou
Eurre
Chastel-Arnaud
Recoubeau-Jansac
Luzerand
Boulc
les Avondons
Roynac
Soyans
Roche Courbe
la Chaudière
Pennes-le-Sec
Montlaur-en-Diois
Miscon
Vaunières
Puy-St Martin
Francillon-sur-Roubion
Mornans
Aucelon
Luc-en-Diois
Bonneval-en-Diois
Manas
le Poët-Célard
Montagne de Couspeau
Rochefourchat
Pradelle
les Raynauds
Poyols
Lesches-en-Diois
le Pilhon
Pont-de-Barret
Félines
Truinas
Bézaudun-sur-Bîne
le Claps
Saut de la Drôme
Fourcinet
Creyers
Bourdeaux
les Tonils
la Servelle
le Monestier
Salles
Rochebaudin
Eyzahut
St Nazaire-le-Désert
Jonchères
Beaumont-en-Diois
Beaurières
la Haute Beaume
la Beaume
Salettes
Serre Gros
Volvent
Col de Cabre
Souspierre
Vieux Village
Crupies
Orcinas
les Roustans
Serre la Chaud
Charens
Dieulefit
le Plat
le Poët-Laval
Bellegarde-en-Diois
Montlahuc
les Prés
Guisans
Faucon
St-Dizier-en-Diois
Beau-Vallon
Vesc
Bouvières
Chamauche
Gumiane-Haut
la Bâtie-des-Fonds
Mont Rachas
le Moulin
Chalancon
Rif
Establet
Rossas
Valdrôme
le Cheylard
Prieuré
Montjoux
la Paillette
Arnayon
la Motte
Serre Emboué
Montagne de l'Aup
les Granges
Béconne
Chaudebonne
Montagne d'Angèle
Berlières
Rottier
la Charce
Bruis
la Piarre
le Vissac
Roche-St Secret-Béconne
Mgne de la Lance
Donjon de Béconne
Valouse
l'Estellon
les Chaudrons
Léoux
Cornillon-sur-l'Oule
Ste-Marie
Valdoule
Clos d'Antouret
05 Hautes-Alpes
le Duffre
le Moulin
Aspres-sur-Buëch
Serres
78
79
80
81
82
156

GRENOBLE
CITY MAP
ST-MARTIN-D'HÈRES
ÉCHIROLLES
Seyssinet
Seyssins
Eybens
Gières
Venon
St Nizier
St Martin-d'Uriage
Uriage-les-Bains
Herbeys
Bresson
Tavernolles
Vaulnaveys-le-Haut
Jarrie-les-Charbets
Brié-et-Angonnes
Champagnier
Claix
Varces-Allières-et-Risset
Vif
St Paul-de-Varces
Montchaboud
Vizille
le Péage-de-Vizille
Séchilienne
Gavet
Rioupéroux
Livet-et-Gavet
Chamrousse
Croix de Chamrousse
Rochetaillée
le Bourg-d'Oisans
Allemond
Vaujany
l'Alpe-d'Huez
Pic de l'Etendard
Cime des Torches
les Aiguillettes
Grand Pic de Belledonne
La Grave
la Meije
Mizoën
Besse
Clavans-le-Haut
le Chazelet
Mont-de-Lans
les Deux-Alpes
Vénosc
l'Alpe-de-Venosc
le Freney
Massif du Soreiller
St-Christophe-en-Oisans
la Bérarde
Parc
National
Ecrins
Massif des Ecrins
Oisans
la Morte
Laffrey
Pierre-Châtel
La Mure
Susville
Monestier-de-Clermont
Sinard
Avignonet
Mens
Cordéac
Corps
St Firmin
Valbonnais
Entraigues
Pic des Souffles
Aiguille des Arias
Tête des Fétoules
Pointe du Vallon des Etages
Villar-Loubière
la Chapelle-en-Valgaudémar
Aiguille de Morges
St Disdier
Dévoluy
Agnières-en-Dévoluy
St Etienne-en-Dévoluy
Pic de Bure
Tête de Clappe
St-Bonnet-en-Champsaur
Champsaur
Chabottes
Pont du Fossé
Ancelle
Chaillol
St Julien-en-Champsaur
Grande Autane
Bochaine
Veynes
Montmaur
Aspres-sur-Buëch
St Pierre-d'Argençon
St Julien-en-Beauchêne
Lus-la-Croix-Haute
Col de la Croix Haute
Col de Grimone
Toussière
Tréminis
Clelles
Lalley
Châtel-en-Trièves
GAP
Romette
la Bâtie-Neuve
Chorges
Jarjayes
Tallard
Châteauvieux
la Freissinouse
Manteyer
la Roche-des-Arnauds
Furmeyer
Châteauneuf-d'Oze
St Auban-d'Oze
la Bâtie-Montsaléon
Chabestan
Sigoyer
Remollon
Espinasses
Théus
Valserres
la Bréole
Lac de Serre-Ponçon
Route Napoléon
Route des Fruits et Vins
38 Isère
05 Hautes-Alpes
26 Drôme
A51
A480
E712
N 85
N 91
1091
1075
994
Serres
Grenoble
Die
La Saulce
Barcelonnette
157

Valloire
Aiguilles d'Arves
Col du Galibier
Col du Lautaret
Villar d'Arène
le Lauzet
le Monêtier-les-Bains
Bardonecchia
Tunnel du Fréjus 12,9 km
Aiguille de Scolette
Roche Bernaude
Mont Thabor
Névache
Plampinet
Mt. Chaberton
Cesana
Claviere
Sestriere
Montgenèvre
Briançon
Fortifications (Vauban)
Oulx
Susa
Exilles
Parco d. Gran Bosco
Pragelato
Valle del Chisone
Parco Val Troncea
Villeneuve
Chantemerle
St Chaffrey
Puy-St Pierre
Villar-St Pancrace
Cervières
Ailefroide
Mont Pelvoux
Vallouise-Pelvoux
Puy-St Vincent
L'Argentière-la Bessée
Col d'Izoard
Route des Grandes Alpes
Abriès
Aiguilles
Château Queyras
Ville Vieille
Molines-en-Queyras
St Véran
Parc Naturel Régional du Queyras
Mont Dauphin
Guillestre
Embrun
Vars
Col de Vars
Savines-le-Lac
Lac de Serre-Ponçon
St Paul
Barcelonnette
Meyronnes
Val d'Oronaye
Pontechianale
Chianale
Aiguille de Chambeyron
Tête de Sautron
Acceglio
Crête de Dourmillouse
Orcières
Réallon
Pic de Morgon

Yc
Yd
Ye
134
Yf
Za
82
83
84
85
86
OCÉAN
ATLANTIQUE
Côte d'Argent
Étang de Cazaux et de Sanguinet
Biscarrosse-Plage
Navarrosse
en Mayotte
Goubern
Millas
Bosque
en Bergoin
en Hill
Narp
Méoule
le Bougès
le Clerc
Courneilley
Gare de Lugos
Camontès
Marian
Nigon
Lilaire
Centre d'Essais
le Muret
Saugnacq-et-Muret
la Crabette
La Porte de Landes
Biscarrosse
Lubiosse
Étang de Biscarrosse et de Parentis
Parentis-en-Born
le Bôo
Lahitte
le Lac
Bourruque
Mothes
Poms
Ychoux
les Forges
Bourdieu
Liposthey
Lavigne
Lucats
Gastes
Herran
Esleys
Hillan
Dupouy
Maynage
Pelouche
Lafont
Saint Trosse
Mongaillard
Chemin de St.Jacques
Sainte Eulalie-en-Born
Grand-Ligautenx
Petit-Ligautenx
Tuyas
Daugna
Pontenx-les-Forges
Guiroosse
Souleyraou
Menaut
Bouricos
Baxente
Lüe
Gaillard
Étang d'Aureilhan
Mimizan-Plage
Bestaven
Jean-de-Crabe
Saint Paul-en-Born
la Barde
Larrousseau
Médous
Labouheyre
Grué
Gillet
Cantaure
Marine
Aureilhan
Mimizan
Haza
Terrenave
Méneou
Angoulin
Foret de Mimizan
Salin
Esting
Archus
Gaye
Jouanicot
Escource
Cap de Pin
Solférino
Cap-de-Pin
Musée
Lespecier
Bias
Bouheben
Jouanon
Capas
Lisacq
Lestajaou
Salbert
Lesbordes
LANDES
Contis-Plage
Tresse
la Lette
Contis-les-Marais
Mézos
Caoule
Guetch
Saint Julien-en-Born
Onesse-et-Laharie
les Pignats
Laharie
Tuc-Gaillat
Hourre
Cap-de-l'Homy-Plage
Forêt de Lit-et-Mixe
Lit-et-Mixe
Uza
le Cout
Harenoin
Grand-Coulin
Sindères
Morcenx-la-Nouvelle
Morcenx
Arjuzanx
Padaou
Yons
Lévignacq
Garrosse
Morcenx-Bourg
Miquéou
Naboude
Moulin-Vieux
le Bouscat
Lugadets
Vignacot
Carpit
Louise
Bernadic
Frouas
Mathiouic
Lesperon
le Souquet
Cerboueyre
Serroun
Saint Girons-en-Marensin
Caillaube
Boucaou
Mougnoc
Saint Girons-Plage
Labaste
Criéré
Rion-des-Landes
Gracian
Jeantot
L'Océan
Péliou
Gournau
Vieille-St-Girons
Linxe
Arnaoutchoc
Mansenes
Pouin
Lac de Léon
Huchet
Saint-Michel-Escalus
Boos
Lestage
Quartier-de-Marcel
Réserve Naturelle du Courant d'Huchet
Pichelèbe
Léon
Castets
Marquis
Saint Michel
Cougnala
Galoppe
Maa
Lacay
Taller
le Cos
Moliets-Plage
le Village-sous-les-Pins
Moliets-et-Maa
Étang de Moliets
Betoy
Chanchon
Minjouay
Laluque
Lesgor
Perichon
Étang de Laprade
Messanges-Plage
Messanges
Petit Marquis
Cluquetardit
Bégaar
Grangeon
Azur
Herm
Gourbera
Vieux-Boucau-les-Bains
Quartier-Caliot
Lac de Soustons
Coudère
Magesq
N.D. de Buglose
Buglose
Candale
Chemin de St.Jacques
Pontonx-sur-l'Adour
Gurgues
Saint Jean-de-Lier
Vicq-d'Auribat
Tastet
Houdin
Nerthe
Gousse
Bains de Préchacq
Cassen
Louer
Préchacq-les-Bains
Saint Geours-d'Auribat
Soustons
Leborde
Abbesse
Berceau-de-Saint Vincent-de-Paul
Thétieu
C.de Vieux-Boucau
160
St-Geours-de Mare.
Dax
10 km
6 miles

Bordeaux
Zb
Zc
Zd
Ze
Zf
135
Béliet
Langon
Parc
Naturel
Régional
des Landes
de Gascogne
Quartier
l'Ambéliet
Retis
le Puch
le Meynieu
Belin-Béliet
Boutox
le Tuzan
Lays
Peyrin
Capsus
Biganon
Mano
Saugnacq-et-Muret
Mirador
Lesquire
Castelnau
Moustey
la Nave
Belhade
Lagleyre
Hourtoy
Botte
Ageloüse
Montauzey
Vieux-Richet
Berdoy
les Ombres
Richet
Haut-Richet
Harribey
Barthe
Moucheruc
la Ville
Sore
Pissos
Traounquet
Bern
Gruey
coursoilles
le Thus
le Hallot
Luxey
la Crotte
Cantegrit
les Houssats
Guidenson
Trensacq
Commensacq
la Gelère
Ecomusée de Marquèze
Lesgoudies
Nan
Sabres
Perrègue
Mautoire
Lompré
Lestage (Peyticq)
Couartes
Maguide
Pouy-Blanc
Vert
Peyrau
Luglon
Labrit
la Place
les Plantons
Sauque
Garein
Parc-de-Poussade
Moulin-Vieux
Bezin
Castillon
Arengosse
Bagatelle
la Chapelle
Barbet
le Fruit
Pelegarie
Geloux
Ygos-Saint-Saturnin
la Bastide
Lagraulet
Maisonnave
Matha
Marrouat
Ousse-Suzan
Suzan
Saint-Martin-d'Oney
Campet-et-Lamolère
Uchacq-et-Parentis
Bouniart
Pierrot
Coumet
Raubet
Pouy
Saint Yaguen
Patton
Barlac
Meilhan
Le Caloy
Berteuil
Campagne
Saint Perdon
Loustalet
Sainte Croix
Malet
Cangrand
Carcarès-Sainte Croix
Tartas
Parpaillot
Bourg-Neuf
Ronsacq
Candille
Grand Candeles
Lestronques
le Leuy
Haut-Mauco
Jeanbidaou
Mugriet
Aurice
Devoyan
Saint Etienne
Souprosse
Lamothe
Cauna
Audon
Pelin
Gouts
Goudosse
Lagastet
Péré
Toulouzette
Augreilh
Saint Sever
Laurède
Nerbis
Mugron
Boucosse
Arènes
161
Orthez
Gardit
le Pudaou
Capdet
Estiou
Castelnau-de-Cernès
Saint Léger-de-Balson
Saint Symphorien
Jouanhaut
Brunet
Lassus
Villemegea
Capuron
Arrode
Bastide
Abeilley
la Trougne
le Piada
Bourideys
Capdarrieux
les Pesoueyres
Lanan
Lagassey
Robert
Callen
Grison
Dumène
Pallas
Naou
Peyronnet
Mahan
Petit-Pedelay
Lagavarre
Couyalas
Sarroucas
Batharière
33 Gironde
40 Landes
le Houga
Lasbroudes
Pouy-Blanquine
Udreres
le Sen
Grand-Sablis
Jourets
Lencouacq
Cachen
Bélis
Hourats
Brocas
Tauladon
le Ginx
Maillères
Canenx-et-Réaut
Cere
Guillemensous
Lalanne
Lapeyre
Loustalot
Réaut
Lucbardez-et-Bargues
Parentis-de-Uchacq
Bigne
Saint Avit
le Caloy
Menjoulicq
MONT-DE-MARSAN
Bougue
Mazerolles
Laglorieuse
Bretagne-de-Marsan
Bostens
Artassenx
Lartigue
Maurrin
Benquet
Bascons
Castandet
Lahemme
Jeanpierre
Pédelord
Saint Maurice-sur-Adour
Grenade-sur-l'Adour
Larrivière
Camelot
Prous
Montgaillard
Robert
Ferran
Lamensans
Bordères-et-Lamensans
Renung
Cazères-sur-l'Adour
162
Mahon
Targos
Villandraut
la Burthe
Mouréou
Privaillet
Taris
au Ros
Illon
Uzeste
Labardin
Lignan-de-Bazas
Pont-de-la-Trave
la Fue Moulin-de Cossarieu
Préchac
Peyredieu
Luas
Merrein
Souis
Cazalis
Pechon
Paygros
Bernatge
Lucmau
Insos
le Pradia
les Deymets
Lesquerde
Bouchon
Captieux
Rivedieu
Parsol
Publanc
le Poteau
Traverses
Gratelouρ
Miquelot
Bourriot-Bergonce
Retjons
Chinanin
Benézet-de-Guinas
Arue
Nabias
Roquefort
Perret
Sarbazan
le Jay
Corbleu
Beillons
Bostens
Pouydesseaux
Gaillères
Sainte-Foy
la Bataille
Saint Cricq-Villeneuve
Villeneuve-de-Marsan
Pujo-le-Plan
le Plan
Lubatas
les Barrières
Saint Gein
Hontanx
Perron
Arbouts
Rondebœuf
Bazibat
Marquestau
Coumat
le Vignau
les 4 Chemins
Aire-sur-l'Adour
la Gare
Bazas
la Grange
Cazats
Poussignac
Trazitz
Gajac
Saint Côme
Birac
Marimbault
Pessec
Pompéjac
la Salle
les Gillets
Bernos-Beaulac
Cudos
Sauviac
la Potence
Artiguevieille
Beaulac
Chemin de St.Jacques
Soubiran
Mauriac
Escaudes
Lerm-et-Musset
le Trésot
Goualade
Sansin
Coeur d'Aquitaine
Grand-Lèbe
Castelnau
Giscos
Pichon
Maillas
Chalan
Hourquey
le-Pont-Long
Rieussout
47 Lot-et-Garonne
40 Landes
la Gare
Bergonce
Vialotte
Lussolle
Lugazaut
Maison-Neuve
Chicoy
Saint Gor
Vielle-Soubiran
Pijo
Cazaubon
Saint Martin-de-Noët
Laslangaches
Arouille
Douzevieille
Saint Justin
Labastide-d'Armagnac
Betbezer-d'Armagnac
Saint Julien-d'Armagnac
Mauvezin-d'Armagnac
Bernet
Lacquy
la Frêche
Saint Vidou
Brechan
Mauléon-d'Armagnac
Cucassé
Lannemaignan
Soubère
Sauvagnère
Arthez-d'Armagnac
Perquie
Marcoge
Montégut
Castex-d'Armagnac
Lusson
Gaube
Monguilhem
Maupas
Coudicons
Bourdalat
Lacoste
Monlezun-d'Armagnac
Toujouse
Loubens
Villeneuve
Bascaules
Laberege
Mormès
Perchède
Lussagnet
Saint Aubin
le Houga
Magnan
Toupiès
Daunian
Toujun
Luppé-Violles
la Hitère
Nogaro
Castelnau
Lagrange
82
83
84
85
86

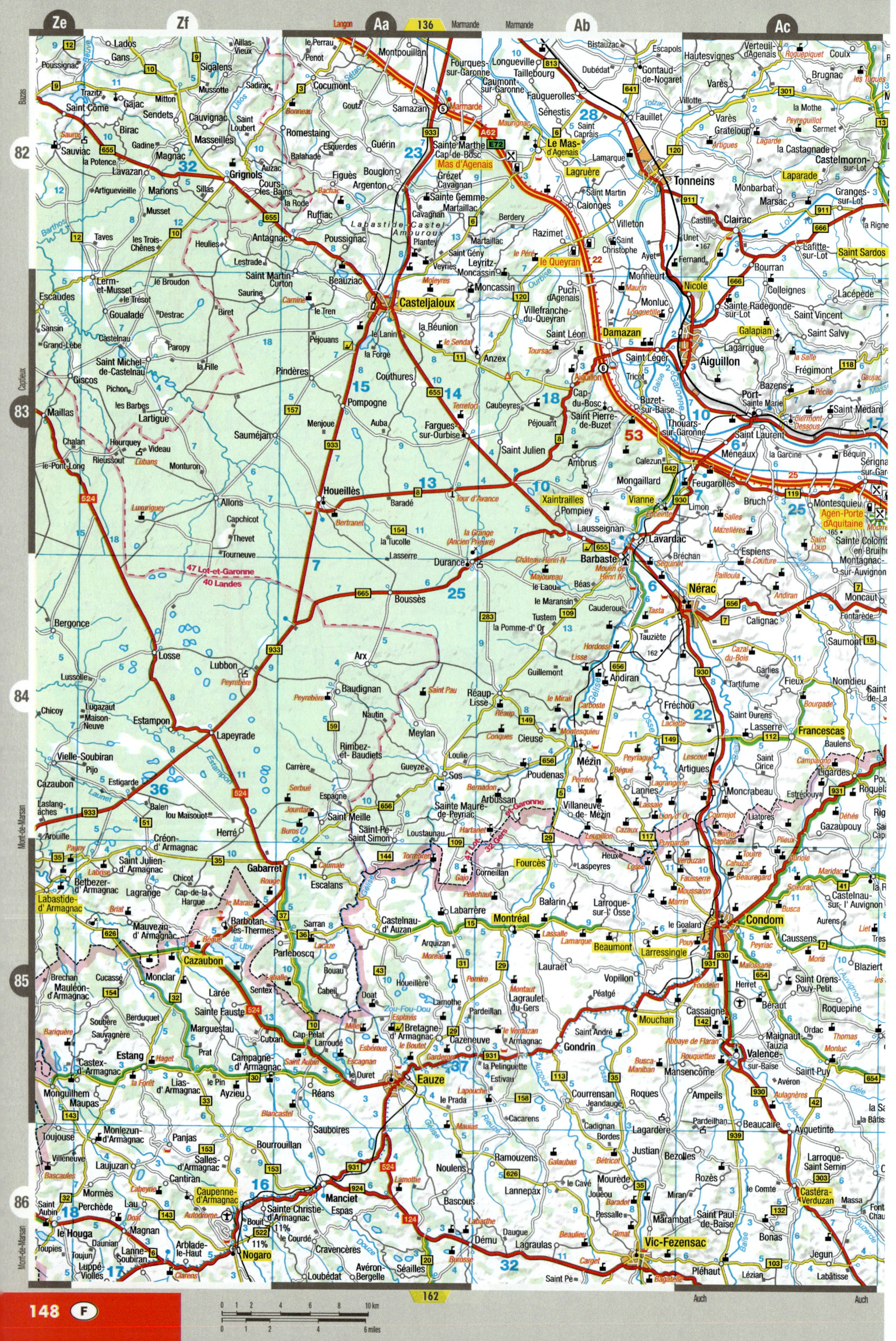

0 1 2 4 6 8 10 km
0 1 2 4 6 miles

Bergerac
Puy-L'Evêque
VILLENEUVE-SUR-LOT
Casseneuil
Sainte Livrade-sur-Lot
Penne-d'Agenais
Tournon-d'Agenais
Montaigu-de-Quercy
Montcuq
Lauzerte
Beauville
Laroque-Timbaut
AGEN
Agen-Porte d'Aquitaine
Bon-Encontre
Puymirol
Castelsagrat
Saint Maurin
Valence
Moissac
Auvillar
Castel-Sarrasin
Saint Porquier
Escatalens
Flamarens
Miradoux
Lectoure
Fleurance
Lavardens
Monfort
Sarrant
Beaumont-de-Lomagne
Mas-Grenier
Astaffort
Laplume
Lamontjoie
Autoroute des deux Mers
Chemin de St-Jacques
Lac des 3 Vallées
Garonne
Tarn
Gers
Castelculier
82 Tarn-et-Garonne
47 Lot-et-Garonne
32 Gers
46 Lot
A62
E72
82
83
84
85
86
Cahors
Montauban
Toulouse
Auch
Aubiet

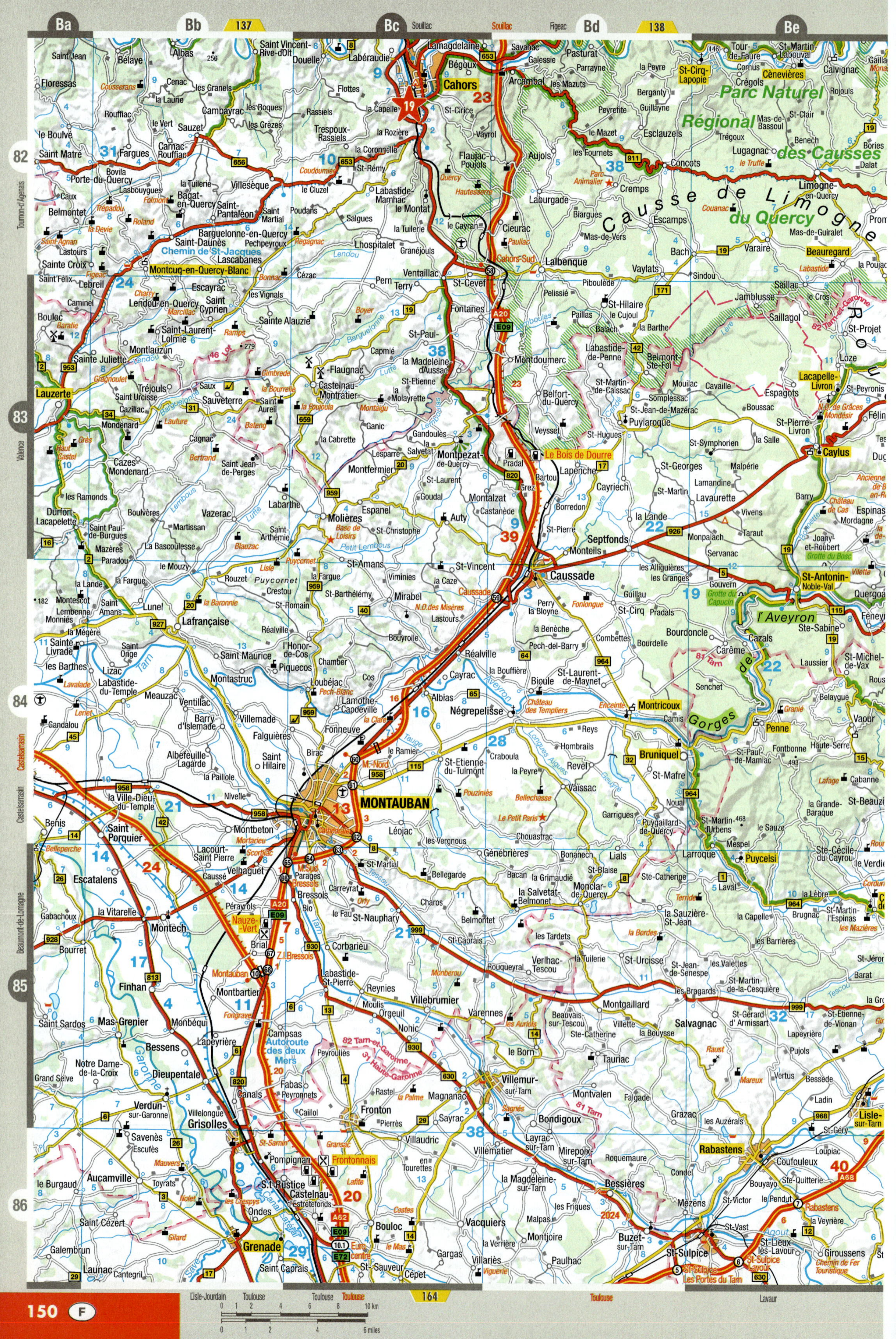
Souillac
Figeac
Cahors
Lamagdelaine
Bégoux
Arcambal
Savanac
Pasturat
Parc Naturel
Régional
des Causses
du Quercy
Causse de Limogne
St-Cirq-Lapopie
Cénevières
Calvignac
Concots
Cremps
Limogne-en-Quercy
Beauregard
Varaire
Bach
Escamps
Lalbenque
Cahors-Sud
Cieurac
Flaujac-Poujols
Aujols
Laburgade
Vaylats
Saillac
Jamblusse
Saillagol
Lapcelle-Livron
Caylus
St-Antonin-Noble-Val
Gorges de l'Aveyron
Montricoux
Bruniquel
Penne
Vaour
Septfonds
Caussade
Montpezat-de-Quercy
Le Bois de Dourre
Molières
Lafrançaise
Lauzerte
Montcuq-en-Quercy-Blanc
Castelnau-Montratier
Lendou-en-Quercy
Saint-Paul
Ventaillac
St-Cevet
Labastide-Marnhac
Saint Matré
Fargues
Porte-du-Quercy
Montaigu
Negrépelisse
MONTAUBAN
Villemade
Albias
Réalville
Piquecos
Montastruc
Meauzac
Castelsarrasin
Saint Porquier
Escatalens
Montech
Finhan
Mas-Grenier
Bessens
Dieupentale
Verdun-sur-Garonne
Grisolles
Savenès
Aucamville
Saint Cézert
Galembrun
Launac
Grenade
Ondes
Castelnau-d'Estrétefonds
St-Rustice
Pompignan
Frontonnais
Bouloc
Fronton
Villaudric
Vacquiers
Villemur-sur-Tarn
Bondigoux
Layrac-sur-Tarn
Mirepoix-sur-Tarn
Bessières
Buzet-sur-Tarn
St-Sulpice
Rabastens
Coufouleux
Lisle-sur-Tarn
Salvagnac
Montgaillard
Puycelsi
Larroque
Villebrumier
Varennes
Reynies
Labastide-St-Pierre
Nohic
Orgueil
Campsas
Canals
Labarthe
Léojac
St-Nauphary
Corbarieu
Bressols
Génébrières
Monclar-de-Quercy
Verlhac-Tescou
La Salvetat-Belmontet
Nauze-Vert
Autoroute des deux Mers
Chemin de St-Jacques
Toulouse
Lisle-Jourdain
Lavaur

Bf
Figeac
Ca
139
Decazeville
Cb
Decazeville
Cc
Cd
82
83
84
85
86
Rodez
Rodez
Rodez
Rodez
St-Semin-sur-Rance
165
Castres
166
Villefranche-de-Rouergue
Gorges de l'Aveyron
Villeneuve
Rignac
Bournazel
Belcastel
Baraqueville
Naucelle
Sauveterre-de-Rouergue
Rieupeyroux
Najac
Cordes
Carmaux
Monestiés
ALBI
Gaillac
Graulthet
Réalmont
St-Juéry
Ambialet
Valence-d'Albigeois
Réquista
Cassagnes-Bégonhès
Gorges du Viaur
Viaduc du Viaur
Pampelonne
Tanus
Salles-la-Source
Druelle
Balsac
Marcillac
Valady
Lanuéjouls
Privezac
Compolibat
La Bastide-l'Évêque
Vabre-Tizac
Lescure-Jaoul
La Salvetat-Peyralès
Varen
Laguépie
St-Antonin
Montirat
Valderiès
Arthès
Lescure-d'Albigeois
Puygouzon
Cagnac-les-Mines
Castelnau-de-Lévis
Marssac-sur-Tarn
Lisle-s-T.
Rabastens
Lagrave
Cadalen
Lombers
Lautrec
Montredon
Villefranche-d'Albigeois
Alban
Paulinet
Teillet
Trébas
Requista
Lédergues
Durenque
Calmont
Flavin
Moyrazès
Colombiès
Lunac
Montjaux
Vaureilles
Maleville
Brandonnet
Martiel
Morlhon-le-Haut
Sanvensa
Monteils
Parisot
Caylus
Verfeil-s-Seye
Vindrac-Alayrac
Milhavet
Virac
Salles
Mirandol-Bourgnounac
Jouqueviel
Tayrac
Crespin
Lacapelle-Pinet
Faussergues
Saint-Jean-de-Marcel
Sarclars
Blaye-les-Mines
Taïx
Le Garric
Labastide-Dénat
Fréjairolles
Dénat
Lamillarié
Teulet
Mouzieys-Teulet
Terre-Clapier
Lasgraisses
Laboutarie
Busque
Briatexte
Montdragon
Fauch
Roumégoux
Terre-de-Bancalié
St-Lieux-Lafenasse
Arifat
St-Pierre-de-Trivisy
Mont-Roc
Rayssac
12 Aveyron
81 Tarn
46 Lot
82 Tarn-et-Garonne

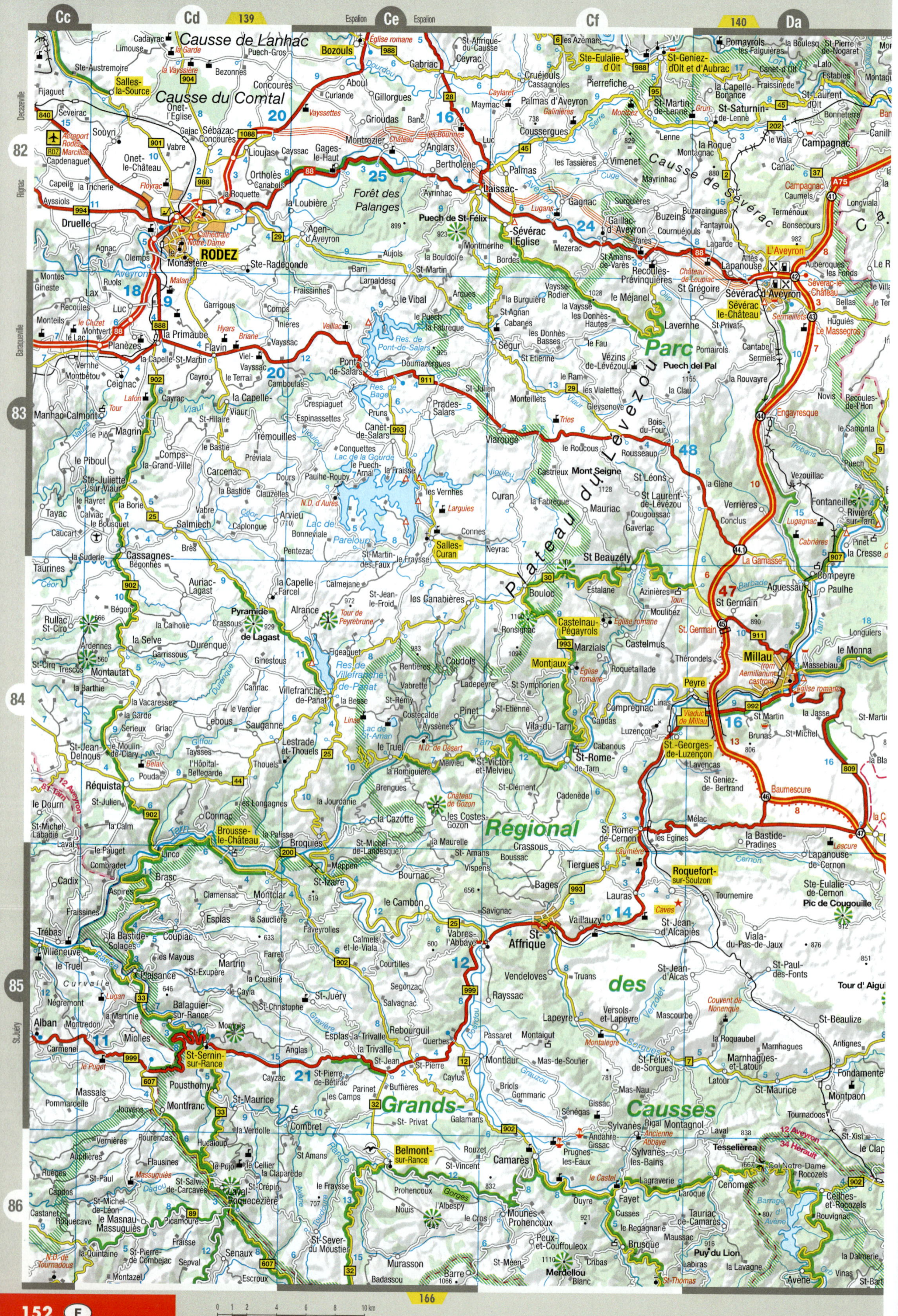

166

0 1 2 4 6 8 10 km
0 1 2 4 6 miles

82 83 84 85 86

Clermont-l'Hérault 167 168

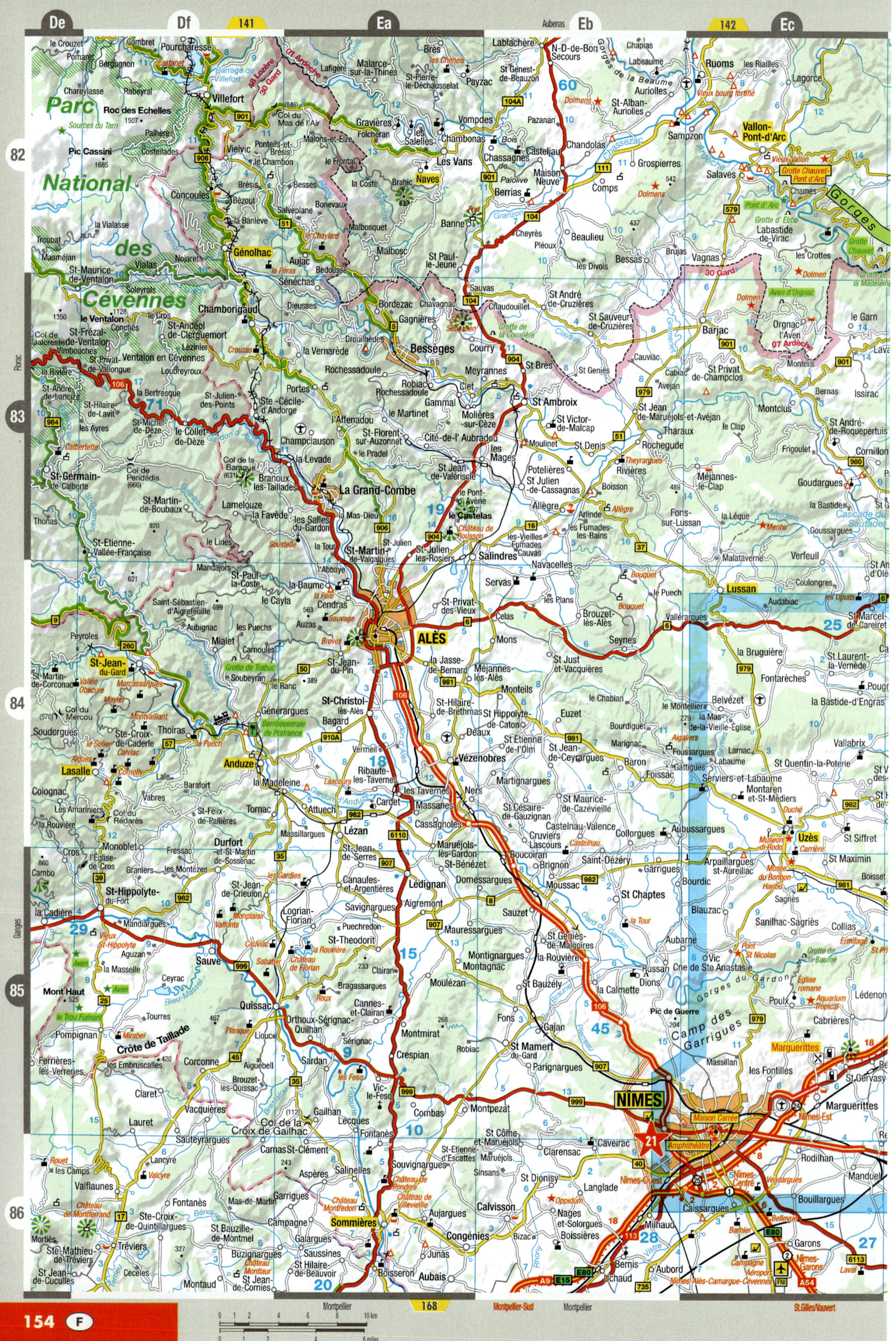

168
0 1 2 4 6 8 10 km
0 1 2 4 6 miles

Valence
Donzère
Autoroute du Soleil
Réauville
Roussas
les Granges-Gontardes
Valaurie
Grignan
Salles-sous-Bois
Taulignan
Montbrison
le Pègue
Rousset-les-Vignes
Novézan
St-Pantaléon-les-Vignes
Valréas
Grillon
Colonzelle
Chamaret
Chantemerle-lès-Grignan
la Garde-Adhémar
Pierrelatte
Bourg-St Andéol
St Paul-Trois-Châteaux
Clansayes
Montségur-sur-Lauzon
Solérieux
la Baume-de-Transit
Richerenches
Visan
Nyons
Vinsobres
Mirabel-aux-Baronnies
St Maurice-sur-Eygues
Tulette
Bouchet
Suze-la-Rousse
St Turquoit
Cité-de-l'Usine
Lapalud
Bollène
Pont-St Esprit
St Martin-d'Ardèche
St Just
Aiguèze
St Marcel-d'Ardèche
les Blaches
Rochegude
Ste Cécile-les-Vignes
Lagarde-Paréol
Cairanne
Rasteau
Roaix
Buisson
Vaison-la-Romaine
Puyméras
Faucon
Mollans-sur-Ouvèze
Entrechaux
Crestet
Séguret
Sablet
Malaucène
Beaumont-du-Ventoux
Mondragon
Mornas
Uchaux
Sérignan-du-Comtat
Camaret-sur-Aigues
Travaillan
Violès
Piolenc
Bagnols-sur-Cèze
Vénéjan
St Etienne-des-Sorts
Chusclan
Orsan
Codolet
ORANGE
Caderousse
Jonquières
Courthézon
Gigondas
Vacqueyras
Dentelles de Montmirail
Lafare
Suzette
Beaumes-de-Venise
Aubignan
Loriol-du-Comtat
Sarrians
Carpentras
Mazan
Mormoiron
Modène
Caromb
Bédoin
Laudun-l'Ardoise
Montfaucon
Châteauneuf-du-Pape
Bédarrides
Roquemaure
Sauveterre
Sorgues
Monteux
Pernes-les-Fontaines
Venasque
Althen-des-Paluds
Entraigues
Vedène
St Saturnin-lès-Avignon
Villeneuve-lès-Avignon
le Pontet
Morières-lès-Avignon
AVIGNON
Jonquerettes
Châteauneuf-de-Gadagne
le Thor
l'Isle-sur-la-Sorgue
Fontaine-de-Vaucluse
Saumane-de-Vaucluse
Gordes
Lagnes
Cabrières-d'Avignon
Velleron
Caumont-sur-Durance
Rognonas
Barbentane
Châteaurenard
Noves
Cavaillon
Cabannes
St Andiol
Plan-d'Orgon
Orgon
Sénas
Parc Naturel Régional du Luberon
Mérindol
Robion
Taillades
Maubec
Ménerbes
Oppède-le-Vieux
Cheval-Blanc
Remoulins
Pont du Gard
Estézargues
Saze
Fournès
Domazan
Théziers
Aramon
Montfrin
Meynes
Boulbon
Vallabrègues
Comps
Graveson
Maillane
Eyragues
Verquières
Mollégès
St Rémy-de-Provence
Tarascon
Beaucaire
Jonquières-St Vincent
Mas-Blanc-des-Alpilles
St Etienne-du-Grès
Chaîne des Alpilles
la Montagnette
Bellegarde
Eygalières
les Plaines
la Languedocienne
Tavel
Rochefort-du-Gard
Pujaut
Lirac
Pouzilhac
Valliguières
Castillon-du-Gard
St Hilaire-d'Ozilhan
Vers-Pont-du-Gard
Sernhac
St Bonnet-du-Gard
Connaux
Gaujac
TGV Méditerranée
192-193

Fa
Fb
Fc
Fd
Fe
143
Grenoble
Gap
82
83
84
85
86
Vaison-la-Romaine
Carpentras
Avignon
Cavaillon
Serres
Buis-les-Baronnies
Nyons
Séderon
Montbrun-les-Bains
Sault
St Christol
Forcalquier
Apt
Gordes
Roussillon
Venasque
Ménerbes
Manosque
Lourmarin
Oppède-le-Vieux
Céreste
N.D. de-Lumières
Mont Ventoux
Montagne de Lure
Plateau d'Albion
Plateau de Vaucluse
Gorges de la Nesque
Colorado de Rustrel
Parc Naturel Régional du Luberon
Montagne du Luberon
Baronnies
Montagne de Chabre
Crête de la Faye
Montagne de Bluye
Combe de la Canaud
Serre de la Bouisse
Malaucène
Mazan
Rosans
Orpierre
Laragne
Savoillan
Brantes
Aurel
Banon
Simiane-la-Rotonde
Viens
Rustrel
Saignon
Bonnieux
Cucuron
Vitrolles
Pertuis
Aix-en-Provence
Vinon-s-V
170
10 km
6 miles

Ff
Ga
Gb
Gc
Gap
Valserres
144
82
83
84
85
86
171
172
Vinon-sur-Verdon
St-Maximin
Barcelonnette
Nice
Grasse
Tallard
Route Napoléon
Remollon
Espinasses
Barrage de Serre-Ponçon
Rochebrune
La Bréole
Ubaye-Serre-Ponçon
St-Vincent-les-Forts
Le Lauzet-Ubaye
le Petit Ferrand
Ubaye
Piégut
Venterol
Bréziers
Curbans
Fouillouse
Lardier-et-Valença
Esparron
Vitrolles
Barcillonnette
Peyssier
Col de Faye
Plan-de-Vitrolles
Gigors
Bellaffaire
Chaumenc
Col de Garcinets
Turriers
Faucon-du Caire
Col des Sagnes
Crête des Mélèzes
Grande Gautière
Astoin
Selonnet
Chardavon-Bas
Seyne
Montclar
Dormillouse
Col St Jean
Champanastay
Montagne de la Blanche
St Barthélemy
Pompiery
Bernardez
St Pons
Le Fau
Maure
Col de Maure
Couloubrous
Roche Close
Plan-Bas
Tête de l'Estrop
Route des Fruits et Vins
Monêtier-Allemont
Claret
les Croix
le Caire
Ventavon
Melve
La Motte-du-Caire
Clamensane
Bayons
Forest-Lacour
la Rouchaye
Tête Grosse
l'Oratoire
Clot de Bouc
le Marzenc
Auzet
Laragne-Montéglin
Upaix
Thèze
Sigoyer
Le Poët
Vaumeilh
Valernes
Nibles
Châteaufort
Reynier
Esparron-la-Bâtie
Valavoire
Montagne de Jouere
les Monges
Verdaches
Clues de Verbaches
Barles
Blayeul Sommet
le Vernet
le Haut Vernet
Saume-Longe
Set de la Croix
les Eaux-Chaudes
la Favière
Prads-Haute-Bléone
Tercier
Châteauneuf-de-Chabre
Mison
Ribiers
Route des Fruits et Vins
Montagne de Gache
St Geniez
Chabert
Authon
Crête de Géruen
Sommet de Nibles
Clues de Barles
le Labouret
le Péroure
Beaujeu
St Pierre
Sommet de Chappe
Sisteron
Plan-de-la-Baume
Mezien
Entrepierres
Vilhosc
le Castellard
Hautes Duyes
Malefiance
Crête de Liman
Le Bès
la Javie
Blégiers
Chavailles
Faillefeu
Noyers-sur-Jabron
Bevons
Briasc
Salignac
Sommet de Vaumuse
St Symphorien
la Robine
le Brusquet
Draix
Montagne du Cheval Blanc
la Valette
Chanolles
Valbelle
les Bons-Enfants
St Martin
Sourribes
Thoard
les Isnards
Marcoux
Archail
la Rouine
les Escoffiers
Peipin
Aubignosc
Volonne
Sommet du Ruth
les Bourguignons
Courbons
Digne-les-Bains
Lure
Château-Arnoux
Châteauneuf-Val-St Donat
l'Escale
Route Napoléon
Barras
Pic d'Oise
Champtercier
les Sieyes
Vaumet
Plan-de-Chaude
Tartonne
Château-Garnier
Thorame-Basse
la Bâtie
St Auban
Mallefougasse
Cruis
Montfort
Route de la Lavande
Mirabeau
Malijai
Mallemoisson
Route Napoléon
Route de la Lavande
Route d'Hiver des Alpes
Lambruisse
Montlaux
les Thumins
le Chaffaut-St Jurson
Entrages
Montagne de l'Allier
Peyruis
Les Mées
Châteauredon
Chabrières
Clumanc
Toueste
Autoroute du Val de Durance
Sigonce
Espinouse
Mézel
Beynes
Chaudon-Norante
St Lions
St André-les-Alpes
Lurs
Dabisse
Puimichel
Plateau de Valensole
St Paulus
St Jacques
Moriez
Pierrerue
Bellegarde
Barrême
Trevans
Gorges de Trévans
Route Napoléon
Réserve Géologique de Haute Provence
La Brillanne
le Castellet
Entrevennes
Estoublon
St Jeanet
Niozelles
Oraison
St Julien-d'Asse
La Bégude-Blanche
Majastres
Crête de Montmuye
Senez
Sommet du Cartellard
Villeneuve
la Chapelle
St Jurs
Chiran
Blieux
Col des Leques
Castellane
Brunet
le Grand Logisson
Puimoisson
Pré Chauvin
Volx
Manosque
Parc Naturel Régional du Verdon
Valensole
Moustiers-Ste Marie
Brans
Riez
Roumoules
Route de la Lavande
Route de la Lavande
la Palud-sur-Verdon
Point Sublime
Robion
Gréoux-les-Bains
Allemagne-en-Provence
Montagnac
St Martin-de-Brômes
Ste Croix-de-Verdon
les Salles-sur-Verdon
Aiguines
Grand Canyon du Verdon
Lac de Ste Croix
le Petit-St Maymes
Trigance
Montpezat
Verdon

Gc
Gd
FRANCE
Col de Larche
Ge
Barcelonette
145
Gf
ITALIA
Ha
82
83
84
85
86
Montagne de Parpaillon
Barcelonnette
le Sauze
Jausiers
la Condamine-Châtelard
Larche
Col de Larche
(Colle della Maddalena)
Argentera
Pietraporzio
Sambuco
Vinadio
Bagni di Vinadio
Serre Bouréou
Vallon des Sagnes
Col de la Bonette
Cime de la Bonette
Gorges du Bachelard
Montagne de la Blanche
Allos
Col d'Allos
Col de la Cayolle
Parc
National
Route des Grandes Alpes
Colmars
Montagne du Cheval Blanc
Montagne de l'Alp
Alpes Maritimes
Isola
Isola 2000
St-Etienne-de-Tinée
Auron
Mont Mounier
Beuil
Valberg
St Martin-d'Entraunes
Villeneuve-d'Entraunes
Guillaumes
Gorges de Daluis
Gorges Supérieures du Cians
Daluis
Puget-Théniers
Entrevaux
Annot
Thorame-Haute
Castellane
St André-les-Alpes
Réserve Géologique de Haute Provence
Route de la Lavande d'Hiver des Alpes
Route Napoléon
Parc Naturel Régional du Verdon
Montagne de Charamel
Montagne du Cheiron
Montagne de l'Audibergue
Col de Valferrière
Gréolières
Cime du Cheiron
196-197
Draguignan
Grasse
FRANCE
172

Busca
Savigliano
Fossano
ITALIA
Cuneo
Massimini
Torino
Dronero
Tetti
Paglieres
Rua del Prato
Monte Cialme
Pratavecchia
S.Carlo
Paschera
Villata
S.Pietro del Gallo
S.Benigno
Roata Chiusani
Magliano Alpi
Montanera
Castelletto Stura
Consovero
Carmine
Pasquero
Mondovì
Allardo
Piatta
Montemale di Cuneo
S.Lorenzo
Borgetto
Cuneo Centro
Madonna dell'Olmo
Cuneo Est
Riforano
Morozzo
Crava
Rocca de'Baldi
Croce Praboccone
Pradleves
Monte Tibert
Cavaliggi
Caraglio
Ruà Bernardo
S.Bernardo
Tetti Pesio
Margarita
Trucchi
S.Biagio
Carassone
Castelmagno
San Magno
Campomolino
Chiappi
Chiotti
Frise
Monterosso Grana
Valgrana
Saretto
S.Matteo
Bernezzo
S.Rocco di Bernezzo
CUNEO
Spinetta
Fulcheri
Monastero
S.Grato
Merlo
Mondovì
Figliere
Monte Bram
S.Lucia
Cervasco
Canale
Pianfei
Gorré
S.Anna
Vignolo
S.Margherita
Beinette
Combe
Mad.d. Pasco
Beccas di Mezzodì
Rittana
Caricatore
S.Mauro
Castelletto
S.Lorenzo
Mussi
Villanova Mondovì
Vasco
S.Giacomo
Roccasparvera
S.Maurizio
Valloriate
Airale
Trinità
Cornaletto
Serre
Gaiola
Beguda
Borgo S.Dalmazzo
Fontanelle
Boves
Peveragno
Chiusa di Pesio
Garavagna
Grotta dei Dossi
Bertolini Sottani
Monastero di Vasco
Bertolini Soprani
Neraissa
Vinadio
Aisone
Fedio
Demonte
Colli
S.Lorenzo
Moiola
S.Antonio
Roccavione
Rivoira
S.Giovenale
Roccaforte Mondovì
Annunziata
Frabosa Sottana
Frabosa Soprana
Sant'Anna
Goletta
Forani
Pianetto
Festiona
Andonno
T.to Piano
Robilante
Lurisia
Terme di Lurisia
Norea
Miroglio
Brignola
S.Giacomo
Pradeboni
Monte Besimauda
Vigna
Prea
Monte Moro
Corsaglia
Valdieri
S.Bernardo
Tetto Chiappello
Snive
Roaschia
S.Bartolomeo
Rastello
Monte Bourel
Cima Gorgia Cagna
Rif.Bianco
Laghi della Sella
Vernante
Becco Costa Rossa
Cima della Pigna
Rif.F.I.E. Artesina
Prato Nevoso
Colla d.Prel
Costacalda
Bossea Fontane
Gias la Grotta
S.Anna di Valdieri
Entracque
Monte Matto
Cima del Lausetto
Monte Sapè
Certosa di Pesio
Rif.Cacciatori
Parco Alta Valle Pesio
Rif.Balma
Monte Mondolè
Borello
Parco delle Alpi Marittime
Terme di Valdieri
Valle della Valletta
Vallone della Rovina
Monte Bussaia
Trinità
Folchi
Limone Piemonte
Pico Miraudà
M. Malinvern
Lago di Claus
Rif.Questa
Cima d'Argentera
S.Giacomo di Entracque
Monte Garbella
Palanfré
Limonetto
Rif.Garelli
Monte Mongioie
Punta Marguareis
Rif.Saracco
Pizzo d'Ormea
Sauveur
Mollières
Lac Nègre
Chiotas
Lago Brocan
Marittime
Colle di Tenda
Rocher de l'Abisse
Cima di Becco
e Tanaro
Carnino
Viozene
Briga Alta
Upega
Cima di Piano Cavallo
Pornassino
Vacherie du Collet
Col de Salèse
Rif.E.Soria
Rif.F.Pagari
Fort de Giaure
Cime de l'Eveque
M.Bertrand
Granges-de-la-Pie
Refuge des Adous
Cougourde
Cima dei Gelas
Viévola
Isola
Mont Giraud
le Boréon
Madone de Fenestre
M. Clapier
Ste-Madeleine
Cime Missoun
Imperia
Cuneo
le Salse
Valcona
Baus de la Frema
Mont Neillier
Lac Noir
Lac du Basto
Fontanalbe
Tende
Morignole
Mendatica
Cosio d'Arroscia
Col St Martin
St Martin-Vésubie
la Bolline
la Colmiane
Mont Bégo
Bens
Monesi
Mont Saccarel
Monte Saccarello
St Dalmas
Cime de la Valette
St Grat
Lac Long Supérieur
Vallée de Merveille
les Merveilles
St Dalmas-de-Tende
la Brigue
N.D. des Fontaines
Montegrosso Pian Latte
Colle Garezzo
Rigons
Venanson
Berthemont-les-Bains
Cime du Diable
Pointe de la Corne de Bouc
Verdeggia
Val-del-Prat
Monte Monega
Plateau-de-Berthemont
la Lauze
Granges-du-Colonel
Granile Supérieur
Bergue-Inférieur
Realdo
Mont Tournairet
Roquebillière-Vieux
Roquebillière
Mercantour
les Adrets
Belvédère
Cima de Coss
Cime de Marte
Creppo
Città medioevale
Triora
Andagna
P.so della Teglia
Granges-de-la-Brasque
la Bollène-Vésubie
l'Authion
Route des Grandes Alpes
Mauriou
Fontan
Forêt de Cayrons
Eglise romane
Saorge
Monte Pietravecchia
Molini di Triora
Cetta
Rocca di Andagna
Agaggio
Clans
Chabanette
Lantosque
Col de Turini
Ste Anne
Madone de Poggio
Monte Torrage
Pian del Moro
Glori
St Jean
Pélasque
Gorges de Saorge
la Giandola
Buggio
Col.a di Langan
Breq d'Utelle
le Figaret
l'Arpette
Orvegno
Madonna Assunta
Croce di Praesto
la Tour
Moulinet
Breil-sur-Roya
Tête d'Alpe
Monte Ceppo
Loda
le Suquet
Pierre Plate
Col de Brouis
Monte Gouta
Pigna
Monte Mera
Vignai
Clabaudo
la Courbaisse
St Jean-la-Rivière
Peïra-Cava
N.D.-de-la-Menour
Sgerea
Castel Vittorio
Badalucco
Utelle
Cime de Rocca Seira
Gorges du Piaon
Col du Pérus
Piene
Mont Colombin
Rocchetta Nervina
Bajardo
Madone d'Utelle
Duranus
Cascade
Sospel
Ceriana
Revest-les-Roches
Gorges de la Vésubie
Mont Férion
Lucéram
Airole
Isolabona
Apricale
Monte Bignone
Bonson
Levens
Col de Braus
Olivetta San Michele
Perinaldo
S.Romolo
Arma di Taggia
Plan-du-Var
Coaraze
Berre-des-Alpes
Mt Razet
Mont Grammont
Collabassa
Doria
Dolceacqua
Verezzo
Gilette
la Roquette-sur-Var
Ste Claire
Bendejun
Touët-de-l'Escarène
Col de Castillon
Torri
Negi
Borello
Bussana Vecchia
Castillon
l'Escarène
Col de Nice
S.Pancrazio
Bevera
Soldano
Seborga
Poggio
St Martin-du-Var
St Antoine
St Blaise
Contes
la Garde
Pic de Baudon
Monti
Castellar
Sealza
Villatella
Autoporto Riviera dei Fiori
Camporosso
San Biagio di Cima
Vallebona
Sanremo Ovest
La Pigna
Bussana
Città medioevale
C.Verde
Broc
Castagniers
Châteauneuf-de-Contes
Blausasc
Peille
Sainte-Agnès
Menton
Mortola
Latte
Ventimiglia
Bordighera
Ospedaletti
Coldirodi
SANREMO
Città medioevale
C.Nero
Carros
Tourrette-Levens
la Grave
la Pointe de Blausasc
Pellon
Gorbio
Mont Agel
Roquebrune
Garavan
Giardini Botanici Hanbury
VENTIMIGLIA
Vallecrosia
Bordighera
Corniche du Var
Aspremont
Mont Chauve
Cantaron
Borghéas
Beausoleil
Koaland
MENTON
Riviera dei Fiori
Gattières
Colomars
Falicon
Rayet
Drap
Laghet
Scoperta
Beausoleil
la Turbie
Monte Carlo
Roquebrune Cap-Martin
St Roman
Nice
FRANCE
Imperia
Ceva
Cherasco
Italia

82
83
84
85
86

Ya
Yb
Yc
Yd
146
Ye
86
87
88
89
90
OCÉAN
ATLANTIQUE
Golfe de Gascogne
Côte Basque
Corniche Basque
Soustons
Tosse
Seignosse
Soorts-Hossegor
Hossegor
les Estagnots
le Penon
Capbreton
Labenne
Labenne-Océan
Ondres-Plage
Ondres
Tarnos
Boucau
La Barre
Chiberta
BAYONNE
ANGLET
BIARRITZ
Plage Miramar
Grand Plage
Plage de la Côte des Basques
Bidart
Guéthary
Saint-Jean-de-Luz
Ciboure
Socoa
Hendaye
Hendaye-Plage
Hondarribia
IRUN
ERRENTERIA
Urrugne
Ascain
Sare
Saint-Pée-sur-Nivelle
Espelette
Cambo-les-Bains
Ustaritz
Hasparren
Labastide-Clairence
Saint-Vincent-de-Tyrosse
Saint-Geours-de-Maremne
Bénesse-Maremne
Saint-Martin-de-Seignanx
St-André-de-Seignanx
Biarrotte
Saint Laurent-de-Gosse
Saint Barthélemy
Urt
Briscous
Mouguerre
Villefranque
Arcangues
Arbonne
Ahetze
Ainhoa
Dancharia
Itxassou
Louhossoa
Bidarray
Ossès
Saint-Martin-d'Arrossa
Saint-Étienne-de-Baigorry
Saint-Jean-Pied-de-Port
Banca
Aldudes
Urepel
Esnazu
Vallée des Aldudes
Valle del Baztan
Elizondo
Santesteban
Lesaka
Bera/Vera de Bidasoa
Parque Natural Aiako Harria
Parque Natural del Señorio de Bertiz
Artzamendi
La Rhune
Col d'Ibardin
Olartzun
Oiartzun
Donostia-San Sebastián
ESPAÑA
Pays Basque
Route Impériale des Cimes
Chemin de St-Jacques
A63
A64
E05
E70
E80
AP8
N1
121A
121B

Yf
Za
Zb
Zc
Castets
Mont-de-Marsan
147
86
87
88
89
90
174
FRANCE
Saint-Paul-lès-Dax
Dax
Chemin de St-Jacques
Berceau-de-Saint-Vincent-de-Paul
Thétieu
Saint Vincent-de-Paul
Yzosse
Candresse
Narrosse
Seyresse
Saint Pandelon
Oeyreluy
Tercis-les-Bains
Rivière-Saas-et-Gourby
Angoumé
Saas
Eyraux
Saubusse
Siest
Orist
Heugas
Bénesse-lès-Dax
Mimbaste
Cap-de-Pouillon
Pouillon
Gaas
Cagnotte
Bélus
Saint Lon-les-Mines
Saint Etienne-d'Orthe
Port-de-Lanne
Peyrehorade
Orthevielle
Hastingues
Sorde-l'Abbaye
Labatut
Saint Cricq-du-Gave
Lahontan
Bellocq
Puyoô
Ramous
Sames
Bidache
Came
Léren
Cassaber
Carresse-Cassaber
Auterrive
Castagnède
SALIES-de-Béarn
Bérenx
Salles
Mongiscard
Sainte-Suzanne
Lanneplaa
Orthez
Castétarbe
Mantette
Baigts-de-Béarn
Saint Boès
Saint Girons
Habas
Ossages
Mouscardès
Estibeaux
Misson
Clermont
Ozourt
Garrey
Sort-en-Chalosse
Hinx
Goos
Préchacq-les-Bains
Bains de Préchacq
Louer
Cassen
Saint Geours-d'Auribat
Gamarde-les-Bains
Montfort-en-Chalosse
Nousse
Poyanne
Laurède
Mugron
Nerbis
Toulouzette
Augreilh
Saint Sever
Montaut
Banos
Audignon
Dumes
Lahosse
Lourquen
Hauriet
Brocas
Saint Aubin
Larbey
Maylis
Doazit
Horsarrieu
Coudures
Sainte-Colombe
Eyres-Moncube
Cazaubon
Montsoué
Gibret
Baigts
Caupenne
Lurbe
Bergouey
Poyartin
Castelnau-Chalosse
Donzacq
Saint Laurent
Bastennes
Gaujacq
Pomarez
Vieux-Bourg
Brassempouy
Hagetmau
Serresius-et-Arribans
Saint Cricq-Chalosse
Serres-Gaston
Cazalis
Momuy
Labastide-Chalosse
Lacrabe
Cazalon
Monségur
Morganx
Nassiet
Amou
Castel-Sarrazin
Arsague
Castaignos-Souslens
Marpaps
Bonnegarde
Argelos
Poudenx
Beyries
Peyre
Mant
Monget
Basserciès
Castelner
Montagut
Sault-de-Navailles
Labeyrie
Lacadée
Bonnut
Mastrot
Sallespisse
Chemin de St-Jacques
Hagetaubin
Saint Médard
Casteide-Candau
Morlanne
Balansun
Mesplède
Mascouette
Pomps
Arthez-de-Béarn
Uzan
Castillon
Amos
Doazon
Boumourt
Noarrieu
Castétis
Argagnon
Biron
Sarpourenx
Maslacq
Castetner
Loubieng
Montestrucq
Laà-Mondrans
Ozenx-Montestrucq
L'Hôpital-d'Orion
Orion
Lasbordes
Escos
Oraàs
Athos-Aspis
Burgaronne
Saint Martin
Sauveterre-de-Béarn
Beusse
Orriule
Castetbon
Lasserrade
Sauvelade
Lagor
Mourenx
Gouze
Lendresse
Mont
Lacq
Lacq-Audéjos
Audéjos
Urdès
Serres-Sainte-Marie
Cescau
Labastide-Monréjeau
Abidos
Os-Marsillon
Bésingrand
Labastide-Cézéracq
Noguères
Tarsacq
Denguin
Pardies
Bourg
Abos
Lahourcade
Monein
Arbus
Cuqueron
Vielleségure
Bugnein
Bastanès
Méritein
Audaux
Laàs
Narp
Ossenx
Andrein
Saint-Barraute
Gladie-Cunarret
Camu
Tabaille-Usquain
Montfort
Araujuzon
Araux
Viellenave-de-Navarrenx
Navarrenx
Jasses
Ogenne-Camptort
Camptort
Castetnau-Camblong
Susmiou
Sus
Dognen
Lay-Lamidou
Gurs
Lucq-de-Béarn
Préchacq
Navarrenx
Saucède
Josbaig
Géus-d'Oloron
Saint-Goin
Geronce
Aren
Poey-d'Oloron
Verdets
Cardesse
Lacommande
Estialescq
Oloron-Sainte-Marie
Goès
Précilhon
Escout
Escou
Herrère
Agnos
Gurmençon
Ogeu-les-Bains
Eysus
Asasp-Arros
Lurbe-Saint-Christau
Escot
Col de Marie-Blanque
Sarrance
Lourdios-Ichère
Issor
Arette
Aramits
Féas
Ance
Forêt de Bugangue
Bde Goulourne
Lanne-en-Barétous
Montory
Barlanes
Barcus
Somt de Cambillou
Esquiule
Moumour
Orin
Ledeuix
Saint-Pée-d'en-Bas
Saint-Pée-d'en-Haut
L'Hôpital-Saint-Blaise
Moncayolle-Larrory-Mendibieu
Berrogain-Laruns
Chéraute
Hoquy
Mauléon-Licharre
Garindein
Libarrenx
Roquiague
Gotein-Libarrenx
Idaux-Mendy
Mendy
Menditte
Sauguis-St-Étienne
Ossas-Suhare
Trois-Villes
Tardets-Sorholus
Alos-Sibas-Abense
Camou-Cihigue
Laguinge-Restoue
Haux
Etchebar
Lichans-Sunhar
Licq-Athérey
Alçay-Alçabéhéty-Sunharette
Pic Salhagagne
Pic des Escaliers
Pic des Vautours
Larrau
Col d'Aphanize
Pic de Belchou
Hauskoa
Ahusquy
Pic d'Elaudy
Aussurucq
Garaybie
Suhare
Musculdy
Ordiarp
Pagolle
Route des Pyrénées
Col d'Osquich
Saint-Just-Ibarre
Ibarrolle
Bunus
Juxue
Cibits
Larceveau-Arros-Cibits
Ostabat-Asme
Arhansus
Uhart-Mixe
Sorhapuru
Larribar-Sorhapuru
Lohitzun-Oyhercq
Oyhercq
Larrandaberry
Ainharp
Espès-Undurein
Viodos-Abense-de-Bas
Charritte-de-Bas
Undurein
Charre
Lichos
Arrast
Angous
Aroue-Ithorots-Olhaiby
Etcharry
Domezain-Berraute
Nabas
Bisqueys
Rivehaute
Gestas
Espiute
le Tuquet
Arrive-Munein
Guinarthe-Parenties
Osserain-Rivareyte
Autevielle-St-Martin-Bideren
Camou-Mixe-Suhast
Sussaute
Arbouet-Sussaute
Aïcirits
Garris
Saint-Palais
Beyrie-sur-Joyeuse
Ainçy
Orsanco
Méharin
Saint-Martin-d'Arberoue
Béguios
Luxe-Sumberraute
Amorots-Succos
Labets-Biscay
Masparraute
Orègue
Arraute-Charritte
Charritte-Mixe
Bergouey-Viellenave
Viellenave-sur-Bidouze
Ilharre
Amendeuix-Oneix
Gabat
Labastide-Villefranche
Arancou
Abitain
Bergouey
Saint Pé-de-Léren
Saint-Dos
Burre
les Cinq-Cantons
Bordes-du-Bas
Laharanne
Iturits
Grottes d'Isturits et d'Oxocelhaya
Armendarits
Iholdy
Behaune
Hochahandy
Lantabat
Saint-Étienne
Suhescun
Ainhice-Mongelos
Gamarthe
Jaxu
Lacarre
Château d'Harispe
Saint-Blaise d'Aphat-Ospital
Bussunarits-Sarrasquette
Ahaxe
Alciette-Bascassan
Bascassan
Lecumberry
Mendive
Béhorléguy
Hosta
Ibarre
Nethe
Estérençuby
Phagalcette
Col d'Haitza
Beherobie
Chalet
A641
A64
E80
E07
31
10
43
22
25
19
37
41
30
50
15
16
55
40 Landes
64 Pyrénées-Atlantiques
Pau

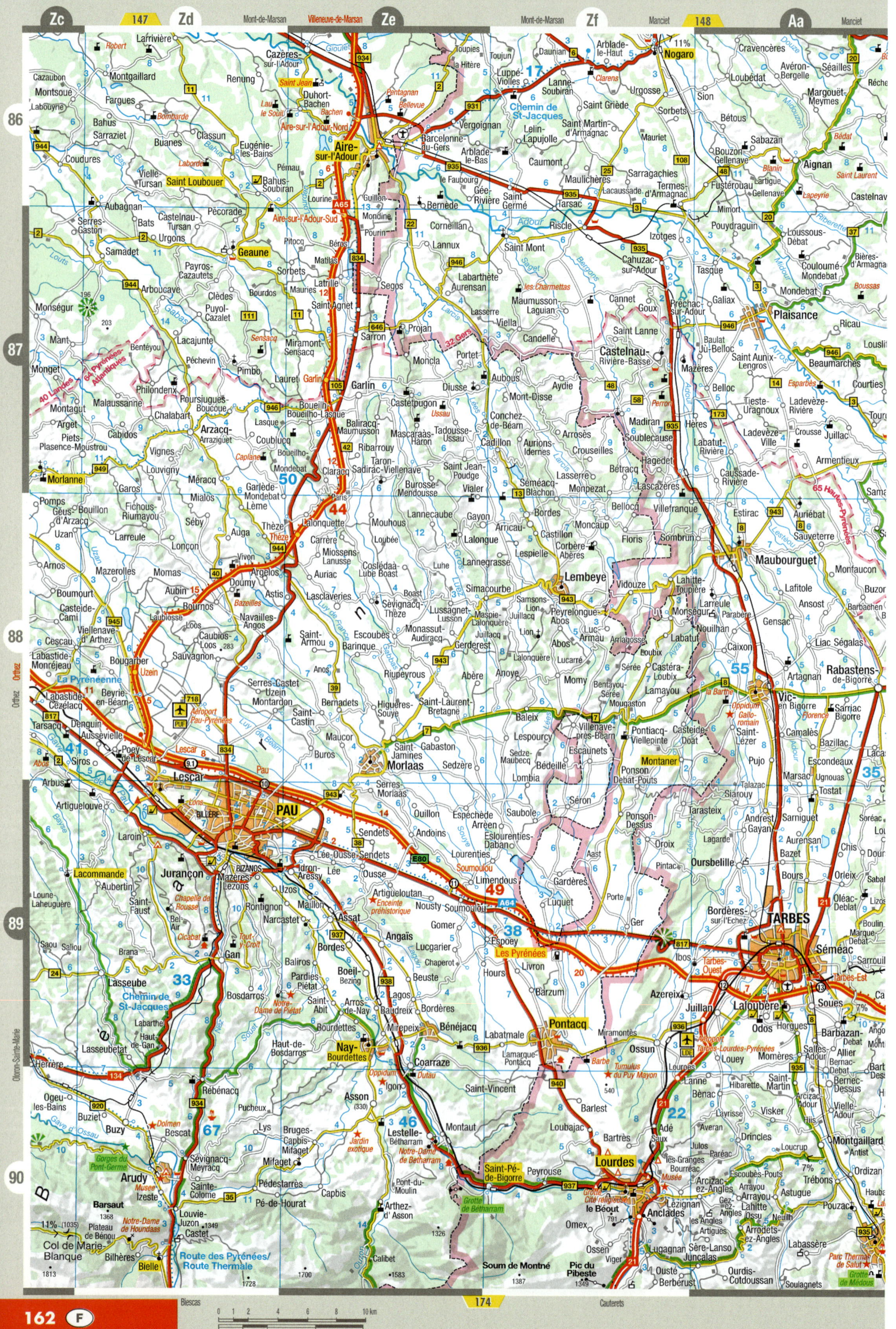
86
87
88
89
90
Orthez
Oloron-Sainte-Marie
Aire-sur-l'Adour
Nogaro
Riscle
Plaisance
Geaune
Garlin
Castelnau-Rivière-Basse
Maubourguet
Lembeye
Vic-en-Bigorre
Rabastens-de-Bigorre
Arzacq-Arraziguet
Thèze
Morlanne
Lescar
PAU
Morlaas
Montaner
Jurançon
Lacommande
Gan
Nay-Bourdettes
Pontacq
Ossun
TARBES
Séméac
Laloubère
Soues
Lourdes
Saint-Pé-de-Bigorre
Arudy
Lasseube
Montgaillard
Aignan
Cravencères
Bénéjacq
Coarraze
Asson
Argelès
Bielle
Route des Pyrénées/ Route Thermale
Chemin de St-Jacques
La Pyrénéenne
Les Pyrénées
Aéroport Pau-Pyrénées
Aéroport Tarbes-Lourdes-Pyrénées
Grotte de Bétharram
Gorges du Pont-Germe
Col de Marie-Blanque
Pic du Pibeste
Soum de Montné
32 Gers
40 Landes
64 Pyrénées-Atlantiques
65 Hautes-Pyrénées

Vic-Fezensac
Dému
Dauguė
Lagraulas
Pléhaut
Jegun
Lavardens
Encondesse
Mérans
Roquefort
Sainte Christie
Maravat
Sérempuy
Aste
Saint Pé
Lézian
Labâtisse
Peyrusse-Massas
Tourrenquets
Mirepoix
Puycasquier
Mansempuy
Lamothe
Préneron
Antras
Castillon-Massas
Roquelaure
Crastes
Augnax
Saint Antonin
Castillon-Debats
Pouquet
Roquebrune
Saint Jean-Poutge
Saint Lary
Preignan
Montaut-les-Créneaux
Mons
Couayroux
Caillavet
Ramensan
Larrama
Nougaroulet
Saint Sauvy
Belmont
Biran
Castin
Ansan
Chat
Mauret
Ordan-Larroque
Duran
Leboulin
Labbubèe
Léchaux
Blanquefort
Pujos
Cazaux-d'Angles
Bazian
Le Brouilh-Monbert
Lahitte
Soulan
Marsan
Aubiet
Ardens
Montgaillard
Saint Yors
Cassebertats
Castel
Saint Louis
Embats
AUCH
Saint Pierre-d'Aubézies
Riguepeu
Labenne
Robinson
Beaulieu
Pessan
Lussan
Callian
Peyrusse-Grande
Saint Arailles
Bonnefont
Peyrusse-Vieille
Castelnau d'Anglès
Mirannes
Barran
la Martinique
la Castagnère
Pavie
Salleneuve
l'Isle-Arné
Juilles
Gazax-et-Baccarisse
Soubaignan
Pontic
Lasséran
les Pachères
Saint Caprais
Barrotes
Cadiran-de-Bas
l'Isle-de-Noé
Saint Jean-le-Comtal
les Lannes
Lasseube-Propre
Auterive
Bédéchan
Montiron
Aurimont
Maurar
Bassoues
Montesquiou
Carole
En-Martet
Gramont
Castelnau-Barbarens
Haulies
Armous-et-Cau
Lamazère
Boucagnères
Tirent-Pontéjac
Saint André
Scieurac-et-Flourès
Mocuhès
Estipouy
Vicnau
Hillet
Orbessan
le Cape
Mazères
Laurac
Mascaras
Pouylebon
Labéjan
Durban
Boulaur
Tirent
Polastron
Monclar-sur-Losse
Valentées
la Trouette
Miramont d'Astarac
Sansan
Traversères
Lartigue
Saramon
Marciac
Laveraët
Saint Christaud
Artigues
Saint Martin
le Turc
Héréchou
Saint Martin-Gimois
Idrac-Respaillès
Garrane
Faget-Abbatial
Sémézies
Mongausy
Bars
Mirande
Lacassagne
Ornézan
Plavès
Larrouy
Pallanne
Saint Martin
Loubersan
Monferran-Plavès
Sémézies-Cachan
Larroucau
Monlezun
Saint Médard
Artiguedieu
Seissan
Lamaguère
Saint Elix
Montamat
Ricourt
Berdoues-Ponsampère
Libou
Blousson-Sérian
Saint Maur
Campouran
Clermont-Pouyguillès
Noailhan
Labarthe
Compans
Tachoires
Baillasbats
Saintes
Gaujac
Marseillan
Tillac
Ourdan
Pouy-Loubrin
Crabots
Pellefigue
Sembouès
Troncens
Laas
Lourties-Monbrun
Simorre
les Aubes
Praconteau
Monpardiac
Bazugues
Belloc-Saint-Clamens
Moncassin
Moncorneil-Grazan
Betcave-Aguin
Sabaillan
Cazaux-Villecomtal
Argounès
Aussat
Ponsampère
Hillougros
Saint-Elix-Theux
Saint Arroman
Masseube
Tournan
Bernadas
Malabat
Aux-Aussat
Mourillon
Bellegarde
Meilhan
Laudine
Mielan
Saint-Michel
Eslassan-Labastide
Villefranche
Haget
Peyréga
Betplan
Lagujan-Mazous
Sainte-Dode
Lagarde-Hachan
Labastide
le Mounet
Sère
Campardon
Cadeillhan
Villecomtal-sur-Arros
Mazous
Castelfranc
Souques
Sauviac
Pinson
Pagatets
Gaujac
Boissède
Raymond
Forcets
Mariachous
Bajon
Marrast
Molas
Estampes
Montaut
Samaran
Arrolans
Bouhobent
la Carrère
Sadeillan
Mont-de-Marrast
Viozan
Panassac
Monties
Monbardon
les Bagnères
Lagarde
Saint-Ost
Montégut-Arros
Fréchède
Estampures
Castex
Sainte-Aurence-Cazaux
Aujan-Mournède
Bézues-Bajon
Aussos
le Sentouret
L'Isle-en-Dodon
Mingot
Coughan
Manas-Bastanous
Sarcos
Puymaurin
Moumoulous
Jammets
Barcugnan
Saint-Arailles
Mournède
Arrouède
Sénac
Bernadets-Debat
Sarraguzan
Cuélas
Ponsan-Soubiran
Monlaur-Bernet
Cabas-Loumasses
Pé-du-Bosc
Nénigan
Anan
Saint-Sever-de-Rustan
Montagnan
Dutfort
Chélan
Saint-Blancard
Lunax
Montesquieu-Guittaut
Arrouy
Saint-Frajou
Lescurry
Mazerolles
Peymarchand
Paribets
Chemin de St-Jacques
Lameac
Antin
Fontrailles
Manent-Montané
Saint-Ferréol
Gimous
Peyret-Saint-André
Mont-d'Astarac
Lalanne-Arqué
Saint-Laurent
Bouilh-Devant
Lapeyre
Guizerix
Sariac-Magnoac
Trie-sur-Baïse
Péguilhan
Mont Blanc
Lubret-Saint-Luc
Marseillan
Trouley
Osmets
Lalanne-Trie
Sadournin
Goulous
la Rivière
Puntous
Larroque
Boulogne-sur-Gesse
Salerm
Chelle-Debat
Mailhes
Vidou
Manoncères
Lapène
Castelnau-Magnoac
Thermes-Magnoac
Mondilhan
Montbernard
La Pouche
Luby-Betmont
Tournous-Darré
Puydarrieux
Hachan
Castéra-Vignoles
Lilhac
Castelvieilh
Cabanac
Mun
Betmont
Villembits
Campuzan
Barthe
Organ
Ariès-Espénan
Betbèze
Saint Pé-Delbosc
Escanecrabe
Saint-André
Esparron
Pouyastruc
Aubarède
Lamarque-Rustaing
Lustar
Sentous
Betpouy
Clarens
Devèze
Lalanne
Ciadoux
Sère-Rustaing
Bugard
Bonnefont
Libaros
Cizos
Espénan
Pouy
Blajan
Gensac-de-Boulogne
Montgaillard-sur-Save
Hourc
Marquerie
Coussan
Lahitte
Tournous-Devant
Vieuzos
Caubous
Villemur
Saint-Loup-en-Comminges
Avezac
Mouran
Goudon
Sabarros
Monléon-Magnoac
Nizan-Gesse
Lespugue
Saman
Micous
Mondine
Ruère
Souyeaux
Orieux
Laran
Gaussan
Charlas
Saint-Lary-Boujean
Cassagnabère-Tournas
Laslades
Gonez
Mouledous
Lannes
Montastruc
Recurt
Subergelle
Bazordan
Montmaurin
Saint-Patatin
Sinzos
Clarac
Bernadets-Dessus
Tamboury
Galan
Lassales
Sarrecave
Sarremezan
Peyrouzet
Peyraube
Monlong
Esteres
Bareres
Bordes
Burg
Bonrepos
la Galave
Notre Dame de Garaison
Boudrac
Balesta
Larroque
Cardeilhac
Mascaras
Tournay
Castelbajac
Galez
Tajan
Arné
Cazaril-Tambourès
Lalouret-Laffiteau
Saint-Marcet
Pinat
Aulon
Saint-Elix-Séglan
Fréchou-Fréchet
Oueilloux
Ozon
Houeydets
Hourcaud
Larcan
Latoue
Oléac-Dessus
Lanespède
Bégole
Tèpe
Rejaumont
Lécussan
Saint-Plancard
Lodes
Pouy
Lausse
Luc
Poumarous
Ricaud
Lutilhous
Campistrous
Uglas
Sédeilhac
Cauhapé
la Hite
Saint-Ignan
Sepx
Chemin de St-Jacques
Villeneuve-Lécussan
Loudet
le Cuing
Lieoux
Audureaux
Chelle-Spou
Gourgue
Capvern-les-Bains
Lagrange
Lannemezan
Auerets
Franquevielle
Proupiary
Jouanicou
la Serre-de-Villeneuve
Villeneuve-de-Rivière
la Serre-de-Cazaux
Landorthe
Saint Gaudens
St Médard
Orignac
Cieutat
Mauvezin
Pinas
Escoutats
Aruats
les Tourreilles
Ponlat-Taillebourg
Comminges
Bordes-de-Rivière
Valentine
Miramont-de-Comminges
Estancarbon
Savarthès
la Hailla
Capvern
Pic-du-Midi
Cuguron
Montréjeau
Clarac
Labroquère
Pointis-Inard
Durban
Bonnemazon
Molère
Benqué
Tilhouse
La Barthe-de-Neste
Escala
Tuzaguet
Saint-Laurent-de-Neste
Bize
Taillebourg
Pointis-de-Rivière
Labarthe-Rivière
Martres-de-Rivière
Rieucazé
Montespan
Mérilheu
Argelès
Castillon
Bettes
Bourg-de-Bigorre
Lomné
Lahitte
Avezac
Prat-Lahitte
Espèche
Anères
Saint-Paul
Aventignan
Mazères-de-Neste
Huos
Gourdan-Polignan
Ardiège
Aspret-Sarrat
Lespiteau
Ganties
Bagnères-de-Bigorre
Escots
Batsère
Izaux
Bizous
Montoussé
Cantaous
Nestier
Montégut
Lombrès
Grottes de Gargas
Tibiran-Jaunac
Cier-de-Rivière
Lôo
Régades
Encausse-les-Thermes
Soueich
Couret
Gerde
Asque
Marsas
Astè
Banios
Saint-Arroman
Montsérié
Hautaget
Lortet
Beaumont-de-Lomagne
L'Isle-Jourdain
Samatan
Saint-Martory

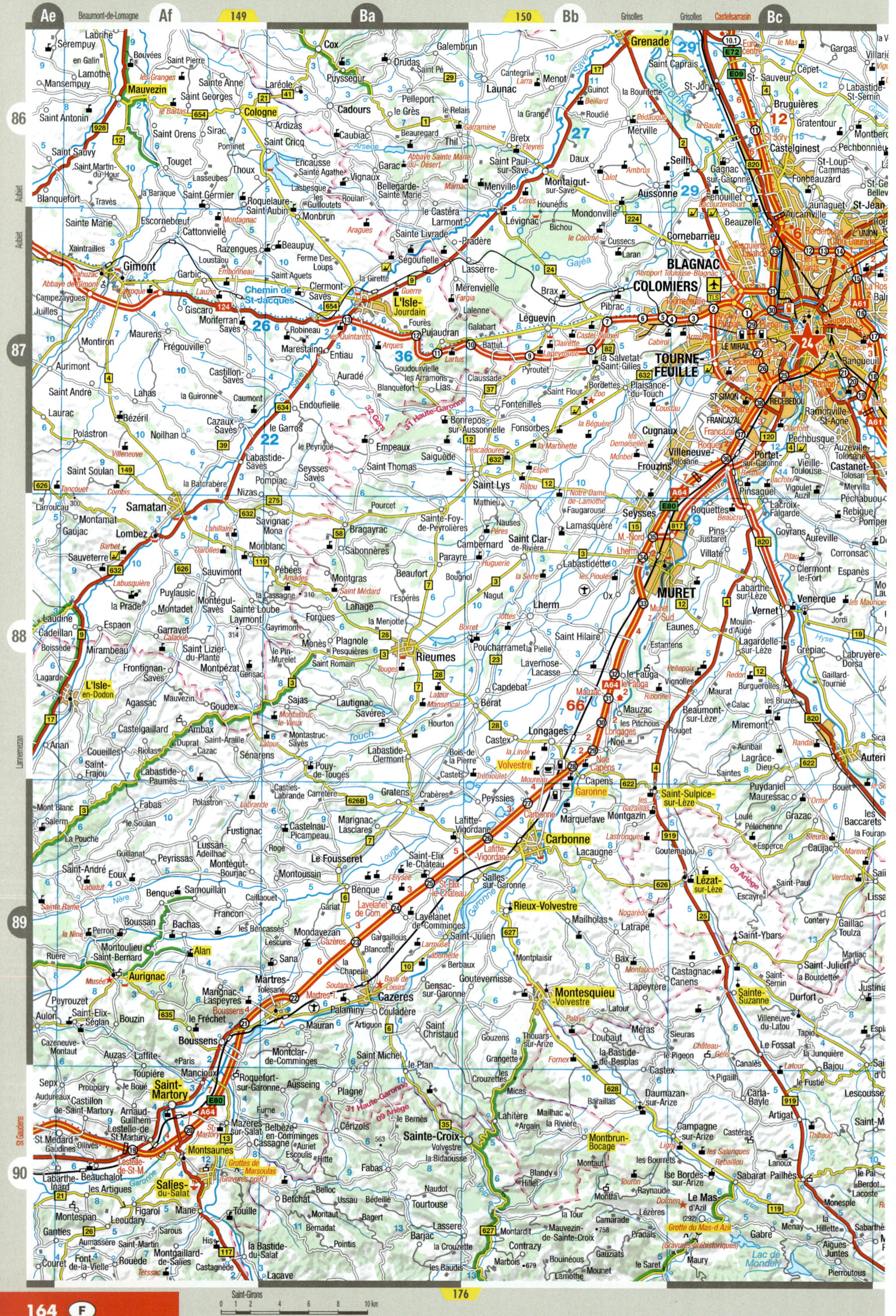
86
87
88
89
90
Mauvezin
Cologne
Cox
Puysségur
Drudas
Launac
Grenade
Cadours
Saint Antonin
Saint Orens
Saint Cricq
Ardizas
Caubiac
Bretx
Menot
Saint Caprais
Bruguières
Gratentour
Castelginest
Merville
Daux
Seilh
Aussonne
Fenouillet
Thoux
Encausse
Vignaux
Garac
Bellegarde-Sainte Marie
Montaigut-sur-Save
Launaguet
Aucamville
Monbrun
Le Castéra
Larmont
Lévignac
Mondonville
Cornebarrieu
Beauzelle
Blagnac
Colomiers
Toulouse
Gimont
Escornebœuf
Cattonville
Razengues
Beaupuy
Ségoufielle
Sainte Livrade
Pradère
Lasserre
Mérenville
L'Isle-Jourdain
Pibrac
Brax
Léguevin
Tournefeuille
Plaisance-du-Touch
La Salvetat-Saint-Gilles
Cugnaux
Villeneuve-Tolosane
Frouzins
Portet-sur-Garonne
Castanet-Tolosan
Clermont-Savès
Monferran-Savès
Giscaro
Maurens
Frégouville
Montiron
Marestaing
Pujaudran
Fontenilles
Fonsorbes
Saint Lys
Bonrepos-sur-Aussonnelle
Empeaux
Saint Thomas
Saiguède
Endoufielle
Le Garros
Cazaux-Savès
Labastide-Savès
Seysses-Savès
Pompiac
Nizas
Samatan
Lombez
Saint Soulan
Polastron
Noilhan
Bézéril
Laurac
Saint André
Lahas
Aurimont
Montamat
Gaujac
Sauveterre
Savignac-Mona
Monblanc
Bragayrac
Sabonnères
Pourcet
Sainte-Foy-de-Peyrolières
Cambernard
Saint Clar-de-Rivière
Lamasquère
Seysses
Roquettes
Pinsaguel
Lacroix-Falgarde
Goyrans
Vigoulet-Auzil
Pechbusque
Muret
Lherm
Labastidette
Ox
Eaunes
Vernet
Venerque
Labarthe-sur-Lèze
Clermont-le-Fort
Espanès
Sauvimont
Puylausic
Montégut-Savès
Sainte Loube
Pébées
Montgras
Lahage
Beaufort
Parayre
Nagut
Bougnol
Poucharramet
Saint Hilaire
Lavernose-Lacasse
Le Fauga
Mauzac
Noé
Longages
Capdebat
Bérat
Rieumes
Forgues
Monès
Plagnole
Pesquières
Saint Romain
Lautignac
Savères
Hourton
Labastide-Clermont
Castex
Laprade
Montadet
Garravet
Saint Lizier-du-Planté
Montpézat
Gensac
Mirambeau
Cadeillan
Espaon
Frontignan-Savès
L'Isle-en-Dodon
Agassac
Goudex
Sajas
Montastruc-Savès
Castelgaillard
Ambax
Anan
Coueilles
Saint-Frajou
Labastide-Paumès
Sénarens
Pouy-de-Touges
Castelnau-Picampeau
Fustignac
Fabas
Mont Blanc
Salerm
Le Soulan
Lussan-Adeilhac
Peyrissas
Montégut-Bourjac
Le Fousseret
Marignac-Lasclares
Gratens
Crabères
Peyssies
Lafitte-Vigordane
Capens
Montaut
Saint-Sulpice-sur-Lèze
Beaumont-sur-Lèze
Miremont
Auterive
Lagrâce-Dieu
Puydaniel
Mauressac
Grazac
Carbonne
Marquefave
Montgazin
Lacaugne
Salles-sur-Garonne
Rieux-Volvestre
Saint-Elix-le-Château
Lavelanet-de-Comminges
Benque
Gariat
Montoussin
Francon
Boussan
Bachas
Samouillan
Eoux
Saint-André
Montoulieu-Saint-Bernard
Alan
Aurignac
Peyrouzet
Saint-Elix-Séglan
Bouzin
Le Fréchet
Mondavezan
Sana
Martres-Tolosane
Cazères
Couladère
Gensac-sur-Garonne
Saint-Julien
Montesquieu-Volvestre
Mailholas
Latrape
Lézat-sur-Lèze
Saint-Ybars
Sainte-Suzanne
Durfort
Lapeyrère
Castagnac
Canens
Boussens
Mancioux
Saint-Martory
Roquefort-sur-Garonne
Ausseing
Plagne
Saint Michel
Le Plan
Montclar-de-Comminges
Saint Christaud
Goutevernisse
Gouzens
Montbrun-Bocage
Daumazan-sur-Arize
Campagne-sur-Arize
Sabarat
Les Bordes-sur-Arize
Le Mas-d'Azil
Carla-Bayle
Artigat
Le Fossat
Lescousse
Sainte-Croix-Volvestre
Mazères-sur-Salat
Belbèze-en-Comminges
Cassagne
Montsaunès
Salies-du-Salat
Mane
Touille
Figarol
Betchat
Fabas
Tourtouse
Barjac
Lasserre
Lacave
Montespan
Ganties
Montgaillard-de-Salies
Castagnède
La Bastide-du-Salat
Montardit
Mauvezin-de-Sainte-Croix
Contrazy
Gabre
Pailhès
Lac de Mondely
176
Saint-Girons

St-Sulpice
Montastruc-la-Conseillère
Lavaur
Graulhet
Lautrec
Briatexte
Verfeil
St-Paul-Cap-de-Joux
Vielmur-sur-Agout
TOULOUSE
CITY MAP
Puylaurens
Soual
Lanta
Caraman
Revel
Sorèze
Dourgne
Montgiscard
Villenouvelle
Villefranche-de-Lauragais
Avignonet-Lauragais
Port-Lauragais
Castelnaudary
Saissac
Nailloux
Cintegabelle
Calmont
Mazères
Saverdun
Belpech
Bram
Montréal
Fanjeaux
Pamiers
Mirepoix
les Pujols
Canal du Midi
Autoroute des deux-Mers
86
87
88
89
90
Castres
Mazamet
Carcassonne
Carcassonne Ouest
Limoux

86
87
88
89
90
Lavaur
Toulouse
Soual
Castelnaudary
Toulouse
Castelnaudary
St-Lieux-Lafenasse
Arifat
St-Pierre-de-Trivisy
Fraisse
Senaux
Murasson
Barre
Vénès
Frezouls
Montredon-Labessonnié
Vabre
Lacaze
Viane
Gijounet
Lacaune
Pic de Montalet
Cangrède
Moulin-Mage
Peyregoux
Mazières
St-Germier
Roquecourbe
Puech-Auriol
Burlats
Puech du Singladou
Monts de Lacaune
Sidobre
Ferrières
Castelnau-de-Brassac
Brassac
Parc Régional du Haut-Languedoc
Lamontélarié
La Salvetat-sur-Agout
Pic de Concord
CASTRES
la Guérandarre
Longuegineste
Saïx
Viviers-lès-Montagnes
St-Affrique-les-Montagnes
Labruguière
Valdurenque
Noailhac
Boissezon
Cambounès
Anglès
Mézerac
Monts de l'Espinouse
Monts du Somail
St-Pons
St-Pons-de-Thomières
Prémian
Verdalle
Caucalières
Payrin-Augmontel
Aussillon
Mazamet
Rigautou
St-Baudille
le Vintrou
Bout-du-Pont-de-Larn
Labastide-Rouairoux
Rouairoux
Sauveterre
St-Amans-Soult
St-Amans-Valtoret
Albine
Lacabarède
Courniou
Riols
Massaguel
Escoussens
Aiguefonde
Pic de Montaud
Arfons
Les Escudiès
Montagne Noire
Pic de Nore
Roc de Peyremaux
Verreries-de-Moussans
Boisset
Laprade
Lacombe
les Martys
la Tourette-Cabardès
Miraval-Cabardès
Labastide-Esparbairenque
Roc du Tonnerre
Citou
Cassagnoles
Ferrals-les-Montagnes
Vélieux
Minerve
la Caunette
Saissac
Caudebronde
Cuxac-Cabardès
Mas-Cabardès
Roquefère
Fournes-Cabardès
Cabrespine
Castanviels
Pujol-de-Bosc
Félines-Minervois
St-Denis
Brousses-et-Villaret
Villardonnel
les Ilhes
Villanière
Trassanel
Limousis
Aigues-Vives
Aigne
Montolieu
Fraisse-Cabardès
Salsigne
Lastours
Sallèles-Cabardès
Villeneuve-Minervois
Caunes-Minervois
Trausse
la Livinière
Cesseras
Azillanet
Siran
Aragon
Conques-sur-Orbiel
Villegly
Peyriac-Minervois
Rieux-Minervois
Pépieux
Olonzac
Laure-Minervois
Azille
Homps
Raissac-sur-Lampy
Moussoulens
Ventenac-Cabardès
Villegailhenc
Villarzel-Cabardès
Bagnoles
Malves-en-Minervois
Alzonne
Sainte-Eulalie
Pezens
Pennautier
Villemoustaussou
Villalier
Villedubert
Naucadéry
Saint-Frichoux
Laredorte
Tourouzelle
Argens-Minervois
Roubia
Paraza
Villesèquelande
les Alauses
Caux-et-Sauzens
Grèzes
Herminis
CARCASSONNE
Montredon
Berriac
Bouilhonnac
Trèbes
Rustiques
Aigues-Vives
Badens
Marseillette
Puichéric
Blomac
Castelnau-d'Aude
Roquecourbe-Minervois
Escales
Lézignan-Corbières
Carcassonne-Arzens
Carcassonne-Ouest
Arzens
Alairac
Lavalette
Villalbe
Cazilhac
Palaja
Montirat
Carcassonne-Est
Barbaira
Capendu
Douzens
Moux
Montbrun-des-Corbières
Conilhac-Corbières
Fontcouverte
Luc-sur-Orbieu
Cruscades
Ornaisons
Roullens
Cavanac
Couffoulens
Leuc
Montagne d'Alaric
Comigne
Monze
Pradelles-en-Val
Camplong-d'Aude
Fabrezan
Ferrals-les-Corbières
Boutenac
Gasparets
Villarzel-du-Razès
Montclar
Preixan
Rouffiac-d'Aude
Cornèze
Verzeille
Villefloure
Mas-des-Cours
Val-de-Dagne
Montlaur
Malviès
Cépie
Pomas
Fajac-en-Val
Arquettes-en-Val
Ribaute
Thézan-des-Corbières
Lauraguel
Saint-Martin-de-Villereglan
Saint-Hilaire
Ladern-sur-Lauquet
Villar-en-Val
Villetritouls
Serviès-en-Val
Lagrasse
Saint-Laurent-de-la-Cabrerisse
Montséret
Gaja-et-Villedieu
Pieusse
Greffeil
Pech Orre
Labastide-en-Val
Taurize
Rieux-en-Val
Caunettes-en-Val
Tournissan
le Rabet
Donos
Malras
Limoux
Gardie
Villebazy
Mayronnes
Saint-Pierre-des-Champs
Talairan
Coustouge
Fontjoncouse
Montplaisir
la Digne-d'Aval
Villar-Saint-Anselme
Clermont-sur-Lauquet
178
0 1 2 4 6 8 10 km
0 1 2 4 6 miles

86
87
88
89
90
179

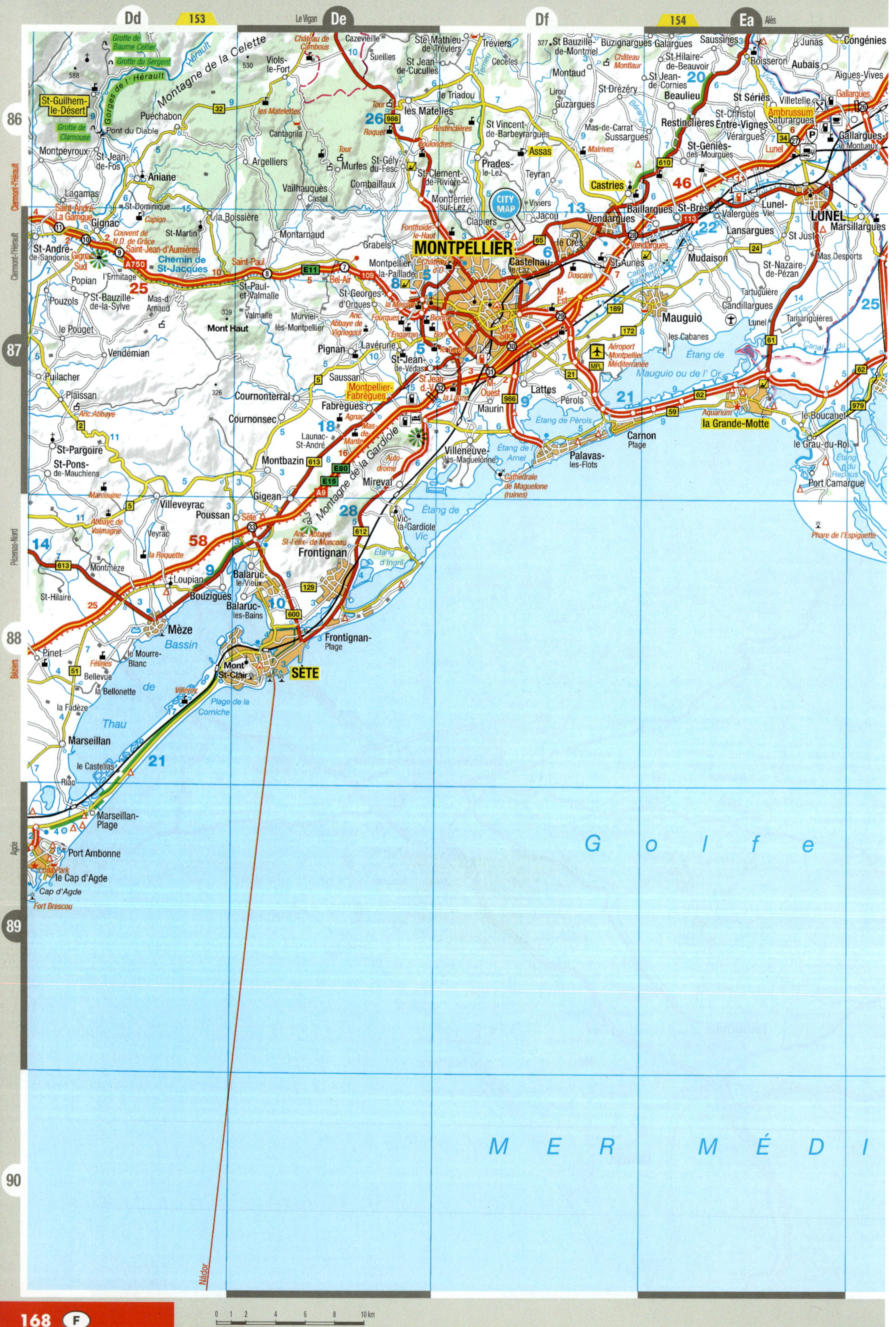
MONTPELLIER
SÈTE
LUNEL
Golfe
MER MÉDI
Mauguio
Frontignan
Lattes
Palavas-les-Flots
la Grande-Motte
Mèze
Marseillan
Gignac
Aniane
Castelnau-le-Lez
Vendargues
St-Guilhem-le-Désert
Étang de Thau
Étang de Mauguio ou de l'Or
le Cap d'Agde
Montagne de la Gardiole
Montagne de la Celette

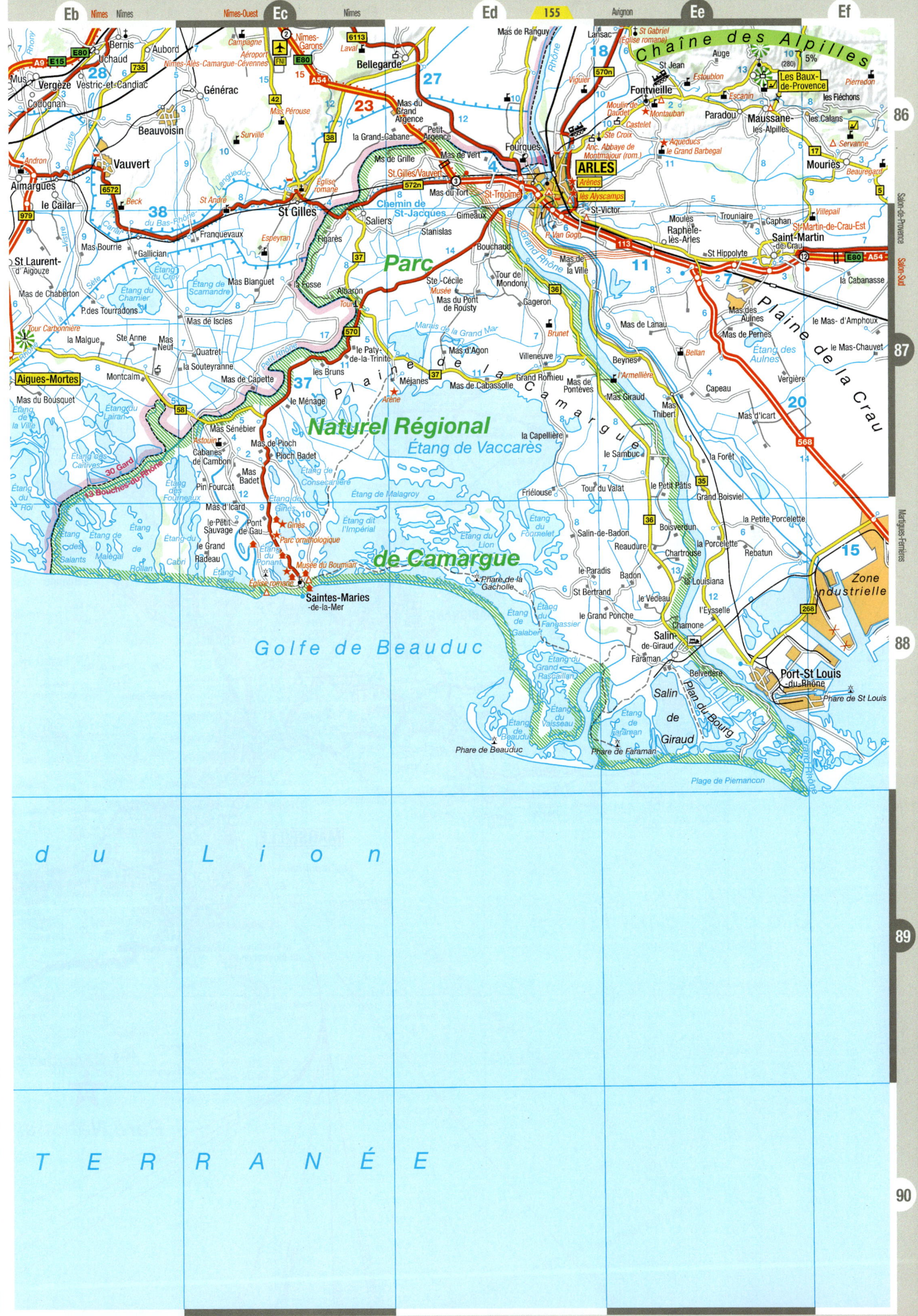
Nîmes
Nîmes-Ouest
Avignon
Chaîne des Alpilles
Bernis
Aubord
Uchaud
Vergèze
Vestric-et-Candiac
Codognan
Générac
Beauvoisin
Vauvert
Aimargues
le Cailar
St Laurent-d'Aigouze
Mas de Chaberton
P.des Tourradons
Tour Carbonnière
la Malgue
Ste Anne
Mas Neuf
Aigues-Mortes
Mas du Bousquet
Montcalm
Nîmes-Garons
Bellegarde
Mas Pérouse
Surville
Mas du Grand Argence
la Grand-Cabane
Petit Argence
Mas de Grille
St Gilles
Franquevaux
Gallician
Mas Bourrie
Étang du Charnier
Étang de Scamandre
Mas Blanquet
Mas de Iscles
Quatret
la Souteyranne
Mas de Capette
Saliers
Chemin de St-Jacques
Figarès
la Fosse
Albaron
Stanislas
Mas du Tort
Gimeaux
Mas de Vert
Fourques
Mas de Ranguy
Lansac
St Gabriel
Fontvieille
St Jean
Auge
Paradou
Maussane-les-Alpilles
Les Baux-de-Provence
les Fléchons
les Calans
Servanne
Mouriès
Beauregard
ARLES
Arènes
les Alyscamps
St-Victor
St-Trophime
Moulès
Raphèle-lès-Arles
Trouinaire
Caphan
Villepail
St-Martin-de-Crau-Est
Saint-Martin-de-Crau
St Hippolyte
la Cabanasse
Plaine de la Crau
le Mas-d'Amphoux
le Mas-Chauvet
Mas des Aulnes
Mas de Pernes
Étang des Aulnes
Vergière
Capeau
Mas d'Icart
la Forêt
Parc Naturel Régional de Camargue
Ste-Cécile
Mas du Pont de Rousty
Tour de Mondony
Gageron
Bouchaud
Mas de la Ville
Grand Rhône
Marais de la Grand Mar
Mas d'Agon
Villeneuve
Brunet
Plaine de la Camargue
le Paty-de-la-Trinité
les Bruns
Méjanes
Mas de Cabassolle
Grand Romieu
Mas de Pontèves
le Ménage
Beynes
l'Armellière
Mas Giraud
Mas Thibert
Mas de Lanau
Bellan
Étang de Vaccarès
la Capelière
le Sambuc
Tour du Valat
le Petit Pâtis
Grand Boisviel
Friélouse
Mas Sénébier
Mas de Pioch
Pioch Badet
Cabanes de Cambon
Pin Fourcat
Mas Badet
Mas d'Icard
le Petit Sauvage
Pont de Gau
le Grand Radeau
Étang de Malagroy
Étang dit l'Impérial
Étang du Lion
Étang du Fournelet
Salin-de-Badon
Boisverdun
Reaudure
Chartrouse
la Porcelette
la Petite Porcelette
Rebatun
Zone industrielle
le Paradis
St Bertrand
Badon
le Vedeau
la Louisiana
l'Eyselle
le Grand Ponche
Chamone
Salin-de-Giraud
Faraman
Belvedere
Port-St Louis-du-Rhône
Phare de St Louis
Parc ornithologique
Musée du Boumian
Église romane
Saintes-Maries-de-la-Mer
Phare de la Gacholle
Étang de Galabert
Étang du Fangassier
Étang du Grand Rascaillan
Étang du Vaisseau
Étang de Beauduc
Phare de Beauduc
Étang de Faraman
Phare de Faraman
Salin de Giraud
Plan du Bourg
Plage de Piemancon
Golfe de Beauduc
du Lion
TERRANÉE
Salon-de-Provence
Salon-Sud
Martigues-Ferrières
86
87
88
89
90

Ef
155
Fa
Fb
156
Fc
86
87
88
89
90
Eygalières
les Plaines
Sénas
Mérindol
Puyvert
Lourmarin
Parc
Régional
Cadenet
Mallemort
Charleval
Pont-Royal
la Roque-d'Anthéron
Aureille
les Opies
Eyguières
Lamanon
Alleins
Vernègues
Cazan
St Estève-Janson
Pertuis
Mouriès
Grand-Brays
la Jasse
SALON-DE-PROVENCE
Aurons
Badasset
Lambesc
Chaîne de la Trévaresse
Rognes
le Puy-Ste Réparade
Meyrargues
la Samatane
Croix-de-Crau
Pélissanne
la Barben
St Cannat
Brest
Venelles
la Cabanasse
Salon-Ouest
Salon-Sud
Grans
Molières
Entressen
MIRAMAS
le Pont-du-Raud
Lançon-Provence
Caseneuve
les Quatre-Termes
Pontès
Couteron
Puyricard
le Mas-d'Amphoux
le Mas-Chauvet
Plaine de la Crau
Miramas-le-Vieux
Cornillon-Confoux
la Fare-les-Oliviers
Coudoux
Eguilles
Célony
AIX-EN-PROVENCE
St Marc-Jaumegarde
Sulauze
St Chamas
Ventabren
la Provençale
ISTRES
Rassuen
les Baisses
Velaux
Mauran
Bouquet
St Estève
Berre-l'Étang
Chaîne de Vitrolles
Port des Heures Claires
Étang de Berre
la Mérindolle
Rognac
les Milles
Luynes
la Malouesse
Meyreuil
Zone Industrielle
Varage
Massane
St Mitre-les-Remparts
Étang de Vaïne
VITROLLES
Calas
la Champouse
Cabriès
Bouc-Bel-Air
Gardanne
Fos-sur-Mer
Port-de-Bouc
Roseron
MARTIGUES
MARIGNANE
Cité Biver
Simiane-Collongue
Phare de St Louis
Golfe de Fos
Lavéra
la Mède
Châteauneuf-les-Martigues
les Tourels
St Victoret
Gignac
Rebuty
les Pennes-Mirabeau
Chaîne de l'Étoile
Pilon du Roi
Mimet
Septèmes-les-Vallons
Grande Etoile
Auguette
les Ventrons
la Bastide-Blanche
Carry-le-Rouet
Chaîne de l'Estaque
Ensuès-la-Redonne
le Rove
l'Estaque
la Gavotte
les Rouges
la Couronne
Carro
Cap Couronne
Sausset-les-Pins
Carry-le-Rouet
Madrague-de-Gignac
Niolon
Rade de Marseille
Croix-Rouge
Allauch
MARSEILLE
Île Ratonneau
Île Pomègues
Golfe du Lion
Château d'If
la Madrague-de-Montredon
Chaîne de St Cyr
Cap Croisette
Massif de Marseilleveyre
les Goudes
Île Tiboulen
Île Maire
Île de Planier
Île de Jarre
Île Calseraigne
Île de Riou
Cap Morgiou
les Calanques
Parc National
Cassis
MER MÉDITERRANÉE
Wahrân (Oran)
Al-Jazā'ir (Alger)
Bejaïa
Skikda, Annaba
Tunis

Parc Naturel Régional du Luberon
Parc Naturel Régional du Verdon
Basses Gorges du Verdon
Grambois
Corbières
Gréoux-les-Bains
Montpezat
Ste Croix-de-Verdon
Lac de Ste Croix
Bauduen
Mirabeau
la Bastidonne
la Tour d'Aigues
Beaumont-de-Pertuis
Vinon-sur-Verdon
Esparron-de-Verdon
Albiosc
St Laurent-du-Verdon
Baudinard-sur-Verdon
Quinson
Artignosc-sur-Verdon
St Paul-lès-Durance
Cadarache (Centre d'études Nucléaires)
Ginasservis
St Julien
St Pierre
les Rouvières
Vernègues
Régusse
Moissac-Bellevue
Aups
Peyrolles-en-Provence
Jouques
Bèdes
Traconnade
la Bastide-Blanche
la Grande-Bastide
B. de Mont Major
Grand Eté
la Verdière
Montmeyan
Bury
le Grand Nans
Forêt de Peyrolles
St Maurin
Rians
Varages
la Bréguière
Tavernes
Fox-Amphoux
Sillans-la Cascade
Salernes
Artigues
Esparron
St Martin
les Annelies
la Serre
Barjols
Pontevès
Vauvenargues
194-195
Montagne Ste Victoire
le Puits-de-Rians
Séouve Sommet
Brue-Auriac
Val-Rose
Gros Bessillon
Cotignac
B. de Bessillon
Puyloubier
la Croix de Provence
St Antonin-sur-Bayon
Pourrières
les Hermentaires
Seillons-Source-d'Argens
Ollières
St Estève
Châteauvert
Correns
Montfort-sur-Argens
Carces
Châteauneuf-le-Rouge
Rousset
Pourcieux
St-Maximin-la-Ste-Baume
Bras
Fuveau
Peynier
Trets
Olympe
Mont Aurélien
Val
Vins-sur-Caramy
Lac de Carcès
Belcodène
la Grande Boise
Brignoles
la Provençale
Cabasse
Tourves
Valiancelle
les Gaëtans
Camps-la-Source
la Celle
Montagne de la Loube
Peypin
la Bouilladisse
Pas-de-la Couelle
St Zacharie
Châteauneuf
Rougier
Nans-les-Pins
la Destrousse
Auriol
Roquevaire
Bézud
la Roquebrussanne
Besse-sur-Issole
Flassans-sur-Issole
Mazaugues
Forcalqueiret
Ste Anastasie-sur-Issole
Plan-d'Aups
Signal de la Ste Baume
Massif de la Sainte Baume
St Pilon
Garéoult
la Mourré d'Agnis
la Pied-de-la-Colle
Aubagne
Gémenos
Cuges-les-Pins
Riboux
Chibron
Signes
Néoules
Rocbaron
Pilon St Clément
Méounes-lès-Montrieux
Puget-Ville
Carnoules
Pignans
Roquefort-la-Bédoule
Cassis
Jas de Laure Serra
Pachoquin
Belgentier
Cuers
Pierrefeu-du-Var
Baisse du Castellas
le Camp-du-Castellet
Ceyreste
La Ciotat
le Beausset
le Castellet
Rocher de l'Aigle
Mont Caume
le Revest-les-Eaux
Solliès-Toucas
Solliès-Pont
Sauvebonne
Les Lecques
St Cyr-sur-Mer
la Cadière-d'Azur
Ste Anne-d'Evenos
Evenos
Mont Faron
la Farlède
la Valette-du-Var
La Garde
la Crau
Hyères
Bandol
Ollioules
Sanary-sur-Mer
Six-Fours-les-Plages
La Seyne-sur-Mer
Toulon
le Pradet
Carqueiranne
Presqu'île de St-Mandrier
St Mandrier-sur-Mer
Cap Sicié
Golfe de Giens
Presqu'île de Giens
Giens
la Tour-Fondue
Île des Embiez
Île de Bendor
Île Verte
des Calanques
Hyères-Plage
la Londe-les-Maures
Bormes-les-Mimosas
Le Luc
Nice
86
87
88
89
90

0 1 2 4 6 8 10 km
0 1 2 4 6 miles

NICE
CANNES
ANTIBES
GRASSE
MENTON
Monaco
Monaco-Ville
Monte Carlo
Roquebrune-Cap-Martin
Villefranche sur-Mer
Beaulieu-sur-Mer
St Jean-Cap-Ferrat
Cap Ferrat
Cap-d'Ail
Èze
ST-LAURENT DU-VAR
CAGNES SUR-MER
Vence
St Paul
VALLAURIS
LE CANNET
Mougins
Golfe-Juan
Juan-les-Pins
Cap d'Antibes
Mandelieu-La-Napoule
Théoule-sur Mer
Îles de Lérins
Île Ste-Marguerite
Île St-Honorat
Corniches de la Riviera
Porto Vecchio
Bastia
l'Île-Rousse
Ajaccio
MER MÉDITERRANÉE
196-197
HYÈRES
Bormes-les-Mimosas
Le Lavandou
Cavalière
Cavalaire-sur-Mer
Corniche des Maures
Rade d'Hyères
Presqu île de Giens
Île de Porquerolles
Porquerolles
Île de Port-Cros
Parc National de Port-Cros
Île du Levant
Îles d'Hyères
Cap Bénat
Cap Blanc
Cap de Brégançon
Hyères-Plage
Ayguade-Ceinturon
Giens
la Tour-Fondue
172

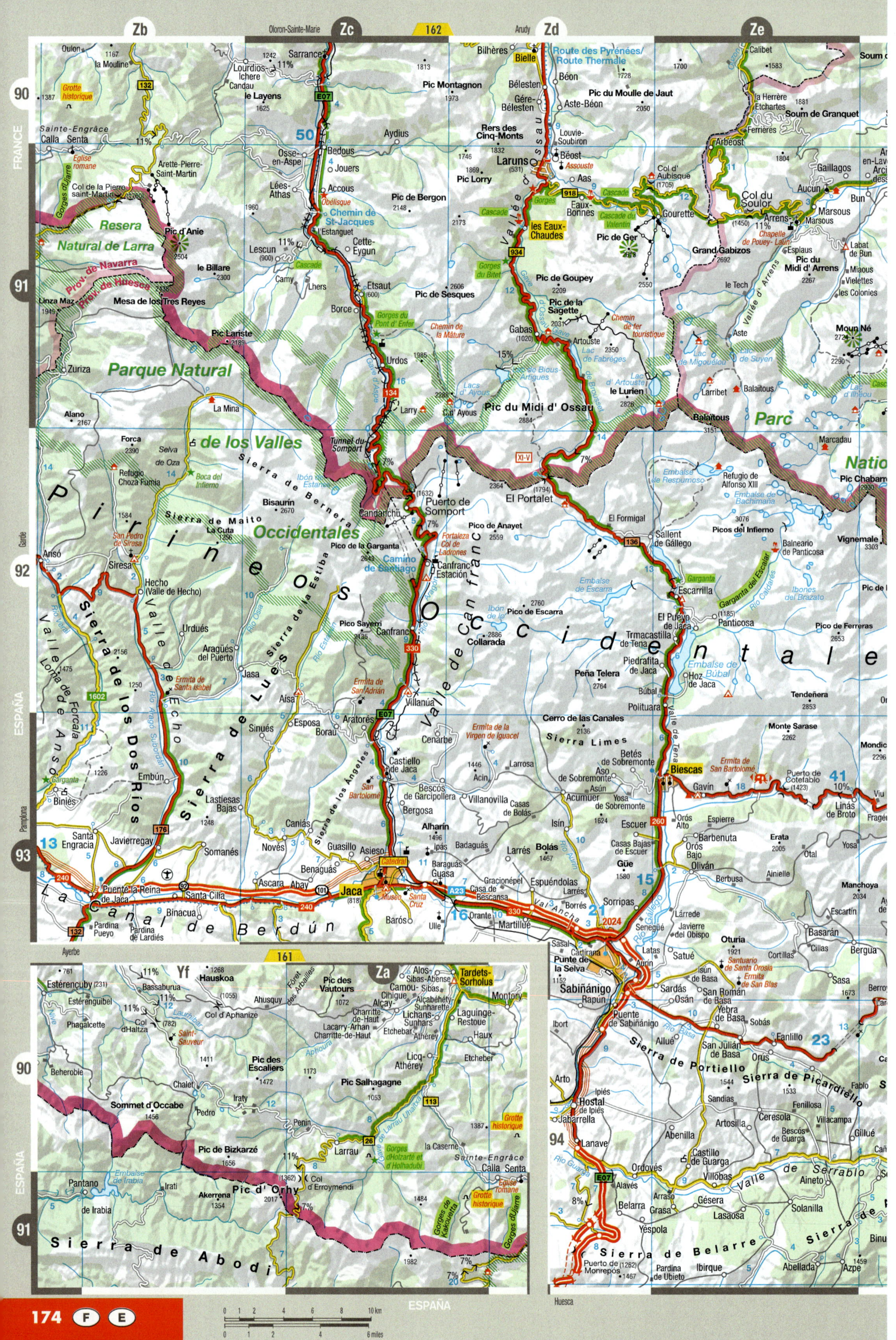

Zb
Zc
162
Zd
Ze
Oloron-Sainte-Marie
Arudy
90
91
92
93
94
FRANCE
ESPAÑA
Garde
Pamplona
Ayerbe
161
Yf
Za
Huesca
Oulon
la Mouline
Grotte historique
Sainte-Engrâce
Calla
Senta
Eglise romane
Arette-Pierre-Saint-Martin
Col de la Pierre saint-Martin
Gorges d'Uarre
Resera
Natural de Larra
Pic d'Anie
Prov. de Navarra
Prov. de Huesca
le Billare
Linza Maz
Mesa de los Tres Reyes
Pic Lariste
Zuriza
Parque Natural
de los Valles
Alano
Forca
Selva de Oza
Refugio Choza Fumia
Boca del Infierno
La Mina
Sierra de Berner
Sierra de Maito
Bisaurín
Occidentales
Pirineos Occidentales
La Cuta
San Pedro de Siresa
Ansó
Siresa
Hecho (Valle de Hecho)
Valle de Ansó
Sierra de los Dos Ríos
Valle de Echo
Urdués
Aragüés del Puerto
Sierra de la Estiba
Sierra de Lúes
Jasa
Aísa
Ermita de Santa Isabel
Sinués
Esposa
Borau
Aratorés
Embún
Lastiesas Bajas
Biniés
Garganta
Santa Engracia
Javierregay
Canías
Novés
Somanés
Puente la Reina de Jaca
Santa Cilia
Binacua
Ascara
Abay
Jaca
Catedral
Museo
Santa Cruz
Barós
Ulle
La Canal de Berdún
Pardina Pueyo
Pardina de Lardiés
Sarrance
Lourdios-Ichere
Candau
le Layens
Bedous
Osse-en-Aspe
Jouers
Accous
Lées-Athas
Aydius
Obélisque
Chemin de St-Jacques
L'Estanguet
Cette-Eygun
Lescun
Cascade
Camy
Lhers
Etsaut
Borce
Gorges du Pont d'Enfer
Chemin de la Mâture
Urdos
Larry
Col d'Ayous
Lacs d'Ayous
Tunnel du Somport
Candanchú
Puerto de Somport
Fortaleza Col de Ladrones
Pico de la Garganta
Camino de Santiago
Canfranc Estación
Pico Sayerri
Canfranc
Valle de Canfranc
Villanúa
Ermita de San Adrián
Castiello de Jaca
Sierra de los Ángeles
San Bartolomé
Cenarbe
Ibón de Estanés
Pic de Sesques
Pic de Bergon
Pic Montagnon
Pic Lorry
Laruns
Rers des Cinq-Monts
Bilhères
Bielle
Bélesten
Gère-Bélesten
Louvie-Soubiron
Béost
Assouste
Aas
Route des Pyrénées/ Route Thermale
Béon
Aste-Béon
Pic du Moulle de Jaut
Vallée d'Ossau
Eaux-Bonnes
les Eaux-Chaudes
Gorges du Bitet
Pic de Goupey
Pic de la Sagette
Gabas
Artouste
Lac de Fabrèges
Chemin de fer touristique
Lac de Bious-Artigues
Pic du Midi d'Ossau
le Lurien
Lac d'Artouste
El Portalet
Pico de Anayet
Pico de Escarra
Ibón de Iserías
Collarada
El Formigal
Sallent de Gállego
Embalse de Escarra
Escarrilla
El Pueyo de Jaca
Panticosa
Tramacastilla de Tena
Piedrafita de Jaca
Peña Telera
Hoz de Jaca
Embalse de Búbal
Búbal
Polituara
Valle de Tena
Cerro de las Canales
Sierra Limes
Betés de Sobremonte
Aso de Sobremonte
Biescas
Ermita de San Bartolomé
Gavín
Puerto de Cotefablo
Yosa de Sobremonte
Acumuer
Escuer
Orós Alto
Orós Bajo
Espierre
Barbenuta
Casas Bajas de Escuer
Güe
Oliván
Berbusa
Isín
Larrosa
Acín
Beslcós de Garcipollera
Villanovilla
Casas de Bolás
Bergosa
Alharín
Ipás
Badaguás
Larrés
Bolás
Guasillo
Asieso
Benaguás
Baraguás
Guasa
Gracionépel
Casa de Bescansa
Espuéndolas
Orante
Martillué
Borrés
Sorripas
Senegüé
Lárrede
Javierre del Obispo
Latas
Satué
Aurín
Sabiñánigo
Sasal
Cartirana
Puente de la Selva
Rapún
Puente de Sabiñánigo
Sardás
Osán
Isún de Basa
San Román de Basa
Yebra de Basa
Sobás
Allué
San Julián de Basa
Orús
Fanlillo
Oturia
Santuario de Santa Orosia
Ermita de San Blas
Cortillas
Cillas
Basarán
Bergua
Sasa
Sierra de Portiello
Sierra de Picardiello
Arto
Ipiés
Hostal de Ipiés
Jabarrella
Sandiás
Artosilla
Ceresola
Fenillosa
Villacampa
Abenilla
Bescós de Guarga
Castillo de Guarga
Lanave
Ordovés
Villobas
Alavés
Arraso
Gésera
Valle de Serrablo
Aineto
Belarra
Grasa
Lasaosa
Solanilla
Yéspola
Sierra de Belarre
Puerto de Monrepós
Pardina de Ubieto
Ibirque
Abellada
Azpe
Rio Guarga
Calibet
la Herrère
Etchartes
Soum de Granquet
Ferrières
Arbéost
Col d'Aubisque
Gaillagos
Aucun
Col du Soulor
Arrens-Marsous
Marsous
Bun
Gourette
Cascade du Valentin
Pic de Ger
Grand Gabizos
Chapelle de Pouey-Laün
Esplaus
Pic du Midi d'Arrens
Labat de Bun
Miaous
Vielettes
les Colonies
le Tech
Vallée d'Arrens
Aste
Lac de Migouélou
Lac de Suyen
Moun Né
Larribet
Balaïtous
Parc
Nation
Marcadau
Embalse de Respumoso
Refugio de Alfonso XIII
Embalse de Bachimaña
Picos del Infierno
Balneario de Panticosa
Pic Chabarrou
Vignemale
Garganta del Escalar
Ibones del Brazato
Pic de Ferreras
Tendeñera
Monte Sarase
Linás de Broto
Erata
Otal
Yosa
Manchoya
Escartín
Berroy
Estérençuby
Bassaburua
Hauskoa
Forêt des Arbailles
Pic des Vautours
Alos-Sibas-Abense
Tardets-Sorholus
Montory
Estérenguibel
Ahusquy
Camou-Cihigue
Alçay
Alçabéhéty Sunharette
Charritte-de-Haut
Lichans-Sunhar
Laguinge-Restoue
Haux
Phagalcette
Col d'Haltza
Saint-Sauveur
Col d'Aphanize
Lacarry-Arhan
Etchebar
Athérey
Licq-Athérey
Etchebar
Beherobie
Pic des Escaliers
Pic Salhagagne
Chalet Pedro
Sommet d'Occabe
Iraty
Penin
Larrau
Gorges d'Holzarté et d'Holhadubi
la Caserne
Grotte historique
Sainte-Engrâce
Calla
Senta
Eglise romane
Pic de Bizkarzé
Pantano
Embalse de Irabia
Irati
Akerrena
Pic d'Orhy
Col d'Erroymendi
de Irabia
Gorges de Kakouetta
Sierra de Abodi
ESPAÑA

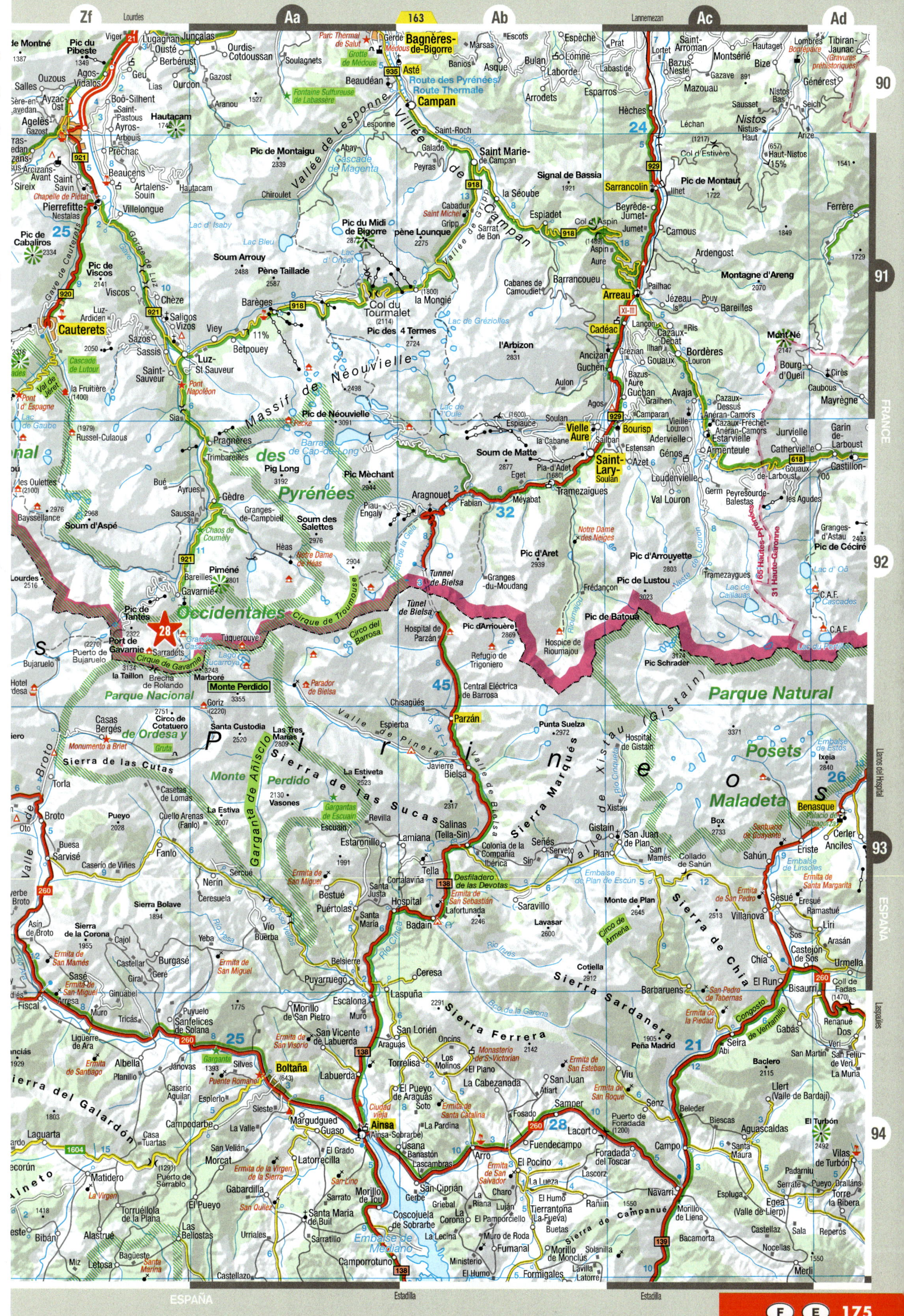

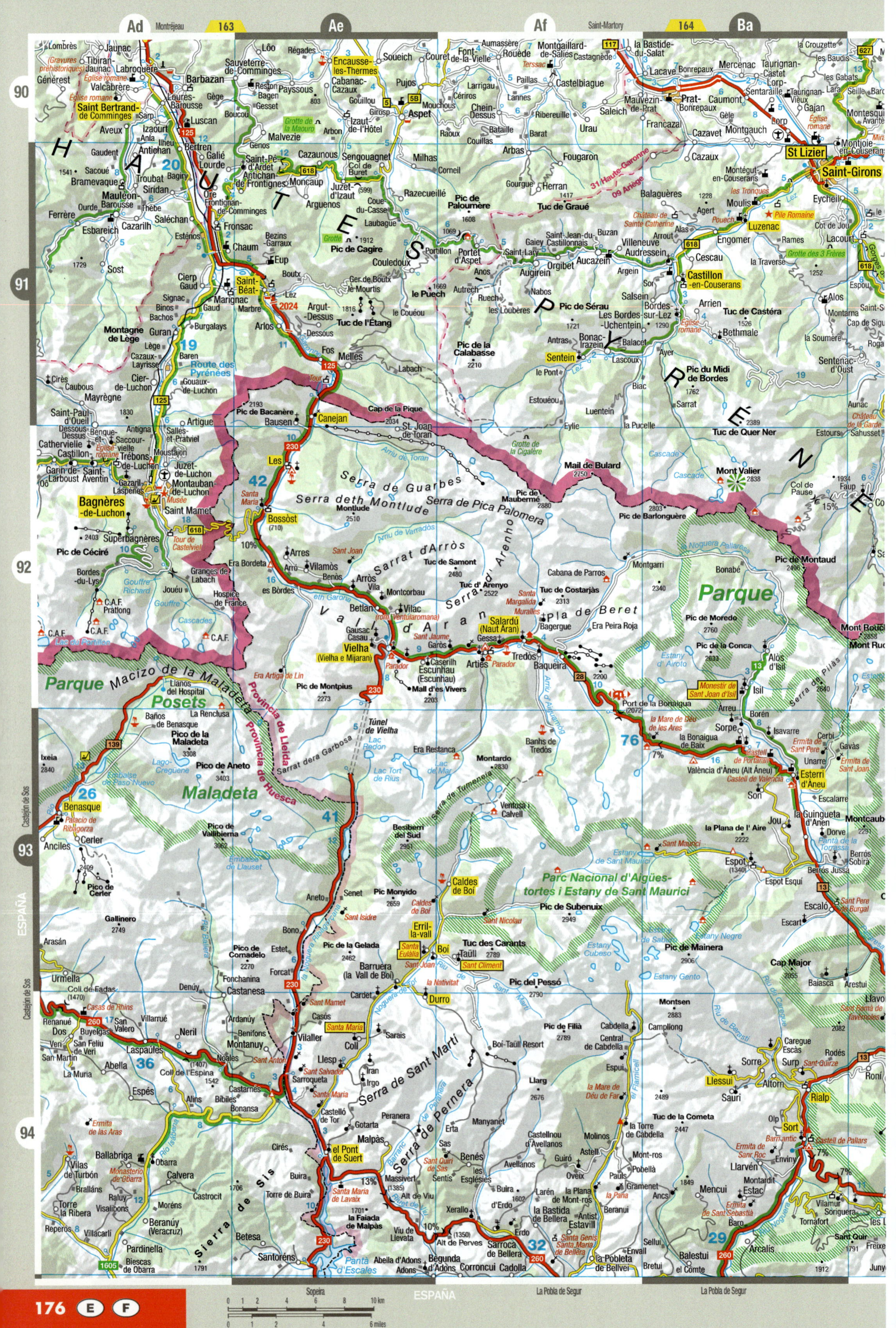

Sopeira ESPAÑA La Pobla de Segur La Pobla de Segur
0 1 2 4 6 8 10 km
0 1 2 3 4 5 6 miles

Contrazy
Mounet
Maury
Lac de Mondely
Aigues-Juntes
Cazaux
Rieux-de-Pelleport
Varilhes
le Courbas
Coussa
Saint-Félix-de-Rieutord
Arvigna
Calzan
Vira
Engraviès
Viviès
Mazerolles
Montcabirol
la Bastide-de-Bousignac
Senesse-de-Senabugue
Saint-Julien-de-Gras-Capou
90
la Grausse
Clermont
Bourch
Loubersenac
Durban-sur-Arize
Ségalas
Brouzenac
Aron
Lastittes
Pierroutous
Sarguet
Loubens
Charameau
Carol
Dalou
Ségura
Malléon
Seigneurix
Dun
Limbrassac
Château-de-Saint-Barthélemy
Montseron
Castelnau-Durban
La Bastide-de-Sérou
Unjat
Cadarcet
Crampagna
Clarac
Loubières
Saint-Jean-de-Verges
Mont Pastouret
Ventenac
Merviel
Gouiric
Aigues-Vives
Lescure
Rimont
Noailles
Route des Pyrénées
Combelongue
Feillet
Rougé
Vic
les Atiels
Fages
Montels
Baulou
Tresbens
Gudas
Villeneuve-du-Bosc
Arabaux
le Bousquet
le Taychel
Pradettes
Tabre
Régat
Laboulie
Sentenac-de-Sérou
Nescus
Alzen
Saint-Martin-de-Caralp
Cos
Vernajoul
Labarre
Foix
La Vergnière
Prayols
Carla-de-Roquefort
Lieurac
Laroque-d'Olmes
Pombole
Esplas-de-Sérou
Montagagne
Serres-sur-Arget
Saint-Pierre-de-Rivière
Pradières
l'Herm
les Monges
Rappy
Ilhat
Sautel
Route des Pyrénées
Coch
Touron
Cuillère
Baliès
Col des Marrous
Sahuc
Benac
Ganac
Caraybat
Soula
Leychert
Tanière
Ralssac
Lavelanet
Rivèrenert
Lauch
las Cabesses
Col de Jouels
le Bosc
Burret
Cazals
Brassac
Becq
Montgaillard
Saint-Cirac
Roquefixade
Pereille
Massif de l'Arize
Brègne
Saint-Paulet
Landes
les Chaubets
Ségalas
Boussan
Soulan
Encenou
Tour Laffon
Rocher de Batail
Montoulieu
Celles
Nalzen
91
Castet-d'Aleu
les Arils
les Bels
Col de Port
le Pont du Diable
Saint-Paul-de-Jarrat
Freychenet
Montferrier
Villeneuve-d'Olmes
Bénaix
Biert
Boussenac
Jacoy
Cabus
Antras
Labat
Soueix
Aleu
Massat
Liers
Pic d'Estibat
Tour Montorgueil
Amplaing
Garrabet
Pigaillous
Eglise romane
Mourès
Bougarelt
Prat-Communal
Saurat
Bédeilhac-et-Aynat
Arignac
Mercus
Château de Montségur
Oust
Saraillé
Cominac
Naudou
le Port
Musée Calamès-Château
Grotte de Bédeilhac
Rabat-les-Trois-Seigneurs
Surba
Parc Préhistorique
Croquié
la Peyregade
Montségur
Seix
Arac
le Carol
la Freyte
Banat
Lacombe
Arnave
Bompas
Mont Fourcat
Pelail
Saint Pierre
Ercé
Moureou
Gourbit
Tarascon-sur-Ariège
Cazenave
Montagne de la Frau
Moulin-Lauga
Château de Mirabat
Costes
Pic des 3 Seigneurs
Ussat
les Monts d'Olmes
Bincarède
la Pomarède
Goulos
les Escales
Peyre-Auselère
Pic de Boucarle
Grotte de Lombrives
Ornolac-Ussat-les-Bains
Pic de Saint Barthélemy
Pont de la Taule
Escots
les Jammets
Grotte de Niaux
Niaux
Route des Pyrénées
Sérac
Le Trein
Bielle
Ustou
Saint Lizier
Itès
Etang de Lers
Courtal-de-Lers
Cascades
Lapège
Capoulet-Junac
Illier-et-Laramade
Orus
Sinsat
Senconac
Verdun
Caychax
Pic Fourcat
Prades
Aulus-les-Bains
Suc-et-Sentenac
Miglos
Norrat
Bouan
Les Cabannes
Aulos
Appy
Axiat
Lordat
Estillon
Prat Matalou
Salingres
Vicdessos
Saleix
Auzat
Sem
Lercoul
Norgeat
Larcat
Albiès
Vèbre
Urs
Château-Verdun
Garanou
Vernaux
Bestiac
Caussou
Guzet-Neige
Cascade du Fouillet
Cascade d'Arse
Etangs de Bassies
Aston
la Remise
Lassur
Luzenac
Unac
Signal de Chioula
Col de Marmare
Mousssures
Ossèse
Pic de Soubirou
Etang d'Alet
Cirque de Cagatelle
Etang du Garbet
Etang d'Albe
Goulier
Gestiès
Tignac
Perles
Vaychis
Sorgeat
92
Cap de Ruhos
Pic Rouge de Bassiès
Artiès
Centraux
Sarradeil
Ignaux
Ascou
Pic de Certascan
Ranet
Pique d'Endron
Bouychet
Rieubel
Station de Beille
Savignac-les-Ormeaux
Etany de Certascan
l'Artigue
Marc
Pradières
Pic de Baljésou
Ax-Les-Thermes
Orgeix
Natural
Estany Romedo
Montcalm
Etang de Gnioure
Prat Moll
Pic du Col de Gos
Noarre
Etang d'Izourt
Barrage de Pla de Soulcem
Peyregrand
Quioulès
Vallée de Savignac
Artamont
Ison
Pic de Malcaras
Tute de l'Ours
Mérens-les-Vals
Pica d'Estats
Orrhys de Carla
Etang Fourat
Pic du Port
Pic du Thoumasset
Pic de Riet
Garsan
Tavascan
Serra de Costuix
Montarenyo
Aineto
Rubiro
Estany Fons
Pic de Ruille
26
Lladorre
Vall Ferrera
Pic des Bareytes
El Serrat
Parque Nat. de la Vall de Sorteny
Pic de l'Estanyó
Pic d'Auriol
Boldis Sobirà
de l'Alt
Tudela
Monteixo
Parque Natural del Comapedrosa
Pics de Casamanya
Pic de la Cabaneta
l'Hospitalet-près-l'Andorre
Bonestarre
Ginestarre
Llorts
Ransol
Cascades des Bésines
93
Estaon
Esterri de Cardós
Serra de Montcorbo
l'Aldosa
Soldeu
Pic Pédrous
Tunnel de Puymorens
Col de Puymorens
Anàs
Ainet de Cardós
Arrós
Cassibròs
Serra del Tudello
Arinsal
la Cortinada
Canillo
Pla de Negua
Norís
Tor
Erts
Sornàs
Santuari de Meritxell
Tunel d'Envalira
Ribera de Cardós
Santa Maria de la Torre
Ordino
Pas de la Casa
Porté-Puymorens
Ermita de Sant Miquel
Alins
Pal
La Massana
Sant-Roma
Les Bons
Encamp
Port d'Envalira
Pics Orientaux de Font Nègre
Porta
Tirvia
Ainet de Besan
Sispony
Anyós
els Cortals
Route des Pyrénées
Serra de Mànliga
ANDORRA
Pic dels Pessons
Burg
Pic de Salòria
Andorra la Vella
Sant Miquel d'Engolasters
30
Montesclado
Bordes de Conflent
Santa Coloma
Les Escaldes-Engordany
Latour-de-Carol
Mallolis
Farrera
Bordes de Llosar
Bixessarri
Aixovall
Vall de Madriu-Perafita-Claror
Riu Madriu
Quès
Pirineu
Certers
Nagol
Folch
Pic d'Urdossa
Santa Magdalena de Ribalera
Civis
Sant Julià de Lòria
Naturlàndia
Aixirivall
la Carabassa
Gulls i Fontanera
Guils de Cerdanya
Ras de Conques
Auvinyà
Els Plans
Pic Negre
Meranges
Montenartró
Ars
Asnurri
Fontaneda
Pic de Monturull
Sant Josep
l'Romadriu
Argolell
Juberri
Sant Joan de l'Erm
Port Ainé
Arcavell
la Rabassa
Puig Punçó
Sant Marc
Sant Salvador
Èller
Bolvir
94
la Torreta de l'Orri
Seix
Sant Joan Fumat
Aranser
Talltendre
Ger
Roc de la Guàrdia
Solanell
Bescaran
Castell de Querait
Santa Anna
Orden
Cortàs
Olopte
Santa Creu de Castellbò
Albet
Sant Serni de Tavèrnoles
Santa Llogaia d'Aristot
Sant Cosme
Lles de Cerdanya
Ardòvol
Prullans
All
Quadres
Sant Andreu de Castellbò
Castellbò
Anserall (les Valls de Valira)
Castellnou de Carcolze
Aristot
Musser
Sant Marti dels Castells
Isòvol
Sant Salvador de Pegueres
Rubió
Coll del Cantó
Estamariu
La Seu d'Urgell
Bellver de Cerdanya
Riu
Sanavastre
Prats i Sansor
Dàs
Pallerols del Cantó
Aravell
Castellciutat
la Cabana
Martinet
Montellà de Cadí
Area del Cadí
Urus
la Torre
Avellanet
Sant Joan
Parador
Catedral
Museu Diocesà
Alàs (Alàs i Cerc)
Sant Miquel
Arsèguel
Toloriu
Coborriu de Bellver
Riu de Cerdanya
Ermita de Sant Cristòfol
El Carme
Bell-lloc
Cerc
Artedó
Vilanova de Banat
Montferrer (Montferrer i Castellbò)
Ermita de Santa Ansina
Biscarbó
Vila-rubla
Guils del Cantó
Saulet
Santa Secilla
Vilec
Santa Magdalena
Ermita de Sant Grau d'Urus
Adrall
ESPAÑA
Puigcerdà
Quillan

90
91
92
93
94
Limoux
Quillan
Axat
Prades
Mont-Louis
Puigcerdà
Llivia
Lavelanet
Chalabre
Bélesta
Ax-Les-Thermes
Vernet-les-Bains
Villefranche-de-Conflent
Prats-De-Mollo
Alet-les-Bains
Couiza
Camon
Mosset
Evol
Eus
Route des Pyrénées
Plateau de Sault
Gorges du Rebenty
Plateau de Lacamp
Corbières
Fenouillèdes
Conflent
Pyrénées
Cerdagne
Capcir
Haut Vallespir
Massif du Canigou
Pic du Canigou
Parc Natural de les Capçaleres del Ter i del Freser
Pic Carlit
Pic de Bugarach
Pic Dourmidou
Pic de Tarbezou
Dent d'Orlu
Pic de l'Homme
Pic Pédrous
Pic de la Pelade
Mont Coronat
Pic Redoun
Pic de la Dona
Puig de Pastuira
Roc Colom
Pic de Dòrria
Serrat des Loups
Pic de Beys
Pic d'Auriol
Pics de Roque Rouge
Le Roc Blanc
Château de Puilaurens
Château d'Usson
Château de Montségur
Abbaye Saint Michel de Cuxa
Fort Libéria
Grottes des Canalettes
Défilé des Graus
Gorges de la Carança
Gorges de Saint Georges
Grottes de l'Aguzou
Défilé d'Adouxes
Défilé de Joucou
Gorges de Galamus
Gorges du Segre
Font-Romeu
Formiguères
Les Angles
Bolquère
Saillagouse
Bourg-Madame
Osséja
Olette
Canaveilles
Ria-Sirach
Catllar
Molitg-les-Bains
Sournia
Belcaire
Espezel
Rodome
Saint-Paul-de-Fenouillet
Caudiès-de-Fenouillèdes
Lapradelle
Puilaurens
Bugarach
Rennes-les-Bains
Rennes-le-Château
Espéraza
Campagne-sur-Aude
Puivert
Nébias
Belvis
Marsa
Quérigut
Mijanès
Rouze
Ascou
Orlu
Sorgeat
Montaillou
Prades
Comus
Camurac
Fougax-et-Barrineuf
Laroque-d'Olmes
Léran
Montbel
Mirepoix
Villefort
Rivel
Sonnac-sur-l'Hers
Saint-Benoît
Courtauly
Ajac
Malras
Magrie
Cournanel
La Digne-d'Aval
La Digne-d'Amont
Roquetaillade
Conilhac
Antugnac
Luc-sur-Aude
Cassaignes
Coustaussa
Serres
Arques
Peyrolles
Véraza
Saint-Salvayre
Belcastel-et-Buc
Villebazy
Missègre
Valmigère
Bouisse
Montjoi
Albières
Auriac
Lanet
Le Pech
Mouthoumet
Soulatgé
Cubières-sur-Cinoble
Camps-sur-l'Agly
Fenouillet
Fosse
Saint-Martin
Vira
Le Vivier
Prats-de-Sournia
Rabouillet
Campoussy
Tarerach
Arboussols
Marquixanes
Taurinya
Clara
Fillols
Casteil
Sahorre
Py
Mantet
Valmanya
Escaro
Nyer
Thuès-entre-Valls
Fontpédrouse
Sauto
Planès
Saint-Pierre-dels-Forcats
Eyne
Llo
Err
Nahuja
Valcebollère
Latour-de-Carol
Enveitg
Ur
Dorres
Angoustrine-Villeneuve-des-Escaldes
Estavar
Egat
Targasonne
Matemale
Réal
Puyvalador
Fontrabiouse
Espousouille
Sansa
Railleu
Caudiès-de-Conflent
Ayguatébia-Talau
Oreilla
Jujols
Serdinya
Souanyas
Fuilla
Corneilla-de-Conflent
Conat
Nohèdes
Urbanya
Campôme
Mosset
Sainte-Colombe-sur-Guette
Counozouls
Gincla
Salvezines
Montfort-sur-Boulzane
Bessède-de-Sault
Aunat
Niort-de-Sault
Mérial
La Fajolle
Fontanès-de-Sault
Campagna-de-Sault
Mazuby
Galinagues
Roquefeuil
Belfort
Joucou
Escouloubre
Le Bousquet
Roquefort-de-Sault
Carcanières
Le Puch
Artigues
Le Pla
Montagne de la Frau
Langarail
Espolla
Puigmal
Queralbs
Setcases
Molló
Camprodon
Rocabruna
Coll d'Ares
Espinavell
La Preste
Lamanère
Saint-Sauveur
Fort Lagarde
La Llau
Puig des Très Vents
Cime des Cums
Les Estables
Collade des Roques Blanques
Puig de Très Estelles
Serrat de la Tausse
Col de Jau
Col de Roque-Jalère
Col de Marmare
Col del Teil
Col de Portel
Col du Linas
Col du Paradis
Col de la Quillane
La Llagonne
Pyrénées 2000
Superbolquère
Alp
Das
Urùs
La Masella
La Molina
Castell de Bellver
Queixans
Vilallobent
el Vilar d'Urtx
Ger
Bolvir
Sant Martí d'Aravó
Guils de Cerdanya
Bena
Fanès
Quès
Age
Palau-de-Cerdagne
Caldégas
Sainte-Léocadie
Dòrria
Toses
Fustanyà
Planoles
Tregurà de Dalt
Llebro
Faitús
Santuari de Núria
Coma de Vaca
Pla dels Hospitalets
Vallter
Ripoll
España
11 Aude
66 Pyrénées-Orientales
09 Ariège
0 1 2 4 6 8 10 km
0 1 2 4 6 miles

90
91
92
93
94
Saint-Pierre-des-Champs
Saint-Martin-des-Puits
Serre de Blanes
Château de Durfort
Gorges du Terminet
Villerouge-Termenès
Termes
Félines-Termenès
Davejean
Laroque-de-Fa
Dernacueillette
Massac
Montgaillard
Maisons
Col de Ferréol
Palairac
Quintillan
Pech de Guillaumet
Cascastel-des-Corbières
Talairan
Le Razès
Coustouge
Jonquières
Albas
Fontjoncouse
Montplaisir
Ripaud
Gléon
Lastours
Villesèque-des-Corbières
Montpezat
Durban-Corbières
Villeneuve-les-Corbières
Saint-Jean-de-Barrou
Fraissé-des-Corbières
Embres-et-Castelmaure
Notre-Dame de l'Olive
Feuilla
Tour des Géographes
Notre-Dame de Faste
Nouvelles
Château d'Aguilar
Tuchan
Rouffiac-des-Corbières
Roc Fourcat
Château de Peyrepertuse
Duilhac-sous-Peyrepertuse
Cucugnan
Padern
Paziols
Château de Quéribus
Vingrau
Pas de l'Escale
la Vall Oriole
la Serre
Périllos
Opoul-Périllos
La Catalane
Château Fort de Salses
Salses-le-Château
Portel-des-Corbières
le Lac
Notre-Dame des Oubiels
Ruines romaines
Sigean
Port-la-Nouvelle
Étang de Bages et de Sigean
Le Languedocienne
Narbonnaise en Méditerranée
Roquefort-des-Corbières
La Palme
Étang de la Palme
la Franqui
Leucate
Leucate-Plage
Caves
Treilles
Chapelle Saint Aubin
Fitou
Port-Fitou
Étang de Leucate
Centre d'Ostréiculture
Port-Leucate
Aquamagic
Paquebot Lydia
Port-Barcarès
Port du Grau
St Ange
MER
MÉDITERRANÉE
Maury
Route des Pyrénées
Tautavel
Centre Européen de Recherches Préhistoriques
Serre del Clot
Cases-de-Pène
Estagel
Notre-Dame de Pène
Calce
Rasiguères
Lansac
Planèzes
Latour-de-France
Cassagnes
Montner
Força Réal
Ermitage
Caramany
Bélesta
Cuchous
Caladroi
Espira-de-l'Agly
Rivesaltes
Sainte Catherine
Baixas
Peyrestortes
Aéroport Perpignan
Saint-Hippolyte
Saint Laurent-de-la-Salanque
le Barcarès
Pia
Claira
Torreilles
Bompas
Villelongue-de-la-Salanque
Sainte-Marie-Plage
Sainte-Marie
Saint-Estève
City Map
Château-Roussillon
Canet-en-Roussillon
Canet-Plage
Étang de Canet et de St Nazaire
Corneilla-la-Rivière
Pézilla-la-Rivière
Villeneuve-la-Rivière
Baho
Millas
Saint-Féliu-d'Avall
Saint-Féliu-d'Amont
le Soler
Toulouges
Néfiach
Sybille
Les Orgues
Montalba-le-Château
Ille-sur-Têt
Hospici d'Illa
Rodès
PERPIGNAN
Cabestany
Saint-Nazaire
Église romane
Perpignan-Sud
Mas Palégry
Saleilles
Plaine du Roussillon
Théza
Alénya
Saint Cyprien
Saint Cyprien-Plage
Corneilla-del-Vercol
Parc Aquatique
Latour-Bas-Elne
les Capellans
Elne
Cathédrale (romane)
Côte Vermeille
Vinça
Bouleternère
Saint-Michel-de-Llotes
Corbère
Corbère-les Cabanes
Bellecroze
Thuir
Ponteilla
Canohès
Pollestres
Villeneuve-de-la-Raho
Nyls
Llupia
Terrats
Trouillas
Village Catalan
Villemolaque
Bages
Montescot
Ortaffa
Palau-del-Vidre
Taxo-d'Amont
Château Pujols
Argelès-sur-Mer
Argelès-Plage
Rigarda
Joch
Casefabre
Sainte-Colombe
Camélas
Castelnou
Sainte-Colombe-la-Commanderie
Prieuré de Serrabone
Église de Fontcouverte
Glorianes
Boule-d'Amont
Fontcouverte
Caixas
Monestir del Camp
Saint-Jean-Lasseille
Banyuls-dels-Aspres
Passa
Llauro-Tordères
Fourches
Montauriol
Tordères
les Hostalets
Prunet
Col de Fourtou
Chapelle de la Trinité
Baillestavy
la Bastide
Saint-Marsal
Taillet
Taulis
Calmeilles
Oms
Llauro
Tresserre
la Grange
Brouilla
Saint-Génis-des-Fontaines
Saint-André
Musée Olivette
Sorède
Laroque-des-Albères
Villelongue-dels-Monts
la Pave
Lavall
Gorges de Lavall
Fort Miradou
Collioure
Port-Vendres
Cap Béar
Fort Béar
Fort Saint Elm
Notre-Dame de Consolation
Abbaye de Valbonne
Tour de la Massane
Banyuls-sur-Mer
Cap Rederis
Cerbère
Grotte de Pouade
Mas Atxer
le Boulou
Notre-Dame de la Route
Vivès
Aubiry
Saint-Jean-Pla-de-Corts
Montesquieu-des-Albères
Tunel d. Perthus
Céret
Remparts
Musée d'Art moderne
Reynès
Maureillas-las-Illas
Amélie-les-Bains-Palalda
Thermes gallo-romaines
Montbolo
Corsavy
Arles-sur-Tech
Gorges de la Fou
Église romane
Tour de Batère
C.A.F.
le Perthus
Ecluse
Riunoguès
Saint-Martin
P. Neulos
Pic des 3 Thermes
Pic des 4 Termes
Serra de l'Albera
Chaîne des Albères
Vallespir
Montferrer
Montalba-d'Amélie
Pic de Fontfrède
T.C.F.
Roc de France
Super-las-Illas
las Illas
Fort de Bellegarde
Sant Martí
Aduana
els Límits
Castell de Rocabertí
Ermita de Santa Llúcia
Castell de Requesens
Sant Genís d'Esprac
El Pils
Mas Corbera
Serra Gisbert
Convent de Sant Quirze de Colera
Colera
Portbou
Garbet
Platja de Garbet
Cap Ras
Grifeu
Platja de Grifeu
Molinàs
el Port de Llançà
Llançà
Far de s'Arnella
el Port de la Selva
Cantallops
La Jonquera
Santa Eugènia
Ermita de les Salines
Castell de Cabrera
la Vajol
Agullana
Autopista del Mediterráneo
Bell-lloc
Vilartoli
Espolla
Menhirs i Dolmens
Rabós
Vilamaniscle
Sant Climent Sescebes
Capmany
Zona de monuments megalítics
Mollet de Peralada
Delfià
Garriguella
Monestir de el Camp
Valleta
Pujolà
Castell de Quermançó
Masarac
Vilarnadal
les Costes
Biure
Darnius
Castell de Mont-roig
Pantà de Boadella
Maçanet de Cabrenys
Ermita de Sant Esteve
Tapis
Castell de Bac Grillera
Sant Bartomeu de Pincaró
Carbonils
Coustouges
Can Damon
Villeroge
Mont Nègre
Serralongue
Saint Laurent-de-Cerdans
Ermita de Sant Bernabé
Sant Brici
le Tech
ESPAÑA
Figueres

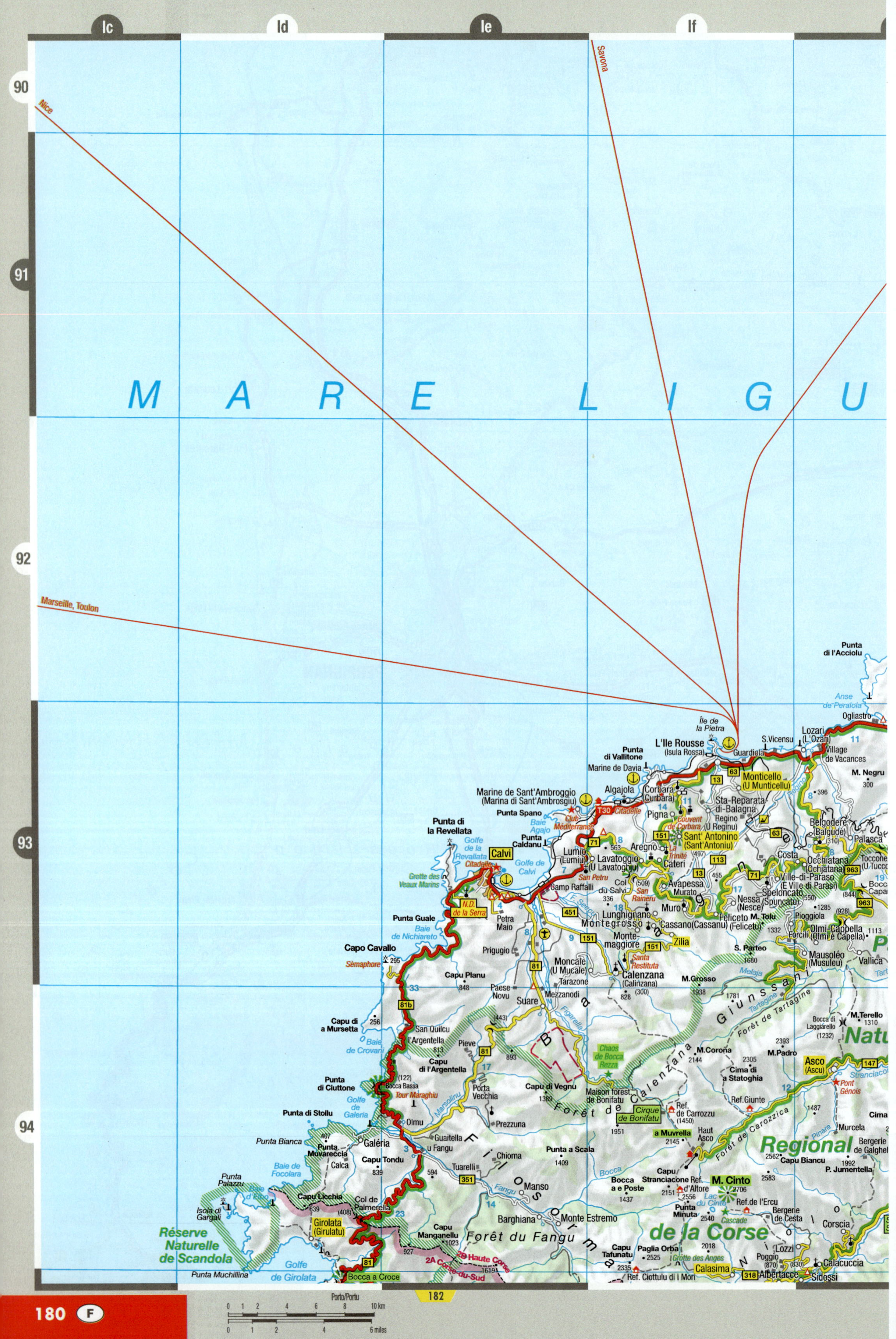
Ic
Id
Ie
If
90
91
92
93
94
Nice
Savona
Marseille, Toulon
M A R E L I G U
Punta di l'Acciolu
Anse de Peraiola
Ogliastro
Île de la Pietra
L'Ile Rousse (Isula Rossa)
Guardiola
S.Vicensu
Lozari (L'Ozari)
Village de Vacances
M. Negru
Punta di Vallitone
Marine de Davia
Monticello (U Munticellu)
Algajola
Corbara (Curbara)
Marine de Sant'Ambroggio (Marina di Sant'Ambrosgiu)
Citadelle
Sta-Reparata di-Balagna
Regino (U Reginu)
Pigna
Couvent de Corbara
Sant' Antonino (Sant'Antoniu)
Punta Spano
Baie Agajo
Club Méditerranée
Punta di la Revellata
Golfe de la Revellata
Calvi
Punta Caldanu
Golfe de Calvi
Lumio (Lumiu)
Lavatoggio (U Lavatoghju)
Aregno
Cateri
Avapessa
Muratu
Belgodere (Balgudè)
Palasca
Costa
Occhiatana (Ochjatana)
Ville-di-Paraso (E Ville di Parasi)
Speloncato (Spuncatu)
Nessa (Nesce)
Grotte des Veaux Marins
N.D. de la Serra
Camp Raffalli
San Petru
Col du Salvi
San Raineru
Lunghignano
Montegrosso
Muro
Cassano (Cassanu)
Feliceto (Felicetu)
M. Tolu
Pioggiola
Olmi-Cappella (Olmi e Capella)
Forcili
Punta Guale
Baie de Nichiareto
Petra Maio
Monte-maggiore
Zilia
S. Parteo
Mausoléo (Musuleu)
Vallica
Capo Cavallo
Sémaphore
Prigugio
Moncale (U Mucale)
Santa Restituta
Calenzana (Calinzana)
M.Grosso
Tarazone
Capu Planu
Paese Novu
Suare
Mezzanodi
Giunssan
Forêt de Tartagine
Capu di a Mursetta
San Quilcu
l'Argentella
Baie de Crovani
Capu di l'Argentella
Pieve
Chaos de Bocca Rezza
M.Corona
Cima di a Statoghia
M.Padro
M.Terello
Bocca di Laggiarello
Asco (Ascu)
Punta di Ciuttone
Bocca Bassa
Tour Maraghiu
Porta Vecchia
Capu di Vegnu
Maison forest. de Bonifatu
Forêt de Calenzana
Cirque de Bonifatu
Ref. de Carrozzu
Ref.Giunte
Pont Génois
Punta di Stollu
Golfe de Galeria
Olmu
Prezzuna
Haut Asco
a Muvrella
Forêt de Carozzica
Regional
Murcela
Bergerie de Galghello
Punta Bianca
Galéria
Guaitella
u Fangu
Chiorna
Punta a Scala
Punta Muvareccia
Calca
Capu Tondu
Capu Biancu
P. Jumentella
Baie de Focolara
Tuarelli
Bocca a e Poste
Capu Stranciacone
Ref. d'Altore
M. Cinto
Punta Palazzu
Baie d'Elbo
Capu Licchia
Col de Palmerella
Manso
Fangu
Barghiana
Monte Estremo
Punta Minuta
Lac du Cinto
Cascade
Ref.de l'Ercu
Bergerie de Cesta
Corscia
Isola di Gargali
Girolata (Girulatu)
Capu Manganellu
Forêt du Fangu
Filosorma
de la Corse
Réserve Naturelle de Scandola
Golfe de Girolata
Punta Muchillina
Bocca a Croce
2B Haute Corse
2A Corse-du-Sud
Capu Tafunatu
Paglia Orba
Grotte des Anges
Calasima
Ref. Ciottulu di i Mori
Albertacce
Lozzi
Poggio
Calacuccia
Sidossi
Natu
182
Porto/Portu
0 1 2 4 6 8 10 km
0 1 2 4 6 miles

Ka
Kb
Kc
Kd
Ke
90
91
92
93
94
Cap Corse
Île de la Giraglia
Barcaggio (U Barcaghju)
Tollare
Tour d'Agnello
Capo Grosso
Capo Bianco
Moulin Mattei
Poggio (U Poghju)
Ersa
Cannelle (E Canelle)
Centuri-Port (Cinturi Portu)
Centuri
Col de la Serra
Îles Finocchiarola
Rés. Nat. des Îles Finocchiarola
Santa Maria
Rogliano (Ruglianu)
Macinaggio (Macinaghju)
Camera
Morsiglia (Mursigliu)
M. di e Catello
Tomino (Tuminu)
Marine de Meria (Marina di Meria)
Capu Corvoli
Golfu Alisu
Pastina
Meria
Marine de Scalo (Marina di Scalu)
Col de Sta Lucia
Campu (U Campu)
Pino (U Pinu)
Piana
Luri
Tour de Sénèque
Punta Minerviu
Minerviu
Chiesa (Achjesa)
Fieno
Castello (U Castellu)
Tufo (U Tufu)
Santa Severa (Santa Suvera)
Carbonacce (E Carbunacce)
Barrettali
Ortale
Cagnano
Porticciolo (U Purticciolu)
Marine de Giottani (Marina di Giottani)
Conchigliu (U Cunchigliu)
M.Alticcione
Ghilloni
Suprana
Tour de Losse
Lapedina
Oreta
Marinca
Canari
Pietracorbara (A Petracurbara)
Marine de Pietracorbara (Marina d'Ampuglia)
Punta di Canelle
Cima di e Follicie
Ogliastro (Oligastru)
San Michele
Sisco (Siscu)
Ste Catherine
Canelle (E Canelle)
Chioso (Chjosu) u Chjusu
Moline (E Muline)
Marine de Sisco (Marina di Siscu)
Albo (Albu)
Olcani
Sant' Antone
Tour de Sacro
M. Stello
Nonza
Silgaggia
Olmeta-di-Capocorso (Olmeta di Capicorsu)
Castello (U Castellu)
Erbalunga (Erbalonga)
Pozzo (U Pozzu)
Poretto
Puretto (U Purettu)
Golfe de St-Florent
Negru (U Negru)
Sta-Maria-di-Lota
Figarella (A Ficarella)
Lavasina
Mandriale
Partine
Corniche
Miomo (Miomu)
Farinole (Faringule)
Castagneto (U Castagnetu)
Grigione (Grisgioni)
Marine de Farinole (Marina di Faringule)
Ville-di-Pietrabugno (E Vile de Petrabugnu)
San-Martino-di-Lota
Pietranera (Petra Nera)
Patrimonio (U Patrimoniu)
Guaitella
Serra di Pigno
Cardo (U Cardu)
les Marines du Soleil
BASTIA
Citadella
Punta di Mignola
Punta di Curza
Punta di Malfalcu
Plage de Saleccia
Plage du Loto
Alga Putrica
Peraldu
Punta Mortella
Saleccia
Cima d'Ortella
Désert des Agriates
Cima d'Ifana
M. Genova
Barbaggio (Barbaghju)
Cath. de Nebbio
St-Florent (San Fiurenzu)
Bartollacciu
Dolmen
Ifana
Casta
San Pancraziu
Lavandaju
Col de Teghime
Lupino (U Lupinu)
Petra Moneta
Bocca di Vezzu
Bacciolu
Salone
Furiani
Poggio-d'Oletta (U Poghju d'Oletta)
Marana (A Marana)
Cima di Pedi Pilato
St. Francois
Réserve naturelle de l'Étang de Biguglia
La Balanina
Cima di u Zuccarello
Oletta
Biguglia
Campu Pianu
M. Ambrica
Nebbio
Casatorra
Sto-Pietro-di-Tenda (Santu Petro di Tenda)
Belle Lasagne
Olmeta di Tuda
Suaricola
Bocca di Santu Stefanu
Village de Vacances
Vallecalle
Lancone
Île San Damianu
Borgo (U Borgu)
Urtaca
Pianello
Rapale
Défilé de Lancone
Ortale
Purettone
San-Gavino-di-Tenda (San Giavanu di Tenda)
Novella (Nuvella)
Menhir
San Michele
Valroso (Valle Rose)
Étang de Biguglia
Lama
M. Astu
Cima di Mitilelli
Pieve
Rutali
Sorio (Soriu)
Bocca di Tenda
Murato (Muratu)
Lazzarotti
Cima di Taffoni
Aéroport de Bastia Poretta
la Marana
Pietralba (Petralba)
Borgo (U Borgu)
Rivinco
Pinetu
M. Reghia di Pozzo
Cima a u Spazzolu
Vignale
Lago
Pedano (U Pedanu)
Campitello (U Campitellu)
Scolca (A Scolca)
Lucciana
San Perteo
la Canonica
Fouilles de Mariana
Lento (Lentu)
Volpajola (A Vulpaiola)
Piana
Route du Golo
Bigorno (Bigornu)
Accendi Pippa
Barchetta
Casamozza
Camp du Cap Sud
Canavaggia (U Canavaghja)
Prunelli di Casacconi
Tórra
Arena
Castifao
Bertalogna
Olmo (L'Olmu)
Vescovato (U Viscuvatu)
Cima a Trepite
Ponte Rosso (Ponte Rossu)
Costa Roda
Cannaja
Campile
Quericiolo (U Querciolu)
Marina di Sorbo (Marina di Sorbu)
Moltifao (Moltifau)
Ponte Novu
Costa
Divina
Venzolasca (A Venzulasca)
Sorbo-Ocagnano (Sorbu-Ocagnanu)
Anghione (Anghjone)
Campu Rosu
Castello di Rostino (Castellu di Rustinu)
Bisinchi
Carogne
Loreto-di-Casinca
San Tomaso
Crocicchia
Monte
Castellare di Casinca
Grazianiacoia
Ponte Leccia (Ponte a a Leccia)
Valle di Rostino (E Valle di Rustinu)
Pastoreccia
Penta
M.S. Angelo
Penta-di-Casinca
Gorges de l'Asco
Piedigriggio (Pedigrisgiu)
Taverna
Ortiporio (Ortipiriu)
Casa Pitti
Acquatella
Ferlaggia
Porri
Folelli (i Fulelli)
San Pellegrinu
Casabianca
Piano (U Pianu)
Silvareccio (Silvareccia)
Padule
Cardu (U Cordu)
Morosaglia (Merusaglia)
Giocatojo
Col du Prato
Poggio-Marinaccio
Champlan (U Campu)
Taglio-Isolaccio (Tagliu-Isolacciu)
Terre Rosse
Centre de Vacances
Popolasca
Casaltà
Ficaja (Ficaghja)
Pruno (Prunu)
Pero-Casevecchie (Peru e Case Vechje)
Prato-di-Giovellina
Grisgione
Olmi
Castineta
Quercitello
la Porta
Scata
S.Gavino-d'Ampugnani
Talasani
Figareto (U Ficaretu)
Castiglione
Aiguilles de Popolasca
Gavignano (Gavignanu)
Sta Maria
Croce
San Damiano (S.Damianu)
Poggio-Mezzana (U Poghju-Mazzana)
Francardo (Francardu)
Aiti
Saliceto (U Salicetu)
M. S. Petrone
Nocario
Polveroso
Verdese
Piazzole
Velone-Orneto
Lavilanella
Ponte Castirla
Pont de Lano (U Ponte Lanu)
S.Lorenzo (S.Lorenzu)
Campana
Couvent
Teglia
S.Giovanni-di-Moriani (S.Ghjuvanni di Moriani)
Sta Lucia-di-Moriani
Santa Regina
Caporalino
Erone
San Quilicu
Piedicroce
Rapaggio
Monacia-d'Orezza
Padulella (A Padulella)
Castirla
San Michele
Omessa
Lano (Lanu)
Pie d'Orezza
Parata
S.Nicolao (S.Niculaiu)
Moriani-Plage
Scala di Sta Regina
Soveria
Rusio (Russiu)
Cambia
Loriani
Piedipartino (Pedipartinu)
Carchetto-Brustico
Stazzona
Valle-d'Orezza
M.Olmelli
Sta Reparata di-Moriani
Sta Maria-Poggio (Sta Maria-Poghju)
Collo di S.Quilico
Carticasi
Carpineto
Felce
Bocca di Ominanda
Tralonca
d'Arcarotta
Piobetta
Tarrano (Tarranu)
Cervione (Cervioni)
Valle-di-Campoloro (E Valle di Campuloru)
Port de Campoloro (U Portu di u Campuloru)
Pinerole
Cuttoli
M. Cecu
Punta de Caldane
Pietricaggio (U Petricaghju)
Valle-d'Alesani (E Valle d'Alisgiani)
Corte
Aleria
Livorno
Marseille, Toulon, Nice
Savona
Genova
Piombino
R E
E25
T11
T10
T20
T30
52
53
17
27
24
68

183

94
95
96
97
98
MER
MÉDITERRANÉE
Golfe de Porto
Golfe de Sagone
Golfe d'Ajaccio
Golfe de Girolata
Golfe de Galeria
Réserve Naturelle de Scandola
Parc
Naturel
Filosorma
Forêt de Calenzana
Forêt du Fangu
Forêt de Carozzica
Forêt de Valdu Niellu
Cinarca
Gravona
Niolu
Genova
Nice
Toulon
Marseille
Porto Torres
Calvi
L'Argentella
Capu di l'Argentella
Pieve
Baie de Crovani
Punta di Ciuttone
Bocca Bassa
Tour Maraghiu
Punta di Stollu
Olmu
Galéria
Punta Bianca
Punta Muvareccia
Calca
Capu Tondu
Baie de Focolara
Punta Palazzu
Isola di Gargali
Capu Licchia
Col de Palmerella
Girolata (Girulatu)
Punta Muchillina
Capu Seninu
Osani
Bocca a Croce
Curzu
Gratelle
Vetriccia
Partinellu
Caspiu
Serriera
Traghinu
Bussaglia
Porto Marina
Porto (Portu)
e Calanche
Punta di Ficajola
Route de Ficajola
Tour de Turghiu
Capu Rossu
Piana (A Piana)
Les Roches Bleues
Capu d'Ortu
Bocca a Lavu
San Martinu
M.Ravu
Punta à i Tuselli
Cariu
Plage d'Arone
Tour d'Orchinu
Punta d'Orchinu
Golfe de Chiuni
Village de Vacances
Lozzi
Marchese
Golfe de Peru
Punta d'Omigna
Cargèse (Carghjese)
Punta di Cargèse
Rondulinu
Portu Monachi
Punta di Triu
Anse de Sagone
Sagone
Esigna
Menhir
Cruciate
Cerasa
Coggia
Vedolaccia
Plage du Liamone
Tour de Capigliolo
Tiuccia
Golfu di a Liscia
La Liscia (Aliscia)
Tour d' Ancone
Ancone
Marina di Pévani
Pévani
Bocca S.Bastiano
Calcatoggio (Calcatoghju)
Appietto (Appiettu)
Punta Pelusella
Carbinica
Romanetti
Golfu di Lava
Capo di Feno
Scaglioli
Salliccia
Villanova
Pisinale
Anse de Minaccia
Capigliolo
Col de S.Antoine
Route des Sanguinaires
Pointe de la Parata
Plage de Vignola
Passe des Sanguinaires
Grande Sanguinaire
Îles Sanguinaires
Scudo
M.Salario
Plage de l'Ariadne
Chapelle des Grecs
AJACCIO (AIACCIU)
Citadelle
Tour de Capitello
Punta di Porticcio
Porticcio (Purtichju)
Isolella
Punta di Sette Nave
Plage de Ruppione
Isola Piana
Punta di a Castagna
la Castagna (A Castagna)
Verghia
Portigliolo
Saparella Sottana (Saparella Suttana)
Acqua Doria
Capu di Muru
Capu Neru
Baie de Cupabia
Manso
Barghiana
Monte Estremo
Chioma
Tuarelli
Prezzuna
Guaitella
Capu di Vegnu
Porta Vecchia
Capu Manganellu
Punta a Scala
Haute Corse
Corse-du-Sud
Capu a u Celu
Bocca di Capronale
Capu à Cuccula
Col de Cuccavera
Col de Verghio
Capu a Vetta
Ota
Pont Génois
Gorges de Spelunca
Evisa
Cristinacce
Capu di Melu
Tombalo
Chidazzu
Marignana
Capu a e Macennuie
Col de Sevi
Renno (Rennu)
Letia
Capu di Galazzu
Revinda
Balogna
Vico (Vicu)
Murzo (Murzu)
Capu a Cuma
Appricciani
Nesa (Nesce)
Arbori (Arburi)
Parapoggio (Parapoghju)
Ambiegna
Arro (Arru)
Casaglione (Casagliu)
Sari-d'Orcino (Sari d'Orcinu)
Sant'Andrea-d'Orcino
Cannelle
Sarrola-Carcopino
Valle-di-Mezzana
Piscia (Rossa)
Mandriolo
Pichio
S.Benedettu
Alata
Tuscia
Afa
Ranuchiettu
Baleone
Mezzavia
Pozzo di Borgo
les Milelli
le Finosello
Bastelicaccia
Pisciatella
Chiavari
Coti-Chiavari
Pietrosella (Pitrusedda)
Bisinao
Acelasca
Cruciata
le Ruppione
Molini
Bocca di Chenova
Gradello
Mattiolo
Col de Cortonu
Pratavone
Arja Donica
Tassinca
Pilusella
Figoni
Monte Biancu
Cala di Cigliu
Parc
Chaos de Bocca Rezza
Maison forest. de Bonifatu
Cirque de Bonifatu
a Muvrella
Haut Asco
M.Corona
Cima di a Statoghia
Ref.Giunte
Ref. de Carrozzu
M.Padro
Asco (Ascu)
Capu Biancu
Murcela
P. Jumentella
Capu Stranciacone
Ref. d'Altore
M. Cinto
Ref.de l'Ercu
Bergerie de Cesta
Corscia
Punta Minuta
Cascade
Paglia Orba
Ref. Ciottulu di i Mori
Grotte des Anges
Calasima
Albertacce
Sidossi
Calacuccia
Casamaccioli
Lac de Calacuccia
Bocca a Arinella
Ref.de Sega
Cascade de Radule
Village Vacances
Verghio (Vergliju)
Capu di u Facciatu
Punta Artica
Capu à u Tozzu
Lac de Nino
Punta di i Castelli
Capu à u Chiostru
Cimatella
Capizzolu
Gratelle
M. Rotondo
u Favarone
Ref. de Manganu
Lac de Creno
M.Sant'Eliseo
Orto (Ortu)
Soccia
Poggiolo (U Poghjolu)
Guagno (Guagnu)
Guagno les Bains
Punta di Pinzi Corbini
Punta a i Muzzolini
Guarchetta
Punta di a Spusata
Muna
M.Cervellu
Pastricciola
Chiusa
Rosazia (Rusazia)
Salice (U Salice)
Rezza
Ghigliazza
Frassetu
P.Feniccia
Punta a i Novi
Rodone
Azzana
Piane (E Piane)
Lopigna
Punta di a Malandrina
Taggia
P.Peccuraghia
Vignale (U Vignale)
Bussu
le Pont d'Ucciani
Vero
Tavera
Punta Sant'Eliseo
Tavaco (Tavacu)
Ucciani (Ucciani)
Carbuccia
Crucoli
Punta d'Isa
Col de Scalella
Punta a u Picchiu
Carcopino
San Petru
Albitrone
Peri
Punta Tirulellu
Punta d'Antraca
Bastelica
St Antoine
Pratu Tondu
Olmo (l'Olmu)
Cuttoli-Corticchiato
Tolla
Gorges du Prunelli
Bocca di Mercuju
Pedi Morella
Ocana
Salvolaccia
Lac de Tolla
Colombina
M.Aragnascu
Bottacina
Belvédère
Vignola
Punta di Mantellucciu
Eccica-Suarella
Radicale
Punta d'Urghiavari
Quasquara
Cauro (Cavru)
Punta di Sarracinaggio
P.Grimaldella
Fica
Col St. Georges
Frassetto (U Frassetu)
Sta-Maria-Siché
Grosseto-Prugna
Campo (U Campu)
Zévaco
Ampaza
Monte Rosso (Monte Rossu)
Cardo-Torgia
Azilone-Ampaza
Albitreccia
Forciolo (Furciolu)
Olivese
Punta Cozzanicciu
Zigliara
Guargualé
Cognocoli-Monticchi
Urbalacone
Monticchi
Pila-Canale
Argiusta-Moriccio
Moca-Croce
Mantarellu
S.Giorgio
Calzola
Bicchisano
Petreto-Bicchisano
Col de St. Eustache
Mezzana
M.San Petru
Vill. Préhist. de Filitosa
Piattone
Casalabriva
Propriano
184
81
84
70
156
23
56
201
601
101
161
381
261
111
11b
555
302
255
55
355
155
757
326
420
27
297
29
104
125
303
103
T20
T22
T40
318
351
824
1147

Gorges de l'Asco
Ponte Leccia
Castiglione
Corte (Corti)
Citadelle
Gorges du Tavignano
Gorges de la Restonica
Venaco
Vivario
Forêt de Vizzavona
Vizzavona
M. d'Oro
Route du Col de Verde
M. Renoso
Col de Verde
Régional
de la
Corse
M. Incudine
Aiguilles de Bavella
Col de Bavella
Zonza
Quenza
Aullène
Sorbollano
Zerubia
Folelli
San Pellegrinu
Centre de Vacances
Moriani-Plage
Port de Campoloro
Cervione
Prunete
Piedicroce
Morosaglia
Casinca
Penta-di-Casinca
Fratta
Tour d'Alistro
Phare d'Alistro
Linguizzetta
Bravone
Marine de Bravone
Pianiccia
Antisanti
Aleria
Fort Matra
Ruines Romaines
Casabianda
Étang de Diane
Étang del Sale
Costa Serena
Ghisonaccia
Prunelli-di-Fiumorbo
Fiumorbo
Forêt de Pietra-Piana
Migliacciaru
Tour de Viginale
Casamozza
Ventiseri
Travo
Solaro
Forêt de Tova
Solenzara
Sari-di-Solenzara
Marine de Solaro
Marine di Scaffa Rossa
Marine de Manichinu
Marine de Cala d'Oru
Cannella
Anse de Cannella
St. Sébastien
Anse de Favone
Favone
Anse de Tarcu
Tarcu
Côte des Nacres
Piana Orientale
MARE
TIRRENO
94
95
96
97
98

Ic
Id
182
Ie
If
Ajaccio
97
98
99
100
101
102
Golfe d'Ajaccio
Golfe de Valinco
Marseille
Toulon
Barcelona
Porto Torres
Isolella
Punta di Sette Nave
Plage de Ruppione
Punta di a Castagna
Isola Piana
Verghia
Portigliolo
Agnarellu
Cruciata
le Ruppione (U Ruppione)
Acelasca
Forêt de Chiavari
Col de Cortonu
Coti-Chiavari
Saparella Sottana (Saparella Suttana)
Ariezza
Acqua Doria
Figoni
Capu di Muru
Monte Biancu
Capu Neru
Cala di Cigliu
Baie de Cupabia
Pilusella
Pietra Rossa (A Petra Rossa)
Favalella
Serra-di-Ferro
Porto Pollo (Portu Polu)
Punta di Porto Pollo
Olmeto Plage
Cappiciolu
Vetricella
Propriano (Prupià)
Capu Lauroscu
Plage de Capu Lauroscu
Plage de Portigliolo
Portigliolo
Punta di Campomoro
-Campomoro (-U Campu Moru)
Belvédère (Belvidè-)
Tivolaggio
Bilia
Grossa
Cala d'Agulia
Punta d'Eccica
Cala di Conca
Capu di Senetosa
Alturaja
Punta Capannaccia
Golfe de Tizzano
Tizzano
Capu di Zivia
Golfe de Murtoli
Plage d'Erbaju
Punta di Murtoli
Golfe de Roccapina
Capu di Roccapina
Roccapina
Rocher du Lion
Mégalithes de Cauria
Île des Moines
I Monachi
Tour de Olmeto
Punta di Caniscione
Grosseto-Prugna (Grussetu-Prugnu)
Albitreccia
Cardo-Torgia (Cardu Torgia)
Torgia
Zigliara
Urbalacone (Urbalaconu)
Cognocoli-Monticchi
Pila-Canale
Guarguale
Moca-Croce
Bicchisano (Bicchisgia)
Petreto-Bicchisano
Casalabriva
Sollacaro (Suddaru)
Olmeto
Filitosa
Vill. Préhist. de Filitosa
Zoppu
Sartène (Sartè)
Musée de Préhistoire Corse
Viggianello (Vighjaneddu)
Arbellara (Arbiddali)
Fozzano (Fuzzà)
Ste-Lucie-de-Tallano
Giuncheto (Ghjunchetu)
Serragia
Punta di Valanincu
Monacia d'Aullène (Munacia d'Auddè)
Caldarello (Caldareddu)
Pianottoli
Punta di Ventilegne
Capo di
T40
184

Ka
Kb
Kc
183
Kd
Ke
97
98
99
100
101
102
Aléria
Nice
Parc Naturel Régional de la Corse
Forêt de Tova
Forêt de Barocaggio-Marghese
Forêt de l'Ospedale
Côte des Nacres
Solenzara (Sulinzara)
Marine di Scaffa Rossa (Marina di a Scaffa Rossa)
Sari-di Solenzara
Marine de Manichinu (Marina di u Manichinu)
Marine de Cala d'Oru (Marina di Cala d'Oru)
Cannella
Anse de Cannelia
St. Sébastien
Anse de Favone
Favone
Anse de Tarcu
Tarcu
Fautea
Plage de Cavu
Cavu
Conca
Ste-Lucie-de-Porto-Vecchio (Sta Lucia di Portivechju)
Caramontinu
Pinarellu
Golfe de Pinarellu
Île de Pianrellu
Porto Vecchiaccio (Portu Vechjacciu)
Punta Capicciola
Plage de S. Cipriani
Cala Rossa
Punta S. Ciprianu
Golfe de Porto-Vecchio
Punta di a Chiappa
Porto-Vecchio
Piccovaggia
Île Pietricaggiosa
Île Piana
Île Forana
Îles Cerbicale
Village de Vacances
Golfe de Sta-Giulia
Golfe de Porto Novo
Tour de Sponsaglia
Golfe di Rondinara
Punta di Rondinara
Golfu di Sant'Amanza
Punta di u Capicciolu
Tour de Sant'Amanza
Gurgazu
Plage Calalonga
Île Porraggia
Île Ratino
Île Cavallo
Île Perduto
Île Piana
Îles Lavezzi
Pyramide de la Sémillante
Tour des Lavezzi
Bonifacio (Bonifaziu)
Capo Pertusato
Phare de Pertusato
Punta di Sperone
Chiappili (Chjappili)
Grotte Marine du Sdragonato
Ermitage de la Trinité
Figari
Aéroport Figari Sud Corse
Sotta
Zonza
Quenza
Levie (Livia)
Col de Bavella
M. Incudine
Aiguilles de Bavella
Bocca di Larone
Castellu d'Arraghju
Torre
Monument
Bocche di Bonifacio
Parco Nazionale dell' Arcipelago di La Maddalena
Isola Razzoli
Isola Budelli
Isola Santa Maria
Isola Spargi
Isola Maddalena
La Maddalena
Isola Caprera
Casa di G.Garibaldi
Costa Smeralda
Golfo Aranci
Capo Testa
Santa Teresa Gallura
Palau
Capo d'Orso
Porto Pozzo
Isola delle Bisce
Capo Ferro
Punta Rossa
P.ta Battistone
Sassari
ITALIA
Témpio
Ólbia

1 : 150 000, 1 : 100 000

CARTE D'ASSEMBLAGE
ÍNDICE DE MAPA
KLAD MAPOVÝCH LISTŮ
BLATTÜBERSICHT
MAPA ÍNDICE
KLAD MAPOVÝCH LISTOV
KEY MAP
OVERZICHTSKAART
PREGLED LISTOV
QUADRO D'UNIONE
SKOROWIDZ ARKUSZY
PREGLED LIST

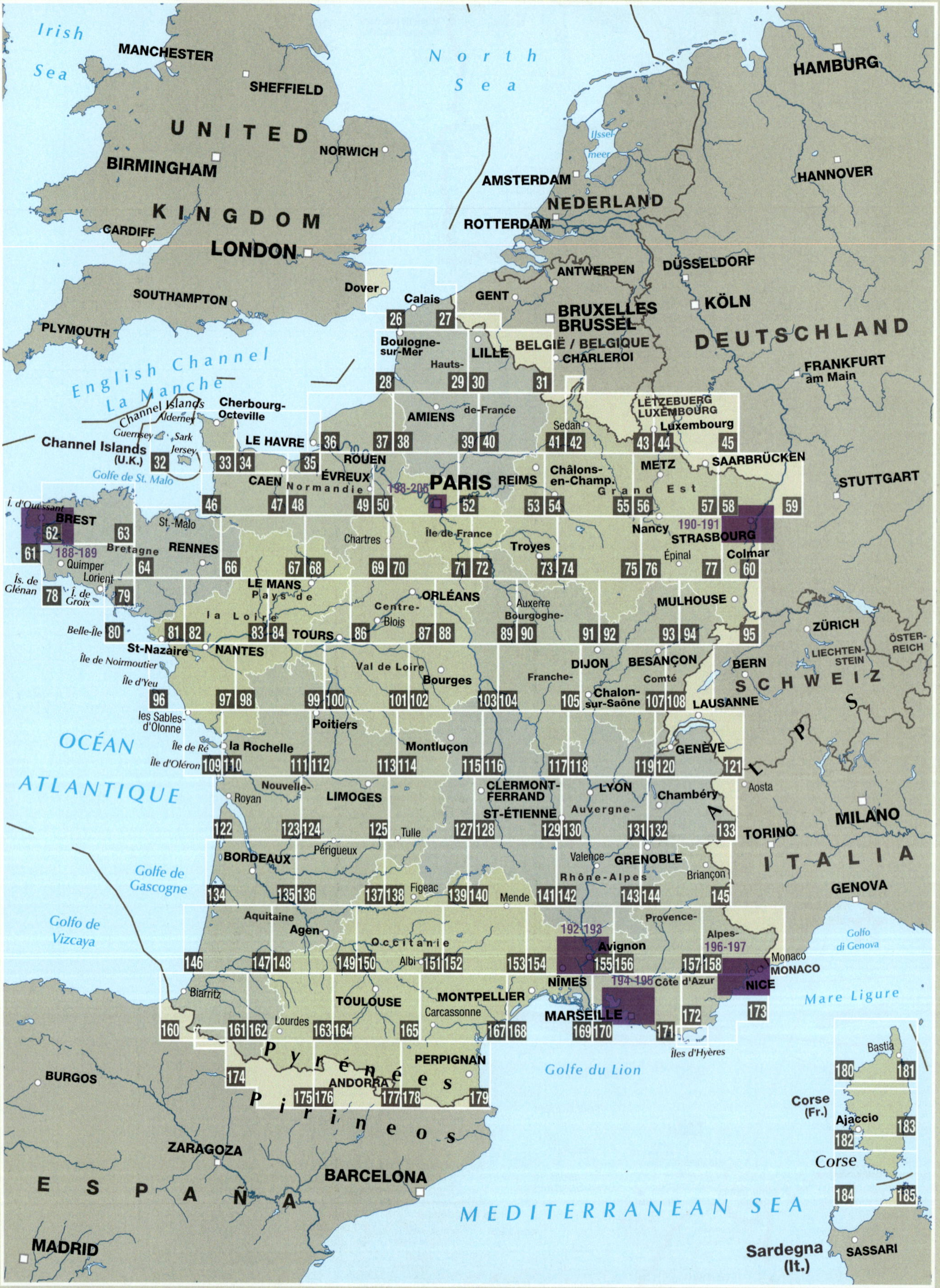

UNITED KINGDOM
MANCHESTER
SHEFFIELD
NORWICH
BIRMINGHAM
CARDIFF
LONDON
SOUTHAMPTON
PLYMOUTH
Dover
Calais
Boulogne-sur-Mer
LILLE
AMIENS
ROUEN
LE HAVRE
CAEN
Cherbourg-Octeville
Channel Islands (U.K.)
BREST
RENNES
Quimper
Lorient
LE MANS
ORLÉANS
TOURS
NANTES
St-Nazaire
PARIS
REIMS
Châlons-en-Champ.
Troyes
METZ
Nancy
STRASBOURG
Colmar
MULHOUSE
DIJON
BESANÇON
Bourges
Poitiers
la Rochelle
LIMOGES
CLERMONT-FERRAND
ST-ÉTIENNE
LYON
GRENOBLE
BORDEAUX
Agen
TOULOUSE
MONTPELLIER
NÎMES
Avignon
MARSEILLE
NICE
MONACO
PERPIGNAN
ANDORRA
Corse (Fr.)
Ajaccio
Bastia
NEDERLAND
AMSTERDAM
ROTTERDAM
ANTWERPEN
GENT
BRUXELLES BRUSSEL
BELGIË / BELGIQUE
CHARLEROI
LËTZEBUERG LUXEMBOURG
DEUTSCHLAND
HAMBURG
HANNOVER
DÜSSELDORF
KÖLN
FRANKFURT am Main
SAARBRÜCKEN
STUTTGART
SCHWEIZ
ZÜRICH
BERN
LAUSANNE
GENÈVE
ÖSTERREICH
LIECHTENSTEIN
ITALIA
MILANO
TORINO
GENOVA
ESPAÑA
MADRID
BURGOS
ZARAGOZA
BARCELONA
Sardegna (It.)
SASSARI
North Sea
English Channel
La Manche
OCÉAN ATLANTIQUE
Golfe de Gascogne
Golfo de Vizcaya
Golfe du Lion
MEDITERRANEAN SEA
Mare Ligure

1 : 150 000

Légende Legenda	Zeichenerklärung Objaśnienia znaków	Legend Vysvětlivky	Segni convenzionali Legenda	Sinais convencionais Legenda	Signos convencionales Tumač znakova

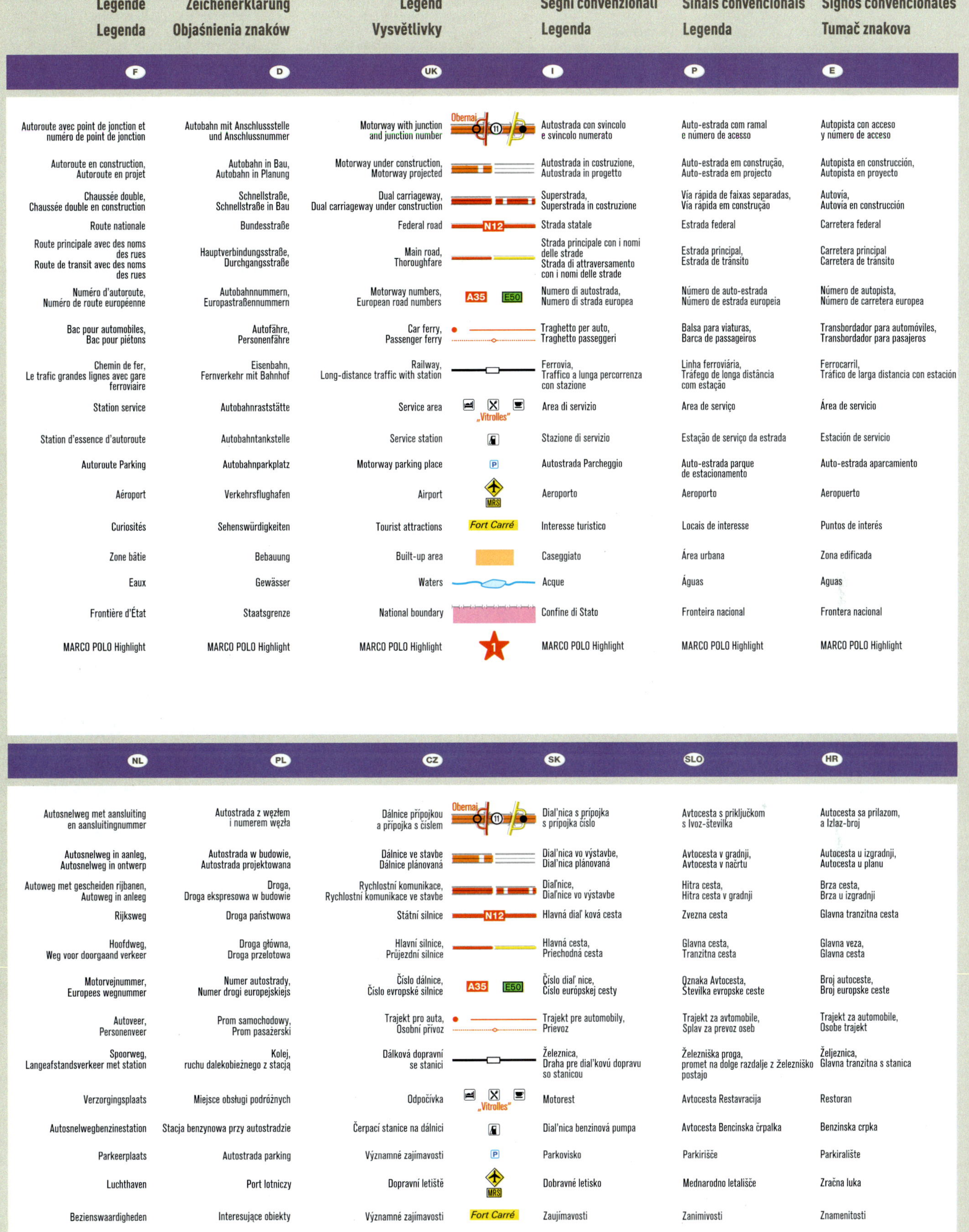

F	D	UK	Symbol	I	P	E
Autoroute avec point de jonction et numéro de point de jonction	Autobahn mit Anschlussstelle und Anschlussnummer	Motorway with junction and junction number	Obernai 11	Autostrada con svincolo e svincolo numerato	Auto-estrada com ramal e número de acesso	Autopista con acceso y número de acceso
Autoroute en construction, Autoroute en projet	Autobahn in Bau, Autobahn in Planung	Motorway under construction, Motorway projected		Autostrada in costruzione, Autostrada in progetto	Auto-estrada em construção, Auto-estrada em projecto	Autopista en construcción, Autopista en proyecto
Chaussée double, Chaussée double en construction	Schnellstraße, Schnellstraße in Bau	Dual carriageway, Dual carriageway under construction		Superstrada, Superstrada in costruzione	Vía rápida de faixas separadas, Vía rápida em construção	Autovía, Autovía en construcción
Route nationale	Bundesstraße	Federal road	N12	Strada statale	Estrada federal	Carretera federal
Route principale avec des noms des rues Route de transit avec des noms des rues	Hauptverbindungsstraße, Durchgangsstraße	Main road, Thoroughfare		Strada principale con i nomi delle strade Strada di attraversamento con i nomi delle strade	Estrada principal, Estrada de trânsito	Carretera principal Carretera de tránsito
Numéro d'autoroute, Numéro de route européenne	Autobahnnummern, Europastraßennummern	Motorway numbers, European road numbers	A35 E50	Numero di autostrada, Numero di strada europea	Número de auto-estrada Número de estrada europeia	Número de autopista, Número de carretera europea
Bac pour automobiles, Bac pour piétons	Autofähre, Personenfähre	Car ferry, Passenger ferry		Traghetto per auto, Traghetto passeggeri	Balsa para viaturas, Barca de passageiros	Transbordador para automóviles, Transbordador para pasajeros
Chemin de fer, Le trafic grandes lignes avec gare ferroviaire	Eisenbahn, Fernverkehr mit Bahnhof	Railway, Long-distance traffic with station		Ferrovia, Traffico a lunga percorrenza con stazione	Linha ferroviária, Tráfego de longa distância com estação	Ferrocarril, Tráfico de larga distancia con estación
Station service	Autobahnraststätte	Service area	„Vitrolles"	Area di servizio	Area de serviço	Área de servicio
Station d'essence d'autoroute	Autobahntankstelle	Service station		Stazione di servizio	Estação de serviço da estrada	Estación de servicio
Autoroute Parking	Autobahnparkplatz	Motorway parking place	P	Autostrada Parcheggio	Auto-estrada parque de estacionamento	Auto-estrada aparcamiento
Aéroport	Verkehrsflughafen	Airport	MRS	Aeroporto	Aeroporto	Aeropuerto
Curiosités	Sehenswürdigkeiten	Tourist attractions	Fort Carré	Interesse turistico	Locais de interesse	Puntos de interés
Zone bâtie	Bebauung	Built-up area		Caseggiato	Área urbana	Zona edificada
Eaux	Gewässer	Waters		Acque	Águas	Aguas
Frontière d'État	Staatsgrenze	National boundary		Confine di Stato	Fronteira nacional	Frontera nacional
MARCO POLO Highlight	MARCO POLO Highlight	MARCO POLO Highlight	1	MARCO POLO Highlight	MARCO POLO Highlight	MARCO POLO Highlight

NL	PL	CZ	Symbol	SK	SLO	HR
Autosnelweg met aansluiting en aansluitingnummer	Autostrada z węzłem i numerem węzła	Dálnice přípojkou a přípojka s číslem	Obernai 11	Dial'nica s prípojka s prípojka číslo	Avtocesta s priključkom s Ivoz-številka	Autocesta sa prilazom, a Izlaz-broj
Autosnelweg in aanleg, Autosnelweg in ontwerp	Autostrada w budowie, Autostrada projektowana	Dálnice ve stavbe Dálnice plánovaná		Dial'nica vo výstavbe, Dial'nica plánovaná	Avtocesta v gradnji, Avtocesta v načrtu	Autocesta u izgradnji, Autocesta u planu
Autoweg met gescheiden rijbanen, Autoweg in anleeg	Droga, Droga ekspresowa w budowie	Rychlostní komunikace, Rychlostní komunikace ve stavbe		Diaľnice, Diaľnice vo výstavbe	Hitra cesta, Hitra cesta v gradnji	Brza cesta, Brza u izgradnji
Rijksweg	Droga państwowa	Státní silnice	N12	Hlavná diaľ ková cesta	Zvezna cesta	Glavna tranzitna cesta
Hoofdweg, Weg voor doorgaand verkeer	Droga główna, Droga przelotowa	Hlavní silnice, Průjezdní silnice		Hlavná cesta, Priechodná cesta	Glavna cesta, Tranzitna cesta	Glavna veza, Glavna cesta
Motorvejnummer, Europees wegnummer	Numer autostrady, Numer drogi europejskiejs	Číslo dálnice, Číslo evropské silnice	A35 E50	Číslo diaľ nice, Číslo európskej cesty	Oznaka Avtocesta, Številka evropske ceste	Broj autoceste, Broj europske ceste
Autoveer, Personenveer	Prom samochodowy, Prom pasażerski	Trajekt pro auta, Osobní přívoz		Trajekt pre automobily, Prievoz	Trajekt za avtomobile, Splav za prevoz oseb	Trajekt za automobile, Osobe trajekt
Spoorweg, Langeafstandsverkeer met station	Kolej, ruchu dalekobieżnego z stacją	Dálková dopravní se stanici		Železnica, Draha pre dial'kovú dopravu so stanicou	Železniška proga, promet na dolge razdalje z železniško postajo	Željeznica, Glavna tranzitna s stanica
Verzorgingsplaats	Miejsce obsługi podróżnych	Odpočívka	„Vitrolles"	Motorest	Avtocesta Restavracija	Restoran
Autosnelwegbenzinestation	Stacja benzynowa przy autostradzie	Čerpací stanice na dálnici		Dial'nica benzinová pumpa	Avtocesta Bencinska črpalka	Benzinska crpka
Parkeerplaats	Autostrada parking	Významné zajímavosti	P	Parkovisko	Parkirišče	Parkiralište
Luchthaven	Port lotniczy	Dopravní letiště	MRS	Dobravné letisko	Mednarodno letališče	Zračna luka
Bezienswaardigheden	Interesujące obiekty	Významné zajímavosti	Fort Carré	Zaujímavosti	Zanimivosti	Znamenitosti
Bebouwing	Obszar zabudowany	Zastavěna plochna		Zastavená plocha	Stanovanjske zgradbe	Zgrada
Wateren	Wody	Vodstvo		Vodstvo	Vodóvje	Vode
Rijksgrens	Granica państwa	Státní hranice		Štátna hranica	Državna meja	Državna granica
MARCO POLO Highlight	MARCO POLO Highlight	MARCO POLO Highlight	1	MARCO POLO Highlight	MARCO POLO Highlight	MARCO POLO Highlight

Landunvez
Ploudalmézeau
Côte des Abers
Ile d' Ouessant
Chenal du Four
Chenal de l'Aber Ildut
Lanildut
Brélès
Château de Kergroadès
Lanrivoaré
Guipronvel
Milizac
Tréouergat
Lampaul-Plouarzel
Plouarzel
Menhir de Kerloas
Saint-Renan
Bohars
Guilers
Phare de Trezien
Pointe de Corsen
Ploumoguer
Parc naturel régional d'Armorique
Pointe de Brenterc'h
Anse des Blancs Sablons
Plage des Blanc Sablons
Phare de la Grande Vinotière
Pointe de Kermorvan
Ile d' Ouessant, Ile-Molène
Trébabu
le Conquet
Plouzané
Locmaria-Plouzané
Ile de Béniguet
Roche de l'Oursin
Pointe de Saint-Mathieu
Phare des Vieux Moines
Roche de la Fourmi
Plougonvelin
Pointe de Créac'h Meur
Anse de Bertheaume
Pointe du Grand Minou
Pointe du Petit Minou
Fort du Minou
Institut de Recherche Océanographique
Pointe du Diable
Pointe de Portzic
Goulet de Brest
Basse Beuzec
Chaussée des Pierres Noires
Pointe des Capucins
Roscanvel
Baie de Roscanvel
Ile Trébéron
Ile des Morts
Pointe Tremet
Anse de Camaret
Pointe du Grand Gouin
Pointe du Toulinguet
Alignements de Lagatjar
Camaret-sur-Mer
Phare de la Parquette
Chenal du Toulinguet
Pointe de Pen-Hir
Pointe de la Tavelle
Anse de Pen-Hir
le Château de Dinan (Rochers)
Pointe de Dinan
Anse de Dinan
Morgat
Pointe de Lost Marc'h
Plage de la Palue
Ile Guénéron
Maison des Minéraux
Pointe de Kerroux
Cap de la Chèvre
Ile de Sein
Anse Saint-

Plougerneau
Lesneven
Lesneven
Morlaix
Bourg-Blanc
Plabennec
Kersaint-Plabennec
Gouesnou
Aéroport régional de Brest-Guipavas
Guipavas
Le Relecq-Kerhuon
Landerneau
la Roche-Maurice
Ploudiry
la Martyre
Plouédern
Tréflévénez
Saint-Divy
la Forest-Landerneau
Saint-Thonan
Loperhet
Daoulas
Dirinon
Saint-Urbain
Irvillac
Plougastel-Daoulas
Presqu'île de Plougastel
BREST
CITY MAP
Port de Commerce
Océanopolis
Rade de Brest
Pointe du Corbeau
Baie de Daoulas
Logonna-Daoulas
Hôpital-Camfrout
Hanvec
Parc Naturel Régional d'Armorique
Le Faou
Rosnoën
Landévennec
Abbaye de Guénolé
Forêt Domaniale de Landévennec
Lanvéoc
Anse de Poulmic
Etablissement Maritime de Lanvéoc-Poulmic
Ile Longue
Pointe de Lanveoc
Ile Ronde
Pointe Doubidy
Pointe de Kerdéniel
Grande Ile du Bindy
Ile de Crozon
Crozon
Argol
Forêt Communale d'Argol
Trégarvan
Dineault
Ménez-Hom
Telgruc-sur-Mer
Saint-Nic
Ste-Marie du Ménez Hom
Plomodiern
Ploéven
Anse de Morgat
Ile de l'Alber
Pointe de Morgat
Pointe du Bellec
Pointe de Keric
Pointe de Kereon
Pointe de Talagrip
Baie de Douarnenez
Anse du Caon
Landivisiau
Quimper
Pleyben
Châteaulin
N12
N165
N265
E50
E60
D770
D712
D764
D791
D887
D63
D47
D60
D18
D33
D29
D67
D788
D13
D60

Haguenau
Haguenau
Lauterbourg
Rastatt
Niederschaeffolsheim
Marienthal
Kaltenhouse
Oberhoffen-sur-Moder
Bois de Soufflenheim
Dengelsheim
Dalhunden
Söllingen
Flughafen Karlsruhe/Baden-Baden
FKB
Rhein-münster
Stollhofen
Sulzbach
Bischwiller
Raffinerie
Rohrwiller
Circuit Touristique Franco-Allemand
Drusenheim
Greffern
Klosterkirche
Schwarzach
Kriegsheim
Gries
Hanhoffen
Weitbruch
Zwellweg
Brumath
Kurtzenhouse
Route-des-Potiers et des-Villages Pittoresques
GRAUELSBAUM
LICHTENAU
Hildmannsfeld
ULM
OBERBRUCH
MOOS
Geudertheim
Bietlenheim
la Zorn Rivière
Weyersheim
Herrlisheim
Offendorf
Achern
Brumath/Vendenheim
Gambsheim
Hoerdt
Route du Rhin
SCHERZHEIM
HELMLINGEN
MUCKENSCHOPF
Zell
Unzhurst
Breithurst
MEMPRECHTS-HOFEN
Bettenhoffen
Reichstett/Hoerdt
la Wantzenau
Kilstett
Michelbuch
Litzloch
Walzfeld
Malghurst
Raffinerie de Pétrole
Reichstett
la Wantzenau
RHEINAU
FREISTETT
GAMSHURST
Hesselbach
SASBACHRIED
DIERSHEIM
RHEIN-BISCHOFSHEIM
Deutsch-Französische Touristikroute
Acher
GROSSWEIER
Bühl
Reichstett/Vendenheim
Souffelweyersheim
Wœrthel
HONAU
HAUSGEREUT
HOHBÜHN
LEUTESHEIM
HOLZHAUSEN
WAGSHURST
FAUTENBACH
Hœnheim
Bischheim
SCHILTIGHEIM
LINX
ACHERN
Hanauer Land
AUENHEIM
ZIERELSHOFEN
ONSBACH
MÖSBACH
Strasbourg Centre
CITY MAP
Palais de l'Europe
Orangerie
BODERSWEIER
Grand Bourg
Place des Halles
la Petite France
Cathédrale
Palais des Rohan
NEUDORF
QUERBACH
KEHL
RENCHEN
Badische Weinstr.
DEUTSCHLAND
Freudenstadt
ULM
Europabrücke
NEUMÜHL
Legelshurst
Renchtal
Urloffen
ERLACH
HASLACH
Porte de Schirmeck
Ostwald
SUNDHEIM
KORK
ODELSHOFEN
STADELHOFEN
TIERGARTEN
Petite France
ZUSENHOFEN
OBERKIRCH
NEUHOF
Kinzig
Neusand
Sand
Appenweier
Appenweier
Rench
GAISBACH
la Colonne
Willstätt
Eckartsweier
NUSSBACH
Maisenbühl
Illkirch-Graffenstaden
STOCKFELD
Marlen
Hesselhurst
WINDSCHLÄG
Nesselried
Herztal
Sankt Wendelin
Ruine Fürsteneck
BUTSCHBACH
BOTTENAU
Albersbach
Hesselbach
Rhein
GOLDSCHEUER
GRIESHEIM
BOHLSBACH
Ibental
Wiedergrün
Langhurst
Schloss Staufenberg
Schafhardt
Kittersburg
HOHNHURST
WEIER
Eberswei er
Stöcken
Heimbach
Erlgesbach
Laibach
Im Gottwald
BÜHL
Durbach
Oberweiler
Vollmersbach
Obertal
Hofraite
RAMMERSWEIER
Lautenbach
Sendelbach
Wolfenhof
Niederau
Schutter
WALTERSWEIER
Riedle
Brandeck
Oberspring
Plobsheim
Altenheim
Müllen
Langhurst
Offenburg
ZELL-WEIERBACH
Brandeckkopf
FESSENBACH
Rathaus
Messe
Hohenberg
Kempferhof
Notre-Dame du Chêne
Château de la Thumenau
Schutterwald
OFFENBURG
Neuried
Käfersberg
Hinterohlsbach
Höllhof
Ortenberg
Dundenheim
Höfen
HILDBOLTSWEIER
Schloss
Nothalde
Schwärzenbach
Hohgrund
Mooshof
Bühl
Schlauch
Mittelbach
Ebersweier
Ohlsbach
Sondersbach
Badische Weinstraße
Ichenheim
Hofweier
ELGERSWEIER
ZUNSWEIER
Weisenbach
REICHENBACH
Haigerach
Lahr/Schwarzwald
DEUTSCHLAND
Freiburg i. Breisgau
Lahr/Schwarzwald
Haslach im Kinzigtal
Dreieck Karlsruhe

0 0,5 1 2 3 4 5 km
0 0,5 1 2 3 miles

Montélimar
Vaison-la-Romaine
ORANGE
Théâtre Antique
Arc de Triomphe
LE COUDOULET
Jonquières
Vacqueyras
Courthézon
Sarrians
Loriol-du-Comtat
Caderousse
Codolet
Montfaucon
Châteauneuf-du-Pape
Roquemaure
Bédarrides
Monteux
Sauveterre
Sorgues
Entraigues-sur-Saint-Sourges
Althen-des-Paluds
Pujaut
Tavel
Villeneuve-lès-Avignon
les Angles
Rochefort-du-Gard
Vedène
Saint-Saturnin-lès-Avignon
le Pontet
AVIGNON
Palais des Papes
Pont Saint-Bénezet
Fort Saint-André
Morières-lès-Avignon
Jonquerettes
le Thor
Châteauneuf-de-Gadagne
Autoroute du Soleil
la Durance Rivière
Barbentane
Rognonas
Châteaurenard
Aéroport d'Avignon Provence
Caumont-sur-Durance
Aramon
Boulbon
Saint-Michel de Frigolet
Graveson
Noves
Cabannes
Eyragues
Maillane
Verquières
Saint-Andiol
Tarascon
Mollégès
Saint-Rémy-de-Provence
Plan-d'Orgon
Route de la vie Romaine
le Rhône Fleuve
La Languedocienne
Carpentras
Cavaillon
Apt
Marseille
Sénas
Beaucaire
Arles
St-Rémy-de-Provence
Tarascon
Plan-d'Orgon
St-Rémy-de-Provence

Miramas
Salon-de-Provence
Avignon
Miramas-le-Vieux
Cornillon-Confoux
Coudoux
Saint-Chamas
la Fare-les Oliviers
Ventabren
Velaux
ISTRES
Rognac
Berre-l'Étang
Étang de Berre
Étang de Vaïne
VITROLLES
Saint-Mitre-les-Remparts
Aéroport de Marseille-Provence
MARTIGUES
MARIGNANE
Saint Victoret
Port-de-Bouc
Gignac
Châteauneuf-les-Martigues
Canal de Marseille au Rhône
Chaîne de l'Estaque
Ensuès-la-Redonne
le Rove
la Couronne
Cap Couronne
Sausset-les-Pins
Carry-le-Rouet
Calanque de l'Escalayolle
MARS
Ile Ratonneau
Ilot Tiboulen
Ile Pomègues
Cap Caveaux
Golfe du Lion
Parc National des Calanques
Tanger Med.

Saint-Cannat
Pertuis
Gap
Eguilles
Valsère
Château Blanc
Bumpard
Peyred
Rigoués
Aqueduc de Roquefavour
Château Noir
la Bardeline
LES TUILIERES
SAINT PONS
la Merindolle
Château de la Tour d'Arbois
LA GREMEUSE
RIQUETTI
LES MILLES
Saint Amand
Reservoir de Réaltor
le Domaine de Calas
Chapelle Notre-Dame
Calas
Barène
le Lac Bleu
Cabriès
Ferme des Plaines d'Arbois
le Verger
les-Pennes-Mirabeau
la Malle
Plan de Campagne
Aquacity les Peyrets
Castors Isabella
la Morandiere
Pierrefeu
les Cadeneaux
Septèmes-les-Vallons
la Rougière
NOTRE-DAME
GAZAND
les Peyras
SAINT-ANTOINE
St.Andre
St.Henri
L'ESTAQUE
MOUREPIANE
SAINT-LOUIS
MADRAGUE DE LA VILLE
les Ports St.Louis
la Cabucelle
EILLE
Parc du Phare
Fort Saint Nicolas
ENDOUME
Pointe d'Endoume
Château d'If
Fort Pomègues
Rade d'Endoume
CITY MAP
Parc Borely
Pointe Rouge
LA MADRAGUE
Mont Rose
Château Pastré
LA CAYOLLE
LES BAUMETTES
Porto-Vecchio, Propriano, Ajaccio, Bastia
Cassis
AIX-en Provence
DIOULOUFFET
CELONY
Plateau d'Entremont
Oppidum d'Entremont
Atelier P. Cézanne
FONTFIGUIERE
LES BLANC
SAINT MITRE
GRANETTES
Cathédr.
Hôt. de Ville
Musée Granet
Aix-Ouest
Château de Gallice
l'Enscleille
PONT DE L'ARC
Château des Cinq Loups
Aix-Pont de l'Arc
BON RECOUNTRE
Bompart
LUYNES
l'Enfant Château
le Manegron
Plein Soleil
Bouc-Bel-Air
Château d'Albertas Jardins
Domaine de la Salle
les Chabauds
les Caillols
Simiane-Collongue
Plan d'Arles
Biver
Saint Germain
les Frères
Pilon du Roi
Chaîne de l'Etoile
Grande Etoile
Grottes Loubière
Palama Château
la Montade
MOURET
CHÂTEAU-GOMBERT
LES AYGALADES
LA BATARELLE
SAINT-JOSEPH
LE MERLAN
LA CROIX ROUGE
SAINTE-MARTHE
SAINT-JEROME
SAINT-BARTHELEMY
LES OLIVES
Allauch
MONTOLIVET
SAINT-JULIEN
LES CAILLOLS
LES CAMOINS
SAINT-BARNABE
LA VALENTINE
LA POMME
MADELEINE
Palais Long-champ
Vieux Port
St.Victor
MENPENTI
N.D. de la Garde
Parc Chanot
PONT DE VIVAUX
SAINTE-MARGUERITE
SAINT-GINIEZ
LE CABOT
Cité le Corbusier
BONNEVEINE
LE REDON
VAUFREGES
MAZARGUES
MONTREDON
GRANVAL
LES TROIS PONTS
Mont Saint Cyr
Chaîne de Saint Cyr
Mont Carpiagne
Col de la Gineste
Facultés de Luminy
Chaîne de la Gardiole
Mont Puget
SAINT-LOUP
SAINT-BARASSE
SAINT-MARCEL
LA MILLIÈRE
la Penne-sur-Huveaune
LE CHARREL
SAINT-MITRE
Plan-de-Cuques
Ambrasis
la Bourdonnière
Carlevan Château
les Bellons
LA TREILLE
CAMOINS-LES-BAINS
EOURES
la Reynarde
Château LA BASTIDONNE
NAPOLLON
la Morochita
AUBAGNE
Château de Jongues
Sommet du Douard
Rouvière
Petit Rouvière
Camoux-en-Provence
les Barles
Roquefort-la-Bédoule
Le Pas de Bellefille
la Bédoule-Sud
le Belvédère
Sainte-Croix
Cassis
Aubagne
Toulon
Gémenos
SAINT-PIERRE-LES-AUBAGNES
Saint-Jean-de-Garguier
les Craux
Saint Estève
Roquevaire
Lascours
les Manaux
Rocher du Garlaban
Château Favan
les Gavots Fermes
Grotte de Baume Sourne
Château de Nerf
Pichauris
Col du Marseillais
Pont de Joux
Auriol
Peypin
la Destrousse
le Régage
le Terme
Puits d'Armand
Cadolive
Mont-Julien
Auberge Neuve
la Bouilladisse
les Boyers
Boutot
Plan-Redon
Pas de Trets
les Gorguettes
le Pigeonnier
Baume de Marron
Saint-Savournin
Notre-Dame des Anges
la Débite
Mimet
les Goumauds
le Thubet
la Pomme
la Valentine
Gréasque
Belcodène
Saint Jacques
Bouteille
Peynier
les Michels
la Treille
Fuveau
le Jas-de-Bassas
Puits Lhuillers
les Planes
Chapelle Saint-Michel
Pacaret
la Diote
la Pourcelle
les Moulières
les Rigauds
le Gassin
Gardanne
les Sauvaires
Braconnerie
Château de Bareme
le Plan
Moulin de Bachasson
la Barque
Châteauneuf-le-Rouge
les Baumouilles
Château l'Arc
la Cairanne
Villeveille
Rousset
le Canet
Cardeline
le Rouge
la Galinière
les Bannettes
la Bégude
Meyreuil
la Simone Château
PONT DES TROIS SAUTETS
Château du Diable
Aix-Est
Saint Marc
les Artauds
Beaurecueil
Montagne du Cengle
Saint-Antonin-sur-Bayon
Bayle
l'Etang
Coquille
Subéroque
le Bouquet
Refuge Cézanne
Château
Roques-Hautes
Dubourg
le Tholonet
VAL
SAINT-ANDRÉ
Chapelle Saint Joseph
Saint-Marc-Jaumegarde
Lac du Bimont
la Croix de Provence
Montagne Sainte-Victoire
les Bonfillons
les Cabassols
Vauvenargues
la Tête du Marquis
la Fontaine des Tuiles Ferme
les Favoris
l'Aube
Tour de César
Villa de Tournon
Aix-les Plantanes
les Baumes
Logissons
SAINT-EUTROPE
St-Maximin-la-Sainte-Baume
Brignoles

Digne-les-Bains
Château Gréolières
Gréolières
Saint-Pons
1395
Coursegoules
le Méou
1034
Montagne du Chiers
1085
Mouton d'Anou
Bastide de Vescagne
Saint-Sébastien
Carros
Corniche du Var
D2209
Porcio
le Martinet
Asprem
le Foulon
le Gros Pounch
1188
Cipières
Saint Claude Chapelle
Bois de Garavagne
Colle de Puey Subert
1208
Bastide de Vescagne
Carros-le-Neuf
les Selves
1171
Signal de Perséguier
907
Gattières
Super-Gattières
Plateau de Calern
Bramafan
871
Col de Vence
963
Source de Riou
Saint Jeannet
le Manda
Colomars
les Cappans
Colle de Rougies
1334
Saint Lambert
Cascade de Courmes
Saut du Loup
Courmes
Gouffre de l'Embut
965
708
Gorges du Loup
Saint-Arnoux
Pic de Courmettes
1248
Château N.D. des Fleurs
Vence
la Gaude
Saint Pierre
Bellet
D6202
D6202B
D2210
D3
D6
Pont du Loup
Chapelle du Rosaire
Saint Michel
Sainte Pétronille
Nice-Saint Isidore
1335
le Haut Montet
Tourrettes-sur-Loup
Fondation Maeght
D218
232
la Madeleine
Vallon de la Combe
Gourdon
le Bosquet
Ferme Merle
le-Bar-sur-Loup
D2210
342
Saint Paul
Allianz Riviera
Parc de miniature
963
1245
Saint Christophe
Château du Rouret
le Loup Rivière
Vallon du Claret
la Colle-sur-Loup
Saint-Laurent-du-Var
Magagnosc
397
le Pré
480
Rouret
du Lac
Saint-Pons
Châteauneuf-Grasse
les Furons
Roquefort-les-Pins
(210)
D6
D36
CAGNES-sur-Mer
le Collet
Château Mougins
la Grange Rimade
Notre Dame de Protection
Grimaldi
SAINT-JEAN
350
Opio
San Peyre
les Maillans
le Plan
Villeneuve-Loubet
208
Cagnes-sur-Mer
Musée de la Parfumerie
181
les Chauves
176
Château de la Bégude
204
21
D2085
Tour de la Madone
Villeneuve-Loubet
Moulin du Loup
CROS-DE-CAGNES
NCE
Aéroport Nice-Côte
SAINT-JOSEPH
SAINT-CLAUDE
Notre-Dame du Brusc
les Paraltes
Brassaulis
D3
Ville Bruc
le Terme Blanc
Flory
Hippodrome
GRASSE
le Campon
Plascassier
234
les Groulles
Valbonne
D4
200
Bouches du Loup
Sainte Anne
(333)
SAINT-JACQUES
SAINT-ANTOINE DE GRASSE
LE PLAN
15%
les Peyrouas
(202)
Bois de Valbonne
les Soullières
Saint-Julien
Bouches du Loup
Marina Baie des Anges
Biot
Villeneuve-Loubet-Plage
Mouans-Sartoux
les Castelaras
le Val Martin
les Clausonnes
(80)
D6098
Forêt de Peygros
(125)
Musée Fernand Léger
E80
Baie d
Clavary
Château Notre-Dame de Valcluse
D6185
Canal de la Siagne
243
Sophia Antipolis
Aquasplash
301
le Gabre
la Moulin Vieux
Route Napoléon
la Peyrière
La Provençale
Funel Château SUPER-ANTIBES
Marineland
LA BRAGUE
Auribeau-sur-Siagne
la Roquette-sur-Siagne
Saint Basile
13
120
Moulin du Roy
LES BREGUIERES
les Sausserons
Cabrol
Pégomas
Saint Barthélemy
Mougins
(260)
Antibes Est
LES COMBES
D6007
LA FONTONNE
Antibes Land
Fort Carré
Maubert
le Logis
(22)
les Bastides
Pibonson
Antibes Ouest
LES SEMBOULES
Sambourres
249
SAINT-JEAN
FONTMERLE
Anse Saint-Roch
ANTIBES
la Fénerie
Saint Jean
Miracle
Cabrières
les Bréguières
Saint-Maymes
2024
les Marquettes
Dandon
118
LE CANNET
Vallauris
Lauvert
Musée
Anse de la Salis
RANGUIN
LE CLAUS
(110)
(122)
JUAN-
LA SALIS
Pointe Bacon
le Grand Duc
Moulin de Labadie
ROCHEVILLE
le Pezou
TERREFIAL
SUPER-CANNES
Golfe-Juan
LES-PINS
Plateau de la Garoupe
475
les Crottes
la Bocca
Croix des Gardes
SAINT-NICOLAS
Observatoire de Super-Cannes
Jardin Thuret
LA GARDIOLE
Plage de la Garoupe
Mandelieu-la-Napoule
D6007
Musée Lycklama
Palais des Festivals
LES GABRES
Golfe Juan
LES NIELLES
Cap Gros
Hotel du Cap
LA GAROUPE
(15)
les Termes
LE SUQUET
Bd de la Croisette
Château de la Croé
Ville Eilenroc
D6098
CANNES
Palm-Beach Casino
la Formigue
Cap d'Antibes
Mandelieu
la Vaquerie
Tremblant
Minelle
Pointe de la Croisette
le Muy
D6007
Pointe Bataignier
Pointe de la Convention
Ile Sainte Marguerite
Golfe de la Napoule
la Napoule
28
Fréjus
Plateau du Milieu
Théoule-sur-Mer
Maure Vieille
Pointe Barbier
Iles de Lérins
Abbaye de Lérins
439
Pointe de l'Aiguille
Ile Saint Honorat
Saint Honorat
la Galère
Théoule-Supérieur
Col de la Cadière
256
Pointe de la Galère
241
437
Col de l'Esquillon
83
Pointe de l'Esquillon
le Trayas
Miramar
la Figueirette
Pic de l'Ours
Espéro-Pax
Col Notre-Dame
496
323
Col des Lentisques
263
le Trayas
160
Col de l'Eveque
Pic du Cap Roux
Pointe du Cap Roux
452
Roc Saint Barthélemy
D559
Corniche de l'Esterel
Côte
Draguignan
Digne-les-Bains
0 0,5 1 2 3 4 5 km
0 0,5 1 2 3 miles

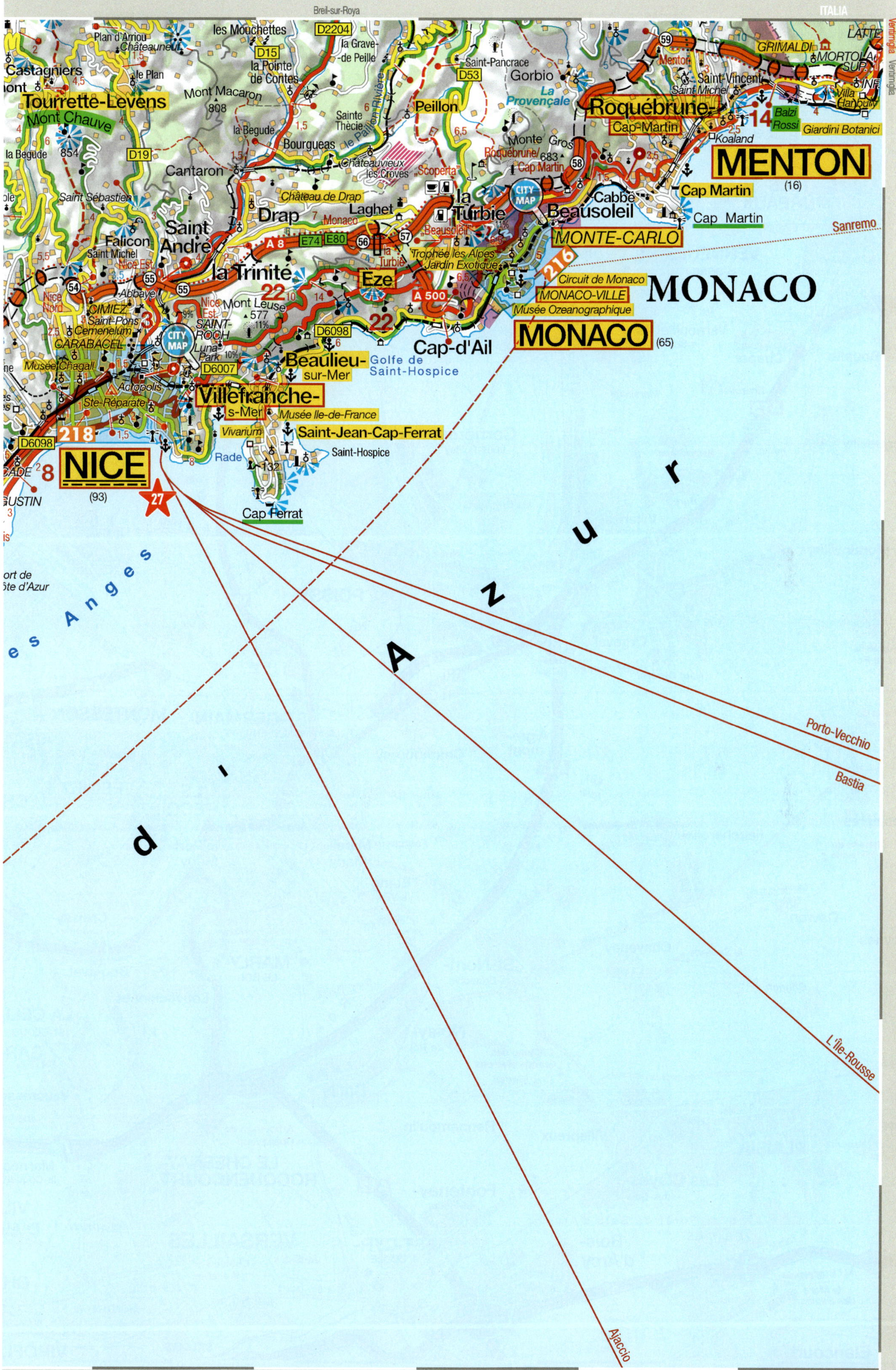
ITALIA
Breil-sur-Roya
Ventimiglia
les Mouchettes
D2204
la Grave-de Peille
Plan d'Arriou
Châteauneuf
D15
la Pointe de Contes
Saint-Pancrace
D53
Gorbio
La Provençale
GRIMALDI
MORTOLA SUP.
LATTE
Castagniers
le Plan
Tourrette-Levens
Mont Chauve
Mont Macaron
808
Sainte Thècie
Peillon
Roquebrune-
Cap-Martin
Menton
Saint-Vincent
Saint Michel
Villa Hanbury
Balzi Rossi
Giardini Botanici
la Begude
854
D19
Bourgueas
Monte Gros
683
Koaland
MENTON
(16)
Cantaron
Châteauvieux
les Croves
Scoperta
Roquebrune/Cap Martin
Cap Martin
Saint Sébastien
Château de Drap
la Turbie
Cabbé
Beausoleil
Falicon
Saint Michel
Saint André
Drap
Laghet
Monaco
Beausoleil
Cap Martin
Sanremo
A 8
E74
E80
MONTE-CARLO
Trophée les Alpes
Jardin Exotique
Nice Est
la Trinité
Eze
216
Circuit de Monaco
Nice Nord
Abbaye
CIMIEZ
Saint-Pons
Cemenelum
CARABACEL
Nice Est
Mont Leuse
577
A 500
MONACO-VILLE
Musée Ozeanographique
MONACO
SAINT-ROCH
Luna Park
D6098
MONACO
(65)
Cap-d'Ail
CITY MAP
Musée Chagall
D6007
Beaulieu-sur-Mer
Golfe de Saint-Hospice
Acropolis
Ste-Réparate
Villefranche-s-Mer
Musée Ile-de-France
218
Vivarium
Saint-Jean-Cap-Ferrat
D6098
Saint-Hospice
NICE
(93)
Rade
132
27
Cap Ferrat
Aéroport de Nice-Côte d'Azur
Baie des Anges
d' A z u r
Porto-Vecchio
Bastia
L'Île-Rousse
Ajaccio

0 500m 1km 2km 3km
0 0.5mile 1mile 2miles

Méry-s-Oise
Montsoult
Villiers-le-Sec
Forêt de Montmorency
Pierrelaye
TAVERNY
Notre Dame
Bouffémont
Château de la Chasse
DOMONT
Moisselles
le Mesnil-Aubry
Ezanville
Ecouen
ST-LEU-LA-FORÊT
Château de Bois Corbon
St-Prix
Montlignon
Fort
Piscop
Château d'Ecouen
VILLIERS-LE-BEL
BEAUCHAMP
Château de Boissy
le Plessis-Bouchard
Andilly
Montigny-les-Cormeilles
FRANCONVILLE
Margency
St-Brice-sous-Forêt
EAUBONNE
ERMONT
MONT-MORENCY
SARCELLES
la Frette-s-Seine
Hippodr. d'Enghein
SOISY-SOUS-MONTMORENCY
Groslay
Château du-Duc de Dino
CORMEILLES-EN-PARISIS
SANNOIS
ST-GRATIEN
Lac d'Enghien
DEUIL-LA-BARRE
Montmagny
Etablissement thermal
ENGHIEN-LES-BAINS
ARGENTEUIL
PIERREFITTE-S-SEINE
GARGES-LES-GONESSE
SARTROUVILLE
EPINAY-S-SEINE
VILLE-TANNEUSE
STAINS
Dugny
Seine
Parc des Chanteraines
HOUILLES
BEZONS
l'Ile-St-Denis
Basilique St-Denis
Parc de la Courneuve
La Courneuve
GENNEVILLIERS
VILLENEUVE-LA-GARENNE
ST-DENIS
Stade de France
LA COURNEUVE
La Prairie
COLOMBES
BOIS-COLOMBES
LA GARENNE-COLOMBES
ASNIÈRES-S-SEINE
CARRIERES-S-SEINE
CLICHY
ST-OUEN
AUBERVILLIERS
CITY MAP
NANTERRE
COURBEVOIE
Parc André Malraux
LA DÉFENSE
LEVALLOIS-PERRET
PANTIN
Parc de l'Amitié
PUTEAUX
NEUILLY-S-SEINE
Jardin d'Acclimatation
Palais des Congrès
Sacré Cœur
la Villette
LE PRÉ-ST-GERVAIS
RUEIL-MALMAISON
Fort du Mt-Valérien
SURESNES
Arc de Triomphe
Parc de la Malmaison
Bois de Boulogne
Grand Palais
BAGNOLET
Hippodr. de St-Cloud
Hippodrome de Longchamp
Louvre
ST-CLOUD
Tr. Eiffel
Hippodr. d'Auteuil
PARIS
Invalides
Centre G.Pompidou
Notre Dame
Radio-France
R. Garros
UNESCO
Parc d.Princes
Panthéon
Parc de St-Cloud
BOULOGNE-BILLANCOURT
Palais d.Sports
Palais Omnisports
ST-MANDÉ
SÈVRES
Paris Expo
ISSY-LES-MOULINEAUX
Fort d'Issy
VANVES
MALAKOFF
Stade Séb. Charlety
CHARENTON
Vélodr. J.Anquetil
MEUDON
Forêt de Meudon
MONTROUGE
IVRY-S-SEINE
Fort de Vanves
GENTILLY
CHÂTILLON
Fort de Montrouge
La Petit Clamart
203
Antony
Fresnes
Chevilly Larue
Thiais
Z.A.Paris Nord
Bondy
Noisy-le-Sec
Fontenay-sous-Bois
Joinville
F

Bouffémont
Château de la Chasse
DOMONT
Forêt de Montmorency
Montlignon
Moisselles
Ezanville
Ecouen
Château d'Ecouen
le Mesnil-Aubry
le Plessis-Gassot
Piscop
Andilly
Margency
EAUBONNE
St-Brice-sous-Forêt
MONT-MORENCY
SOISY-SOUS-MONTMORENCY
Groslay
DEUIL-LA-BARRE
ST-GRATIEN
Montmagny
ENGHIEN-LES-BAINS
EPINAY-S-SEINE
VILLE-TANNEUSE
Hippodr. d'Enghein
Château du Duc de Dino
Lac d'Enghien
Etablissement thermal
VILLIERS-LE-BEL
Bouqueval
GOUSSAINVILLE
Fontenay-en-Parisis
Puiseux-en-France
Louvres
Villeron
le Thillay
Roissy-en-France
Vaudherland
la Thalmouse
LES CARREAUX
SARCELLES
LE MARRONNIERS
ARNOUVILLE-LES-GONESSE
GONESSE
PIERREFITTE-S-SEINE
GARGES-LES-GONESSE
Bonneuil-en-France
Aéroport de Paris-Le Bourget
Aéroport Charles de Gaulle
Z.A.Paris Nord
Circuit Carole
Parc des Expositions
VILLEPINTE
STAINS
Dugny
Musée de l'Air
Parc de la Courneuve
Basilique St-Denis
ST-DENIS
Parc des Chanteraines
l'Ile-St-Denis
VILLENEUVE-LA-GARENNE
LA COURNEUVE
LE BOURGET
LE BLANC-MESNIL
AULNAY-SOUS-BOIS
DRANCY
Stade de France
AUBERVILLIERS
ST-OUEN
CLICHY
BOBIGNY
LIVRY-GARGAN
LES PAVILLONS-SOUS-BOIS
LE RAINCY
BONDY
Canal de l'Ourcq
PANTIN
LE PRÉ-ST-GERVAIS
NOISY-LE-SEC
ROMAINVILLE
VILLEMOMBLE
Fort de Noisy
BAGNOLET
ROSNY-SOUS-BOIS
Fort de Rosny
GAGNY
Sacré Cœur
La Villette
PARIS
Louvre
Centre G.Pompidou
Notre Dame
Grand Palais
Invalides
UNESCO
Panthéon
Palais Omnisports
MONTREUIL
Mus.d.l'histoire vivante
NEUILLY-PLAISANCE
NEUILLY-S-MARNE
FONTENAY-SOUS-BOIS
VINCENNES
Château de Vincennes
ST-MANDÉ
Bois de Vincennes
Zoo
LE PERREUX-S-MARNE
NOGENT-S-MARNE
Lac des Minimes
BRY-S-MARNE
CHARENTON
Vélodr.J.Anquetil
ST MAURICE
IVRY-S-SEINE
GENTILLY
Stade Séb. Charléty
Fort de Montrouge
Parc du Tremblay
JOINVILLE-LE-PONT
CHAMPIGNY-S-MARNE
VILLIERS-S-MARNE
Canal de Vaires
CITY MAP 223
Argenteuil-Coteaux
Nanterre
Cergy-Pontoise
Porte d'Auteuil
0 500m 1km 2km 3km
0 0,5mile 1mile 2miles

Senlis
Le Plessis-Belleville
Le Plessis-Belleville
DAMMARTIN-EN-GOËLE
Longperrier
Rouvres
St-Pathus
Marchemoret
Moussy-le-Neuf
Moussy-le-Vieux
Chennevières-lès-Louvre
Epiais-lès-Louvres
Mauregard
Villeneuve-sous-Dammartin
St-Mard
le Mesnil-Amelot
Aérogare 1
Aérogare 3
Aérogare 2
Aéroport de Paris-Charles de Gaulle
Montgé-en-Goële
Thieux
Juilly
Cuisy
le Plessis-l'Evêque
Vinantes
Nantouillet
COMPANS
le Plessis-aux-Bois
Iverny
TREMBLAY-VIEUX PAYS
MITRY
MITRY-MORY
MORY
St-Mesmes
Mémorial à Chemin Péguy
Villeroy
Gressy
Messy
Charny
Villepinte
TREMBLAY-EN-FRANCE
Mitry-Mory/Villeparisis
Interconnexion TGV
TGV Est
Canal de l'Ourcq
VILLEPARISIS
Meaux
LES BOIS FLEURI
CLAYE-SOUILLY
Charmentray
Trilbardou
Vaujours
Bobigny
Fresnes-s-Marne
Précy-s-Marne
Vignely
Coubron
le Pin
Courtry
Villevaudé
Annet-s-Marne
Montjay-la-Tour
Jablines
Marne
Chelles/Le Pin
Villevaudé
Bordeaux
Lesches
Esbly
Chantereine
Carnetin
la Pomponette
CHELLES
Brou-s-Chantereine
Pomponne
Thorigny-s-Marne
Dampmart
Chalifert
Chelles
Notre Dame des Ardents et St-Pierre
VAIRES-S-MARNE
Marne-la-Vallée/Lagny-s-Marne
St-Thibault-des-Vignes
LAGNY-S-MARNE
Montévrain
Disneyland Paris
Magny-le-Hongre
Gournay-s-Marne
Parc de Champs
Château
CHAMPS-S-MARNE
NOISIEL
St-Thibault-des-Vignes
Gouvernes
Château de Guermantes
Conches-s-Gondoire
Chanteloup
TORCY
VAL MAUBUÉE
ST-GERMAIN-DES-NOYERS
Bussy-St-Martin
Guermantes
Noisiel
Champs
MARNE-LA-VALLÉE
(VILLE NOUVELLE)
Torcy/Collégien-Centre
Bussy-St-Georges
Romainvilliers
Collégien
Val de Bussy
Serris
Lognes
Notre Dame du Val
Jossigny
Bailly
MALNOUE
Château Mais. de retraite
Croissy-Beaubourg
Ferrières-en-Brie
Bussy-St-Georges
Bussy-St-Georges
Marne-la-Vallée
Serris
Chessy Coupvray
Noisiel
Lognes
A1
A104
A4
E50
E15
E19
Meaux
Meaux
Saint-Germain-sur-Morin
Reims
Melun
205

198
Poissy
Le Pecq
Dreux
Rambouillet
Chartres
Noisy-le-Roi
Château des Grands Maisons
Bailly
Rennemoulin
Villepreux
Chatron
les Cent Arpents
PLAISIR
Les Clayes-sous-Bois
Fontenay-le-Fleury
A12
LE CHESNAY-ROCQUENCOURT
Arboretum de Chèvreloup
Le Chesnay
LA CELLE-ST-CLOUD
Vaucresson
Marnes-la-Coquette
Forêt de Bois d'Arcy
LE GÂTINES
Bois-d'Arcy
ST-CYR-L'ECOLE
VERSAILLES
GLATIGNY
Jardins
Château de Versailles
MONTREUIL
ST-LOUIS
la Mare des Saules
Ergal
Élancourt
Étang de St Quentin
Étang du Moulin Renard
Plateau de Satory
Forêt de Versailles
Étang de la Geneste
TRAPPES
Parc France Miniature
ST-QUENTIN-EN-YVELINE (VILLE NOUVELLE)
MAUREPAS
Montigny-le-Bretonneux
Guyancourt
Buc
Jouy-en-Josas
la Verrière
Étang des Noës
Voisins-le-Bretonneux
les Loges-en-Josas
Rodon
le Mesnil-St-Denis
Abbaye de Port Royal des Champs (Ruine)
Buloyer
Magny-Village
Toussus-le-Noble
Abbaye Notre Dame de la Roche
St-Lambert
la Brosse
Romainville
Villeneuve
Châteaufort
Étang Vieux
Étang de Saclay
Lévis-St-Nom
Magny-les-Hameaux
Gomberville
Villiers-le-Bâcle
Girouard
le Mesnil-Sevin
Milon-la-Chapelle
Cressely
Saclay
Maincourt-s-Yvette
St-Aubin-la-Tullerie
Rhodon
Beauplan
le Buisson
Chevreuse
St-Rémy-les-Chevreuse
GIF-S-YVETTE
Dampierre-en-Yvelines
Château de Dampierre
Parc de Dampierre
Château de Mauvières
Château de Coubertin Fonderie
Moc-Souris
Courcelle-s-Yvette
Château de la Cour Senlisse
Senlisse
Garnes
Beauséjour
Madrid
Bures-s-Yvette
ORSAY
la Rimorière
Damiette
Choisel
Boullay-les-Troux
la Ferté
Château de Breteuil
Herbouvilliers
Montabé
Chevry
Aquagif.
LES ULIS
Cernay-la-Ville
St-Robert
la Gare de Boullay
les Molières
Gometz-le-Châtel
POLICE
Gometz-la-Ville
VILLEZIERS
la Brosse
Château de St-Jean-de-Beauregard
la Celle-les-Bordes
les Bordes
Château de la Celle-les-Bordes
LIMOURS-EN-HUREPOIX
PECQUEUSE
Longchêne
la Villeneuve
Frileuse
Janvry
Roussigny
Chante-Coq
Prédecelle
Villevert
Limours-Janvry
104
Bonnelles
Briis-sous-Forges
Mulleron
Limours-Briis-sous-Forges
Bullion
Malassis
la Chardonnet
Forges-les-Bains
E05
E50
Fontenay-lès-Briis
Moutiers
A10
0 500m 1km 2km 3km
0 0.5mile 1mile 2miles

PARIS
BOULOGNE-BILLANCOURT
ST-CLOUD
GARCHES
SÈVRES
MEUDON
ISSY-LES-MOULINEAUX
VANVES
MALAKOFF
MONTROUGE
GENTILLY
CHÂTILLON
CLAMART
ARCUEIL
LE-KREMLIN-BICÊTRE
IVRY-S-SEINE
CHARENTON
ST-MANDÉ
ALFORT-VILLE
VITRY-S-SEINE
VILLEJUIF
CACHAN
BAGNEUX
FONTENAY-AUX-ROSES
LE-PLESSIS-ROBINSON
VÉLIZY-VILLACOUBLAY
BOURG-LA-REINE
L'HAY-LES-ROSES
SCEAUX
CHÂTENAY-MALABRY
BIÈVRES
ANTONY
VERRIÈRES-LES-BUISSON
FRESNES
CHEVILLY-LARUE
THIAIS
CHOISY-LE-ROI
ORLY
VILLENEUVE-LE-ROI
Rungis
MASSY
Wissous
Aéroport de Paris-Orly
PALAISEAU
Champlan
CHILLY-MAZARIN
MORANGIS
Paray-Vielle-Poste
ATHIS-MONS
Ablon-s-Seine
VIGNEUX-S-SEINE
Villebon-s-Yvette
JUVISY-S-ORGE
SAVIGNY-S-ORGE
DRAVEIL
LONGJUMEAU
Saulx-les-Chartreux
Villejust
Epinay-s-Orge
Ballainvilliers
VIRY-CHÂTILLON
Villiers-s-Orge
Villemoisson-s-Orge
Nozay
la Ville-du-Bois
GRIGNY
MORSANG-S-ORGE
Marcoussis
Longpont-s-Orge
MONTLHÉRY
STE-GENEVIÈVE-DES-BOIS
RIS-ORANGIS
Soisy-s-Seine
ST-MICHEL-S-ORGE
Fleury-Merogis
EVRY
Linas
Forêt de Sénart
Seine
Autodrome de Linas-Montlhéry
Étampes
Brétigny-sur-Orge
Nemours
Noisy-le-Sec
Fontenay-sous-Bois
Joinville
Créteil
Valenton
Lieusaint
Corbeil-Essonnes

PARIS
Louvre
Centre G.Pompidou
Notre Dame
Invalides
UNESCO
Panthéon
Palais Omnisports
Stade Seb. Charléty
MONTREUIL
Mus.d.l' histoire vivante
FONTENAY- -SOUS-BOIS
ROSNY- -SOUS-BOIS
Fort de Rosny
NEUILLY- PLAISANCE
NEUILLY- -S-MARNE
Canal de Vaires
VINCENNES
Château de Vincennes
Bois de Vincennes
ST-MANDÉ
Zoo
LE PERREUX- -S-MARNE
NOGENT- -S-MARNE
BRY- -S-MARNE
NOIS -LE-GRAND
CHARENTON
Vélodr.J.Anqueti
ST MAURICE
VILLIERS- -S-MARNE
IVRY- -S-SEINE
GENTILLY
Fort de Montrouge
ARCUEIL
LE-KREMLIN- BICÊTRE
Fort de Bicêtre
ALFORT- VILLE
Fort d'Ivry
MAISONS-ALFORT
Fort de Charenton
JOINVILLE- -LE-PONT
Parc du Tremblay
CHAMPIGNY- -S-MARNE
CACHAN
BOURG- -LA-REINE
VILLEJUIF
VITRY- -S-SEINE
ST-MAUR- -DES-FOSSES
CHENNEVIÈRES- -S-MARNE
L'HAY- -LES-ROSES
la Roseraie
Palais Omnisports
CRÉTEIL
Marne
Ormesson- -s-Marne
Monastère St-Michel
CHEVILLY- LARUE
THIAIS
CHOISY- -LE-ROI
BONNEUIL- -S-MARNE
SUCY- -EN-BRIE
Noiseau
Rungis
Château de Montjean
ORLY
VAL POMPADOUR
VALENTON
LIMEIL- BRÉVANNES
BOISSY- -ST-LEGERS
Château de Gros Bois
LES BRUYÈRES
LE BOIS CLARY
Forêt de N
Marolles- -en-Brie
Wissous
Aéroport de Paris-Orly
VILLENEUVE- -LE-ROI
VILLENEUVE- -ST-GEORGES
Château de la Grange-du-Milieu
Ablon- -s-Seine
Seine
CHILLY- MAZARIN
Paray- -Vielle-Poste
ATHIS-MONS
Fosse Montalbot
Crosne
Parc Caillebotte
YERRES
VILLECRESNES
Santeny
MORANGIS
VIGNEUX- -S-SEINE
MONTGERON
EPINAY- -SOUS-SÉNART
Mandres- -les-Roses
JUVISY- -S-ORGE
le Port- -aux-Cerises
Étang Laveyssière
DRAVEIL
Château de Villiers
BRUNOY
Périgny
SAVIGNY- -S-ORGE
La Fosse aux Carpes
Boussy- -St-Antoine
VIRY- CHÂTILLON
Varennes- Jarcy
Parc du Château
Villemoisson- -s-Orge
Quincy- -sous-Sénart
GRIGNY
Forêt de Sénart
MORSANG- -S-ORGE
COMBS- -LA-VILLE
RIS- ORANGIS
Soisy- -s-Seine
Étioles
ST-MICHEL- -S-ORGE
Fleury- Merogis
Train de St-Europe
EVRY
Tigery

Mitry-Mory/Villeparisis
201
Pomponne
Thorigny-s-Marne
Dampmart
Chalifert
Esbly
Chelles
VAIRES-
-S-MARNE
A104
St-Thibault-
-des-Vignes
LAGNY-
-S-MARNE
Montévrain
Notre Dame des Ardents et St-Pierre
934
Gournay-
-s-Marne
Parc de Champs
CHAMPS-
-S-MARNE
Château
NOISIEL
TORCY
Marne-la-Vallée/ Lagny-s-Marne
St-Thibault- -des-Vignes
Gouvernes
Château de Guermantes
ST-GERMAIN-
-DES-NOYERS
Bussy-
-St-Martin
Guermantes
Conches-
-s-Gondoire
Chanteloup
Disneyland Paris
Magny-
-le-Hongre
Romain-
villiers
Serris
VAL MAUBUÉE
MARNE-LA-VALLÉE
(VILLE NOUVELLE)
Lognes
Collégien
Torcy/ Collégien-Centre
Val de Bussy
Bussy-
-St-Georges
Notre Dame du Val
Jossigny
Bailly
Chessy Coupvray
MALNOUE
Château Mais. de retraite
Croissy-
Beaubourg
Ferrières-
-en-Brie
Bussy-St-Georges
Ferrières
E50
A4
Villeneuve-
-St-Denis
PLESSIS-
ÉVISE
Emerainville
Brie Française
Forêt de Pontcarré
Parc de Ferrières
PONTAULT-
COMBAULT
LA QUEUE-
-EN-BRIE
ROISSY-
-EN-BRIE
Pontcarré
Hermières
OZOIR-
-LA-FERRIÈRE
Forêt d'Armainvilliers
Notre Dame
Château des Agneaux
le Grande Romaine
Neufmoutiers-
-en-Brie
Favières
Château d'Armainvilliers
Lésigny
Parc Zoolgique
Château de la Marsaudière
Gretz-
Armainvilliers
TOURNAN-
-EN-BRIE
le Parc de Lésigny
Château de la Barre
Férolles-
Attily
Chevry-Cossigny
Autheuil
Presles-
-en-Brie
Servon
Interconnexion TGV
Châtres
Cossigny
BRIE-
COMTE-ROBERT
Grisy-
Suisnes
Liverdy-
-en-Brie
Château de Villemain
Château de la Grange-le-Roi
Courquetaine
Retal
le Petit Grisy
Grégy-s-Yerres
Pont des romains
Coubert
Suisnes
Evry-Grégy-
-s-Yerres
Forest
Cordon
Ozouers-
-le-Voulgis
Chaumes-
-en-Brie
Solers
Soignolles-
-en-Brie
Maurevert
Evry-les-Château
A105
A5b
Melun
Melun
Reims
Saint-Germain-sur-Morin
Rozay-en-Brie
Saint-Germain-sur-Morin

1 : 20.000

CARTE D'ASSEMBLAGE · BLATTÜBERSICHT · KEY MAP · QUADRO D'UNIONE
ÍNDICE DE MAPA · MAPA ÍNDICE · OVERZICHTSKAART · SKOROWIDZ ARKUSZY
KLAD MAPOVÝCH LISTŮ · KLAD MAPOVÝCH LISTOV · PREGLED LISTOV · PREGLED LIST

1 : 20 000

Légende Legenda | Zeichenerklärung Objaśnienia znaków | Legend Vysvětlivky | Segni convenzionali Legenda | Sinais convencionais Legenda | Signos convencionales Objasit znakova

F	D	UK		I	P	E
Autoroute	Autobahn	Motorway		Autostrada	Auto-estrada	Autopista
Route à quatre voies	Vierspurige Straße	Road with four lanes		Strada a quattro corsie	Estrada com quatro faixas	Carretera de cuatro carriles
Route de transit	Durchgangsstraße	Thoroughfare		Strada di attraversamento	Estrada de trânsito	Carretera de tránsito
Route principale	Hauptstraße	Main road		Strada principale	Estrada principal	Carretera principal
Autres routes	Sonstige Straßen	Other roads		Altre strade	Outras estradas	Otras carreteras
Rue à sens unique - Zone piétonne	Einbahnstaße - Fußgängerzone	One-way street - Pedestrian zone		Via a senso unico - Zona pedonale	Rua de sentido único - Zona de peões	Calle de dirección única - Zona peatonal
Information - Parking	Information - Parkplatz	Information - Parking place		Informazioni - Parcheggio	Informação - Parque de estacionamento	Información - Aparcamiento
Chemin de fer principal avec gare	Hauptbahn mit Bahnhof	Main railway with station		Ferrovia principale con stazione	Linha principal feroviária com estação	Ferrocarril principal con estación
Autre ligne	Sonstige Bahn	Other railway		Altra ferrovia	Linha ramal feroviária	Otro ferrocarril
Métro	U-Bahn	Underground	U6	Metropolitana	Metro	Metro
Tramway - Arrêt de bus	Straßenbahn - Bushaltestelle	Tramway - Bus stop		Tram - Fermata dell'autobus	Eléctrico - Ponto de ônibus	Tranvía - Parada de autobús
Park+Ride	Park+Ride	Park+Ride	P+R	Park+Ride	Park+Ride	Park+Ride
Poste de police	Polizeistation	Police station		Posto di polizia	Esquadra da polícia	Comisaria de policia
Hôpital - Auberge de jeunesse	Krankenhaus - Jugendherberge	Hospital - Youth hostel		Ospedale - Ostello della gioventù	Hospital - Pousada da juventude	Hospital - Albergue juvenil
Église	Kirche	Church		Chiesa	Igreja	Iglesia
Tour de télévision - Phare	Fernsehturm - Leuchtturm	TV tower - Lighthouse		Torre televisiva - Faro	Torre de telecomunicação - Farol	Torre de televisión - Faro
Monument - Tour	Denkmal - Turm	Monument - Tower		Monumento - Torre	Monumento - Torre	Monumento - Torre
Zone bâtie, bâtiment public	Bebaute Fläche, öffentliches Gebäude	Built-up area, public building		Caseggiato, edificio pubblico	Área urbana, edifício público	Zona edificada, edificio público
Zone industrielle	Industriegelände	Industrial area		Zona industriale	Zona industrial	Zona industrial
Parc, bois	Park, Wald	Park, forest		Parco, bosco	Parque, floresta	Parque, bosque

NL	PL	CZ		SK	SLO	HR
Autosnelweg	Autostrada	Dálnice		Dial'nica	Avtocesta	Autocesta
Weg met vier rijstroken	Droga o czterech pasach ruchu	Čtyřstopá silnice		Čtvorprúdová cesta	Štiripasovna cesta	Četiri traka ceste
Weg voor doorgaand verkeer	Droga przelotowa	Průjezdní silnice		Priechodná cesta	Tranzitna cesta	Prolaz
Hoofdweg	Droga główna	Hlavní silnice		Hlavná cesta	Glavna cesta	Glavna cesta
Overige wegen	Drogi inne	Ostatní silnice		Ostatné cesty	Druge ceste	Ostale ceste
Straat met eenrichtingsverkeer - Voetgangerszone	Ulica jednokierunkowa - Strefa ruchu pieszego	Jednosměrná ulice - Pěší zóna		Jednosmerná cesta - Pešia zóna	Enosmerna cesta - Površine za pešce	Jednosmjerna ulica - Pješačka zona
Informatie - Parkeerplaats	Informacja - Parking	Informace - Parkoviště		lInformácie - Parkovisko	Informacije - Parkirišče	Informacije - Parkiranje
Belangrijke spoorweg met station	Kolej główna z dworcami	Hlavní železnice s stanice		Hlavná železnica so stanicou	Glavna železniška proga z »elezniško postajo	Glavni željeznički kolodvor s
Overige spoorweg	Kolej drugorzędna	Ostatní železnice		Ostatná železnica	Druga železniška proga	Drugi vlak
Ondergrondse spoorweg	Metro	Metro	U6	Podzemná dráha	Podzemska železnica	Metro
Tram - Bushalte	Linia tramwajowa	Tramvaj - Zastávka		Električka - Autobusová zastávka	Tramvaj - Avtobusna postaja	Tramvaj - Autobusna postaja
Park+Ride	Park+Ride	Park+Ride	P+R	Park+Ride	Park+Ride	Park+Ride
Politiebureau	Komisariat	Policie - Poštovní úřad		Policia	Policijska postaja	Policijska stanica
Ziekenhuis - Jeugdherberg	Szpital - Schronisko młodzieżowe	Nemocnice - Ubytovna mládeže		Nemocnica - Mládežnická ubytovňa	Bolnišnica - Mladinski hotel	Bolnica - Hostel
Kerk	Kościół	Kostel		Kostol	Cerkev	Crkva
T.V. mast - Vuurtoren	Wieża telewizyjnej - Laternia morska	Televizní věž - Maják		Televízna veža - Maják	Televizijski stolp - Svetilnik	Televizijski toranj - Svjetionik
Monument - Toren	Pomnik - Wieża	Pomník - Věž		Pomník - Veža	Spomenik - Stolp	Spomenik - Kula
Bebouwing, openbaar gebouw	Obszar zabudowany, budynek użyteczności publicznej	Zastavěná plocha, veřejná budova		Zastavená plocha, Verejné budovy	Stanovanjske zgradbe, Javna zgradba	Izgrađenom dijelu, Javna zgrada
Industrieterrein	Obszar przemysłowy	Průmyslová plocha		Priemyslová plocha	Industrijske zgradbe	Poslovni park
Park, bos	Park, las	Park, les		Park, les	Park, gozd	Park, šuma

Avignon

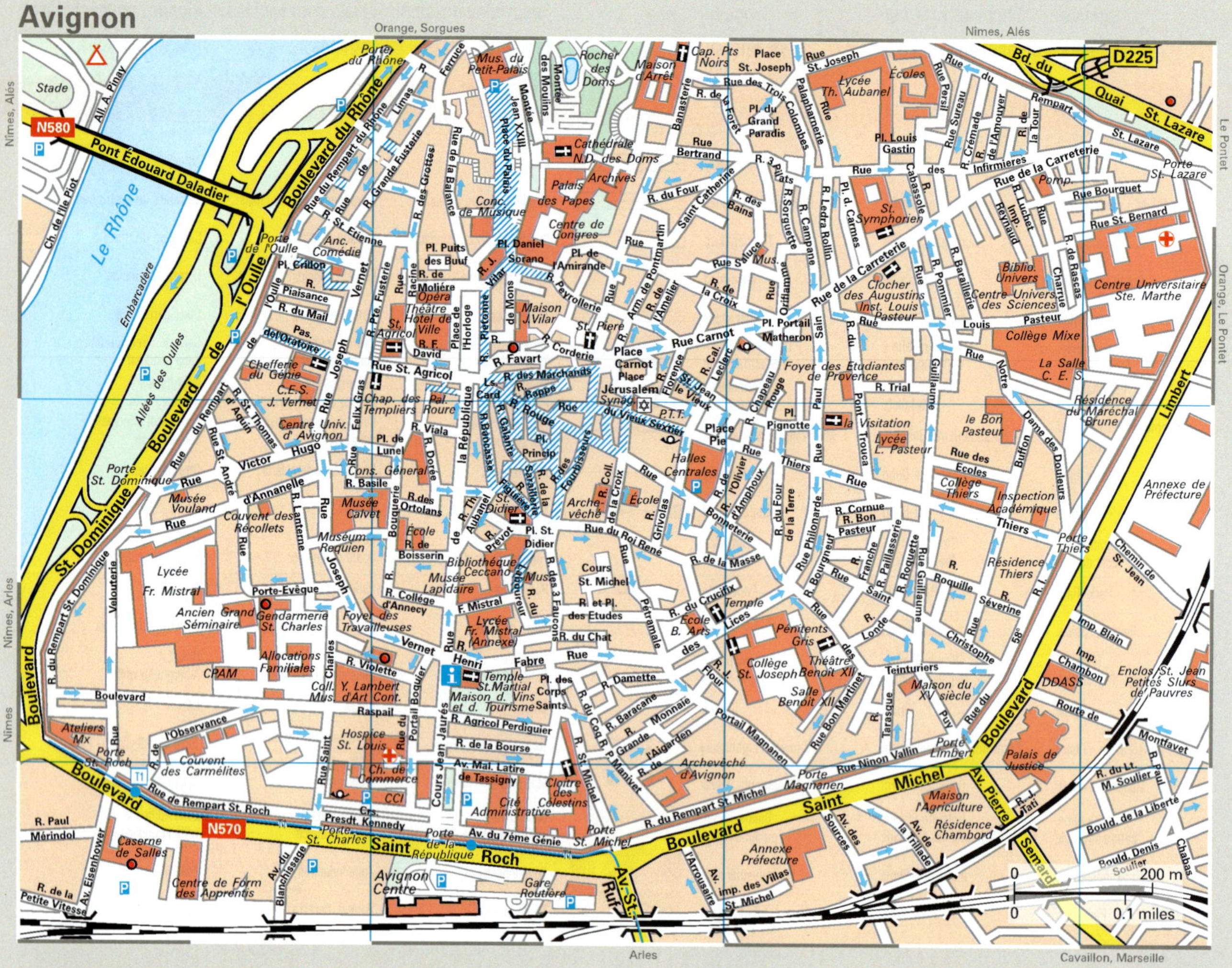

Orange, Sorgues

Nîmes, Alès

Nîmes, Alès

Le Pontet

Orange, Le Pontet

Nîmes, Arles

Nîmes

Arles

Cavaillon, Marseille

0 200 m

0 0.1 miles

Bordeaux

Poitiers

Poitiers

Ambès

Libourne, Poitiers

Le Haillan

Bergerac

Mérignac

Ambès, Bergerac

Mérignac

Mérignac

Langon

Le Bouscat

Bègles

Pessac, Arcachon

Talence

Talence

Villenave d'Ornon

Nansouty

Toulouse, Langon

0 400 m

0 0.2 miles

Brest

St. Renan, Lampaul-Plouarzel

Lambézellec Landerneau

Gouesnou

Quimper

Le Conquet

400 m

0.2 miles

Carcassonne

Castelnaudary

Conques-sur-Orbiel

Montréal

Limoux

Berriac Trèbes

Cazilhac

1 Place Saint-Jean
2 Rue Saint-Jean
3 Rue Notre-Dame
4 Rue Viollet le Duc
5 Rue du Tresau
6 Rue du Grand Puits
7 Rue Cros Mayrevieille
8 Rue Porte d'Aude
9 Rue du Comte Roger
10 Rue de Four Saint-Nazaire
11 Rue Saint-Louis
12 Rue Raymond Roger Trencavel
13 Rue du Petit Puits
14 Rue Dame Carcas
15 Place Auguste-Pierre Pont
16 Place Auguste-Pierre Pont
17 Place Saint-Nazaire

400 m

0.2 miles

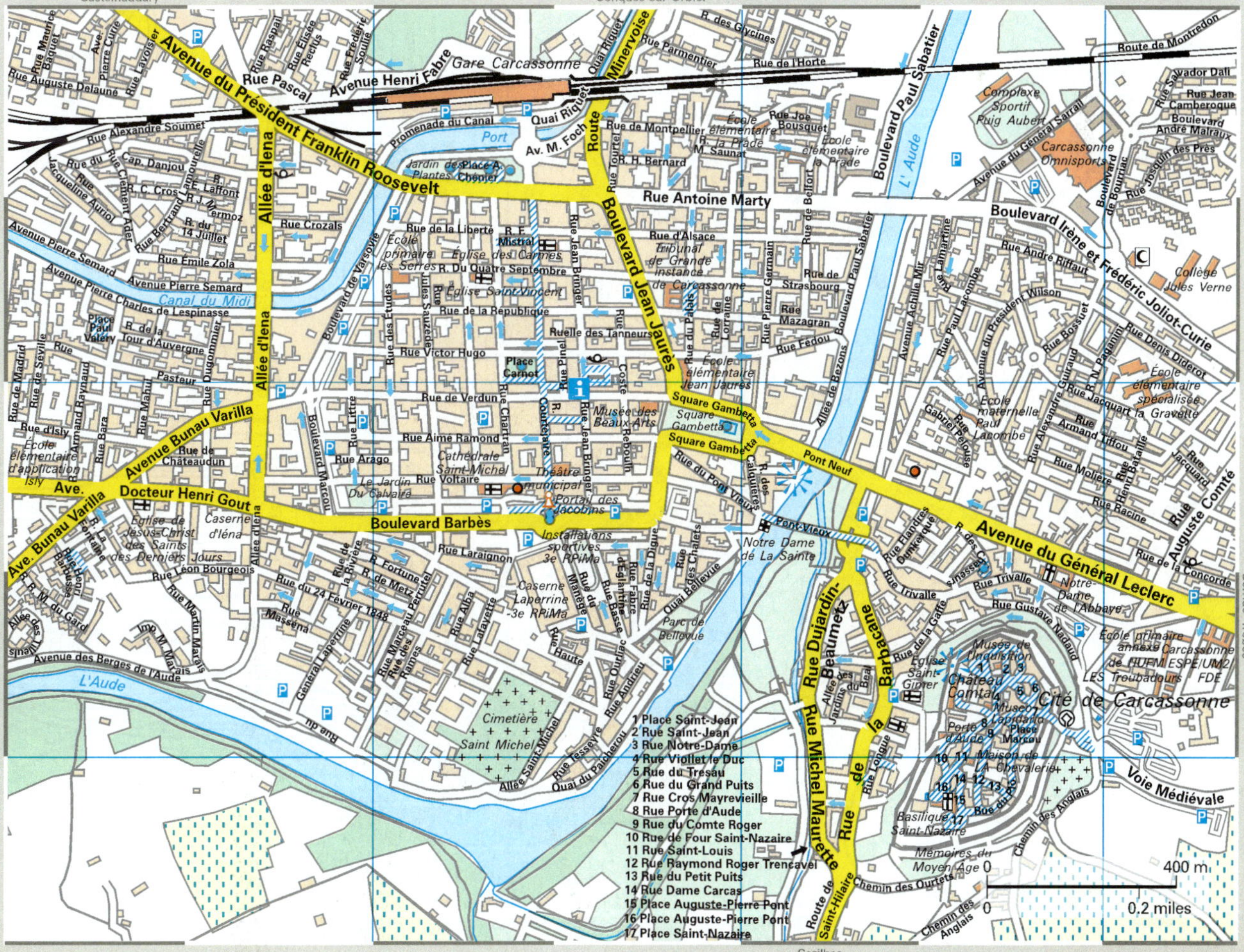

Chartres

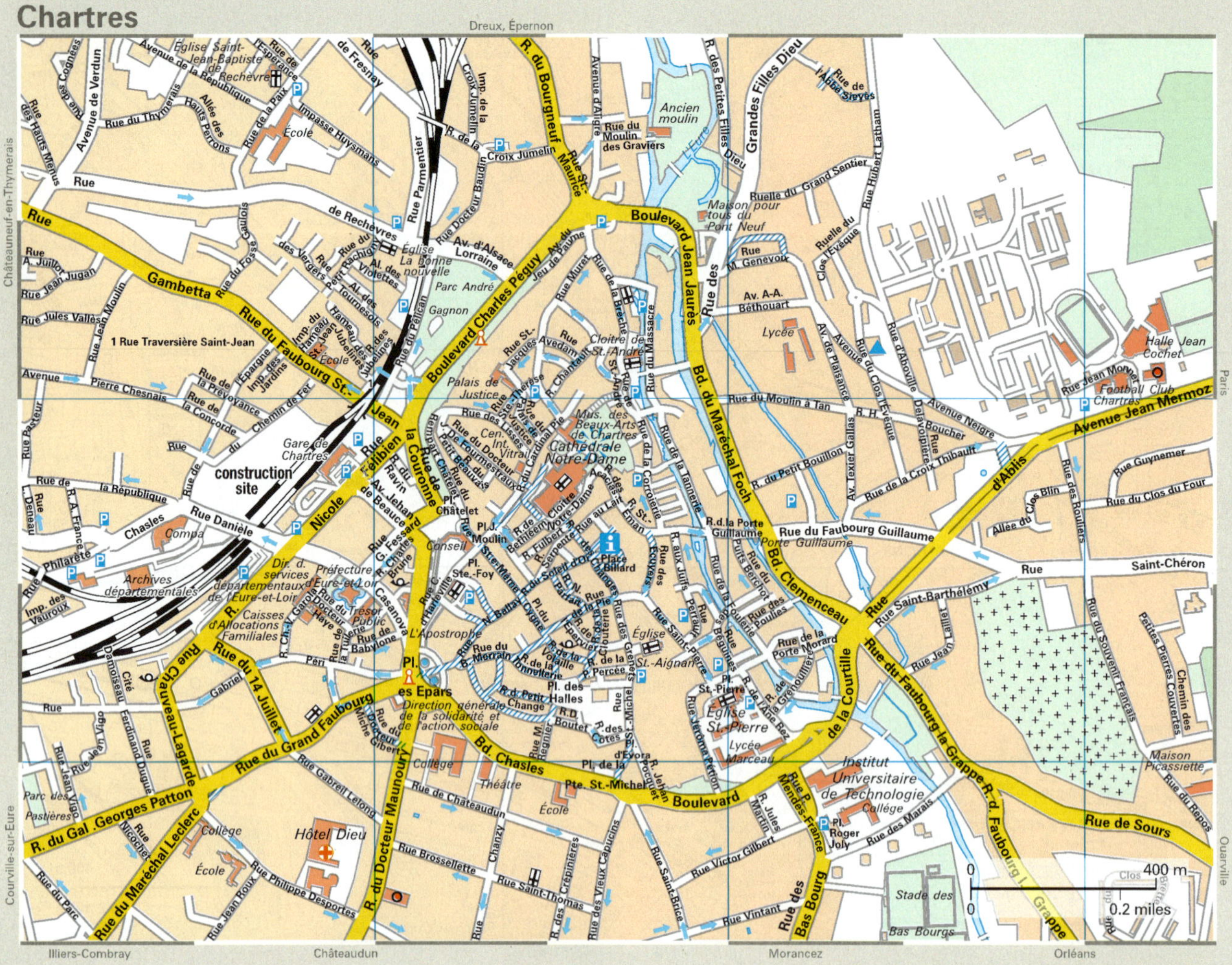

Dreux, Épernon

Châteauneuf-en-Thymerais

Paris

Courville-sur-Eure

Ouarville

Illiers-Combray — Châteaudun — Morancez — Orléans

0 — 400 m

0 — 0.2 miles

Caen

Épron — Courseulles-sur-Mer — Luc-sur-Mer — Hérouville-Saint-Clair — Hérouville-Saint-Clair — Bayeux — Ouistreham

Bretteville-sur-Odon

Carpiquet, Aéroport

Villers-Bocage

Bretteville-sur-Odon

Rouen

Cabourg

Cabourg

Fleury-sur-Orne — Falaise — Fleury-sur-Orne

0 — 400 m

0 — 0.2 miles

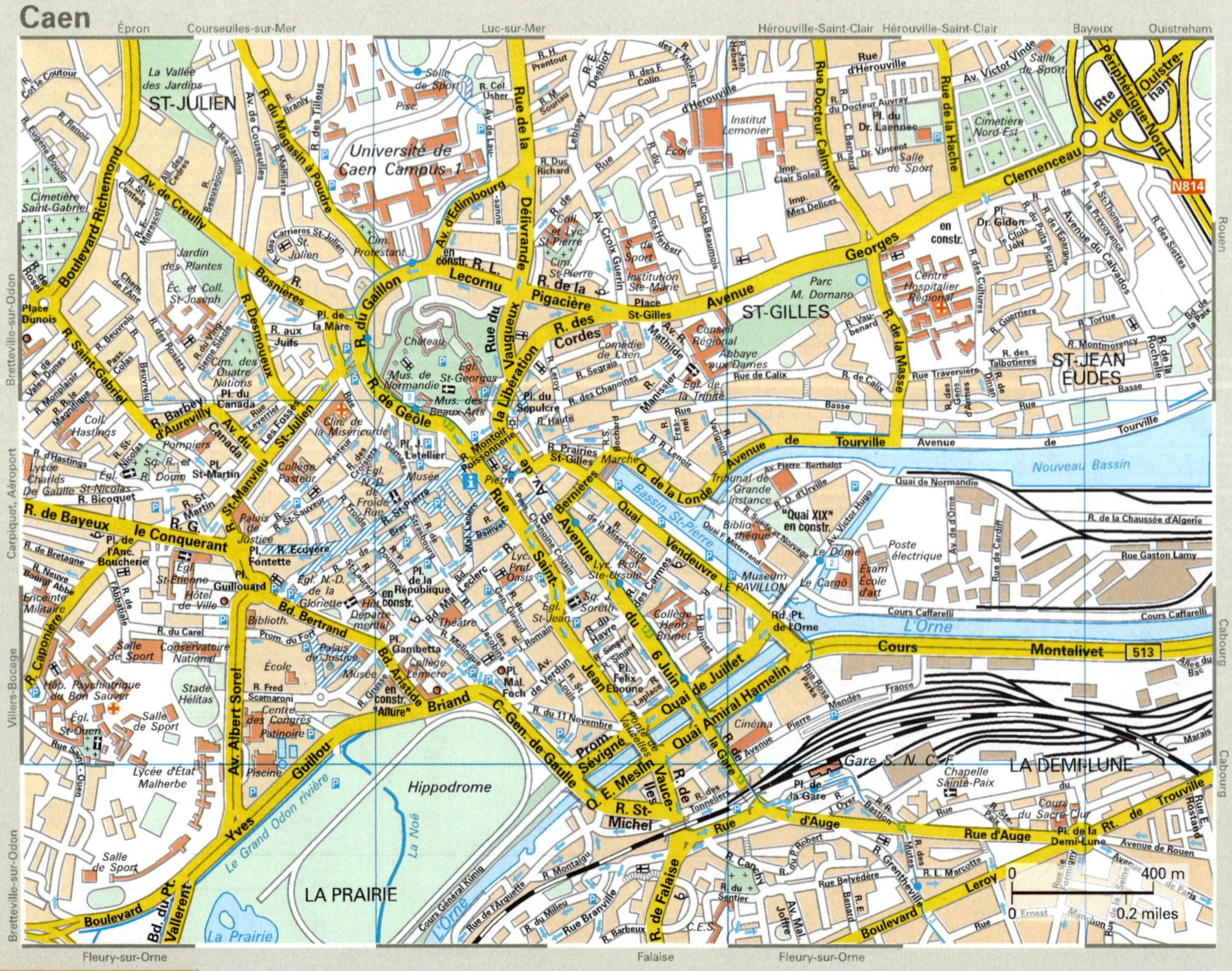

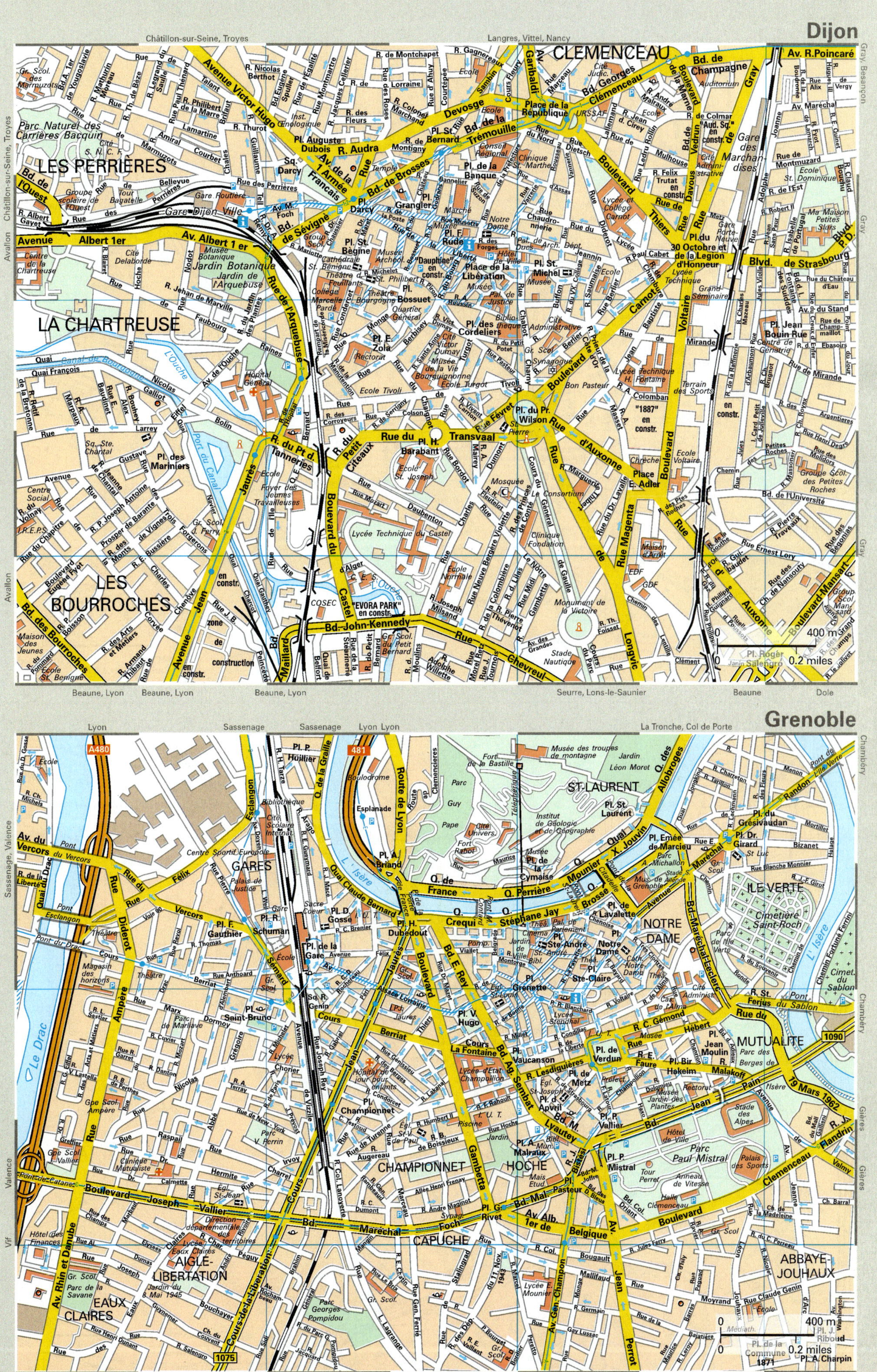
Dijon
Châtillon-sur-Seine, Troyes
Langres, Vittel, Nancy
Gray, Besançon
CLEMENCEAU
LES PERRIÈRES
LA CHARTREUSE
LES BOURROCHES
Beaune, Lyon
Seurre, Lons-le-Saunier
Beaune
Dole
400 m
0.2 miles
Grenoble
Lyon
Sassenage
La Tronche, Col de Porte
Chambéry
ST-LAURENT
GARES
ILE VERTE
NOTRE DAME
MUTUALITÉ
CHAMPIONNET
HOCHE
CAPUCHE
AIGLE-LIBERTATION
EAUX CLAIRES
ABBAYE-JOUHAUX
Vif
Échirolles
Vizille
Sassenage, Valence
Valence
Gières
400 m
0.2 miles

le Havre

Étretat Étretat Fécamp Fécamp

Sainte-Adresse Étretat

Rouen Rouen Rouen, Paris Rouen, Paris Honfleur

0 400 m
0 0.2 miles

Gare Maritime, Honfleur

le Mans

Alençon Mamers Bellême

Laval Laval

Orléans

0 400 m
0 0.2 miles

Sablé-s-Sarthe, Tours Sablé-sur-Sarthe Tours

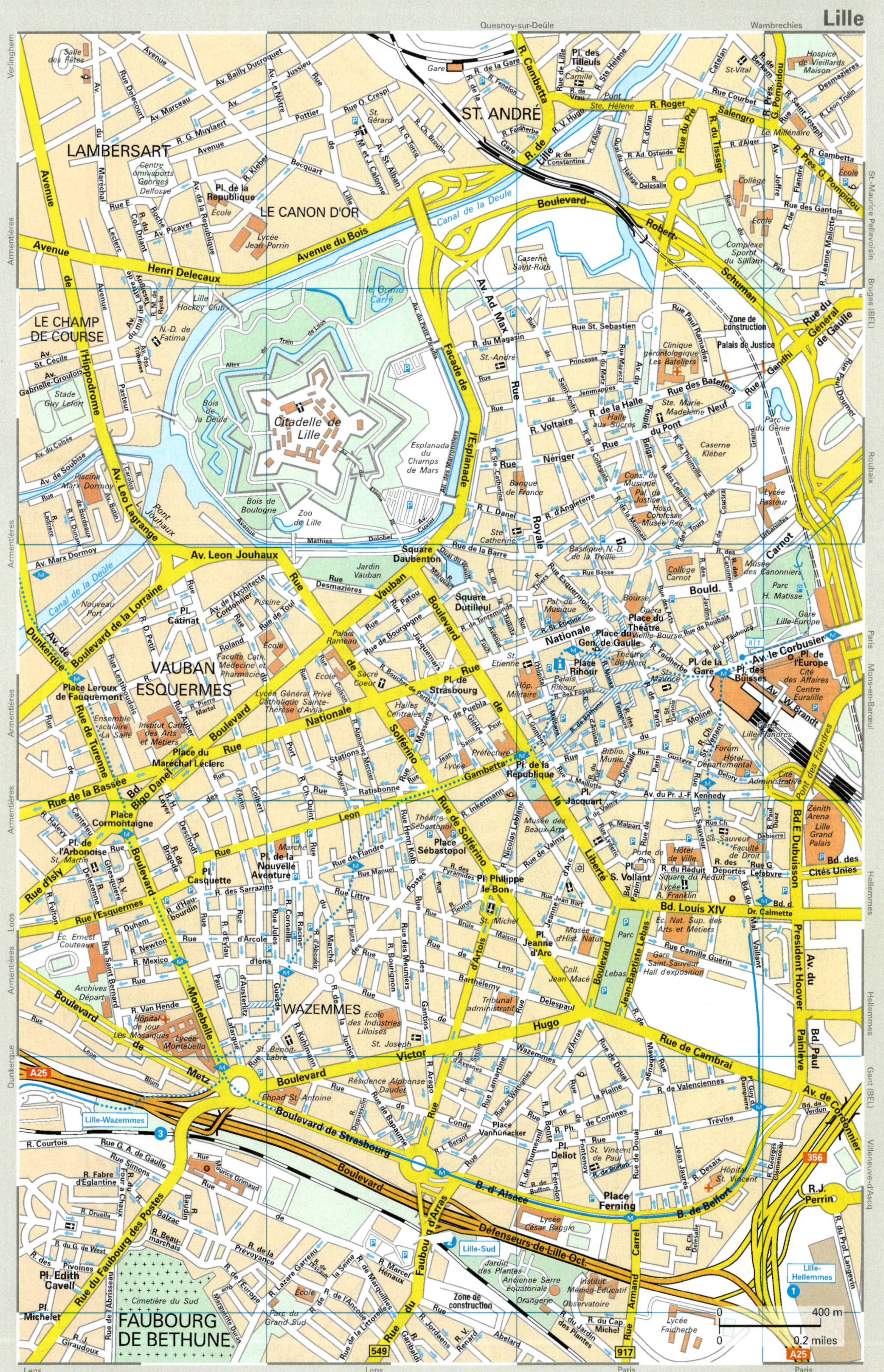
Quesnoy-sur-Deûle
Wambrechies
Verlinghem
ST. ANDRÉ
LAMBERSART
LE CANON D'OR
LE CHAMP DE COURSE
Citadelle de Lille
Esplanade du Champs de Mars
Bois de Boulogne
Zoo de Lille
Canal de la Deûle
Avenue du Bois
Henri Delecaux
Boulevard Robert-Schuman
Façade de l'Esplanade
Av. Leon Jouhaux
Boulevard de la Lorraine
VAUBAN ESQUERMES
Square Daubenton
Jardin Vauban
Rue Nationale
Place du Maréchal Leclerc
Pl. de la République
Gare Lille-Flandres
Gare Lille-Europe
Pl. de la Gare
Av. le Corbusier
Pl. de l'Europe
Cité des Affaires Centre Euralille
Pont des Flandres
Zénith Arena
Lille Grand Palais
Bd. Louis XIV
Av. du Président Hoover
Bd. E. Dubuisson
Palais de Justice
Place du Théâtre
Place Rihour
Place du Gen. de Gaulle
Musée des Beaux-Arts
Préfecture
Rue Solférino
Rue Gambetta
Place Sébastopol
Pl. Philippe le Bon
Pl. Jeanne d'Arc
WAZEMMES
Boulevard Victor Hugo
Rue de Cambrai
Boulevard de Metz
Boulevard de Strasbourg
Boulevard de Montebello
B. d'Alsace
B. de Belfort
Place Ferning
Lille-Wazemmes
Lille-Sud
Lille-Hellemmes
Jardin des Plantes
Cimetière du Sud
FAUBOURG DE BETHUNE
Rue du Faubourg des Postes
Faubourg d'Arras
Défenseurs-de-Lille-Oct.
Av. de Dunkerque
Place Cormontaigne
Pl. de l'Arbonoise
Rue d'Isly
Rue de la Bassée
Rue de Turenne
Armentières
Bruges (BEL)
Roubaix
Paris
Mons-en-Baroeul
Hellemmes
Gent (BEL)
Villeneuve-d'Ascq
Dunkerque
Loos
Lens
A25
549
917
356
0
400 m
0,2 miles

Lyon

Neuville-s-Saône, Trévoux
Rillieux-la-Pape
Bourg-en-Bresse
Bourg-en-Bresse, Mâcon
LA CROIX-ROUSSE
Pl. de la Croix-Rousse
Croix - Rousse
Le Rhône
Parc de la Tête d'Or
Jardin Zoologique
Jardin Botanique
Vélodrome
Grande Île
Place du General Leclerc
Boulevard
Quai Charles de Gaulle
Cours Aristide Briand
Pont W. Churchill
Cours d'Herbouville
Av. de Grande Bretagne
Duquesne
Avenue Verguin
Stalingrad
Cours Vitton
Cours Roosevelt
LES BROTTEAUX
Pl. Kléber
Place de Maréchal Lyautey
Cours Lafayette
Pl. de l'Europe
Rue Garibaldi
Quai Pierre Scize
Quai Saint Vincent
Pl. L. Pradel
Pl. de la Bourse
R. Gr. des Cordeliers
Pont Lafayette
LE VIEUX LYON
ST-JEAN
La Saône
Place Bellecour
BELLECOUR
Place A. Poncet
Préfecture
Halle de Lyon
LA PART-DIEU
Pl. Ch. Beraudier
Pl. Guichard
Pl. G. Péri
Pl. A. Jutard
Pl. Raspail
Cours Gambetta
LA QUILLOTIERE
Pl. de Stalingrad
ST-GEORGES
CARNOT
Place Carnot
Pl. Ampère
Pl. Gensoul
Pont Gallieni
Avenue Berthelot
Pl. J. Macé
Avenue Félix Faure
Pl. Bir Haikem
Pl. St-Louis
Cours Albert Thomas
Route de Vienne
Avenue Leclerc
"EM Lyon" zone de construction
Pl. Jean Jaurès
Gare de Lyon-Mouche
Gare de Lyon-Perrache
Gare de la Part-Dieu
Nouveau Cimetière de la Guillotière
Ancien Cimetière de la Guillotière
400 m
0.2 miles
Marseille
St-Etienne
7. Arrondissement
Vienne
Corbas
Trévoux, Collonges
Clermont-F., Paris
La Confluence
Givors, St.-Etienne
Crémieu
Meyzieu
Montchat
Bourgoin-Jallieu
Bron
Chambéry
Grenoble

L'Estaque, Avignon
L'Estaque, Avignon
Aix-en-Provence, Lyon, Avignon
Lyon
La Rose
Aubagne
Aubagne, Toulon
Toulon
Les Goudes, Cassis
les Goudes
Toulon
Château d'If
Al-Jazā'ir, Wahrān, Tunis
Les Goudes
L'Estaque
Môle A
Gare Maritime d'Arenc
Pont Tournant
Bassin de la Grande Joliette
Gare de la Joliette
Phare Sainte Marie
Villa Méditerranée
Musée des Civilisations de l'Europe et de la Méditerranée
Fort St. Jean
Vieux Port
Port de Plaisance
Bd. Charles Livon
LE PHARO
Pl. du 4 Septembre
LAMBERT
Pl. St Eugène
BOMPARD
ROUCAS BLANC
Anse du Vallon de l' Oriol
Plage du Prophète
Port du Prophète
Corniche Prés. John Kennedy
Château Saint-Victor
Rés. Jardin de Thalassa
Château Les Alpines
Parc Valmer
PERIER
Stade
CASTELLANE
VAUBAN
ST. VICTOR
Basilique Notre-Dame de la Garde
Pl. de Venise
Pl. des Pilotes
Pl. Ernest Delibes
LE ROUET
Hôpital St. Joseph
Rond Point du Prado
Parc Chanot
Palais des Congrès
Palais des Expositions
Stade Vélodrome
MENPENTI
Bd. Rabatau
Bd.-Vincent-Delpuech
A50
559
Pl. Castellane
LODI
PREFECTURE
N. D. DUMONT
CONCEPTION
BAILLE
Hôpital de la Conception
Pl. Jean Jaurès
Pl. Aug. et Fr. Carli
THIERS
La Canebière
Pl. A. Labadie
AVENUES
Place Sébastopol
Bd. de la Libération
Bd. Philippon
Pl. H. Dunant
Palais Longchamp
Jardin Zoologique
Observatoire
Pl. Leverrier
SAINT CHARLES
Gare Saint Charles
ST LAZARE
Pl. V. Hugo
BELLE DE MAI
Pl. P. Gaffo
Pl. B. Gadenat
Bd.-de-Plombières
LA VILLETTE
Pl. J. Roussel
Pl. de Strasbourg
LA JOLIETTE
Place de la Joliette
Pl. Marceau
Pl. J. Guesde
LES GR. CARMES
Pl. Sadi Carnot
BELSUNCE
Pl. des Marseillaises
HÔTEL DE VILLE
Pl. des Moulins
Pl. V. Gélu
Pl. du Gén. De Gaulle
Pl. de Rome
Pl. E. Pastré
Pl. de la Corderie
H. Bergasse
Quai de Rive Neuve
Quai du Port
Tunnel St Laurent
Tunnel Prado-Carénage
Rue Paradis
Avenue du Prado
Bd. Michelet
Autoroute Nord
A7
A55
0 400 m
0 0.2 miles

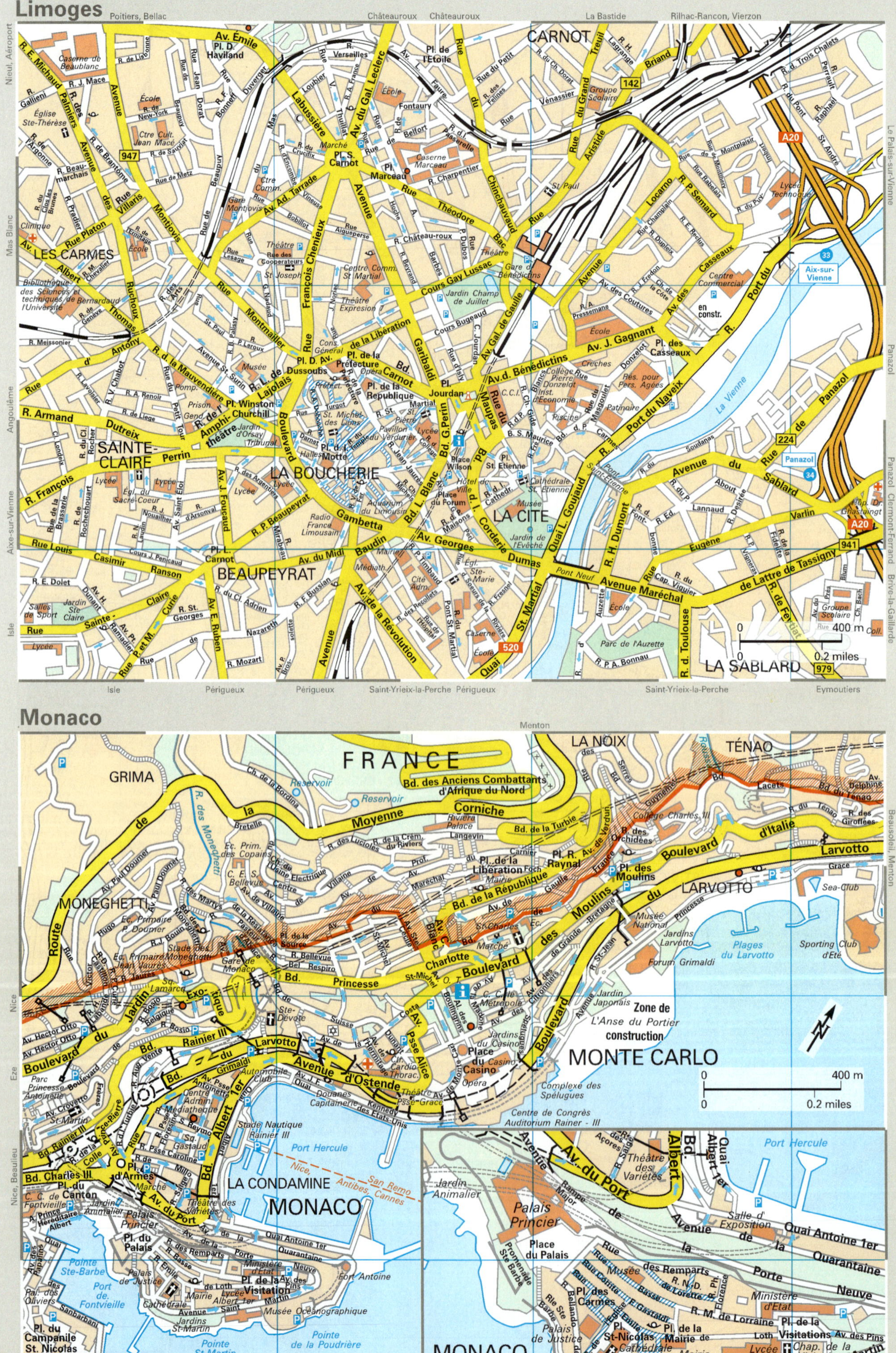

Limoges
Poitiers, Bellac
Châteauroux
La Bastide
Rilhac-Rancon, Vierzon
CARNOT
LES CARMES
SAINTE-CLAIRE
LA BOUCHERIE
LA CITE
BEAUPEYRAT
LA SABLARD
Av. Émile
Pl. D. Haviland
Pl. de l'Étoile
Pl. S. Carnot
Pl. Marceau
Av. du Gal. Leclerc
Cours Gay Lussac
Av. du Gal. de Gaulle
Av. J. Gagnant
Pl. des Casseaux
Av. d. Bénédictins
Pl. de la République
Pl. Jourdan
Pl. Winston Churchill
Pl. de la Motte
Pl. St. Etienne
Boulevard Gambetta
Av. Georges Dumas
Pont Neuf
Quai L. Goujaud
Avenue du Sablard
Port du Naveix
La Vienne
Rue de Panazol
Avenue Maréchal de Lattre de Tassigny
Av. de la Révolution
Av. du Midi
Pl. L. Carnot
R. Armand Dutreix
R. François Perrin
Rue Louis Casimir Ranson
Parc de l'Auzette
Isle
Périgueux
Saint-Yrieix-la-Perche
Eymoutiers
Aixe-sur-Vienne
Angoulême
Mas Blanc
Nieul, Aéroport
Le Palais-sur-Vienne
Panazol
Clermont-Ferrand
Brive-la-Gaillarde
A20
400 m
0.2 miles
Monaco
Menton
FRANCE
GRIMA
MONEGHETTI
LA NOIX
TÉNAO
LARVOTTO
MONTE CARLO
LA CONDAMINE
MONACO
FONTVIEILLE
Moyenne Corniche
Bd. des Anciens Combattants d'Afrique du Nord
Route de la Moyenne Corniche
Bd. de la République
Bd. Princesse Charlotte
Boulevard des Moulins
Boulevard du Larvotto
Boulevard d'Italie
Bd. Rainier III
Boulevard du Jardin Exotique
Bd. Albert 1er
Av. du Port
Avenue d'Ostende
Bd. Charles III
Pl. du Casino
Pl. des Moulins
Pl. d'Armes
Pl. du Palais
Palais Princier
Port Hercule
Port de Fontvieille
Plages du Larvotto
Sporting Club d'Été
Forum Grimaldi
Zone de L'Anse du Portier construction
Centre de Congrès Auditorium Rainier - III
Stade Nautique Rainier III
Musée Océanographique
Jardin Animalier
Pointe Ste-Barbe
Pointe de la Poudrière
Fort Antoine
Quai Antoine 1er
Nice, Antibes, Cannes
San Remo
Nice
Eze
Nice, Beaulieu
Beausoleil, Menton
400 m
0.2 miles

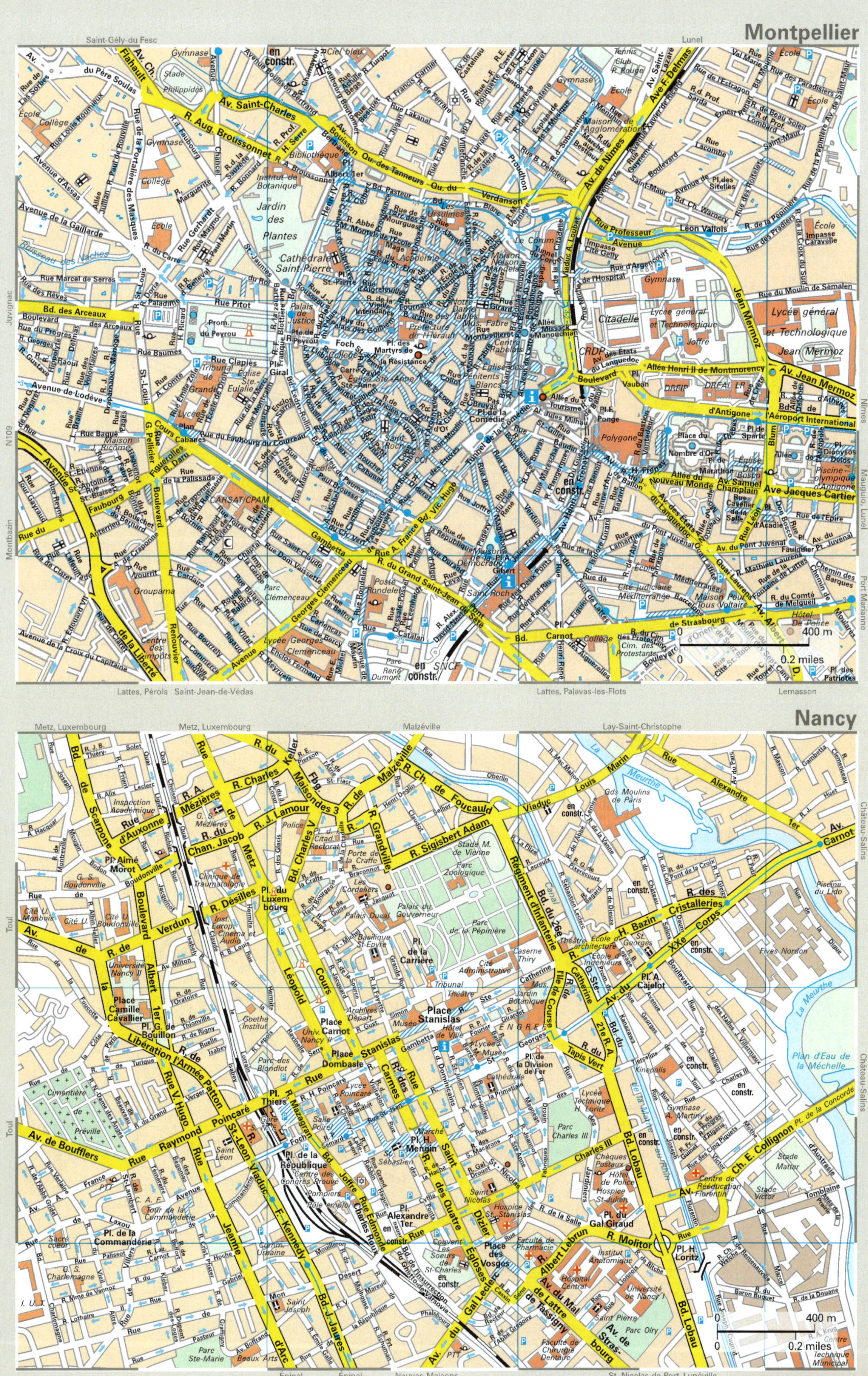
Montpellier
Saint-Gély-du Fesc
Lunel
Juvignac
N109
Montbazin
Nîmes
Mauguio, Lunel
Port Marianne
Lattes, Pérols
Saint-Jean-de-Védas
Lattes, Palavas-les-Flots
Lemasson
400 m
0.2 miles
Nancy
Metz, Luxembourg
Malzéville
Lay-Saint-Christophe
Toul
Château-Salins
Épinal
Neuves-Maisons
St.-Nicolas-de-Port, Lunéville
400 m
0.2 miles

Nantes

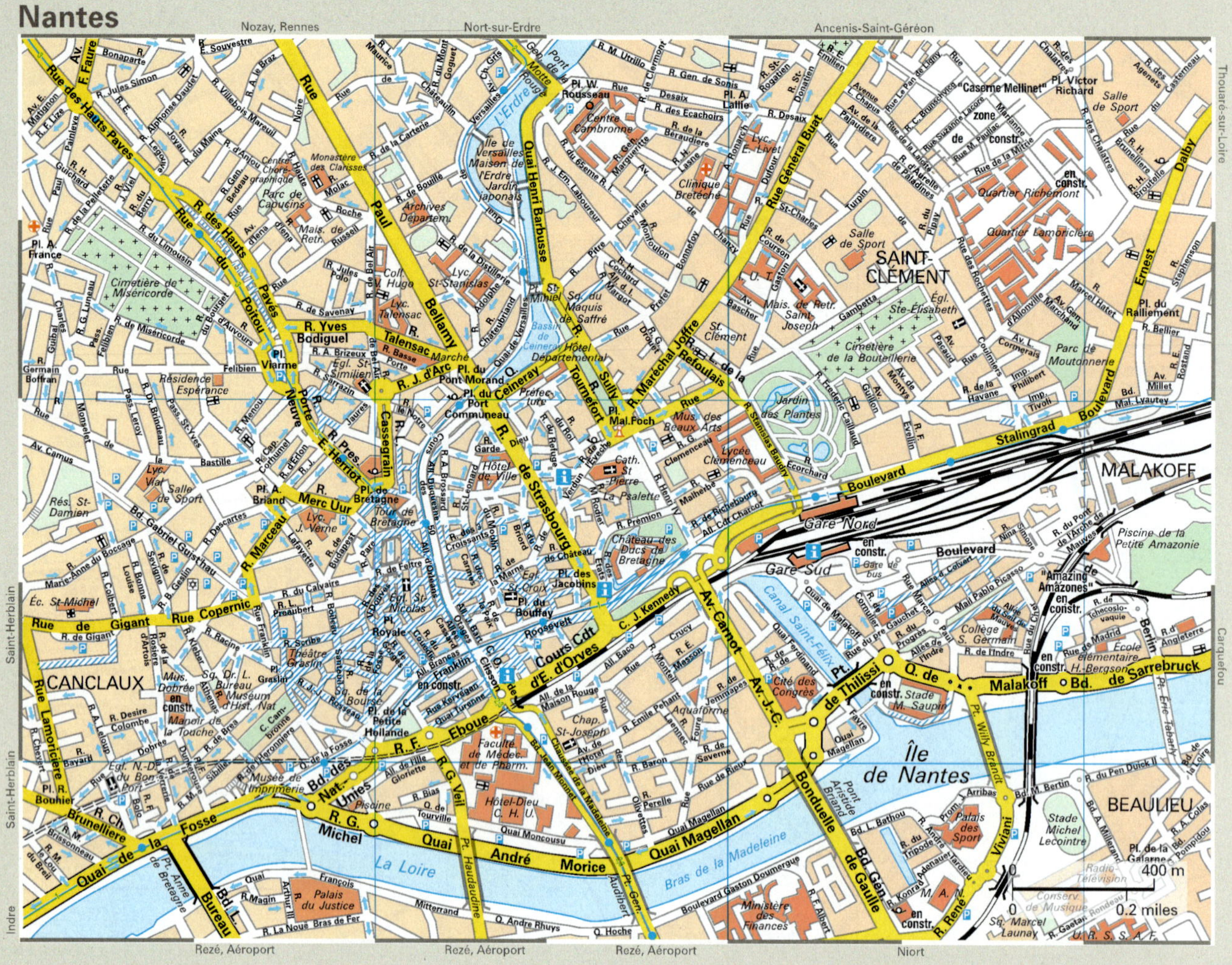

Nozay, Rennes — Nort-sur-Erdre — Ancenis-Saint-Géréon

Thouaré-sur-Loire — Carquefou

Saint-Herblain — Saint-Herblain — Indre

Rezé, Aéroport — Rezé, Aéroport — Rezé, Aéroport — Niort

0 — 400 m
0 — 0.2 miles

Nice

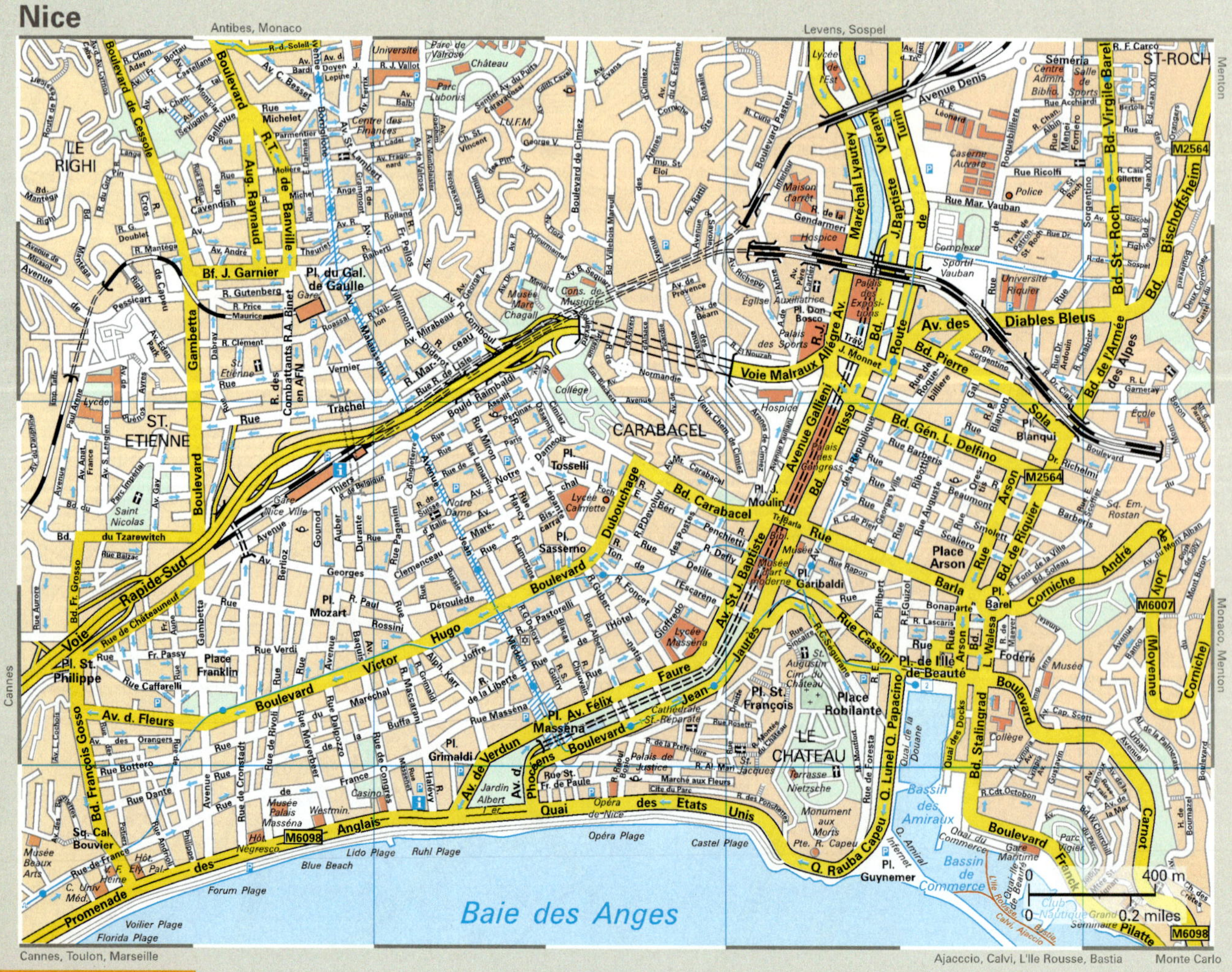

Antibes, Monaco — Levens, Sospel

Menton — Monaco, Menton

Cannes

Cannes, Toulon, Marseille — Ajaccio, Calvi, L'Ile Rousse, Bastia — Monte Carlo

Baie des Anges

0 — 400 m
0 — 0.2 miles

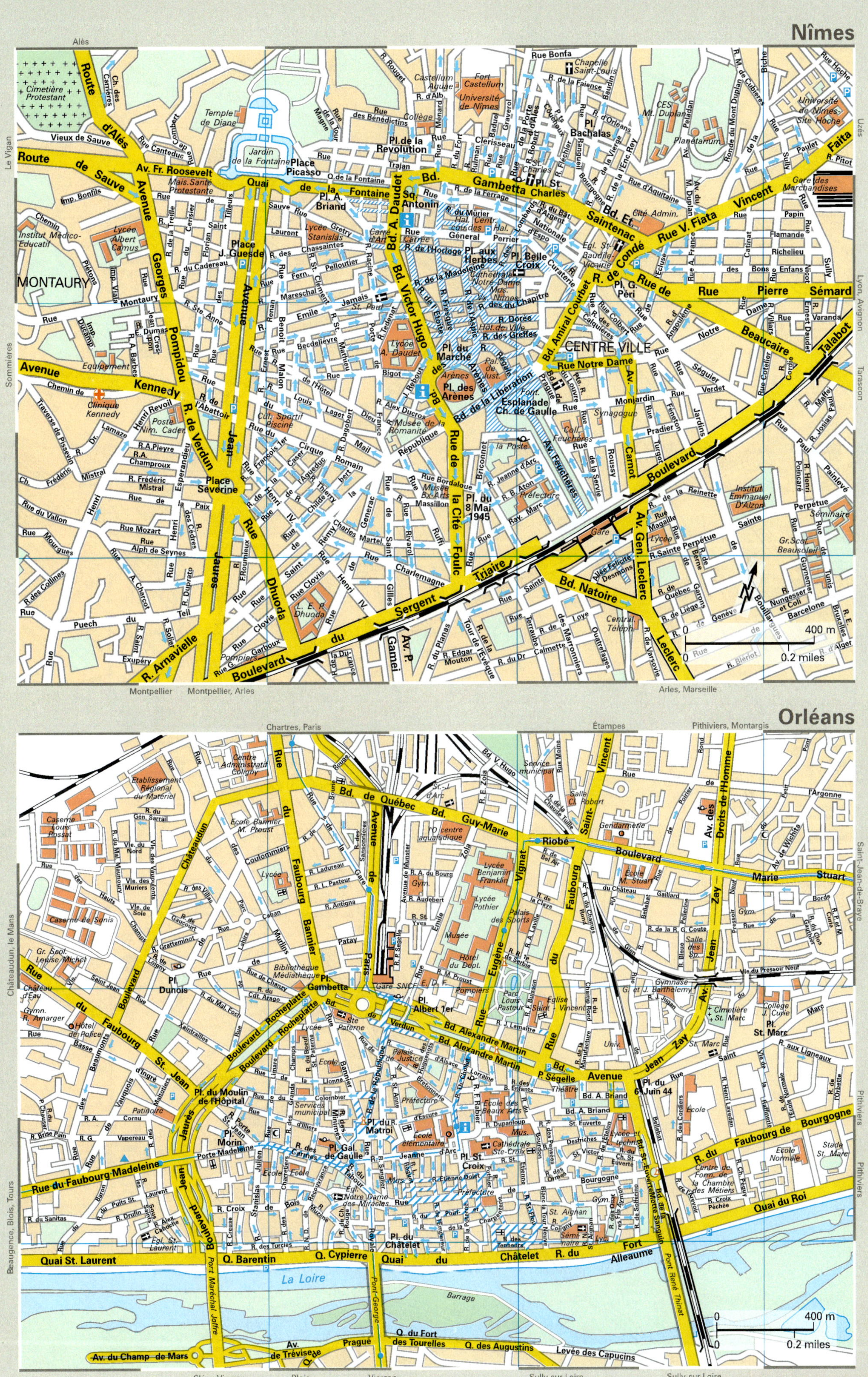
Nîmes
Alès
Le Vigan
Sommières
Montpellier
Montpellier, Arles
Arles, Marseille
Tarascon
Lyon, Avignon
Uzès
CENTRE VILLE
MONTAURY
Orléans
Chartres, Paris
Étampes
Pithiviers, Montargis
Saint-Jean-de-Braye
Pithiviers
Châteaudun, Le Mans
Beaugence, Blois, Tours
Clery, Vierzon
Blois
Vierzon
Sully-sur-Loire
La Loire

Maisons-Laffitte
199
Argenteuil
St-Germain-en-L. A14 Poissy
St-Cloud
199
St-Cloud
224
LEVALLOIS-PERRET
NEUILLY-SUR-SEINE
TERNES
LA DEFENSE
Esplanade de La Défense
Île de la Grande Jatte
Île du Pont
Île de Puteaux
Seine
Quai du Maréchal Joffre
Quai Michelet
Boulevard Bineau
Boulevard Bourdon
Boulevard du Général Leclerc
Boulevard Maurice Barrès
Boulevard Richard Wallace
Boulevard de la Seine
Avenue Charles de Gaulle
Pont de Neuilly
Pont de Levallois-Bécon
Anatole France
Louise Michel
Porte de Champerret
Porte Maillot
Les Sablons
Argentine
Porte Dauphine
Victor Hugo
Boissière
Trocadéro
Iéna
Rue de la Pompe
Passy
La Muette
Ranelagh
Jardin d'Acclimatation
Bois de Boulogne
Allée de Longchamp
Route de la Reine
Allée de la Reine Marguerite
Avenue de l'Hippodrome
Lac Inférieur
Pré Catelan
Parc de Bagatelle
Porte de Bagatelle
Porte de Madrid
Porte de la Muette
Porte de Passy
Carrefour des Cascades
Pl. du Mal de Lattre de Tassigny
Avenue Foch
Avenue Victor Hugo
Avenue Georges Mandel
Avenue Henri Martin
Avenue Paul Doumer
Avenue de la Grande Armée
Place du Trocadéro et du 11 Novembre
16
D1
D7
D9
D908
D909
N13

Pontoise
Clichy, St-Denis
199
SAINT-OUEN
MARCHE AUX PUCES
CLICHY
Porte de St Ouen
Boulevard Bessières
Boulevard Ney
Porte de Clichy
Avenue de Clichy
Porte d'Asnières
Boulevard de Reims
Boulevard Berthier
Boulevard Pereire
Jules Joffrin
Lamarck Caulaincourt
Guy Môquet
Brochant
La Fourche
MONTMARTRE
18
17
WAGRAM
Wagram
Pereire
Malesherbes
Av. de Villiers
Villiers
Boulevard des Batignolles
Rome
Pl. de Clichy
Blanche
Abbesses
Pigalle
Anvers
B.d de Rochechouart
Monceau
Courcelles
Ternes
Europe
Liège
Gare St Lazare
St Lazare
Trinité d'Est. d'Orves
N. D. de Lorette
St Georges
Cadet
Le Peletier
Haussmann
Boulevard Haussmann
St Augustin
Miromesnil
Havre Caumartin
Ch. d'Antin La Fayette
Rich. Drouot
Grds. Boulevards
Bd. Montmartre
Opéra
Quatre Sep.re
Bourse
Pyramides
Madeleine
Franklin D. Roosevelt
George V
St Ph. du Roule
Champs Elysées Clemenceau
Concorde
Place de la Concorde
Alma Marceau
Seine
Invalides
Assemblée Nationale
Solférino
Tuileries
Palais Royal Musée du Louvre
Louvre Rivoli
Pont Neuf
Rue du Bac
La Tour Maubourg
Varenne
Musée de l'Armée Hôtel des Invalides
Jardin des Tuileries
Palais du Louvre
8
7
9
2
1
222
225
400 m
0.2 miles

Enghien-l.-B. 200 Charles de Gaulle, Lille

221

226

Soissons, Laon
200
LA VILLETTE
19
PANTIN
LE PRÉ SAINT GERVAIS
LES LILAS
BELLEVILLE
BAGNOLET
20
11
Cité des Sciences et de l'Industrie
Parc de la Villette
Parc des Buttes Chaumont
Cimetière du Père Lachaise
Bd. Macdonald
Bd. Sérurier
Bd. Mortier
Bd. Davout
Av. Jean Jaurès
Rue de Belleville
Av. Gambetta
Bd. de Belleville
Bd. de Ménilmontant
Av. de la République
Rue de Bagnolet
Rue des Pyrénées
Porte de la Villette
Porte de Pantin
Porte du Pré St Gervais
Porte des Lilas
Porte de Bagnolet
Meaux
Charles de Gaulle Lille
0 400 m
0 0.2 miles
227

220

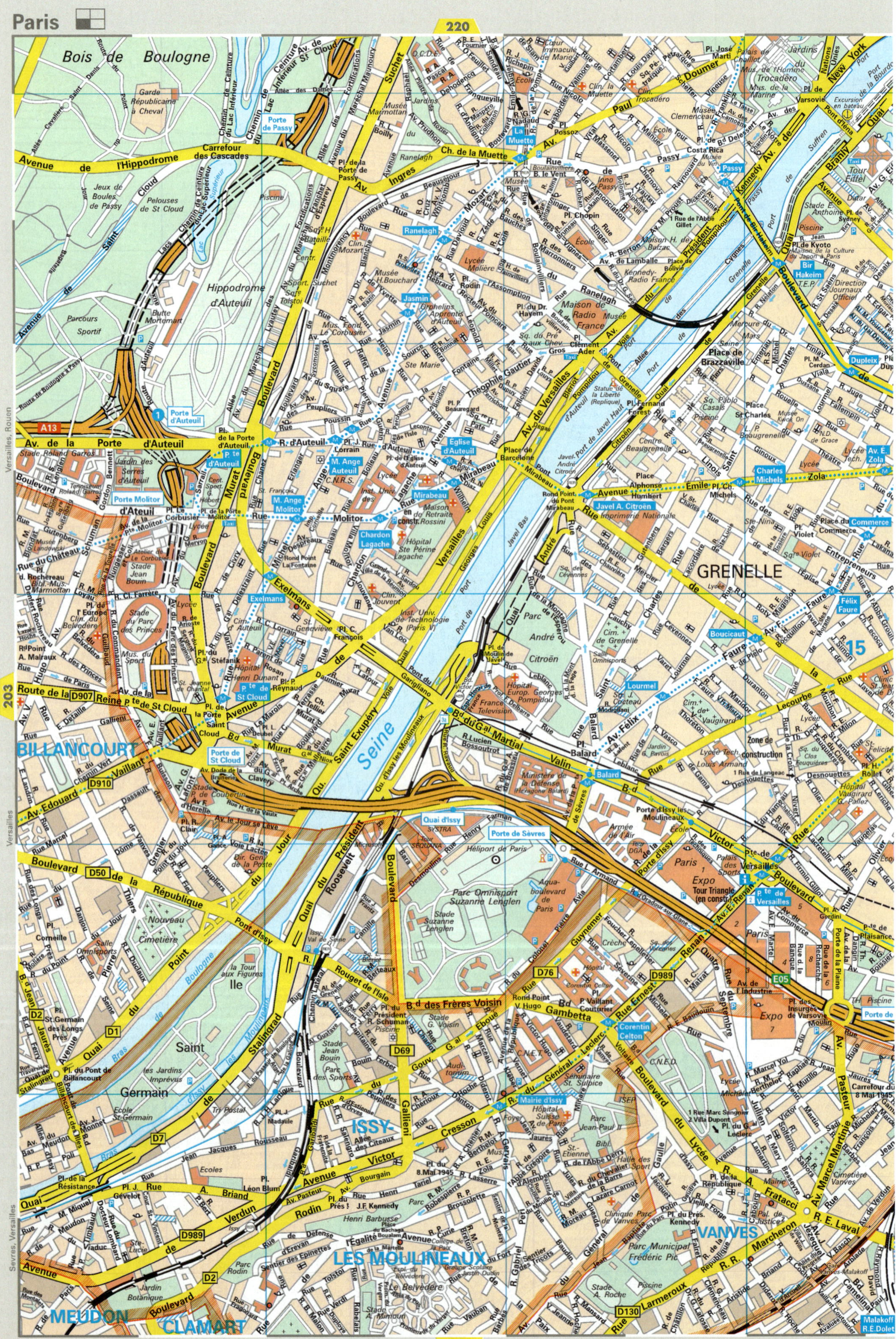
Bois de Boulogne
Avenue de l'Hippodrome
Carrefour des Cascades
Hippodrome d'Auteuil
Parcours Sportif
Porte de Passy
Ch. de la Muette
La Muette
Passy
Ranelagh
Jasmin
Maison de Radio France
Porte d'Auteuil
Av. de la Porte d'Auteuil
Stade Roland Garros
Michel-Ange Auteuil
Église d'Auteuil
Mirabeau
Michel-Ange Molitor
Chardon Lagache
Porte Molitor
Exelmans
Boulevard Murat
Boulevard Exelmans
Av. de Versailles
Parc des Princes
Porte de St Cloud
BILLANCOURT
Route de la Reine
Seine
Quai de Grenelle
GRENELLE
Charles Michels
Javel A. Citroën
Parc André Citroën
Lourmel
Balard
Boucicaut
Félix Faure
Commerce
Dupleix
Bir Hakeim
Passy
Tour Eiffel
Trocadéro
Place de Brazzaville
Rue de Vaugirard
Porte de Versailles
Paris Expo
Quai d'Issy
Porte de Sèvres
Héliport de Paris
Parc Omnisport Suzanne Lenglen
Île Saint Germain
ISSY
Mairie d'Issy
Corentin Celton
LES MOULINEAUX
VANVES
MEUDON
CLAMART
Boulevard de la République
Bd des Frères Voisin
Av. Victor Hugo
Boulevard Victor
Boulevard Lefebvre
Av. Pasteur
A13
D907
D910
D50
D1
D2
D7
D69
D76
D989
D130
E05
15

203

203

221
226
203
ST-GERMAIN-DES-PRES
QUARTIER LATIN
MONTPARNASSE
MALAKOFF
MONTROUGE
GENTILLY
Invalides
Hôtel des Invalides
Musée de l'Armée
Ecole Militaire
Pl. de Fontenoy
U.N.E.S.C.O.
Musée d'Orsay
Assemblée Nationale
Palais Bourbon
Jardin du Carrousel
Musée du Louvre
Pont Neuf
Institut de France
Jardin du Luxembourg
Palais du Luxembourg (Sénat)
Gare Montparnasse
Cimetière du Montparnasse
Observatoire de Paris
Parc Montsouris
Cité Internationale Universitaire de Paris
Parc Georges Brassens
Boulevard du Montparnasse
Boulevard de Port Royal
Boulevard St-Michel
Boulevard Raspail
Boulevard des Invalides
Rue de Vaugirard
Rue de Sèvres
Avenue du Maine
Rue d'Alésia
Boulevard Jourdan
Boulevard Brune
Boulevard Lefebvre
Avenue de Suffren
Avenue de la Motte Picquet
Rue de Grenelle
Quai d'Orsay
Quai Voltaire
Quai Malaquais
Quai des Grands Augustins
Place Denfert Rochereau
Porte de Vanves
Porte de Châtillon
Porte d'Orléans
0 — 400 m
0 — 0.2 miles
Vélizy-Villacoublay, Rambouillet
Etampes, Orléans
Paris-Orly

222
225
204
ST-GERMAIN-DES-PRÉS
QUARTIER LATIN
ÎLE DE LA CITÉ
ÎLE ST LOUIS
MONTPARNASSE
MONTROUGE
GENTILLY
LE KREMLIN-BICÊTRE
Seine
Jardin du Luxembourg
Parc Montsouris
Cité Internationale Universitaire de Paris
Gare d'Austerlitz
Place de la Bastille
Cimetière du Montparnasse
Boulevard Saint Germain
Boulevard Saint Michel
Boulevard du Montparnasse
Boulevard de Port Royal
Boulevard Saint Marcel
Boulevard Auguste Blanqui
Boulevard Raspail
Rue de Tolbiac
Rue d'Alésia
Étampes, Orléans
Paris-Orly
Corbeil-Essonnes, Fontainebleau

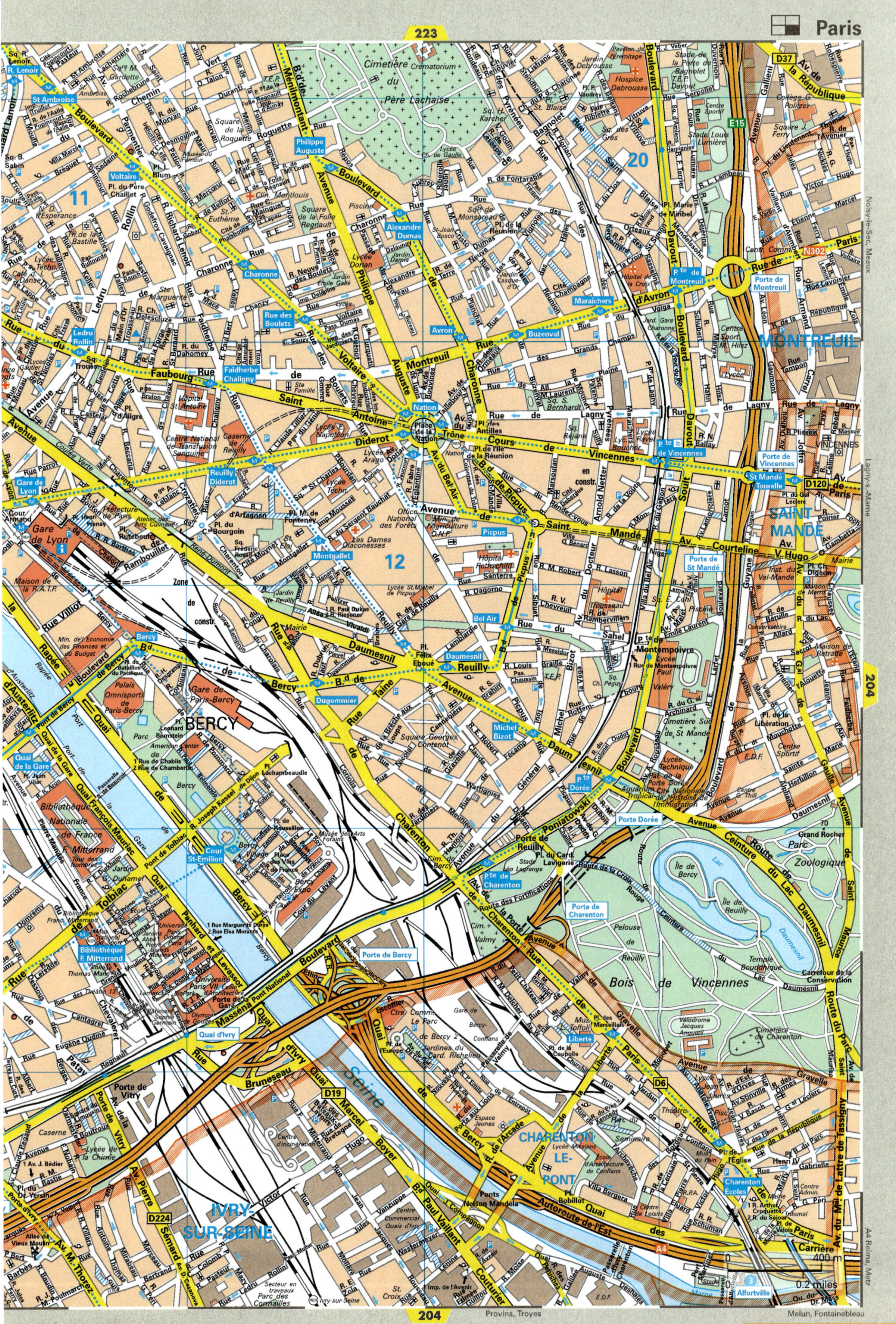
223
Cimetière du Père Lachaise
Crematorium
Hospice Debrousse
Stade de la Porte de Bagnolet
Stade Louis Lumière
20
11
12
Av. de la République
Collège G. Politzer
Boulevard Davout
Boulevard Soult
St Ambroise
Voltaire
Philippe Auguste
Alexandre Dumas
Charonne
Rue des Boulets
Ledru Rollin
Faidherbe Chaligny
Avron
Buzenval
Maraichers
Pte de Montreuil
Porte de Montreuil
MONTREUIL
Nation
Place de la Nation
Av. du Trône
Cours de Vincennes
Pte de Vincennes
Porte de Vincennes
St Mandé Tourelle
SAINT MANDÉ
Reuilly Diderot
Gare de Lyon
Rue du Faubourg Saint Antoine
Boulevard Diderot
Av. de St Mandé
Av. Courteline
Porte de St Mandé
Picpus
Montgallet
Daumesnil
Bel Air
Michel Bizot
Dugommier
Bercy
BERCY
Palais Omnisports de Paris-Bercy
Parc de Bercy
Cour St-Emilion
Bibliothèque Nationale de France F. Mitterrand
Bibliothèque F. Mitterrand
Quai de la Gare
Quai François Mauriac
Quai d'Ivry
Porte Dorée
Pte Dorée
Pte de Charenton
Porte de Charenton
Porte de Bercy
Lac Daumesnil
Île de Bercy
Île de Reuilly
Parc Zoologique
Bois de Vincennes
Route de la Ceinture du Lac Daumesnil
Liberté
CHARENTON LE PONT
Charenton Écoles
Seine
IVRY-SUR-SEINE
Porte de Vitry
Autoroute de l'Est
Alfortville
Noisy-le-Sec, Meaux
Lagny-s-Marne
A4 Reims, Metz
204
Provins, Troyes
Melun, Fontainebleau
400 m
0,2 miles

Perpignan

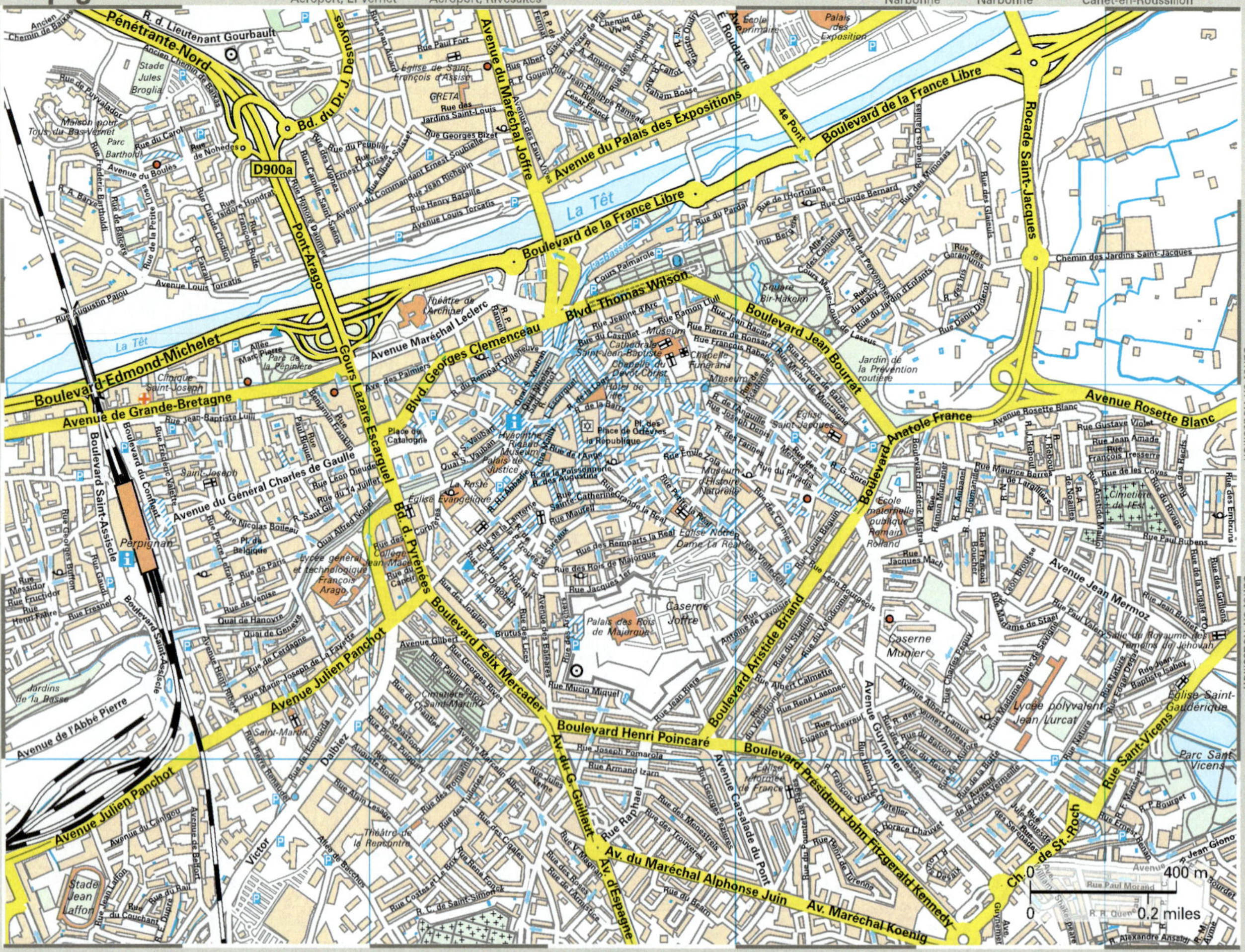

Aéroport, El Vernet · Aéroport, Rivesaltes · Narbonne · Narbonne · Canet-en-Roussillon

Ille-sur-Têt · Toulouges · Canet-en-Roussillon · Canet-en-Roussillon

Le Perthus · Argelès sur Mer

0 — 400 m
0 — 0.2 miles

Reims

Champigny · Laon · Montcornet · Neufchâtel · Bétheny

Champigny · Paris · Château-Thierry · Épernay · Rethel · Rethel · Vouziers

Épernay · Metz Châlons-en-Champ. · Épernay Châlons-en-Champ. · Épernay

0 — 400 m
0 — 0.2 miles

Rennes

Dinard, St. Malo — Dinard, St. Malo — Chevaigné — Caen — Saint-Grégoire

Brest, Saint-Brieuc — Brest, Saint-Brieuc — Lorient, Vannes — Aéroport

Laval, Le Mans — Laval, Le Mans, Châteaugiron — Châteaugiron — Chantepie

Chantepie — Redon — Nantes — Châteaubriant

0 — 400 m
0 — 0.2 miles

Rouen

Malaunay — Abbeville — Saint-Martin-du-Vivier

Le Havre, Dieppe — Le Havre, Lillebonne — Elbeuf — Le Havre — Caen, Le Havre, Paris

Darnétal — Abbeville, Amiens — Montmain

Caen, Paris — Abbeville, Amiens — Caen, Paris — Oissel — Le Havre, Caen — Caen, Paris — Louviers, Vernon — Paris

0 — 400 m
0 — 0.2 miles

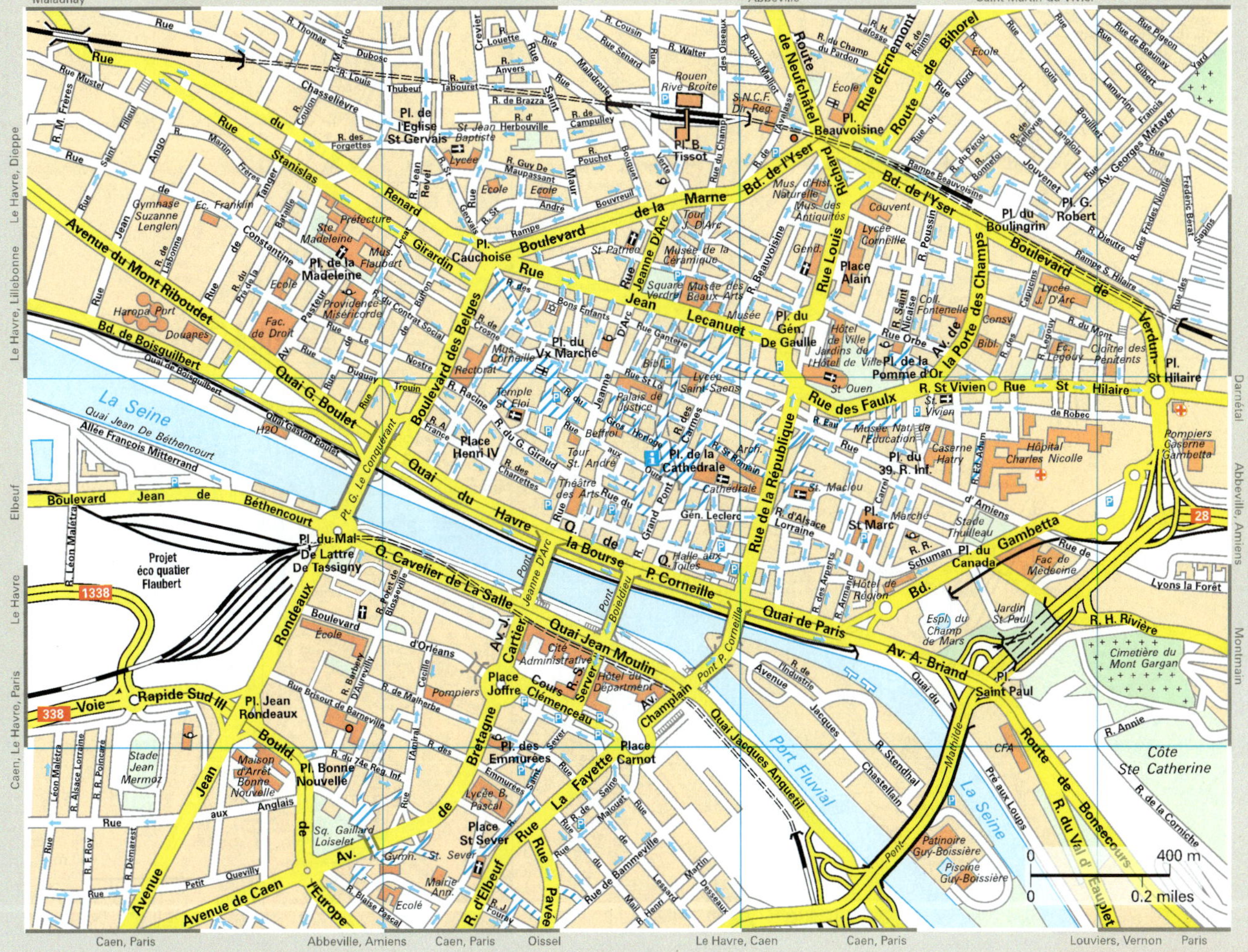

Strasbourg

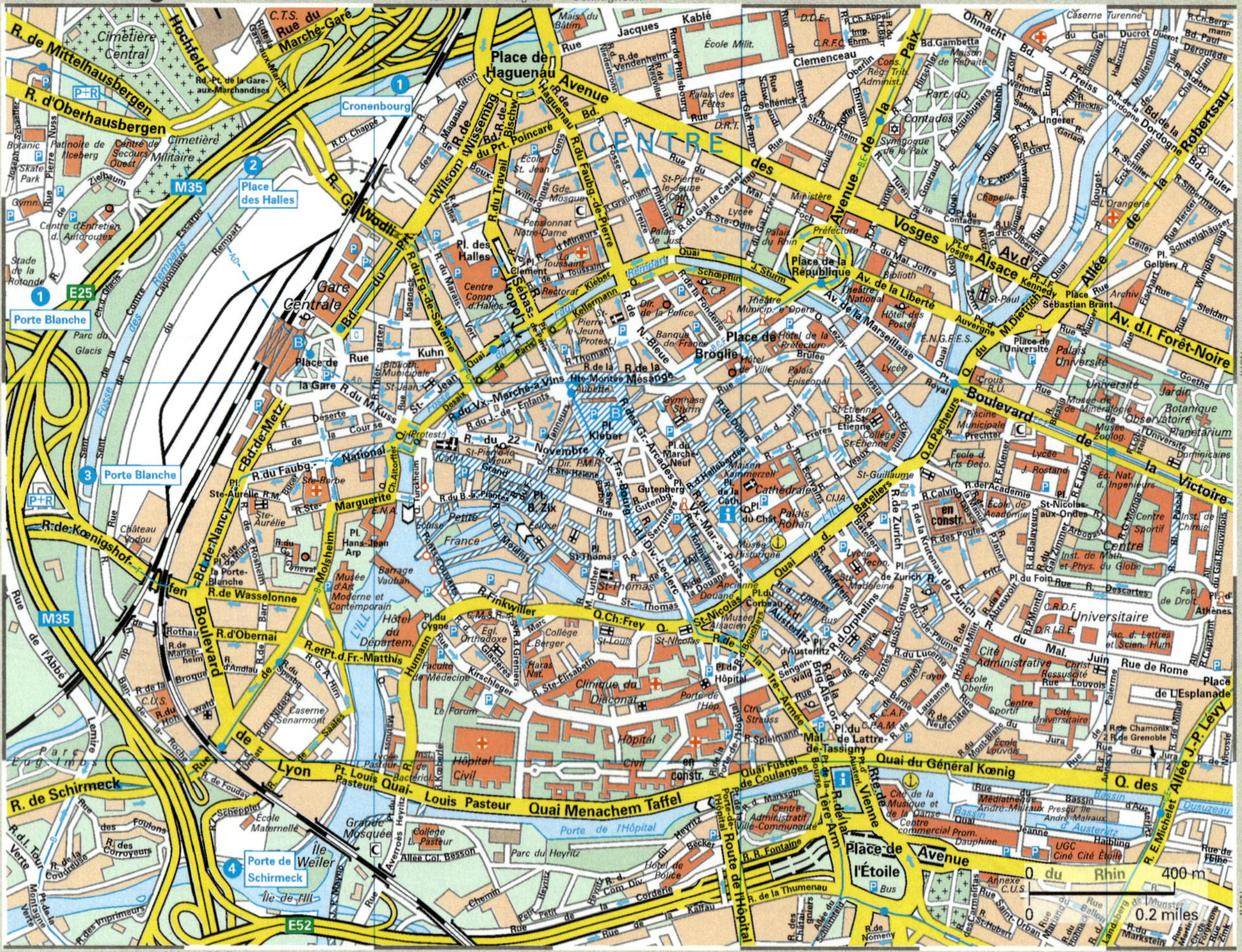

Metz Schiltigheim Schiltigheim

Wolfisheim Wolfisheim Kehl Kehl

400 m
0.2 miles

Colmar, Mulhouse Illkirch-Graffenstaden

Toulouse

Montauban Montauban Albi, Rodez Montauban Verfeil, Lavaur

Auch Auch Colomiers Samatan Puylaurens, Castres

400 m
0.2 miles

Pamiers, Foix Pau, Carcassonne Castelnaudary, Carcassonne Revel Carcassonne

FRANCE

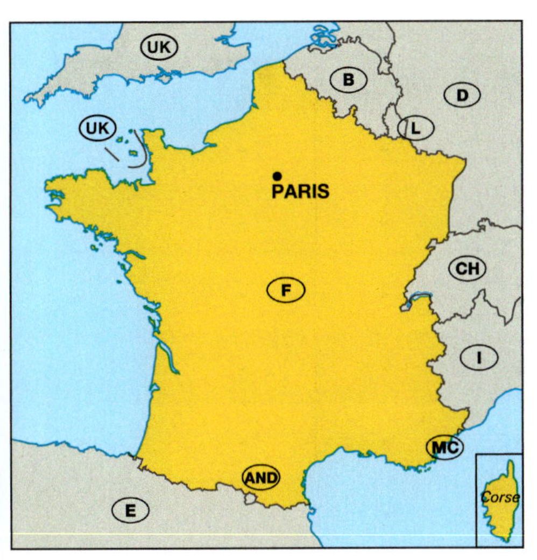

km/h				
	50	80	110	130
	50	80	110	130
	50	80	110	130
	50	80	100	110
	50	80	90	90
	50	80	80	80

 543 965 km^2

 67 800 000

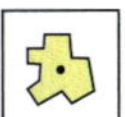 Paris
2 160 000

 ✓

112/17

 112/15

112/18

 FRE

 +33

 +1h Coordinated Universal Time
(UTC +1)

 ✓

 ✓

 ×

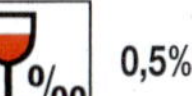 0,5‰

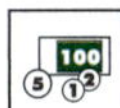 1 EURO (€) =
100 Cents

 ATOUT France
1 42 96 70 00
atout-france.fr

 ✓

 24h 09 708 08 709
SANEF

ANDORRA

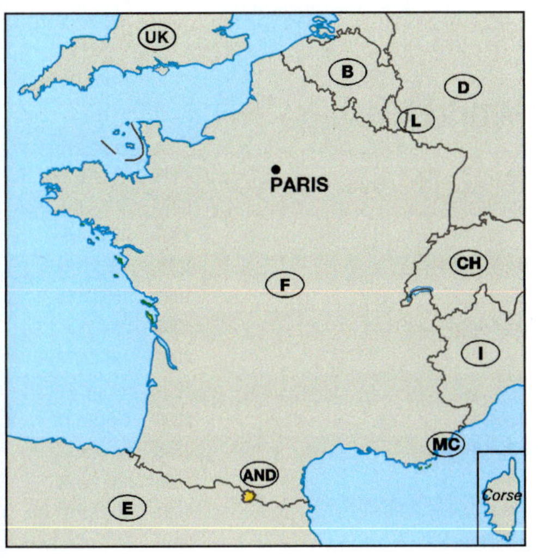

km/h				
	40	60-90	-	-
	40	60-90	-	-
	40	60-90	-	-
	40	60-90	-	-
	40	60-90	-	-
	40	60-90	-	-

 468 km^2

 79 000

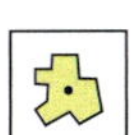 Andorra la Vella
24 500

 ✓

 110

 116

 118

 CAT

 +376

 +1h Coordinated Universal Time
(UTC +1)

 ×

 ✓

 ✓

 0,5‰

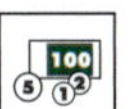 1 EURO (€) =
100 Cents

 Ministeri de Turisme e Medi Ambient
87 57 02
www.visitandorra.com

 ✓

 24h 80 34 00
Automòbil Club d'Andorra

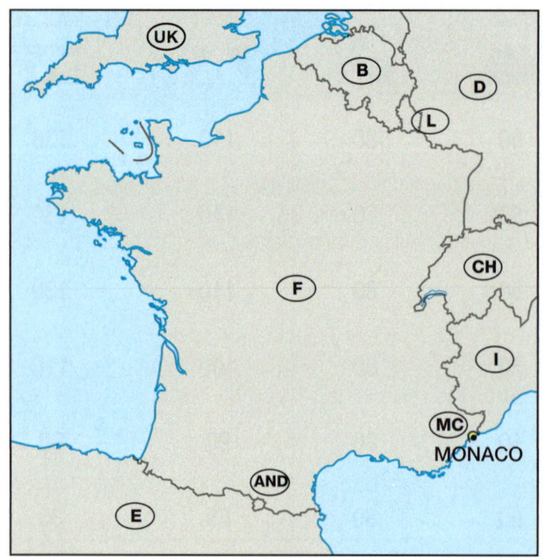

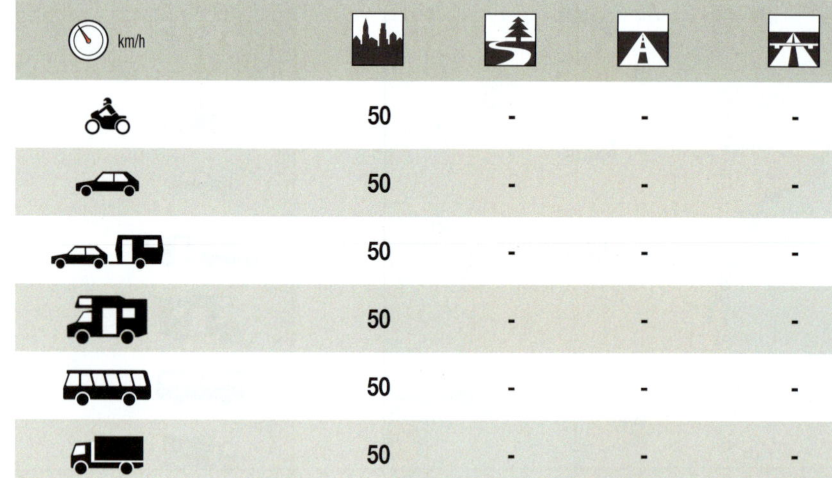

🚲	50	-	-	-
🚗	50	-	-	-
🚗+caravan	50	-	-	-
camper	50	-	-	-
bus	50	-	-	-
truck	50	-	-	-

 2 km²

 40 000

 Monsvo Ville 1 000

 ✓

 112

 112

SOS 112

 FRE

 +377

 +1h Coordinated Universal Time (UTC +1)

 ×

 ✓

 ✓

 0,5‰

 1 EURO (€) = 100 Cents

 Direction du Tourisme et des Congres de la Principauté de Monaco
+377 92 166 166
www.visitmonaco.com

 ✓

 24h 92 05 26 60 Annuaire

✈	Code		
Ⓕ Aéroport Bâle-Mulhouse-Fribourg	BSL,MLH,EAP	www.euroairport.com	95 Hd 63
Ⓕ Aéroport Paris – Charles-de-Gaulle	CDG	www.aeroportsdeparis.fr	51 Cd 54
Ⓕ Aéroport Paris – Orly	ORY	www.aeroportsdeparis.fr	51 Cc 56
Ⓕ Aéroport Lyon – Saint Exupéry	LYS	www.lyonaeroports.com	131 Fa 74
Ⓕ Aéroport Nice – Côte d'Azur	NCE	www.nice.aeroport.fr	173 Hb 87
Ⓕ Aéroport Intern. de Montpellier Méditer-ranée	MPL	www.montpellier.aeroport.fr	168 Df 87
Ⓕ Aéroport Intern. de Strasbourg – Entzheim	SXB	www.strasbourg.aeroport.fr	60 Hd 57
Ⓕ Aéroport Intern.Tarbes – Lourdes – Pyrénées	LDE	www.tlp.aeroport.fr	162 Zf 89
Ⓕ Aéroport Marseille – Provence	MRS	www.marseille.aeroport.fr	170 Fb 88
Ⓕ Aéroport Nantes Atlantique	NTE	www.nantes.aeroport.fr	97 Yc 66

✈	Code		
Ⓕ Aéroport Béziers – Cap d'Agde en Languedoc	BZR	www.beziers.aeroport.fr	167 Dc 89
Ⓕ Aéroport Brest – Bretagne	BES	www.brest.aeroport.fr	62 Vd 58
Ⓕ Aéroport Calvi -– Sainte Catherine	CLY	www.calvi.aeroport.fr	180 Ie 93
Ⓕ Aéroport d'Ajaccio – Campo dell'Oro / Ajaccio Napoleon Bonaparte	AJA	www.2a.cci.fr	182 Ie 97
Ⓕ Aéroport de Bastia-Poretta	BIA	www.bastia.aeroport.fr	181 Kc 93
Ⓕ Aéroport de Beauvais – Tillé	BVA	www.aeroportbeauvais.com	38 Ca 52
Ⓕ Aéroport de Bordeaux – Mérignac	BOD	www.bordeaux.aeroport.fr	134 Zb 80
Ⓕ Aéroport de Carcassonne en Pays Cathare	CCF	www.aeroport-carcassonne.com	166 Cb 89
Ⓕ Aéroport de Clermont-Ferrand Auvergne	CFE	www.clermont-aeroport.com	128 Da 74
Ⓕ Aéroport de La Rochelle – île de Ré	LRH	www.larochelle.aeroport.fr	109 Ye 71
Ⓕ Aéroport de Lille	LIL	www.lille.aeroport.fr	30 Da 45
Ⓕ Aéroport de Metz – Nancy – Lorraine	ETZ	www.lorraineaeroport.com	56 Gb 55
Ⓕ Aéroport de Pau – Pyrénées	PUF	www.pau.aeroport.fr	162 Zd 88
Ⓕ Aéroport de Perpignan – Rivesaltes	PGF	www.aeroport-perpignan.com	179 Cf 92
Ⓕ Aéroport de Rennes – Bretagne	RNS	www.rennes.aeroport.fr	65 Yb 60
Ⓕ Aéroport de Toulon – Hyères	TLN	www.toulon-hyeres.aeroport.fr	171 Ga 90
Ⓕ Aéroport de Toulouse – Blagnac	TLS	www.toulouse.aeroport.fr	164 Bc 87
Ⓕ Aéroport Figari – Sud-Corse	FSC	www.figari.fr/aeroport-figarisud-corse	184 Ka 100
Ⓕ Aéroport Grenoble – Isère	GNB	www.grenoble-airport.com	131 Fc 76
Ⓕ Aéroport Intern. de Biarritz – Anglet – Bayonne	BIQ	www.biarritz.aeroport.fr	160 Yc 88

UNESCO World Heritage

AND Madriu-Perafi ta-Claror, Vall del	2004	177 Bd 94
Ⓕ Albi	2010	151 Ca 85
Ⓕ Amiens Cathedral	1981	38 Cb 49
Ⓕ Arles, Roman and Romanesque Monuments	1981	169 Ed 86
Ⓕ Avignon	1995	155 Ee 85
Ⓕ Belfries of Belgium and France = Arras etc.	1999	29 Ce 47
Ⓕ Bordeaux, Port of the Moon	2007	135 Zc 79
Ⓕ Bourges Cathedral	1992	102 Cc 66
Ⓕ Briançon (Fortifi cations of Vauban)	2008	145 Gd 79
Ⓕ Camaret-sur-Mer (Fortifi cations of Vauban)	2008	61 Vc 59
Ⓕ Canal du Midi	1996	165 Ca 89
Ⓕ Carcassonne	1997	166 Cc 89
Ⓕ Champagne Hillsides, Houses and Cellars	2015	53 Df/Ea 29
Ⓕ Chartres Cathedral	1979	70 Bc 58
Ⓕ Climats, terroirs of Burgundy = Climats du vignoble	2015	106 Ee/Ef/ Fa65-66
Ⓕ Fontainebleau, Palace and Park	1981	71 Cd 58
Ⓕ Fontenay, Abbaye de	1981	91 Ec 63
Ⓕ Forêts primaires de hêtres des Carpates et d'autres régions d'Europe	2021	div. div.
Ⓕ Funerary and memory sites of the First World War (Western Front)	2023	div. div.
Ⓕ Gulf of Porto: Calanche of Piana, Gulf of Girolata, Scandola Reserve	1983	182 Id 94
Ⓕ Grandes villes d'eaux d'Europe	2021	div. div.
Ⓕ Le Havre, the City Rebuilt by Auguste Perret	2005	36 Aa 51-52

UNESCO World Heritage

Ⓕ Lyon (Historic Site)	1998	130 Ee 74
Ⓕ Chaîne des Puys – Limagne fault tectonic arena	2018	127 Ce 76
Ⓕ Gulf of Porto: Calanche of Piana, Gulf of Girolata, Scandola Reserve	1983	180 Id 94
Ⓕ Marseille, residential building – The Architectural Work of Le Corbusier	2016	170 Fc 89
Ⓕ Mont-Saint-Michel, Le	1979	66 Yc 57
Ⓕ Nancy, Place Stanislas, Place de la Carrière and Place d'Alliance	1983	56 Gb 56
Ⓕ Neuf-Brisach (Fortifi cations of Vauban)	2008	60 Hd 60
Ⓕ Nice	2021	173 Hb 68
Ⓕ Orange, Roman Theatre and its Surroundings and the „Triumphal Arch"	1981	155 Ee 84
Ⓕ Palafi ttes du Lac de Chalain (Prehistoric Pile dwellings around the Alps)	2011	107 Fe 68
Ⓕ Paris, Banks of the Seine	1991	div. div.
Ⓕ Phare de Cordouan	2021	
Ⓕ Provins, Town of Medieval Fairs	2001	72 Db 57
Ⓕ Pyrénées – Mont Perdu	1997, 1999	174-175 Ze 91-Aa 92
Ⓕ Reims	1991	53 Ea 53
Ⓕ Routes of Santiago de Compostela in France = Chemin de Saint-Jacques	1998	div. div.
Ⓕ Saint-Emilion, Jurisdiction of	1999	135 Zf 79
Ⓕ Saint-Savin, Abbey Church	1983	112 Af 69
Ⓕ Salines Royales	1982	107 Fe 66
Ⓕ Strasbourg – Grande île	1988	70 He 57
Ⓕ The Maison Carrée of Nîmes	2023	154 Ec 85
Ⓕ Val de Loire (The Loire Valley between Sully-sur-Loire and Chalonnes)	2000	div. div.
Ⓕ Versailles, Palace and Park of	1979	51 Ca 56
Ⓕ Vézelay, Church and Hill	1979	90 De 64
Ⓕ Vézère Valley, Prehistoric Sites and Decorated Caves	1979	137 Ba 78

	km²			
Ⓕ Parc national de forêts	2410	www.forets-champagne-bourgogne.fr	90-92	71 Td 89
Ⓕ Parc national de la Vanoise	1480	www.vanoise-parcnational.fr	133	45 Rf 78
Ⓕ Parc national de Port-Cros	19,88	www.portcrosparcnational.fr	173	52 Qf 80
Ⓕ Parc national des Calanques	520	www.calanques-parcnational.fr	170-171	43 Qd 79
Ⓕ Parc national des Cévennes	3210	www.cevennes-parcnational.fr	153	51 Qc 82
Ⓕ Parc national des Écrins	1786	www.ecrins-parcnational.fr	144-145	41 Pd 76
Ⓕ Parc national des Pyrénéés	457	www.pyrenees-parcnational.fr	174-175	69 Sc 92
Ⓕ Parc national du Mercantour	2150	www.mercantour.eu	158-159	58 Qc 86

AND Naturlandia	AD600	Sant Julià de Lòria	www.naturland.ad	177 Bd 94
Ⓕ Antibes Land	06600	Antibes	www.antibesland.fr	173 Ha 87
Ⓕ Aqualand Cap d'Agde	34300	Cap d'Agde	www.aqualand.fr	167 Dc 89
Ⓕ Azur Park	83580	Gassin	www.azurpark.fr	172 Gd 89
Ⓕ Bal Parc	62890	Tournehem-sur-la-Hem	www.balparc.fr	27 Ca 44
Ⓕ Cigoland	67600	Kintzheim	www.cigoland.fr	63 Hc 59
Ⓕ Cité de l'Espace	31506	Toulouse	www.cite-espace.com	164 Bc 87
Ⓕ Cobac Parc	35720	Lanhelin	www.cobac-parc.com	65 Yb 58
Ⓕ Dennlys Parc	62560	Dennebroeucq	www.dennlys-parc.com	29 Ca 45
Ⓕ Didiland Parc d'Attractions	67360	Morsbronn-les-Bains	www.didiland.fr	58 He 55
Ⓕ Disneyland Paris	77777	Marne-la-Vallée	www.disneylandparis.fr	52 Ce 55
Ⓕ Fraispertuis City	88700	Jeanménil	www.fraispertuis-city.fr	77 Ge 59
Ⓕ Futuroscope	86360	Chasseneuil-du-Poitou	www.futuroscope.com	99 Ac 68
Ⓕ Gran Parc Puy du Fou	85590	Les Epesses	www.puydufou.com	98 Za 67
Ⓕ gator	75016	Paris	www.jardindacclimatation.fr	51 Cb 55
Ⓕ Kiddy Parc	83400	Hyères	www.kiddyparc.com	171 Ga 90
Ⓕ Koaland	06500	Menton	www.parckoaland.fr	159 Hc 86
Ⓕ La Mer de Sable	60950	Ermenonville	www.merdesable.fr	51 Ce 54
Ⓕ La Récré des 3 Curés	29290	Milizac	www.larecredes3cures.fr	61 Vc 58
Ⓕ Le Pal	03290	Dompierre-sur-Besbre	www.lepal.com	116 Dd 69
Ⓕ Le Petit Paris	82800	Vaïssac	www.cite-capitales.com	150 Bd 84
Ⓕ Luna Park Cap d'Agde	34300	Cap d'Agde	www.lunaparkcapdagde.com	167 Dd 89
Ⓕ Luna Park Fréjus	83600	Fréjus	www.lunaparkfrejus.fr	172 Ge 88
Ⓕ Magic Land Park	13820	Ensuès-la-Redonne	www.magic-park-land.com	170 Fb 88
Ⓕ Magic World	83400	Hyères	www.hyeres-tourisme.com	171 Ga 90
Ⓕ Nice Luna Park	06000	Nice	www.lunapark-nice.fr	173 Hb 86
Ⓕ Nigloland	10200	Dolancourt	www.nigloland.fr	74 Ed 59
Ⓕ OK Corral	13780	Cuges-les-Pins	www.okcorral.fr	171 Fe 89
Ⓕ Papea Parc	72530	Yvré-l'Évêque	www.papeaparc.fr	68 Ab 60
Ⓕ Parc Asterix	60128	Plailly	www.parcasterix.fr	51 Cd 54
Ⓕ Parc Bagatelle	62155	Merlimont	www.parcbagatelle.com	28 Bd 46
Ⓕ Parc Bellevue	87100	Limoges	www.parc-bellevue.fr	125 Bb 73
Ⓕ Parc les Naudières	44880	Sautron	www.lesnaudieres.com	82 Yb 65
Ⓕ Parc du Bocasse	76690	Le Bocasse	www.parcdubocasse.fr	37 Ba 51
Ⓕ Parc du Petit Prince	68190	Ungersheim	www.parcdupetitprince.com	95 Hb 61
Ⓕ Parc Fenestre	63150	La Bourboule	www.parcfenestre.com	127 Ce 75
Ⓕ Parc Festyland	14760	Bretteville-sur-Odon	www.festyland.com	35 Zd 53
Ⓕ Parc Herouval	27140	Gisors	www.herouval.com	50 Be 53
Ⓕ Parc Saint Paul	60650	Saint Paul	www.parcsaintpaul.fr	38 Bf 52
Ⓕ Parc des Combes	71200	Le Creusot	www.parcdescombes.com	105 Ec 68
Ⓕ PLAYMOBIL®-FunPark Paris	94260	Fresnes	www.playmobil-funpark.fr	51 Cb 56
Ⓕ SARL Dino-zoo	25620	Charbonnières-les-Sapins	www.dino-zoo.com	107 Gb 66
Ⓕ Touroparc	71570	Romanèche-Thorins	www.touroparc.com	118 Ee 71
Ⓕ Vulcania	63230	Saint-Ours-les Roches	www.vulcania.com	127 Cf 73
Ⓕ Walibi Rhône-Alpes	38630	Les Avenières	www.walibi.com/rhoneal-pes/fr-fr	131 Fd 75
Ⓕ Walibi Sud-Ouest	47310	Roquefort	www.walibi.com/sudouest/fr-fr	149 Ad 83
Ⓕ Walygator Parc	57280	Maizières-lès-Metz	www.walygatorparc.com	56 Ga 53

Printed in China
EVERBEST PRINTING INVESTMENT LTD.
10/F, Block C, Seaview Estate, 2-8 Watson Road, North Point, Hong Kong

→ 2028

Kartographie: © KOMPASS-Karten GmbH, Karl-Kapferer-Straße 5, A-6020 Innsbruck
unter Verwendung von Kartendaten: © MAIRDUMONT, D-73751 Ostfildern

Photo Credit:

Cover Photo: Valensole, Provence, France. Lavender field full of purple flow ers (ronnybas – stock.adobe.com)

MARCO POLO Highlights:

★ Twilight under Pont Saint Michel with Cathedral Notre Dame, River Seine and D Prefecture de Police, Paris (mauritius images/age fotostock/Brian Jannsen)
★ Parc Naturel Regional d'Armorique, Presqu'ile de Crozon (mauritius images/ Hemis.fr/Mattes René)
★ Typical houses in the old town of Rennes (mauritius images/age fotostock/Jesus Nicolas Sanchez)
★ Château de Chenonceau, Loire (huber-images/Luigi Vaccarella)
★ Salt marshes of Guerande (mauritius images/robertharding/Godong)
★ Elevated view of three cable cars over snow covered valley at Mont blanc (mauritius images/Cultura/Francesco Meroni)
★ Town hall and clock tower at dawn, Avignon (mauritius images/John Warburton-Lee/Shaun Egan)
★ Sisteron, Provence (huber-images/Franco Cogoli)
★ Place Sister Emmanuelle, Toulouse (mauritius images/Photononstop/Christophe Lehenaff)
★ Calanque d'En Vau, Cassis (mauritius images/Udo Siebig)

Printed on certified paper · gedruckt auf zertifiziertem Papier 01-30-130600-014

①	②	③	④	⑤	⑥
75001*	Paris		75	51	Cc 55
AD500	Andorra la Vella	□	AND	177	Bd 93
98000	Monte Carlo	□	MC	173	Hc 86

	①	*
F	Code postal	Code postal le plus bas pour les localités à plusieurs codes posteaux
D	Postleitzahl	Niedrigste Postleitzahl bei Orten mit mehreren Postleitzahlen
UK	Postal code	Lowest postcode number for places having several postcodes
I	Codice postale	Codice di avviamento postale riferito a città comprendenti più codici di avviamento postale
P	Código postal	Código postal menor em caso de cidades com vários códigos postais
E	Código postal	Código postal más bajo en lugares con varios códigos postales
NL	Postcode	Laagste postcode bij gemeenten met meerdere postcodes
PL	Kod pocztowy	Najniższy kod pocztowy w przypadku miejscowości z wieloma kodami pocztowymi
CZ	Poštovní směrovací číslo	Nejnižší poštovní směrovací číslo v městech s vicenásobnými poštovními směrovacími čísly
SK	Poštovné smerovacie číslo	Najmenšie poštové smerovacie číslo v miestach s viacerými poštovými smerovacími číslami
SLO	Poštna številka	Najmanjša poštna številka v mestih z več poštnimi številkami
HR	Poštanski broj	Najniži poštanski broj u mjestima sa više poštanskih brojeva

	②	③	□	□
F	Localité	Nation	Andorra	Monaco
D	Ortsname	Nation	Andorra	Monaco
UK	Place name	Nation	Andorre	Monaco
I	Località	Nazione	Andorra	Monaco
P	Topónimo	Nação	Andorra	Mônaco
E	Topónimo	Nación	Andorra	Monaco
NL	Plaatsnaam	Natie	Andorra	Monaco
PL	Nazwa miejscowości	Naród	Andorra	Monako
CZ	Jméno obcí	Národ	Andorra	Monako
SK	Názov sídla	Národ	Andorra	Monako
SLO	Ime naselja	Na´rod	Andora	Monako
HR	Ime naselje	Nacija	Andora	Monako

	④	⑤	⑥
F	Département	Numéro de page	Coordonnées
D	Verwaltungseinheit	Seitenzahl	Suchfeldangabe
UK	Administrative unit	Page number	Grid reference
I	Circondario amministrativo	Numero di pagina	Riquadro nel quale si trova il nome
P	Unidade administrativa	Número da página	Coordenadas de localização
E	Unidad administrativa	Número de página	Coordenadas de localización
NL	Administratieve eenheid	Paginanummer	Zoekveld-gegevens
PL	Jednostka administracyjna	Numer strony	Współrzędne skorowidzowe
CZ	Správní jednotka	Číslo strany	Údaje hledacího čtverce
SK	Administratívnej jednotky	Číslo strany	Udanie hl'adacieho štvorca
SLO	Upravna enota	Števílka strani	Položajna koordinata
HR	Upravna jedinica	Broj stranica	Koordinatna podjela

Administrative unit · Verwaltungseinheit · Département · Circondario amministrativo
Unidade administrativa · Unidad administrativa · Administratieve eenheid · Jednostka administracyjna
Správní jednotka · Administratívnej jednotky · Upravna enota · Upravna jedinica

01	Ain	33	Gironde	67	Bas-Rhin
02	Aisne	34	Hérault	68	Haut-Rhin
03	Allier	35	Ille-et-Vilaine	69D	Rhône
04	Alpes-de-Haute-Provence	36	Indre	69M	Métropole de Lyon
05	Hautes-Alpes	37	Indre-et-Loire	70	Haute-Saône
06	Alpes-Maritimes	38	Isère	71	Saône-et-Loire
07	Ardèche	39	Jura	72	Sarthe
08	Ardennes	40	Landes	73	Savoie
09	Ariège	41	Loir-et-Cher	74	Haute-Savoie
10	Aube	42	Loire	75	Paris
11	Aude	43	Haute-Loire	76	Seine-Maritime
12	Aveyron	44	Loire-Atlantique	77	Seine-et-Marne
13	Bouches-du-Rhône	45	Loiret	78	Yvelines
14	Calvados	46	Lot	79	Deux-Sèvres
15	Cantal	47	Lot-et-Garonne	80	Somme
16	Charente	48	Lozère	81	Tarn
17	Charente-Maritime	49	Maine-et-Loire	82	Tarn-et-Garonne
18	Cher	50	Manche	83	Var
19	Corrèze	51	Marne	84	Vaucluse
CTC	Collectivité Territoriale de Corse / Cullettività Territuriale di Corsica	52	Haute-Marne	85	Vendée
		53	Mayenne	86	Vienne
		54	Meurthe-et-Moselle	87	Haute-Vienne
21	Côte-d'Or	55	Meuse	88	Vosges
22	Côtes-d'Armor	56	Morbihan	89	Yonne
23	Creuse	57	Moselle	90	Territoire de Belfort
24	Dordogne	58	Nièvre	91	Essonne
25	Doubs	59	Nord	92	Hauts-de-Seine
26	Drôme	60	Oise	93	Seine-Saint-Denis
27	Eure	61	Orne	94	Val-de-Marne
28	Eure-et-Loir	62	Pas-de-Calais	95	Val-d'Oise
29	Finistère	63	Puy-de-Dôme		
30	Gard	64	Pyrénées-Atlantiques	◘	
31	Haute-Garonne	65	Hautes-Pyrénées	AND	Andorra
32	Gers	66	Pyrénées-Orientales	MC	Monaco

A

53440 Aaron 53 67 Zc 59
64440 Aas 64 174 Zd 91
64460 Aast 64 162 Zf 89
55130 Abainville 55 75 Fc 57
59268 Abancourt 59 30 Db 47
60220 Abancourt 60 38 Be 50
54610 Abaucourt 54 56 Gb 55
55400 Abaucourt-Hautecourt 55 55 Fd 53
65200 Abay 65 175 Aa 91
25320 Abbans-Dessous 25 107 Ff 66
25440 Abbans-Dessus 25 107 Ff 66
44170 Abbaretz 44 82 Yc 63
36220 Abbaye de Fontgombault 36 100 Af 68
51170 Abbaye-d'Igny 51 53 De 53
20243 Abbazia CTC 183 Kc 96
02300 Abbécourt 02 40 Db 51
60430 Abbecourt 60 38 Ca 52
25340 Abbenans 25 94 Gc 63
40990 Abbesse 40 161 Yf 86
80100 Abbeville 80 28 Bf 48
91150 Abbéville-la-Rivière 91 71 Cb 58
54800 Abbéville-lès-Conflans 54 56 Ff 53
25310 Abbévillers 25 94 Gf 64
60480 Abbeville-Saint-Pierre 60 38 Cb 51
34290 Abeilhan 34 167 Db 88
07190 Abeillouse 07 142 Ec 80
70300 Abelcourt 70 93 Gb 62
06420 Abéliéra 06 158 Ha 84
64160 Abère 64 162 Ze 88
01640 Abergement-de-Varey, l' 01 119 Fc 72
39500 Abergement-la-Ronce 39 106 Fc 66
39600 Abergement-le-Grand 39 107 Fe 67
39800 Abergement-le-Petit 39 107 Fe 67
39110 Abergement-lès-Thésy 39 107 Ff 67
39120 Abergement-Saint-Jean 39 106 Fc 67
29870 Aber-Vrac'h 29 61 Vc 57
34210 Abeuradou 34 166 Cd 88
64150 Abidos 64 161 Zc 88
37160 Abilly 37 100 Ae 67
64390 Abitain 64 161 Za 88
24300 Abjat-sur-Bandiat 24 124 Ae 75
80320 Ablaincourt 80 39 Ce 49
80320 Ablaincourt-Pressoir 80 39 Ce 50
62153 Ablain-Saint-Nazaire 62 29 Ce 46
41240 Ablainville 41 86 Bc 61
62116 Ablainzevelle 62 29 Ce 48
51240 Ablancourt 51 54 Ed 56
95450 Ableiges 95 51 Bf 54
36100 Ablenay 36 101 Bf 67
78660 Ablis 78 70 Be 57
14600 Ablon 14 36 Ab 52
42380 Aboën 42 129 Ea 76
54115 Aboncourt 54 76 Ff 58
57920 Aboncourt 57 56 Gc 53
70500 Aboncourt 70 93 Ff 62
57590 Aboncourt-sur-Seille 57 56 Gc 56
74360 Abondance 74 121 Ge 71
28410 Abondant 28 50 Bc 56
28310 Abonville 28 70 Be 59
64360 Abos 64 161 Zc 88
64350 Abos 64 162 Zf 88
12340 Aboul 12 152 Ce 82
57560 Abreschviller 57 57 Ha 57
03200 Abrest 03 116 Dc 72
05460 Abriès-Ristolas 05 145 Gf 80
05460 Abries-Ristolas 05 145 Gf 80
58110 Abrigny 58 104 Dd 66
59215 Abscon 59 30 Db 47
16500 Abzac 16 112 Ae 72
33230 Abzac 33 135 Zf 78
20252 Accendi Pippa CTC 181 Kb 93
20243 Acciani CTC 183 Kb 96
20100 Acciola CTC 184 If 99
28800 Acclainville 28 70 Bd 60
25250 Accolans 25 94 Gd 64
89460 Accolay 89 89 De 63
07160 Accons 07 142 Ec 79
58110 Accourt 58 104 De 67
64490 Accous 64 174 Zc 91
20166 Acelasca CTC 182 Ie 98
57340 Achain 57 57 Gd 55
57412 Achen 57 57 Hb 54
67204 Achenheim 67 60 Hd 57
18250 Achères 18 88 Cc 65
28170 Achères 28 69 Bc 57
78260 Achères 78 51 Ca 55
02800 Achery 02 40 Dc 50
80560 Acheux-en-Amiénois 80 29 Cd 48
80210 Acheux-en-Vimeu 80 28 Be 48
62320 Acheville 62 30 Cf 46
70180 Achey 70 92 Fd 63
62217 Achicourt 62 29 Ce 47
62121 Achiet-le-Grand 62 30 Ce 48
62121 Achiet-le-Petit 62 29 Ce 48
58110 Achun 58 104 De 66
60690 Achy 60 38 Bf 51
35690 Acigné 35 66 Yc 60
27800 Aclou 27 49 Ae 53
27570 Acon 27 49 Ba 56
20110 Acoravo CTC 184 Ka 98
62144 Acq 62 29 Cd 46
20138 Acqua Doria CTC 184 Ie 98
45480 Acquebouille 45 70 Ca 59
14220 Acqueville 14 47 Zd 55
27400 Acquigny 27 49 Bb 53
62380 Acquin 62 27 Ca 44
50440 Acueville 50 33 Yb 51
02200 Acy 02 52 Dc 52
60620 Acy-en-Multien 60 52 Cf 54
08300 Acy-Romance 08 41 Ec 51
57580 Adaincourt 57 56 Gc 54
78113 Adainville 78 50 Bd 56
25360 Adam-lès-Passavant 25 93 Gc 65
25530 Adam-lès-Vercel 25 108 Gc 65
67320 Adamswiller 67 57 Hb 55
65100 Adé 65 162 Zf 90
57380 Adelange 57 57 Gd 54
70200 Adelans 70 93 Gc 62
65240 Adervielle 65 175 Ac 92
79200 Adilly 79 98 Ze 68
62116 Adinfer 62 29 Ce 47
34230 Adissan 34 167 Dc 87
88270 Adompt 88 76 Ga 59
08220 Adon 08 41 Eb 51
45230 Adon 45 88 Ce 62
88390 Adoncourt 88 76 Gb 59
86430 Adriers 86 112 Ae 71
20167 Afa CTC 182 Ie 97
19260 Affieux 19 126 Be 75
54800 Affléville 54 56 Fe 53
28170 Affonville 28 69 Bb 57
69170 Affoux 69D 130 Ec 73
54740 Affracourt 54 76 Gb 58
62380 Affringues 62 29 Ca 44
20219 a Foce CTC 183 Ka 96
31230 Agassac 31 164 Af 88
20100 Aga Suttanu CTC 184 If 99
83530 Agay 83 172 Gf 88
34300 Agde 34 167 Dc 89
16250 Age, l' 16 123 Aa 76
34210 Agel 34 166 Cf 88
40430 Agelouse 40 147 Zc 82
88390 Agémont 88 76 Gb 60
47000 Agen 47 149 Ad 83
21700 Agencourt 21 106 Ef 66
12630 Agen-d'Aveyron 12 152 Ce 82
80370 Agenville 80 29 Ca 48
80150 Agenvillers 80 28 Bf 47
09800 Agert 09 176 Ba 91
52340 Ageville 52 75 Fc 60
21410 Agey 21 91 Ee 65
20242 Agheri CTC 183 Kb 96
20270 Aghione CTC 183 Kc 96
19230 Agier 19 125 Bc 76
54770 Agincourt 54 56 Gb 56
43370 Agizoux 43 141 Df 79
58000 Aglan 58 103 Da 67
47350 Agmé 47 136 Ac 82
12510 Agnac 12 151 Cd 82
24500 Agnac 24 136 Ac 81
20166 Agnarellu CTC 184 Ie 97
20170 Agnarone CTC 185 Kb 98
43100 Agnat 43 128 Dc 76
20243 Agnatellu CTC 183 Kc 97
20227 Agnatellu CTC 183 Kb 96
50180 Agneaux 50 34 Yf 54
04400 Agneliers, les 04 158 Gd 82
60600 Agnetz 60 39 Cc 52
62161 Agnez-les Duisans 62 29 Cd 47
02340 Agnicourt-et-Séchelles 02 41 Df 50
05140 Agnielles 05 144 Fe 81
62690 Agnières 62 29 Cd 46
80290 Agnières 80 38 Bf 50
05250 Agnières-en-Dévoluy 05 144 Ff 80
38150 Agnin 38 130 Ef 76
64400 Agnos 64 161 Zd 90
19800 Agnoux 19 126 Bf 76
62217 Agny 62 29 Ce 47
24460 Agonac 24 124 Ae 77
50230 Agon-Coutainville 50 46 Yc 54
34190 Agonès 34 153 De 85
03210 Agonges 03 103 Da 69
17350 Agonnay 17 110 Zb 73
65170 Agos 65 175 Ab 91
65400 Agos-Vidalos 65 175 Zf 90
34330 Agoudet 34 167 Cf 87
66740 Agouillous 66 179 Cf 93
12300 Agrès 12 139 Cb 81
86110 Agressais 86 99 Ab 68
58420 Agriez 58 89 Dd 65
16110 Agris 16 124 Ac 74
17500 Agudelle 17 123 Zd 76
12520 Aguessau 12 152 Da 84
02190 Aguilcourt 02 41 Df 52
81470 Aguts 81 165 Bf 87
30170 Aguzan 30 153 Df 85
14400 Agy 14 34 Zb 53
64780 Ahaice 64 160 Ye 89
64220 Ahaxe-Alciette-Bascassan 64 161 Yf 90
64210 Ahetze 64 160 Yc 88
88500 Ahéville 88 76 Gb 59
53940 Ahuillé 53 66 Za 60
23150 Ahun 23 114 Ca 72
64130 Ahusquy 64 161 Yf 90
59149 Aibes 59 31 Ea 47
25750 Aibre 25 94 Ge 63
64120 Aîcirits-Camou-Suhast 64 161 Yf 88
57320 Aidling 57 57 Gd 53
79230 Aiffres 79 111 Zd 71
08090 Aiglemont 08 42 Ee 50
39110 Aiglepierre 39 107 Fe 67
27120 Aigleville 27 50 Bc 54
04510 Aiglun 04 157 Ga 84
06910 Aiglun 06 158 Gf 85
32290 Aignan 32 162 Aa 86
21510 Aignay-le-Duc 21 91 Ee 63
34210 Aigne 34 166 Ce 89
72650 Aigné 72 68 Aa 60
14710 Aignerville 14 47 Za 53
31550 Aignes 31 165 Bd 89
16190 Aignes-et-Puypéroux 16 124 Aa 76
28800 Aigneville 28 70 Bc 59
80210 Aigneville 80 38 Bd 48
88140 Aigneville 88 76 Fe 59
51150 Aigny 51 53 Eb 54
79370 Aigonnay 79 111 Ze 71
16140 Aigre 16 111 Aa 73
31280 Aigrefeuille 31 165 Bd 87
17290 Aigrefeuille-dAunis 17 110 Za 72
44140 Aigrefeuille-sur-Maine 44 97 Yd 66
30350 Aigremont 30 154 Ea 85
52400 Aigremont 52 75 Fe 60
78240 Aigremont 78 51 Ca 55
89800 Aigremont 89 90 Df 62
73610 Aiguebelette-le-Lac 73 132 Fe 75
30260 Aiguebelle 30 154 Df 85
73220 Aiguebelle 73 132 Gb 75
81200 Aiguefonde 81 166 Cb 88
19470 Aiguepanade 19 126 Be 76
24550 Aigueparse 24 137 Af 81
63260 Aigueperse 63 116 Db 72
87260 Aigueperse 87 125 Bc 74
69790 Aigueperse 69D 117 Ec 71
09240 Aigues-Juntes 09 177 Bc 90
30220 Aigues-Mortes 30 168 Eb 87
09600 Aigues-Vives 09 177 Bf 91
11800 Aigues-Vives 11 166 Cd 89
30670 Aigues-Vives 30 168 Eb 86

34210 Aigues-Vives 34 166 Ce 88
34480 Aigues-Vives 34 167 Da 87
30760 Aiguèze 30 155 Ed 83
26170 Aiguières 74 156 Fc 83
05470 Aiguilles 05 145 Gf 80
47190 Aiguillon 47 148 Ac 83
83630 Aiguines 83 157 Gb 86
36140 Aigurande 36 114 Be 70
23700 Aijzances 23 115 Cd 72
05340 Ailefroide 05 145 Gc 79
43230 Ailhac 43 128 Dc 77
07200 Ailhon 07 142 Ec 81
24200 Aillac 24 137 Bb 79
45230 Aillant-sur-Milleron 45 88 Cf 62
89110 Aillant-sur-Tholon 89 89 Dc 61
33124 Aillas 33 135 Zf 82
33690 Aillas-Le-Vieux 33 135 Zf 82
38090 Aillat 38 131 Fb 75
86130 Aillé 86 99 Ac 68
42130 Ailleux 42 129 Df 74
70110 Aillevans 70 93 Gc 63
10200 Ailleville 10 74 Ee 59
70320 Aillevillers-et-Lyaumont 70 93 Gb 61
52700 Aillianville 52 75 Fc 58
73340 Aillon 73 132 Ga 75
70300 Ailloncourt 70 93 Gc 62
73340 Aillon-le-Jeune 73 132 Ga 75
73340 Aillon-le-Vieux 73 132 Ga 75
27600 Ailly 27 50 Bb 54
80690 Ailly-le-Haut-Clocher 80 28 Bf 48
55300 Ailly-sur-Meuse 55 55 Fd 55
80250 Ailly-sur-Noye 80 39 Cc 50
80470 Ailly-sur-Somme 80 38 Cb 49
37500 Aimargues 30 169 Eb 86
37500 Aimé 37 99 Ab 66
73210 Aime-la-Plagne 73 133 Gd 75
03360 Ainay-le-Château 03 103 Ce 68
18200 Ainay-le-Vieil 18 102 Cd 69
64220 Aincille 64 160 Ye 90
95510 Aincourt 95 50 Be 54
55110 Aincreville 55 42 Fa 52
64120 Aincy 64 161 Yf 89
54460 Aingeray 54 56 Ff 56
52230 Aingoulaincourt 52 75 Fb 58
64130 Ainharp 64 161 Za 89
64220 Ainhice-Mongelos 64 161 Yf 89
64250 Ainhoa 64 160 Yd 89
80250 Ainval 80 39 Cc 50
70800 Ainvelle 70 93 Gb 61
88320 Ainvelle 88 76 Fe 61
87200 Airain 87 125 Ba 73
80270 Airaines 80 38 Bf 49
14370 Airan 14 35 Zf 54
01550 Airans 01 119 Ff 72
08190 Aire 08 41 Ea 52
30940 Aire-de-Côte 30 153 Dd 84
50680 Airel 50 34 Yf 53
42260 Aires 42 129 Ea 74
40800 Aire-sur-L'Adour 40 162 Ze 86
62120 Aire-sur-la-Lys 62 29 Cc 45
60600 Airion 60 39 Cc 52
79260 Aiript 79 111 Ze 70
86330 Airon 86 99 Zf 68
62180 Airon-Notre-Dame 62 28 Bd 46
62180 Airon-Saint-Vaast 62 28 Be 46
11320 Airoux 11 165 Bf 88
79600 Airvault 79 99 Zf 68
21110 Aiserey 21 106 Fa 65
70500 Aisey-et-Richecourt 70 93 Ff 61
21400 Aisey-sur-Seine 21 91 Ed 62
02110 Aisonville-et-Bernoville 02 40 Dd 49
25360 Aïssey 25 108 Gb 65
14290 Aisy 14 48 Ze 55
21390 Aisy-sous-Thil 21 90 Eb 64
89390 Aisy-sur-Armançon 89 90 Eb 63
20244 Aiti CTC 183 Kb 94
73220 Aiton 73 132 Gb 75
19200 Aix 19 127 Cc 75
54800 Aix 54 56 Fe 53
26150 Aix-en-Diois 15 143 Fc 80
62650 Aix-en-Ergny 62 28 Ca 45
62170 Aix-en-Issart 62 28 Bd 46
10160 Aix-en-Othe 10 73 De 59
13100 Aix-en-Provence 13 170 Fc 87
87700 Aixe-sur-Vienne 87 125 Ba 74
87800 Aixette 87 125 Ba 74
AD600 Aixirivall □ AND 177 Bd 94
63980 Aix-la-Fayette 63 128 Dd 75
73100 Aix-les-Bains 73 132 Ff 74
62160 Aix-Noulette 62 29 Ce 46
AD500 Aixovall □ AND 177 Bc 94
07530 Aizac 07 142 Eb 80
52120 Aizanville 52 74 Ef 60
36150 Aize 36 101 Be 66
80240 Aizecourt-le-Bas 80 39 Da 49
80200 Aizecourt-le-Haut 80 39 Cf 49
16700 Aizecq 16 112 Ab 73
02820 Aizelles 02 40 De 52
85190 Aizenay 85 97 Yc 68
16700 Aizie 16 111 Ab 72
27500 Aizier 27 36 Ad 52
63330 Aizier 63 115 Ce 72
02370 Aizy-Jouy 02 40 Dd 52
11300 Ajac 11 178 Ca 90
20000 Ajaccio CTC 182 Ie 97
23380 Ajain 23 114 Bf 71
24210 Ajat 24 137 Ba 78
20243 Ajola CTC 183 Kb 96
04700 Ajonc 04 157 Ga 85
57590 Ajoncourt 57 56 Gb 55
27410 Ajou 27 49 Ae 55
07000 Ajoux 07 142 Ed 80
69790 Ajoux 69D 117 Ec 71
12340 Alac 12 139 Ce 82
15500 Alagnon 15 128 Da 77
11240 Alaigne 11 165 Ca 90
02240 Alaincourt 02 40 Dc 50
70210 Alaincourt 70 76 Ga 61
57590 Alaincourt-la-Côte 57 56 Gc 55
11290 Alairac 11 166 Cb 89
25330 Alaise 25 107 Ff 66
54112 Alamps 54 76 Fe 57
31420 Alan 31 164 Af 89
20212 Alando CTC 183 Kb 95
47450 Alary 47 149 Ad 83
09800 Alas 09 176 Ba 91
20167 Alata CTC 182 Ie 97
12500 Alayrac 12 139 Ce 81
12800 Albagnac 12 151 Cb 83
07400 Alba-la-Romaine 07 142 Ed 81
81250 Alban 81 151 Cc 85
73870 Albannette 73 132 Gc 77
48310 Albaret-le-Comtal 48 140 Da 79
48200 Albaret-Sainte-Marie 48 140 Db 79
13123 Albaron 13 169 Ec 87
15310 Albart 15 139 Cb 78
11360 Albas 11 179 Ce 90
46140 Albas 46 137 Bb 82
67220 Albé 67 60 Hb 58
82290 Albefeuille-Lagarde 82 150 Bb 84
73410 Albens 73 132 Ff 74
15300 Albepierre 15 139 Ce 78
15400 Alberoche 15 127 Cd 77
80300 Albert 80 39 Cd 48
20224 Albertacce CTC 180 If 95
73200 Albertville 73 132 Gc 74
12210 Albès 12 139 Ce 80
48800 Albespeyres 48 141 Df 82
57670 Albestroff 57 57 Gf 55
81000 Albi 81 151 Ca 85
31460 Albiac 31 165 Be 87
46500 Albiac 46 138 Be 80
82350 Albias 82 150 Bc 84
11330 Albières 11 178 Cc 91
09310 Albiès 09 177 Be 92
42260 Albieux 42 129 Df 74
73300 Albiez-le-Jeune 73 132 Gc 77
73300 Albiez-le-Vieux 73 132 Gc 77
19190 Albignac 19 138 Be 78
69770 Albigny 69M 130 Ec 74
69250 Albigny-sur-Saône 69M 130 Ee 73
81240 Albine 81 166 Cd 88
04800 Albiosc 04 171 Ga 86
15100 Albisson 15 140 Da 78
20128 Albitreccia CTC 184 If 97
20167 Albitrone CTC 182 If 96
20217 Albo CTC 181 Kc 92
07190 Albon 07 142 Ec 80
26140 Albon 26 130 Ef 77
07160 Albouret, l' 07 142 Ed 79
07440 Alboussière 07 142 Ee 79
19380 Albussac 19 138 Bf 78
74540 Alby-sur-Chéran 74 132 Ga 74
64470 Alçay-Alçabéhéty-Sunharette 64 161 Za 90
12210 Alcorn 12 139 Ce 80
64430 Aldudes 64 160 Yd 90
12230 Aldues 12 153 Dc 84
12270 Alegrié 12 151 Bf 83
62850 Alembon 62 27 Bf 44
23400 Alème 23 126 Bd 73
57420 Alémont 57 56 Gb 55
61000 Alençon 61 68 Aa 58
66200 Alénya 66 179 Cf 93
20270 Aléria CTC 183 Kd 96
30100 Alès 30 154 Ea 84
11580 Alet-les-Bains 11 178 Cb 91
62650 Alette 62 28 Be 45
09320 Aleu 09 177 Bb 91
49410 Aleu 49 83 Za 64
74290 Alex 74 132 Gb 73
53240 Alexain 53 67 Zb 59
42560 Alézieux 42 129 Ea 74
20220 Algajola CTC 180 If 93
81470 Algans 81 165 Bf 87
20246 Alga Putrica CTC 181 Ka 92
68600 Algolsheim 68 60 Hd 61
57440 Algrange 57 43 Ga 52
39270 Alièze 39 107 Fd 69
34290 Alignan-du-Vent 34 167 Dc 88
49320 Aligny 49 84 Zd 65
08310 Alincourt 08 41 Ec 52
62142 Alincthun 62 26 Be 44
43200 Alinhac 43 129 Ea 78
21150 Alise-Sainte-Reine 21 91 Ec 63
07210 Alissas 07 142 Ed 80
24130 Alix 24 136 Ac 79
69380 Alix 69D 118 Ed 73
26300 Alixan 26 143 Fa 79
27460 Alizay 27 37 Bb 53
63210 Allagnat 63 127 Cf 74
54170 Allain 54 76 Ff 57
80200 Allaines 80 39 Cf 49
28310 Allaines-Mervilliers 28 70 Be 59
28500 Allainville 28 50 Bb 56
78660 Allainville 78 70 Bf 58
45480 Allainville-en-Beauce 45 70 Ca 59
56350 Allaire 56 81 Xf 63
54800 Allamont 54 56 Fe 54
26780 Allan 26 142 Ee 82
15160 Allanche 15 128 Cf 77
08130 Alland'Huy-et-Sausseuil 08 41 Ed 51
88110 Allarmont 88 77 Ha 58
24200 Allas 24 137 Ba 79
17150 Allas-Bocage 17 123 Zd 76
17500 Allas-Champagne 17 123 Ze 76
24220 Allas-les-Mines 24 137 Ba 80
19240 Allassac 19 125 Bc 77
13190 Allauch 13 170 Fc 88
86290 Allay 86 113 Ba 70
30500 Allègre 30 154 Eb 83
43270 Allègre 43 129 De 77
13980 Alleins 13 170 Fa 86
04500 Allemagne-en-Provence 04 157 Ga 86
43160 Allemances 43 129 De 77
51260 Allemanche-Launay-et-Soyer 51 73 De 57
24600 Allemans 24 124 Ab 77
47800 Allemans-du-Dropt 47 136 Ab 81
02320 Allemant 02 40 Dc 52
51120 Allemant 51 53 De 56
01450 Allement 01 119 Fc 72
01710 Allemogne 01 120 Ff 71
38114 Allemond 38 144 Ga 78
80130 Allenay 80 28 Bc 48
48190 Allenc 48 141 Dd 81
54540 Allencombe 54 77 Gf 57
25490 Allenjoie 25 94 Gf 63
59251 Allennes-les-Marais 59 30 Cf 45
67310 Allenwiller 67 58 Hc 57
15500 Alleret 15 140 Db 77
21140 Allerey 21 90 Eb 64
21230 Allerey 21 105 Ec 65
71350 Allerey-sur-Saône 71 106 Ef 67
71380 Allériot 71 106 Ef 68
80270 Allery 80 38 Bf 49
24480 Alles-sur-Dordogne 24 137 Af 79
15100 Alleuze 15 140 Da 79
15100 Alleuzet 15 140 Cf 79
38580 Allevard 38 132 Ga 76
74540 Allèves 74 132 Ga 74
43390 Allevier 43 128 Dc 77
26400 Allex 26 142 Ef 80
43150 Alleyrac 43 141 Df 79
43580 Alleyras 43 141 De 79
19200 Alleyrat 19 126 Cb 75
23200 Alleyrat 23 114 Ca 73
47110 Allez-et-Cazeneuve 47 149 Ad 82
51250 Alliancelles 51 54 Ef 56
10700 Allibaudières 10 73 Ea 57
52130 Allichamps 52 74 Ef 57
65360 Allier 65 162 Aa 89
09240 Allières 09 177 Bc 90
72600 Allières-Beauvoir 72 68 Ab 58
58200 Alligny-Cosne 58 89 Da 64
58230 Alligny-en-Morvan 58 105 Eb 65
22460 Allineuc 22 64 Xa 59
74200 Allinges 74 120 Gc 70
76210 Alliquerville 77 36 Ad 51
18110 Allogny 18 102 Cb 65
79110* Alloinay 79 111 Zf 72
39160 Allonal 39 119 Fc 70
25550 Allondans 25 94 Ge 63
73200 Allondaz 73 132 Gc 74
54260 Allondrelle-la-Malmaison 54 43 Fd 51
60000 Allonne 60 38 Ca 52
79130 Allonne 79 98 Zd 69
28150 Allonnes 28 70 Bd 59
45310 Allonnes 45 70 Bd 60
49650 Allonnes 49 84 Aa 65
72700 Allonnes 72 68 Aa 61
04170 Allons 04 158 Gd 85
47420 Allons 47 148 Zf 83
80260 Allonville 80 39 Cc 49
74350 Allonzier-la-Caille 74 120 Ga 72
04260 Allos 04 158 Gd 83
62157 Allouagne 62 29 Cd 45
16490 Alloue 16 112 Ad 72
18500 Allouis 18 102 Cb 65
76190 Allouville-Bellefosse 77 36 Ae 51
58110 Alluy 58 104 Dd 66
28800 Alluyes 28 69 Bc 59
15700 Ally 15 139 Cb 77
43380 Ally 43 128 Db 78
81190 Almayrac 81 151 Cb 84
61570 Almenêches 61 48 Aa 56
12300 Almon-les-Junies 12 139 Cb 81
09200 Alos 09 176 Ba 91
81140 Alos 81 151 Bf 84
64470 Alos-Sibas-Abense 64 161 Za 90
21420 Aloxe-Corton 21 106 Ef 66
48200 Alozier 48 140 Db 80
05480 Alpe Planchard 05 145 Gc 79
62116 Alpuech 12 139 Cf 80
62850 Alquines 62 27 Bf 44
12430 Alrance 12 152 Ce 84
68240 Alspach 68 60 Hb 60
57515 Alsting 57 57 Gf 53
20112 Altagène CTC 184 Ka 98
20240 Altana CTC 183 Kb 96
12300 Altaserre-Haute 12 139 Cb 81
12100 Altayrac 12 153 Db 84
67270 Altdorf 67 58 Hd 56
67270 Alteckendorf 67 58 Hd 56
12630 Altenach 68 94 Ha 63
68760 Altenbach, Goldbach- 68 94 Ha 61
67490 Altenheim 67 58 Hc 56
68220 Altenschwiller 88 95 Hc 63
67160 Altenstadt lès-Wissembourg 67 59 Hf 54
12150 Altès 12 152 Da 82
84210 Althen-des-Paludes 84 155 Ef 84
57620 Althorn 57 58 Hc 55
20251 Altiani CTC 183 Kb 95
48800 Altier 48 141 Df 82
19120 Altillac 19 138 Bf 79
68130 Altkirch 68 95 Hb 63
67120 Altorf 67 60 Hd 57
57660 Altrippe 57 57 Ge 54
57640 Altroff 57 56 Gb 53
57620 Altschmelz 57 58 Hc 55
20100 Alturaja CTC 184 Ie 99
57730 Altviller 57 57 Ge 54
67260 Altwiller 67 57 Gf 55
12720 Aluech 12 153 Db 83
71510 Aluze 71 105 Ee 67
46500 Alvignac 46 138 Be 80
76640 Alvimare 77 36 Ad 51
76190 Alvimbuc 77 36 Ae 51
09240 Alzen 09 177 Bc 91
20212 Alzi CTC 183 Kb 95
57320 Alzing 57 57 Gd 53
79210 Alzom 79 110 Zc 71
30770 Alzon 30 153 Dc 85
20240 Alzone CTC 183 Kb 96
11170 Alzonne 11 165 Cb 89
70280 Amage 70 94 Gc 61
08300 Amagne 08 41 Ed 51
08300 Amagne-Lucquy 08 41 Ec 51
25220 Amagney 25 93 Ga 65
20250 Amallio CTC 183 Kb 95
10140 Amance 10 74 Ed 59
54770 Amance 54 56 Gb 56
70160 Amance 70 93 Ga 62
25330 Amancey 25 107 Ga 66
74800 Amancy 74 120 Gb 72
39700 Amange 39 107 Fd 66
35150 Amanlis 35 66 Yd 60
55130 Amanty 55 75 Fd 57
57111 Amanvillers 57 56 Ga 53
71800 Amanzé 71 117 Eb 71
01090 Amareins-Franceleins-Cesseins 01 118 Ee 72
81170 Amarens 81 151 Bf 84
06260 Amarines 06 158 Ge 85
23100 Amarot 23 127 Cb 74
25330 Amathay-Vésigneux 25 107 Gb 66
14210 Amayé-sur-Orne 14 47 Zd 54
14310 Amayé-sur-Seulles 14 47 Zb 54
58190 Amazy 58 89 Dd 64
88500 Ambacourt 88 76 Ga 58
33440 Ambarès-et-Lagrave 33 135 Zd 79
31230 Ambax 31 164 Af 88
87240 Ambazac 87 113 Bc 73
38970 Ambel 38 144 Ff 80
27250 Ambenay 27 49 Ae 55
16140 Ambérac 16 123 Aa 73
01500 Ambérieu-en-Bugey 01 119 Fc 73
01330 Ambérieux-en-Dombes 01 118 Ef 73
16490 Ambernac 16 112 Ad 73
86110 Amberre 86 99 Aa 68
63600 Ambert 63 129 De 75
33810 Ambès 33 135 Zc 78
12260 Ambeyrac 12 138 Bf 81
81430 Ambialet 81 151 Cc 85
20151 Ambiegna CTC 182 Ie 96
42820 Ambierle 42 117 Df 72
70210 Ambiévillers 70 76 Ga 61
49260 Ambignon 49 99 Zf 66
37340 Ambillou 37 85 Ac 64
49700 Ambillou-Château 49 84 Zd 65
55250 Amblaincourt 55 55 Fb 55
60110 Amblainville 60 51 Ca 53
70200 Amblans-et-Velotte 70 93 Gc 62
02290 Ambleny 02 40 Db 52
01300 Ambléon 01 131 Fd 74
38390 Amblérieu 38 131 Fb 73
62164 Ambleteuse 62 26 Bd 44
16300 Ambleville 16 123 Ze 75
95710 Ambleville 95 50 Be 54
14480 Amblie 14 35 Zd 53
08210 Amblimont 08 42 Fa 51
41310 Ambloy 41 86 Af 62
08130 Ambly-Fleury 08 41 Ec 52
55300 Ambly-sur-Meuse 55 55 Fc 54
37400 Amboise 37 86 Af 64
03500 Ambon 03 116 Db 71
56190 Ambon 56 81 Xc 63
26800 Ambonil 26 142 Ef 80
51150 Ambonnay 51 53 Eb 54
52110 Ambonville 52 75 Fa 59
36120 Ambrault 36 102 Bf 68
81500 Ambres 81 165 Be 86
62310 Ambricourt 62 29 Cb 46
51290 Ambrières 51 54 Ef 57
53300 Ambrières-les-Vallées 53 67 Zc 58
62127 Ambrines 62 29 Cc 47
01500 Ambronay 01 119 Fc 72
19250 Ambrugeat 19 126 Ca 75
76550 Ambrumesnil 77 37 Af 49
47160 Ambrus 47 148 Ab 83
01500 Ambutrix 01 119 Fc 73
27140 Amécourt 27 38 Be 52
57170 Amelécourt 57 57 Gd 55
33780 Amélie -les-Bains-Palalda 66 179 Ce 94
55230 Amel-sur-L'Étang 55 55 Fd 53
06470 Amen 06 158 Gf 84
64120 Amendeuix-Oneix 64 161 Yf 88
54450 Amenoncourt 54 57 Ge 57
95510 Amenucourt 95 50 Bd 54
88220 Amerey 88 76 Gc 60
55240 Amermont 55 56 Fe 53
59730 Amerval 59 31 Dd 48
62190 Ames 62 29 Cc 45
64310 Amespétou 64 160 Yc 89
71460 Ameugny 71 118 Ee 69
88410 Ameuvelle 88 76 Ff 61
14860 Amfréville 14 48 Ze 53
50480 Amfreville 50 33 Yd 52
27370 Amfreville-la-Campagne 27 49 Af 53
76920 Amfreville-la-Mi-Voie 77 37 Ba 52
27380 Amfreville-les-Champs 27 37 Bb 53
76560 Amfreville-les-Champs 77 37 Ae 50
27380 Amfreville-sous-les-Monts 27 50 Bb 53
27400 Amfreville-sur-Iton 27 49 Ba 54
59144 Amfroipret 59 31 De 47
80000 Amiens 80 38 Cb 49
02190 Amifontaine 02 41 Df 52
50620 Amigny 50 33 Ye 54
02700 Amigny-Rouy 02 40 Db 51
77120 Amillis 76 52 Da 56
28300 Amilly 28 70 Bc 58
45200 Amilly 45 71 Ce 61
42260 Amions 42 129 Ea 73
06910 Amirat 06 158 Ge 85
68770 Ammerschwihr 68 60 Hb 60
68210 Ammerzwiller 68 95 Hb 62
14170 Ammeville 14 48 Aa 55
72540 Amné 72 68 Zf 60
57360 Amnéville 57 56 Ga 53
28150 Amoinville 28 70 Bd 59
70170 Amoncourt 70 93 Ga 62
25330 Amondans 25 107 Ga 66
64120 Amorots-Succos 64 161 Yf 88
64310 Amotz 64 160 Yc 88
40330 Amou 40 161 Zb 87
48140 Amourettes 48 140 Db 79
32310 Ampeils 32 148 Ac 85
74500 Amphion-les-Bains 74 120 Gd 70
21450 Ampilly-les-Bordes 21 91 Ed 63
21400 Ampilly-le-Sec 21 91 Ed 62
09300 Amplaing 09 177 Bd 91
69550 Amplepuis 69D 117 Eb 73
62760 Amplier 62 29 Cc 48
53200 Ampoigné 53 83 Zb 62
77760 Amponville 76 71 Cd 59
31550 Ampouillac 31 165 Bd 89
20272 Ampriani CTC 183 Kc 95
69420 Ampuis 69M 130 Ee 76
83111 Ampus 83 172 Gc 87
79210 Amuré 79 110 Zc 71
60310 Amy 60 39 Ce 51
16560 Anais 16 124 Ab 74
17540 Anais 17 110 Za 71
31230 Anan 31 164 Ae 88
64570 Ance 64 161 Zb 90
76710 Anceaumeville 77 37 Ba 51
64570 Ance Féas 64 161 Zb 90
61550 Anceins 61 49 Ac 55
05260 Ancelle 05 144 Gb 81
48600 Ancelpont 48 141 Dd 80
55320 Ancemont 55 55 Fc 54
44150 Ancenis 44 83 Ye 64
55170 Ancerville 55 55 Fa 57
57580 Ancerville 57 56 Gc 54
54450 Ancerviller 54 77 Gf 57
43210 Ancette 43 129 Ea 77
48600 Ancette 48 141 Dd 80
21410 Ancey 21 91 Ee 65
08500 Anchamps 08 42 Ee 49
37500 Anché 37 99 Ab 66
86700 Anché 86 112 Ab 70
70210 Anchenoncourt-et-Chazel 70 93 Ga 61
24630 Ancheyra 24 125 Ba 76
02600 Ancienville 02 52 Db 53
70100 Ancier 70 92 Fd 64
72610 Ancinette 72 68 Ab 58
72610 Ancinnes 72 68 Ab 58
65440 Ancizan 65 175 Ac 91
65100 Anclades 65 162 Zf 90
59263 Ancoisne 59 30 Cf 45
26200 Ancône 26 142 Ee 81
20111 Ancone CTC 182 Ie 96
76370 Ancourt 77 37 Bb 49
76560 Ancourteville-sur-Héricourt 77 36 Ad 50
58800 Ancray 58 104 Dd 65
76760 Ancretiéville-Saint-Victor 77 37 Af 51
76540 Ancretteville-sur-Mer 77 36 Ad 50
50200 Ancteville 50 46 Yd 54
14240 Anctoville 14 34 Zb 54
69490 Ancy 69D 130 Ed 73
89160 Ancy-le-Franc 89 90 Ea 62
89160 Ancy-le-Libre 89 90 Ea 62
57420 Ancy-lès-Solgne 57 56 Gb 55
57130 Ancy-sur-Moselle 57 56 Ga 54
12360 Andabre-Gissac 12 152 Cf 86
80140 Andainville 80 38 Be 49
07340 Andance 07 130 Ee 77
26140 Andancette 26 130 Ee 77
49800 Andard 49 84 Zd 64
27430 Andé 27 50 Bb 53
80700 Andechy 80 39 Ce 50
22400 Andel 22 64 Xc 58
02800 Andelain 02 40 Dc 51
03120 Andelaroche 03 116 De 71
70000 Andelarre 70 93 Ga 63
70000 Andelarrot 70 93 Ga 63
15100 Andelat 15 140 Da 78
52700 Andelot-Blancheville 52 75 Fb 59
39110 Andelot-en-Montagne 39 107 Ff 67
39320 Andelot-Morval 39 119 Fc 70
78770 Andelu 78 50 Be 55
58110 Andenas 58 104 De 66
55800 Andernay 55 54 Ef 56
33510 Andernos-les-Bains 33 134 Yf 80
54560 Anderny 54 56 Ff 52
01300 Andert-et-Condon 01 131 Fd 74
08240 Andevanne 08 42 Fa 52
60570 Andeville 60 51 Ca 53
49220 Andigné 49 83 Zb 63
02110 Andigny-les-Fermes 02 31 Dd 49
81140 Andillac 81 151 Bf 84
86340 Andillé 86 112 Ab 70
17230 Andilly 17 110 Yf 71
54200 Andilly 54 56 Ff 56
74350 Andilly 74 120 Ga 72
95580 Andilly 95 51 Cb 54
52360 Andilly-en-Bassigny 52 92 Fd 61
47170 Andiran 47 148 Ab 84
47220 Andiran 47 149 Ae 84
67140 Andlau 67 60 Hc 58
64420 Andoins 64 162 Ze 89
16410 Andole 16 124 Ab 75
68280 Andolsheim 68 60 Hc 60
06750 Andon 06 158 Ge 86
45480 Andonville 45 70 Ca 59
70200 Andornay 70 94 Gd 63
AD500 Andorra La Vella □ AND 177 Bd 93
53240 Andouillé 53 67 Zb 59
35250 Andouville-Neuville 35 65 Yc 59
33240 Andreau 33 135 Zd 78
64390 Andrein 64 161 Za 88
62340 Andres 62 27 Bf 43
65390 Andrest 65 162 Aa 89
78570 Andrésy 78 51 Ca 55
70180 Andrevin 70 92 Fd 63
49600 Andrezé 49 97 Za 65
77390 Andrezel 76 72 Ce 57
42160 Andrézieux-Bouthéon 42 129 Eb 75
04210 Andrieux 04 157 Ff 85
47150 Andrieux 47 136 Ae 81
89480 Andryes 89 89 Dc 63
30140 Anduze 30 154 Df 84
65240 Anéran-Camors 65 175 Ac 91

65150 Anères 65 163 Ac 90
28260 Anet 28 50 Bc 55
44150 Anetz 44 83 Yf 64
88380 Aneuménil 88 77 Gc 60
64510 Angaïs 64 162 Ze 89
41400 Angé 41 86 Bb 65
16130 Angeac-Champagne 16 123 Ze 75
16120 Angeac-Charente 16 123 Zf 75
08450 Angecourt 08 42 Ef 51
16300 Angeduc 16 123 Zf 76
89440 Angely 89 90 Ea 63
28270 Angennes 28 49 Ba 57
90150 Angeot 90 94 Ha 62
49000 Angers 49 83 Zc 64
91670 Angerville 91 70 Bf 59
76110 Angerville-Bailleul 77 36 Ac 50
27930 Angerville-la-Campagne 27 49 Ba 55
76540 Angerville-la-Martel 77 36 Ad 50
76280 Angerville-L'Orcher 77 36 Ab 51
91470 Angervilliers 91 70 Ca 57
82210 Angeville 82 149 Ba 85
57440 Angevillers 57 43 Ga 52
37340 Angevinière 37 85 Ac 64
50530 Angey 50 46 Yd 56
20213 Anghione CTC 181 Kd 94
60940 Angicourt 60 39 Cd 53
76740 Angiens 77 36 Ae 50
23500 Angioux 23 126 Ca 74
17170 Angiré 17 110 Zb 71
70700 Angirey 70 93 Fe 64
60130 Angivillers 60 39 Cd 52
33390 Anglade 33 122 Zc 77
43580 Anglard 43 141 De 79
63610 Anglard 63 128 Cf 76
15150 Anglards 15 138 Ca 78
19170 Anglards 19 126 Bf 75
15100 Anglards-de-Saint-Flour 15 140 Da 79
15380 Anglards-de-Salers 15 127 Cc 77
12500 Anglars 12 139 Ce 81
12320 Anglars 12 139 Cc 81
12310 Anglars 12 152 Ce 82
46120 Anglars 46 138 Bf 80
46140 Anglars-Juillac 46 137 Bb 82
46300 Anglars-Nozac 46 137 Bc 80
12390 Anglars-Saint-Félix 12 151 Cb 82
12380 Anglas 12 152 Ce 85
35540 Angle 35 65 Ya 57
44470 Angle 44 82 Yc 65
76740 Angle 77 36 Ae 51
01350 Anglefort 01 119 Fe 73
88700 Anglemont 88 77 Ge 58
04170 Angles 04 158 Gd 85
16130 Angles 16 123 Ze 75
58420 Angles 58 104 Dd 65
65100 Angles 65 162 Zf 90
81260 Anglès 81 166 Cd 87
85750 Angles 85 109 Yd 70
76740 Anglesqueville-la Bras-Long 77 36 Ae 50
76280 Anglesqueville-L'Esneval 77 36 Ab 51
86260 Angles-sur-l'Anglin 86 100 Af 68
64600 Anglet 64 160 Yc 88
17540 Angliers 17 110 Za 71
86330 Angliers 86 99 Aa 67
51260 Anglure 51 73 De 57
71170 Anglure-sous-Dun 71 117 Ec 71
52220 Anglus 52 74 Ee 58
51230 Angluzelles 51 53 Df 57
24270 Angoisse 24 125 Ba 76
54540 Angomont 54 77 Gf 57
74290 Angon 74 132 Gb 74
65690 Angos 65 162 Aa 89
21230 Angôte 21 105 Ec 65
16000 Angoulême 16 124 Aa 75
40210 Angoulin 40 146 Yf 83
17690 Angoulins 17 110 Yf 72
40990 Angoumé 40 161 Yf 86
64190 Angous 64 161 Zb 89
66760 Angoustrine-Villeneuve-des-Escaldes 66 178 Bf 94
14220 Angoville 14 47 Zd 55
50480 Angoville-au-Plain 50 46 Ye 52
50330 Angoville-en-Saire 50 33 Yd 50
50430 Angoville-sur-Ay 50 46 Yc 53
40150 Angresse 40 160 Yd 87
76630 Angreville 77 37 Bb 49
49440 Angrie 49 83 Za 63
02800 Anguilcourt-le-Sart 02 40 Dc 50
57930 Angviller 57 57 Gf 56
60250 Angy 60 39 Cb 53
89160 Angy 89 90 Ea 62
59194 Anhiers 59 30 Da 46
20243 Ania CTC 183 Kb 97
34150 Aniane 34 168 Dd 86
59580 Aniche 59 30 Db 47
14610 Anisy 14 47 Zd 53
02320 Anizy-le-Château 02 40 Dc 51
02320 Anizy-le-Grand 02 40 Dc 51
70800 Anjeux 70 93 Gb 61
38150 Anjou 38 130 Ef 76
36210 Anjouin 36 101 Be 65
90170 Anjoutey 90 94 Gf 62
65370 Anla 65 176 Ad 90
58270 Anlezy 58 104 Dd 67
24160 Anlhiac 24 125 Ba 77
12190 Annat 12 139 Cd 81
58450 Annay 58 88 Cf 63
62880 Annay 62 30 Cf 46
89200 Annay-la-Côte 89 90 Df 63
89310 Annay-sur-Serein 89 90 Df 62
14430 Annebault 14 48 Aa 53
14380 Annebecq 14 47 Za 55
74000 Annecy 74 120 Ga 73
08310 Annelles 08 41 Ec 52
74100 Annemasse 74 120 Gb 71
89200 Annéot 89 90 Df 63
17350 Annepont 17 122 Zc 73
62149 Annequin 62 29 Ce 45
14430 Anneray 14 35 Zf 54
24430 Annesse-et-Beaulieu 24 124 Ad 78
77410 Annet-sur-Marne 76 51 Ce 55
59400 Anneux 59 30 Da 48
76540 Anneville 77 36 Ad 50
76480 Anneville-Ambourville 77 37 Af 52
50760 Anneville-en-Saire 50 33 Ye 51
52310 Annéville-la-Prairie 52 75 Fa 59
50560 Anneville-sur-Mer 50 33 Yc 54
76590 Anneville-sur-Scie 77 37 Ba 50
26140 Anneyron 26 130 Ef 77
17380 Annezay 17 110 Zb 72
62232 Annezin 62 29 Cd 45
59112 Annœullin 59 30 Cf 45
39120 Annoire 39 106 Fb 67
02480 Annois 02 40 Db 50
38460 Annoisin-Chatelans 38 131 Fb 74
18340 Annoix 18 102 Cd 67
07100 Annonay 07 130 Ee 77
52230 Annonville 52 75 Fb 58
04240 Annot 04 158 Gd 85
76110 Annouville-Vilmesnil 77 36 Ac 50
89440 Annoux 89 90 Ea 63
50660 Annoville 50 46 Yc 55
73620 Annuit 73 133 Gd 74
59186 Anor 59 41 Ea 49
09800 Anos 09 176 Af 91
64160 Anos 64 162 Ze 88
71550 Anost 71 105 Ea 66
88650 Anould 88 77 Gf 59
54150 Anoux 54 56 Ff 53
54980 Anoux-la-Grange 54 56 Ff 54
64350 Anoye 64 162 Zf 88
88580 Anozel 88 77 Gf 59
76490 Anquetierville 77 36 Ad 51
52500 Anrosey 52 92 Fe 61
60250 Ansacq 60 51 Cc 52
16500 Ansac-sur-Vienne 16 112 Ad 73
26400 Ansage 26 143 Fb 80
32270 Ansan 32 163 Ae 86
54470 Ansauville 54 56 Fe 56
60120 Ansauvillers 60 39 Cc 51
69480 Anse 69D 118 Ee 73
60540 Anserville 60 51 Cb 53
66220 Ansignan 66 178 Cd 92
73410 Ansigny 73 132 Ff 74
01680 Ansolin 01 131 Fd 74
54470 Ansoncourt 54 56 Fe 55
65140 Ansost 65 162 Aa 88
84240 Ansouis 84 170 Fc 86
59152 Anstaing 59 30 Db 45
47700 Antagnac 47 148 Aa 82
63320 Antaillat 63 128 Da 75
51800 Ante 51 54 Ef 54
29880 Antéren 29 62 Vd 57
15110 Anterrieux 15 140 Da 79
25340 Anteuil 25 94 Gd 64
17400 Antezant-la-Chapelle 17 111 Zd 73
47370 Anthé 47 149 Af 82
54110 Anthelupt 54 76 Gc 57
26260 Anthémonay 26 143 Fa 78
51700 Anthenay 51 53 De 54
08260 Antheny 08 41 Eb 49
83530 Anthéor 83 173 Gf 88
21360 Antheuil 21 105 Ee 65
60162 Antheuil-Portes 60 39 Ce 52
58800 Anthien 58 90 De 65
38280 Anthon 38 131 Fb 74
70190 Anthon 70 93 Ga 64
74200 Anthy-sur-Léman 74 120 Gc 70
06600 Antibes 06 173 Ha 87
65370 Antichan 65 176 Ad 91
31510 Antichan-de-Frontignes 31 176 Ae 91
19160 Antiges 19 127 Cb 76
15240 Antignac 15 127 Cd 76
17240 Antignac 17 123 Zd 76
17240 Antignac 17 123 Zd 76
31110 Antignac 31 176 Ad 92
34650 Antignaguet 34 153 Db 86
12540 Antignes 12 152 Da 85
85120 Antigny 85 98 Zb 69
86310 Antigny 86 112 Af 69
21230 Antigny-la-Ville 21 105 Ed 66
57640 Antilly 57 56 Gb 53
60620 Antilly 60 52 Cf 54
65220 Antin 65 163 Ab 88
20270 Antisanti CTC 183 Kc 96
65200 Antist 65 162 Aa 90
37800 Antogny 37 100 Ad 67
49260 Antoigné 49 99 Zf 66
86100 Antoigne 86 100 Ad 68
61410 Antoigny 61 67 Zd 57
63340 Antoingt 63 128 Db 75
05300 Antonaves 05 156 Fe 83
24420 Antonne-et-Trigonant 24 124 Af 77
91370 Antony 91 51 Cb 56
25410 Antorpe 25 107 Fe 65
07530 Antraigues-sur-Volane 07 142 Ec 80
35560 Antrain = Entraven 35 66 Yd 58
86100 Antran 86 100 Ad 67
09800 Antras 09 176 Af 91
09000 Antras 09 177 Bd 91
32360 Antras 32 163 Ac 86
48100 Antrenas 48 140 Db 81
11190 Antugnac 11 178 Cb 91
71400 Antully 71 105 Ec 67
89560 Anus 89 89 Dd 63
76560 Anvéville 77 36 Ae 50
16170 Anville 16 123 Zf 74
62134 Anvin 62 29 Cb 46
86800 Anxaumont 86 99 Ac 69
02500 Any-Martin-Rieux 02 41 Eb 49
63420 Anzat-le-Luguet 63 128 Da 77
57320 Anzeling 57 57 Gc 53
23000 Anzême 23 114 Bf 71
47700 Anzex 47 148 Aa 83
59192 Anzin 59 30 Dd 46
62223 Anzin-Saint-Aubin 62 29 Ce 47
42130 Anzon 42 129 Df 74
71110 Anzy-le-Duc 71 117 Ea 71
38490 Aoste 38 131 Fd 75
51170 Aougny 51 53 De 53
57530 Aoury 57 57 Gc 54
08290 Aouste 08 41 Eb 50
26400 Aouste-sur-Sye 26 143 Fa 80
88170 Aouze 88 76 Ff 58
57480 Apach 57 44 Gc 52
64240 Apairy 64 160 Ye 88
63420 Apchat 63 128 Da 76
48200 Apcher 48 140 Db 80
63420 Apcher 63 128 Da 77
15400 Apchon 15 127 Ce 77
42550 Apinac 42 129 Df 76
69210 Apinost 69M 130 Ed 73
81700 Appelle 81 165 Bf 87
33220 Appelles 33 136 Aa 80
61130 Appenai-sous-Bellême 61 68 Ad 58
25250 Appenans 25 94 Gd 64
68280 Appenwihr 68 60 Hc 60
27290 Appetot 27 49 Ae 53
50500 Appeville 50 34 Yd 53
27290 Appeville-Annebault 27 36 Ad 53
20167 Appietto CTC 182 Ie 96
60400 Appilly 60 40 Da 51
89380 Appoigny 89 89 Dd 61
20160 Appriciani CTC 182 Ie 96
38140 Apprieu 38 131 Fd 76
09250 Appy 09 177 Be 92
01100 Apremont 01 119 Fe 71
02360 Apremont 02 41 Ea 50
08250 Apremont 08 55 Ef 53
60300 Apremont 60 51 Cd 53
70100 Apremont 70 92 Fd 64
78200 Apremont 78 50 Bd 55
85220 Apremont 85 96 Yb 68
55300 Apremont-la-Forêt 55 55 Fd 55
18150 Apremont-sur-Allier 18 103 Da 67
52250 Aprey 52 92 Fb 62
84400 Apt 84 156 Fc 85
09000 Arabaux 09 177 Bd 91
09320 Arac 09 177 Bc 91
74300 Arâches 74 120 Gd 72
65170 Aragnouet 65 175 Ab 92
11600 Aragon 11 166 Cb 89
64570 Aramits 64 161 Zb 90
30390 Aramon 30 155 Ee 85
01110 Aranc 01 119 Fd 72
64270 Arancou 64 161 Yf 88
01230 Arandas 01 119 Fc 73
65100 Aranou 65 175 Aa 90
64190 Araujuzon 64 161 Zb 88
43200 Araules 43 141 Eb 78
64190 Araux 64 161 Zb 88
33640 Arbanats 33 135 Zd 80
31160 Arbas 31 176 Af 91
79330 Arbec 79 98 Ze 67
70120 Arbecey 70 93 Ff 62
20110 Arbellara CTC 184 If 98
01100 Arbent 01 119 Fe 71
65560 Arbéost 65 174 Ze 91
01220 Arbère 01 120 Ga 70
01300 Arbignieu 01 131 Fd 74
01190 Arbigny 01 118 Ef 70
52500 Arbigny-sous-Varennes 52 92 Fd 61
73800 Arbin 73 132 Ga 75
33760 Arbis 33 135 Ze 80
32720 Arblade-le-Bas 32 162 Ze 86
32110 Arblade-le-Haut 32 148 Zf 86
39600 Arbois 39 107 Fe 67
31160 Arbon 31 176 Ae 90
64210 Arbonne 64 160 Yc 88
77630 Arbonne-la-Forêt 76 71 Cd 58
34150 Arboras 34 167 Dc 86
20160 Arbori CTC 182 Ie 96
52160 Arbot 52 91 Fa 61
40320 Arboucave 40 162 Zd 87
64120 Arbouet-Sussaute 64 161 Yf 88
23500 Arboureix 23 127 Cb 74
44410 Arbourg 44 81 Xe 64
58350 Arbourse 58 103 Db 65
66320 Arboussols 66 178 Cc 93
28310 Arbouville 28 70 Bf 59
01300 Arboys en Bugey 01 131 Fd 74
35130 Arbrissel 35 82 Ye 61
64230 Arbus 64 162 Zc 89
74930 Arbusigny 74 120 Gb 72
47170 Arbussan 47 148 Ab 84
73700 Arc 1600 73 133 Ge 75
73700 Arc 1800 73 133 Ge 75
73700 Arc 2000 73 133 Ge 75
33260 Arcachon 33 134 Yf 81
79210 Arçais 79 110 Zb 71
46090 Arcambal 46 138 Bd 82
64200 Arcangues 64 160 Yc 88
12270 Arcanhac 12 151 Ca 83
73590 Arcanière 73 133 Gd 74
18340 Arçay 18 102 Cc 67
86200 Arçay 86 99 Aa 67
21310 Arceau 21 92 Fb 64
21700 Arcenant 21 106 Ef 66
52210 Arc-en-Barrois 52 75 Fa 61
07310 Arcens 07 142 Eb 79
17120 Arces 17 122 Za 75
89320 Arces-Dilo 89 73 Dd 60
25610 Arc-et-Senans 25 107 Fe 66
21410 Arcey 21 106 Ee 65
25750 Arcey 25 94 Gd 63
04420 Archail 04 157 Gc 84
74160 Archamps 74 120 Ga 72
44660 Arche 44 82 Yd 62
39290 Archelange 39 106 Fd 66
15200 Arches 15 127 Cb 77
88380 Arches 88 77 Gd 60
88380 Archettes 88 77 Gd 60
17520 Archiac 17 123 Ze 75
24590 Archignac 24 137 Bb 78
03380 Archignat 03 115 Cc 70
86210 Archigny 86 100 Ad 68
05170 Archinard 05 144 Gb 80
43700 Archinaud 43 141 Df 79
17380 Archingeay 17 110 Zb 73
02360 Archon 02 41 Ea 50
40200 Archus 40 146 Ye 84
74270 Arcine 74 119 Ff 72
42460 Arcinges 42 117 Eb 72
33460 Arcins 33 134 Zb 78
51170 Arcis-le-Ponsart 51 53 De 53
38890 Arcisse 38 131 Fc 75
28400 Arcisses 28 69 Af 58
10700 Arcis-sur-Aube 10 73 Ea 57
65360 Arcizac-Adour 65 162 Aa 90
65100 Arcizac-ez-Angles 65 162 Aa 90
65400 Arcizans-Avant 65 175 Zf 91
65400 Arcizans-Dessus 65 174 Zf 91
70100 Arc-lès-Gray 70 92 Fd 64
48200 Arcomie 48 140 Db 79
18200 Arcomps 18 102 Cc 68
21310 Arçon 21 92 Fb 64
25300 Arçon 25 108 Gc 67
42370 Arcon 42 117 Df 72
21320 Arconcey 21 105 Ec 65
72610 Arçonnay 72 68 Aa 58
63250 Arconsat 63 116 De 73
10200 Arconville 10 74 Ee 60
45340 Arconville 45 71 Cc 60
87190 Arcoulant 87 113 Bb 71
07340 Arcoules 07 130 Ee 76
25520 Arc-sous-Cicon 25 108 Gc 66
25270 Arc-sous-Montenot 25 107 Ga 67
21560 Arc-sur-Tille 21 92 Fb 64
02130 Arcy-Sainte-Restitue 02 52 Dc 53
89270 Arcy-sur-Cure 89 90 De 63
30570 Ardailles 30 153 De 84
58800 Ardan 58 104 Dd 65
85500 Ardelay 85 97 Yf 67
28170 Ardelles 28 69 Bb 57
28700 Ardely 28 70 Bf 58
18170 Ardenais 18 102 Cc 69
18600 Ardenais 18 103 Ce 68
72370 Ardenay-sur-Mérize 72 68 Ac 61
65240 Ardengost 65 175 Ac 91
12120 Ardennes 12 152 Cc 84
32190 Ardens 32 163 Ab 87
36120 Ardentes 36 101 Be 68
63420 Ardes 63 128 Da 76
08400 Ardeuil-et-Montfauxelles 08 54 Ee 53
50170 Ardevon 50 66 Yd 57
31210 Ardiège 31 163 Ad 90
79110 Ardilleux 79 111 Zf 72
17290 Ardillières 17 110 Za 72
27320 Ardillières 27 49 Ba 56
87200 Ardilloux 87 125 Af 73
58120 Ardilly 58 104 Df 66
79160 Ardin 79 110 Zc 70
32430 Ardizas 32 164 Ba 86
30290 Ardoise, l' 30 155 Ee 84
07290 Ardoix 07 130 Ee 77
01200 Ardon 01 119 Fe 72
02000 Ardon 02 40 Dd 51
39300 Ardon 39 107 Ff 68
45160 Ardon 45 87 Bf 62
01350 Ardosset 01 131 Fe 73
63690 Ardot 63 127 Cd 75
34220 Ardouane 34 166 Ce 87
76680 Ardouval 77 37 Bb 50
62610 Ardres 62 27 Bf 43
73270 Arèches 73 133 Gd 74
20220 Aregno CTC 180 If 93
19160 Areil 19 126 Cb 76
41100 Areines 41 86 Ba 62
64400 Aren 64 161 Zb 89
20215 Arena CTC 181 Kc 93
40110 Arengosse 40 147 Zb 84
74800 Arenthon 74 120 Gc 72
33740 Arès 33 134 Yf 80
39110 Aresches 39 107 Ff 67
64570 Arette 64 161 Zb 90
64570 Arette-Pierre-Saint-Martin 64 174 Zb 91
23700 Arfeuille 23 115 Cc 72
23260 Arfeuille 23 127 Cb 73
23700 Arfeuille-Châtain 23 115 Cc 72
03120 Arfeuilles 03 116 De 72
63470 Arfeuilles 63 127 Cd 74
81110 Arfons 81 166 Ca 88
64300 Argagnon 64 161 Zb 88
31310 Argain 31 164 Bb 90
14400 Arganchy 14 34 Zb 53
57640 Argancy 57 56 Gb 53
09800 Argein 09 176 Af 91
65200 Argelès 65 163 Ab 90
65400 Argelès-Gazost 65 175 Zf 90
66700 Argelès-Plage 66 179 Da 93
66700 Argelès-sur-Mer 66 179 Da 93
11120 Argeliers 11 167 Cf 89
34380 Argelliers 34 168 De 86
40700 Argelos 40 161 Zc 87
64450 Argelos 64 162 Zd 88
16430 Argence 16 124 Aa 74
14370 Argences 14 35 Zf 54
12210* Argences-en-Aubrac 12 139 Ce 80
60130 Argenlieu 60 39 Cc 52
58310 Argenoux 58 89 Da 63
04170 Argens 04 158 Gd 84
11200 Argens-Minervois 11 166 Ce 89
61200 Argentan 61 48 Zf 56
19400 Argentat 19 138 Bf 78
89160 Argentenay 89 90 Ea 62
95100 Argenteuil 95 51 Ca 55
89160 Argenteuil-sur-Armançon 89 90 Ea 62
74400 Argentière 74 121 Gf 73
43500 Argentières 43 129 De 77
77390 Argentières 76 52 Cf 57
73220 Argentine 73 132 Gb 76
52330 Argentolles 52 74 Ef 59
04240 Argenton 04 158 Gd 84
29840 Argenton 29 61 Vb 57
47250 Argenton 47 148 Aa 82
79150 Argenton-Château 79 98 Zd 67
79290 Argenton-L'Église 79 98 Ze 66
79150 Argentonnay 79 98 Zd 67
53290 Argenton-Notre-Dame 53 83 Zc 62
36200 Argenton-sur-Creuse 36 101 Bd 69
53210 Argentré 53 67 Zc 60
35370 Argentré-du-Plessis = Argantred-ar-Genkiz 35 66 Yf 60
18410 Argent-sur-Sauldre 18 88 Cc 63
18140 Argenvières 18 103 Da 66
28480 Argenvilliers 28 69 Af 59
23350 Argère 23 114 Ca 70
51800 Argers 51 54 Ef 54
64410 Arget 64 162 Zc 87
90800 Argiésans 90 94 Ge 63
33770 Argilas 33 134 Za 81
70600 Argillières 70 92 Fd 63
30210 Argilliers 30 155 Ed 85
21700 Argilly 21 106 Fa 66
70190 Argirey 70 93 Ga 64
01230 Argis 01 119 Fc 73
20140 Argiusta-Moriccio CTC 182 Ka 98
63530 Argnat 63 128 Da 73
80470 Argœves 80 38 Cb 49
29560 Argol 29 62 Ve 59
74370 Argonay 74 120 Ga 73
10140 Argonçon 10 74 Ed 59
50240 Argouges 50 66 Yd 57
80120 Argoules 80 28 Bf 46
32230 Argounès 32 163 Ab 88
76780 Argueil 77 37 Bd 51
25720 Arguel 25 107 Ga 65
80430 Arguel 80 38 Be 49
31160 Arguenos 31 176 Ae 91
29530 ar Guily 29 62 Wa 59
31440 Argut-Dessous 31 176 Ae 91
31440 Argut-Dessus 31 176 Ae 91
36500 Argy 36 101 Bc 67
64120 Arhansus 64 161 Yf 89
65230 Ariès-Espénan 65 163 Ad 89
20138 Ariezza CTC 182 Ie 98
81360 Arifat 81 151 Cc 86
09400 Arignac 09 177 Bd 91
01380 Aringe 01 118 Ef 71
AD400 Arinsal □ AND 177 Bc 93
39240 Arinthod 39 119 Fd 70
73340 Arith 73 132 Ga 74
65150 Arize 65 175 Ac 91
12320 Arjac 12 139 Cc 81
20123 Arja Donica CTC 182 If 98
40110 Arjuzanx 40 146 Za 84
64120 Arla 64 161 Yf 89
63220 Arlanc 63 129 De 76
57170 Arlange 57 57 Ge 55
39140 Arlay 39 107 Fd 68
07410 Arlebosc 07 142 Ed 78
13200 Arles 13 169 Ed 86
46120 Arles 46 138 Bf 80
66150 Arles-sur-Tech 66 179 Cd 94
43380 Arlet 43 140 Dc 78
58430 Arleuf 58 104 Ea 66
59151 Arleux 59 30 Da 47
62580 Arleux-en-Gohelle 62 30 Cf 46
30500 Arlinde 30 154 Eb 83
31440 Arlos 31 176 Ae 91
32330 Armagnac 32 148 Ab 85
49420 Armaillé 49 83 Yf 62
80700 Armancourt 80 39 Ce 50
50710 Armanville-Plage 50 46 Yc 53
54760 Armaucourt 54 56 Gb 56
59380 Armbouts-Cappel 59 27 Cc 43
64640 Armendarits 64 161 Ye 89
28320 Armenonville-les-Gâtineaux 28 70 Bd 57
65510 Armenteule 65 175 Ac 92
38520 Armentier 38 144 Ga 78
77440 Armentières-en-Brie 76 52 Da 55
27820 Armentières-sur-Avre 27 49 Ae 56
02210 Armentières-sur-Ourcq 02 52 Dc 53
32230 Armentieux 32 162 Aa 87
58500 Armes 58 89 Dd 64
45480 Armeville 45 71 Ca 59
47800 Armillac 47 136 Ac 81
11110 Armissan 11 167 Da 89
01510 Armix 01 131 Fd 73
28310 Armonville-le-Sablon 28 70 Bf 59
32230 Armous-et-Cau 32 163 Ab 87
74200 Armoy 74 120 Gd 70
15150 Arnac 15 139 Cb 78
82330 Arnac 82 151 Bf 84
87160 Arnac-la-Poste 87 113 Bc 71
19230 Arnac-Pompadour 19 125 Bc 76
12360 Arnac-sur-Dourdou 12 167 Cf 86
72230 Arnage 72 84 Ab 61
12260 Arnal 12 138 Ca 82
52110 Arnancourt 52 74 Ef 58
01250 Arnans 01 119 Fc 71
40560 Arnaoutchoc 40 146 Yd 85
69400 Arnas 69D 118 Ee 72
31360 Arnaud-Guilhem 31 164 Af 90
43530 Arnauds 43 129 Ea 77
63330 Arnauds 63 115 Ce 72
33380 Arnautille 33 134 Za 81
33380 Arnauton 33 134 Za 81
09400 Arnave 09 177 Bd 91
54530 Arnaville 54 56 Ga 54
21230 Arnay-le-Duc 21 105 Ec 66
21350 Arnay-sous-Vitteaux 21 91 Ec 64
65670 Arné 65 163 Ad 89
64220 Arnéguy 64 160 Ye 90
59285 Arnèke 59 27 Cc 44
62260 Arnettes 62 29 Cc 45
08300 Arnicourt 08 41 Ec 51
27180 Arnières-sur-Iton 27 49 Ba 55
52400 Arnoncourt-sur-Apance 52 75 Fe 61
64370 Arnos 64 162 Zc 88
28310 Arnouville 28 70 Bf 59
95400 Arnouville-lès-Gon 95 51 Cc 55

78790 Arnouville-lès-Mantes 78 50 Be 55
05150 Arnoux 05 156 Fd 82
88170 Aroffe 88 76 Ff 58
39240 Aromas 39 119 Fc 71
09240 Aron 09 177 Bc 90
58290 Aron 58 104 De 67
64120 Aroue-Ithorots-Olhaïby 64 161 Za 89
40240 Arouille 40 148 Ze 84
70360 Aroz 70 93 Ga 63
30700 Arpaillargues-et-Aureillac 30 154 Ec 85
91290 Arpajon 91 71 Cb 57
15130 Arpajon-sur-Cère 15 139 Cc 79
26110 Arpavon 26 156 Fb 82
23460 Arpeix 23 126 Bf 73
70200 Arpenans 70 93 Gc 63
47360 Arpens 47 149 Ad 83
28170 Arpentigny 28 69 Bb 57
18200 Arpheuilles 18 102 Cd 68
36700 Arpheuilles 36 101 Bb 67
03420 Arpheuilles-Saint-Priest 03 115 Ce 71
30120 Arphy 30 153 Dd 84
53170 Arquenay 53 67 Zc 61
11190 Arques 11 178 Cc 91
12290 Arques 12 152 Ce 83
62510 Arques 62 27 Cb 44
76880 Arques-la-Bataille 77 37 Ba 49
11220 Arquettes-en-Val 11 166 Cd 90
80560 Arquèves 80 29 Cc 48
58310 Arquian 58 89 Cf 63
32250 Arquizan 32 148 Aa 85
45500 Arrabloy 45 88 Ce 62
54370 Arracourt 54 57 Gd 56
56610 Arradon 56 80 Xb 63
20170 Arraghju CTC 185 Kb 99
57380 Arraincourt 57 57 Gd 55
55230 Arrancy-sur-Crusne 55 43 Fd 52
21500 Arrans 21 90 Eb 62
62000 Arras 62 30 Ce 47
65400 Arras-en-Lavedan 65 175 Zf 91
07370 Arras-sur-Rhône 07 142 Ee 78
64130 Arrast-Larrebieu 64 161 Za 89
64120 Arraute-Charritte 64 161 Yf 88
54760 Array-et-Han 54 56 Gb 55
65100 Arrayou 65 162 Aa 90
65100 Arrayou-Lahitte 65 162 Aa 90
30120 Arre 30 153 Dd 85
65240 Arreau 65 175 Ac 91
22780 Ar-Réchou 22 63 Wc 57
64420 Arrèn 64 162 Zf 89
10340 Arrelles 10 74 Eb 60
10330 Arrembécourt 10 74 Ed 57
23210 Arrènes 23 113 Bd 72
65400 Arrens-Marsous 65 174 Ze 91
88430 Arrentès-de-Corcieux 88 77 Gf 60
10200 Arrentières 10 74 Ee 59
43250 Arrest 43 128 Db 76
80820 Arrest 80 28 Bd 48
08090 Arreux 08 42 Ed 50
57580 Arriancy 57 57 Gc 54
64350 Arricau-Bordes 64 162 Zf 88
09800 Arrien 09 176 Ba 91
30770 Arrigas 30 153 Dc 85
51290 Arrigny 51 54 Ee 57
64390 Arrive-Munein 64 161 Za 88
65700 Arrlagosse 65 162 Zf 88
20151 Arro CTC 182 Ie 96
33113 Arrode 33 147 Zc 82
65130 Arrodets 65 175 Ab 90
65100 Arrodets-ez-Angles 65 162 Aa 90
32730 Arrolans 32 163 Ab 88
14117 Arromanches-les-Bains 14 47 Zc 52
03250 Arronnes 03 116 Dd 72
95810 Arronville 95 51 Ca 53
64120 Arros 64 161 Yf 89
64800 Arros-de-Nay 64 162 Ze 89
64660 Arros-d'Oloron 64 161 Zd 90
64350 Arrosès 64 162 Zf 87
28290 Arrou 28 69 Ba 60
32140 Arrouède 32 163 Ad 88
09800 Arrout 09 176 Ba 91
31230 Arrouy 31 163 Ae 88
57680 Arry 57 56 Ga 55
80120 Arry 80 28 Be 47
16130 Ars 16 123 Zd 75
23480 Ars 23 114 Ca 72
60290 Ars 60 39 Cc 53
66730 Arsa 66 178 Cc 92
16410 Arsac 16 124 Ab 75
33460 Arsac 33 134 Zb 79
43700 Arsac-en-Velay 43 141 Df 79
40330 Arsague 40 161 Zb 87
23340 Arsaillier 23 126 Bf 74
37530 Arsanderie 37 86 Ba 64
12370 Arsanges 79 111 Ze 72
70100 Arsans 70 92 Fd 64
17590 Ars-en Ré 17 109 Yc 71
57530 Ars-Laquenexy 57 56 Gb 54
63700 Ars-les-Favets 63 115 Ce 71
10200 Arsonval 10 74 Ed 59
01480 Ars-sur-Formans 01 118 Ee 73
57130 Ars-sur-Moselle 57 56 Ga 54
39250 Arsure-Arsurette 39 107 Ga 68
60190 Arsy 60 39 Ce 52
65500 Artagnan 65 162 Aa 88
08390 Artaise-le-Vivier 08 42 Ef 51
71110 Artaix 71 117 Ea 71
65400 Artalens-Souin 65 175 Zf 91
37260 Artannes-sur-Indre 37 85 Ad 65
49260 Artannes-sur-Thouet 49 99 Zf 65
38440 Artas 38 131 Fa 75
40090 Artassenx 40 147 Zd 85
01510 Artemare 01 131 Fe 73
02480 Artemps 02 40 Db 50
09700 Artenac 09 165 Bd 89
45410 Artenay 45 70 Bf 60
74380 Arthaz-Pont-Notre-Dame 74 120 Gb 72
58700 Arthel 58 104 Dc 65
17520 Arthenac 17 123 Ze 75
39270 Arthenas 39 107 Fd 69
81160 Arthès 81 151 Cb 85
40190 Arthez-d'Armagnac 40 147 Ze 85
64800 Arthez-d'Asson 64 162 Ze 90
64370 Arthez-de-Béarn 64 161 Zc 88
72270 Arthezé 72 84 Zf 62
95420 Arthies 95 50 Be 54
36330 Arthon 36 101 Be 68
44320 Arthon-en-Retz 44 96 Ya 66
89740 Arthonnay 89 90 Eb 61
42130 Arthun 42 129 Ea 74
09220 Artiès 09 177 Bc 92
09130 Artigat 09 164 Bc 90
19220 Artiges 19 126 Ca 78
83630 Artignosc-sur-Verdon 83 171 Ga 86
31110 Artigue 31 176 Ad 91
32260 Artiguedieu 32 163 Ad 88
64420 Artigueloutan 64 162 Ze 89
64230 Artiguelouve 64 162 Zd 89
65130 Artiguemy 65 163 Ab 90
09460 Artigues 09 178 Ca 92
11140 Artigues 11 178 Cb 92
12470 Artigues 12 140 Cf 81
32300 Artigues 32 163 Ac 87
33250 Artigues 33 122 Zb 77
33720 Artigues 33 135 Zd 81
47600 Artigues 47 148 Ac 84
47510 Artigues 47 149 Ae 83
65100 Artigues 65 162 Aa 90
83560 Artigues 83 171 Fe 87
33370 Artigues-près-Bordeaux 33 135 Zd 79
33430 Artiguevieille 33 147 Zf 82
33340 Artiguillon 33 122 Za 77
31220 Artiguon 31 164 Ba 89
87470 Artin 87 126 Be 73
41800 Artins 41 85 Ae 62
09120 Artix 09 165 Bd 90
34210 Artix 34 166 Ce 89
46360 Artix 46 138 Bd 81
64170 Artix 64 161 Zc 88
67390 Artolsheim 67 60 Hd 59
89310 Arton 89 90 Df 62
02330 Artonges 02 53 Dd 55
63460 Artonne 63 116 Da 72
17320 Artouan 17 122 Yf 74
64440 Artouste 64 174 Zd 91
59269 Artres 59 31 Dd 47
54510 Art-sur-Meurthe 54 56 Gb 57
01160 Arturieux 01 119 Fc 72
68320 Artzenheim 68 60 Hd 60
31580 Aruats 31 163 Ac 90
64260 Arudy 64 162 Zd 90
40120 Arue 40 147 Zd 84
43360 Arvant 43 128 Db 76
17530 Arvert 17 122 Yf 74
33500 Arveyres 33 135 Ze 79
01260 Arvière-en-Valromey 01 119 Fe 73
12120 Arvieu 12 152 Cd 83
05350 Arvieux 05 145 Ge 80
09100 Arvigna 09 177 Be 90
73110 Arvillard 73 132 Ga 76
41170 Arville 41 69 Af 60
77890 Arville 77 71 Cd 59
80910 Arvillers 80 39 Cd 50
40310 Arx 40 148 Aa 84
43810 Arzac 43 129 Df 77
81140 Arzac 81 151 Bf 85
64410 Arzacq-Arraziguet 64 162 Zd 87
56190 Arzal 56 81 Xd 63
29300 Arzano 29 79 Wd 61
38260 Arzay 38 131 Fb 76
05300 Arzeliers 05 156 Fe 82
58700 Arzembouy 58 103 Dc 65
48170 Arzenc-de-Random 48 141 Dd 81
11290 Arzens 11 166 Cb 89
51290 Arzillières-Neuville 51 54 Ed 57
56640 Arzon 56 80 Xa 63
57405 Arzviller 57 57 Ha 56
74330 Arzy 74 120 Ga 73
64660 Asasp-Arros 64 161 Zd 90
64310 Ascain 64 160 Yc 88
64220 Ascarat 64 160 Ye 89
67250 Aschbach 67 59 Hf 55
45170 Aschères-le-Marché 45 70 Ca 60
20276 Asco CTC 180 Ka 94
64640 Ascombéguy 64 160 Ye 89
09110 Ascou 09 177 Bf 92
45300 Ascoux 45 71 Cb 60
06260 Ascros 06 158 Ha 85
46210 Asfaux-Haut 46 138 Ca 79
08190 Asfeld 08 41 Ea 52
43230 Asinière 43 140 Dd 77
86340 Aslonnes 86 112 Ab 70
64120 Asme-Chilo 64 161 Yf 89
58420 Asnan 58 89 Dd 65
39120 Asnans-Beauvoisin 39 106 Fc 67
14960 Asnelles 14 47 Zc 53
18000 Asnières 18 102 Cc 66
27260 Asnières 27 48 Ac 53
41360 Asnières 41 86 Af 62
14710 Asnières-en-Bessin 14 47 Za 52
21500 Asnières-en-Montagne 21 90 Eb 62
17400 Asnières-la-Giraud 17 110 Zc 73
21380 Asnières-lès-Dijon 21 91 Fa 64
89660 Asnières-sous-Bois 89 90 Dd 64
86430 Asnières-sur-Blour 86 112 Ae 72
16290 Asnières-sur-Nouère 16 123 Aa 74
95270 Asnières-sur-Oise 95 51 Cc 54
01570 Asnières-sur-Saône 01 118 Ef 70
92600 Asnieres-sur-Seine 92 51 Cb 55
72430 Asnières-sur-Vègre 72 84 Ze 61
18140 Asnins 18 103 Cf 66
58190 Asnois 58 89 Dd 64
86250 Asnois 86 112 Ac 72
57790 Aspach 57 57 Gf 57
68700 Aspach-le-Bas 68 95 Ha 62
68700 Aspach-le-Haut 68 94 Ha 62
30250 Aspères 30 154 Ea 86
07600 Asperjoc 07 142 Ec 80
31160 Aspet 31 176 Ae 90
65240 Aspin-Aure 65 175 Ab 91
34800 Aspiran 34 167 Dc 87
34490 Aspiran 34 167 Da 88
12550 Aspires 12 151 Cd 85
12700 Asplos 12 138 Ca 81
05140 Aspremont 05 144 Fe 82
06790 Aspremont 06 159 Hb 86
05800 Aspres-lès-Corps 05 144 Ff 80
05140 Aspres-sur-Buëch 05 144 Fe 81
31800 Aspret-Sarrat 31 163 Ae 90
12700 Asprières 12 138 Ca 81
65130 Asque 65 175 Ab 90
33240 Asques 33 135 Zd 79
82120 Asques 82 149 Af 85
89450 Asquins 89 90 De 64
81340 Assac 81 151 Cc 85
80500 Assainvillers 80 39 Cd 51
79600 Assais-les-Jumeaux 79 99 Zf 68
58420 Assars 58 104 Dd 65
34820 Assas 34 168 Df 86
45410 Assas 45 70 Bf 60
64510 Assat 64 162 Ze 89
37120 Assay 37 99 Ab 66
45630 Assay 45 88 Ce 63
53600 Assé-le-Bérenger 53 67 Ze 60
72130 Assé-le-Boisne 72 68 Zf 59
72170 Assé-le-Riboul 72 68 Aa 59
10320 Assenay 10 73 Ea 59
10220 Assencières 10 73 Eb 58
57260 Assenoncourt 57 57 Ge 56
44410 Assérac 44 81 Xd 64
64990 Asserol 64 160 Yd 88
80200 Assevillers 80 39 Cf 49
46320 Assier 46 138 Bf 80
38150 Assieu 38 130 Ef 76
34360 Assignan 34 167 Cf 88
18260 Assigny 18 88 Ce 64
76630 Assigny 77 37 Bb 49
01260 Assin 01 119 Fe 73
16150 Assis 16 112 Ad 73
02270 Assis-sur-Serre 02 40 Dd 50
64800 Asson 64 162 Ze 90
62560 Assonval 62 29 Ca 45
67320 Asswiller 67 57 Hb 55
14190 Assy 14 48 Ze 55
47220 Astaffort 47 149 Ad 84
19120 Astaillac 19 138 Be 79
32190 Aste 32 163 Ab 86
65400 Aste 65 174 Ze 91
65200 Asté 65 175 Ab 90
64260 Aste-Béon 64 174 Zd 90
07330 Astet 07 141 Ea 80
33160 Astignan 33 134 Zb 79
53230 Astillé 53 66 Za 61
64450 Astis 64 162 Ze 88
04250 Astoin 04 157 Gb 82
09310 Aston 09 177 Be 92
65200 Astugue 65 162 Aa 90
06660 Asuéros 06 158 Gf 83
20114 a Testa CTC 185 Ka 00
21130 Athée 21 106 Fc 65
53400 Athée 53 83 Za 61
58140 Athée 58 90 Df 64
37270 Athée-sur-Cher 37 86 Af 65
72210 Athenay 72 68 Zf 61
64560 Athérey 64 174 Za 90
70110 Athesans-Étroitefontaine 70 93 Gd 63
21500 Athie 21 90 Eb 63
89440 Athie 89 90 Df 63
54370 Athienville 54 57 Gc 56
62223 Athies 62 30 Cf 47
80200 Athies 80 39 Cf 49
02840 Athies-sous-Laon 02 40 De 51
51150 Athis 51 53 Ea 54
61430 Athis-de-L'Orne 61 47 Zd 56
91200 Athis-Mons 91 51 Cc 56
64390 Athos-Aspis 64 161 Za 88
25580 Athose 25 108 Gb 66
45480 Atraps 45 70 Bf 60
95570 Attainville 95 51 Cc 54
52130 Attancourt 52 74 Ef 57
59551 Attiches 59 30 Da 45
60350 Attichy 60 39 Da 52
01340 Attignat 01 118 Fa 71
73610 Attignat-Oncin 73 132 Fe 75
88300 Attignéville 88 76 Fe 58
08130 Attigny 08 41 Ed 52
88260 Attigny 88 76 Ga 60
57170 Attilloncourt 57 56 Gc 56
02490 Attilly 02 40 Db 49
62170 Attin 62 28 Be 46
64240 Attissane 64 160 Ye 88
54700 Atton 54 56 Ga 55
45170 Attray 45 71 Ca 60
70100 Attricourt 70 92 Fc 64
30140 Attuech 30 154 Ea 84
24750 Atur 24 136 Ae 78
47420 Auba 47 148 Aa 83
15230 Aubac 15 140 Cf 79
40700 Aubagnan 40 162 Zd 86
13400 Aubagne 13 171 Fd 89
21360 Aubaine 21 105 Ee 66
30250 Aubais 30 168 Ea 86
65350 Aubarède 65 163 Ab 89
30190 Aubarne 30 154 Ec 85
24290 Aubas 24 137 Bb 78
19190 Aubazines 19 138 Be 77
57580 Aube 57 56 Gc 54
61270 Aube 61 49 Ad 56
76390 Aubéguimont 77 38 Be 50
07200 Aubenas 07 142 Ec 81
04110 Aubenas-les-Alpes 04 156 Fd 85
26340 Aubenasson 26 143 Fa 80
59265 Aubencheul-au-Bac 59 30 Da 47
02420 Aubencheul-aux-Bois 02 40 Db 48
02500 Aubenton 02 41 Eb 49
77720 Aubepierre-Ozouer-le-Repos 76 52 Cf 57
52210 Aubepierre-sur-Aube 52 91 Ef 61
43380 Auberat 43 128 Dc 77
59165 Auberchicourt 59 30 Db 47
80110 Aubercourt 80 39 Cd 50
37370 Auberderle 37 85 Ad 62
20122 Auberge du Col CTC 183 Kb 98
78410 Aubergenville 78 50 Bf 55
51600 Aubérive 51 54 Ec 53
52160 Auberive 52 91 Fa 62
38680 Auberives 38 143 Fb 78
38550 Auberives-sur-Varèze 38 130 Ee 76
76550 Aubermersnil-Beaumais 77 37 Ba 49
76340 Aubermesnil-aux-Erables 77 37 Bd 50
12150 Auberoques 12 152 Da 82
59249 Aubers 59 30 Ce 45
70190 Aubertans 70 93 Ga 64
64290 Aubertin 64 162 Zd 89
14640 Auberville 14 48 Zf 53
76170 Auberville-la-Campagne 77 36 Ad 51
76450 Auberville-la-Manuel 77 36 Ad 50
76110 Auberville-la-Renault 77 36 Ac 50
93300 Aubervilliers 93 51 Cc 55
15120 Aubespeyre 15 139 Cc 80
48600 Aubespeyre 48 141 Dd 80
10150 Aubeterre 10 73 Ea 58
03110 Aubeterre 03 116 Db 71
16210 Aubeterre-sur-Dronne 16 124 Ab 77
16250 Aubeville 16 123 Zf 76
27940 Aubevoye 27 50 Bb 53
33430 Aubiac 33 135 Ze 82
46110 Aubiac 46 138 Bd 78
47310 Aubiac 47 149 Ad 84
19380 Aubiat 19 138 Be 78
63260 Aubiat 63 116 Db 73
33240 Aubie-et-Espessas 33 135 Zd 78
63170 Aubière 63 128 Da 74
86320 Aubière 86 112 Ae 70
32270 Aubiet 32 163 Ae 87
48130 Aubigeyres 48 140 Db 80
30140 Aubignac 30 154 Df 84
43350 Aubignac 43 129 De 77
84810 Aubignan 84 155 Fa 84
07400 Aubignas 07 142 Ed 81
63420 Aubignat 63 128 Da 76
35250 Aubigné 35 65 Yc 59
49540 Aubigné 49 98 Zd 65
79110 Aubigné 79 111 Zf 72
72800 Aubigné-Racan 72 85 Ab 62
42940 Aubigneux 42 129 Df 74
70140 Aubigney 70 92 Fd 65
04200 Aubignosc 04 157 Ff 84
03460 Aubigny 03 103 Da 68
14700 Aubigny 14 48 Ze 55
36210 Aubigny 36 101 Be 66
77950 Aubigny 76 71 Ce 57
79390 Aubigny 79 99 Zf 68
80800 Aubigny 80 39 Cc 49
80400 Aubigny 80 40 Da 50
89560 Aubigny 89 89 Dc 63
59265 Aubigny-au-Bac 59 30 Da 47
02590 Aubigny-aux-Kaisnes 02 40 Da 50
62690 Aubigny-en-Artois 62 29 Cd 46
02820 Aubigny-en-Laonnois 02 40 De 52
21170 Aubigny-en-Plaine 21 106 Fb 66
21340 Aubigny-la-Ronce 21 105 Ed 67
08150 Aubigny-les-Pothées 08 41 Ec 50
21540 Aubigny-lès-Sombernon 21 91 Ed 65
52190 Aubigny-sur-Badin 52 92 Fb 62
18700 Aubigny-sur-Nère 18 88 Cc 64
51170 Aubilly 51 53 Df 53
12110 Aubin 12 139 Cb 81
64230 Aubin 64 162 Zd 88
18220 Aubinges 18 102 Cd 65
62140 Aubin-Saint-Vaast 62 28 Bf 46
66490 Aubiry 66 179 Ce 93
08270 Auboncourt-Vauzelles 08 41 Ec 51
25520 Aubonne 25 108 Gb 66
30620 Aubord 30 169 Eb 86
54580 Auboué 54 56 Ff 53
79100 Auboué 79 99 Zf 67
64330 Aubous 64 162 Zf 87
12470 Aubrac 12 140 Cf 81
26110 Aubres 26 155 Fb 82
55120 Aubréville 55 55 Fa 54
08320 Aubrives 08 42 Ee 48
62390 Aubrometz 62 29 Cb 47
18100 Aubry 18 102 Ca 65
59135 Aubry-du-Hainaut 59 30 Dc 46
61160 Aubry-en-Exmes 61 48 Aa 56
61120 Aubry-le-Pantheau 61 48 Ab 55
68150 Aubure 68 60 Hb 59
30190 Aubussargues 30 154 Eb 84
23200 Aubusson 23 114 Cb 73
61100 Aubusson 61 47 Zc 56
63120 Aubusson-d'Auvergne 63 128 Dd 74
80110 Aubvillers 80 39 Cc 50
59950 Auby 59 30 Da 46
22100 Aucaleuc 22 65 Xf 58
31140 Aucamville 31 164 Bc 87
82600 Aucamville 82 150 Bb 86
09800 Aucazein 09 176 Af 91
26340 Aucelon 26 143 Fc 81
50170 Aucey-la-Plaine 50 66 Yd 57
32000 Auch 32 163 Ad 87
23460 Auchaise 23 126 Bf 74
33480 au Chalet 33 134 Za 79
62260 Auchel 62 29 Cc 45
80560 Auchonvillers 80 29 Cd 48
59310 Auchy 59 30 Db 46
62190 Auchy-au-Bois 62 29 Cc 45
60360 Auchy-la-Montagne 60 38 Ca 51
62770 Auchy-lès-Hesdin 62 29 Ca 46
62138 Auchy-les-Mines 62 30 Ce 45
55400 Aucourt 55 55 Fe 53
65400 Aucun 65 174 Ze 91
30580 Audabiac 30 154 Ec 84
64190 Audaux 64 161 Zb 88
17770 Audebert 17 123 Zd 73
64170 Audéjus 64 161 Zc 88
39700 Audelange 39 107 Fd 66
52240 Audeloncourt 52 75 Fd 60
62250 Audembert 62 26 Be 43
59540 Audencourt 59 30 Dc 48
33980 Audenge 33 134 Yf 80
50440 Auderville 50 33 Ya 50
03190 Audes 03 115 Cd 70
25170 Audeux 25 93 Ff 65
45300 Audeville 45 71 Cb 59
36180 Audière 36 101 Bc 67
29770 Audierne 29 61 Vc 60
02300 Audignicourt 02 40 Da 52
40500 Audignon 40 161 Zc 86
02120 Audigny 02 40 Dd 49
25400 Audincourt 25 94 Gf 64
62560 Audincthun 62 29 Ca 45
62179 Audinghen 62 26 Bd 43
40400 Audon 40 146 Zb 86
50480 Audouville-la-Hubert 50 33 Ye 52
62890 Audrehem 62 27 Bf 44
09800 Audressein 09 176 Ba 91
62164 Audresselles 62 26 Bd 44
14250 Audrieu 14 47 Zc 53
24260 Audrix 24 137 Af 79
62370 Audruiq 62 27 Ca 43
54560 Audun-le-Roman 54 43 Ff 52
57390 Audun-le-Tiche 57 43 Ff 52
31360 Audureaux 31 164 Ae 90
31580 Auérets 31 163 Ac 90
28150 Auffains 28 70 Bd 59
78610 Auffargis 78 50 Bf 56
76720 Auffay 77 37 Ba 50
28360 Aufferville 28 69 Bc 59
77570 Aufferville 76 71 Cd 59
78930 Auffreville-Brasseuil 78 50 Be 55
08370 Auflance 08 42 Fb 51
64450 Auga 64 162 Zd 88
56800 Augan 56 81 Xe 61
08380 Auge 08 41 Eb 49
13990 Auge 13 169 Ee 86
23170 Auge 23 114 Cb 71
39130 Auge 39 119 Fe 69
79400 Augé 79 111 Ze 70
39190 Augea 39 119 Fc 69
43370 Augeac 43 141 De 79
39380 Augerans 39 107 Fd 66
63740 Augère 63 127 Ce 74
23400 Augères 23 114 Be 73
23210 Augères 23 114 Be 72
63680 Augères-Haute 63 127 Ce 76
63930 Augerolles 63 128 Dd 74
60800 Auger-Saint-Vincent 60 52 Ce 53
77560 Augers-en-Brie 76 52 Dc 56
45330 Augerville-la-Rivière 45 71 Cc 59
04230 Augès 04 157 Ff 84
16170 Auge-Saint-Médart 16 123 Zf 73
86160 Auget 86 112 Ac 70
76850 Augeville 77 37 Bb 51
70500 Augicourt 70 93 Ff 62
24300 Augignac 24 124 Ae 75
09800 Augirein 09 176 Af 91
39270 Augisey 39 119 Fc 69
63340 Augnat 63 128 Db 76
32120 Augnax 32 163 Ae 86
87120 Augne 87 126 Be 74
57685 Augny 57 56 Ga 54
28800 Augonville 28 70 Bc 59
40500 Augreilh 40 161 Zc 86
61270 Auguaise 61 49 Ad 56
13500 Auguette 13 170 Ef 88
02220 Augy 02 53 Dd 52
18800 Augy 18 102 Cd 66
89290 Augy 89 89 Dd 62
18600 Augy-sur-Aubois 18 103 Cf 68
17770 Aujac 17 123 Zd 73
30450 Aujac 30 154 Ea 82
30200 Aujac 30 155 Ed 83
32300 Aujan-Mournède 32 163 Ad 88
30250 Aujargues 30 154 Ea 86
52190 Aujeurres 52 92 Fb 62
12630 Aujols 12 152 Ce 82
46090 Aujols 46 150 Bd 82
72110 Aulaines 72 68 Ac 59
30120 Aulas 30 153 Dd 84
19800 Auliat 19 126 Bf 76
20116 Aullène CTC 183 Ka 98
63510 Aulnat 63 127 Cd 75
10240 Aulnay 10 74 Ec 58
17470 Aulnay 17 111 Zd 72
86330 Aulnay 86 99 Aa 67
51130 Aulnay-aux-Planches 51 53 Df 56
51240 Aulnay-l'Aître 51 54 Ed 56
45390 Aulnay-la-Rivière 45 71 Cc 59
93600 Aulnay-sous-Bois 93 51 Cc 55
27180 Aulnay-sur-Iton 27 49 Ba 55
51150 Aulnay-sur-Marne 51 53 Eb 54
78126 Aulnay-sur-Mauldre 78 50 Bf 55
51130 Aulnizeux 51 53 Df 56
88300 Aulnois 88 76 Fe 59
55170 Aulnois-en-Perthois 55 55 Fa 57
02000 Aulnois-sous-Laon 02 40 Dd 51
55200 Aulnois-sous-Vertuzey 55 55 Fe 56
57590 Aulnois-sur-Seille 57 56 Gb 55
21210 Aulnoy 76 52 Da 55
59620 Aulnoye-Aymeries 59 31 Df 47
59300 Aulnoy-lez-Valenciennes 59 30 Dd 47
52160 Aulnoy-sur-Aube 52 91 Fa 62
23210 Aulon 23 113 Be 72
31420 Aulon 31 164 Ae 89
65240 Aulon 65 175 Ab 91
09310 Aulos- 09 177 Be 92
80460 Ault 80 28 Bc 48
09140 Aulus-les-Bains 09 177 Bc 92
70190 Aulx-lès-Cromary 70 93 Ga 64
17770 Aumagne 17 123 Zd 73
26560 Aumagne 26 156 Fd 83

76390 Aumale 77 38 Be 50
31160 Aumassère 31 163 Af 90
80140 Aumâtre 80 38 Be 49
51110 Auménancourt 51 41 Ea 52
51110 Auménancourt-le-Petit 51 41 Ea 52
83390 Aumérade 83 171 Ga 89
62550 Aumerval 62 29 Cc 45
34530 Aumes 34 167 Dc 88
30770 Aumessas 30 153 Dd 85
57710 Aumetz 57 43 Ff 52
50630 Aumeville-Lestre 50 34 Ye 51
12300 Aumont 12 139 Cb 81
19160 Aumont 19 126 Cb 76
19400 Aumont 19 138 Bf 78
39800 Aumont 39 107 Fd 67
80640 Aumont 80 38 Bf 49
48130 Aumont-Aubrac 48 140 Db 80
60300 Aumont-en-Halatte 60 51 Cd 53
28250 Aumoy 28 69 Ba 57
39410 Aumur 39 106 Fc 66
09140 Aunac 09 176 Ba 91
12470 Aunac 12 139 Ce 81
43370 Aunac 43 141 Df 79
28700 Aunainville 28 70 Be 58
11140 Aunat 11 178 Ca 92
45130 Aunay 45 87 Be 61
76220 Aunay 77 38 Be 52
58110 Aunay-en-Bazois 58 104 De 66
61500 Aunay-les-Bois 61 68 Ab 57
28700 Aunay-sous-Auneau 28 70 Be 58
28500 Aunay-sous-Crécy 28 50 Bb 56
14260 Aunay-sur-Odon 14 47 Zc 54
28700 Auneau 28 70 Be 58
60390 Auneuil 60 38 Bf 52
46300 Auniac 46 137 Bc 80
61200 Aunou-le-Faucon 61 48 Aa 56
61500 Aunou-sur-Orne 61 68 Ab 57
87470 Auphelle 87 126 Be 74
81530 Aupilières 81 152 Cc 86
43260 Aupinhac 43 141 Ea 78
76730 Auppegard 77 37 Ba 50
83630 Aups 83 171 Gb 87
63660 au Puy 63 129 Df 76
14140 Auquainville 14 48 Ab 54
76630 Auquemesnil 77 37 Bb 49
32600 Auradé 32 164 Ba 87
47140 Auradou 47 149 Ae 82
31190 Auragne 31 164 Bd 88
56400 Auray 56 79 Xa 63
08400 Aure 08 54 Ed 53
43110 Aurec-sur-Loire 43 129 Eb 76
87220 Aureil 87 125 Bc 74
40200 Aureilhan 40 146 Ye 83
13930 Aureille 13 170 Ef 86
88320 Aureil-Maison 88 76 Fe 60
26340 Aurel 26 143 Fb 80
84390 Aurel 84 156 Fc 84
12130 Aurelle-Verlac 12 140 Da 81
17260 Aurenne 17 122 Zb 75
32500 Aurenque 32 149 Ad 85
32100 Aurens 32 148 Ac 85
32400 Aurensan 32 162 Ze 87
65390 Aurensan 65 162 Aa 89
04320 Aurent 04 158 Ge 84
48150 Aures 48 153 Dc 83
31320 Aureville 31 164 Bc 88
50390 Aureville 50 33 Yc 52
11330 Auriac 11 178 Cc 91
12210 Auriac 12 139 Ce 80
19220 Auriac 19 126 Ca 77
64450 Auriac 64 162 Ze 88
24320 Auriac-de-Bourzac 24 124 Ab 76
24290 Auriac-du-Périgord 24 137 Ba 78
12120 Auriac-Lagast 12 152 Cd 84
15500 Auriac-L'Église 15 128 Da 77
47120 Auriac-sur-Dropt 47 136 Ab 81
31460 Auriac-sur-Vendinelle 31 165 Be 87
23400 Auriat 23 126 Bd 73
31190 Auribail 31 164 Bc 88
06810 Auribeau 06 173 Gf 87
84400 Auribeau 84 156 Fc 86
40500 Aurice 40 147 Zc 86
65700 Auriébat 65 162 Aa 88
63210 Aurières 63 127 Cf 74
31260 Auriet 31 164 Ba 90
31420 Aurignac 31 164 Af 89
15000 Aurillac 15 139 Cc 79
32450 Aurimont 32 164 Ae 87
31570 Aurin 31 165 Be 87
13390 Auriol 13 171 Fd 88
07120 Auriolles 07 154 Eb 82
33790 Auriolles 33 135 Aa 80
64350 Aurions-Idernes 64 162 Zf 87
38142 Auris 38 144 Ga 78
06660 Auron 06 158 Gf 83
13121 Aurons 13 170 Fa 87
33124 Auros 33 135 Zf 82
33730 au Ros 33 147 Zd 82
03460 Aurouer 03 103 Db 68
48600 Auroux 48 141 De 80
15500 Aurouze 15 128 Da 77
48300 Aurouzet 48 141 De 80
16560 Aussac 16 124 Ab 74
81600 Aussac 81 151 Ca 85
32170 Aussat 32 163 Ab 88
31260 Ausseing 31 164 Ba 90
64230 Aussevielle 64 162 Zd 88
12390 Aussibal 12 139 Cb 82
81200 Aussillon 81 166 Cb 88
81200 Aussillon-Village 81 166 Cb 88
73500 Aussois 73 133 Ge 77
08310 Aussonce 08 41 Eb 52
31840 Aussonne 31 164 Bb 86
32140 Aussos 32 163 Ad 88
64130 Aussurucq 64 161 Za 90
41240 Autainville 41 86 Bc 61
26110 Autanne 26 156 Fb 83
25110 Autechaux 25 93 Gc 64
25150 Autechaux-Roide 25 94 Ge 64
31190 Auterive 31 164 Bc 88
32550 Auterive 32 163 Ad 87
82500 Auterive 82 149 Af 85
64270 Auterrive 64 161 Yf 88
70180 Autet 70 92 Fe 63
60390 Auteuil 60 51 Ca 52
78770 Auteuil 78 50 Be 55
64390 Autevielle-Saint-Martin-Bideren 64 161 Za 88
08240 Authe 08 42 Ef 52
28220 Autheuil 28 69 Bb 60
61190 Autheuil 61 69 Ae 57
27490 Autheuil-Authouillet 27 50 Bb 54
60890 Autheuil-en-Valois 60 52 Da 53
80600 Autheux 80 29 Cb 48
27420 Authevernes 27 50 Bd 53
63114 Authezat 63 128 Db 75
14280 Authie 14 35 Zd 53
80560 Authie 80 29 Cc 48
80600 Authieule 80 29 Cc 48
76690 Authieux-Ratiéville 77 37 Ba 51
58700 Authiou 58 89 Dc 65
70190 Authoison 70 93 Ga 64
04200 Authon 04 157 Ga 83
41310 Authon 41 85 Af 63
28330 Authon-du-Perche 28 69 Af 59
17770 Authon-Ebéon 17 123 Zd 73
91410 Authon-la-Plaine 91 70 Bf 58
27290 Authou 27 49 Ae 53
80300 Authuille 80 29 Ce 48
39100 Authume 39 106 Fd 66
71270 Authumes 71 106 Fb 67
26400 Autichamp 26 143 Ef 80
34480 Autignac 34 167 Db 88
76740 Autigny 77 37 Af 50
88300 Autigny-la-Tour 88 76 Fe 58
52300 Autigny-le-Grand 52 75 Fa 58
52300 Autigny-le-Petit 52 75 Fa 58
62610 Autingues 62 27 Bf 43
46400 Autoire 46 138 Be 79
70700 Autoreille 70 93 Fe 64
78770 Autouillet 78 50 Be 55
43450 Autrac 43 128 Da 77
38880 Autrans 38 143 Fd 77
38112* Autrans-Méaudre en Vercors 38 143 Fc 78
09800 Autrech 09 176 Af 91
37110 Autrèche 37 86 Af 63
90140 Autrechêne 90 94 Gf 63
60350 Autrêches 60 40 Da 52
55120 Autrécourt-sur-Aire 55 55 Fa 54
02250 Autremencourt 02 40 De 50
54450 Autrepierre 54 77 Ge 57
02580 Autreppes 02 41 Df 49
76190 Autretot 77 36 Ae 51
02300 Autreville 02 40 Db 51
88300 Autreville 88 76 Ff 58
55700 Autréville-Saint-Lambert 55 42 Fa 51
52120 Autreville-sur-la-Renne 52 74 Ef 60
54380 Autreville-sur-Moselle 54 56 Ga 56
54160 Autrey 54 76 Ga 57
88700 Autrey 88 77 Ge 59
70110 Autrey-lès-Cerre 70 93 Gc 63
70100 Autrey-lès-Gray 70 92 Fc 64
21570 Autricourt 21 74 Ed 61
08240 Autruche 08 42 Ef 52
45480 Autruy-sur-Juine 45 71 Ca 59
08250 Autry 08 54 Ef 53
03210 Autry-Issards 03 116 Da 69
45500 Autry-le-Châtel 45 88 Cd 63
71400 Autun 71 105 Eb 67
82220 Auty 82 150 Bc 83
06260 Auvare 06 158 Gf 85
51800 Auve 51 54 Ee 54
27250 Auvergny 27 49 Ae 55
91830 Auvernaux 91 71 Cc 57
43300 Auvers 43 140 Dc 79
50500 Auvers 50 33 Ye 53
49490 Auverse 49 84 Aa 63
72300 Auvers-le-Hamon 72 84 Zd 61
91580 Auvers-Saint-Georges 91 71 Cb 58
72540 Auvers-sous-Montfaucon 72 68 Zf 60
95430 Auvers-sur-Oise 95 51 Cb 54
70100 Auvet-et-la-Chapelotte 70 92 Fd 63
81470 Auvezines 81 165 Bf 87
17800 Auvignac 17 123 Zc 75
87600 Auvignac 87 125 Af 73
82340 Auvillar 82 149 Af 84
14340 Auvillars 14 48 Aa 53
21250 Auvillars-sur-Saône 21 106 Fa 66
60290 Auvillers 60 39 Cc 52
08260 Auvillers-les-Forges 08 41 Ec 49
28360 Auvilliers 28 70 Bc 59
76270 Auvilliers 77 38 Bd 50
45270 Auvilliers-en-Gâtinais 45 71 Cd 61
AD600 Auvinyà ☐ AND 177 Bd 94
50500 Auxais 50 33 Ye 53
33680 aux Andraux 33 134 Yf 79
39700 Auxange 39 107 Fd 65
47150 Aux Anjeaux 47 137 Af 81
21360 Auxant 21 105 Ed 66
32170 Aux-Aussat 32 163 Ab 88
87130 Aux-Barres 87 126 Bd 75
90200 Auxelles-Bas 90 94 Ge 62
90200 Auxelles-Haut 90 94 Ge 62
89000 Auxerre 89 89 Dd 62
21190 Auxey-Duresses 21 105 Ee 67
42990 aux Gouttes 42 129 Df 74
62390 Auxi-le-Château 62 29 Ca 47
15300 Auxillac 15 139 Cf 78
48500 Auxillac 48 140 Db 82
60000 Aux Marais 60 38 Ca 52
58800 Auxois 58 89 De 65
10130 Auxon 10 73 Df 60
70000 Auxon 70 93 Gb 62
89630 Auxon 89 90 Df 64
25870 Auxon-Dessous 25 93 Ff 65
25870 Auxon-Dessus 25 93 Ff 65
21130 Auxonne 21 106 Fc 65
71520 Aux Truges 71 117 Ec 70
45340 Auxy 45 71 Cc 60
71400 Auxy 71 105 Ec 67
33690 Auzac 33 148 Zf 82
46300 Auzac 46 138 Bd 80
88140 Auzainvilliers 88 76 Ff 59
30140 Auzas 30 154 Ea 84
31360 Auzas 31 164 Af 89
09220 Auzat 09 177 Bc 92
63570 Auzat-sur-Allier 63 128 Db 76
85200 Auzay 85 110 Za 70
76190 Auzebosc 77 36 Ae 51
55800 Auzécourt 55 55 Ef 55
63590 Auzelles 63 128 Dd 75
15240 Auzers 15 127 Cc 77
04140 Auzet 04 157 Gb 83
55120 Auzéville-en-Argonne 55 55 Fa 54
31320 Auzeville-Tolosane 31 164 Bc 87
34390 Auziale 34 167 Cf 87
31650 Auzielle 31 165 Bd 87
87290 Auzillac 87 113 Bb 72
12390 Auzits 12 139 Cb 81
63320 Auzolette 63 128 Da 75
15110 Auzolles 15 140 Cf 79
63420 Auzolles 63 128 Cf 76
43390 Auzon 43 128 Dc 76
37110 Auzouer-en-Touraine 37 86 Af 63
76640 Auzouville-Auberbosc 77 36 Ad 51
76760 Auzouville-L'Esneval 77 37 Af 51
76116 Auzouville-sur-Ry 77 37 Bb 52
76730 Auzouville-sur-Saâne 77 37 Af 50
20146 A Vacca CTC 185 Ka 99
36100 Avail 36 102 Ca 67
86270 Availlé 86 100 Ae 68
86530 Availles-en-Châtellerault 86 100 Ad 68
86460 Availles-Limouzine 86 112 Ad 72
79170 Availles-sur-Chizé 79 111 Zd 72
35130 Availles-sur-Seiche 35 66 Ye 61
79600 Availles-Thouarsais 79 99 Zf 67
42840 Avaize 42 117 Ea 72
65240 Avajan 65 175 Ac 91
10110 Avaleur 10 74 Ec 60
17530 Avallon 17 122 Yf 74
89200 Avallon 89 90 Df 64
05230 Avançon 05 144 Gb 81
08300 Avançon 08 41 Eb 52
57640 Avancy 57 56 Gb 53
25720 Avanne-Aveney 25 107 Ff 65
10400 Avant-lès-Marcilly 10 73 Dd 58
10240 Avant-lès-Ramerupt 10 74 Eb 58
86170 Avanton 86 99 Ab 69
20225 Avapessa CTC 180 If 93
41500 Avaray 41 86 Bd 62
08190 Avaux 08 41 Ea 52
69610 Aveize 69M 130 Ec 74
42330 Aveizieux 42 129 Ec 75
30430 Avejan 30 154 Eb 83
21120 Avelanges 21 91 Fa 63
80270 Avelésges 80 38 Bf 49
59710 Avelin 59 30 Da 45
60650 Avelon 60 38 Bf 52
80300 Aveluy 80 39 Cd 48
69430 Avenas 69D 118 Ed 71
14210 Avenay 14 35 Zd 54
51160 Avenay-Val-d'Or 51 53 Ea 54
34260 Avène 34 152 Da 86
61160 Avenelles 61 48 Aa 56
25720 Aveney 25 107 Ff 65
67370 Avenheim 67 58 Hd 56
06260 Avenos 04 158 Gf 85
32120 Avensac 32 149 Af 86
33480 Avensan 33 134 Zb 78
87370 Avent 87 113 Bc 72
65660 Aventignan 65 163 Ad 90
27630 Aveny 27 50 Bd 54
65380 Averan 65 162 Aa 90
62127 Averdoingt 62 29 Cc 46
41330 Averdon 41 86 Bb 62
03000 Avermes 03 103 Db 69
95450 Avernes 95 50 Bf 54
61470 Avernes-Saint-Gourgon 61 48 Ab 55
61310 Avernes-sous-Exmes 61 48 Ab 56
73480 Avérole 73 133 Ha 77
32310 Avéron 32 148 Ac 85
32290 Avéron-Bergelle 32 162 Aa 86
38930 Avers 38 144 Fe 80
53700 Averton 53 67 Ze 59
59440 Avesnelles 59 31 Df 48
62650 Avesnes 62 28 Bf 45
80140 Avesnes-Chaussoy 80 38 Bf 49
76220 Avesnes-en-Bray 77 38 Be 52
72260 Avesnes-en-Saosnois 72 68 Ac 59
76630 Avesnes-en-Val 77 37 Bc 49
62810 Avesnes-le-Comte 62 29 Cd 47
59129 Avesnes-lès-Aubert 59 30 Dc 47
59296 Avesnes-le-Sec 59 30 Dc 47
59440 Avesnes-sur-Helpe 59 31 Df 48
44460 Avessac 44 81 Ya 63
72350 Avessé 72 67 Ze 61
65370 Aveux 65 176 Ad 90
31350 Avezac 31 163 Ad 89
65130 Avezac-Prat-Lahitte 65 163 Ac 90
32380 Avezan 32 149 Ae 85
30120 Avèze 30 153 Dd 85
63690 Avèze 63 127 Cd 75
72400 Avezé 72 69 Ae 59
74570 Aviernoz 74 120 Gb 73
89240 Avigneau 89 89 Dc 62
84000 Avignon 84 155 Ee 85
38650 Avignonet 38 144 Fd 79
31290 Avignonet-Lauragais 31 165 Be 88
39200 Avignon-lès-Saint-Claude 39 119 Ff 70
89270 Avigny 89 89 De 63
54490 Avillers 54 43 Fe 53
88500 Avillers 88 76 Gb 59
55210 Avillers-Sainte-Croix 55 55 Fe 54
25680 Avilley 25 93 Gb 64
60300 Avilly 60 51 Cd 53
60300 Avilly-Saint-Léonard 60 51 Cd 53
62210 Avion 62 30 Ce 46
55600 Avioth 55 43 Fc 51
49500 Aviré 49 83 Zb 62
10340 Avirey-Lingey 10 74 Eb 60
27930 Aviron 27 49 Ba 54
51190 Avize 51 53 Ea 55
55270 Avocourt 55 55 Fa 53
37420 Avoine 37 99 Ab 65
61150 Avoine 61 48 Zf 56
72430 Avoise 72 84 Ze 61
77300 Avon 76 71 Ce 58
79800 Avon 79 111 Zf 70
62310 Avondance 62 29 Ca 46
10290 Avon-la-Pèze 10 73 Dd 58
37220 Avon-les-Roches 37 100 Ac 66
18520 Avord 18 103 Cd 66
74110 Avoriaz 74 121 Ge 71
21350 Avosnes 21 91 Ed 64
21580 Avot 21 91 Fa 63
25690 Avoudrey 25 108 Gc 66
01170 Avouzon 01 120 Ga 71
52130 Avrainville 52 75 Fa 57
54385 Avrainville 54 56 Ff 56
88130 Avrainville 88 76 Gb 58
91630 Avrainville 91 71 Cb 57
50300 Avranches 50 46 Yd 56
88630 Avranville 88 75 Fd 58
80500 Avre 80 39 Cd 50
60130 Avrechy 60 39 Cc 52
52140 Avrecourt 52 75 Fd 61
58170 Avrée 58 104 Df 68
74350 Avregny 74 120 Ga 72
76730 Avremesnil 77 37 Af 49
73240 Avressieux 73 131 Fe 75
10130 Avreuil 10 73 Ea 60
60310 Avricourt 60 39 Cf 51
54450 Avricourt (Meurthe et Moselle) 54 57 Ge 57
57810 Avricourt (Moselle) 57 57 Ge 57
73500 Avrieux 73 133 Ge 77
70150 Avrigney-Virey 70 93 Fe 64
89660 Avrigny 89 90 Dd 64
54150 Avril 54 56 Ff 53
49240 Avrillé 49 83 Zc 63
85440 Avrillé 85 109 Yd 70
37340 Avrillé-les-Ponceaux 37 85 Ab 64
03130 Avrilly 03 117 Df 70
27240 Avrilly 27 49 Ba 55
61700 Avrilly 61 67 Zc 57
77760 Avrilmont 76 71 Cd 59
58300 Avril-sur-Loire 58 103 Dc 68
89600 Avrolles 89 73 De 60
62560 Avroult 62 29 Ca 45
74330 Avully 74 120 Ff 73
20167 a Vulpaja CTC 182 Ie 97
17800 Avy 17 123 Zc 75
59400 Awoingt 59 30 Db 48
11140 Axat 11 178 Cb 92
09250 Axiat 09 177 Be 92
09110 Ax-les-Thermes 09 177 Bf 92
51160 Ay 51 53 Ea 54
63390 Ayat-sur-Sioule 63 115 Cf 72
63970 Aydat 63 128 Cf 75
64330 Aydie 64 162 Zf 87
64490 Aydius 64 174 Zc 90
88600 Aydoilles 88 77 Gd 59
19310 Ayen 19 125 Bb 77
80500 Ayencourt 80 39 Cd 51
09800 Ayer 09 176 Ba 91
47400 Ayet 47 148 Ab 82
62116 Ayette 62 29 Ce 47
83400 Ayguade-Ceinturon 83 171 Gb 90
66360 Ayguatébia 66 178 Cb 93
33640 Ayguemorte-les-Graves 33 135 Zd 80
32120 Aygues-Mortes 32 149 Ae 86
31450 Ayguesvives 31 165 Bd 88
32410 Ayguetinte 32 148 Ac 86
64240 Ayherre 64 160 Ye 88
15200 Aymons 15 127 Cb 77
73470 Ayn 73 131 Fe 75
46120 Aynac 46 138 Bf 80
09400 Aynat 09 177 Bd 91
15250 Ayrens 15 139 Cb 79
12240 Ayres 12 151 Ca 83
12310 Ayrinhac 12 152 Ce 82
86190 Ayron 86 99 Aa 69
65400 Ayros-Arbouis 65 175 Zf 90
65120 Ayrues 65 175 Zf 92
74130 Ayse 74 120 Gc 72
12430 Ayssènes 12 152 Ce 84
12510 Ayssiols 12 152 Cc 82
57300 Ay-sur-Moselle 57 56 Gb 53
17440 Aytré 17 110 Yf 72
65400 Ayzac-Ost 65 175 Zf 90
32800 Ayzieu 32 148 Zf 85
33820 Azac 33 122 Zc 77
55150 Azannes-et-Soumazannes 55 55 Fc 53
39100 Azans 39 106 Fd 66
31380 Azas 31 165 Be 86
23800 Azat 23 113 Bd 71
23210 Azat-Châtenet 23 114 Be 72
87360 Azat-le-Ris 87 113 Ba 71
79400 Azay-le-Brulé 79 111 Ze 70
36290 Azay-le-Ferron 36 100 Ba 67
37190 Azay-le-Rideau 37 100 Ac 65
37270 Azay-sur-Cher 37 85 Af 64
37310 Azay-sur-Indre 37 100 Af 65
79130 Azay-sur-Thouet 79 98 Zd 69
41100 Azé 41 86 Af 61
71260 Azé 71 118 Ee 70
54210 Azelot 54 76 Gb 57
23160 Azerables 23 113 Bc 70
54122 Azerailles 54 77 Ge 58
24210 Azerat 24 137 Ba 78
43390 Azérat 43 128 Dc 76
65380 Azereix 65 162 Zf 89
65170 Azet 65 175 Ac 92
50310 Azeville 50 34 Ye 52
34210 Azillanet 34 166 Ce 89
11700 Azille 11 166 Cd 89
20190 Azilone-Apaza CTC 184 Ka 97
62310 Azincourt 62 29 Ca 46
12620 Azinières 12 152 Cf 84
85490 Aziré 85 110 Zc 70
69790 Azolette 69D 117 Ec 71
57810 Azoudange 57 57 Ge 56
71230 Azu 71 105 Ec 69
40140 Azur 40 146 Ye 86
18220 Azy 18 103 Ce 65
58600 Azy 58 103 Da 66
58240 Azy-le-Vif 58 103 Db 68
02400 Azy-sur-Marne 02 52 Dc 54
20121 Azzana CTC 182 If 96

B

55700 Baâlon 55 42 Fb 52
08430 Baâlons 08 42 Ee 51
34360 Babeau- Bouldoux 34 167 Cf 88
24170 Babiot 24 137 Ba 80
60400 Babœuf 60 40 Da 51
43170 Babonnès 43 141 Dd 79
19140 Baby 19 125 Bd 76
77480 Baby 76 72 Dc 58
82230 Bacan 82 150 Bd 85
59147 Bac-à-Wavrin 59 30 Cf 45
54120 Baccarat 54 77 Ge 58
20246 Baccialu CTC 181 Ka 93
45130 Baccon 45 87 Bd 61
46230 Bach 46 150 Be 82
59138 Bachant 59 31 Df 47
31420 Bachas 31 164 Af 89
62390 Bachimont 62 29 Ca 47
60240 Bachivillers 60 50 Bf 53
31440 Bachos 31 176 Ad 91
59830 Bachy 59 30 Db 45
50530 Bacilly 50 46 Yd 56
51400 Baconnes 51 54 Ec 54
44210 Baconnière 44 96 Xf 66
44210 Baconnière 44 96 Xf 65
43230 Bacou 43 128 Dd 77
60120 Bacouel 60 39 Cc 51
80480 Bacouel-sur-Selle 80 38 Cb 50
57590 Bacourt 57 56 Gc 55
27930 Bacquepuis 27 49 Ba 54
27440 Bacqueville 27 37 Bc 53
76730 Bacqueville-en-Caux 77 37 Ba 50
62840 Bac-Saint-Maur 62 30 Ce 45
15800 Badailhac 15 139 Cd 79
24120 Badaillac 24 137 Bb 78
48000 Badaroux 48 140 Dd 81
13410 Badasset 13 170 Fb 87
12370 Badassou 12 166 Ce 86
36200 Badecon-le-Pin 36 113 Bd 69
24390 Badefols-d'Ans 24 125 Bb 77
24150 Badefols-sur-Dordogne 24 137 Ae 79
56870 Baden 56 80 Xa 63
11800 Badens 11 166 Cd 89
86460 Badeuil 86 112 Ad 71
54122 Badménil 54 77 Ge 58
88330 Badménil-aux-Bois 88 77 Gd 59
13129 Badon 13 169 Ee 88
54540 Badonviller 54 77 Gf 58
24130 Badoux 24 136 Ab 79
48340 Badroux 48 140 Db 82
67320 Baerendorf 67 57 Ha 55
57230 Baerenthal 57 58 Hd 55
03390 Baffait 03 115 Cf 71
33620 Bafave 33 135 Ze 78
63600 Baffie 63 129 De 76
30140 Bagard 30 154 Ea 84
33190 Bagas 33 135 Zf 81
40110 Bagatelle 40 147 Zb 84
72200 Bagatelle 72 84 Ze 62
46800 Bagat-en-Quercy 46 150 Bb 82
01380 Bâgé-le-Châtel 01 118 Ef 71
31510 Bagen 31 176 Ae 90
09230 Bagert 09 164 Ba 90
11100 Bages 11 167 Cf 90
12400 Bages 12 152 Cf 85
66670 Bages 66 179 Cf 93
15190 Bagil 15 127 Ce 77
31510 Bagiry 65 176 Ad 91
46270 Bagnac-sur-Célé 46 138 Ca 81
15190 Bagnard 15 127 Ce 76
24750 Bagnas 24 136 Ae 78
79800 Bagnault 79 111 Zf 70
86190 Bagné 86 112 Ad 71
77720 Bagneaux 76 72 Cf 57
89190 Bagneaux 89 73 Dd 59
77167 Bagneaux-sur-Loing 76 71 Ce 59
65200 Bagnères-de-Bigorre 65 162 Aa 90
31110 Bagnères-de-Luchon 31 176 Ad 92
02290 Bagneux 02 40 Db 52
03460 Bagneux 03 103 Db 69
36210 Bagneux 36 101 Be 65
54170 Bagneux 54 76 Ff 57
79290 Bagneux 79 99 Ze 66
92320 Bagneux 92 51 Cb 56
10340 Bagneux-la-Fosse 10 74 Eb 61
17160 Bagnizeau 17 111 Ze 73
87370 Bagnol 87 113 Bd 72
11600 Bagnoles 11 166 Cc 89
63810 Bagnols 63 127 Cd 76
69620 Bagnols 69D 118 Ed 73
83600 Bagnols-en-Forêt 83 172 Ge 87
48190 Bagnols-les-Bains 48 141 Dd 81
30200 Bagnols-sur-Cèze 30 155 Ed 84
21700 Bagnot 21 106 Fa 66
51260 Bagrieux 51 73 De 57
35120 Baguer-Morvan 35 65 Yb 57
35120 Baguer-Pican 35 65 Yb 57
66540 Baho 66 179 Ce 92
40500 Bahus 40 162 Zd 86
40320 Bahus-Soubiran 40 162 Zd 86

28140 Baigneaux 28 70 Be 60
28360 Baigneaux 28 70 Bd 60
33760 Baigneaux 33 135 Ze 80
41290 Baigneaux 41 86 Bb 62
03360 Baignereau 03 103 Cd 69
70000 Baignes 70 93 Ga 63
16360 Baignes-Sainte-Radegonde 16 123 Ze 76
21450 Baigneux-les-Juifs 21 91 Ed 63
28150 Baignolet 28 70 Bd 59
40380 Baigts 40 161 Zb 86
64300 Baigts-de-Béarn 64 161 Za 87
87380 Baile 87 125 Bc 75
34670 Baillargues 34 168 Ea 87
32420 Baillasbat 32 163 Ae 88
35460 Baillé 35 66 Yd 58
37260 Baillé 37 85 Ad 65
28320 Bailleau-Armenonville 28 70 Bd 57
28120 Bailleau-le-Pin 28 70 Bb 58
28300 Bailleau-l'Evêque 28 70 Bc 58
66320 Baillestavy 66 178 Cd 93
33114 Baillet 33 134 Zb 81
95560 Baillet-en-France 95 51 Cb 54
61160 Bailleuil 61 48 Zf 56
27220 Bailleul 27 49 Bb 55
59270 Bailleul 59 30 Ce 44
80490 Bailleul 80 38 Bf 48
62127 Bailleul-aux-Cornailles 62 29 Cc 46
27260 Bailleul-la-Cormeilles 27 48 Ac 53
60190 Bailleul-le-Soc 60 39 Cd 52
62550 Bailleul-lès-Pernes 62 29 Cc 45
62123 Bailleulmont 62 29 Cd 47
76660 Bailleul-Neuville 77 37 Bc 50
62580 Bailleul-Sir-Berthoult 62 30 Cf 46
60930 Bailleul-sur-Thérain 60 38 Cb 52
60140 Bailleval 60 39 Cc 52
76660 Baillolet 77 37 Bc 50
95270 Baillon 95 51 Cc 54
41170 Baillou 41 69 Af 61
41320 Bailly 41 87 Bf 65
58800 Bailly 58 90 De 65
60170 Bailly 60 39 Cf 52
78870 Bailly 78 51 Ca 55
89530 Bailly 89 90 Dd 62
52130 Bailly-aux-Forges 52 74 Ef 58
77720 Bailly-Carrois 76 72 Cf 57
76660 Bailly-en-Campagne 77 37 Bc 49
76630 Bailly-en-Rivière 77 37 Bc 49
10330 Bailly-le-Franc 10 74 Ed 57
77700 Bailly-Romainvilliers 76 52 Ce 55
80870 Bainast 80 28 Be 48
62360 Baincthun 62 28 Be 44
35470 Bain-de-Bretagne 35 82 Yb 61
62850 Bainghen 62 27 Bf 44
43370 Bains 43 141 De 78
20113 Bains de Baraci CTC 184 If 98
20153 Bains de Guitera CTC 183 Ka 97
20270 Bains de Puzzichellu CTC 183 Kc 96
88240 Bains-les-Bains 88 76 Gb 60
35600 Bains-sur-Oust 35 81 Xf 62
54290 Bainville-aux-Miroirs 54 76 Gb 58
88270 Bainville-aux-Saules 88 76 Ga 59
54550 Bainville-sur-Madon 54 76 Ga 57
45390 Bainvilliers 45 71 Cc 59
10410 Baires 10 73 Ea 59
06420 Bairols 06 158 Ha 85
35680 Bais 35 66 Ye 60
53160 Bais 53 67 Zd 59
61210 Baise 61 48 Ze 56
59780 Baisieux 59 30 Db 45
34330 Baïssescure 34 166 Ce 87
59132 Baives 59 31 Eb 48
07210 Baix 07 142 Ee 80
38118 Baix 38 131 Fc 74
66390 Baixas 66 179 Ce 92
80300 Baizieux 80 39 Cd 49
32140 Bajon 32 163 Ad 88
32120 Bajonnette 32 149 Ae 86
81470 Bajos 81 165 Bf 87
09130 Bajou 09 164 Bc 89
62150 Bajus 62 29 Cc 46
20137 Bala CTC 185 Kb 99
09800 Balacet 09 176 Af 91
46230 Balach 46 150 Bd 83
46600 Baladou 46 138 Bd 79
60250 Balagny-sur-Thérain 60 51 Cc 53
09800 Balaguères 09 176 Ba 91
09700 Balaguier 09 165 Be 90
12260 Balaguier-d'Olt 12 138 Bf 81
12380 Balaguier-sur-Rance 12 152 Cd 85
47250 Balahade 47 148 Aa 82
39120 Balaiseaux 39 106 Fc 67
65400 Balaïtous 65 174 Ze 91
08160 Balaives-et-Butz 08 42 Ee 50
01360 Balan 01 131 Fa 74
39160 Balanod 39 119 Fc 70
33470 Balanos 33 134 Za 81
64300 Balansun 64 161 Zb 88
17600 Balanzac 17 122 Za 74
32250 Balarin 32 148 Ab 85
34540 Balaruc-les-Bains 34 168 De 88
34540 Balaruc-le-Vieux 34 168 De 88
44160 Balasson 44 81 Xf 64
80700 Balâtre 80 39 Cf 50
35500 Balazé 35 66 Ye 59
07120 Balazuc 07 142 Ec 81
42510 Balbigny 42 129 Eb 74
67310 Balbronn 67 60 Hc 57
67600 Baldenheim 67 60 Hd 59
68270 Baldersheim 68 95 Hc 62
77320 Baleine 76 52 Dc 56
64460 Baleix 64 162 Zf 88
40240 Balen 40 148 Zf 84
87470 Balendeix 87 126 Be 74
20167 Baleone CTC 182 Ie 97
82120 Baléry 82 149 Af 85
09420 Balès 09 177 Bc 91
37160 Balesmes 37 100 Ae 67
52200 Balesmes-sur-Marne 52 92 Fc 62
31580 Balesta 31 163 Ad 89
32390 Baleyron 32 149 Ad 86
47120 Baleyssagues 47 136 Aa 80
68740 Balgau 68 95 Hd 61
82120 Balignac 82 149 Af 85
10330 Balignicourt 10 74 Ec 57
27130 Balines 27 49 Af 56
62610 Balinghem 62 27 Bf 43
64330 Baliracq-Maumusson 64 162 Ze 87
64510 Baliros 64 162 Ze 89
33730 Balizac 33 135 Zd 82
33112 Ballac 33 134 Zb 77
91160 Ballainvilliers 91 51 Cb 56
74140 Ballaison 74 120 Gb 71
91610 Ballancourt-sur-Essonne 91 71 Cc 57
37510 Ballan-Miré 37 85 Ad 64
17160 Ballans 17 123 Ze 74
50170 Ballant 50 66 Yd 57
08400 Ballay 08 42 Ee 52
87290 Balledent 87 113 Bb 72
53340 Ballée 53 84 Zd 61
58130 Balleray 58 103 Db 66
68210 Ballersdorf 68 95 Ha 63
88170 Balléville 88 76 Ff 59
49260 Balloire 49 99 Zf 66
17290 Ballon 17 110 Za 72
37600 Ballon 37 100 Ba 66
72290 Ballon 77 68 Ab 59
26560 Ballons 26 156 Fd 83
71220 Ballore 71 117 Ec 69
63230 Ballot 63 127 Ce 73
53350 Ballots 53 83 Yf 61
77118 Balloy 76 72 Da 58
31130 Balma 31 164 Bc 87
74600 Balmont 74 132 Ga 74
10210 Balnot-la-Grange 10 73 Eb 61
10110 Balnot-sur-Laignes 10 74 Ec 60
20160 Balogna CTC 182 Ie 95
21330 Balot 21 91 Ec 62
24580 Balou 24 137 Af 78
12510 Balsac 12 151 Cc 82
23320 Balsac 23 114 Be 71
68210 Balschwiller 68 95 Hb 62
68320 Baltzenheim 68 60 Hd 60
01340 Balvay 01 118 Fb 71
16430 Balzac 16 124 Aa 74
59470 Bambecque 59 27 Cd 43
57690 Bambiderstroff 57 57 Gd 54
09400 Banat 09 177 Bd 91
12310 Banc 12 152 Ce 82
64430 Banca 64 160 Yd 90
02140 Bancigny 02 41 Ea 50
62450 Bancourt 62 30 Cf 48
88520 Ban-de-Laveline 88 77 Ha 59
88210 Ban-de-Sapt 88 77 Ha 58
83150 Bandol 83 171 Fe 90
01990 Baneins 01 118 Ef 72
63330 Baneize 63 115 Cd 72
24150 Baneuil 24 136 Ae 79
56360 Bangor 56 80 We 65
12140 Banhars 12 139 Cd 80
63230 Banière 63 127 Cf 74
65200 Banios 65 175 Ab 90
23120 Banize 23 114 Ca 73
86550 Banlègre 86 112 Ac 69
29380 Bannalec 29 79 Wb 61
25560 Bannans 25 107 Gb 67
89400 Bannard 89 89 Dd 61
18300 Bannay 18 88 Cf 64
51270 Bannay 51 53 De 55
57220 Bannay 57 57 Gc 54
07510 Banne 07 141 Ea 80
07460 Banne 07 154 Ea 82
18210 Bannegon 18 103 Ce 68
50440 Bannery 50 33 Ya 50
46400 Bannes 46 138 Bf 80
51230 Bannes 51 53 Df 56
52360 Bannes 52 92 Fc 61
53340 Bannes 53 67 Zd 61
14940 Banneville-la-Campagne 14 48 Ze 53
14260 Banneville-sur-Ajon 14 47 Zc 54
81500 Bannières 81 165 Be 87
18300 Bannon 18 88 Ce 65
55300 Bannoncourt 55 55 Fd 55
77970 Bannost-Villagnon 76 52 Db 56
04150 Banon 04 156 Fd 84
40500 Banos 40 161 Zc 86
39380 Bans 39 107 Fd 67
57050 Ban-Saint Martin, le 57 56 Ga 54
63570 Bansat 63 128 Dc 76
63740 Banson 63 127 Ce 74
71500 Bantanges 71 106 Fa 69
23140 Bantardeix 23 114 Ca 72
59266 Banteux 59 30 Db 48
95420 Banthelu 95 50 Be 54
55110 Bantheville 55 42 Fa 52
59554 Bantigny 59 30 Db 47
59266 Bantouzelle 59 30 Db 48
68490 Bantzenheim 68 95 Hd 62
90800 Banvillars 90 94 Ge 63
14480 Banville 14 35 Zd 53
61450 Banvou 61 47 Zc 57
66300 Banyuls-dels-Aspres 66 179 Cf 93
66650 Banyuls-sur-Mer 66 179 Da 94
89430 Baon 89 90 Ea 61
76190 Baons-le-Comte 77 36 Ae 51
28200 Bapaume 28 69 Bb 60
62450 Bapaume 62 30 Cf 48
12270 Bar 12 151 Ca 83
19800 Bar 19 126 Be 76
49430 Baracé 49 84 Zd 63
63660 Baracucher 63 129 Df 75
47420 Baradé 47 148 Aa 83
63480 Baraduc 63 129 De 74
30140 Barafort 30 154 Df 84
11410 Baraigne 11 165 Be 89
09350 Baraillas 09 164 Bb 90
21350 Barain 21 91 Ed 64
36270 Baraize 36 113 Bd 70
62860 Baralle 62 30 Da 47
24220 Baran 24 137 Ba 79
88230 Barançon 88 77 Ha 60
48700 Baraque-de-Boislong 48 140 Dd 80
48300 Baraque-de-L'Air 48 141 De 80
48170 Baraque-de-la-Motte 48 141 Dd 80
48100 Baraque-du-Plo 48 140 Db 81
12800 Baraque-Saint-Jean 12 151 Cb 84
12160 Baraqueville 12 151 Cc 83
62124 Barastre 62 30 Cf 48
31160 Barat 31 176 Af 90
81310 Barat 81 150 Be 85
05200 Baratier 05 145 Gc 81
36500 Baratte 36 101 Bc 68
65140 Barbachen 65 162 Aa 88
20253 Barbaggio CTC 181 Kc 92
11800 Barbaira 11 166 Cd 89
08430 Barbaise 08 42 Ed 51
54450 Barbas 54 77 Gf 57
47230 Barbaste 47 148 Ab 83
12200 Barbat 12 151 Bf 82
85630 Barbâtre 85 96 Xe 67
31510 Barbazan 31 176 Ad 90
65690 Barbazan-Debat 65 162 Aa 89
65360 Barbazan-Dessus 65 162 Aa 89
19390 Barbazange 19 126 Bf 76
44450 Barbechat 44 82 Ye 65
44370 Barbe-Chat 44 83 Yf 64
13570 Barbentane 13 155 Ee 85
10180 Barberey-aux-Moines 10 73 Df 58
10600 Barberey-Saint-Sulpice 10 73 Ea 58
03140 Barberier 03 116 Db 71
74660 Barberine 74 121 Gf 72
14220 Barbery 14 47 Zd 54
60810 Barbery 60 51 Cd 53
40110 Barbet 40 147 Zb 84
14400 Barbeville 14 47 Zb 53
33125 Barbey 33 134 Zc 81
77130 Barbey 76 72 Da 58
24590 Barbeyroux 24 137 Bc 79
88640 Barbey-Seroux 88 77 Gf 60
16140 Barbezières 16 111 Zf 73
16300 Barbezieux-Saint-Hilaire 16 123 Zf 76
26300 Barbières 26 143 Fa 79
69440 Barbieux 69M 130 Ed 75
03140 Barbignat 03 116 Da 71
21410 Barbirey-sur-Ouche 21 105 Ee 65
77630 Barbizon 76 71 Cd 58
88390 Barbonfaing 88 76 Gb 60
51120 Barbonne-Fayel 51 53 De 57
54360 Barbonville 54 76 Gc 57
32150 Barbotan-les-Thermes 32 148 Zf 85
10400 Barbuise 10 73 Dd 57
08300 Barby 08 41 Eb 51
27170 Barc 27 49 Ae 54
20275 Barcaggio CTC 181 Kc 90
26120 Barcelonne 26 143 Fa 79
32720 Barcelonne-du-Gers 32 162 Ze 86
04400 Barcelonnette 04 158 Gd 82
57830 Barchain 57 57 Gf 56
03500 Barchères 03 116 Db 70
20290 Barchetta CTC 181 Kc 93
05110 Barcillonnette 05 157 Ff 82
32170 Barcugnan 32 163 Ac 88
64130 Barcus 64 161 Zb 89
77910 Barcy 76 52 Cf 54
42600 Bard 42 129 Ea 75
43360 Bard 43 128 Dc 76
03360 Bardais 03 103 Ce 68
17120 Bardécille 17 122 Za 75
42310 Bardet 42 117 Df 72
09200 Bardies 09 176 Bb 90
82340 Bardigues 82 149 Af 84
21430 Bard-le-Régulier 21 105 Eb 66
21460 Bard-lès-Epoisses 21 90 Eb 63
70140 Bard-lès-Pesmes 70 92 Fd 65
64520 Bardos 64 160 Ye 88
24560 Bardou 24 136 Ae 80
76480 Bardouville 77 37 Af 52
65120 Barèges 65 175 Aa 91
65240 Bareilles 65 175 Ac 91
65120 Bareilles 65 175 Zf 92
06470 Barels 06 158 Gf 84
67130 Barembach 67 60 Hb 58
31440 Baren 31 176 Ad 91
76360 Barentin 77 37 Af 51
50720 Barenton 50 66 Zb 57
02000 Barenton-Bugny 02 40 Dd 51
02000 Barenton-Cel 02 40 Dd 51
02270 Barenton-sur-Serre 02 40 De 50
31580 Barères 31 163 Ad 89
39130 Barésia-sur-L'Ain 39 119 Fe 69
50760 Barfleur 50 33 Ye 50
42600 Barge 42 129 Ea 75
83840 Bargème 83 172 Gd 86
03250 Bargeon 03 116 Dd 72
21910 Barges 21 106 Fa 65
43340 Barges 43 141 Df 79
70500 Barges 70 93 Ff 61
43340 Bargettes 43 141 Df 79
20245 Barghiana CTC 182 Ie 94
63380 Barginat 63 127 Cd 73
60620 Bargny 60 52 Cf 53
46800 Barguelonne-en-Quercy 46 150 Bb 82
63940 Bargues 63 129 De 76
33190 Barie 33 135 Zf 81
64160 Barinque 64 162 Ze 88
02700 Barisis 02 40 Db 51
71640 Barizey 71 105 Ee 68
09230 Barjac 09 164 Ba 90
30430 Barjac 30 154 Ec 83
48000 Barjac 48 140 Dc 81
83670 Barjols 83 171 Ga 87
21580 Barjon 21 91 Ef 63
24440 Barjou 24 137 Ae 80
40090 Barlac 40 147 Zb 85
64570 Barlanes 64 161 Zb 90
55000 Bar-le-Duc 55 55 Fb 56
04140 Barles 04 157 Gb 83
08240 Bar-lès-Buzancy 08 42 Ef 52
65100 Barlest 65 162 Zf 90
80200 Barleux 80 39 Cf 49
18260 Barlieu 18 88 Cd 64
62620 Barlin 62 29 Cd 46
62810 Barly 62 29 Cd 47
80600 Barly 80 29 Cb 47
18500 Barmont 18 102 Cb 66
87130 Barnagaud 87 126 Bd 75
07330 Barnas 07 141 Eb 81
04240 Barnaud 04 158 Ge 85
26310 Barnave 26 143 Fc 81
71540 Barnay-Dessous 71 105 Ec 66
63310 Barnazat 63 116 Dc 73
77111 Barneau 76 51 Ce 57
50270 Barneville-Carteret 50 33 Yb 52
14600 Barneville-la-Bertran 14 35 Ab 52
50270 Barneville-Plage 50 46 Yb 52
27310 Barneville-sur-Seine 27 37 Af 52
76260 Baromesnil 77 37 Bc 49
30700 Baron 30 154 Eb 84
33750 Baron 33 135 Ze 80
60300 Baron 60 51 Ce 53
71120 Baron 71 117 Eb 70
14210 Baron-sur-Odon 14 35 Zd 54
57340 Baronville 57 57 Gd 55
14620 Barou-en-Auge 14 48 Zf 55
47290 Barouille 47 136 Ad 81
10200 Baroville 10 74 Ee 59
76390 Barques 77 38 Be 50
27170 Barquet 27 49 Af 54
67140 Barr 67 60 Hc 58
12440 Barraban 12 151 Cb 83
42370 Barrage du Rouchain 42 117 Df 72
03120 Barrais-Bussolles 03 116 De 71
32350 Barran 32 163 Ac 87
65240 Barrancoueu 65 175 Ac 91
48500 Baraque-de-Trémolet 48 153 Db 82
63440 Barraques 63 115 Cf 72
04380 Barras 04 157 Ga 84
24130 Barrat 24 136 Ab 79
89260 Barrault 89 72 Db 59
64390 Barraute-Camu 64 161 Za 88
38530 Barraux 38 132 Ff 76
81320 Barre 81 166 Ce 86
48400 Barre-des-Cévennes 48 153 Dd 83
44130 Barrel 44 82 Ya 64
04330 Barrême 04 157 Gc 85
16300 Barret 16 123 Ze 76
39800 Barretaine 39 107 Fe 68
26570 Barret-de-Lioure 26 156 Fc 83
05300 Barret-le-Bas 05 156 Fe 83
05300 Barret-le-Haut 05 156 Fe 83
20228 Barrettali CTC 181 Kc 91
24410 Barreyrie 24 123 Aa 77
12290 Barri 12 152 Ce 82
15800 Barriac 15 139 Ce 79
15700 Barriac-les-Bosquets 15 139 Cb 78
43270 Barribas 43 129 De 77
08240 Barricourt 08 42 Fa 52
44530 Barrisset 44 81 Xf 63
16700 Barro 16 111 Ab 73
63330 Barrot 63 115 Ce 72
69440 Barrot 69M 130 Ed 75
32230 Barrottes 32 163 Ab 87
37350 Barrou 37 100 Ae 67
47500 Barrou 47 137 Af 82
82160 Barry 82 150 Be 83
82290 Barry-d'Islemade 82 150 Bb 84
12600 Bars 12 139 Cd 80
24210 Bars 24 137 Ba 78
32300 Bars 32 163 Ab 87
26150 Barsac 26 143 Fb 80
33720 Barsac 33 135 Ze 81
19170 Barsanges 19 126 Ca 75
57450 Barst 57 57 Ge 54
10200 Bar-sur-Aube 10 74 Ee 59
10110 Bar-sur-Seine 10 74 Ec 60
25420 Bart 25 94 Ge 64
87200 Bart 87 125 Af 73
68870 Bartenheim 68 95 Hc 63
68870 Bartenheim-la-Chaussée 68 95 Hd 63
40430 Barthe 40 147 Zc 83
65230 Barthe 65 163 Ac 89
25440 Bartherans 25 107 Ff 66
09500 Barthes 09 165 Be 90
03380 Bartillat 03 115 Cc 71
20246 Bartollaciu CTC 181 Kb 92
82270 Bartou 82 150 Bd 83
65100 Bartrès 65 162 Zf 90
27230 Barville 27 49 Ac 54
61170 Barville 61 68 Ac 58
88300 Barville 88 76 Fe 58
76450 Barville, Cany- 77 36 Ad 50
45340 Barville-en-Gâtinais 45 71 Cc 60
17120 Barzan 17 122 Za 75
64530 Barzum 64 162 Zf 89
02170 Barzy-en-Thiérache 02 31 De 48
02850 Barzy-sur-Marne 02 53 Dd 54
59310 Bas-Aix 59 30 Db 45
63210 Bas-Angle 63 127 Ce 74
49440 Bas-Aunay 49 83 Ye 63
86260 Bas-Bourg 86 100 Ae 68
44430 Bas-Briacé 44 97 Yd 65
64220 Bascassan 64 161 Ye 90
40090 Bascons 40 147 Zd 86
82110 Bascoulesse 82 150 Bb 83
50220 Bas-Courtils 50 66 Yd 57
32190 Bascous 32 148 Aa 86
14860 Bas-de-Bréville 14 48 Ze 53
43210 Bas-en-Basset 43 129 Ea 77
18220 Bas-Fouillet 18 103 Ce 65
72130 Bas-Frété 72 68 Aa 59
54620 Baslieux 54 43 Fe 52
51170 Baslieux-lès-Fismes 51 40 De 53
51700 Baslieux-sous-Châtillon 51 53 De 54
14610 Basly 14 47 Zd 53
62190 Bas-Rieux 62 29 Cd 45
88400 Bas-Rupts 88 77 Gf 60
73410 Bassa 73 132 Ff 74
64220 Bassaburua 64 161 Yf 90
16120 Bassac 16 123 Zf 75
34290 Bassan 34 167 Db 88
33190 Bassanne 33 135 Zf 81
16570 Basse 16 123 Aa 74
34800 Basse 34 167 Db 87
79270 Bassée 79 110 Zc 71
44115 Basse-Goulaine 44 97 Yd 65
61360 Basse-Gravelle 61 68 Ac 58
57970 Basse Ham 57 44 Gb 52
67220 Bassemberg 67 60 Hb 59
23300 Basseneuille 23 113 Bc 71
14670 Basseneville 14 35 Zf 53
71130 Bassenier 71 104 Df 69
33530 Bassens 33 135 Zc 79
73000 Bassens 73 132 Ff 75
40700 Bassercles 40 161 Zc 87
57570 Basse-Rentgen 57 44 Gb 52
86200 Basses 86 99 Aa 66
20132 Bassetta CTC 183 Ka 97
62123 Basseux 62 29 Cd 47
77750 Bassevelle 76 52 Db 55
57690 Basse-Vigneulles 57 57 Gd 54
01260 Bassieu 01 119 Fd 73
15240 Bassignac 15 127 Cc 77
19430 Bassignac-le-Bas 19 138 Bf 78
19220 Bassignac-le-Haut 19 126 Ca 77
70800 Bassigney 70 93 Gb 62
57260 Bassing 57 57 Ge 55
02380 Bassoles-Aulers 02 40 Dc 51
52240 Bassoncourt 52 75 Fd 60
89400 Bassou 89 89 Dd 61
32320 Bassoues 32 163 Ab 87
51300 Bassu 51 54 Ee 56
51300 Bassuet 51 54 Ed 56
64200 Bassussarry 64 160 Yc 88
74910 Bassy 74 119 Fe 73
64190 Bastanès 64 161 Zb 88
32170 Bastanous 32 163 Ac 88
20119 Bastelica CTC 182 Ka 96
20129 Bastelicaccia CTC 182 Ie 97
40360 Bastennes 40 161 Zb 87
20200 Bastia CTC 181 Kc 92
13220 Bastide-Blanche 13 170 Fa 88
83560 Bastide-Blanche 83 171 Fe 87
84580 Bastidon-du-Pradon 84 156 Fa 86
21121 Bas-Val-Suzon 21 91 Ef 64
23260 Basville 23 127 Cc 73
31160 Bataille 31 176 Af 90
38270 Bataillouse 38 130 Ef 76
57810 Bataville 57 57 Ge 56
40430 Batharière 40 147 Zc 83
54370 Bathelémont-lès-Bauzemont 54 57 Gd 56
26260 Bathernay 26 143 Ef 77
04170 Bâtie 04 158 Gc 84
27220 Bâtigny 27 50 Bb 55
37310 Batilly 37 100 Af 65
54980 Batilly 54 56 Ff 53
61150 Batilly 61 48 Ze 56
45340 Batilly-en-Gâtinais 45 71 Cc 60
45420 Batilly-en-Puisaye 45 88 Cf 63
40320 Bats 40 162 Zd 87
65130 Batsère 65 163 Ab 90
33720 Batsères 33 135 Zd 81
25640 Battenans-les-Mines 25 93 Gb 64
25380 Battenans-Varin 25 108 Ge 65
68390 Battenheim 68 95 Hc 62
88130 Battexey 88 76 Gb 58
54115 Battigny 54 76 Ff 58
70100 Battrans 70 92 Fd 64
19600 Battut 19 137 Bc 78
32600 Battut 32 164 Bb 87
67500 Batzendorf 67 58 He 56
44740 Batz-sur-Mer 44 81 Xd 65
63950 Bauberty 63 127 Cd 75
21340 Baubigny 21 105 Ee 67
44860 Bauche 44 97 Yc 66
56150 Baud = Badd 56 80 Wf 61
51260 Baudement 51 73 De 57
71800 Baudemont 71 117 Eb 71
95710 Baudemont 95 50 Bd 54
33650 Baudes 33 135 Zc 81
78580 Baudicourt 78 70 Bf 57
50480 Baudienville 50 33 Ye 52
40310 Baudignan 40 148 Aa 84
55130 Baudignécourt 55 75 Fc 57
04250 Baudinard 04 157 Ga 83
83630 Baudinard-sur-Verdon 83 171 Ga 86
70300 Baudoncourt 70 93 Gc 62
55170 Baudonvilliers 55 55 Fa 56
50000 Baudre 50 34 Yf 54
52110 Baudrecourt 52 74 Ef 58
57580 Baudrecourt 57 56 Gc 55
64800 Baudreix 64 162 Ze 89
55260 Baudrémont 55 55 Fc 55
36110 Baudres 36 101 Bd 66
28310 Baudreville 28 70 Bf 59
50250 Baudreville 50 33 Yc 53
76560 Baudribosc 77 37 Af 50
88500 Baudricourt 88 76 Ga 59
71370 Baudrières 71 106 Fa 68
36220 Baudrussais 36 100 Ba 68
83630 Bauduen 83 171 Gb 86
36700 Baugerai 36 101 Bb 67
87370 Baugiraud 87 113 Bc 72
18800 Baugy 18 103 Ce 66
71110 Baugy 71 117 Ea 71
32160 Baulat 32 162 Aa 87
70160 Baulay 70 93 Ga 62
45130 Baule 45 87 Bd 62
47600 Baulens 47 148 Ac 84
31550 Baulias 31 165 Bd 89
21410 Baulme-la-Roche 21 91 Ee 64
02330 Baulne-en-Brie 02 53 Dd 55
55270 Baulny-Charpentry 55 55 Fa 53
35580 Baulon 35 65 Ya 61
09000 Baulou 09 177 Bd 90

25110 Baume-les-Dames 25 93 Gc 64
39210 Baume-les-Messieurs 39 107 Fd 68
30770 Baumes 30 153 Dc 85
84360 Baumes 84 156 Fb 86
05140 Baumugne 05 144 Fe 81
16140 Baunac 16 111 Aa 73
49140 Bauné 49 84 Ze 64
50500 Baupte 50 46 Yd 53
14260 Bauquay 14 47 Zc 54
33880 Baurech 33 135 Zd 80
86200 Baussay 86 99 Aa 67
59221 Bauvin 59 30 Cf 45
54370 Bauzemont 54 57 Gd 56
41250 Bauzy 41 86 Bd 63
25550 Bavans 25 94 Ge 64
59570 Bavay 59 31 De 47
80260 Bavelincourt 80 39 Cc 49
14860 Bavent 14 48 Ze 53
39100 Baverans 39 107 Fd 66
90800 Bavilliers 90 94 Ge 63
59670 Bavinchove 59 27 Cc 44
62158 Bavincourt 62 29 Cd 47
31310 Bax 31 164 Bb 89
40210 Baxente 40 146 Yf 83
08290 Bay 08 41 Eb 50
70150 Bay 70 92 Fe 65
74190 Bay 74 121 Ge 73
24150 Bayac 24 136 Ae 80
63570 Bayard 63 128 Db 76
52170 Bayard-sur-Marne 52 75 Fa 57
33230 Bayas 33 135 Ze 78
04400 Bayasse 04 158 Ge 83
29300 Baye 29 79 Wc 61
51270 Baye 51 53 De 55
58110 Baye 58 104 Dd 66
88150 Bayecourt 88 77 Gc 59
10310 Bayel 10 74 Ee 59
80560 Bayencourt 80 29 Cd 48
62910 Bayenghem-les-Eperlesques 62 27 Ca 44
16460 Bayers 16 111 Ab 73
03500 Bayet 03 116 Db 71
14400 Bayeux 14 47 Zb 53
47120 Bayle 47 136 Ab 80
07220 Bayne 07 142 Ed 82
14330 Baynes 14 34 Za 53
54290 Bayon 54 76 Gb 58
26230 Bayonne 26 155 Ef 82
64100 Bayonne 64 160 Yd 88
04250 Bayons 04 157 Ga 82
33710 Bayon-sur-Gironde 33 135 Zc 78
08240 Bayonville 08 42 Fa 52
80170 Bayonvillers 80 39 Cd 49
54890 Bayonville-sur-Mad 54 56 Ff 54
34500 Bayssan 34 167 Db 89
52160 Bay-sur-Aube 52 91 Fa 62
16210 Bazac 16 123 Aa 77
36270 Bazaiges 36 113 Bd 70
54620 Bazailles 54 43 Fe 52
78550 Bazainville 78 50 Be 56
51110 Bazancourt 51 41 Eb 52
60380 Bazancourt 60 38 Be 51
89460 Bazarnes 89 90 Dd 63
33430 Bazas 33 147 Ze 82
17490 Bazauges 17 111 Ze 73
88270 Bazegney 88 76 Gb 59
08140 Bazeilles 08 42 Ef 50
55600 Bazeilles-sur-Othain 55 43 Fc 52
23160 Bazelat 23 113 Bd 70
78580 Bazemont 78 50 Bf 55
47130 Bazens 47 148 Ac 83
80300 Bazentin 80 39 Ce 48
14480 Bazenville 14 47 Zc 53
03600 Bazergues 03 115 Ce 71
65460 Bazet 65 162 Aa 89
32320 Bazian 32 163 Ab 86
40190 Bazibat 40 147 Ze 86
60700 Bazicourt 60 51 Cd 52
31450 Baziège 31 165 Bd 88
88700 Bazien 88 77 Ge 58
65140 Bazillac 65 162 Aa 88
27140 Bazincourt-sur-Epte 27 38 Be 53
55170 Bazincourt-sur-Saulx 55 55 Fa 56
62250 Bazinghen 62 26 Bd 44
76340 Bazinval 77 37 Bd 49
28140 Bazoche-en-Dunois 28 70 Bd 60
58190 Bazoches 58 90 De 64
78490 Bazoches 78 50 Bf 56
61210 Bazoches-au-Houlme 61 48 Ze 56
77118 Bazoches-lès-Bray 76 72 Db 58
45480 Bazoches-les-Gallérandes 45 70 Ca 60
28140 Bazoches-les-Hautes 28 70 Be 60
61560 Bazoches-sur-Hoëne 61 68 Ac 57
45210 Bazoches-sur-le-Betz 45 72 Cf 60
02220 Bazoches-sur-Vesle 02 40 Dd 53
72650 Bazoge, la 72 68 Aa 60
85130 Bazoges-en-Paillers 85 97 Yf 67
85390 Bazoges-en-Pareds 85 98 Za 69
88500 Bazoilles-et-Menil 88 76 Ga 59
88300 Bazoilles-sur-Meuse 88 75 Fd 59
58110 Bazolles 58 104 Dd 66
57530 Bazoncourt 57 56 Gc 54
27230 Bazoques 27 49 Ad 53
65670 Bazordan 65 163 Ad 89
53170 Bazouge-du-Chémeré, la 53 67 Zd 60
53170 Bazougers 53 67 Zc 60
53200 Bazouges 53 83 Zb 61
35560 Bazouges-la-Pérouse 35 65 Yc 58
72200 Bazouges-sur-le-Lair 72 84 Zf 62
59360 Bazuel 59 31 Dd 48
32170 Bazugues 32 163 Ac 88
31380 Bazus 31 165 Bd 86
65170 Bazus-Aure 65 175 Ac 91
65250 Bazus-Neste 65 175 Ac 90
80370 Béalcourt 80 29 Cb 47
62770 Béalencourt 62 29 Ca 46
01460 Béard 01 119 Fd 71
58160 Béard 58 103 Db 67
05290 Béassac 05 145 Gc 79
76440 Beaubec-la-Rosière 77 37 Bd 51
71220 Beaubery 71 117 Ec 70
50270 Beaubigny 50 33 Yb 52
27190 Beaubray 27 49 Af 55
87280 Beaubreuil 87 113 Bb 73
18140 Beaucaire 18 103 Cf 65
30300 Beaucaire 30 155 Ed 86
32410 Beaucaire 32 148 Ac 85
02170 Beaucamp 02 31 De 48
59231 Beaucamp 59 30 Da 48
80430 Beaucamps-le-Jeune 80 38 Be 50
80430 Beaucamps-le-Vieux 80 38 Be 49
59134 Beaucamps-Lingy 59 30 Cf 45
35133 Beaucé 35 66 Yf 58
65400 Beaucens 65 175 Zf 91
31360 Beauchalot 31 164 Af 90
95250 Beauchamp 95 51 Cb 54
50320 Beauchamps 50 46 Yd 56
80770 Beauchamps 80 37 Bd 48
45270 Beauchamps-sur-Huillard 45 88 Cc 61
52400 Beaucharmoy 52 75 Fd 61
07800 Beauchastel 07 142 Ee 80
28270 Beauche 28 49 Af 56
52260 Beauchemin 52 92 Fb 61
41170 Beauchêne 41 86 Af 61
41140 Beauchêne 41 86 Bc 64
53800 Beauchêne 53 83 Yf 62
61800 Beauchêne 61 47 Zb 56
79140 Beau-Chêne 79 98 Zb 68
85540 Beauchêne 85 109 Yd 69
53290 Beaucheron 49 84 Ze 65
77560 Beauchery 76 72 Dc 57
77560 Beauchery-Saint-Martin 76 72 Dc 57
89320 Beauciard 89 73 Dd 60
55700 Beauclair 55 42 Fa 52
49390 Beaucornu 49 84 Aa 64
62830 Beaucorroy 62 28 Be 45
50420 Beaucoudray 50 46 Yf 55
90500 Beaucourt 90 94 Gf 64
80110 Beaucourt-en-Santerre 80 39 Cd 50
80300 Beaucourt-sur-l'Ancre 80 29 Ce 48
80260 Beaucourt-sur-L'Hallue 80 39 Cc 49
49070 Beaucouzé 49 83 Zc 64
38140 Beaucroissant 38 131 Fc 76
65710 Beaudéan 65 175 Aa 90
60210 Beaudéduit 60 38 Ca 50
59530 Beaudignies 59 31 Dd 47
58290 Beaudin 58 104 De 67
62810 Beaudricourt 62 29 Cc 47
61270 Beaufai 61 49 Ad 56
72110 Beaufay 72 68 Ac 60
27800 Beauficel 27 49 Ae 53
50150 Beauficel 50 47 Za 56
27480 Beauficel-en-Lyons 27 37 Bd 52
38970 Beaufin 38 144 Ff 80
13090 Beaufort 13 170 Fc 87
31370 Beaufort 31 164 Ba 88
34210 Beaufort 34 166 Ce 89
38270 Beaufort 38 131 Fa 77
59330 Beaufort 59 31 Df 47
73270 Beaufort 73 133 Gd 74
62810 Beaufort-Blavincourt 62 29 Cd 47
55700 Beaufort-en-Argonne 55 42 Fa 52
80170 Beaufort-en-Santerre 80 39 Cd 50
49250 Beaufort-en-Vallée 49 84 Ze 64
39190 Beaufort-Orbagna 39 106 Fc 69
39190 Beaufort-Orbagna 39 119 Fc 69
26400 Beaufort-sur-Gervanne 26 143 Fa 80
85170 Beaufou 85 97 Yc 68
27580 Beaufour 27 49 Ae 56
27110 Beaufour 27 49 Af 53
14340 Beaufour-Druval 14 48 Aa 53
27240 Beaufre 27 49 Ba 56
88300 Beaufremont 88 76 Fe 59
76390 Beaufresne 77 38 Be 50
47290 Beaugas 47 136 Ad 81
17620 Beaugeay 17 122 Za 73
45190 Beaugency 45 87 Bd 62
60640 Beaugies-sous-Bois 60 40 Da 51
22580 Beaugouyen 22 64 Xa 57
60240 Beaugrenier 60 50 Be 53
89500 Beaujard 89 72 Db 60
04420 Beaujeu 04 157 Gc 83
05300 Beaujeu 05 157 Ff 82
69430 Beaujeu 69D 118 Ed 72
70100 Beaujeu-Saint-Vallier-Pierrejux-et-Quitteur 70 92 Fe 63
33430 Beaulac 33 147 Ze 82
61140 Beaulandais 61 67 Zc 57
62450 Beaulencourt 62 30 Cf 48
03120 Beaulieu 03 116 Dd 71
07460 Beaulieu 07 154 Eb 82
08380 Beaulieu 08 41 Ec 49
14350 Beaulieu 14 47 Zb 55
15270 Beaulieu 15 127 Cd 76
16410 Beaulieu 16 124 Ab 75
16150 Beaulieu 16 124 Ae 73
21510 Beaulieu 21 91 Ee 62
26110 Beaulieu 26 155 Fa 83
27180 Beaulieu 27 49 Af 54
32550 Beaulieu 32 163 Ad 87
33290 Beaulieu 33 134 Zb 79
34160 Beaulieu 34 168 Ea 86
36310 Beaulieu 36 113 Bb 70
38470 Beaulieu 38 131 Fc 77
43800 Beaulieu 43 141 Df 78
45630 Beaulieu 45 88 Ce 63
47250 Beaulieu 47 135 Zf 82
50390 Beaulieu 50 46 Yc 52
53270 Beaulieu 53 67 Zd 60
58420 Beaulieu 58 104 Dd 65
61190 Beaulieu 61 49 Ae 56
63570 Beaulieu 63 128 Db 76
55250 Beaulieu-en-Argonne 55 55 Fa 54
60310 Beaulieu-les-Fontaines 60 39 Cf 51
37600 Beaulieu-lès-Loches 37 100 Ba 66
79300 Beaulieu-sous-Bressuire 79 98 Zc 67
85190 Beaulieu-sous-la-Roche 85 97 Yc 68
79420 Beaulieu-sous-Parthenay 79 111 Ze 69
19120 Beaulieu-sur-Dordogne 19 138 Bf 79
49750 Beaulieu-sur-Layon 49 83 Zc 65
06310 Beaulieu-sur-Mer 06 173 Hc 86
53320 Beaulieu-sur-Oudon 53 66 Za 60
16450 Beaulieu-sur-Sonnette 16 112 Ac 73
03230 Beaulon 03 104 De 69
63230 Beauloup 63 127 Cf 73
14620 Beaumais 14 48 Zf 55
76550 Beaumais 77 37 Ba 49
77280 Beaumarchais 76 51 Cd 54
32160 Beaumarchés 32 162 Aa 87
46240 Beaumat 46 138 Bd 81
02500 Beaumé 02 41 Ea 49
88600 Beauménil 88 77 Ge 59
37260 Beaumer 37 85 Ad 65
62170 Beaumerie-Saint-Martin 62 28 Be 46
18370 Beaumerle 18 114 Cb 69
84190 Beaumes-de-Venise 84 155 Fa 84
14380 Beaumesnil 14 47 Za 55
27410 Beaumesnil 27 49 Ae 54
84220 Beaumettes 84 155 Fb 85
80370 Beaumetz 80 29 Ca 48
62960 Beaumetz-lès-Aire 62 29 Cb 45
62124 Beaumetz-lès-Cambrai 62 30 Cf 48
62123 Beaumetz-lès-Loges 62 29 Cd 47
03380 Beaumont 03 115 Cd 70
14240 Beaumont 14 47 Zb 54
16110 Beaumont 16 124 Ac 74
19390 Beaumont 19 126 Be 76
32100 Beaumont 32 148 Ab 85
36400 Beaumont 36 114 Ca 69
43100 Beaumont 43 128 Dc 77
44520 Beaumont 44 82 Yd 63
45190 Beaumont 45 86 Bd 62
54580 Beaumont 54 56 Ff 53
54470 Beaumont 54 56 Fe 55
62110 Beaumont 62 30 Cf 46
63310 Beaumont 63 116 Dc 73
63110 Beaumont 63 128 Da 74
74160 Beaumont 74 120 Ga 72
76680 Beaumont 77 37 Bb 51
76890 Beaumont 77 37 Ba 50
79330 Beaumont 79 98 Ze 67
86490 Beaumont 86 99 Ac 68
89250 Beaumont 89 89 Dd 61
82500 Beaumont-de-Lomagne 82 149 Af 85
84120 Beaumont-de-Pertuis 84 171 Fe 86
77890 Beaumont-du-Gâtinais 76 71 Cc 60
87120 Beaumont-du-Lac 87 126 Bf 74
24440 Beaumont-du-Périgord 24 136 Ae 80
84340 Beaumont-du-Ventoux 84 156 Fa 83
27170 Beaumontel 27 49 Ae 54
08210 Beaumont-en-Argonne 08 42 Fa 51
14950 Beaumont-en-Auge 14 35 Aa 53
02300 Beaumont-en-Beine 02 40 Da 50
26310 Beaumont-en-Diois 26 143 Fc 81
37420 Beaumont-en-Véron 37 99 Ab 65
50440 Beaumont-Hague 50 33 Ya 51
80300 Beaumont-Hamel 80 29 Cd 48
58700 Beaumont-la-Ferrière 58 103 Db 65
37360 Beaumont-la-Ronce 37 85 Ae 63
27170 Beaumont-la-Ville 27 49 Ae 54
76850 Beaumont-le-Hareng 77 37 Bb 50
27170 Beaumont-le-Roger 27 49 Ae 54
28480 Beaumont-les-Autels 28 69 Af 59
60390 Beaumont-les-Nonains 60 38 Ca 53
26760 Beaumont-lès-Valence 26 142 Ef 79
26600 Beaumont-Monteux 26 142 Ef 78
24440 Beaumontois en Périgord 24 136 Ae 80
53290 Beaumont-Pied-de-Bœuf 53 84 Zd 61
72500 Beaumont-Pied-de-Bœuf 72 85 Ac 62
58270 Beaumont-Sardolles 58 104 Dc 67
72340 Beaumont-sur-Dême 72 85 Ad 62
71240 Beaumont-sur-Grosne 71 106 Ef 69
31870 Beaumont-sur-Lèze 31 164 Bc 88
95260 Beaumont-sur-Oise 95 51 Cb 54
72170 Beaumont-sur-Sarthe 72 68 Aa 59
51360 Beaumont-sur-Vesle 51 53 Eb 53
21310 Beaumont-sur-Vingeanne 21 92 Fc 64
37460 Beaumont-Village 37 101 Bb 65
70190 Beaumotte-Aubertans 70 93 Gb 64
17600 Beaunant 17 122 Za 75
51270 Beaunay 51 53 Df 55
76890 Beaunay 77 37 Ba 50
19290 Beaune 19 126 Cb 74
21200 Beaune 21 106 Ef 66
43420 Beaune 43 141 Df 80
63122 Beaune 63 128 Cf 74
73140 Beaune 73 133 Gc 77
03390 Beaune-d'Allier 03 115 Cf 71
45340 Beaune-la-Rolande 45 71 Cc 60
63790 Beaune-le-Froid 63 127 Cf 75
87280 Beaune-les-Mines 87 113 Bb 73
43500 Beaune-sur-Arzon 43 129 De 77
63410 Beaunit 63 115 Cf 73
21510 Beaunotte 21 91 Ee 62
33750 Beaupied 33 135 Zd 79
24400 Beaupouyet 24 136 Ab 79
83870 Beaupre 83 171 Ff 89
60190 Beaupuits 60 39 Cd 52
31850 Beaupuy 31 165 Bd 87
32600 Beaupuy 32 164 Ba 87
47200 Beaupuy 47 136 Aa 81
82600 Beaupuy 82 149 Ba 86
80600 Beauquesne 80 29 Cc 48
02120 Beaurain 02 40 De 49
59730 Beaurain 59 31 Dd 47
62217 Beaurains 62 30 Ce 47
60400 Beaurains-lès-Noyon 60 39 Cf 51
62990 Beaurainville 62 28 Bf 46
13100 Beaurecueil 13 171 Fd 87
01480 Beauregard 01 118 Ee 72
23600 Beauregard 23 114 Cb 71
31480 Beauregard 31 164 Ba 86
41160 Beauregard 41 86 Ba 61
46310 Beauregard 46 137 Bc 81
46260 Beauregard 46 150 Be 82
47290 Beauregard 47 136 Ae 81
48130 Beauregard 48 140 Db 80
58400 Beauregard 58 103 Da 65
63230 Beauregard 63 127 Cf 73
77970 Beauregard 76 52 Db 57
86150 Beauregard 86 112 Ad 70
26300 Beauregard-Baret 26 143 Fb 79
24120 Beauregard-de-Terrasson 24 137 Bb 78
24140 Beauregard-et-Bassac 24 136 Ad 79
63116 Beauregard-l' Evèque 63 128 Db 74
63460 Beauregard-Vendon 63 116 Da 73
18320 Beaurenard 18 103 Cf 66
28240 Beaurepaire 28 69 Ba 58
38270 Beaurepaire 38 130 Fa 76
76280 Beaurepaire 77 35 Ab 50
85500 Beaurepaire 85 97 Yf 67
71580 Beaurepaire-en-Bresse 71 106 Fc 68
59550 Beaurepaire-sur-Sambre 59 31 De 48
02110 Beaurevoir 02 40 Db 49
26310 Beaurières 26 143 Fd 81
02160 Beaurieux 02 40 De 52
59740 Beaurieux 59 31 Ea 47
24400 Beauronne 24 136 Ac 78
04250 Beauséjour 04 157 Ff 83
26240 Beausemblant 26 130 Ee 77
55250 Beausite = Beauzée-sur-Aire 55 55 Fb 55
03300 Beausoleil 03 116 Dc 72
06190 Beausoleil 06 159 Hc 86
24340 Beaussac 24 124 Ac 76
80560 Beaussart 80 29 Cd 48
76870 Beaussault 77 37 Bd 50
49410 Beausse 49 83 Za 65
31290 Beauteville 31 165 Be 88
77120 Beautheil-Saints 76 52 Da 56
77120 Beautheil-Saints 76 52 Da 56
33640 Beautiran 33 135 Zd 80
02800 Beautor 02 40 Dc 51
76890 Beautot 77 37 Ba 51
18600 Beauvais 18 103 Cf 67
35380 Beauvais 35 65 Xe 60
36300 Beauvais 36 101 Bf 69
36370 Beauvais 36 113 Bb 70
36300 Beauvais 36 113 Af 69
37310 Beauvais 37 100 Af 65
51310 Beauvais 51 53 Dd 56
60000 Beauvais 60 38 Ca 52
62130 Beauvais 62 29 Cb 46
86170 Beauvais 86 99 Aa 68
91750 Beauvais 91 71 Cc 58
17490 Beauvais-sur-Matha 17 123 Ze 73
81630 Beauvais-sur-Tescou 81 150 Bd 85
80630 Beauval 80 29 Cc 48
26800 Beauvallon 26 142 Ef 79
26220 Beau-Vallon 26 143 Fa 81
83310 Beauvallon 83 172 Gd 89
69700 Beauvallon 69M 130 Ee 75
49140 Beauvau 49 84 Ze 63
07190 Beauvène 07 142 Ed 79
72800 Beau-Verger 72 84 Ab 63
71270 Beauvernois 71 106 Fc 67
07160 Beauvert 07 142 Ec 79
04370 Beauvezer 04 158 Gd 84
31460 Beauville 31 165 Be 88
47470 Beauville 47 149 Af 83
28150 Beauvilliers 28 70 Bd 59
41290 Beauvilliers 41 86 Bb 61
89630 Beauvilliers 89 90 Ea 64
28290 Beauvoir 28 69 Bb 60
50170 Beauvoir 50 66 Yc 57
60120 Beauvoir 60 39 Cb 51
62270 Beauvoir 62 29 Cb 47
77390 Beauvoir 76 52 Cf 57
89240 Beauvoir 89 89 Dc 62
38440 Beauvoir-de-Marc 38 131 Fa 75
76220 Beauvoir-en-Lyons 77 37 Bd 51
38160 Beauvoir-en-Royans 38 143 Fc 78
85230 Beauvoir-sur-Mer 85 96 Xf 67
79360 Beauvoir-sur-Niort 79 110 Zd 71
10340 Beauvoir-sur-Sarce 10 74 Eb 61
62390 Beauvoir-Wavans 62 29 Ca 47
37230 Beauvois 37 85 Ac 64
59157 Beauvois-en-Cambrésis 59 30 Dc 48
02590 Beauvois-en-Vermandois 02 40 Da 49
26170 Beauvoisin 26 155 Fb 83
30640 Beauvoisin 30 169 Eb 86
39120 Beauvoisin 39 106 Fc 67
43200 Beaux 43 129 Ea 77
43590 Beauzac 43 129 Ea 77
31700 Beauzelle 31 164 Bc 87
24210 Beauzens 24 137 Ba 77
47700 Beauziac 47 148 Aa 83
57830 Bébing 57 57 Gf 56
68980 Beblenheim 68 60 Hb 60
32730 Beccas 32 162 Aa 88
76110 Bec-de-Mortagne 77 36 Ac 50
79160 Béceleuf 79 110 Zc 70
87110 Bechadie 87 125 Bb 74
54800 Béchamps 54 56 Fe 53
35190 Bécherel = Begrel 35 65 Ya 59
16250 Bécheresse 16 123 Aa 75
57580 Béchy 57 56 Gc 55
57320 Beckerholz 57 44 Gd 53
49370 Bécon-les-Granits 49 83 Zb 63
26770 Béconne 26 143 Fa 82
80300 Bécordel 80 39 Ce 49
21360 Bécoup 21 105 Ee 66
62240 Bécourt 62 28 Bf 45
80300 Bécourt 80 39 Ce 48
09000 Becq 09 177 Bd 91
02110 Becquigny 02 40 Dc 48
80500 Becquigny 80 39 Cd 50
48310 Bécus 48 140 Da 80
34600 Bédarieux 34 167 Da 87
84370 Bédarrides 84 155 Ef 84
47450 Bédat 47 149 Ad 83
18370 Beddes 18 102 Cb 69
32450 Bédéchan 32 163 Ae 87
35137 Bédée 35 65 Ya 59
09400 Bédeilhac 09 177 Bd 91
09230 Bédeille 09 164 Ba 90
64460 Bédeille 64 162 Zf 88
17210 Bédenac 17 123 Ze 78
13490 Bèdes 13 171 Fd 87
46500 Bèdes 46 138 Be 80
33480 Bedillon 33 134 Za 79
84410 Bédoin 84 155 Fb 84
64490 Bedous 64 174 Zc 91
07140 Bedousse 07 154 Ea 82
46100 Béduer 46 138 Bf 81
74130 Beffay 74 120 Gc 72
47800 Beffery 47 136 Ac 81
18320 Beffes 18 103 Da 66
39270 Beffia 39 119 Fd 69
22780 Beffou 22 63 Wc 58
08250 Beffu-et-le-Morthomme 08 42 Ef 52
40400 Bégaar 40 146 Za 86
33340 Bégadanet 33 122 Za 76
33340 Bégadan 33 122 Za 76
56350 Béganne 56 81 Xe 63
22140 Begard = Bear 22 63 We 57
22300 Beg-Léguer 22 63 Wc 56
33010 Bègles 33 135 Zc 80
29170 Beg-Meil 29 78 Wa 61
29940 Beg-Menez 29 78 Wa 61
88270 Begnécourt 88 76 Ga 59
65190 Bégole 65 163 Ab 90
12170 Bégon 12 152 Cd 84
47150 Bégou 47 136 Ae 81
23110 Bégouneix 23 114 Cc 72
81350 Begous 81 151 Cb 84
46000 Bégoux 46 138 Bc 82
79160 Bégrolle 79 110 Zc 69
49122 Bégrolles-en-Mauges 49 97 Za 66
07690 Bégue 07 130 Ec 77
03800 Bègues 03 116 Da 72
17170 Bègues 17 110 Zb 71
33410 Béguey 33 135 Ze 81
64120 Béguios 64 161 Yf 88
62121 Béhagnies 62 30 Cf 48
64120 Béhasque-Lapiste 64 161 Yf 89
64640 Behaune 64 161 Yf 89
80870 Béhen 80 28 Be 48
80260 Béhencourt 80 39 Cc 49
60400 Béhéricourt 60 39 Da 51
64220 Beherobie 64 174 Ye 90
67370 Behlenheim 67 58 Hd 57
64700 Béhobie 64 160 Yb 88
55000 Behonne 55 55 Fb 56
64220 Béhorléguy 64 161 Yf 90
78910 Béhoust 78 50 Be 56
57460 Behren-lès-Forbach 57 57 Gf 53
49170 Béhuard 49 83 Zc 64
56380 Beignon 56 65 Xe 61
72160 Beillé 72 68 Ad 60
40120 Beillons 40 147 Zd 85
89800 Beine 89 89 De 62
51490 Beine-Nauroy 51 53 Eb 53
60640 Beines 60 40 Da 50
67930 Beinheim 67 59 Ia 55
21310 Beire-le-Châtel 21 92 Fb 64
21110 Beire-le-Fort 21 106 Fb 65
23260 Beissat 23 127 Cb 74
63230 Beissat 63 127 Ce 74
44290 Beix 44 82 Ya 62
36370 Bélâbre 36 113 Ba 69
15310 Bel-Air 15 139 Cc 78
16500 Bel-Air 16 112 Ad 72
18800 Bel-Air 18 102 Cd 66
22510 Bel-Air 22 64 Xc 59
35330 Bel-Air 35 81 Ya 61
37330 Bel-Air 37 85 Ac 63
37290 Bel-Air 37 100 Af 68
44630 Bel-Air 44 81 Ya 63
44530 Bel-Air 44 81 Ya 63
44522 Bel-Air 44 82 Ye 64
49520 Bel-Air 49 83 Za 62
53640 Bel-Air 53 67 Zd 58
56230 Bel-Air 56 81 Xd 62
64110 Bel-Air 64 162 Zd 89
71140 Bel-Air 71 104 De 69
84390 Bel-Air 84 156 Fc 85
85670 Bel-Air 85 96 Yb 68
85500 Bel-Air 85 97 Za 67
87300 Bel-Air 87 112 Af 72
48600 Bel-Air-Val-d'Ance 48 141 Dd 79
34330 Belaman 34 166 Ce 87
21570 Belan-sur-Ource 21 74 Ed 61
34230 Belarga 34 167 Dc 87
46140 Bélaye 46 137 Bb 82
81140 Belaygue 81 150 Be 84
31450 Belberaud 31 165 Bd 87
82500 Belbèse 82 149 Ba 85
76240 Belbeuf 77 37 Ba 52
31450 Belbèze-de-Lauragais 31 165 Bd 88
31260 Belbèze-en-Comminges 31 164 Ba 90
11340 Belcaire 11 178 Bf 92
12390 Belcastel 12 151 Cc 82
46200 Belcastel 46 138 Bd 79
81500 Belcastel 81 165 Be 87
11300 Belcastel-et-Buc 11 178 Cc 90
68530 Belchenthal 68 94 Ha 61
13720 Belcodène 13 171 Fd 88
56890 Bélean 56 80 Xb 62
09300 Bélesta 09 178 Bf 91
66720 Bélesta 66 179 Cd 92
31540 Bélesta-en-Lauragais 31 165 Be 88
64260 Bélesten 64 174 Zd 90
24140 Beleymas 24 136 Ad 79
70290 Belfahy 70 94 Ge 62

25470 Belfays 25 108 Gf 65
11410 Belflou 11 165 Be 89
52500 Belfond 52 92 Fd 62
61500 Belfonds 61 68 Aa 57
81260 Belfort 81 166 Cc 87
90000 Belfort 90 94 Gf 63
46230 Belfort-du-Quercy 46 150 Bd 83
11140 Belfort-sur-Rebeteny 11 178 Ca 92
53440 Belgeard 53 67 Zc 59
83210 Belgentier 83 171 Ga 89
20226 Belgodere CTC 180 Ka 93
40410 Belhade 40 147 Zb 82
28240 Belhomert-Guéhouville 28 69 Ba 57
87260 Bélie 87 125 Bc 75
33830 Béliet 33 134 Zb 81
01360 Béligneux 01 131 Fa 73
46320 Belinac 46 138 Bf 80
15430 Bélinay 15 139 Cf 78
33830 Belin-Béliet 33 134 Zb 82
40120 Bélis 40 147 Zd 84
33970 Bélisaire 33 134 Ye 81
43200 Bélistard 43 141 Ea 78
87300 Bellac 87 113 Ba 72
04250 Bellaffaire 04 157 Gb 82
59135 Bellaing 59 30 Dc 46
80132 Bellancourt 80 28 Bf 48
57340 Bellange 57 57 Gd 55
12150 Bellas 12 152 Da 83
16240 Bellavau 16 111 Zf 72
61360 Bellavilliers 61 68 Ac 58
02400 Belleau 02 52 Db 54
54610 Belleau 54 56 Ga 56
33760 Bellebat 33 135 Ze 80
33114 Bellebiste 33 134 Zb 80
62142 Bellebrune 62 26 Be 44
19290 Bellechassagne 19 126 Cb 75
89210 Bellechaume 89 73 Dd 60
39260 Bellecin 39 119 Fd 70
26110 Bellecombe 26 156 Fc 82
12440 Belle-Combe 81 151 Ca 83
73340 Bellecombe-en-Bauges 73 132 Ga 74
17139 Belle-Croix 17 110 Yf 71
71150 Bellecroix 71 105 Ee 67
66300 Bellecroze 66 179 Cd 93
60540 Belle-Église 60 51 Cb 53
85140 Belle-Entrée 85 97 Ye 68
62142 Belle-et-Houllefort 62 26 Be 44
23600 Bellefaye 23 114 Cc 71
70310 Bellefleur 70 94 Gc 61
86170 Bellefois 86 99 Ab 68
21490 Bellefond 21 91 Fa 64
33760 Bellefond 33 135 Ze 80
71620 Bellefond 71 106 Fa 68
86210 Bellefonds 86 100 Ad 69
39400 Bellefontaine 39 120 Ga 69
50190 Bellefontaine 50 46 Yd 53
50520 Bellefontaine 50 47 Za 56
55120 Bellefontaine 55 55 Fa 54
60650 Bellefontaine 60 38 Be 51
88370 Bellefontaine 88 76 Gc 60
95270 Bellefontaines 95 51 Cc 54
46090 Bellefont-La Rauze 46 138 Bc 81
67130 Bellefosse 67 60 Hb 58
04270 Bellegarde 04 157 Ga 85
19370 Bellegarde 19 126 Be 75
30127 Bellegarde 30 169 Ed 86
32140 Bellegarde 32 163 Ad 88
45270 Bellegarde 45 71 Cc 61
81360 Bellegarde 81 166 Cc 86
82230 Bellegarde 82 150 Bc 85
11240 Bellegarde-du-Razès 11 165 Ca 90
26470 Bellegarde-en-Diois 26 143 Fc 81
42210 Bellegarde-en-Forez 42 129 Eb 75
23190 Bellegarde-en-Marche 23 114 Cb 73
38270 Bellegarde-Poussieu 38 130 Ef 76
31530 Bellegarde-Sainte Marie 31 164 Ba 86
01200 Bellegarde-sur-Valserine 01 119 Fe 72
63610 Belleguette 63 128 Cf 76
25380 Belleherbe 25 94 Gd 65
88250 Belle-Hutte 88 77 Gf 60
22810 Belle-Isle-en-Terre 22 63 Wd 57
20232 Belle Lasagne CTC 181 Kb 93
61130 Bellême 61 68 Ad 58
03330 Bellenaves 03 115 Da 71
76680 Bellencombre 77 37 Bb 50
21310 Belleneuve 21 92 Fb 64
02420 Bellenglise 02 40 Db 49
14370 Bellengreville 14 35 Ze 54
76630 Bellengreville 77 37 Bb 49
21510 Bellenod-sur-Seine 21 91 Ed 62
21320 Bellenot-sous-Pouilly 21 91 Ed 65
85320 Bellenoue 85 109 Ye 69
70240 Bellenoye 70 93 Gb 62
73210 Bellentre 73 133 Ge 75
55100 Belleray 55 55 Fc 54
03700 Bellerive-sur-Allier 03 116 Dc 72
42670 Belleroche 42 117 Ec 71
45330 Bellesauve, Orveau- 45 71 Cb 59
57930 Belles-Forêts 57 57 Gf 56
31480 Bellesserre 31 149 Ba 86
36400 Bellet 36 102 Bf 68
02200 Belleu 02 40 Dc 52
80160 Belleuse 80 38 Ca 50
74470 Bellevaux 74 120 Gd 71
71270 Bellevesvre 71 106 Fc 67
16120 Bellevigne 16 123 Zf 75
49400 Bellevigne-les-Châteaux 49 99 Zf 65
10350 Belleville 10 73 De 58
54940 Belleville 54 56 Ga 56
73620 Belleville 73 133 Gd 74
79360 Belleville 79 110 Zc 72
91400 Belleville 91 51 Ca 56
69220 Belleville-en-Beaujolais 69D 118 Ee 72
69220 Belleville-en-Beaujolais 69D 118 Ee 72
76890 Belleville-en-Caux 77 37 Af 50
08240 Belleville-et-Châtillon-sur-Bar 08 42 Ee 52
18240 Belleville-sur-Loire 18 88 Cf 63
76370 Belleville-sur-Mer 77 37 Ba 49
55430 Belleville-sur-Meuse 55 55 Fc 53
85170 Belleville-sur-Vie 85 97 Yd 68
02500 Bellevue 02 41 Eb 49
03150 Bellevue 03 116 Dc 71
07110 Bellevue 07 142 Eb 81
22610 Bellevue 22 63 We 56
33610 Bellevue 33 134 Zc 80
34290 Bellevue 34 167 Db 88
34340 Bellevue 34 168 Dd 88
35330 Bellevue 35 81 Ya 61
44460 Bellevue 44 81 Ya 63
44310 Belle-Vue 44 96 Yb 66
51130 Bellevue 51 53 Eb 55
74380 Bellevue 74 120 Gc 71
85230 Bellevue 85 96 Xf 67
56380 Bellevue-Goëtquidan 56 81 Xf 61
43350 Bellevue-la-Montagne 43 129 De 77
01300 Belley 01 131 Fe 74
10410 Belley 10 73 Ea 59
01130 Belleydoux 01 119 Fe 71
02420 Bellicourt 02 40 Db 49
86110 Bellien 86 99 Aa 68
44370 Belligné 44 83 Yf 64
59570 Bellignies 59 31 De 47
09160 Belloc 09 164 Ba 90
09600 Belloc 09 178 Bf 90
32190 Belloc 32 162 Aa 87
64270 Bellocq 64 161 Za 87
65700 Bellocq 65 162 Zf 88
16210 Bellon 16 124 Aa 77
62490 Bellonne 62 30 Da 47
74150 Bellossy 74 120 Ff 73
74160 Bellossy 74 120 Ff 72
77510 Bellot 76 52 Db 55
14140 Bellou 14 48 Ab 55
61220 Bellou-en-Houlme 61 47 Zd 56
61130 Bellou-le-Trichard 61 68 Ad 59
61110 Bellou-sur-Huisne 61 69 Ae 58
60490 Belloy 60 39 Cd 51
95270 Belloy-en-France 95 51 Cc 54
80270 Belloy-Saint-Leonard 80 38 Bf 49
80310 Belloy-sur-Somme 80 38 Ca 49
76220 Bellozane 77 38 Bd 51
81110 Bellserre 81 165 Ca 88
17800 Belluire 17 123 Zc 75
76590 Belmesnil 77 37 Ba 50
25530 Belmont 25 108 Gc 65
32190 Belmont 32 163 Ab 86
38690 Belmont 38 131 Fc 76
39380 Belmont 39 107 Fd 66
52500 Belmont 52 92 Fd 62
67130 Belmont 67 60 Hb 58
70270 Belmont 70 93 Gd 62
46130 Belmont-Bretenoux 46 138 Bf 79
42670 Belmont-de-la-Loire 42 117 Ec 72
46800 Belmontet 46 150 Ba 82
82230 Belmontet 82 150 Bc 85
88260 Belmont-lès-Darney 88 76 Ga 60
01260 Belmont-Luthézieu 01 131 Fd 73
46230 Belmont-Sainte-Foi 46 150 Bd 83
88600 Belmont-sur-Buttant 88 77 Ge 59
12370 Belmont-sur-Rance 12 152 Ce 86
88800 Belmont-sur-Vair 88 76 Ff 59
12470 Belnom 12 140 Cf 81
17132 Beloire 17 122 Za 75
29350 Bélon 29 79 Wb 62
70270 Belonchamp 70 94 Gd 62
87800 Belour 87 125 Bb 75
11420 Belpech 11 165 Be 89
19430 Belpeuch 19 138 Bf 79
05380 Bel-Pinet 05 145 Gd 81
55260 Belrain 55 55 Fb 55
88260 Belrupt 88 76 Ga 60
55100 Belrupt-en-Verdunois 55 55 Fc 54
07270 Belsentes 07 142 Ec 79
81120 Belsoleil 81 151 Ca 86
40300 Bélus 40 161 Yf 87
08090 Belval 08 42 Ed 50
50210 Belval 50 46 Yd 54
62130 Belval 62 29 Cc 46
88210 Belval 88 77 Ha 58
51330 Belval-en-Argonne 51 55 Fa 55
51480 Belval-sous-Châtillon 51 53 Df 54
06450 Belvédère 06 159 Hb 84
13129 Belvedère 13 169 Ee 88
73480 Belvedere 73 133 Gf 77
20110 Belvédère-Campomoro CTC 184 If 99
05460 Belvédère du Cirque 05 145 Ha 80
70400 Belverne 70 94 Gd 63
24170 Belvès 24 137 Ba 80
33350 Belvès-de-Castillon 33 135 Zf 79
19600 Belveyre 19 138 Bc 78
82150 Belvèze 82 149 Ba 83
11240 Belvèze-du-Razès 11 165 Ca 90
12470 Belvezet 12 140 Cf 81
12230 Belvezet 12 153 Db 85
30580 Belvézet 30 154 Ec 84
43510 Belvezet 43 141 De 79
48170 Belvezet 48 141 De 81
11500 Belvianes-et-Cavirac 11 178 Cb 91
11500 Belvis 11 178 Ca 91
25430 Belvoir 25 94 Gd 65
56550 Belz 56 80 We 63
27160 Bémécourt 27 49 Af 55
66760 Béna 66 178 Bf 94
09000 Benac 09 177 Bd 91
65380 Bénac 65 162 Aa 89
09100 Benagues 09 165 Bd 90
37140 Benais 37 84 Ab 65
09300 Bénaix 09 177 Bf 91
54450 Bénaménil 54 77 Ge 57
56370 Bénance 56 80 Xb 63
76110 Bénarville 77 36 Ac 50
86470 Benassay 86 111 Aa 69
85260 Benaston 85 97 Yd 67
22250 Benâte 22 64 Xe 58
63270 Benaud 63 128 Db 75
36300 Bénavant 36 100 Ba 69
12420 Benaven 12 139 Ce 80
02440 Benay 02 40 Db 50
19510 Benayes 19 125 Bc 75
06390 Bendejun 06 159 Hb 85
46260 Benech 46 150 Be 82
64800 Bénéjacq 64 162 Ze 89
14910 Bénerville-sur-Mer 14 48 Aa 52
40180 Bénesse-lès-Dax 40 161 Yf 87
40230 Bénesse-Maremne 40 160 Yd 87
16350 Benest 16 112 Ac 72
57670 Bénestroff 57 57 Ge 55
76560 Bénesville 77 37 Af 50
85490 Benet 85 110 Zc 70
21290 Beneuvre 21 91 Ef 62
24700 Benévent 24 136 Ab 78
05500 Bénévent-et-Charbillac 05 144 Ga 80
23210 Bénévent-L'Abbaye 23 113 Bd 72
55210 Beney-en-Woëvre 55 56 Fe 55
40120 Benézet-de-Guinas 40 147 Zd 84
67230 Benfeld 67 60 Hd 58
18520 Bengy-sur-Craon 18 103 Ce 66
54610 Bénicourt 54 56 Gb 55
88650 Bénifosse 88 77 Gf 59
57340 Béning 57 57 Gd 55
57800 Béning-lès-Saint-Avold 57 57 Gf 54
82100 Benis 82 150 Ba 84
78270 Bennecourt 78 50 Bd 54
76640 Bennetot 77 36 Ad 50
76720 Bennetot 77 37 Ba 50
24230 Benneville-at-Saint-Avit-de-Fumadières 24 136 Aa 79
54740 Benney 54 76 Gb 57
68630 Bennwihr 68 60 Hc 60
29950 Bénodet 29 78 Vf 61
21500 Benoisey 21 90 Ec 63
55220 Benoîte-Vaux 55 55 Fc 55
50340 Benoîtville 50 33 Yb 51
17170 Benon 17 110 Zb 71
33112 Benon 33 134 Za 78
01470 Bénonces 01 131 Fc 74
35120 Benouis 35 65 Yb 57
14970 Bénouville 14 47 Ze 53
76790 Bénouville 77 36 Ab 50
31420 Benque 31 164 Af 89
31430 Benque 31 164 Ba 89
31110 Benque-Dessous-et-Dessus 31 176 Ad 92
40280 Benquet 40 147 Zc 86
06430 Bens 06 159 He 84
64460 Bentayou-Sérée 64 162 Zf 88
64410 Bentéyou 64 162 Zd 87
01370 Beny 01 119 Fb 71
14440 Bény-sur-Mer 14 47 Zd 53
40390 Benzin 40 160 Ye 87
01350 Béon 01 131 Fe 73
64260 Béon 64 174 Zd 90
89410 Béon 89 72 Db 61
64440 Béost 64 174 Zd 91
47130 Béquin 47 148 Ac 83
73440 Béranger 73 133 Gd 76
83560 Bérarde 83 171 Fe 87
31370 Bérat 31 164 Bb 88
32100 Béraut 32 148 Ac 85
31310 Berbaux 31 164 Ba 89
65100 Berbérust 65 175 Zf 90
43160 Berbezit 43 128 Dd 77
26740 Berbières 26 142 Ee 81
24220 Berbiguières 24 137 Ba 79
48200 Berc 48 140 Db 79
40990 Berceau-de-Saint Vincent-de-Paul 40 161 Yf 86
10190 Bercenay-en-Othe 10 73 Df 59
10290 Bercenay-le-Hayer 10 73 Dd 58
28630 Berchères-les-Pierres 28 70 Bd 58
28300 Berchères-Saint-Germain 28 70 Bc 57
28260 Berchères-sur-Vesgre 28 50 Bd 55
28800 Bercis 28 70 Bd 59
62600 Berck-Plage 62 28 Bd 46
62600 Berck-sur-Mer 62 28 Bd 46
17770 Bercloux 17 123 Zd 73
59310 Bercu 59 30 Db 45
47430 Berdery 47 148 Ab 82
61340 Berd'huis 61 69 Ae 58
33121 Berdillan 33 134 Za 78
09130 Berdot 09 164 Bc 90
32300 Berdoues-Ponsampère 32 163 Ac 88
40410 Berdoy 40 147 Zb 82
32240 Berduquet 32 148 Zf 85
59740 Bérelles 59 31 Ea 47
68130 Berentzwiller 68 95 Hc 63
64300 Bérenx 64 161 Za 88
01340 Béréziat 01 118 Fa 70
72320 Berfay 72 69 Ae 61
57570 Berg 57 44 Gb 52
67320 Berg 67 57 Ha 55
33930 Berganton 33 122 Yf 77
33127 Berganton 33 134 Zb 80
46090 Berganty 46 150 Bd 82
67310 Bergbieten 67 60 Hc 57
20122 Berg d'Asinao CTC 185 Kb 97
20231 Berg.de Puzzatellu CTC 183 Ka 95
83830 Bergemon 83 172 Gd 87
24100 Bergerac 24 136 Ac 79
10200 Bergères 10 74 Ed 59
51130 Bergères-lès-Vertus 51 53 Ea 55
51210 Bergères-sous-Montmirail 51 53 Dd 55
73210 Bergerie 73 133 Ge 75
20224 Bergerie de Cesta CTC 182 If 94
20276 Bergerie de Galghellu CTC 182 Ka 94
05460 Bergerie-sous-Roche 05 145 Gf 80
58140 Berges 58 90 Df 64
71250 Bergesserin 71 118 Ed 70
68750 Bergheim 68 60 Hc 59
68500 Bergholtz 68 95 Hb 61
68500 Bergholtzzell 68 95 Hb 61
80290 Bergicourt 80 38 Ca 50
08300 Bergnicourt 08 41 Eb 52
42660 Bergognon 42 129 Eb 77
48800 Bergognon 48 141 Df 82
40120 Bergonce 40 148 Ze 84
63500 Bergonne 63 128 Db 75
40250 Bergouey 40 161 Zb 86
64270 Bergouey-Viellenare 64 161 Yf 88
06540 Bergue-Inférieur 06 159 Hd 84
62134 Bergueneuse 62 29 Cb 46
02450 Bergues 02 40 De 48
59380 Bergues 59 27 Cc 43
06430 Bergue-Supérieur 06 159 Hd 84
22140 Berhet 22 63 We 56
50810 Bérigny 50 34 Za 54
57660 Bérig-Vintrange 57 57 Ge 55
61430 Berjou 61 47 Zd 55
59145 Berlaimont 59 31 De 47
02250 Berlancourt 02 40 De 50
60640 Berlancourt 60 39 Da 50
81260 Berlats 81 166 Cd 86
62810 Berlencourt-le-Cauroy 62 29 Cc 47
62123 Berles-au-Bois 62 29 Cd 47
26470 Berlières 26 143 Fb 82
57370 Berling 57 58 Hb 56
02340 Berlise 02 41 Ea 51
22110 Berlivet 22 63 Wd 59
57530 Berlize 57 56 Gc 54
34360 Berlou 34 167 Cf 88
59213 Bermerain 59 30 Dd 47
51220 Berméricourt 51 41 Ea 52
59570 Bermeries 59 31 De 47
57340 Bermering 57 57 Ge 55
80140 Bermesnil 80 38 Be 49
62130 Bermincourt 62 29 Cb 46
76640 Bermonville 77 36 Ad 51
33460 Bern 33 134 Zc 78
40410 Bern 40 147 Zb 83
16700 Bernac 16 111 Ab 72
47120 Bernac 47 136 Ab 80
81150 Bernac 81 151 Ca 85
65360 Bernac-Debat 65 162 Aa 89
65360 Bernac-Dessus 65 162 Aa 90
09160 Bernadat 09 164 Ba 90
33730 Bernadet 33 135 Zd 81
64160 Bernadets 64 162 Ze 88
65220 Bernadets-Debat 65 163 Ab 88
65190 Bernadets-Dessus 65 163 Ab 89
40260 Bernadic 40 146 Yf 85
34650 Bernagues 34 167 Db 86
86160 Bernais 86 112 Ac 71
81190 Bernard 81 151 Cb 84
67210 Bernardswiller 67 60 Hc 58
67140 Bernardville 67 60 Hc 58
30630 Bernas 30 154 Ec 83
33730 Bernatgé 33 147 Zd 82
80370 Bernâtre 80 29 Ca 47
80370 Bernaville 80 29 Ca 48
27300 Bernay 27 49 Ad 54
58110 Bernay 58 104 De 67
86240 Bernay 86 112 Ab 70
77540 Bernay-en-Brie 76 52 Cf 56
72240 Bernay-en-Champagne 72 68 Zf 60
80120 Bernay-en-Ponthieu 80 28 Be 47
72240 Bernay-Neuvy-en-Champagne 72 68 Zf 60
17330 Bernay-Saint-Martin 17 110 Zc 72
77540 Bernay-Vilbert 76 52 Cf 56
86120 Bernazay 86 99 Zf 66
56240 Berné 56 79 Wd 61
82340 Berne 82 149 Ae 84
54470 Bernécourt 54 56 Ff 55
32400 Bernède 32 162 Ze 86
62250 Bernes 62 26 Be 43
80240 Bernes 80 40 Da 49
14710 Bernesq 14 34 Za 53
95340 Bernes-sur-Oise 95 51 Cb 54
40120 Bernet 40 147 Ze 85
65150 Bernet 65 163 Ac 90
16480 Berneuil 16 123 Zf 76
17460 Berneuil 17 122 Zc 75
80620 Berneuil 80 29 Cb 48
87300 Berneuil 87 113 Ba 72
60390 Berneuil-en-Bray 60 51 Ca 52
60350 Berneuil-sur-Aisne 60 39 Da 52
76370 Berneval-le-Grand 77 37 Bb 49
62123 Berneville 62 29 Ce 47
74500 Bernex 74 121 Ge 70
27180 Bernienville 27 49 Ba 54
36370 Bernier 36 113 Ba 70
58110 Bernière 58 104 Dd 66
76210 Bernières 77 36 Ac 51
14250 Bernières-Bocage 14 34 Zb 53
14170 Bernières-d'Ailly 14 48 Zf 55
14410 Bernières-le-Patry 14 47 Zb 56
14990 Bernières-sur-Mer 14 47 Zd 52
27700 Bernières-sur-Seine 27 50 Bc 53
62170 Bernieulles 62 28 Be 45
38190 Bernin 38 132 Ff 77
30620 Bernis 30 154 Eb 86
67170 Bernolsheim 67 58 He 56
10130 Bernon 10 73 Df 61
33910 Bernon 33 135 Ze 78
40460 Bernon 40 134 Yf 81
33480 Bernones 33 134 Za 78
33112 Bernos 33 134 Za 78
33430 Bernos-Beaulac 33 147 Ze 82
02120 Bernot 02 40 Dd 49
89360 Bernouil 89 90 Df 61
27660 Bernouville 27 50 Be 53
35660 Bernuit 35 81 Ya 62
68210 Bernwiller 68 95 Hb 62
80200 Berny-en-Santerre 80 39 Cf 49
02290 Berny-Rivière 02 40 Da 52
80250 Berny-sur-Noye 80 39 Cc 50
40800 Béros 40 162 Ze 87
27930 Bérou 27 49 Bb 55
28270 Bérou-la-Mulotière 28 49 Ba 56
32480 Berrac 32 149 Ad 84
64120 Berraute 64 161 Za 89
44160 Berreau 44 81 Xf 64
06390 Berre-des-Alpes 06 159 Hb 86
13130 Berre-l'Étang 13 170 Fb 88
11000 Berriac 11 166 Cc 89
07460 Berrias 07 154 Eb 82
56230 Berric 56 81 Xc 63
86120 Berrie 86 99 Zf 66
29690 Berrien 29 62 Wb 58
02820 Berrieux 02 41 Df 52
64130 Berrogain-Laruns 64 161 Za 89
33121 Berron 33 134 Za 78
51420 Berru 51 53 Ea 53
68500 Berrwiller 68 95 Hb 61
18800 Berry 18 103 Ce 66
02190 Berry au Bac 02 41 Df 52
18500 Berry-Bouy 18 102 Cb 66
63260 Bers 63 116 Da 72
87370 Bersac-sur-Rivalier 87 113 Bc 72
39800 Bersaillin 39 107 Fd 67
59235 Bersée 59 30 Da 46
59600 Bersillies 59 31 Ea 47
33390 Berson 33 135 Zc 78
67370 Berstett 67 58 Hd 56
03130 Bert 03 116 De 71
44570 Bert 44 81 Xe 65
02120 Bertaignemont 02 40 Dd 49
48250 Bertail 48 141 Df 81
20252 Bertalogna CTC 181 Kb 93
80260 Bertangles 80 38 Cb 49
02800 Bertaucourt-Épourdon 02 40 Dc 51
80110 Berteaucourt 80 39 Cc 50
80850 Berteaucourt-lès-Dames 80 29 Ca 48
86210 Bertenou 86 100 Ad 68
87310 Berthe 87 125 Af 73
76450 Bertheauville 77 36 Ad 50
60370 Berthecourt 60 38 Cb 52
86420 Berthegon 86 99 Ab 67
25410 Berthelange 25 107 Fe 65
57930 Berthelming 57 57 Ha 56
62610 Berthem 62 27 Ca 44
06450 Berthemont-les-Bains 06 159 Hb 84
59270 Berthen 59 30 Ce 44
37510 Berthenay 37 85 Ac 64
02240 Berthenicourt 02 40 Dc 50
27630 Berthenonville 27 50 Bd 53
33124 Berthez 33 135 Zf 82
12310 Bertholène 12 152 Ce 82
07320 Berthouse 07 142 Ec 78
27800 Berthouville 27 49 Ad 53
63480 Bertignat 63 129 De 75
10110 Bertignolles 10 74 Ed 60
62124 Bertincourt 62 30 Cf 48
33570 Bertineau 33 135 Ze 79
24540 Bertis 24 137 Af 81
08300 Bertoncourt 08 41 Ec 51
54480 Bertrambois 54 77 Gf 57
76680 Bertramesnil 77 37 Bb 51
80560 Bertrancourt 80 29 Cd 48
34380 Bertrand 34 153 Dd 86
11310 Bertrande 11 166 Cb 88
81440 Bertrandié 81 165 Ca 86
57310 Bertrange 57 56 Gb 53
33290 Bertranot 33 134 Zb 79
81700 Bertre 81 165 Bf 87
65370 Bertren 65 176 Ad 91
76450 Bertreville 77 36 Ad 50
76590 Bertreville-Saint-Ouen 77 37 Ba 50
24320 Bertric-Burée 24 124 Ac 77
54120 Bertrichamps 54 77 Ge 58
02190 Bertricourt 02 41 Ea 52
76890 Bertrimont 77 37 Ba 51
88520 Bertrimoutier 88 77 Ha 59
59980 Bertry 59 30 Dc 48
89700 Béru 89 90 Df 62
10160 Bérulle 10 73 Dd 59
72610 Bérus 72 68 Aa 58
29440 Berven 29 62 Vf 57
76560 Berville 77 37 Ae 50
95810 Berville 95 51 Ca 53
27520 Berville-en-Roumois 27 49 Ae 53
27170 Berville-la-Campagne 27 49 Af 54
57550 Berviller-en-Moselle 57 57 Gd 53
14170 Bervilles 14 48 Zf 54
27210 Berville-sur-Mer 27 36 Ac 52
76480 Berville-sur-Seine 77 37 Af 52
71960 Berzé-la-Ville 71 118 Ee 70
71960 Berzé-le-Châtel 71 118 Ee 70
07580 Berzème 07 142 Ed 81
51800 Berzieux 51 54 Ee 54
02200 Berzy-le-Sec 02 52 Db 52
04420 Bès 04 157 Gb 83
39800 Besain 39 107 Fe 68
25000 Besançon 25 107 Ga 65
26300 Bésayes 26 143 Fa 79
64260 Bescat 64 162 Zd 90
26110 Bésignan 26 156 Fb 83
64150 Besingrand 64 161 Zc 88
44290 Beslé 44 82 Ya 62
50800 Beslon 50 46 Yf 55
02300 Besmé 02 40 Da 51
02500 Besmont 02 41 Ea 49
70230 Besnans 70 93 Gb 64
44160 Besné 44 81 Xf 64
50390 Besneville 50 46 Yc 52
28190 Besnez 28 69 Bb 57
53500 Besnières 53 66 Za 58
02870 Besny-et-Loizy 02 40 Dd 51
16250 Bessac 16 123 Zf 76
44750 Bessac 44 81 Ya 64
15320 Bessaire-de-Lair 15 140 Db 79
18210 Bessais-le-Fromental 18 103 Ce 68
43200 Bessamorel 43 141 Ea 78
34550 Bessan 34 167 Dc 88
95550 Bessancourt 95 51 Cb 54
73480 Bessans 73 133 Gf 77
43370 Bessarioux 43 141 Df 79
07150 Bessas 07 154 Eb 82

23460 Bessat 23 126 Bf 73
63210 Bessat 63 127 Cf 74
03000 Bessay 03 103 Db 69
28150 Bessay 28 70 Bd 59
85320 Bessay 85 109 Yf 69
03340 Bessay-sur-Allier 03 116 Dc 70
15140 Besse 15 139 Cc 78
16140 Bessé 16 111 Aa 73
24550 Besse 24 137 Ba 80
38142 Besse 38 144 Gb 78
43150 Besse 43 129 Df 77
49350 Besse 49 84 Ze 64
81310 Bessède 81 150 Be 85
11140 Bessède-de-Sault 11 178 Ca 92
63610 Besse-et-Saint-Anastaise 63 127 Cf 75
30160 Bességes 30 154 Ea 83
23170 Besse-Mathieu 23 114 Cc 71
69690 Bessenay 69M 130 Ed 74
82170 Bessens 82 150 Bb 85
15220 Besserols 15 139 Cc 80
30450 Besses 30 154 Ea 82
46100 Besses 46 138 Ca 80
72310 Bessé-sur-Braye 72 85 Ae 61
83890 Besse-sur-Issole 83 171 Gb 88
09500 Besset 09 165 Bf 90
43150 Besset 43 141 Ea 79
48300 Bessettes 48 141 De 80
42520 Bessey 42 130 Ee 76
21360 Bessey-en-Chaume 21 105 Ee 66
21360 Bessey-la-Cour 21 105 Ed 66
21110 Bessey-lès-Cîteaux 21 106 Fa 66
81320 Bessière 81 167 Cf 86
31660 Bessières 31 150 Bd 86
48130 Bessils 48 140 Db 80
79000 Bessines 79 110 Zc 71
87250 Bessines-sur-Gartempe 87 113 Bc 72
38160 Bessins 38 131 Fb 77
19200 Bessole 19 127 Cc 76
63790 Bessolles 63 127 Cf 75
15100 Bessols 15 140 Da 79
03210 Besson 03 116 Db 70
90160 Bessoncourt 90 94 Gf 63
46210 Bessonies 46 138 Ca 80
77760 Bessonville 77 71 Cd 59
46310 Bessous 46 137 Bc 80
10170 Bessy 10 73 Ea 57
89270 Bessy-sur-Cure 89 90 De 63
40240 Bestaven 40 146 Yf 83
09250 Bestiac 09 177 Be 92
57670 Besville 57 57 Ge 55
19380 Bétaille 19 138 Bf 77
46110 Bétaille 46 138 Be 79
70500 Betaucourt 70 93 Ff 61
65230 Betbèze 65 163 Ad 89
40240 Betbezer-d'Armagnac 40 148 Ze 85
32420 Betcave-Aguin 32 163 Ae 88
09160 Betchat 09 164 Ba 90
12270 Béteille 12 151 Bf 83
23270 Bétête 23 114 Ca 70
08090 Bethancourt 08 41 Ea 51
60129 Béthancourt-en-Valois 60 52 Cf 53
02300 Béthancourt-en-Vaux 02 40 Da 51
87120 Bethe 87 126 Be 74
55100 Béthelainville 55 55 Fb 54
78300 Béthemont 78 51 Bf 55
95840 Béthemont-la-Forêt 95 51 Cb 54
59540 Béthencourt 59 30 Dc 48
60320 Béthencourt 60 39 Cc 52
62127 Béthencourt 62 29 Cd 46
76340 Béthencourt 76 37 Bd 49
80130 Béthencourt-sur-Mer 80 28 Bd 48
80190 Béthencourt-sur-Somme 80 39 Cf 50
36190 Bethenet 36 114 Bd 70
51490 Bétheniville 51 54 Ec 53
51450 Bétheny 51 53 Ea 53
55270 Béthincourt 55 55 Fb 53
86310 Béthines 86 113 Af 69
60320 Béthisy-Saint-Martin 60 52 Ce 53
60320 Béthisy-Saint-Pierre 60 52 Ce 53
09800 Bethmale 09 176 Ba 91
51260 Béthon 51 73 Dd 57
72610 Béthon 72 68 Aa 58
70400 Béthoncourt 70 94 Ge 63
62690 Bethonsart 62 29 Cd 46
28330 Béthonvilliers 28 69 Af 59
90150 Bethonvilliers 90 94 Gf 62
62400 Béthune 62 29 Cd 45
10500 Bétignicourt 10 74 Ec 58
65220 Betmont 65 163 Ab 89
77320 Béton-Bazoches 77 52 Db 56
70120 Betoncourt-les-Ménétriers 70 93 Fe 62
70210 Betoncourt-Saint-Pancras 70 93 Gb 61
70500 Betoncourt-sur-Mance 70 92 Fe 62
32110 Bétous 32 162 Aa 86
40550 Betoy 40 146 Ye 85
32730 Betplan 32 163 Ab 88
65120 Betpouey 65 175 Aa 91
65230 Betpouy 65 163 Ac 89
64350 Bétracq 64 162 Zf 87
67660 Betschdorf 67 58 Hf 55
54640 Bettainvillers 54 56 Ff 53
51330 Bettancourt-la-Longue 51 54 Ef 56
57220 Bettange 57 57 Gc 53
01500 Bettant 01 119 Fc 73
57930 Bettborn 57 57 Ha 56
88450 Bettegney-Saint-Brice 88 76 Gb 59
57640 Bettelainville 57 56 Gb 53
80290 Bettembos 80 38 Bf 50
80270 Bettencourt-Rivière 80 28 Bf 49
80610 Bettencourt-Saint-Ouen 80 38 Ca 48
68560 Bettendorf 68 95 Hb 63
65130 Bettes 65 163 Ab 90
76190 Betteville 76 36 Ae 51
59600 Bettignies 59 31 Df 47
57480 Betting 57 44 Gd 52
57800 Betting 57 57 Ge 54
68480 Bettlach 68 95 Hc 63
35830 Betton 35 65 Yc 59
73390 Betton-Bettonet 73 132 Gb 75
88500 Bettoncourt 88 76 Ga 58
52230 Bettoncourt-le-Haut 52 75 Fb 58
59570 Bettrechies 59 31 De 47
57510 Bettring 57 57 Gf 54
57410 Bettviller 57 58 Hb 54
67320 Bettwiller 67 57 Hb 55
60620 Betz 60 52 Cf 54
37600 Betz-le-Château 37 100 Af 67
62150 Beugin 62 29 Cd 46
62450 Beugnâtre 62 30 Cf 48
85400 Beugné-L'Abbé 85 110 Ye 70
02210 Beugneux 02 52 Dc 53
59216 Beugnies 59 31 Ea 48
89570 Beugnon 89 73 De 60
79160 Beugnon-Thireuil 79 110 Zc 69
62124 Beugny 62 30 Cf 48
06470 Beuil 06 158 Gf 84
70310 Beulotte-la-Guillaume 70 94 Gd 61
70310 Beulotte-Saint-Laurent 70 94 Ge 61
25720 Beure 25 107 Ga 65
10140 Beurey 10 74 Ec 59
21320 Beurey-Bauguay 21 105 Ec 65
55000 Beurey-sur-Saulx 55 55 Fa 56
63220 Beurières 63 129 De 76
21350 Beurizot 21 91 Ec 64
17250 Beurlay 17 122 Zb 73
56130 Beurnais 56 81 Xe 64
52110 Beurville 52 74 Ee 59
64390 Beüsse 64 161 Za 88
62170 Beussent 62 28 Be 45
64800 Beuste 64 162 Ze 89
62170 Beutin 62 28 Be 46
33700 Beutre 33 134 Zb 80
57100 Beuvange-sous-Saint-Michel 57 43 Ga 52
02130 Beuvardes 02 53 Dc 54
54620 Beuveille 54 43 Fe 52
54115 Beuvezin 54 76 Ff 58
76890 Beuville 76 37 Ba 50
14100 Beuvillers 14 48 Ab 54
54560 Beuvillers 54 43 Ff 52
80700 Beuvraignes 80 39 Ce 51
62250 Beuvrequen 62 26 Be 44
76220 Beuvreuil 76 38 Bd 51
50420 Beuvrigny 50 47 Yf 55
58210 Beuvron 58 89 Dc 64
14430 Beuvron-en-Auge 14 35 Zf 53
62660 Beuvry 62 29 Ce 45
59310 Beuvry-la-Forêt 59 30 Db 46
57580 Beux 57 56 Gb 55
86120 Beuxes 86 99 Ab 66
29120 Beuzec 29 78 Ve 61
29790 Beuzec-Cap-Sizun 29 61 Vc 60
29900 Beuzec-Conq 29 78 Wa 61
27210 Beuzeville 27 48 Ac 52
50480 Beuzeville-au-Plain 50 34 Ye 52
50360 Beuzeville-la-Bastille 50 46 Yd 52
76850 Beuzeville-la-Giffarde 76 37 Bb 51
76210 Beuzeville-la-Grenier 76 36 Ac 51
76450 Beuzeville-la-Guérard 76 36 Ad 50
76210 Beuzevillette 76 36 Ad 51
57175 Bevange 57 56 Ga 53
38690 Bévenais 38 131 Fc 76
70110 Beveuge 70 94 Gc 63
57645 Béville 57 56 Gb 54
28700 Béville-le-Comte 28 70 Be 58
59217 Bévillers 59 30 Dc 48
04200 Bevons 04 157 Ff 83
21220 Bévy 21 106 Ef 65
01290 Bey 01 118 Ef 71
71620 Bey 71 106 Ef 68
33450 Beychac-et-Caillau 33 135 Zd 79
33250 Beychevelle 33 134 Zb 78
40370 Beylongue 40 147 Zb 85
15170 Beynac 15 140 Cf 78
87700 Beynac 87 125 Bb 74
24220 Beynac-et-Cazenac 24 137 Ba 79
19250 Beynat 19 126 Ca 75
19190 Beynat 19 138 Be 78
04270 Beynes 04 157 Gb 85
13104 Beynes 13 169 Ee 87
78650 Beynes 78 50 Bf 55
19250 Beynette 19 126 Ca 75
01700 Beynost 01 130 Fa 73
65410 Beyrede-Jumet-Camous 65 175 Ac 91
65410 Beyrede-Jumet-Camous 65 175 Ac 91
57570 Beyren-lès-Sierck 57 44 Gb 52
40440 Beyres 40 160 Yd 87
64230 Beyrie-en-Béarn 64 162 Zd 88
40700 Beyries 40 161 Zc 87
64120 Beyrie-sur-Joyeuse 64 161 Yf 89
19230 Beyssac 19 125 Bc 76
19390 Beyssac 19 126 Bf 76
43320 Beyssac 43 141 De 78
47200 Beyssac 47 136 Aa 81
19230 Beyssenac 19 125 Bb 76
54760 Bey-sur-Seille 54 56 Gb 56
33230 Beytoure 33 135 Zf 78
12700 Bez 12 138 Ca 81
09100 Bézac 09 165 Bd 90
24240 Bézage 24 136 Ac 80
36340 Bézagette 36 101 Be 69
77970 Bezalles 77 52 Db 56
12190 Bézamat 12 139 Ce 81
76220 Bézancourt 76 38 Bd 52
54370 Bézange-la-Grande 54 57 Gc 56
57630 Bezange-la-Petite 57 57 Gd 56
51430 Bezannes 51 53 Df 53
06510 Bézaudun 06 158 Ha 86
26460 Bézaudun-sur-Bine 26 143 Fb 81
54380 Bezaumont 54 56 Ga 55
21310 Bèze 21 92 Fb 64
19170 Bezeau 19 126 Bf 75
24220 Bézenac 24 137 Ba 79
80640 Bézencourt 80 38 Bf 49
03170 Bézenet 03 115 Cf 71
32130 Bézéril 32 164 Af 87
24550 Bezet 24 137 Ba 81
30120 Bez-et-Esparon 30 153 Dd 85
34500 Béziers 34 167 Db 88
40110 Bezin 40 147 Zb 84
62650 Bezinghem 62 28 Be 45
31440 Bezins-Garraux 31 176 Ae 91
32310 Bezolles 32 148 Ab 86
12340 Bezonnes 12 152 Cd 82
95100 Bezons 95 51 Cb 55
30320 Bezouce 30 154 Ec 85
21310 Bézouotte 21 92 Fb 64
30450 Bézout 30 154 Df 82
83136 Bezud 83 171 Ff 88
32140 Bézues-Bajon 32 163 Ad 88
27480 Bézu-la-Forêt 27 38 Bd 52
02310 Bézu-le-Guéry 02 52 Db 54
27660 Bézu-Saint-Eloi 27 50 Be 53
02400 Bézu-Saint-Germain 02 52 Dc 54
09800 Biac 09 176 Af 91
80200 Biaches 80 39 Cf 49
62118 Biache-Saint-Vaast 62 30 Cf 47
63750 Bialon 63 127 Cd 75
39290 Biame 39 106 Fc 66
25520 Bians-les-Usiers 25 108 Gb 67
86580 Biard 86 112 Ab 69
46230 Biargues 46 150 Bd 82
80190 Biarre 80 39 Cf 50
64200 Biarritz 64 160 Yc 88
40390 Biarrotte 40 160 Ye 87
46130 Biars 46 138 Bf 79
46130 Biars-sur-Cère 46 138 Bf 79
88470 Biarville 88 77 Gf 58
40170 Bias 40 146 Ye 84
47300 Bias 47 149 Ae 82
42380 Biaud 42 129 Ea 76
40390 Biaudos 40 160 Ye 87
87500 Biaugeas 87 125 Bb 75
81190 Bibel 81 151 Cb 84
57870 Biberkirch 57 57 Ha 57
57320 Bibiche 57 44 Gc 53
67360 Biblisheim 67 58 He 55
69690 Bibost 69M 130 Ed 74
94800 Bicêtre 94 51 Cc 56
43800 Bichaix 43 141 Df 78
02300 Bichancourt 02 40 Db 51
01480 Bicheron 01 118 Ee 72
58110 Biches 58 104 Dd 66
87290 Bicheuil 87 113 Bb 72
31530 Bichou 31 164 Bb 87
57635 Bickenholtz 57 57 Hb 56
63460 Bicon 63 116 Db 72
54200 Bicqueley 54 56 Ff 57
64520 Bidache 64 161 Yf 88
64780 Bidarray 64 160 Yd 89
64210 Bidart 64 160 Yc 88
57260 Bidestroff 57 57 Ge 55
57660 Biding 57 57 Ge 54
07700 Bidon 07 155 Ed 82
88170 Biécourt 88 76 Ff 59
68480 Biederthal 68 95 Hc 64
39150 Bief-des-Maisons 39 107 Ga 68
39250 Bief-du-Fourg 39 107 Ga 68
39800 Biefmorin 39 107 Fd 67
62450 Biefvillers-lès-Bapaume 62 30 Ce 48
09140 Bielle 09 177 Bb 92
64260 Bielle 64 174 Zd 90
76210 Bielleville 76 36 Ac 51
17600 Bien-Assis 17 122 Yf 74
80140 Biencourt 80 38 Be 49
55290 Biencourt-sur-Orge 55 75 Fc 57
28120 Bienfol 28 69 Bb 58
87600 Biennac 87 125 Af 74
76850 Biennais 76 37 Ba 51
62570 Bientques 62 29 Cb 44
60280 Bienville 60 39 Ce 52
62111 Bienvillers-au-Bois 62 29 Cd 47
77750 Biercy 77 52 Da 55
32160 Bières-d'Armagnac 32 162 Aa 87
08300 Biermes 08 41 Ec 52
60490 Biermont 60 39 Ce 51
10800 Bierne 10 73 Ea 59
53290 Bierné 53 84 Zc 62
59380 Bierne 59 27 Cc 43
53290 Bierné-les-Villages 53 83 Zc 62
61160 Bierre 61 48 Zf 55
21390 Bierre-lès-Semur 21 90 Eb 64
89200 Bierry 89 90 Df 63
89420 Bierry-les-Belles-Fontaines 89 90 Eb 63
09320 Biert 09 177 Bb 91
76750 Bierville 76 37 Bb 51
68600 Biesheim 68 60 Hd 60
52340 Biesles 52 75 Fb 60
67720 Bietlenheim 67 58 He 56
33210 Bieujac 33 135 Zf 81
02290 Bieuxy 02 40 Db 52
56330 Bieuzy-Lanvaux 56 80 Xa 62
50160 Biéville 50 47 Za 54
14112 Biéville-Beuville 14 47 Ze 53
14270 Biéville-en-Auge 14 35 Zf 54
14270 Biéville-Quétiéville 14 35 Zf 54
02860 Bièvres 02 40 De 52
08370 Bièvres 08 42 Fb 51
91570 Bièvres 91 51 Cb 56
88430 Biffontaine 88 77 Ge 59
40410 Biganon 40 147 Zb 82
33380 Biganos 33 134 Za 81
24260 Bigaroque 24 137 Af 79
16170 Bignac 16 123 Aa 74
33230 Bignac 33 135 Zf 78
56500 Bignan 56 80 Xb 61
17400 Bignay 17 110 Zc 73
08310 Bignicourt 08 41 Ec 52
51300 Bignicourt-sur-Marne 51 54 Ed 56
51340 Bignicourt-sur-Saulx 51 54 Ee 56
35000 Bignon 35 65 Yb 60
86800 Bignoux 86 100 Ac 69
20252 Bigorno CTC 181 Kb 93
20620 Biguglia CTC 181 Kc 93
02490 Bihécourt 02 40 Da 49
62121 Bihucourt 62 30 Ce 48
44117 Bilac 44 81 Xe 65
79100 Bilazais 79 99 Zf 67
43000 Bilhac 43 141 Df 78
64260 Bilhères 64 174 Zd 90
28170 Bilheux 28 69 Bc 57
20100 Bilia CTC 184 If 99
19120 Billac 19 138 Be 79
24320 Billac 24 124 Ac 76
28190 Billancelles 28 69 Bb 58
80190 Billancourt 80 39 Cf 50
92170 Billancourt 92 51 Cb 56
35133 Billé 35 66 Ye 59
39250 Billecul 39 107 Ga 68
55100 Billemont 55 55 Fc 54
60890 Billemont 60 52 Da 53
64140 Billère 64 162 Zd 89
21130 Billey 21 106 Fc 66
03120 Billezois 03 116 Dd 71
22230 Billiaie 22 64 Xe 59
01200 Billiat 01 119 Fe 72
73170 Billième 73 132 Fe 74
56190 Billiers 56 81 Xd 63
01300 Billieu 01 131 Fe 74
56420 Billio 56 80 Xc 61
56190 Billion 56 80 Xc 63
63160 Billom 63 128 Dc 74
52220 Billory 52 74 Ee 58
46270 Billoux 46 138 Ca 81
03260 Billy 03 116 Dc 71
14370 Billy 14 48 Ze 54
41130 Billy 41 86 Bd 65
79600 Billy 79 98 Ze 68
62138 Billy-Berclau 62 30 Cf 45
58270 Billy-Chevannes 58 104 Dc 66
51400 Billy-le-Grand 51 53 Eb 54
21450 Billy-lès-Chanceaux 21 91 Ee 63
62420 Billy-Montigny 62 30 Cf 46
55210 Billy-sous-les-Côtes 55 55 Fe 54
55230 Billy-sous-Mangiennes 55 43 Fd 53
02200 Billy-sur-Aisne 02 40 Dc 52
58500 Billy-sur-Oisy 58 89 Dc 64
02210 Billy-sur-Ourcq 02 52 Db 53
33770 Bilos 33 134 Za 81
62570 Bilques 62 29 Cb 44
68340 Bilsteinthal 68 60 Hb 59
68127 Biltzheim 68 60 Hc 61
67170 Bilwisheim 67 58 Hd 56
20100 Bilzese CTC 184 Ka 99
62650 Bimont 62 28 Bf 45
39570 Binans 39 107 Fd 69
51800 Binarville 51 54 Ef 53
41240 Binas 41 86 Bc 61
67600 Bindernheim 67 60 Hd 59
36150 Binfou 36 101 Be 66
21270 Binges 21 92 Fb 65
57410 Bining 57 58 Hb 54
50390 Biniville 50 33 Yd 52
31440 Binos 31 176 Ad 91
51700 Binson-et-Orquigny 51 53 De 54
46500 Bio 46 138 Be 80
82000 Bio 82 150 Bc 85
74500 Bioge 74 120 Gd 71
38690 Biol 38 131 Fc 76
63640 Biollet 63 115 Ce 73
50140 Bion 50 66 Za 57
57170 Bioncourt 57 56 Gc 56
74170 Bionnay 74 133 Ge 73
57220 Bionville-sur-Nied 57 57 Gc 54
73540 Biorges 73 132 Gc 75
06410 Biot 06 173 Ha 87
81260 Biot 81 166 Cd 87
82800 Bioule 82 150 Bd 84
12500 Biounac 12 139 Ce 82
16700 Bioussac 16 112 Ab 72
07130 Biousse 07 142 Ee 79
03800 Biozat 03 116 Db 72
16120 Birac 16 123 Zf 75
33430 Birac 33 147 Zf 82
82000 Birac 82 150 Bc 84
47200 Birac-sur-Trec 47 136 Ab 82
32350 Biran 32 163 Ac 86
24310 Biras 24 124 Ad 77
24220 Birat 24 137 Ba 79
33840 Biret 33 148 Zf 83
64700 Biriatou 64 160 Yb 88
01330 Birieux 01 118 Fa 73
67440 Birkenwald 67 58 Hb 57
67160 Birlenbach, Drachenbronn- 67 58 Hf 55
17800 Biron 17 123 Zd 75
24540 Biron 24 137 Af 81
40600 Biscarrosse 40 146 Yf 82
40600 Biscarrosse-Plage 40 146 Ye 82
64120 Biscay 64 161 Yf 88
67800 Bischheim 67 60 He 57
67340 Bischholtz 67 58 Hd 55
67870 Bischoffsheim 67 60 Hc 58
67260 Bischtroff-sur-Sarre 67 57 Ha 55
68320 Bischwihr 68 60 Hc 60
67240 Bischwiller 67 58 He 56
64190 Bisdueys 64 161 Za 89
07530 Bise 07 142 Ec 80
74360 Bise 74 121 Ge 70
68580 Bisel 68 95 Hb 63
20112 Bisene CTC 185 Ka 99
20128 Bisinao CTC 184 If 97
20235 Bisinchi CTC 181 Kb 94
55300 Bislée 55 55 Fc 55
28150 Bisseau 28 70 Bd 59
67260 Bissert 67 57 Ha 55
51150 Bisseuil 51 53 Ea 54
21520 Bissey-la-Côte 21 91 Ee 61
21330 Bissey-la-Pierre 21 91 Ec 61
71390 Bissey-sous-Cruchaud 71 105 Ee 68
59380 Bissezeele 59 27 Cc 43
14370 Bissières 14 35 Zf 54
02830 Bissy 02 41 Ea 49
71260 Bissy-la-Mâconnaise 71 118 Ee 70
71460 Bissy-sous-Uxelles 71 118 Ee 69
71460 Bissy-sur-Fley 71 105 Ed 69
47400 Bistauzac 47 136 Ab 82
57220 Bisten-en-Lorraine 57 57 Gd 54
57660 Bistroff = Bischdorf 57 57 Ge 55
57230 Bitche = Bitsch 57 58 Hc 54
33730 Biton 33 135 Zd 82
45300 Bitry 45 71 Cb 59
58310 Bitry 58 89 Da 64
60350 Bitry 60 40 Da 52
67350 Bitschhoffen 67 58 Hd 55
68620 Bitschwiller-lès-Thann 68 94 Ha 62
32380 Bivès 32 149 Ae 85
38330 Biviers 38 132 Fe 77
50440 Biville 50 33 Yb 51
76890 Biville-la-Baignarde 76 37 Ba 50
76730 Biville-la-Rivière 76 37 Af 50
76630 Biville-sur-Mer 76 37 Bb 49
61190 Bivilliers 61 68 Ad 57
AD600 Bixessarri □ AND 177 Bc 94
30420 Bizac 30 154 Eb 86
43370 Bizac 43 141 De 79
60130 Bizancourt 60 39 Cc 52
11200 Bizanet 11 167 Cf 90
64320 Bizanos 64 162 Zd 89
52500 Bize 52 92 Fd 61
65150 Bize 65 175 Ac 90
11120 Bize-Minervois 11 167 Cf 89
03170 Bizeneuille 03 115 Ce 70
01290 Biziat 01 118 Ef 71
57480 Bizing 57 44 Gd 52
56250 Bizole 56 80 Xc 62
79120 Bizon 79 111 Zf 71
38690 Bizonnes 38 131 Fc 76
61290 Bizou 61 69 Ae 58
65150 Bizous 65 163 Ac 90
41240 Bizy 41 86 Bd 61
84750 Blace 84 156 Fc 85
69460 Blacé 69D 118 Ed 72
69460 Blaceret 69D 118 Ee 72
05230 Blache 05 144 Gb 81
60650 Blacourt 60 38 Bf 52
76190 Blacqueville 76 37 Af 51
51300 Blacy 51 54 Ed 56
89440 Blacy 89 90 Ea 63
67113 Blaesheim 67 60 Hd 57
31700 Blagnac 31 164 Bc 87
08110 Blagny 08 42 Fb 51
21310 Blagny-sur-Vingeanne 21 92 Fc 64
33138 Blagon 33 134 Za 80
33190 Blaignac 33 135 Zf 81
33340 Blaignan 33 122 Za 77
33340 Blaignan-Prignac 33 122 Za 77
44130 Blain 44 82 Yb 64
60460 Blaincourt 60 51 Cc 53
10500 Blaincourt-sur-Aube 10 74 Ec 58
76116 Blainville-Crevon 76 37 Bb 51
54360 Blainville-sur-L'Eau 54 76 Gc 57
50560 Blainville-sur-Mer 50 46 Yc 54
14550 Blainville-sur-Orne 14 47 Ze 53
62173 Blairville 62 29 Ce 47
08400 Blaise 08 42 Ed 52
52330 Blaise 52 74 Ef 59
51300 Blaise-sous-Arzillières 51 54 Ed 56
51300 Blaise-sous-Hauteville 51 74 Ee 57
52330 Blaisy 52 75 Ef 59
21540 Blaisy-Bas 21 91 Ee 64
21540 Blaisy-Haut 21 91 Ee 64
07000 Blaizac 07 142 Ec 80
31350 Blajan 31 163 Ad 89
48320 Blajoux 48 153 Dc 82
17700 Blameré 17 110 Za 72
25310 Blamont 25 94 Gf 64
54450 Blâmont 54 77 Gf 57
81700 Blan 81 165 Ca 87
46500 Blanat 46 138 Be 80
01230 Blanaz 01 119 Fc 73
12360 Blanc 12 167 Cf 86
24440 Blanc 24 136 Ae 80
33340 Blanc 33 122 Yf 77
18410 Blancafort 18 88 Cd 63
21320 Blancey 21 91 Ec 65
60120 Blancfossé 60 38 Cb 51
59223 Blanc-Four 59 30 Da 44
57260 Blanche Église 57 57 Ge 56
91530 Blancheface 91 71 Ca 57
08290 Blanchefosse-et-Bay 08 41 Eb 50
44521 Blanche-Lande 44 82 Ye 64
67130 Blancherupt 67 77 Hb 58
52700 Blancheville 52 75 Fb 59
31220 Blancotte 31 164 Ba 89
62370 Blanc-Pignon 62 27 Ca 43
51130* Blancs-Coteaux 51 53 Df 55
28120 Blandainville 28 69 Bb 59
30770 Blandas 30 153 Dd 85
38730 Blandin 38 131 Fc 76
31310 Blandy 31 164 Bb 90
77115 Blandy 77 72 Ce 57
91150 Blandy 91 71 Cb 59
62270 Blangerval-Blangermont 62 29 Cb 47
80430 Blangiel 80 38 Be 50
14130 Blangy-le-Château 14 48 Ab 53
80290 Blangy-sous-Poix 80 38 Ca 50
76340 Blangy-sur-Bresle 76 38 Bd 49
62770 Blangy-sur-Ternoise 62 29 Cb 46
80440 Blangy-Tronville 80 39 Cc 49
43800 Blanlhac 43 129 Df 78
22600 Blanlin 22 64 Xb 60
89200 Blannay 89 90 De 63
21430 Blanot 21 105 Eb 65
71250 Blanot 71 118 Ee 70
32270 Blanquefort 32 164 Ae 86
32600 Blanquefort 32 164 Ba 87
33290 Blanquefort 33 134 Zc 79
47500 Blanquefort-sur-Briolance 47 137 Af 81
28500 Blanville 28 50 Bc 56

71870 Blany 71 118 Ee 70
24640 Blanzac 24 125 Af 77
43350 Blanzac 43 141 Df 78
87300 Blanzac 87 113 Ba 72
17160 Blanzac-lès-Matha 17 123 Zd 73
16250 Blanzac-Porcheresse 16 123 Aa 76
46200 Blanzaguet 46 138 Bd 79
16320 Blanzaguet-Saint-Cybard 16 124 Ab 76
63112 Blanzat 63 128 Da 74
86400 Blanzay 86 112 Ab 71
17470 Blanzay-sur-Boutonne 17 111 Zd 72
55400 Blanzée 55 55 Fd 54
71450 Blanzy 71 105 Ec 68
08190 Blanzy-la-Salonnaise 08 41 Eb 52
02160 Blanzy-lès-Fismes 02 53 De 52
60220 Blargies 60 38 Be 50
25640 Blarians 25 93 Gb 64
59173 Blaringhem 59 29 Cc 44
04120 Blaron 04 158 Gd 85
46330 Blars 46 138 Be 81
78270 Blaru 78 50 Bc 54
48000 Blasièges 48 140 Dc 82
33540 Blasimon 33 135 Zf 80
86170 Blaslay 86 99 Ab 68
43380 Blassac 43 140 Dc 77
81360 Blaucau 81 166 Cc 86
23140 Blaudeix 23 114 Ca 71
38690 Blaune 38 131 Fc 76
06440 Blausasc 06 159 Hc 86
84570 Blauvac 84 155 Fb 84
12440 Blauzac 12 151 Cb 83
30700 Blauzac 30 154 Ec 85
23700 Blavepeyre 23 115 Cc 72
19190 Blavignac 19 138 Be 78
48200 Blavignac 48 140 Db 79
62810 Blavincourt, Beaufort- 62 29 Cc 47
43700 Blavozy 43 141 Df 78
14400 Blay 14 47 Za 53
12170 Blaye 12 151 Cc 84
33390 Blaye 33 134 Zc 78
33113 Blaye 33 135 Zc 81
81400 Blaye-les-Mines 81 151 Ca 84
47470 Blaymont 47 149 Af 83
32100 Blaziert 32 148 Ac 85
52300 Blécourt 52 75 Fa 58
59268 Blécourt 59 30 Db 47
04120 Blégiers 04 157 Gc 83
39110 Blegny 39 107 Ff 67
50500 Bléhou 50 46 Yd 53
89230 Bleigny-le-Carreau 89 89 De 61
54450 Blémerey 54 77 Ge 57
88500 Blémerey 88 76 Ga 58
62575 Blendecques 62 29 Cb 44
89220 Bléneau 89 88 Cf 62
77940 Blennes 76 72 Da 59
54700 Blénod-lès-Pont-à-Mousson 54 56 Ga 55
54113 Blénod-lès-Toul 54 76 Fe 57
60240 Bléquencourt 60 51 Ca 53
62380 Bléquin 62 28 Bf 45
02300 Bérancourdelle 02 40 Da 51
02300 Blérancourt 02 40 Da 51
55120 Blercourt 55 55 Fb 54
37150 Bléré 37 86 Af 65
62231 Blériot-Plage 62 27 Be 43
35750 Bléruais 35 65 Xf 60
33670 Blésignac 33 135 Ze 80
43450 Blesle 43 128 Db 77
02400 Blesmes 02 52 Dc 54
51340 Blesms 51 54 Ee 56
23200 Blessac 23 114 Ca 73
21690 Blessey 21 91 Ee 64
52120 Blessonville 52 75 Fa 60
62120 Blessy 62 29 Cb 45
18350 Blet 18 103 Ce 67
39140 Bletterans 39 106 Fc 68
43000 Bleu 43 141 De 78
88410 Bleurville 88 76 Ff 60
89110 Bleury 89 89 Dc 61
88320 Blévaincourt 88 75 Fe 60
72600 Blèves 72 68 Ac 58
45300 Bléville 45 71 Cb 59
28170 Blévy 28 49 Bb 57
12240 Bleys 12 151 Cb 83
81170 Bleys 81 151 Bf 84
60860 Blicourt 60 38 Ca 51
67650 Blienschwiller 67 60 Hc 58
57200 Bliesbruck 57 57 Hb 54
57200 Blies-Ebersing 57 57 Ha 54
57200 Blies-Guersviller 57 57 Ha 54
57200 Blies-Schweyen 57 57 Ha 54
04330 Blieux 04 157 Gc 85
10500 Blignicourt 10 74 Ed 58
10200 Bligny 10 74 Ed 59
51170 Bligny 51 53 Df 53
58270 Bligny 58 103 Dc 66
89210 Bligny-en-Othe 89 73 Dd 60
21200 Bligny-lès-Beaune 21 106 Ee 67
21440 Bligny-le-Sec 21 91 Ee 64
21360 Bligny-sur-Ouche 21 105 Ee 66
60190 Blincourt 60 39 Cd 52
62770 Blingel 62 29 Ca 46
53320 Blinière-Rogat, la 53 66 Za 60
24330 Blis-et-Born 24 137 Af 77
58120 Blismes 58 104 De 66
53400 Blochet 53 83 Za 61
68740 Blodelsheim 68 95 Hd 61
41000 Blois 41 86 Bb 63
39210 Blois-sur-Seille 39 107 Fe 68
11700 Blomac 11 166 Cd 89
03390 Blomard 03 115 Cf 71
08260 Blombay-Morency 08 41 Ec 50
56800 Blond 56 81 Xd 61
87300 Blond 87 113 Ba 72
70500 Blondefontaine 70 93 Ff 61
14910 Blonville 14 36 Aa 53
14910 Blonville-sur-Mer 14 48 Aa 52
36120 Blord 36 101 Bf 68
76460 Blosseville 77 36 Ae 49
50480 Blosville 50 46 Ye 52
63440 Blot-L'Église 63 115 Cf 72
68730 Blotzheim 68 95 Hc 63
49160 Blou 49 84 Zf 64
32230 Blousson-Sérian 32 163 Ab 88
03320 Bloux 03 103 Cf 68
74150 Bloye 74 132 Ff 74
74290 Bluffy 74 132 Gb 73
52110 Blumeray 52 74 Ef 58
77171 Blunay 76 72 Dc 57
25250 Blussans 25 94 Gd 64
39130 Blye 39 107 Fe 69
01150 Blyes 01 131 Fb 73
64160 Boast 64 162 Ze 88
12360 Bobes 12 167 Da 86
93000 Bobigny 93 51 Cc 55
22100 Bobital 22 65 Xf 58
20137 Bocca di l'Oru CTC 185 Kb 99
49150 Bocé 49 84 Zf 63
57220 Bockange 57 56 Gc 53
20136 Bocognano CTC 182 Ka 96
88270 Bocquegney 88 76 Gb 59
61550 Bocquence 61 48 Ac 56
56350 Bocquéreux 56 81 Xe 63
56390 Bodéan 56 80 Xa 62
22210 Bodéléno 22 64 Xc 60
56370 Bodérin 56 80 Xb 63
29460 Bodévintin 29 62 Ve 58
29400 Bodilis 29 62 Vf 57
03270 Bodiment 03 116 Dd 72
56930 Bodion 56 64 Xa 61
29540 Bodizel 29 63 Wb 59
56480 Boduic 56 79 Wf 60
47550 Boé 47 149 Ad 84
61560 Boëcé 61 68 Ac 57
74420 Boëge 74 120 Gc 71
64510 Boeil-Bezing 64 162 Ze 89
42130 Boën 42 129 Ea 74
03450 Boënat 03 115 Cf 71
80870 Boëncourt 80 28 Be 48
67530 Bærsch 67 60 Hc 58
59299 Boeschepe 59 30 Ce 44
59189 Boëseghem 59 29 Cc 45
67390 Bœsenbiesen 67 60 Hd 59
45390 Boësse 45 71 Cc 60
79150 Boësse 79 98 Zd 67
72400 Boëssé-le-Sec 72 68 Ad 60
89770 Bœurs-en-Othe 89 73 De 60
62390 Boffles 62 29 Cb 47
07440 Boffres 07 142 Ee 79
74250 Bogève 74 120 Gc 71
08120 Bogny-sur-Meuse 08 42 Ee 49
63750 Bogros 63 127 Cd 75
07340 Bogy 07 130 Ee 77
02110 Bohain-en-Vermandois 02 40 Dc 49
56140 Bohal 56 81 Xd 62
29820 Bohars 29 61 Vc 58
01250 Bohas 01 119 Fc 72
28130 Boigneville 28 70 Bd 57
91720 Boigneville 91 71 Cc 58
45760 Boigny-sur-Bionne 45 87 Ca 61
65150 Boila 65 163 Ac 90
28310 Boinville 28 70 Be 59
28700 Boinville-au-Chemin 28 70 Bd 58
78930 Boinville-en-Mantois 78 50 Be 55
55400 Boinville-en-Woëvre 55 55 Fe 53
78660 Boinville-le-Gaillard 78 70 Bf 58
78200 Boinvilliers 78 50 Bd 55
07690 Boiray 07 130 Ed 77
58110 Boire 58 104 Dd 67
44450 Boire-Courant 44 97 Yd 65
48600 Boirelac 48 140 Dd 80
28200 Boirreville 28 69 Bc 60
56460 Boiry 56 81 Xd 62
62156 Boiry-Notre-Dame 62 30 Cf 47
62175 Boiry-Saint-Martin 62 29 Ce 47
17240 Bois 17 122 Zc 76
64270 Bois 64 161 Za 88
27330 Bois-Anzeray 27 49 Ae 55
27250 Bois-Arnault 27 49 Ae 56
60650 Bois-Aubert 60 38 Bf 51
85310 Bois-aux-Moines 85 97 Ye 68
23290 Bois-Auzareix 23 113 Bd 72
77510 Bois-Baudry 76 52 Db 55
86170 Bois-Baudry 86 99 Zf 68
18250 Boisbelle 18 88 Cd 65
80600 Boisbergues 80 29 Cb 48
62320 Bois-Bernard 62 30 Cf 46
37270 Bois-Bidault 37 85 Af 65
03250 Bois-Blanc 03 116 Dd 72
16480 Boisbreteau 16 123 Zf 77
71210 Bois-Bretoux 71 105 Ec 68
61570 Boischampré 61 48 Zf 56
41320 Bois-Chavant 41 87 Bf 65
45340 Boiscommun 45 71 Cc 60
39220 Bois-d'Amont 39 120 Ga 69
29370 Bois-Daniel 29 78 Wa 60
78390 Bois-d'Arcy 78 51 Ca 56
89660 Bois-d'Arcy 89 89 De 63
19410 Bois-de-Bourzat 19 125 Bc 76
85710 Bois-de-Céné 85 96 Ya 67
88600 Bois-de-Champ 88 77 Ge 59
28800 Bois-de-Feugères 28 70 Bc 59
39230 Bois-de-Grand 39 106 Fd 68
85330 Bois-de-la-Chaise 85 96 Xe 66
16480 Bois-Delage 16 123 Zf 76
31390 Bois-de-la-Pierre 31 164 Ba 88
29610 Bois-de-la-Roche 29 62 Wb 57
28630 Bois-de-Mivoie 28 70 Bc 58
76160 Bois-d'Ennebourg 77 37 Bb 52
70200 Bois-Derrière 70 94 Gc 62
63460 Bois-des-Lapins 63 115 Da 72
76390 Bois-des-Puits 77 38 Be 50
03120 Bois-Dieu 03 116 Dd 72
62500 Boisdinghem 62 27 Ca 44
77970 Boisdon 76 52 Db 56
12780 Bois-du-Four 12 152 Cf 83
27150 Boisemont 27 50 Bc 53
95000 Boisemont 95 51 Bf 54
62610 Bois-en-Ardres 62 27 Bf 43
28270 Bois-Fautray 28 49 Ba 56
44680 Bois-Flamberge 44 96 Yb 66
49610 Bois-Garreau 49 83 Zc 65
28220 Boisgasson 28 69 Ba 60
76780 Bois-Gaultier 77 37 Bc 51
35360 Boisgervilly 35 65 Xf 60
58150 Bois-Gibault 58 88 Cf 65
37370 Bois-Girault 37 85 Ad 63
59280 Bois-Grenier 59 30 Cf 45
50500 Bois-Grimot 50 34 Ye 53
76750 Bois-Guilbert 77 37 Bc 51
35134 Bois-Guy, le 35 82 Yd 61
14220 Bois-Halbout 14 47 Zd 55
76750 Bois-Héroult 77 37 Bc 51
91150 Bois-Herpin 91 71 Cb 58
76190 Bois-Himont 77 36 Ae 51
27620 Bois-Hubert 27 49 Af 54
76590 Bois-Hulin 77 37 Ba 50
49500 Bois II 49 83 Za 62
62170 Boisjean 62 28 Be 46
27620 Bois-Jérôme-Saint-Ouen 27 50 Bd 54
87190 Bois-Jeune 87 113 Bb 71
16490 Bois-Jura 16 112 Ac 72
41100 Bois-la-Barbe 41 86 Ba 62
07310 Bois-Lantal 07 142 Eb 79
27220 Bois-le-Roi 27 50 Bc 55
77590 Bois-le-Roi 76 71 Ce 58
02270 Bois-lès-Pargny 02 40 Dd 50
62175 Boisleux-au-Mont 62 30 Ce 47
62175 Boisleux-Saint-Marc 62 30 Ce 47
76160 Bois-l'Évêque 77 37 Bb 52
87160 Bois-Mandé 87 113 Bc 71
72560 Bois-Martin 72 68 Ab 61
79300 Boismé 79 98 Zd 68
27910 Bois Meigle 27 37 Bb 52
54620 Boismont 54 43 Fe 52
80230 Boismont 80 28 Be 48
45290 Boismorand 45 88 Ce 62
79110 Bois-Naudouin 79 111 Zf 72
16320 Boisné-La Tude 16 124 Ab 76
27800 Boisney 27 49 Ad 54
04250 Bois-Noir 04 157 Gb 82
27330 Bois-Normand-près-Lyre 27 49 Ae 55
79260 Boisragon 79 111 Ze 70
36120 Boisramier 36 102 Bf 68
18290 Bois-Ratier 18 102 Cb 67
80640 Boisrault 80 38 Bf 49
17150 Boisredon 17 123 Zc 77
18410 Bois-Renard 18 87 Cb 63
50200 Boisroger 50 46 Yc 54
77710 Boisroux 76 72 Cf 59
24170 Boissac 24 137 Ba 80
87110 Boissac 87 125 Bb 74
71800 Bois-Sainte-Marie 71 117 Ec 71
48170 Boissanfeuilles 48 141 De 81
28800 Boissay 28 70 Bd 59
45410 Boissay 45 70 Be 60
76660 Boissay 77 37 Bc 49
76750 Boissay 77 37 Bc 51
17390 Boisse 17 110 Zc 72
24560 Boisse 24 136 Ad 80
28120 Boisseau 28 69 Bb 58
41290 Boisseau 41 86 Bb 62
45480 Boisseaux 45 70 Bf 59
31230 Boissède 31 164 Ae 88
61570 Boissei-la-Lande 61 48 Aa 56
63122 Boisséjour 63 128 Da 74
42990 Boissel 42 129 Df 74
12300 Boisse-Penchot 12 139 Cb 81
36700 Boisse-Septier 36 101 Bb 67
43300 Boisserette 43 140 Dc 78
79360 Boisserolles 79 110 Zd 72
34160 Boisseron 34 154 Ea 86
15600 Boisset 15 139 Cb 80
30210 Boisset 30 154 Ec 85
34220 Boisset 34 166 Ce 88
43500 Boisset 43 129 Df 77
42210 Boisset-lès-Montrond 42 129 Eb 75
27120 Boisset-les-Prévanches 27 50 Bb 55
78910 Boissets 78 50 Bd 55
42560 Boisset-Saint-Priest 42 129 Ea 75
77350 Boissettes 76 71 Cd 57
63420 Boisseuge 63 128 Da 76
43450 Boisseuges 43 128 Db 77
17700 Boisseuil 17 110 Zb 72
24390 Boisseuilh 24 125 Bb 77
01190 Boissey 01 118 Ef 70
14170 Boissey 14 48 Aa 54
34390 Boissezon 34 167 Cf 87
81490 Boissezon 81 166 Cc 87
81320 Boissezon-de-Masviel 81 167 Cf 86
47110 Boissie 47 149 Ad 82
27220 Boissière 27 50 Bc 55
34150 Boissière 34 168 Dd 87
39240 Boissière 39 119 Fd 70
46330 Boissière 46 138 Be 81
53160 Boissière 53 67 Ze 59
30114 Boissières 30 154 Eb 86
43130 Boissières 43 129 Ea 77
46150 Boissières 46 137 Bc 81
77350 Boissise-la-Bertrand 76 71 Cd 57
77310 Boissise-le-Roi 76 71 Cd 57
30500 Boisson 30 154 Eb 83
28210 Boissy 28 50 Bd 56
56430 Boissy 56 64 Xd 61
77760 Boissy-aux-Cailles 76 71 Cd 59
60440 Boissy-Fresnoy 60 52 Cf 54
95650 Boissy-L'Aillerie 95 51 Ca 54
27300 Boissy-Lamberville 27 49 Ad 53
91690 Boissy-la-Rivière 91 71 Ca 58
60240 Boissy-le-Bois 60 50 Bf 53
27520 Boissy-le-Châtel 27 49 Ae 53
77169 Boissy-le-Châtel 76 52 Da 56
91590 Boissy-le-Cutte 91 71 Cb 58
51210 Boissy-le-Repos 51 53 Dd 55
91870 Boissy-le-Sec 91 70 Ca 58
28340 Boissy-lès-Perche 28 49 Af 56
61110 Boissy-Maugis 61 69 Ae 58
78200 Boissy-Mauvoisin 78 50 Bd 55
94470 Boissy-Saint-Léger 94 51 Cd 56
78490 Boissy-sans-Avoir 78 50 Be 56
91790 Boissy-sous-Saint-Yon 91 71 Cb 57
27240 Boissy-sur-Damville 27 49 Ba 55
35150 Boistrudan 35 66 Yd 61
44260 Boistuaud 44 82 Ya 64
13200 Boisverdun 13 169 Ee 88
16360 Bois-Vert 16 123 Ze 76
28150 Boisville-la-Saint-Père 28 70 Be 59
74570 Boisy 74 120 Ga 72
50800 Boisyvon 50 46 Yf 56
18120 Boitier 18 102 Ca 66
61500 Boitron 61 68 Ab 57
77750 Boitron 76 52 Db 55
86470 Boivre-la-Vallée 86 111 Aa 69
25330 Bolandoz 25 107 Ga 66
29640 Bolazec 29 63 Wc 58
76210 Bolbec 77 36 Ac 51
57570 Boler 57 44 Gb 52
84500 Bollène 84 155 Ee 83
50250 Bolleville 50 33 Yc 53
76210 Bolleville 77 36 Ad 51
59470 Bollezeele 59 27 Cb 43
68540 Bollwiller 68 95 Hb 61
52310 Bologne 52 75 Fa 59
22740 Boloï 22 63 Wf 56
01450 Bolozon 01 119 Fc 71
66210 Bolquère 66 178 Ca 93
67150 Bolsenheim 67 60 Hd 58
15170 Bolzat 15 140 Da 78
76110 Bomambusc 77 36 Ac 51
33121 Bombannes 33 134 Yf 78
48500 Bombes 48 152 Da 83
77720 Bombon 76 71 Cf 57
33210 Bommes 33 135 Zd 81
36120 Bommiers 36 102 Bf 68
37800 Bommiers 37 100 Ad 66
13510 Bompard 13 170 Fc 87
09400 Bompas 09 177 Bd 91
66430 Bompas 66 179 Cf 92
03160 Bomplein 03 103 Da 69
62960 Bomy 62 29 Cb 45
58330 Bona 58 104 Dc 66
35350 Bonaban 35 65 Ya 57
09800 Bonac-Irazein 09 176 Af 91
82230 Bonanech 82 150 Bd 85
32410 Bonas 32 148 Ac 86
12500 Bonauberg 12 139 Cf 81
59258 Bonavis 59 30 Db 48
01100 Bonaz 01 119 Fd 71
70150 Bonboillon 70 92 Fe 64
28150 Boncé 28 70 Bd 59
38290 Bonce 38 131 Fa 74
53960 Bonchamp-lès-Laval 53 67 Zb 60
02350 Boncour 02 41 Df 51
27120 Boncourt 27 50 Bb 54
28260 Boncourt 28 50 Bc 55
54800 Boncourt 54 56 Fe 53
21700 Boncourt-le-Bois 21 106 Ef 66
55200 Boncourt-sur-Meuse 55 55 Fd 56
45300 Bondaroy 45 71 Cb 59
25230 Bondeval 25 94 Gf 64
76400 Bondeville 77 36 Ac 50
58220 Bondieuse 58 89 Db 65
31340 Bondigoux 31 150 Bd 85
86130 Bondilly 86 100 Ac 68
17150 Bondou 17 123 Zc 77
91070 Bondoufle 91 71 Cc 57
59910 Bondues 59 30 Da 44
87510 Bondy 87 125 Ba 73
93140 Bondy 93 51 Cc 55
22110 Bonen 22 63 We 59
47240 Bon-Encontre 47 149 Ae 83
30450 Bonevaux 30 154 Ea 82
77720 Bonfruit 76 52 Cf 57
60000 Bongenoult 60 38 Ca 52
63160 Bongheat 63 128 Dc 74
63290 Bonhomme 63 116 Dd 73
48600 Boniac 48 141 Dd 80
20169 Bonifacio CTC 185 Ka 00
20100 Bonifazinca CTC 184 If 99
58140 Bonin 58 104 Df 65
60510 Bonlier 60 38 Ca 52
39130 Bonlieu 39 107 Ff 69
26160 Bonlieu-sur-Roubion 26 142 Ef 81
64240 Bonloc 64 160 Ye 88
23340 Bon-Martin 23 126 Bf 74
09100 Bonnac 09 165 Bd 89
15500 Bonnac 15 128 Da 77
87270 Bonnac-la-Côte 87 113 Bb 73
63620 Bonnafond 63 127 Cd 74
25680 Bonnal 25 93 Gc 63
48100 Bonnalbert 48 140 Da 81
59242 Bonnance 59 30 Db 45
19370 Bonnat 19 126 Be 75
23220 Bonnat 23 114 Bf 71
63310 Bonnat 63 116 Dc 73
74140 Bonnatrait 74 120 Gc 71
39190 Bonnaud 39 106 Fc 69
25870 Bonnay 25 93 Ga 64
71460 Bonnay 71 118 Ed 69
80800 Bonnay 80 39 Cd 49
74380 Bonne 74 120 Gb 71
36500 Bonneau 36 101 Bc 67
27500 Bonnebos 27 36 Ad 52
14340 Bonnebosq 14 35 Aa 53
58190 Bonneçon 58 89 De 64
52360 Bonnecourt 52 75 Fc 61
45460 Bonnée 45 88 Cc 62
38090 Bonnefamille 38 131 Fa 75
61270 Bonnefoi 61 49 Ad 56
12470 Bonnefon 12 140 Cf 81
03440 Bonnefond 03 115 Cf 70
19170 Bonnefond 19 126 Bf 75
48200 Bonnefons 48 140 Db 80
23250 Bonnefont 23 114 Be 72
32350 Bonnefont 32 163 Ac 87
43510 Bonnefont 43 141 De 79
65220 Bonnefont 65 163 Ac 89
87130 Bonnefont 87 125 Bd 74
39800 Bonnefontaine 39 107 Fe 68
57370 Bonne-Fontaine 57 58 Hb 56
40330 Bonnegarde 40 161 Zb 87
74150 Bonneguète 74 119 Ff 73
02400 Bonneil 02 52 Dc 54
78830 Bonnelles 78 70 Ca 57
80860 Bonnelle Sailly-Bray 80 28 Be 47
35270 Bonnemain 35 65 Yb 58
14260 Bonnemaison 14 47 Zc 54
27380 Bonnemare 27 37 Bc 53
15600 Bonnemayoux 15 139 Cb 80
65130 Bonnemazon 65 163 Ab 90
21250 Bonnencontre 21 106 Fa 66
47150 Bonnenouvelle 47 137 Af 81
73450 Bonnenuit 73 145 Gc 78
81260 Bonnéry 81 166 Cc 87
11270 Bonnérys 11 165 Bf 89
16390 Bonnes 16 124 Aa 77
86300 Bonnes 86 100 Ad 69
19250 Bonnesaigne 19 126 Cb 76
44380 Bonne-Source 44 96 Xd 65
02400 Bonnesvalyn 02 52 Db 54
55130 Bonnet 55 75 Fc 57
72110 Bonnétable 72 68 Ac 59
25210 Bonnétage 25 108 Ge 65
33370 Bonnetan 33 135 Zd 80
12560 Bonneterre 12 152 Da 82
16120 Bonneuil 16 123 Zf 75
36310 Bonneuil 36 113 Bb 70
79370 Bonneuil 79 111 Ze 71
79120 Bonneuil 79 111 Aa 71
86300 Bonneuil 86 112 Ad 69
60123 Bonneuil-en-Valois 60 52 Cf 53
60120 Bonneuil-les-Eaux 60 38 Cb 50
86210 Bonneuil-Matours 86 100 Ad 68
94380 Bonneuil-sur-Marne 94 51 Cc 56
28800 Bonneval 28 69 Bc 59
43160 Bonneval 43 129 De 77
73260 Bonneval 73 132 Gc 75
73700 Bonneval 73 133 Ge 75
73480 Bonneval 73 133 Ha 76
26410 Bonneval-en-Diois 26 143 Fd 81
25560 Bonnevaux 25 107 Gb 68
74360 Bonnevaux 74 121 Ge 71
25620 Bonnevaux-le-Prieuré 25 107 Gb 66
41800 Bonneveau 41 85 Ae 62
70700 Bonnevent-Velloreille 70 93 Ff 64
12120 Bonneviale 12 152 Cd 83
16170 Bonneville 16 123 Zf 73
23250 Bonneville 23 114 Be 72
74130 Bonneville 74 120 Gc 72
80670 Bonneville 80 29 Cb 48
27290 Bonneville-Aptot 27 49 Ae 53
14130 Bonneville-la-Louvet 14 48 Ac 53
14800 Bonneville-sur-Touques 14 48 Aa 52
49380 Bonnezeaux 49 83 Zd 65
60112 Bonnières 60 38 Bf 51
62270 Bonnières 62 29 Cb 47
78270 Bonnières-sur-Seine 78 50 Bd 54
16230 Bonnieure 16 124 Ab 73
84480 Bonnieux 84 156 Fb 86
62890 Bonningues-lès-Ardres 62 27 Ca 44
62340 Bonningues-lès-Calais 62 26 Be 43
70700 Bonnœil 14 47 Zd 55
44540 Bonnœuvre 44 82 Ye 63
36190 Bonnu 36 113 Bd 70
64300 Bonnut 64 161 Zb 87
45420 Bonny-sur-Loire 45 88 Cf 63
56400 Bono 56 80 Xa 63
09160 Bonrepaux 09 176 Ba 90
65330 Bonrepos 65 163 Ac 89
31590 Bonrepos-Riquet 31 165 Bd 86
31470 Bonrepos-sur-Aussonnelle 31 164 Ba 87
26170 Bons 26 156 Fd 83
12150 Bonsecours 12 152 Da 82
76240 Bonsecours 77 37 Ba 52
74890 Bons-en-Chablais 74 120 Gc 71
61380 Bonsmoulins 61 49 Ad 57
42160 Bonson 42 129 Eb 75
06830 Bonsons 06 159 Hb 85
14420 Bons-Tassilly 14 48 Ze 55
04240 Bontes 04 158 Gd 85
89140 Bonval 89 72 Da 59
73130 Bonvillard 73 132 Gc 76
73460 Bonvillard 73 132 Gb 75
73140 Bonvillard 73 133 Gd 77
73220 Bonvillaret 73 132 Gb 75
28330 Bonville 28 70 Bd 58
54300 Bonviller 54 57 Gc 57
54300 Bonviller-la-Petite 54 57 Gd 57
60120 Bonvillers 60 39 Cc 51
60730 Bonvillers 60 51 Cb 53
88260 Bonvillet 88 76 Ga 60
02420 Bony 02 40 Db 49
33910 Bonzac 33 135 Ze 78
55160 Bonzée-en-Woëvre 55 55 Fd 54
67860 Boofzheim 67 60 He 59
40370 Boos 40 146 Za 85
76520 Boos 77 37 Bb 52
65400 Boô-Silhent 65 175 Zf 90
67390 Bootzheim 67 60 Hd 59
22170 Boqueho 22 63 Xa 58
60820 Boran-sur-Oise 60 51 Cc 53
64490 Borce 64 174 Zc 91
79600 Borcq-sur-Airvault 79 99 Zf 68
23210 Bord 23 113 Bd 72
36340 Bord 36 114 Be 69
87290 Bord 87 113 Bb 72
87500 Bord 87 125 Ba 75
56360 Bordardué 56 80 Wf 65
24380 Bordas 24 136 Ad 78
23220 Bordat 23 114 Bf 71
33000* Bordeaux 33 135 Zc 79
27420 Bordeaux-Saint-Clair 27 50 Bd 53
76790 Bordeaux-Saint-Clair 77 36 Ab 50
56360 Bordelanne 56 80 We 64
33580 Bordepaille 33 135 Aa 81
64800 Bordères 64 162 Ze 89

40270 Bordères-et-Lamensans 40 147 Zd 86
65590 Bordères-Louron 65 175 Ac 91
65320 Bordères-sur-l'Echez 65 162 Aa 89
56360 Borderhouat 56 80 Wf 65
12310 Bordes 12 152 Cf 82
32330 Bordes 32 148 Ab 86
64510 Bordes 64 162 Ze 89
64350 Bordes 64 162 Zf 88
65190 Bordes 65 163 Ab 89
31210 Bordes-de-Rivière 31 163 Ad 90
40300 Bordes-du-Ba 40 161 Yf 87
31110 Bordes-du-Lys 31 176 Ad 92
21440 Bordes Pillot 21 91 Ee 64
23300 Bordessoule 23 113 Bc 71
30160 Bordezac 30 154 Ea 83
17430 Bords 17 110 Zb 73
23230 Bord-Saint-Georges 23 114 Cb 71
07310 Borée 07 141 Eb 79
04200 Borelly 04 157 Ff 83
17270 Boresse-et-Marton 17 123 Zf 77
60300 Borest 60 51 Ce 53
70110 Borey 70 93 Gc 63
06440 Borghéas 06 159 Hb 86
20290 Borgo CTC 181 Kc 93
20290 Borgo CTC 181 Kd 93
46260 Bories 46 150 Be 82
74930 Boringes 74 120 Gb 72
20146 Borivoli CTC 185 Ka 99
83230 Bormes-les-Mimosas 83 172 Gc 90
12470 Born 12 140 Cf 81
47210 Born 47 136 Ae 81
39570 Bornay 39 107 Fd 69
24440 Born-de-Champs 24 136 Ae 80
26410 Borne 26 143 Fd 80
43350 Borne 43 141 De 78
60540 Bornel 60 51 Cb 53
90100 Boron 90 94 Ha 63
59190 Borre 59 30 Cd 44
82270 Borredon 82 150 Bd 83
24590 Borrèze 24 137 Bc 79
62128 Borry-Becquerelle 62 30 Ce 47
16360 Bors de-Baigne 16 123 Ze 77
16190 Bors-de-Montmoreau 16 124 Ab 76
19700 Bort 19 126 Be 76
56360 Borticado 56 80 We 64
19110 Bort-les-Orgues 19 127 Cd 76
63190 Bort-L'Étang 63 128 Dc 74
54290 Borville 54 76 Gc 58
56360 Borvran 56 80 Wf 65
34700 Bosc 34 167 Dc 86
17360 Boscamnant 17 123 Zf 77
76780 Bosc-Asselin 77 37 Bc 51
27520 Bosc-Bénard-Commin 27 37 Af 53
76680 Bosc-Bérenger 77 37 Bb 51
76750 Bosc-Bordel 77 37 Bc 51
76750 Bosc-Edeline 77 37 Bc 51
76710 Bosc-Guérard-Saint-Adrien 77 37 Ba 51
27520 Boscherville 27 49 Af 53
76220 Bosc-Hyons 77 38 Bd 52
76850 Bosc-le-Hard 77 37 Bb 51
76680 Bosc-Mesnil 77 37 Bc 51
27330 Bosc-Renoult-en-Ouche 27 49 Ae 55
27520 Bosc-Renoult-en-Rumois 27 49 Ae 53
76260 Boscrocourt 77 37 Bc 48
76750 Bosc-Roger-sur-Buchy 77 37 Bc 51
64290 Bosdarros 64 162 Zd 89
27310 Bosgouet 27 37 Af 52
27520 Bosguérard-de-Marcouville 27 49 Ae 53
71330 Bosjean 71 106 Fb 68
02250 Bosmont-sur-Serre 02 41 Df 50
23400 Bosmoreau-les-Mines 23 114 Be 72
27670 Bosnormand 27 49 Af 53
40600 Bosque 40 146 Yf 82
80160 Bosquel 80 38 Cb 50
27480 Bosquentin 27 38 Bd 52
50580 Bosqueville 50 46 Yb 52
27800 Bosrobert 27 49 Ae 53
23200 Bosroger 23 114 Cb 73
10140 Bossancourt 10 74 Ed 59
37290 Bossay-sur-Claise 37 100 Af 68
25210 Bosse 25 108 Gd 66
41290 Bosse 41 86 Bb 61
37240 Bossée 37 100 Ae 66
67330 Bosselshausen 67 58 Hd 56
67270 Bossendorf 67 58 Hd 56
72300 Bosses 72 84 Ze 62
24130 Bosset 24 136 Ac 79
08350 Bosseval-et-Briancourt 08 42 Ef 50
74160 Bossey 74 120 Ga 72
38260 Bossieu 38 131 Fa 76
33350 Bossugan 33 135 Zf 80
29930 Bossulan 29 78 Wb 61
08290 Bossus-lès-Rumigny 08 41 Eb 49
03390 Bost 03 115 Cf 70
03300 Bost 03 116 Dd 71
63300 Bost 63 128 Dd 74
71320 Bost 71 104 Ea 68
40090 Bostens 40 147 Zd 85
87230 Bosvieux 87 125 Ba 74
76450 Bosville 77 36 Ae 50
90400 Botans 90 94 Gf 63
29370 Botbodern 29 78 Wa 61
29540 Bot-Carrec 29 63 Wb 59
22480 Bothoa 22 63 Wf 58
22140 Botlézan 22 63 We 57
22160 Botmel 22 63 Wd 58
29690 Botmeur 29 62 Wa 58
29120 Botquélen 29 78 Wb 61
56630 Botquelvez 56 79 Wd 60
56320 Botquenven 56 79 Wd 60
29650 Botsorhel 29 63 Wc 57
20129 Bottacina CTC 182 If 97
40410 Botte 40 147 Zb 82
47210 Botte 47 136 Ab 80
49110 Botz-en-Mauges 49 83 Za 65
45430 Bou 45 87 Ca 61
78410 Bouafle 78 50 Bf 55
27700 Bouafles 27 50 Bc 53
76390 Bouafles 77 38 Be 49
09310 Bouan 09 177 Bd 92
40310 Bouau 40 148 Aa 85
44830 Bouaye 44 96 Yb 66
62990 Boubers-lès-Hesmond 62 28 Bf 46
62270 Boubers-sur-Canche 62 29 Cb 47
80210 Boubert, Mons- 80 28 Bd 48
60240 Boubiers 60 50 Bf 53
77470 Boubigny 76 52 Cf 55
87150 Boubon 87 124 Ae 74
32550 Boucagnères 32 163 Ad 87
71300 Boucansaud 71 105 Ec 68
40260 Boucaou 40 146 Yf 85
18260 Boucard 18 88 Ce 64
64340 Boucau 64 160 Yd 87
13320 Bouc-Bel-Air 13 170 Fc 88
03150 Boucé 03 116 Dc 71
61570 Boucé 61 48 Zf 57
50240 Bouceel 50 66 Yd 57
59111 Bouchain 59 30 Db 47
42110 Bouchala 42 130 Ec 74
53800 Bouchamps-lès-Craon 53 83 Za 62
06470 Bouchanières 06 158 Gf 84
13200 Bouchaud 13 169 Ed 87
80200 Bouchavesnes-Bergen 80 39 Cf 49
28220 Bouche-d'Aigre 28 69 Bb 61
87120 Bouchefarol 87 126 Be 74
49080 Bouchemaine 49 83 Zc 64
57220 Boucheporn 57 57 Gd 54
77710 Bouchereau 76 72 Ce 59
23500 Boucheresse 23 126 Cb 74
26790 Bouchet 26 155 Ef 83
27150 Bouchevilliers 27 38 Be 52
04260 Bouchier 04 158 Gd 83
05120 Bouchier 05 145 Gd 80
80910 Bouchoir 80 39 Ce 50
33840 Bouchon 33 147 Zd 83
80830 Bouchon 80 38 Ca 48
58150 Bouchot 58 88 Cf 65
51310 Bouchy-Saint-Genest 51 53 Dd 57
07270 Boucieux-le-Roi 07 142 Ee 78
25360 Bouclans 25 107 Gb 65
30190 Boucoiran 30 154 Eb 85
08250 Bouconville 08 54 Ee 53
60240 Bouconvillers 60 50 Bf 53
55300 Bouconville-sur-Madt 55 55 Fe 55
02860 Bouconville-Vauclair 02 40 De 52
46350 Boucot 46 137 Bc 80
31510 Boucou 31 176 Ad 90
76560 Boucourt 77 36 Ae 50
54200 Boucq 54 56 Fe 56
24800 Boudeau 24 124 Ae 76
63340 Boudes 63 128 Db 76
76560 Boudeville 77 37 Af 50
73270 Boudin 73 133 Gd 74
82200 Boudou 82 149 Ba 84
31580 Boudrac 31 163 Ad 89
21520 Boudreville 21 91 Ee 61
54560 Boudrezy 54 43 Fe 52
47290 Boudy-de-Beauregard 47 136 Ae 81
02450 Boué 02 40 De 48
44260 Bouée 44 81 Ya 65
64330 Boueilh-Boueilho-Lasque 64 162 Ze 87
64330 Boueilho 64 162 Zd 87
19160 Boueix 19 126 Cb 76
76270 Bouelles 77 37 Bc 50
72390 Bouër 72 68 Ad 60
53290 Bouère 53 83 Zd 61
53290 Bouessay 53 84 Zd 61
36200 Bouesse 36 101 Be 69
31190 Bouet 31 164 Bc 89
16410 Bouëx 16 124 Ab 75
36110 Bouffegenet 36 101 Bd 66
95570 Bouffémont 95 51 Cb 54
85600 Boufféré 85 97 Yd 67
02160 Bouffignereux 02 41 Df 52
41270 Bouffry 41 69 Ba 60
80540 Bougainville 80 38 Ca 49
64230 Bougarber 64 162 Zd 88
09320 Bougarelt 09 177 Bc 91
28160 Bougeâtre 28 69 Bb 59
38150 Bougé-Chambalud 38 130 Ef 77
71590 Bougerot 71 106 Ef 67
36110 Bouges-le-Château 36 101 Be 66
70500 Bougey 70 93 Ff 62
28130 Bouglainval 28 70 Bd 57
77570 Bougligny 76 71 Cd 59
47250 Bouglon 47 148 Aa 82
17800 Bougneau 17 123 Zc 75
31470 Bougnol 31 164 Ba 88
70170 Bougnon 70 93 Ga 62
79800 Bougon 79 111 Zf 70
79260 Bougouin 79 111 Ze 71
29233 Bougourouan 29 62 Vf 56
40090 Bougue 40 147 Zd 85
44340 Bouguenais 44 97 Yc 65
14210 Bougy 14 35 Zc 54
45170 Bougy-lez-Neuville 45 70 Ca 60
71330 Bouhans 71 106 Fb 68
70100 Bouhanset-et-Feurg 70 92 Fd 64
70200 Bouhans-lès-Lure 70 93 Gc 62
70230 Bouhans-lès-Montbozon 70 93 Gb 64
40210 Bouheben 40 146 Yf 84
17540 Bouhet 17 110 Za 72
21360 Bouhey 21 105 Ee 65
32170 Bouhobent 32 163 Ab 88
58310 Bouhy 58 89 Db 64
19700 Bouilhac 19 126 Bd 76
65140 Bouilh-Devant 65 163 Ab 89
11800 Bouilhonnac 11 166 Cc 89
65350 Bouilh-Péreuilh 65 162 Aa 89
12300 Bouillac 12 138 Ca 81
24480 Bouillac 24 137 Af 80
82600 Bouillac 82 149 Ba 85
80870 Bouillancourt 80 28 Be 48
80220 Bouillancourt-en-Séry 80 38 Bd 49
80500 Bouillancourt-la-Bataille 80 39 Cd 50
60620 Bouillancy 60 52 Cf 54
21420 Bouilland 21 106 Ee 66
29640 Bouillard 29 62 Wb 58
30230 Bouillargues 30 154 Ec 86
79150 Bouillé 50 66 Yd 57
85420 Bouillé-Courdault 85 110 Zb 70
79290 Bouillé-Loretz 79 98 Ze 66
49520 Bouillé-Ménard 49 83 Za 62
79290 Bouillé-Saint-Paul 79 98 Zd 66
79330 Bouillé-Saint-Varent 79 99 Ze 67
83570 Bouillidou 83 171 Gb 87
50610 Bouillon 50 46 Yc 56
50290 Bouillon 50 46 Yc 55
64410 Bouillon 64 162 Zc 88
54470 Bouillonville 54 56 Ff 55
10320 Bouilly 10 73 Df 59
38250 Bouilly 38 143 Fd 78
45410 Bouilly 45 70 Bf 60
51390 Bouilly 51 53 Df 53
89600 Bouilly 89 73 De 61
45300 Bouilly-en-Gâtinais 45 71 Cb 60
79130 Bouin 79 98 Zd 69
79110 Bouin 79 111 Zf 72
85230 Bouin 85 96 Ya 67
09200 Bouinéous 09 177 Bb 90
33820 Bouinot 33 122 Zc 77
62140 Bouin-Plumoisin 62 28 Bf 46
03360 Bouis 03 103 Ce 68
11330 Bouisse 11 178 Cc 91
15380 Bouisse 15 127 Cc 77
81260 Bouisset 81 166 Cc 87
32110 Bouit 32 148 Zf 86
33410 Bouit 33 135 Zd 80
21330 Bouix 21 91 Ec 61
51480 Boujacourt 51 53 De 54
25560 Boujailles 25 107 Ga 67
34760 Boujan-sur-Libron 34 167 Db 88
48500 Boujassac 48 153 Db 82
25160 Boujeons 25 107 Gb 68
33127 Boulac 33 134 Zb 80
10380 Boulages 10 73 Df 57
88500 Boulaincourt 88 76 Ga 58
80640 Boulainvillers 80 38 Bf 50
36400 Boulaise 36 102 Ca 69
52220 Boulancourt 52 74 Ed 58
77760 Boulancourt 76 71 Cc 59
57655 Boulange 57 43 Ff 52
32450 Boulaur 32 163 Ae 87
22400 Boulay 22 64 Xd 57
44350 Boulay 44 81 Xd 64
45140 Boulay-les-Barres 45 70 Be 61
53370 Boulay-les-Ifs 53 67 Zf 58
57220 Boulay-Moselle 57 57 Gc 53
24750 Boulazac 24 136 Ae 77
24750 Boulazac Isle Manoire 24 136 Ae 77
13150 Boulbon 13 155 Ee 85
26410 Boulc 26 143 Fd 81
57810 Boule 57 57 Ge 56
63560 Boule 63 115 Cf 72
66130 Boule-d'Amont 66 179 Cd 93
47150 Boulede 47 136 Ae 81
66130 Bouleternère 66 179 Cd 93
77580 Bouleurs-le-Mont 76 52 Cf 55
51170 Bouleuse 51 53 Df 53
33270 Bouliac 33 135 Zc 80
38510 Boulieu 38 131 Fc 74
07100 Boulieu-lès-Annonay 07 130 Ed 77
01330 Bouligneux 01 118 Ef 72
70800 Bouligney 70 93 Gb 61
55240 Bouligny 55 56 Fe 53
65350 Boulin 65 162 Aa 89
60600 Boulincourt 60 39 Cc 52
60620 Boullarre 60 52 Da 54
89570 Boullay 89 73 De 60
91470 Boullay-les-Troux 91 51 Ca 56
18240 Boulleret 18 88 Cf 64
27210 Boulleville 27 36 Ac 52
12410 Bouloc 12 152 Cf 84
31620 Bouloc 31 150 Bc 86
82110 Bouloc 82 150 Ba 83
85140 Boulogne 85 97 Ye 68
92210 Boulogne 92 51 Cb 55
60490 Boulogne-la-Grasse 60 39 Ce 51
31350 Boulogne-sur-Gesse 31 163 Ad 89
59440 Boulogne-sur-Helpe 59 31 Df 48
62200 Boulogne-sur-Mer 62 26 Bd 44
72440 Bouloire 72 68 Ad 61
14220 Boulon 14 47 Zd 54
58700 Boulon 58 103 Dc 65
58640 Boulorges 58 103 Da 66
70190 Boulot 70 93 Ff 64
24310 Boulouneix 24 124 Ad 76
83700 Boulouris 83 172 Ge 88
19260 Bouloux 19 126 Be 76
70190 Boult 70 93 Ga 64
08240 Boult-au-Bois 08 42 Ef 52
51110 Boult-sur-Suippe 51 41 Ea 52
82110 Boulvères 82 150 Bb 83
08410 Boulzicourt 08 42 Ee 50
64370 Boumourt 64 162 Zc 88
24560 Bouniagues 24 136 Ad 80
40090 Bouniartt 40 147 Zc 85
89560 Bounon 89 89 Dc 63
62340 Bouquehault 62 27 Bf 44
27500 Bouquelon 27 36 Ac 52
80600 Bouquemaison 80 29 Cc 47
55300 Bouquemont 55 55 Fc 55
13130 Bouquet 13 170 Fa 87
27310 Bouquetot 27 36 Ae 52
95720 Bouqueval 95 51 Cc 54
33480 Bouqueyran 33 134 Zb 78
10270 Bouranton 10 73 Eb 59
91850 Bouray-sur-Juine 91 71 Cb 57
68290 Bourbach-le-Bas 68 94 Ha 62
68290 Bourbach-le-Haut 68 94 Ha 62
21610 Bourberain 21 92 Fb 64
70500 Bourbévelle 70 93 Ff 61
71140 Bourbon-Lancy 71 104 De 69
03160 Bourbon-l' Archambault 03 103 Da 69
52400 Bourbonne-les-Bains 52 76 Fe 61
59630 Bourbourg 59 27 Cb 43
22390 Bourbriac 22 63 We 58
15140 Burcenac 15 139 Cc 78
09200 Bourch 09 177 Bb 90
39320 Bourcia 39 119 Fc 70
76760 Bourdainville 77 37 Af 50
40190 Bourdalat 40 147 Ze 85
23400 Bourdaleix 23 114 Be 72
41300 Bourdaloue 41 87 Ca 64
83560 Bourdas 83 171 Ff 87
71710 Bourdeau 71 105 Ec 67
73370 Bourdeau 73 132 Ff 74
26460 Bourdeaux 26 143 Fa 81
24310 Bourdeilles 24 124 Ad 77
37160 Bourdel 37 100 Ae 67
82800 Bourdelle 82 150 Bd 84
33190 Bourdelles 33 135 Aa 81
63590 Bourdelles 63 128 Dd 75
10290 Bourdenay 10 73 Dd 58
64800 Bourdettes 64 162 Ze 89
30190 Bourdic 30 154 Eb 85
40410 Bourdieu 40 146 Za 83
30700 Bourdiguet 30 154 Eb 84
47410 Bourdillot 47 136 Ac 81
80310 Bourdon 80 38 Ca 49
82140 Bourdoncle 82 150 Be 84
57810 Bourdonnay 57 57 Ge 56
78113 Bourdonné 78 50 Bd 56
29000 Bourdonnel 29 78 Vf 61
50750 Bourdonnière 50 46 Ye 54
50140 Bourdonnière 50 46 Yf 57
52700 Bourdons-sur-Rognon 52 75 Fc 60
40320 Bourdos 40 162 Zd 87
24450 Bourdoux 24 125 Ba 75
62190 Bourecq 62 29 Cc 45
02400 Bouresches 02 52 Db 54
86410 Bouresse 86 112 Ad 70
62270 Bouret-sur-Canche 62 29 Cb 47
55270 Boureuilles 55 55 Fa 53
50510 Bourey 50 46 Yd 55
33710 Bourg 33 135 Zc 78
49460 Bourg 49 83 Zc 63
52200 Bourg 52 92 Fb 62
64150 Bourg 64 161 Zc 88
67420 Bourg 67 77 Ha 58
57260 Bourgaltroff 57 57 Ge 55
23400 Bourganeuf 23 114 Be 73
86390 Bourg-Archambault 86 113 Ba 70
42220 Bourg-Argental 42 130 Ed 77
35230 Bourgbarré 35 65 Yc 61
27380 Bourg-Beaudouin 27 37 Bb 52
29860 Bourg-Blanc 29 61 Vc 58
67420 Bourg-Bruche 67 60 Ha 58
17230 Bourg-Chapon 17 110 Yf 71
16200 Bourg-Charente 16 123 Ze 74
44440 Bourg-Chevreuil 44 82 Yd 63
37250 Bourg-Cocu 37 100 Ae 65
24130 Bourg-d'Abren 24 136 Ac 79
65130 Bourg-de-Bigorre 65 163 Ab 90
50310 Bourg-de-Lestre 50 33 Ye 51
26300 Bourg-de-Péage 26 143 Fa 78
35890 Bourg-des-Comptes 35 82 Yb 61
39300 Bourg-de-Sirod 39 107 Ff 68
24320 Bourg-des-Maisons 24 124 Ac 76
16200 Bourg-des-Oames 16 123 Ze 74
69240 Bourg-de-Thizy 69D 117 Eb 72
82190 Bourg-de-Visa 82 149 Af 83
31110 Bourg-d'Oueil 31 175 Ad 91
24600 Bourg-du-Bost 24 124 Ab 77
76740 Bourg-Dun 77 37 Af 49
63390 Bourgeade 63 115 Cd 72
63820 Bourgeade 63 127 Ce 74
24330 Bourgearie 24 137 Ae 78
14430 Bourgeauville 14 48 Aa 53
85440 Bourgenay 85 109 Yb 70
01000 Bourg-en-Bresse 01 119 Fb 71
28800 Bourgeray 28 69 Bb 59
56190 Bourgerelle 56 81 Xd 63
18000 Bourges 18 102 Cc 66
41190 Bourges 41 86 Bb 63
73110 Bourget-en-Huile 73 132 Gb 76
08230 Bourg-Fidèle 08 41 Ed 49
67140 Bourgheim 67 60 Hc 58
59830 Bourghelles 59 30 Db 45
63270 Bourgis 63 128 Dc 75
63760 Bourg-Lastic 63 127 Cd 75
19170 Bourg-le-Bec 19 126 Bf 75
71110 Bourg-le-Comte 71 117 Df 71
72610 Bourg-le-Roi 72 68 Aa 58
26500 Bourg-lès-Valence 26 142 Ef 79
49520 Bourg-l'Evêque 49 83 Yf 62
16120 Bourglioux 16 123 Zf 75
66760 Bourg-Madame 66 178 Bf 94
24400 Bourgnac 24 136 Ac 78
17400 Bourgneuf 17 110 Zc 73
17220 Bourgneuf 17 110 Yf 71
18110 Bourgneuf 18 102 Cc 65
36600 Bourgneuf 36 101 Bd 66
37600 Bourg-Neuf 37 100 Ba 66
40400 Bourg-Neuf 40 147 Zb 85
41230 Bourg-Neuf 41 87 Be 64
45300 Bourg-Neuf 45 71 Cb 60
45430 Bourg-Neuf 45 87 Ca 61
49140 Bourgneuf 49 84 Ze 63
73390 Bourgneuf 73 132 Gb 75
79100 Bourg-Neuf 79 99 Zf 67
85120 Bourg-Neuf 85 98 Zb 69
85150 Bourgneuf 85 109 Yb 69
49290 Bourgneuf-en-Mauges 49 83 Za 65
44580 Bourgneuf-en-Retz 44 96 Ya 66
53200 Bourgneuf-la-Forêt, le 53 83 Zb 61
53410 Bourgneuf-la-Forêt, le 53 66 Za 60
41210 Bourgnouveau 41 87 Be 64
50770 Bourgogne 50 46 Yc 53
51110 Bourgogne 51 41 Ea 52
51110 Bourgogne-Fresne 51 41 Ea 52
38300 Bourgoin-Jallieu 38 131 Fb 75
53410 Bourgon 53 66 Yf 59
53200 Bourg-Philippe 53 83 Zb 62
07700 Bourg-Saint-Andéol 07 155 Ed 82
31570 Bourg-Saint-Bernard 31 165 Be 87
01800 Bourg-Saint-Cristophe 01 118 Fa 73
52150 Bourg-Sainte-Marie 52 75 Fd 59
14690 Bourg-Saint-Marc 14 47 Zd 55
73700 Bourg-Saint-Maurice 73 133 Ge 75
49170 Bourgs sur Colagne 48 140 Db 81
27520 Bourgtheroulde-Infreville 27 49 Af 53
14540 Bourguébus 14 35 Ze 54
37140 Bourgueil 37 84 Ab 65
50800 Bourguenolles 50 46 Ye 56
15230 Bourguet 15 139 Ce 78
06660 Bourguet, le 06 158 Gf 83
25150 Bourguignon 25 94 Ge 64
70800 Bourguignon-lès-Conflans 70 93 Ga 62
70190 Bourguignon-les-la-Charité 70 93 Ff 63
70120 Bourguignon-lès-Morey 70 92 Fe 62
10110 Bourguignons 10 74 Ec 60
71520 Bourgvillain 71 118 Ed 70
15200 Bourianes 15 127 Cc 77
41370 Bourichard 41 86 Bc 62
40200 Bouricos 40 146 Yf 83
33113 Bourideys 33 147 Zd 82
11300 Bouriège 11 178 Cb 91
11300 Bourigeole 11 178 Ca 91
65170 Bourisp 65 175 Ac 92
07310 Bourlatier 07 141 Eb 80
47370 Bourlens 47 149 Af 82
19510 Bourliateau 19 126 Bd 75
24310 Bourliou 24 124 Ad 77
62860 Bourlon 62 30 Da 47
52150 Bourmont 52 75 Fd 59
12400 Bournac 12 152 Ce 85
82150 Bournac 82 149 Af 82
27230 Bournainville-Faverolles 27 49 Ac 54
37240 Bournan 37 100 Ae 66
86120 Bournand 86 99 Aa 66
24420 Bournaud 24 124 Ae 77
23250 Bournazeau 23 114 Bf 72
12390 Bournazel 12 139 Cb 82
81170 Bournazel 81 151 Bf 84
85200 Bourneau 85 110 Zb 69
87500 Bourneix 87 125 Ba 75
47210 Bournel 47 136 Ae 81
85480 Bournezeau 85 97 Ye 69
86110 Bournezeau 86 99 Ab 68
24150 Bourniquel 24 136 Ae 80
46600 Bournissard 46 138 Bd 79
25250 Bournois 25 94 Gc 64
15320 Bournoncles 15 140 Db 79
43360 Bournoncle-Saint-Pierre 43 128 Db 76
62240 Bournonville 62 28 Bf 44
64450 Bournos 64 162 Zd 88
90140 Bourogne 90 94 Gf 63
19290 Bouroux 19 126 Ca 74
47320 Bourran 47 148 Ac 82
16200 Bourras 16 123 Zf 74
58210 Bourras-la-Grange 58 89 Dc 65
41400 Bourré 41 86 Bb 64
65100 Bourréac 65 162 Zf 90
82700 Bourret 82 150 Ba 85
33910 Bourricaud 33 135 Ze 78
33340 Bourries 33 122 Za 77
40120 Bourriot-Bergonce 40 147 Ze 84
77780 Bourron-Marlotte 76 71 Ce 58
24110 Bourrou 24 136 Ad 78
32370 Bourrouillan 32 148 Zf 86
40160 Bourruque 40 146 Yf 82
62550 Bours 62 29 Cc 46
65460 Bours 65 162 Aa 89
18110 Boursac 18 102 Cb 65
51480 Boursault 51 53 Df 54
41270 Boursay 41 69 Af 60
57370 Bourscheid 57 58 Hb 56
17560 Boursefranc-le-Chapus 17 122 Yf 73
85200 Bourséguin 85 110 Zb 69
22130 Bourseul 22 65 Xe 58
80130 Bourseville 80 28 Bd 48
70000 Boursières 70 93 Ga 63
62147 Boursies 59 30 Da 48
62132 Boursin 62 27 Bf 44
60141 Boursonne 60 52 Da 53
27580 Bourth 27 49 Ae 56
62650 Bourthes 62 28 Bf 45
76740 Bourville 77 37 Ae 50
60240 Boury-en-Vexin 60 50 Be 53
24150 Bourzac 24 136 Ae 80
03260 Bourzat 03 116 Dc 71
03370 Bourzeau 03 115 Cc 70
46200 Bourzoles 46 137 Bc 79
57460 Bousbach 57 57 Gf 54
59166 Bousbecque 59 30 Da 44
59222 Bousies 59 31 Dd 48
06660 Bousiéyas 06 158 Gf 83
59178 Bousignies 59 30 Dc 46
59149 Bousignies-sur-Roc 59 31 Eb 47
15150 Bousquin 15 138 Ca 79
12160 Boussac 12 151 Cc 83
12400 Boussac 12 152 Cf 85
19290 Boussac 19 126 Be 76
23600 Boussac 23 114 Cb 70
46700 Boussac 46 137 Ba 81
46100 Boussac 46 138 Bf 81
82160 Boussac 82 150 Be 83
23600 Boussac-Bourg 23 114 Cb 70
34260 Boussagues 34 167 Da 87
79600 Boussais 79 99 Ze 68
09320 Boussan 09 177 Bb 91
31420 Boussan 31 164 Af 89
57175 Boussange 57 56 Ga 53
37290 Boussay 37 100 Af 67
44190 Boussay 44 97 Ye 66
57310 Bousse 57 56 Gb 53
72270 Bousse 72 84 Zf 62
21250 Bousselange 21 106 Fb 67

43450 Bousselargues 43 128 Da 76
21260 Boussenois 21 92 Fb 63
31360 Boussens 31 164 Af 89
70500 Bousseraucourt 70 76 Ff 61
47420 Boussès 47 148 Aa 84
57230 Bousseviller 57 58 Hc 54
21350 Boussey 21 91 Ed 64
27750 Boussey 27 50 Bc 55
80500 Boussicourt 80 39 Cd 50
23700 Boussière-Nouvelle 23 115 Cc 72
25320 Boussières 25 107 Ff 66
59330 Boussières 59 31 Df 47
59217 Boussières-en-Cambrésis 59 30 Dc 48
59168 Boussois 59 31 Ea 47
43430 Boussoulet 43 141 Ea 78
74150 Boussy 74 132 Ff 73
91860 Boussy-Saint-Antoine 91 51 Cd 56
57570 Boust 57 44 Gb 52
57380 Boustroff 57 57 Gd 55
08160 Boutancourt 08 42 Ee 50
63420 Boutaresse 63 128 Cf 76
60220 Boutavent 60 38 Be 51
62136 Bout-Delville 62 29 Ce 45
62650 Bout-Dessous 62 28 Bf 45
14190 Bout-du-Haut 14 48 Ze 54
81660 Bout-du-Pont-de-Larn 81 166 Cc 87
89660 Bouteau 89 90 Dd 63
45600 Bouteille 45 88 Cb 62
24320 Bouteilles-Saint-Sébastien 24 124 Ab 76
11200 Boutenac 11 166 Ce 90
17120 Boutenac 17 122 Zb 76
17120 Boutenac-Touvent 17 122 Zb 75
60590 Boutencourt 60 38 Bf 53
91150 Boutervilliers 91 70 Ca 58
16120 Bouteville 16 123 Zf 75
42160 Bouthéon 42 129 Eb 75
16100 Boutiers-Saint-Trojan 16 123 Ze 74
28410 Boutigny-Prouais 28 50 Bd 56
91820 Boutigny-sur-Essonne 91 71 Cc 58
71990 Bouton 71 105 Eb 67
71360 Bouton 71 105 Ec 66
13390 Boutot 13 171 Fd 88
33830 Boutox 33 147 Zb 82
80220 Bouttencourt 80 38 Bd 49
17700 Boutterie 17 110 Zb 72
50480 Boutteville 50 34 Ye 52
31440 Boutx 31 176 Ae 91
80220 Bouvaincourt-sur-Bresle 80 37 Bc 48
51140 Bouvancourt 51 53 Df 52
26190 Bouvante-le-Bas 26 143 Fb 79
26190 Bouvante-le-Haut 26 143 Fb 79
32120 Bouvées 32 149 Af 86
08430 Bouvellemont 08 42 Ed 51
01100 Bouvent 01 119 Fd 71
25560 Bouverans 25 107 Gb 67
17390 Bouverie 17 122 Ye 74
12800 Bouvert 12 151 Cb 83
38390 Bouvesse-Quirieu 38 131 Fc 74
49640 Bouvet 49 84 Zd 62
12330 Bouviala 12 151 Cc 82
26460 Bouvières 26 143 Fb 81
59870 Bouvignies 59 30 Db 46
62172 Bouvigny 62 29 Ce 46
28800 Bouville 28 69 Bc 59
76360 Bouville 77 37 Af 51
91880 Bouville 91 71 Cb 58
80200 Bouvincourt-en-Vermandois 80 39 Da 49
59830 Bouvines 59 30 Db 45
60220 Bouvresse 60 38 Be 51
44130 Bouvron 44 82 Ya 64
54200 Bouvron 54 56 Ff 56
46210 Bouxal 46 138 Ca 80
88270 Bouxières-aux-Bois 88 76 Gb 59
54770 Bouxières-aux-Chênes 54 56 Gb 56
54136 Bouxières-aux-Dames 54 56 Ga 56
54700 Bouxières-sous-Froidmont 54 56 Ga 55
81430 Bouxoulic 81 151 Cb 85
21690 Boux-sous-Salmaise 21 91 Ed 64
88130 Bouxurulles 88 76 Gb 59
67330 Bouxwiller = Buchsweiler 67 58 Hc 56
18500 Bouy 18 102 Cb 66
51400 Bouy 51 54 Ec 54
81800 Bouyayo 81 150 Be 86
09220 Bouychet 09 177 Bd 92
10220 Bouy-Luxembourg 10 73 Eb 58
06510 Bouyon 06 158 Ha 86
46130 Bouyrissac 46 138 Be 79
81360 Bouyrol 81 166 Cb 86
82440 Bouyrolle 82 150 Bc 84
10400 Bouy-sur-Orvin 10 72 Dc 58
39130 Bouzailles 39 107 Fe 69
18200 Bouzais 18 102 Cc 68
52110 Bouzancourt 52 74 Ef 59
54930 Bouzanville 54 76 Ga 58
63910 Bouzel 63 128 Db 74
21200 Bouze-lès-Beaume 21 105 Ee 66
88270 Bouzemont 88 76 Gb 59
44350 Bouzeray 44 81 Xd 64
71150 Bouzeron 71 105 Ee 67
88390 Bouzey 88 76 Gc 60
24250 Bouzic 24 137 Bb 80
46330 Bouziès 46 138 Bd 82
46330 Bouziès-Bas 46 138 Bd 82
34140 Bouzigues 34 168 Dd 88
49530 Bouzillé 49 83 Yf 64
31420 Bouzin 31 164 Af 89
80300 Bouzincourt 80 39 Cd 48
43700 Bouzols 43 141 Df 78
32290 Bouzon-Gellenave 32 162 Aa 86
54800 Bouzonville 54 56 Fe 54
57320 Bouzonville 57 57 Gd 53
45300 Bouzonville-aux-Bois 45 71 Cb 60
45300 Bouzonville-en-Beauce 45 71 Cb 59
04400 Bouzoulières 04 158 Gd 82
51150 Bouzy 51 53 Ea 54
45460 Bouzy-la-Forêt 45 88 Cc 61
55190 Bovée-sur-Barboure 55 55 Fd 57
35330 Bovel 35 81 Ya 61
80540 Bovelles 80 38 Ca 49
74250 Bovère 74 120 Gc 72
80440 Boves 80 39 Cc 49
46800 Bovila 46 149 Bb 82
01300 Bovinel 01 131 Fe 74
55500 Boviolles 55 55 Fc 57
64400 Boy 64 161 Zd 90
81190 Boyals 81 151 Cb 84
17190 Boyardville 17 109 Ye 73
62134 Boyaval 62 29 Cb 46
62128 Boyelles 62 30 Ce 47
44170 Boyenne 44 82 Yb 63
42460 Boyer 42 117 Eb 72
71700 Boyer 71 106 Ef 69
71740 Boyer 71 117 Eb 71
37340 Boyères 37 85 Ac 64
01640 Boyeux-Saint-Jérôme 01 119 Fc 72
12640 Boyne 12 152 Da 83
45300 Boynes 45 71 Cc 60
01190 Boz 01 118 Ef 70
07410 Bozas 07 142 Ed 78
73350 Bozel 73 133 Gd 76
12340 Bozouls 12 139 Ce 82
55120 Brabant-en-Argonne 55 55 Fa 54
55800 Brabant-le-Roi 55 55 Ef 55
55100 Brabant sur-Meuse 55 55 Fb 53
19800 Brach 19 126 Bf 77
33480 Brach 33 134 Za 78
52110 Brachay 52 75 Fa 58
76730 Brachy 77 37 Af 50
41250 Bracieux 41 86 Bd 63
39110 Bracon 39 107 Ff 67
15290 Braconat 15 139 Cb 79
76370 Bracquemont 77 37 Ba 49
76850 Bracquetuit 77 37 Ba 51
76680 Bradiancourt 77 37 Bc 51
50870 Braffais 50 46 Ye 56
30260 Bragassargues 30 154 Ea 85
31470 Bragayrac 31 164 Ba 88
15700 Brageac 15 127 Cb 77
10340 Bragelogne 10 74 Eb 61
71350 Bragny-sur-Saône 71 106 Fa 67
07140 Brahic 07 154 Ea 82
25640 Braillans 25 93 Ga 65
80150 Brailly-Cornehotte 80 28 Bf 47
21350 Brain 21 91 Ed 64
39800 Brainans 39 107 Fd 67
02220 Braine 02 53 Dd 52
44830 Brains 44 96 Yb 65
72550 Brains-sur-Gée 72 68 Zf 60
53350 Brains-sur-les-Marches 53 83 Ye 61
49650 Brain-sur-Allonnes 49 84 Aa 65
49800 Brain-sur-L'Authion 49 84 Zd 64
49220 Brain-sur-Longuenée 49 83 Zb 63
35660 Brain-sur-Vilaine 35 82 Ya 62
50200 Brainville 50 46 Yd 54
54800 Brainville 54 56 Fe 54
52150 Brainville-sur-Meuse 52 75 Fd 59
35490 Brais 35 66 Yd 58
44600 Brais 44 81 Xe 65
54170 Braisey-au-Plain 54 76 Ff 57
54170 Braisey-la-Côte 54 76 Ff 57
03360 Braize 03 103 Cd 69
54740 Bralleville 54 76 Gb 58
11150 Bram 11 165 Ca 89
68550 Bramaly 68 94 Ha 61
73500 Bramans 73 133 Ge 77
46240 Bramarie 46 138 Bd 81
13370 Brame-Jean 13 170 Fb 86
81310 Brames-Aigues 81 151 Bf 85
76740 Brametot 77 37 Af 50
65370 Bramevaque 65 176 Ad 91
48000 Bramonas 48 140 Dc 82
05600 Bramousse 05 145 Ge 80
17210 Bran 17 123 Ze 76
64290 Brana 64 162 Zd 89
19500 Branceilles 19 138 Be 78
89113 Branches 89 89 Dc 61
88630 Brancourt 88 75 Fe 58
02320 Brancourt-en-Laonnois 02 40 Dc 51
02110 Brancourt-le-Grand 02 40 Dc 49
28140 Brandelon 28 70 Be 60
35390 Brandeneuf 35 82 Yb 62
56700 Brandérion 56 80 We 62
83470 Brandine 83 171 Fe 88
56390 Brandivy 56 80 Xa 62
71520 Brandon 71 118 Ed 70
12350 Brandonnet 12 151 Ca 82
51290 Brandonvillers 51 74 Ed 57
02130 Branges 02 53 Dc 53
71500 Branges 71 106 Fb 69
38510 Brangues 38 131 Fd 74
44530 Branleix 44 81 Xf 63
89150 Brannay 89 72 Da 59
25340 Branne 25 94 Gc 64
33420 Branne 33 135 Ze 80
33124 Brannens 33 135 Zf 81
30110 Branoux-les-Taillades 30 154 Df 83
04120 Brans 04 158 Gc 86
39290 Brans 39 107 Fd 65
03500 Bransat 03 116 Db 71
51140 Branscourt 51 53 De 53
77620 Bransles 76 71 Cf 60
86480 Brantelay 86 111 Aa 70
84390 Brantes 84 156 Fb 83
10220 Brantigny 10 74 Ec 58
88130 Brantigny 88 76 Gb 58
33910 Brantirat 33 135 Zf 78
24310 Brantôme 24 124 Ad 76
24310 Brantôme en Périgord 24 124 Ad 76
14430 Branville 14 48 Aa 53
50440 Branville-Hague 50 33 Yb 51
55400 Braquis 55 55 Fd 54
14123 Bras 14 35 Ze 54
83149 Bras 83 171 Ff 88
12550 Brasc 12 152 Cd 85
04270 Bras-d'Asse 04 157 Ga 85
40330 Brasempouy 40 161 Zb 87
02400 Brasles 02 52 Dc 54
37120 Braslou 37 99 Ac 66
29190 Brasparts 29 62 Wa 59
09000 Brassac 09 177 Bd 91
24440 Brassac 24 137 Ae 80
34220 Brassac 34 166 Ce 87
81260 Brassac 81 166 Cd 87
82190 Brassac 82 149 Af 83
63570 Brassac-les-Mines 63 128 Db 76
72360 Brassardière 72 85 Ab 62
17460 Brasseau 17 122 Zb 74
55300 Brasseitte 55 55 Fd 55
60810 Brasseuse 60 51 Ce 53
43100 Brassey 43 140 Db 77
55100 Bras-sur-Meuse 55 55 Fc 53
58140 Brassy 58 90 Df 65
80160 Brassy 80 38 Ca 50
54610 Bratte 54 56 Gb 56
52290 Braucourt 52 74 Ee 57
33820 Braud-et-Saint-Louis 33 122 Zc 77
54260 Braumont 54 43 Fd 52
33125 Braut 33 134 Zb 81
55170 Brauvilliers 55 75 Fa 57
04240 Braux 04 158 Ge 85
08120 Braux 08 42 Ee 49
10500 Braux 10 74 Ec 58
21390 Braux 21 91 Ec 64
52120 Braux-le-Châtel 52 74 Ef 60
51800 Braux-Sainte-Cohière 51 54 Ee 54
51800 Braux-Saint-Rémy 51 54 Ef 54
20230 Bravone CTC 183 Kd 95
31490 Brax 31 164 Bb 87
47310 Brax 47 149 Ad 83
10800 Bray 10 73 Ea 59
14740 Bray 14 35 Zd 53
27170 Bray 27 49 Af 54
60810 Bray 60 51 Ce 53
63560 Bray 63 115 Cf 72
71250 Bray 71 118 Ee 69
59123 Bray-Dunes 59 27 Cd 42
02880 Braye 02 40 Dc 52
02000 Braye-en-Laonnais 02 40 Dd 52
02140 Braye-en-Thiérache 02 41 Df 50
14190 Bray-en-Cinglais 14 47 Ze 55
45460 Bray-en-Val 45 87 Cc 62
37120 Braye-sous-Faye 37 99 Ac 67
37330 Braye-sur-Maulne 37 85 Ab 63
95710 Bray-et-Lû 95 50 Be 54
14190 Bray-la-Campagne 14 48 Ze 54
80580 Bray-lès-Mareuil 80 28 Bf 48
02480 Bray-Saint-Christophe 02 40 Da 50
77480 Bray-sur-Seine 76 72 Db 58
80340 Bray-sur-Somme 80 39 Ce 49
21430 Brazey-en-Morvan 21 105 Eb 65
21470 Brazey-en-Plaine 21 106 Fb 66
33990 Bré 33 122 Yf 77
35310 Bréal-sous-Montfort 35 65 Ya 60
35370 Bréal-sous-Vitré 35 66 Yf 60
95640 Bréançon 95 51 Ca 54
77720 Bréau 76 72 Cf 57
30120 Bréau-et-Salagosse 30 153 Dd 85
30120 Bréau-Mars 30 153 Dd 85
76110 Bréauté 77 36 Ac 51
51320 Bréban 51 74 Ec 57
62117 Brebières 62 30 Da 46
90140 Brebotte 90 94 Gf 63
44410 Bréca 44 81 Xe 64
35530 Brécé 35 66 Yd 60
53120 Brecé 53 67 Zb 58
50370 Brécey 50 46 Yf 56
47260 Brech 47 136 Ac 82
56400 Brech 56 79 Xa 62
88300 Bréchaincourt 88 75 Fe 59
88350 Brechainville 88 75 Fc 58
28210 Bréchamps 28 50 Bd 56
32240 Brechan 32 148 Ze 85
47600 Bréchan 47 148 Ab 83
68210 Bréchaumont 68 94 Ha 62
71400 Brêche 71 105 Ec 67
37330 Brèches 37 85 Ac 63
58420 Brèches 58 104 Dd 65
43270 Bréchiniac 43 129 De 77
57220 Brecklange 57 57 Gc 53
74550 Brécorens 74 120 Gc 71
50160 Brectouville 50 47 Yf 54
02210 Brécy 02 52 Dc 54
18220 Brécy 18 102 Cd 66
89113 Brécy 89 89 Dc 62
08400 Brécy-Brières 08 42 Ee 53
74410 Brédannaz 74 132 Ga 74
50390 Brédonchel 50 33 Yc 52
50170 Brée 50 66 Yd 57
53150 Brée 53 67 Zc 60
61100 Bréel 61 47 Zd 56
49500 Brège 49 83 Za 62
87380 Bregeat 87 126 Bd 75
24290 Bregegère 24 137 Bb 78
24340 Bregnac 24 124 Ac 76
09000 Brègne 09 177 Bc 91
01300 Brégnier-Cordon 01 131 Fd 75
74250 Brégny 74 120 Gc 72
60440 Brégy 60 52 Cf 54
44290 Bréhain 44 82 Yb 63
57340 Bréhain 57 57 Gd 55
54190 Bréhain-la-Ville 54 43 Ff 52
50290 Bréhal 50 46 Yc 55
56580 Bréhan 56 64 Xb 60
22510 Bréhand 22 64 Xc 58
22580 Brehec-en-Plouha 22 63 Xa 56
37130 Bréhémont 37 85 Ac 65
55150 Bréhéville 55 42 Fb 52
29170 Bréhoulou 29 78 Vf 61
57720 Breidenbach 57 58 Hc 54
49490 Breil 49 84 Aa 64
79220 Breilbon 79 111 Zd 70
22230 Breil-Pignard 22 64 Xd 59
06540 Breil-sur-Roya 06 159 Hd 85
15250 Breisse 15 139 Cc 78
57570 Breistroff-la-Grande 57 44 Gb 52
57970 Breistroff-la-Petite 57 44 Gb 52
67220 Breitenau 67 60 Hb 59
67220 Breitenbach 67 60 Hb 58
68380 Breitenbach-Haut-Rhin 68 77 Ha 60
87460 Breix 87 126 Bd 74
23140 Brejassoux 23 114 Bf 71
29810 Brélès 29 61 Vb 58
36130 Brélet 36 101 Bd 67
22140 Brélidy 22 63 We 57
80470 Brely 80 38 Cb 49
35470 Brémalin 35 82 Yb 61
57230 Bremendehlerhof 57 58 Hd 54
54540 Bréménil 54 77 Gf 57
67160 Bremmelbach 67 58 Hf 55
25190 Brémoncourt 25 94 Ha 64
54290 Brémoncourt 54 76 Gc 58
25530 Bremondans 25 108 Gc 65
76220 Brémontier-Merval 77 38 Bd 51
14260 Brémoy 14 47 Zb 55
85470 Brem-sur-Mer 85 96 Yb 69
21400 Brémur-et-Vaurois 21 91 Ed 62
26260 Bren 26 143 Ef 78
56120 Bréna 56 81 Xc 61
11500 Brenac 11 178 Ca 91
12420 Brenac 12 139 Ce 80
48600 Brenac 48 140 Dd 80
34650 Brenas 34 167 Db 87
16290 Brénat 16 123 Aa 74
63500 Brenat 63 128 Db 75
01260 Brénaz 01 119 Fe 73
01150 Brénaz 01 131 Fc 73
29880 Brendaouez 29 62 Vd 57
02220 Brenelle 02 40 Dd 52
29250 Brenesquen 29 62 Vf 56
12430 Brengues 12 152 Ce 84
46320 Brengues 46 138 Be 81
52200 Brennes 52 92 Fb 62
76720 Brennetuit 77 37 Ba 50
29690 Brennilis 29 62 Wa 58
01110 Brénod 01 119 Fd 72
83840 Brenon 83 158 Gd 86
60870 Brenouille 60 51 Cd 53
48000 Brenoux 48 140 Dd 82
01300 Brens 01 131 Fe 74
74890 Brens 74 120 Gc 71
74890 Brenthonne 74 120 Gc 71
56920 Brérec 56 64 Xb 60
25440 Brères 25 107 Ff 66
39230 Bréry 39 107 Fd 68
07230 Brès 07 141 Ea 82
12120 Brès 12 152 Cd 83
17490 Bresdon 17 123 Zf 73
70140 Bresilley 70 107 Fd 65
30450 Brésis 30 154 Df 82
80300 Bresle 80 39 Cd 49
60510 Bresles 60 38 Cb 52
03210 Bresnay 03 116 Db 70
61190 Bresolettes 61 49 Ad 57
46320 Bresquéjouls 46 138 Bf 81
71460 Bresse-sur-Grosne 71 105 Ee 69
21560 Bressey-sur-Tille 21 92 Fb 65
03000 Bressollees 03 116 Db 69
01360 Bressolles 01 131 Fa 73
43450 Bressolles 43 128 Da 76
81320 Bressolles 81 166 Cf 86
82710 Bressols 82 150 Bc 85
38320 Bresson 38 144 Fe 78
52230 Bressoncourt 52 75 Fc 58
79300 Bressuire 79 98 Zd 67
13840 Brest 13 170 Fc 87
29200 Brest 29 61 Vd 58
70300 Brest 70 93 Gc 62
27350 Brestot 27 36 Ae 52
74500 Bret 74 121 Ge 70
79110 Bret 79 111 Zf 72
36110 Bretagne 36 101 Be 66
36400 Bretagne 36 102 Ca 68
87200 Bretagne 87 112 Af 73
90130 Bretagne 90 94 Ha 63
32800 Bretagne-d'Armagnac 32 148 Aa 85
40280 Bretagne-de-Marsan 40 147 Zd 85
27220 Bretagnolles 27 50 Bc 55
45250 Breteau 45 88 Cf 62
35160 Bréteil 35 65 Ya 60
21110 Bretenière 21 106 Fa 65
39120 Bretenières 39 107 Fd 67
46130 Bretenoux 46 138 Bf 79
27160 Breteuil 27 49 Af 55
60120 Breteuil 60 38 Cb 51
61270 Bréthel 61 49 Ad 56
52000 Brethenay 52 75 Fa 60
78660 Bréthencourt 78 70 Bf 57
58200 Brétignelle 58 89 Da 64
25110 Bretigney-Notre-Dame 25 93 Gb 65
79140 Bretignolles 79 98 Zc 67
53110 Bretignolles-le-Moulin 53 67 Zc 58
85470 Brétignolles-sur-Mer 85 96 Ya 69
01210 Brétigny 01 120 Ga 71
21490 Bretigny 21 92 Fa 64
27800 Brétigny 27 49 Ae 53
28630 Brétigny 28 70 Bd 58
60400 Brétigny 60 40 Da 51
86380 Brétigny 86 99 Ac 68
91220 Brétigny-sur-Orge 91 71 Cb 57
61110 Bretoncelles 61 69 Af 58
25380 Bretonvillers 25 108 Gd 65
17700 Brette 17 110 Za 72
72250 Brette-les-Pins 72 85 Ac 61
68780 Bretten 68 94 Ha 62
80290 Brettencourt 80 38 Bf 50
16240 Brettes 16 111 Aa 72
50110 Bretteville 50 33 Yc 51
76890 Bretteville 77 37 Ba 51
76110 Bretteville-du-Grand-Caux 77 36 Ac 51
14190 Bretteville-le-Rabet 14 48 Ze 54
14740 Bretteville-L'Orgueilleuse 14 35 Zc 53
76560 Bretteville-Saint-Laurent 77 37 Af 50
50430 Bretteville-sur-Ay 50 33 Yc 53
14170 Bretteville-sur-Dives 14 48 Zf 54
14680 Bretteville-sur-Laize 14 47 Ze 54
14760 Bretteville-sur-Odon 14 35 Zd 54
57320 Brettnach 57 57 Gd 53
31530 Bretx 31 164 Bb 86
70300 Breuches 70 93 Gb 62
58460 Breugnon 58 89 Dc 64
58140 Breugny 58 90 Df 64
17330 Breuil 17 111 Zd 72
22350 Breuil 22 65 Xf 59
23220 Breuil 23 114 Bf 71
29590 Breuil 29 62 Vf 59
51140 Breuil 51 40 De 53
60350 Breuil 60 39 Cf 52
80400 Breuil 80 39 Cf 50
88340 Breuil 88 77 Gd 61
95770 Breuil 95 50 Be 53
87300 Breuilaufa 87 113 Ba 72
85120 Breuil-Barret 85 98 Zb 69
78930 Breuil-Bois-Robert 78 50 Be 55
79300 Breuil-Chaussée 79 98 Zc 67
24380 Breuilh 24 136 Ae 78
17700 Breuil-la-Réorte 17 110 Zb 72
16140 Breuillaud 16 111 Zf 73
17330 Breuilles 17 110 Zc 72
60840 Breuil-le-Sec 60 39 Cc 52
17920 Breuillet 17 122 Yf 74
91650 Breuillet 91 71 Cb 57
60600 Breuil-le-Vert 60 39 Cc 52
03500 Breuilly 03 116 Db 71
17870 Breuil-Magné 17 110 Za 73
27640 Breuilpont 27 50 Bc 55
52300 Breuil-sur-Marne 52 75 Fa 57
70190 Breurey 70 93 Ga 64
70160 Breurey-lès-Faverney 70 93 Ga 62
67112 Breuschwickersheim 67 60 Hd 57
16400 Breuty 16 124 Aa 75
52240 Breuvannes-en-Bassigny 52 75 Fd 60
71500 Breuve 71 106 Fb 68
51240 Breuvery-sur-Coole 51 54 Eb 55
50260 Breuville 50 33 Yb 51
55600 Breux 55 43 Fc 51
91650 Breux- Jouy 91 71 Cb 57
27570 Breux-sur-Avre 27 49 Ba 56
41160 Brévainville 41 69 Bb 61
78980 Bréval 78 50 Bd 55
50500 Brévands 50 46 Ye 53
39100 Brevans 39 106 Fd 66
38380 Brévardière 38 132 Fe 77
29260 Breventoc 29 62 Vd 57
58530 Brèves 58 89 Dd 64
10450 Bréviandes 10 73 Ea 59
14860 Bréville 14 48 Ze 53
16370 Bréville 16 123 Ze 74
62140 Brévillers 62 29 Ca 46
80600 Brévillers 80 29 Cc 47
50290 Bréville-sur-Mer 50 46 Yc 55
70400 Brevilliers 70 94 Ge 63
08140 Brévilly 08 42 Fa 51
52200 Brévoines 52 92 Fb 61
50630 Brevolle 50 33 Yd 51
10220 Brévonnes 10 74 Ec 58
62170 Bréxent-Enocq 62 28 Be 45
25240 Brey-et-Maison-du-Bois 25 107 Gb 68
33650 Breyra 33 135 Zc 80
49260 Brézé 49 99 Zf 65
29450 Brézéhant 29 62 Wa 58
05190 Bréziers 05 157 Gb 82
11270 Brézilhac 11 165 Ca 89
17120 Brézillas 17 122 Za 75
38590 Brézins 38 131 Fb 76
28270 Brézolles 28 49 Ba 56
Brezolles 78 50 Bf 55
15230 Brezons 15 139 Ce 79
17600 Briagne 17 122 Za 75
03500 Briailles 03 116 Db 71
82710 Brial 82 150 Bb 85
34220 Brian 34 166 Ce 88
04200 Briançon 04 157 Ga 83
05100 Briançon 05 145 Gd 79
37500 Briançon 37 99 Ab 66
06850 Briançonnet 06 158 Ge 85
34650 Briandes 34 167 Db 86
21390 Brianny 21 90 Ec 64
71110 Briant 71 117 Ea 71
36400 Briantes 36 114 Ca 69
45250 Briare 45 88 Ce 63
45390 Briarres-sur-Essonne 45 71 Cc 59
04200 Briasc 04 157 Ff 83
59730 Briastre 59 30 Dc 48
81390 Briatexte 81 165 Bf 86
52700 Briaucourt 52 75 Fb 59
70800 Briaucourt 70 93 Gb 62
52120 Bricon 52 74 Ef 60
28300 Briconville 28 69 Bc 57
51310 Bricot-la-Ville 51 53 Dd 56
50340 Bricqueboscq 50 33 Yb 51
14710 Bricqueville 14 47 Za 53
50290 Bricqueville-sur-Mer 50 46 Yc 55
45310 Bricy 45 70 Be 60
73570 Brides-les-Bains 73 133 Gd 76
37600 Bridoré 37 100 Ba 66
02870 Brie 02 40 Dc 51
09700 Brie 09 165 Bd 89
16590 Brie 16 124 Ab 74
35150 Brie 35 66 Yc 61
79100 Brie 79 99 Zf 67
80200 Brie 80 39 Cf 49
16210 Brie-Bardenac 16 123 Zf 77
29510 Briec 29 78 Wa 60
77170 Brie-Comte-Robert 76 51 Cd 56
38320 Brie-et-Angonnes 38 144 Fe 78
33840 Briel 33 147 Ze 82
35370 Brielles 35 66 Yf 60
10140 Briel-sur-Barse 10 74 Ec 59
71290 Brienne 71 118 Fa 69
10500 Brienne-la-Vieille 10 74 Ed 58
10500 Brienne-le-Château 10 74 Ed 58

08190 Brienne-sur-Aisne 08 41 Ea 52
42720 Briennon 42 117 Ea 72
89210 Brienon-sur-Armançon 89 73 Dd 61
08400 Brières 08 42 Ee 53
91150 Brières-les-Scellés 91 71 Ca 58
42620 Brierette 42 117 Df 71
17520 Brie-sous-Archiac 17 123 Ze 76
16300 Brie-sous-Barbezieux 16 123 Zf 76
16210 Brie-sous-Chalais 16 123 Aa 77
17160 Brie-sous-Matha 17 123 Ze 74
17120 Brie-sous-Mortagne 17 122 Zb 76
79800 Brieuil 79 111 Zf 71
08240 Brieulles-sur-Bar 08 42 Ef 52
55110 Brieulles-sur-Meuse 55 55 Fb 52
61160 Brieux 61 48 Zf 55
43700 Brieves-Charensac 43 141 Df 78
54150 Briey 54 56 Ff 53
63820 Briffons 63 127 Cd 74
48600 Briges 48 141 De 80
80410 Brighton 80 28 Bd 47
33860 Brignac 33 123 Zd 77
34800 Brignac 34 167 Dc 87
49430 Brignac 49 84 Zd 63
56430 Brignac 56 64 Xd 60
19310 Brignac-la-Plaine 19 125 Bc 77
69530 Brignais 69M 130 Ee 74
95640 Brignancourt 95 50 Bf 54
49700 Brigné 49 98 Zd 65
29350 Brigneau 29 79 Wb 62
31480 Brignemont 31 149 Af 86
29560 Brigneun 29 62 Ve 59
29890 Brignogan-Plage 29 62 Ve 57
83170 Brignoles 83 171 Ga 88
47140 Brignols 47 149 Ae 82
30190 Brignon 30 154 Eb 85
38190 Brignoud 38 132 Ff 77
23250 Brigoux 23 114 Bf 73
86290 Brigueil-le-Chantre 86 113 Ba 70
16420 Brigueuil 16 112 Af 73
91640 Briis-sous-Forges 91 51 Ca 57
16500 Brillac 16 112 Ae 72
56370 Brillac 56 80 Xb 63
85200 Brillac 85 110 Za 70
10240 Brillecourt 10 74 Ec 58
50330 Brillevast 50 33 Yd 51
59178 Brillon 59 30 Db 46
55000 Brillon-en-Barrois 55 55 Fa 56
33920 Brillouet 33 135 Zc 78
85210 Brillouet 85 110 Yf 69
45310 Brilly 45 70 Be 60
62170 Brimeux 62 28 Bf 46
51220 Brimont 51 53 Ea 52
18120 Brinay 18 102 Ca 65
58110 Brinay 58 104 De 67
68870 Brinckheim 68 95 Hc 63
69126 Brindas 69M 130 Ee 74
22170 Bringolo 22 63 Xa 57
58420 Brinon-sur-Beuvron 58 89 Dc 65
18410 Brinon-sur-Sauldre 18 87 Cb 63
54280 Brin-sur-Seille 54 56 Gc 56
77930 Brinvillé 76 71 Cd 57
39570 Briod 39 107 Fd 69
49125 Briollay 49 84 Zc 63
12400 Briols 12 152 Cf 85
01460 Brion 01 119 Fd 71
36110 Brion 36 101 Be 67
38590 Brion 38 131 Fc 77
48310 Brion 48 140 Da 80
49250 Brion 49 84 Zf 64
63610 Brion 63 128 Cf 76
71190 Brion 71 105 Eb 67
86160 Brion 86 112 Ac 70
89400 Brion 89 72 Dc 61
27800 Brionne 27 49 Ae 53
79290 Brion-près-Thouet 79 99 Ze 66
21570 Brion-sur-Ource 21 91 Ed 61
48310 Brion-Vieux 48 140 Da 80
01470 Briord 01 131 Fc 74
72110 Briosne-lès-Sables 72 68 Ac 59
60210 Briot 60 38 Bf 51
18120 Briou 18 102 Ca 65
41370 Briou 41 86 Bc 62
43100 Brioude 43 128 Dc 77
63190 Brioux 63 128 Dc 73
79170 Brioux-sur-Boutonne 79 111 Ze 72
61220 Briouze 61 47 Zd 56
80540 Briquemesnil-Floxicourt 80 38 Ca 49
08240 Briquenay 08 42 Ef 52
14240 Briquessard 14 47 Zb 54
50200 Briqueville-la-Blouette 50 46 Yd 54
64240 Briscous 64 160 Ye 88
64240 Briscous-les Salines 64 160 Yd 88
73100 Brison 73 132 Ff 74
74130 Brison 74 120 Gc 72
73100 Brison-Saint-Innocent 73 132 Ff 74
17390 Brisquettes 17 122 Ye 74
34190 Brissac 34 153 De 85
28410 Brissard 28 50 Bc 56
49330 Brissarthe 49 83 Zd 62
02240 Brissay-Choigny 02 40 Dc 50
02240 Brissy-Hamégicourt 02 40 Dc 50
44530 Brivé 44 81 Xf 64
82600 Brivecastel 82 149 Ba 85
19100 Brive-la-Gaillarde 19 125 Bd 78
36100 Brives 36 102 Bf 67
72150 Brives 72 85 Ad 62
17800 Brives-sur-Charente 17 123 Zd 74
19120 Brivezac 19 138 Bf 78
50700 Brix 50 33 Yc 51
55140 Brixey-aux-Chanoines 55 75 Fe 58
17770 Brizambourg 17 123 Zd 74
37220 Brizay 37 99 Ac 66
86110 Brizay 86 99 Ab 67
55250 Brizeaux 55 55 Fa 54
58140 Brizon 58 90 Df 65
49490 Broc 49 84 Aa 63
63500 Broc 63 128 Db 76
40420 Brocas 40 147 Zc 84
40500 Brocas 40 161 Zb 86
61290 Brochard 61 69 Ae 57
33920 Brochet 33 123 Zd 77
21220 Brochon 21 106 Ef 65
14430 Brocottes 14 35 Zf 53
80430 Brocourt 80 38 Be 49
55120 Brocourt-en-Argonne 55 55 Fb 54
29870 Broënnou 29 61 Vc 57
27270 Broglie 27 49 Ad 54
25600 Brognard 25 94 Gf 63
08380 Brognon 08 41 Eb 49
21490 Brognon 21 92 Fb 64
21250 Broin 21 106 Fa 66
21220 Broindon 21 106 Fa 65
39320 Broissia 39 119 Fc 70
73340 Broissieux 73 132 Ga 74
60210 Brombos 60 38 Bf 51
45390 Bromilles 45 71 Cc 59
12600 Brommat 12 139 Ce 79
12600 Brommes 12 139 Ce 79
63230 Bromont-Lamothe 63 127 Ce 73
69500 Bron 69M 130 Ef 74
52500 Broncourt 52 92 Fd 62
51330 Bronne 51 54 Ed 55
57535 Bronvaux 57 56 Ga 53
28800 Bronville 28 70 Bc 59
22250 Broons = Bronn 22 65 Xe 59
35220 Broons-sur-Vilaine 35 66 Yd 60
60220 Broquiers 60 38 Be 51
12480 Broquiès 12 152 Ce 84
16500 Brossac 16 123 Zf 77
07340 Brossainc 07 130 Ee 77
49700 Brossay 49 99 Ze 66
36700 Brosse 36 113 Bb 70
03500 Brosses 03 116 Db 71
89660 Brosses 89 89 De 63
27930 Brosville 27 49 Ba 54
30210 Brot 30 155 Ed 84
33720 Brot 33 135 Zd 81
70300 Brotte-lès-Luxeuil 70 93 Gc 62
70180 Brotte-lès-Ray 70 92 Fe 63
52000 Brottes 52 75 Fa 60
28160 Brou 28 69 Bb 59
17320 Brouage 17 122 Yf 73
50150 Brouains 50 47 Za 56
35120 Broualan 35 65 Yc 58
14250 Brouay 14 47 Zc 53
24210 Brouchaud 24 125 Ba 77
80400 Brouchy 80 40 Da 50
57220 Brouck 57 57 Gd 54
59630 Brouckerque 59 27 Cb 43
57565 Brouderdorff 57 57 Ha 56
17620 Broue 17 122 Za 74
28410 Broué 28 50 Bd 56
46090 Brouelles 46 137 Bc 81
56780 Brouel Mones 56 80 Xb 63
55700 Brouennes 55 42 Fb 51
66560 Brouilla 66 179 Cf 93
43500 Brouillac 43 129 Df 77
01430 Brouillat 01 119 Fd 72
51170 Brouillet 51 53 De 53
87800 Brouillet 87 125 Bb 74
33210 Brouquet 33 135 Ze 81
33720 Brouquet 33 135 Zd 81
33124 Brouqueyran 33 135 Ze 82
83330 Broussan 83 171 Ff 89
23340 Broussas 23 126 Bf 74
15250 Brousse 15 139 Cc 79
23360 Brousse 23 114 Be 70
23700 Brousse 23 115 Cc 73
63490 Brousse 63 128 Dc 75
81440 Brousse 81 165 Ca 86
12480 Brousse-le-Château 12 152 Cd 85
11390 Brousses-et-Villaret 11 166 Cb 88
52130 Brousseval 52 74 Ef 58
33410 Broussey 33 135 Ze 80
55190 Broussey-en-Blois 55 55 Fd 57
55200 Broussey-en-Woëvre 55 55 Fe 56
15240 Broussoles 15 127 Cc 77
63850 Broussoux-le-Lac 63 127 Ce 76
51230 Broussy-le-Grand 51 53 Df 56
51230 Broussy-le-Petit 51 53 De 56
77177 Brou-sur-Chantereine 76 51 Cd 55
52230 Brouthières 52 75 Fb 58
88600 Brouvelieures 88 77 Ge 59
54120 Brouville 54 77 Ge 58
84390 Brouville 84 156 Fc 84
57635 Brouviller 57 57 Ha 56
91150 Brouy 91 71 Cb 59
09240 Brouzenac 09 177 Bc 90
30580 Brouzet-lès-Alès 30 154 Eb 84
30260 Brouzet-lès-Quissac 30 154 Df 85
59470 Broxeele 59 27 Cb 44
71190 Broye 71 105 Eb 67
70140 Broye-Aubigney-Montseugny 70 92 Fd 65
70100 Broye-les-Loups-et-Verfontaine 70 92 Fc 64
51120 Broyes 51 53 De 56
60120 Broyes 60 39 Cc 51
88700 Brû 88 77 Ge 58
43210 Bruaille 43 129 Ea 76
71500 Bruailles 71 106 Fb 69
62700 Bruay-la-Buissière 62 29 Cd 46
59860 Bruay-l'Escaut 59 31 Dd 46
24110 Bruc 24 136 Ad 78
80690 Brucamps 80 29 Ca 48
47130 Bruch 47 148 Ac 83
57350 Bruch 57 57 Gf 53
42130 Bruchet 42 129 Df 74
50480 Brucheville 50 46 Ye 52
14160 Brucourt 14 35 Zf 53
35550 Bruc-sur-Aff 35 81 Xf 62
83119 Brue-Auriac 83 171 Ff 87
68440 Bruebach 68 95 Hc 62
78440 Brueil-en-Vexin 78 50 Be 54
12330 Bruéjouls 12 151 Cc 82
15310 Bruel 15 139 Cd 78
15220 Bruel 15 139 Cc 80
48230 Bruel 48 140 Db 82
48100 Bruel 48 140 Db 81
18200 Bruère-Allichamps 18 102 Cc 68
11300 Brugairolles 11 165 Ca 90
64800 Bruges-Capbis-Mifaget 64 162 Ze 90
03700 Brugheas 03 116 Dc 72
63340 Brugière 63 128 Da 76
47260 Brugnac 47 148 Ac 82
81140 Brugnac 81 150 Be 85
23000 Brugnat 23 114 Bf 71
32500 Brugnens 32 149 Ae 85
51530 Brugny-Vaudancourt 51 53 Df 55
31150 Bruguières 31 164 Bc 86
59490 Bruille-lez-Marchiennes 59 30 Db 46
59199 Bruille-Saint-Amand 59 30 Dd 46
05150 Bruis 05 143 Fd 82
07150 Brujas 07 154 Eb 83
79230 Brûlain 79 111 Ze 71
57340 Brulange 57 57 Gd 55
54200 Bruley 54 56 Fe 56
61390 Brullemail 61 48 Ab 57
69690 Brullioles 69M 130 Ec 74
72350 Brûlon 72 67 Ze 61
87230 Brumas 87 125 Ba 75
67170 Brumath 67 58 He 56
02810 Brumetz 02 52 Da 54
29710 Brumphuez 29 78 Vd 61
12100 Brunas 12 152 Da 84
07210 Brune 07 142 Ee 80
02360 Brunehamel 02 41 Eb 50
28400 Brunelles 28 69 Af 59
62240 Brunembert 62 28 Bf 44
59151 Brunémont 59 30 Da 47
04210 Brunet 04 157 Ga 85
04250 Brunet 04 157 Ff 83
33113 Brunet 33 147 Zd 82
82800 Bruniquel 82 150 Bd 84
05350 Brunissard 05 145 Ge 80
91800 Brunoy 91 51 Cd 56
68350 Brunstatt 68 95 Hb 62
76630 Brunville 77 37 Bb 49
60130 Brunvillers-la-Motte 60 39 Cc 51
76780 Bruquedalle 77 37 Bc 51
04270 Brusc 04 157 Ga 85
80200 Brusle 80 39 Da 49
12360 Brusque 12 152 Cf 86
12340 Brussac 12 139 Ce 81
70150 Brussey 70 93 Fe 65
69690 Brussieu 69M 130 Ed 74
51300 Brusson 51 54 Ee 56
22100 Brusvily 22 65 Xf 58
56360 Bruté 56 80 We 64
80230 Brutelles 80 28 Bd 48
54800 Bruville 54 56 Ff 54
86510 Brux 86 111 Ab 71
55300 Bruxières-sous-les-Côtes 55 55 Fe 55
88600 Bruyères 88 77 Ge 59
58240 Bruyères-de-Fleury 58 103 Db 68
58390 Bruyères-des-Desrues 58 103 Dc 68
58300 Bruyères-des-Lices 58 103 Db 68
02860 Bruyères-et-Montbérault 02 40 Dd 51
91680 Bruyères-le-Châtel 91 71 Cb 57
02000 Bruyères-sur-Fère 02 40 Dd 52
02130 Bruyères-sur-Fère 02 52 Dc 53
95820 Bruyères-sur-Oise 95 51 Cb 54
02220 Bruys 02 53 Dd 53
35170 Bruz 35 65 Yb 60
59144 Bry 59 31 De 47
28410 Bû 28 50 Bc 56
40320 Buanes 40 162 Zd 86
61190 Bubertré 61 68 Ad 57
56310 Bubry 56 79 We 61
78530 Buc 78 51 Ca 56
90800 Buc 90 94 Ge 63
50500 Bucaille 50 46 Ye 52
60480 Bucamps 60 39 Cb 51
78200 Bucehlay 78 50 Be 55
10190 Bucey-en-Othe 10 73 Df 59
70700 Bucey-lès-Gy 70 93 Ff 64
70360 Bucey-les-Traves 70 93 Ff 63
62310 Buchamps 62 29 Ca 46
03440 Buchatière 03 115 Cf 70
10800 Buchères 10 73 Ea 59
52330 Buchey 52 74 Ef 59
60640 Buchoire 60 39 Da 51
57420 Buchy 57 56 Gb 55
76750 Buchy 77 37 Bc 51
02500 Bucilly 02 41 Ea 49
62116 Bucquoy 62 29 Ce 48
02880 Bucy-le long 02 40 Dc 52
45410 Bucy-le-Roy 45 70 Bf 60
02870 Bucy-lès-Cerny 02 40 Dd 51
02350 Bucy-lès-Pierrepont 02 41 Df 51
45140 Bucy-Saint-Liphard 45 87 Be 61
57920 Budange 57 56 Gb 53
57270 Budange-sous-Justemont 57 56 Ga 53
23170 Budelière 23 115 Cc 71
57920 Buding 57 44 Gb 53
57970 Budling 57 56 Gc 52
33720 Budos 33 135 Zd 81
18300 Bué 18 88 Ce 65
65120 Bué 65 175 Zf 92
57370 Buechelberg 57 58 Hb 56
27730 Bueil 27 50 Bc 55
37370 Bueil-en-Touraine 37 85 Ad 63
01310 Buellas 01 118 Fa 71
68210 Buethwiller 68 95 Ha 63
87130 Buffangeas 87 126 Bd 74
25440 Buffard 25 107 Fe 66
12210 Buffières 12 140 Cf 80
12370 Buffières 12 152 Ce 85
71250 Buffières 71 117 Ed 70
70500 Buffignécourt 70 93 Ga 62
21500 Buffon 21 90 Eb 63
11190 Bugarach 11 178 Cc 91
65220 Bugard 65 163 Ab 89
43170 Bugeac 43 140 Dc 79
19170 Bugeat 19 126 Bf 75
45120 Buges 45 71 Ce 60
16200 Buges, les 16 123 Ze 74
76930 Buglise 77 36 Aa 51
40990 Buglose 40 146 Za 86
64190 Bugnein 64 161 Zb 88
59151 Bugnicourt 59 30 Da 47
52210 Bugnières 52 75 Fa 61
25520 Bugny 25 108 Gc 67
22710 Buguélès 22 63 We 55
67470 Buhl 67 59 Ia 55
68530 Buhl 68 95 Hb 61
57400 Buhl-Lorraine 57 57 Ha 56
22300 Buhulien 22 63 Wd 56
95770 Buhy 95 50 Be 53
60380 Buicourt 60 38 Be 51
80132 Buigny-L'Abbé 80 28 Bf 48
80220 Buigny-lès-Gamaches 80 37 Bd 48
80132 Buigny-Saint-Maclou 80 28 Be 48
11140 Buillac 11 178 Cb 92
02500 Buire 02 41 Ea 49
62390 Buire-au-Bois 62 29 Ca 47
80200 Buire-Courcelles 80 39 Da 49
62870 Buire-le-Sec 62 28 Be 46
80300 Buire-sur-L'Ancre 80 39 Cd 49
02620 Buironfosse 02 41 Df 49
38122 Buis 38 130 Fa 76
87140 Buis 87 113 Bb 72
26170 Buis-les-Baronnies 26 156 Fb 83
05500 Buissard 05 144 Ga 81
87500 Buisson 87 125 Ba 75
89440 Buisson 89 90 Df 63
59610 Buisson-Barbet 59 31 Df 48
54110 Buissoncourt 54 56 Gc 56
27220 Buisson-Crosson 27 50 Bb 55
15350 Buissou 15 127 Cc 76
27240 Buis-sur-Damville 27 49 Ba 56
62860 Buissy 62 30 Da 47
24420 Bujadelle 24 125 Af 77
87460 Bujaleuf 87 126 Bd 74
55250 Bulainville 55 55 Fb 55
65130 Bulan 65 175 Ab 90
22160 Bulat-Pestivien 22 63 We 58
58400 Bulcy 58 103 Da 65
56420 Buléon 56 80 Xb 61
88140 Bulgnéville 88 76 Ff 59
63350 Bulhon 63 116 Dc 73
28800 Bullainville 28 70 Bd 59
25560 Bulle 25 107 Gb 67
62128 Bullecourt 62 30 Cf 47
60130 Bulles 60 39 Cb 52
73400 Bulles 73 132 Gc 74
54113 Bulligny 54 76 Ff 57
78830 Bullion 78 51 Bf 57
28160 Bullou 28 69 Bb 59
14320 Bully 14 35 Zd 54
42260 Bully 42 117 Ea 73
76270 Bully 77 37 Bc 50
69210 Bully 69M 130 Ed 73
62160 Bully-les-Mines 62 29 Ce 46
08450 Bulson 08 42 Ef 51
88700 Bult 88 77 Gd 59
65400 Bun 65 174 Zf 91
63600 Bunanges 63 129 De 75
21400 Buncey 21 91 Ed 62
62130 Buneville 62 29 Cc 47
23500 Bunleix 23 126 Ca 74
91720 Buno-Bonnevaux 91 71 Cc 58
64120 Bunus 64 161 Yf 89
80400 Buny 80 39 Cf 50
16110 Bunzac 16 124 Ac 74
84480 Buoux 84 156 Fc 85
20240 Bura CTC 183 Kb 97
27320 Buray 27 49 Bb 56
67260 Burbach 67 57 Ha 55
62151 Burbure 62 29 Cc 45
38690 Burcin 38 131 Fc 76
14410 Burcy 14 47 Zb 55
77760 Burcy 76 71 Cd 59
42220 Burdignes 42 130 Ed 77
74420 Burdignin 74 120 Gc 71
55290 Bure 55 75 Fc 57
57710 Bure 57 43 Ff 52
61170 Buré 61 68 Ac 57
54730 Buré-la-Ville 54 43 Fd 51
21290 Bure-les-Templiers 21 91 Ef 62
02140 Burelles 02 41 Df 50
54370 Bures 54 57 Gd 56
61170 Bures 61 68 Ac 57
72130 Bures 72 68 Zf 59
78630 Bures 78 50 Bf 55
76660 Bures-en-Bray 77 37 Bc 50
14350 Bures-les-Monts 14 47 Za 55
14670 Bures-sur-Dives 14 48 Ze 53
91190 Bures-sur-Yvette 91 51 Ca 56
27190 Burey 27 49 Af 55
55140 Burey-en-Vaux 55 75 Fe 57
55140 Burey-la-Côte 55 75 Fe 57
65190 Burg 65 163 Ab 89
31440 Burgalays 31 176 Ad 91
64390 Burgaronne 64 161 Za 88
16260 Burgaud 16 124 Ac 73
25170 Burgille 25 93 Fe 65
87800 Burgnec 87 125 Ba 74
20143 Burgo CTC 184 If 98
31190 Burguerolles 31 164 Bc 88
71260 Burgy 71 118 Ee 70
17770 Burie 17 123 Zd 74
54450 Buriville 54 77 Ge 57
81100 Burlats 81 166 Cb 87
57170 Burlioncourt 57 57 Gd 55
71460 Burnand 71 105 Ed 69
25470 Burnevillers 25 94 Ha 65
68520 Burnhaupt-le-Bas 68 95 Ha 62
68520 Burnhaupt-le-Haut 68 95 Ha 62
14610 Buron 14 35 Zd 53
63270 Buron 63 128 Db 75
64160 Buros 64 162 Ze 88
64330 Burosse-Mendousse 64 162 Ze 87
64520 Burre 64 161 Yf 87
09000 Burret 09 177 Bc 91
61500 Bursard 61 68 Ab 57
54210 Burthecourt-aux-Chênes 54 76 Gb 57
22160 Burthulet 22 63 Wd 58
57220 Burtoncourt 57 56 Gc 53
41190 Bury 41 86 Bb 63
57420 Bury 57 56 Ga 54
60250 Bury 60 39 Cc 53
83560 Bury 83 171 Ga 87
07450 Burzet 07 141 Eb 80
71460 Burzy 71 105 Ed 69
62124 Bus 62 30 Cf 48
68220 Buschwiller 68 95 Hd 63
59137 Busigny 59 40 Dc 48
80700 Bus-la-Mesiere 80 39 Ce 51
80560 Bus-lès-Artois 80 29 Cd 48
41160 Busloup 41 86 Ba 61
80140 Busménard 80 38 Bd 49
62350 Busnes 62 29 Cd 46
69920 Busnettes 62 29 Cd 45
81300 Busque 81 151 Bf 86
15500 Bussac 15 128 Da 77
24350 Bussac 24 124 Ad 77
43300 Bussac 43 141 Dd 78
87600 Bussac 87 124 Ae 74
17210 Bussac-Forêt 17 123 Zd 77
17100 Bussac-sur-Charente 17 122 Zc 74
20147 Bussaglia CTC 182 Id 95
27630 Bus-Saint-Rémy 27 50 Bd 54
88540 Bussang 88 94 Gf 61
23150 Busseau 23 114 Ca 72
21510 Busseaut 21 91 Ed 62
19200 Bussejoux 19 127 Cc 75
63270 Busséol 63 128 Db 74
23320 Busserolles 23 114 Be 72
24360 Busserolles 24 124 Ad 74
21580 Busserotte-et-Montenaille 21 91 Ef 63
86350 Busseroux 86 112 Ac 71
48500 Busses 48 140 Db 82
03270 Busset 03 116 Dd 72
02810 Bussiares 02 52 Db 54
03380 Bussière 03 115 Cc 71
12600 Bussière 12 139 Ce 80
23700 Bussière 23 115 Cd 72
36230 Bussière 36 101 Bf 69
58170 Bussière 58 104 Df 68
63440 Bussière 63 115 Cf 72
63380 Bussière 63 127 Cd 73
24360 Bussière-Badil 24 124 Ad 75
87330 Bussière-Boffy 87 112 Af 72
23320 Bussière-Dunoise 23 114 Bd 71
87230 Bussière-Galant 87 125 Ba 75
23260 Bussière-Maraud 23 114 Cb 73
87320 Bussière-Poitevine 87 112 Af 71
21580 Bussières 21 91 Ef 63
42510 Bussières 42 129 Eb 73
58340 Bussières 58 104 Dd 67
63330 Bussières 63 115 Cd 72
70190 Bussières 70 93 Ff 64
71960 Bussières 71 118 Ee 70
77750 Bussières 76 52 Db 55
89630 Bussières 89 90 Ea 64
23600 Bussière-Saint-Georges 23 114 Ca 70
52500 Bussières-Champesvaine 52 92 Fd 62
63260 Bussières-et-Pruns 63 116 Db 72
52700 Busson 52 75 Fc 59
80200 Bussu 80 39 Cf 49
20136 Bussu CTC 182 Ka 96
64220 Bussunarits-Sarrasquette 64 161 Ye 90
80135 Bussus-Bussuel 80 28 Ca 48
18130 Bussy 18 102 Cd 67
58120 Bussy 58 104 Df 66
60400 Bussy 60 39 Cf 51
71550 Bussy 71 104 Ea 66
87120 Bussy 87 126 Be 74
42260 Bussy-Albieux 42 129 Ea 74
51290 Bussy-aux-Bois 51 74 Ed 57
89400 Bussy-en-Othe 89 72 Dd 60
55000 Bussy-la-Côte 55 55 Fa 56
21540 Bussy-la-Pesle 21 91 Ee 64
58420 Bussy-la-Pesle 58 89 Dc 65
51600 Bussy-le-Château 51 54 Ed 54
21150 Bussy-le-Grand 21 91 Ed 63
51330 Bussy-le-Repos 51 54 Ee 55
89500 Bussy-le-Repos 89 72 Db 60
80800 Bussy-lès-Daours 80 39 Cc 49
80290 Bussy-lès-Poix 80 38 Ca 50
51320 Bussy-Lettrée 51 54 Eb 56
77600 Bussy-Saint-Georges 76 51 Ce 55
67320 Bust 67 58 Hb 56
20212 Bustanico CTC 183 Kb 95
64220 Bustince-Iriberry 64 161 Ye 89
67350 Buswiller 67 58 Hd 56
25320 Busy 25 107 Ff 65
55160 Butgnéville 55 55 Fe 54
70190 Buthiers 70 93 Ga 64
77760 Buthiers 76 71 Cc 59
76890 Butot 77 37 Ba 51
76450 Butot-Vénesville 77 36 Ad 50
95430 Butry-sur-Oise 95 51 Cb 54
89360 Butteaux 89 73 De 61
67430 Butten 67 57 Hb 55
80400 Buverchy 80 39 Cf 50
39800 Buvilly 39 107 Fe 67
38630 Buvin 38 131 Fd 75
21290 Buxerolles 21 91 Ef 62
63720 Buxerolles 63 116 Db 73
86180 Buxerolles 86 99 Ac 69
55300 Buxerulles 55 55 Fd 55
10110 Buxeuil 10 74 Ec 60
36150 Buxeuil 36 101 Be 66
37160 Buxeuil 86 100 Ae 67
36230 Buxières-d'Aillac 36 101 Be 69
52240 Buxières-lès-Clefmont 52 75 Fc 60
52320 Buxières-lès-Froncles 52 75 Fa 59
03440 Buxières-les-Mines 03 115 Cf 70
52000 Buxières-lès-Villiers 52 75 Fa 60

63700 Buxières-sous-Montaigut 63 115 Cf 71
10110 Buxières-sur-Arce 10 74 Ec 60
71390 Buxy 71 105 Ee 68
42260 Buy 42 129 Ea 73
59285 Buysscheure 59 27 Cc 44
09800 Buzan 09 176 Af 91
36500 Buzançais 36 101 Bc 67
02200 Buzancy 02 40 Dc 53
08240 Buzancy 08 42 Ef 52
12150 Buzareingues 12 152 Cf 82
63210 Buzaudon 63 127 Ce 74
88220 Buzegney 88 76 Gc 60
12150 Buzeins 12 152 Cf 82
47160 Buzet-sur-Baïse 47 148 Ab 83
31660 Buzet-sur-Tarn 31 150 Bd 86
64680 Buziet 64 162 Zd 90
34160 Buzignargues 34 154 Ea 86
65140 Buzon 65 162 Aa 88
55400 Buzy 55 55 Fe 53
58210 Buzy 58 89 Dc 64
64260 Buzy 64 162 Zd 90
25440 By 25 107 Ff 66
33340 By 33 122 Za 76
25320 Byans-sur-Doubs 25 107 Ff 66
62130 Byras 62 29 Cc 46
59380 Byssaert 59 27 Cc 43

C

29270 Caarhaix-Plouguer 29 63 Wc 59
65710 Cabadur 65 175 Ab 91
12500 Cabanac 12 140 Cf 82
65350 Cabanac 65 163 Ab 89
31160 Cabanac-Cazaux 31 176 Ae 90
33650 Cabanac-et-Villagrains 33 135 Zc 81
31480 Cabanac-Séguenville 31 149 Ba 86
04320 Cabane-des-Bas-Pasqueires 04 158 Ge 84
12240 Cabanelles 12 151 Cb 82
85580 Cabane-Neuve 85 109 Ye 70
12800 Cabanès 12 151 Cb 83
12290 Cabanes 12 152 Cf 83
81500 Cabanès 81 165 Bf 86
13460 Cabanes-de-Cambon 13 169 Ec 87
65440 Cabanes-de-Camoudiet 65 175 Ab 91
81140 Cabanne 81 150 Be 84
13440 Cabannes 13 155 Ef 85
15150 Cabannes 15 138 Ca 79
81320 Cabannes 81 166 Ce 86
12100 Cabanous 12 152 Cf 84
33420 Cabara 33 135 Zf 80
17430 Cabariot 17 110 Za 73
83340 Cabasse 83 171 Gb 88
83230 Cabasson 83 172 Gb 90
40310 Cabeil 40 148 Aa 85
12210 Cabels 12 139 Ce 80
81330 Cabès 81 151 Cc 86
66330 Cabestany 66 179 Cf 92
30430 Cabiac 30 154 Eb 83
64410 Cabidos 64 162 Zd 87
41150 Cabinette 41 86 Ba 63
47380 Cabirol 47 136 Ad 82
14390 Cabourg 14 48 Zf 53
46330 Cabrerets 46 138 Bd 81
34480 Cabrerolles 34 167 Da 87
11160 Cabrespine 11 166 Cc 88
12220 Cabriac 12 139 Cb 81
30210 Cabrières 30 154 Ec 85
34800 Cabrières 34 167 Dc 87
84240 Cabrières-d'Aigues 84 156 Fc 86
84220 Cabrières-d'Avignon 84 156 Fa 85
13480 Cabriès 13 170 Fc 88
48400 Cabrillac 48 153 Dd 84
06530 Cabris 06 172 Gf 87
09400 Cabus 09 177 Bd 91
32190 Cacarens 32 148 Ab 85
20100 Cacciabello CTC 184 If 99
94230 Cachan 94 51 Cc 56
40120 Cachen 40 147 Zd 84
63580 Cacherat 63 128 Dc 76
80800 Cachy 80 39 Cc 49
81600 Cadalen 81 151 Bf 85
09240 Cadarcet 09 177 Bd 90
33750 Cadarsac 33 135 Ze 79
31550 Cadau 31 165 Bd 88
33140 Cadaujac 33 135 Zc 80
12330 Cadayrac 12 139 Cd 82
65240 Cadéac 65 175 Ac 91
32380 Cadeilhan 32 149 Ae 86
32220 Cadeillan 32 163 Af 88
22600 Cadélac 22 64 Xb 59
56220 Caden 56 81 Xe 63
31540 Cadenac 31 165 Bf 88
57990 Cadenbronn 57 57 Gf 54
12490 Cadenède 12 152 Cf 84
84160 Cadenet 84 170 Fc 86
84860 Caderousse 84 155 Ee 84
17600 Cadeuil 17 122 Za 74
30200 Cadignac 30 155 Ed 84
32330 Cadignan 32 148 Ab 85
24130 Cadillac 24 136 Ab 79
33410 Cadillac 33 135 Ze 81
33240 Cadillac-en-Fronsadais 33 135 Zd 79
64330 Cadillon 64 162 Zf 87
32300 Cadiran-de-Bas 32 163 Ac 87
81340 Cadix 81 152 Cc 85
81470 Cadix 81 165 Bf 87
29140 Cadol 29 78 Wa 61
13950 Cadolive 13 171 Fd 88
56860 Cadouarn 56 80 Xb 63
56420 Cadoudal 56 80 Xc 62
24480 Cadouin 24 137 Af 80
48500 Cadoule 48 153 Db 82
12440 Cadoulette 12 151 Cb 83
33180 Cadourne 33 122 Zb 77
12200 Cadours 12 151 Ca 82
31480 Cadours 31 164 Ba 86
46160 Cadrieu 46 138 Bf 82
14123 Caen 14 35 Ze 54
27930 Caër 27 49 Bb 54
29390 Caéro 29 78 Wb 60
59190 Caëstre 59 30 Cd 44
62132 Caffiers 62 26 Be 43
33350 Cafol 33 135 Zf 79
82110 Cagnac 82 150 Bb 83
81130 Cagnac-les-Mines 81 151 Ca 85
20228 Cagnano CTC 181 Kc 91
06800 Cagnes-sur-Mer 06 173 Ha 87
64370 Cagnez 64 161 Zc 88
62182 Cagnicourt 62 30 Cf 47
59161 Cagnoncles 59 30 Db 47
40300 Cagnotte 40 161 Yf 87
14630 Cagny 14 35 Ze 54
80330 Cagny 80 39 Cc 49
14240 Cahagnes 14 47 Zb 54
14490 Cahagnolles 14 34 Zb 54
27420 Cahaignes 27 50 Bd 53
61430 Cahan 61 47 Zd 55
44390 Caharel 44 82 Yc 63
65190 Caharet 65 163 Ab 90
80132 Cahon 80 28 Be 48
46000 Cahors 46 150 Bc 82
46130 Cahus 46 138 Bf 79
11420 Cahuzac 11 165 Bf 89
47330 Cahuzac 47 136 Ad 81
81540 Cahuzac 81 165 Ca 88
32400 Cahuzac-sur-Adour 32 162 Zf 87
81140 Cahuzac-sur-Vère 81 151 Bf 85
32290 Cahuzères 32 163 Aa 86
31560 Caignac 31 165 Be 89
11240 Cailhau 11 165 Ca 90
11240 Cailhavel 11 165 Ca 90
34390 Cailho 34 166 Cf 87
34210 Cailhol 34 166 Ce 88
11140 Cailla 11 178 Cb 92
46140 Caillac 46 137 Bc 82
34550 Caillan 34 167 Dc 88
31420 Caillaouet 31 164 Af 89
33750 Caillau 33 135 Zd 79
40260 Caillaube 40 146 Ye 85
36500 Caillaudière 36 101 Bc 68
32190 Caillavet 32 163 Ab 86
06750 Caille 06 158 Ge 86
76460 Cailleville 77 36 Ae 50
31620 Caillol 31 150 Bc 85
02300 Caillouël 02 40 Da 51
27120 Caillouët 27 50 Bb 54
27120 Caillouet-Orgeville 27 50 Bb 55
59250 Cailloux, Triez- 59 30 Da 44
69270 Cailloux-sur-Fontaines 69M 130 Ef 73
76690 Cailly 77 37 Bb 51
27490 Cailly-sur-Eure 27 49 Bb 54
14480 Cainet 14 35 Zc 53
11190 Cairac 11 178 Cb 91
84290 Cairanne 84 155 Ef 83
14610 Cairon 14 35 Zd 53
60400 Caisnes 60 39 Da 51
30132 Caissargues 30 154 Ec 86
46140 Caix 46 137 Bb 82
80170 Caix 80 39 Cd 50
66300 Caixas 66 179 Ce 93
65500 Caixon 65 162 Aa 88
46160 Cajarc 46 138 Bf 82
31870 Calac 31 164 Bc 88
20224 Calacuccia CTC 182 Ka 94
20138 Cala di Cigliu CTC 184 Ie 98
62100 Calais 62 27 Bf 43
46150 Calamane 46 137 Bc 81
56400 Calan 56 79 Wf 62
56240 Calan 56 80 We 61
22160 Calanhel 22 63 Wd 58
20137 Cala Rossa CTC 185 Kc 99
13480 Calas 13 170 Fc 88
20224 Calasima CTC 180 If 95
15700 Calau 15 139 Cb 78
65190 Calavanté 65 163 Aa 89
20245 Calca CTC 182 Id 94
20111 Calcatoggio CTC 182 Ie 96
66600 Calce 66 179 Ce 92
12200 Calcomier 12 151 Bf 83
66760 Caldégas 66 178 Bf 94
33650 Calenta 33 135 Zc 81
20214 Calenzana CTC 180 If 93
24150 Calès 24 137 Ae 79
46350 Calès 46 138 Bd 80
47230 Calezun 47 148 Ab 83
64800 Calibet 64 174 Ze 90
47600 Calignac 47 148 Ac 84
61100 Caligny 61 47 Zc 56
64560 Calla 64 174 Zb 91
44160 Callac 44 81 Xf 64
56420 Callac 56 81 Xc 62
22160 Callac = Kallag 22 63 Wd 58
83830 Callas 83 172 Gd 87
40430 Callen 40 147 Zd 83
76270 Callengeville 77 37 Bd 50
27800 Calleville 27 49 Ae 53
76890 Calleville-les-Deux-Eglises 77 37 Ba 50
32190 Callian 32 163 Ab 87
83440 Callian 83 172 Ge 87
59270 Callicanes 59 30 Cd 44
66400 Calmeilles 66 179 Ce 93
12410 Calmejane 12 152 Ce 84
46120 Calméjanne 46 138 Bf 80
81260 Calmels 81 166 Cd 86
12400 Calmels-et-le-Viala 12 152 Ce 85
81350 Calmette 81 151 Cb 84
12450 Calmont 12 151 Cd 83
31560 Calmont 31 165 Bd 89
70240 Calmoutier 70 93 Gb 63
42240 Caloire 42 129 Eb 76
47430 Calonges 47 148 Ab 82
62160 Calonne 62 29 Ce 46
62260 Calonne-Ricouart 62 29 Cd 45
62350 Calonne-sur-la-Lys 62 29 Cd 45
22100 Calorguen 22 65 Xf 58
69300 Caluire-et-Cuire 69M 130 Ef 74
56310 Calvaire 56 79 Wf 61
20260 Calvi CTC 180 Ie 93
12120 Calviac 12 152 Cc 83
46190 Calviac 46 138 Ca 79
47150 Calviac 47 136 Ae 81
24370 Calviac-en-Périgord 24 137 Bb 79
20270 Calviani CTC 183 Kc 96
12320 Calvignac 12 139 Cc 81
46160 Calvignac 46 138 Be 82
15340 Calvinet 15 139 Cc 80
30420 Calvisson 30 154 Eb 86
09120 Calzan 09 177 Be 90
20243 Calzarellu CTC 183 Kc 97
20123 Calzola CTC 182 If 98
13510 Camaisse 13 170 Fb 87
65500 Camalès 65 162 Aa 88
12440 Camalet 12 151 Cb 83
81330 Camalières 81 166 Cd 86
09290 Camarade 09 164 Bb 90
12360 Camarès 12 152 Cf 86
56250 Camaret 56 80 Xc 62
84850 Camaret sur-Aigues 84 155 Ef 84
29570 Camaret-sur-Mer 29 61 Vc 59
33750 Camarsac 33 135 Zd 80
46140 Cambayrac 46 150 Bb 82
46340 Cambelève 46 137 Bb 81
31470 Cambernard 31 164 Bb 88
50200 Cambernon 50 46 Yd 54
81320 Cambert 81 166 Cf 86
33880 Cambes 33 135 Zd 80
46100 Cambes 46 138 Bf 81
47350 Cambes 47 136 Ab 81
14610 Cambes-en-Plaine 14 47 Zd 53
20244 Cambia CTC 183 Kb 94
31460 Cambiac 31 165 Be 88
12360 Cambias 12 167 Cf 86
81430 Cambieu 81 151 Cb 85
11240 Cambieure 11 165 Ca 90
62470 Camblain-Châtelain 62 29 Cc 46
62690 Camblain-L'Abbé 62 29 Cd 46
33360 Camblanes-et-Meynac 33 135 Zd 80
62690 Cambligneul 62 29 Cd 46
30170 Cambo 30 154 De 85
64250 Cambo-les-Bains 64 160 Yd 88
81990 Cambon 81 151 Cb 85
81430 Cambon-du-Temple 81 151 Cc 85
34330 Cambon-et-Salvergues 34 166 Cf 87
81470 Cambon-lès-Lavaur 81 165 Bf 87
12260 Camboulan 12 138 Bf 81
12290 Camboulas 12 152 Cd 83
12160 Camboulazet 12 151 Cc 83
46100 Camboulit 46 138 Bf 81
81580 Cambounet-sur-le-Sor 81 165 Ca 87
81260 Cambournés 81 166 Cc 87
81260 Cambous 81 166 Cd 86
11320 Camboyer 11 165 Be 88
59400 Cambrai 59 30 Db 47
14340 Cambremer 14 35 Aa 54
62149 Cambrin 62 29 Ce 45
02140 Cambron 02 41 Df 50
80132 Cambron 80 28 Be 48
60170 Cambronne-lès-Ribecourt 60 39 Cf 51
46100 Camburat 46 138 Bf 81
64520 Came 64 161 Yf 88
66300 Camelas 66 179 Ce 93
02300 Camelin 02 40 Da 51
40500 Camelot 40 147 Zc 86
61120 Camembert 61 48 Ab 55
44410 Camer 44 81 Xe 64
20238 Camera CTC 181 Kc 91
44410 Camerun 44 81 Xe 64
50570 Cametours 50 46 Ye 54
27470 Camfleur 27 49 Ad 54
33420 Camiac-et-Saint-Denis 33 135 Ze 80
62176 Camiers 62 28 Bd 45
46800 Caminel 46 150 Ba 83
33190 Camiran 33 135 Zf 81
82800 Camis 82 150 Bd 84
22450 Camlez 22 63 We 56
56130 Camoël 56 81 Xd 64
13011 Camoins-les-Bains 13 170 Fd 89
09500 Camon 09 178 Bf 90
80330 Camon Longueau 80 39 Cc 49
33830 Camontès 33 134 Za 82
64470 Camou-Cihigue 64 161 Za 90
64120 Camou-Mixe-Suhast 64 161 Yf 88
12560 Campagnac 12 152 Da 82
47470 Campagnac 47 149 Af 83
81140 Campagnac 81 151 Bf 84
24550 Campagnac-lès-Quercy 24 137 Bb 80
34230 Campagnan 34 167 Dc 87
32800 Campagne-d' Armagnac 32 148 Zf 85
24260 Campagne 24 137 Af 79
34160 Campagne 34 154 Ea 86
40090 Campagne 40 147 Zc 85
60640 Campagne 60 39 Cf 51
80132 Campagne 80 28 Be 48
11140 Campagne-de-Sault 11 178 Ca 92
62650 Campagne-lès-Boulonnais 62 28 Ca 45
62340 Campagne-lès-Guînes 62 27 Bf 43
62870 Campagne-lès-Hesdin 62 28 Bf 46
83690 Campagne-Neuve 83 171 Gb 87
09350 Campagne-sur-Arize 09 164 Bc 90
11260 Campagne-sur-Aude 11 178 Cb 91
12160 Campagnet 12 151 Cc 83
62380 Campagnette 62 29 Ca 44
14500 Campagnolles 14 47 Za 55
12160 Campan 12 151 Cc 83
65710 Campan 65 175 Ab 90
20229 Campana CTC 183 Kc 94
14260 Campandré-Valcongrain 14 47 Zc 55
20227 Campanella CTC 183 Ka 96
65170 Camparan 65 175 Ac 91
32420 Campardon 32 163 Ae 88
44750 Campbon 44 81 Ya 64
57570 Camp de Cattenom 57 44 Gb 52
06660 Camp-des-Fourches 06 158 Gf 82
60112 Campdeville 60 38 Ca 52
20215 Camp du Cap Sud CTC 181 Kd 93
14350 Campeaux 14 47 Za 55
60220 Campeaux 60 38 Be 51
35330 Campel 35 81 Xf 61
34390 Campels 34 167 Cf 87
27950 Campenard 27 50 Bc 54
56800 Campénéac 56 81 Xe 61
30770 Campestre-et-Luc 30 153 Dc 85
40090 Campet-et-Lamolère 40 147 Zc 85
32200 Campezaygues 32 163 Ae 87
11230 Camp-Ferrier 11 178 Ca 91
72610 Campfleur 72 68 Aa 58
59133 Camphin-en-Carembault 59 30 Cf 45
59780 Camphin-en-Pévele 59 30 Db 45
20270 Campi CTC 183 Kc 95
62170 Campigneulles-les-Grandes 62 28 Be 46
62170 Campigneulles-les-Petites 62 28 Be 46
14490 Campigny 14 34 Zb 53
27500 Campigny-la-Futelaye 27 36 Ad 53
20290 Campile CTC 181 Kc 94
65300 Campistrous 65 163 Ac 90
20252 Campitello CTC 181 Kb 93
34210 Camplong 34 166 Cd 88
34260 Camplong 34 167 Da 86
83250 Camp-Long 83 172 Gb 89
11200 Camplong-d'Aude 11 166 Cd 90
76340 Campneuseville 77 38 Bd 49
20142 Campo CTC 182 Ka 97
64122 Campoito 64 160 Yb 88
66500 Campôme 66 178 Cc 93
32300 Campouran 32 163 Ac 88
12460 Campouriez 12 139 Cd 80
66730 Campoussy 66 178 Cc 92
34360 Camprafaud 34 167 Cf 88
20260 Camp Raffalli CTC 180 Ie 93
09300 Camp-Redon 09 178 Bf 91
34210 Campredon 34 166 Cd 88
60480 Camprémy 60 38 Cb 51
30750 Camprieu 30 153 Dc 84
50210 Camprond 50 34 Yd 54
28240 Camprond-en-Gâtine 28 69 Ba 58
34700 Camp-Rouch 34 153 Dc 86
19430 Camps 19 138 Bf 79
82370 Campsas 82 150 Bb 85
11230 Camp-Saure 11 178 Ca 91
24140 Campsegret 24 136 Ad 79
80540 Camps-en-Amiénois 80 38 Bf 49
83170 Camps-la-Source 83 171 Ga 88
11190 Camps-sur-L'Agly 11 178 Cc 91
33660 Camps-sur-l'Isle 33 135 Zf 78
11230 Camp-Sylvestre 11 178 Ca 91
64190 Camptort 64 161 Zb 89
20287 Campu CTC 181 Kc 91
12580 Campuac 12 139 Cd 81
20270 Campu a u Quarciu CTC 183 Kc 96
33390 Campugnan 33 135 Zc 77
20218 Campu Pianu CTC 181 Ka 93
20235 Campu Rosu CTC 181 Kb 94
65230 Campuzan 65 163 Ac 89
56330 Camros 56 80 Wf 61
11340 Camurac 11 178 Bf 92
46140 Camy 46 137 Bb 82
46350 Camy 46 137 Bc 80
64490 Camy 64 174 Zc 91
12740 Canabols 12 152 Cd 82
12560 Canac 12 152 Da 82
81320 Canac 81 167 Cf 86
83390 Canadel 83 171 Ga 89
20219 Canaglia CTC 183 Ka 96
20230 Canale-di-Verde CTC 183 Kc 95
09130 Canalès 09 164 Bc 89
12540 Canals 12 153 Db 85
82170 Canals 82 150 Bb 85
80670 Canaples 80 29 Cb 48
27400 Canappeville 27 49 Ba 54
14800 Canapville 14 36 Aa 53
61120 Canapville 61 48 Ab 55
19800 Canard 19 126 Bf 76
20217 Canari CTC 181 Kc 91
30350 Canaules-et-Argentières 30 154 Ea 85
06750 Canaux 06 158 Ge 86
20235 Canavaggia CTC 181 Kb 93
66360 Canaveilles 66 178 Cb 93
35260 Cancale = Kankaven 35 65 Ya 56
20146 Cancaraccia CTC 185 Kb 99
14230 Canchy 14 34 Za 53
80150 Canchy 80 28 Bf 47
47290 Cancon 47 136 Ad 81
46120 Cancros 46 138 Bf 80
40990 Candale 40 146 Yf 86
66260 Can Damon 66 179 Cd 94
12490 Candas 12 152 Cf 84
80750 Candas 80 29 Cb 48
64570 Candau 64 174 Zb 90
49440 Candé 49 83 Yf 63
32400 Candelle 32 162 Zf 87
37500 Candes-Saint-Martin 37 99 Aa 65
41120 Candé-sur-Beuvron 41 86 Bb 64
34130 Candillargues 34 168 Ea 87
40280 Candille 40 147 Zc 85
60310 Candor 60 39 Cf 51
40180 Candresse 40 161 Za 86
76260 Canehan 77 37 Bc 49
33610 Canéjean 33 134 Zc 80
20217 Canelle CTC 181 Kb 92
31310 Canens 31 164 Bb 89
40090 Canenx-et-Réaut 40 147 Zd 84
11200 Canet 11 166 Cf 89
33125 Canet 33 134 Zb 82
34800 Canet 34 167 Dc 87
12290 Canet-de-Salars 12 152 Ce 83
12560 Canet-d'Olt 12 152 Da 82
66140 Canet-en-Roussillon 66 179 Da 92
66140 Canet-Plage 66 179 Da 92
60600 Canettecourt 60 39 Cc 52
62270 Canettemont 62 29 Cc 47
81190 Canezac 81 151 Ca 83
37270 Cangé 37 85 Af 64
37530 Cangey 37 86 Ba 64
40400 Cangrand 40 146 Za 85
15220 Canhac 15 139 Cc 80
56310 Caniac 56 79 We 61
46240 Caniac-du-Causse 46 138 Bd 81
48500 Canilhac 48 152 Da 82
AD100 Canillo □ AND 177 Bd 93
50750 Canisy 50 46 Ye 54
80400 Canizy 80 39 Da 50
02800 Canlers 02 40 Db 50
62310 Canlers 62 29 Ca 46
12420 Canloin 12 139 Ce 79
60680 Canly 60 39 Ce 52
12170 Cannac 12 152 Cd 84
20290 Cannaja CTC 181 Kc 94
60310 Cannectancourt 60 39 Cf 51
20145 Cannella CTC 183 Kc 98
20238 Cannelle CTC 181 Kb 91
20151 Cannelle CTC 182 Ie 96
06400 Cannes 06 173 Ha 87
77130 Cannes-Ecluse 76 72 Cf 58
30260 Cannes-et-Clairan 30 154 Ea 85
80140 Cannessières 80 38 Be 49
32400 Cannet 32 162 Zf 87
20146 Canni CTC 185 Kb 99
60310 Canny-sur-Matz 60 39 Ce 51
60220 Canny-sur-Thérain 60 38 Be 51
66680 Canohès 66 179 Cf 93
14270 Canon 14 48 Zf 54
46150 Canourgues 46 137 Bb 81
76450 Canouville 77 36 Ad 50
33340 Canquillac 33 122 Za 77
56540 Canquisquélen 56 79 We 61
48400 Cans et Cévennes 48 153 Dd 83
12150 Cantabel 12 152 Da 83
34380 Cantagrils 34 168 De 86
59267 Cantaing-sur-Escaut 59 30 Da 48
12470 Cantaloube 12 140 Cf 82
65150 Cantaous 65 163 Ac 90
06340 Cantaron 06 159 Hb 86
40210 Cantaure 40 146 Za 83
09700 Canté 09 165 Bd 89
31330 Cantegril 31 164 Bb 86
40210 Cantegrit 40 147 Zb 83
24510 Cantelaube 24 136 Ae 79
76380 Canteleu 77 37 Ba 52
80600 Canteleux 62 29 Cb 47
47150 Canteloube 47 137 Af 81
14370 Canteloup 14 35 Zf 54
50330 Canteloup 50 34 Yd 51
62380 Cantemerle 62 29 Ca 44
24130 Cante-Merle 24 136 Ac 79
49460 Cantenay 49 83 Zc 63
49460 Cantenay-Epinard 49 83 Zc 63
14620 Cantepie 14 48 Zf 55
50500 Cantepie 50 46 Ye 53
27420 Cantiers 27 50 Bd 53
80500 Cantigny 80 39 Cc 51
24530 Cantillac 24 124 Ad 76
59169 Cantin 59 30 Da 47
32110 Cantiran 32 148 Zf 86
12230 Cantobre 12 153 Db 84
33760 Cantois 33 135 Ze 80
20122 Cantoli CTC 183 Ka 98
48320 Cantonnet 48 153 Dd 82
22480 Canuhuel 22 63 Wf 58
50580 Canville-la-Rocque 50 46 Yc 52
76560 Canville-les-Deux-Eglises 77 37 Af 50
76450 Cany-Barville 77 36 Ad 50
27300 Caorches-Saint-Nicolas 27 49 Ad 54
22300 Caouënnec-Lanvézéac 22 63 Wd 56
40170 Caoule 40 146 Ye 84
80132 Caours 80 28 Bf 48
50620 Cap 50 46 Ye 53
20100 Capanella CTC 184 Ka 99
64130 Caparnia 64 161 Za 89
40170 Capas 40 146 Ye 84
64800 Capbis 64 162 Ze 90
40130 Capbreton 40 160 Yd 87
47420 Capchicot 47 148 Zf 83
29170 Cap-Coz 29 78 Wa 61
06320 Cap-d'Ail 06 173 Hc 86
33113 Capdarrieux 33 147 Zd 82
31370 Capdebat 31 164 Bb 88
47430 Cap-de-Bosc 47 148 Aa 82
40240 Cap-de-la-Hargue 40 148 Zf 85
40170 Cap-de-L'Homy 40 146 Yd 84
40350 Cap-de-Monpeyroux 40 161 Yf 87
46100 Capdenac 46 138 Ca 81
12700 Capdenac-Gare 12 138 Ca 81
12510 Capdenaguet 12 152 Cc 82
40210 Cap-de-Pin 40 146 Za 84
09140 Cap de Siguens 09 176 Ba 91
33113 Capdet 33 147 Zc 82
33121 Cap-de-Ville 33 134 Yf 78
81250 Capdos 81 152 Cc 86
24540 Capdrot 24 137 Af 80
33125 Cap-du-Bos 33 134 Zc 82
47160 Cap-du-Bosc 47 148 Ab 83
13104 Capeau 13 169 Ee 87
12850 Capelle 12 152 Cc 82
59213 Capelle 59 31 Dd 47
62690 Capelle-Fermont 62 29 Cd 46
27270 Capelle-les-Grands 27 49 Ac 54
62140 Capelle-lès-Hesdin 62 28 Bf 46
12140 Capelle-Neuve-Eglise 12 139 Ce 81
11700 Capendu 11 166 Cd 89
76116 Capendu 77 37 Bb 52
31410 Capens 31 164 Bb 88
34310 Capestang 34 167 Da 89
24490 Capet 24 135 Zf 78

81260 Capette 81 166 Cd 86
33970 Cap Ferret 33 134 Ye 81
13310 Caphan 13 169 Ee 87
33550 Capian 33 135 Ze 80
20000 Capigliolo CTC 182 Id 97
33770 Caplanne 33 134 Za 81
40230 Caplan 40 160 Ye 86
33220 Caplong 33 136 Aa 80
12120 Caplongue 12 152 Cd 83
60120 Caply 60 38 Cb 51
06190 Cap-Martin 06 159 Hc 86
46170 Capmié 46 150 Bc 83
20236 Capotaline CTC 183 Kb 94
09400 Capoulet 09 177 Bd 92
57450 Cappel 57 57 Gf 54
32800 Cap-Pelat 32 148 Aa 85
59630 Cappelle-Brouck 59 27 Cb 43
59242 Cappelle-en-Pévèle 59 30 Db 45
59180 Cappelle-la-Grande 59 27 Cc 43
20113 Cappicciolo CTC 184 If 98
80340 Cappy 80 39 Ce 49
40410 Capsus 40 147 Zb 82
33840 Captieux 33 147 Ze 83
20137 Capu CTC 185 Kb 98
33113 Capuron 33 147 Zc 82
76660 Capval 77 37 Bc 49
65130 Capvern 65 163 Ab 90
65130 Capvern-les-Bains 65 163 Ab 90
20124 Carabona CTC 185 Kb 98
22320 Caradeuc 22 64 Wf 58
31460 Caragoudes 31 165 Be 88
31460 Caraman 31 165 Be 87
66720 Caramany 66 179 Cd 92
20144 Caramontinu CTC 185 Kc 98
46600 Caran 46 138 Bc 79
29660 Carantec 29 62 Wa 57
50570 Carantilly 50 46 Ye 54
81100 Carauce 81 166 Cc 87
24540 Caravelle 24 137 Af 80
46160 Carayac 46 138 Bf 81
47500 Carayac 47 137 Af 81
09000 Caraybat 09 177 Bd 91
81530 Carayon 81 166 Cd 86
50190 Carbassue 50 46 Yd 53
49420 Carbay 49 82 Ye 62
20170 Carbini CTC 185 Ka 98
20167 Carbinica CTC 182 Ie 97
20228 Carbonacce CTC 181 Kc 91
33560 Carbon-Blanc 33 135 Zd 79
31390 Carbonne 31 164 Bb 89
20133 Carbuccia CTC 182 If 96
14740 Carcagny 14 34 Zc 53
11190 Carcanet 11 178 Cc 91
09460 Carcanières 09 178 Ca 92
11140 Carcanières-les-Bains 11 178 Ca 92
33121 Carcans 33 134 Yf 78
33121 Carcans-Plage 33 134 Ye 78
40400 Carcarès-Sainte-Croix 40 147 Zb 85
11000* Carcassonne 11 166 Cc 89
12120 Carcenac 12 152 Cd 83
12160 Carcenac-Peyralès 12 151 Cc 83
40400 Carcen-Ponson 40 147 Zb 85
83570 Carces 83 171 Gb 88
20229 Carcheto- Brustico CTC 183 Kc 94
27400 Carcouet 27 49 Ba 54
35680 Carcraon 35 66 Ye 61
12340 Carcuac 12 139 Cd 82
46100 Cardaillac 46 138 Bf 80
33410 Cardan 33 135 Zd 80
47290 Cardayres 47 136 Ad 81
31350 Cardeilhac 31 163 Ae 89
64360 Cardesse 64 161 Zc 89
30350 Cardet 30 154 Ea 84
20146 Cardetto CTC 185 Kb 99
20200 Cardo CTC 181 Kc 92
80260 Cardonette 80 39 Cc 49
47450 Cardonnet 47 149 Ad 83
14230 Cardonville 14 46 Yf 52
20190 Cardo-Torgia CTC 184 If 97
35190 Cardroc 35 65 Ya 59
20218 Cardu CTC 181 Kb 94
20169 Cardu CTC 185 Ka 00
44170 Cardunel 44 82 Yc 63
14170 Carel 14 48 Zf 54
53120 Carelles 53 66 Za 58
82140 Carême 82 150 Be 84
56490 Carénan 56 64 Xc 60
62144 Carency 62 29 Ce 46
46110 Carennac 46 138 Be 79
47500 Carentas 47 137 Af 82
56910 Carentoir 56 81 Xf 62
22800 Carestremble 22 64 Xa 58
35120 Carfantin 35 65 Yb 57
22800 Carfot 22 64 Xa 58
20130 Cargèse CTC 182 Id 96
20164 Cargiaca CTC 184 Ka 98
82340 Carhaule 82 149 Ae 84
22150 Caribet 22 64 Xb 58
08110 Carignan 08 42 Fb 51
33360 Carignan-de-Bordeaux 33 135 Zd 80
22130 Carimel 22 65 Xf 58
89360 Carisey 89 90 Df 61
38460 Carisieu 38 131 Fb 74
20115 Cariu CTC 182 Id 95
33720 Carjuzan 33 135 Zd 81
09130 Carla-Bayle 09 164 Bc 90
09300 Carla-de-Roquefort 09 177 Be 91
15130 Carlat 15 139 Cd 79
34600 Carlencas-et-Levas 34 167 Db 87
60170 Carlepont 60 39 Da 51
73630 Carlet 73 132 Gb 75
57490 Carling 57 57 Ge 53
11170 Carlipa 11 165 Ca 89
24590 Carlucet 24 137 Bb 79
46500 Carlucet 46 138 Bd 80
81990 Carlus 81 151 Ca 85
24370 Carlux 24 137 Bc 79
62830 Carly 62 28 Be 45
81400 Carmaux 81 151 Ca 84
81250 Carmenel 81 152 Cc 85
56480 Carmès 56 64 Wf 60
50390 Carmesnil 50 46 Yc 52
48210 Carnac 48 153 Dc 83
56470 Carnac 56 80 Wf 63
56340 Carnac-Plage 56 79 Wf 63
46140 Carnac-Rouffiac 46 150 Bb 82
30260 Carnas 30 154 Df 86
56230 Carnély 56 81 Xd 63
50240 Carnet 50 66 Yd 57
50330 Carneville 50 33 Yd 50
47800 Carnicot 47 136 Ac 81
59217 Carnières 59 30 Dc 47
59112 Carnin 59 30 Cf 45
04150 Carniol 04 156 Fd 85
22160 Carnoët 22 63 Wc 58
34280 Carnon-Plage 34 168 Df 87
30140 Carnoulès 30 154 Df 84
83660 Carnoules 83 171 Gb 89
13470 Carnoux en-Provence 13 171 Fd 89
59144 Carnoy 59 31 De 47
80300 Carnoy 80 39 Ce 49
29470 Caro 29 61 Vd 58
56140 Caro 56 81 Xe 61
64220 Caro 64 160 Ye 90
20290 Carogne CTC 181 Kc 94
09120 Carol 09 177 Bd 90
66760 Carol 66 177 Bf 93
32300 Carole 32 163 Ac 87
50740 Carolles 50 46 Yc 56
84330 Caromb 84 155 Fa 84
29370 Caront-Lutin 29 78 Wa 60
22430 Caroual 22 64 Xc 57
20100 Carpatulia, Bergerie CTC 184 Ie 99
84200 Carpentras 84 155 Fa 84
20229 Carpineto CTC 183 Kc 94
14650 Carpiquet 14 35 Zd 53
40170 Carpit 40 146 Ye 85
20170 Carpulitanu Radici CTC 185 Ka 99
50480 Carquebut 50 46 Ye 52
44470 Carquefou 44 82 Yd 65
83320 Carqueiranne 83 171 Ga 90
82140 Carrendier 82 150 Be 84
80700 Carrépuis 80 39 Ce 50
40310 Carrère 40 148 Aa 84
64160 Carrère 64 162 Ze 88
64270 Carresse-Cassaber 64 161 Za 88
31430 Carretère 31 164 Ba 89
82000 Carreyrat 82 150 Bc 85
33680 Carreyre 33 134 Ye 79
78955 Carrières-sous-Poissy 78 51 Ca 55
47450 Carritor 47 149 Ad 83
13500 Carro 13 170 Fa 89
36180 Carroir 36 101 Bc 66
06510 Carros 06 159 Hb 86
61320 Carrouges 61 67 Zf 57
13620 Carry-le-Rouet 13 170 Fa 89
33390 Cars 33 134 Zc 78
15290 Carsac 15 139 Cb 79
24200 Carsac-Aillac 24 137 Bb 79
24610 Carsac-de-Gurson 24 136 Aa 79
30130 Carsan 30 155 Ed 83
27300 Carsix 27 49 Ae 54
68130 Carspach 68 95 Hb 63
20137 Cartalavone CTC 185 Ka 99
33390 Cartelègue 33 122 Zc 77
50270 Carteret 50 46 Yb 52
20244 Carticasi CTC 183 Kb 94
33990 Cartignac 33 122 Yf 77
59244 Cartignies 59 31 Df 48
80200 Cartigny 80 39 Da 49
14330 Cartigny-L'Epinay 14 47 Yf 53
34120 Cartouyre 34 166 Ce 88
56110 Carvarno 56 79 Wc 60
24170 Carves 24 137 Ba 80
14350 Carville 14 47 Za 55
79170 Carville 79 111 Zd 72
76190 Carville-la-Folletière 77 37 Ae 51
76560 Carville-Pot-de-Fer 77 36 Ae 50
62220 Carvin 62 30 Cf 46
20100 Casa CTC 185 Ka 99
20270 Casabertola CTC 183 Kc 96
20237 Casabianca CTC 181 Kc 94
20230 Casabianda CTC 183 Kd 96
20111 Casaglione CTC 182 Ie 96
20140 Casalabriva CTC 184 If 98
20215 Casalta CTC 181 Kc 94
20224 Casamaccioli CTC 182 Ka 95
20290 Casamozza CTC 181 Kc 93
20243 Casamozza CTC 183 Kc 97
20230 Casani CTC 183 Kd 95
20250 Casanova CTC 183 Kb 95
20235 Casa Pitti CTC 181 Kb 94
20213 Casatorra CTC 181 Kc 93
64360 Casaubieil 64 161 Zb 89
29390 Cascadec 29 79 Wb 61
11360 Cascastel-des-Corbières 11
179 Ce 91
46250 Cascavel 46 137 Bb 81
66130 Casefabre 66 179 Cd 93
40700 Casenave 40 161 Zc 87
13680 Caseneuve 13 170 Fb 87
84750 Caseneuve 84 156 Fc 85
66600 Cases-de-Pène 66 179 Ce 92
20270 Casevecchie CTC 183 Kc 96
20147 Caspiu CTC 182 Id 95
64270 Cassaber 64 161 Yf 88
31420 Cassagnabère-Tournas 31 163 Ae 89
48400 Cassagnas 48 153 De 83
31260 Cassagne 31 164 Af 90
46700 Cassagnes 46 137 Ba 81
66720 Cassagnes 66 179 Cd 92
12120 Cassagnes-Bégonhès 12 151 Cd 83
12340 Cassagnoles 12 152 Cf 82
30350 Cassagnoles 30 154 Ea 84
34210 Cassagnoles 34 166 Cd 88
32100 Cassaigne 32 148 Ac 85
11190 Cassaignes 11 178 Cb 91
56130 Cassan 56 81 Xe 63
30750 Cassanas 30 153 Dc 84
15340 Cassaniouze 15 139 Cc 80
20214 Cassano CTC 180 If 93
32320 Cassebertats 32 163 Ac 87
59670 Cassel 59 27 Cc 44
40380 Cassen 40 146 Za 86
47440 Casseneuil 47 149 Ad 82
33190 Casseuil 33 135 Zf 81
15150 Cassiès 15 139 Cb 79
13260 Cassis 13 171 Fd 89
44390 Casson 44 82 Yc 64
47240 Cassou 47 149 Ae 83
12210 Cassuéjouls 12 139 Ce 80
33138 Cassy 33 134 Yf 80
29150 Cast 29 78 Vf 60
20246 Casta CTC 181 Kb 93
31310 Castagnac 31 164 Bc 89
31260 Castagnède 31 176 Af 90
64270 Castagnède 64 161 Za 88
20200 Castagnetu CTC 181 Kc 92
06670 Castagniers 06 159 Hb 86
40700 Castaignos-Souslens 40 161 Zb 87
47200 Castaing 47 136 Ab 81
40270 Castandet 40 147 Zd 86
82270 Castanède 82 150 Bc 83
12240 Castanet 12 151 Cb 83
81150 Castanet 81 151 Ca 85
81330 Castanet 81 151 Cc 86
82160 Castanet 82 151 Bf 83
34610 Castanet-le-Bas 34 167 Da 87
34610 Castanet-le-Haut 34 167 Cf 86
31320 Castanet-Tolosan 31 164 Bc 87
24100 Castang 24 136 Ac 80
24290 Castang 24 137 Ba 78
24370 Castang 24 137 Bc 79
46210 Castanie 46 138 Ca 80
11160 Castans 11 166 Cc 88
11160 Castanviels 11 166 Cc 88
64170 Casteide-Cami 64 162 Zc 88
64370 Casteide-Candau 64 161 Zc 87
64460 Casteide-Doat 64 162 Zf 88
66360 Casteil 66 178 Cc 93
34570 Castel 34 168 De 86
80110 Castel 80 39 Cc 50
65330 Castelbajac 65 163 Ac 89
31160 Castelbiague 31 176 Af 90
82100 Castelferrus 82 149 Ba 84
32170 Castelfranc 32 163 Ab 88
46140 Castelfranc 46 137 Bb 81
31230 Castelgaillard 31 164 Af 88
31780 Castelginest 31 164 Bc 86
32390 Casteljaloux 32 149 Ad 86
47700 Casteljaloux 47 148 Aa 83
07460 Casteljau 07 154 Eb 82
47340 Castella 47 149 Ae 83
04120 Castellane 04 157 Gd 85
06500 Castellar 06 159 Hc 86
20213 Castellare di Casinca CTC 181 Kc 94
20212 Castellare- di-Mercurio CTC
183 Kb 95
84400 Castellet 84 156 Fc 85
20222 Castello CTC 181 Kc 92
20228 Castello CTC 181 Kc 91
20235 Castello di Rustino CTC 181 Kb 94
12800 Castelmary 12 151 Cb 83
31180 Castelmaurou 31 165 Bd 86
82210 Castelmayran 82 149 Ba 84
33540 Castelmoron-d'Albret 33 135 Zf 80
47260 Castelmoron-sur-Lot 47 148 Ac 82
12620 Castelmus 12 152 Cf 84
12800 Castelnau 12 151 Cb 83
33840 Castelnau 33 147 Zf 83
40410 Castelnau 40 147 Zb 82
32450 Castelnau-Barbarens 32 163 Ae 87
40360 Castelnau-Chalosse 40 161 Za 87
32320 Castelnau-d'Anglès 32 163 Ab 87
32500 Castelnau-d'Arbieu 32 149 Ae 85
11400 Castelnaudary 11 165 Bf 89
11700 Castelnau-d'Aude 11 166 Ce 89
32440 Castelnau-d'Auzan 32 148 Aa 85
47290 Castelnaud-de-Gratecambe 47
136 Ae 82
81260 Castelnau-de-Brassac 81 166 Cc 87
34120 Castelnau-de-Guers 34 167 Dc 88
81150 Castelnau-de-Lévis 81 151 Ca 85
12500 Castelnau-de-Mandailles 12
139 Cf 81
33480 Castelnau-de-Médoc 33 134 Zb 78
81140 Castelnau-de-Montmiral 81
150 Be 85
31620 Castelnau-d'Estrétefonds 31
150 Bc 86
24250 Castelnaud-la-Chapelle 24
137 Ba 80
09420 Castelnau-Durban 09 177 Bc 91
34170 Castelnau-le-Lez 34 168 Df 87
65230 Castelnau-Magnoac 65 163 Ad 89
12620 Castelnau-Pégayrols 12 152 Cf 84
31430 Castelnau-Picampeau 31 164 Ba 89
65700 Castelnau-Rivière-Basse 65
162 Zf 87
47180 Castelnau-sur-Gupie 47 136 Aa 81
32100 Castelnau-sur-L'Auvignon 32
148 Ac 85
40320 Castelnau-Tursan 40 162 Zd 87
30190 Castelnau-Valence 30 154 Eb 84
32290 Castelnavet 32 162 Aa 86
40700 Castelner 40 161 Zc 87
29280 Castel-Nevez 29 61 Vc 58
66300 Castelnou 66 179 Ce 93
12800 Castelpers 12 151 Cc 84
11300 Castelreng 11 178 Ca 90
82400 Castelsagrat 82 149 Af 83
32350 Castel-Saint-Louis 32 163 Ac 87
82100 Castelsarrasin 82 149 Ba 84
40330 Castel-Sarrazin 40 161 Zb 87
34320 Castelsec 34 167 Db 87
24220 Castels et Bézenac 24 137 Ba 79
24220 Castels et Bézenac 24 137 Ba 79
65350 Castelvieilh 65 163 Ab 89
33540 Castelviel 33 135 Zf 80
33380 Castendet 33 134 Za 81
82120 Castéra-Bouzet 82 149 Af 85
32700 Castéra-Lectourois 32 149 Ad 85
65350 Castéra-Lou 65 162 Aa 89
64460 Castéra-Loubix 64 162 Zf 88
09130 Castéras 09 164 Bc 90
32410 Castéra-Verduzan 32 148 Ac 86
31350 Castéra-Vignoles 31 163 Ae 89
32380 Castéron 32 149 Af 85
64360 Castet 64 161 Zc 89
64260 Castet 64 162 Zd 90
64300 Castétarbe 64 161 Zb 87
32340 Castet-Arrouy 32 149 Ae 85
64190 Castetbon 64 161 Zb 88
09320 Castet-d'Aleu 09 177 Bb 91
64300 Castétis 64 161 Zb 88
64190 Castetnau-Camblong 64 161 Zb 89
64300 Castetner 64 161 Zb 88
64330 Castetpugon 64 162 Ze 87
31390 Castets 31 164 Ba 88
40260 Castets 40 146 Yf 85
40300 Castets 40 161 Yf 87
33210 Castets-en-Dorthe 33 135 Zf 81
09350 Castex 09 164 Bb 90
31410 Castex 31 164 Bb 88
32170 Castex 32 163 Ab 88
32240 Castex-d'Armagnac 32 147 Zf 85
31430 Casties-Labrande 31 164 Ba 89
20218 Castifao CTC 181 Ka 93
20218 Castiglione CTC 181 Ka 94
65130 Castillon 65 163 Ab 90
47320 Castille 47 148 Ac 82
06500 Castillon 06 159 Hc 85
14490 Castillon 14 34 Zb 53
14570 Castillon 14 47 Zc 55
64370 Castillon 64 161 Zc 88
64350 Castillon 64 162 Zf 88
32190 Castillon-Debats 32 163 Ab 86
33210 Castillon-de-Castets 33 135 Zf 81
31110 Castillon-de-Larboust 31 175 Ad 92
31360 Castillon-de-Saint-Martory 31
164 Af 90
30210 Castillon-du-Gard 30 155 Ed 85
14140 Castillon-en-Auge 14 48 Aa 54
09800 Castillon-en-Couserans 09
176 Ba 91
33350 Castillon-la-Bataille 33 135 Zf 79
32360 Castillon-Massas 32 163 Ad 86
47330 Castillonnès 47 136 Ad 81
32490 Castillon-Savès 32 164 Af 87
33610 Castillonville 33 134 Za 80
14330 Castilly 14 34 Yf 53
32810 Castin 32 163 Ad 86
14540 Castine-en-Plaine 14 47 Ze 54
20218 Castineta CTC 181 Kb 94
20236 Castirla CTC 183 Ka 94
33114 Castor 33 134 Zb 81
63680 Castreix-Sancy 63 127 Ce 75
02680 Castres 02 40 Db 50
81100 Castres 81 166 Cb 87
33640 Castres-Gironde 33 135 Zd 80
34160 Castries 34 168 Df 86
12780 Castrieux 12 152 Cf 83
57510 Castviller 57 57 Gf 54
59178 Catarne 59 30 Dc 46
83490 Catchéou 83 172 Gd 87
76116 Catenay 77 37 Bb 51
60840 Catenoy 60 39 Cd 52
20270 Cateraggio CTC 183 Kd 96
20220 Cateri CTC 180 If 93
33230 Catherineau 33 135 Zf 78
31110 Cathervielle 31 175 Ad 92
60360 Catheux 60 38 Ca 51
60640 Catigny 60 39 Cf 51
44530 Catiho 44 81 Xf 64
60130 Catillon-Fumechon 60 39 Cc 51
59360 Catillon-sur-Sambre 59 31 Dd 48
66500 Catllar 66 178 Cc 93
59148 Cattelet 59 30 Db 46
59217 Cattenières 59 30 Db 48
57570 Cattenom 57 44 Gb 52
50390 Catteville 50 46 Yc 52
32200 Cattonvielle 32 164 Af 87
46150 Catus 46 137 Bc 81
50500 Catz 50 46 Ye 53
82120 Caubel 82 149 Af 84
47160 Caubeyres 47 148 Aa 83
31480 Caubiac 31 164 Ba 86
64370 Caubin 64 161 Zc 88
64230 Caubios-Loos 64 162 Zd 88
47120 Caubon-Saint-Sauveur 47 136 Ab 81
32700 Cauboue 32 148 Ad 85
31110 Caubous 31 176 Ad 91
65230 Caubous 65 163 Ac 89
81200 Caucalières 81 166 Cb 87
12120 Caucart 12 152 Cc 83
62129 Cauchie 62 29 Cb 45
62260 Cauchy-à-la-Tour 62 29 Cc 45
62150 Caucourt 62 29 Cd 46
19260 Caud 19 126 Be 75
56850 Caudan 56 79 Wd 62
76490 Caudebec-en-Caux 77 36 Ae 51
76320 Caudebec-lès-Elbeuf 77 49 Ba 53
11390 Caudebronde 11 166 Cb 88
47220 Caudecoste 47 149 Ae 84
47230 Cauderoue 47 148 Ab 84
59660 Caudescure 59 29 Cd 44
11230 Caudeval 11 165 Bf 90
34330 Caudezaures 34 166 Ce 87
66210 Caudiès-de-Conflent 66 178 Ca 93
11140 Caudiès-de-Fenouillèdes 11
178 Cc 92
33380 Caudos 33 134 Za 81
33490 Caudrot 33 135 Zf 81
59540 Caudry 59 30 Dc 48
34360 Cauduro 34 167 Cf 88
60290 Cauffry 60 39 Cc 53
27180 Caugé 27 49 Ba 54
31210 Cauhapé 31 163 Ad 90
31190 Caujac 31 164 Bc 89
02490 Caulaincourt 02 40 Da 49
80290 Caulières 80 38 Bf 50
59191 Caullery 59 30 Dc 48
22350 Caulnes = Kaon 22 65 Xf 59
54800 Caulre 54 56 Ff 54
12560 Caumel 12 152 Da 82
02300 Caumont 02 40 Db 51
09160 Caumont 09 176 Ba 90
27310 Caumont 27 37 Af 52
32400 Caumont 32 162 Zf 86
33540 Caumont 33 135 Zf 80
62140 Caumont 62 29 Ca 47
82210 Caumont 82 149 Af 84
14240 Caumont-L'Eventé 14 47 Zb 54
84510 Caumont-sur-Durance 84 155 Ef 85
47430 Caumont-sur-Garonne 47 148 Ab 82
14220 Caumont-sur-Orne 14 47 Zd 55
40500 Cauna 40 147 Zc 86
81290 Caunan 81 166 Cb 87
34650 Caunas 34 167 Db 86
79190 Caunay 79 111 Aa 71
11160 Caunes-Minervois 11 166 Cd 89
34210 Caunette 34 166 Ce 88
11220 Caunettes-en-Val 11 166 Cd 90
11250 Caunette-sur-Lauquet 11 178 Cc 90
40250 Caupenne 40 161 Zb 86
32110 Caupenne-d'-Armagnac 32
148 Zf 86
33160 Caupian 33 134 Zb 79
50480 Cauquigny 50 33 Yd 52
22530 Caurel 22 63 Wf 59
51110 Caurel 51 53 Ea 53
20117 Cauro CTC 182 If 97
59400 Cauroir 59 30 Db 47
08310 Cauroy 08 41 Ec 52
51220 Cauroy-lès-Hermonville 51 41 Df 52
24150 Cause-de-Clérans 24 136 Ae 79
82300 Caussade 82 150 Bd 84
65700 Caussade-Rivière 65 162 Aa 87
12260 Caussanels 12 138 Bf 82
82290 Caussé 82 150 Bb 85
30750 Causse-Bégon 30 153 Dc 84
34380 Causse-de-la-Selle 34 153 Dd 86
12260 Causse-de-Saujac 12 138 Bf 82
12700 Causse-et-Diège 12 138 Ca 81
32100 Caussens 32 148 Ac 85
34490 Causses-et-Veyran 34 167 Da 88
82160 Causseviel 82 151 Bf 83
31560 Caussidières 31 165 Bd 88
48210 Caussignac 48 153 Dc 83
34600 Caussiniojouls 34 167 Da 87
06460 Caussols 06 173 Gf 86
09250 Caussou 09 177 Be 92
65110 Cauterets 65 175 Zf 91
19220 Cautine 19 138 Ca 78
30340 Cauvas 30 154 Eb 83
27350 Cauverville-en-Roumois 27 36 Ad 52
30430 Cauviac 30 154 Eb 83
14190 Cauvicourt 14 48 Ze 54
33690 Cauvignac 33 148 Zf 82
14270 Cauvigny 14 48 Zf 54
60730 Cauvigny 60 51 Cb 53
14770 Cauville 14 47 Zc 55
76930 Cauville 77 36 Aa 51
19290 Caux 19 126 Ca 74
34720 Caux 34 167 Dc 87
46800 Caux 46 150 Ba 82
63680 Caux 63 127 Ce 76
11170 Caux-et-Sauzens 11 166 Cb 89
47470 Cauzac 47 149 Af 83
46700 Cavagnac 46 137 Ba 81
46110 Cavagnac 46 138 Bd 78
47250 Cavagnan 47 148 Aa 82
82160 Cavaille 82 150 Be 83
84300 Cavaillon 84 155 Fa 85
83240 Cavalaire-sur-Mer 83 172 Gd 89
44130 Cavalais 44 81 Ya 64
83980 Cavalière 83 172 Gc 90
20132 Cavallara CTC 185 Kb 97
22140 Cavan 22 63 Wd 56
11570 Cavanac 11 166 Cb 89
19430 Cavanet 19 138 Ca 78
46210 Cavanie 46 138 Ca 80
47330 Cavarc 47 136 Ad 80
30820 Caveirac 30 154 Eb 86
34220 Cavenac 34 166 Ce 88
11510 Caves 11 179 Cf 91
33620 Cavignac 33 135 Zd 78
50620 Cavigny 50 46 Yf 53
30330 Cavillargues 30 155 Ed 84
60730 Cavillon 60 51 Cb 53
80310 Cavillon 80 38 Ca 49
62140 Cavron-Saint-Martin 62 28 Ca 46
20227 Cavu CTC 183 Kb 96
20144 Cavu CTC 185 Kc 98
33290 Caychac 33 134 Zc 79
09250 Caychax 09 177 Be 92
80800 Cayeux-en-Santerre 80 39 Cd 50
80410 Cayeux-sur-Mer 80 28 Bc 47
12400 Caylus 12 152 Ce 85
82160 Caylus 82 150 Be 83
12260 Cayrac 12 138 Ca 81
12450 Cayrac 12 152 Cd 83
82440 Cayrac 82 150 Bc 84
33930 Cayrehours 33 122 Yf 77
43510 Cayres 43 141 De 79
82240 Cayriech 82 150 Bd 83
15290 Cayrols 15 139 Cb 80
12450 Cayrou 12 152 Cd 83
12740 Cayssac 12 152 Cd 82
12370 Cayzac 12 152 Cd 85
31230 Cazac 31 164 Af 88
46160 Cazal 46 138 Be 81
33113 Cazalis 33 147 Zd 82
40700 Cazalis 40 161 Zc 87
40700 Cazalon 40 161 Zc 87
11270 Cazalrenoux 11 165 Bf 89
09000 Cazals 09 177 Bd 91
46250 Cazals 46 137 Bb 81
82140 Cazals 82 150 Be 84
09500 Cazals-des-Baylès 09 165 Bf 90

34460 Cazals-Vieil 34 167 Da 88
13116 Cazan 13 170 Fb 86
65370 Cazarilh 65 176 Ad 91
31580 Cazaril-Tambourès 31 163 Ad 89
33430 Cazats 33 135 Ze 82
32150 Cazaubon 32 148 Zf 85
40240 Cazaubon 40 147 Ze 84
40500 Cazaubon 40 161 Zc 86
33790 Cazaugitat 33 135 Aa 80
31160 Cazaunous 31 176 Ae 91
09160 Cazaux 09 176 Ba 91
09120 Cazaux 09 177 Bd 90
33260 Cazaux 33 134 Yf 81
32190 Cazaux-d'Anglès 32 163 Ab 87
65590 Cazaux-Debat 65 175 Ac 91
65240 Cazaux-Dessus 65 175 Ac 91
65240 Cazaux-Fréchet-Anéran-Camors 65 175 Ac 92
31440 Cazaux-Layrisse 31 176 Ad 91
32130 Cazaux-Savès 32 164 Af 87
32230 Cazaux-Villecomtal 32 163 Ab 88
09160 Cazavet 09 176 Ba 90
33380 Caze 33 134 Za 81
34460 Cazedarnes 34 167 Da 88
12230 Cazejourdes 12 153 Db 85
34210 Cazelles 34 166 Ce 88
24220 Cazenac 24 137 Ba 79
09400 Cazenave 09 177 Be 91
32800 Cazeneuve 32 148 Aa 85
47110 Cazeneuve 47 149 Ad 82
31420 Cazeneuve-Montaut 31 164 Ae 89
31220 Cazères 31 164 Ba 89
40270 Cazères-sur-L'Adour 40 147 Ze 86
82110 Cazes-Mondenard 82 149 Bb 83
34270 Cazevieille 34 153 De 86
47370 Cazideroque 47 149 Af 82
11570 Cazilhac 11 166 Cc 89
34220 Cazilhac 34 166 Ce 88
34190 Cazilhac-Bas 34 153 De 85
34190 Cazilhac-Haut 34 153 De 85
46600 Cazillac 46 138 Bd 79
82110 Cazillac 82 149 Bb 83
34360 Cazo 34 167 Cf 88
24370 Cazoulès 24 137 Bc 79
34120 Cazouls-d'Hérault 34 167 Dc 87
34370 Cazouls-lès-Béziers 34 167 Da 88
61330 Ceaucé 61 67 Zc 58
36200 Ceaulmont 36 113 Bd 69
19800 Céaux 19 126 Be 76
50220 Céaux 50 66 Yd 57
43270 Céaux-d'Allègre 43 141 De 77
86700 Ceaux-en-Couhé 86 111 Ab 71
86200 Ceaux-en-Loudun 86 99 Ab 66
34360 Cébazan 34 167 Cf 88
63118 Cébazat 63 128 Da 74
20137 Ceccia CTC 185 Kb 99
34270 Ceceles 34 154 Df 86
39240 Ceffia 39 119 Fd 71
52220 Ceffonds 52 74 Ee 58
12450 Ceignac 12 151 Cd 83
34260 Ceilhes-et-Rocozels 34 152 Da 86
05600 Ceillac 05 145 Ge 80
63520 Ceilloux 63 128 Dd 75
46100 Ceint-d'Eau 46 138 Bf 81
54134 Ceintrey 54 76 Ga 57
29920 Célan 29 78 Wb 62
35170 Celar 35 65 Yb 61
30340 Celas 30 154 Eb 84
03600 Celle 03 115 Ce 71
19250 Celle 19 126 Ca 75
41360 Cellé 41 85 Ae 61
63620 Celle 63 127 Cc 73
16260 Cellefrouin 16 112 Ac 73
86600 Celle-Lévescault 86 111 Ab 70
49330 Cellère 49 84 Zc 63
09000 Celles 09 177 Be 91
15170 Celles 15 140 Cf 78
15170 Celles 15 140 Cf 78
17520 Celles 17 123 Zd 75
24600 Celles 24 124 Ac 77
34800 Celles 34 167 Dc 86
52360 Celles-en-Bassigny 52 92 Fd 61
02330 Celles-lès-Condé 02 53 Dd 54
02370 Celles-sur-Aisne 02 40 Dc 52
79370 Celles-sur-Belle 79 111 Ze 71
63250 Celles-sur-Durolle 63 128 Dd 73
10110 Celles-sur-Ource 10 74 Ec 60
88110 Celles-sur-Plaine 88 77 Gf 58
63330 Cellette 63 115 Ce 72
85490 Cellette 85 110 Zc 70
16230 Cellettes 16 124 Aa 73
41120 Cellettes 41 86 Bc 63
07590 Cellier-du-Luc 07 141 Df 80
03440 Cellière 03 115 Cf 69
73260 Celliers 73 132 Gc 76
42320 Cellieu 42 130 Ed 75
76520 Celloville 77 37 Ba 52
63200 Cellule 63 116 Da 73
18340 Celon 18 102 Cc 67
36200 Celon 36 113 Bc 69
13090 Celony 13 170 Fc 87
15500 Celoux 15 140 Db 78
52600 Celsoy 52 92 Fc 61
77930 Cély 76 71 Cd 58
70500 Cemboing 70 93 Ff 61
60210 Cempuis 60 38 Bf 51
12260 Cenac 12 151 Bf 82
33360 Cénac 33 135 Zd 80
43440 Cenac 43 128 Dd 77
46140 Cenac 46 150 Bb 82
86260 Conon 86 100 Ao 60
70230 Cenans 70 93 Gb 64
30480 Cendras 30 154 Ea 84
70500 Cendrecourt 70 93 Ff 61
25640 Cendrey 25 93 Gb 64
24380 Cendrieux 24 137 Ae 79
46330 Cènevières 46 138 Be 82
11170 Cenne-Monestiés 11 165 Ca 88
12360 Cenomes 12 152 Da 86
33150 Cenon 33 135 Zc 79
86530 Cenon-sur-Vienne 86 100 Ad 68
39250 Censeau 39 107 Ga 68
21430 Censerey 21 105 Ec 65
89310 Censy 89 90 Ea 62
09220 Centraux 09 177 Bd 92
12120 Centrès 12 151 Cc 84
20238 Centuri CTC 181 Kc 91
20238 Centuri-Port CTC 181 Kc 91
69840 Cenves 69D 118 Ed 71
31620 Cépet 31 164 Bc 86
11300 Cépie 11 166 Cb 90
45120 Cepoy 45 71 Ce 60
19200 Ceppe 19 126 Cb 75
34460 Ceps 34 167 Cf 87
32500 Céran 32 149 Ae 86
72330 Cérans 72 84 Aa 62
72330 Cérans-Foulletourte 72 84 Aa 62
20160 Cerasa CTC 182 Ie 96
66290 Cerbère 66 179 Da 94
18120 Cerbois 18 102 Ca 66
40370 Cerboueyre 40 146 Za 85
16170 Cerceville 16 123 Aa 74
21320 Cercey 21 105 Ec 65
69220 Cercié 69D 118 Ee 72
74350 Cercier 74 120 Ga 72
24320 Cercles, La Tour-Blanche- 24 124 Ac 76
45520 Cercottes 45 70 Bf 61
17270 Cercoux 17 135 Ze 78
10400 Cercy 10 72 Dc 58
71350 Cercy 71 106 Ef 67
58340 Cercy-la-Tour 58 104 Dd 67
01450 Cerdon 01 119 Fc 72
45620 Cerdon 45 87 Cc 63
36130 Céré 36 101 Be 67
40090 Cere 40 147 Zc 85
37460 Céré-la-Ronde 37 100 Bb 65
37390 Cérelles 37 85 Ae 63
50510 Cérences 50 46 Yd 55
04280 Céreste 04 156 Fd 85
66400 Céret 66 179 Ce 94
59680 Cerfontaine 59 31 Ea 47
95000 Cergy 95 51 Ca 54
33160 Cérillan 33 134 Zb 79
03350 Cérilly 03 103 Ce 69
21330 Cérilly 21 91 Ec 61
89320 Cérilly 89 73 Dd 59
01680 Cerin 01 131 Fd 74
31160 Cériros 31 176 Af 90
61000 Cerisé 61 68 Aa 58
77460 Ceriseaux 76 71 Ce 59
50220 Cerisel 50 66 Ye 57
52320 Cerisières 52 75 Fa 59
89320 Cerisiers 89 72 Dc 60
80800 Cerisy 80 39 Cd 49
61100 Cerisy-Belle-Etoile 61 47 Zc 56
80140 Cérisy-Buleux 80 38 Be 49
50680 Cerisy-la-Forêt 50 34 Za 53
50210 Cerisy-la-Salle 50 46 Ye 54
79140 Cerizay 79 98 Zb 68
09230 Cérizols 09 164 Ba 90
02240 Cerizy 02 40 Db 50
39110 Cernans 39 107 Ff 67
14290 Cernay 14 48 Ab 54
28120 Cernay 28 69 Bb 58
45190 Cernay 45 86 Bd 62
68700 Cernay 68 95 Hb 62
86140 Cernay 86 99 Ab 67
51800 Cernay-en-Dormois 51 54 Ee 53
78720 Cernay-la-Ville 78 51 Bf 56
25120 Cernay-L'Eglise 25 108 Ge 65
51420 Cernay-lès-Reims 51 53 Ea 53
77320 Cerneux 76 52 Dc 56
74350 Cernex 74 120 Ga 72
39250 Cerniébaud 39 107 Ga 68
08260 Cernion 08 41 Ec 50
39240 Cernon 39 119 Fd 70
51240 Cernon 51 54 Ec 55
60190 Cernoy 60 39 Cd 52
45360 Cernoy-en-Berry 45 88 Cd 63
49310 Cernusson 49 98 Zd 65
91590 Cerny 91 71 Cb 58
02860 Cerny-en-Laonnois 02 40 De 52
02870 Cerny-lès-Bucy 02 40 Dd 51
19460 Céron 19 126 Be 77
71110 Céron 71 117 Df 71
33720 Cérons 33 135 Zd 81
78125 Cerqueuse 78 70 Be 57
14290 Cerqueux 14 48 Ac 55
45130 Cerqueux 45 70 Bd 61
49310 Cerqueux-sous-Passavant 49 98 Zd 66
70000 Cerre-lès-Noroy 70 93 Gb 63
34420 Cers 34 167 Db 89
79290 Cersay 79 98 Zd 66
02220 Cerseuil 02 40 Dd 53
51700 Cerseuil 51 53 De 54
71390 Cersot 71 105 Ed 68
58800 Certaines 58 104 De 65
77840 Certigny 76 52 Da 54
88300 Certilleux 88 75 Fe 59
01240 Certines 01 119 Fb 72
58210 Cervenon 58 89 Dd 64
58700 Cervenon 58 103 Db 66
74550 Cervens 74 120 Gc 71
05100 Cervières 05 145 Ge 79
42440 Cervières 42 129 De 73
54420 Cerville 54 56 Gb 56
20221 Cervione CTC 181 Kc 95
55700 Cervisy 55 42 Fb 51
68800 Cervon 58 104 De 65
43380 Cerzat 43 128 Dc 78
79190 Cerzé 79 111 Aa 71
79400 Cerzeau 79 111 Ze 70
33830 Cès 33 134 Zb 81
39570 Cesancey 39 106 Fd 69
73200 Césarches 73 132 Gc 74
73530 César-Durand 73 132 Gb 77
45300 Césarville-Dossainville 45 71 Cb 59
09800 Cescau 09 176 Ba 91
64170 Cescau 64 162 Zc 88
14270 Cesny-aux-Vignes-Ouezy 14 48 Zf 54
14220 Cesny-Halbout 14 47 Zd 55
14220 Cesny-les-Sources 14 47 Zd 55
19410 Cessac 19 125 Bd 77
33760 Cessac 33 135 Ze 80
31290 Cessales 31 165 Be 88
55700 Cesse 55 42 Fa 51
01090 Cesseins 01 118 Ef 72
34460 Cessenon-sur-Orb 34 167 Da 88
73410 Cessens 73 132 Ff 74
34210 Cesseras 34 166 Ce 89
03500 Cesset 03 116 Db 71
27110 Cesseville 27 49 Af 53
21450 Cessey 21 91 Ed 63
25440 Cessey 25 107 Ff 66
21350 Cessey-lès-Vitteaux 21 91 Ed 64
21110 Cessey-sur-Tille 21 92 Fb 65
02320 Cessières-Suzy 02 40 Dc 51
02320 Cessières-Suzy 02 40 Dc 51
38110 Cessieu 38 131 Fc 75
22190 Cesson 22 64 Xb 57
77240 Cesson 76 71 Cd 57
35510 Cesson-Sévigné 35 65 Yc 60
01560 Cessort 01 118 Fa 70
77520 Cessoy-en-Montois 76 72 Da 57
01170 Cessy 01 120 Ga 71
58220 Cessy-les-Bois 58 89 Db 64
33610 Cestas 33 134 Zb 80
81150 Cestayrols 81 151 Bf 85
21440 Cestres 21 91 Ee 64
42110 Cétéraud 42 129 Ea 74
61260 Ceton 61 69 Ae 59
64490 Cette-Eygun 64 174 Zc 91
05400 Céüze 05 144 Ff 81
73730 Cevins 73 132 Gc 75
12340 Ceyrac 12 139 Ce 82
30170 Ceyrac 30 154 Df 85
34800 Ceyras 34 167 Dc 87
19130 Ceyrat 19 125 Bc 77
63122 Ceyrat 63 128 Da 74
13600 Ceyreste 13 171 Fd 89
23210 Ceyroux 23 114 Bd 72
63210 Ceyssat 63 127 Cf 74
63800 Ceyssat 63 128 Db 74
23200 Ceyvat 23 114 Ca 72
01250 Ceyzériat 01 119 Fb 71
01350 Ceyzérieu 01 131 Fe 73
33620 Cézac 33 135 Zd 78
46170 Cézac 46 150 Bc 82
85410 Cezais 85 98 Zb 69
32410 Cézan 32 148 Ac 86
30440 Cézas 30 153 De 85
42130 Cezay 42 129 Df 74
19290 Cezayrat 19 126 Ca 74
15230 Cézens 15 139 Cf 79
15160 Cézérat 15 127 Cf 77
39240 Cézia 39 119 Fd 70
89410 Cézy 89 72 Dc 61
64570 Chabalgoïti 64 161 Zb 90
48250 Chabalier 48 141 De 81
79180 Chaban 79 111 Zd 70
16150 Chabanais 16 124 Ae 73
48230 Chabanes 48 140 Db 82
36370 Chabanet 36 113 Bb 70
06420 Chabanette 06 159 Hb 85
69440 Chabanière 69M 130 Ed 75
19550 Chabanne 19 126 Ca 77
23290 Chabanne 23 113 Bc 72
36310 Chabanne 36 113 Bb 70
63450 Chabanne 63 128 Da 75
48000 Chabannes 48 140 Dc 81
70220 Chabannes, les 70 93 Gc 61
15320 Chabanol 15 140 Db 79
04140 Chabanon 04 157 Gb 82
15230 Chabasses 15 139 Ce 78
36800 Chabenet 36 101 Bc 69
04200 Chabert 04 157 Ga 83
05400 Chabestan 05 144 Fe 82
48600 Chabestras 48 141 Dd 80
26120 Chabeuil 26 143 Fa 79
16310 Chablanc 16 124 Ad 74
89800 Chablis 89 90 De 62
38690 Châbons 38 131 Fc 76
17700 Chabosse 17 110 Zb 72
05260 Chabottes 05 144 Gb 81
86380 Chabournay 86 99 Ab 68
16150 Chabrac 16 112 Ae 73
19160 Chabrat 19 127 Cb 76
24120 Chabrat 24 137 Bb 78
63250 Chabreloche 63 129 De 73
63440 Chabrepine 63 115 Da 72
63580 Chabreyras 63 128 Dc 75
04000 Chabrières 04 157 Gb 84
19350 Chabrignac 19 125 Bc 77
15100 Chabrillac 15 140 Db 78
26400 Chabrillan 26 142 Ef 80
36210 Chabris 36 101 Bd 65
24130 Chabrouillas 24 136 Ac 79
49400 Chacé 49 99 Zf 65
10110 Chacenay 10 74 Ed 60
43510 Chacornac 43 141 Df 79
02200 Chacrise 02 52 Dc 53
19170 Chadebec 19 126 Ca 75
87500 Chadefaine 87 125 Bb 75
63320 Chadeleuf 63 128 Db 75
07160 Chadenac 07 142 Ec 79
17800 Chadenac 17 123 Zd 75
48190 Chadenet 48 141 Dd 81
17260 Chadeniers 17 122 Zb 75
24700 Chadenne 24 136 Aa 78
43270 Chadernac 43 129 De 78
16120 Chadeuil 16 123 Zf 75
23800 Chadeurnit 23 113 Bd 70
19220 Chadirac 19 138 Ca 77
17520 Chadon 17 123 Zd 75
43150 Chadron 43 141 Df 79
16250 Chadurie 16 124 Aa 76
25300 Chaffois 25 108 Gb 67
70400 Chagey 70 94 Ge 63
33860 Chagnas 33 123 Zc 77
38160 Chagneux 38 143 Fc 78
17139 Chagnolet 17 110 Yf 71
17770 Chagnon 17 123 Zd 73
42800 Chagnon 42 130 Ed 75
58120 Châgnon 58 104 Df 66
85710 Chagnon 85 96 Ya 67
08430 Chagny 08 42 Ee 51
71150 Chagny 71 105 Ee 67
72340 Chahaignes 72 85 Ad 62
61320 Chahains 61 67 Zf 57
28160 Chahuteau 28 69 Bb 59
21120 Chaignay 21 91 Fa 64
79190 Chaignepain 79 111 Zf 71
27120 Chaignes 27 50 Bc 54
79500 Chail 79 130 Ff 76
19450 Chaillac 19 126 Be 76
36310 Chaillac 36 113 Bb 70
87200 Chaillac-sur-Vienne 87 125 Af 73
53420 Chailland 53 66 Za 59
17700 Chaillé 17 110 Zb 72
85450 Chaillé-les-Marais 85 110 Yf 70
41120 Chailles 41 86 Bb 63
85310 Chaillé-sous-les-Ormeaux 85 97 Yd 69
17890 Chaillevette 17 122 Yf 74
02000 Chaillevois 02 40 Dd 51
89770 Chailley 89 73 De 60
05260 Chaillol 05 144 Gb 80
55210 Chaillon 55 55 Fd 55
61500 Chailloué 61 48 Ab 57
77930 Chailly-en-Bière 76 71 Cd 58
77120 Chailly-en-Brie 76 52 Da 56
45260 Chailly-en-Gâtinais 45 71 Cd 61
57365 Chailly-lès-Ennery 57 56 Gb 53
21320 Chailly-sur-Armançon 21 91 Ec 65
74540 Chainaz-les-Frasses 74 132 Ff 74
39120 Chaînée-des-Coupis 39 106 Fc 67
45380 Chaingy 45 87 Be 61
71570 Chaintré 71 118 Ee 71
77140 Chaintreauville 76 71 Ce 59
77460 Chaintreaux 76 72 Ce 59
51130 Chaintrix-Bierges 51 53 Ea 55
23200 Chairavaux 23 126 Cb 74
03190 Chaise 03 115 Ce 70
10500 Chaise 10 74 Ed 58
37240 Chaise 37 100 Ae 66
58230 Chaise 58 104 Ea 66
86300 Chaise 86 100 Ae 69
27580 Chaise-Dieu-du-Theil 27 49 Ae 56
85200 Chaix 85 110 Za 70
73130 Chal 73 132 Gb 77
64410 Chalabart 64 162 Zd 87
11230 Chalabre 11 178 Ca 91
26510 Chalabrus 26 156 Fc 82
24380 Chalagnac 24 136 Ae 78
42600 Chalain-d'Uzore 42 129 Ea 74
55140 Chalaines 55 75 Fe 57
42600 Chalain-le-Comtal 42 129 Eb 75
16210 Chalais 16 123 Aa 77
36370 Chalais 36 113 Bb 69
85420 Chalais 85 110 Zb 70
86200 Chalais 86 99 Aa 67
01320 Chalamont 01 118 Fb 73
68490 Chalampé 68 95 Hd 62
40120 Chalan 40 148 Ze 83
52160 Chalancey 52 92 Fa 62
26470 Chalancon 26 143 Fc 81
86190 Chalandray 86 99 Zf 69
50540 Chalandrey 50 66 Ye 57
02270 Chalandry 02 40 Dd 50
08160 Chalandry-Elaire 08 42 Ee 50
77171 Chalautre-la-Grande 76 72 Dc 57
77160 Chalautre-la-Petite 76 72 Db 57
77520 Chalautre-la-Reposte 76 72 Da 58
58140 Chalaux 58 90 Df 64
49610 Chale 49 83 Zd 64
01480 Chaleins 01 118 Ee 72
24800 Chaleix 24 125 Af 75
07240 Chalencon 07 142 Ed 79
43130 Chalençon 43 129 Df 77
43530 Chales 43 129 Ea 77
05480 Chalet du Col de l' Alpe du Villar d Arène 05 145 Gc 79
73550 Chalet du Fruit 73 133 Gd 76
05800 Chalet-du-Gioberney 05 144 Gb 79
73210 Chalet-du-Palet 73 133 Ge 76
73550 Chalet-du-Saut 73 133 Gd 77
05100 Chalets-de-Ayes 05 145 Gd 79
05600 Chalets-de-Bramousse 05 145 Ge 80
74470 Chalets-de-Buchille 74 120 Gd 71
05350 Chalets-de-Clapeyto 05 145 Gd 80
05350 Chalets-de-Furands 05 145 Gd 80
73500 Chalets-de-la-Pelouse 73 145 Ge 77
73350 Chalets-de-la-Plagne 73 133 Ge 76
05350 Chalets-de-Laval 05 145 Gc 78
05350 Chalets-de-L'Eychaillon 05 145 Gd 80
05470 Chalets-de-Lombard 05 145 Gf 80
05100 Chalets-de-L'Orceyrette 05 145 Gd 80
05100 Chalets des Acle 05 145 Ge 78
73640 Chalets-des-Balmes 73 133 Gf 75
74740 Chalets-du-Fardelet 74 121 Ge 72
45120 Châlette-sur-Loing 45 71 Ce 60
10500 Chalette-sur-Voire 10 74 Ec 58
01230 Chaley 01 119 Fd 73
25220 Chalèze 25 93 Ga 65
25220 Chalezeule 25 107 Ga 65
15320 Chaliers 15 140 Db 79
54230 Chaligny 54 56 Ga 57
15170 Chalinargues 15 140 Cf 78
52600 Chalindrey 52 92 Fc 62
18130 Chalivoy-Milon 18 103 Ce 67
49440 Challain-la-Potherie 49 83 Yf 63
85300 Challans 85 96 Ya 67
15320 Challèles 15 140 Db 79
58420 Challement 58 89 Dd 65
08400 Challerange 08 42 Ee 53
01450 Challes 01 119 Fc 72
72250 Challes 72 85 Ac 61
73190 Challes-les-Eaux 73 132 Ff 75
28300 Challet 28 70 Bc 57
01630 Challex 01 120 Ff 71
16300 Challignac 16 123 Zf 76
74910 Challonges 74 119 Ff 72
58000 Challuy 58 103 Da 67
77650 Chalmaison 76 72 Db 58
52160 Chalmessin 52 91 Fa 62
71140 Chalmoux 71 104 Df 69
49490 Chalonnes-sous-le-Lude 49 84 Ab 63
49290 Chalonnes-sur-Loire 49 83 Zb 64
17600 Chalons 17 122 Za 74
38122 Châlons 38 130 Ef 76
19200 Châlons-d'Aix 19 127 Cc 75
53470 Châlons-du-Maine 53 67 Zc 60
51000 Châlons-en-Champagne 51 54 Ec 55
51140 Châlons-sur-Vesle 51 53 Df 53
71100 Chalon-sur-Saône 71 106 Ef 68
70400 Châlonvillars-Mandrevillars 70 94 Ge 63
91780 Chalo-Saint-Mars 91 70 Ca 58
91740 Chalou-Moulineux 91 70 Ca 58
51130 Chaltrait 51 53 Df 55
03150 Chalus 03 116 Dc 71
63620 Chalus 23 127 Cc 73
63340 Chalus 63 128 Db 76
87230 Châlus 87 125 Af 75
18390 Chalusse 18 102 Cc 66
63210 Chalusset 63 127 Ce 74
05470 Chalvet 05 145 Ge 80
15200 Chalvignac 15 127 Cb 77
52700 Chalvraines 52 75 Fc 59
58190 Chalvron 58 90 De 64
33230 Chamadelle 33 135 Zf 78
88130 Chamagne 88 76 Gb 58
38460 Chamagnieu 38 131 Fa 74
63400 Chamalières 63 128 Da 74
43800 Chamalières-sur-Loire 43 129 Df 77
26150 Chamaloc 26 143 Fc 80
01340 Chamandre 01 118 Fb 70
60300 Chamant 60 51 Cd 53
91730 Chamarande 91 71 Cb 57
52000 Chamarandes-Choignes 52 75 Fa 60
26230 Chamaret 26 155 Ef 82
26470 Chamauche 26 143 Fb 81
21290 Chambain 21 91 Ef 62
43270 Chambarel 43 141 De 77
63200 Chambaron sur Morge 63 116 Da 73
43620 Chambaud 43 129 Ec 77
58150 Chambeau 58 89 Cf 65
21110 Chambeire 21 92 Fb 65
49220 Chambellay 49 83 Zb 62
42110 Chambeon 42 129 Eb 74
03370 Chambérat 03 115 Cc 70
23480 Chamberaud 23 114 Ca 72
19370 Chamberet 19 126 Be 75
39270 Chambéria 39 119 Fd 70
49260 Chambernou 49 98 Zd 66
82130 Chambert 82 150 Bc 84
33140 Chambéry 33 135 Zc 80
73000 Chambéry 73 132 Ff 75
89120 Chambeugle 89 89 Da 61
43270 Chambeyrac 43 129 De 77
43000 Chambeyrac 43 141 Df 78
43410 Chambezon 43 128 Db 76
19200 Chambige 19 126 Cb 75
71110 Chambilly 71 117 Ea 71
21250 Chamblanc 21 106 Fa 66
28630 Chamblay 28 70 Bd 58
36110 Chamblay 36 101 Bd 67
39380 Chamblay 39 107 Fe 67
42170 Chambles 42 129 Eb 76
03170 Chamblet 03 115 Ce 70
54890 Chambley-Bussières 54 56 Ff 54
60230 Chambly 60 51 Cb 54
21220 Chambœuf 21 106 Ef 65
42330 Chambœuf 42 129 Eb 75
61160 Chambois 61 48 Aa 56
71400 Chambois 71 105 Eb 66
63230 Chambois-Grand 63 127 Cf 74
63230 Chambois-Petit 63 127 Cf 74
21220 Chambolle-Musigny 21 106 Ef 65
15240 Chambon 15 127 Cd 76
17290 Chambon 17 110 Za 72
18190 Chambon 18 102 Cb 68
24270 Chambon 24 125 Bb 76
24290 Chambon 24 137 Ba 78
36210 Chambon 36 101 Bd 66
36320 Chambon 36 101 Bc 67
36270 Chambon 36 113 Bd 70
37290 Chambon 37 100 Ae 67
58240 Chambon 58 103 Da 68
07140 Chambonas 07 154 Ea 82
23110 Chambonchard 23 115 Cd 71
45340 Chambon-la-Forêt 45 71 Cb 60
48600 Chambon-le-Château 48 141 Dd 79
43580 Chambonnet 43 141 Dd 79
07310 Chambonnet-Haut 07 142 Eb 79
23220 Chambon-Sainte-Croix 23 114 Be 70
41190 Chambon-sur-Cisse 41 86 Bb 63
63980 Chambon-sur-Dolore 63 128 Dd 76
63790 Chambon-sur-Lac 63 127 Cf 75
23170 Chambon-sur-Voueize 23 115 Cc 71
23240 Chamborand 23 113 Bd 72
27270 Chambord 27 49 Ad 55
27250 Chambord 27 49 Ad 55
41250 Chambord 41 86 Bd 63
87140 Chamborêt 87 113 Ba 72
30530 Chamborigaud 30 154 Df 83
70190 Chambornay-lès-Bellevaux 70 93 Ga 64
70150 Chambornay-lès-Pins 70 93 Ff 64
60240 Chambors 60 50 Be 53
69870 Chambost 69D 117 Ed 72
69870 Chambost-Allières 69D 117 Ed 72

69770 Chambost-Longessaigne 69M 129 Ec 74
19450 Chamboulive 19 126 Be 76
43800 Chamboulive 43 129 Df 77
78240 Chambourcy 78 51 Ca 55
37310 Chambourg-sur-Indre 37 100 Af 65
05340 Chambran-Chalets 05 145 Gc 79
27120 Chambray 27 50 Bb 54
37170 Chambray-lès-Tours 37 85 Ae 64
15200 Chambre 15 127 Cc 77
58200 Chambre 58 89 Da 64
51170 Chambrecy 51 53 De 53
63580 Chambrefaite 63 128 Dc 76
85500 Chambretaud 85 97 Za 67
57170 Chambrey 57 57 Gc 56
72510 Chambriant 72 84 Aa 62
52700 Chambroncourt 52 75 Fc 58
79300 Chambroutet 79 98 Zd 67
23200 Chambroutière 23 114 Ca 73
02000 Chambry 02 40 Dd 51
77910 Chambry 76 52 Cf 55
63580 Chaméane 63 128 Dc 75
89430 Chamelard 89 90 Ea 61
69620 Chamelet 69D 117 Ed 73
01190 Chamerande 01 118 Ef 70
52210 Chameroy 52 92 Fa 61
02130 Chamery 02 53 Dd 53
51500 Chamery 51 53 Df 53
58350 Chamery 58 89 Db 65
07150 Chames 07 154 Ec 82
25380 Chamesey 25 108 Gd 65
25190 Chamesol 25 94 Ge 64
21400 Chamesson 21 91 Ed 62
05380 Chameyer 05 145 Gc 81
19330 Chameyrat 19 126 Be 77
77260 Chamigny 76 52 Da 55
71510 Chamilly 71 105 Ee 67
53270 Chammes 53 67 Zd 60
19290 Chammet 19 126 Bf 74
58290 Chamnay 58 104 De 66
73350 Chamoeranger 73 133 Ge 76
39800 Chamole 39 107 Fe 67
38890 Chamon 38 131 Fc 75
13129 Chamone 13 169 Ee 88
74400 Chamonix-Mont-Blanc 74 121 Gf 73
21530 Chamont 21 90 Eb 64
17130 Chamouillac 17 123 Zd 77
02860 Chamouille 02 40 Dd 52
52410 Chamouilley 52 75 Fa 57
73390 Chamousset 73 132 Gb 75
69930 Chamousset 69M 130 Ec 74
89660 Chamoux 89 90 Dd 64
73390 Chamoux-sur-Gelon 73 132 Gb 75
10130 Chamoy 10 73 Df 60
55100 Champ 55 55 Fb 53
15350 Champagnac 15 127 Cc 76
17500 Champagnac 17 123 Zd 76
24600 Champagnac 24 124 Ab 77
43580 Champagnac 43 141 Dd 79
87380 Champagnac 87 125 Bb 75
24530 Champagnac-de-Belair 24 124 Ae 76
19320 Champagnac-la-Noaille 19 126 Ca 77
19320 Champagnac-la-Prune 19 138 Bf 77
87150 Champagnac-la-Rivière 87 125 Af 74
43440 Champagnac-le-Vieux 43 128 Dd 76
23190 Champagnat 23 114 Cb 72
71480 Champagnat 71 119 Fc 70
87120 Champagnat 87 126 Bf 74
63580 Champagnat-le-Jeune 63 128 Dc 76
01440 Champagné 01 118 Fb 71
07340 Champagne 07 130 Ee 77
07380 Champagne 07 141 Eb 80
17380 Champagné 17 110 Zc 73
17620 Champagne 17 122 Za 74
17360 Champagne 17 123 Aa 77
28410 Champagne 28 50 Bd 56
36220 Champagne 36 100 Af 68
39320 Champagne 39 119 Fc 70
58190 Champagne 58 90 Dd 64
72470 Champagné 72 68 Ab 60
69410 Champagne au-Mont d'Or 69M 130 Ee 74
01260 Champagne-en-Valromey 01 119 Fe 73
24320 Champagne-et-Fontaine 24 124 Ab 76
86510 Champagné-le-Sec 86 111 Ab 71
85450 Champagné-les-Marais 85 110 Yf 70
86400 Champagné-Lureau 86 112 Ab 71
16350 Champagne-Mouton 16 112 Ac 73
86160 Champagné-Saint-Hilaire 86 112 Ab 71
39600 Champagne-sur-Loue 39 107 Fe 66
95660 Champagne-sur-Oise 95 51 Cb 54
77430 Champagne-sur-Seine 76 72 Ce 58
21310 Champagne-sur-Vingeanne 21 92 Fc 64
73240 Champagneux 73 131 Fe 75
16250 Champagne-Vigny 16 123 Aa 75
25170 Champagney 25 107 Ff 65
39290 Champagney 39 106 Fd 65
70290 Champagney 70 94 Ge 62
38800 Champagnier 38 144 Fe 78
81120 Champagnol 81 151 Cb 86
17200 Champagnole 17 122 Yf 74
39300 Champagnole 39 107 Ff 68
17240 Champagnolles 17 122 Zc 75
21440 Champagny 21 91 Ee 64
42590 Champagny 42 129 Eb 73
73350 Champagny-en-Vanoise 73 133 Ge 76
71460 Champagny-sous-Uxelles 71 105 Ee 69
72110 Champaissant 72 68 Ac 59
18140 Champalais 18 103 Cf 65
58420 Champallement 58 104 Dc 65
04340 Champanastay 04 157 Gc 82
42600 Champanet 42 129 Ea 75
74500 Champanges 74 120 Gd 70
51270 Champaubert 51 53 De 55
16370 Champblanc 16 123 Zd 74
63680 Champ-Bourguet 63 127 Ce 75
02260 Champ-Bouvier 02 41 Df 49
28200 Champbuisson 28 69 Ba 60
58150 Champcelée 58 89 Da 65
05310 Champcella 05 145 Gd 80
77560 Champcenest 76 52 Db 56
61210 Champcerie 61 48 Ze 56
50320 Champcervon 50 46 Yd 56
24750 Champcevinel 24 124 Ae 77
89220 Champcevrais 89 88 Cf 62
50530 Champcey 50 46 Yd 56
43260 Champclause 43 141 Eb 78
30110 Champclauson 30 154 Ea 83
48000 Champclos 48 140 Dc 81
36600 Champcol 41 101 Bd 65
58230 Champcommeau 58 105 Eb 65
77560 Champcouelle 76 52 Dc 56
52330 Champcourt 52 74 Ef 59
91750 Champcueil 91 71 Cc 57
05190 Champdarène 05 157 Gb 82
38980 Champ-de-Chambaran 38 131 Fb 77
86130 Champ-de-Grain 86 99 Ac 68
41310 Champ-Delay 41 86 Ba 62
79220 Champdeniers-Saint-Denis 79 111 Zd 70
77390 Champdeuil 76 51 Ce 57
42600 Champdieu 42 129 Ea 75
39500 Champdivers 39 106 Fc 66
21500 Champ-d'Oiseau 21 90 Ec 63
17430 Champdolent 17 110 Zb 73
27190 Champ-Dolent 27 49 Ba 54
27240 Champ-Dominel 27 49 Ba 55
01110 Champdor-Corcelles 01 119 Fd 72
21130 Champdôtre 21 106 Fb 65
36290 Champ-d'Ouf 36 100 Ba 68
88640 Champdray 88 77 Ge 60
14380 Champ-du-Boult 14 47 Yf 56
21210 Champeau 21 90 Ea 65
58210 Champeau 58 89 Dc 65
19400 Champeaux 19 138 Bf 78
35500 Champeaux 35 66 Ye 60
77720 Champeaux 76 72 Ce 57
79220 Champeaux 79 111 Zd 70
87330 Champeaux 87 112 Af 72
24340 Champeaux-et-la-Chapelle-Pommier 24 124 Ad 76
61560 Champeaux-sur-Sarthe 61 68 Ac 57
23600 Champeix 23 114 Cb 71
63320 Champeix 63 128 Da 75
43580 Champels 43 141 Dd 79
67420 Champenay 67 77 Ha 58
54280 Champenoux 54 56 Gc 56
53640 Champéon 53 67 Zc 58
48210 Champerboux 48 153 Dc 82
63600 Champétières 63 129 De 75
50530 Champeux 50 46 Yc 56
70400 Champey 70 94 Ge 63
63720 Champeyroux 63 116 Db 73
54700 Champey-sur-Moselle 54 56 Ga 55
10700 Champfleury 10 73 Ea 57
51500 Champfleury 51 53 Ea 53
86100 Champ-Fleury 86 100 Ad 68
53370 Champfrémont 53 67 Zf 58
01410 Champfromier 01 119 Fe 71
18400 Champfrost 18 102 Cb 67
58230 Champgazon 58 104 Ea 65
53160 Champgénéteux 53 67 Zd 59
52130 Champ-Gerbeau 52 74 Ef 57
85210 Champgillon 85 110 Yf 69
10130 Champgiron 10 73 De 60
51310 Champguyon 51 53 Dd 56
61240 Champ-Haut 61 48 Ab 56
28300 Champhol 28 70 Bd 58
59740 Champiau 59 31 Ea 48
80700 Champien 80 39 Cf 50
38260 Champier 38 131 Fb 76
49330 Champigné 49 83 Zc 63
89350 Champignelles 89 89 Da 62
51150 Champigneul-Champagne 51 53 Ea 55
08250 Champigneulle 08 42 Ef 52
54250 Champigneulles 54 56 Ga 56
52150 Champigneulles-en-Bassigny 52 75 Fd 60
08430 Champigneul-sur-Vence 08 42 Ed 50
21230 Champignolles 21 105 Ed 66
27330 Champignolles 27 49 Ae 55
10200 Champignol-lez-Mondeville 10 74 Ee 60
49400 Champigny 49 99 Zf 65
51370 Champigny 51 53 Df 53
89340 Champigny 89 72 Da 59
41330 Champigny-en-Beauce 41 86 Bb 62
27220 Champigny-la-Futelaye 27 50 Bb 55
86170 Champigny-le-Sec 86 99 Aa 68
52200 Champigny-lès-Langres 52 92 Fc 61
52400 Champigny-sous-Varennes 52 92 Fd 61
10700 Champigny-sur-Aube 10 73 Ea 57
94420 Champigny-sur-Marne 94 51 Cd 56
37120 Champigny-sur-Veude 37 99 Ab 66
63230 Champille 63 127 Cf 74
36160 Champillet 36 114 Ca 69
51160 Champillon 51 53 Df 54
49520 Champiré 49 83 Za 62
07440 Champis 07 142 Ee 79
41100 Champlain 41 86 Bb 61
91160 Champlan 91 51 Cb 56
23270 Champlan CTC 181 Kc 94
51480 Champlat-et-Boujacourt 51 53 Df 54
73390 Champ-Laurent 73 132 Gb 75
89300 Champlay 89 72 Dc 61
71120 Champlecy 71 117 Eb 70
88600 Champ-le-Duc 88 77 Ge 59
58210 Champlemy 58 89 Dc 65
08260 Champlin 08 41 Ec 49
58700 Champlin 58 104 Dc 65
70600 Champlitte 70 92 Fd 63
70600 Champlitte-la-Ville 70 92 Fd 63
25360 Champlive 25 93 Gb 65
55160 Champlon 55 55 Fd 54
43100 Champlong 43 128 Dc 77
63310 Champlong 63 116 Dc 72
37360 Champlonnière 37 85 Ad 63
89210 Champlost 89 73 De 60
16290 Champmillon 16 123 Aa 75
89420 Champmorlin 89 90 Ea 64
91150 Champmotteux 91 71 Cb 58
87400 Champnétery 87 126 Bd 74
55100 Champneuville 55 55 Fb 53
16430 Champniers 16 124 Ab 74
86400 Champniers 86 112 Ac 71
24360 Champniers-et-Reilhac 24 124 Ae 74
05260 Champoléon 05 144 Gb 80
42430 Champoly 42 129 Df 73
61120 Champosoult 61 48 Aa 55
23800 Champotier 23 114 Be 71
55140 Champougny 55 75 Fe 57
25640 Champoux 25 93 Ga 64
21690 Champrenault 21 91 Ee 64
50800 Champrepus 50 46 Ye 56
01350 Champriond 01 119 Fe 73
58370 Champrobert 58 104 Df 67
28400 Champrond-en-Perchet 28 69 Af 59
91210 Champrosay 91 51 Cc 57
39230 Champrougier 39 106 Fd 67
03320 Champroux 03 103 Cf 68
02670 Champs 02 40 Db 51
42600 Champs 42 129 Ea 75
45310 Champs 45 70 Bd 61
54890 Champs 54 56 Ff 54
61190 Champs 61 68 Ad 57
63440 Champs 63 115 Da 72
86390 Champs 86 113 Af 70
87130 Champs 87 126 Bd 75
87230 Champsac 87 125 Af 74
23220 Champsanglard 23 114 Bf 71
61700 Champsecret 61 67 Zc 57
19170 Champseix 19 126 Bf 75
28700 Champseru 28 70 Bd 58
17430 Champservé 17 110 Za 73
63220 Champsiaux 63 128 Dd 76
24470 Champs-Romain 24 124 Ae 75
15270 Champs-sur-Tarentaine- Marchah 15 127 Cd 76
89290 Champs-sur-Yonne 89 89 Dd 62
10140 Champ-sur-Barse 10 74 Ec 59
38560 Champ-sur-Drac 38 144 Fe 78
04660 Champtercier 04 157 Ga 84
49220 Champteussé-sur-Baconne 49 83 Zc 62
49270 Champtoceaux 49 82 Ye 64
49123 Champtocé-sur-Loire 49 83 Za 64
70100 Champtonnay 70 92 Fe 64
89710 Champvallon 89 89 Dc 61
39100 Champvans 39 106 Fc 66
70100 Champvans 70 92 Fd 64
25170 Champvans-les-Moulins 25 107 Ff 65
39800 Champvaux 39 107 Fe 68
43350 Champvert 43 141 Df 78
58300 Champvert 58 104 Dd 67
51700 Champvoisy 51 53 Dd 54
58400 Champvoux 58 103 Da 66
38410 Chamrousse 38 144 Ff 78
48600 Chams 48 141 Dd 80
89300 Chamvres 89 72 Dc 61
48230 Chanac 48 140 Dc 82
19150 Chanac-les-Mines 19 126 Be 77
44119 Chanais 44 82 Yc 64
43170 Chanaleilles 43 140 Dc 79
63610 Chananeille 63 128 Cf 75
38150 Chanas 38 130 Ee 77
63530 Chanat-la-Mouteyre 63 128 Da 74
01420 Chanay 01 119 Fe 72
73310 Chanaz 73 132 Fe 74
37210 Chançay 37 85 Af 64
35680 Chancé 35 66 Yd 60
21440 Chanceaux 21 91 Ee 63
43000 Chanceaux 43 141 Df 78
37600 Chanceaux-près-Loches 37 100 Af 66
37390 Chanceaux-sur-Choisille 37 85 Ae 64
24650 Chancelade 24 124 Ad 77
63640 Chancelade 63 115 Cd 73
52100 Chancenay 52 55 Ef 56
70140 Chancey 70 92 Fe 65
40260 Chanchon 40 146 Ye 85
01590 Chancia 39 119 Fd 70
61300 Chandai 61 49 Ae 56
33860 Chandas 33 123 Zd 77
63610 Chandelière 63 128 Cf 76
28210 Chandelles 28 50 Bd 57
07230 Chandolas 07 154 Eb 82
42190 Chandon 42 117 Eb 72
73550 Chandon 73 133 Gd 76
41240 Chandry 41 86 Bd 61
07310 Chanéac 07 142 Eb 79
01990 Chaneins 01 118 Ef 72
01360 Chânes 01 131 Fa 73
53810 Changé 53 67 Zb 60
21340 Change 71 105 Ed 67
72560 Changé 72 68 Ab 61
52360 Changey 52 92 Fc 61
71360 Changey 71 105 Ed 67
77660 Changis-sur-Marne 76 52 Da 55
42310 Changy 42 117 Df 72
51300 Changy 51 54 Ee 56
71120 Changy 71 117 Eb 70
43100 Chaniat 43 128 Dc 77
17610 Chaniers 17 123 Zc 74
21330 Channay 21 90 Ec 61
37330 Channay-sur-Lathan 37 85 Ab 64
10340 Channes 10 90 Eb 61
04420 Chanolles 04 157 Gc 84
23600 Chanon 23 114 Cb 71
63450 Chanonat 63 128 Da 74
26600 Chanos-Curson 26 142 Ef 78
43130 Chanou 43 141 Df 77
05700 Chanousse 05 156 Fd 82
45360 Chanoy 45 88 Ce 63
52260 Chanoy 52 92 Fb 61
01400 Chanoz-Châtenay 01 118 Fa 71
64500 Chantaco 64 160 Yc 88
18370 Chantafret 18 114 Cb 69
15140 Chantal-Péricot 15 139 Cb 78
19380 Chantarel 19 126 Be 78
23150 Chantaud 23 114 Ca 72
21210 Chanteau 21 90 Eb 65
45400 Chanteau 45 70 Bf 61
79420 Chantebuzin 79 111 Ze 69
45320 Chantecoq 45 72 Cf 60
19350 Chantecorps 19 125 Bb 77
79340 Chantecorps 79 111 Zf 70
25160 Chantegrue 25 107 Gb 68
54300 Chanteheux 54 77 Gd 57
19330 Chanteix 19 126 Bd 77
43380 Chantel 43 128 Dc 77
63650 Chantelause 63 128 Dd 73
03140 Chantelle 03 116 Da 71
05600 Chanteloub 05 145 Gd 80
05230 Chanteloub 05 144 Gb 81
23160 Chanteloube 23 113 Bc 70
23220 Chanteloube 23 114 Bf 71
27240 Chanteloup 27 49 Ba 55
27930 Chanteloup 27 50 Bb 54
35150 Chanteloup 35 82 Yc 61
50510 Chanteloup 50 46 Yd 55
58420 Chanteloup 58 104 Dd 65
72460 Chanteloup 72 68 Ab 60
77600 Chanteloup 76 52 Ce 55
79320 Chanteloup 79 98 Zc 68
86410 Chanteloup 86 112 Ad 70
49340 Chanteloup-les-Bois 49 98 Zb 66
78570 Chanteloup-les-Vignes 78 51 Ca 55
38740 Chantelouve 38 144 Ff 79
05330 Chantemerle 05 145 Gd 79
10500 Chantemerle 10 74 Ec 58
51260 Chantemerle 51 73 Dd 57
79320 Chantemerle 79 98 Zc 68
26600 Chantemerle-les-Blés 26 142 Ef 78
26230 Chantemerle-lès-Grignan 26 155 Ef 82
17470 Chantemerlière 17 111 Ze 72
58240 Chantenay-Saint-Imbert 58 103 Db 68
72430 Chantenay-Villedieu 72 84 Zf 61
42640 Chante-Oiseaux 42 117 Ea 72
38740 Chantepérier 38 144 Ff 79
35135 Chantepie 35 65 Yc 60
24350 Chantepoule 24 124 Ad 77
24190 Chantérac 24 136 Ac 77
55500 Chanteraine 55 55 Fc 56
15190 Chanterelle 15 127 Ce 76
48100 Chanteruéjols 48 140 Dc 81
70360 Chantes 70 93 Ff 63
38470 Chantesse 38 131 Fc 77
43300 Chanteuges 43 140 Dd 78
33114 Chantier 33 134 Zb 81
43000 Chantilhac 43 141 De 78
16360 Chantillac 16 123 Ze 77
60500 Chantilly 60 51 Cc 53
36270 Chantôme 36 113 Bd 70
41240 Chantôme 41 86 Bc 61
85110 Chantonnay 85 97 Yf 68
36150 Chantorin 36 101 Be 66
87160 Chantouant 87 113 Bb 70
88000 Chantraine 88 76 Gc 59
52700 Chantraines 52 75 Fb 59
25330 Chantrans 25 107 Ga 66
16270 Chantrezac 16 112 Ad 73
53300 Chantrigné 53 67 Zc 58
27640 Chanu 27 50 Bc 55
61800 Chanu 61 47 Zb 56
85130 Chanverrie 85 97 Yf 67
57580 Chanville 57 56 Gc 54
49750 Chanzeaux 49 83 Zc 65
41600 Chaon 41 87 Cb 63
54330 Chaouilley 54 76 Ga 58
10210 Chaource 10 73 Ea 60
02340 Chaourse 02 41 Df 50
05150 Chapaisse 05 156 Fd 82
71460 Chapaize 71 118 Ee 69
38530 Chapareillan 38 132 Ff 76
74210 Chaparon 74 132 Gb 74
64430 Chapatendéguia 64 160 Yd 89
48130 Chapchiniés 48 140 Db 81
63230 Chapdes-Beaufort 63 115 Cf 73
24320 Chapdeuil 24 124 Ac 76
03340 Chapeau 03 116 Dd 70
59360 Chapeau-Rouge 59 31 De 48
48600 Chapeauroux 48 141 De 79
74540 Chapeiry 74 132 Ga 73
51290 Chapelaine 51 74 Ed 57
24470 Chapellas 24 125 Af 75
40140 Chapelle 40 147 Ze 86
53950 Chapelle-Anthenaise, la 53 67 Zb 60
61100 Chapelle-au-Moine 61 47 Zc 56
19120 Chapelle-aux-Saints 19 138 Be 79
74360 Chapelle-d'Abondance 74 121 Ge 71
25240 Chapelle-des-Bois 25 107 Ga 69
25270 Chapelle-d'Huin 25 107 Gb 67
86300 Chapelle-Morthemer 86 112 Ad 70
28290 Chapelle-Royale 28 69 Ba 60
18800 Chapelles 18 103 Ce 66
53250 Chapelles 53 67 Zd 58
85160 Chapelles 85 96 Xf 68
87800 Chapelles 87 125 Bb 74
72240 Chapelle Saint Fray, la 72 68 Aa 60
79350 Chapelle-Saint-Martin 79 98 Zd 68
74410 Chapelle-Saint-Maurice 74 132 Ga 74
19130 Chapelle-Salamard 19 125 Bc 77
19300 Chapelle-Spinasse 19 126 Ca 76
10700 Chapelle-Vallon 10 73 Ea 58
86300 Chapelle-Viviers 86 112 Ae 70
39140 Chapelle-Voland 39 106 Fc 68
45270 Chapelon 45 71 Cd 60
16430 Chapelot 16 124 Aa 74
64420 Chaperot 64 162 Ze 89
78130 Chapet 78 50 Bf 55
71190 Chapey 71 105 Eb 67
07120 Chapias 07 142 Eb 82
39300 Chapois 39 107 Ff 67
69970 Chaponnay 69M 130 Ef 75
63190 Chaponnier 63 128 Dc 73
69630 Chaponost 69M 130 Ee 74
89560 Chapoux 89 89 Dc 63
03390 Chappes 03 115 Cf 70
08220 Chappes 08 41 Eb 51
10260 Chappes 10 73 Eb 60
63720 Chappes 63 128 Db 73
87270 Chaptelat 87 113 Bb 73
63260 Chaptuzat 63 116 Db 72
09120 Charameau 09 177 Bd 90
38490 Charancieu 38 131 Fd 75
01260 Charancin 01 119 Fd 73
87500 Charannat 87 125 Ba 75
38790 Charantonnay 38 131 Fa 75
86360 Charasse 86 100 Ac 69
38850 Charavines 38 131 Fd 76
08370 Charbeaux 08 42 Fb 51
67220 Charbes 67 60 Hb 58
05500 Charbillac 05 144 Ga 80
08130 Charbogne 08 42 Ed 51
71320 Charbonnat 71 105 Ea 68
16320 Charbonnier 16 124 Ab 76
23250 Charbonnier 23 114 Bf 73
43340 Charbonnier 43 141 De 79
63980 Charbonnier 63 128 Dd 75
28330 Charbonnières 28 69 Af 59
71260 Charbonnières 71 118 Ef 70
69260 Charbonnières-les-Bains 69M 130 Ee 74
25620 Charbonnières-les-Sapins 25 107 Gb 66
63410 Charbonnières-les-Varennes 63 115 Da 73
63410 Charbonnières-les-Vieilles 63 115 Cf 73
63340 Charbonnier-les-Mines 63 128 Db 76
39250 Charbonny 39 107 Ga 68
43270 Charbounouze 43 128 Dd 77
89113 Charbuy 89 89 Dc 62
70700 Charcenne 70 93 Fe 64
49320 Charcé-Saint-Ellier-sur-Aubance 49 84 Zd 64
53250 Charchigné 53 67 Zd 58
39260 Charchilla 39 119 Fe 70
39130 Charcier 39 107 Fe 69
23700 Chard 23 115 Cc 73
43270 Chardas 43 129 De 77
16500 Chardat 16 112 Ae 72
04200 Chardavon 04 157 Ff 83
04140 Chardavon-Bas 04 157 Gb 82
04140 Chardavon-Haut 04 157 Gb 82
48120 Chardenoux 48 140 Dc 80
87290 Chardent 87 113 Ba 72
08400 Chardeny 08 42 Ed 52
24420 Chardeuil 24 125 Af 77
16440 Chardin 16 123 Zf 75
55000 Chardogne 55 55 Fa 56
71700 Chardonnay 71 118 Ef 69
03600 Chardonneau 03 115 Ce 71
48500 Chardonnet 48 140 Db 82
03140 Chareil 03 116 Db 71
63490 Charel 63 128 Dc 75
21690 Charencey 21 91 Ee 64
39250 Charency 39 107 Ff 68
26310 Charens 26 143 Fd 81
87640 Charensannes 87 113 Bc 72
63640 Charensat 63 115 Cd 73
69220 Charentay 69D 118 Ee 72
17700 Charentenay 17 110 Zb 72
70130 Charentenay 70 93 Ff 63
89580 Charentenay 89 89 Dd 63
37390 Charentilly 37 85 Ad 64
18210 Charenton-du-Cher 18 103 Cd 68
94220 Charenton-le-Pont 94 51 Cc 56
18140 Charentonnay 18 103 Cf 66
38390 Charette 38 131 Fc 74
71270 Charette 71 106 Fb 67
54470 Charey 54 56 Ff 55
48800 Chareylasse 48 154 De 82
39130 Charézier 39 107 Fe 69
37530 Chargé 37 86 Ba 64
70100 Chargey-lès-Grey 70 92 Fd 64
70170 Chargey-lès-Ports 70 93 Ff 62
70000 Chariez 70 93 Ga 63
21140 Charigny 21 91 Ec 64
01130 Charix 01 119 Fe 71
42155 Charizet 42 117 Df 73
31350 Charlas 31 163 Ae 89
58210 Charlay 58 89 Dc 64
12260 Charlet 12 138 Ca 82
13350 Charleval 13 170 Fb 86
27380 Charleval 27 37 Bc 52
51800 Charlevaux 51 54 Ef 53
51120 Charleville 51 53 De 56
08000 Charleville-Mézières 08 42 Ee 50
57220 Charleville-sous-Bois 57 56 Gc 53
42190 Charlieu 42 117 Eb 72
18350 Charly 18 103 Ce 67
74350 Charly 74 120 Ga 72
69390 Charly 69M 130 Ee 75
57640 Charly-Oradour 57 56 Gb 53
02310 Charly-sur-Marne 02 52 Db 55
16320 Charmant 16 124 Ab 76
25470 Charmauvillers 25 108 Gf 65
16140 Charmé 16 111 Aa 73
03110 Charmeil 03 116 Dc 72

15500 Charmensac 15 128 Da 77
77410 Charmentray 76 52 Ce 55
02800 Charmes 02 40 Dc 51
03800 Charmes 03 116 Db 72
21310 Charmes 21 92 Fc 64
52360 Charmes 52 92 Fc 61
88130 Charmes 88 76 Gb 58
52110 Charmes-en-L'Angle 52 75 Fa 58
54113 Charmes-la-Côte 54 56 Fe 57
52110 Charmes-la-Grande 52 74 Ef 58
70120 Charmes-Saint-Valbert 70 92 Fe 62
26260 Charmes-sur-L'Herbasse 26 143 Fa 78
07800 Charmes-sur-Rhône 07 142 Ee 79
70000 Charmoille 70 93 Ga 63
52260 Charmoilles 52 75 Fc 61
54360 Charmois 54 76 Gc 57
55700 Charmois 55 42 Fb 52
58500 Charmois 58 89 Dc 64
90140 Charmois 90 94 Gf 63
88460 Charmois-devant-Bruyères 88 77 Gd 59
88270 Charmois-L'Orgueilleux 88 76 Gb 60
25380 Charmonle 25 108 Ge 65
51330 Charmont 51 54 Ef 55
95420 Charmont 95 50 Be 54
45480 Charmont-en-Beauce 45 71 Ca 59
10150 Charmont-sous-Barbuise 10 73 Eb 58
10290 Charmoy 10 73 Dd 58
52500 Charmoy 52 92 Fd 62
71710 Charmoy 71 105 Ec 68
89400 Charmoy 89 89 Dc 61
07340 Charnas 07 130 Ee 76
63290 Charnat 63 116 Dc 73
25440 Charnay 25 107 Ff 66
69380 Charnay 69D 118 Ee 73
71800 Charnay-en-Vaux 71 117 Eb 70
71350 Charnay-lès-Chalon 71 106 Fa 67
71850 Charnay-lès-Mâcon 71 118 Ee 71
38140 Charnècles 38 131 Fd 76
19310 Charniac 19 125 Bb 77
37290 Charnizay 37 100 Af 67
39240 Charnod 39 119 Fc 71
08600 Charnois 08 42 Ee 48
03360 Charnoux 03 103 Ce 68
01800 Charnoz 01 131 Fb 73
21350 Charny 21 91 Ec 64
77410 Charny 76 52 Ce 55
80290 Charny 80 38 Be 50
89120 Charny 89 89 Da 61
10380 Charny-le-Bachot 10 73 Df 57
89120* Charny Orée de Puisaye 89 89 Da 61
55100 Charny-sur-Meuse 55 55 Fc 53
26450 Charois 26 143 Ef 81
71120 Charolles 71 117 Eb 70
18500 Châron 18 102 Cb 66
63640 Charonnet 63 115 Cd 72
28120 Charonville 28 69 Bb 59
82370 Charos 82 150 Bc 85
17570 Charosson 17 122 Yf 74
18290 Chârost 18 102 Ca 67
24110 Charoux 24 124 Ac 77
85530 Charpe 85 97 Ye 66
24570 Charpenet 24 137 Bb 78
55270 Charpentry 55 55 Fa 53
26300 Charpey 26 143 Fa 79
18260 Charpignon 18 88 Ce 64
28500 Charpont 28 50 Bc 56
25140 Charquemont 25 108 Ge 65
86170 Charrais 86 99 Ab 68
43300 Charraix 43 141 Dd 78
43800 Charraix 43 141 Df 78
16380 Charras 16 124 Ac 75
28220 Charray 28 69 Bb 61
64190 Charre 64 161 Za 89
71510 Charrecey 71 105 Ee 67
43130 Charrées 43 129 Ea 77
21170 Charrey-sur-Saône 21 106 Fa 66
21400 Charrey-sur-Seine 21 74 Ed 61
03250 Charrier 03 116 De 73
58300 Charrin 58 104 Dd 68
64130 Charritte-de-Bas 64 161 Za 89
64470 Charritte-de-Haut 64 161 Za 90
64120 Charritte-Mixe 64 161 Yf 88
17230 Charron 17 110 Yf 71
23700 Charron 23 115 Cd 72
03140 Charroux 03 116 Da 71
86250 Charroux 86 112 Ac 72
87110 Charroux 87 125 Bb 74
95750 Chars 95 50 Bf 54
45130 Charsonville 45 86 Bd 61
28130 Chartainvilliers 28 70 Bd 57
02400 Chartèves 02 53 Dd 54
49150 Chartrené 49 84 Zf 64
28000 Chartres 28 70 Bc 58
35131 Chartres-de-Bretagne 35 65 Yb 60
77590 Chartrettes 76 71 Ce 58
72350 Chartreux, les 72 67 Ze 60
19600 Chartrier-Ferrière 19 138 Bc 78
77320 Chartronges 76 52 Db 56
13200 Chartrouse 13 169 Ee 88
17130 Chartuzac 17 123 Zd 76
38230 Charvieu Chavagneux 38 131 Fa 74
01230 Charvieux 01 131 Fd 73
74370 Charvonnex 74 120 Ga 73
85200 Charzais 85 110 Zb 70
79500 Charzay 79 111 Ze 71
63160 Chas 63 128 Db 74
19300 Chasalnoël 19 126 Bf 76
71240 Chasaux 71 106 Ef 68
15500 Chaselles 15 128 Da 77
07590 Chase-Neuve 07 141 Df 80
10210 Chaserey-Bas 10 73 Ea 61
10210 Chaserey-Haut 10 73 Ea 61
85400 Chasnais 85 109 Ye 70
25580 Chasnans 25 108 Gb 66
58350 Chasnay 58 103 Db 65
35250 Chasné-sur-Illet 35 66 Yc 59
49370 Chasnière 49 83 Za 63
43700 Chaspinhac 43 141 Df 78
43320 Chaspuzac 43 141 De 78
87380 Chassagnas 87 125 Bd 75
87130 Chassagnas 87 126 Bd 75
01310 Chassagne 01 118 Fa 71
16410 Chassagne 16 124 Ab 75
63320 Chassagne 63 128 Da 76
21190 Chassagne-Montrachet 21 105 Ee 67
07140 Chassagnes 07 154 Eb 82
43230 Chassagnes 43 128 Dd 77
48700 Chassagnes 48 140 Dc 81
25290 Chassagne-Saint-Denis 25 107 Ga 66
23700 Chassagnette 63 115 Cd 73
42560 Chassagnieux 42 129 Ea 75
15190 Chassagny 15 127 Ce 77
69700 Chassagny 69M 130 Ee 75
24600 Chassaignes 24 124 Ab 77
43350 Chassaleuil 43 141 Df 78
39360 Chassal-Molinges 39 119 Fe 70
39360 Chassal-Molinges 39 119 Fe 70
19190 Chassancet 19 138 Be 78
28480 Chassant 28 69 Ba 59
87120 Chassat 87 126 Be 74
19400 Chassat-de-Bourdet 19 138 Bf 78
04370 Chasse 04 158 Gd 83
72600 Chassé 72 68 Ab 58
50520 Chasseguey 50 66 Yf 57
36100 Chasseigne 36 101 Bf 67
86200 Chasseigne 86 99 Aa 67
71570 Chasselas 71 118 Ee 71
38470 Chasselay 38 131 Fc 77
69380 Chasselay d'Azergues 69M 130 Ee 73
02370 Chassemy 02 40 Dd 52
03510 Chassenard 03 117 Df 70
21230 Chassenay 21 105 Ec 66
63260 Chassenet 63 116 Db 73
36800 Chasseneuil 36 101 Bc 69
86360 Chasseneuil-du-Poitou 86 99 Ac 69
16310 Chasseneuil-sur-Bonnieure 16 124 Ac 74
16150 Chassenon 16 124 Ae 73
85240 Chassenon-le-Bourg 85 110 Zb 70
48250 Chasseradès 48 141 De 81
71340 Chassereux 71 117 Ea 71
10330 Chassericourt 10 74 Ed 57
38670 Chasse-sur-Rhône 38 130 Ee 75
21150 Chassey 21 91 Ec 64
39290 Chassey 39 92 Fd 65
55130 Chassey-Beaupré 55 75 Fc 58
71150 Chassey-le-Camp 71 105 Ee 67
70230 Chassey-lès-Moutbozon 70 93 Gc 63
70360 Chassey-lès-Scey 70 93 Ff 63
16350 Chassiecq 16 112 Ac 73
36160 Chassière 36 114 Ca 70
07110 Chassiers 07 142 Eb 81
69680 Chassieu 69M 130 Ef 74
89160 Chassignelles 89 90 Eb 62
03140 Chassignet 03 116 Db 71
38730 Chassignieu 38 131 Fd 76
43300 Chassignoles 43 140 Dc 78
36400 Chassignolles 36 114 Bf 69
43440 Chassignolles 43 128 Dc 76
86200 Chassigny 86 99 Zf 67
52190 Chassigny-Aisey 52 92 Fc 62
71170 Chassigny-sous-Dun 71 117 Eb 71
72540 Chassillé 72 67 Zf 60
02850 Chassins 02 53 Dd 54
63930 Chassonnerix 63 128 Dd 74
16120 Chassors 16 123 Zf 75
16200 Chassors 16 123 Ze 74
18800 Chassy 18 103 Cf 66
58270 Chassy 58 104 Dc 67
58110 Chassy 58 104 Dd 66
71130 Chassy 71 105 Ea 69
89110 Chassy 89 89 Dc 61
19160 Chastagner 19 126 Cb 76
19390 Chastagnol 19 126 Bf 76
19190 Chastagnol 19 138 Be 77
07110 Chastanet 07 141 Ea 81
48300 Chastanier 48 141 De 80
43230 Chastanuel 43 141 Dd 78
19600 Chasteaux 19 138 Bc 78
43300 Chastel 43 140 Db 78
26340 Chastel-Arnaud 26 143 Fb 81
04320 Chastel-lès-Sausses 04 158 Ge 85
89630 Chastellux-sur-Cure 89 90 Df 64
15240 Chastel-Merlhac 15 127 Cd 77
48000 Chastel-Nouvel 48 140 Dd 81
06470 Chastelonnette 06 158 Ge 84
03190 Chasteloy 03 115 Ce 69
89560 Chastenay 89 89 Dc 63
04120 Chasteuil 04 157 Gc 85
63680 Chastreix 63 127 Ce 75
63420 Chastrix 63 128 Da 76
58400 Chasue 58 103 Da 65
32190 Chat 32 163 Ab 86
23460 Chatain 23 114 Bf 73
23340 Chatain 23 126 Bf 74
86250 Chatain 86 112 Ac 72
16220 Chatain-Besson 16 124 Ad 74
28270 Châtaincourt 28 49 Bb 56
38142 Châtains 38 144 Ga 78
38110 Chatanay 38 131 Fc 75
88210 Châtas 88 77 Ha 58
71250 Château 71 118 Ed 70
04160 Château-Arnoux 04 157 Ga 84
16100 Châteaubernard 16 123 Ze 74
38650 Château-Bernard 38 143 Fd 79
77370 Châteaubleau 76 72 Da 57
44340 Château-Bougon 44 97 Yc 66
79310 Château-Bourdin 79 111 Zd 69
07300 Châteaubourg 07 142 Ef 78
35220 Châteaubourg 35 66 Yd 60
57340 Château-Bréhain 57 57 Gd 55
44110 Châteaubriant 44 82 Yd 62
56500 Châteaubriant 56 80 Xb 61
05200 Château-Caléyère 05 145 Gc 81
39210 Château-Chalon 39 107 Fd 68
87380 Château-Chervix 87 125 Bc 75
58120 Château-Chinon 58 104 Df 66
87120 Châteaucourt 87 126 Bf 74
05260 Château-d'Ancelle 05 144 Gb 81
61400 Château de la Pélonnière 61 68 Ad 58
46500 Château de Rocamadour 46 138 Bd 80
39150 Château-des-Prés 39 119 Ff 69
26120 Châteaudouble 26 143 Fa 79
83300 Châteaudouble 83 172 Gc 87
58410 Château-du-Bois 58 89 Db 64
56460 Château du Crévy 56 81 Xd 61
72500 Château-du-Loir 72 85 Ac 62
28200 Châteaudun 28 70 Bb 60
25000 Château-Farine 25 107 Ff 65
04250 Châteaufort 04 157 Ga 83
78117 Châteaufort 78 51 Ca 56
85000 Château-Fromage 85 97 Yd 68
01500 Château-Gaillard 01 119 Fb 73
28310 Château Gaillard 28 70 Bf 60
86150 Château-Gaillard 86 112 Ad 71
04170 Château-Garnier 04 158 Gc 84
86350 Château-Garnier 86 112 Ac 71
63119 Châteaugay 63 128 Da 73
35410 Châteaugiron 35 66 Yc 60
13013 Château-Gombert 13 170 Fc 88
53200 Château-Gontier 53 83 Zb 62
70240 Château-Grenouille 70 93 Gb 63
85320 Château-Guibert 85 97 Ye 69
61310 Château Haras du Pin 61 48 Aa 56
59230 Château-L'Abbaye 59 30 Dc 46
77570 Château-Landon 76 71 Ce 60
86370 Château-Larcher 86 112 Ab 70
37330 Château-la-Vallière 37 85 Ab 63
42240 Château-le-Bois 42 129 Eb 76
24460 Château- l'Évêque 24 124 Ae 77
29150 Châteaulin = Kastellin 29 62 Ve 59
35400 Château-Malo 35 65 Ya 57
38710 Château-Méa 38 144 Fe 80
18370 Châteaumeillant 18 114 Cb 69
24380 Château-Missier 24 137 Ae 78
85700 Châteaumur 85 98 Za 67
04300 Châteauneuf 04 156 Fe 85
21320 Châteauneuf 21 105 Ed 65
71740 Châteauneuf 71 117 Eb 71
73390 Châteauneuf 73 132 Gb 75
79240 Château-Neuf 79 98 Zc 68
83860 Châteauneuf 83 171 Fe 88
84190 Château-Neuf 84 155 Fa 83
85710 Châteauneuf 85 96 Ya 67
26110 Châteauneuf-de-Bordette 26 156 Fa 82
84470 Châteauneuf-de-Cadagne 84 155 Ef 85
06390 Châteauneuf-de-Contes 06 159 Hb 86
26330 Châteauneuf-de-Galaure 26 130 Ef 77
06470 Châteauneuf-d'Entraunes 06 158 Ge 84
48170 Châteauneuf-de-Randon 48 141 Dd 81
07240 Châteauneuf-de-Vernoux 07 142 Ed 79
35430 Châteauneuf-d'Ille-et-Vilaine 35 65 Ya 57
05400 Châteauneuf-d'Oze 05 144 Ff 81
29520 Châteauneuf-du-Faou 29 78 Wb 59
84230 Châteauneuf-du-Pape 84 155 Ee 84
26780 Châteauneuf-du-Rhône 26 142 Ee 82
28170 Châteauneuf-en-Thymerais 28 69 Bb 57
06740 Châteauneuf-Grasse 06 173 Gf 86
87130 Châteauneuf-la-Forêt 87 126 Bd 74
13790 Châteauneuf-le-Rouge 13 171 Fd 88
63390 Châteauneuf-les-Bains 63 115 Cf 72
13220 Châteauneuf-les-Martigues 13 170 Fa 88
04200 Châteauneuf-Miravail 04 156 Fe 84
16120 Châteauneuf-sur-Charente 16 123 Zf 75
18190 Châteauneuf-sur-Cher 18 102 Cb 67
26300 Châteauneuf-sur-Isère 26 143 Ef 78
45110 Châteauneuf-sur-Loire 45 87 Cb 61
49330 Châteauneuf-sur-Sarthe 49 83 Zd 62
58350 Châteauneuf-Val-de-Bargis 58 89 Db 65
04200 Châteauneuf-Val-Saint-Donnat 04 157 Ff 84
49570 Châteaupanne 49 83 Za 64
87290 Châteauponsac 87 113 Bb 72
08360 Château-Porcien 08 41 Eb 51
05350 Château-Qeyras 05 145 Ge 80
04270 Châteauredon 04 157 Gb 84
08120 Château-Regnault 08 42 Ed 49
13160 Châteaurenard 13 155 Ef 85
45220 Châteaurenard 45 88 Cf 61
71500 Châteaurenaud 71 106 Fb 69
37110 Château-Renault 37 85 Af 63
57320 Château-Rouge 57 57 Gd 53
66000 Château-Roussillon 66 179 Cf 92
05380 Châteauroux 05 145 Gd 81
36000 Châteauroux 36 101 Be 68
61260 Château-Roux 61 69 Ae 59
43300 Château Saint-Romain 43 141 Dd 78
57170 Château-Salins 57 57 Gd 56
72200 Château-Sénéchal 72 84 Aa 62
03320 Château-sur-Allier 03 103 Da 68
63330 Château-sur-Cher 63 115 Cd 72
27420 Château-sur-Epte 27 50 Bd 53
44690 Châteauthébaud 44 97 Yd 66
02400 Château-Thierry 02 52 Dc 54
09310 Château-Verdun 09 177 Be 92
83670 Châteauvert 83 171 Ga 88
05000 Châteauvieux 05 144 Ga 82
41110 Châteauvieux 41 101 Bc 65
83840 Châteauvieux 83 158 Gd 86
38300 Châteauvilain 38 131 Fb 75
52120 Châteauvillain 52 74 Ef 60
83350 Château-Volterra 83 172 Gd 89
57170 Château-Voué 57 57 Gd 55
70400 Chatebier 70 94 Ge 63
01350 Châtel 01 132 Fe 73
74390 Châtel 74 121 Gf 71
17340 Châtelaillon-Plage 17 110 Yf 72
53200 Châtelain 53 83 Zc 62
49520 Châtelais 49 83 Za 62
38460 Châtelans 38 131 Fb 74
04530 Châtelard 04 158 Ge 82
23700 Châtelard 23 115 Cc 73
22170 Châtelaudren-Plouagat 22 63 Xa 57
22170 Châtelaudren-Plouagat 22 63 Xa 57
39380 Chatelay 39 107 Fe 66
25240 Châtelblanc 25 107 Ga 68
89660 Châtel-Censoir 89 90 Dd 63
08250 Châtel-Chéhéry 08 54 Ef 53
39130 Châtel-de-Joux 39 119 Fe 69
03500 Châtel-de-Neuvre 03 116 Db 70
63290 Châteldon 63 116 Dd 73
38710 Châtel-en-Trièves 38 144 Fe 79
58350 Châtelet 58 89 Db 64
89310 Châtel-Gérard 89 90 Ea 63
63140 Châtelguyon 63 115 Da 73
21320 Châtellenot 21 105 Ec 65
86100 Châtellerault 86 100 Ad 68
03250 Châtel-Montagne 03 116 De 72
71510 Châtel-Moron 71 105 Ed 68
39300 Châtelneuf 39 107 Ff 68
42940 Châtelneuf 42 129 Df 75
03220 Châtelperron 03 116 Dd 70
51300 Châtelraould-Saint-Louvent 51 54 Ed 56
57160 Châtel-Saint-Germain 57 56 Ga 54
88330 Châtel-sur-Moselle 88 76 Gc 59
23220 Chatelus 23 114 Be 70
42680 Châtelus 42 129 Ea 76
23430 Châtelus-le-Marcheix 23 113 Bd 73
23270 Châtelus-Malvaleix 23 114 Ca 71
01320 Châtenay 01 118 Fb 72
28700 Châtenay 28 70 Bf 58
38980 Châtenay 38 131 Fb 77
71800 Châtenay 71 117 Ec 71
52200 Châtenay-Mâcheron 52 92 Fc 61
77126 Châtenay-sur-Seine 76 72 Da 58
52360 Châtenay-Vaudin 52 92 Fc 61
87110 Chatenel 87 125 Bb 74
17210 Chatenet 17 123 Ze 77
23210 Châtenet 23 114 Be 72
87290 Chatenet 87 113 Bb 71
39700 Châtenois 39 107 Fd 66
70240 Châtenois 70 93 Gb 62
88170 Châtenois 88 76 Ff 59
67730 Châtenois = Kestenholz 67 60 Hc 59
90700 Châtenois-les-Forges 90 94 Gf 63
45260 Châtenoy 45 88 Cc 61
77167 Châtenoy 76 71 Cd 59
71380 Châtenoy-en-Bresse 71 106 Ef 68
71880 Châtenoy-le-Royal 71 106 Ee 68
16480 Châtignac 16 123 Zf 76
91410 Chatignonville 91 70 Bf 58
18290 Châtillon 18 102 Cb 66
25190 Châtillon 25 94 Ge 65
39130 Châtillon 39 107 Fe 69
74300 Châtillon 74 120 Gd 72
86700 Châtillon 86 111 Ab 71
69380 Châtillon 69D 130 Ed 73
45230 Châtillon-Coligny 45 88 Cf 62
01450 Châtillon-de-Cornelle 01 119 Fc 72
58110 Châtillon-en-Bazois 58 104 Dd 66
26410 Châtillon-en-Diois 26 143 Fc 80
28290 Châtillon-en-Dunois 28 69 Bb 60
01200 Châtillon-en-Michaille 01 119 Fe 72
35210 Châtillon-en-Vendelais 35 66 Ye 59
25640 Châtillon-Guyotte 25 93 Gb 65
77820 Châtillon-la-Borde 76 72 Ce 57
01320 Châtillon-la-Palud 01 119 Fb 73
25870 Châtillon-le-Duc 25 93 Ga 65
45480 Châtillon-le-Roi 45 71 Ca 60
02270 Châtillon-les-Sons 02 40 De 50
26750 Châtillon-Saint-Jean 26 143 Fa 78
55400 Châtillon-sous-les-Côtes 55 55 Fd 54
08240 Châtillon-sur-Bar 08 42 Ee 52
51290 Châtillon-sur-Broué 51 74 Ee 57
01400 Châtillon-sur-Chalaronne 01 118 Ef 72
41130 Châtillon-sur-Cher 41 86 Bc 65
53100 Châtillon-sur-Colmont 53 67 Zb 58
36700 Châtillon-sur-Indre 36 100 Bb 67
25440 Châtillon-sur-Lison 25 107 Ff 66
45360 Châtillon-sur-Loire 45 88 Ce 63
51700 Châtillon-sur-Marne 51 53 De 54
51310 Châtillon-sur-Morin 51 53 Dd 56
02240 Châtillon-sur-Oise 02 40 Dd 50
88410 Châtillon-sur-Saône 88 76 Ff 61
35230 Châtillon-sur-Seiche 35 65 Yb 60
21400 Châtillon-sur-Seine 21 91 Ed 61
87600 Chatillou 87 124 Ae 74
58120 Châtin 58 104 Df 66
07100 Chatinais 07 130 Ed 77
52190 Chatoillenot 52 92 Fb 62
77440 Chaton 76 52 Da 54
38440 Châtonnay 38 131 Fb 76
39240 Chatonnay 39 119 Fd 70
63470 Chatonnier 63 127 Cd 74
52300 Chatonrupt 52 75 Fa 58
52300 Chatonrupt-Sommermont 52 75 Fa 58
78400 Chatou 78 51 Ca 55
15230 Chatour 15 139 Ce 79
36120 Châtre 36 101 Bf 68
45190 Châtre 45 87 Bd 61
87290 Châtre 87 113 Bb 72
89500 Châtre 89 72 Db 60
10510 Châtres 10 73 Df 57
24120 Châtres 24 125 Bb 77
77610 Châtres 76 52 Ce 56
53600 Châtres-la-Forêt 53 67 Zd 60
17890 Chatressac 17 122 Yf 74
41320 Châtres-sur-Cher 41 87 Bf 65
51800 Châtrices 51 54 Ef 54
55100 Chattancourt 55 55 Fb 53
38160 Chatte 38 143 Fb 78
53640 Chatté 53 67 Zd 59
53250 Chattemoue 53 67 Ze 58
89210 Chatton 89 73 Dd 60
28200 Chattonville 28 70 Bc 60
26510 Chatusse 26 156 Fc 82
26300 Chatuzange-le-Goubet 26 143 Fa 78
71350 Chaublanc 71 106 Ef 67
25170 Chaucenne 25 93 Ff 65
48310 Chauchailles 48 140 Da 80
85140 Chauché 85 97 Ye 68
10170 Chauchigny 10 73 Df 58
77124 Chauconin 76 52 Cf 55
77124 Chauconin-Neufmontiers 76 52 Cf 55
17190 Chaucre 17 109 Yd 73
02160 Chaudardes 02 40 De 52
43550 Chaudayrac 43 141 Ea 79
49290 Chaudefonds-sur-Layon 49 83 Zb 65
51800 Chaudefontaine 51 54 Ef 54
52600 Chaudenay 52 92 Fc 62
71150 Chaudenay 71 106 Ee 67
21360 Chaudenay-la-Ville 21 105 Ed 66
21360 Chaudenay-le-Château 21 105 Ed 65
54200 Chaudenay-sur-Moselle 54 56 Ff 57
43430 Chauderolles 43 141 Eb 79
15110 Chaudes-Aigues 15 140 Da 79
43510 Chaudeyrac 43 141 De 79
48170 Chaudeyrac 48 141 De 81
48170 Chaudeyraguet 48 141 De 81
08360 Chaudion 08 41 Eb 51
04420 Chaudol 04 157 Gb 83
04330 Chaudon 04 157 Gc 85
04340 Chaudon 04 158 Gc 82
28210 Chaudon 28 50 Bc 57
04330 Chaudon-Norante 04 157 Gb 85
07330 Chaudons 07 141 Ea 80
07460 Chaudouillet 07 154 Ea 83
18300 Chaudoux 18 88 Ce 64
10240 Chaudrey 10 74 Eb 57
25160 Chaudron 25 108 Gb 68
49110 Chaudron-en-Mauges 49 83 Za 65
02200 Chaudun 02 40 Db 53
05000 Chaudun 05 144 Ga 81
71170 Chauffailles 71 117 Ec 71
25130 Chauffaud 25 108 Ge 66
05800 Chauffayer 05 144 Ga 80
88500 Chauffecourt 88 76 Ga 59
16700 Chauffour 16 111 Ab 72
58210 Chauffour 58 89 Db 64
63500 Chauffour 63 128 Db 75
10110 Chauffour-lès-Bailly 10 74 Eb 59
91580 Chauffour-lès-Étréchy 91 71 Cb 57
28120 Chauffours 28 69 Bc 58
19500 Chauffour-sur-Vell 19 138 Be 78
52140 Chauffourt 52 75 Fc 61
77169 Chauffry 76 52 Db 56
45340 Chaufour 45 71 Cc 60
78270 Chaufour-lés-Bonnières 78 50 Bc 54
72550 Chaufour-Notre-Dame 72 68 Aa 60
23230 Chauges 23 114 Cb 71
21290 Chaugey 21 91 Ef 62
21170 Chaugey 21 106 Fb 66
71620 Chauley 71 106 Fa 67
58400 Chaulgnes 58 103 Da 66
48140 Chaulhac 48 140 Db 79
80320 Chaulnes 80 39 Ce 50
31440 Chaum 31 176 Ad 91
58120 Chaumard 58 104 Df 66
43190 Chaumargeais 43 142 Eb 78
86150 Chaume 86 112 Ad 71
21610 Chaume-et-Courchamp 21 92 Fc 63
19390 Chaumeil 19 126 Bf 76
19170 Chaumeil 19 126 Ca 75
21450 Chaume-les-Baigneux 21 91 Ed 63
71140 Chaumelle 71 104 De 69
48210 Chaumels 48 153 Dc 82
05190 Chaumenc 05 157 Gb 82
35480 Chaumeray 35 82 Ya 61
70140 Chaumercenne 70 92 Fd 65
35113 Chaumeré 35 66 Yd 60
39230 Chaumergy 39 106 Fc 67
19160 Chaumerliac 19 127 Cb 76
77390 Chaumes-en-Brie 76 52 Cf 57
10500 Chaumesnil 10 74 Ed 58
63380 Chaumette 63 127 Cd 73
63660 Chaumette 63 129 Df 75
58230 Chaumien 58 105 Ea 66
89520 Chauminet 89 89 Db 63
08350 Chaumont 08 42 Ef 51
18350 Chaumont 18 103 Ce 67
23340 Chaumont 23 126 Ca 74
36230 Chaumont 36 101 Be 69
38780 Chaumont 38 130 Ef 76
39200 Chaumont 39 119 Ff 70
52000 Chaumont 52 75 Fa 60
61230 Chaumont 61 48 Ab 55
74270 Chaumont 74 120 Ff 72
86210 Chaumont 86 100 Ad 69
49140 Chaumont-d'Anjou 49 84 Ze 63
55150 Chaumont-devant-Damvillers 55 55 Fc 53
95270 Chaumontel 95 51 Cc 54
60240 Chaumont-en-Vexin 60 50 Bf 53
52150 Chaumont-la-Ville 52 75 Fd 60
21400 Chaumont-le-Bois 21 91 Ed 61
63220 Chaumont-le-Bourg 63 129 De 76
08220 Chaumont-Porcien 08 41 Eb 51
55260 Chaumont-sur-Aire 55 55 Fb 55
41150 Chaumont-sur-Loire 41 86 Bb 64
41600 Chaumont-sur-Tharonne 41 87 Bf 63
58800 Chaumot 58 104 Dd 65
71420 Chaumot 71 105 Eb 68

89500 Chaumot 89 72 Db 60
88390 Chaumousey 88 76 Gc 59
18220 Chaumoux 18 102 Cd 65
18140 Chaumoux-Marcilly 18 103 Ce 66
89340 Chaumuont 89 72 Da 59
37350 Chaumussay 37 100 Af 67
51170 Chaumuzy 51 53 Df 53
17130 Chaunac 17 123 Zd 76
19460 Chaunac 19 126 Be 77
71760 Chaunat 71 104 Df 68
86510 Chaunay 86 111 Ab 71
02300 Chauny 02 40 Db 51
58700 Chauprix 58 103 Dc 66
79180 Chauray 79 111 Zd 70
63117 Chauriat 63 128 Db 74
23250 Chaussadas 23 114 Bf 72
69440 Chaussan 69M 103 Ed 75
79210 Chausse 79 110 Zc 71
15700 Chaussenac 15 139 Cb 77
39800 Chaussenans 39 107 Fe 68
79350 Chausserais 79 98 Ze 68
42430 Chausseterre 42 116 De 73
39120 Chaussin 39 106 Fc 67
80250 Chaussoy-Epagny 80 39 Cb 50
45480 Chaussy 45 70 Bf 59
95710 Chaussy 95 50 Be 54
26510 Chauvac 26 156 Fd 83
44320 Chauvé 44 96 Ya 66
17610 Chauveau 17 123 Zc 74
55600 Chauvency-le-Château 55 42 Fb 51
55600 Chauvency-Saint-Hubert 55 42 Fb 51
05000 Chauvet 05 144 Ga 81
48000 Chauvet 48 140 Dc 81
35490 Chauvigne 35 66 Yd 58
49250 Chauvigne 49 84 Zd 64
86300 Chauvigny 86 112 Ad 69
41270 Chauvigny-du-Perche 41 69 Ba 61
25470 Chauvilliers 25 94 Gf 65
27150 Chauvincourt-Provemont 27 50 Bd 53
21430 Chauvirey 21 105 Ec 65
70500 Chauvirey-le-Châtel 70 92 Fe 62
70500 Chauvirey-le-Vieil 70 93 Fe 62
55300 Chauvoncourt 55 55 Fd 55
95560 Chauvry 95 51 Cb 54
21700 Chaux 21 106 Ef 66
70190 Chaux 70 93 Ff 64
74600 Chaux 74 132 Ga 73
90330 Chaux 90 94 Gf 62
39110 Chaux-Champagny 39 107 Ff 67
39150 Chaux-des-Crotenay 39 107 Ff 69
39150 Chaux-des-Prés 39 119 Ff 69
25340 Chaux-lès-Clerval 25 94 Gd 64
25530 Chaux-lès-Passavant 25 108 Gc 65
70170 Chaux-lès-Port 70 93 Ga 62
25240 Chaux-Neuve 25 107 Ga 68
19390 Chauzeix 19 126 Be 76
19150 Chauzeix 19 126 Be 77
07120 Chauzon 07 142 Ec 82
63610 Chavade 63 128 Da 76
39240 Chavagna 39 119 Fd 71
15300 Chavagnac 15 139 Cf 78
16260 Chavagnac 16 124 Ac 73
19140 Chavagnac 19 126 Bd 75
24120 Chavagnac 24 137 Bb 78
30160 Chavagnac 30 154 Ea 83
87380 Chavagnac 87 125 Bc 75
35310 Chavagne 35 65 Yb 60
79260 Chavagné 79 111 Ze 70
86370 Chavagné 86 111 Ab 70
49380 Chavagnes 49 83 Zd 65
85250 Chavagnes-en-Paillers 85 97 Ye 67
85390 Chavagnes-les-Redoux 85 98 Za 68
01800 Chavagnieux 01 118 Fb 73
49490 Chavaignes 49 84 Aa 63
04420 Chavailles 04 158 Gc 83
19290 Chavanac 19 126 Ca 75
23250 Chavanat 23 114 Bf 73
90100 Chavanatte 90 94 Ha 63
42410 Chavanay 42 130 Ee 76
10330 Chavanges 10 74 Ed 57
43230 Chavaniac-Lafayette 43 128 Dd 78
74270 Chavannaz 74 120 Ga 72
42940 Chavanne 42 129 Df 75
42400 Chavanne 42 130 Ec 76
70400 Chavanne 70 94 Gd 63
18190 Chavannes 18 102 Cc 67
26260 Chavannes 26 142 Ef 78
37140 Chavannes 37 84 Ab 65
38390 Chavannes 38 131 Fc 74
49260 Chavannes 49 99 Ze 66
90100 Chavannes-les-Grands 90 94 Ha 63
68210 Chavannes-sur-l'Etang 68 94 Ha 63
01190 Chavannes-sur-Reyssouze 01 118 Ef 70
01250 Chavannes-sur-Suran 01 119 Fc 71
74140 Chavannex 74 120 Gc 71
74650 Chavanod 74 120 Ga 73
42740 Chavanol 42 130 Ed 76
15160 Chavanon 15 128 Cf 77
38230 Chavanoz 38 131 Fb 74
63720 Chavaroux 63 128 Db 73
37120 Chaveignes 37 99 Ac 66
88150 Chavelot 88 76 Gc 59
16320 Chavenat 16 124 Ab 76
51700 Chavenay 51 53 Dd 54
78450 Chavenay 78 51 Bf 55
60240 Chavençon 60 51 Bf 53
87240 Chavennat 87 113 Bc 73
21230 Chavenne 21 105 Ec 66
03440 Chavenon 03 115 Cf 70
36500 Chaventon 36 101 Bc 67
15700 Chavergne 15 127 Cb 78
39270 Chavéria 39 119 Fd 69
19200 Chaveroche 19 127 Cb 75
19250 Chavetourte 19 126 Ca 76
01660 Chaveyriat 01 118 Fa 71
39270 Chavia 39 119 Fe 70
18300 Chavignol 18 88 Ce 64
02000 Chavignon Pargny-Filain 02 40 Dd 52
02880 Chavigny 02 40 Db 52
54230 Chavigny 54 56 Ga 57
79100 Chavigny 79 99 Zf 66
27220 Chavigny-Bailleul 27 49 Bb 55
36200 Chavin 36 113 Bd 69
74290 Chavoire 74 120 Gb 73
04150 Chavon 04 156 Fd 84
02370 Chavonne 02 40 Dd 52
01510 Chavornay 01 131 Fe 73
51530 Chavot-Courcourt 51 53 Df 54
50870 Chavoy 50 46 Yd 56
60117 Chavres 60 52 Cf 53
03640 Chavroche 03 116 De 72
03220 Chavroches 03 116 Dd 70
03320 Chavy 03 103 Cf 68
36400 Chavy 36 102 Ca 69
25440 Chay 25 107 Ff 66
63320 Chaynat 63 128 Da 75
15400 Chayrouse 15 127 Cd 77
24120 Chazal 24 137 Bb 78
43200 Chazaux 43 141 Eb 78
28300 Chazay 28 69 Bc 58
69380 Chazay-d'Azergues 69D 130 Ee 73
42990 Chazeau 42 129 Df 74
07110 Chazeaux 07 142 Eb 81
43200 Chazeaux 43 141 Ea 78
49420 Chazé-Henry 49 83 Yf 62
36170 Chazelet 36 113 Bc 69
71460 Chazelle 71 118 Ee 69
21390 Chazelle-l'Echo 21 90 Ec 64
15500 Chazelles 15 140 Dc 78
16380 Chazelles 16 124 Ac 75
39160 Chazelles 39 119 Fc 70
42130 Chazelles 42 129 Df 74
43300 Chazelles 43 140 Dc 78
63260 Chazelles 63 116 Db 73
89240 Chazelles 89 89 Dc 62
54450 Chazelles-sur-Albe 54 77 Ge 57
42560 Chazelles-sur-Lavieu 42 129 Ea 75
42140 Chazelles-sur-Lyon 42 130 Ec 75
70000 Chazelot 70 93 Ga 63
15500 Chazeloux 15 128 Da 77
03370 Chazemais 03 115 Cd 70
49500 Chazé-sur-Argos 49 83 Za 63
87460 Chazetas 87 126 Bd 74
21260 Chazeuil 21 92 Fb 63
58700 Chazeuil 58 89 Dc 65
01300 Chazey-Bons 01 131 Fe 74
01150 Chazey-sur-Ain 01 119 Fb 73
21320 Chazilly 21 105 Ed 65
25430 Chazot 25 94 Gd 65
25170 Chazoy 25 93 Fe 65
16330 Chébrac 16 123 Aa 74
45430 Chécy 45 87 Ca 61
74190 Chedde 74 121 Ge 73
37310 Chédigny 37 100 Af 65
79110 Chef-Boutonne 79 111 Zf 72
50480 Chef-du-Pont 50 34 Yd 52
49125 Cheffes 49 84 Zc 63
85390 Cheffois 85 98 Zb 68
14140 Cheffreville-Tonnencourt 14 48 Ab 54
88500 Chef-Haut 88 76 Ga 58
87290 Chégurat 87 113 Bb 72
01510 Cheignieu-la-Balme 01 131 Fd 74
71150 Cheilly-lès-Maranges 71 105 Ee 67
31160 Chein-Dessus 31 176 Af 90
87460 Cheissoux 87 126 Bd 74
86170 Cheives 86 99 Aa 68
44640 Cheix-en-Retz 44 96 Yb 65
32140 Chélan 32 163 Ad 88
62127 Chelers 62 29 Cc 46
38730 Châlieu 38 131 Fc 76
53160 Chellé 53 67 Zd 59
65350 Chelle-Debat 65 163 Ab 89
60350 Chelles 60 39 Da 52
77500 Chelles 76 51 Cd 55
65130 Chelle-Spou 65 163 Ab 90
35640 Chelun 35 82 Ye 61
71990 Chemardin 71 105 Ea 67
25320 Chemaudin et Vaux 25 107 Ff 65
45340 Chemault 45 71 Cc 60
53200 Chemazé 53 83 Zb 62
49320 Chemellier 49 84 Zd 64
39230 Chemenot 39 107 Fd 67
44680 Chéméré 44 96 Ya 66
53340 Chéméré-le-Roi 53 67 Zd 61
41700 Chémery 41 86 Bc 64
57380 Chémery 57 57 Gd 55
57320 Chémery-les-Deux 57 56 Gc 53
39240 Chemilla 39 119 Fd 70
01560 Chemillat 01 118 Fa 70
37370 Chemillé-sur-Dême 37 85 Ad 63
37460 Chemillé-sur-Indrois 37 100 Bb 66
61360 Chemilli 61 68 Ac 58
01300 Chemillieu 01 131 Fe 74
03210 Chemilly 03 116 Db 70
70360 Chemilly 70 93 Ga 63
89800 Chemilly-sur-Serein 89 90 Df 62
89250 Chemilly-sur-Yonne 89 89 Dd 61
39120 Chemin 39 106 Fb 67
52150 Chemin 52 75 Fd 59
07300 Cheminas 07 142 Ee 78
21400 Chemin-d'Aisey 21 91 Ed 62
57420 Cheminot 57 56 Ga 55
72540 Chemiré-en-Charnie 72 67 Ze 60
72210 Chemiré-le-Gaudin 72 84 Zf 61
49640 Chemiré-sur-Sarthe 49 84 Zd 62
88630 Chemisey 88 75 Fd 58
59147 Chemy 59 30 Cf 45
17120 Chenac-sur-Gironde 17 122 Zb 75
19120 Chenailler-Mascheix 19 138 Bf 78
73640 Chenal 73 133 Gf 75
69840 Chénas 69D 118 Ee 71
17120 Chênaumoine 17 122 Za 75
51140 Chenay 51 53 Df 53
72610 Chenay 72 68 Aa 58
79120 Chenay 79 111 Zf 71
71340 Chenay-le-Châtel 71 117 Df 71
01300 Chêne 01 131 Fd 74
10700 Chêne 10 73 Eb 57
14410 Chêne 14 47 Zb 56
18140 Chêne 18 103 Cf 65
37120 Chêne 37 99 Ac 66
58140 Chêne 58 104 Df 65
89120 Chêne-Arnoult 89 89 Da 61
39120 Chêne Bernard 39 106 Fc 67
70400 Chenebier 70 94 Ge 63
02140 Chêne-Bourdon 02 41 Ea 49
25440 Chenecey-Buillon 25 107 Ff 66
86380 Cheneché 86 99 Ab 68
28170 Chêne-Chenu 28 70 Bb 57
14410 Chênedollé 14 47 Zb 55
61210 Chênedouit 61 47 Zd 56
74270 Chêne-en-Semine 74 119 Ff 72
49350 Chênehutte-Trèves-Cunault 49 84 Zf 65
69430 Chénelette 69D 118 Ec 72
37170 Chêne-Pendu 37 85 Ae 65
87520 Chêne-Pignier 87 112 Af 73
23130 Chénérailles 23 114 Cb 72
42560 Chenereilles 42 129 Ea 76
42380 Chenereilles 42 129 Ea 76
43190 Chenereilles 43 142 Eb 78
21440 Chenereilles 21 91 Ee 64
39230 Chêne-Sec 39 106 Fc 67
86450 Chenevelles 86 100 Ad 68
72300 Chênevert 72 84 Ze 62
54122 Chenevières 54 77 Gd 57
70150 Chenevrey-et-Morogne 70 92 Fe 65
74520 Chênex 74 120 Ga 72
89700 Cheney 89 90 Df 61
28210 Chenicourt 28 50 Bd 57
54610 Chenicourt 54 56 Gb 55
36170 Chénier 36 113 Bc 70
54720 Chenières 54 43 Fe 52
23220 Chéniers 23 114 Be 70
51510 Cheniers 51 54 Eb 55
35270 Chenillé 35 65 Yb 58
49220 Chenillé-Changé 49 83 Zc 62
88460 Cheniménil 88 77 Gd 60
27820 Chennebrun 27 49 Ae 56
10190 Chennegy 10 73 Df 59
28170 Chennevières 28 49 Ba 57
55500 Chennevières 55 55 Fc 57
95380 Chennevières-lès-Louvres 95 51 Cd 54
57580 Chenois 57 57 Gc 55
77160 Chenoise-Cucharmoy 76 72 Db 57
77160 Chenoise-Cucharmoy 76 72 Db 57
16460 Chenommet 16 111 Ab 73
16460 Chenon 16 111 Ab 73
37150 Chenonceaux 37 86 Ba 65
28360 Chenonville 28 70 Bc 58
77570 Chenou 76 71 Cd 60
87400 Chénour 87 125 Bc 74
21300 Chenôve 21 91 Ef 65
71390 Chenôves 71 105 Ee 68
74140 Chens-sur-Léman 74 120 Gb 71
72500 Chenu 72 85 Ac 63
37380 Chenusson 37 85 Ae 63
89400 Cheny 89 72 Dd 61
17210 Chepniers 17 123 Ze 77
60120 Chepoix 60 39 Cc 51
51240 Cheppes-la-Prairie 51 54 Ec 56
55270 Cheppy 55 55 Fa 53
91630 Cheptainville 91 71 Cb 57
51240 Chepy 51 54 Ec 55
80210 Chépy 80 28 Bd 48
20146 Chera CTC 185 Kb 99
17610 Chérac 17 123 Zd 74
53400 Chérancé 53 83 Za 62
72170 Chérancé 72 68 Ab 59
64130 Chéraute 64 161 Za 89
17190 Chéray 17 109 Yd 73
03420 Cherbeix 03 115 Cd 71
17470 Cherbonnières 17 111 Zd 73
23260 Cherboucheix 23 127 Cb 74
64310 Cherchebruit 64 160 Yc 89
07170 Cherdenas 07 142 Ed 82
95510 Chérence 95 50 Be 54
50800 Chérence-le-Héron 50 46 Ye 56
50520 Chérences-le-Roussel 50 47 Yf 56
59152 Chéreng 59 30 Db 45
02860 Chéret 02 40 De 51
62140 Chériennes 62 29 Ca 47
42430 Cherier 42 117 Df 73
79170 Chérigné 79 111 Zf 72
05160 Chérines 05 145 Gc 81
72610 Chérisay 72 68 Aa 58
57420 Chérisey 57 56 Gb 54
28500 Chérisy 28 50 Bc 56
62128 Chérisy 62 30 Cf 47
71250 Chérizet 71 118 Ed 69
88310 Cheménil 88 77 Gf 61
17460 Chermignac 17 122 Zc 74
02860 Chermizy-Ailles 02 40 De 52
87600 Chéronnac 87 124 Ae 74
27250 Chéronvilliers 27 49 Ae 56
89690 Chéroy 89 72 Da 59
49330 Cherré 49 83 Zc 62
72800 Cherré 72 84 Ab 63
72400 Cherreau 72 69 Ae 59
72400 Cherré-Au 72 69 Ad 59
35120 Cherrueix 35 65 Yb 57
15380 Chersoubro 15 139 Cd 78
24320 Cherval 24 124 Ac 76
79270 Cherve 79 110 Zd 71
24160 Cherveix 24 125 Af 76
24390 Cherveix-Cubas 24 125 Ba 77
16310 Chervers-Châtelars 16 124 Ad 74
16560 Cherves 16 124 Ab 74
36300 Cherves 36 100 Ba 68
16370 Cherves-Richemont 16 123 Zd 74
17380 Chervettes 17 110 Zb 72
79410 Cherveux 79 111 Zd 70
10110 Chervey 10 74 Ec 60
28210 Cherville 28 50 Bc 57
28700 Cherville 28 70 Be 58
51150 Cherville 51 53 Ea 54
69400 Chervinges 69D 118 Ee 73
18120 Chéry 18 102 Ca 66
02220 Chéry-Chartreuve 02 53 Dd 53
02000 Chéry-lès-Pouilly 02 40 Dd 51
02360 Chéry-lès-Rozoy 02 41 Ea 50
10210 Chesley 10 73 Ea 61
27160 Chesnay 27 49 Af 55
41230 Chesnay 41 87 Bd 64
50380 Chesnay 50 46 Yc 56
22350 Chesnay-Barbot 22 65 Xe 59
08270 Chesnois-Auboncourt 08 41 Ed 51
57245 Chesny 57 56 Gb 54
74270 Chessenaz 74 119 Ff 72
74230 Chesseney 74 120 Gb 73
77700 Chessy 76 52 Ce 55
69380 Chessy 69D 130 Ed 73
10130 Chessy-lès-Prés 10 73 Df 60
08400 Chestres 08 42 Ee 52
03120 Châtelus 03 116 De 71
49400 Chétigné 49 99 Zf 65
74360 Chets-de Lens 74 121 Ge 71
74390 Chets-de-Plaine-Dranse 74 121 Ge 71
89600 Chéu 89 73 De 61
57640 Cheuby 57 56 Gb 54
21310 Cheuge 21 92 Fc 64
89460 Cheuilly 89 90 De 62
14210 Cheux 14 35 Zc 54
03230 Chevagnes 03 104 Dd 69
71960 Chevagny-les-Chevrières 71 118 Ee 71
71220 Chevagny-sur-Guye 71 117 Ed 69
35250 Chevaigné 35 65 Yc 59
53250 Chevaigné-du-Maine 53 67 Zd 58
84460 Cheval-Blanc 84 155 Fa 86
69930 Chevaleron 69M 130 Ec 74
05700 Chevalet 05 156 Fe 83
74210 Chevaline 74 132 Gb 74
03250 Cheval-Rigond 03 116 Dd 72
17210 Chevanceaux 17 123 Ze 77
21540 Chevannay 21 91 Ed 64
21220 Chevannes 21 106 Ef 66
45210 Chevannes 45 72 Cf 60
58250 Chevannes 58 104 De 67
58270 Chevannes 58 104 Dc 66
89240 Chevannes 89 89 Dc 62
89240 Chevannes 89 90 Ea 64
91750 Chevannes 91 71 Cc 57
58420 Chevannes-Changy 58 89 Dc 65
45410 Chevaux 45 70 Be 60
42920 Chevelière 42 129 Df 74
73170 Chevelu 73 132 Fe 74
02250 Chevennes 02 40 De 50
58160 Chevenon 58 103 Db 67
74500 Chevenoz 74 121 Gd 70
41700 Cheverny 41 86 Bc 64
08350 Cheveuges-Saint-Aignan 08 42 Ef 51
08250 Chevières 08 42 Ef 53
01370 Chevignat 01 119 Fc 71
25530 Chevigney 25 108 Gc 66
70140 Chevigney 70 92 Fd 64
25170 Chevigney-sur-L'Ognon 25 93 Ff 65
21140 Chevigny 21 90 Eb 63
21310 Chevigny 21 92 Fb 64
21600 Chevigny 21 106 Fa 65
39290 Chevigny 39 106 Fc 65
51130 Chevigny 51 53 Ea 55
58320 Chevigny 58 103 Da 66
21200 Chevigny-en-Valière 21 106 Ef 67
21800 Chevigny-Saint-Sauveur 21 92 Fa 65
01430 Chevillard 01 119 Fd 72
16120 Cheville 16 123 Zf 74
72350 Chevillé 72 67 Ze 61
52170 Chevillon 52 75 Fa 57
57530 Chevillon 57 56 Gc 54
89120 Chevillon 89 89 Db 61
45700 Chevillon-sur-Huillard 45 71 Cd 61
45520 Chevilly 45 70 Bf 60
74140 Chevilly 74 120 Gb 70
69210 Chevinay 69M 130 Ed 74
60150 Chevincourt 60 39 Cf 51
49150 Cheviré-le-Rouge 49 84 Ze 63
77760 Chevrainvilliers 76 71 Cd 59
58800 Chevré 58 104 De 66
79310 Chevreau 79 111 Ze 69
39190 Chevreaux 39 119 Fc 69
02000 Chevregny 02 40 Dd 52
90340 Chèvremont 90 94 Gf 63
42190 Chevrenay 42 117 Ea 71
02270 Chevresis 02 40 Dd 50
02270 Chevresis-lès-Dames 02 40 Dd 50
37140 Chevrette 37 84 Aa 65
58170 Chevrette 58 104 Df 68
85370 Chevrette 85 110 Yf 70
78460 Chevreuse 78 51 Ca 56
25170 Chèvreville 50 84 Yf 57
60440 Chèvreville 60 52 Cf 54
74520 Chevrier 74 119 Ff 72
38160 Chevrières 38 131 Fb 77
42140 Chevrières 42 130 Ec 75
60710 Chevrières 60 51 Ce 52
58500 Chevroches 58 89 Dd 64
73200 Chevronnet 73 132 Gc 74
39130 Chevrotaine 39 107 Ff 69
01190 Chevroux 01 118 Ef 70
18140 Chevroux 18 103 Cf 66
25870 Chevroz 25 93 Ff 64
77320 Chevru 76 52 Db 56
01170 Chevry 01 120 Ga 71
50420 Chevry 50 46 Yf 55
88100 Chevry 88 77 Gf 59
91400 Chevry2 91 51 Ca 56
77173 Chevry-Cossigny 76 51 Cd 56
77710 Chevry-en-Sereine 76 72 Cf 59
45210 Chevry-sous-le-Bignon 45 72 Cf 60
33640 Chey 33 135 Zd 80
79120 Chey 79 111 Zf 71
15270 Cheylade 15 127 Cd 76
15400 Cheylade 15 127 Ce 77
48300 Cheylard-L'Evêque 48 141 De 81
43500 Cheyrac 43 129 De 76
43000 Cheyrac 43 141 Df 78
04150 Cheyran 04 156 Fd 84
07460 Cheyrès 07 154 Eb 82
38550 Cheyssieu 38 130 Ef 76
18160 Chezal-Benoît 18 102 Ca 68
18130 Chezal-Chauvier 18 102 Cd 67
18300 Chezal-Reine 18 88 Ce 64
16480 Chez-Baudet 16 123 Zf 76
17240 Chez-Bizet 17 122 Zb 76
16480 Chez-Bobe 16 123 Zf 76
03320 Chez-Bois 03 103 Cf 68
17150 Chez-Bondut 17 122 Zc 76
17520 Chez-Bouchet 17 123 Zd 75
74490 Chez-Chométy 74 120 Gd 71
16250 Chez-Chotard 16 123 Zf 75
65120 Chèze 65 175 Zf 91
36800 Chézeau-Chrétien 36 101 Bb 68
52400 Chèzeaux 52 92 Fd 61
03800 Chezelle 03 116 Db 72
03140 Chezelle 03 116 Da 71
36500 Chezelles 36 101 Bd 67
37220 Chezelles 37 99 Ac 66
38300 Chézeneuve 38 131 Fb 75
23700 Chézérade 23 115 Cd 72
01410 Chézery-Forens 01 119 Ff 71
71550 Chézet 71 105 Ea 66
87230 Chez-Eymard 87 125 Af 74
86510 Chez Fouché 86 111 Ab 71
16200 Chez-Froin 16 123 Ze 74
17100 Chez-Fruger 17 123 Zc 74
63120 Chez-Gagnat 63 128 Dc 74
17150 Chez-Gentet 17 123 Zd 76
16300 Chez-Grassin 16 123 Zf 76
17520 Chez-Grimard 17 123 Zd 75
74130 Chez-la-Jode 74 120 Gb 73
16190 Chez-le-Blais 16 123 Aa 76
58300 Chez-le-Bourg 58 104 Dc 68
58250 Chez-Legendre 58 104 De 68
16100 Chez-les-Rois 16 123 Zd 74
19210 Chez-le-Turc 19 125 Bc 76
87120 Chez-Lissandre 87 126 Be 74
16220 Chez-Manot 16 124 Ad 75
63810 Chez-Morissoux 63 127 Cd 75
87310 Chez-Moutaud 87 125 Af 74
17800 Chez-Nolin 17 123 Zc 75
17100 Chez-Portier 17 123 Zc 74
16350 Chez-Pouvaraud 16 112 Ac 73
17770 Chez-Quimand 17 123 Zd 74
86430 Chez-Range 86 112 Ae 71
16130 Chez-Richon 16 123 Ze 75
16450 Chez-Robinet 16 124 Ac 73
16260 Chez-Rozet 16 124 Ac 73
16360 Chez-Saillant 16 123 Zf 76
17460 Chez-Salignac 17 122 Zc 75
17100 Chez-Texier 17 122 Zc 74
16210 Chez-Tureau 16 123 Zf 77
16140 Chez-Veillon 16 123 Zf 73
87330 Chez-Vignan 87 112 Ae 71
03230 Chézy 03 104 Dc 69
02810 Chézy-en-Orxois 02 52 Db 54
02570 Chézy-sur-Marne 02 52 Dc 55
27120 Chiagnolles 27 50 Bc 54
20112 Chialza CTC 184 Ka 99
20169 Chiappili CTC 185 Kb 00
20230 Chiatra CTC 183 Kc 95
64600 Chiberta 64 160 Yc 87
83870 Chibron 83 171 Fe 89
79350 Chiché 79 98 Zd 68
89800 Chichée 89 90 Df 62
41100 Chicheray 41 85 Ba 61
89400 Chichery 89 89 Dd 61
51120 Chichey 51 53 De 56
38930 Chichilianne 38 143 Fd 80
89250 Chichy 89 73 Dd 61
40240 Chicot 40 148 Zf 85
57590 Chicourt 57 57 Gd 55
40120 Chicoy 40 148 Ze 84
20141 Chidazzu CTC 182 Ie 95
58170 Chiddes 58 104 Df 67
71220 Chiddes 71 117 Ed 70
63320 Chidrac 63 128 Da 75
94430 Chiennevières-sur-Marne 94 51 Cd 56
02400 Chierry 02 52 Dc 54
17210 Chierzac 17 123 Ze 77
20228 Chiesa CTC 181 Kc 91
57070 Chieulles 57 56 Gb 54
26740 Chiffe 26 142 Ef 81
34210 Chiffre 34 166 Cd 88
20160 Chigliani CTC 182 Ie 95
19350 Chignac 19 125 Bb 76
23250 Chignal 23 114 Be 73
23000 Chignaroche 23 114 Bf 71
63910 Chignat 63 128 Db 74
49490 Chigné 49 84 Ab 63
02120 Chigny 02 40 De 49
51500 Chigny-les-Roses 51 53 Ea 54
89190 Chigy 89 72 Dc 59
43380 Chilhac 43 140 Dc 78
16480 Chillac 16 123 Zf 76
16140 Chillé 16 111 Zf 73
39570 Chille 39 107 Fd 68
45170 Chilleurs-aux-Bois 45 71 Ca 60
49110 Chillou 49 97 Yf 65
86260 Chillou 86 100 Ae 69
08260 Chilly 08 41 Ec 49
74270 Chilly 74 120 Ff 73
80170 Chilly 80 39 Ce 50
39570 Chilly-le-Vignoble 39 106 Fc 69
91420 Chilly-Mazarin 91 51 Cb 56
39110 Chilly-sur-Salins 39 107 Ff 67
38490 Chimilin 38 131 Fd 75
40120 Chinanin 40 147 Zd 84
86130 Chincé 86 99 Ac 68
73310 Chindrieux 73 132 Ff 74
19260 Chingeat 19 126 Be 75
37500 Chinon 37 99 Ab 66

20245 Chiorna CTC 182 Ie 94
20233 Chioso CTC 181 Kc 92
80800 Chipilly 80 39 Cd 49
16150 Chirac 16 112 Ad 73
48100 Chirac 48 140 Db 81
19160 Chirac-Bellevue 19 127 Cb 76
42114 Chirassimont 42 117 Eb 73
03330 Chirat-L'Église 03 115 Da 71
86190 Chiré-en-Montreuil 86 99 Aa 69
86340 Chiré-les-Bois 86 112 Ac 70
38850 Chirens 38 131 Fd 76
80250 Chirmont 80 39 Cc 50
07380 Chirols 07 142 Eb 80
18300 Chiron 18 103 Ce 65
69115 Chiroubles 69D 118 Ee 71
60138 Chiry-Ourscamps 60 39 Cf 51
65500 Chis 65 162 Aa 89
20240 Chisa CTC 183 Kb 97
23500 Chissac 23 126 Ca 74
41400 Chissay-en-Touraine 41 86 Ba 64
37150 Chisseaux 37 86 Ba 65
39240 Chisséria 39 119 Fd 70
71540 Chissey-en-Morvan 71 105 Eb 66
71460 Chissey-lès-Mâcon 71 118 Ee 69
39380 Chissey-sur-Loue 39 107 Fe 66
41120 Chitenay 41 86 Bc 64
36800 Chitray 36 101 Bc 69
89530 Chitry 89 89 De 62
58800 Chitry-les-Mines 58 90 Dd 65
20121 Chiusa CTC 182 If 96
17510 Chives 17 111 Zf 73
21820 Chivres 21 106 Fa 67
58210 Chivres 58 89 Dc 64
02350 Chivres-en-Laonnais 02 41 Df 51
02880 Chivres-Val 02 40 Dc 52
02000 Chivy-lès-Étouvelles 02 40 Dd 51
79170 Chizé 79 111 Zd 72
62920 Chocques 62 29 Cd 45
52190 Choilley-Dardenay 52 92 Fc 63
78460 Choisel 78 51 Ca 56
52240 Choiseul 52 75 Fd 60
39100 Choisey 39 106 Fc 66
59740 Choisies 59 31 Ea 47
74330 Choisy 74 120 Ga 73
60750 Choisy-au-Bac 60 39 Cf 52
77320 Choisy-en-Brie 76 52 Db 56
60190 Choisy-la-Victoire 60 39 Cd 52
94600 Choisy-le-Roi 94 51 Cc 56
49300 Cholet 49 98 Za 66
17360 Chollet 17 135 Zf 78
38220 Cholonge 38 144 Fe 78
54200 Choloy-Ménillot 54 56 Fe 57
43500 Chomelix 43 129 De 77
07210 Chomérac 07 142 Ed 80
42660 Chomey 42 130 Ec 77
38121 Chonas-L'Amballan 38 130 Ee 76
55200 Chonville-Malaumont 55 55 Fc 56
08600 Chooz 08 42 Ee 48
31540 Choples 31 165 Bf 87
60380 Choqueuse 60 38 Bf 51
60360 Choqueuse-les-Bénards 60 38 Ca 51
38680 Choranche 38 143 Fc 78
21200 Chorey 21 106 Ef 66
05230 Chorges 05 144 Gb 81
63950 Choriol 63 127 Cd 75
63120 Chossière 63 128 Dd 74
07270 Chossons 07 142 Ee 78
14250 Chouain 14 34 Zc 53
82800 Chouastrac 82 150 Bd 84
36100 Chouday 36 102 Ca 67
41170 Choue 41 69 Af 61
58110 Chougny 58 104 De 66
80340 Chouignolles 80 39 Ce 49
51530 Chouilly 51 53 Ea 54
01450 Chouin 01 119 Fc 72
17170 Choupeau 17 110 Za 71
63220 Choupeire 63 129 De 76
86110 Chouppes 86 99 Aa 68
24640 Chourgnac 24 125 Ba 77
41700 Choussy 41 86 Bc 64
41500 Chousy 41 86 Bc 62
33570 Chouteau 33 135 Zf 79
03450 Chouvigny 03 115 Cf 72
39370 Choux 39 119 Fe 71
02210 Chouy 02 52 Db 53
37140 Chouzé-sur-Loire 37 99 Aa 65
19290 Chouziou 19 126 Ca 74
41150 Chouzy-sur-Cisse 41 86 Bb 63
70700 Choye 70 93 Fe 64
74350 Chozal 74 120 Ga 72
38460 Chozeau 38 131 Fb 74
78660 Chraches 78 70 Be 57
76740 Chrashville-la-Rocqueville 77 37 Af 50
27800 Chrétienville 27 49 Ae 54
22300 Christ 22 63 Wc 56
45220 Chuelles 45 72 Cf 60
08130 Chuffilly-Roche 08 42 Ed 52
80340 Chuignes 80 39 Ce 49
28190 Chuisnes 28 69 Bb 58
16430 Churet 16 124 Ab 74
30200 Chusclan 30 155 Ee 84
42410 Chuyer 42 130 Ee 76
38200 Chuzelles 38 130 Ef 75
31350 Ciadoux 31 163 Ae 89
20134 Ciamannacce CTC 183 Ka 97
64120 Cibits 64 161 Yf 89
64500 Ciboure 64 160 Yc 88
76570 Cideville 77 37 Af 51
71350 Ciel 71 106 Fa 67
31110 Cier-de-Luchon 31 176 Ad 91
31510 Cier-de-Rivière 31 163 Ad 90
02130 Cierges 02 53 Dd 53
55270 Cierges-sous-Montfaucon 55 55 Fa 53
03150 Ciernat 03 116 Dc 71
31440 Cierp-Gaud 31 176 Ad 91
27930 Cierrey 27 50 Bb 54
17520 Cierzac 17 123 Ze 75
46200 Cieurac 46 137 Bc 79
46230 Cieurac 46 150 Bd 82
47170 Cieuse 47 148 Ab 84
65200 Cieutat 65 163 Ab 90
87520 Cieux 87 113 Ba 73
58220 Ciez 58 89 Db 64
53300 Cigné 53 67 Zc 58
17290 Cigogne 17 110 Za 72
37310 Cigogné 37 86 Af 65
36110 Cigognolles 36 101 Be 66
64470 Cihigue 64 161 Za 90
02250 Cilly 02 41 Df 50
18130 Cilly 18 103 Cd 67
05600 Cime-du-Mélezet 05 145 Ge 81
37500 Cinais 37 99 Ab 66
03220 Cindré 03 116 Dd 71
37130 Cinq-Mars-la-Pile 37 85 Ac 64
39200 Cinquetral 39 119 Ff 70
60940 Cinqueux 60 39 Cd 53
31550 Cintegabelle 31 165 Bd 89
14680 Cintheaux 14 47 Ze 54
27160 Cintray 27 49 Af 56
28300 Cintray 28 69 Bc 58
35310 Cintré 35 65 Ya 60
70120 Cintrey 70 92 Fe 62
06620 Cipières 06 158 Gf 86
20113 Cipiniellu CTC 184 If 98
20137 Cipponu CTC 185 Kb 99
61320 Ciral 61 67 Zf 58
37240 Ciran 37 100 Af 66
87380 Cirat 87 126 Bd 75
88270 Circourt 88 76 Gb 59
88300 Circourt-sur-Mouzon 88 75 Fe 59
17290 Ciré-d'Aunis 17 110 Za 72
20144 Cirendinu CTC 185 Kc 99
31110 Cirès 31 175 Ad 91
60660 Cires-lès-Mello 60 51 Cc 53
70190 Cirey 70 93 Ga 64
52700 Cirey-lès-Mareilles 52 75 Fb 59
21270 Cirey-lès-Pontailler 21 92 Fb 65
52110 Cirey-sur-Blaise 52 74 Ef 59
54480 Cirey-sur-Vezouze 54 77 Gf 57
52370 Cirfontaines-en-Azois 52 74 Ef 60
52230 Cirfontaines-en-Ornois 52 75 Fc 58
79140 Cirière 79 98 Zc 67
36300 Ciron 36 101 Bb 69
34800 Cirque de Mourèze 34 167 Dc 87
71420 Ciry-le-Noble 71 105 Eb 69
02220 Ciry-Salsogne 02 40 Dc 52
61230 Cisai-Saint-Aubin 61 48 Ac 56
89420 Cisery 89 90 Ea 63
33250 Cissac-Médoc 33 122 Zb 77
86170 Cissé 86 99 Ab 69
27220 Cissey 27 49 Bb 55
19250 Cisterne 19 126 Ca 75
63740 Cisternes-la-Forêt 63 127 Ce 74
63630 Cistrière 63 128 Dd 76
43160 Cistrières 43 128 Dd 77
68310 Cité-Amélie 68 95 Hb 62
13120 Cité-Biver 13 170 Fc 88
54640 Cité d' Arderny-Chevillon 54 43 Ff 53
42230 Cité-de-Beaulieu 42 129 Eb 76
36130 Cité-de-Brassioux 36 101 Be 67
20240 Cité de l'Air CTC 183 Kc 97
30960 Cité-de-L'Aubradou 30 154 Ea 83
84500 Cité de l' Usine 84 155 Ee 83
57730 Cité-de-Valmond 57 57 Ge 54
57500 Cité-Emile-Huchet 57 57 Ge 54
68260 Cité Fernand-Anna 68 95 Hc 62
68310 Cité-Graffenwald 68 95 Hb 62
57500 Cité Jeanne d'Arc 57 57 Ge 54
68270 Cité Jeune-Bois 68 95 Hb 62
80490 Citerne 80 38 Be 49
68310 Cité Rossalmend 68 95 Hb 62
70300 Citers 70 93 Gc 62
57500 Cité Sainte-Fontaine 57 57 Ge 53
57350 Cité Wendel 57 57 Gf 53
70700 Citey 70 93 Fe 64
33360 Citon 33 135 Zd 80
11160 Citou 11 166 Cd 88
77730 Citry 76 52 Db 55
86320 Civaux 86 112 Ad 70
42110 Civens 42 129 Eb 74
43320 Civeyrac 43 141 De 78
48200 Civeyrac 48 140 Db 80
27630 Civières 27 50 Bd 53
33920 Civrac-de-Blaye 33 135 Zd 78
33350 Civrac-de-Dordogne 33 135 Zf 80
33340 Civrac-en-Médoc 33 122 Za 76
18290 Civray 18 102 Cb 67
86400 Civray 86 112 Ab 72
37150 Civray-de-Touraine 37 86 Ba 65
86190 Civray-les-Essarts 86 99 Aa 69
37160 Civray-sur-Esves 37 100 Ae 66
36120 Civrenne 36 102 Bf 68
01390 Civrieux 01 118 Ef 73
69380 Civrieux-d'Azergues 69M 130 Ee 73
28200 Civry 28 70 Bc 60
21320 Civry-en-Montagne 21 91 Ed 65
78910 Civry-la-Forêt 78 50 Bd 55
89440 Civry-sur-Serein 89 90 Df 63
49700 Cizay-la-Madeleine 49 99 Ze 65
01250 Cize 01 119 Fc 71
39300 Cize 39 107 Ff 68
58270 Cizely 58 104 Dc 67
65230 Cizos 65 163 Ac 89
02000 Clacy-et-Thierret 02 40 Dd 51
24170 Cladech 24 137 Ba 80
24540 Cladech 24 137 Af 81
66530 Claira 66 179 Cf 92
34260 Clairac 34 167 Da 87
47320 Clairac 47 148 Ac 82
30260 Clairan 30 154 Ea 85
19150 Clairat 19 126 Be 77
23300 Clairbize 23 113 Bc 71
78120 Clairefontaine-en-Yvelines 78 70 Bf 57
70200 Clairegoutte 70 94 Gd 63
88260 Clairey 88 76 Ga 60
59740 Clairfayts 59 31 Ea 48
02260 Clairfontaine 02 41 Df 49
54600 Clairlieu 54 56 Ga 57
62500 Clairmarais 62 27 Cb 44
71110 Clairmatin 71 117 Eb 71
60280 Clairoix 60 39 Cf 52
12330 Clairvaux-d'Aveyron 12 151 Cc 82
39130 Clairvaux-les-Lacs 39 119 Fe 69
24160 Clairvivre 24 125 Bb 77
80540 Clairy-Saulchoix 80 38 Cb 49
76660 Clais 77 37 Bc 50
36500 Claise 36 101 Bc 68
16440 Claix 16 123 Aa 75
38640 Claix 38 144 Fe 78
17500 Clam 17 123 Zd 76
51130 Clamanges 51 53 Ea 56
92260 Clamart 92 51 Cb 56
02880 Clamecy 02 40 Dc 52
58500 Clamecy 58 89 Dd 64
12550 Clamensac 12 152 Cd 85
04250 Clamensane 04 157 Ga 83
21390 Clamerey 21 91 Ec 64
43360 Clamont 43 128 Db 77
58320 Clamour 58 103 Da 66
18800 Clanay 18 103 Ce 66
06420 Clans 06 159 Ha 85
70000 Clans 70 93 Ga 63
26130 Clansayes 26 155 Ee 82
33950 Claouey 33 134 Ye 80
05600 Clapière 05 145 Ge 80
34830 Clapiers 34 168 Df 87
66500 Clara 66 178 Cc 93
31210 Clarac 31 163 Ad 90
32390 Clarac 32 149 Ad 86
65190 Clarac 65 163 Ab 89
64330 Claracq 64 162 Ze 87
73420 Clarafond 73 132 Ff 75
74270 Clarafond 74 119 Ff 72
14130 Clarbec 14 35 Aa 53
65300 Clarens 65 163 Ac 90
30870 Clarensac 30 154 Eb 86
05110 Claret 04 157 Ff 82
34270 Claret 34 154 Df 85
24360 Clargour 24 124 Ad 75
62129 Clarques 62 29 Cb 45
22480 Clarté 22 63 Wf 58
59225 Clary 59 30 Dc 48
40320 Classun 40 162 Zd 86
02440 Clastres 02 40 Db 50
83920 Clastron 83 172 Gd 88
76450 Clasville 77 36 Ad 50
88410 Claudon 88 76 Ga 60
86200 Claunay 86 99 Ab 67
12260 Claunhac 12 138 Ca 82
04530 Clausal 04 158 Ge 82
31470 Claussade 31 164 Ba 87
63330 Clautrier 63 115 Cd 72
47140 Clauzade 47 149 Af 82
24620 Clauzel 24 137 Ba 79
12120 Clauzelles 12 152 Cd 83
38142 Clavans-en-Haut-Oisans 38 144 Ga 78
38142 Clavans-le-Haut 38 144 Ga 78
43220 Clavas 43 130 Ec 77
79420 Clavé 79 111 Ze 70
79400 Claveau 79 111 Ze 70
69870 Claveisolles 69D 118 Ec 72
63740 Claveix 63 127 Ce 74
46240 Clavel 46 138 Be 81
87120 Clavérolas 87 126 Be 74
23000 Clavérolles 23 114 Bf 71
17220 Clavette 17 110 Yf 72
26240 Claveyson 26 142 Ef 77
36120 Clavière 36 101 Be 68
63600 Clavière 63 129 De 75
15320 Clavières 15 140 Db 79
15320 Clavières-d'Outre 15 140 Db 79
83830 Claviers 83 172 Gd 87
46100 Clavies 46 138 Bf 81
27180 Claville 27 49 Ba 54
76690 Claville-Motteville 77 37 Bb 51
08460 Clavy-Warby 08 41 Ed 50
49610 Claye 49 83 Zc 64
35590 Clayes 35 65 Ya 59
77410 Claye-Souilly 76 51 Ce 55
54290 Clayeures 54 76 Gc 58
79300 Clazay 79 98 Zc 68
56580 Clebzur 56 64 Xb 60
14570 Clécy 14 47 Zd 55
29770 Cléden-Cap-Sizun 29 61 Vc 60
29270 Cléden-Poher 29 63 Wb 59
29233 Cléder 29 62 Vf 57
40320 Clèdes 40 162 Zd 87
67160 Cleebourg 67 58 Hf 54
88230 Clefcy 88 77 Gf 59
52240 Clefmont 52 75 Fd 60
27490 Clef Vallée d'Eure 27 49 Bb 54
56620 Cléguer 56 79 Wd 61
56480 Cléguerec = Klegereg 56 79 Wf 60
38930 Clelles-en-Trièves 38 144 Fd 80
61130 Clémance 61 69 Ad 59
21220 Clémencey 21 106 Ef 65
63540 Clémensat 63 128 Da 74
63320 Clémensat 63 128 Da 75
63310 Clémenter 63 116 Db 73
54610 Clémery 54 56 Gb 55
18410 Clémont 18 88 Cb 63
21490 Clénay 21 92 Fa 64
62650 Clenleu 62 28 Bf 45
76410 Cléon 77 37 Ba 53
26450 Cleon-d'Andran 26 142 Ef 81
42110 Cleppé 42 129 Eb 74
17270 Clérac 17 135 Ze 77
24150 Clérans 24 136 Ad 79
17350 Cléré 17 122 Zb 73
36700 Cléré-du-Bois 36 100 Ba 67
37340 Cléré-les-Pins 37 85 Ac 64
76690 Clères 77 37 Ba 51
49560 Cléré-sur-Layon 49 98 Zd 66
10390 Clérey 10 73 Eb 59
88630 Clérey-la-Côte 88 76 Fe 58
54330 Clérey-sur-Brénon 54 76 Ga 57
19320 Clergoux 19 126 Bf 77
26260 Clérieux 26 143 Ef 78
63720 Clerlande 63 116 Db 73
71520 Clermain 71 118 Ed 70
09420 Clermont 09 177 Bb 90
40180 Clermont 40 161 Za 87
60600 Clermont 60 39 Cc 52
74270 Clermont 74 119 Ff 73
72200 Clermont-Créans 72 84 Zf 62
24140 Clermont-de-Beauregard 24 136 Ad 79
24160 Clermont-d'Excideuil 24 125 Ba 76
55120 Clermont-en-Argonne 55 55 Fa 54
14430 Clermont-en-Auge 14 35 Zf 53
63000* Clermont-Ferrand 63 128 Da 74
31810 Clermont-le-Fort 31 164 Bc 88
02340 Clermont-lès-Fermes 02 41 Df 51
34800 Clermont-L'Hérault 34 167 Dc 87
32300 Clermont-Pouyguillès 32 163 Ad 88
32600 Clermont-Savès 32 164 Ba 87
47270 Clermont-Soubiran 82 149 Ae 84
11250 Clermont-sur-Lauquet 11 178 Cc 90
25330 Cléron 25 107 Ga 66
62890 Clerques 62 27 Bf 44
43160 Clersange 43 128 Dd 77
25340 Clerval 25 94 Gc 64
21270 Cléry 21 92 Fc 65
73460 Cléry 73 132 Gb 75
95420 Cléry-en-Vexin 95 50 Bf 54
55110 Cléry-Grand 55 42 Fa 52
55110 Cléry-Petit 55 42 Fa 52
45370 Cléry-Saint-André 45 87 Be 62
80200 Cléry-sur-Somme 80 39 Cf 49
51260 Clesles 51 73 De 57
56450 Clesse 56 80 Xc 63
71260 Clessé 71 118 Ee 70
79350 Clessé 79 98 Zd 68
71130 Clessy 71 117 Ea 69
30410 Clet 30 154 Ea 83
62380 Cléty 62 29 Cb 45
29390 Cleumérien 29 79 Wb 60
76450 Cleuville 77 36 Ad 50
14370 Cléville 14 35 Zf 54
76640 Cléville 77 36 Ad 51
28300 Clévilliers 28 69 Bc 57
33540 Cleyrac 33 135 Zf 80
01230 Cleyzieu 01 119 Fc 73
88700 Clézentaine 88 77 Gd 58
54113 Clézilles 54 76 Ff 57
92110 Clichy 92 51 Cb 55
04370 Clignon 04 158 Gd 83
67510 Climbach 67 58 Hf 54
52700 Clinchamp 52 75 Fc 59
14320 Clinchamps-sur-Orne 14 47 Zd 54
17240 Clion 17 123 Zc 76
36700 Clion 36 101 Bb 67
26270 Cliousclat 26 142 Ef 80
76640 Cliponville 77 36 Ad 50
21150 Clirey 21 91 Ed 64
08090 Cliron 08 42 Ed 50
44350 Clis 44 81 Xd 64
44190 Clisson 44 97 Ye 66
50330 Clitourps 50 33 Yd 51
29360 Clohars-Carnoët 29 79 Wc 62
29950 Clohars-Fouesnant 29 78 Vf 61
29410 Cloître-Saint-Thégonnec 29 62 Wb 58
21230 Clomot 21 105 Ec 65
38550 Clonas-sur-Varèze 38 130 Ee 76
62560 Cloquant 62 29 Ca 45
05150 Clos d' Antouret 05 143 Fc 82
84220 Clos-de-Filliol 84 156 Fb 85
77370 Clos-Fontaine 76 72 Da 57
34710 Clotinières 34 167 Da 89
04400 Clot-Meyran 04 158 Gd 82
57185 Clouange-sur-Orne 57 56 Ga 53
86600 Cloué 86 111 Aa 70
16410 Cloulas 16 124 Ab 75
28220 Cloyes-sur-le-Loir 28 69 Bb 61
51300 Cloyes-sur-Marne 51 54 Ed 57
07270 Cluac 07 142 Ed 79
39110 Clucy 39 107 Ff 67
23270 Clugnat 23 114 Ca 71
36340 Cluis 36 114 Be 69
04330 Clumanc 04 157 Gc 84
71250 Cluny 71 118 Ed 70
23210 Cluptat 23 114 Bd 72
40990 Cluquetardit 40 146 Yf 86
74300 Cluses 74 120 Gd 72
79190 Clussais 79 111 Aa 71
71270 Clux-Villeneuve 71 106 Fb 67
24530 Cluzeau 24 124 Ae 76
03250 Cluzel 03 116 Dd 72
63640 Cluzet 63 115 Ce 73
29246 Coadigou 29 63 Wc 58
29390 Coadigou 29 78 Wb 60
29390 Coadry 29 78 Wb 60
22970 Coadut 22 63 We 57
06390 Coaraze 06 159 Hb 85
64800 Coarraze 64 162 Ze 89
22140 Coatascorn 22 63 We 56
29140 Coat-Canton 29 78 Wb 61
56520 Coat-Coff 56 79 Wd 62
29640 Coatélan 29 62 Wb 57
56520 Coatermalo 56 79 Wd 62
22390 Coat-Forn 22 63 We 58
29400 Coativellec 29 62 Vf 57
22160 Coatleau 22 63 Wc 58
29870 Coat-Méal 29 61 Vc 57
29140 Coat-Meur 29 78 Wb 61
29460 Coat-Nant 29 62 Ve 58
29340 Coat-Pin 29 79 Wb 62
22480 Coat-Piquet 22 63 We 58
29640 Coat-Quéau 29 63 Wb 58
22450 Coatréven 22 63 Wd 56
29670 Cobalon 29 62 Wa 57
26400 Cobonne 26 143 Fa 80
59830 Cobrieux 59 30 Db 45
77440 Cocheral 76 52 Da 54
57800 Cocheren 57 57 Gf 54
38112 Cochet 38 143 Fc 78
10240 Coclois 10 74 Ec 58
80510 Cocquerel 80 28 Bf 48
47250 Cocumont 47 148 Aa 82
12460 Cocural 12 139 Ce 80
30200 Codognan 30 169 Eb 86
30200 Codolet 30 155 Ee 84
51170 Coëmy 51 53 De 53
35134 Coësmes 35 82 Yd 61
56230 Coët-Bihan 56 81 Xd 63
22240 Coëtbily 22 64 Xd 57
56120 Coët-Bugat 56 80 Xc 61
22210 Coëtlogon 22 64 Xc 60
22400 Coëtmieux 22 64 Xc 58
56540 Coët-Milin 56 79 Wd 60
56310 Coët-Organ 56 80 We 61
46240 Cœur-de-Causse 46 138 Bd 80
23250 Cœurgne 23 114 Be 72
58210 Cœurs 58 89 Dc 65
85220 Coëx 85 96 Yb 68
77320 Coffery 76 52 Db 56
35380 Coganne 35 65 Xf 60
20160 Coggia CTC 182 Ie 96
35460 Coglès 35 66 Yd 58
39130 Cogna 39 107 Fe 69
16100 Cognac 16 123 Ze 74
87310 Cognac-la-Forêt 87 125 Ba 73
58130 Cognan 58 103 Db 66
03110 Cognat-Lyonne 03 116 Db 72
28120 Cogné 28 69 Bb 58
72310 Cogners 72 85 Ad 61
38350 Cognet 38 144 Fe 79
70230 Cognières 70 93 Gb 64
38470 Cognin-les-Gorges 38 143 Fc 77
20123 Cognocoli-Monticchi CTC 182 If 98
63990 Cognol 63 129 De 75
63300 Cognord 63 116 Dc 73
18130 Cogny 18 103 Cd 67
69640 Cogny 69D 118 Ed 73
83310 Cogolin 83 172 Gd 89
24500 Cogulot 24 136 Ac 80
43100 Cohade 43 128 Dc 76
02130 Cohan 02 53 Dd 53
02270 Cohartille 02 40 De 50
73400 Cohennoz 73 133 Gc 74
22800 Cohiniac 22 64 Xa 58
52600 Cohons 52 92 Fc 62
44530 Coiffy 44 81 Xf 64
52400 Coiffy-le-Bas 52 92 Fe 61
52400 Coiffy-le-Haut 52 92 Fe 61
19170 Coignac 19 126 Be 75
32270 Coignax 32 163 Ae 86
80560 Coigneux 80 29 Cd 48
78310 Coignières 78 50 Bf 56
50250 Coigny 50 33 Yd 53
33210 Coimères 33 135 Ze 82
26140 Coinaud 26 130 Ef 77
45310 Coinces 45 70 Be 60
88100 Coinches 88 77 Ha 59
54370 Coincourt 54 57 Gd 56
02210 Coincy 02 52 Dc 54
57530 Coincy 57 56 Gb 54
36130 Coings 36 101 Be 67
02360 Coingt 02 41 Ea 50
57420 Coin-lès-Cuvry 57 56 Ga 54
57420 Coin-sur-Seille 57 56 Ga 54
33540 Coirac 33 135 Ze 80
38110 Coiranne 38 131 Fc 75
73800 Coise 73 132 Ga 75
69590 Coise 69M 130 Ec 75
39200 Coiserette 39 119 Ff 70
70400 Coisevaux 70 94 Ge 63
44460 Coisnauté 44 81 Ya 63
19170 Coissac 19 126 Bf 75
80260 Coisy 80 39 Cb 49
17330 Coivert 17 111 Zd 72
60420 Coivrel 60 39 Cd 51
51270 Coizard-Joches 51 53 Df 56
47450 Colayrac-Saint-Cirq 47 149 Ad 83
22480 Coldabry 22 63 Wf 58
09300 Col-del-Teil 09 178 Bf 91
62142 Colembert 62 27 Bf 44
89150 Coleuvrat 89 72 Da 60
01270 Coligny 01 119 Fc 70
80560 Colincamps 80 29 Cd 48
89700 Collan 89 90 Df 61
15400 Collandres 15 127 Cd 77
27190 Collandres-Quincarnon 27 49 Af 55
15300 Collanges 15 127 Ce 78
63340 Collanges 63 128 Db 76
63940 Collanges 63 129 Dd 76
63220 Collanges 63 129 De 76
17210 Collardeau 17 123 Ze 77
43230 Collat 43 128 Dd 77
77090 Collégien 76 51 Ce 55
47320 Colleignes 47 148 Ac 83
89100 Collemiers 89 72 Db 60
69660 Collonges-au-Mont-d'Or 69M 130 Ef 74
59680 Colleret 59 31 Ea 47
05260 Collet 05 144 Gb 81
42130 Collet 42 129 Df 74
73300 Collet 73 132 Gb 77
27500 Colletot 27 49 Ad 52
76400 Colleville 77 36 Ac 50
14880 Colleville-Montgomery 14 47 Ze 53
14710 Colleville-sur-Mer 14 47 Za 52
30210 Collias 30 154 Ec 85
02860 Colligis 02 40 Dd 52
62180 Colline-Beaumont 62 28 Be 46
22330 Collinée = Koedlinez 22 64 Xc 59
66190 Collioure 66 179 Da 93
83610 Collobrières 83 172 Gb 89
71700 Collonge 71 118 Ee 69
71250 Collonge 71 118 Ed 70
71460 Collonge-en-Charollais 71 105 Ed 69
71360 Collonge-la-Madeleine 71 105 Ed 67
01550 Collonges 01 119 Ff 72
19500 Collonges-la-Rouge 19 138 Bd 78
21220 Collonges-lès-Bevy 21 106 Ef 65

21110 Collonges-lès-Premières 21 106 Fb 65
74160 Collonges-sous-Salève 74 120 Ga 72
06910 Collongues 06 158 Gf 85
65350 Collongues 65 163 Aa 89
29530 Collorec 29 62 Wb 59
30190 Collorgues 30 154 Eb 84
68000 Colmar 68 60 Hc 60
76690 Colmare 77 37 Bb 51
04370 Colmars 04 158 Gd 83
57320 Colmen 57 44 Gd 52
58350 Colméry 58 89 Db 64
76550 Colmesnil-Manneville 77 37 Ba 49
54260 Colmey 54 43 Fd 52
52160 Colmier-le-Bas 52 91 Ef 62
52160 Colmier-le-Haut 52 91 Ef 62
43370 Colmpce 43 141 Df 79
30460 Colognac 30 154 De 84
32430 Cologne 32 164 Af 86
06670 Colomars 06 159 Hb 86
05300 Colombe 05 156 Fe 82
38690 Colombe 38 131 Fc 76
23400 Colombeix 23 114 Be 73
10200 Colombé-la-Fosse 10 74 Ee 59
70200 Colombe-lès-Bithaine 70 93 Gc 62
10200 Colombé-le-Sec 10 74 Ee 59
70000 Colombe-lès-Vesoul 70 93 Gb 63
14460 Colombelles 14 47 Ze 53
92700 Colombes 95 51 Cb 55
71370 Colombey 71 106 Ef 68
54170 Colombey-les-Belles 54 76 Ff 57
52240 Colombey-lès-Choiseul 52 75 Fd 60
03600 Colombier 03 115 Ce 71
21360 Colombier 21 105 Ee 65
24560 Colombier 24 136 Ad 80
24480 Colombier 24 137 Af 80
30200 Colombier 30 155 Ed 84
42220 Colombier 42 130 Ed 76
43500 Colombier 43 129 De 76
59118 Colombier 59 30 Da 44
70000 Colombier 70 93 Gb 63
25260 Colombier-Châtelot 25 94 Gd 64
25500 Colombière 25 108 Gd 66
71800 Colombier-en-Brionnais 71 117 Ec 70
34390 Colombières-sur-Orb 34 167 Da 87
25260 Colombier-Fontaine 25 94 Ge 64
07430 Colombier-le-Cardinal 07 130 Ee 77
07270 Colombier-le-Jeune 07 142 Ee 78
07410 Colombier-le-Vieux 07 142 Ee 78
17460 Colombiers 17 123 Zc 75
18200 Colombiers 18 102 Cd 68
34440 Colombiers 34 167 Da 89
61250 Colombiers 61 68 Aa 58
86490 Colombiers 86 99 Ac 68
69124 Colombier-Saugnieu 69M 131 Fa 74
53120 Colombiers-du-Plessis 53 66 Za 58
14480 Colombiers-sur-Seulles 14 35 Zc 53
12240 Colombiès 12 151 Cc 82
20167 Colombina CTC 182 If 97
14710 Colombières 14 47 Za 53
50700 Colomby 50 33 Yd 52
14610 Colomby-sur-Thaon 14 47 Zd 53
31770 Colomiers 31 164 Bc 87
01300 Colomieu 01 131 Fd 74
61340 Colonard-Corubert 61 69 Ad 58
23800 Colondannes 23 113 Bd 71
02120 Colonfay 02 40 De 49
39800 Colonne 39 107 Fd 67
26230 Colonzelle 26 155 Ef 82
56390 Colpo 56 80 Xb 62
88490 Colroy-la-Grande 88 77 Ha 59
67420 Colroy-la-Roche 67 77 Hb 58
28300 Coltainville 28 70 Bd 58
15170 Coltines 15 140 Cf 78
24120 Coly 24 137 Bb 78
24290 Coly-Saint-Amand 24 137 Bb 78
34980 Combaillaux 34 168 De 86
43450 Combalibœuf 15 128 Da 77
30250 Combas 30 154 Ea 85
12800 Combe 12 151 Cc 83
30200 Combe 30 155 Ed 84
42830 Combe 42 116 De 73
63320 Combe 63 128 Da 76
70120 Combeaufontaine 70 93 Ff 62
25650 Combe-Benoît 25 108 Gd 67
04530 Combe-Brémond 04 145 Gf 81
25500 Combe-d'Abondance 25 108 Gd 66
81640 Combefa 81 151 Ca 84
05140 Combe-Fère 05 144 Fd 81
34520 Combefère 34 153 Db 85
34360 Combejean 34 167 Cf 88
34220 Combeliobert 34 166 Ce 88
09420 Combelongue 09 177 Bb 91
48100 Combe-Maury 48 140 Dc 81
24600 Comberanche-et-Epeluche 24 124 Ab 77
70000 Comberjon 70 93 Gb 63
82600 Comberouger 82 149 Ba 85
21200 Combertault 21 106 Ef 67
34240 Combes 34 167 Da 87
46240 Combescure 46 138 Bd 80
63600 Combest 63 129 De 76
82800 Combettes 82 150 Bd 84
16320 Combiers 16 124 Ac 76
21700 Comblanchien 21 106 Ef 66
80360 Combles 80 39 Cf 48
55000 Combles-en-Barrois 55 55 Fa 56
35330 Comblessac 35 81 Xf 61
45800 Combleux 45 87 Bf 61
51700 Comblizy 51 53 De 54
61400 Comblot 61 68 Ad 58
74920 Combloux 74 121 Gd 73
27170 Combon 27 49 Af 54
86460 Combourg 86 112 Ad 72
35270 Combourg = Komborn 35 65 Yb 58
35210 Combourtillé 35 66 Ye 59
26120 Combovin 26 143 Fa 79
12170 Combradet 12 151 Cc 85
63380 Combrailles 63 127 Cd 73
79140 Combrand 79 98 Zb 67
14220 Combray 14 47 Zd 55
42840 Combre 42 117 Eb 72
49520 Combrée 49 83 Yf 62
28480 Combres 28 69 Ba 59
43160 Combres 43 128 Dd 77
43130 Combres 43 129 Df 77
43590 Combres 43 129 Ea 77
19250 Combressol 19 126 Ca 76
55160 Combres-sous-les-Côtes 55 55 Fd 54
12370 Combret 12 152 Ce 85
43300 Combret 43 141 Dd 78
48340 Combret 48 140 Da 81
48800 Combret 48 141 Df 82
87400 Combret 87 126 Bd 74
45530 Combreux 45 71 Cb 61
19320 Combrignac 19 126 Ca 77
88490 Combrimont 88 77 Ha 59
29120 Combrit 29 78 Vf 61
63460 Combronde 63 115 Da 73
12240 Combrouze 12 151 Cb 83
87210 Combrun 87 113 Ba 71
77380 Combs-la-Ville 76 51 Cd 57
74230 Comburce 74 132 Gc 73
87160 Comergnac 87 113 Bb 71
66500 Comes 66 178 Cc 92
46190 Comiac 46 138 Bf 79
11700 Comigne 11 166 Cd 89
09320 Cominac 09 177 Bb 91
59560 Comines 59 30 Da 44
29450 Commana 29 62 Wa 58
21320 Commarin 21 105 Ed 65
61200 Commeaux 61 48 Zf 56
38260 Commelle 38 131 Fb 76
42120 Commelle 42 117 Ea 73
02300 Commenchon 02 40 Da 51
40210 Commensacq 40 147 Zb 83
03600 Commentry 03 115 Ce 71
95450 Commeny 95 50 Bf 54
85220 Commequiers 85 96 Ya 68
53470 Commer 53 67 Zc 59
55200 Commercy 55 55 Fd 56
19300 Commerly 19 126 Bf 76
72600 Commerveil 72 68 Ac 59
14520 Commes 14 47 Zb 52
89430 Commissey 89 90 Ea 61
39250 Communailles-en-Montagne 39 107 Ga 68
69360 Communay 69M 130 Ef 75
71220 Commune 71 117 Eb 69
30190 Commune de Sainte-Anastasie 30 154 Eb 85
24200 Compagnoles 24 137 Bb 79
63610 Compains 63 127 Cf 76
76440 Compainville 77 37 Bd 51
32260 Compans 32 163 Ad 88
77290 Compans 76 51 Cd 55
51510 Compertrix 51 54 Ec 55
35330 Compessy 35 81 Ya 61
12520 Compeyre 12 152 Da 84
60200 Compiègne 60 39 Ce 52
19800 Compiène 19 126 Bf 76
89140 Compigny 89 72 Db 58
12350 Compolibat 12 151 Cb 82
12100 Comprégnac 12 152 Cf 84
87140 Compreignac 87 113 Bb 73
07120 Comps 07 154 Eb 82
12450 Comps 12 152 Cd 83
19290 Comps 19 126 Ca 74
30300 Comps 30 155 Ed 85
33710 Comps 33 135 Zc 78
12120 Comps-la-Grand-Ville 12 152 Cd 83
83840 Comps-sur-Artuby 83 172 Gd 86
33460 Comte 33 134 Zb 79
11340 Comus 11 178 Bf 92
17150 Conac 17 122 Zb 76
43580 Conac 43 141 Dd 79
41290 Conan 41 86 Bb 62
01230 Conand 01 119 Fc 73
66500 Conat 66 178 Cc 93
20135 Conca CTC 185 Kb 98
29900 Concarneau = Konk-Kerne 29 78 Wa 61
02160 Concevreux 02 40 De 52
19350 Concèze 19 125 Bc 76
48240 Conchès 48 153 Df 83
77600 Conches 76 51 Ce 55
27190 Conches-en-Ouche 27 49 Af 55
27170 Conchez 27 49 Ae 54
64330 Conchez-de-Béarn 64 162 Ze 87
20228 Conchigliu CTC 181 Kc 91
62180 Conchil-le-Temple 62 28 Bd 46
60490 Conchy-les-Pots 60 39 Ce 51
62270 Conchy-sur-Canche 62 29 Cb 47
43370 Concis 43 141 Df 79
12520 Conclus 12 152 Da 83
46310 Concorès 46 137 Bc 81
56430 Concoret 56 65 Xe 60
46260 Concots 46 150 Bd 82
30450 Concoules 30 154 Df 82
12740 Concourès 12 152 Cd 82
49700 Concourson-sur-Layon 49 98 Zd 65
36300 Concremiers 36 100 Ba 69
18260 Concressault 18 88 Cd 64
41370 Concriers 41 86 Bc 62
16700 Condac 16 111 Ab 72
34220 Condades 34 166 Ce 88
71480 Condal 71 119 Fb 70
01430 Condamine 01 119 Fd 72
39570 Condamine 39 106 Fc 69
42230 Condamine 42 129 Eb 76
12500 Condamines 12 140 Cf 81
15190 Condat 15 127 Ce 76
46110 Condat 46 138 Bd 79
47500 Condat 47 137 Af 82
63380 Condat-en-Combraille 63 127 Cd 73
63490 Condat-lès-Montboissier 63 128 Dd 75
19140 Condat-sur-Ganaveix 19 126 Bd 76
24530 Condat-sur-Trincou 24 124 Ae 76
24570 Condat-sur-Vézère 24 137 Bb 78
87920 Condat-sur-Vienne 87 125 Bb 74
19170 Condau 19 126 Bf 75
34330 Condax 34 166 Cd 87
18160 Condé 18 102 Cb 68
36230 Condé 36 102 Bf 69
36100 Condé 36 102 Bf 67
61110 Condeau 61 69 Af 58
95450 Condécourt 95 50 Bf 54
55000 Condé-en-Barrois 55 55 Fa 55
02330 Condé-en-Brie 02 53 Dd 54
01400 Condeissiat 01 118 Fa 72
81800 Condel 81 150 Bd 86
08250 Condé-lès-Autry 08 54 Ef 53
08360 Condé-lès-Herpy 08 41 Eb 51
57220 Condé-Northen 57 56 Gc 54
16360 Condéon 16 123 Zf 76
39240 Condes 39 119 Fd 70
52000 Condes 52 75 Fa 60
77450 Condé-Sainte-Libiaire 76 52 Ce 55
02370 Condé-sur-Aisne 02 40 Dc 52
61110 Condé-sur-Huisne 61 69 Af 58
14270 Condé-sur-Ifs 14 48 Zf 54
27160 Condé-sur-Iton 27 49 Af 55
59163 Condé-sur-L'Escaut 59 31 Dd 46
51150 Condé-sur-Marne 51 53 Eb 54
14110 Condé-sur-Noireau 14 47 Zc 55
27290 Condé-sur-Risle 27 36 Ad 53
61250 Condé-sur-Sarthe 61 68 Aa 58
02190 Condé-sur-Suippe 02 41 Df 52
78113 Condé-sur-Vesgre 78 50 Bd 56
50890 Condé-sur-Vire 50 46 Yf 54
62360 Condette 62 28 Bd 45
47500 Condezaygues 47 137 Af 82
32100 Condom 32 148 Ac 85
12470 Condom-d'Aubrac 12 139 Cf 81
81320 Condomines 81 166 Ce 86
26110 Condorcet 26 155 Fb 82
47290 Condou 47 136 Ad 81
02700 Condren 02 40 Db 51
69420 Condrieu 69M 130 Ee 76
70170 Conflandey 70 93 Ga 62
73790 Conflans 73 132 Gc 74
54800 Conflans-en-Jarnisy 54 56 Ff 53
78700 Conflans-Sainte-Honorine 78 51 Ca 55
72120 Conflans-sur-Anille 72 69 Ae 61
70800 Conflans-sur-Lanterne 70 93 Gb 62
45700 Conflans-sur-Loing 45 72 Ce 61
51260 Conflans-sur-Seine 51 73 De 57
16500 Confolens 16 112 Ae 72
38740 Confolens 38 144 Ff 79
19200 Confolent-Port-Dieu 19 127 Cc 75
01200 Confort 01 119 Fe 72
22140 Confort 22 63 We 56
29790 Confort 29 78 Vd 60
70120 Confracourt 70 93 Ff 62
01310 Confrançon 01 118 Fa 71
72170 Congé-les-Guérets 72 68 Aa 59
12390 Congénies 30 154 Ea 86
91740 Congerville-Thionville 91 70 Bf 58
72290 Congé-sur-Orne 72 68 Ab 59
77440 Congis-sur-Thérouanne 76 52 Cf 54
53800 Congrier 53 83 Yf 62
51270 Congy 51 53 De 55
58150 Congy 58 89 Cf 65
28200 Conie-Molitard 28 70 Bc 60
43510 Conil 43 141 De 79
11200 Conilhac-Corbières 11 166 Ce 89
36800 Conives 36 101 Bc 69
73310 Conjux 73 132 Fe 74
56000 Conleau 56 80 Xb 63
72240 Conlie 72 68 Zf 60
39570 Conliège 39 107 Fd 69
12170 Connac 12 152 Cd 84
43350 Connac 43 141 De 78
08450 Connage 08 42 Ef 51
43350 Connangles 43 128 Dd 77
51230 Connantray-Vaurefroy 51 53 Ea 56
51230 Connantre 51 53 Df 56
30330 Connaux 30 155 Ed 84
15150 Conne 15 138 Ca 79
24560 Conne-de-Labarde 24 136 Ad 80
81190 Connelié 81 151 Ca 84
27430 Connelles 27 50 Bb 53
72160 Connerré 72 68 Ac 60
12410 Connes 12 152 Ce 83
24300 Connezac 24 124 Ad 75
02330 Connigis 02 53 Dd 54
87510 Conore 87 113 Ba 73
44290 Conquereuil 44 82 Yb 63
12320 Conques-en-Rouergue 12 139 Cc 81
11600 Conques-sur-Orbiel 11 166 Cc 89
12290 Conquettes 12 152 Ce 83
17150 Consac 17 122 Zc 76
06510 Conségudes 06 158 Ha 85
55110 Consenvoye 55 55 Fb 53
52700 Consigny 52 75 Fc 60
54870 Cons-la-Grandville 54 43 Fe 52
74210 Cons-Sainte-Colombe 74 132 Gb 74
46090 Constans 46 137 Bc 81
33480 Constantenins 33 134 Za 78
55230 Constantine-Ferme 55 43 Fd 52
80300 Contalmaison 80 39 Ce 48
46200 Contaloube 46 138 Bd 80
74270 Contamine-Sarzin 74 120 Ff 72
74130 Contamine-sur-Arve 74 120 Gc 72
51330 Contault 51 54 Ee 55
80560 Contay 80 39 Cc 48
39300 Conte 39 107 Ga 68
17120 Conteneuil 17 122 Za 75
31550 Contery 31 164 Bc 89
06390 Contes 06 159 Hb 86
62990 Contes 62 28 Bf 46
53100 Contest 53 67 Zc 59
14540 Conteville 14 48 Ze 54
27210 Conteville 27 36 Ac 52
60360 Conteville 60 38 Ca 51
62130 Conteville 62 29 Cb 46
76450 Conteville 77 36 Ad 49
76390 Conteville 77 38 Bd 50
80370 Conteville 80 29 Ca 47
62126 Conteville-lez-Boulogne 62 26 Be 44
57340 Conthil 57 57 Gd 55
49330 Contigné 49 84 Zc 62
03500 Contigny 03 116 Db 70
72600 Contilly 72 68 Ac 58
37340 Continvoir 37 85 Ab 64
40170 Contis-les-Marais 40 146 Ye 84
40170 Contis-Plage 40 146 Ye 84
80500 Contoire 80 39 Cd 50
63160 Contournat 63 128 Db 74
47390 Contras 47 149 Ad 84
09230 Contrazy 09 177 Bb 90
17470 Contré 17 111 Ze 72
80160 Contre 80 38 Ca 50
70160 Contréglise 70 93 Ga 62
76400 Contremoulins 77 36 Ac 50
18130 Contres 18 102 Cc 67
41700 Contres 41 86 Bc 64
72110 Contres-en-Vairais 72 68 Ac 59
08400 Contreuve 08 42 Ed 52
01300 Contrevoz 01 131 Fd 74
88140 Contrexéville 88 76 Ff 59
50660 Contrières 50 46 Yd 55
55800 Contrisson 55 54 Ef 56
29300 Controal 29 79 Wc 61
80160 Conty 80 38 Ca 50
57480 Contz-les-Bains 57 44 Gc 52
48800 Conzes 48 141 Df 81
01300 Conzieu 01 131 Fd 74
69210 Conzy 69D 130 Ed 73
51320 Coole 51 54 Ec 56
51510 Coolus 51 54 Ec 55
95770 Copierres 95 50 Be 54
59279 Coppenaxfort 59 27 Cb 43
74350 Copponex 74 120 Ga 72
34360 Copujol 34 166 Ce 88
14130 Coquainvilliers 14 35 Ab 53
50500 Coquebourg 50 46 Ye 52
62231 Coquelles 62 26 Be 43
48210 Coquenas 48 153 Db 83
28630 Corancez 28 70 Bd 58
58120 Corancy 58 104 Df 66
29370 Coray 29 78 Wb 60
36290 Corbançon 36 101 Bb 68
20256 Corbara CTC 180 If 93
82370 Corbarieu 82 150 Bc 85
69960 Corbas 69M 130 Ef 74
62112 Corbehem 62 30 Da 46
51320 Corbeil 51 74 Ec 57
60110 Corbeil-Cerf 60 51 Ca 53
91250 Corbeil-Essonnes 91 71 Cc 57
45490 Corbeilles 45 71 Cd 60
38630 Corbelin 38 131 Fd 75
70320 Corbenay 70 93 Gb 61
02820 Corbeny 02 41 De 52
66130 Corbère 66 179 Cd 93
64350 Corbère-Abères 64 162 Zf 88
66130 Corbère-les-Cabanes 66 179 Ce 93
21250 Corberon 21 106 Ef 66
80800 Corbie 80 39 Cd 49
19210 Corbier 19 125 Bc 76
74650 Corbier 74 132 Ga 73
04220 Corbières 04 156 Fe 86
30570 Corbières 30 153 De 84
58800 Corbigny 58 89 De 65
40120 Corbleu 40 147 Zd 85
01420 Corbonod 01 119 Fe 73
91410 Corbreuse 91 70 Bf 57
50490 Corbuchon 50 33 Yc 54
89260 Corceaux 89 72 Dc 58
58360 Corcelle 58 104 Df 67
71250 Corcelle 71 118 Ed 69
25640 Corcelle-Mieslot 25 93 Gb 64
01340 Corcelles 01 118 Fb 70
01290 Corcelles 01 118 Ef 71
21550 Corcelles 21 106 Ef 66
58180 Corcelles 58 103 Da 67
70400 Corcelles 70 94 Gd 63
71760 Corcelles 71 104 Df 68
69220 Corcelles-en-Beaujolais 69D 118 Ee 72
25410 Corcelles-Ferrières 25 107 Fe 65
21190 Corcelles-les-Arts 21 106 Ee 67
21910 Corcelles-lès-Cîteaux 21 106 Fa 65
21160 Corcelles-les-Monts 21 91 Ef 65
21540 Corcelotte 21 91 Ed 64
88430 Corcieux 88 77 Gf 59
17270 Corcin 17 135 Ze 78
47150 Corconat 47 136 Ae 82
25410 Corcondray 25 107 Fe 65
30260 Corconne 30 154 Df 85
44650 Corcoué-sur-Logne 44 97 Yc 67
02600 Corcy 02 52 Db 53
49640 Cordé 49 84 Zd 62
72140 Cordé 72 68 Zf 59
38710 Cordéac 38 144 Ff 80
14100 Cordebugle 14 48 Ac 54
89113 Cordeil 89 89 Dc 61
42123 Cordelle 42 117 Ea 73
44360 Cordemais 44 82 Ya 65
33480 Cordes 33 134 Za 78
71540 Cordesse 71 105 Ec 66
81170 Cordes-sur-Ciel 81 151 Bf 84
14700 Cordey 14 48 Ze 55
61570 Cordey 61 48 Aa 56
01120 Cordieux 01 118 Fa 73
25170 Cordiron 25 93 Fe 65
74700 Cordon 74 120 Gd 73
77166 Cordon 76 51 Ce 57
07000 Cordon-Blanc 07 142 Ed 80
70190 Cordonnet 70 93 Ff 64
15100 Coren 15 140 Da 78
63730 Corent 63 128 Da 75
51210 Corfélix 51 53 De 55
45310 Corfeu 45 70 Bd 60
21250 Corgengoux 21 106 Ef 67
52500 Corgirnon 52 92 Fc 62
24800 Corgnac-sur-l'Isle 24 125 Af 76
21700 Corgoloin 21 106 Ef 66
17130 Corignac 17 123 Zd 77
36230 Corlay 36 101 Bf 68
22320 Corlay = Korle 22 63 Wf 59
01110 Corlier 01 119 Fc 72
28140 Cormainville 28 70 Bd 60
01110 Cormaranche-en-Bugey 01 119 Fd 73
89420 Cormarin 89 90 Ea 63
71460 Cormatin 71 118 Ee 69
17600 Corme-Ecluse 17 122 Za 75
27260 Corneilles 27 48 Ac 53
60120 Cormeilles 60 38 Cb 51
95240 Cormeilles-en-Par 95 51 Cb 55
95830 Cormeilles-en-Vexin 95 51 Ca 54
41170 Cormenon 41 69 Af 61
41120 Cormeray 41 86 Bc 64
50170 Cormeray 50 66 Yd 57
17600 Corme-Royal 17 122 Zb 74
37320 Cormery 37 85 Af 65
72400 Cormes 72 69 Ae 59
62500 Cormette 62 27 Ca 44
51220 Cormicy 51 41 Df 52
27120 Cormier 27 50 Bb 55
44770 Cormier 44 96 Xe 66
72220 Cormier 72 85 Ab 62
79360 Cormière 79 111 Zd 72
14240 Cormolain 14 34 Za 54
01190 Cormoble 01 118 Fa 70
62630 Cormont 62 28 Be 45
51350 Cormontreuil 51 53 Ea 53
01290 Cormoranche-sur-Saône 01 118 Ef 71
10800 Cormost 10 73 Ea 59
51480 Cormoyeux 51 53 Df 54
01270 Cormoz 01 119 Fb 70
46100 Corn 46 138 Bf 81
46130 Cornac 46 138 Bf 79
89500 Cornant 89 72 Db 60
07130 Cornas 07 142 Ef 79
08250 Cornay 08 54 Ef 53
49630 Corné 49 84 Zd 64
02360 Corneaux 02 41 Ea 50
31700 Cornebarrieu 31 164 Bb 87
31160 Corneil 31 176 Af 91
34490 Corneilhan 34 167 Db 88
66820 Corneilla-de-Conflent 66 178 Cc 93
66200 Corneilla-del-Vercol 66 179 Cf 93
66550 Corneilla-la-Rivière 66 179 Ce 92
32250 Corneillan 32 148 Aa 85
32400 Corneillan 32 162 Ze 87
33570 Cornemps 33 135 Zf 79
63230 Cornet 63 127 Ce 73
27240 Corneuil 27 49 Ba 55
27300 Corneville-le-Fouquetière 27 49 Ae 54
27500 Corneville-sur-Risle 27 49 Ad 52
11250 Cornèze 11 166 Cb 90
74800 Cornier 74 120 Gb 72
55200 Corniéville 55 55 Fe 56
19150 Cornil 19 126 Be 77
26510 Cornillac 26 156 Fc 82
24750 Cornille 24 124 Ae 77
35500 Cornillé 35 66 Ye 60
49140 Cornillé-les-Caves 49 84 Ze 64
30630 Cornillon 30 154 Ec 83
63250 Cornillon 63 129 De 73
13250 Cornillon-Confoux 13 170 Fa 87
38710 Cornillon-en-Trièves 38 144 Fe 79
26510 Cornillon-sur-L'Oule 26 143 Fc 82
41700 Cornilly 41 86 Bb 64
88310 Cornimont 88 77 Gf 61
39240 Cornod 39 119 Fd 71
70120 Cornot 70 93 Fe 62
49540 Cornu 49 98 Zd 65
12540 Cornus 12 153 Db 85
46330 Cornus 46 138 Be 82
18350 Cornusse 18 103 Ce 67
27700 Corny 27 50 Bc 53
08270 Corny-Machéroménil 08 41 Ec 51
57680 Corny-sur-Moselle 57 56 Ga 54
49690 Coron 49 98 Zc 66
85320 Corpe 85 110 Ye 69
21190 Corpeau 21 106 Ee 67
21150 Corpoyer-la-Chapelle 21 91 Ed 63
38970 Corps 38 144 Ff 80
35150 Corps-Nuds 35 65 Yc 61
45120 Corquilleroy 45 71 Ce 60
18190 Corquoy 18 102 Cb 67
20168 Corrano CTC 182 Ka 97
70310 Corravillers 70 94 Gd 61
70500 Corre 70 93 Ff 61
38250 Corrençon-en-Vercors 38 143 Fd 78
83570 Correns 83 171 Ga 88
05400 Corréo 05 144 Ga 81
03270 Corres 03 116 Dc 72
19800 Corrèze 19 126 Bf 76
51270 Corribert 51 53 De 55
51210 Corrobert 51 53 Dd 55
21460 Corrombles 21 90 Eb 63
31450 Corronsac 31 164 Bc 88
51230 Corroy 51 53 Df 56
80210 Corroy 80 28 Bd 48
16200 Cors 16 123 Zf 74
36800 Cors 36 101 Bb 69
66150 Corsavy 66 179 Cd 94
20224 Corscia CTC 182 Ka 94
44560 Corsept 44 81 Xf 65
86530 Corset 86 100 Ac 68
22130 Corseul 22 65 Xe 58
71250 Cortambert 71 118 Ee 70
20250 Corte CTC 183 Ka 95
71100 Cortelin 71 106 Ee 68
71460 Cortevaix 71 118 Ed 69
45700 Cortrat 45 88 Ce 61
01250 Corveissiat 01 119 Fc 71
37150 Corviers 37 100 Ba 65
89630 Corvignot 89 90 Ea 64

58210 Corvol-d'Embernard 58 89 Dc 65
58460 Corvol-L'Orgueilleux 58 89 Dc 64
49140 Corzé 49 84 Zd 63
09000 Cos 09 177 Bd 91
82130 Cos 82 150 Bc 84
39140 Cosges 39 106 Fc 68
64160 Coslédaâ-Lube-Boast 64 162 Ze 88
53230 Cosmes 53 83 Za 61
19360 Cosnac 19 138 Bd 78
23250 Cosnat 23 114 Bf 73
36400 Cosnay 36 102 Ca 69
21510 Cosne 21 91 Ed 62
58200 Cosne-Cours-sur-Loire 58 88 Cf 64
03430 Cosne-d'Allier 03 115 Ce 70
54400 Cosnes-et-Romain 54 43 Fe 51
29560 Cosquer 29 62 Vd 59
22480 Cosquer-Jehan 22 63 We 58
50330 Cosqueville 50 33 Yd 50
29190 Cosquinquis 29 62 Wa 59
58300 Cossaye 58 104 Dc 68
49120 Cossé-d'Anjou 49 98 Zb 66
53340 Cossé-en-Champagne 53 67 Zd 61
53230 Cossé-le-Vivien 53 66 Za 61
14690 Cossesseville 14 47 Zd 55
18210 Cossonnais 18 103 Ce 68
67310 Cosswiller 67 58 Hc 57
26170 Cost 26 156 Fb 83
20226 Costa CTC 180 Ka 93
20290 Costa CTC 181 Kb 94
20235 Costa Roda CTC 181 Kb 94
43490 Costaros 43 141 Df 79
07140 Coste 07 154 Ea 82
19250 Coste 19 126 Ca 76
30460 Coste 30 153 De 84
46100 Coste 46 138 Bf 81
12430 Costecalde 12 152 Ce 84
48150 Costeguison 48 153 Dc 83
48800 Costeilades 48 154 Df 82
46300 Costeraste 46 137 Bc 80
09140 Costes 09 177 Bb 91
47150 Costes 47 136 Ae 82
15120 Costever 15 139 Cc 80
09200 Cot-de-Jou 09 176 Ba 91
39170 Coteaux du Lizon 39 119 Fe 70
74130 Côte-d'Hyot 74 120 Gc 72
20138 Coti- Chiavari CTC 182 Ie 98
83570 Cotignac 83 171 Ga 87
42360 Cottance 42 129 Eb 74
80440 Cottenchy 80 39 Cc 50
76850 Cottévrard 76 37 Bb 51
25410 Cottier 25 107 Fe 65
14400 Cottun 14 34 Zb 53
66800 Cotzé 66 178 Ca 94
18300 Couargues 18 88 Cf 65
40630 Couartes 40 147 Zb 84
32270 Couayroux 32 163 Ae 86
77170 Coubert 77 51 Ce 56
19430 Coubertergue 19 138 Ca 78
33890 Coubeyrac 33 135 Aa 80
12190 Coubisou 12 139 Ce 81
24390 Coubjours 24 125 Bb 77
43320 Coubladour 43 141 De 78
52700 Coublanc 52 92 Fc 62
71170 Coublanc 71 117 Eb 71
38500 Coublevie 38 131 Fd 76
64410 Coublucq 64 162 Zd 87
43700 Coubon 43 141 Df 79
93470 Coubron 93 51 Cd 55
62129 Coubronne 62 29 Cb 44
23600 Couchardon 23 114 Ca 70
71490 Couches 71 105 Ed 67
21160 Couchey 21 91 Ef 65
07470 Coucouron 07 141 Df 80
08300 Coucy 08 41 Ec 51
74270 Coucy 74 120 Ff 73
02380 Coucy-la-Ville 02 40 Db 51
02380 Coucy-le-Château-Auffrique 02 40 Db 51
02840 Coucy-lès-Eppes 02 40 De 51
41700 Couddes 41 86 Bc 64
59210 Coudekerque-Branche 59 27 Cc 42
46300 Couderc 46 138 Bd 80
40140 Coudère 40 146 Yd 86
19170 Coudert 19 126 Bf 75
63114 Coudes 63 128 Db 75
50290 Coudeville-sur-Manche 50 46 Yc 55
40190 Coudicons 40 147 Ze 85
12490 Coudols 12 152 Ce 84
11500 Coudons 11 178 Ca 91
13111 Coudoux 13 170 Fb 87
27150 Coudray 27 50 Bd 52
37290 Coudray 37 100 Af 68
37150 Coudray 37 100 Ba 65
45330 Coudray 45 71 Cc 59
53200 Coudray 53 83 Zc 62
79500 Coudray 79 111 Zf 71
28330 Coudray-au-Perche 28 69 Af 59
14130 Coudray-Rabut 14 48 Aa 53
28400 Coudreceau 28 69 Af 58
72440 Coudrecieux 72 68 Ad 61
27220 Coudres 27 50 Bb 55
45260 Coudroy 45 88 Cc 61
60150 Coudun 60 39 Ce 52
33920 Coudurat 33 135 Zc 78
40500 Coudures 40 162 Zc 86
35133 Couëdan 35 65 Ya 58
31160 Coue-du-Casse 31 176 Ae 91
31230 Coueilles 31 164 Af 88
44220 Couëron 44 96 Yb 65
37500 Couesmé 37 99 Ab 66
37330 Couesmes 37 85 Ac 63
53300 Couesmes-Vaucé 53 67 Zb 58
44520 Couetreux 44 82 Yd 63
44521 Couffé 44 82 Ye 64
41110 Couffi 41 101 Bc 65
15130 Couffins 15 139 Cd 79
11250 Couffoulens 11 166 Cb 90
48140 Couffours-Hauts 48 140 Dc 79
19170 Couffy 19 126 Bf 74
19340 Couffy-sur-Sarsonne 19 127 Cb 75
48130 Coufinet 48 140 Db 80
09140 Couflens 09 176 Bb 92
81800 Coufouleux 81 150 Be 86
46300 Cougnac 46 137 Bc 80
40400 Cougnala 40 146 Za 85
32170 Cougnan 32 163 Ab 88
47350 Cougouille 47 136 Ab 81
03410 Cougour 03 115 Cd 71
81340 Cougoureux 81 151 Cc 84
12620 Cougoussac 12 152 Cf 83
86700 Couhé 86 111 Ab 71
63230 Couhei 63 127 Cf 74
19170 Couignoux 19 126 Bf 75
31160 Couillas 31 176 Af 90
77860 Couilly-Pont-aux-Dames 77 52 Cf 55
62760 Couin 62 29 Cd 48
11190 Couiza 11 178 Cb 91
31220 Couladère 31 164 Ba 89
72190 Coulaines 72 68 Ab 60
03000 Coulandon 03 116 Db 69
37460 Coulangé 37 101 Bb 66
89580 Coulangeron 89 89 Dc 62
03470 Coulanges 03 117 Df 70
41150 Coulanges 41 86 Bb 63
89580 Coulanges-la-Vineuse 89 89 Dd 62
58660 Coulanges-lès-Nevers 58 103 Db 66
89480 Coulanges-sur-Yonne 89 89 Dd 63
72550 Coulans-sur-Gée 72 68 Aa 60
25330 Coulans-sur-Lison 25 107 Ga 66
24420 Coulaures 24 125 Af 77
31160 Couledoux 31 176 Ae 91
45310 Coulemelle 45 70 Bd 61
03320 Couleuvre 03 103 Cf 68
70000 Coulevon 70 93 Gb 63
16560 Coulgens 16 124 Ab 74
61360 Coulimer 61 68 Ac 58
13420 Coulin 13 171 Fd 89
80250 Coullemelle 80 39 Cc 50
62158 Coullemont 62 29 Cc 47
45720 Coullons 45 88 Cc 63
21400 Coulmier-le-Sec 21 91 Ec 62
45130 Coulmiers 45 87 Bd 61
34290 Coulobres 34 167 Db 88
62137 Coulogne 62 27 Bf 43
60350 Couloisy 60 39 Da 52
72130 Coulombiers 72 68 Aa 59
86600 Coulombiers 86 111 Ab 70
14480 Coulombs 14 47 Zc 53
28210 Coulombs 28 50 Bd 57
77840 Coulombs-en-Valois 77 52 Da 54
62380 Coulomby 62 28 Ca 44
77580 Coulommes 77 52 Cf 55
08130 Coulommes-et-Marqueny 08 41 Ed 52
51390 Coulommes-la-Montagne 51 53 Df 53
28800 Coulommier 28 69 Bc 59
36210 Coulommiers 36 101 Be 65
77120 Coulommiers 77 52 Da 56
41100 Coulommiers-la-Tour 41 86 Ba 62
49260 Coulon 49 99 Zf 66
79510 Coulon 79 110 Zc 71
14500 Coulonces 14 47 Za 55
61160 Coulonces 61 48 Aa 55
17350 Coulonge 17 122 Zb 73
72800 Coulongé 72 84 Ab 62
16330 Coulonges 16 123 Aa 73
17800 Coulonges 17 123 Zd 75
86290 Coulonges 86 113 Ba 70
02130 Coulonges-Cohan 02 53 Dd 53
61110 Coulonges-les-Sablons 61 69 Af 58
79160 Coulonges-sur-L'Autize 79 110 Zc 70
61170 Coulonges-sur-Sarthe 61 68 Ac 57
79330 Coulonges-Thouarsais 79 98 Ze 67
30630 Coulongres 30 154 Ec 84
80135 Coulonvillers 80 28 Ca 48
04140 Couloubrous 04 157 Gc 83
29830 Couloudouarn 29 61 Vc 57
34360 Coulouma 34 166 Cf 88
32160 Couloumé-Mondebat 32 162 Aa 87
24660 Coulounieix-Chamiers 24 124 Ae 78
89320 Coulours 89 73 Dd 60
82150 Couloussac 82 149 Ba 82
58220 Couloutre 58 89 Db 64
50670 Coulouvray-Boisbenâtre 50 46 Yf 56
39260 Coulouvre 39 119 Fe 70
51300 Coulvagny 51 54 Ed 56
14310 Coulvain 14 47 Zb 54
47260 Coulx 47 136 Ac 82
40270 Coumat 40 147 Ze 86
47210 Coumbet 47 136 Ae 81
57220 Coume 57 57 Gd 53
40090 Coumet 40 147 Zb 85
11140 Counozouls 11 178 Cb 92
77154 Countençon 77 72 Cf 58
85230 Coupelasse 85 96 Xf 67
62310 Coupelle-Neuve 62 29 Ca 45
62310 Coupelle-Vieille 62 29 Ca 46
14140 Coupesarte 14 48 Aa 54
51240 Coupetz 51 54 Ec 56
51240 Coupéville 51 54 Ed 55
12550 Coupiac 12 152 Cd 85
34190 Coupiac 34 153 Dd 85
28160 Coupigny 28 69 Bb 59
76390 Coupigny 76 38 Bd 50
47380 Coupine 47 136 Ac 81
59132 Couplevoire 59 31 Ea 48
52210 Coupray 52 74 Ef 61
85610 Couprie 85 97 Ye 66
02310 Coupru 02 52 Db 54
53250 Couptrain 53 67 Ze 58
77700 Coupvray 77 52 Ce 55
33340 Couquèques 33 122 Za 76
91490 Courances 91 71 Cc 58
17330 Courant 17 110 Zc 72
21520 Courban 21 91 Ee 61
47210 Courbarieu 47 136 Ae 81
61150 Courbe 61 48 Ze 56
87230 Courbefy 87 125 Ba 75
28140 Courbehaye 28 70 Bd 60
70110 Courbenans 70 94 Gd 63
27300 Courbépine 27 49 Ad 54
53110 Courberie 53 67 Zd 58
54110 Courbesseaux 54 56 Gc 56
10260 Courbeton 10 73 Eb 59
39570 Courbette 39 107 Fd 69
53230 Courbeveille 53 66 Za 61
92250 Courbevoie 92 51 Cb 55
33112 Courbiac 33 134 Zb 78
47370 Courbiac 47 149 Ba 82
33340 Courbian 33 122 Za 76
19150 Courbiat 19 126 Bf 77
16200 Courbillac 16 123 Ze 74
02330 Courboin 02 53 Dd 55
04000 Courbons 04 157 Gb 84
46330 Courbous 46 138 Bd 81
70190 Courboux 70 93 Ga 64
39570 Courbouzon 39 107 Fd 69
41500 Courbouzon 41 86 Bd 62
03370 Courçais 03 115 Cc 70
37310 Courçay 37 100 Af 65
72290 Courcebœufs 72 68 Ab 60
58800 Courcelanges 58 89 De 65
80300 Courcelette 80 29 Ce 48
17400 Courcelles 17 110 Zd 73
23480 Courcelles 23 114 Ca 73
25440 Courcelles 25 107 Ff 66
45300 Courcelles 45 71 Cb 60
51230 Courcelles 51 53 Df 57
54930 Courcelles 54 76 Ga 58
58210 Courcelles 58 89 Dc 64
60540 Courcelles 60 51 Cb 53
62970 Courcelles 62 30 Da 46
70160 Courcelles 70 93 Ga 62
77710 Courcelles 77 72 Cf 59
89570 Courcelles 89 73 De 60
90100 Courcelles 90 94 Ha 64
95590 Courcelles 95 51 Cb 54
80560 Courcelles-au-Bois 80 29 Cd 48
57530 Courcelles-Chaussy 57 56 Gc 54
37330 Courcelles-de-Touraine 37 85 Ab 64
55260 Courcelles-en-Barrois 55 55 Fc 56
77126 Courcelles-en-Bassée 77 72 Da 58
52200 Courcelles-en-Montagne 52 92 Fb 61
60420 Courcelles-Epayelles 60 39 Cd 51
21460 Courcelles-Frémoy 21 90 Eb 64
72270 Courcelles-la-Forêt 72 84 Zf 62
62121 Courcelles-le-Comte 62 30 Ce 48
60240 Courcelles-lès-Gisors 60 50 Be 53
21500 Courcelles-lès-Montbard 21 91 Ec 63
21140 Courcelles-lès-Semur 21 90 Eb 64
60220 Courcelles-Rancon 60 38 Bd 51
51140 Courcelles-Sapicourt 51 53 Df 53
88170 Courcelles-sous-Châtenois 88 76 Fe 59
80290 Courcelles-sous-Moyencourt 80 38 Ca 50
80160 Courcelles-sous-Thoix 80 38 Ca 50
55260 Courcelles-sur-Aire 55 55 Fb 55
52110 Courcelles-sur-Blaise 52 74 Ef 58
57530 Courcelles-sur-Nied 57 56 Gb 54
27940 Courcelles-sur-Seine 27 50 Bc 53
02220 Courcelles-sur-Vesle 02 53 Dd 52
95650 Courcelles-sur-Viosne 95 51 Ca 54
10500 Courcelles-sur-Voire 10 74 Ed 58
52190 Courcelles-Val-d'Esnoms 52 92 Fb 62
51260 Courcemain 51 73 Df 57
72110 Courcemont 72 68 Ac 59
17160 Courcerac 17 123 Zd 73
61340 Courcerault 61 69 Ad 58
10400 Courceroy 10 72 Dc 58
21610 Courchamp 21 92 Fc 63
77560 Courchamp 77 52 Db 57
02810 Courchamps 02 52 Db 54
49260 Courchamps 49 99 Zf 65
25170 Courchapon 25 107 Fe 65
70110 Courchaton 70 94 Gd 63
59552 Courchelettes 59 30 Da 46
73120 Courchevel 1550 73 133 Gd 76
73120 Courchevel 1850 73 133 Gd 76
41700 Cour-Cheverny 41 86 Bc 63
04170 Courchons 04 158 Gc 85
17100 Courcion 17 122 Zc 74
53700 Courcité 53 67 Ze 59
72110 Courcival 72 68 Ac 59
16240 Courcôme 16 111 Aa 73
17170 Courçon 17 110 Zb 71
37120 Courcoué 37 99 Ac 66
63116 Courcour 63 128 Db 74
17100 Courcoury 17 122 Zc 74
33550 Courcouyac 33 135 Zd 80
70150 Courcuire 70 93 Fe 64
14170 Courcy 14 48 Zf 55
50200 Courcy 50 46 Yd 54
51220 Courcy 51 41 Ea 53
45300 Courcy-aux-Loges 45 71 Cb 60
85420 Courdault 85 110 Zb 70
61160 Courdehard 61 48 Aa 55
72150 Courdemanche 72 85 Ad 62
51300 Courdemanges 51 54 Ed 56
07110 Courderc 07 141 Ea 81
95800 Courdimanche 95 51 Bf 54
91720 Courdimanche-sur-Essonne 91 71 Cc 58
50840 Cour-d'Intheville 50 33 Yd 50
02210 Courdoux 02 52 Dc 53
31160 Couret 31 176 Ae 90
38122 Cour-et-Buis 38 130 Fa 76
72260 Courgains 72 68 Ab 59
79120 Courgé 79 111 Aa 71
16190 Courgeac 16 123 Aa 76
72320 Courgenard 72 69 Ae 60
89190 Courgenay 89 73 Dd 59
78790 Courgent 78 50 Bd 55
27570 Courgeon 27 49 Af 56
61400 Courgeon 61 68 Ad 58
61560 Courgeoût 61 68 Ac 57
10800 Courgerennes 10 73 Ea 59
89800 Courgis 89 90 De 62
51310 Courgivaux 51 53 Dc 56
63320 Courgoul 63 128 Da 75
51270 Courjeonnet 51 53 Df 56
16210 Courlac 16 123 Aa 77
51170 Courlandon 51 40 De 53
63440 Courlange 63 115 Cf 72
39570 Courlans 39 106 Fc 68
39570 Courlaoux 39 106 Fc 69
79440 Courlay 79 98 Zc 68
17420 Courlay-sur-Mer 17 122 Yf 75
52210 Cour-L'Evêque 52 74 Ef 61
21580 Courlon 21 91 Fa 63
89140 Courlon-sur-Yonne 89 72 Da 58
01370 Courmangoux 01 119 Fc 71
51390 Courmas 51 53 Df 53
02200 Courmelles 02 52 Db 52
51360 Courmelois 51 53 Eb 54
41230 Courmemin 41 87 Bd 64
61310 Courménil 61 48 Ab 56
06620 Courmes 06 173 Ha 86
02130 Courmont 02 53 Dd 54
70400 Courmont 70 94 Gd 63
11300 Cournanel 11 178 Cb 90
46300 Cournazac 46 137 Bc 80
40460 Courneilley 40 134 Yf 82
87380 Courneix 87 125 Bc 75
34220 Courniou 34 166 Ce 88
63450 Cournols 63 128 Da 75
56200 Cournon 56 81 Xf 62
63800 Cournon-d' Auvergne 63 128 Db 74
34660 Cournonsec 34 168 De 87
34660 Cournonterral 34 168 De 87
12150 Cournuéjouls 12 152 Cf 82
55260 Courouvre 55 55 Fc 55
89260 Couroy 89 72 Dc 59
77540 Courpalay 77 52 Cf 57
17400 Courpeteau 17 111 Zd 73
63120 Courpière 63 128 Dd 74
17130 Courpignac 17 123 Zd 77
77390 Courquetaine 77 52 Ce 56
32330 Courrensan 32 148 Ab 85
16410 Courrière 16 124 Ab 75
62710 Courrières 62 30 Cf 46
81340 Courris 81 151 Cc 85
71110 Courroule 71 117 Ea 71
60112 Courroy 60 38 Ca 51
83120 Courruères 83 172 Gd 89
30500 Courry 30 154 Ea 83
46090 Cours 46 138 Bd 81
47360 Cours 47 149 Ad 83
58200 Cours 58 88 Cf 64
89310 Cours 89 90 Ea 62
69470 Cours 69D 117 Eb 72
24430 Coursac 24 136 Ad 78
46320 Coursac 46 138 Be 81
03380 Coursage 03 115 Cd 71
25380 Cour-Saint-Maurice 25 108 Ge 65
11110 Coursan 11 167 Da 89
10130 Coursan-en-Othe 10 73 Df 60
33580 Cours-de-Monségur 33 136 Aa 81
24520 Cours-de-Pile 24 136 Ad 79
06140 Coursegoules 06 158 Ha 86
62240 Courset 62 28 Bf 45
14470 Courseulles-sur-Mer 14 47 Zd 52
79220 Cours-la-Véquière 79 111 Zd 70
33690 Cours-les-Bains 33 148 Zf 82
18320 Cours-les-Barres 18 103 Da 66
02380 Courson 02 40 Dc 52
14380 Courson 14 46 Yf 55
89560 Courson-les-Carrières 89 89 Dd 63
91680 Courson-Monteloup 91 71 Ca 57
41500 Cour-sur-Loire 41 86 Bc 63
77560 Courtacon 77 52 Db 56
51480 Courtagnon 51 53 Df 54
28290 Courtalain 28 69 Ba 60
09320 Courtal-de-Lers 09 177 Bc 92
12800 Courtalesque 12 151 Cc 83
10130 Courtaoult 10 73 Df 60
11230 Courtauly 11 178 Ca 90
10400 Courtavant 10 73 Dd 57
68480 Courtavon 68 95 Hb 64
25470 Courtefontaine 25 94 Gf 65
39700 Courtefontaine 39 107 Fe 66
27130 Courteilles 27 49 Ba 56
61210 Courteilles 61 48 Ze 56
19340 Courteix 19 127 Cc 75
25530 Courtelain-et-Salans 25 108 Gc 65
90100 Courtelevant 90 94 Ha 63
80500 Courtemanche 80 39 Cd 51
45320 Courtemaux 45 72 Cf 60
51800 Courtémont 51 54 Ee 54
02850 Courtemont-Varennes 02 53 Dd 54
38510 Courtenay 38 131 Fc 74
45320 Courtenay 45 72 Da 60
10260 Courtenot 10 74 Eb 60
10270 Courteranges 10 73 Eb 59
10250 Courteron 10 74 Ec 60
01560 Courtes 01 118 Fa 70
70600 Courtesoult-et-Gatey 70 92 Fd 63
77580 Courte-Soupe 77 52 Da 55
63120 Courtessere 63 128 Dc 74
60300 Courteuil 60 51 Cd 53
84350 Courthézon 84 155 Ef 84
51700 Courthiézy 51 53 Dd 54
32230 Courties 32 162 Aa 87
60350 Courtieux 60 40 Da 52
72300 Courtillers 72 84 Ze 62
12400 Courtilles 12 152 Ce 85
50220 Courtils 50 66 Yd 57
15100 Courtines 15 140 Cf 78
10400 Courtioux 10 72 Dc 57
51460 Courtisols 51 54 Ed 55
21120 Courtivron 21 91 Ef 63
45700 Courtoin 45 88 Ce 61
89100 Courtois-sur-Yonne 89 72 Db 59
61390 Courtomer 61 48 Ac 57
77390 Courtomer 77 52 Cf 57
77650 Courton 77 72 Db 57
14100 Courtonne-la-Meurdrac 14 48 Ab 54
14290 Courtonne-les-Deux-Eglises 14 48 Ac 54
02820 Courtrizy-et-Fussigny 02 40 De 51
77181 Courtry 77 51 Cd 55
77115 Courty 77 71 Ce 57
46240 Courty 46 138 Bd 81
14260 Courvaudon 14 47 Zc 54
25560 Courvières 25 107 Ga 67
51170 Courville 51 53 De 53
72140 Courville 72 67 Zf 60
28190 Courville-sur-Eure 28 69 Bb 58
03370 Courzat 03 114 Cc 70
69690 Courzieu 69M 130 Ed 74
39190 Cousance 39 119 Fc 69
55500 Cousances-aux-Bois 55 55 Fc 56
55170 Cousances-les-Forges 55 75 Fa 57
55500 Cousances-lès-Triconville 55 55 Fc 56
19800 Cousin 19 126 Be 76
60730 Cousnicourt 60 51 Cb 53
59149 Cousolre 59 31 Ea 47
09120 Coussa 09 177 Be 90
87500 Coussac-Bonneval 87 125 Bb 75
47200 Coussan 47 136 Aa 82
65350 Coussan 65 163 Ab 89
63470 Coussat 63 127 Cc 74
86110 Coussay 86 99 Ab 67
86270 Coussay-les-Bois 86 100 Ae 68
33660 Cousseau 33 135 Aa 78
10210 Coussegrey 10 73 Ea 61
12310 Coussergues 12 152 Cf 82
88630 Coussey 88 75 Fe 58
18210 Coust 18 102 Cd 68
11190 Coustaussa 11 178 Cb 91
84220 Coustellet 84 156 Fa 85
34330 Coustorgues 34 166 Ce 87
11220 Coustouge 11 179 Ce 90
66260 Coustouges 66 179 Cd 94
14430 Coustranville 14 35 Zf 53
50200 Coutances 50 46 Yd 54
03330 Coutansouze 03 115 Da 71
49800 Coutardière 49 84 Zd 64
89440 Coutarnoux 89 90 Df 63
43260 Couteaux 43 141 Ea 79
01500 Coutelieu 01 119 Fc 73
09500 Coutens 09 165 Be 90
02140 Coutenval 02 41 Ea 50
61410 Couterne 61 67 Zd 57
21560 Couternon 21 92 Fa 65
13540 Couteron 13 170 Fc 87
43230 Couteuges 43 128 Dc 77
77580 Coutevroult 77 52 Cf 55
70400 Couthenans 70 94 Ge 63
47700 Couthures 47 148 Aa 83
47180 Couthures-sur-Garonne 47 135 Aa 81
59310 Coutiches 59 30 Db 46
79340 Coutières 79 111 Zf 69
85200 Coutigny 85 110 Za 70
42460 Coutouvre 42 117 Eb 72
33230 Coutras 33 135 Zf 78
28400 Coutretot 28 69 Af 59
19170 Couturas 19 126 Be 75
16460 Couture 16 112 Ab 73
24240 Couture 24 136 Ab 80
86380 Couture 86 99 Ab 68
79110 Couture-d'Argenson 79 111 Zf 73
62158 Couturelle 62 29 Cd 47
24320 Coutures 24 124 Ac 77
33580 Coutures 33 135 Aa 81
49320 Coutures 49 84 Zd 64
57170 Coutures 57 57 Gc 56
82400 Coutures 82 149 Af 83
82210 Coutures 82 149 Af 85
41800 Couture-sur-Loir 41 85 Ae 62
50680 Couvains 50 34 Yf 54
61550 Couvains 61 49 Ad 55
14250 Couvert 14 34 Zb 53
55290 Couvertpuis 55 75 Fb 57
10200 Couvignon 10 74 Ed 59
50690 Couville 50 33 Yb 51
55800 Couvonges 55 55 Fa 56
02220 Couvrelles 02 53 Dc 52
02600 Couvres-et-Valsery 02 52 Da 52
02270 Couvron-et-Aumencourt 02 40 Dd 51
51300 Couvrot 51 54 Ed 56
07000 Coux 07 142 Ed 80
17530 Coux 17 122 Yf 74
17130 Coux 17 123 Zd 77
18140 Couy 18 103 Ce 66
40430 Couyalas 40 147 Zc 83
24400 Couyet 24 136 Ab 78
33121 Couyras 33 134 Yf 78
33121 Couyrasseau 33 134 Yf 78
24150 Couze-et-Saint-Front 24 136 Ae 80
87270 Couzeix 87 125 Bb 73
16330 Couziers 16 124 Aa 74
37500 Couziers 37 99 Aa 66
03160 Couzon 03 103 Da 69
52190 Couzon-sur-Coulange 52 92 Fb 63
46500 Couzou 46 138 Bd 80
31480 Cox 31 149 Ba 86
62560 Coyecques 62 29 Cb 45
60580 Coye-la-Forêt 60 51 Cc 54
02600 Coyolles 02 52 Da 53
39200 Coyrière 39 119 Ff 70
39260 Coyron 39 119 Fe 69
54210 Coyviller 54 76 Gb 57
38460 Cozance 38 131 Fb 74
17120 Cozes 17 122 Zb 75
20148 Cozzano CTC 183 Ka 97
23100 Crabanat 23 126 Ca 74
31430 Crabères 31 164 Ba 89
32420 Crabots 32 163 Ae 88
82800 Craboula 82 150 Bd 84
56950 Crac'h 56 79 Xa 63
38300 Crachier 38 131 Fb 75

89660 Crai 89 90 Dd 64
89480 Crain 89 89 Dd 63
57590 Craincourt 57 56 Gb 55
42210 Craintilleux 42 129 Eb 75
88140 Crainvilliers 88 76 Fe 60
17170 Cramahé 17 110 Za 71
02130 Cramaille 02 52 Dc 53
39600 Cramans 39 107 Fe 66
51530 Cramant 51 53 Df 55
86190 Cramard 86 99 Aa 69
87380 Cramarigeas 87 125 Bc 75
87600 Cramaud 87 125 Af 74
17170 Cramchaban 17 110 Zb 71
61220 Craménil 61 47 Zd 56
60660 Cramoisy 60 51 Cc 53
80370 Cramont 80 29 Ca 48
09120 Crampagna 09 177 Bd 90
62179 Cran-aux-Oufs 62 26 Bd 43
10100 Crancey 10 73 Dd 57
39570 Crançot 39 107 Fd 68
15250 Crandelles 15 139 Cc 79
56150 Crann 56 80 Wf 61
72240 Crannes 72 68 Zf 60
72540 Crannes-en-Champagne 72 68 Zf 61
01320 Crans 01 118 Fb 73
39300 Crans 39 107 Ff 68
12110 Cransac 12 139 Cb 81
74380 Cranves-Sales 74 120 Gb 71
53400 Craon 53 83 Za 61
86110 Craon 86 99 Aa 68
02160 Craonne 02 40 De 52
60310 Crapeaumesnil 60 39 Ce 51
69290 Craponne 69M 130 Ee 74
43500 Craponne-sur-Arzon 43 129 Df 77
38210 Cras 38 131 Fc 77
46360 Cras 46 138 Bd 81
12170 Crassous 12 152 Cd 84
12400 Crassous 12 152 Cf 85
01340 Cras-sur-Reyssouze 01 118 Fb 71
67310 Crastatt 67 58 Hc 57
32270 Crastes 32 163 Ae 86
27400 Crasville 27 49 Ba 53
50630 Crasville 50 34 Yd 51
76450 Crasville-la-Mallet 77 36 Ae 50
14240 Crauville 14 34 Zb 54
17260 Cravans 17 122 Zb 75
45190 Cravant 45 86 Bd 62
89460 Cravant 89 89 De 62
37500 Cravant-les-Côteaux 37 99 Ac 66
32110 Cravencères 32 148 Aa 86
78270 Cravent 78 50 Bc 55
71460 Cray 71 118 Ec 69
46150 Crayssac 46 137 Bb 81
46100 Crayssac 46 138 Bf 81
59279 Craywick 59 27 Cb 43
01200 Craz 01 119 Fe 72
03300 Creuzier-le-Vieux 03 116 Dc 71
72200 Cré 72 84 Zf 62
29440 Creac'h 29 62 Vf 57
29390 Creac'h Courant 29 78 Wb 60
22610 Creac'h Maout 22 63 Wf 55
29880 Créach-Pont 29 62 Vd 57
50710 Créances 50 46 Yc 53
21320 Créancey 21 105 Ed 65
52120 Créancey 52 74 Ef 60
58210 Créantay 58 89 Db 64
21120 Crécey-sur-Tille 21 92 Fa 63
23290 Créchat 87 113 Bc 72
27190 Crêches 27 49 Af 54
71680 Crêches-sur-Saône 71 118 Ee 71
22720 Crec'h Metern 22 63 Wf 58
63700 Créchol 63 115 Ce 71
03150 Créchy 03 116 Dc 71
62120 Crecques 62 29 Cb 45
02380 Crécy-au-Mont 02 40 Db 52
28500 Crécy-Couvé 28 50 Bb 56
80150 Crécy-en-Ponthieu 80 28 Bf 47
77580 Crécy-la-Chapelle 76 52 Cf 55
02270 Crécy-sur-Serre 02 40 Dd 50
56580 Crédin 56 64 Xb 60
46330 Crégols 46 138 Be 82
77124 Crégy-lès-Meaux 76 52 Cf 55
57690 Créhange 57 57 Gd 54
57385 Créhange-Citex 57 57 Gd 54
22130 Créhen 22 65 Xe 57
60100 Creil 60 51 Cc 53
34370 Creissan 34 167 Da 88
62310 Crémarest 62 28 Be 44
42260 Crémeaux 42 117 Df 73
56800 Crémenan 56 81 Xd 61
80700 Crémery 80 39 Ce 50
38460 Crémieu 38 131 Fb 74
86450 Crémille 86 100 Ae 68
74150 Crempigny 74 119 Ff 73
46230 Cremps 46 150 Bd 82
39130 Crenans 39 119 Fe 70
52000 Crenay 52 75 Fa 60
10150 Creney-près-Troyes 10 73 Ea 59
61200 Crennes 61 48 Aa 56
53700 Crennes-sur-Fraubée 53 67 Ze 58
29390 Crénorien 29 78 Wb 60
33670 Créon 33 135 Zd 80
40240 Créon-d' Armagnac 40 148 Zf 85
71490 Créot 71 105 Ed 67
28200 Crépainville 28 69 Bb 60
21500 Crépand 21 90 Eb 63
54170 Crépey 54 76 Ff 57
23290 Crépiat 23 113 Bd 72
69140 Crépieux 69M 130 Ef 74
02300 Crépigny 02 40 Da 51
03300 Crépin 03 116 Dc 72
55150 Crépion 55 55 Fc 53
77440 Crépoil 76 52 Da 54
26350 Crépol 26 143 Fa 77
14480 Crépon 14 35 Zc 53
01470 Crept 01 131 Fc 74
02870 Crépy 02 40 Dd 51
62310 Crépy 62 29 Cb 46
60800 Crépy-en-Valois 60 52 Cf 53
62310 Créquy 62 29 Ca 46
70100 Cresancey 70 92 Fd 64
10320 Crésantignes 10 73 Ea 60
63310 Cresneuil 63 116 Db 73
22120 Crésouard 22 64 Xc 58
12290 Crespiaguet 12 152 Ce 83
30260 Crespian 30 154 Ea 85
78121 Crespières 78 50 Bf 55
12800 Crespin 12 151 Cb 84
59154 Crespin 59 31 Dd 46
81350 Crespin 81 151 Cb 84
81350 Crespinet 81 151 Cb 85
10500 Crespy-le-Neuf 10 74 Ed 58
17360 Cressac 17 123 Zf 77
87190 Cressac 87 113 Bb 71
16250 Cressac-Saint-Génis 16 123 Aa 76
03240 Cressanges 03 116 Da 70
23140 Cressat 23 114 Ca 72
17160 Cressé 17 111 Ze 73
46600 Cressensac-Sarrazac 46 138 Bd 78
46600 Cressensac-Sarrazac 46 138 Bd 78
27440 Cressenville 27 50 Bc 52
14440 Cresserons 14 47 Zd 53
14430 Cresseveuille 14 48 Aa 53
39270 Cressia 39 119 Fc 69
01350 Cressin-Rochefort 01 132 Fe 74
17380 Cresson 17 110 Zb 73
60190 Cressonsacq 60 39 Cd 52
76720 Cressy 77 37 Ba 50
80190 Cressy-Omencourt 80 39 Cf 50
71760 Cressy-sur-Somme 71 104 Df 68
26400 Crest 26 143 Fa 80
63320 Creste 63 128 Da 75
12140 Crestes 12 139 Cc 81
84110 Crestet 84 155 Fa 83
27110 Crestot 27 49 Af 53
82220 Crestou 82 150 Bb 84
73590 Crest-Voland 73 133 Gd 74
01550 Crêt 01 120 Ff 72
94000 Créteil 94 51 Cc 56
27240 Créton 27 49 Ba 55
38570* Crêts en Belledonne 38 132 Ff 76
50250 Cretteville 50 46 Yd 52
55210 Creuë 55 55 Fe 55
58250 Creulle 58 104 De 67
14480 Creully 14 35 Zc 53
80480 Creuse 80 38 Ca 49
57150 Creutzwald 57 57 Ge 53
58500 Creux 58 89 Dd 64
03300 Creuzjer-le-Neuf 03 116 Dc 71
45520 Creuzy 45 70 Bf 60
70400 Crevans-et-la-Chapelle-lès-Granges 70 94 Gd 63
03410 Crevant 03 115 Cd 70
36130 Crevant 36 101 Be 67
36140 Crevant 36 114 Bf 70
63350 Crevant-Laveine 63 116 Dc 73
54290 Crévéchamps 54 76 Gb 57
27490 Crevecœur 27 50 Bb 54
60360 Crèvecœur-le-Grand 60 38 Ca 51
60420 Crèvecœur-le-Petit 60 39 Cd 51
59258 Crèvecœur-sur-l'Escaut 59 30 Db 48
14340 Crèvecœur-en-Auge 14 35 Aa 54
77610 Crèvecour-en-Brie 76 52 Cf 56
70240 Creveney 70 93 Gb 62
54110 Crévic 54 56 Gc 57
38510 Crevières 38 131 Fc 74
35320 Crévin 35 82 Yc 61
76750 Crevon 77 37 Bb 51
05200 Crévoux 05 145 Gd 81
24100 Crevsse 24 136 Ad 79
05140 Creyers 05 144 Fd 81
38510 Creys-et-Pusignieu 38 131 Fc 74
24350 Creyssac 24 124 Ad 77
46600 Creysse 46 138 Bd 79
07000 Creysseilles 07 142 Ed 80
81990 Creyssens 81 151 Cb 85
24380 Creyssensac-et-Pissot 24 136 Ad 78
18190 Crézancay 18 102 Cc 68
02650 Crézancy 02 53 Dd 54
18300 Crézancy-en-Sancerre 18 88 Ce 65
62610 Crézeeques 62 27 Bf 44
87620 Crezeunet 87 125 Ba 74
79110 Crézières 79 111 Zf 72
12360 Cribas 12 152 Cf 86
14430 Cricqueville-en-Auge 14 35 Zf 53
14450 Cricqueville-en-Bessin 14 47 Za 52
76910 Criel-Plage 77 28 Bb 48
76910 Criel-sur-Mer 77 37 Bb 48
58270 Criens 58 104 Dc 66
40260 Criéré 40 146 Yf 85
09700 Crieu 09 165 Be 90
58110 Crieur 58 104 De 66
39130 Crillat 39 107 Fe 69
60112 Crillon 60 38 Bf 51
84410 Crillon-le-Brave 84 156 Fa 84
21800 Crimolois 21 92 Fa 65
29180 Crinquellic 29 78 Ve 60
54300 Crion 54 57 Gd 57
27110 Criquebeuf-la-Campagne 27 49 Ba 53
27340 Criquebeuf-sur-Seine 27 49 Ba 53
14600 Criquebœuf 14 36 Aa 52
27110 Criquetot 27 49 Ba 54
76540 Criquetot-le-Mauconduit 77 36 Ad 50
76280 Criquetot-L'Esneval 77 36 Ab 51
76590 Criquetot-sur-Longueville 77 37 Ba 50
76760 Criquetot-sur-Ouville 77 37 Af 50
76390 Criquiers 77 38 Be 50
50310 Crisbec 50 33 Ye 52
77390 Crisenoy 76 71 Ce 57
60400 Crisolles 60 39 Da 51
37220 Crissay-sur-Manse 37 100 Ac 66
72140 Crissé 72 68 Zf 59
39100 Crissey 39 106 Fc 66
71530 Crissey 71 106 Ef 68
20126 Cristinacce CTC 182 If 95
81260 Cristol 81 166 Cd 87
14250 Cristot 14 47 Zc 53
16300 Criteuil-la-Magdeleine 16 123 Ze 75
76680 Critot 77 37 Bb 51
54120 Criviller 54 77 Ge 58
84490 Croagnes 84 156 Fb 85
56560 Croajou 56 79 Wc 60
29420 Croas-ar-Born 29 62 Wa 57
29940 Croas-Avalou 29 78 Wa 61
29910 Croaz-Hent-Bouillet 29 78 Wa 61
29260 Croaz-Kerduff 29 62 Vd 57
29890 Croazou 29 62 Vd 57
29430 Crozau 29 62 Ve 57
36160 Crobonne 36 114 Ca 70
20237 Croce CTC 181 Kc 94
24150 Crocherie 24 136 Ad 79
59380 Crochte 59 27 Cc 43
20290 Crocicchia CTC 181 Kc 94
23260 Crocq 23 127 Cc 73
14620 Crocy 14 48 Zf 55
61200 Crogny 61 48 Zf 56
43580 Croisances 43 141 Dd 79
62130 Croisette 62 29 Cb 46
48600 Croisières 48 141 Dd 79
19430 Croisille 19 138 Bf 78
14220 Croisilles 14 47 Zd 55
28210 Croisilles 28 50 Bc 56
61230 Croisilles 61 48 Ab 56
62128 Croisilles 62 30 Cf 47
54300 Croismare 54 77 Gd 57
29470 Croisquer 29 62 Ve 58
29246 Croissant-Marie-Jaffré 29 63 Wc 58
14370 Croissanville 14 35 Zf 54
77183 Croissy-Beaubourg 76 51 Cd 56
78560 Croissy-sur-Seine 78 51 Ca 55
60120 Croissy-sur-Selle 60 38 Cb 50
18350 Croisy 18 103 Ce 67
76780 Croisy-sur-Andelle 77 37 Bc 52
27120 Croisy-sur-Eure 27 50 Bc 54
59170 Croix 59 30 Da 44
90100 Croix 90 94 Gf 64
56920 Croixanvec 56 64 Xa 60
62136 Croix-Barbet 62 29 Ce 45
22200 Croix-Blanche 22 63 Wf 57
59222 Croix-Caluyau 59 31 Dd 48
72320 Croix-Champagne 72 69 Af 60
17120 Croix-Chapeau 17 110 Yf 72
76660 Croixdalle 77 37 Bc 50
56390 Croix-de-Bois 56 80 Xa 62
13310 Croix-de-Crau 13 170 Ef 87
19270 Croix-de-la-Maleyire 19 125 Bd 77
63980 Croix-de-la-Paix 63 128 Dd 76
46300 Croix-de-Pech 46 137 Bb 80
49270 Croix-des-Victoires 49 83 Yf 65
85800 Croix-de-Vie 85 96 Ya 68
33380 Croix-d'Hins 33 134 Za 80
59181 Croix-du-Bac 59 30 Ce 44
19300 Croix-du-Bourg 19 126 Bf 76
62130 Croix-en-Ternois 62 29 Cb 46
02110 Croix-Fonsommes 02 40 Dc 49
50260 Croix-Jacob 50 33 Yc 51
76190 Croix-Mare 77 37 Af 51
80400 Croix-Moligneaux 80 39 Da 50
29410 Croix-Neuve 29 62 Wa 57
29190 Croix-Nu 29 62 Wa 59
80290 Croixrault 80 38 Bf 50
71140 Croix-Récy 71 104 De 68
03120 Croix-Rouge 03 116 Dd 72
12800 Croix-Rouge 12 151 Cc 83
13013 Croix-Rouge 13 170 Fc 88
27160 Croix-Rouge 27 49 Ae 56
29640 Croix-Rouge 29 63 Wb 58
63250 Croix-Saint-Martin 63 129 De 73
63410 Croizet 63 115 Cf 73
63390 Croizet 63 115 Ce 72
42540 Croizet-sur-Gand 42 117 Eb 73
38920 Crolles 38 132 Ff 77
50220 Crollon 50 66 Yd 57
87160 Cromac 87 113 Bb 70
70190 Cromary 70 93 Ga 64
15400 Cromenach 56 81 Xc 63
87150 Cromière 87 124 Ae 74
71760 Crona 71 104 Df 68
71140 Cronat 71 104 De 68
43300 Cronce 43 140 Dc 78
67000 Cronenbourg 67 60 He 57
76720 Cropus 77 37 Ba 50
44590 Croquemais 44 82 Yb 63
09400 Croquié 09 177 Bd 91
19200 Cros 19 127 Cc 76
23290 Cros 23 113 Bd 71
30170 Cros 30 154 De 85
63810 Cros 63 127 Cd 76
06800 Cros-de-Cagnes 06 173 Hb 87
07510 Cros-de-Géorand 07 141 Ea 80
15150 Cros-de-Montvert 15 138 Ca 78
83340 Cros-de-Mouton 83 172 Gb 89
63820 Cros-de-Ronesque 15 139 Cd 79
43230 Crose-Marie 43 128 Dd 77
25340 Crosey-le-Grand 25 94 Gd 64
25340 Crosey-le-Petit 25 94 Gc 64
48400 Crosgarnon 48 153 Dd 83
70220 Croslières 70 94 Gc 61
72200 Crosmières 72 84 Zf 62
91560 Crosne 94 51 Cc 56
44160 Crossac 44 81 Xe 64
43600 Crossacs 43 129 Eb 77
18340 Crosses 18 102 Cd 66
27110 Crosville-la-Vienne 27 49 Af 54
50360 Crosville-sur-Douve 50 33 Yd 52
76590 Crosville-sur-Scie 77 37 Ba 50
58000 Crot-de-Savigny 58 103 Db 67
37380 Crotelles 37 85 Af 63
39300 Crotenay 39 107 Fe 68
27530 Croth 27 50 Bc 55
05200 Crots 05 145 Gc 81
07150 Crottes 07 154 Ec 82
83310 Crottes 83 172 Gd 89
83700 Crottes 83 172 Ge 88
84390 Crottes 84 156 Fc 84
45170 Crottes-en-Pithiverais 45 70 Ca 60
01290 Crottet 01 118 Ef 71
14400 Crouay 14 34 Zb 53
64350 Crouseilles 64 162 Zf 87
32230 Crousse 32 162 Aa 87
86240 Croutelle 86 112 Ab 69
60350 Croutoy 60 39 Da 52
61120 Crouttes 61 48 Aa 55
02310 Crouttes-sur-Marne 02 52 Db 55
11190 Croux 11 178 Cb 91
02880 Crouy 02 40 Dc 52
60530 Crouy-en-Thelle 60 51 Cb 53
80310 Crouy-Saint-Pierre 80 38 Ca 49
41220 Crouy-sur-Cosson 41 86 Bd 63
77840 Crouy-sur-Ourcq 76 52 Da 54
07690 Crouzet 07 130 Ed 77
87220 Crouzet 87 125 Bc 74
25270 Crouzet-Migette 25 107 Ga 67
47150 Crouzillac 47 136 Ae 82
37220 Crouzilles 37 100 Ac 66
43150 Crouziols 43 141 Ea 79
15200 Crouzit 15 127 Cb 77
23160 Crozant 36 113 Bd 70
03410 Crozardais 03 115 Cd 70
23500 Croze 23 126 Cb 74
48130 Crozes 48 140 Db 80
26600 Crozes-Hermitage 26 142 Ef 78
01170 Crozet 01 120 Ff 71
01300 Crozet 01 131 Fd 74
12210 Crozillac 12 139 Ce 81
36140 Crozon-sur-Vauvre 36 114 Bf 70
07350 Cruas 07 142 Ee 81
Cruas 07 142 Ee 81
28270 Crucey 28 49 Ba 56
41100 Crucheray 41 86 Ba 62
21500 Cruchy 21 90 Eb 62
20166 Cruciata CTC 184 Ie 97
20160 Cruciate CTC 182 Ie 96
20133 Crucoli CTC 182 If 96
56410 Crucuno 56 79 Wf 63
86200 Crué 86 99 Ab 66
53800 Crue, la 53 83 Yf 62
12340 Cruéjouls 12 152 Cf 82
36310 Cruet 36 113 Bb 70
73800 Cruet 73 132 Ga 75
73550 Cruet 73 133 Gd 76
87360 Cruet 87 113 Ba 71
21360 Crugey 21 105 Ee 65
51170 Crugny 51 53 De 53
56420 Cruguël 56 80 Xc 61
04230 Cruis 04 157 Ff 84
61300 Crulai 61 49 Ae 56
53600 Crun 53 67 Zd 59
12330 Cruou 12 139 Cc 82
26460 Crupies 26 143 Fa 81
02120 Crupilly 02 40 De 49
11200 Cruscades 11 166 Ce 89
74350 Cruseilles 74 120 Ga 72
54680 Crusnes 54 43 Ff 52
12190 Crussac 12 139 Cd 81
30360 Cruviers-Lascours 30 154 Eb 84
18800 Crux 18 103 Ce 66
58330 Crux-la-Ville 58 104 Dd 66
71260 Cruzille 71 118 Ee 69
01290 Cruzilles-lès-Mépillat 01 118 Ef 71
81330 Cruzis 81 166 Cc 86
34310 Cruzy 34 167 Cf 88
89740 Cruzy-le-Châtel 89 90 Eb 61
89390 Cry 89 90 Eb 62
43170 Cubelles 43 141 Dd 78
63220 Cubelles 63 129 De 76
48190 Cubières 48 141 De 82
11190 Cubières-sur-Cinoble 11 178 Cc 91
48190 Cubiérettes 48 141 De 82
19520 Cublac 19 137 Bb 78
43200 Cublaise 43 129 Ea 77
69550 Cublize 69D 117 Ec 72
33620 Cubnezais 33 135 Zd 78
86300 Cubord 86 112 Ad 70
59230 Cubray 59 30 Dc 46
25680 Cubrial 25 93 Gc 64
25680 Cubry 25 93 Gc 64
70160 Cubry-lès-Faverney 70 93 Ga 62
70130 Cubry-lès-Soing 70 93 Ff 63
33240 Cubzac-les-Ponts 33 135 Zd 79
32240 Cucassé 32 147 Zf 85
51480 Cuchery 51 53 De 54
66720 Cuchous 66 179 Cd 92
62780 Cucq 62 28 Bd 46
11350 Cucugnan 11 179 Cd 91
84160 Cucuron 84 156 Fc 86
29540 Cudef 29 79 Wb 60
33430 Cudos 33 147 Ze 82
89116 Cudot 89 72 Db 61
06910 Cuébris 06 158 Ha 85
03140 Cueillat 03 116 Db 71
18800 Cueilly 18 103 Ce 66
32300 Cuélas 32 163 Ac 88
83390 Cuers 83 171 Ga 89
01340 Cuet 01 118 Fa 71
02880 Cuffies 02 40 Db 52
18150 Cuffy 18 103 Da 67
85610 Cugand 85 97 Ye 66
13780 Cuges-les-Pins 13 171 Fe 89
31270 Cugnaux 31 164 Bb 87
17220 Cugné 17 110 Za 72
70700 Cugney 70 92 Fe 64
02480 Cugny 02 40 Da 50
77690 Cugny 76 71 Ce 59
35270 Cuguen 35 65 Yc 58
31210 Cuguron 31 163 Ad 90
62960 Cuhem 62 29 Cb 45
86110 Cuhon 86 99 Aa 68
61200 Cui 61 48 Zf 56
60130 Cuignières 60 39 Cc 52
61200 Cuigny 61 48 Zf 56
60850 Cuigny-en-Bray 60 38 Be 52
53540 Cuillé 53 66 Yf 61
09420 Cuillère 09 177 Bb 91
76390 Cuillère 60 38 Be 50
62149 Cuinchy 62 29 Ce 45
59553 Cuincy 59 30 Da 46
42460 Cuinzier 42 117 Eb 72
02350 Cuirieux 02 40 De 50
02220 Cuiry-Housse 02 53 Dc 53
02160 Cuiry-lès-Chaudardes 02 40 De 52
02360 Cuiry-lès-Iviers 02 41 Ea 50
51530 Cuis 51 53 Df 55
71480 Cuiseaux 71 119 Fc 70
60350 Cuise-la-Motte 60 39 Da 52
21310 Cuiserey 21 92 Fb 64
71290 Cuisery 71 118 Fa 69
39190 Cuisia 39 119 Fc 69
01370 Cuisiat 01 119 Fc 71
51700 Cuisles 51 53 De 54
61250 Cuissai 61 68 Aa 58
55270 Cuisy 55 55 Fb 53
77165 Cuisy 76 52 Ce 54
02200 Cuisy-en-Almont 02 40 Db 52
18270 Culan 18 114 Cc 69
21230 Culêtre 21 105 Ed 66
89450 Culêtre 89 90 De 64
55000 Culey 55 55 Fb 56
14220 Culey-le-Patry 14 47 Zc 55
63350 Culhat 63 128 Db 73
38300 Culin 38 131 Fb 75
71460 Culles-les-Roches 71 105 Ed 69
14480 Cully 14 35 Zc 53
52600 Culmont 52 92 Fc 62
50500 Culot 50 34 Ye 53
01350 Culoz 01 132 Fe 73
70150 Cult 70 92 Fe 65
48230 Cultures 48 140 Dc 82
42890 Culvé 42 129 Df 74
51480 Cumières 51 53 Df 54
11410 Cumiès 11 165 Bf 89
24410 Cumond 24 124 Ab 77
82500 Cumont 82 149 Af 85
81990 Cunac 81 151 Cb 85
49350 Cunault 49 84 Ze 65
58210 Cuncy-lès-Varzy 58 89 Dc 64
24240 Cunèges 24 136 Ac 80
55110 Cunel 55 55 Fa 52
90150 Cunelières 90 94 Gf 63
10360 Cunfin 10 74 Ed 60
63590 Cunlhat 63 128 Dd 75
49150 Cuon 49 84 Zf 64
51400 Cuperly 51 54 Ec 54
11380 Cupserviès 11 166 Cc 88
47220 Cuq 47 149 Ae 84
81470 Cuq-Toulza 81 165 Bf 87
64360 Cuqueron 64 161 Zc 89
16210 Curac 16 123 Aa 77
12410 Curan 12 152 Cf 83
05110 Curbans 04 157 Ga 82
71800 Curbigny 71 117 Eb 71
86120 Curçay-sur-Dive 86 99 Zf 66
80190 Curchy 80 39 Cf 50
71470 Curciat 71 118 Fa 69
01560 Curciat-Dongalon 01 118 Fa 70
71130 Curdin 71 104 Df 69
17700 Curé 17 110 Zb 72
89450 Cure 89 90 De 64
52300 Curel-Autigny 52 75 Fa 58
19500 Curemonte 19 138 Be 79
72240 Cures 72 68 Zf 60
50170 Curey 50 66 Yd 57
59990 Curgies 59 31 Dd 47
71400 Curgy 71 105 Ec 67
73190 Curienne 73 132 Ga 75
12210 Curières 12 139 Cf 81
12340 Curlande 12 152 Ce 82
21220 Curley 21 106 Ef 65
80360 Curlu 80 39 Ce 49
24800 Curmont 24 125 Af 76
24450 Curmont 24 125 Af 75
52330 Curmont 52 74 Ef 59
26110 Curnier 26 156 Fb 82
87380 Cursac 87 125 Bd 75
20270 Cursigliese CTC 183 Kc 95
01310 Curtafond 01 118 Fa 71
01440 Curtaringe 01 118 Fb 71
21380 Curtil-Saint-Seine 21 91 Ef 64
21220 Curtil-sous-Buffières 71 117 Ed 70
71460 Curtil-sous-Burnand 71 105 Ed 69
21220 Curtil-Vergy 21 106 Ef 65
38510 Curtin 38 131 Fc 75
33125 Curton 33 135 Zc 82
27700 Curverville 27 50 Bc 53
86600 Curzay-sur-Vonne 86 111 Aa 70
85540 Curzon 85 109 Ye 70
20147 Curzu CTC 182 Ie 95
25110 Cusance 25 93 Gc 65
86120 Cusay 86 99 Aa 66
25680 Cuse-et-Adrisans 25 93 Gc 64
52190 Cusey 52 92 Fc 63
12600 Cussac 12 139 Ce 79
15430 Cussac 15 140 Cf 79
19200 Cussac 19 126 Cb 76
24480 Cussac 24 137 Af 79
33460 Cussac 33 134 Zb 78
87150 Cussac 87 125 Af 74
43370 Cussac-sur-Loire 43 141 Df 79
12160 Cussan 12 151 Cc 83
10210 Cussangy 10 73 Ea 60
37240 Cussay 37 100 Ae 66
31700 Cussecs 31 164 Bb 87
03170 Cusséjat 03 115 Cd 70
12360 Cusses 12 152 Cf 86
03300 Cusset 03 116 Dc 72
21580 Cussey-les-Forges 21 92 Fa 63
25440 Cussey-sur-Lison 25 107 Ff 66
25870 Cussey-sur-L'Ognon 25 93 Ff 64
21700 Cussigny 21 106 Ef 66
14280 Cussy 14 35 Zd 53
14400 Cussy 14 47 Zb 53
58470 Cussy 58 103 Db 67
71550 Cussy-en-Morvan 71 105 Ea 66
21360 Cussy-la-Colonne 21 105 Ed 66
21230 Cussy-le-Châtel 21 105 Ed 66
89420 Cussy-les-Forges 89 90 Ea 64
54670 Custines 54 56 Ga 56

74540 Cusy 74 132 Ga 74
89160 Cusy 89 90 Ea 62
20250 Cuticci CTC 183 Ka 94
77520 Cutrelles 76 72 Da 58
02600 Cutry 02 52 Db 52
54720 Cutry 54 43 Fe 52
60400 Cuts 60 40 Da 51
57260 Cutting 57 57 Gf 55
20167 Cuttoli-Corticchiato CTC 182 If 97
39170 Cuttura 39 119 Fe 70
32150 Cutxan 32 148 Zf 85
74350 Cuvat 74 120 Ga 73
70800 Cuve 70 93 Gb 61
60620 Cuvergnon 60 52 Cf 53
14840 Cuverville 14 35 Ze 53
76280 Cuverville 77 36 Ab 51
76260 Cuverville-sur-Yères 77 37 Bc 49
50670 Cuves 50 46 Yf 56
52240 Cuves 52 75 Fc 60
53250 Cuvier 39 107 Ga 68
59268 Cuvillers 59 30 Db 47
60490 Cuvilly 60 39 Ce 51
80400 Cuvilly 80 39 Da 50
57420 Cuvry 57 56 Ga 54
11390 Cuxac-Cabardès 11 166 Cb 88
11590 Cuxac-Coursan d'Aude 11 167 Cf 89
60310 Cuy 60 39 Cf 51
89140 Cuy 89 72 Db 59
76220 Cuy-Saint-Fiacre 77 38 Be 51
46270 Cuzac 46 138 Ca 81
46600 Cuzance 46 138 Bd 79
44160 Cuziac 44 81 Xe 64
01300 Cuzieu 01 131 Fe 74
42330 Cuzieu 42 129 Eb 75
47500 Cuzorn 47 137 Af 81
46500 Cuzoul 46 138 Be 80
58800 Cuzy 58 90 De 65
58190 Cuzy 58 90 Dd 64
71320 Cuzy 71 104 Ea 68
02220 Cys-la-Commune 02 40 Dd 52
59830 Cysoing 59 30 Db 45

D

04190 Dabisse 04 157 Ff 85
57850 Dabo = Dagsburg 57 58 Hb 57
67120 Dachstein 67 60 Hd 57
24250 Daglan 24 137 Bb 80
16210 Dagnaud 16 123 Aa 77
01120 Dagneux 01 131 Fa 73
77520 Dagny 76 52 Db 56
02140 Dagny-Lambercy 02 41 Ea 50
55500 Dagonville 55 55 Fc 56
40260 Dagues 46 138 Bd 80
67310 Dahlenheim 67 60 Hd 57
22370 Dahouët 22 64 Xc 57
33420 Daignac 33 135 Ze 80
08140 Daigny 08 42 Ef 50
52110 Daillancourt 52 74 Ef 59
52240 Daillecourt 52 75 Fd 60
57580 Dain-en-Saulnois 57 56 Gc 54
62000 Dainville 62 29 Ce 47
55130 Dainville-Bertheléville 55 75 Fd 58
29252 Dalar 29 62 Wa 57
46260 Dalat 46 150 Be 82
57550 Dalem 57 57 Gd 53
57340 Dalhain 57 57 Gd 55
67770 Dalhunden 67 59 Hf 56
43580 Dallas 43 141 De 78
62830 Dalles 62 28 Be 45
63111 Dallet 63 128 Db 74
02680 Dallon 02 40 Db 50
19430 Dalmasane 19 138 Bf 78
09120 Dalou 09 177 Bd 90
57320 Dalstein 57 44 Gc 53
06470 Daluis 06 158 Ge 84
88330 Damas-aux-Bois 88 77 Gc 58
88270 Damas-et-Bettegney 88 76 Gb 59
47160 Damazan 47 148 Ab 83
67110 Dambach 67 58 Hd 54
67650 Dambach-la-Ville 67 60 Hc 59
25150 Dambelin 25 94 Ge 64
70200 Dambenoît-lès-Colombes 70 93 Gc 62
88320 Damblain 88 75 Fd 60
14620 Damblainville 14 48 Zf 55
28140 Dambron 28 70 Bf 60
54360 Damelevières 54 76 Gc 57
37110 Dame-Marie-les-Bois 37 86 Ba 63
27160 Dame-Marie 27 49 Af 56
61130 Dame-Marie 61 68 Ad 58
60210 Daméraucourt 60 38 Bf 50
71620 Damerey 71 106 Ef 67
51480 Damery 51 53 Df 54
80700 Damery 80 39 Ce 50
56750 Damgan 56 80 Xc 63
61250 Damigni 61 68 Aa 58
55400 Damloup 55 55 Fc 53
02470 Dammard 02 52 Db 54
28360 Dammarie 28 70 Bc 58
45420 Dammarie-en-Puisaye 45 88 Cf 63
77190 Dammarie-les-Lys 76 71 Cd 57
45230 Dammarie-sur-Loing 45 88 Cf 62
55500 Dammarie-sur-Saulx 55 75 Fb 57
77230 Dammartin-en-Goële 76 51 Ce 54
78111 Dammartin-en-Serve 78 50 Bd 55
25110 Dammartin-les-Templiers 25 93 Gb 65
39290 Dammartin-Marpain 39 107 Fd 65
52140 Dammartin-sur-Meuse 52 75 Fd 61
77163 Dammartin-sur-Tigeaux 76 52 Cf 56
59680 Damousies 59 31 Ea 47
08090 Damouzy 08 42 Ee 50
39500 Damparis 39 106 Fc 66
02300 Dampcourt 02 40 Da 51
10240 Dampierre 10 74 Ec 57
14350 Dampierre 14 47 Za 54
18160 Dampierre 18 102 Ca 67
28800 Dampierre 28 70 Bc 59
39700 Dampierre 39 107 Fe 66
52360 Dampierre 52 75 Fc 61
51400 Dampierre-au-Temple 51 54 Ec 54
76220 Dampierre-en-Bray 77 38 Bd 51
71310 Dampierre-en-Bresse 71 106 Fb 68
45570 Dampierre-en-Burly 45 88 Cd 62
18260 Dampierre-en-Crot 18 88 Cd 64
18310 Dampierre-en-Graçay 18 102 Bf 65
21350 Dampierre-en-Montagne 21 91 Ed 64
78720 Dampierre-en-Yvelines 78 51 Bf 56
21310 Dampierre-et-Flée 21 92 Fc 64
36190 Dampierre-Gargilesse 36 113 Bd 69
51330 Dampierre-le-Château 51 54 Ee 54
25490 Dampierre-les-Bois 25 94 Gf 63
70800 Dampierre-lès-Conflans 70 93 Gb 61
76510 Dampierre-Saint-Nicolas 77 37 Bb 49
58350 Dampierre-sous-Bouhy 58 89 Da 64
28160 Dampierre-sous-Brou 28 69 Ba 59
28350 Dampierre-sur-Avre 28 49 Ba 56
28170 Dampierre-sur-Blévy 28 49 Ba 57
17470 Dampierre-sur-Boutonne 17 111 Zd 72
70230 Dampierre-sur-Linotte 70 93 Gb 63
49400 Dampierre-sur-Loire 49 99 Zf 65
51240 Dampierre-sur-Moivre 51 54 Ed 55
25190 Dampjoux 25 94 Ge 64
02600 Dampleux 02 52 Da 53
77400 Dampmart 76 52 Ce 55
19360 Dampniat 19 138 Bd 77
25450 Damprichard 25 108 Gf 65
27630 Dampsmesnil 27 50 Bd 54
70000 Dampvalley-lès-Colombe 70 93 Gb 63
70210 Dampvalley-Saint-Pancras 70 93 Gb 61
54470 Dampvitoux 54 56 Ff 54
52400 Damrémont 52 75 Fd 61
27240 Damville 27 49 Ba 55
55150 Damvillers 55 55 Fc 52
85420 Damvix 85 110 Zb 71
42260 Dancé 42 117 Ea 73
61340 Dancé 61 69 Ae 58
52210 Dancevoir 52 91 Ef 61
28210 Dancourt 28 50 Bd 57
76340 Dancourt 77 37 Bd 49
80700 Dancourt-Popincourt 80 39 Ce 51
28800 Dancy 28 70 Bc 60
86420 Dandesigny 86 99 Aa 67
14430 Danestal 14 48 Aa 53
28160 Dangeau 28 69 Bb 59
28190 Dangers 28 69 Bc 57
86220 Dangé-Saint-Romain 86 100 Ad 67
72260 Dangeul 72 68 Ab 59
67310 Dangolsheim 67 60 Hc 57
27720 Dangu 27 50 Be 53
50310 Dangueville 50 33 Ye 52
50750 Dangy 50 46 Ye 54
02800 Danizy 02 40 Dc 51
90400 Danjoutin 90 94 Gf 63
57370 Danne-et-Quatre-Vents 57 58 Hb 56
57820 Dannelbourg 57 58 Hb 56
68210 Dannemarie 68 94 Ha 63
78550 Dannemarie 78 50 Bd 56
25310 Dannemarie 25 94 Gf 64
25410 Dannemarie-sur-Crète 25 107 Ff 65
89700 Dannemoine 89 90 Df 61
91490 Dannemois 91 71 Cc 58
62187 Dannes 62 28 Bd 45
55110 Dannevoux 55 55 Fb 53
14770 Danvou-la-Ferrière 14 47 Zb 55
41160 Danzé 41 86 Ba 61
53200 Daon 53 83 Zc 62
29460 Daoulas 29 62 Ve 58
80800 Daours 80 39 Cc 49
19220 Darazac 19 138 Ca 77
74360 Darbon 74 121 Ge 70
39230 Darbonnay 39 107 Fd 68
07170 Darbres 07 142 Ed 81
21150 Darcey 21 91 Ed 63
33420 Dardenac 33 135 Ze 80
27930 Dardez 27 49 Bb 54
69570 Dardilly 69M 130 Ee 74
69490 Dareizé 69D 118 Ec 73
60210 Dargies 60 38 Bf 50
48150 Dargilan 48 153 Dc 83
80570 Dargnies 80 28 Bd 48
42800 Dargoire 42 130 Ee 75
18370 Dargout 18 114 Cb 69
52700 Darmannes 52 75 Fb 59
55400 Darmont 55 55 Fe 53
87320 Darnac 87 112 Af 71
24490 Darnat 24 135 Aa 78
43300 Darnes 43 140 Dd 78
76160 Darnétal 77 37 Ba 52
19300 Darnets 19 126 Ca 76
88260 Darney 88 76 Ga 60
88170 Darney-aux-Chênes 88 76 Fe 59
88390 Darnieulles 88 76 Gc 59
21121 Darois 21 91 Ef 64
43270 Darsac 43 141 De 78
77140 Darvault 76 71 Ce 59
87330 Darvizat 87 112 Af 72
45150 Darvoy 45 87 Ca 61
25230 Dasle 25 94 Gf 64
44290 Dastres 44 82 Yb 63
19200 Daubech 19 127 Cb 75
67150 Daubensand 67 60 He 58
27110 Daubeuf-la-Campagne 27 49 Ba 53
27430 Daubeuf-près-Vatteville 27 50 Bb 53
76110 Daubeuf-Serville 77 36 Ac 50
33540 Daubèze 33 135 Zf 80
47310 Daubèze 47 149 Ad 84
51800 Daucourt 51 54 Ef 54
10270 Daudes 10 73 Eb 59
67350 Dauendorf 67 58 Hd 56
48250 Daufage 48 141 De 81
40410 Daugnague 40 147 Zb 83
32190 Daugue 32 148 Ab 86
31190 Daujas 31 165 Bd 88
09350 Daumazan-sur-Arize 09 164 Bb 90
49640 Daumeray 49 84 Zd 62
32110 Daunian 32 147 Zf 86
04300 Dauphin 04 156 Fe 85
13390 Daurengue 13 171 Fd 88
47140 Dausse 47 149 Af 82
31700 Daux 31 164 Bb 86
63340 Dauzat-sur-Vodable 63 128 Da 76
63200 Davayat 63 116 Da 73
71960 Davayé 71 118 Ee 71
11330 Davejean 11 179 Cd 91
80500 Davenescourt 80 39 Cd 50
07430 Davézieux 07 130 Ee 77
04850 Davids, les 04 158 Ge 82
19250 Davignac 19 126 Ca 76
58210 Davion 58 89 Dc 64
10130 Davrey 10 73 Df 60
78810 Davron 78 50 Bf 55
40100 Dax 40 161 Yf 86
08130 Day 08 42 Ee 51
14800 Deauville 14 35 Aa 52
30360 Deaux 30 154 Ea 84
42130 Débats-Rivière-dOrpra 42 129 Df 74
12300 Decazeville 12 139 Cb 81
59187 Déchy 59 30 Da 46
69150 Décines-Charpieu 69M 130 Ef 74
58300 Decize 58 104 Dc 68
46340 Dégagnac 46 137 Bb 80
72550 Degré 72 68 Aa 60
72400 Dehault 72 68 Ad 59
67430 Dehlingen 67 57 Hb 55
88700 Deinvillers 88 77 Gd 58
18800 Déjointes 18 103 Cf 66
70180 Delain 70 92 Fd 63
62129 Delettes 62 29 Cb 45
60240 Delincourt 60 50 Be 53
90100 Delle 90 94 Gf 63
57590 Delme 57 56 Gc 55
55130 Delouze-Rosières 55 75 Fd 57
55150 Delut 55 43 Fc 52
25960 Deluz 25 93 Gb 65
06660 Demandols 06 158 Ge 83
04120 Demandolx 04 158 Gd 85
55130 Demange-aux-Eaux 55 75 Fc 57
55130 Demange-Baudignécourt 55 75 Fc 57
70210 Demangevelle 70 93 Ga 61
89200 Demecy-sur-le-Vault 89 90 De 64
71190 Démétry 71 105 Ea 68
58130 Demeurs 58 103 Da 66
71150 Demigny 71 106 Ef 67
62147 Demincourt 59 30 Da 48
63350 Demolle 63 116 Dc 73
23320 Demorange 23 114 Be 71
14840 Démouville 14 35 Ze 53
38300 Demptézieu 38 131 Fb 75
32190 Dému 32 163 Aa 86
80110 Démuin 80 39 Cd 50
59220 Denain 59 30 Dc 47
17240 Denat 17 122 Zc 76
81120 Dénat 81 151 Cb 85
53400 Denazé 53 83 Za 61
49190 Deneé 49 83 Zc 64
76590 Dénestanville 77 37 Ba 50
03140 Deneuille-lès-Chantelle 03 116 Da 71
03170 Deneuille-les-Mines 03 115 Ce 70
54120 Deneuvre 54 77 Ge 58
70180 Denèvre 70 92 Fd 63
49700 Dénezé-sous-Doué 49 98 Ze 65
49490 Dénezé-sous-le-Lude 49 84 Aa 63
39130 Denezières 39 107 Fe 69
64230 Denguin 64 162 Zc 88
69640 Denice 69D 118 Ed 72
80200 Deniecourt 80 39 Ce 49
62810 Denier 62 29 Cc 47
88210 Denipaire 88 77 Gf 58
91410 Denisy 91 70 Bf 57
62560 Dennebroeucq 62 29 Ca 45
78520 Dennemont 78 50 Be 54
50580 Denneville 50 33 Yc 53
50580 Denneville-la Plage 50 46 Yb 53
71510 Dennevy 71 105 Ed 67
90160 Denney 90 94 Gf 63
63260 Denone 63 116 Db 72
28700 Denonville 28 70 Be 58
84190 Dentelles de Montmirailles 84 155 Fa 84
57220 Denting 57 57 Gd 53
36130 Déols 36 101 Be 67
88270 Derbamont 88 76 Gb 59
84430 Derboux 84 155 Ee 83
86420 Dercé 86 99 Ab 67
76370 Derchigny 77 37 Bb 49
17600 Dercie 17 122 Za 74
02270 Dercy 02 40 De 50
59310 Dérègnaucourt 59 30 Db 46
11330 Dernacueillette 11 179 Cd 91
80300 Dernancourt 80 39 Cd 49
22230 Derrien 22 64 Xc 59
25500 Derrière le-Mont 25 108 Gd 66
44590 Derval 44 82 Yc 62
07570 Désaignes 07 142 Ed 79
25750 Désandans 25 94 Ge 63
37160 Descartes 37 100 Ae 67
03630 Désertines 03 115 Cd 70
53190 Désertines 53 66 Za 58
25330 Déservillers 25 107 Ga 66
43300 Desges 43 140 Dc 78
87800 Deshiaies 87 125 Db 75
74270 Desingy 74 119 Ff 73
45390 Desmonts 45 71 Cc 59
39140 Desnes 39 106 Fc 68
57260 Desseling 57 57 Gf 56
68600 Dessenheim 68 60 Hc 61
39320 Dessia 39 119 Fd 70
25320 Dessous 25 107 Ff 66
38740 Dessous-la-Roche 38 144 Ff 79
88600 Destord 88 77 Gd 59
33840 Destrac 33 148 Zf 83
02100 Destres 02 40 Db 50
57340 Destry 57 57 Gd 55
62240 Desvres 62 28 Be 44
21220 Détain-et-Bruant 21 106 Ee 65
73110 Détrier 73 132 Ga 76
02520 Détroit d'Annois 02 40 Db 50
71190 Dettey 71 105 Eb 68
67490 Dettwiller 67 58 Hc 56
02700 Deuillet 02 40 Dc 51
03240 Deux-Chaises 03 115 Da 70
53150 Deux-Evailles 53 67 Zc 59
69860 Deux-Grosnes 69D 118 Ed 71
14230 Deux-Jumeaux 14 47 Za 52
73440 Deux-Nants 73 132 Gc 76
55300 Deuxnouds-aux-Bois 55 55 Fd 55
55250 Deuxnouds-devant-Beauzée 55 55 Fb 55
54370 Deuxville 54 77 Gc 57
58300 Devay 58 104 Dd 68
25870 Devecey 25 93 Ga 65
07320 Devesset 07 142 Ec 78
65230 Devèze 65 163 Ad 89
33112 Devidas 33 134 Zb 78
47210 Dévillac 47 137 Ae 81
08800 Deville 08 42 Ee 49
76250 Déville-lès-Rouen 77 37 Ba 52
33121 Devinas 33 134 Yf 78
80200 Devise 80 39 Da 49
16190 Devlat 16 123 Aa 76
05250 Dévoluy 05 144 Ff 80
71330 Devrouze 71 106 Fa 68
88600 Deycimont 88 77 Gd 59
31450 Deyme 31 165 Bd 88
40500 Deyouan 40 147 Zc 86
07410 Deyras 07 142 Ee 78
88000 Deyvillers 88 77 Gd 59
03220 Dezards 03 116 Dd 70
19220 Dezéjoul 19 126 Ca 77
71150 Dezize- lès-Maranges 71 105 Ed 67
91590 d'Huison-Longueville 91 71 Cb 58
77440 Dhuisy 76 52 Da 54
02220 Dhuizel 02 40 Dd 52
41220 Dhuizon 41 87 Bd 63
01250 Dhuys 01 119 Fc 71
21430 Diancey 21 105 Ec 65
57830 Diane-Capelle 57 57 Gf 56
77940 Diant 76 72 Cf 59
54930 Diarville 54 76 Ga 58
71330 Diconne 71 106 Fa 68
89120 Dicy 89 89 Da 61
68350 Didenheim 68 95 Hb 62
26150 Die 26 143 Fc 80
57980 Diebling 57 57 Gf 54
67230 Diebolsheim 67 60 Hd 59
67260 Diedendorf 67 57 Ha 55
57905 Diedling 57 57 Ha 54
67220 Dieffenbach-au-Val 67 60 Hb 59
67360 Dieffenbach-lès-Worth 67 58 He 55
67650 Dieffenthal 67 60 Hc 59
68780 Diefmatten 68 94 Ha 62
50340 Diélette 50 33 Ya 51
69170 Dième 69D 117 Ec 73
67430 Diemeringen 67 57 Hb 55
38790 Diémoz 38 131 Fa 75
21120 Diénay 21 91 Fa 63
15300 Dienne 15 127 Ce 78
86410 Dienné 86 112 Ad 70
58340 Diennes-Aubigny 58 104 Dd 67
10500 Dienville 10 74 Ed 58
76200 Dieppe 77 37 Ba 49
55400 Dieppe-sous-Douaumont 55 55 Fd 53
37150 Dierre 37 86 Af 64
10190 Dierrey-Saint-Julien 10 73 De 59
10190 Dierrey-Saint-Pierre 10 73 De 59
57890 Diesen 57 57 Ge 53
68440 Dietwiller 68 95 Hc 62
60530 Dieudonné 60 51 Cb 53
55320 Dieue-sur-Meuse 55 55 Fc 54
26220 Dieulefit 26 143 Fa 81
71460 Dieulegard 71 105 Ec 68
33580 Dieulivol 33 136 Aa 80
54380 Dieulouard 54 56 Ga 55
82170 Dieupentale 82 150 Bb 85
30450 Dieusses 30 154 Ea 83
57260 Dieuze 57 57 Ge 56
62460 Diéval 62 29 Cc 46
57660 Diffembach-lès-Hellimer 57 57 Gf 54
57510 Diffembach-lès-Puttelange 57 57 Gf 54
80290 Digeon 60 38 Be 50
89240 Diges 89 89 Dc 62
39190 Digna 39 119 Fc 69
16410 Dignac 16 124 Ab 75
33590 Dignac 33 122 Za 76
04000 Digne-les-Bains 04 157 Gb 84
88000 Dignonville 88 77 Gd 59
28250 Digny 28 69 Ba 57
74230 Digny-Saint-Clair 74 120 Gb 73
71160 Digoin 71 117 Df 70
50110 Digosville 50 33 Yc 51
81330 Digounès 81 151 Cc 86
50440 Digulleville 50 33 Ya 50
63580 Dijoly 63 128 Dc 75
15240 Dijon 15 127 Cc 77
21000 Dijon 21 91 Fa 65
63630 Dijuste 63 128 Dd 76
19320 Dillanges 19 126 Ca 77
89320 Dilo 89 73 Dd 60
67440 Dimbsthal 67 58 Hc 56
59740 Dimechaux 59 31 Ea 47
59216 Dimont 59 31 Ea 47
23260 Dimpoux 23 127 Cc 73
22100 Dinan 22 65 Xf 58
29160 Dinan 29 61 Vc 59
35800 Dinard 35 65 Xf 57
29150 Dinéhault 29 62 Vf 59
35440 Dingé 35 65 Yb 58
67370 Dingsheim 67 60 Hd 57
88000 Dinozé 88 77 Gc 60
87210 Dinsac 87 113 Ba 71
67190 Dinsheim 67 60 Hc 57
36300 Dinte 36 100 Ba 68
52120 Dinteville 52 74 Ee 60
28700 Dinville-sous-Auneau 28 70 Be 58
47300 Diodé 47 149 Ae 82
34650 Dio-et-Valquières 34 167 Da 87
38160 Dionay 38 131 Fb 77
30190 Dions 30 154 Eb 85
36130 Diors 36 101 Be 68
03290 Diou 03 116 De 69
36260 Diou 36 102 Ca 66
16410 Dirac 16 124 Ab 75
29460 Dirinon 29 62 Ve 58
58190 Dirol 58 90 Dd 65
50450 Diseau 50 46 Yd 55
74370 Disonche 74 120 Gb 73
85320 Dissais 85 110 Ye 69
89440 Dissangis 89 90 Df 63
86130 Dissay 86 99 Ac 68
72500 Dissay-sous-Courcillon 72 85 Ac 63
17700 Dissé 17 110 Zb 72
72260 Dissé-sous-Ballon 72 68 Ab 59
72800 Dissé-sous-le-Lude 72 84 Aa 63
71270 Dissey 71 106 Fc 67
67510 Disteldorf 67 58 He 54
49400 Distré 49 99 Zf 65
57925 Distroff 57 44 Gb 53
64330 Diusse 64 162 Ze 87
26400 Divajeu 26 143 Fa 80
60400 Dive-le-Franc 60 39 Cf 51
60310 Dives 60 39 Cf 51
14160 Dives-sur-Mer 14 48 Zf 53
20290 Divina CTC 181 Kc 94
62460 Divion 62 29 Cd 46
01220 Divonne-les-Bains 01 120 Ga 70
79330 Dixmé 79 98 Ze 67
89500 Dixmont 89 72 Dc 60
41500 Diziers 41 86 Bc 62
38460 Dizimieu 38 131 Fb 74
51530 Dizy 51 53 Df 54
02340 Dizy-le-Gros 02 41 Ea 51
32440 Doat 32 148 Aa 85
40700 Dozit 40 161 Zc 86
64370 Doazon 64 161 Zc 88
88460 Docelles 88 77 Gd 60
57330 Dodenom 57 44 Gb 52
49410 Dodineau 49 83 Za 64
29360 Doëlan 29 79 Wc 62
17330 Dœuil-sur-le-Mignon 17 110 Zc 72
64190 Dognen 64 161 Zb 89
88000 Dogneville 88 77 Gc 59
24420 Dognon 24 125 Af 77
62380 Dohem 62 29 Cb 45
02360 Dohis 02 41 Ea 50
62147 Doignies 59 30 Da 48
80200 Doingt 80 39 Cf 49
24170 Doissat 24 137 Ba 80
38730 Doissin 38 131 Fc 76
85200 Doix lès Fontaines 85 110 Zb 70
42740 Doizieux 42 130 Ed 76
23170 Dol 23 114 Cc 72
88170 Dolaincourt 88 76 Fe 58
10200 Dolancourt 10 74 Ed 59
54170 Dolcourt 54 76 Ff 58
35120 Dol-de-Bretagne 35 65 Yb 57
39100 Dole 39 106 Fc 66
02360 Dolignon 02 41 Ea 50
57720 Dollenbach 57 58 Hc 54
68290 Dolleren 68 94 Gf 62
72390 Dollon 72 68 Ad 60
89150 Dollot 89 72 Da 59
47110 Dolmayrac 47 149 Ad 82
41330 Dolmen 41 86 Bb 63
38110 Dolomieu 38 131 Fd 75
40140 Dolouets 40 160 Ye 86
17550 Dolus-d'Oléron 17 109 Ye 73
37310 Dolus-le-Sec 37 100 Af 66
57400 Dolving 57 57 Ha 56
35113 Domagné 35 66 Yd 60
89150 Domaine-de-Clairis 89 72 Da 60
28140 Domainville 28 70 Be 60
63520 Domaize 63 128 Dd 74
35680 Domalain 35 66 Ye 61
74700 Domancy 74 121 Gd 73
57530 Domangeville 57 56 Gc 54
38300 Domarin 38 131 Fb 75
80620 Domart-en-Ponthieu 80 29 Ca 48
80110 Domart-sur-la-Luce 80 39 Cc 50
89150 Domats 89 72 Da 60
30390 Domazan 30 155 Ed 85
88260 Dombasle-devant-Darney 88 76 Ga 60
55120 Dombasle-en-Argonne 55 55 Fb 54
88500 Dombasle-en-Xaintois 88 76 Ff 59
54110 Dombasle-sur-Meurthe 54 56 Gc 57
52130 Domblain 52 74 Ef 58
39210 Domblans 39 107 Fd 68
55150 Dombras 55 43 Fc 52
88140 Dombrot-le-Sec 88 76 Ff 60
88170 Dombrot-sur-Vair 88 76 Ff 59
89450 Domecy-sur-Cure 89 90 De 64
60360 Doméliers 60 38 Ca 51
46360 Domenac 46 138 Bd 81
38420 Domène 38 132 Ff 77
03410 Domérat 03 115 Cd 70
80370 Domesmont 80 29 Ca 48
30350 Domessargues 30 154 Eb 85
73330 Domessin 73 131 Fe 75
54305 Domèvre-en-Haye 54 56 Ff 56
88500 Domèvre-sous-Montfort 88 76 Ga 59
88390 Domèvre-sur-Avière 88 76 Gc 59
88330 Domèvre-sur-Durbion 88 77 Gc 59
54450 Domèvre-sur-Vezouze 54 77 Ge 57
43230 Domeyrat 43 128 Dd 77
23140 Domeyrot 23 114 Ca 71
64120 Domezain-Berraute 64 161 Za 89
88600 Domfaing 88 77 Ge 59

A B C D E F G H I J K L M N O P Q R S T U V W X Y Z

67430 Domfessel 67 57 Ha 55
60420 Domfront 60 39 Cd 51
72240 Domfront-en-Champagne 72 68 Aa 60
54119 Domgermain 54 56 Fe 57
17190 Domino 17 109 Yd 73
80120 Dominois 80 28 Bf 47
50420 Domjean 50 46 Yf 55
54450 Domjevin 54 77 Ge 57
88800 Domjulien 88 76 Ff 59
80370 Domléger-Longvillers 80 29 Ca 48
08160 Dom-le-Mesnil 08 42 Ee 50
35410 Domloup 35 66 Yc 60
54115 Dommarie-Eulmont 54 76 Ga 58
52190 Dommarien 52 92 Fc 62
54130 Dommartemont 54 56 Gb 56
25300 Dommartin 25 108 Gb 67
58120 Dommartin 58 104 Df 66
80440 Dommartin 80 39 Cc 50
69380 Dommartin 69M 130 Ee 73
88390 Dommartin-aux-Bois 88 76 Gb 60
51800 Dommartin-Dampierre 51 54 Ee 54
54470 Dommartin-la-Chaussée 54 56 Ff 54
55160 Dommartin-la-Montagne 55 55 Fd 54
10240 Dommartin-le-Coq 10 74 Ec 57
52110 Dommartin-le-Franc 52 74 Ef 58
52110 Dommartin-le-Saint-Père 52 74 Ef 58
71480 Dommartin-lès-Cuiseaux 71 119 Fb 70
88200 Dommartin-lès-Remiremont 88 77 Gd 61
54200 Dommartin-lès-Toul 54 56 Ff 56
88260 Dommartin-lès-Vallois 88 76 Ga 60
51320 Dommartin-Lettrée 51 54 Eb 56
54770 Dommartin-sous-Amance 54 56 Gb 56
51800 Dommartin-sous-Hans 51 54 Ee 54
88170 Dommartin-sur-Vraine 88 76 Ff 58
51330 Dommartin-Varimont 51 54 Ee 55
55240 Dommary-Baroncourt 55 55 Fe 53
24250 Domme 24 137 Bb 80
08460 Dommery 08 41 Ec 50
02600 Dommiers 02 40 Db 53
57260 Domnon-lès-Dieuze = Dommenheim 57 57 Ge 55
21600 Domois 21 91 Fa 65
56360 Domois 56 80 We 65
95330 Domont 95 51 Cb 54
88270 Dompaire 88 76 Gb 59
55300 Dompcevrin 55 55 Fc 55
54800 Dompierre 54 56 Fe 54
59440 Dompierre 59 31 Df 48
60420 Dompierre 60 39 Cd 51
61350 Dompierre 61 66 Za 58
61700 Dompierre 61 67 Zc 57
88600 Dompierre 88 77 Gd 59
55300 Dompierre-aux-Bois 55 55 Fd 55
80980 Dompierre-Becquincourt 80 39 Ce 49
35210 Dompierre-du-Chemin 35 66 Yf 59
21390 Dompierre-en-Morvan 21 90 Eb 64
87190 Dompierre-les-Églises 87 113 Bb 71
71520 Dompierre-les-Ormes 71 118 Ec 70
25560 Dompierre-les-Tilleuls 25 107 Gb 67
71420 Dompierre-sous-Sanvignes 71 105 Eb 69
80150 Dompierre-sur-Authie 80 28 Bf 47
03290 Dompierre-sur-Besbre 03 116 De 69
01400 Dompierre-sur-Chalaronne 01 118 Ef 72
17610 Dompierre-sur-Charente 17 123 Zd 74
58420 Dompierre-sur-Héry 58 89 Dd 65
17139 Dompierre-sur-Mer 17 110 Yf 71
39270 Dompierre-sur-Mont 39 119 Fd 69
58350 Dompierre-sur-Nièvre 58 103 Db 65
01240 Dompierre-sur-Veyle 01 118 Fb 72
85170 Dompierre-sur-Yon 85 97 Yd 68
07260 Dompnac 07 141 Ea 81
25510 Domprel 25 108 Gc 65
51300 Dompremy 51 54 Ee 56
54490 Domprix 54 43 Fe 53
87120 Domps 87 126 Be 75
88700 Domptail 88 77 Gd 58
54290 Domptail-en-L'Air 54 76 Gb 57
02310 Domptin 02 52 Db 54
80620 Domqueur 80 29 Ca 48
55500 Domrémy-aux-Bois 55 55 Fc 56
55240 Domrémy-la-Canne 55 55 Fe 53
52270 Domremy-Landéville 52 75 Fb 58
88630 Domrémy-la-Pucelle 88 75 Fe 58
01270 Domsure 01 119 Fb 70
88500 Domvallier 88 76 Ga 59
80150 Domvast 80 28 Bf 47
59272 Don 59 30 Cf 45
14240 Donazac 11 165 Ca 90
08350 Donchery 08 42 Ef 50
88700 Doncières 88 77 Gd 58
55160 Doncourt-aux-Templiers 55 55 Fe 54
54800 Doncourt-lès-Conflans 54 56 Ff 54
54620 Doncourt-lès-Longuyon 54 43 Fe 52
52150 Doncourt-sur-Meuse 52 75 Fd 60
47470 Dondas 47 149 Af 83
44480 Donges 44 81 Xf 65
33480 Donissan 33 134 Zb 78
52300 Donjeux 52 75 Fa 58
57590 Donjeux 57 56 Gc 55
34360 Donnadieu 34 167 Cf 88
56360 Donnant 56 80 We 65
30200 Donnat 30 155 Ed 83
14220 Donnay 14 47 Zd 55
81170 Donnazac 81 151 Bf 84
57810 Donnelay 57 57 Ge 56
28200 Donnemain-Saint-Mamès 28 69 Bc 60
52800 Donnemarie 52 75 Fc 60
77520 Donnemarie-Dontilly 76 72 Da 58
10330 Donnement 10 74 Ec 57
67170 Donnenheim 67 58 Hd 56
48170 Donnepau 48 141 Dd 81
45450 Donnery 45 87 Ca 61
31450 Donneville 31 165 Bd 88
50350 Donneville-les-Bains 50 46 Yc 55
33860 Donnezac 33 123 Zd 77
38930 Donnière 38 143 Fd 80
11200 Donos 11 166 Ce 90
23700 Dontreix 23 115 Cd 73
51490 Dontrien 51 54 Ec 53
33410 Donzac 33 135 Ze 81
82340 Donzac 82 149 Ae 84
40360 Donzacq 40 161 Zb 87
19270 Donzenac 19 125 Bd 77
26290 Donzère 26 155 Ee 82
58220 Donzy 58 89 Da 64
71250 Donzy-le-National 71 118 Ed 70
71250 Donzy-le-Pertuis 71 118 Ee 70
58220 Donzy-le-Pré 58 89 Da 64
63220 Doranges 63 128 Dd 76
90400 Dorans 90 94 Gf 63
63300 Dorat 63 116 Dc 73
61110 Dorceau 61 69 Ae 58
45680 Dordives 45 71 Ce 60
58460 Dordres 58 89 Db 64
63220 Dore-L'Eglise 63 129 De 76
02450 Dorengt 02 40 De 49
59500 Dorignies 59 30 Da 46
67120 Dorlisheim 67 60 Hc 57
51700 Dormans 51 53 Dd 54
77130 Dormelles 76 72 Cf 59
69720 Dormont 69M 130 Fa 74
07160 Dornas 07 142 Ec 79
58530 Dornecy 58 89 Dd 64
58390 Dornes 58 103 Dc 68
66760 Dorres 66 178 Bf 94
57720 Dorst 57 58 Hc 54
01590 Dortan 01 119 Fd 71
57690 Dorviller 57 57 Gd 54
10220 Dosches 10 73 Eb 59
10700 Dosnon 10 73 Eb 57
45300 Dossainville, Césarville- 45 71 Cb 59
29250 Dossen 29 62 Vf 56
67117 Dossenheim-Kochersberg 67 58 Hd 57
67330 Dossenheim-sur-Zinsel 67 58 Hc 56
49750 Doua 49 83 Zc 65
36300 Douadic 36 100 Ba 68
59553 Douai 59 30 Da 46
27120 Douains 27 50 Bc 54
06660 Douans 06 158 Gf 83
29100 Douarnenez 29 78 Ve 60
55400 Douaumont 55 55 Fc 53
55400 Douaumont-Vaux 55 55 Fc 53
25300 Doubs 25 108 Gc 67
39700 Doubs 39 107 Fe 66
49640 Doucé 49 84 Zd 63
72170 Doucelles 72 68 Ab 59
34610 Douch 34 167 Cf 87
24350 Douchapt 24 124 Ac 77
02590 Douchy 02 40 Da 50
62116 Douchy-lès-Ayette 62 29 Ce 47
59282 Douchy-les-Mines 59 30 Dc 47
45220 Douchy-Montcorbon 45 72 Da 61
39130 Doucier 39 107 Fe 69
73260 Doucy 73 132 Gc 75
73630 Doucy-en-Bauges 73 132 Gb 74
62830 Doudeauville 62 28 Bf 45
76220 Doudeauville 77 38 Be 51
27150 Doudeauville-en-Vexin 27 38 Bd 53
80140 Doudelainville 80 38 Be 48
76560 Doudeville 77 36 Ae 50
47210 Doudrac 47 136 Ae 81
77510 Doue 76 52 Da 55
49700 Doué-la-Fontaine 49 98 Ze 65
46140 Douelle 46 137 Bc 82
33125 Douence 33 134 Zc 81
35420 Douillet 35 66 Yf 57
72130 Douillet 72 68 Zf 59
80400 Douilly 80 39 Da 50
52270 Doulaincourt-Saucourt 52 75 Fb 59
25330 Doulaize 25 107 Ff 66
55110 Doulcon 55 42 Fa 52
19220 Doulet 19 138 Ca 78
52110 Doulevant-le-Château 52 74 Ef 58
52130 Doulevant-le-Petit 52 74 Ef 58
33350 Doulezon 33 135 Zf 80
43500 Doulioux 43 129 Df 77
80600 Doullens 80 29 Cc 48
19320 Doumail 19 126 Bf 77
12290 Doumazergues 12 152 Ce 83
08220 Doumely-Bégny 08 41 Eb 51
16380 Douméracq 16 124 Ac 75
87300 Doumezy 87 113 Ba 72
15200 Doumis 15 126 Cb 77
64450 Doumy 64 162 Zd 88
88220 Dounoux 88 76 Gc 60
30750 Dourbies 30 153 Dc 84
35450 Dourdain 35 66 Yd 59
91410 Dourdan 91 70 Ca 57
57500 Dourd'hal 57 57 Gd 54
62119 Dourges 62 30 Cf 46
81110 Dourgne 81 165 Ca 88
62870 Douriez 62 28 Bf 47
24350 Dourle 24 124 Ad 77
59440 Dourlers 59 31 Df 47
22560 Dourlin 22 63 Wc 56
05310 Dourmillouse 05 145 Gc 80
87230 Dournazac 87 125 Af 75
39110 Dournon 39 107 Ff 67
79600 Douron 79 99 Zf 67
04330 Douroulles 04 157 Gc 84
12120 Dours 12 152 Cd 83
65350 Dours 65 162 Aa 89
74210 Doussard 74 132 Gb 74
58800 Doussas 58 104 De 65
86140 Doussay 86 99 Ab 67
74140 Douvaine 74 120 Gb 71
80200 Douvieux 80 39 Da 49
24140 Douville 24 136 Ad 79
14430 Douville-en-Auge 14 48 Zf 53
27380 Douville-sur-Andelle 27 50 Bb 52
76630 Douvrend 77 37 Bb 49
01500 Douvres 01 119 Fc 73
14440 Douvres-la-Délivrande 14 47 Zd 53
62138 Douvrin 62 30 Ce 45
49260 Douvy 49 99 Zf 66
08300 Doux 08 41 Ec 51
79390 Doux 79 99 Aa 68
85200 Doux 85 110 Zb 70
28220 Douy 28 69 Bb 60
77139 Douy-la-Ramée 76 52 Cf 54
47330 Douzains 47 136 Ad 81
12600 Douzalbats 12 139 Ce 79
16290 Douzat 16 123 Aa 74
15430 Douze 15 140 Cf 79
11700 Douzens 11 166 Cd 89
07570 Douzet 07 142 Ec 78
40240 Douzevieille 40 147 Ze 85
24190 Douzillac 24 136 Ac 78
08140 Douzy 08 42 Fa 50
42600 Dovezy 42 129 Df 75
50250 Doville 50 46 Yc 53
03250 Doyat 03 116 Dd 72
39250 Doye 39 107 Ga 68
03170 Doyet 03 115 Ce 70
14430 Dozulé 14 35 Zf 53
69220 Dracé 69D 118 Ee 72
37800 Draché 37 100 Ad 66
67160 Drachenbronn-Birlenbach 67 58 Hf 55
21350 Dracy 21 91 Ed 64
89130 Dracy 89 89 Db 62
21230 Dracy-Chalas 21 105 Ec 66
71640 Dracy-le-Fort 71 105 Ee 68
71490 Dracy-lès-Couches 71 105 Ed 67
71400 Dracy-Saint-Loup 71 105 Ec 66
50530 Dragey-Ronthon 50 46 Yd 56
83300 Draguignan 83 172 Gc 87
74550 Draillant 74 120 Gc 71
49530 Drain 49 82 Ye 64
04420 Draix 04 157 Gc 84
08220 Draize 08 41 Ec 51
21270 Drambon 21 92 Fc 64
39240 Dramelay 39 119 Fd 70
93700 Drancy 93 51 Cc 55
76870 Dranville 77 38 Bd 50
06340 Drap 06 173 Hb 86
76890 Draqueville 77 37 Af 50
02130 Dravegny 02 53 Dd 53
91210 Draveil 91 51 Cc 56
21540 Drée 21 91 Ee 64
44530 Drefféac 44 81 Xf 64
58220 Dreigny 58 89 Db 65
24700 Dreilles 24 136 Ab 78
15190 Dreils 15 127 Cf 76
31280 Drémil 31 165 Bd 87
44630 Dreny 44 81 Ya 63
60170 Dreslincourt 60 39 Cf 51
63850 Dressondeix 63 127 Ce 76
73410 Dressy 73 132 Ff 74
80470 Dreuil-lès-Amiens 80 38 Cb 49
80540 Dreuil-lès-Molliens 80 38 Ca 49
28100 Dreux 28 50 Bc 56
18200 Drevant 18 102 Cd 68
71670 Drevin 71 105 Ed 67
31380 Drian 31 165 Bd 86
08310 Dricourt 08 41 Ed 52
80240 Driencourt 80 39 Da 49
48150 Drigas 48 153 Dc 83
03250 Drigeard 03 116 De 72
15700 Drignac 15 127 Cc 78
55110 Drillancourt 55 55 Fb 53
59630 Drincham 59 27 Cb 43
65380 Drincles 65 162 Aa 90
62560 Drionville 62 29 Ca 45
62320 Drocourt 62 30 Cf 46
78440 Drocourt 78 50 Be 54
27320 Droisy 27 49 Ba 56
74270 Droisy 74 119 Ff 73
54800 Droitaumont 54 56 Fe 54
25380 Droitfontaine 25 94 Ge 65
03120 Droiturier 03 116 De 71
60440 Droizelles 60 52 Ce 54
02210 Droizy 02 52 Dc 53
01250 Drom 01 119 Fc 71
80640 Dromesnil 80 38 Bf 49
59114 Droogland 59 27 Cd 43
76460 Drosay 77 36 Ae 50
51290 Drosnay 51 74 Ed 57
41270 Droué 41 69 Ba 60
28230 Droue-sur-Drouette 28 70 Be 57
35130 Drouges 35 82 Ye 61
30160 Drouilhèdes 30 154 Ea 83
36800 Drouillé 36 101 Bb 69
87300 Drouilles 87 113 Ba 72
51300 Drouilly 51 54 Ed 56
10170 Droupt-Saint-Basle 10 73 Df 58
10170 Droupt-Sainte-Marie 10 73 Df 58
54370 Drouville 54 56 Gc 56
87190 Droux 87 113 Ba 72
52220 Droyes 52 74 Ee 57
14130 Drubec 14 35 Aa 53
27230 Drucourt 27 48 Ac 54
31480 Drudas 31 164 Ba 86
12510 Druelle 12 151 Cd 82
15140 Drugeac 15 139 Cc 77
01160 Druillat 01 119 Fb 72
12350 Drulhe 12 138 Ca 82
67320 Drulingen 67 57 Hb 55
73420 Drumettaz-Clarafond 73 132 Ff 75
67410 Drusenheim 67 59 Hf 56
37190 Druyé 37 85 Ad 65
89560 Druyes-les-Belles-Fontaines 89 89 Dc 63
58160 Druy-Parigny 58 103 Dc 67
45370 Dry 45 87 Be 62
22160 Dualt 22 63 Wd 58
47400 Dubédat 47 136 Ab 82
76480 Duclair 77 37 Af 52
60800 Ducy 60 52 Ce 53
14250 Ducy-Sainte-Marguerite 14 34 Zc 53
69850 Duerne 69M 130 Ed 74
21510 Duesme 21 91 Ee 63
32170 Duffort 32 163 Ac 88
82160 Duges 82 151 Bf 83
93440 Dugny 93 51 Cc 55
55100 Dugny-sur-Meuse 55 55 Fc 54
40140 Duha 40 160 Ye 86
40800 Duhort-Bachen 40 162 Ze 86
11350 Duilhac-sous-Peyrepertuse 11 179 Cd 91
74410 Duingt 74 132 Gb 74
62161 Duisans 62 29 Ce 47
73610 Dullin 73 131 Fe 75
71240 Dulphey 71 118 Ef 69
40430 Dumène 40 147 Zd 83
40500 Dumes 40 161 Zc 86
09600 Dun 09 177 Be 90
72160 Duneau 72 68 Ad 60
82340 Dunes 82 149 Ae 84
36310 Dunet 36 113 Bb 70
14710 Dungy 14 47 Za 53
43220 Dunières 43 129 Ec 77
07360 Dunière-sur-Eyrieux 07 142 Ed 80
59140 Dunkerque 59 27 Cc 42
23800 Dun-le-Palestel 23 114 Bd 71
36210 Dun-le-Poëlier 36 101 Be 65
58230 Dun-les-Places 58 90 Ea 65
18130 Dun-sur-Auron 18 102 Cd 67
58110 Dun-sur-Grandry 58 104 De 66
55110 Dun-sur-Meuse 55 42 Fb 52
67270 Duntzenheim 67 58 Hd 56
40160 Dupouy 40 146 Yf 83
67120 Duppigheim 67 60 Hd 57
31230 Duprat 31 164 Af 88
32810 Duran 32 163 Ad 86
47420 Durance 47 148 Aa 84
32230 Duransan 32 163 Aa 87
06670 Duranus 06 159 Hb 85
27230 Duranville 27 49 Ad 54
47120 Duras 47 136 Ab 80
46700 Duravel 46 137 Ba 81
23480 Durazat 23 114 Ca 72
65130 Durban 65 163 Ab 90
81140 Durban 81 151 Bf 85
11360 Durban-Corbières 11 179 Ce 91
46320 Durbans 46 138 Be 80
09240 Durban-sur-Arize 09 177 Bc 90
05140 Durbon 05 144 Fe 81
61100 Durcet 61 47 Zd 56
03310 Durdat 03 115 Ce 71
03310 Durdat-Larequille 03 115 Ce 71
72270 Dureil 72 84 Zf 61
12170 Durenque 12 152 Cd 84
33620 Duret 33 135 Zd 78
09130 Durfort 09 164 Bc 89
81540 Durfort 81 165 Ca 88
30170 Durfort-et-Saint-Martin-de-Sossenac 30 154 Df 85
82390 Durfort-Lacapelette 82 150 Ba 83
32260 Durhan 32 163 Ad 87
01370 Durlande 01 119 Fb 71
68480 Durlinsdorf 68 95 Hb 64
68480 Durmenach 68 95 Hc 63
63700 Durmignat 63 115 Cf 71
25580 Durnes 25 107 Gb 66
67270 Durningen 67 58 Hd 56
67360 Durrenbach 67 58 He 55
68320 Durrenentzen 68 60 Hd 60
67320 Durstel 67 57 Hb 55
49430 Durtal 49 84 Ze 62
63830 Durtol 63 128 Da 74
02480 Dury 02 40 Da 50
62156 Dury 62 30 Da 47
80480 Dury 80 38 Cb 49
24270 Dussac 24 125 Ba 76
58800 Dussy 58 104 De 65
67120 Duttlenheim 67 60 Hd 57
60800 Duvy 60 52 Cf 53
55230 Duzey 55 43 Fd 52
89360 Dyé 89 90 Df 61
71800 Dyo 71 117 Eb 70

E

35640 Eancé 35 82 Ye 62
02480 Eaucourt 02 40 Da 50
80580 Eaucourt-sur-Somme 80 28 Bf 48
31600 Eaunes 31 164 Bc 88
64440 Eaux-Bonnes 64 174 Zd 91
10130 Eaux-Puiseaux 10 73 Df 60
32800 Eauze 32 148 Aa 85
21190 Ebaty 21 105 Ee 67
59173 Ebblinghem 59 27 Cc 44
17770 Ebéon 17 123 Zd 73
67470 Eberbach-Seltz 67 59 Ia 55
67110 Eberbach-Wœrth 67 58 He 55
67600 Ebersheim 67 60 Hc 59
67600 Ebersmunster 67 60 Hd 59
57320 Ebersviller 57 56 Gc 53
38880 Ebertière 38 143 Fd 77
25380 Ebey 25 94 Gd 65
57220 Eblange 57 57 Gc 53
02350 Ebouleau 02 41 Df 50
16140 Ebréon 16 111 Aa 73
03450 Ébreuil 03 115 Da 72
57980 Ebring 57 57 Gf 54
62170 Ebruyères 62 28 Be 46
59176 Écaillon 59 30 Db 46
14270 Ecajeul 14 48 Zf 54
76750 Ecalles 77 37 Bb 51
76190 Écalles-Alix 77 37 Ae 51
27290 Ecaquelon 27 49 Ae 53
27170 Ecardenville-la-Campagne 27 49 Af 54
27490 Ecardenville-sur-Eure 27 50 Bb 54
60210 Ecâtelet 60 38 Bf 51
62360 Ecault 62 28 Bd 45
50310 Ecausseville 50 33 Yd 52
27110 Ecauville 27 49 Af 54
20117 Eccica-Suarella CTC 182 If 97
59740 Eccles 59 31 Ea 47
39270 Echailla 39 119 Fd 70
45390 Echainvilliers 45 71 Cb 59
69700 Echalas 69M 130 Ee 75
16170 Echallat 16 123 Zf 74
01130 Echallon 01 119 Fe 71
21510 Echalot 21 91 Ef 63
61440 Echalou 61 47 Zd 56
77440 Échampeu 76 52 Da 54
07310 Echamps 07 141 Eb 79
63980 Echandelys 63 128 Dd 75
21540 Echannay 21 91 Ee 65
91540 Echarcon 91 71 Cc 57
03330 Échassières 03 115 Cf 71
61370 Echauffour 61 48 Ac 56
25440 Echay 25 107 Ff 66
17800 Echebrune 17 123 Zd 75
08150 Echelle, l' 08 41 Ec 50
28140 Echelles 28 70 Be 60
10350 Échemines 10 73 Df 58
49150 Echemiré 49 84 Ze 63
25550 Echenans 25 94 Ge 63
70400 Echenans 70 94 Ge 63
52230 Echenay 52 75 Fb 58
01170 Échenevex 01 120 Ga 71
21170 Echenon 21 106 Fb 66
70000 Echenoz-la-Méline 70 93 Ga 63
70000 Echenoz-le-Sec 70 93 Ga 63
68160 Echery 68 60 Ha 59
70100 Echevanne 70 92 Fe 64
21120 Echevannes 21 92 Fb 63
25580 Echevannes 25 107 Gb 66
21420 Echevronne 21 106 Ef 66
21110 Echigey 21 106 Fb 65
49150 Echigné 49 84 Ze 63
17620 Echillais 17 110 Za 73
45390 Echilleuses 45 71 Cc 60
62360 Echinghem 62 28 Bd 44
79410 Echiré 79 111 Zd 70
38130 Echirolles 38 144 Fe 78
16230 Echoisy 16 124 Aa 73
79110 Echorigné 79 111 Ze 72
77830 Echou 76 72 Cf 58
77830 Échouboulains 76 72 Cf 58
24410 Echourgnac 24 136 Ab 78
67201 Eckbolsheim 67 60 He 57
67550 Eckwersheim 67 58 He 56
51800 Eclaires 51 55 Fa 55
10200 Éclance 10 74 Ed 59
39700 Eclans-Nenon 39 107 Fd 66
52290 Éclaron-Braucourt-Sainte-Livière 52 74 Ef 57
07370 Eclassan 07 142 Ee 78
18190 Ecléneuil 18 102 Cb 67
39600 Ecleux 39 107 Fe 67
62770 Eclimeux 62 29 Cb 46
55270 Eclisfontaine 55 55 Fa 53
42380 Eclunes 42 129 Ea 76
28500 Ecluzelles 28 50 Bc 56
08300 Ecly 08 41 Eb 51
42670 Ecoche 42 117 Eb 72
62144 Écoivres 62 29 Ce 46
62270 Ecoivres 62 29 Cb 47
04360 Ecole 04 157 Gb 86
27130 Ecole 27 49 Af 56
73630 Ecole 73 132 Gb 75
29590 Ecole d' Agriculture du Nivot 29 62 Vf 59
25480 Ecole-Valentin 25 93 Ff 65
51290 Ecollemont 51 74 Ee 57
41290 Ecoman 41 86 Bb 61
72220 Ecommoy 72 85 Ab 62
50480 Ecoquenéauville 50 34 Ye 52
01550 Ecorans 01 119 Ff 72
61270 Ecorcel 61 49 Ad 56
76550 Ecorchebœuf 77 37 Ba 49
61160 Ecorches 61 48 Aa 55
27480 Ecorcheval 27 37 Bd 52
08130 Ecordal 08 42 Ed 51
72120 Ecorpain 72 85 Ad 61
21150 Ecorsaint 21 91 Ed 64
27630 Ecos 27 50 Bd 54
25150 Ecot 25 94 Ge 64
42600 Ecotay-L'Olme 42 129 Ea 75
74360 Ecotex 74 121 Gd 71
52700 Ecot-la-Combe 52 75 Fc 59
14170 Ecots 14 48 Aa 55
62850 Ecottes 62 27 Bf 44
86450 Ecoubesse 86 100 Ae 68
85200 Ecoué 85 110 Za 70
95440 Écouen 95 51 Cc 54
49000 Ecouflant 49 84 Zc 63
27440 Ecouis 27 37 Bc 53
62860 Ecourt-Saint-Quentin 62 30 Da 47
62128 Écoust-Saint-Mein 62 30 Cf 47
55600 Ecouviez 55 43 Fc 51
25640 Ecouvotte, l' 25 93 Gb 64
17770 Ecoyeux 17 123 Zc 74
62190 Ecquedeques 62 29 Cc 45
62990 Ecquemicourt 62 28 Bf 46
27110 Ecquetot 27 49 Ba 53
76930 Ecqueville 77 35 Aa 51
78920 Ecquevilly 78 50 Bf 55
76110 Ecrainville 77 36 Ab 51
14710 Ecrammeville 14 47 Za 53
76890 Ecrépigny 77 37 Ba 50
76190 Ecretteville-lès-Baons 77 36 Ae 51
76540 Ecretteville-sur-Mer 77 36 Ac 50
51300 Ecriennes 51 54 Ee 56
28320 Ecrignolles 28 70 Be 57
39270 Ecrille 39 119 Fd 69
70270 Ecromagny 70 94 Gd 62
28320 Ecrosnes 28 70 Be 57
54200 Ecrouves 54 56 Ff 56
76760 Ectot-L'Auber 77 37 Af 51
76970 Ectot-lès-Baons 77 37 Ae 51

28170 Ecublé 28 69 Bb 57
51500 Ecueil 51 53 Df 53
36240 Ecueillé 36 101 Bc 66
59620 Ecuélin 59 31 Df 47
54770 Ecuelle 54 56 Gb 56
70600 Ecuelle 70 92 Fd 63
71350 Écuelles 71 106 Fa 67
77250 Écuelles 76 72 Ce 58
49460 Ecuillé 49 83 Zc 63
62170 Ecuires 62 28 Be 46
71210 Écuisses 71 105 Ed 68
50440 Eculleville 50 33 Yb 50
69130 Ecully 69M 130 Ee 74
76280 Ecuquetot 77 36 Ab 51
16220 Ecuras 16 124 Ad 74
17810 Écurat 17 122 Zb 74
25150 Ecurcey 25 94 Ge 64
55290 Ecurey 55 75 Fb 57
55150 Ecurey-en-Verdunois 55 43 Fc 52
62223 Écurie 62 30 Ce 47
28120 Ecurolles 28 69 Bb 59
51230 Ecury-le-Repos 51 53 Ea 56
51240 Ecury-sur-Coole 51 54 Ec 55
21360 Ecutigny 21 105 Ed 66
60310 Ecuvilly 60 39 Cf 51
29510 Edern 29 78 Wa 60
57320 Edling 57 56 Gc 53
16320 Edon 16 124 Ac 76
59114 Eécke 59 30 Cd 44
18190 Effes 18 102 Cb 67
63260 Effiat 63 116 Db 72
52300 Effincourt 52 75 Fb 58
62720 Effroy, Wierre- 62 26 Be 44
02500 Effry 02 41 Df 49
66120 Egat 66 178 Ca 93
63530 Egaule 63 128 Cf 73
65120 Eget 65 175 Ab 92
01510 Egieu 01 131 Fd 73
89240 Egleny 89 89 Dc 62
19300 Egletons 19 126 Ca 76
77126 Égligny 76 72 Da 58
68720 Eglingen 68 95 Hb 63
63850 Égliseneuve-d'Entraigues 63 127 Ce 76
63490 Égliseneuve-des-Liards 63 128 Dc 75
24380 Église-Neuve-de-Vergt 24 136 Ae 78
24400 Église-Neuve-d'Issac 24 136 Ac 79
63160 Égliseneuve-près-Billom 63 128 Dc 74
63840 Églisolles 63 129 Df 76
91520 Egly 91 71 Cb 57
38390 Egnieu 38 131 Fc 74
77620 Égreville 76 72 Cf 59
89290 Egriselles 89 90 Dd 62
89500 Egriselles-le-Bocage 89 72 Db 60
45340 Egry 45 71 Cc 60
57230 Eguelshardt 57 58 Hc 54
13510 Éguilles 13 170 Fc 87
70190 Éguilley 70 93 Ff 64
21320 Éguilly 21 91 Ec 65
10110 Éguilly-sous-Bois 10 74 Ed 60
68420 Eguisheim 68 60 Hb 60
36270 Éguzon-Chantôme 36 113 Bd 70
67600 Ehnwihr 67 60 Hd 59
70300 Ehuns 70 93 Gb 62
57430 Eich 57 57 Gf 55
67140 Eichhoffen 67 60 Hc 58
57340 Eincheville 57 57 Gd 55
54360 Einvaux 54 76 Gc 58
54370 Einville-au-Jard 54 57 Gc 57
55400 Eix 55 55 Fc 53
08160 Élan 08 42 Ee 51
78990 Elancourt 78 50 Bf 56
57100 Elange 57 44 Ga 52
68210 Elbach 68 94 Ha 63
12200 Elbes 12 151 Bf 82
76500 Elbeuf 77 49 Af 53
76220 Elbeuf-en-Bray 77 38 Bd 52
76780 Elbeuf-sur-Andelle 77 37 Bc 52
60210 Elencourt 60 38 Bf 50
59600 Elesmes 59 31 Ea 47
76540 Eletot 77 36 Ac 50
62300 Éleu 15 62 30 Ce 46
59127 Élincourt 59 30 Dc 48
60157 Elincourt-Sainte-Marguerite 60 39 Ce 51
60157 Elincourt Ste Marguerite 60 52 Cf 53
62250 Elinghen 62 26 Be 44
78440 Elisabethville 78 50 Be 55
51800 Elise-Daucourt 51 54 Ef 54
64990 Elizaberry 64 160 Yd 88
76390 Ellecourt 77 38 Be 50
29370 Elliant 29 78 Wa 61
14250 Ellon 14 47 Zb 53
57510 Ellviller 57 57 Gf 54
67310 Elmersforst 67 60 Hc 57
66200 Elne 66 179 Cf 93
62380 Elnes 62 29 Ca 44
90300 Eloie 90 94 Gf 62
01200 Eloise 01 119 Ff 72
88510 Eloyes 88 77 Gd 60
AD200 els Cortals □ AND 177 Bd 93
67390 Elsenheim 67 60 Hd 60
AD300 El Serrat □ AND 177 Bd 93
AD100 Els Plans □ AND 177 Bd 94
57690 Elvange 57 57 Gd 54
56250 Elven = An Elven 56 80 Xc 62
57970 Elzange 57 44 Gb 52
57920 Elzing 57 44 Gb 53
25170 Emagny 25 93 Ff 65
27930 Emalleville 27 49 Ba 54
78125 Emancé 78 70 Be 57
27190 Emanville 27 49 Af 54
76570 Emanville 77 37 Af 51
32380 Embarthe 32 149 Ae 85
32000 Embats 32 163 Ad 87
81580 Embayssière 81 165 Ca 87
32360 Embegué 32 149 Ad 86
54370 Emberménil 54 57 Ge 57
24590 Embes 24 137 Bb 78
15270 Embort 15 127 Cd 76
16240 Embourie 16 111 Aa 72
49160 Embranchard 49 84 Zf 64
11360 Embres-et-Castelmaure 11 179 Ce 91
80570 Embreville 80 37 Bd 48
12300 Embrousse 12 139 Cc 81
05200 Embrun 05 145 Gc 81
62990 Embry 62 28 Bf 46
77184 Emerainville 76 51 Cd 56
59580 Émerchicourt 59 30 Db 47
69840 Emeringes 69D 118 Ed 71
60123 Éméville 60 52 Da 53
14630 Émiéville 14 35 Ze 54
68130 Emlingen 68 95 Hb 63
59320 Emmerin 59 30 Da 45
50310 Emondeville 50 34 Yd 52
21450 Emorots 21 91 Ed 63
31470 Empeaux 31 164 Ba 87
07270 Empurany 07 142 Ed 78
16240 Empuré 16 111 Aa 72
58140 Empury 58 90 De 64
06470 Enaux 06 158 Ge 84
81700 en Barthe 81 165 Bf 87
40600 En-Bergoin 40 146 Yf 82
32220 en Bernadas 32 163 Ae 88
32450 en Brusc 32 163 Ae 87
AD200 Encamp □ AND 177 Bd 93
32430 Encausse 32 164 Ba 86
31160 Encausse-les-Thermes 31 176 Ae 90
09320 Encenou 09 177 Bc 91
15700 Enchanet 15 139 Cb 78
57415 Enchenberg 57 58 Hc 54
32360 Encondesse 32 149 Ad 86
32600 Endoufielle 32 164 Ba 87
60590 Enencourt-Léage 60 50 Bf 53
60240 Enencourt-le-Sec 60 50 Bf 53
81350 Energues 81 151 Cb 85
95420 Enfer 95 50 Be 54
52400 Enfonvelle 52 93 Ff 61
32120 en Galin 32 164 Af 86
47470 Engayrac 47 149 Af 83
10200 Engente 10 74 Ee 59
67710 Engenthal, Wangenbourg- 67 58 Hb 57
45300 Engenville 45 71 Cb 59
62170 Enginehaut 62 28 Be 45
38360 Engins 38 144 Fd 77
02260 Englancourt 02 40 De 49
80300 Englebelmer 80 29 Cd 48
59530 Englefontaine 59 31 Dd 47
14800 Englesqueville-en-Auge 14 36 Aa 53
14710 Englesqueville-la-Percée 14 47 Za 52
59320 Englos 59 30 Cf 45
09800 Engomer 09 176 Ba 91
46090 Engrange 46 138 Bc 81
09600 Engraviès 09 177 Be 90
62145 Enguine-lez-Guinegatte 62 29 Cb 45
67350 Engwiller 67 58 Hd 55
40600 en Hill 40 146 Yf 82
32450 Enjouet 32 163 Ae 87
40600 en Mayotte 40 146 Yf 82
80200 Ennemain 80 39 Cf 49
57365 Ennery 57 56 Gb 53
95300 Ennery 95 51 Ca 54
59320 Ennetières-en-Weppes 59 30 Cf 45
63720 Ennezat 63 116 Db 73
18380 Ennordres 18 88 Cc 64
62170 Enocq 62 28 Be 46
31540 en Peyrilhe 31 165 Bf 88
09500 en Peyrotte 09 165 Be 90
62145 Enquin-les-Mines 62 29 Cb 45
62650 Enquin-sur-Baillons 62 28 Bf 45
04320 Enriez 04 158 Ge 85
04700 en Sales 04 157 Ga 85
79170 Ensigné 79 111 Ze 72
68190 Ensisheim 68 95 Hc 61
13820 Ensuès-la-Redonne 13 170 Fb 88
80200 Enterpigny 80 39 Cf 49
32600 Entiau 32 164 Ba 87
31340 en Tourettes 31 150 Bc 86
04000 Entrages 04 157 Gb 84
87800 Entraigas 87 125 Bb 75
36600 Entraigues 36 101 Bd 66
38740 Entraigues 38 144 Ff 79
63720 Entraigues 63 116 Db 73
73530 Entraigues 73 132 Gb 77
83340 Entraigues 83 172 Gc 88
84320 Entraigues 84 155 Ef 84
58410 Entrains-sur-Nohain 58 89 Db 64
53260 Entrammes 53 67 Zb 61
57330 Entrange 57 44 Ga 52
06470 Entraunes 06 158 Ge 84
12140 Entraygues-sur-Truyère 12 139 Cd 81
83570 Entrecasteaux 83 172 Gb 87
84340 Entrechaux 84 156 Fa 83
87340 Entrecolle 87 113 Bd 73
88650 Entre-deux-Eaux 88 77 Gf 59
39150 Entre-Deux-Monts 39 107 Ff 69
73410 Entrelacs 73 132 Ff 74
05290 Entre-les-Aigues 05 145 Gc 80
25370 Entre-les-Fourgs 25 108 Gc 68
43100 Entremont 43 128 Dc 77
74130 Entremont 74 120 Gc 73
73670 Entremont-le-Vieux 73 132 Ff 76
04200 Entrepierres 04 157 Ff 83
13118 Entressen 13 170 Ef 87
04700 Entrevennes 04 157 Ga 85
74410 Entrevernes 74 132 Gb 74
34400 Entre-Vignes 34 168 Ea 86
67960 Entzheim 67 60 Hd 57
19700 Enval 19 126 Bd 76
19150 Enval 19 126 Be 78
63530 Enval 63 115 Da 73
47150 Envals 47 136 Ae 81
66760 Enveitg 66 178 Bf 94
76630 Envermeu 77 37 Bb 49
71430 en Vèvre 71 117 Ea 69
76640 Envronville 77 36 Ae 51
04120 Eoulx 04 158 Gd 86
05300 Eourres 05 156 Fe 83
31420 Eoux 31 164 Af 89
23120 Epagnat 23 114 Ca 73
10500 Épagne 10 74 Ec 58
85120 Epagne 85 110 Zb 69
80580 Epagne-Epagnette 80 28 Bf 48
02290 Epagny 02 40 Db 52
21380 Epagny 21 91 Fa 64
74520 Epagny 74 120 Ff 72
74320 Epagny 74 132 Ga 73
80250 Epagny, Chaussoy- 80 39 Cc 50
27260 Epaignes 27 48 Ac 53
14170 Epaney 14 48 Zf 55
79360 Epannes 79 110 Zc 71
86400 Epanvilliers 86 111 Ab 71
02500 Eparcy 02 41 Ea 49
17120 Epargnes 17 122 Zb 75
53340 Epaul 53 67 Ze 61
80140 Epaumesnil 80 38 Bf 49
02400 Epaux-Bézu 02 52 Dc 54
28120 Epeautrolles 28 70 Bb 59
06220 Epeaux 60 38 Be 51
80370 Epécamps 80 29 Ca 48
27110 Epégard 27 49 Af 53
80740 Epehy 80 40 Da 48
37150 Epeigné-les-Bois 37 86 Ba 65
37370 Epeigné-sur-Dême 37 85 Ad 62
24600 Epeluche 24 124 Ab 77
80190 Epénancourt 80 39 Cf 50
16490 Epenède 16 112 Ad 72
86120 Epennes 86 99 Aa 66
70000 Epenoux 70 93 Gb 62
25800 Epenoy 25 108 Gc 66
51330 Epense 51 54 Ef 55
42110 Epercieux-Saint-Paul 42 129 Eb 74
62910 Eperlecques 62 27 Ca 44
51200 Épernay 51 53 Df 54
73630 Épernay 73 132 Ga 75
21220 Épernay-sous-Gevrey 21 106 Fa 65
28230 Epernon 28 70 Be 57
61400 Eperrais 61 68 Ad 58
73410 Epersy 73 132 Ff 74
71360 Épertully 71 105 Ed 67
71380 Épervans 71 106 Ef 68
25290 Epeugney 25 107 Ga 66
42990 Epezy 42 129 Df 74
67680 Epfig 67 60 Hc 58
41290 Epiais 41 86 Bb 62
95380 Epiais-lès-Louvres 95 51 Cd 54
95810 Epiais-Rhus 95 51 Ca 54
02400 Epieds 02 52 Dc 54
27730 Epieds 27 50 Bc 55
49260 Epieds 49 99 Zf 66
45130 Epieds-en-Beauce 45 70 Bd 61
73220 Epierre 73 132 Gb 76
41500 Epiez 41 86 Bc 62
54260 Épiez-sur-Chiers 54 43 Fd 52
55140 Epiez-sur-Meuse 55 75 Fd 57
71360 Épinac 71 105 Ed 67
88000 Épinal 88 77 Gc 59
52140 Epinant 52 75 Fc 61
42830 Epinat 42 116 De 73
27330 Epinay 27 49 Ad 55
76890 Epinay 77 37 Ba 50
76160 Epinay 77 37 Bb 52
91330 Epinay-sous-Sénart 91 51 Cc 56
76480 Epinay-sur-Duclair 77 37 Af 51
14310 Epinay-sur-Odon 14 47 Zc 54
91360 Epinay-sur-Orge 91 51 Cb 56
93800 Epinay-sur-Seine 93 51 Cb 55
28150 Epincy 28 70 Be 59
89400 Epineau-les-Voves 89 72 Dc 61
63360 Epinet 63 128 Db 73
89700 Epineuil 89 90 Df 61
18360 Epineuil-le-Fleuriel 18 115 Cd 69
72540 Epineu-le-Chevreuil 72 67 Zf 60
60190 Epineuse 60 39 Cd 52
28170 Epineux 28 49 Bb 57
53340 Epineux-le-Seguin 53 67 Zd 61
35120 Epiniac 35 65 Yb 57
55270 Epinonville 55 55 Fa 53
26210 Epinouze 26 130 Ef 77
62860 Epinoy 62 30 Da 47
18370 Epirange 18 114 Cb 70
49170 Epiré 49 83 Zc 64
58800 Epiry 58 104 De 65
77250 Episy 76 72 Ce 58
52230 Epizon 52 75 Fc 58
80290 Eplessier 80 38 Bf 50
54610 Eply 54 56 Gb 55
21460 Époisses 21 90 Eb 63
78680 Epône 78 50 Be 55
74130 Eponnet, l' 74 120 Gc 72
10500 Epothémont 10 74 Ed 58
76133 Epouville 77 35 Ab 51
51490 Époye 51 54 Eb 53
02840 Eppes 02 40 De 51
59132 Eppe-Sauvage 59 31 Eb 48
80400 Eppeville 80 39 Da 50
57720 Epping 57 58 Hb 54
76430 Epretot 77 36 Ab 51
76400 Epreville 77 36 Ac 50
76116 Epreville 77 37 Bb 52
27560 Epreville-en-Lieuvin 27 49 Ad 53
27310 Epréville-en-Roumois 27 36 Ae 53
27110 Epréville-près-le-Neubourg 27 49 Af 54
14610 Epron 14 35 Zd 53
35410 Epron 35 66 Yc 60
62134 Eps 62 29 Cb 46
41360 Epuisay 41 86 Af 61
03190 Equalouop 03 115 Ce 70
80360 Équancourt 80 30 Da 48
14600 Equemauville 14 35 Ab 52
80290 Equennes-Eramécourt 80 38 Bf 50
50120 Equeurdreville-Hainneville 50 33 Yc 51
70160 Equevilley 70 93 Ga 62
39300 Equevillon 39 107 Ff 68
62224 Equihen-Plage 62 28 Bd 44
50320 Equilly 50 46 Yd 55
62134 Equirre 62 29 Cb 46
95610 Eragny 95 51 Ca 54
60590 Eragny-sur-Epte 60 38 Be 53
60190 Eraine 60 39 Cd 52
14700 Eraines 14 48 Zf 55
80290 Eramécourt 80 38 Bf 50
16120 Eraville 16 123 Zf 75
20212 Erbajolo CTC 183 Kb 95
20222 Erbalunga CTC 181 Kc 92
54280 Erbéviller-sur-Amezule 54 56 Gc 56
44110 Erbray 44 82 Ye 63
35500 Erbrée 35 66 Yf 60
57230 Erbsenthal 57 58 Hd 54
09140 Ercé 09 177 Bb 91
35620 Ercé-en-Lamée 35 82 Yc 62
35340 Ercé-près-Liffré 35 66 Yc 59
45480 Erceville 45 70 Ca 59
80500 Erches 80 39 Ce 50
80400 Ercheu 80 39 Cf 50
59169 Erchin 59 30 Db 47
57720 Erching 57 58 Hb 54
24420 Erchose 24 125 Af 77
67290 Erckartswiller 67 58 Hc 55
80210 Ercourt 80 28 Be 48
60530 Ercuis 60 51 Cb 53
56410 Erdeven 56 79 Wf 63
22250 Éréac 22 64 Xd 59
02580 Éréaupont 02 41 Df 49
67120 Ergersheim 67 60 Hd 57
80690 Ergnies 80 29 Ca 48
62650 Ergny-en-Ergny 62 28 Bf 45
29000 Ergué-Armel 29 78 Vf 61
29500 Ergué-Gabéric 29 78 Vf 61
62134 Erin 62 29 Cb 46
21500 Eringes 21 91 Ec 63
59470 Eringhem 59 27 Cc 43
52210 Eriseul 52 91 Fa 61
55260 Erize-la-Brûlée 55 55 Fb 55
55260 Erize-la-Grande 55 55 Fb 55
55260 Erize-la-Petite 55 55 Fb 55
55000 Erize-Saint-Dizier 55 55 Fb 56
02250 Erlon 02 40 De 50
02260 Erloy 02 41 De 49
60950 Ermenonville 60 51 Ce 54
28120 Ermenonville-la-Grande 28 69 Bc 58
28120 Ermenonville-la-Petite 28 69 Bc 59
76740 Ermenouville 77 36 Ae 50
68290 Ermensbach 68 94 Gf 62
95120 Ermont 95 51 Cb 55
45320 Ernauville 45 72 Cf 60
53500 Ernée 53 66 Za 59
20251 Ernella CTC 183 Kc 95
60380 Ernemont-Boutavent 60 38 Be 51
76220 Ernemont-la-Villette 77 38 Be 52
76750 Ernemont-sur-Buchy 77 37 Bc 51
14270 Ernes 14 48 Zf 54
57510 Ernestviller 57 57 Gf 54
55500 Erneville-aux-Bois 55 55 Fc 56
67120 Ernolsheim 67 60 Hd 57
67330 Ernolsheim-lès-Saverne 67 58 Hc 56
62960 Erny-Saint-Julien 62 29 Cb 45
26600 Erôme 26 142 Ee 78
80580 Erondelle 80 28 Bf 48
20244 Erone CTC 183 Kb 94
50310 Eroudeville 50 33 Yd 52
09200 Erp 09 177 Bb 91
60600 Erquery 60 39 Cc 52
62140 Erquières 62 29 Ca 47
59320 Erquinghem-le-sec 59 30 Cf 45
59193 Erquinghem-Lys 59 30 Cf 44
60130 Erquinvillers 60 39 Cc 52
22430 Erquy 22 64 Xd 57
66800 Err 66 178 Ca 94
64220 Errendarena 64 160 Ye 90
59171 Erre 59 30 Db 46
54680 Errouville 54 43 Ff 52
20275 Ersa CTC 181 Kc 91
67150 Erstein 67 60 Hd 58
57660 Erstroff 57 57 Ge 55
AD400 Erts □ AND 177 Bc 93
62121 Ervillers 62 30 Ce 48
10130 Ervy-le-Châtel 10 73 Df 60
65370 Esbareich 65 176 Ad 91
21170 Esbarres 21 106 Fb 66
77450 Esbly 76 52 Ce 55
45480 Esbordes 45 70 Bf 59
70300 Esboz-Brest 70 94 Gc 62
34460 Escagnès 34 167 Cf 87
65250 Escala 65 163 Ac 90
40310 Escalans 40 148 Aa 85
11200 Escales 11 166 Ce 89
62179 Escalles 62 26 Be 43
60380 Escames 60 38 Be 51
46230 Escamps 46 150 Bd 82
89240 Escamps 89 89 Dc 62
64220 Escanda 64 160 Ye 90
81230 Escandé 81 166 Cd 87
31350 Escanecrabe 31 163 Ae 89
47400 Escapols 47 136 Ab 82
19120 Escaravages 19 138 Be 78
51310 Escardes 51 53 Dd 56
59213 Escarmain 59 31 Dd 47
66360 Escaro 66 178 Cb 93
46270 Escaroutat 46 138 Ca 81
47350 Escassefort 47 136 Ab 81
82700 Escatalens 82 149 Bb 85
59124 Escaudain 59 30 Dc 46
33840 Escaudes 33 148 Ze 83
59161 Escaudœuvres 59 30 Db 47
59360 Escaufourt 59 30 Dd 48
11140 Escouloubre-les-Bains 11 178 Ca 92
65500 Escaunets 65 162 Zf 88
59278 Escautpont 59 31 Dd 46
46800 Escayrac 46 150 Bb 83
09210 Escayre 09 164 Bc 89
82500 Escazeaux 82 149 Ba 86
21210 Eschamps 21 90 Ea 65
67114 Eschau 67 60 He 58
67360 Eschbach 67 58 He 55
68140 Eschbach-au-Val 68 60 Ha 60
67320 Eschbourg 67 58 Hb 56
68440 Eschentzwiller 68 95 Hc 62
57330 Escherange 57 43 Ga 52
60110 Esches 60 51 Cb 53
57720 Eschviller 57 58 Hc 54
67320 Eschwiller 67 57 Ha 55
80250 Esclainvillers 80 39 Cc 50
48230 Esclanèdes 48 140 Dc 82
83440 Esclapon 83 172 Gd 86
32140 Esclassan-Labastide 32 163 Ad 88
46090 Esclauzels 46 150 Bd 82
76270 Esclavelles 77 37 Bc 50
51260 Esclavolles-Lurey 51 73 Dd 57
88260 Escles 88 76 Gb 60
60220 Escles-Saint-Pierre 60 38 Be 50
47120 Esclottes 47 136 Aa 80
59320 Escobecques 59 30 Cf 45
62850 Escœuilles 62 27 Bf 44
24420 Escoire 24 125 Af 77
89290 Escolives-Sainte-Camille 89 89 Dd 62
63160 Escolore 63 128 Dc 74
08110 Escombres-et-le-Chesnois 08 42 Fa 50
65140 Escondeaux 65 162 Aa 88
65130 Esconnets 65 163 Ab 90
15700 Escorailles 15 139 Cb 77
32200 Escorneboeuf 32 164 Af 87
28270 Escorpain 28 49 Bb 56
64270 Escos 64 161 Za 88
09100 Escosse 09 165 Bd 90
64490 Escot 64 161 Zd 90
09140 Escots 09 177 Bb 92
65130 Escots 65 175 Ab 90
64870 Escou 64 161 Zc 89
19300 Escouadisse 19 126 Ca 76
64160 Escoubès 64 162 Ze 88
65100 Escoubès-Pouts 65 162 Aa 90
15130 Escoubiac 15 139 Cd 79
81230 Escoubilhac 81 166 Cd 86
44500 Escoublac 44 81 Xd 65
31260 Escoulis 31 164 Ba 90
11140 Escouloubre 11 178 Ca 92
40210 Escource 40 146 Yf 84
40410 Escourssoiles 40 146 Za 83
31580 Escourtats 31 163 Ac 90
19220 Escoussac 19 138 Ca 77
33760 Escoussans 33 135 Ze 80
81290 Escoussens 81 166 Cb 87
64870 Escout 64 161 Zc 89
63300 Escoutoux 63 128 Dd 74
14850 Escoville 14 48 Ze 53
06460 Escragnolles 06 172 Ge 86
45300 Escrennes 45 71 Cb 60
45250 Escrignelles 45 88 Ce 62
81530 Escroux 81 166 Cd 86
43340 Escublac 43 141 De 79
11240 Escueillens-et-Saint-Just-de-Bélengard 11 165 Ca 90
82600 Escufès 82 149 Bb 86
14520 Escures 14 47 Zb 53
14170 Escures-sur-Favières 14 48 Zf 54
03110 Escurolles 03 116 Db 72
74930 Esery 74 120 Gb 72
43230 Esfacy 43 128 Dd 77
50620 Esglandes 50 34 Ye 53
20118 Esigna CTC 182 Ie 96
57570 Esing 57 44 Gb 52
76710 Eslettes 77 37 Ba 51
88260 Esley 88 76 Ga 59
40160 Esleys 40 146 Yf 83
64420 Eslourenties-Daban 64 162 Zf 89
77940 Esmans 76 72 Cf 58
80400 Esmery-Hallon 80 39 Da 50
82200 Esmes 82 149 Ba 83
70310 Esmoulières 70 94 Gd 61
70100 Esmoulins 70 92 Fd 64
17137 Esnandes 17 110 Yf 71
25110 Esnans 25 93 Gb 65
64430 Esnazu 64 160 Yd 90
59127 Esnes 59 30 Db 48
55100 Esnes-en-Argonne 55 55 Fb 53
52190 Esnoms-au-Val 52 92 Fb 62
89210 Esnon 89 73 Dd 61
52340 Esnouveaux 52 75 Fc 60
19150 Espagnac 19 126 Bf 77
46320 Espagnac-Sainte-Eulalie 46 138 Bf 81
40310 Espagne 40 148 Aa 84
19190 Espagnogol 19 138 Be 78
82160 Espagots 82 150 Be 83
36210 Espaillat 36 101 Bd 65
82400 Espalais 82 149 Af 84
43450 Espalem 43 128 Db 77
12500 Espalion 12 139 Ce 81
82220 Espanel 82 150 Bc 83
31450 Espanès 31 164 Bc 88
32220 Espaon 32 164 Af 88
05110 Esparron 05 157 Ff 82
31420 Esparron 31 163 Ae 89
83560 Esparron 83 171 Ff 87
04800 Esparron-de-Verdon 04 171 Ff 86
04250 Esparron-la-Bâtie 04 157 Ga 83
65130 Esparros 65 175 Ab 90
82500 Esparsac 82 149 Af 85
19140 Espartignac 19 126 Bd 76
32370 Espas 32 148 Aa 86
60650 Espaubourg 60 38 Bf 52
65130 Espèche 65 175 Ab 90
64160 Espéchède 64 162 Ze 89
46320 Espédaillac 46 138 Be 81
12220 Espeillac 12 151 Cb 82
15130 Espeils 15 139 Cd 79
64250 Espelette 64 160 Yd 88
26780 Espeluche 26 142 Ee 81
65230 Espénan 65 163 Ad 89

26340 Espenel 26 143 Fb 80
72170 Espérance 72 68 Aa 59
81260 Espérausses 81 166 Cd 86
11260 Espéraza 11 178 Cb 91
31190 Esperce 31 164 Bc 89
46090 Espère 46 137 Bc 81
31370 Espérès 31 164 Ba 88
41160 Espéreuse 41 86 Ba 61
64130 Espès-Undurein 64 161 Za 89
12140 Espeyrac 12 139 Cd 81
46120 Espeyroux 46 138 Bf 80
19270 Espeyrut 19 125 Bd 77
11340 Espezel 11 178 Ca 92
15500 Espezolles 15 128 Da 78
65710 Espiadet 65 175 Ab 91
65170 Espiaube 65 175 Ab 92
65130 Espieilh 65 163 Ab 90
47600 Espiens 47 148 Ac 83
19410 Espieussas 19 126 Bd 76
82160 Espinas 82 150 Be 83
15110 Espinasse 15 140 Cf 79
43150 Espinasse 43 141 Df 79
63390 Espinasse 63 115 Ce 72
63970 Espinasse 63 127 Cf 75
63520 Espinasse 63 128 Dc 74
63940 Espinasse 63 129 De 76
63840 Espinasse 63 129 Df 76
05190 Espinasses 05 144 Gb 82
12290 Espinassettes 12 152 Ce 83
03110 Espinasse-Vozelle 03 116 Db 72
15130 Espinat 15 139 Cc 79
63850 Espinat 63 127 Cf 76
63850 Espinchal 63 127 Cf 76
46330 Espinières 46 138 Be 81
04510 Espinouse 04 157 Ga 84
15380 Espinouse 15 139 Cd 77
48600 Espinouse 48 141 Dd 80
14220 Espins 14 47 Zd 54
66320 Espira-de-Conflent 66 178 Cc 93
66600 Espira-de-L'Agly 66 179 Cf 92
63160 Espirat 63 128 Dc 74
64390 Espiute 64 161 Za 88
09700 Esplas 09 164 Bc 89
12550 Esplas 12 152 Cd 85
09420 Esplas-de-Sérou 09 177 Bc 91
12400 Esplas-la-Trivalle 12 152 Ce 85
65400 Esplaus 65 174 Ze 91
64420 Espoey 64 162 Zf 89
34290 Espondeilhan 34 167 Db 88
09200 Espou 09 176 Ba 91
48250 Espradels 48 141 De 81
70110 Esprels 70 93 Gc 63
45480 Espreux 45 70 Bf 59
14210 Esquay-Notre-Dame 14 35 Zd 54
02170 Esquéhéries 02 40 De 49
59470 Esquelbecq 59 27 Cc 43
60120 Esquennoy 60 38 Cb 51
47250 Esquerdes 47 148 Aa 82
62380 Esquerdes 62 29 Cb 44
62129 Esques 62 29 Cb 44
29770 Esquibien 29 61 Vc 60
64400 Esquiule 64 161 Zb 89
21290 Essarois 21 91 Ee 62
62400 Essars 62 29 Cd 45
62116 Essarts 62 29 Ce 48
61500 Essay 61 68 Ab 57
16500 Esse 16 112 Ae 72
35150 Essé 35 66 Yd 61
88130 Essegney 88 76 Gb 58
70000 Essernay 70 93 Gb 63
74140 Essert 74 120 Gb 70
89270 Essert 89 90 De 63
90850 Essert 90 94 Ge 63
80160 Essertaux 80 38 Cb 50
71510 Essertenne 71 105 Ed 68
70100 Essertenne-et-Cecey 70 92 Fc 64
42600 Essertines-en-Châtelneuf 42 129 Df 75
42360 Essertines-en-Donzy 42 129 Ec 74
74110 Essert-Romand 74 121 Ge 71
73540 Esserts-Blay 73 132 Gc 75
39250 Esserval-Combe 39 107 Ga 68
17160 Esset 17 111 Zd 73
21320 Essey 21 105 Ed 65
54470 Essey-et-Maizerals 54 56 Fe 55
54830 Essey-la-Côte 54 77 Gc 58
52800 Essey-les-Eaux 52 75 Fc 60
54130 Essey-lès-Nancy 54 56 Gb 56
52120 Essey-les-Ponts 52 74 Ef 60
39270 Essia 39 107 Fd 69
02690 Essigny-le-Grand 02 40 Db 50
02100 Essigny-le-Petit 02 40 Dc 49
02570 Essises 02 52 Dc 55
02400 Essômes-sur-Marne 02 52 Dc 54
14220 Esson 14 47 Zd 55
17400 Essouvert 17 110 Zc 73
10360 Essoyes 10 74 Ed 60
60510 Essuiles 60 38 Cb 52
12560 Estables 12 152 Da 82
43500 Estables 43 129 De 77
48700 Estables 48 140 Dc 80
26470 Establet 26 143 Fc 81
66310 Estagel 66 179 Ce 92
12190 Estaing 12 139 Ce 81
59940 Estaires 59 29 Ce 45
46130 Estal 46 138 Bf 79
46190 Estal 46 138 Ca 80
12620 Estalane 12 152 Cf 84
32170 Estampes 32 163 Ab 88
40240 Estampon 40 148 Zf 84
65220 Estampures 65 163 Ab 88
31800 Estancarbon 31 163 Ae 90
63520 Estandeuil 63 128 Dc 74
32240 Estang 32 148 Zf 85
31600 Estantens 31 164 Bb 88
11100 Estarac 11 167 Cf 90
65240 Estarvielle 65 175 Ac 92
34390 Estaussan 34 167 Da 87
66800 Estavar 66 178 Ca 94
63570 Esteil 63 128 Dc 76
30770 Estelle 30 153 Dc 85
06470 Esteng 06 158 Ge 83
31440 Esténos 31 176 Ad 91
65170 Estensan 65 175 Ac 92
64220 Estérençuby 64 174 Ye 90
64220 Esterenguibel 64 161 Ye 90
31580 Estères 31 163 Ad 89
51310 Esternay 51 53 Dd 56
62880 Estevelles 62 30 Cf 46
76690 Esteville 77 37 Bb 51
19160 Esteyriches 19 126 Cb 77
30390 Estézargues 30 155 Ed 85
64290 Estialescq 64 161 Zc 89
40290 Estibeaux 40 161 Za 87
40240 Estigarde 40 148 Zf 84
47310 Estillac 47 149 Ad 84
09140 Estillon 09 177 Bb 92
40200 Esting 40 146 Ye 83
33113 Estiou 33 135 Zd 82
32300 Estipouy 32 163 Ac 87
65700 Estirac 65 162 Aa 88
10190 Estissac 10 73 De 59
63220 Estival 63 129 De 76
19600 Estivals 19 138 Bc 78
03190 Estivareilles 03 115 Cd 70
42380 Estivareilles 42 129 Ea 76
32330 Estivau 32 148 Ab 85
19410 Estivaux 19 125 Bc 77
66320 Estoher 66 178 Cc 93
02480 Estoilly 02 40 Da 50
64400 Estos 64 161 Zc 89
04270 Estoublon 04 157 Gb 85
91660 Estouches 91 71 Ca 59
09800 Estouéou 09 176 Af 91
59400 Estourmel 59 30 Db 48
09140 Estours 09 176 Ba 92
76750 Estouteville-Ecalles 77 37 Bb 51
45300 Estouy 45 71 Cb 59
38780 Estrablin 38 130 Ef 75
47210 Estrade 47 136 Ae 81
32380 Estramiac 32 149 Af 85
08260 Estrebay 08 41 Ec 50
80230 Estrébœuf 80 28 Bd 48
62170 Estrée 62 28 Be 46
62145 Estrée-Blanche 62 29 Cb 45
62690 Estrée-Cauchy 62 29 Cd 46
62170 Estréelles 62 28 Be 46
02420 Estrées 02 40 Db 49
36500 Estrées 36 101 Bb 67
59151 Estrées 59 30 Da 47
80200 Estrées 80 39 Ce 49
14190 Estrées-la-Campagne 14 48 Ze 54
80150 Estrées-lès-Crécy 80 28 Bf 47
60190 Estrées-Saint-Denis 60 39 Cd 52
80250 Estrées-sur-Noye 80 39 Cb 50
62810 Estrée-Wamin 62 29 Cc 47
88500 Estrennes 88 76 Ga 59
86200 Estrepieds 86 99 Ab 66
32480 Estrépouy 32 148 Ac 84
59990 Estreux 59 31 Dd 46
14410 Estry 14 47 Zb 55
43270 Estublac 43 129 De 77
37240 Esves-le-Moutier 37 100 Af 66
37320 Esvres 37 85 Ae 65
59161 Eswars 59 30 Db 47
23270 Etable 23 114 Ca 71
73110 Etable 73 132 Ga 76
37350 Etableaux 37 100 Ae 67
01430 Etables 01 119 Fc 72
07300 Etables 07 142 Ee 78
86170 Etables 86 99 Ab 68
22680 Étables-sur-Mer, Binic- 22 64 Xa 57
16150 Etagnac 16 112 Ae 73
36400 Etaillé 36 102 Ca 69
76850 Etaimpuis 77 37 Ba 51
55400 Étain 55 55 Fd 53
62156 Etaing 62 30 Da 47
76430 Etainhus 77 36 Ab 51
21500 Etais 21 91 Ec 62
89480 Etais-la-Sauvin 89 89 Dc 63
25580 Etalans 25 108 Gb 66
21510 Etalante 21 91 Ee 63
08260 Etalle 08 41 Ec 49
76560 Étalleville 77 37 Ae 50
80190 Etalon 80 39 Cf 50
76260 Etalondes 77 37 Bc 48
91150 Étampes 91 71 Ca 58
02400 Étampes-sur-Marne 02 52 Dc 54
71190 Étang-sur-Arroux 71 105 Eb 67
62630 Étaples 62 28 Bd 45
89200 Etaule 89 90 Df 63
17750 Étaules 17 122 Yf 74
21121 Étaules 21 91 Ef 64
33820 Etauliers 33 122 Zc 77
14320 Etavaux 14 35 Zd 54
02110 Etaves-et-Bocquiaux 02 40 Dc 49
60620 Etavigny 60 52 Cf 54
64120 Etcharry 64 161 Za 89
64440 Etchartes 64 174 Ze 90
64470 Etchebar 64 161 Za 90
64470 Etcheber 64 174 Za 90
28200 Eteauville 28 70 Bc 60
08260 Eteignières 08 41 Ec 49
68210 Eteimbes 68 94 Ha 62
56410 Étel 56 80 We 63
80500 Etelfay 80 39 Cd 51
74340 Etelley, l' 74 121 Ge 72
74130 Etercy 74 120 Ga 73
25330 Eternoz 25 107 Ga 66
62156 Éterpingy 62 30 Cf 47
14930 Eterville 14 35 Zd 54
21270 Etevaux 21 92 Fb 65
59144 Eth 59 31 De 47
49670 Etiau 49 98 Zc 65
89510 Etigny 89 72 Db 60
91450 Etiolles 91 51 Cc 57
08000 Etion 08 42 Ee 50
39130 Etival 39 119 Fe 69
72540 Etival 72 67 Ze 60
88480 Etival-Clairefontaine 88 77 Gf 58
72700 Etival-lès-le-Mans 72 68 Aa 61
71390 Etivau 71 105 Ee 69
89310 Etivey 89 90 Ea 62
70400 Etobon 70 94 Ge 63
76260 Etocquigny 77 37 Bc 49
51270 Étoges 51 53 Df 55
05700 Etoile-Saint-Cyrice 05 156 Fd 83
26800 Étoile-sur-Rhône 26 142 Ef 79
55240 Eton 55 55 Fe 53
21450 Etormay 21 91 Ed 63
24360 Etouars 24 124 Ad 75
10210 Étourvy 10 73 Ea 61
76190 Etoutteville 77 36 Ae 50
25260 Etouvans 25 94 Ge 64
02000 Etouvelles 02 40 Dd 51
14350 Etouvy 14 47 Za 55
60600 Etouy 60 39 Cc 52
74270 Etrables 74 119 Ff 72
25170 Etrabonne 25 107 Fe 65
25800 Etray 25 108 Gc 66
55150 Etraye-Wavrille 55 55 Fc 52
36230 Etrechet 36 101 Be 69
36120 Etrechet 36 101 Be 68
18800 Etréchy 18 103 Ce 66
51130 Etréchy 51 53 Df 55
91580 Étréchy 91 71 Cb 58
89200 Etrée 89 90 Df 64
14400 Etréham 14 34 Zb 53
02590 Étreillers 02 40 Da 50
80140 Etréjust 80 38 Bf 49
35370 Étrelles 35 66 Ye 60
70700 Etrelleset-la-Mombleuse 70 93 Ff 64
10170 Étrelle-sur-Aube 10 73 Df 57
27150 Etrépagny 27 50 Bd 53
39700 Etrepigney 39 107 Fe 66
08160 Etrépigny 08 42 Ee 50
02400 Etrépilly 02 52 Dc 54
77139 Étrépilly 76 52 Cf 54
51340 Etrepy 51 54 Ee 56
76790 Étretat 77 35 Ab 50
02510 Étreux 02 40 Dd 49
54330 Étreval 54 76 Ga 58
27350 Étréville 27 36 Ad 52
01340 Etrez 01 118 Fb 70
16250 Etriac 16 123 Zf 75
49330 Etriché 49 83 Zd 63
80360 Etricourt-Mahancourt 80 30 Cf 48
71240 Etrigny 71 106 Ee 69
21400 Etrochey 21 91 Ed 61
79500 Etrochon 79 111 Ze 71
59219 Etrœungt 59 31 Df 48
53940 Étrogne 53 66 Za 61
70110 Étroitefontaine 70 94 Gc 63
03140 Étroussat 03 116 Db 71
71640 Étroyes 71 105 Ee 67
59295 Étrun 59 30 Db 47
64490 Etsaut 64 174 Zc 91
67350 Ettendorf 67 58 Hd 56
57412 Etting 57 57 Hb 54
25460 Etupes 25 94 Gf 63
27350 Éturqueraye 27 36 Ae 52
79150 Étusson 79 98 Zc 66
70150 Etuz 70 93 Ff 64
76260 Eu 77 28 Bc 48
52000 Euffigneix 52 75 Fa 60
40320 Eugénie-les-Bains 40 162 Zd 86
08210 Euilly-et-Lombut 08 42 Fa 51
54690 Eulmont 54 56 Gb 56
54115 Eulmont 54 76 Ff 58
31440 Eup 31 176 Ae 91
27120 Eure 27 50 Bc 55
26400 Eurre 26 143 Ef 80
76890 Eurville 77 37 Af 50
52410 Eurville-Bienville 52 75 Fa 57
66500 Eus 66 178 Cc 93
54470 Euvezin 54 56 Ff 55
55200 Euville 55 55 Fd 56
51230 Euvy 51 53 Ea 56
34220 Euzèdes 34 166 Cf 88
30360 Euzet 30 154 Eb 84
72120 Evaillé 72 85 Ad 61
57570 Evange 57 44 Gb 52
39700 Evans 39 107 Fe 65
88450 Évaux-et-Ménil 88 76 Gb 59
23110 Évaux-les-Bains 23 115 Cc 71
60330 Eve 60 51 Ce 54
78740 Évecquemont 78 50 Bf 54
21340 Evelle 21 105 Ee 67
57480 Evendorff 57 44 Gc 52
02190 Evergnicourt 02 41 Ea 52
77157 Éverly 76 72 Db 58
90350 Évette-Salbert 90 94 Ge 62
69210 Eveux 69M 130 Ed 74
74500 Évian-les-Bains 74 120 Gd 70
01300 Evieu 01 131 Fd 74
08090 Evigny 08 42 Ee 50
25520 Evillers 25 107 Gb 66
62141 Evin Malmaison 62 30 Da 46
74570 Evires 74 120 Gb 72
20126 Evisa CTC 182 Ie 95
66360 Evol 66 178 Cb 93
01230 Evosges 01 119 Fc 73
22630 Evran 22 65 Ya 58
57570 Evrange 57 44 Gb 52
14210 Evrecy 14 35 Zd 54
55250 Èvres 55 55 Fa 55
27000 Évreux 27 49 Ba 54
60310 Evricourt 60 39 Cf 51
38110 Evrieu 38 131 Fd 75
56490 Évriguet 56 64 Xd 60
53600 Évron 53 67 Zd 60
85290 Évrunes 85 97 Za 67
89140 Évry 89 72 Db 59
91000 Évry-Courcouronnes 91 51 Cc 57
91080 Évry-Courcouronnes 91 71 Cc 57
77166 Évry-Grégy-sur-Yerre 76 51 Cd 57
77166 Évry-les-Châteaux 76 51 Cd 57
74140 Excenevex 74 120 Gc 70
16150 Excideuil 16 112 Ae 73
24160 Excideuil 24 125 Ba 76
08250 Exermont 08 55 Fa 53
25400 Exincourt 25 94 Gf 64
79400 Exireuil 79 111 Ze 70
61310 Exmes 61 48 Ab 56
79800 Exoudun 79 111 Zf 70
33720 Expert 33 135 Zd 81
17130 Expiremont 17 123 Zd 77
24590 Eybènes 24 137 Bc 79
38320 Eybens 38 144 Fe 78
87400 Eybouleuf 87 125 Bc 74
19140 Eyburie 19 126 Bd 76
43370 Eycenac 43 141 Df 78
09200 Eycheil 09 176 Ba 91
38690 Eydoche 38 131 Fb 76
26560 Eygalayes 26 156 Fd 83
13810 Eygalières 13 155 Ef 86
26170 Eygaliers 26 156 Fb 83
05470 Eygliers 05 145 Gf 80
05600 Eygliers 05 145 Gd 80
26400 Eygluy-Escoulin 26 143 Fb 80
05300 Eyguians 05 156 Fe 82
13430 Eyguières 13 170 Fa 86
19340 Eygurande 19 127 Cc 75
24700 Eygurande-Gardedeuil 24 136 Aa 78
64780 Eyharce 64 160 Ye 89
64430 Eyhéralde 64 160 Yd 89
87220 Eyjeaux 87 125 Bc 74
24330 Eyliac 24 125 Af 78
09800 Eylie 09 176 Af 91
24500 Eymet 24 136 Ac 80
26730 Eymeux 26 143 Fb 78
87120 Eymoutiers 87 126 Be 74
66800 Eyne 66 178 Ca 94
33220 Eynesse 33 136 Aa 80
38730 Eynoud 38 131 Fc 75
13630 Eyragues 13 155 Ef 85
33390 Eyrans 33 122 Zc 77
33650 Eyrans 33 135 Zd 80
40990 Eyranx 40 161 Yf 86
19800 Eyrein 19 126 Bf 76
24560 Eyrenville 24 136 Ad 80
40500 Eyres-Moncube 40 161 Zc 86
07160 Eyriac 07 142 Ec 79
33320 Eysines 33 134 Zb 79
25530 Eysson 25 108 Gc 65
64400 Eysus 64 161 Zd 90
24590 Eyvignes-et-Eybènes 24 137 Bc 79
24460 Eyvirat 24 124 Ae 77
67320 Eywiller 67 57 Ha 55
26160 Eyzahut 26 143 Fa 81
24800 Eyzerac 24 125 Af 76
38780 Eyzin-Pinet 38 130 Fa 76
95460 Ezanville 95 51 Cc 54
06360 Eze 06 173 Hc 86
45300 Ezerville 45 71 Cb 59
38360 Ezy 38 131 Fd 77
27530 Ezy-sur-Eure 27 50 Bc 55

F

11260 Fa 11 178 Cb 91
09230 Fabas 09 164 Ba 90
31230 Fabas 31 164 Af 89
81430 Fabas 81 151 Cb 85
82170 Fabas 82 150 Bc 85
65170 Fabian 65 175 Ab 92
07380 Fabras 07 142 Eb 81
34690 Fabrègues 34 168 De 87
48110 Fabrègues 48 153 De 83
11200 Fabrezan 11 166 Ce 90
58270 Faches 58 104 Dd 67
59155 Faches-Thumesnil 59 30 Da 45
58430 Fâchin 58 104 Df 66
33380 Facture 33 134 Za 81
46360 Fage 46 138 Bd 81
09240 Fages 09 177 Bc 91
24590 Fages 24 137 Bb 79
46140 Fages 46 137 Bb 81
47200 Faget 47 136 Ab 81
32450 Faget-Abbatial 32 163 Ae 87
51510 Fagnières 51 54 Eb 55
08090 Fagnon 08 42 Ed 50
54120 Fagnoux 54 77 Ge 58
63550 Fagot 63 116 Dd 73
70100 Fahy-lès-Autrey 70 92 Fc 63
63940 Faillargues 63 129 De 76
04420 Faillefeu 04 158 Gc 83
02700 Faillouël 02 40 Db 50
57640 Failly 57 56 Gb 54
25250 Faimbe 25 94 Gd 64
21500 Fain-lès-Montbard 21 91 Ec 63
21500 Fain-lès-Moutiers 21 90 Eb 63
27120 Fains 27 50 Bc 55
28150 Fains-la-Folie 28 70 Bd 59
55000 Fains-Véel 55 55 Fa 56
15320 Fairollettes 15 140 Db 79
08270 Faissault 08 41 Ed 51
48140 Faissinet-Langlade 48 140 Dc 79
01560 Faissolles 01 118 Fa 70
11220 Fajac-en-Val 11 166 Cc 90
11270 Fajac-la-Ralenque 11 165 Be 89
46300 Fajoles 46 137 Bc 80
82210 Fajolles 82 149 Ba 85
08400 Falaise 08 42 Ee 52
14700 Falaise 14 48 Ze 55
63113 Falaitouze 63 127 Ce 76
57550 Falck 57 57 Gd 53
33760 Faleyras 33 135 Ze 80
31540 Falga 31 165 Bf 88
81800 Falgade 81 150 Bd 85
24260 Falgueyras 24 137 Af 79
24560 Falgueyrat 24 136 Ad 80
24510 Falgueyret 24 137 Ae 79
12170 Falguières 12 151 Cc 84
82000 Falguières 82 150 Bc 84
06950 Falicon 06 173 Hb 86
15230 Falitoux 15 139 Cf 79
68210 Falkwiller 68 94 Ha 62
38480 Fallamieux 38 131 Fd 75
76340 Fallencourt 77 37 Bd 49
25580 Fallerans 25 108 Gb 66
85670 Falleron 85 96 Yb 67
39700 Falletans 39 107 Fd 66
88200 Fallières 88 77 Gd 60
70110 Fallon 70 94 Gc 63
47220 Fals 47 149 Ae 84
46600 Falsemoyer 46 137 Bc 79
80190 Falvy 80 39 Cf 50
59300 Famars 59 30 Dd 47
62760 Famechon 62 29 Cc 48
80290 Famechon 80 38 Ca 50
57290 Fameck 57 56 Ga 53
14290 Familly 14 48 Ac 55
62118 Fampoux 62 30 Cf 47
87240 Fanay 87 113 Bc 72
66760 Fanès 66 178 Bf 94
71510 Fangey 71 105 Ed 68
71490 Fangy 71 105 Ec 67
11270 Fanjeaux 11 165 Ca 89
24290 Fanlac 24 137 Ba 78
63690 Fanostre 63 127 Cd 75
36170 Fant 36 113 Bc 70
12150 Fantayrou 12 152 Da 82
56500 Faouët 56 80 Xb 61
56320 Faouët, Le 56 79 Wd 60
52500 Faraincourt 52 92 Fd 62
13129 Faraman 13 169 Ee 88
01800 Faramans 01 118 Fa 73
38260 Faramans 38 131 Fb 76
62580 Farbus 62 30 Ce 46
27150 Farceaux 27 50 Bd 53
24450 Fardoux 24 125 Af 75
57450 Farébersviller = Pfarrebersweiler 57 57 Gf 54
01480 Fareins 01 118 Ee 72
77515 Faremoutiers 76 52 Cf 56
12200 Fargayrolles 12 151 Ca 83
19210 Fargeas 19 125 Bc 76
87260 Fargeas 87 125 Bc 74
01550 Farges 01 119 Ff 71
15300 Farges 15 140 Cf 78
19600 Farges 19 138 Bc 78
23200 Farges 23 114 Ca 73
45240 Farges 45 87 Bf 62
63770 Farges 63 115 Ce 73
18200 Farges-Allichamps 18 102 Cc 68
18800 Farges-en-Septaine 18 103 Cd 66
71150 Farges-lès-Chalon 71 106 Ee 67
71700 Farges-lès-Mâcon 71 118 Ef 69
02700 Fargniers 02 40 Db 51
82130 Fargue 82 149 Bb 84
82220 Fargue 82 150 Bc 84
15290 Fargues 15 138 Ca 79
33210 Fargues 33 135 Ze 81
40500 Fargues 40 162 Zd 86
46800 Fargues 46 149 Bb 82
33370 Fargues-Saint-Hilaire 33 135 Zd 80
47700 Fargues-sur-Ourbise 47 148 Aa 83
43370 Farigoules 43 141 De 78
34450 Farinette-Plage 34 167 Dc 89
20253 Farinole CTC 181 Kc 92
42320 Farnay 42 130 Ed 76
12550 Farret 12 152 Cd 85
15230 Farreyre 15 139 Ce 79
12200 Farrou 12 151 Ca 82
57450 Farschviller 57 57 Gf 54
72470 Fatines 72 68 Ac 60
27210 Fatouvill-Grestain 27 36 Ab 52
02120 Faty 02 40 De 49
02000 Faubourg-de-Leuilly 02 40 Dd 51
81120 Fauch 81 151 Cb 86
24380 Faucherias 24 136 Ae 78
74130 Faucigny 74 120 Gc 72
70310 Faucogney-et-la-Mer 70 94 Gd 61
88460 Faucompierre 88 77 Ge 60
04400 Faucon 04 158 Ge 82
26470 Faucon 26 143 Fb 81
84110 Faucon 84 156 Fa 83
88700 Fauconcourt 88 77 Gd 58
04250 Faucon-du Caire 04 157 Ga 82
26120 Fauconnières 26 143 Ef 79
02320 Faucoucourt 02 40 Dc 51
02270 Faucouzy 02 40 Dd 50
48130 Fau-de-Peyre 48 140 Db 80
82500 Faudoas 82 149 Af 86
31600 Faugarouse 31 164 Bb 88
19600 Faugère 19 138 Bd 78
07230 Faugères 07 141 Ea 82
34600 Faugères 34 167 Db 87
79270 Faugerit 79 110 Zc 71
14100 Fauguernon 14 48 Ab 53
47400 Fauguerolles 47 148 Ab 82
47400 Fauillet 47 148 Ab 82
77320 Faujus 76 52 Db 56
57570 Faulbach 57 44 Gb 52
57380 Faulquemont 57 57 Gd 54
57690 Faulquemont-Citex 57 57 Gd 54
54760 Faulx 54 56 Gb 56
59310 Faumont 59 30 Da 46
81240 Faumontagne 81 166 Cd 88
09140 Faup 09 176 Ba 92
62560 Fauquembergues 62 29 Ca 45
62840 Fauquissart 62 30 Ce 45
33550 Faure 33 135 Zd 80
43520 Faurie 43 141 Eb 78
24560 Faurilles 24 136 Ae 80
82190 Fauroux 82 149 Ba 83
42600 Faury 42 129 Ea 75
81340 Faussergues 81 151 Cc 84
28120 Fausserville 28 69 Bb 58
20135 Fautea CTC 185 Kc 98
21110 Fauverney 21 106 Fa 65
76640 Fauville-en-Caux 77 36 Ad 51
08270 Faux 08 41 Ec 51
19340 Faux 19 127 Cc 75
24560 Faux 24 136 Ad 80
48320 Faux 48 153 Dd 82
51230 Faux-Fresnay 51 53 Df 57

23340 Faux-la-Montagne 23 126 Bf 74
23400 Faux-Mazuras 23 114 Be 73
51320 Faux-Vésigneul 51 54 Ec 56
10290 Faux-Villecerf 10 73 De 59
34210 Fauzan 34 166 Ce 88
20140 Favalella CTC 184 Ie 98
20212 Favalello CTC 183 Kb 95
15310 Favard 15 139 Cc 78
19330 Favars 19 126 Be 77
19600 Favars 19 138 Bc 78
34220 Favayroles 34 166 Cd 88
45130 Favelles 45 70 Bd 61
49380 Faveraye 49 98 Zc 65
49380 Faveraye-Mâchelles 49 98 Zd 65
18360 Faverdines 18 102 Cc 69
45420 Faverelles 45 88 Cf 63
38510 Faverge 38 131 Fc 74
42940 Faverge 42 129 Df 74
38110 Faverges-de-la-Tour 38 131 Fd 75
70160 Faverney 70 93 Ga 62
90100 Faverois 90 94 Ha 63
63630 Faverol 63 128 Dd 76
02600 Faverolles 02 52 Db 53
15230 Faverolles 15 139 Cf 79
15320 Faverolles 15 140 Da 79
28210 Faverolles 28 50 Bd 56
28140 Faverolles 28 70 Be 60
52260 Faverolles 52 75 Fb 61
61600 Faverolles 61 47 Ze 56
80500 Faverolles 80 39 Cd 51
51170 Faverolles-et-Coëmy 51 53 De 53
27190 Faverolles-la-Campagne 27 49 Af 54
21290 Faverolles-lès-Lucey 21 91 Ef 61
41400 Faverolles-sur-Cher 41 86 Bb 65
30122 Faveyrolle 30 153 De 84
12480 Faveyrolles 12 152 Ce 85
39250 Favière 39 107 Ga 68
83230 Favière 83 172 Gc 90
28170 Favières 28 69 Bb 57
54115 Favières 54 76 Ff 58
77220 Favières 76 52 Ce 56
80120 Favières 80 28 Bd 47
20135 Favone CTC 183 Kc 98
41120 Favras 41 86 Bc 64
51300 Favresse 51 54 Ee 56
62450 Favreuil 62 30 Cf 48
78200 Favrneux 78 50 Bd 55
61390 Fay 61 48 Ac 57
72550 Fay 72 68 Aa 60
80200 Fay 80 39 Ce 49
45450 Fay-aux-Loges 45 87 Ca 61
46100 Faycelles 46 138 Bf 81
44130 Fay-de-Bretagne 44 82 Yb 64
63550 Faydit 63 116 Dd 73
05300 Faye 05 157 Ff 82
24600 Faye 24 124 Ab 77
41100 Faye 41 86 Bb 62
71550 Faye 71 105 Eb 66
49380 Faye-d'Anjou 49 84 Zc 65
60730 Fayel 60 38 Cb 53
79350 Faye-L'Abbesse 79 98 Zd 68
37120 Faye-la-Vineuse 37 99 Ac 67
24300 Fayemarteau 24 124 Ac 75
83440 Fayence 83 172 Ge 87
39800 Fay-en-Montagne 39 107 Fe 68
79160 Faye-sur-Ardin 79 110 Zc 70
02100 Fayet 02 40 Db 49
03250 Fayet 03 116 De 73
12360 Fayet 12 152 Cf 86
63590 Fayet 63 128 Dd 75
63610 Fayet 63 128 Cf 76
63160 Fayet-le-Château 63 128 Dc 74
63630 Fayet-Ronaye 63 128 Dd 76
46120 Fayfol 46 138 Bf 80
52500 Fayl-Billot 52 92 Fd 62
26240 Fay-le-Clos 26 130 Ef 77
60240 Fay-les-Etangs 60 50 Bf 53
10290 Fay-lès-Marcilly 10 73 Dd 58
77167 Faÿ-lès-Nemours 77 71 Ce 59
70200 Faymont 70 94 Gd 63
88340 Faymont 88 77 Gd 61
85240 Faymoreau 85 110 Zc 69
84570 Fayol 84 156 Fb 84
01190 Fayolle 01 118 Ef 70
24600 Fayolle 24 124 Ac 77
03250 Fayot 03 116 De 72
10320 Fays-la-Chapelle 10 73 Ea 60
81600 Fayssac 81 151 Bf 85
43430 Fay-sur-Lignon 43 141 Eb 79
64570 Féas 64 161 Zb 90
62960 Febvin-Palfart 62 29 Cb 45
76400 Fécamp 77 36 Ac 50
59247 Féchain 59 30 Db 47
63420 Féchal 63 128 Da 76
90100 Fêche-l'Eglise 90 94 Gf 63
54115 Fécocourt 54 76 Ga 58
70120 Fédry 70 93 Ff 63
28290 Fée 28 69 Bb 60
18350 Feez 18 103 Ce 67
67640 Fegersheim 67 60 He 58
44460 Fégréac 44 81 Xf 63
74160 Feigères 74 120 Ga 72
60800 Feigneux 60 52 Cf 53
01570 Feillens 01 118 Ef 71
09420 Feillet 09 177 Bb 91
41120 Feings 41 86 Bc 64
61400 Feings 61 68 Ad 57
35440 Feins 35 65 Yc 59
45230 Feins-en-Gâtinais 45 88 Cf 62
73260 Feissons-sur-Isère 73 133 Gc 75
73350 Feissons-sur-Salins 73 133 Gd 76
61160 Fel 61 48 Aa 56
20234 Felce CTC 183 Kc 94
68640 Feldbach 68 95 Hb 63
68540 Feldkirch 68 95 Hb 61
20225 Feliceto CTC 180 If 93
07340 Félines 07 130 Ee 77
26160 Félines 26 143 Fa 81
43160 Félines 43 129 De 77
63320 Félines 63 128 Da 75
82160 Félines 82 150 Be 83
34210 Félines-Minervois 34 166 Cd 89
11330 Félines-Termenès 11 179 Cd 91
59740 Felleries 59 31 Ea 48
68470 Fellering 68 94 Gf 61
23500 Felletin 23 126 Cb 73
66730 Felluns 66 178 Cc 92
90110 Felon 90 94 Gf 62
46270 Felzins 46 138 Ca 81
86700 Fémolant 86 112 Ab 71
59179 Fenain 59 30 Db 46
21600 Fénay 21 106 Fa 65
11400 Fendeille 11 165 Bf 89
63440 Fénérol 63 115 Da 72
79450 Fénery 79 98 Zd 68
57930 Fénétrange = Finstingen 57 57 Ha 55
49460 Feneu 49 83 Zc 63
19110 Feneyrol 19 127 Cc 76
43380 Feneyroles 43 128 Dc 77
43160 Feneyrolles 43 128 Dd 77
82140 Fénéyrols 82 150 Be 84
63570 Fenier 63 128 Db 76
01710 Fénières 01 120 Ff 71
23100 Féniers 23 126 Ca 74
17350 Fenioux 17 110 Zc 73
79160 Fenioux 79 110 Zd 69
54540 Fenneviller 54 77 Gf 58
81600 Fénols 81 151 Ca 85
04110 Fenouillet 04 156 Fd 85
31150 Fenouillet 31 164 Bc 86
66220 Fenouillet 66 178 Cc 92
11240 Fenouillet-du-Razès 11 165 Ca 90
20212 Feo CTC 183 Kb 95
85210 Féole 85 97 Yf 69
08170 Fépin 08 42 Ee 48
86160 Féraboeuf 86 112 Ac 70
24320 Féraillon 24 124 Ac 76
78770 Féranville 78 50 Be 55
47150 Feratie 47 137 Ae 81
44660 Fercé 44 82 Yd 62
72430 Fercé-sur-Sarthe 72 84 Zf 61
33820 Ferchaud 33 122 Zc 77
60730 Fercourt 60 38 Cb 53
88360 Ferdrupt 88 94 Ge 61
51270 Fèrebrianges 51 53 Df 55
51230 Fère-Champenoise 51 53 Df 56
02130 Fère-en-Tardenois 02 53 Dd 53
56130 Férel 56 81 Xd 64
47240 Féréol 47 149 Ae 83
63680 Férérolles 63 127 Cc 75
07140 Féreyrolles 07 141 Df 81
62260 Ferfay 62 29 Cc 45
77133 Féricy 76 72 Ce 58
59169 Férin 59 30 Da 47
20290 Ferlaggia CTC 181 Kc 94
48120 Ferluc 48 140 Dc 80
28500 Fermaincourt 28 50 Bc 56
50840 Fermanville 50 33 Yd 50
32600 Ferme-des-Loups 32 164 Ba 87
04340 Fermeyer 04 157 Gb 82
54870 Fermont 54 43 Fd 52
47320 Fernand 47 148 Ab 82
01280 Ferney-Voltaire 01 120 Ga 71
63620 Fernoël 63 127 Cc 74
45150 Férolles 45 87 Ca 61
77150 Férolles-Attilly 76 51 Cd 56
59610 Féron 59 31 Ea 48
02140 Féronval 02 40 De 49
62250 Ferques 62 26 Be 44
11200 Ferrals-les-Corbières 11 166 Ce 90
34210 Ferrals-les-Montagnes 34 166 Cd 88
11240 Ferran 11 165 Ca 90
40270 Ferran 40 147 Zd 86
26570 Ferrassières 26 156 Fc 84
47330 Ferrensac 47 136 Ad 81
63660 Ferréol 63 129 Df 76
65370 Ferrère 65 175 Ad 91
64880 Ferrette 68 95 Hb 64
10400 Ferreux-Quincey 10 73 Dd 58
02270 Ferrière 02 40 Dd 50
03440 Ferrière 03 115 Cf 70
19600 Ferrière 19 137 Bc 78
52300 Ferrière-et-Lafolie 52 75 Fa 58
59680 Ferrière-la-Grande 59 31 Df 47
59680 Ferrière-la-Petite 59 31 Ea 47
37350 Ferrière-Larçon 37 100 Af 67
17170 Ferrières 17 110 Za 71
21530 Ferrières 21 90 Ea 64
45210 Ferrières 45 72 Ce 60
50640 Ferrières 50 66 Za 57
54210 Ferrières 54 76 Gb 57
60420 Ferrières 60 39 Cd 51
65560 Ferrières 65 174 Ze 90
74370 Ferrières 74 120 Ga 73
80470 Ferrières 80 38 Cb 49
81260 Ferrières 81 166 Cc 87
89480 Ferrières 89 89 Dc 63
77164 Ferrières de Forrières 76 51 Ce 56
76220 Ferrières-en-Bray 77 38 Be 52
27190 Ferrières-Haut-Clocher 27 49 Af 54
61390 Ferrières-la-Verrerie 61 48 Ac 57
25470 Ferrières-le-Lac 25 94 Gf 65
25410 Ferrières-les-Bois 25 107 Fe 65
70130 Ferrières-lès-Ray 70 93 Fe 63
70360 Ferrières-lès-Scey 70 93 Ga 63
34190 Ferrières-les-Verreries 34 154 De 85
34360 Ferrières-Poussarou 34 167 Cf 88
27270 Ferrières-Saint-Hilaire 27 49 Ad 54
15170 Ferrières-Saint-Mary 15 128 Da 77
03250 Ferrières-sur-Sichon 03 116 Dd 72
37600 Ferrière-sur-Beaulieu 37 100 Ba 66
43300 Ferrussac 43 140 Dc 78
48150 Ferrussac 48 153 Dc 84
25330 Fertans 25 107 Ga 66
36360 Fertay 36 101 Bc 66
58270 Fertrève 58 104 Dd 67
68160 Fertrupt 68 77 Hb 59
82150 Férussac 82 149 Af 83
50420 Fervaches 50 46 Yf 55
14140 Fervaques 14 48 Ab 54
80500 Fescamps 80 39 Ce 51
25490 Fesches-le-Châtel 25 94 Gf 63
02450 Fesmy-le-Sart 02 31 De 48
43270 Fespescle 43 141 De 78
28270 Fessanvilliers-Mattanvilliers 28 49 Ba 56
68740 Fessenheim 68 95 Hd 61
67117 Fessenheim-le-Bas 67 58 Hd 57
25470 Fessevillers 25 94 Gf 65
74890 Fessy 74 120 Gc 71
24410 Festalemps 24 124 Ab 77
11300 Festes-et-Saint-André 11 178 Ca 91
02840 Festieux 02 40 De 51
51700 Festigny 51 53 De 54
89480 Festigny 89 89 Dd 63
62149 Festubert 62 29 Ce 45
74500 Féternes 74 120 Gd 70
39240 Fétigny 39 119 Fd 70
08160 Feuchères 08 42 Ee 50
78810 Feucherolles 78 51 Bf 55
62223 Feuchy 62 30 Cf 47
47230 Feugarolles 47 148 Ac 83
19470 Feugeas 19 126 Be 76
50190 Feugères 50 34 Ye 54
27170 Feugérolles 27 49 Ae 54
10150 Feuges 10 73 Ea 58
27110 Feuguerolles 27 49 Ba 54
14320 Feuguerolles-Bully 14 35 Zd 54
14240 Feuguerolles-sur-Seulles 14 34 Zb 54
11510 Feuilla 11 179 Cf 91
16380 Feuillade 16 124 Ac 75
18320 Feuillarde 18 103 Cf 66
80200 Feuillères 80 39 Cf 49
28170 Feuilleuse 28 69 Ba 57
60960 Feuquières 60 38 Bf 51
80210 Feuquières-en-Vimeu 80 28 Bd 48
70100 Feurg 70 92 Fc 64
42110 Feurs 42 129 Eb 74
36160 Feusines 36 114 Ca 69
29242 Feuteunvelen 29 61 Uf 58
18300 Feux 18 103 Cf 65
23140 Feuyas 23 114 Ca 71
57280 Fèves 57 56 Ga 53
57420 Féy 57 56 Ga 54
15160 Feydit 15 128 Da 77
54470 Fey-en-Haye 54 56 Ff 55
19290 Feyssac 19 126 Ca 74
19340 Feyt 19 127 Cc 74
87220 Feytiat 87 125 Bb 74
69320 Feyzin 69M 130 Ef 74
18300 Fez 18 103 Ce 65
81500 Fiac 81 165 Bf 86
81490 Fiallesuch 81 166 Cc 87
87150 Fiateau 87 125 Af 74
20117 Fica CTC 182 If 97
20237 Ficaja CTC 181 Kc 94
62173 Ficheux 62 29 Ce 47
64410 Fichous-Riumayou 64 162 Zd 88
86450 Fief-Batard 86 100 Ad 68
80670 Fieffes-Montrelet 80 29 Cb 48
62134 Fiefs 62 29 Cb 46
62132 Fiennes 62 27 Be 44
20228 Fieno CTC 181 Kc 91
80750 Fienvillers 80 29 Cb 48
14190 Fierville-Bray 14 48 Ze 54
50580 Fierville-les-Mines 50 33 Yb 52
14130 Fierville-les-Parcs 14 48 Ab 53
02110 Fieulaine 02 40 Dc 49
47600 Fieux 47 148 Ac 84
33850 Fieuzal 33 134 Zc 80
20135 Figa CTC 185 Kc 98
83830 Figanières 83 172 Gc 87
20200 Figarella CTC 181 Kc 92
13123 Figarès 13 169 Ec 87
30440 Figaret 30 153 Dd 85
20230 Figareto CTC 181 Kd 94
20114 Figari CTC 185 Ka 00
31260 Figarol 31 164 Af 90
46100 Figeac 46 138 Ca 81
12430 Figeaguet 12 152 Ce 84
87500 Figeas 87 125 Bc 76
17800 Figers 17 123 Zc 75
15380 Fignac 15 127 Cd 77
88410 Fignévelle 88 76 Ff 61
80500 Fignières 80 39 Cd 50
20138 Figoni CTC 184 Ie 98
47250 Figuès 47 148 Aa 82
12330 Fijaguet 12 152 Cc 82
02000 Filain 02 40 Dd 52
70230 Filain 70 93 Gb 63
47110 Filhol 47 149 Ad 82
20140 Filitosa CTC 184 If 98
72210 Fillé 72 84 Aa 61
74370* Fillière 73 120 Gb 73
54560 Fillières 54 43 Ff 52
62770 Fillièvres 62 29 Ca 47
74250 Fillinges 74 120 Gc 72
66820 Fillols 66 178 Cc 93
74140 Filly 74 120 Gc 71
57320 Filstroff 57 44 Gd 53
88600 Fiménil 88 77 Ge 59
66320 Finestret 66 178 Cd 93
82700 Finhan 82 150 Bb 85
48220 Finialette 48 153 De 82
81440 Finotes 81 165 Cb 86
80360 Fins 80 30 Da 48
19300 Fioux 19 126 Ca 76
27210 Fiquefleur-Equainville 27 36 Ab 52
54800 Fiquelmont 54 56 Fe 53
24450 Firbeix 24 125 Af 75
14100 Firfol 14 48 Ab 54
12300 Firmi 12 139 Cb 81
42700 Firminy 42 129 Eb 76
67110 Fischeracker 67 58 Hd 54
51170 Fismes 51 53 De 53
71260 Fissy 71 118 Ee 70
01260 Fitignieu 01 119 Fe 73
38490 Fitilieu 38 131 Fd 75
11510 Fitou 11 179 Cf 91
60600 Fitz-James 60 39 Cc 52
57570 Fixem 57 44 Gb 52
21220 Fixin 21 106 Ef 65
43320 Fix-Saint-Geneys 43 141 De 78
08450 Flaba 08 42 Ef 51
55150 Flabas 55 55 Fc 53
54260 Flabeuville 54 43 Fd 52
72210 Flacé 72 68 Aa 61
21490 Flacey 21 92 Fa 64
28800 Flacey 28 69 Bc 60
71580 Flacey-en-Bresse 71 106 Fc 69
38690 Flachères 38 131 Fb 76
88120 Flaconnières 88 77 Gd 60
78200 Flacourt 78 50 Bd 55
89190 Flacy 89 73 Dd 59
25330 Flagey 25 107 Ga 66
52250 Flagey 52 92 Fb 62
21640 Flagey-Echézeaux 21 106 Ef 66
21130 Flagey-lès-Auxonne 21 106 Fc 66
12300 Flagnac 12 139 Cb 81
25640 Flagney-Rigney 25 93 Gb 64
70000 Flagy 70 93 Gb 62
71250 Flagy 71 118 Ed 70
77940 Flagy 76 72 Cf 59
08260 Flaignes-Havys 08 41 Ec 50
74300 Flaine 74 121 Ge 72
54110 Flainval 54 76 Gc 57
76740 Flainville 77 37 Af 49
63940 Flaittes 63 129 De 75
50340 Flamanville 50 33 Ya 51
76970 Flamanville 77 37 Af 51
76450 Flamanvillette 77 36 Ae 50
32340 Flamarens 32 149 Ae 84
77114 Flamboin 76 72 Db 58
76270 Flaments-Frétils 77 38 Bd 50
21130 Flammerans 21 106 Fc 65
52110 Flammerécourt 52 75 Fa 58
27310 Flancourt-Catelon 27 36 Ae 53
27310 Flancourt-Crescy-en-Roumois 27 37 Ae 53
80120 Flandre 80 28 Be 47
25390 Flangebouche 25 108 Gc 66
84410 Flassan 84 156 Fb 84
83340 Flassans-sur-Issole 83 171 Gb 88
55600 Flassigny 55 43 Fc 52
58420 Flassy 58 104 Dd 65
57320 Flastroff 57 44 Gd 52
80200 Flaucourt 80 39 Cf 49
46320 Flaujac-Gare 46 138 Be 80
46090 Flaujac-Poujols 46 150 Bd 82
33350 Flaujagues 33 135 Aa 80
59440 Flaumont-Waudrechies 59 31 Df 48
81530 Flausines 81 152 Cd 86
30700 Flaux 30 154 Ed 84
12440 Flauzins 12 151 Ca 83
60590 Flavacourt 60 50 Be 52
07000 Flaviac 07 142 Ee 80
87230 Flavignac 87 125 Ba 74
21160 Flavignerot 21 91 Ef 65
02120 Flavigny 02 40 Dd 49
18350 Flavigny 18 103 Ce 67
51190 Flavigny 51 53 Ea 55
57130 Flavigny 57 56 Ff 54
54630 Flavigny-sur-Moselle 54 76 Gb 57
21150 Flavigny-sur-Ozerain 21 91 Ed 63
12450 Flavin 12 152 Cd 83
02520 Flavy-le-Martel 02 40 Db 50
60640 Flavy-le-Meldeux 60 39 Da 50
01350 Flaxieu 01 131 Fe 74
68720 Flaxlanden 68 95 Hb 62
17290 Flay 17 110 Za 72
24600 Flayac 24 124 Ac 77
23260 Flayat 23 127 Cc 74
83780 Flayosc 83 172 Gc 87
16730 Fléac 16 123 Aa 75
17800 Fléac-sur-Seugne 17 123 Zc 75
62960 Fléchin 62 29 Cb 45
80240 Fléchin 80 40 Da 49
62145 Fléchinelle 62 29 Cb 45
60120 Fléchy 60 38 Cb 51
21140 Flée 21 90 Ec 64
49500 Flée 49 83 Za 62
72500 Flée 72 85 Ac 62
08200 Fleigneux 08 42 Ef 50
57635 Fleisheim 57 57 Ha 56
86300 Fleix 86 112 Ae 69
36700 Fléré-la-Rivière 36 100 Ba 66
61100 Flers 61 47 Zc 56
62270 Flers 62 29 Cb 47
80360 Flers 80 30 Ce 48
80160 Flers-sur-Noye 80 38 Cb 50
59267 Flesquières 59 30 Da 48
80260 Flesselles 80 29 Cb 49
57690 Flétrange 57 57 Gd 54
59270 Flêtre 59 30 Cd 44
58170 Fléty 58 104 Df 68
16200 Fleurac 16 123 Zf 74
24580 Fleurac 24 137 Ba 78
32500 Fleurance 32 149 Ad 85
86350 Fleuransan 86 112 Ad 71
23320 Fleurat 23 113 Be 71
37530 Fleuray 37 86 Ba 63
62840 Fleurbaix 62 30 Cf 45
61200 Fleuré 61 48 Zf 56
86340 Fleuré 86 112 Ad 70
21320 Fleurey 21 91 Ec 65
70160 Fleurey-lès-Faverney 70 93 Ga 62
70120 Fleurey-lès-Lavoncourt 70 93 Fe 63
70800 Fleurey-lès-Saint-Loup 70 93 Gb 61
21410 Fleurey-sur-Ouche 21 91 Ef 65
28190 Fleurfontaine 28 69 Bb 58
69820 Fleurie 69D 118 Ee 71
03140 Fleuriel 03 116 Db 71
69210 Fleurieux-sur-L'Arbresle 69M 130 Ed 73
89260 Fleurigny 89 72 Dc 59
60700 Fleurines 60 51 Cd 53
35133 Fleurtigné 35 66 Yf 58
71260 Fleurville 71 118 Ef 70
02600 Fleury 02 52 Da 53
11560 Fleury 11 167 Da 89
41500 Fleury 41 86 Bc 62
50800 Fleury 50 46 Ye 55
54800 Fleury 54 56 Ff 53
57420 Fleury 57 56 Gb 54
60240 Fleury 60 51 Bf 53
62134 Fleury 62 29 Cb 46
77540 Fleury 76 52 Cf 57
79110 Fleury 79 111 Ze 72
80160 Fleury 80 38 Ca 50
77930 Fleury-en-Bière 76 71 Cd 58
27480 Fleury-la-Forêt 27 37 Bd 52
71340 Fleury-la-Montagne 71 117 Ea 71
51480 Fleury-la-Rivière 51 53 Df 54
58110 Fleury-la-Tour 58 104 Dd 67
89113 Fleury-la-Vallée 89 89 Dc 61
45400 Fleury-les-Aubrais 45 87 Bf 61
91700 Fleury-Mérogis 91 51 Cc 57
55250 Fleury-sur-Aire 55 55 Fa 54
27380 Fleury-sur-Andelle 27 37 Bc 52
58240 Fleury-sur-Loire 58 103 Db 68
14123 Fleury-sur-Orne 14 35 Zd 54
01470 Flévieu 01 131 Fc 74
08250 Fléville 08 55 Ef 53
54710 Fléville-devant-Nancy 54 56 Gb 57
54150 Fléville-Lixières 54 56 Fe 53
57365 Flévy 57 56 Gb 53
78910 Flexanville 78 50 Be 55
67310 Flexbourg 67 60 Hc 57
71390 Fley 71 105 Ed 68
89800 Fleys 89 90 Df 62
58210 Flez 58 89 Dc 64
58190 Flez 58 90 Dd 64
58190 Flez-Cuzy 58 90 Dd 64
86460 Flier 86 112 Ad 72
08380 Fligny 08 41 Eb 49
38380 Flin 38 132 Fe 77
54122 Flin 54 77 Gd 58
59148 Flines-lez-Raches 59 30 Db 46
78790 Flins-Neuve-Église 78 50 Bd 55
78410 Flins-sur-Seine 78 50 Bf 55
27380 Flipou 27 37 Bb 53
54470 Flirey 54 56 Ff 55
80420 Flixecourt 80 38 Ca 48
08160 Flize 08 42 Ee 50
57580 Flocourt 57 56 Gc 55
76260 Flocques 77 28 Bc 48
89360 Flogny-la-Chapelle 89 73 Df 61
08600 Flohimont 08 42 Ef 48
08200 Floing 08 42 Ef 50
12200 Floirac 12 151 Bf 83
17120 Floirac 17 122 Zb 76
46600 Floirac 46 138 Bd 79
47360 Floiras 47 149 Ad 83
28100 Flonville 28 50 Bc 56
33270 Florac 33 135 Zc 79
48600 Florac 48 141 De 80
48400 Florac Trois Rivières 48 153 Dd 83
57190 Florange 57 44 Ga 53
88130 Florémont 88 76 Gb 58
33380 Florence 33 134 Za 81
34510 Florensac 34 167 Dc 88
48600 Florensac 48 141 De 80
51800 Florent-en-Argonne 51 54 Ef 54
39320 Florentia 39 119 Fc 70
81150 Florentin 81 151 Ca 85
12140 Florentin-la-Capelle 12 139 Cd 81
46700 Floressas 46 150 Ba 82
83690 Florielle 83 172 Gc 87
33290 Florimond 33 135 Zc 79
90100 Florimont 90 94 Ha 63
24250 Florimont-Gaumier 24 137 Bb 80
64350 Floris 64 162 Zf 88
52130 Flornoy 52 74 Ef 57
38300 Flosaille 38 131 Fb 75
50690 Flottemanville-Hague 50 33 Yb 51
46090 Flottes 46 150 Bc 82
33190 Floudès 33 135 Zf 81
11800 Floure 11 166 Cc 89
59440 Floursies 59 31 Df 47
59219 Floyon 59 31 Df 48
73590 Flumet 73 133 Gd 74
02590 Fluquières 02 40 Da 50
01140 Fluriex 01 118 Ee 72
80540 Flury 80 38 Ca 49
58210 Fly 58 89 Dc 64
55400 Foameix-Ornel 55 55 Fd 53
20100 Foce CTC 184 Ka 99
20100 Foce di Bilia CTC 184 If 99
20212 Focicchia CTC 183 Kb 95
18500 Foëcy 18 102 Ca 65
63970 Fohet 63 128 Da 75
02140 Foigny 02 41 Df 49
22600 Foil-Marreuc 22 64 Xb 59
08600 Foisches 08 42 Ee 48
12260 Foissac 12 138 Ca 81
30700 Foissac 30 154 Eb 84
01340 Foissiat 01 118 Fb 70
21230 Foissy 21 105 Ed 66
89450 Foissy-lès-Vézelay 89 90 De 64
89190 Foissy-sur-Vanne 89 72 Dd 59
42260 Foive 42 117 Ea 73
09000 Foix 09 177 Bd 91
37150 Foix 37 86 Ba 65
23270 Folbeix 23 114 Ca 71
31290 Folcarde 31 165 Be 88
07140 Folcheran 07 154 Ea 82
20213 Folelli CTC 181 Kd 94
02670 Folembray 02 40 Db 51
68220 Folgensbourg 68 95 Hc 63
22200 Folgoat 22 63 Wf 57
80170 Folies 80 39 Ce 50
77140 Foljuif 76 71 Ce 59
57600 Folkling 57 57 Gf 54
78520 Follainville-Dennemont 78 50 Be 54
87250 Folles 87 113 Bc 72
27230 Folleville 27 49 Ad 54
27190 Folleville 27 49 Af 54
56580 Folleville 56 64 Xb 60

A B C D E F G H I J K L M N O P Q R S T U V W X Y Z

80250 Folleville 80 39 Cc 50
50320 Folligny 50 46 Yd 56
76660 Folny 77 37 Bc 49
57200 Folpersviller 57 57 Ha 54
57730 Folschviller 57 57 Ge 54
87380 Fombelaux 87 125 Bc 75
24240 Fomboise 24 136 Ac 80
88390 Fomerey 88 76 Gc 59
79340 Fomperron 79 111 Zf 70
31140 Fonbeauzard 31 164 Bc 86
12190 Fonbillou 12 139 Cd 81
21260 Foncegrive 21 92 Fa 63
80700 Fonches 80 39 Ce 50
39520 Foncine-le-Bas 39 107 Ga 69
39460 Foncine-le-Haut 39 107 Ga 69
81430 Foncouvete 81 151 Cb 85
62111 Foncquevillers 62 29 Cd 48
12540 Fondamente 12 152 Da 85
32810 Fond-du-Bois 32 163 Ad 86
33220 Fondefière 33 136 Ab 80
58500 Fondelin 58 89 Dc 64
37230 Fondettes 37 85 Ad 64
70190 Fondremand 70 93 Ga 64
58350 Fonfaye 58 89 Db 65
19170 Fonfreyde 19 126 Ca 75
18150 Fonfrin 18 103 Cf 67
24170 Fongalop 24 137 Af 80
47260 Fongrave 47 149 Ad 82
76280 Fonguesemare 77 36 Ab 50
24400 Fonmoure 24 136 Ac 78
82000 Fonneuve 82 150 Bc 84
24500 Fonroque 24 136 Ac 80
07200 Fons 07 142 Ec 81
30730 Fons 30 154 Eb 85
46100 Fons 46 138 Bf 81
31130 Fonsegrives 31 165 Bd 87
02110 Fonsommes 02 40 Dc 49
31470 Fonsorbes 31 164 Bb 87
87440 Fonsoumagne 87 124 Ae 74
30580 Fons-sur-Lussan 30 154 Eb 83
16270 Fontafie 16 124 Ad 73
38350 Fontagnieu 38 144 Ff 79
25660 Fontain 25 107 Ga 65
10200 Fontaine 10 74 Ee 59
24320 Fontaine 24 124 Ac 76
27320 Fontaine 27 50 Bb 56
28500 Fontaine 28 50 Bc 56
38600 Fontaine 38 131 Fe 77
45130 Fontaine 45 87 Bd 61
59330 Fontaine 59 31 Df 47
73460 Fontaine 73 132 Gb 75
77570 Fontaine 76 71 Ce 60
79190 Fontaine 79 111 Ab 72
83630 Fontaine 83 171 Ga 86
85560 Fontaine 85 109 Yd 70
86130 Fontaine 86 99 Ac 69
90150 Fontaine 90 94 Ha 63
59550 Fontaine-au-Bois 59 31 Dd 48
51210 Fontaine-au-Bron 51 53 Dd 55
59157 Fontaine-au-Pire 59 30 Dc 48
27600 Fontaine-Bellenger 27 50 Bb 53
77300 Fontainebleau 76 71 Ce 58
60360 Fontaine-Bonneleau 60 38 Ca 51
39140 Fontainebrux 39 106 Fc 68
60300 Fontaine-Châalis 60 51 Ce 53
17510 Fontaine-Chalendray 17 111 Ze 73
32360 Fontaine-Chaude 32 148 Ac 86
53350 Fontaine-Couverte 53 83 Yf 61
51120 Fontaine-Denis-Nuisy 51 53 De 57
84800 Fontaine-de-Vaucluse 84 156 Fa 85
76440 Fontaine-en-Bray 77 37 Bc 50
51800 Fontaine-en-Dormois 51 54 Ee 53
14790 Fontaine-Etoupefour 14 35 Zd 54
77480 Fontaine-Fourches 76 72 Dc 58
21610 Fontaine-Française 21 92 Fc 63
49250 Fontaine-Guérin 49 84 Ze 64
14220 Fontaine-Halbout 14 47 Zd 55
14610 Fontaine-Henry 14 35 Zd 53
27490 Fontaine-Heudebourg 27 49 Bb 54
27470 Fontaine-L'Abbé 27 49 Ae 54
89100 Fontaine-la-Gaillarde 89 72 Dc 59
28190 Fontaine-la-Guyon 28 69 Bb 58
27230 Fontaine-la-Louvet 27 48 Ac 54
76290 Fontaine-la-Mallet 77 36 Aa 51
27550 Fontaine-la-Soret 27 49 Ae 54
60690 Fontaine-Lavaganne 60 38 Bf 51
76690 Fontaine-le-Bourg 77 37 Ba 51
86240 Fontaine-le-Comte 86 112 Ab 69
76740 Fontaine-le-Dun 77 37 Af 50
48400 Fontaine-le-Mazet 48 153 Dd 83
14190 Fontaine-le-Pin 14 47 Ze 55
76170 Fontaine-le-Port 76 71 Ce 58
61160 Fontaine-les-Bassets 61 48 Aa 55
62134 Fontaine-lès-Boulans 62 29 Cb 46
80340 Fontaine-lès-Cappy 80 39 Ce 49
02680 Fontaine-lès-Clercs 02 40 Db 50
25340 Fontaine-lès-Clerval 25 94 Gc 64
41800 Fontaine-les-Côteaux 41 85 Ae 62
62128 Fontaine-lès-Croisilles 62 30 Cf 47
21121 Fontaine-lès-Dijon 21 91 Fa 64
80140 Fontaine-le-Sec 80 38 Be 49
10280 Fontaine-les-Grès 10 73 Df 58
62550 Fontaine-lès-Hermans 62 29 Cc 45
70800 Fontaine-lès-Luxeuil 70 93 Gc 61
28170 Fontaine-les-Ribouts 28 50 Bb 57
02140 Fontaine-lès-Vervins 02 41 Df 49
62390 Fontaine-L'Etalon 62 29 Ca 47
10150 Fontaine-Luyères 10 73 Eb 58
10400 Fontaine-Mâcon 10 72 Dd 58
49140 Fontaine-Milon 49 84 Ze 64
02110 Fontaine-Notre-Dame 02 40 Dc 49
59400 Fontaine-Notre-Dame 59 30 Da 48
41270 Fontaine-Raoul 41 69 Ba 61
71150 Fontaines 71 105 Ee 67
89150 Fontaines 89 72 Da 59
89130 Fontaines 89 89 Db 62
60480 Fontaine-Saint-Lucien 60 38 Ca 52
21450 Fontaines-en-Duesmois 21 91 Ed 63
41250 Fontaines-en-Sologne 41 86 Bd 63
28240 Fontaine-Simon 28 69 Ba 57
21330 Fontaines-les-Sèches 21 90 Ec 62
27120 Fontaine-sous-Jouy 27 50 Bb 54
77560 Fontaine-sous-Montaiguillon 76 72 Dd 57
80500 Fontaine-sous-Montdidier 80 39 Cd 51
76160 Fontaine-sous-Préaux 77 37 Bb 52
55110 Fontaines-Saint-Clair 55 42 Fb 52
69270 Fontaines-Saint-Martin 69M 130 Ef 73
52170 Fontaines-sur-Marne 52 75 Fa 57
69270 Fontaines-sur-Saône 69M 130 Ef 73
51160 Fontaine-sur-Ay 51 53 Ea 54
51320 Fontaine-sur-Coole 51 54 Ec 56
80150 Fontaine-sur-Maye 80 28 Bf 47
02110 Fontaine-Uterte 02 40 Dc 49
74570 Fontaine-Vive 74 120 Gb 72
77370 Fontains 76 72 Da 57
06540 Fontan 06 159 Hd 84
34310 Fontanche 34 167 Cf 88
AD600 Fontaneda ☐ AND 177 Bc 94
12640 Fontaneilles 12 152 Da 83
15230 Fontanes 15 139 Cf 79
30250 Fontanès 30 154 Ea 86
34270 Fontanès 34 154 Df 86
42140 Fontanès 42 130 Ec 75
46230 Fontanes 46 150 Bc 83
11140 Fontanès-de-Sault 11 178 Ca 92
46240 Fontanes-du-Causse 46 138 Bd 81
15140 Fontanges 15 139 Cd 78
21390 Fontangy 21 90 Ec 64
23110 Fontanières 23 115 Cd 72
38120 Fontanil-Cornillon 38 131 Fe 77
42600 Fontannes 42 129 Ea 75
43100 Fontannes 43 128 Dc 77
43500 Fontannes 43 129 De 77
43320 Fontannes 43 141 De 78
48700 Fontans 48 140 Dc 80
10110 Fontarce 10 74 Ed 60
30580 Fontarèches 30 154 Ec 84
47310 Fontarède 47 148 Ac 84
23110 Fontauble 23 115 Cc 72
17200 Fontbedeau 17 122 Za 74
81260 Fontbelle 81 166 Cc 87
36150 Fontbon 36 101 Be 66
07240 Fontbonne 07 142 Ed 79
81140 Fontbonne 81 150 Be 84
83320 Fontbrun 83 171 Ga 90
83630 Font-Castellan 83 171 Gb 86
43300 Fontchave 43 140 Dc 78
63970 Fontclairant 63 127 Cf 74
16230 Fontclaireau 16 111 Ab 73
63630 Fontcourbe 63 128 Dd 76
11700 Fontcouverte 11 166 Ce 89
17100 Fontcouverte 17 122 Zc 74
66300 Fontcouverte 66 179 Cd 93
73300 Fontcouverte 73 132 Gb 77
83149 Font-Couverte 83 171 Ff 88
26110 Font-de-Barrat 26 155 Fa 82
31160 Font-de-la-Vielle 31 176 Af 90
61420 Fontenai-les-Louvets 61 68 Zf 57
37370 Fontenaille 37 85 Ad 63
14400 Fontenailles 14 47 Zb 53
77370 Fontenailles 76 72 Cf 57
89480 Fontenailles 89 89 Dc 63
89560 Fontenailles 89 89 Dc 63
61200 Fontenai-sur-Orne 61 48 Zf 56
18330 Fontenay 18 87 Cb 65
27510 Fontenay 27 50 Bd 53
36150 Fontenay 36 101 Be 66
36400 Fontenay 36 102 Ca 69
50140 Fontenay 50 66 Yf 57
71120 Fontenay 71 117 Eb 70
76290 Fontenay 77 35 Ab 51
79100 Fontenay 79 98 Ze 67
88600 Fontenay 88 77 Gd 59
10400 Fontenay-de-Bossery 10 72 Dc 58
95190 Fontenay-en-Parisis 95 51 Cc 54
85200 Fontenay-le-Comte 85 110 Zb 70
78330 Fontenay-le-Fleury 78 51 Ca 56
14320 Fontenay-le-Marmion 14 47 Zd 54
14250 Fontenay-le-Pesnel 14 47 Zc 53
91640 Fontenay-lès-Briis 91 71 Ca 57
91540 Fontenay-le-Vicomte 91 71 Cc 57
78200 Fontenay-Mauvoisin 78 50 Bd 55
89800 Fontenay-près-Chablis 89 90 De 61
89450 Fontenay-près-Vézelay 89 90 De 64
78440 Fontenay-Saint-Père 78 50 Be 54
89660 Fontenay-sous-Fouronnes 89 89 Dd 63
28140 Fontenay-sur-Conie 28 70 Bd 60
28630 Fontenay-sur-Eure 28 70 Bc 58
45210 Fontenay-sur-Loing 45 71 Ce 60
50310 Fontenay-sur-Mer 50 33 Ye 52
72350 Fontenay-sur-Vègre 72 84 Ze 61
60380 Fontenay-Torcy 60 38 Be 51
77610 Fontenay-Trésigny 76 52 Cf 56
77460 Fonte- Neilles 76 71 Ce 59
02170 Fontenelle 02 41 Df 48
08260 Fontenelle 08 41 Eb 49
16170 Fontenelle 16 123 Zf 74
21610 Fontenelle 21 92 Fc 64
24700 Fontenelle 24 135 Aa 78
89140 Fontenelle 89 72 Da 59
90340 Fontenelle 90 94 Gf 63
02540 Fontenelle-en-Brie 02 53 Dc 55
25340 Fontenelle-Montby 25 93 Gc 64
14380 Fontenermont 14 46 Yf 56
17400 Fontenet 17 111 Zd 73
71430 Fontenette 71 117 Ea 69
16230 Fontenille 16 111 Aa 73
24480 Fontenille 24 137 Af 79
63320 Fontenille 63 128 Da 75
79110 Fontenille 79 111 Zf 72
89660 Fontenille 89 89 Dc 63
31470 Fontenilles 31 164 Bb 87
24550 Fontenilles-d'Aigueparse 24 137 Ba 81
70210 Fontenois-la-Ville 70 93 Ga 61
70230 Fontenois-lès-Montbozon 70 93 Gb 64
89120 Fontenouilles 89 89 Da 61
02290 Fontenoy 02 40 Db 52
89520 Fontenoy 89 89 Db 63
54122 Fontenoy-la-Joûte 54 77 Gd 58
88240 Fontenoy-le-Château 88 76 Gb 61
54840 Fontenoy-sur-Moselle 54 56 Ff 56
39130 Fontenu 39 107 Fe 68
39110 Fonteny 39 107 Ff 67
57590 Fonteny 57 57 Gc 55
34320 Fontès 34 167 Dc 87
24510 Fontesteyenie 24 137 Af 79
33190 Fontet 33 135 Zf 81
71160 Fontète 71 117 De 69
10360 Fontette 10 74 Ed 60
21540 Fontette 21 91 Ee 64
19170 Fontevialle 19 126 Be 75
49590 Fontevraud-L'Abbaye 49 99 Aa 65
63122 Fontfreide 63 128 Da 74
05350 Fontgillarde 05 145 Gf 80
36220 Fontgombault 36 100 Af 68
36600 Fontguenand 36 101 Bd 65
04230 Fontienne 04 156 Fe 84
11310 Fontiers-Cabardès 11 166 Cb 88
79500 Fontivillié 79 111 Zf 71
11360 Fontjoncouse 11 179 Ce 90
63710 Fontmarcel 63 128 Cf 75
19120 Fontmerle 19 138 Bf 79
86250 Fontmoran 86 112 Ac 71
86290 Fontmorond 86 113 Ba 70
42130 Fontobé 42 129 Ea 74
19190 Fontourcy 19 138 Be 78
57650 Fontoy 57 43 Ga 52
66360 Fontpédrouse 66 178 Cb 93
86300 Fontprévoir 86 112 Ae 69
66210 Fontrabiouse 66 178 Ca 93
65220 Fontrailles 65 163 Ac 88
81260 Fontrieu 48 166 Cd 87
66120 Font-Romeu 66 178 Bf 93
17150 Fontsablouse 17 122 Zc 76
63210 Fontsalive 63 127 Cf 75
38740 Font-Turbat 38 144 Gb 79
10190 Fontvannes 10 73 Df 59
13990 Fontvieille 13 169 Ee 86
23300 Font-Vieillé 23 113 Bc 71
28210 Fonville 28 50 Bc 56
57600 Forbach 57 57 Gf 53
29430 Forban 29 62 Ve 56
83136 Forcalqueiret 83 171 Ga 88
04300 Forcalquier 04 156 Fe 85
53260 Forcé 53 67 Zb 60
54330 Forcelles-Saint-Gorgon 54 76 Ga 58
54930 Forcelles-sous-Gugney 54 76 Ga 58
32170 Forcets 32 163 Ab 88
80560 Forceville 80 29 Cd 48
80140 Forceville-en-Vimeu 80 38 Be 49
52700 Forcey 52 75 Fc 60
20259 Forcili CTC 180 If 93
20190 Forciolo CTC 184 Ka 97
58330 Forcy 58 104 Dc 65
08220 Forest 08 41 Eb 51
02590 Foreste 02 40 Da 50
62560 Forestel 62 29 Ca 45
59222 Forest-en-Cambrésis 59 31 Dd 48
80150 Forest-L'Abbaye 80 28 Be 47
04250 Forest-Lacour 04 157 Ga 82
80120 Forest-Montiers 80 28 Be 47
05260 Forest-Saint-Julien 05 144 Ga 81
59510 Forest-sur-Marque 59 30 Db 45
89310 Forêt-Bréault 89 90 Df 62
10130 Forêt-Chenu 10 73 Df 60
02510 Forêt d' Andigny 02 40 Dd 48
27510 Forêt-la-Folie 27 50 Bd 53
77165 Forfry 76 52 Cf 54
58160 Forge 58 103 Db 67
71220 Forge 71 117 Ec 69
24630 Forge-des-Feynières 24 125 Ba 75
87200 Forgeix 87 112 Ae 73
17290 Forges 17 110 Za 72
19380 Forgès 19 138 Bf 78
49700 Forges 49 99 Ze 65
58310 Forges 58 89 Db 64
61250 Forges 61 68 Aa 58
56120 Forges de Lanouée 56 64 Xc 60
35640 Forges-la-Forêt 35 82 Ye 61
91470 Forges-les-Bains 91 51 Ca 57
76440 Forges-les-Eaux 77 37 Bd 51
55110 Forges-sur-Meuse 55 55 Fb 53
23160 Forgevielle 23 113 Bd 71
31370 Forgues 31 164 Ba 88
21460 Forléans 21 90 Eb 64
14340 Formentin 14 48 Aa 53
60220 Formerie 60 38 Be 51
14710 Formigny 14 47 Za 52
66210 Formiguères 66 178 Ca 93
79230 Fors 79 111 Zd 71
68320 Forschwihr 68 60 Hc 60
29460 Forsqully 29 62 Vf 58
67480 Forstfeld 67 59 Ia 55
67580 Forstheim 67 58 He 55
77320 Fortail 76 52 Db 56
41360 Fortan 41 86 Af 61
31560 Fortanié 31 165 Bd 89
62162 Fort-Bâtard 62 27 Ca 43
11330 Fort de Razouls 11 178 Cc 91
39150 Fort-du-Plasne 39 107 Ff 69
62270 Fortel-en-Artois 62 29 Cb 47
17700 Fortenuzay 17 110 Zb 71
67480 Fort-Louis 67 59 Ia 56
80120 Fort-Mahon-Plage 80 28 Bd 46
59430 Fort-Mardyck 59 27 Cb 42
27210 Fort-Moville 27 48 Ac 52
15300 Fortuniez 15 127 Cf 77
31440 Fos 31 176 Ae 91
34320 Fos 34 167 Db 87
46310 Fos 46 137 Bc 81
56120 Fossac 56 64 Xc 61
08240 Fossé 08 42 Fa 52
41330 Fossé 41 86 Bb 63
58430 Fosse 58 104 Ea 66
66220 Fosse 66 178 Cc 92
49700 Fosse-Bellay 49 99 Ze 65
24210 Fossemagne 24 137 Af 78
80160 Fossemanant 80 38 Cb 50
60620 Fosse-Martin 60 52 Cf 54
49150 Fosse-Porée 49 84 Zf 63
88100 Fosses 88 77 Gf 59
95470 Fosses 95 51 Cd 54
33190 Fossés-et-Baleyssac 33 135 Aa 81
08380 Fosses-Rousseaux 08 41 Eb 49
60540 Fosseuse 60 51 Cb 53
62810 Fosseux 62 29 Cd 47
57590 Fossieux 57 56 Gb 55
02650 Fossoy 02 53 Dc 54
89140 Fossoy 89 72 Da 59
13270 Fos-sur-Mer 13 170 Ef 88
42400 Fouay 42 130 Ec 76
03230 Foubrac 03 116 Dc 69
76340 Foucarmont 77 37 Bd 49
76640 Foucart 77 36 Ad 51
50480 Foucarville 50 33 Ye 52
80340 Foucaucourt-en-Santerre 80 39 Ce 49
80140 Foucaucourt-Hors-Nesle 80 38 Be 49
55250 Foucaucourt-sur-Thabas 55 55 Fa 54
16620 Foucaud 16 123 Aa 77
53160 Foucault 53 67 Zd 59
70160 Fouchécourt 70 93 Ff 62
88320 Fouchécourt 88 76 Ff 60
39100 Foucherans 39 106 Fc 66
10260 Fouchères 10 74 Eb 60
77171 Fouchères 76 72 Dc 57
55500 Fouchères-aux-Bois 55 55 Fb 57
45320 Foucherolles 45 72 Da 60
89150 Fouchgres 89 72 Da 59
88650 Fouchifol 88 77 Ha 59
67220 Fouchy 67 60 Hb 59
27220 Foucrainville 27 50 Bb 55
67130 Fouday 67 77 Hb 58
49124 Foudon 49 84 Zd 64
80440 Fouenchamps 80 39 Cc 50
70600 Fouent-le-Bas 70 92 Fe 63
70600 Fouent-Saint-Andoche 70 92 Fd 63
29170 Fouesnant 29 78 Vf 61
62130 Foufflin-Ricametz 62 29 Cc 46
54570 Foug 54 56 Fe 56
31160 Fougaron 31 176 Af 91
09300 Fougax-et-Barrineuf 09 178 Bf 91
49150 Fougeré 49 84 Zf 63
85480 Fougeré 85 97 Ye 69
86160 Fougeré 86 112 Ab 71
33230 Fougereau 33 135 Aa 78
37290 Fougereau 37 100 Ba 67
19560 Fougères 19 126 Bd 77
35300 Fougères = Felger 35 66 Ye 58
41120 Fougères-sur-Bièvres 41 86 Bc 64
17380 Fougerolle 17 110 Zb 73
36170 Fougerolles 36 113 Bb 70
36230 Fougerolles 36 114 Bf 69
37140 Fougerolles 37 84 Ab 65
70220 Fougerolles-le-Château 70 93 Gc 61
70300 Fougerolles-Saint-Valbert 70 93 Gc 61
70220 Fougerolles-St-Valbert 70 93 Gc 61
89520 Fougilet 89 89 Dc 63
33220 Fougueyrolles 24 136 Ab 79
88490 Fouillaupré 88 77 Hb 59
36500 Fouillereau 36 101 Bd 67
05130 Fouillouse 05 144 Ga 82
26300 Fouillouse 26 142 Ef 79
86370 Fouilloux 86 111 Ab 70
04530 Fouillouze 04 145 Ge 81
80800 Fouilloy 80 39 Cc 49
60220 Fouilly 60 38 Be 50
77390 Foujou 76 72 Ce 57
52800 Foulain 52 75 Fb 60
15130 Foulan 15 139 Cc 79
60250 Foulanges 60 51 Cb 53
47370 Foulanou 47 149 Af 82
47510 Foulayronnes 47 149 Ad 83
27210 Foulbec 27 36 Ac 52
57830 Foulcrey 57 57 Gf 57
24380 Fouleix 24 136 Ae 79
39230 Foulenay 39 106 Fc 67
57220 Fouligny 57 57 Gd 54
15400 Foulioux 15 139 Cd 77
60190 Foullieuse 60 39 Cd 52
14240 Foulognes 14 34 Zb 54
36200 Foulon 36 101 Bd 69
87190 Foulventour 87 113 Bb 71
08260 Foulzy 08 41 Ec 49
43430 Foumourette 43 141 Eb 78
16410 Fouquebrune 16 124 Ab 75
62232 Fouquereuil 62 29 Cd 45
60510 Fouquerolles 60 38 Cb 52
80170 Fouquescourt 80 39 Ce 50
16140 Fouqueure 16 111 Aa 73
27370 Fouqueville 27 49 Af 53
62640 Fouquières 62 30 Cf 46
62232 Fouquières-lès-Béthune 62 29 Cd 45
14540 Four 14 35 Ze 54
38080 Four 38 131 Fb 75
43290 Four 43 142 Eb 78
17450 Fouras 17 110 Yf 73
44420 Fourbihan 44 81 Xd 64
32250 Fourcès 32 148 Ab 85
58600 Fourchambault 58 103 Da 66
14620 Fourches 14 48 Zf 55
36130 Fourches 36 101 Be 68
66300 Fourches 66 179 Ce 93
63940 Fourcheval 63 129 De 76
80290 Fourcigny 80 38 Be 50
62380 Fourdebecques 62 29 Ca 44
02870 Fourdrain 02 40 Dc 51
80310 Fourdrinoy 80 38 Ca 49
07290 Fourel 07 142 Ed 78
32600 Fourès 32 164 Ba 87
25440 Fourg 25 107 Fe 66
27630 Fourges 27 50 Bd 54
63420 Fourges 63 128 Da 76
03140 Fourilles 03 116 Db 71
03140 Fourillette 03 116 Da 71
46100 Fourmagnac 46 138 Bf 81
59440 Fourmanoir 59 31 Df 48
27500 Fourmetot 27 36 Ad 52
59610 Fourmies 59 41 Ea 48
33250 Fournas 33 122 Zb 77
89320 Fournaudin 89 73 Dd 60
17250 Fourne 17 122 Zb 74
23200 Fourneaux 23 114 Ca 72
42470 Fourneaux 42 117 Eb 73
45300 Fourneaux 45 87 Be 61
50420 Fourneaux 50 46 Yf 55
73500 Fourneaux 73 145 Gd 77
89210 Fourneaux 89 73 Dd 60
14700 Fourneaux-le-Val 14 48 Ze 55
48310 Fournels 48 140 Da 80
11380 Fournès 11 166 Cc 88
30210 Fournès 30 155 Ed 85
11600 Fournes-Cabardès 11 166 Cc 88
59134 Fournes-en-Weppes 59 30 Cf 45
73230 Fournet 73 132 Ff 75
25140 Fournet-Blancheroche 25 108 Ge 65
25390 Fournets-Luisans 25 108 Gd 66
14600 Fourneville 14 36 Ab 52
12200 Fourniès 12 151 Ca 82
36220 Fournioux 36 100 Af 68
60130 Fournival 60 39 Cc 52
19170 Fournol 19 126 Ca 75
63980 Fournols 63 128 Dd 75
89560 Fouronnes 89 89 Dd 63
30300 Fourques 30 169 Ed 86
43340 Fourques 43 141 Df 79
47200 Fourques-sur-Garonne 47 148 Aa 82
82400 Fourquet 82 149 Af 83
78112 Fourqueux 78 51 Ca 55
31450 Fourquevaux 31 165 Bd 87
63690 Fourroux 63 127 Cd 75
33390 Fours 33 134 Zc 77
58250 Fours 58 104 De 68
27630 Fours-en-Vexin 27 50 Bd 53
11190 Fourtou 11 178 Cc 91
34800 Fouscais 34 167 Dc 87
85240 Foussais-Payré 85 110 Zb 69
30700 Foussargues 30 154 Eb 84
90150 Foussemagne 90 94 Ha 63
16200 Foussignac 16 123 Zf 74
34480 Fouzilhon 34 167 Db 87
57420 Foville 57 56 Gb 55
83670 Fox-Amphoux 83 171 Ga 87
49560 Foye 49 98 Zd 66
34700 Fozières 34 167 Dc 86
20116 Fozzaninco CTC 183 Ka 98
20143 Fozzano CTC 184 Ka 98
19310 Frabet 19 125 Bb 77
89160 Frace 21 90 Eb 62
17270 Fradon 17 123 Ze 77
58370 Fragny 58 104 Df 67
71400 Fragny 71 105 Eb 67
71330 Fragny-en-Bresse 71 106 Fc 68
70400 Frahier-et-Chatebier 70 94 Ge 63
24400 Fraicherode 24 136 Ab 78
85110 Fraigne 85 97 Yf 68
85200 Fraigneau 85 110 Za 70
21580 Fraignot-et-Vesvrotte 21 91 Ef 63
08220 Fraillicourt 08 41 Ea 51
54300 Fraimbois 54 77 Gd 57
88320 Frain 88 76 Ff 60
33860 Fraineau 33 123 Zc 77
28360 Frainville 28 70 Bd 58
88700 Fraipertuis 88 77 Ge 59
90150 Frais 90 94 Gf 63
39700 Fraisans 39 107 Fe 66
59500 Frais-Marais 59 30 Da 46
54930 Fraisnes-en-Saintois 54 76 Ga 58
15270 Fraisse 15 127 Cd 76
24130 Fraisse 24 136 Ab 79
43500 Fraisse 43 129 Df 77
47360 Fraisse 47 149 Ad 83
81530 Fraïsse 81 152 Cd 86
11600 Fraisse-Cabardès 11 166 Cb 89
11360 Fraissé-des-Corbières 11 179 Cf 91
63880 Fraisses 63 128 Dd 75
34330 Fraisse-sur-Agout 34 166 Ce 87
81340 Fraissines 81 152 Cc 85
12130 Fraissinet 12 152 Da 86
15100 Fraissinet 15 140 Da 78
48100 Fraissinet 48 140 Db 81
48140 Fraissinet-Chazalais 48 140 Dc 79
48400 Fraissinet-de-Fourques 48 153 Dd 83
48220 Fraissinet-de-Lozère 48 153 De 82
48210 Fraissinet-de-Poujols 48 153 Dc 83
12290 Fraissinhes 12 152 Cd 83
48310 Fraissinoux 48 140 Da 80
15700 Fraissy 15 139 Cb 78
88230 Fraize 88 77 Gf 59
10110 Fralignes 10 74 Ec 60
25140 Frambouhans 25 108 Ge 65
62130 Framecourt 62 29 Cb 47
80131 Framerville-Rainecourt 80 39 Ce 49
80140 Framicourt 80 38 Be 49
70600 Framont 70 92 Fd 63
52220 Frampas 52 74 Ee 57
62179 Framzelle 62 26 Bd 43
57670 Francaltroff 57 57 Ge 55
20236 Francardo CTC 183 Kb 94
31460 Francarville 31 165 Be 87
60480 Francastel 60 38 Ca 51
41190 Françay 41 86 Ba 63
31100 Francazal 31 164 Bc 87
31260 Francazal 31 176 Af 90
47600 Francescas 47 148 Ac 84
44440 Franchaud 44 82 Yc 64
01090 Francheleins 01 118 Ee 72
03160 Franchesse 03 103 Da 69
08140 Francheval 08 42 Fa 50
70200 Franchevelle 70 94 Gc 62

18220 Francheville 18 103 Ce 66
21440 Francheville 21 91 Ef 64
27160 Francheville 27 49 Af 56
27220 Francheville 27 49 Bb 55
39230 Francheville 39 106 Fd 67
51240 Francheville 51 54 Ed 55
54200 Francheville 54 56 Ff 56
61570 Francheville 61 48 Zf 57
69340 Francheville 69M 130 Ee 74
60190 Francières 60 39 Ce 52
80690 Francièrs 80 28 Bf 48
36110 Francillon 36 101 Bd 67
26400 Francillon-sur-Roubion 26 143 Fa 81
02760 Francilly-Selency 02 40 Db 49
73800 Francin 73 132 Ga 76
74910 Franclens 74 119 Fe 72
79260 François 79 111 Zd 70
31420 Francon 31 164 Af 89
15380 Franconeche 15 139 Cd 78
54830 Franconville 54 77 Gc 58
95130 Franconville 95 51 Cb 54
46090 Francoulès 46 138 Bc 81
47360 Francoulon 47 136 Ad 82
70180 Francourt 70 92 Fe 63
28700 Francourville 28 70 Bd 58
33570 Francs 33 135 Zf 79
37150 Francueil 37 86 Ba 65
85300 Frandière 85 96 Ya 67
25170 Franey 25 93 Fe 65
74270 Frangy 74 120 Ff 72
68130 Franken 68 95 Hc 63
80210 Franleu 80 28 Bd 48
25770 Franois 25 107 Ff 65
88200 Franould 88 77 Gd 60
30640 Franquevau 30 169 Ec 87
31210 Franquevielle 31 163 Ad 90
02140 Franqueville 02 40 De 50
27800 Franqueville 27 49 Ae 53
80620 Franqueville 80 29 Ca 48
76520 Franqueville-Saint-Pierre 77
37 Bb 52
01480 Frans 01 118 Ee 73
28120 Fransache 28 69 Bb 59
80700 Fransart 80 39 Ce 50
23480 Fransèches 23 114 Ca 72
80620 Fransu 80 29 Ca 48
80160 Fransures 80 38 Cb 50
80800 Franvillers 80 39 Cd 49
21170 Franxault 21 106 Fb 66
88490 Frapelle 88 77 Ha 59
57790 Fraquelfing 57 57 Gf 57
15600 Fraquier 15 139 Cb 80
39250 Fraroz 39 107 Ga 68
58270 Frasnay-Reugny 58 104 Dd 67
25560 Frasne 25 107 Ga 67
39290 Frasne 39 106 Fd 65
70700 Frasne-le-Châteaux 70 93 Ff 64
59530 Frasnoy 59 31 De 47
20157 Frasseto CTC 182 Ka 97
20121 Frassetu CTC 182 If 96
20270 Frassiccia CTC 183 Kc 96
20230 Fratta CTC 183 Kd 95
57200 Frauenberg 57 57 Ha 54
81170 Frausseilles 81 151 Bf 84
10200 Fravaux 10 74 Ed 59
52130 Frays 52 75 Fa 58
12600 Fraysse 12 139 Cd 80
81430 Fraysse 81 151 Cc 85
15800 Fraysse-Haut 15 139 Cd 79
46310 Frayssinet 46 138 Bc 81
46250 Frayssinet-le-Gélat 46 137 Ba 81
46400 Frayssinhes 46 138 Bf 79
28160 Frazé 28 69 Ba 59
76660 Fréauville 77 37 Bc 50
88630 Frebécourt 88 75 Fe 58
39570 Frébuans 39 106 Fc 69
65220 Fréchède 65 163 Ab 88
80260 Fréchencourt 80 39 Cc 49
65130 Fréchendets 65 163 Ab 90
57480 Freching 57 44 Gc 52
47600 Fréchou 47 148 Ab 84
65190 Fréchou-Fréchet 65 163 Aa 89
67130 Fréconrupt 67 77 Hb 58
52360 Frécourt 52 75 Fc 61
57530 Frécourt 57 56 Gc 54
28140 Frécul 28 70 Be 60
65170 Frédançon 65 175 Ab 92
70200 Frédéric-Fontaine 70 94 Gd 63
23700 Frédeval 23 115 Cd 73
36180 Frédille 36 101 Bc 66
87620 Fregefont 87 125 Ba 74
28480 Fregigny 28 69 Af 58
47360 Frégimont 47 148 Ac 83
32490 Frégouville 32 164 Af 87
22240 Fréhel 22 64 Xd 57
49440 Freigné 49 83 Yf 63
05310 Freissinières 05 145 Gd 80
57320 Freistroff 57 57 Gc 53
15310 Freix-Anglards 15 139 Cc 78
81990 Fréjairolles 81 151 Cb 85
81570 Fréjeville 81 165 Ca 87
05240 Fréjus 05 145 Gd 79
83600 Fréjus 83 172 Ge 88
68240 Fréland 68 77 Hb 59
59236 Frelinghien 59 30 Cf 44
95450 Frémainville 95 50 Bf 54
95830 Frémécourt 95 51 Ca 54
54450 Fréménil 54 77 Ge 57
55200 Fremeréville-sous-les-Côtes 55
55 Fd 56
57590 Frémery 57 57 Gc 55
57660 Frémestroff 57 57 Ge 54
62450 Frémicourt 62 30 Cf 48
88600 Fremifontaine-la-Basse 88 77 Ge 59
80260 Frémont 80 38 Cb 49
80160 Frémontiers 80 38 Ca 50
54450 Frémonville 54 77 Gf 57
62630 Frencq 62 28 Be 45
33820 Fréneau 33 122 Zb 77
17160 Fréneau 17 123 Ze 73
61500 Fréneaux 61 48 Ab 57
88500 Frenelle-la-Grande 88 76 Ga 58
88500 Frenelle-la-Petite 88 76 Ga 58
27150 Frenelles-en-Vexin 27 50 Bc 53
61800 Frênes 61 47 Zb 56
76410 Freneuse 77 37 Ba 53
78840 Freneuse 78 50 Bd 54
27290 Freneuse-sur-Risle 27 49 Ae 53
60640 Fréniches 60 39 Da 50
08200 Frénois 08 42 Ef 50
21120 Frénois 21 91 Ef 63
88270 Frénois 88 76 Ga 59
14630 Frénouville 14 35 Ze 54
95740 Frépillon 95 51 Cb 54
15170 Frerissinet 15 140 Cf 78
76270 Fresles 77 37 Bc 50
10200 Fresnay 10 74 Ee 59
51230 Fresnay 51 53 Df 57
44580 Fresnay-en-Retz 44 96 Ya 66
28360 Fresnay-le-Comte 28 70 Bc 59
28300 Fresnay-le-Gilmert 28 70 Bc 57
76850 Fresnay-le-Long 77 37 Ba 51
61120 Fresnay-le-Samson 61 48 Ab 55
45300 Fresnay-les-Chaumes 45 71 Cb 59
28310 Fresnay-L'Evêque 28 70 Be 59
72130 Fresnay-sur-Sarthe 72 68 Aa 59
45300 Fresne 45 71 Cb 59
80120 Fresne 80 28 Be 46
60240 Fresneaux-Montchevreuil 60
51 Ca 53
27260 Fresne-Cauverville 27 48 Ac 53
14700 Fresné-la-Mère 14 48 Zf 55
27700 Fresne-l' Archevêque 27 50 Bc 53
60240 Fresne-Léguillon 60 51 Bf 53
76520 Fresne-le-Plan 77 37 Bb 52
02380 Fresnes 02 40 Dc 51
21500 Fresnes 21 91 Ec 63
41700 Fresnes 41 86 Bc 64
89310 Fresnes 89 90 Df 62
94260 Fresnes 94 51 Cb 56
70130 Fresne-Saint-Mamès 70 93 Ff 63
55260 Fresnes-au-Mont 55 55 Fc 55
57170 Fresnes-en-Saulnois 57 56 Gc 55
02130 Fresnes-en-Tardenois 02 53 Dd 54
55160 Fresnes-en-Woëvre 55 55 Fd 54
62490 Fresnes-les-Montauban 62 30 Cf 47
51110 Fresnes-lès-Reims 51 53 Ea 52
80320 Fresnes-Mazancourt 80 39 Cf 49
52400 Fresnes-sur-Apance 52 76 Ff 61
59970 Fresnes-sur-Escaut 59 31 Dd 46
77410 Fresnes-sur-Marne 76 52 Ce 55
80140 Fresnes-Tilloloy 80 38 Be 49
80140 Fresneville 80 38 Be 49
27220 Fresney 27 50 Bb 55
14680 Fresney-le-Puceux 14 47 Zd 54
14220 Fresney-le-Vieux 14 47 Zd 54
62150 Fresnicourt 62 29 Cd 46
60310 Fresnières 60 39 Ce 51
55600 Fresnois 55 43 Fc 51
54260 Fresnois-la-Montagne 54 43 Fd 52
62770 Fresnoy 62 29 Ca 46
80140 Fresnoy 80 38 Be 49
80290 Fresnoy-au-Val 80 38 Ca 49
52400 Fresnoy-en-Bassigny 52 75 Fd 60
80110 Fresnoy-en-Chaussée 80 39 Cd 50
62580 Fresnoy-en-Gohelle 62 30 Cf 46
60530 Fresnoy-en-Thelle 60 51 Cb 53
76660 Fresnoy-Folny 77 37 Bc 49
10270 Fresnoy-le-Château 10 73 Eb 59
02230 Fresnoy-le-Grand 02 40 Dc 49
60800 Fresnoy-le-Luat 60 52 Ce 53
02100 Fresnoy-le-Petit 02 40 Db 49
80700 Fresnoy-lès-Roye 80 39 Ce 50
46260 Frespech 46 151 Bf 82
47140 Frespech 47 149 Ae 83
76270 Fresques 77 37 Bc 50
76570 Fresquiennes 77 37 Ba 51
30170 Fressac 30 154 Df 85
59234 Fressain 59 30 Db 47
02800 Fressancourt 02 40 Dc 51
15380 Fressange 15 127 Cc 77
15260 Fressanges 15 140 Cf 79
43320 Fressanges 43 141 Dd 78
70270 Fresse 70 94 Gd 62
23450 Fresselines 23 113 Be 70
23130 Fressenède 23 114 Cb 72
80390 Fressenneville 80 28 Bd 48
88160 Fresse-sur-Moselle 88 94 Ge 61
59268 Fressies 59 30 Db 47
62140 Fressin 62 29 Ca 46
79370 Fressines 79 111 Ze 71
42380 Fressonnet 42 129 Ea 76
50310 Fresville 50 34 Yd 52
37600 Fretay 37 100 Af 66
91140 Fretay 91 51 Cb 56
23270 Freteix 23 114 Ca 70
63380 Freteix 63 115 Cd 73
73250 Fréterive 73 132 Gb 75
41160 Fréteval 41 86 Bb 61
62185 Fréthun 62 27 Be 43
70130 Fretigney-et-Velloreille 70 93 Ff 64
59710 Fretin Ennevelin 59 30 Da 45
60380 Frétoy 60 38 Bf 51
77320 Frétoy 76 52 Db 56
60640 Frétoy-le-Château 60 39 Cf 51
71440 Frette 71 106 Fa 69
80140 Frettecuisse 80 38 Be 49
80220 Frettemeule 80 38 Bd 48
71270 Fretterans 71 106 Fb 67
70600 Frettes 70 92 Fd 62
27430 Fretteville 27 50 Bb 53
76510 Freulleville 77 37 Bb 50
62270 Frévent 62 29 Cb 47
27170 Fréville 27 49 Ae 54
76190 Fréville 77 37 Ae 51
88350 Fréville 88 75 Fd 59
45270 Fréville-du-Gâtinais 45 71 Cc 60
62127 Frévillers 62 29 Cd 46
57660 Freybouse 57 57 Ge 54
43170 Freycenet 43 141 Dd 79
43420 Freycenet 43 141 Df 80
43340 Freycenet 43 141 De 80
43200 Freycenet 43 141 Eb 78
43190 Freycenet 43 142 Eb 78
43150 Freycenet-la-Cuche 43 141 Ea 79
43150 Freycenet-la-Tour 43 141 Ea 79
09300 Freychenet 09 177 Be 91
63710 Freydefond 63 128 Cf 75
19320 Freygnac 19 138 Bf 78
57800 Freyming-Merlebach 57 57 Ge 54
19390 Freysselines 19 126 Bf 76
07600 Freyssenet 07 142 Eb 80
07000 Freyssenet 07 142 Ed 80
19250 Freyte 19 126 Cb 75
81440 Frezouls 81 166 Ca 86
28240 Friaize 28 69 Ba 58
25160 Friard 25 108 Gb 67
14290 Friardel, La Vespière- 14 48 Ac 54
80460 Friaucourt 80 28 Bc 48
87250 Friaudour 87 113 Bb 72
54800 Friauville 54 56 Ff 54
57810 Fribourg 57 57 Gf 56
73350 Friburge 73 133 Ge 76
80290 Fricamps 80 38 Bf 50
17250 Frichebois 17 122 Zb 73
76690 Frichemesnil 77 37 Ba 51
80300 Fricourt 80 29 Ce 49
15110 Fridefont 15 140 Da 79
67490 Friedolsheim 67 58 Hc 56
59750 Friegnies 59 31 Df 47
13460 Friélouse 13 169 Ed 87
02700 Frières-Faillouël 02 40 Db 50
68580 Friesen 68 95 Ha 63
67860 Friesenheim 67 60 He 59
51300 Frignicourt 51 54 Ed 56
30630 Frigoulet 30 154 Ec 83
18390 Fringale 18 102 Cd 66
80132 Frireulle 80 28 Bd 48
80340 Frise 80 39 Ce 49
43160 Frissonnet 43 128 Dd 77
50340 Fritot 50 33 Yb 52
80130 Friville-Escarbotin 80 28 Bd 48
88440 Frizon 88 76 Gc 59
76400 Froberville 77 36 Ab 50
60000 Frocourt 60 38 Ca 52
68720 Frœningen 68 95 Hb 62
67360 Frœschwiller 67 58 He 55
38190 Froges 38 132 Ff 77
80370 Frohen-le-Grand 80 29 Cb 47
80370 Frohen-le-Petit 80 29 Cb 47
67290 Frohmuhl 67 58 Hb 55
70300 Froideconche 70 93 Gc 62
39250 Froidefontaine 39 107 Ga 68
90140 Froidefontaine 90 94 Gf 63
02260 Froidestrées 02 41 Df 49
70200 Froideterre 70 94 Gd 62
25190 Froidevaux 25 94 Ge 65
85300 Froidfond 85 96 Yb 67
53170 Froid-Fonds 53 83 Zc 61
60930 Froidmont 60 38 Cb 52
02270 Froidmont-Cohartille 02 40 De 50
55120 Froidos 55 55 Fa 54
48700 Froid-Viala 48 140 Dc 80
80120 Froise 80 28 Bd 47
21150 Frôlois 21 91 Ed 63
54160 Frolois 54 76 Ga 57
08600 Fromelennes Rancennes 08
42 Ee 48
59249 Fromelles 59 30 Cf 45
87250 Fromental 87 113 Bc 72
12510 Fromentals 12 151 Cc 82
61210 Fromentel 61 47 Ze 56
62850 Fromentel 62 28 Bf 44
51210 Fromentières 51 53 De 55
53200 Fromentières 53 83 Zc 61
85550 Fromentine 85 96 Xf 67
55100 Fromeréville-les-Vallons 55 55 Fb 54
55400 Fromezey 55 55 Fd 53
77760 Fromont 76 71 Cd 59
08370 Fromy 08 42 Fb 51
52320 Froncles 52 75 Fa 59
67680 Fronholtz 67 60 Hc 58
12600 Frons 12 139 Ce 79
12800 Frons 12 151 Cc 83
31440 Fronsac 31 176 Ad 91
33126 Fronsac 33 135 Ze 79
19290 Fronsergues 19 126 Ca 74
33760 Frontenac 33 135 Zf 80
46160 Frontenac 46 138 Bf 81
71270 Frontenard 71 106 Fa 67
69620 Frontenas 69D 118 Ed 73
03380 Frontenat 03 115 Cc 70
03420 Frontenat 03 115 Ce 71
71580 Frontenaud 71 119 Fb 69
79270 Frontenay-Rohan-Rohan 79
110 Zc 71
86330 Frontenay-sur-Dive 86 99 Aa 67
73460 Frontenex 73 132 Gb 75
74210 Frontenex 74 132 Gb 74
34110 Frontignan 34 168 De 88
31510 Frontignan-de-Comminges 31
176 Ad 91
34110 Frontignan-Plage 34 168 De 88
31230 Frontignan-Savès 31 164 Af 88
57245 Frontigny 57 56 Gb 54
31620 Fronton 31 150 Bc 85
38290 Frontonas 38 131 Fb 75
87800 Frontouin 87 125 Ba 75
52300 Fronville 52 75 Fa 58
44320 Frossay 44 96 Ya 65
85320 Frosse 85 110 Ye 69
60480 Frossy 60 38 Cb 51
70200 Frotey-lès-Lure 70 94 Gd 63
70000 Frotey-lès-Vesoul 70 93 Gb 63
54390 Frouard 54 56 Ga 56
40560 Frouas 40 146 Ye 85
95690 Frouville 95 51 Ca 54
34380 Frouzet 34 153 De 86
31270 Frouzins 31 164 Bb 87
54290 Froville 54 76 Gc 58
80150 Froyelles 80 28 Bf 47
86190 Frozes 86 99 Aa 69
80490 Frucourt 80 28 Be 48
43250 Frugères-les-Mines 43 128 Db 76
62310 Fruges 62 29 Ca 45
43230 Frugières-le-Pin 43 128 Dc 77
29242 Frugullou 29 61 Uf 58
36190 Frulon 36 113 Be 69
28190 Fruncé 28 69 Bb 58
76780 Fry 77 37 Bd 51
22260 Fry Quemper 22 63 Wf 56
25390 Fuans 25 108 Gd 66
77470 Fublaines 76 52 Cf 55
43150 Fugères 43 141 Df 79
53190 Fugerolles-du-Plessis 53 66 Za 58
38350 Fugière 38 144 Fe 79
66820 Fuilla 66 178 Cc 93
71960 Fuissé 71 118 Ee 71
10200 Fuligny 10 74 Ee 59
68210 Fulleren 68 95 Ha 63
76560 Fultot 77 36 Ae 50
89160 Fulvy 89 90 Ea 62
08170 Fumay 08 42 Ee 49
27170 Fumechon 27 49 Ae 54
76260 Fumechon 77 37 Bc 49
27930 Fumeçon 27 49 Ba 55
84400 Fumeirasse 84 156 Fc 85
47500 Fumel 47 137 Af 82
14590 Fumichon 14 48 Ac 53
87120 Fumouse 87 126 Bf 74
67700 Furchhausen 67 58 Hc 56
67117 Furdenheim 67 60 Hd 57
38210 Fures 38 131 Fc 77
20600 Furiani CTC 181 Kc 93
86170 Furigny 86 99 Ab 68
05400 Furmeyer 05 144 Ff 81
31260 Furne 31 164 Af 90
23290 Fursac 23 113 Bd 72
87370 Fursannes 87 113 Bc 72
58110 Fusilly 58 104 Dc 66
63260 Fusse 03 116 Db 72
21700 Fussey 21 106 Ef 66
18110 Fussy 18 102 Cc 66
58800 Fussy 58 104 Dd 65
32400 Fustérouau 32 162 Aa 86
31430 Fustignac 31 164 Af 89
55120 Futeau 55 55 Fa 54
13710 Fuveau 13 171 Fd 88
37340 Fuye 37 85 Ab 64
72610 Fyé 72 68 Aa 59
89800 Fyé 89 90 De 62

G

40350 Gaas 40 161 Yf 87
82700 Gabachoux 82 150 Ba 85
33410 Gabarnac 33 135 Ze 81
40310 Gabarret 40 148 Aa 85
64440 Gabas 64 174 Zd 91
64160 Gabaston 64 162 Ze 88
64120 Gabat 64 161 Yf 88
46500 Gabautet 46 138 Be 80
34320 Gabian 34 167 Db 87
24210 Gabillou 24 125 Ba 77
33860 Gablezac 33 123 Zd 77
09290 Gabre 09 164 Bc 90
12340 Gabriac 12 152 Ce 82
34380 Gabriac 34 153 De 86
48110 Gabriac 48 153 De 83
48100 Gabrias 48 140 Dc 81
36220 Gabriau 36 100 Ba 68
61230 Gacé 61 48 Ab 56
58300 Gachat 58 104 Dd 68
72800 Gachetière 72 84 Aa 63
56200 Gacilly, La 56 81 Xf 62
58140 Gâcogne 58 104 Df 65
03300 Gacon 03 116 Dd 72
17480 Gaconnière 17 109 Ye 73
95450 Gadancourt 95 50 Bf 54
17270 Gadebourg 17 123 Ze 77
27120 Gadencourt 27 50 Bc 55
33690 Gadine 33 148 Zf 82
35290 Gaël 35 65 Xe 60
47440 Gaffarot 47 136 Ad 82
87290 Gaffary 87 113 Bb 72
24240 Gageac-et-Rouillac 24 136 Ac 80
13200 Gageron 13 169 Ed 87
12630 Gages-le-Haut 12 152 Ce 82
12310 Gagnac 12 152 Cf 82
46130 Gagnac-sur-Cère 46 138 Bf 79
31150 Gagnac-sur-Garonne 31 164 Bc 86
63660 Gagnère 63 129 Df 75
30160 Gagnières 30 154 Ea 83
93220 Gagny 93 51 Cd 55
58700 Gagy 58 103 Db 65
35490 Gahard 35 66 Yc 59
64780 Gahardou 64 160 Ye 89
09800 Gaiey 09 176 Af 91
30260 Gailhan 30 154 Ea 85
81600 Gaillac 81 151 Bf 85
12310 Gaillac-d'Aveyron 12 152 Cf 82
46160 Gaillac Monastère 46 138 Be 82
31550 Gaillac-Toulza 31 164 Bc 89
65400 Gaillagos 65 174 Ze 91
33340 Gaillan-en-Médoc 33 122 Za 77
40210 Gaillard 40 146 Za 83
27440 Gaillardbois-Cressenville 27
50 Bc 52
76740 Gaillarde 77 37 Af 49
76870 Gaillefontaine 77 38 Bd 51
40090 Gaillères 40 147 Zd 85
27600 Gaillon 27 50 Bc 54
78250 Gaillon-sur-Montcient 78 50 Bf 54
40140 Gaillou-de-Pountaout 40 160 Yd 86
33260 Gaillouneys 33 134 Ye 81
16500 Gain 16 112 Ae 72
53220 Gainé 53 66 Yf 58
76700 Gainneville 77 36 Ab 51
12740 Gajac 12 152 Cd 82
33430 Gajac 33 147 Zf 82
11300 Gaja-et-Villedieu 11 165 Cb 90
11270 Gaja-la-Selve 11 165 Bf 89
09190 Gajan 09 176 Ba 90
30730 Gajan 30 154 Eb 85
87330 Gajoubert 87 112 Ae 72
32600 Galabart 32 164 Ba 87
65710 Galade 65 175 Ab 91
12400 Galamans 12 152 Ce 85
62770 Galametz 62 29 Ca 47
65330 Galan 65 163 Ac 89
47190 Galapian 47 148 Ac 83
34160 Galargues 34 154 Ea 86
84800 Galas 84 155 Fa 85
31330 Galembrun 31 150 Ba 86
20245 Galéria CTC 182 Id 94
46090 Galessie 46 138 Bd 82
65330 Galez 65 163 Ac 89
68990 Galfingue 68 95 Hb 62
12220 Galgan 12 139 Cb 81
33133 Galgon 33 135 Ze 79
32160 Galiax 32 162 Aa 87
31510 Galié 31 176 Ad 91
47340 Galimas 47 149 Ae 83
11140 Galinagues 11 178 Ca 92
24620 Galinat 24 137 Ba 79
34220 Galinié 34 166 Cd 88
81500 Galiniers 81 151 Bf 86
28320 Gallardon 28 70 Be 57
30660 Gallargues-le-Monteux 30 168 Eb 86
45170 Gallerand 45 71 Cb 60
30600 Gallician 30 169 Eb 87
33580 Gallochet 33 136 Aa 81
78490 Galluis 78 50 Be 56
40550 Galoppe 40 146 Ye 85
80220 Gamaches 80 37 Bd 49
27150 Gamaches-en-Vexin 27 50 Bd 53
40380 Gamarde-les-Bains 40 161 Za 86
64220 Gamarthe 64 161 Yf 89
21190 Gamay 21 105 Ee 67
78950 Gambais 78 50 Be 56
78490 Gambaiseuil 78 50 Be 56
50480 Gambosville 50 33 Yd 52
67760 Gambsheim 67 58 Hf 56
30410 Gammal 30 154 Ea 83
63380 Gamy 63 127 Cd 74
64290 Gan 64 162 Zd 89
04230 Ganas 04 156 Fe 84
76220 Gancourt-Saint-Étienne 77 38 Be 51
82340 Gandalou 82 149 Ba 84
61420 Gandelain 61 67 Zf 58
81700 Gandels 81 165 Bf 88
02810 Gandelu 02 52 Db 54
91720 Gandevilliers 91 71 Cb 58
63640 Gandichoux 63 115 Ce 73
82270 Gandoules 82 150 Bc 83
57570 Gandren 57 44 Gb 52
24270 Gandumas 24 125 Ba 76
34190 Ganges 34 153 De 85
46170 Ganic 46 150 Bc 83
03800 Gannat 03 116 Db 72
03230 Gannay-sur-Loire 03 104 Dd 68
60120 Gannes 60 39 Cc 51
33430 Gans 33 135 Zf 82
62910 Ganspette 62 27 Ca 44
31160 Ganties 31 163 Af 90
76400 Ganzeville 77 36 Ac 50
29160 Gaoulac'h 29 61 Vc 59
05000 Gap 05 144 Ga 81
80150 Gapennes 80 28 Bf 47
05190 Gapian 05 144 Gb 81
61390 Gâprée 61 48 Ab 57
31480 Garac 31 164 Ba 86
78890 Garancières 78 50 Be 56
28700 Garancières-en-Beauce 28 70 Bf 58
28500 Garancières-en-Drouais 28 50 Bb 56
85300 Garanger 85 96 Yb 68
16410 Garat 16 124 Ab 75
06500 Garavan 06 159 Hd 86
64130 Garaybie 64 161 Yf 90
32490 Garbic 32 164 Af 87
04510 Garce 04 157 Ga 84
14540 Garcelles-Secqueville 14 47 Ze 54
57100 Garche 57 44 Gb 52
92380 Garches 92 51 Cb 55
58600 Garchizy 58 103 Da 66
58150 Garchy 58 89 Da 65
28480 Gardais 28 69 Ba 59
13120 Gardanne 13 170 Fc 88
03120 Garde 03 116 Df 71
04340 Garde 04 157 Gb 82
15100 Garde 15 140 Cf 80
16270 Garde 16 124 Ad 73
18290 Garde 18 102 Cb 67
24600 Garde 24 124 Ac 77
24340 Garde 24 124 Ac 75
38520 Garde 38 144 Ga 78
48200 Garde 48 140 Db 79
63310 Garde 63 116 Dc 73
63220 Garde 63 129 Df 76
82400 Garde 82 149 Af 83
86400 Garde 86 112 Ab 71
05300 Garde-Colombe 05 156 Fe 82
24700 Gardedeuil 24 136 Aa 78
18300 Gardefort 18 88 Ce 65
33350 Gardegan-et-Tourtirac 33 135 Zf 79
16320 Garde-le-Pontaroux 16 124 Ab 75
77130 Gardeloup 76 72 Cf 58
65320 Gardères 65 162 Zf 89
11250 Gardie 11 166 Cb 90
33113 Gardit 33 135 Zc 82
24680 Gardonne 24 136 Ab 79
31290 Gardouch 31 165 Be 88
40420 Garein 40 147 Zc 84
19400 Garel 19 138 Bf 78
27180 Garel 27 49 Ba 55
27220 Garencières 27 50 Bb 55
27780 Garennes-sur-Eure 27 50 Bc 55
77890 Garentreville 76 71 Cd 59

83136 Garéoult 83 171 Ga 89
31220 Gargaillous 31 164 Ba 89
63350 Gargantias 63 128 Dc 73
82100 Garganvillar 82 149 Ba 85
12120 Gargaros 12 151 Cc 83
31620 Gargas 31 150 Bc 86
84400 Gargas 84 156 Fc 85
78440 Gargenville 78 50 Be 55
95140 Garges-lès-Gonesse 95 51 Cc 55
36190 Gargilesse-Dampierre 36 113 Bd 69
31220 Gariat 31 164 Ba 89
31380 Garidech 31 165 Bd 86
82500 Gariès 82 149 Ba 86
33420 Gariga 33 135 Ze 80
18140 Garigny 18 103 Cf 66
64130 Garindein 64 161 Za 89
31110 Garin de-Larboust 31 175 Ad 92
29610 Garlan 29 62 Wb 57
64450 Garlède-Mondebat 64 162 Zd 88
47600 Garlies 47 148 Ac 84
64330 Garlin 64 162 Ze 87
02170 Garmouzet 02 41 Df 48
03230 Garnat-sur-Engièvre 03 104 Dd 69
28500 Garnay 28 50 Bc 56
01140 Garnerans 01 118 Ef 71
63980 Garnisson 63 128 Dd 75
30128 Garons 30 154 Ec 86
64410 Garos 64 162 Zd 87
09400 Garrabet 09 177 Bd 91
32260 Garrane 32 163 Ad 87
32220 Garravet 32 164 Af 88
57820 Garrebourg 57 58 Hb 56
64640 Garreta 64 160 Ye 89
81700 Garrevaques 81 165 Bf 88
15190 Garrey 15 127 Cf 76
40180 Garrey 40 161 Za 86
12450 Garrigous 12 152 Cd 83
24620 Garrigue 24 137 Ba 79
30190 Garrigues 30 154 Eb 85
34160 Garrigues 34 154 Ea 86
81500 Garrigues 81 165 Be 86
82800 Garrigues 82 150 Bd 84
64120 Garris 64 161 Yf 88
12170 Garrissous 12 152 Cd 84
83830 Garron 83 172 Gd 87
40110 Garrosse 40 146 Za 84
06850 Gars 06 158 Ge 85
09310 Garsan 09 177 Be 93
29190 Gars-ar-Goff 29 62 Wa 59
36600 Garsenland 36 101 Bd 66
23320 Gartempe 23 114 Be 72
28320 Gas 28 70 Bd 57
79230 Gascougnolle 79 111 Zd 71
23500 Gasne-Claire 23 126 Ca 74
27620 Gasny 27 50 Bd 54
11200 Gasparets 11 166 Ce 90
82400 Gasques 82 149 Af 84
33650 Gassies 33 135 Zc 81
83580 Gassin 83 172 Gd 89
40160 Gastes 40 146 Yf 83
53540 Gastines 53 66 Yf 61
72300 Gastines-sur-Erve 72 84 Zd 61
77370 Gastins 76 52 Da 57
33460 Gaston 33 134 Zb 78
22210 Gastry 22 64 Xc 60
28300 Gasville 28 70 Bd 58
87320 Gatebourg 87 112 Af 71
17470 Gâtebourse 17 111 Ze 72
28170 Gâtelles 28 69 Bb 57
39120 Gatey 39 106 Fc 67
70600 Gatey 70 92 Fd 63
50150 Gathemo 50 47 Za 56
50760 Gatteville-le-Phare 50 33 Ye 50
06510 Gattières 06 159 Hb 86
30700 Gattigues 30 154 Eb 84
48150 Gatuzières 48 153 Dc 83
40190 Gaube 40 147 Ze 85
28140 Gaubert 28 70 Bd 60
45340 Gaubertin 45 71 Cc 60
57600 Gaubiving 57 57 Gf 54
62130 Gauchin 62 29 Cc 46
62150 Gauchin-Légal 62 29 Cd 46
62130 Gauchin-Verloingt 62 29 Cb 46
02430 Gauchy 02 40 Db 50
27930 Gauciel 27 50 Bb 54
60210 Gaudechart 60 38 Bf 51
04340 Gaudeissard 04 158 Gc 82
65370 Gaudent 65 176 Ad 91
62760 Gaudiempré 62 29 Cd 47
09700 Gaudiès 09 165 Be 89
31800 Gaudines 31 164 Ae 90
32380 Gaudonville 32 149 Af 85
32810 Gaudoux 32 163 Ad 86
28310 Gaudreville 28 70 Bf 58
24540 Gaugeac 24 137 Af 80
30330 Gaujac 30 155 Ed 84
32220 Gaujac 32 164 Ae 88
47200 Gaujac 47 136 Aa 82
40330 Gaujacq 40 161 Zb 87
32420 Gaujan 32 163 Ae 88
81340 Gaulène 81 151 Cc 84
24250 Gaumier 24 137 Bb 80
31590 Gauré 31 165 Bd 87
33710 Gauriac 33 134 Zc 78
33240 Gauriaguet 33 135 Zd 78
65670 Gaussan 65 163 Ac 89
22150 Gausson 22 64 Xb 59
26400 Gauthiers 26 143 Fa 80
58200 Gauthiers 58 88 Cf 64
27130 Gauville 27 49 Af 56
61550 Gauville 61 49 Ad 56
80290 Gauville 80 38 Be 50
27930 Gauville-la-Campagne 27 49 Ba 54
09290 Gauziats 09 164 Bb 90
32390 Gavarret-sur-Aulouste 32 149 Ad 86
47150 Gavaudun 47 137 Af 81
12620 Gaverlac 12 152 Cf 83
38220 Gavet 38 144 Ff 78
20218 Gavignano CTC 181 Kb 94
57570 Gavisse 57 44 Gb 52
50450 Gavray 50 46 Yd 55
50450 Gavray-sur-Sienne 50 46 Yd 55
62580 Gavrelle 62 30 Cf 47
56680 Gâvres 56 79 Wd 62
14210 Gavrus 14 35 Zc 54
65320 Gayan 65 162 Aa 89
81340 Gaycre 81 151 Cc 85
40210 Gaye 40 146 Yf 83
51120 Gaye 51 53 De 56
64350 Gayon 64 162 Ze 88
82110 Gayraud 82 149 Ba 83
31370 Gayrimont 32 164 Af 88
82210 Gayssanès 82 149 Af 84
32480 Gazaupouy 32 148 Ac 84
65250 Gazave 65 175 Ac 90
32230 Gazax-et-Baccarisse 32 163 Ab 87
78125 Gazéran 78 50 Be 57
33610 Gazinet 33 134 Zb 80
65100 Gazost 65 175 Aa 90
48230 Gazy 48 153 Db 82
71350 Géanges 71 106 Ef 67
71700 Geatay 71 118 Ee 69
40320 Geaune 40 162 Zd 87
17250 Geay 17 122 Zb 73
79330 Geay 79 98 Ze 67
49250 Gée 49 84 Ze 64
32720 Gée-Rivière 32 162 Ze 86
50560 Geffosses 50 33 Yc 54
14230 Géfosse-Fontenay 14 46 Yf 52
31510 Gège 31 176 Ad 90
36240 Gehée 36 101 Bd 66
68690 Geishouse 68 94 Ha 61
68510 Geispitzen 68 95 Hc 62
67118 Geispolsheim 67 60 Hd 57
67310 Geissweg 67 60 Hc 57
68600 Geiswasser 68 60 Hd 61
67270 Geiswiller 67 58 Hc 56
54120 Gélacourt 54 77 Ge 58
10100 Gelánnes 10 73 De 58
54115 Gélaucourt 54 76 Ff 58
09160 Gèle 09 176 Ba 90
28140 Gellainville 28 70 Bd 58
12700 Gelle 12 138 Ca 81
32290 Gellenave 32 162 Aa 86
54110 Gellenoncourt 54 56 Gc 56
63740 Gelles 63 127 Ce 74
25240 Gellin 25 107 Gb 68
40090 Geloux 40 147 Zc 85
40300 Geloux 40 160 Ye 87
57260 Gelucourt 57 57 Ge 56
88270 Gelvécourt-et-Adompt 88 76 Gb 59
61130 Gémages 61 68 Ad 59
88520 Gemaingoutte 88 77 Ha 59
21120 Gemeaux 21 92 Fa 64
33480 Gémeillan 33 134 Za 79
13420 Gémenos 13 171 Fd 89
45310 Gémigny 45 70 Be 61
31380 Gémil 31 165 Bd 86
73200 Gémilly 73 132 Gc 75
88170 Gemmelaincourt 88 76 Ff 59
25250 Gémonval 25 94 Gd 63
54115 Gémonville 54 76 Ff 58
17260 Gémozac 17 122 Zb 75
16170 Genac 16 123 Aa 74
95420 Genainville 95 50 Be 54
28190 Genainvilliers 28 69 Bc 58
28800 Genarville 28 69 Bc 59
33790 Génas 47 136 Aa 80
69740 Genas 69M 130 Ef 74
54150 Génaville 54 56 Ff 53
21140 Genay 21 90 Eb 63
79170 Genay 79 111 Ze 72
69730 Genay 69M 118 Ef 73
86230 Gençay 86 99 Ab 67
86160 Gençay 86 112 Ac 70
88140 Gendreville 88 75 Fe 59
39350 Gendrey 39 107 Fe 65
49220 Gené 49 83 Zb 63
82230 Génébrières 82 150 Bc 85
59242 Genech 59 30 Db 45
71420 Génelard 71 105 Eb 69
63340 Genelières 63 128 Da 76
30510 Générac 30 169 Ec 86
33920 Générac 33 135 Zc 77
30140 Générargues 30 154 Df 84
65150 Générest 65 175 Ad 90
11270 Generville 11 165 Bf 89
28630 Génerville 28 70 Bd 58
61140 Geneslay 61 67 Zd 57
07530 Genestelle 07 142 Ec 80
44140 Geneston 44 97 Yc 66
36160 Genet 36 114 Ca 70
23160 Genêts 23 113 Bc 70
50530 Genêts 50 46 Yd 56
25870 Geneuille 25 93 Ff 65
02110 Genève 02 40 Db 49
42380 Geneviecq 42 129 Ea 76
77580 Génevray 76 52 Cf 56
70240 Genevreuille 70 93 Gc 62
70240 Genevrey 70 93 Gb 62
52500 Genevrières 52 92 Fd 62
25250 Geney 25 94 Gd 64
95650 Génicourt 95 51 Ca 54
55000 Génicourt-sous-Condé 55 55 Fa 55
55320 Génicourt-sur-Meuse 55 55 Fc 54
37460 Genillé 37 100 Ba 65
24160 Génis 24 125 Ba 77
33420 Génissac 33 135 Ze 79
01200 Génissiat 01 119 Fe 72
26750 Génissieux 26 143 Fa 78
21110 Genlis 21 106 Fb 65
25660 Gennes 25 107 Ga 65
62390 Gennes-Ivergny 62 29 Ca 47
53200 Gennes-Longuefuye 53 83 Zc 61
53200 Gennes-sur-Glaize 53 83 Zc 61
35370 Gennes-sur-Seiche 35 66 Yf 61
49490 Genneteil 49 84 Aa 63
03400 Gennetines 03 104 Dc 69
79150 Genneton 79 98 Zd 66
76550 Gennetuit 77 37 Af 49
14600 Genneville 14 36 Ab 52
92270 Genne-Villiers 92 51 Cb 55
39240 Genod 39 119 Fd 70
30450 Génolhac 30 154 Df 82
28150 Genonville 28 70 Bd 59
31510 Genos 31 176 Ae 91
65240 Génos 65 175 Ac 92
16270 Genouillac 16 124 Ad 73
23350 Genouillac 23 114 Bf 70
17430 Genouillé 17 110 Zb 72
86250 Genouillé 86 112 Ac 72
01090 Genouilleux 01 118 Ee 72
18310 Genouilly 18 101 Bf 65
21390 Genouilly 21 90 Eb 64
71460 Genouilly 71 105 Ed 69
52400 Genrupt 52 92 Fe 61
32220 Gensac 32 164 Af 88
33890 Gensac 33 135 Aa 80
65140 Gensac 65 162 Aa 88
82120 Gensac 82 149 Af 85
31350 Gensac-de-Boulogne 31 163 Ad 89
16130 Gensac-la-Pallue 16 123 Ze 75
31310 Gensac-sur-Garonne 31 164 Ba 89
16130 Genté 16 123 Ze 75
80800 Gentelles 80 39 Cc 49
23340 Gentioux-Pigerolles 23 126 Bf 74
60400 Genvry 60 39 Cf 51
09100 George 09 165 Bd 90
86310 Georgets 86 112 Af 69
01100 Géovreisset 01 119 Fd 71
50850 Ger 50 47 Zb 56
64530 Ger 64 162 Zf 89
39110 Geraise 39 107 Ff 67
71330 Gérand 71 106 Fb 68
03120 Géranton 03 116 De 72
35500 Gérard 35 66 Ye 60
88400 Gérardmer 88 77 Gf 60
10220 Géraudot 10 74 Eb 59
55130 Gérauvilliers 55 75 Fd 57
55130 Gerauvilliers 55 75 Fd 57
73470 Gerbaix 73 131 Fe 75
42590 Gerbe 42 117 Ea 73
57170 Gerbécourt 57 57 Gd 55
54740 Gerbécourt-et-Haplemont 54 76 Ga 58
88430 Gerbépal 88 77 Gf 60
60380 Gerberoy 60 38 Bf 51
54830 Gerbéviller 54 77 Gd 58
55110 Gercourt-et-Drillantcourt 55 55 Fb 53
02140 Gercy 02 41 Df 50
31440 Ger de Boutx 31 176 Ae 91
64160 Gerderest 64 162 Ze 88
64260 Gère-Béleston 64 174 Zd 90
02260 Gergny 02 41 Df 49
63670 Gergovie 63 128 Da 74
21410 Gergueil 21 106 Ee 65
56140 Gerguy 56 81 Xe 61
71590 Gergy 71 106 Ef 67
21700 Gerland 21 106 Fa 66
13490 Gerle 13 171 Fd 87
65240 Germ 65 175 Ac 92
01250 Germagnat 01 119 Fc 71
42940 Germagneux 42 129 Df 75
71460 Germagny 71 105 Ed 68
02590 Germaine 02 40 Da 50
51160 Germaine 51 53 Ea 54
52160 Germaines 52 91 Fa 62
28500 Germainville 28 50 Bc 56
52150 Germainvilliers 52 75 Fd 60
52230 Germay 52 75 Fc 58
71640 Germdles 71 105 Ee 68
25510 Germéfontaine 25 108 Gc 65
58800 Germenay 58 89 Dd 65
16140 Germeville 16 111 Zf 73
86200 Germier 86 99 Aa 66
17520 Germignac 17 123 Zd 75
33320 Germignan 33 134 Zb 79
39380 Germigney 39 107 Fe 66
70100 Germigney 70 92 Fd 64
28140 Germignonville 28 70 Be 59
51390 Germigny 51 53 Df 53
89600 Germigny 89 73 De 61
45110 Germigny-des-Prés 45 88 Cb 61
77910 Germigny-L'Evêque 76 52 Cf 55
18150 Germigny-L'Exempt 18 103 Cf 67
77840 Germigny-sous-Coulombs 76 52 Da 54
58320 Germigny-sur-Loire 58 103 Da 66
51130 Germinon 51 53 Ea 55
54170 Germiny 54 76 Ff 57
52230 Germisay 52 75 Fc 58
71520 Germolles-sur-Grosne 71 118 Ed 71
25640 Germondans 25 93 Gb 64
79220 Germond-Rouvre 79 111 Zd 70
08240 Germont 08 42 Ef 52
45480 Germonville 45 70 Bf 59
54740 Germonville 54 76 Gb 58
08440 Gernelle 08 42 Ee 50
19500 Gernes 19 138 Bd 78
02160 Gernicourt 02 41 Df 52
05310 Géro 05 145 Gd 80
88220 Géroménil 88 77 Gc 60
64400 Géronce 64 161 Zb 89
76540 Gerponville 77 36 Ad 50
14430 Gerrots 14 35 Zf 53
16440 Gersac 16 123 Aa 75
27770 Gersey 27 49 Bb 55
67150 Gerstheim 67 60 He 58
67140 Gertwiller 67 60 Hc 58
39570 Geruge 39 107 Fd 69
34380 Gervais 34 153 Dd 86
26600 Gervans 26 142 Ef 78
76790 Gerville 77 36 Ab 50
50430 Gerville-la-Forêt 50 33 Yd 53
47410 Gervinie 47 136 Ad 81
62530 Gervins 62 29 Cd 46
55000 Géry 55 55 Fb 56
63360 Gerzat 63 128 Da 74
70500 Gésincourt-Oboncourt 70 93 Ff 62
53150 Gesnes 53 67 Zc 60
55110 Gesnes-en-Argonne 55 55 Fa 53
72130 Gesnes-le-Gandelin 72 68 Aa 58
08700 Gespunsart 08 42 Ee 50
31510 Gesset 31 176 Ae 90
64190 Gestas 64 161 Za 88
49600 Gesté 49 97 Yf 65
56530 Gestel 56 79 Wd 62
09220 Gestiès 09 177 Bd 92
53370 Gesvres 53 67 Zf 58
44190 Gétigné 44 97 Ye 66
65100 Geu 65 175 Zf 90
67170 Geudertheim 67 58 He 56
64370 Géus-d'Arzacq 64 162 Zc 88
64400 Géüs-d'Oloron 64 161 Zb 89
35850 Gévezé 35 65 Yb 59
70500 Gevigney-et-Mercey 70 93 Ff 62
55200 Geville 55 55 Fe 56
39570 Gevingey 39 106 Fd 69
73300 Gévoudaz 73 132 Gb 77
25270 Gevresin 25 107 Ga 67
21220 Gevrey-Chambertin 21 106 Ef 65
21520 Gevrolles 21 74 Ee 61
39100 Gevry 39 106 Fc 66
01170 Gex 01 120 Ga 70
26750 Geyssans 26 143 Fa 78
80600 Gézaincourt 80 29 Cb 48
65100 Gez-ez-Angles 65 162 Aa 90
70700 Gezier-et-Fontenelay 70 93 Ff 64
54380 Gézoncourt 54 56 Ff 55
20121 Ghigliazza CTC 182 If 96
20228 Ghilloni Suprana CTC 181 Kc 91
20240 Ghisonaccia CTC 183 Kc 96
20240 Ghisonaccia Gare CTC 183 Kc 96
20227 Ghisoni CTC 183 Kb 96
59530 Ghissignies 59 31 Dd 47
59254 Ghyvelde 59 27 Cd 42
20143 Giacomoni CTC 184 Ka 98
20170 Gialla CTC 185 Kb 99
20171 Giannuccio CTC 184 Ka 99
63620 Giat 63 127 Cc 74
54112 Gibeaumeix 54 75 Fe 57
31560 Gibel 31 165 Be 89
02440 Gibercourt 02 40 Db 50
55150 Gibercy 55 43 Fc 53
14730 Giberville 14 47 Ze 53
19300 Gibiat 19 126 Ca 76
19150 Gibiat 19 126 Be 77
71800 Gibles 71 117 Ec 71
17160 Gibourne 17 111 Ze 73
23700 Gibreix 23 115 Cd 72
40380 Gibret 40 161 Zb 86
45520 Gidy 45 70 Bf 61
61210 Giel-Courteilles 61 48 Ze 56
45500 Gien 45 88 Cd 62
83400 Giens 83 172 Ga 90
58230 Gien-sur-Cure 58 105 Ea 66
38610 Gières 38 144 Fe 77
50160 Giéville 50 47 Za 54
41130 Gièvres 41 87 Be 65
52210 Giey-sur-Aujon 52 91 Fa 61
74210 Giez 74 132 Gb 74
51290 Giffaumont-Champaubert 51 74 Ee 57
91440 Gif-sur-Yvette 91 51 Ca 56
83420 Gigaro 83 172 Gd 89
34770 Gigean 34 168 De 88
16400 Giget 16 124 Aa 75
47300 Giget 47 149 Ae 82
20170 Giglio CTC 185 Kb 98
34150 Gignac 34 167 Dd 87
46600 Gignac 46 138 Bc 78
84400 Gignac 84 156 Fd 85
13180 Gignac-la-Nerthe 13 170 Fb 88
63340 Gignat 63 128 Db 76
88700 Gignéville 88 76 Ff 60
88390 Gigney 88 76 Gc 59
21200 Gigny 21 106 Ef 66
39320 Gigny 39 119 Fc 70
89160 Gigny 89 90 Eb 62
51290 Gigny-Bussy 51 74 Ed 57
71240 Gigny-sur-Saône 71 106 Ef 69
84190 Gigondas 84 155 Ef 84
04250 Gigors 04 157 Ga 82
26400 Gigors 26 143 Fa 80
46150 Gigouzac 46 137 Bc 81
81530 Gijounet 81 166 Cd 86
76630 Gilcourt 77 37 Bb 49
06830 Gilette 06 159 Ha 85
07270 Gilhoc-sur-Ormèze 07 142 Ee 79
52330 Gillancourt 52 74 Ef 60
31190 Gillard-Tournié 31 164 Bc 88
52230 Gillaumé 52 75 Fc 58
28260 Gilles 28 50 Bd 55
40210 Gillet 40 146 Yf 83
25650 Gilley 25 108 Gc 66
52500 Gilley 52 92 Fd 62
39250 Gillois 39 107 Ga 68
38260 Gillonnay 38 131 Fb 76
12340 Gillorgues 12 152 Ce 82
21640 Gilly-lès-Cîteaux 21 106 Ef 65
73200 Gilly-sur-Isère 73 132 Gc 75
71160 Gilly-sur-Loire 71 116 De 69
60129 Gilocourt 60 52 Cf 53
82500 Gimat 82 149 Af 85
32340 Gimbrède 32 149 Ae 84
67370 Gimbrett 67 58 Hd 56
13200 Gimeaux 13 169 Ed 87
63200 Gimeaux 63 115 Da 73
55260 Gimécourt 55 55 Fc 55
19800 Gimel-les-Cascades 19 126 Bf 77
16130 Gimeux 16 123 Zd 75
54170 Gimeys 54 56 Ff 57
32200 Gimont 32 164 Af 87
58470 Gimouille 58 103 Da 67
65220 Gimous 65 163 Ab 88
61310 Ginai 61 48 Ab 56
82330 Ginals 82 151 Bf 83
83560 Ginasservis 83 171 Ff 86
80360 Ginchy 80 39 Cf 48
11140 Gincla 11 178 Cb 92
55400 Gincrey 55 55 Fd 53
46250 Gindou 46 137 Bb 81
11120 Ginestas 11 167 Cf 89
12160 Gineste 12 152 Cc 83
12120 Ginestet 12 151 Cc 84
24130 Ginestet 24 136 Ac 79
34610 Ginestet 34 167 Cf 86
12170 Ginestous 12 152 Cd 84
67270 Gingsheim 67 58 Hd 56
12140 Ginolhac 12 139 Cd 81
46320 Ginouillac 46 138 Be 81
46300 Ginouillac 46 138 Bd 80
46130 Gintrac 46 138 Be 79
20237 Giocatojo CTC 181 Kc 94
51130 Gionges 51 53 Df 55
18000 Gionne 18 102 Cc 66
15130 Giou-de-Mamou 15 139 Cc 79
23500 Gioux 23 126 Ca 74
63810 Gioux 63 127 Cd 76
63690 Gioux 63 127 Cd 75
20134 Giovicacce CTC 183 Ka 97
20100 Giovighi CTC 184 Ka 99
58700 Gipy 58 103 Dc 65
48170 Giraldès 48 141 Dd 80
88390 Girancourt 88 76 Gb 60
33790 Girard 33 135 Aa 80
33133 Girard 33 135 Ze 79
41210 Giraudière 41 87 Be 63
08460 Giraumont 08 41 Ed 50
54780 Giraumont 54 56 Ff 54
60150 Giraumont 60 39 Ce 52
55200 Girauvoisin 55 55 Fd 56
07800 Girbaud 07 142 Ee 79
88500 Gircourt-lès-Viéville 88 76 Gb 58
88600 Girecourt-sur-Durbion 88 77 Gd 59
70210 Girefontaine 70 93 Gb 61
77120 Giremoutiers 76 52 Da 55
12240 Giret 12 151 Cb 83
15310 Girgols 15 139 Cc 78
38140 Girin 38 131 Fc 77
54830 Giriviller 54 77 Gc 58
88150 Girmont 88 76 Gc 59
88340 Girmont-Val-d'Ajol 88 77 Gd 61
20147 Girolata CTC 182 Id 94
45120 Girolles 45 71 Ce 60
89200 Girolles 89 90 Df 63
90200 Giromagny 90 94 Ge 62
01130 Giron 01 119 Fe 71
88170 Gironcourt-sur-Vraine 88 76 Ff 59
07160 Girond 07 142 Ec 79
08260 Girondelle 08 41 Ec 49
33190 Gironde-sur-Dropt 33 135 Zf 81
28170 Gironville 28 50 Bc 57
77890 Gironville 76 71 Cd 59
55200 Gironville-sous-les-Côtes 55 55 Fe 56
91720 Gironville-sur-Essonne 91 71 Cc 58
31160 Girosp 31 176 Ae 90
81500 Giroussens 81 150 Be 86
15140 Giroux 15 139 Cc 78
36150 Giroux 36 101 Bf 66
58700 Giry 58 103 Dc 65
27330 Gisay-la-Coudre 27 49 Ad 55
32200 Giscaro 32 164 Af 87
33840 Giscos 33 148 Ze 83
27140 Gisors 27 50 Be 53
12360 Gissac 12 152 Cf 85
21350 Gissey-le-Vieil 21 91 Ec 65
21150 Gissey-sous-Flavigny 21 91 Ed 63
21410 Gissey-sur-Ouche 21 91 Ee 65
71190 Gissy 71 105 Ea 67
89140 Gisy-les-Nobles 89 72 Db 59
20251 Giuncaggio CTC 183 Kc 95
20100 Giuncheto CTC 184 If 99
18600 Givardon 18 103 Ce 67
03190 Givarlais 03 115 Cd 70
84500 Givaudan 84 155 Ee 83
18340 Givaudins 18 102 Cc 66
62149 Givenchy 62 29 Ce 45
62580 Givenchy-en-Gohelle 62 30 Ce 46
62810 Givenchy-le-Noble 62 29 Cc 47
58330 Giverdy 58 104 Dc 66
27620 Giverny 27 50 Bd 54
27560 Giverville 27 49 Ad 53
08600 Givet 08 42 Ee 48
08200 Givonne 08 42 Ef 50
69700 Givors 69M 130 Ee 75
45300 Givraines 45 71 Cc 60
85800 Givrand 85 96 Ya 68
55500 Givrauval 55 55 Fb 57
03410 Givrette 03 115 Cd 70
17260 Givrezac 17 122 Zc 75
39240 Givria 39 119 Fd 70
08220 Givron 08 41 Eb 51
08130 Givry 08 41 Ed 52
71640 Givry 71 105 Ee 68
89200 Givry 89 90 De 63
57670 Givrycourt 57 57 Gf 55
51330 Givry-en-Argonne 51 54 Ef 55
51130 Givry-lès-Loisy 51 53 Df 55
46150 Gizard 46 137 Bb 81
51800 Gizaucourt 51 54 Ee 54
86340 Gizay 86 112 Ac 70
37340 Gizeux 37 84 Ab 64
39190 Gizia 39 119 Fc 69
46240 Gizot 46 138 Bd 81
02350 Gizy 02 40 De 51
05340 Glacier Blanc 05 145 Gc 79
59132 Glageon 59 31 Ea 48
60129 Glaignes 60 52 Cf 53
25340 Glainans 25 94 Gd 64
63160 Glaine-Montaigut 63 128 Dc 74
08200 Glaire 08 42 Ef 50
05400 Glaise 05 144 Fe 81
25360 Glamondans 25 93 Gb 65
02400 Gland 02 52 Dc 54
42240 Gland 42 129 Eb 76
89740 Gland 89 90 Eb 62
26410 Glandage 26 143 Fd 80

77167 Glandelles 76 71 Ce 59
79290 Glandes 79 98 Ze 66
41200 Glandier 41 87 Be 64
01300 Glandieu 01 131 Fd 74
87500 Glandon 87 125 Bb 76
53110 Glandsemé 53 67 Zd 58
46130 Glanes 46 138 Bf 79
44390 Glanet 44 82 Yc 64
87380 Glanges 87 125 Bc 74
51300 Glannes 51 54 Ed 56
21250 Glanon 21 106 Fa 66
14950 Glanville 14 35 Aa 53
73340 Glapigny 73 132 Ga 74
82500 Glatens 82 149 Af 85
36210 Glatigny 36 101 Be 65
50250 Glatigny 50 33 Yc 53
57530 Glatigny 57 56 Gc 54
60650 Glatigny 60 38 Bf 52
46160 Glaudet 46 138 Bf 81
25310 Glay 25 94 Gf 64
69210 Glay 69M 130 Ed 73
56200 Glénac 56 81 Xf 62
15150 Glénat 15 139 Cb 79
63460 Glenat 63 116 Da 72
79330 Glénay 79 98 Ze 67
23380 Glénic 23 114 Bf 71
02160 Glennes 02 40 De 52
86200 Glénouze 86 99 Zf 67
12920 Gleny 19 138 Ca 78
11360 Gléon 11 179 Cf 90
25190 Glère 25 94 Gf 64
56350 Gléré 56 81 Xf 63
12780 Gleysenove 12 152 Cf 83
38580 Gleyzin 38 132 Ga 76
74130 Glières-Val-de-Borne 74 120 Gc 73
27190 Glisolles 27 49 Ba 55
80440 Glisy 80 39 Cc 49
22110 Glomel 22 63 Wd 59
62120 Glomenghem 62 29 Cc 45
54122 Glonville 54 77 Ge 58
66320 Glorianes 66 179 Cd 93
14100 Glos 14 48 Ab 54
61550 Glos-la-Ferrière 61 49 Ad 55
27290 Glos-sur-Risle 27 49 Ae 53
29190 Glugéau 29 62 Vf 58
46600 Gluges 46 138 Bd 79
07190 Gluiras 07 142 Ed 79
07300 Glun 07 142 Ee 78
58370 Glux-en-Glenne 58 104 Ea 67
29470 Goarem-Coz 29 62 Ve 58
82500 Goas 82 149 Af 86
29690 Goashalec 29 62 Wb 58
29460 Goasven 29 62 Ve 58
21540 Godan 21 91 Ed 64
60420 Godenvillers 60 39 Cd 51
76110 Goderville 77 36 Ac 51
59270 Godewaersvelde 59 30 Cd 44
61240 Godisson 61 48 Ab 56
88410 Godoncourt 88 76 Ff 60
28800 Godonville 28 70 Bc 60
03370 Goélat 03 115 Cc 70
67320 Gœrlingen 67 57 Ha 56
67360 Gœrsdorf 67 58 He 55
64400 Goès 64 161 Zc 89
57620 Goetzenbruck 57 58 Hc 55
59169 Gœulzin 59 30 Da 47
07700 Gogne 07 154 Ed 82
54450 Gogney 54 77 Gf 57
59600 Gognies-Chaussée 59 31 Df 46
49320 Gohier 49 84 Zd 64
28160 Gohory 28 69 Bb 60
57420 Goin 57 56 Gb 55
42110 Goincet 42 129 Ea 74
60000 Goincourt 60 38 Ca 52
33910 Goizet 33 135 Ze 79
60640 Golancourt 60 39 Da 50
87130 Golas 87 126 Be 74
88190 Golbey 88 76 Gc 59
68760 Goldbach-Altenbach 68 94 Ha 61
82400 Golfech 82 149 Af 84
06220 Golfe-Juan 06 173 Ha 87
12140 Golinhac 12 139 Cd 81
45330 Gollainville 45 71 Cc 59
50390 Golleville 50 33 Yc 52
33220 Golse 24 136 Ab 79
41310 Gombergean 41 86 Ba 63
57220 Gomelange 57 57 Gc 53
22230 Gomené 22 64 Xd 59
64420 Gomer 64 162 Ze 89
91400 Gometz-la-Ville 91 51 Ca 56
91940 Gometz-le-Châtel 91 51 Ca 56
62121 Gomiécourt 62 30 Ce 48
12400 Gommaric 12 152 Cf 85
62111 Gommecourt 62 29 Cd 48
78270 Gommecourt 78 50 Bd 54
59144 Gommegnies 59 31 De 47
22290 Gommenec'h 22 63 Wf 57
68210 Gommersdorf 68 94 Ha 63
28310 Gommerville 28 70 Bf 58
76430 Gommerville 77 36 Ac 51
21400 Gomméville 21 74 Ec 61
28140 Gommiers 28 70 Be 60
02120 Gomont 02 40 De 49
08190 Gomont 08 41 Ea 51
52150 Gonaincourt 52 75 Fd 59
38290 Gonas 38 131 Fa 75
38570 Goncelin 38 132 Ff 76
52150 Goncourt 52 75 Fd 59
87500 Gondandeix 87 125 Ba 75
62570 Gondardenne 62 29 Cb 44
59147 Gondecourt 59 30 Cf 45
25680 Gondenans-les-Moulins 25 93 Gc 64
25340 Gondenans-Montby 25 94 Gc 64
73660 Gondran 73 132 Gb 76
54800 Gondrecourt-Aix 54 56 Fe 53
55130 Gondrecourt-le-Château 55 75 Fd 57
45340 Gondreville 45 71 Cc 60
45490 Gondreville 45 71 Cd 60
54840 Gondreville 54 56 Ff 56
57640 Gondreville 57 56 Gc 53
60117 Gondreville 60 52 Cf 53
57815 Gondrexange 57 57 Gf 56
54450 Gondrexon 54 77 Ge 57
32330 Gondrin 32 148 Ab 85
95500 Gonesse 95 51 Cc 55
65350 Gonez 65 163 Ab 89
83590 Gonfaron 83 172 Gb 89
50190 Gonfreville 50 33 Yd 53
76110 Gonfreville-Caillot 77 36 Ac 51
76700 Gonfreville-l'Orcher 77 35 Ab 51
56440 Gonnec 56 80 Wf 61
62920 Gonnehem 62 29 Cd 45
59231 Gonnelieu 59 30 Da 48
76730 Gonnetot 77 37 Af 50
50560 Gonneville 50 46 Yc 54
14810 Gonneville-en-Auge 14 48 Ze 53
76280 Gonneville-la-Mallet 77 36 Ab 51
14600 Gonneville-sur-Honfleur 14 36 Ab 52
14510 Gonneville-sur-Mer 14 48 Zf 53
76590 Gonneville-sur-Scie 77 37 Ba 50
25360 Gonsans 25 108 Gb 65
47400 Gontaud-de-Nogaret 47 136 Ab 82
33330 Gontey 33 135 Ze 79
70400 Gonvillars 70 94 Gd 63
76560 Gonzeville 77 37 Ae 50
40180 Goos 40 161 Za 86
06500 Gorbio 06 159 Hc 86
54730 Gorcy 54 43 Fe 51
84220 Gordes 84 155 Fb 85
80690 Gorenflos 80 29 Ca 48
44190 Gorges 44 97 Ye 66
50190 Gorges 50 46 Yd 53
80370 Gorges 80 29 Cb 48
88270 Gorhey 88 76 Gb 59
33540 Gornac 33 135 Ze 81
34190 Gorniès 34 153 Dd 85
62660 Gorre 62 29 Ce 45
87310 Gorre 87 125 Af 74
29870 Gorréquer 29 61 Vc 57
29460 Gorrequer 29 62 Ve 58
29550 Gorré-Toulhoat 29 78 Ve 59
01190 Gorrevod 01 118 Ef 70
53120 Gorron 53 66 Zb 58
87800 Gorsas 87 125 Ba 75
46210 Gorses 46 138 Ca 80
57680 Gorze 57 56 Ga 54
81320 Gos 81 166 Ce 86
35140 Gosné 35 66 Yd 59
57930 Gosselming 57 57 Ha 56
63300 Gosson 63 128 Dd 73
64130 Gotein-Libarrenx 64 161 Za 89
67700 Gottenhouse 67 58 Hc 56
67490 Gottesheim 67 58 Hc 56
77114 Gouaix 76 72 Db 58
33840 Goualade 33 147 Zf 83
65240 Gouaux 65 175 Ac 91
31110 Gouaux-de-Larboust 31 175 Ac 92
31110 Gouaux-de-Luchon 31 176 Ad 91
40600 Goubern 40 146 Yf 82
50330 Gouberville 50 33 Ye 50
76630 Gouchaupré 77 37 Bb 49
82270 Goudal 82 150 Bc 83
30630 Goudargues 30 154 Ec 83
02820 Goudelancourt-lès-Berrieux 02 41 Df 52
02350 Goudelancourt-lès-Pierrepont 02 41 Df 50
22290 Goudelin 22 64 Wf 57
43150 Goudet 43 141 Df 79
31230 Goudex 31 164 Af 88
65190 Goudon 65 163 Ab 89
40250 Goudosse 40 147 Zb 86
46240 Goudou 46 138 Bd 81
32600 Goudourvielle 32 164 Ba 87
82400 Goudourville 82 149 Af 84
88630 Gouécourt 88 75 Fe 58
29370 Gouélet 29 78 Wb 60
36100 Gouers 36 102 Ca 67
29950 Gouesnac'h 29 78 Vf 61
29850 Gouesnou 29 62 Vd 58
86320 Gouex 86 112 Ae 70
56730 Gouézan 56 80 Xb 63
29190 Gouézec 29 78 Wa 59
61160* Gouffern en Auge 61 48 Aa 56
67270 Gougenheim 67 58 Hd 56
25680 Gouhelans 25 93 Gc 64
70110 Gouhenans 70 94 Gc 63
28310 Gouillons 28 70 Bf 58
31160 Gouillou 31 176 Ae 90
09600 Gouiric 09 177 Be 90
03340 Gouise 03 116 Dc 70
46250 Goujounac 46 137 Bb 81
60650 Goulancourt 60 38 Be 52
47310 Goulard 47 149 Ad 83
25450 Goule, la 25 108 Gf 65
46310 Goulème 46 137 Bc 80
61150 Goulet 61 48 Zf 56
29770 Goulien 29 61 Vc 60
29160 Goulien 29 61 Vc 59
09220 Goulier 09 177 Bd 92
19430 Goulles 19 138 Ca 78
09140 Goulos 09 177 Bb 91
65220 Goulous 65 163 Ac 89
58230 Gouloux 58 104 Ea 65
84220 Goult 84 156 Fb 85
29890 Goulven 29 62 Ve 57
47110 Gouneau 47 148 Ad 82
46300 Gouny 46 138 Bc 80
27150 Goupilière 27 37 Bd 52
87500 Goupillas 87 125 Bb 75
14210 Goupillières 14 47 Zd 54
27170 Goupillières 27 49 Ae 54
76570 Goupillières 77 37 Af 51
78770 Goupillières 78 50 Be 55
55230 Gouraincourt 55 55 Fd 53
40990 Gourbera 40 146 Yf 86
50480 Gourbesville 50 33 Yd 52
09400 Gourbit 09 177 Bd 91
60220 Gourchelles 60 38 Be 50
31210 Gourdan-Polignan 31 163 Ad 90
15230 Gourdièges 15 139 Cf 79
06620 Gourdon 06 173 Gf 86
19170 Gourdon 19 126 Bf 75
46300 Gourdon 46 137 Bc 80
71300 Gourdon 71 105 Ec 69
19170 Gourdon-Murat 19 126 Bf 75
24750 Gourdoux 24 124 Ae 77
64440 Gourette 64 174 Ze 91
50290 Gourfaleur 50 46 Yf 54
51230 Gourgançon 51 53 Ea 56
79200 Gourgé 79 99 Ze 68
70120 Gourgeon 70 93 Ff 62
42240 Gourgois 42 129 Eb 76
48170 Gourgons 48 141 Dd 81
31160 Gourgue 31 176 Af 91
65130 Gourgue 65 163 Ab 90
56800 Gourhel 56 81 Xd 61
56110 Gourin 56 79 Wc 60
29710 Gourlizon 29 78 Ve 60
40370 Gournau 40 146 Yf 85
27120 Gournay 27 50 Bc 54
36230 Gournay 36 101 Be 69
62560 Gournay 62 29 Ca 45
76700 Gournay 77 36 Ab 51
76970 Gournay 77 37 Ae 50
79110 Gournay 79 111 Zf 72
76220 Gournay-en-Bray 77 38 Be 52
27580 Gournay-le-Guérin 27 49 Ae 56
60190 Gournay-sur-Aronde 60 39 Ce 52
03310 Gournet 03 115 Ce 71
27380 Gournets 27 37 Bc 52
05160 Gournier 05 144 Gb 81
61120 Gourquesalles 61 48 Ab 55
33660 Gours 33 135 Aa 79
15170 Gourt 15 128 Cf 77
11410 Gourvieille 11 165 Be 88
16170 Gourville 16 123 Zf 74
78660 Gourville 78 70 Be 57
17490 Gourvillette 17 111 Ze 73
52170 Gourzon 52 75 Fa 57
29510 Gousgatel 29 78 Vf 60
28410 Goussainville 28 50 Bd 56
95190 Goussainville 95 51 Cc 54
02130 Goussancourt 02 53 De 54
30630 Goussargues 30 154 Ec 83
40465 Gousse 40 146 Za 86
78930 Goussonville 78 50 Be 55
09210 Goutemajou 09 164 Bb 89
31310 Goutevernisse 31 164 Bb 89
12390 Goutrens 12 151 Cc 82
24320 Gout-Rossignol 24 124 Ac 76
40400 Gouts 40 147 Zb 86
82150 Gouts 82 149 Ba 82
42990 Goutte-Claire 42 129 Df 74
88560 Goutte-du-Rieux 88 94 Gf 61
23320 Gouttes 23 114 Be 71
48130 Gouttes 48 140 Db 80
79300 Gouttevive 79 98 Zd 68
27410 Gouttières 27 49 Ae 54
63390 Gouttières 63 115 Ce 72
32500 Goutz 32 149 Ae 86
47250 Goutz 47 148 Aa 82
82140 Gouvern 82 150 Be 84
77400 Gouvernes 76 51 Ce 55
62123 Gouves 62 29 Cd 47
50420 Gouvets 50 46 Yf 55
60270 Gouvieux 60 51 Cc 53
27240 Gouville 27 49 Af 55
50560 Gouville-sur-Mer 50 33 Yc 54
14680 Gouvix 14 47 Ze 54
38510 Gouvoux 38 131 Fc 74
17380 Goux 17 110 Zc 72
17800 Goux 17 123 Zd 75
32400 Goux 32 162 Zf 87
39100 Goux 39 106 Fd 66
25150 Goux-lès-Dambelin 25 94 Ge 64
25520 Goux-les-Usiers 25 108 Gb 67
25440 Goux-sous-Landet 25 107 Ff 66
02420 Gouy 02 40 Db 48
76520 Gouy 77 37 Ba 52
62123 Gouy-en-Artois 62 29 Cd 47
62127 Gouy-en-Ternois 62 29 Cc 47
60120 Gouy-les-Groseillers 60 38 Cb 50
80640 Gouy-L'Hôpital 80 38 Bf 49
62870 Gouy-Saint-André 62 28 Bf 46
62530 Gouy-Servins 62 29 Cd 46
62112 Gouy-sous-Bellonne 62 30 Da 47
95450 Gouzangrez 95 50 Bf 54
64300 Gouze 64 161 Zb 88
59231 Gouzeaucourt 59 30 Da 48
31310 Gouzens 31 164 Bb 89
63410 Gouzet 63 115 Cf 73
23230 Gouzon 23 114 Cb 71
63300 Gouzon 63 128 Dd 74
23230 Gouzougnat 23 114 Cb 72
35580 Goven 35 65 Ya 60
54115 Goviller 54 76 Ga 58
56160 Govran 56 79 Wf 60
67210 Goxwiller 67 60 Hc 58
80700 Goyencourt 80 39 Ce 50
31120 Goyrans 31 164 Bc 88
34790 Grabels 34 168 De 87
22630 Grabuisson 22 65 Ya 58
18310 Graçay 18 101 Bf 66
22200 Grâces 22 63 We 57
22460 Grâce-Uzel 22 64 Xb 59
70700 Grachaux 70 93 Ff 64
40560 Gracian 40 146 Yd 85
23250 Gradeix 23 126 Ca 74
20123 Gradello CTC 182 Ie 98
33170 Gradignan 33 134 Zc 80
87150 Grafeuil 87 124 Af 74
52150 Graffigny-Chemin 52 75 Fd 60
31380 Gragnague 31 165 Bd 86
74430 Graidon 74 120 Gd 71
65170 Grailhen 65 175 Ac 91
86500 Graillé 86 112 Ae 70
76430 Graimbouville 77 36 Ab 51
76370 Graincourt 77 37 Bb 49
62147 Graincourt-lès-Havrincourt 62 30 Da 48
27380 Grainville 27 37 Bc 52
14190 Grainville-Langannerie 14 47 Ze 54
76450 Grainville-la-Teinturière 77 36 Ad 50
14210 Grainville-sur-Odon 14 35 Zc 54
76116 Grainville-sur-Ry 77 37 Bb 52
76110 Grainville-Ymauville 77 36 Ac 51
18500 Graire 18 102 Cb 66
12420 Graissac 12 139 Ce 80
12420 Graissac 12 139 Ce 80
34260 Graissessac 34 167 Da 86
42220 Graix 42 130 Ed 76
46500 Gramat 46 138 Be 80
11240 Gramazie 11 165 Ca 90
84240 Grambois 84 156 Fd 86
42140 Grammond 42 130 Ec 75
70110 Grammont 70 94 Gd 63
12160 Gramond 12 151 Cc 83
19320 Gramont 19 138 Ca 77
32550 Gramont 32 163 Ad 87
82120 Gramont 82 149 Ae 85
20100 Granace CTC 184 Ka 99
20100 Granajola CTC 184 Ka 99
21580 Grancey-le-Château-Neuvelle 21 91 Fa 62
21570 Grancey-sur-Durce 21 74 Ed 60
89100 Granchette 89 72 Db 59
76660 Grancourt 77 37 Bc 49
88350 Grand 88 75 Fc 58
17290 Grand-Agère 17 110 Za 72
73260 Grand-Aigueblanche 73 133 Gc 75
44520 Grand-Auverné 44 82 Ye 63
83230 Grand-Avis 83 172 Gc 90
37420 Grand Ballet 37 99 Ab 65
59550 Grand-Béart 59 31 De 48
85130 Grand-Belon 85 97 Ye 67
05460 Grand Belvedere 05 145 Gf 80
19290 Grand-Billoux 19 126 Ca 75
28800 Grand-Bois 28 69 Bb 59
59219 Grand Bois 59 31 Df 48
13104 Grand-Boisviel 13 169 Ee 87
33680 Grand-Bos 33 134 Yf 79
24350 Grand Brassac 24 124 Ac 77
59178 Grand-Bray 59 30 Dc 46
13310 Grand-Brays 13 170 Ef 86
19410 Grand-Brugeron 19 125 Bc 76
87130 Grand-Bueix 87 126 Bd 74
27270 Grand-Camp 27 49 Ad 54
76170 Grand-Camp 77 36 Ad 51
14450 Grandcamp-Maisy 14 34 Yf 52
40400 Grand-Candeles 40 147 Zb 86
83340 Grand Candumy 83 171 Gb 88
24150 Grand-Castang 24 136 Ae 79
13830 Grand Caunet 13 171 Fd 89
50370 Grand-Celland 50 46 Ye 56
27410 Grandchain 27 49 Ad 54
08270 Grandchamp 08 41 Ec 51
19380 Grandchamp 19 138 Bf 78
52600 Grandchamp 52 92 Fc 62
58110 Grand-Champ 58 104 Dd 66
72610 Grandchamp 72 68 Ab 59
89350 Grandchamp 89 89 Da 62
56390 Grand-Champ = Gregam 56 80 Xa 62
14140 Grandchamp-le-Château 14 48 Aa 54
44119 Grandchamps-des-Fontaines 44 82 Yc 64
25200 Grand-Charmont 25 94 Ge 63
39260 Grand-Châtel 39 119 Fe 70
86150 Grand-Chaume 86 112 Ad 71
25390 Grand-Chaux 25 108 Gd 65
19270 Grand-Chemin 19 126 Bd 77
73260 Grand-Cœur 73 133 Gd 75
63300 Grand-Cognet 63 128 Dd 74
25570 Grand' Combe-Châteleu 25 108 Gd 66
25210 Grand'Combe-des-Bois 25 108 Ge 66
01250 Grand-Corent 01 119 Fc 71
40110 Grand-Coulin 40 146 Yf 84
76530 Grand-Couronne 77 37 Ba 52
80300 Grandcourt 80 29 Ce 48
33950 Grand-Crohot-Océan 33 134 Ye 80
77510 Grand-Doucy 76 52 Db 55
23140 Grande Balleyte 23 114 Ca 72
83143 Grande-Bastide 83 171 Ff 88
05200 Grande-Cabane 05 145 Gc 82
08230 Grande-Chaudière 08 41 Ed 49
86330 Grande-Chaussée 86 99 Aa 67
19290 Grande-Combe 19 126 Ca 74
70120 Grandecourt 70 93 Ff 63
85690 Grande-Croix 85 96 Xf 67
33680 Grande-Escoure 33 134 Yf 79
88490 Grande-Fosse 88 77 Ha 58
37800 Grande-Maison 37 100 Ad 65
59710 Grande-Ennetières 59 30 Da 45
39150 Grande-Rivière 39 120 Ff 69
39150 Grande-Rivière Château 39 119 Ff 69
04530 Grande-Serenne 04 145 Ge 81
59760 Grande-Synthe 59 27 Cb 42
68150 Grande-Verrerie, La 68 60 Hb 59
63320 Grandeyrolles 63 128 Da 75
54260 Grand-Failly 54 43 Fd 52
59244 Grand-Fayt 59 31 De 48
47240 Grandfonds 47 149 Ae 83
24700 Grand-Fonmassonnade 24 136 Aa 78
25320 Grandfontaine 25 107 Ff 65
67130 Grandfontaine 67 60 Ha 58
25510 Grandfontaine-sur-Creuse 25 108 Gc 65
59153 Grand-Fort-Philippe 59 27 Ca 43
35390 Grand-Fougeray = Felgerieg 35 82 Yb 62
60680 Grandfresnoy 60 39 Cd 52
24300 Grand-Gillou 24 124 Ad 75
58350 Grand-Guichy 58 89 Da 65
08250 Grandham 08 54 Ef 53
50700 Grand-Hameau 50 33 Yc 52
28120 Grandhoux 28 69 Ba 59
17350 Grandjean 17 122 Zc 73
85670 Grand'Landes 85 97 Yc 68
80132 Grand Lavuers 80 28 Be 48
37150 Grandlay 37 86 Af 65
33840 Grand-Lèbe 33 148 Ze 83
40210 Grand-Ligautenx 40 146 Yf 83
33480 Grand-Ludey 33 134 Za 78
02350 Grandlup-et-Fay 02 40 De 51
12330 Grand-Mas 12 139 Cc 82
14170 Grandmesnil 14 48 Aa 55
59380 Grand Millebrugghe 59 27 Cb 43
71360 Grand-Moloy 71 105 Ec 66
83670 Grand-Nans 83 171 Ga 87
73260 Grand Naves 73 133 Gd 75
23240 Grand-Nérat 23 113 Bd 71
16500 Grand-Peaupiquet 16 112 Ad 73
03350 Grand-Pernier 03 103 Ce 69
24440 Grand-Peyssou 24 137 Af 80
70320 Grand-Poirmont 70 76 Gc 61
86360 Grand-Pont 86 99 Ac 69
51480 Grand-Pré 51 53 Df 54
77720 Grandpuits-Bailly-Carrois 76 72 Cf 57
71350 Grand-Pussey 71 106 Ef 67
57175 Grandrange 57 56 Ga 53
56440 Grand-Resto 56 80 Wf 61
48600 Grandrieu 48 141 Dd 80
02360 Grandrieux 02 41 Eb 50
63600 Grandrif 63 129 De 75
42940 Grand-Ris 42 129 Df 74
69870 Grandris 69D 117 Ec 72
19270 Grand-Roche 19 125 Bd 77
68160 Grand-Rombach 68 60 Hb 59
13460 Grand-Romieu 13 169 Ed 87
02210 Grand-Rozoy 02 52 Dc 53
60400 Grandrû 60 40 Da 51
62810 Grand-Rullecourt 62 29 Cc 47
88210 Grandrupt 88 77 Ha 58
88240 Grandrupt-de-Bains 88 76 Gb 60
58110 Grandry 58 104 De 66
58290 Grandry 58 104 De 66
40420 Grand-Sablis 40 147 Zd 84
23220 Grandsagne 23 114 Be 71
19300 Grandsaigne 19 126 Bf 76
80490 Grandsart 80 38 Bf 48
59232 Grand-Sec-Bois 59 29 Cd 44
71600 Grand-Sélore 71 117 Ea 70
82600 Grand-Selve 82 149 Ba 85
83920 Grands-Esclans 83 172 Gd 87
57560 Grand-Soldat 57 60 Ha 57
12320 Grand-Vabre 12 139 Cc 81
15260 Grandval 15 140 Da 79
63890 Grandval 63 128 Dd 75
23250 Grandvallée 23 114 Be 73
48260 Grandvals 48 140 Da 80
71430 Grandvaux 71 117 Eb 69
03320 Grand-Veau 03 103 Cf 68
70190 Grandvelle-et-le-Perrenot 70 93 Ff 63
02120 Grand-verly 02 40 Dd 49
42111 Grand-Vernay 42 129 Df 74
56360 Grand-Village 56 80 We 65
85140 Grand Village 85 97 Ye 68
18120 Grand-Villain 18 102 Ca 66
90600 Grandvillars 90 94 Gf 63
10700 Grandville 10 73 Eb 57
22120 Grandville 22 64 Xc 57
77720 Grandvillé 76 52 Cf 57
28310 Grandville-Gaudreville 28 70 Bf 58
88600 Grandvillers 88 77 Ge 59
27240 Grandvilliers 27 49 Ba 56
60210 Grandvilliers 60 38 Bf 51
17470 Grand-Virollet 17 111 Zd 73
26400 Grâne 26 142 Ef 80
46170 Granéjouls 46 150 Bc 82
11500 Granès 11 178 Cb 91
33450 Graney 33 135 Zd 79
63690 Grange 63 127 Cd 75
60190 Grange au Diable 60 39 Cd 52
10300 Grange-au-Rez 10 73 Df 59
39600 Grange-de-Vaive 39 107 Ff 66
89260 Grange-le-Bocage 89 72 Dc 59
10300 Grange-L'Evêque 10 73 Df 59
40990 Grangeon 40 146 Ye 86
89500 Grange-Pourrain 89 72 Dc 60
45390 Grangermont 45 71 Cc 59
07500 Granges 07 142 Ef 79
71390 Granges 71 105 Ee 68
88220 Granges 88 76 Gc 60
24390 Granges-d'Ans 24 125 Ba 77
31110 Granges-d'Astau 31 175 Ad 92
04150 Granges de Dauban 04 156 Fd 84
31110 Granges-de-Labach 31 176 Ad 92
06450 Granges-de-la-Brasque 06 159 Hb 84
06430 Granges-de-la-Pie 06 159 Hd 84
25360 Granges-de-Vienney 25 107 Gb 65
06450 Granges-du-Colonel 06 159 Hc 84
65170 Granges-du-Moudang 65 175 Ab 92
25440 Granges-du-Sapin 25 107 Ff 66
70400 Granges-la-Ville 70 94 Gd 63
70400 Granges-le-Bourg 70 94 Gd 63
26600 Granges-les-Beaumont 26 143 Ef 78
25300 Granges-Narboz 25 108 Gb 67
51260 Granges-sur-Aube 51 73 Df 57
39210 Granges-sur-Baume 39 107 Fd 68
47260 Granges-sur-Lot 47 148 Ac 82
88640 Granges-sur-Vologne 88 77 Ge 60
89520 Grangette 89 89 Db 63
14160 Grangues 14 48 Zf 53
73210 Granier 73 133 Gd 75
30170 Graniers 30 154 Df 85
38490 Granieu 38 131 Fd 75
05100 Granon 05 145 Gd 79
13450 Grans 13 170 Fa 87
50400 Granville 50 46 Yc 55
79360 Granzay-Gript 79 110 Zd 71

07260 Granzial 07 141 Ea 81
07700 Gras 07 155 Ed 82
12120 Grascazes 12 151 Cc 84
16380 Grassac 16 124 Ac 75
06130 Grasse 06 173 Gf 87
67350 Grassendorf 67 58 Hd 56
85150 Grassière 85 96 Yb 69
27210 Grasville 27 36 Ac 52
20250 Gratelle CTC 182 Ka 95
20147 Gratelle CTC 182 Id 95
87310 Grateloube 87 125 Af 74
40120 Grateloup 40 147 Zd 84
47400 Grateloup 47 148 Ac 82
31430 Gratens 31 164 Ba 89
31150 Gratentour 31 164 Bc 86
27220 Gratheuil 27 50 Bb 55
80500 Gratibus 80 39 Cd 50
33910 Gratien 33 135 Ze 78
50200 Gratot 50 46 Yc 54
51800 Gratreuil 51 54 Ee 53
02360 Gratreux 02 41 Eb 50
80680 Grattepanche 80 38 Cb 50
70170 Grattery 70 93 Ga 62
67320 Graufthal 67 58 Hb 56
46500 Graules 46 138 Bd 80
81300 Graulhet 81 151 Bf 86
51190 Grauves 51 53 Df 55
88300 Graux 88 76 Ff 58
76270 Graval 77 37 Bd 50
12260 Grave 12 138 Bf 82
33230 Grave 33 135 Zf 78
39190 Graveleuse 39 119 Fc 69
59820 Gravelines 59 27 Ca 43
01160 Gravelles 01 119 Fc 72
57130 Gravelotte 57 56 Ga 54
27110 Graveron-Sémerville 27 49 Af 54
04250 Graves 04 157 Ga 82
12200 Graves 12 151 Bf 82
16120 Graves 16 123 Zf 75
13690 Graveson 13 155 Ee 85
41170 Gravier 41 69 Af 61
07140 Gravières 07 154 Ea 82
27930 Gravigny 27 49 Ba 54
24130 Gravillac 24 136 Ac 79
74300 Gravin 74 120 Gd 72
77118 Gravon 76 72 Da 58
35480 Gravot 35 82 Ya 62
70100 Gray 70 92 Fd 64
33590 Grayan-et-L'Hôpital 33 122 Yf 76
39320 Graye-et-Charnay 39 119 Fc 70
14470 Graye-sur-Mer 14 47 Zd 53
70100 Gray-la-Ville 70 92 Fd 64
47270 Grayssas 47 149 Af 83
31190 Grazac 31 164 Bc 89
43200 Grazac 43 129 Eb 77
81800 Grazac 81 150 Bd 85
53440 Grazay 53 67 Zd 59
20218 Grazianaccia CTC 181 Ka 94
48120 Grazières-Mages 48 140 Dc 80
46160 Gréalou 46 138 Bf 81
13850 Gréasque 13 171 Fd 88
56840 Gréavo 56 80 Xb 63
80140 Grebault-Mesnil 80 38 Be 48
64240 Gréciette 64 160 Ye 88
80140 Grécourt 80 39 Cf 50
39290 Gredisans 39 106 Fd 66
72320 Gréez-sur-Roc 72 69 Ae 60
11250 Greffeil 11 166 Cc 90
78120 Greffiers 78 70 Bf 57
76370 Grèges 77 37 Ba 49
63380 Grégottier 63 115 Ce 73
77166 Grégy-sur-Yerres 76 51 Cd 57
24800 Grelière 24 125 Ba 76
57170 Grémecey 57 56 Gc 56
60380 Grémevillers 60 38 Bf 51
88240 Grémifontaine 88 76 Gb 60
55150 Gremilly 55 55 Fc 53
76970 Grémonville 77 37 Ae 50
31330 Grenade 31 150 Bb 86
40270 Grenade-sur-L'Adour 40 147 Zd 86
21540 Grenand-lès-Sombernon 21 91 Ee 65
52500 Grenant 52 92 Fd 62
62760 Grenas 62 29 Cc 47
38540 Grenay 38 131 Fa 75
62160 Grenay 62 29 Ce 46
67190 Grendelbruch 67 60 Hb 58
45480 Greneville-en-Beauce 45 71 Ca 59
43450 Grenier-Montgon 43 128 Db 77
42510 Grénieux 42 129 Ea 74
57660 Gréning 57 57 Gf 55
38000 Grenoble 38 131 Fe 77
58420 Grenois 58 89 Dd 65
16150 Grenord 16 124 Ae 73
34190 Grenouillet 34 153 Dd 85
24320 Grenouillier 24 124 Ac 76
53940 Grenoux 53 66 Za 60
14540 Grentheville 14 35 Ze 54
68960 Grentzingen 68 95 Hb 63
76630 Greny 77 37 Bb 49
06620 Gréolières 06 158 Gf 86
06620 Gréolières-les-Neiges 06 158 Gf 86
04800 Gréoux-les-Bains 04 157 Ff 86
31190 Grépiac 31 164 Bc 88
33570 Grésard 33 135 Zf 79
13750 Grès-Hauts 13 155 Fa 86
21150 Grésigny-Sainte-Reine 21 91 Ed 63
73240 Gresin 73 131 Fd 75
26560 Gresse 26 156 Fc 83
38650 Gresse-en-Vercors 38 143 Fd 79
12230 Gressentis 12 153 Dc 85
78550 Gressey 78 50 Bd 55
67190 Gresswiller 67 60 Hc 57
77410 Gressy 76 51 Ce 55
73100 Grésy-sur-Aix 73 132 Ff 74
73460 Grésy-sur-Isère 73 132 Gb 75
77220 Gretz-Armainvilliers 76 52 Ce 56
70130 Greucourt 70 93 Ff 63
76810 Greuville 77 37 Af 50
88630 Greux 88 75 Fe 58
17330 Grève 17 111 Zd 72
50440 Gréville-Hague 50 33 Yb 50
62450 Grévillers 62 30 Ce 48
71700 Grevilly 71 118 Ee 69
07000 Greytus 07 142 Ec 80
60210 Grez 60 38 Bf 51
82270 Grez 82 150 Bd 83
72140 Grez, le 72 67 Zf 59
17120 Grézac 17 122 Za 75
46350 Grezal 46 137 Bc 80
24250 Grézelle 24 137 Ba 80
46700 Grézels 46 137 Ba 82
53290 Grez-en-Bouère 53 84 Zc 61
11000 Grèzes 11 166 Cb 89
24120 Grèzes 24 137 Bc 78
43170 Grèzes 43 140 Dc 79
46320 Grèzes 46 138 Be 81
48100 Grèzes 48 140 Dc 81
47250 Grézet-Cavagnan 47 148 Aa 82
65440 Grézian 65 175 Ac 91
69290 Grézieu-la-Varenne 69M 130 Ee 74
69610 Grézieu-le-Marché 69M 130 Ec 75
42600 Grézieux-le-Fromental 42 129 Ea 75
33420 Grézillac 33 135 Ze 80
49320 Grézillé 49 84 Zd 65
49220 Grez-Neuville 49 83 Zb 63
42260 Grézolles 42 129 Df 73
77880 Grez-sur-Loing 76 71 Ce 59
12170 Griac 12 152 Cd 84
02100 Gricourt 02 40 Db 49
01290 Grièges 01 118 Ef 71
67240 Gries 67 58 He 56
67110 Griesbach 67 58 He 55
68140 Griesbach-au-Val 68 77 Hb 60
67330 Griesbach-le-Bastberg 67 58 Hc 56
67870 Griesheim-près-Molsheim 67 60 Hd 57
67370 Griesheim-sur-Souffel 67 58 He 57
15220 Griffeuilles 15 139 Cc 79
20200 Grigione CTC 181 Kc 92
26230 Grignan 26 155 Ef 82
76850 Grigneuseville 77 37 Bb 51
24110 Grignols 24 136 Ad 78
33690 Grignols 33 148 Zf 82
21150 Grignon 21 91 Ec 63
45260 Grignon 45 88 Cc 61
73200 Grignon 73 132 Gc 75
88410 Grignoncourt 88 76 Ff 61
51800 Grigny 51 55 Fa 54
62650 Grigny 62 28 Bf 45
62140 Grigny 62 29 Ca 46
91350 Grigny 91 51 Cc 57
69520 Grigny 69M 130 Ee 75
57245 Grigy 57 56 Gb 54
84600 Grillon 84 155 Ef 82
01220 Grilly 01 120 Ga 71
33910 Grimard 33 135 Ze 78
55400 Grimaucourt-en-Woëvre 55 55 Fd 53
55500 Grimaucourt-près-Sampigny 55 55 Fc 56
83310 Grimaud 83 172 Gd 89
89310 Grimault 89 90 Df 63
14220 Grimbosq 14 47 Zd 54
50450 Grimesnil 50 46 Yd 55
54115 Grimonviller 54 76 Ga 58
50590 Grimouville 50 46 Yc 54
62760 Grincourt-lès-Pas 62 29 Cc 47
57480 Grindorff 57 44 Gd 52
15130 Grinhac 15 139 Cd 79
12630 Grioudas 12 152 Ce 82
65710 Gripp 65 175 Ab 91
54290 Gripport 54 76 Gb 58
79360 Gript 79 110 Zd 71
86700 Gris 86 112 Ab 71
54380 Griscourt 54 56 Ga 55
21330 Griselles 21 90 Ec 61
45210 Griselles 45 72 Ce 60
20218 Grisgione CTC 181 Kb 94
02210 Grisolles 02 52 Dc 54
82170 Grisolles 82 150 Bb 86
40430 Grison 40 147 Zd 83
14170 Grisy 14 48 Zf 54
95810 Grisy-les-Plâtres 95 51 Ca 54
77166 Grisy-Suisnes 76 51 Cd 56
77480 Grisy-sur-Seine 76 72 Db 58
24170 Grives 24 137 Ba 80
80250 Grivesnes 80 39 Cc 50
80700 Grivillers 80 39 Ce 51
38460 Grivoux 38 131 Fc 74
08400 Grivy-Loisy 08 42 Ed 52
48220 Grizac 48 153 De 82
56700 Groac'h Carnet 56 79 We 62
29520 Groas-Brenn 29 78 Wa 60
46110 Groches 46 138 Be 79
67470 Grœttwiller 67 59 Ia 55
48170 Grofau 48 141 De 81
62600 Groffliers 62 28 Bd 46
28190 Grognault 28 69 Bb 58
28630 Groindreville 28 70 Bc 58
63790 Groire 63 128 Cf 75
18140 Groises 18 103 Ce 65
01100 Groissiat 01 119 Fd 71
74570 Groisy 74 120 Ga 72
56590 Groix 56 79 Wd 63
24250 Groléjac 24 137 Bb 80
18800 Gron 18 103 Ce 66
89100 Gron 89 72 Db 60
02140 Gronard 02 41 Df 50
57520 Grosbliederstroff 57 57 Gf 53
21540 Grosbois-en-Montagne 21 91 Ed 65
21250 Grosbois-lès-Tichey 21 106 Fb 66
16570 Grosbot 16 123 Aa 74
16380 Grosbot 16 124 Ac 75
85440 Grosbreuil 85 109 Yc 69
19320 Gros-Chastang 19 126 Bf 77
04330 Gros-Jas 04 157 Gb 85
95410 Groslay 95 51 Cb 55
27170 Grosley-sur-Risle 27 49 Ae 54
28170 Groslu-Saint-Ange 28 49 Bb 57
90200 Grosmagny 90 94 Gf 62
90100 Grosne 90 94 Ha 63
23350 Grospeaux 23 114 Bf 70
07120 Grospierres 07 154 Eb 82
57410 Gros-Réderching 57 57 Hb 54
78490 Grosrouvre 78 50 Be 56
54470 Grosrouvres 54 56 Ff 56
20100 Grossa CTC 184 If 99
55140 Grossaincourt 55 75 Fe 58
20128 Grosseto-Prugna CTC 184 If 97
47110 Grossis 47 149 Ad 82
27220 Grossœuvre 27 49 Bb 55
18600 Grossouvre 18 103 Cf 67
57660 Grostenquin 57 57 Ge 55
16170 Grosville 16 123 Zf 74
50340 Grosville 50 33 Yb 51
09400 Grotte de Niaux 09 177 Bd 92
01450 Grotte du Cerdon 01 119 Fc 72
38390 Grottes de la Balme 38 131 Fc 73
09400 Grotte Soudour 09 177 Bd 91
80600 Grouches-Luchuel 80 29 Cc 47
02110 Grougis 02 40 Dd 49
50610 Groussey 50 46 Yc 56
72610 Groutel 72 68 Aa 58
07270 Grozon 07 142 Ee 79
39800 Grozon 39 107 Fe 67
76760 Gruchet 77 37 Af 50
76210 Gruchet-le-Valasse 77 36 Ac 51
76810 Gruchet-Saint-Siméon 77 37 Af 50
14740 Gruchy 14 35 Zd 53
50440 Gruchy 50 33 Yb 50
40210 Grué 40 146 Za 83
85580 Grues 85 109 Ye 70
40410 Gruey 40 147 Zb 83
88240 Gruey-lès-Surance 88 76 Gb 60
74540 Gruffy 74 132 Ga 74
49520 Grugé-L'Hôpital 49 83 Yf 62
02680 Grugies 02 40 Db 50
76690 Grugny 77 37 Ba 51
11430 Gruissan 11 167 Da 90
11430 Gruissan-Plage 11 167 Da 90
76440 Grumesnil 77 38 Be 51
24380 Grun 24 136 Ad 78
57510 Grundviller 57 57 Gf 54
80700 Gruny 80 39 Ce 50
71760 Grury 71 104 Df 68
59152 Gruson 59 30 Db 45
39190 Grusse 39 106 Fd 69
68320 Grussenheim 68 60 Hc 60
08430 Gruyères 08 42 Ed 50
20160 Guagno CTC 182 If 95
20125 Guagno les Bains CTC 182 If 95
28260 Guainville 28 50 Bc 55
20200 Guaitella CTC 181 Kc 92
20245 Guaitella u Fangu CTC 180 Ie 94
20121 Guarchetta CTC 182 Ka 96
20220 Guardiola CTC 180 If 93
20128 Guargualé CTC 184 If 97
04150 Gubian 04 156 Fd 85
65170 Guchan 65 175 Ac 91
65240 Guchen 65 175 Ac 91
09120 Gudas 09 177 Be 90
47220 Gudech 47 149 Ad 84
52320 Gudmont-Villiers 52 75 Fa 58
79270 Gué 79 110 Zc 71
57510 Guebenhouse 57 57 Gf 54
68420 Gueberschwihr 68 60 Hb 60
57260 Guébestroff 57 57 Ge 56
57260 Guéblange-lès-Dieuze 57 57 Ge 56
57260 Guébling 57 57 Ge 55
68500 Guebwiller 68 95 Hb 61
72230 Guécélard 72 84 Aa 61
72320 Gué-de-Launay 72 69 Ae 60
49390 Gué-de-Ray 49 84 Aa 64
08230 Gué-d'Hossus 08 41 Ed 49
56120 Guégon 56 81 Xc 61
50210 Guéhébert 50 46 Yd 55
56420 Guéhenno 56 80 Xc 61
57310 Guélange 57 56 Gb 53
56920 Gueltas 56 64 Xb 60
56300 Gueltas 56 79 Wf 60
72110 Guémançais 72 68 Ac 59
62128 Guémappe 62 30 Cf 47
68970 Guémar 68 60 Hc 59
44290 Guémené-Penfao 44 81 Yb 63
56160 Guémené-sur-Scorff 56 79 We 60
80430 Guémicourt 80 38 Be 50
49490 Gué-Morin 49 84 Ab 64
62370 Guemps 62 27 Bf 43
62890 Guémy 62 27 Bf 44
29190 Guénaléguen 29 62 Wa 59
71190 Guenand 71 105 Eb 67
57310 Guénange 57 56 Gb 53
22140 Guénézan 22 63 We 57
29180 Guengat 29 78 Ve 60
56150 Guénin 56 79 Xa 61
56920 Guénolay 56 64 Xa 60
44290 Guénouvry 44 82 Yb 63
22350 Guenroc 22 65 Xf 59
44530 Guenrouet 44 81 Ya 63
57470 Guenviller 57 57 Ge 54
72130 Gué-Ory 72 68 Zf 59
61160 Guêprei 61 48 Zf 55
56380 Guer 56 81 Xf 61
44350 Guérande 44 81 Xd 65
27310 Guérard 27 37 Ae 52
77580 Guérard 76 52 Cf 56
80500 Guerbigny 80 39 Cd 50
77760 Guercheville 76 71 Cd 59
89113 Guerchy 89 89 Dc 61
01090 Guéreins 01 118 Ee 72
23000 Guéret 23 114 Bf 71
71620 Guerfand 71 106 Fa 68
22210 Guerfiac 22 64 Xc 60
58330 Guérignaults 58 104 Dd 66
58130 Guérigny 58 103 Db 66
47250 Guèrin 47 148 Aa 82
29650 Guerlesquin 29 63 Wc 57
57260 Guermange 57 57 Ge 56
77600 Guermantes 76 51 Ce 55
29410 Guern 29 62 Wa 57
56310 Guern 56 79 Wf 60
27160 Guernanville 27 49 Af 55
78520 Guernes 78 50 Bd 54
56130 Guernet 56 81 Xd 64
56500 Guernic 56 80 Xa 61
29160 Guernigenet 29 62 Vd 59
29410 Guernigou 29 62 Wa 58
27720 Guerny 27 50 Be 53
14400 Guéron 14 47 Zb 53
55000 Guerpont 55 55 Fb 56
29400 Guerruas 29 62 Vf 57
57320 Guerstling 57 44 Gd 53
57880 Guerting 57 57 Gd 53
56400 Guerveur 56 80 Wf 62
76340 Guerville 77 37 Bd 49
78930 Guerville 78 50 Be 55
80150 Gueschart 80 28 Ca 47
59287 Guesnain 59 30 Da 46
86420 Guesnes 86 99 Aa 67
57380 Guessling-Hémering 57 57 Gd 54
40170 Guetch 40 146 Ye 84
64210 Guéthary 64 160 Yc 88
89570 Guette 89 73 De 60
80360 Gueudecourt 80 30 Cf 48
45480 Gueudreville 45 70 Ca 59
45480 Gueudreville 45 71 Ca 60
71130 Gueugnon 71 104 Ea 69
76730 Gueures 77 37 Af 49
50360 Gueutteville 50 33 Yd 52
76890 Gueutteville 77 37 Ba 51
76460 Gueutteville-les-Grès 77 36 Ae 49
51390 Gueux 51 53 Df 53
68210 Guevenatten 68 94 Ha 62
68116 Guewenheim 68 94 Ha 62
33240 Gueynard 33 135 Zd 78
11230 Gueytes-et-Labastide 11 165 Ca 90
24310 Gueyzat 24 124 Ad 76
47170 Gueyze 47 148 Aa 84
88600 Gugnécourt 88 77 Gd 59
54930 Gugney 54 76 Ga 58
88450 Gugney-aux-Aulx 88 76 Gb 59
33620 Guiard 33 135 Zd 78
64250 Guibelarte 64 160 Yd 89
80430 Guibermesnil 80 38 Bf 49
35460 Guiborel 35 66 Yd 58
27930 Guichainville 27 49 Bb 55
64520 Guiche 64 160 Ye 87
35580 Guichen = Gwizien 35 65 Yb 61
29410 Guiclan 29 62 Wa 57
56520 Guidel 56 79 Wc 62
56520 Guidel-Plages 56 79 Wc 62
57720 Guiderkirch 57 58 Hb 54
72380 Guierche, la 72 68 Ab 60
60480 Guignecourt 60 38 Ca 52
16140 Guignefolle 16 111 Zf 73
80540 Guignemicourt 80 38 Cb 49
35580 Guignen 35 82 Ya 61
77390 Guignes 76 52 Ce 57
45300 Guigneville 45 71 Cb 59
91590 Guigneville-sur-Essonne 91 71 Cc 58
02190 Guignicourt 02 41 Df 52
08430 Guignicourt-sur-Vence 08 42 Ed 50
45480 Guignonville 45 71 Ca 59
62140 Guigny 62 28 Ca 47
50160 Guilberville 50 47 Za 55
29820 Guilers 29 61 Vc 58
29710 Guiler-sur-Goyen 29 78 Vd 60
64270 Guilhat 64 161 Za 88
07500 Guilherand 07 142 Ef 79
33420 Guillac 33 135 Ze 80
56800 Guillac 56 81 Xd 61
31420 Guillanat 31 164 Af 89
22470 Guillardon 22 63 Wf 56
82240 Guillau 82 150 Bd 84
80170 Guillaucourt 80 39 Cd 49
06470 Guillaumes 06 158 Gf 84
46330 Guillayne 46 150 Bd 82
40090 Guillemensous 40 147 Zc 84
33720 Guillemin 33 135 Zc 81
47170 Guillemont 47 148 Ab 84
80360 Guillemont 80 39 Ce 48
32730 Guilleri 32 163 Ab 88
03120 Guillermin 03 116 Dd 71
91690 Guillerval 91 70 Ca 58
14630 Guillerville 14 35 Ze 54
05600 Guillestre 05 145 Gd 81
28310 Guilleville 28 70 Be 59
56490 Guilliers 56 64 Xd 60
29300 Guilligomarc'h 29 79 Wd 61
32720 Guillon 32 162 Ze 86
89420 Guillon 89 90 Ea 63
25110 Guillon-les-Bains 25 93 Gc 65
89420 Guillon-Terre-Plaine 89 90 Ea 63
28140 Guillonville 28 70 Bd 60
33720 Guillos 33 135 Zc 81
18220 Guilly 18 102 Cd 66
36150 Guilly 36 101 Be 66
45600 Guilly 45 88 Cb 62
29730 Guilvinec = Ar-Gelveneg 29 78 Ve 62
29620 Guimaëc 29 63 Wb 56
76630 Guimécourt 77 37 Bb 49
76340 Guimerville 77 38 Be 49
29400 Guimiliau 29 62 Wa 58
16300 Guimps 16 123 Ze 76
40140 Guin 40 160 Yd 86
64390 Guinarthe-Parentis 64 161 Za 88
08130 Guincourt 08 42 Ed 51
52300 Guindrecourt-aux-Ormes 52 75 Fa 58
52330 Guindrecourt-sur-Blaise 52 74 Ef 59
62130 Guinecourt 62 29 Cb 46
47350 Guine-du-Bois 47 136 Ac 81
62340 Guînes 62 27 Bf 43
22200 Guingamp = Gwengamp 22 63 Wf 57
57690 Guinglange 57 57 Gd 54
57220 Guinkirchen 57 56 Gc 53
31330 Guinot 31 164 Bb 86
57670 Guinzeling 57 57 Gf 55
29490 Guipavas 29 62 Vd 58
35440 Guipel 35 65 Yb 59
78125 Guiperreux 78 50 Be 57
29290 Guipronvel 29 61 Vc 58
58420 Guipy 58 104 Dd 65
46270 Guirande 46 138 Ca 81
33125 Guirdeyre 33 135 Zc 81
40200 Guirosse 40 146 Ye 83
95450 Guiry-en-Vexin 95 50 Bf 54
26460 Guisand 26 143 Fb 81
57415 Guisberg 57 58 Hb 54
60640 Guiscard 60 39 Da 51
56560 Guiscriff 56 79 Wc 60
02120 Guise 02 40 Dd 49
27700 Guiseniers 27 50 Bc 53
57410 Guising 57 58 Hb 54
16430 Guissalle 16 124 Aa 74
29880 Guisseny 29 62 Vd 57
62140 Guisy 62 28 Ca 46
81220 Guitalens 81 165 Ca 87
20153 Guitera-les-Bains CTC 183 Ka 97
17500 Guitinières 17 123 Zc 76
78440 Guitrancourt 78 50 Be 54
33230 Guîtres 33 135 Ze 78
27510 Guitry 27 50 Bd 53
22350 Guitté 22 65 Xf 59
02300 Guivry 02 40 Da 51
80290 Guizancourt 80 38 Bf 50
80400 Guizancourt 80 39 Da 50
65230 Guizerix 65 163 Ac 89
33470 Gujan-Mestras 33 134 Yf 81
20170 Guldaricciu CTC 185 Ka 98
29510 Gulvain 29 78 Wa 60
67110 Gumbrechtshoffen 67 58 Hd 55
88220 Guménil 88 77 Gc 60
10400 Gumery 10 72 Dc 58
26470 Gumiane-Haut 26 143 Fb 81
42560 Gumières 42 129 Df 75
19600 Gumond 19 125 Bc 78
19320 Gumond 19 126 Bf 77
67110 Gundershoffen 67 58 Hd 55
68250 Gundolsheim 68 95 Hb 61
67320 Gungwiller 67 57 Ha 55
68140 Gunsbach 68 77 Hb 60
67360 Gunstett 67 58 He 55
57405 Guntzviller 57 57 Ha 56
02300 Guny 02 40 Db 51
31440 Guran 31 176 Ad 91
16320 Gurat 16 124 Ab 76
77520 Gurcy-le-Châtel 76 72 Da 58
20169 Gurgazu CTC 185 Kb 00
89250 Gurgy 89 89 Dd 61
21290 Gurgy-la-Ville 21 91 Ef 61
21290 Gurgy-le-Château 21 91 Ef 62
64400 Gurmençon 64 161 Zd 90
64190 Gurs 64 161 Zb 89
22390 Gurunhuel 22 63 We 57
29510 Gurvennou 29 78 Wa 60
60310 Gury 60 39 Ce 51
55400 Gussainville 55 55 Fe 53
59570 Gussignies 59 31 De 46
78280 Guyancourt 78 51 Ca 56
25580 Guyans-Durnes 25 107 Gb 66
25390 Guyans-Vennes 25 108 Gd 66
02160 Guyencourt 02 41 Df 52
80240 Guyencourt-Saulcourt 80 40 Da 49
80250 Guyencourt-sur-Noye 80 39 Cc 50
52400 Guyonvelle 52 92 Fe 61
81260 Guyor 81 166 Cc 87
81260 Guzanes 81 166 Cc 87
34820 Guzargues 34 168 Df 86
09140 Guzet-Neige 09 177 Bb 92
70700 Gy 70 93 Fe 64
54113 Gye 54 76 Ff 57
41230 Gy-en-Sologne 41 86 Bd 64
10250 Gyé-sur-Seine 10 74 Ec 60
45220 Gy-les-Nonains 45 71 Cf 61
89580 Gy-L'évêque 89 89 Dd 62

H

62123 Habarcq 62 29 Cd 47
40290 Habas 40 161 Za 87
64400 Habas 64 161 Zc 89
88230 Habeaurupt 88 77 Ha 60
74420 Habère-Lullin 74 120 Gc 71
74420 Habère-Poche 74 120 Gc 71
54120 Hablainville 54 77 Ge 57
27600 Habloville 27 50 Bc 54
61210 Habloville 61 48 Ze 56
54580 Habonville 54 56 Ff 53
57340 Haboudange 57 57 Gd 55
68440 Habsheim 68 95 Hc 62
65230 Hachan 65 163 Ac 89
59530 Hachette 59 31 De 48
68650 Hachimette 68 77 Hb 60
57690 Hâcourt 52 75 Fd 60
27150 Hacqueville 27 50 Bd 53
60240 Hadancourt-le-Haut-Clocher 60 50 Bf 53
88330 Hadigny-lès-Verrières 88 77 Gc 59
88220 Hadol 88 77 Gc 60
55210 Hadonville-lès-Lachaussée 55 56 Fe 54
67700 Haegen 67 58 Hc 56
88270 Hagécourt 88 76 Ga 59
65700 Hagedet 65 162 Zf 87
57570 Hagen 57 44 Gb 52
68210 Hagenbach 68 95 Ha 63
68220 Hagenthal-le-Bas 68 95 Hc 63
68220 Hagenthal-le-Haut 68 95 Hc 63
32730 Haget 32 163 Aa 88
64370 Hagetaubin 64 161 Zc 87
40700 Hagetmau 40 161 Zc 87
54470 Hagéville 54 56 Ff 54
88300 Hagnéville-et-Roncourt 88 76 Fe 59
08430 Hagnicourt 08 42 Ed 51
57300 Hagondange 57 56 Gb 53
67500 Haguenau 67 58 He 56

41100 Haie-de-Champ 41 86 Ba 61
35450 Haie d'Izé 35 66 Ye 59
17540 Haies 17 110 Za 72
69420 Haies 69M 130 Ee 75
54290 Haigneville 54 76 Gc 58
88240 Haillainville 88 77 Gc 58
80440 Hailles 80 39 Cc 50
62940 Haillicourt 62 29 Cd 46
17160 Haimps 17 123 Ze 73
86310 Haims 86 112 Af 69
60380 Haincourt 60 38 Be 51
50120 Hainneville 50 33 Yb 51
60490 Hainvillers 60 39 Ce 51
55000 Haironville 55 55 Fa 56
62138 Haisnes 62 30 Ce 45
60210 Haleine 60 38 Bf 50
61410 Haleine 61 67 Zd 57
62830 Halinghen 62 28 Be 45
36190 Halle 36 113 Be 69
80490 Hallencourt 80 38 Bf 49
59320 Hallennes-lez-Haubourdin 59 30 Cf 45
57690 Hallering 57 57 Gd 54
80200 Halles 80 39 Cf 49
55700 Halles-sous-les-Côtes 55 42 Fa 52
52100 Hallignicourt 52 54 Ef 57
62570 Hallines 62 29 Cb 44
57570 Halling 57 44 Gb 52
57220 Halling-lès-Boulay 57 57 Gd 54
80640 Hallivillers 80 38 Bf 49
80250 Hallivillers 80 38 Cb 50
54450 Halloville 54 77 Gf 57
60210 Halloy 60 38 Bf 51
62760 Halloy 62 29 Cc 48
80670 Halloy-lès-Pernois 80 29 Cb 48
80320 Hallu 80 39 Ce 50
59250 Halluin 59 30 Da 44
57480 Halstroff 57 44 Gc 52
08600 Ham 08 42 Ee 48
80400 Ham 80 39 Da 50
88340 Hamanxard 88 94 Gd 61
14220 Hamars 14 47 Zc 55
50340 Ham-au-Conte 50 33 Yb 52
57910 Hambach 57 57 Ha 54
53160 Hambers 53 67 Zd 59
62118 Hamblain-les-Prés 62 30 Cf 47
50450 Hambye 50 46 Ye 55
50270 Hameau-Bonnard 50 33 Yb 52
14370 Hameau-de-Franqueville 14 35 Ze 54
59279 Hameau-des-Dunes 59 27 Cb 42
50260 Hameau-du-Mesnil 50 33 Yc 52
50310 Hameau-du-Nord 50 34 Ye 52
14710 Hameau-Minet 14 47 Yf 53
14210 Hameau-Neuf 14 34 Zc 54
59151 Hamel 59 30 Da 47
80300 Hamel 80 29 Cd 48
50410 Hamel-aux-Hervy 50 46 Ye 55
80800 Hamelet 80 39 Cd 49
50730 Hamelin 50 66 Ye 57
62121 Hamelincourt 62 30 Ce 47
62190 Ham-en-Artois 62 29 Cc 45
62340 Hames-Boucles 62 27 Bf 43
08090 Ham-lès-Moines 08 42 Ed 50
54330 Hammeville 54 76 Ga 58
54470 Hamonville 54 56 Fe 56
10500 Hampigny 10 74 Ed 58
57170 Hampont 57 57 Gd 55
57880 Ham-sous-Varsberg 57 57 Gd 53
54760 Han 54 56 Gb 55
79110 Hanc 79 111 Zf 72
28130 Hanches 28 70 Bd 57
80135 Hanchy 80 29 Ca 48
80240 Hancourt 80 39 Da 49
54620 Han-devant-Pierrepont 55 43 Fe 52
55230 Handeville 55 43 Fd 52
67117 Handschuheim 67 60 Hd 57
80110 Hangard 80 39 Cd 50
67980 Hangenbieten 67 60 Hd 57
80134 Hangest-en-Santerre 80 39 Cd 50
80310 Hangest-sur-Somme 80 38 Ca 49
57370 Hangviller 57 58 Hb 56
55600 Han-lès-Juvigny 55 43 Fc 52
60650 Hannaches 60 38 Be 52
02510 Hannapes 02 40 Dd 49
08290 Hannappes 08 41 Eb 50
62111 Hannescamps 62 29 Cd 48
57590 Hannocourt 57 56 Gc 55
08160 Hannogne-Saint-Martin 08 42 Ee 50
08220 Hannogne-Saint-Rémy 08 41 Ea 51
55210 Hannonville-sous-les-Côtes 55 55 Fd 54
54800 Hannonville-Suzémont 54 56 Ff 54
51800 Hans 51 54 Ee 54
55300 Han-sur-Meuse 55 55 Fd 55
57580 Han-sur-Nied 57 56 Gc 55
59496 Hantay 59 30 Cf 45
29460 Hanvec 29 62 Vf 59
57230 Hanviller 57 58 Hc 54
60650 Hanvoile 60 38 Bf 51
62124 Haplincourt 62 30 Cf 48
62650 Happe 62 28 Bf 45
02480 Happencourt 02 40 Db 50
28480 Happonvilliers 28 69 Ba 59
56440 Haquéla 56 80 We 62
02600 Haramont 02 52 Da 53
08450 Haraucourt 08 42 Ef 51
54110 Haraucourt 54 56 Gc 57
57630 Haraucourt-sur-Seille 57 57 Gd 56
55110 Haraumont 55 55 Fb 52
62390 Haravesnes 62 29 Ca 47
95640 Haravilliers 95 51 Ca 53
80131 Harbonnières 80 39 Ce 49
54450 Harbouey 54 77 Gf 57
28200 Harbouville 28 70 Bc 60
76560 Harcanville 77 36 Ae 50
88300 Harchéchamp 88 76 Fe 58
02140 Harcigny 02 41 Df 50
27800 Harcourt 27 49 Ae 53
08150 Harcy 08 41 Ed 50
88700 Hardancourt 88 77 Gd 58
53640 Hardanges 53 67 Zd 58
80360 Hardecourt-aux-Bois 80 39 Ce 49
62152 Hardelot-Plage 62 28 Bd 45
88240 Hardémont 88 76 Gb 60
60140 Hardencourt 60 51 Cd 52
27120 Hardencourt-Cocherel 27 50 Bb 54
59670 Hardifort 59 27 Cc 44
62132 Hardinghen 62 26 Be 44
50690 Hardinvast 50 33 Yc 51
60120 Hardivillers 60 38 Cb 51
60240 Hardivillers-en-Vexin 60 50 Bf 53
08150 Hardoncelle 08 41 Ed 50
78250 Hardricourt 78 50 Bf 54
57230 Hardt 57 58 Hd 54
40140 Hardy 40 160 Yd 86
40110 Harenoin 40 146 Yf 84
88800 Haréville 88 76 Ga 59
76610 Harfleur 77 36 Aa 51
57550 Hargarten-aux-Mines 57 57 Gd 53
78790 Hargeville 78 50 Be 55
55000 Hargeville-sur-Chée 55 55 Fb 55
02420 Hargicourt 02 40 Db 49
80500 Hargicourt 80 39 Cd 50
08170 Hargnies 08 42 Ee 48
59138 Hargnies 59 31 Df 47
62380 Harlettes 62 28 Ca 44
02100 Harly 02 40 Db 49
52230 Harméville 52 75 Fc 58
88300 Harmonville 88 76 Ff 58
62440 Harnes 62 30 Cf 46
88270 Harol 88 76 Gb 60
54740 Haroué 54 76 Gb 58
80560 Harponville 80 39 Cd 48
57340 Harprich 57 57 Gd 55
27700 Harquency 27 50 Bc 53
57870 Harreberg 57 57 Hb 56
52150 Harréville-lès-Chanteurs 52 75 Fd 59
40430 Harribey 40 147 Zc 82
08240 Harricourt 08 42 Ef 52
52330 Harricourt 52 74 Ef 59
88240 Harsault 88 76 Gb 60
67260 Harskirchen 67 57 Ha 55
02210 Hartennes-et-Taux 02 52 Dc 53
68500 Hartmannswiller 68 95 Hb 61
57870 Hartzviller 57 57 Ha 56
28120 Harville 28 69 Bb 58
28200 Harville 28 70 Bc 60
55160 Harville 55 55 Fe 54
02140 Hary 02 41 Df 50
57850 Haselbourg 57 57 Hb 56
59178 Hasnon 59 30 Dc 46
64240 Hasparren 64 160 Ye 88
57230 Haspelschiedt 57 58 Hc 54
59198 Haspres 59 30 Dc 47
40300 Hastingues 40 161 Yf 87
58230 Hâte-au-Sergent, l' 58 105 Ea 65
88240 Hatrey, Le 88 76 Ga 60
54800 Hatrize 54 56 Ff 53
64480 Hatsou 64 160 Yd 88
67690 Hatten 67 59 Hf 55
80700 Hattencourt 80 39 Ce 50
76640 Hattenville 77 36 Ad 51
57790 Hattigny 57 57 Gf 57
67330 Hattmatt 67 58 Hc 56
55210 Hattonchâtel 55 55 Fd 55
55210 Hattonville 55 55 Fe 55
14250 Hattot-les-Bagues 14 34 Zc 54
68420 Hattstatt 68 60 Hb 60
65200 Hauban 65 162 Aa 90
59320 Haubourdin 59 30 Da 45
57280 Hauconcourt 57 56 Gb 53
60112 Haucourt 60 38 Bf 51
62156 Haucourt 62 30 Cf 47
76440 Haucourt 77 38 Bd 51
59191 Haucourt-en-Cambrésis 59 30 Dc 48
55230 Haucourt-la-Rigole 55 43 Fe 53
54860 Haucourt-Moulaine 54 43 Fe 52
55100 Haudainville 55 55 Fc 54
55130 Haudelaincourt 55 75 Fc 57
55160 Haudiomont 55 55 Fd 54
60510 Haudivillers 60 38 Cb 52
88240 Haudompré 88 76 Gc 60
54830 Haudonville 54 77 Gd 57
53140 Haudre 53 67 Ze 58
08090 Haudrecy 08 42 Ed 50
76390 Haudricourt 77 38 Be 50
02260 Haudroy 02 41 Df 49
59121 Haulchin 59 30 Dc 47
32550 Haulies 32 163 Ae 87
08800 Haulmé 08 42 Ee 49
55210 Haumont-lès-Lachaussée 55 56 Fe 54
40250 Hauriet 40 161 Zb 86
68130 Hausgauen 68 95 Hb 63
76440 Haussez 77 38 Be 51
51300 Haussignémont 51 54 Ee 56
51320 Haussimont 51 53 Eb 56
54290 Haussonville 54 76 Gb 57
59294 Haussy 59 30 Dc 47
65400 Hautacam 65 175 Zf 91
65150 Hautaget 65 175 Ac 90
63210 Haut-Angle 63 127 Ce 74
20276 Haut Asco CTC 180 If 94
38690 Haut-Biol 38 131 Fc 76
03190 Haut-Bocage 03 115 Ce 70
60210 Hautbos 60 38 Bf 51
22400 Haut-Boulay 22 64 Xd 57
18310 Haut-Bourg 18 101 Bf 65
33990 Haut-Bré 33 134 Za 77
89570 Haut-Chainq 89 73 De 60
57400 Haut-Clocher 57 57 Gf 56
39200 Haut-Crêt 39 120 Ff 70
64800 Haut-de-Bosdarros 64 162 Ze 89
64290 Haut-de-Gan 64 162 Zd 89
14420 Haut-de-Villiers 14 47 Ze 55
62144 Haute-Avesnes 62 29 Cd 47
72400 Haute-Biche 72 68 Ad 59
03500 Haute Brenne 03 116 Db 70
19220 Haute-Brousse 19 138 Ca 78
80460 Hautebut 80 28 Bc 48
72170 Haut-Éclair 72 68 Zf 59
62130 Hautecloque 62 29 Cb 46
39130 Hautecour 39 119 Fe 69
73600 Hautecour 73 133 Gd 75
55400 Hautecourt-lès-Broville 55 55 Fd 53
01250 Hautecourt-Romanèche 01 119 Fc 72
04380 Haute-Duyes 04 157 Ga 83
37320 Hautée 37 100 Ae 65
60690 Haute-Épine 60 38 Ca 51
19400 Hautefage 19 138 Bf 78
47340 Hautefage-la-Tour 47 149 Ae 83
24300 Hautefaye 24 124 Ac 75
71600 Hautefond 71 117 Eb 70
60350 Hautefontaine 60 39 Da 52
24390 Hautefort 24 125 Ba 77
44115 Haute-Goulaine 44 97 Yd 65
57100 Haute-Ham 57 44 Gb 52
95780 Haute-Isle 95 50 Bd 54
57480 Haute-Kontz 57 44 Gb 52
73620 Hauteluce 73 133 Gd 74
62890 Haute Pannée 62 27 Ca 44
57570 Haute-Parthe 57 44 Gb 52
44320 Haute-Perche 44 96 Ya 66
25580 Hautepierre-le-Châtelet 25 108 Gb 66
57570 Haute-Rentgen 57 44 Gb 52
01640 Hauterive 01 119 Fc 72
03270 Hauterive 03 116 Dc 72
28170 Hauterive 28 69 Bb 57
59230 Hauterive 59 30 Dc 46
61250 Hauterive 61 68 Ab 58
70190 Hauterive 70 93 Ff 64
26390 Hauterive 81 166 Cb 87
89250 Hauterive 89 89 Dd 61
25650 Hauterive-la-Flesse 25 108 Gc 67
26390 Hauterives 26 130 Fa 77
69610 Haute-Rivoire 69M 130 Ec 74
21150 Hauteroche 21 91 Ed 64
39177 Hauteroche 39 107 Fe 68
81140 Haute-Serre 81 150 Be 84
26570 Hautes-Ferrassières 26 156 Fc 84
57480 Haute Sierck 57 44 Gc 52
01560 Hautes-Varennes 01 118 Fa 70
47400 Hautesvignes 47 136 Ac 82
07200 Haute-Valette 07 141 Eb 81
70800 Hautevelle 70 93 Gb 61
02810 Hautevesnes 02 52 Db 54
43800 Haute-Vialle 43 141 Df 78
57690 Haute-Vigneulles 57 57 Gd 54
02120 Hauteville 02 40 Dd 49
08300 Hauteville 08 41 Eb 51
50270 Hauteville 50 33 Yb 52
51290 Hauteville 51 54 Ee 57
62810 Hauteville 62 29 Cd 47
73390 Hauteville 73 132 Gb 75
21121 Hauteville-Ahuy 21 91 Fa 64
73700 Hauteville-Gondon 73 133 Ge 75
50570 Hauteville-la-Guichard 50 34 Ye 54
21121 Hauteville-lès-Dijon 21 91 Ef 64
01110 Hauteville-Lompnes 01 119 Fd 73
74150 Hauteville-sur-Fier 74 120 Ff 73
50590 Hauteville-sur-Mer 50 46 Yc 55
50590 Hauteville-sur-Mer-Plage 50 46 Yc 55
80600 Haute-Visée 80 29 Cb 47
53410 Haut-Feil 53 66 Yf 60
18220 Haut-Fouillet 18 103 Ce 65
43170 Haut-Hontès 43 140 Dc 79
02140 Haution 02 41 Df 49
40280 Haut-Mauco 40 147 Zc 86
50390 Hautmesnil 50 46 Yc 52
59330 Hautmont 59 31 Df 47
82500 Hautmont 82 149 Af 85
88240 Hautmougey 88 76 Gb 60
65150 Haut-Nistos 65 175 Ac 91
76450 Hautot-l'Auvray 77 36 Ae 50
76190 Hautot-le-Vatois 77 36 Ae 51
76190 Hautot-Saint-Sulpice 77 36 Ae 50
76550 Hautot-sur-Mer 77 37 Ba 49
76113 Hautot-sur-Seine 77 37 Af 52
62830 Haut-Pichot 62 28 Be 45
81200 Hautpoul 81 166 Cc 88
40410 Haut-Richet 40 147 Zb 83
62190 Haut-Rieux 62 29 Cc 45
39400 Hauts de Bienne 39 120 Ff 69
52600 Hauts-le-Palliy 52 92 Fc 62
04140 Hauts-Savornins 04 157 Gc 82
50390 Hautteville-Bocage 50 33 Yd 52
21121 Haut-Val-Suzon 21 91 Ef 64
51160 Hautvillers 51 53 Df 54
80132 Hautvillers-Ouville 80 28 Be 47
27350 Hauville 27 36 Ae 52
08310 Hauviné 08 54 Ec 53
33550 Haux 33 135 Zd 80
64470 Haux 64 174 Za 90
57650 Havange 57 43 Ff 52
28410 Havelu 28 50 Bd 56
59255 Haveluy 59 30 Dc 46
80670 Havernas 80 29 Cb 48
59660 Haverskerque 59 29 Cd 45
14240 Havetot 14 33 Zb 54
62147 Havrincourt 62 30 Da 48
08260 Havys 08 41 Ec 50
57700 Hayange 57 43 Ff 53
08170 Haybes 08 42 Ee 48
57530 Hayes 57 56 Gc 53
59268 Haynecourt 59 30 Da 47
40200 Haza 40 146 Yf 83
59190 Hazebrouck 59 29 Cd 44
57430 Hazembourg 57 57 Gf 55
33125 Hazéra 33 134 Zc 81
65120 Hèas 65 175 Aa 92
41160 Héauville 41 69 Bb 61
50340 Héauville 50 33 Yb 51
27150 Hébécourt 27 38 Be 52
80680 Hébécourt 80 38 Cb 50
50180 Hébécrevon 50 33 Ye 54
76740 Héberville 77 37 Ae 50
62111 Hébuterne 62 29 Cd 48
65250 Hèches 65 175 Ac 90
68210 Hecken 68 95 Ha 62
57510 Heckenransbach 57 57 Gf 54
57320 Heckling 57 57 Gd 53
27800 Hecmanville 27 49 Ad 53
27120 Hécourt 27 50 Bc 55
60380 Hécourt 60 38 Be 51
27110 Hectomare 27 49 Af 53
80560 Hédauville 80 29 Cd 48
35630 Hédé Hazou 35 65 Yb 59
95690 Hédouville 95 51 Ca 54
67360 Hegeney 67 58 He 55
68220 Hégenheim 68 95 Hd 63
64990 Héguia 64 160 Yd 88
67390 Heidolsheim 67 60 Hd 59
68720 Heidwiller 68 95 Hb 63
67190 Heiligenberg 67 60 Hc 57
67140 Heiligenstein 67 60 Hc 58
57560 Heille 57 57 Ha 57
54180 Heillecourt 54 56 Gb 57
60250 Heilles 60 51 Cb 52
80800 Heilly 80 39 Cd 49
51300 Heiltz-le-Houtier 51 54 Ee 56
51340 Heiltz-le-Maurupt 51 54 Ee 56
51340 Heiltz-L'Évêque 51 54 Ee 56
68560 Heimersdorf 68 95 Hb 63
68990 Heimsbrunn 68 95 Hb 62
55220 Heippes 55 55 Fb 55
68600 Heiteren 68 60 Hd 61
68130 Heiwiller 68 95 Hb 63
59171 Hélesmes 59 30 Dc 46
64640 Hélette 64 160 Ye 89
62570 Helfaut 62 29 Cb 44
68510 Helfrantzkirch 68 95 Hc 63
56120 Helléan 56 64 Xd 61
59800 Hellemmes 59 30 Da 45
29510 Hellen 29 78 Wa 60
27240 Hellenvilliers 27 49 Ba 56
57930 Hellering-lès-Fénétrange 57 57 Ha 56
57850 Hellert 57 58 Hb 56
29640 Helles 29 63 Wc 58
50340 Helleville 50 33 Yb 51
57660 Hellimer 57 57 Ge 55
57920 Helling 57 44 Gc 53
57810 Hellocourt 57 57 Ge 56
61250 Héloup 61 68 Aa 58
57220 Helstroff 57 57 Gc 54
59510 Hem 59 30 Db 45
50700 Hémevez 50 33 Yd 52
60190 Hémévillers 60 39 Ce 52
80600 Hem-Hardinval 80 29 Cb 48
57690 Hémilly 57 57 Gd 54
57830 Héming 57 57 Gf 56
59247 Hem-Lenglet 59 30 Db 47
22600 Hémonstoir 22 64 Xb 60
54370 Hénaménil 54 57 Gd 56
22550 Hénanbihen 22 64 Xd 57
22400 Hénansal 22 64 Xd 57
56700 Henbont 56 79 We 62
64700 Hendaye 64 160 Yb 88
64700 Hendaye-Plage 64 160 Yb 88
62182 Hendecourt-lès-Cagnicourt 62 30 Cf 47
62175 Hendecourt-les-Ransart 62 29 Ce 47
80300 Hénencourt 80 29 Cd 49
68960 Henflingen 68 95 Hb 63
22450 Hengoat 22 63 We 56
67440 Hengwiller 67 58 Hc 56
62110 Hénin-Beaumont 62 30 Cf 46
62128 Héninel 62 30 Cf 47
62128 Hénin-sur-Cojeul 62 30 Cf 47
56800 Henlé 56 64 Xd 61
56700 Hennebont 56 79 Wd 62
88270 Hennecourt 88 76 Gb 59
55160 Hennemont 55 55 Fd 54
14360 Hennequeville 14 36 Aa 52
62142 Henneveux 62 27 Bf 44
88260 Hennezel 88 76 Ga 60
27700 Hennezis 27 50 Bc 53
60220 Hennicourt 60 38 Be 50
22150 Hénon 22 64 Xb 58
60119 Hénonville 60 51 Ca 53
76840 Hénouville 77 37 Af 52
62650 Hénoville 62 28 Bf 45
18250 Henrichemont 18 88 Cd 65
57820 Henridorff 57 57 Hb 56
57450 Henriville 57 57 Gf 54
78320 Henriville 78 50 Bf 56
29710 Hent-Meur 29 78 Ve 60
62760 Hénu 62 29 Cd 48
29670 Henvic 29 62 Wa 57
57635 Hérange 57 57 Hb 56
48150 Herans 48 153 Dc 83
64480 Hérauritz 64 160 Yd 88
64640 Hérauritz 64 160 Ye 89
53300 Herbaine 53 67 Zc 58
16490 Herbaudie 16 112 Ad 72
41190 Herbault 41 86 Ba 63
88470 Herbaville 88 77 Gf 59
77760 Herbeauvilliers 76 71 Cc 59
80200 Herbécourt 80 39 Cf 49
62129 Herbelles 62 29 Cb 45
38650 Herbelon 38 144 Fd 79
08370 Herbeuval 08 43 Fc 51
55210 Herbeuville 55 55 Fd 54
78580 Herbeville 78 50 Bf 55
54450 Herbéviller 54 77 Ge 57
38320 Herbeys 38 144 Fe 78
44410 Herbignac 44 81 Xe 64
59530 Herbignies 59 31 De 47
08270 Herbigny 08 41 Eb 51
41500 Herbilly 41 86 Bd 62
62850 Herbinghen 62 27 Bf 44
10700 Herbisse 10 53 Ea 57
67260 Herbitzheim 67 57 Ha 54
95220 Herblay 95 51 Ca 55
67230 Herbsheim 67 60 Hd 58
53120 Hercé 53 66 Za 58
60112 Herchies 60 38 Ca 52
36160 Héréat 36 114 Ca 70
32450 Héréchou 32 163 Ae 87
50660 Hérenguerville 50 46 Yc 55
34600 Hérépian 34 167 Da 87
65700 Héres 65 162 Aa 87
59570 Hergies 59 31 De 47
59199 Hergnies 59 30 Dd 46
88130 Hergugney 88 76 Gb 58
44810 Héric 44 82 Yc 64
77850 Hérichy 76 71 Ce 58
62130 Héricourt 62 29 Cb 46
70400 Héricourt 70 94 Ge 63
76560 Héricourt-en-Caux 77 36 Ae 50
60380 Héricourt-sur-Thérain 60 38 Be 51
54300 Hériménil 54 77 Gc 57
25310 Hérimoncourt 25 94 Gf 64
59195 Hérin 59 30 Dc 46
14670 Heriot 14 35 Zf 54
80260 Hérissart 80 39 Cc 48
03190 Hérisson 03 115 Ce 69
79130 Hérisson 79 98 Zd 68
80340 Herlevillers 80 39 Ce 49
59134 Herlies 59 30 Cf 45
62130 Herlincourt 62 29 Cb 46
62130 Herlin-le-Sec 62 29 Cb 46
62650 Herly 62 28 Bf 45
80190 Herly 80 39 Cf 50
76730 Hermanville 77 37 Af 50
14880 Hermanville-sur-Mer 14 47 Ze 53
62690 Hermaville 62 29 Cd 47
77114 Hermé 76 72 Dc 58
57790 Hermelange 57 57 Ha 56
62132 Hermelinghen 62 27 Bf 44
63470 Herment 63 127 Cd 74
78125 Hermeray 78 50 Be 57
67250 Hermerswiller 67 58 Hf 55
60370 Hermes 60 38 Cb 52
76280 Hermeville 77 36 Ab 51
55400 Herméville-en-Woëvre 55 55 Fd 53
62147 Hermies 62 30 Da 48
53380 Hermillon 53 66 Yf 59
73300 Hermillon 73 132 Gc 77
62150 Hermin 62 29 Cd 46
11000 Herminis 11 166 Cb 89
11190 Hermita 11 178 Cc 91
14100 Hermival-les-Vaux 14 48 Ab 54
51220 Hermonville 51 53 Df 52
62130 Hernicourt 62 29 Cb 46
57580 Herny 57 57 Gc 54
76750 Héronchelles 77 37 Bc 51
95300 Hérouville 95 51 Ca 54
14200 Hérouville-Saint-Clair 14 47 Ze 53
14850 Hérouvillette 14 48 Ze 53
88600 Herpelmont 88 77 Ge 59
16200 Herpes 17 123 Ze 74
51460 Herpine 51 54 Ee 55
51460 Herpont 51 54 Ee 55
08360 Herpy-L'Arlésienne 08 41 Eb 51
27430 Herqueville 27 50 Bb 53
50440 Herqueville 50 33 Ya 50
31160 Herran 31 176 Af 91
40160 Herran 40 146 Yf 83
40310 Herré 40 148 Zf 84
57380 Herrenwald 57 57 Gd 54
64680 Herrère 64 162 Zc 89
32100 Herret 32 148 Ac 85
59147 Herrin 59 30 Cf 45
67850 Herrlisheim 67 58 Hf 56
68420 Herrlisheim-près-Colmar 68 60 Hb 60
18140 Herry 18 103 Cf 65
67130 Hersbach 67 60 Hb 58
54440 Herserange 54 43 Fe 51
62530 Hersin-Coupigny 62 29 Cd 46
57815 Hertzing 57 57 Gf 56
36240 Hervault 36 101 Bb 66
62179 Hervelinghen 62 26 Be 43
28150 Herville 28 70 Be 59
80240 Hervilly 80 40 Da 49
58800 Héry 58 89 Dd 65
73400 Héry 73 132 Gc 74
89550 Héry 89 90 Dd 61
74540 Héry-sur-Alby 74 132 Ga 74
59470 Herzeele 59 27 Cd 43
80240 Hesbécourt 80 40 Da 49
80290 Hescamps 80 38 Bf 50
62196 Hesdigneul 62 29 Cd 45
62360 Hesdigneul-lès-Boulogne 62 28 Be 45
62140 Hesdin 62 29 Ca 46
62360 Hesdin-L'Abbé 62 28 Be 44
62720 Hesdres 62 26 Be 44
68220 Hésingue 68 95 Hd 63
62360 Hesmond 62 28 Bf 46
76660 Hesmy 77 37 Bc 49
57640 Hessange 57 56 Gb 53
57400 Hesse 57 57 Ha 56
67390 Hessenheim 67 60 Hd 59
57320 Hestroff 57 56 Gc 53
59740 Hestrud 59 31 Ea 47
62550 Hestrus 62 29 Cb 46
79150 Hétivault 79 98 Zc 67
60360 Hétomesnil 60 38 Ca 51
57330 Hettange-Grande 57 44 Ga 52
68600 Hettenschlag 68 60 Hc 60
67114 Hetzlader 67 60 He 58
27630 Heubécourt-Haricourt 27 50 Bd 54
62134 Heuchin 62 29 Cb 46
80270 Heucourt-Croquoison 80 38 Bf 49
27400 Heudebouville 27 50 Bb 53
76260 Heudelimont 77 37 Bc 48
27860 Heudicourt 27 50 Bd 52
80122 Heudicourt 80 40 Da 48
55210 Heudicourt-sous-les-Côtes 55 55 Fe 55
27230 Heudreville-en-Lieuvin 27 49 Ad 53
27400 Heudreville-sur-Eure 27 49 Bb 54
40180 Heugas 40 161 Yf 87
76720 Heugleville-sur-Scie 77 37 Ba 50

36180 Heugnes 36 101 Bc 66
61470 Heugon 61 48 Ac 55
32700 Heuguère 32 149 Ad 84
50200 Heugueville-sur-Sienne 50 46 Yc 54
52600 Heuilley-Cotton 52 92 Fc 62
52600 Heuilley-le-Grand 52 92 Fc 62
21270 Heuilley-sur-Saône 21 92 Fc 65
14430 Heuland 14 48 Aa 53
47700 Heulies 47 148 Zf 82
63210 Heume-L'Eglise 63 127 Ce 74
27700 Heuqueville 27 50 Bc 53
76280 Heuqueville 77 36 Aa 51
32380 Heure-et-Bartens 32 149 Ae 85
62575 Heuringhem 62 29 Cb 44
89320 Heurtebise 89 72 Dd 60
14140 Heurtevent 14 48 Aa 55
50640 Heussé 50 66 Za 57
67150 Heussern 67 60 Hd 58
51110 Heutrégiville 51 41 Eb 53
32100 Heux 32 148 Ab 85
80370 Heuzecourt 80 29 Cb 47
60380 Hévécourt 60 38 Be 51
55290 Hévilliers 55 75 Fb 57
01460 Heyriat 01 119 Fc 71
38540 Heyrieux 38 131 Fa 75
62310 Hézecques 62 29 Cb 45
65380 Hibarette 65 162 Aa 90
38118 Hières-sur-Amby 38 131 Fb 74
08320 Hierges 08 42 Ee 48
80370 Hiermont 80 29 Ca 47
72430 Hierray 72 84 Ze 61
16290 Hiersac 16 123 Aa 74
16490 Hiesse 16 112 Ad 72
50480 Hiesville 50 46 Ye 52
14170 Hiéville 14 48 Zf 54
54490 Higny 54 43 Fe 52
64160 Higuères-Souye 64 162 Ze 88
65200 Hiis 65 162 Aa 90
49700 Hilay 49 98 Zd 65
57400 Hilbesheim 57 57 Ha 56
40160 Hillan 40 146 Ye 83
31310 Hillet 31 164 Bb 90
32300 Hillet 32 163 Ad 87
22120 Hillion 22 64 Xc 57
32300 Hillougros 32 163 Ac 88
67600 Hilsenheim 67 60 Hd 59
57510 Hilsprich 57 57 Gf 54
57570 Himeling 57 44 Gb 52
02440 Hinacourt 02 40 Db 50
57220 Hinckange 57 56 Gc 53
67150 Hindisheim 67 60 Hd 58
68580 Hindlingen 68 95 Ha 63
62232 Hinges 62 29 Cd 45
44170 Hingué 44 82 Yb 63
67290 Hinsbourg 67 58 Hb 55
57510 Hinsing 57 57 Gf 55
67260 Hinsingen 67 57 Gf 55
67360 Hinterfeld 67 58 He 55
40180 Hinx 40 161 Za 86
47360 Hiot 47 149 Ad 83
67150 Hipsheim 67 60 He 58
57510 Hirbach 57 57 Gf 54
35120 Hirel 35 65 Yb 57
67320 Hirschland 67 57 Ha 55
68560 Hirsingue 68 95 Hb 63
02500 Hirson 02 41 Ea 49
68118 Hirtzbach 68 95 Hb 63
67220 Hirtzelbach 67 60 Hb 59
68740 Hirtzfelden 68 95 Hc 61
31260 His 31 164 Af 90
09230 Hitte 31 164 Ba 90
65190 Hitte 65 163 Aa 90
67270 Hochfelden 67 58 Hd 56
68720 Hochstatt 68 95 Hb 62
67170 Hochstett 67 58 He 56
62650 Hocqueliers 62 28 Bf 45
80210 Hocquélus 80 28 Bd 48
50320 Hocquigny 50 46 Yd 56
80490 Hocquincourt 80 28 Bf 49
62850 Hocquinghen 62 27 Bf 44
60650 Hodenc-en-Bray 60 38 Bf 52
60430 Hodenc-L'Evêque 60 51 Ca 52
76340 Hodeng-au-Bosc 77 38 Be 49
76780 Hodenger 77 38 Bd 51
76780 Hodeng-Hodenger 77 38 Bd 51
95420 Hodent 95 50 Be 54
57410 Hœlling 57 58 Hb 54
67250 Hœlschloch 67 58 He 55
67800 Hœnheim 67 58 He 57
67720 Hœrdt 67 58 He 56
54370 Hoëville 54 56 Gc 56
67250 Hoffen 67 58 Hf 55
67170 Hohatzenheim 67 58 Hd 56
67310 Hohengœft 67 58 Hc 57
67270 Hohfrankenheim 67 58 Hd 56
68140 Hohrod 68 77 Ha 60
68140 Hohrodberg 68 77 Ha 60
67220 Hohwarth 67 60 Hc 58
67250 Hohwiller 67 58 Hf 55
57380 Holacourt 57 57 Gc 55
57730 Holbach 57 57 Ge 54
57410 Holbach 57 58 Hc 54
57220 Holling 57 57 Gc 53
02760 Holnon 02 40 Db 49
59143 Holque 59 27 Cb 43
67230 Holtzbad 67 60 Hd 58
67810 Holtzheim 67 60 Hd 57
68320 Holtzwihr 68 60 Hc 60
57510 Holving 57 57 Gf 54
02720 Homblières 02 40 Dc 49
80400 Homblieux 80 39 Cf 50
57470 Hombourg 57 57 Ge 54
68490 Hombourg 68 95 Hc 62
57920 Hombourg-Budange 57 56 Gc 53
82800 Hombrails 82 150 Bd 84
54310 Homecourt 54 56 Ff 53
57405 Hommarting 57 57 Ha 56
57870 Hommert 57 57 Hb 56
37340 Hommes 37 85 Ab 64
11200 Homps 11 166 Ce 89
32120 Homps 32 149 Af 86
59190 Hondeghem 59 27 Cd 44
77510 Hondevilliers 76 52 Db 55
27400 Hondouville 27 49 Ba 54
59122 Hondschoote 59 27 Cd 43
14600 Honfleur 14 36 Ab 52
27310 Honguemare-Guenouville 27 36 Ae 52
59980 Honnechy 59 30 Dc 48
59266 Honnecourt-sur-Escaut 59 30 Db 48
57670 Honskirch 57 57 Gf 55
40190 Hontanx 40 147 Ze 86
28150 Honville 28 70 Be 58
29460 Hôpital-Camfrout 29 62 Ve 59
25620 Hôpital-du-Grosbois, l' 25 107 Gb 65
46600 Hôpital-Saint-Jean 46 138 Bd 78
25340 Hôpital-Saint-Lieffroy, l' 25 94 Gc 64
64130 Hoquy 64 161 Za 89
68180 Horbourg-Wihr 68 60 Hc 60
59111 Hordain 59 30 Db 47
40390 Horgave 40 160 Ye 87
65310 Horgues 65 162 Aa 89
59171 Hornaing 59 30 Dc 46
80640 Hornoy-le-Bourg 80 38 Bf 49
63950 Hors 63 127 Ce 75
40700 Horsarrieu 40 161 Zc 86
52600 Hortes 52 92 Fd 61
55130 Horville-en-Ornois 55 75 Fc 58
44410 Hoscas 44 81 Xe 64
31110 Hospice de France 31 176 Ad 92
40150 Hossegor 40 160 Yd 87
64120 Hosta 64 161 Yf 90
57510 Hoste-Bas 57 57 Gf 54
57510 Hoste-Haut 57 57 Gf 54
33125 Hostens 33 134 Zc 82
01110 Hostiaz 01 119 Fd 73
26730 Hostun 26 143 Fb 78
01260 Hotonnes 01 119 Fe 73
14430 Hotot-en-Auge 14 35 Zf 53
57720 Hottviller 57 58 Hc 54
15590 Houade 15 139 Cd 78
56170 Houat 56 80 Xa 64
62620 Houchin 62 29 Cd 46
59570 Houdain 59 31 De 47
62150 Houdain 62 29 Cd 46
78550 Houdan 78 50 Bd 56
60710 Houdancourt 60 51 Cd 52
55230 Houdelaucourt-sur-Othain 55 43 Fe 53
54330 Houdelmont 54 76 Ga 57
54180 Houdemont 54 56 Gb 57
76740 Houdetot 77 36 Ae 50
08190 Houdilcourt 08 41 Ea 52
40140 Houdin 40 146 Ye 86
54330 Houdreville 54 76 Ga 57
88170 Houécourt 88 76 Ff 59
32440 Houeillère 32 148 Aa 85
47420 Houeillès 47 148 Aa 83
50480 Houesville 50 46 Ye 52
27400 Houetteville 27 49 Ba 54
88300 Houéville 88 76 Fe 58
65330 Houeydets 65 163 Ac 90
33980 Hougueyra 33 134 Za 80
78800 Houilles 78 51 Ca 55
57830 Houillons 57 57 Gf 56
27120 Houlbec-Cocherel 27 50 Bc 54
27370 Houlbec-près-le-Gros-Theil 27 49 Ae 53
08090 Houldizy 08 42 Ee 50
16200 Houlette 16 123 Ze 74
14510 Houlgate 14 48 Zf 53
62910 Houlle 62 27 Cb 44
36500 Houme 36 101 Bc 68
31530 Hounédis 31 164 Bb 86
11240 Hounoux 11 165 Ca 90
64220 Hountto 64 160 Ye 90
59263 Houplin 59 30 Da 45
59116 Houplines 59 30 Cf 44
76770 Houppeville 77 37 Ba 51
40420 Hourats 40 147 Zc 84
65350 Hourc 65 163 Aa 89
65330 Hourcaud 65 163 Ac 89
33930 Hourean 33 122 Yf 76
51140 Hourges 51 53 De 53
47420 Hourquey 47 147 Zf 83
40110 Hourre 40 146 Za 84
64420 Hours 64 162 Ze 89
40410 Hourson 40 146 Zb 82
33990 Hourtin 33 122 Yf 77
33990 Hourtin-Plage 33 122 Yf 77
31370 Hourton 31 164 Ba 88
33160 Hourton 33 134 Zb 79
40410 Hourtoy 40 147 Zb 82
02140 Houry 02 41 Df 50
41800 Houssay 41 86 Af 62
53360 Houssay 53 83 Zb 61
27410 Houssaye 27 49 Ae 55
27220 Houssaye 27 50 Bc 55
41250 Houssaye 41 86 Bd 64
68125 Houssen 68 60 Hc 60
88700 Housseras 88 77 Ge 59
02250 Housset 02 40 De 50
54930 Housséville 54 76 Ga 58
62870 Houssoye 62 28 Be 46
60112 Houssoy-le-Farcy 60 38 Ca 52
25300 Houtaud 25 108 Gb 67
59470 Houtkerque 59 27 Cd 43
50250 Houtteville 50 46 Yd 52
27440 Houville-en-Vexin 27 50 Bc 53
28700 Houville-la-Branche 28 70 Bd 58
62270 Houvin-Houvigneul 62 29 Cc 47
28130 Houx 28 70 Bd 57
88640 Houx 88 77 Ge 60
59492 Hoymille 59 27 Cc 43
25680 Huanne-Montmartin 25 93 Gc 64
50580 Huanville 50 46 Yc 52
58420 Hubans 58 89 Dd 65
62630 Hubersent 62 28 Be 45
14540 Hubert-Folie 14 47 Ze 54
50700 Huberville 50 33 Yd 51
19800 Hublange 19 126 Be 77
62140 Huby-Saint-Leu 62 29 Ca 46
12380 Hucaloup 12 152 Cd 86
80132 Huchenneville 80 28 Be 48
40560 Huchet 40 146 Yd 85
21110 Huchey 21 106 Fb 65
62130 Huclier 62 29 Cc 46
50510 Hudimesnil 50 46 Yd 55
54110 Hudiviller 54 76 Gc 57
07590 Huédour 07 141 Df 81
29690 Huelgoat 29 62 Wb 58
27930 Huest 27 49 Bb 54
45520 Huêtre 45 70 Be 60
70150 Hugier 70 92 Fe 65
76570 Hugleville-en-Caux 77 37 Af 51
07320 Hugons 07 142 Eb 79
12150 Huguiés 12 152 Da 83
49430 Huillé-Lézigné 49 84 Ze 63
49430 Huillé-Lézigné 49 84 Ze 63
52150 Huilliécourt 52 75 Fd 60
21230 Huilly 21 105 Ec 65
71290 Huilly-sur-Seille 71 106 Fa 69
51300 Huiron 51 54 Ed 56
58230 Huis-Laurent, l' 58 90 Ea 65
37420 Huismes 37 99 Ab 65
50170 Huisnes-sur-Mer 50 66 Yd 57
41310 Huisseau-en-Beauce 41 86 Ba 62
41350 Huisseau-sur-Cosson 41 86 Bc 63
45130 Huisseau-sur-Mauves 45 87 Be 61
69550 Huissel-Saint-Claude 69D 117 Eb 73
62410 Hulluch 62 30 Ce 46
57820 Hultehouse 57 58 Hb 56
51320 Humbauville 51 54 Ec 57
52290 Humbécourt 52 74 Ef 57
62158 Humbercamps 62 29 Cd 47
80600 Humbercourt 80 29 Cc 47
62650 Humbert 62 28 Bf 45
52700 Humberville 52 75 Fc 59
18250 Humbligny 18 103 Cd 65
37310 Humeau 37 100 Ae 65
62130 Humerœuile 62 29 Cb 46
52200 Humes-Jorquenay 52 92 Fb 61
62130 Humières 62 29 Cb 46
68150 Hunawihr 68 60 Hb 59
57990 Hundling 57 57 Gf 54
68130 Hundsbach 68 95 Hb 63
68128 Huningue 68 95 Hd 63
67250 Hunspach 67 58 Hf 55
57480 Hunting 57 44 Gb 52
31210 Huos 31 163 Ad 90
12460 Huparlac 12 139 Ce 80
80140 Huppy 80 38 Be 48
88210 Hurbache 88 77 Gf 58
33190 Hure 33 135 Zf 81
70210 Hurecourt 70 93 Ga 61
48150 Hures 48 153 Dc 83
48150 Hures-la-Parade 48 153 Dc 83
03380 Huriel 03 115 Cc 70
71870 Hurigny 71 118 Ee 70
67730 Hurst 67 60 Hc 59
02500 Hurtebise 02 41 Eb 50
67117 Hurtigheim 67 60 Hd 57
37270 Husseau 37 85 Af 64
68420 Husseren-les-Châteaux 68 60 Hb 60
68470 Husseren-Wesserling 68 94 Gf 61
54590 Hussigny-Godbrange 54 43 Ff 52
50640 Husson 50 66 Za 57
67270 Huttendorf 67 58 Hd 56
67230 Huttenheim 67 60 Hd 58
03600 Hyds 03 115 Ce 71
04170 Hyèges 04 157 Gc 85
25250 Hyémondans 25 94 Gd 64
80320 Hyencourt-le-Grand 80 39 Ce 50
80320 Hyencourt-le-Petit 80 39 Cf 50
50660 Hyenville 50 46 Yd 55
83400 Hyères 83 172 Ga 90
83400 Hyères-Plage 83 172 Ga 90
70190 Hyet 70 93 Ga 64
25110 Hyèvre-Paroisse 25 94 Gc 64
88500 Hymont 88 76 Ga 59
80320 Hypercourt 76 39 Cf 50
37460 Hys 37 100 Ba 65

I

35470 l'Abbaye des Landes 35 82 Yb 61
85120 la-Chapelle-aux-Lys 85 98 Zc 69
22610 l'Armor 22 63 Wf 55
85140 l'Aubretière 85 97 Ye 68
60880 Iaux 60 39 Ce 52
64120 Ibarre 64 161 Yf 89
64120 Ibarrolle 64 161 Yf 89
64310 Ibarron 64 160 Yc 88
57830 Ibigny 57 57 Gf 57
65420 Ibos 65 162 Aa 89
67640 Ichtratzheim 67 60 He 58
77890 Ichy 76 71 Cd 59
64130 Idaux-Mendy 64 161 Za 89
32300 Idrac-Respaillès 32 163 Ac 87
64320 Idron-Lée-Ousse-Sendets 64 162 Ze 89
18170 Ids-Saint-Roch 18 102 Cb 68
34150 l'Ermitage 34 168 Dd 87
20246 Ifana CTC 181 Ka 92
35750 Iffendic 35 65 Xf 60
47800 Iffour 47 136 Ac 81
20169 i Frasselli CTC 185 Ka 00
14123 Ifs 14 35 Zd 54
14270 Ifs-sur-Laizon 14 48 Zf 54
61130 Igé 61 68 Ad 59
71960 Igé 71 118 Ee 70
08200 Iges 08 42 Ef 50
80800 Ignaucourt 80 39 Cd 50
09110 Ignaux 09 177 Be 92
54450 Igney 54 57 Ge 57
88150 Igney 88 76 Gc 59
18350 Ignol 18 103 Cf 67
70700 Igny 70 93 Fe 64
91370 Igny 91 51 Cb 56
51700 Igny-Comblizy 51 53 De 54
64800 Igon 64 162 Ze 90
71540 Igornay 71 105 Ec 66
27460 Igoville 27 37 Ba 53
71340 Iguerande 71 117 Ea 71
09300 Ihat 09 177 Be 91
64640 Iholoy 64 161 Ye 89
39150 Ilay 39 107 Ff 69
81640 Ilchardié 81 151 Ca 84
56780 Ile-aux-Kerno 56 80 Xa 63
29120 Île Chevalier 29 78 Ve 61
44720 Ile-d'Aignac 44 81 Xe 64
17123 Île-d'Aix 17 110 Ye 72
83230 Île de Bagaud 83 172 Gc 90
22870 Île-de-Bréhat 22 63 Wf 55
44720 Ile-de-Fédrun 44 81 Xe 64
44720 Ile-de-Mazin 44 81 Xe 64
44720 Ile-de-Ménac 44 81 Xe 64
29259 Île de Molène 29 61 Va 58
44550 Ile-d'Errand 44 81 Xf 64
37420 Ile-Saint-Martin 37 85 Ab 65
29980 Île Tudy 29 78 Vf 61
65590 Ilhan 65 175 Ac 91
64120 Ilharre 64 161 Yf 88
65410 Ilhet 65 175 Ac 91
65370 Ilheu 65 176 Ad 91
57110 Illange 57 44 Gb 53
33720 Illats 33 135 Zd 81
29810 Illen 29 61 Vb 58
66130 Ille-sur-Têt 66 179 Cd 92
33380 Illet, l' 33 134 Za 81
27290 Illeville-sur-Montfort 27 36 Ae 53
68720 Illfurth 68 95 Hb 62
68970 Illhaeusern 68 60 Hc 59
01140 Illiat 01 118 Ef 71
09220 Illier-et-Laramade 09 177 Bd 92
28120 Illiers-Combray 28 69 Bb 59
27770 Illiers-L'Evêque 27 50 Bb 56
59480 Illies 59 30 Ce 45
22230 Illifaut 22 64 Xd 60
38200 Illins 38 130 Ef 75
67400 Illkirch-Graffenstaden 67 60 He 57
76390 Illois 77 38 Bd 50
52150 Illoud 52 75 Fd 59
08200 Illy 08 42 Ef 50
68110 Illzach 68 95 Hc 62
06420 Ilonse 06 158 Ha 84
14480 Ily 14 35 Zd 53
28500 Imbermais 28 50 Bc 56
76760 Imbleville 77 37 Af 50
88170 Imbrécourt 88 76 Fe 58
67330 Imbsheim 67 58 Hc 56
08240 Imécourt 08 42 Ef 52
57310 Imeldange 57 44 Gb 53
57400 Imling 57 57 Ha 56
54150 Immonville 54 56 Ff 53
58160 Imphy 58 103 Db 67
08300 Inaumont 08 41 Eb 51
76520 Incarville 77 37 Ba 52
76117 Incheville 77 37 Bc 48
59540 Inchy 59 30 Dc 48
62860 Inchy-en-Artois 62 30 Da 47
62770 Incourt 62 29 Ca 46
25470 Indevillers 25 94 Gf 65
18160 Ineuil 18 102 Cb 68
80220 Infray 80 38 Bd 49
67270 Ingenheim 67 58 Hd 56
68040 Ingersheim 68 60 Hb 60
62129 Inghem 62 29 Cb 44
57970 Inglange 57 56 Gb 52
67250 Ingolsheim 67 58 Hf 55
76460 Ingouville 77 36 Ae 49
36300 Ingrandes 36 100 Af 69
86220 Ingrandes 86 100 Ad 67
37140 Ingrandes-de-Touraine 37 85 Ab 65
45450 Ingrannes 45 71 Cb 61
45140 Ingré 45 87 Be 61
27600 Ingremare 27 49 Bb 53
56240 Inguiniel 56 79 We 61
67340 Ingwiller 67 58 Hc 55
12850 Inières 12 152 Cd 83
01200 Injoux-Génissiat 01 119 Fe 72
67880 Innenheim 67 60 Hd 58
01680 Innimond 01 131 Fd 74
55700 Inor 55 42 Fa 51
48500 Inos 48 152 Da 83
63330 Insacq 63 115 Cd 72
57670 Insming 57 57 Gf 55
33840 Insos 33 147 Ze 82
57670 Insviller 57 57 Gf 55
07400 Intras 07 142 Ed 82
76630 Intraville 77 37 Bb 49
07310 Intres 07 142 Ec 79
28310 Intréville 28 70 Bf 59
01580 Intriat 01 119 Fd 71
45300 Intville-la-Guétard 45 71 Cb 59
58800 Inty 58 89 Dd 65
80580 Inval 80 28 Be 48
80430 Inval-Boiron 80 38 Be 49
45300 Invault 45 71 Cc 59
45300 Invilliers 45 71 Cc 60
62170 Inxent 62 28 Be 45
56650 Inzinzac-Lochrist 56 80 We 61
85140 l'Oie 85 97 Yf 68
55220 Ippécourt 55 55 Fb 54
61190 Irai 61 49 Ae 56
79600 Irais 79 99 Zf 67
89290 Irancy 89 89 De 62
64560 Iraty 64 174 Yf 90
55600 Iré-le-Sec 55 43 Fc 52
69540 Irigny 69M 130 Ee 74
64780 Irissarry 64 160 Ye 89
80300 Irles 80 29 Ce 48
67310 Irmstedt 67 60 Hc 57
35850 Irodouër 35 65 Ya 59
02510 Iron 02 40 Dd 49
15100 Ironde 15 140 Da 79
64220 Irouléguy 64 160 Ye 89
27930 Irreville 27 49 Bb 54
29460 Irvillac 29 62 Ve 58
65240 Is 65 175 Ac 91
62330 Isbergues 62 29 Cc 45
88320 Isches 88 76 Fe 60
45620 Isdes 45 87 Cb 62
58290 Isenay 58 104 De 67
52140 Is-en-Bassigny 52 75 Fc 60
50540 Isigny-le-Buat 50 66 Yf 57
14230 Isigny-sur-Mer 14 46 Yf 53
57320 Ising 57 56 Gc 53
21210 Island 21 105 Eb 65
89200 Island 89 90 Df 64
87170 Isle 87 125 Bb 74
10240 Isle-Aubigny 10 74 Eb 57
10800 Isle-Aumont 10 73 Ea 59
03360 Isle-et-Bardais 03 103 Ce 68
33640 Isle-Saint-Georges 33 135 Zd 80
77440 Isles-les-Meldeuses 76 52 Da 55
51110 Isles-sur-Suippe 51 41 Eb 52
51290 Isle-sur-Marne 51 54 Ee 57
76230 Isneauville 77 37 Ba 52
06420 Isola 06 158 Ha 83
06420 Isola 2000 06 159 Ha 83
20243 Isolaccio-di-Fiumorbo CTC 183 Kb 96
52190 Isômes 52 92 Fb 63
48320 Ispagnac 48 153 Dd 82
46320 Isques 62 28 Bd 44
12190 Issac 12 139 Cd 81
24400 Issac 24 136 Ac 78
33160 Issac 33 134 Zb 79
33460 Issan 33 134 Zb 78
08440 Issancourt-et-Rumel 08 42 Ee 50
07660 Issanlas 07 141 Ea 80
25550 Issans 25 94 Ge 63
07470 Issarlès 07 141 Ea 79
28160 Issay 28 69 Bb 59
44520 Issé 44 82 Yd 63
11400 Issel 11 165 Bf 88
46500 Issendolus 46 138 Be 80
67330 Issenhausen 67 58 Hd 56
68500 Issenheim 68 95 Hb 61
46320 Issepts 46 138 Bf 80
03120 Isserpent 03 116 Dd 72
63270 Isserteaux 63 128 Dc 75
43100 Isseuge 43 128 Dc 76
24560 Issigeac 24 136 Ad 80
30760 Issirac 30 154 Ec 83
63500 Issoire 63 128 Db 75
64570 Issor 64 161 Zd 90
78440 Issou 78 50 Be 55
36100 Issoudun 36 102 Bf 67
23130 Issoudun-Letrieix 23 114 Ca 72
21120 Is-sur-Tille 21 92 Fa 63
31450 Issus 31 164 Bd 88
51150 Issy 51 53 Eb 54
92130 Issy-les-Moulineaux 92 51 Cb 56
71760 Issy-L'Evêque 71 104 Df 68
64240 Isturits 64 160 Ye 88
41370 Isy 41 86 Bd 62
02240 Itancourt 02 40 Dc 50
09140 Itès 09 177 Bb 92
86240 Iteuil 86 112 Ab 70
67117 Ittenheim 67 60 Hd 57
68160 Ittenheim la Petite-Liepvre 68 60 Ha 59
67680 Itterswiller 67 60 Hc 58
91760 Itteville 91 71 Cc 57
64250 Itxassou 64 160 Yd 89
81170 Itzac 81 151 Bf 84
62810 Ivergny 62 29 Cc 47
77165 Iverny 76 52 Ce 55
02360 Iviers 02 41 Ea 50
27110 Iville 27 49 Af 53
55270 Ivoiry 55 55 Fa 53
60141 Ivors 60 52 Da 53
39110 Ivory 39 107 Ff 67
88600 Ivoux 88 77 Ge 59
18380 Ivoy-le-Pré 18 88 Cc 64
17380 Ivraie 17 110 Zb 73
39110 Ivrey 39 107 Ff 67
21340 Ivry-en-Montagne 21 105 Ed 66
27540 Ivry-la-Bataille 27 50 Bc 55
60173 Ivry-le-Temple 60 51 Ca 53
94200 Ivry-sur-Seine 94 51 Cc 56
59141 Iwuy 59 30 Db 47
65370 Izaourt 65 176 Ad 90
31160 Izaut-de-L'Hôtel 31 176 Ae 90
65250 Izaux 65 163 Ac 90
53160 Izé 53 67 Ze 59
38140 Izeaux 38 131 Fc 76
62490 Izel-lès-Équerchin 62 30 Cf 46
62690 Izel-les-Hameaux 62 29 Cd 47
01430 Izenave 01 119 Fd 72
56130 Izernac 56 81 Xe 63
01580 Izernore 01 119 Fd 71
38160 Izeron 38 143 Fc 78
64260 Izeste 64 162 Zd 90
21110 Izeure 21 106 Fa 65
21110 Izier 21 92 Fb 65
01300 Izieu 01 131 Fd 75
33450 Izon 33 135 Zd 79
32400 Izotges 32 162 Zf 87
45480 Izy 45 70 Ca 60

J

24380 Jabaux 24 136 Ae 78
43370 Jabier 43 141 De 79
77450 Jablines 76 52 Ce 55
87370 Jabreilles-les-Bordes 87 113 Bd 72
83840 Jabron 83 158 Gc 86
15110 Jabrun 15 140 Cf 80
34830 Jacou 34 168 Df 87
09320 Jacoy 09 177 Bc 91
65350 Jacque 65 163 Ab 89
59310 Jacques-Varlet 59 30 Db 46
77760 Jacqueville 76 71 Cd 59

95850 Jagny-sous-Bois 95 51 Cc 54
43340 Jagonzac 43 141 De 79
77440 Jaignes 76 52 Da 55
26300 Jaillans 26 143 Fb 78
01120 Jailleux 01 130 Fa 73
54200 Jaillon 54 56 Ff 56
58110 Jailly 58 104 Dd 66
58330 Jailly 58 104 Dc 66
21150 Jailly-les-Moulins 21 91 Ed 64
88300 Jainvillotte 88 75 Fe 59
81260 Jaladieu 81 166 Cd 87
19220 Jaladis 19 138 Ca 78
23270 Jalesches 23 114 Ca 71
15200 Jaleyrac 15 127 Cc 77
03220 Jaligny-sur-Besbre 03 116 Dd 70
01260 Jalinard 01 119 Fd 72
23340 Jallagnat 23 126 Bf 74
49510 Jallais 49 98 Za 65
21250 Jallanges 21 106 Fa 67
28200 Jallans 28 69 Bc 60
57590 Jallaucourt 57 56 Gc 55
25170 Jallerange 25 107 Fe 65
15150 Jalles 15 139 Cb 79
20122 Jallicu CTC 183 Ka 98
18300 Jalognes 18 103 Ce 65
71250 Jalogny 71 118 Ed 70
51150 Jâlons 51 53 Eb 54
87800 Jalouneix 87 126 Bd 74
74470 Jambaz 74 120 Gd 71
42600 Jambin 42 129 Ea 75
71640 Jambles 71 105 Ee 68
46260 Jamblusse 46 150 Be 83
78440 Jambville 78 50 Bf 54
60240 Jaméricourt 60 50 Bf 53
55600 Jametz 55 43 Fc 52
65220 Jammets 65 163 Ab 88
87800 Janailhac 87 125 Bb 75
23250 Janaillat 23 114 Be 72
57410 Janau 57 58 Hb 54
21310 Jancigny 21 92 Fc 64
08430 Jandun 08 41 Ed 51
33125 Janic 33 135 Zc 81
38280 Janneyrias 38 131 Fa 74
87400 Janouzeix 87 125 Bc 74
44170 Jans 44 82 Yc 63
14670 Janville 14 35 Zf 54
28310 Janville 28 70 Bf 59
60150 Janville 60 39 Cf 52
76450 Janville 77 36 Ad 49
28310 Janville-en-Beauce 28 70 Bf 59
91510 Janville-sur-Juine 91 71 Cb 57
51210 Janvilliers 51 53 Dd 55
51390 Janvry 51 53 Df 53
91640 Janvry 91 51 Ca 57
35150 Janzé 35 66 Yd 61
32700 Jarcieu 38 130 Ef 76
41000 Jarday 41 86 Bb 63
86800 Jardres 86 112 Ad 69
85520 Jard-sur-Mer 85 109 Yc 70
19390 Jarenne 19 126 Be 76
45150 Jargeau 45 87 Ca 61
05130 Jarjayes 05 144 Ga 81
17800 Jarlac 17 123 Zc 74
88550 Jarménil 88 77 Gd 60
16200 Jarnac 16 123 Ze 74
33620 Jarnac 33 135 Ze 78
17520 Jarnac-Champagne 17 123 Zd 75
23140 Jarnages 23 114 Ca 71
18140 Jarnay 18 103 Cf 65
22480 Jarnay 22 63 Wf 58
69640 Jarnioux 69D 118 Ed 73
42460 Jarnosse 42 117 Eb 72
54800 Jarny 54 56 Ff 54
71480 Jarrey 71 119 Fc 69
38560 Jarrie-les-Chaberts 38 144 Fe 78
73300 Jarrier 73 132 Gb 77
25650 Jarrons, les 25 108 Gd 66
18260 Jars 18 88 Ce 64
18260 Jarsot 18 88 Ce 64
73630 Jarsy 73 132 Gb 75
23400 Jartaud 23 114 Be 73
54140 Jarville-la-Malgrange 54 56 Gb 56
86170 Jarzay 86 99 Aa 68
42110 Jas 42 129 Eb 74
04230 Jas-de-Berle 04 156 Fe 84
13170 Jas-de-Rhodes 13 170 Fb 88
83920 Jas-d'Esclans 83 172 Gd 87
84410 Jas-des-Melettes 84 156 Fb 84
70800 Jasney 70 93 Gb 61
01480 Jassans-Riottier 01 118 Ee 73
79120 Jassay 79 111 Aa 70
13430 Jasse 13 170 Ef 86
19290 Jasse 19 126 Ca 74
46250 Jasse 46 137 Ba 81
10330 Jasseines 10 74 Ec 57
01250 Jasseron 01 119 Fb 71
64190 Jasses 64 161 Zb 89
44830 Jasson 44 96 Yb 65
63420 Jassy 63 128 Cf 76
64480 Jatxou 64 160 Yd 88
10200 Jaucourt 10 74 Ed 59
33590 Jau-Dignac-et-Loirac 33 122 Za 76
28250 Jaudrais 28 69 Ba 57
33610 Jauge 33 134 Zb 80
21410 Jaugey 21 105 Ee 65
33114 Jaugut 33 134 Zb 81
07380 Jaujac 07 142 Eb 81
16560 Jauldes 16 124 Ab 74
89360 Jaulges 89 73 De 61
02850 Jaulgonne 02 53 Dd 54
37120 Jaulnay 37 99 Ac 67
77480 Jaulnes 77 72 Db 58
54470 Jaulny 54 56 Ff 55
60350 Jaulzy 60 39 Da 52
65150 Jaunac 65 176 Ad 90
86130 Jaunay-Clan 86 99 Ac 68
24100 Jaure 24 136 Ad 79
24140 Jaure 24 136 Ad 78
04850 Jausier 04 158 Ge 82
04240 Jaussiers 04 158 Ge 85
12350 Jaux 12 151 Cb 82
72110 Jauzé 72 68 Ac 59
43100 Javaugues 43 128 Dc 77
35133 Javené 35 66 Ye 59
87520 Javerdat 87 113 Af 73
24300 Javerlhac-et-la-Chapelle-Saint-Robert 24 124 Ad 75
48130 Javols 48 140 Dc 80
16100 Javrezac 16 123 Zd 74
17120 Javrezac 17 122 Za 75
53250 Javron-les-Chapelles 53 67 Zd 58
43230 Jax 43 141 Dd 77
64220 Jaxu 64 161 Ye 89
24590 Jayac 24 137 Bc 78
01340 Jayat 01 118 Fa 70
63260 Jayet 63 116 Db 72
86600 Jazeneuil 86 111 Aa 70
17260 Jazennes 17 122 Zc 75
40250 Jeanbidaou 40 147 Zb 86
17360 Jeancoiin 17 123 Zf 78
38190 Jean Collet 38 132 Ff 77
02490 Jeancourt 02 40 Da 49
47290 Jean-d'Ardot 47 136 Ad 81
32330 Jeandaugé 32 148 Ab 85
40200 Jean-de-Crabe 40 146 Yf 83
54114 Jeandelaincourt 54 56 Gb 55
54800 Jeandelize 54 56 Fe 54
84400 Jean-Jean 84 156 Fc 85
88700 Jeanménil 88 77 Ge 58
40270 Jeanpierre 40 147 Zc 86
63410 Jeansol 63 115 Cf 73
33650 Jeansotte 33 135 Zd 81
02140 Jeantes 02 41 Ea 50
33113 Jeantie 33 135 Zc 81
40560 Jeantot 40 146 Ye 85
36100 Jean-Varenne 36 101 Bf 67
58140 Jeaux 58 104 Df 65
68320 Jebsheim 68 60 Hc 60
32360 Jegun 32 148 Ac 86
24410 Jemaye-Ponteyraud, la 24 136 Ab 77
86290 Jemelle 86 113 Ba 69
24700 Jenduffe 24 136 Aa 79
59144 Jenlain 59 31 Dd 47
03800 Jenzat 03 116 Db 72
02510 Jérusalem 02 40 Dd 49
88260 Jésonville 88 76 Ga 60
10140 Jessains 10 74 Ed 59
67440 Jetterswiller 67 58 Hc 56
68130 Jettingen 68 95 Hc 63
78270 Jeufosse 78 50 Bd 54
10320 Jeugny 10 73 Ea 60
89110 Jeuilly 89 89 Db 62
36120 Jeu-les-Bois 36 101 Be 68
36240 Jeu-Maloches 36 101 Bc 66
59460 Jeumont 59 31 Ea 47
19150 Jeune 19 126 Bf 77
33780 Jeune-Soulac 33 122 Yf 75
39360 Jeurre 39 119 Fe 70
19110 Jeux 19 127 Cc 76
88000 Jeuxey 88 77 Gc 59
21460 Jeux-lès-Bard 21 90 Eb 63
54740 Jevoncourt 54 76 Gb 58
54700 Jezainville 54 56 Ga 55
65240 Jézeau 65 175 Ac 91
07110 Joannas 07 142 Eb 81
42380 Joansiecq 42 129 Df 76
82140 Joany-et-Roubert 82 150 Be 83
63990 Job 63 129 De 75
50440 Jobourg 50 33 Ya 50
66320 Joch 66 178 Cd 93
54240 Jœf 54 56 Ga 53
42155 Jœuvre 42 117 Ea 73
50310 Joganville 50 34 Yd 52
89300 Joigny 89 72 Dc 61
08700 Joigny-sur-Meuse 08 42 Ee 50
52300 Joinville 52 75 Fa 58
51310 Joiselle 51 53 Dd 56
59530 Jolimetz 59 31 De 47
54300 Jolivet 54 77 Gd 57
63210 Jollere 63 127 Ce 74
69330 Jonage 69M 130 Fa 74
34650 Joncelets 34 153 Db 86
34650 Joncels 34 167 Db 86
66360 Joncet 66 178 Cb 93
03140 Jonchère 03 116 Db 71
21430 Jonchères 21 105 Eb 65
26310 Jonchères 26 143 Fc 81
43340 Joncherette 43 141 De 80
90100 Joncherey 90 94 Ha 63
52000 Jonchery 52 75 Fa 60
51600 Jonchery-sur-Suippe 51 54 Ec 54
51140 Jonchery-sur-Vesle 51 53 De 53
02420 Joncourt 02 40 Db 49
10330 Joncreuil 10 74 Ed 57
71460 Joncy 71 105 Ed 69
73170 Jongieux 73 132 Fe 74
84450 Jonquerettes 84 155 Ef 85
51700 Jonquery 51 53 De 54
02120 Jonqueuse 02 40 Dd 49
11220 Jonquières 11 179 Ce 90
34725 Jonquières 34 167 Dc 86
60680 Jonquieres 60 39 Ce 52
81440 Jonquières 81 165 Ca 87
84150 Jonquières 84 155 Ef 84
30300 Jonquières- Saint-Vincent 30 155 Ed 86
69330 Jons 69M 131 Fa 74
48150 Jontanels 48 153 Dc 83
08130 Jonval 08 42 Ed 51
70500 Jonvelle 70 93 Ff 61
20000 Jonville 20 70 Bd 59
50760 Jonville 50 33 Ye 51
55160 Jonville-en-Woëvre 55 56 Fe 54
28320 Jonvilliers 28 70 Be 57
17500 Jonzac 17 123 Zd 76
74520 Jonzier-Epagny 74 120 Ff 72
42660 Jonzieux 42 129 Ec 77
71110 Jonzy 71 117 Ea 71
54620 Joppécourt 54 43 Fe 52
31810 Jordi 31 164 Bc 88
33125 Jordis 33 134 Zc 81
17260 Jorignac 17 122 Zb 75
28190 Jornad 28 69 Bb 58
14170 Jort 14 48 Zf 55
88500 Jorxey 88 76 Gb 59
43230 Josat 43 128 Dd 77
41370 Josnes 41 86 Bd 62
33138 Jossaume 33 134 Za 80
40230 Josse 40 160 Ye 87
56120 Josselin 56 81 Xc 61
21820 Jossigny 21 106 Fa 67
77600 Jossigny 76 52 Ce 55
12600 Jou 12 139 Ce 79
87890 Jouac 87 113 Bb 70
02220 Jouaignes 02 53 Dd 53
89310 Jouancy 89 90 Ea 62
33113 Jouanhaut 33 147 Zc 82
40210 Jouanicot 40 146 Yf 84
31800 Jouanicou 31 163 Ad 90
40170 Jouanon 40 146 Ye 84
07190 Jouanvins 07 142 Ec 79
86340 Jouarenne 86 112 Ab 70
77640 Jouarre 76 52 Da 55
78760 Jouars-Pontchartrain 78 50 Bf 56
54800 Jouaville 54 56 Ff 54
24380 Joubertie 24 136 Ad 78
84220 Joucas 84 156 Fb 85
09100 Joucla 09 165 Bd 90
11140 Joucou 11 178 Ca 92
71480 Joudes 71 119 Fc 70
54490 Joudreville 54 56 Fe 53
86200 Joué 86 99 Ab 66
61320 Joué-du-Bois 61 67 Ze 57
61150 Joué-du-Plain 61 48 Zf 56
72540 Joué-en-Charnie 72 67 Ze 60
49670 Joué-Étiau 49 98 Zc 65
72380 Joué-L'Abbé 72 68 Ab 60
37300 Joué-les-Tours 37 85 Ad 64
12800 Jouels 12 151 Cb 83
32190 Jouéou 32 148 Ab 86
64490 Jouers 64 174 Zc 91
44440 Joué-sur-Erdre 44 82 Yd 64
18320 Jouet-sur-L'Aubois 18 103 Cf 66
31110 Jouéu 31 176 Ad 92
21230 Jouey 21 105 Ec 66
25370 Jougne 25 108 Gc 68
34490 Jougrand 34 167 Da 88
39100 Jouhe 39 106 Fc 66
79110 Jouhé 79 111 Aa 72
86500 Jouhet 86 112 Af 70
23220 Jouillat 23 114 Bf 71
86300 Joumé 86 112 Ae 69
13490 Jouques 13 171 Fd 87
12440 Jouqueviel 81 151 Ca 83
47480 Jourda 47 149 Ae 83
17360 Jourdain 17 123 Zf 77
32120 Jourdain 32 149 Af 86
40120 Jourets 40 147 Zd 84
87800 Jourgnac 87 125 Bb 74
58140 Jourland 58 90 Df 65
01250 Journans 01 119 Fc 72
85320 Journée 85 110 Ye 69
86290 Journet 86 113 Af 70
15270 Journiac 15 127 Cd 76
19370 Journiac 19 126 Be 75
24260 Journiac 24 137 Af 79
62850 Journy 62 27 Bf 44
15170 Joursac 15 140 Da 78
21340 Jours-en-Vaux 21 105 Ed 66
21450 Jours-lès-Baigneux 21 91 Ed 63
86350 Joussé 86 112 Ac 71
15800 Jou-sur-Monjou 15 139 Cd 79
71290 Jouvençon 71 118 Fa 69
81530 Jouvens 81 152 Cd 85
74550 Jouvernesinaz 74 120 Gd 71
74200 Jouvernex 74 120 Gc 71
74500 Joux 74 132 Gc 73
69170 Joux 69D 117 Ec 73
89440 Joux-la-Ville 89 90 Df 63
18600 Jouy 18 103 Cf 68
28300 Jouy 28 70 Bd 57
89150 Jouy 89 72 Cf 60
91650 Jouy 91 71 Ca 57
57130 Jouy-aux-Arches 57 56 Ga 54
55120 Jouy-en-Argonne 55 55 Fb 54
78350 Jouy-en-Josas 78 51 Cb 56
45480 Jouy-en-Pithiverais 45 71 Ca 60
77970 Jouy-le-Châtel 76 52 Da 57
95620 Jouy-le-Comte 95 51 Cb 54
95280 Jouy-le-Moutier 95 51 Ca 54
45370 Jouy-le-Potier 45 87 Be 62
51390 Jouy-lès-Reims 51 53 Df 53
78200 Jouy-Mauvoisin 78 50 Bd 55
60240 Jouy-sous-Thelle 60 38 Bf 53
27120 Jouy-sur-Eure 27 50 Bb 54
77320 Jouy-sur-Morin 76 52 Db 56
07260 Joyeuse 07 141 Eb 82
01800 Joyeux 01 118 Fa 73
63350 Joze 63 128 Db 73
63460 Jozerand 63 116 Da 72
06160 Juan-les-Pins 06 173 Ha 87
14250 Juaye-Mondaye 14 34 Zb 53
88630 Jubainville 88 76 Fe 58
55120 Jubécourt 55 55 Fa 54
32160 Jù-Belloc 32 162 Aa 87
AD100 Juberri ◻AND 177 Bc 94
53160 Jublains 53 67 Zd 59
74250 Juffly 74 120 Gc 71
33420 Jugazan 33 135 Zf 80
19500 Jugeals-Nazareth 19 138 Bd 78
35134 Jugon 35 82 Yd 61
22270 Jugon-les-Lacs = Lanyugon 22 64 Xe 58
71240 Jugy 71 106 Ef 69
39140 Juhans 39 107 Fd 68
17770 Juicq 17 123 Zc 73
71440 Juif 71 106 Fa 68
16190 Juignac 16 124 Ab 76
49640 Juigné 49 84 Zd 62
49460 Juigné-Bené 49 83 Zc 63
44670 Juigné-des-Moutiers 44 83 Ye 62
49610 Juigné-sur-Loire 49 83 Zd 64
72300 Juigné-sur-Sarthe 72 84 Ze 61
27250 Juignettes 27 49 Ad 55
19350 Juillac 19 125 Bb 77
32230 Juillac 32 162 Aa 87
33890 Juillac 33 135 Aa 80
46140 Juillac 46 137 Bb 82
16130 Juillac-le-Coq 16 123 Ze 75
64350 Juillacq 64 162 Zf 88
16320 Juillaguet 16 124 Ab 76
65290 Juillan 65 162 Aa 89
16230 Juillé 16 111 Aa 73
72170 Juillé 72 68 Aa 59
79170 Juillé 79 111 Ze 72
21210 Juillenay 21 90 Eb 64
32200 Juilles 32 164 Ae 87
50220 Juilley 50 66 Yd 57
21140 Juilly 21 91 Ec 64
77230 Juilly 76 51 Ce 54
66360 Jujols 66 178 Cb 93
01640 Jujurieux 01 119 Fc 72
48140 Julianges 48 140 Db 79
16200 Julienne 16 123 Ze 74
88120 Julienrupt 88 77 Ge 60
69840 Juliénas 69D 118 Ee 71
43500 Jullianges 43 129 De 77
69840 Jullié 69D 118 Ee 71
42130 Jullieux 42 129 Ea 74
50610 Jullouville 50 46 Yc 56
71390 Jully-lès-Buxy 71 105 Ee 68
10260 Jully-sur-Sarce 10 74 Eb 60
65100 Julos 65 162 Zf 90
55120 Julvécourt 55 55 Fb 54
28800 Jumainville 28 70 Bd 60
78580 Jumeauville 78 50 Be 55
28200 Jumeaux 28 69 Bc 60
63570 Jumeaux 63 128 Dc 76
80250 Jumel 80 39 Cc 50
27220 Jumelles 27 49 Bb 55
20100 Jumenta Grossa CTC 184 If 99
65410 Jumet 65 175 Ac 91
76480 Jumièges 77 37 Ae 52
02160 Jumigny 02 40 De 52
24530 Jumilhac 24 124 Ae 76
24630 Jumilhac-le-Grand 24 125 Ba 76
09400 Junac 09 177 Bd 92
30250 Junas 30 154 Ea 86
89700 Junay 89 90 Df 61
65100 Juncalas 65 175 Aa 90
68500 Jungholtz 68 95 Hb 61
15120 Junhac 15 139 Cc 80
08310 Juniville 08 41 Ec 52
72500 Jupilles 72 85 Ac 62
64110 Jurançon 64 162 Zd 89
45340 Juranville 45 71 Cc 60
42430 Juré 42 129 Df 73
15500 Jureuge 15 128 Da 77
16250 Jurignac 16 123 Zf 75
23600 Jurigny 23 114 Cb 70
14260 Jurques 14 47 Zb 54
31110 Jurvielle 31 175 Ac 92
02200 Jury 02 40 Dc 52
57245 Jury 57 56 Gb 54
36500 Juscop 36 101 Bc 67
79230 Juscorps 79 111 Zd 71
47180 Jusix 47 135 Aa 81
15250 Jussac 15 139 Cc 79
43130 Jussac 43 129 Ea 77
88640 Jussarupt 88 77 Ge 60
17130 Jussas 17 123 Zd 77
63310 Jussat 63 116 Dc 73
63450 Jussat 63 128 Da 74
51340 Jussecourt-Minecourt 51 54 Ee 56
70500 Jussey 70 93 Ff 62
02480 Jussy 02 40 Db 50
57130 Jussy 57 56 Ga 54
58220 Jussy 58 89 Db 64
74930 Jussy 74 120 Gb 72
89290 Jussy 89 89 Dd 62
18130 Jussy-Champagne 18 103 Cd 67
18140 Jussy-le-Chaudrier 18 103 Cf 66
32190 Justian 32 148 Ab 86
08270 Justine-Herbigny 08 41 Eb 51
09700 Justiniac 09 164 Bc 89
50720 Jutigny 50 67 Zb 57
77650 Jutigny 76 72 Db 58
88500 Juvaincourt 88 76 Ga 59
10310 Juvancourt 10 74 Ee 60
10140 Juvanzé 10 74 Ed 59
49330 Juvardeil 49 83 Zd 63
57630 Juvelize 57 57 Gd 56
53380 Juvigné 53 66 Yf 59
60112 Juvignies 60 38 Ca 51
02880 Juvigny 02 40 Db 52
51150 Juvigny 51 54 Eb 54
55170 Juvigny-en-Perthois 55 75 Fa 57
50520 Juvigny les Vallées 50 46 Yf 56
50520 Juvigny-le-Tertre 50 47 Yf 56
61140 Juvigny-sous-Andaine 61 67 Zc 57
55600 Juvigny-sur-Loison 55 43 Fc 52
61200 Juvigny-sur-Orne 61 48 Aa 56
14250 Juvigny-sur-Seulles 14 34 Zc 54
57590 Juville 57 56 Gc 55
07600 Juvinas 07 142 Eb 80
02190 Juvincourt-et-Damary 02 41 Df 52
91260 Juvisy-sur-Orge 91 51 Cc 56
28200 Juvrainville 28 70 Bd 60
54370 Juvrecourt 54 57 Gd 56
64120 Juxue 64 161 Yf 89
08190 Juzancourt 08 41 Ea 52
10500 Juzanvigny 10 74 Ed 58
52330 Juzennecourt 52 74 Ef 59
31540 Juzes 31 165 Be 88
31110 Juzet-de-Luchon 31 176 Ad 92
31160 Juzet-d'Izaut 31 176 Ae 91
78820 Juziers 78 50 Bf 55

K

67160 Kaidenbourg 67 59 Ia 55
50380 Kairon 50 46 Yc 56
50380 Kairon-Plage 50 46 Yc 56
57480 Kalembourg 57 44 Gc 52
57412 Kalhausen 57 57 Ha 54
67240 Kaltenhouse 67 58 Hf 56
57480 Kaltweiller 57 44 Gc 52
57330 Kanfen 57 44 Ga 52
68510 Kappelen 68 95 Hc 63
57430 Kappelkinger 57 57 Gf 55
22340 Karhaez Plouguêr 22 63 Wc 59
29890 Karrec'h Hir 29 62 Vd 57
64430 Katalinaenea 64 160 Yd 90
68230 Katzenthal 68 60 Hb 60
67480 Kauffenheim 67 59 Ia 55
57920 Kédange-sur-Canner 57 56 Gc 53
67250 Keffenach 67 58 Hf 55
29880 Kélerdut 29 61 Vc 57
68680 Kembs 68 95 Hd 62
57920 Kemplich 57 44 Gc 53
56250 Kerabus 56 80 Xb 62
29410 Keradalan 29 62 Wa 58
29250 Keradenec 29 62 Vf 56
29640 Keradily 29 63 Wc 58
29180 Keradily 29 78 Vf 60
29340 Kéraël 29 79 Wc 61
56240 Keraize 56 79 We 61
29470 Keralcun 29 62 Vd 59
22820 Keralio 22 63 We 56
29470 Keraliou 29 62 Vd 58
29390 Kerallé 29 78 Wb 60
29850 Kérallenoc 29 61 Vd 58
29830 Kéraloret 29 61 Vc 57
22810 Keramanac'h 22 63 Wd 57
22390 Kerambuan 22 63 Wd 58
29000 Kerancloarec 29 78 Vf 60
29140 Kerancornec 29 78 Wb 61
29460 Kérancurru 29 62 Vf 59
56240 Kerandal 56 79 We 61
29530 Kerandouaré 29 62 Wa 59
29770 Kerandraon 29 61 Vc 60
29100 Kerandraon 29 78 Vd 60
29390 Kérandréo 29 78 Wb 60
56440 Kerandué 56 80 Wf 62
29920 Kerangall 29 78 Wb 62
22300 Keranglas 22 63 Wc 56
29390 Keranglay 29 78 Wb 60
29640 Keranguéven 29 62 Wb 57
29860 Keranguevem 29 62 Vd 57
22480 Ker-Anna 22 63 Wf 58
56480 Kerannroué 56 79 Wf 60
29930 Keranperchec 29 78 Wb 61
29380 Keranquelven 29 79 Wb 61
29420 Keranton 29 62 Wa 57
56630 Kerantonze 56 63 Wd 60
29870 Kerantour 29 61 Vc 57
56860 Kerarden 56 80 Xb 63
29860 Kerarédeau 29 61 Vd 57
29770 Keraudierne 29 61 Vc 60
22300 Keraudy 22 63 Wc 57
22300 Kerauzen 22 63 Wd 57
29190 Keravon 29 62 Vf 59
29630 Kerbabu 29 62 Wa 56
57460 Kerbach 57 57 Gf 54
22720 Kerbaëlen 22 63 Wf 57
29530 Kerbalaun 29 62 Wa 59
29120 Kerbascol 29 78 Ve 61
29160 Kerbastun 29 62 Vd 59
29560 Kerbéron 29 62 Ve 59
29460 Kerbiaouen 29 62 Ve 58
29520 Kerbiliguet 29 78 Wa 59
56560 Kerbiquet 56 79 Wb 60
29690 Kerbizien 29 62 Wb 58
29246 Kerbizien 29 63 Wb 59
22300 Kerblat 22 63 Wd 56
56310 Kerbohann 56 79 We 61
29150 Kerbolé 29 78 Vf 59
22610 Kerbors 22 63 We 56
85350 Ker-Bossy 85 96 Xd 68
29241 Kerboulic 29 63 Wc 56
44410 Kerbourg 44 81 Xd 64
29250 Kerbrat 29 62 Vf 56
29690 Kerbrat 29 63 Wb 59
56930 Kerbrégent 56 79 Wf 61
29890 Kerbrézant 29 62 Vd 57
44420 Kercabellec 44 81 Xd 64
22410 Kercadoret 22 64 Xa 56
56730 Kercambre 56 80 Xa 64
85350 Ker-Châlon 85 96 Xd 68
56230 Kercohan 56 81 Xc 63
22310 Kercoz 22 63 Wc 56
29860 Kerdalaes 29 62 Vd 57
56520 Kerdalhué 56 79 Wd 62
29910 Kerdallé 29 78 Wa 62
22720 Kerdanielou 22 63 Wf 58
29430 Kerdanné 29 62 Ve 56
29800 Kerdaoulas 29 62 Ve 58
56700 Kerdavid 56 80 We 62
56150 Kerdéhel 56 79 Xa 61
29410 Kerdéland 29 62 Wa 57
29880 Kerdelant 29 62 Vd 57
29370 Kerden 29 78 Wa 60
29470 Kerdéniel 29 62 Vd 59
29500 Kerdévot 29 78 Wa 60
29430 Kerdézant 29 62 Ve 57
29500 Kerdilès 29 78 Wa 61
29260 Kerdivès 29 62 Ve 57
29310 Kerdonars 29 79 Wd 61
20246 Kordoncuff 29 63 Wb 59
56550 Kerdonnerch 56 79 Wf 63
56330 Kerdosso 56 79 Wf 62
29350 Kerdoualen 29 78 Wb 62
22110 Kerdouc'h 22 63 Wd 59
29310 Kerdoudu 29 79 Wc 61
22480 Kerdrain 22 63 Wf 58
56480 Kerdréan 56 79 Wf 60
56400 Kerdrec'h 56 80 Xa 63

29630 Kerdrein 29 62 Wb 56
29160 Kerdreux 29 61 Vc 59
56390 Kerdroguen 56 80 Xb 62
29920 Kerdruc 29 78 Wb 62
56530 Kerdual 56 79 Wd 62
29150 Kérédan 29 62 Vf 59
22580 Kérégal 22 64 Xa 56
29690 Kerelcun 29 62 Wb 58
29430 Ker-Emma 29 62 Ve 57
29630 Kerénot 29 62 Wb 56
29810 Kerescart 29 61 Vb 58
29390 Kerescun 29 78 Wb 60
29800 Kérézellec 29 62 Ve 58
56760 Kerfalher 56 81 Xc 64
29350 Kerfany-les-Pins 29 79 Wb 62
22330 Kerfiac 22 64 Xc 59
29280 Kerfily 29 61 Vc 58
29970 Kerfinous 29 78 Wa 60
29233 Kerfissien 29 62 Vf 56
56370 Kerfontaine 56 80 Xb 64
22500 Kerfot 22 63 Wf 56
56920 Kerfourn 56 64 Xb 60
29540 Kerfranc 29 78 Wb 59
29140 Kerfrancès 29 78 Wb 61
29410 Kerfrecq 29 62 Wa 58
29690 Kergadiou 29 62 Wb 59
22390 Kergaër 22 63 We 57
56300 Kergal 56 64 Xa 60
56500 Kergal 56 80 Xb 61
29410 Kergalein 29 62 Wa 58
56270 Kergantic 56 79 Wd 62
29150 Kergaradec 29 78 Vf 60
29370 Kergariou 29 78 Wa 60
29840 Kergastel 29 61 Vb 57
56500 Kergauthier 56 80 Xa 61
56500 Kergilet 56 80 Xa 61
29350 Kerglien 29 79 Wb 62
29160 Kerglintin 29 61 Vc 59
29270 Kergloff 29 63 Wc 59
29350 Kerglouanou 29 79 Wb 62
56680 Kergo 56 80 We 62
29430 Kergoarat 29 62 Ve 57
29860 Kergoat 29 61 Vd 58
29150 Kergoat 29 62 Ve 59
29180 Kergoat 29 78 Ve 60
56320 Kergoat 56 79 Wd 60
56110 Kergoat 56 79 Wc 60
29880 Kergoff 29 61 Vc 57
29400 Kergoff 29 62 Ve 57
29270 Kergoff 29 63 Wc 59
29260 Kergolestroc 29 62 Vd 57
22320 Kergonan 22 64 Xa 59
29810 Kergonan 29 61 Vb 58
56620 Kergonan 29 79 Wd 61
29260 Kergongar 29 62 Ve 57
29380 Kergonval 29 78 Wb 61
22480 Kergoten 22 63 We 59
29420 Kergoulouarn 29 62 Vf 57
29970 Kergréac'h 29 78 Wa 60
22570 Kergrenel 22 63 Wf 59
29410 Kergrenn 29 62 Wa 58
29400 Kergréven 29 62 Vf 58
22290 Kergrist 22 63 Wf 56
22500 Kergrist 22 63 Wf 56
56300 Kergrist 56 64 Xa 60
22110 Kergrist-Moëlou 22 63 We 59
29260 Kergroas 29 62 Ve 57
56150 Kergroix 56 79 Xa 61
56330 Kergroix 56 80 Wf 62
29260 Kergüaoc 29 62 Vd 57
29260 Kerguélen 29 62 Ve 57
29720 Kerguellec 29 78 Vd 61
29590 Kerguellen 29 62 Vf 59
56650 Kerguer 56 80 We 61
56240 Kerguescanff 56 79 Wd 61
56370 Kerguet 56 80 Xb 63
29250 Kerguiduff 29 62 Vf 57
56660 Kerguillerme 56 80 Xb 62
29260 Kergunic 29 62 Vd 57
22340 Kerguz 22 63 Wd 59
56770 Kerguzul 56 79 Wd 60
22170 Kerhamon 22 64 Wf 57
56420 Kerhello 56 80 Xb 61
22720 Kerhenry 22 63 We 58
56500 Kerhero 56 80 Xa 61
29270 Kerhervé 29 63 Wb 59
29170 Kerho 29 78 Wa 61
29530 Kerhoaden 29 62 Wa 59
29540 Kerholen 29 79 Wb 59
22200 Kerhonn 22 63 We 57
29810 Kerhornou 29 61 Vb 58
56510 Kerhostin 56 79 Wf 63
29233 Kérider 29 62 Vf 56
22660 Kériec 22 63 Wd 56
22480 Kerien 22 63 We 58
56920 Keriffé 56 64 Xb 60
29530 Kériffin 29 62 Wb 59
29160 Kerifloch 29 61 Vc 59
56370 Kerignard 56 80 Xb 63
29490 Kérigoualch 29 62 Vd 58
56240 Kérihuel 56 79 We 61
29410 Kerilly 29 62 Wa 57
22320 Kerimard 22 64 Wf 59
56500 Kerimars 56 80 Xb 61
29217 Kerinou 29 61 Vb 58
56580 Kério 56 64 Xb 60
29510 Kériou 29 78 Wa 60
56470 Kerisper 56 80 Wf 63
22500 Kerity 22 63 Wf 56
29760 Kérity 29 78 Vd 62
29530 Kerivarc'h 29 62 Wb 59
29860 Kérivinoc 29 61 Vc 57
29460 Kerivoal 29 62 Ve 58
29290 Kerivot 29 61 Vc 58
29430 Kerizinen 29 62 Ve 57
29280 Kerjean 29 61 Vc 58
56640 Kerjouanno 56 80 Xa 63
29400 Kerlaer 29 62 Ve 57
29830 Kerlanou 29 61 Vb 57
29100 Kerlaz 29 78 Ve 60
56160 Kerlénant 56 79 We 60
29200 Kerléo 29 62 Vc 58
29190 Kerlesquin 29 62 Vf 59
56920 Kerlezan 56 64 Xb 60
29420 Kerlidou 29 62 Vf 57
56620 Kerliff 56 79 Wd 62
29910 Kerlin 29 78 Wa 62
57480 Kerling-lès-Sierck 57 44 Gc 52
29390 Kerliou 29 78 Wb 60
29830 Kerlissien 29 61 Vf 57
56160 Kerlividic 56 79 We 60
29350 Kerliviou 29 79 Wb 62
29450 Kerlodezan 29 62 Vf 58
56420 Kerlois 56 80 Xb 61
29890 Kerlouan 29 62 Vd 57
22480 Kerlouët 22 63 We 58
22500 Kerloury 22 63 Wf 56
22610 Kermagen 22 63 Wf 55
29910 Kermao 29 78 Wa 61
29890 Kermarguel 29 62 Vd 57
22580 Kermaria 22 64 Xa 56
29120 Kermaria 29 78 Ve 61
22450 Kermaria-Sulard 22 63 Wd 56
29410 Kermat 29 62 Wa 57
56500 Kermaux 56 64 Xa 61
29660 Kermen 29 62 Wa 57
29920 Kermen 29 78 Wb 62
22320 Kermenguy 22 63 Wf 59
29870 Kermenguy 29 61 Vc 57
29250 Kermenguy 29 62 Vf 57
29100 Kermenguy 29 78 Ve 60
29710 Kermenguy 29 78 Vd 60
29840 Kermerrien 29 61 Vb 58
22140 Kermeur 22 63 Wd 56
29770 Kermeur 29 61 Vc 60
29640 Kermeur 29 62 Wb 58
29490 Kermeur-Saint-Yves 29 62 Vd 58
22200 Kermilon 22 63 Wf 57
56500 Kermoisan 56 80 Xb 61
56370 Kermoizan 56 80 Xb 63
22140 Kermoroc'h 22 63 We 57
22740 Kermouster 22 63 Wf 56
22140 Kernalégan 22 63 Wd 57
44780 Kernan 56 81 Xf 63
29150 Kernaou 29 78 Vf 60
56540 Kernascléden 56 79 We 60
56450 Kernau 56 80 Xc 63
56170 Kerné 56 79 Wf 64
29410 Kernelecq 29 62 Wa 58
29252 Kernéléhen 29 62 Wa 57
56670 Kerner 56 79 We 62
56640 Kerners 56 80 Xa 63
29390 Kernescop 29 78 Wb 60
56150 Kernestic 56 79 Wf 61
29140 Kernével 29 78 Wb 61
29830 Kernevez 29 61 Vc 57
29690 Kernèvez 29 62 Wa 58
29690 Kernévez 29 62 Wb 58
29510 Kernévez 29 78 Wa 60
29430 Kernic 29 62 Ve 57
29470 Kernie 29 61 Vd 58
29260 Kernilis 29 62 Vd 57
29510 Kerninou 29 78 Wa 60
29470 Kernisi 29 62 Vd 58
29510 Kernon 29 78 Vf 60
29400 Kernonen 29 62 Vf 58
29440 Kernoter 29 62 Vf 57
29310 Kernouarn 29 79 Wc 61
29260 Kernouës 29 62 Vd 57
56800 Kernoul 56 64 Xd 60
44420 Kero 44 81 Xc 64
22290 Kerognan 22 63 Wf 56
22340 Keroguiou 22 63 Wd 59
29420 Kerohantiou 29 62 Vf 57
29250 Keromnes 29 62 Vf 56
29970 Kéroret 29 78 Wa 60
29400 Kéroual 29 62 Vf 58
29290 Keroudy 29 61 Vc 58
29710 Kerougou 29 78 Ve 60
29860 Kérouné 29 61 Vd 57
29840 Keroustat 29 61 Vb 57
29590 Kerouzarc'h 29 62 Ve 59
22160 Kerouzérien 22 63 Wd 58
22580 Kerouziel 22 64 Xa 56
56220 Kerpaillard 56 81 Xd 62
56260 Kerpape 56 79 Wd 62
56740 Kerpenhir 56 80 Xa 63
22480 Kerpert 22 63 Wf 58
57830 Kerpich-aux-Bois 57 57 Gf 56
56730 Kerpont 56 80 Xa 63
29660 Kerprigent 29 62 Wa 57
29590 Kerrec 29 62 Ve 59
29600 Kerret 29 62 Wa 57
29640 Kerrgorre 29 62 Wb 58
56500 Kerrob 56 80 Xb 61
29400 Kerroch 29 62 Vf 58
56270 Kerroc'h 56 79 Wd 62
22450 Kerrod 22 63 We 56
56590 Kerrohet 56 79 Wd 63
22170 Kerronniou 22 63 Wf 57
22780 Kerroué 22 63 Wc 57
29780 Kerruc 29 61 Vd 61
29700 Kersabiec 29 78 Ve 61
29830 Kersaint 29 61 Vb 57
29630 Kersaint 29 62 Wb 56
29860 Kersaint-Plabennec 29 62 Vd 58
56800 Kersamson 56 64 Xd 60
29160 Kersaniou 29 62 Vd 59
29800 Kersaos 29 62 Vd 58
29350 Kersauz 29 79 Wc 62
29630 Kersco 29 62 Wb 57
22540 Kerscoul 22 63 Wd 57
56240 Kerscoulic 56 79 Wd 61
29160 Kerséguénou 29 61 Vc 59
22480 Kersolec 22 63 We 58
56400 Kerstran 56 79 Wf 62
29710 Kerstridic 29 78 Vd 61
29420 Kertanguy 29 62 Vf 57
29610 Kertanguy 29 62 Wb 57
56130 Kertouard 56 81 Xd 63
44410 Kertrait 44 81 Xd 64
22410 Kertugal 22 64 Xa 57
67230 Kertzfeld 67 60 Hd 58
56310 Kervalan 56 79 We 61
56400 Kervaly 56 80 Xa 62
29710 Kervargon 29 78 Ve 61
56360 Kervarijon 56 80 Wf 65
56680 Kervarlay 56 79 We 62
29390 Kervars 29 78 Wb 60
29830 Kervasdué 29 61 Vc 57
29630 Kervebel 29 62 Wa 56
22140 Kervec 22 63 We 57
22560 Kervégan 22 63 Wc 56
56530 Kervégant 56 79 Wd 62
56500 Kervéhel 56 80 Xb 61
29550 Kervel 29 78 Ve 60
22290 Kervélard 22 63 Xa 57
29630 Kervélégant 29 62 Wb 57
29690 Kervélen 29 62 Wb 59
29830 Kerveltec 29 61 Vc 57
29790 Kerven 29 61 Vc 60
29520 Kerven 29 78 Wa 60
29410 Kervenarc'hant 29 62 Wa 57
56870 Kervenir 56 80 Xa 63
56270 Kervenois 56 79 Wd 62
29890 Kerverven 29 62 Vd 56
29710 Kerveyen 29 78 Vd 61
29590 Kervez 29 62 Vf 59
29410 Kervian 29 62 Wa 58
29550 Kervigen 29 78 Ve 60
56700 Kervignac 56 80 We 62
56500 Kervihan 56 80 Xa 61
56360 Kervilahouen 56 80 We 65
29290 Kerviniou 29 61 Vc 58
29520 Kerviniou 29 62 Wa 60
56560 Kerviniou 56 79 Wc 60
22200 Kerviou 22 63 We 57
29390 Kervir 29 78 Wb 60
29610 Kervolaugar 29 62 Wb 57
29000 Kervouyec 29 78 Vf 60
56750 Kervoyal 56 81 Xc 63
56170 Kervozès 56 79 We 64
29380 Kervran 29 79 Wb 61
56760 Kervraud 56 81 Xc 64
56440 Kervréhan 56 80 Wf 62
22300 Kervren 22 63 Wd 56
22530 Keryhouée 22 64 Wf 59
29190 Keryvarc'h 29 62 Wa 59
29520 Keryvon-Bourg 29 78 Wa 59
56110 Kerzallec 56 79 Wb 60
29233 Kerzean 29 62 Vf 57
29470 Kerziou 29 62 Vd 58
67260 Keskastel 67 57 Ha 55
67930 Kesseldorf 67 59 Ia 55
67270 Kienheim 67 58 Hd 56
68240 Kientzheim 68 60 Hb 60
67750 Kientzville 67 60 Hc 59
68480 Kiffis 68 95 Hc 64
59122 Killem 59 27 Cd 43
59122 Killem-Linde 59 27 Cd 43
67840 Kilstett 67 58 Hf 56
67350 Kindwiller 67 58 Hd 55
68390 Kingersheim 68 95 Hc 62
67600 Kintzheim 67 60 Hc 59
13530 Kirbon 13 171 Fd 88
67520 Kirchheim 67 60 Hc 57
88400 Kirchompré 88 77 Gf 60
67320 Kirrberg 67 57 Ha 56
67330 Kirrwiller 67 58 Hd 56
57935 Kirsch-lès-Luttange 57 56 Gb 53
57480 Kirsch-lès-Sierck 57 44 Gc 52
57480 Kirschnaumen 57 44 Gc 52
57430 Kirviller 57 57 Gf 55
57480 Kitzing 57 44 Gc 52
57920 Klang 57 44 Gc 53
57740 Kleindal 57 57 Gd 54
67370 Kleinfrankenheim 67 58 Hd 57
67440 Kleingœft 67 58 Hc 56
57410 Kleinmühle 57 58 Hb 54
22160 Klempétu 22 63 Wc 58
67530 Klingenthal 67 60 Hc 58
68220 Knœringue 68 95 Hc 63
67310 Knœrsheim 67 58 Hc 56
57240 Knutange 57 56 Ga 52
57100 Kœking 57 44 Gb 52
67000* Koenigshoffen 67 60 He 57
57970 Kœnigsmacker 57 44 Gb 52
68480 Kœstlach 68 95 Hb 63
68510 Kœtzingue 68 95 Hc 63
55300 Kœur-la-Petite 55 55 Fc 55
67230 Kogenheim 67 60 Hd 58
67120 Kolbsheim 67 60 Hd 57
55300 Kour-la-Grande 55 55 Fc 55
67150 Krafft 67 60 He 58
29160 Kraozon = Crozon 29 61 Vd 59
67118 Kratz 67 60 He 57
67880 Krautergersheim 67 60 Hd 58
67170 Krautwiller 67 58 He 56
67170 Kriegsheim 67 58 He 56
68820 Kruth 68 94 Gf 61
67660 Kuhlendorf 67 58 Hf 55
68320 Kunheim 68 60 Hd 60
57970 Kuntzig 57 56 Gb 52
67240 Kurtzenhouse 67 58 He 56
67520 Kuttolsheim 67 58 Hd 57
67250 Kutzenhausen 67 58 Hf 55

L

64300 Laà-Mondrans 64 161 Zb 88
32170 Laas 32 163 Ab 88
45300 Laas 45 71 Cb 60
64390 Laàs 64 161 Za 88
29710 Lababan 29 78 Vd 61
86300 la Babijière 86 112 Ae 69
31440 Labach 31 176 Ae 91
19290 La Bachelerie 19 126 Cb 75
24210 La Bachellerie 24 137 Ba 78
53240 La Baconnière 53 66 Za 59
24560 Labadie 24 136 Ad 80
32700 Labadie 32 149 Ad 85
88460 La Baffe 88 77 Gd 60
44680 la Baffrie 44 96 Yb 66
40140 la Bagnère 40 160 Ye 86
27700 la Baguelande 27 50 Bc 53
22380 la Baillie 22 64 Xe 57
15150 la Balbarie 15 138 Ca 79
50450 la Baleine 50 46 Ye 55
38142 la Balme 38 144 Ga 78
73170 la Balme 73 131 Fe 74
39320 La Balme-d'Epy 39 119 Fc 70
74330 La Balme-de-Sillingy 74 120 Ga 73
74230 La Balme-de-Thuy 74 120 Gb 73
38390 La Balme-les-Grottes 38 131 Fc 73
30450 la Banlève 30 154 Df 82
59600 la Banlieue 59 31 Df 47
15270 la Banut 15 127 Cd 76
32430 la Baraque 32 164 Af 86
87310 la Baraque 87 125 Ba 74
13011 La Barasse 13 170 Fc 89
50170 la Barbaie 50 66 Yd 58
13330 la Barben 13 170 Fb 87
09100 la Barbaille 09 165 Be 90
24550 Labardamier 24 137 Ba 81
16500 la Barde 16 112 Ad 72
17360 la Barde 17 135 Zf 78
23300 la Barde 23 113 Bd 71
33460 Labarde 33 134 Zc 78
40200 la Barde 40 146 Yf 83
33730 Labardin 33 147 Ze 82
85150 la Bardonnière 85 97 Yc 69
39700 la Baree 39 107 Fe 66
04530 la Barge 04 145 Ge 81
63600 la Barge 63 129 De 75
45740 la Bargoudière 45 87 Be 62
07450 la Baricaude 07 141 Eb 80
85500 la Barillère 85 97 Yf 67
79400 la Barlière 79 111 Ze 70
71340 la Barnaudière 71 117 Ea 71
68910 Labaroche 68 77 Hb 60
53170 la Baroche-Gondouin 53 67 Zd 58
61330 la Baroche-sous-Lucé 61 67 Zc 57
06700 la Baronne 06 173 Ha 86
13710 la Barque 13 170 Fc 88
47290 Labarque 47 136 Ad 81
33450 la Barrade 33 135 Zd 79
09000 Labarre 09 177 Bd 91
17450 la Barre 17 110 Yf 72
41360 la Barre 41 85 Af 62
44520 la Barre 44 82 Yd 63
44330 la Barre 44 97 Ye 66
58110 la Barre 58 104 Dd 66
64600 la Barre 64 160 Yc 87
70190 la Barre 70 93 Gb 64
85250 la Barre 85 97 Ye 67
86300 la Barre 86 100 Ad 69
86500 la Barre 86 112 Ae 71
87520 la Barre 87 113 Ba 73
85550 La Barre-de-Monts 85 96 Xf 67
50810 la Barre-de-Semilly 50 34 Yf 54
27330 la Barre-en-Ouche 27 49 Ad 55
32250 Labarrère 32 148 Aa 85
86160 la Barrerie 86 112 Ac 70
24190 la Barrière 24 136 Ab 78
24800 la Barroutie 24 125 Ba 76
12600 la Barthe 12 139 Ce 80
32260 Labarthe 32 163 Ad 88
46090 Labarthe 46 137 Bc 81
46230 la Barthe 46 150 Bd 83
47150 la Barthe 47 136 Ae 82
64290 Labarthe 64 162 Zd 89
81700 la Barthe 81 165 Ca 87
82220 Labarthe 82 150 Bb 83
65250 La Barthe-de-Neste 65 163 Ac 90
31800 Labarthe-Inard 31 163 Af 90
31800 Labarthe-Rivière 31 163 Ae 90
31860 Labarthe-sur-Lèze 31 164 Bc 88
09700 la Barthète 09 165 Bd 89
32400 Labarthète 32 162 Zf 87
12120 la Barthie 12 152 Cc 84
18700 la Bascule 18 87 Cb 64
85190 la Baserière 85 97 Yc 68
87130 la Bassade 87 126 Bd 74
23500 la Basse 23 126 Cb 73
50500 la Basse-Addeville 50 46 Ye 52
86150 la Basse-Barbade 86 112 Ad 71
59480 La Bassée 59 30 Ce 45
65200 Labassère 65 162 Aa 90
70210 la Basse-Vaivre 70 76 Ga 61
83340 la Basse-Verrerie 83 172 Gc 88
18260 la Bassinerie 18 88 Cd 64
40260 Labaste 40 146 Ye 85
07600 Labastide 07 142 Eb 80
12470 la Bastide 12 140 Cf 81
12120 la Bastide 12 152 Cd 83
15400 la Bastide 15 127 Ce 77
15500 la Bastide 15 140 Db 78
24240 la Bastide 24 136 Ac 80
30630 la Bastide 30 154 Ec 83
32140 Labastide 32 163 Ad 88
33460 la Bastide 33 134 Zc 78
33730 la Bastide 33 147 Zd 82
40110 la Bastide 40 147 Zb 85
43580 la Bastide 43 141 Dd 79
48700 la Bastide 48 140 Dd 80
64430 la Bastide 64 160 Yd 89
65130 Labastide 65 175 Ab 90
66110 La Bastide 66 179 Cd 93
83840 La Bastide 83 172 Gd 86
31450 Labastide-Beauvoir 31 165 Be 88
83470 la Bastide-Blanche 83 171 Fe 88
83420 la Bastide-Blanche 83 172 Gd 89
12200 la Bastide-Capdenac 12 151 Bf 82
64170 Labastide-Cézéracq 64 162 Zc 88
40700 Labastide-Chalosse 40 161 Zc 87
64240 Labastide-Clairence 64 160 Ye 88
31370 Labastide-Clermont 31 164 Ba 88
11320 Labastide-d'Anjou 11 165 Bf 88
40240 Labastide-d'Armagnac 40 148 Ze 85
12470 la Bastide-d'Aubrac 12 140 Ce 81
09350 la Bastide-de-Besplas 09 164 Bb 90
09500 La Bastide-de-Bousignac 09 177 Bf 90
11420 la Bastide-de-Couloumat 11 165 Be 89
81150 Labastide-de-Lévis 81 151 Ca 85
09700 La Bastide-de-Lordat 09 165 Be 90
81120 Labastide-Dénat 81 151 Cb 85
30330 Labastide-d'Engras 30 154 Ec 84
82240 Labastide-de-Penne 82 150 Bd 83
09240 La Bastide-de-Sérou 09 177 Bc 90
12540 Labastide-des-Fonts 12 153 Db 85
84240 la Bastide-des-Jourdans 84 156 Fd 86
07150 Labastide-de-Virac 07 154 Ec 82
46210 Labastide-du-Haut-Mont 46 138 Ca 79
09160 La Bastide-du-Salat 09 176 Af 90
82100 Labastide-du-Temple 82 149 Bb 84
46150 Labastide-du-Vert 46 137 Bb 81
11220 Labastide- en-Val 11 166 Cc 90
11380 Labastide-Esparbairenque 11 166 Cc 88
81400 Labastide-Gabausse 81 151 Ca 84
12200 la Bastide-l'Evêque 12 151 Ca 82
46090 Labastide-Marnhac 46 150 Bc 82
64170 Labastide-Monréjeau 64 162 Zc 88
46240 Labastide-Murat 46 138 Bd 81
31230 Labastide-Paumès 31 164 Af 88
12490 La Bastide-Pradines 12 152 Da 84
48250 La Bastide-Puylaurent 48 141 Df 81
81270 Labastide-Rouairoux 81 166 Cd 88
82370 Labastide-Saint-Pierre 82 150 Bc 85
31620 Labastide-Saint-Sernin 31 164 Bc 86
32130 Labastide-Savès 32 164 Af 87
12550 la Bastide-Solages 12 151 Cd 85
09600 la Bastide-sur-l'Hers 09 178 Bf 91
31600 Labastidette 31 164 Bb 88
64270 Labastide-Villefranche 64 161 Yf 88
84120 la Bastidonne 84 171 Fd 86
12290 la Bastié 12 152 Cd 83
17120 la Bastille 17 122 Zb 75
09000 Labat 09 177 Be 91
48600 la Bataille 48 141 Dd 80
79110 La Bataille 79 111 Zf 72
88260 la Bataille 88 76 Ga 60
36700 la Bataillerie 36 100 Ba 67
32130 la Batcrabère 32 164 Af 87
65400 Labat-de-Bun 65 174 Ze 91
78730 la Bâte 78 70 Ca 57
73540 La Bâthie 73 132 Gc 75
46120 Labathude 46 138 Bf 80
04120 la Bâtie 04 158 Gd 86
05120 la Batie 05 145 Gd 80
38650 la Bâtie 38 143 Fd 79
07570 Labatie-d'Andaure 07 142 Ec 78
26310 la Bâtie-des-Fonds 26 143 Fd 81
38490 La Bâtie-Divisins 38 131 Fd 75
38110 la Bâtie-Montgascon 38 131 Fd 75
05700 la Bâtie-Montsaléon 05 144 Fe 82
05230 la Bâtie-Neuve 05 144 Gb 81
26160 la Bâtie-Rolland 26 142 Ef 81
05000 La Bâtie-Vieille 05 144 Ga 81
32410 la Bâtisse 32 148 Ac 85
32130 Labâtisse 32 163 Ac 86
64530 Labatmale 64 162 Zf 89
09700 Labatut 09 164 Bd 89
40300 Labatut 40 161 Za 87
64460 Labatut 64 162 Zf 88
65700 Labatut-Rivière 65 162 Aa 87
43320 Labauche 43 141 De 78
44520 la Bauche 44 82 Ye 63
73360 La Bauche 73 132 Fe 76
37600 la Bauchetière 37 100 Ba 67
38840 la Baudiere 38 143 Fb 78
85340 la Bauduère 85 109 Ya 69
44500 La-Baule-Escoublac 44 81 Xd 65
04260 la Baume 04 158 Gd 83
04120 la Baume 04 158 Gc 85
05150 la Baume 05 156 Fd 82
30700 Labaume 30 154 Ec 84
30480 la Baume 30 154 Ea 84
74430 La Baume 74 120 Gd 71
26120 la Baume-Cornillane 26 143 Fa 80
26790 La Baume-de-Transit 26 155 Ef 82
26730 La Baume d'Hostun 26 143 Fb 78
04260 la Baumelle 04 158 Gd 83
06470 la Baumette 06 158 Gf 84
35190 la Baussaine 35 65 Ya 59
16700 la Bayette 16 112 Ab 72
48000 la Bazalgette 48 153 Dd 82
87210 la Bazeuge 87 113 Ba 71
28330 La Bazoche-Gouët 28 69 Af 60
50520 La Bazoge 50 66 Yf 57
53470 la Bazoge-des-Alleux 53 67 Zc 59
53440 la Bazoge-Montpinçor 53 67 Zc 59
14490 la Bazoque 14 34 Za 54
61100 la Bazoque 61 47 Zc 56
35420 la Bazouge-du-Désert 35 66 Yf 58
35160 L' Abbaye 35 65 Ya 60
49170 L' Abbaye 49 83 Zb 64
60790 l'Abbaye 60 51 Ca 53
86290 l'Abbaye 86 113 Ba 70
78660 L' Abbé 78 70 Be 57
95690 Labbeville 95 51 Ca 54
32270 Labbubée 32 163 Ae 86
04240 la Beauge 04 158 Gd 84
05140 la Beaume 05 144 Fd 81
24410 la Beaume 24 136 Ab 77
63270 la Beauté 63 128 Db 75
11400 Labécède-Lauragais 11 165 Ca 88
16370 la Bédie 16 123 Ze 74
31670 Labège 31 165 Bd 87
13790 la Bégude 13 171 Fd 88
83740 la Bégude 83 171 Fe 89
84750 la Bégude 84 156 Fd 85
04270 la Bégude-Blanche 04 157 Ga 85

34700 Labeil 34 153 Db 86
33113 L' Abeilley 33 147 Zc 82
32300 Labéjan 32 163 Ad 87
44130 la Belinais 44 82 Ya 64
49390 la Bellardière 49 84 Aa 64
78200 la Belle Côte 78 50 Bd 55
56370 la Belle-Croix 56 80 Xb 63
22260 la Belle-Église 22 63 We 56
10220 la Belle Epine 10 73 Eb 58
16310 la Belle Etoile 16 124 Ad 74
35390 la Belle-Etoile 35 82 Yb 62
72230 la Belle-Etoile 72 84 Aa 61
37290 la Belletière 37 100 Af 67
82150 la Bellétrie 82 149 Af 83
59470 la Belle-Vue 59 27 Cc 43
61570 la Bellière 61 48 Zf 57
76440 la Bellière 77 38 Bd 51
89150 La Belliole 89 72 Da 60
34340 la Bellonette 34 168 Dd 88
53220 la Benardière 53 66 Yf 58
17400 la Benâte 17 110 Zc 72
44650 la Bénate 44 97 Yc 67
82350 la Benèche 82 150 Bd 84
87150 la Bénéchie 87 125 Af 74
42720 la Bénisson-Dieu 42 117 Ea 72
32350 Labenne 32 163 Ac 87
40530 Labenne 40 160 Yd 87
40530 Labenne-Océan 40 160 Yd 87
38520 la Bérarde 38 144 Gb 79
46090 Labéraudie 46 137 Bc 82
43220 la Berche 43 130 Ec 77
44680 la Berderie 44 96 Yb 66
01400 L' Abergement-Clémenciat 01 118 Ef 72
71290 l' Abergement-de-Cuisery 71 106 Ef 69
25270 Labergement-du-Navois 25 107 Ga 67
21110 Labergement-Foigney 21 106 Fb 65
21130 Labergement-lès-Auxonne 21 106 Fc 66
21820 Labergement-lès-Seurre 21 106 Fa 67
71370 L' Abergement-Sainte-Colombe 71 106 Fa 68
25160 Labergement-Sainte-Marie 25 108 Gb 68
17240 la Bergerie 17 122 Zc 76
28120 la Bergerie 28 69 Ba 58
61160 la Bergerie 61 48 Zf 56
74380 la Bergue 74 120 Gb 71
37600 la Berjottière 37 100 Ba 67
08240 la Berlière 08 42 Ef 51
59750 la Berlière 59 31 Df 47
60310 Laberlière 60 39 Ce 51
46120 la Bernadie 46 138 Bf 80
16330 la Bernarde 16 123 Aa 74
81100 la Bernardié 81 166 Cb 87
85610 la Bernardière 85 97 Ye 66
37190 la Bernassière 37 85 Ad 65
44760 la Bernerie-en-Retz 44 96 Xf 66
35760 la Bertèche 35 65 Yb 59
24140 la Berthe 24 136 Ad 79
72340 la Berthellière 72 85 Ad 62
36400 la Berthenoux 36 102 Ca 69
22230 la Berthière 22 64 Xc 59
44290 la Bertinerie 44 82 Yb 62
48160 la Bertresque 48 154 Df 83
08460 La Besace 08 41 Ec 50
08450 La Besace 08 42 Ef 51
44650 la Bésillère 44 97 Yc 67
50640 la Besnardière 50 66 Yf 57
31530 Labesque 32 164 Ba 86
19140 la Bessde 19 126 Bd 75
12430 la Besse 12 152 Ce 84
19150 la Besse 19 126 Bf 77
63660 la Besse 63 129 Df 75
87600 Labesse 87 124 Ae 74
15120 Labesserette 15 139 Cc 80
19170 la Bessette 19 126 Bf 74
63690 Labessette 63 127 Cd 76
43170 La Besseyre-Saint-Mary 43 140 Dc 79
12130 la Bessière 12 140 Da 82
48340 la Bessière 48 140 Da 81
81300 Labessière-Candeil 81 151 Ca 86
64120 Labets-Biscay 64 161 Yf 88
35350 la Beuglais 35 65 Ya 57
55160 Labeuville 55 56 Fe 54
62122 Labeuvrière 62 29 Cd 45
19330 la Beylie 19 126 Bd 77
64300 Labeyrie 64 161 Zc 87
36800 la Bezarde 36 101 Bb 69
11300 la Bezole 11 178 Ca 90
09230 la Bidaousse 09 164 Ba 90
18370 la Bidoire 18 114 Cb 69
14260 la Bigne 14 47 Zb 54
53240 la Bigottière 53 67 Zb 59
53440 la Bigottière 53 67 Zd 59
34600 la-Billière 34 167 Da 87
39190 la Biolée 39 119 Fc 69
73410 la Biolle 73 132 Ff 74
26110 la Biove 26 156 Fb 83
12360 Labiras 12 152 Da 86
44210 la Birochère 44 96 Xf 66
17310 la Biroire 17 109 Yd 73
19430 la Bissiere 19 138 Bf 79
17490 la Bistandille 17 123 Ze 73
19800 la Bitarelle 19 126 Be 77
19320 la Bitarelle 19 126 Ca 77
04230 la Blache 04 157 Fe 84
26400 la Blache 26 143 Fa 80
07230 Lablachère 07 141 Eb 82
04530 la Blachière 04 145 Ge 81
49440 la Blamerie 49 83 Yf 63
50220 la Blancdinière 50 46 Ye 57
72600 la Blanchardière 72 68 Ac 59
85710 la Blanchardière 85 96 Yb 67
24660 la Blancherie 24 136 Ae 78
72270 la Blanchetière 72 84 Zf 62
12230 la Blaquererie 12 153 Db 85
12100 la Blaquière 12 152 Da 84
48100 la Blatte 48 140 Da 81
50390 la Blauderie 50 33 Yc 52
49120 la Blinière 49 83 Zb 65
49620 la Blinière 49 83 Za 65
41210 la Blondellerie 41 87 Bf 63
74230 la Blonniere 74 120 Gb 73
79360 la Blotière 79 111 Zd 71
50800 la Bloutière 50 46 Ye 55
82300 la Bloyne 82 150 Bd 84
06150 la Bocca 06 173 Gf 87
22320 la Bodéo 22 64 Xa 59
53420 la Bodinière 53 66 Za 59
49800 La Bohalle 49 84 Zd 64
44540 la Bohinière 44 83 Ye 63
59144 la Boiscrête 59 31 De 47
27490 la Boissaye 27 50 Bb 54
01120 la Boisse 01 130 Fa 73
49230 la Boisselière 49 97 Yf 66
80300 la Boisselle 80 39 Ce 48
77120 la Boisserotte 76 52 Da 56
14340 la Boissière 14 35 Aa 54
29710 la Boissière 29 78 Ve 60
53800 La Boissière 53 83 Za 62
24640 La Boissière-d'Ans 24 125 Af 77
85600 La Boissière-de-Montaigu 85 97 Ye 67
85430 La Boissière-des-Landes 85 109 Yd 69
44430 La Boissière-du-Doré 44 97 Ye 65
78125 la Boissière-École 78 50 Bd 56
79310 La Boissière-en-Gâtine 79 111 Zd 69
80500 Laboissière-en-Santerre 80 39 Ce 51
60570 Laboissière-en-Thelle 60 51 Ca 53
80430 Laboissière-Saint-Martin 80 38 Be 49
49110 la Boissière-sur-Evre 49 83 Yf 65
79200 la Boissière-Thouarsaise 79 98 Ze 68
15300 la Boissonière 15 127 Cf 78
12350 la Boissonnade 12 151 Cb 82
87150 la Boissonnie 87 125 Af 74
88100 la Bollé 88 77 Gf 59
06450 la Bollène-Vesubie 06 159 Hc 85
06420 la Bolline 06 159 Hb 84
81330 la Bonnaigue 81 151 Cc 86
86400 la Bonnardelière 86 111 Ab 71
56130 la Bonne-Façon 56 81 Xe 63
37290 la Bonnerie 37 100 Af 68
24320 la Bonnetie 24 124 Ac 76
50360 la Bonneville 50 33 Yd 52
27190 la Bonneville-sur-Iton 27 49 Ba 55
36800 la Bonnière 36 101 Bb 68
15310 la Bontat 15 139 Cb 78
26110 la Bonté 26 156 Fa 82
79390 la Bontellerie 79 99 Zf 68
10110 la Borde 10 74 Ec 60
19140 la Borde 19 125 Bd 76
19330 Laborde 19 126 Bd 77
19140 la Borde 19 126 Bd 76
47210 Laborde 47 136 Ae 81
65130 Laborde 65 175 Ab 90
71140 la Borde 71 104 De 69
77820 la Borde 76 71 Cf 57
89000 Laborde 89 90 Dd 62
19120 la Borderie 19 138 Be 79
24600 la Borderie 24 124 Ab 77
26560 Laborel 26 156 Fd 83
85480 La Borelière 85 97 Yf 69
09420 Laborie 09 177 Bb 91
12390 la Borie 12 151 Cb 82
12120 la Borie 12 152 Cd 83
19210 la Borie 19 125 Bc 76
19330 Laborie 19 126 Bd 77
46310 la Borie 46 137 Bc 81
47800 Laborie 47 136 Ac 81
48000 la Borie 48 153 Dd 82
81600 la Borie 81 151 Bf 85
34480 la Borie-Nouvelle 34 167 Da 87
18250 la Borne 18 88 Cd 65
23200 la Borne 23 114 Ca 73
41300 la Borne 41 87 Ca 65
13130 la Bosque 13 170 Fa 87
44590 la Bossardais 44 82 Yc 62
12350 la Bosse 12 151 Ca 82
60590 Labosse 60 50 Bf 52
72400 La Bosse 72 68 Ad 59
35320 la Bosse-de-Bretagne 35 82 Yc 61
61340 la Botagne 61 69 Ae 58
56500 la Bottine 56 80 Xb 61
37110 la Bouardière 37 85 Ae 62
18360 la Bouchatte 18 115 Cd 69
58240 la Bouché 58 103 Da 68
74110 la Boucherie 74 121 Ge 72
24580 la Bouderie 24 137 Af 78
35270 la Bouderie 35 65 Yb 58
12110 la Boudie 12 139 Cb 81
36300 la Boudinière 36 100 Ba 68
36800 la Boudre 36 113 Bc 69
36170 la Bouée 36 113 Bc 70
35340 La Bouëxière 35 66 Yd 59
82440 la Bouffière 82 150 Bd 84
40210 Labouheyre 40 146 Za 83
83420 la Bouillabaisse 83 172 Gd 89
13720 la Bouilladisse 13 171 Fd 88
10160 la Bouillant 10 73 De 59
76530 la Bouille 77 37 Af 52
72200 la Bouillerie 72 84 Ze 62
22240 La Bouillie 22 64 Xd 57
49390 la Boulaie 49 84 Ab 64
37350 la Boulaies 37 100 Af 67
35140 la Boulais 35 66 Yd 59
24580 la Boulanchie 24 137 Af 78
44710 la Boulaye 44 96 Yb 66
71320 La Boulaye 71 105 Ea 68
12190 la Bouldoire 12 139 Ce 81
12310 la Bouldoire 12 152 Ce 82
07110 Laboule 07 141 Eb 81
24130 la Boule 24 136 Ac 79
85480 La Boule 85 97 Ye 69
85250 la Boule 85 97 Ye 67
12130 la Boulesq 12 140 Da 82
49440 la Boulinaie 49 83 Za 63
50220 la Boulouze 50 46 Ye 56
24440 Labouquerie 24 137 Ae 80
63150 La Bourboule 63 127 Ce 75
03330 la Bource 03 115 Cf 71
31550 la Bourdette 31 164 Bc 89
31790 la Bourdette 31 164 Bb 86
28360 la Bourdinière 28 70 Bc 59
14620 la Bourdonnière 14 48 Zf 55
86260 la Boureliière 86 100 Ae 68
64520 la Bourgade 64 160 Ye 87
82100 Labourgade 82 149 Ba 85
48210 la Bourgarie 48 153 Db 83
28480 la Bourgogne 28 69 Ba 58
88470 la Bourgonce 88 77 Ge 59
16410 la Bourlie 16 124 Ab 75
49700 la Bournée 49 98 Ze 65
19110 la Bournerie 19 127 Cc 76
86110 la Bourrelière 86 99 Aa 68
62113 Labourse 62 29 Ce 46
36250 la Bourtadière 36 101 Bc 68
35120 La Boussac 35 65 Yc 57
35210 la Boussière 35 66 Ye 59
23360 la Boussige 23 114 Be 70
23220 Laboutant 23 114 Bf 70
81120 Laboutarie 81 151 Ca 86
02140 la Bouteille 02 41 Df 49
42130 la Bouteresse 42 129 Ea 74
53250 la Boutevillière 53 67 Ze 58
49410 la Boutouchère 49 83 Za 65
83520 la Bouverie 83 172 Gd 87
81630 la Bouysse 81 150 Bd 85
32500 la Bouzigue 32 149 Ae 86
46600 la Bouzonie 46 138 Bd 78
02870 la Bovette 02 40 Dc 51
49390 la Boye 37 84 Aa 64
16110 la Braconne 16 124 Ac 74
48150 la Bragouse 48 153 Dc 83
06600 la Brague 06 173 Ha 87
53400 la Brancherie 53 83 Za 61
86200 la Brandallière 86 99 Ab 67
24380 la Brande 24 136 Ad 79
70320 la Branleure 70 93 Gc 61
33590 la Brasserie 33 122 Za 76
43800 Labraud 43 129 Df 78
85200 la Braud 85 110 Zb 69
69610 la Bravarel 69M 130 Ec 74
33650 La Brède 33 135 Zc 80
19200 la Brédèche 19 127 Cb 75
17840 la Brée-les-Bains 17 109 Yd 72
44210 la Bregeonnière 44 96 Xf 66
03310 la Brégère 03 115 Ce 71
83670 la Bréguière 83 171 Ga 87
49390 La Breille-les-Pins 49 84 Aa 64
04340 la Bréole 04 144 Gb 82
43230 la Brequeille 43 141 Dd 77
83560 la Bréquière 83 171 Ff 87
33990 la Bresquette 33 122 Yf 77
88250 La Bresse 88 77 Gf 60
27300 la Bretagne 27 49 Ad 54
25640 la Breteniere 25 93 Gb 64
39700 la Bretenière 39 107 Fd 66
47350 Labretonie 47 136 Ac 82
10200 la Bretonnière 10 74 Ee 59
27190 la Bretonnière 27 49 Ba 54
28500 la Bretonnière 28 50 Bb 56
44390 la Bretonnière 44 82 Yb 63
50290 la Bretonnière 50 46 Yc 55
58330 la Bretonnière 58 104 Dc 66
77120 la Bretonnière 76 52 Da 56
85320 la Bretonnière 85 109 Ye 70
23400 la Breuil 23 114 Be 73
23100 la Breuille 23 127 Cc 74
36400 la Breuille 36 102 Bf 69
89520 la Breuille 89 89 Db 63
14140 la Brévière 14 48 Ab 55
50620 la Brianderie 50 46 Ye 53
44850 la Briantière 44 82 Yd 64
33460 Labric 33 134 Zc 79
37340 la Briche 37 85 Ab 64
73520 la Bridoire 73 131 Fe 75
49390 la Bridonnières 49 84 Aa 64
06430 la Brigue 06 159 Hd 84
32120 Labrihe 32 149 Af 86
04700 la Brillanne 04 157 Ff 85
23000 la Brionne 23 114 Be 72
37600 la Brissandière 37 100 Af 67
36110 la Brissonnière 36 101 Bd 66
40420 Labrit 40 147 Zc 84
26420 la Britière 26 143 Fc 79
15380 Labro 15 127 Cc 77
27150 la Broche 27 38 Bd 53
15320 la Bromesterie 15 140 Db 79
31510 Labroquère 31 176 Ad 90
19400 la Broquerie 19 138 Bf 78
03120 la Brosse 03 116 Dd 71
10130 la Brosse 10 73 Df 60
18190 la Brosse 18 102 Cb 67
28160 la Brosse 28 69 Bb 59
44320 la Brosse 44 96 Xf 65
45330 Labrosse 45 71 Cc 59
49360 la Brosse 49 98 Zc 66
71140 la Brosse 71 116 De 69
77460 la Brosse 76 72 Ce 59
77940 la Brosse-Montceaux 76 72 Da 58
85250 la Brossière 85 97 Yf 68
05800 la Brouce 05 144 Ff 80
15150 la Brousse 15 138 Ca 78
15130 Labrousse 15 139 Cd 79
16390 la Brousse 16 124 Ab 77
17160 la Brousse 17 111 Zd 73
19450 la Brousse 19 126 Bd 76
24450 la Brousse 24 125 Af 75
24590 Labrousse 24 137 Bb 78
48220 la Brousse 48 153 De 82
63410 la Brousse 63 115 Cf 73
79150 la Brousse 79 98 Zd 66
87190 Labrousse 87 113 Ba 71
87440 Labrousse 87 124 Ae 75
87600 Labrousse 87 125 Af 73
62140 Labroye 62 28 Bf 47
50500 la Bruchollerie 50 46 Ye 53
45130 la Bruère 45 87 Bd 62
72500 la Bruère-sur-Loir 72 85 Ac 63
85530 la Bruffière 85 97 Ye 66
43170 la Brugeire 43 140 Dd 79
24160 la Brugère 19 125 Bb 77
48260 la Brugère 48 140 Da 80
30770 la Bruguière 30 153 Dc 85
30580 la Bruguière 30 154 Ec 84
81290 Labruguière 81 166 Cb 87
53410 La Brûlatte-Saint-Isle 53 66 Za 60
81600 la Brunarié 81 151 Bf 86
86350 la Brunetière 86 112 Ad 71
15220 la Brunie 15 139 Cb 80
46500 la Brunie 46 138 Be 80
03120 la Bruyère 03 116 Dd 72
21250 Labruyère 21 106 Fa 66
42600 la Bruyère 42 129 Df 75
42130 la Bruyère 42 129 Df 74
60140 Labruyère 60 39 Cd 52
71600 la Bruyère 71 117 Ea 70
69850 la Bruyère 69M 130 Ed 75
71110 la Bruyère-Bresson 71 117 Df 71
31190 Labruyère-Dorsa 31 164 Bc 88
61120 la Bruyère-Fresnay 61 48 Ab 55
54800 Labry 54 56 Ff 53
79240 L' Absie 79 98 Zc 69
27700 la Bucaille 27 50 Bc 53
73140 la Buffaz 73 133 Gc 77
19410 la Bugénie 19 125 Bd 76
38500 La Buisse 38 131 Fd 76
38530 la Buissière 38 132 Ff 76
62700 Labuissière 62 29 Cd 46
50530 la Bulaine 50 46 Yd 56
11340 la Bunague 11 178 Bf 91
01510 la Burbanche 01 131 Fd 73
85340 la Burelière 85 109 Yb 69
50420 la Burellière 50 46 Yf 55
46230 Laburgade 46 150 Bd 82
12290 la Burguière 12 152 Cf 83
33730 la Burthe 33 147 Zd 82
18250 la Bussière 18 88 Ce 65
45230 La Bussière 45 88 Ce 62
62150 La-Bussière 62 29 Cd 46
86310 La Bussière 86 100 Ae 69
89520 la Bussière 89 89 Db 63
23300 la Bussière-Madeleine 23 113 Bc 71
21360 la Bussière-sur-Ouche 21 105 Ee 65
19170 la Butte 19 126 Bf 75
50250 la Butte 50 46 Yd 53
72240 la Butte-de-Saint-Calais 72 67 Ze 60
36140 la Buxerette 36 114 Be 70
13310 la Cabanasse 13 169 Ef 87
24130 la Cabane 24 136 Ab 79
63420 la Cabane 63 128 Cf 76
65170 la Cabane 65 175 Ab 92
81190 la Cabane 81 151 Cb 84
81240 Lacabarède 81 166 Cd 88
14260 la Cabosse 14 47 Zb 55
46170 la Cabrette 46 150 Bc 83
64300 Lacadée 64 161 Zc 87
83740 la Cadière 30 154 De 85
83740 la Cadière-d'Azur 83 171 Fe 89
86500 la Cadrie 86 112 Af 70
12120 la Caiholie 12 152 Cd 84
85410 La Caillère-Saint-Hilaire 85 98 Za 69
36290 la Caillonnière 36 100 Ba 67
26620 la Caire 26 144 Fd 81
40320 Lacajunte 40 162 Zd 87
13090 la Calade 13 170 Fc 87
12210 Lacalm 12 139 Cf 80
12170 la Calm 12 152 Cd 84
81430 la Calm 81 151 Cc 85
11340 la Calmette 11 178 Ca 91
30190 La Calmette 30 154 Eb 85
34330 la Calmette 34 167 Cf 87
81200 Lacalmille 81 166 Cb 88
24410 la Calonie 24 136 Ab 78
62170 la Calotterie 62 28 Be 46
37460 la Caltière 37 101 Bb 66
44170 la Calvernais 44 82 Yb 63
14230 la Cambe 14 47 Yf 52
27170 la Cambe 27 49 Ae 54
61160 la Cambe 61 48 Aa 55
81360 la Camboussié 81 166 Cb 86
46190 Lacam-d'Ourcet 46 138 Ca 79
13650 la Campane 13 171 Fd 87
34360 Lacan 34 166 Ce 88
33680 Lacanau 33 134 Yf 79
33380 Lacanau-de-Mios 33 134 Za 81
33680 Lacanau-Océan 33 134 Ye 78
21230 Lacanche 21 105 Ed 66
24200 la Canéda 24 137 Bb 79
14100 la Cannerie 14 48 Ac 54
34700 la Canourgue 34 153 Dc 86
48500 La Canourgue 48 153 Db 82
37370 la Cantinière 37 85 Ad 63
27500 la Canurie 27 49 Ac 53
02260 la Capelle 02 41 Df 49
46000 la Capelle 46 150 Bc 82
48500 la Capelle 48 153 Db 82
81140 la Capelle 81 150 Be 85
12260 La Capelle-Balaguier 12 151 Bf 82
15230 Lacapelle-Barrès 15 139 Ce 79
47150 Lacapelle-Biron 47 137 Af 81
12240 La Capelle-Bleys 12 151 Cb 83
12130 la Capelle-Bonance 12 152 Da 82
46700 Lacapelle-Cabanac 46 137 Ba 82
15120 Lacapelle-del-Fraisse 15 139 Cc 80
15130 Lacapelle-en-Vézie 15 139 Cc 80
12430 la Capelle-Farcel 12 152 Cd 84
62360 la Capelle-lès-Boulogne 62 26 Be 44
82160 Lacapelle-Livron 82 150 Be 83
46120 Lacapelle-Marival 46 138 Bf 80
81340 Lacapelle-Pinet 81 151 Cc 84
12450 la Capelle-Saint-Martin 12 151 Cd 83
81170 Lacapelle-Ségalar 81 151 Bf 84
12450 la Capelle-Viaur 12 152 Cd 83
15150 Lacapelle-Viescamp 15 139 Cb 79
13460 la Capelliere 13 169 Ed 87
83400 la Capte 83 172 Ga 90
61100 la Carneille 61 47 Zd 56
44680 la Carouère 44 96 Ya 66
22240 la Carquois 22 64 Xd 57
64220 Lacarre 64 161 Yf 89
49530 la Carrée 49 82 Ye 65
32170 la Carrère 32 163 Ac 88
18160 la Carroux 18 102 Ca 68
64470 Lacarry-Arhan-Charritte-de-Haut 64 174 Za 90
37350 la Carte 37 100 Af 67
28480 la Cartrais 28 69 Af 59
15120 la Case 15 139 Cc 80
64560 la Caserne 64 174 Za 90
24120 la Cassagne 24 137 Bb 78
32300 Lacassagne 32 163 Ac 87
32220 la Cassagne 32 164 Af 88
65140 Lacassagne 65 162 Aa 88
11270 la Cassaigne 11 165 Bf 89
63970 la Cassière 63 128 Cf 74
08160 la Cassine 08 42 Ee 51
20138 la Castagna CTC 182 Ie 98
47260 la Castagnade 47 148 Ac 82
32350 la Castagnère 32 163 Ac 87
46400 la Catusse 46 138 Bf 79
82160 Lacau 82 151 Bf 83
62158 la Cauchie 62 29 Cd 47
31390 Lacaugne 31 164 Bb 89
81230 Lacaune 81 166 Ce 86
51270 la Caure 51 53 De 55
32400 Lacaussade 32 162 Zf 86
33180 la Caussade 33 122 Za 77
47150 Lacaussade 47 137 Ae 81
09700 la Caussatière 09 165 Bd 89
50390 la Cauvinerie 50 46 Yc 52
81350 la Cavalarié 81 151 Cb 84
12230 La Cavalerie 12 152 Da 84
09160 Lacave 09 176 Ba 90
46200 Lacave 46 138 Bd 79
37140 la Cave-Vandelet 37 84 Ab 64
40260 Lacay 40 146 Yf 85
81260 la Cayrélié 81 166 Cc 86
81990 la Cayrie 81 151 Cb 85
81360 la Cazalie 81 166 Cb 86
46190 la Caze 46 138 Ca 79
81330 Lacaze 81 166 Cd 86
82300 la Caze 82 150 Bc 84
12480 la Cazotte 12 152 Ce 84
12800 Lac-Blanc 12 151 Cc 83
15270 Lac de Crégut 15 127 Cd 76
18360 la Celette 18 102 Cd 69
18200 La Celle 18 102 Cc 68
18160 la Celle-Condé 18 102 Cb 68
23800 la Celle-Dunoise 23 114 Be 71
71400 La Celle-en-Morvan 71 105 Eb 66
37350 La Celle-Guenand 37 100 Af 67
78720 la Celle-les-Bordes 78 50 Bf 57
37160 La Celle-Saint-Avant 37 100 Ad 66
78170 La Celle-Saint-Cloud 78 51 Ca 55
89116 la Celle-Saint-Cyr 89 72 Db 61
51260 la Celle-sous-Chantemerle 51 73 De 57
23230 La Celle-sous-Gouzon 23 114 Cb 71
02540 la Celle-sous-Montmirail 02 52 Dc 55
58440 la Celle-sur-Loire 58 88 Cf 64
58700 la Celle-sur-Nièvre 58 103 Db 65
23350 la Cellette 23 114 Ca 70
69640 Lacenas 69D 118 Ed 73
47360 Lacenne 47 149 Ad 83
51300 la Cense-des-Prés 51 54 Ed 55
47360 Lacépède 47 148 Ac 83
89200 la Cerce 89 90 Df 64
42460 la Cergne 42 117 Eb 72
76430 la Cerlangue 77 36 Ac 51
08290 la Cerleau 08 41 Ec 50
05100 Lacha 05 145 Gd 78
10130 la Chabanne 03 116 De 72
63820 la Chabanne 63 127 Ce 75
63600 la Chabanne 63 129 Df 75
07200 la Chaberterie 07 142 Ec 81
45500 la Chabineric 45 88 Cd 63
44220 la Chabossière 44 96 Yb 65
61320 la Chaboussière 61 48 Zf 57
24390 Lachabroulie 24 125 Ba 77
07150 la Chadenède 07 142 Ec 82
79200 la Chagnelle 79 99 Ze 68
85770 la Chaignée 85 110 Za 70
70290 la Chaillée 70 94 Ge 62
39270* La Chailleuse 39 106 Fd 69
16300 Lachaise 16 123 Ze 75
16220 la Chaise 16 124 Ac 75
86320 la Chaise 86 112 Ae 70
50370 la Chaise-Baudouin 50 46 Ye 56
43160 La Chaise-Dieu 43 129 De 77
50600 la Chaize 50 66 Yf 57
85220 La Chaize-Giraud 85 96 Yb 69
85310 La Chaize-le-Vicomte 85 97 Ye 68
55120 Lachalade 55 54 Ef 53
04850 la Chalannette 04 158 Ge 82
48310 la Chaldette 48 140 Da 80
43220 la Chalençonnoère 43 142 Ec 77
44330 la Chalousière 44 97 Ye 66
05200 la Chalp 05 145 Gd 81
05350 la Chalp 05 145 Ge 80
38740 la Chalp 38 144 Ff 79
15170 la Cham 15 140 Cf 78
42440 la Chamba 42 129 De 74
24120 la Chambaudie 24 137 Bb 78
42440 la Chambonie 42 129 De 74
73410 la Chambotte 73 132 Ff 74
57730 Lachambre 57 57 Ge 54
73130 la Chambre 73 132 Gb 76
86320 la Chambu 86 112 Ae 70
36100 La Champenoise 36 101 Be 67
07530 Lachamp-Raphaël 07 142 Eb 80

A B C D E F G H I J K L M N O P Q R S T U V W X Y Z

48100 Lachamp-Ribennes 48 140 Dc 81
48700 Lachamp-Ribennes 48 140 Dc 81
33990 Lachanau 33 122 Yf 78
50400 la Channière 50 46 Yc 55
03380 La Chapelaude 03 115 Cd 70
13010 La Chapelette 13 170 Fc 89
01160 la Chapelle 01 119 Fb 72
03300 La Chapelle 03 116 Dd 72
04210 la Chapelle 04 157 Ga 85
04140 la Chapelle 04 157 Gb 82
08200 La Chapelle 08 42 Fa 50
16300 la Chapelle 16 123 Zf 76
16140 la Chapelle 16 123 Aa 73
17460 la Chapelle 17 122 Zb 75
18340 la Chapelle 18 102 Cc 67
19270 la Chapelle 19 126 Bd 77
21340 la Chapelle 21 105 Ed 66
23200 la Chapelle 23 114 Ca 73
24260 la Chapelle 24 137 Af 79
27560 la Chapelle 27 49 Ac 53
31220 la Chapelle 31 164 Ba 89
33240 la Chapelle 33 135 Zd 79
35800 la Chapelle 35 65 Xf 57
35620 la Chapelle 35 82 Yc 62
36140 la Chapelle 36 114 Be 70
38490 la Chapelle 38 131 Fd 75
38620 la Chapelle 38 131 Fe 76
44110 la Chapelle 44 82 Yc 62
47350 Lachapelle 47 136 Ab 81
54120 Lachapelle 54 77 Ge 58
56460 La Chapelle 56 81 Xd 61
63260 la Chapelle 63 116 Da 72
64240 la Chapelle 64 160 Ye 88
71340 la Chapelle 71 117 Df 71
72130 la Chapelle 72 68 Zf 59
73660 La Chapelle 73 132 Gb 76
80290 Lachapelle 80 38 Bf 50
82120 Lachapelle 82 149 Af 85
87190 la Chapelle 87 113 Bb 71
87380 la Chapelle 87 125 Bc 75
87110 la Chapelle 87 125 Bb 74
88420 La Chapelle 88 77 Gf 58
89340 la Chapelle 89 72 Da 59
69650 la Chapelle 69M 118 Ee 73
85150 La Chapelle-Achard 85 97 Yc 69
63590 La Chapelle-Agnon 63 128 Dd 75
24290 La Chapelle-Aubareil 24 137 Bb 78
49110 la Chapelle-Aubry 49 97 Za 65
53100 la Chapelle-au-Grain 53 67 Zb 59
71130 La Chapelle-au-Mans 71 104 Df 69
53440 La Chapelle-au-Riboul 53 67 Zd 59
88240 La Chapelle-aux-Bois 88 76 Gb 60
19360 la Chapelle-aux-Brocs 19 138 Bd 78
03230 La Chapelle-aux-Chasses 03 104 Dd 68
72800 La Chapelle-aux-Choux 72 85 Ab 63
35190 La Chapelle-aux-Filtzméens 35 65 Yb 58
37130 La Chapelle-aux-Naux 37 85 Ac 65
60650 Lachapelle-aux-Pots 60 38 Bf 52
46200 Lachapelle-Auzac 46 138 Bc 79
23160 La Chapelle-Baloue 23 113 Bd 70
44450 La Chapelle-Basse-Mer 44 82 Yd 65
17400 la Chapelle-Bâton 17 110 Zd 72
79220 La Chapelle-Bâton 79 111 Ze 70
86250 La Chapelle-Bâton 86 112 Ac 71
27260 la Chapelle-Bayvel 27 48 Ac 53
86200 La Chapelle-Bellouin 86 99 Ab 67
43270 La Chapelle-Bertin 43 128 Dd 77
79200 La Chapelle-Bertrand 79 99 Ze 69
61100 La Chapelle-Biche 61 47 Zc 56
22350 la Chapelle-Blanche 22 65 Xf 59
73110 La Chapelle-Blanche 73 132 Ga 76
37240 La Chapelle-Blanche-Saint-Martin 37 100 Ae 66
35330 La Chapelle-Bouëxic 35 81 Ya 61
44850 la Chapelle-Breton 44 82 Ye 64
19240 La Chapelle-Brochas 19 125 Bc 77
50800 La Chapelle-Cécelin 50 46 Yf 56
35630 La Chapelle-Chaussée 35 65 Ya 59
53230 La Chapelle-Craonnaise 53 83 Za 61
15300 la Chapelle-d'Alagon 15 140 Cf 78
72300 La Chapelle-d'Aligné 72 84 Ze 62
61140 La Chapelle-d'Andaine 61 67 Zd 57
18380 La Chapelle-d'Angillon 18 88 Cc 64
59930 la Chapelle-d'Armentières 59 30 Cf 44
28700 la Chapelle-d' Aunainville 28 70 Be 58
43120 La Chapelle-d'Aurec 43 129 Eb 76
71240 La Chapelle-de-Bragny 71 105 Ee 69
38110 La Chapelle-de-la-Tour 38 131 Fc 75
69240 La Chapelle-de-Mardore 69D 117 Ec 72
35520 La Chapelle-des-Fougereiz 35 65 Yb 59
44410 La Chapelle-des-Marais 44 81 Xe 64
17100 la Chapelle-des-Pots 17 123 Zc 74
38150 La Chapelle-de-Surieu 38 130 Ef 76
88600 La Chapelle-devant-Bruyères 88 77 Ge 59
38580 La Chapelle-du-Bard 38 132 Ga 76
72400 La Chapelle-du-Bois 72 68 Ad 59
27930 la Chapelle-du-Bois-des-Faulx 27 49 Ba 54
76590 La Chapelle-du-Bourgay 77 37 Ba 50
01240 La Chapelle-du-Châtelard 01 118 Fa 72
53320 la Chapelle-du-Chêne 53 66 Za 60
72300 La Chapelle-du-Chêne 72 84 Ze 62
50160 La Chapelle-du-Fest 50 47 Za 54
49600 La Chapelle-du-Genêt 49 97 Yf 65
71520 La Chapelle-du-Mont-de-France 71 117 Ed 70
73370 La Chapelle-du-Mont-du-Chat 73 132 Fe 74
29610 la Chapelle-du-Mur 29 62 Wb 57
28200 La Chapelle-du-Noyer 28 69 Bb 60
52330 Lachapelle-en-Blaisy 52 74 Ef 59
41290 la Chapelle-Enchérie 41 86 Bb 62
14770 la Chapelle-Engerbold 14 47 Zc 55
50570 la Chapelle-en-Juger 50 33 Ye 54
42380 la Chapelle-en-Lafaye 42 129 Df 76
60520 la Chapelle-en-Serval 60 51 Cd 54
05800 la Chapelle-en-Valgaudémar 05 144 Gb 80
38740 la Chapelle-en-Valjouffrey 38 144 Ga 79
26420 La Chapelle-en-Vercors 26 143 Fc 79
95420 la Chapelle-en-Vexin 95 50 Be 53
35500 la Chapelle-Erbrée 35 66 Yf 60
30700 la Chapelle-et-Masmolène 30 155 Ed 84
24530 la Chapelle-Faucher 24 124 Ae 76
51800 la Chapelle-Felcourt 51 54 Ee 54
28500 la Chapelle-Forainvilliers 28 50 Bd 56
28340 la Chapelle-Fortin 28 49 Af 57
56200 la Chapelle-Gaceline 56 81 Xf 62
79300 la Chapelle-Gaudin 79 98 Zd 67
72310 la Chapelle-Gaugain 72 85 Ae 62
27270 la Chapelle-Gauthier 27 48 Ac 55
77720 la Chapelle-Gauthier 76 72 Cf 57
43160 la Chapelle-Geneste 43 129 De 76
44670 La Chapelle-Glain 44 82 Ye 63
24350 la Chapelle-Gonaguet 24 124 Ad 77
07470 Lachapelle-Graillouse 07 141 Ea 80
24320 la Chapelle-Grésignac 24 124 Ac 76
28330 la Chapelle-Guillaume 28 69 Af 60
27230 la Chapelle-Hareng 27 48 Ac 54
14140 la Chapelle-Haute-Grue 14 48 Aa 55
85220 la Chapelle-Hermier 85 96 Yb 68
44330 La Chapelle-Heulin 44 97 Yd 65
18150 la Chapelle-Hugon 18 103 Cf 67
49420 la Chapelle-Hullin 49 83 Yf 62
72310 la Chapelle-Huon 72 85 Ae 61
51700 la Chapelle-Hurlay 51 53 Dd 54
77540 la Chapelle-Iger 76 52 Cf 57
35133 la Chapelle-Janson 35 66 Yf 58
77760 La Chapelle-la-Reine 76 71 Cd 59
79700 la Chapelle-Largeau 79 98 Za 67
51260 la Chapelle-Lasson 51 53 De 57
44260 La Chapelle-Launay 44 81 Ya 64
15500 la Chapelle-Laurent 15 140 Db 77
70300 la Chapelle-lès-Luxeuil 70 93 Gc 62
63420 la Chapelle-Marcousse 63 128 Da 76
24320 La Chapelle-Montabourlet 24 124 Ac 76
87440 la Chapelle-Montbrandeix 87 125 Af 75
02330 la Chapelle-Monthodon 02 53 Dd 54
61400 La Chapelle-Montligeon 61 69 Ad 58
18140 la Chapelle-Montlinard 18 103 Cf 65
41320 la Chapelle-Montmartin 41 87 Be 65
24300 la Chapelle-Montmoreau 24 124 Ad 76
86470 la Chapelle-Montreuil 86 111 Aa 69
86210 La Chapelle-Moulière 86 100 Ad 69
24120 la Chapelle-Mouret 24 137 Bb 78
77320 la Chapelle-Moutils 76 52 Dc 56
71500 la Chapelle-Naude 71 106 Fb 69
22160 la Chapelle-Neuve 22 63 Wd 58
56500 la Chapelle-Neuve 56 80 Xa 61
45310 la Chapelle-Onzerain 45 70 Bd 60
36500 La Chapelle-Orthemale 36 101 Bc 67
85670 la Chapelle-Palluau 85 97 Yc 68
24250 la Chapelle-Péchaud 24 137 Ba 80
24340 la Chapelle-Pommier 24 124 Ad 76
79190 la Chapelle-Pouilloux 79 111 Aa 72
61500 la Chapelle-Près-Sees 61 68 Aa 57
77370 La Chapelle-Rablais 76 72 Cf 57
53150 la Chapelle-Rainsouin 53 67 Zc 60
74800 la Chapelle-Rambaud 74 120 Gb 72
27950 la Chapelle-Réanville 27 50 Bc 54
44522 la Chapelle-Rigaud 44 82 Ye 63
49120 La Chapelle-Rousselin 49 98 Zb 65
58210 La Chapelle-Saint-André 58 89 Dc 64
35140 La Chapelle-Saint-Aubert 35 66 Ye 59
72650 La Chapelle-Saint-Aubin 72 68 Aa 60
37190 La Chapelle-Saint-Blaise 37 100 Ac 65
79240 La Chapelle-Saint-Étienne 79 98 Zc 68
49410 La Chapelle-Saint-Florent 49 83 Yf 65
19430 La Chapelle-Saint-Géraud 19 138 Bf 78
24390 la Chapelle-Saint Jean 24 125 Bb 77
79430 La Chapelle-Saint-Laurent 79 98 Zd 68
10600 La Chapelle-Saint-Luc 10 73 Ea 59
23250 La Chapelle-Saint-Martial 23 114 Bf 72
41500 La Chapelle-Saint-Martin-en-Plaine 41 86 Bc 62
35660 la Chapelle-Saint-Melaine 35 81 Ya 62
45380 La Chapelle-Saint-Mesmin 45 87 Bf 61
27620 la Chapelle-Saint-Ouen 27 50 Bd 54
60730 Lachapelle-Saint-Pierre 60 51 Cb 53
70700 La Chapelle-Saint-Quillain 70 93 Fe 64
72160 La Chapelle-Saint-Rémy 72 68 Ac 60
24300 la Chapelle-Saint-Robert 24 124 Ad 75
44370 La Chapelle-Saint-Sauveur 44 83 Yf 64
71310 La Chapelle-Saint-Sauveur 71 106 Fb 67
45210 la Chapelle-Saint-Sépulcre 45 71 Cf 60
77160 La Chapelle-Saint-Sulpice 76 72 Db 57
18570 La Chapelle-Saint-Ursin 18 102 Cb 66
79240 la Chapelle-Seguin 79 98 Zc 69
61130 La Chapelle-Souëf 61 68 Ad 59
07200 Lachapelle-sous-Aubenas 07 142 Ec 81
71700 La Chapelle-sous-Brancion 71 118 Ee 69
07310 Lachapelle-sous-Chanéac 07 142 Eb 79
90300 Lachapelle-sous-Chaux 90 94 Ge 62
60380 Lachapelle-sous-Gerberoy 60 38 Bf 51
51270 La Chapelle-sous-Orbais 51 53 De 55
07520 la Chapelle-sous-Rochepaule 07 142 Ec 78
90360 Lachapelle-sous-Rougemont 90 94 Gf 62
71190 La Chapelle-sous-Uchon 71 105 Eb 67
45230 La Chapelle-sur-Aveyron 45 88 Cf 61
02570 La Chapelle-sur-Chézy 02 52 Dc 55
69590 La Chapelle-sur-Coise 69M 130 Ec 75
77580 La Chapelle-sur-Crécy 76 52 Cf 55
71800 la Chapelle-sur-Dun 71 117 Eb 71
76740 La Chapelle-sur-Dun 77 37 Af 49
44240 La Chapelle-sur-Erdre 44 82 Yc 65
39110 La Chapelle-sur-Furieuse 39 107 Ff 67
37140 La Chapelle-sur-Loire 37 99 Ab 65
89260 La Chapelle-sur-Oreuse 89 72 Db 59
49500 La Chapelle-sur-Oudon 49 83 Zb 62
63580 La Chapelle-sur-Usson 63 128 Dc 76
50420 La Chapelle-sur-Vire 50 46 Yf 54
23000 la Chapelle-Taillefert 23 114 Bf 72
71470 La Chapelle-Thècle 71 118 Fa 69
85210 La Chapelle-Thémer 85 110 Za 69
79160 La Chapelle-Thireuil 79 110 Zc 69
35590 La Chapelle-Thouarault 35 65 Ya 60
35190 La Chapelle-Trévinal 35 65 Ya 58
50370 La Chapelle-Urée 50 46 Yf 56
89800 La Chapelle-Vaupelteigne 89 90 De 61
41330 La Chapelle-Vendômoise 41 86 Bb 62
24300 la Chapelle-Verlaine 24 124 Ae 75
41270 la Chapelle-Vicomtesse 41 69 Ba 61
61270 la Chapelle-Viel 61 49 Ad 56
42410 La Chapelle-Villars 42 130 Ee 76
14290 La Chapelle-Yvon 14 48 Ac 54
18250 La Chapelotte 18 88 Cd 64
19320 la Chapeloune 19 126 Ca 77
38110 la Chapite 38 131 Fc 75
19120 la Chapouille 19 138 Be 78
49123 la Charbonnerie 49 83 Za 64
38880 L' Achard 38 131 Fd 77
26190 la Charge 26 143 Fb 79
58400 La Charité-sur-Loire 58 103 Da 65
39230 la Charme 39 107 Fd 67
71100 la Charmée 71 106 Ee 68
89190 la Charmée 89 72 Dd 59
73450 la Charmette 73 145 Gc 78
74230 la Charmette 74 132 Gc 73
85140 la Charprais 85 97 Ye 68
03330 la Charrière 03 115 Da 71
72340 La Chartre-sur-le-Loir 72 85 Ad 62
19240 la Chartroulle 19 125 Bc 77
69480 Lachassagne 69D 118 Ee 73
39230 la Chassague 39 106 Fc 67
86290 la Chasseigne 86 113 Ba 70
74540 Lachat 74 132 Ga 74
36200 la Chataigne 36 113 Bd 69
85130 la Châtaigneraie 85 97 Yf 67
85110 la Châtaigneraie 85 97 Yf 69
85120 La Châtaigneraie 85 98 Zb 69
39600 La Châtelaine 39 107 Fe 67
14380 la Châtellerie 14 47 Yf 56
27410 la Chatellier-Saint-Pierre 27 49 Ae 54
36400 La Châtre 36 102 Bf 69
86390 la Châtre 86 112 Af 71
36170 La Châtre-Langlin 36 113 Bc 70
72130 la Chatterie 72 68 Aa 59
05400 la Chau 05 144 Ga 81
05100 Lachau 05 145 Ge 79
26560 Lachau 26 156 Fd 83
19510 Lachaud 19 126 Be 75
19380 Lachaud 19 138 Be 78
23320 la Chaud 23 114 Be 72
23460 Lachaud 23 114 Bf 73
23150 la Chaud 23 114 Bf 72
23340 Lachaud 23 126 Bf 74
38350 la Chaud 38 144 Ff 79
87120 Lachaud 87 126 Be 74
43800 la Chaud-de-Rougeac 43 141 Df 78
26340 la Chaudière 26 143 Fb 81
63660 la Chaulme 63 129 Df 76
03600 la Chaume 03 115 Cf 71
21520 La Chaume 21 91 Ef 61
23160 la Chaume 23 113 Bc 70
23600 la Chaume 23 114 Cb 71
37230 la Chaume 37 85 Ad 64
37240 la Chaume 37 100 Ae 66
41800 la Chaume 41 85 Ad 62
58150 la Chaume 58 89 Da 65
87360 la Chaume 87 113 Bb 70
89190 la Chaume 89 72 Dc 59
36700 la Chaumette 36 101 Bb 67
63640 la Chaumette 63 115 Ce 73
23170 la Chauminière 23 114 Cb 72
05800 la Chaup 05 144 Ga 80
05250 Lachaup 05 144 Fe 80
23200 la Chaussade 23 114 Cb 73
49600 la Chaussaire 49 97 Yf 65
18130 la Chaussée 18 102 Cd 67
50480 la Chaussée 50 33 Ye 52
55210 Lachaussée 55 56 Fe 54
76590 La Chaussée 77 37 Ba 50
86330 la Chaussée 86 99 Aa 67
89360 la Chaussée 89 73 Df 61
28260 La Chaussée-d'Ivry 28 50 Bc 55
60480 Lachaussée-du-Bois-d'écu 60 38 Cb 51
41350 la Chaussée-le-Comte 41 86 Bc 63
41260 La Chaussée-Saint-Victor 41 86 Bc 63
51240 La Chaussée-sur-Marne 51 54 Ed 55
80310 la Chaussée-Tirancourt 80 38 Ca 49
36220 la Chauvellière 36 100 Ba 68
53250 la Chauvellière 53 67 Ze 58
79170 la Chauvière 79 111 Ze 72
25650 La Chaux 25 108 Gc 66
25300 la Chaux 25 108 Gc 67
61600 La Chaux 61 67 Ze 57
63290 Lachaux 63 116 Dd 73
63270 la Chaux 63 128 Db 75
63940 la Chaux 63 129 De 76
71310 La Chaux 71 106 Fb 68
39150 la Chaux-du-Dombief 39 107 Ff 69
39230 la Chaux-en-Bresse 39 106 Fc 68
73800 la Chavanne 73 132 Ga 76
80700 la Chavatte 80 39 Ce 50
73500 la Chavière-Chalets 73 133 Gf 77
17600 la Chay 17 122 Za 75
48600 la Chayla 48 141 Dd 80
15380 la Chaze 15 139 Cd 78
48300 la Chaze 48 141 De 80
48130 la Chaze-de-Peyre 48 140 Db 80
71990 la Chazotte 71 104 Ea 67
58420 Laché 58 104 Dd 65
86250 la Chebasserie 86 112 Ac 71
60190 Lachelle 60 39 Ce 52
37350 la Chênaie 37 100 Af 66
73350 la Chenal 73 133 Gd 76
25500 la Chenalotte 25 108 Ge 66
37370 la Chenaye 37 85 Ae 63
51600 La Cheppe 51 54 Ec 54
35120 la Chesnardais 35 65 Yc 57
79260 la Chesnaye 79 111 Ze 70
35460 la Chevalais 35 66 Yc 58
17480 la Chevalerie 17 122 Ye 73
72270 la Chevalerie 72 84 Zf 62
44810 la Chevallerais 44 82 Yb 64
70290 la Chevestraye 70 94 Ge 62
86600 la Chevraise 86 111 Aa 70
58250 la Chèvre 58 104 De 67
16240 la Chèvrerie 16 111 Aa 72
74470 la Chèvrerie 74 120 Gd 71
44118 La Chevrolière 44 97 Yc 66
43520 la Chèze 43 141 Eb 78
87240 la Chèze 87 113 Bc 73
22210 La Chèze = Kez 22 64 Xc 60
16430 la Chignolle 16 124 Ab 74
70220 la Chiquerie 70 93 Gc 61
17510 la Chiron 17 111 Ze 73
73350 la Chiserette 73 133 Ge 76
19310 la Choisne 19 125 Bc 77
49220 la Chollaie 49 83 Za 63
23700 la Chomette 23 114 Cb 72
43230 La Chomette 43 128 Dc 77
36220 la Chopinerie 36 100 Ba 68
24210 la Chosedie 24 137 Af 77
35560 la Chouannière 35 65 Yb 58
15340 la Chourlie 15 139 Cc 80
51120 Lachy 51 53 De 56
37240 la Cigogne 37 100 Ae 66
26150 la Cime 26 143 Fb 79
61800 la Cingallière 61 47 Zb 56
13600 La Ciotat 13 171 Fd 89
13600 la Ciotat-Plage 13 171 Fd 89
19800 la Cireygeade 19 126 Bf 77
46600 Lacisque 46 138 Bc 79
14210 la Claine 14 47 Zc 54
49110 la Clairtière 49 83 Za 65
12380 la Claparède 12 152 Cd 86
83400 la Clapière 83 172 Ga 90
04200 la Clapisse 04 157 Ff 83
04330 la Clappe 04 157 Gb 84
22700 La Clarté 22 63 Wd 56
31460 la Clastre 31 165 Be 87
12780 la Clau 12 152 Cf 83
43170 la Clauze 43 140 Dd 79
85320 la Claye 85 109 Ye 70
71800 Laclayette 71 117 Eb 71
85440 la Clémantinière 85 109 Yc 70
37460 la Clémencerie 37 100 Ba 65
44850 la Clergerie 44 82 Yd 64
56140 la Cleu 56 81 Xe 62
17600 La Clisse 17 122 Zb 74
28240 la Cloche 28 69 Af 58
59470 la Cloche 59 27 Cc 43
87290 Laclotre 87 113 Bb 72
17360 la Clotte 17 135 Zf 78
74220 la Clusaz 74 120 Gc 73
01460 la Cluse 01 119 Fd 71
05250 La Cluse 05 144 Ff 81
25300 la Cluse 25 108 Gc 67
25300 la Cluse-et-Mijoux 25 108 Gc 67
36500 la Cocandière 36 101 Bb 67
05260 la Coche 05 144 Gb 80
61310 la Cochère 61 48 Aa 56
53100 la Coignardière 53 67 Zb 59
49270 la Coindassière 49 82 Ye 65
79100 la Coindrie 79 99 Ze 67
38220 la Coirelle 38 144 Fe 78
58800 La Collancelle 58 104 Dd 65
83630 la Colle 83 171 Gb 86
83440 la Colle 83 172 Gd 86
83440 la Colle-Noire 83 172 Ge 87
90150 Lacollonge 90 94 Gf 62
06420 la Colniane 06 159 Hb 84
81170 la Colombarie 81 151 Bf 84
41160 la Colombe 41 86 Bc 61
50800 la Colombe 50 46 Ye 55
48000 la Colombèche 48 140 Dd 81
37390 la Colonie 37 85 Ad 64
15220 la Combaldie 15 139 Cb 79
11310 Lacombe 11 166 Cb 88
15130 la Combe 15 139 Cd 80
19170 Lacombe 19 126 Bf 74
19270 la Combe 19 126 Bd 77
24290 la Combe 24 137 Bb 78
26170 la Combe 26 156 Fc 83
38300 la Combe 38 131 Fb 75
38650 la Combe 38 143 Fd 79
48100 la Combe 48 140 Db 80
63260 la Combe 63 116 Db 72
73610 la Combe 73 132 Fe 75
73300 la Combe 73 132 Gb 77
74300 la Combe 74 120 Ga 73
74970 la Combe 74 120 Gc 72
81320 Lacombe 81 166 Ce 86
87140 la Combe 87 113 Bb 72
39400 la Combe-de-Morbier 39 107 Ga 69
26110 la Combe-de-Sauve 26 155 Fa 82
63570 la Combelle 63 128 Db 76
81360 la Combessié 81 151 Cb 86
71990 la Comelle 71 105 Ea 67
71500 la Commagne 71 106 Fa 69
71400 la Commaille 71 105 Eb 67
64360 Lacommande 64 162 Zc 89
21320 la Comme 21 91 Ec 65
58430 la Comme 58 104 Df 66
45700 la Commodité 45 88 Ce 61
37110 la Commune 37 85 Ae 63
44310 la Compointrie 44 96 Yb 66
73630 La Compôte 73 132 Ga 74
62150 la Comté 62 29 Cd 46
82200 la Comtesse 82 149 Ba 83
04400 la Conche 04 158 Ge 82
04400 la Conchette 04 158 Gd 82
07200 la Conchy 07 142 Ec 80
48210 la Condamine 48 153 Dd 83
04530 la Condamine-Châtelard 04 145 Ge 82
24100 la Conne-de-Bergerac 24 136 Ad 80
34380 la Conque 34 153 De 86
24210 la Contarie 24 137 Ba 77
82330 la Contie 12 151 Bf 83
24400 la Contie 24 136 Ac 79
85260 la Copechagnière 85 97 Yd 67
24450 La Coquille 24 125 Af 75
70300 la Corbière 70 94 Gc 62
86310 la Corbière 86 100 Ae 69
53700 la Corbinière 53 67 Ze 59
56200 la Corblaie 56 81 Xe 62
36290 la Cordasserie 36 100 Ba 67
87310 la Cordelle 87 125 Af 73
14100 la Corne 14 35 Aa 54
60240 La Corne en Vexin 60 50 Bf 53
24800 la Cornélie 24 125 Af 76
03320 la Corne-Rollay 03 103 Cf 69
85170 la Cornetière 85 97 Yc 67
37290 la Cornettière 37 100 Af 67
49440 la Cornuaille 49 83 Za 63
44690 la Cornvillere 44 97 Yd 66
46090 la Coronnelle 46 150 Bc 82
02140 La Correrie 02 41 Df 50
73340 la Correrie 73 132 Ga 75
70300 la Corveraine 70 93 Gc 62
50250 la Cosnardière 50 33 Yc 53
09130 Lacoste 09 164 Bc 90
24520 Lacoste 24 136 Ad 79
24290 la Coste 24 137 Ba 78
34800 Lacoste 34 167 Dc 87
40190 Lacoste 40 147 Ze 85
84480 Lacoste 84 156 Fb 86
16110 la Côte 16 124 Ab 74
24400 la Côte 24 136 Ac 78
27680 la Côte 27 36 Ac 52
36700 la Côte 36 100 Bb 67
38250 la Côte 38 143 Fd 78
70210 la Côte 70 76 Ga 61
70200 La Côte 70 94 Gd 62
87310 la Côte 87 125 Af 74
88430 la Côte 88 77 Gf 59
21190 la Côte Beaune 21 105 Ee 67
74110 La Côte-d'Abroz 74 121 Gd 71
73210 la Côte-d' Aime 73 133 Gd 75
05000 la Côte-de-Neffe 05 144 Ff 82
22400 la Cotentin 22 64 Xc 57
38260 La Côte-Saint-André 38 131 Fb 76
17310 La Cotinière 17 109 Ye 73
56130 la Couarde 56 81 Xe 63
17670 La Couarde-sur-Mer 17 109 Yd 71
56800 la Couardière 56 81 Xd 61
03250 la Couarde 03 116 Dd 72
17600 la Couasse 17 122 Zb 74
26740 la Coucourde 26 142 Ee 81
36300 la Coudraie 36 100 Ba 68
44521 la Coudraie 44 82 Ye 64
58190 la Coudraye 58 89 Dd 64
71300 la Coudraye 71 105 Eb 68
10130 la Coudre 10 73 Df 60
36500 la Coudre 36 101 Bc 67
71390 la Coudre 71 105 Ee 68
79150 la Coudre 79 98 Zd 67
89770 la Coudre 89 73 De 60
05500 Lacoue 05 144 Ga 80
81500 Lacougotte-Cadoul 81 165 Be 87
22230 la Couardière 22 64 Xe 59
61220 la Coulonche 61 67 Zd 57
66500 la Coume 66 178 Cb 92
35500 la Coupelière 35 66 Yf 59
35600 la Couplais 35 81 Ya 62
17160 la Cour 17 111 Ze 73
19290 la Cour 19 126 Ca 74
22380 la Cour 22 64 Xe 57
23500 la Cour 23 127 Cb 73
24270 Lacour 24 125 Ba 76
36400 la Cour 36 114 Bf 69
50360 la Cour 50 46 Yd 52
73350 la Cour 73 133 Gd 76

82190 Lacour 82 149 Af 83
89440 la Cour 89 90 Df 63
84150 la Courançonne 84 155 Ef 83
06710 la Courbaisse 06 159 Hb 85
72800 la Courbe 72 84 Aa 62
19150 la Courberie 19 126 Bf 77
21210 Lacour-d'Arcenay 21 90 Eb 64
49350 la Cour-d'Avort 49 84 Ze 65
72200 la Cour-du-Bois 72 84 Ze 62
61160 la Cour-du-Bosq 61 48 Aa 55
23400 la Cour-du-Rozet 23 114 Be 73
03700 la Courie 03 116 Dc 72
19510 la Courie 19 125 Bc 75
45260 la Cour-Marigny 45 88 Cd 61
83840 la Cournuelle 83 172 Gc 86
85170 la Courollière 85 97 Yc 68
16400 La Couronne 16 123 Aa 75
13500 la Couronne-Carro 13 170 Fa 88
14220 la Courrière 14 47 Zd 55
12190 la Coursière 12 139 Ce 81
50240 la Coursinière 50 66 Yd 57
09200 Lacourt 09 176 Bb 91
63250 la Courtade 63 129 De 73
11240 la Courtète 11 165 Ca 90
23100 La Courtine 23 127 Cb 74
82290 Lacourt-Saint-Pierre 82 150 Bb 85
12550 la Cousinie 12 152 Cd 85
12350 la Cout 12 151 Cb 82
35210 la Coutancière 35 66 Ye 59
85710 la Coutellerie 85 96 Ya 67
22250 la Coutûme 22 65 Xe 58
18370 la Couture 18 114 Cb 70
62136 La Couture 62 29 Ce 45
85320 la Couture 85 109 Ye 69
27750 La Couture-Boussey 27 50 Bc 55
12230 La Couvertoirade 12 153 Db 85
01110 Lacoux 01 119 Fd 73
23220 Lacoux 23 114 Bf 71
87210 Lacoux 87 113 Ba 71
35320 la Couyère 35 82 Yc 61
64170 Lacq 64 161 Zc 88
40120 Lacquy 40 147 Ze 85
40700 Lacrabe 40 161 Zc 87
40410 la Crabette 40 146 Za 82
83260 La Crau 83 171 Ga 90
79260 la Crèche 79 111 Ze 70
84800 la Crémade 84 155 Fa 85
50170 la Crenne 50 66 Yd 57
62830 Lacres 62 28 Be 45
44310 la Crespelière 44 96 Yb 66
12640 la Cresse 12 152 Da 83
14420 la Cressonière 14 47 Zd 55
24360 la Crête 24 124 Ad 75
52700 Lacrête 52 75 Fb 59
69460 la Creuze 69D 118 Ed 72
13610 la Cride 13 170 Fc 87
17700 la Crignolée 17 110 Zb 72
76850 la Crique 77 37 Bb 50
73340 la Crochère 73 132 Ga 75
56350 la Croisette 56 81 Xe 63
59230 La Croisette 59 30 Dc 46
74560 La Croisette 74 120 Gb 72
88340 la Croisette 88 94 Gc 61
27190 la Croisille 27 49 Af 55
81470 Lacroisille 81 165 Bf 87
87130 la Croisille-sur-Briance 87 126 Bd 75
19260 La Croix 19 126 Be 75
44210 la Croix 44 96 Xf 66
44650 la Croix 44 97 Yc 67
46200 la Croix 46 138 Bc 79
49400 la Croix 49 84 Ze 65
57320 Lacroix 57 44 Gc 52
71500 la Croix 71 106 Fa 69
71170 la Croix 71 117 Eb 71
73800 la Croix 73 132 Ga 76
85350 la Croix 85 96 Xe 68
85450 la Croix 85 110 Yf 70
20137 la Croix CTC 185 Kb 98
08400 la Croix-au-Bois 08 42 Ee 52
23190 la Croix-au-Bost 23 114 Cb 72
22380 la Croix-aux-Merles 22 64 Xe 57
88520 la Croix-aux-Mines 88 77 Ha 59
50240 la Croix-Avranchin 50 66 Yd 57
12600 Lacroix-Barrez 12 139 Cd 80
32700 la Croix-Blanche 32 149 Ad 84
46240 la Croix-Blanche 46 138 Bd 81
47340 La Croix-Blanche 47 149 Ae 83
59223 La Croix-Blanche 59 30 Da 44
71960 la Croix-Blanche 71 118 Ee 70
49630 la Croix-Boujuau 49 84 Ze 64
45520 la Croix-Briquet 45 70 Bf 60
22320 la Croix-Burlot 22 64 Wf 58
22600 la Croix-Chanvril 22 64 Xb 59
17330 la Croix-Comtesse 17 110 Zd 72
73390 la Croix-d'Aiguebelle 73 132 Gb 75
42122 la Croix-de-Bard 42 129 Eb 73
49250 la Croix-de-Bois-Maudet 49 84 Zf 64
72500 la Croix-de-Bonlieu 72 85 Ac 62
03130 la Croix-de-la-Fée 03 117 De 71
49400 la Croix-de-la-Voulte 49 84 Zf 65
71220 la Croix-de-Mornay 71 117 Ec 69
53220 la Croix-de-Pierre 53 66 Za 58
22960 la Croix-de-Piruit 22 64 Xb 58
35350 la Croix-Desilles 35 65 Ya 57
44430 la Croix-des-Landes 44 82 Ye 65
71450 la Croix-des-Mâts 71 105 Ec 68
15120 la Croix-de-Thérondels 15 139 Cc 80
03460 la Croix-de-Vaux 03 103 Db 69
56490 la Croix-d'Iff 56 64 Xc 60
28400 la Croix-du-Perche 28 69 Da 59
42370 la Croix-du-Sud 42 117 Df 72
77370 la Croix-en-Brie 76 72 Da 57
51600 La Croix-en-Champagne 51 54 Ed 54
37150 La Croix-en-Touraine 37 86 Af 64
31120 Lacroix-Falgarde 31 164 Bc 88
56230 la Croix-Galle 56 81 Xd 62
26620 la Croix-Haute 26 144 Fe 80
56120 la Croix-Helléan 56 81 Xd 61
53380 La Croixille 53 66 Yf 59
22130 la Croix-Janet 22 65 Xe 57
03110 la Croix-Jardot 03 116 Db 71
35720 la Croix-Juhel 35 65 Ya 58
87130 la Croix-Lattée 87 126 Bd 74
44130 la Croix-Michéon 44 82 Ya 64
50260 la Croix-Morain 50 33 Yb 52
22340 la Croix-Neuve 22 63 Wd 59
29640 la Croixp-de-Pierre 29 62 Wb 57
03510 la Croix-Rouge 03 117 Df 70
31570 la Croix-Rouge 31 165 Bd 87
36250 la Croix-Rouge 36 101 Bd 68
24580 la Croix-Ruchal 24 137 Ba 78
77123 la Croix-Saint-Jérôme 76 71 Cd 58
27490 la Croix-Saint-Leufroy 27 50 Bb 54
60610 Lacroix-Saint-Ouen 60 39 Ce 52
87210 la Croix-sur-Gartempe 87 113 Af 72
55300 Lacroix-sur-Meuse 55 55 Fd 55
02210 la Croix-sur-Ourcq 02 52 Dc 53
06260 la Croix-sur-Roudoule 06 158 Gf 85
83420 La Croix-Valmer 83 172 Gd 89
24380 Lacropte 24 137 Ae 78
53170 la Cropte 53 67 Zd 61
71700 Lacrost 71 118 Ef 69
40410 la Crotte 40 147 Zb 83
58220 la Crotte 58 89 Db 64
14140 La Croupte 14 48 Ab 54
53600 la Crousille 53 67 Zd 60
09230 la Crouzette 09 176 Ba 90
81210 Lacrouzette 81 166 Cc 87
63700 La Crouzille 63 115 Ce 71
87240 la Crouzille 87 113 Bb 73
15500 Lacroze 15 128 Da 77
36400 Lacs 36 102 Ca 69
89270 Lac-Sauvin 89 90 De 63
36120 la Cueille 36 101 Be 68
35340 la Cueillerais 35 66 Yd 59
38530 la Cuiller 38 132 Ff 76
35500 la Culaudière 35 66 Yf 59
74490 la Culaz 74 120 Gc 71
49370 la Culée 49 83 Za 63
27240 la Cunelle 27 49 Ba 56
46270 la Curade 46 138 Ca 80
05110 la Curnerie 04 157 Ga 82
83670 la Curnière 83 171 Ga 87
49800 la Daguenière 49 84 Zd 64
12360 la Daguette 12 167 Da 86
73150 la Daille 73 133 Gf 76
34650 la Dalmerie 34 152 Da 86
25520 la Dames-aux-Cordiers 25 108 Gc 66
38520 la Danchère 38 144 Ga 79
84240 la Danjotte 84 170 Fc 86
23270 Ladapeyre 23 114 Ca 71
79340 la Daudinière 79 99 Zf 69
87210 la Dauge 87 113 Ba 71
85600 la Daunière 85 97 Ye 67
33760 Ladaux 33 135 Ze 80
44580 la Davière 44 96 Ya 66
85190 la Davière 85 97 Yc 68
83400 la Décapris 83 171 Ga 89
44440 la Demenure 44 82 Yd 63
70000 La Demie 70 93 Gb 63
35133 la Denillière 35 66 Yf 59
12490 Ladepeyre 12 152 Ce 84
11250 Ladern-sur-Lauquet 11 166 Cc 90
44130 la Désertais 44 81 Ya 64
13112 la Destrousse 13 171 Fd 88
24330 Ladeuil 24 137 Af 78
11420 la Devèze 11 165 Be 89
32230 Ladevèze-Rivière 32 162 Aa 87
32230 Ladevèze-Ville 32 162 Aa 87
39370 la Dèvia 39 119 Fe 71
61300 la Devinière 61 49 Ae 56
12600 Ladignac 12 139 Ce 79
46320 Ladignac 46 138 Be 80
87500 Ladignac-le-Long 87 125 Ba 75
19150 Ladignac-sur-Rondelles 19 126 Bf 77
43100 Ladignat 43 128 Db 77
43100 Ladignat 43 128 Dc 77
11300 la Digne-d'Amont 11 178 Ca 90
11300 la Digne-d'Aval 11 178 Cb 90
81310 Ladin 81 150 Be 85
15120 Ladinhac 15 139 Cd 80
50210 la Dinière 50 34 Yd 54
49140 la Dionière 49 83 Zd 63
13105 la Diote 13 170 Fd 88
46400 Ladirat 46 138 Bf 80
85580 la Dive 85 109 Ye 71
16120 Ladiville 16 123 Zf 75
19350 la Divinie 19 125 Bc 77
21550 Ladoix-Serrigny 21 106 Ef 66
35390 la Dominelais 35 82 Yb 62
45270 Ladon 45 71 Cd 60
53190 la Dorée 53 66 Za 58
24120 la Dornac 24 137 Bc 78
33124 Lados 33 135 Zf 82
74470 la Douai 74 120 Gd 71
50800 la Doublière 50 46 Ye 56
44530 la Douettée 44 81 Ya 63
44190 la Dourie 44 97 Ye 66
63980 Ladoux 63 128 Dc 75
85170 la Doux 85 97 Yd 68
24330 la Douze 24 137 Af 78
39400 la Doye 39 120 Ff 70
39210 Ladoye-sur-Seille 39 107 Fe 68
50250 la Dranguerie 50 33 Yd 53
87460 Ladrat 87 126 Be 73
73270 la Dray 73 133 Gd 74
05300 L' Adrech 05 156 Fe 83
71360 la Drée 71 105 Ed 67
60790 La Drenne 60 51 Ca 53
05600 L' Adroit 05 145 Gd 80
05160 L' Adroit-de-Pontis 04 145 Gc 82
49123 la Duberie 49 83 Za 64
86100 la Durauderie 86 100 Ad 67
89110 Laduz 89 89 Dc 61
89110 Laduz 89 89 Dc 61
77720 Lady 76 72 Cf 57
12410 la Fabrègue 12 152 Cf 83
12290 la Fabrèque 12 152 Ce 83
12160 la Fabrie 12 151 Cc 83
81190 la Fabrié 81 151 Ca 84
87200 la Fabrique 87 112 Af 73
34340 la Fadèze 34 167 Dd 88
11420 Lafage 11 165 Bf 89
11500 la Fage 11 178 Ca 91
12270 la Fage 12 151 Bf 83
15400 la Fage 15 127 Cd 77
43100 la Fage 43 128 Db 77
48170 la Fage 48 141 Dd 81
48310 la Fage-Montivernoux 48 140 Da 80
15500 la Fageole 15 140 Da 78
48200 la-Fage-Saint-Julien 48 140 Db 80
19320 Lafage-sur-Sombre 19 126 Ca 77
48500 la Fagette 48 152 Da 82
72510 la Faigne 72 84 Ab 62
48400 la Fajole 48 153 Dd 83
43170 la Fajolette 43 140 Dd 79
11140 la Fajolle 11 178 Bf 92
27940 la Falaise 27 50 Bc 53
78410 la Falaise 78 50 Be 55
80250 la Faloise 80 39 Cc 50
07700 Lafare 07 142 Ed 82
26510 la Fare 26 156 Fc 83
84190 Lafare 84 155 Fa 84
05500 la Fare-en-Cros 05 144 Ga 81
13580 la Fare-les-Oliviers 13 170 Fb 87
24460 Lafarerie 24 124 Ae 77
07190 la Fargatte 07 142 Ed 79
19390 la Farge 19 126 Be 76
19370 Lafarge 19 126 Bd 75
24800 Lafarge 24 125 Af 75
42470 la Farge 42 117 Eb 73
63930 la Farge 63 129 De 74
87800 Lafarge 87 125 Ba 75
24620 la Fargue 24 137 Ba 79
83210 La Farlède 83 171 Ga 90
43490 Lafarre 43 141 Df 79
23800 Lafat 23 113 Bd 71
52700 Lafauche 52 75 Fd 59
05190 la Faure 05 144 Gb 82
15310 Lafaurge 15 139 Cc 78
05140 la Faurie 05 144 Fe 81
16310 Lafaurie 16 124 Ad 74
19130 la Faurie 19 125 Bc 77
19510 la Faurie 19 126 Bd 75
19190 la Faurie 19 138 Be 78
85460 la Faute-sur-Mer 85 109 Ye 70
37350 la Fauvellière 37 100 Af 67
87520 la Fauvette 87 113 Ba 73
63390 la Fauvielle 63 115 Ce 72
50250 la Fauvrerie 50 33 Yd 53
30110 la Favède 30 154 Ea 83
85220 la Faverie 85 96 Yb 68
04420 la Favière 04 158 Gc 83
71290 la Fay 71 106 Fa 69
16700 la Faye 16 111 Aa 72
19510 la Faye 19 126 Bd 75
24750 la Faye 24 136 Ae 78
42660 la Faye 42 130 Ec 77
63640 la Faye 63 115 Ce 73
63980 la Faye 63 128 Dd 75
71410 la Faye 71 105 Eb 68
71520 la Faye 71 117 Ec 70
79140 la Faye 79 98 Zc 67
71160 la Fayette 71 117 De 69
63220 la Fayolle 63 129 De 76
63660 la Fayolle 63 129 Df 75
73230 la Féclaz 73 132 Ff 75
03500 Laféline 03 116 Db 70
24490 la Fénage 24 135 Aa 78
88320 la Fenneciere 88 75 Fe 60
86400 la Féolle 86 111 Ab 71
81340 la Feraudie 81 151 Cc 84
02800 la Fère 02 40 Dc 51
08290 la Férée 08 41 Eb 50
58160 la Fermeté 58 103 Db 67
79800 la Ferrandière 79 111 Zf 70
28350 la Ferrette 28 49 Bb 56
06750 la Ferrière 06 158 Ge 86
22210 La Ferrière 22 64 Xc 60
24240 la Ferrière 24 136 Ac 80
37110 La Ferrière 37 85 Ae 63
38580 La Ferrière 38 132 Ga 77
56930 la Ferrière 56 64 Xa 61
85280 la Ferrière 85 97 Ye 68
86390 la Ferrière 86 112 Af 71
86160 la Ferrière-Airoux 86 112 Ac 71
14350 la Ferrière-au-Doyen 14 47 Zb 54
61380 la Ferrière-au-Doyen 61 49 Ac 57
61450 la Ferrière-aux-Etangs 61 47 Zc 57
61500 la Ferrière-Béchet 61 68 Aa 57
61420 la Ferrière-Bochard 61 68 Zf 58
49500 la Ferrière-de-Flée 49 83 Za 62
79390 la Ferrière-en-Parthenay 79 99 Zf 69
14350 la Ferrière-Harang 14 47 Za 55
27760 la Ferrière-sur-Risle 27 49 Ae 55
36260 la Ferté 36 102 Ca 66
39600 La Ferté 39 107 Fd 67
91590 La Ferté-Alais 91 71 Cc 58
41210 La Ferté-Beauharnais 41 87 Bf 63
72400 La Ferté-Bernard 72 69 Ad 59
02270 La Ferté-Chevresis 02 40 Dd 50
61550 La Ferté-Frenel 61 49 Ad 55
77320 La Ferté-Gaucher 76 52 Db 56
03340 La Ferté-Hauterive 03 116 Dc 70
41300 la Ferté-Imbault 41 87 Bf 64
89110 La Ferté-Loupière 89 89 Db 61
61600 La Ferté-Macé 61 67 Zd 57
02460 La Ferté-Milon 02 52 Da 53
45240 La Ferté-Saint-Aubin 45 87 Bf 62
41220 La Ferté-Saint-Cyr 41 87 Be 63
76440 la Ferté-Saint-Samson 77 37 Bd 51
77260 La Ferté-sous-Jouarre 76 52 Da 55
52500 Laferté-sur-Amance 52 92 Fe 61
52120 Laferté-sur-Aube 52 74 Ee 60
08370 La Ferté-sur-Chiers 08 42 Fb 51
28340 La Ferté-Vidame 28 69 Af 57
28220 La Ferté-Villeneuil 28 69 Bc 61
38119 la Festinière 38 144 Fe 79
15130 Lafeuillade-en-Vézie 15 139 Cc 80
21130 la Feuillée 21 106 Fc 65
29690 la Feuillée 29 62 Wa 58
50190 la Feuillie 50 46 Yd 53
76220 La Feuillie 77 37 Bd 52
44110 la Feuvrais 44 82 Yd 62
46300 la Feydedie 46 137 Bc 80
23250 la Feyte 23 114 Bf 72
43500 Laffarge 43 129 De 77
07520 Laffarre 07 142 Ed 78
02880 Laffaux 02 40 Dc 52
30530 L' Affenadou 30 154 Ea 83
63840 Laffix 63 129 Df 76
38220 Laffrey 38 144 Fe 78
16330 la Fichère 16 123 Aa 74
19800 la Fieyre 19 126 Bf 76
07140 Lafigère 07 154 Ea 82
18370 la Filaine 18 114 Cb 69
33840 la Fille 33 148 Zf 83
58230 la Fiole 58 104 Df 66
65700 Lafitole 65 162 Aa 88
82340 Lafitte 82 149 Af 84
82700 Lafitte 82 149 Ba 85
47320 Lafitte-sur-Lot 47 148 Ac 82
31360 Lafitte-Toupière 31 164 Af 90
31390 Lafitte-Vigordane 31 164 Ba 89
38530 la Flachère 38 132 Ff 76
05700 la Flamencne 05 156 Fe 82
02260 la Flamengrie 02 41 Df 48
59570 La Flamengrie 59 31 De 47
72200 La Flèche 72 84 Zf 62
12800 la Fleur 12 151 Cc 84
85300 la Flocellière 85 96 Yb 67
85700 la Flocellière 85 98 Za 68
05300 la Flogère 05 156 Fe 83
17630 La Flotte 17 109 Ye 71
72800 la Flourière 72 84 Aa 62
14710 La Folie 14 34 Za 53
27220 la Folie 27 50 Bb 55
52300 Lafolie 52 75 Fa 58
52500 la Folie 52 92 Fd 62
89160 la Folie 89 90 Eb 62
28150 la Folie-Herbault 28 70 Bd 59
41240 la Folletière 41 86 Bc 61
76190 la Folletière 77 36 Ae 51
14290 la Folletière-Abenon 14 48 Ac 55
19250 Lafond 19 126 Ca 75
86460 la Fonfadour 86 112 Ad 72
17570 Lafont 17 122 Yf 74
33460 Lafont 33 135 Zc 79
40200 Lafont 40 146 Ye 83
69870 Lafont 69D 118 Ec 72
50500 la Fontaine 50 33 Ye 53
76480 la Fontaine 77 37 Af 52
72330 la Fontaine-Saint-Martin 72 84 Aa 62
34150 la Font-du-Griffe 34 167 Dc 86
76890 la Fontelaye 77 37 Af 50
35560 la Fontenelle 35 66 Yc 58
37530 la Fontenelle 37 86 Af 64
41270 La Fontenelle 41 69 Ba 60
03160 la Font-Picard 03 115 Cf 69
11270 La Force 11 165 Ca 89
24130 la Force 24 136 Ac 79
74200 la Forclaz 74 120 Gd 71
87500 la Foresterie 87 125 Ba 75
51120 la Forestière 51 53 Dd 57
29800 la Forest-Landerneau 29 62 Ve 58
03420 la Forêt 03 115 Cd 71
13104 la Forêt 13 169 Ee 87
14330 la Forêt 14 34 Yf 53
17460 la Forêt 17 122 Zb 74
21290 la Forêt 21 91 Ef 62
23400 la Forêt 23 113 Bd 73
24700 la Forêt 24 136 Aa 78
24380 la Forêt 24 137 Ae 78
24590 la Forêt 24 137 Bc 78
27180 la Forêt 27 49 Af 54
33660 La Forêt 33 135 Aa 78
36310 la Forêt 36 113 Bb 70
49640 la Forêt 49 84 Zd 62
53700 la Forêt 53 67 Ze 59
54480 la Forêt 54 77 Gf 57
58500 la Forêt 58 89 Dc 64
63740 la Forêt 63 127 Ce 74
71360 la Forêt 71 105 Ed 67
83670 la Forêt 83 171 Ff 87
88240 la Forêt 88 76 Gb 60
61210 la Forêt-Auvray 61 47 Zd 56
16240 La Forêt-de-Tessé 16 111 Aa 72
27220 la Forêt-du-Parc 27 50 Bb 55
23360 La Forêt-du-Temple 23 114 Bf 70
29940 La Forêt-Fouesnant 29 78 Wa 61
91410 La Forêt-le-Roi 91 70 Ca 58
91150 La Forêt-Sainte-Croix 91 71 Cb 58
79380 La Forêt-sur-Sèvre 79 98 Zc 68
09110 la Forge 09 178 Bf 92
14350 la Forge 14 47 Za 55
24580 la Forge 24 137 Ba 78
44520 la Forge 44 82 Yd 63
47700 la Forge 47 148 Aa 83
87440 la Forge 87 124 Ae 74
88530 la Forge 88 77 Ge 60
88270 la Forge-de-Thunimont 88 76 Gb 60
50680 la Forge Fallot 50 34 Yf 53
23220 la Forgette 23 114 Bf 70
63890 la Forie 63 128 Dd 75
63600 la Forie 63 129 De 75
52150 la Fortelle 52 75 Fc 59
38590 la Forteresse 38 131 Fc 77
30800 la Fosse 30 169 Ec 87
33710 Lafosse 33 135 Zc 78
53100 la Fosse 53 67 Zb 59
62136 la Fosse 62 29 Ce 45
72430 la Fosse 72 84 Zf 61
85630 la Fosse 85 95 Xe 67
88240 la Fosse 88 76 Gb 61
08430 la Fosse-à-l'Eau 08 41 Ed 50
10100 la Fosse-Corduan 10 73 Dd 58
41100 la Fosse-Courtin 41 85 Af 61
49540 La Fosse-de-Tigné 49 98 Zd 65
60530 la Fosse-Saint-Clair 60 51 Cb 53
83980 la Fossette 83 172 Gc 90
50680 la Fotelaie 50 34 Yf 53
41310 la Fouasserie 41 85 Af 62
44670 la Foucaudais 44 82 Ye 63
03390 la Foucrière 03 115 Cf 70
73540 la Fouette 73 132 Gc 75
73230 la Fougère 73 132 Ga 75
79150 La Fougereuse 79 98 Zd 66
12270 la Fouillade 12 151 Ca 83
42480 la Fouillouse 42 129 Eb 75
30750 la Foulquarie 30 153 Db 84
31550 la Fourane 31 164 Bc 89
35800 la Fourberie 35 65 Xf 57
71120 la Fourche 71 117 Ec 70
89400 la Fourchotte 89 72 Dc 60
34700 la Fourille 34 167 Db 86
41310 la Fournerie 37 85 Af 63
04120 la Foux 04 158 Ge 86
83390 la Foux 83 171 Ga 89
83310 la Foux 83 172 Gd 89
04260 la Foux-dAllos 04 158 Gd 83
47240 Lafox 47 149 Ae 83
17240 la Foye 17 122 Zb 76
36150 la Foye 36 101 Bf 66
79200 la Foye 79 98 Ze 69
79360 La Foye-Monjault 79 110 Zc 71
12150 la Fraisse 12 151 Ca 82
12290 la Fraisse 12 152 Ce 83
43170 la Fraisse 43 140 Dd 79
28250 la Framboisière 28 69 Ba 57
82130 Lafrançaise 82 150 Bb 84
08000 La Francheville 08 42 Ee 50
29810 la Franchise 29 61 Vb 58
15230 la Francio 15 139 Ce 79
85630 la Frandière 85 96 Xf 67
11370 la Franqui 11 179 Da 91
39130 La Frasnée 39 119 Fe 69
74300 la Frasse 74 120 Gd 72
60510 Lafraye 60 38 Cb 52
12130 la Frayssinède 12 140 Da 81
04250 la Frayssinie 04 157 Ga 82
17770 la Frédière 17 122 Zc 73
81300 la Frégère 81 151 Ca 86
05000 la Freissinouse 05 144 Ga 81
85170 la Frelandière 85 97 Yd 68
41120 la Frelonnière 41 86 Bb 64
76170 La Frenaye 77 36 Ad 51
76750 la Frénaye 77 37 Bc 51
76680 la Frénaye 77 37 Bb 50
80430 Lafresguimont-Saint-Martin 80 38 Be 50
28220 la Freslonnière 28 69 Ba 60
61230 la Fresnaie-Fayel 61 48 Ab 55
35111 la Fresnais 35 65 Ya 57
61210 La Fresnaye-au-Sauvage 61 48 Ze 56
72600 La Fresnaye-sur-Chédouet 72 68 Ab 58
23130 la Fresse 23 114 Cb 72
42440 la Fressinie 42 129 De 74
38260 La Frette 38 131 Fc 76
95530 La Frette-sur-Seine 95 51 Cb 55
09400 la Freyte 09 177 Bc 91
79360 la Fricaudière 79 110 Zd 72
28140 la Frileuse 28 70 Bd 60
57560 Lafrimbolle 57 77 Ha 57
77640 la Fringale 76 52 Da 55
88260 la Frison 88 76 Ga 60
36310 la Frissonnette 36 113 Bb 70
50760 la Froide-Rue 50 34 Ye 51
22410 la Froideville 22 64 Xa 57
26470 la Fromagère 26 155 Fc 82
49670 la Fromagère 49 98 Zc 65
88210 la Frontenelle 88 77 Gf 58
65110 la Fruitière 65 175 Zf 91
17450 la Fumée 17 110 Yf 72
86140 la Fuye 86 99 Ab 67
84390 la Gabelle 84 156 Fb 84
87380 la Gabie-de-la-Poule 87 125 Bc 75
88370 la Gabiotte 88 76 Gc 60
16190 la Gabrielle 16 123 Zf 76
85470 la Gachère 85 96 Ya 69
24410 la Gâcherie 24 124 Ab 77
87230 la Gacherie 87 125 Ba 75
50600 la Gachetière 50 66 Yf 57
85170 la Gaconnière 85 97 Yc 67
41160 la Gahandière 41 86 Bc 61
83380 la Gaillarde 83 172 Ge 88
47380 Lagaillardie 47 136 Ac 81
64520 Lagaillardie 64 160 Ye 88
65330 la Galave 65 163 Ac 89
06590 la Galère 06 173 Gf 88
83270 la Galère 83 171 Fe 90
84100 la Galle 84 155 Ee 83
35270 la Gallerie 35 65 Yb 58
57530 la Galonnière 57 57 Gd 54
34150 Lagamas 34 167 Dd 86
24330 la Gandilie 24 137 Af 78
67400 la Ganzau 67 60 He 57
13170 la Gaotte 13 170 Fc 88
63970 la Garandie 63 127 Cf 75
47130 la Garcine 47 148 Ac 83
04120 La Garde 04 158 Gd 86
06390 la Garde 06 159 Hc 86
07100 La Garde 07 130 Ed 77
09500 Lagarde 09 178 Bf 90
12260 la Garde 12 151 Bf 82
12170 la Garde 12 152 Cd 84
12150 Lagarde 12 152 Da 82
15310 Lagarde 15 139 Cc 78
23600 la Garde 23 114 Cb 71
24210 la Garde 24 137 Ba 78
31230 Lagarde 31 164 Ae 88
31290 Lagarde 31 165 Be 88
32500 Lagarde 32 149 Ad 86
32700 Lagarde 32 149 Ad 85

57810 Lagarde 57 57 Ge 56
63760 la Garde 63 127 Cd 74
65320 Lagarde 65 162 Aa 89
79170 la Garde 79 111 Zd 72
83130 La Garde 83 171 Ga 90
26700 la Garde-Adhémar 26 155 Ee 82
84400 Lagarde-d'Apt 84 156 Fc 85
19150 Lagarde-Enval 19 126 Be 77
83680 La Garde-Freinet 83 172 Gc 89
48800 la Garde-Guérin 48 141 Df 82
32300 Lagarde-Hachan 32 163 Ac 88
12200 la Gardelle 12 151 Bf 82
46220 Lagardelle 46 137 Bb 82
48140 la Gardelle 48 140 Dc 80
31870 Lagardelle-sur-Lèze 31 164 Bc 88
19150 Lagarde-Marc-la-Tour 19 126 Be 77
84290 Lagarde-Paréol 84 155 Ef 83
32310 Lagardère 32 148 Ab 85
16300 Lagarde-sur-le-Né 16 123 Ze 75
82150 la Gardette 47 149 Af 82
63590 la Gardette 63 128 Dd 75
81190 la Garde-Viaur 81 151 Ca 83
81110 Lagardiolle 81 165 Ca 87
22780 la Gare 22 63 Wc 57
22720 la Gare 22 63 We 58
29180 la Gare 29 78 Vf 60
33430 la Gare 33 135 Ze 82
40120 la Gare 40 147 Ze 84
70500 la Gare 70 93 Ff 61
87230 la Gare 87 125 Ba 75
20270 la Gare CTC 183 Kc 96
19800 la Gare-de-Corrèze 19 126 Bf 77
29300 la Gare-de-la-Forêt 29 79 Wc 61
33830 la Gare-de-Lugos 33 146 Za 82
19800 la Gare-d'Eyrein 19 126 Bf 76
22120 la Gare-d'Yffiniac 22 64 Xc 58
71360 la Garenne 71 105 Ed 67
89140 la Garenne 89 72 Db 59
85710 La Garnache 85 96 Yb 67
85370 la Garnerie 85 110 Za 70
19120 la Garnie 19 138 Be 78
83220 la Garonne 171 Ga 90
44650 la Garrelière 44 97 Yc 67
12390 la Garric 12 139 Cb 82
33910 la Garrigue 33 135 Ze 78
34360 la Garrigue 34 166 Ce 88
34210 la Garrigue 34 166 Ce 88
47190 Lagarrigue 47 148 Ac 83
40430 Lagassey 40 147 Zd 83
40500 Lagastet 40 147 Zc 86
17150 la Gâtine 17 123 Zc 76
49600 la Gâtine 49 97 Yf 65
79210 la Gaubertière 79 110 Zc 72
85130 La Gaubretière 85 97 Yf 67
33920 la Gauchere 33 135 Zd 78
18260 la Gaucherie 18 88 Cd 64
41250 la Gaucherie 41 86 Bc 64
28400 la Gaudaine 28 69 Af 59
06610 la Gaude 06 173 Ha 86
19120 la Gaudie 19 125 Bc 76
35520 la Gaudière 35 65 Yb 59
35190 la Gaudinais 35 65 Ya 59
19300 la Gautherie 19 126 Ca 76
49170 la Gautraie 49 83 Zb 64
35450 la Gautrais 35 66 Yd 59
17650 la Gautrie 17 109 Yd 72
85220 la Gauvrière 85 96 Yb 68
46120 la Gauzinie 46 138 Bf 80
40430 Lagavarre 40 147 Zd 83
50430 la Gaverie 50 33 Yc 53
15300 la Gazelle 15 127 Cf 77
43130 la Gazelle 43 129 Df 77
47200 la Gazette 47 136 Ab 81
16150 l' Age 16 112 Ae 73
23140 l' Age 23 114 Ca 71
24800 l' Age 24 124 Ae 76
47210 Lage-Haute 47 136 Ae 81
13400 la Gélade 13 170 Fc 89
40630 la Gelère 40 147 Zb 83
24580 la Gélie 24 137 Af 78
16490 l' Age-Marenche 16 112 Ad 72
41130 la Gendretière 41 87 Bd 65
03380 la Génébrière 03 115 Cc 70
87500 la Geneste 87 125 Bb 76
19300 la Genestine 19 126 Ca 76
71290 la Genête 71 118 Fa 69
17360 la Génétouze 17 123 Zf 77
85190 La Génétouze 85 97 Yc 68
49350 la Genevraie 49 84 Ze 65
61240 la Genevraie 61 48 Ab 56
77690 la Genevraye 76 71 Ce 59
52320 la Genevroye 52 75 Fa 59
87400 la Geneytouse 87 125 Bc 74
35270 la Gentière 35 65 Yb 58
79200 Lageon 79 99 Ze 68
27240 la Gerarderie 27 49 Af 55
50810 la Gerardière 50 47 Yf 54
87230 Lagérat 87 125 Af 74
24210 la Germenie 24 125 Ba 77
77460 Lagerville 76 72 Ce 59
51170 Lagery 51 53 De 53
10210 Lagesse 10 73 Ea 60
23300 l' Age-Troinay 23 113 Bc 71
06340 Laghet 06 159 Hc 86
06540 la Giandola 06 159 Hd 85
37340 la Giberdière 37 85 Ac 64
10500 la Giberie 10 74 Ed 58
22650 la Giclais 22 65 Xe 57
44440 la Gicquelière 44 82 Yd 63
73590 la Giettaz 73 133 Gd 73
42140 la Gimond 42 130 Ec 75
48260 la Ginestouse 48 140 Cf 81
36290 la Girardetterie 36 101 Bb 67
37600 la Girardière 37 100 Af 66
86210 la Girardière 86 100 Ad 68
53470 la Giraudière 53 67 Zb 59
32600 la Girette 32 164 Ba 87
85340 la Girvière 85 109 Ya 69
50190 la Gislarderie 50 33 Yd 53
73210 la Gitte 73 133 Gd 75
50470 la Glacerie 50 33 Yc 51
33620 la Glaive 33 135 Ze 78
44580 la Glémerie 44 96 Ya 66
12780 la Glène 12 152 Da 83
36140 la Glésolle 36 114 Be 70
81330 la Glevade 81 166 Cc 86
19500 Lagleygeolle 19 138 Be 78
19600 Lagleygeolles 19 138 Bd 78
40410 Lagleyre 40 147 Zc 82
76750 la Gloe 77 37 Bc 51
35550 la Glonais 35 81 Ya 62
85430 la Glorandière 85 109 Yd 69
40090 Laglorieuse 40 147 Zd 85
12340 Lagnac 12 139 Cd 82
84800 Lagnes 84 155 Fa 85
54200 Lagney 54 56 Ff 56
62159 Lagnicourt-Marcel 62 30 Cf 48
01150 Lagnieu 01 119 Fc 73
73170 Lagnieu 73 132 Fe 74
60310 Lagny 60 39 Cf 51
60310 Lagny-le-Sec 60 52 Ce 54
77400 Lagny-sur-Marne 76 51 Ce 55
20290 Lago CTC 181 Kc 93
50300 la Godefroy 50 46 Ye 56
50500 la Godillerie 50 34 Yd 53
49310 la Godinière 49 98 Zc 66
63850 la Godivelle 63 127 Cf 76
50300 la Gohannière 50 46 Ye 56
14400 la Goherrerie 14 34 Zb 53
72600 la Gonardière 72 68 Ab 58
61550 la Gonfrière 61 49 Ac 56
29460 Lagonna-Daoulas 29 62 Ve 59
24310 la Gonterie-Boulouneix 24 124 Ad 76
64150 Lagor 64 161 Zc 88
07150 Lagorce 07 154 Ec 82
24250 la Gorce 24 137 Bb 80
33230 Lagorce 33 135 Zf 78
63640 la Gorce 63 115 Cd 73
63660 la Gorce 63 129 Df 75
17140 Lagord 17 109 Yf 71
38510 la Gorge 38 131 Fc 74
38190 la Gorge 38 132 Ff 77
59253 La Gorgue 59 29 Ce 45
64800 Lagos 64 162 Ze 89
49450 la Gouberte 49 97 Yf 66
44470 la Gouchère 44 82 Yd 65
50620 la Goucherie 50 33 Ye 53
50190 la Goudrie 50 34 Yd 54
35350 La Gouesnière 35 65 Ya 57
16150 la Gouïe 16 112 Ae 73
73480 la Goula 73 133 Ha 77
27390 la Goulafrière 27 48 Ac 55
24460 la Goulandie 24 124 Ae 76
63950 la Goulandre 63 127 Cd 75
44850 la Goulière 44 82 Yd 64
70270 la Goulotte 70 94 Gd 62
81640 la Goussaudié 81 151 Ca 84
19300 la Goute 19 126 Bf 76
63230 la Goutelle 63 127 Ce 73
63880 la Goutte 63 129 De 74
56480 La Gouvello 56 79 Wf 59
47300 la Grâce 47 149 Ae 82
31190 Lagraçe-Dieu 31 164 Bc 88
33990 la Gracieuse 33 134 Yf 78
49150 la Grafinière 49 84 Zf 64
19190 la Grafouillière 19 138 Be 78
05300 Lagrand 05 156 Fe 82
30300 la Grand-Cabane 30 169 Ec 86
30110 La Grand-Combe 30 154 Ea 83
42320 La Grand-Croix 42 130 Ed 75
87140 la Grande 87 113 Bb 72
81140 la Grande-Baraque 81 150 Be 84
83640 la Grande-Bastide 83 171 Fe 88
83560 la Grande-Bastide 83 171 Fe 87
84460 la Grande Bastide 84 155 Fa 86
13530 la Grande-Boise 13 171 Fe 88
18240 la Grande-Borne 18 88 Ce 64
58220 la Grande-Brosse 58 89 Da 64
88410 la Grande-Catherine 88 76 Ga 60
85260 la Grande-Chevasse 85 97 Yd 67
17420 La Grande-Côte 17 122 Yf 75
02140 La Grande Denteuse 02 41 Df 50
88240 La Grande-Fosse 88 76 Gb 60
79120 la Grande-Foye 79 111 Zf 71
87800 la Grande-Garde 87 125 Bb 75
17600 la Grande Gorce 17 122 Za 75
89770 la Grande Jaronnée 89 73 Dd 60
89150 la Grande-Justice 89 72 Da 59
36500 la Grande-Maison 36 101 Bb 67
27160 la Grande-Mare 27 49 Af 56
86290 la Grande-Motte 86 113 Ba 70
34280 la Grande-Motte 34 168 Ea 87
77130 la Grande-Paroisse 76 72 Cf 58
18170 la Grandie-Pra 18 102 Cb 69
70140 La Grande-Résie 70 92 Fd 64
83111 la Grande-Rimande 83 172 Gc 87
77150 la Grande-Romaine 76 51 Cd 56
27350 la Grande Rue 27 36 Ad 52
50700 la Grande-Rue 50 33 Yd 51
71990 la Grande-Verrière 71 105 Ea 67
37340 la Grande-Vignellerie 37 85 Ab 64
85670 la Grande-Villeneuve 85 97 Yc 67
37110 la Grand-Vallée 37 85 Af 63
08700 La Grandville 08 42 Ee 50
44170 la Grandville 44 82 Yc 63
30750 la Granerie 30 153 Db 84
16350 la Grange 16 112 Ac 72
17700 la Grange 17 110 Zb 71
19430 Lagrange 19 138 Bf 78
24640 la Grange 24 125 Af 77
25380 la Grange 25 94 Ge 65
31330 la Grange 31 164 Bb 86
33290 la Grange 33 135 Zc 79
33430 la Grange 33 147 Ze 82
40240 Lagrange 40 148 Zf 85
63630 la Grange 63 128 Dd 76
65300 Lagrange 65 163 Ac 90
81260 Lagrange 81 166 Cd 87
83111 la Grange 83 172 Gc 87
17770 la Grange-à-Robin 17 123 Zd 73
88260 la Grange-au-Bois 88 76 Ga 60
89510 la Grange-au-Doyen 89 72 Dc 60
51800 la Grange-aux-Bois 51 55 Ef 54
57070 la Grange-aux-Bois 57 56 Gb 54
87520 la Grange-de-Beuil 87 113 Ba 73
58350 la Grange-Mouton 58 103 Db 65
31310 la Grangette 31 164 Bb 89
41100 la Grapperie 41 86 Ba 62
11220 Lagrasse 11 166 Cd 90
34420 la Grassette 34 167 Dc 88
38380 la Grassotière 38 131 Fe 76
23500 la Gratade 23 126 Ca 74
63210 la Gratade 63 127 Ce 75
24130 la Grationie 24 136 Ab 79
32190 Lagraulas 32 148 Ab 86
40090 Lagraulet 40 147 Zb 85
32330 Lagraulet-du-Gers 32 148 Ab 85
31480 Lagraulet-Saint Nicolas 31 149 Ba 86
19700 Lagraulière 19 126 Bd 76
09420 la Grausse 09 177 Bb 90
05320 La Grave 05 144 Gb 78
06440 la Grave 06 159 Hc 86
24490 la Grave 24 135 Aa 78
81150 Lagrave 81 151 Bf 85
17290 la Gravelle 17 110 Za 72
53410 La Gravelle 53 66 Yf 60
50720 la Gravengerie 50 66 Za 57
12360 Lagraverie 12 152 Cf 86
14350 la Graverie 14 47 Za 55
24400 la Gravette 24 136 Ac 78
61310 la Gravière 61 48 Ab 56
83340 la Gravière 83 171 Gb 88
35380 la Grée 35 81 Xf 61
44410 la Grée 44 81 Xe 63
87800 la Grenerie 87 125 Ba 75
35270 la Grenouillière 35 65 Yb 58
49700 la Grésille 49 98 Zd 65
42460 la Gresle 42 117 Eb 72
35690 la Gretais 35 66 Yc 59
44310 la Grève 44 97 Yc 66
52220 la Grève 52 74 Ee 58
76480 la Grève 77 37 Af 52
85140 la Grève 85 97 Ye 68
17170 la Grève-sur-Mignon 17 110 Zb 71
24250 la Grèze 24 137 Bb 80
85360 la Grière 85 109 Yd 70
44170 la Grigonnais 44 82 Yb 63
15700 la Grillère 15 139 Cb 77
89240 la Grilletière 89 89 Dc 62
82230 la Grimaudié 82 150 Bd 85
86330 La Grimaudière 86 99 Aa 68
82160 la Grimmaudie 82 151 Bf 83
79150 la Gripière 79 98 Zd 66
58130 la Grippe 58 103 Db 66
17620 la Gripperie-Saint-Symphorien 17 122 Za 74
59600 La Grisoëlle 59 31 Df 47
38300 la Grive 38 131 Fb 75
16200 la Groie 16 123 Ze 74
59360 la Groise 59 31 De 48
16490 la Grolière 16 112 Ac 72
16360 la Grolle 16 123 Ze 76
85190 la Grolle 85 97 Yc 69
79150 la Grossinière 79 98 Zc 66
73360 la Grotte 73 132 Fe 76
45380 la Groue 45 87 Be 61
81600 la Groulrère 81 150 Be 85
18200 la Groutte 18 102 Cd 68
24350 la Groze 24 124 Ad 77
47400 Lagruère 47 148 Ab 82
08380 la Gruerie 08 41 Ec 49
74170 la Gruvaz 74 133 Ge 73
33590 la Gua 33 122 Yf 76
35111 la Guéhairie 35 65 Yb 57
19150 Laguenne 19 126 Be 77
19150 Laguenne-sur-Avalouze 19 126 Be 77
82250 Laguépie 82 151 Bf 84
81710 la Guéraudarre 81 165 Cb 87
37350 La Guerche 37 100 Ae 67
86420 la Guerche 86 99 Ab 67
35130 La Guerche-de-Bretagne 35 66 Ye 61
18150 la Guerche-sur-L'Aubois 18 103 Cf 67
85680 La Guerinière 85 96 Xe 67
53290 la Guérouillère 53 84 Zc 62
27160 la Guéroulde 27 49 Af 56
21430 la Guette 21 105 Eb 65
36500 la Guette 36 101 Bb 67
53110 la Guiberdière 53 67 Zd 58
44440 la Guibretière 44 82 Ye 64
44680 la Guibretière 44 96 Yb 66
71220 La Guiche 71 117 Ec 69
85130 la Guicherie 85 97 Yf 67
86120 la Guilgaudrie 86 99 Aa 66
44360 la Guillaumière 44 96 Yb 65
03250 la Guillermie 03 116 Dd 73
79420 la Guillotière 79 111 Zf 69
50500 la Guillotterie 50 34 Yd 53
35350 la Guimorais 35 65 Ya 56
64470 Laguinge-Restoue 64 161 Za 90
12210 Laguiole 12 139 Cf 80
19800 la Guirande 19 126 Bf 77
33230 la Guirande 33 135 Ze 78
34300 la Guirandette 34 167 Dc 89
32490 la Guironne 32 164 Af 87
03430 la Guittenière 03 115 Ce 70
32170 Lagujan-Mazous 32 163 Ab 88
33990 Lagunan 33 122 Za 77
33340 Lagune 33 122 Za 77
47180 Lagupie 47 136 Aa 81
73640 la Gurraz 73 133 Gf 75
85600 la Guyonnière 85 97 Ye 67
85260 la Guyonnière 85 97 Yc 67
31370 Lahage 31 164 Ba 88
49440 la Haie 49 83 Yf 63
49370 la Haie-Diot 49 83 Za 63
35560 la Haie-d'Irée 35 65 Yc 58
44690 La Haie-Fouassière 44 97 Yd 66
49190 la Haie-Longue 49 83 Zb 64
59360 la Haie-Menneresse 59 30 Dd 48
44390 la Haie-Pacoret 44 82 Yc 64
89100 la Haie-Pélegrine 89 72 Db 60
53390 la Haie-Rouge 53 83 Ye 61
53300 la Haie-Traversaine 53 67 Zc 58
65200 la Hailla 65 163 Ab 90
14290 la Halboudière 14 48 Ab 55
28160 la Hallonière 28 69 Ba 60
76780 la Hallotière 77 37 Bc 51
64120 Laharanne 64 161 Yf 88
51800 la Harazée 51 54 Ef 53
27160 la Harboudière 27 49 Af 56
61370 la Hardière 61 48 Ac 56
08220 la Hardoye 08 41 Eb 50
27370 la Harengère 27 49 Af 53
37530 la Hargandière 37 86 Ba 64
40110 Laharie 40 146 Yf 84
52000 Laharmand 52 75 Fa 60
72290 la Harmonerie 72 68 Ab 60
22320 la Harmoye 22 63 Xa 58
32130 Lahas 32 164 Af 87
44110 la Hatais 44 82 Yc 62
61700 la Haut-Chapelle 61 67 Zb 57
37360 la Haute-Barde 37 85 Ad 63
05140 la Haute Beaume 05 144 Fd 81
04250 la Haute-Combe 04 157 Gb 82
02540 la Haute-épine 02 52 Dc 55
77580 La Haute-Maison 76 52 Cf 55
35250 la Haute-Touche 35 65 Yb 59
35500 la Haute-Touche 35 66 Ye 59
83340 la Haute Verrerie 83 172 Gc 88
44660 la Haute-Ville 44 82 Yc 62
78113 la Hauteville 78 50 Bd 56
88700 la Haute-Ville 88 77 Ge 59
28410 la Haye 28 50 Bd 56
41270 la Haye 41 69 Ba 60
50450 la Haye 50 46 Ye 55
76780 La Haye 77 37 Bc 52
88270 la Haye 88 76 Gb 60
27350 la Haye-Aubrée 27 36 Ae 52
50410 la Haye-Bellefond 50 46 Ye 55
27800 la Haye-de-Calleville 27 49 Ae 53
50270 La Haye-d'Ectot 50 33 Yb 52
27350 la Haye-de-Routot 27 36 Ae 52
50250 La Haye-du-Puits 50 33 Yc 53
27370 la Haye-du-Theil 27 49 Af 53
27400 la Haye-le-Comte 27 49 Ba 53
27400 la Haye-Malherbe 27 49 Ba 53
50320 la Haye-Pesnel 50 46 Yd 56
80290 Lahaye-Saint-Romain 80 38 Bf 50
27330 la Haye-Saint-Sylvestre 27 49 Ad 55
55260 Lahaymeix 55 55 Fc 55
55300 Lahayville 55 56 Fe 55
40270 Lahemme 40 147 Zd 86
60120 la Hérelle 60 39 Cc 51
02500 La Herie 02 41 Ea 49
02120 La Hérie-La-Viéville 02 40 Dd 50
62158 La Herlière 62 29 Cd 47
53440 la Herperie 53 67 Zc 59
65560 la Herrère 65 174 Ze 90
27950 La Heunière 27 50 Bc 54
55800 Laheycourt 55 55 Fa 55
09120 la Hillette 09 164 Bc 90
31210 la Hite 31 163 Ad 90
31310 Lahitère 31 164 Bb 90
32460 la Hitère 32 162 Ze 86
32810 Lahitte 32 163 Ae 87
40160 Lahitte 40 146 Yf 82
65220 Lahitte 65 163 Ac 89
65130 Lahitte 65 163 Ab 90
65700 Lahitte-Toupière 65 162 Zf 88
14700 la Hoguette 14 48 Zf 55
88470 la Hollande 88 77 Gf 59
14390 La Hôme-sur-Mer 14 48 Zf 53
64990 Lahonce 64 160 Yd 88
64270 Lahontan 64 161 Za 87
37260 la Horaie 37 85 Ad 65
08430 la Horgne 08 42 Ee 51
40250 Lahosse 40 161 Zb 86
57850 La Hoube 57 58 Hb 57
14340 La Houblonnière 14 35 Aa 54
61270 la Houdonnière 61 49 Ad 56
59236 La Houlette 59 30 Cf 44
55170 La Houpette 55 55 Fa 57
64150 Lahourcase 64 161 Zc 88
33610 la House 33 134 Zc 80
44440 la Houssaie 44 82 Ye 63
35460 la Houssais 35 66 Yd 58
22120 la Houssaye 22 64 Xb 58
50200 la Houssaye 50 33 Yd 54
76690 la Houssaye-Béranger 77 37 Ba 51
77610 La Houssaye-en-Brie 76 52 Cf 56
88220 la Houssière 88 76 Gc 60
88430 La Houssière 88 77 Gf 59
60390 la Houssoye 60 38 Bf 52
80800 Lahoussoye 80 39 Cc 49
44522 la Houx 44 82 Ye 64
50800 la Huardière 50 46 Ye 55
50800 la Huberdière 50 46 Ye 55
78120 la Hunière 78 70 Bf 57
35490 la Hurlais 35 65 Yc 59
53250 la Hussonière 53 67 Zd 58
22800 la Hutte 22 64 Xa 58
72130 la Hutte 72 68 Aa 59
88540 la Hutte 88 94 Gf 61
22330 la Hutte-à-L'Anguille 22 64 Xc 59
41400 la Hutterie 41 86 Ba 64
61150 la Huttière 61 48 Ze 56
08800 la Hutterie 08 42 Ee 49
05320 l' Aigle 05 144 Gb 78
61300 L'Aigle 61 49 Ad 56
53200 Laigné 53 83 Zb 61
72220 Laigné-en-Belin 72 85 Ab 61
35133 Laignelet 35 66 Yf 58
21330 Laignes 21 90 Ec 61
60290 Laigneville 60 51 Cc 53
02140 Laigny 02 41 Df 49
33920 l' Aiguille 33 135 Zd 78
62170 l' Aiguille 62 28 Be 46
87110 l' Aiguille 87 125 Bb 74
85460 L' Aiguillon-sur-Mer 85 109 Ye 71
85220 l' Aiguillon-sur-Vie 85 96 Yb 68
09300 l'Aiguillon 09 178 Bf 91
35890 Laillé 35 65 Yb 61
72220 Laillé 72 85 Ac 62
87340 Lailloux 87 113 Bc 72
89190 Lailly 89 72 Dd 59
45740 Lailly-en-Val 45 87 Be 62
55800 Laimont 55 55 Fa 55
89560 Lain 89 89 Dc 63
10120 Laines-aux-Bois 10 73 Df 59
33230 Lainier 33 135 Ze 78
39320 Lains 39 119 Fc 70
89520 Lainsecq 89 89 Db 63
78440 Lainville 78 50 Be 54
42550 Lair 42 129 Df 76
79100 Laire 79 99 Zf 67
62960 Laires 62 29 Cb 45
11330 Lairière 11 178 Cc 90
85280 Lairière 85 97 Ye 68
85400 Lairoux 85 109 Ye 70
85450 L' Aisne 85 110 Yf 70
73350 Laisonnay 73 133 Ge 76
73800 Laissaud 73 132 Ga 76
25820 Laissey 25 93 Gb 65
74490 Laitraz 74 120 Gd 71
54770 Laître-sous-Amance 54 56 Gb 56
71240 Laives 71 106 Ef 69
54720 Laix 54 43 Fe 52
01290 Laiz 01 118 Ef 71
71870 Laizé 71 118 Ee 70
14320 Laize-la-Ville 14 47 Zd 54
71190 Laizy 71 105 Eb 67
45320 la Jacqueminière 45 72 Da 61
49500 la Jaillette 49 83 Zb 62
49220 la Jaille-Yvon 49 83 Zb 62
49170 la Janière 49 83 Zb 64
19700 la Jante 19 126 Be 76
17460 La Jard 17 122 Zc 75
24320 Lajard 24 124 Ac 77
85600 la Jarie 85 97 Ye 66
23130 la Jarige 23 114 Cb 72
26620 la Jarjatte 26 144 Fe 80
17220 La Jarne 17 110 Yf 72
24630 la Jarousse 24 125 Ba 75
17220 La Jarrie 17 110 Yf 72
85170 la Jarrie 85 97 Yd 68
17330 la Jarrie-Audouin 17 110 Zd 72
85120 la Jarrousselière 85 98 Zb 68
12100 la Jasse 12 152 Da 84
30560 la Jasse-de-Bernard 30 154 Ea 84
42740 la Jasserie 42 130 Ed 76
85110 La Jaudonnière 85 97 Za 69
24320 la Jaufrenie 24 124 Ab 76
78113 la Jaunière 78 50 Be 56
07270 la Javelat 07 142 Ed 78
04420 La Javie 04 157 Gc 83
79320 la Javrelière 79 98 Zc 68
24260 Lajerthe 24 137 Af 78
48120 Lajo 48 140 Dc 79
18110 la Jonchère 18 102 Cc 66
85540 la Jonchère 85 109 Yd 70
87340 La Jonchère-Saint-Maurice 87 113 Bc 72
41290 la Jouannière 41 86 Bc 61
35133 la Joulière 35 66 Ye 59
12480 la Jourdanie 12 152 Ce 84
85300 la Jousselandière 85 96 Yb 67
39310 Lajoux 39 120 Ff 70
74520 la Joux 74 120 Ff 72
74500 La Joux 74 121 Ge 70
15130 la Joyeuse 15 139 Cd 79
49510 la Jubaudière 49 98 Za 65
87230 la Judie 87 125 Af 74
63380 la Jugie 63 115 Cd 73
87800 la Jugie 87 125 Bb 75
87500 la Jugie 87 125 Bc 76
49120 La Jumellière 49 83 Zb 65
09130 la Junquière 09 164 Bc 89
30120 la Jurade 30 153 Dd 85
59190 la Kreule 59 27 Cd 44
59470 la Kruystraete 59 27 Cd 43
49360 la La 49 98 Zb 66
61320 Lalacelle 61 67 Zf 58
71570 La Lachapelle-de-Guinchay 71 118 Ee 71
33340 la Lagune 33 122 Za 76
17170 La Laigne 17 110 Zb 71
17400 la Laigne 17 110 Zc 73
79440 la Laimière 79 98 Zc 68
24700 la Lande 24 135 Aa 79
36130 la Lande 36 101 Be 67
36170 la Lande 36 113 Bb 69
79200 la Lande 79 99 Ze 68
82400 Lalande 82 149 Af 84
82200 la Lande 82 150 Ba 84
86110 la Lande 86 99 Zf 68
86700 la Lande 86 112 Ab 71
89130 Lalande 89 89 Db 62
22980 la Landec 22 65 Xe 58
49150 la Lande Chasles 49 84 Zf 64
50800 La Lande-d'Airou 50 46 Ye 56
33240 La Lande-de-Fronsac 33 135 Zd 79
61320 La Lande-de-Goult 61 68 Zf 57
61210 La Lande-de-Lougé 61 48 Ze 56
33500 Lalande-de-Pomerol 33 135 Ze 79
22630 La Lande-du-Tournay 22 65 Xf 58
60590 Lalande-en-Son 60 38 Be 52
50500 La Lande-Godard 50 46 Ye 53
60850 Lalandelle 60 38 Bf 52
61100 La Lande-Patry 61 47 Zc 56
27210 La Lande-Saint-Léger 27 48 Ac 53
61100 La Lande-Saint-Siméon 61 47 Zd 56
14240 La Lande-sur-Drôme 14 47 Za 54
61290 La Lande-sur-Eure 61 69 Af 57
85430 la Landette 85 97 Yd 69
14500 La Lande-Vaumont 14 47 Za 56
88240 La Landre 88 76 Gb 61

47330 Lalandusse 47 136 Ad 81
32500 Lalanne 32 149 Ae 86
40090 Lalanne 40 147 Zd 85
65230 Lalanne 65 163 Ad 89
32140 Lalanne-Arqué 32 163 Ad 89
65220 Lalanne-Trie 65 163 Ac 89
70270 la Lanterne-et-les-Armonts 70 94 Gd 62
35450 la Larderie 35 66 Ye 59
85220 la Largerie 85 96 Yb 68
39250 la Latette 39 107 Ga 68
15320 la Laubie 15 140 Db 79
85710 la Laumière 85 96 Ya 67
26740 la Laupie 26 142 Ef 81
46140 la Laurie 46 149 Bb 82
83340 la Lauzade 83 172 Gb 88
06450 la Lauze 06 159 Hc 85
48500 la Lavagne 48 153 Db 82
19300 la Lavastre 19 126 Bf 76
38520 la Lavey 38 144 Gb 79
67220 Lalaye 67 60 Hb 59
12420 Lalbaret 12 139 Ce 80
38470 L' Albenc 38 131 Fc 77
46230 Lalbenque 46 150 Bd 82
66480 L' Albère 66 179 Cf 94
12370 L' Albespy 12 152 Ce 86
AD400 l'Aldosa □ AND 177 Bd 93
AD100 l'Aldosa □ AND 177 Bd 93
30140 Lale 30 154 Df 84
81140 la Lèbre 81 150 Be 85
73260 la Lechères 73 132 Gc 75
31530 Lalenne 31 164 Ba 87
30580 la Léque 30 154 Ec 83
40170 la Lette 40 146 Ye 84
61170 Laleu 61 68 Ac 57
80270 Laleu 80 38 Bf 49
85210 la Leue 85 97 Yf 69
76660 la Leuqueue 77 37 Bc 49
18210 la Leux 18 103 Ce 67
30110 la Levade 30 154 Ea 83
07380 Lalevade-d'Ardèche 07 142 Eb 81
23340 la Lézioux 23 126 Ca 74
18270 l' Alger 18 102 Cb 69
71240 Lalheue 71 106 Ee 69
43100 la Licoulne 43 140 Dc 77
37190 la Lieubardière 37 99 Ac 65
34800 la Lieude 34 167 Db 87
36270 la Ligne 36 113 Bd 70
86260 la Ligne 86 100 Ae 68
44590 la Limèle 44 82 Yc 62
44310 la Limouzinière 44 97 Yc 67
85310 La Limouzinière 85 97 Ye 69
24700 Lalinde 24 136 Ab 79
24150 Lalinde 24 136 Ae 79
46320 Laliné 46 138 Be 80
34480 la Liquière 34 167 Da 87
20151 la Liscia CTC 182 Ie 96
10160 la Lisière-des-Bois 10 73 De 60
34210 la Livinière 34 166 Cd 89
03450 Lalizolle 03 115 Da 72
66210 la Llagonne 66 178 Ca 93
59167 Lallaing 59 30 Db 46
66230 la Llau 66 178 Cc 94
16270 l' Allée 16 124 Ad 74
38470 l' Allegrerie 38 131 Fc 77
26150 Lallet 26 143 Fb 80
35320 Lalleu 35 82 Yc 61
41400 Lalleu 41 86 Bb 64
38930 Lalley 38 144 Fe 80
07510 Lalligie 07 141 Ea 80
83400 l' Almanarre 83 172 Ga 90
12560 Lalo 12 140 Da 82
12350 Lalo 12 151 Ca 82
12160 Lalo 12 151 Cc 83
15130 Lalo 15 139 Cd 79
08460 Lalobbe 08 41 Ec 50
59440 la Lobiette 59 31 Df 48
41170 la Loctière 41 86 Af 61
54115 Lalœf 54 76 Ga 58
36400 Lalœuf 36 102 Bf 69
36800 la Loge 36 101 Bc 68
41300 la Loge 41 87 Ca 64
62140 La Loge 62 29 Ca 46
63700 la Loge 63 115 Cf 71
70100 la Loge 70 92 Fd 64
89160 la Loge 89 90 Eb 62
10140 la Loge-aux-Chèvres 10 74 Ec 59
10210 la Loge-Pomblin 10 73 Ea 60
08230 la Loge-Rosette 08 41 Ec 49
50430 la Londe 50 33 Yc 53
61160 la Londe 61 48 Zf 56
76500 La Londe 77 49 Af 53
83250 La Londe-les-Maures 83 172 Gb 90
03350 la Longe 03 115 Ce 69
70310 La Longine 70 94 Gd 61
64350 Lalongue 64 162 Ze 88
59570 la Longueville 59 31 Df 47
64350 Lalonquère 64 162 Zf 88
64450 Lalonquette 64 162 Ze 88
19220 Lalot 19 126 Ca 77
65310 Laloubère 65 162 Aa 89
12740 La Loubière 12 152 Ce 82
03120 l'Alouette 03 116 Dd 71
33600 L' Alouette 33 134 Zb 80
18330 la Louf-du-Houx 18 87 Ca 65
13129 la Louisiana 13 169 Ee 88
28240 La Loupe 28 69 Ba 58
10400 la Louptière-Thénard 10 72 Dc 58
31800 Lalouret-Laffiteau 31 163 Ae 89
07520 Lalouvesc 07 142 Ed 78
22350 la Louvière 22 65 Xf 58
11410 la Louvière-Lauragais 11 165 Be 89
02170 Lalouzy 02 31 De 48
39380 La Loye 39 107 Fd 66
05600 L' Alp 05 145 Gd 80
38520 l' Alpe-de-Venosc 38 144 Ga 78
38750 L' Alpe-d'Huez 38 144 Ga 78
38520 l'Alpe du Pin 38 144 Ga 79
74570 la Lua 74 120 Gb 72
63700 la Lubière 63 115 Cf 72
50320 la Lucerne-d'Outremer 50 46 Yd 56
24330 la Lucie 24 137 Af 78
44290 la Lucrais 44 82 Ya 63
72540 la Lune 72 67 Ze 60
40465 Laluque 40 146 Za 85
50680 la Luzerne 50 34 Yf 54
20218 Lama CTC 181 Kb 93
58260 la Machine 58 104 Dc 67
49630 la Macrère 49 84 Ze 64
14230 la Madeleine 14 46 Yf 53
22470 la Madeleine 22 63 Xa 56
27160 la Madeleine 27 49 Af 56
30140 la Madeleine 30 154 Ea 84
44160 la Madeleine 44 81 Xe 64
44350 la Madeleine 44 81 Xd 64
50480 la Madeleine 50 33 Ye 52
56520 la Madeleine 56 79 Wc 62
59110 La Madeleine 59 30 Da 45
70700 la Madeleine 70 93 Fe 63
84410 la Madeleine 84 156 Fa 84
85330 la Madeleine 85 96 Xe 66
61110 la Madeleine-Bouvet 61 69 Af 58
82270 la Madeleine-d'Aussac 82 150 Bc 83
27320 la Madeleine-de-Nonancourt 27 49 Bb 56
62170 La Madeleine-sous-Montreuil 62 28 Be 46
77570 La Madeleine-sur-Loing 76 71 Ce 59
90170 Lamadeleine-Val-des-Anges 90 94 Gf 62
41370 la Madeleine-Villefrouin 41 86 Bc 62
01750 la Madleine 01 118 Ef 71
06710 la Madone 06 158 Ha 85
13015 la Madragne-de-la-Ville 13 170 Fb 88
83270 la Madrague 83 171 Fe 90
13008 la Madrague-de-Montredon 13 170 Fc 89
46090 Lamagdelaine 46 138 Bc 82
47200 la Magdelaine 47 136 Ab 81
16240 la Magdeleine 16 111 Aa 72
16300 la Magdeleine 16 123 Ze 75
44130 la Magdeleine 44 82 Yb 63
31340 la Magdeleine-sur-Tarn 31 150 Bd 86
82360 Lamagistère 82 149 Ae 84
73340 la Magne 73 132 Ga 74
74410 la Magne 74 132 Ga 74
32260 Lamaguère 32 163 Ae 88
03380 Lamaids 03 115 Cc 71
44250 la Maillardière 44 96 Xf 65
76940 la Mailleraye-sur-Seine 77 36 Ae 52
37360 la Maillotière 37 85 Ad 63
85320 la Mainborgère 85 109 Ye 69
33160 la Main-d'Estève 33 134 Zb 79
89160 la Maine 89 90 Eb 62
79600 Lamairé 79 99 Zf 68
21500 la Mairie 21 90 Ec 63
59190 la Maison-Blance 59 27 Cc 44
35760 la Maison-Blanche 35 65 Yc 60
42130 la Maison-Blanche 42 129 Ea 74
63190 la Maison-Blanche 63 128 Dc 74
71570 la Maison-Blanche 71 118 Ee 71
70230 la Maison-des-Vaux 70 93 Gb 63
58190 la Maison-Dieu 58 90 Dd 64
53320 la Maison-Neuve 53 66 Za 60
41300 la Maison-Rouge 41 87 Ca 64
70190 la Malachère 70 93 Ga 64
28140 la Maladrerie 28 70 Be 60
89710 la Maladrerie 89 89 Dc 61
87520 la Malaise 87 113 Af 73
63250 la Malaptie 63 129 De 74
48210 la Malène 48 153 Db 83
30600 la Malgue 30 169 Eb 87
22640 la Malhourne 22 64 Xd 58
48120 la Malige 48 140 Dc 80
63120 Lamalle 63 128 Dd 74
02190 la Malmaison 02 41 Df 51
54150 la Malmaison 54 56 Ff 53
13090 la Malouesse 13 170 Fc 88
34240 Lamalou-les-Bains 34 167 Da 87
89520 la Malrue 89 89 Db 63
50540 la Mancellière 50 66 Yf 57
50750 la Mancellière-sur-Vire 50 46 Yf 54
52310 Lamancines 52 75 Fa 59
82160 Lamandine 82 150 Bd 83
66230 Lamanère 66 178 Cd 94
34620 la Manière 34 167 Da 88
13113 Lamanon 13 170 Fa 86
88240 la Manufacture 88 76 Gb 61
20290 la Marana CTC 181 Kd 93
29410 Lamarc'h 29 62 Wa 58
44390 la Marchanderie 44 82 Yd 64
33910 la Marche 33 135 Ze 79
58400 la Marche 58 103 Da 66
88320 Lamarche 88 76 Fe 60
55210 Lamarche-en-Woëvre 55 56 Fe 55
21760 Lamarche-sur-Saône 21 92 Fc 65
36220 la Mardelle 36 100 Ba 68
27940 la Mare 27 50 Bb 53
35540 la Mare 35 65 Ya 57
37290 la Mare 37 100 Ae 68
33180 la Maréchale 33 122 Zb 77
60540 la Mare-d'Ovillers 60 51 Cb 53
50270 la Mare-du-Parc 50 33 Yb 52
72110 la Mare-Pineau 72 68 Ac 59
50770 la Maresquière 50 33 Yc 54
63850 la Mareuge 63 127 Ce 76
33570 la Margagne 33 135 Zf 79
21440 Lamargelle 21 91 Ef 63
52160 Lamargelle-aux-Bois 52 91 Fa 62
15400 la Margeride 15 127 Cd 77
16250 la Marguerie 16 123 Zf 75
30460 la Marine 30 154 De 84
85480 la Marinière 85 97 Ye 69
44540 la Mariolle 44 83 Yf 63
44270 la Marne 44 96 Yb 67
41210 La Marolle-en-Sologne 41 87 Be 63
80290 Lamaronde 80 38 Bf 50
33460 Lamarque 33 134 Zb 78
47400 Lamarque 47 148 Ab 82
64530 Lamarque-Pontacq 64 162 Zf 89
65220 Lamarque-Rustaing 65 163 Ab 89
39210 la Marre 39 107 Fe 68
71480 Lamarre 71 119 Fc 70
19200 la Marsalouse 19 127 Cc 75
50190 la Martinerie 50 46 Yc 53
12800 la Martinie 12 151 Cb 84
81250 la Martinie 81 152 Cd 85
17600 la Martinière 17 122 Zb 74
45210 la Martinière 45 72 Cf 61
79600 La Martinière 79 99 Ze 68
32350 la Martinique 32 163 Ac 87
83840 La Martre 83 158 Gd 86
29800 la Martyre 29 62 Vf 58
23700 la Marzelle 23 115 Cd 73
44680 la Marzelle 44 96 Yb 66
49610 la Marzelle 49 83 Zc 64
85110 la Marzelle 85 97 Yf 68
30580 la Mas-de-la-Vieille-église 30 154 Ec 84
31600 Lamasquère 31 164 Bb 88
AD400 La Massana □ AND 177 Bd 93
47340 la Massas 47 149 Ae 82
46150 la Masse 46 137 Bb 81
44160 la Massonnais 44 81 Xf 64
07270 Lamastre 07 142 Ed 79
54300 Lamath 54 76 Gc 57
42260 la Mathaude 42 117 Df 73
46190 Lamativie 46 138 Ca 79
15110 la Matte 15 140 Cf 80
79600 la Maucarrière 79 99 Ze 68
61110 la Maufaise 61 69 Ae 58
72650 la Maule 72 68 Aa 60
04400 la Maure 04 158 Gd 82
24410 Lamaure 24 123 Aa 77
04330 la Maurelière 04 157 Gc 85
12400 la Maurelle 12 152 Ce 84
47110 Lamaurelle 47 149 Ad 82
12260 la Maurenque 12 151 Bf 82
19300 la Maurie 19 126 Ca 76
57140 La Maxe 57 56 Gb 53
64460 Lamayou 64 162 Zf 88
81340 Lamayoux 81 151 Cc 84
63420 la Mayrand 63 128 Da 76
11340 Lamayrède 11 178 Ca 91
81660 Lamays 81 166 Cc 87
23000 la Mazeire 23 114 Bf 72
32300 Lamazère 32 163 Ac 87
37460 la Mazère 37 101 Bb 66
23100 la Mazergue 23 127 Cc 74
63640 la Mazière 63 115 Ce 73
23260 la Mazière-aux-Bons-Hommes 23 127 Cc 73
19160 Lamazière-Basse 19 126 Cb 76
19340 Lamazière-Haute 19 127 Cc 74
87150 la Mazorie 87 125 Af 74
44770 la Mazure 44 96 Xe 66
57410 Lambach 57 58 Hc 54
29420 Lambader 29 62 Vf 57
29780 Lambadu 29 61 Vd 60
22400 Lamballe-Armor 22 64 Xc 58
56330 Lambel 56 80 Wf 61
33830 l' Ambéliet 33 134 Zb 82
56320 Lambélléguic 56 79 Wc 60
29810 Lamber 29 61 Vb 58
02140 Lambercy 02 41 Ea 50
59130 Lambersart 59 30 Da 45
87500 Lambertie 87 125 Bb 75
86460 Lambertière 86 112 Ac 72
50160 Lamberville 50 47 Za 54
76730 Lamberville 77 37 Ba 50
13410 Lambesc 13 170 Fb 87
56440 Lambézégan 56 80 Wf 61
29570 Lambézen 29 61 Vc 59
28340 Lamblore 28 49 Af 57
26400 Lambres 26 143 Fa 80
62120 Lambres 62 29 Cc 45
59500 Lambres-lez-Douai 59 30 Da 46
70500 Lambrey 70 93 Ff 62
04170 Lambruisse 04 157 Gc 84
65140 Laméac 65 163 Ab 89
50880 la Meauffe 50 46 Yf 53
22440 la Méaugon 22 64 Xa 58
60600 Lamécourt 60 39 Cc 52
13220 la Mède 13 170 Fa 88
04250 la Médecine 04 157 Ga 82
82200 la Mégère 82 150 Ba 84
49770 la Meignanne 49 83 Zc 63
44130 la Meignelais 44 82 Yb 64
85700 La Meilleraie-Tillay 85 98 Za 68
85200 la Meilleraye 85 110 Zb 70
44520 La Meilleraye-de-Bretagne 44 82 Yd 63
61130 la Melarbière 61 68 Ac 58
33780 L' Amélie 33 122 Yf 76
35270 la Mellerie 35 65 Yc 58
30110 Lamelouze 30 154 Df 83
37390 La Membrolle-sur-Choisille 37 85 Ad 64
49770 La Membrolle-sur-Longuenée 49 83 Zb 63
44119 la Ménardais 44 82 Yc 65
85480 La Ménardière 85 97 Ye 68
58300 Lamenay-sur-Loire 58 104 Dd 68
61560 la Ménière 61 68 Ac 57
88380 Laménil 88 77 Gc 60
49250 La Ménitré 49 84 Ze 64
31370 la Menjotte 31 164 Da 88
35140 la Mennerais 35 66 Yd 59
35620 la Mennerie 35 82 Yc 62
40270 Lamensans 40 147 Zd 86
70310 la Mer 70 94 Gd 62
16300 Lamérac 16 123 Ze 76
36600 la Mercerie 36 101 Bc 66
12240 la Merguie 12 151 Cb 83
41100 la Merillière 41 86 Ba 61
13090 la Mérindolle 13 170 Fb 87
85140 la Merlatière 85 97 Ye 68
03270 la Merlaude 03 116 Dc 72
33390 la Merlette 33 122 Zc 77
17260 la Merletterie 17 122 Zb 75
24270 la Merlie 24 125 Ba 76
46330 Lamerlie 46 138 Be 81
55250 Lamermont 55 55 Fa 55
81390 Lames 81 151 Bf 86
44440 la Meslière 44 82 Ye 64
53100 la Metière 53 67 Zb 59
08130 Lametz 08 42 Ee 51
53380 la Meule 53 66 Za 59
50510 la Meurdraquière 50 46 Yd 55
19160 la Meynie 19 126 Ca 76
19560 la Meysonnade 19 126 Bd 77
87800 La Meyze 87 125 Bb 75
35520 la Mezière 35 65 Yb 59
24560 la Micalie 24 136 Ae 80
42640 la Michaude 42 117 Df 72
50150 la Mière 50 47 Za 56
24160 la Migaudie 24 125 Af 77
72650 La Milesse 72 68 Aa 60
81120 Lamillarié 81 151 Ca 85
27240 la Millerette 27 49 Ba 55
86160 la Millière 86 112 Ab 71
44130 la Miltais 44 82 Yb 64
29246 la Mine 29 63 Wc 58
36170 la Minière 36 113 Bb 69
63740 la Miouze 63 127 Ce 74
83550 la Miquelette 83 172 Gc 88
34500 la Miquelle 34 167 Db 89
76730 Lammerville 77 37 Af 50
72320 Lamnay 72 69 Ae 60
88220 la Moge 88 76 Gb 60
14770 la Mogisière 14 47 Zc 55
79390 la Moinie 79 99 Zf 68
14220 la Moissonnière 14 47 Zd 54
46170 la Molayrette 46 150 Bc 83
18320 la Môle 18 103 Da 66
81660 la Mole 81 166 Cc 87
83310 La Môle 83 172 Gc 89
48800 la Molette 48 141 Df 81
36300 la Molière 36 100 Ba 69
46300 la Molière 46 137 Bc 80
80410 la Molière 80 28 Bd 47
24700 la Molle 24 136 Aa 78
08140 La Moncelle 08 42 Ef 50
44450 la Monderie 44 82 Yd 65
19510 Lamongerie 19 126 Bd 75
33240 la Mongie 33 135 Ze 78
65200 la Mongie 65 175 Ab 91
86300 la Mongodar 86 112 Ae 70
72300 la Monnerie 72 83 Zd 61
63650 la Monnerie-le-Montel 63 128 Dd 73
13190 la Montade 13 170 Fc 88
81110 la Montagnarie 81 165 Ca 88
05400 la Montagne 05 144 Ff 81
05400 la Montagne 05 144 Ff 82
05700 la Montagne 05 144 Fd 82
44620 La Montagne 44 96 Yb 65
70310 la Montagne 70 94 Gd 61
71760 la Montagne 71 104 Df 68
91150 la Montagne 91 71 Cb 58
23460 la Monteil-au-Vicomte 23 114 Bf 73
81260 Lamontélarié 81 166 Cd 87
05460 la Montette 05 145 Gf 79
63570 Lamontgie 63 128 Db 76
47310 Lamontjoie 47 149 Ad 84
60650 la Mont-Saint-Adrien 60 38 Ca 52
24520 Lamonzie-Montastruc 24 136 Ad 79
24680 Lamonzie-Saint-Martin 24 136 Ac 79
44210 la Morandière 44 96 Ya 66
61330 la Morandière 61 67 Zc 57
63680 la Morangie 63 127 Ce 75
19170 la Moratille 19 126 Bf 75
31580 la Morère 31 163 Ad 89
44110 la Morinais 44 82 Yd 62
60260 Lamorlaye 60 51 Cc 54
38350 La Morte 38 144 Ff 78
55300 Lamorville 55 55 Fd 55
09290 Lamothe 09 177 Bb 90
12800 la Mothe 12 151 Cc 83
24120 la Mothe 24 137 Bb 77
32800 Lamothe 32 148 Aa 85
32120 Lamothe 32 163 Af 86
40250 Lamothe 40 147 Zc 86
43100 Lamothe 43 128 Dc 77
47260 la Mothe 47 148 Ac 82
85150 La Mothe-Achard 85 97 Yc 69
82130 Lamothe-Capdeville 82 150 Bc 84
46240 Lamothe-Cassel 46 138 Bd 81
82500 Lamothe-Cumont 82 149 Af 85
47800 Lamothe-d'Alles 47 136 Ac 81
52330 Lamothe-en-Blaisy 52 74 Ef 59
46350 Lamothe-Fénelon 46 137 Bc 79
47150 Lamothefey 47 136 Ae 82
32500 Lamothe-Goas 32 149 Ad 85
33190 Lamothe-Landerron 33 135 Aa 81
24230 Lamothe-Montravel 24 135 Aa 79
79800 La Mothe-Saint-Héray 79 111 Zf 70
33660 Lamothe-Soudanne 33 135 Aa 78
74190 la Motre 74 121 Ge 73
17250 la Motte 17 122 Zb 73
18500 la Motte 18 102 Cb 66
22600 La Motte 22 64 Xb 59
22240 La Motte 22 64 Xe 57
25500 la Motte 25 108 Gd 66
33450 Lamotte 33 135 Zd 79
35430 la Motte 35 65 Ya 57
36100 la Motte 36 102 Bf 67
40440 la Motte 49 83 Za 63
53250 la Motte 53 67 Zd 58
58270 la Motte 58 103 Dc 66
60350 La Motte 60 39 Da 52
70800 la Motte 70 93 Gc 61
73710 la Motte 73 133 Ge 77
73640 la Motte 73 133 Gf 75
74350 la Motte 74 120 Ga 72
83920 La Motte 83 172 Gd 88
89520 la Motte 89 89 Db 63
59190 La Motte-au-Bois 59 29 Cd 44
41600 Lamotte-Beuvron 41 87 Ca 63
36700 la Motte-Blanche 36 100 Bb 66
49260 la Motte-Bourbon 86 99 Zf 66
80450 Lamotte-Brebière 80 39 Cc 49
80150 Lamotte-Buleux 80 28 Bf 47
26470 La Motte-Chalancon 26 143 Fc 82
84240 La Motte-d'Aigues 84 156 Fd 86
38770 La Motte-d'Aveillans 38 144 Fe 79
26240 la Motte-de-Galaure 26 130 Ef 77
86370 la Motte-de-Ganne 86 112 Ab 70
04250 La Motte-du-Caire 04 157 Ga 82
73340 la Motte-en-Bauges 73 132 Ga 74
05500 la Motte-en-Champsaur 05 144 Ga 80
26190 la Motte-Fanjas 26 143 Fb 78
36160 la Motte-Feuilly 36 114 Ca 69
61600 La Motte-Fouquet 61 67 Ze 57
71160 La Motte-Saint-Jean 71 117 Df 70
38770 La Motte-Saint-Martin 38 144 Fe 79
73290 La Motte-Servolex 73 132 Ff 75
21210 La Motte-Ternant 21 90 Eb 65
10400 La Motte-Tilly 10 72 Dc 58
80800 Lamotte-Warfusée 80 39 Cd 49
28220 la Mottraye 28 69 Bc 61
50320 la Mouche 50 46 Yd 56
73260 la Mouche 73 132 Gc 75
39400 la Mouille 39 120 Ff 69
74250 la Mouille 74 120 Gc 71
55700 Lamouilly 55 42 Fb 51
61330 la Moujonnière 61 67 Zc 57
30750 la Mouliné 30 153 Dc 84
64570 la Mouline 64 174 Zb 90
87500 la Moulinerie 24 125 Ba 76
37110 la Moulinerie 37 86 Af 63
17600 la Moulinette 17 122 Za 74
39310 Lamoura 39 120 Ff 70
47210 Lamoure 47 136 Ae 81
83680 la Moure 83 172 Gc 88
85700 la Moureniere 85 98 Zb 68
24800 Lamouretie 24 125 Af 76
26560 la Mourier 26 156 Fd 83
55240 la Mourière 55 43 Fe 53
34220 la Mourlarié 34 166 Ce 88
83560 la Mourotte 83 171 Ff 86
63200 la Moutade 63 116 Da 73
43340 la Mouteyre 43 141 Df 80
04170 la Moutière 04 158 Gd 85
83260 la Moutonne 83 171 Ga 90
29242 Lampaul 29 61 Uf 58
29400 Lampaul-Guimiliau 29 62 Vf 58
29810 Lampaul-Plouarzel 29 61 Vb 58
29830 Lampaul-Ploudalmézeau 29 61 Vc 57
67450 Lampertheim 67 58 He 57
67250 Lampertsloch 67 58 He 55
17270 Lampiat 17 123 Zf 77
76230 la Muette 77 37 Ba 51
63113 Lamur 63 127 Ce 76
74560 La Muraz 74 120 Gb 72
38350 La Mure 38 144 Fe 79
43210 Lamure 43 129 Ea 77
69590 Lamure 69M 130 Ed 75
69870 Lamure-sur-Azergues 69D 118 Ec 72
38140 la Murette 38 131 Fd 76
28410 la Musse 28 50 Bd 56
63880 la Naidie 63 128 Dd 75
33113 Lanan 33 147 Zd 83
25360 Lanans 25 94 Gc 65
06210 la Napoule 06 173 Gf 87
07660 Lanarce 07 141 Ea 80
38250 la Narce 38 143 Fc 78
63740 la Narse 63 127 Ce 74
83120 la Nartelle 83 172 Ge 89
29860 Lanarvily 29 62 Vd 57
07200 Lanas 07 142 Ec 81
19170 la Naucodie 19 126 Ca 75
33860 la Nauve 33 123 Zd 77
40410 la Nave 40 147 Zb 82
22860 Lancerf 22 63 Wf 56
57245 Lanceumont 57 56 Gb 54
28190 Lancey 28 69 Bb 58
38190 Lancey 38 132 Ff 77
71460 Lancharre 71 118 Ee 69
38520 Lanchâtra 38 144 Ga 79
80230 Lanchères 80 28 Bd 48
80620 Lanches 80 29 Ca 48
02590 Lanchy 02 40 Da 50
69220 Lancié 69D 118 Ee 71
22770 Lancieux 22 65 Xf 57
38510 Lancin 38 131 Fc 74
28290 Lancisière 28 69 Ba 60
41190 Lancôme 41 86 Ba 63
08250 Lançon 08 54 Ef 53
32700 Lançon 32 149 Ad 85
65240 Lançon 65 175 Ac 91
13680 Lançon-Provence 13 170 Fa 87
36500 Lancosme 36 101 Bc 68
51120 Lancourt 51 53 De 57
01200 Lancrans 01 119 Ff 72
45120 Lancy 45 71 Ce 60
34270 Lancyre 34 154 Df 86
57830 Landange 57 57 Gf 56
29160 Landaoudec 29 61 Vc 59
59310 Landas 59 30 Db 46
56690 Landaul 56 80 Wf 62
88300 Landaville-le-Bas 88 75 Fe 59
88300 Landaville-le-Haut 88 76 Fe 59
35450 Landavran 35 66 Ye 60
14330 Lando 14 34 Yf 53
15310 Lande 15 139 Cc 78
22100 Lande 22 65 Xf 58
36160 Lande 36 114 Ca 69
44650 Lande 44 97 Yc 67
50590 Lande 50 46 Yc 55
50670 Lande 50 46 Yf 56
60110 Lande 60 51 Cb 53
82240 Lande 82 150 Bd 83
35133 Landéan 35 67 Yf 58
22140 Landebaëron 22 63 We 57

A
B
C
D
E
F
G
H
I
J
K
L
M
N
O
P
Q
R
S
T
U
V
W
X
Y
Z

F

22130 Landébia 22 64 Xd 57
54360 Landécourt 54 76 Gc 57
29870 Landéda 29 61 Vc 57
50700 Lande-de-Beaumont 50 33 Yc 51
29930 Landédéo 29 78 Wb 61
22400 Landéhen 22 64 Xc 58
29530 Landeleau 29 63 Wb 59
28190 Landelles 28 69 Bb 58
14380 Landelles-et-Coupigny 14 47 Za 55
14110 Landemeure 14 47 Zc 55
49270 Landemont 49 82 Ye 65
27410 Landepereuse 27 49 Ad 54
29800 Landerneau 29 62 Vd 58
35140 Landeronde 35 66 Yc 59
85150 Landeronde 85 97 Yc 69
33790 Landerrouat 33 136 Aa 80
33540 Landerrouet-sur-Ségur 33 135 Zf 81
68380 Landersen 68 77 Ha 61
67700 Landersheim 67 58 Hc 56
09300 Landes 09 177 Be 91
17380 Landes 17 110 Zc 73
36800 Landes 36 101 Bc 69
41190 Landes-les-Gaulois 41 86 Bb 63
14310 Landes-sur-Ajon 14 47 Zc 54
76390 Landes-Vieilles-et-Neuves 77 38 Bd 50
56690 Landévant 56 80 Wf 62
29560 Landévennec 29 62 Ve 59
85220 Landevieille 85 96 Yb 69
52270 Landéville 52 75 Fb 58
15160 Landeyrat 15 127 Cf 77
02120 Landifay-et-Bertaignemant 02 40 Dd 50
61100 Landigou 61 47 Zd 56
33720 Landiras 33 135 Zd 81
61100 Landisacq 61 47 Zc 56
29510 Landivigen 29 78 Wa 60
29400 Landivisiau = Landivizio 29 62 Vf 57
53190 Landivy 53 66 Yf 58
63380 Landogne 63 127 Cd 73
57530 Landonvillers 57 56 Gc 54
31800 Landorthe 31 163 Ae 90
43340 Landos 43 141 De 79
87100 Landouge 87 125 Bb 73
33230 Landournerie 33 135 Ze 78
02140 Landouzy-la-Cour 02 41 Df 49
02140 Landouzy-la-Ville 02 41 Ea 49
57340 Landroff 57 57 Gd 55
17290 Landrais 17 110 Za 72
59550 Landrecies 59 31 De 48
55100 Landrecourt-Lempire 55 55 Fc 54
54380 Landremont 54 56 Ga 55
57530 Landremont 57 56 Gc 54
54970 Landres 54 43 Fe 53
08240 Landres-et-Saint-Georges 08 42 Fa 52
25530 Landresse 25 94 Gc 65
62250 Landrethun-le-Nord 62 26 Be 43
62610 Landrethun-lès-Ardres 62 27 Bf 44
29510 Landrévarzec 29 78 Vf 60
08240 Landreville 08 42 Fa 52
10110 Landreville 10 74 Ec 60
08600 Landrichamps 08 42 Ee 48
02380 Landricourt 02 40 Dc 51
51290 Landricourt 51 74 Ee 57
57340 Landroff 57 57 Gd 55
49600 Landronnière 49 97 Yf 65
73210 Landry 73 133 Ge 75
68440 Landser 68 95 Hc 62
29510 Landudal 29 78 Wa 60
29710 Landudec 29 78 Vd 60
22160 Landugen 22 63 Wd 58
35360 Landujan 35 65 Ya 59
29440 Landunvez 29 61 Vb 57
81430 la Négrarie 81 151 Cb 85
16150 la Négrerie 16 124 Ae 74
16130 la Nérolle 16 123 Ze 75
13016 la Nerthe 13 170 Fb 88
65190 Lanespède 65 163 Ab 89
56600 Lanester = Lannarstêr 56 79 Wd 62
11330 Lanet 11 178 Cc 91
83560 la Neuve 83 171 Ff 86
27150 la Neuve-Grange 27 37 Bd 52
52400 Laneuvelle 52 92 Fe 61
70240 la Neuvelle-lès-Lure 70 94 Gd 62
70360 la Neuvelle-lès-Scey 70 93 Ff 62
54280 Laneuvelotte 54 56 Gb 56
27330 la Neuve-Lyre 27 49 Ae 55
54370 Laneuveville-aux-Bois 54 77 Gd 57
54570 Laneuveville-derrière-Foug 54 56 Fe 56
54740 Laneuveville-devant-Bayon 54 76 Gb 58
88600 Laneuveville-devant-Lépanges 88 77 Gd 60
54410 Laneuveville-devant-Nancy 54 56 Gb 57
57590 Laneuveville-en-Saulnois 57 56 Gc 55
57790 Laneuveville-lès-Lorquin 57 57 Ha 57
88170 la Neuveville-sous-Châtenois 88 76 Ff 59
88800 la Neuveville-sous-Montfort 88 76 Ga 59
27170 la Neuville 27 49 Af 54
55130 Laneuville 55 75 Fc 57
57640 Laneuville 57 56 Gc 53
59239 La Neuville 59 30 Da 46
60220 la Neuville 60 38 Be 50
52170 Laneuville-à-Bayard 52 75 Fa 57
08450 la Neuville-à-Maire 08 42 Ef 51
52220 Laneuville-à-Rémy 52 74 Ef 58
51800 la Neuville-au-Pont 51 54 Ef 54
52100 Laneuville-au-Pont 52 54 Ef 57
55190 Laneuville-au-Rupt 55 55 Fd 56
51330 La Neuville-aux-Bois 51 54 Ef 55
52230 Laneuville-aux-Bois 52 75 Fc 58
08380 la Neuville-aux-Joûtes 08 41 Eb 49
51480 La Neuville-aux-Larris 51 53 Df 54
02250 la Neuville-Bosmont 02 41 Df 50
76520 la Neuville-Chant-d'Oisel 77 37 Bb 52
60790 la Neuville-d'Aumont 60 38 Ca 53
27890 la Neuville-du-Bosc 27 49 Ae 53
02300 la Neuville-en-Beine 02 40 Da 50
51150 la Neuville-en-Chaillois 51 53 Ea 54
60510 la Neuville-en-Hez 60 39 Cb 52
08310 la Neuville-en-Tourne-à-Fuy 08 54 Ec 52
60390 la Neuville-Garnier 60 38 Ca 53
02250 la Neuville-Housset 02 40 De 50
02450 la Neuville-lès-Dorengt 02 40 De 49
08270 la Neuville-lès-Wasigny 08 41 Ec 51
08380 la Neuville-lez-Beaulieu 08 41 Eb 49
60190 Laneuvilleroy 60 39 Cd 52
60480 la Neuville-Saint-Pierre 60 38 Cb 51
80110 la Neuville-sire-Bernard 80 39 Cd 50
45390 la Neuville-sur-Essonne 45 71 Cc 59
55700 Laneuville-sur-Meuse 55 42 Fa 52
60690 la Neuville-sur-Oudeuil 60 38 Ca 51
60112 la Neuville-Vault 60 38 Bf 52
22800 Lanfains 22 64 Xa 58
29810 Lanfeust 29 61 Vb 58
54760 Lanfroicourt 54 56 Gb 56
29530 Langalet 29 62 Wa 59
35850 Langan 35 65 Ya 59
57400 Langatte 57 57 Gf 56
22460 Langaury 22 64 Xa 58
88170 Langchamp-sous-Châtenois 88 76 Fe 59
04200 Lange 04 156 Fe 84
36600 Langé 36 101 Bd 66
43300 Langeac 43 140 Dc 78
37130 Langeais 37 85 Ac 65
16320 Langely 24 124 Ab 76
37390 Langennerie 37 85 Ae 64
67360 Langensoultzbach 67 58 He 55
29440 Langeoguer 29 62 Vf 57
40460 Langeot 40 134 Yf 81
18600 Langeron 18 103 Cf 68
58240 Langeror 58 103 Da 68
45290 Langesse 45 88 Cd 62
85220 l' Angevinière 85 96 Yb 68
28220 Langey 28 69 Bb 60
74890 Langin 74 120 Gc 71
19100 Langlade 19 137 Bc 78
24360 Langlade 24 124 Ad 74
24590 Langlade 24 137 Bb 79
30980 Langlade 30 154 Eb 86
34220 Langlade 34 166 Ce 87
43170 Langlade 43 140 Dd 79
87460 Langlard 87 126 Be 74
03800 l' Anglare 03 116 Db 72
29360 Langlazic 29 79 Wc 62
19140 L' Angle 19 126 Bd 75
44630 L' Angle 44 81 Ya 63
56860 Langle 56 80 Xb 63
85110 L' Angle 85 97 Yf 69
44130 Langlechais 44 82 Yb 63
23320 Langledure 23 114 Be 71
36230 L' Anglée 36 101 Be 69
85770 L' Anglée 85 110 Za 70
88130 Langley 88 76 Gb 58
58250 Langlois 58 104 De 68
22450 Langoat 22 63 We 56
56160 Langoëlan 56 79 We 60
48300 Langogne 48 141 Df 80
33550 Langoiran 33 135 Zd 80
29510 Langolen 29 78 Wa 60
56690 Langombrac'h 56 79 Wf 62
33210 Langon 33 135 Ze 81
35660 Langon 35 82 Ya 62
41320 Langon 41 87 Be 65
73730 Langon 73 132 Gc 75
56630 Langonnet 56 79 Wd 60
35630 Langouet 35 65 Yb 59
22330 Langourla 22 64 Xd 59
52200 Langres Corlée 52 92 Fb 61
56400 Langroix 56 80 Xa 62
56650 Langroix 56 80 We 62
22490 Langrolay-sur-Rance 22 65 Xf 57
14750 Langrune-sur-Mer 14 47 Zd 53
22980 Languédias 22 65 Xe 58
22130 Languénan 22 65 Xf 57
44440 Langueurs 44 82 Yd 63
22360 Langueux = Langaeg 22 64 Xb 58
80190 Languevoisin 80 39 Cf 50
56440 Languidic 56 79 Wf 62
57810 Languimberg 57 57 Gf 56
44390 Languin 44 82 Yc 64
29720 Languivoa 29 78 Ve 61
03150 Langy 03 116 Dc 71
35720 Lanhélin 35 65 Yb 58
22110 Lanhellen 22 63 Wd 59
55400 Lanhères 55 55 Fe 53
29890 Lanhir 29 62 Vd 57
29430 Lanhouarneau 29 62 Ve 57
26170 la Nible 26 156 Fb 83
29530 Lanignac 29 62 Wb 59
49360 la Nillière 49 98 Zb 66
33124 la Nine 33 135 Zf 82
57660 Laning 57 57 Ge 54
22570 Laniscat 22 63 Wf 59
02000 Laniscourt 02 40 Dd 51
22290 Lanleff 22 63 Wf 56
29610 Lanleya 29 63 Wb 57
22580 Lanloup 22 63 Xa 56
60650 Lanlu 60 38 Bf 52
22300 Lanmérin 22 63 Wd 56
29340 Lanmeur 29 79 Wb 61
56480 Lanmeur 56 79 Wf 59
29620 Lanmeur = Lanneur 29 63 Wb 57
22610 Lanmodez 22 63 Wf 55
29530 Lannac'h 29 63 Wb 59
59310 Lannay 59 30 Db 45
65380 Lanne 65 162 Aa 90
29640 Lannéanou 29 63 Wb 58
22290 Lannebert 22 64 Wf 57
29880 Lannebeur 29 61 Vd 57
64350 Lannecaube 64 162 Ze 88
29190 Lannédern 29 62 Wa 59
64570 Lanne-en-Barétous 64 161 Zb 90
64350 Lannegrasse 64 162 Zf 88
29340 Lanneguy 29 79 Wb 62
29190 Lannelec 29 62 Wa 59
32240 Lannemaignan 32 147 Ze 85
65300 Lannemezan 65 163 Ac 90
56270 Lannénec 56 79 Wc 62
32190 Lannepax 32 148 Ab 86
64300 Lanneplaà 64 161 Zb 88
28200 Lanneray 28 69 Bb 60
31160 Lannes 31 176 Af 90
47170 Lannes 47 148 Ab 84
52260 Lannes 52 75 Fb 61
65190 Lannés 65 163 Ab 89
32110 Lanne-Soubiran 32 162 Zf 86
29400 Lanneuffret 29 62 Ve 58
29260 Lanneunval 29 62 Vd 57
29233 Lanneusfeld 29 62 Vf 57
22620 Lannevez 22 63 Wf 56
29570 Lannilien 29 61 Vc 59
29870 Lannilis = Lanniliz 29 61 Vc 57
22300 Lannion = Lannuon 22 63 Wd 56
29340 Lann-Lothan 29 78 Wb 62
56440 Lann-Menhir 56 80 Wf 61
29260 Lannoazoc 29 62 Vd 57
29860 Lannon 29 62 Vd 58
22350 Lannouée 22 65 Xe 58
59390 Lannoy 59 30 Db 45
60220 Lannoy-Cuillère 60 38 Be 50
29790 Lannuign 29 61 Vc 60
56110 Lannuon 56 63 Wc 60
29430 Lannurien 29 62 Ve 57
32400 Lannux 32 162 Ze 87
20244 Lano CTC 183 Kb 94
15270 Lanobre 15 127 Cd 76
58250 La Nocle-Maulaix 58 104 De 68
27170 la Noë 27 49 Ae 54
44160 la Noë 44 81 Xf 64
44850 la Noë 44 82 Yd 64
35470 la Noë-Blanche 35 82 Yb 62
27560 la Noë-Poulain 27 49 Ad 53
59570 La Noire-Bouteille 59 31 Df 46
44140 la Noisetterie 44 97 Yd 66
03210 la Noix 03 116 Db 69
48230 la Nojarède 48 153 Dc 82
29380 Lanorgar 29 79 Wc 61
37340 la Normandellerie 37 84 Ab 64
91290 La Norville 91 71 Cb 57
33770 Lanot 33 134 Za 81
19170 la Nouaille 19 126 Bf 75
19510 la Nouaille 19 126 Bd 75
23500 la Nouaille 23 126 Ca 73
24270 Lanouaille 24 125 Ba 76
35137 la Nouaye 35 65 Ya 60
17740 la Noue 17 109 Ye 72
17430 la Noue 17 110 Za 73
51310 La Noue 51 53 Dd 56
44390 la Noue-Durandière 44 82 Yc 64
56120 Lanouée 56 64 Xc 60
85660 la Noue-Morin 85 97 Yc 66
19300 Lanour 19 126 Bf 76
09130 Lanoux 09 164 Bc 90
88650 l' Anoux 88 77 Gf 59
87310 la Nouzille 87 125 Af 74
24150 Lanquais 24 136 Ae 80
52800 Lanques-sur-Rognon 52 75 Fc 60
76210 Lanquetot 77 36 Ad 51
22250 Lanrelas 22 64 Xe 59
29900 Lanriec 29 78 Wa 61
35270 Lanrigan 35 65 Yb 58
22480 Lanrivain 22 63 We 58
29290 Lanrivoaré 29 61 Vc 58
22170 Lanrodec 22 64 Wf 57
71380 Lans 71 106 Ef 68
13150 Lansac 13 155 Ed 86
33710 Lansac 33 135 Zc 78
66720 Lansac 66 179 Cd 92
22340 Lansalaün 22 63 Wd 59
34130 Lansargues 34 168 Ea 87
38250 Lans-en-Vercors 38 143 Fd 78
73480 Lanslebourg-Mont-Cenis 73 133 Gf 77
73480 Lanslevillard 73 133 Gf 77
31570 Lanta 31 165 Bd 87
10210 Lantages 10 73 Eb 60
18130 Lantan 18 103 Cd 67
54150 Lantéfontaine 54 56 Ff 53
01430 Lantenay 01 119 Fd 72
21370 Lantenay 21 91 Ef 64
25170 Lantenne-Vertière 25 107 Fe 65
70200 Lantenot 70 94 Gc 62
19190 Lanteuil 19 138 Bd 78
22210 Lanthenac 22 64 Xc 60
43320 Lanthenas 43 141 De 78
21250 Lanthes 21 106 Fb 67
14480 Lantheuil 14 35 Zc 53
22410 Lantic 22 64 Xa 57
56190 Lantiern 56 81 Xd 63
69430 Lantignié 69D 118 Ed 72
56120 Lantillac 56 80 Xc 61
21140 Lantilly 21 91 Ec 63
16200 Lantin 16 123 Zf 74
33138 Lanton 33 134 Yf 80
06450 Lantosque 06 159 Hb 85
22830 Lantran 22 65 Ya 59
43260 Lantriac 43 141 Ea 78
58250 Lanty 58 104 Df 68
52120 Lanty-sur-Aube 52 74 Ee 60
30750 Lanuéjols 30 153 Dc 84
48000 Lanuéjols 48 141 Dd 81
12350 Lanuéjouls 12 151 Ca 82
65190 Lanusse 65 163 Ab 90
22100 Lanvallay 22 65 Xf 58
29880 Lanvaon 29 61 Vc 57
56240 Lanvaudan 56 80 We 61
22420 Lanvellec 22 63 Wc 57
29550 Lanvelliau 29 62 Vd 60
29290 Lanvenec 29 61 Vc 58
56320 Lanvénégen 56 79 Wc 61
29160 Lanvéoc 29 61 Vd 59
29233 Lanveur 29 62 Vf 57
56440 Lanveur 56 80 Wf 61
22300 Lanvézéac 22 63 Wd 56
22800 Lanvia 22 64 Xa 58
22470 Lanvian 22 63 Wf 56
29150 Lanvian 29 62 Ve 59
29800 Lanviguer 29 62 Ve 58
16140 Lanville 16 123 Aa 73
22290 Lanvollon 22 63 Xa 57
29460 Lanvoy 29 62 Ve 59
29470 Lanvrizan 29 62 Vd 58
46200 Lanzac 46 138 Bc 79
28270 Laons 28 49 Bb 56
47230 Laou 47 148 Ab 84
83330 Laouque 83 171 Fe 89
59890 la Pacau 59 30 Da 44
42310 La Pacaudère 42 117 Df 71
41290 la Pagerie 41 86 Bb 61
79340 la Pagerie 79 111 Zf 69
11560 la Pagèze 11 167 Da 89
33550 la Paillet 33 135 Zd 80
26220 la Paillette 26 143 Fa 82
26120 la Paillette 26 143 Fa 79
82290 la Paillole 82 150 Bb 84
03120 Lapalisse 03 116 Dd 71
07510 la Palisse 07 141 Ea 80
12480 la Palisse 12 152 Cd 84
85580 la Palle 85 109 Yd 70
17000 la Pallice 17 109 Ye 72
53140 la Pallu 53 67 Ze 57
16130 la Pallue 16 123 Ze 75
11480 La Palme 11 179 Cf 91
17570 La Palmyre 17 122 Ye 74
17420 la palud 17 122 Yf 75
38530 La Palud 38 132 Ff 76
84840 Lapalud 84 155 Ee 83
04120 La Palud-sur-Verdon 04 157 Gc 86
29160 la Palue 29 61 Vc 59
18340 Lapan 18 102 Cb 67
12150 Lapanouse 12 152 Da 82
48600 la Panouse 48 141 Dd 80
12230 Lapanouse-de-Cernon 12 152 Da 85
44360 la Pâquelais 44 82 Yb 64
23460 la Parade 23 114 Bf 73
47260 Laparade 47 148 Ac 82
59164 La Parapette 59 31 Ea 47
85470 la Parée 85 96 Ya 69
17150 la Parfaite 17 122 Zb 77
88210 la Parière 88 77 Ha 58
32290 la Parre 32 162 Aa 86
81640 Laparrouquial 81 151 Ca 84
35610 la Pasgérault 35 65 Yc 57
35430 la Passagère 35 65 Xf 57
31540 la Pastourié 31 165 Bf 88
81190 la Pastrié 81 151 Ca 84
61420 la Patrie 61 67 Zf 58
56550 Lapaul 56 79 Wf 62
81430 la Pause 81 151 Cc 85
38520 la Paute 38 144 Ff 78
44320 la Pauvredrie 44 96 Xf 65
66700 la Pave 66 179 Cf 93
44750 la Paviotais 44 81 Ya 64
41130 la Pêcherie 41 87 Be 65
20233 Lapedina CTC 181 Kc 91
09400 Lapège 09 177 Bd 92
85270 la Pège 85 96 Xf 68
33620 la Péguille 33 135 Zd 78
44370 la Peignerie 44 83 Za 64
61700 la Peignerie 61 47 Zb 56
04330 la Peine 04 157 Gc 84
63390 Lapeize 63 115 Ce 72
32330 la Pelinguette 32 148 Ab 85
49490 la Pellerine 49 84 Aa 64
53220 La Pellerine 53 66 Yf 59
35270 la Peltrie 35 65 Ya 58
82240 Lapenche 82 150 Bd 83
48800 la Penderie 48 141 Df 81
65220 Lapène 65 163 Ac 89
43260 la Pénide 43 141 Ea 78
06260 la Penne 06 158 Gf 85
09500 Lapenne 09 165 Be 90
13821 La Penne-sur-Huveaune 13 170 Fd 89
50600 Lapenty 50 66 Yf 57
86190 la Percerie 86 99 Aa 69
18200 La Perche 18 102 Cd 69
47800 Laperche 47 136 Ac 81
48210 la Périgouse 48 153 Dc 82
50630 la Pernelle 50 33 Ye 51
36350 la Pérouille 36 101 Bd 68
26210 Laperouse-Mornay 26 130 Ef 77
17240 la Péroutière 17 122 Zc 76
39150 la Perrena 39 107 Ga 68
21450 Laperrière 21 91 Ee 63
52800 la Perrière 52 75 Fb 60
61360 la Perrière 61 68 Ac 58
73130 la Perrière 73 132 Gc 76
73600 la Perrière 73 133 Gd 76
21170 Laperrière-sur-Saône 21 106 Fc 66
50620 la Perrine 50 46 Yf 53
17310 la Perroche 17 109 Ye 73
33660 la Perrotte 33 135 Aa 78
16270 la Péruse 16 124 Ad 73
04380 la Pérusse 04 157 Ga 84
39370 la Pesse 39 119 Ff 71
91530 la Petite-Beauce 91 71 Ca 57
13114 la Petite-Beauquière 13 171 Fe 88
79700 la Petite-Boissière 79 98 Zb 67
89116 la Petite-Celle 89 72 Db 61
25370 la Petite-Echelle 25 108 Gb 68
88490 La Petite-Fosse 88 77 Ha 59
86220 la Petite-Guerche 86 100 Ae 67
03420 la Petite-Marche 03 115 Cd 71
67290 La Petite-Pierre = Lützelstein 67 58 Hb 55
13104 la Petite Porcelette 13 169 Ee 88
88210 la Petite-Raon 88 77 Gf 58
36110 la Petite Roche 36 101 Bd 66
50340 la Petite-Siouville 50 33 Yb 51
17250 la Petite-Vergne 17 122 Za 74
71400 la Petite-Verrière 71 105 Ea 66
59239 la Pétrie 59 30 Da 46
22980 la Pévrie 22 64 Xe 58
40240 Lapeyrade 40 148 Zf 84
79200 La Peyratte 79 99 Zf 68
07190 la Peyre 07 142 Ec 79
11500 la Peyre 11 178 Ca 91
12400 Lapeyre 12 152 Cf 85
30570 la Peyre 30 153 De 84
40090 Lapeyre 40 147 Zd 85
46330 la Peyre 46 138 Bd 82
65220 Lapeyre 65 163 Ac 89
09300 la Peyregade 09 177 Be 91
07660 la Peyremont 07 141 Df 80
31310 Lapeyrère 31 164 Bb 89
63380 la Peyrière 63 115 Cd 73
81310 Lapeyrière 81 150 Be 85
82170 Lapeyrière 82 150 Bb 85
84560 la Peyrière 84 156 Fb 86
01330 Lapeyrouse 01 118 Ef 73
63700 Lapeyrouse 63 115 Cf 71
31180 Lapeyrouse-Fossat 31 165 Bd 86
15120 Lapeyrugue 15 139 Cd 80
24420 la Peytelie 24 125 Af 77
24800 Lapeyzie 24 125 Ba 76
12230 la Pezade 34 153 Db 85
44630 la Piardière 44 82 Ya 63
05700 la Piarre 05 144 Fd 82
37110 la Picardière 37 86 Ba 63
28290 la Pichardière 28 69 Ba 60
44521 la Pichaudière 44 82 Ye 64
78910 la Picotière 78 50 Bd 55
22340 la Pie 22 63 Wd 59
83870 la Pied-de-la-Colle 83 171 Fe 89
31600 la Pielle 31 164 Bb 88
33190 Lapierre 33 135 Zf 81
36110 la Pierre 36 101 Bd 66
87130 la Pierre-de-Neuvic 87 126 Bd 74
17520 la Pierre-Percée 17 123 Zd 75
62350 la Pierrière 62 29 Cd 45
36300 la Pignolière 36 101 Bc 65
48500 la Piguière 48 153 Db 82
38520 la Pilatte 38 144 Gb 79
47500 Lapile 47 137 Ba 81
41230 la Pilourdière 41 86 Bd 64
48130 la Pinède 48 140 Db 80
33720 la Pinesse 33 135 Ze 81
47350 la Pinie 47 136 Ab 81
24580 la Pinsonnie 24 137 Af 78
85500 la Pintrolière 85 97 Yf 67
79200 la Pionnière 79 99 Zf 68
70800 la Pisseure 70 93 Gb 61
64120 Lapiste 64 161 Yf 89
22110 la Pitié 22 63 We 59
53290 la Piverdière 53 83 Zd 62
40420 la Place 40 147 Zc 84
42990 la Place 42 129 Df 74
45150 la Place 45 87 Ca 61
47120 la Place 47 136 Ab 80
76280 la Place 77 35 Ab 50
79110 la Place-Jouhé 79 111 Aa 72
50560 la Plage 50 33 Yc 54
73210 La Plagne 73 133 Ge 75
87380 la Plagne 87 125 Bc 75
87220 la Plagne 87 125 Bb 74
73210 La Plagne Tarentaise 73 133 Ge 75
16380 la Plaigne 16 124 Ac 75
49360 La Plaine 49 98 Zc 66
87800 la Plaine 87 125 Bb 74
69740 la Plaine 69M 130 Fa 74
44770 La Plaine-sur-Mer 44 96 Xe 66
81190 la Plancade 81 151 Cb 84
44140 la Planche 44 97 Yd 66
50660 la Planche-Guillemette 50 46 Yc 55
88260 la Planchotte 88 76 Ga 60
12260 la Plane 12 138 Bf 82
63210 la Plane 63 127 Ce 75
30120 la Planque 30 153 Dd 84
50620 la Planque 50 46 Ye 53
24380 la Plantade 24 137 Af 79
74500 la Plantaz 74 120 Gd 70
33370 la Planteyre 33 135 Zd 79
16270 Laplaud 16 112 Ad 73
19550 Lapleau 19 126 Cb 77
35440 la Plousière 35 65 Yb 59
47310 Laplume 47 149 Ad 84
56420 la Poche 56 80 Xc 62
50190 la Poignavanderie 50 46 Yd 53
85710 la Poinière 85 96 Ya 67
06440 la Pointe 06 159 Hc 86
56140 la Pointe 56 81 Xe 62
82200 la Pointe 82 149 Ba 84
44440 la Poitevinière 44 82 Ye 63
49510 La Poitevinière 49 98 Za 65
86200 la Polka 86 99 Ab 66
09140 la Pomarède 09 177 Bb 92
11400 la Pomarède 11 165 Bf 88
24160 la Pomélie 24 125 Ba 76
47170 la Pomme-d' Or 47 148 Ab 84
79190 la Pommerade 79 111 Aa 71
85700 La Pommeraie-sur-Sèvre 85 98 Zb 67
14100 la Pommeraye 14 35 Ab 54
14690 la Pommeraye 14 47 Zd 55
49620 la Pommeraye 49 83 Za 64
76750 la Pommeraye 77 37 Bb 51
49360 la Pommeraye 79 98 Zc 67
19290 la Pommerie 19 126 Ca 74
19130 la Ponterie 19 125 Bc 77
86320 la Porcelaine 86 112 Ae 70
86160 la Porcherie 86 112 Ab 71
87380 la Porcherie 87 125 Bd 75
37330 la Porrerie 37 85 Ab 63
20237 la Porta CTC 181 Kc 94
83390 la Portanière 83 171 Gb 89
83390 la Portaniere 83 171 Gb 89
19220 la Porte 19 138 Ca 78
50400 la Porte-aux-Hogais 50 46 Yd 56

22320 la Porte-aux-Moines 22 64 Xa 59
85420 la Porte-de-L'Ile 85 110 Zb 70
49170 la Possonnières 49 83 Zb 64
14340 la Poste 14 35 Aa 54
40990 la Poste 40 161 Yf 86
38970 la Posterle 38 144 Ff 80
89260 la Postolle 89 72 Dc 59
33430 la Potence 33 148 Ze 82
14710 la Poterie 14 47 Za 53
16390 la Poterie 16 124 Aa 77
18310 la Poterie 18 101 Bf 66
22400 la Poterie 22 64 Xd 58
28400 la Poterie 28 69 Af 58
29410 la Poterie 29 62 Vf 57
44690 la Poterie 44 97 Yd 66
49440 la Poterie 49 83 Za 63
49230 la Poterie 49 97 Yf 66
89480 la Poterie 89 89 Dc 63
61190 la Poterie-au-Perche 61 49 Ae 57
76280 la Poterie-Cap-d'Antifer 77 35 Ab 50
27560 la Poterie-Mathieu 27 49 Ad 53
60310 La Potière 60 39 Cf 51
85640 la Potrie 85 97 Yf 68
24120 la Pouch 24 137 Bc 78
31420 la Pouche 31 163 Ac 89
49370 La Pouëze 49 83 Zb 63
23250 La Pouge 23 114 Bf 73
36100 la Pouge 36 102 Ca 67
87310 la Pouge 87 125 Af 74
43440 la Pouille 43 128 Dd 76
19190 la Poujade 19 138 Be 78
46140 Lapoujade 46 137 Bc 82
46120 la Poujade 46 138 Bf 80
46260 la Poujade 46 150 Be 82
24510 Lapouleille 24 136 Ad 79
36400 la Poulinière 36 102 Ca 68
41360 la Poulinière 41 85 Af 61
35610 la Poultière 35 65 Yc 57
33570 Lapourcaud 33 135 Zf 79
04300 la Pourcine 04 156 Fe 85
68650 Lapoutroie 68 60 Ha 60
17520 la Pouyadé 17 123 Zd 75
17520 la Pouyade 17 123 Zd 76
33620 Lapouyade 33 135 Ze 78
02150 Lappion 02 41 Df 51
07270 la Pra 07 142 Ed 79
38190 la Pra 38 144 Ff 77
07000 la Prade 07 142 Ed 80
11390 Laprade 11 166 Cb 88
16390 Laprade 16 124 Ab 77
32220 la Prade 32 164 Af 88
33460 la Prade 33 134 Zc 78
33650 la Prade 33 135 Zc 80
34520 la Prade 34 153 Dc 86
34210 la Prade 34 166 Ce 89
11390 Laprade-Basse 11 166 Cb 88
11140 Lapradelle 11 178 Cb 92
12390 la Pradelle 12 151 Cb 82
43260 la Pradette 43 141 Ea 78
12320 la Pradinie 12 139 Cd 81
35530 la Praie 35 66 Yd 60
43500 Laprat 43 129 Df 77
03250 la Pratte 03 116 Dd 72
41360 la Prazerie 41 85 Af 62
35640 Lâpre 35 82 Yd 61
44270 la Prée 44 96 Ya 67
76680 la Prée 77 37 Bb 51
43140 la Prège 43 129 Eb 77
22210 La Prénessaye 22 64 Xc 59
05800 la Près-Hauts 05 144 Ga 80
18360 la Presle 18 102 Cc 69
66230 la Preste 66 178 Cc 94
18370 la Preugne 18 102 Cb 69
36400 la Preugné 36 114 Ca 69
49420 la Previère 49 83 Ye 62
22770 la Prévotais 22 65 Xf 57
59840 La Prévôté 59 30 Cf 44
12450 la Primaube 12 152 Cd 83
56230 la Prince 56 81 Xc 62
18110 la Prinquette 18 102 Cb 65
33990 la Prise 33 122 Yf 77
70310 la Proiselière-et-Langle 70 93 Gd 62
47370 la Pronquière 47 149 Af 82
35490 la Prouverie 35 65 Yc 59
18140 la Prouze 18 103 Cf 66
74700 la Provence 74 120 Gd 73
18120 la Provenchère 18 102 Bf 66
45520 la Provenchère 45 70 Be 60
33480 la Providence 33 134 Za 79
35580 la Provostais 35 65 Yb 61
44440 la Provostière 44 82 Yd 63
03370 la Prugne 03 115 Cd 70
03250 Laprugne 03 116 De 73
63590 la Prulhière 63 128 Dc 75
34190 la Prunarède 34 153 Dc 85
36200 la Prune 36 113 Bd 69
63580 la Prunerette 63 128 Dc 76
63270 Laps 63 128 Db 74
87380 Laps 87 125 Bc 75
43200 Lapte 43 129 Eb 77
72450 la Puce 72 68 Ac 60
09800 la Pucelle 09 176 Af 91
30580 la Puech 30 154 Eb 84
49440 la Pugle 49 83 Yf 63
62122 Lapugnoy 62 29 Cd 45
28250 la Puissaye 28 69 Af 57
27170 la Puthenaye 27 49 Af 54
86260 la Puye 86 100 Ae 69
27370 la Pyle 27 49 Af 53
70120 la Quarte 70 92 Fe 62
57530 Laquenexy 57 56 Gb 54
14410 la Quesnelière 14 47 Zc 55
37230 la Queue-de-Merluche 37 85 Ac 64
17250 la Queue-des-Marais 17 122 Zb 73
27630 la Queue-d'Haye 27 50 Bd 54
78940 la Queue-les-Yvelines 78 50 Be 56
63820 Laqueuille 63 127 Ce 75
63820 Laqueuille-Gare 63 127 Ce 75
50490 la Quièze 50 33 Yc 54
81330 la Quintaine 81 151 Cc 86
72550 la Quinte 72 68 Aa 60
11560 Laquirou 11 167 Da 89
09200 Lara 09 176 Ba 90
85250 la Rabatelière 85 97 Ye 67
53500 la Rabine 53 66 Yf 59
03500 la Racherie 03 116 Db 70
50490 la Rachinière 50 33 Yd 54
88220 la Racine 88 77 Gc 60
71310 La Racineuse 71 106 Fa 68
19140 la Rade 19 125 Bd 76
05300 Laragne-Montéglin 05 157 Fe 83
35580 la Ragotière 35 81 Ya 61
49700 la Raguenière 49 98 Zd 65
62380 la Raiderie 62 29 Ca 44
73640 la Raie 73 133 Gf 75
05600 la Raille 05 145 Ge 81
49310 la Raimbaudière 49 98 Zc 66
50410 la Rairie 50 46 Ye 55
69590 Larajasse 69M 130 Ed 75
85700 la Ralière 85 98 Zb 68
36290 la Ramée 36 100 Ba 68
46260 Laramière 46 151 Bf 82
81340 la Ramondié 81 151 Cc 85
31700 Laran 31 164 Bb 87
65670 Laran 65 163 Ac 89
85600 la Rancunelière 85 97 Yf 67
12350 la Rapassie 12 151 Cb 82
18120 la Ray 18 102 Bf 66
01370 la Raza 01 119 Fc 71
81330 la Razigade 81 166 Cc 86
40250 Larbey 40 161 Zb 86
24130 Larbogne 24 136 Ab 79
16310 l' Arbre 16 124 Ad 74
59360 l' Arbre-de-Guise 59 31 Dd 48
69210 L'Arbresle 69M 130 Ed 74
60400 Larbroye 60 39 Cf 51
31800 Larcan 31 163 Ae 89
09310 Larcat 09 177 Bd 92
17520 Larceau-les-Corbinaux 17 123 Zd 75
73480 L' Arcelle-Neuve 73 133 Gf 77
43800 Larcenac 43 141 Df 78
64120 Larceveau-Arros-Cibits 64 161 Yf 89
53220 Larchamp 53 66 Yf 58
61800 Larchamp 61 47 Zb 56
77760 Larchant 76 71 Cd 59
04530 Larche 04 158 Gf 82
19600 Larche 19 137 Bc 78
47210 Larche 47 137 Ae 80
46240 Larcher 46 138 Bd 80
33650 Larchey 33 135 Zc 80
21580 Larçon 21 91 Ef 63
24530 Lardailler 24 124 Ae 76
82330 Lardailles 82 151 Bf 83
12240 Lardayrolles 12 151 Cc 83
60110 Lardières 60 51 Ca 53
05110 Lardier-et-Valença 05 157 Ff 82
04230 Lardiers 04 156 Fe 84
44270 l' Ardillé 44 96 Yb 67
87260 Lardimalie 87 125 Bc 75
91510 Lardy 91 71 Cb 57
44390 la Réauté 44 82 Yd 64
35360 la Reculais 35 65 Xf 59
18250 la Reculée 18 103 Ce 65
81290 Larécuquèle 81 166 Cb 87
53150 la Récussonnier 53 67 Zc 60
11700 Laredorte 11 166 Cd 89
32150 Larée 32 148 Zf 85
85670 la Régeasse 85 96 Yb 67
35150 la Regère 35 82 Yc 61
44522 la Regeserie 44 83 Ye 64
12800 la Réginie 12 151 Cc 84
44330 la Regrippière 44 97 Ye 65
44430 la Remaudière 44 97 Ye 65
37250 la Rèmerie 37 100 Ae 65
17550 la Remigeasse 17 109 Ye 73
09310 la Remise 09 177 Be 92
46120 la Remise 46 138 Bf 80
42410 la Remonnerie 41 69 Ba 61
76430 la Remuée 77 36 Ac 51
17620 la Renaissance 17 110 Za 73
63930 la Renaudie 63 129 De 74
49450 la Renaudière 49 97 Yf 66
50250 la Renaudière 50 46 Yb 53
56380 la Renaye 56 81 Xe 61
35470 la Renoulais 35 82 Yb 61
70100 la Rente-Rouge 70 92 Fd 63
31480 Laréole 31 164 Ba 86
33190 La Réole 33 135 Zf 81
85210 la Réorthe 85 97 Yf 69
53800 la Répenelaie 53 83 Yf 62
34330 la Resclause 34 166 Cd 87
84390 la Resclave 84 156 Fc 84
70140 la Résie-Saint-Martin 70 92 Fd 65
86150 la Ressière 86 112 Ad 71
44130 la Retentais 44 82 Yb 64
85120 la Retière 85 98 Zb 69
47700 la Réunion 47 148 Aa 83
49310 la Reveillère 49 98 Zc 66
50470 la Réveillerie 50 33 Yc 51
79360 la Revêtizon 79 110 Zd 71
24590 la Reymondie 24 137 Bc 78
12350 la Reynaldie 12 151 Cb 82
19170 Larfeuil 19 126 Bf 75
19170 Larfeuil 19 126 Bf 75
79240 Largeasse 79 98 Zd 68
20214 l'Argentella CTC 180 Ie 94
07110 Largentière 07 142 Eb 81
05120 L' Argentière-la-Bessée 05 145 Gd 80
39130 Largillay-Marsonnay 39 119 Fe 69
68580 Largitzen 68 95 Hb 63
02600 Largny-sur-Automne 02 52 Da 53
22970 Largoat 22 63 We 57
70230 Larians-et-Munans 70 93 Gb 64
23140 la Ribière 23 114 Ca 71
87800 la Ribière 87 125 Bb 75
87120 la Ribière 87 126 Be 74
85170 la Ribotière 85 97 Yd 68
42150 la Ricamarie 42 129 Ec 76
42310 la Ricarde 42 117 Df 72
81120 la Ricardié 81 151 Cb 86
85150 la Richard 85 96 Yb 69
35780 la Richardais 35 65 Xf 57
36700 la Richaudière 36 100 Ba 67
44850 la Richerais 44 82 Ye 64
53950 la Ricoulière 53 67 Zb 60
28160 la Riffaudière 28 69 Bb 59
30770 la Rigalderie 30 153 Dc 85
36160 la Rigaudière 36 114 Ca 70
47360 la Rigne 47 148 Ac 82
44850 la Rimbertière 44 82 Yd 64
24800 la Rivarie 24 124 Ae 76
49430 la Rivaudière 49 84 Ze 62
46270 Larive 46 139 Cb 80
50480 la Rive 50 46 Ye 52
50170 la Rive 50 66 Yd 57
24150 Larives 24 137 Ae 79
05400 la Rivière 05 144 Ga 81
31310 la Rivière 31 164 Bb 90
33290 Larivière 33 134 Zc 79
37500 la Rivière 37 99 Ab 66
38210 La Rivière 38 131 Fd 77
44530 la Rivière 44 81 Xf 64
44650 la Rivière 44 97 Yc 67
48240 la Rivière 48 154 De 83
61800 la Rivière 61 47 Zb 56
65230 la Rivière 65 163 Ac 89
79210 la Rivière 79 110 Zb 71
83610 la Rivière 83 172 Gb 89
86260 la Rivière 86 100 Af 69
90150 Larivière 90 94 Gf 62
52400 Larivière-Arnoncourt 52 75 Fe 60
10440 La Rivière-de-Corps 10 73 Ea 59
19520 la Rivière-de-Mansac 19 137 Bc 78
25560 la Rivière-Drugeon 25 107 Gb 67
74440 la Rivière-Enverse 74 121 Gd 72
14600 la Rivière-Saint-Sauveur 14 36 Ab 52
27550 la Rivière-Thibouville 27 49 Ae 54
73450 la Rivine 73 145 Gc 78
39200 La Rixouse 39 119 Ff 70
31230 Larjo 31 163 Ae 88
31530 Larmont 31 164 Bb 87
56550 Larmor 56 80 We 63
56690 Larmor 56 80 Wf 62
56870 Larmor-Baden 56 80 Xa 63
56260 Larmor-Plage 56 79 Wd 62
30700 Larnac 30 154 Ec 84
33340 Larnac 33 122 Za 76
26600 Larnage 26 142 Ef 78
46160 Larnagol 46 138 Be 82
12290 Larnaldesq 12 152 Ce 83
07220 Larnas 07 155 Ed 82
09310 Larnat 09 177 Bd 92
39140 Larnaud 39 106 Fc 68
25720 Larnod 25 107 Ff 65
79340 la Robelière 79 111 Zf 70
37500 la Roberderie 37 99 Ab 66
24260 la Robertie 24 137 Af 79
44170 la Robertière 44 82 Yd 63
67000 La Robertsau 67 60 He 57
04000 La Robine 04 157 Gb 83
44850 la Robinière 44 82 Yd 64
24440 Larocal 24 136 Ae 80
16120 la Roche 16 123 Zf 75
17450 la Roche 17 110 Yf 73
17250 la Roche 17 122 Za 73
17770 la Roche 17 123 Zc 73
18190 la Roche 18 102 Cb 67
19600 la Roche 19 137 Bc 78
24550 la Roche 24 137 Bb 80
26400 la Roche 26 143 Ef 80
35190 la Roche 35 65 Ya 58
36300 la Roche 36 101 Bb 69
37130 la Roche 37 85 Ac 64
37150 la Roche 37 100 Ba 65
41100 la Roche 41 86 Ba 62
42680 la Roche 42 129 Ea 76
42600 La Roche 42 129 Df 75
43360 Laroche 43 128 Db 77
43210 la Roche 43 129 Ea 77
44270 la Roche 44 96 Yb 66
48200 la Roche 48 140 Db 79
48120 la Roche 48 140 Dc 80
50440 la Roche 50 32 Ya 50
50800 la Roche 50 46 Ye 55
53100 la Roche 53 67 Zb 59
56430 la Roche 56 65 Xe 60
63410 la Roche 63 115 Cf 73
73120 la Roche 73 133 Gd 76
79350 la Roche 79 98 Zd 68
86330 la Roche 86 99 Aa 67
86800 la Roche 86 112 Ad 70
87160 la Roche 87 113 Bc 71
87120 la Roche 87 126 Be 74
24340 La Rochebeaucourt-et-Argentine 24 124 Ac 76
56130 La Roche-Bernard = Ar-Roc'h Bernez 56 81 Xe 63
44522 La Roche-Blanche 44 83 Yf 64
15110 la Roche-Canillac 15 140 Da 80
19320 La Roche-Canillac 19 126 Bf 77
24490 la Roche-Chalais 24 135 Aa 78
37500 la Roche-Clermault 37 99 Ab 66
79120 la Roche-de-Bord 79 111 Aa 71
26600 la Roche-de-Glun 26 142 Ef 78
05310 la Roche-de-Rame 05 145 Gd 80
22450 La Roche-Derrien = Ar Roc'h-Derrien 22 63 We 56
05400 La Roche-des-Arnauds 05 144 Ff 81
79120 la Roche-Elie 79 111 Aa 71
21530 la Roche-en-Brenil 21 90 Eb 64
16110 La Rochefoucauld-en-Angoumois 16 124 Ac 74
49140 la Rochefoulques 49 83 Zd 63
04150 la Rochegiron 04 156 Fd 84
95780 La Roche-Guyon 95 50 Bd 54
22450 la Roche-Jaudy 35 63 We 56
22220 la Roche-Jaune 22 63 We 56
17000 La Rochelle 17 109 Yf 72
70120 La Rochelle 70 92 Fe 62
50530 La Rochelle-Normandie 50 46 Yd 56
61420 la Roche-Mabile 61 68 Zf 58
86700 la Rochemairant 86 112 Ac 71
29800 La Roche-Maurice 29 62 Ve 58
58370 Larochemillay 58 104 Ea 67
70120 La Roche-Morey 70 92 Fe 62
79270 la Rochénard 79 110 Zc 71
53200 la Roche-Neuville 53 83 Zb 61
63800 la Roche-Noire 63 128 Db 74
86270 La Roche-Posay 86 100 Ae 68
21340 la Rochepot 21 105 Ee 67
19340 Laroche-près-Feyt 19 127 Cd 74
70210 la Rochère 70 76 Ga 61
53380 la Rocherie 53 66 Yf 59
86200 la Roche-Rigault 86 99 Ab 67
73370 la Roche-Saint-Alban 73 132 Fe 75
89400 Laroche-Saint-Cydroine 89 72 Dc 61
74800 La Roche-sur-Foron 74 120 Gb 72
26170 la Roche-sur-le-Buis 26 156 Fb 83
85000 La-Roche-sur-Yon 85 97 Yd 68
06260 la Rochette 04 158 Gf 85
05000 La Rochette 05 144 Ga 81
05140 La Rochette 05 144 Fe 81
07310 la Rochette 07 141 Eb 79
15270 la Rochette 15 127 Cd 76
16110 La Rochette 16 124 Ab 74
23200 La Rochette 23 114 Ca 72
38680 la Rochette 38 143 Fc 78
43100 la Rochette 43 128 Dc 77
73300 la Rochette 73 132 Gb 77
73350 la Rochette 73 133 Ge 76
77000 La Rochette 76 71 Cd 57
26170 la Rochette-du-Bois 26 156 Fc 83
26400 la Rochette-sur-Crest 26 143 Fa 80
21150 la Roche-Vanneau 21 91 Ed 64
71960 La Roche-Vineuse 71 118 Ee 70
70310 la Rochotte 70 94 Gd 61
88400 la Rochotte 88 77 Gf 60
14410 la Rocque 14 47 Zb 55
19270 la Rodde 19 125 Bc 77
63690 Larodde 63 127 Cd 75
63380 la Rodde 63 127 Cd 73
47700 la Rode 33 148 Zf 82
83610 la Rode 83 172 Gb 89
69700 la Rodière 69M 130 Ee 75
53350 la Roë 53 83 Yf 61
44760 la Rogère 44 96 Xf 66
36210 la Roichère 36 101 Be 65
64110 Laroin 64 162 Zd 89
01290 la Rollière 01 118 Ef 71
08220 La Romagne 08 41 Eb 50
49740 La Romagne 49 97 Yf 66
70130 La Romaine 70 93 Ff 63
44440 la Romerai 44 82 Yd 63
32480 la Romieu 32 148 Ac 85
12430 la Romiguière 12 152 Ce 84
46270 la Romiguière 46 138 Ca 81
28800 la Ronce 28 69 Bc 59
22150 la Roncière 22 64 Xb 59
17170 La Ronde 17 110 Zb 71
36500 la Ronde 36 101 Bb 67
36260 la Ronde 36 101 Bf 66
79380 la Ronde 79 98 Zc 68
50490 la Ronde-Haye 50 33 Yd 54
71380 la Rongère 71 106 Ef 68
87260 la Rongère 87 125 Bc 74
54230 Laronxe 54 77 Gd 57
24490 la Ronze 24 135 Aa 78
79370 la Ronze 79 111 Ze 71
15100 la Ronzière 15 140 Db 78
12540 la Roquaubel 12 152 Da 85
12560 la Roque 12 152 Da 82
12360 Laroque 12 152 Cf 86
24550 Laroque 24 137 Ba 80
33410 Laroque 33 135 Ze 81
33910 Laroque 33 135 Ze 78
34190 Laroque 34 153 De 85
34290 la Roque 34 167 Db 88
84190 la Roque-Alric 84 155 Fa 84
14340 la Roque-Bainard 14 48 Aa 53
46270 la Roque-Bouillac 46 139 Cb 81
15150 Laroquebrou 15 139 Cb 79
83136 La Roquebrussanne 83 171 Ff 88
13640 la Roque-d'Anthéron 13 170 Fb 86
11330 Laroque-de-Fa 11 179 Cd 91
66740 Laroque-des-Albères 66 179 Cf 93
46090 Laroque-des-Arcs 46 138 Bc 82
09600 Laroque-d'Olmes 09 177 Bf 91
83840 la Roque-Esclapon 83 172 Gd 86
24250 la Roque-Gageac 24 137 Bb 80
12200 la Roque-Jammé 12 151 Bf 83
12100 la Roque-Sainte-Marguerite 12 153 Db 84
30200 la Roque-sur-Cèze 30 155 Ed 83
47340 Laroque-Timbaut 47 149 Ae 83
12230 la Roquette 12 153 Dc 84
83670 la Roquette 83 171 Ga 87
06550 la Roquette-sur-Siagne 06 173 Gf 87
06670 La Roquette-sur-Var 06 159 Hb 85
15250 Laroquevieille 15 139 Cc 78
33220 la Roquille 33 136 Ab 80
13013 la Rose 13 170 Fc 89
50500 la Roserie 50 46 Ye 53
70310 la Rosière 70 94 Gd 61
73700 la Rosière 73 133 Gf 75
73550 la Rosière 73 133 Gd 76
10500 la Rothière 10 74 Ed 58
22230 la Rouarie 22 64 Xd 59
04250 la Rouchaye 04 157 Gb 83
37130 la Rouchouze 37 85 Ac 64
87620 la Roudie 87 125 Ba 74
14260 la Rouelle 14 47 Zc 55
36300 la Rouère 36 100 Bb 69
11120 la Roueyre 11 167 Cf 88
61260 la Rouge 61 69 Ae 59
24800 la Rougerie 24 125 Af 76
24390 la Rougerie 24 125 Ba 77
47410 Larougie 47 136 Ac 81
88140 la Rouillie 88 76 Fe 60
59219 Larouillies 59 31 Df 48
04420 la Rouine 04 157 Gc 84
12720 la Roujarie 12 153 Db 83
12230 la Roujerie 12 153 Dc 85
35390 la Roulais 35 82 Yb 62
24800 Laroulandie 24 125 Af 75
12200 la Rouquette 12 151 Bf 83
33220 la Rouquette 24 136 Ab 79
34700 la Rouquette 34 167 Dc 86
79130 la Rourie 79 98 Zc 69
22100 la Roussais 22 65 Xf 58
17700 la Rousselière 17 110 Zb 72
49370 la Rousserie 49 83 Za 63
85280 la Roussière 85 97 Yd 68
04140 la Route 04 157 Gc 83
72610 la Route 72 68 Aa 59
77220 la Route 77 52 Ce 56
12150 la Rouvayre 12 152 Da 83
22150 la Rouvenaie 22 64 Xa 59
30170 la Rouvière 30 154 De 84
48000 la Rouvière 48 141 Dd 81
48800 la Rouvière 48 141 Df 82
48230 la Rouvière 48 153 Dc 82
43800 la Roux 43 141 Df 77
44370 La Rouxière 44 83 Yf 64
48120 la Rouzerie 48 140 Dc 80
46000 la Rozière 46 150 Bc 82
73500 l'Arpont 73 133 Ge 77
32360 Larrama 32 163 Ad 86
64120 Larrandaberry 64 161 Za 89
64560 Larrau 64 174 Za 90
82500 Larrazet 82 149 Ba 85
24120 Larre 24 125 Bb 77
56230 Larré 56 81 Xc 62
61250 Larré 61 68 Aa 58
32100 Larressingle 32 148 Ab 85
64480 Larressore 64 160 Yd 88
29840 Larret 29 61 Vb 57
33660 Larret 33 135 Zf 78
70600 Larret 70 92 Fd 63
64410 Larreule 64 162 Zd 88
65700 Larreule 65 162 Aa 88
21330 Larrey 21 91 Ec 61
29160 Larrial 29 61 Vc 59
64120 Larribar-Sorhapuru 64 161 Yf 89
65400 Larribet 65 174 Ze 91
31160 Larrigau 31 176 Af 90
74500 Larringes 74 120 Gd 70
40270 Larrivière 40 147 Zd 86
39360 Larrivoire 39 119 Fe 70
31580 Larroque 31 163 Ad 89
32700 Larroque 32 149 Ad 85
65230 Larroque 65 163 Ac 89
81140 Larroque 81 150 Be 84
81270 Larroque 81 166 Cd 88
32480 Larroque-Engalin 32 149 Ad 85
32410 Larroque-Saint-Sernin 32 148 Ac 86
32100 Larroque-sur-L'Osse 32 148 Ab 85
46160 Larroque-Toirac 46 138 Bf 81
64130 Larrory 64 161 Za 89
32220 Larroucau 32 164 Ae 88
32800 Larroudé 32 148 Aa 85
32450 Larrouly 32 163 Ae 87
32500 Larroumiouac 32 149 Ad 85
40200 Larrousseau 40 146 Yf 83
64490 Larry 64 174 Zc 91
38850 l' Arsenal 38 131 Fd 76
19240 l' Artige 19 125 Bc 77
24400 Lartige 24 136 Ab 78
87400 Lartige 87 125 Bd 74
32290 Lartigue 32 162 Aa 86
32450 Lartigue 32 163 Ae 87
33220 Lartigue 33 136 Ab 79
33840 Lartigue 33 148 Zf 83
40090 Lartigue 40 147 Zd 86
33680 Laruau 33 134 Yf 79
38380 La Ruchère 38 132 Fe 76
28250 la Rue 28 49 Ba 57
50250 la Rue-Capelot 50 46 Yd 53
02500 la Rue-Charles 02 41 Ea 50
50440 la Rue-de-Beaumont 50 33 Ya 51
27210 la Rue-de-Fort-Moville 27 36 Ac 53
50330 la Rue-de-Sauxtour 50 33 Yd 51
50390 la Rue-de-Tourville 50 33 Yd 52
50250 la Rue-du-Bocage 50 33 Yc 53
08290 la Rue-du-Moulin 08 41 Eb 50
22240 la Ruée 22 64 Xd 57
71400 la Ruée 71 105 Ec 67
02260 la Rue-Lagasse 02 40 De 49
50500 la Rue-Mary 50 33 Ye 53
60510 la Rue-Saint-Pierre 60 38 Cb 52
76690 la Rue-Saint-Pierre 77 37 Bb 51
64440 Laruns 64 174 Zd 91
83390 la Ruol 83 171 Ga 89
33620 Laruscade 33 135 Zd 78
24170 Larzac 24 137 Ba 80
51290 Larzicourt 51 54 Ee 57
02580 Larzille 02 41 Df 49
32190 Las 32 163 Ab 86
02140 la Sablonnière 02 41 Ea 50
49390 la Sablonnière 49 84 Aa 64
08130 la Sabotterie 08 42 Ee 51
24290 la Sagne 24 137 Bb 78
15430 la Sagnette 15 139 Ce 78
85340 la Salaire 85 96 Yb 69
24590 la Salamonie 24 137 Bc 79
67420 la Salcée 67 60 Ha 58
15430 la Salesse 15 140 Cf 79
82330 la Salesse 82 151 Bf 83
38970 la Salette-Fallavaux 38 144 Ff 79
33260 la Salie 33 134 Ye 81
56730 la Saline 56 80 Xa 63
05240 la Salle 05 145 Gd 79
30460 Lasalle 30 153 Df 84
49330 la Salle 49 83 Zc 62
71260 la Salle 71 118 Ef 70
81340 la Salle 81 151 Cc 84
82160 la Salle 82 150 Be 83
88470 la Salle 88 77 Ge 59
49310 la Salle-de-Vihiers 49 98 Zc 66
38350 La Salle-en-Beaumont 38 144 Ff 79

48400 La Salle-Prunet 48 153 Dd 83
09270 la Saltré 09 165 Be 89
82270 la Salvetat 82 150 Bc 83
82230 la Salvetat-Belmonet 82 150 Bd 85
31460 la Salvetat-Lauragais 31 165 Be 87
12440 La Salvetat-Peyralès 12 151 Cb 83
31880 la Salvetat-Saint-Gilles 31 164 Bb 87
34330 La Salvetat-sur-Agout 34 166 Ce 87
13310 la Samatane 13 170 Ef 87
04140 la Sambue 04 157 Gc 83
35730 la Samsonnais 35 65 Xf 57
85110 La Sangle 85 97 Yf 68
04250 la Sapie 04 157 Ga 83
58170 la Sarrée 58 104 Df 68
12240 la Sarrette 12 151 Cb 82
73640 la Sassière 73 133 Gf 75
33730 la Saubotte 33 135 Zd 82
28250 la Saucelle 28 49 Ba 57
61700 la Saucerie 61 67 Zb 57
12480 la Sauclière 12 152 Cd 85
35360 la Saudraie 35 65 Xf 59
56430 la Saudrais 56 64 Xe 60
22150 la Saudrette 22 64 Xb 58
08460 la Sauge-aux-Bois 08 41 Ec 51
05110 La Saulce 05 157 Ga 82
19170 la Saulière 19 126 Ca 75
41100 la Saulnerie 41 86 Af 62
10400 la Saulsotte 10 72 Dd 57
23000 la Saunière 23 114 Bf 72
44110 la Sausay 44 82 Yc 62
61100 la Saussaie 61 47 Zd 56
27370 la Saussaye 27 49 Af 53
28400 la Saussaye 28 69 Af 59
06470 la Saussette 06 158 Ge 84
22230 la Sauvagere 22 64 Xc 59
61600 La Sauvagère 61 67 Zd 57
24320 la Sauvanie 24 124 Ac 76
33670 La Sauve 33 135 Ze 80
63660 la Sauvetas 63 129 Df 75
32500 La Sauvetat 32 149 Ad 85
43340 La Sauvetat 43 141 Df 79
47500 la Sauvetat 47 137 Af 81
63730 la Sauvetat 63 128 Db 75
47270 La Sauvetat-de-Savères 47 149 Ae 83
47800 La Sauvetat-du-Dropt 47 136 Ac 81
47150 La Sauvetat-sur-Lède 47 136 Ae 82
19200 la Sauvette-d'Aix 19 127 Cc 75
89480 la Sauvin 89 89 Db 63
17138 la Sauzaie 17 110 Yf 71
85470 la Sauzaie 85 96 Ya 69
81630 la Sauzière-Saint-Jean 81 150 Bd 85
74230 la Savataz 74 132 Gc 74
18380 la Savaterie 18 88 Cd 64
61420 la Savette 61 68 Zf 57
73640 la Savine 73 133 Gf 75
65190 las Barthes 65 163 Ab 89
12500 Lasbinals 12 139 Ce 81
11400 Lasbordes 11 165 Ca 89
64270 Lasbordes 64 161 Za 88
46800 Lasbouygues 46 149 Bb 82
12470 Lasbros 12 139 Cf 81
40420 Lasbroudes 40 147 Zd 84
46800 Lascabanes 46 150 Bb 82
09200 las Cabesses 09 177 Bb 91
23170 Lascau 23 115 Cc 71
23500 Lascaud-Maury 23 126 Ca 73
23500 Lascaus 23 127 Cb 74
19130 Lascaux 19 125 Bc 76
65700 Lascazères 65 162 Zf 87
63122 Laschamp 63 128 Cf 74
88230 la Scie 88 77 Gf 60
64450 Lasclaveries 64 162 Ze 88
24800 las Combas 24 125 Af 76
13360 Lascours 13 171 Fd 88
09800 Lascoux 09 176 Af 91
16450 Lascoux 16 112 Ad 73
87290 Lascoux 87 113 Bb 72
43140 la Séauve-sur-Semène 43 129 Eb 77
15290 la Ségalassière 15 139 Cb 79
16220 la Seguinie 16 124 Ad 74
46350 la Séguinie 46 138 Bc 80
49280 La Séguinière 49 97 Za 66
83340 la Seigneur 83 171 Ga 88
25450 la Seignotte 25 108 Gf 65
35140 la Selle 35 66 Yd 59
38520 la Selle 38 144 Gb 79
35460 la Selle-en-Coglès 35 66 Yd 58
45210 La Selle-en-Hermoy 45 72 Cf 60
35133 la Selle-en-Luitré 35 66 Yf 59
35130 la Selle-Guerchaise 35 83 Ye 61
61100 la Selle-la-Forge 61 47 Zc 56
45210 La Selle-sur-le-Bied 45 72 Cf 60
02150 la Selve 02 41 Df 51
12170 La Selve 12 152 Cd 84
44480 la Sencie 44 81 Xf 64
44760 la Sennetière 44 96 Xf 66
59174 La Sentinelle 59 30 Dc 46
65710 la Séoube 65 175 Ab 91
24700 Laser 24 135 Aa 78
54150 la Serpe 54 56 Fe 53
11190 la Serpent 11 178 Cb 91
04360 la Serre 04 157 Ga 86
05380 la Serre 05 145 Gc 81
19200 la Serre 19 127 Cb 76
19220 la Serre 19 138 Ca 78
24370 la Serre 24 137 Bc 79
38710 la Serre 38 144 Fe 80
83670 la Serre 83 171 Ff 87
23190 la Serre-Bussière-Vieille 23 114 Cb 72
31800 la Serre-de-Cazaux 31 163 Ae 90
31800 la Serre-de-Villeneuve 31 163 Ae 90
12240 la Serre-Lissosse 12 151 Cb 82
38470 la Servagère 38 131 Fc 78
44210 la Severie 44 96 Xf 66
83140 La Seyne-sur-Mer 83 171 Ff 90
24270 las Fargeas 24 125 Ba 76
09240 Lasfittes 09 177 Bc 90
48130 Lasfonds 48 140 Db 80
16490 Lasfont 16 112 Ad 72
81300 Lasgraisses 81 151 Ca 86
19230 la Siauve 19 125 Bc 76
44320 la Sicaudais 44 96 Ya 65
66480 las Illas 66 179 Ce 94
04200 la Silve 04 157 Ff 83
16430 la Simarde 16 124 Ab 74
44522 la Sinandière 44 82 Ye 64
65350 Laslades 65 163 Ab 89
40240 Laslangaches 40 148 Ze 84
27240 la Sôgne 27 49 Ba 55
44310 la Soherie 44 96 Yb 66
25510 La Sommette 25 108 Gd 65
38840 la Sône 38 143 Fb 78
44650 la Sorderie 44 97 Yc 67
50200 la Sorière 50 33 Yc 54
79150 la Sorinière 79 98 Zd 67
07380 La Souche 07 141 Eb 81
83840 la Souche 83 172 Gd 86
43160 la Souchère 43 129 De 77
27410 la Soudière 27 49 Ae 54
09140 la Soumère 09 176 Ba 91
81260 la Souque 81 166 Cd 87
45100 la Source 45 87 Bf 61
41800 la Sournas 41 85 Ae 62
23300 La Souterraine 23 113 Bc 71
30600 la Souteyranne 30 169 Ec 87
16150 la Soutière 16 124 Ae 73
15190 Lasparet 15 127 Ce 76
32250 Laspeyres 32 148 Ab 85
47270 Laspeyres 47 149 Ae 84
81190 las Planques 81 151 Cb 84
64330 Lasque 64 162 Zd 87
18220 Lass 18 102 Cd 65
11600 Lassac 11 166 Cc 89
65670 Lassales 65 163 Ac 89
64520 Lassarrade 64 160 Ye 88
53110 Lassay-les-Châteaux 53 67 Zd 58
41230 Lassay-sur-Croisne 41 87 Bd 64
49490 Lasse 49 84 Aa 63
64220 Lasse 64 160 Ye 90
32550 Lasséran 32 163 Ad 87
09230 Lassere 09 164 Bb 90
44370 Lasseron 44 83 Za 64
01250 Lasserra 01 119 Fc 71
64300 Lasserrade 64 161 Zb 88
24310 Lasserre 24 124 Ad 77
32400 Lasserre 32 162 Ze 87
32350 Lasserre 32 163 Ac 86
47420 Lasserre 47 148 Aa 83
47600 Lasserre 47 148 Ac 84
64350 Lasserre 64 162 Zf 87
11270 Lasserre-de-Prouille 11 165 Ca 89
64290 Lasseube 64 162 Zd 89
32550 Lasseube-Propre 32 163 Ad 87
32430 Lasseubes 32 164 Af 86
64290 Lasseubetat 64 162 Zd 89
63160 Lassias 63 128 Db 74
10500 Lassicourt 10 74 Ec 58
60310 Lassigny 60 39 Ce 51
14740 Lasson 14 35 Zd 53
89570 Lasson 89 73 De 60
18160 Lassout 18 102 Ca 68
12500 Lassouts 12 139 Cf 82
81260 Lassouts 81 166 Cd 87
09310 Lassur 09 177 Be 92
33113 Lassus 33 147 Zd 82
88240 Lassus 88 76 Gc 61
14770 Lassy 14 47 Zb 55
35580 Lassy 35 65 Ya 61
50250 Lastelle 50 46 Yd 53
09200 Lastès 09 177 Bb 91
19240 Lasteyrie 19 125 Bc 77
15500 Lastic 15 140 Db 78
63760 Lastic 63 127 Cd 74
15500 Lastiguet 15 140 Db 78
11490 Lastours 11 179 Cf 90
46800 Lastours 46 150 Ba 82
82440 Lastours 82 150 Bc 84
87800 Lastours 87 125 Ba 75
47500 Lastreilles 47 137 Af 81
87470 la Subertange 87 126 Be 74
43400 la Suchère 43 142 Eb 78
12120 la Suderie 12 152 Cc 83
18130 la Suée 18 102 Cd 67
38134* La Sure en Chartreuse 38 131 Fd 76
13130 la Suzanne 13 170 Fa 88
72210 La Suze-sur-Sarthe 72 84 Aa 61
88410 la Sybille 88 76 Ga 60
73110 La Table 73 132 Gb 76
79600 la Tâche 79 99 Zf 68
17160 la Tâcherie 17 123 Ze 74
71190 La Tagnière 71 105 Eb 68
37140 la Taille 37 84 Aa 65
85220 La Taillée 85 96 Yb 68
85450 la Taillée 85 110 Za 70
16170 Lataiteau 16 124 Ab 76
42350 la Talaudière 42 130 Ec 76
34450 la Tamarissière 34 167 Dc 89
35133 la Tanceraie 35 66 Ye 59
50580 la Tannière 50 33 Yc 53
53220 la Tannière 53 66 Za 58
22150 la Tantouille 22 64 Xc 59
12270 la Tapie 12 151 Ca 83
85120 la Tardière 85 98 Zb 69
62580 la Targette 62 29 Ce 46
44680 la Tartouzerie 44 96 Ya 66
60490 Lataule 60 39 Ce 51
63690 la Tauvery 63 127 Cd 75
28190 la Taye 28 69 Bc 58
44670 la Teillais 44 82 Ye 62
81640 la Teissarié 81 151 Ca 84
56380 la Telhaie 56 81 Xf 61
58160 l' Atelier 58 103 Db 67
49660 la Tellandière 49 97 Yf 66
87230 la Terrade 87 125 Ba 74
01380 la Terrasse 01 118 Fa 71
38660 La Terrasse 38 132 Ff 77
42740 la Terrasse-sur-Dorlay 42 130 Ed 76
50560 la Terrerie 50 33 Yc 54
72250 la Terre-Rouge 72 85 Ab 61
59266 La Terriere 59 40 Db 48
85360 la Terrière 85 109 Yd 70
15160 la Terrisse 15 128 Cf 77
49280 la Tessouale 49 98 Za 66
33260* La Teste de Buch 33 134 Ye 81
61310 la Tête au Loup 61 48 Aa 56
15100 Latga 15 140 Cf 78
72430 la Thaulière 72 84 Ze 61
46250 la Théze 46 137 Ba 81
18390 la Thibauderie 18 102 Cd 66
87190 Lathière 87 113 Ba 71
62130 la Thieuloge 62 29 Cc 46
73260 la Thuile 73 132 Gc 76
73190 la Thuile 73 132 Ga 75
73640 la Thuile 73 133 Gf 75
73700 la Thuile 73 133 Ge 75
74210 Lathuile 74 132 Gb 74
86390 Lathus-Saint-Rémy 86 112 Af 71
48500 la Tieule 48 152 Da 82
86190 Latillé 86 99 Aa 69
02210 Latilly 02 52 Db 54
44640 la Tindière 44 96 Ya 66
45430 Latingy 45 87 Ca 61
22350 la Tisonnais 22 65 Xf 58
79300 la Tisonnière 79 98 Zd 67
22590 la Toisse 22 64 Xa 57
77130 La Tombe 76 72 Da 58
20169 la Tonnara CTC 185 Ka 00
85160 la Tonnelle 85 96 Xf 68
86190 la Torchaise 86 111 Ab 69
50570 la Tortinière 50 34 Ye 54
22630 la Touche 22 65 Xf 58
28800 la Touche 28 70 Bc 60
85170 la Touche 85 97 Yd 68
86170 la Touche 86 99 Aa 68
44170 la Touche-de-Boissais 44 82 Yc 63
44110 la Touche-d'Erbray 44 82 Ye 62
50540 la Touche-Durand 50 66 Ye 57
31800 Latoue 31 163 Ae 89
33860 la Touille 33 123 Zd 77
46400 Latouille-Lentillac 46 138 Bf 79
35120 la Touine 35 65 Yb 58
71520 la Toule 71 117 Ec 70
06420 la Tour 06 159 Hb 85
09230 la Tour 09 164 Bb 90
11290 la Tour 11 165 Cb 89
12540 Latour 12 152 Da 85
23130 la Tour 23 114 Ca 72
24700 la Tour 24 136 Ab 79
24200 la Tour 24 137 Bb 79
30110 la Tour 30 154 Ea 83
31310 Latour 31 164 Bb 89
43700 Latour 43 141 Df 78
74250 la Tour 74 120 Gc 72
14220 la Touraille 14 47 Zc 54
66200 Latour-Bas-Elne 66 179 Da 93
24320 La Tour-Blanche-Cercles 24 124 Ac 76
84240 La Tour-d'Aigues 84 171 Fd 86
63680 La Tour-d'Auvergne 63 127 Ce 75
66760 Latour-de-Carol 66 178 Bf 94
66720 Latour-de-France 66 179 Cd 92
19490 la Tour-del-Bos 19 126 Be 77
69890 La Tour-de-Salvagny 69M 130 Ee 74
25640 la Tour-de-Sçay 25 93 Gb 64
09100 la Tour-du-Crieu 09 165 Bd 90
39270 la Tour-du-Meix 39 119 Fd 69
38110 La Tour-du-Pin 38 131 Fc 75
55160 Latour-en-Woëvre 55 56 Fe 54
19200 la Tourette 19 127 Cb 75
42380 la Tourette 42 129 Ea 76
86120 la Tourette 86 99 Zf 66
11380 la Tourette-Cabardès 11 166 Cb 88
83400 la Tour-Fondue 83 172 Ga 90
49120 La Tourlandry 49 98 Zb 66
50140 la Tournerie 50 47 Za 56
05000 la Tourronde 05 144 Ga 81
37120 la Tour-Saint-Gelin 37 99 Ac 66
34260 La Tour-sur-Orb 34 167 Da 87
73300 la Toussuire 73 132 Gb 77
35500 la Touzerie 35 66 Ye 60
17400 la Touzetterie 17 110 Zc 73
24800 Latrade 24 125 Ba 76
85360 La Tranche-sur-Mer 85 109 Yd 70
01160 la Tranclière 01 119 Fb 72
19260 la Tranugie 19 126 Be 75
31310 Latrape 31 164 Bb 89
24550 la Trappe 24 137 Ba 80
73140 la Traversaz 73 133 Gc 77
09200 la Traverse 09 176 Ba 91
87250 la Traverse 87 113 Bc 72
52120 Latrecey-Ormoy 52 74 Ef 61
04510 la Treille 04 157 Ga 84
13190 la Treille 13 170 Fd 89
34360 la Treille 34 167 Cf 88
17390 La Tremblade 17 122 Yf 74
37360 la Tremblaye 37 85 Ad 63
15100 la Trémolière 15 140 Db 78
24210 la Trémouille 24 137 Af 77
33360 Latresne 33 135 Zd 80
77510 La Trétoire 76 52 Db 55
12850 la Tricherie 12 152 Cc 82
16220 la Tricherie 16 124 Ad 75
86490 la Tricherie 86 99 Ac 68
17150 la Trigale 17 122 Zb 76
40800 Latrille 40 162 Ze 87
86290 la Trimouille 86 113 Ba 70
15110 La Trinitat 15 140 Cf 80
05800 la Trinité 05 144 Ff 80
06340 La Trinité 06 173 Hb 86
22290 la Trinité 22 63 Wf 56
22420 la Trinité 22 63 Wd 57
22580 la Trinité 22 64 Xa 56
27120 La Trinité 27 50 Bb 55
29280 la Trinité 29 61 Vc 58
29140 la Trinité 29 78 Wa 61
29710 la Trinité 29 78 Vd 61
50800 La Trinité 50 46 Ye 56
73110 La Trinité 73 132 Ga 76
27270 La Trinité-de-Réville 27 49 Ad 55
61230 La Trinité-des-Laitiers 61 48 Ac 56
76170 La Trinité-du-Mont 77 36 Ad 51
56630 la Trinité-Langonnet 56 79 Wd 60
56490 La Trinité-Porhoët 56 64 Xc 60
56470 La Trinité-sur-Mer 56 80 Wf 63
56190 La Trinité-Surzur 56 80 Xc 63
85290 la Trique 85 98 Za 67
81120 la Trivale 81 151 Cb 85
81330 la Trivale 81 151 Cc 86
81230 la Trivalle 81 166 Ce 86
41230 la Troanne 41 86 Bd 64
19470 la Tronche 19 126 Be 76
19160 Latronche 19 126 Cb 77
46210 Latronquière 46 138 Ca 80
19110 la Troubade 19 127 Cc 76
27570 la Troudière 27 49 Ba 56
32300 la Trouette 32 163 Ac 87
33113 la Trougne 33 147 Zc 82
27260 la Trouverie 27 48 Ac 53
81300 la Trucarié 81 165 Bf 86
71290 la Truchère 71 118 Ef 69
72190 la Trugalle 72 68 Ab 60
60240 Lattainville 60 50 Be 53
87310 Latterie 87 125 Af 74
34970 Lattes 34 168 Df 87
62810 Lattre-Saint-Quentin 62 29 Cd 47
50370 la Tuaudière 50 46 Ye 56
44420 la Tuballe 44 81 Xc 64
47420 la Tucolle 47 148 Aa 83
34520 Latude 34 153 Dc 85
85670 la Tuelevrière 85 97 Yc 67
14490 la Tuilerie 14 34 Zb 53
33650 la Tuilerie 33 134 Zc 81
46800 la Tuilerie 46 150 Bb 82
53200 la Tuilerie 53 83 Zb 62
72300 laTuilerie 72 84 Ze 62
82230 la Tuilerie 81 150 Bd 85
24330 la Tuilière 24 137 Af 78
83590 la Tuilière 83 172 Gb 89
84490 la Tuillère 84 156 Fb 85
24700 la Tuillère 24 136 Ab 79
17210 la Tuillerie 17 123 Zd 77
04330 la Tuillière 04 157 Gc 85
47380 la Tuque 47 136 Ad 81
06320 La Turbie 06 173 Hc 86
44130 la Turne 44 82 Yb 64
32110 Lau 32 148 Zf 86
67580 Laubach 67 58 He 55
31160 Laubague 31 176 Ae 91
24130 Laubanie 24 136 Ac 79
19250 Laubard 19 126 Ca 75
48300 Laubarnès 48 141 De 81
67190 Laubenheim 67 60 Hc 58
39160 l'Aubépin 39 119 Fc 70
69590 l' Aubépin 69M 130 Ec 75
28800 l' Aubépine 28 69 Bb 59
48170 Laubert 48 141 Dd 81
16170 Laubertière 16 123 Zf 74
17220 l' Aubertière 17 110 Za 72
48700 Laubespin 48 140 Dc 81
72270 L' Aubinière 72 84 Zf 62
64230 Laubiosse 64 162 Zd 88
04330 Laubre 04 157 Gc 84
79350 Laubreçais 79 98 Zd 68
10270 Laubressel 10 73 Eb 59
35470 l' Aubriais 35 82 Yb 61
41140 Laubrière 41 86 Bc 65
53540 Laubrières 53 66 Yf 61
09200 Lauch 09 177 Bb 91
80700 Laucourt 80 39 Ce 50
03300 Laudemarière 03 116 Dc 71
76220 Laudencourt 77 38 Be 51
06750 l'Audibergue 06 158 Ge 86
24290 Laudigerie 24 137 Ba 78
28250 Laudigerie 28 69 Ba 57
32420 Laudine 32 164 Ae 88
24420 Laudinie 24 125 Af 77
24210 Laudonnie 24 125 Ba 77
57385 Laudrefang 57 57 Gd 54
30290 Laudun- l'Ardoise 30 155 Ed 84
03210 l' Augère 03 103 Da 69
36160 L' Augette 36 114 Ca 70
47360 Laugnac 47 149 Ad 83
50380 Laugny 50 46 Yd 56
72600 l' Augotterie 72 68 Ab 59
33340 Laujac 33 122 Za 76
32110 Laujuzan 32 148 Zf 86
07600 l' Aulagnet 07 142 Eb 80
05500 L' Aulagnier 05 144 Ga 80
33210 Laulan 33 135 Zd 81
50430 Laulne 50 46 Yd 53
34700 Laulo 34 167 Dc 86
46200 Laumède 46 138 Bd 79
48230 Laumède 48 153 Dc 82
57480 Laumesfeld 57 44 Gc 52
46500 Laumière 46 138 Be 80
23300 L' Aumône 23 113 Bd 71
19190 Laumont 19 138 Be 78
31330 Launac 31 149 Bb 86
34690 Launac-Saint-André 34 168 De 87
31140 Launaguet 31 164 Bc 86
22210 Launay 22 64 Xc 60
22240 Launay 22 64 Xd 57
36500 Launay 36 101 Bc 67
36600 Launay 36 101 Bd 65
44640 Launay 44 96 Yb 65
45190 Launay 45 86 Bd 61
53260 L' Aunay 53 67 Zb 61
79100 Launay 79 99 Ze 67
85140 L' Aunay 85 97 Yf 68
53100 l' Aunay-Play 53 67 Zb 59
53410 Launay-Villiers 53 66 Yf 60
06470 Launes, les 06 158 Gf 84
08430 Launois-sur-Vence 08 41 Ed 51
02210 Launoy 02 52 Dc 53
77710 l' Aunoy 76 72 Da 59
57480 Launstroff 57 44 Gc 52
30750 Laupies 30 153 Dc 84
30750 Laupiettes 30 153 Dc 84
11400 Laurabuc-et-Mireval 11 165 Bf 89
11270 Laurac 11 165 Bf 89
32130 Laurac 32 164 Ae 87
07110 Laurac-en-Vivarais 07 142 Eb 81
32330 Lauraët 32 148 Ab 85
11300 Lauraguel 11 165 Cb 90
79350 L' Auraire 79 98 Zd 67
12250 Lauras 12 152 Cf 85
13180 Laure 13 170 Fb 88
40250 Laurède 40 147 Zb 86
11800 Laure-Minervois 11 166 Cd 89
22230 Laurenan 22 64 Xc 59
34480 Laurens 34 167 Db 87
81200 Laurens 81 166 Cb 88
24330 Laurent 24 136 Ae 78
42830 Laurent 42 116 De 73
47150 Laures 47 136 Ae 81
46210 Lauresses 46 138 Ca 80
34270 Lauret 34 154 Df 85
40320 Lauret 40 162 Zd 87
15500 Laurie 15 128 Da 77
87500 Lauriéras 87 125 Bb 75
87370 Laurière 87 113 Bc 72
34210 L' Auriol 34 166 Cd 88
84360 Lauris 84 170 Fb 86
33680 Lauros 33 134 Yf 79
34700 Laroux 34 153 Db 86
85670 L' Auspierre 85 97 Yc 68
12600 Laussac 12 139 Ce 79
47230 Lausseignan 47 148 Ab 83
82140 Laussier 82 150 Be 84
43150 Laussonne 43 141 Ea 79
47150 Laussou 47 137 Ae 81
04340 Lautaret 04 157 Gb 82
43620 Lautat 43 129 Eb 77
68610 Lautenbach 68 60 Ha 61
68610 Lautenbachzell 68 95 Ha 61
67630 Lauterbourg 67 59 Ib 55
24420 Lauterie 24 125 Af 77
88520 Lauterupt 88 77 Ha 59
86300 Lauthiers 86 100 Ae 69
31370 Lautignac 31 164 Ba 88
16200 Lautrait 16 123 Zf 74
81440 Lautrec 81 165 Ca 86
89630 Lautreville 89 90 Df 64
24510 Lauturie 24 136 Ae 79
44210 l' Auvière 44 96 Xf 66
72300 l' Auvière 72 84 Zd 61
19270 Lauvinerie 19 126 Bd 77
33230 Lauvirat 33 135 Zf 78
68290 Lauw 68 94 Ha 62
59553 Lauwin 59 30 Da 46
26510 Laux-Montaux 26 156 Fd 83
56190 Lauzach 56 81 Xc 63
87120 Lauzat 87 126 Bf 74
24380 Lauzellie 24 136 Ae 78
46270 Lauzeral 46 138 Ca 81
82110 Lauzerte 82 150 Ba 83
31650 Lauzerville 31 165 Bd 87
46360 Lauzès 46 138 Bd 81
17137 Lauzières 17 110 Ye 71
17260 Lauzignac 17 122 Zc 75
23450 Lauzine 23 113 Be 70
47410 Lauzun 47 136 Ac 81
46210 la Vabre 46 138 Ca 80
12170 la Vacaresse 12 152 Cd 84
43170 la Vachellerie 43 140 Dd 79
43150 la Vacheresse 43 141 Ea 79
88140 la Vacheresse-et-la-Rouillie 88 76 Fe 60
17260 la Vacherie 17 122 Zb 75
27170 la Vacherie 27 49 Ae 54
27400 la Vacherie 27 49 Ba 54
41370 la Vacherie 41 86 Bc 62
74230 la Vacherie 74 120 Gb 73
05100 la Vachette 05 145 Ge 79
14240 la Vacquerie 14 47 Za 54
59231 la Vacquerie 59 30 Da 48
60120 Lavacquerie 60 38 Ca 50
34520 La Vacquerie-et-Saint-Martin-de-Castries 34 153 Dc 86
12360 Lavagne 12 152 Da 86
09110 Lavail 09 178 Bf 92
81640 la Vaisse 81 151 Ca 84
48300 la Vaissière 48 141 De 80
81260 Lavaissière 81 166 Cc 86
70130 la Vaivre 70 93 Fe 63
70220 la Vaivre 70 93 Gc 61
07250 Laval 07 142 Ee 80
07210 Laval 07 142 Ed 80
12360 Laval 12 152 Da 85
19290 Laval 19 126 Ca 75
19250 Laval 19 126 Ca 75
24590 Laval 24 137 Bc 78
31290 Laval 31 165 Bd 88
38190 Laval 38 132 Ff 77
42131 Laval 42 130 Ec 76
53000 Laval 53 67 Zb 60
63700 Laval 63 115 Ce 72
81140 Laval 81 150 Be 85
81340 Laval 81 152 Cc 85
24540 Lavalade 24 137 Af 80
24260 Lavalade 24 137 Ae 79
87800 la Valade 87 125 Bb 75
87500 la Valade 87 125 Bb 76
48600 Laval-Atger 48 141 De 80
26150 Laval-d'Aix 26 143 Fc 80
44650 la Val-de-Morière 44 96 Yb 67
38350 Lavaldens 38 144 Ff 79
08260 Laval-d'Estrebay 08 41 Ec 50
08800 Laval-Dieu 08 42 Ee 49
48500 Laval-du-Tarn 48 153 Dc 82
77148 Laval-en-Brie 76 72 Cf 58
02860 Laval-en-Laonnois 02 40 Dd 51
13011 la Valentine 13 170 Fc 89
13119 la Valentine 13 171 Fd 88
11290 Lavalette 11 166 Cb 89
12440 la Valette 12 151 Cb 83
31590 Lavalette 31 165 Bd 87
34700 Lavalette 34 167 Db 86

38350 la Valette 38 144 Ff 79
57560 la Valette 57 57 Ha 57
83200 La Valette-du-Var 83 171 Ff 90
14220 la Valgoude 14 47 Zc 54
19330 Lavalgrière 19 126 Be 77
29140 Lavalhars 29 78 Wb 61
66690 Lavall 66 179 Cf 93
42111 la Valla 42 129 Df 74
16730 la Vallade 16 123 Aa 74
16310 Lavallade 16 124 Ad 74
42131 La Valla-en-Gier 42 130 Ed 76
03380 la Vallas 03 115 Cc 70
06420 La Valle 06 158 Ha 84
63320 Lavalle 63 128 Da 75
02380 la Vallée 02 40 Db 52
17250 la Vallée 17 110 Za 73
18350 la Vallée 18 103 Cf 66
22490 la Vallée 22 65 Xf 57
27400 la Vallée 27 49 Ba 53
27320 la Vallée 27 50 Bb 56
37190 la Vallée 37 99 Ac 65
44260 la Vallée 44 82 Ya 65
50310 la Vallée 50 33 Yd 52
55260 Lavallée 55 55 Fc 56
56120 la Vallée 56 64 Xb 60
58140 la Vallée 58 90 De 65
72310 la Vallée 72 85 Ad 62
72340 la Vallée 72 85 Ad 62
76940 la Vallée 77 36 Ae 52
85800 la Vallée 85 96 Ya 68
02140 la Vallée-au-Blé 02 40 De 49
18240 la Vallée-au-Paré 18 88 Ce 64
50270 la Vallée-de-Beaubigny 50 33 Ya 52
66690 la Vallée-Heureuse 66 179 Cf 93
02110 la Vallée-Mulâtre 02 40 Dd 48
87190 la Vallette 87 113 Ba 71
66600 la Vall Oriole 66 179 Ce 91
10150 la Vallotte 10 73 Ea 59
08150 Laval-Morency 08 41 Ec 50
12380 Laval-Roquecezière 12 152 Cd 86
30760 Laval-Saint Roman 30 155 Ed 83
43440 Laval-sur-Doulon 43 128 Dd 76
19550 Laval-sur-Luzège 19 126 Cb 77
51600 Laval-sur-Tourbe 51 54 Ee 54
88600 Laval-sur-Vologne 88 77 Ge 59
67730 La Vancelle 67 60 Hb 59
01590 Lavancia-Epercy 39 119 Fe 71
20246 Lavandaju CTC 181 Kb 93
39700 Lavangeot 39 107 Fd 66
51110 Lavannes 51 41 Eb 53
39700 Lavans-lès-Dole 39 107 Fd 66
39170 Lavans-lès-Saint-Claude 39 119 Fe 70
25440 Lavans-Quingey 25 107 Ff 66
39240 Lavans-sur-Valouse 39 119 Fd 70
25580 Lavans-Vuillafans 25 107 Gb 66
02450 Lavaqueresse 02 40 De 49
37140 la Varanterie 37 84 Ab 65
47230 Lavardac 47 148 Ab 83
32360 Lavardens 32 149 Ad 86
41800 Lavardin 41 85 Af 62
72240 Lavardin 72 68 Aa 60
72390 Lavaré 72 69 Ad 60
23340 La Vareille 23 126 Bf 74
43520 la Varenne 43 141 Eb 78
49270 La Varenne 49 82 Ye 65
49370 La Varenne 49 83 Za 63
28200 la Varenne-Ferron 28 69 Bb 60
49490 la Varie 49 84 Aa 63
38710 Lavars 38 144 Fe 79
20222 Lavasina CTC 181 Kc 92
15260 Lavastrie 15 140 Da 79
20225 Lavatoggio CTC 180 If 93
10150 Lavau 10 73 Ea 59
41370 Lavau 41 86 Bd 62
89170 Lavau 89 88 Cf 63
16700 Lavaud 16 111 Ab 72
23800 Lavaud 23 114 Be 71
79320 Lavaud 79 98 Zc 68
85320 Lavaud 85 109 Ye 69
87270 Lavaud 87 113 Bb 73
87130 Lavaud 87 126 Bd 74
43100 Lavaudieu 43 128 Dc 77
23600 Lavaufranche 23 114 Cb 71
58140 Lavault 58 104 Df 65
58230 Lavault-de-Frétoy 58 104 Ea 66
03100 Lavault-Sainte Anne 03 115 Cd 71
19250 Lavaur 19 126 Ca 75
24550 Lavaur 24 137 Ba 81
81500 Lavaur 81 165 Be 86
16190 la Vaure 16 124 Ab 76
24400 Lavaure 24 136 Ac 78
82240 Lavaurette 82 150 Be 83
03410 Lavaury 03 115 Cc 71
86190 la Vausseau 86 99 Zf 69
86470 Lavausseau 86 111 Aa 69
44260 Lavau-sur-Loire 44 81 Ya 65
81330 la Vaute 81 151 Cc 85
76630 la Vauvage 77 37 Bb 49
71120 Lavaux 71 117 Eb 70
23150 Lavaveix-les-Mines 23 114 Ca 72
01250 la Vavrette 01 119 Fb 72
12780 la Vaysse 12 152 Cf 83
46300 la Vaysse 46 137 Bc 80
46300 la Vayssière 46 137 Bc 80
48400 la Vayssière 48 153 Dd 82
33690 Lavazan 33 148 Zf 82
36340 Laveau 36 114 Be 69
19220 la Vedrenne 19 126 Ca 77
48200 la Védrine 48 140 Db 80
15300 Laveissenet 15 139 Cf 78
15310 la Veissière 15 139 Cb 78
15300 Laveissière 15 139 Ce 78
63610 la Veissière 63 128 Cf 76
83310 L' Avelan 83 172 Gd 89
09300 Lavelanet 09 177 Bf 91
31220 Lavelanet-de-Comminges 31 164 Ba 89
88600 Laveline-devant-Bruyères 88 77 Ge 59
88640 Laveline-du-Houx 88 77 Ge 60
72310 Lavenay 72 85 Ae 62
12100 Lavencas 12 152 Da 84
49650 la Vende 49 84 Aa 65
50200 la Vendelée 50 46 Yd 54
10800 la Vendue-Mignot 10 73 Ea 60
29260 Lavengat 29 62 Vd 57
50260 la Vente aux-Saulniers 50 33 Yc 52
62840 Laventie 62 30 Ce 45
61190 la Ventrouze 61 69 Ae 57
13117 Lavéra 13 170 Fa 88
32230 Laveraët 32 163 Ab 87
46340 Lavercantière 46 137 Bb 81
33340 la Verdasse 33 122 Za 76
50190 la Verderie 50 46 Yc 53
59710 la Verderie 59 30 Da 45
83560 La Verdière 83 171 Ff 87
18800 Laverdines 18 103 Ce 66
44810 la Verdinière 44 82 Yc 64
12380 la Verdolle 12 152 Cd 85
56450 Laverdon 56 80 Xc 63
70200 la Vergenne 70 94 Gc 63
12800 Lavergne 12 151 Cb 83
15190 Lavergne 15 127 Ce 76
15140 la Vergne 15 139 Cc 78
17400 la Vergne 17 110 Zc 73
17360 la Vergne 17 135 Zf 78
19800 la Vergne 19 126 Be 77
19700 Lavergne 19 126 Be 76
23250 la Vergne 23 114 Bf 72
24270 Lavergne 24 125 Ba 76
46500 Lavergne 46 138 Be 80
47800 Lavergne 47 136 Ac 81
63740 la Vergne 63 127 Ce 74
16270 la Vergne-Noire 16 112 Ad 73
85440 la Vergne-Rocard 85 109 Yc 69
63700 la Vernade 63 115 Cf 71
30530 la Vernarède 30 154 Ea 83
72500 Lavernat 72 85 Ab 62
37600 la Vernaterie 37 100 Af 66
25170 Lavernay 25 107 Fe 65
74200 la Vernaz 74 120 Gd 71
71300 La Verne 71 105 Ec 69
34520 la Vernède 34 153 Dc 85
48400 la Vernède 48 153 Dd 82
63390 la Vernède 63 115 Ce 72
23420 la Verneide 23 115 Cc 73
36600 la Vernelle 36 101 Bd 65
12150 Lavernhe 12 152 Da 83
49122 la Vernière 49 98 Za 66
31410 Lavernose-Lacasse 31 164 Bb 88
70130 la Vernotte 70 93 Ff 63
52140 Lavernoy 52 92 Fd 61
29380 la Véronique 29 78 Wb 61
38290 La Verpillière 38 131 Fa 75
86340 Laverré 86 112 Ab 70
08220 la Verrerie 08 41 Eb 50
24310 la Verrerie 24 124 Ad 76
36330 la Verrerie 36 101 Be 68
36200 la Verrerie 36 101 Bd 69
41170 la Verrerie 41 69 Af 60
67510 la Verrerie 67 58 He 55
70200 la Verrerie 70 94 Gd 62
74570 la Verrerie 74 120 Gb 73
85240 la Verrerie 85 110 Zc 69
85130 la Verrie 85 97 Yf 67
31380 la Verrière 31 150 Bc 86
60210 Laverrière 60 38 Ca 50
78990 la Verrière 78 50 Bf 56
42220 la Versanne 42 130 Ed 77
02600 Laversine 02 52 Db 52
60510 Laversines 60 38 Cb 52
02140 La Verte-Vallee 02 41 Df 49
62830 la Vertevoie 62 28 Be 45
34880 Lavérune 34 168 De 87
14290 La Vespière-Friardel 14 48 Ac 54
22350 la Vesquerie 22 65 Xf 59
13740 la Vesse 13 170 Fb 88
48140 la Vessière 48 140 Db 79
51520 la Veuve 51 54 Eb 54
81500 la Veyriére 81 150 Be 86
26240 Laveyron 26 130 Ee 77
48250 Laveyrune 07 141 Df 81
24130 Laveyssière 24 136 Ac 79
63630 la Veyssière 63 128 Dd 76
87130 la Veytizout 87 126 Be 74
25660 la Vèze 25 107 Ga 65
86410 la Vézinière 86 112 Ad 70
48220 la Vialasse 48 153 Df 82
19200 la Vialatte 19 127 Cc 76
12800 la Viale 12 151 Cc 83
43380 la Vialette 43 128 Dc 77
48120 la Vialette 48 140 Dc 79
19150 la Vialle 19 126 Be 77
19800 la Vialle 19 126 Bf 76
19200 la Vialle 19 127 Cc 75
63560 la Vialle 63 115 Ce 72
63570 Lavialle 63 128 Dc 76
43580 la Vialle-Destours 43 141 Dd 78
80260 la Vicogne 80 29 Cb 48
35780 la Vicomté 35 65 Xf 57
22690 la Vicomté-sur-Rance 22 65 Ya 58
15230 la Vidalenche 15 139 Ce 78
63520 la Vie 63 128 Dc 75
36110 la Vieille-Epine 36 101 Be 67
89110 la Vieille Ferté 89 89 Db 61
41360 la Vieille-Haie 41 85 Af 61
39380 la Vieille-Loye 39 107 Fd 66
27330 La Vieille-Lyre 27 49 Ae 55
18170 la Vieille-Morte 18 102 Cb 68
79130 la Vieille-Touche 79 98 Zd 69
88240 la Vicrgc 88 70 Gb 61
50340 la Viesville 50 33 Yb 51
83400 la Viet 83 171 Ga 90
42560 Lavieu 42 129 Ea 75
76160 la Vieux-Rue 77 37 Bb 52
27500 la Viéville 27 36 Ad 53
50260 la Viéville 50 33 Yc 51
80300 Laviéville 80 39 Cd 49
15300 Lavigerie 15 139 Ce 78
24330 Lavignac 24 137 Af 78
87230 Lavignac 87 125 Ba 74
33950 la Vigne 33 134 Ye 80
40160 Lavigne 40 146 Za 83
56140 la Vigne 56 81 Xe 61
59118 la Vigne 59 30 Da 44
55300 Lavignéville 55 55 Fd 55
70120 Lavigney 70 93 Fe 62
33770 la Vignolle 33 134 Zb 81
39210 Lavigny 39 107 Fd 68
20230 Lavilanella CTC 183 Kd 94
14250 la Village-de-Juaye 14 34 Zb 53
27270 la Villaie 27 48 Ac 54
49540 la Villaine 49 98 Zd 65
74800 Lavillat 74 120 Gb 72
23800 la Villate 23 113 Bd 71
07660 Lavillatte 07 141 Df 80
23270 la Villatte 23 114 Ca 70
23110 la Villatte 23 114 Cb 72
23140 la Villatte 23 114 Cb 71
38650 la Ville 38 143 Fd 79
40430 la Ville 40 147 Zc 82
73730 la Ville 73 133 Gc 75
69470 la Ville 69D 117 Ec 72
22190 la Ville-Agan 22 64 Xb 57
66650 la Ville-Amont 66 179 Da 94
56490 la Villéan 56 64 Xd 60
22250 la Ville-Apparillon 22 64 Xe 59
36140 la Ville-au-Bertrand 36 114 Bf 70
22640 la Ville-Aufray 22 64 Xd 58
56800 la Ville-au-Vy 56 81 Xd 61
10140 la Ville-aux-Bois 10 74 Ec 59
10500 la Ville-aux-Bois 10 74 Ee 58
52000 Laville-aux-Bois 52 75 Fb 60
02340 La Ville-aux-Bois-lès-Dizy 02 41 Df 51
02160 la Ville-aux-Bois-lès-Pontavert 02 41 Df 52
41160 La Ville-aux-Clercs 41 86 Ba 61
28250 la Ville-aux-Nonains 28 69 Ba 57
22150 la Ville-aux-Péchoux 22 64 Xb 59
22250 la Ville-Bedel 22 64 Xd 59
22300 la Ville-Blanche 22 63 Wd 56
22330 la Ville-Blanchet 22 64 Xd 59
22940 la Ville-Bresset 22 64 Xb 58
22400 la Ville-Cochard 22 64 Xd 57
22510 la Ville-Commeaux 22 64 Xc 58
35380 la Ville-Danet 35 65 Xe 60
85750 la Ville-d'Angles 85 109 Yd 70
07170 Lavilledieu 07 142 Ec 81
17470 La Villedieu 17 111 Ze 72
23340 La Villedieu 23 126 Bf 74
24120 la Villedieu 24 137 Bb 78
48700 La Villedieu 48 140 Dd 80
81360 Lavilledieu 81 151 Cc 86
87380 la Villedieu 87 125 Bc 75
86340 La Villedieu-du-Clain 86 112 Ac 70
79800 la Villedieu-du-Perron 79 111 Zf 70
82290 La Ville-Dieu-du-Temple 82 150 Bb 84
70160 la Villedieu-en-Fontenette 70 93 Gb 62
22600 la Ville-Donnio 22 64 Xb 59
35460 la Ville-du-Bois 35 66 Yd 58
91620 La Ville-du-Bois 91 51 Cb 57
18210 la Ville-du-Bout 18 102 Cd 68
44460 la Ville-en-Pierre 44 81 Ya 63
22130 la Ville-es-Marchand 22 65 Xf 57
35430 La Ville-ès-Nonais 35 65 Ya 57
53410 la Ville-Etable 53 66 Yf 60
22960 la Ville-Folle 22 64 Xb 58
63390 la Villefranche 63 115 Ce 72
22330 la Ville-Guéguen 22 64 Xd 59
56490 la Ville-Jaudoin 56 64 Xd 60
22330 la Ville-Jossé 22 64 Xc 59
22800 la Ville-Juhel 22 63 Xa 58
56430 la Ville-lès-Moreux 56 64 Xd 60
22590 la Ville-Louais 22 64 Xb 57
56800 la Ville-Morhan 56 81 Xe 61
22600 la Ville-Morvan 22 64 Xa 59
22800 la Ville-Neuve 22 64 Xa 58
23260 la Villeneuve 23 115 Cc 73
35340 la Villeneuve 35 66 Yc 59
52140 Lavilleneuve 52 75 Fd 60
71160 la Villeneuve 71 117 Ea 69
87120 la Villeneuve 87 126 Bf 74
10400 La Villeneuve-au-Châtelot 10 73 Dd 57
10140 la Villeneuve-au-Chêne 10 74 Ec 59
52120 Lavilleneuve-au-Roi 52 74 Ef 60
52330 Lavilleneuve-aux-Fresnes 52 74 Ef 59
70240 la Villeneuve-Bellenoye-et-la-Maize 70 93 Gb 62
78270 la Villeneuve-en-Chevrie 78 50 Bd 54
51120 La Villeneuve-lès-Charleville 51 53 De 56
21450 la Villeneuve-les-Convers 21 91 Ed 63
60890 La Villeneuve-sous-Thury 60 52 Da 54
21610 la Villeneuve-sur-Vingeanne 21 92 Fc 63
22190 la Ville-Nizan 22 64 Xb 57
22960 la Ville-Nizant 22 64 Xb 58
95450 la Villenueve-Saint-Martin 95 51 Bf 54
22270 la Villéon 22 64 Xd 58
56420 la Ville-Pierre 56 80 Xc 61
22330 la Ville-Ratel 22 64 Xd 59
03370 la Ville-Raymond 03 114 Cb 70
22130 la Ville-Robert 22 64 Xe 57
60240 Lavillertertre 60 50 Bf 53
51270 La Ville-sous-Orbais 51 53 De 55
73530 la Villete 73 132 Gc 77
23260 la Villetelle 23 114 Cc 73
03370 la Villette 03 115 Cc 70
14570 la Villette 14 47 Zc 55
38114 la Villette 38 132 Ga 77
87250 la Villette 87 113 Bc 72
37260 la Villière 37 100 Ad 65
89240 la Villotte 89 89 Dc 62
55170 Lavincourt 55 55 Fa 57
71250 la Vineuse 71 118 Ed 70
71250 La Vineuse sur Fregande 71 118 Ed 70
44590 la Vinois 44 82 Yc 63
12320 la Vinzelle 12 139 Cc 81
35330 la Violais 35 81 Xf 61
25380 la Violette 25 108 Gd 65
07530 Laviolle 07 142 Eb 80
15600 la Virade 15 139 Cb 80
25510 Laviron 25 108 Gd 65
34350 la Vistoule 34 167 Db 89
82120 Lavit 82 149 Af 85
12210 la Vitarelle 12 139 Ce 81
46210 la Vitarelle 46 138 Ca 80
81490 la Vitarelle 81 166 Cc 87
81090 la Vitarelle 81 166 Cb 87
82700 la Vitarelle 82 150 Bb 85
19390 la Vialle 19 126 Bf 76
03250 Lavoine 03 116 De 73
85170 la Voirie 85 97 Yd 68
70310 la Voivre 70 94 Gd 62
88470 la Voivre 88 77 Gf 58
79170 la Volée 79 111 Zd 71
48150 la Volpilière 48 153 Db 83
48190 la Volte 48 141 De 82
70120 Lavoncourt 70 93 Fe 63
34390 la Voulte 34 167 Cf 87
07800 La Voulte-sur-Rhône 07 142 Ee 80
01350 Lavours 01 132 Fe 74
38520 la Voûte 38 144 Ga 78
43380 Lavoûte-Chilhac 43 140 Dc 78
43800 Lavoûte-sur-Loire 43 141 Df 78
86800 Lavoux 86 100 Ad 69
55120 Lavoye 55 55 Fa 54
86200 la Voyette 86 99 Ab 66
56250 la Vraie-Croix 56 81 Xc 62
25300 la Vrine 25 108 Gc 67
20127 Lavu Donacu CTC 183 Ka 98
67350 la Walck 67 58 Hd 55
67610 la Wantzenau 67 58 He 57
80250 Lawarde-Mauger-l'Hortoy 80 38 Cb 50
12160 Lax 12 152 Cc 83
88220 la Xatte 88 76 Gc 60
64250 Laxia 64 160 Yd 89
54520 Laxou 54 56 Ga 56
42470 Lay 42 117 Eb 73
38730 Layat 38 131 Fc 76
21520 Layer-sur-Roche 21 91 Ee 61
64190 Lay-Lamidou 64 161 Zb 89
32220 Laymont 32 164 Af 88
30750 Layolle 30 153 Dc 84
47390 Layrac 47 149 Ad 84
31340 Layrac-sur-Tarn 31 150 Bd 85
65380 Layrisse 65 162 Aa 90
11430 l' Ayrolle 11 167 Da 90
40410 Lays 40 147 Zb 82
54690 Lay-Saint-Christophe 54 56 Gb 56
54570 Lay-Saint-Rémy 54 56 Fe 56
71270 Lays-sur-le-Doubs 71 106 Fb 67
29520 Laz 29 78 Wa 60
48190 Lazalier 48 141 De 81
18120 Lazenay 18 102 Ca 66
05300 Lazer 05 157 Ff 82
20290 Lazzarotti CTC 181 Kc 93
80560 Léalvillers 80 29 Cd 48
14340 Léaupartie 14 48 Aa 53
01200 Léaz 01 119 Ff 72
15190 le Bac 15 127 Ce 76
24630 le Bac 24 125 Ba 75
02300 le Bac-d'Arblincourt 02 40 Db 51
05700 le Bachas 05 156 Fe 83
83440 le Baguier 83 172 Gd 87
72200 Le Bailleul 72 84 Zf 62
51270 Le Baizil 51 53 De 55
15170 le Baladour 15 128 Cf 77
01430 le Balmay 01 119 Fd 72
88260 le Bambois 88 76 Ff 60
05130 le Banchet 04 157 Ga 82
70290 le Ban-de-Champagney 70 94 Ge 62
67130 le Ban-de-la-Roche 67 60 Hb 58
81240 le Banquet 81 166 Cc 87
57220 le Ban Saint-Jean 57 57 Gd 53
74170 le Baptieu 74 133 Ge 74
25210 le Barboux 25 108 Ge 65
66420 le Barcarès 66 179 Da 92
45130 le Bardon 45 87 Bd 61
03250 le Bardonnet 03 116 De 72
19410 le Bariolet 19 126 Bd 76
38790 le Baroz 38 131 Fa 75
33114 le Barp 33 134 Zb 81
30770 le Barral 30 153 Dd 85
84330 le Barroux 84 155 Fa 84
82150 le Barry 82 149 Ba 82
04210 le Bars 04 157 Ff 85
06620 Le Bar-sur-Loup 06 173 Gf 86
70270 le Bas 70 94 Gd 62
04330 le Bas-Chaudol 04 157 Gb 85
58700 le Bas-de-la-Celle 58 103 Db 65
71110 le Bas-des-Augères 71 117 Ea 71
56620 le Bas-Pont-Scorff 56 79 Wd 61
12200* le Bas Ségala 12 151 Ca 83
46500 le Bastit 46 138 Bd 80
46350 le Bastit 46 138 Bd 79
56500 le Bâtiment 56 80 Xa 61
15230 le Battut 15 139 Ce 79
19550 le Battut 19 126 Ca 76
12800 le Batut 12 151 Cb 83
46600 le Batut 46 138 Bc 78
44750 l' Ebaupin 44 81 Ya 64
56300 le Bauzo 56 64 Wf 60
07630 Le Béage 07 141 Ea 79
47230 le Béas 47 148 Ab 84
84210 le Beaucet 84 156 Fa 85
58350 le Beauchot 58 89 Db 65
62730 le Beau Marais 62 27 Bf 43
27320 le Beau-Puits 27 50 Bb 56
83330 Le Beausset 83 171 Fe 89
19510 le Beau-Suleil 19 125 Bc 76
87190 le Beauvert 87 113 Bb 71
27800 le Bec-Hellouin 27 49 Ae 53
60650 le Becquet 60 38 Bf 52
27370 le Bec-Thomas 27 49 Af 53
48150 le Bédos 48 153 Db 83
83440 le Bégude 83 172 Gd 87
26160 le Bégude-de-Mazenac 26 142 Ef 81
85150 le Beignon 85 97 Yc 69
15600 le Belguiral 15 139 Cb 80
25500 le Belieu 25 108 Gd 66
95750 le Bellay-en-Vexin 95 50 Bf 54
27410 le Bellou 27 49 Ad 55
79130 le Belveder 79 111 Zd 69
58640 le Bengy 58 103 Da 66
14350 le Bény-Bocage 14 47 Za 55
41800 le Berloquet 41 85 Ae 62
85560 le Bernard 85 109 Yd 70
09230 le Bernès 09 164 Ba 90
16390 le Bernou 16 124 Ab 77
05700 le Bersac 05 156 Fe 82
83340 le Bertrands 83 172 Gb 88
18340 le Bertray 18 102 Cc 67
48310 le Bès 48 140 Da 80
42660 le Bessat 42 130 Ed 76
48340 le Besset 48 140 Da 82
23100 le Besth 23 127 Cc 74
90100 Lebetain 90 94 Gf 64
63260 le Bethueix 63 116 Db 72
23160 le Bétoulle 23 113 Bd 70
74170 le Bettex 74 121 Gd 73
43260 le Betz 43 141 Ea 78
79130 Le Beugnon 79 110 Zd 69
79310 Le Beugnon 79 111 Ze 69
85390 le Beugnon 85 98 Zb 69
88490 Le Beulay 88 77 Ha 59
54740 Lebeuville 54 76 Gb 58
15130 le Bex 15 139 Cc 79
12300 le Bez 12 139 Cb 81
81260 le Bez 81 166 Cc 87
56500 le Bézo 56 80 Xb 61
11500 le Bézu 11 178 Cb 91
62990 Lebiez 62 28 Bf 46
44140 Le Bignon 44 97 Yd 66
53170 le Bignon-du-Maine 53 67 Zc 61
45210 Le Bignon-Mirabeau 45 72 Cf 60
35137 le Bignonnet 35 65 Ya 59
24130 le Bigounin 24 136 Ab 79
17920 le Billeau 17 122 Yf 74
50490 le Bingard 50 33 Yc 54
74430 le Biot 74 120 Gd 71
14380 le Bisson 14 46 Yf 55
25210 le Bizot 25 108 Ge 66
63640 le Bladeix 63 115 Ce 73
36300 Le Blanc Coubernard 36 100 Ba 69
93150 Le Blanc-Mesnil 93 51 Cc 55
07110 le Blat 07 141 Eb 81
59126 Le Blaton 59 30 Da 44
58470 le Blénay 58 103 Da 67
05100 le Blétonnet 05 145 Ge 79
48190 le Bleymard 48 141 De 82
36300 le Blizon 36 101 Bb 68
14690 le Bô 14 47 Zd 55
27330 le Bocage 27 49 Ae 55
76690 le Bocasse 77 37 Ba 51
22980 le Boculé 22 65 Xe 58
18370 le Boiron 18 114 Cb 70
44440 le Bois 44 82 Yd 63
73260 le Bois 73 133 Gc 76
73350 le Bois 73 133 Ge 76
85480 le Bois-Bonnaud 85 97 Ye 69
49390 le Bois-de-Boulogne 49 84 Zf 64
80460 le Bois-de-Cise 80 28 Bc 48
88390 le Bois-de-Girancourt 88 76 Gc 60
33240 le Bois-de-Lion 33 135 Zd 78
71600 le Bois-de-Paray 71 117 Ea 70
58400 le Bois-de-Raveau 58 103 Da 65
10160 le Bois-de-Rigny 10 73 Dd 59
38090 le Bois-de-Roche 38 131 Fa 75
37350 le Bois-des-Cours 37 100 Ae 67
18220 le Bois-des-Vèves 18 102 Cc 65
69620 Le Bois-d'Oingt 69D 118 Ed 73
51340 le Bois-du-Roi 51 54 Ef 56
60240 le Bois-Guillaume 60 50 Bf 53
27260 le Bois-Hellain 27 48 Ac 53
80150 Le Boisle 80 28 Bf 47
44130 le Bois-Morinet 44 82 Yb 64
14380 le Bois-Olivier 14 46 Yf 55
17580 Le Bois-Plage-en-Ré 17 109 Yd 71
03700 le Bois-Randenay 03 116 Dc 72
62650 le Bois Ratel 62 28 Be 45
28350 le Bois-Renault 28 49 Ba 56
84750 le Boisset 84 156 Fd 85
56130 le Boizeul 56 81 Xe 63
68650 Le Bonhomme 68 77 Ha 59
23500 le Bonneix 23 126 Ca 74
89630 le Bon-Ru 89 90 Ea 64
72800 le Bon-Verger 72 84 Aa 63
40160 le Bôo 40 146 Yf 82
40140 Leborde 40 161 Ye 86
06450 le Boréon 06 159 Hb 84
74230 le Borgeal 74 120 Gc 73
31340 le Born 31 150 Bd 85
48000 le Born 48 141 Dd 81
74130 le Borne 74 120 Gc 73
19290 le Bos 19 126 Ca 74
09000 le Bosc 09 177 Bc 91
76720 le Bosc-de-Sévis 77 37 Ba 50
22250 le Boschais 22 64 Xd 59
61470 le Bosc-Renoult 61 48 Ab 55
27670 le Bosc-Roger-en-Roumois 27 49 Af 53
27190 le Boshion 27 49 Ba 55
13390 le Bosq 13 171 Fd 88
14210 le Bosq 14 35 Zc 54
34360 le Bosque 34 167 Cf 88
50270 le Bosquet 50 33 Yb 52
37240 le Bossard 37 100 Ae 66

A B C D E F G H I J K L M N O P Q R S T U V W X Y Z

24700 le Bost 24 135 Aa 78
24560 le Bost 24 136 Ad 80
56490 le Bos-Tarju 56 64 Xd 60
50430 le Bot 50 33 Yc 53
22320 le Bothan 22 63 Wf 59
19200 le Boubouleix 19 127 Cc 75
30240 le Boucanet 30 168 Ea 87
16350 le Bouchage 16 112 Ac 72
38510 le Bouchage 38 131 Fd 74
87320 le Bouchage 87 112 Af 71
43440 le Bouchat 43 141 Eb 78
71480 le Bouchat 71 118 Fb 70
03130 Le Bouchaud 03 117 Df 71
63770 le Boucheix 63 115 Ce 73
63850 le Boucheix 63 127 Ce 76
24270 le Boucheron 24 125 Ba 76
15100 le Bouchet 15 140 Da 78
16140 le Bouchet 16 111 Zf 73
18290 le Bouchet 18 102 Cb 66
36300 le Bouchet 36 100 Bb 68
43200 le Bouchet 43 129 Ea 77
58370 le Bouchet 58 104 Df 67
63580 le Bouchet 63 128 Dc 75
74230 le Bouchet 74 132 Gc 74
86200 Le Bouchet 86 99 Aa 67
86140 Le Bouchet 86 99 Ab 68
43510 Le Bouchet-Saint-Nicolas 43 141 De 79
55500 le Bouchon-sur-Saulx 55 75 Fb 57
31360 le Boué 31 164 Af 90
63380 le Boueix 63 127 Cd 73
35133 le Bouëxière 35 66 Ye 58
46200 le Bougayrou 46 138 Bd 79
23160 le Bougazeau 23 113 Bd 70
40460 le Bougés 40 134 Yf 82
76190 le Bouillot 77 36 Ad 51
02620 le Boujon 02 41 Df 49
27330 le Boulay 27 49 Ad 55
28800 le Boulay 28 70 Bc 59
35640 le Boulay 35 82 Yd 61
37110 le Boulay 37 85 Af 63
44850 le Boulay 44 82 Ye 64
72440 le Boulay 72 85 Ad 61
78950 le Boulay 78 50 Bd 56
28300 le Boulay d' Achères 28 70 Bc 57
28170 le Boulay-les-Deux-Eglises 28 70 Bb 57
27930 le Boulay-Morin 27 49 Bb 54
35270 le Boulhard 35 65 Yb 58
32810 Leboulin 32 163 Ae 86
28210 Le Boullay-Mivoye 28 50 Bc 57
28210 le Boullay-Thierry 28 50 Bc 57
66160 Le Boulou 66 179 Cf 93
46800 le Boulvé 46 150 Ba 82
85510 Le Boupère 85 98 Za 68
24300 le Bourdeix 24 124 Ad 75
79210 Le Bourdet 79 110 Zc 71
15250 le Bouret 15 139 Cc 79
05800 le Bourg 05 144 Gb 80
46120 le Bourg 46 138 Bf 80
50210 le Bourg 50 46 Ye 55
40330 le Bourgadot 40 161 Zb 87
50190 le Bourg-d'Aubigny 50 34 Yd 53
23220 le Bourg-d'Hem 23 114 Be 71
49520 le Bourg-d'Iré 49 83 Za 62
38520 Le Bourg-d'Oisans 38 144 Ga 78
19340 le Bourgeade 19 127 Cc 74
04400 le Bourget 04 158 Gd 82
05230 le Bourget 05 144 Gb 81
73500 le Bourget 73 133 Ge 77
73370 Le Bourget-du-Lac 73 132 Ff 75
27650 le Bourg-l'Abbé 27 50 Bb 56
22160 le Bourg-Neuf 22 63 Wd 58
22520 le Bourgneuf 22 64 Xa 57
53640 le Bourg-Neuf 53 67 Zc 58
79240 le Bourgneuf 79 98 Zc 69
53440 le Bourg-Nouvel 53 67 Zc 59
61310 Le Bourg-Saint-Léonard 61 48 Aa 56
50660 le Bourg-Sey 50 46 Yd 55
83840 Le Bourguet 83 158 Gd 86
69700 le Bourin 69M 130 Ee 75
19170 le Bournel 19 126 Bf 75
12170 Lebous 12 152 Cd 84
24370 le Bouscandier 24 137 Bc 79
33110 Le Bouscat 33 135 Zc 79
40260 le Bouscat 40 146 Yf 85
09120 le Bousquet 09 177 Be 91
11140 le Bousquet 11 178 Ca 92
12210 le Bousquet 12 139 Ce 81
12330 le Bousquet 12 139 Cc 82
12350 le Bousquet 12 151 Cb 82
12120 le Bousquet 12 151 Cd 83
24290 le Bousquet 24 137 Bb 78
81990 le Bousquet 81 151 Cb 85
81330 le Bousquet 81 166 Cc 86
82160 le Bousquet 82 151 Bf 83
34260 Le Bousquet-d'Orb 34 167 Db 86
03240 le Bout 03 116 Da 70
27250 le Bout-au-Grain 27 49 Ad 55
33290 le Bout-de-l'Ile 33 135 Zc 79
62215 le Bout-d'Oye 62 27 Ca 43
35120 le Bout-du-Chemin 35 65 Yb 57
31580 le Bout-du-Tépè 31 163 Ad 90
22600 le Bout-ès-Loup 22 64 Xb 59
46120 le Bouyssou 46 138 Bf 80
38790 le Brachet 38 131 Fa 75
33830 le Bran 33 134 Za 81
44590 le Brand 44 82 Yb 62
44320 le Brandais 44 96 Ya 66
44680 le Branday 44 96 Yb 66
19160 le Braud 19 127 Cb 77
72240 le Bray 72 67 Zf 60
44590 le Breil 44 82 Yb 63
44880 le Breil 44 82 Yb 65
44680 le Breil 44 96 Ya 66
44310 le Breil 44 97 Yc 66
46800 Lebreil 46 149 Bb 83
35140 le Breil-Bernier 35 66 Yd 59
72370 Le Breil-sur-Mérize 72 68 Ac 60
15230 le Bréjal 15 139 Ce 79
27770 le Brémien 27 50 Bb 56
03350 le Brethon 03 115 Ce 69
03420 le Breuil 03 115 Cd 71
03120 le Breuil 03 116 Dd 71
10130 Le Breuil 10 73 Df 60
14170 le Breuil 14 48 Zf 55
16170 le Breuil 16 123 Zf 74
16140 le Breuil 16 123 Zf 73
16330 le Breuil 16 123 Aa 74
17470 le Breuil 17 111 Ze 73
17570 le Breuil 17 122 Yf 74
17600 le Breuil 17 122 Za 74
19510 le Breuil 19 126 Bd 75
22980 le Breuil 22 64 Xe 58
23190 le Breuil 23 115 Cc 73
24310 le Breuil 24 124 Ac 76
24270 le Breuil 24 125 Bb 76
24210 le Breuil 24 137 Af 78
28120 le Breuil 28 69 Bb 59
36300 le Breuil 36 100 Af 69
36310 le Breuil 36 113 Bb 70
41330 le Breuil 41 86 Bb 62
44270 le Breuil 44 96 Yb 66
44140 le Breuil 44 97 Yd 66
49750 le Breuil 49 83 Zc 65
50850 le Breuil 50 47 Zb 57
50160 le Breuil 50 47 Za 54
51210 Le Breuil 51 53 Dd 55
71300 le Breuil 71 105 Eb 68
71670 le Breuil 71 105 Ec 68
79130 le Breuil 79 98 Zd 69
79260 le Breuil 79 111 Zd 70
79220 le Breuil 79 111 Zd 70
69620 Le Breuil 69D 118 Ed 73
17490 le Breuil-Bâtard 17 123 Zf 73
79320 le Breuil-Bernard 79 98 Zc 68
35720 le Breuil-Caulnette 35 65 Ya 58
79110 le Breuil-Coiffaud 79 111 Aa 72
16560 le Breuil-d'Anais 16 124 Ab 74
86400 le Breuil-d'Haleine 86 112 Ab 72
14130 Le Breuil-en-Auge 14 48 Ab 53
14330 Le Breuil-en-Bessin 14 47 Za 53
24230 le Breuilh 24 136 Aa 79
79150 Le Breuil-sous-Argenton 79 98 Zd 67
63340 le Breuil-sur-Couze 63 128 Db 76
14130 le Brévedent 14 48 Ab 53
12600 le Brézou 12 139 Ce 80
50450 le Brief 50 46 Yd 55
14410 le Brieu 14 47 Zb 55
43370 le Brignon 43 141 Df 79
58470 le Brignon 58 103 Db 67
18300 le Briou 18 88 Ce 65
18100 le Briou 18 102 Ca 65
18140 le Briou 18 103 Ce 65
18140 le Briou 18 103 Cf 66
45460 le Briou 45 88 Cc 61
18140 le Brioux 18 103 Cf 65
06510 le Broc 06 159 Hb 86
33840 le Broudon 33 148 Zf 83
32350 Le Brouilh-Monbert 32 163 Ac 87
15500 le Bru 15 128 Da 77
07270 le Bruas 07 142 Ee 78
12220 le Bruel 12 151 Cb 82
63880 le Brugeron 63 129 De 74
83330 le Brulat 83 171 Fe 89
02120 le Brûlé 02 40 De 49
88600 le Bruleux 88 77 Gd 60
06850 le Brunet 06 158 Ge 85
83140 le Brusc 83 171 Fe 90
04420 le Brusquet 04 157 Gb 84
50540 le Buat 50 66 Ye 57
61300 le Buat 61 49 Ad 56
62124 Lebucquière 62 30 Cf 48
74660 le Buet 74 121 Gf 72
48150 le Buffre 48 153 Dc 83
82190 le Bugat 82 149 Af 83
24260 Le Bugue 24 137 Af 79
14170 le Buhot 14 48 Zf 54
61500 le Buillon 61 68 Aa 57
34380 le Buis 34 153 Dd 86
19320 le Buisson 19 126 Ca 77
48100 Le Buisson 48 140 Db 81
51300 Le Buisson 51 54 Ee 56
84110 Le Buisson 84 155 Fa 83
24480 le Buisson-de-Cadouin 24 137 Af 79
33125 le Bun 33 135 Zc 82
38580 le Burdin 38 132 Ga 77
53170 le Buret 53 84 Zc 61
31330 Le Burgaud 31 150 Ba 86
38122 le Burin 38 130 Fa 76
72400 le Buron 72 68 Ad 60
79240 Le Busseau 79 98 Zc 69
56380 le Busson 56 81 Xf 61
14190 le Bû-sur-Rouvres 14 48 Ze 54
24190 le But 24 136 Ac 78
61570 le But 61 48 Zf 56
31460 Le Cabanial 31 165 Bf 87
37310 le Café-Brûlé 37 100 Af 65
30740 le Cailar 30 169 Eb 86
17120 le Caillaud 17 122 Za 75
08300 L' Écaille 08 41 Eb 52
45560 le Caillot 45 87 Bf 61
81390 le Caîphe 81 151 Bf 86
04250 le Caire 04 157 Ga 82
26560 le Calandre 26 156 Fd 83
40090 le Caloy 40 147 Zc 85
40090 le Caloy 40 147 Zd 85
12500 le Cambon 12 139 Cf 81
12400 le Cambon 12 152 Ce 85
24540 le Cambou 24 137 Af 81
22210 le Cambout 22 64 Xc 60
63820 le Camp 63 127 Cd 74
34520 le Camp-d'Alton 34 153 Dc 85
76390 le Campdos 77 38 Bd 50
83330 le Camp-du-Castellet 83 171 Fe 89
59570 le Camp-Perdu 59 31 Df 47
49250 le Canada 49 84 Ze 64
24300 le Caneau 24 124 Ae 76
06110 Le Cannet 06 173 Ha 87
83340 le Cannet-des-Maures 83 172 Gc 88
33950 Le Canon 33 134 Ye 80
09270 le Canou 09 165 Bd 89
47510 le Caoulet 47 149 Ad 83
15230 le Capat 15 139 Cc 79
34300 le Cap-d'Agde 34 167 Dd 89
33860 le Cap-d'Avias 33 123 Zd 77
32260 le Cape 32 163 Ad 87
83600 le Capitou 83 172 Ge 88
80500 le Cardonnois 80 39 Cc 51
44460 L' Ecare 44 81 Ya 63
09320 le Carol 09 177 Bc 91
49390 le Carrefour 49 84 Aa 64
50260 le Carrefour 50 33 Yc 52
50860 le Carrefour-de-Paris 50 46 Yf 55
73470 le Carrel 73 131 Fe 75
81190 le Carrelie 81 151 Cb 84
86200 le Carroir 86 99 Aa 66
37240 le Carroir-Jodel 37 100 Ae 66
45730 le Carrouge 45 88 Cb 62
49270 le Carroye 49 83 Yf 65
41310 le Cassereau 41 85 Af 62
05220 le Casset 05 145 Gc 79
13910 le Cast 13 155 Ee 86
22560 le Castel 22 63 Wc 56
14540 Le Castelet 14 47 Ze 54
04380 le Castellard 04 157 Ga 83
34200 le Castellas 34 168 Dd 88
04700 le Castellet 04 157 Ff 85
04170 le Castellet 04 158 Gc 84
83330 le Castellet 83 171 Fe 89
31530 le Castéra 31 164 Ba 86
50510 le Castillon 50 46 Yd 55
59360 Le Cateau-Cambrésis 59 31 Dd 48
02420 le Catelet 02 30 Db 49
76590 Le Catelier 77 37 Ba 50
14140 Lécaude 14 35 Aa 54
76390 le Caule-Sainte-Beuve 77 38 Bd 50
62810 le Caurroy 62 29 Cc 47
82500 le Causé 82 149 Af 86
46110 le Causse 46 138 Be 79
32190 le Cavé 32 148 Ab 86
12550 le Cayla 12 152 Cd 85
30480 le Cayla 30 154 Df 84
34520 le Caylar 34 153 Db 85
46230 le Cayran 46 150 Bc 82
46160 le Cayre 46 138 Bf 81
81350 le Cayre 81 151 Cc 85
12500 Le Cayrol 12 139 Ce 81
12390 le Cayrou 12 151 Cb 82
34210 le Cazal 34 166 Ce 88
48170 le Ceiller 48 141 De 80
26770 le Célas 26 155 Fa 82
59226 Lecelles 59 30 Dc 46
12380 le Cellier 12 152 Cd 86
44850 le Cellier 44 82 Yd 65
63670 le Cendre 63 128 Db 74
61500 le Cercueil 61 68 Aa 57
73590 le Cerniy 73 133 Gc 74
25240 le Cernois 25 107 Ga 69
87290 le Cerveix 87 113 Bb 71
10190 le Chaast 10 73 Df 59
42380 le Chabany 42 129 Ea 76
30700 le Chabian 30 154 Eb 84
74160 le Châble 74 120 Ga 72
46200 le Chabournac 46 138 Bc 79
38290 le Chaffard 38 131 Fa 74
04510 le Chaffaut-Saint Jurson 04 157 Ga 84
16380 le Chaillat 16 124 Ac 75
17260 le Chaillaud 17 122 Zb 75
28160 le Chaillou 28 69 Af 59
61390 le Chalange 61 68 Ab 57
87500 Le Chalard 87 125 Ba 75
73530 le Chalmieu 73 144 Gb 77
26350 le Chalon 26 143 Fa 78
05460 L' Echalp 05 145 Gf 80
18400 l' Echalusse 18 102 Cb 67
07160 Le Chambon 07 142 Eb 79
15380 le Chambon 15 127 Cc 77
19400 le Chambon 19 138 Bf 78
26510 le Chambon 26 156 Fc 82
30450 Le Chambon 30 154 Df 82
43300 le Chambon 43 140 Db 78
43380 le Chambon 43 140 Dc 78
48130 le Chambon 48 140 Db 80
73530 le Chambon 73 132 Gb 77
42500 Le Chambon-Feugerolles 42 129 Eb 76
43400 Le Chambon-sur-Lignon 43 142 Eb 78
04320 le Champ 04 158 Ge 85
73340 le Champ 73 132 Ga 74
42990 le Champas 42 129 Df 74
44860 le Champ-de-Foire 44 97 Yc 66
61320 le Champ-de-la-Pierre 61 67 Ze 57
38190 le Champ-les Adrets 38 132 Ff 77
27160 le Champ-Motteux 27 49 Af 55
85540 le-Champ Saint-Père 85 109 Yd 69
49380 le Champ-sur-Layon 49 83 Zc 65
08240 le Champy-Haut 08 42 Fa 52
65250 Léchan 65 175 Ac 90
04340 le Chanenche 04 158 Gc 82
24640 Le Change 24 125 Af 77
24600 le Chapdeuil 24 124 Ab 77
26350 le Charaix 26 130 Fa 77
45230 le Charme 45 89 Cf 62
02850 le Charmel 02 53 Dd 54
28250 le Charmoy-Gontier 28 69 Bb 57
58250 le Charnay 58 104 De 68
77580 le Charnoy 76 52 Cf 55
74110 le Charny 74 121 Ge 72
38830 le Charpieux 38 132 Ga 76
85110 le Charpre 85 97 Yf 69
86300 le Charreau 86 100 Ad 69
48120 le Charzel 48 140 Dc 80
19290 le Chassain 19 126 Cb 75
19290 le Chassaing 19 126 Ca 74
19300 le Chassaing 19 126 Bf 76
23700 le Chassaing 23 115 Cc 73
49300 L' Echasserie 49 98 Zb 66
36230 le Chassin 36 101 Bf 69
19700 le Chastanet 19 126 Be 76
19190 le Chastang 19 138 Be 77
63690 le Chastel 63 127 Cd 75
16220 le Chat 16 124 Ad 74
16220 le Châtaigner 16 124 Ac 74
19330 le Châtaignier 19 126 Be 77
23110 le Châtaignier 23 115 Cc 72
87400 le Chataignier 87 126 Bd 74
87440 le Chatain 87 124 Ae 75
87400 le Chatain 87 125 Bc 74
04140 le Château 04 157 Gb 83
04380 le Château 04 157 Ga 83
05700 le Château 05 144 Fd 82
53270 le Château 53 67 Zd 61
56130 le Château 56 81 Xe 63
38710 le Château-Bas 38 144 Fe 80
61570 le Château-d' Almenêches 61 48 Aa 56
17480 Le Château-d'Oléron 17 122 Ye 73
18170 le Château-Gaillard 18 102 Cb 68
84220 le Châteaux 84 156 Fb 85
22250 le Châtel 22 64 Xe 59
73300 le Châtel 73 132 Gc 77
73630 le Châtelard 73 132 Ga 74
73700 le Châtelard 73 133 Gf 75
18170 le Châtelard 18 102 Cb 69
21250 Lechâtelet 21 106 Fa 66
22350 le Châtelet 22 65 Xe 59
62179 le Châtelet 62 26 Bd 43
77820 Le Châtelet-en-Brie 76 72 Ce 57
08300 le Châtelet-sur-Retourne 08 41 Eb 52
08150 le Châtelet-sur-Sormonne 08 41 Ed 50
35133 Le Châtelier 35 66 Ye 58
36370 le Châtelier 36 113 Bb 70
51330 Le Châtelier 51 54 Ef 55
61450 Le Châtelier 61 47 Zc 56
38520 le Châtelleret 38 144 Gb 79
19370 le Chatenet 19 126 Be 75
24160 le Chatenet 24 125 Ba 77
24450 le Châtenet 24 125 Af 75
24270 le Chatenet 24 125 Ba 76
87400 le Chatenet 87 125 Bd 74
87400 le Châtenet-en-Dognon 87 113 Bd 73
69620 le Chatoux 69D 118 Ed 73
23130 le Chauchet 23 114 Cc 72
22150 le Chauchix 22 64 Xb 59
02550 le Chaudron 02 41 Ea 49
74570 le Chaumet 74 120 Gb 72
46320 le Chausse-de-Brengues 46 138 Be 81
18150 le Chautay 18 103 Cf 67
15320 le Chauvel 15 140 Da 79
32270 Léchaux 32 163 Ae 86
24210 le Chauze 24 137 Ba 78
58400 le Chazeau 58 103 Da 66
05320 le Chazelet 05 144 Gb 78
50410 le Chefresne 50 46 Yf 55
04120 le Cheiron 04 158 Gc 85
63640 le Cheix 63 115 Cd 72
63200 le Cheix 63 116 Db 73
63470 le Cheix 63 127 Cd 74
63320 le Cheix 63 128 Da 75
02200 Léchelle 02 40 Db 53
62124 Léchelle 62 30 Cf 48
77171 Léchelle 76 72 Dc 57
80700 L' Échelle 80 39 Ce 50
51210 l' Echelle-le-Franc 51 53 Dd 55
28170 le Chemin 28 69 Bb 57
51800 Le Chemin 51 55 Ef 54
58800 le Chemin 58 89 De 65
14490 le Chemin-de-Saint-Lô 14 34 Za 54
44470 le Chemin-Nantais 44 82 Yd 65
44170 le Chêne 44 82 Yb 63
84400 le Chêne 84 156 Fc 85
88360 le Chêne 88 94 Ge 61
89520 le Chêneau 89 89 Da 63
28160 le Chêne-Pulvé 28 69 Ba 59
16230 le Chênet 16 124 Ab 73
45490 le Chênoy 45 71 Cd 60
15300 le Cher 15 139 Cf 78
17290 le Cher 17 110 Za 72
78150 Le Chesnay-Rocquencourt 78 51 Ca 56
78150 Le Chesnay-Rocquencourt 78 51 Ca 56
08390 Le Chesne 08 42 Ee 51
27160 le Chesne 27 49 Af 55
58410 le Chesnois 58 89 Db 64
73130 Léchet 73 132 Gb 77
08230 le Cheval-Blanc 08 41 Ed 49
59440 Le Cheval-Blanc 59 31 Df 48
38340 le Chevalon 38 131 Fd 77
07160 le Cheylard 07 142 Ec 79
26310 le Cheylard 26 143 Fd 81
38570 le Cheylas 38 132 Ff 76
24420 le Cheyron 24 124 Ae 77
24530 le Cheyrou 24 124 Ae 76
29730 Léchiaget 29 78 Ve 62
43580 le Chier 43 141 De 79
79100 le Chillas 79 99 Ze 67
49370 le Chillon 49 83 Za 64
79600 Le Chillou 79 99 Zf 68
74450 le Chinaillon 74 120 Gc 73
88520 le Chipal 88 77 Ha 59
23500 le Chiroux 23 126 Ca 74
41350 le Chîteau 41 86 Bc 63
48300 le Choisinès 48 141 Df 80
62360 le Choquel 62 28 Bd 45
73270 le Chornais 73 133 Gd 75
22340 le C'hra 22 63 Wd 59
73340 le Cimeteret 73 132 Ga 74
11360 le Cingle 11 179 Ce 90
28350 L' Eclache 28 49 Ba 56
63470 l' Eclache 63 127 Ce 74
49350 le Clairay 49 84 Ze 64
56500 le Clandy 56 64 Xa 61
56920 le Clandy 56 64 Xa 60
55120 le Claon 55 55 Ef 54
30430 le Clap 30 154 Ec 83
12540 le Clapier 12 153 Db 86
11140 le Clat 11 178 Cb 92
15400 Le Claux 15 127 Ce 78
15300 le Claux 15 139 Cb 78
19400 le Claux 19 138 Bf 78
34190 le Claux 34 153 Dd 85
43700 le Clauzel 43 141 Df 79
16320 le Cledou 16 124 Ac 75
44450 le Cleray 44 97 Yd 65
40460 le Clerc 40 134 Yf 82
88240 le Clerjus 88 76 Gb 61
44210 le Clion-sur-Mer 44 96 Xf 66
59279 le Clipon 59 27 Cb 42
29190 le Cloître-Pleyben 29 62 Wa 59
16120 le Clos 16 123 Zf 76
35210 le Clos 35 66 Ye 59
38550 le Clos 38 130 Ee 76
44530 le Clos 44 81 Xf 64
51120 le Clos-le-Roi 51 53 Dd 56
22550 le Clos-Noël 22 64 Xd 57
38520 le Clot-d'en-Haut 38 144 Gb 79
05100 le Clottet 05 145 Ge 79
83560 L' Eclou 83 171 Ff 86
41700 le Clouseau 41 86 Bc 64
71960 le Cloux 71 118 Ee 70
04420 le Clucheret 04 157 Gb 83
05300 L' Ecluse 05 156 Fe 82
59259 Lécluse 59 30 Da 47
87160 L' Ecluse 87 113 Bb 71
03190 le Cluseau 03 115 Cd 69
12200 le Cluzel 12 151 Ca 83
46090 le Cluzel 46 150 Bc 82
24800 le Cluzelet 24 125 Af 76
09200 le Coch 09 176 Bb 91
63310 le Cohat 63 116 Db 73
73500 le Col 73 133 Gd 77
06480 le Colle-sur-Loup 06 173 Ha 86
05250 le Collet 05 144 Ff 80
44760 le Collet 44 96 Xf 66
38580 le Collet d'Allevard 38 132 Ga 76
48160 le Collet-de-Dèze 48 154 Df 83
18340 le Colombier 18 102 Cc 67
19120 le Colombier 19 138 Bf 78
26160 le Colombier 26 142 Ee 82
36170 le Colombier 36 113 Bc 69
62910 le Communal 62 27 Ca 44
23700 le Compas 23 115 Cc 73
23460 le Compeix 23 114 Bf 73
17132 le Compin 17 122 Za 75
32410 le Comte 32 148 Ac 86
62350 le Connet-Malo 62 29 Cd 45
29217 Le Conquet 29 61 Vb 58
04150 le Contadour 04 156 Fd 84
33990 le Contaut 33 122 Yf 77
41700 Le Controis-en-Sologne 41 86 Bc 64
56480 le Corboulo 56 79 Wf 59
79190 le Cormenier 79 110 Zd 71
37270 le Cormier 37 85 Af 64
46320 le Cornouiller 46 138 Be 80
40465 le Cos 40 146 Za 85
22460 le Cosquer 22 64 Xa 59
88400 le Costet 88 77 Ge 60
42120 Le Coteau 42 117 Ea 72
37500 le Côteaux-de-Reuffe 37 99 Ab 66
41160 l' Ecotière 41 86 Ba 61
15270 le Couderc 15 127 Cd 76
19320 le Coudert 19 126 Bf 77
19450 le Coudert 19 126 Be 76
19220 le Coudert 19 138 Ca 78
72610 le Coudrai 72 68 Ab 58
44270 le Coudrais 44 96 Ya 67
18500 le Coudray 18 102 Cb 66
22800 le Coudray 22 64 Xa 58
22330 le Coudray 22 64 Xc 59
27930 Le Coudray 27 49 Bb 54
28130 Le Coudray 28 70 Bd 57
28630 le Coudray 28 70 Bc 58
37310 le Coudray 37 86 Af 65
37120 le Coudray 37 99 Ab 66
44630 le Coudray 44 82 Ya 63
77620 le Coudray 76 72 Cf 59
76750 le Coudray 77 37 Bb 51
56430 le Coudray-Baillet 56 64 Xd 60
49260 le Coudray-Macouard 49 99 Zf 65
91830 le Coudray-Montceaux 91 71 Cc 57
60850 Le Coudray-Saint-Germer 60 38 Bf 52
60790 le Coudray-sur-Thelle 60 51 Ca 53
36300 le Coudreau 36 101 Bb 68
85420 le Coudreau 85 110 Zb 70
17700 le Coudret 17 110 Zb 72
31440 le Couéou 31 176 Ae 91
05310 le Cougnet 05 145 Gd 80
34520 le Coulet 34 153 Dd 86
24540 le Coulon 24 137 Af 81
74310 le Coupeau 74 121 Ge 73
27250 le Courant 27 49 Ae 56
09120 le Courbas 09 177 Bd 90
31530 le Courdé 32 148 Af 86
56270 le Couregant 56 79 Wc 62
42940 le Courreau 42 129 Df 75
56230 le Cours 56 81 Xc 62
52140 Lécourt 52 75 Fd 60
87240 le Coussa 87 113 Bc 73
35133 Lécousse 35 66 Ye 58
40170 le Cout 40 146 Yf 84
64270 le Cout 64 161 Za 88
04200 le Couvent 04 156 Fe 84
30250 Lecques 30 154 Ea 85
35580 le Crambert 35 65 Ya 60
37350 le Crançay 37 100 Af 67
33680 le Crastieu 33 134 Yf 79
06460 l'Ecre 06 173 Gf 86
22950 le Créhac 22 64 Xb 58
34920 le Crès 34 168 Df 87
63450 le Crest 63 128 Da 74

07270 Le Crestet 07 142 Ed 78
01130 le Crêtet 01 119 Fe 71
27250 le Crétil 27 49 Ae 56
39200 le Crêt Pourri 39 119 Ff 70
71200 Le Creusot 71 105 Ec 68
22100 le Creux 22 65 Xf 58
45130 le Creux 45 87 Bd 61
56420 le Creux 56 80 Xc 61
26140 le Creux-de-la-Thine 26 130 Ee 77
73260 le Crey 73 132 Gc 76
60120 le Crocq 60 38 Cb 51
29180 le Croëzou 29 78 Ve 60
33990 le Crohot-de-France 33 134 Ye 78
33121 le Crohot-des-Cavales 33 134 Ye 78
44490 Le Croisic 44 81 Xc 65
50380 le Croissant 50 46 Yc 56
56540 Le Croisty 56 79 Wd 60
61190 le Croix-Chemin 61 69 Ae 57
85390 le Croix-Renard 85 98 Zb 69
74230 le Cropt 74 132 Gb 73
05500 le Cros 05 144 Ga 81
12370 le Cros 12 152 Ce 86
30120 le Cros 30 153 Dd 85
34520 le Cros 34 153 Dc 85
43340 le Cros 43 141 De 79
43150 le Cros 43 141 Df 79
46190 le Cros 46 138 Ca 79
46100 le Cros 46 138 Bf 81
46260 le Cros 46 150 Be 83
48160 le Cros 48 154 Df 83
63210 le Cros 63 127 Ce 75
63600 le Cros 63 129 De 76
87190 le Cros 87 113 Bb 71
48230 le Cros-Bas 48 153 Db 82
73640 le Crôt 73 133 Gf 75
89450 le Crot 89 90 De 64
71990 le Crot-au-Meunier 71 105 Ea 67
80550 Le Crotoy 80 28 Bd 47
35290 le Crouais 35 65 Xf 59
37320 le Croule 37 85 Ae 65
07530 le Crouset 07 142 Ec 80
12110 le Crouzet 12 139 Cb 81
25240 le Crouzet 25 107 Ga 68
43170 le Crouzet 43 140 Dd 79
43170 le Crouzet 43 141 Dd 79
43150 le Crouzet 43 141 Ea 79
48700 le Crouzet 48 140 Dc 81
48700 le Crouzet 48 140 Dc 80
48190 le Crouzet 48 141 De 82
48700 le Crouzet-Plo 48 140 Dc 80
84400 le Crozat 84 156 Fc 84
01851 le Crozet 01 119 Fb 70
42310 le Crozet 42 117 Df 71
37230 le Crucifix 37 85 Ad 64
74410 Le Cruet 74 132 Ga 74
39260 Lect 39 119 Fe 70
32700 Lectoure 32 149 Ad 85
31210 le Cuing 31 163 Ad 90
46230 le Cujoul 46 150 Bd 83
73630 le Cul-du-Bois 73 132 Gb 74
64220 Lecumberry 64 161 Yf 90
16390 le Cuq 16 124 Ab 77
29880 le Curnic 29 61 Vd 57
71340 le Curtil 71 117 Df 71
38580 le Curtillard 38 132 Ga 77
31580 Lécussan 31 163 Ad 90
82160 le Cuzoul 82 151 Bf 83
59285 le Cygne 59 27 Cc 43
81340 Lédas-et-Penthiès 81 151 Cc 84
47300 Lédat 47 149 Ae 82
21390 Ledavrée 21 91 Ec 64
03110 le Défant 03 116 Db 71
89520 le Défens 89 89 Db 63
71330 le Deffait 71 106 Fb 68
79350 le Deffant 79 98 Zd 68
27240 le Deffend 27 49 Ba 55
60790 le Déluge 60 51 Ca 53
30210 Lédenon 30 155 Ed 85
46210 le Dental 46 138 Ca 80
12170 Lédergues 12 151 Cc 84
59143 Lederzeele 59 27 Cb 44
39120 Le Deschaux 39 106 Fc 67
14350 Le Désert 14 47 Zb 55
24700 le Désert 24 135 Aa 78
33125 le Désert 33 134 Zb 81
38740 le Désert 38 144 Ga 79
73450 le Désert 73 145 Gc 77
14690 le Détroit 14 47 Zd 55
64400 Ledeuix 64 161 Zc 89
71330 le Devant 71 106 Fb 68
33480 le Devès 33 134 Za 79
43210 le Devey 43 129 Ea 76
50620 le Dézert 50 33 Yf 53
29630 le Diben 29 62 Wb 56
30350 Lédignan 30 154 Ea 85
62380 Ledinghem 62 28 Bf 45
87500 le Dognon 19 125 Bb 76
23300 le Dognon 23 113 Bc 71
86160 le Dognon 86 112 Ac 70
87200 le Dognon 87 125 Af 73
87420 le Dognon 87 125 Ba 73
03130 Le Donjon 03 116 De 70
23480 le Donzeil 23 114 Bf 72
87210 le Dorat 87 113 Ba 71
49600 le Doré 49 97 Ye 65
13740 le Douard 13 170 Fb 88
14450 le Douet 14 46 Yf 52
17100 le Douhet 17 123 Zc 74
59940 le Doulieu 59 29 Ce 44
29252 le Dourduff-en-Mer 29 62 Wa 57
81340 Le Dourn 81 152 Cc 84
49460 le Doussal 49 84 Zc 63
01370 le Douvre 01 119 Fc 71
83530 le Dramont 83 172 Gf 88
29860 Le Drennec 29 62 Vd 57
22780 le Dresnay 22 63 Wd 57
36120 le Dressais 36 101 Be 68
59470 Ledringhem 59 27 Cc 43
12210 le Duc 12 140 Cf 81
32800 le Duret 32 148 Aa 85
64320 Lée 64 162 Ze 89
64320 Lée-Ousse-Sendets 64 162 Ze 89
59115 Leers 59 30 Db 44
64490 Lées-Athas 64 174 Zc 91
31460 le Faget 31 165 Be 87
64400 le Faget 64 161 Zc 89
27240 le Failly 27 49 Bb 55
15380 Le Falgoux 15 139 Cd 78
48000 le Falisson 48 153 Dc 82
15200 le Fanc 15 127 Cb 77
29690 le Fao 29 62 Wb 58
29460 Le Faou 29 62 Ve 59
22290 Le Faouët 22 63 Wf 56
04140 le Fau 04 157 Gc 82
07160 le Fau 07 142 Ec 79
12780 le Fau 12 152 Cf 83
15140 Le Fau 15 139 Cd 78
46210 le Fau 46 138 Ca 80
82000 le Fau 82 150 Bc 85
32720 le Faubourg 32 162 Ze 86
31410 le Fauga 31 164 Bb 88
14130 le Faulq 14 48 Ab 53
23170 le Faux 23 114 Cc 71
35550 le Faux 35 81 Xf 62
42440 le Faux 42 129 De 74
43230 le Faux 43 128 Dd 77
62630 Lefaux 62 28 Bd 45
01130 le Favillon 01 119 Fe 71
27230 le Favril 27 49 Ad 53
28120 le Favril 28 69 Bb 59
28190 le Favril 28 69 Ba 58
59550 Le Favril 59 31 De 48
36230 le Fay 36 101 Be 69
36170 le Fay 36 113 Bc 70
71580 le Fay 71 106 Fb 69
80270 Le Fay 80 38 Be 49
44850 le Fayau 44 82 Yd 64
27380 le Fayel 27 37 Bc 52
27480 le Fayel 27 37 Bd 52
15190 le Fayet 15 127 Cf 76
15100 le Fayet 15 140 Da 79
38540 le Fayet 38 130 Fa 75
74190 Le Fayet 74 121 Ge 73
89570 le Fays 89 73 De 60
60510 le Fay-Saint-Quentin 60 38 Cb 52
63660 le Fayt 63 129 Df 75
05230 le Fein 05 144 Gb 81
12140 le Fel 12 139 Cc 81
06580 le Fénerier 06 173 Gf 87
85800 le Fenouiller 85 96 Ya 68
50260 le Férage 50 33 Yc 52
74220 le Fernuy 74 120 Gc 73
35420 le Ferré 35 66 Ye 58
03130 le Fétrez 03 116 De 71
50360 le Feugrey 50 46 Yd 52
44320 le Feuillardais 44 96 Ya 65
73260 le Fey 73 132 Gc 76
38830 le Feyjoux 38 132 Ga 76
19320 le Feyt 19 126 Bf 77
14700 Leffard 14 47 Ze 55
08310 Leffincourt 08 41 Ed 52
70600 Leffond 70 92 Fc 63
52210 Leffonds 52 75 Fa 61
59240 Leffrinckoucke 59 27 Cc 42
59495 Leffrinckoucke-Village 59 27 Cc 42
27190 le Fidelaire 27 49 Ae 55
39800 le Fied 39 107 Fe 68
85310 le Fief 85 109 Ye 69
49600 le Fief-Sauvin 49 97 Yf 65
85680 le Fier 85 96 Xe 67
24140 le Fieu 24 136 Ac 79
33230 Le Fieu 33 135 Zf 78
12540 le Figairol 12 153 Db 85
06450 le Figaret-d'Utella 06 159 Hb 85
20090 le Finosello CTC 182 Ie 97
74500 le Fion 74 121 Gd 71
44270 le Flachou 44 96 Yb 67
83300 le Flayosquet 83 172 Gc 87
24130 le Fleix 24 136 Ab 79
22800 le Fœil 22 64 Xa 58
29252 le Foën 29 62 Wb 57
29260 le Folgoët 29 62 Vd 57
38580 le Fond-de-France 38 132 Ga 77
62140 le Fondeval 62 28 Bf 47
04140 le Forest 04 157 Gb 83
04200 le Forest 04 157 Ff 84
05700 le Forest 05 144 Fe 82
05560 le Forest 05 145 Gd 81
56550 le Forest 56 79 Wf 62
62790 Leforest 62 30 Da 46
29710 le Fort 29 78 Ve 60
56270 le Fort-Bloqué 56 79 Wd 62
62370 le Fort-Saint-Jean 62 27 Ca 43
62730 le Fort-Vert 62 27 Bf 43
09130 le Fossat 09 164 Bc 89
48800 le Fossat 48 141 Df 81
76440 le Fossé 77 38 Bd 51
44170 le Fossé-Neuf 44 82 Yb 63
85600 le Fossé-Neuf 85 97 Ye 67
50530 le Fougeray 50 46 Yd 56
16140 le Fouilloux 16 123 Aa 73
17270 le Fouilloux 17 123 Zf 77
36370 le Four 36 113 Bb 70
87120 le Fournet 87 126 Bf 74
31430 Le Fousseret 31 164 Ba 89
44520 le Fouy 44 82 Yd 63
50260 le Foyer 50 33 Yc 52
56660 le Foz 56 80 Xb 61
23480 le Frais 23 114 Ca 72
63980 le Fraisse 63 128 Dd 75
25300 le Frambourg 25 108 Gc 67
33230 le Frappier 33 135 Aa 78
39130 Le Frasnois 39 107 Ff 69
33125 le Frayot 33 134 Zb 81
12370 le Fraysse 12 152 Ce 86
12410 le Fraysse 12 152 Ce 83
19380 le Fraysse 19 138 Bf 77
19430 le Fraysse 19 138 Ca 78
26230 le Fraysse 26 142 Ef 82
43260 le Fraysse 43 141 Ea 78
12230 le Frayssinet-Bas 12 153 Db 85
40190 le Frêche 40 147 Ze 85
31360 le Fréchet 31 164 Af 89
56800 le Freique 56 64 Xd 61
72510 le Frêne 72 84 Aa 62
79250 le Frêne-Chabot 79 98 Zc 67
73500 le Freney 73 133 Gd 77
38142 le Freney-d'Oisans 38 144 Ga 78
27480 le Fresnay 27 37 Bc 52
27190 le Fresne 27 49 Af 55
51240 le Fresne 51 54 Ed 55
76260 le Fresne 77 37 Bc 48
14480 le Fresne-Camilly 14 35 Zd 53
50850 le Fresne-Poret 50 47 Zb 56
60420 le Frestoy 60 39 Cd 51
29160 le Fret 29 61 Vc 59
08290 le Fréty 08 41 Eb 50
07190 le Freydier 07 142 Ec 80
48320 le Freysinel 48 153 Dc 82
50800 le Friloux 50 46 Ye 56
30450 le Frontal 30 154 Ea 82
28120 le Frou 28 69 Bb 58
40110 le Fruit 40 147 Zb 85
04240 Le Fugeret 04 158 Gd 84
49270 le Fuilet 49 83 Yf 65
85110 le Fuiteau 85 97 Yf 69
29600 le Fumé 29 62 Wb 57
09130 le Fustié 09 164 Bc 90
36500 L' Egaillé 36 101 Bc 67
59229 le Galghouck 59 27 Cc 42
24550 le Galinier 24 137 Ba 81
60360 le Gallet 60 38 Ca 51
36180 le Gardon-Frit 36 101 Bb 66
30760 le Garn 30 154 Ec 83
15130 le Garric 15 139 Cc 79
81450 le Garric 81 151 Ca 84
32600 le Garros 32 164 Af 87
33990 le Garthieu 33 134 Yf 78
14380 le Gast 14 46 Yf 56
15320 le Gastier 15 140 Db 79
17270 le Gat 17 123 Zf 77
23800 le Gat 23 114 Bd 71
87120 Légaud 87 126 Be 74
83690 le Gaudran 83 171 Gb 87
41270 le Gault-du-Perche 41 69 Af 60
28800 le Gault-Saint-Denis 28 70 Bc 59
51210 le Gault-Soigny 51 53 Dd 56
87520 le Gautaud 87 125 Ba 73
17360 le Gautreau 17 135 Ze 78
44130 le Gâvre 44 82 Yb 63
04250 le Gayne 04 157 Ga 83
34330 le Gazel 34 166 Cd 87
31440 Lège 31 176 Ad 91
44650 Legé 44 97 Yc 67
33950 Lège-Cap-Ferret 33 134 Yf 80
58250 Legendre 58 104 De 68
63150 le Genestoux 63 127 Ce 75
53940 Le Genest-Saint-Isle 53 66 Za 60
37260 le Genetay 37 100 Ad 65
42990 le Genetey 42 129 De 74
38450 le Genevray 38 143 Fd 78
85580 le Génie 85 109 Ye 71
03420 le Gentioux 03 115 Cd 71
35560 le Gerardais 35 66 Yc 58
24480 le Gers 24 137 Af 79
88270 Légéville-et-Bonfays 88 76 Ga 59
56690 Légevin 56 80 Wf 62
17270 le Gibeau 17 135 Zf 77
48100 le Gibertés 48 140 Db 81
17160 le Gicq 17 111 Ze 73
35160 le Gillard 35 65 Ya 60
17590 le Gillieux 17 109 Yc 71
07660 le Ginestet 07 141 Df 80
40120 le Ginx 40 147 Zd 84
73660 le Girard 73 132 Gb 76
85150 le Girouard 85 109 Yc 69
85540 le Givre 85 109 Yd 70
05800 le Glaizil 05 144 Ff 80
19230 le Glandier 19 125 Bc 76
60420 Léglantiers 60 39 Cd 52
79320 l' Églandière 79 98 Zc 68
50620 le Glinel 50 34 Ye 53
38440 L' Église 38 131 Fa 76
68910 l' Église 68 77 Hb 60
83600 L' Église 83 172 Ge 87
19170 L' Église-aux-Bois 19 126 Be 75
30170 L' Église-de-Cros 30 153 Df 85
85120 L' Egluère 85 98 Zb 69
39240 Légna 39 119 Fd 70
69620 Légny 69D 118 Ed 73
32100 le Goalard 32 148 Ab 85
24460 le Godet 24 124 Ae 77
22390 le Golloth 22 63 We 58
44310 L' Egonnière 44 97 Yb 67
56250 le Gorvello 56 80 Xc 63
42440 le Got 42 129 De 74
01100 le Gottetaz 01 119 Fd 71
76950 le Goule 77 37 Bb 50
27600 le Goulet 27 50 Bc 54
76640 le Goulet 77 36 Ad 51
22330 Le Gouray 22 64 Xd 59
04530 le Grach 04 145 Ge 82
48130 le Grach 48 140 Db 81
37270 le Grais 37 85 Af 65
61600 Le Grais 61 67 Ze 57
47370 le Gral 47 149 Af 82
17920 le Grallet 17 122 Yf 74
01260 Le Grand-Abergement 01 119 Fd 72
89116 le Grand-Bailly 89 89 Db 61
89520 le Grand-Banny 89 89 Db 63
18310 le Grand-Boisfort 18 101 Bf 66
18360 le Grand-Bord 18 102 Cc 69
74450 le Grand-Bornand 74 120 Gc 73
23240 Le Grand-Bourg 23 113 Bd 72
16300 le Grand-Breuil 16 123 Ze 75
86480 le Grand-Breuil 86 111 Aa 70
28150 le Grand-Chavernay 28 70 Bd 59
33550 le Grand-Chemin 33 135 Zd 80
25210 le Grand-Communal 25 108 Ge 65
33680 le Grand-Courgas 33 134 Yf 79
18290 le Grand-Entrevin 18 102 Cb 67
76530 le Grand Essart 77 49 Ba 52
70220 le Grand-Fays 70 93 Gc 61
45760 le Grand Gharmoy 45 70 Ca 61
14520 le Grand Hameau 14 47 Za 52
88420 le Grand-Himbaumont 88 77 Gf 58
33490 le Grand-Housteau 33 135 Ze 81
86200 le Grand-Insay 86 99 Aa 66
89200 le Grand-Island 89 90 Df 64
23460 le Grand-Janoit 23 114 Bf 73
33230 le Grand-Jard 33 135 Ze 78
28200 le Grand-Juday 28 69 Bb 60
18150 le Grand-Laubray 18 103 Da 67
38690 le Grand-Lemps 38 131 Fc 76
04210 le Grand-Logisson 04 157 Ga 85
89300 le Grand-Longueron 89 72 Dc 61
72150 Le Grand-Lucé 72 85 Ac 61
16450 le Grand Madieu 16 112 Ac 73
18400 le Grand-Malleray 18 102 Cb 67
18110 le Grand-Millanfroid 18 88 Cb 65
79600 le Grand-Moiré 79 99 Ze 67
50570 le Grand-Moulin 50 34 Ye 54
44850 le Grand-Pâtis 44 82 Yd 64
33950 Le Grand-Piquey 33 134 Ye 80
23360 le Grand-Plaix 23 114 Be 70
36120 le Grand-Plessis 36 102 Bf 68
85480 Le Grand-Poiron 85 97 Ye 69
89113 le Grand-Ponceau 89 89 Dc 61
13129 le Grand-Ponche 13 169 Ed 88
85230 le Grand-Pont 85 96 Xf 67
37350 Le Grand-Pressigny 37 100 Ae 67
53210 Le Grand-Puits 53 67 Zc 60
42290 le Grand-Quartier 42 130 Ec 75
76140 Le Grand-Quevilly 77 37 Ba 52
13460 le Grand-Radeau 13 169 Ec 88
44660 le Grand-Rigné 44 82 Yd 62
27680 le Grand-Saint-Aubin 27 36 Ad 52
26530 le Grand-Serre 26 131 Fa 77
18240 le Grand-Sort 18 88 Cf 64
41210 le Grand-Soupeau 41 87 Bf 63
58400 le Grand-Soury 58 103 Da 66
88230 le Grand-Valtin 88 77 Gf 60
85330 le Grand-Viel 85 96 Xe 66
17270 le Grand-Village 17 135 Ze 77
33860 le Grand-Village 33 123 Zc 77
37530 le Grand-Village 37 86 Ba 64
17370 le Grand-Village-Plage 17 122 Ye 73
03350 le Grand-Villers 03 115 Cd 69
89700 le Grand-Virey 89 90 Ea 61
02170 le Grand-Wez 02 40 De 49
25620 le Gratteris 25 107 Ga 65
53100 le Grattoir 53 66 Zb 58
34300 le Grau-d'Agde 34 167 Dc 89
30240 Le Grau-du-Roi 30 168 Ea 87
18150 le Gravier 18 103 Cf 67
56120 le Grée-Saint-Laurent 56 64 Xd 61
44530 le Grény 44 81 Ya 64
31480 le Grés 31 164 Ba 86
44390 le Gressin 44 82 Yd 64
37160 le Grignon 37 100 Ad 66
19320 le Grolier 19 126 Ca 77
17100 le Gros- 17 123 Zc 74
17100 le Gros-Bonnet 17 123 Zc 74
71220 le Gros-Chigy 71 118 Ed 69
62134 le Groseillier 62 29 Cb 45
27370 Le Gros-Theil 27 49 Af 53
29880 le Grouannec 29 61 Vd 57
18240 le Grouseau 18 88 Cf 64
17600 Le Gua 17 122 Za 74
38450 Le Gua 38 144 Fd 78
86380 le Gué 86 99 Ab 68
17540 Le Gué-d'Alleré 17 110 Za 71
61130 le Gué-de-la-Chaîne 61 68 Ad 58
49390 le Gué-de-Lauet 49 84 Aa 64
28700 le Gué-de-Longroi 28 70 Be 57
49650 le Gué-de-Louet 49 84 Zf 65
72500 le Gué-de-Mézières 72 85 Ac 63
49150 le Guédéniau 49 84 Zf 64
85770 le Gué-de-Velluire 85 110 Za 70
41100 le Gué-du-Loir 41 86 Af 62
85640 le Gué-Joubert 85 97 Yf 68
56660 le Guérihuel 56 80 Xb 62
63310 le Guerinet 63 116 Dc 72
56190 le Guerno 56 81 Xd 63
56190 le Guet 56 81 Xd 63
31490 Léguevin 31 164 Bb 87
71130 le Guide 71 117 Df 69
24340 Léguillac-de-Cercles 24 124 Ad 76
24110 Léguillac-de-L'Auche 24 124 Ad 77
17600 L' Éguille 17 122 Za 74
58240 le Guillot 58 103 Da 68
29246 le Guilly 29 63 Wc 58
44450 le Guineau 44 82 Yd 65
50410 le Guistain 50 46 Ye 55
33590 le Gurp 33 122 Yf 76
85300 le Guy-Ayraud 85 96 Ya 68
33160 le Haillan 33 134 Zb 79
40430 le Hallot 40 147 Zc 83
14430 le Ham 14 35 Zf 53
50310 le Ham 50 33 Yd 52
53250 le Ham 53 67 Zd 58
53140 le Hameau 53 67 Ze 58
50120 le Hameau-de-la-Mer 50 33 Yb 51
60210 Le Hamel 60 38 Bf 51
76660 le Hamel 77 37 Bb 49
80800 Le Hamel 80 39 Cd 49
27160 le Hamelet 27 49 Ae 55
80120 le Hamelet 80 28 Bd 47
22650 le Hamonais 22 65 Xf 57
76450 le Hanouard 77 36 Ad 50
22230 le Hartelois 22 64 Xd 59
02420 le Haucourt 02 40 Db 49
27120 le Haut-Boisset 27 50 Bc 55
79140 le Haut-Bourg 79 98 Zc 67
38580 Le Haut-Bréda 38 132 Ga 77
53400 le Haut-Breuil 53 83 Za 61
10270 le Haut-Chêne 10 74 Eb 59
22320 Le Haut-Corlay 22 63 Wf 59
14170 le Haut-de-Tôtes 14 48 Zf 55
14240 le Haut-Digny 14 34 Za 54
04140 le Haute-Vernet 04 157 Gc 83
17360 le Haut-Mont 17 123 Zf 77
50620 le Haut-Vernay 50 33 Ye 53
76600 Le Havre 77 36 Aa 52
95640 le Heaulme 95 51 Bf 54
29620 le Hellès 29 63 Wb 57
44390 le Héricher 44 82 Yc 64
76780 le Héron 77 37 Bc 52
22100 le Herviais 22 65 Xf 58
56450 le Hézo 56 80 Xb 63
22100 Le Hinglé 22 65 Xf 58
22100 le Hinglé-les-Granits 22 65 Xf 58
22960 le Hirel 22 64 Xb 58
02340 le Hocquet 02 41 Ea 50
67140 le Hohwald 67 60 Hb 58
50620 le Hommet-d'Arthenay 50 46 Ye 53
22100 Léhon 22 65 Xf 58
27210 le Hopsores 27 48 Ac 53
53640 Le Horps 53 67 Zd 58
32460 Le Houga 32 148 Ze 86
40120 le Houga 40 147 Zd 83
76770 le Houlme 77 37 Ba 51
80410 le Hourdel 80 28 Bd 47
41310 le Houssay 41 85 Af 62
53110 Le Housseau-Bretignolles 53 67 Zc 58
44170 le Houx 44 82 Yd 63
88410 le Hubert 88 76 Ga 60
33680 le Huga 33 134 Ye 78
03320 Leige 03 103 Cf 68
86400 Leigné 86 112 Ab 71
42380 Leignecq 42 129 Df 76
86450 Leigné-les-Bois 86 100 Ae 68
86300 Leignes-sur-Fontaine 86 112 Ae 69
86230 Leigné-sur-Usseau 86 100 Ac 67
42130 Leigneux 42 129 Df 74
68800 Leimbach 68 94 Ha 62
54450 Leintrey 54 57 Ge 57
67250 Leitersviller 67 58 Hf 55
38630 le Jacquet 38 131 Fd 75
05100 le Jadis 05 145 Gd 78
87160 le Jagon 87 113 Bc 70
12230 le Jaoul 12 153 Dc 84
17210 le Jarculet 17 123 Ze 77
33920 le Jard-de-Bourdillas 33 123 Zd 77
19300 Le Jardin 19 126 Ca 77
58230 le Jarnois 58 90 Ea 64
44590 le Jarrier 44 82 Yc 63
24210 le Jarripigier 24 137 Ba 78
15300 le Jarry 15 139 Cf 78
50720 le Jarry 50 66 Za 57
84410 le Jas 84 156 Fb 84
83870 le Jas-des-Marquands 83 171 Ff 89
03700 le Jaunet 03 116 Db 72
40120 le Jay 40 147 Zd 84
73500 le Jeu 73 145 Gd 78
88120 Lejole 88 77 Ge 60
04150 le Jonquet 04 156 Fd 84
74200 le Jotty 74 120 Gd 71
34330 le Jounié 34 166 Cd 87
36170 le Joux 36 113 Bc 70
29100 le Juch 29 78 Ve 60
12200 le Juge 12 151 Bf 82
79600 le Jumeaux 79 99 Zf 68
94270 Le Kremlin-sur-Seine 94 51 Cc 56
04420 le Labouret 04 157 Gb 83
11130 le Lac 11 179 Cf 90
12160 le Lac 12 152 Cc 83
15170 le Lac 15 128 Cf 77
19270 le Lac 19 125 Bd 77
40160 le Lac 40 146 Yf 82
71110 le Lac 71 117 Ea 71
83340 le Lac 83 172 Gb 88
87230 le Lac 87 125 Af 75
07470 Le Lac-d'Issarlès 07 141 Ea 80
18310 le Laclaire 18 102 Bf 65
27350 le Landin 27 36 Ae 52
30770 le Landre 30 153 Dd 85
44320 Le Landreau 44 96 Xf 65
44430 le Landreau 44 97 Ye 65
77140 le Landy 76 71 Ce 59
37140 le Lane 37 84 Ab 65
85370 Le Langon 85 110 Za 70
47700 le Lanin 47 148 Aa 83
39300 le Larderet 39 107 Ff 68
24570 Le Lardin-Saint-Lazare 24 137 Bb 78
04150 le Largue 04 156 Fe 84
33127 Le Las 33 134 Za 80
83870 le Latay 83 171 Ff 89
39300 le Latet 39 107 Ff 68
34390 le Lau 34 167 Da 87
19400 le Laurent 19 138 Bf 78
59630 le Laurier 59 27 Cb 43
05100 le Laus 05 145 Ge 79
05220 le Lauzet 05 145 Gc 78
05310 le Lauzet 05 145 Gd 80
04340 le Lauzet-Ubaye 04 157 Gc 82
74400 le Lavancher 74 121 Gf 73
83980 Le Lavandou 83 172 Gc 90
06470 le Lavigné 06 158 Gf 84
44240 le Lavoir 44 82 Yc 64
74470 le Lavouet 74 120 Gd 71
22250 le Léez 22 65 Xe 59
22800 le Leslay 22 63 Xa 58
29950 le Letty 29 78 Vf 61
40250 le Leuy 40 147 Zc 86
01410 Lélex 01 120 Ff 71
19320 le Liac 19 126 Bf 77
37460 le Liège 37 100 Ba 65
58150 le Lignou 58 89 Da 65
11190 le Linas 11 178 Cc 91
16310 le Lindois 16 124 Ad 74
17320 le Lindron 17 122 Yf 74
48160 le Linès 48 154 Df 83
32400 Lelin-Lapujolle 32 162 Zf 86
33680 le Lion 33 134 Ye 79
15300 le Lioran 15 139 Ce 78
12230 le Liquier 12 153 Db 85
57660 Lelling 57 57 Ge 54
29560 le Loc'h 29 62 Vd 59

14210 le Locheur 14 35 Zc 54
58250 le Lodey 58 104 De 68
13490 le Logis-d'Anne 13 171 Fd 87
13190 le Logis-Neuf 13 170 Fc 88
26740 le Logis-Neuf 26 142 Ee 81
27160 le Long-du-Bois 27 49 Ae 56
49710 le Longeron 49 97 Yf 66
19290 le Longy 19 126 Ca 75
19110 le Lonjard 19 127 Cc 76
19470 le Lonzac 19 126 Be 76
03260 le Lonzat 03 116 Dc 71
50510 le Loreur 50 46 Yd 55
50570 le Lorey 50 46 Ye 54
35133 le Loroux 35 66 Yf 58
49390 le Loroux 49 84 Zf 64
44430 Le Loroux-Bottereau 44 97 Yd 65
22640 le Lorrain 22 64 Xd 58
56220 le Lot 56 81 Xe 63
87420 le Loubier 87 113 Af 73
37240 Le Louroux 37 100 Ae 66
49370 Le Louroux-Béconnais 49 83 Za 63
39210 le Louverot 39 107 Fd 68
35290 le Loya 35 65 Xe 60
72390 Le Luart 72 68 Ad 60
60800 le Luat 60 52 Ce 53
28500 le Luat-sur-Vert 28 50 Bb 56
12390 le Luc 12 151 Cc 82
47200 le Luc 47 136 Aa 82
83340 Le Luc 83 172 Gb 88
72800 Le Lude 72 84 Aa 63
28700 le Luet 28 70 Be 58
63420 le Luguet 63 128 Da 76
74580 L' Eluiset 74 120 Ga 72
50870 Le Luot 50 46 Ye 56
17240 le Luth 17 122 Zc 76
60260 le Lys 60 51 Cc 54
71110 le Mâconnais 71 117 Df 71
22960 le Madray 22 64 Xb 58
44170 le Maffay 44 82 Yd 63
19170 le Magadoux 19 126 Bf 75
61290 le Mage 61 69 Ae 57
23320 le Magnenon 23 114 Be 71
70000 Le Magnoray 70 93 Ga 63
36160 le Magnoux 36 114 Cb 69
36400 le Magny 36 114 Bf 69
70190 le Magny 70 93 Ga 64
70290 le Magny 70 94 Ge 62
79300 le Magny 79 98 Zc 68
85210 le Magny 85 110 Yf 69
88240 Le Magny 88 76 Gb 61
22600 le Magouet 22 64 Xb 60
16260 le Maine 16 124 Ac 73
24460 le Maine 24 125 Af 76
24170 le Maine 24 137 Ba 80
17610 le Maine-Allain 17 123 Zc 74
17890 le Maine-Auriou 17 122 Yf 74
16130 le Maine-Neuf 16 123 Zd 75
54740 Lemainville 54 76 Gb 57
59134 Le Maisnil 59 30 Cf 45
62380 le Maisnil-Boutry 62 28 Bf 45
03250 le Mallot 03 116 De 72
63320 le Malnon 63 128 Da 75
43340 le Malzieu 43 141 Df 80
48140 Le Malzieu-Forain 48 140 Dc 79
48140 Le Malzieu-Ville 48 140 Db 79
22540 le Manaty 22 63 We 57
23800 le Mandement 23 113 Bd 71
14400 le Manoir 14 47 Zc 53
72000 Le Mans 72 68 Ab 60
41320 le Many 41 87 Bf 65
62360 le Marais 62 28 Be 45
74230 le Marais 74 132 Gc 74
91530 Le Marais 91 71 Ca 57
14620 Le Marais-la-Chapelle 14 48 Zf 55
47230 le Maransin 47 148 Ab 84
41160 le Marchais 41 86 Ba 61
44140 le Marché-Neuf 44 97 Yd 66
70310 le Marchessant 70 94 Gd 61
58190 le Maréchal 58 89 De 65
36160 le Marembert 36 114 Ca 70
48500 le Marguefré 48 153 Db 82
33650 le Marheuil 33 134 Zc 80
81240 le Mariech 81 166 Cc 87
49410 le Marillais 49 83 Yf 64
68470 le Markstein 68 94 Ha 61
48120 le Marlet 48 140 Dc 80
17340 le Marouillet 17 110 Yf 72
16420 le Marousse 16 112 Af 72
33125 le Martat 33 134 Zc 81
38510 le Marteray 38 131 Fc 75
30960 Le Martinet 30 154 Ea 83
71960 le Martoret 71 118 Ee 70
06910 Le Mas 06 158 Gf 85
16310 le Mas 16 124 Ad 74
18270 le Mas 18 114 Cb 69
19230 le Mas 19 125 Bc 76
19220 le Mas 19 126 Ca 77
19170 le Mas 19 126 Be 75
24700 le Mas 24 136 Ab 78
32350 le Mas 32 163 Ac 86
48250 Le Mas 48 141 De 81
63330 le Mas 63 115 Ce 72
63550 le Mas 63 116 Dd 73
63200 le Mas 63 116 Da 73
34260 le Mas-Blanc 34 167 Db 87
13800 le Mas-Chauvet 13 169 Ef 87
19170 le Mas-Chevalier 19 126 Ca 75
87360 le Mascornu 87 113 Ba 71
47430 Le Mas-d'Agenais 47 148 Ab 82
13800 le Mas-d'Amphoux 13 170 Ef 87
23100 Le Mas-d'Artige 23 126 Cb 74
09290 Le Mas-d'Azil 09 164 Bc 90
87170 le Mas-des-Landes 87 125 Ba 74
43190 Le Mas-de-Tence 43 142 Ec 78
30110 le Mas-Dieu 30 154 Ea 83
38190 le Mas-Julien 38 132 Ff 77
81530 Le Masnau-Massuguiès 81 152 Cd 86
87120 le Maspecout 87 126 Be 74
12540 le Mas-Raynal 12 153 Db 85
01700 Le Mas-Rillier 01 130 Ef 74
23110 le Masroudier 23 115 Cc 72
48500 Le Massegros 48 153 Db 83
24490 le Massias 24 135 Aa 78
19210 le Massoubrot 87 126 Be 74
13104 Le Mas-Thibert 13 169 Ee 87
73460 le Mathiez 73 132 Gc 75
19170 le Mauny 22 65 Ya 58
76580 le Maupas 77 37 Ae 52
83390 le Maupas 83 171 Ga 89
46200 le Maure 46 138 Bc 79
12350 le Mauron 12 151 Ca 82
03800 Le Mayet-d'Ecole 03 116 Db 72
03250 Le Mayet-de-Montagne 03 116 De 72
33770 le Mayne 33 134 Za 81
48150 le Maynial 48 153 Db 83
49122 Le May-sur-Evre 49 98 Za 66
63780 le Mazal 63 115 Cf 73
19170 le Mazau 19 126 Bf 75
85420 le Mazeau 85 110 Zb 70
87340 le Mazeaud 87 113 Bc 72
87380 le Mazeaud 87 125 Bc 75
30570 le Mazel 30 153 De 84
48700 le Mazel 48 140 Dc 80
48190 le Mazel 48 141 De 82
48210 le Mazel-Bouissy 48 153 Db 82
23260 le Mazendreau 23 114 Cc 73
46270 le Mazers 46 138 Ca 80
46090 le Mazet 46 150 Bd 82
48100 le Mazet 48 140 Dc 81
63390 le Mazet 63 115 Cd 72
87150 le Mazet 87 125 Af 74
87470 le Mazet 87 126 Be 74
80430 le Mazis 80 38 Be 49
23600 le Mazurier 23 114 Cc 71
67510 Lembach 67 58 He 54
82200 Lembenne 82 150 Ba 84
57620 Lemberg 57 58 Hc 54
24350 Lembertie 24 124 Ad 77
40360 Lembeye 40 161 Za 87
64350 Lembeye 64 162 Zf 88
24100 Lembras 24 136 Ad 79
02140 Lemé 02 40 De 49
64450 Lème 64 162 Zd 88
74920 le Médonnet 74 120 Gd 73
28220 le Mée 28 70 Bc 61
50240 le Mée 50 66 Yd 58
04190 Le Mées 04 157 Ff 84
77350 le Mée-sur-Seine 76 71 Cd 57
36110 le Méez 36 101 Bd 67
35380 L' Emeheuc 35 81 Xf 61
80370 le Meillard 80 29 Cb 47
73260 le Meiller 73 132 Gc 76
21580 le Meix 21 91 Ef 63
21250 le Meix 21 106 Fb 66
58140 le Meix 58 90 Df 64
89630 le Meix 89 90 Df 64
51120 le Meix-Saint-Epoing 51 53 Dd 56
51320 le Meix-Tiercelin 51 54 Ec 57
12150 le Méjanel 12 152 Cf 83
61170 Le Mêle-sur-Sarthe 61 68 Ac 57
05200 le Melezet 05 145 Gd 81
05100 le Mélézin 05 145 Gd 79
24410 le Mélier 24 136 Ab 78
13460 le Ménage 13 169 Ec 87
22510 Le Mené 22 64 Xc 59
56490 le Ménéhy 56 64 Xd 60
29410 le Mengleuz 29 62 Wa 58
88370 le Ménil 88 76 Gc 60
88450 le Ménil 88 76 Gb 59
88270 le Ménil 88 76 Gb 60
88480 le Ménil 88 77 Gf 58
88160 Le Ménil 88 94 Ge 61
61270 le Ménil-Bérard 61 49 Ad 56
61250 le Ménil-Broût 61 68 Ab 58
61800 le Ménil-Ciboult 61 47 Zb 56
61220 Le Ménil-de-Briouze 61 47 Zd 56
61170 le Ménil-Guyon 61 68 Ab 57
54740 Leménil-Mitry 54 76 Gb 58
61320 Le Ménil-Scelleur 61 67 Zf 57
61240 Le Ménil-Vicomte 61 48 Ab 56
36200 le Menoux 36 113 Bd 69
22150 le Mentrel 22 64 Xc 59
15250 le Mercadier 15 139 Cc 79
86270 le Merci-Dieu 86 100 Ae 68
03450 le Mercurol 03 115 Da 72
29100 le Merdy 29 78 Ve 60
37120 Léméré 37 99 Ac 66
91660 Le Mérévillois 91 70 Ca 59
35470 le Merhaulé 35 82 Yb 62
85440 l' Emerière 85 109 Yc 69
24130 le Mériller 24 136 Ab 79
44130 le Mérimont 44 82 Yb 64
13014 le Merlan 13 170 Fc 88
24700 le Merle 24 136 Ab 79
61240 Le Merlerault 61 48 Ab 56
22200 le Merzer 22 63 Wf 57
80310 le Mesge 80 38 Ca 49
78113 le Mesle 78 50 Be 56
36170 le Meslier 36 113 Bb 70
14210 le Mesnil 14 47 Zd 54
27300 le Mesnil 27 49 Ad 54
50500 le Mesnil 50 33 Yd 53
50580 Le Mesnil 50 46 Yb 52
50660 le Mesnil 50 46 Yc 55
50520 le Mesnil-Adelée 50 46 Yf 56
50450 le Mesnil-Amand 50 46 Yd 55
77990 Le Mesnil-Amelot 76 51 Cd 54
50570 le Mesnil-Amey 50 33 Ye 54
50620 le Mesnil-Angot 50 46 Ye 53
50510 le Mesnil-Aubert 50 46 Yd 55
95720 Le Mesnil-Aubry 95 51 Cc 54
14260 le Mesnil-au-Grain 14 47 Zc 54
50110 le Mesnil-au-Val 50 33 Yc 51
14260 Le Mesnil-Auzouf 14 47 Zb 55
14140 le Mesnil-Bacley 14 48 Aa 55
14380 le Mesnil-Benoist 14 47 Za 55
50540 le Mesnil-Bœufs 50 66 Yf 57
27110 le Mesnil-Broquet 27 49 Af 54
50490 le Mesnilbus 50 34 Yd 54
14380 le Mesnil-Caussois 14 47 Yf 55
60210 le Mesnil-Conteville 60 38 Ca 50
14860 le Mesnil-de-Bures 14 48 Ze 53
50320 le Mesnil-Drey 50 46 Yd 56
14140 le Mesnil-Durand 14 48 Aa 54
60530 le Mesnil-en-Thelle 60 51 Cb 53
49410 le Mesnil-en-Vallée 49 83 Za 64
76240 le Mesnil-Esnard 77 37 Ba 52
14100 le Mesnil-Eudes 14 35 Ab 54
50570 Le Mesnil-Eury 50 33 Ye 54
27930 le Mesnil-Fuquet 27 49 Ba 54
50450 le Mesnil-Garnier 50 46 Ye 55
14140 le Mesnil-Germain 14 48 Ab 54
27660 le Mesnil-Gilbert 27 50 Be 53
50670 Le Mesnil-Gilbert 50 46 Yf 56
14100 Le Mesnil-Guillaume 14 48 Ab 54
27190 le Mesnil-Hardray 27 49 Af 55
50750 le Mesnil-Hermann 50 46 Yf 54
50450 le Mesnil-Hue 50 46 Ye 55
50600 le Mesnillard 50 66 Yf 57
78600 le Mesnil-le-Roi 78 51 Ca 55
76780 le Mesnil-Lieubray 77 37 Bd 51
14270 le Mesnil-Mauger 14 48 Aa 54
50860 le Mesnil-Opac 50 46 Yf 54
50220 le Mesnil-Ozenne 50 46 Ye 57
14740 le Mesnil-Patry 14 35 Zc 53
27910 le Mesnil-Perruel 27 37 Bc 52
50520 le Mesnil-Rainfray 50 46 Yf 56
50420 le Mesnil-Raoult 50 46 Yf 54
76260 le Mesnil-Réaume 77 37 Bc 49
14380 le Mesnil-Robert 14 47 Za 55
50450 le Mesnil-Rogues 50 46 Yd 55
50000 le Mesnil-Rouxelin 50 34 Yf 54
76560 le Mesnil-Rury 77 37 Af 50
78320 Le Mesnil-Saint-Denis 78 51 Bf 56
60120 le Mesnil-Saint-Firmin 60 39 Cc 51
27560 le Mesnil-Saint-Jean 27 49 Ad 53
50410 le Mesnil-Sauvage 50 46 Yf 55
28260 Le Mesnil-Simon 28 50 Bd 55
14130 le Mesnil-sur-Blangy 14 48 Ab 53
60130 le Mesnil-sur-Bulles 60 39 Cc 52
51190 le Mesnil-sur-Oger 51 53 Ea 55
50540 le Mesnil-Thébault 50 66 Ye 57
60240 le Mesnil-Theribus 60 51 Bf 53
28250 Le Mesnil-Thomas 28 69 Ba 57
14220 le Mesnil-Touffay 14 47 Ze 54
50520 le Mesnil-Tôve 50 47 Yf 56
50620 le Mesnil-Véneron 50 46 Ye 53
50570 le Mesnil-Vigot 50 34 Ye 54
50450 le Mesnil-Villeman 50 46 Ye 55
14690 le Mesnil-Villement 14 47 Zd 55
57970 Lemestroff 57 44 Gc 52
60880 Le Meux 60 39 Ce 52
15230 le Meynial 15 139 Cf 79
33830 le Meynieu 33 147 Zb 82
50190 le Milleries 50 46 Yd 53
49122 le Millet 49 98 Za 66
35400 le Minihic 35 65 Xf 56
35870 Le Minihic-sur-Rance 35 65 Xf 57
31100 le Mirail 31 164 Bc 87
15110 le Mirial 15 140 Da 79
71480 Le Miroir 71 119 Fc 69
73640 le Miroir 73 133 Gf 75
83920 le Mitan 83 172 Gd 88
88300 Lemmecourt 88 75 Fe 59
55220 Lemmes 55 55 Fb 54
29190 le Moënnec 29 62 Wa 59
38114 le Molard 38 132 Ga 78
71290 le Molard 71 106 Fa 69
73480 le Mólard 73 133 Gf 76
14330 le Molay 14 47 Za 53
14330 Le Molay-Littry 14 47 Za 53
88240 le Molieu 88 76 Gc 61
73300 le Mollard 73 132 Gc 77
73640 le Monal 73 133 Gf 75
12190 le Monastère 12 139 Ce 81
12000 le Monastère 12 152 Cd 82
48100 Le Monastier-Pins-Moriès 48 140 Db 81
43150 Le Monastier-sur-Gazeille 43 141 Df 79
03380 le Monceau 03 114 Cc 71
57590 Lemoncourt 57 56 Gc 55
26340 le Monestier 26 143 Fb 81
26110 le Monestier 26 156 Fb 82
63890 le Monestier 63 129 Dd 75
38930 Le Monestier-du-Percy 38 144 Fd 80
05220 Le Monêtier-les-Bains 05 145 Gd 79
12100 le Monna 12 152 Da 84
19550 le Mons 19 126 Cb 77
19220 le Mons 19 138 Ca 77
63600 le Mons 63 129 De 75
15240 le Monselie 15 127 Cd 77
01400 le Mont 01 118 Ef 72
23600 le Mont 23 114 Ca 70
23200 le Mont 23 114 Cb 73
42560 le Mont 42 129 Ea 76
43170 le Mont 43 140 Dc 79
50390 le Mont 50 33 Yc 52
62910 le Mont 62 27 Ca 44
63610 le Mont 63 128 Cf 75
70290 le Mont 70 94 Ge 62
74360 le Mont 74 121 Ge 71
74740 le Mont 74 121 Ge 72
74310 le Mont 74 121 Ge 73
87460 le Mont 87 126 Bd 74
88210 Le Mont 88 77 Ha 58
58140 le Montat 58 90 Df 64
70270 le Montaujeux 70 94 Gd 62
33121 le Montaut 33 134 Yf 78
02500 le Mont-du-Faux 02 41 Ea 50
24390 le Monteil 24 125 Bb 77
36370 le Monteil 36 113 Bb 70
43340 le Monteil 43 141 De 79
63480 le Monteix 63 129 De 75
63740 le Montel 63 127 Ce 74
89210 le Monteland 89 73 Dd 60
23700 le Montel-au-Temple 23 115 Cc 73
01800 le Montellier 01 118 Fa 73
30580 le Montellier 30 154 Eb 84
03240 Le Montet 03 115 Da 70
23500 le Montfranc 23 126 Ca 74
24450 le Montibus 24 125 Af 75
49250 le Montil 49 84 Ze 64
19510 le Montraire 19 126 Bd 75
70210 le Morillon 70 76 Ga 60
03250 le Morin 03 116 De 72
17580 le Morinant 17 109 Yd 71
15320 le Morle 15 140 Db 78
19150 le Mortier 19 126 Bf 77
37370 le Mortier 37 85 Ae 63
50700 le Mouchel 50 33 Yc 51
48700 le Moulhet 48 140 Dd 81
26770 le Moulin 26 143 Fa 81
26220 le Moulin 26 143 Fa 82
48700 le Moulin 48 140 Dc 80
20137 le Moulin CTC 185 Kb 99
07800 le Moulin-à-Vent 07 142 Ee 79
12170 le Moulin-de-Clary 12 152 Cd 84
62170 le Moulinel 62 28 Bd 46
34330 le Moulinet 34 166 Ce 87
45290 le Moulinet-sur-Solin 45 88 Cd 61
81300 le Moulin-Neuf 81 151 Bf 86
12110 le Moulinou 12 139 Cb 81
33120 le Moulleau 33 134 Ye 81
32140 le Mounet 32 163 Ad 88
23100 le Mourcy 23 127 Cc 74
83000 Le Mourillon 83 171 Ff 90
58380 le Mouroux 58 104 Dd 68
34140 le Mourre-Blanc 34 168 Dd 88
31440 le Mourtis 31 176 Ae 91
28260 le Moussel-ou-Saint-Roch 28 50 Bc 55
04120 le Mousteiret 04 158 Gd 86
04170 le Moustier 04 157 Gc 84
24620 le Moustier 24 137 Ba 79
22340 le Moustoir 22 63 Wc 59
22570 le Moustoir 22 63 We 59
29140 le Moustoir 29 78 Wb 61
29310 le Moustoir 29 79 Wc 61
56300 le Moustoir 56 64 Xa 60
56550 le Moustoir 56 79 Wf 62
56610 le Moustoir 56 80 Xa 63
56660 le Moustoir 56 80 Xb 62
56330 le Moustoir 56 80 Xa 62
38580 le Moutaret 38 132 Ga 76
33680 le Moutchic 33 134 Yf 78
82210 le Moutet 82 149 Ba 84
83840 le Moutet 83 172 Gd 86
25170 le Moutherot 25 107 Fe 65
78910 le Moutier 78 50 Be 56
14220 Le Moutier-en-Ginglais 14 47 Zd 54
82130 le Mouzy 82 150 Bb 84
81700 Lempaut 81 165 Ca 87
43410 Lempdes 43 128 Db 76
63370 Lempdes 63 128 Db 74
02420 Lempire 02 40 Db 49
55100 Lempire-aux-Bois 55 55 Fb 54
15350 Lempret 15 127 Cc 76
07610 Lemps 07 142 Ee 78
26510 Lemps 26 156 Fc 82
63190 Lempty 63 128 Db 74
24800 Lempzours 24 124 Ae 76
57580 Lemud 57 56 Gc 54
17350 le Mung 17 122 Zb 73
17250 le Mur 17 122 Za 74
63820 le Murate 63 127 Cd 74
40410 le Muret 40 147 Zb 82
39110 Lemuy 39 107 Ff 67
83490 Le Muy 83 172 Gd 88
12160 le Naudeix 19 126 Ca 76
14770 Lénault 14 47 Zc 55
03130 Lenax 03 117 De 71
18310 Lenay 18 101 Bf 66
12190 Le Nayrac 12 139 Cd 81
86140 Lencloître 86 99 Ab 68
05150 l' Enclus 05 144 Ff 81
45410 Lencorme 45 70 Be 60
40120 Lencouacq 40 147 Zd 84
74110 L' Encrenaz 74 120 Gd 71
64300 Lendresse 64 161 Zb 88
35380 Lenéheuc 35 65 Xf 60
86500 Lenest 86 112 Af 70
27110 Le Neubourg 27 49 Af 54
50140 le Neufbourg 50 47 Za 57
55120 le Neufour 55 55 Ef 54
22340 le Nézert 22 63 Wc 59
57720 Lengelsheim 57 58 Hc 54
50450 Lengronne 50 46 Yd 55
51230 Lenharrée 51 53 Ea 56
59173 le Nieppe 59 27 Cc 44
57670 Léning 57 57 Ge 55
29510 le Niver 29 78 Wa 60
33430 le Nizan 33 135 Ze 82
52140 Lénizeul 52 75 Fd 60
12130 Lenne 12 152 Cf 82
29190 Lennon 29 62 Wa 59
16310 l' Ennui 16 124 Ad 74
73290 le Noiray 73 132 Ff 75
73340 le Noiray 73 132 Ga 74
73300 le Noirey 73 132 Gc 77
54110 Lenoncourt 54 56 Gb 57
23400 le Nouhaut 23 113 Bd 73
02170 Le Nouvion-en-Thiérache 02 40 De 48
05500 le Noyer 05 144 Ga 80
18260 Le Noyer 18 88 Ce 64
53700 le Noyer 53 67 Ze 59
73340 le Noyer 73 132 Ga 74
87160 le Noyer 87 113 Bc 71
27410 Le Noyer-en-Ouche 27 49 Ae 54
27720 le Noyers 27 50 Be 53
62800 Lens 62 30 Ce 46
64240 L' Enseigne 64 160 Yd 88
29520 l'Enseigne-Verte 29 78 Wa 60
26210 Lens-Lestang 26 130 Fa 77
01240 Lent 01 118 Fb 72
63710 Lenteuges 63 128 Da 75
34480 Lenthérie 34 167 Da 87
83111 Lentier 83 172 Gc 87
47290 Lentignac 47 136 Ad 81
42155 Lentigny 42 117 Df 73
46330 Lentillac-Lauzès 46 138 Bd 81
46100 Lentillac-Saint-Blaise 46 138 Ca 81
07200 Lentillères 07 142 Eb 81
10330 Lentilles 10 74 Ed 58
69210 Lentilly 69M 130 Ed 74
12170 Lentin 12 151 Cc 84
38270 Lentiol 38 131 Fa 77
20252 Lento CTC 181 Kb 93
43100 Lentre 43 128 Dc 77
50700 L' Entreprise 50 33 Yc 51
18800 le Nuainté 18 103 Cd 66
38114 L' Enversin 38 144 Ga 78
46300 Léobard 46 137 Bb 80
33210 Léogeats 33 135 Zd 81
33850 Léognan 33 135 Zc 80
82000 Léojac 82 150 Bc 84
27150 Léomesnil 27 50 Bd 53
40550 Léon 40 146 Ye 85
26190 Léoncel 26 143 Fb 79
23200 Léon-le-Franc 23 114 Cb 72
43410 Léotoing 43 128 Db 76
31260 Leoudary 31 164 Af 90
06260 Léouve 06 158 Gf 84
45480 Léouville 45 70 Ca 59
26510 Léoux 26 143 Fb 82
17500 Léoville 17 123 Zd 76
24410 le Pacaud 24 123 Aa 77
01170 le Pailly 01 120 Ga 70
85540 le Pain 85 109 Yd 69
88420 le Pair 88 77 Gf 58
88100 le Paire 88 77 Gf 59
14114 le Paisty-Vert 14 47 Zc 52
09100 le Pal 09 164 Bc 90
56360 Le Palais 56 80 Wf 64
44330 Le Pallet 44 97 Yd 66
85110 Le Pally 85 97 Yf 68
88360 Lepange 88 77 Gd 61
88600 Lépanges-sur-Vologne 88 77 Ge 59
13129 le Paradis 13 169 Ed 88
16460 le Paradis 16 112 Ab 73
22200 le Paradis 22 63 Wf 57
54980 Le Paradis 54 56 Ff 53
62136 Le Paradis 62 29 Cd 45
27220 le Parc 27 50 Bb 55
49270 Le Parc 49 82 Ye 65
58230 le Parc 58 104 Ea 65
59190 le Parc 59 29 Cd 44
86600 le Parc 86 111 Aa 70
62770 le Parcq 62 29 Ca 46
24490 Léparon 24 123 Aa 78
12510 le Pas 12 151 Cc 82
22800 le Pas 22 64 Xa 58
50170 le Pas 50 66 Yd 57
53300 Le Pas 53 67 Zb 58
35610 le Pas-au-Bœuf 35 66 Yc 57
56120 le Pas-aux-Biches 56 64 Xc 60
44320 le-Pas-Bochet 44 96 Ya 65
33860 le Pas-de-Bret 33 123 Zd 77
17210 le Pas-de-Bussac 17 123 Zd 77
86220 le Pas-des-Champs 86 100 Ad 67
33820 le Pas-d'Ozelle 33 122 Zc 77
05350 le Pasquier 05 145 Ge 80
39300 Le Pasquier 39 107 Ff 68
38490 Le Passage 38 131 Fd 75
61290 Le Pas-Saint-L'Homer 61 69 Af 58
45130 le Pater 45 87 Bd 61
53270 le Pâtis 53 67 Zd 60
13123 le Paty-de-la-Trinité 13 169 Ec 87
23170 Lépaud 23 115 Cc 71
44530 l' Epaud 44 81 Ya 64
12170 le Pauget 12 151 Cd 85
76360 le Paulu 77 37 Af 51
24600 le Pauly 24 124 Ab 77
23100 le Paumet 23 126 Cb 74
50210 le Pavage 50 46 Yd 54
45340 le Pavé-de-Juranville 45 71 Cc 60
50200 le Pavement 50 46 Yd 54
43300 le Pavillon 15 140 Dc 78
10350 Le Pavillon-Sainte-Julie 10 73 Df 58
37110 le Pavot 37 86 Ba 63
88430 l' Epaxe 88 77 Gf 59
40390 le Pay 40 160 Yd 87
44190 le Pay 44 97 Yd 66
03510 le Péage 03 117 Df 70
26400 le Péage 26 143 Ef 81
28170 le Péage 28 70 Bc 57
38550 Le Péage-de-Roussillon 38 130 Ee 76
38220 le Péage-de-Vizille 38 144 Fe 78
36200 le Pêchereau 36 101 Bd 69
11430 le Pech-Rouge 11 167 Da 90
78110 Le Peco 78 51 Ca 55
61210 l' Epée 61 47 Ze 56
26770 le Pègue 26 155 Fa 82
44640 Le Pellerin 44 96 Yb 65
81800 le Pendut 81 150 Be 86
56160 le Pénéty 56 79 We 61
40510 le Penon 40 160 Yd 86
73340 le Penon 73 132 Ga 75
16480 le Pérat 16 123 Zf 77
95450 le Perchay 95 50 Bf 54
29950 le Perguet 29 78 Vf 61
24400 le Périer 24 136 Ab 78
38740 le Périer 38 144 Ff 79
04000 le Pérouré 04 157 Gb 83
47250 le Perrau 47 135 Aa 82
35380 le Perray 35 65 Xf 60
78610 Le Perray-en-Yvelines 78 50 Bf 56
41190 le Perré 41 86 Ba 63
70190 le Perrenot 70 93 Ff 63
69460 le Perréon 69D 118 Ed 72
94170 Le Perreux-sur-Marne 94 51 Cd 55
27500 Le Perrey 27 36 Ad 52
38710 le Perrier 38 144 Fe 80
85300 Le Perrier 85 96 Ya 68
37380 le Perroi 37 85 Ae 63
50160 le Perronl 50 47 Za 54

01410 l' Eperry 01 119 Ff 71
66480 Le Perthus 66 179 Cf 94
35370 Le Pertre 35 66 Yf 60
37460 Le Pertuis 37 101 Bb 65
43200 Le Pertuis 43 141 Ea 78
71220 le Pertuis-Froid 71 117 Eb 69
35380 le Pertuis-Nanty 35 64 Xe 60
71240 l' Epervière 71 106 Ef 69
19190 le Pescher 19 138 Be 78
44130 le Pessuais 44 82 Ya 64
24200 le Pet 24 137 Bb 79
37350 le Petit 37 100 Af 67
01260 Le Petit-Abergement 01 119 Fd 72
13090 le Petit Arbois 13 170 Fb 88
89240 le Petit-Arran 89 89 Dc 62
59138 le Petit-Bavai 59 31 De 47
85220 le Petit-Bourg 85 96 Yb 68
37140 le Petit-Buton 37 84 Aa 65
50370 le Petit-Celland 50 46 Ye 56
14620 le Petit-Coulibœuf 14 48 Zf 55
33230 le Petite-Chaux 33 135 Aa 78
76530 le Petit-Essart 77 49 Ba 52
60730 le Petit-Fercourt 60 51 Cb 53
35320 le Petit-Fougeray 35 82 Yc 61
21500 le Petit-Jailly 21 91 Ec 63
33770 le Petit-Lagnereau 33 134 Yf 81
18290 le Petit-Malleray 18 102 Cb 67
85300 le Petit-Mariau 85 96 Ya 68
39350 le Petit-Mercey 39 107 Fe 65
88340 le Petit-Moulin 88 77 Gc 61
25580 le Petit-Paris 25 108 Gb 66
49170 le Petit-Paris 49 83 Zb 64
77970 le Petit-Paris 76 52 Da 57
13200 le Petit Pâtis 13 169 Ee 87
72500 le Petit Perray 72 85 Ab 63
33950 le Petit-Piquey 33 134 Ye 80
36140 le Petit-Plaix 36 114 Be 70
87360 le Petit-Poirier 87 113 Ba 71
37350 le Petit Pressigny 37 100 Af 67
76120 Le Petit-Quevilly 77 37 Ba 52
22470 le Petit-Saint-Loup 22 63 Wf 56
04120 le Petit-Saint-Maymes 04 157 Gc 86
13460 le Petit-Sauvage 13 169 Ec 88
38710 le Petits Moulins 38 144 Fe 80
71490 le Petit-Trézy 71 105 Ed 67
51130 le Petit-Vouzy 51 53 Ea 55
79140 le Peu 79 98 Zc 67
19470 le Peuch 19 126 Be 76
19220 le Peuch 19 138 Ca 77
23220 le Peux 23 114 Be 70
79390 le Peux 79 99 Zf 68
86290 le Peux-de-Tilly 36 113 Bb 70
09600 le Peyrat 09 178 Bf 91
32130 le Peyrigué 32 164 Ba 87
07570 le Peyron 07 142 Ec 79
23320 le Peyroux 23 114 Be 71
74150 le Pezay 74 120 Ff 73
33113 le Piada 33 147 Zd 82
33290 le Pian-Médoc 33 134 Zc 79
12120 le Piboul 12 152 Cc 83
23460 le Pic 23 126 Bf 73
87520 le Pic 87 113 Af 73
07470 le Pièbre 07 141 Df 80
09350 le Pigeon 09 164 Bb 89
05800 le pigeonnier 05 144 Gb 79
13720 le Pigeonnier 13 171 Fd 88
83670 le Pigeonnier 83 171 Ga 87
26310 le Pilhon 26 143 Fd 81
44640 le Pilon 44 96 Yb 65
03130 Le Pin 03 117 Df 70
07130 le Pin 07 142 Ee 79
14590 Le Pin 14 48 Ac 53
17210 Le Pin 17 123 Ze 77
30330 Le Pin 30 155 Ed 84
32800 le Pin 32 148 Zf 85
33230 le Pin 33 135 Zf 78
33540 le Pin 33 135 Zf 80
34390 le Pin 34 167 Da 87
35610 le Pin 35 65 Yc 57
36200 le Pin 36 113 Bd 69
38730 Le Pin 38 131 Fd 76
39210 Le Pin 39 107 Fd 68
41800 le Pin 41 85 Ae 62
43190 le Pin 43 142 Ec 78
44550 Le Pin 44 81 Xe 64
44540 le Pin 44 83 Yf 63
45490 le Pin 45 71 Ce 60
49123 le Pin 49 83 Za 64
77181 Le Pin 76 51 Cd 55
79140 Le Pin 79 98 Zc 67
82340 Le Pin 82 149 Af 84
36210 Lépina 36 101 Bd 65
23150 Lépinas 23 114 Bf 72
61310 Le Pin-au-Haras 61 48 Aa 56
27700 l' Epinay 27 50 Bc 53
76116 l' Epinay 77 37 Bb 52
61350 L' Epinay-le-Comte 61 66 Zb 58
05700 L' Epine 05 156 Fd 82
10120 Lépine 10 73 Ea 59
23340 L' Epine 23 126 Bf 74
35340 L' Epine 35 66 Yc 59
44130 L' Epine 44 82 Yb 64
50800 L' Épine 50 46 Ye 56
50240 L' Epine 50 66 Yd 57
51460 l'Épine 51 54 Ec 55
59740 L' Épine 59 31 Ea 48
62170 Lépine 62 28 Be 46
85740 L' Epine 85 96 Xe 67
91760 L' Epine 91 71 Cc 57
02540 L' Epine-aux-Bois 02 52 Dc 55
49110 Le Pin-en-Mauges 49 98 Za 65
63840 le Pinet 63 129 Df 76
86410 L' Epinet 86 112 Ad 70
02140 l' Epinette 02 41 Ea 49
78125 l' Epinette 78 50 Bd 56
85150 l' Epinette 85 109 Yb 69
49140 l'Epinière 49 84 Zd 63
61400 le Pin-la-Garenne 61 68 Ad 58
73610 Lépin-le-Lac 73 132 Fe 75
31370 le Pin-Murelet 31 164 Ba 88
33990 le Pin-sec 33 122 Yf 77
12450 le Piô 12 152 Cc 83
17530 le Piochet 17 122 Yf 74
87300 le Piotaix 87 113 Ba 72
17250 l'Epirard 17 122 Za 73
15100 le Pirou 15 140 Db 78
74540 le Pissieux 74 132 Ga 73
85270 le Pissot 85 96 Ya 68
25130 le Pissoux 25 108 Ge 66
24700 le Pizou 24 135 Aa 78
09460 le Pla 09 178 Ca 92
33160 le Plac 33 134 Za 79
07590 le Plagnal 07 141 Df 80
88230 le Plainfaing 88 77 Gf 60
50190 le Plains 50 46 Yd 53
03360 le Plaix 03 102 Cd 69
04150 le Plan 04 156 Fe 85
04120 le Plan 04 157 Gc 86
04320 le Plan 04 158 Ge 85
26560 le Plan 26 156 Fd 83
31220 Le Plan 31 164 Ba 90
40190 le Plan 40 147 Ze 85
73590 le Plan 73 133 Gd 73
83830 Le Plan 83 172 Gd 87
86350 le Plan 86 112 Ad 70
04380 le Planas 04 157 Ga 84
26450 le Planas 26 142 Ef 81
73500 le Planay 73 133 Ge 77
73620 le Planay 73 133 Gd 74
73350 le Planay 73 133 Ge 76
43550 le Planchas 43 141 Ea 79
05600 le Plan-de-Phasy 05 145 Gd 81
74120 le Planellet 74 133 Gd 73
73640 le Planey 73 133 Gf 75
74120 le Planey 74 133 Gd 73
71330 le Planois 71 106 Fb 68
27230 Le Planquay 27 48 Ac 54
33490 le Plan-sur-Garonne 33 135 Ze 81
19470 le Plantadis 19 126 Be 76
01330 le Plantay 01 118 Fa 72
49450 le Plantis 49 97 Yf 66
61170 le Plantis 61 68 Ac 57
26160 le Plat 26 143 Fa 81
17250 le Plat-d'Etain 17 122 Zb 74
85160 le Plaud 85 96 Xf 68
80132 le Plessiel 80 28 Bf 48
80250 le Plessier 80 39 Cc 50
02210 le Plessier-Huleu 02 52 Dc 53
80110 Le Plessier-Rozainvillers 80 39 Cd 50
60130 le Plessier-sur-Bulles 60 39 Cb 52
60130 le Plessier-sur-Saint-Just 60 39 Cc 51
16170 le Plessis 16 123 Zf 74
22800 le Plessis 22 64 Xa 58
22230 le Plessis 22 64 Xe 59
27170 le Plessis 27 49 Af 54
28200 le Plessis 28 69 Bb 60
72200 le Plessis 72 84 Zf 62
79400 le Plessis 79 111 Ze 70
85640 le Plessis 85 97 Yf 68
77160 le Plessis-aux-Tournelles 76 72 Db 57
60330 le Plessis-Belleville 60 52 Ce 54
49110 le Plessis-Boiteau 49 83 Za 65
60150 Le Plessis-Brion 60 39 Cf 52
60800 le Plessis-Cornefroy 60 52 Ce 53
85140 le Plessis-Cosson 85 97 Ye 68
41170 le Plessis-Dorin 41 69 Af 60
77540 le Plessis-Feu-Aussoux 76 52 Da 56
95720 le Plessis-Gassot 95 51 Cc 54
14770 le Plessis-Grimoult 14 47 Zc 55
27180 le Plessis-Grohan 27 49 Ba 55
27120 le Plessis-Hébert 27 50 Bc 55
50250 le Plessis-Lastelle 50 33 Yd 53
41370 le Plessis-l'Echelle 41 86 Bc 62
77165 le Plessis-l'Evêque 76 52 Ce 54
95270 le Plessis-Luzarches 95 51 Cc 54
49770 Le Plessis-Macé 49 83 Zb 63
35270 le Plessis-Margat 35 65 Yb 58
10400 le Plessis-Mériot 10 72 Dc 57
49360 le Plessis-Neuf 49 98 Zc 66
91220 le Plessis-Pâté 91 71 Cb 57
77440 le Plessis-Placy 76 52 Cf 54
92330 Le Plessis-Robinson 92 51 Cb 56
81700 le Plo-de-Blan 81 165 Bf 87
60420 Le Ployron 60 39 Cd 51
05300 le Poët 05 157 Ff 83
26460 le Poët-Célard 26 143 Fa 81
26170 le Poët-en-Percip 26 156 Fc 83
26160 le Poët-Laval 26 143 Fa 81
26110 le Poët-Sigillat 26 156 Fb 82
85230 L' Epoids 85 96 Xf 67
17470 le Poimier 17 111 Zd 72
36330 Le Poinçonnet 36 101 Be 68
72510 le Point-du-Jour 72 84 Aa 62
85770 le Poiré-sur-Velluire 85 110 Za 70
85170 Le Poiré-sur-Vie 85 97 Yc 68
22400 le Poirier 22 64 Xc 57
62890 le Poirier 62 27 Bf 44
85230 le Poirot 85 96 Xf 67
85440 le Poiroux 85 109 Yc 69
41270 le Poislay 41 69 Ba 60
23300 le Pommier 23 113 Bc 71
23400 le Pommier 23 114 Be 72
23400 le Pommier 23 126 Be 73
48110 le Pompidou 48 153 Dd 83
62390 le Ponchel 62 29 Ca 47
36230 le Ponderon 36 101 Bf 69
18210 le Pondy 18 103 Cd 68
09800 le Pont 09 176 Af 91
17600 le Pont 17 122 Za 74
21130 Le Pont 21 106 Fb 65
42260 le Pont 42 117 Df 73
45640 le Pont 45 87 Ca 61
50770 le Pont 50 46 Yc 53
79210 le Pont 79 110 Zc 71
85770 le-Pont-aux-Chèvres 85 110 Za 70
50390 le Pont-aux-Moines 50 33 Yc 52
44640 Le Pont-Béranger 44 96 Yb 66
50380 le Pont-Bleu 50 46 Yc 56
50750 le Pont-Brocard 50 46 Ye 54
85150 le Pont-Chartran 85 109 Yb 69
19500 le Pont-Coudert 19 138 Bd 78
16110 le Pont-d'Agris 16 124 Ab 74
43580 le Pont-d'Alleyras 43 141 Dd 79
62610 le Pont d' Ardres 62 27 Bf 43
30340 le Pont-d'Avène 30 154 Ea 83
73330 Le Pont-de-Beauvoisin 38 131 Fe 75
07000 le Pont-de-Boyon 07 142 Ed 80
38800 Le Pont-de-Claix 38 144 Fe 78
50250 le Pont-de-Glatigny 50 33 Yc 53
48220 Le Pont-de-Montvert 48 153 De 82
70130 le Pont-de-Planches 70 93 Ff 63
44170 le Pont-d'Indre 44 82 Yc 63
20133 le Pont d'Ucciani CTC 182 If 96
85230 le Pont-du-Fresne 44 96 Ya 66
13250 le Pont-du-Raud 13 170 Fa 87
07320 le Pontet 07 142 Ec 79
15130 le Pontet 15 139 Cc 79
33390 le Pontet 33 122 Zc 77
73110 Le Pontet 73 132 Gb 76
84130 Le Pontet 84 155 Ef 85
61220 le Pont-Guillaume 61 67 Zd 57
29650 le Ponthou 29 63 Wc 57
85470 le Pont-Jaunay 85 96 Ya 68
85600 le Pont-Legé 85 97 Ye 67
40120 le Pont-Long 40 148 Ze 83
12390 le Pont-Neuf 12 151 Cb 82
17350 le Pontreau 17 110 Zb 73
14250 le Pont-Roc 14 34 Zc 53
53400 le Pont-Vien 53 83 Za 61
81440 le Pont-Vieux 81 151 Ca 86
44520 le Porche 44 82 Ye 63
33680 Le Porge 33 134 Yf 79
33680 le Porge-Océan 33 134 Ye 79
09320 Le Port 09 177 Bc 91
33680 Le Port 33 134 Yf 79
85440 Le Port 85 109 Yc 70
16330 le Portal 16 123 Aa 74
37140 le Port-Boulet 37 99 Aa 65
37140 le Port-d'Ablevois 37 99 Ab 65
37230 le Port-du-Luynes 37 85 Ad 64
79340 le Porteau 79 99 Zf 69
62480 le Portel 62 28 Bd 44
01800 le Port-Galand 01 131 Fb 74
49170 le Port-Girault 49 83 Zb 64
17380 le Port-L'Aubier 17 110 Zb 73
78502 Le Port-Marly 78 51 Ca 55
77114 le Port-Montain 76 72 Dc 58
76520 le Port-Saint-Ouen 77 37 Ba 52
50620 le Port-Saint-Pierre 50 46 Ye 53
85770 le Port-Vieux 85 110 Za 70
62240 le Possart 62 28 Be 44
36330 L' Epôt 36 101 Be 68
22530 le Poteau 22 63 Xa 59
33710 le Poteau 33 135 Zc 78
35550 le Poteau 35 81 Ya 62
40120 le Poteau 40 147 Ze 83
42120 le Poteau 42 117 Ea 72
50570 le Poteau 50 46 Ye 54
56390 le Poteau 56 80 Xa 62
56130 le Poteau 56 81 Xd 63
85440 le Poteau 85 109 Yc 70
19550 le Poteau-du-Gay 19 126 Ca 77
33370 le Poteau-d'Yvrac 33 135 Zd 79
33121 le Pouch 33 134 Yf 78
19330 le Pouget 19 126 Be 77
34230 le Pouget 34 167 Dd 87
43170 le Pouget 43 140 Dd 79
24590 le Poujol 24 137 Bb 79
34600 le Poujol-sur-Orb 34 167 Da 87
29360 le Pouldu 29 79 Wc 62
44510 Le Pouliguen 44 81 Xd 65
34380 le Pous 34 153 De 85
33670 le Pout 33 135 Zd 80
15400 le Poux 15 127 Ce 78
40330 le Pouy 40 161 Zb 87
07320 le Pouzat 07 142 Ec 79
07250 le Pouzin 07 142 Ee 80
03120 le Pouzoux 03 116 Dd 71
72510 le Poyer 72 84 Aa 62
42111 le Poyet 42 129 Df 74
63930 le Poyet-Haut 63 128 Dd 74
06660 le Pra 06 158 Gf 83
32800 le Prada 32 148 Aa 85
15500 le Pradat 15 140 Db 78
23500 le Pradeau 23 127 Cb 73
30110 le Pradel 30 154 Ea 83
83220 Le Pradet 83 171 Ga 90
33840 le Pradia 33 147 Zd 83
88220 le Pransieux 88 76 Gc 60
15340 le Prat 15 139 Cc 81
73120 le Praz 73 133 Gd 76
74440 le Praz-de-Lys 74 120 Gd 72
58420 le Pré 58 104 Dd 65
18390 le Préau 18 102 Cd 66
85550 le Pré-aux-Filles 85 96 Xf 67
70290 le Pré-Besson 70 94 Ge 62
85190 le Précanteau 85 97 Yc 68
44650 le Pré-Clos 44 97 Yc 67
14340 Le Pré-d'Auge 14 35 Aa 54
49370 le Préjean 49 83 Zb 63
70600 le Prélot 70 92 Fc 63
73130 le Premier-Villard 73 132 Gb 77
35330 le Pré-Quérat 35 81 Ya 61
18340 le Pressoir 18 102 Cc 67
79200 le Pressoux 79 99 Ze 68
22120 le Prest 22 64 Xb 58
85250 le Preuilly 85 97 Ye 67
06850 le Prignolet 06 158 Ge 85
85170 le Printemps 85 97 Yc 68
34360 le Priou 34 167 Cf 88
22510 le Probrien 22 64 Xc 58
08150 Lépron-les-Vallées 08 41 Ec 50
44320 le Prouaud 44 96 Xf 65
17800 le Prunelas 17 123 Zd 75
85320 Le pû 85 109 Yf 69
09460 le Puch 09 178 Ca 92
33650 le Puch 33 135 Zc 81
33540 le Puch 33 135 Zf 80
33113 le Pudaou 33 135 Zc 82
12390 le Puech 12 151 Cc 82
12290 le Puech 12 152 Ce 83
34700 Le Puech 34 167 Db 86
12290 le Puech-Arnal 12 152 Ce 83
88210 Le Puid 88 77 Ha 58
21400 le Puiset 21 91 Ee 62
28310 le Puiset 28 70 Bf 59
49600 Le Puiset-Doré 49 97 Yf 65
17400 le Puits 17 110 Zd 73
76780 le Puits 77 37 Bc 52
62170 le Puits-Bérault 62 28 Be 46
13126 le Puits-d'Auzon 13 171 Fe 87
83560 le Puits-de-Rians 83 171 Fe 87
52340 le Puits-des-Mèzes 52 75 Fb 60
85480 le Puits-Pellerin 85 97 Ye 69
90200 Lepuix-Gy 90 94 Ge 62
90100 Lepuix-Neuf 90 94 Ha 63
12380 le Pujol 12 152 Cd 86
13390 le Pujol 13 171 Fd 88
71460 le Puley 71 105 Ed 68
03800 le Puy 03 116 Da 72
16420 le Puy 16 112 Ae 73
24210 le Puy 24 137 Ba 78
25640 le Puy 25 93 Gb 64
33580 le Puy 33 135 Aa 81
42155 le Puy 42 117 Df 73
42210 le Puy 42 129 Eb 75
50540 le Puy 50 66 Ye 57
77460 le Puy 76 72 Ce 59
87500 le Puy 87 125 Ba 75
87230 le Puyconnieux 87 125 Af 75
43000 Le Puy-en-Velay 43 141 Df 78
49260 Le Puy-Notre-Dame 49 99 Ze 66
49300 le Puy-Saint-Bonnet 49 98 Za 67
13610 Le Puy-Sainte-Réparade 13 170 Fc 87
87190 le Puy-Saint-Jean 87 113 Bb 71
12240 le Py 12 151 Cb 83
33460 le Pyis 33 134 Zb 78
63330 le Quartier 63 115 Ce 72
50300 le Quenoy 50 46 Yd 56
16600 le Quéroy 16 124 Ab 75
23220 le Quèrut 23 114 Bf 70
80430 le Quesne 80 38 Be 49
80118 Le Quesnel 80 39 Cd 50
60480 le Quesnel-Aubry 60 38 Cb 51
59530 le Quesnoy 59 31 Dd 47
80700 le Quesnoy 80 39 Ce 50
62140 le Quesnoy-en-Artois 62 29 Ca 47
22470 le Questel 22 63 Xa 56
44290 le Queux 44 82 Yb 62
47360 le Quey 47 149 Ad 83
46120 le Quie 46 138 Bf 80
22230 le Quillieu 22 64 Xd 59
22460 Le Quillio 22 64 Xa 59
29530 le Quilliou 29 62 Wb 59
56320 le Quilloten 56 79 Wc 61
30770 le Quintanel 30 153 Dc 85
22630 le Quiou 22 65 Xf 58
11220 le Rabet 11 166 Ce 90
82340 le Rabot 41 87 Bf 63
17220 le Raguenaud 17 110 Yf 71
36100 le Raincay 36 101 Bf 67
93340 Le Raincy 93 51 Cd 55
12780 le Ram 12 152 Cf 83
41370 le Ramage 41 86 Bc 61
24390 le Ramail 24 125 Bb 77
81500 le Ramel 81 165 Be 86
32500 le Ramier 32 149 Ad 85
82000 le Ramier 82 150 Bc 84
09600 Léran 09 178 Bf 91
16270 le Ran 12 151 Cb 83
30140 le Ranc 30 154 Df 84
19290 le Rat 19 126 Ca 74
44420 Lerat 44 81 Xc 64
86310 le Rateau 86 100 Ae 69
88240 le Raval 88 76 Gb 61
61130 le Ray 61 68 Ac 59
15700 le Raynal 15 139 Cb 78
83820 Le Rayol-Candel-sur-Mer 83 172 Gc 90
36350 le Raz 36 101 Bd 68
11220 le Razès 11 179 Ce 90
09220 Lercoul 09 177 Bd 92
18240 Léré 18 88 Cf 64
63580 le Réal 63 128 Dc 75
51210 le Recoude 51 53 Dd 56
48500 le Recoux 48 152 Da 82
14350 le Reculey 14 47 Za 55
13124 le Régage 13 171 Fd 88
12360 le Regagnarie 12 152 Cf 86
48100 le Regourdel 48 140 Db 81
31530 le Relais 31 164 Ba 86
29410 le Relecq 29 62 Wb 58
29490 Le Relecq-Kerhuon 29 62 Vd 58
64270 Léren 64 161 Yf 87
61120 le Renouard 61 48 Aa 55
87520 le Repaire 87 113 Af 73
50510 le Repas 50 46 Yd 55
61570 le Repos 61 48 Aa 57
74950 Le Reposoir-Pralong 74 120 Gd 72
56420 le Resto 56 80 Xb 61
79130 le Retail 79 111 Zd 69
83200 Le Revest-les-Eaux 83 171 Ff 89
50590 le Rey 50 46 Yc 54
35650 le Rheu 35 65 Yb 60
81240 le Rialet 81 166 Cc 87
53640 Le Ribay 53 67 Zd 58
50600 le Ricolais 50 66 Yf 57
34330 le Rieu 34 166 Ce 87
19240 le Rieux 19 125 Bc 77
19220 le Rieux 19 138 Ca 77
42600 Lérigneux 42 129 Df 75
86110 le Rigny 86 99 Ab 68
81170 le Riols 81 151 Bf 84
43800 le Riou 43 141 Df 78
04330 le Riou-d'Ourgeas 04 157 Gc 85
19330 le Rioulat 19 126 Bd 77
50630 le Rivage 50 33 Ye 51
38260 le Rival 38 131 Fb 76
24700 le Riveaud 24 135 Aa 78
59114 le Riveld 59 27 Cd 44
50620 le Rivet 50 46 Ye 53
38140 Le Rivier 38 131 Fc 76
38114 le Rivier 38 132 Ga 77
59470 L' Erkelsbrugge 59 27 Cc 43
33840 Lerm-et-Musset 33 147 Zf 83
50410 l'Ermitage 50 46 Ye 55
16380 l' Ermite 16 124 Ac 75
74470 l' Ermont 74 120 Gd 71
22120 Lermot 22 64 Xb 57
49260 Lernay 49 99 Zf 66
35111 le Robin 35 65 Ya 57
46200 le Roc 46 137 Bc 79
24560 le Rocal 24 136 Ad 80
17260 le Roc-des-Aires 17 122 Zb 75
04230 le Rocher-d'Ongles 04 156 Fe 84
86170 Le Rochereau 86 99 Aa 68
35460 le Rocher-Hue 35 66 Yd 58
56460 Le Roc-Saint-André 56 81 Xd 61
63160 le Rodier 63 128 Dc 74
22320 le Rohanno 22 63 Wf 59
17120 le Romarin 17 122 Zb 74
27240 le Roncenay-Authenay 27 49 Ba 55
24380 le Ronlet 24 136 Ae 78
56500 le Roscoët-Fily 56 64 Xb 61
05100 le Rosier 05 145 Ge 79
44420 le Rostu 44 81 Xd 64
91870 le Rotoir 91 70 Ca 58
88210 le Rouaux 88 77 Ha 58
12780 le Roucous 12 152 Cf 83
22820 le Roudour 22 63 We 55
13620 le Rouet-Plage 13 170 Fb 88
41160 le Rouillis 41 86 Ba 61
08230 le Rouilly 08 41 Ec 49
18220 le Roulier 18 102 Cd 65
88460 le Roulier 88 77 Gd 59
88220 le Roulier 88 77 Gc 60
03380 le Roulet 03 115 Cc 71
43260 le Roure 43 141 Df 78
24540 le Roussel 24 137 Af 81
27570 le Roussel 27 49 Ba 56
43170 le Rouve 43 140 Dc 79
19310 le Rouvet 19 137 Bb 77
63980 le Rouvet 63 128 Dd 75
55200 Lérouville 55 55 Fd 56
28170 le Rouvray 28 69 Bb 57
05460 le Roux 05 145 Gf 80
07560 le Roux 07 141 Ea 80
13740 le Rove 13 170 Fb 88
33650 le Roy 33 135 Zc 81
33123 le Royannais 33 122 Yf 75
56300 le Roz 56 64 Xa 60
56530 le Roze 56 79 Wd 62
50340 le Rozel 50 33 Yb 52
12720 le Rozier 12 153 Db 83
88260 Lerrain 88 76 Ga 60
44270 Lerrière 44 96 Yb 67
95640 le Ruel 95 51 Ca 53
27350 le Rufaux 27 36 Ae 52
50250 le Ruisseau 50 46 Yd 52
20166 le Ruppione CTC 184 Ie 97
25210 Le Russey 25 108 Ge 66
77620 le Ruth 76 72 Cf 59
14270 le Ruyer 14 35 Zf 54
21440 Léry 21 91 Ef 63
27690 Léry 27 49 Bb 53
63210 Léry 63 127 Ce 74
02260 Lerzy 02 41 Df 49
02120 Les 3 Pigeons 02 40 De 49
40270 les 4 Chemins 40 147 Ze 86
16270 les 4 Vents 16 112 Ad 73
33120 les Abatilles 33 134 Yf 81
84390 les Abeilles 84 156 Fb 84
85450 le Sableau 85 110 Za 70
88270 Les Ableuvenettes 88 76 Gb 59
24300 le Sablon 24 124 Ae 76
72290 le Sablon 72 68 Ab 59
24120 le Sabloux 24 137 Bb 78
44410 le Sabot-d'Or 44 81 Xe 64
63390 les Abouranges 63 115 Ce 72
15110 les Abrialots 15 140 Cf 80
05600 les Achards 05 145 Gd 80
27240 le Sacq 27 49 Ba 55
16700 les Adjots 16 111 Ab 72
06450 les Adres 06 159 Hc 84
83600 Les Adrets-de-L'Esterel 83 172 Ge 87
19600 les Ages 19 137 Bc 78
36300 les Ages 36 100 Ba 69
53290 les Agets 53 84 Zd 61
60700 les Ageux 60 39 Cd 53
84400 les Agnels 84 156 Fc 85
31110 les Agudes 31 175 Ac 92
15190 le Saillant 15 127 Cf 76
19130 le Saillant 19 125 Bc 77
44630 le Saint 44 81 Ya 63
56110 Le Saint 56 79 Wc 60
22270 le Saint-Esprit 22 64 Xd 58
34600 les Aires 34 167 Da 87
08130 les Aisements 08 42 Ed 51
05400 le Saix 05 144 Fe 82
18220 les Aix-d'Angillon 18 102 Cd 65
33820 les Alains 33 122 Zc 77
11290 les Alauses 11 166 Cb 89
12220 les Albres 12 139 Cb 81
15260 les Salès 15 140 Da 79
12200 les Alets 12 151 Ca 83
42460 les Allaires 42 117 Eb 72
74340 les Allamands 74 121 Ge 72
04140 les Allards 04 157 Gb 82
17550 les Allards 17 109 Ye 73
48310 les Allatieux 48 140 Da 80
04400 les Allemands 04 158 Gd 82
12200 les Allemands 12 151 Bf 82
49320 les Alleuds 49 84 Zd 65
79190 les Alleuds 79 111 Zf 72
08400 les Alleux 08 42 Ee 52
35420 les Alleux 35 66 Ye 58

25300 les Alliés 25 108 Gc 67
82140 les Alliguières 82 150 Bd 84
87400 les Allois 87 125 Bc 74
73550 Les Allues 73 133 Gd 76
78580 Les Alluets-le-Roi 78 50 Bf 55
01230 les Allymes 01 119 Fc 73
48190 les Alpiers 48 141 De 81
30770 le Salze 30 153 Dc 85
17500 les Amaudeaux 17 123 Zd 76
13200 le Sambuc 13 169 Ed 87
06470 les Amignons 06 158 Gf 84
12150 le Samonta 12 152 Da 83
63890 les Amouillaux 63 128 Dd 75
17700 les Ances 17 110 Zb 72
63770 Les Ancizes-Comps 63 115 Ce 73
50480 les Ancres 50 33 Yd 52
27700 Les Andelys 27 50 Bc 53
63980 les Andes 63 128 Dd 75
05230 les Andrieux 05 144 Gb 81
05800 les Andrieux 05 144 Gb 80
47290 les Andrieux 47 136 Ac 81
38740 les Angelas 38 144 Ff 79
41400 les Angeneaux 41 86 Ba 64
49500 les Anges 49 83 Za 62
15110 les Angles 15 140 Cf 80
30133 Les Angles 30 155 Ee 85
63420 les Angles 63 128 Da 76
66210 Les Angles 66 178 Ca 93
19460 les Angles-sur-Corrèze 19 126 Be 77
41300 les Anneaux 41 87 Ca 64
83470 les Annelles 83 171 Ff 87
61470 Le Sap 61 48 Ac 55
61230 le Sap-André 61 48 Ac 56
73130 le Sapey 73 132 Ga 77
35470 le Sapin 35 82 Yb 61
74350 le Sappey 74 120 Ga 72
74230 le Sappey 74 120 Gb 73
58300 les Arbelats 58 104 Dd 68
26400 les Arbods 26 143 Fb 79
63390 les Arbres 63 115 Ce 72
25500 les Arces 25 108 Gd 66
18170 les Archers 18 102 Cb 69
52600 les Archots 52 92 Fc 62
59310 les Arcins 59 30 Db 46
07470 les Arcis 07 141 Ea 79
43490 les Arcis 43 141 Df 79
83460 Les Arcs 83 172 Gc 88
69430 les Ardillats 69D 118 Ed 71
17460 les Arènes 17 122 Zc 74
82210 les Arènes 82 149 Af 84
09290 le Saret 09 177 Bb 90
33380 les Argentières 33 134 Za 80
19510 le Sargueix 19 126 Bd 75
09320 les Arils 09 177 Bb 91
03300 les Arloings 03 116 Dc 72
04200 les Armands 04 157 Fd 83
69490 les Arnas 69D 130 Ec 73
63710 les Arnats 63 128 Cf 75
05700 les Arnauds 05 156 Fe 82
13014 les Arnavaux 13 170 Fc 88
58380 les Arnoux 58 104 Dc 68
03360 les Arpens 03 102 Cd 69
70170 les Arpents 70 93 Ff 62
85180 les Arpents 85 109 Yb 70
46250 les Arques 46 137 Bb 81
32600 les Arramons 32 164 Ba 87
33590 les Arrestieux 33 122 Yf 76
05340 le Sarret 05 145 Gc 79
05700 le Sarret 05 156 Fe 82
33125 les Arroudeys 33 134 Zb 82
62450 le Sars 62 30 Ce 48
59145 le Sarsbarras 59 31 De 47
39600 les Arsures 39 107 Fe 67
59550 le Sart 02 31 De 48
59660 le Sart 59 29 Cd 45
31260 les Artigues 31 164 Af 90
33570 les Artigues-de-Lussac 33 135 Zf 79
46500 les Aspes 46 138 Bd 80
61270 Les Aspres 61 49 Ad 56
50250 les Asselines 50 46 Yd 53
43150 les Astiers 43 141 Ea 79
09240 les Atiels 09 177 Bc 90
85310 les Atiers 85 97 Ye 68
62730 les Attaques 62 27 Bf 43
05260 les Auberts 05 144 Gb 80
26340 les Auberts 26 143 Fb 81
32420 les Aubes 32 163 Ae 88
36370 les Aubris 36 113 Bb 69
58400 les Aubues 58 103 Da 66
25380 le Saucet 25 108 Gd 65
17800 les Augers 17 123 Zc 75
42460 les Auges 42 117 Ea 72
33820 les Augirons 33 122 Zc 77
05310 les Aujards 05 145 Gd 80
28330 le Saulce 28 69 Af 59
60360 le Saulchoy 60 38 Ca 51
88210 le Saulcy 88 77 Ha 58
49500 le Saule 49 83 Za 63
79420 le Saule 79 111 Ze 69
72600 les Aulneaux 72 68 Ac 58
84120 les Auquiers 84 171 Fd 86
28160 le Saussay 28 69 Bb 59
28330 les Autels-Villevillon 28 69 Af 59
02360 les Autes 02 41 Eb 50
27170 les Authieux 27 49 Af 54
27220 les Authieux 27 50 Bb 55
76750 les Authieux 77 37 Bb 51
76520 les Authieux 77 49 Ba 52
61240 les Authieux-du-Puits 61 48 Ab 56
14140 les Authieux-Papion 14 48 Aa 54
14130 les Authieux-sur-Calonne 14 48 Ab 53
33910 les Auvergnats 33 135 Ze 78
25870 les Auxons 25 93 Ff 65
44390 le Sauzais 44 82 Yc 63
04400 le Sauze 04 158 Ge 82
05160 le Sauze 05 144 Gb 82
81140 le Sauze 81 150 Be 84
81800 les Auzérals 81 150 Be 85
58380 le Sauzin 58 104 Dc 68
81160 les Avalats 81 151 Cb 85
73260 les Avanchers 73 132 Gc 76
30440 le Savel 30 153 De 84
26410 les Avondons 26 143 Fd 81
32390 le Savoyard 32 149 Ad 86
81190 les Avraniers 81 151 Ca 84
63560 les Ayes 63 115 Ce 72
13015 les Aygalades 13 170 Fc 88
63470 les Aymards 63 127 Cd 74
70200 les Aynans 70 94 Gc 63
48240 les Ayres 48 154 De 83
08000 les Ayvelles 08 42 Ee 50
12130 les Azémars 12 140 Cf 82
03470 les Babus 03 116 De 70
31550 les Baccarets 31 165 Bd 89
58330 les Badières 58 104 Dc 66
43150 les Badioux 43 141 Df 79
31230 les Bagnères 31 163 Ae 88
03240 les Bagnolets 03 116 Da 71
23240 les Bains 23 114 Bd 72
66500 Les Bains-de-Molitg 66 178 Cc 93
13680 les Baisses 13 170 Fa 87
03130 les Ballans 03 116 De 70
26100 les Balmes 26 143 Fa 78
48500 les Balmes 48 153 Db 82
13790 les Bannettes 13 171 Fd 88
05290 les Bans 05 144 Gb 79
88310 les Baranges 88 77 Ge 61
07240 les Baraques 07 142 Ed 79
43210 les Baraques 43 129 Ea 77
54890 les Baraques 54 56 Ff 54
88240 les Baraques 88 76 Gb 60
88250 les Baraques 88 77 Gf 60
70800 les Baraques-Chardin 70 93 Gb 61
70000 les Baraques-de-Borey 70 93 Gb 63
26420 les Baraques-en-Vercors 26 143 Fc 78
86300 les Barbalières 86 100 Ad 69
33840 les Barbes 33 148 Zf 83
58300 les Barbiers 58 104 Dd 67
03380 les Barchaux 03 115 Cc 70
58210 les Bardins 58 89 Db 64
18110 les Bardy 18 102 Cc 65
87480 les Bardys 87 113 Bc 73
27130 les Barils 27 49 Ae 56
54150 les Baroches 54 56 Ff 53
26130 les Barquets 26 155 Ee 82
05500 les Barraques 05 144 Ga 80
45140 les Barres 45 70 Be 61
45760 les Barres 45 87 Ca 61
53300 les Barres 53 67 Zc 58
70400 les Barres 70 94 Ge 63
85700 les Barres 85 98 Zb 68
89520 les Barres 89 89 Db 63
19330 les Barrières 19 126 Bd 77
40270 les Barrières 40 147 Zd 85
81140 les Barrières 81 150 Be 85
82100 les Barthes 82 149 Bb 84
89260 les Basses-Bergeries 89 72 Dc 59
48100 les Bastides 48 153 Db 83
84570 les Bastides 84 156 Fb 84
70130 les Bâties 70 93 Ff 63
73210 les Bauches 73 133 Ge 75
89550 les Baudières 89 90 Dd 61
09200 les Baudis 09 176 Ba 90
05260 les Baumes 05 144 Gb 80
13890 les Baumettes 13 170 Ef 86
89500 les Bauquins 89 72 Dc 60
84410 les Baux 84 156 Fb 84
27160 les Baux-de-Breteuil 27 49 Ae 55
27180 Les Baux-Sainte-Croix 27 49 Ba 55
63700 les Bayons 63 115 Cf 72
71340 les Bayons 71 117 Df 71
71160 les Beaucaires 71 117 Df 69
58460 les Beaudions 58 89 Db 64
04380 les Beauduns 04 157 Ga 84
26300 les Beaumes 26 143 Ef 78
48800 les Beaumes 48 141 Df 81
37600 les Bédonnières 37 100 Ba 67
05700 les Bègues 05 156 Fd 83
16370 les Béguillères 16 123 Zd 74
84220 les Belinons 84 156 Fb 85
73440* Les Belleville 73 132 Gc 76
41320 les Belliards 41 101 Bf 65
09320 les Bels 09 177 Bc 91
31420 les Bencassès 31 164 Af 89
26120 les Bérards 26 143 Ef 79
63460 les Bercias 63 116 Da 73
36140 les Bergères 36 114 Bf 70
37150 les Bergers 37 86 Ba 65
89130 les Bergers 89 89 Da 62
01260 les Bergonnes 01 119 Fe 72
04340 les Berlies 04 157 Gb 82
03130 les Bernardins 03 117 De 71
36500 les Bernards 36 101 Bc 68
83560 les Bernes 83 171 Ff 86
58150 les Berthiers 58 88 Cf 65
37370 les Bertinières 37 85 Ac 63
58400 les Bertins 58 103 Da 65
34190 les Besses 34 153 Dc 85
48200 les Bessons 48 140 Db 80
09500 les Bessous 09 165 Be 90
87620 les Betoulles 87 125 Ba 74
45290 les Bézards 45 88 Ce 62
50540 les Biards 50 66 Ye 57
41270 les Bidaudières 41 69 Af 60
42310 les Biefs 42 116 De 72
87340 les Billanges 87 113 Bd 73
85230 les Billarderies 85 96 Xf 67
71540 les Billaudot 71 105 Ec 66
33500 Les Billaux 33 135 Ze 79
60850 les Binaux 60 38 Be 52
43300 Lesbinières 43 140 Dc 78
16360 les Bises 16 123 Ze 77
71710 les Bizots 71 105 Ec 68
26700 les Blaches 26 155 Ee 82
86100 les Blanchards 86 100 Ac 67
38930 les Blancs 38 143 Fd 80
33600 les Blayais 33 134 Zb 80
80360 Lesbœufs 80 30 Cf 48
45720 les Boires-d'en-Haut 45 88 Cd 63
22630 les Bois 22 65 Xf 58
36300 les Bois 36 101 Bb 69
53120 Lesbois 53 67 Zb 58
71130 les Bois 71 117 Df 69
89450 les Bois-de-la-Madeleine 89 90 Dd 64
45260 les Bois-de-Romaison 45 88 Cd 61
71230 les Bois-Francs 71 105 Ec 69
76590 les Bois-Robert 77 37 Ba 49
73320 les Boisses 73 133 Gf 76
37320 les Bondis 37 100 Ae 65
48400 les Bondons 48 153 Dd 82
AD200 Les Bons □ AND 177 Bd 93
04200 les Bons-Eufants 04 157 Ff 84
19600 les Borderies 19 137 Bc 78
03350 les Bordes 03 115 Ce 69
11230 les Bordes 11 178 Bf 91
19160 les Bordes 19 126 Cb 76
23460 les Bordes 23 126 Bf 73
28360 les Bordes 28 70 Bc 59
33730 Lesbordes 33 135 Zd 82
36100 Les Bordes 36 102 Bf 67
37600 les Bordes 37 100 Ba 66
40110 Lesbordes 40 146 Yf 84
45460 Les Bordes 45 88 Cc 62
58800 les Bordes 58 89 De 65
58800 les Bordes 58 104 Dd 65
71350 Les Bordes 71 106 Fa 67
77120 les Bordes 76 52 Da 56
77120 les Bordes 76 52 Da 56
78720 les Bordes 78 50 Bf 57
86320 les Bordes 86 112 Ae 70
89500 Les Bordes 89 72 Dc 60
89520 les Bordes 89 89 Db 63
10800 Les Bordes-Aumont 10 73 Ea 59
09350 les Bordes-sur-Arize 09 164 Bc 90
09800 Les Bordes-sur-Lez 09 176 Ba 91
31830 les Bordettes 31 164 Bb 87
47340 les Bordiels 47 149 Ae 83
05230 les Borels 05 144 Gb 81
83400 les Borrels 83 171 Ga 90
84360 les Borrys 84 156 Fb 86
74400 les Bossons 74 121 Ge 73
19120 les Bothies 19 138 Be 79
27250 les Bottereaux 27 49 Ae 55
50250 les Boucaux 50 46 Yd 53
87700 les Bouchats 87 125 Ba 74
16170 les Bouchauds 16 123 Zf 74
36230 les Bouchauds 36 114 Be 69
63390 les Bouchauds 63 115 Ce 72
86210 les Bouchaux 86 100 Ae 68
17340 les Boucholeurs 17 110 Yf 72
39370 les Bouchoux 39 119 Fe 71
03380 les Bouets 03 114 Cc 70
87360 les Bouiges 87 113 Bb 71
06420 les Bouisses 06 158 Ha 84
72500 les Boulairies 72 85 Ac 63
72560 les Boulais 72 68 Ab 61
17840 les Boulassiers 17 109 Yd 72
10160 les Boulins 10 73 Df 60
58210 les Bouquettes 58 89 Dc 65
31210 les Bourdalats 31 163 Ad 90
37600 les Bourdeaux 37 100 Ba 67
18350 les Bourdelins 18 103 Ce 67
36400 les Bourdins 36 102 Ca 68
04380 les Bourguignons 04 157 Ga 84
16120 les Bouriès 16 123 Zf 75
04330 les Bourillons 04 157 Gc 84
19300 les Bournas 19 126 Bf 76
03330 les Bournets 03 115 Da 71
09350 les Bourrets 09 164 Bb 90
03130 les Boursauds 03 117 Df 70
63190 les Boursis 63 128 Dc 74
12330 les Boutets 12 139 Cd 81
72250 les Boutinières 72 85 Ac 61
39150 les Bouviers 39 119 Ff 69
17100 les Bouyers 17 122 Zb 74
81630 les Bragards 81 150 Bd 85
63210 les Bramauds 63 127 Cf 74
17139 les Brandes 17 110 Yf 71
17110 les Brandes 17 122 Za 75
86400 les Brandes 86 112 Ab 72
12470 les Brasses 12 140 Cf 81
03350 les Brays 03 103 Ce 69
25120 les Bréseux 25 94 Ge 65
41320 les Brétaits 41 87 Bf 65
78610 Les Bréviaires 78 50 Be 56
26120 les Breyrons 26 143 Fa 79
89380 les Bries 89 89 Dd 61
18340 les Brissets 18 102 Cb 67
85230 les Brochets 85 96 Xf 67
04120 les Brochiers 04 157 Gb 85
19380 les Brocs-Haut 19 126 Be 78
03350 les Brossards 03 116 Dd 71
27160 les Brosse 27 49 Af 56
18120 les Brosses 18 102 Ca 66
41300 les Brosses 41 87 Ca 65
49370 les Brosses 49 83 Zb 63
79350 les Brosses 79 98 Zd 67
58440 les Brossiers 58 88 Cf 64
89500 les Brouarde 89 72 Da 60
79190 les Brousses 79 111 Aa 72
85260 les Brouzils 85 97 Ye 67
37120 les Bruères 37 99 Ac 66
35330 les Brulais 35 81 Xf 61
18150 les Brulès 18 103 Cf 67
27570 les Brulés 27 49 Ba 56
11400 les Brunels 11 165 Ca 88
36800 les Brunets 36 100 Bc 69
13460 les Bruns 13 169 Ec 87
16300 les Bruns 16 123 Ze 76
84410 les Bruns 84 156 Fb 84
03150 les Bruyères 03 116 Dc 70
03120 les Bruyères 03 116 De 71
18140 les Bruyères 18 103 Cf 66
71220 les Bruyères 71 117 Ec 70
58240 les Bruyères-Radon 58 103 Db 68
31190 les Bruzes 31 164 Bc 88
37460 les Bucherons 37 101 Bb 65
86270 les Bufferières 86 100 Ae 68
44390 les Buffets 44 82 Yc 63
63210 les Buges 63 127 Ce 74
04700 les Buissonnades 04 157 Ff 85
28120 les Buissons 28 50 Bc 56
88220 les Buissons 88 76 Gc 60
36500 les Bunes 36 101 Bd 67
23130 les Bussières 23 114 Cb 72
58430 les Buteaux 58 104 Df 67
18140 les Butteaux 18 88 Cf 65
56120 les Buttes-de-Couessou 56 64 Xc 61
44140 les Buzinières 44 97 Yc 66
34130 les Cabanes 34 168 Ea 87
11560 Les Cabanes-de-Fleury 11 167 Db 89
09310 Les Cabannes 09 177 Be 92
81170 les Cabannes 81 151 Bf 84
83670 les Cabanons 83 171 Ga 87
58220 les Cabets 58 89 Da 64
49510 les Cabournes 49 98 Zb 65
13170 les Cadeneaux 13 170 Fc 88
16170 les Cailletières 16 123 Zf 74
36800 les Caillots 36 101 Bc 68
26120 les Caires 26 143 Fa 79
13520 les Calans 13 169 Ef 86
04160 l' Escale 04 157 Ga 84
11340 Lescale 11 178 Ca 91
83350 l'Escalet 83 172 Gd 89
81500 les Cambards 81 165 Be 86
81540 Les Cammazes 81 165 Ca 88
13011 les Camoins 13 170 Fd 89
76360 les Campeaux 77 37 Af 51
11490 les Campets 11 166 Cf 90
12370 les Camps 12 152 Ce 85
34380 les Camps 34 154 De 86
39140 les Camus 39 106 Fc 68
12410 les Canabières 12 152 Ce 84
20090 les Cannes CTC 182 le 97
49440 les Canteries 49 83 Za 63
17380 les Cantinauds 17 110 Zc 72
66750 les Capellans 66 179 Da 93
64230 Lescar 64 162 Zd 89
04270 les Cardaires 04 157 Ga 85
06440 L' Escarène 06 159 Hc 85
34490 les Carratiers 34 167 Da 88
76220 les Carreaux 77 38 Bd 52
89130 les Carreaux 89 89 Db 62
58350 les Carrés 58 89 Db 65
46090 les Carrières 46 137 Bc 81
55200 les Carrières 55 55 Fd 56
01160 les Carronnières 01 119 Fb 72
74300 les Carroz d'Arâches 74 120 Gd 72
87230 Les Cars 87 125 Ba 74
72800 les Cartes 72 84 Aa 63
05600 les Casses 05 145 Gd 81
11320 les Cassés 11 165 Bf 88
34630 les Castans 34 167 Dc 88
56250 Lescastel 56 80 Xc 62
01110 les Catagnolles 01 119 Fd 73
12130 les Cats 12 140 Da 81
36700 les Cautronnières 36 100 Ba 67
37340 les Caves 37 84 Ab 64
89100 les Caves 89 72 Db 59
12140 les Cazals 12 139 Cd 81
11420 les Cazazils 11 165 Bf 90
12200 les Cazes 12 151 Bf 83
30200 les Cellettes 30 155 Ed 83
76590 les Cent-Acres 77 37 Ba 50
25210 les Cerneux-Monnots 25 108 Ge 65
73270 les Cernix 73 133 Gd 74
49360 les Cerqueux-de-Maulevrier 49 98 Zc 67
05230 les Césaris 05 144 Gb 81
19170 les Chabannes 19 126 Bf 75
44330 les Chaboissière 44 97 Ye 65
05140 les Chabottes 05 144 Fe 81
85110 les Chaffauds 85 97 Yf 68
04170 les Chaillans 04 158 Gc 85
28250 les Chaises 28 69 Ba 57
78125 les Chaises 78 50 Be 57
07570 les Chalayes 07 142 Ec 79
39150 les Chalesmes-Grand 39 107 Ga 68
39150 les Chalesmes-Petit 39 107 Ff 68
33480 les Chalets 33 134 Zb 79
05100 les Chalps 05 145 Ge 79
07380 les Chambons 07 141 Eb 81
50320 Les Chambres 50 46 Yd 56
18140 les Chamignons 18 103 Cf 66
61120 les Champeaux 61 48 Aa 55
16500 les Champs 16 112 Ae 72
23220 les Champs 23 114 Bf 71
73220 les Champs 73 132 Gb 76
87260 les Champs 87 125 Bb 74
50620 Les Champs-de-Losque 50 33 Ye 53
22630 les Champs-Géraux 22 65 Ya 58
73700 les Chapelles 73 133 Ge 75
77610 Les Chapelles-Bourbon 76 52 Cf 56
73700 les Chapieux 73 133 Ge 74
05160 les Chappas 04 145 Gc 81
05200 les Charbonnières 05 145 Gd 81
88560 les Charbonniers 88 94 Gf 61
51330 les Charmontois 51 55 Ef 55
71110 les Charnay 71 117 Df 71
36210 les Charons 36 101 Bd 66
74430 les Chars 74 120 Gd 71
48600 les Chases 48 141 Dd 80
17260 les Chassières 17 122 Zb 75
26600 les Chassis 26 142 Ee 78
36230 les Châtaigniers 36 114 Be 69
16350 les Châtelets 18 88 Cd 65
28270 les Châtelets 28 49 Ba 57
28190 les Châtelets 28 69 Bb 58
45520 les Châteliers 45 70 Bf 60
79340 les Châteliers 79 111 Zf 69
28120 les Châteliers-Notre-Dame 28 69 Bb 58
03500 les Chatelins 03 116 Dc 71
85700 les Châtelliers-Châteaumur 85 98 Zb 67
09300 les Chaubets 09 177 Be 91
16370 les Chaudrolles 16 123 Zd 74
26110 les Chaudrons 26 143 Fb 82
23220 les Chauffaux 23 114 Bf 70
86420 les Chauleries 86 99 Aa 67
17430 les Chaumes 17 110 Zb 73
18500 les Chaumes 18 102 Cb 66
23360 les Chaumes 23 114 Bf 70
86700 les Chaumes 86 111 Ab 71
18140 les Chaumes-de-Loudin 18 103 Cf 66
18150 les Chaumes-de-Saint-Agnan 18 103 Cf 67
23260 les Chaumettes 23 127 Cc 73
85580 les Chaussées 85 109 Ye 70
05230 les Chaussins 05 144 Gb 81
39150 les Chauvins 39 119 Ff 69
63600 les Chaux 63 129 De 75
74320 Leschaux 74 132 Ga 74
71110 les Chavannes 71 117 Ea 71
73660 Les Chavannes-en-Maurienne 73 132 Gb 76
18210 les Chavis 18 103 Ce 68
74340 les Chavonnes 74 121 Ge 72
43200 les Chazalis 43 129 Eb 77
19290 les Chazeaux 19 126 Cb 74
48170 les Chazeaux 48 141 De 81
48400 les Chazes 48 153 De 83
02170 Leschelles 02 40 De 49
19320 les Chemineaux 19 126 Bf 77
18140 les Chênes 18 103 Ce 66
83460 les Chênes-Verts 83 172 Gc 88
85150 les Chênières 85 96 Yb 69
73340 Lescheraines 73 132 Ga 74
39170 Leschères 39 119 Fe 70
69380 Les Chères 69M 118 Ee 73
52110 Leschères-sur-le-Blaiseron 52 75 Fa 58
77320 Lescherolles 76 52 Dc 56
01560 Lescheroux 01 118 Fa 70
18300 les Cherriers 18 88 Cd 65
26310 Lesches-en-Diois 26 143 Fd 81
10160 les Chevreaux 10 73 De 60
36300 les Chézeaux 36 100 Ba 69
86380 les Chezeaux 86 99 Ac 68
37220 les Chillaudières 37 100 Ac 66
63610 les Chirouzes 63 128 Cf 76
89100 les Chollets 89 72 Db 59
45290 Les Choux 45 88 Ce 62
28260 les Christophes 28 50 Bc 56
64520 les Cinq-Cantons 64 161 Yf 88
59122 les Cinq-Chemins 59 27 Cd 43
36170 les Cinq-Routes 36 113 Bc 70
44270 les Cinq-Routes 44 96 Yb 67
17460 les Cinq-Timbres 17 122 Zb 75
59189 les Ciseaux 59 29 Cc 44
58470 les Cités 58 103 Da 67
56250 les Claies 56 81 Xc 62
03450 les Clairs 03 115 Da 72
11190 les Clamenèes 11 178 Cb 91
73670 les Clarets 73 132 Ff 76
05560 les Claux 05 145 Ge 81
63850 L' Esclauze 63 127 Ce 76
78450 les Clayes-sous-Bois 78 51 Ca 56
29770 Lescleden 29 61 Vb 60
83830 les Clèdes 83 172 Gd 87
74230 les Clefs 74 132 Gb 73
14230 les Clerbosq 14 34 Yf 53
89190 les Clérimois 89 72 Dc 59
01960 les Clés 01 118 Fa 71
37210 les Closeaux 37 85 Ae 64
87360 les Clotures 87 113 Ba 71
03600 les Cloux 03 115 Ce 71
18170 les Cloux 18 102 Cb 68
77450 Lescnes 76 52 Ce 55
18120 les Cocuas 18 102 Ca 66
29770 Lescoff 29 61 Vb 60
29790 Lescogan 29 61 Vd 60
26110 les Cognets 26 156 Fa 82
65400 les Colonies 65 174 Ze 91
71580 les Colots 71 106 Fc 69
01570 les Combes 01 118 Ef 70
01130 les Combes 01 119 Fe 71
05500 les-Combes 05 144 Ga 80
05100 les Combes 05 145 Gd 79
05110 les Combes 05 157 Ff 82
07130 les Combes 07 142 Ee 79
23500 les Combes 23 114 Cb 73
42440 les Combes 42 129 De 74
48600 les Combes 48 140 Dd 80
73450 les Combes 73 133 Gc 77
74210 les Combes 74 132 Gb 74
74210 les Combes 74 132 Gb 74
87340 les Combes 87 113 Bc 72
87600 les Combes 87 125 Af 74
72560 les Commerreries 72 68 Ac 61
18150 les Communes 18 103 Ce 67
42123 les Communes 42 117 Ea 73
85560 Les Conches 85 109 Yd 70
74220 les Confins 74 120 Gc 73
29740 Lesconil 29 78 Ve 62
74130 les Contamines 74 120 Gc 73
74170 Les Contamines-Montjoie 74 133 Ge 74
44330 les Corbellières 44 97 Ye 66
84490 les Cordiers 84 156 Fc 85
23220 les Côrets 23 114 Bf 70
10160 les Cornées-Laliat 10 73 De 59
24610 les Corres 24 135 Aa 79
84220 les Cortasses 84 156 Fb 85
28240 Les Corvées-les-Yys 28 69 Ba 58
36310 les Cosses 36 113 Bb 70
05500 les Costes 05 144 Ga 80
12400 les Costes-Gozon 12 152 Ce 84
74370 les Côtes 74 120 Gb 73
85520 les Côtes 85 109 Yc 70
38138 les Côtes-d'Arey 38 130 Ef 76
38970 les Côtes-de-Corps 38 144 Ff 79
03310 les Côtes-Rousses 03 115 Ce 71
18260 les Cottereaux 18 88 Ce 64
01190 les Couchoux 01 118 Ef 70

22570 Lescouët-Gouarec 22 79 We 60
26400 L' Escoulin 26 143 Fb 80
33620 les Coureaux 33 135 Zd 78
44330 les Courrères 44 97 Ye 65
46210 les Cours 46 138 Ca 80
36230 les Courtillets 36 101 Bf 69
63190 les Courtioux 63 128 Dc 74
09100 Lescousse 09 165 Bd 90
81110 Lescout 81 165 Ca 87
05700 les Coutilles 05 156 Fd 82
74140 les Crapons 74 120 Gc 71
50370 les Cresnays 50 46 Yf 56
03240 les Criards 03 116 Db 70
53380 les Crochetières 53 66 Za 59
61260 les Croisettes 61 69 Ae 59
76870 les Croisettes 77 38 Bd 51
56120 les Croix 56 64 Xc 61
71190 les Crots 71 105 Eb 68
58300 les Crots-Maillots 58 104 Dc 68
10130 les Croûtes 10 73 Df 61
12470 les Crouzets 12 140 Cf 81
31310 les Crouzettes 31 164 Bb 90
81260 les Crouzettes 81 166 Cd 87
12230 les Crozes 12 153 Dc 84
34800 les Crozes 34 167 Db 87
81250 les Crozes 81 166 Ce 87
39260 les Crozets 39 119 Fe 70
64490 Lescun 64 174 Zc 91
12230 les Cuns 12 153 Db 84
31220 Lescuns 31 164 Ba 89
09420 Lescure 09 177 Bb 90
15300 Lescure 15 139 Cf 78
81380 Lescure-d'Albigeois 81 151 Cb 85
12440 Lescure-Jaoul 12 151 Ca 83
65140 Lescurry 65 162 Aa 88
73120 les Curtillets 73 133 Gd 74
03110 les Dacs 03 116 Db 71
59258 Lesdain 59 30 Db 48
04400 les Dalis 04 158 Gd 82
63460 les Dallages 63 115 Da 73
27340 les Damps 27 49 Bb 53
28120 les Dauffrais 28 69 Bb 59
38740 les Daurens 38 144 Ff 79
16220 les Defaix 16 124 Ad 74
89350 les Delétangs 89 89 Db 62
73230 Les Déserts 73 132 Ga 75
76390 les Detends 77 38 Bd 50
38650 les Deux 38 143 Fd 79
38860 les Deux-Alpes 38 144 Ga 78
07110 les Deux-Aygues 07 141 Eb 81
39230 les Deux-Fays 39 106 Fc 67
08110 Les Deux-Villes-Basse 08 42 Fb 51
08110 Les Deux-Villes-Haute 08 42 Fb 51
33840 les Deymets 33 147 Ze 83
36400 les Dijeux 36 102 Ca 68
02100 Lesdins 02 40 Db 49
07460 les Divols 07 154 Eb 82
17210 les Dodins 17 123 Ze 77
03200 les Dollots 03 116 Dc 72
12780 les Donhès-Basses 12 152 Cf 83
12780 les Donhès-Hautes 12 152 Cf 83
18210 les Donnais 18 103 Ce 68
04250 les Dorats 04 157 Gb 82
33138 les Dorats 33 134 Yf 80
26120 les Dorelons 26 143 Ef 79
14250 les Douesnots 14 34 Zb 54
33380 les Douils 33 134 Za 81
04000 les Dourbes 04 157 Gb 84
04330 les Dourbettes 04 157 Gb 84
44650 les Douteries 44 97 Yc 67
48150 les Douzes 48 153 Db 83
48330 les Ducs 48 140 Dc 79
62215 les Dunes-d'Oye 62 27 Ca 42
58350 les Duprés 58 89 Db 64
86300 les Durands 86 112 Ae 70
33220 les Ealues 33 136 Aa 80
59270 le Seau 59 30 Ce 44
79130 les Eaux 79 98 Zd 69
04420 les Eaux-Chaudes 04 158 Gc 83
64440 Les Eaux-Chaudes 64 174 Zd 91
23480 le Sec 23 114 Bf 72
48230 le Sec 48 153 Dc 82
69870 les Echarmeaux 69D 117 Ec 72
73360 Les Echelles 73 131 Fe 76
01700 les Echets 01 130 Ef 73
05800 le Séchier 05 144 Ga 80
73700 les Échines 73 133 Ge 75
01560 les Ecopets 01 118 Fa 70
25140 Les Ecorces 25 108 Ge 65
77820 les Ecrennes 77 71 Cf 57
05340 les Ecrins 05 145 Gc 79
17510 les Eduts 17 111 Ze 73
11320 le Ségala 11 165 Bf 88
12490 les Egines 12 152 Cf 84
17400 Les Églises-d'Argenteuil 17 111 Zd 73
33230 Les Églisottes-et-Chalaures 33 135 Zf 78
81640 Le Ségur 81 151 Ca 84
04260 le Seignus 04 158 Gd 83
34270 les Embruscalles 34 154 Df 85
05000 les Emeyères 05 144 Ga 81
28330 les Emonderies 28 69 Af 59
40420 Le Sen 40 147 Zc 84
43150 les Engoyaux 43 141 Df 79
37110 le Sentier 37 85 Ae 63
31230 le Sentouret 31 163 Ae 88
55160 les Eparges 55 55 Fd 54
38300 les Eparres 38 131 Fb 75
17120 les Epeaux 17 122 Zb 75
85590 Les Epesses 85 98 Za 67
28250 les Épineraises 28 69 Ba 57
04250 le Serre 04 157 Ff 82
05220 le Serre-Barbin 05 145 Gd 79
46210 le Sers 46 138 Ca 80
27180 les Ervolus 27 49 Ba 55
09140 les Escales 09 177 Bb 92
04200 les Escoffiers 04 157 Ff 84
05350 les Escoyers 05 145 Ge 80
81110 les Escudiès 81 165 Cb 88
03120 les Espalus 03 116 Dd 71
83690 les Esparus 83 172 Gb 87
83550 les Espérifets 83 172 Gc 88
24540 les Espéronies 24 137 Af 80
16210 les Essards 16 124 Aa 77
17250 les Essards 17 122 Zb 74
37130 Les Essards 37 85 Ab 64
49370 les Essards 49 83 Zb 64
39120 les Essards-Taignevaux 39 106 Fc 67
27240 les Essarts 27 49 Af 55
41800 les Essarts 41 85 Ae 62
42430 les Essarts 42 117 Df 73
58160 les Essarts 58 103 Db 67
70600 les Essarts 70 92 Fd 62
71410 les Essarts 71 105 Eb 69
78690 les Essarts-le-Roi 78 50 Bf 56
51120 les Essarts-lès-Sézanne 51 53 Dd 56
51310 Les Essarts-le-Vicomte 51 53 Dd 57
76270 les Essarts-Varimpré 77 37 Bd 50
33190 les Esseintes 33 135 Zf 81
43150 les Estables 43 141 Ea 79
66230 les Estables 66 178 Cc 94
40510 les Estagnots 40 160 Yd 86
26110 les Estangs 26 156 Fb 83
18140 les Estiveaux 18 103 Ce 66
48700 les Estrets 48 140 Dc 80
04200 les Étangs 04 156 Fd 83
57530 les Étangs 57 56 Gc 54
63600 les Eteignons 63 129 De 75
28330 les Etilleux 28 69 Ae 59
63550 les Etivaux 63 116 Dd 73
25300 les Étraches 25 108 Gc 67
84120 le Seuil 84 171 Fd 86
55230 les Eurantes 55 43 Fe 52
17770 le Seure 17 123 Zd 74
05600 les Eymars 05 145 Gd 80
33910 les Eymerits 33 135 Ze 79
38350 les Eyverras 38 144 Ff 79
24620 Les Eyzies 24 137 Af 79
24620 les Eyzies-de-Tayac-Sireuil 24 137 Ba 79
05200 les Fabres 05 145 Gc 82
83510 les Fadons 83 172 Gc 88
12130 les Falguières 12 140 Da 82
77510 les Fans 76 52 Db 55
05500 les Farelles 05 144 Ga 81
23500 les Farges 23 126 Ca 74
24290 les Farges 24 137 Bb 78
81190 les Farguettes 81 151 Cb 84
81100 les Farguettes 81 166 Ca 87
84100 les Farjons 84 155 Ee 83
26120 les Faucons 26 143 Fa 79
38740 les Faures 38 144 Ga 79
27400 les Faux 27 49 Bb 54
48120 les Faux 48 140 Dc 80
58330 les Faux 58 104 Dd 66
16600 les Favrauds 16 124 Ab 74
63480 les Fayes 63 129 De 74
24520 les Félix 24 136 Ad 80
36500 les Fenets 36 101 Bc 68
05260 les Fermons 05 144 Gb 80
26120 les Ferrands 26 143 Fa 79
06510 les Ferres 06 158 Ha 85
33820 les Ferrés 33 122 Zc 77
63290 les Ferriers 63 116 Dc 73
89110 les Fièvres 89 89 Db 61
13510 les Figons 13 170 Fc 87
25500 les Fins 25 108 Gd 66
85190 les Flachausières 85 96 Yb 68
13520 les Fléchons 13 169 Ef 86
74800 les Fleuries 74 120 Gb 72
19410 les Fombiardes 19 125 Bc 76
37140 les Fondis 37 84 Aa 65
12150 les Fonds 12 152 Da 82
22170 les Fontaines 22 64 Xa 57
50340 les Fontaines 50 33 Yb 51
05200 les Fontaniers 05 145 Gc 81
16300 les Fonteneaux 16 123 Ze 76
25210 les Fontenelles 25 108 Ge 65
88240 les Fontenelles 88 76 Gb 61
70190 les Fontenis 70 93 Ga 64
25130 les Fontenottes 25 108 Gd 66
30000 les Fontilles 30 154 Ec 85
60650 les Fontomettes 60 38 Bf 52
05100 les Fonts 05 145 Ge 79
48500 les Fonts 48 153 Db 82
07250 les Fonts-du-Pouzin 07 142 Ee 80
01340 les Forêts 01 118 Fa 70
08270 les Forges 08 41 Ec 51
17430 les Forges 17 110 Zb 73
21120 les Forges 21 91 Fa 63
22460 les Forges 22 64 Xb 59
23160 les Forges 23 113 Bd 70
23450 les Forges 23 114 Be 70
23230 les Forges 23 114 Cb 71
40160 les Forges 40 146 Za 83
42720 les Forges 42 117 Ea 72
49370 les Forges 49 83 Za 63
50480 les Forges 50 34 Ye 52
50500 les Forges 50 46 Yd 53
56120 les Forges 56 64 Xc 60
76170 les Forges 77 36 Ac 51
79340 les Forges 79 111 Zf 69
88390 Les Forges 88 76 Gc 59
89160 les Forges 89 90 Eb 62
35380 les Forges-de-Paimpont 35 65 Xf 61
74490 les Fornets 74 120 Gd 71
10360 les Fosses 10 74 Ed 60
23700 les Fosses 23 115 Cd 72
79800 les Fosses 79 111 Zf 70
79360 Les Fosses 79 111 Zd 72
89520 les Foucards 89 89 Db 63
18240 les Fouchards 18 88 Cf 64
56200 les Fougerêts 56 81 Xe 62
50680 les Foulons 50 34 Yf 53
25300 les Fourgs 25 108 Gc 68
45210 les Fourneaux 45 72 Cf 60
25390 les Fournets 25 108 Gd 66
46230 les Fournets 46 150 Bd 82
81210 les Fournials 81 166 Cb 86
05100 les Fraches 05 145 Ge 79
74130 les Frachets 74 120 Gc 72
89520 les Fragnes 89 89 Db 63
38650 les Fraisses 38 143 Fd 79
23800 les Francs 23 114 Be 71
31660 les Friques 31 150 Bd 86
70130 les Frondey 70 93 Ff 64
30500 les Fumades-les-Bains 30 154 Eb 83
63350 les Fumoux 63 116 Dc 73
09200 les Gabats 09 176 Ba 90
83170 les Gaëtans 83 171 Ga 88
81190 les Gagets 81 151 Ca 84
05200 les Gaillards 05 145 Gd 81
37290 les Gaillards 37 100 Af 67
49620 les Galardières 49 83 Za 65
12210 les Galens 12 139 Ce 81
26410 les Gallands 26 143 Fc 81
36210 les Galliers 36 87 Be 65
63750 les Gannes 63 127 Cd 75
83250 les Gaouby 83 172 Gb 90
84570 les Gaps 84 156 Fb 84
49120 les Gardes 49 98 Zb 66
48600 les Gardilles 48 141 Dd 80
33114 les Gargails 33 134 Zb 81
24380 les Garissoux 24 136 Ae 79
05260 les Garnauds 05 144 Gb 80
37150 les Gars 37 86 Ba 65
35430 les Gastines 35 65 Ya 57
83120 les Gastons 83 172 Gd 88
28380 les Gâtines 28 49 Bb 56
35270 les Gâts 35 65 Ya 58
85170 les Gâts 85 97 Yd 68
85480 les Gats 85 97 Ye 68
24230 les Gauchers 24 135 Aa 79
38660 les Gaudes 38 132 Ff 77
37390 les Gaudières 37 85 Ae 64
18380 les Gaudins 18 88 Cc 65
03110 les Gaudons 03 116 Db 72
63700 les Gaumes 63 115 Ce 71
71230 les Gautheret 71 105 Eb 69
33500 les Gauthiers 33 135 Ze 79
17100 les Gautiers 17 122 Zb 74
45630 les Gauvins 45 88 Ce 63
81290 les Gaux 81 166 Cb 87
63310 les Gays 63 116 Dc 72
23800 les Genêtes 23 113 Bd 71
18210 les Genêts 18 102 Cd 68
61270 Les Genettes 61 49 Ad 57
83170 les Gensiés 83 171 Ff 88
03450 les Georges 03 116 Da 72
71410 Les Georgets 71 105 Eb 68
18350 les Gérots 18 103 Cf 67
13090 les Gervais 13 170 Fc 87
02220 Lesges 02 53 Dd 53
74260 les Gets 74 121 Ge 72
03210 les Gibons 03 116 Db 70
33730 les Gillets 33 147 Ze 82
18250 les Gimonets 18 88 Cd 65
05700 les Girards 05 156 Fe 82
18110 les Girards 18 102 Cb 65
18300 les Girarmes 58 88 Cf 65
36120 les Giraudons 36 102 Bf 68
03120 les Girauds 03 116 Dd 71
81260 les Girmanes 81 166 Cd 87
83136 les Glacières 83 171 Fe 88
02810 les Glandons 02 52 Db 54
38250 les Glovettes 38 143 Fd 78
85600 les Godelinières 85 97 Ye 66
13610 les Goirands 13 170 Fc 87
17100 les Gonds 17 122 Zc 74
40400 Lesgor 40 146 Za 85
17120 les Gorces 17 122 Zb 75
85110 les Gornieres 85 97 Yf 68
13008 les Goudes 13 170 Fc 89
40630 Lesgoudies 40 147 Zb 84
21520 Les Goulles 21 91 Ef 61
37290 les Goupillières 37 100 Af 67
72150 les Goupillières 72 85 Ad 61
16140 les Gours 16 111 Zf 73
03290 les Gouttes 03 116 De 70
88650 les Gouttes 88 77 Gf 59
49490 les Goux 49 84 Aa 64
72150 les Graffardières 72 85 Ac 61
08390 les-Grandes-Armoises 08 42 Ef 51
10170 Les Grandes-Chapelles 10 73 Ea 58
76540 les Grandes-Dalles 77 36 Ac 50
51400 Les Grandes-Loges 51 54 Eb 54
37370 les Grandes Maisons 37 85 Ad 62
76520 les Grandes Masures 77 37 Bb 52
38490 les Grandes-Ternes 38 131 Fd 75
76950 Les Grandes-Ventes 77 37 Bb 50
86220 les Grandins 86 100 Ad 67
87160 les Grands-Chézeaux 87 113 Bc 70
84400 les Grands-Cléments 84 156 Fc 85
45250 les Grands-Moreaux 45 89 Da 61
42370 les Grands-Murcins 42 117 Df 72
46140 les Granels 46 150 Bb 82
03500 les Granges 03 116 Db 70
05700 les Granges 05 144 Fd 82
10210 les Granges 10 73 Ea 60
10510 les Granges 10 73 De 57
21150 les Granges 21 91 Ec 63
24350 les Granges 24 124 Ad 77
24400 les Granges 24 136 Ab 78
26150 les Granges 26 143 Fc 80
26110 les Granges 26 156 Fb 83
26170 les Granges 26 156 Fc 83
36200 les Granges 36 113 Bd 69
43320 les Granges 43 141 De 78
46110 les Granges 46 138 Be 79
52220 les Granges 52 74 Ee 68
56190 les Granges 56 81 Xd 63
65100 les Granges 65 162 Zf 90
73440 les Granges 73 133 Gd 76
73210 les Granges 73 133 Ge 75
74470 les Granges 74 120 Gd 71
82140 les Granges 82 150 Bd 84
85340 les Granges 85 96 Ya 69
39250 les Granges-du-Sillet 39 107 Ga 68
26290 les Granges-Gontardes 26 155 Ee 82
70270 les Granges-Guenin 70 94 Gd 62
91410 les Granges-le-Roi 91 70 Ca 57
88220 les Granges-Richard 88 76 Gc 60
25160 les Grangettes 25 108 Gb 67
04110 les Granons 04 156 Fd 85
25790 Les Gras 25 108 Gd 67
24340 les Graulges 24 124 Ac 76
63440 les Graverolles 63 115 Cf 72
03500 les Graves 03 116 Db 71
01440 les Greffets 01 118 Fb 71
56140 les Greffins 56 81 Xe 62
17740 les Grenettes 17 109 Yd 72
63410 les Greniers 63 115 Cf 73
27320 les Gres 27 50 Bb 56
46140 les Grèzes 46 150 Bb 82
12200 les Grimals 12 151 Bf 82
85110 les Grois 85 97 Yf 68
84220 les Gros 84 155 Fb 85
79220 les Groseillers 79 111 Zd 69
36160 les Groslards 36 114 Ca 70
63140 les Grosliers 63 115 Da 73
86100 les Groyes 86 100 Ae 68
63490 les Gruns 63 128 Dc 75
24370 les Guarrigues 24 137 Bb 79
04400 les Guérins 04 157 Gd 82
71160 les Guerreaux 71 117 Df 69
39190 les Gugniots 39 119 Fc 69
05220 les Guiberts 05 145 Gd 79
45230 les Guidus 45 88 Cf 61
33720 les Guillaumes 33 135 Zc 81
03390 les Guillaumets 03 115 Cf 71
32600 les Guilloutets 32 164 Ba 86
24380 les Guilloux 24 136 Ae 78
61700 les Guimondières 61 67 Zb 57
83310 les Guiols 83 172 Gc 89
03390 les Guittons 03 116 Dc 71
46250 les Gunies 46 137 Ba 81
85220 les Habites 85 96 Yb 68
22350 les Haies 22 65 Xf 59
41160 les Haies 41 86 Bb 61
72500 les Halles 72 85 Ab 63
69610 les Halles 69M 130 Ec 74
76780 les Hameaux 77 37 Bc 52
20166 les Hameaux de P. Buselica CTC 184 Ie 97
54480 les Harcholins 57 77 Ha 57
45320 les Haricot 45 72 Cf 60
89260 les Hautes-Bergeries 89 72 Dc 59
37130 les Hautes-Martinières 37 85 Ab 64
08800 les Hautes-Rivières 08 42 Ef 49
70400 les Hautes-Valettes 70 94 Gd 63
08800 les Hauts-Buttés 08 42 Ee 49
49600 les Hauts-Champs 49 97 Ye 65
76190 Les Hauts-de-Caux 77 36 Ae 51
55000 Les Hauts-de-Chée 55 55 Fb 55
52250 les Hauts-de-Vingeanne 52 92 Fb 62
60390 Les Hauts Talican 60 51 Bf 52
14250 les Hauts-Vents 14 34 Zc 53
50390 les Hauts-Vents 50 33 Yc 52
41800 les Hayes 41 85 Ae 62
02260 Les Hayettes 02 41 Df 48
39120 les Hays 39 106 Fc 67
53220 les Heaumes 53 66 Za 58
34700 les Hémiès 34 167 Db 86
62730 les Hemmes 62 27 Bf 43
03470 les Henry 03 116 De 70
85500 Les Herbiers 85 97 Yf 67
48340 les Hermaux 48 140 Da 81
83910 les Hermentaires 83 171 Fe 87
12330 les Hermets 12 139 Cc 82
37110 les Hermites 37 85 Ae 63
86290 les Herolles 36 113 Bb 70
34330 les Hers 34 166 Ce 87
17770 les Hillairets 17 123 Zd 73
27910 les Hogues 27 37 Bc 52
63470 les Holmes 63 127 Cd 74
81130 les Homps 81 151 Ca 84
22430 Les Hôpitaux 22 64 Xd 57
25370 les Hôpitaux-Neufs 25 108 Gc 68
25370 les Hôpitaux-Vieux 25 108 Gc 68
66300 les Hostalets 66 179 Ce 93
04000 les Hostelleries 04 157 Gb 84
43200 les Hostes 43 141 Eb 78
74310 Les Houches 74 121 Ge 73
16110 les Houillères 16 124 Ac 74
40630 les Houssats 40 147 Zb 83
41320 les Huets 41 101 Be 65
71500 les Huichards 71 106 Fb 69
72230 les Hunaudières 72 68 Ab 61
17650 les Huttes 17 109 Yd 72
33123 les Huttes 33 122 Yf 75
48300 les Huttes 48 141 De 80
27250 le Siaulles 27 49 Ae 56
35630 les Iffs 35 65 Ya 59
85390 les Ifs 85 98 Zb 68
16500 Lésignac 16 112 Ae 73
37360 le Signal 37 85 Ac 63
77150 Lésigny 76 51 Cd 56
86270 Lésigny 86 100 Ae 67
11380 les Ilhes 11 166 Cc 88
63740 les Imbauds 63 127 Ce 74
84220 les Imberts 84 156 Fa 85
30200 les Imbres 30 155 Ed 83
05500 les Infournas 05 144 Ga 80
43150 les Infruits 43 141 Ea 79
12230 les Infruts 12 153 Db 85
73230 le Sire 73 132 Ff 75
19380 le Sirieix 19 138 Be 78
14690 les Isles-Barde 14 47 Zd 55
89630 les Isles-Ménéfrier 89 90 Df 64
55120 les Islettes 55 55 Fa 54
04000 les Isnards 04 157 Gb 84
05150 les Isnières 05 156 Fc 82
83380 les Issambres 83 172 Ge 88
09100 les Issards 09 165 Be 90
63940 les Issards 63 129 De 76
63380 les Isserts 63 115 Cd 73
38970 les Istiers 38 144 Ff 79
51190 les Istres-et-Bury 51 53 Ea 55
07510 les Jalades 07 141 Ea 80
09140 les Jammets 09 177 Bb 92
83250 les Jassons 83 171 Gb 90
24400 les Jaunies 24 136 Ab 79
25210 les Jean-Chevaux 25 108 Ge 66
53190 les Joncherets 53 66 Za 58
26170 les Jonchiers 26 156 Fb 83
27410 les Jonquerets-de-Livet 27 49 Ad 54
27210 les Jonquets 27 36 Ab 53
19150 les Jordes 19 126 Be 77
89120 les Joubins 89 89 Db 61
39220 les Jouvencelles 39 120 Ff 70
46150 Les Junies 46 137 Bb 81
36100 les Lagnys 36 101 Be 67
33480 les Lamberts 33 134 Za 78
73210 les Lanches 73 133 Ge 75
44110 les Landelles 44 82 Yd 62
46120 les Landes 46 138 Bf 80
49170 les Landes 49 83 Zb 64
60590 les Landes 60 38 Be 52
61350 les Landes 61 66 Za 57
72170 les Landes 72 68 Zf 59
72270 les Landes 72 84 Aa 61
85710 les Landes 85 96 Yb 67
14330 les Landes-du-Rosey 14 47 Yf 53
85130 Les Landes-Genusson 85 97 Yf 67
32550 les Lannes 32 163 Ad 87
03130 les Larges 03 117 Df 70
26110 les Latards 26 155 Fb 82
18120 les Lats 18 102 Ca 66
06850 les Lattes 06 158 Ge 86
48700 les Laubies 48 140 Dc 80
48000 les Laubies 48 153 Dd 82
21150 les Laumes 21 91 Ec 63
03250 les Laurents 03 116 De 72
34150 les Lavagnes 34 153 Dc 86
89630 les Lavauts 89 90 Ea 65
24400 les Lèches 24 136 Ac 79
83270 Les Lecques 83 171 Fe 89
29460 les Léflez 29 62 Vf 58
48310 les Levades 48 140 Da 80
33220 Les Lèves-et-Thoumeyragues 33 136 Ab 80
01140 les Leynards 01 118 Ef 71
03270 les Liages 03 116 Dd 72
33620 les Ligers 33 135 Zd 78
61160 les Lignerits 61 48 Aa 55
87190 les Lignes 87 113 Bb 71
77169 les Limons 76 52 Db 56
44440 les Linières 44 82 Yd 64
12230 les Liquisses 12 153 Db 84
03220 les Loges 03 116 Dd 70
14240 les Loges 14 47 Zb 54
41300 les Loges 41 87 Ca 64
49390 les Loges 49 84 Aa 64
49150 les Loges 49 84 Zf 63
58110 les Loges 58 104 Dc 66
72440 les Loges 72 68 Ad 61
76790 les Loges 77 36 Ab 50
85140 les Loges 85 97 Ye 68
36330 les Loges-Brûlées 36 101 Be 69
36340 les Loges-de-Bonavois 36 114 Be 69
36120 les Loges-de-Champ 36 101 Be 68
78350 les Loges-en-Josas 78 51 Ca 56
50600 les Loges-Marchis 50 66 Yf 57
10210 les Loges-Margueron 10 73 Ea 60
14700 les Loges-Saulces 14 47 Ze 55
50800 les Loges-sur-Brécey 50 46 Yf 56
26400 les Lombards 26 143 Ef 81
12480 les Longagnes 12 152 Cd 84
71270 les Lorances 71 106 Fb 68
45230 les Lorrains 45 88 Ce 61
09800 les Loubères 09 176 Af 91
70600 les Louches 70 92 Fc 63
43410 les Loyes 43 128 Db 76
85170 les Lucs-sur-Boulogne 85 97 Yd 67
79600 les Luneaux 79 98 Ze 68
30960 les Mages 30 154 Eb 83
85400 les Magnils-Reigniers 85 109 Ye 70
03430 les Magnoux 03 115 Cf 70
70110 les Magny 70 94 Gc 63
06270 les Maillans 06 173 Ha 87
58290 les Maillards 58 104 Df 66
26400 les Maillets 26 143 Fb 80
86800 les Maillets 86 100 Ad 69
21130 les Maillys 21 106 Fc 66
60590 les Maisonettes 60 50 Bf 52
18200 les Maisons 18 102 Cc 68
19170 les Maisons 19 126 Ca 75
24160 les Maisons 24 125 Af 76
10130 les Maisons-Rouges 10 73 Df 60
72800 les Maisons-Rouges 72 84 Ab 62
63230 les Maisons-Rouges-les-Fontêtes 63 127 Cf 74
49350 les Mancotiers 49 84 Ze 64
83690 les Mandins 83 172 Gb 87
58430 les Manges 58 104 Df 66
27460 les Manoir 27 37 Bb 53
03170 les Marais 03 115 Ce 71
39400 les Marais 39 120 Ga 69
55000 les Marats 55 55 Fb 55
41300 les Marchais 41 87 Ca 63
89190 les Marchais 89 73 Dd 59
45290 les Marches 45 88 Ce 62
73800 Les Marches 73 132 Ga 76
77510 les Marchés 76 52 Db 55
41130 les Mardelles 41 86 Bc 65
45170 les Mardelles 45 70 Bf 60
14240 les Maréchaux 14 34 Zb 54
14230 les Mares 14 47 Yf 53
27500 les Mares 27 49 Ac 52
77500 les Marêts 76 52 Db 56
74350 les Margolliets 74 120 Gb 72
83440 les Margoutons 83 172 Ge 87
84410 les Maridats 84 155 Fb 84
17200 les Maries 17 122 Za 75
24800 les Marimont 24 125 Af 76
20253 les Marines du Soleil CTC 181 Kb 92
83440 les Marjoris 83 172 Ge 87
27330 les Marnières 27 49 Ae 55
83670 les Marreliers 83 171 Ff 87

13105 les Marres 13 170 Fc 88
24170 les Marroux 24 137 Ba 80
01410 les Mars 01 120 Ff 71
23700 Les Mars 23 115 Cc 73
19250 les Marteaux 19 126 Ca 76
63410 les Marteaux 63 115 Cf 73
12240 les Martes 12 151 Cb 83
05260 les Martins 05 144 Gb 80
63430 les Martres-d'Artières 63 128 Db 74
63730 les-Martres-de-Veyro 63 128 Db 74
23400 les Martyrs 23 113 Bd 73
11390 les Martys 11 166 Cb 88
81440 les Martys 81 151 Ca 86
66320 les Masos 66 178 Cc 93
24130 les Masseries 24 136 Ab 79
46330 les Masseries 46 138 Bd 82
58420 les Masserons 58 89 Dc 65
34270 Les Matelles 34 168 De 86
17570 Les Mathes 17 122 Yf 74
37260 les Mattés 37 85 Ad 65
85270 les Mattes 85 96 Ya 68
03700 les Maussans 03 116 Dc 72
83340 Les Mayons 83 172 Gc 89
12550 les Mayous 12 152 Cd 85
19170 les Mazaleyrat 19 126 Bf 75
43220 les Mazeaux 43 130 Ec 77
23140 les Mazeires 23 114 Ca 72
30750 les Mazes 30 153 Dc 84
12240 les Mazières 12 151 Ca 83
76220 les Mazis 77 37 Bd 52
38350 les Mazoirs 38 144 Ff 79
08500 les Mazures 08 42 Ed 49
46090 les Mazuts 46 150 Bd 82
71140 Lesme 71 104 De 69
72260 les Mées 72 68 Ab 59
86200 les Mées 86 99 Ab 66
88360 les Meix 88 77 Gd 61
45360 les Ménigaults 45 88 Ce 63
54700 Lesménils 54 56 Ga 55
05310 les Mensals 05 145 Gc 80
12540 les Menudes 12 153 Db 85
73440 les Menuires 73 133 Gd 77
61290 les Menus 61 69 Af 57
55250 les Merchines 55 55 Fa 55
26420 les Merciers 26 143 Fc 79
44170 les Mernais 44 82 Yc 63
03150 les Mesiles 03 116 Dc 70
51370 les Mesneux 51 53 Df 53
76460 Les Mesnil-Durdent 77 36 Ae 50
27400 Les Mesnil-Jourdain 27 49 Ba 53
27620 les Mesnil-Milon 27 50 Bd 54
27250 les Mesnils 27 49 Ae 55
76730 les Mesnils 77 37 Af 50
14140 les Mesnil-Simon 14 48 Aa 54
76480 les Mesnil-sous-Jumièges 77 37 Af 52
78490 Les Mesnuls 78 50 Bf 56
16200 les Métairies 16 123 Zf 74
01400 les Métras 01 118 Ef 71
74300 les Meuniers 74 120 Gd 72
05350 les Meyriès 05 145 Ge 80
50480 les Mézières 50 34 Ye 52
58230 les Michaux 58 90 Ea 65
36150 les Michots 36 101 Be 66
24190 les Mignots 24 136 Ac 78
20090 les Milelli CTC 182 Ie 97
78790 les Millerus 78 50 Bd 55
13090 les Milles 13 170 Fc 87
95510 les Millonets 95 50 Be 54
63310 les Minaux 63 116 Dc 73
63350 les Minaux 63 116 Dc 73
39700 les Minerais 39 107 Fe 65
63880 les Mines 63 129 Dd 74
27190 les Minières 27 49 Af 55
86700 les Minières 86 111 Ab 70
36120 les Minimes 36 102 Bf 68
83510 les Miquelets 83 172 Gb 88
26320 les Mirabeaux 26 143 Ef 79
36800 les Mitatis 36 101 Bd 69
59122 les Moëres 59 27 Cd 42
63560 les Moignons 63 115 Cf 72
50270 Les Moiters-d'Allonne 50 33 Yb 52
73800 les Molettes 73 132 Ga 76
91470 Les Molières 91 51 Ca 56
18260 les Mollets 18 88 Cd 64
39310 les Molunes 39 120 Ff 70
17120 les Monards 17 122 Za 75
14100 les Monceaux 14 35 Aa 54
23270 les Monceaux 23 114 Ca 71
53500 les Monhages 53 66 Zb 59
71160 les Monins 71 117 De 69
39150 les Monnets 39 107 Ga 69
10500 Lesmont 10 74 Ec 58
34600 les Montades 34 167 Db 87
73400 les Montagnes 73 132 Gc 74
81200 les Montagnés 81 166 Cb 88
58360 les Montarons 58 104 De 67
63700 les Monteix 63 115 Cf 71
30170 les Montèzes 30 154 Df 85
55320 les Monthairons 55 55 Fc 54
72150 les Montillés 72 85 Ac 61
41120 les Montils 41 86 Bb 64
71270 les Montots 71 106 Fa 67
30750 les Monts 30 153 Dc 84
35470 les Monts 35 82 Yb 62
61310 les Monts 61 48 Ab 56
09300 les Monts-d'Olmes 09 177 Be 91
27370* Les Monts-du-Roumois 27 49 Ae 53
48200 Les Monts-Verts 48 140 Db 79
86270 Les Moraux 86 100 Ae 68
18110 les Moreaux 18 102 Cb 65
18170 les Moricots 18 102 Cc 69
44540 les Mortiers 44 83 Yf 63
59750 les Mottes 59 31 Df 47
85750 les Mottes 85 109 Yd 70
85210 les Mottes 85 110 Yf 69
17270 les Mottets 17 135 Ze 78
36400 les Mouches 36 114 Bf 69
85150 les Moulières 85 97 Yc 69
11190 les Moulines 11 178 Cc 91
14710 les Moulins 14 47 Za 52
22210 Les Moulins 22 64 Xc 60
42430 les Moulins 42 117 Df 73
61120 les Moulins 61 48 Ab 55
87800 les Moulins 87 125 Bb 75
39310 les Mousières 39 119 Ff 71
78760 les Mousseaux 78 50 Bf 56
63290 les Moussouve 63 116 Dc 73
03370 les Moutats 03 114 Cc 70
14950 les Moutiers 14 35 Aa 53
44760 Les Moutiers 44 96 Xf 66
14140 les Moutiers-Hubert 14 48 Ab 55
84560 les Moutins 84 156 Fb 86
06910 les Mujouls 06 158 Gf 85
78130 Les Mureaux 78 50 Bf 55
39150 les Mussillons 39 120 Ff 69
39300 les Nans 39 107 Ff 68
38630 les Nappes 38 131 Fd 75
33138 les Nargues 33 134 Yf 80
34520 les Natges 34 153 Dd 86
18700 les Naudins 18 88 Cc 64
36800 les Nébilons 36 101 Bc 69
04330 les Nèbles 04 157 Gc 84
16700 les Nègres 16 111 Ab 73
33680 les Nerps 33 134 Yf 79
26320 les Netis Eynards 26 143 Ef 79
29260 Lesneven 29 62 Ve 57
01130 les Neyrolles 01 119 Fd 72
41350 les Noëls 41 86 Bc 63
42370 les Noës 42 117 Df 72
10600 les Noës-près-Troyes 10 73 Df 59
59610 Les-Noires-Terres 59 41 Ea 48
49140 les Noirettes 49 84 Zd 63
26410 les Nonières 26 143 Fd 80
17380 les Nouillers 17 110 Zc 73
83460 les Nourradons 83 172 Gc 88
56230 Lesnoyal 56 81 Xd 62
44310 les Noyers 44 97 Yc 66
18190 les Occans 18 102 Cb 68
38930 les Oches 38 143 Fd 80
66270 le Soler 66 179 Ce 92
13013 les Olives 13 170 Fc 89
74370 les Ollières 74 120 Gb 73
87150 les Ollières 87 125 Af 74
07360 Les Ollières-sur-Eyrieux 07 142 Ed 80
05230 les Olliviers 05 144 Gb 81
69490 les Olmes 69D 117 Ed 73
11120 le Somail 11 167 Cf 89
35270 les Ombres 35 65 Yb 58
40430 les Ombres 40 147 Zb 82
04200 les Omergues 04 156 Fd 83
33650 le Son 33 135 Zc 81
85630 les Onchères 85 96 Xe 67
36150 les Orgeries 36 101 Be 66
10400 les Ormeaux 10 73 Dd 58
49310 les Ormeaux 49 98 Zc 65
50430 les Ormeaux 50 33 Yc 53
58220 les Ormeaux 58 89 Da 64
72610 les Ormeaux 72 68 Aa 58
77540 les Ormeaux 76 52 Cf 56
86220 les Ormes 86 100 Ad 67
89110 Les Ormes 89 89 Db 61
77134 Les Ormes-sur-Voulzie 76 72 Db 58
05200 les Orres 05 145 Gd 81
45320 les Orties 45 72 Cf 61
77710 les Ortures 76 72 Ce 59
23230 le Sou 23 114 Cb 71
14230 les Oubeaux 14 34 Yf 53
48150 les Oubrets 48 153 Dd 84
88650 le Souche 88 77 Gf 59
89240 les Ouches 89 89 Dc 62
18290 le Souchet 18 102 Ca 66
58300 les Oudilles 58 104 Dd 68
38520 les Ougiers 38 144 Ga 79
62810 le Souich 62 29 Cc 47
79800 le Souil 79 111 Zf 71
58300 les Ouillères 58 104 Dd 68
25270 le Souillot 25 107 Gb 67
31230 le Soulan 31 164 Af 89
27370 le Soulanger 27 49 Af 53
16210 le Soulard 16 124 Aa 77
82500 les Oulès 82 149 Ba 86
65110 les Oulettes 65 175 Zf 92
34330 le Soulié 34 166 Ce 87
03370 le Soult 03 115 Cc 70
02140 le Sourd 02 40 De 49
58340 les Ourgneaux 58 104 De 67
56300 le Sourn 56 79 Xa 60
16250 les Ouvrards 16 123 Zf 75
32550 les Pachères 32 163 Ad 87
11320 les Pagès 11 165 Bf 88
11220 les Palais 11 166 Ce 90
42660 les Palais 42 130 Ec 76
24420 les Palissoux 24 125 Af 77
13210 les Paludes 13 155 Ef 86
05330 les Pananches 05 145 Gd 79
05800 L' Esparcelet 05 144 Ga 80
63380 les Pardellières 63 127 Cd 74
55300 les Paroches 55 55 Fd 55
82270 Lesparre 82 150 Bc 83
33340 Lesparre-Médoc 33 122 Za 77
04200 les Parrichaux 04 156 Fd 83
77120 les Parrichets 76 52 Da 56
09300 Lesparrou 09 178 Bf 91
34650 les Pascals 34 167 Db 86
05400 les Pascaux 05 144 Fe 81
58430 les Pasquelins 58 104 Ea 66
04200 les Paulons 04 157 Ff 84
07110 les Pauzes 07 141 Ea 81
44590 le Spay 44 82 Yc 62
26410 les Payats 26 143 Fc 80
40200 Lespecier 40 146 Ye 84
26800 les Pécolets 26 142 Ef 80
13124 les Pégoulières 13 170 Fd 88
36360 les Peguets 36 101 Bc 65
33230 les Peintures 33 135 Zf 78
85370 les Pelées 85 110 Za 70
01560 les Pelus 01 118 Fa 70
03120 les Pendries 03 116 Dd 71
13170 les Pennes-Mirabeau 13 170 Fb 88
02250 l' Espérance 02 41 Df 50
44360 l' Espérance 44 82 Yb 65
44110 l' Espérance 44 82 Yd 62
49750 l'Espérance 49 83 Zc 65
56240 les Perenno 56 80 We 61
42110 les Périchons 42 129 Ea 74
07660 Lespéron 07 141 Df 80
40260 Lesperon 40 146 Yf 85
18210 les Pérons 18 103 Ce 68
30750 L' Espérou 30 153 Dd 84
37380 les Perrés 37 85 Ae 64
84390 les Perrets 84 156 Fc 84
16190 les Perrotins 16 124 Aa 76
36400 les Perrots 36 102 Ca 68
28120 les Perruches 28 69 Bb 59
74230 les Pesetz 74 132 Gb 73
40430 les Pesoueyres 40 147 Zc 82
62190 Lespesses 62 29 Cc 45
08390 les Petites-Armoises 08 42 Ee 51
27160 les Petites-Bruyères 27 49 Af 55
76540 les Petites-Dalles 77 36 Ad 50
51400 Les Petites-Loges 51 53 Eb 54
18380 les Petits-Bas 18 87 Cb 64
18410 les Petits-Bouffards 18 87 Ca 63
87190 les Petits-Caires 87 113 Bb 71
14330 les Petits-Carreaux 14 47 Za 53
18330 les Petits-Coulons 18 87 Cb 64
28240 les Petits-Pavillons 28 69 Ba 58
26250 les Petits-Robins 26 142 Ee 80
71330 les Peutots 71 106 Fb 68
05300 les Peyres 05 156 Fe 83
13240 les Peyrets 13 170 Fc 88
63230 les Peyrouses 63 127 Ce 74
39150 les Piards 39 119 Fe 70
24490 Lespic 24 135 Aa 78
36120 les Pichons 36 102 Ca 68
49390 les Pieds-Fourchés 49 84 Aa 64
64350 Lespielle 64 162 Zf 88
83120 les Pierrons 83 172 Gd 88
50340 Les Pieux 50 33 Yb 51
34710 Lespignan 34 167 Db 89
40110 les Pignats 40 146 Za 84
71550 les Pignots 71 105 Ea 66
81600 les Pigots 81 151 Bf 85
24420 les Pilles 24 124 Ae 77
26110 Les Pilles 26 155 Fb 82
48000 l' Espinas 48 140 Dc 81
24300 l' Espinasse 24 124 Ad 75
24380 Lespinasse 24 136 Ae 78
24480 Lespinasse 24 136 Ae 80
11160 Lespinassière 11 166 Cd 88
12260 l'Espinassièrre 12 151 Bf 82
12800 Lespinassolle 12 151 Cb 84
43160 Lespinasson 43 129 De 77
19500 Lespinassou 19 138 Be 78
19300 l'Espinassouse 19 126 Ca 76
13127 les Pinchinades 13 170 Fb 88
09300 l' Espine 09 178 Bf 91
85320 Les Pineaux 85 97 Ye 69
36800 les Pinons 36 101 Bd 68
62990 Lespinoy 62 28 Bf 46
01120 les Pins 01 130 Fa 73
16260 les Pins 16 124 Ac 74
33680 les Pins 33 134 Yf 79
83520 les Pins Parasols 83 172 Gd 88
28210 les Pinthières 28 50 Bd 56
63310 les Pioliers 63 116 Dc 72
39140 les Piotelats 39 106 Fc 68
17600 les Piphanes 17 122 Za 74
63230 les Piquets 63 127 Ce 74
19310 les Pirondeaux 19 125 Bc 77
43300 Lespitallet 43 141 Dd 78
31410 les Pitchous 31 164 Bb 88
31160 Lespiteau 31 163 Ae 90
27230 les Places 27 48 Ac 54
49360 les Places 49 98 Zb 66
13480 les Plaines-d'Arbois 13 170 Fb 88
36230 les Plaix 36 114 Be 69
58400 les Planchards 58 103 Da 65
71760 les Planches 71 104 Df 68
74430 les Planches 74 120 Gd 71
39150 les Planches-en-Montagne 39 107 Ga 69
39600 les Planches-près-Arbois 39 107 Fe 67
34260 les Planes 34 167 Da 86
05560 les Plans 05 145 Gd 81
16700 les Plans 16 111 Ab 72
30340 les Plans 30 154 Eb 84
34700 les Plans 34 167 Db 86
74450 les Plans 74 120 Gc 73
74170 les Plans 74 133 Ge 73
83780 les Plans 83 172 Gc 87
63420 l' Esplantade 63 128 Da 76
30122 les Plantiers 30 153 De 84
40420 les Plantons 40 147 Zc 84
19700 les Plats 19 126 Bd 77
36210 les Plessis 36 101 Bd 66
85140 les Plessis-Allaire 85 97 Ye 68
49124 Les Plessis-Grammoire 49 84 Zd 64
29410 Lespodou 29 62 Wa 57
45150 les Pointes 45 87 Ca 61
49770 les Poiriers 49 83 Zb 63
86400 les Poiriers 86 111 Ab 72
65710 Lesponne 65 175 Aa 90
25240 les Pontets 25 107 Gb 68
49130 Les Ponts-de-Cé 49 84 Zc 64
23700 les Portes 23 114 Cc 72
42260 les Portes 42 117 Df 73
17880 Les Portes-en-Ré 17 109 Yd 71
49340 les Poteries 49 98 Zb 66
16190 les Potiers 16 123 Aa 76
88600 les Poulières 88 77 Ge 59
84580 les Poulivets 84 155 Fb 85
04190 les Pourcelles 04 157 Ff 85
64160 Lespourcy 64 162 Zf 88
38250 les Pouteils 38 143 Fd 78
63500 les Pradeaux 63 128 Db 75
18260 les Pradelles 18 88 Ce 64
38970 les Pras 38 144 Ff 80
04400 les Prats 04 158 Gd 82
05350 les Prats 05 145 Gf 80
74400 les Praz-de-Chamonix 74 121 Gf 73
07690 les Préaux 07 130 Ed 77
07290 les Préaux 07 142 Ed 78
27500 Les Préaux 27 36 Ac 53
25580 Les Premiers Sapins 25 108 Gb 66
05290 les Prés 05 145 Gc 80
89144 les Prés-du-Bois 89 90 De 61
17810 les Primaudières 17 122 Zb 74
73710 les Prioux 73 133 Ge 76
36370 les Prots 36 113 Bb 69
89130 les Proux 89 89 Db 62
12210 les Prunhes 12 139 Cf 80
30140 les Puechs 30 154 Df 84
31350 Lespugue 31 163 Ae 89
23200 les Puids 23 114 Cb 73
76113 les Puits-Fouquet 77 37 Af 52
09100 Les Pujols 09 165 Be 90
13109 les Putis 13 170 Fc 88
59680 les Quatre-Bras 59 31 Ea 47
12500 les Quatre-Chemins 12 139 Ce 81
19130 les Quatre-Chemins 19 125 Bc 77
32270 les Quatre-Chemins 32 163 Ae 86
71330 les Quatre-Chemins 71 106 Fb 68
83830 les Quatre-Chemins 83 172 Gd 87
85220 les Quatre-Chemins-de-Buron 85 96 Yb 68
85190 les Quatre-Chemins-de-la-Boule 85 96 Yb 68
19210 les Quatre-Moulins 19 125 Bc 76
44640 les Quatre-Peux 44 96 Ya 66
33380 les Quatre-Routes 33 134 Za 80
45530 les Quatre-Routes 45 87 Cb 61
63210 les Quatre-Routes 63 127 Cf 74
63940 les Quatre-Routes 63 129 De 76
72380 les Quatre-Routes 72 68 Ab 60
46110 Les Quatre-Routes-du-Lot 46 138 Bd 79
13330 les Quatre-Termes 13 170 Fb 87
58120 les Quatre-Vents 58 104 Df 66
63810 les Quatre-Vents 63 127 Cd 75
29860 Lesquelen 29 62 Vd 58
33113 Lesquerde 33 147 Zd 83
66220 Lesquerde 66 179 Cd 92
50700 les Quesnes 50 33 Yc 51
45360 les Quétins 45 88 Ce 63
29170 Lesquidic 29 78 Vf 61
02120 Lesquielles-Saint-Germain 02 40 Dd 49
85200 les Quillères 85 110 Zb 69
59810 Lesquin 59 30 Da 45
40410 Lesquire 40 147 Zb 82
28340 les Rableaux 28 49 Af 57
85560 les Rabouillères 85 109 Yd 70
45220 les Raingnaults 45 72 Cf 61
49430 les Rairies 49 84 Ze 63
18360 les Rais 18 115 Cd 69
84340 les Ramayettes 84 155 Fb 83
24270 les Ramières 24 125 Ba 76
82390 les Ramonds 82 150 Ba 83
19170 les Raux 19 126 Bf 75
26340 les Raynauds 26 143 Fb 81
86250 les Réchez 86 112 Ab 72
49270 les Recoins 49 83 Yf 65
85390 les Redoux 85 98 Za 68
89500 les Régipaux 89 72 Db 60
04200 les Remises 04 156 Fe 83
29520 Lesren 29 62 Wa 60
35720 les Renardières 35 65 Ya 58
49630 les Rendus 49 84 Ze 64
16490 les Repaires 16 112 Ad 72
01630 les Replats 01 119 Ff 71
39140 les Repôts 39 106 Fc 68
59219 les Reteaux 59 31 Df 48
33250 les Reynals 33 122 Za 77
26270 les Reys-de-Saulce 26 142 Ee 80
24200 les Rhodes 24 137 Bb 79
07150 les Riailles 07 142 Ec 82
58260 les Ribelets 58 104 Dc 67
87260 les Ribières 87 125 Bc 74
83120 les Ricards 83 172 Gd 88
10340 Les Riceys 10 74 Ec 61
02480 les Riez-de-Cugny 02 40 Da 50
44522 les Rifaudières 44 82 Ye 64
24470 les Riffes 24 125 Af 76
22400 les Rigaudais 22 64 Xc 57
19170 les Rioux 19 126 Ca 75
18230 les Rivages 18 102 Cb 66
34520 les Rives 34 153 Db 85
34380 les Rives 34 153 Dd 85
50270 les Rivières 50 46 Yb 52
51300 les Rivières-Henruel 51 54 Ed 57
38620 les Rivoires 38 131 Fd 76
04850 les Rochas 04 158 Ge 82
44250 les Rochelets 44 96 Xe 65
86170 Les Rochelles 86 99 Aa 68
24310 les Roches 24 124 Ad 76
73130 les Roches 73 132 Gb 77
20115 les Roches Bleues CTC 182 Id 95
38370 les Roches-de-Condrieu 38 130 Ee 76
41800 les Roches-L'Evêque 41 85 Af 62
74930 les Roguets 74 120 Gb 72
55130 les Roises 55 75 Fd 58
36230 les Rollins 36 101 Be 69
39130 les Ronchaux 39 119 Fe 70
46140 les Roques 46 150 Bb 82
84260 les Roques 84 155 Ef 84
22190 les Rosaires 22 64 Xb 57
58340 les Roses 58 104 Dd 68
49350 Les Rosiers 49 84 Ze 64
61210 les Rotours 61 48 Ze 56
49630 les Rouages 49 84 Zd 64
41300 les Rouches 41 87 Ca 63
85270 les Rouches 85 96 Ya 68
89520 les Roudons 89 89 Db 63
13500 les Rouges 13 170 Fa 88
88600 les Rouges-Eaux 88 77 Ge 59
04140 les Rougiers 04 157 Gb 82
72270 les Rouillis 72 84 Zf 62
85600 les Roussais 85 97 Yd 66
33860 les Rousseaux 33 122 Zc 77
05160 les Rousses 05 145 Gc 81
39220 les Rousses 39 120 Ga 70
38420 les Roussets 38 132 Ff 77
79250 les Roussières 79 98 Zc 67
16360 les Roussillères 16 123 Ze 76
15230 les Roussinches 15 139 Ce 78
26470 les Roustans 26 143 Fc 81
60850 les Routis 60 38 Be 52
83560 les Rouvières 83 171 Ff 86
04500 les Roux 04 157 Ga 86
17210 les Roux 17 123 Ze 77
24500 les Roux 24 136 Ac 80
43800 les Rouzeyroux 43 141 Df 78
41210 les Ruaux 41 87 Be 63
78125 les Ruelles 78 50 Bd 57
35730 les Rues 35 65 Xf 57
35210 les Rues 35 66 Ye 59
59258 Les Rues-des-Vignes 59 30 Db 48
39460 les Ruines 39 107 Ga 69
85100 Les Sables-d'Olonne 85 109 Yb 70
38520 les Sables-en-Oisans 38 144 Ga 78
83500 les Sablettes 83 171 Ff 90
03390 les Sablons 03 115 Cf 71
36300 les Sablons 36 100 Ba 68
84260 les Sablons 84 155 Ef 84
85460 les Sablons 85 109 Ye 71
16500 Lessac 16 112 Ae 72
48190 les Sagnes 48 141 Dd 82
03110 les Saint-Paul 03 116 Db 71
15340 Lessal 15 139 Cb 80
48100 les Salces 48 140 Da 81
07170 les Salelles 07 142 Ec 82
07140 les Salelles 07 154 Ea 82
48230 les Salelles 48 140 Db 82
24590 les Sales 24 137 Bc 78
15190 les Salesses 15 127 Cf 76
48170 les Salesses 48 141 De 81
83400 les Salins-d'Hyères 83 171 Gb 90
23340 les Salles 23 126 Bf 74
30570 Les Salles 30 153 Dd 84
42440 les Salles 42 129 De 73
48600 les Salles 48 141 De 80
33350 les Salles-de-Castillon 33 135 Zf 79
30110 les Salles-du-Gardon 30 154 Ea 83
87440 Les Salles-Lavauguyon 87 124 Ae 74
83630 Les Salles-sur-Verdon 83 157 Gb 86
81100 les Salvages 81 166 Cb 87
11390 les Salvis 11 166 Cb 88
05000 les Santons 05 144 Ga 81
71440 Lessard-en-Bresse 71 106 Fa 68
14140 Lessard-et-le-Chêne 14 48 Aa 54
71530 Lessard-le-National 71 106 Ef 67
63250 les Sarraix 63 116 Dd 73
06910 les Sausses 06 158 Gf 86
07450 les Sausses 07 141 Eb 80
63220 les Sauvades 63 129 De 76
69170 les Sauvages 69D 117 Ec 73
04140 les Sauvans 04 157 Gb 83
84220 les Sauvestres 84 156 Fb 85
04330 les Sauzeries 04 157 Gb 84
11260 les Sauzils 11 178 Ca 91
50430 Lessay 50 46 Yc 53
04240 les Scaffarels 04 158 Ge 85
57580 Lesse 57 57 Gd 55
87220 les Sechères 87 125 Bc 74
25650 les Seignes 25 108 Gd 67
83440 les Selves 83 172 Gd 87
53140 les Senaillières 53 67 Ze 57
69390 les Sept-Chemins 69M 130 Ee 75
22420 les Sept-Saints 22 63 Wd 57
58270 les Sept-Voies 58 104 Dc 66
17250 L' Essert 17 122 Za 73
41160 L' Essert 41 86 Ba 61
43220 les Setoux 43 130 Ec 77
58230 les Settons 58 104 Ea 65
71440 les Seurres 71 106 Fa 68
26620 les Sèzes 26 144 Fe 80
26170 les Sias 26 156 Fc 83
38740 les Siauds 38 144 Ff 79
36600 les Sicaudières 36 101 Bc 65
89190 les Sièges 89 72 Dd 59
04000 les Sieyes 04 157 Gb 84
18250 les Sigurès 18 88 Cd 65
58330 les Simonots 58 104 Dc 66
26400 les Siquets 26 143 Ef 80
33220 les Sivadons 33 136 Aa 80
86260 les Six-Maisons 86 100 Ae 68
86430 les Six-Routes 86 112 Ae 71
89290 les Soleines 89 90 Dd 62
85490 Lesson 85 110 Zc 70
17260 les Sorignets 17 122 Zc 75
44840 Les Sorinières 44 97 Yc 66
71470 Lessot 71 118 Fb 69
26300 les Soubredioux 26 143 Ef 79
55220 les Souhesmes-Rampont 55 55 Fb 54
89420 les Souillats 89 90 Ea 63
43340 les Souils 43 141 De 79
31210 les Spéhis 31 163 Ad 90
46270 les Struels 46 138 Ca 80
71590 Lessu 71 106 Ef 67
57160 Lessy 57 56 Ga 54
40370 Lestage 40 146 Za 85
40630 Lestage 40 147 Zb 84
34330 les Taillades 34 167 Cf 87
40110 Lestajaou 40 146 Yf 84
24330 les Taleyrandies 24 137 Af 78
29860 Lestanet 29 62 Vd 57
24500 Lestang 24 136 Ac 80
29120 Le Stang 29 78 Vd 61
64490 L' Estanguet 64 174 Zc 91
18330 les Tanières 18 87 Ca 64
76730 Lestanville 77 37 Af 50
13016 l'Estaque 13 170 Fb 88
81630 les Tardets 81 150 Bd 85

19170 Lestards 19 126 Bf 75
12310 les Tassières 12 152 Cf 82
26410 les Tatins 26 143 Fd 81
58350 les Taules 58 89 Db 65
03700 les Taureaux 03 116 Dc 72
08270 les Tavernes 08 41 Ed 51
30720 les Tavernes 30 154 Ea 84
64800 Lestelle-Bétharram 64 162 Ze 90
31360 Lestelle-de-Saint-Martory 31 164 Af 90
26110 L' Estellon 26 143 Fb 82
18160 les Tendrons 18 102 Ca 68
37360 les Ténières 37 85 Ad 63
03130 les Tenons 03 117 Df 70
01160 les Teppes 01 119 Fb 72
13124 les Termes 13 170 Fd 88
15100 Les Ternes 15 140 Da 79
23140 les Ternes 23 114 Ca 71
16420 Lesterps 16 112 Ae 72
31580 les Terrats 31 163 Ac 90
17150 les Terriers 17 122 Zc 76
03170 les Theix 03 115 Ce 70
39150 les Thévenins 39 107 Ff 69
01190 les Thibauts 01 118 Ef 70
53350 les Thibergères 53 83 Yf 61
27420 les Thilliers-en-Vexin 27 50 Bd 53
36200 les Thomasses 36 101 Bd 69
88410 Les Thons 88 76 Ff 61
48300 les Thors 48 141 De 80
04400 les Thuiles 04 158 Gd 82
04510 les Thumins 04 157 Ga 84
71580 les Thuris 71 106 Fb 69
33550 Lestiac 33 135 Zd 80
43300 Lestigeollet 43 140 Dc 78
24240 Lestignac 24 136 Ac 80
74400 les Tines 74 121 Gf 73
41500 Lestiou 41 86 Bd 62
43300 Lestival 43 140 Dc 78
43300 Lestival 43 140 Dc 78
48120 L' Estival 48 140 Dc 79
19370 Lestivalerie 19 126 Be 75
29500 Lestonan 29 78 Vf 60
26460 les Tonils 26 143 Fb 81
89110 les Touchards 89 89 Db 61
16700 les Touches 16 111 Ab 72
17220 les Touches 17 110 Za 72
17320 les Touches 17 122 Yf 74
44390 les Touches 44 82 Yd 64
49440 les Touches 49 83 Yf 63
85140 les Touches 85 97 Ye 68
17160 Les Touches-de-Périgny 17 111 Ze 73
61100 les Tourailles 61 47 Zd 56
31210 les Toureilles 31 163 Ad 90
13220 les Tourels 13 170 Fa 88
04300 les Tourettes 04 156 Fe 85
42610 les Tourettes 42 129 Ea 75
83350 les Tournels 83 172 Gd 89
03130 les Tournus 03 117 Df 70
06470 les Tourres 06 158 Gf 83
83520 les Tourres 83 172 Gd 88
26740 les Tourrettes 26 142 Ee 81
42660 les Tours 42 130 Ec 76
63380 les Tours 63 115 Ce 73
80160 l'Estoc 80 38 Cb 50
36700 L' Estrac 36 100 Ba 67
12500 L' Estrade 12 139 Cf 81
19250 l'Estrade 19 126 Ca 75
19200 L' Estrade 19 127 Cb 75
19500 Lestrade 19 138 Bd 78
23400 Lestrade 23 114 Be 73
47700 Lestrade 47 148 Zf 82
63300 Lestrade 63 128 Dd 74
12430 Lestrade-et-Thouels 12 152 Cd 84
23700 Lestrades 23 115 Cc 72
27480 les Trainières 27 37 Bc 52
82100 les Traques 82 149 Ba 85
30770 les Travers 30 153 Dd 84
38860 les Travers 38 144 Ga 78
05600 les Traverses 05 145 Gd 81
50310 Lestre 50 34 Yd 51
30124 L' Estréchure 30 153 De 84
28480 L' Estre des Champs 28 69 Ba 59
22160 Lestrédiec 22 63 Wc 58
62136 Lestrem 62 29 Ce 45
03140 les Trembles 03 115 Da 71
29450 Lestrémélard 29 62 Vf 58
88240 les Tréméures 88 76 Gb 61
29260 Lestreonec 29 62 Ve 58
29550 Lestrevet 29 78 Ve 59
56400 Lestréviau 56 80 Xa 63
29600 Lestrèzec 29 62 Wb 57
47470 les Tricheries 47 149 Ae 83
29120 Lestriguiou 29 78 Vd 62
58430 les Trinquets 58 104 Ea 66
29100 Lestrivin 29 78 Vd 60
39160 Les Trois Châteaux 39 119 Fb 70
45740 les Trois-Cheminées 45 87 Be 62
33840 les Trois-Chênes 33 148 Zf 82
29510 les Trois-Croix 29 78 Vf 60
35560 les Trois-Croix 35 65 Yc 58
29870 les Trois-Curés 29 61 Vc 58
55220 les Trois-Domaines 55 55 Fb 55
68410 les Trois-Epis 68 60 Hb 60
13012 les Trois-Lucs 13 170 Fc 89
88490 les Trois-Maisons 88 60 Ha 59
62650 les Trois-Marquets 62 28 Bf 45
86120 les Trois-Moutiers 86 99 Aa 66
59440 les Trois-Pavés 59 31 Df 48
76430 les Trois-Pierres 76 36 Ac 51
59310 Les Trois Pucelles 59 30 Db 46
59190 les Trois-Rois 59 27 Cc 44
74450 les Troncs 74 120 Gd 73
40400 Lestronques 40 147 Zb 86
03170 les Tuelles 03 115 Cd 71
42640 les Tuileres 42 117 Ea 72
85170 les Tuileries 85 97 Yd 68
29710 Lestuyen 29 78 Vd 61
18570 Le Subdray 18 102 Cb 66
43420 les Uffernets 43 141 Df 80
29750 le Suleur 29 78 Ve 61
91940 Les Ulis 91 51 Cb 56
49700 les Ulmes 49 99 Ze 65
06450 le Suquet 06 159 Hb 85
38730 le Surand 38 131 Fd 76
36170 les Vaines 36 113 Bc 69
24220 les Valades 24 137 Af 79
84210 les Valayans 84 155 Ef 85
33240 les Valentons 33 135 Zd 79
81630 les Valettes 81 150 Be 85
84340 les Valettes 84 155 Fb 83
45110 les Vallées 45 87 Cb 61
89320 les Vallées 89 72 Dc 60
89190* Les Vallées de la Vanne 89 72 Dc 59
63700 les Vallières 63 115 Ce 72
88260 les Vallois 88 76 Ga 60
74340 les Vallons 74 121 Ge 72
71440 les Vallots 71 106 Fa 68
58230 les Valottes 58 105 Ea 65
48400 les Vanels 48 153 Dd 83
58130 les Vannes 58 103 Db 66
07140 Les Vans 07 154 Ea 82
87260 les Vareilles 87 125 Bc 74
18500 les Varennes 18 102 Cb 65
49330 les Varennes 49 83 Zd 62
18190 les Varines 18 102 Cc 68
85270 les Vases 85 96 Xf 68
73670 les Vassaux 38 132 Ff 76
43430 les Vastres 43 142 Eb 79
41300 les Vaux 41 87 Bf 64
79110 les Vaux 79 111 Zf 72
42120 les Vavres 42 117 Ea 72
03210 les Veaux 03 116 Da 70
85770 Les Velluire-sur-Vendée 85 110 Za 70
29790 Lesven 29 61 Vc 60
29780 Lesvénez 29 78 Vd 60
47350 les Vennes 47 136 Ab 81
27180 les Ventes 27 49 Ba 55
61170 les Ventes-de-Bourse 61 68 Ab 57
76390 les Ventes-Mésangères 77 37 Bd 50
13500 les Ventrons 13 170 Fa 88
29440 Lesvéoc 29 62 Ve 57
49700 les Verchers-sur-Layon 49 98 Ze 66
71340 les Verdures 71 117 Df 71
83111 les Vergelins 83 172 Gb 87
87400 les Verges 87 125 Bc 74
84220 les Vergiers 84 155 Fb 85
23700 les Vergnes 23 115 Cd 73
82230 les Vergnous 82 150 Bc 84
83560 les Vernes 83 171 Fe 87
48100 les Vernets 48 140 Dc 81
73450 les Verneys 73 145 Gc 78
12410 les Vernhes 12 152 Ce 83
26260 les Verrières 26 142 Ef 78
70700 les Verrières 70 93 Fe 64
24330 les Versannes 24 137 Af 78
63390 les Verts 63 115 Ce 72
88160 les Vés 88 94 Ge 61
06530 les Veyans 06 172 Gf 87
12780 les Vialettes 12 152 Cf 83
43270 les Vialles 43 129 De 77
63740 les Vialles 63 127 Ce 74
38960 Les Vials 38 131 Fd 76
17130 les Viauds 17 123 Zd 77
34330 les Vidals 34 166 Cd 87
81230 les Vidals 81 166 Ce 86
83390 les Vidaux 83 171 Gb 89
86150 les Vieilles-Forges 86 112 Ae 72
30500 les Vieilles-Fumades 30 154 Eb 83
76630 les Vieux Ifs 77 37 Bc 49
46800 les Vignals 46 150 Bb 83
81200 les Vignals 81 166 Cb 88
34600 les Vignats 34 167 Db 87
05120 les Vigneaux 05 145 Gd 80
10400 les Vigneaux 10 72 Dd 57
37340 les Vigneaux 37 85 Ab 64
05120 Les Vigneaux 43 141 De 78
84300 les Vignères 84 155 Fa 85
48210 les Vignes 48 153 Db 83
36110 les Vignots 36 101 Be 67
23430 les Villards 23 113 Bd 73
42380 les Villards 42 129 Df 76
74230 les Villards-sur-Thônes 74 120 Gc 73
05400 les Villarons 05 144 Ff 81
22130 les Ville-Briend 22 64 Xe 57
25240 Les Villedieu 25 107 Gb 68
36130 les Villerais 36 101 Be 67
73270 les Villes 73 133 Gd 74
22400 les Villes-Marie 22 64 Xc 58
43600 les Villettes 43 129 Eb 77
50240 les Villettes 50 66 Ye 57
38570 les Vincents 38 132 Ga 77
48500 les Vinous 48 153 Db 82
05310 les Viollins 05 145 Gc 80
46300 les Vitarelles 46 137 Bb 80
17430 les Viviers 17 110 Za 72
03230 les Voisins 03 104 Dd 69
88240 les Voivres 88 76 Gb 60
74700 les Vorziers 74 120 Gd 73
81200 les Yés 81 166 Cc 88
88120 le Syndicat 88 77 Ge 60
50580 les Yons 50 46 Yb 53
84220 les Yves 84 156 Fb 85
61210 les Yveteaux 61 47 Ze 56
23270 les Zéros 23 114 Ca 70
85310 le Tablier 85 109 Yd 69
33320 Le Taillan-Médoc 33 134 Zb 79
59310 le Talbot 59 30 Db 46
24380 le Talet 24 137 Ae 78
79200 le Tallud 79 98 Ze 69
13100 L' Étang 13 171 Fd 87
41360 L' Étang 41 85 Af 61
45630 L' Etang 45 88 Ce 63
63530 L' Étang 63 128 Da 74
50260 L' Étang-Bertrand 50 33 Yc 52
22480 L' Étang-Neuf 22 63 Wf 58
21220 L' Étang-Vergy 21 106 Ef 65
08210 Létanne 08 42 Fa 51
50320 le Tanu 50 46 Yd 56
62215 le Tap-Cul 62 27 Bf 43
10500 L' Etape 10 74 Ec 58
23500 le Tarderon 23 126 Ca 74
39140 le Tartre 39 106 Fc 68
16360 le Tâtre 16 123 Ze 76
13490 le Taulisson 13 171 Fd 87
34330 le Tautas 34 166 Ce 87
53160 le Tay 53 67 Zd 59
09600 le Taychel 09 177 Be 91
12220 le Tayral 12 139 Cb 82
65400 le Tech 65 174 Ze 91
66230 Le Tech 66 179 Cd 94
33680 le Tedey 33 134 Yf 79
33470 le Teich 33 134 Yf 81
07400 Le Teil 07 142 Ee 81
42240 le Teil 42 129 Eb 76
56580 le Teil 56 64 Xb 60
50640 le Teilleul 50 66 Za 57
81190 le Tel 81 151 Ca 83
03360 Lételon 03 102 Cd 69
16170 le Temple 16 123 Zf 74
17160 le Temple 17 111 Ze 73
19400 le Temple 19 138 Bf 78
22130 le Temple 22 64 Xe 58
33680 Le Temple 33 134 Za 79
36300 le Temple 36 100 Bb 68
41170 Le Temple 41 86 Af 61
41100 le Temple 41 86 Ba 62
56910 le Temple 56 81 Xf 62
62180 le Temple 62 28 Be 46
63600 le Temple 63 129 De 76
79700 le Temple 79 98 Zb 67
86300 le Temple 86 112 Ad 70
19310 le Temple-d'Ayen 19 125 Bb 77
44360 Le Temple-de-Bretagne 44 82 Yb 65
35750 le Temple-Helouin 35 65 Xf 60
47110 Le Temple-sur-Lot 47 149 Ad 82
48500 le Tensonnieu 48 152 Da 83
24410 le Terme-Rouge 24 124 Ab 77
12450 le Terrail 12 152 Cd 83
46350 le Terral 46 138 Bd 80
36200 le Terrier-Joli 36 113 Bc 69
41360 le Tertre 41 85 Af 61
72240 le Tertre 72 67 Zf 60
78980 le Tertre-Saint-Denis 78 50 Bd 55
35630 le Tetre 35 65 Yb 59
19430 le Teulet 19 138 Ca 79
03100 le Theil 03 115 Cd 71
03240 Le Theil 03 116 Da 70
15140 le Theil 15 127 Cc 78
23220 le Theil 23 114 Bf 71
23700 le Theil 23 115 Cc 73
41130 le Theil 41 86 Bd 65
61250 le Theil 61 68 Zf 58
61260 Le Theil 61 69 Ae 59
63520 le Theil 63 128 Dc 75
87510 le Theil 87 113 Ba 73
87400 le Theil 87 125 Bc 73
87120 le Theil 87 126 Be 74
14430 le Theil-Bocage 14 47 Zb 55
14130 le Theil-en-Auge 14 48 Ab 52
27230 le Theil-Nolent 27 49 Ad 54
23600 le Theix 23 114 Ca 71
69860 le Thel 69D 118 Ed 71
35380 le Thélin 35 81 Xf 61
33350 le Theolat 33 135 Zf 79
12240 le Théron 12 151 Cb 83
86320 le Theuil 86 112 Ae 70
28240 le Thieulin 28 69 Ba 58
59270 Le Thieushouck 59 30 Cd 44
27150 le Thil 27 37 Bd 53
76116 le Thil 77 37 Bb 52
95500 Le Thillay 95 51 Cc 54
88160 le Thillot 88 94 Ge 61
76440 le Thil-Riberpré 77 38 Bd 51
43320 le Tholent 43 141 De 78
13100 le Tholonet 13 170 Fd 87
88530 le Tholy 88 77 Ge 60
84250 le Thor 84 155 Ef 85
83340 le Thoronet 83 172 Gb 88
48250 le Thort 48 141 Df 81
17290 le Thou 17 110 Za 72
51210 le Thoult-Trosnay 51 53 De 55
08190 le Thour 08 41 Ea 51
49350 le Thoureil 49 84 Ze 64
02340 le Thuel 02 41 Ea 51
28700 Lethuin 28 70 Bf 58
27700 le Thuit 27 50 Bc 53
27370 le Thuit-Anger 27 49 Af 53
27370 le Thuit-Signol 27 49 Af 53
27370 le Thuit-Simer 27 49 Af 53
40430 le Thus 40 147 Zc 83
20160 Letia CTC 182 If 95
85690 le Tief-Haut 85 96 Xf 67
85300 le Tief-Sorin 85 96 Yb 67
06530 le Tignet 06 172 Gf 87
15110 le Tillet 15 140 Cf 80
60660 le Tillet 60 51 Cb 53
27300 le Tilleul 27 49 Ad 54
27110 le Tilleul-Lambert 27 49 Af 54
27170 le Tilleul-Othon 27 49 Ae 54
03310 le Tillou 03 115 Ce 71
22330 le Tiolais 22 64 Xd 59
80132 le Titre 80 28 Be 47
09270 L' Étoile 09 165 Bd 89
39570 L' Étoile 39 107 Fd 69
80830 L' Étoile 80 38 Ca 48
88270 le Tolloy 88 76 Gb 60
73220 le Torchet 73 132 Gb 75
88260 le Torchon 88 76 Ga 60
09700 le Tor-d'en-Haut 09 165 Bd 89
76560 le Torp-Mesnil 77 37 Af 50
27210 le Torpt 27 36 Ac 53
14130 le Torquesne 14 35 Ab 53
76490 le Tot 77 36 Ad 49
62520 Le Touquet-Paris-Plage 62 28 Bd 45
74400 le Tour 74 121 Gf 72
56370 le Tour-du-Parc 56 80 Xc 63
62136 le Touret 62 29 Ce 45
33550 le Tourne 33 135 Zd 80
14350 le Tourneur 14 47 Zb 55
24140 le Touron 24 136 Ad 79
38660 Le Touvet 38 132 Ff 76
04240 le Touyet 04 158 Ge 85
69620 Létra 69D 117 Ed 73
76580 le Trait 77 37 Ae 52
33180 le Trale 33 122 Zb 77
36700 Le Tranger 36 101 Bb 67
80170 Le Translay 80 38 Be 49
62450 Le Transloy 62 30 Cf 48
12240 le Trap 12 151 Cb 83
81450 le Trap 81 151 Ca 84
42170 L' Étrat 42 129 Eb 76
42580 l'Etrat 42 130 Ec 76
81120 le Travet 81 151 Cc 86
83530 le Trayas 06 173 Gf 88
56780 le Trec'h 56 80 Xa 63
29450 le Tréhou 29 62 Vf 58
19170 le Treich 19 126 Bf 74
74600 Le Treige 74 132 Ga 73
09140 le Trein-d'Ustou 09 177 Bb 92
35720 le Tremblais 35 65 Ya 58
36290 le Tremblais 36 100 Bb 67
27110 le Tremblay 27 49 Af 54
28120 le Tremblay 28 69 Bb 58
49520 le Tremblay 49 83 Yf 62
89480 le Tremblay 58 89 Dc 64
89520 le Tremblay 89 89 Db 63
78490 le Tremblay-sur-Mauldre 78 50 Bf 56
70100 le Tremblois 70 92 Fd 64
47700 le Tren 47 148 Aa 83
76470 le Tréport 77 28 Bc 48
61500 L' Etre-Ragaine 61 68 Aa 57
72360 l' Etre-Richard 72 85 Ab 62
33840 le Trésot 33 148 Zf 83
17160 le Treuil 17 111 Zd 73
17610 le Treuil 17 123 Zd 74
24380 le Treuilh 24 137 Ae 78
29380 le Trévoux 29 79 Wc 61
63930 le Trez 63 128 Dd 74
71290 Letrey 71 106 Fa 69
29950 le Trez 29 78 Vf 61
29217 le Trez-Hir 29 61 Vb 58
34270 le Triadou 34 168 Df 86
54610 Létricourt 54 56 Gb 55
23130 Létrieix 23 114 Cb 72
36190 le Trimoulet 36 113 Bd 70
15600 le Trioulou 15 139 Cb 81
81120 le Trivalou 81 151 Cb 86
12390 le Tronc 12 151 Cb 82
36290 le Tronçay 36 100 Ba 67
28270 le Troncey 28 49 Bb 56
05330 le Tronchet 05 145 Gd 79
35540 le Tronchet 35 65 Ya 58
63160 le Tronchet 63 128 Dc 74
72170 le Tronchet 72 68 Aa 59
27110 le Troncq 27 49 Af 53
14490 le Tronquay 14 34 Zb 53
27480 le Tronquay 27 37 Bc 52
33160 le Tronquet 33 134 Zb 79
50630 le Tronquet 50 34 Yd 51
60420 le Tronquoy 60 39 Cd 51
23400 le Trop 23 114 Bd 73
84460 le Trou-du-Rat 84 156 Fa 86
05600 le Truchet 05 145 Gd 80
23100 le Trucq 23 126 Cb 74
12430 le Truel 12 152 Ce 84
48150 le Truel 48 153 Db 83
81250 le Truel 81 151 Cd 85
27910 Letteguives 27 37 Bb 52
57560 Lettenbach 57 57 Ha 57
74320 Lettraz 74 132 Ga 73
51320 Lettrée 51 54 Eb 56
20242 Lettu Mango CTC 183 Kc 96
24130 le Tulen 24 136 Ab 79
32260 le Turc 32 163 Ad 87
03130 le Tureau-Jaune 03 117 De 70
62630 le Turne 62 28 Be 45
33125 le Tuzan 33 147 Zc 82
62250 Leubringhen 62 26 Be 43
11250 Leuc 11 166 Cb 90
15120 Leucamp 15 139 Cd 80
11370 Leucate 11 179 Da 91
11370 Leucate-Plage 11 179 Da 91
52190 Leuchey 52 92 Fb 62
91630 Leudeville 91 71 Cb 57
77370 Leudon 76 72 Da 57
77320 Leudon-en-Brie 76 52 Db 56
21290 Leuglay 21 91 Ee 62
21150 Leugny 21 91 Ed 64
79100 Leugny 79 99 Zf 67
86330 Leugny 86 99 Aa 68
86220 Leugny 86 100 Ae 67
89130 Leugny 89 89 Dc 62
29390 Leuhan 29 78 Wb 60
02380 Leuilly-sous-Coucy 02 40 Dc 52
33480 Leujean 33 134 Zb 79
62500 Leuline 62 27 Cb 44
62500 Leulinghem 62 27 Ca 44
62250 Leulinghen 62 26 Be 44
29880 Leuré 29 61 Vd 57
52700 Leurville 52 75 Fc 59
02880 Leury 02 40 Dc 52
74120 Leutaz 74 133 Gd 74
67480 Leutenheim 67 59 Ia 55
91310 Leuville-sur-Orge 91 71 Cb 57
51700 Leuvrigny 51 53 De 54
58330 Leuzat 58 104 Dc 66
02500 Leuze 02 41 Ea 49
28700 Levainville 28 70 Be 58
25440 Le Val 25 107 Ff 66
27220 le Val 27 50 Bb 55
56350 le Val 56 81 Xf 63
56200 le Val 56 81 Xe 62
59620 Leval 59 31 De 47
83143 Le Val 83 171 Ga 88
90110 Leval 90 94 Gf 62
22370 Le Val-André 22 64 Xc 57
62380 le Val-d'Acquin 62 27 Ca 44
88340 Le Val-d'Ajol 88 94 Gc 61
27930 le Val-David 27 50 Bb 55
57430 Le Val-de-Guéblange = Geblingen 57 57 Gf 55
60430 le Val-de-L'Eau 60 38 Ca 52
52140 Le-Val-de-Musée 52 75 Fd 61
72140 le Val-de-Pierre 72 68 Zf 59
89110 le Val d'Ocre 89 89 Db 62
50220 le Valdoue 50 66 Ye 57
10190 le Valdreux 10 73 Df 59
44110 le Valfleury 44 82 Yd 62
21140 le Val-Larrey 21 90 Eb 64
76690 le Valmartin 77 37 Ba 51
76660 le Val-Mesneret 77 37 Bc 50
10200 le Val-Perdu 10 74 Ee 59
70160 le Val-Saint-Eloi 70 93 Gb 62
91530 le Val-Saint-Germain 91 70 Ca 57
89270 le Val-Saint-Martin 89 90 De 62
50300 le Val-Saint-Père 50 46 Yd 57
88230 le Valtin 88 77 Ha 60
79270 le Vanneau 79 110 Zc 71
53120 Levaré 53 66 Za 58
50630 le Vast 50 33 Yd 51
28170 Levasville 28 50 Bb 57
37150 le Vau 37 86 Ba 65
37530 le Vau 37 86 Ba 64
45340 le Vau 45 71 Cc 60
22210 le Vaublanc 22 64 Xc 59
27680 le Vaucorne 27 36 Ad 52
89770 le Vaudevanne 89 73 De 60
22590 le Vaudic 22 64 Xa 57
39300 le Vaudioux 39 107 Ff 68
58220 le Vaudoizy 58 89 Db 64
77123 le Vaudoué 76 71 Cd 58
27100 le Vaudreuil 27 49 Bb 53
22150 le Vau-Gouro 22 64 Xb 58
15380 le Vaulmier 15 127 Cd 77
60590 le Vaumain 60 50 Bf 52
63230 le Vauriat 63 127 Cf 73
60390 le Vauroux 60 38 Bf 52
49150 le Vaux 49 84 Ze 63
50320 le Vaux 50 46 Yd 55
48300 le Vaysset 48 141 De 80
52150 Levécourt 52 75 Fd 60
13129 le Vedeau 13 169 Ee 88
48310 le Védrinel 48 140 Da 80
81570 Lévéjac 81 165 Ca 87
77710 Levelay 76 72 Ce 59
39160 le Vemay 39 119 Fb 70
06670 Levens 06 159 Hb 85
84390 le Ventouret 84 156 Fc 84
48130 le Ventouzet 48 140 Db 81
76190 le Ver-à-Val 77 36 Ae 51
19200 le Verdier 19 127 Cc 76
38140 le Verdier 38 144 Fe 80
63790 le Verdier 63 127 Cf 75
81140 le Verdier 81 151 Bf 85
36800 le Verdinguet 36 101 Bc 68
79300 le Verdon 79 98 Zd 68
33123 Le Verdon-sur-Mer 33 122 Yf 75
35160 le Verger 35 65 Ya 60
02420 Levergies 02 40 Db 49
18140 le Vergniol 18 103 Cf 65
23320 le Vergnioux 23 114 Bd 71
48400 le Vergougnous 48 153 De 83
02400 le Verguier 02 40 Da 49
88210 le Vermont 88 77 Ha 58
73110 le Verneil 73 132 Gb 76
03200 le Vernet 03 116 Dc 72
04140 le Vernet 04 157 Gc 83
09700 le Vernet 09 165 Bd 89
43320 le Vernet 43 141 De 78
63700 le Vernet 63 115 Cf 71
63580 le Vernet-Chaméane 63 128 Dc 76
63710 le Vernet-Sainte-Marguerite 63 128 Cf 75
38690 le Verney 38 131 Fc 76
38114 le Verney 38 144 Ga 78
73500 le Verney 73 133 Ge 77
89130 le Vernoi 89 89 Db 62
21200 Levernois 21 106 Ef 67
39140 le Vernois 39 106 Fc 68
19140 le Vert 19 125 Bc 76
19250 le Vert 19 126 Cb 75
19220 le Vert 19 138 Ca 78
38210 le Vert 38 131 Fc 77
46140 le Vert 46 150 Bb 82
79170 Le Vert 79 111 Zd 72
62240 le Verval 62 28 Bf 44
28300 Lèves 28 70 Bc 58
79190 Levescault 79 111 Aa 72
78420 Le Vesinet 78 51 Cb 55
28310 Levesville-la-Chenard 28 70 Be 59
18340 Levet 18 102 Cc 67
03320 le Veurdre 03 103 Da 68
14570 Le Vey 14 47 Zd 55
14700 le Vey 61 48 Zf 55
05350 le Veyer 05 145 Ge 80
48600 le Veymen 48 141 De 80
51210 le Vézier 51 52 Dc 56
12560 le Viala 12 152 Da 82
12230 le Viala 12 153 Dc 84
34520 le Viala 34 153 Dc 85
48700 le Viala 48 140 Dc 80
48220 le Viala 48 153 De 82
12470 le Viala-Bas 12 140 Cf 81
48000 le Viala-Bas 48 140 Dc 81
19400 le Vialard 19 138 Bf 78
12290 Le Vibal 12 152 Ce 83
50760 le Vicel 50 33 Ye 51
48700 le Vidalès 48 140 Dc 80
20170 Levie CTC 185 Ka 98
51330 le Vieil-Dampierre 51 54 Ef 55
27930 Le Vieil-Evreux 27 50 Bb 54
25270 Levier 25 107 Ga 67
61160 le Vieux Bailleul 61 48 Zf 56
14130 Le Vieux-Bourg 14 36 Ab 53
22500 Le Vieux-Bourg 22 63 Xa 56
22800 Le Vieux-Bourg 22 64 Wf 58
22150 le Vieux-Bourg 22 64 Xb 59
44590 le Vieux-Bourg 44 82 Yc 62

44540 le Vieux-Bourg 44 82 Ye 63
22230 le Vieux-Bourg-Saint-Nicolas 22 64 Xd 59
49125 le Vieux-Briollay 49 83 Zd 63
16350 Le Vieux-Cérier 16 112 Ac 73
85160 le Vieux-Cerne 85 96 Xf 67
58230 le Vieux-Dun 58 90 Df 65
80120 le Vieux-Fort-Mahon 80 28 Bd 46
37530 le Vieux-Joué 37 85 Af 64
22420 le Vieux-Marché 22 63 Wd 57
07330 le Vieux-Mayres 07 141 Ea 80
18330 le Vieux-Nançay 18 87 Cb 64
22140 le Vieux Poirier 22 63 We 57
29690 le Vieux-Tronc 29 62 Wb 58
49680 le Vieux-Vivy 49 84 Zf 65
30120 Le Vigan 30 153 Dd 85
46300 Le Vigan 46 137 Bc 80
15200 le Vigean 15 127 Cc 77
86150 Le Vigeant 86 112 Ad 71
31530 Lévignac 31 164 Bb 87
47120 Lévignac-de-Guyenne 47 136 Ab 81
40170 Lévignacq 40 146 Yf 84
40270 le Vignau 40 147 Ze 86
85580 le Vignaud 85 109 Ye 70
36120 le Vigneau 36 101 Bf 68
85220 le Vigneau 85 96 Ya 68
60800 Lévignen 60 52 Cf 53
46110 Le Vignon-en-Quercy 46 138 Bd 78
10200 Lévigny 10 74 Ee 59
18600 Levigny 18 103 Cf 68
71850 Lévigny 71 118 Ee 71
03350 le Vilhain 03 115 Ce 69
18700 le Village 18 87 Cb 64
40550 le Village-sous-les-Pins 40 146 Ye 85
73730 le Villarc 73 132 Gc 75
01270 le Villard 01 119 Fb 70
04000 le Villard 04 157 Gb 84
04850 le Villard 04 158 Ge 82
05500 le Villard 05 144 Ga 80
05400 le Villard 05 144 Ff 81
05260 le Villard 05 144 Ga 81
05600 le Villard 05 145 Ge 80
05290 le Villard 05 145 Gc 79
05600 le Villard 05 145 Gd 80
05460 le Villard 05 145 Gf 80
06470 le Villard 06 158 Gf 84
23460 le Villard 23 126 Bf 74
73670 le Villard 38 132 Fe 76
43500 le Villard 43 129 Df 76
43510 le Villard 43 141 De 79
43190 le Villard 43 141 Eb 78
43700 le Villard 43 141 Ea 78
48230 le Villard 48 140 Db 82
71580 le Villard 71 106 Fc 69
71160 le Villard 71 117 Df 69
73460 le Villard 73 132 Gb 75
73290 le Villard 73 132 Fe 75
73400 le Villard 73 132 Gc 74
73440 le Villard 73 132 Gc 76
73550 le Villard 73 133 Gd 76
73500 le Villard 73 133 Gd 77
73450 le Villard 73 145 Gc 77
74230 le Villard 74 132 Gc 74
83780 le Villard 83 172 Gc 87
04400 le Villard-d'Abas 04 158 Gd 83
04400 le Villard-de-Faucon 04 158 Ge 82
05500 le Villard de Laye 05 144 Ga 81
05500 le Villardon 05 144 Ga 80
12150 le Villaret 48 152 Da 83
73440 le Villaret 73 132 Gc 76
73460 le Villaret 73 132 Gb 75
73550 le Villaret 73 133 Gd 76
71700 Le Villars 71 118 Ef 69
88100 le Villé 88 77 Gf 59
16240 le Villeret 16 111 Aa 73
43170 le Villeret 43 140 Dc 79
48170 le Villeret 48 141 De 80
39230 le Villey 39 106 Fd 67
81240 le Vintrou 81 166 Cc 87
89520 Levis 89 89 Db 63
39800 le Viseney 39 107 Fd 67
05700 le Vissac 05 144 Fd 82
78320 Lévis-Saint-Nom 78 50 Bf 56
17510 le Vivier 16 111 Zf 73
36200 le Vivier 36 113 Bd 69
41500 le Vivier 41 86 Bc 63
66730 le Vivier 66 178 Cc 92
17510 le Vivier-Jusseau 17 111 Zf 73
35960 Le Vivier-sur-Mer 35 65 Yb 57
88220 le Void-de-la-Bure 88 76 Gb 60
88260 le Void-d'Escles 88 76 Gb 60
49310 le Voide 49 98 Zc 66
33380 le Voisin 33 134 Za 81
39150 le Voisinal 39 107 Ga 69
55260 Levoncourt 55 55 Fc 56
68480 Levoncourt 68 95 Hb 64
22230 le Vot 22 64 Xd 60
17270 Levrault 17 135 Ze 78
70000 Levrecey 70 93 Ga 63
50260 le Vrétot 50 33 Yb 52
44290 le Vrignais 44 96 Yb 67
36110 Levroux 36 101 Bd 67
59287 Lewarde 59 30 Db 46
62142 le Wast 62 26 Be 44
62890 le Wattine 62 27 Ca 44
76940 le Wuy 77 36 Ae 52
15400 Lextrait 15 127 Cc 77
54720 Lexy 54 43 Fe 52
57810 Ley 57 57 Gd 56
74440 Ley 74 120 Gc 72
22300 le Yaudet 22 63 Wc 56
87800 Leybardie 87 125 Ba 74
09110 L' Eycherque 09 178 Bf 92
09300 Leychert 09 177 Be 91
87260 Leycuras 87 125 Bc 74
04340 l' Eygave 04 157 Gb 82
46120 Leyme 46 138 Bf 80
68220 Leymen 68 95 Hc 64
01150 Leyment 01 119 Fb 73
71570 Leynes 71 118 Ee 71
15600 Leynhac 15 139 Cb 80
23240 Leyport 23 113 Bd 71
54760 Leyr 54 56 Gb 56
19460 Leyrat 19 126 Be 77
23600 Leyrat 23 114 Cb 70
38460 Leyrieu 38 131 Fb 74
47700 Leyritz-Moncassin 47 148 Ab 82
33180 Leyssac 33 122 Zb 77
43450 Leyssac 43 129 Df 77
13230 l'Eysselle 13 169 Ee 88
87260 Leyssenne 87 125 Bb 74
43450 Leyvaux 15 128 Da 77
57660 Leyviller 57 57 Gf 54
82250 Lez 82 151 Bf 84
30350 Lézan 30 154 Ea 84
22740 Lézardrieux 22 63 Wf 56
29550 Lezargol 29 62 Ve 59
29780 Lezarouen 29 61 Vc 60
23300 Lezat 23 113 Bc 71
39400 Lézat 39 120 Ff 70
09210 Lézat-sur-Lèze 09 164 Bc 89
22780 Lezauregan 22 63 Wc 58
79120 Lezay 79 111 Zf 71
35150 Lezé 35 66 Yd 61
59260 Lezennes 59 30 Da 45
29310 Lezennet 29 79 Wc 61
09290 Lézères 09 164 Bb 90
52230 Lezéville 52 75 Fc 58
57630 Lezey 57 57 Gd 56
59740 Lez-Fontaine 59 31 Ea 47
32360 Lézian 32 163 Ac 86
16310 Lézignac-Durand 16 124 Ad 74
65100 Lézignan 65 162 Zf 90
11200 Lézignan-Corbières 11 166 Ce 89
34120 Lézignan-la-Cèbe 34 167 Dc 88
42600 Lézigneux 42 129 Ea 75
29620 Lezingar 29 63 Wb 56
48160 Lezinier 48 154 Df 83
89160 Lézinnes 89 90 Ea 62
29890 Lézirider 29 62 Vd 56
56420 Lezourdan 56 80 Xc 62
63190 Lezoux 63 128 Dc 74
56450 Lezuis 56 80 Xb 63
27220 l' Habit 27 50 Bc 55
03420 l' Harpe 03 115 Cd 71
78510 L' Hautil 78 51 Ca 54
92340 L'Hay-les-Roses 92 51 Cb 56
59114 L'Hazewinde 59 27 Cd 44
59390 L'Hempempont 59 30 Db 45
48300 l' Henn 48 141 De 80
24270 L' Hépital 24 125 Ba 76
60650 Lhéraule 60 38 Bf 52
85330 L' Herbaudière 85 96 Xd 66
19550 l' Herbeil 19 126 Ca 77
85260 L' Herbergement 85 97 Yd 67
09000 l'Herm 09 177 Be 91
12240 Lherm 12 151 Cb 83
12440 l'Herm 12 151 Cb 83
15700 L' Herm 15 139 Cb 78
31600 Lherm 31 164 Bb 88
40990 L' Herm 40 146 Yf 86
43200 L' Herm 43 141 Ea 78
46150 Lherm 46 137 Bb 81
48600 L' Herm 48 141 De 80
85570 L' Hermenault 85 110 Za 69
05000 l'Hermitage 05 144 Ga 81
22150 L' Hermitage 22 65 Xe 59
35590 L' Hermitage 35 65 Yb 60
22150 l' Hermitage-Lorge 22 64 Xb 59
43440 l' Hermitagne 43 128 Dd 77
87270 L' Hermiterie 87 125 Bb 73
61260 L'Hermitière 61 68 Ad 59
64490 Lhers 64 174 Zc 91
51170 Lhéry 51 53 De 53
48400 L' Hom 48 153 Dc 83
61290 l' Hôme-Chamondot 61 69 Ae 57
37320 l'Hommais 37 85 Ae 65
86410 Lhommaizé 86 112 Ad 70
58120 l' Homme 58 104 Df 66
72340 Lhomme 72 85 Ad 62
53320 l' Hommeau 53 66 Yf 61
26740 l' Homme-d'Armes 26 142 Ee 81
82130 L' Honor-de-Cos 82 150 Bc 84
01150 L' Hôpital 01 131 Fb 73
15250 L' Hôpital 15 139 Cb 79
15140 L' Hôpital 15 139 Cc 78
15130 L' Hôpital 15 139 Cc 79
19300 L' Hôpital 19 126 Ca 76
19400 L' Hôpital 19 138 Bf 78
22120 L' Hôpital 22 64 Xb 58
22550 L' Hôpital 22 64 Xe 57
24600 L' Hôpital 24 124 Ac 77
33590 L' Hôpital 33 122 Yf 76
46500 L' Hôpital 46 138 Be 80
57490 l'Hôpital = Spittel 57 57 Ge 54
12170 l' Hôpital-Bellegarde 12 152 Cd 84
64270 L' Hôpital-d'Orion 64 161 Za 88
42210 L' Hôpital-le-Grand 42 129 Eb 75
71600 l' Hôpital-le-Mercier 71 117 Ea 70
64130 L' Hôpital-Saint-Blaise 64 161 Zb 89
42130 L' Hôpital-sous-Rochefort 42 129 Df 74
85250 l' Hopitaud 85 97 Ye 67
79600 Lhopiteau 79 98 Ze 68
58350 l' Hopitot 58 103 Db 65
57670 Lhor 57 57 Gf 55
73500 l' Hortière 73 133 Ge 77
80250 l'Hortoy 80 38 Cb 50
27570 l' Hosmes 27 49 Ba 56
63980 L' Hospeux 63 128 Dc 75
04150 L' Hospitalet 04 156 Fe 84
11430 l'Hospitalet 11 167 Da 90
12510 L' Hospitalet 12 151 Cc 82
42680 L' Hospitalet 42 129 Eb 76
46500 L' Hospitalet 46 138 Bd 80
46170 Lhospitalet 46 150 Bc 82
48110 L' Hospitalet 48 153 Dd 83
12230 l'Hospitalet-du-Larzac 12 153 Db 85
09390 L' Hospitalet-près-L'Andorre 09 177 Be 93
50570 l' Hôtel-d'Artenay 50 34 Ye 54
22550 l' Hôtel-Juhel 22 64 Xd 57
14100 l' Hôtellerie 14 48 Ac 54
53410 l'Hotellerie 53 66 Yf 59
53160 l' Hôtellerie 53 67 Zd 59
49500 L' Hôtellerie-de-Flée 49 83 Za 62
61120 l'Hotellerie-Farault 61 48 Aa 55
86250 L' Houmaillerie 86 112 Ab 72
17137 L' Houmeau 17 110 Ye 71
79390 Lhoumois 79 99 Zf 68
01680 Lhuis 01 131 Fd 74
58140 L' Huis-Bobin 58 90 Df 64
58140 l' Huis-Bouché 58 90 Df 65
58230 l' Huis-Gaumont 58 104 Ea 65
53970 l'Huisserie 53 67 Zb 60
10700 Lhuître 10 73 Eb 57
02220 Lhuys 02 53 Dd 53
65140 Liac 65 162 Aa 88
82230 Lials 82 150 Bd 84
12420 Liamontou 12 139 Ce 80
60140 Liancourt 60 39 Cc 53
80700 Liancourt-Fosse 80 39 Ce 50
60240 Liancourt-Saint-Pierre 60 50 Bf 53
33340 Liard 33 122 Za 77
08290 Liart 08 41 Ec 50
32600 Lias 32 164 Ba 87
65100 Lias 65 175 Zf 90
32240 Lias-d'Armagnac 32 148 Zf 85
32100 Liatores 32 148 Ac 84
24250 Liaubou-Bas 24 137 Bb 80
12720 Liaucous 12 153 Db 83
34800 Liausson 34 167 Dc 87
65330 Libaros 65 163 Ac 89
64130 Libarrenx 64 161 Za 89
85210 Libaud 85 97 Yf 69
62820 Libercourt 62 30 Da 46
60640 Libermont 60 39 Cf 50
47500 Libos 47 137 Af 82
32260 Libou 32 163 Ae 88
17120 Liboulas 17 122 Za 75
33500 Libourne 33 135 Ze 79
28200 Libouville 28 69 Bb 60
08460 Librecy 08 41 Ec 50
21610 Licey-sur-Vingeanne 21 92 Fc 64
64470 Lichans-Sunhars 64 161 Za 90
43620 Lichemialle 43 129 Eb 77
29260 Lichen 29 62 Ve 57
16460 Lichères 16 111 Ab 73
89800 Lichères-près-Aigremont 89 90 Df 62
89660 Lichères-sur-Yonne 89 89 Dd 63
07320 Lichessol 07 142 Ec 79
64130 Lichos 64 161 Za 89
67340 Lichtenberg 67 58 Hc 55
58330 Lichy 58 103 Dc 66
45310 Liconcy 45 70 Bd 60
80320 Licourt 80 39 Cf 50
64560 Licq-Athérey 64 174 Za 90
62850 Licques 62 27 Bf 44
02810 Licy-Clignon 02 52 Db 54
57340 Lidrezing 57 57 Ge 55
68220 Liebenswiller 68 95 Hc 64
68480 Liebsdorf 68 95 Hb 64
57230 Liederschiedt 57 58 Hd 54
39130 Lieffenans 39 107 Fe 69
70190 Lieffrans 70 93 Ff 63
57420 Liéhon 57 56 Gb 55
62810 Liencourt 62 29 Cc 47
31800 Lieoux 31 163 Ae 90
68660 Lièpvre = Leberau 68 60 Hb 59
80240 Liéramont 80 39 Da 49
80580 Liercourt 80 28 Bf 48
62190 Lières 62 29 Cc 45
69400 Liergues 69D 118 Ed 73
21430 Liernais 21 105 Eb 65
03130 Liernolles 03 116 De 70
09320 Liers 09 177 Bc 91
02860 Lierval 02 40 Dd 52
41240 Lierville 41 86 Bc 61
60240 Lierville 60 50 Bf 53
65200 Lies 65 163 Ab 90
25440 Liesle 25 107 Fe 66
02350 Liesse-Notre-Dame 02 40 De 51
59740 Liessies 59 31 Ea 48
50480 Liesville-sur-Douve 50 46 Ye 52
62145 Liettres 62 29 Cc 45
03160 Lieu-Bourdon 03 103 Cf 69
12700 Lieucamp 12 138 Ca 81
06260 Lieuche 06 158 Ha 85
15400 Lieuchy 15 127 Cd 77
70140 Lieucourt 70 92 Fd 64
38440 Lieudieu 38 131 Fb 76
09300 Lieurac 09 177 Be 91
34800 Lieuran-Cabrières 34 167 Dc 87
34290 Lieuran-lès-Béziers 34 167 Db 88
27560 Lieurey 27 49 Ac 53
35550 Lieuron 35 81 Ya 61
14170 Lieury 14 48 Zf 55
50700 Lieusaint 50 33 Yd 52
77127 Lieusaint 76 51 Cd 57
59111 Lieu-Saint-Amand 59 30 Dc 47
15110 Lieutadès 15 140 Cf 79
60130 Lieuvillers 60 39 Cc 52
70240 Liévans 70 93 Gc 63
62143 Liévin 62 29 Ce 46
25650 Lièvremont 25 108 Gc 67
02700 Liez 02 40 Db 50
19200 Liez 19 127 Cb 76
85420 Liez 85 110 Zb 70
37220 Lièze 37 99 Ac 66
88400 Liézey 88 77 Ge 60
88350 Liffol-le-Grand 88 75 Fd 59
52700 Liffol-le-Petit 52 75 Fd 59
35340 Liffré = Liverieg 35 66 Yc 59
79100 Ligaine 79 99 Zf 67
32480 Ligardes 32 148 Ac 84
47600 Ligeac 48 141 De 80
80150 Ligescourt 80 28 Bf 47
19160 Liginiac 19 127 Cc 76
19110 Liginiac 19 127 Cc 76
86290 Liglet 86 113 Ba 69
36370 Lignac 36 113 Bb 70
87340 Lignac 87 113 Bd 73
11240 Lignairolles 11 165 Bf 90
34490 Lignan 34 167 Db 88
33430 Lignan-de-Bazas 33 147 Ze 82
33360 Lignan-de-Bordeaux 33 135 Zd 80
13090 Lignane 13 170 Fc 87
19200 Lignareix 19 127 Cb 75
23160 Lignat 23 113 Bc 70
63800 Lignat 63 128 Db 74
23360 Lignaud 23 114 Be 70
16140 Ligné 16 111 Aa 73
44850 Ligné 44 82 Yd 64
62120 Ligne 62 29 Cb 45
85570 Ligné 85 110 Za 69
76660 Lignemare 77 37 Bc 49
79250 Ligner 79 98 Zc 67
61240 Lignères 61 48 Ab 56
53140 Lignères-Orgères 53 67 Ze 57
62810 Lignereuil 62 29 Cc 47
03410 Lignerolles 03 115 Cd 71
21520 Lignerolles 21 91 Ef 61
27220 Lignerolles 27 50 Bb 55
36160 Lignerolles 36 114 Ca 70
45310 Lignerolles 45 70 Be 60
61190 Lignerolles 61 68 Ad 57
86110 Ligners 86 99 Aa 68
88800 Lignéville 88 76 Ff 60
19500 Ligneyrac 19 138 Bd 78
10130 Lignières 10 73 Df 61
18160 Lignières 18 102 Cb 68
34330 Lignières 34 166 Ce 87
41160 Lignières 41 86 Bb 61
80500 Lignières 80 39 Cd 50
80290 Lignières-Châtelain 80 38 Bf 50
37130 Lignières-de-Touraine 37 85 Ac 65
80140 Lignières-en-Vimeu 80 38 Be 49
72610 Lignières-la-Carelle 72 68 Ab 58
16130 Lignières-Sonneville 16 123 Ze 75
55260 Lignières-sur-Aire 55 55 Fc 56
56160 Lignol 56 79 We 60
10200 Lignol-le-Château 10 74 Ee 59
51290 Lignon 51 74 Ed 57
89800 Lignorelles 89 90 De 61
61220 Lignou 61 47 Zd 56
61410 Lignou 61 67 Zd 57
55500 Ligny-en-Barrois 55 55 Fb 56
71110 Ligny-en-Brionnais 71 117 Eb 71
59191 Ligny-en-Cambrésis 59 30 Dc 48
89144 Ligny-le-Châtel 89 90 De 61
59480 Ligny-le-Grand 59 30 Ce 45
62840 Ligny-le-Petit 62 30 Ce 45
45240 Ligny-le-Ribault 45 87 Be 62
62960 Ligny-lès-Aire 62 29 Cc 45
62127 Ligny-Saint-Flochel 62 29 Cc 46
62270 Ligny-sur-Canche 62 29 Cb 47
62450 Ligny-Thiolly 62 30 Ce 48
33460 Ligondras 33 134 Zb 78
87130 Ligonnat 87 125 Bd 74
81350 Ligots 81 151 Cb 84
37500 Ligré 37 99 Ab 66
72270 Ligron 72 84 Aa 62
68480 Ligsdorf 68 95 Hb 64
37240 Ligueil 37 100 Ae 66
17330 Ligueuil 17 110 Zc 72
24460 Ligueux 24 124 Ae 77
33220 Ligueux 33 136 Ab 80
86240 Ligugé 86 112 Ab 69
80320 Lihons 80 39 Ce 50
60360 Lihus 60 38 Ca 51
17800 Lijardière 17 123 Zc 75
33830 Lilaire 33 146 Za 82
17190 l'Ile 17 109 Yd 73
17310 l'Ileau 17 109 Yd 73
79210 l'Ile-Bapaume 79 110 Zc 71
37220 L' Île-Bouchard 37 99 Ac 66
17430 L' Ile-d'Albe 17 110 Za 72
85770 L' Ile-d'Elle 85 110 Za 71
17750 L' Ile-d'Étaules 17 122 Yf 74
85340 l'Ile-d'Olonne 85 109 Yb 69
20220 L'Ile Rousse CTC 180 If 93
37160 Lilette 86 100 Ad 67
31230 Lilhac 31 163 Ae 89
29880 Lilia 29 61 Vc 57
01260 Lilignod 01 119 Fe 73
33780 Lillan 33 122 Yf 76
59800 Lille 59 30 Da 45
76170 Lillebonne 77 36 Ad 51
59273 Lille-Lesouin 59 30 Da 45
35111 Lillemer 35 65 Ya 57
62190 Lillers 62 29 Cc 45
27480 Lilly 27 37 Bd 52
79190 Limalonges 79 111 Ab 72
43320 Limandre 43 141 De 78
04300 Limans 04 156 Fe 85
58290 Limanton 58 104 De 67
76450 Limanville 77 36 Ae 50
69400 Limas 69D 118 Ee 73
78520 Limay 78 50 Be 55
12240 Limayrac 12 151 Cc 83
27110 Limbeuf 27 49 Af 53
09600 Limbrassac 09 177 Bf 90
02220 Limé 02 40 Dd 53
64420 Limendous 64 162 Ze 89
37530 Limeray 37 86 Ba 64
37290 Limeray 37 100 Ba 67
67150 Limersheim 67 60 Hd 58
56220 Limerzel 56 81 Xd 63
76570 Limésy 77 37 Af 51
78270 Limetz-Villez 78 50 Bd 54
24510 Limeuil 24 137 Af 79
86200 Limeuil 86 99 Ab 67
18120 Limeux 18 102 Ca 66
27160 Limeux 27 49 Af 55
80490 Limeux 80 38 Be 48
24210 Limeyrat 24 125 Af 78
54470 Limey-Remenauville 54 56 Ff 55
44600 l' Immaculée 44 81 Xe 65
87000* Limoges 87 125 Bb 74
77550 Limoges-Fourches 77 51 Cd 57
46260 Limogne-en-Quercy 46 150 Be 82
03320 Limoise 03 103 Da 68
47230 Limon 47 148 Ac 83
58270 Limon 58 103 Db 67
86120 Limon 86 99 Zf 67
71240 Limone 71 106 Ef 69
69760 Limonest 69M 130 Ee 73
63290 Limons 63 116 Dc 73
59330 Limont-Fontaine 59 31 Df 47
07340 Limony 07 130 Ee 76
79190 Limort 79 111 Aa 71
79360 Limouillas 79 110 Zd 71
91470 Limours 91 51 Ca 57
12330 Limouse 12 139 Cd 82
11600 Limousis 11 166 Cc 88
11300 Limoux 11 178 Cb 90
07250 Limouze 07 142 Ee 80
47350 Limouzin 47 136 Ac 82
22600 Limpiguet 22 64 Xb 59
76540 Limpiville 77 36 Ad 50
35290 Limplet 35 65 Xe 60
46270 Linac 46 138 Ca 81
89570 Linant 89 73 De 60
24270 Linard 24 125 Bb 76
23220 Linard-Malval 23 114 Bf 70
23220 Linard-Malval 23 114 Bf 70
46310 Linards 46 137 Bc 80
87130 Linards 87 125 Bd 74
12210 Linars 12 139 Cf 81
16730 Linars 16 123 Aa 75
12100 Linas 12 152 Cf 84
33290 Linas 33 134 Zc 79
91310 Linas 91 51 Cb 57
08110 Linay 08 42 Fb 51
86400 Linazay 86 111 Ab 72
81150 Lincarque 81 151 Bf 85
04870 Lincel 04 156 Fe 85
08800 Linchamps 08 42 Ef 49
80640 Lincheux-Hallivillers 80 38 Bf 49
12170 Linco 12 152 Cd 85
60590 Lincourt 60 50 Bf 52
50580 Lindberg-Plage 50 46 Yb 53
76760 Lindebeuf 77 37 Af 50
43390 Lindes 43 128 Dc 76
57260 Lindre-Basse 57 57 Ge 56
57260 Lindre-Haute 57 57 Ge 56
28140 Lindron 28 70 Bd 60
89240 Lindry 89 89 Dc 62
79260 Lineau 79 111 Ze 70
50560 Linerville 50 46 Yc 54
36220 Lingé 36 100 Ba 68
50670 Lingeard 50 47 Yf 56
14250 Lingèvres 14 34 Zb 53
10340 Lingey 10 74 Eb 60
62120 Linghem 62 29 Cc 45
67380 Lingolsheim 67 60 He 57
49620 Lingrée 49 83 Za 64
50660 Lingreville 50 46 Yc 55
20230 Linguizzetta CTC 183 Kc 95
86310 Linier 86 100 Af 69
49700 Linière 49 84 Zd 65
79450 Linière 79 98 Zd 69
49490 Linières-Bouton 49 84 Aa 64
36290 Liniers 36 100 Ba 67
86170 Liniers 86 99 Aa 68
86800 Liniers 86 100 Ad 69
36150 Liniez 36 101 Be 66
68480 Linsdorf 68 95 Hc 63
59126 Linselles 59 30 Da 44
24190 Linseuil 24 136 Ad 78
57660 Linstroff 57 57 Ge 55
68610 Linthal 68 77 Ha 61
51230 Linthelles 51 53 De 56
51230 Linthes 51 53 Df 56
87470 Lintignat 87 126 Be 74
81140 Lintin 81 151 Bf 84
76210 Lintot 77 36 Ad 51
76590 Lintot-les-Bois 77 37 Ba 50
40260 Linxe 40 146 Ye 85
29530 Liny 29 62 Wb 59
55110 Liny-devant-Dun 55 42 Fb 52
62270 Linzeux 62 29 Cb 46
57590 Liocourt 57 56 Gc 55
80430 Liomer 80 38 Be 49
64350 Lion 64 162 Zf 88
55110 Lion-devant-Dun 55 42 Fb 52
45410 Lion-en-Beauce 45 70 Bf 60
45600 Lion-en-Sullias 45 88 Cc 62
14780 Lion-sur-Mer 14 47 Ze 53
24520 Liorac-sur-Louyre 24 136 Ad 79
30260 Liouc 30 154 Df 85
12740 Lioujas 12 152 Cd 82
19120 Liourdres 19 138 Be 79
55300 Liouville 55 55 Fd 56
84220 Lioux 84 156 Fb 85
23700 Lioux-les-Monges 23 115 Cc 73
15100 Liozargues 15 140 Cf 78
40410 Liposthey 40 146 Za 83
67640 Lipsheim 67 60 He 58
30126 Lirac 30 155 Ee 84
49530 Liré 49 83 Yf 64
17870 Liron 17 110 Za 72
88410 Lironcourt 88 76 Ff 61
54470 Lironville 54 56 Ff 55
34820 Lirou 34 168 Df 86
08400 Liry 08 42 Ed 53
40170 Lisacq 40 146 Yf 84
33990 Lisan 33 122 Yf 77
62134 Lisbourg 62 29 Cb 45
04170 l' Iscle 04 158 Gd 85
70130 Lisey 70 93 Ff 63
14100 Lisieux 14 48 Ab 54
22160 L' Isle 22 63 Wd 58
24350 Lisle 24 124 Ad 77
41100 Lisle 41 86 Ba 61
50290 l'Isle 50 46 Yc 55
56130 L' Isle 56 81 Xd 63

95290 L' Isle-Adam 95 51 Cb 54
32270 L' Isle-Arné 32 163 Ae 87
17250 l'Isleau 17 122 Zb 74
32380 L' Isle-Bouzon 32 149 Ae 85
38080 L' Isle-d'Abeau 38 131 Fb 75
32300 L' Isle-de-Noé 32 163 Ac 87
55250 Lisle-en-Barrois 55 55 Fa 55
31230 L' Isle-en-Dodon 31 163 Af 88
55000 Lisle-en-Rigault 55 55 Fa 56
32600 L' Isle-Jourdain 32 164 Ba 87
86150 L' Isle-Jourdain 86 112 Ae 71
84800 L' Isle-sur-la-Sorgue 84 155 Fa 85
25250 L'Isle- sur-le-Doubs 25 94 Gd 64
89440 L' Isle-sur-Serein 89 90 Ea 63
81310 Lisle-sur-Tarn 81 150 Be 85
02340 Lislet 02 41 Ea 50
14330 Lison 14 34 Yf 53
14140 Lisores 14 48 Ab 55
27440 Lisors 27 37 Bc 52
09700 Lissac 09 165 Bd 89
19170 Lissac 19 126 Ca 75
42550 Lissac 42 129 Df 76
43350 Lissac 43 141 De 78
46100 Lissac-et-Mouret 46 138 Bf 81
19600 Lissac-sur-Couze 19 138 Bc 78
64240 Lissalde 64 160 Ye 87
47260 Lissandre 47 148 Ad 82
18340 Lissay-Lochy 18 102 Cc 67
51300 Lisse-en-Champagne 51 54 Ed 56
91090 Lisses 91 71 Cc 57
63440 Lisseuil 63 115 Cf 72
55150 Lissey 55 43 Fc 52
69380 Lissieu 69M 130 Ee 73
77550 Lissy 76 51 Ce 57
33790 Listrac-de-Durèze 33 135 Aa 80
33480 Listrac-Médoc 33 134 Zb 78
56410 Lisveur 56 80 We 63
40170 Lit-et-Mixe 40 146 Ye 84
50250 Lithaire 50 33 Yd 53
24610 Litout 24 135 Aa 79
14490 Litteau 14 34 Za 54
67490 Littenheim 67 58 Hc 56
76910 Litteville 77 37 Bb 49
14330 Littry 14 34 Za 53
60510 Litz 60 39 Cb 52
61420 Livaie 61 68 Zf 57
14140 Livarot 14 48 Aa 54
54460 Liverdun 54 56 Ga 56
77220 Liverdy-en-Brie 76 52 Ce 56
46320 Livernon 46 138 Bf 81
20135 Livesani CTC 185 Kc 98
53150 Livet 53 67 Zd 60
72610 Livet-en-Saosnois 72 68 Ab 58
38220 Livet-et-Gavet 38 144 Ff 78
27800 Livet-sur-Authou 27 49 Ad 53
95300 Livilliers 95 51 Ca 54
12300 Livinhac-le-Haut 12 139 Cb 81
62960 Livossart 62 29 Cb 45
53400 Livré 53 83 Za 61
35450 Livré-sur-Changeon 35 66 Yd 59
64530 Livron 64 162 Zf 89
26250 Livron-sur-Drôme 26 142 Ef 80
14240 Livry 14 34 Zb 54
58240 Livry 58 103 Da 68
93390 Livry-Gargan 93 51 Cd 55
51400 Livry-Louvercy 51 54 Eb 54
77000 Livry-sur-Seine 76 71 Ce 57
67270 Lixhausen 67 58 Hd 56
54150 Lixières 54 56 Fe 53
54610 Lixières 54 56 Gb 55
57520 Lixing-lès-Rouhling 57 57 Gf 54
57660 Lixing-lès-Saint-Avold 57 57 Ge 54
89140 Lixy 89 72 Da 59
82200 Lizac 82 149 Bb 84
86400 Lizant 86 112 Ab 72
36100 Lizeray 36 101 Bf 67
23240 Lizières 23 113 Bd 71
25330 Lizine 25 107 Ff 66
77650 Lizines 76 72 Db 57
56460 Lizio 56 81 Xc 61
24420 Lizonne 24 124 Ab 77
65350 Lizos 65 162 Aa 89
02320 Lizy 02 40 Dc 51
77440 Lizy-sur-Ourcq 76 52 Da 54
66360 Llar 66 178 Cb 93
66300 Llauro 66 179 Ce 93
66500 Llo 66 178 Ca 94
AD300 Llorts □ AND 177 Bd 93
66800 Llous 66 178 Ca 94
66300 Llupia 66 179 Ce 93
36290 l' Oasis 36 100 Ba 67
67250 Lobsann 67 58 Hf 55
63250 l' Obstancie 63 128 Dd 73
56700 Locadour 56 79 We 62
56550 Local 56 79 Wf 62
22340 Locarn 22 63 Wd 59
29260 Loc-Brévalaire 29 62 Vd 57
29400 Loc-Eguiner 29 62 Vf 58
29410 Loc-Eguiner-Saint-Thégonnac 29 62 Wa 58
22810 Loc-Envel 22 63 Wd 57
29530 Loc-Guénolé 29 62 Wa 59
22480 Loc'h 22 63 We 58
71000 Loché 71 118 Ee 71
37600 Loches 37 100 Af 66
10110 Loches-sur-Ource 10 74 Ed 60
37460 Loché-sur-Indrois 37 101 Bb 66
01260 Lochieu 01 119 Fe 73
22540 Lochrist 22 63 We 56
29430 Lochrist 29 62 Ve 57
56240 Lochrist 56 79 We 61
67440 Lochwiller 67 58 Hc 56
29450 Loc-Ildut 29 62 Vf 58
29300 Loc-Ivy 29 79 Wc 61
56670 Locjan 56 79 We 62
29140 Locjean 29 78 Wb 61
56500 Locmalo 56 64 Xb 60
56160 Locmalo 56 79 We 60
22970 Locmaria 22 63 Wf 57
22810 Locmaria 22 63 Wd 57
29860 Loc-Maria 29 62 Vd 57
56590 Locmaria 56 79 Wd 63
56310 Locmaria 56 79 Wf 61
56240 Locmaria 56 79 We 61
56400 Locmaria 56 79 Wf 63
56480 Locmaria 56 79 Wf 60
56520 Locmaria 56 79 Wc 62
56500 Locmaria 56 80 Xa 61
56360 Locmaria 56 80 Wf 65
56400 Locmaria 56 80 Xa 62
29690 Locmaria-Berrien 29 63 Wb 58
56240 Locmaria-Grâce 56 79 Wd 61
56390 Locmaria-Grand-Champ 56 80 Xb 62
29140 Loc-Maria-Hent 29 78 Wa 61
29280 Locmaria-Plouzané 29 61 Vc 58
56740 Locmariaquer 56 80 Xa 63
29400 Locmélar 29 62 Ve 57
29400 Locmélar 29 62 Vf 58
29410 Locmenven 29 62 Wa 57
56390 Locméren-des-Bois 56 80 Xb 62
56390 Locméren-des-Prés 56 80 Xb 62
56500 Locminé = Logunec'h 56 80 Xa 61
56870 Locmiquel 56 80 Xa 63
56570 Locmiquélic 56 79 Wd 62
56330 Locoal-Camors 56 80 Wf 62
56550 Locoal-Mendon 56 79 Wf 62
56240 Locolven 56 79 We 61
62400 Locon 62 29 Cd 45
60240 Loconville 60 50 Bf 53
56590 Locqueltas 56 79 Wd 63
56390 Locqueltas 56 80 Xb 62
22300 Locquémeau 22 63 Wc 56
29670 Locquénolé 29 62 Wa 57
59530 Locquignol 59 31 De 47
62720 Locquinghen 62 26 Be 44
29241 Locquirec 29 63 Wc 56
56310 Locrio 56 79 Wf 60
29180 Locronan 29 78 Ve 60
29750 Loctudy 29 78 Ve 62
29340 Loctudy 29 79 Wb 61
74500 Locum 74 121 Ge 70
29140 Locunduff 29 78 Wb 61
29310 Locunolé 29 79 Wd 61
56310 Locunolé 56 80 We 61
56160 Locuon 56 79 We 60
06450 Loda 06 159 Hb 85
03130 Loddes 03 116 De 71
31800 Lodes 31 163 Ae 89
34700 Lodève 34 167 Db 86
29750 Lodonnec 29 78 Ve 62
25930 Lods 25 107 Gb 66
68680 Loechle 68 95 Hd 63
70100 Lœuilley 70 92 Fc 64
80160 Lœuilly 80 38 Cb 50
29380 Logan 29 79 Wb 61
85120 Loge-Fougereuse 85 98 Zb 69
68280 Logelheim 68 60 Hc 60
18320 Loges 18 103 Cf 66
18140 Loges 18 103 Cf 65
36400 Loges 36 102 Ca 68
52500 Loges 52 92 Fc 62
77720 Loges 76 72 Da 57
80700 Loges 80 39 Ce 51
85240 Loges 85 110 Zb 70
87330 Loges 87 112 Af 72
87240 Loges 87 113 Bc 73
89320 Loges 89 73 Dd 60
58390 Loges-des-Bruyères 58 103 Db 68
83670 Logis 83 171 Ga 87
13114 Logis-de-la-Colle 13 171 Fd 88
17430 Logis-du-Péré 17 110 Zb 73
84460 Logis-Neuf 84 156 Fa 86
37460 Logny 37 100 Ba 66
08150 Logny-Bogny 08 41 Ec 50
02500 Logny-lès-Aubenton 02 41 Eb 50
08220 Logny-lès-Chaumont 08 41 Eb 51
29590 Logonna-Quimerch 29 62 Vf 59
22390 Logoray 22 63 We 58
56190 Logorenhe 56 81 Xc 63
01630 Logras 01 119 Ff 71
30610 Logrian-Florian 30 154 Ea 85
28200 Logron 28 69 Bb 60
22480 Logueltas 22 63 Wf 58
22620 Loguivy 22 63 Wf 56
22300 Loguivy-lès-Lannion 22 63 Wd 56
22780 Loguivy-Plougras 22 63 Wd 57
35550 Lohéac 35 82 Ya 61
64120 Lohitzun-Oyhercq 64 161 Za 89
67290 Lohr 67 58 Hb 55
22160 Lohuec 22 63 Wc 58
53200 Loigné-sur-Mayenne 53 83 Zb 61
28140 Loigny-la-Bataille 28 70 Be 60
33590 Loirac 33 122 Za 76
34700 Loiras 34 167 Dc 86
17540 Loiré 17 110 Za 71
49440 Loiré 49 83 Za 63
71290 Loire 71 106 Ef 69
17870 Loire-les-Marais 17 110 Za 73
17470 Loiré-sur-Nie 17 111 Ze 73
69700 Loire-sur-Rhône 69M 130 Ee 75
61400 Loisail 61 68 Ad 57
61400 Loisé 61 68 Ad 57
55000 Loisey-Culey 55 55 Fb 56
39320 Loisia 39 119 Fc 70
73170 Loisieux 73 131 Fe 75
74140 Loisin 74 120 Gb 71
74930 Loisinges-le-Châtelet 74 120 Gb 72
55230 Loison 55 55 Fd 53
62990 Loison-sur-Créquoise 62 28 Bf 46
28160 Loisville 28 69 Bb 59
54700 Loisy 54 56 Ga 55
71290 Loisy 71 106 Fa 69
51130 Loisy-en-Brie 51 53 Df 55
51300 Loisy-sur-Marne 51 54 Ed 56
51220 Loivre 51 53 Df 52
17111 Loix 17 109 Yd 71
79110 Loizé 79 111 Zf 72
71470 Loizette 71 118 Fa 69
63250 Lojardie 63 129 De 74
29390 Loj-Goar 29 78 Wb 60
41300 Lojon 41 87 Ca 65
29290 Lokournan 29 61 Vc 58
24510 Lol 24 136 Ae 79
45300 Lolainville 45 71 Cb 59
50530 Lolif 50 46 Yd 56
24540 Lolme 24 137 Af 80
28800 Lolon 28 70 Bc 60
25440 Lombard 25 107 Ff 66
39230 Lombard 39 106 Fd 68
40460 Lombard 40 134 Yf 82
87220 Lombardie 87 125 Bc 74
40460 Lombard-Méoule 40 134 Yf 82
81120 Lombers 81 151 Ca 86
32220 Lombez 32 164 Af 88
64160 Lombia 64 162 Zf 89
24310 Lombraud 24 124 Ad 76
02300 Lombray 02 40 Da 51
65150 Lombrès 65 175 Ac 90
45700 Lombreuil 45 71 Cd 61
72450 Lombron 72 68 Ac 60
56240 Lomelec 56 80 We 61
56270 Lomener 56 79 Wd 62
21110 Lomgeault-Pluvault 21 106 Fb 65
59160 Lomme 59 30 Da 45
57650 Lommerange 57 43 Ff 53
78270 Lommoye 78 50 Bd 55
65130 Lomné 65 175 Ab 90
70200 Lomont 70 94 Gd 63
70200 Lomontot 70 94 Gd 63
25110 Lomont-sur-Crête 25 94 Gc 64
12200 Lompla 12 151 Bf 83
01680 Lompnas 01 131 Fd 74
01260 Lompnieu 01 119 Fd 73
40630 Lompré 40 147 Zc 84
59840 Lompret 59 30 Cf 45
86170 Lonchard 86 99 Ab 69
64410 Lonçon 64 162 Zd 88
24320 Londet 24 124 Ac 77
16700 Londigny 16 111 Aa 72
76660 Londinières 77 37 Bc 50
29100 Lonévry 29 78 Ve 60
18600 Long 18 103 Cf 67
19500 Long 19 138 Be 78
80510 Long 80 28 Bf 48
31410 Longages 31 164 Bb 88
35190 Longaulnay 35 65 Ya 59
60380 Longavesne 60 38 Be 51
80240 Longavesnes 80 39 Da 49
46500 Longayries 46 138 Be 80
15150 Longayroux 15 139 Cb 78
21110 Longchamp 21 92 Fb 65
52240 Longchamp 52 75 Fc 60
63340 Longchamp 63 128 Da 76
88000 Longchamp 88 77 Gd 59
02120 Longchamps 02 40 Dd 49
27150 Longchamps 27 38 Bd 52
55260 Longchamps-sur-Aire 55 55 Fb 55
10310 Longchamp-sur-Aujon 10 74 Ee 60
39400 Longchaumois 39 120 Ff 70
39250 Longcochon 39 107 Ga 68
10260 Long-du-Bois 10 73 Ea 60
21110 Longeault-Pluvault 21 106 Fb 65
52250 Longeau-Percey 52 92 Fb 62
55500 Longeaux 55 55 Fc 57
23000 Longechaud 23 114 Be 71
25690 Longechaux 25 108 Gc 66
38690 Longechenal 38 131 Fc 76
01110 Longecombe 01 119 Fd 73
21110 Longecourt-en-Plaine 21 106 Fa 65
21230 Longecourt-lès-Culêtre 21 105 Ed 66
79300 l' Ongée 79 98 Zd 67
38930 Longefont 38 144 Fd 80
73210 Longefoy 73 133 Gd 75
25690 Longemaison 25 108 Gc 66
71270 Longepierre 71 106 Fb 67
88270 Longeroye 88 76 Gb 60
69420 Longes 69M 130 Ee 75
69770 Longessaigne 69M 130 Ec 74
51240 Longevas 51 54 Ec 55
70700 Longevelle 70 93 Fe 64
70110 Longevelle 70 94 Gc 63
25380 Longevelle-lès-Russey 25 108 Gd 65
25260 Longevelle-sur-Doubs 25 94 Gd 64
17230 Longèves 17 110 Za 71
85200 Longèves 85 110 Za 70
25330 Longeville 25 107 Gb 66
55000 Longeville-en-Barrois 55 55 Fb 56
57740 Longeville-lès-Saint-Avold 57 57 Gd 54
25370 Longevilles-Hautes 25 108 Gb 68
25370 Longevilles-Mont-d'Or 25 108 Gb 68
10170 Longeville-sur-Aube 10 73 Df 57
52220 Longeville-sur-la-Laines 52 74 Ee 58
85560 Longeville-sur-Mer 85 109 Yd 70
10320 Longeville-sur-Mogne 10 73 Ea 60
62240 Longfossé 62 28 Be 45
91160 Longjumeau 91 51 Cb 56
54810 Longlaville 54 43 Fe 51
76440 Longmesnil 77 38 Bd 51
72540 Longnes 72 68 Zf 60
78980 Longnes 78 50 Bd 55
61290 Longny-au-Perche 61 69 Ae 57
77230 Longperrier 76 51 Cd 54
02600 Longpont 02 52 Db 53
91310 Longpont-sur-Orge 91 51 Cb 57
43380 Longpral 43 140 Dc 78
41310 Longpré 41 86 Af 63
80510 Longpré-les-Corps-Saints 80 38 Bf 48
10140 Longpré-le-Sec 10 74 Ed 59
44470 Longrais 44 82 Yd 64
14250 Longraye 14 34 Zb 54
16240 Longré 16 111 Zf 72
76260 Longroy 77 38 Bd 49
04400 Longs, les 04 158 Ge 83
59127 Longsart 59 30 Db 48
10240 Longsols 10 74 Eb 58
59190 Longue-Croix 59 27 Cc 44
53200 Longuefuye 53 83 Zc 61
81710 Longuegineste 81 165 Ca 87
76860 Longueil 77 37 Af 49
60150 Longueil-Annel 60 39 Cf 52
60126 Longueil-Sainte-Marie 60 39 Ce 52
49160 Longué-Jumelles 49 84 Zf 64
27130 Longuelune 27 49 Ba 56
62219 Longuenesse 62 27 Cb 44
61320 Longuenoë 61 68 Zf 57
10100 Longueperle 10 73 Dd 58
76750 Longuerue 77 37 Bb 51
02140 Longue-Rue-de-Haut 02 41 Ea 50
63270 Longues 63 128 Db 75
95450 Longuesse 95 50 Bf 54
14400 Longues-sur-Mer 14 47 Zb 52
88200 Longuet 88 77 Gd 60
80360 Longueval 80 39 Ce 48
02160 Longueval-Barbonval 02 40 Dd 52
14230 Longueville 14 47 Za 52
47200 Longueville 47 136 Ab 82
50290 Longueville 50 46 Yc 55
62142 Longueville 62 27 Bf 44
77650 Longueville 76 72 Db 57
76590 Longueville-sur-Scie 77 37 Ba 50
80600 Longuevillette 80 29 Cb 48
12100 Longuiers 12 152 Da 84
54260 Longuyon 54 43 Fd 52
21700 Longvay 21 106 Ef 66
19160 Longvert 19 127 Cc 76
48500 Longviala 48 152 Da 82
21600 Longvic 21 91 Fa 65
57160 Longville-lès-Metz 57 56 Ga 54
14310 Longvillers 14 47 Zc 54
62630 Longvillers 62 28 Be 45
80370 Longvillers 80 29 Ca 48
78730 Longvilliers 78 70 Bf 57
08400 Longwé 08 42 Ee 52
54440 Longwy 54 43 Fe 51
39120 Longwy-sur-le-Doubs 39 106 Fc 67
61700 Lonlay-L'Abbaye 61 67 Zb 57
61600 Lonlay-le-Tesson 61 67 Zd 57
23110 Lonlevade 23 115 Cd 72
12200 Lonnac 12 151 Ca 83
16230 Lonnes 16 111 Aa 73
08150 Lonny 08 42 Ed 50
61250 Lonrai 61 68 Aa 58
39000 Lons-le-Saunier 39 107 Fd 68
19250 Lontrade 19 126 Ca 75
17520 Lonzac 17 123 Zd 75
31510 Lôo 31 176 Ae 90
59630 Looberghe 59 27 Cb 43
59279 Loon-Plage 59 27 Cb 43
59120 Loos 59 30 Da 45
64230 Loos 64 162 Zd 88
62750 Loos-en-Gohelle 62 30 Ce 46
89300 Looze 89 72 Dc 61
56390 Lopabu 56 80 Xa 62
64780 Lopeinea 64 160 Ye 89
29590 Lopérec 29 62 Vf 59
29470 Loperhet 29 62 Ve 58
56390 Loperhet 56 80 Xa 62
56410 Loperhet 56 80 We 63
20139 Lopigna CTC 182 If 96
29420 Lopréden 29 62 Wa 57
29530 Loqueffret 29 62 Wa 59
29242 Loqueltas 29 61 Uf 58
56680 Loquénin 56 79 We 62
62850 Loquin-Haut 62 27 Bf 44
02190 Lor 02 41 Ea 51
50450 l' Orail 50 46 Ye 55
25390 Loray 25 108 Gc 66
50450 l' Orbehaye 50 46 Ye 55
85200 L' Orbrie 85 110 Zb 70
15320 Lorcières 15 140 Db 79
09250 Lordat 09 177 Be 92
89144 l' Ordonnois 89 73 De 61
61330 Loré 61 67 Zc 58
61420 L'Orée-d'Écouves 61 68 Zf 57
67430 Lorentzen 67 57 Hb 55
16170 Loret 16 123 Zf 74
20215 Loreto-di-Casinca CTC 181 Kc 94
20165 Loreto- di-Tallano CTC 184 Ka 98
29380 Loretta 29 78 Wb 61
42420 Lorette 42 130 Ed 75
59163 Lorette 59 31 Dd 46
79290 Loretz-d'Argenton 79 98 Ze 66
41200 Loreux 41 87 Be 64
27640 Lorey 27 50 Bc 55
45490 Lorey 45 71 Cd 60
54290 Lorey 54 76 Gb 58
41100 l' Orgerie 41 86 Af 61
41370 Lorges 41 86 Bc 62
62840 Lorgies 62 30 Ce 45
83510 Lorgues 83 172 Gc 88
35150 Loriais 35 66 Yd 61
20244 Loriani CTC 183 Kb 94
33670 Lorient 33 135 Zd 80
56100 Lorient An Oriant 56 79 Wd 62
03500 Loriges 03 116 Dc 71
17240 Lorignac 17 122 Zb 76
79190 Lorigné 79 111 Aa 72
43100 Lorillot 43 128 Db 77
84870 Loriol-du-Comtat 84 155 Fa 84
26270 Loriol-sur-Drôme 26 142 Ee 80
23160 Lorioux 23 113 Bd 71
43360 Lorlanges 43 128 Db 76
27480 Lorleau 27 37 Bd 52
60110 Lormaison 60 51 Ca 53
28210 Lormaye 28 50 Bd 57
01800 l' Orme 01 131 Fb 74
36110 l' Orme-Dur 36 101 Be 66
18600 l' Ormenay 18 103 Ce 68
58140 Lormes 58 90 De 65
33310 Lormont 33 135 Zc 79
19410 Lornac 19 125 Bd 76
74150 Lornay 74 119 Ff 73
54290 Loromontzey 54 76 Gc 58
09190 Lorp 09 176 Ba 90
09190 Lorp-Sentaraille 09 176 Ba 90
57790 Lorquin 57 57 Gf 56
77710 Lorrez-le-Bocage 76 72 Cf 59
45260 Lorris 45 88 Cd 61
57050 Lorry-lès-Metz 57 56 Ga 54
57420 Lorry-Mardigny 57 56 Ga 55
60130 Lorteil 60 39 Cc 52
65250 Lortet 65 175 Ac 90
22230 Loscouët-sur-Meu 22 65 Xe 59
76430 Loslière 77 36 Ac 51
21170 Losne 21 106 Fb 66
29150 Lospars 29 62 Vf 59
20137 l'Ospedale CTC 185 Kb 99
37140 Lossay 37 85 Ab 65
40240 Losse 40 148 Zf 84
19500 Lostanges 19 138 Be 78
56250 Lostihuel 56 80 Xc 63
29160 Lost-Marc'h 29 61 Vc 59
62610 Lostrat 62 27 Ca 43
57670 Lostroff 57 57 Gf 55
29300 Lothéa 29 79 Wc 61
29190 Lothey 29 78 Vf 59
36330 Lothiers 36 101 Bd 68
62240 Lottinghen 62 28 Bf 44
56700 Lotuën 56 79 We 62
72300 Louailles 72 84 Ze 62
77560 Louan 76 53 Dc 57
22700 Louannec 22 63 Wd 56
37320 Louans 37 100 Ae 65
77560 Louan-Villegruis-Fontaine 76 72 Dc 57
22540 Louargat 22 63 Wd 57
02600 Louâtre 02 52 Db 53
65100 Loubajac 65 162 Zf 90
79700 Loubande 79 98 Za 67
07110 Loubaresse 07 141 Ea 81
15320 Loubaresse 15 140 Db 79
15320 Loubaresse 15 140 Db 79
12220 Loubatie 12 138 Ca 82
09350 Loubaut 09 164 Bb 89
63680 Loubazet 63 127 Ce 75
32110 Loubédat 32 162 Aa 86
64160 Loubée 64 162 Ze 88
24550 Loubejac 24 137 Ba 81
82130 Loubéjac 82 150 Bc 84
09120 Loubens 09 177 Bd 90
33190 Loubens 33 135 Zf 81
31460 Loubens-Lauragais 31 165 Be 87
81190 Louberquet 81 151 Ca 84
81170 Loubers 81 151 Bf 84
09420 Loubersenac 09 177 Bb 90
16270 Loubert 16 112 Ad 73
47120 Loubès-Bernac 47 136 Ab 80
63410 Loubeyrat 63 115 Da 73
64300 Loubieng 64 161 Zb 88
09000 Loubières 09 177 Bd 90
19520 Loubignac 19 137 Bb 78
79110 Loubigné 79 111 Zf 72
79800 Loubigné 79 111 Zf 70
79110 Loubillé 79 111 Zf 72
64460 Loubix 64 162 Zf 88
46130 Loubressac 46 138 Be 79
17780 Loubresse 17 122 Yf 73
48240 Loubreyroux 48 154 Df 83
61150 Loucé 61 48 Zf 56
14250 Loucelles 14 47 Zc 53
33125 Louchats 33 135 Zc 81
49680 l' Oucheray 49 84 Zf 64
52500 Loucheroy 52 92 Fd 62
04120 Louches 04 157 Gb 85
62610 Louches 62 27 Ca 44
03500 Louchy-Montfand 03 116 Db 71
65200 Loucrup 65 162 Aa 90
14170 L'Oudan 14 48 Aa 55
22600 Loudéac = Loudieg 22 64 Xb 59
65510 Loudenvielle 65 175 Ac 92
43320 Loudes 43 141 De 78
31580 Loudet 31 163 Ad 90
15430 Loudier 15 140 Cf 78
15100 Loudières 15 140 Db 78
15100 Loudiès 15 126 Cb 78
23340 Loudouéneix 23 126 Bf 74
57670 Loudrefing 57 57 Gf 55
86200 Loudun 86 99 Aa 66
72540 Loué 72 67 Zf 61
33290 Louens 33 134 Zb 79
40380 Louer 40 146 Za 86
03430 Louère 03 115 Cf 69
49700 Louerre 49 84 Ze 65
21520 Louesme 21 91 Ee 61
89350 Louesme 89 89 Da 62
60380 Loueuse 60 38 Be 51
65290 Louey 65 162 Aa 89
61150 Lougé-sur-Maire 61 48 Ze 56
47290 Lougratte 47 136 Ad 81
25260 Lougres 25 94 Ge 64
71500 Louhans 71 106 Fb 69
64250 Louhossoa 64 160 Yd 89
19310 Louignac 19 125 Bb 77
79600 Louin 79 99 Zf 68
40170 Louise 40 146 Ye 85
44110 Louisfert 44 82 Yd 62
65350 Louit 65 162 Aa 89
70230 Loulans-Verchamp 70 93 Gb 64
28190 Loulappe 28 69 Bb 58
17330 Loulay 17 110 Zc 72
31190 Loulé 31 164 Bc 89
47170 Loulie 47 148 Aa 84
39300 Loulle 39 107 Ff 68
40310 Lou Maïsouot 40 148 Zf 84
18120 Loumet 18 102 Ca 65
64360 Loune-Laheuguère 64 162 Zc 89
86130 Louneuil 86 99 Ab 68
64370 Loup 64 161 Zc 87
02130 Loupeigne 02 53 Dd 53
57510 Loupershouse 57 57 Gf 54
33370 Loupes 33 135 Zd 80
53700 Loupfougères 53 67 Zd 58
11300 Loupia 11 165 Ca 90
12700 Loupiac 12 138 Ca 81
15700 Loupiac 15 139 Cc 78
33410 Loupiac 33 135 Ze 81
46700 Loupiac 46 137 Ba 81

46350 Loupiac 46 138 Bc 80
46260 Loupiac 46 151 Bf 82
81800 Loupiac 81 150 Be 86
33190 Loupiac-de-la-Réole 33 135 Zf 81
34140 Loupian 34 168 Dd 88
28140 Loupille 28 70 Bd 60
72210 Louplande 72 68 Aa 61
55300 Loupmont 55 55 Fe 55
55800 Louppy-le-Château 55 55 Fa 55
55000 Louppy-sur-Chée 55 55 Fa 55
55600 Louppy-sur-Loison 55 43 Fc 52
81190 L' Ouradou 81 151 Ca 83
59156 Lourches 59 30 Dc 47
31510 Lourde 31 176 Ad 91
65100 Lourdes 65 162 Zf 90
64570 Lourdios-Ichere 64 174 Zc 90
36140 Lourdoueix-Saint-Michel 36 114 Be 70
23360 Lourdoueix-Saint-Pierre 23 114 Be 70
03110 Lourdy 03 116 Dc 71
64420 Lourenties 64 162 Zf 89
65370 Loures-Barousse 65 176 Ad 90
49700 Louresse-Rochemenier 49 98 Ze 65
40800 Lourine 40 162 Ze 86
35270 Lourmais 35 65 Yb 58
84160 Lourmarin 84 156 Fc 86
35270 Lourme 35 65 Yc 61
71250 Lournand 71 118 Ed 70
65380 Louroes 65 162 Zf 89
36400 Lourouer-Saint-Laurent 36 102 Ca 69
03350 Louroux-Bourbonnais 03 115 Cf 69
03600 Louroux-de-Beaune 03 115 Cf 71
03330 Louroux-de-Bouble 03 115 Cf 71
03190 Louroux-Hodement 03 115 Ce 70
40250 Lourquen 40 161 Zb 86
32140 Lourties-Monbrun 32 163 Ad 88
45470 Loury 45 70 Ca 61
40460 Louse 40 134 Yf 82
85640 Lousigny 85 97 Yf 68
32230 Louslitges 32 163 Aa 87
32290 Loussous-Débat 32 162 Aa 87
40090 Loustalet 40 147 Zc 85
40120 Loustalot 40 147 Zd 84
32490 Loustaou 32 164 Af 87
47170 Loustaunau 47 148 Aa 84
35330 Loutehel 35 81 Xf 61
57220 Loutremange 57 56 Gc 54
57720 Loutzviller 57 58 Hc 54
23100 Louvage 23 126 Ca 74
14170 Louvagny 14 48 Zf 55
49500 Louvaines 49 83 Zb 62
39350 Louvatange 39 107 Fe 65
78430 Louveciennes 78 51 Ca 55
52130 Louvemont 52 74 Ef 57
80560 Louvencourt 80 29 Cd 48
39320 Louvenne 39 119 Fc 70
51400 Louvercy, Livry- 51 54 Eb 54
08390 Louvergny 08 42 Ee 51
53950 Louverné 53 67 Zb 60
27190 Louversay 27 49 Af 55
62147 Louverval 59 30 Da 48
77510 Louvetot 77 36 Ae 51
76850 Louvetot 77 37 Bb 50
64260 Louvie-Juzon 64 162 Zd 90
14710 Louvières 14 47 Za 52
52800 Louvières 52 75 Fb 60
61160 Louvières-en-Auge 61 48 Aa 55
27400 Louviers 27 49 Bb 53
64440 Louvie-Soubiron 64 174 Zd 90
53210 Louvigné 53 67 Zc 60
35680 Louvigné-de-Bais 35 66 Ye 60
35420 Louvigné-du-Désert 35 66 Yf 58
59530 Louvignies 59 31 Dd 47
14111 Louvigny 14 35 Zd 54
57420 Louvigny 57 56 Gb 55
64410 Louvigny 64 162 Zd 87
72600 Louvigny 72 68 Ab 58
59830 Louvil 59 30 Db 45
28150 Louville-la-Chenard 28 70 Be 59
28500 Louvilliers-en-Drouais 28 50 Bb 56
28250 Louvilliers-lès-Perche 28 49 Ba 57
51150 Louvois 51 53 Ea 54
80250 Louvrechy 80 39 Cc 50
95380 Louvres 95 51 Cd 54
59720 Louvroil 59 31 Df 47
27650 Louye 27 50 Bb 56
16100 Louzac-Saint-André 16 123 Zd 74
52220 Louze 52 74 Ee 58
72600 Louzes 72 68 Ab 58
17160 Louzignac 17 123 Ze 73
79100 Louzy 79 99 Ze 66
74330 Lovagny 74 120 Ga 73
55500 Loxéville 55 55 Fc 56
56800 Loyat 56 64 Xd 61
74890 Loyer 74 120 Gc 71
01800 Loyes 01 119 Fb 73
18170 Loye-sur-Arnon 18 102 Cc 69
01360 Loyettes 01 131 Fb 74
45190 Loynes 45 86 Bd 62
20226 L'Ozari CTC 180 Ka 93
17330 Lozay 17 110 Zc 72
82160 Loze 82 150 Be 83
48190 Lozeret 48 141 De 82
26400 Lozeron 26 143 Fa 80
62540 Lozinghem 62 29 Cd 45
20224 Lozzi CTC 182 Ka 94
20130 Lozzi CTC 182 Id 96
87800 L' Roche-L'Abeille 87 125 Bb 75
36350 Luant 36 101 Bd 68
33730 Luas 33 147 Zd 82
05800 L' Ubac 05 144 Ga 80
40190 Lubatas 40 147 Zd 85
40240 Lubbon 40 148 Zf 84
33980 Lubec 33 134 Za 80
57170 Lubécourt 57 57 Gd 55
19210 Lubersac 19 125 Bc 76
86460 Lubert 86 112 Ae 72
54150 Lubey 54 56 Ff 53
43360 Lubière 43 128 Dc 76
43100 Lubilhac 43 128 Db 77
88490 Lubine 88 60 Ha 59
40160 Lubiosse 40 146 Yf 82
37330 Lublé 37 85 Ab 63
65220 Lubret-Saint-Luc 65 163 Ab 89
65220 Luby-Betmont 65 163 Ab 89
12450 Luc 12 151 Cd 83
12440 Luc 12 151 Cb 83
12310 Luc 12 152 Ce 82
15500 Luc 15 140 Da 78
15300 Luc 15 140 Cf 78
19220 Luc 19 138 Ca 78
19430 Luc 19 138 Bf 79
30770 Luc 30 153 Dc 85
48250 Luc 48 141 Df 81
65190 Luc 65 163 Ab 90
12800 Lucante 12 151 Cb 83
64350 Luc-Armau 64 162 Zf 88
64350 Lucarré 64 162 Zf 88
87330 Lucas 87 112 Af 72
40160 Lucats 40 146 Yf 83
36150 Luçay-le-Libre 36 101 Bf 66
36360 Luçay-le-Mâle 36 101 Bc 66
40090 Lucbardez-et-Bargues 40 147 Zd 85
20290 Lucciana CTC 181 Kc 93
28110 Lucé 28 70 Bc 58
42260 Lucé 42 117 Df 73
61330 Lucé 61 67 Zc 57
72500 Luceau 72 85 Ac 62
68480 Lucelle 68 95 Hb 64
69480 Lucenay 69D 118 Ee 73
21150 Lucenay-le-Duc 21 91 Ed 63
58380 Lucenay-lès-Aix 58 104 Dc 68
71540 Lucenay-L'évêque 71 105 Eb 66
26310 Luc-en-Diois 26 143 Fc 81
42560 Lucenol 42 129 Ea 75
06440 Lucéram 06 159 Hc 85
72290 Lucé-sous-Ballon 72 68 Ab 59
21290 Lucey 21 91 Ef 61
52360 Lucey 52 92 Fc 61
54200 Lucey 54 56 Ff 56
73170 Lucey 73 132 Fe 74
64420 Lucgarier 64 162 Ze 89
16200 Luchac 16 123 Ze 74
86430 Luchapt 86 112 Ae 71
17600 Luchat 17 122 Zb 74
23320 Luchat 23 113 Be 72
17170 Luché 17 110 Za 71
36700 Luché 36 101 Bb 67
72800 Luché-Pringé 72 84 Aa 62
79170 Luché-sur-Brioux 79 111 Zf 72
79330 Luché-Thouarsais 79 98 Zd 67
80600 Lucheux 80 29 Cc 47
16140 Lucheville 16 111 Zf 73
60360 Luchy 60 38 Ca 51
60840 Luchy 60 39 Cd 52
36600 Lucicux 36 101 Bd 65
74380 Lucinges 74 120 Gb 71
33840 Lucmau 33 147 Ze 82
28120 Luçon 28 69 Bc 58
85400 Luçon 85 109 Yf 70
64360 Lucq-de-Béarn 64 161 Zc 89
08300 Lucquy 08 41 Ec 51
11190 Luc-sur-Aude 11 178 Cb 91
14530 Luc-sur-Mer 14 47 Zd 53
11200 Luc-sur-Orbieu 11 166 Ce 89
32270 Lucvielle 32 163 Ae 86
02240 Lucy 02 40 Dc 50
51270 Lucy 51 53 De 55
57590 Lucy 57 57 Gc 55
76270 Lucy 77 37 Bc 50
02400 Lucy-le-Bocage 02 52 Db 54
89200 Lucy-le-Bois 89 90 Df 63
89270 Lucy-sur-Cure 89 90 De 63
89480 Lucy-sur-Yonne 89 89 Dd 63
57710 Ludelange 57 43 Ff 52
51500 Ludes 51 53 Ea 54
63320 Ludesse 63 128 Da 75
09100 Ludiès 09 165 Be 90
28800 Ludon 28 69 Bb 59
33290 Ludon-Médoc 33 135 Zc 79
54710 Ludres 54 56 Ga 57
40210 Lüe 40 146 Za 83
49140 Lué-en-Baugeois 49 84 Ze 63
68720 Luemschwiller 68 95 Hb 63
09800 Luentein 09 176 Af 91
48500 Lueysse 48 153 Db 82
17430 Luez 17 110 Zb 72
40170 Lugadets 40 146 Ye 85
33180 Lugagnac 33 122 Za 77
46260 Lugagnac 46 150 Be 82
65100 Lugagnan 65 175 Zf 90
33420 Lugaignac 33 135 Ze 80
12220 Lugan 12 139 Cb 82
12800 Lugan 12 151 Cc 83
81500 Lugan 81 165 Be 86
15190 Lugarde 15 127 Ce 77
33760 Lugasson 33 135 Zf 80
40240 Lugazaut 40 147 Ze 84
43440 Lugeastre 43 128 Dd 77
79110 Lugée 79 111 Aa 72
17210 Lugéras 17 135 Zd 77
40630 Luglon 40 147 Zb 84
34460 Lugné 34 167 Da 88
02140 Lugny 02 40 De 50
71260 Lugny 71 118 Ee 70
18350 Lugny-Bourbonnais 18 103 Ce 67
18140 Lugny-Champagne 18 103 Ce 65
71120 Lugny-lès-Charolles 71 117 Eb 70
20240 Lugo-di-Nazza CTC 183 Kb 96
33240 Lugon-et-L'Ile-du-Carney 33 135 Zd 79
33830 Lugos 33 134 Za 82
74500 Lugrin 74 121 Gd 70
29160 Luguniat 29 62 Vd 59
62310 Lugy 62 29 Cb 45
64160 Luhe 64 162 Ze 88
25210 Luhier, le 25 108 Gd 66
49320 Luigné 49 84 Zd 65
28480 Luigny 28 69 Ba 59
25390 Luisans 25 108 Gd 66
28600 Luisant 28 70 Bc 58
77520 Luisetaines 76 72 Db 58
35163 Luitré-Dompierre 35 66 Yf 59
74470 Lullin 74 120 Gd 71
74890 Lully 74 120 Gc 71
62380 Lumbers 62 29 Ca 44
38660 Lumbin 38 132 Ff 77
28140 Lumeau 28 70 Be 60
08440 Lumes 08 42 Ee 50
55130 Luméville-en-Ornois 55 75 Fc 58
77540 Lumigny 76 52 Cf 56
13009 Luminy 13 170 Fc 89
20260 Lumio CTC 180 If 93
12270 Lunac 12 151 Ca 83
81190 Lunaguet 81 151 Cb 84
24130 Lunas 24 136 Ac 79
34650 Lunas 34 167 Db 86
31350 Lunax 31 163 Ae 88
41360 Lunay 41 85 Af 62
23200 Lune 23 114 Ca 73
72800 Lune 72 84 Aa 63
03130 Luneau 03 117 Df 70
46240 Lunegarde 46 138 Be 80
12320 Lunel 12 139 Cc 81
34400 Lunel 34 168 Ea 86
34590 Lunel 34 168 Ea 87
82130 Lunel 82 149 Bb 84
34400 Lunel-Viel 34 168 Ea 86
76810 Luneray 77 37 Af 50
18400 Lunery 18 102 Cb 67
12470 Lunet 12 140 Cf 81
54300 Lunéville 54 77 Gc 57
18190 Lunezay 18 102 Cb 68
20214 Lunghignano CTC 180 If 93
04240 Lunières 04 158 Gd 85
54210 Lupcourt 54 76 Gb 57
42520 Lupé 42 130 Ee 76
32290 Lupiac 32 163 Ab 86
33990 Lupian 33 122 Yf 78
20600 Lupino CTC 181 Kc 92
28360 Luplanté 28 70 Bc 59
32110 Luppé-Violles 32 162 Zf 86
57580 Luppy 57 56 Gc 55
16140 Lupsault 16 111 Zf 73
67490 Lupstein 67 58 Hc 56
65320 Luquet 65 162 Zf 89
36220 Lurais 36 100 Af 68
28500 Luray 28 50 Bc 56
40380 Lurbe 40 161 Zb 86
64660 Lurbe-Saint-Christau 64 161 Zd 90
58700 Lurcy-le-Bourg 58 103 Dc 66
37190 Luré 37 85 Ac 65
42260 Luré 42 129 Df 73
70200 Lure 70 94 Gc 62
36220 Lureuil 36 100 Ba 68
20228 Luri CTC 181 Kc 91
42380 Luriecq 42 129 Ea 76
04700 Lurs 04 157 Ff 85
18120 Lury-sur-Arnon 18 102 Ca 66
58300 l' Usage 58 104 Dd 67
44590 Lusanger 44 82 Yc 62
25640 Lusans 25 93 Gb 64
31510 Luscan 31 176 Ad 90
12350 Lusclade 12 151 Ca 82
15170 l' Usclade 15 128 Da 78
63150 Lusclade 63 127 Ce 75
24320 Lusignan 24 124 Ab 77
86600 Lusignan 86 111 Aa 70
47450 Lusignan-Grand 47 149 Ad 83
03230 Lusigny 03 104 Dc 69
10270 Lusigny-sur-Barse 10 74 Eb 59
21360 Lusigny-sur-Ouche 21 105 Ee 66
26620 Lus-la-Croix-Haute 26 144 Fe 81
16450 Lussac 16 124 Ac 73
17500 Lussac 17 123 Zd 76
24220 Lussac 24 137 Ba 79
33570 Lussac 33 135 Zf 79
24300 Lussac-et-Nontronneau 24 124 Ad 75
86320 Lussac-les-Châteaux 86 112 Ae 70
87360 Lussac-les-Eglises 87 113 Bb 70
40270 Lussagnet 40 147 Ze 86
64160 Lussagnet-Lusson 64 162 Ze 88
30580 Lussan 30 154 Ec 84
32270 Lussan 32 163 Ae 87
31430 Lussan-Adeilhac 31 164 Af 89
17430 Lussant 17 110 Zb 73
07170 Lussas 07 142 Ec 81
23170 Lussat 23 114 Cc 71
63360 Lussat 63 128 Db 73
15500 Lussaud 15 128 Da 77
37400 Lussault-sur-Loire 37 86 Af 64
41500 Lussay 41 86 Bd 62
88490 Lusse 88 77 Ha 59
79170 Lusseray 79 111 Zf 72
40240 Lussolle 40 148 Ze 84
24300 Lusson 24 124 Ae 76
40190 Lusson 40 147 Ze 85
65220 Lustar 65 163 Ac 89
20240 Lustinchellu CTC 183 Kc 97
47140 Lustrac 47 149 Af 82
22110 Lustruyen 22 63 We 59
23170 Lut 23 115 Cc 71
67430 Luterbach 67 57 Ha 55
74300 Luth 74 120 Gd 73
58240 Luthenay-Uxeloup 58 103 Db 67
01260 Luthézieu 01 119 Fd 73
65190 Lutilhous 65 163 Ab 90
48500 Lutran 48 153 Db 82
57935 Luttange 57 56 Gb 53
68140 Luttenbach-près-Munster 68 77 Ha 60
68480 Lutter 68 95 Hc 64
68460 Lutterbach 68 95 Hb 62
28150 Lutz 28 70 Be 59
57820 Lutzelbourg 57 58 Hb 56
28200 Lutz-en-Dunois 28 70 Bc 60
88110 Luvigny 88 77 Ha 58
20124 Luviu CTC 185 Kb 98
21120 Lux 21 92 Fb 64
31290 Lux 31 165 Be 88
71100 Lux 71 106 Ef 68
48310 Luxal 48 140 Da 80
16230 Luxé 16 111 Aa 73
51300 Luxémont-et-Villotte 51 54 Ed 56
21120 Luxerois 21 91 Fa 63
58140 Luxery 58 90 De 65
64120 Luxe-Sumberraute 64 161 Yf 88
70300 Luxeuil-les-Bains 70 93 Gc 62
40430 Luxey 40 147 Zc 83
25110 Luxiol 25 93 Gc 64
10150 Luyères 10 73 Eb 58
13080 Luynes 13 170 Fc 88
37230 Luynes 37 85 Ad 64
17320 Luzac 17 122 Yf 74
77138 Luzancy 76 52 Db 55
95270 Luzarches 95 51 Cc 54
65120 Luz-Ardiden 65 175 Zf 91
79100 Luzay 79 99 Ze 67
37120 Luzé 37 100 Ac 66
70400 Luze 70 94 Ge 63
46140 Luzech 46 137 Bb 82
09200 Luzenac 09 176 Ba 91
09310 Luzenac 09 177 Be 92
12100 Luzençon 12 152 Cf 84
26410 Luzerand 26 143 Fc 81
36800 Luzeret 36 113 Bc 69
74700 Luzier 74 121 Gd 73
80160 Luzières 80 38 Ca 50
46340 Luziers 46 137 Bb 80
63350 Luzillat 63 116 Dc 73
37150 Luzillé 37 86 Ba 65
38200 Luzinay 38 130 Ef 75
29610 Luzivilly 29 63 Wc 57
02500 Luzoir 02 41 Df 49
65120 Luz-Saint-Sauveur 65 175 Zf 91
58170 Luzy 58 104 Df 68
55700 Luzy-Saint-Martin 55 42 Fa 51
52000 Luzy-sur-Marne 52 75 Fb 60
07000 Lyas 07 142 Ed 80
74200 Lyaud 74 120 Gd 70
70320 Lyaumont 70 93 Gb 61
36600 Lye 36 101 Bc 65
02440 Ly-Fontaine 02 40 Db 50
59173 Lynde 59 29 Cc 44
70200 Lyoffans 70 94 Gd 63
69000* Lyon 69M 130 Ef 74
03110 Lyonne 03 116 Db 72
74500 Lyonnet 74 120 Gd 70
27480 Lyons-la-Forêt 27 37 Bc 52
44580 Lyorne 44 96 Xf 66
58190 Lys 58 89 Dd 64
59390 Lys 59 30 Db 45
64260 Lys 64 162 Zd 90
71390 Lys 71 105 Ed 68
71460 Lys 71 118 Ee 69
60500 Lys-Chantilly 60 51 Cc 53
36230 Lys-Saint-Georges 36 101 Be 69

M

40660 Maa 40 146 Yd 85
02220 Maast-et-Violaine 02 52 Dc 53
52500 Maâtz 52 92 Fc 62
24470 Maberout 24 124 Af 75
42300 Mably 42 117 Ea 72
33460 Macau 33 134 Zc 78
64240 Macaye 64 160 Ye 89
61500 Macé 61 48 Aa 57
10300 Macey 10 73 Df 59
50170 Macey 50 66 Yd 57
43550 Machabert 43 141 Ea 79
08310 Machault 08 41 Ed 52
77133 Machault 76 72 Ce 58
85190 Maché 85 96 Yb 68
02350 Mâchecourt 02 41 Df 51
60150 Machemont 60 39 Cf 52
17800 Machennes 17 122 Zc 75
57730 Macheren 57 57 Ge 54
77630 Macherin 76 71 Cd 58
74200 Mâcheron 74 120 Gc 71
91640 Machery 91 70 Ca 57
42114 Machézal 42 117 Eb 73
80150 Machiel 80 28 Be 47
74140 Machilly 74 120 Gb 71
10320 Machy 10 73 Ea 60
80150 Machy 80 28 Be 47
20248 Macinaggio CTC 181 Kc 91
67390 Mackenheim 67 60 Hd 59
57220 Macker 57 57 Gc 54
67430 Mackwiller 67 57 Hb 55
42520 Maclas 42 130 Ee 76
51210 Maclaunay 51 53 Dd 55
51220 Mâco 51 53 Df 53
02470 Macogny 02 52 Db 54
21210 Mâcon 21 105 Eb 65
71000 Mâcon 71 118 Ee 71
52300 Maconcourt 52 75 Fb 58
88170 Maconcourt 88 76 Ff 58
21320 Maconge 21 105 Ed 65
39570 Macornay 39 107 Fd 69
73210 Mâcot-la-Plagne 73 133 Ge 75
60620 Macquelines 60 52 Cf 53
17490 Macqueville 17 123 Ze 74
02120 Macquigny 02 40 Dd 49
88270 Madecourt 88 76 Ga 59
88450 Madegney 88 76 Gb 59
15210 Madic 15 127 Cc 76
09100 Madière 09 165 Bd 90
34190 Madières 34 153 Dd 85
16270 Madieu 16 112 Ad 73
33670 Madirac 33 135 Zd 80
65700 Madiran 65 162 Zf 87
41120 Madon 41 86 Bb 63
88270 Madonne-et-Lamerey 88 76 Gb 59
13820 Madrague-de-Gignac 13 170 Fb 89
19470 Madranges 19 126 Be 76
53250 Madré 53 67 Zd 58
63340 Madriat 63 128 Db 76
43170 Madrière 43 140 Dc 79
22340 Maël-Carhaix 22 63 Wd 59
22160 Maël-Pestivien 22 63 We 58
67700 Maennolsheim 67 58 Hc 56
95560 Maffliers 95 51 Cb 54
51800 Maffrécourt 51 54 Ee 54
33990 Magagnan 33 122 Yf 77
06520 Magagnosc 06 173 Gf 86
34480 Magalas 34 167 Db 88
28170 Mage 28 69 Bb 57
79100 Mage 79 99 Ze 66
17120 Mageloup 17 122 Zb 76
51530 Magenta 51 53 Df 54
40140 Magescq 40 146 Ye 86
74300 Magland 74 120 Gd 72
33690 Magnac 33 148 Zf 82
87380 Magnac-Bourg 87 125 Bc 75
87190 Magnac-Laval 87 113 Bb 71
16320 Magnac-Lavalette-Villars 16 124 Ab 76
16600 Magnac-sur-Touvre 16 124 Ab 74
46110 Magnagues 46 138 Be 79
32110 Magnan 32 148 Zf 86
31340 Magnanac 31 150 Bc 85
10110 Magnant 10 74 Ec 59
78930 Magnanville 78 50 Be 55
32380 Magnas 32 149 Ae 85
23400 Magnat 23 114 Be 73
23260 Magnat-L'Etrange 23 127 Cb 74
03250 Magnaud 03 116 Dd 73
79460 Magné 79 110 Zc 71
86160 Magné 86 112 Ac 70
03260 Magnet 03 116 Dc 71
51170 Magneux 51 53 De 53
52130 Magneux 52 75 Fa 57
42600 Magneux-Haute-Rive 42 129 Eb 75
10240 Magnicourt 10 74 Ec 58
62127 Magnicourt-en-Comte 62 29 Cc 46
62270 Magnicourt-sur-Canche 62 29 Cc 47
21230 Magnien 21 105 Ec 66
54129 Magnières 54 77 Gd 58
01300 Magnieu 01 131 Fe 74
95420 Magnitot 95 50 Be 54
70300 Magnivray 70 94 Gc 62
70800 Magnoncourt 70 93 Gb 61
03360 Magnoux 03 102 Cd 69
28270 Magny 28 49 Af 56
28120 Magny 28 69 Bb 58
42590 Magny 42 117 Ea 73
57000 Magny 57 56 Gb 54
68210 Magny 68 94 Ha 63
89200 Magny 89 90 Df 64
58470 Magny-Cours 58 103 Da 67
70200 Magny-Danigon 70 94 Gd 62
14400 Magny-en-Bessin 14 34 Zc 53
95420 Magny-en-Vexin 95 50 Be 54
10140 Magny-Fouchard 10 74 Ed 59
14270 Magny-la-Campagne 14 48 Zf 54
02420 Magny-la-Fosse 02 40 Db 49
21450 Magny-Lambert 21 91 Ed 62
21140 Magny-la-Ville 21 91 Ec 64
61600 Magny-le-Désert 61 67 Ze 57
14270 Magny-le-Freule 14 35 Zf 54
77700 Magny-le-Hongre 76 52 Ce 55
21170 Magny-lès-Aubigny 21 106 Fb 66
78114 Magny-les-Hameaux 78 51 Ca 56
70500 Magny-lès-Jussey 70 93 Ff 61
21700 Magny-lès-Villers 21 106 Ef 66
58800 Magny-Lormes 58 90 De 65
21130 Magny-Montarlot 21 106 Fc 65
77470 Magny-Saint-Loup 76 52 Cf 55
21310 Magny-Saint-Médard 21 92 Fb 64
21110 Magny-sur-Tille 21 92 Fb 65
70200 Magny-Vernois 70 94 Gc 62
22480 Magoar 22 63 We 58
33600 Magonty 33 134 Zb 80
79420 Magot 79 99 Zf 69
56680 Magouëro 56 80 We 62
19370 Magoutière 19 126 Be 75
11300 Magrie 11 178 Cb 90
12200 Magrin 12 151 Bf 83
12450 Magrin 12 152 Cd 83
81220 Magrin 81 165 Bf 87
12120 Magrinet 12 151 Cc 83
68510 Magstatt-le-Bas 68 95 Hc 63
68510 Magstatt-le-Haut 68 95 Hc 63
40420 Maguide 40 147 Zc 84
29790 Mahalon 29 78 Vd 60
40430 Mahan 40 147 Zc 83
61380 Mahéru 61 48 Ac 57
33730 Mahon 33 135 Zd 82
40180 Mahourat 40 161 Yf 87
25120 Maîche 25 108 Ge 65
54700 Maidières 54 56 Ga 55
07320 Maifraiches 07 142 Ec 78
32310 Maignaut-Tauzia 32 148 Ac 85
72210 Maigné 72 68 Zf 61
60420 Maignelay-Montigny 60 39 Cd 51
43150 Maiguezin 43 141 Df 79
11120 Mailhac 11 166 Ce 89
31310 Mailhac 31 164 Bb 90
87160 Mailhac-sur-Benaize 87 113 Bb 71
63570 Mailhat 63 128 Db 76
65220 Mailhes 65 163 Ab 89
81130 Mailhoc 81 151 Ca 84
31310 Mailholas 31 164 Bb 89
13910 Maillane 13 155 Ee 86
15160 Maillargues 15 128 Cf 77
40120 Maillas 40 148 Ze 83
01430 Maillat 01 119 Fd 72
37800 Maillé 37 100 Ad 66
79170 Maillé 79 111 Ze 72
85420 Maillé 85 110 Zb 70
86190 Maillé 86 99 Aa 68
33670 Mailleau 33 135 Ze 80
28170 Maillebois 28 49 Ba 57
40120 Maillères 40 147 Zd 84

70240 Mailleroncourt-Charette 70 93 Gb 62
70210 Mailleroncourt-Saint-Pancras 70 93 Ga 61
03190 Maillet 03 115 Cd 70
36340 Maillet 36 113 Be 69
70000 Mailley-et-Chazelot 70 93 Ga 63
85420 Maillezais 85 110 Zb 70
87370 Maillofargueix 87 113 Bc 72
24290 Maillol 24 137 Ba 78
64510 Maillon 64 162 Ze 89
89100 Maillot 89 72 Db 59
71340 Mailly 71 117 Ea 71
51500 Mailly-Champagne 51 53 Ea 54
89270 Mailly-la-Ville 89 89 De 63
10230 Mailly-le-Camp 10 53 Eb 56
89660 Mailly-le-Château 89 90 Dd 63
80560 Mailly-Maillet 80 29 Cd 48
80110 Mailly-Raineval 80 39 Cc 50
54610 Mailly-sur-Seille 54 56 Gb 55
60600 Maimbeville 60 39 Cd 52
45630 Maimbray 45 88 Cf 63
77760 Mainbervilliers 76 71 Cc 59
18300 Mainbré 18 88 Ce 64
08220 Mainbresson 08 41 Eb 50
08220 Mainbressy 08 41 Eb 50
78720 Maincourt 78 50 Bf 56
77950 Maincy 76 71 Ce 57
16230 Maine-de-Boixe 16 124 Ab 73
17260 Maine-Fleuret 17 122 Zc 75
16590 Maine-Joizeau 16 124 Ab 74
24400 Maine-Lava 24 136 Ab 79
76440 Mainemare 77 37 Bc 51
28160 Maineuf 28 69 Ba 59
16250 Mainfonds 16 123 Aa 75
59233 Maing 59 30 Dc 47
27150 Mainneville 27 38 Be 52
23700 Mainsat 23 114 Cc 72
62870 Maintenay 62 28 Be 46
28130 Maintenon 28 70 Bd 57
28270 Mainterne 28 49 Ba 56
76660 Maintru 77 37 Bb 50
54150 Mainville 54 56 Ff 53
57380 Mainvillers 57 57 Gd 54
28300 Mainvilliers 28 70 Bc 58
45330 Mainvilliers 45 71 Cb 59
16200 Mainxe-Gondeville 16 123 Ze 75
16200 Mainxe-Gondeville 16 123 Zf 74
16380 Mainzac 16 124 Ac 75
79190 Mairé 79 111 Aa 72
86270 Mairé 86 100 Ae 67
79230 Mairé-Bas 79 111 Zd 71
12260 Mairinhagues 12 151 Bf 82
08140 Mairy 08 42 Fa 51
54150 Mairy-Mainville 54 56 Ff 53
51240 Mairy-sur-Marne 51 54 Ec 55
44690 Maisdon-sur-Sèvre 44 97 Yd 66
21400 Maisey-le-Duc 21 91 Ee 61
25290 Maisières-Notre-Dame 25 107 Ga 66
80220 Maisnières 80 38 Bd 48
62130 Maisnil 62 29 Cc 46
62380 Maisnil 62 29 Ca 45
62620 Maisnil-lès-Ruitz 62 29 Cd 46
39260 Maisod 39 119 Fe 70
44850 Maison-Blanche 44 82 Yd 65
62310 Maisoncelle 62 29 Ca 46
79600 Maisoncelle 79 99 Zf 68
08450 Maisoncelle-et-Villers 08 42 Ef 51
52240 Maisoncelles 52 75 Fd 60
72440 Maisoncelles 72 85 Ad 61
60112 Maisoncelle-Saint-Pierre 60 38 Ca 51
53170 Maisoncelles-du-Maine 53 67 Zc 61
77570 Maisoncelles-en-Gâtinais 76 71 Cd 59
14500 Maisoncelles-la-Jordan 14 47 Za 56
14310 Maisoncelles-Pelvey 14 47 Zb 54
60480 Maisoncelle-Tuilerie 60 38 Cb 51
10140 Maison-des-Champs 10 74 Ed 59
89420 Maison-Dieu 89 90 Ea 63
23800 Maison-Feyne 23 113 Be 70
20214 Maison forest. de Bonifatu CTC 180 Ie 94
57230 Maison Forestière Biesenberg 57 58 Hd 54
57230 Maison Forestière Dauenthal 57 58 Hd 54
57230 Maison Forestière Erlenmoos 57 58 Hd 54
24140 Maison-Jeannette 24 136 Ad 78
61110 Maison-Maugis 61 69 Ae 58
04530 Maison-Méane 04 158 Gf 82
18170 Maisonnais 18 102 Cb 69
87440 Maisonnais-sur-Tardoire 87 124 Ae 74
40090 Maisonnave 40 147 Zc 85
79500 Maisonnay 79 111 Zf 71
07230 Maison-Neuve 07 154 Eb 82
16410 Maison-Neuve 16 124 Ac 75
19400 Maison-Neuve 19 138 Ca 78
35500 Maison-Neuve 35 66 Yf 60
40240 Maison-Neuve 40 147 Ze 84
67130 Maison-Neuve 67 77 Hb 58
86170 Maisonneuve 86 99 Aa 68
33138 Maisonnieu 33 134 Yf 80
23150 Maisonnisses 23 114 Bf 72
20242 Maison Pierraggi CTC 183 Kc 96
80150 Maison-Ponthieu 80 29 Ca 47
80135 Maison-Roland 80 29 Ca 48
23600 Maison-Rouge 23 114 Cb 70
24800 Maison-Rouge 24 125 Af 76
59530 Maison-Rouge 59 31 Dc 47
63210 Maison-Rouge 63 127 Cf 75
77370 Maison-Rouge 76 72 Da 57
11330 Maisons 11 179 Cd 91
14400 Maisons 14 47 Zb 53
28700 Maisons 28 70 Bf 58
94700 Maisons-Alfort 94 51 Cc 56
25650 Maisons-du-Bois 25 108 Gc 67
51300 Maisons-en-Champagne 51 54 Ec 56
67220 Maisonsgoutte 67 60 Hb 58
78600 Maisons-Laffitte 78 51 Ca 55
10210 Maisons-lès-Chaource 10 73 Eb 60
10200 Maisons-lès-Soulaines 10 74 Ee 59
24590 Maisons-Selves 24 137 Bb 78
79600 Maisontiers 79 98 Ze 68
91720 Maisse 91 71 Cc 58
02490 Maissemy 02 40 Db 49
64360 Maissonave 64 161 Zc 89
14450 Maisy 14 46 Yf 52
54370 Maixe 54 56 Gc 57
54470 Maizerais 54 56 Fe 55
55160 Maizeray 55 55 Fe 54
71460 Maizeray 71 105 Ed 69
57530 Maizeroy 57 56 Gc 54
14210 Maizet 14 47 Zd 54
55300 Maizey 55 55 Fd 55
58150 Maizière 58 89 Da 65
14190 Maizières 14 48 Zf 54
52300 Maizières 52 75 Fa 58
54550 Maizières 54 76 Ga 57
62127 Maizières 62 29 Cc 47
70190 Maizières 70 93 Ga 64
10510 Maizières-la-Grande-Paroise 10 73 De 57
10500 Maizières-lès-Brienne 10 74 Ed 58
57280 Maizières-lès-Metz 57 56 Ga 53
57810 Maizières-lès-Vic 57 57 Ge 56
52500 Maizières-sur-Amance 52 92 Fd 62
42750 Maizilly 42 117 Eb 71
36170 Maizotin 36 113 Bc 70
02160 Maizy 02 40 De 52
82160 Majac 82 151 Be 83
04270 Majastres 04 157 Gb 85
46160 Majourals 46 138 Be 81
32730 Malabat 32 163 Ab 88
81490 Malacan 81 166 Cc 87
56330 Malachappe 56 79 Wf 62
01340 Malafretaz 01 118 Fa 71
24210 Malagnac 24 137 Ba 78
74580 Malagny 74 120 Ga 72
17620 Malaigre 17 122 Yf 73
21410 Mâlain 21 91 Ee 65
88140 Malaincourt 88 76 Fe 59
52150 Malaincourt-sur-Meuse 52 75 Fd 60
55270 Malancourt 55 55 Fb 53
57360 Malancourt-la-Montagne 57 56 Ga 53
08370 Malandry 08 42 Fb 51
39700 Malange 39 107 Fd 65
19150 Malangle 19 126 Be 77
16500 Malanguin 16 112 Ae 72
25330 Malans 25 107 Ga 66
70140 Malans 70 92 Fd 65
56220 Malansac 56 81 Xe 62
07140 Malarce-sur-la-Thines 07 154 Ea 82
91470 Malassis 91 51 Ca 57
46600 Malastrèges 46 138 Bd 79
26780 Malataverne 26 142 Ee 82
30580 Malataverne 30 154 Ec 83
43200 Malataverne 43 141 Ea 77
16300 Malatret 16 123 Zf 76
84340 Malaucène 84 156 Fa 83
57590 Malaucourt-sur-Seille 57 56 Gc 55
55200 Malaumont 55 55 Fc 56
35460 Malaunay 35 66 Yd 58
35330 Malaunay 35 81 Xf 61
76770 Malaunay 77 37 Ba 51
82200 Malause 82 149 Af 84
64410 Malaussanne 64 162 Zd 87
06710 Malaussène 06 158 Ha 85
63200 Malauzat 63 128 Da 73
48100 Malavielle 48 140 Db 81
54560 Malavillers 54 43 Ff 52
71460 Malay 71 118 Ee 69
12220 Malayal 12 139 Cb 81
89100 Malay-le-Grand 89 72 Dc 59
89100 Malay-le-Petit 89 72 Dc 59
15230 Malbo 15 139 Ce 79
07140 Malbosc 07 154 Ea 82
07140 Malbosquet 07 154 Ea 82
70200 Malbouhans 70 94 Gd 62
25620 Malbrans 25 107 Ga 66
25160 Malbuisson 25 108 Gb 68
18130 Malçay 18 102 Cd 67
19340 Malcornet 19 127 Cc 74
57560 Malcôte 57 77 Ha 57
61260 Mâle 61 69 Ae 59
04000 Malefiance 04 157 Gb 83
09500 Malegoude 09 165 Bf 90
19360 Malemort 19 138 Bd 77
84570 Malemort-du-Comtat 84 156 Fa 84
19290 Malepouge 19 126 Ca 75
33133 Maleret 33 135 Ze 79
44390 Malescot 44 82 Yc 63
45330 Malesherbes 45 71 Cc 59
19160 Malesoute 19 126 Ca 76
56140 Malestroit = Malastraed 56 81 Xd 62
40400 Malet 40 147 Zb 85
61290 Malétable 61 69 Ae 57
86160 Maleuf 86 112 Ab 70
63840 Maleval 63 129 Df 76
07660 Malevielle 07 141 Df 80
12350 Maleville 12 151 Ca 82
48500 Maleville 48 153 Db 82
19300 Maleyre 19 126 Ca 76
43230 Malgascon 43 141 Dd 78
15140 Malgorse 15 139 Cc 78
56300 Malguénac 56 79 Wf 60
14260 Malherbe-sur-Ajon 14 47 Zc 54
36340 Malicornay 36 114 Bd 60
03600 Malicorne 03 115 Ce 71
37310 Malicorne 37 100 Ae 65
89120 Malicorne 89 89 Da 62
72270 Malicorne-sur-Sarthe 72 84 Zf 62
49540 Maligné 49 98 Zd 65
21230 Maligny 21 105 Ed 66
89800 Maligny 89 90 De 61
04350 Malijai 04 157 Ga 84
59127 Malincourt 59 30 Db 48
63510 Malintrat 63 128 Db 74
26120 Malissard 26 143 Ef 79
37230 Malitourne 37 85 Ad 64
13115 Mallabré 13 171 Fe 86
16120 Mallaville 16 123 Zf 75
04230 Mallefougasse 04 157 Ff 84
54670 Malleloy 54 56 Ga 56
04510 Mallemoisson 04 157 Ga 84
13370 Mallemort 13 170 Fb 86
09120 Malléon 09 177 Be 90
19500 Mallepeyre 19 138 Bd 78
23260 Malleret 23 127 Cb 74
23600 Malleret-Boussac 23 114 Ca 70
39190 Mallerey 39 106 Fc 69
15100 Mallesaignes 15 140 Cf 79
07320 Malleval 07 142 Ec 78
38470 Malleval 38 143 Fc 78
42520 Malleval 42 130 Ee 76
24200 Mallevergne 24 137 Bb 79
17360 Malleville 17 135 Zf 77
76450 Malleville-les-Grès 77 36 Ad 50
27800 Malleville-sur-le-Bec 27 49 Ae 53
16110 Malleyrand 16 124 Ac 74
85590 Mallièvre 85 98 Za 67
38460 Mallin 38 131 Fb 74
57480 Malling 57 44 Gb 52
14350 Malloué 14 47 Za 55
57130 Malmaison 57 56 Ga 54
68550 Malmerspach 68 94 Ha 61
08450 Malmy 08 42 Ef 51
51800 Malmy 51 54 Ee 53
85300 Malnoue 85 96 Ya 67
59240 Malo- les-Bains 59 27 Cc 42
14280 Mâlon 14 35 Zd 53
30450 Malous-et-Elze 30 154 Ea 82
27300 Malouy 27 49 Ad 54
80250 Malpart 80 39 Cc 50
25160 Malpas 25 108 Gb 68
31380 Malpas 31 150 Bd 86
43370 Malpas 43 141 Df 79
82160 Malpérie 82 150 Be 83
12800 Malphettes 12 151 Cc 84
63490 Malpie 63 128 Dc 75
59570 Malplaquet 59 31 Df 47
46400 Malpuch 46 138 Bf 80
11300 Malras 11 165 Cb 90
43800 Malrevers 43 141 Df 78
05460 Malrif 05 145 Gf 80
52140 Malroy 52 75 Fd 61
57640 Malroy 57 56 Gb 53
19290 Malsagne 19 126 Ca 74
71140 Maltat 71 104 De 68
58150 Maltaverne 58 88 Cf 64
73390 Maltaverne 73 132 Gb 75
14930 Maltot 14 35 Zd 54
50760 Maltot 50 34 Ye 51
70400 Malval 70 94 Gd 63
43210 Malvalette 43 129 Ea 76
87250 Malvat 87 113 Bc 71
02140 Malvaux 02 41 Ea 50
90200 Malvaux 90 94 Gf 62
11600 Malves-en-Minervois 11 166 Cc 89
11120 Malvesi 11 167 Cf 89
31510 Malvezie 31 176 Ae 90
16290 Malvieille 16 123 Zf 74
63980 Malvieille 63 129 Dd 75
43160 Malvières 43 129 De 76
11300 Malviès 11 165 Cb 90
38510 Malville 38 131 Fc 74
44260 Malville 44 82 Ya 64
70120 Malvillers 70 93 Fe 62
89120 Malvrain 89 89 Da 61
56480 Malvran 56 63 Wf 59
54220 Malzéville 54 56 Gb 56
02120 Malzy 02 40 De 49
25150 Mambouhans 25 94 Gd 64
43190 Mamea 43 141 Eb 78
87500 Mameix 87 125 Bb 75
72600 Mamers 72 68 Ac 58
62120 Mametz 62 29 Cb 45
80300 Mametz 80 29 Ce 49
54470 Mamey 54 56 Ff 55
25620 Mamirolle 25 107 Ga 65
80360 Manancourt 80 39 Cf 48
26160 Manas 26 143 Ef 81
32170 Manas-Bastanous 32 163 Ac 88
24620 Manaurie 24 137 Af 79
54150 Mance 54 56 Ff 53
25250 Mancenans 25 94 Gd 64
34210 Mancès 34 166 Cd 88
71240 Mancey 71 106 Ee 69
28700 Manchainville 28 70 Be 58
45300 Manchecourt 45 71 Cc 59
32370 Manciet 32 148 Aa 86
54790 Mancieulles 54 56 Ff 53
31360 Mancioux 31 164 Af 90
51530 Mancy 51 53 Df 55
57640 Mancy 57 56 Gb 53
24560 Mandacou 24 136 Ad 80
30120 Mandagout 30 153 Dd 84
12500 Mandailles 12 139 Cf 81
15590 Mandailles-Saint-Julien 15 139 Cd 78
30480 Mandajors 30 154 Df 84
74350 Mandallaz 74 120 Ga 73
79190 Mandegault 79 111 Zf 72
06210 Mandelieu-La-Napoule 06 173 Gf 87
63630 Mandelles 63 128 Dd 76
21190 Mandelot 21 105 Ee 66
57480 Manderen-Ritzing 57 44 Gc 52
57480 Manderen-Ritzing 57 44 Gc 52
25350 Mandeure 25 94 Gf 64
27370 Mandeville 27 49 Ba 53
14710 Mandeville-en-Bessin 14 47 Za 53
30170 Mandiargues 30 154 Df 85
88650 Mandray 88 77 Gf 59
27130 Mandres 27 49 Af 56
54470 Mandres-aux-Quatres-Tours 54 56 Fe 55
55290 Mandres-en-Barrois 55 75 Fc 58
52800 Mandres-la-Côte 52 75 Fb 60
94520 Mandres-les-Roses 94 51 Cd 56
88800 Mandres-sur-Vair 88 76 Ff 59
20200 Mandriale CTC 181 Kc 92
20167 Mandriolo CTC 182 Ie 96
30129 Manduel 30 154 Ec 86
04300 Mane 04 156 Fe 85
31260 Mane 31 164 Af 90
56440 Mané-er-Ven 56 80 We 61
76133 Manéglise 77 36 Ab 51
29300 Mane-Guégan 29 79 Wc 61
56680 Manéguen 56 79 We 62
76590 Manéhouville 77 37 Ba 50
32140 Manent-Montané 32 163 Ad 88
14340 Manerbe 14 35 Ab 53
55150 Mangiennes 55 43 Fd 52
63270 Manglieu 63 128 Dc 75
54290 Mangonville 54 76 Gb 58
12160 Manhac 12 152 Cc 83
15220 Manhes 15 139 Cb 79
55160 Manheulles 55 55 Fd 54
33210 Manhot 33 135 Zd 81
57590 Manhoué 57 56 Gc 56
02300 Manicamp 02 40 Db 51
74230 Manigod 74 132 Gc 73
62810 Manin 62 29 Cd 47
87380 Manin 87 125 Bd 75
38650 Maninaire 38 143 Fd 79
62650 Maninghem 62 28 Bf 45
62250 Maninghen-Henne 62 26 Be 44
69800 Manissieux 69M 130 Ef 74
21430 Manlay 21 105 Ec 66
76110 Mannevil-la-Goupil 77 36 Ac 51
76460 Manneville-ès-Plains 77 36 Ae 49
14130 Manneville-la-Pipard 14 48 Ab 53
27210 Manneville-la-Raoult 27 36 Ab 52
27500 Manneville-sur-Risle 27 36 Ad 52
76290 Mannevillette 77 35 Ab 51
40410 Mano 40 147 Zb 82
24370 Manobre 24 137 Bb 80
76510 Manoir-du-Val 77 37 Bb 50
52700 Manois 52 75 Fc 59
57100 Manom 57 44 Gb 52
65220 Manoncères 65 163 Ac 89
54210 Manoncourt-en-Vermois 54 76 Gb 57
54385 Manoncourt-en-Woëvre 54 56 Ff 56
54610 Manoncourt-sur-Seille 54 56 Ga 55
54385 Manonville 54 56 Ff 56
54300 Manonviller 54 77 Gd 57
04100 Manosque 04 156 Fe 86
16500 Manot 16 112 Ad 73
28240 Manou 28 69 Af 57
58210 Manou 58 89 Db 64
08400 Manre 08 54 Ed 53
43130 Mans 43 129 Df 77
71800 Mans 71 117 Eb 70
19520 Mansac 19 137 Bc 77
65140 Mansan 65 163 Ab 88
23400 Mansat-la-Courrière 23 114 Be 73
27410 Manselles 27 49 Ae 55
32120 Mansempuy 32 164 Ae 86
32310 Mansencôme 32 148 Ac 85
40560 Mansenes 40 146 Yd 85
46110 Manserges 46 138 Be 79
09500 Manses 09 165 Be 90
72510 Mansigné 72 84 Aa 62
16230 Mansle 16 124 Ab 73
20245 Manso CTC 182 Ie 94
63122 Manson 63 128 Da 74
82120 Mansonville 82 149 Af 84
68210 Manspach 68 94 Ha 63
40700 Mant 40 162 Zc 87
26140 Mantaille 26 130 Ef 77
22450 Mantallot 22 63 We 56
20123 Mantarellu CTC 182 If 98
28700 Mantarville 28 70 Bf 58
58270 Mantelet 58 103 Dc 66
01560 Mantenay-Montlin 01 118 Fa 70
38350 Mantes-en-Ratier 38 144 Fe 79
78200 Mantes-la-Jolie 78 50 Be 55
78711 Mantes-la-Ville 78 50 Be 55
66360 Mantet 66 178 Cb 94
64300 Mantette 64 161 Zb 88
05400 Manteyer 05 144 Ff 81
37240 Manthelan 37 100 Ae 66
27240 Manthelon 27 49 Ba 55
26210 Manthes 26 130 Fa 77
41240 Manthierville 41 70 Bc 61
61350 Mantilly 61 67 Zb 57
70100 Mantoche 70 92 Fd 64
39230 Mantry 39 107 Fd 68
14117 Manvieux 14 47 Zc 52
87150 Manvin 87 125 Af 74
57380 Many 57 57 Gd 54
57420 Many-aux-Bois 57 56 Ga 55
24110 Manzac-sur-Vern 24 136 Ad 78
63410 Manzat 63 115 Cf 73
01570 Manziat 01 118 Ef 70
83510 Mappe 83 172 Gb 88
12480 Mappen 12 152 Ce 85
62360 Maquinghen 62 28 Be 44
52260 Marac 52 92 Fb 61
54300 Marainviller 54 77 Gd 57
88130 Marainville-sur-Madon 88 76 Gb 58
85350 Marais-Salé 85 96 Xe 68
27680 Marais-Vernier 27 36 Ac 52
32190 Marambat 32 148 Ab 86
20600 Marana CTC 181 Kc 93
16290 Marange 16 123 Aa 74
39270 Marangea 39 119 Fd 70
57535 Marange-Silvange 57 56 Ga 53
57690 Marange-Zondrage 57 57 Gd 54
17230 Marans 17 110 Za 71
49500 Marans 49 83 Za 63
33230 Maransin 33 135 Ze 78
62170 Marant 62 28 Bf 46
52370 Maranville 52 74 Ef 60
08460 Maranwez 08 41 Ec 50
79100 Maranzais 79 99 Zf 67
70110 Marast 70 93 Gc 63
63480 Marat 63 129 De 75
52310 Marault 52 75 Fa 59
34370 Maraussan 34 167 Da 88
24400 Maraval 24 136 Ac 78
83260 Maraval 83 171 Ga 89
31450 Maravals 31 165 Bd 88
32120 Maravat 32 149 Ae 86
41320 Maray 41 101 Bf 65
10160 Maraye-en-Othe 10 73 Df 60
68420 Marbach 68 60 Hb 60
54820 Marbache 54 56 Ga 56
59440 Marbaix 59 31 Df 48
27110 Marbeuf 27 49 Af 54
52320 Marbéville 52 75 Fa 59
44140 Marbœuf 44 97 Yc 66
09230 Marbois 09 176 Bb 90
55300 Marbotte 55 55 Fd 55
28200 Marboué 28 70 Bb 60
01851 Marboz 01 119 Fb 70
31440 Marbre 31 176 Ad 91
33180 Marbuzet 33 122 Zb 77
08260 Marby 08 41 Ec 50
09220 Marc 09 177 Bc 92
65110 Marcadau 65 174 Ze 92
18170 Marçais 18 102 Cc 68
37500 Marçay 37 99 Ab 66
86370 Marçay 86 111 Ab 70
35133 Marcé 35 66 Ye 58
41800 Marcé 41 85 Ae 62
49140 Marcé 49 84 Ze 63
74210 Marceau 74 132 Gb 74
61570 Marcei 61 48 Aa 57
80800 Marcelcave 80 39 Cd 49
14740 Marcelet 14 35 Zd 53
74250 Marcellaz 74 120 Gc 72
74150 Marcellaz-Albanais 74 132 Ff 73
21350 Marcellois 21 91 Ed 64
47200 Marcellus 47 135 Aa 82
33620 Marcenais 33 135 Zd 78
03260 Marcenat 03 116 Dc 71
15190 Marcenat 15 127 Ce 77
15190 Marcenat 15 139 Cb 78
63530 Marcenat-Moullet 63 115 Da 73
21330 Marcenay 21 91 Ec 61
42140 Marcenod 42 130 Ec 75
24590 Marces 24 137 Bb 79
37160 Marcé-sur-Esves 37 100 Ad 66
66320 Marcevol 66 178 Cd 93
50300 Marcey-les-Grèves 50 46 Yd 56
61290 Marchainville 61 69 Ae 57
02350 Marchais 02 40 De 51
91410 Marchais 91 70 Ca 57
91820 Marchais 91 71 Cc 58
89120 Marchais-Beton 89 89 Da 61
02540 Marchais-en-Brie 02 53 Dc 55
15270 Marchal 15 127 Cd 76
01680 Marchamp 01 131 Fd 74
69430 Marchampt 69D 118 Ed 72
21270 Marchandeuil 21 92 Fc 64
15400 Marchastel 15 127 Ce 77
48260 Marchastel 48 140 Da 81
41190 Marché 41 86 Ba 63
28260 Marchefroy 28 50 Bd 55
80200 Marchélepot 80 39 Cf 50
61170 Marchemaisons 61 68 Ab 57
77230 Marchémoret 76 52 Ce 54
41370 Marchenoir 41 86 Bc 62
33380 Marcheprime 33 134 Za 80
08270 Marchéroménil 08 41 Ec 51
26300 Marches 26 143 Fa 79
20130 Marchese CTC 182 Id 96
21430 Marcheseuil 21 105 Ec 66
50190 Marchésieux 50 33 Ye 53
28120 Marchéville 28 69 Bb 58
80150 Marcheville 80 28 Bf 47
55160 Marchéville-en-Woëvre 55 55 Fe 54
28410 Marchezais 28 50 Bd 56
59870 Marchiennes 59 30 Db 46
41700 Marchigny 41 86 Bc 64
59990 Marchipont 59 31 De 46
01100 Marchon 01 119 Fe 71
15320 Marchot 15 140 Db 78
44540 Marchy 44 82 Ye 63
32230 Marciac 32 163 Aa 87
38350 Marcieu 38 144 Fe 79
59149 Marcignies 59 31 Eb 47
71110 Marcigny 71 117 Ea 71
21390 Marcigny-sous-Thil 21 91 Ec 64
43350 Marcilhac 43 141 De 78
46160 Marcilhac-sur-Célé 46 138 Be 81
16500 Marcillac 16 112 Ae 72
24700 Marcillac 24 136 Aa 78
33860 Marcillac 33 123 Zc 77
19320 Marcillac-la-Croisille 19 126 Ca 77
19500 Marcillac-la-Croze 19 138 Be 78
16140 Marcillac-Lanville 16 123 Aa 73
24200 Marcillac-Saint-Quentin 24 137 Bb 79
12330 Marcillac-Vallon 12 139 Cc 82
63440 Marcillat 63 115 Da 72
03420 Marcillat-en-Combraille 03 115 Cd 71
79500 Marcillé 79 111 Zf 71
53440 Marcillé-la-Ville 53 67 Zd 59
35560 Marcillé-Raoul 35 65 Yc 58
35240 Marcillé-Robert 35 66 Yd 61
01150 Marcillieux 01 131 Fb 74
38260 Marcilloles 38 131 Fb 76
18140 Marcilly 18 103 Ce 66
42130 Marcilly 42 129 Ea 74
45340 Marcilly 45 71 Cc 60
50220 Marcilly 50 66 Ye 57
58800 Marcilly 58 104 De 65
58270 Marcilly 58 104 Dc 67
61130 Marcilly 61 68 Ad 59
77139 Marcilly 76 52 Cf 54
89200 Marcilly 89 90 Df 63
69380 Marcilly-d'Azergues 69M 130 Ee 73
41100 Marcilly-en-Beauce 41 86 Ba 62

41210 Marcilly-en-Gault 41 87 Bf 64
45240 Marcilly-en-Villette 45 87 Ca 62
27320 Marcilly-la-Campagne 27 49 Bb 55
71120 Marcilly-la-Gueurce 71 117 Eb 70
42130 Marcilly-le-Châtel 42 129 Ea 74
10290 Marcilly-le-Hayer 10 73 Dd 58
71390 Marcilly-lès-Buxy 71 105 Ed 68
21350 Marcilly-lès-Vitteaux 21 91 Ed 64
21320 Marcilly-Ogny 21 105 Ec 65
52360 Marcilly-Plesnoy 52 92 Fd 61
27810 Marcilly-sur-Eure 27 50 Bc 56
37330 Marcilly-sur-Maulne 37 85 Ab 63
51260 Marcilly-sur-Seine 51 73 De 57
21120 Marcilly-sur-Tille 21 92 Fa 63
37800 Marcilly-sur-Vienne 37 100 Ad 66
62730 Marck 62 27 Bf 43
67390 Marckolsheim 67 60 Hd 59
19150 Marc-la-Tour 19 126 Bf 77
19150 Marc-le-Vieux 19 126 Bf 77
42210 Marclopt 42 129 Eb 75
40190 Marcoge 40 147 Ze 85
59159 Marcoing 59 30 Db 48
15220 Marcolès 15 139 Cc 80
63380 Marcollange 63 127 Cd 73
38270 Marcollin 38 131 Fa 77
07190 Marcols-les-Eaux 07 142 Ec 80
72340 Marçon 72 85 Ad 62
62140 Marconne 62 29 Ca 46
62140 Marconnelle 62 28 Ca 46
74140 Marcorens 74 120 Gb 71
11120 Marcorignan 11 167 Cf 89
91460 Marcoussis 91 51 Cb 57
27520 Marcouville 27 49 Af 53
04420 Marcoux 04 157 Gb 84
42130 Marcoux 42 129 Ea 74
19300 Marcouyeux 19 126 Ca 77
08250 Marcq 08 42 Ef 53
78770 Marcq 78 50 Be 55
59700 Marcq-en-Barœul 59 30 Da 44
59252 Marcq-en-Ostrevent 59 30 Db 47
02720 Marcy 02 40 Dc 49
19170 Marcy 19 126 Ca 75
58210 Marcy 58 89 Dc 65
58130 Marcy 58 103 Db 66
69480 Marcy 69D 118 Ee 73
69280 Marcy-L'Etoile 69M 130 Ee 74
02250 Marcy-sous-Marle 02 40 De 50
51530 Mardeuil 51 53 Df 54
45430 Mardié 45 87 Ca 61
57420 Mardigny 57 56 Ga 55
61230 Mardilly 61 48 Ab 56
52200 Mardor 52 92 Fb 61
69240 Mardore 69D 117 Ec 72
59279 Mardyck 59 27 Cb 42
45300 Mareau-aux-Bois 45 71 Cb 60
45370 Mareau-aux-Prés 45 87 Be 61
40350 Maréchal 40 161 Za 87
77560 Maréchère 76 52 Db 57
72540 Mareil-en-Champagne 72 67 Zf 61
95850 Mareil-en-France 95 51 Cc 54
23150 Mareille 23 114 Bf 72
78490 Mareil-le-Guyon 78 50 Bf 56
52700 Mareilles 52 75 Fb 59
72200 Mareil-sur-Loir 72 84 Aa 62
78124 Mareil-sur-Mauldre 78 50 Bf 55
62990 Marenla 62 28 Bf 46
69970 Marennes 69M 130 Ef 75
17320 Marennes-Hiers-Brouage 17
122 Yf 74
17320 Marennes-Hiers-Brouage 17
122 Yf 73
17560 Marennes-Plage 17 122 Yf 74
27160 Mares 27 49 Af 55
85490 Mares 85 110 Zc 70
72170 Mareschè 72 68 Aa 59
59990 Maresches 59 31 Dd 47
62990 Maresquel-Ecquemicourt 62
28 Bf 46
62550 Marest 62 29 Cc 46
32490 Marestaing 32 164 Ba 87
17160 Marestay 17 123 Ze 73
02300 Marest-Dampcourt 02 40 Da 51
80500 Marestmontiers 80 39 Cd 50
60490 Marest-sur-Matz 60 39 Ce 51
62630 Maresville 62 28 Be 45
63290 Marette 63 116 Dd 73
59238 Maretz 59 30 Dc 48
63710 Mareuge 63 127 Cf 75
63340 Mareugheol 63 128 Da 76
16170 Mareuil 16 123 Zf 74
33210 Mareuil 33 135 Zd 81
80132 Mareuil-Caubert 80 28 Bf 48
51270 Mareuil-en-Brie 51 53 De 55
02130 Mareuil-en-Dôle 02 53 Dd 53
60490 Mareuil-la-Motte 60 39 Ce 51
51700 Mareuil-le-Port 51 53 De 54
77100 Mareuil-lès-Meaux 76 52 Cf 55
18290 Mareuil-sur-Arnon 18 102 Ca 67
51160 Mareuil-sur-Ay 51 53 Ea 54
41110 Mareuil-sur-Cher 41 86 Bb 65
85320 Mareuil-sur-Lay-Dissais 85
109 Ye 69
60890 Mareuil-sur-Ourca 60 52 Da 54
88320 Marey 88 76 Ff 60
21700 Marey-lès-Fussey 21 106 Ef 66
21120 Marey-sur-Tille 21 92 Fa 63
51170 Marfaux 51 53 Df 54
02140 Marfontaine 02 40 De 50
34600 Margal 34 167 Da 87
12440 Margat 12 151 Cb 83
95580 Margency 95 51 Cb 55
19200 Margerides 19 127 Cc 76
26230 Margerie 26 155 Ef 82
42560 Margerie-Chantagret 42 129 Ea 75
51290 Margerie-Hancourt 51 74 Ed 57
26260 Margès 26 143 Fa 78
70600 Margilley 70 92 Fd 63
02880 Margival 02 40 Dc 52
08370 Margny 08 43 Fc 51
51210 Margny 51 53 Dd 55
60310 Margny-aux-Cerises 60 39 Cf 50
60200 Margny-lès-Compiègne 60 39 Ce 52
60490 Margny-sur-Matz 60 39 Ce 51
28400 Margon 28 69 Ae 58
34320 Margon 34 167 Db 88
32290 Margouët-Meymes 32 162 Aa 86
50410 Margueray 50 46 Yf 55
30320 Marguerittes 30 154 Ec 85
33220 Margueron 33 136 Ab 80
32150 Marguestau 32 148 Zf 85
83670 Margui 83 171 Ga 87
33830 Marguit 33 134 Zb 81
08370 Margut 08 42 Fb 51
08270 Margy 08 41 Ec 51
07160 Mariac 07 142 Ec 79
32170 Mariachous 32 163 Ac 88
33830 Marian 33 146 Za 82
41230 Mariaville 41 87 Be 64
54800 Mariaville 54 56 Fe 54
80360 Maricourt 80 39 Ce 49
06420 Marie 06 158 Ha 84
57455 Marienthal 57 57 Ge 54
67500 Marienthal 67 58 He 56
57420 Marieulles 57 56 Ga 54
80560 Marieux 80 29 Cc 48
17800 Marignac 17 123 Zd 75
30700 Marignac 30 154 Eb 84
31440 Marignac 31 176 Ad 91
82500 Marignac 82 149 Af 85
26150 Marignac-en-Diois 26 143 Fc 80
31430 Marignac-Lasclares 31 164 Ba 89
31220 Marignac-Laspeyres 31 164 Af 89
20141 Marignana CTC 182 Ie 95
13700 Marignane 13 170 Fb 88
39240 Marigna-sur-Valouse 39 119 Fd 70
49410 Marigné 49 83 Za 65
49330 Marigné 49 83 Zc 62
72220 Marigné-Laillé 72 85 Ac 62
53200 Marigné-Peuton 53 83 Zb 61
74970 Marignier 74 120 Gd 72
01300 Marignieu 01 131 Fe 74
03210 Marigny 03 103 Db 69
21400 Marigny 21 91 Ed 61
39130 Marigny 39 107 Fe 68
51230 Marigny 51 53 Df 57
58160 Marigny 58 103 Db 67
71300 Marigny 71 105 Ec 68
79360 Marigny 79 111 Zd 71
86380 Marigny-Brizay 86 99 Ac 68
86370 Marigny-Chémereau 86 111 Ab 70
58140 Marigny-la-Ville 58 90 Df 64
21150 Marigny-le-Cahouët 21 91 Ec 64
10350 Marigny-le-Châtel 10 73 De 58
58140 Marigny-L'Eglise 58 90 Df 64
21200 Marigny-lès-Reullée 21 106 Ef 67
45760 Marigny-les-Usages 45 70 Ca 61
37120 Marigny-Marmande 37 100 Ac 67
74150 Marigny-Saint-Marcel 74 132 Ff 74
58800 Marigny-sur-Yonne 58 90 Dd 65
16110 Marillac-le-Franc 16 124 Ac 74
01440 Marillat 01 118 Fb 71
85240 Marillet 85 110 Zc 69
33430 Marimbault 33 147 Ze 82
57810 Marimont 57 57 Ge 56
57670 Marimont-lès-Bénestroff 57
57 Ge 55
12260 Marin 12 151 Bf 82
74200 Marin 74 120 Gd 70
20137 Marina di Fiori CTC 185 Kb 99
20111 Marina di Pévani CTC 182 Ie 96
20213 Marina di Sorbo CTC 181 Kd 94
20166 Marina Viva CTC 182 Ie 97
20217 Marinca CTC 181 Kb 91
40210 Mariné 40 146 Za 83
20230 Marine de Bravone CTC 183 Kd 95
20145 Marine de Cala d'Oru CTC 183 Kc 98
20256 Marine de Davia CTC 180 Ie 93
20253 Marine de Farinole CTC 181 Kb 92
20228 Marine de Giottani CTC 181 Kb 91
20145 Marine de Manichinu CTC 185 Kc 97
20233 Marine de Pietracorbara CTC
181 Kc 91
20260 Marine de Sant'Ambroggio CTC
180 Ie 93
20228 Marine de Scalo CTC 181 Kb 91
20233 Marine de Sisco CTC 181 Kc 92
20240 Marine de Solaro CTC 183 Kc 97
20287 Marine di Meria CTC 181 Kc 91
20240 Marine di Scaffa Rossa CTC
185 Kc 97
95640 Marines 95 51 Bf 54
42140 Maringes 42 129 Eb 75
71140 Maringes 71 104 De 69
63350 Maringues 63 116 Db 73
03270 Mariol 03 116 Dc 72
43440 Marion 43 128 Dd 76
33690 Marions 33 148 Zf 82
57530 Marivaux 57 56 Gc 53
02300 Marizelle 02 40 Db 51
02470 Marizy-Sainte-Geneviève 02
52 Db 53
02470 Marizy-Saint-Mard 02 52 Db 53
44117 Marland 44 81 Xe 65
36290 Marlanges 36 101 Bb 67
15240 Marlat 15 127 Cc 77
70500 Marlay 70 93 Fe 62
02250 Marle 02 40 De 50
73190 Marle 73 132 Ga 75
08290 Marlemont 08 41 Ec 50
67520 Marlenheim 67 60 Hc 57
74210 Marlens 74 132 Gc 74
80290 Marlers 80 38 Bf 50
77610 Marles-en-Brie 76 52 Cf 56
62170 Marles-sur-Canche 62 28 Be 46
23430 Marlhac 23 113 Bd 73
42660 Marlhes 42 130 Ec 77
19700 Marliac 19 126 Be 76
31550 Marliac 31 164 Bc 89
21110 Marliens 21 106 Fb 65
59680 Marlière 59 31 Df 47
01240 Marlieux 01 118 Fa 72
74270 Marlioz 74 120 Ff 72
17290 Marlonges 17 110 Za 72
57155 Marly 57 56 Ga 54
59770 Marly 59 31 Dd 46
02120 Marly-Gomont 02 40 De 49
95670 Marly-la-Ville 95 51 Cc 54
78160 Marly-le-Roi 78 51 Ca 55
71760 Marly-sous-Issy 71 104 Df 68
71420 Marly-sur-Arroux 71 105 Ea 69
18500 Marmagne 18 102 Cb 66
21500 Marmagne 21 90 Ec 63
71710 Marmagne 71 105 Ec 67
43300 Marmaisse 43 140 Dc 78
47200 Marmande 47 136 Aa 82
15250 Marmanhac 15 139 Cc 78
58330 Marmantray 58 104 Dd 66
89420 Marmeaux le Pâtis 89 90 Ea 63
52120 Marmesse 52 74 Ef 60
03630 Marmignolles 03 115 Cd 70
46250 Marminiac 46 137 Bb 81
63410 Marmoizoux 63 115 Cf 73
12200 Marmon 12 151 Ca 83
47220 Marmont-Pachas 47 149 Ad 84
11110 Marmorières 11 167 Da 89
61240 Marmouillé 61 48 Ab 56
16370 Marmounier 16 123 Ze 74
67440 Marmoutier 67 58 Hc 56
24220 Marnac 24 137 Ba 80
69240 Marnand 69D 117 Eb 72
38980 Marnans 38 131 Fb 77
81170 Marnaves 81 151 Bf 84
18300 Marnay 18 103 Cf 65
37190 Marnay 37 85 Ac 65
70150 Marnay 70 93 Fe 65
71240 Marnay 71 106 Ef 68
86160 Marnay 86 112 Ac 70
52800 Marnay-sur-Marne 52 75 Fb 60
10400 Marnay-sur-Seine 10 73 Dd 57
74460 Marnaz 74 120 Gd 72
61550 Marnefer 61 49 Ad 55
77185 Marne-la-Valle 76 51 Cd 55
79600 Marnes 79 99 Zf 67
39270 Marnézia 39 107 Fd 69
43200 Marnhac 43 129 Ea 78
12540 Marnhagues 12 152 Da 85
12540 Marnhagues-et-Latour 12 152 Da 85
36290 Marnoux 36 101 Bb 68
39110 Marnoz 39 107 Fe 67
62161 Marœuil 62 29 Ce 47
59550 Maroilles 59 31 De 48
14100 Marolles 14 48 Ac 54
28410 Marolles 28 50 Bd 56
41330 Marolles 41 86 Bb 63
51300 Marolles 51 54 Ed 56
58700 Marolles 58 104 Dc 65
60890 Marolles 60 52 Da 53
91150 Marolles-en-Beauce 91 71 Cb 58
77120 Marolles-en-Brie 76 52 Da 56
94440 Marolles-en-Brie 94 51 Cd 56
91630 Marolles-en-Hurepoix 91 71 Cb 57
10110 Marolles-lès-Bailly 10 74 Ec 59
72260 Marolles-les-Braults 72 68 Ab 59
28400 Marolles-les-Buis 28 69 Af 58
72120 Marolles-lès-Saint-Calais 72
85 Ae 61
10130 Marolles-sous-Lignières 10 73 Df 61
77130 Marolles-sur-Seine 76 72 Da 58
72600 Marollette 72 68 Ac 58
42560 Marols 42 129 Ea 76
76150 Maromme 77 37 Ba 52
33720 Maron 33 135 Zd 81
36120 Mâron 36 101 Bf 68
54230 Maron 54 56 Ga 57
88270 Maroncourt 88 76 Ga 59
24410 Marot 24 136 Ab 78
47800 Marot 47 136 Ac 81
19170 Marouby 19 126 Bf 75
22400 Maroué 22 64 Xc 58
39290 Marpain 39 92 Fd 65
40330 Marpaps 40 161 Zb 87
59164 Marpent 59 31 Ea 47
35220 Marpiré 35 66 Yd 60
80240 Marquaix 80 39 Da 49
24620 Marquay 24 137 Ba 79
62127 Marquay 62 29 Cc 46
48500 Marquayres 48 153 Db 82
23250 Marque 23 114 Be 72
33180 Marque 33 122 Zb 77
65800 Marque-Debat 65 162 Aa 89
31390 Marquefave 31 164 Bb 89
60490 Marqueglise 60 39 Ce 51
11410 Marquein 11 165 Be 89
65350 Marquerie 65 163 Ab 89
76390 Marques 77 38 Be 50
40190 Marquestau 40 147 Ze 86
59252 Marquette-en-Ostrevent 59
30 Db 47
59520 Marquette-lez-Lille 59 30 Da 44
08390 Marquigny 08 42 Ee 51
59274 Marquillies 59 30 Cf 45
62860 Marquion 62 30 Da 47
40550 Marquis 40 146 Yd 85
62250 Marquise 62 26 Be 44
80700 Marquivillers 80 39 Ce 50
66320 Marquixanes 66 178 Cc 93
32420 Marrast 32 163 Ae 88
89200 Marrault 89 90 Df 64
37370 Marray 37 85 Ae 63
55100 Marre 55 55 Fb 53
40110 Marrouat 40 147 Zb 85
12200 Marroule 12 151 Bf 82
07320 Mars 07 142 Eb 78
30120 Mars 30 153 Dd 84
42750 Mars 42 117 Eb 72
87380 Mars 87 125 Bc 75
11140 Marsa 11 178 Ca 92
16570 Marsac 16 123 Aa 74
16110 Marsac 16 124 Ac 74
19210 Marsac 19 125 Bc 76
23210 Marsac 23 113 Bd 72
33460 Marsac 33 134 Zb 78
47320 Marsac 47 148 Ac 82
47360 Marsac 47 149 Ad 83
65500 Marsac 65 162 Aa 88
82120 Marsac 82 149 Ae 85
63940 Marsac-en-Livradois 63 129 De 76
44170 Marsac-sur-Don 44 82 Yb 63
24430 Marsac-sur l'Isle 24 124 Ad 77
45300 Marsainvilliers 45 71 Cb 59
03390 Marsais 03 115 Cf 70
17700 Marsais 17 110 Zc 72
85570 Marsais-Sainte-Radégonde 85
110 Za 69
57630 Marsal 57 57 Gd 56
24540 Marsalès 24 137 Af 80
32270 Marsan 32 163 Ae 87
45700 Marsan 45 71 Cd 61
24750 Marsaneix 24 137 Ae 78
51260 Marsangis 51 73 Df 57
89500 Marsangy 89 72 Db 60
21160 Marsannay-la-Côte 21 91 Ef 65
21380 Marsannay-le-Bois 21 92 Fa 64
26740 Marsanne 26 142 Ef 81
33620 Marsas 33 135 Zd 78
65200 Marsas 65 175 Ab 90
63200 Marsat 63 128 Da 73
26260 Marsaz 26 143 Ef 78
03220 Marseigne 03 116 Dd 70
32170 Marseillan 32 163 Ab 88
34340 Marseillan 34 167 Dd 88
65350 Marseillan 65 163 Ab 89
34340 Marseillan-Plage 34 167 Dd 89
13001* Marseille 13 170 Fc 89
60690 Marseille-en-Beauvaisis 60 38 Bf 51
18320 Marseilles-lès-Aubigny 18
103 Da 66
11800 Marseillette 11 166 Cd 89
23800 Marseuil 23 114 Be 71
15320 Marsillac 15 140 Db 79
33112 Marsillan 33 122 Za 78
34590 Marsillargues 34 168 Eb 87
23270 Marsillat 23 114 Ca 71
23700 Marsillat 23 115 Cc 72
16240 Marsillé 16 111 Aa 73
17137 Marsilly 17 110 Yf 71
57530 Marsilly 57 56 Gb 54
86260 Marsilly 86 100 Af 69
54800 Mars-la-Tour 54 56 Ff 54
63610 Marsol 63 128 Cf 76
32700 Marsolan 32 149 Ad 85
51240 Marson 51 54 Ed 55
01340 Marsonnas 01 118 Fa 70
39240 Marsonnas 39 119 Fc 71
55190 Marson-sur-Barboure 55 55 Fc 57
65400 Marsous 65 174 Ze 91
57700 Marspich 57 56 Ga 52
81150 Marssac-sur-Tarn 81 151 Ca 85
08400 Mars-sous-Bourcq 08 42 Ed 52
58240 Mars-sur-Allier 58 103 Da 67
87130 Martageix 87 125 Bd 75
27150 Martagny 27 38 Bd 52
80460 Martaigneville 80 28 Bc 48
47250 Martaillac 47 148 Aa 82
71700 Martailly-lès-Brancion 71 118 Ee 69
80140 Martainneville 80 38 Be 48
14220 Martainville 14 47 Zd 55
27210 Martainville 27 48 Ac 53
76116 Martainville-Epreville 77 37 Bb 52
86330 Martaizé 86 99 Aa 67
58700 Martangy 58 103 Dc 66
36700 Marteau 36 101 Bb 67
46600 Martel 46 138 Bd 79
83470 Martelle 83 171 Ff 88
32550 Martet 32 163 Ac 87
10500 Marthaux 10 74 Ec 58
54330 Marthemont 54 76 Ga 57
62120 Marthes 62 29 Cb 45
57340 Marthille 57 57 Gd 55
34220 Marthomis 34 166 Ce 87
16380 Marthon 16 124 Ac 75
73400 Marthou 73 132 Gc 74
24590 Marthres 24 137 Bb 79
63330 Marthuret 63 115 Ce 72
12200 Martiel 12 151 Bf 82
39260 Martigna 39 119 Fe 70
46700 Martignac 46 137 Ba 81
84100 Martignan 84 155 Ee 84
30360 Martignargues 30 154 Eb 84
33127 Martignas-sur-Jalle 33 134 Zb 79
01100 Martignat 01 119 Fd 71
63250 Martignat 63 128 Dd 73
49540 Martigné-Briand 49 98 Zd 65
35640 Martigné-Ferchaud 35 82 Ye 62
53470 Martigné-sur Mayenne 53 67 Zc 59
02500 Martigny 02 41 Ea 49
50600 Martigny 50 66 Yf 57
76880 Martigny 77 37 Ba 49
86170 Martigny 86 99 Ab 69
02860 Martigny-Courpierre 02 40 De 52
71220 Martigny-le-Comte 71 117 Ec 69
88320 Martigny-les-Bains 88 76 Fe 60
88300 Martigny-lès-Gerbonvaux 88
76 Fe 58
14700 Martigny-sur-L'Ante 14 47 Ze 55
13500 Martigues 13 170 Fa 88
33650 Martillac 33 135 Zc 80
88430 Martimpré 88 77 Gf 60
56130 Martinais 56 81 Xe 63
76270 Martincamp 77 37 Bc 50
54380 Martincourt 54 56 Ff 55
60112 Martincourt 60 38 Bf 51
55700 Martincourt-sur-Meuse 55 42 Fb 51
76370 Martin-Église 77 37 Ba 49
23250 Martineiche 23 114 Be 73
85150 Martinet 85 96 Yb 68
85700 Martinet 85 98 Zb 68
17220 Martinière 17 110 Za 72
44640 Martinière 44 96 Yb 65
50660 Martinière 50 46 Yc 55
62450 Martinpuich 62 30 Ce 48
39150 Martins 39 107 Ff 69
59113 Martinsart 59 30 Da 45
80300 Martinsart 80 29 Cd 48
50690 Martinvast 50 33 Yb 51
88410 Martinvelle 88 76 Ff 61
50000 Martinville 50 34 Yf 54
82110 Martissan 82 150 Bb 83
36220 Martizay 36 100 Ba 68
49490 Martoisière 49 84 Aa 63
15800 Martons 15 139 Cd 79
27340 Martot 27 49 Ba 53
14740 Martragny 14 47 Zc 53
33760 Martres 33 135 Ze 80
31210 Martres-de-Rivière 31 163 Ad 90
63720 Martres-sur-Morge 63 116 Db 73
31220 Martres-Tolesane 31 164 Ba 89
86290 Martreuil 86 113 Ba 70
12550 Martrin 12 152 Cd 85
21320 Martrois 21 91 Ed 65
17270 Martron 17 123 Zf 77
09500 Marty 09 165 Bf 90
30870 Maruéjols 30 154 Eb 86
30350 Maruéjols-lès-Gardon 30 154 Ea 84
87440 Marval 87 124 Ae 75
08400 Marvaux-Vieux 08 54 Ee 53
48100 Marvejols 48 140 Db 81
25250 Marvelise 25 94 Gd 63
55600 Marville 55 43 Fc 52
28170 Marville-les-Bois 28 69 Bb 57
28500 Marville-Moutiers-Brûlé 28 50 Bc 56
67500 Marxenhouse 67 58 He 56
71300 Mary 71 105 Ec 69
77440 Mary-sur-Marne 76 52 Da 54
56130 Marzan 56 81 Xe 63
19300 Marzeix 19 126 Bf 76
81500 Marzens 81 165 Be 87
12490 Marzials 12 152 Cf 84
43450 Marzun 15 128 Da 76
58180 Marzy 58 103 Da 67
19700 Masaleix 19 126 Bd 76
48110 Masaribal 48 153 De 83
66650 Mas-Axer 66 179 Da 94
34520 Mas-Audran 34 153 Db 85
13460 Mas-Bade 13 169 Ec 87
23400 Masbaraud-Mérignat 23 114 Be 73
13103 Mas-Blanc-des-Alpilles 13
155 Ee 86
30800 Mas-Blanquet 30 169 Ec 87
26620 Mas-Bourget 26 144 Fe 80
30740 Mas-Bourrie 30 169 Eb 87
11380 Mas-Cabardès 11 166 Cc 88
64330 Mascaraàs-Haron 64 162 Ze 87
32230 Mascaras 32 163 Ab 87
65190 Mascaras 65 163 Ab 89
31460 Mascarville 31 165 Be 87
19120 Mascheix 19 138 Be 78
46350 Masclat 46 137 Bc 79
64370 Mascouette 64 161 Zc 87
12400 Mascourbe 12 152 Cf 85
13200 Mas-d'Agon 13 169 Ed 87
34700 Mas-d' Alary 34 167 Db 86
34230 Mas-d'Arnaud 34 168 Dd 87
32700 Mas-d'Auvignon 32 148 Ad 85
13310 Mas-de-Aulnes 13 169 Ee 87
46330 Mas-de-Bassoul 46 150 Be 82
34380 Mas-de-Bouis 34 153 De 86
13200 Mas-de-Cabassolle 13 169 Ed 87
34520 Mas-de-Calmels 34 153 Dc 85
46150 Mas-de-Camp 46 137 Bc 81
30800 Mas-de-Capette 30 169 Ec 87
34160 Mas-de-Carrat 34 168 Df 86
30220 Mas-de-Chaberton 30 169 Eb 87
46320 Mas-de-Chaupet 46 138 Be 81
11570 Mas-de-Cours 11 166 Cc 90
13200 Mas de Grille 13 169 Ec 86
46260 Mas-de-Guiralet 46 150 Be 82
34520 Mas-de-Jourdes 34 153 Dc 86
13104 Mas de Lanau 13 169 Ee 87
13200 Mas de la Ville 13 169 Ed 87
19380 Masdelbos 19 138 Bf 78
34380 Mas-de-Londres 34 153 De 86
34160 Mas-de-Martin 34 154 Df 86
46160 Mas-de-Pégourié 46 138 Bf 81
13310 Mas-de-Pernes 13 169 Ee 87
46150 Mas-de-Peyrou 46 137 Bb 81
13460 Mas de Pioch 13 169 Ec 87
12230 Mas-de-Pomier 12 153 Db 85
13200 Mas-de-Pontevès 13 169 Ed 87
46090 Mas-de-Proupo 46 138 Bd 81
30300 Mas de Ranguy 30 155 Ed 86
30600 Mas-des-Iscles 30 169 Ec 87
12360 Mas-de-Soulier 12 152 Cf 85
34590 Mas-Desports 34 168 Ea 87
48210 Masdeval 48 153 Dc 83
46230 Mas-de-Vers 46 150 Bd 82
13200 Mas-de-Vert 13 169 Ed 86
13460 Mas-d'Icard 13 169 Ec 88
13104 Mas-d'Icart 13 169 Ee 87
87300 Mas-du-Bost 87 112 Af 71
30220 Mas-du-Bousquet 30 168 Eb 87
07700 Mas du Gras 07 155 Ed 82
13200 Mas-du-Pont-de-Pousty 13
169 Ed 87
12230 Mas-du-Pré 12 153 Db 85
13200 Mas-du-Tort 13 169 Ed 86
48370 Masel-Rosade 48 153 De 83
87220 Mas-Gauthier 87 125 Bb 74
30770 Mas-Gauzin 30 153 Dc 85
13200 Mas-Giraud 13 169 Ee 87
23460 Masgrangeas 23 126 Bf 74
82600 Mas-Grenier 82 149 Bb 85
12540 Mas-Hugonenq 12 153 Db 86
64300 Maslacq 64 161 Zb 88
46600 Maslaton 46 138 Bd 79
30122 Mas-Lautal 30 153 De 84
87130 Masléon 87 126 Bd 74
41250 Maslives 41 86 Bc 63
24380 Maslusson 24 137 Ae 78
23320 Masmeau 23 114 Be 71

48220 Masméjan 48 154 De 82
07590 Masméjean 07 141 Df 81
30700 Masmolène 30 155 Ed 84
34210 Masnaguine 34 166 Cd 88
12400 Mas-Nau 12 152 Cf 85
30600 Mas-Neuf 30 169 Eb 87
59241 Masnières 59 30 Db 48
59176 Masny 59 30 Db 46
66100 Mas-Palégry 66 179 Cf 93
64120 Masparraute 64 161 Yf 88
47370 Masquières 47 149 Ba 82
32360 Massa 32 148 Ac 86
11330 Massac 11 179 Cd 91
17490 Massac 17 123 Ze 73
87510 Massac 87 113 Bb 73
81500 Massac-Séran 81 165 Bf 87
63210 Massages 63 127 Ce 74
63210 Massagettes 63 127 Ce 74
81110 Massaguel 81 166 Ca 88
48210 Mas-Saint-Chély 48 153 Dc 83
11400 Mas-Saintes-Puelles 11 165 Bf 89
79150 Massais 79 98 Zd 66
81250 Massals 81 151 Cd 85
13920 Massane 13 170 Fa 88
30350 Massanes 30 154 Ea 84
89440 Massangis 89 90 Df 63
07310 Massas 07 142 Eb 79
09320 Massat 09 177 Bc 91
18120 Massay 18 102 Bf 66
86510 Massay 86 111 Aa 71
12100 Massebiau 12 152 Da 84
33690 Masseilles 33 148 Zf 82
47140 Masseis 47 149 Ae 83
63220 Massélèbre 63 129 De 76
30170 Masselle 30 153 Df 85
13460 Mas Sénébier 13 169 Ec 87
44290 Massérac 44 81 Ya 62
19510 Masseret 19 125 Bd 75
32140 Masseube 32 163 Ad 88
48400 Massevaques 48 153 Dd 83
15500 Massiac 15 128 Db 77
43150 Massibrand 43 141 Ea 79
17270 Massicot 17 123 Ze 78
38620 Massieu 38 131 Fd 76
51800 Massiges 51 54 Ee 53
16310 Massignac 16 124 Ad 74
01300 Massignieu-de-Rives 01 132 Fe 74
21350 Massigny-lès-Vitteaux 21 91 Ed 64
30000 Massillan 30 154 Ec 85
30140 Massillargues 30 154 Df 84
71250 Massilly 71 118 Ee 70
21400 Massingy 21 91 Ed 61
74150 Massingy 74 132 Ff 74
21140 Massingy-lès-Semur 21 91 Ec 63
86170 Massognes 86 99 Aa 68
06710 Massoins 06 158 Ha 85
74140 Massongy 74 120 Gb 71
05230 Massots 05 144 Gb 81
47140 Massoulès 47 149 Af 82
21330 Massoult 21 91 Ec 62
19170 Massoutre 19 126 Bf 75
28800 Massuère 28 70 Bc 60
33790 Massugas 33 136 Aa 80
71250 Massy 71 118 Ed 70
76270 Massy 77 37 Bc 50
91300 Massy 91 51 Cb 56
59172 Mastaing 59 30 Db 47
46340 Mas-Teulat 46 137 Bb 80
64300 Mastrot 64 161 Zb 87
07590 Mas-Vendran 07 141 Df 80
01580 Matafelon-Granges 01 119 Fd 71
63440 Matas 63 115 Da 72
47800 Matelis 47 136 Ac 81
66210 Matemale 66 178 Ca 93
17160 Matha 17 123 Ze 73
40090 Matha 40 147 Zc 85
82200 Mathaly 82 149 Ba 84
25700 Mathay 25 94 Ge 64
49140 Matheflon 49 84 Zd 63
39600 Mathenay 39 107 Fe 67
14920 Mathieu 14 47 Zd 53
31470 Mathieu 31 164 Bb 88
40560 Mathiouic 40 146 Ye 85
07270 Mathon 07 142 Ed 79
74340 Mathonex 74 121 Ge 72
03190 Mathonnière 03 115 Ce 69
52300 Mathons 52 75 Fa 58
76450 Mathonville 77 36 Ae 50
76590 Mathonville 77 37 Bb 50
76680 Mathonville 77 37 Bc 51
73310 Mathy 73 119 Fe 73
51300 Matignicourt-Goncourt 51 54 Ee 56
22550 Matignon 22 64 Xe 57
80400 Matigny 80 39 Da 50
40320 Matilas 40 162 Ze 87
51510 Matougues 51 54 Eb 55
71520 Matour 71 117 Ec 71
83780 Matourne 83 172 Gc 87
20270 Matra CTC 183 Kc 95
74440 Matringes 74 120 Gd 72
62310 Matringhem 62 29 Ca 45
88500 Mattaincourt 88 76 Ga 59
54830 Mattexey 54 77 Gd 58
20123 Mattiolo CTC 182 If 98
08110 Matton-et-Clemency 08 42 Fb 51
67510 Mattstall 67 58 He 55
67150 Matzenheim 67 60 Hd 58
82500 Maubec 82 149 Af 86
84660 Maubec 84 156 Fa 85
12100 Maubert 12 153 Db 84
08260 Maubert-Fontaine 08 41 Ec 49
59600 Maubeuge 59 31 Df 47
43200 Mauborg 43 129 Ea 77
05250 Maubourg 05 144 Ff 80
33160 Maubourguet 33 134 Za 79
65700 Maubourguet 65 162 Aa 88
18390 Maubranches 18 102 Cd 66
23240 Maubrant 23 113 Bd 71
33121 Maubuisson 33 134 Yf 78
91730 Mauchamps 91 71 Cb 57
76680 Maucomble 77 37 Bb 50
64160 Maucor 64 162 Ze 88
80170 Maucourt 80 39 Ce 50
55400 Maucourt-sur-Orne 55 55 Fd 53
95420 Maudétour-en-Vexin 95 50 Be 54
19460 Maugein 19 126 Be 77
74550 Maugny 74 120 Gc 71
34130 Mauguio 34 168 Ea 87
52140 Maulain 52 75 Fd 60
55500 Maulan 55 55 Fb 57
86200 Maulay 86 99 Ab 67
59158 Maulde 59 30 Dc 45
78580 Maule 78 50 Bf 55
79700 Mauléon 79 98 Zb 67
65370 Mauléon-Barousse 65 176 Ad 91
32240 Mauléon-d'Armagnac 32 147 Zf 85
64130 Mauléon-Licharre 64 161 Za 89
60480 Maulers 60 38 Ca 51
78550 Maulette 78 50 Bd 56
49360 Maulévrier 49 98 Zb 66
76490 Maulévrier-Sainte-Gertrude 77 36 Ae 51
32400 Maulichères 32 162 Zf 86
89740 Maulnes 89 90 Eb 61
28150 Mauloup 28 70 Bd 59
87800 Maumond 87 125 Bb 75
19300 Maumont 19 126 Ca 76
44540 Maumusson 44 83 Yf 64
82120 Maumusson 82 149 Af 85
32400 Maumusson-Laguian 32 162 Zf 87
89190 Mauny 89 72 Dd 58
10320 Maupas 10 73 Ea 60
32240 Maupas 32 147 Zf 85
77120 Mauperthuis 76 52 Da 56
50410 Maupertuis 50 46 Ye 55
58110 Maupertuis 58 104 Dd 66
50330 Maupertus-sur-Mer 50 33 Yd 51
06910 Maupoil 06 158 Ge 85
88260 Maupotel 88 76 Gb 60
86460 Mauprévoir 86 112 Ad 71
76440 Mauquency 77 37 Be 51
23380 Mauques 23 114 Bf 71
13130 Mauran 13 170 Fa 87
31220 Mauran 31 164 Ba 89
32230 Maurar 32 163 Ab 87
47380 Maurasse 47 136 Ad 82
31870 Maurat 31 164 Bc 88
04140 Maure 04 157 Gc 83
42130 Maure 42 129 Df 74
78780 Maurecourt 78 51 Ca 55
35330 Maure-de-Bretagne 35 81 Ya 61
13600 Mauregard 13 171 Fd 89
77990 Mauregard 76 51 Cd 54
02820 Mauregny-en-Haye 02 40 De 51
34370 Maureilhan 34 167 Da 88
66480 Maureillas-las-Illas 66 179 Ce 94
31290 Mauremont 31 165 Be 88
24140 Maurens 24 136 Ac 79
31540 Maurens 31 165 Be 88
32200 Maurens 32 164 Af 87
78310 Maurepas 78 50 Bf 56
80360 Maurepas 80 39 Cf 49
31190 Mauressac 31 164 Bc 89
30350 Mauressargues 30 154 Ea 85
32350 Mauret 32 163 Ac 86
77390 Maurevert 76 52 Ce 57
06210 Maure-Vieil 06 173 Gf 87
31460 Maureville 31 165 Be 87
12620 Mauriac 12 152 Cf 83
15200 Mauriac 15 127 Cc 77
33540 Mauriac 33 135 Zf 80
33840 Mauriac 33 147 Ze 83
47260 Mauriac 47 136 Ac 82
47120 Maurice 47 136 Ab 80
40320 Mauries 40 162 Ze 87
32110 Mauriet 32 162 Zf 86
04530 Maurin 04 145 Ge 81
34970 Maurin 34 168 Df 87
15110 Maurines 15 140 Da 79
06540 Maurioun 06 159 Hc 84
59980 Maurois 59 30 Dc 48
56430 Mauron 56 64 Xe 60
32380 Mauroux 32 149 Ae 85
46700 Mauroux 46 149 Ba 82
40270 Maurrin 40 147 Zd 86
15600 Maurs 15 139 Cb 80
51340 Maurupt-le-Montois 51 54 Ef 56
09290 Maury 09 177 Bc 90
12800 Maury 12 151 Cc 83
66460 Maury 66 179 Cd 92
20259 Mausoléo CTC 180 Ka 93
12360 Maussac 12 152 Cf 86
19250 Maussac 19 126 Ca 76
19250 Maussac-Gare 19 126 Ca 76
13520 Maussane-les-Alpilles 13 169 Ee 86
70230 Maussans 70 93 Gb 64
64360 Mautalen 64 161 Zc 89
33138 Mautans 33 134 Za 80
23190 Mautes 23 114 Cc 73
40420 Mautoire 40 147 Zc 84
55190 Mauvages 55 75 Fd 57
43100 Mauvagnat 43 128 Dc 77
31190 Mauvaisin 31 165 Bd 88
07300 Mauves 07 142 Ee 78
61400 Mauves-sur-Huisne 61 68 Ad 58
44470 Mauves-sur-Loire 44 82 Yd 65
31230 Mauvezin 31 164 Af 88
32120 Mauvezin 32 164 Af 86
40240 Mauvezin-d'Armagnac 40 148 Zf 85
09160 Mauvezin-de-Prat 09 176 Af 90
09230 Mauvezin-de-Sainte-Croix 09 164 Bb 90
47200 Mauvezin-sur-Gupie 47 136 Aa 81
36370 Mauvières 36 113 Ba 69
21510 Mauvilly 21 91 Ee 62
41370 Mauvoy 41 86 Bc 62
58700 Mauvrain 58 103 Da 65
24150 Maux 24 136 Ae 79
58290 Maux 58 104 De 66
65130 Mauyezin 65 163 Ab 90
17320 Mauzac 17 122 Yf 74
31410 Mauzac 31 164 Bb 88
31560 Mauzac 31 165 Bd 88
24150 Mauzac-et-Grand-Castang 24 137 Ae 79
79210 Mauzé-sur-le-Mignon 79 110 Zb 71
33230 Mauzet 33 135 Zf 78
79100 Mauzé-Thouarsais 79 98 Ze 67
63160 Mauzun 63 128 Dc 74
24800 Mavaleix 24 125 Af 75
41500 Maves 41 86 Bc 62
21190 Mavilly-Mandelot 21 105 Ee 66
35380 Maxent 35 65 Xf 61
54320 Maxéville 54 56 Ga 56
88630 Maxey-sur-Meuse 88 75 Fe 58
55140 Maxey-sur-Vaise 55 75 Fd 57
74500 Maxilly-Petite-Rive 74 120 Gd 70
74500 Maxilly-sur-Lac 74 120 Gd 70
21270 Maxilly-sur-Saône 21 92 Fc 64
46090 Maxou 46 137 Bc 81
57660 Maxstadt 57 57 Ge 54
24420 Mayac 24 125 Af 77
33930 Mayan 33 122 Yf 76
79100 Mayé 79 99 Zf 66
42111 Mayen 42 129 Df 74
77145 May-en-Multien 76 52 Da 54
53100 Mayenne 53 67 Zc 59
24400 Mayet 24 136 Ab 78
72360 Mayet 72 85 Ab 62
42370 Mayeuvre 42 117 Df 72
40250 Maylis 40 161 Zb 86
12340 Maymac 12 152 Ce 82
40160 Maynage 40 146 Yf 83
39190 Maynal 39 119 Fc 69
04250 Maynard 04 157 Ga 83
47150 Mayne-de-Bosq 47 136 Ae 81
33121 Mayne-Pauvre 33 134 Yf 78
43210 Mayol 43 129 Eb 76
02800 Mayot 02 40 Dc 50
46200 Mayrac 46 138 Bd 79
12390 Mayran 12 151 Cc 82
31110 Mayrègne 31 175 Ad 91
07330 Mayres 07 141 Ea 81
07270 Mayres 07 142 Ee 79
63220 Mayres 63 129 De 76
38350 Mayres-Savel 38 144 Fe 79
11420 Mayreville 11 165 Bf 89
12600 Mayrinhac 12 139 Ce 80
12310 Mayrinhac 12 152 Cf 82
46500 Mayrinhac-le-Francal 46 138 Bd 79
46500 Mayrinhac-Lentour 46 138 Be 80
11220 Mayronnes 11 178 Cd 90
14320 May-sur-Orne 14 35 Zd 54
44410 Mayun 44 81 Xe 64
07570 Mazabrard 07 142 Ec 78
08400 Mazagran 08 42 Ed 52
43520 Mazalibrand 43 141 Eb 78
81200 Mazamet 81 166 Cc 88
63330 Mazan 63 115 Cd 72
84380 Mazan 84 156 Fa 84
41100 Mazangé 41 86 Af 62
07510 Mazan-L'Abbaye 07 141 Ea 80
13008 Mazargues 13 170 Fc 89
83136 Mazaugues 83 171 Ff 88
86200 Mazault 86 99 Aa 67
63230 Mazaye 63 127 Cf 74
19390 Mazeau 19 126 Bf 76
43190 Mazeaux 43 142 Eb 78
23170 Mazeiras 23 114 Cc 72
23150 Mazeirat 23 114 Bf 72
24460 Mazel 24 124 Ae 77
88150 Mazeley 88 76 Gc 59
43520 Mazelgirard 43 142 Eb 78
43340 Mazemblard 43 141 De 79
71510 Mazenay 71 105 Ed 67
63340 Mazérat 63 128 Da 76
17400 Mazeray 17 110 Zc 73
23400 Mazère 23 114 Bd 72
09270 Mazères 09 165 Be 89
32450 Mazères 32 163 Ae 87
33210 Mazères 33 135 Ze 82
47370 Mazères 47 149 Ba 82
65700 Mazères 65 162 Zf 87
82110 Mazères 82 149 Bb 83
65150 Mazères-de-Neste 65 163 Ad 90
64110 Mazères-Lezons 64 162 Zd 89
31260 Mazères-sur-Salat 31 164 Af 90
03800 Mazerier 03 116 Db 72
87130 Mazermaud 87 125 Bc 74
08430 Mazerny 08 42 Ed 51
09500 Mazeroles 09 177 Be 90
33390 Mazerolle 33 134 Zc 78
36170 Mazerolle 36 113 Bc 70
16310 Mazerolles 16 124 Ad 74
17800 Mazerolles 17 122 Zc 75
40090 Mazerolles 40 147 Zd 85
64230 Mazerolles 64 162 Zd 88
65220 Mazerolles 65 163 Ab 88
86320 Mazerolles 86 112 Ad 70
11240 Mazerolles-du-Razès 11 165 Ca 90
25170 Mazerolles-le-Salin 25 107 Ff 65
54280 Mazerulles 54 56 Gc 56
12130 Mazes 12 140 Cf 81
43520 Mazet-Saint Vov 43 141 Eb 78
86110 Mazeuil 86 99 Aa 68
48200 Mazeyrac 48 140 Db 79
43230 Mazeyrat-Aurouze 43 128 Dd 77
43300 Mazeyrat-d'Allier 43 140 Dd 78
24550 Mazeyrolles 24 137 Ba 80
19260 Maziéras 19 126 Bd 75
87500 Maziéras 87 125 Bb 75
18500 Mazière 18 102 Cb 66
16270 Mazières 16 124 Ad 73
18000 Mazières 18 102 Cc 66
81100 Mazières 81 165 Cb 86
37130 Mazières-de-Touraine 37 85 Ac 64
79310 Mazières-en-Gâtine 79 111 Ze 69
49280 Mazières-en-Mauges 49 98 Zb 66
47210 Mazières-Naresse 47 136 Ae 80
79500 Mazières-sur- Béronne 79 111 Ze 71
58250 Mazille 58 104 De 67
71250 Mazille 71 118 Ed 70
79210 Mazin 79 110 Zb 71
62670 Mazingarbe 62 29 Ce 46
62120 Mazinghem 62 29 Cc 45
59360 Mazinghien 59 31 Dd 48
58140 Mazinien 58 90 Df 65
33390 Mazion 33 122 Zc 78
03420 Mazirat 03 115 Cd 71
88500 Mazirot 88 76 Ga 59
23200 Mazobouyer 23 114 Cb 72
63420 Mazoires 63 128 Da 76
65250 Mazouau 65 175 Ac 90
32170 Mazous 32 163 Ab 88
11140 Mazuby 11 178 Ca 92
20252 Mazzola CTC 183 Kb 95
04240 Méailles 04 158 Gd 84
43500 Méalet 43 129 Df 76
15200 Méallet 15 127 Cc 77
23360 Méasnes 23 114 Be 70
28240 Meaucé 28 69 Af 58
58470 Meauce 58 103 Da 67
38112 Méaudre 38 143 Fd 78
80300 Méaulte 80 39 Cd 49
85250 Meauregard 85 97 Ye 67
50500 Méautis 50 33 Ye 53
63870 Meaux 63 115 Ce 72
77100 Meaux 76 52 Cf 55
69550 Meaux-la-Montagne 69D 117 Ec 72
82290 Meauzac 82 150 Bb 84
35450 Mecé 35 66 Ye 59
46150 Mechmont 46 137 Bc 81
57640 Méchy 57 56 Gb 53
34610 Mècle 34 167 Da 86
57245 Mécleuves 57 56 Gb 54
59570 Mecquignies 59 31 De 47
55300 Mécrin 55 55 Fd 56
78670 Médan 78 51 Bf 55
61570 Medavy 61 48 Aa 56
63220 Medeyrolles 63 129 De 76
25250 Médière 25 94 Gd 64
16210 Médillac 16 123 Aa 77
17600 Médis 17 122 Za 75
88140 Médonville 88 75 Fe 59
40210 Médous 40 146 Yf 83
33480 Médrac 33 134 Zb 78
35360 Médréac 35 65 Xf 59
53400 Mée 53 83 Za 62
57220 Mégange 57 56 Gc 53
46150 Mèges 46 137 Bc 81
74120 Megève 74 133 Gd 73
74490 Mégevette 74 120 Gd 71
30200 Mégier 30 155 Ed 84
22270 Megrit 22 65 Xe 58
80170 Méharicourt 80 39 Ce 50
64120 Méharin 64 161 Yf 88
41140 Méhers 41 86 Bc 65
54360 Méhoncourt 54 76 Gc 57
61410 Méhoudin 61 67 Zd 57
36320 Mehun 36 101 Bd 67
18500 Mehun-sur-Yèvre 18 102 Cb 66
49700 Meigné 49 99 Ze 65
49490 Meigné-le-Vicomte 49 84 Ab 63
77520 Meigneux 76 72 Da 57
80290 Meigneux 80 38 Bf 50
28150 Meigneville 28 70 Bd 59
29790 Meilars 29 78 Vd 60
19400 Meilhac 19 138 Ca 78
87800 Meilhac 87 125 Ba 74
32420 Meilhan 32 163 Ae 88
40400 Meilhan 40 147 Zb 85
47180 Meilhan-sur-Garonne 47 135 Aa 81
19510 Meilhards 19 126 Bd 75
63320 Meilhaud 63 128 Da 75
35270 Meillac 35 65 Yb 58
18200 Meillant 18 102 Cd 68
03500 Meillard 03 116 Db 70
77320 Meilleray 76 52 Dc 56
79420 Meilleraye 79 99 Ze 69
74500 Meillerie 74 121 Ge 70
03210 Meillers 03 116 Da 69
08700 Meillier-Fontaine 08 42 Ee 50
01370 Meillonnas 01 119 Fc 71
21320 Meilly-sur-Rouvres 21 105 Ed 65
57960 Meisenthal 57 58 Hc 55
67210 Meistratzheim 67 60 Hd 58
71330 Meix-Vallant 71 106 Fa 68
13460 Méjanes 13 169 Ed 87
63950 Méjanesse 63 127 Ce 75
30430 Méjannes-le-Clap 30 154 Ec 83
30340 Méjannes-lès-Alès 30 154 Ea 84
33680 Méjos 33 134 Yf 79
29120 Méju-Roz 29 78 Ve 61
20137 Mela CTC 185 Kb 99
20112 Mela CTC 185 Ka 98
12490 Mélac 12 152 Cf 84
33370 Mélac 33 135 Zd 79
12360 Mélagues 12 167 Da 86
76170 Mélamare 77 36 Ac 51
49120 Melay 49 98 Zb 65
52400 Melay 52 93 Fe 61
70270 Mélay 70 94 Gd 62
71340 Melay 71 117 Ea 71
67340 Melch 67 58 Hc 55
70110 Mélecey 70 94 Gc 63
77970 Mélenfroy 76 52 Da 57
35520 Melesse 35 65 Yb 59
51460 Melette 51 54 Ec 55
04530 Melezen 04 145 Ge 81
29140 Melgven 29 78 Wa 61
60150 Mélicocq 60 39 Cf 52
27390 Mélicourt 27 49 Ad 55
55190 Méligny-le-Grand 55 55 Fc 56
55190 Méligny-le-Petit 55 55 Fc 57
70120 Melin 70 93 Fe 62
70210 Melincourt 70 93 Ga 61
44420 Méliniac 44 81 Xd 64
70270 Mélisey 70 94 Gd 62
89430 Mélisey 89 90 Ea 61
12120 Meljac 12 151 Cc 84
29300 Mellac 29 79 Wc 61
35420 Mellé 35 66 Ye 58
79500 Melle 79 111 Zf 71
71640 Mellecey 71 105 Ee 68
79190 Melleran 79 111 Aa 72
28310 Melleray 28 70 Bf 59
72320 Melleray 72 69 Ae 60
53110 Melleray-la-Vallée 53 67 Zc 58
45220 Melleroy 45 88 Cf 61
31440 Melles 31 176 Ae 91
28800 Melleville 28 70 Bc 59
76260 Melleville 77 37 Bc 49
22110 Mellionnec 22 79 We 59
60660 Mello 60 51 Cc 53
21190 Meloisey 21 105 Ee 66
88220 Méloménil 88 76 Gb 60
29840 Melon 29 61 Vb 58
74360 Melon 74 121 Ge 71
56310 Melrand 56 79 Wf 61
46090 Mels 46 138 Bd 82
67270 Melsheim 67 58 Hd 56
77000 Melun 76 71 Cd 57
77176 Melun-Senart 76 71 Cd 57
04250 Melve 04 157 Ff 82
12400 Melvieu 12 152 Ce 84
71170 Mély 71 117 Eb 71
15290 Membert 15 138 Ca 79
12160 Membre 12 151 Cc 83
70180 Membrey 70 92 Fe 63
88600 Méménil 88 77 Gd 59
12200 Memer 12 151 Bf 83
46160 Memerlin 46 138 Be 82
28800 Mémillon 28 69 Bc 60
67250 Memmelshoffen 67 58 Hf 55
25210 Mémont, le 25 108 Ge 66
52330 Mémorial Charles de Gaulle 52 74 Ef 59
89450 Menades 89 90 De 64
28200 Menainville 28 70 Bc 60
41240 Ménainville 41 86 Bc 61
88700 Ménarmont 88 77 Gd 58
63560 Menat 63 115 Cf 72
55500 Menaucourt 55 55 Fc 57
40200 Menaut 40 146 Yf 83
09130 Menay 09 164 Bc 90
41240 Menbrolles 41 70 Bc 61
62310 Mencas 62 29 Ca 45
67340 Menchhoffen 67 58 Hc 55
48000 Mende 48 140 Dc 81
64130 Mendibieu 64 161 Za 89
64240 Mendionde 64 160 Ye 88
64130 Menditte 64 161 Za 90
64220 Mendive 64 161 Yf 90
29520 Mendy 29 78 Wb 60
64130 Mendy 64 161 Za 89
56490 Ménéac 56 64 Xd 60
47230 Ménéaux 47 148 Ac 83
56340 Ménec 56 79 Wf 63
56550 Ménec 56 79 Wf 63
26410 Menée 26 143 Fd 80
56530 Mené-Guen 56 79 Wd 62
29890 Ménéham 29 62 Vd 56
40200 Ménéou 40 146 Yf 83
84560 Ménerbes 84 155 Fb 85
76220 Ménerval 77 38 Bd 51
21290 Menesble 21 91 Ef 62
80520 Méneslies 80 28 Bd 48
24700 Ménesplet 24 136 Aa 78
27850 Ménesqueville 27 37 Bc 52
21430 Ménessaire 21 105 Ea 66
58410 Menestreau 58 89 Db 64
45240 Ménestreau-en-Villette 45 87 Ca 62
80290 Menesvillers 80 38 Ca 50
15400 Menet 15 127 Cd 77
18320 Menetou-Couture 18 103 Cf 66
18300 Menetou-Râtel 18 88 Ce 64
18510 Menetou-Salon 18 102 Cc 65
36210 Menetou-sur-Nahon 36 101 Bd 65
21140 Ménétoy 21 90 Eb 64
18300 Ménétréol-sous-Sancerre 18 88 Cf 65
36150 Ménétréols-sous-Vatan 36 101 Bf 66
18700 Ménétréol-sur-Sauldre 18 88 Cb 64
71470 Ménetreuil 71 106 Fa 69
21150 Ménétreux-le-Pitois 21 91 Ec 63
63200 Ménétrol 63 128 Da 73
39210 Menétru-le-Vignoble 39 107 Fd 68
39130 Menétrux-en-Joux 39 107 Fe 69
60420 Ménévillers 60 39 Cd 51
19700 Meneyrol 19 126 Be 76
63600 Ménéyrolles 63 129 De 76
29000 Ménez Bily 29 78 Vf 61
29780 Ménez-Drégan 29 61 Vd 61
29120 Menez-Kerdréanton 29 78 Ve 61
29460 Ménez-Meur 29 62 Vf 58
29370 Ménez-Meur 29 78 Wa 60
29950 Menez-Saint-Jean 29 78 Vf 61
38710 Menglas 38 144 Fe 80
29440 Mengleuz 29 62 Ve 57
26410 Menglon 26 143 Fc 81
31420 Mengué 31 163 Ae 89
87600 Ménieux 87 124 Ae 74
65350 Menigot 65 163 Ab 89
79340 Ménigoute 79 111 Zf 70
53200 Ménil 53 83 Zb 62
08310 Ménil-Annelles 08 41 Ec 52
55260 Ménil-aux-Bois 55 55 Fc 56
88210 Ménil-de-Senones 88 77 Gf 58
88500 Ménil-en-Xaintois 88 76 Ff 59
61250 Ménil-Erreux 61 68 Ab 57
61240 Ménil-Froger 61 48 Ab 56
61160 Ménil-Glaise 61 48 Ze 56
61210 Ménil-Gondouin 61 47 Ze 56
78270 Ménil-Guyon 78 50 Bd 55
61210 Ménil-Hermei 61 47 Ze 56
61230 Ménil-Hubert-en-Exmes 61 48 Ab 56
61430 Ménil-Hubert-sur-Orne 61 47 Zd 55
61210 Ménil-Jean 61 48 Ze 56
55190 Ménil-la-Horgne 55 55 Fd 56
54200 Ménil-la-Tour 54 56 Ff 56

08310 Ménil-Lépinois 08 41 Eb 52
27120 Menilles 27 50 Bc 54
88700 Ménil-sur-Belvitte 88 77 Ge 58
55500 Ménil-sur-Saulx 55 55 Fb 57
61210 Ménil-Vin 61 47 Ze 55
47420 Menjoue 47 148 Aa 83
40090 Menjoulicq 40 147 Zd 85
91540 Mennecy 91 71 Cc 57
02700 Mennessis 02 40 Db 50
41320 Mennetou-sur-Cher 41 87 Bf 65
27300 Menneval 27 49 Ad 54
02190 Menneville 02 41 Ea 52
62240 Menneville 62 28 Bf 44
62550 Menneville 62 29 Cc 46
02630 Mennevret 02 40 Dd 49
52240 Mennouveaux 52 75 Fc 60
19190 Ménoire 19 138 Be 78
10800 Menois 10 73 Ea 59
85700 Menomblet 85 98 Zb 68
33720 Menon 33 135 Zd 81
90150 Menoncourt 90 94 Gf 62
76270 Ménonval 77 37 Bc 50
31330 Menot 31 164 Bb 86
39290 Menotey 39 106 Fc 66
39240 Menouille 39 119 Fd 70
95810 Ménouville 95 51 Ca 54
70160 Menoux 70 93 Ga 62
38710 Mens 38 144 Fe 80
24350 Mensignac 24 124 Ad 77
57320 Menskirch 57 44 Gc 53
51240 Mentarah 51 54 Ed 55
43270 Menteyres 43 141 De 77
76110 Mentheville 77 36 Ac 50
74350 Menthonnex-en-Bornes 74 120 Gb 72
74270 Menthonnex-sous-Clermont 74 120 Ff 73
74290 Menthon-Saint-Bernard 74 132 Gb 73
15100 Mentières 15 140 Da 78
06500 Menton 06 159 Hd 86
83510 Mentone 83 172 Gb 87
62890 Mentque 62 27 Ca 44
62830 Menty 62 28 Be 45
95180 Menucourt 95 51 Bf 54
31530 Menville 31 164 Bb 86
36500 Méobecq 36 101 Bc 68
33680 Méogas 33 134 Yf 78
05170 Méollion 05 144 Gb 80
49490 Méon 49 84 Aa 64
04170 Méouilles 04 158 Gd 85
83136 Méounes-lès-Montrieux 83 171 Ff 89
23100 Méouze 23 127 Cc 74
38510 Mépieu 38 131 Fc 74
41500 Mer 41 86 Bd 62
64410 Méracq 64 162 Zd 87
53230 Méral 53 66 Za 61
28500 Mérangle 28 50 Bc 56
32360 Mérans 32 149 Ad 86
60250 Mérard 60 39 Cb 53
09350 Méras 09 164 Bb 89
62217 Mercatel 62 30 Ce 47
09160 Mercenac 09 176 Ba 90
21190 Merceuil 21 106 Ef 67
21230 Mercey 21 105 Ed 66
27950 Mercey 27 50 Bc 54
70500 Mercey 70 93 Ff 62
71260 Mercey 71 118 Ee 70
25410 Mercey-le-Grand 25 107 Fe 65
70130 Mercey-sur-Saône 70 92 Fe 63
19260 Merciel 19 126 Be 76
02200 Mercin-et-Vaux 02 40 Db 52
59470 Merckeghem 59 27 Cb 43
62560 Merck-Saint-Liévin 62 29 Ca 45
19430 Mercœur 19 138 Bf 78
43100 Mercœur 43 128 Db 77
43580 Mercœur 43 141 Dd 78
07200 Mercuer 07 142 Ec 81
46090 Mercuès 46 137 Bc 82
71640 Mercurey 71 105 Ee 67
73200 Mercury 73 132 Gc 74
09400 Mercus-Garrabet 09 177 Bd 91
03340 Mercy 03 116 Dd 70
89210 Mercy 89 73 Dd 60
54620 Mercy-le-Bas 54 43 Fe 52
54560 Mercy-le-Haut 54 43 Fe 52
22230 Merdrignac = Medrigneg 22 64 Xd 59
78490 Méré 78 50 Be 56
79150 Méré 79 98 Zd 66
89144 Méré 89 90 De 61
18120 Méreau 18 102 Ca 66
80290 Méréaucourt 80 38 Bf 50
28120 Méréglise 28 69 Bb 59
80490 Mérélessart 80 38 Bf 49
09110 Mérens-les-Vals 09 177 Bf 93
31530 Mérenvielle 31 164 Ba 87
05700 Mereuil 05 156 Fe 82
54850 Méréville 54 76 Ga 57
91660 Méréville 91 70 Ca 59
27640 Merey 27 50 Bc 55
25660 Mérey-sous-Montrond 25 107 Ga 66
25870 Merey-Vieilley 25 93 Ga 64
51220 Merfy 51 53 Df 53
10600 Mergey 10 73 Ea 58
20287 Meria CTC 181 Kc 91
56400 Mériadec 56 80 Xa 62
56870 Meriadec 56 80 Xa 63
11140 Mérial 11 178 Bf 92
73550 Méribel-les Allues 73 133 Gd 76
73550 Méribel Mottaret 73 133 Gd 76
12160 Mérican 12 151 Cc 83
02110 Méricourt 02 40 Dc 49
62680 Méricourt 62 30 Ce 46
78270 Méricourt 78 50 Bd 54
80640 Méricourt-en-Vimeu 80 38 Bf 49
80800 Méricourt-L'Abbé 80 39 Cd 49
95630 Mériel 95 51 Cb 54
73200 Mérier 73 132 Gc 74
34800 Mérifons 34 167 Db 87
16200 Mérignac 16 123 Zf 74
17210 Mérignac 17 123 Ze 77
33700 Mérignac 33 134 Zc 79
87170 Mérignac 87 125 Bb 74
33350 Mérignas 33 135 Zf 80
01450 Mérignat 01 119 Fc 72
59710 Mérignies 59 30 Da 45
36220 Mérigny 36 100 Af 69
33230 Mérigot 33 135 Ze 78
65200 Mérilhèu 65 163 Aa 90
22230 Mérillac 22 64 Xd 59
23420 Mérinchal 23 115 Cc 73
84360 Mérindol 84 155 Fb 86
26170 Mérindol-les-Oliviers 26 156 Fa 83
45210 Mérinville 45 72 Cf 60
24270 Mériol 24 125 Ba 76
64190 Méritein 64 161 Zb 89
67250 Merkwiller-Pechelbronn 67 58 He 55
38620 Merlas 38 131 Fd 76
51300 Merlaut 51 54 Ed 56
07260 Merle 07 141 Ea 81
42380 Merle 42 129 Ea 76
22460 Merléac 22 64 Xa 59
60430 Merlemont 60 38 Cb 52
82210 Merles 82 149 Af 84
55150 Merles-sur-Loison 55 43 Fc 52
82400 Merlet 82 149 Af 83
05170 Merlette 05 144 Gb 80
56700 Merlevenez 56 80 We 62
15140 Merlhac 15 139 Cc 78
02000 Merlieux-et-Fouquerolles 02 40 Dd 51
62155 Merlimont 62 28 Bd 46
62155 Merlimont-Plage 62 28 Bd 46
19340 Merlines 19 127 Cc 75
03600 Merlon 03 115 Ce 71
35330 Mernel 35 81 Ya 61
91780 Mérobert 91 70 Ca 58
28800 Mérogier 28 70 Bc 59
36260 Mérolles 36 101 Bf 66
49260 Méron 49 99 Zf 66
39270 Mérona 39 119 Fd 69
28310 Mérouville 28 70 Bf 59
90400 Meroux-Moval 90 94 Gf 63
16100 Merpins 16 123 Zd 74
33730 Merrein 33 147 Zd 82
52240 Merrey 52 75 Fd 60
10110 Merrey-sur-Arce 10 74 Ec 60
61160 Merri 61 48 Zf 55
59270 Merris 59 29 Cd 44
89110 Merry-la-Vallée 89 89 Dc 62
89560 Merry-Sec 89 89 Dc 63
89660 Merry-sur-Yonne 89 90 Dd 63
36500 Mersan 36 101 Bc 68
28220 Mersante 28 69 Bb 60
57480 Merschweiller 57 44 Gc 52
80350 Mers-les-Bains 80 28 Bc 48
36230 Mers-sur-Indre 36 101 Bf 69
70160 Mersuay 70 93 Ga 62
57550 Merten 57 57 Gd 53
52110 Mertrud 52 74 Ef 58
68210 Mertzen 68 94 Ha 63
67580 Mertzwiller 67 58 He 55
60110 Méru 60 51 Ca 53
02160 Merval 02 40 De 52
76220 Merval 77 38 Bd 51
71310 Mervans 71 106 Fb 68
85200 Mervent 85 110 Zb 69
09600 Merviel 09 177 Be 90
31320 Mervilla 31 164 Bc 87
27320 Merville 27 50 Bb 56
31330 Merville 31 164 Bb 86
59660 Merville 59 29 Cd 45
80250 Merville-au-Bois 80 39 Cc 50
14810 Merville-Franceville-Plage 14 48 Ze 53
54120 Merviller 54 77 Ge 58
28310 Mervilliers 28 70 Be 59
68500 Merxheim 68 95 Hb 61
38850 Méry 38 131 Fd 76
73420 Méry 73 132 Ff 75
14370 Méry-Bissières-en-Auge 14 35 Zf 54
14370 Méry-Corbon 14 35 Zf 54
18380 Méry-ès-Bois 18 88 Cc 65
60420 Méry-la-Bataille 60 39 Cd 51
51390 Méry-Premecy 51 53 Df 53
18100 Méry-sur-Cher 18 102 Bf 65
95540 Méry-sur-Oise 95 51 Cb 54
10170 Méry-sur-Seine 10 73 Df 57
56160 Merzer 56 79 We 60
25680 Mésandans 25 93 Gc 64
44522 Mésanger 44 82 Ye 64
76780 Mésangueville 77 37 Bd 51
03320 Mésangy 03 103 Da 68
29430 Mésaonan 29 62 Ve 57
18170 Mesaudon 18 102 Cb 68
02270 Mesbrecourt-Richecourt 02 40 Dd 50
17132 Meschers-sur-Gironde 17 122 Yf 75
24240 Mescoules 24 136 Ac 80
50170 Mesgnier 50 66 Yd 57
10170 Mesgrigny 10 73 Df 58
74330 Mésigny 74 120 Ff 73
74200 Mésinges 74 120 Gc 71
56320 Meslan 56 79 Wd 61
41150 Mesland 41 86 Ba 63
14220 Meslay 14 47 Zd 55
41100 Meslay 41 86 Ba 62
53170 Meslay-du-Maine 53 67 Zc 61
28120 Meslay-le-Grenet 28 69 Bc 58
28360 Meslay-le-Vidame 28 70 Bc 59
25310 Meslières 25 94 Gf 64
22400 Meslin 22 64 Xc 58
56540 Meslouan 56 79 Wd 60
17360 Mesmain 17 135 Zf 78
25440 Mesmay 25 107 Ff 66
08270 Mesmont 08 41 Ec 51
21540 Mesmont 21 91 Ee 65
16370 Mesnac 16 123 Zd 74
85500 Mesnard-la-Barotière 85 97 Yf 67
39600 Mesnay 39 107 Fe 67
76270 Mesnières-en-Bray 77 37 Bc 50
14270 Mesnil 14 48 Ze 54
27570 Mesnil 27 49 Ba 56
27430 Mesnil 27 50 Bb 53
28800 Mesnil 28 70 Bc 60
45110 Mesnil 45 87 Cb 61
50190 Mesnil 50 34 Ye 53
51230 Mesnil 51 53 Df 56
60240 Mesnil 60 50 Bf 53
80300 Mesnil 80 29 Cd 48
80200 Mesnil-Bruntel 80 39 Cf 49
14380 Mesnil-Clinchamps 14 47 Za 55
76390 Mesnil-David 77 38 Bd 50
80620 Mesnil-Domqueur 80 29 Ca 48
80360 Mesnil-en-Arrouaise 80 30 Cf 48
76910 Mesnil-en-Caux 77 37 Bb 48
80140 Mesnil-Eudin 80 38 Be 49
76660 Mesnil-Follemprise 77 37 Bb 50
50510 Mesnilgé 50 46 Yc 55
10700 Mesnil-la-Comtesse 10 73 Eb 58
80190 Mesnil-le-Petit 80 39 Cf 50
10240 Mesnil-Lettre 10 74 Eb 58
76440 Mesnil-Mauger 77 37 Bd 50
76570 Mesnil-Panneville 77 37 Af 51
27110 Mesnil-Péan 27 49 Ba 54
91580 Mesnil-Racoin 91 71 Cb 58
76520 Mesnil-Raoul 77 37 Bb 52
35720 Mesnil-Roc'h 35 65 Ya 58
35720 Mesnil-Roc'h 35 65 Ya 58
27390 Mesnil-Rousset 27 49 Ad 55
80500 Mesnil-Saint-Georges 80 39 Cd 51
02720 Mesnil-Saint-Laurent 02 40 Dc 50
10190 Mesnil-Saint-Loup 10 73 De 59
10140 Mesnil-Saint-Père 10 74 Ec 59
10220 Mesnil-Sellières 10 73 Eb 58
55160 Mesnil-sous-les-Côtes 55 55 Fd 54
27150 Mesnil-sous-Vienne 27 38 Be 52
54740 Mesnils-sur-Madon 54 76 Gb 58
27650 Mesnil-sur-L'Estrée 27 50 Bb 56
76470 Mesnil-Val 77 28 Bb 48
10300 Mesnil-Vallon 10 73 Df 59
27440 Mesnil-Verclives 27 37 Bc 53
39130 Mesnois 39 107 Fe 69
29420 Mespaul 29 62 Vf 57
81140 Mespel 81 150 Be 84
64370 Mesplède 64 161 Zc 88
03370 Mesples 03 114 Cc 70
46250 Mespouillé 46 137 Ba 81
12220 Mespoulières 12 139 Cb 81
91150 Mespuits 91 71 Cb 58
44420 Mesquer 44 81 Xd 64
44410 Mesquery 44 81 Xd 64
17130 Messac 17 123 Ze 76
86330 Messais 86 99 Aa 67
21220 Messanges 21 106 Ef 66
40660 Messanges 40 146 Yd 86
40660 Messanges-Plage 40 146 Yd 86
45190 Messas 45 87 Bd 62
79120 Messé 79 111 Aa 71
61440 Messei 61 47 Zc 56
54850 Messein 54 76 Ga 57
63750 Messeix 63 127 Cd 75
49260 Messemé 49 99 Ze 66
86200 Messemé 86 99 Ab 66
19300 Messence 19 126 Ca 76
74140 Messery 74 120 Gb 70
16700 Messeux 16 112 Ac 72
71390 Messey-le-Bois 71 105 Ee 69
71390 Messey-sur-Grosne 71 105 Ee 69
39270 Messia 39 119 Fd 70
39570 Messia-sur-Sorne 39 106 Fd 69
21380 Messigny-et-Vantoux 21 91 Fa 64
69510 Messimy 69M 130 Ee 74
01480 Messimy-sur-Saône 01 118 Ee 72
08110 Messincourt 08 42 Fa 50
43200 Messinhac 43 141 Ea 78
10190 Messon 10 73 Df 59
74440 Messy 74 120 Gd 72
77410 Messy 76 51 Ce 55
33540 Mesterrieux 33 135 Zf 81
19200 Mestes 19 127 Cb 75
14330 Mestry 14 34 Za 53
58400 Mesves-sur-Loire 58 103 Cf 65
71190 Mesvres 71 105 Eb 67
25370 Métabief 25 108 Gc 68
59270 Méteren 59 30 Ce 44
84570 Méthamis 84 156 Fb 84
80270 Métigny 80 38 Bf 49
57970 Métrich 57 44 Gb 52
57410 Metschbruch 57 58 Hb 54
57370 Metting 57 57 Hb 56
37390 Mettray 37 85 Ad 64
57000 Metz 57 56 Gb 54
62124 Metz-en-Couture 62 30 Da 48
68380 Metzeral 68 77 Ha 60
57920 Metzeresche 57 56 Gb 53
57940 Metzervisse 57 44 Gb 53
57980 Metzing 57 57 Gf 54
58190 Metz-le-Comte 58 90 Dd 64
10210 Metz-Robert 10 73 Ea 60
56890 Meucon 56 80 Xb 62
92140 Meudon 92 51 Cb 56
89520 Meugnes 89 89 Db 63
21700 Meuilley 21 106 Ef 66
78250 Meulan 78 50 Bf 54
76510 Meulers 77 37 Bb 49
14290 Meulles 14 48 Ab 55
21510 Meulson 21 91 Ee 62
77760 Meun 76 71 Cd 58
36100 Meunet-Planches 36 102 Bf 67
36150 Meunet-sur-Vatan 36 101 Bf 66
45130 Meung-sur-Loire 45 87 Be 62
72170 Meurcé 72 68 Ab 59
62410 Meurchin 62 30 Cf 46
70300 Meurcourt 70 93 Gb 62
58110 Meuré 58 104 Dd 66
52310 Meures 52 75 Fa 59
02160 Meurival 02 40 De 52
17120 Meursac 17 122 Zb 75
21200 Meursanges 21 106 Ef 67
21450 Meursauge 21 91 Ed 63
21190 Meursault 21 105 Ee 67
10200 Meurville 10 74 Ed 59
52140 Meuse 52 75 Fd 61
41130 Meusnes 41 101 Bc 65
17800 Meussac 17 123 Zd 75
39260 Meussia 39 119 Fe 70
14960 Meuvaines 14 47 Zc 53
41150 Meuves 41 86 Ba 64
52240 Meuvy 52 75 Fd 60
17500 Meux 17 123 Zd 76
87380 Meuzac 87 125 Bc 75
28130 Mévoisins 28 70 Bd 57
26560 Mévouillon 26 156 Fc 83
01800 Meximieux 01 118 Fb 73
54135 Mexy 54 43 Fe 52
57070 Mey 57 56 Gb 54
65170 Méyabat 65 175 Ab 92
68890 Meyenheim 68 95 Hc 61
57410 Meyerhof 57 58 Hb 54
38700 Meylan 38 131 Fe 77
47170 Meylan 47 148 Aa 84
42210 Meylieu 42 129 Eb 75
19250 Meymac 19 126 Ca 75
26300 Meymans 26 143 Fa 78
12340 Meynac 12 139 Cd 82
24220 Meynard 24 137 Af 79
30840 Meynes 30 155 Ed 85
46200 Meyraguet 46 138 Bd 79
24220 Meyrals 24 137 Ba 79
33470 Meyran 33 134 Yf 81
30410 Meyrannes 30 154 Eb 83
13650 Meyrargues 13 170 Fd 87
07380 Meyras 07 142 Eb 80
13590 Meyreuil 13 170 Fc 88
01250 Meyriat 01 119 Fc 72
38300 Meyrié 38 131 Fb 75
38440 Meyrieu-les-Étanges 38 131 Fb 75
42380 Meyrieux 42 129 Eb 76
73170 Meyrieux-Trouet 73 132 Fe 75
19800 Meyrignac-l'Église 19 126 Bf 76
43170 Meyronne 43 140 Dc 78
46200 Meyronne 46 138 Bd 79
04530 Meyronnes 04 145 Ge 82
48150 Meyrueis 48 153 Dc 83
69610 Meys 69M 130 Ec 74
19500 Meyssac 19 138 Be 78
07400 Meysse 07 142 Ee 81
38440 Meyssiès 38 130 Fa 76
69330 Meyzieu 69M 130 Fa 74
53600 Mézangers 53 67 Zd 59
34140 Mèze 34 168 Dd 88
34390 Mézeilles 34 167 Cf 87
04270 Mézel 04 157 Gb 85
63115 Mezel 63 128 Db 74
46110 Mézels 46 138 Be 79
81800 Mézens 81 150 Bd 86
12310 Mezerac 12 152 Cf 82
81260 Mezerac 81 166 Cd 87
72270 Mézeray 72 84 Zf 62
43800 Mézères 43 129 Ea 78
01660 Mézériat 01 118 Fa 71
80600 Mézerolles 80 29 Cb 47
11410 Mézerville 11 165 Be 89
07660 Mézeyrac 07 141 Df 80
43150 Mezeyrac 43 141 Ea 79
14270 Mézidon-Canon 14 48 Zf 54
04200 Mezien 04 157 Ga 83
10130 Mézières 10 73 Df 60
28800 Mézières 28 70 Bc 59
41240 Mézières 41 69 Bc 61
41330 Mézières 41 86 Bc 62
45410 Mézières 45 70 Bf 60
72290 Mézières 72 68 Ab 59
28160 Mézières-au-Perche 28 69 Bb 59
36290 Mézières-en-Brenne 36 101 Bb 68
28500 Mézières-en-Drouais 28 50 Bc 56
80110 Mézières-en-Santerre 80 39 Cd 50
27510 Mézières-en-Vexin 27 50 Bd 53
45370 Mézières-lez-Clery 45 87 Be 62
72240 Mézières-sous-Lavardin 72 68 Aa 60
35140 Mézières-sur-Coueson 35 66 Yd 59
87330 Mézières-sur-Issoire 87 112 Af 72
02240 Mézières-sur-Oise 02 40 Dc 50
78970 Mézières-sur-Seine 78 50 Be 55
07530 Mézilhac 07 142 Ec 80
89130 Mézilles 89 89 Db 62
47170 Mézin 47 148 Ab 84
77570 Mézin 76 71 Ce 60
40170 Mézos 40 146 Yf 84
78250 Mézy-sur-Seine 78 50 Bf 54
20140 Mezzana CTC 184 If 98
20112 Mezzanodi CTC 180 Ie 94
20167 Mezzavia CTC 182 Ie 97
58140 Mhère 58 104 Df 65
58210 Mhers 58 89 Dc 64
48140 Mialanes 48 140 Dc 79
19430 Mialaret 19 138 Bf 78
24450 Mialet 24 125 Af 75
30140 Mialet 30 154 Df 84
64410 Mialos 64 162 Zd 88
80132 Miannay 80 28 Be 48
65400 Miaous 65 174 Ze 91
31310 Micas 31 164 Bb 90
58420 Michaugues 58 89 Dd 65
68730 Michelbach-le-Bas 68 95 Hc 63
68220 Michelbach-le-Haut 68 95 Hc 63
89140 Michery 89 72 Db 59
03600 Michet 03 115 Cf 71
33330 Micoulau 33 135 Zf 79
31350 Micous 31 163 Ae 89
88630 Midrevaux 88 75 Fd 58
39250 Mièges 39 107 Ga 68
32170 Miélan 32 163 Ab 88
76340 Mienval 77 38 Bd 49
28480 Miermaigne 28 69 Af 59
19220 Miermont 19 138 Ca 78
46500 Miers 46 138 Be 79
39800 Miéry 39 107 Fe 68
67580 Mietesheim 67 58 Hd 55
62650 Mieurles 62 28 Bf 45
74440 Mieussy 74 120 Gd 72
61250 Mieuxcé 61 68 Aa 58
64800 Mifaget 64 162 Ze 90
28160 Mifoucher 28 69 Bb 59
79150 Migaudon 79 98 Zd 67
28800 Migaudry 28 70 Bc 59
89580 Migé 89 89 Dd 62
89400 Migennes 89 72 Dd 61
19320 Miginiac 19 126 Bf 77
20243 Migliacciaru CTC 183 Kc 97
09400 Miglos 09 177 Bd 92
70110 Mignafans 70 94 Gd 63
86550 Mignaloux-Beauvoir 86 112 Ac 69
38350 Mignanne 38 144 Fe 79
20240 Mignataja CTC 183 Kc 97
70400 Mignavillers 70 94 Gd 63
36800 Migné 36 101 Bb 68
86440 Migné-Auxances 86 99 Ab 69
41190 Migneray 41 86 Ba 62
45490 Mignères 45 71 Cd 60
45490 Mignerette 45 71 Cd 60
54540 Mignéville 54 77 Ge 57
28630 Mignières 28 70 Bc 58
39250 Mignovillard 39 107 Ga 68
33850 Mignoy 33 134 Zc 80
36260 Migny 36 102 Ca 66
58210 Migny 58 89 Dc 65
17330 Migré 17 110 Zc 72
17770 Migron 17 123 Zd 74
09460 Mijanès 09 178 Ca 92
01410 Mijoux 01 120 Ff 70
56700 Miledec 56 80 We 62
46300 Milhac 46 137 Bc 80
24330 Milhac-d'Auberoche 24 137 Af 78
24470 Milhac-de-Nontron 24 124 Ae 76
87440 Milhaguet 87 124 Ae 75
81170 Milhars 81 151 Bf 84
31160 Milhas 31 176 Ae 91
30540 Milhaud 30 154 Eb 86
81130 Milhavet 81 151 Ca 84
24150 Millac 24 136 Ae 79
24370 Millac 24 137 Bc 79
86150 Millac 86 112 Ae 71
59143 Millam 59 27 Cb 43
41200 Millançay 41 87 Be 64
40600 Millas 40 146 Yf 82
66170 Millas 66 179 Ce 92
12100 Millau 12 152 Da 84
34620 Millau 34 167 Da 88
58170 Millay 58 104 Ea 67
76260 Millebosc 77 37 Bc 49
11800 Millegrand 11 166 Cc 89
78940 Millemont 78 50 Be 56
80300 Millencourt 80 29 Cd 49
80135 Millencourt-en-Ponthieu 80 28 Bf 48
21140 Millery 21 90 Eb 63
54670 Millery 54 56 Ga 56
69390 Millery 69M 130 Ee 75
17270 Millet 17 123 Ze 77
19290 Millevaches 19 126 Ca 75
50190 Millières 50 46 Yd 53
52240 Millières 52 75 Fc 60
30124 Milliérines 30 153 De 84
01680 Millieu 01 131 Fd 74
71400 Milliore 71 105 Eb 67
36310 Milloux 36 113 Bb 70
18350 Milly 18 103 Ce 66
50600 Milly 50 66 Yf 57
89800 Milly 89 90 De 62
91490 Milly-la-Forêt 91 71 Cc 58
71960 Milly-Lamartine 71 118 Ee 70
49350 Milly-le-Meugon 49 84 Ze 65
55110 Milly-sur-Bradon 55 42 Fb 52
60112 Milly-sur-Thérain 60 38 Ca 51
78470 Milon-la-Chapelle 78 51 Ca 56
31230 Milor 31 163 Ae 89
20140 Miluccia CTC 184 If 98
40350 Mimbaste 40 161 Za 87
61160 Mimbeville 61 48 Aa 56
13105 Mimet 13 170 Fd 88
21230 Mimeure 21 105 Ec 66
40200 Mimizan 40 146 Ye 83
40200 Mimizan-Plage 40 146 Ye 83
32290 Mimort 32 162 Aa 86
51800 Minaucourt-le-Mesnil-lès-Hurlus 51 54 Ee 53
44250 Mindin 44 81 Xf 65
36150 Mineaux 36 101 Be 66
34210 Minerve 34 166 Ce 88
20228 Minerviu CTC 181 Kb 91
29390 Miné Tréouzal 29 78 Wb 60
19130 Mingedeloup 19 125 Bb 77
65140 Mingot 65 163 Ab 88
62690 Mingoval 62 29 Cd 46
35540 Miniac-Morvan 35 65 Ya 57
35190 Miniac-sous-Becherei 35 65 Ya 59
22220 Minihy-Tréguier 22 63 We 56
74270 Minizier 74 120 Ff 72
40260 Minjouay 40 146 Yf 85
64400 Minone 64 161 Zb 90
54385 Minorville 54 56 Ff 56
21510 Minot 21 91 Ef 62
29710 Minven 29 78 Ve 61
67270 Minversheim 67 58 Hd 56
24610 Minzac 24 135 Aa 79
81250 Miolles 81 152 Cd 85
43500 Miollet 43 129 Df 77
20200 Miomo CTC 181 Kc 92
01390 Mionnay 01 118 Ef 73
69780 Mions 69M 130 Ef 75
33380 Mios 33 134 Za 81
64450 Miossens-Lanusse 64 162 Ze 88
38690 Mi-Plaine 38 131 Fc 76
69800 Mi-Plaine 69M 130 Ef 74
40120 Miquelot 40 147 Ze 84
12240 Miquels 12 151 Cb 82
40170 Miquéou 40 146 Ye 85

04510 Mirabeau 04 157 Ga 84
84120 Mirabeau 84 171 Fd 86
07170 Mirabel 07 142 Ed 81
82440 Mirabel 82 150 Bc 84
26110 Mirabel-aux-Baronnies 26 155 Fa 83
26400 Mirabel-et-Blacons 26 143 Fa 80
40410 Mirador 40 147 Zb 82
32340 Miradoux 32 149 Ae 85
06590 Miramar 06 173 Gf 88
13140 Miramas 13 170 Fa 87
13140 Miramas-le-Vieux 13 170 Fa 87
17150 Mirambeau 17 122 Zc 76
17270 Mirambeau 17 135 Ze 78
31230 Mirambeau 31 164 Af 88
32300 Miramont-d'Astarac 32 163 Ac 87
31800 Miramont-de-Comminges 31 163 Ae 90
47800 Miramont-de-Guyenne 47 136 Ac 81
82190 Miramont-de-Quercy 82 149 Ba 83
65380 Miramontès 65 162 Zf 89
32390 Miramont-Latour 32 149 Ae 86
40320 Miramont-Sensacq 40 162 Ze 87
32190 Miran 32 148 Ab 86
16410 Mirande 16 124 Ac 75
32300 Mirande 32 163 Ac 87
81190 Mirandol-Bourgnounac 81 151 Ca 84
32350 Mirannes 32 163 Ac 87
80300 Miraumont 80 29 Ce 48
83570 Miraval 83 171 Ga 88
11380 Miraval-Cabardès 11 166 Cc 88
52320 Mirbel 52 75 Fa 59
37510 Miré 37 85 Ad 65
49330 Miré 49 83 Zd 62
86110 Mirebau 86 99 Ab 68
21310 Mirebeau-sur-Bèze 21 92 Fb 64
39570 Mirebel 39 107 Fe 68
88500 Mirecourt 88 76 Ga 59
63730 Mirefleurs 63 128 Db 74
24260 Miremont 24 137 Af 79
31190 Miremont 31 164 Bc 88
63380 Miremont 63 115 Ce 73
11120 Mirepeisset 11 167 Cf 89
64800 Mirepeix 64 162 Ze 89
09500 Mirepoix 09 165 Bf 90
32390 Mirepoix 32 163 Ae 86
31340 Mirepoix-sur-Tarn 31 150 Bd 86
34110 Mireval 34 168 De 87
01700 Miribel 01 130 Ef 74
26350 Miribel 26 131 Fa 77
38450 Miribel-Lanchâtre 38 144 Fd 79
38380 Miribel-les-Echelles 38 131 Fe 76
26270 Mirmande 26 142 Ee 80
80260 Mirvaux 80 39 Cc 48
76210 Mirville 77 36 Ac 51
31550 Mis 31 165 Bd 88
26310 Miscon 26 143 Fd 81
27930 Miserey 27 50 Bb 54
25480 Miserey-Salines 25 93 Ff 65
01600 Misérieux 01 118 Ee 73
80320 Misery 80 39 Cf 49
89480 Misery 89 89 Dd 63
04200 Mison 04 157 Ff 83
02800 Missancourt 02 40 Dc 51
79100 Missé 79 99 Ze 67
81300 Missècle 81 165 Bf 86
11580 Missègre 11 178 Cc 90
21210 Missery 21 90 Ec 65
44780 Missillac 44 81 Xf 64
56140 Missiriac 56 81 Xd 61
40290 Misson 40 161 Za 87
02200 Missy-aux-Bois 02 52 Db 52
02350 Missy-lès-Pierrepont 02 40 De 51
02880 Missy-sur-Aisne 02 40 Dc 52
33680 Mistre 33 134 Yf 79
77130 Misy-sur-Yonne 76 72 Da 58
77290 Mitry-Mory 76 51 Cd 55
67360 Mitschdorf 67 58 He 55
78125 Mittainville 78 50 Bd 56
28190 Mittainvilliers 28 69 Bb 58
67140 Mittelbergheim 67 60 Hc 58
57370 Mittelbronn 57 58 Hb 56
67170 Mittelhausen 67 58 Hd 56
67170 Mittelschaeffolsheim 67 58 Hd 56
68630 Mittelwihr 68 60 Hb 60
18110 Mitterand 18 87 Cc 65
57930 Mittersheim 57 57 Gf 55
68380 Mittlach 68 77 Ha 61
67206 Mittlelhausbergen 67 60 He 57
14170 Mittois 14 48 Aa 54
33690 Mitton 33 148 Zf 82
68470 Mitzach 68 94 Ha 61
64520 Mixe 64 161 Ye 88
28120 Mizeray 28 69 Bc 59
01140 Mizériat 01 118 Ee 71
42110 Mizérieux 42 129 Eb 74
38142 Mizoën 38 144 Ga 78
50250 Mobecq 50 46 Yc 53
20140 Moca-Croce CTC 182 Ka 98
45700 Mocquepoix 45 88 Ce 61
32300 Mocuhès 32 163 Ac 87
73500 Modane 73 133 Ge 77
84330 Modène 84 156 Fa 84
29350 Moëlan-sur-Mer 29 79 Wc 62
68480 Mœrnach 68 95 Hb 63
52100 Moëslains 52 74 Ef 57
51120 Mœurs-Verdey 51 53 De 56
62147 Mœuvres 59 30 Da 48
17780 Moëze 17 110 Yf 73
70200 Moffans-et-Vocheresse 70 94 Gd 63
55400 Mogeville 55 55 Fd 53
01140 Mogneneins 01 118 Ee 72
55800 Mognéville 55 55 Fa 56
60140 Mogneville 60 39 Cc 53
71500 Mogny 71 106 Fa 69
29250 Moguériec 29 62 Vf 56
08110 Mogues 08 42 Fb 51
56490 Mohon 56 64 Xc 60
38440 Moidieu-Détourbe 38 130 Fa 75
50170 Moidrey 50 66 Yc 57
69330 Moifono 69M 131 Fa 74
35650 Moigné 35 65 Yb 60
91490 Moigny-sur-Ecole 91 71 Cc 58
70110 Moimay 70 93 Gc 63
17360 Moinet 17 135 Ze 78
54580 Moineville 54 56 Ff 53
17500 Moings 17 123 Zd 76
28700 Moinville-la-Jeulin 28 70 Be 58
38430 Moirans 38 131 Fd 77
39260 Moirans-en-Montagne 39 119 Fe 70
47800 Moirax 47 136 Ac 81
47310 Moirax 47 149 Ad 84
69620 Moiré 69D 118 Ed 73
51800 Moiremont 51 54 Ef 54
01350 Moiret 01 119 Fe 73
28200 Moireville 28 70 Bc 60
55150 Moirey-Flabas-Crépion 55 55 Fc 53
39570 Moiron 39 107 Fd 69
08370 Moiry 08 42 Fb 51
58490 Moiry 58 103 Da 67
86700 Moisais 86 111 Ab 70
44520 Moisdon-la-Rivière 44 82 Yd 63
77950 Moisenay 76 71 Ce 57
80200 Moislains 80 39 Cf 49
15130 Moissac 15 139 Cd 79
15170 Moissac 15 140 Cf 78
15170 Moissac 15 140 Da 78
82200 Moissac 82 149 Ba 84
87500 Moissac 87 125 Bb 76
43440 Moissac-Bas 43 128 Dd 77
83630 Moissac-Bellevue 83 171 Ga 87
48110 Moissac-Vallée-Française 48 153 De 83
82190 Moissaguet 82 149 Ba 83
87400 Moissannes 87 126 Bd 73
63190 Moissat 63 128 Dc 74
63190 Moissat-Bas 63 128 Dc 74
95570 Moisselles 95 51 Cc 54
39290 Moissey 39 106 Fd 65
38270 Moissieu-sur-Dolon 38 130 Ef 76
78840 Moisson 78 50 Be 54
77550 Moissy-Cramayel 76 51 Cd 57
58190 Moissy-Moulinot 58 89 De 65
27320 Moisville 27 49 Bb 55
41160 Moisy 41 86 Bb 61
20270 Moita CTC 183 Kc 95
50360 Moitiers-en-Bauptois 50 46 Yd 52
21510 Moitron 21 91 Ee 62
72170 Moitron-sur-Sarthe 72 68 Aa 59
51240 Moivre 51 54 Ed 55
54760 Moivrons 54 56 Gb 56
20100 Mola CTC 184 If 99
56230 Molac 56 81 Xd 62
76220 Molagnies 77 38 Be 51
02110 Molain 02 40 Dd 48
39800 Molain 39 107 Fe 68
39600 Molamboz 39 107 Fe 67
11420 Molándier 11 165 Be 89
04400 Molanès 04 158 Gd 82
31230 Molas 31 163 Ae 88
39500 Molay 39 106 Fc 66
70120 Molay 70 92 Fe 62
89310 Môlay 89 90 Df 62
28200 Moléans 28 69 Bc 60
15500 Molèdes 15 128 Da 77
73260 Molençon 73 133 Gd 75
21330 Molesmes 21 90 Ec 61
89560 Molesmes 89 89 Dc 63
12330 Molet 12 139 Cd 81
48110 Molezon 48 153 De 83
63840 Molhiac 63 129 Df 76
60220 Moliens 60 38 Be 51
07270 Molière 07 142 Ed 78
53200 Molière 53 83 Zb 62
13450 Molières 13 170 Ef 87
24480 Molières 24 137 Ae 80
46120 Molières 46 138 Bf 80
82220 Molières 82 150 Bc 83
30120 Molières-Cavaillac 30 153 Dd 85
26150 Molières-Glandaz 15 143 Fc 80
30410 Molières-sur-Ceze 30 154 Ea 83
40660 Moliets-et-Maa 40 146 Yd 85
40660 Moliets-Plage 40 146 Yd 85
02000 Molinchart 02 40 Dd 51
20233 Moline CTC 181 Kc 92
05500 Molines en-Champsaur 05 144 Ga 80
05350 Molines-en-Queyras 05 145 Gf 80
03510 Molinet 03 117 Df 70
41190 Molineuf 41 86 Bb 63
62330 Molinghem 62 29 Cc 45
20128 Molini CTC 184 Ie 97
89190 Molinons 89 72 Dd 59
21340 Molinot 21 105 Ed 66
10500 Molins-sur-Aube 10 74 Ec 58
28200 Molitard 28 70 Bc 60
66500 Molitg-les-Bains 66 178 Cc 93
70240 Mollans 70 93 Gc 63
26170 Mollans-sur-Ouvèze 26 155 Fb 83
68470 Mollau 68 94 Gf 61
49260 Mollay 49 99 Zf 65
13940 Mollegès 13 155 Ef 86
03300 Molles 03 116 Dd 72
11410 Molleville 11 165 Bf 89
80260 Molliens-au-Bois 80 39 Cc 49
80540 Molliens-Dreuil 80 38 Ca 49
06420 Mollières 06 159 Hb 84
73720 Molliessoulaz 73 132 Gc 74
67190 Mollkirch 67 60 Hc 57
01800 Mollon 01 119 Fb 73
15500 Molompize 15 128 Da 77
89700 Molosmes 89 90 Fa 61
87130 Molou 87 126 Bd 75
21120 Moloy 21 91 Ef 63
21210 Molphey 21 90 Eb 64
39250 Molpré 39 107 Ga 68
57670 Molring 57 57 Ge 55
67120 Molsheim 67 60 Hc 57
20218 Moltifao CTC 181 Ka 94
57330 Molvange 57 43 Ga 52
64230 Momas 64 162 Zd 88
33710 Mombrier 33 135 Zc 78
65360 Momères 65 162 Aa 89
57220 Momerstroff 57 57 Gd 54
12210 Mommaton 12 139 Cf 80
67670 Mommenheim 67 58 Hd 56
24700 Momtpon- Ménestérol 24 136 Aa 78
40700 Momuy 40 161 Zc 87
64350 Momy 64 162 Zf 88
20171 Monacia d'Aullène CTC 184 Ka 99
20229 Monacia- d'Orezza CTC 183 Kc 94
98000* Monaco □ MC 173 Hc 86
Monaco-Ville □ MC 173 Hc 86
02000 Monampteuil 02 40 Dd 52
64160 Monassut-Audiracq 64 162 Ze 88
63790 Monaux 63 127 Cf 75
39230 Monay 39 107 Fd 67
33570 Monbadon 33 135 Zf 79
47290 Monbahus 47 136 Ad 81
47340 Monbalen 47 149 Ae 83
47320 Monbarbat 47 148 Ac 82
32420 Monbardon 32 163 Ae 88
24240 Monbazillac 24 136 Ac 80
47370 Monbeau 47 149 Af 82
82170 Monbéqui 82 150 Bb 85
32130 Monblanc 32 164 Af 88
24240 Monbos 24 136 Ac 80
47510 Monbran 47 149 Ad 83
32600 Monbrun 32 164 Ba 87
20214 Moncale CTC 180 If 93
24250 Moncalou 24 137 Bb 80
12130 Moncan 12 140 Da 81
32300 Moncassin 32 163 Ac 88
47700 Moncassin 47 148 Aa 83
31160 Moncaup 31 176 Ae 91
64350 Moncaup 64 162 Zf 88
47310 Moncaut 47 148 Ad 84
45740 Monçay 45 87 Be 62
64130 Moncayolle-Larrory-Mendibieu 64 161 Za 89
49800 Monceau 49 84 Zd 64
02270 Monceau-le-Neuf 02 40 Dd 50
02270 Monceau-lès-Leups 02 40 Dc 50
02840 Monceau-le-Waast 02 40 De 51
59620 Monceau-Saint-Waast 59 31 Df 47
02120 Monceau-sur-Oise 02 40 De 49
19170 Monceaux 19 126 Bf 75
60940 Monceaux 60 39 Cd 53
61290 Monceaux-au-Perche 61 69 Ae 58
14400 Monceaux-en-Bessin 14 47 Zb 53
60220 Monceaux-l'Abbaye 60 38 Be 51
58190 Monceaux-le-Comte 58 90 Dd 65
19400 Monceaux-sur-Dordogne 19 138 Bf 78
72230 Moncé-en-Belin 72 84 Ab 61
72260 Moncé-en-Saosnois 72 68 Ac 59
88630 Moncel 88 75 Fe 58
54300 Moncel-lès-Lunéville 54 77 Gd 57
54280 Moncel-sur-Seille 54 56 Gc 56
88630 Moncel-sur-Vair 88 75 Fe 58
51290 Moncetz-L'Abbaye 51 54 Ed 57
51470 Moncetz-Longevas 51 54 Ec 55
25870 Moncey 25 93 Ga 64
76340 Monchaux-Soreng 77 38 Bd 49
59224 Monchaux-sur-Écaillon 59 30 Dc 47
59283 Moncheaux 59 30 Da 46
80120 Moncheaux 80 28 Bd 47
62270 Moncheaux-lès-Frévent 62 29 Cc 47
59234 Monchecourt 59 30 Db 47
80220 Monchelet 80 38 Bd 48
62270 Monchel-sur-Canche 62 29 Cb 47
37310 Monchenin 37 100 Af 65
24160 Monchenit 24 125 Ba 77
57420 Moncheux 57 56 Gc 55
62123 Monchiet 62 29 Cd 47
62111 Monchy-au-Bois 62 29 Cd 47
62127 Monchy-Breton 62 29 Cc 46
62134 Monchy-Cayeux 62 29 Cb 46
60113 Monchy-Humières 60 39 Ce 52
80200 Monchy-Lagache 80 39 Da 49
62118 Monchy-le-Preux 62 30 Cf 47
76340 Monchy-le-Preux 77 38 Bd 49
60290 Monchy-Saint-Eloy 60 51 Cc 53
76260 Monchy-sur-Eu 77 37 Bc 49
64330 Moncla 64 162 Ze 87
32150 Monclar 32 148 Zf 85
47380 Monclar 47 149 Ad 82
82230 Monclar-de-Quercy 82 150 Bd 85
32300 Monclar-sur-Losse 32 163 Ab 87
25170 Moncley 25 93 Ff 65
08270 Monclin 08 41 Ed 51
22510 Moncontour 22 64 Xb 58
86330 Moncontour 86 99 Zf 67
32260 Moncorneil-Grazan 32 163 Ad 88
29510 Moncouar 29 78 Vf 60
19410 Moncoulon 19 125 Bc 77
57810 Moncourt 57 57 Gd 56
79320 Moncoutant-sur-Sèvre 79 98 Zc 68
46090 Moncoutié 46 138 Bc 81
47600 Moncrabeau 47 148 Ac 84
61800 Moncy 61 47 Zb 56
12330 Mondalazac 12 139 Cd 82
31220 Mondavezan 31 164 Ba 89
14250 Mondaye 14 34 Zb 53
32160 Mondebat 32 162 Aa 87
64450 Mondebat 64 162 Zd 87
57300 Mondelange 57 56 Gb 53
51120 Mondement-Montgivroux 51 53 De 56
82110 Mondenard 82 149 Bb 83
60400 Mondescourt 60 40 Da 51
91690 Mondésir 91 70 Ca 58
28170 Mondétour 28 50 Bb 57
35370 Mondevert 35 66 Yf 60
14120 Mondeville 14 47 Ze 53
91590 Mondeville 91 71 Cc 58
62760 Mondicourt 62 29 Cc 47
08430 Mondigny 08 42 Ed 50
31350 Mondilhan 31 163 Ae 89
31420 Mondine 31 163 Ae 89
40800 Mondine 40 162 Ze 87
86230 Mondion 86 100 Ac 67
25680 Mondon 25 93 Gb 64
31700 Mondonville 31 164 Bb 86
28150 Mondonville-Sainte-Barbe 28 70 Be 59
28700 Mondonville-Saint-Jean 28 70 Be 58
41170 Mondoubleau 41 69 Af 61
43500 Mondoulioux 43 129 Df 77
31850 Mondouzil 31 165 Bd 87
84430 Mondragon 84 155 Ee 83
14210 Mondrainville 14 35 Zc 54
55220 Mondrecourt 55 55 Fb 55
02500 Mondrepuis 02 41 Ea 49
77570 Mondreville 76 71 Cd 60
78980 Mondreville 78 50 Bd 55
35680 Mondron 35 66 Ye 60
43260 Monedeyres 43 141 Ea 78
64360 Monein 64 161 Zc 89
31370 Monès 31 164 Ba 88
09130 Monesple 09 164 Bc 90
03140 Monestier 03 116 Da 71
07690 Monestier 07 130 Ed 77
24240 Monestier 24 136 Ab 80
38970 Monestier-d'Ambel 38 144 Ff 80
38650 Monestier-de-Clermont 38 144 Fd 79
19340 Monestier-Merlines 19 127 Cc 75
19110 Monestier-Port-Dieu 19 127 Cd 76
81640 Monestiés 81 151 Ca 84
31560 Monestrol 31 165 Be 88
03500 Monétay-sur-Allier 03 116 Db 70
03470 Monétay-sur-Loire 03 117 De 70
89470 Monéteau 89 89 Dd 61
05110 Monêtier-Allemont 05 157 Ff 82
24140 Monfaucon 24 136 Ad 78
24130 Monfaucon 24 136 Ab 79
65140 Monfaucon 65 162 Aa 88
32260 Monferran-Plavès 32 163 Ad 88
32490 Monferran-Savès 32 164 Af 87
47150 Monflanquin 47 136 Ae 81
32120 Monfort 32 149 Ae 86
72300 Monfrou 72 84 Ze 61
40200 Mongaillard 40 146 Ye 83
47230 Mongaillard 47 148 Ab 83
33480 Mongarnl 33 134 Zb 79
32220 Mongausy 32 163 Ae 87
33190 Mongauzy 33 135 Aa 81
09300 Monges 09 177 Be 91
11100 Monges 11 167 Da 90
63740 Monges 87 127 Ce 74
40700 Monget 40 162 Zc 87
32240 Monguilhem 32 148 Ze 85
47160 Monheurt 47 148 Ab 82
72260 Monhoudou 72 68 Ab 59
08260 Mon-Idée 08 41 Ec 49
84390 Monieux 84 156 Fc 84
43580 Monistrol-d'Allier 43 141 Dd 79
43120 Monistrol-sur-Loire 43 129 Eb 77
32140 Monlaur-Bernet 32 163 Ad 88
41290 Monlavy 41 86 Bb 61
65670 Monléon-Magnoac 65 163 Ad 89
43270 Monlet 43 129 De 77
32230 Monlezun 32 163 Ab 88
32240 Monlezun-d'Armagnac 32 147 Zf 86
15120 Monlogis 15 139 Cd 80
65670 Monlong 65 163 Ac 89
12240 Monloube 12 151 Ca 83
47160 Monluc 47 148 Ab 83
24560 Monmadalès 24 136 Ad 80
24560 Monmarvès 24 136 Ad 80
61470 Monnai 61 48 Ac 55
37380 Monnaie 37 85 Ae 63
63710 Monne 63 128 Cf 75
02400 Monneaux 02 52 Dc 54
23320 Monnéger 23 114 Be 71
57920 Monneren 57 56 Gc 52
91930 Monnerville 91 70 Ca 58
02470 Monnes 02 52 Db 54
48100 Monnet 48 140 Db 81
39320 Monnetay 39 119 Fd 70
74410 Monnetier 74 132 Ga 74
74560 Monnetier-Mornex 74 120 Gb 72
39300 Monnet-la-Ville 39 107 Fe 68
60240 Monneville 60 51 Bf 53
39100 Monnières 39 106 Fc 66
44690 Monnières 44 97 Yd 66
82200 Monniés 82 150 Ba 84
30170 Monoblet 30 154 Df 84
82140 Monpalach 82 150 Bd 83
79100 Monpalais 79 99 Zf 67
32170 Monpardiac 32 163 Ab 88
24540 Monpazier 24 137 Af 80
64350 Monpezat 64 162 Zf 87
24170 Monplaisant 24 137 Af 80
02390 Monplaisir 02 40 Dd 50
31590 Monplaisir 31 165 Bd 87
41170 Mon-Plaisir 41 85 Af 61
33410 Monprimblanc 33 135 Ze 81
16140 Mons 16 123 Zf 73
17160 Mons 17 123 Zd 74
30340 Mons 30 154 Eb 84
31280 Mons 31 165 Bd 87
32270 Mons 32 163 Ae 86
34390 Mons 34 167 Cf 87
63310 Mons 63 116 Dc 72
83440 Mons 83 172 Ge 86
87310 Mons 87 125 Af 74
69330 Mons 69M 131 Fa 74
24440 Monsac 24 136 Ae 80
24560 Monsaguel 24 136 Ad 80
80210 Mons-Boubert 80 28 Be 48
24340 Monsec 24 124 Ad 76
33580 Monségur 33 135 Aa 81
40700 Monségur 40 162 Zc 87
47150 Monségur 47 137 Af 82
64460 Monségur 64 162 Zf 88
47500 Monsempron-Libos 47 137 Af 82
59370 Mons-en-Barœul 59 30 Da 45
80200 Mons-en-Chaussée 80 39 Da 49
02000 Mons-en-Laonnois 02 40 Dd 51
77520 Mons-en-Montois 76 72 Da 58
59246 Mons-en-Pévèle 59 30 Da 46
33240 Monsieur-Dubois 33 135 Zd 78
85110 Monsireigne 85 97 Za 68
69860 Monsols 69D 117 Ed 71
24450 Monssigoux 24 125 Ba 75
38122 Monsteroux-Milieu 38 130 Ef 76
80160 Monsures 80 38 Cb 50
67700 Monswiller 67 58 Hc 56
36500 Mont 36 101 Bb 67
64300 Mont 64 161 Zc 88
74230 Mont 74 132 Gc 74
61160 Montabard 61 48 Zf 56
72500 Montabon 72 85 Ac 62
50410 Montabots 50 46 Yf 55
89150 Montacher-Villegardin 89 72 Da 59
32220 Montadet 32 164 Af 88
34310 Montady 34 167 Da 89
09240 Montagagne 09 177 Bc 91
04500 Montagnac 04 157 Ga 86
12560 Montagnac 12 152 Cf 82
30350 Montagnac 30 154 Ea 85
34530 Montagnac 34 167 Dc 88
43270 Montagnac 43 141 De 78
43370 Montagnac 43 141 Df 79
48170 Montagnac 48 141 Dd 80
24210 Montagnac-d'Auberoche 24 125 Af 77
24140 Montagnac-la-Crempse 24 136 Ad 79
47600 Montagnac-sur-Auvignon 47 148 Ac 84
47150 Montagnac-sur-Lède 47 137 Af 81
39160 Montagna-le-Reconduit 39 119 Fc 70
39320 Montagna-le-Templier 39 119 Fc 70
32170 Montagnan 32 163 Ac 88
01250 Montagnat 01 119 Fb 71
33570 Montagne 33 135 Zf 79
38160 Montagne 38 143 Fb 78
80540 Montagne-Fayel 80 38 Bf 49
42560 Montagneux 42 129 Df 75
70140 Montagney 70 92 Fd 65
01470 Montagnieu 01 131 Fc 74
38110 Montagnieu 38 131 Fc 75
12360 Montagnol 12 152 Da 85
73000 Montagnole 73 132 Ff 75
01990 Montagnuex 01 118 Ef 72
42840 Montagny 42 117 Eb 72
73340 Montagny 73 132 Ga 74
73000 Montagny 73 132 Ff 75
73350 Montagny 73 133 Gd 76
69700 Montagny 69M 130 Ee 75
60240 Montagny-en-Vexin 60 50 Be 53
21200 Montagny-lès-Beaune 21 106 Ef 67
71390 Montagny-lès-Buxy 71 105 Ee 68
74600 Montagny-les-Lanches 74 132 Ga 73
21250 Montagny-lès-Seurre 21 106 Fb 66
71500 Montagny-près-Louhans 71 106 Fb 69
60950 Montagny-Sainte-Félicité 60 52 Ce 54
71520 Montagny-sur-Grosne 71 118 Ed 70
33190 Montagoudin 33 135 Zf 81
24350 Montagrier 24 124 Ac 77
48340 Montagudet 48 140 Da 82
82110 Montagudet 82 149 Ba 83
48340 Montagut 48 152 Da 82
64410 Montagut 64 162 Zc 87
19300 Montaignac 19 126 Bf 76
19300 Montaignac Saint-Hippolyte 19 126 Ca 76
50700 Montaigou-la-Brisette 50 33 Yd 51
02820 Montaigu 02 41 De 51
39570 Montaigu 39 107 Fd 69
48310 Montaigu 48 140 Da 79
53160 Montaigu 53 67 Zd 59
79120 Montaigu 79 111 Ab 71
82150 Montaigu-de-Quercy 82 149 Ba 82
03130 Montaiguët-en-Forez 03 116 De 71
03150 Montaigu-le-Blin 03 116 Dd 71
50450 Montaigu-les-Bois 50 46 Ye 55
12360 Montaigut 12 152 Cf 85
63700 Montaigut 63 115 Ce 71
81320 Montaigut 81 167 Cf 86
23320 Montaigut-le-Blanc 23 114 Be 72
63320 Montaigut-le-Blanc 63 128 Da 75
31530 Montaigut-sur-Save 31 164 Bb 86
85600 Montaigu-Vendée 85 97 Ye 67
47120 Montaillac 47 136 Ab 80
72120 Montaillé 72 85 Ae 61
73460 Montailleur 73 132 Gb 75
79370 Montaillon 79 111 Ze 71
09110 Montaillou 09 178 Bf 92
73130 Montaimont 73 132 Gc 76
39210 Montain 39 107 Fd 68
82100 Montain 82 149 Ba 85
28150 Montainville 28 70 Bd 59
78124 Montainville 78 50 Bf 55
66110 Montalba-d'Amélie 66 179 Ce 94
66130 Montalba-le-Château 66 179 Cd 92
79190 Montalembert 79 111 Aa 72
23400 Montaletang 23 114 Be 73
78440 Montalet-le-Bois 78 50 Be 54
38390 Montalieu-Vercieu 38 131 Fc 74
33930 Montalivet-les-Bains 33 122 Yf 76
89290 Montallery 89 89 De 62
30120 Montals 30 153 Dd 84
82270 Montalzat 82 150 Bc 83
05140 Montamat 05 144 Fd 81
32220 Montamat 32 163 Af 88
58250 Montambert 58 104 De 68
46310 Montamel 46 137 Bc 81
86360 Montamisé 86 99 Ac 69
14260 Montamy 14 47 Zb 55
69250 Montanay 69M 130 Ef 73
24110 Montanceix 24 136 Ad 78
25190 Montancy 25 94 Ha 64
25190 Montandon 25 94 Gf 65

18170 Montandré 18 102 Cb 68
73300 Montandré 73 132 Gc 77
50240 Montanel 50 66 Yd 58
64460 Montaner 64 162 Zf 88
10220 Montangon 10 74 Ec 58
87290 Montannaud 87 113 Bb 72
81600 Montans 81 151 Bf 85
58110 Montapas 58 104 Dd 66
03230 Montapeine 03 104 Dd 69
24800 Montardie 24 125 Ba 76
09230 Montardit 09 164 Bb 90
64121 Montardon 64 162 Zd 88
24350 Montardy 24 124 Ac 77
24130 Montarel 24 136 Ab 79
30700 Montaren-et-Saint-Médiers 30 154 Ec 84
19700 Montargis 19 126 Be 76
45200 Montargis 45 71 Ce 61
77250 Montarlot 76 71 Cf 58
70600 Montarlot-lès-Champlitte 70 92 Fd 63
70190 Montarlot-lès-Rioz 70 93 Ff 64
09200 Montarna 09 176 Ba 91
34570 Montarnaud 34 168 De 87
58250 Montaron 58 104 De 67
47380 Montastruc 47 136 Ad 82
65330 Montastruc 65 163 Ac 89
82130 Montastruc 82 150 Bb 84
31380 Montastruc-la-Conseillère 31 165 Bd 86
42830 Montat 42 116 De 73
46090 Montat 46 150 Bc 82
60160 Montataire 60 51 Cc 53
26170 Montauban 26 156 Fd 83
82000 Montauban 82 150 Bc 84
35360 Montauban-de-Bretagne 35 65 Xf 59
31110 Montauban-de-Luchon 31 176 Ad 92
80300 Montauban-de-Picardie 80 39 Ce 48
34160 Montaud 34 168 Df 86
38210 Montaud 38 131 Fd 77
53220 Montaudin 53 66 Za 58
26110 Montaulieu 26 156 Fb 82
10270 Montaulin 10 73 Eb 59
27400 Montaure 27 49 Ba 53
63380 Montaurier 63 127 Cd 73
11410 Montauriol 11 165 Be 89
31280 Montauriol 31 165 Bd 87
47330 Montauriol 47 136 Ad 81
66300 Montauriol 66 179 Ce 93
83440 Montauroux 83 172 Ge 87
09160 Montaut 09 164 Ba 90
09700 Montaut 09 165 Bd 89
24560 Montaut 24 136 Ad 80
31310 Montaut 31 164 Bb 90
32300 Montaut 32 163 Ac 88
40500 Montaut 40 161 Zc 86
47210 Montaut 47 136 Ae 81
64800 Montaut 64 162 Ze 90
12170 Montautat 12 151 Cd 84
32810 Montaut-les-Créneaux 32 163 Ad 86
35210 Montautour 35 66 Yf 59
54700 Montauville 54 56 Ga 55
40410 Montauzey 40 147 Zb 82
59360 Montay 59 31 Dd 48
47500 Montayral 47 137 Af 82
24230 Montazeau 24 136 Aa 79
81330 Montazel 81 166 Cd 86
11190 Montazels 11 178 Cb 91
21500 Montbard 21 90 Ec 63
05350 Montbardon 05 145 Ge 80
82110 Montbarla 82 149 Ba 83
39380 Montbarrey 39 107 Fd 66
45340 Montbarrois 45 71 Cc 60
82700 Montbartier 82 150 Bb 85
12220 Montbazens 12 139 Cb 82
34560 Montbazin 34 168 De 87
37250 Montbazon 37 85 Ae 65
09500 Montbel 09 165 Bf 90
09600 Montbel 09 178 Bf 91
48170 Montbel 48 141 De 81
25600 Montbéliard 25 94 Ge 63
25210 Montbéliardot 25 108 Gd 65
71260 Montbellet 71 118 Ef 70
25650 Montbenoît 25 108 Gc 67
62350 Mont-Bernanchon 62 29 Cd 45
31230 Montbernard 31 163 Ae 89
31140 Montberon 31 164 Bc 86
44140 Montbert 44 97 Yd 66
38230 Montbertand 38 131 Fa 74
21460 Montberthault 21 90 Ea 64
14350 Mont-Bertrand 14 47 Za 55
82290 Montbeton 82 150 Bb 84
12160 Montbétou 12 152 Cc 83
03340 Montbeugny 03 116 Dc 69
72380 Montbizot 72 68 Ab 60
55270 Montblainville 55 55 Fa 53
04320 Montblanc 04 158 Ge 85
31230 Mont-Blanc 31 164 Ae 89
34290 Montblanc 34 167 Dc 88
45290 Montblin 45 88 Ce 61
70700 Montboillon 70 93 Ff 64
14190 Montboint 14 48 Ze 55
28800 Montboissier 28 69 Bc 59
63490 Montboissier 63 128 Dc 75
66110 Montbolo 66 179 Cd 94
43370 Montbonnet 43 141 De 79
38330 Montbonnot 38 132 Fe 77
54111 Mont-Bonvillers 54 43 Ff 53
23400 Montboucher 23 113 Be 73
26740 Montboucher-sur-Jabron 26 142 Ee 81
15190 Montboudif 15 127 Ce 76
90500 Montbouton 90 94 Gf 64
45230 Montbouy 45 88 Ce 61
16620 Montboyer 16 123 Aa 77
70230 Montbozon 70 93 Gb 64
43550 Montbrac 43 141 Ea 79
22550 Montbran 22 64 Xd 57
05140 Montbrand 05 144 Fe 81
55140 Montbras 55 75 Fe 57
50410 Montbray 50 46 Yf 55
51500 Montbré 51 53 Ea 53
02110 Montbrehain 02 40 Dc 49
26770 Montbrison 26 155 Fa 82
42600 Montbrison 42 129 Ea 75
16220 Montbron 16 124 Ac 75
57415 Montbronn 57 58 Hb 55
87160 Montbrugnaud 87 113 Bb 71
46160 Montbrun 46 138 Bf 81
48210 Montbrun 48 153 Dd 82
73300 Montbrunal 73 132 Gb 77
31310 Montbrun-Bocage 31 164 Bb 90
11700 Montbrun-des-Corbières 11 166 Cd 89
31450 Montbrun-Lauragais 31 165 Bd 88
26570 Montbrun-les-Bains 26 156 Fc 83
25340 Montby 25 94 Gc 64
09500 Montcabirol 09 177 Be 90
46700 Montcabrier 46 137 Ba 81
81500 Montcabrier 81 165 Be 87
09220 Montcalm 09 177 Bc 92
30600 Montcalme 30 169 Eb 87
24230 Montcaret 24 135 Aa 79
38890 Montcarra 38 131 Fc 75
50560 Montcarville 50 33 Yc 54
76690 Mont-Cauvaire 77 37 Ba 51
62170 Montcavrel 62 28 Be 45
38300 Montceau 38 131 Fc 75
21360 Montceau-et-Echarnant 21 105 Ed 66
71300 Montceau-les-Mines 71 105 Ec 68
01090 Montceaux 01 118 Ee 72
77470 Montceaux 76 52 Cf 55
77151 Montceaux-lès-Provins 76 52 Dc 56
10260 Montceaux-lès-Vaudes 10 73 Ea 60
71110 Montceaux-L'Etoile 71 117 Ea 70
71240 Montceaux-Ragny 71 106 Ef 69
63460 Montcel 63 115 Da 72
73100 Montcel 73 132 Ff 74
02540 Mont-Cel-Enger 02 52 Dc 55
71710 Montcenis 71 105 Ec 68
01310 Montcet 01 118 Fa 71
70000 Montcey 70 93 Gb 63
38220 Montchaboud 38 144 Fe 78
02860 Montchâlons 02 40 De 51
14350 Montchamp 14 47 Zb 55
15100 Montchamp 15 140 Db 78
48700 Montchamp 48 140 Dc 80
71210 Montchanin 71 105 Ec 68
15320 Mont-Chanson 15 140 Da 79
43500 Montchany 43 129 Df 76
58370 Montcharlon 58 104 Df 67
52400 Montcharvot 52 92 Fe 61
50660 Montchaton 50 46 Yc 54
16300 Montchaude 16 123 Ze 76
14350 Montchauvet 14 47 Zb 55
78790 Montchauvet 78 50 Bd 55
73210 Montchavin 73 133 Ge 75
26350 Montchenu 26 130 Fa 77
23270 Montcheny 23 114 Bf 71
08250 Montcheutin 08 54 Ee 53
61170 Montchevral 61 68 Ac 57
60240 Montchevreuil 60 50 Bf 53
36140 Montchevrier 36 114 Be 70
71450 Montchevrier 71 105 Ec 68
48100 Montchiroux 48 140 Dc 81
01340 Montcindroux 01 118 Fa 70
04140 Montclar 04 157 Gc 82
11250 Montclar 11 166 Cb 90
12550 Montclar 12 152 Cd 85
43230 Montclard 43 128 Dd 77
31220 Montclar-de-Comminges 31 164 Ba 89
31290 Montclar-Lauragais 31 165 Be 88
26400 Montclar-sur-Gervanne 26 143 Fa 80
46250 Montcléra 46 137 Bb 81
05700 Montclus 05 156 Fe 82
30630 Montclus 30 154 Ec 83
63330 Montcocu 63 115 Ce 71
03130 Montcombroux-les-Mines 03 116 De 70
03130 Montcombroux-Vieux-Bourg 03 116 De 70
71500 Montcony 71 106 Fb 68
23190 Montcor 23 114 Cc 73
02340 Montcornet 02 41 Ea 50
08090 Montcornet 08 42 Ed 50
42380 Montcoudiol 42 129 Ea 76
02400 Montcourt 02 52 Dc 54
70500 Montcourt 70 93 Ff 61
77140 Montcourt-Fromonville 76 71 Ce 59
71620 Montcoy 71 106 Ef 68
45700 Montcresson 45 88 Ce 61
01380 Mont-Crozier 01 118 Ef 71
50490 Montcuit 50 34 Yd 54
38230 Montcul 38 131 Fb 74
46800 Montcuq-en-Quercy-Blanc 46 149 Bb 82
39260 Montcusel 39 119 Fd 70
08090 Montcy-Notre-Dame 08 42 Ee 50
30120 Montdardier 30 153 Dd 85
32140 Mont-d'Astarac 32 163 Ad 89
05600 Mont-Dauphin 05 145 Gd 81
77320 Montdauphin 76 52 Dc 55
38860 Mont-de-Lans 38 144 Ga 78
25210 Mont-de-Laval 25 108 Gd 65
76190 Mont-de-L'If 77 37 Ae 51
32170 Mont-de-Marrast 32 163 Ac 88
40000 Mont-de-Marsan 40 147 Zd 85
71130 Montdemot 71 104 Ea 69
73870 Mont-Denis 73 132 Gc 77
59690 Mont-de-Péruwelz 59 31 Dd 46
88410 Mont-de-Savillon 88 76 Ff 60
73400 Mont-Dessus 73 132 Gc 74
55110 Mont-devt-Sassey 55 42 Fb 52
57670 Montdidier 57 57 Ge 55
80500 Montdidier 80 39 Cd 51
64330 Mont-Disse 64 162 Zf 87
35120 Mont-Dol 35 65 Yb 57
63240 Mont-Dore 63 127 Ce 75
70210 Montdoré 70 93 Ga 61
02390 Mont-d'Origny 02 40 Dd 49
46230 Montdoumerc 46 150 Bd 83
81440 Montdragon 81 151 Ca 86
39260 Mont-du-Cerf 39 119 Fe 70
20290 Monte CTC 181 Kc 94
41150 Monteaux 41 86 Ba 64
20138 Monte Biancu CTC 184 Ie 98
50310 Montebourg 50 33 Yd 52
23600 Montebras 23 114 Cb 71
Monte Carlo □ MC 173 Hc 86
82700 Montech 82 150 Bb 85
25190 Montécheroux 25 94 Ge 64
59258 Montecouvez 59 30 Db 48
20245 Monte Estremo CTC 182 Ie 94
02600 Montefontaine 02 40 Da 53
20214 Montegrosso CTC 180 Ie 93
40190 Montégut 40 147 Ze 85
65150 Montégut 65 163 Ad 90
32730 Montégut-Arros 32 163 Ab 88
31430 Montégut-Bourjac 31 164 Af 89
09200 Montégut-en-Couserans 09 176 Ba 91
31540 Montégut-Lauragais 31 165 Bf 88
09120 Montégut-Plantaurel 09 164 Bd 90
32220 Montégut-Savès 32 164 Af 88
03800 Monteignet-sur-L'Andelot 03 116 Db 72
15240 Monteil 15 127 Cd 77
15700 Monteil 15 139 Cb 78
19170 Monteil 19 126 Ca 74
23320 Monteil 23 114 Be 72
23220 Monteil 23 114 Bf 71
24680 Monteil 24 136 Ac 80
43380 Monteil 43 140 Db 77
43700 Monteil 43 141 Df 78
79600 Monteil 79 99 Ze 67
87200 Monteil 87 112 Ae 73
14270 Monteille 14 35 Aa 54
12290 Monteillets 12 152 Cf 83
12200 Monteils 12 151 Bf 83
12160 Monteils 12 151 Cc 83
12380 Monteils 12 152 Cd 85
30630 Monteils 30 154 Ec 83
30360 Monteils 30 154 Eb 84
46330 Monteils 46 138 Be 81
48400 Monteils 48 153 Dd 82
82300 Monteils 82 150 Bd 83
63380 Montel-de-Gelat 63 115 Cd 73
26760 Montéléger 26 142 Ef 79
26120 Montélier 26 143 Fa 79
26200 Montélimar 26 142 Ee 81
09240 Montels 09 177 Bc 90
34310 Montels 34 167 Da 89
81140 Montels 81 151 Bf 85
23700 Montely 23 115 Cc 72
20214 Montemaggiore CTC 180 If 93
16310 Montembœuf 16 124 Ad 74
57480 Montenach 57 44 Gc 52
53500 Montenay 53 66 Za 59
17130 Montendre 17 123 Zd 77
73390 Montendry 73 132 Gb 75
62123 Montenescourt 62 29 Cd 47
56380 Monteneuf 56 81 Xe 61
77320 Montenils 76 53 Dc 55
25260 Montenois 25 94 Ge 64
58700 Montenoison 58 104 Dc 65
54760 Montenoy 54 56 Gb 56
80540 Montenoy 80 38 Bf 49
60810 Montépilloy 60 51 Ce 53
51320 Montépreux 51 53 Ea 56
86430 Monterbean 86 112 Ae 71
56250 Monterblanc 56 80 Xb 62
45260 Montereau 45 88 Cd 61
77130 Montereau-Fault-Yonne 76 72 Cf 58
77950 Montereau-sur-le-Jard 76 71 Ce 57
35160 Monterfil 35 65 Ya 60
41400 Monteriou 41 86 Ba 65
76680 Montérolier 77 37 Bc 51
20128 Monte Rosso CTC 182 If 97
74470 Monterrebout 74 120 Gc 71
56800 Monterrein 56 81 Xd 61
56800 Montertelot 56 81 Xd 61
12160 Montes 12 152 Cc 83
66200 Montescot 66 179 Cf 93
82200 Montescot 82 150 Ba 84
02440 Montescourt-Lizerolles 02 40 Db 50
31260 Montespan 31 163 Af 90
47130 Montesquieu 47 148 Ac 83
82200 Montesquieu 82 149 Ba 83
09200 Montesquieu-Avantès 09 176 Bb 90
66740 Montesquieu-des-Albères 66 179 Cf 93
31230 Montesquieu-Guittaut 31 163 Ae 88
31450 Montesquieu-Lauragais 31 165 Bd 88
31310 Montesquieu-Volvestre 31 164 Bb 89
32320 Montesquiou 32 163 Ab 87
70270 Montessaux 70 94 Gd 62
52500 Montesson 52 92 Fe 62
64300 Montestrucq 64 161 Zb 88
32390 Montestruc-sur-Gers 32 149 Ad 86
24450 Montet 24 125 Af 75
24560 Montet 24 136 Ad 80
42220 Montet 42 130 Ec 77
58110 Mont-et-Marré 58 104 Dd 66
47120 Monteton 47 136 Ab 81
84170 Monteux 84 155 Ef 84
77144 Montévrain 76 52 Ce 55
70140 Montey-Besuche 70 92 Fe 65
38770 Monteynard 38 144 Fe 79
70130 Montey-sur-Saône 70 92 Fe 63
12460 Montézic 12 139 Cd 80
09350 Montfa 09 164 Bb 90
38940 Montfalcon 38 131 Fb 77
48340 Montfalgoux 48 140 Da 81
50760 Montfarville 50 34 Ye 51
25660 Montfaucon 25 107 Ga 65
30150 Montfaucon 30 155 Ee 84
46240 Montfaucon 46 138 Bd 80
49230 Montfaucon 49 97 Yf 66
55270 Montfaucon 55 55 Fa 53
43290 Montfaucon-en-Velay 43 129 Eb 77
84140 Montfavet 84 155 Ef 85
87400 Montfayon 87 113 Bc 73
93370 Montfermail 93 51 Cd 55
82270 Montfermier 82 150 Bc 83
63230 Montfermy 63 127 Ce 73
31590 Montferran 31 165 Bd 86
11320 Montferrand 11 165 Be 88
63510 Montferrand 63 128 Da 74
24440 Montferrand-du-Périgord 24 137 Af 80
26510 Montferrand-la-Fare 26 156 Fc 82
25320 Montferrand-le-Château 25 107 Ff 65
38620 Montferrat 38 131 Fd 76
83131 Montferrat 83 172 Gc 87
66150 Montferrer 66 179 Cd 94
09300 Montferrier 09 177 Be 91
34980 Montferrier-sur-Lez 34 168 Df 87
71300 Montferroux 71 105 Ec 69
10130 Montfey 10 73 Df 60
14490 Montfiquet 14 34 Za 53
01250 Montfleur 01 119 Fc 71
07470 Montflor 07 141 Df 80
25650 Montflovin 25 108 Gc 67
04600 Montfort 04 157 Ff 84
24200 Montfort 24 137 Bb 79
25440 Montfort 25 107 Ff 66
35160 Montfort 35 65 Ya 60
49700 Montfort 49 99 Ze 65
64190 Montfort 64 161 Za 88
73160 Montfort 73 132 Ff 75
40380 Montfort-en-Chalosse 40 161 Za 86
78490 Montfort-l' Amaury 78 50 Be 56
72450 Montfort-le-Gesnois 72 68 Ac 60
83570 Montfort-sur-Argens 83 171 Ga 88
11140 Montfort-sur-Boulzane 11 178 Cb 92
27290 Montfort-sur-Risle 27 49 Ae 53
12380 Montfranc 12 147 Cc 85
81600 Montfrays 81 151 Bf 85
23110 Montfrialoux 23 115 Cc 72
30490 Montfrin 30 155 Ed 85
26560 Montfroc 26 156 Fd 83
04110 Montfuron 04 156 Fe 86
63350 Montgacon 63 116 Db 73
09330 Montgaillard 09 177 Bd 91
11350 Montgaillard 11 179 Cd 91
32190 Montgaillard 32 163 Ab 87
40500 Montgaillard 40 162 Zd 86
65200 Montgaillard 65 162 Aa 90
81630 Montgaillard 81 150 Bd 85
82120 Montgaillard 82 149 Af 85
31260 Montgaillard-de-Salies 31 164 Af 90
31290 Montgaillard-Lauragais 31 165 Be 88
31350 Montgaillard-sur-Save 31 163 Ae 89
86210 Montgamé 86 100 Ad 68
05230 Montgardin 05 144 Gb 81
50250 Montgardon 50 33 Yc 53
37160 Mont-Garni 37 100 Ae 67
61150 Montgaroult 61 48 Zf 56
09160 Montgauch 09 176 Ba 90
61360 Montgaudry 61 68 Ac 58
31410 Montgazin 31 164 Bb 89
31560 Montgeard 31 165 Bd 88
77230 Montgé-en-Goële 76 52 Ce 54
73130 Montgellafrey 73 132 Gb 76
05100 Montgenèvre 05 145 Ge 79
51260 Montgenost 51 73 Dd 57
60420 Montgérain 60 39 Cd 51
35760 Montgermont 35 65 Yb 60
91230 Montgeron 91 51 Cc 56
95650 Montgeroult 95 51 Ca 54
35520 Montgerval 35 65 Yb 59
73210 Montgésin 73 133 Gd 75
25111 Montgesoye 25 107 Gb 66
46150 Montgesty 46 137 Bb 81
81470 Montgey 81 165 Bf 87
63890 Montghéol 63 128 Dd 75
19210 Montgibaud 19 125 Bc 75
73220 Montgilbert 73 132 Gb 75
73700 Montgirod 73 133 Ge 75
73210 Montgirod 73 133 Gd 75
31450 Montgiscard 31 165 Bd 88
36400 Montgivray 36 102 Bf 69
02600 Montgobert 02 40 Da 53
63600 Montgolfier 63 129 De 75
08390 Montgon 08 42 Ee 51
50540 Montgothier 50 66 Ye 57
38830 Montgoutoux 38 132 Ga 76
11240 Montgradail 11 165 Bf 90
31370 Montgras 31 164 Ba 88
15190 Montgreleix 15 127 Cf 76
01230 Montgriffon 01 119 Fc 72
15110 Montgros 15 140 Cf 80
26170 Montguers 26 156 Fc 83
10300 Montgueux 10 73 Df 59
49500 Montguillon 49 83 Zb 62
24500 Montguyard 24 136 Ac 80
17270 Montguyon 17 123 Ze 77
28800 Montharville 28 70 Bb 59
35420 Monthault 35 66 Ye 57
41200 Monthault 41 87 Be 64
11240 Monthaut 11 165 Ca 90
21190 Monthelie 21 105 Ee 67
51530 Monthelon 51 53 Df 55
71400 Monthelon 71 105 Eb 67
02860 Monthenault 02 40 De 52
77580 Monthérand 76 52 Cf 56
52330 Montheries 52 74 Ef 59
60790 Montherlant 60 51 Ca 53
08800 Monthermé 08 42 Ee 49
02400 Monthiers 02 52 Db 54
01390 Monthieux 01 118 Ef 73
73200 Monthion 73 132 Gc 75
37110 Monthodon 37 85 Af 63
86210 Monthoiron 86 100 Ad 68
08400 Monthois 08 42 Ee 53
39800 Montholier 39 107 Fd 67
77750 Monthomé 76 52 Db 55
41120 Monthou-sur-Bièvre 41 86 Bb 64
41400 Monthou-sur-Cher 41 86 Bb 64
50200 Monthuchon 50 46 Yd 54
02330 Monthurel 02 53 Dd 54
88800 Monthureux-le-Sec 88 76 Ga 59
88410 Monthureux-sur-Saône 88 76 Ff 60
77122 Monthyon 76 52 Ce 54
06500 Monti 06 159 Hc 86
20123 Monticchi CTC 182 If 98
20220 Monticello CTC 180 If 93
10270 Montièramey 10 74 Eb 59
36130 Montierchaume 36 101 Be 67
52220 Montier-en-Der 52 74 Ee 58
10200 Montier-en-L'Isle 10 74 Ed 59
17620 Montierneuf 17 122 Za 73
60190 Montiers 60 39 Cd 52
55290 Montiers-sur-Saulx 55 75 Fb 57
32420 Monties 32 163 Ad 88
33230 Montigaud 33 135 Ze 78
12320 Montignac 12 139 Cc 81
17800 Montignac 17 123 Zc 75
24320 Montignac 24 124 Ab 76
24700 Montignac 24 136 Ab 78
24290 Montignac 24 137 Ba 78
33760 Montignac 33 135 Ze 80
48210 Montignac 48 153 Dc 83
65690 Montignac 65 162 Aa 89
16330 Montignac-Charente 16 124 Aa 74
47800 Montignac-de-Lauzun 47 136 Ac 81
16390 Montignac-le-Coq 16 124 Ab 76
47350 Montignac-Toupinerie 47 136 Ac 81
30190 Montignargues 30 154 Eb 85
23140 Montignat 23 114 Ca 71
16170 Montigné 16 123 Zf 74
79370 Montigné 79 111 Ze 71
53970 Montigné-le-Brillant 53 66 Zb 60
49430 Montigné-lès-Rairies 49 84 Ze 63
49230 Montigné-sur-Moine 49 97 Yf 66
14210 Montigny 14 47 Zc 54
18250 Montigny 18 103 Ce 65
45170 Montigny 45 71 Ca 60
50540 Montigny 50 66 Yf 57
51700 Montigny 51 53 De 54
54540 Montigny 54 77 Ge 57
72600 Montigny 72 68 Ab 58
76380 Montigny 77 37 Af 52
79380 Montigny 79 98 Zc 68
80240 Montigny 80 40 Da 49
89630 Montigny 89 90 Df 64
58130 Montigny-aux-Amognes 58 103 Db 66
55110 Montigny-devant-Sassey 55 42 Fa 52
02110 Montigny-en-Arrouaise 02 40 Dc 49
59225 Montigny-en-Cambrésis 59 30 Dc 48
62640 Montigny-en-Gohelle 62 30 Cf 46
58120 Montigny-en-Morvan 58 104 Df 66
59182 Montigny-en-Ostrevent 59 30 Db 46
02810 Montigny-l'Allier 02 52 Da 54
89230 Montigny-la-Resle 89 89 De 61
78180 Montigny-le-Bretonneux 78 51 Ca 56
28120 Montigny-le-Chartif 28 69 Ba 59
02250 Montigny-le-Franc 02 41 Df 50
28220 Montigny-le-Gannelon 28 69 Bb 60
77480 Montigny-le-Guesdier 76 72 Db 58
77520 Montigny-Lencoup 76 72 Da 58
02290 Montigny-Lengrain 02 40 Da 52
52140 Montigny-le-Roi 52 75 Fc 61
39600 Montigny-lèsArsures 39 107 Fe 67
70500 Montigny-lès-Cherlieu 70 93 Fe 62
02330 Montigny-lès-Condé 02 53 Dd 55
95370 Montigny-les-Cormeilles 95 51 Cb 55
80370 Montigny-les-Jongleurs 80 29 Ca 47
57160 Montigny-lès-Metz 57 56 Ga 54
10130 Montigny-les-Monts 10 73 Df 60
55140 Montigny-lès-Vaucouleurs 55 75 Fd 57
70000 Montigny-lès-Vesoul 70 93 Ga 63
21500 Montigny-Montfort 21 90 Ec 63
21610 Montigny-Mornay-Villeneuve-sur-Vingeanne 21 92 Fc 63
21390 Montigny-Saint-Barthélemy 21 90 Eb 64
02250 Montigny-sous-Marle 02 40 De 50
21140 Montigny-sur-Armançon 21 90 Ec 64
21520 Montigny-sur-Aube 21 74 Ee 61
28270 Montigny-sur-Avre 28 49 Ba 56
58340 Montigny-sur-Canne 58 104 Dd 67
54870 Montigny-sur-Chiers 54 43 Fe 52
39300 Montigny-sur-L'Ain 39 107 Fe 68
80260 Montigny-sur-L'Hallue 80 39 Cc 49
77690 Montigny-sur-Loing 76 71 Ce 58
08170 Montigny-sur-Meuse 08 42 Ee 48
08430 Montigny-sur-Vence 08 42 Ed 51
51140 Montigny-sur-Vesle 51 40 De 53
71520 Montillet 71 118 Ed 71
14210 Montillières-sur-Orne 14 47 Zd 54
49310 Montilliers 49 98 Zc 65
89660 Montillot 89 89 De 63
03000 Montilly 03 103 Db 69
42720 Montilly 42 117 Ea 71
61100 Montilly-sur-Noireau 61 47 Zc 56
17800 Montils 17 123 Zc 75
77370 Montils 76 72 Cf 57
36230 Montipouret 36 101 Bf 69
11800 Montirat 11 166 Cc 89
81190 Montirat 81 151 Ca 84
28240 Montireau 28 69 Ba 58
32200 Montiron 32 163 Af 87
76290 Montivilliers 77 35 Ab 51
74800 Montizel 74 120 Gb 72
89200 Montjalin 89 90 Df 63
11230 Montjardin 11 178 Ca 91
30750 Montjardin 30 153 Dc 84

12490 Montjaux 12 152 Cf 84
60240 Montjavoult 60 50 Be 53
05150 Montjay 05 156 Fd 82
71310 Montjay 71 106 Fb 68
77410 Montjay-la-Tour 76 51 Ce 55
16240 Montjean 16 111 Aa 72
53320 Montjean 53 66 Za 61
49570 Montjean-sur-Loire 49 83 Za 64
48500 Montjézieu 48 140 Db 82
11330 Montjoi 11 178 Cc 91
82400 Montjoi 82 149 Af 83
09200 Montjoie-en-Couserans 09 176 Ba 90
25190 Montjoie-le-Château 25 94 Gf 64
50240 Montjoie-Saint-Martin 50 66 Ye 57
31380 Montjoire 31 150 Bd 86
26220 Montjoux 26 143 Fa 82
38440 Montjoux 38 131 Fa 75
26230 Montjoyer 26 142 Ef 82
04110 Montjustin 04 156 Fd 85
70110 Montjustin-et-Velotte 70 93 Gc 63
43200 Montjuvin 43 129 Eb 78
63740 Mont-la-Côte 63 127 Ce 74
26470 Montlahuc 26 143 Fc 81
39320 Montlainsia 39 119 Fc 70
28240 Montlandon 28 69 Ba 58
52600 Montlandon 52 92 Fc 61
11220 Montlaur 11 166 Cd 90
12400 Montlaur 12 152 Cf 85
31450 Montlaur 31 165 Bd 88
26310 Montlaur-en-Diois 26 143 Fc 81
08130 Mont-Laurent 08 41 Ec 52
04230 Montlaux 04 157 Ff 84
46800 Montlauzun 46 149 Bb 83
60550 Mont-la-Ville 60 51 Cd 53
21210 Montlay-en-Auxois 21 90 Eb 64
25500 Montlebon 25 108 Gd 66
11000 Montlegun 11 166 Cc 89
88320 Mont-lès-Lamarche 88 76 Fe 60
88300 Mont-lès-Neufchâteau 88 75 Fd 58
71270 Mont-lès-Seurre 71 106 Fa 67
54170 Mont-L'Etroit 54 76 Fe 58
70000 Mont-le-Vernois 70 93 Ga 63
36400 Montlevicq 36 114 Ca 69
54113 Mont-le-Vignoble 54 76 Ff 57
02330 Montlevon 02 53 Dd 55
91310 Montlhéry 91 51 Cb 57
45340 Montliard 45 71 Cc 60
17210 Montlieu-la Grade 17 123 Ze 77
58800 Montliffe 58 104 De 65
95680 Montlignon 95 51 Cb 54
21400 Montliot-et-Courcelles 21 91 Ed 61
41350 Montlivault 41 86 Bc 63
60300 Montlognon 60 51 Ce 54
02340 Montloué 02 41 Ea 50
28320 Montlouet 28 70 Be 57
18160 Montlouis 18 102 Cb 68
66210 Mont-Louis 66 178 Ca 93
37270 Montlouis-sur-Loire 37 85 Ae 64
03100 Montluçon 03 115 Cd 70
01120 Montluel 01 130 Fa 73
77940 Montmachoux 76 72 Cf 59
60150 Montmacq 60 39 Cf 52
25270 Montmahoux 25 107 Ga 67
21250 Montmain 21 106 Fa 66
76520 Montmain 77 37 Bb 52
34370 Montmajou 34 167 Da 88
39600 Montmalin 39 107 Fe 67
21270 Montmançon 21 92 Fc 64
03390 Montmarault 03 115 Cf 71
89630 Montmardelin 89 90 Df 64
39570 Montmarlon 39 107 Ff 67
80430 Montmarquet 80 38 Be 50
60190 Montmartin 60 39 Ce 52
50620 Montmartin-en-Graignes 50 46 Yf 53
10140 Montmartin-le-Haut 10 74 Ed 59
50590 Montmartin-sur-Mer 50 46 Yc 55
05400 Montmaur 05 144 Ff 81
11320 Montmaur 11 165 Bf 88
26150 Montmaur-en-Diois 26 143 Fc 80
31350 Montmaurin 31 163 Ad 89
53700 Mont-Méard 53 67 Ze 59
55600 Montmédy 55 43 Fc 51
71110 Montmégin 71 117 Ea 71
08220 Montmeillant 08 41 Eb 50
71520 Montmelard 71 117 Ec 71
69640 Montmelas-Saint-Sorlin 69D 118 Ed 72
73800 Montmélian 73 132 Ga 75
01370 Montmerle 01 119 Fc 71
01090 Montmerle-sur-Saône 01 118 Ee 72
12310 Montmerlhe 12 152 Ce 82
61570 Montmerrei 61 48 Aa 57
83670 Montmeyan 83 171 Ga 87
26120 Montmeyran 26 143 Ef 79
34140 Montmèze 34 167 Dd 88
87330 Montmézéry 87 112 Af 72
11500 Montmija 11 178 Ca 91
21530 Montmillien 21 90 Ea 64
51210 Montmirail 51 53 Dd 55
72320 Montmirail 72 69 Ae 60
26750 Montmiral 26 143 Fa 78
30260 Montmirat 30 154 Ea 85
39290 Montmirey-la-Ville 39 106 Fd 65
39290 Montmirey-le-Château 39 107 Fd 65
77320 Montmogis 76 52 Db 56
43450 Montmoirat 43 128 Da 76
16190 Montmoreau 16 124 Aa 76
16190 Montmoreau-Saint-Cybard 16 124 Aa 76
95160 Montmorency 95 51 Cb 55
10330 Montmorency-Beaufort 10 74 Ed 58
86500 Montmorillon 86 112 Af 70
05150 Montmorin 05 156 Fd 82
63160 Montmorin 63 128 Dc 74
39570 Montmorot 39 107 Fd 68
71320 Montmort 71 105 Ea 68
51270 Montmort-Lucy 51 53 De 55
88240 Montmotier 88 76 Gb 61
21290 Montmoyen 21 91 Ee 62
15600 Montmurat 15 139 Cb 81
28270 Montmureau 28 49 Af 57
66310 Montner 66 179 Ce 92
02220 Mont-Notre-Dame 02 53 Dd 53
74500 Montoille 70 93 Ga 63
21540 Montoillot 21 91 Ed 65
44550 Montoir-de-Bretagne 44 81 Xf 65
41800 Montoire-sur-le-Loir 41 85 Af 62
57860 Montois-la-Montagne 57 56 Ga 53
58000 Montoison 26 143 Ef 80
03150 Montoldre 03 116 Dc 71
11170 Montolieu 11 166 Cb 89
77320 Montolivert 76 52 Dc 56
80260 Montonvillers 80 38 Cb 49
03500 Montord 03 116 Db 71
02830 Montorieux 02 41 Ea 49
61160 Mont-Ormel 61 48 Aa 55
52190 Montormentier 52 92 Fc 63
64470 Montory 64 174 Zb 90
21170 Montot 21 106 Fb 66
70180 Montot 70 92 Fd 63
89420 Montot 89 90 Ea 63
58000 Montots 58 103 Da 67
52700 Montot-sur-Rognon 52 75 Fb 59
12440 Montou 12 151 Ca 83
23500 Montoulier 23 126 Ca 73
34310 Montouliers 34 167 Cf 88
09000 Montoulieu 09 177 Bd 91
34190 Montoulieu 34 153 De 85
31420 Montoulieu-Saint-Bernard 31 164 Af 89
37420 Montour 37 99 Aa 65
85700 Montournais 85 98 Zb 68
35460 Montours 35 66 Ye 58
53150 Montourtier 53 67 Zc 59
65250 Montoussé 65 163 Ac 90
31430 Montoussin 31 164 Ba 89
73190 Montoux 73 132 Ga 75
12540 Montpaon 12 152 Da 85
73300 Montpascal 73 132 Gc 77
34000* Montpellier 34 168 Df 87
17260 Montpellier-de-Médillan 17 122 Zb 75
34080 Montpellier-la-Paillade 34 168 De 87
63260 Montpensier 63 116 Db 72
58230 Montpensy 58 104 Df 65
25160 Montperreux 25 108 Gc 68
16130 Montperron 16 123 Ze 75
61500 Montperroux 61 68 Ab 57
12210 Montpeyroux 12 139 Ce 81
24610 Montpeyroux 24 135 Aa 79
34150 Montpeyroux 34 167 Dd 86
63114 Montpeyroux 63 128 Db 75
04500 Montpezat 04 155 Ga 86
11540 Montpezat 11 179 Cf 90
30730 Montpezat 30 154 Ea 85
32220 Montpézat 32 164 Af 88
47360 Montpezat 47 149 Ad 82
82270 Montpezat-de-Quercy 82 150 Bc 83
07560 Montpezat-sous-Bauzon 07 141 Eb 80
50210 Montpinchon 50 46 Ye 54
14170 Montpinçon 14 48 Aa 55
31380 Montpitol 31 165 Bd 86
74570 Mont-Piton 74 120 Gb 72
11340 Montplaisir 11 178 Bf 91
11360 Montplaisir 11 179 Ce 90
19500 Montplaisir 19 138 Bd 78
31310 Montplaisir 31 164 Bb 89
34310 Montplo-le-Bas 34 167 Cf 88
55000 Montplonne 55 55 Fb 56
49150 Montpollin 49 84 Zf 63
24700 Montpon-Ménestérol 24 136 Aa 78
71470 Montpont-en-Bresse 71 118 Fa 69
10400 Montpothier 10 72 Dd 57
47200 Montpouillan 47 136 Aa 82
87310 Montpoutier 87 125 Af 74
41250 Mont-près-Chambord 41 86 Bc 63
31850 Montrabé 31 165 Bd 87
01310 Montracol 01 118 Fa 71
31370 Montrastruc-Savès 31 164 Ba 88
79140 Montravers 79 98 Zb 68
07110 Montréal 07 142 Eb 81
07320 Montréal 07 142 Eb 78
11290 Montréal 11 165 Ca 89
32250 Montréal 32 148 Ab 85
76220 Mont-Réal 77 38 Bd 52
89420 Montréal 89 90 Ea 63
01460 Montréal-la-Cluse 01 119 Fd 71
26510 Montréal-les-Sources 26 156 Fb 82
91660 Montreau 91 70 Ca 59
59227 Montrécourt 59 30 Dc 47
11000 Montredon 11 166 Cc 89
30940 Montredon 30 153 Dd 84
46270 Montredon 46 139 Cb 81
48500 Montredon 48 153 Dc 82
63610 Montredon 63 128 Cf 75
81250 Montredon 81 152 Cc 85
11100 Montredon-des-Corbières 11 167 Cf 89
81360 Montredon-Labessonié 81 166 Cb 86
43290 Montregard 43 129 Ec 78
31210 Montréjeau 31 163 Ad 90
56220 Montrel 56 81 Xd 62
44370 Montrelais 44 83 Za 64
24110 Montrem 24 136 Ad 78
74230 Montremont 74 132 Gb 73
72600 Montrenault 72 68 Ab 59
57310 Montrequienne 57 56 Gb 53
37460 Montrésor 37 101 Bb 66
71440 Montret 71 106 Fa 68
28500 Montreuil 28 50 Bc 56
62170 Montreuil 62 28 Be 46
72190 Montreuil 72 68 Ab 60
85200 Montreuil 85 110 Za 70
93100 Montreuil 93 51 Cc 55
61210 Montreuil-au-Houlme 61 48 Ze 56
02310 Montreuil-aux-Lions 02 52 Db 54
61160 Montreuil-Beauvais 61 48 Aa 55
49260 Montreuil-Bellay 49 99 Zf 66
86470 Montreuil-Bonnin 86 111 Aa 69
35210 Montreuil-des-Landes 35 66 Ye 59
14340 Montreuil-en-Auge 14 48 Aa 53
76850 Montreuil-en-Caux 77 37 Ba 50
37530 Montreuil-en-Touraine 37 86 Af 64
49460 Montreuil-Juigné 49 83 Zc 63
27390 Montreuil-L'Argillé 27 49 Ac 55
72130 Montreuil-le-Chétif 72 68 Zf 59
35520 Montreuil-le-Gast 35 65 Yb 59
72150 Montreuil-le-Henri 72 85 Ad 61
58800 Montreuillon 58 104 De 65
53640 Montreuil-Poulay 53 67 Zc 58
35500 Montreuil-sous-Pérouse 35 66 Ye 60
10270 Montreuil-sur-Barse 10 74 Eb 59
52130 Montreuil-sur-Blaise 52 74 Ef 58
60480 Montreuil-sur-Brêche 60 38 Cb 51
95770 Montreuil-sur-Epte 95 50 Be 53
35440 Montreuil-sur-Ille 35 65 Yc 59
49140 Montreuil-sur-Loir 49 84 Zd 63
50570 Montreuil-sur-Lozon 50 33 Ye 54
49220 Montreuil-sur-Maine 49 83 Zb 63
60134 Montreuil-sur-Thérain 60 38 Cb 52
52230 Montreuil-sur-Thomance 52 75 Fb 58
54450 Montreux 54 77 Gf 57
90130 Montreux-Château 90 94 Ha 63
68210 Montreux-Jeune 68 94 Ha 63
68210 Montreux-Vieux 68 94 Ha 63
38690 Montrevel 38 131 Fc 76
39320 Montrevel 39 119 Fc 70
01340 Montrevel-en-Bresse 01 118 Fa 70
85260 Montréverd 85 97 Yd 67
05230 Montreviol 05 144 Gb 81
43170 Montrezon 43 140 Dd 79
02270 Montrgny-sur-Crécy 02 40 Dd 50
52120 Montribourg 52 74 Ef 61
73870 Montricher 73 132 Gc 77
73870 Montricher-Albanne 73 132 Gc 77
82800 Montricoux 82 150 Bd 84
41100 Montrieux 41 86 Ba 62
41210 Montrieux-en-Sologne 41 87 Be 63
26350 Montrigaud 26 131 Fa 77
74110 Montriond 74 121 Ge 71
03420 Montrobert 03 115 Cd 71
81120 Mont-Roc 81 151 Cc 86
74400 Montroc-le-Planet 74 121 Gf 73
48100 Montrodat 48 140 Db 81
63870 Montrodeix 63 128 Cf 74
16420 Montrollet 16 112 Af 73
87330 Montrol-Sénard 87 113 Af 72
35133 Mont-Romain 35 66 Yf 58
69610 Montromant 69M 130 Ed 74
30330 Montron 30 155 Ed 84
05700 Montrond 05 156 Fe 82
39300 Montrond 39 107 Fe 68
61500 Montrond 61 48 Ab 57
73530 Montrond 73 132 Gb 77
25660 Montrond-le-Château 25 107 Ga 66
42210 Montrond-les-Bains 42 129 Eb 75
81170 Montrosier 81 151 Bf 84
52210 Montrot 52 91 Fa 61
69770 Montrottier 69M 130 Ec 74
50760 Mont-Roty 50 34 Yd 51
76220 Montroty 77 38 Be 52
92120 Montrouge 92 51 Cb 56
41800 Montrouveau 41 85 Ae 62
17220 Montroy 17 110 Yf 72
17220 Montrozier 12 152 Ce 82
77450 Montry 76 52 Ce 55
37260 Monts 37 85 Ad 65
60119 Monts 60 51 Ca 53
81500 Monts 81 165 Be 87
76230 Mont-Saint-Aignan 77 37 Ba 52
62144 Mont-Saint-Éloi 62 29 Ce 46
02360 Mont-Saint-Jean 02 41 Eb 50
21320 Mont-Saint-Jean 21 91 Ec 65
72140 Mont-Saint-Jean 72 67 Zf 59
02220 Mont-Saint-Martin 02 53 Dd 53
08400 Mont-Saint-Martin 08 54 Ed 52
38120 Mont-Saint-Martin 38 131 Fd 77
54400 Mont-Saint-Martin 54 43 Fe 51
02400 Mont-Saint-Père 02 53 Dc 54
80200 Mont-Saint-Quentin 80 39 Cf 49
08310 Mont-Saint-Rémy 08 41 Ec 52
89250 Mont-Saint-Sulpice 89 73 Dd 61
71300 Mont-Saint-Vincent 71 105 Ec 69
12260 Montsalès 12 138 Bf 82
04150 Montsalier 04 156 Fd 84
15120 Montsalvy 15 139 Cd 80
17600 Montsanson 17 122 Za 74
52000 Montsaon 52 75 Fa 60
73220 Montsapey 73 132 Gc 75
58230 Montsauche-les-Settons 58 104 Ea 65
52190 Montsaugeon 52 92 Fb 63
31260 Montsaunès 31 164 Af 90
74130 Mont-Saxonnex 74 120 Gc 72
48700 Monts-de-Randon 48 140 Dc 81
55300 Montsec 55 55 Fe 55
61800 Montsecret-Clairefougère 61 47 Zb 56
09300 Montségur 09 177 Be 91
26130 Montségur-sur-Lauzon 26 155 Ef 82
57530 Montséjour 57 56 Gc 54
07140 Montselgues 07 141 Ea 81
14310 Monts-en-Bessin 14 34 Zc 54
62130 Monts-en-Ternois 62 29 Cc 47
11200 Montséret 11 166 Ce 90
65150 Montsérié 65 175 Ac 90
09240 Montseron 09 177 Bb 90
36140 Montservet 36 114 Bf 70
70140 Montseugny 70 92 Fd 64
38122 Montseveroux 38 130 Ef 76
49730 Montsoreau 49 99 Zf 65
40500 Montsoué 40 162 Zc 86
95560 Montsoult 95 51 Cb 54
39380 Mont-sous-Vaudrey 39 107 Fd 67
86420 Monts-sur-Guesnes 86 99 Ab 67
51170 Mont-sur-Courville 51 53 De 53
72500 Mont-Sureau 72 85 Ab 63
54360 Mont-sur-Meurthe 54 76 Gc 57
39300 Mont-sur-Monnet 39 107 Ff 68
50200 Montsurvent 50 33 Yd 54
53150 Montsuzain 10 73 Ea 58
87290 Montulat 87 113 Bb 71
70100 Montureux-et-Prantigny 70 92 Fd 63
70500 Montureux-lès-Baulay 70 93 Ff 62
47420 Monturon 47 148 Zf 83
43260 Montusclat 43 141 Ea 78
33450 Montussan 33 135 Zd 79
33390 Montuzet 33 134 Zc 78
81630 Montvalen 81 150 Bd 85
46600 Montvalent 46 138 Bd 79
73700 Montvalezan 73 133 Gf 75
70600 Montvaudon 70 92 Fc 63
26120 Montvendre 26 143 Fa 79
73700 Montvenix 73 133 Ge 75
42130 Montverdun 42 129 Ea 74
12450 Montvert 12 152 Cc 83
15150 Montvert 15 138 Ca 79
03170 Montvicq 03 115 Ce 71
14140 Montviette 14 48 Aa 55
76710 Montville 77 37 Ba 51
55160 Montvillers 55 55 Fd 54
50530 Montviron 50 46 Yd 56
51480 Montvoisin 51 53 De 54
03320 Montvrin 03 103 Cf 68
55100 Montzéville 55 55 Fb 53
47290 Monviel 47 136 Ad 81
27800 Monvilliers 28 70 Be 58
50680 Moon-sur-Elle 50 34 Yf 53
68690 Moosch 68 94 Ha 61
68580 Mooslargue 68 95 Hb 63
58420 Moraches 58 89 Dd 65
17430 Moragne 17 110 Zb 73
51130 Morains 51 53 Df 56
27260 Morainville-Jouveaux 27 48 Ac 53
78630 Morainvilliers 78 50 Bf 55
69480 Morancé 69D 118 Ee 73
28630 Morancez 28 70 Bc 58
52110 Morancourt 52 75 Fa 58
03250 Morand 03 116 Dd 72
37110 Morand 37 86 Ba 63
37600 Morand 37 100 Af 66
42111 Morand 42 129 De 74
51530 Morangis 51 53 Df 55
60530 Morangles 60 51 Cb 53
55400 Moranville 55 55 Fd 53
38460 Moras 38 131 Fb 74
26210 Moras-en-Valloire 26 130 Ef 77
59190 Morbecque 59 29 Cd 44
56390 Morbouleau 56 80 Xb 62
40110 Morcenx 40 146 Za 84
40110 Morcenx-Bourg 40 146 Za 84
40110 Morcenx-la-Nouvelle 40 146 Za 84
80190 Morchan 80 39 Cf 50
62124 Morchies 62 30 Cf 48
02100 Morcourt 02 40 Db 49
60800 Morcourt 60 52 Cf 53
80340 Morcourt 80 39 Cd 49
82160 Mordagne 82 150 Be 83
35310 Mordelles 35 65 Ya 60
22490 Mordeuc 22 65 Xe 57
56500 Moréac 56 80 Xb 61
41160 Morée 41 86 Bb 61
41370 Morée 41 86 Bc 62
85450 Moreilles 85 110 Yf 70
24300 Morelière 24 124 Ae 76
88170 Morelmaison 88 76 Ff 59
10240 Morembert 10 74 Eb 57
59400 Morenchies 59 30 Db 47
41350 Morest 41 86 Bc 63
38510 Morestel 38 131 Fc 74
28800 Moresville 28 69 Bb 60
38570 Morêtel-de-Mailles 38 132 Ga 76
77250 Moret-sur-Loing 76 72 Ce 58
38210 Morette 38 131 Ff 77
80110 Moreuil 80 39 Cc 50
54610 Morey 54 56 Gb 56
71510 Morey 71 105 Ed 68
21220 Morey-Saint-Denis 21 106 Ef 65
39400 Morez 39 120 Ga 69
54920 Morfontaine 54 43 Fe 52
40700 Morganx 40 161 Zc 87
55400 Morgemoulin 55 55 Fd 53
27150 Morgny 27 38 Bd 52
02360 Morgny-en-Thiérache 02 41 Ea 50
76750 Morgny-la-Pommeraye 77 37 Bb 51
69910 Morgon 69D 118 Ee 72
28200 Morgues 28 70 Bc 60
57340 Morhange 57 57 Gd 55
20230 Moriani-Plage CTC 183 Kd 94
63340 Moriat 63 128 Db 76
85750 Moricq 85 109 Yd 70
76390 Morienne 77 38 Be 50
60127 Morienval 60 52 Cf 53
14170 Morières 14 48 Zf 55
84310 Morières-lès-Avignon 84 155 Ef 85
28800 Moriers 28 70 Bc 59
22400 Morieux 22 64 Xc 57
04170 Moriez 04 158 Gc 85
06430 Morignole 06 159 Hd 84
50410 Morigny 50 46 Yf 55
91150 Morigny-Champigny 91 71 Cb 58
74440 Morillon 74 121 Ge 72
62910 Moringhem 62 27 Ca 44
73120 Moriond 73 133 Gd 76
52700 Morionvilliers 52 75 Fc 58
80110 Morisel 80 39 Cc 50
80140 Morival 80 38 Bd 49
88330 Moriville 88 76 Gc 58
54830 Moriviller 54 76 Gc 58
88320 Morizécourt 88 76 Ff 60
33190 Morizès 33 135 Zf 81
64160 Morlaàs 64 162 Ze 88
18170 Morlac 18 102 Cb 68
60000 Morlaine 60 38 Ca 52
29600 Morlaix = Montroulez 29 62 Wb 57
80300 Morlancourt 80 39 Cd 49
57290 Morlange 57 43 Ga 53
57220 Morlange 57 57 Gc 54
64370 Morlanne 64 162 Zc 87
80860 Morlay 80 28 Be 47
71360 Morlet 71 105 Ed 67
55290 Morley 55 75 Fb 57
12200 Morlhon-le-Bas 12 151 Ca 83
12200 Morlhon-le-Haut 12 151 Ca 83
60400 Morlincourt 60 39 Da 51
85260 Mormaison 85 97 Yd 67
52210 Mormant 52 75 Fa 61
77720 Mormant 76 72 Cf 57
45700 Mormant-sur-Vernisson 45 71 Ce 61
32240 Mormès 32 147 Zf 86
84570 Mormoiron 84 155 Fb 84
89110 Mormont 89 89 Dc 62
16600 Mornac 16 124 Ab 74
17113 Mornac-sur-Seudre 17 122 Yf 74
42600 Mornand-en-Forez 42 129 Ea 74
26460 Mornans 26 143 Fa 81
69440 Mornant 69M 130 Ee 75
84550 Mornas 84 155 Ee 83
01460 Mornay 01 119 Fc 71
21610 Mornay 21 92 Fc 63
71220 Mornay 71 117 Ec 69
18350 Mornay-Berry 18 103 Cf 66
18600 Mornay-sur-Allier 18 103 Da 68
71390 Moroges 71 105 Ee 68
70150 Morogne 70 92 Fe 65
18220 Morogues 18 102 Cc 65
20218 Morosaglia CTC 181 Kb 94
25660 Morre 25 107 Ga 65
02290 Morsain 02 40 Db 52
51210 Morsains 51 53 Dd 56
50630 Morsalines 50 34 Ye 51
27800 Morsan 27 49 Ad 53
91390 Morsang-sur-Orge 91 51 Cc 57
91250 Morsang-sur-Seine 91 71 Cc 57
28800 Morsans 28 70 Bd 59
57600 Morsbach 57 57 Gf 53
57510 Morsbronn 57 57 Gf 55
67360 Morsbronn-les-Bains 67 58 He 55
67350 Morschwiller 67 58 Hd 56
68790 Morschwiller-le-Bas 68 95 Hb 62
20238 Morsiglia = Mursigliu CTC 181 Kc 91
74130 Morsullaz 74 120 Gc 72
20243 Morta CTC 183 Kc 97
17290 Mortagne 17 110 Yf 72
88600 Mortagne 88 77 Ge 59
61400 Mortagne-au-Perche 61 68 Ad 57
59158 Mortagne-du-Nord 59 30 Dc 45
17120 Mortagne-sur-Gironde 17 122 Zb 76
85290 Mortagne-sur-Sèvre 85 97 Za 67
77163 Mortcerf 76 52 Cf 56
25500 Morteau 25 108 Gd 66
52700 Morteau 52 75 Fb 59
14620 Morteaux-Coulibœuf 14 48 Zf 55
60128 Mortefontaine 60 51 Cd 54
60570 Mortefontaine-en-Thelle 60 51 Cb 53
19300 Mortegoutte 19 126 Ca 76
24260 Mortemart 24 137 Af 78
87330 Mortemart 87 112 Af 72
60490 Mortemer 60 39 Ce 51
76270 Mortemer 77 37 Bd 50
23400 Morterolles 23 114 Be 73
87250 Morterolles-sur-Semme 87 113 Bc 72
77160 Mortery 76 72 Db 57
43200 Mortesagne 43 141 Ea 78
86300 Morthemer 86 112 Ad 70
18570 Morthomiers 18 102 Cb 66
02270 Mortiers 02 40 Dd 50
17500 Mortiers 17 123 Ze 76
34270 Mortiès 34 153 De 86
86120 Morton 86 99 Zf 66
61570 Mortrée 61 48 Aa 57
50220 Mortrie 50 66 Ye 57
23220 Mortroux 23 114 Bf 70
68780 Mortzwiller 68 94 Ha 62
60700 Moru 60 39 Ce 53
39320 Morval 39 119 Fc 70
62450 Morval 62 39 Cf 48
28170 Morvilette 28 50 Bb 57
90120 Morvillars 90 94 Gf 63
50700 Morville 50 33 Yd 52
88140 Morville 88 76 Fe 59
45300 Morville-en-Beauce 45 71 Cb 59
57170 Morville-lès-Vic 57 57 Gd 56
60380 Morvillers 60 38 Bf 51
80290 Morvillers-Saint-Saturnin 80 38 Be 50
76780 Morville-sur-Andelle 77 37 Bc 52
57590 Morville-sur-Nied 57 56 Gc 55
54700 Morville-sur-Seille 54 56 Ga 55
10500 Morvilliers 10 74 Ed 58
28340 Morvilliers 28 49 Af 57
41500 Morvilliers 41 86 Bc 62
17170 Morvins 17 110 Zb 71
62159 Mory 62 30 Cf 48
60120 Mory-Montcrux 60 39 Cc 51
74110 Morzine 74 121 Ge 71
88240 Moscou 88 76 Ga 60
14400 Mosles 14 34 Zb 53
51530 Moslins 51 53 Df 55
02460 Mosloy 02 52 Da 53
16120 Mosnac 16 123 Zf 75
17240 Mosnac 17 123 Zc 75
36200 Mosnay 36 101 Bd 69
37530 Mosnes 37 86 Ba 64
36360 Mossay 36 101 Bc 65
66500 Mosset 66 178 Cc 92
21400 Mosson 21 91 Ed 61
37120 Mosson 37 99 Ab 67
88460 Mossoux 88 77 Gd 60
12720 Mostuéjouls 12 153 Db 83
67470 Mothern 67 59 Ia 55
40160 Mothes 40 146 Za 82
29270 Motreff 29 63 Wc 59
18220 Motte d' Humbligny 18 88 Cd 65
28160 Mottereau 28 69 Bb 59

A
B
C
D
E
F
G
H
I
J
K
L
M
N
O
P
Q
R
S
T
U
V
W
X
Y
Z

F

76970 Motteville 77 37 Af 51
38260 Mottier 38 131 Fb 76
73310 Motz 73 119 Ff 73
54370 Mouacourt 54 57 Gd 56
44590 Mouais 44 82 Yc 62
06370 Mouans-Sartoux 06 173 Gf 87
58800 Mouas 58 104 Dd 66
54800 Mouaville 54 56 Fe 53
35250 Mouazé 35 65 Yc 59
85640 Mouchamps 85 97 Yf 68
32330 Mouchan 32 148 Ab 85
39330 Mouchard 39 107 Fe 67
40430 Moucheruc 40 147 Zc 82
58800 Mouches 58 104 Dd 65
59310 Mouchin 59 30 Db 45
31160 Mouchous 31 176 Ae 90
58420 Mouchy 58 89 Dd 65
60250 Mouchy-la-Ville 60 38 Cb 53
60250 Mouchy-le-Châtel 60 38 Cb 53
15160 Moudet 15 128 Cf 77
43150 Moudeyres 43 141 Ea 79
47140 Moudoulens 47 149 Af 82
14790 Mouen 14 35 Zd 54
27220 Mouettes 27 50 Bc 55
89560 Mouffy 89 89 Dd 63
27420 Mouflaines 27 50 Bd 53
80690 Mouflers 80 29 Ca 48
80140 Mouflières 80 38 Be 49
64460 Mougaston 64 162 Zf 88
29450 Mougau-Bian 29 62 Wa 58
06250 Mougins 06 173 Gf 87
16400 Mougnac 16 124 Aa 75
33114 Mougnet 33 134 Zb 81
40370 Mougnoc 40 146 Za 85
64990 Mouguerre 64 160 Yd 88
36340 Mouhers 36 114 Be 69
36170 Mouhet 36 113 Bc 70
64330 Mouhous 64 162 Ze 88
82160 Mouilac 82 150 Bd 83
33240 Mouillac 33 135 Zd 78
71600 Mouillargue 71 117 Ea 70
22600 Mouille 22 64 Xb 59
52160 Mouilleron 52 92 Fa 62
85390 Mouilleron-en-Pareds 85 98 Za 68
85000 Mouilleron-le-Captif 85 97 Yd 68
21320 Mouillon 21 105 Ec 65
55320 Mouilly 55 55 Fd 54
54860 Moulaine 54 43 Fe 51
55400 Moulainville 55 55 Fc 54
81190 Moularès 81 151 Cb 84
53100 Moulay 53 67 Zc 59
81300 Moulayrès 81 165 Ca 86
65190 Moulédous 65 163 Ab 89
89520 Moulery 89 89 Db 63
13280 Moulès 13 169 Ee 87
34190 Moulès-et-Baucels 34 153 De 85
63340 Moulet 63 128 Da 76
24520 Mouleydier 24 136 Ad 79
33410 Mouleyre 33 135 Ze 80
30350 Moulézan 30 154 Ea 85
28160 Moulhard 28 69 Ba 59
12620 Moulibez 12 152 Cf 84
61290 Moulicent 61 69 Ae 57
16290 Moulidars 16 123 Zf 75
23340 Moulièras 23 126 Bf 74
40360 Moulièron 40 161 Za 87
33350 Mouliets-et-Villemartin 33 135 Zf 79
33730 Mouliey 33 135 Zc 82
77310 Moulignon 76 71 Cd 57
58110 Mouligny 58 104 De 66
49390 Moulihernе 49 84 Aa 64
43520 Moulin 43 142 Eb 78
54770 Moulin 54 56 Gb 56
07200 Moulin-Artige 07 142 Ec 80
29790 Moulin-Castel 29 61 Vc 60
01430 Moulin-Chabaud 01 119 Fd 72
31870 Moulin-d'Augé 31 164 Bc 88
17870 Moulin-de-la-Croisée 17 110 Yf 72
12270 Moulin de Martre 12 151 Ca 83
13390 Moulin-de-Redon 13 171 Fd 88
85440 Moulin-des-Landes 85 109 Yc 69
59230 Moulin-des-Loups 59 30 Dc 46
49330 Moulin-d'Ivray 49 83 Zd 63
24350 Moulin-du-Pont 24 124 Ac 77
44240 Mouline 44 82 Yc 65
14610 Moulineaux 14 35 Zc 53
76530 Moulineaux 77 49 Af 52
14220 Moulines 14 47 Zd 55
50600 Moulines 50 66 Yf 57
06380 Moulinet 06 159 Hc 85
30500 Moulinet 30 154 Eb 83
47290 Moulinet 47 136 Ad 81
86440 Moulinet 86 99 Ab 69
33930 Moulineyre 33 122 Yf 76
09140 Moulin-Lauga 09 177 Bb 91
58200 Moulin-L'Evêque 58 88 Cf 64
81320 Moulin-Mage 81 166 Ce 86
09500 Moulin-Neuf 09 165 Bf 90
24700 Moulin-Neuf 24 135 Aa 78
30700 Moulin-Neuf 30 154 Ec 84
43700 Moulin-Neuf 43 141 Ea 78
02160 Moulins 02 40 De 52
02650 Moulins 02 53 Dd 54
03400 Moulins 03 116 Db 69
35680 Moulins 35 66 Yd 60
79700 Moulins 79 98 Zb 67
58290 Moulins-Engilbert 58 104 De 67
89310 Moulins-en-Tonnerrois 89 90 Ea 62
61380 Moulins-la-Marche 61 49 Ac 57
72130 Moulins-le-Carbonnel 72 68 Zf 58
57130 Moulins-lès-Metz 57 56 Ga 54
60350 Moulin-sous-Touvent 60 39 Da 52
55700 Moulins-Saint-Hubert 55 42 Fa 51
36110 Moulins-sur-Céphons 36 101 Bd 66
61200 Moulins-sur-Orne 61 48 Zf 56
89130 Moulins-sur-Ouanne 89 89 Dc 62
16220 Moulins-sur-Tardoire 16 124 Ac 74
18390 Moulins-sur-Yèvre 18 102 Cd 66
07170 Moulin-Valade 07 142 Ec 82
38350 Moulin-Vieux 38 144 Ff 78
40170 Moulin-Vieux 40 146 Ye 85
40420 Moulin-Vieux 40 147 Zc 84
09200 Moulis 09 176 Ba 91
82370 Moulis 82 150 Bc 85
33480 Moulis-en-Médoc 33 134 Zb 78
86500 Moulismes 86 112 Ae 71
62910 Moulle 62 27 Cb 44
33420 Moulon 33 135 Ze 79
45270 Moulon 45 71 Cd 60
58500 Moulot 58 89 Dc 64
55160 Moulotte 55 56 Fe 54
14370 Moult-Chicheboville 14 35 Zf 54
14370 Moult-Chicheboville 14 35 Ze 54
12200 Mouly 12 151 Ca 83
63390 Mouly 63 115 Cf 72
65140 Moumoulous 65 163 Ab 88
64400 Moumour 64 161 Zc 89
07270 Mounens 07 142 Ed 79
12370 Mounes-Prohencoux 12 152 Cf 86
09290 Mounet 09 177 Bb 90
47350 Mounet 47 136 Ab 81
09400 Moura 33 134 Za 81
31420 Mouran 31 163 Ae 89
40180 Mouras 40 161 Za 86
32190 Mourède 32 148 Ab 86
33410 Mourens 33 135 Ze 81
64150 Mourenx 64 161 Zc 88
09320 Mouréou 09 177 Bc 91
33730 Mouréou 33 147 Zd 82
09320 Mourès 09 177 Bb 91
15170 Mouret 15 140 Cf 77
46100 Mouret 46 138 Bf 81
63700 Moureuille 63 115 Cf 72
01220 Mourex 01 120 Ga 70
34800 Mourèze 34 167 Dc 87
46190 Mourèze 46 138 Bf 79
47350 Mourgue 47 136 Ab 81
19170 Mouriéras 19 126 Bf 75
13890 Mouriès 13 169 Ef 86
31450 Mouriès 31 165 Bd 87
62140 Mouriez 62 28 Bf 46
32170 Mourillon 32 163 Ab 88
23210 Mourioux 23 113 Bd 72
15340 Mourjou 15 139 Cb 80
33112 Mourlan 33 134 Za 78
51400 Mourmelon-le-Grand 51 54 Ec 54
51400 Mourmelon-le-Petit 51 54 Eb 54
39250 Mournans-Charbonny 39 107 Ff 68
32300 Mournède 32 163 Ac 88
08250 Mouron 08 42 Ee 53
58800 Mouron-sur-Yonne 58 104 De 65
77120 Mouroux 76 52 Da 56
07190 Mours 07 142 Ed 79
95260 Mours 95 51 Cb 54
26540 Mours-Saint-Eusèbe 26 143 Fa 78
31460 Mourvilles-Basses 31 165 Be 88
31540 Mourvilles-Hautes 31 165 Be 88
40290 Mouscardès 40 161 Za 87
30190 Moussac 30 154 Eb 85
86500 Moussac 86 112 Af 70
86150 Moussac 86 112 Ae 71
15380 Moussages 15 127 Cc 77
03370 Moussais 03 115 Cc 69
86210 Moussais-la-Bataille 86 100 Ac 68
11120 Moussan 11 167 Cf 89
58150 Moussard 58 88 Cf 64
35130 Moussé 35 82 Ye 61
86220 Mousseau 86 100 Ad 67
86270 Mousseau 86 100 Ae 68
58270 Mousseaux 58 104 Dc 67
77480 Mousseaux-lès-Bray 76 72 Db 58
27220 Mousseaux-Neuville 27 50 Bc 55
78270 Mousseaux-sur-Seine 78 50 Bd 54
12330 Mousset 12 139 Cd 81
10800 Moussey 10 73 Ea 59
57770 Moussey 57 57 Ge 56
88210 Moussey 88 77 Ha 58
54700 Mousson 54 56 Ga 55
61190 Moussonvilliers 61 49 Ae 57
11170 Moussoulens 11 166 Cb 89
09140 Moussures 09 177 Bb 92
51530 Moussy 51 53 Df 54
58700 Moussy 58 104 Dc 65
74800 Moussy 74 120 Gb 72
95640 Moussy 95 50 Bf 54
77230 Moussy-le-Neuf 76 51 Cd 54
77230 Moussy-le-Vieux 76 51 Cd 54
02160 Moussy-Verneuil 02 40 Dd 52
29170 Mousterlin 29 78 Vf 61
22200 Moustéru 22 63 We 57
33890 Moustet 33 135 Aa 80
40410 Moustey 40 147 Zb 82
47800 Moustier 47 136 Ab 81
59132 Moustier-en-Fagne 59 31 Eb 48
87360 Moustiers 87 113 Ba 70
04360 Moustiers-Sainte-Marie 04 157 Gb 85
19300 Moustier-Ventadour 19 126 Ca 76
29370 Moustoir 29 78 Wa 60
56110 Moustoir 56 79 Wc 60
56500 Moustoir-Ac 56 80 Xa 61
56390 Moustoir-des-Fleurs 56 80 Xb 62
56530 Moustoiric 56 79 Wd 62
56230 Moustoir-Maria 56 81 Xc 62
56500 Moustoir-Remungol 56 64 Xa 61
56630 Moustriziac 56 79 Wc 60
16700 Moutardon 16 112 Ab 72
57620 Mouterhouse 57 58 Hc 55
86200 Mouterre-Silly 86 99 Aa 67
86430 Mouterre-sur-Blourde 86 112 Ae 71
25240 Mouthe 25 107 Gb 68
71270 Mouthier-en-Bresse 71 106 Fc 67
25920 Mouthier-Haute-Pierre 25 108 Gb 66
16440 Mouthiers-sur-Boëme 16 124 Aa 75
11330 Mouthoumet 11 178 Cd 91
14340 Moutier 14 48 Aa 53
23150 Moutier-d'Ahun 23 114 Ca 72
23220 Moutier-Malcard 23 114 Bf 70
23200 Moutier-Rozeille 23 114 Cb 73
14620 Moutiers 14 48 Zf 55
28150 Moutiers 28 70 Be 59
35130 Moutiers 35 66 Ye 61
54660 Moutiers 54 56 Ff 53
73600 Moûtiers 73 133 Gd 76
78830 Moutiers 78 70 Bf 57
89520 Moutiers 89 89 Db 63
61110 Moutiers-au-Perche 61 69 Af 58
85540 Moutiers-les-Mauxfaits 85 109 Yd 70
21500 Moutiers-Saint-Jean 21 90 Eb 63
79150 Moutiers-sous-Argenton 79 98 Zd 67
79320 Moutiers-sous-Chantemerle 79 98 Zc 68
85320 Moutiers-sur-le-Lay 85 109 Yf 69
77320 Moutils 76 52 Dc 56
16460 Mouton 16 111 Ab 73
39270 Moutonne 39 119 Fd 69
16460 Moutonneau 16 111 Ab 73
46110 Moutou 46 138 Be 79
39300 Moutoux 39 107 Ff 68
54113 Moutrot 54 76 Ff 57
59420 Mouvaux 59 30 Da 44
11700 Moux 11 166 Cd 89
58230 Moux-en-Morvan 58 105 Ea 65
73100 Mouxy 73 132 Ff 74
60250 Mouy 60 39 Cb 53
77480 Mouy-sur-Seine 76 72 Db 58
37600 Mouzay 37 100 Af 66
55700 Mouzay 55 42 Fb 52
44850 Mouzeil 44 82 Yd 64
81470 Mouzens 81 165 Bf 87
85370 Mouzeuil-Saint-Martin 85 110 Za 70
81170 Mouzieys-Panens 81 151 Bf 84
81430 Mouzieys-Teulet 81 151 Cb 85
44330 Mouzillon 44 97 Ye 66
08210 Mouzon 08 42 Fa 51
16310 Mouzon 16 124 Ad 74
74920 Mowgli 74 120 Gd 73
11560 Moyau 11 167 Da 89
14590 Moyaux 14 48 Ac 53
05150 Moydans 05 156 Fd 82
02610 Moy-de-l'Aisne 02 40 Dc 50
74150 Moye 74 132 Ff 73
88700 Moyemont 88 77 Gd 58
54118 Moyen 54 77 Gd 58
80400 Moyencourt 80 39 Cf 50
80290 Moyencourt-lès-Poix 80 38 Ca 50
88420 Moyenmoutier 88 77 Gf 58
68640 Moyen-Muespach 68 95 Hc 63
88220 Moyennal 88 76 Gc 60
60190 Moyenneville 60 39 Cd 52
62121 Moyenneville 62 30 Ce 47
80870 Moyenneville 80 28 Be 48
57630 Moyenvic 57 57 Gd 56
57250 Moyeuvre-Grande 57 56 Ga 53
57250 Moyeuvre-Petite 57 56 Ga 53
12160 Moyrazès 12 151 Cc 82
60190 Moyvillers 60 39 Cd 52
63200 Mozac 63 116 Da 73
38300 Mozas 38 131 Fb 75
49610 Mozé-sur-Louet 49 83 Zc 64
36300 Muant 36 100 Ba 69
76590 Muchedent 77 37 Bb 50
67190 Muckenbach 67 60 Hb 57
34130 Mudaison 34 168 Ea 87
35290 Muel 35 65 Xf 60
68640 Muespach-le-Haut 68 95 Hc 63
40250 Mugriet 40 147 Zb 86
40250 Mugron 40 161 Zb 86
67130 Muhlbach-sur-Bruche 67 60 Hb 57
68380 Muhlbach-sur-Munster 68 77 Ha 60
41500 Muides-sur-Loire 41 86 Bd 63
60480 Muidorge 60 38 Ca 51
27430 Muids 27 50 Bb 53
80400 Muille 80 39 Da 50
60640 Muirancourt 60 39 Da 51
51140 Muizon 51 53 Df 53
19000 Mulatet 19 126 Be 77
78790 Mulcent 78 50 Bd 55
57260 Mulcey 57 57 Gd 56
67350 Mulhausen 67 58 Hd 55
68100 Mulhouse 68 95 Hc 62
36400 Mulles 36 102 Ca 69
72230 Mulsanne 72 85 Ab 61
41500 Mulsans 41 86 Bc 62
65350 Mun 65 163 Ab 89
20160 Muna CTC 182 If 96
67470 Munchhausen 67 59 Ia 55
68740 Munchhouse 68 95 Hc 61
62890 Muncq-Nieurlet 62 27 Ca 43
67450 Mundolsheim 67 58 He 57
50490 Muneville-le-Bingard 50 33 Yd 54
50290 Muneville-sur-Mer 50 46 Yd 55
57670 Munster 57 57 Gf 55
68140 Munster 68 77 Ha 60
68320 Muntzenheim 68 60 Hc 60
68250 Munwiller 68 95 Hc 61
20219 Muracciole CTC 183 Kb 95
12370 Murasson 12 152 Ce 86
03390 Murat 03 115 Cf 70
15300 Murat 15 139 Cf 78
23400 Murat 23 113 Be 72
63290 Murat 63 116 Dd 73
74540 Murat 74 132 Ff 73
20137 Muratellu CTC 185 Kb 99
63150 Murat-le-Quaire 63 127 Ce 75
20225 Murato CTC 180 If 93
20239 Murato CTC 181 Kb 93
81320 Murat-sur-Vèbre 81 166 Cf 86
68530 Murbach 68 95 Ha 61
20276 Murcela CTC 180 Ka 94
74520 Murcier 74 120 Ff 72
12600 Mur-de-Barrez 12 139 Cd 79
22530 Mûr-de-Bretagne 22 63 Xa 59
41230 Mur-de-Sologne 41 86 Bd 64
04170 Mure 04 158 Gd 85
26420 Mure 26 143 Fc 79
69720 Mure 69M 130 Fa 74
60220 Mureaumont 60 38 Be 51
26240 Mureils 26 130 Ef 77
46600 Murel 46 138 Bd 79
74540 Mûres 74 132 Ga 74
33210 Muret 31 164 Bb 88
02210 Muret-et-Crouttes 02 52 Dc 53
12330 Muret-le-Château 12 139 Cd 82
38420 Murianette 38 132 Fe 77
38160 Murinais 38 131 Fb 77
34980 Murles 34 168 De 86
58700 Murlin 58 103 Db 65
20225 Muro CTC 180 If 93
63790 Murol 63 128 Cf 75
12600 Murols 12 139 Cd 80
12600 Murols-Soubeyre 12 139 Cd 80
17430 Muron 17 110 Zb 72
36700 Murs 36 100 Ba 67
84220 Murs 84 156 Fb 85
49610 Mûrs-Erigne 49 83 Zc 64
01300 Murs-et-Gélignieux 01 131 Fd 75
20238 Mursigliu = Morsiglia CTC 181 Kc 91
08150 Murtin-et-Bogny 08 41 Ed 50
55110 Murvaux 55 42 Fb 52
34490 Murviel-lès-Béziers 34 167 Da 88
34570 Murviel-lès-Montpellier 34 168 De 87
54490 Murville 54 56 Fe 52
23260 Murzeix 23 114 Cb 73
20160 Murzo CTC 182 Ie 96
30660 Mus 30 169 Eb 86
64130 Musculdy 64 161 Za 89
21230 Musigny 21 105 Ed 66
68660 Musloch 68 60 Hb 59
52160 Musseau 52 92 Fa 62
01200 Mussel 01 119 Fe 72
33840 Musset 33 148 Zf 82
52300 Mussey-sur-Marne 52 75 Fa 58
24400 Mussidan 24 136 Ac 78
67600 Mussig 67 60 Hd 59
17600 Musson 17 122 Za 75
33690 Mussotte 33 148 Zf 82
58240 Mussy 58 103 Db 68
71800 Mussy 71 117 Eb 71
21150 Mussy-la-Fosse 21 91 Ec 63
57220 Mussy-l'Evêque 57 56 Gc 53
71170 Mussy-sous-Dun 71 117 Ec 71
10250 Mussy-sur-Seine 10 74 Ec 61
39290 Mutigney 39 92 Fd 65
51160 Mutigny 51 53 Ea 54
14220 Mutrécy 14 47 Zd 54
67600 Muttersholtz 67 60 Hd 59
67270 Mutzenhouse 67 58 Hd 56
67190 Mutzig 67 60 Hc 57
28140 Muzelles 28 70 Be 60
55230 Muzeray 55 55 Fd 52
56190 Muzillac = Muzilheg 56 81 Xd 63
27650 Muzy 27 50 Bc 56
73800 Myans 73 132 Ff 75
58440 Myennes 58 88 Cf 64
25440 Myon 25 107 Ff 66

N

64190 Nabas 64 161 Za 89
40120 Nabias 40 147 Ze 84
16390 Nabinaud 16 124 Ab 77
24250 Nabirat 24 137 Bb 80
09800 Nabos 09 176 Af 91
40170 Naboude 40 146 Ye 85
87380 Naboulieras 87 125 Bc 75
62142 Nabringhen 62 27 Bf 44
49490 Nac 49 84 Aa 63
17380 Nachamps 17 110 Zc 72
03340 Naconne 03 116 Dc 70
42110 Naconne 42 129 Eb 74
12580 Nacoulorgues 12 139 Cd 81
24590 Nadaillac 24 137 Bc 78
46300 Nadaillac 46 137 Bc 80
46350 Nadaillac-de-Rouge 46 137 Bc 79
63122 Nadaillat 63 128 Da 74
47120 Nadau 47 136 Ab 81
03450 Nades 03 115 Cf 72
46360 Nadillac 46 138 Bd 81
27190 Nagel-Séez-Mesnil 27 49 Af 55
67110 Nagelsthal 67 58 He 55
81320 Nages 81 166 Ce 86
30114 Nages-et-Solorgues 30 154 Eb 86
88270 Naglaincourt 88 76 Gb 59
AD600 Nagol □ AND 177 Bd 94
31370 Nagut 31 164 Bb 88
66340 Nahuja 66 178 Bf 94
79600 Naide 79 99 Ze 68
24390 Nailhac 24 125 Ba 77
23800 Naillat 23 113 Bd 71
31560 Nailloux 31 165 Bd 88
89100 Nailly 89 72 Db 59
89270 Nailly 89 90 De 63
86530 Naintré 86 100 Ac 68
91750 Nainville-les-Roches 91 71 Cc 58
25360 Naisey-les-Granges 25 107 Gb 65
55190 Naives-en-Blois 55 55 Fd 57
55000 Naives-Rosières 55 55 Fb 56
55500 Naix-aux-Forges 55 55 Fc 57
56500 Naizin 56 64 Xb 61
12270 Najac 12 151 Bf 83
23260 Naleichard 23 114 Cc 73
85370 Nalliers 85 110 Yf 70
86310 Nalliers 86 100 Af 69
09300 Nalzen 09 177 Be 91
68740 Nambsheim 68 95 Hd 61
60400 Nampcel 60 40 Da 52
02140 Nampcelles-la-Cour 02 41 Ea 50
80120 Nampont-Saint-Martin 80 28 Be 46
80290 Namps-au-Mont 80 38 Ca 50
80290 Namps-Maisnil 80 38 Ca 50
02200 Nampteuil-sous-Muret 02 52 Dc 53
80160 Nampty 80 38 Cb 50
40630 Nan 40 147 Zc 84
18330 Nançay 18 87 Cb 64
39140 Nance 39 106 Fc 68
71960 Nancelle 71 118 Ee 70
73470 Nances 73 132 Fe 75
16230 Nanclars 16 124 Ab 73
39160 Nanc-lès-Saint-Amour 39 119 Fc 70
55500 Nançois-le-Grand 55 55 Fc 56
55500 Nançois-sur-Ornain 55 55 Fb 56
17600 Nancras 17 122 Za 74
25360 Nancray 25 107 Gb 65
45340 Nancray-sur-Rimarde 45 71 Cc 60
73210 Nancroix 73 133 Ge 75
39270 Nancuise 39 119 Fd 70
54000 Nancy 54 56 Gb 56
74300 Nancy-sur-Cluses 74 120 Gd 72
42720 Nandax 42 117 Ea 72
77176 Nandy 76 71 Cd 57
45330 Nangeville 45 71 Cb 59
77370 Nangis 76 72 Da 57
89290 Nangis 89 90 Dd 62
58350 Nannay 58 89 Db 65
06460 Nans 06 172 Gf 86
25680 Nans 25 93 Gc 64
83860 Nans-les-Pins 83 171 Fe 88
21390 Nan-sous-Thil 21 90 Ec 64
25330 Nans-sous-Sainte-Anne 25 107 Ff 67
12230 Nant 12 153 Db 84
74740 Nant-Bride 74 121 Ge 72
77760 Nanteau-sur-Essonne 76 71 Cc 59
77710 Nanteau-sur-Lunain 76 72 Ce 59
92800 Nanterre 92 51 Cb 55
44000 Nantes 44 97 Yc 65
58270 Nanteuil 58 104 Dc 66
79400 Nanteuil 79 111 Ze 70
24320 Nanteuil-Auriac-de-Bourzac 24 124 Ab 76
16700 Nanteuil-en-Vallée 16 112 Ab 73
51480 Nanteuil-la-Forêt 51 53 Df 54
02880 Nanteuil-la-Fosse 02 40 Dc 52
60440 Nanteuil-le-Haudouin 60 52 Ce 54
77100 Nanteuil-lès-Meaux 76 52 Cf 55
16250 Nanteuillet 16 124 Aa 75
02210 Nanteuil-Notre-Dame 02 52 Dc 53
08300 Nanteuil-sur-Aisne 08 41 Eb 51
77730 Nanteuil-sur-Marne 76 52 Db 55
39160 Nantey 39 119 Fc 70
24800 Nantheuil 24 125 Af 76
24800 Nanthiat 24 125 Af 76
87140 Nantiat 87 113 Ba 72
17770 Nantillé 17 123 Zd 73
55270 Nantillois 55 55 Fa 53
17137 Nantilly 17 110 Yf 71
28260 Nantilly 28 50 Bc 55
70100 Nantilly 70 92 Fd 64
79350 Nantilly 79 98 Zd 68
86110 Nantilly 86 99 Ab 68
55500 Nant-le-Grand 55 55 Fb 56
55500 Nant-le-pit 55 55 Fb 57
38260 Nantoin 38 131 Fb 76
55500 Nantois 55 55 Fc 57
58270 Nanton 58 104 Dc 66
71240 Nanton 71 106 Ee 69
89240 Nantou 89 89 Dc 62
77230 Nantouillet 76 51 Ce 54
21190 Nantoux 21 105 Ee 66
01130 Nantua 01 119 Fd 72
01110 Nantuy 01 119 Fd 73
80260 Naours 80 38 Cb 48
31330 Naples 31 149 Ba 86
13400 Napollon 13 170 Fd 89
01580 Napt 01 119 Fd 71
57220 Narbéfontaine 57 57 Gd 54
25210 Narbief 25 108 Ge 66
11100 Narbonne 11 167 Da 89
79800 Narbonneau 79 111 Zf 70
11100 Narbonne-Plage 11 167 Da 90
64510 Narcastet 64 162 Ze 89
37500 Narcay 37 99 Ab 65
52170 Narcy 52 75 Fa 57
58400 Narcy 58 103 Da 65
71290 Narfoux 71 118 Fa 69
45210 Nargis 45 71 Ce 60
15230 Narnhac 15 139 Ce 79
40600 Narp 40 146 Yf 82
64190 Narp 64 161 Zb 88
40180 Narrosse 40 161 Yf 86
33680 Narsot 33 134 Yf 79
81190 Narthoux 81 151 Ca 84
48260 Nasbinals 48 140 Da 81
40330 Nassiet 40 161 Zb 87
03190 Nassigny 03 115 Cd 70
12240 Nasties 12 151 Cb 82
24230 Nastringues 24 136 Aa 79
50540 Nattel 50 66 Yf 57
67130 Natzwiller 67 60 Hb 58
11800 Naucadéry 11 166 Cc 89
12800 Naucelle 12 151 Cc 83
12800 Naucelle-Gare 12 151 Cc 83
15250 Naucelles 15 139 Cc 79
09230 Naudot 09 164 Ba 90
47500 Naugarède 47 137 Af 81
33990 Naujac-sur-Mer 33 122 Yf 77
33420 Naujan-et-Postiac 33 135 Ze 80
02420 Nauroy 02 40 Db 49
31470 Nauses 31 164 Bb 88
12700 Naussac 12 138 Ca 81
24440 Naussannes 24 136 Ae 80
40310 Nautin 40 148 Aa 84
72260 Nauvay 72 68 Ac 59
12330 Nauviale 12 139 Cc 81
15230 Nauvialles 15 139 Ce 79
30580 Navacelles 30 154 Eb 84
64450 Navailles-Angos 64 162 Zd 88
29690 Navalennou 29 63 Wb 58
64190 Navarrenx 64 161 Zb 89
40600 Navarrosse 40 146 Ye 82
12720 Navas 12 153 Db 84
30120 Navas 30 153 Dd 85
63500 Nave 63 128 Db 75
41100 Naveil 41 86 Ba 62
70000 Navenne 70 93 Ga 63

03330 Naves 03 116 Da 71
07140 Naves 07 154 Ea 82
12130 Naves 12 140 Da 81
19460 Naves 19 126 Be 77
59161 Naves 59 30 Db 47
73260 Naves 73 133 Gc 75
74370 Nâves-Parmelan 74 120 Gb 73
05800 Navette 05 144 Gb 80
73260 Navette 73 133 Gd 75
71270 Navilly 71 106 Fa 67
50190 Nay 50 46 Yd 53
64800 Nay-Bourdettes 64 162 Ze 89
88210 Nayemont 88 77 Ha 58
88100 Nayemont-les-Fosses 88 77 Ha 59
88220 Naymont 88 76 Gc 60
74560 Naz 74 120 Gb 72
22130 Nazareth 22 65 Xe 57
01170 Naz-Dessous 01 120 Ga 71
37530 Nazelles-Négron 37 86 Af 64
33500 Néac 33 135 Ze 79
56430 Néant-sur-Yvel 56 64 Xe 60
53150 Neau 53 67 Zd 60
27250 Neaufles-Auvergny 27 49 Ae 55
27830 Neaufles-Saint-Martin 27 50 Be 53
61500 Neauphe-sous-Essai 61 68 Ab 57
61160 Neauphe-sur-Dive 61 48 Aa 55
78640 Neauphle-le-Château 78 50 Bf 56
78640 Neauphle-le-Vieux 78 50 Bf 56
78980 Neauphlette 78 50 Bd 55
42470 Neaux 42 117 Eb 73
34800 Nébian 34 167 Dc 87
11500 Nébias 11 178 Ca 91
57670 Nébing 57 57 Ge 55
63210 Nébouzat 63 127 Cf 74
73260 Necuday 73 132 Gc 75
71580 Nécudols 71 106 Fc 69
61160 Nécy 61 48 Zf 56
87120 Nedde 87 126 Be 74
62550 Nédon 62 29 Cc 45
62550 Nédonchel 62 29 Cc 45
67630 Neewiller-près-Lauterbourg 67 59 Ia 55
05000 Neffes 05 144 Ff 81
34320 Neffiès 34 167 Db 87
66170 Néfiach 66 179 Cd 92
19290 Négarioux 19 126 Ca 74
39240 Néglia 39 119 Fd 70
81250 Négremont 81 152 Cc 85
87120 Négremont 87 126 Bf 74
82800 Nègrepelisse 82 150 Bd 84
16450 Negret 16 112 Ac 73
50260 Négreville 50 33 Yc 52
87120 Négrignas 87 126 Bd 74
37530 Négron 37 86 Af 64
24460 Négrondes 24 125 Af 76
20217 Negru CTC 181 Kc 92
56390 Néherlann 56 80 Xa 62
50390 Néhou 50 33 Yc 52
67110 Nehwiller-près-Wœrth 67 58 He 55
29890 Neis-Vran 29 62 Vd 57
57670 Nelling 57 57 Gf 55
37420 Néman 37 99 Ab 65
77140 Nemours 76 71 Ce 59
62180 Nemport-Saint-Firmin 62 28 Be 46
56310 Nénec 56 79 Wf 61
31230 Nénigan 31 163 Ae 88
39700 Nenon 39 107 Fd 66
29190 Nenvez 29 62 Wa 59
36220 Néons-sur-Creuse 36 100 Af 68
83136 Néoules 83 171 Ga 89
23200 Néoux 23 114 Cb 73
55700 Nepvant 55 42 Fb 51
44460 Nérac 44 81 Xf 63
47600 Nérac 47 148 Ac 84
40250 Nerbis 40 147 Zb 86
16200 Nercillac 16 123 Ze 74
50250 Nerduit 50 33 Yd 53
17510 Néré 17 111 Ze 73
36400 Neret 36 114 Ca 69
44130 Néricou 44 82 Yb 63
33750 Nérigean 33 135 Ze 79
86150 Nérignac 86 112 Ae 71
03500 Nérigners 03 116 Db 71
03310 Néris-les-Bains 03 115 Cd 71
39270 Nermier 39 119 Fd 70
36140 Nermond 36 114 Bf 69
42920 Nermond 42 129 De 74
74140 Nernier 74 120 Gb 70
28210 Néron 28 70 Bd 57
35150 Néron 35 66 Yd 61
42510 Néronde 42 129 Eb 73
18350 Nérondes 18 103 Ce 67
63120 Néronde-sur-Dore 63 128 Dd 74
36260 Néroux 36 102 Bf 66
38470 Nerpol-et-Serres 38 131 Fc 77
14700 Ners 14 48 Zf 55
30360 Ners 30 154 Ea 84
16440 Nersac 16 123 Aa 75
67170 Nerstheim 67 58 He 56
40140 Nerthe 40 146 Yf 86
36300 Nervaux 36 100 Ba 69
42510 Nervieux 42 129 Ea 74
95590 Nerville-la-Forêt 95 51 Cb 54
60320 Néry 60 52 Ce 53
20160 Nesa CTC 182 Ie 96
63320 Neschers 63 128 Da 75
09240 Nescus 09 177 Bc 91
80190 Nesle 80 39 Cf 50
21330 Nesle-et-Massoult 21 91 Ec 62
76270 Nesle-Hodeng 77 37 Bd 50
51120 Nesle-la-Reposte 51 53 Dd 57
51700 Nesle-le-Repons 51 53 De 54
80140 Nesle-L'Hôpital 80 38 Be 49
76340 Nesle-Nomandeuse 77 38 Be 49
02130 Nesles 02 53 Dd 53
62152 Nesles 62 28 Bd 45
77540 Nesles 76 52 Cf 56
02400 Nesles-la-Montagne 02 52 Dc 54
95690 Nesles-la-Vallée 95 51 Cb 54
80140 Neslette 80 38 Be 49
36370 Nesmes 36 113 Bb 69
85310 Nesmy 85 97 Yd 69
45270 Nesploy 45 71 Cc 61
19600 Nespouls 19 138 Bd 78
19170 Nespoux 19 126 Bf 75
20225 Nessa CTC 180 If 93
22320 Nessaden 22 64 Wf 59
56680 Nestadic 56 80 We 62
65150 Nestier 65 163 Ac 90
55800 Nettancourt 55 54 Ef 55
39120 Neublans-Abergement 39 106 Fb 67
67220 Neubois 67 60 Hc 59
67350 Neubourg 67 58 He 55
67110 Neudœrfel 67 58 Hd 54
Neudorf 67 60 He 57
57320 Neudorff 57 44 Gc 53
59940 Neuf-Berquin 59 29 Ce 45
76680 Neufbosc 77 37 Bc 51
68600 Neuf-Brisach 68 60 Hd 60
88300 Neufchâteau 88 75 Fe 58
76270 Neufchâtel-en-Bray 77 37 Bc 50
72600 Neufchâtel-en-Saosnois 72 68 Ab 58
62152 Neufchâtel-Hardelot 62 28 Bd 45
02190 Neufchâtel-sur-Aisne 02 41 Ea 52
57700 Neufchef 57 43 Ga 53
60890 Neufchelles 60 52 Da 54
63560 Neuf-Église 63 115 Cf 72
33580 Neuffons 33 135 Aa 81
58190 Neuffontaines 58 90 De 64
57910 Neufgrange 57 57 Ha 54
02300 Neuflieux 02 40 Da 51
08300 Neuflize 08 41 Eb 52
08460 Neufmaison 08 41 Ed 50
54540 Neufmaisons 54 77 Gf 58
08700 Neufmanil 08 42 Ee 50
62380 Neuf-Manoir 62 28 Bf 45
76220 Neuf-Marché 77 38 Be 52
50250 Neufmesnil 50 46 Yc 53
80132 Neufmoulin 80 28 Bf 48
57830 Neufmoulins 57 57 Gf 56
77610 Neufmoutiers-en-Brie 76 52 Ce 56
63740 Neufonds 63 127 Ce 74
57670 Neufvillage 57 57 Ge 55
60190 Neufvy-sur-Aronde 60 39 Cd 52
67370 Neugartheim 67 58 Hd 57
67370 Neugartheim-Ittlenheim 67 58 Hd 57
67480 Neuhaeusel 67 59 Ia 56
67100 Neuhof 67 60 He 57
37190 Neuil 37 100 Ad 65
86700 Neuil 86 111 Ab 70
65200 Neuilh 65 162 Aa 90
16290 Neuillac 16 123 Aa 74
17520 Neuillac 17 123 Zd 75
36500 Neuillay-les-Bois 36 101 Bc 68
49680 Neuillé 49 84 Zf 64
37380 Neuillé-le-Lierre 37 85 Af 63
21580 Neuille-lès-Grancey 21 91 Ef 62
37360 Neuillé-Pont-Pierre 37 85 Ad 63
56300 Neuilliac 56 79 Xa 60
27730 Neuilly 27 50 Bc 55
58420 Neuilly 58 104 Dd 65
89113 Neuilly 89 89 Dc 61
21800 Neuilly-Crimolois 21 92 Fa 65
03130 Neuilly-en-Donjon 03 117 Df 70
18600 Neuilly-en-Dun 18 103 Ce 68
18250 Neuilly-en-Sancerre 18 88 Ce 65
60530 Neuilly-en-Thelle 60 51 Cb 53
95640 Neuilly-en-Vexin 95 51 Bf 53
14230 Neuilly-la-Forêt 14 46 Yf 53
61250 Neuilly-le-Bisson 61 68 Ab 57
37160 Neuilly-le-Brignon 37 100 Ae 67
80150 Neuilly-le-Dien 80 29 Ca 47
14210 Neuilly-le-Malherbe 14 35 Zc 54
03340 Neuilly-le-Réal 03 116 Dc 70
21800 Neuilly-lès-Dijon 21 92 Fa 65
53250 Neuilly-le-Vendin 53 67 Zd 58
52360 Neuilly-L'Évêque 52 92 Fc 61
80132 Neuilly-L'Hôpital 80 28 Bf 47
94170 Neuilly-Plaisance 94 51 Cd 55
02470 Neuilly-Saint-Front 02 52 Db 53
60290 Neuilly-sous-Clermont 60 51 Cc 52
61290 Neuilly-sur-Eure 61 69 Af 57
93330 Neuilly-sur-Marne 93 51 Cd 55
92200 Neuilly-sur-Seine 92 51 Cb 55
52000 Neuilly-sur-Suize 52 75 Fa 60
86200 Neuil-sous-Faye 86 99 Ab 67
62770 Neulette 62 29 Cb 46
42590 Neulise 42 117 Eb 73
17500 Neulles 17 123 Zd 75
41210 Neung-sur-Beuvron 41 87 Be 63
67110 Neunhoffen 67 58 Hd 54
57200 Neunkirch 57 57 Ha 54
67860 Neunkirch 67 60 Hd 59
57320 Neunkirchen-lès-Bouzonville 57 44 Gd 52
03320 Neure 03 103 Cf 68
70160 Neurey-en-Vaux 70 93 Gb 62
70000 Neurey-lès-la-Demie 70 93 Gb 63
57230 Neuschmelz 57 58 Hc 55
15170 Neussargues-en-Pinatelle 15 140 Cf 78
62840 Neuve-Chapelle 62 30 Ce 45
88210 Neuve-Grange 88 77 Ha 58
70600 Neuvelle-lès-Champlitte 70 92 Fd 63
70190 Neuvelle-lès-Cromary 70 93 Ga 64
70130 Neuvelle-lès-la-Charité 70 93 Ff 63
52400 Neuvelle-lès-Voisey 52 93 Fe 61
02500 Neuve-Maison 02 41 Ea 49
70190 Neuves-Granges 70 93 Ga 64
54230 Neuves-Maisons 54 76 Ga 57
15400 Neuvialle 15 127 Cd 77
19290 Neuvialle 19 126 Ca 74
23700 Neuvialle 23 115 Cc 72
19160 Neuvic 19 127 Cb 76
24190 Neuvic 24 136 Ac 78
87130 Neuvic-Entier 87 126 Bd 74
17270 Neuvicq 17 123 Ze 77
17490 Neuvicq-le-Château 17 123 Zf 74
76630 Neuvilette 77 37 Bb 49
72240 Neuvillalais 72 68 Zf 60
87510 Neuvillas 87 113 Bb 73
19380 Neuville 19 138 Be 78
27180 Neuville 27 49 Ba 54
27220 Neuville 27 50 Bb 55
35250 Neuville 35 65 Yc 59
58210 Neuville 58 89 Dc 65
58400 Neuville 58 103 Da 65
63210 Neuville 63 127 Cf 74
63160 Neuville 63 128 Dc 74
63590 Neuville 63 128 Dd 75
76660 Neuville 77 37 Bc 50
80135 Neuville 80 28 Bf 48
86200 Neuville 86 99 Ab 67
87440 Neuville 87 124 Ae 74
80140 Neuville-au-Bois 80 38 Be 49
62130 Neuville-au-Cornet 62 29 Cc 46
50480 Neuville-au-Plain 50 34 Ye 52
45170 Neuville-aux-Bois 45 70 Ca 60
60119 Neuville-Bosc 60 51 Ca 53
62124 Neuville-Bourjonval 62 30 Da 48
80430 Neuville-Coppegueule 80 38 Be 49
08130 Neuville-Day 08 42 Ee 52
86170 Neuville-de-Poitou 86 99 Ab 68
59218 Neuville-en-Avesnois 59 31 Dd 47
50250 Neuville-en-Beaumont 50 46 Yc 52
59960 Neuville-en-Ferrain 59 30 Da 44
55260 Neuville-en-Verdunois 55 55 Fb 55
76270 Neuville-Ferrières 77 37 Bc 50
28170 Neuville-la-Mare 28 69 Bc 57
28270 Neuville-le-Bois 28 49 Bb 56
01400 Neuville-les-Dames 01 118 Fa 72
58300 Neuville-lès-Decize 58 103 Db 68
76370 Neuville-lès-Dieppe 77 37 Ba 49
80160 Neuville-lès-Lœuilly 80 38 Cb 50
08090 Neuville-lès-This 08 42 Ed 50
55140 Neuville-lès-Vaucouleurs 55 75 Fe 57
80120 Neuville-Marais 80 28 Be 47
61500 Neuville-Près-Sées 61 48 Ab 57
67130 Neuviller-la-Roche 67 60 Hb 58
54540 Neuviller-lès-Bandonviller 54 77 Gf 57
88100 Neuvillers-sur-Fave 88 77 Ha 59
54290 Neuviller-sur-Moselle 54 76 Gb 58
02100 Neuville-Saint-Amand 02 40 Db 50
59554 Neuville-Saint-Rémy 59 30 Db 47
62580 Neuville-Saint-Vaast 62 30 Ce 46
62170 Neuville-sous-Montreuil 62 28 Be 46
02860 Neuville-sur-Ailette 02 40 De 52
01160 Neuville-sur-Ain 01 119 Fc 72
27800 Neuville-sur-Authou 27 49 Ad 53
37110 Neuville-sur-Brenne 37 85 Af 63
02880 Neuville-sur-Margival 02 40 Dc 52
55800 Neuville-sur-Ornain 55 55 Fa 56
69250 Neuville-sur-Saône 69M 130 Ef 73
72190 Neuville-sur-Sarthe 72 68 Ab 60
10250 Neuville-sur-Seine 10 74 Ec 60
61120 Neuville-sur-Touques 61 48 Ab 55
10190 Neuville-sur-Vannes 10 73 De 59
02390 Neuvillette 02 40 Dc 49
80600 Neuvillette 80 29 Cb 47
72140 Neuvillette-en-Charnie 72 67 Ze 60
62217 Neuville-Vitasse 62 30 Ce 47
39800 Neuvilley 39 107 Fd 67
28140 Neuvilliers 28 70 Be 60
59360 Neuvilly 59 30 Dd 48
55120 Neuvilly-en-Argonne 55 55 Fa 54
62580 Neuvireuil 62 30 Cf 46
08430 Neuvizy 08 41 Ed 51
77480 Neuvry 76 72 Db 58
03000 Neuvy 03 116 Db 69
41250 Neuvy 41 86 Bd 63
51310 Neuvy 51 53 Dd 56
61210 Neuvy-au-Houlme 61 48 Ze 56
79130 Neuvy-Bouin 79 98 Zd 68
18250 Neuvy-Deux-Clochers 18 88 Ce 65
28310 Neuvy-en-Beauce 28 70 Bf 59
72240 Neuvy-en-Champagne 72 68 Zf 60
28800 Neuvy-en-Dunois 28 70 Bd 59
49120 Neuvy-en-Mauges 49 83 Zb 65
45510 Neuvy-en-Sullias 45 87 Cb 62
71130 Neuvy-Grandchamp 71 104 Df 69
18600 Neuvy-le-Barrois 18 103 Da 67
37370 Neuvy-le-Roi 37 85 Ad 63
36100 Neuvy-Pailloux 36 101 Bf 67
36230 Neuvy-Saint-Sépulchre 36 101 Be 69
89570 Neuvy-Sautour 89 73 De 60
18330 Neuvy-sur-Barangeon 18 87 Cb 65
58450 Neuvy-sur-Loire 58 88 Cf 63
67260 Neuweyerhof 67 57 Ha 55
67330 Neuwiller-lès-Saverne 67 58 Hc 56
58110 Neuzilly 58 104 Dd 66
71160 Neuzy 71 117 Ea 70
05100 Névache 05 145 Gd 78
20137 Nevatoli CTC 185 Kb 98
73200 Neveau 73 132 Gc 75
58000 Nevers 58 103 Da 67
29920 Névez 29 78 Wb 62
11200 Névian 11 167 Cf 89
76460 Néville 77 36 Ae 50
50330 Néville-sur-Mer 50 34 Yd 50
45500 Nevoy 45 88 Cd 62
39380 Nevy-lès-Dole 39 106 Fd 66
39210 Nevy-sur-Seille 39 107 Fd 68
87800 Nexon 87 125 Bb 74
39300 Ney 39 107 Ff 68
74160 Neydens 74 120 Ga 72
12410 Neyrac 12 152 Cf 83
07380 Neyrac-les-Bains 07 142 Eb 80
33780 Neyran 33 122 Yf 75
42140 Neyrieux 42 129 Eb 74
27510 Nézé 27 50 Bc 53
78410 Nézel 78 50 Bf 55
34120 Nézignan-l'Evèque 34 167 Dc 88
53400 Niafles 53 83 Yf 61
46220 Niaudon 46 137 Bb 81
80390 Nibas 80 28 Bd 48
55290 Nibeaucourt 55 75 Fc 57
45340 Nibelle 45 71 Cb 60
04250 Nibles 04 157 Ga 83
47120 Nicaud 47 136 Ab 81
06000* Nice 06 173 Hb 86
10260 Nicey 10 73 Eb 60
21330 Nicey 21 90 Eb 61
55260 Nicey-sur-Aire 55 55 Fc 55
74430 Nicodex 74 120 Gd 71
47190 Nicole 47 148 Ac 83
28360 Nicorbin 28 70 Bd 59
50200 Nicorps 50 46 Yd 54
14260 Nidalos 14 47 Zc 54
57560 Niderhoff 57 57 Ha 57
57565 Niderviller 57 57 Ha 56
45310 Nids 45 70 Bd 61
67350 Niederaltdorf 67 58 Hd 56
67110 Niederbronn-les-Bains 67 58 Hd 55
68127 Niederentzen 68 60 Hc 61
67280 Niederhaslach 67 60 Hc 57
67207 Niederhausbergen 67 60 He 57
68127 Niederhergheim 68 60 Hc 61
68580 Niederlarg 68 95 Hb 63
67630 Niederlauterbach 67 59 Ia 55
67350 Niedermodern 67 58 Hd 55
68230 Niedermorschwihr 68 60 Hb 60
67210 Niedernai 67 60 Hd 58
67470 Niederrœdern 67 59 Ia 55
67500 Niederschaeffolsheim 67 58 He 56
67160 Niederseebach 67 59 Hf 55
67330 Niedersoultzbach 67 58 Hc 55
67510 Niedersteinbach 67 58 He 54
57930 Niederstinzel 57 57 Ha 55
57220 Niedervisse 57 57 Gd 53
67350 Nieffern 67 58 Hd 55
62610 Nielles-lès-Ardres 62 27 Ca 43
62380 Nielles-lès-Bléquin 62 29 Ca 44
62185 Nielles-lès-Calais 62 27 Be 43
59850 Nieppe 59 30 Cf 44
59400 Niergnies 59 30 Db 48
15150 Nieudan 15 139 Cb 79
16270 Nieuil 16 124 Ad 73
86340 Nieuil-L'Espoir 86 112 Ac 70
86400 Nieuillet 86 112 Ab 72
87510 Nieul 87 113 Bb 73
85430 Nieul-le-Dolent 85 109 Yc 69
17810 Nieul-lès-Saintes 17 122 Zb 74
17600 Nieulle-sur-Seudre 17 122 Yf 74
17150 Nieul-le-Virouil 17 123 Zc 76
85240 Nieul-sur-L'Autise 85 110 Zb 70
17137 Nieul-sur-Mer 17 109 Ye 71
59143 Nieurlet 59 27 Cb 44
01120 Niévroz 01 131 Fa 74
68680 Niffer 68 95 Hd 62
33830 Nigon 33 146 Za 82
12600 Nigresserre 12 139 Ce 79
36250 Niherne 36 101 Bd 68
52150 Nijon 52 75 Fd 59
86600 Nillé 86 111 Aa 70
57240 Nilvange 57 56 Ga 52
30000 Nîmes 30 154 Ec 86
56630 Ninijou 56 79 Wd 60
33650 Ninon 33 135 Zc 80
52800 Ninville 52 75 Fc 60
13740 Niolon 13 170 Fb 89
58130 Nion 58 103 Db 66
71510 Nion 71 105 Ed 67
79000 Niort 79 111 Zd 71
11140 Niort-de-Sault 11 178 Ca 92
53110 Niort-la-Fontaine 53 67 Zc 58
29242 Niou 29 61 Uf 58
58470 Nioux 58 103 Da 67
04300 Niozelles 04 157 Ff 85
86200 Niré-le-Dolent 86 99 Aa 66
34440 Nissan-lez-Enserune 34 167 Da 89
65150 Nistos-Bas 65 175 Ac 90
65150 Nistos-Haut 65 175 Ac 91
89310 Nitry 89 90 Df 62
57790 Nitting 57 57 Ha 56
59230 Nivelle 59 30 Dc 46
82000 Nivelle 82 150 Bb 84
24330 Niversac 24 137 Ae 78
01250 Nivigne et Suran 01 119 Fc 71
56130 Nivillac 56 81 Xe 63
60510 Nivillers 60 38 Ca 52
38300 Nivolas-Vermelle 38 131 Fb 75
48150 Nivoliers 48 153 Dc 83
01230 Nivollet-Montgriffon 01 119 Fc 73
55120 Nixéville-Blercourt 55 55 Fb 54
31350 Nizan-Gesse 31 163 Ad 89
32130 Nizas 32 164 Af 87
34320 Nizas 34 167 Dc 87
01190 Nizerel 01 118 Ef 70
18130 Nizerolle 18 102 Cd 67
03250 Nizerolles 03 116 Dd 72
56310 Niziao-d'en-Bas 56 79 Wf 60
29930 Nizon 29 78 Wb 61
02150 Nizy-le-Comte 02 41 Ea 51
12320 Noailhac 12 139 Cc 81
19500 Noailhac 19 138 Bd 78
81490 Noailhac 81 166 Cc 87
32300 Noailhan 32 163 Ad 88
33190 Noaillac 33 135 Zf 81
47300 Noaillac 47 149 Ad 82
33730 Noaillan 33 135 Zd 82
09420 Noailles 09 177 Bb 91
19600 Noailles 19 138 Bd 78
60430 Noailles 60 38 Cb 53
81170 Noailles 81 151 Bf 84
48310 Noalhac 48 140 Da 80
63290 Noalhat 63 116 Dc 73
27560 Noards 27 49 Ad 53
64300 Noarrieu 64 161 Zb 88
88270 Nobaimont 88 76 Gb 60
20229 Nocario CTC 183 Kc 94
61340 Nocé 61 69 Ae 58
20242 Noceta CTC 183 Kb 95
71600 Nochize 71 117 Eb 70
29880 Nodéven 29 62 Vd 57
25580 Nods 25 108 Gc 66
21400 Nod-sur-Seine 21 91 Ed 62
31410 Noé 31 164 Bb 88
89320 Noé 89 72 Dc 60
25500 Noël-Cerneux 25 108 Ge 66
10360 Noë-les-Mallets 10 74 Ed 60
49520 Noëllet 49 83 Yf 62
54260 Noërs 54 43 Fd 52
62390 Nœux-lès-Auxi 62 29 Cb 47
32110 Nogaro 32 148 Zf 86
02140 Nogémont 02 41 Ea 50
51500 Nogent 51 53 Df 54
58300 Nogent 58 104 Dd 68
02400 Nogentel 02 52 Dc 54
52800 Nogent-en-Bassigny 52 75 Fc 60
10160 Nogent-en-Othe 10 73 De 60
51420 Nogent-L'Abbesse 51 53 Ea 53
02310 Nogent-l'Artaud 02 52 Db 55
72110 Nogent-le-Bernard 72 68 Ac 59
28630 Nogent-le-Phaye 28 70 Bd 58
28210 Nogent-le-Roi 28 50 Bd 57
28400 Nogent-le-Rotrou 28 69 Ae 59
27190 Nogent-le-Sec 27 49 Ba 55
21500 Nogent-lès-Montbard 21 91 Ec 63
10240 Nogent-sur-Aube 10 74 Eb 58
28120 Nogent-sur-Eure 28 69 Bc 58
72500 Nogent-sur-Loir 72 85 Ac 62
94130 Nogent-sur-Marne 94 51 Cc 55
60180 Nogent-sur-Oise 60 51 Cc 53
10400 Nogent-sur-Seine 10 72 Dd 58
45290 Nogent-sur-Vernisson 45 88 Ce 61
39570 Nogna 39 107 Fd 69
64150 Noguères 64 161 Zc 88
64520 Nogues 64 160 Ye 88
08800 Nohan 08 42 Ee 49
63830 Nohanent 63 128 Da 74
18390 Nohant-en-Goût 18 102 Cd 66
36400 Nohant-Vic 36 102 Bf 69
66500 Nohèdes 66 178 Cb 93
82370 Nohic 82 150 Bc 85
18310 Nohnat-en-Graçay 18 101 Bf 66
21390 Noidan 21 91 Ec 64
70130 Noidans-le-Ferroux 70 93 Ff 63
70000 Noidans-lès-Vesoul 70 93 Ga 63
52600 Noidant-Chatenoy 52 92 Fc 62
52200 Noidant-le-Rocheux 52 92 Fb 62
32130 Noilhan 32 164 Af 87
33590 Noillac 33 122 Yf 76
60840 Nointel 60 39 Cc 52
95590 Nointel 95 51 Cb 54
76210 Nointot 77 36 Ac 51
67220 Noirceux 67 60 Hb 59
02340 Noircourt 02 41 Ea 50
25190 Noirefontaine 25 94 Ge 64
60480 Noirément 60 38 Cb 51
42440 Noirétable 42 129 De 74
71220 Noireux 71 118 Ec 69
51330 Noirlieu 51 54 Ee 55
79300 Noirlieu 79 98 Zd 67
85330 Noirmoutier-en-l'Île 85 96 Xe 67
70100 Noiron 70 92 Fd 64
85000 Noiron 85 97 Yd 68
21910 Noiron-sous-Gevrey 21 106 Fa 65
21310 Noiron-sur-Bèze 21 92 Fb 64
21400 Noiron-sur-Seine 21 91 Ec 61
25170 Noironte 25 93 Ff 65
50320 Noirpalu 50 46 Ye 56
79300 Noirterre 79 98 Zd 67
08400 Noirval 08 42 Ee 52
71290 Noiry 71 106 Ef 69
94880 Noiseau 94 51 Cd 56
77420 Noisel 76 51 Cd 55
58700 Noison 58 103 Dc 65
57645 Noisseville 57 56 Gb 54
93160 Noisy-le-Grand 93 51 Cd 55
78590 Noisy-le-Roi 78 51 Ca 55
77940 Noisy-Rudignon 76 72 Cf 58
77123 Noisy-sur-Ecole 76 71 Cc 58
95270 Noisy-sur-Oise 95 51 Cb 54
37210 Noizay 37 85 Af 64
79100 Noizé 79 99 Zf 67
24440 Nojals-et-Clottes 24 136 Ae 80
48000 Nojaret 48 141 Dd 81
48220 Nojaret 48 154 Df 82
27150 Nojean-en-Vexin 27 37 Bd 53
21340 Nolay 21 105 Ed 67
58700 Nolay 58 103 Db 66
80860 Nolette 80 28 Be 47
43350 Nolhac 43 141 De 78
76780 Nolléval 77 37 Bc 52
42260 Nollieux 42 129 Ea 74
17430 Nolon 17 110 Zb 72
59310 Nomain 59 30 Db 45
47600 Nomdieu 47 148 Ac 84
52300 Nomécourt 52 75 Fa 58
54610 Nomeny 54 56 Gb 55
88440 Nomexy 88 76 Gc 59
88470 Nompatelize 88 77 Gf 59
16190 Nonac 16 123 Aa 76
27320 Nonancourt 28 49 Bb 56
14400 Nonant 14 34 Zc 53
61240 Nonant-le-Pin 61 48 Ab 56
87380 Nonardie 87 125 Bb 75
19120 Nonards 19 138 Be 78
16120 Nonaville 16 123 Zf 75
58390 Nonay 58 103 Db 68
88300 Noncourt 88 75 Fd 58
52230 Noncourt-sur-le-Rongeant 52 75 Fb 58
57840 Nondkeil 57 43 Ga 52
74330 Nonglard 74 120 Ga 73
54450 Nonhigny 54 77 Gf 57
07270 Nonières 07 142 Ec 79
28140 Nonneville 28 70 Be 60
55210 Nonsard 55 56 Fe 55
24300 Nontron 24 124 Ad 75
24300 Nontronneau 24 124 Ad 75
77140 Nonville 76 72 Ce 59
88260 Nonville 88 76 Ff 60
28120 Nonvilliers-Grandhoux 28 69 Bb 58
20217 Nonza CTC 181 Kc 92
88600 Nonzeville 88 77 Gd 59
59670 Noordpeene 59 27 Cc 44

62890 Nordausques 62 27 Ca 44
67520 Nordheim 67 58 Hd 57
67150 Nordhouse 67 60 He 58
62128 Noreuil 62 30 Cf 47
09400 Norgeat 09 177 Bd 92
21490 Norge-la-Ville 21 92 Fa 64
61190 Normandel 61 49 Ae 57
27930 Normanville 27 49 Ba 54
76640 Normanville 77 36 Ad 50
51230 Normée 51 53 Ea 56
21390 Normier 21 91 Ec 64
14100 Norolles 14 48 Ab 53
14410 Noron 14 47 Zb 56
14700 Noron-L'Abbaye 14 48 Ze 55
14490 Noron-la-Poterie 14 34 Zb 53
60130 Noroy 60 39 Cd 52
70000 Noroy-le-Bourg 70 93 Gb 63
70500 Noroy-lès-Jussey 70 93 Ff 62
02600 Noroy-sur-Ourcq 02 52 Db 53
47340 Norpech 47 149 Ae 83
09400 Norrat 09 177 Bd 92
62120 Norrent-Fontes 62 29 Cc 45
14620 Norrey-en-Auge 14 48 Zf 55
14740 Norrey-en-Bessin 14 35 Zc 53
51300 Norrois 51 54 Ed 57
88800 Norroy 88 76 Ff 59
54150 Norroy-le-Sec 54 56 Fe 53
54700 Norroy-lès-Pont-à-Mousson 54 56 Ga 55
57140 Norroy-le-Veneur 57 56 Ga 53
62890 Nortbécourt 62 27 Ca 44
62370 Nortkerque 62 27 Ca 43
62890 Nort-Leulinghem 62 27 Ca 44
44390 Nort-sur-Erdre 44 82 Yc 64
76330 Norville 77 36 Ad 52
88700 Nossoncourt 88 77 Ge 58
56690 Nostang 56 80 We 62
20137 Nota CTC 185 Kb 99
23300 Noth 23 113 Bd 71
67680 Nothalten 67 60 Hc 58
22480 Nothéret 22 63 We 59
73300 Notre-Dame 73 132 Gb 77
76510 Notre-Dame-d'Aliermont 77 37 Bb 49
49380 Notre-Dame-d'Allençon 49 83 Zd 65
73590 Notre-Dame-de-Bellecombe 73 133 Gd 74
76940 Notre-Dame-de-Bliquetuit 77 36 Ae 52
42120 Notre-Dame-de-Boisset 42 117 Ea 73
76960 Notre-Dame-de-Bondeville 77 37 Ba 52
07230 Notre-Dame-de-Bon-Secours 07 141 Eb 82
50210 Notre-Dame-de-Cenilly 50 46 Ye 55
38450 Notre-Dame-de-Commiers 38 144 Fe 78
14140 Notre-Dame-de-Courson 14 48 Ab 55
14170 Notre-Dame-de-Fresnay 14 48 Aa 55
76330 Notre-Dame-de-Gravenchon 77 36 Ad 52
22410 Notre-Dame-de-la-Cour 22 64 Xa 57
82600 Notre-Dame-de-la-Croix 82 149 Bb 85
78270 Notre-Dame-de-la-Mer 78 50 Bd 54
30570 Notre-Dame-de-la-Rouvière 30 153 De 84
27940 Notre-Dame-de-L'Isle 27 50 Bc 54
14340 Notre-Dame-de-Livaye 14 35 Aa 54
50370 Notre-Dame-de-Livoye 50 46 Ye 56
50810 Notre-Dame-d'Elle 50 34 Za 54
34380 Notre-Dame-de-Londres 34 153 De 86
38470 Notre-Dame-de-l'Osier 38 131 Fc 77
84220 Notre-Dame-de-Lumières 84 156 Fb 85
38560 Notre-Dame-de-Mésage 38 144 Fe 78
63600 Notre-Dame-de-Mons 63 129 Dd 75
85690 Notre-Dame-de-Monts 85 96 Xf 68
27800 Notre-Dame-d'Epine 27 49 Ad 53
22720 Notre-Dame-de-Restudo 22 63 Wf 58
85270 Notre-Dame-de-Riez 85 96 Ya 68
24660 Notre-Dame-de-Sanilhac 24 136 Ae 78
62380 Notre Dame des Ardents 62 29 Ca 44
44130 Notre-Dame-des-Landes 44 82 Yb 64
49510 Notre-Dame-des-Mauges 49 98 Zb 65
83250 Notre-Dame-des-Maures 83 171 Gb 90
73460 Notre-Dame-des-Millières 73 132 Gc 75
56390 Notre-Dame-des-Pins 56 80 Xa 62
27320 Notre-Dame-des-Puits 27 49 Ba 56
38144 Notre-Dame-de-Vaulx 38 144 Fe 79
37390 Notre-Dame-d'Oé 37 85 Ae 64
86330 Notre-Dame-d'Or 86 99 Aa 68
22380 Notre-Dame-du-Guildo 22 65 Xe 57
27390 Notre-Dame-du-Hamel 27 49 Ad 55
05130 Notre-Dame-du-Laus 05 144 Ga 81
84410 Notre-Dame-du-Moustier 84 156 Fa 84
76590 Notre-Dame-du-Parc 77 37 Ba 50
72300 Notre-Dame-du-Pé 72 84 Ze 62
73600 Notre-Dame-du-Pré 73 133 Gd 75
61100 Notre-Dame-du-Rocher 61 47 Zd 56
50140 Notre-Dame-du-Touchet 50 66 Za 57
28140 Nottonville 28 70 Bd 60
36130 Notz 36 101 Be 67
87270 Nouailbas 87 113 Bb 73
87260 Nouaillas 87 125 Bc 75
86340 Nouaillé-Maupertuis 86 112 Ac 69
87370 Nouailles 87 113 Bc 72
50690 Nouainville 50 33 Yb 51
19490 Noual 19 126 Be 77
82800 Noual 82 150 Bd 84
18160 Nouan 18 102 Ca 67
41600 Nouan-le-Fuzelier 41 87 Ca 63
72260 Nouans 72 68 Ab 59
37460 Nouans-les-Fontaines 37 101 Bb 66
41220 Nouan-sur-Loire 41 86 Bd 62
08240 Nouart 08 42 Fa 52
37800 Nouâtre 37 100 Ad 66
31450 Noueilles 31 165 Bd 88
16290 Nouère 16 123 Aa 74
33910 Nouet 33 135 Ze 79
32270 Nougaroulet 32 163 Ae 86
46330 Nougayrac 46 138 Be 82
19320 Nougein 19 126 Ca 77
23170 Nouhant 23 115 Cc 71
87330 Nouic 87 112 Af 72
65500 Nouilhan 65 162 Aa 88
72800 Nouillay 72 84 Ab 63
57645 Nouilly 57 56 Gb 54
12370 Nouis 12 152 Ce 86
32800 Noulens 32 148 Aa 86
55230 Noullonpont 55 43 Fd 52
35390 Nourais 35 82 Yb 62
60130 Nourard-le Franc 60 39 Cc 52
02300 Noureuil 02 40 Db 51
41310 Nourray 41 86 Ba 62
58290 Nourry 58 104 De 67
40380 Nousse 40 161 Zb 86
57720 Nousseviller-lès-Bitche 57 58 Hc 54
57990 Nousseviller-Saint-Nabor 57 57 Gf 54
64420 Nousty 64 162 Ze 89
59230 Nouveau-Jeu 59 30 Dc 46
62370 Nouvelle-église 62 27 Ca 43
11350 Nouvelles 11 179 Ce 91
15300 Nouvialle 15 140 Cf 78
80860 Nouvion 80 28 Be 47
02270 Nouvion-et-Catillon 02 40 Dc 50
02800 Nouvion-le-Comte 02 40 Dc 50
02860 Nouvion-le-Vineux 02 40 Dd 51
08160 Nouvion-sur-Meuse 08 42 Ee 50
35410 Nouvoitou 35 66 Yc 60
02290 Nouvron-le-Vineux 02 40 Db 52
15380 Noux 15 127 Cc 77
19170 Noux 19 126 Be 75
62290 Noux-les-Mines 62 29 Cd 46
41160 Nouzay 41 86 Bb 61
23600 Nouzerines 23 114 Ca 70
23360 Nouzerolles 23 114 Be 70
86170 Nouzières 86 99 Aa 68
23350 Nouziers 23 114 Bf 70
37380 Nouzilly 37 85 Ae 63
86200 Nouzilly 86 99 Aa 67
08700 Nouzonville 08 42 Ee 50
63220 Novacelles 63 128 Dd 76
73470 Novalaise 73 132 Fe 75
20234 Novale CTC 183 Kc 95
73440 Novallay 73 132 Gc 76
57680 Novéant-sur-Moselle 57 56 Ga 54
74500 Novel 74 121 Ge 70
20226 Novella CTC 181 Ka 93
13550 Noves 13 155 Ef 85
26110 Novézan 26 155 Fa 82
54385 Noviant-aux-Près 54 56 Ff 55
25220 Novillars 25 93 Ga 65
60730 Novillers 60 51 Cb 53
08270 Novion-Porcien 08 41 Ec 51
12150 Novis 12 152 Da 83
08300 Novy-Chevrières 08 41 Ec 51
40350 Noy 40 161 Yf 87
22400 Noyal 22 64 Xd 58
35550 Noyal 35 81 Xf 62
02120 Noyales 02 40 Dd 49
56190 Noyal-Muzillac 56 81 Xd 63
56920 Noyal-Pontivy 56 64 Xa 60
35560 Noyal-sous-Bazouges 35 65 Yc 58
44110 Noyal-sur-Brutz 44 82 Yd 62
35230 Noyal-sur-Seiche 35 65 Yc 60
35530 Noyal-sur-Vilaine 35 66 Yc 60
49460 Noyant 49 83 Zc 63
03210 Noyant-d'Allier 03 116 Da 70
37800 Noyant-de-Touraine 37 100 Ad 66
02200 Noyant-et-Aconin 02 52 Dc 52
49520 Noyant-la-Gravoyère 49 83 Za 62
49700 Noyant-la-Plaine 49 84 Zd 65
38360 Noyarey 38 131 Fd 77
72210 Noyeau 72 68 Zf 61
59139 Noyelles 59 30 Da 45
62980 Noyelles 62 29 Ce 46
62430 Noyelles 62 30 Cf 46
80150 Noyelles-en-Chaussée 80 28 Bf 47
62950 Noyelles-Godault 62 30 Cf 46
62770 Noyelles-lès-Humières 62 29 Cb 46
62490 Noyelles-sous-Bellonne 62 30 Da 47
59159 Noyelles-sur-Escaut 59 30 Db 48
80860 Noyelles-sur-Mer 80 28 Be 47
59550 Noyelles-sur-Sambre 59 31 De 48
59282 Noyelles-sur-Selle 59 30 Dc 47
62810 Noyelle-Vion 62 29 Cd 47
72430 Noyen-sur-Sarthe 72 84 Zf 61
77114 Noyen-sur-Seine 76 72 Dc 58
46100 Noyer 46 138 Bf 81
27700 Noyers 27 50 Bc 53
45260 Noyers 45 88 Cd 61
52240 Noyers 52 75 Fc 60
89310 Noyers 89 90 Df 62
55800 Noyers-Auzécourt 55 55 Ef 55
14210 Noyers-Bocage 14 34 Zc 54
08350 Noyers-Pont-Maugis 08 42 Ef 51
60480 Noyers-Saint-Martin 60 38 Cb 51
41140 Noyers-sur-Cher 41 86 Bc 65
04200 Noyers-sur-Jabron 04 157 Fe 83
12160 Noyez 12 151 Cc 83
60130 Noyon 60 39 Da 51
10700 Nozay 10 73 Ea 57
44170 Nozay 44 82 Yc 63
91620 Nozay 91 51 Cb 57
48140 Nozeirolles 48 140 Db 79
15500 Nozerolles 15 140 Da 77
43300 Nozerolles 43 140 Dc 79
39250 Nozeroy 39 107 Ga 68
51230 Nozet 51 53 Df 56
07270 Nozières 07 142 Ed 78
18200 Nozières 18 102 Cc 68
47350 Nozières 47 136 Ab 81
48400 Nozières 48 153 Dd 83
49340 Nuaillé 49 98 Zb 66
17540 Nuaillé-d'Aunis 17 110 Za 71
17470 Nuaillé-sur-Boutonne 17 111 Zd 72
58190 Nuars 58 89 De 64
55250 Nubécourt 55 55 Fb 55
12330 Nuces 12 151 Cc 82
95420 Nucourt 95 50 Bf 54
79250 Nueil-les-Aubiers 79 98 Zc 67
49560 Nueil-sur-Layon 49 98 Zd 66
72370 Nuillé-le-Jalais 72 68 Ac 60
53210 Nuillé-sur-Ouette 53 67 Zc 60
53970 Nuillé-sur-Vicoin 53 67 Zb 61
10140 Nuisement 10 74 Ed 59
51240 Nuisement-sur-Coole 51 54 Eb 55
89390 Nuits 89 90 Eb 62
21700 Nuits-Saint-Georges 21 106 Ef 66
76390 Nullemont 77 38 Bd 50
71240 Nully 71 106 Ef 69
52110 Nully-Trémilly 52 74 Ee 58
62270 Nuncq-Hautecôte 62 29 Cb 47
36800 Nuret-le-Ferron 36 101 Bc 68
01460 Nurieux-Volognat 01 119 Fd 71
80240 Nurlu 80 39 Da 48
42380 Nus 42 129 Ea 76
46150 Nuzéjouls 46 137 Bc 81
19110 Nuzéjoux 19 127 Cc 76
66300 Nyls 66 179 Cf 93
49500 Nyoiseau 49 83 Za 62
26110 Nyons 26 156 Fa 82

O

67230 Obenheim 67 60 He 58
67110 Oberbronn 67 58 Hd 55
68290 Oberbruck 68 94 Gf 62
68960 Oberdorf 68 95 Hb 63
57320 Oberdorff 57 57 Gd 53
67360 Oberdorf-Spachbach 67 58 He 55
57720 Oberecke 57 58 Hc 54
68127 Oberentzen 68 60 Hc 61
57720 Obergailbach 57 57 Hb 54
67280 Oberhaslach 67 60 Hb 57
67205 Oberhausbergen 67 60 He 57
68127 Oberhergheim 68 60 Hc 61
67160 Oberhoffen-lès-Wissembourg 67 58 Hf 54
67240 Oberhoffen-sur-Moder 67 58 Hf 56
67250 Oberkutzenhausen 67 58 Hf 55
68480 Oberlarg 68 95 Hb 64
67160 Oberlauterbach 67 59 Ia 55
67330 Obermodern-Zutzendorf 67 58 Hd 55
68420 Obermorschwihr 68 60 Hb 60
68130 Obermorschwiller 68 95 Hb 63
57230 Obermuhltal 57 58 Hd 55
67210 Obernai 67 60 Hc 58
57480 Obernaumen 57 44 Gc 52
67250 Oberrœdern 67 59 Hf 55
68600 Obersaasheim 68 60 Hd 61
67203 Oberschaeffolsheim 67 60 Hd 57
67330 Obersoultzbach 67 58 Hc 55
67710 Obersteigen 67 58 Hb 57
67510 Obersteinbach 67 58 He 54
57930 Oberstinzel 57 57 Ha 56
57220 Obervisse 57 57 Gd 54
59570 Obies 59 31 De 47
19130 Objat 19 125 Bc 77
62920 Oblinghem 62 29 Cd 45
59680 Obrechies 59 31 Ea 47
57170 Obreck 57 57 Gd 55
57340 Obrick 57 57 Ge 55
77890 Obsonville 76 71 Cd 59
36290 Obterre 36 100 Ba 67
21400 Obtrée 21 91 Ed 61
78660 Obville 78 70 Bf 58
20117 Ocana CTC 182 If 97
61200 Occagnes 61 48 Zf 56
52190 Occey 52 92 Fb 63
20226 Occhiatana CTC 180 Ka 93
80600 Occoches 80 29 Cb 47
80210 Ochancourt 80 28 Bd 48
08240 Oches 08 42 Ef 51
54170 Ochey-Thuilley 54 76 Ff 57
01200 Ochiaz 01 119 Fe 72
59670 Ochtezeele 59 27 Cc 44
77440 Ocquerre 76 52 Da 54
76450 Ocqueville 77 36 Ae 50
50630 Octeville-L'Avenel 50 34 Yd 51
76930 Octeville-sur-Mer 77 36 Aa 51
34800 Octon 34 167 Db 87
31450 Odars 31 165 Bd 87
66210 Odeillo 66 178 Ca 93
69460 Odenas 69D 118 Ed 72
57320 Odenhoven 57 57 Gd 53
68830 Oderen 68 94 Gf 61
52800 Odival 52 75 Fc 60
59970 Odomez 59 30 Dd 46
65310 Odos 65 162 Aa 89
67520 Odratzheim 67 60 Hc 57
88500 Oëlleville 88 76 Ga 58
67970 Oermingen 67 57 Ha 55
28200 Oessainville 28 70 Bd 60
57600 Œting 57 57 Gf 53
62130 Œuf-en-Ternois 62 29 Cb 46
57100 Œutrange 57 44 Ga 52
74300 Oëx 74 120 Gd 73
55500 Oëy 55 55 Fc 56
40180 Oeyreluy 40 161 Yf 86
81190 Oëzes 81 151 Cb 84
62370 Offekerque 62 27 Ca 43
90300 Offémont 90 94 Gf 63
67850 Offendorf 67 58 Hf 56
67370 Offenheim, Stutzheim- 67 58 Hd 57
80290 Offignies 80 38 Bf 50
62990 Offin 62 28 Bf 46
39290 Offlanges 39 107 Fd 65
60210 Offoy 60 38 Ca 50
80400 Offoy 80 39 Da 50
76550 Offranville 77 37 Ba 49
62250 Offrethun 62 26 Be 44
88500 Offroicourt 88 76 Ga 59
67340 Offwiller 67 58 Hd 55
64190 Ogenne-Camptort 64 161 Zb 89
51190 Oger 51 53 Ea 55
64680 Ogeu-les-Bains 64 162 Zc 90
54450 Ogéviller 54 77 Ge 57
20114 Ogliastrello CTC 185 Ka 99
20226 Ogliastro CTC 180 Ka 93
20217 Ogliastro CTC 181 Kc 92
02300 Ognes 02 40 Db 51
51230 Ognes 51 53 Df 56
60440 Ognes 60 52 Ce 54
54330 Ognéville 54 76 Ga 58
60310 Ognolles 60 39 Cf 50
21320 Ogny 21 105 Ec 65
24160 Ogre 24 125 Af 77
59132 Ohain 59 31 Ea 48
28150 Ohé 28 70 Be 59
58240 Ohéré 58 103 Da 68
76560 Oherville 77 36 Ae 50
02500 Ohis 02 41 Ea 49
67590 Ohlungen 67 58 He 56
67390 Ohnenheim 67 60 Hd 59
67640 Ohnheim 67 60 He 58
18370 Oianne 18 114 Cb 70
70120 Oigney 70 93 Ff 62
62590 Oignies 62 30 Cf 46
21450 Oigny 21 91 Ee 63
41170 Oigny 41 69 Af 60
02600 Oigny-en-Valois 02 52 Da 53
69620 Oingt 69D 118 Ed 73
28310 Oinville-Saint-Liphard 28 70 Bf 59
78250 Oinville-sur-Montcient 78 50 Bf 54
37120 Oiré 37 99 Ac 66
79100 Oiron 79 99 Zf 67
51530 Oiry 51 53 Ea 54
70700 Oiselay-et-Grachaux 70 93 Ff 64
28300 Oisème 28 70 Bd 58
80140 Oisemont 80 38 Be 49
21310 Oisilly 21 92 Fc 64
41700 Oisly 41 86 Bc 64
45170 Oison 45 70 Bf 60
53300 Oisseau 53 67 Zb 58
72610 Oisseau-le-Petit 72 68 Aa 58
76350 Oissel 77 49 Ba 52
77178 Oissery 76 52 Ce 54
80540 Oissy 80 38 Ca 49
02450 Oisy 02 40 De 48
58500 Oisy 58 89 Dc 64
62860 Oisy-le-Verger 62 30 Da 47
72330 Oizé 72 84 Aa 62
18700 Oizon 18 88 Cd 64
34390 Olargues 34 167 Cf 87
79210 Olbreuse 79 110 Zc 71
63210 Olby 63 127 Cf 74
20217 Olcani CTC 181 Kc 92
65350 Oléac-Deblat 65 162 Aa 89
65190 Oléac-Dessus 65 163 Ab 90
12510 Olemps 12 152 Cd 82
14170 Olendon 14 48 Zf 55
20232 Oletta CTC 181 Kc 93
66360 Olette 66 178 Cb 93
64120 Olhaiby 64 161 Za 89
62150 Olhain 62 29 Cd 46
63260 Olhat 63 116 Db 72
64122 Olhette 64 160 Yb 88
80260 Olincourt 80 38 Cb 48
20140 Olivese CTC 184 Ka 97
45160 Olivet 45 87 Bf 61
53410 Olivet 53 66 Za 60
51700 Olizy 51 53 De 54
08250 Olizy-Primat 08 54 Ee 52
55700 Olizy-sur-Chiers 55 42 Fb 51
88170 Ollainville 88 76 Fe 59
91340 Ollainville 91 71 Cb 57
25640 Ollans 25 93 Gb 64
28120 Ollé 28 69 Bb 58
60170 Ollencourt 60 39 Cf 52
54800 Olley 54 56 Fe 54
02480 Ollezy 02 40 Da 50
55230 Ollières 55 43 Fe 52
83470 Ollières 83 171 Fe 88
63880 Olliergues 63 128 Dd 74
83190 Ollioules 83 171 Ff 90
31360 Ollivès 31 164 Af 90
63450 Olloix 63 128 Da 75
42600 Olme, l' 42 129 Ea 75
15800 Olmet 15 139 Cd 79
63880 Olmet 63 129 Dd 74
20217 Olmeta-di-Capocorso CTC 181 Kc 92
20232 Olmeta di Tucla Lancone CTC 181 Kc 93
34700 Olmet-et-Villecun 34 167 Db 86
20113 Olmeto CTC 184 If 98
20113 Olmeto Plage CTC 184 Ie 98
20218 Olmi CTC 181 Kb 94
20259 Olmi-Cappella CTC 180 Ka 93
20112 Olmiccia CTC 184 Ka 98
20290 Olmo CTC 181 Kc 94
20167 Olmo = l'Olmu CTC 182 If 97
63210 Olmont 63 127 Cf 74
20245 Olmu CTC 180 Ie 94
85340 Olonne-sur-Mer 85 109 Yb 69
34210 Olonzac 34 166 Ce 89
64400 Oloron-Sainte-Marie 64 161 Zc 89
38510 Olouise 38 131 Fc 75
57720 Olsberg 57 58 Hc 54
12260 Ols-et-Rinhodes 12 138 Bf 82
83111 Olves 83 172 Gc 87
67170 Olwisheim 67 58 He 56
26400 Omblèze 26 143 Fb 79
74210 Ombre 74 132 Gb 74
60220 Omécourt 60 38 Bf 51
61160 Oméel 61 48 Aa 56
54330 Omelmont 54 76 Ga 58
95420 Omerville 95 50 Be 54
20236 Omessa CTC 183 Kb 94
33410 Omet 33 135 Ze 81
65100 Omex 65 162 Zf 90
51240 Omey 51 54 Ec 55
08450 Omicourt 08 42 Ee 51
80320 Omiécourt 80 39 Cf 50
02100 Omissy 02 40 Db 49
57810 Ommeray 57 57 Ge 56
61160 Ommoy 61 48 Zf 55
08430 Omont 08 42 Ee 51
27110 Omonville 27 49 Af 54
76730 Omonville 77 37 Ba 50
50440 Omonville-la-Petite 50 33 Ya 50
50440 Omonville-la-Rogue 50 33 Ya 50
15290 Omps 15 139 Cb 79
66400 Oms 66 179 Ce 93
25250 Onans 25 94 Gd 63
40380 Onard 40 146 Za 86
70100 Onay 70 92 Fe 64
01230 Oncieu 01 119 Fc 73
88150 Oncourt 88 76 Gc 59
91490 Oncy-sur-Ecole 91 71 Cc 58
64220 Ondarolle 64 160 Ye 89
14260 Ondefontaine 14 47 Zb 55
31330 Ondes 31 150 Bb 86
04170 Ondres 04 158 Gd 84
40440 Ondres 40 160 Yd 87
40440 Ondres-Plage 40 160 Yc 87
45390 Ondreville-sur-Essonne 45 71 Cc 59
20230 Oneo CTC 183 Kc 95
40110 Onesse-et-Laharie 40 146 Yf 84
12850 Onet-le-Château 12 151 Cd 82
12740 Onet-L'Eglise 12 152 Cd 82
80135 Oneux 80 28 Bf 48
04230 Ongles 04 156 Fe 84
39250 Onglières 39 107 Ga 68
58110 Ongny 58 104 De 66
80140 Onicourt 80 38 Be 48
01380 Onjard 01 118 Ef 70
10220 Onjon 10 74 Eb 58
58370 Onlay 58 104 Df 67
59880 Onnaing 59 31 Dd 46
74490 Onnion 74 120 Gc 71
39270 Onoz 39 119 Fd 70
60650 Ons-en-Bray 60 38 Bf 52
54890 Onville 54 56 Ff 54
80500 Onvillers 80 39 Ce 51
41150 Onzain 41 86 Bb 64
36500 Onzay 36 101 Bb 67
43150 Onzillon 43 141 Df 79
31110 Oô 31 175 Ad 92
59122 Oost-Cappel 59 27 Cd 43
06650 Opio 06 173 Gf 86
63540 Opme 63 128 Da 74
66600 Opoul-Périllos 66 179 Cf 91
84580 Oppède-le-Vieux 84 156 Fa 86
04110 Oppedette 04 156 Fd 85
70110 Oppenans 70 93 Gc 63
62580 Oppy 62 30 Cf 46
38460 Optevoz 38 131 Fb 74
64390 Oraàs 64 161 Za 88
15260 Oradour 15 140 Cf 79
16140 Oradour 16 111 Zf 73
16500 Oradour-Fanais 16 112 Ae 72
87210 Oradour-Saint-Genest 87 113 Ba 71
87520 Oradour-sur-Glane 87 113 Ba 73
87150 Oradour-sur-Vayres 87 125 Af 74
21610 Orain 21 92 Fc 63
02190 Orainville 02 41 Ea 52
04700 Oraison 04 157 Ff 85
74800 Orange 74 120 Gb 72
84100 Orange 84 155 Ee 84
48130 Orbagnac 48 140 Db 80
51270 Orbais 51 53 De 55
81120 Orban 81 151 Ca 85
79100 Orbé 79 99 Zf 67
14290 Orbec 14 48 Ac 54
58700 Orbec 58 103 Dc 66
63500 Orbeil 63 128 Db 75
32260 Orbessan 32 163 Ad 87
68370 Orbey 68 60 Ha 60
37460 Orbigny 37 101 Bb 65
52360 Orbigny-au-Mont 52 92 Fc 61
52360 Orbigny-au-Val 52 92 Fc 61
27230 Orbiquet 27 48 Ac 54
14240 Orbois 14 34 Zb 54
41300 Orçay 41 87 Ca 65
78125 Orcemont 78 70 Be 57
18200 Orcenais 18 102 Cc 68
15500 Orcerolles 15 140 Db 78
63670 Orcet 63 128 Db 74
52250 Orcevaux 52 92 Fb 62
41190 Orchaise 41 86 Bb 63
39700 Orchamps 39 107 Fd 66
25390 Orchamps-Vennes 25 108 Gd 66
21340 Orches 21 105 Ee 67
86230 Orches 86 99 Ab 67
59310 Orchies 59 30 Db 46
74550 Orcier 74 120 Gc 71
05170 Orcières 05 144 Gb 80
15260 Orcières 15 140 Cf 79
26220 Orcinas 26 143 Fa 81
63870 Orcines 63 128 Da 74
63210 Orcival 63 127 Cf 74
51300 Orconte 51 74 Ee 57
32310 Ordan 32 148 Ac 85
32350 Ordan-Larroque 32 163 Ac 86
64130 Ordiarp 64 161 Za 89
AD300 Ordino □ AND 177 Bd 93
65200 Ordizan 65 162 Aa 90
33340 Ordonnac 33 122 Zb 77
01510 Ordonnaz 01 131 Fd 74
31510 Ore 31 176 Ad 91
49270* Orée d'Anjou 49 82 Ye 65
64120 Orègue 64 161 Yf 88

66360 Oreilla 66 178 Cb 93
73140 Orelle 73 133 Gd 77
73140 Orellette 73 133 Gd 77
80160 Oresmaux 80 38 Cb 50
20233 Oreta CTC 181 Kc 91
65230 Organ 65 163 Ac 89
16220 Orgedeuil 16 124 Ac 74
09110 Orgeix 09 177 Bf 92
39270 Orgelet 39 119 Fd 69
91590 Orgemont 91 71 Cb 58
77310 Orgenoy 76 71 Cd 57
35230 Orgères 35 65 Yb 61
61230 Orgères 61 48 Ac 56
28140 Orgères-en-Beauce 28 70 Be 60
53140 Orgères-la-Roche 53 67 Ze 57
78910 Orgerus 78 50 Be 55
52120 Orges 52 74 Ef 60
82370 Orgeuil 82 150 Bc 85
21490 Orgeux 21 92 Fa 64
02860 Orgeval 02 40 De 51
78630 Orgeval 78 51 Bf 55
09800 Orgibet 09 176 Af 91
50390 Orglandes 50 33 Yd 52
07150 Orgnac-L'Aven 07 154 Ec 83
19410 Orgnac-sur-Vézère 19 125 Bc 77
13660 Orgon 13 155 Fa 86
65190 Orieux 65 163 Ab 89
65200 Orignac 65 163 Aa 90
33113 Origne 33 135 Zc 82
53360 Origné 53 67 Zb 61
17210 Orignolles 17 123 Ze 77
21510 Origny 21 91 Ed 62
41370 Origny 41 86 Bd 62
02550 Origny-en-Thierache 02 41 Ea 49
61130 Origny-le-Butin 61 68 Ac 58
61130 Origny-le-Roux 61 68 Ac 58
10510 Origny-le-Sec 10 73 De 58
02390 Origny-Sainte-Benoîte 02 40 Dc 49
64400 Orin 64 161 Zb 89
20112 Orio CTC 184 Ka 99
57590 Oriocourt 57 56 Gc 55
26190 Oriol-en-Royans 26 143 Fb 79
16480 Oriolles 16 123 Zf 76
64390 Orion 64 161 Za 88
38350 Oris-en-Ratier 38 144 Ff 79
40300 Orist 40 161 Ye 87
16210 Orival 16 123 Aa 77
76680 Orival 77 37 Bb 50
76500 Orival 77 49 Af 53
80640 Orival 80 38 Bf 50
17610 Orlac 17 123 Zc 74
45140 Orléans 45 87 Be 61
63190 Orléat 63 128 Dc 73
65800 Orleix 65 162 Aa 89
12420 Orlhaguet 12 139 Ce 80
12200 Orlhonac 12 151 Bf 83
19170 Orliac 19 126 Bf 74
24170 Orliac 24 137 Ba 80
19390 Orliac-de-Bar 19 126 Be 76
24370 Orliaguet 24 137 Bc 79
69530 Orliénas 69M 130 Ee 75
09110 Orlu 09 178 Bf 92
28700 Orlu 28 70 Bf 58
19170 Orluc 19 126 Bf 75
16200 Orlut 16 123 Zf 74
16370 Orlut 16 123 Ze 74
94310 Orly 94 51 Cc 56
77750 Orly-sur-Morin 76 52 Db 55
21320 Ormancey 21 90 Ec 65
52200 Ormancey 52 92 Fb 61
74920 Ormaret 74 133 Gd 73
41160 Orme-Guignard 41 86 Bb 61
70230 Ormenans 70 93 Gb 64
57720 Ormersviller 57 58 Hb 54
10700 Ormes 10 73 Ea 57
27190 Ormes 27 49 Af 54
33340 Ormes 33 122 Yf 76
45140 Ormes 45 87 Be 61
51370 Ormes 51 53 Df 53
71290 Ormes 71 106 Ef 69
54740 Ormes-et-Ville 54 76 Gb 58
76390 Ormesnil 77 38 Bd 50
77167 Ormesson 76 71 Cd 59
28310 Ormeville 28 70 Bf 59
70300 Ormoiche 70 93 Gb 62
28210 Ormoy 28 50 Bc 57
28140 Ormoy 28 70 Bd 60
28360 Ormoy 28 70 Bd 59
70500 Ormoy 70 93 Ff 61
89400 Ormoy 89 73 Dd 61
91540 Ormoy 91 71 Cc 57
91150 Ormoy-la-Rivière 91 71 Ca 58
60620 Ormoy-le-Davien 60 52 Cf 53
52310 Ormoy-lès-Sexfontaines 52 75 Fa 59
52120 Ormoy-sur-Aube 52 74 Ee 60
60800 Ormoy-Villers 60 52 Cf 53
38260 Ornacieux-Balbins 38 131 Fb 76
38260 Ornacieux-Balbins 38 131 Fb 76
11200 Ornaisons 11 166 Cf 89
25290 Ornans 25 107 Ga 66
55400 Ornel 55 55 Fd 53
01280 Ornex 01 120 Ga 71
74930 Ornex 74 120 Gb 72
32260 Ornézan 32 163 Ad 87
46330 Orniac 46 138 Be 81
09400 Ornolac-Ussat-les-Bains 09 177 Bd 92
38520 Ornon 38 144 Ff 78
63190 Ornon 63 128 Dc 73
57420 Orny 57 56 Gb 54
60510 Oroër 60 38 Cb 52
65320 Oroix 65 162 Zf 89
57590 Oron 57 57 Gc 55
20170 Orone CTC 185 Ka 98
85160 Orouet 85 96 Ya 68
79390 Oroux 79 99 Zf 68
63320 Orphange 63 128 Da 75
78125 Orphin 78 70 Be 57
05700 Orpierre 05 156 Fe 83
52700 Orquevaux 52 75 Fc 59
21450 Orret 21 91 Ee 63
09220 Orrhys-de-Carla 09 177 Bc 93
64390 Orriule 64 161 Za 88
28190 Orrouer 28 69 Bb 58
60129 Orrouy 60 52 Cf 53
60560 Orry-la-Ville 60 51 Cd 54
17480 Ors 17 122 Ye 73
59360 Ors 59 31 Dd 48
30200 Orsan 30 155 Ee 84
64120 Orsanco 64 161 Yf 89
11270 Orsans 11 165 Bf 90
25530 Orsans 25 108 Gc 65
91400 Orsay 91 51 Cb 56
67600 Orschwiller 67 60 Hc 59
20227 Orsena CTC 183 Kb 96
36190 Orsennes 36 113 Be 70
60650 Orsimont 60 38 Be 52
17800 Orsin 17 123 Zd 75
59530 Orsinval 59 31 Dd 47
28200 Orsonville 28 69 Bc 60
78660 Orsonville 78 70 Bf 58
66560 Ortaffa 66 179 Cf 93
20620 Ortale CTC 181 Kc 93
20228 Ortale CTC 181 Kc 91
20234 Ortale CTC 183 Kc 95
53160 Orthe 53 67 Ze 59
40300 Orthevielle 40 161 Yf 87
64300 Orthez 40 161 Zb 88
12740 Ortholès 12 152 Cd 82
30260 Orthoux-Sérignac-Quilhan 30 154 Ea 85
10700 Ortillon 10 73 Eb 57
20290 Ortiporio CTC 181 Kc 94
20125 Orto CTC 182 If 95
88700 Ortoncourt 88 77 Gd 58
80132 Orucat 80 28 Bf 48
09220 Orus 09 177 Bd 92
18200 Orval 18 102 Cc 68
44700 Orvault 44 82 Yc 65
27190 Orvaux 27 49 Ba 55
91590 Orveau 91 71 Cb 58
45330 Orveau-Bellesauve 45 71 Cb 59
21260 Orville 21 92 Fb 63
36210 Orville 36 101 Be 66
45390 Orville 45 71 Cc 59
61120 Orville 61 48 Ab 55
62760 Orville 62 29 Cc 48
60130 Orvillers 60 39 Ce 51
77520 Orvilliers 76 72 Da 58
78910 Orvilliers 78 50 Bd 55
10170 Orvilliers-Saint-Julien 10 73 De 58
40230 Orx 40 160 Yd 87
43700 Orzilhac 43 141 Df 78
20147 Osani CTC 182 Id 95
55220 Osches 55 55 Fb 54
68570 Osenbach 68 60 Hb 61
71380 Oslon 71 106 Ef 68
02290 Osly-Courtil 02 40 Db 52
14230 Osmanville 14 34 Yf 53
64150 Os-Marsillon 64 161 Zc 88
78910 Osmay 78 50 Be 55
18130 Osmery 18 103 Cd 67
65350 Osmets 65 163 Ab 89
18390 Osmoy 18 102 Cd 66
52300 Osne-la-Val 52 75 Fb 58
08110 Osnes 08 42 Fa 51
95520 Osny 95 51 Ca 54
40290 Ossages 40 161 Za 87
64470 Ossas-Suhare 64 161 Za 90
25360 Osse 25 93 Gb 65
35410 Ossé 35 66 Yd 60
64490 Osse-en-Aspe 64 174 Zc 91
66340 Osséja 66 178 Bf 94
65100 Ossen 65 162 Zf 90
64190 Ossenx 64 161 Zb 88
64390 Osserain-Rivareyte 64 161 Za 88
64780 Ossès 64 160 Ye 89
09140 Ossèse 09 177 Bb 92
10100 Ossey-les-Trois-Maisons 10 73 De 58
28150 Ossonville 28 70 Be 58
65100 Ossu 65 162 Aa 90
55100 Ossuaire 55 55 Fc 53
65380 Ossun 65 162 Zf 89
64120 Ostabat-Asme 64 161 Yf 89
02370 Ostel 02 40 Dd 52
59680 Ostergnies 59 31 Ea 47
68150 Ostheim 68 60 Hc 60
67990 Osthoffen 67 60 Hd 57
67150 Osthouse 67 60 Hd 58
62370 Ostove 62 27 Ca 43
62130 Ostreville 62 29 Cc 46
59162 Ostricourt 59 30 Da 46
67540 Ostwald 67 60 He 57
20150 Ota CTC 182 Ie 95
54260 Othe 55 43 Fc 52
77280 Othis 76 51 Ce 54
57840 Ottange 57 43 Ga 52
67700 Ottersthal 67 58 Hc 56
67700 Otterswiller 67 58 Hc 56
68490 Ottmarsheim 68 95 Hd 62
57220 Ottonville 57 57 Gd 53
67530 Ottrott 67 60 Hc 58
67320 Ottwiller 67 58 Hb 55
58500 Ouagne 58 89 Dc 64
89560 Ouanne 89 89 Dc 63
28150 Ouarville 28 70 Be 58
07600 Oubreyts 07 142 Eb 80
41120 Ouchamps 41 86 Bb 64
21360 Oucherotte 21 105 Ee 66
37150 Ouches 37 86 Af 65
42155 Ouches 42 117 Df 72
41290 Oucques 41 86 Bb 62
76430 Oudalle 77 36 Ab 51
58210 Oudan 58 89 Dc 64
60860 Oudeuil 60 38 Ca 51
59670 Oudezeele 59 30 Cd 43
52310 Oudincourt 52 75 Fa 59
44521 Oudon 44 82 Ye 64
57970 Oudrenne 57 44 Gb 52
71420 Oudry 71 105 Ea 69
65190 Oueilloux 65 163 Ab 89
87470 Ouenouille 87 126 Bc 74
28300 Ouerray 28 70 Bc 58
28500 Ouerre 28 50 Bc 56
14220 Ouffières 14 47 Zd 54
70500 Ouge 70 92 Fe 62
21600 Ouges 21 92 Fa 65
39350 Ougney 39 107 Fd 65
25640 Ougney-Douvot 25 93 Gb 65
25520 Ouhans 25 108 Gb 67
43510 Ouides 43 141 De 79
43110 Ouillas 43 129 Eb 76
81260 Ouillats 81 166 Cd 87
64160 Ouillon 64 162 Ze 89
02160 Ouilly 02 40 De 52
51480 Ouilly 51 53 De 54
14590 Ouilly-du-Houley 14 48 Ab 53
14190 Ouilly-le-Tesson 14 48 Ze 55
14100 Ouilly-le-Vicomte 14 48 Ab 53
14880 Ouistreham 14 47 Ze 53
36800 Oulches 36 101 Bb 69
02210 Oulchy-la-Ville 02 52 Dc 53
02210 Oulchy-le-Château 02 52 Dc 53
81260 Oulès 81 166 Cd 87
43100 Ouliandre 43 128 Dc 76
28260 Oulins 28 50 Bc 55
38520 Oulles 38 144 Ff 78
69600 Oullins 69M 130 Ee 74
85420 Oulmes 85 110 Zc 70
58700 Oulon 58 104 Dc 65
64570 Oulon 64 174 Zb 90
48190 Oultet 48 141 Dd 82
43290 Oumey 43 142 Eb 77
39380 Ounans 39 107 Fe 67
34210 Oupia 34 166 Ce 89
39700 Our 39 107 Fd 66
43430 Ourbe 43 141 Eb 78
60480 Ourcel-Maison 60 38 Cb 51
26120 Ourches 26 143 Fa 80
55190 Ourches-sur-Meuse 55 55 Fe 57
45130 Ourcis 45 86 Bd 61
32300 Ourdan 32 163 Ac 88
65370 Ourde 65 176 Ad 91
65100 Ourdis-Cotdoussan 65 175 Aa 90
65100 Ourdon 65 175 Zf 90
04240 Ourges 04 158 Ge 85
07140 Ourlette 07 141 Df 81
86170 Ourly 86 99 Aa 68
35360 Ourme-Guillaume 35 65 Xf 59
46100 Ournes 46 138 Ca 81
58130 Ourouër 58 103 Db 66
18350 Ourouer-les-Bourdelins 18 103 Ce 67
69860 Ouroux 69D 118 Ed 71
58230 Ouroux-en-Morvan 58 104 Df 65
71800 Ouroux-sous-le-Bois-Sainte-Marie 71 117 Eb 70
71370 Ouroux-sur-Saône 71 106 Ef 68
65490 Oursbelille 65 162 Aa 89
32700 Ourtiguet 32 149 Ad 84
62460 Ourton 62 29 Cc 46
76450 Ourville-en-Caux 77 36 Ad 50
15310 Ourzeau 15 139 Cc 78
64320 Ousse 64 162 Ze 89
40110 Ousse-Suzan 40 147 Zb 85
01160 Oussiat 01 119 Fc 72
39800 Oussières 39 107 Fd 67
45250 Ousson-sur-Loire 45 88 Ce 63
45290 Oussoy-en-Gâtinais 45 88 Cd 61
09140 Oust 09 177 Bb 91
65100 Ousté 65 175 Zf 90
80460 Oust-Marest 80 28 Bc 48
45480 Outarville 45 70 Ca 59
12210 Outhou 12 139 Ce 80
72220 Outillé 72 85 Ab 61
51290 Outines 51 74 Ed 57
02820 Outre 02 41 Df 51
62230 Outreau 62 28 Bd 44
80600 Outrebois 80 29 Cb 47
71340 Outre-Loire 71 117 Ea 71
52150 Outremécourt 52 75 Fe 59
88340 Outremont 88 94 Gc 61
51300 Outrepont 51 54 Ee 56
01430 Outriaz 01 119 Fd 72
28310 Outrouville 28 70 Bf 59
59270 Outtersteene 59 29 Ce 44
25530 Ouvans 25 94 Gc 65
11590 Ouveillan 11 167 Cf 89
62380 Ouve-Wirquin 62 29 Ca 45
59310 Ouvignies 59 30 Db 45
50210 Ouville 50 46 Yd 54
76760 Ouville-L'Abbaye 77 37 Af 50
14170 Ouville-la-Bien-Tournée 14 48 Zf 54
76860 Ouville-la-Rivière 77 37 Af 49
45150 Ouvrouer-les-Champs 45 87 Cb 61
12360 Ouyre 12 152 Cf 86
86380 Ouzilly 86 99 Ac 68
86330 Ouzilly-Vignolles 86 99 Aa 67
45290 Ouzouer-des-Champs 45 88 Ce 61
41160 Ouzouer-le-Doyen 41 69 Bc 61
41240 Ouzouer-le-Marché 41 86 Bd 61
45570 Ouzouer-sur-Loire 45 88 Cc 62
45250 Ouzouer-sur-Trézée 45 88 Ce 62
65400 Ouzous 65 175 Zf 90
70360 Ovanches 70 93 Ff 63
59730 Ovillers 59 31 Dd 48
80300 Ovillers 80 39 Ce 48
31600 Ox 31 164 Bb 88
59670 Oxclaëre 59 27 Cc 44
71800 Oyé 71 117 Eb 71
25160 Oye-et-Pallet 25 108 Gb 67
62215 Oye-Plage 62 27 Ca 43
16700 Oyer 16 112 Ab 72
51120 Oyes 51 53 De 56
38690 Oyeu 38 131 Fc 76
64120 Oyhercq 64 161 Za 89
01100 Oyonnax 01 119 Fd 71
86220 Oyré 86 100 Ad 67
70600 Oyrières 70 92 Fd 63
28700 Oysonville 28 70 Bf 58
38780 Oytier-Saint-Oblas 38 130 Fa 75
38114 Oz 38 144 Ga 78
01190 Ozan 01 118 Ef 70
05400 Oze 05 144 Fe 81
71700 Ozenay 71 118 Ef 69
64300 Ozenx-Montestrucq 64 161 Zb 88
54150 Ozerailles 54 56 Ff 53
50310 Ozeville 50 34 Ye 52
52700 Ozières 52 75 Fc 59
17500 Ozillac 17 123 Zd 76
77330 Ozoir-la-Ferrière 76 51 Ce 56
28200 Ozoir-le-Breuil 28 70 Bc 60
71120 Ozolles 71 117 Ec 70
65190 Ozon 65 163 Ab 89
65190 Ozon-Darré 65 163 Ab 89
77720 Ozouer-le-Repos 76 72 Cf 57
77390 Ozouer-le-Voulgis 76 52 Ce 57
40380 Ozourt 40 161 Za 87

P

02220 Paars 02 40 Dd 53
22200 Pabu 22 63 Wf 57
62350 Pacaut 62 29 Cd 45
20124 Paccionituli CTC 185 Kb 98
35740 Pacé 35 65 Yb 60
61250 Pacé 61 68 Zf 58
83136 Pachoquin 83 171 Ff 89
38270 Pact 38 130 Ef 76
89160 Pacy-sur-Armançon 89 90 Ea 62
27120 Pacy-sur-Eure 27 50 Bc 54
40170 Padaou 40 146 Ye 84
33250 Padarnac 33 122 Zb 77
11350 Padern 11 179 Cd 91
34320 Paders 34 167 Db 87
46500 Padirac 46 138 Be 79
88700 Padoux 88 77 Gd 59
20243 Padula CTC 183 Kb 96
20218 Padule CTC 181 Kb 94
20230 Padulella CTC 183 Kd 94
20270 Padulone CTC 183 Kd 96
20214 Paese Novu CTC 180 Ie 94
08220 Pagan 08 41 Eb 51
32420 Pagatets 32 163 Ae 88
87230 Pageas 87 125 Ba 74
81100 Pagès 81 166 Cb 87
20146 Pagliaggiolo CTC 185 Kb 99
63310 Pagnant 63 116 Db 73
39350 Pagney 39 107 Fe 65
54200 Pagney-derrière-Barine 54 56 Ff 56
39330 Pagnoz 39 107 Fe 67
55140 Pagny-la-Blanche-Côte 55 75 Fe 57
21250 Pagny-la-Ville 21 106 Fb 66
21250 Pagny-le-Château 21 106 Fb 66
57420 Pagny-lès-Goin 57 56 Gb 55
55190 Pagny-sur-Meuse 55 55 Fe 56
54530 Pagny-sur-Moselle 54 56 Ga 55
64120 Pagolle 64 161 Za 89
15100 Pagros 15 140 Da 78
34210 Paguignan 34 166 Cf 88
65240 Pailhac 65 175 Ac 91
07410 Pailharès 07 142 Ed 78
15800 Pailherols 15 139 Ce 79
09130 Pailhès 09 164 Bc 90
34490 Pailhès 34 167 Db 88
63840 Paillange 63 129 Df 76
60120 Paillart 60 39 Cb 51
31160 Paillas 31 176 Af 90
46230 Paillas 46 150 Bd 83
63990 Paillat 63 129 De 75
17470 Paillé 17 111 Zd 73
59295 Paillencourt 59 30 Db 47
23340 Paillier 23 126 Ca 74
15140 Pailliez 15 139 Cc 77
47440 Pailloles 47 136 Ad 82
89140 Pailly 89 72 Db 58
44320 Paimbœuf 44 81 Xf 65
22500 Paimpol = Pempoull 22 63 Wf 56
35380 Paimpont 35 65 Xe 60
21360 Painblanc 21 105 Ed 66
50540 Pain d'Avaine 50 66 Ye 57
88100 Pair-et-Grandrupt 88 77 Ha 59
68370 Pairis 68 77 Ha 60
89740 Paisson 89 90 Eb 61
10160 Paisy-Cosdon 10 73 De 59
79170 Paizay-le-Chapt 79 111 Ze 72
86300 Paizay-le-Sec 86 112 Ae 69
79500 Paizay-le-Tort 79 111 Zf 71
16240 Paizay-Naudouin-Embourie 16 111 Zf 72
38260 Pajay 38 131 Fa 76
AD400 Pal □ AND 177 Bc 93
48140 Paladines 48 140 Db 79
38850 Paladru 38 131 Fd 76
11330 Palairac 11 179 Cd 91
91120 Palaiseau 91 51 Cb 56
52600 Palaiseul 52 92 Fc 62
87410 Palais-sur-Vienne 87 125 Bb 73
11570 Palaja 11 166 Cc 89
31220 Palaminy 31 164 Ba 89
25440 Palantine 25 107 Ff 66
20226 Palasca CTC 180 Ka 93
66340 Palau-de-Cerdagne 178 Bf 94
66690 Palau-del-Vidre 66 179 Cf 93
34250 Palavas-les-Flots 34 168 Df 87
20137 Palavèse CTC 185 Kb 99
12500 Palays 12 139 Ce 81
19190 Palazinges 19 126 Be 78
60350 Palesne 60 39 Cf 53
77710 Paley 76 72 Cf 59
24420 Paleyrac 24 125 Af 77
24480 Paleyrac 24 137 Af 80
48800 Palhère 48 154 Df 82
48100 Palhers 48 140 Db 81
71430 Palinges 71 117 Eb 69
10190 Pâlis 10 73 De 59
25870 Palise 25 93 Ga 64
19160 Palisse 19 126 Cb 76
19160 Palisse-Haut 19 126 Ca 76
24600 Palisses 24 124 Ab 77
19290 Pallacœur 19 126 Ca 74
63550 Palladuc 63 116 Dd 73
32230 Pallanne 32 163 Ab 87
40430 Pallas 40 147 Zd 83
71350 Palleau 71 106 Fa 67
88330 Pallegney 88 76 Gc 59
81700 Palleville 81 165 Bf 87
85670 Palluau 85 97 Yc 68
16390 Palluaud 16 124 Ab 76
36500 Palluau-sur-Indre 36 101 Bb 67
74250 Pallud 74 120 Gc 71
62860 Palluel 62 30 Da 47
12310 Palmas 12 152 Cf 82
12310* Palmas d'Aveyron 12 152 Cf 82
20134 Palneca CTC 183 Kb 97
42890 Palogneux 42 129 Df 74
33290 Paloumey 33 134 Zc 79
29750 Palud-du-Cosquer 29 78 Ve 62
13550 Paluds-de-Noves 13 155 Ef 86
76450 Paluel 77 36 Ad 50
77830 Pamfou 76 72 Cf 58
09100 Pamiers 09 165 Bd 90
81190 Pampelonne 81 151 Cb 84
79220 Pamplie 79 111 Zd 69
79800 Pamproux 79 111 Zf 70
24420 Panassac 24 125 Af 77
32140 Panassac 32 163 Ad 88
12330 Panat 12 151 Cc 82
87350 Panazol 87 125 Bb 73
35320 Pancé 35 82 Yc 61
52230 Pancey 52 75 Fb 58
20251 Pancheraccia CTC 183 Kc 95
19150 Pandrignes 19 126 Bf 77
79190 Panessac 79 111 Ab 72
22810 Panfourby 22 63 Wd 57
57530 Pange 57 56 Gc 54
21540 Panges 21 91 Ee 64
86510 Panièvre 86 111 Ab 71
27510 Panilleuse 27 50 Bd 54
38730 Panissage 38 131 Fc 76
71330 Panissière 71 106 Fb 68
42360 Panissières 42 129 Ec 74
32110 Panjas 32 148 Zf 86
27320 Panlatte 27 49 Ba 56
44440 Pannecé 44 82 Ye 64
45300 Pannecières 45 71 Ca 59
58290 Panneçot 58 104 De 67
45700 Pannes 45 71 Ce 60
54470 Pannes 54 56 Fe 55
39570 Pannessières 39 107 Fd 68
72600 Panon 72 68 Ab 58
38460 Panossas 38 131 Fb 74
20170 Pantano CTC 185 Ka 98
86120 Panthenay 86 99 Aa 66
93500 Pantin 93 51 Cc 55
37220 Panzoult 37 99 Ac 66
26300 Papelissier 26 143 Fa 78
35340 Papillon 35 66 Yc 59
02260 Papleux 02 41 Df 48
03120 Papon 03 116 Dd 71
38650 Paquier 38 144 Fe 79
65700 Parabère 65 162 Aa 88
17510 Paradis 17 111 Ze 73
64130 Paradis 64 161 Zb 89
13520 Paradou 13 169 Ee 86
82110 Paradou 82 149 Bb 84
82000 Parages 82 150 Bc 85
11500 Parahou-Grand 11 178 Cc 91
58240 Paraise 58 103 Da 68
35400 Paramé 35 65 Ya 57
20160 Parapoggio CTC 182 Ie 96
18220 Parassy 18 102 Cd 65
20229 Parata CTC 183 Kc 94
20240 Parata CTC 183 Kb 97
78660 Paray-Douaville 78 70 Bf 58
03230 Paray-le-Frésil 03 104 Dd 69
71600 Paray le-Monial 71 117 Ea 70
31470 Parayre 31 164 Ba 88
03500 Paray-sous-Briailles 03 116 Dc 71
91550 Paray-Vieille-Poste 91 51 Cc 56
11200 Paraza 11 166 Ce 89
23700 Parazeix 23 115 Cd 73
41400 Parçay 41 86 Ba 65
49390 Parçay-les-Pins 49 84 Aa 64
37210 Parçay-Meslay 37 85 Ae 64
37220 Parçay-sur-Vienne 37 100 Ac 66
76210 Parc d'Anxot 77 36 Ac 51
40420 Parc-de-Poussade 40 147 Zc 84
35210 Parcé 35 66 Ye 59
56400 Parc-er-Marech 56 80 Xa 62
72300 Parcé-sur-Sarthe 72 84 Ze 61
39100 Parcey 39 106 Fc 66
01600 Parcieux 01 118 Ee 73
29500 Parc-Land 29 78 Vf 60
02210 Parcy-Tigny 02 52 Db 53
34360 Pardailhan 34 166 Cf 88
47120 Pardaillan 47 136 Ab 81
23260 Pardanaud 23 127 Cb 73
32410 Pardeilhan 32 148 Ac 85
32800 Pardeillan 32 148 Aa 85
03370 Pardeus 03 115 Cc 70
64150 Pardies 64 161 Zc 88
64800 Pardies-Piétat 64 162 Ze 89
63270 Pardines 63 128 Db 75
63500 Pardines 63 128 Db 75
65100 Paréac 65 162 Aa 90
28200 Pareau 28 70 Bc 60
55160 Pareid 55 55 Fe 54
33290 Parempuyre 33 135 Zc 79
72530 Parence 72 68 Ab 60
72140 Parennes 72 67 Ze 60
63270 Parent 63 128 Db 75
63500 Parentignat 63 128 Db 75
40090 Parentis-de-Uchacq 40 147 Zc 85
40160 Parentis-en-Born 40 146 Yf 82
62650 Parenty 62 28 Be 45
51700 Pareuil 51 53 De 54

54330 Parey-Saint-Césaire 54 76 Ga 57
88800 Parey-sous-Montfort 88 76 Ff 59
02360 Parfondeval 02 41 Ea 50
60570 Parfondeval 60 51 Ca 53
61400 Parfondeval 61 68 Ad 58
02840 Parfondru 02 40 De 51
55400 Parfondrupt 55 55 Fe 54
14240 Parfouru-L'Eclin 14 34 Zb 54
14310 Parfouru-sur-Odon 14 34 Zc 54
12220 Pargasan 12 138 Ca 82
02160 Pargnan 02 40 De 52
63120 Pargnien 63 128 Dd 74
88350 Pargni-sous-Mureau 88 75 Fd 58
80190 Pargny 80 39 Cf 50
02330 Pargny-la-Dhuis 02 53 Dd 55
02270 Pargny-les-Bois 02 40 Dd 50
51390 Pargny-lès-Reims 51 53 Df 53
08300 Pargny-Resson 08 41 Ec 51
51340 Pargny-sur-Saulx 51 54 Ef 56
10210 Pargues 10 73 Eb 60
30730 Parignargues 30 154 Eb 85
35133 Parigné 35 66 Ye 58
72330 Parigné-le-Pôlin 72 84 Aa 61
72250 Parigné-L'Évêque 72 85 Ac 61
53100 Parigné-sur-Braye 53 67 Zc 59
42120 Parigny 42 117 Ea 73
50600 Parigny 50 66 Yf 57
58200 Parigny 58 89 Da 64
86130 Parigny 86 99 Ac 68
58210 Parigny-la-Rose 58 89 Dc 65
58320 Parigny-les-Vaux 58 103 Da 66
12370 Parinet 12 152 Ce 85
31360 Paris 31 164 Af 89
64330 Paris 64 162 Ze 88
75001 Paris 75 51 Cc 55
71150 Paris-L'Hôpital 71 105 Ed 67
47210 Parisot 47 136 Ae 81
81310 Parisot 81 151 Be 86
82160 Parisot 82 151 Bf 83
15290 Parlan 15 139 Cb 80
26120 Parlanges 26 143 Ef 79
34520 Parlatges 34 153 Dc 86
40310 Parleboscq 40 148 Aa 85
89240 Parly 89 89 Dc 62
95620 Parmain 95 51 Ca 54
38390 Parmilieu 38 131 Fc 73
36170 Parnac 36 113 Bc 70
46140 Parnac 46 137 Bb 82
26750 Parnans 26 143 Fa 78
18130 Parnay 18 102 Cd 67
49730 Parnay 49 99 Zf 65
60240 Parnes 60 50 Be 53
53260 Parné-sur-Roc 53 67 Zb 60
52400 Parnot 52 75 Fd 60
55120 Parois 55 55 Fa 54
89100 Paron 89 72 Db 59
33840 Paropy 33 148 Zf 83
25440 Paroy 25 107 Ff 66
58500 Paroy 58 89 Dc 64
77520 Paroy 76 72 Db 58
89210 Paroy-en-Othe 89 73 Dd 60
52300 Paroy-sur-Saulx 52 75 Fb 57
89300 Paroy-sur-Tholon 89 72 Dc 61
40400 Parpaillot 40 147 Zb 85
36210 Parpeçay 36 101 Bd 65
02240 Parpeville 02 40 Dd 50
47210 Parranquet 47 137 Ae 81
46090 Parrayne 46 138 Bd 82
32300 Parribets 32 163 Ac 88
84220 Parroties 84 156 Fb 85
54370 Parroy 54 57 Gd 56
87130 Parsac 87 126 Be 74
63380 Parsange 63 127 Cd 73
10330 Pars-lès-Chavanges 10 74 Ec 57
10100 Pars-lès-Romilly 10 73 De 58
33840 Parsol 33 147 Ze 83
03600 Part 03 115 Ce 71
79200 Parthenay 79 98 Ze 69
35850 Parthenay-de-Bretagne 35 65 Yb 59
79200 Parthenay-le-Vieux 79 98 Ze 69
20200 Partine CTC 181 Kc 92
20147 Partinello CTC 182 Ie 95
07690 Parts 07 130 Ed 77
54480 Parux 54 77 Gf 57
01300 Parves et 01 131 Fe 74
27180 Parville 27 49 Ba 54
80700 Parvillers 80 39 Ce 50
16450 Parzac 16 112 Ac 73
43200 Pascal 43 141 Ea 78
20137 Pascialello CTC 185 Kb 99
79100 Pas-de-Jeu 79 99 Zf 67
13700 Pas-des-Lanciers 13 170 Fb 88
83250 Pas-du-Cerf 83 172 Gb 89
11390 Pas-du-Rieu 11 166 Cb 88
62760 Pas-en-Artois 62 29 Cc 48
89310 Pasilly 89 90 Ea 62
63290 Paslières 63 116 Dc 73
02200 Pasly 02 40 Db 52
21370 Pasques 21 91 Ef 64
29470 Passage 29 62 Vd 58
79290 Passais 79 99 Ze 66
61350 Passais la Conception 61 67 Zb 57
66300 Passa-Llauro-Tordères 66 179 Ce 93
12400 Passaret 12 152 Cf 85
25360 Passavant 25 93 Gc 65
51800 Passavant-en-Argonne 51 55 Fa 54
70210 Passavant-la-Rochère 70 76 Ga 61
49560 Passavant-sur-Layon 49 98 Zd 66
44118 Passay 44 97 Yc 66
36170 Passebonneau 36 113 Bc 70
60400 Passel 60 39 Cf 51
39230 Passenans 39 107 Fd 68
07800 Passevite 07 142 Ee 79
17520 Passignac 17 123 Ze 76
01260 Passin 01 119 Fe 73
16480 Passirac 16 123 Zf 76
25690 Passonfontaine 25 108 Gc 66
71220 Passy 71 117 Ed 69
74190 Passy 74 121 Ge 73
77620 Passy 76 72 Cf 59
89510 Passy 89 72 Db 60
02470 Passy-en-Valois 02 52 Db 53
51700 Passy-Grigny 51 53 De 54
58400 Passy-les-Tours 58 103 Da 65
02850 Passy-sur-Marne 02 53 Dd 54
77480 Passy-sur-Seine 76 72 Dc 58
20287 Pastina CTC 181 Kc 91
20100 Pastina CTC 184 If 99
20235 Pastoreccia CTC 181 Kb 94
20121 Pastricciola CTC 182 If 96
46090 Pasturat 46 138 Bd 82
46500 Patan 46 138 Be 79
45310 Patay 45 70 Be 60
18320 Patinges 18 103 Cf 66
44116 Pâtis 44 97 Yd 66
72430 Pâtis 72 84 Zf 61
39130 Patornay 39 107 Fe 69
47290 Patots 47 136 Ad 81
16170 Patreville 16 123 Zf 73
20253 Patrimonio CTC 181 Kc 92
76550 Patteville 77 37 Ba 49
40090 Patton 40 147 Zc 85
64000 Pau 64 162 Zd 89
45200 Paucourt 45 72 Ce 60
36260 Paudy 36 102 Bf 66
63410 Paugnat 63 115 Cf 73
32500 Pauilhac 32 149 Ad 85
24250 Pauillac 24 137 Ba 80
33250 Pauillac 33 122 Zb 77
15230 Paulbagol 15 139 Cf 79
22340 Paule 22 63 Wd 59
15430 Paulhac 15 140 Cf 78
15110 Paulhac 15 140 Da 79
23290 Paulhac 23 113 Bd 72
31380 Paulhac 31 150 Bd 86
48500 Paulhac 48 153 Db 82
48140 Paulhac-en-Margeride 48 140 Dc 79
43230 Paulhaguet 43 128 Dd 77
34230 Paulhan 34 167 Dc 87
12520 Paulhe 12 152 Da 84
81360 Paulhe 81 166 Cc 86
15230 Paulhenc 15 139 Ce 79
12120 Paulhe-Rouby 12 152 Ce 83
47150 Paulhiac 47 137 Ae 81
24450 Pauliac 24 125 Af 75
11300 Pauligne 11 165 Ca 90
24590 Paulin 24 137 Bc 78
33720 Paulin 33 135 Zd 81
81250 Paulin 81 151 Cc 85
81500 Paulin 81 165 Be 87
81250 Paulinet 81 151 Cc 85
37350 Paulmy 37 100 Af 67
36290 Paulnay 36 100 Ba 67
44270 Paulx 44 96 Yb 67
24510 Paunat 24 137 Af 79
24310 Paussac-et-Saint-Vivien 24 124 Ad 76
52270 Pautaines-Augeville 52 75 Fb 58
08310 Pauvres 08 41 Ec 52
63630 Pavagnat 63 129 Dd 76
84260 Pavane 84 155 Ef 84
02310 Pavant 02 52 Db 55
42410 Pavezin 42 130 Ee 76
32550 Pavie 32 163 Ad 87
76570 Pavilly 77 37 Af 51
33730 Paygros 33 147 Zd 82
10600 Payns 10 73 Df 58
46350 Payrac 46 138 Bc 80
11410 Payra-sur-L'Hers 11 165 Bf 89
86700 Payré 86 111 Ab 70
85240 Payré-sur-Vendée 85 110 Zb 69
46300 Payrignac 46 137 Bc 80
81660 Payrin-Augmontel 81 166 Cc 87
40320 Payros-Cazautets 40 162 Zd 87
86350 Payroux 86 112 Ac 71
24170 Pays de Belvès 24 137 Ba 80
25340 Pays-de-Clerval 25 94 Gc 64
31510 Payssous 31 176 Ae 90
07230 Payzac 07 154 Ea 82
24270 Payzac 24 125 Bb 76
07140 Pazanan 07 154 Eb 82
87110 Pazat 87 125 Bb 74
24120 Pazayac 24 137 Bc 78
11350 Paziols 11 179 Ce 91
58800 Pazy 58 104 Dd 65
38780 Péage-de-Oytier 38 130 Fa 75
63980 Péagier 63 128 Dd 75
63610 Péalat 63 127 Cf 76
51120 Péas 51 53 De 56
32330 Péatgé 32 148 Ab 85
07340 Peaugres 07 130 Ee 77
56130 Péaule 56 81 Xd 63
85320 Péault 85 109 Ye 70
32130 Pébées 32 164 Ba 88
43300 Pébrac 43 140 Dd 78
31320 Péchabuou 31 164 Bd 87
47800 Péchalbet 47 136 Ac 81
11420 Pécharic-et-le-Py 11 165 Be 89
81470 Péchaudier 81 165 Bf 87
46310 Pechaulejal 46 137 Bc 81
46150 Péchaurié 46 137 Bb 81
47360 Pech-Bardat 47 149 Ad 83
82160 Pech-Bernou 82 151 Bf 83
31140 Pechbonnieu 31 164 Bc 86
24220 Pechboutier 24 137 Ba 79
31320 Pechbusque 31 164 Bc 87
82300 Pech-del-Barry 82 150 Bd 84
49140 Pechevêque 49 83 Zd 63
40410 Péchevin 40 162 Zd 87
46500 Pech-Farrat 46 138 Be 80
46220 Pech-Gris 46 137 Bb 81
82160 Pech-Laumet 82 151 Bf 83
11420 Pech-Luna 11 165 Bf 89
33113 Pechon 33 147 Zd 82
47500 Pech-Peyrou 47 137 Af 81
46170 Pechpeyroux 46 150 Bb 82
24250 Pechpialat 24 137 Bb 80
11100 Pech-Redon 11 167 Da 90
47290 Pech-Redon 47 136 Ae 81
28150 Péclainville 28 70 Be 58
73440 Peclet 73 133 Gd 77
40320 Pécorade 40 162 Zd 87
59146 Pecquencourt 59 30 Db 46
91470 Pecqueuse 91 51 Ca 57
20250 Pecurellu CTC 183 Kb 95
77970 Pécy 76 52 Da 57
20218 Pedano CTC 181 Ka 93
64260 Pé-de-Hourat 64 162 Zd 90
40270 Pédelord 40 147 Zc 86
22540 Pédernec 22 63 We 57
64260 Pédestarrès 64 162 Zd 90
20167 Pedi Morella CTC 182 If 97
20240 Pedi Querciu CTC 183 Kc 97
20270 Pedi Vassalu CTC 183 Kc 96
78550 Pedrauville 78 50 Be 56
64220 Pedro 64 174 Yf 90
32420 Pé-du-Bosc 32 163 Ad 88
34380 Pégairolles-de-Buèges 34 153 Dd 86
34700 Pégairolles-de-L'Escalette 34 153 Db 86
63630 Pégoire 63 128 Dd 76
06580 Pégomas 06 173 Gf 87
31350 Péguilhan 31 163 Ae 89
22190 Peignard 22 64 Xb 57
52200 Peigney 52 92 Fc 61
83120 Peigros 83 172 Gd 88
56220 Peillac 56 81 Xe 62
06440 Peille 06 159 Hc 86
06440 Peillon 06 159 Hc 86
74250 Peillonnex 74 120 Gc 72
05470 Peinin 05 145 Gf 80
33990 Peintre 33 134 Yf 78
39290 Peintre 39 106 Fc 65
04200 Peipin 04 157 Ff 84
06440 Peïra-Cava 06 159 Hc 85
87220 Peireix 87 125 Bb 74
73210 Peisey-Nancroix 73 133 Ge 75
47700 Péjouans 47 148 Aa 83
47160 Péjouant 47 148 Ab 83
46090 Pélacoy 46 138 Bc 81
09300 Pelail 09 177 Bf 91
73150 Pelaou Blanc 73 133 Gf 76
06450 Pélasque 06 159 Hb 85
31190 Pélechenne 31 164 Bc 89
40090 Pelegarie 40 147 Zc 85
10500 Pel-et-Der 10 74 Ec 58
33480 Pelin 33 134 Zb 78
40400 Pelin 40 147 Zb 86
43200 Pelinac 43 141 Eb 78
40260 Péliou 40 146 Yf 85
13330 Pélissanne 13 170 Fa 87
46230 Pelissié 46 150 Bd 83
24100 Pelissous 24 136 Ad 79
38970 Pellafol 38 144 Ff 80
46700 Pellatou 46 149 Ba 82
29710 Pellay 29 78 Vd 60
05000 Pelleautier 05 144 Ga 81
32500 Pellebit 32 148 Ad 85
32420 Pelléfigue 32 163 Ae 88
86350 Pellegrin 86 112 Ac 71
33790 Pellegrue 33 135 Aa 80
31480 Pelleport 31 164 Ba 86
26560 Pelleret 26 156 Fd 83
21440 Pellerey 21 91 Ee 63
38440 Pellet 38 131 Fb 76
76590 Pelletot 77 37 Ba 50
36180 Pellevoisin 36 101 Bc 67
49112 Pellouailles-les-Vignes 49 84 Zd 63
26510 Pelonne 26 156 Fc 82
40200 Pelouche 40 146 Ye 83
48000 Pelouse 48 141 Dd 81
25170 Pelousey 25 93 Ff 65
57245 Peltre 57 56 Gb 54
42410 Pélussin 42 130 Ee 76
62118 Pelves 62 30 Cf 47
24290 Pelvési 24 137 Bb 79
05340 Pelvoux 05 145 Gc 79
40800 Pémau 40 162 Zd 86
29290 Pen-an-Dreff 29 61 Vc 58
29160 Pen-an-Ero 29 61 Vd 59
29900 Penanguer 29 78 Wa 61
22540 Pen-an-Stang 22 63 We 57
29410 Penarhoat 29 62 Vf 57
29460 Pen-ar-Hoat-ar-Garne 29 62 Vf 58
29550 Pen-ar-Prat 29 62 Vf 60
29450 Pen-ar-Valy 29 62 Vf 58
47180 Penaud 47 136 Aa 81
15110 Penaveyre 15 140 Cf 80
44410 Pen-Bé 44 81 Xd 64
77124 Penchard 76 52 Cf 55
29800 Pencran 29 62 Ve 58
80230 Pendé 80 28 Bd 48
29770 Pendreff 29 61 Vb 60
29910 Pendruc 29 78 Wa 61
56750 Pénerf 56 80 Xc 63
56760 Pénestin 56 81 Xd 64
29420 Penfrat 29 62 Wa 57
29140 Penfrat 29 78 Wb 61
33710 Pengeais 33 135 Zc 78
29880 Pengouvern 29 61 Vd 57
22510 Penguily 22 64 Xd 58
29770 Penharn 29 61 Vc 60
22860 Penhoat 22 63 Wf 56
29670 Penhoat 29 62 Wa 57
29180 Penhoat 29 78 Ve 60
29400 Penhoat-Huon 29 62 Wa 58
29710 Penhors 29 78 Vd 61
56800 Penhouët 56 64 Xd 61
56580 Penhouët 56 64 Xb 60
56340 Penhouet 56 80 Wf 63
56300 Penhouët-Maro 56 79 Xa 60
62127 Penin 62 29 Cc 47
64560 Penin 64 174 Za 90
50440 Pénitot 50 33 Yb 51
29530 Pénity-Saint-Laurent 29 63 Wb 59
29260 Penlan 29 62 Vd 57
22810 Pen-lan-Steunou 22 63 Wd 58
76630 Penly 77 37 Bb 49
56570 Pen-Mané 56 79 Wd 62
29760 Penmarc'h 29 78 Vd 62
56500 Penmene 56 80 Xa 61
29590 Pennaguer 29 62 Vf 58
29530 Pennalann-Méros 29 62 Wb 59
29530 Pennarroz 29 62 Wb 59
29690 Penn-ar-Voaz 29 63 Wb 59
11610 Pennautier 11 166 Cb 89
81140 Penne 81 150 Be 84
47140 Penne-d'Agenais 47 149 Ae 82
14600 Pennedepie 14 35 Ab 52
70190 Pennesières 70 93 Ga 64
26340 Pennes-le-Sec 26 143 Fb 81
56110 Pennhoat-Bever 56 79 Wc 60
38260 Penol 38 131 Fb 76
47250 Penot 47 135 Aa 82
56850 Penprat 56 79 Wd 62
22420 Penquer 22 63 Wd 57
29560 Penquer 29 62 Vd 59
29530 Penquer-Loïs 29 62 Wb 59
56650 Penquesten 56 80 We 61
18360 Penserole 18 115 Cd 69
58230 Pensière 58 105 Eb 65
87440 Pensol 87 124 Ae 75
20290 Penta-Acquatella CTC 181 Kc 94
20213 Penta-di-Casinca CTC 181 Kc 94
18370 Penteloup 18 102 Cb 69
12120 Pentezac 12 152 Cd 83
56510 Penthièvre 56 79 Wf 63
29860 Pentreff 29 62 Vd 57
29550 Pentrez-Plage 29 62 Ve 59
22710 Penvénan 22 63 We 56
22560 Penvern 22 63 Wc 56
29410 Penvern 29 62 Wa 57
56370 Penvis 56 80 Xb 63
16190 Pény 16 124 Ab 76
29420 Penzé 29 62 Wa 57
06470 Péone 06 158 Gf 84
11700 Pépieux 11 166 Ce 89
17360 Pépin 17 135 Zf 78
20246 Peraldu CTC 181 Kb 92
36160 Pérassay 36 114 Ca 70
72260 Peray 72 68 Ac 59
82710 Pérayrols 82 150 Bb 85
81660 Perboles 81 166 Cc 87
89360 Percey 89 73 De 61
70600 Percey-le-Grand 70 92 Fc 63
52250 Percey-le-Pautel 52 92 Fb 62
52190 Percey-sous-Montormentier 52 92 Fc 63
32460 Perchède 32 147 Zf 86
38930 Percy 38 144 Fd 80
14270 Percy-en-Auge 14 48 Zf 54
78200 Perdreauville 78 50 Bd 55
76680 Perduville 77 37 Bc 50
17700 Péré 17 110 Zb 72
40500 Péré 40 147 Zc 86
79360 Péré 79 111 Zd 71
83170 Pérégrinage 83 171 Ga 88
09300 Péreille 09 177 Be 91
20234 Perelli CTC 183 Kc 95
56270 Pérello 56 79 Wd 62
59840 Pérenchies 59 30 Cf 44
60420 Pérennes 60 39 Cd 51
34800 Péret 34 167 Dc 87
43500 Péret 43 129 Df 76
19300 Péret-Bel-Air 19 126 Ca 76
16250 Péreuil 16 123 Zf 76
65350 Péreuilh 65 163 Ab 89
07450 Péreyres 07 141 Eb 80
32700 Pergain-Taillac 32 149 Ad 84
50260 Pergues 50 33 Yc 52
20167 Peri CTC 182 If 96
40400 Perichon 40 146 Za 85
50190 Périers 50 46 Yd 53
14112 Périers-sur-le-Dan 14 47 Zd 53
48500 Perieyres 48 153 Db 82
16250 Pérignac 16 123 Aa 76
17800 Pérignac 17 123 Zd 75
47360 Pérignac 47 149 Ad 82
63690 Pérignat 63 127 Cd 75
63170 Pérignat-lès-Sarliève 63 128 Da 74
63800 Pérignat-sur-Allier 63 128 Db 74
79170 Périgné 79 111 Ze 71
42380 Périgneux 42 129 Ea 76
03120 Périgny 03 116 Dd 71
14770 Périgny 14 47 Zc 55
17180 Périgny 17 110 Yf 72
41100 Périgny 41 86 Ba 62
89420 Périgny 89 90 Ea 63
94520 Périgny 94 51 Cd 56
10400 Périgny-la-Rose 10 73 Dd 57
24000 Périgueux 24 136 Ae 77
33240 Périssac 33 135 Ze 78
02160 Perles 02 40 Dd 53
09110 Perles 09 177 Be 92
46170 Pern 46 150 Bc 83
21420 Pernand-Vergelesses 21 106 Ef 66
02200 Pernant 02 40 Db 52
37230 Pernay 37 85 Ac 64
62550 Pernes 62 29 Cc 46
84210 Pernes-les-Fontaines 84 155 Fa 85
62126 Pernes-lez-Boulogne 62 26 Be 44
80670 Pernois 80 29 Cb 48
44780 Perny 44 81 Xf 63
20230 Pero-Casevecchie CTC 181 Kc 94
63470 Pérol 63 127 Ce 74
20100 Pero Longo CTC 184 If 99
34470 Pérols 34 168 Df 87
19170 Pérols-sur-Vézère 19 126 Bf 75
01630 Péron 01 119 Ff 71
01960 Péronnas 01 118 Fb 71
71260 Péronne 71 118 Ee 70
80200 Péronne 80 39 Cf 49
59273 Péronne-en-Mélantois 59 30 Db 45
28140 Péronville 28 70 Bd 60
01800 Pérouges 01 118 Fb 73
90160 Pérouse 90 94 Gf 63
26750 Peroux 26 143 Fa 78
35140 Perouzel 35 66 Yd 59
60440 Péroy-les-Gombries 60 52 Cf 54
19310 Perpezac-le-Blanc 19 125 Bc 77
19410 Perpezac-le-Noir 19 125 Bd 77
63210 Perpezat 63 127 Ce 74
66000 Perpignan 66 179 Cf 92
40190 Perquie 40 147 Ze 85
52200 Perrancey-les-Vieux-Moulins 52 92 Fb 61
58110 Perranges 58 104 Dd 66
71420 Perrecy-les-Forges 71 105 Eb 69
40630 Perrègue 40 147 Zb 84
73460 Perrerette 73 132 Gb 75
22570 Perret 22 79 Wf 59
40120 Perret 40 147 Zd 84
71510 Perreuil 71 105 Ed 68
42120 Perreux 42 117 Ea 72
89120 Perreux 89 89 Da 61
01540 Perrex 01 118 Ef 71
63500 Perrier 63 128 Db 75
63490 Perrier 63 128 Dc 75
63600 Perrier 63 129 De 75
73340 Perrier 73 132 Ga 74
38460 Perrière 38 131 Fb 74
45370 Perrière 45 87 Be 61
14170 Perrières 14 48 Zf 55
50150 Perriers-en-Beauficel 50 47 Za 56
27170 Perriers-la-Campagne 27 49 Ae 54
27910 Perriers-sur-Andelle 27 37 Bc 52
74550 Perrignier 74 120 Gc 71
39570 Perrigny 39 107 Fd 68
71620 Perrigny 71 106 Fa 68
89000 Perrigny 89 89 Dd 62
21160 Perrigny-lès-Dijon 21 91 Fa 65
89390 Perrigny-sur-Armançon 89 90 Eb 62
21270 Perrigny-sur-L'Ognon 21 92 Fc 65
71160 Perrigny-sur-Loire 71 117 Df 69
52160 Perrogney-les-Fontaines 52 92 Fb 62
31420 Perron 31 164 Af 89
33126 Perron 33 135 Ze 79
36500 Perron 36 101 Bc 68
38142 Perron 38 144 Ga 78
40270 Perron 40 147 Ze 86
29880 Perros 29 61 Vc 57
56300 Perros 56 79 Wf 60
22700 Perros Guirec 22 63 Wd 56
84400 Perrotet 84 156 Fb 85
61700 Perrou 61 67 Zc 57
70190 Perrouse 70 93 Ga 64
58220 Perroy 58 89 Da 64
27910 Perruel 27 37 Bc 52
52240 Perrusse 52 75 Fc 60
37600 Perrusson 37 100 Ba 66
82300 Perry 82 150 Bd 84
12240 Pers 12 151 Cb 82
79190 Pers 79 111 Aa 71
86320 Persac 86 112 Ae 70
95340 Persan 95 51 Cb 54
45210 Pers-en-Gâtinais 45 72 Cf 60
63260 Persignat 63 116 Db 73
74930 Pers-Jussy 74 120 Gb 72
56160 Persquen 56 79 We 60
58140 Pert 58 104 Df 65
87120 Pert 87 126 Be 74
80320 Pertain 80 39 Cf 50
08300 Perthes 08 41 Ec 52
52100 Perthes 52 54 Ee 57
77930 Perthes 76 71 Cd 58
10500 Perthes-lès-Brienne 10 74 Ed 58
14700 Pertheville-Ners 14 48 Zf 55
51210 Perthuy 51 53 Dd 56
84120 Pertuis 84 170 Fd 86
86260 Pérusse 86 100 Ae 68
61360 Pervenchères 61 68 Ac 58
15230 Pervilhergues 15 139 Ce 79
82150 Pervillac 82 149 Ba 82
82400 Perville 82 149 Af 83
63410 Péry 63 115 Cf 72
33180 Pes 33 122 Zb 77
46220 Pescadoires 46 137 Ba 81
63920 Pescnadoires 63 128 Dc 74
25190 Péseux 25 94 Ge 65
39120 Peseux 39 106 Fc 67
44530 Peslan 44 82 Ya 64
63580 Peslières 63 128 Dc 76
70140 Pesmes 70 92 Fd 65
31370 Pesquières 31 164 Ba 88
33600 Pessac 33 134 Zc 80
33890 Pessac-sur-Dordogne 33 135 Aa 80
63970 Pessade 63 127 Cf 75
32190 Pessalle 32 148 Ab 86
32550 Pessan 32 163 Ad 87
25440 Pessans 25 107 Ff 66
64240 Pessarou 64 160 Ye 88
63200 Pessat-Villeneuve 63 116 Da 73
33430 Pessec 33 147 Ze 82
89520 Pesselière 89 89 Dc 63
18300 Pesselières 18 103 Ce 65
17810 Pessines 17 122 Zb 74
32380 Pessoulens 32 149 Af 85
89560 Pesteau 89 89 Dc 62
87320 Petavaud 87 112 Af 71
58400 Peteloup 58 103 Da 65
67290 Petersbach 67 58 Hb 55
38119 Petichet 38 144 Fe 79
16250 Pétignac 16 123 Zf 75
62960 Pétigny 62 29 Cb 45
23000 Petillat 23 114 Bf 72
76550 Petit-Appeville 77 37 Ba 49
30300 Petit Argence 30 169 Ed 86
24410 Petit-Aubry 24 135 Aa 77
44670 Petit-Auverné 44 82 Ye 63
33220 Petit-Bérard 33 136 Ab 80
24600 Petit-Bersac 24 124 Ab 77
38850 Petit-Bilieu 38 131 Fd 76
17770 Petit-Bois 17 123 Zd 74
74130 Petit-Bornand-les-Glières 74 120 Gc 73
33680 Petit-Bos 33 134 Yf 79
24220 Petit-Bout 24 137 Ba 79
79210 Petit-Breuil-Deyrançon 79 110 Zc 71
87130 Petit-Bueix 87 126 Bd 74

33380 Petit Caudos 33 134 Za 81
76370* Petit-Caux 44 37 Ba 49
57320 Petit-Chémery 57 56 Gc 53
80120 Petit-Chemin 80 28 Be 47
73260 Petit-Cœur 73 133 Gc 75
38580 Petit-Collet 38 132 Ga 76
90130 Petit-Croix 90 94 Gf 63
33460 Petit-Cussac 33 134 Zb 78
57730 Petit-Ebersviller 57 57 Ge 54
25240 Petite-Chaux 25 107 Gb 68
90360 Petitefontaine 90 94 Ha 62
57480 Petite Hettange 57 44 Gb 52
57540 Petite-Rosselle 57 57 Gf 53
53300 Petit-Ervault 53 67 Zb 58
59640 Petite-Synthe 59 27 Cc 43
68150 Petite-Verrerie, La 68 60 Hb 59
54260 Petit-Failly 54 43 Fc 52
59244 Petit-Fayt 59 31 De 48
59820 Petit-Fort-Philippe 59 27 Ca 42
22640 Petit-Gardisseul 22 64 Xd 58
59496 Petit-Hantay 59 30 Cf 45
62130 Petit Houvin 62 29 Cb 47
68490 Petit-Landau 68 95 Hd 62
40210 Petit-Ligautenx 40 146 Yf 83
33480 Petit-Ludey 33 134 Za 78
40990 Petit-Marquis 40 146 Yf 86
44390 Petit-Mars 44 82 Yd 64
10500 Petit-Mesnil 10 74 Ed 58
54480 Petitmont 54 77 Gf 57
17150 Petit-Niort 17 122 Zc 76
39120 Petit-Noir 39 106 Fc 67
58370 Petiton 58 104 Ea 67
21600 Petit-Ouges 21 106 Fa 65
33570 Petit-Palais-et-Cornemps 33 135 Zf 79
07140 Petit-Paris 07 141 Ea 81
40430 Petit-Pedelay 40 147 Zd 83
57410 Petit-Réderching 57 58 Hb 54
08450 Petit-Remilly 08 42 Fa 51
57670 Petit-Rohrbach 57 57 Gf 55
13830 Petit Rouvière 13 171 Fd 89
37360 Petit-Souper 37 85 Ac 63
57660 Petit-Tenquin 57 57 Gf 55
24400 Petit-Tillet 24 136 Ac 79
39250 Petit-Villard 39 107 Ga 68
73370 Petit-Villard 73 132 Fe 74
54260 Petit-Xivry 54 43 Fd 52
14390 Petiville 14 48 Ze 53
76330 Petiville 77 36 Ad 52
85570 Petosse 85 110 Za 70
20146 Petra Longa Filippi CTC 185 Kb 99
20137 Petra Longa Salvini CTC 185 Kb 99
20260 Petra Maio CTC 180 Ie 93
20226 Petra Moneta CTC 181 Ka 93
20140 Petreto-Bicchisano CTC 182 If 98
33500 Pétrus 33 135 Ze 79
57170 Pettoncourt 57 56 Gc 56
54120 Pettonville 54 77 Ge 57
70210 Peu-d'Acquet 70 76 Ga 61
16190 Peudry 16 123 Aa 76
33240 Peujard 33 135 Zd 78
03370 Peumant 03 114 Cc 70
29710 Peumérit 29 78 Ve 61
22480 Peumerit-Quintin 22 63 We 58
63210 Peumont 63 127 Ce 74
62231 Peuplingues 62 26 Be 43
16360 Peurché 16 123 Ze 76
53360 Peuton 53 83 Zb 61
55150 Peuvillers 55 43 Fc 52
12360 Peux-et-Couffouleux 12 152 Cf 86
57340 Pévange 57 57 Gd 55
20111 Pévani CTC 182 Ie 96
51140 Pévy 51 41 Df 53
11150 Pexiora 11 165 Ca 89
54540 Pexonne 54 77 Gf 58
40300 Pey 40 160 Ye 87
33990 Pey-de-Camin 33 134 Yf 77
33770 Peylahon 33 134 Za 81
33380 Peylon 33 134 Za 81
32170 Peymarchand 32 163 Ac 88
06530 Peymeinade 06 172 Gf 87
24130 Peymilou 24 136 Ac 79
13790 Peynier 13 171 Fd 88
33650 Peyon 33 134 Zb 80
13124 Peypin 13 171 Fd 88
84240 Peypin-d'Aigues 84 156 Fd 86
23000 Peyrabout 23 114 Bf 72
32700 Peyradis 32 149 Ad 85
81260 Peyrarque 81 166 Cc 87
65710 Peyras 65 175 Ab 91
87300 Peyrat-de-Bellac 87 113 Ba 72
23130 Peyrat-la-Nonière 23 114 Cb 72
87470 Peyrat-le-Château 87 126 Be 74
40420 Peyrau 40 147 Zc 84
30770 Peyraube 30 153 Dc 84
65190 Peyraube 65 163 Ab 89
07340 Peyraud 07 130 Ee 77
07140 Peyre 07 141 Ea 82
12100 Peyre 12 152 Da 84
40700 Peyre 40 161 Zc 87
43200 Peyre 43 129 Ea 77
82800 Peyre 82 150 Bd 84
09320 Peyre-Auselère 09 177 Bc 92
12240 Peyrebosc 12 151 Cb 83
46300 Peyrebrune 46 138 Bd 80
32340 Peyrecave 32 149 Ae 85
33730 Peyredieu 33 147 Zd 82
34210 Peyrefiche 34 166 Cd 88
46090 Peyrefite 46 150 Bd 82
11230 Peyrefitte-du-Razès 11 178 Ca 90
11420 Peyrefitte-sur-L'Hers 11 165 Be 89
32730 Peyréga 32 163 Ab 88
81440 Peyregoux 81 165 Cb 86
09220 Peyregrand 09 177 Bd 92
40300 Peyrehorade 40 161 Yf 87
12720 Peyreleau 12 153 Db 83
19290 Peyrelevade 19 126 Ca 74
46600 Peyre-Levade 46 138 Bd 79
64350 Peyrelongue-Abos 64 162 Zf 88
81340 Peyrelous 81 151 Cc 84
11400 Peyrens 11 165 Bf 88
65240 Peyresourde-Balestas 65 175 Ac 92
04170 Peyresq 04 158 Gd 84
33340 Peyressan 33 122 Za 77
66600 Peyrestortes 66 179 Cf 92
24550 Peyret 24 137 Ba 80
87400 Peyret 87 125 Bd 74
32140 Peyret-Saint-André 32 163 Ad 89
11440 Peyriac-de-Mer 11 167 Cf 90
11160 Peyriac-Minervois 11 166 Cd 89
01430 Peyriat 01 119 Fd 72
47350 Peyrière 47 136 Ab 81
47350 Peyriès 47 136 Ac 81
01300 Peyrieu 01 131 Fe 74
19120 Peyriget 19 138 Be 78
24210 Peyrignac 24 137 Bb 78
87510 Peyrilhac 87 113 Ba 73
24370 Peyrillac-et-Millac 24 137 Bc 79
46310 Peyrilles 46 137 Bc 81
40410 Peyrin 40 147 Zb 82
26380 Peyrins 26 143 Fa 78
19260 Peyrissac 19 126 Be 75
19430 Peyrissac 19 138 Bf 79
31420 Peyrissas 31 164 Af 89
81310 Peyrole 81 151 Bf 86
30270 Peyroles 30 154 De 84
15190 Peyrolet 15 127 Ce 77
11190 Peyrolles 11 178 Cb 91
13860 Peyrolles-en-Provence 13 171 Fd 87
33650 Peyron 33 135 Zc 81
82170 Peyronnets 82 150 Bb 85
12800 Peyrou 12 151 Cb 83
47200 Peyrou 47 136 Ab 81
04120 Peyroules 04 158 Gd 86
31620 Peyrouliès 31 150 Bc 85
24510 Peyrouse 24 136 Ae 79
65270 Peyrouse 65 162 Zf 90
31420 Peyrouzet 31 164 Ae 89
04310 Peyruis 04 157 Ff 84
65140 Peyrun 65 163 Ab 89
26120 Peyrus 26 143 Fa 79
15170 Peyrusse 15 128 Da 77
32320 Peyrusse-Grande 32 163 Ab 87
12220 Peyrusse-le-Roc 12 138 Ca 82
32360 Peyrusse-Massas 32 163 Ad 86
43380 Peyrusses 43 140 Dc 78
32230 Peyrusse-Vieille 32 163 Ab 87
05110 Peyssier 05 157 Ff 82
31390 Peyssies 31 164 Bb 89
40630 Peyticq 40 147 Zb 84
24620 Peyzac-le-Moustier 24 137 Ba 79
01300 Peyzieu 01 131 Fd 74
01140 Peyzieux-sur-Saône 01 118 Ee 72
77131 Pézarches 76 52 Cf 56
72140 Pezé-le-Robert 72 68 Zf 59
34120 Pézenas 34 167 Dc 88
34600 Pézènes-les-Mines 34 167 Db 87
11170 Pezens 11 166 Cb 89
36300 Péziers 36 100 Ba 68
66730 Pézilla-de-Conflent 66 178 Cc 92
66370 Pézilla-la-Rivière 66 179 Ce 92
41100 Pezou 41 86 Ba 61
24510 Pezuls 24 137 Ae 79
28150 Pézy 28 70 Bd 59
20227 Pezzu CTC 183 Kb 96
67250 Pfaffenbronn 67 58 He 55
68250 Pfaffenheim 68 60 Hb 61
67350 Pfaffenhoffen 67 58 Hd 55
67320 Pfalzweyer 67 58 Hb 56
68120 Pfastatt 68 95 Hb 62
68480 Pfetterhouse 68 95 Ha 64
67370 Pfettisheim 67 58 Hd 57
67370 Pfulgriesheim 67 58 He 57
90150 Phaffans 90 94 Gf 63
64220 Phagalcette 64 161 Ye 90
41400 Phages 41 86 Bb 64
59133 Phalempin 59 30 Da 45
57370 Phalsbourg 57 58 Hb 56
83560 Pheline 83 171 Ff 86
63970 Phialeix 63 128 Cf 75
63550 Philibin 63 116 Dd 73
57230 Philippsbourg 57 58 Hd 55
40320 Philondenx 40 162 Zd 87
79220 Phlé 79 111 Zd 70
54610 Phlin 54 56 Gb 55
66380 Pia 66 179 Cf 92
82400 Piac 82 149 Ba 84
72170 Piacé 72 68 Aa 59
20218 Piana CTC 181 Ka 93
20228 Piana CTC 181 Kc 91
20115 Piana CTC 182 Id 95
20240 Piana CTC 183 Kc 96
20121 Piane CTC 182 If 96
20246 Pianello CTC 181 Kb 93
20272 Pianello CTC 183 Kc 95
20167 Pianiccia CTC 182 Ie 97
20270 Pianiccia CTC 183 Kc 95
20215 Piano CTC 181 Kc 94
20131 Pianotolli-Caldarello CTC 184 Ka 00
20213 Pianu CTC 181 Kc 94
41190 Pias 41 86 Ba 63
20140 Piattone CTC 184 If 98
65170 Piau-Engaly 65 175 Aa 92
20234 Piazzali CTC 183 Kc 95
20229 Piazzole CTC 183 Kc 94
57220 Piblange 57 56 Gc 53
46230 Piboulède 46 150 Bd 83
31820 Pibrac 31 164 Bb 87
87130 Pic 87 126 Bd 74
81530 Picamoure 81 152 Cd 86
62840 Picantin 62 30 Ce 45
33112 Picard 33 134 Za 78
39800 Picarreau 39 107 Fe 68
31550 Picarrou 31 165 Bd 89
50360 Picauville 50 33 Yd 52
20137 Piccovaggia CTC 185 Kc 99
21120 Pichanges 21 92 Fa 64
40660 Pichelèbe 40 146 Yd 85
63113 Picherande 63 127 Ce 76
20167 Pichio CTC 182 Ie 97
33840 Pichon 33 147 Zf 83
44390 Pichon 44 82 Yc 63
73700 Picolard 73 133 Ge 75
13114 Piconin 13 171 Fe 87
80310 Picquigny 80 38 Ca 49
43110 Pied 43 129 Eb 76
48800 Pied-de-Borne 48 141 Df 82
59212 Pied-du-Terne 59 31 Df 49
49500 Piedgermé 49 83 Za 63
20251 Piedicorte-di-Gaggio CTC 183 Kb 95
20229 Piedicroce CTC 183 Kc 94
20218 Piedigriggio CTC 181 Kb 94
20229 Piedipartino CTC 183 Kc 94
36800 Pied-Monant 36 101 Bc 68
20229 Pie d'Orezza CTC 183 Kc 94
26110 Piégon 26 156 Fa 83
26400 Piégros-la-Clastre 26 143 Fa 80
05130 Piégut 04 157 Ga 82
24360 Piégut-Pluviers 24 124 Ae 75
20240 Pielza CTC 183 Kc 97
17730 Piemont 17 110 Yf 73
27230 Piencourt 27 48 Ac 53
06540 Piene 06 159 Hd 85
54490 Piennes 54 56 Fe 53
80500 Piennes 80 39 Cd 51
52190 Piépape 52 92 Fb 62
06260 Pierlas 06 158 Ha 84
73270 Pierre 73 133 Gd 74
69310 Pierre-Bénite 69M 130 Ee 74
37530 Pierre-Bise 37 86 Af 63
06420 Pierre Blanche 06 158 Ha 84
33620 Pierrebrune 33 135 Zd 78
87260 Pierre-Buffière 87 125 Bc 74
38119 Pierre-Châtel 38 144 Fe 79
71960 Pierreclos 71 118 Ee 71
70600 Pierrecourt 70 92 Fd 63
76660 Pierrecourt 77 37 Bd 49
71270 Pierre-de-Bresse 71 106 Fb 67
52500 Pierrefaites 52 92 Fd 62
06510 Pierrefeu 06 158 Ha 85
06910 Pierrefeu (Ancien Village) 06 158 Ha 85
83390 Pierrefeu-du-Var 83 171 Ga 89
12600 Pierrefiche 12 139 Cd 80
12130 Pierrefiche 12 152 Cf 82
12100 Pierrefiche 12 153 Db 84
15260 Pierrefiche 15 139 Cf 79
24800 Pierrefiche 24 125 Af 76
48000 Pierre-Fiche 48 140 Dc 81
48100 Pierrefiche 48 140 Db 81
48300 Pierrefiche 48 141 De 80
23150 Pierrefite 23 114 Bf 72
15170 Pierrefitte 15 140 Da 78
19450 Pierrefitte 19 126 Bd 76
23130 Pierrefitte 23 114 Cb 72
61160 Pierrefitte 61 48 Zf 56
63820 Pierrefitte 63 127 Cd 75
79330 Pierrefitte 79 98 Ze 67
88270 Pierrefitte 88 76 Gb 59
89560 Pierrefitte 89 89 Dc 63
91150 Pierrefitte 91 71 Ca 58
14130 Pierrefitte-en-Auge 14 35 Ab 53
60112 Pierrefitte-en-Beauvaisis 60 38 Bf 52
14690 Pierrefitte-en-Cinglais 14 47 Zd 55
45360 Pierrefitte-lès-Bois 45 88 Ce 63
65260 Pierrefitte-Nestalas 65 175 Zf 91
55260 Pierrefitte-sur-Aire 55 55 Fb 55
03470 Pierrefitte-sur-Loire 03 117 De 69
41300 Pierrefitte-sur-Sauldre 41 87 Ca 63
93380 Pierrefitte-sur-Seine 93 51 Cc 55
60350 Pierrefonds 60 52 Cf 52
25310 Pierrefontaine-lès-Blamont 25 94 Gf 64
25510 Pierrefontaine-les-Varans 25 108 Gd 65
52160 Pierrefontaines 52 92 Fa 62
15230 Pierrefort 15 139 Cf 79
80260 Pierregot 80 39 Cc 48
05350 Pierre-Grosse 05 145 Gf 80
54200 Pierre-la-Treiche 54 56 Ff 57
26700 Pierrelatte 26 155 Ee 82
18000 Pierrelay 18 102 Cb 66
95480 Pierrelaye 95 51 Ca 54
77580 Pierre-Levée 76 52 Da 55
26170 Pierrelongue 26 156 Fb 83
02300 Pierremande 02 40 Db 51
76390 Pierrement 77 38 Bd 50
62130 Pierremont 62 29 Cb 46
51130 Pierre-Morains 51 53 Ea 55
54540 Pierre-Percée 54 77 Gf 58
89450 Pierre-Perthuis 89 90 De 64
02350 Pierrepont 02 40 De 51
14690 Pierrepont 14 47 Ze 55
54620 Pierrepont 54 43 Fe 52
60430 Pierrepont 60 38 Cb 52
80500 Pierrepont-sur-Avre 80 39 Cd 50
88600 Pierrepont-sur-L'Arentèle 88 77 Gd 59
04300 Pierrerue 04 157 Ff 85
34360 Pierrerue 34 167 Cf 88
14410 Pierres 14 47 Zb 55
28130 Pierres 28 70 Bd 57
31620 Pierrès 31 150 Bc 85
76750 Pierreval 77 37 Bb 51
04860 Pierrevert 04 156 Fe 86
50340 Pierreville 50 33 Yb 52
54160 Pierreville 54 76 Ga 57
76730 Pierreville 77 37 Ba 50
57120 Pierrevillers 57 56 Ga 53
44290 Pierric 44 82 Yb 62
40090 Pierrot 40 147 Zb 85
33610 Pierroton 33 134 Zb 80
09240 Pierroutous 09 177 Bc 90
51530 Pierry 51 53 Df 54
20233 Pietracorbara CTC 181 Kc 91
20230 Pietra-di-Verde CTC 183 Kc 95
20218 Pietralba CTC 181 Kb 93
20200 Pietranera CTC 181 Kc 92
20243 Pietrapola CTC 183 Kb 97
20140 Pietra Rossa CTC 184 Ie 98
20251 Pietraserena CTC 183 Kc 95
20234 Pietricaggio CTC 183 Kc 94
20166 Pietrosella CTC 184 If 97
20242 Pietroso CTC 183 Kb 96
64410 Piets-Plasence-Moustrou 64 161 Zd 87
11300 Pieusse 11 166 Cb 90
20214 Pieve CTC 180 Ie 94
20246 Pieve CTC 181 Kb 93
89330 Piffonds 89 72 Da 60
09130 Pigailh 09 164 Bc 90
09300 Pigaillous 09 177 Be 91
05150 Pigerolles 05 156 Fc 82
23340 Pigerolles 23 126 Ca 74
43500 Pigeyres 43 129 De 77
43370 Pigeyres 43 141 De 79
48700 Pigeyres 48 140 Dc 81
20220 Pigna CTC 180 If 93
34570 Pignan 34 168 De 87
83790 Pignans 83 171 Gb 89
47350 Pignéra 47 136 Ac 81
02190 Pignicourt 02 41 Ea 52
63270 Pignols 63 128 Db 75
22150 Pignon Blanc 22 64 Xb 59
18110 Pigny 18 102 Cc 65
10130 Pigy 10 73 Df 60
62570 Pihem 62 29 Cb 44
62340 Pihen-lès-Guînes 62 26 Be 43
47210 Piis 47 136 Ae 81
40240 Pijo 40 147 Zf 84
20123 Pila-Canale CTC 182 If 98
33115 Pilat-Plage 33 134 Ye 81
16390 Pillac 16 124 Ab 77
79120 Pillac 79 111 Zf 71
85500 Pillaudière 85 97 Yf 68
16360 Pilledou 16 123 Ze 76
39300 Pillemoine 39 107 Ff 68
18220 Pillets 18 103 Cd 65
33125 Pillon 33 135 Zc 81
55230 Pillon 55 43 Fd 52
20140 Pilusella CTC 184 Ie 98
77570 Pilvernier 76 71 Cd 60
35470 Pily 35 82 Yb 62
04110 Pimayon 04 156 Fd 85
33480 Pimbelin 33 134 Zb 79
40320 Pimbo 40 162 Zd 87
89740 Pimelles 89 90 Eb 61
39270 Pimorin 39 119 Fd 69
23120 Pimpérigeas 23 114 Bf 73
60170 Pimprez 60 39 Cf 51
70150 Pin 70 93 Ff 65
20144 Pinarellu CTC 185 Kc 98
65300 Pinas 65 163 Ac 90
31800 Pinat 31 163 Ae 89
33910 Pinaud 33 135 Ze 79
42590 Pinay 42 129 Ea 73
58320 Pinay 58 103 Da 66
31130 Pin-Balma 31 165 Bd 87
72300 Pincé 72 84 Zd 62
80230 Pinchefalise 80 28 Bd 48
74130 Pincru 74 120 Gc 72
47700 Pindères 47 148 Aa 83
86500 Pindray 86 112 Ae 70
47380 Pinel 47 149 Ad 82
47380 Pinel-Hauterive 47 149 Ad 82
20243 Pinellu CTC 183 Kb 97
12490 Pinet 12 152 Ce 84
12640 Pinet 12 152 Da 83
34850 Pinet 34 167 Dd 88
43810 Pinet 43 129 Df 77
20290 Pinetu CTC 181 Kd 93
33220 Pineuilh 33 136 Ab 80
10220 Piney 10 74 Ec 58
13460 Pin Fourcat 13 169 Ec 87
20228 Pino CTC 181 Kc 91
43300 Pinols 43 140 Dc 78
02320 Pinon 02 40 Dc 52
33730 Pinot 33 135 Zd 82
24110 Pinquat 24 136 Ad 78
46200 Pinsac 46 138 Bd 79
31120 Pinsaguel 31 164 Bc 87
17470 Pinsenelle 17 111 Zd 72
31860 Pins-Justaret 31 164 Bc 88
27770 Pinson 27 50 Bb 56
32140 Pinson 32 163 Ad 88
37530 Pinson 37 85 Af 64
38580 Pinsot 38 132 Ga 76
65320 Pintac 65 162 Zf 89
27400 Pinterville 27 49 Bb 53
55160 Pintheville 55 55 Fd 54
22250 Pintray 22 64 Xd 59
20227 Pinzalone CTC 183 Kb 96
20234 Piobetta CTC 183 Kc 94
13460 Pioch Badet 13 169 Ec 87
20259 Pioggiola CTC 180 If 93
84420 Piolenc 84 155 Ee 83
23140 Pionnat 23 114 Ca 71
63330 Pionsat 63 115 Ce 72
24800 Pioriol 24 124 Af 76
63460 Piory 63 116 Da 72
36120 Piou 36 101 Be 68
79110 Pioussay 79 111 Aa 72
38190 Pipay 38 132 Ff 77
62960 Pippemont 62 29 Cb 45
35550 Piprlac = Prespiereg 35 81 Ya 62
82130 Piquecos 82 150 Bb 84
47340 Piquepoule 47 149 Ae 82
87380 Piquette 87 125 Bd 75
33580 Piquetuille 33 136 Aa 81
33990 Piquoyrot 33 122 Yf 77
01270 Pirajoux 01 119 Fb 70
33730 Pirec 33 135 Zd 82
35150 Piré-Chancé 35 66 Yd 60
35150 Piré-sur-Seiche 35 66 Yd 60
25480 Pirey 25 93 Ff 65
44420 Piriac-sur-Mer 44 81 Xc 64
72430 Pirmil 72 84 Zf 61
43590 Pirolles 43 129 Ea 77
50770 Pirou 50 46 Yc 53
50770 Pirou-Plage 50 46 Yc 53
44170 Pirudel 44 82 Yb 63
32500 Pis 32 149 Ae 86
32320 Pis 32 163 Ac 87
17600 Pisany 17 122 Zb 74
20167 Piscia CTC 182 Ie 96
20114 Piscia CTC 185 Ka 99
20117 Pisciatella CTC 182 Ie 97
27130 Piseux 27 49 Af 56
38270 Pisieu 38 131 Fa 76
72600 Pisieux 72 68 Ac 59
20000 Pisinale CTC 182 Id 97
60860 Pisseleu 60 38 Ca 51
02310 Pisseloup 02 52 Db 55
52500 Pisseloup 52 92 Fe 62
70120 Pisseloup 70 92 Fe 62
25520 Pissenavache 25 108 Gb 67
18570 Pisse-Vieille 18 102 Cb 66
40410 Pissos 40 147 Zb 83
24380 Pissot 24 136 Ad 78
50430 Pissot 50 33 Yd 53
85200 Pissotte 85 110 Zb 70
80540 Pissy 80 38 Ca 49
76360 Pissy-Pôville 77 37 Af 51
89420 Pisy 89 90 Ea 63
76650 Pit-Couronne 77 37 Ba 52
59284 Pitgam 59 27 Cb 43
45300 Pithiviers 45 71 Cb 59
45300 Pithiviers-le-Vieil 45 71 Cb 60
02480 Pithon 02 40 Da 50
40320 Pitocq 40 162 Zd 87
27590 Pîtres 27 37 Bb 53
62126 Pittefaux 62 26 Be 44
26300 Pizançon 26 143 Fa 78
01120 Pizay 01 118 Fa 73
69220 Pizay 69D 118 Ee 72
43210 Pizet 43 129 Ea 77
29860 Plabenneg = Plabennec 29 62 Vd 57
29350 Placamen 29 79 Wc 62
53240 Placé 53 67 Zb 59
42110 Places 42 129 Eb 74
46250 Places 46 137 Bb 81
86300 Places 86 112 Ae 69
25170 Placey 25 107 Ff 65
80160 Plachy-Buyon 80 38 Cb 50
14220 Placy 14 47 Zd 55
50160 Placy-Montaigu 50 47 Za 54
28290 Plafus 28 69 Ba 60
62176 Plage-Sainte-Cécile 62 28 Bd 45
01130 Plagne 01 119 Fe 71
31220 Plagne 31 164 Ba 90
73210 Plagne-Bellecôte 73 133 Ge 75
12420 Plagnes 12 139 Ce 80
46120 Plagnes 46 138 Bf 80
48340 Plagnes 48 140 Da 81
81250 Plagnes 81 151 Cc 86
74360 Plagnes-de-Charmy 74 121 Ge 71
31370 Plagnole 31 164 Ba 88
11420 Plaigne 11 165 Be 89
60128 Plailly 60 51 Cd 54
25210 Plaimbois-du-Miroir 25 108 Gd 65
25390 Plaimbois-Vennes 25 108 Gd 65
18340 Plaimpied-Givaudins 18 102 Cc 66
87120 Plainartige 87 126 Be 74
60310 Plaine 60 39 Cf 51
57870 Plaine-de-Walsch 57 57 Ha 56
79100 Plaine-et-Vallées 79 99 Zf 67
58140 Plainefas 58 90 Df 65
36240 Plaineffe 36 101 Bc 66
22800 Plaine Haute 22 64 Xa 58
74250 Plaine-Joux 74 120 Gc 71
74120 Plaine-Joux 74 133 Gd 74
10250 Plaines-Saint-Lange 10 74 Ec 61
88230 Plainfaing 88 77 Ha 59
39210 Plainoiseau 39 107 Fd 68
73230 Plainpalais 73 132 Ga 75
25470 Plains-et-Grands-Essarts, les 25 94 Gf 65
22940 Plaintel 22 64 Xb 58
60130 Plainval 60 39 Cc 51
27300 Plainville 27 49 Ac 54
60120 Plainville 60 39 Cc 51
12550 Plaisance 12 152 Cd 85
17190 Plaisance 17 109 Ye 73
17780 Plaisance 17 110 Yf 73
32160 Plaisance 32 162 Aa 87
81260 Plaisance 81 166 Cc 87
86500 Plaisance 86 112 Af 71
87130 Plaisance 87 125 Bd 74
31830 Plaisance-du-Touch 31 164 Bb 87
39270 Plaisia 39 119 Fd 69
26170 Plaisians 26 156 Fb 83
78370 Plaisir 78 51 Bf 56
34230 Plaissan 34 167 Dd 87
16170 Plaizac 16 123 Zf 74
24590 Plamont 24 137 Bb 79
05100 Plampinet 05 145 Gd 79
38590 Plan 38 131 Fc 77
34330 Planacan 34 166 Cd 87
73800 Planaise 73 132 Ga 75
21500 Planay 21 91 Ec 62
73350 Planay 73 133 Ge 76
04340 Plan-Bas 04 157 Gc 83
73210 Plan-Bois 73 133 Ge 75
42940 Planchat 42 129 Df 75
70290 Plancher-Bas 70 94 Ge 62
73200 Plancherine 73 132 Gb 74
70290 Plancher-les-Mines 70 94 Ge 62
61370 Planches 61 48 Ac 56
73140 Planchette 73 132 Gc 77
28800 Plancheville 28 70 Bd 59
28150 Planchevilliers 28 70 Be 59
58230 Planchez 58 104 Ea 66
58230 Planchot 58 104 Ea 66
22130 Plancoët = Plangoed 22 65 Xe 57
10380 Plancy-L'Abbaye 10 73 Df 57
83640 Plan-d'Aups 83 171 Fe 89
26400 Plan-de-Baix 26 143 Fa 80
13480 Plan-de-Campagne 13 170 Fb 88
74360 Plan-de-Charmy 74 121 Ge 71
04330 Plan-de-Chaude 04 157 Gb 84

13380 Plan-de-Cuques 13 170 Fc 88
04200 Plan-de-la-Baume 04 157 Ff 83
73270 Plan-de-la-Lai 73 133 Ge 74
83120 Plan-de-la-Tour 83 172 Gd 88
84110 Plan de Mirabel 84 155 Fa 83
05120 Plan-des-Léothauds 05 145 Gd 80
05110 Plan-de-Vitrolles 05 157 Ff 82
13750 Plan-d'Orgon 13 155 Ef 86
74740 Plan-du-Lac 74 121 Gf 72
06670 Plan-du-Var 06 159 Hb 85
66800 Planes 66 178 Ca 94
66210 Planès 66 178 Ca 94
73640 Planey 73 133 Gf 75
24190 Planèze 24 136 Ac 78
12440 Planézes 12 151 Ca 83
12450 Planèzes 12 151 Cd 83
66720 Planèzes 66 179 Cd 92
42660 Planfoy 42 130 Ec 76
22400 Planguenoual 22 64 Xc 57
46100 Planioles 46 138 Ca 81
26790 Plan Julièras 26 155 Ee 83
73450 Plan-Lachat 73 145 Gc 78
88120 Planois 88 77 Ge 61
25000 Planoise 25 107 Ff 65
73210 Plan-Peisey 73 133 Ge 75
12140 Planque 12 151 Cb 83
14490 Planquery 14 34 Za 54
62310 Planques 62 29 Ca 46
52220 Planrupt 52 74 Ee 57
47250 Plantey 47 148 Aa 82
10160 Planty 10 73 Dd 59
73440 Planvillard 73 133 Gd 76
07230 Planzolles 07 141 Ea 82
57050 Plappeville 57 56 Ga 54
06740 Plascassier 06 173 Gf 87
39800 Plasne 39 107 Fe 68
27300 Plasnes 27 49 Ad 54
17240 Plassac 17 122 Zc 76
33390 Plassac 33 134 Zc 78
16250 Plassac-Rouffiac 16 123 Aa 75
33340 Plassan 33 122 Za 77
17250 Plassay 17 122 Zb 74
74480 Plateau-d'Assy 74 121 Ge 73
64260 Plateau-de-Bénou 64 162 Zd 90
38660 Plateau-des- Petites-Roches 38 132 Ff 77
01110 Plateau d'Hauteville 01 119 Fd 73
12320 Plateau-d'Himes 12 139 Cc 81
43190 Platespinat 43 142 Ec 78
07300 Plats 07 142 Ee 78
56420 Plaudren 56 80 Xb 62
05300 Plaugiers 05 157 Fe 83
34390 Plaussenous 34 167 Cf 87
63730 Plauzat 63 128 Da 75
32450 Plavès 32 163 Ad 87
11270 Plavilla 11 165 Bf 90
24580 Plazac 24 137 Ba 78
64120 Plazagaina 64 161 Yf 89
19290 Plazanet 19 126 Ca 74
23340 Plazanet 23 126 Bf 74
15700 Pleaux 15 139 Cb 78
22550 Pléboule 22 64 Xd 57
35470 Pléchâtel 35 82 Yb 61
22270 Plédéliac 22 64 Xd 58
22960 Plédran 22 64 Xb 58
22290 Pléguien 22 64 Xa 57
32190 Pléhaut 32 148 Ac 86
22290 Pléhédel 22 63 Wf 56
22240 Pléherel-Plage (Vieux-Bourg) 22 64 Xd 57
47310 Pleichac 47 149 Ad 84
35610 Pleine-Fougères 35 65 Yc 57
02240 Pleine-Selve 02 40 Dd 50
33820 Pleine-Selve 33 122 Zc 77
24410 Pleine-Serve 24 136 Ab 78
76460 Pleine-Sève 77 36 Ae 50
76460 Pleine-Sévette 77 36 Ae 50
14380 Pleines-Ouvres 14 47 Yf 55
35380 Plélan-le-Grand = Plelann-veur 35 65 Xf 60
22980 Plélan-le-Petit = Plelann-Vihan 22 65 Xe 58
22570 Plélauff 22 63 We 59
22170 Plélo 22 64 Xa 57
22210 Plémet 22 64 Xc 59
22150 Plémy 22 64 Xb 58
22640 Plénée-Jugon 22 64 Xd 58
22370 Pléneuf-Val-Andre 22 64 Xc 57
39250 Plénise 39 107 Ga 68
07460 Pléoux 07 154 Eb 82
35540 Plerguer 35 65 Ya 57
22190 Plérin 22 64 Xb 57
22170 Plerneuf 22 64 Xa 57
56890 Plescop 56 80 Xb 62
35720 Plesder 35 65 Ya 58
22720 Plesidy 22 63 Wf 58
22490 Pleslin-Trigavou 22 65 Xf 57
57140 Plesnois 57 56 Ga 53
52360 Plesnoy 52 92 Fd 61
22330 Plessals 22 64 Xc 59
44630 Plessé 44 82 Ya 63
36230 Plessis 36 101 Be 69
36200 Plessis 36 101 Bc 69
37260 Plessis 37 85 Ad 63
41100 Plessis 41 86 Ba 62
44630 Plessis 44 82 Ya 63
51120 Plessis 51 53 De 56
56430 Plessis 56 64 Xe 60
61100 Plessis 61 47 Zb 56
72500 Plessis 72 84 Ze 61
76940 Plessis 77 36 Ae 52
79250 Plessis 79 98 Zc 67
22650 Plessis-Balisson 22 65 Xf 57
10400 Plessis-Barbuise 10 73 Dd 57
60310 Plessis-de-Roye 60 39 Ce 51
89260 Plessis-du-Mée 89 72 Dc 58
91410 Plessis-Saint-Benoist 91 70 Ca 58
89140 Plessis-Saint-Jean 89 72 Db 58
22640 Plestan 22 64 Xd 58
22310 Plestin-les-Grèves 22 63 Wc 57
22610 Pleubian 22 63 Wf 55
56140 Pleucadeuc 56 81 Xd 62
22740 Pleudaniel 22 63 Wf 56
22690 Pleudihen-sur-Rance 22 65 Ya 57
56120 Pleugriffet 56 64 Xb 61
35720 Pleugueneuc 35 65 Ya 58
86450 Pleumartin 86 100 Ae 68
35137 Pleumeleuc 35 65 Ya 59
22560 Pleumeur-Bodou 22 63 Wc 56
22740 Pleumeur-Gautier 22 63 Wf 56
39120 Pleure 39 106 Fc 67
51230 Pleurs 51 53 Df 56
35730 Pleurtuit 35 65 Xf 57
29170 Pleuven 29 78 Vf 61
88170 Pleuvezain 88 76 Ff 58
16490 Pleuville 16 112 Ac 72
22130 Pléven 22 64 Xe 58
22240 Plevenon 22 64 Xe 57
22340 Plévin 22 63 Wc 59
29410 Pleyber-Christ 29 62 Wa 57
29190 Pleyben 29 62 Wa 59
43190 Pleyne 43 142 Ec 78
79190 Pliboux 79 111 Aa 71
51300 Plichancourt 51 54 Ee 56
32340 Plieux 32 149 Ae 85
51150 Plivot 51 53 Ea 54
29100 Ploaré 29 78 Ve 60
29740 Plobannalec 29 78 Ve 62
67115 Plobsheim 67 60 He 58
56400 Ploemel 56 80 Wf 63
56270 Ploemeur 56 79 Wd 62
56160 Ploërdut 56 79 We 60
56880 Ploeren 56 80 Xa 63
56800 Ploërmel = Ploermael 56 81 Xd 61
22150 Ploeuc-sur-Lié 22 64 Xb 58
29550 Ploéven 29 78 Ve 60
22260 Ploëzal 22 63 We 56
29710 Plogastel-Saint-Germain 29 78 Ve 61
29770 Plogoff 29 61 Vc 60
29180 Plogonnec 29 78 Ve 60
50870 Plomb 50 46 Ye 56
88370 Plombières-les-Bains 88 77 Gc 61
21370 Plombières-lès-Dijon 21 91 Ef 64
29700 Plomelin 29 78 Vf 61
29120 Plomeur 29 78 Ve 61
02140 Plomion 02 41 Ea 50
29550 Plomodiern 29 78 Ve 59
21440 Ploncey-sur-L'Ignon 21 91 Ee 64
29710 Ploneis 29 78 Ve 60
29720 Plonéour-Lanvern 29 78 Ve 61
29550 Plonévez-Porzay 29 78 Ve 60
17113 Plordonnier 17 122 Yf 74
22130 Plorec-sur-Arguenon 22 64 Xe 58
81320 Plos 81 166 Cf 86
71700 Plottes 71 118 Ef 69
18290 Plou 18 102 Ca 66
22420 Plouaret = Plouared 22 63 Wd 57
29810 Plouarzel 29 61 Vb 58
22830 Plouasne 22 65 Xf 59
56240 Plouay = Ploue 56 79 We 61
22650 Ploubalay 22 65 Xf 57
22620 Ploubazlanec 22 63 Wf 56
86110 Ploube 86 99 Ab 68
22300 Ploubezre 22 63 Wd 56
29830 Ploudalmézeau = Gwitalmeze 29 61 Vc 57
29260 Ploudaniel 29 62 Ve 57
22260 Plouëc-du-Trieux 22 63 We 56
29800 Plouédern 29 62 Ve 58
29620 Plouégat-Guérand 29 63 Wb 57
29650 Plouégat-Movsan 29 63 Wc 57
29420 Plouénan 29 62 Wa 57
22490 Plouër-sur-Rance 22 65 Xf 57
29430 Plouescat = Ploueskad 29 62 Ve 57
22470 Plouézec 22 63 Xa 56
29252 Plouézoch 29 62 Wb 57
22440 Ploufragan 22 64 Xb 58
29440 Plougar 29 62 Vf 57
29630 Plougasnou 29 62 Wb 56
29470 Plougastel-Daoulas 29 62 Vd 58
29217 Plougonvelin 29 61 Vb 58
29640 Plougonven 29 63 Wb 57
22810 Plougonver 22 63 Wd 58
29250 Plougoulm 29 62 Vf 57
56400 Plougoumelen 56 80 Xa 63
29400 Plougourvest 29 62 Vf 57
22780 Plougras 22 63 Wc 57
22820 Plougrescant 22 63 We 55
22150 Plouguenast-Langast 22 64 Xc 59
22150 Plouguenast-Langast 22 64 Xb 59
29880 Plouguerneau 29 61 Vc 57
22110 Plouguernével 22 63 We 59
22220 Plouguiel 22 63 We 56
29830 Plouguin 29 61 Vc 57
22580 Plouha 22 64 Xa 56
56340 Plouhamel 56 79 Wf 63
29780 Plouhinec 29 61 Vd 60
56680 Plouhinec 56 79 We 62
29260 Plouider 29 62 Ve 57
29610 Plouigneau = Plouigno 29 63 Wb 57
22200 Plouisy 22 63 We 57
29600 Ploujean 29 62 Wb 57
22300 Ploulec'h 22 63 Wc 56
22970 Ploumagoar 22 63 Wf 57
22700 Ploumanac'h 22 63 Wd 56
22300 Ploumilliau 22 63 Wc 56
29810 Ploumoguer 29 61 Vb 58
29410 Plounéour-Menez 29 62 Wa 58
29890 Plounéour-Trez 29 62 Ve 57
22780 Plounérin 22 63 Wc 57
29400 Plounéventer 29 62 Ve 57
29530 Plounévez-du-Faou 29 62 Wb 59
29270 Plounévézel 29 63 Wc 59
29430 Plounevez-Lochrist 29 62 Ve 57
22810 Plounevez-Moëdec 22 63 Wd 57
22110 Plounévez-Quintin 22 63 We 59
22500 Plounez 22 63 Wf 56
22160 Plourac'h 22 63 Wc 58
56770 Plouray 56 79 Wd 60
22410 Plourhan 22 64 Xa 57
29830 Plourin 29 61 Vb 57
29600 Plourin-lès-Morlaix 29 62 Wb 57
22860 Plourivo 22 63 Wf 56
62118 Plouvain 62 30 Cf 47
22170 Plouvara 22 64 Xa 57
29860 Plouvien 29 61 Vd 57
29420 Plouvorn 29 62 Vf 57
62380 Plouy 62 29 Ca 45
29690 Plouyé 29 62 Wb 59
29280 Plouzané 29 61 Vc 58
22420 Plouzélambre 22 63 Wc 57
29440 Plouzévédé 29 62 Vf 57
29800 Plouziri = Ploudiry 29 62 Vf 58
29720 Plovan 29 78 Vd 61
02860 Ployart-et-Vaurseine 02 40 De 52
29710 Plozévet 29 78 Vd 61
22290 Pludal 22 63 Xa 57
22130 Pluduno 22 64 Xe 57
22310 Plufur 22 63 Wc 57
29700 Pluguffan 29 78 Ve 61
56220 Pluherlin 56 81 Xd 62
22350 Plumaudan 22 65 Xf 58
22250 Plumaugat 22 65 Xe 59
19700 Plumausel 19 126 Be 76
56400 Plumelec 56 80 Xc 61
56930 Pluméliau-Bieuzy 56 79 Wf 61
56930 Pluméliau-Bieuzy 56 79 Xa 61
56500 Plumelin 56 80 Xa 61
56400 Plumergat 56 80 Xa 62
14440 Plumetot 14 47 Zd 53
22210 Plumieux 22 64 Xc 60
39700 Plumont 39 107 Fe 66
56400 Pluneret 56 80 Xa 62
22240 Plurien 22 64 Xd 57
22160 Plusquellec 22 63 Wd 58
22320 Plussulien 22 63 Wf 59
21110 Pluvet 21 106 Fb 65
24360 Pluviers 24 124 Ae 75
22140 Pluzunet 22 63 Wd 57
51130 Pocancy 51 53 Ea 55
35500 Pocé-les-Bois 35 66 Ye 60
37530 Pocé-sur-Cisse 37 86 Af 64
72380 Poche 72 68 Aa 60
21230 Pochey 21 105 Ec 65
44220 Pociou 44 96 Yb 65
33720 Podensac 33 135 Zd 81
10290 Poët 05 145 Gc 81
80240 Pœuilly 80 40 Da 49
64230 Poey-de-Lescar 64 162 Zd 88
64400 Poey-d'Oloron 64 161 Zc 89
03800 Poëzat 03 116 Db 72
20114 Poggiale CTC 185 Ka 99
20218 Poggio CTC 181 Kb 94
20275 Poggio CTC 181 Kc 91
20224 Poggio CTC 182 If 94
20240 Poggio-di-Nazza CTC 183 Kb 96
20250 Poggio-di-Venaco CTC 183 Kb 95
20232 Poggio-d'Oletta CTC 181 Kc 93
20169 Poggio d'Olmo CTC 185 Kb 00
20144 Poggioli CTC 185 Kc 98
20125 Poggiolo CTC 182 If 95
20237 Poggio-Marinaccio CTC 181 Kc 94
20230 Poggio-Mezzana CTC 183 Kc 94
51240 Pogny 51 54 Ec 55
39570 Poids-de-Fiole 39 107 Fd 69
77160 Poigny 76 72 Db 57
78125 Poigny-la-Forêt 78 50 Be 56
58170 Poil 58 104 Ea 67
89630 Poil-Chevré 89 90 Ea 64
08190 Poilcourt-Sydney 08 41 Ea 52
34310 Poilhes 34 167 Da 89
85410 Poilieu 85 112 Ae 70
72350 Poillé-sur-Vègre 72 84 Ze 61
35420 Poilley 35 66 Ye 58
50220 Poilley 50 66 Ye 57
51170 Poilly 51 53 De 53
45500 Poilly-lez-Gien 45 88 Cd 62
89310 Poilly-sur-Serein 89 90 Df 62
89110 Poilly-sur-Tholon 89 89 Dc 61
89800 Poinchy 89 90 De 62
21330 Poinçon-lès-Larrey 21 91 Ec 61
77470 Poincy 76 52 Cf 55
52160 Poinsenot 52 91 Fa 62
52500 Poinson-lès-Fayl 52 92 Fd 62
52160 Poinson-lès-Grancey 52 91 Ef 62
52800 Poinson-lès-Nogent 52 75 Fc 61
33980 Pointe 33 134 Za 80
49080 Pointe 49 83 Zc 64
85330 Pointe de L' Herbaudière 85 96 Xe 66
56190 Pointe-de-Pen-Lan 56 81 Xc 63
61220 Pointel 61 47 Zd 56
09160 Pointis 09 164 Ba 90
31210 Pointis-de-Rivière 31 163 Ad 90
31800 Pointis-Inard 31 163 Ae 90
39290 Pointre 39 106 Fd 65
25440 Pointvillers 25 107 Ff 66
28310 Poinville 28 70 Bf 59
61430 Poirier 61 47 Zc 56
36140 Poiriond 36 114 Be 70
58230 Poirot 58 104 Df 66
45130 Poiseaux 45 70 Bd 61
52360 Poiseul 52 92 Fc 61
21440 Poiseul-la-Grange 21 91 Ee 63
21450 Poiseul-la-Ville-et-Laperrière 21 91 Ed 63
21120 Poiseul-lès-Saulx 21 91 Ef 63
58130 Poiseux 58 103 Db 66
58370 Poiseux 58 104 Df 67
18290 Poisieux 18 102 Ca 66
18200 Poisieux 18 102 Cc 68
41240 Poisly 41 86 Bd 61
39160 Poisoux 39 119 Fc 70
19330 Poissac 19 126 Be 77
58130 Poisson 58 103 Db 66
71600 Poisson 71 117 Ea 70
52230 Poissons 52 75 Fb 58
78300 Poissy 78 51 Ca 55
28300 Poisvilliers 28 70 Bc 57
74330 Poisy 74 120 Ga 73
23140 Poitière Marsat 23 114 Ca 71
86000 Poitiers 86 99 Ac 69
39130 Poitte 39 119 Fe 69
10700 Poivres 10 54 Eb 56
51460 Poix 51 54 Ed 55
80290 Poix-de-Picardie 80 38 Bf 50
59218 Poix-du-Nord 59 31 Dd 47
08430 Poix-Terron 08 42 Ed 51
86220 Poizay 86 100 Ad 67
38460 Poizieu 38 131 Fb 74
70210 Polaincourt-et-Clairefontaine 70 93 Ga 61
31430 Polastron 31 164 Af 89
32130 Polastron 32 163 Af 87
17700 Poléon 17 110 Zb 72
60690 Polhoy 60 38 Bf 51
38210 Poliénas 38 131 Fc 77
03310 Polier 03 115 Cd 71
15260 Polignac 15 140 Da 79
17210 Polignac 17 123 Ze 77
43000 Polignac 43 141 Df 78
35320 Poligné 35 82 Yb 61
05500 Poligny 05 144 Ga 80
10110 Poligny 10 74 Eb 59
39800 Poligny 39 107 Fe 67
77167 Poligny 76 71 Ce 59
62370 Polincove 62 27 Ca 43
10110 Polisot 10 74 Ec 60
12330 Polissat 12 139 Cd 81
10110 Polisy 10 74 Ec 60
66300 Politg 66 179 Ce 93
66450 Pollestres 66 179 Cf 93
01800 Pollet 01 131 Fa 74
01310 Polliat 01 118 Fa 71
01350 Pollieu 01 131 Fe 74
69290 Pollionnay 69M 130 Ed 74
15800 Polminhac 15 139 Cd 79
19220 Polprat 19 138 Ca 77
73500 Polsets Chalets 73 133 Gd 77
20229 Polveroso CTC 183 Kc 94
51110 Pomacle 51 41 Ea 53
12150 Pomairols 12 152 Cf 83
38120 Pomaray 38 131 Fe 77
46250 Pomarède 46 137 Bb 81
48190 Pomaret 48 141 De 82
40360 Pomarez 40 161 Zb 87
11250 Pomas 11 166 Cb 90
12160 Pomayret 12 151 Cc 82
12130 Pomayrols 12 140 Da 82
09420 Pombole 09 177 Bb 91
24100 Pombonne 24 136 Ad 79
42240 Pomerley 42 129 Ea 76
33500 Pomerol 33 135 Ze 79
34810 Pomérols 34 167 Dc 88
48300 Pomeyrols 48 141 De 80
69590 Pomeys 69M 130 Ec 75
32430 Pominet 32 164 Af 86
61200 Pommainville 61 48 Zf 56
21630 Pommard 21 106 Ee 66
81250 Pommardelle 81 152 Cc 85
28140 Pommay 28 70 Bd 60
62760 Pommera 62 29 Cc 47
28120 Pommeray 28 69 Bb 58
22120 Pommeret 22 64 Xc 58
59360 Pommereuil 59 31 Dd 48
60590 Pommereux 60 38 Bf 53
76440 Pommereux 77 38 Bd 51
76680 Pommeréval 77 37 Bb 50
53400 Pommerieux 53 83 Za 62
57420 Pommérieux 57 56 Gb 55
22450 Pommerit-Jaudy 22 63 We 56
22200 Pommerit-le-Vicomte 22 63 Wf 57
77515 Pommeuse 76 52 Da 56
82400 Pommevic 82 149 Af 84
24340 Pommier 24 124 Ad 76
38280 Pommier 38 131 Fa 74
46600 Pommier 46 138 Bd 79
62111 Pommier 62 29 Cd 47
71120 Pommier 71 117 Ec 70
38260 Pommier-de-Beaurepaire 38 131 Fa 76
02200 Pommiers 02 40 Db 52
12320 Pommiers 12 139 Cc 81
30120 Pommiers 30 153 Dd 85
36190 Pommiers 36 114 Bd 69
42260 Pommiers 42 129 Ea 74
69480 Pommiers 69D 118 Ee 73
38340 Pommiers-la-Placette 38 131 Fd 77
17130 Pommiers-Moulons 17 123 Zd 77
70240 Pomoy 70 93 Gc 63
79200 Pompaire 79 99 Ze 69
44410 Pompas 44 81 Xd 64
33730 Pompéjac 33 147 Ze 82
31450 Pompertuzat 31 165 Bd 88
54340 Pompey 54 56 Ga 56
43170 Pompeyrin 43 140 Dc 79
32130 Pompiac 32 164 Ba 87
47330 Pompiac 47 136 Ad 81
49350 Pompierre 49 84 Ze 65
88300 Pompierre 88 75 Fe 59
25340 Pompierre-sur-Doubs 25 94 Gd 64
04140 Pompiéry 04 157 Gc 82
47230 Pompiey 47 148 Ab 83
33370 Pompignac 33 135 Zd 79
30170 Pompignan 30 153 Df 85
82170 Pompignan 82 150 Bb 86
47420 Pompogne 47 148 Aa 83
79100 Pompois 79 98 Ze 66
24240 Pomport 24 136 Ac 80
64370 Pomps 64 162 Zc 88
40160 Poms 40 146 Yf 83
72340 Poncé-sur-le-Loir 72 85 Ad 62
36260 Poncet-la-Ville 36 102 Bf 66
71640 Poncey 71 105 Ee 68
21130 Poncey-lès-Athée 21 106 Fc 65
33220 Ponchapt 24 136 Ab 79
80150 Ponches-Estruval 80 28 Bf 47
60430 Ponchon 60 51 Cb 52
01450 Poncin 01 119 Fc 72
42110 Poncins 42 129 Ea 74
33190 Pondaurat 33 135 Zf 81
24430 Pondemaux 24 136 Ad 78
16440 Pondeville 16 123 Zf 75
35720 Pondolay 35 65 Ya 58
26150 Ponet-et-Saint Auban 26 143 Fb 80
31210 Ponlat-Taillebourg 31 163 Ad 90
12140 Pons 12 139 Cd 80
15120 Pons 15 127 Cd 77
17800 Pons 17 123 Zc 75
32300 Ponsampère 32 163 Ac 88
32300 Ponsan-Soubiran 32 163 Ac 88
26240 Ponsas 26 130 Ef 78
23250 Ponsat 23 114 Bf 72
40400 Ponson 40 146 Zb 85
64460 Ponson-Debat-Pouts 64 162 Zf 89
64460 Ponson-Dessus 64 162 Zf 89
38350 Ponsonnas 38 144 Fe 79
02270 Pont-à-Bucy 02 40 Dc 50
64530 Pontacq 64 162 Zf 89
17640 Pontaillac 17 122 Yf 75
21270 Pontailler-sur-Saône 21 92 Fc 65
26150 Pontaix 26 143 Fb 80
43170 Pontajou 43 140 Dc 79
87200 Pont-à-la-Planche 87 112 Af 73
02500 Pont-à-L'Ecu 02 41 Ea 49
86120 Pontalon 86 99 Aa 66
73300 Pontamafrey 73 132 Gc 77
59710 Pont-à-Marcq 59 30 Da 45
54700 Pont-À-Mousson 54 56 Ga 55
02160 Pont-Arcy 02 40 Dd 52
23250 Pontarion 23 114 Bf 73
25300 Pontarlier 25 108 Gc 67
60520 Pontarmé 60 51 Cd 54
22650 Pont-Arson 22 65 Xe 57
63190 Pont-Astier 63 128 Dc 73
89200 Pontaubert 89 90 Df 64
27500 Pont-Audemer 27 36 Ad 52
56440 Pont-Augen 56 80 Wf 61
28140 Pontault 28 70 Bd 60
94510 Pontault-Combault 94 51 Cd 56
63380 Pontaumur 63 127 Ce 73
50250 Pont-Auny 50 46 Yd 53
27290 Pont-Authou 27 49 Ae 53
29930 Pont-Aven 29 78 Wb 61
62880 Pont-à-Vendin 62 30 Cf 46
02160 Pontavert 02 41 De 52
14380 Pont-Bellanger 14 47 Za 55
53500 Pontbellon 53 66 Yf 59
37130 Pont-Boutard 37 85 Ab 65
46340 Pont-Carral 46 137 Bb 80
77135 Pontcarré 76 51 Ce 56
70360 Pontcey 70 93 Ga 63
61120 Pontchardon 61 48 Ab 55
38530 Pontcharra 38 132 Ga 76
69490 Pontcharra-sur-Turdine 69D 118 Ec 73
23260 Pontcharraud 23 127 Cb 73
44160 Pontchâteau 44 81 Xf 64
36800 Pont-Chrétien-Chabenet 36 101 Bc 69
46150 Pontcirq 46 137 Bb 81
29190 Pont-Coblant 29 78 Wa 59
22650 Pont-Cornou 22 65 Xe 57
29790 Pont-Croix 29 61 Vd 60
01160 Pont-d'Ain 01 119 Fc 72
21390 Pont-d'Aisy 21 90 Eb 64
08380 Pont-d'Any 08 41 Ec 49
83510 Pont-d'Argens 83 172 Gc 88
44410 Pont-d'Armes 44 81 Xd 64
68520 Pont d'Aspach 68 95 Ha 62
59173 Pont-d'Asquin 59 29 Cc 44
26160 Pont-de-Barret 26 143 Fa 81
29590 Pont-de-Buis-lès-Quimerch 29 62 Vf 59
24250 Pont-de-Cause 24 137 Ba 80
38230 Pont-de-Chéruy 38 131 Fb 74
63920 Pont-de-Dore 63 128 Dc 73
13460 Pont-de-Gau 13 169 Ec 88
07380 Pont-de-Labeaume 07 142 Eb 81
33220 Pont-de-la-Beauze 33 136 Ab 80
20244 Pont de Lano CTC 183 Kb 94
27340 Pont-de-L'Arche 27 49 Ba 53
09140 Pont-de-la-Taule 09 177 Bb 92
33730 Pont-de-la-Trave 33 147 Zd 82
26260 Pont-de-L'Herbasse 26 142 Ef 78
26600 Pont-de-L'Isère 26 142 Ef 78
63560 Pont-de-Menat 63 115 Cf 72
80480 Pont-de-Metz 80 38 Cb 49
59850 Pont-de-Nieppe 59 30 Cf 44
21410 Pont-de-Pany 21 91 Ee 65
20251 Pont de Piedicorte CTC 183 Kb 95
21130 Pont-de-Pierre 21 106 Fc 65
39130 Pont-de-Poitte 39 107 Fe 69
46310 Pont-de-Rhodes 46 138 Bc 81
25150 Pont-de-Roide 25 94 Ge 64
37260 Pont-de-Ruan 37 85 Ad 65
59177 Pont-de-Sains 59 31 Ea 48
12290 Pont-de-Salars 12 152 Ce 83
01200 Pont-des-Pierres 01 119 Fe 72
01190 Pont-de-Vaux 01 118 Ef 70
01290 Pont-de-Veyle 01 118 Ef 71
30440 Pont-d'Herault 30 153 Dd 85
39110 Pont-d'Héry 39 107 Ff 67
21360 Pont-d'Ouche 21 105 Ee 66
14690 Pont-d'Ouilly 61 47 Zd 55
62215 Pont d' Oye 62 27 Ca 43
60127 Pontdron 60 52 Cf 53
70210 Pont-du-Bois 70 76 Ga 61
47480 Pont-du-Casse 47 149 Ae 83
19320 Pont du Chambon 19 126 Ca 77
63430 Pont-du-Château 63 128 Db 74
29260 Pont-du-Chatel 29 62 Ve 57
05260 Pont-du-Fossé 05 144 Gb 81
74490 Pont-du-Giffre 74 120 Gc 72
62370 Pont-du-Halot 62 27 Ca 43
30750 Pont-du-Lingas 30 153 Dc 84
56390 Pont-du-Luc 56 80 Xb 62
64800 Pont-du-Moulin 64 162 Ze 90
39300 Pont-du-Navoy 39 107 Fe 68

29430 Pontéalet 29 62 Ve 57
20236 Ponte Castirla CTC 183 Ka 94
14110 Pontécoulant 14 47 Zc 55
66300 Ponteilla 66 179 Ce 93
43150 Ponteils 43 141 Df 79
30450 Ponteils-et-Brésis 30 154 Df 82
63970 Ponteix 63 128 Da 75
20218 Ponte Leccia CTC 181 Kb 94
42550 Pontempeyrat 42 129 Df 76
20235 Ponte Novu CTC 181 Kb 94
38680 Pont-en-Royans 38 143 Fc 78
40200 Pontenx-les-Forges 40 146 Yf 83
14110 Pont-Erambourg 14 47 Zc 55
20235 Ponte Rosso CTC 181 Kb 94
13090 Pontès 13 170 Fc 87
44522 Pont-Esnaud 44 82 Ye 64
21140 Pont-et-Massène 21 90 Ec 64
38780 Pont-Évêque 38 130 Ef 75
83670 Pontevès 83 171 Ga 87
24410 Ponteyraud, La Jemaye- 24 124 Ab 77
14380 Pont-Farcy 14 46 Yf 55
51490 Pontfaverger-Moronvilliers 51 54 Eb 53
14430 Pontfol 14 35 Aa 54
63230 Pontgibaud 63 127 Cf 74
44770 Pont-Giraud 44 96 Xe 66
28190 Pontgouin 28 69 Ba 58
50880 Pont-Hébert 50 46 Yf 53
21470 Pont-Hémery 21 106 Fb 66
78730 Ponthévrard 78 70 Bf 57
77310 Ponthierry 76 71 Cd 57
01110 Ponthieu 01 131 Fd 73
51300 Ponthion 51 54 Ee 56
80860 Ponthoile 80 28 Be 47
72290 Ponthouin 72 68 Ab 59
39170 Ponthoux 39 119 Fe 70
64460 Pontiacq-Viellepinte 64 162 Zf 88
32350 Pontiac 32 163 Ac 87
20169 Ponti di a Nava CTC 185 Kb 00
49150 Pontigné 49 84 Zf 63
89230 Pontigny 89 89 De 61
41500 Pontijou 41 86 Bb 62
05160 Pontis 04 145 Gc 81
56300 Pontivy = Pondivi 56 79 Xa 60
29120 Pont-l'Abbe 29 78 Ve 61
50360 Pont-L'Abbé 50 46 Yd 52
17250 Pont-L'Abbé-d'Arnoult 17 122 Za 74
52120 Pont-la-Ville 52 74 Ef 60
88260 Pont-lès-Bonfays 88 76 Ga 59
25110 Pont-les-Moulins 25 93 Gc 65
14130 Pont-l'Évêque 14 35 Ab 53
41400 Pontlevoy 41 86 Bb 64
29810 Pont-L'Hôpital 29 61 Vc 58
53220 Pontmain 53 66 Yf 58
08350 Pont-Maugis 08 42 Ef 50
19800 Pont-Maure 19 126 Bf 76
22390 Pont-Melvez 22 63 We 58
29620 Pont-Menou 29 63 Wb 57
29390 Pont-Meur 29 79 Wb 60
80115 Pont-Noyelles 80 39 Cc 49
04800 Pontoise 04 156 Fe 86
95520 Pontoise 95 51 Ca 54
60400 Pontoise-lès-Noyon 60 39 Da 51
40465 Pontonx-sur-L'Adour 40 146 Za 86
50170 Pontorson 50 66 Yc 57
24150 Pontours 24 136 Ae 79
71270 Pontoux 71 106 Fa 67
57420 Pontoy 57 56 Gb 54
35131 Pont-Péan 35 65 Yb 60
57380 Pontpierre 57 57 Gd 54
60700 Pontpoint 60 51 Cd 53
35580 Pont-Réan 35 65 Yb 60
80580 Pont-Rémy 80 28 Bf 48
22260 Pontrieux 22 63 Wf 56
59253 Pont-Riqueul 59 29 Ce 45
04340 Pont romain 04 157 Gc 82
87260 Pont-Roy 87 125 Bc 75
13370 Pont-Royal 13 170 Fb 86
02490 Pontru 02 40 Db 49
02490 Pontruet 02 40 Db 49
50300 Ponts 50 46 Yd 56
60700 Pont-Sainte-Maxence 60 51 Cd 53
30130 Pont-Saint-Esprit 30 155 Ed 83
24140 Pont-Saint-Mamet 24 136 Ad 79
02380 Pont-Saint-Mard 02 40 Db 52
10150 Pont-Saint-Marie 10 73 Ea 59
44860 Pont-Saint-Martin 44 97 Yc 66
87300 Pont-Saint-Martin 87 112 Af 71
27360 Pont-Saint-Pierre 27 37 Bb 53
54550 Pont-Saint-Vincent 54 76 Ga 57
43330 Pont-Salomon 43 129 Eb 76
05000 Pont-Sarrazin 05 144 Ga 81
56620 Pont-Scorff 56 79 Wd 62
02250 Pontséricourt 02 41 Df 50
76260 Ponts-et-Marais 77 28 Bc 48
22400 Ponts-Neufs 22 64 Xc 57
70110 Pont-sur-l'Ognon 70 93 Gc 63
88500 Pont-sur-Madon 88 76 Ga 58
59138 Pont-sur-Sambre 59 31 Df 47
10400 Pont-sur-Seine 10 73 Dd 57
89190 Pont-sur-Vanne 89 72 Dc 59
89140 Pont-sur-Yonne 89 72 Db 59
69240 Pont-Trambouze 69D 117 Eb 72
47380 Pont-Trancat 47 136 Ad 82
28630 Pont-Tranche-Fétu 28 69 Bc 58
72510 Pontvallain 72 84 Ab 62
52130 Pont-Varin 52 74 Ef 57
15290 Pontverny 46 138 Ca 79
23130 Ponty 23 114 Ca 72
58140 Ponty 58 90 De 65
34230 Popian 34 107 Dd 87
80700 Popincourt, Dancourt- 80 39 Ce 51
20218 Popolasca CTC 181 Ka 94
56380 Porcaro 56 81 Xe 61
13104 Porcelette 13 169 Ee 88
57890 Porcelette 57 57 Gd 54
54800 Porcher 54 56 Fe 54
33660 Porchères 33 135 Aa 78
28200 Porcheronville 28 70 Bd 61
60390 Porcheux 60 38 Bf 53
78440 Porcheville 78 50 Be 55
84120 Porchière 84 156 Fe 86
38390 Porcieu-Amblagnieu 38 131 Fc 74
58140 Porcmignon 58 90 Df 65
22590 Pordic 22 64 Xb 57
20137 Poretta CTC 185 Kb 99
20222 Poretto CTC 181 Kc 92
29260 Porléach 29 62 Ve 57
58330 Pornas 58 104 Dc 66
44210 Pornic 44 96 Xf 66
44380 Pornichet 44 81 Xd 65
60400 Porquéricourt 60 39 Cf 51
83400 Porquerolles 83 172 Gb 91
20215 Porri CTC 181 Kc 94
29242 Porsguen 29 61 Uf 58
29280 Porsmilin 29 61 Vb 58
29810 Porsmoguer 29 61 Vb 58
29360 Porsmoric 29 79 Wc 62
29840 Porspoder 29 61 Vb 57
01460 Port 01 119 Fd 72
66760 Porta 66 177 Bf 93
34300 Port-Ambonne 34 167 Dd 89
44420 Port-au-Loup 44 81 Xc 64
20245 Porta Vecchia CTC 180 Ie 94
50580 Portbail 50 46 Yb 52
50580 Port-Bail-sur-Mer 50 46 Yb 52
66420 Port-Barcarès 66 179 Da 92
22610 Port-Béni 22 63 We 55
22710 Port-Blanc 22 63 We 56
56870 Port-Blanc 56 80 Xa 63
53410 Port-Brillet 53 66 Za 60
30240 Port-Camargue 30 168 Ea 87
34420 Port-Cassafières 34 167 Dc 89
83400 Port-Cros 83 172 Gc 90
83270 Port-d'Alon 83 171 Fd 90
81500 Port-d'Ambres 81 165 Be 86
70160 Port-d'Atelier-Amance 70 93 Ga 62
13110 Port-de-Bouc 13 170 Ef 88
33340 Port-de-By 33 122 Za 76
20221 Port de Campoloro CTC 183 Kd 94
17150 Port-de-Cônac 17 122 Zb 76
33420 Port-de-Génissac 33 135 Ze 79
33590 Port-de-Goulée 33 122 Za 76
33290 Port-de-Grattequina 33 135 Zc 79
01680 Port-de-Groslée 01 131 Fd 74
85540 Port-de-la-Claye 85 109 Ye 70
33460 Port-de-Lamarque 33 134 Zb 78
33340 Port-de-Lamena 33 122 Zb 76
85350 Port-de-la-Meule 85 96 Xd 68
40300 Port-de-Lanne 40 161 Ye 87
83250 Port-de-Miramare 83 172 Gb 90
AD200 Port d' Envalira □ AND 177 Be 93
17350 Port-d'Envaux 17 122 Zb 74
09110 Port-de-Pailhères 09 178 Bf 92
47140 Port-de-Penne 47 149 Ae 82
86220 Port-de-Piles 86 100 Ad 66
33590 Port-de-Richard 33 122 Za 76
63290 Port-de-Ris 63 116 Dc 73
35660 Port-de-Roche 35 82 Ya 62
33590 Port-de-Saint-Vivien 33 122 Yf 76
86150 Port-de-Salles 86 112 Ad 71
17730 Port-des-Barques 17 110 Yf 73
33820 Port-des-Callonges 33 122 Zb 77
13800 Port-des-Heures-Claires 13 170 Fa 88
19200 Port-Dieux 19 127 Cc 75
56640 Port-du-Crouesty 56 80 Xa 63
17840 Port-du-Douhet 17 109 Ye 72
64530 Porte 64 162 Zf 89
73140 Porte 73 132 Gc 77
74930 Porte 74 120 Gb 72
49250 Porteaux 49 84 Ze 64
33760 Porte-de-Benauge 33 135 Ze 80
73800 Porte-de-Savoie 73 132 Ff 75
38260 Porte-des-Bonnevaux 38 131 Fb 76
69400 Porte des Pierres Dorées 69D 118 Ed 73
46800 Porte-du-Quercy 46 150 Ba 82
27430 Porte-Joie 27 50 Bb 53
11490 Portel- des-Corbières 11 179 Cf 90
14520 Port-en-Bessin-Huppain 14 47 Zb 52
66760 Porté-Puymorens 66 177 Bf 93
27190 Portes 27 49 Af 54
30530 Portes 30 154 Ea 83
85450 Portes-des-Grands-Greniers 85 110 Yf 71
26160 Portes-en-Valdaine 26 142 Ef 81
26000 Portes-lès-Valence 26 142 Ef 79
64330 Portet 64 162 Ze 87
31160 Portet-d'Aspet 31 176 Af 91
31800 Porteteny 31 163 Ae 90
33640 Portets 33 135 Zd 80
31120 Portet-sur-Garonne 31 164 Bc 87
11510 Port-Fitou 11 179 Da 91
56360 Port-Fouquet 80 We 64
83310 Port-Grimaud 83 172 Gd 89
56170 Port-Haliguen 56 79 Wf 64
20166 Porticcio CTC 182 Ie 97
20228 Porticciolo CTC 181 Kc 91
88330 Portieux 88 76 Gc 58
20138 Portigliolo CTC 182 Ie 98
20110 Portigliolo CTC 184 If 99
31440 Portillon 31 176 Ae 91
34420 Portiragnes 34 167 Dc 89
56510 Portivy 56 80 Wf 63
11210 Port-la-Nouvelle 11 179 Da 90
29150 Port-Launay 29 62 Vf 59
56590 Port-Lay 56 79 Wd 63
22470 Port-Lazo 22 63 Xa 56
80132 Port-le-Grand 80 28 Be 48
39600 Port-Lesney 39 107 Fe 67
11370 Port-Leucate 11 179 Da 91
56290 Port-Louis 56 79 Wd 62
44210 Portmain 44 96 Xe 66
29920 Port-Manec'h 29 78 Wb 62
56360 Port-Maria 56 80 Wf 65
17240 Port-Maubert 17 122 Zb 76
27940 Port-Mort 27 50 Bc 54
76270 Portmort 77 38 Bd 50
56640 Port-Navalo 56 80 Xa 63
20150 Porto CTC 182 Ie 95
20150 Porto Marina CTC 182 Ie 95
20140 Porto Pollo CTC 184 Ie 98
73310 Portout 73 132 Fe 74
20137 Porto Vecchiaccio CTC 185 Kb 99
20137 Porto-Vecchio CTC 185 Kb 99
50440 Port-Racine 50 32 Ya 50
37800 Ports 37 100 Ad 66
47130 Port-Sainte-Marie 47 148 Ac 83
38470 Port-Saint-Gervais 38 131 Fc 77
13230 Port-Saint-Louis-du-Rhône 13 169 Ee 88
56590 Port-Saint-Nicolas 56 79 Wd 63
44710 Port-Saint-Père 44 96 Yb 66
29830 Portsall 29 61 Vb 57
70170 Port-sur-Saône 70 93 Ga 62
54700 Port-sur-Seille 54 56 Ga 55
56590 Port-Tudy 56 79 Wd 63
20130 Portu Monachi CTC 182 Id 96
66660 Port-Vendres 66 179 Da 93
78270 Port-Villez 78 50 Bc 54
22620 Porz-Even 22 63 Wf 56
22820 Porz-Hir 22 63 We 55
01150 Posafol 01 119 Fb 73
21350 Posanges 21 91 Ed 64
27740 Poses 27 50 Bb 53
51330 Possesse 51 54 Ee 55
57930 Postroff 57 57 Ha 55
29160 Postudel 29 61 Vc 59
51260 Potangis 51 73 Dd 57
29900 Poteau-Vert 29 78 Wa 61
30500 Potelières 30 154 Eb 83
33340 Potensac 33 122 Za 77
21400 Pothières 21 91 Ed 61
14420 Potigny 14 48 Ze 55
80190 Potte 80 39 Cf 50
86120 Pouançay 86 99 Zf 66
49420 Pouancé 49 83 Ye 62
10700 Pouan-les-Vallées 10 73 Ea 57
86200 Pouant 86 99 Ab 66
58700 Poucelange 58 103 Db 66
31370 Poucharramet 31 164 Bb 88
12170 Poudac 12 152 Cd 84
46090 Poudans 46 150 Bb 82
47170 Poudenas 47 148 Ab 84
40700 Poudenx 40 161 Zc 87
81700 Poudis 81 165 Bf 87
46500 Poudurac 46 138 Bd 80
86110 Poué 86 99 Aa 68
35150 Pouez 35 82 Yc 61
79500 Pouffonds 79 111 Zf 71
30330 Pougnadoresse 30 155 Ed 84
16700 Pougné 16 112 Ab 73
79130 Pougne-Hérisson 79 98 Zd 69
01550 Pougny 01 120 Ff 72
58200 Pougny 58 89 Da 64
58320 Pougues-les-Eaux 58 103 Da 66
10240 Pougy 10 74 Ec 58
07690 Pouilla 07 130 Ed 77
17210 Pouillac 17 123 Ze 77
19170 Pouillac 19 126 Be 75
86430 Pouillac 86 112 Ae 71
05800 Pouillardenc 05 144 Ff 80
41110 Pouillé 41 86 Bb 65
53220 Pouillé 53 66 Za 58
85570 Pouillé 85 110 Za 69
86800 Pouillé 86 112 Ad 69
44522 Pouillé-les-Côteaux 44 83 Yf 64
21150 Pouillenay 21 91 Ec 63
25410 Pouilley-Français 25 107 Ff 65
25115 Pouilley-les-Vignes 25 107 Ff 65
40350 Pouillon 40 161 Za 87
51220 Pouillon 51 41 Df 53
63340 Pouilloux 63 128 Da 76
71230 Pouilloux 71 105 Ec 69
79190 Pouilloux 79 111 Aa 72
57420 Pouilly 57 56 Gb 54
60790 Pouilly 60 51 Ca 53
71960 Pouilly 71 118 Ee 71
74490 Pouilly 74 120 Gc 72
74130 Pouilly 74 120 Gc 72
21320 Pouilly en-Auxois 21 91 Ed 65
52400 Pouilly-en-Bassigny 52 75 Fd 61
77240 Pouilly-le-Fort 76 71 Cd 57
69400 Pouilly-le-Monial 69D 118 Ed 73
42155 Pouilly-les-Nonains 42 117 Df 72
42720 Pouilly-sous-Charlieu 42 117 Ea 72
58150 Pouilly-sur-Loire 58 88 Cf 65
55700 Pouilly-sur-Meuse 55 42 Fa 51
21250 Pouilly-sur-Saône 21 106 Fa 66
02270 Pouilly-sur-Serre 02 40 Dd 50
21610 Pouilly-sur-Vingeanne 21 92 Fc 63
40260 Pouin 40 146 Yf 85
33480 Poujeaux 33 134 Zb 78
19230 Poujol 19 125 Bc 76
34700 Poujols 34 153 Db 86
48210 Poujols 48 153 Dc 83
36210 Poulaines 36 101 Bd 66
80260 Poulainville 80 39 Cb 49
52800 Poulangy 52 75 Fb 60
81120 Poulan-Pouzols 81 151 Ca 85
29710 Poul-ar-Marquis 29 78 Vd 60
53640 Poulay 53 67 Zc 58
29100 Pouldergat 29 78 Ve 60
22450 Pouldouran 22 63 We 56
29710 Pouldreuzic 29 78 Vd 61
87220 Pouleina 87 125 Bc 74
69870 Poule-les-Écharmeaux 69D 117 Ec 72
29430 Poulfoën 29 62 Vf 56
29770 Poulgoazec 29 61 Vc 60
56160 Poul-Grellec 56 79 We 60
29780 Poulhan 29 61 Vd 61
33790 Pouliac 33 135 Zf 80
25640 Pouligney-Lusans 25 93 Gb 65
36110 Pouligny 36 101 Be 66
58250 Pouligny 58 104 De 67
36160 Pouligny-Notre-Dame 36 114 Ca 70
36160 Pouligny-Saint-Martin 36 114 Ca 69
36300 Pouligny-Saint-Pierre 36 100 Ba 68
29100 Poullan-sur-Mer 29 78 Vd 60
29246 Poullaouen 29 63 Wc 58
16190 Poullignac 16 123 Zf 76
56920 Poulvern 56 64 Xa 60
30320 Poulx 30 154 Ec 85
65190 Poumarous 65 163 Ab 90
36400 Poumoué 36 114 Bf 69
82120 Poupas 82 149 Af 85
50480 Pouppeville 50 34 Ye 52
28140 Poupry 28 70 Bf 60
58140 Pouques-Lormes 58 90 De 65
32190 Pouquet 32 163 Ab 86
84210 Pouraque 84 156 Fa 85
48150 Pourcarès 48 153 Dc 83
24610 Pourcaud 24 136 Ab 79
31470 Pourcet 31 164 Ba 88
48800 Pourcharesse 48 141 Df 82
07000 Pourchères 07 142 Ed 80
43580 Pourcheresse 43 141 Dd 79
83470 Pourcieux 83 171 Fe 88
51480 Pourcy 51 53 Df 54
81530 Pourencas 81 152 Cd 86
40800 Pourin 40 162 Ze 87
71270 Pourlans 71 106 Fb 67
46320 Pournel 46 138 Bf 81
57420 Pournoy-la-Chétive 57 56 Ga 54
57420 Pournoy-la-Grasse 57 56 Gb 54
89240 Pourrain 89 89 Dc 62
43220 Pourrat 43 130 Ec 77
83910 Pourrières 83 171 Fe 87
23430 Pourrioux 23 113 Bd 73
08210 Pourron 08 42 Fa 51
16700 Poursac 16 112 Ab 73
17400 Poursay-Garnaud 17 111 Zd 73
64410 Poursiugues-Boucoue 64 162 Zd 87
08140 Pouru-aux-Bois 08 42 Fa 50
08140 Pouru-Saint-Rémy 08 42 Fa 50
76550 Pourville-sur-Mer 77 37 Ba 49
43130 Poussac 43 129 Df 77
34560 Poussan 34 168 De 88
23500 Poussanges 23 126 Cb 74
88500 Poussay 88 76 Ga 59
58500 Pousseaux 58 89 Dd 63
34600 Pous-Sec 34 167 Db 87
10510 Poussey 10 73 De 57
33430 Poussignac 33 135 Ze 82
47700 Poussignac 47 148 Aa 82
24750 Poussonneix 24 136 Ae 78
14540 Poussy-la-Campagne 14 48 Ze 54
12380 Pousthomy 12 152 Cd 85
67420 Poutay 67 60 Ha 58
65300 Poutge 65 163 Ac 90
61130 Pouvrai 61 68 Ad 59
23700 Poux 23 115 Cc 72
43320 Poux 43 141 De 78
63440 Poux 63 115 Da 72
81430 Poux 81 151 Cb 85
87190 Poux 87 113 Bb 71
88550 Pouxeux 88 77 Gd 60
40370 Pouy 40 147 Zb 85
65230 Pouy 65 163 Ad 89
65240 Pouy 65 175 Ac 91
65350 Pouyastruc 65 163 Ab 89
40420 Pouy-Blanc 40 147 Zc 84
40120 Pouy-Blanquine 40 147 Zd 84
40120 Pouydesseaux 40 147 Ze 85
40400 Pouy-des-Trucs 40 146 Za 85
31430 Pouy-de-Touges 31 164 Ba 88
32290 Pouydraguin 32 162 Aa 87
32320 Pouylebon 32 163 Ab 87
32260 Pouy-Loubrin 32 163 Ad 88
19800 Pouymas-Bas 19 126 Bf 77
19800 Pouymas-Haut 19 126 Bf 77
32480 Pouy-Roquelaure 32 149 Ad 84
10290 Pouy-sur-Vannes 10 73 Dd 59
65200 Pouzac 65 162 Aa 90
85210 Pouzacq 85 97 Za 69
85700 Pouzauges 85 98 Za 68
37800 Pouzay 37 100 Ad 66
31450 Pouze 31 164 Bd 88
86600 Pouzeau 86 111 Aa 70
63340 Pouzeix 63 128 Da 76
24660 Pouzelande 24 136 Ae 78
36150 Pouzelas 36 102 Bf 66
36340 Pouzet 36 114 Be 69
30210 Pouzilhac 30 155 Ed 84
86330 Pouziou 86 99 Aa 68
86580 Pouzioux 86 99 Ab 69
86300 Pouzioux 86 112 Ae 69
63440 Pouzol 63 115 Cf 72
34480 Pouzolles 34 167 Db 88
34230 Pouzols 34 167 Dd 87
43200 Pouzols 43 141 Eb 78
81120 Pouzols 81 151 Ca 85
11120 Pouzols-Minervois 11 166 Ce 89
79170 Pouzou 79 111 Ze 71
03320 Pouzy-Mésangy 03 103 Da 68
40250 Poyaller 40 161 Zb 86
40380 Poyanne 40 147 Zb 86
70100 Poyans 70 92 Fc 64
40380 Poyartin 40 161 Za 86
26310 Poyols 26 143 Fc 81
80300 Pozières 80 29 Ce 48
20222 Pozzo CTC 181 Kc 92
38190 Prabert 38 132 Ff 77
43340 Praclaux 43 141 Df 80
32420 Praconteau 32 163 Ae 88
81130 Pradagouche 81 151 Ca 85
06470 Pra-d'Airand 06 158 Ge 84
15600 Pradairols 15 139 Cb 80
82270 Pradal 82 150 Bd 83
09290 Pradals 09 164 Bb 90
82300 Pradals 82 150 Bd 84
81360 Pradel 81 166 Cc 86
26340 Pradèlle 26 143 Fb 81
46320 Pradelle 46 138 Be 80
63320 Pradelle 63 128 Da 75
24510 Pradelles 24 137 Ae 79
43420 Pradelles 43 141 Df 80
59190 Pradelles 59 30 Cd 44
63750 Pradelles 63 127 Cd 75
11380 Pradelles-Cabardès 11 166 Cc 88
11220 Pradelles-en-Val 11 166 Cd 90
07380 Prades 07 142 Eb 81
09110 Prades 09 177 Bf 92
43300 Prades 43 141 Dd 78
63970 Prades 63 128 Cf 75
66500 Prades 66 178 Cc 93
81220 Prades 81 165 Bf 87
81260 Prades 81 166 Cd 86
12470 Prades-d'Aubrac 12 140 Cf 81
34730 Prades-le-Lez 34 168 Df 86
12290 Prades-Salars 12 152 Ce 83
34360 Prades-sur-Vernazobre 34 167 Cf 88
09600 Pradettes 09 177 Be 91
12440 Pradials 12 151 Cb 83
09000 Pradières 09 177 Bd 91
09220 Pradières 09 177 Bc 92
15160 Pradiers 15 127 Cf 77
56310 Pradigo 56 79 Wf 60
12240 Pradinas 12 151 Cb 83
19170 Pradines 19 126 Bf 75
19300 Pradines 19 126 Ca 76
42630 Pradines 42 117 Eb 73
46090 Pradines 46 137 Bc 82
19400 Pradis 19 138 Bf 78
23220 Pradon 23 114 Bf 70
07120 Pradons 07 142 Ec 82
04420 Prads-Haute-Bléone 04 158 Gc 83
05100 Prafauchier 05 145 Ge 79
65120 Pragnères 65 175 Aa 92
42440 Pragniot 42 129 De 74
79230 Prahecq 79 111 Zd 71
74140 Prailles 74 120 Gc 71
79290 Prailles 79 99 Ze 66
79370 Prailles-La Couarde 79 111 Ze 71
79800 Prailles-La Couarde 79 111 Zf 71
21440 Prairay 21 91 Ef 64
29620 Prajou 29 63 Wb 56
29170 Prajou 29 78 Vf 61
15400 Prallac 15 127 Cd 77
73710 Pralognan-la-Vanoise 73 133 Ge 76
21410 Prâlon 21 91 Ee 65
42600 Pralong 42 129 Ea 74
04400 Pra-Loup 04 158 Gd 82
05200 Pramouton 05 145 Gd 82
05200 Pra-Mouton 05 145 Gd 81
63230 Pranal 63 127 Ce 73
46500 Prangères 46 138 Be 80
52190 Prangey 52 92 Fb 62
07000 Pranles 07 142 Ed 80
15220 Prantignac 15 139 Cc 79
16110 Pranzac 16 124 Ac 74
06470 Pra-Pelet 06 158 Ge 84
05170 Prapic 05 145 Gc 80
38190 Prapoutel 38 132 Ff 77
73440 Praranger 73 133 Gd 76
05310 Prareboul 05 145 Gd 80
73210 Prariond 73 133 Ge 75
73150 Prariond 73 133 Ha 76
05460 Pra-Roubaud 05 145 Gf 80
36100 Praslay 36 102 Ca 67
52160 Praslay 52 92 Fa 62
10210 Praslin 10 73 Eb 60
04400 Pra Soubeiran 04 158 Gd 82
63420 Prassinet 63 128 Da 76
28150 Prasville 28 70 Be 59
22140 Prat 22 63 We 56
32240 Prat 32 148 Zf 85
65130 Prat 65 175 Ac 90
29460 Prat-an-Dour 29 62 Ve 59
20123 Pratavone CTC 182 Ie 98
09160 Prat-Bonrepaux 09 176 Ba 90
43580 Pratclaux 43 141 Dd 79
09400 Prat-Communal 09 177 Bc 91
15430 Prat de Bouc 15 139 Ce 78
11100 Prat-de-Crest 11 167 Cf 90
65130 Prat-Lahitte 65 163 Ac 90
15320 Prat-Long 15 140 Db 79
11800 Prat-Majou 11 166 Cc 89
09140 Prat-Mataou 09 177 Bb 92
20218 Prato- di-Giovellina CTC 181 Ka 94
29880 Prat-Paul 29 61 Vd 57
19140 Prats 19 126 Bd 75
24230 Prats 24 135 Aa 80
66360 Prats-Balaguer 66 178 Cb 94
24370 Prats-de-Carlux 24 137 Bb 79
66230 Prats-de-Mollo-la-Preste 66 178 Cc 94
66730 Prats-de-Sournia 66 178 Cc 92
24550 Prats-du-Périgord 24 137 Ba 80
20167 Pratu-Tonnu CTC 182 If 97
81500 Pratviel 81 165 Bf 87
39170 Pratz 39 119 Fe 70
52330 Pratz 52 74 Ef 59
36100 Prault 36 102 Ca 67
52190 Prauthoy 52 92 Fb 62
19320 Prauvialle 19 126 Ca 77
43130 Pravel 43 129 Ea 77
73210 Pravin 73 133 Gd 75
41190 Pray 41 86 Ba 62
54116 Praye 54 76 Ga 58
09000 Prayols 09 177 Bd 91
12320 Prayssac 12 139 Cb 81
46220 Prayssac 46 137 Bb 81
47360 Prayssas 47 149 Ad 83
73310 Praz 73 132 Fe 74
74120 Praz-sur-Arly 74 133 Gd 73
45130 Préau 45 87 Be 61
36240 Préaux 36 101 Bb 66
42220 Préaux 42 130 Ec 77
53340 Préaux 53 83 Zd 61
77710 Préaux 76 72 Cf 59
76160 Préaux 77 37 Bb 52
14210 Préaux-Bocage 14 35 Zc 54
61340 Préaux-du-Perche 61 69 Ae 59
14290 Préaux-Saint-Sebastien 14 48 Ab 55
38710 Prébois 38 144 Fe 80
50220 Précey 50 66 Yd 57

32390 Préchac 32 149 Ad 86
33730 Préchac 33 147 Zd 82
65400 Préchac 65 175 Zf 91
40465 Préchacq 40 161 Za 86
64190 Préchacq-Josbaig 64 161 Zb 89
64190 Préchacq-Navarrenx 64 161 Zb 89
32160 Préchac-sur-Adour 32 162 Zf 87
73630 Précherel 73 132 Gb 75
42600 Précieux 42 129 Ea 75
72300 Précigné 72 84 Ze 62
64400 Précilhon 64 161 Zc 89
18350 Précilly 18 103 Ce 66
20137 Precoggio CTC 185 Kb 99
83120 Préconil 83 172 Gd 89
50810 Précorbin 50 47 Za 54
18140 Précy 18 103 Cf 66
58120 Précy 58 104 Df 66
58800 Précy 58 104 De 65
60890 Précy-à-Mont 60 52 Da 53
89450 Précy-le-Moult 89 90 De 64
89440 Précy-le-Sec 89 90 Df 63
10500 Précy-Notre-Dame 10 74 Ec 58
10500 Précy-Saint-Martin 10 74 Ec 58
21390 Précy-sous-Thil 21 90 Eb 64
77410 Précy-sur-Marne 77 52 Ce 55
60460 Précy-sur-Oise 60 51 Cc 53
89116 Précy-sur-Vrin 89 72 Db 61
62134 Prédefin 62 29 Cb 45
70220 Pré-du-Rupt 70 94 Gc 61
44770 Préfailles 44 96 Xe 66
45490 Préfontaines 45 71 Ce 60
44850 Préfoure 44 82 Yd 64
89460 Prégilbert 89 89 De 63
01630 Prégnin 01 120 Ga 71
17460 Préguillac 17 122 Zc 74
89800 Préhy 89 90 De 62
33210 Preignac 33 135 Ze 81
32810 Preignan 32 163 Ad 86
70120 Preigney 70 93 Fe 62
11250 Preixan 11 166 Cb 90
38450 Prélenfrey 38 144 Fd 78
58800 Prélichy 58 104 Dd 65
42130 Prélion 42 129 Df 74
05120 Prelles 05 145 Gd 79
58140 Prélouis 58 104 Df 65
34390 Prémain 34 166 Cf 87
39220 Prémanon 39 120 Ga 70
21700 Premeaux-Prissey 21 106 Ef 66
58700 Prémery 58 103 Db 65
59840 Premesques 59 30 Cf 45
01300 Prémeyzel 01 131 Fd 74
21110 Premières 21 106 Fb 65
10170 Prémierfait 10 73 Ea 57
03410 Prémilhat 03 115 Cd 71
24800 Prémillac 24 125 Af 76
01110 Prémillieu 01 131 Fd 73
02110 Prémont 02 40 Dc 48
02320 Prémontré 02 40 Dc 51
36260 Prenay 36 102 Ca 66
41370 Prenay 41 86 Bd 62
46270 Prendeignes 46 138 Ca 80
07110 Prends-toi-gardes 07 142 Eb 81
32190 Préneron 32 163 Ab 86
21370 Prenois 21 91 Ef 64
41240 Prénouvellon 41 70 Bd 61
39150 Prénovel 39 119 Ff 69
54530 Preny 54 56 Ff 55
36220 Pré-Picault 36 100 Af 68
73530 Pré-Plan 73 132 Gb 77
58360 Préporché 58 104 Df 67
61190 Préportin 61 68 Ad 57
26560 Pré-Rond 26 156 Fd 83
26310 Prés 26 143 Fd 81
43150 Présailles 43 141 Ea 79
28800 Pré-Saint-Evroult 28 70 Bc 59
28800 Pré-Saint-Martin 28 70 Bc 59
59990 Préseau 59 31 Dd 47
25550 Présentevillers 25 94 Ge 63
31570 Préserville 31 165 Bd 87
46200 Présignac 46 137 Bc 79
39270 Présilly 39 119 Fd 69
74160 Présilly 74 120 Ga 72
42123 Presle 42 117 Ea 73
70230 Presle 70 93 Gb 63
73110 Presle 73 132 Ga 76
14410 Presles 14 47 Zb 55
38680 Presles 38 143 Fc 78
95590 Presles 95 51 Cb 54
77220 Presles-en-Brie 76 52 Ce 56
02370 Presles-et-Boves 02 40 Dd 52
02860 Presles-et-Thierny 02 40 Dd 51
18380 Presly 18 87 Cc 64
45260 Presnoy 45 71 Cd 61
43200 Pressac 43 128 Dc 77
86460 Pressac 86 112 Ad 72
27940 Pressagny-le-Val 27 50 Bc 54
27510 Pressagny-L'Orgueilleux 27 50 Bc 54
45130 Pressailles 45 70 Bd 61
86800 Préssec 86 112 Ad 69
19150 Presset 19 126 Be 77
01370 Pressiat 01 119 Fc 71
16150 Pressignac 16 124 Ae 74
24150 Pressignac-Vicq 24 136 Ae 79
52500 Pressigny 52 92 Fd 62
79390 Pressigny 79 99 Zf 68
45290 Pressigny-les-Pins 45 88 Ce 61
38480 Pressins 38 131 Fd 75
62550 Pressy 62 29 Cc 46
74300 Pressy 74 120 Gd 72
71220 Pressy-sous-Dondin 71 117 Ed 70
39110 Pretin 39 107 Ff 67
50250 Prétot-Sainte-Suzanne 50 33 Yd 53
76560 Prétot-Vicquemare 77 37 Af 50
14140 Prêtreville 14 48 Ab 54
80290 Prettemolle 80 38 Bf 50
71290 Préty 71 118 Ef 69
55250 Pretz-en-Argonne 55 55 Fa 55
18120 Preuilly 18 102 Cb 66
86360 Preuilly 86 99 Ab 69
36220 Preuilly-la-Ville 36 100 Af 68
37290 Preuilly-sur-Claise 37 100 Af 67
62650 Preures 62 28 Bf 45
67250 Preuschdorf 67 58 He 55
76660 Preuseville 77 38 Bd 49
54490 Preutin-Higny 54 56 Fe 52
59288 Preux-au-Bois 59 31 Dd 48
59144 Preux-au-Sart 59 31 De 47
72400 Préval 72 68 Ad 59
18300 Prévant 18 88 Cf 65
72110 Prévelles 72 68 Ac 60
48800 Prévenchères 48 141 Df 81
18370 Préveranges 18 114 Cb 70
01280 Prévessin-Moëns 01 120 Ga 71
12120 Préviala 12 152 Cd 83
60360 Prévillers 60 38 Bf 51
77470 Prévilliers 76 52 Cf 55
12350 Prévinquières 12 151 Cb 82
57590 Prévocourt 57 56 Gc 55
27220 Prey 27 49 Bb 55
88600 Prey 88 77 Ge 59
24460 Preyssac-d'Agonac 24 124 Ae 77
24160 Preyssac-d'Excideuil 24 125 Ba 76
08290 Prez 08 41 Ec 50
52700 Prez-sous-Lafauche 52 75 Fc 59
52170 Prez-sur-Marne 52 75 Fa 57
20245 Prezzuna CTC 180 Ie 94
79210 Priaires 79 110 Zc 72
01160 Priay 01 119 Fb 73
36400 Priche 36 114 Ca 69
20230 Pricoju CTC 183 Kd 95
02470 Priez 02 52 Db 54
17160 Prignac 17 123 Zd 74
33710 Prignac-et-Marcamps 33 135 Zd 78
33340 Prignac-en-Médoc 33 122 Za 77
44760 Prigny 44 96 Ya 66
24130 Prigonrieux 24 136 Ac 79
20260 Prigugio CTC 180 Ie 93
38270 Primarette 38 130 Fa 76
08250 Primat 08 42 Ee 52
29770 Primelin 29 61 Vc 60
18400 Primelles 18 102 Cb 67
29630 Primel-Trégastel 29 62 Wb 56
86420 Prinçay 86 99 Ab 67
35210 Princé 35 66 Yf 59
44680 Princé 44 96 Ya 66
79210 Prin-Deyrançon 79 110 Zc 71
72800 Pringé 72 84 Aa 62
51300 Pringy 51 54 Ed 56
74370 Pringy 74 120 Ga 73
77310 Pringy 76 71 Cd 57
44260 Prinquiau 44 81 Xf 64
67490 Printzheim 67 58 Hc 56
02140 Prisces 02 41 Df 50
59550 Prisches 59 31 De 48
36370 Prissac 36 113 Bb 69
24580 Prisse 24 137 Af 78
71960 Prissé 71 118 Ee 71
79360 Prissé-la-Charrière 79 110 Zd 72
33730 Privaillet 33 147 Zd 82
07000 Privas 07 142 Ed 80
30630 Privat 30 154 Ec 83
18370 Privez 18 102 Cb 69
12350 Privezac 12 151 Cb 82
12700 Prix 12 138 Ca 81
37240 Prix 37 100 Ae 66
56320 Priziac 56 79 Wd 60
71800 Prizy 71 117 Eb 70
74110 Prodains 74 121 Ge 71
12370 Prohencoux 12 152 Ce 86
24200 Proissans 24 137 Bb 79
02120 Proisy 02 40 De 49
02120 Proix 02 40 Dd 49
32400 Projan 32 162 Ze 87
42560 Prolanges 42 129 Df 75
21230 Promenois 21 105 Ec 65
46260 Promilhanes 46 150 Be 82
38520 Promontoire 38 144 Gb 79
63200 Prompsat 63 115 Da 73
71380 Prondevaux 71 106 Ef 68
63470 Prondines 63 127 Ce 74
60190 Pronleroy 60 39 Cd 52
62860 Pronville 62 30 Da 47
26170 Propiac 26 155 Fb 83
69790 Propières 69D 117 Ec 71
20110 Propriano CTC 184 If 98
51400 Prosnes 51 54 Eb 53
28410 Prouais 28 50 Bd 56
34220 Prouilhe 34 166 Cd 87
51140 Prouilly 51 53 Df 53
01150 Proulieu 01 131 Fb 73
31360 Proupiary 31 164 Af 90
31210 Proupriary 31 163 Ad 90
37160 Prouray 37 100 Ad 66
14110 Proussy 14 47 Zc 55
02190 Prouvais 02 41 Df 52
80370 Prouville 80 29 Ca 48
59121 Prouvy 59 30 Dc 47
80160 Prouzel 80 38 Cb 50
25380 Provenchère 25 94 Gd 65
70170 Provenchère 70 93 Ga 62
88260 Provenchères-lès-Darney 88 76 Ff 60
88490 Provenchères-sur-Fave 88 77 Ha 59
52320 Provenchères-sur-Marne 52 75 Fa 59
52140 Provenchères-sur-Meuse 52 75 Fd 60
89200 Provency 89 90 Df 63
10200 Proverville 10 74 Ee 59
38120 Proveysieux 38 131 Fe 77
59267 Proville 59 30 Db 48
59185 Provin 59 30 Cf 45
77160 Provins 76 72 Db 57
02190 Proviseux-et-Plesnoy 02 41 Ea 52
80340 Proyart 80 39 Ce 49
28270 Prudemanche 28 49 Ba 56
46130 Prudhomat 46 138 Be 79
11140 Prugnanes 11 178 Cc 92
12360 Prugnes-les-Eaux 12 152 Cf 86
10190 Prugny 10 73 Df 59
49220 Pruillé 49 83 Zc 63
72700 Pruillé-le-Chétif 72 68 Aa 61
72150 Pruillé-L'Eguillé 72 85 Ac 61
12320 Pruines 12 139 Cd 81
86430 Prun 86 112 Ae 71
30750 Prunaret 30 153 Dc 84
51360 Prunay 51 53 Eb 53
10350 Prunay-Belleville 10 73 De 58
41310 Prunay-Cassereau 41 86 Af 62
78660 Prunay-en-Yvelines 78 70 Be 57
28360 Prunay-le-Gillon 28 70 Bd 58
78910 Prunay-le-Temple 78 50 Be 55
20290 Prunelli di Casacconi CTC 181 Kc 93
20243 Prunelli-di-Fiumorbo CTC 183 Kb 96
03410 Prunet 03 115 Cd 70
07110 Prunet 07 142 Eb 81
15130 Prunet 15 139 Cc 80
31460 Prunet 31 165 Be 87
66130 Prunet 66 179 Cd 93
81190 Prunet 81 151 Cb 84
20232 Pruneta CTC 181 Kc 93
20221 Prunete CTC 183 Kd 95
48210 Prunets 48 153 Dc 82
28140 Pruneville 28 70 Bd 60
36290 Prung 36 100 Ba 68
36200 Prunget 36 101 Bd 69
05230 Prunières 05 145 Gb 81
38350 Prunières 38 144 Fe 79
48200 Prunières 48 140 Dc 80
36120 Pruniers 36 102 Ca 68
49080 Pruniers 49 83 Zc 64
86500 Pruniers 86 112 Ae 70
41200 Pruniers-en-Sologne 41 87 Be 65
20213 Pruno CTC 181 Kc 94
20167 Pruno CTC 182 Ie 97
20114 Pruno CTC 185 Ka 99
89120 Prunoy 89 89 Da 61
12160 Pruns 12 151 Cc 83
12290 Pruns 12 152 Ce 83
15150 Pruns 15 139 Cb 78
63260 Pruns 63 116 Db 72
21400 Prusly-sur-Ource 21 91 Ed 61
10210 Prusy 10 73 Ea 61
58160 Prye 58 103 Db 67
67290 Puberg 67 58 Hb 55
33840 Publanc 33 147 Ze 83
74500 Publier 74 120 Gd 70
39570 Publy 39 107 Fd 69
44390 Puceul 44 82 Yc 63
33610 Puch 33 134 Zb 80
33830 Puch 33 147 Zb 82
27150 Puchay 27 50 Bd 52
47160 Puch-d'Agenais 47 148 Ab 83
76340 Puchervin 77 37 Bd 49
64260 Pucheux 64 162 Zd 90
80560 Puchevillers 80 29 Cc 48
33112 Pudos 33 134 Za 78
12150 Puech 12 152 Da 83
34150 Puéchabon 34 168 Dd 86
81100 Puech-Auriol 81 166 Cb 87
12340 Puech-Gros 12 139 Cd 82
12270 Puechiguier 12 151 Bf 83
82250 Puech-Mignon 82 151 Bf 84
81470 Puéchoursi 81 165 Bf 87
30610 Puechredon 30 154 Ea 85
12390 Puechs 12 151 Cc 82
52220 Puellemontier 52 74 Ee 58
28140 Puerthe 28 70 Bd 60
84360 Puget 84 156 Fb 86
06260 Puget-Rostange 06 158 Gf 85
31250 Pugets 31 165 Ca 88
83480 Puget-sur-Argens 83 172 Ge 88
06260 Puget-Théniers 06 158 Gf 85
83390 Puget-Ville 83 171 Ga 89
25720 Pugey 25 107 Ff 65
01510 Pugieu 01 131 Fd 74
11400 Puginier 11 165 Bf 88
33710 Pugnac 33 135 Zd 78
79320 Pugny 79 98 Zc 68
73100 Pugny-Chatenod 73 132 Ff 74
11700 Puichéric 11 166 Cd 89
34230 Puilacher 34 167 Dd 87
11140 Puilaurens 11 178 Cb 92
17138 Puilboreau 17 110 Yf 71
08370 Puilly-et-Charbeaux 08 42 Fb 51
42110 Puilly-lès-Feurs 42 129 Eb 74
87140 Puimenier 87 113 Bb 72
04700 Puimichel 04 157 Ga 85
34480 Puimisson 34 167 Db 88
04410 Puimoisson 04 157 Ga 85
79350 Puiravault 79 98 Ze 68
86250 Puiraveau 86 112 Ac 71
10130 Puiseaux 10 73 Df 60
45390 Puiseaux 45 71 Cc 59
45480 Puiselet 45 70 Ca 59
77140 Puiselet 76 71 Cd 59
91150 Puiselet-le-Marais 91 71 Cb 58
76660 Puisenval 77 37 Bc 49
08270 Puiseux 08 41 Ed 51
28170 Puiseux 28 50 Bc 57
60850 Puiseux-en-Bray 60 38 Be 52
95380 Puiseux-en-France 95 51 Cc 54
95380 Puiseux-en-France le Village 95 51 Cc 54
02600 Puiseux-en-Retz 02 52 Da 53
60540 Puiseux-le-Hauberger 60 51 Cb 53
51500 Puisieulx 51 53 Ea 53
62116 Puisieux 62 29 Ce 48
77139 Puisieux 76 52 Cf 54
02120 Puisieux-et-Clanlieu 02 40 De 49
34480 Puissalicon 34 167 Db 88
33570 Puisseguin 33 135 Zf 79
34620 Puisserguier 34 167 Da 88
21400 Puits 21 91 Ec 62
86200 Puits-d'Ardanne 86 99 Aa 67
45630 Puits- d'Avenat 45 88 Ce 63
89310 Puits-de-Bon 89 90 Df 62
89800 Puits-de-Courson 89 90 De 62
10140 Puits-et-Nuisement 10 74 Ed 59
77171 Puits-Froux 76 72 Dc 57
60480 Puits-la-Vallée 60 38 Cb 51
11340 Puivert 11 178 Ca 91
32600 Pujaudran 32 164 Ba 87
30131 Pujaut 30 155 Ee 84
65500 Pujo 65 162 Aa 88
11160 Pujol-de-Bosc 11 166 Cc 88
40190 Pujo-le-Plan 40 147 Zd 85
33350 Pujols 33 135 Zf 80
47300 Pujols 47 149 Ae 82
81310 Pujols 81 150 Be 85
33210 Pujols-sur-Ciron 33 135 Zd 81
31160 Pujos 31 176 Ae 90
32290 Pujos 32 163 Ab 86
21190 Puligny-Montrachet 21 105 Ee 67
27130 Pullay 27 49 Ad 56
54160 Pulligny 54 76 Ga 57
54115 Pulney 54 76 Ga 58
54425 Pulnoy 54 56 Gb 56
85390 Pulteau 85 98 Za 69
63230 Pulvériès 63 115 Cf 73
68840 Pulversheim 68 95 Hb 61
56330 Pulvigner 56 79 Wf 62
80320 Punchy 80 39 Ce 50
20240 Punta CTC 183 Kc 97
65230 Puntous 65 163 Ac 89
63490 Pupidon 63 128 Dc 75
39600 Pupillin 39 107 Fe 67
08110 Pure 08 42 Fb 50
20290 Purettone CTC 181 Kc 93
70160 Purgerot 70 93 Ff 62
70000 Pusey 70 93 Ga 63
69330 Pusignan 69M 131 Fa 74
38510 Pusignieu 38 131 Fc 74
33125 Pussac 33 135 Zc 81
91740 Pussay 91 70 Bf 58
37800 Pussigny 37 100 Ad 67
73260 Pussy 73 132 Gc 75
70000 Pusy-et-Épenoux 70 93 Ga 62
61210 Putanges-Pont-Écrepin 61 48 Ze 56
01420 Puthier 01 119 Fe 73
88120 Putières 88 77 Gd 60
14430 Putot-en-Auge 14 35 Zf 53
14740 Putot-en-Bessin 14 35 Zc 53
88270 Puttegney 88 76 Gb 60
57510 Puttelange-aux-Lacs = Püttlingen 57 57 Gf 54
57570 Puttelange-lès-Thionville 57 44 Gb 52
57170 Puttigny 57 57 Gd 55
54800 Puxe 54 56 Fe 54
54115 Puxe 54 76 Ff 58
54800 Puxieux 54 56 Ff 54
05290 Puy-Aillaud 05 145 Gc 79
63230 Puy-à-L'Ane 63 127 Ce 74
40230 Puyau 40 160 Ye 87
33190 Puybarban 33 135 Zf 81
16270 Puybareau 16 124 Ad 73
19100 Puybaret 19 138 Bc 78
81390 Puybegon 81 151 Bf 86
24300 Puybegout 24 124 Ad 75
85110 Puybelliard 85 97 Yf 68
24460 Puyblanc 24 124 Ae 77
46320 Puy-Blanc 46 138 Bf 81
46130 Puybrun 46 138 Be 79
81440 Puycalvel 81 165 Ca 86
15340 Puycapel 15 139 Cc 80
32120 Puycasquier 32 163 Ae 86
87330 Puycatelin 87 112 Af 71
81140 Puycelsi 81 150 Be 85
23350 Puy-Cesset 23 114 Ca 70
24460 Puychantu 24 124 Ae 77
16210 Puychaud 16 123 Aa 77
48400 Puychauzier 48 153 Dd 83
31190 Puydaniel 31 164 Bc 88
19120 Puy-d'Arnac 19 138 Be 78
65220 Puydarrieux 65 163 Ac 89
33720 Puy-de-Cornac 33 135 Zd 81
24310 Puy-de-Fourches 24 124 Ad 77
85240 Puy-de-Serre 85 110 Zc 69
17290 Puydrouard 17 110 Za 72
63980 Puy du-Sapt 63 128 Dd 75
23380 Puy-Gaillard 23 114 Bf 71
82120 Puygaillard-de-Lomagne 82 149 Af 85
82800 Puygaillard-de-Quercy 82 150 Bd 84
17490 Puygard 17 123 Zf 74
26160 Puygiron 26 142 Ef 81
81990 Puygouzon 81 151 Cb 85
73190 Puygros 73 132 Ga 75
24240 Puyguilhem 24 136 Ac 80
63290 Puy-Guillaume 63 116 Dc 73
19300 Puyhabilier 19 126 Ca 77
79160 Puyhardy 79 110 Zc 69
24310 Puy-Henry 24 124 Ad 76
46260 Puyjourdes 46 151 Bf 82
19410 Puy-Juge 19 125 Bc 76
87380 Puy-la-Brune 87 125 Bc 75
82160 Puylagarde 82 151 Bf 83
19190 Puy-la-Mouche 19 138 Bd 78
82240 Puylaroque 82 150 Bd 83
81700 Puylaurens 81 165 Ca 87
48250 Puylaurent 48 141 Df 81
32220 Puylausic 32 164 Af 88
63820 Puy-Lavèze 63 127 Ce 74
46700 Puy-L'Evêque 46 137 Ba 81
86170 Puy-Lonchard 86 99 Ab 69
13114 Puyloubier 13 171 Fe 87
63230 Puy-Maladroit 63 127 Ce 73
23130 Puy-Malsignat 23 114 Cb 72
87290 Puymarron 87 113 Bb 72
31230 Puymaurin 31 163 Ae 88
84110 Puyméras 84 156 Fa 83
87500 Puy-Merle 87 125 Ba 75
47350 Puymiclan 47 136 Ab 81
47270 Puymirol 47 149 Ae 83
17400 Puymoreau 17 110 Zc 72
87150 Puymoreau 87 125 Af 74
87260 Puymoret 87 125 Bc 74
23140 Puy-Mouillera 23 114 Ca 71
16400 Puymoyen 16 124 Ab 75
19800 Puynèdre 19 126 Be 76
33660 Puynormand 33 135 Aa 79
40320 Puyol-Cazalet 40 162 Zd 87
64270 Puyoô 64 161 Za 87
16310 Puyponchet 16 124 Ac 74
24400 Puyrajou 24 136 Ab 78
17700 Puyravault 17 110 Zb 72
79100 Puyravault 79 99 Zf 67
85450 Puyravault 85 110 Yf 70
03250 Puyravel 03 116 Dd 72
19510 Puy-Razit 19 126 Bd 75
16230 Puyréaux 16 124 Ab 73
24340 Puyrenier 24 124 Ac 76
13540 Puyricard 13 170 Fc 87
37420 Puy-Rigaud 37 99 Aa 65
17380 Puyrolland 17 110 Zc 72
76200 Puys 77 37 Ba 49
05100 Puy-Saint-André 05 145 Gd 79
05200 Puy-Saint-Eusèbe 05 145 Gc 81
63470 Puy-Saint-Gulmier 63 127 Cd 74
26450 Puy-Saint-Martin 26 143 Ef 81
05100 Puy-Saint-Pierre 05 145 Gd 79
05290 Puy-Saint-Vincent 05 145 Gc 80
79390 Puysan 79 99 Zf 68
85200 Puy-Sec 85 110 Zb 70
32390 Puységur 32 149 Ad 86
24160 Puysségeney 24 125 Ba 76
31480 Puysségur 31 164 Ba 86
47800 Puysserampion 47 136 Ab 81
66210 Puyvalador 66 178 Ca 93
24260 Puyvendran 24 137 Af 79
84160 Puyvert 84 156 Fc 86
17220 Puyvineux 17 110 Za 72
74130 Puze 74 120 Gc 72
86170 Puzé 86 99 Ab 68
80320 Puzeaux 80 39 Ce 50
57590 Puzieux 57 56 Gc 55
88500 Puzieux 88 76 Ga 58
66360 Py 66 178 Cc 94
33115 Pyla-sur-Mer 33 134 Ye 81
66210 Pyrénées 2000 66 178 Ca 93
31490 Pyroutet 31 164 Bb 87
80300 Pys 80 29 Ce 48

Q

33360 Qinsac 33 135 Zd 80
64270 Qr des Antys 64 161 Za 88
59380 Quaëdypre 59 27 Cc 43
76450 Quainville 77 36 Ad 50
44410 Quair 44 81 Xd 64
38950 Quaix-en-Chartreuse 38 131 Fe 77
18110 Quantilly 18 102 Cc 65
34310 Quarante 34 167 Cf 88
59243 Quarouble 59 31 Dd 46
89630 Quarré-les-Tombes 89 90 Df 64
33830 Quartier 33 134 Zb 82
33380 Quartier-Bas 33 134 Za 81
40660 Quartier-Caliot 40 146 Yd 86
33830 Quartier-de-Joue 33 134 Zb 82
40370 Quartier-de-Marcel 40 146 Za 85
40390 Quartier-Neuf 40 160 Yd 87
57230 Quartier Pagezy 57 58 Hc 54
20142 Quasquara CTC 182 Ka 97
08400 Quatre-Champs 08 42 Ee 52
16500 Quatre-Chemins 16 112 Ae 72
27400 Quatremare 27 49 Ba 53
19380 Quatre-Routes 19 138 Be 78
35610 Quatre-Salines 35 65 Yc 57
30600 Quatret 30 169 Ec 87
16260 Quatre-Vaux 16 124 Ac 74
67117 Quatzenheim 67 58 Hd 57
62860 Quéant 62 30 Cf 47
29450 Queau 29 62 Wb 58
86150 Queaux 86 112 Ad 71
44410 Quebitre 44 81 Xe 64
35190 Québriac 35 65 Yb 58
88520 Québrux 88 77 Ha 59
35290 Quédillac 35 65 Xf 59
56590 Quéhello 56 79 Wd 63
44130 Quehillac 44 82 Ya 64
73720 Queige 73 132 Gc 74
53360 Quelaines-Saint-Gault 53 83 Zb 61
29500 Quelennec 29 78 Vf 60
56110 Quelennec 56 79 Wc 60
29570 Quélern 29 61 Vc 59
29600 Quelern 29 62 Wb 57
56910 Quelhuit 56 79 Wd 63
56440 Quellenec 56 80 We 61
62500 Quelmes 62 27 Ca 44
56910 Quelneuc 56 81 Xf 62
56310 Quelven 56 79 Wf 60
29180 Quéménéven 29 78 Vf 60
29740 Quémeur 29 78 Ve 62
21510 Quemignerot 21 91 Ed 63
21220 Quemigny-Poisot 21 106 Ef 65
21510 Quemigny-sur-Seine 21 91 Ee 63
22260 Quemper-Guézennec 22 63 Wf 56
22450 Quemperven 22 63 We 56
56230 Quénahé 56 81 Xd 62
80120 Quend 80 28 Bd 47
80120 Quend-Plage-les-Pins 80 28 Bd 47
59570 Quène-au-Leu 59 31 De 47
29640 Quénéguen 29 63 Wc 58
22250 Quénélec 22 65 Xe 59
56160 Quénépévan 56 79 We 60
89290 Quenne 89 90 Dd 62
70190 Quenoche 70 93 Ga 64
20122 Quenza CTC 185 Ka 98
29440 Quéran 29 62 Vf 57
12400 Querbes 12 152 Ce 85
62380 Quercamps 62 27 Ca 44
20237 Quercitello CTC 181 Kc 94
22640 Quercy 22 64 Xd 58
35133 Quéré 35 66 Ye 58
59269 Quérénaing 59 30 Dd 47

42600 Quérézieux 42 129 Ea 75
82140 Quergoalle 82 150 Be 84
23500 Quériaux 23 126 Cb 74
20213 Quericiolo CTC 181 Kc 94
09460 Quérigut 09 178 Ca 92
62120 Quernes 62 29 Cc 45
23270 Quéroix 23 114 Bf 71
50460 Querqueville 50 33 Yb 51
49330 Querré 49 83 Zc 62
63560 Querriaux 63 115 Cf 72
22210 Querrien 22 64 Xc 59
29310 Querrien 29 79 Wc 61
80115 Querrieu 80 39 Cc 49
70200 Quers 70 93 Gc 62
66760 Quès 66 177 Bf 94
60640 Quesmy 60 39 Da 51
14190 Quesnay 14 48 Ze 54
59310 Quesne 59 30 Db 46
50340 Quesney 50 33 Ya 51
80132 Quesnoy-le-Montant 80 28 Be 48
80270 Quesnoy-sur-Airaines 80 38 Bf 49
59890 Quesnoy-sur-Deûle 59 30 Cf 44
22270 Quesny 22 64 Xe 58
62240 Quesques 62 28 Bf 44
27220 Quessigny 27 50 Bb 55
22120 Quessoy 22 64 Xc 58
02700 Quessy 02 40 Db 50
56230 Questembert = Kistreberzh 56 81 Xd 63
62360 Questinghen 62 28 Be 44
62830 Questreques 62 28 Be 45
38970 Quet-en-Beaumont 38 144 Ff 79
21800 Quetigny 21 92 Fa 65
50630 Quettehou 50 33 Ye 51
50260 Quettetot 50 33 Yc 52
14130 Quetteville 14 48 Ab 52
50660 Quettreville-sur-Sienne 50 46 Yd 55
51120 Queudes 51 53 De 57
63780 Queuille 63 115 Cf 73
58140 Queuzon 58 90 Df 64
80710 Queveauvillers 80 38 Ca 50
56530 Quéven = Kevenn 56 79 Wd 62
22100 Quévert 22 65 Xf 58
76840 Quevillon 77 37 Af 52
54330 Quevilloncourt 54 76 Ga 58
22230 Quevran 22 64 Xc 59
76160 Quévreville 77 37 Bb 52
76520 Quévreville-la-Poterie 77 37 Bb 52
33340 Queyrac 33 122 Za 76
05120 Queyrières 05 145 Gd 80
43260 Queyrières 43 141 Ea 78
24140 Queyssac 24 136 Ad 79
19120 Queyssac-les-Vignes 19 138 Be 79
47410 Queyssei 47 136 Ac 81
15600 Quézac 15 139 Cb 80
48320 Quézac 48 153 Dd 82
56170 Quiberon 56 79 Wf 64
76860 Quiberville 77 37 Af 49
50750 Quibou 50 46 Ye 54
77720 Quiers 76 72 Cf 57
62490 Quiéry-la-Motte 62 30 Cf 46
02300 Quierzy 02 40 Da 51
62120 Quiéstède 62 29 Cc 44
59680 Quiévelon 59 31 Ea 47
76270 Quièvrecourt 77 37 Bc 50
59214 Quiévy 59 30 Dc 48
29510 Quiguen 29 78 Vf 60
62650 Quilen 62 28 Bf 45
29410 Quilien 29 62 Wb 58
29510 Quilinen 29 78 Vf 60
29590 Quiliou 29 62 Vf 59
11500 Quillan 11 178 Cb 91
27680 Quillebeuf-sur-Seine 27 36 Ad 52
29190 Quillégou 29 62 Vf 59
29450 Quillidiec 29 62 Vf 58
29860 Quillien 29 62 Vd 58
29180 Quillihouarn 29 78 Ve 60
29770 Quillivic 29 61 Vc 60
29100 Quillouarn 29 78 Vd 60
44750 Quilly 44 81 Ya 64
22150 Quilmin 22 64 Xb 59
56800 Quily 56 81 Xd 61
29590 Quimerch 29 62 Vf 59
44420 Quimiac 44 81 Xd 64
29000 Quimper 29 78 Vf 61
29300 Quimperlé 29 79 Wc 61
76350 Quincampoix 77 37 Bb 51
60220 Quincampoix-Fleuzy 60 38 Be 50
27170 Quincarnon 27 49 Af 55
86190 Quinçay 86 99 Ab 69
21500 Quincerot 21 90 Eb 63
89740 Quincerot 89 73 Ea 61
10400 Quincey 10 73 Dd 58
21700 Quincey 21 106 Ef 66
70000 Quincey 70 93 Gb 63
69430 Quincié-en-Beaujolais 69D 118 Ed 72
38470 Quincieu 38 131 Fc 77
69740 Quincieu 69M 130 Fa 74
69650 Quincieux 69M 118 Ee 73
18120 Quincy 18 102 Ca 66
71490 Quincy 71 105 Ec 67
74440 Quincy 74 120 Gc 72
02380 Quincy-Basse 02 40 Dc 51
55600 Quincy-Landzécourt 55 42 Fb 52
21500 Quincy-le-Vicomte 21 90 Eb 63
02220 Quincy-sous-le-Mont 02 40 Dd 53
91480 Quincy-sous-Sénart 91 51 Cc 56
77860 Quincy-Voisins 76 52 Cf 55
50310 Quinéville 50 33 Ye 51
25440 Quingey 25 107 Ff 66
44530 Quinhu 44 82 Ya 64
29690 Quinoualc'h 29 62 Wb 58
60130 Quinquempoix 60 39 Cc 51
44270 Quinquenevent 44 96 Ya 67
29190 Quinquis-Yven 29 62 Wa 59
12800 Quins 12 151 Cc 83
24130 Quinsac 24 124 Ae 76
32450 Quinsac 32 163 Ae 87
87500 Quinsac 87 125 Bb 76
04500 Quinson 04 171 Ga 86
19500 Quinsou 19 138 Be 78
87140 Quinssac 87 113 Bb 72
03380 Quinssaines 03 115 Cd 71
31130 Quint 31 165 Bd 87
71260 Quintaine 71 118 Ef 70
74600 Quintal 74 132 Ga 73
07290 Quintenas 07 130 Ee 77
22400 Quintenic 22 64 Xd 57
39570 Quintigny 39 106 Fd 68
11360 Quintillan 11 179 Ce 91
71270 Quintin 71 106 Fb 67
22800 Quintin = Kintin 22 64 Xa 58
09310 Quioulès 09 177 Bd 92
11500 Quirbajou 11 178 Cb 92
80250 Quiry-le-Sec 80 39 Cc 50
30260 Quissac 30 154 Df 85
46320 Quissac 46 138 Be 81
29530 Quistillic 29 62 Wb 59
56310 Quistinic 56 80 Wf 61
29140 Quistinit 29 78 Wb 61
27110 Quittebeuf 27 49 Ba 54
70100 Quitteur 70 92 Fe 63
80400 Quivières 80 39 Da 50
62390 Quœux-Haut-Maînil 62 29 Ca 47

R

79500 Rabalot 79 111 Zf 71
81800 Rabastens 81 150 Be 86
65140 Rabastens-de-Bigorre 65 162 Aa 88
09400 Rabat-le-Trois-Seigneurs 09 177 Bd 91
19490 Rabes 19 138 Be 77
48800 Rabeyral 48 154 Df 82
56420 Rabine 56 80 Xc 61
49490 Rabion 49 84 Aa 64
49750 Rablay-sur-Layon 49 83 Zc 65
61210 Rabodanges 61 47 Ze 56
05400 Rabou 05 144 Ff 81
86340 Raboué 86 112 Ac 70
66730 Rabouillet 66 178 Cc 92
12260 Raboy 12 138 Bf 82
88270 Racécourt 88 76 Gb 59
52170 Rachecourt-sur-Marne 52 75 Fa 57
52130 Rachecourt-Suzémont 52 74 Ef 58
59194 Râches 59 30 Da 46
62140 Rachinette 62 28 Bf 47
10130 Racines 10 73 Df 60
73260 Racla 73 132 Gc 76
48400 Racoules 48 153 Dd 83
62120 Racquinghem 62 29 Cc 44
57340 Racrange 57 57 Ge 55
70280 Raddon-et-Chapendu 70 94 Gc 61
77440 Rademont 76 52 Da 54
29390 Raden 29 79 Wb 60
56500 Radenac 56 80 Xb 61
27380 Radepont 27 37 Bb 52
20119 Radicale CTC 182 If 97
62310 Radinghem 62 29 Ca 45
59320 Radinghem-en-Weppes 59 30 Cf 45
61250 Radon 61 68 Aa 57
10500 Radonvilliers 10 74 Ed 58
68480 Raedersdorf 68 95 Hc 64
68190 Raedersheim 68 95 Hb 61
76210 Raffetot 77 36 Ad 51
50500 Raffoville 50 34 Yd 53
15500 Rageade 15 140 Db 78
14310 Ragny 14 47 Zc 54
50700 Ragonde 50 33 Yc 51
16390 Ragot 16 124 Ab 76
29920 Raguénez 29 78 Wa 62
41160 Rahart 41 86 Ba 61
72120 Rahay 72 69 Ae 61
57410 Rahling 57 57 Hb 55
25430 Rahon 25 94 Gd 65
39120 Rahon 39 106 Fc 67
61270 Rai 61 49 Ad 56
50500 Raids 50 34 Yd 53
59554 Raillencourt-Saint-Olle 59 30 Db 47
66360 Railleu 66 178 Cb 93
08430 Raillicourt-Barbaise 08 42 Ed 51
02360 Raillimont 02 41 Ea 50
59283 Raimbeaucourt 59 30 Da 46
71290 Raimbos 71 106 Ff 69
76750 Raimbouville 77 37 Bb 51
39290 Rainans 39 106 Fc 66
80600 Raincheval 80 29 Cc 48
70500 Raincourt 70 93 Ff 61
80131 Rainecourt 80 39 Ce 49
76730 Rainfreville 77 37 Af 50
80260 Rainneville 80 39 Cc 49
71460 Rains 71 105 Ed 69
59177 Rainsars 59 31 Df 48
88170 Rainville 88 76 Ff 58
60155 Rainvillers 60 38 Ca 52
59590 Raismes 59 30 Dd 46
11200 Raissac-d'Aude 11 167 Cf 89
11170 Raissac-sur-Lampy 11 166 Ca 89
55260 Raival 55 55 Fb 55
16240 Raix 16 111 Aa 73
78125 Raizeux 78 50 Be 57
20113 Raja CTC 184 If 98
42720 Rajasse 42 117 Ea 72
09300 Ralssac 09 177 Be 91
01250 Ramasse 01 119 Fb 71
83350 Ramatuelle 83 172 Gd 89
05000 Rambaud 05 144 Ga 81
88430 Rambaville 88 77 Gf 60
88700 Rambervillers 88 77 Gd 58
55220 Rambluzin-et-Benoîte-Vaux 55 55 Fb 55
55300 Rambucourt 55 56 Fe 55
80140 Ramburelles 80 38 Be 49
80140 Rambures 80 38 Be 49
89700 Rameau 89 90 De 62
02820 Ramecourt 02 41 Df 51
62130 Ramecourt 62 29 Cb 46
88500 Ramecourt 88 76 Ga 59
89400 Ramée 89 72 Dd 60
23380 Rameix 23 114 Ca 71
32350 Ramensan 32 163 Ac 86
10240 Ramerupt 10 74 Eb 57
09200 Rames 09 176 Ba 91
62179 Ramesault 62 26 Be 43
03210 Ramet 03 116 Db 69
02110 Ramicourt 02 40 Db 49
81260 Ramies 81 166 Cd 87
59161 Ramillies 59 30 Db 47
68800 Rammersmatt 68 94 Ha 62
88160 Ramonchamp 88 94 Ge 61
31520 Ramonville-Saint-Agne 31 164 Bc 87
45300 Ramoulu 45 71 Cb 59
24110 Ramouly 24 124 Ab 77
43370 Ramourouscle 43 141 De 79
64270 Ramous 64 161 Za 87
59177 Ramousies 59 31 Ea 48
32800 Ramouzens 32 148 Ab 86
50000 Rampan 50 34 Yf 54
24440 Rampieux 24 137 Ae 80
77370 Rampillon 76 72 Da 57
55220 Rampont 55 55 Fb 54
46340 Rampoux 46 137 Bb 81
06910 Ranc 06 158 Ha 85
01390 Rancé 01 118 Ef 73
58330 Ranceau 58 104 Dd 66
25320 Rancenay 25 107 Ff 65
10500 Rances 10 74 Ed 58
69470 Ranchal 69D 117 Ec 72
43210 Ranchevoux 43 129 Ea 77
39700 Ranchot 39 107 Fe 66
14400 Ranchy 14 34 Zb 53
03420 Ranciat 03 115 Cd 71
18270 Rancier 18 114 Cb 69
12800 Rancillac 12 151 Cc 83
16220 Rancogne 16 124 Ac 74
87290 Rancon 87 113 Bb 72
52140 Rançonnières 52 92 Fd 61
50140 Rancoudray 50 66 Za 57
80360 Rancourt 80 39 Cf 48
88270 Rancourt 88 76 Ga 59
55800 Rancourt-sur-Ornain 55 54 Ef 56
71290 Rancy 71 106 Fa 69
63310 Randan 63 116 Dc 72
63970 Randanne 63 127 Cf 74
73220 Randens 73 132 Gb 75
25430 Randevillers 25 94 Gd 65
61190 Randonnai 61 49 Ae 57
61150 Rânes 61 48 Ze 57
09220 Ranet 09 177 Bc 92
25250 Rang 25 94 Gd 64
22290 Rangaré 22 63 Wf 57
62180 Rang-du-Fliers 62 28 Bd 46
52140 Rangecourt 52 75 Fc 60
67310 Rangen 67 58 Hc 57
56190 Rangornan 56 81 Xd 63
29560 Rangourlic 29 62 Ve 59
31400 Rangueuil 31 164 Bc 87
57700 Ranguevaux 57 56 Ga 53
35130 Rannée 35 82 Ye 61
67420 Ranrupt 67 77 Hb 58
39700 Rans 39 107 Fe 66
62173 Ransart 62 29 Ce 47
80600 Ransart 80 29 Cb 47
AD100 Ransol ◻ AND 177 Bd 93
68470 Ranspach 68 94 Ha 61
68730 Ranspach-le-Bas 68 95 Hc 63
68220 Ranspach-le-Haut 68 95 Hc 63
25580 Rantechaux 25 108 Gc 66
60290 Rantigny 60 39 Cc 53
86200 Ranton 86 99 Zf 66
68510 Rantzwiller 68 95 Hc 63
20167 Ranuchiettu CTC 182 Ie 97
29160 Ranvédan 29 61 Vd 59
14860 Ranville 14 35 Ze 53
16140 Ranville-Breuillaud 16 111 Zf 73
70500 Ranzevelle 70 93 Ff 61
55300 Ranzières 55 55 Fc 54
88220 Raon-aux-Bois 88 77 Gd 60
88220 Raon-Basse 88 77 Gd 60
54540 Raon-lès-Leau 54 77 Ha 57
88110 Raon-L'Étape 88 77 Gf 58
88110 Raon-sur-Plaine 54 77 Ha 57
31160 Raoux 31 176 Ae 90
20229 Rapaggio CTC 183 Kc 94
20246 Rapale CTC 181 Kb 93
80150 Rapechy 80 28 Bf 47
24300 Rapevache 24 124 Ad 76
88130 Rapey 88 76 Gb 59
13280 Raphèle-lès-Arles 13 169 Ee 87
14690 Rapilly 14 47 Zd 55
36170 Rapissac 36 113 Bc 70
09300 Rappy 09 177 Be 91
51330 Rapsécourt 51 54 Ee 54
60810 Raray 60 51 Ce 53
55120 Rarécourt 55 55 Fa 54
88220 Rasey 88 76 Gb 60
66720 Rasiguères 66 179 Cd 92
86120 Raslay 86 99 Aa 66
40300 Rasport 40 161 Ye 87
46090 Rassiels 46 150 Bc 82
13800 Rassuen 13 170 Ef 87
84110 Rasteau 84 155 Ef 83
31620 Rastel 31 150 Bc 85
47380 Rastel 47 136 Ac 82
89190 Rateau 89 73 Dd 59
71290 Ratenelle 71 118 Fa 69
50390 Raterie 50 46 Yc 52
72140 Raterie, la 72 67 Ze 60
67600 Rathsamhausen 67 60 Hd 59
05120 Ratière 05 145 Gd 79
76690 Ratiéville 77 37 Ba 51
05150 Raton 05 156 Fc 82
71500 Ratte 71 106 Fb 69
33790 Raty 33 135 Aa 80
67430 Ratzwiller 67 58 Hb 55
40400 Raubet 40 147 Zb 85
43290 Raucoules 43 129 Eb 77
54610 Raucourt 54 56 Gb 55
70180 Raucourt 70 92 Fe 63
59530 Raucourt-au-Bois 59 31 Dd 47
08450 Raucourt-et-Flaba 08 42 Ef 51
55200 Raulecourt 55 55 Fe 56
47370 Raulet 47 149 Af 82
15800 Raulhac 15 139 Cd 79
43340 Rauret 43 141 De 80
50260 Rauville-la-Bigot 50 33 Yb 51
50390 Rauville-la-Place 50 33 Yc 52
67320 Rauwiller 67 57 Ha 56
33420 Rauzan 33 135 Zf 80
46270 Ravanel 46 138 Ca 80
03000 Ravard 03 103 Db 69
16230 Ravaud 16 124 Ab 73
58400 Raveau 58 103 Da 65
26410 Ravel 26 143 Fd 81
63190 Ravel 63 128 Dc 74
18230 Ravenaise 18 102 Cb 66
60130 Ravenel 60 39 Cd 51
52140 Ravennefontaines 52 75 Fd 60
50480 Ravenoville 50 33 Ye 52
50480 Ravenoville-Plage 50 33 Ye 52
62164 Raventhun 62 26 Bd 44
88520 Raves 88 77 Ha 59
58310 Ravière 58 89 Da 64
89390 Ravières 89 90 Eb 62
61420 Ravigny 53 68 Zf 58
28500 Raville 28 50 Bc 56
57530 Raville 57 57 Gc 54
54370 Raville-sur-Sânon 54 57 Gd 57
39170 Ravilloles 39 119 Fe 70
24420 Ravine 24 124 Ae 77
62140 Raye-sur-Authieu 62 28 Bf 47
47210 Rayet 47 137 Ae 81
25390 Rayières 25 108 Gc 66
18130 Raymond 18 103 Ce 67
32170 Raymond 32 163 Ab 88
09350 Raynaude 09 164 Bb 90
12120 Rayret 12 152 Cc 83
12400 Rayssac 12 152 Cf 85
81330 Rayssac 81 151 Cc 86
70130 Ray-sur-Saône 70 93 Fe 63
24240 Razac-de-Saussignac 24 136 Ab 80
24500 Razac-d'Eymet 24 136 Ac 80
24430 Razac-sur-L'Isle 24 124 Ad 78
70000 Raze 70 93 Ga 63
31160 Razecueillé 31 176 Ae 91
32600 Razengues 32 164 Af 87
87640 Razès 87 113 Bc 72
47160 Razimet 47 148 Ab 82
37120 Razines 37 99 Ac 67
17620 Razour 17 122 Za 73
79170 Ré 79 111 Ze 72
66210 Réal 66 178 Ca 93
76340 Réalcamp 77 38 Bd 49
05160 Réallon 05 145 Gc 81
83143 Réal-Martin 83 171 Ga 88
81120 Réalmont 81 151 Cb 86
34490 Réals 34 167 Da 88
82440 Réalville 82 150 Bc 84
82130 Réalville 82 150 Bb 84
32800 Réans 32 148 Aa 85
77550 Réau 76 71 Cd 57
33860 Réaud 33 123 Zc 77
13200 Reaudure 13 169 Ee 88
38140 Réaumont 38 131 Fd 76
85700 Réaumur 85 98 Zb 68
47170 Réaup-Lisse 47 148 Ab 84
26230 Réauville 26 155 Ef 82
17500 Réaux sur Trèfle 17 123 Zd 76
43190 Reauze 43 142 Eb 78
77510 Rebais 76 52 Db 55
13230 Rebatun 13 169 Ee 88
62120 Rebecques 62 29 Cb 45
11240 Rebelle 11 165 Ca 90
64260 Rébénacq 64 162 Zd 90
62850 Rebergues 62 27 Bf 44
76750 Rebets 77 37 Bc 51
88300 Rebeuville 88 75 Fe 59
23250 Rebeyrolle 23 114 Be 72
33990 Rebichette 33 122 Yf 77
31320 Rebigue 31 164 Bc 88
31350 Rebirechioulet 31 163 Ae 89
88270 Reblangotte 88 76 Gb 60
83580 Rebois 83 172 Gd 89
83111 Rebouillon 83 172 Gc 87
12400 Rebourguil 12 152 Ce 85
77250 Rebours 76 72 Ce 59
89600 Rebourseaux 89 89 De 61
36150 Reboursin 36 101 Be 66
45470 Rebréchien 45 70 Ca 61
62150 Rebreuve 62 29 Cd 46
62270 Rebreuve-sur-Canche 62 29 Cc 47
62270 Rebreuviette 62 29 Cc 47
42310 Rebrun 42 117 Df 72
39230 Recanoz 39 106 Fd 68
31100 Recebedou 31 164 Bc 87
46700 Recès 46 137 Ba 82
21290 Recey-sur-Ource 21 91 Ef 62
57430 Rech 57 57 Gf 55
43200 Recharinges 43 141 Ea 78
90370 Réchésy 90 94 Ha 63
32190 Réchet 32 162 Aa 86
55230 Réchicourt 55 55 Fe 52
54370 Réchicourt-la-Petite 54 57 Gd 56
57810 Réchicourt-le-Château 57 57 Gf 57
55120 Récicourt 55 55 Fa 54
28140 Réclainville 28 70 Bd 60
71540 Reclesne 71 105 Eb 66
62560 Réclinghem 62 29 Cb 45
54450 Réclonville 54 77 Ge 57
77760 Recloses 76 71 Cd 58
63580 Recolles 63 128 Dc 76
25170 Recologne 25 93 Fe 65
70130 Recologne 70 93 Fe 63
70190 Recologne-lès-Rioz 70 93 Ff 64
26310 Recoubeau-Jansac 26 143 Fc 81
12350 Recoules 12 151 Cb 82
12160 Recoules 12 152 Cc 83
15170 Recoules 15 140 Da 77
15140 Recoules 15 140 Cf 79
43170 Recoules 43 140 Dc 79
48200 Recoules 48 140 Db 79
48260 Recoules-d'Aubrac 48 140 Da 80
48500 Recoules-de-L'Hon 48 152 Da 83
48100 Recoules-du-Fumas 48 140 Dc 81
12150 Recoules-Prévinquières 12 152 Cf 82
48500 Recoulettes 48 153 Db 82
19290 Recounergues 19 126 Cb 74
08220 Recourance 08 41 Ea 51
52140 Récourt 52 75 Fd 61
55220 Récourt-le-Creux 55 55 Fc 54
62860 Récourt-Saint-Quentin 62 30 Da 47
20220 Recouvrance 08 41 Ea 51
90140 Recouvrance 90 94 Gf 63
48700 Recoux 48 140 Dc 80
62170 Recques-sur-Course 62 28 Be 45
62890 Recques-sur-Hem 62 27 Ca 43
59245 Recquignies 59 31 Ea 47
04420 Recuit 04 157 Gc 83
26380 Reculais 26 143 Fa 78
38110 Reculefort 38 131 Fc 75
25240 Reculfoz 25 107 Ga 68
65330 Recurt 65 163 Ac 89
51520 Recy 51 54 Eb 55
57390 Rédange 57 43 Ff 52
33240 Reden 33 135 Zd 78
19220 Redenat 19 126 Ca 77
29300 Rédéné 29 79 Wd 61
60210 Réderle 60 38 Bf 50
30120 Redessan 30 154 Ec 86
57445 Réding 57 57 Ha 56
35600 Redon 35 81 Xf 63
34420 Redoute-Plage 34 167 Dc 89
20224 Ref. Ciottulu di i Mori CTC 180 If 95
20276 Ref. d'Altore CTC 182 If 94
20214 Ref. de Carrozzu CTC 180 If 94
20224 Ref.de l'Ercu CTC 182 If 94
20219 Ref. de l'Onda CTC 183 Ka 96
20148 Ref. de l'Usciolu CTC 183 Kb 97
20125 Ref. de Manganu CTC 182 If 95
20135 Ref. de Paliri CTC 183 Kb 98
20231 Ref.de Pietra-Piana CTC 182 Ka 95
20250 Ref.de Sega CTC 182 Ka 95
20134 Ref. de Vizziluca CTC 183 Ka 97
79420 Reffannes 79 111 Ze 69
55190 Reffroy 55 55 Fc 57
50520 Reffuveille 50 46 Yf 56
20276 Ref.Giunte CTC 180 If 94
25330 Refranche 25 107 Ga 66
05340 Refuge Cézanne 05 145 Gc 79
04230 Refuge de Lure 04 156 Fe 84
81200 Réfuge du Col du Tap 81 166 Cc 88
81200 Réfuge du Triby 81 166 Cc 88
Refuge I Re Magi 05 145 Gd 78
31800 Régades 31 176 Ae 90
30770 Régagnas 30 153 Dc 85
09600 Régat 09 177 Bf 91
12470 Regaussou 12 139 Cf 81
47380 Réginat 47 149 Ad 82
20226 Regino CTC 180 If 93
58230 Réglois 58 105 Eb 65
63310 Régnat 63 116 Db 72
62140 Regnauville 62 28 Ca 47
88120 Regnevelle 88 76 Ff 61
50590 Regnéville-sur-Mer 50 46 Yc 54
55110 Regnéville-sur-Meuse 55 55 Fb 53
88450 Regney 88 76 Gb 59
02110 Régnicourt 02 40 Dd 49
69430 Regnié-Durette 69D 118 Ed 72
80120 Regnière-Ecluse 80 28 Be 47
54470 Regniéville (détruit) 54 56 Ff 55
08230 Regniowez 08 41 Ec 49
60860 Regnonval 60 38 Ca 51
02240 Regny 02 40 Dc 50
18220 Regny 18 103 Ce 65
42630 Regny 42 117 Eb 73
55100 Regret 55 55 Fb 54
47500 Regrunel 47 137 Af 81
56500 Réguiny 56 64 Xb 61
68890 Réguisheim 68 95 Hc 61
04860 Régusse 04 156 Fe 86
83630 Régusse 83 171 Ga 87
88330 Rehaincourt 88 77 Gc 58
54300 Rehainviller 54 77 Gc 57
88640 Rehaupal 88 77 Ge 60
54120 Reherrey 54 77 Ge 57
88200 Reherrey 88 77 Ge 61
54430 Rehon 54 43 Fe 51
67140 Reichsfeld 67 60 Hc 58
67110 Reichshoffen 67 58 Hd 55
67116 Reichstett 67 58 He 57
16360 Reignac 16 123 Ze 76
33860 Reignac 33 123 Zc 77
37310 Reignac-sur-Indre 37 100 Af 65
63160 Reignat 63 128 Dc 74
63320 Reignat 63 128 Da 75
79260 Reigne 79 111 Ze 70
23170 Reignemours 23 114 Cc 71
50390 Reigneville-Bocage 50 33 Yd 52
17160 Reignier 17 111 Zd 73
74930 Reignier 74 120 Gb 72
18270 Reigny 18 114 Cc 69
15250 Reilhac 15 139 Cc 79
24360 Reilhac 24 124 Ae 74
24480 Reilhac 24 137 Af 79
43300 Reilhac 43 140 Dc 78
46500 Reilhac 46 138 Be 80
87130 Reilhac 87 126 Bd 74
46350 Reilhaguet 46 138 Bc 80
26570 Reilhanette 26 156 Fc 83
04110 Reillanne 04 156 Fd 85
54450 Reillon 54 77 Ge 57
60240 Reilly 60 50 Bf 53
67660 Reimerswiller 67 58 Hf 55
51100 Reims 51 53 Ea 53
51300 Reims-la-Brûlée 51 54 Ee 56

57940 Reinange 57 56 Gb 53
67440 Reinhardsmunster 67 58 Hb 56
68950 Reiningue 68 95 Hb 62
67340 Reipertswiller 67 58 Hc 55
39270 Reithouse 39 119 Fd 69
67370 Reitwiller 67 58 Hd 56
23210 Reix 23 113 Bd 72
23340 Réjat 23 126 Bf 74
32390 Réjaumont 32 149 Ad 86
65300 Réjaumont 65 163 Ac 90
59360 Rejet-de-Beaulieu 59 31 Dd 48
33610 Réjouit 33 134 Zc 80
88260 Relanges 88 76 Ga 60
39140 Relans 39 106 Fc 68
01990 Relevant 01 118 Ef 72
62120 Rely 62 29 Cc 45
80600 Remaisnil 80 29 Cb 47
88160 Remanvillers 88 94 Ge 61
02100 Remaucourt 02 40 Dc 49
80500 Remaugies 80 39 Ce 51
77710 Remauville 76 72 Ce 59
55250 Rembercourt-Sommaisne 55 55 Fb 55
54470 Rembercourt-sur-Mad 54 56 Ff 55
60600 Rémécourt 60 39 Cc 52
57320 Remeldorff 57 Gd 52
57320 Rémelfang 57 57 Gd 53
57200 Rémelfing 57 57 Ha 54
57480 Rémeling 57 44 Gc 52
88650 Remémont 88 77 Gf 59
54470 Remenauville (détruit) 54 56 Ff 55
55800 Remennecourt 55 54 Ef 56
54830 Remenoville 54 77 Gc 58
60510 Rémérangles 60 38 Cb 52
54110 Réméréville 54 56 Gc 56
57550 Rémering-lès-Hargarten 57 57 Gd 53
57510 Rémering-lès-Puttelange 57 57 Gf 54
51330 Remicourt 51 54 Ef 55
88500 Remicourt 88 76 Ga 59
80250 Remiencourt 80 39 Cc 50
02270 Remies 02 40 Dd 50
02440 Remigny 02 40 Db 50
71150 Remigny 71 105 Ee 67
57580 Rémilly 57 56 Gc 54
58250 Rémilly 58 104 De 68
08450 Rémilly-Aillicourt 08 42 Ef 51
21540 Remilly-en-Montagne 21 91 Ee 65
08150 Remilly-lès-Pothées 08 41 Ed 50
50570 Remilly-sur-Lozon 50 34 Ye 53
21560 Remilly-sur-Tille 21 92 Fb 65
62380 Remilly-Wirquin 62 29 Cb 44
56140 Réminiac 56 81 Xe 61
88200 Remiremont 88 77 Gd 60
11420 Remise 11 165 Bf 89
12390 Remise 12 151 Cb 82
88170 Removille 88 76 Fe 59
55600 Remoiville 55 43 Fc 52
05190 Remollon 05 144 Gb 82
88100 Remomeix 88 77 Gf 59
54370 Remoncourt 54 57 Ge 57
88800 Remoncourt 88 76 Ga 59
08240 Rémonville 08 42 Fa 52
25160 Remoray-Boujeons 25 107 Gb 68
62650 Remortier 62 28 Bf 45
44140 Remouillé 44 97 Yd 66
30210 Remoulins 30 155 Ed 85
88170 Removille 88 76 Ff 58
87120 Rempnat 87 126 Bf 74
56500 Remungol 56 80 Xa 61
26510 Rémuzat 26 156 Fc 82
60190 Remy 60 39 Ce 52
62156 Rémy 62 30 Cf 47
35660 Renac 35 81 Ya 62
38140 Renage 38 131 Fc 77
42370 Renaison 42 117 Df 72
24350 Renamon 24 124 Ac 77
80000 Renancourt 80 38 Cb 49
02240 Renansart 02 40 Dc 50
17270 Renard 17 123 Ze 77
70120 Renaucourt 70 93 Fe 63
10270 Renault 10 73 Eb 59
88390 Renauvoid 88 76 Gc 60
41100 Renay 41 86 Ba 61
53800 Renazé 53 83 Yf 62
38680 Rencurel 38 143 Fc 78
72260 René 72 68 Ab 59
25520 Renédale 25 108 Gb 66
59173 Renescure 59 27 Cc 44
21310 Renève 21 92 Fc 64
08220 Reniaucourt 08 41 Eb 51
57670 Réning 57 57 Gf 55
58170 Renisot 58 104 Df 68
52370 Rennepont 52 74 Ef 60
35000 Rennes 35 65 Yb 60
53110 Rennes-en-Grenouilles 53 67 Zc 58
11190 Rennes-le-Château 11 178 Cb 91
11190 Rennes-les-Bains 11 178 Cb 91
25440 Rennes-sur-Loue 25 107 Ff 66
02340 Renneval 02 41 Ea 50
08220 Renneville 08 41 Ea 51
27910 Renneville 27 37 Bb 52
31290 Renneville 31 165 Be 88
45310 Renneville 45 70 Bd 60
51130 Renneville 51 53 Ea 55
20160 Renno CTC 182 Ie 95
86330 Renoué 86 99 Aa 67
27240 Renoulet 27 49 Ba 56
12430 Rentières 12 152 Ce 84
63420 Rentières 63 128 Da 76
62560 Renty 62 29 Ca 45
40270 Renung 40 162 Zd 86
08150 Renwez 08 42 Ed 49
05600 Réotier 05 145 Gd 80
54450 Repaix 54 77 Gf 57
16200 Réparsac 16 123 Ze 74
71400 Repas 71 105 Ec 67
88500 Repel 88 76 Ff 58
83590 Repenti 83 172 Gb 88
14340 Repentigny 14 48 Aa 53
01750 Replonges 01 118 Ef 71
90150 Reppe 90 94 Ha 63
72510 Requeil 72 84 Aa 62
56120 Requémian 56 64 Xb 61
27420 Réquiecourt 27 50 Bd 53
12170 Réquista 12 152 Cd 84
15110 Requistat 15 140 Cf 80
11220 Réquy 11 166 Cd 90
34330 Rescol 34 166 Ce 87
02360 Résigny 02 41 Eb 50
44440 Résinand 01 119 Fc 73
56330 Résordoué 56 80 Xa 62
81310 Respech 81 151 Bf 86
57420 Ressaincourt 57 56 Gb 55
55000 Resson 55 55 Fb 56
60790 Ressons 60 51 Ca 53
02290 Ressons-le-Long 02 40 Da 52
60490 Ressons-sur-Matz 60 39 Ce 51
29270 Restamenac'h 29 63 Wc 59
56540 Restergant 56 79 Wd 60
37140 Restigné 37 85 Ab 65
34160 Restinclières 34 168 Ea 86
29270 Restinez 29 63 Wb 59
56600 Resto 56 79 We 62
56400 Resto 56 80 Xa 62
31510 Reston 31 176 Ae 90
17460 Rétaud 17 122 Zb 74
23110 Reterre 23 115 Cc 72
08300 Rethel 08 41 Ec 51
02600 Retheuil 02 39 Da 53
60153 Rethondes 60 39 Cf 52
80700 Rethonvillers 80 39 Cf 50
50330 Réthoville 50 34 Yd 50
35240 Retiers = Rester 35 82 Yd 61
33125 Retis 33 134 Zb 82
01290 Rétissinge 01 118 Ef 71
33230 Rétiveau 33 135 Zf 78
40120 Retjons 40 147 Ze 84
57645 Retonfey 57 56 Gb 54
76340 Rétonval 77 38 Bd 50
03330 Retour 03 115 Cf 71
43130 Retournac 43 129 Ea 77
43130 Retournaguet 43 129 Ea 77
67250 Retschwiller 67 58 Hf 55
57480 Rettel 57 44 Gb 52
62720 Réty 62 26 Be 44
68210 Retzwiller 68 94 Ha 63
25330 Reugney 25 107 Ga 66
59149 Reugnies 59 31 Eb 47
03190 Reugny 03 115 Cd 70
37380 Reugny 37 85 Af 64
51480 Reuil 51 53 De 54
77260 Reuil-en-Brie 76 52 Da 55
27930 Reuilly 27 49 Bb 54
36260 Reuilly 36 102 Ca 66
60480 Reuil-sur-Brêche 60 38 Cb 51
21220 Reulle-Vergy 21 106 Ef 65
59980 Reumont 59 30 Dc 48
67440 Reutenbourg 67 58 Hc 56
76460 Reutteville 77 36 Ae 49
51120 Reuves 51 53 De 56
76560 Reuville 77 37 Af 50
14130 Reux 14 48 Aa 53
81320 Revaliès 81 167 Cf 86
14170 Réveillon 14 48 Aa 55
46500 Reveillon 46 138 Be 80
51310 Réveillon 51 52 Dc 56
61400 Réveillon 61 68 Ad 58
31250 Revel 31 165 Ca 88
38420 Revel 38 132 Ff 77
82800 Revel 82 150 Bd 84
80540 Revelles 80 38 Ca 49
38270 Revel-Tourdan 38 130 Fa 76
54260 Revémont 54 43 Fd 52
30750 Revens 30 153 Db 84
38121 Reventin-Vaugris 38 130 Ef 76
28270 Revercourt 28 49 Ba 56
04150 Revest-des-Brousses 04 156 Fe 85
04150 Revest-du-Bion 04 156 Fd 84
06830 Revest-les-Roches 06 159 Ha 85
04230 Revest-Saint-Martin 04 157 Fe 84
14470 Reviers 14 35 Zd 53
39570 Revigny 39 107 Fd 69
55800 Revigny-sur-Ornain 55 55 Ef 56
50760 Réville 50 33 Ye 51
55150 Réville-aux-Bois 55 55 Fc 52
02160 Révillon 02 40 De 52
08500 Revin 08 42 Ed 49
44480 Revin 44 81 Xf 64
20141 Revinda CTC 182 Id 95
69740 Revolère 69M 130 Fa 74
01250 Revonnas 01 119 Fb 72
46200 Revrevignes 46 137 Bc 79
67320 Rexingen 67 57 Hb 55
59122 Rexpoëde 59 27 Cd 43
40110 Rey 40 147 Zb 85
26410 Reychas 26 143 Fd 80
57230 Reyersviller 57 58 Hc 54
19430 Reygade 19 138 Bf 78
43170 Reynaldès 43 140 Dd 79
52700 Reynel 52 75 Fc 59
66400 Reynès 66 179 Ce 94
04250 Reynier 04 157 Ga 83
82370 Reyniès 82 150 Bc 85
07700 Reynouard 07 154 Ec 82
46320 Reyrevignes 46 138 Bf 81
01600 Reyrieux 01 118 Ee 73
82800 Reys 82 150 Bd 84
01190 Reyssouze 01 118 Ef 70
74200 Reyvroz 74 120 Gd 71
18170 Rezay 18 102 Cb 68
44400 Rezé 44 97 Yc 65
15170 Rézentières 15 140 Da 78
57130 Rezonville-Vionville 57 56 Ff 54
57130 Rezonville-Vionville 57 56 Ff 54
20121 Rezza CTC 182 If 96
10170 Rhèges-Bessy 10 73 Df 57
68740 Rheinfelderhof 68 60 Hc 61
01590 Rhien 39 119 Fe 71
67860 Rhinau = Rheinau 67 60 He 59
18500 Rhin-du-Bois 18 102 Cb 65
36170 Rhodes 36 113 Bc 70
57810 Rhodes 57 57 Gf 56
41290 Rhodon 41 86 Bb 62
58140 Rhuère 58 104 Df 65
60410 Rhuis 60 39 Ce 53
12200 Rhule 12 151 Ca 82
61210 Ri 61 48 Zf 56
34340 Riac 34 167 Dd 89
12320 Riach 12 139 Cc 81
44440 Riaillé 44 82 Ye 63
18220 Rians 18 102 Cd 65
83560 Rians 83 171 Fe 87
56670 Riantec 56 79 We 62
66500 Ria-Sirach 66 178 Cc 93
52000 Riaucourt 52 75 Fa 59
55160 Riaville 55 55 Fd 54
24240 Ribagnac 24 136 Ac 80
43340 Ribains 43 141 De 79
64330 Ribarrouy 64 162 Ze 87
11220 Ribaute 11 166 Cd 90
30720 Ribaute-les-Tavernes 30 154 Ea 84
63690 Ribbes 63 127 Cd 75
24400 Ribe 24 136 Ab 78
80620 Ribeaucourt 80 29 Ca 48
68650 Ribeaugoutte 68 60 Ha 59
02110 Ribeauville 02 31 Dd 48
02500 Ribeauville 02 41 Eb 50
60860 Ribeauville 60 38 Ca 51
68150 Ribeauvillé 68 60 Hb 59
60170 Ribécourt-Dreslincourt 60 39 Cf 51
59159 Ribécourt-la-Tour 59 30 Da 48
02240 Ribemont 02 40 Dc 50
80800 Ribemont-sur-Ancre 80 39 Cd 49
24600 Ribérac 24 124 Ac 77
31160 Ribereuille 31 176 Af 90
07260 Ribes 07 141 Eb 82
15240 Ribes 15 127 Cd 77
15170 Ribes 15 140 Cf 78
86210 Ribes 86 100 Ad 68
05150 Ribeyret 05 156 Fd 82
15100 Ribeyreville 15 140 Da 78
05300 Ribiers 05 157 Ff 83
79330 Riblaire 79 99 Ze 67
83840 Riblaquon 83 158 Gc 86
11270 Ribouisse 11 165 Bf 89
13780 Riboux 83 171 Fe 89
11100 Ricardella 11 167 Da 90
76640 Ricarville 77 36 Ad 51
76660 Ricarville-du-Val 77 37 Bb 50
32160 Ricau 32 162 Aa 87
11400 Ricaud 11 165 Bf 88
65190 Ricaud 65 163 Ab 90
20170 Riccu CTC 185 Ka 98
20169 Ricetti CTC 185 Kb 00
10340 Ricey-Bas 10 74 Ec 60
54630 Richardménil 54 76 Gb 57
91410 Richarville 91 70 Bf 58
57340 Riche 57 57 Gd 55
23170 Richebœuf 23 115 Cc 71
25470 Richebourg 25 94 Ha 65
35240 Richebourg 35 82 Ye 61
49140 Richebourg 49 84 Ze 63
52120 Richebourg 52 75 Fa 60
62136 Richebourg 62 29 Ce 45
77171 Richebourg 76 72 Dc 57
78550 Richebourg 78 50 Bd 56
55300 Richecourt 55 56 Fe 55
37120 Richelieu 37 99 Ab 66
57510 Richeling 57 57 Gf 54
16370 Richemont 16 123 Zd 74
57270 Richemont 57 56 Ga 53
76390 Richemont 77 38 Bd 50
84600 Richerenches 84 155 Ef 82
40410 Richet 40 147 Zb 82
57830 Richeval 57 57 Gf 57
27420 Richeville 27 50 Bd 53
67390 Richtolsheim 67 60 Hd 59
68120 Richwiller 68 95 Hb 62
53640 Ricordeau 53 67 Zd 58
28120 Ricourd 28 69 Bb 59
32230 Ricourt 32 163 Ab 88
03410 Ricros 03 115 Cd 70
15400 Ridoux 15 127 Cd 76
29340 Riec-sur-Belon 29 79 Wb 61
67330 Riedheim 67 58 Hc 56
68400 Riedisheim 68 95 Hc 62
67160 Riedseltz 67 59 Hf 55
68320 Riedwihr 68 60 Hc 60
48210 Rieisse 48 153 Db 83
21570 Riel-les-Eaux 21 74 Ee 61
80310 Riencourt 80 38 Ca 49
62182 Riencourt-lès-Cagnicourt 62 30 Cf 47
23170 Riérette 23 114 Cc 71
90200 Riervescemont 90 94 Gf 62
68640 Riespach 68 95 Hb 63
59470 Riet-Veld 59 27 Cc 43
09310 Rieubel 09 177 Bd 92
31800 Rieucazé 31 163 Ae 90
09500 Rieucros 09 165 Be 90
59870 Rieulay 59 30 Db 46
31290 Rieumajou 31 165 Be 88
31370 Rieumes 31 164 Ba 88
81320 Rieu-Montagne 81 166 Ce 87
12240 Rieupeyroux 12 151 Cb 83
12240 Rieupresens 12 151 Ca 83
34220 Rieussec 34 166 Ce 88
34360 Rieussec 34 166 Cf 88
47420 Rieussout 40 147 Zf 83
07510 Rieutord 07 141 Ea 80
66210 Rieutord 66 178 Ca 93
48260 Rieutort 48 140 Da 80
48700 Rieutort-de-Randon 48 140 Dc 81
81320 Rieuviel 81 166 Ce 86
51210 Rieux 51 53 Dc 55
56200 Rieux 56 81 Xe 62
56350 Rieux 56 81 Xf 63
60210 Rieux 60 38 Ca 51
60870 Rieux 60 51 Cd 53
76340 Rieux 77 38 Bd 49
09120 Rieux-de-Pelleport 09 177 Bd 90
59277 Rieux-en-Cambrésis 59 30 Dc 47
11220 Rieux-en-Val 11 166 Cd 90
11160 Rieux-Minervois 11 166 Cd 89
31310 Rieux-Volvestre 31 164 Bb 89
04500 Riez 04 157 Ga 86
26470 Rif 26 143 Fc 81
12360 Rigal 12 152 Cf 85
66320 Rigarda 66 179 Cd 93
06260 Rigaud 06 158 Gf 85
81660 Rigautou 81 166 Cc 87
12390 Rignac 12 151 Cb 82
32480 Rignac 32 149 Ad 84
46500 Rignac 46 138 Be 80
46600 Rignac 46 138 Bd 79
01250 Rignat 01 119 Fc 72
55220 Rignaucourt 55 55 Fb 55
79100 Rigné 79 98 Ze 67
25640 Rigney 25 93 Gb 64
01150 Rignieu-le-Désert 01 119 Fb 73
01800 Rignieux-le-Franc 01 118 Fb 73
25640 Rignosot 25 93 Gb 64
70200 Rignovelle 70 94 Gc 62
37600 Rigny 37 100 Ba 66
70100 Rigny 70 92 Fd 64
77540 Rigny 76 52 Cf 56
86200 Rigny 86 99 Ab 67
86110 Rigny 86 99 Aa 68
10290 Rigny-la-Nonneuse 10 73 Dd 58
55140 Rigny-la-Salle 55 55 Fe 57
10160 Rigny-le-Ferron 10 73 Dd 59
55140 Rigny-Saint-Martin 55 75 Fe 57
71160 Rigny-sur-Arroux 71 117 Ea 69
37420 Rigny-Ussé 37 99 Ab 65
63310 Rigodanches 63 116 Dc 72
06450 Rigons 06 159 Hb 84
47140 Rigoulières 47 149 Af 82
32320 Riguepeu 32 163 Ac 87
43360 Rilhac 43 128 Db 76
87800 Rilhac-Lastours 87 125 Ba 74
87570 Rilhac-Rancon 87 113 Bb 73
19260 Rilhac-Treignac 19 126 Be 75
19220 Rilhac-Xaintrie 19 139 Cb 77
37340 Rillé 37 85 Ab 64
86500 Rillé 86 112 Af 70
69140 Rillieux-la-Pape 69M 130 Ef 74
51500 Rilly-a-Montagne 51 53 Ea 54
10280 Rilly-Sainte-Syre 10 73 Df 58
08130 Rilly-sur-Aisne 08 42 Ed 52
41150 Rilly-sur-Loire 41 86 Ba 64
37220 Rilly-sur-Vienne 37 100 Ac 66
83111 Rimade 83 172 Gc 87
52700 Rimaucourt 52 75 Fb 59
83790 Rimauresq 83 172 Gb 89
68500 Rimbach-près-Guebwiller 68 95 Ha 61
68290 Rimbach-près-Masevaux 68 94 Gf 62
68500 Rimbachzell 68 95 Hb 61
63600 Rimbaud 63 129 De 75
40310 Rimbez-et-Baudiets 40 148 Aa 84
62990 Rimboval 62 28 Bf 45
48200 Rimeize 48 140 Db 80
48130 Rimeizenc 48 140 Db 80
57720 Rimling 57 58 Hb 54
08150 Rimogne 08 41 Ed 49
26340 Rimon-et-Savel 26 143 Fb 81
33580 Rimons 33 135 Aa 80
09420 Rimont 09 177 Bb 91
71390 Rimont 71 105 Ed 68
07700 Rimouren 07 155 Ed 82
35560 Rimoux 35 66 Yc 58
06420 Rimplas 06 158 Ha 84
67260 Rimsdorf 67 57 Ha 55
62120 Rincq 62 29 Cc 45
02360 Ringeat 02 41 Ea 50
67350 Ringeldorf 67 58 Hd 56
67350 Ringendorf 67 58 Hd 56
86190 Ringère 86 99 Ab 69
62720 Rinxent 62 26 Be 44
33220 Riocaud 33 136 Ab 80
04340 Rioclai 04 157 Gd 82
63630 Riodange 63 128 Dd 76
31230 Riolas 31 164 Af 88
56490 Riolo 56 64 Xd 60
34220 Riols 34 166 Ce 87
63200 Riom 63 116 Da 73
15400 Riom-ès-Montagnes 15 127 Cd 77
40370 Rion-des-Landes 40 146 Za 85
33112 Rionet 33 134 Za 78
33410 Rions 33 135 Zd 81
57220 Riorange 57 57 Gd 53
42153 Riorges 42 117 Ea 72
89240 Riot 89 89 Dc 62
43220 Riotord 43 130 Ec 77
81430 Riou 81 151 Cc 85
33920 Rioucreux 33 135 Zc 78
05600 Rioufenc 05 145 Gf 81
38220 Riouperoux 38 144 Ff 78
58240 Riousse 58 103 Da 68
54370 Riouville 54 57 Gd 56
17540 Rioux 17 110 Za 71
17460 Rioux 17 122 Zb 75
23270 Rioux 23 114 Bf 71
16210 Rioux-Martin 16 123 Aa 77
70190 Rioz 70 93 Ga 64
11360 Ripaud 11 179 Cf 90
79600 Ripère 79 98 Ze 68
60490 Riquebourg 60 39 Ce 51
02420 Riqueval 02 40 Db 49
68340 Riquewihr 68 60 Hb 60
63290 Ris 63 116 Dd 73
65590 Ris 65 175 Ac 91
32400 Riscle 32 162 Zf 87
04140 Risolet 04 157 Gb 82
91130 Ris-Orangis 91 51 Cc 57
05600 Risoul 05 145 Gd 81
38760 Risset 38 144 Fd 78
28260 Ritoire 28 50 Bc 55
67690 Rittershoffen 67 59 Hf 55
66480 Riunoguès 66 179 Ce 94
64160 Riupeyrous 64 162 Ze 88
14150 Riva-Bella 14 35 Ze 53
20230 Riva Bella CTC 183 Kd 96
63320 Rivalet 63 128 Da 75
12200 Rivals 12 151 Bf 82
36800 Rivarennes 36 101 Bc 69
37190 Rivarennes 37 85 Ac 65
42340 Rivas 42 129 Eb 75
30120 Rivaud 30 153 Dd 84
36220 Rive 36 100 Af 69
60126 Rivecourt 60 52 Ce 52
42800 Rive-de-Gier 42 130 Ed 75
33840 Rivedieu 33 147 Ze 83
17940 Rivedoux-Plage 17 109 Ye 72
64190 Rivehaute 64 161 Za 88
11230 Rivel 11 178 Ca 91
20250 Riventosa CTC 183 Kb 95
09200 Rivèrenert 09 177 Bb 91
69440 Riverie 69M 130 Ed 75
80136 Rivery 80 39 Cb 49
12420 Rives 12 139 Ce 80
66600 Rivesaltes 66 179 Ce 92
61140* Rives-d'Andaine 61 67 Zd 57
85240 Rives-d'Autise 85 110 Zb 70
85310 Rives de l'Yon 85 97 Yd 69
35140 Rives-du-Couesnon 35 66 Yd 59
49140 Rives-du-Loir-en-Anjou 49 83 Zd 63
38140 Rives-sur-Fure 38 131 Fd 76
05320 Rivet 05 144 Gb 78
15100 Rivet 15 140 Da 78
06530 Riviera 06 172 Gf 87
12240 Rivière 12 151 Cb 82
19320 Rivière 19 138 Bf 78
62173 Rivière 62 29 Ce 47
71190 Rivière 71 105 Eb 68
81110 Rivière-du-Sant 81 165 Cb 88
52190 Rivière-les-Fosses 52 92 Fb 63
16110 Rivières 16 124 Ac 74
19390 Rivières 19 126 Be 76
30430 Rivières 30 154 Eb 83
81600 Rivières 81 151 Bf 85
40180 Rivière-Saas-et-Gourby 40 161 Yf 86
52600 Rivière-le-Bois 52 92 Fc 62
12640 Rivière-sur-Tarn 12 152 Da 83
76540 Riville 77 36 Ad 50
20290 Rivinco CTC 181 Kc 93
69640 Rivolet 69D 118 Ed 72
01680 Rix 01 131 Fd 74
39250 Rix 39 107 Ga 68
58500 Rix 58 89 Dd 64
68170 Rixheim 68 95 Hc 62
46210 Rixou 46 138 Ca 80
52330 Rizaucourt-Buchey 52 74 Ef 59
33210 Roaillan 33 135 Ze 82
84110 Roaix 84 155 Fa 83
42300 Roanne 42 117 Ea 72
15220 Roannes-Saint-Mary 15 139 Cc 79
88100 Robache 88 77 Gf 59
88320 Robécourt 88 75 Fe 60
62350 Robecq 62 29 Cd 45
14860 Robehomme 14 35 Zf 53
59550 Robersart 59 31 Dd 48
40430 Robert 40 147 Zc 83
55000 Robert-Espagne 55 55 Fa 56
52220 Robert-Magny 52 74 Ef 58
76560 Robertot 77 36 Ae 50
60410 Roberval 60 51 Ce 53
30730 Robiac 30 154 Ea 85
30160 Robiac-Rochessadoule 30 154 Ea 83
32490 Robineau 32 164 Ba 87
04120 Robion 04 158 Gc 86
84440 Robion 84 155 Fa 85
24530 Roc 24 124 Ae 76
83136 Rocbaron 83 171 Ga 89
20171 Roccapina CTC 184 If 99
41100 Rocé 41 86 Ba 62
29450 Roc'h-Cléguer 29 62 Vf 58
08130 Roche 08 42 Ed 52
15400 Roche 15 127 Cd 77
38090 Roche 38 131 Fa 75
58110 Roche 58 104 Dd 66
63160 Roche 63 128 Db 74
70700 Roche 70 93 Fe 64
86430 Roche 86 112 Ae 71
26160 Rochebaudin 26 143 Fa 81
38410 Roche-Béranger 38 144 Ff 78
63670 Roche-Blanche 63 128 Da 74
83140 Roche-Blanche 83 171 Fe 90
36370 Rocheblond 36 113 Bb 69
48170 Roche Branlante 48 141 De 81
05190 Rochebrune 05 157 Gb 82
26110 Rochebrune 26 156 Fb 82
63420 Roche-Charles 63 128 Da 76
87600 Rochechouart 87 124 Ae 74
07200 Rochecolombe 07 142 Ec 81
37210 Rochecorbon 37 85 Ae 64
63330 Roche-d'Agoux 63 115 Cd 72
72300 Roche-Davy 72 84 Zd 62
49440 Roche-d'Iré 49 83 Za 63
43810 Roche-en-Reignier 43 129 Df 77
70180 Roche-et-Raucourt 70 92 Fe 63
03800 Rochefort 03 116 Da 72
17300 Rochefort 17 110 Za 73
21510 Rochefort 21 91 Ee 62
42130 Rochefort 42 129 Df 74
30650 Rochefort-du-Gard 30 155 Ee 85
26160 Rochefort-en-Valdaine 26 142 Ef 81
78730 Rochefort-en-Yvelines 78 70 Bf 57
63210 Rochefort-Montagne 63 127 Ce 74
52700 Rochefort-sur-la-Côte 52 75 Fb 59
49190 Rochefort-sur-Loire 49 83 Zc 64
39700 Rochefort-sur-Nenon 39 107 Fd 66
26340 Rochefourchat 26 143 Fb 81
26790 Rochegude 26 155 Ee 83
30430 Rochegude 30 154 Eb 83
43580 Rochegude 43 141 Dd 79
42380 Rochegut 42 129 Ea 76

25370 Rochejean 25 108 Gb 68
42230 Roche-la-Molière 42 129 Eb 76
19160 Roche-le-Peyroux 19 127 Cc 76
25340 Roche-lès-Clerval 25 94 Gc 64
25220 Roche-lez-Beaupré 25 93 Ga 65
43000 Rochelimagne 43 141 De 78
34300 Rochelongue 34 167 Dc 89
07400 Rochemaure 07 142 Ee 81
49700 Rochemenier 49 98 Ze 65
07320 Rochepaule 07 142 Ec 78
07110 Rocher 07 142 Eb 81
23250 Rocherolle 23 114 Bf 72
63790 Roche-Romaine 63 128 Cf 75
23270 Roches 23 114 Bf 71
36700 Roches 36 101 Bb 67
41370 Roches 41 86 Bc 62
26770 Roche-Saint-Secret-Béconne 26 143 Fa 82
52270 Roches-Bettaincourt 52 75 Fb 59
85620 Rocheservière 85 97 Yc 67
25310 Roches-lès-Blamont 25 94 Gf 64
86340 Roches-Prémarie-Andillé 86 112 Ac 70
30160 Rochessadoule 30 154 Ea 83
07210 Rochessauve 07 142 Ed 80
88120 Rochesson 88 77 Ge 60
52410 Roches-sur-Marne 52 75 Fa 57
52270 Roches-sur-Rognon 52 75 Fb 59
70230 Roche-sur-Linotte 70 93 Gb 64
23220 Rochetaillade 23 114 Be 70
38520 Rochetaillée 38 144 Ga 78
42100 Rochetaillée 42 130 Ec 76
52210 Rochetaillée 52 92 Fa 61
85510 Rochetrejoux 85 97 Za 68
41160 Rocheux 41 86 Bb 61
24530 Rochevideau 24 124 Ae 76
50260 Rocheville 50 33 Yc 51
52210 Rochevilliers 52 75 Fa 60
26300 Rochfort-Samson 26 143 Fa 79
57840 Rochonvillers 57 43 Ga 52
60510 Rochy-Condé 60 38 Cb 52
03240 Rocles 03 115 Da 70
07110 Rocles 07 141 Eb 81
48300 Rocles 48 141 De 80
62223 Roclincourt 62 30 Ce 47
88320 Rocourt 88 76 Fe 60
02210 Rocourt-Saint-Martin 02 52 Dc 54
34260 Rocozels 34 152 Da 86
14540 Rocquancourt 14 47 Ze 54
76640 Rocquefort 77 36 Ae 51
60800 Rocquemont 60 52 Ce 53
76680 Rocquemont 77 37 Bb 51
60120 Rocquencourt 60 39 Cc 51
14100 Rocques 14 48 Ab 53
02260 Rocquigny 02 41 Df 48
08220 Rocquigny 08 41 Eb 50
62450 Rocquigny 62 30 Cf 48
08230 Rocroi 08 41 Ec 49
57340 Rodalbe 57 57 Ge 55
16320 Rodas 16 124 Ab 75
57340 Rode 57 57 Gd 55
62610 Rodelinghem 62 27 Bf 43
12340 Rodelle 12 139 Cd 82
57570 Rodemack 57 44 Gb 52
68800 Roderen 68 94 Ha 62
68590 Rodern 68 60 Hc 59
66320 Rodès 66 179 Cd 93
12000 Rodez 12 152 Cd 82
30230 Rodilhan 30 154 Ec 86
57320 Rodlach 57 57 Gc 52
11140 Rodome 11 178 Ca 92
20121 Rodone CTC 182 If 96
62130 Roëllecourt 62 29 Cc 46
67480 Rœschwoog 67 59 Ia 56
59293 Rœulx 59 30 Dc 47
59158 Rœux 59 30 Dc 45
62118 Rœux 62 30 Cf 47
72210 Roëzé-sur-Sarthe 72 84 Aa 61
89700 Roffey 89 90 Df 61
15100 Roffiac 15 140 Da 78
43550 Roffiac 43 141 Eb 79
44740 Roffiat 44 81 Xd 65
09140 Rogalle 09 176 Bb 91
31430 Rogé 31 164 Ba 89
02800 Rogécourt 02 40 Dc 51
76700 Rogerville 77 36 Ab 51
54380 Rogéville 54 56 Ff 56
68740 Roggenhouse 68 95 Hc 61
77154 Roggenvilliers 76 72 Da 57
20247 Rogliano CTC 181 Kc 91
39360 Rogna 39 119 Fe 71
13340 Rognac 13 170 Fb 88
43300 Rognac 43 141 Dd 78
43170 Rognac 43 141 Dd 79
73730 Rognaix 73 132 Gc 75
13840 Rognes 13 170 Fc 87
18240 Rognon 18 88 Cf 64
13870 Rognonas 13 155 Ee 85
02140 Rogny 02 40 De 50
89220 Rogny-les-Sept-Écluses 89 88 Cf 62
30120 Rogues 30 153 Dd 85
37420 Roguinet 37 99 Aa 65
80160 Rogy 80 38 Cb 50
28340 Rohaire 28 49 Af 56
44460 Rohan 44 82 Ya 63
56580 Rohan 56 64 Xb 60
67270 Rohr 67 58 Hd 56
57410 Rohrbach-lès-Bitche 57 58 Hb 54
57260 Rohrbach-lès-Dieuze 57 57 Gf 56
67410 Rohrwiller 67 58 Hf 56
86120 Roiffé 86 99 Aa 66
07100 Roiffieux 07 130 Cd 77
80700 Roiglise 80 39 Ce 50
21390 Roilly 21 90 Ec 64
28700 Roinville 28 70 Be 58
91410 Roinville 91 70 Ca 57
91150 Roinvilliers 91 71 Cb 58
80240 Roisel 80 40 Da 49
42520 Roisey 42 130 Ee 76
16570 Roissac 16 123 Aa 74
16130 Roissac 16 123 Ze 75
38650 Roissard 38 144 Fd 79
77680 Roissy-en-Brie 77 51 Cd 56
95700 Roissy-en-France 95 51 Cd 54
61120 Roiville 61 48 Ab 55
38350 Roizon 38 144 Fe 79
08190 Roizy 08 41 Eb 52
46160 Rojouls 46 150 Be 82
52260 Rolampont 52 75 Fb 61
57720 Rolbing 57 58 Hc 53
19220 Rolière 19 139 Cb 78
88300 Rollainville 88 76 Fe 58
62770 Rollancourt 62 29 Ca 46
33230 Rolland 33 135 Zf 78
84410 Rolland 84 156 Fb 84
78270 Rolleboise 78 50 Bd 54
76133 Rolleville 77 35 Ab 51
62560 Rollez 62 29 Ca 45
80500 Rollot 80 39 Cd 51
36300 Rolnier 36 100 Ba 69
79120 Rom 79 111 Aa 71
17460 Romade 17 122 Zb 74
63540 Romagnat 63 128 Da 74
33760 Romagne 33 135 Ze 80
35133 Romagné 35 66 Ye 58
39700 Romagne 39 107 Fd 66
86700 Romagne 86 112 Ab 71
55110 Romagne-Gesnes 55 42 Fa 53
55150 Romagne-sous-les-Côtes 55 43 Fc 53
38480 Romagnieu 38 131 Fd 75
50140 Romagny 50 66 Za 57
68210 Romagny 68 94 Ha 63
25680 Romain 25 93 Gc 64
39350 Romain 39 107 Fe 65
51140 Romain 51 53 De 52
54360 Romain 54 76 Gc 57
88320 Romain-aux-Bois 88 75 Fe 60
80860 Romaine 80 28 Be 47
52150 Romain-sur-Meuse 52 75 Fd 59
75019 Romainville 75 51 Cc 55
27240 Roman 27 49 Ba 55
01250 Romanèche 01 119 Fc 71
71570 Romanèche-Thorins 71 118 Ee 71
20167 Romanetti CTC 182 Ie 97
15160 Romaniargues 15 127 Cf 77
07790 Romanieux 07 142 Ed 77
01400 Romans 01 118 Fa 72
79260 Romans 79 111 Ze 70
26100 Romans-sur-Isère 26 143 Fa 78
67310 Romanswiller 67 58 Hc 57
17520 Romas 17 123 Zd 75
71600 Romay 71 117 Ea 70
17510 Romazières 17 111 Ze 73
35490 Romazy 35 65 Yd 58
68660 Rombach-le-Franc 68 60 Hb 59
57120 Rombas 57 56 Ga 53
59990 Rombies-et-Marchipont 59 31 Dd 46
19470 Rome 19 126 Be 76
37190 Rome 37 85 Ad 65
16460 Romefort 16 124 Ab 73
17250 Romegoux 17 122 Zb 73
57930 Romelfing 57 57 Ha 56
58110 Romenay 58 104 Dd 66
71470 Romenay 71 118 Fa 69
77640 Romeny 76 52 Da 55
02310 Romeny-sur-Marne 02 52 Dc 55
59730 Romeries 59 30 Dd 47
51480 Romery 51 53 Df 54
60220 Romescamps 60 38 Be 50
47250 Romestaing 47 148 Aa 82
05000 Romette 05 144 Ga 81
12440 Romette 12 151 Cb 83
26150 Romeyer 26 143 Fc 80
43400 Romières 43 142 Eb 78
51170 Romigny 51 53 De 53
34650 Romiguières 34 153 Db 86
35850 Romillé 35 65 Ya 59
27170 Romilly 27 49 Af 54
41270 Romilly 41 69 Ba 61
28220 Romilly-sur-Aigre 28 69 Bb 61
27610 Romilly-sur-Andelle 27 50 Bb 52
10100 Romilly-sur-Seine 10 73 De 57
74300 Romme 74 120 Gd 72
88700 Romont 88 77 Gd 58
41200 Romorantin-Lanthenay 41 87 Be 64
07250 Rompoi 07 142 Ee 80
21290 Romprey 21 91 Ef 62
61160 Rônai 61 48 Zf 56
63630 Ronaye 63 128 Dd 76
17390 Ronce-les-Bains 17 122 Yf 74
10130 Roncenay 10 73 Df 60
50210 Roncey 50 46 Yd 55
70250 Ronchamp 70 94 Gd 62
73260 Ronchat 73 133 Gd 75
25440 Ronchaux 25 107 Ff 66
02130 Ronchères 02 53 Dd 54
89170 Ronchères 89 89 Da 63
76440 Roncherolles-en-Bray 77 37 Bc 51
76160 Roncherolles-sur-le-Vivier 77 37 Bb 52
59790 Ronchin 59 30 Da 45
76390 Ronchois 77 38 Bd 50
57860 Roncourt 57 56 Ga 53
88300 Roncourt 88 76 Fe 59
59223 Roncq 59 30 Da 44
40270 Rondebœuf 40 147 Zd 86
25240 Rondefontaine 25 107 Ga 68
27290 Rondemare 27 49 Ad 52
45130 Rondonneau 45 87 Bd 61
20130 Rondulinu CTC 182 Id 96
81120 Ronel 81 151 Cb 86
61100 Ronfeugerai 61 47 Zd 56
34610 Rongas 34 167 Da 86
03420 Rongère 03 115 Cf 70
18220 Rongère 18 102 Cc 65
03150 Rongères 03 116 Dc 71
36160 Rongères 36 114 Ca 69
03420 Ronnet 03 115 Ce 71
69550 Ronno 69D 117 Ec 73
60600 Ronquerolles 60 39 Cc 52
95340 Ronquerolles 95 51 Cb 53
62129 Rons 62 29 Cb 44
40400 Ronsacq 40 147 Zb 85
16320 Ronsenac 16 124 Ab 76
12410 Ronsignac 12 152 Cf 84
80740 Ronssoy 80 40 Da 49
69510 Rontalon 69M 130 Ed 75
50530 Ronthon 50 46 Yd 56
64110 Rontignon 64 162 Ze 89
55160 Ronvaux 55 55 Fd 54
63470 Ronzet 63 127 Cd 74
42470 Ronzières 42 117 Eb 73
63320 Ronzières 63 128 Da 75
52310 Roôcourt-la-Côte 52 75 Fa 59
59286 Roost-Warendin 59 30 Da 46
90380 Roppe 90 94 Gf 62
67480 Roppenheim 67 59 Ia 55
68480 Roppentzwiller 68 95 Hc 63
57230 Roppeviller 57 58 Hd 54
06450 Roquebillière 06 159 Hb 84
06450 Roquebillière-Vieux 06 159 Hb 84
34460 Roquebrun 34 167 Da 88
06190 Roquebrune 06 159 Hc 86
32190 Roquebrune 32 163 Ab 86
33580 Roquebrune 33 135 Aa 81
83520 Roquebrune-sur-Argens 83 172 Gd 88
81330 Roquecave 81 152 Cc 86
82150 Roquecor 82 149 Af 83
81170 Roquecourbe 81 151 Bf 84
81210 Roquecourbe 81 166 Cb 87
11700 Roquecourbe-Minervois 11 166 Cd 89
30440 Roquedur 30 153 Dd 85
46240 Roquedure 46 138 Bc 80
11380 Roquefère 11 166 Cc 88
11340 Roquefeuil 11 178 Bf 92
09300 Roquefixade 09 177 Be 91
12320 Roquefort 12 139 Cc 81
13830 Roquefort 13 171 Fd 89
32390 Roquefort 32 149 Ad 86
40120 Roquefort 40 147 Ze 84
47310 Roquefort 47 149 Ad 83
11140 Roquefort-de-Sault 11 178 Cb 92
11540 Roquefort-des-Corbières 11 179 Cf 91
13830 Roquefort-la-Bédoule 13 171 Fd 89
06330 Roquefort-les-Pins 06 173 Ha 86
31360 Roquefort-sur-Garonne 31 164 Af 90
12250 Roquefort-sur-Soulzon 12 152 Cf 85
32810 Roquelaure 32 163 Ad 86
32430 Roquelaure-Saint-Aubin 32 164 Af 86
30150 Roquemaure 30 155 Ee 84
81800 Roquemaure 81 150 Bd 86
24130 Roquepine 24 136 Ac 79
32100 Roquepine 32 148 Ac 85
34650 Roqueredonde 34 153 Db 86
31570 Roques 31 165 Bd 87
32310 Roques 32 148 Ab 85
34800 Roques 34 167 Db 87
31380 Roqueserière 31 165 Bd 86
34320 Roquessels 34 167 Db 87
06910 Roquesteron 06 158 Ha 85
84210 Roque-sur-Pernes 84 155 Fa 85
12490 Roquetaillade 12 152 Cf 84
11300 Roquetaillade-et-Conilhac 11 178 Cb 91
11190 Roquetaillade-et-Conilhac 11 178 Cb 91
62120 Roquetoire 62 29 Cc 44
12850 Roquette 12 152 Cd 82
24330 Roquette 24 137 Af 77
27700 Roquette 27 50 Bc 53
31120 Roquettes 31 164 Bc 88
22230 Roquetton 22 64 Xc 59
13360 Roquevaire 13 171 Fd 88
81470 Roquevidal 81 165 Bf 87
64130 Roquiague 64 161 Za 89
68590 Rorschwihr 68 60 Hc 59
79700 Rorthais 79 98 Zb 67
05150 Rosans 05 156 Fc 82
28410 Rosay 28 50 Bd 56
39190 Rosay 39 119 Fc 69
51340 Rosay 51 54 Ee 56
76680 Rosay 77 37 Bb 50
78790 Rosay 78 50 Be 55
28360 Rosay-au-Val 28 70 Bd 58
27790 Rosay-sur-Lieure 27 37 Bc 52
20121 Rosazia CTC 182 If 96
57800 Rosbruck 57 57 Gf 54
29570 Roscanvel 29 61 Vc 59
22390 Roscaradec 22 63 We 58
29680 Roscoff 29 62 Wa 56
18110 Rose 18 102 Cc 65
14740 Rosel 14 35 Zd 53
68128 Rosenau 68 95 Hd 63
67490 Rosenwiller 67 58 Hc 56
67560 Rosenwiller 67 60 Hc 57
49250 Roseray 49 84 Ze 64
56360 Roserière 56 80 Wf 64
13110 Roseron 13 170 Ef 88
25410 Roset-Fluans 25 107 Fe 66
70000 Rosey 70 93 Ga 63
71390 Rosey 71 105 Ee 68
67560 Rosheim 67 60 Hc 58
17520 Rosier 17 123 Zd 75
18300 Rosière 18 103 Cf 65
38780 Rosière 38 130 Ef 76
07260 Rosières 07 142 Eb 82
18400 Rosières 18 102 Cb 67
43800 Rosières 43 141 Df 78
60440 Rosières 60 52 Ce 53
54110 Rosières-aux-Salines 54 76 Gb 57
55000 Rosières-devant-Bar 55 55 Fb 56
55130 Rosières-en-Blois 55 75 Fd 57
54385 Rosières-en-Haye 54 56 Ff 56
80170 Rosières-en-Santerre 80 39 Ce 50
10430 Rosières-près-Troyes 10 73 Ea 59
25190 Rosières-sur-Barbèche 25 94 Gd 65
70500 Rosières-sur-Mance 70 93 Fe 61
63230 Rosiers 63 127 Ce 73
77167 Rosiers 76 72 Ce 59
19300 Rosiers-d'Egletons 19 126 Ca 76
19350 Rosiers-de-Juillac 19 125 Bb 77
34610 Rosis 34 167 Da 87
36300 Rosnay 36 101 Bb 68
51390 Rosnay 51 53 Df 53
85320 Rosnay 85 109 Ye 69
10500 Rosnay-L'Hôpital 10 74 Ec 58
29590 Rosnoën 29 62 Ve 59
93250 Rosny-sur-Bois 93 51 Cd 55
78710 Rosny-sur-Seine 78 50 Bd 55
60140 Rosoy 60 51 Cc 52
89100 Rosoy 89 72 Db 60
60620 Rosoy-en-Multien 60 52 Cf 54
45210 Rosoy-le-Vieil 45 72 Cf 60
52600 Rosoy-sur-Amance 52 92 Fd 62
22300 Rospez 22 63 Wd 56
20242 Rospigliani CTC 183 Kb 95
29140 Rosporden 29 78 Wa 61
22570 Rosquelfen 22 63 Wf 59
26310 Rossas 26 143 Fd 82
72470 Rossay 72 68 Ac 61
86200 Rossay 86 99 Aa 67
20227 Rosse CTC 183 Kb 96
57780 Rosselange 57 56 Ga 53
67230 Rossfeld 67 60 Hd 58
24320 Rossignol 24 124 Ac 76
24380 Rossignol 24 136 Ae 78
01510 Rossillon 01 131 Fd 74
10220 Rosson 10 73 Eb 59
20144 Rossu CTC 185 Kb 98
74350 Rossy 74 120 Ga 73
46150 Rostassac 46 137 Bb 81
29560 Rostegoff 29 62 Vd 59
67290 Rosteig 67 58 Hc 55
29160 Rostellec 29 61 Vc 59
27300 Rostes 27 49 Ae 54
29470 Rostiviec 29 62 Ve 58
22110 Rostrenen 22 63 We 59
73210 Rosuel 73 133 Ge 75
59230 Rosult 59 30 Dc 46
25380 Rosureux 25 108 Ge 65
39190 Rotalier 39 106 Fc 69
60360 Rotangy 60 38 Ca 51
57910 Roth 57 57 Ha 54
67570 Rothau 67 77 Hb 58
67340 Rothbach 67 58 Hd 55
35400 Rothéneuf 35 65 Ya 56
73110 Rotherens 73 132 Ga 76
60690 Rothois 60 38 Bf 51
39270 Rothonay 39 119 Fd 69
60130 Rotibéquet 60 39 Cc 52
14980 Rots 14 35 Zd 53
67160 Rott 67 58 Hf 54
20270 Rottani CTC 183 Kc 96
67170 Rottelsheim 67 58 He 56
26470 Rottier 26 143 Fc 82
04240 Rouaine 04 158 Gd 85
04240 Rouainette 04 158 Gd 85
81240 Rouairoux 81 166 Cd 88
44640 Rouans 44 96 Ya 65
53390 Rouaudière, la 53 82 Ye 62
59100 Roubaix 59 30 Db 44
47260 Roubertou 47 148 Ad 82
11200 Roubia 11 166 Ce 89
83510 Roubine 83 172 Gc 88
06420 Roubion 06 158 Ha 84
14260 Roucamps 14 47 Zc 55
17800 Rouchave 17 123 Zd 75
15230 Rouches 15 139 Ce 79
87130 Rouchoux 87 126 Bd 75
15190 Roucoule 15 127 Ce 76
59169 Roucourt 59 30 Da 47
02160 Roucy 02 41 De 52
23380 Roudeau 23 114 Bf 71
15150 Roudettes 15 138 Ca 79
31330 Roudié 31 164 Bb 86
33340 Roudinesse 33 122 Yf 77
56110 Roudouallec 56 79 Wb 60
29260 Roudoushil 29 62 Vd 57
52320 Rouécourt 52 75 Fa 59
31160 Rouède 31 176 Af 90
61700 Rouellé 61 67 Zb 57
52160 Rouelles 52 92 Fa 62
76130 Rouen 77 37 Ba 52
12140 Rouens 12 139 Cd 80
72610 Rouessé-Fontaine 72 68 Aa 59
72140 Rouessé-Vassé 72 67 Ze 60
12800 Rouet 12 151 Cc 84
34380 Rouet 34 153 De 86
72140 Rouez 72 67 Zf 60
68250 Rouffach 68 60 Hb 61
39350 Rouffange 39 107 Fe 65
87380 Rouffardie 87 125 Bc 75
15150 Rouffiac 15 138 Ca 78
15130 Rouffiac 15 139 Cd 79
16210 Rouffiac 16 123 Aa 77
16210 Rouffiac 16 123 Aa 75
17800 Rouffiac 17 123 Zd 74
46140 Rouffiac 46 149 Bb 82
81150 Rouffiac 81 151 Ca 85
11250 Rouffiac-d'Aude 11 166 Cb 90
11350 Rouffiac-des-Corbières 11 179 Cd 91
31180 Rouffiac-Tolosan 31 165 Bd 87
19250 Rouffiat 19 126 Ca 75
19800 Rouffiat 19 126 Bf 76
17130 Rouffignac 17 123 Zd 76
24240 Rouffignac-de-Sigoulès 24 136 Ac 80
24580 Rouffignac-Saint-Cernin-de-Reilhac 24 137 Af 78
46300 Rouffilhac 46 137 Bc 80
24370 Rouffillac 24 137 Bb 79
19160 Rouflanges 19 126 Cb 77
51130 Rouffy 51 53 Ea 55
61210 Roufigny 61 48 Ze 56
09420 Rougé 09 177 Bc 91
31870 Rouge 31 164 Bb 88
44660 Rougé 44 82 Yd 62
59190 Rouge-Croix 59 30 Cd 44
62840 Rouge-Croix 62 29 Ce 45
62390 Rougefay 62 29 Cb 47
90200 Rougegoutte 90 94 Gf 62
76220 Rouge-Mare 77 38 Bd 52
45300 Rougement 45 71 Cb 60
01110 Rougemont 01 119 Fd 72
21500 Rougemont 21 90 Eb 62
25680 Rougemont 25 93 Gc 64
27350 Rougemontiers 27 36 Ae 52
90110 Rougemont-le-Château 90 94 Gf 62
25640 Rougemontot 25 93 Gb 64
41230 Rougeou 41 86 Bd 64
27110 Rouge-Perriers 27 49 Af 54
02140 Rougeries 02 40 De 50
48500 Rougesparets 48 153 Db 82
52500 Rougeux 52 92 Fd 62
83170 Rougier 83 171 Ff 88
88100 Rougiville 88 77 Gf 59
16320 Rougnac 16 124 Ac 75
23700 Rougnat 23 115 Cd 72
25440 Rouhe 25 107 Ff 66
16330 Rouhénac 16 124 Aa 74
57520 Rouhling 57 57 Ha 54
63970 Rouilhas-Haut 63 128 Da 74
16170 Rouillac 16 123 Zf 74
22250 Rouillac 22 64 Xd 59
63970 Rouillas-Bas 63 128 Da 74
86480 Rouillé 86 111 Aa 70
36110 Rouillecouteau 36 101 Bd 66
10800 Rouillerot 10 73 Ea 59
59158 Rouillon 59 30 Dd 45
72700 Rouillon 72 68 Aa 60
37500 Rouilly 37 99 Ab 66
77160 Rouilly 76 72 Db 57
10220 Rouilly-Sacey 10 74 Eb 58
10800 Rouilly-Saint-Loup 10 73 Ea 59
34320 Roujan 34 167 Db 87
31530 Roulan 31 164 Ba 86
25640 Roulans 25 93 Gb 65
72600 Roullée 72 68 Ab 58
11290 Roullens 11 166 Cb 90
16440 Roullet-Saint-Estèphe 16 123 Aa 75
14500 Roullours 14 47 Za 56
87920 Roulouzat 87 125 Bb 74
47800 Roumagne 47 136 Ac 81
81150 Roumanou 81 151 Bf 85
76480 Roumare 77 37 Af 51
49400 Rou-Marson 49 99 Zf 65
16270 Roumazières-Loubert 16 124 Ad 73
33125 Roumégous 33 134 Zc 81
15290 Roumégoux 15 139 Cb 79
81120 Roumégoux 81 151 Cb 86
81350 Roumegoux 81 151 Cc 84
09500 Roumengoux 09 165 Bf 90
31540 Roumens 31 165 Bf 88
07240 Roumezoux 07 142 Ed 79
19200 Roumignac 19 126 Cb 75
04500 Roumoules 04 157 Ga 86
67480 Rountzenheim-Auenheim 67 59 Ia 56
67480 Rountzenheim-Auenheim 67 59 Ia 56
57220 Roupeldange 57 57 Gc 53
61320 Rouperroux 61 67 Zf 57
72110 Rouperroux-le-Coquet 72 68 Ac 59
29250 Rouplouenan 29 62 Vf 57
15230 Roupons 15 139 Ce 79
02590 Roupy 02 40 Db 50
33125 Rouquet 33 134 Zb 81
24500 Rouquette 24 136 Ac 80
33550 Rouquey 33 135 Zd 80
82370 Rouqueyral 82 150 Bd 85
46120 Rouqueyroux 46 138 Ca 80
81260 Rouquié 81 166 Cd 87
06420 Roure 06 158 Ha 84
63230 Roure 63 127 Ce 74
06260 Rourebel 06 158 Gf 85
06650 Rourpet 06 173 Ha 86
59131 Rousies 59 31 Ea 47
86310 Roussac 86 112 Af 69
87140 Roussac 87 113 Bb 72
48210 Roussao 48 153 Dc 82
13390 Roussargue 13 171 Fd 89
26230 Roussas 26 155 Ee 82
49450 Roussay 49 97 Yf 66
63220 Roussay 63 129 De 76
81140 Roussayrolles 81 150 Be 84
12780 Rousseaup 12 152 Cf 83
18110 Rousseaux 18 102 Cc 65
82400 Roussel 82 149 Ba 84
60660 Rousseloy 60 51 Cc 53
89500 Roussemeau 89 72 Db 60
12220 Roussenac 12 151 Cb 82
62870 Roussent 62 28 Be 46
48400 Rousses 48 153 Dd 83
05110 Rousset 04 157 Ff 82
05190 Rousset 05 144 Gb 82
12260 Rousset 12 138 Ca 82
13790 Rousset 13 171 Fd 88
26420 Rousset 26 143 Fc 79
26770 Rousset-les-Vignes 26 155 Fa 82
76440 Rousseville 77 38 Bd 51
27270 Roussière 27 49 Ad 55
85670 Roussière 85 96 Yb 68
26510 Roussieux 26 156 Fc 82
91470 Roussigny 91 51 Ca 57
38150 Roussillon 38 130 Ee 76
84220 Roussillon 84 156 Fb 85
71550 Roussillon-en-Morvan 71 105 Ea 66
16310 Roussines 16 124 Ad 74
36170 Roussines 36 113 Bc 70
89500 Rousson 89 72 Db 60
15130 Roussy 15 139 Cd 80
57330 Roussy-le-Bourg 57 44 Gb 52
57330 Roussy-le-Village 57 44 Gb 52
76560 Routes 77 36 Ae 50

11240 Routier 11 165 Ca 90
27350 Routot 27 36 Ae 52
53370 Rouvadin 53 67 Ze 58
24350 Rouveille 24 124 Ac 77
24270 Rouveire 24 125 Bb 76
11260 Rouvenac 11 178 Ca 91
87500 Rouverat 87 125 Bb 75
24390 Rouverel 24 125 Bb 77
12130 Rouveret 12 140 Da 82
54610 Rouves 54 56 Gb 55
48200 Rouveyret 48 140 Db 79
30190 Rouvière 30 154 Eb 85
34260 Rouvignac 34 152 Da 86
34460 Rouvigno 34 167 Da 87
60800 Rouville 60 52 Cf 53
76210 Rouville 77 36 Ac 51
60190 Rouvillers 60 39 Cd 52
21530 Rouvray 21 90 Ea 64
21340 Rouvray 21 105 Ed 66
27120 Rouvray 27 50 Bc 54
89230 Rouvray 89 89 De 61
76440 Rouvray-Catillon 77 37 Bc 51
28310 Rouvray-Saint-Denis 28 70 Bf 59
45310 Rouvray-Sainte-Croix 45 70 Be 60
28150 Rouvray-Saint-Florentin 28 70 Bd 59
37310 Rouvre 37 100 Af 65
79220 Rouvre 79 111 Zd 70
80250 Rouvrel 80 39 Cc 50
14190 Rouvres 14 48 Ze 54
28260 Rouvres 28 50 Bc 55
60620 Rouvres 60 52 Da 54
77230 Rouvres 76 51 Ce 54
21110 Rouvres-en-Plaine 21 106 Fa 65
55400 Rouvres-en-Woëvre 55 55 Fe 53
88500 Rouvres-en-Xaintois 88 76 Ga 59
88170 Rouvres-la-Chétive 88 76 Fe 59
36110 Rouvres-les-Bois 36 101 Bd 66
10200 Rouvres-les-Vignes 10 74 Ee 59
45300 Rouvres-Saint-Jean 45 71 Cb 59
21320 Rouvres-sous-Meilly 21 105 Ed 65
52160 Rouvres-sur-Aube 52 91 Ef 62
55300 Rouvrois-sur-Meuse 55 55 Fd 55
55230 Rouvrois-sur-Othain 55 43 Fd 52
02100 Rouvroy 02 40 Db 49
62320 Rouvroy 62 30 Cf 46
80170 Rouvroy-en-Santerre 80 39 Ce 50
60120 Rouvroy-les-Merles 60 39 Cc 51
51800 Rouvroy-Ripont 51 54 Ee 53
08150 Rouvroy-sur-Audry 08 41 Ec 50
52300 Rouvroy-sur-Marne 52 75 Fa 58
02360 Rouvroy-sur-Serre 02 41 Eb 50
50810 Rouxeville 50 34 Za 54
76370 Rouxmesnil-Bouteilles 77 37 Ba 49
76370 Rouxmesnil-le-Haut 77 37 Ba 49
58110 Rouy 58 104 Dd 66
80190 Rouy-le-Grand 80 39 Cf 50
80190 Rouy-le-Petit 80 39 Cf 50
09460 Rouze 09 178 Ca 92
16220 Rouzède 16 124 Ad 74
12370 Rouzet 12 152 Ce 86
82220 Rouzet 82 150 Bb 84
15600 Rouziers 15 139 Cb 80
37360 Rouziers-de-Touraine 37 85 Ad 63
50760 Roville 50 33 Ye 50
54290 Roville-devant-Bayon 54 76 Gb 58
38470 Rovon 38 131 Fc 77
06660 Roya 06 158 Gf 83
60200 Royalieu 60 39 Ce 52
17200 Royan 17 122 Yf 75
38440 Royas 38 131 Fa 75
63130 Royat 63 128 Da 74
60420 Royaucourt 60 39 Cd 51
02000 Royaucourt-et-Chailvet 02 40 Dd 51
54200 Royaumeix 54 56 Ff 56
60690 Roy-Boissy 60 38 Bf 51
38940 Roybon 38 131 Fb 77
70200 Roye 70 94 Gd 62
80700 Roye 80 39 Ce 50
71700 Royer 71 118 Ee 69
23460 Royère-de-Vassivière 23 126 Bf 73
19800 Royères 19 138 Bf 77
87400 Royères 87 125 Bc 73
60310 Roye-sur-Matz 60 39 Ce 51
26450 Roynac 26 142 Ef 81
62990 Royon 62 28 Bf 46
02600 Roy-Saint-Nicolas 02 39 Da 53
76730 Royville 77 37 Af 50
44630 Rozay 44 81 Ya 63
77540 Rozay-en-Brie 76 52 Cf 56
56450 Roze 56 80 Xc 63
71420 Rozelay 71 105 Eb 69
54290 Rozelieures 54 76 Gc 58
57160 Rozérieulles 57 56 Ga 54
88500 Rozerotte 88 76 Ga 59
32190 Rozès 32 148 Ac 86
16320 Rozet 16 124 Ac 75
63820 Rozet 63 127 Cd 74
02210 Rozet-Saint-Albin 02 52 Db 53
42380 Rozier-Côtes-d'Aurec 42 129 Ea 76
42810 Rozier-en-Donzy 42 129 Eb 74
03320 Rozières 03 103 Cf 69
52220 Rozières 52 74 Ee 58
45130 Rozières-en-Beauce 45 70 Be 61
02200 Rozières-sur-Crise 02 40 Dc 53
88320 Rozières-sur-Mouzon 88 75 Fe 60
87130 Roziers-Saint-Georges 87 125 Bd 74
35120 Roz-Landrieux 35 65 Yb 57
29370 Rozmeur 29 78 Wa 60
02540 Rozoy-Bellevalle 02 52 Dc 55
02360 Rozoy-sur-Serre 02 41 Ea 50
35610 Roz-sur-Couesnon 35 65 Yc 57
58190 Ruages 58 89 De 65
45410 Ruan 45 70 Bf 60
41270 Ruan-sur-Egvonne 41 69 Ba 60
29260 Ruat 29 62 Vd 57
29910 Ruat 29 78 Wa 62
72230 Ruaudin 72 68 Ab 61
88370 Ruaux 88 76 Gc 61
23460 Rubaine 23 126 Bf 73
89116 Ruban 89 72 Db 60
08140 Rubécourt 08 42 Fa 50
77950 Rubelles 76 71 Ce 57
80260 Rubempré 80 39 Cc 48
14710 Rubercy 14 47 Za 53
80200 Rubescourt 80 39 Cd 51
06260 Rubi 06 158 Gf 84
08220 Rubigny 08 41 Eb 50
59285 Rubrouck 59 27 Cc 43
22550 Ruca 22 64 Xd 57
33350 Ruch 33 135 Zf 80
38690 Ruche 38 132 Ga 77
14480 Rucqueville 14 47 Zc 53
24340 Rudeau-Ladosse 24 124 Ad 76
46120 Rudelle 46 138 Bf 80
24630 Rue 24 125 Ba 76
33910 Rue 33 135 Ze 78
50330 Rue 50 33 Yd 51
50700 Rue 50 33 Yd 52
50480 Rue 50 46 Ye 52
80120 Rue 80 28 Be 47
86500 Rue 86 112 Af 70
88270 Rue 88 76 Gb 60
09800 Ruech 09 176 Af 91
02500 Rue-d'Ardenne 02 41 Ea 49
59226 Rue-de-Chorette 59 30 Dc 46
50710 Rue-de-la-Mer 50 46 Yc 53
68560 Ruederbach 68 95 Hb 63
02500 Rue-des-Lamberts 02 41 Ea 50
02500 Rue-des-Marais 02 41 Ea 49
50480 Rue-d'Ozouville 50 33 Yb 51
59550 Rue-du-Bois 59 31 De 48
59230 Rue-du-Rosult 59 30 Dc 46
21150 Rue-du-Vau 21 91 Ed 63
81250 Ruèges 81 152 Cc 86
02500 Rue-Grande-Jeanne 02 41 Ea 49
02140 Rue-Heureuse 02 41 Ea 49
95450 Rueil 95 50 Bf 54
28270 Rueil-la-Gadelière 28 49 Af 56
92500 Rueil-Malmaison 92 51 Cb 55
68270 Ruelisheim 68 95 Hc 62
18220 Ruelle 18 102 Cd 65
16600 Ruelle-sur-Touvre 16 124 Ab 74
49730 Rue-Neuve 49 99 Aa 65
31230 Ruère 31 164 Ae 89
63750 Ruère 63 127 Cd 75
69860 Ruère 69D 117 Ed 71
59530 Ruesnes 59 31 Dd 47
46120 Rueyres 46 138 Bf 80
87160 Rufasson 87 113 Bc 71
39140 Ruffay-sur-Seille 39 106 Fc 68
16700 Ruffec 16 111 Ab 72
36300 Ruffec 36 100 Bb 69
12390 Ruffepeyre 12 151 Cc 82
25170 Ruffey-le-Château 25 93 Fe 65
21200 Ruffey-lès-Baune 21 106 Ef 66
21490 Ruffey-lès-Echirey 21 92 Fa 64
47700 Ruffiac 47 148 Aa 82
56140 Ruffiac 56 81 Xe 62
01260 Ruffieu 01 119 Fe 73
73310 Ruffieux 73 132 Ff 73
44660 Ruffigne 44 82 Yd 62
79260 Ruffigny 79 111 Ze 70
86240 Ruffigny 86 112 Ab 70
81360 Ruffis 81 166 Cb 86
27250 Rugles 27 49 Ae 56
88130 Rugney 88 76 Gb 58
89430 Rugny 89 90 Ea 61
29690 Ruguellou 29 62 Wb 58
70190 Ruhans 70 93 Ga 64
72240 Ruillé-en-Champagne 72 67 Zf 60
53170 Ruillé-Froid-Fonds 53 83 Zc 61
53320 Ruillé-le-Gravelais 53 66 Za 60
72340 Ruillé-sur-Loir 72 85 Ad 62
15500 Ruiret 15 128 Db 77
26170 Ruissas 26 156 Fc 83
62310 Ruisseauville 62 29 Ca 46
62620 Ruitz 62 29 Cd 46
12120 Rullac-Saint-Ciro 12 152 Cc 84
16200 Rulle 16 123 Ze 74
56890 Rulliac 56 80 Xb 62
14410 Rully 14 47 Zb 56
60810 Rully 60 51 Ce 53
71150 Rully 71 105 Ee 67
17810 Rulon 17 122 Zb 74
80290 Rumaisnil 80 38 Ca 50
62860 Rumaucourt 62 30 Da 47
59226 Rumegies 59 30 Dc 46
08440 Rumel 08 42 Ee 50
29590 Rumengol 29 62 Vf 59
29460 Rumenguy 29 62 Ve 59
29380 Rumérou 29 79 Wb 61
67370 Rumersheim 67 58 Hd 56
68740 Rumersheim-le-Haut 68 95 Hd 61
14340 Rumesnil 14 48 Aa 53
08290 Rumigny 08 41 Eb 50
80680 Rumigny 80 38 Cb 50
62650 Rumilly 62 29 Ca 45
74150 Rumilly 74 132 Ff 73
59281 Rumilly-en-Cambrésis 59 30 Db 48
10260 Rumilly-lès-Vaudes 10 73 Eb 60
62370 Ruminghem 62 27 Ca 43
55000 Rumont 55 55 Fb 56
77760 Rumont 76 71 Cc 59
29800 Runaher 29 62 Ve 58
22260 Runan 22 63 We 56
88630 Runerot 88 76 Fe 58
48220 Rûnes 48 153 De 82
22200 Runévarec 22 63 We 57
94150 Rungis 94 51 Cc 56
12450 Ruols 12 151 Cd 83
07120 Ruoms 07 154 Ec 82
62126 Rupembert 62 26 Bd 44
77560 Rupéreux 76 52 Dc 57
88630 Ruppes 88 76 Fe 58
52300 Rupt 52 75 Fa 58
55170 Rupt-aux-Nonains 55 55 Fa 56
55260 Rupt-devant-Saint-Mihiel 55 55 Fc 55
55320 Rupt-en-Woëvre 55 55 Fc 54
88360 Rupt-sur-Moselle 88 94 Gd 61
55150 Rupt-sur-Othain 55 43 Fc 52
70360 Rupt-sur-Saône 70 93 Ff 63
57220 Rurange 57 56 Gc 53
57310 Rurange-lès-Thionville 57 56 Gb 53
25290 Rurey 25 107 Ga 66
20244 Rusio CTC 183 Kb 94
67130 Russ 67 60 Hb 58
86450 Russais 86 100 Ae 68
30190 Russan 30 154 Eb 85
57390 Russange 57 43 Ff 52
49650 Russe 49 84 Aa 65
65110 Russel-Culaous 65 175 Zf 92
14710 Russy 14 47 Zb 53
41330 Russy 41 86 Bb 63
68740 Rustenhart 68 60 Hc 61
11800 Rustiques 11 166 Cc 89
84400 Rustrel 84 156 Fc 85
20239 Rutali CTC 181 Kc 93
38930 Ruthiére 38 143 Fd 80
10410 Ruvigny 10 73 Eb 59
88430 Ruxurieux 88 77 Gf 59
38300 Ruy 38 131 Fb 75
62124 Ruyaulcourt 62 30 Da 48
15320 Ruynes-en-Margeride 15 140 Db 78
29510 Ruzaden 29 78 Wa 60
76116 Ry 77 37 Bc 52
39230 Rye 39 106 Fc 67
14400 Ryes 14 34 Zc 53

S

77730 Saâcy-sur-Marne 76 52 Db 55
67420 Saales 67 77 Ha 58
76730 Saâne-Saint-Just 77 37 Af 50
40180 Saas 40 161 Ye 86
67390 Saasenheim 67 60 Hd 59
46210 Sabadel-Latronquière 46 138 Ca 80
46360 Sabadel-Lauzès 46 138 Bd 81
32420 Sabaillan 32 163 Ae 88
65350 Sabalos 65 162 Aa 89
09350 Sabarat 09 164 Bc 90
65330 Sabarros 65 163 Ac 89
09120 Sabarthès 09 164 Bc 90
32290 Sabazan 32 162 Aa 86
81260 Sablayrolles 81 166 Cc 86
72110 Sables 72 68 Ac 59
22240 Sables-d'Or-les-Pins 22 64 Xd 57
72300 Sablé-sur-Sarthe 72 84 Ze 61
84110 Sablet 84 155 Fa 83
07260 Sablières 07 141 Ea 81
33230 Sablon 33 135 Zf 78
17600 Sabloncaux 17 122 Za 74
62129 Sablonière 62 29 Cb 44
02310 Sablonnière 02 52 Db 54
38460 Sablonnière 38 131 Fc 74
77510 Sablonnières 76 52 Db 55
33910 Sablons 33 135 Ze 78
38550 Sablons 38 130 Ee 77
34220 Sabo 34 166 Cd 88
31370 Sabonnères 31 164 Ba 88
40630 Sabres 40 147 Zb 84
31110 Saccourvielle 31 176 Ad 92
53470 Sacé 53 67 Zb 59
10220 Sacey 10 74 Eb 58
50170 Sacey 50 66 Yd 57
37190 Saché 37 100 Ad 65
88230 Sachemont 88 77 Gf 60
62550 Sachin 62 29 Cc 46
08110 Sachy 08 42 Fa 50
36170 Sacierges-Saint-Martin 36 113 Bc 70
91400 Saclay 91 51 Cb 56
91690 Saclas 91 71 Ca 58
02200 Saconin-et-Breuil 02 40 Db 52
65370 Sacoué 65 176 Ad 91
21260 Sacquenay 21 92 Fb 63
27930 Sacquenville 27 49 Ba 54
62240 Sacriquier 62 28 Bf 45
51500 Sacy 51 53 Df 53
89270 Sacy 89 90 De 63
60700 Sacy-le-Grand 60 39 Cd 52
60190 Sacy-le-Petit 60 39 Cd 52
32170 Sadeillan 32 163 Ab 88
24500 Sadillac 24 136 Ac 80
33670 Sadirac 33 135 Zd 80
33690 Sadirac 33 148 Zf 82
33480 Sadouillan 33 134 Za 79
65220 Sadournin 65 163 Ac 89
19270 Sadroc 19 125 Bd 77
67270 Saessolsheim 67 58 Hd 56
54210 Saffais 54 76 Gb 57
39130 Saffloz 39 107 Ff 68
44390 Saffré 44 82 Yc 64
21350 Saffres 21 91 Ed 64
24170 Sagelat 24 137 Ba 80
23170 Saget 23 115 Cc 71
23800 Sagnat 23 113 Bd 71
06850 Sagne 06 158 Gd 85
81230 Sagnens 81 166 Cd 86
07450 Sagnes-et-Goudoulet 07 141 Eb 80
20118 Sagone CTC 182 Ie 96
18600 Sagonne 18 103 Ce 67
30700 Sagriès 30 154 Ec 85
71580 Sagy 71 106 Fb 69
71260 Sagy 71 118 Ee 70
95450 Sagy 95 50 Bf 54
66360 Sahorre 66 178 Cc 93
09000 Sahuc 09 177 Bc 91
34390 Sahuc 34 166 Cf 87
26510 Sahune 26 156 Fb 82
76113 Sahurs 77 37 Af 52
09140 Sahusset 09 176 Ba 92
61200 Sai 61 48 Aa 56
15240 Saignes 15 127 Cc 77
46500 Saignes 46 138 Be 80
63710 Saignes 63 127 Cf 75
80230 Saigneville 80 28 Be 48
84400 Saignon 84 156 Fc 85
31470 Saiguède 31 164 Ba 87
19500 Saillac 19 138 Bd 78
46260 Saillac 46 150 Be 83
82160 Saillagol 82 150 Be 83
66800 Saillagouse 66 178 Ca 94
26340 Saillans 26 143 Fb 80
33141 Saillans 33 135 Ze 79
63710 Saillant 63 128 Da 75
63840 Saillant 63 129 Df 76
87720 Saillat-sur-Vienne 87 124 Ae 73
44510 Saillé 44 81 Xd 65
71580 Saillenard 71 106 Fc 68
42310 Sail-les-Bains 42 117 Df 71
08110 Sailly 08 42 Fb 51
52230 Sailly 52 75 Fb 58
59390 Sailly 59 30 Db 45
59554 Sailly 59 30 Db 47
62113 Sailly 62 29 Ce 45
71250 Sailly 71 118 Ed 69
78440 Sailly 78 50 Be 54
57420 Sailly-Achâtel 57 56 Gb 55
62111 Sailly-au-Bois 62 29 Cd 48
80860 Sailly-Bray, Bonnelle 80 28 Be 47
62490 Sailly-en-Ostrevent 62 30 Cf 47
80970 Sailly-Flibeaucourt 80 28 Be 47
80800 Sailly-Laurette 80 39 Cd 49
80800 Sailly-le-Sec 80 39 Cd 49
80360 Sailly-Saillisel 80 39 Cf 48
62840 Sailly-sur-la-Lys 62 30 Ce 45
42890 Sail-sous-Couzan 42 129 Df 74
69210 Sain-Bel 69M 130 Ed 74
58470 Saincaize-Meauce 58 103 Da 67
84290 Saine Cécile-les-Vignes 84 155 Ef 83
59262 Sainghin-en-Mélantois 59 30 Da 45
59184 Sainghin-en-Weppes 59 30 Cf 45
76430 Sainneville 77 36 Ab 51
89520 Sainpuits 89 89 Db 63
35610 Sains 35 65 Yc 57
62130 Sains 62 29 Cb 46
59177 Sains-du-Nord 59 31 Ea 48
80680 Sains-en-Amiénois 80 39 Cb 50
62114 Sains-en-Gohelle 62 29 Ce 46
62310 Sains-lès-Fressin 62 29 Ca 46
62860 Sains-lès-Marquion 62 30 Da 47
62550 Sains-lès-Pernes 62 29 Cc 46
60420 Sains-Morainvillers 60 39 Cc 51
02120 Sains-Richaumont 02 40 De 50
22400 Saint-Aaron 22 64 Xd 57
64800 Saint-Abit 64 162 Ze 89
56140 Saint-Abraham 56 81 Xd 61
07200 Saint Abtoine 07 142 Ec 81
80370 Saint-Acheul 80 29 Ca 47
16310 Saint-Adjutory 16 124 Ac 74
22390 Saint-Adrien 22 63 Wf 58
22740 Saint-Adrien 22 63 Wf 56
29470 Saint-Adrien 29 62 Vd 58
29300 Saint-Adrien 29 79 Wc 61
56150 Saint-Adrien 56 80 Wf 61
12400 Saint-Affrique 12 152 Cf 85
12340 Saint-Affrique-du-Causse 12 139 Ce 82
81290 Saint-Affrique-les-Montagnes 81 165 Cb 87
22200 Saint-Agathon 22 63 Wf 57
41170 Saint-Agil 41 69 Af 60
02330 Saint-Agnan 02 53 Dd 54
12290 Saint-Agnan 12 152 Cf 83
24390 Saint-Agnan 24 125 Ba 77
58230 Saint-Agnan 58 90 Ea 65
71160 Saint-Agnan 71 117 Df 69
81500 Saint-Agnan 81 165 Be 86
89340 Saint-Agnan 89 72 Da 59
27390 Saint-Agnan-de-Cernières 27 49 Ad 55
26420 Saint-Agnan-en-Vercors 26 143 Fc 79
14260 Saint-Agnan-le-Malherbe 14 47 Zc 54
61340 Saint-Agnan-sur-Erre 61 69 Ae 59
61170 Saint-Agnan-sur-Sarthe 61 68 Ac 57
17620 Saint-Agnant 17 122 Za 73
23300 Saint-Agnant-de-Versillat 23 113 Bd 71
23260 Saint-Agnant-près-Crocq 23 127 Cc 74
55300 Saint-Agnant-sous-les-Côtes 55 55 Fd 55
24520 Saint-Agne 24 136 Ad 79
40800 Saint-Agnet 40 162 Ze 87
38300 Saint-Agnin-sur-Bion 38 131 Fb 75
63260 Saint-Agoulin 63 116 Db 72
07320 Saint-Agrève 07 142 Ec 78
32600 Saint-Aguets 32 164 Ba 87
08400 Saint-Aignan 08 42 Ef 51
33126 Saint-Aignan 33 135 Ze 79
41110 Saint-Aignan 41 86 Bc 65
47140 Saint-Aignan 47 149 Ae 82
53200 Saint-Aignan 53 83 Zc 61
56480 Saint-Aignan 56 79 Wf 59
72110 Saint-Aignan 72 68 Ac 59
76630 Saint-Aignan 77 37 Bc 49
82100 Saint-Aignan 82 149 Ba 84
53250 Saint-Aignan-de-Couptrain 53 67 Ze 58
14540 Saint-Aignan-de-Cramesnil 14 47 Ze 54
45460 Saint-Aignan-des-Gués 45 88 Cb 61
18600 Saint-Aignan-des-Noyers 18 103 Ce 68
44860 Saint-Aignan-Grandlieu 44 97 Yc 66
45600 Saint-Aignan-le-Jaillard 45 88 Cc 62
53390 Saint Aignan sur-Roë 53 83 Yf 61
76116 Saint-Aignan-sur-Ry 77 37 Bc 51
36300 Saint-Aigny 36 100 Ba 69
17360 Saint-Aigulin 17 123 Zf 78
54580 Saint-Ail 54 56 Ff 53
71260 Saint-Albain 71 118 Ef 70
01450 Saint-Alban 01 119 Fc 72
07220 Saint Alban 07 142 Ed 81
22400 Saint-Alban 22 64 Xc 57
73230 Saint Alban 73 132 Ff 75
07120 Saint-Alban-Auriolles 07 154 Eb 82
07790 Saint-Alban-d'Ay 07 130 Ed 77
73610 Saint-Alban-de-Montbel 73 132 Fe 75
38080 Saint-Alban-de-Roche 38 131 Fb 75
73220 Saint-Alban-des-Hurtières 73 132 Gb 76
73130 Saint-Alban-des-Villards 73 132 Gb 77
38150 Saint-Alban-de-Varèze 38 130 Ef 76
38370 Saint-Alban-du-Rhône 38 130 Ee 76
07590 Saint-Alban-en-Montagne 07 141 Df 80
42370 Saint-Alban-les-Eaux 42 117 Df 72
48120 Saint-Alban-sur-Limagnole 48 140 Dc 80
29180 Saint-Albin 29 78 Vf 60
38480 Saint-Albin-de-Vaulserre 38 131 Fe 75
81200 Saint-Alby 81 166 Cb 87
30130 Saint-Alexandre 30 155 Ed 83
02260 Saint-Algis 02 41 De 49
56500 Saint-Allouestre 56 80 Xb 61
29180 Saint-Alouarn 29 78 Ve 60
23200 Saint-Alpinien 23 114 Cb 73
23260 Saint-Alvard 23 127 Cc 73
63220 Saint-Alyre-d'Arlanc 63 128 Dd 76
63420 Saint-Alyre-ès-Montagne 63 128 Cf 76
09100 Saint-Amadou 09 165 Be 90
81110 Saint-Amancet 81 165 Ca 88
23200 Saint-Amand 23 114 Cb 73
62760 Saint-Amand 62 29 Cd 48
24170 Saint-Amand-de-Belvès 24 137 Ba 80
24290 Saint-Amand-de-Coly 24 137 Bb 78
27370 Saint-Amand-des-Hautes-Terres 27 49 Af 53
24380 Saint-Amand-de-Vergt 24 136 Ae 79
58310 Saint-Amand-en-Puisaye 58 89 Da 63
15190 Saint-Amandin 15 127 Ce 76
23400 Saint-Amand-Jartoudeix 23 113 Bd 73
87120 Saint-Amand-le-Petit 87 126 Be 74
59230 Saint-Amand-les-Eaux 59 30 Dc 46
41310 Saint-Amand-Longpré 41 86 Ba 62
87290 Saint-Amand-Magnazeix 87 113 Bc 71
18200 Saint-Amand-Montrond 18 102 Cd 68
51300 Saint-Amand-sur-Fion 51 54 Ed 56
55500 Saint-Amand-sur-Ornain 55 55 Fc 57
79700 Saint-Amand-sur-Sèvre 79 98 Zb 67
09100 Saint-Amans 09 165 Bd 90
11270 Saint-Amans 11 165 Bf 89
12370 Saint-Amans 12 152 Ce 86
12400 Saint-Amans 12 152 Ce 85
47240 Saint-Amans 47 149 Ae 83
48700 Saint-Amans 48 140 Dc 81
82200 Saint-Amans 82 149 Bb 84
82220 Saint-Amans 82 150 Bc 83
34610 Saint-Amans-de-Mounis 34 167 Cf 86
81360 Saint-Amans-de-Négrin 81 166 Cb 86
82110 Saint-Amans-de-Pellagal 82 149 Ba 83
12460 Saint-Amans-des-Cots 12 139 Cd 80
12150 Saint Amans-de-Varès 12 152 Cf 82
82150 Saint-Amans-du-Pech 82 149 Af 83
81240 Saint-Amans-Soult 81 166 Cc 88
81240 Saint-Amans-Valforet 81 166 Cc 88
16330 Saint-Amant-de-Boixe 16 124 Aa 74
16230 Saint-Amant-de-Bonnieure 16 124 Ab 73
16120 Saint Amant-de-Graves 16 123 Zf 75
16170 Saint-Amant-de-Nouère 16 123 Aa 74
63890 Saint-Amant-Roche-Savine 63 128 Dd 75
63450 Saint-Amant-Tallende 63 128 Da 74
68550 Saint-Amarin 68 94 Ha 61
71240 Saint-Ambreuil 71 106 Ef 68
29690 Saint-Ambroise 29 63 Wb 58
18290 Saint-Ambroix 18 102 Ca 67
30500 Saint-Ambroix 30 154 Eb 83
88120 Saint-Amé 88 77 Gd 60
56890 Saint-Amon 56 80 Xb 62
39160 Saint-Amour 39 119 Fc 70
63610 Saint-Anastaise 63 128 Cf 76
81500 Saint-Anathole 81 150 Be 86
58150 Saint-Andelain 58 88 Cf 65
26240 Saint-Andéol 26 130 Ef 78
26150 Saint-Andéol 26 143 Fb 80
38650 Saint-Andéol 38 143 Fd 79
07170 Saint-Andéol-de-Berg 07 142 Ed 81
48160 Saint-Andéol-de-Clerguemort 48 154 Df 83
48160 Saint-Andéol-de-Clerguemort 48 154 Df 83
07160 Saint-Andéol-de-Fourchades 07 142 Eb 79
07600 Saint-Andéol-de-Vals 07 142 Ec 80
21530 Saint-Andeux 21 90 Ea 64
13670 Saint-Andiol 13 155 Ef 85
70600 Saint-Andoche 70 92 Fe 63
11300 Saint-André 11 178 Ca 91
14250 Saint-André 14 34 Zb 53
16100 Saint-André 16 123 Zd 74
31420 Saint-André 31 163 Af 89
32330 Saint-André 32 148 Ab 85
32200 Saint-André 32 163 Af 87
38530 Saint-André 38 132 Ff 76
47270 Saint-André 47 149 Ae 83
59520 Saint-André 59 30 Da 44

66690 Saint-André 66 179 Cf 93
73500 Saint-André 73 133 Gd 77
81250 Saint-André 81 151 Cc 85
81220 Saint-André 81 165 Bf 87
24200 Saint-André-d'Allas 24 137 Ba 79
42370 Saint-André-d'Apchon 42 117 Df 72
01380 Saint-André-de-Bâgé 01 118 Ef 71
74420 Saint-André-de-Boëge 74 120 Gc 71
50500 Saint-André-de-Bohon 50 34 Ye 53
61220 Saint-André-de-Briouze 61 47 Ze 56
34190 Saint-André-de-Buèges 34 153 Dd 85
01390 Saint-André-de-Corcy 01 118 Ef 73
07460 Saint-André-de-Cruzières 07 154 Eb 83
33240 Saint-André-de-Cubzac 33 135 Zd 79
24190 Saint-André-de-Double 24 136 Ab 78
49450 Saint-André-de-la-Marche 49 97 Za 66
48240 Saint-André-de-Lancize 48 154 De 83
27220 Saint-André-de-l' Eure 27 50 Bb 55
17260 Saint-André-de-Lidon 17 122 Zb 75
30570 Saint-André-de-Majencoules 30 153 Dd 84
05200 Saint-André-d'Embrun 05 145 Gd 81
61440 Saint-André-de-Messei 61 47 Zc 56
12270 Saint-André-de-Najac 12 151 Ca 83
11200 Saint-André-de-Roquelongue 11 166 Cf 90
30630 Saint-André-de-Roquepertuis 30 154 Ec 83
05150 Saint-André-de-Rosans 05 156 Fd 82
34725 Saint-André-de-Sangonis 34 167 Dd 87
22630 Saint-André-des-Eaux 22 65 Xf 58
44117 Saint-André-des-Eaux 44 81 Xe 65
40390 Saint-André-de-Seignanx 40 160 Yd 87
30940 Saint-André-de-Valborgne 30 153 De 84
12720 Saint-André-de-Vézines 12 153 Db 84
14130 Saint-André-d'Hébertot 14 36 Ab 53
01290 Saint-André-d'Huiriat 01 118 Ef 71
30330 Saint-André-d'Olérargues 30 154 Ec 84
33490 Saint-André-du-Bois 33 135 Ze 81
55220 Saint-André-en-Barrois 55 55 Fb 54
71440 Saint-André-en-Bresse 71 106 Fa 69
58140 Saint-André-en-Morvan 58 90 Df 64
38680 Saint-André-en-Royans 38 143 Fc 78
89420 Saint-André-en-Terre-Plaine 89 90 Ea 64
07690 Saint-André-en-Vivarais 07 142 Ec 78
60480 Saint-André-Farivillers 60 38 Cb 51
85250 Saint-André-Goule-d'Oie 85 97 Ye 67
07230 Saint-André-Lachamp 07 141 Eb 81
69440 Saint-André-la-Crôte 69M 130 Ed 75
01240 Saint-André-le-Bouchoux 01 118 Fa 72
69700 Saint-André-le-Château 69M 130 Ee 75
63310 Saint-André-le-Coq 63 116 Db 73
71220 Saint-André-le-Désert 71 117 Ed 70
38490 Saint-André-le-Gaz 38 131 Fd 75
42210 Saint-André-le-Puy 42 129 Eb 75
04170 Saint-André-les-Alpes 04 157 Gd 85
10120 Saint-André-les-Vergers 10 73 Ea 59
76690 Saint-André-sur-Cailly 76 37 Bb 51
14320 Saint-André-sur-Orne 14 35 Zd 54
79380 Saint-André-sur-Sèvre 79 98 Zb 68
01960 Saint-André-sur-Vieux-Jonc 01 118 Fa 72
85260 Saint-André-Treize-Voies 85 97 Yd 67
76930 Saint-Andrieux 77 36 Aa 51
33390 Saint-Androny 33 122 Zb 77
16230 Saint-Angeau 16 124 Ab 73
03170 Saint-Angel 03 115 Ce 70
19200 Saint-Angel 19 126 Cb 75
24300 Saint-Angel 24 124 Ae 76
63410 Saint-Angel 63 115 Cf 73
77710 Saint-Ange-le-Vieil 76 72 Cf 59
63660 Saint-Anthème 63 129 Df 75
21540 Saint-Anthot 21 91 Ed 65
04530 Saint-Antoine 04 145 Ge 81
05340 Saint-Antoine 05 145 Gc 79
06670 Saint Antoine 06 159 Hb 86
15220 Saint-Antoine 15 139 Cc 80
17240 Saint-Antoine 17 122 Zc 76
18350 Saint-Antoine 18 103 Ce 67
19270 Saint-Antoine 19 125 Bd 77
22610 Saint-Antoine 22 63 Wf 55
25370 Saint-Antoine 25 108 Gc 68
32340 Saint-Antoine 32 149 Af 84
33240 Saint-Antoine 33 135 Zd 78
20167 Saint Antoine CTC 182 If 96
20240 Saint Antoine CTC 183 Kc 96
24410 Saint-Antoine-Cumond 24 124 Ab 77
24330 Saint-Antoine-d'Auberoche 24 137 Af 78
24230 Saint-Antoine-de-Breuilh 24 136 Aa 79
47340 Saint-Antoine-de-Ficalba 47 149 Ac 82
81100 Saint-Antoine-de-la-Verdarié 81 166 Cb 87
33790 Saint-Antoine-du-Queyret 33 135 Aa 80
37360 Saint-Antoine-du-Rocher 37 85 Ad 64
38160 Saint-Antoine-l'Abbaye 38 143 Fb 77
76170 Saint-Antoine-la-Forêt 77 36 Ac 51
33660 Saint Antoine-sur-l'Isle 33 135 Aa 78
13015 Saint-Antoine 13 170 Fc 88
22480 Saint-Antonie 22 63 We 58
06260 Saint-Antonin 06 158 Gf 85
32120 Saint-Antonin 32 164 Ae 86
81120 Saint-Antonin-de-Lacalm 81 151 Cb 86
27250 Saint-Antonin-de-Sommaire 27 49 Ae 56
83510 Saint-Antonin-du-Var 83 172 Gb 87
82140 Saint-Antonin-Noble-Val 82 150 Be 84
36100 Saint-Aoustrille 36 102 Bf 67
36120 Saint-Août 36 102 Bf 68
05160 Saint Apollinaire 05 145 Gc 81
21850 Saint-Apollinaire 21 92 Fa 65
69170 Saint-Appolinaire 69D 117 Ec 73
07240 Saint-Appolinaire-de-Rias 07 142 Ed 79
38160 Saint-Appolinard 38 131 Fb 77
42520 Saint Appolinard 42 130 Ed 76
24110 Saint Aquilin 24 124 Ac 77
61380 Saint-Aquilin-de-Corbion 61 49 Ad 57
27120 Saint-Aquilin-de-Pacy 27 50 Bb 54
31430 Saint-Araille 31 164 Af 88
32350 Saint-Arailles 32 163 Ac 87
32170 Saint-Arailles 32 163 Ac 88
43300 Saint-Arcons-d'Allier 43 140 Dd 78
43420 Saint-Arcons-de-Barges 43 141 Df 79
35230 Saint-Armel 35 65 Yc 60
56310 Saint-Armel 56 79 We 61
56450 Saint-Armel 56 80 Xb 63
64160 Saint-Armou 64 162 Ze 88
66220 Saint-Arnac 66 179 Cd 92
47480 Saint-Arnaud 47 149 Ae 83
14800 Saint-Arnoult 14 48 Aa 53
41800 Saint-Arnoult 41 85 Af 62
60220 Saint-Arnoult 60 38 Be 51
76490 Saint-Arnoult 77 36 Ae 51
28190 Saint-Arnoult-des-Bois 28 69 Bb 58
78730 Saint-Arnoult-en-Yvelines 78 70 Bf 57
32300 Saint-Arroman 32 163 Ad 88
65250 Saint-Arroman 65 175 Ac 90
82210 Saint-Arroumex 82 149 Af 85
82220 Saint-Arthémie 82 150 Bb 83
24110 Saint-Astier 24 136 Ad 78
47120 Saint Astier 47 136 Ab 80
04600 Saint-Auban 04 157 Ff 84
06850 Saint-Auban 06 158 Ge 85
05400 Saint-Auban-d'Oze 05 144 Ff 82
26170 Saint-Auban-sur-L'Ouvèze 26 156 Fc 83
59188 Saint-Aubert 59 30 Dc 47
61210 Saint-Aubert-sur-Orne 61 47 Ze 56
02300 Saint-Aubin 02 40 Db 51
10400 Saint-Aubin 10 73 Dd 58
21190 Saint-Aubin 21 105 Ee 67
22270 Saint-Aubin 22 64 Xd 58
27410 Saint-Aubin 27 49 Ae 55
32460 Saint-Aubin 32 147 Ze 86
36100 Saint-Aubin 36 102 Ca 67
39410 Saint-Aubin 39 106 Fb 66
40250 Saint-Aubin 40 161 Zb 86
47150 Saint-Aubin 47 137 Af 82
49420 Saint-Aubin 49 83 Ye 62
56420 Saint-Aubin 56 80 Xc 61
59440 Saint-Aubin 59 31 Df 47
62170 Saint-Aubin 62 28 Bd 46
76220 Saint-Aubin 77 38 Be 52
86330 Saint-Aubin 86 99 Aa 67
89630 Saint-Aubin 89 90 Ea 64
91190 Saint-Aubin 91 51 Ca 56
76520 Saint-Aubin-Celloville 77 37 Ba 52
89110 Saint-Aubin-Château-Neuf 89 89 Db 62
61170 Saint-Aubin-d'Appenai 61 68 Ac 57
14970 Saint-Aubin-d'Arquenay 14 47 Ze 53
35250 Saint-Aubin-d'Aubigné = Sant-Albin-Elvinieg 35 65 Yc 59
79700 Saint-Aubin-de-Baubigné 79 98 Zb 67
33820 Saint-Aubin-de-Blaye 33 123 Zc 77
61470 Saint-Aubin-de-Bonneval 61 48 Ac 55
33420 Saint Aubin-de-Branne 33 135 Ze 80
24500 Saint-Aubin-de-Cadelech 24 136 Ac 80
61560 Saint-Aubin-de-Courteraie 61 68 Ac 57
27110 Saint-Aubin-d'Ecrosville 27 49 Af 54
24560 Saint-Aubin-de-Lanquais 24 136 Ad 80
72130 Saint-Aubin-de-Locquenay 72 68 Aa 59
49190 Saint-Aubin-de-Luigné 49 83 Zc 65
33160 Saint-Aubin-de-Médoc 33 134 Zb 79
14380 Saint-Aubin-des-Bois 14 46 Yf 56
28300 Saint-Aubin-des-Bois 28 69 Bc 58
27230 Saint-Aubin-de-Scellon 27 49 Ac 53
44110 Saint-Aubin-des-Châteaux 44 82 Yd 62
58190 Saint-Aubin-des-Chaumes 58 90 De 64
72400 Saint-Aubin-des-Coudrais 72 68 Ad 59
61340 Saint-Aubin-des-Grois 61 69 Ad 58
27410 Saint-Aubin-des-Hayes 27 49 Ae 54
35500 Saint Aubin-des-Landes 35 66 Ye 60
85130 Saint-Aubin-des-Ormeaux 85 97 Yf 67
50380 Saint-Aubin-des-Préaux 50 46 Yc 56
50240 Saint-Aubin-de-Terregatte 50 66 Ye 57
35140 Saint-Aubin-du-Cormier 35 66 Yd 59
53700 Saint-Aubin-du-Désert 53 67 Ze 59
35410 Saint-Aubin-du-Pavail 35 66 Yd 60
49500 Saint-Aubin-du-Pavoil 49 83 Za 62
50490 Saint-Aubin-du-Perron 50 33 Yd 54
79300 Saint-Aubin-du-Plain 79 98 Zd 67
27270 Saint-Aubin-du-Thenney 27 49 Ac 54
60650 Saint-Aubin-en-Bray 60 38 Bf 52
71430 Saint-Aubin-en-Charollais 71 117 Eb 70
76160 Saint-Aubin-Epinay 77 37 Bb 52
53120 Saint-Aubin-Fosse-Louvain 53 66 Zb 58
85210 Saint-Aubin-la-Plaine 85 110 Yf 69
76510 Saint-Aubin-le-Cauf 77 37 Bb 49
79450 Saint-Aubin-le-Cloud 79 98 Zd 69
37370 Saint-Aubin-le-Dépeint 37 85 Ac 63
27410 Saint-Aubin-le-Guichard 27 49 Ae 54
03160 Saint-Aubin-le-Monial 03 115 Da 69
76410 Saint-Aubin-lès-Elbeuf 77 49 Ba 53
58130 Saint-Aubin-les-Forges 58 103 Db 66
27300 Saint-Aubin-le-Vertueux 27 49 Ad 54
80540 Saint-Aubin-Montenoy 80 38 Bf 49
80430 Saint-Aubin-Rivière 80 38 Be 49
76430 Saint-Aubin-Routot 77 36 Ab 51
60600 Saint-Aubin-sous-Erquery 60 39 Cc 52
55500 Saint-Aubin-sur-Aire 55 55 Fc 56
27600 Saint-Aubin-sur-Gaillon 27 50 Bb 54
71140 Saint-Aubin-sur-Loire 71 116 De 69
14750 Saint-Aubin-sur-Mer 14 47 Zd 52
76740 Saint-Aubin-sur-Mer 77 37 Af 49
27680 Saint-Aubin-sur-Quillebeuf 27 36 Ad 52
76550 Saint-Aubin-sur-Scie 77 37 Ba 49
89300 Saint-Aubin-sur-Yonne 89 72 Dc 60
17570 Saint-Augustin 17 122 Yf 74
19390 Saint-Augustin 19 126 Bf 76
77515 Saint-Augustin 76 52 Da 56
49170 Saint-Augustin-des-Bois 49 83 Zb 64
19130 Saint-Aulaire 19 125 Bc 77
16300 Saint-Aulais-la-Chapelle 16 123 Zf 76
24230 Saint-Aulaye-de-Breuilh 24 136 Aa 80
09500 Saint-Aulin 09 165 Bf 90
34130 Saint-Aunès 34 168 Df 87
32160 Saint-Aunix-Lengros 32 162 Aa 87
38960 Saint Aupre 38 131 Fe 76
46170 Saint-Aureil 46 150 Bb 83
43380 Saint-Austremoine 43 140 Dc 78
87310 Saint-Auvent 87 125 Af 74
85540 Saint-Avaugourd-des-Landes 85 109 Yd 69
56890 Saint-Ave = Saint-Trve 56 80 Xb 62
10390 Saint-Aventin 10 73 Eb 59
31110 Saint-Aventin 31 176 Ad 92
37550 Saint-Avertin 37 85 Ae 64
16210 Saint-Avit 16 123 Aa 77
26330 Saint Avit 26 130 Ef 77
40090 Saint-Avit 40 147 Zd 85
41170 Saint-Avit 41 69 Af 60
47350 Saint Avit 47 136 Ab 81
47150 Saint-Avit 47 137 Af 81
53120 Saint-Avit 53 67 Zb 58
63380 Saint-Avit 63 127 Cd 73
81110 Saint-Avit 81 165 Ca 87
82200 Saint-Avit 82 149 Ba 84
33220 Saint-Avit-de-Soulège 33 136 Aa 80
23200 Saint-Avit-de-Tardes 23 114 Cb 73
24260 Saint-Avit-de-Vialard 24 137 Af 79
32700 Saint-Avit-Frandat 32 149 Ad 85
23480 Saint-Avit-le-Pauvre 23 114 Ca 73
28120 Saint-Avit-les-Guespières 28 69 Bb 59
24540 Saint-Avit-Rivière 24 137 Af 80
33220 Saint-Avit-Saint-Nazaire 33 136 Ab 79
24440 Saint-Avit-Sénieur 24 137 Ae 80
57500 Saint-Avold 57 57 Ge 54
73130 Saint-Avre 73 132 Gb 76
45130 Saint-Ay 45 87 Be 61
59163 Saint-Aybert 59 31 Dd 46
22130 Saint-Ayes 22 64 Xe 57
83370 Saint-Aygulf 83 172 Ge 88
63500 Saint-Babel 63 128 Db 75
73190 Saint Baldoph 73 132 Ff 75
02290 Saint-Bandry 02 40 Db 52
39120 Saint-Baraing 39 106 Fc 67
87330 Saint-Barbant 87 112 Af 71
23260 Saint-Bard 23 115 Cc 73
63380 Saint-Bard 63 115 Cd 73
26400 Saint-Bardoux 26 142 Ef 80
26260 Saint-Bardoux 26 143 Ef 78
06140 Saint-Barnabe 06 173 Gf 86
13012 Saint Barnabe 13 170 Fc 89
22600 Saint-Barnabé 22 64 Xb 60
22410 Saint-Barnabé 22 64 Xa 57
04340 Saint-Barthélemy 04 157 Gc 82
34260 Saint-Barthélemy 34 167 Da 86
35750 Saint-Barthélemy 35 65 Xf 60
38270 Saint-Barthélemy 38 131 Fa 76
38450 Saint-Barthélemy 38 144 Fd 78
40390 Saint-Barthélemy 40 160 Ye 87
45520 Saint-Barthélémy 45 70 Bf 60
50140 Saint-Barthélemy 50 47 Za 56
56150 Saint-Barthélemy 56 79 Wf 61
70270 Saint-Barthélemy 70 94 Gd 62
77320 Saint-Barthélemy 76 52 Dc 56
76930 Saint-Barthélemy 77 36 Aa 51
82440 Saint-Barthélémy 82 150 Dc 04
47350 Saint-Barthélemy-d'Agenais 47 136 Ac 81
24700 Saint-Barthélemy-de-Bellegarde 24 136 Ab 78
24360 Saint Barthélemy-de-Bussière 24 124 Ae 75
26240 Saint-Barthélemy-de-Vals 26 142 Ef 77
07270 Saint-Barthélemy-Grozon 07 142 Ed 79
07160 Saint-Barthélemy-le-Meil 07 142 Ec 79
07300 Saint-Barthélemy-le-Plain 07 142 Ee 78
42110 Saint-Barthélemy-Lestra 42 129 Ec 74
38220 Saint-Barthélmy-de-Séchilienne 38 144 Fe 78
07270 Saint-Basile 07 142 Ed 79
88260 Saint-Baslemont 88 76 Ff 60
18160 Saint-Baudel 18 102 Cb 67
53100 Saint-Baudelle 53 67 Zc 59
58180 Saint-Baudière 58 103 Da 67
81660 Saint-Baudille 81 166 Cc 87
38118 Saint-Baudille-de-la-Tour 38 131 Fc 74
38710 Saint-Baudille-et-Pipet 38 144 Fe 80
54470 Saint-Baussant 54 56 Fe 55
09120 Saint-Bauzeil 09 165 Bd 90
30730 Saint-Bauzély 30 154 Eb 85
48000 Saint-Bauzile 48 140 Dc 82
07210 Saint Bauzille 07 142 Ee 80
34500 Saint-Bauzille 34 167 Db 88
34230 Saint-Bauzille-de-la-Sylve 34 167 Dd 87
34160 Saint-Bauzille-de-Montmel 34 154 Df 86
34190 Saint-Bauzille-de-Putois 34 153 De 85
14140 Saint-Bazile 61 48 Aa 55
87150 Saint-Bazile 87 124 Ae 74
19320 Saint-Bazile-de-la-Roche 19 126 Bf 78
19500 Saint-Bazile-de-Meyssac 19 138 Be 78
31440 Saint-Béat-Lez 31 176 Ae 91
Saint- Béat-Lez 31 176 Ad 91
12540 Saint-Beaulize 12 152 Da 85
82150 Saint-Beauzeil 82 149 Af 82
12620 Saint-Beauzély 12 152 Cf 84
81140 Saint-Beauzile 81 151 Be 84
43100 Saint-Beauzire 43 128 Db 77
63360 Saint-Beauzire 63 128 Db 73
30350 Saint-Bénézet 30 154 Ea 85
01190 Saint-Bénigne 01 118 Ef 70
59360 Saint-Benin 59 30 Dd 48
58270 Saint-Benin-d'Azy 58 104 Dc 67
58330 Saint-Benin-de-Bois 58 104 Dc 66
28290 Saint-Benoist 28 69 Ba 60
85540 Saint-Benoist-sur-Mer 85 109 Yd 70
10160 Saint-Benoist-sur-Vanne 10 73 De 59
04240 Saint-Benoit 04 158 Ge 85
11230 Saint-Benoît 11 178 Ca 90
47200 Saint Benoit 47 136 Ab 82
50240 Saint-Benoît 50 66 Ye 57
72210 Saint-Benoit 72 84 Aa 61
78610 Saint-Benoît 78 50 Bf 56
81400 Saint-Benoît 81 151 Ca 84
82200 Saint-Benoît 82 149 Ba 84
86280 Saint-Benoît 86 112 Ac 69
81120 Saint-Benoît-de-Frédefonds 81 151 Ca 85
27450 Saint-Benoît-des-Ombres 27 49 Ad 53
35114 Saint-Benoît-des-Ondes 35 65 Ya 57
14130 Saint-Benoît-d'Hébertot 14 36 Ab 53
36170 Saint-Benoît-du-Sault 36 113 Bc 70
26340 Saint-Benoit-en-Diois 26 143 Fb 81
55210 Saint-Benoît-en-Woëvre 55 56 Fe 55
88700 Saint-Benoît-la-Chipotte 88 77 Ge 58
37500 Saint-Benoît-la-Forêt 37 99 Ab 65
45730 Saint-Benoît-sur-Loire 45 88 Cb 62
10180 Saint-Benoît-sur-Seine 10 73 Ea 58
43300 Saint-Berain 43 141 Dd 78
71300 Saint-Bérain-sous-Sanvignes 71 105 Eb 68
71510 Saint-Bérain-sur-Dheune 71 105 Ed 68
01600 Saint-Bernard 01 118 Ee 73
10310 Saint-Bernard 10 74 Fe 59
21700 Saint-Bernard 21 106 Fa 66
38660 Saint-Bernard 38 132 Ff 77
57220 Saint-Bernard 57 56 Gc 53
68720 Saint-Bernard 68 95 Hb 62
73520 Saint-Béron 73 131 Fe 75
53940 Saint-Berthevin 53 66 Za 60
53220 Saint-Berthevin-la-Tannière 53 66 Za 58
13129 Saint-Bertrand 13 169 Ed 88
31510 Saint-Bertrand-de-Comminges 31 176 Ad 90
72220 Saint-Biez-en-Belin 72 85 Ab 62
22800 Saint-Bihy 22 63 Xa 58
06670 Saint-Blaise 06 159 Hb 86
22120 Saint-Blaise 22 64 Xc 58
22170 Saint-Blaise 22 64 Xa 57
74350 Saint-Blaise 74 120 Ga 72
82230 Saint-Blaise 82 150 Bd 85
88420 Saint-Blaise 88 77 Gf 58
38140 Saint-Blaise-du-Buis 38 131 Fd 76
67420 Saint-Blaise-la-Roche 67 77 Hb 58
32140 Saint-Blancard 32 163 Ad 88
80960 Saint-Blimont 80 28 Bd 48
52700 Saint-Blin-Semilly 52 75 Fc 59
64300 Saint-Boès 64 161 Zb 87
41330 Saint-Bohaire 41 86 Bb 63
71390 Saint-Boil 71 105 Ee 69
54290 Saint-Boingt 54 76 Gc 50
01300 Saint-Bois 01 131 Fd 74
28330 Saint-Bomer 28 69 Ae 59
61700 Saint-Bômer-les-Forges 61 67 Zc 57
51310 Saint-Bon 51 52 Dc 56
16300 Saint-Bonnet 16 123 Zf 76
38090 Saint-Bonnet 38 131 Fa 75
46600 Saint-Bonnet 46 137 Bc 79
19150 Saint-Bonnet-Avalouze 19 126 Bf 77
87260 Saint-Bonnet-Briance 87 125 Bc 74
87300 Saint-Bonnet-de-Bellac 87 112 Af 71
38840 Saint-Bonnet-de-Chavagne 38 143 Fb 78
15190 Saint-Bonnet-de-Condat 15 127 Ce 77
71340 Saint-Bonnet-de-Cray 71 117 Ea 71
03390 Saint-Bonnet-de-Four 03 115 Cf 71
26330 Saint-Bonnet-de-Galaure 26 130 Ef 77
71220 Saint-Bonnet-de-Joux 71 117 Ec 70
48600 Saint-Bonnet-de-Montauroux 48 141 De 80
69720 Saint-Bonnet-de-Mure 69M 130 Ef 74
03800 Saint-Bonnet-de-Rochefort 03 116 Da 72
15140 Saint-Bonnet-de-Salers 15 127 Cc 78
69790 Saint-Bonnet-des-Bruyères 69D 117 Ec 71
42310 Saint-Bonnet-des-Quarts 42 117 Df 72
26350 Saint-Bonnet-de-Valclérieux 26 131 Fa 77
71430 Saint-Bonnet-de-Vieille-Vigne 71 117 Eb 69
30210 Saint-Bonnet-du-Gard 30 155 Ed 85
19380 Saint-Bonnet-Elvert 19 126 Bf 78
71310 Saint-Bonnet-en-Bresse 71 106 Fb 67
05500 Saint-Bonnet-en-Champsaur 05 144 Ga 80
19130 Saint-Bonnet-la-Rivière 19 125 Bc 77
48600 Saint Bonnet-Laval 48 141 Dd 80
63630 Saint-Bonnet-le-Bourg 63 128 Dd 76
63630 Saint-Bonnet-le-Chastel 63 128 Dd 76
42380 Saint-Bonnet-le-Château 42 129 Ea 76
42940 Saint-Bonnet-le-Courreau 42 129 Df 75
43290 Saint-Bonnet-le-Froid 43 142 Ec 78
19410 Saint-Bonnet-L'Enfantier 19 125 Bd 77
63800 Saint-Bonnet-lès-Allier 63 128 Db 74
42330 Saint-Bonnet-les-Oules 42 129 Eb 75
19430 Saint-Bonnet-les-Tours-de-Merle 19 138 Ca 78
69870 Saint Bonnet-le-Troncy 69D 117 Ec 72
19200 Saint-Bonnet-près-Bort 19 127 Cc 75
63210 Saint-Bonnet-près-Orcival 63 127 Cf 74
63200 Saint-Bonnet-près-Riom 63 116 Da 73
17150 Saint Bonnet-sur-Gironde 17 122 Zc 76
03330 Saint-Bonnet-Tison 03 116 Da 71
03360 Saint-Bonnet-Tronçais 03 103 Ce 69
58700 Saint-Bonnot 58 103 Db 65
12310 Saint-Bon-Tarentaise 73 133 Gd 76
18300 Saint-Boulze 18 88 Cf 65
71120 Saint-Brancher 71 117 Ec 70
89630 Saint-Brancher 89 90 Df 64
37320 Saint-Branchs 37 100 Ae 65
22800 Saint-Brandan 22 64 Xa 58
30500 Saint-Brès 30 154 Eb 83
32120 Saint-Brès 32 149 Ae 86
34670 Saint-Brès 34 168 Ea 87
30440 Saint-Bresson 30 153 Dd 85
70280 Saint-Bresson 70 93 Gd 61
46120 Saint-Breussou 46 138 Bf 80
44250 Saint-Brevin-les-Pins 44 96 Xf 65
44250 Saint-Brevin-L'Océan 44 96 Xe 65
35800 Saint-Briac-sur-Mer 35 65 Xf 57
16100 Saint-Brice 16 123 Ze 74
33540 Saint-Brice 33 135 Zf 80
50300 Saint-Brice 50 46 Ye 56
53290 Saint-Brice 53 83 Zd 61
61700 Saint-Brice 61 67 Zc 57
77160 Saint-Brice 76 72 Db 57
95350 Saint Brice 95 51 Cc 55
51370 Saint-Brice-Courcelles 51 53 Df 53
50730 Saint-Brice-de-Landelles 50 66 Yf 57
35460 Saint-Brice-en-Coglès 35 66 Yd 58
61150 Saint-Brice-sous-Rânes 61 48 Ze 56
87200 Saint-Brice-sur-Vienne 87 125 Af 73
22000 Saint-Brieuc 22 64 Xb 57
56430 Saint-Brieuc-de-Mauron 56 64 Xd 60
22230 Saint-Brieuc-des-Bois 22 64 Xd 59
35630 Saint-Brieuc-des-Iffs 35 65 Ya 59
17770 Saint-Bris-des-Bois 17 123 Zd 74
89530 Saint-Bris-le-Vineux 89 90 Dd 62
58230 Saint-Brisson 58 90 Ea 65
45500 Saint-Brisson-sur-Loire 45 88 Ce 63
70100 Saint-Broing 70 92 Fe 64
21290 Saint-Broing-les-Moines 21 91 Ef 62
52190 Saint-Broingt-le-Bois 52 92 Fc 62
52190 Saint-Broingt-les-Fosses 52 92 Fb 62
35120 Saint-Broladre 35 65 Yc 57
38620 Saint-Bueil 38 131 Fe 76
22300 Saint-Cado 22 63 Wc 56
29350 Saint-Cado 29 79 Wc 62
56550 Saint-Cado 56 80 We 62
56400 Saint-Cado 56 80 Wf 63
29450 Saint-Cadou 29 62 Vf 58
28220 Saint-Calais 28 69 Bb 61
72120 Saint-Calais 72 85 Ae 61
53140 Saint-Calais-du-Désert 53 67 Ze 58
72600 Saint-Calez-en-Saosnois 72 68 Ab 59

13610 Saint-Canadet 13 170 Fc 87
13760 Saint-Cannat 13 170 Fb 87
03190 Saint-Caprais 03 115 Ce 69
18400 Saint-Caprais 18 102 Cb 67
31330 Saint-Caprais 31 150 Bb 86
32480 Saint-Caprais 32 148 Ac 84
32200 Saint-Caprais 32 163 Ae 87
46250 Saint-Caprais 46 137 Ba 81
47430 Saint-Caprais 47 148 Ab 82
82370 Saint-Caprais 82 150 Bc 85
33820 Saint-Caprais-de-Blaye 33 123 Zc 77
33880 Saint-Caprais-de-Bordeaux 33 135 Zd 80
47270 Saint-Caprais-de-Lerm 47 149 Ae 83
24150 Saint-Capraise-de-Lalinde 24 136 Ad 79
24500 Saint-Capraise-d'Eymet 24 136 Ad 80
22600 Saint-Caradec 22 64 Xa 59
56540 Saint-Caradec-Trégomel 56 79 Wd 60
22100 Saint-Carné 22 65 Xf 58
22420 Saint-Carré 22 63 Wc 57
22150 Saint-Carreuc 22 64 Xb 58
24540 Saint-Cassien 24 137 Af 80
38500 Saint-Cassien 38 131 Fd 76
86330 Saint-Cassien 86 99 Aa 67
06130 Saint-Cassien-de-Bois 06 173 Gf 87
73160 Saint-Cassin 73 132 Ff 75
64160 Saint-Castin 64 162 Ze 88
22380 Saint-Cast-le-Guildo 22 65 Xe 57
72110 Saint-Célerin 72 68 Ac 60
61250 Saint-Céneri-le-Gérei 72 68 Zf 58
18220 Saint-Céols 18 102 Cd 65
46400 Saint-Céré 46 138 Bf 79
74140 Saint Cergues 74 120 Gb 71
15310 Saint-Cernin 15 139 Cc 78
24540 Saint-Cernin 24 137 Af 81
46360 Saint-Cernin 46 138 Bd 81
24560 Saint-Cernin-de-Labarde 24 136 Ad 80
19600 Saint-Cernin-de-Larche 19 137 Bc 78
24550 Saint-Cernin-de-L'Herm 24 137 Ba 81
24580 Saint Cernin-de-Reillac 24 137 Af 78
17770 Saint-Césaire 17 123 Zd 74
30360 Saint-Césaire-de-Gauzignan 30 154 Eb 84
46230 Saint-Cevef 46 150 Bc 82
06530 Saint-Cézaire-sur-Siagne 06 172 Ge 87
31330 Saint-Cézert 31 149 Bb 86
23130 Saint-Chabrais 23 114 Cb 72
05330 Saint-Chaffrey 05 145 Gd 79
47500 Saint-Chalies 47 137 Af 81
15140 Saint-Chamant 15 139 Cc 78
19380 Saint-Chamant 19 138 Bf 78
46310 Saint-Chamarand 46 138 Bc 80
13250 Saint-Chamas 13 170 Fa 87
24260 Saint Chamassy 24 137 Af 79
42400 Saint Chamond 42 130 Ed 76
01300 Saint-Champ 01 131 Fe 74
30190 Saint-Chaptes 30 154 Eb 85
54860 Saint-Charles 54 43 Fe 51
57365 Saint Charles 57 56 Gb 53
14350 Saint-Charles-de-Percy 14 47 Zb 55
53170 Saint-Charles-la-Forêt 53 83 Zc 61
36400 Saint-Chartier 36 102 Bf 69
86330 Saint-Chartres 86 99 Zf 67
24120 Saint-Chaubran 24 137 Bb 78
38890 Saint Chef 38 131 Fc 75
46160 Saint-Chels 46 138 Be 81
48200 Saint-Chély-d'Apcher 48 140 Db 80
12470 Saint-Chély-d'Aubrac 12 140 Cf 81
48210 Saint-Chély-du-Tarn 48 153 Dc 82
27640 Saint-Chéron 27 50 Bc 55
51290 Saint-Chéron 51 54 Ed 57
91530 Saint-Chéron 91 71 Ca 57
28170 Saint-Chéron-des-Champs 28 70 Bc 57
18400 Saint-Chevrais 18 102 Cb 67
46500 Saint-Chignes 46 138 Be 80
34360 Saint-Chinian 34 167 Cf 88
31310 Saint-Christaud 31 164 Ba 89
32320 Saint-Christaud 32 163 Ab 87
80200 Saint-Christ-Briost 80 39 Cf 49
42320 Saint-Christo-en-Jarez 42 130 Ec 75
07160 Saint-Christol 07 142 Ec 79
34400 Saint-Christol 34 168 Ea 86
84390 Saint-Christol 84 156 Fc 84
30760 Saint-Christol-de-Rodières 30 155 Ed 83
30380 Saint-Christol-lès-Alès 30 154 Ea 84
33920 Saint-Christoly-de-Blaye 33 135 Zc 78
33340 Saint-Christoly-Médoc 33 122 Zb 76
03120 Saint-Christophe 03 116 Dd 72
12380 Saint-Christophe 12 152 Cd 85
14690 Saint-Christophe 14 47 Zd 55
16420 Saint-Christophe 16 112 Af 72
17220 Saint-Christophe 17 110 Za 72
23000 Saint-Christophe 23 114 Bf 72
28200 Saint-Christophe 28 69 Bc 60
39270 Saint-Christophe 39 119 Fd 69
47400 Saint-Christophe 47 148 Ab 82
53800 Saint-Christophe 53 83 Za 62
56250 Saint-Christophe 56 81 Xc 62
81190 Saint-Christophe 81 151 Ca 84
82200 Saint Christophe 82 149 Ba 84
82220 Saint-Christophe 82 150 Bc 83
86230 Saint-Christophe 86 99 Ac 67
69860 Saint-Christophe 69D 117 Ed 71
02290 Saint-Christophe-a-berry 02 40 Da 52
43340 Saint-Christophe-d'Allier 43 141 De 79
61800 Saint-Christophe-de-Chaulieu 61 47 Zb 56
33230 Saint-Christophe-de-Double 33 135 Aa 78
33330 Saint-Christophe-des-Bardes 33 135 Zf 79
35210 Saint-Christophe-des-Bois 35 66 Ye 59
35140 Saint-Christophe-de-Valains 35 66 Yd 58
10500 Saint-Christophe-Dodinicourt 10 74 Ec 58
49280 Saint-Christophe-du-Bois 49 97 Za 66
50340 Saint-Christophe-du-Foc 50 33 Yb 51
72170 Saint-Christophe-du-Jambet 72 68 Aa 59
85670 Saint-Christophe-du-Ligneron 85 96 Yb 68
53150 Saint-Christophe-du-Luat 53 67 Zd 60
36210 Saint-Christophe-en-Bazelle 36 101 Be 65
36400 Saint-Christophe-en-Boucherie 36 102 Ca 68
71370 Saint-Christophe-en-Bresse 71 106 Ef 68
71800 Saint-Christophe-en-Brionnais 71 117 Eb 71
72540 Saint-Christophe-en-Champagne 72 67 Zf 61
38520 Saint-Christophe-en-Oisans 38 144 Gb 79
26350 Saint-Christophe-et-le-Laris 26 131 Fa 77
49270 Saint-Christophe-la-Couperie 49 97 Ye 65
73360 Saint-Christophe-la-Grotte 38 132 Fe 76
18270 Saint-Christophe-le-Chaudry 18 114 Cc 69
61570 Saint-Christophe-le-Jajolet 61 48 Aa 57
15700 Saint-Christophe-les-Gorges 15 139 Cb 78
27820 Saint-Christophe-sur-Avre 27 49 Ae 56
27450 Saint-Christophe-sur-Condé 27 49 Ad 53
43370 Saint-Christophe-sur-Dolaison 43 141 De 79
37370 Saint-Christophe-sur-le-Nais 37 85 Ac 63
79220 Saint-Christophe-sur-Roc 79 111 Zd 70
12330 Saint-Christophe-Vallon 12 139 Cc 82
33570 Saint-Cibard 33 135 Zf 79
07800 Saint-Cierge-la-Serre 07 142 Ee 80
07160 Saint-Cierge-sous-le-Chelard 07 142 Ec 79
52200 Saint-Ciergues 52 92 Fb 61
17520 Saint-Ciers-Champagne 17 123 Ze 76
33910 Saint-Ciers-d'Abzac 33 135 Ze 78
33710 Saint-Ciers-de-Canesse 33 134 Zc 78
17240 Saint-Ciers-du-Taillon 17 122 Zc 76
16230 Saint-Ciers-sur-Bonnieure 16 124 Ab 73
33820 Saint-Ciers-sur-Gironde 33 122 Zc 77
09000 Saint-Cirac 09 177 Be 91
81340 Saint-Cirgue 81 151 Cc 85
46210 Saint-Cirgues 46 138 Ca 80
15590 Saint-Cirgues-de-Jordanne 15 139 Cd 78
15140 Saint-Cirgues-de-Malbert 15 139 Cc 78
07380 Saint-Cirgues-de-Prades 07 142 Eb 81
07510 Saint-Cirgues-en-Montagne 07 141 Ea 80
19220 Saint-Cirgues-la-Loutre 19 138 Ca 78
63320 Saint-Cirgues-sur-Couze 63 128 Da 75
43380 Saint-Cirguest 43 140 Dc 78
46000 Saint-Cirice 46 150 Bc 82
47600 Saint-Cirice 47 148 Ac 84
82340 Saint-Cirice 82 149 Af 84
12120 Saint-Cirq 12 151 Cc 84
24260 Saint-Cirq 24 137 Af 79
47450 Saint-Cirq 47 149 Ad 83
82300 Saint-Cirq 82 150 Bd 84
46330 Saint-Cirq-Lapopie 46 138 Be 82
46300 Saint-Cirq-Madelon 46 137 Bb 80
46300 Saint-Cirq-Souillaguet 46 137 Bc 80
36170 Saint-Civran 36 113 Bc 70
07430 Saint-Clair 07 130 Ee 77
14430 Saint-Clair 14 35 Zf 53
14700 Saint-Clair 14 48 Ze 55
46300 Saint-Clair 46 137 Bc 80
46330 Saint-Clair 46 150 Be 82
50390 Saint-Clair 50 33 Yd 52
61500 Saint-Clair 61 68 Aa 57
80290 Saint-Clair 80 38 Bf 50
82400 Saint-Clair 82 149 Af 84
83980 Saint Clair 83 172 Gc 90
86330 Saint-Clair 86 99 Aa 67
69620 Saint-Clair 69D 118 Ed 73
27300 Saint-Clair-d'Arcey 27 49 Ad 54
61490 Saint-Clair-de-Halouze 61 47 Zc 56
38110 Saint-Clair-de-la-Tour 38 131 Fc 75
12260 Saint-Clair-de-Marque 12 151 Bf 82
38370 Saint-Clair-du-Rhône 38 130 Ee 76
06670 Saint-Claire 06 159 Hb 85
95770 Saint-Clair-sur-Epte 95 50 Be 53
38940 Saint-Clair-sur-Galaure 38 131 Fa 77
50680 Saint-Clair-sur-L'Elle 50 34 Yf 53
76190 Saint-Clair-sur-les-Monts 77 36 Ae 51
32300 Saint-Clamens 32 163 Ac 88
32380 Saint-Clar 32 149 Ae 85
31600 Saint Clar-de-Rivière 31 164 Bb 88
16450 Saint-Claud 16 112 Ac 73
39200 Saint-Claude 39 119 Ff 70
41160 Saint-Claude 41 69 Bb 61
42670 Saint-Claude 42 117 Ec 71
60250 Saint-Claude 60 51 Cc 53
41350 Saint-Claude-de-Diray 41 86 Bc 63
02360 Saint-Clément 02 41 Ea 50
03250 Saint-Clément 03 116 De 72
04140 Saint-Clément 04 157 Gb 83
05600 Saint-Clément 05 145 Gd 81
07310 Saint-Clément 07 142 Eb 79
12490 Saint-Clément 12 152 Cf 84
14230 Saint-Clément 14 46 Yf 52
19700 Saint-Clément 19 126 Be 76
30260 Saint-Clément 30 154 Ea 86
42130 Saint-Clément 42 129 Ea 74
54950 Saint-Clément 54 77 Gd 57
56310 Saint-Clément 56 79 Wf 60
89100 Saint-Clément 89 72 Db 59
08310 Saint-Clément-à-Arnes 08 54 Ec 53
49370 Saint-Clément-de-la-Place 49 83 Zb 63
63310 Saint-Clément-de-Régnat 63 116 Db 73
34980 Saint-Clément-de-Rivière 34 168 Df 86
17590 Saint-Clément-des-Baleines 17 109 Yc 71
49350 Saint-Clément-des-Levées 49 84 Ze 65
63660 Saint-Clément-de-Valorgue 63 129 Df 76
69790 Saint-Clément-de-Vers 69D 117 Ec 71
79150 Saint-Clémentin 79 98 Zc 67
69930 Saint-Clément-les-Places 69M 130 Ec 74
71460 Saint-Clément-sur-Guye 71 105 Ed 69
69170 Saint-Clément-sur-Valsonne 69D 117 Ec 73
22260 Saint-Clet 22 63 Wf 57
24610 Saint-Cloud 24 135 Aa 79
92150 Saint Cloud 92 51 Cb 55
28200 Saint-Cloud-en-Dunois 28 70 Bc 60
44310 Saint-Colomban 44 97 Yc 66
56400 Saint-Colomban 56 80 Xa 62
56340 Saint-Colomban 56 80 Wf 63
73130 Saint-Colomban-des-Villards 73 132 Gb 77
47410 Saint-Colomb-de-Lauzun 47 136 Ac 81
56370 Saint-Colombier 56 80 Xb 63
29550 Saint-Côme 29 78 Ve 59
33430 Saint-Côme 33 148 Ze 82
14960 Saint-Côme-de-Fresne 14 47 Zc 52
12500 Saint-Côme-d'Olt 12 139 Ce 81
50500 Saint-Côme-du-Mont 50 46 Ye 53
30870 Saint-Côme-et-Maruéjols 30 154 Eb 86
22540 Saint-Conéry 22 63 We 57
56140 Saint-Congard 56 81 Xe 62
22480 Saint-Connan 22 63 Wf 58
22530 Saint-Connec 22 64 Xa 59
14280 Saint-Contest 14 35 Zd 53
33180 Saint-Corbian 33 122 Za 77
72460 Saint-Corneille 72 68 Ac 60
61800 Saint-Cornier-des-Landes 61 47 Zb 56
68210 Saint-Cosme 68 94 Ha 62
72110 Saint-Cosme-en-Vairais 72 68 Ac 59
11700 Saint-Couat-d'Aude 11 166 Cd 89
11300 Saint-Couat-du-Razès 11 178 Ca 90
29150 Saint-Coulitz 29 78 Vf 59
35350 Saint-Coulomb 35 65 Ya 56
16350 Saint-Coutant 16 112 Ac 72
79120 Saint-Coutant 79 111 Zf 71
17430 Saint-Coutant-le-Grand 17 110 Zb 73
32380 Saint-Créac 32 149 Ae 85
05600 Saint-Crépin 05 145 Gd 80
12380 Saint-Crépin 12 152 Cd 86
17380 Saint-Crépin 17 110 Zb 72
60170 Saint-Crépin-aux-Bois 60 39 Cf 52
24330 Saint-Crépin-d'Auberoche 24 137 Af 78
24310 Saint-Crépin-de-Richemont 24 124 Ad 76
24590 Saint-Crépin-et-Carlucet 24 137 Bb 79
60149 Saint-Crépin-Ibouvillers 60 51 Ca 53
14270 Saint-Crespin 14 48 Aa 54
49230 Saint-Crespin-sur-Moine 49 97 Ye 66
32430 Saint-Cricq 32 164 Ba 86
40700 Saint-Cricq-Chalosse 40 161 Zb 87
40300 Saint-Cricq-du-Gave 40 161 Yf 87
40190 Saint-Cricq-Villeneuve 40 147 Zd 85
06520 Saint Cristophe 06 173 Gf 86
38440 Saint Cristophe 38 131 Fb 76
56130 Saint-Cry 56 81 Xe 63
16190 Saint-Cybard 16 124 Aa 76
16170 Saint-Cybardeaux 16 123 Zf 74
24250 Saint-Cybranet 24 137 Bb 80
89400 Saint-Cydroine 89 72 Dc 61
19130 Saint-Cyprien 19 125 Bc 77
24220 Saint-Cyprien 24 137 Ba 79
42160 Saint-Cyprien 42 129 Eb 75
46800 Saint Cyprien 46 150 Bb 83
66750 Saint-Cyprien 66 179 Cf 93
66750 Saint-Cyprien-Plage 66 179 Da 93
12320 Saint-Cyprien-sur-Dourdou 12 139 Cc 81
07430 Saint-Cyr 07 130 Ee 77
50310 Saint-Cyr 50 33 Yd 52
71240 Saint-Cyr 71 106 Ef 68
86130 Saint-Cyr 86 99 Ac 68
87310 Saint-Cyr 87 125 Af 74
36700 Saint-Cyran-du-Jambot 36 100 Ba 66
69450 Saint-Cyr-au-Mont-d'Or 69M 130 Ee 74
42123 Saint-Cyr-de-Favières 42 117 Ea 73
27800 Saint-Cyr-de-Salerne 27 49 Ad 53
85410 Saint-Cyr-des-Gâts 85 110 Za 69
61470 Saint-Cyr-d'Estrancourt 61 48 Ac 55
42114 Saint-Cyr-de-Valorges 42 117 Eb 73
50720 Saint-Cyr-du-Bailleul 50 67 Zb 57
41190 Saint-Cyr-du-Gault 41 86 Ba 63
14290 Saint-Cyr-du-Ronceray 14 48 Ab 54
95510 Saint-Cyr-en-Arthies 95 50 Be 54
49260 Saint-Cyr-en-Bourg 49 99 Zf 65
53140 Saint-Cyr-en-Pail 53 67 Ze 58
44580 Saint-Cyr-en-Retz 44 96 Ya 66
85540 Saint-Cyr-en-Talmondais 85 109 Yd 70
45590 Saint-Cyr-en-Val 45 87 Bf 62
05700 Saint-Cyrice 05 156 Fd 83
27370 Saint-Cyr-la-Campagne 27 49 Ba 53
79100 Saint-Cyr-la-Lande 79 99 Zf 66
91690 Saint-Cyr-la-Rivière 91 71 Ca 58
19130 Saint-Cyr-la-Roche 19 125 Bc 77
61130 Saint-Cyr-la-Rosière 61 68 Ad 59
69870 Saint-Cyr-le-Chatoux 69D 118 Ed 72
78210 Saint-Cyr-L'École 78 51 Ca 56
53320 Saint-Cyr-le-Gravelais 53 66 Yf 60
24270 Saint-Cyr-les-Champagnes 24 125 Bb 76
89800 Saint-Cyr-les-Colons 89 90 De 62
42210 Saint-Cyr-les-Vignes 42 129 Eb 74
39600 Saint-Cyr-Montmalin 39 107 Fe 67
91410 Saint-Cyr-sous-Dourdan 91 70 Ca 57
37540 Saint-Cyr-sur-Loire 37 85 Ad 64
01380 Saint-Cyr-sur-Menthon 01 118 Ef 71
83270 Saint-Cyr-sur-Mer 83 171 Fe 89
77750 Saint-Cyr-sur-Morin 76 52 Db 55
06420 Saint-Dalmas 06 159 Hb 84
06430 Saint-Dalmas-de-Tende 06 159 Hd 84
06660 Saint-Dalmas-le-Selvage 06 158 Gf 83
46800 Saint-Daunès 46 150 Bb 82
56400 Saint-Degan 56 80 Wf 62
29710 Saint-Demet 29 78 Vd 61
03470 Saint-Denis 03 116 De 70
11310 Saint-Denis 11 166 Cb 88
23100 Saint-Denis 23 126 Cb 74
30500 Saint-Denis 30 154 Eb 83
35340 Saint-Denis 35 65 Yc 59
36100 Saint-Denis 36 102 Bf 67
71320 Saint-Denis 71 105 Eb 68
71160 Saint-Denis 71 117 Df 69
72130 Saint-Denis 72 68 Zf 59
74440 Saint-Denis 74 120 Gc 72
77240 Saint-Denis 76 71 Cd 57
79220 Saint-Denis 79 111 Zd 70
89100 Saint-Denis 89 72 Db 59
93450 Saint-Denis 93 51 Cc 55
46150 Saint-Denis-Catus 46 137 Bc 81
63310 Saint-Denis-Combarnazat 63 116 Dc 73
60380 Saint-Deniscourt 60 38 Bf 51
76860 Saint-Denis-d'Aclon 77 37 Af 49
53290 Saint-Denis-d'Anjou 53 83 Zd 62
27390 Saint-Denis-d'Augerons 27 48 Ac 55
28480 Saint-Denis-d'Authou 28 69 Af 58
27160 Saint-Denis-de-Béhélan 27 49 Af 55
42750 Saint-Denis-de-Cabanne 42 117 Eb 71
53500 Saint-Denis-de-Gastines 53 66 Za 58
36230 Saint-Denis-de-Jouhet 36 114 Bf 69
45550 Saint-Denis-de-lHôtel 45 87 Ca 61
14100 Saint-Denis-de-Mailloc 14 48 Ab 54
14110 Saint-Denis-de-Méré 14 47 Zc 55
18130 Saint-Denis-de-Palin 18 102 Cd 67
33910 Saint-Denis-de-Pile 33 135 Ze 79
72110 Saint-Denis-des-Coudrais 72 68 Ad 60
27520 Saint-Denis-des-Monts 27 49 Ae 53
87400 Saint-Denis-des-Murs 87 125 Bd 74
28190 Saint-Denis-des-Puits 28 69 Bb 58
71640 Saint-Denis-de-Vaux 71 105 Ee 68
61330 Saint-Denis-de-Villenette 61 67 Zc 57
17650 Saint-Denis-d'Oléron 17 109 Yd 72
72350 Saint-Denis-d'Orques 72 67 Ze 60
53170 Saint-Denis-du-Maine 53 67 Zc 61
85580 Saint-Denis-du-Payré 85 109 Ye 70
17400 Saint-Denis-du-Pin 17 110 Zc 73
01500 Saint-Denis-en-Bugey 01 119 Fb 73
48700 Saint-Denis-en-Margeride 48 140 Dc 80
45560 Saint-Denis-en-Val 45 87 Bf 61
85170 Saint-Denis-la-Chevasse 85 97 Yd 68
28200 Saint-Denis-Lanneray 28 69 Bb 60
50210 Saint-Denis-la-Vêtu 50 46 Yd 55
27140 Saint-Denis-le-Ferment 27 38 Be 53
50450 Saint-Denis-le-Gast 50 46 Ye 55
01310 Saint-Denis-lès-Bourg 01 118 Fa 71
85170 Saint-Denis-lès-Lucs 85 97 Yd 67
46600 Saint-Denis-lès-Martel 46 138 Bd 79
28200 Saint-Denis-les-Ponts 28 69 Bb 60
77510 Saint-Denis-lès-Rebais 76 52 Db 55
76116 Saint-Denis-le-Thiboult 77 37 Bc 52
14350 Saint-Denis-Maisoncelles 14 47 Za 55
42140 Saint-Denis-sur-Coise 42 130 Ec 75
41000 Saint-Denis-sur-Loire 41 86 Bc 63
89120 Saint-Denis-sur-Ouanne 89 89 Da 62
61420 Saint-Denis-sur-Sarthon 61 68 Zf 58
76890 Saint-Denis-sur-Scie 77 37 Ba 50
62990 Saint-Denœux 62 28 Bf 46
22400 Saint-Denoual 22 64 Xd 57
71390 Saint-Désert 71 105 Ee 68
14100 Saint-Désir 14 35 Ab 54
07340 Saint Désirat 07 130 Ee 77
03370 Saint-Désiré 03 115 Cc 70
19200 Saint-Dézery 19 127 Cc 75
30190 Saint-Dézéry 30 154 Eb 84
21210 Saint-Didier 21 90 Eb 65
26300 Saint-Didier 26 143 Fa 79
35220 Saint-Didier 35 66 Yd 60
38490 Saint-Didier 38 131 Fd 75
58190 Saint-Didier 58 89 Dd 64
84210 Saint-Didier 84 155 Fa 84
69370 Saint-Didier-au-Mont-d'Or 69M 130 Ee 74
43580 Saint-Didier-d'Allier 38 141 De 79
01340 Saint-Didier-d'Aussiat 01 118 Fa 71
38690 Saint-Didier-de-Bizonnes 38 131 Fc 76
01600 Saint-Didier-de-Formans 01 118 Ee 73
38110 Saint-Didier-de-la-Tour 38 131 Fc 75
27370 Saint-Didier-des-Bois 27 49 Ba 53
71620 Saint-Didier-en-Bresse 71 106 Fa 67
71110 Saint-Didier-en-Brionnais 71 117 Ea 71
03130 Saint-Didier-en-Donjon 03 117 Df 70
43140 Saint-Didier-en-Velay 43 129 Eb 77
03110 Saint-Didier-la-Forêt 03 116 Dc 71
07200 Saint-Didier-sous-Aubenas 07 142 Ec 81
61320 Saint-Didier-sous-Écouves 61 68 Zf 57
69440 Saint-Didier-sous-Riverie 69M 130 Ed 75
71190 Saint-Didier-sur-Arroux 71 105 Ea 67
69430 Saint-Didier-sur-Beaujeu 69D 118 Ed 72
01140 Saint-Didier-sur-Chalaronne 01 118 Ef 71
43440 Saint-Didier-sur-Doulon 43 128 Dd 77
42111 Saint-Didier-sur-Rochefort 42 129 Df 74
88100 Saint-Dié-des-Vosges 88 77 Gf 59
63520 Saint-Dier-d'Auvergne 63 128 Dc 74
63320 Saint-Diéry 63 128 Da 75
30980 Saint Dionisy' 30 154 Eb 86
05250 Saint-Disdier 05 144 Ff 80
29800 Saint-Divy 29 62 Vd 58
17150 Saint-Dizant-du-Bois 17 122 Zc 76
17240 Saint-Dizant-du-Gua 17 122 Zb 76
47330 Saint-Dizier 47 136 Ad 81
52100 Saint Dizier 52 55 Ef 57
26310 Saint-Dizier-en-Diois 26 143 Fc 81
23130 Saint-Dizier-la-Tour 23 114 Ca 72
23270 Saint-Dizier-les-Domaines 23 114 Ca 71
90100 Saint-Dizier-L'Evêque 90 94 Gf 64
23400 Saint-Dizier-Leyrenne 23 114 Be 72
23400 Saint-Dizier-Masbaraud 23 114 Bd 72
22300 Saint-Dogmaël 22 63 Wd 56
56130 Saint-Dolay 56 81 Xf 63
23190 Saint-Domet 23 114 Cb 72
35190 Saint-Domineuc 35 65 Ya 58
34150 Saint-Dominique 34 168 Dd 86
22800 Saint-Donan 22 64 Xa 58
63680 Saint-Donat 63 127 Ce 76
26260 Saint-Donat-sur-L'Herbasse 26 143 Ef 78
64270 Saint-Dos 64 161 Yf 88
18230 Saint-Doulchard 18 102 Cc 66
29780 Saint-Dreyer 29 61 Vc 60
34160 Saint-Drézéry 34 168 Df 86
41500 Saint-Dyé-sur-Loire 41 86 Bc 63
47200 Sainte-Abondance 47 136 Ab 81
76310 Sainte-Adresse 77 35 Aa 51
32430 Sainte Agathe 32 164 Ba 86
42130 Sainte-Agathe 42 129 Ea 74
63120 Sainte-Agathe 63 128 Dd 74
76660 Sainte-Agathe-d'Aliermont 77 37 Bb 50
42510 Sainte-Agathe-en-Donzy 42 129 Eb 73
06500 Sainte Agnès 06 159 Hc 86
38190 Sainte-Agnès 38 132 Ff 77
39190 Sainte-Agnès 39 106 Fc 69
15170 Sainte-Anastasie 15 140 Cf 77
83136 Sainte-Anastasie-sur-Issole 83 171 Ga 88
06420 Sainte-Anne 06 158 Ha 84
06540 Sainte-Anne 06 159 Hc 85
22310 Sainte-Anne 22 63 Wc 57
22160 Sainte-Anne 22 63 Wd 58
25270 Sainte-Anne 25 107 Ff 67
27190 Sainte-Anne 27 49 Ae 55
29880 Sainte-Anne 29 61 Vd 57
29170 Sainte-Anne 29 78 Vf 61
30600 Sainte Anne 30 169 Eb 87
32430 Sainte-Anne 32 164 Af 86
35120 Sainte-Anne 35 65 Yb 57
41100 Sainte-Anne 41 86 Ba 62
45320 Sainte-Anne 45 72 Da 60
56420 Sainte-Anne 56 80 Xc 61
56130 Sainte-Anne 56 81 Xe 63
56800 Sainte-Anne 56 81 Xe 61
61190 Sainte-Anne 61 69 Ae 57
68500 Sainte-Anne 68 95 Ha 61
74700 Sainte-Anne 74 120 Gd 73
83510 Sainte-Anne 83 172 Gc 88
87330 Sainte-Anne 87 112 Af 72
29200 Sainte-Anne-Cosquer-du-Portzic 29 61 Vc 58
56400 Sainte-Anne-d'Auray 56 80 Xa 62
14170 Sainte-Anne-d'Entremont 14 48 Zf 55

83330 Sainte-Anne-d'Evenos 83 171 Fe 89
04530 Sainte-Anne-la-Condamine 04 145 Gd 82
29550 Sainte-Anne-la-Palud 29 78 Ve 60
87120 Sainte-Anne-Saint-Priest 87 126 Be 74
44160 Sainte-Anne-sur-Brivet 44 81 Xf 64
38440 Sainte-Anne-sur-Gervonde 38 131 Fb 76
35390 Sainte-Anne-sur-Vilaine 35 81 Yb 62
31570 Sainte-Apollonie 31 165 Be 87
77260 Sainte-Aulde 76 52 Db 55
32300 Sainte-Aurence-Cazaux 32 163 Ac 88
62140 Sainte-Austreberthe 62 29 Ca 46
76570 Sainte-Austreberthe 77 37 Af 51
12330 Sainte-Austremoire 12 152 Cc 82
56400 Sainte-Avoye 56 80 Xa 63
29630 Sainte-Barbe 29 62 Wb 56
56340 Sainte-Barbe 56 79 Wf 63
56310 Sainte-Barbe 56 80 Wf 61
57640 Sainte-Barbe 57 56 Gb 54
88700 Sainte-Barbe 88 77 Ge 58
47180 Sainte-Bazeille 47 136 Aa 81
76270 Sainte-Beuve-en-Rivière 77 37 Bd 50
68160 Sainte-Blaise 68 60 Hb 59
38110 Sainte Blandine 38 131 Fc 75
79370 Sainte-Blandine 79 111 Ze 71
43300 Saint-Eble 43 141 Dd 78
50750 Saint-Ebremond-de-Bonfossé 50 46 Yf 54
04260 Sainte-Brigitte 04 158 Gd 83
29410 Sainte-Brigitte 29 62 Wa 58
56480 Sainte-Brigitte 56 63 Wf 60
11410 Sainte-Camelle 11 165 Be 89
58800 Sainte-Camille 58 104 Dd 65
16170 Sainte-Catherine 16 123 Zf 74
16410 Sainte-Catherine 16 124 Ab 75
29420 Sainte-Catherine 29 62 Vf 57
29270 Sainte-Catherine 29 63 Wc 59
44430 Sainte-Catherine 44 97 Ye 65
62223 Sainte-Catherine 62 30 Ce 47
63580 Sainte-Catherine 63 128 Dc 76
81630 Sainte-Catherine 81 150 Bd 85
81140 Sainte-Catherine 81 150 Bd 85
87230 Sainte Catherine 87 125 Ba 74
69440 Sainte-Catherine 69M 130 Ed 75
37800 Sainte-Catherine-de-Fierbois 37 100 Ad 66
29510 Sainte-Cecile 29 78 Vf 60
71250 Sainte-Cécile 71 118 Ed 70
85110 Sainte-Cécile 85 97 Yf 68
30110 Sainte-Cécile-d'Andorge 30 154 Df 83
81140 Sainte-Cécile-du-Cayrou 81 150 Be 84
13200 Sainte-Cécile Musée 13 169 Ed 87
36210 Sainte-Cécille 36 101 Bd 65
61380 Sainte-Céronne-lès-Mortagne 61 68 Ad 57
72120 Sainte-Cérotte 72 85 Ae 61
32390 Sainte-Christie 32 149 Ad 86
32370 Sainte-Christie-d'Armagnac 32 148 Zf 86
29470 Sainte-Christine 29 62 Vd 58
49120 Sainte-Christine 49 83 Za 65
63390 Sainte-Christine 63 115 Cf 72
01851 Sainte-Colombe 01 118 Fb 70
05700 Sainte Colombe 05 156 Fe 83
16230 Sainte-Colombe 16 124 Ab 73
17210 Sainte-Colombe 17 123 Ze 77
21350 Sainte-Colombe 21 91 Ec 64
24150 Sainte-Colombe 24 136 Ae 79
25300 Sainte-Colombe 25 108 Gb 67
27110 Sainte Colombe 27 49 Af 54
33350 Sainte Colombe 33 135 Zf 79
34220 Sainte-Colombe 34 166 Ce 88
35134 Sainte-Colombe 35 82 Yd 61
40700 Sainte-Colombe 40 161 Zc 86
46120 Sainte-Colombe 46 138 Ca 80
50390 Sainte-Colombe 50 33 Yc 52
58220 Sainte-Colombe 58 89 Da 65
66300 Sainte-Colombe 66 179 Cd 93
77650 Sainte-Colombe 76 72 Db 57
76460 Sainte-Colombe 77 36 Ae 50
84410 Sainte-Colombe 84 156 Fb 84
89440 Sainte-Colombe 89 90 Df 63
47120 Sainte-Colombe-de-Duras 47 136 Aa 80
48600 Sainte-Colombe-de-Montauroux 48 141 De 80
48130 Sainte-Colombe-de-Peyre 48 140 Db 80
47300 Sainte-Colombe-de-Villeneuve 47 149 Ad 82
47310 Sainte-Colombe-en-Bruilhois 47 149 Ad 83
27110 Sainte-Colombe-la-Commanderie 27 49 Af 54
66300 Sainte-Colombe-la-Commanderie 66 179 Ce 93
42540 Sainte-Colombe-sur-Gand 42 129 Eb 73
11140 Sainte-Colombe-sur-Guette 11 178 Cb 92
11230 Sainte-Colombe-sur-L'Hers 11 178 Bf 91
21400 Sainte-Colombe-sur-Seine 21 91 Ed 61
04260 Sainte-Colome 64 162 Zd 90
01120 Sainte-Croix 01 118 Fa 73
02820 Sainte-Croix 02 40 De 52
84120 Sainte-Croix 04 171 Fe 86
12260 Sainte-Croix 12 151 Bf 82
13500 Sainte-Croix 13 170 Fa 88
24440 Sainte-Croix 24 137 Ae 80
26150 Sainte-Croix 26 143 Fb 80
40400 Sainte Croix 40 147 Zb 85
46800 Sainte-Croix 46 149 Bb 82
47120 Sainte-Croix 47 136 Ab 81
71470 Sainte-Croix 71 119 Fb 69
81150 Sainte-Croix 81 151 Ca 85
04110 Sainte-Croix-à-Lauze 04 156 Fd 85
68160 Sainte-Croix-aux-Mines 68 60 Hb 59
30460 Sainte-Croix-de-Caderle 30 153 Df 84
24340 Sainte-Croix-de-Mareuil 24 124 Ac 76
34270 Sainte-Croix-de-Quintillargues 34 154 Df 86
04500 Sainte-Croix-de-Verdon 04 157 Ga 86
33410 Sainte-Croix-du-Mont 33 135 Ze 81
42800 Sainte-Croix-en-Jarez 42 130 Ed 76
68127 Sainte-Croix-en-Plaine 68 60 Hc 60
14740 Sainte-Croix-Grand-Tonne 14 47 Zc 53
50440 Sainte-Croix-Hague 50 33 Yb 51
27500 Sainte-Croix-sur-Aizier 27 36 Ad 52
76750 Sainte-Croix-sur-Buchy 77 37 Bc 51
14480 Sainte-Croix-sur-Mer 14 35 Zc 53
61210 Sainte-Croix-sur-Orne 61 47 Ze 56
48110 Sainte-Croix-Vallée-Française 48 153 De 83
09230 Sainte-Croix-Volvestre 09 164 Bb 90
29430 Saint-Eden 29 62 Ve 56
71740 Saint-Edmond 71 117 Eb 71
32170 Sainte-Dode 32 163 Ac 88
80112 Sainte-Emilie 80 40 Da 49
48210 Sainte-Enimie 48 153 Dc 82
43230 Sainte-Eugénie-de-Villeneuve 43 141 Dd 78
50870 Sainte-Eugienne 50 46 Ye 56
07510 Sainte-Eulalie 07 141 Eb 80
11170 Sainte-Eulalie 11 166 Cb 89
19140 Sainte-Eulalie 19 126 Bd 76
33560 Sainte-Eulalie 33 135 Zd 79
46320 Sainte-Eulalie 46 138 Bf 81
48120 Sainte-Eulalie 48 140 Dc 80
12230 Sainte-Eulalie-de-Cernon 12 152 Da 85
24500 Sainte-Eulalie-d'Eymet 24 136 Ac 80
12130 Sainte-Eulalie-d'Olt 12 140 Cf 82
40200 Sainte-Eulalie-en-Born 40 146 Ye 83
01600 Sainte-Euphémie 01 118 Ee 73
60480 Sainte-Eusoye 60 38 Cb 51
32150 Sainte Fauste 32 148 Zf 85
36100 Sainte-Fauste 36 101 Bf 67
19270 Sainte-Féréole 19 126 Bd 77
23000 Sainte-Feyre 23 114 Bf 72
23500 Sainte-Feyre-la-Montagne 23 114 Cb 73
22540 Saint-Efflam 22 63 We 57
56160 Saint-Efflam 56 79 We 60
85150 Sainte-Flaive-des-Loups 85 97 Yc 69
33350 Sainte-Florence 33 135 Zf 80
85140 Sainte-Florence 85 97 Yf 68
43250 Sainte-Florine 43 128 Db 76
09500 Sainte-Foi 09 165 Bf 90
47370 Sainte-Foi 47 149 Af 82
19490 Sainte-Fortunade 19 126 Be 77
17800 Sainte-Foy 17 123 Zd 75
24100 Sainte-Foy 24 136 Ac 79
40190 Sainte-Foy 40 147 Ze 85
71110 Sainte-Foy 71 117 Ea 71
76590 Sainte-Foy 77 37 Ba 50
85150 Sainte-Foy 85 109 Yb 69
31570 Sainte-Foy-d'Aigrefeuille 31 165 Bd 87
24170 Sainte Foy-de-Belvès 24 137 Ba 80
24510 Sainte-Foy-de-Longas 24 136 Ae 79
14140 Sainte-Foy-de-Montgommery 14 48 Ab 55
47140 Sainte-Foy-de-Penne 47 149 Ae 82
31470 Sainte-Foy-de-Peyrolières 31 164 Ba 88
33220 Sainte-Foy-la-Grande 33 136 Ab 79
33490 Sainte-Foy-la-Longue 33 135 Zf 81
69610 Sainte-Foy-L'Argentière 69M 130 Ec 74
69110 Sainte-Foy-lès-Lyon 69M 130 Ee 74
47120 Sainte-Foy-Petit 47 136 Ab 81
42110 Sainte-Foy-Saint-Sulpice 42 129 Ea 74
73640 Sainte-Foy-Tarentaise 73 133 Gf 75
29890 Saint-Egarec 29 62 Vd 57
61130 Sainte-Gauburge 61 69 Ad 59
61370 Sainte-Gauburge-Sainte-Colombe 61 48 Ac 56
17170 Sainte-Gemme 17 110 Zb 71
17250 Sainte-Gemme 17 122 Za 74
32120 Sainte-Gemme 32 149 Ae 86
33580 Sainte-Gemme 33 135 Aa 81
36500 Sainte-Gemme 36 101 Bc 67
51700 Sainte-Gemme 51 53 De 54
79330 Sainte-Gemme 79 98 Ze 67
81190 Sainte-Gemme 81 151 Cb 84
18240 Sainte-Gemme-en-Sancerrois 18 88 Ce 64
85400 Sainte-Gemme-la-Plaine 85 110 Yf 70
47250 Sainte-Gemme-Martaillac 47 148 Aa 82
28500 Sainte-Gemme-Moronval 28 50 Bc 56
41290 Sainte-Gemmes 41 86 Bb 62
53600 Sainte-Gemmes-le-Robert 53 67 Zd 59
49130 Sainte-Gemmes-sur-Loire 49 83 Zc 64
02340 Sainte-Geneviève 02 41 Ea 50
29600 Sainte-Geneviève 29 62 Wb 57
50760 Sainte-Geneviève 50 33 Ye 51
54700 Sainte-Geneviève 54 56 Ga 55
60730 Sainte-Geneviève 60 51 Cb 53
76440 Sainte-Geneviève 77 37 Bc 51
45230 Sainte-Geneviève-des-Bois 45 88 Ce 62
91700 Sainte-Geneviève-des-Bois 91 51 Cb 57
12420 Sainte-Geneviève-sur-Argence 12 139 Ce 80
81340 Sainte-Germaine 81 151 Cc 84
29310 Sainte-Gertrude 29 79 Wc 61
38120 Saint-Égrève 38 131 Fe 77
33480 Sainte Hélène 33 134 Za 79
56700 Sainte-Hélène 56 80 We 62
58400 Sainte-Hélène 58 103 Da 65
71390 Sainte-Hélène 71 105 Ed 68
88700 Sainte-Hélène 88 77 Gd 59
76400 Sainte-Hélène-Bondeville 77 36 Ac 50
33990 Sainte-Hélène-de-Hourtin 33 134 Yf 78
33121 Sainte-Hélène-de-L'Étang 33 134 Yf 78
73800 Sainte-Hélène-du-Lac 73 132 Ga 76
73460 Sainte-Hélène-sur-Isère 73 132 Gb 75
85210 Sainte-Hermine 85 110 Yf 69
14240 Sainte-Honorine-de-Ducy 14 34 Zb 54
14520 Sainte Honorine des Pertes 14 47 Zb 52
14210 Sainte-Honorine-du-Fay 14 47 Zd 54
61430 Sainte-Honorine-la-Chardonne 61 47 Zd 56
61210 Sainte-Honorine-la-Guillaume 61 47 Zd 56
24500 Sainte-Innocence 24 136 Ac 80
26110 Sainte-Jalle 26 156 Fb 82
72380 Sainte-Jamme-sur-Sarthe 72 68 Aa 60
01150 Sainte-Julie 01 119 Fb 73
56110 Sainte-Julienne 56 79 Wc 60
82110 Sainte-Juliette 82 149 Bb 83
12120 Sainte-Juliette sur-Viaur 12 151 Cd 83
37600 Sainte-Jullite 37 100 Af 67
17520 Sainte-Lheurine 17 123 Zd 75
27190 Sainte-Elier 27 49 Af 55
63390 Sainte-Linge 63 115 Ce 72
28240 Saint-Eliph 28 69 Ba 58
52290 Sainte-Livière 52 74 Ee 57
31530 Sainte-Livrade 31 164 Ba 87
82200 Sainte-Livrade 82 150 Ba 84
47110 Sainte-Livrade-sur-Lot 47 149 Ad 82
32450 Saint-Elix 32 163 Ae 88
31430 Saint-Elix-le-Château 31 164 Ba 89
31420 Saint-Elix-Séglan 31 163 Af 89
32300 Saint-Elix-Theux 32 163 Ac 88
36260 Sainte-Lizaigne 36 102 Ca 66
53220 Saint-Ellier-du-Maine 53 66 Yf 58
61320 Saint-Ellier-les-Bois 61 67 Zf 57
01800 Saint-Éloi 01 118 Fa 73
22540 Saint-Eloi 22 63 Wd 57
23000 Saint-Eloi 23 114 Bf 72
58000 Saint-Eloi 58 103 Db 67
71430 Saint-Eloi 71 117 Ea 69
27800 Saint-Eloi-de-Fourques 27 49 Ae 53
88630 Saint-Elophe 88 76 Fe 58
22190 Saint-Eloy 22 64 Xb 57
22800 Saint-Eloy 22 64 Xa 58
29460 Saint-Eloy 29 62 Vf 58
29610 Saint-Eloy 29 63 Wc 57
57140 Saint Eloy 57 56 Ga 54
03370 Saint-Eloy-d'Allier 03 114 Cc 70
18110 Saint-Eloy-de-Gy 18 102 Cc 66
63890 Saint-Eloy-la-Glacière 63 128 Dd 75
63700 Saint-Eloy-les-Mines 63 115 Cf 72
19210 Saint-Eloy-les-Tuileries 19 125 Bb 76
38970 Sainte Luce 38 144 Ff 79
48100 Sainte-Lucie 48 140 Db 81
20144 Sainte-Lucie-de-Porto-Vecchio CTC 185 Kc 98
20112 Sainte-Lucie-de-Tallano CTC 184 Ka 98
18340 Sainte-Lunaise 18 102 Cc 67
03300 Sainte-Madeleine 03 116 Dc 72
06430 Sainte-Madeleine 06 159 Hd 84
89420 Sainte-Magnance 89 90 Ea 64
28120 Saint-Eman 28 69 Bb 59
05000 Sainte Marguerite 05 144 Ga 81
05120 Sainte-Marguerite 05 145 Gd 80
13009 Sainte-Marguerite 13 170 Fc 89
22520 Sainte-Marguerite 22 64 Xb 57
43230 Sainte-Marguerite 43 128 Dd 77
44380 Sainte-Marguerite 44 96 Xd 65
57920 Sainte-Marguerite 57 44 Gc 52
59560 Sainte-Marguerite 59 30 Da 44
84340 Sainte Marguerite 84 155 Fa 83
88100 Sainte-Marguerite 88 77 Gf 59
61320 Sainte-Marguerite-de-Carrouges 61 67 Zf 57
27160 Sainte-Marguerite-de-L'Autel 27 49 Af 55
14330 Sainte-Marguerite-d'Elle 14 47 Yf 53
14140 Sainte-Marguerite-des-Loges 14 48 Ab 54
14140 Sainte-Marguerite-de-Viette 14 48 Aa 54
27410 Sainte-Marguerite-en-Ouche 27 49 Ad 54
07140 Sainte-Marguerite-Lafigère 07 141 Df 82
76480 Sainte-Marguerite-sur-Duclair 77 37 Af 51
76640 Sainte-Marguerite-sur-Fauville 77 36 Ad 50
76119 Sainte-Marguerite-sur-Mer 77 37 Af 49
05150 Sainte-Marie 05 143 Fe 82
05560 Sainte-Marie 05 145 Ge 81
08400 Sainte-Marie 08 42 Ee 52
15230 Sainte-Marie 15 139 Cf 79
25113 Sainte-Marie 25 94 Ge 63
32200 Sainte-Marie 32 164 Af 87
35600 Sainte-Marie 35 81 Ya 62
44210 Sainte-Marie 44 96 Xf 66
58330 Sainte-Marie 58 104 Dc 66
66470 Sainte-Marie 66 179 Da 92
85580 Sainte-Marie 85 109 Ye 70
51600 Sainte-Marie-à-Py 51 54 Ed 53
76280 Sainte-Marie-au-Bosc 77 35 Ab 51
14270 Sainte-Marie-aux-Anglais 14 48 Aa 54
57255 Sainte-Marie-aux-Chênes 57 56 Ga 53
68160 Sainte-Marie-aux-Mines 68 77 Hb 59
59670 Sainte-Marie-Cappel 59 27 Cd 44
38660 Sainte-Marie-d'Alloix 38 132 Ff 76
73240 Sainte-Marie-d'Alvey 73 131 Fe 75
65710 Sainte-Marie-de-Campan 65 175 Ab 91
24330 Sainte-Marie-de-Chignac 24 137 Ae 78
73130 Sainte-Marie-de-Cuines 73 132 Gb 76
40390 Sainte-Marie-de-Gosse 40 160 Ye 87
17740 Sainte-Marie-de-Ré 17 109 Ye 72
76190 Sainte-Marie-des-Champs 77 36 Ae 51
43300 Sainte-Marie-des-Chazes 43 141 Dd 78
87420 Sainte-Marie-de-Vaux 87 125 Ba 73
50640 Sainte-Marie-du-Bois 50 66 Za 57
53110 Sainte-Marie-du-Bois 53 67 Zd 58
51290 Sainte-Marie-du-Lac-Nuisement 51 74 Ee 57
29550 Sainte-Marie-du-Menez-Hom 29 62 Ve 59
50480 Sainte-Marie-du-Mont 50 46 Ye 52
70310 Sainte-Marie-en-Chanois 70 94 Gd 62
62370 Sainte-Marie-Kerque 62 27 Ca 43
21200 Sainte-Marie-la-Blanche 21 106 Ef 67
19160 Sainte-Marie-Lapanouze 19 127 Cc 76
61320 Sainte-Marie-la-Robert 61 48 Zf 57
14350 Sainte-Marie-Laumont 14 47 Za 55
14380 Sainte-Marie-Outre-L'Eau 14 47 Yf 55
66470 Sainte-Marie-Plage 66 179 Da 92
21410 Sainte-Marie-sur-Ouche 21 91 Ee 65
29120 Sainte-Marine 29 78 Vf 61
27190 Sainte-Marthe 27 49 Af 55
47430 Sainte-Marthe 47 148 Aa 82
10150 Sainte-Maure 10 73 Ea 58
47170 Sainte-Maure-de-Peyriac 47 148 Aa 84
37800 Sainte-Maure-de-Touraine 37 100 Ad 66
83120 Sainte-Maxime 83 172 Gd 89
17770 Sainte-Même 17 123 Zd 73
51800 Sainte-Menehould 51 54 Ef 54
32700 Sainte-Mère 32 149 Ae 84
50480 Sainte-Mère-Église 50 34 Ye 52
78730 Sainte-Mesme 78 70 Bf 57
71490 Saint-Emiland 71 105 Ec 67
44130 Saint-Emilien-de-Blain 44 82 Yb 64
33330 Saint-Émilion 33 135 Zf 79
24370 Sainte-Mondane 24 137 Bb 79
18700 Sainte-Montaine 18 88 Cb 64
24200 Sainte-Nathalène 24 137 Bb 79
79260 Sainte-Neomaye 79 111 Ze 70
03400 Saint-Ennemond 03 104 Dc 68
56920 Sainte-Noyale 56 64 Xa 60
50500 Sainteny 50 34 Ye 53
67530 Sainte-Odile 67 60 Hc 58
01330 Sainte-Olive 01 118 Ef 72
27170 Sainte-Opportune 27 49 Af 54
61100 Sainte-Opportune 61 47 Zd 56
27110 Sainte-Opportune-du-Bosc 27 49 Af 54
24210 Sainte-Orse 24 125 Ba 77
72120 Sainte-Osmane 72 85 Ad 61
79220 Sainte-Ouenne 79 111 Zd 70
37800 Saint-Epain 37 100 Ad 66
89460 Sainte-Pallaye 89 89 De 63
69620 Sainte-Paule 69D 118 Ed 73
44680 Sainte-Pazanne 44 96 Yb 66
85320 Sainte-Pexine 85 110 Yf 69
50870 Sainte-Pience 50 46 Ye 56
54540 Sainte-Pôle 54 77 Ge 57
02350 Sainte-Preuve 02 41 Df 51
57580 Saint-Epvre 57 56 Gc 55
81800 Sainte-Quitterie 81 150 Be 86
12850 Sainte-Radegonde 12 152 Cd 82
17250 Sainte-Radegonde 17 122 Za 73
18130 Sainte-Radegonde 18 102 Cd 67
19510 Sainte-Radegonde 19 126 Bd 75
24560 Sainte-Radegonde 24 136 Ae 80
32500 Sainte-Radegonde 32 149 Ad 85
33350 Sainte-Radegonde 33 135 Aa 80
71320 Sainte-Radegonde 71 104 Ea 68
79100 Sainte-Radegonde 79 98 Ze 67
85570 Sainte-Radégonde 85 110 Za 69
86300 Sainte Radegonde 86 100 Ae 69
85450 Sainte-Radégonde-des-Noyers 85 110 Yf 70
47190 Sainte-Radegonde-sur-Lot 47 148 Ac 83
17240 Sainte-Ramée 17 122 Zc 76
35230 Saint-Erblon 35 65 Yc 60
53390 Saint-Erblon 53 83 Ye 62
43110 Sainte-Reine 42 129 Ea 76
43130 Sainte-Reine 43 129 Df 77
73630 Sainte-Reine 73 132 Ga 75
44160 Sainte-Reine-de-Bretagnc 44 81 Xe 64
02820 Saint-Erme-Outre-et-Ramecourt 02 41 Df 51
22110 Saint-Erwan 22 63 We 59
17100 Saintes 17 122 Zc 74
31190 Saintes 31 164 Bc 88
32420 Saintes 32 163 Ae 88
21320 Sainte-Sabine 21 105 Ed 65
82140 Sainte-Sabine 82 150 Be 84
24440 Sainte-Sabine-Born 24 136 Ae 80
72380 Sainte-Sabine-sur-Longève 72 68 Aa 60
10000 Sainte-Savine 10 73 Ea 59
45730 Sainte-Scholastique 45 88 Cb 62
91410 Saint-Escobille 91 70 Bf 58
61170 Sainte-Scolasse-sur-Sarthe 61 68 Ac 57
80290 Sainte-Segrée 80 38 Bf 50
16200 Sainte-Sévère 16 123 Ze 74
36160 Sainte-Sévère-sur-Indre 36 114 Ca 70
43600 Saint Sigolène 43 129 Eb 77
13460 Saintes-Maries-de-la-Mer 13 169 Ec 88
18220 Sainte-Solange 18 102 Cd 66
79120 Sainte-Soline 79 111 Aa 71
16480 Sainte-Souline 16 123 Zf 76
17220 Sainte-Soulle 17 110 Yf 71
22100 Saint-Esprit 22 65 Xf 58
64640 Saint-Esteben 64 160 Ye 88
16440 Saint-Estèphe 16 123 Aa 75
24360 Saint-Estèphe 24 124 Ad 75
33180 Saint-Estèphe 33 122 Zb 77
11200 Saint-Estève 11 166 Ce 90
66240 Saint-Estève 66 179 Ce 92
83470 Saint Estève 83 171 Ff 88
84410 Saint-Estève 84 156 Fb 84
13610 Saint-Estève-Janson 13 170 Fc 86
09130 Sainte-Suzanne 09 164 Bc 89
27160 Sainte-Suzanne 27 49 Ae 55
53270 Sainte-Suzanne 53 67 Zd 60
64300 Sainte-Suzanne 64 161 Zb 88
50750 Sainte-Suzanne-sur-Vice 50 46 Yf 54
33350 Sainte-Terre 33 135 Zf 80
82200 Sainte-Thècle 82 149 Ba 83
03420 Sainte-Thérence 03 115 Cd 71
18500 Sainte-Thorette 18 102 Cb 66
05380 Saint-Étienne 05 145 Gd 81
12490 Saint-Etienne 12 152 Cf 84
12290 Saint-Etienne 12 152 Cf 83
15500 Saint-Etienne 15 128 Db 77
36500 Saint-Etienne 36 101 Bc 67
40250 Saint-Etienne 40 147 Zb 86
42100 Saint-Étienne 42 130 Ec 76
46170 Saint-Etienne 46 150 Bc 83
56620 Saint-Etienne 56 79 Wd 61
56440 Saint-Etienne 56 80 We 62
64640 Saint-Etienne 64 161 Yf 89
76760 Saint-Etienne 77 37 Af 51
08310 Saint-Etienne-à-Arnes 08 41 Ec 53
62360 Saint-Etienne-au-Mont 62 28 Bd 44
51460 Saint-Étienne-au-Temple 51 54 Ec 54
19200 Saint-Etienne-aux-Clos 19 127 Cc 75
15150 Saint-Etienne-Cantalès 15 139 Cb 79
34390 Saint-Etienne-d'Albagnan 34 166 Cf 87
64430 Saint-Étienne-de-Baïgorry 64 160 Yd 89
07200 Saint-Etienne-de-Boulogne 07 142 Ec 80
85210 Saint-Etienne-de-Brillouet 85 110 Za 69
15130 Saint-Etienne-de-Carlat 15 139 Cd 79
37230 Saint-Étienne-de-Chigny 37 85 Ad 64
15400 Saint-Etienne-de-Chomeil 15 127 Cd 76
38960 Saint-Etienne-de-Crossey 38 131 Fd 76
73130 Saint-Étienne-de-Cuines 73 132 Gb 76
07200 Saint-Etienne-de-Fontbellon 07 142 Ec 81
47380 Saint-Etienne-de-Fougères 47 149 Ad 82
23290 Saint-Etienne-de-Fursac 23 113 Bd 72
34700 Saint-Etienne-de-Gourgas 34 153 Dc 86
22210 Saint-Etienne-de-Gué-de-l'Isle 22 64 Xc 60
33330 Saint-Étienne-de-Lisse 33 135 Zf 79
30360 Saint-Etienne-de-L'Olm 30 154 Eb 84
07590 Saint-Étienne-de-Lugdarès 07 141 Df 81
15600 Saint-Étienne-de-Maurs 15 139 Cb 80
44270 Saint-Etienne-de-Mer-Morte 44 96 Yb 67
44360 Saint-Étienne-de-Montluc 44 82 Yb 65
24400 Saint Étienne-de-Puycorbier 24 136 Ab 78
38590 Saint-Étienne-de-Saint-Geoirs 38 131 Fc 76
30250 Saint-Etienne-d'Escattes 30 154 Ea 86
63380 Saint-Etienne-des-Champs 63 127 Cd 74
07190 Saint-Etienne-de-Serre 07 142 Ed 80
41190 Saint-Etienne-des-Guérets 41 86 Ba 63
24550 Saint-Etienne-des-Landes 24 137 Ba 81
69460 Saint-Etienne-des-Oullières 69D 118 Ed 72
30200 Saint-Etienne-des-Sorts 30 155 Ee 83
81250 Saint-Etienne-de-Tarabuset 81 151 Cb 85

06660 Saint Etienne-de-Tinée 06 158 Gf 83
82410 Saint-Etienne-de-Tulmont 82 150 Bc 84
03300 Saint-Etienne-de-Vicq 03 116 Dd 71
47210 Saint-Etienne-de-Villeréal 47 136 Ae 81
81310 Saint-Etienne-de-Vionan 81 150 Be 85
40300 Saint-Etienne-d'Orthe 40 161 Ye 87
01370 Saint-Étienne-du-Bois 01 119 Fb 71
85670 Saint-Etienne-du-Bois 85 97 Yc 68
13103 Saint-Etienne-du-Grès 13 155 Ee 86
76800 Saint-Étienne-du-Rouvray 77 37 Ba 52
48000 Saint-Etienne-du-Valdonnez 48 153 Dd 82
27430 Saint-Étienne-du-Vauvray 27 49 Bb 53
43420 Saint-Etienne-du-Vigan 43 141 Df 80
71370 Saint-Étienne-en-Bresse 71 106 Fa 68
35460 Saint-Etienne-en-Coglès 35 66 Ye 58
05250 Saint-Étienne-en-Dévoluy 05 144 Ff 80
34260 Saint-Etienne-Estréchoux 34 167 Da 87
79360 Saint-Étienne-la-Cigogne 79 110 Zc 72
19160 Saint-Etienne-la-Geneste 19 127 Cc 76
27450 Saint-Etienne-L'Allier 27 49 Ad 53
43260 Saint-Etienne Lardeyrol 43 141 Df 78
14950 Saint-Étienne-la-Thillaye 14 35 Aa 53
69460 Saint-Etienne-la-Varenne 69D 118 Ed 72
05130 Saint-Étienne-le-Laus 05 144 Ga 81
42130 Saint-Etienne-le-Molard 42 129 Ea 74
04230 Saint-Étienne-les-Orgues 04 156 Fe 84
88200 Saint-Étienne-lès-Remiremont 88 77 Gd 60
60350 Saint-Etienne-Roilaye 60 39 Da 52
27920 Saint-Étienne-sous-Bailleul 27 50 Bc 54
10700 Saint-Etienne-sous-Barbuise 10 73 Ea 58
43450 Saint-Etienne-sur-Blesle 43 128 Da 77
01140 Saint-Étienne-sur-Chalaronne 01 118 Ef 72
01190 Saint-Étienne-sur-Reyssouze 01 118 Ef 70
51110 Saint-Étienne-sur-Suippe 51 41 Ea 52
80200 Saint-Etienne-sur-Suippe 80 39 Cf 49
63580 Saint-Etienne-sur-Usson 63 128 Dc 75
48330 Saint-Etienne-Vallée-Française 48 153 Df 83
22480 Sainte-Tréphine 22 63 Wf 59
56300 Sainte-Trephine 56 79 Xa 60
24160 Sainte-Trie 24 125 Bb 77
20137 SainteTrinité CTC 185 Kb 99
02330 Saint-Eugène 02 53 Dd 54
14130 Saint-Eugène 14 48 Aa 53
17520 Saint-Eugène 17 123 Ze 75
71320 Saint-Eugène 71 105 Eb 68
24640 Saint-Eulalie-d'Ans 24 125 Ba 77
26190 Saint-Eulalie-en-Royans 26 143 Fc 78
52100 Saint-Eulien 51 54 Ef 56
26170 Saint-Euphème-sur-Ouvèze 26 156 Fc 83
51390 Saint-Euphraise-et-Clairizet 51 53 Df 53
21140 Saint-Euphrône 21 91 Ec 64
71210 Saint-Eusèbe 71 105 Ec 68
74150 Saint-Eusèbe 74 120 Ff 73
05500 Saint-Eusèbe-en-Champsaur 05 144 Ga 80
74410 Saint-Eustache 74 132 Ga 74
76210 Saint-Eustache-la-Forêt 77 36 Ac 51
16190 Saint-Eutrope 16 124 Aa 76
22800 Saint-Eutrope 22 64 Xa 58
29640 Saint-Eutrope 29 62 Wb 57
56350 Saint-Eutrope 56 81 Xe 63
47210 Saint-Eutrope-de-Born 47 136 Ae 81
11120 Sainte-Valière 11 166 Cf 89
29170 Sainte-Evarzec 29 78 Vf 61
08130 Sainte-Vaubourg 08 42 Ed 52
79100 Sainte-Verge 79 99 Ze 66
89310 Sainte-Vertu 89 90 Df 62
61230 Saint-Evroult-de-Montfort 61 48 Ab 56
61550 Saint-Evroult-Notre-Dame-du-Bois 61 48 Ac 56
12550 Saint-Exupère 12 152 Cd 85
33190 Saint-Exupéry 33 135 Zf 81
19200 Saint-Exupéry-les-Roches 19 127 Cc 75
89170 Saint-Fargeau 89 89 Da 63
77310 Saint-Fargeau-Ponthierry 76 71 Cd 57
03420 Saint-Fargeol 03 115 Cd 72
64110 Saint-Faust 64 162 Zd 89
07410 Saint-Félicien 07 142 Ed 78
66170 Saint-Féliu-d'Amont 66 179 Ce 92
66170 Saint-Féliu-dAvall 66 179 Ce 92
03260 Saint-Félix 03 116 Dc 71
16480 Saint-Félix 16 123 Aa 76
17330 Saint-Félix 17 110 Zc 72
46100 Saint-Félix 46 138 Ca 81
46800 Saint Félix 46 150 Ba 83
60370 Saint-Félix 60 38 Cb 52
74540 Saint-Félix 74 132 Ff 74
24340 Saint-Félix-de-Bourdoilles 24 124 Ad 76
33540 Saint-Félix-de-Foncaude 33 135 Zf 81
34520 Saint-Félix-de-l'Héras 34 153 Db 85
34725 Saint-Felix-de-Lodez 34 167 Dc 87
12320 Saint-Félix-de-Lunel 12 139 Cd 81
30140 Saint-Félix-de-Pallières 30 154 Df 84
24260 Saint-Félix-de-Reillac-et-Mortemart 24 137 Af 78
09120 Saint-Félix-de-Rieutord 09 177 Be 90
12400 Saint-Félix-de-Sorgues 12 152 Cf 85
09500 Saint-Félix-de-Tournegat 09 165 Be 90
24510 Saint-Félix-de-Villadeix 24 136 Ae 79
31540 Saint-Félix-Lauragais 31 165 Bf 88
08360 Saint-Fergeux 08 41 Eb 51
33580 Saint-Ferme 33 135 Aa 80
31350 Saint-Ferréol 31 163 Ae 88
31250 Saint-Ferréol 31 165 Ca 88
74210 Saint-Ferréol 74 132 Gb 74
43330 Saint-Ferréol-d'Aurore 43 129 Eb 76
63600 Saint-Ferréol-des-Côtes 63 129 De 75
26110 Saint-Ferréol-Trente-Pas 26 156 Fb 82
11500 Saint-Ferriol 11 178 Cb 91
22720 Saint-Fiacre 22 63 Wf 58
56320 Saint-Fiacre 56 79 Wd 60
77470 Saint-Fiacre 76 52 Cf 55
44690 Saint-Fiacre-sur-Maine 44 97 Yd 66
56310 Saint-Ficare 56 79 Wf 61
23000 Saint-Fiel 23 114 Bf 71
05800 Saint-Firmin 05 144 Ga 80
54930 Saint-Firmin 54 76 Ga 58
58270 Saint-Firmin 58 104 Dc 66
71670 Saint-Firmin 71 105 Ec 68
80550 Saint-Firmin 80 28 Bd 47
45220 Saint-Firmin-des-Bois 45 72 Cf 61
41100 Saint-Firmin-des-Prés 41 86 Ba 61
45200 Saint-Firmin-des-Vignes 45 71 Ce 61
45360 Saint-Firmin-sur-Loire 45 88 Ce 63
04850 Saint-Flavi 04 158 Ge 82
10350 Saint-Flavy 10 73 De 58
45600 Saint-Florent 45 88 Cc 62
20217 Saint Florent CTC 181 Kb 92
85310 Saint-Florent-des-Bois 85 97 Ye 69
89600 Saint-Florentin 89 73 De 60
49410 Saint-Florent-le-Vieil 49 83 Yf 64
30960 Saint-Florent-sur-Auzonnet 30 154 Ea 83
18400 Saint-Florent-sur-Cher 18 102 Cb 67
63320 Saint-Floret 63 128 Da 75
62350 Saint-Floris 62 29 Cd 45
15100 Saint-Flour 15 140 Da 78
31470 Saint-Flour 31 164 Bb 87
63520 Saint-Flour 63 128 Dd 74
63840 Saint-Flour 63 129 De 76
48300 Saint-Flour-de-Mercoire 48 141 De 80
37600 Saint-Flovier 37 100 Ba 67
50310 Saint-Floxel 50 34 Yd 52
62370 Saint-Folquin 62 27 Ca 43
69190 Saint-Fons 69M 130 Ef 74
71400 Saint-Forgeot 71 105 Eb 66
69490 Saint-Forgeux 69D 130 Ec 73
42640 Saint-Forgeux-Lespinasse 42 117 Df 72
53200 Saint-Fort 53 83 Zb 62
17240 Saint-Fort-sur-Gironde 17 122 Zb 76
16130 Saint-Fort-sur-le-Né 16 123 Ze 75
07360 Saint-Fortunat-sur-Eyrieux 07 142 Ee 80
16140 Saint-Fraigne 16 111 Zf 73
61350 Saint-Fraimbault 61 67 Zb 58
53300 Saint-Fraimbault-de-Prières 53 67 Zc 58
31230 Saint-Frajou 31 163 Af 88
58330 Saint-Franchy 58 104 Dc 66
83860 Saint François 83 171 Fe 88
73340 Saint-François-de-Sales 73 132 Ga 74
57320 Saint-François-Lacroix 57 56 Gc 52
73130 Saint-François-Longchamp 73 132 Gc 76
29260 Saint-Frégant 29 62 Vd 57
19200 Saint-Fréjoux 19 127 Cc 75
48170 Saint-Frézal-d'Albuges 48 141 De 81
48240 Saint-Frézal-de-Ventalon 48 153 Df 83
11800 Saint-Frichoux 11 166 Cd 89
72150 Saint-Frimbault 72 85 Ad 62
23500 Saint-Frion 23 126 Cb 73
50620 Saint-Fromond 50 46 Yf 53
16460 Saint-Front 16 112 Ab 73
24150 Saint Front 24 136 Ae 80
43550 Saint-Front 43 141 Ea 79
47120 Saint-Front 47 136 Ab 80
24460 Saint-Front-d'Alemps 24 124 Ae 77
24400 Saint Front-de-Pradoux 24 136 Ac 78
24300 Saint-Front-la-Rivière 24 124 Ae 76
47500 Saint-Front-sur-Lémance 47 137 Af 81
24300 Saint-Front-sur-Nizonne 24 124 Ad 76
17780 Saint-Froult 17 110 Yf 73
85250 Saint-Fulgent 85 97 Ye 67
61130 Saint-Fulgent-des-Ormes 61 68 Ac 59
80680 Saint-Fuscien 80 39 Cb 49
14480 Saint-Gabriel-Brécy 14 47 Zc 53
48700 Saint-Gal 48 140 Dc 80
67440 Saint-Gall 67 58 Hb 56
56610 Saint-Galles 56 80 Xb 63
42330 Saint Galmier 42 129 Eb 75
63440 Saint-Gal-sur-Sioule 63 115 Da 72
70130 Saint-Gand 70 93 Ff 63
68570 Saint-Gangolf 68 77 Hb 61
35550 Saint-Ganton 35 82 Ya 62
14130 Saint-Gatien-des-Bois 14 48 Ab 52
31800 Saint Gaudens 31 163 Ae 90
86400 Saint-Gaudent 86 112 Ab 72
11270 Saint-Gaudéric 11 165 Bf 90
53360 Saint-Gault 53 83 Zb 61
36800 Saint-Gaultier 36 101 Bc 69
33340 Saint-Gaux 33 122 Za 77
81390 Saint-Gauzens 81 165 Bf 86
40190 Saint Gein 40 147 Ze 85
79410 Saint-Gelais 79 111 Zd 70
22570 Saint-Gelven 22 63 Wf 59
30630 Saint Gély 30 154 Ec 83
34980 Saint-Gély-du-Fesc 34 168 De 86
49500 Saint-Gemmes-d'Andigné 49 83 Za 62
79500 Saint-Génard 79 111 Zf 71
87510 Saint-Gence 87 113 Ba 73
79600 Saint-Généroux 79 99 Zf 67
63122 Saint-Genès-Champanelle 63 128 Da 74
63850 Saint-Genès-Champespe 63 127 Ce 76
33390 Saint-Genès-de-Blaye 33 122 Zc 78
33350 Saint-Genès-de-Castillon 33 135 Zf 79
33240 Saint-Genès-de-Fronsac 33 135 Zd 78
33670 Saint-Genès-de-Lombaud 33 135 Zd 80
63260 Saint-Genès-du-Retz 63 116 Db 72
63580 Saint-Genès-la-Tourette 63 128 Dc 75
03310 Saint-Genest 03 115 Cd 71
19500 Saint-Genest 19 138 Be 78
51310 Saint-Genest 51 52 Dc 57
88700 Saint Genest 88 77 Gd 58
86140 Saint-Genest-d'Ambière 86 99 Ac 68
07230 Saint Genest-de-Beauzon 07 141 Ea 82
81440 Saint-Genest-de-Contest 81 151 Ca 86
42530 Saint-Genest-Lerpt 42 129 Ec 76
42660 Saint-Genest-Malifaux 42 130 Ec 76
87260 Saint-Genest-sur-Roselle 87 125 Bc 74
43350 Saint-Geneys-près-Saint-Paulien 43 129 De 78
02810 Saint-Gengoulph 02 52 Db 54
58370 Saint-Gengoult 58 104 Df 67
71260 Saint-Gengoux-de-Scissé 71 118 Ee 70
71460 Saint-Gengoux-le-National 71 105 Ed 69
07460 Saint-Geniés 07 154 Eb 83
24590 Saint-Geniès 24 137 Bb 79
31180 Saint-Geniès-Bellevue 31 164 Bc 86
30150 Saint-Geniès-de-Comolas 30 155 Ee 84
30190 Saint-Geniès-de-Malgoire 30 154 Eb 85
12190 Saint-Geniès-des-Ers 12 139 Cd 81
34160 Saint-Geniès-des-Mourgues 34 168 Ea 86
34610 Saint-Geniès-de-Varensal 34 167 Da 86
34480 Saint-Geniès-le-Bas 34 167 Db 88
04200 Saint Geniez 04 157 Ga 83
12100 Saint-Geniez-de-Bertrand 12 152 Da 84
12130 Saint-Geniez-d'Olt et d'Aubrac 12 140 Cf 82
05300 Saint Genis 05 156 Fe 82
17240 Saint-Genis-de-Saintonge 17 123 Zc 76
66740 Saint-Génis-des-Fontaines 66 179 Cf 93
16570 Saint-Genis-d'Hiersac 16 123 Aa 74
33760 Saint-Genis-du-Bois 33 135 Ze 80
69610 Saint-Genis-L'Argentière 69M 130 Ec 74
69230 Saint-Genis-Laval 69M 130 Ee 74
69290 Saint-Genis-les-Ollières 69M 130 Ee 74
01630 Saint-Genis-Pouilly 01 120 Ga 71
01380 Saint-Genis-sur-Menthon 01 118 Fa 71
42800 Saint-Genis-Terrenoire 42 130 Ed 75
73240 Saint-Genix-les-Villages 73 131 Fe 75
73240 Saint-Genix-sur-Guiers 73 131 Fd 75
36500 Saint-Genou 36 101 Bc 67
37510 Saint-Genouph 37 85 Ad 64
84210 Saint-Gens 84 156 Fa 85
47250 Saint-Gény 47 148 Aa 82
26250 Saint-Genys 26 142 Ef 80
38620 Saint-Geoire-en-Valdaine 38 131 Fd 76
38590 Saint-Geoirs 38 131 Fc 77
35430 Saint-George 35 65 Ya 57
08240 Saint-Georges 08 55 Ef 52
15140 Saint-Georges 15 139 Cd 78
16700 Saint-Georges 16 112 Ab 73
19510 Saint-Georges 19 125 Bc 76
24220 Saint-Georges 24 137 Af 79
32430 Saint-Georges 32 164 Af 86
33570 Saint-Georges 33 135 Zf 79
35490 Saint-Georges 35 66 Yd 58
47370 Saint Georges 47 149 Af 82
54380 Saint-Georges 54 56 Ga 56
56320 Saint-Georges 56 79 Wc 60
57830 Saint-Georges 57 57 Gf 57
62770 Saint-Georges 62 29 Ca 46
82240 Saint-Georges 82 150 Bd 83
89150 Saint-Georges 89 72 Da 59
25340 Saint-Georges-Armont 25 94 Gd 64
24130 Saint-Georges-Blancaneix 24 136 Ac 79
53100 Saint-Georges-Buttavent 53 67 Zb 59
61600 Saint-Georges-dAnnebecq 61 48 Ze 57
14260 Saint-Georges-d'Aunay 14 47 Zb 54
43230 Saint-Georges-d'Aurac 43 140 Dd 78
42510 Saint-Georges-de-Baroille 42 129 Ea 73
50500 Saint-Georges-de-Bohon 50 34 Ye 53
35140 Saint-Georges-de-Chesné 35 66 Ye 59
38450 Saint-Georges-de-Commiers 38 144 Fe 78
17240 Saint-Georges-de-Cubillac 17 123 Zd 76
17110 Saint-Georges-de-Didonne 17 122 Za 75
35610 Saint-Georges-de-Gréhaigne 35 66 Yc 57
72150 Saint-Georges-de-la-Couée 72 85 Ad 61
50270 Saint-Georges-de-la-Rivière 50 46 Yb 52
48500 Saint-Georges-de-Lévéjac 48 153 Db 83
50370 Saint-Georges-de-Livoye 50 46 Ye 56
50680 Saint-Georges-d'Elle 50 34 Za 54
17470 Saint-Georges-de-Longuepierre 17 111 Zd 72
12100 Saint-Georges-de-Luzençon 12 152 Cf 84
63780 Saint-Georges-de-Mons 63 115 Cf 73
85600 Saint-Georges-de-Montaigu 85 97 Ye 67
24140 Saint-Georges-de-Montclard 24 136 Ad 79
79400 Saint-Georges-de-Noisné 79 111 Ze 70
85150 Saint-Georges-de-Pointindoux 85 97 Yc 69
18200 Saint-Georges-de-Poisieux 18 102 Cc 68
35420 Saint-Georges-de-Reintembault 35 66 Ye 57
69830 Saint-Georges-de-Reneins 69D 118 Ee 72
79210 Saint-Georges-de-Rex 79 110 Zc 71
50720 Saint-Georges-de-Rouelley 50 67 Zb 57
17150 Saint-Georges-des-Agoûts 17 122 Zc 76
17810 Saint-Georges-des-Côteaux 17 122 Zb 74
49120 Saint-Georges-des-Gardes 49 98 Zb 66
61100 Saint-Georges-des-Groseillers 61 47 Zc 56
73220 Saint-Georges-des-Hurtières 73 132 Gb 75
38790 Saint-Georges-d'Espérance 38 131 Fa 75
49350 Saint-Georges-des-Sept-Voies 49 84 Ze 64
17190 Saint-Georges-d'Oléron 17 109 Ye 73
34680 Saint-Georges-d'Orques 34 168 De 87
17700 Saint-Georges-du-Bois 17 110 Zb 72
49250 Saint-Georges-du-Bois 49 84 Ze 64
72700 Saint Georges-du-Bois 72 68 Aa 61
27560 Saint-Georges-du-Mesnil 27 49 Ad 53
72700 Saint-Georges-du-Plain 72 68 Aa 61
72110 Saint-Georges-du-Rosay 72 68 Ad 59
27450 Saint-Georges-du-Vièvre 27 49 Ad 53
14140 Saint-Georges-en-Auge 14 48 Aa 55
42990 Saint-Georges-en-Couzan 42 129 Df 74
42610 Saint-Georges-Haute-Ville 42 129 Ea 75
43500 Saint-Georges-Lagricol 43 129 Df 77
23250 Saint-Georges-la-Pouge 23 114 Bf 73
53480 Saint-Georges-le-Fléchard 53 67 Zc 60
72130 Saint-Georges-le-Gaultier 72 67 Zf 59
86130 Saint-Georges-les-Baillargeaux 86 99 Ac 68
07800 Saint-Georges-les-Bains 07 142 Ee 79
87160 Saint-Georges-les-Landes 87 113 Bc 70
50000 Saint-Georges-Montcocq 50 34 Yf 54
27710 Saint-Georges-Motel 27 50 Bc 56
23500 Saint-Georges-Nigremont 23 127 Cb 73
63800 Saint-Georges-sur-Allier 63 128 Db 74
36100 Saint-Georges-sur-Arnon 36 102 Ca 67
89000 Saint-Georges-sur-Baulche 89 89 Dd 62
41400 Saint-Georges-sur-Cher 41 86 Ba 65
53600 Saint-Georges-sur-Erve 53 67 Ze 59
28190 Saint-Georges-sur-Eure 28 69 Bc 58
76690 Saint-Georges-sur-Fontaine 77 37 Bb 51
59820 Saint-Georges-sur-L'Aa 59 27 Cb 43
18100 Saint-Georges-sur-la-Prée 18 102 Bf 65
49700 Saint-Georges-sur-Layon 49 98 Zd 65
49170 Saint-Georges-sur-Loire 49 83 Zb 64
18110 Saint-Georges-sur-Moulon 18 102 Cc 65
01400 Saint-Georges-sur-Renon 01 118 Fa 72
40380 Saint-Geours-d'Auribat 40 146 Za 86
40230 Saint-Geours-de-Maremne 40 160 Ye 86
56920 Saint-Gerand 56 64 Xa 60
03340 Saint-Gérand-de-Vaux 03 116 Dc 70
03150 Saint-Gérand-le-Puy 03 116 Dd 71
81310 Saint-Gérard-d'Armissart 81 150 Be 85
47120 Saint-Géraud 47 136 Aa 81
81350 Saint-Géraud 81 151 Cb 84
24700 Saint Géraud-de-Crops 24 136 Ab 79
07170 Saint-Germain 07 142 Ec 81
10120 Saint-Germain 10 73 Ea 59
12100 Saint Germain 12 152 Da 84
22550 Saint-Germain 22 64 Xe 57
26390 Saint-Germain 26 130 Fa 77
27150 Saint-Germain 27 37 Bd 52
29710 Saint-Germain 29 78 Ve 61
37600 Saint-Germain 37 100 Ba 66
49640 Saint-Germain 49 84 Zd 62
54290 Saint Germain 54 76 Gc 58
70200 Saint-Germain 70 94 Gd 62
73700 Saint-Germain 73 133 Ge 75
69650 Saint-Germain-au-Mont-d'Or 69M 130 Ee 73
23160 Saint-Germain-Beaupré 23 113 Bd 71
58300 Saint-Germain-Chassenay 58 104 Dc 68
53240 Saint-Germain-d'Anxure 53 67 Zb 59
72800 Saint-Germain-d'Arcé 72 85 Ab 63
61470 Saint-Germain-d'Aunay 61 48 Ac 55
24170 Saint-Germain-de-Belvès 24 137 Ba 80
18340 Saint-Germain-de-Bois 18 102 Cc 67
48370 Saint-Germain-de-Calberte 48 154 De 83
61370 Saint-Germain-d'Echaffour 61 48 Ac 56
61240 Saint-Germain-de-Clairefeuille 61 48 Ab 56
16500 Saint-Germain-de-Confolens 16 112 Ae 72
53700 Saint-Germain-de-Coulamer 53 67 Ze 59
14240 Saint-Germain-d'Ectot 14 34 Zb 54
27220 Saint-Germain-de-Fresney 27 50 Bb 55
33490 Saint-Germain-de-Grave 33 135 Ze 81
01130 Saint-Germain-de-Joux 01 119 Fe 71
61130 Saint-Germain-de-la-Coudre 61 68 Ad 59
78640 Saint-Germain-de-la-Grange 78 50 Bf 56
33240 Saint-Germain-de-la-Rivière 33 135 Ze 79
53200 Saint-Germain-de-L'Hommel 53 83 Zb 61
14100 Saint-Germain-de-Livet 14 48 Ab 54
50810 Saint-Germain-d'Elle 50 34 Za 54
79200 Saint-Germain-de-Longue-Chaume 79 98 Zd 68
17500 Saint-Germain-de-Lusignan 17 123 Zd 76
17700 Saint-Germain-de-Marencennes 17 110 Zb 72
61560 Saint-Germain-de-Martigny 61 68 Ac 57
21530 Saint-Germain-de-Modéon 21 90 Ea 64
16380 Saint-Germain-de-Montbron 16 124 Ac 75
14140 Saint-Germain-de-Montgommery 14 48 Ab 55
27370 Saint-Germain-de-Pasquier 27 49 Ba 53
85110 Saint-Germain-de-Prinçay 85 97 Yf 68
03140 Saint-Germain-de-Salles 03 116 Db 71
27930 Saint-Germain-des-Angles 27 49 Ba 54
58210 Saint-Germain-des-Bois 58 89 Dd 64
89630 Saint-Germain-des Champs 89 90 Df 64
76750 Saint-Germain-des-Essourts 77 37 Bb 51
03260 Saint-Germain-des-Fossés 03 116 Dc 71
61110 Saint-Germain-des-Grois 61 69 Ae 58
24160 Saint-Germain-des-Prés 24 125 Af 76
45220 Saint-Germain-des-Prés 45 71 Cf 61
49170 Saint-Germain-des-Prés 49 83 Zb 64
81700 Saint-Germain-des-Prés 81 165 Ca 87
71600 Saint-Germain-des-Rives 71 117 Ea 70
33340 Saint-Germain-d'Esteuil 33 122 Za 77
50440 Saint-Germain-des-Vaux 50 33 Ya 50
76590 Saint-Germain-d'Etables 77 37 Bb 49
14500 Saint-Germain-de-Tallevende 14 47 Za 56
50700 Saint-Germain-de-Tournebut 50 33 Yd 51

50480 Saint-Germain-de-Varreville 50 33 Ye 52
17500 Saint-Germain-de-Vibrac 17 123 Ze 76
46310 Saint-Germain-du-Bel-Air 46 137 Bc 81
71330 Saint-Germain-du-Bois 71 106 Fb 68
61000 Saint-Germain-du-Corbéis 61 68 Aa 58
14110 Saint-Germain-du-Crioult 14 47 Zc 55
14230 Saint-Germain-du-Pert 14 46 Yf 52
35370 Saint-Germain-du-Pinel 35 66 Yf 60
71370 Saint-Germain-du-Plain 71 106 Ef 68
33750 Saint-Germain-du-Puch 33 135 Ze 79
18390 Saint-Germain-du-Puy 18 102 Cc 66
24190 Saint-Germain-du-Salembre 24 136 Ac 78
17240 Saint-Germain-du-Seudre 17 122 Zc 75
48340 Saint-Germain-du-Teil 48 140 Db 82
72200 Saint-Germain-du-Val 72 84 Zf 62
71800 Saint-Germain-en-Brionnais 71 117 Eb 70
35133 Saint-Germain-en-Coglès 35 66 Ye 58
78100 Saint-Germain-en-Laye 78 51 Ca 55
39300 Saint-Germain-en-Montagne 39 107 Ff 68
24520 Saint-Germain-et-Mons 24 136 Ad 79
14280 Saint-Germain-la-Blanche-Herbe 14 35 Zd 53
27230 Saint-Germain-la-Campagne 27 48 Ac 54
73410 Saint-Germain-la-Chambotte 73 132 Ff 74
28300 Saint-Germain-la-Gâtine 28 70 Bc 57
85390 Saint-Germain-L'Aiguiller 85 98 Za 68
42670 Saint-Germain-la-Montagne 42 117 Ec 71
14700 Saint-Germain-Langot 14 47 Ze 55
60650 Saint-Germain-la-Poterie 60 38 Bf 52
43700 Saint-Germain-Laprade 43 141 Df 78
42260 Saint-Germain-Laval 42 129 Ea 74
77130 Saint-Germain-Laval 76 72 Cf 58
51240 Saint-Germain-la-Ville 51 54 Ec 55
19290 Saint-Germain-Lavolps 19 126 Cb 75
77950 Saint-Germain-Laxis 76 71 Ce 57
90110 Saint-Germain-le-Châtelet 90 94 Gf 62
53240 Saint-Germain-le-Fouilloux 53 67 Zb 60
28190 Saint-Germain-le-Gaillard 28 69 Bb 58
50340 Saint-Germain-le-Gaillard 50 33 Yb 52
53240 Saint-Germain-le-Guillaume 53 66 Zb 59
19250 Saint-Germain-le-Lièvre 19 126 Cb 75
63340 Saint-Germain-Lembron 63 128 Db 76
21510 Saint-Germain-le-Rocheux 21 91 Ee 62
39210 Saint-Germain-lès-Arlay 39 107 Fd 68
91180 Saint-Germain-les-Arpajon 91 71 Cb 57
87380 Saint-Germain-les-Belles 87 125 Bc 75
71390 Saint-Germain-lès-Buxy 71 105 Ee 68
91250 Saint-Germain-lès-Corbeil 91 51 Cc 57
01300 Saint-Germain-les-Paroisses 01 131 Fd 74
42640 Saint-Germain-Lespinasse 42 117 Df 72
21500 Saint-Germain-lès-Senailly 21 90 Eb 63
19330 Saint-Germain-les-Vergnes 19 126 Bd 77
14190 Saint-Germain-le-Vasson 14 47 Ze 54
61390 Saint-Germain-le-Vieux 61 68 Ab 57
63630 Saint-Germain-L'Herm 63 128 Dd 76
08190 Saint-Germainmont 08 41 Ea 51
63470 Saint-Germain-près-Herment 63 127 Cd 74
21690 Saint-Germain-source-Seine 21 91 Ee 64
76690 Saint-Germain-sous-Cailly 77 37 Bb 51
77169 Saint-Germain-sous-Doue 76 52 Da 55
50190 Saint-Germains-sur-Sèves 50 46 Yd 53
27320 Saint-Germain-sur-Avre 27 50 Bb 56
50430 Saint-Germain-sur-Ay 50 33 Yc 53
50430 Saint-Germain-sur-Ay-Plage 50 46 Yc 53
80430 Saint-Germain-sur-Bresle 80 38 Be 50
76270 Saint-Germain-sur-Eaulne 77 37 Bd 50
77930 Saint-Germain-sur-École 76 71 Cd 58
35250 Saint-Germain-sur-Ille 35 65 Yc 59
55140 Saint-Germain-sur-Meuse 55 55 Fe 57
49230 Saint-Germain-sur-Moine 49 97 Yf 66
77860 Saint-Germain-sur-Morin 76 52 Cf 55
01240 Saint-Germain-sur-Renon 01 118 Fa 72
72130 Saint-Germain-sur-Sarthe 72 68 Aa 59
37500 Saint-Germain-sur-Vienne 37 99 Aa 65
27500 Saint-Germain-Village 27 49 Ad 52
32400 Saint-Germé 32 162 Zf 86
60850 Saint-Germer-de-Fly 60 38 Be 52
31290 Saint-Germier 31 165 Be 88
32200 Saint-Germier 32 164 Af 86
79340 Saint-Germier 79 111 Zf 70
81220 Saint-Germier 81 165 Bf 87
81210 Saint-Germier 81 166 Cb 86
43360 Saint-Géron 43 128 Db 76
15150 Saint-Gérons 15 139 Cb 79
74170 Saint-Gervais 12 139 Ce 80
16700 Saint-Gervais 16 112 Ac 73
30200 Saint Gervais 30 155 Ed 83
33240 Saint-Gervais 33 135 Zd 78
38470 Saint-Gervais 38 131 Fc 77
85230 Saint-Gervais 85 96 Xf 67
87600 Saint-Gervais 87 124 Ae 74
95420 Saint-Gervais 95 50 Be 53
63390 Saint-Gervais-d' Auvergne 63 115 Ce 72
61160 Saint-Gervais-des-Sablons 61 48 Aa 55
72120 Saint-Gervais-de-Vic 72 85 Ae 61
61500 Saint-Gervais-du-Perron 61 68 Aa 57
72220 Saint-Gervais-en-Belin 72 85 Ab 61
71350 Saint-Gervais-en-Vallière 71 106 Ef 67
41350 Saint-Gervais-la-Forêt 41 86 Bc 63
74170 Saint-Gervais-les-Bains 74 121 Ge 73
86230 Saint-Gervais-les-Trois-Clochers 86 99 Ac 67
63880 Saint-Gervais-sous-Meymont 63 128 Dd 74
71490 Saint-Gervais-sur-Couches 71 105 Ed 67
34610 Saint-Gervais-sur-Mare 34 167 Da 87
26160 Saint-Gervais-sur-Roubion 26 142 Ef 81
30320 Saint-Gervasy 30 154 Ec 85
63340 Saint-Gervazy 63 128 Db 76
24400 Saint-Géry 24 136 Ab 79
81800 Saint-Géry 81 150 Be 85
24330 Saint-Geyrac 24 137 Af 78
51510 Saint-Gibrien 51 54 Eb 55
22800 Saint-Gildas 22 64 Wf 58
56730 Saint-Gildas-de-Rhuys 56 80 Xa 63
44530 Saint-Gildas-des-Bois 44 81 Xf 63
17310 Saint-Gilles 17 109 Yd 73
22940 Saint-Gilles 22 64 Xa 58
30800 Saint-Gilles 30 169 Ec 86
35590 Saint-Gilles 35 65 Yb 60
36170 Saint-Gilles 36 113 Bc 70
49520 Saint-Gilles 49 83 Yf 62
50180 Saint-Gilles 50 33 Ye 54
51170 Saint-Gilles 51 53 De 53
56560 Saint-Gilles 56 79 Wc 60
71510 Saint-Gilles 71 105 Ed 67
85800 Saint-Gilles-Croix-de-Vie 85 96 Ya 68
76490 Saint-Gilles-de-Crétot 77 36 Ad 51
76430 Saint-Gilles-de-la-Neuville 77 36 Ac 51
61700 Saint-Gilles-des-Marais 61 67 Zb 57
22330 Saint-Gilles-du-Mené 22 64 Xc 59
22290 Saint-Gilles-les-Bois 22 63 Wf 57
87130 Saint-Gilles-les-Forêts 87 126 Be 75
22480 Saint-Gilles-Pligeaux 22 63 Wf 58
22530 Saint-Gilles-Vieux-Marché 22 63 Xa 59
07580 Saint-Gineis-en-Coiron 07 142 Ed 81
13007 Saint Giniez 13 170 Fc 89
73410 Saint-Girod 73 132 Ff 74
09200 Saint-Girons 09 176 Ba 91
64300 Saint-Girons 64 161 Za 87
33920 Saint-Girons-d'Aiguevives 33 135 Zc 78
40560 Saint-Girons-en-Marensin 40 146 Ye 85
40560 Saint-Girons-Plage 40 146 Yd 85
64390 Saint-Gladie-Arrive-Munein 64 161 Za 88
22510 Saint-Glen 22 64 Xc 58
29520 Saint-Goazes 29 62 Wb 60
02410 Saint-Gobain 02 40 Dc 51
02700 Saint Gobain 02 40 Db 51
02140 Saint-Gobert 02 40 De 50
56120 Saint-Gobrien 56 81 Xc 61
64400 Saint-Goin 64 161 Zb 89
45500 Saint-Gondon 45 88 Cd 62
35630 Saint-Gondran 35 65 Ya 59
22820 Saint-Gonery 22 63 We 56
35750 Saint-Gonlay 35 65 Xf 60
56920 Saint-Gonnery 56 64 Xb 60
40120 Saint-Gor 40 147 Ze 84
56350 Saint-Gorgon 56 81 Xe 63
88700 Saint-Gorgon 88 77 Gd 59
25520 Saint-Gorgon-Main 25 108 Gb 66
22330 Saint-Gouéno 22 64 Xc 59
41310 Saint-Gourgon 41 86 Ba 63
16700 Saint-Gourson 16 112 Ab 73
23430 Saint-Goussaud 23 113 Bd 72
56400 Saint-Goustan 56 80 Xa 63
56580 Saint-Gouvry 56 64 Xb 60
06450 Saint-Grat 06 159 Hc 84
12200 Saint-Grat 12 151 Bf 83
80260 Saint-Gratien 80 39 Cc 49
95210 Saint Gratien 95 51 Cb 55
58340 Saint-Gratien-Savigny 58 104 De 67
56220 Saint-Gravé 56 81 Xe 62
12150 Saint-Grégoire 12 152 Da 83
35760 Saint-Grégoire 35 65 Yb 60
47330 Saint-Grégoire 47 136 Ad 81
81350 Saint-Grégoire 81 151 Cb 85
17240 Saint-Grégoire-d'Ardennes 17 123 Zd 75
27450 Saint-Grégoire-du-Vièvre 27 49 Ad 53
32110 Saint-Griède 32 162 Zf 86
16230 Saint-Groux 16 111 Aa 73
22530 Saint-Guen 22 64 Xa 59
56000 Saint-Guen 56 80 Xb 62
56620 Saint-Guénaël 56 79 Wd 61
56600 Saint-Guénaël 56 79 Wd 62
22660 Saint-Guénole 22 63 Wd 56
29760 Saint-Guénolé 29 78 Vd 62
29390 Saint-Guénolé 29 78 Wb 61
22170 Saint-Guignan 22 64 Wf 57
22150 Saint-Guihen 22 64 Xb 58
34150 Saint-Guilhem-le-Désert 34 167 Dd 86
38650 Saint-Guillaume 38 143 Fd 79
44160 Saint-Guillaume 44 81 Xf 64
35430 Saint-Guinoux 35 65 Ya 57
32450 Saint-Guiraud 32 163 Ae 87
34725 Saint-Guiraud 34 167 Dc 86
56460 Saint-Guyomard 56 81 Xc 62
43340 Saint-Haon 43 141 De 79
42370 Saint-Haon-le-Châtel 42 117 Df 72
42370 Saint-Haon-le-Vieux 42 117 Df 72
42570 Saint Héand 42 129 Ec 75
22100 Saint-Helen 22 65 Ya 58
21690 Saint-Hélier 21 91 Ee 64
76680 Saint-Hellier 77 37 Bb 50
46000 Saint-Henri 46 137 Bc 81
44800 Saint-Herblain 44 97 Yc 65
44150 Saint-Herblon 44 83 Yf 64
29530 Saint-Herbot 29 62 Wb 59
63340 Saint-Hérent 63 128 Da 76
22970 Saint-Hernin 22 63 Wf 57
29270 Saint-Hernin 29 63 Wc 59
22460 Saint-Hervé 22 64 Xb 59
22440 Saint-Hervé 22 64 Xb 57
56110 Saint-Hervé 56 79 Wc 59
56160 Saint-Hervezen 56 79 We 60
03440 Saint-Hilaire 03 115 Da 70
05260 Saint-Hilaire 05 144 Gb 81
11250 Saint-Hilaire 11 166 Cb 90
12290 Saint-Hilaire 12 152 Cd 83
23240 Saint-Hilaire 23 113 Bd 71
25640 Saint-Hilaire 25 93 Gb 64
31410 Saint-Hilaire 31 164 Bb 88
34530 Saint-Hilaire 34 167 Dd 88
38660 Saint-Hilaire 38 132 Ff 77
43390 Saint-Hilaire 43 128 Dc 76
46230 Saint-Hilaire 46 150 Bd 83
56930 Saint-Hilaire 56 79 Wf 61
63330 Saint-Hilaire 63 115 Cd 72
80620 Saint-Hilaire 80 29 Ca 48
82000 Saint-Hilaire 82 150 Bb 84
91780 Saint-Hilaire 91 70 Ca 58
51400 Saint-Hilaire-au-Temple 51 54 Ec 54
87260 Saint-Hilaire-Bonneval 87 125 Bc 74
62120 Saint-Hilaire-Cottes 62 29 Cc 45
42380 Saint-Hilaire-Cusson-la-Valmitte 42 129 Ea 76
34160 Saint-Hilaire-de-Beauvoir 34 154 Ea 86
38460 Saint-Hilaire-de-Brens 38 131 Fb 74
30560 Saint-Hilaire-de-Brethmas 30 154 Ea 84
61220 Saint-Hilaire-de-Briouze 61 47 Ze 56
44680 Saint-Hilaire-de-Chaléons 44 96 Ya 66
44190 Saint-Hilaire-de-Clisson 44 97 Ye 66
18100 Saint-Hilaire-de-Court 18 102 Ca 65
82390 Saint-Hilaire-de-Durfort 82 149 Ba 83
18320 Saint-Hilaire-de-Gondilly 18 103 Cf 66
38260 Saint-Hilaire-de-la-Côte 38 131 Fb 76
33190 Saint-Hilaire-de-la-Noaille 33 135 Aa 81
48160 Saint-Hilaire-de-Lavit 48 153 Df 83
85600 Saint-Hilaire-de-Loulay 85 97 Ye 66
47450 Saint-Hilaire-de-Lusignan 47 149 Ad 83
49300 Saint-Hilaire-de-Mortagne 49 97 Za 67
85270 Saint-Hilaire-de-Riez 85 96 Ya 68
35140 Saint-Hilaire-des-Landes 35 66 Yd 58
85240 Saint-Hilaire-des-Loges 85 110 Zc 70
24140 Saint-Hilaire-d'Estissac 24 136 Ad 78
17770 Saint-Hilaire-de-Villefranche 17 123 Zc 73
85120 Saint-Hilaire-de-Voust 85 98 Zc 69
30210 Saint-Hilaire-d'Ozilhan 30 155 Ed 85
17500 Saint-Hilaire-du-Bois 17 123 Zd 76
33540 Saint-Hilaire-du-Bois 33 135 Zf 81
49310 Saint-Hilaire-du-Bois 49 98 Zc 66
85410 Saint-Hilaire-du-Bois 85 97 Za 69
50600 Saint-Hilaire-du-Harcouët 50 66 Yf 57
53380 Saint-Hilaire-du-Maine 53 66 Za 59
38840 Saint-Hilaire-du-Rosier 38 143 Fb 78
18160 Saint-Hilaire-en-Lignières 18 102 Cb 68
58120 Saint-Hilaire-en-Morvan 58 104 Df 66
55160 Saint-Hilaire-en-Woëvre 55 55 Fe 54
19550 Saint-Hilaire-Foissac 19 126 Ca 77
58300 Saint-Hilaire-Fontaine 58 104 Dd 68
63440 Saint-Hilaire-la-Croix 63 115 Da 72
85440 Saint-Hilaire-la-Forêt 85 109 Yc 70
61500 Saint-Hilaire-la-Gérard 61 68 Aa 57
41160 Saint-Hilaire-la-Gravelle 41 86 Bb 61
79210 Saint-Hilaire-la-Palud 79 110 Zb 71
23150 Saint-Hilaire-la-Plaine 23 114 Bf 72
87190 Saint-Hilaire-la-Treille 87 113 Bb 71
23250 Saint-Hilaire-le-Château 23 114 Bf 73
61400 Saint-Hilaire-le-Châtel 61 68 Ad 57
51600 Saint-Hilaire-le-Grand 51 54 Ec 53
72160 Saint-Hilaire-le-Lierru 72 68 Ad 60
51490 Saint-Hilaire-le-Petit 51 54 Ec 53
45320 Saint-Hilaire-les-Andrésis 45 72 Da 60
19170 Saint-Hilaire-les-Courbes 19 126 Be 75
63380 Saint-Hilaire-les-Monges 63 127 Cd 74
87800 Saint-Hilaire-les-Places 87 125 Ba 75
85480 Saint-Hilaire-le-Vouhis 85 97 Yf 68
59292 Saint-Hilaire-lez-Cambrai 59 30 Dc 47
19160 Saint-Hilaire-Luc 19 126 Cb 76
50500 Saint-Hilaire-Petitville 50 46 Ye 53
19560 Saint-Hilaire-Peyroux 19 126 Bd 77
49400 Saint-Hilaire-Saint-Florent 49 84 Zf 65
45160 Saint-Hilaire-Saint-Mesmin 45 87 Be 61
42190 Saint-Hilaire-sous-Charlieu 42 117 Eb 72
10100 Saint-Hilaire-sous-Romilly 10 73 Dd 57
36370 Saint-Hilaire-sur-Benaize 36 113 Ba 69
61340 Saint-Hilaire-sur-Erre 61 69 Ae 59
59440 Saint-Hilaire-sur-Helpe 59 31 Df 48
45700 Saint-Hilaire-sur-Puiseaux 45 88 Ce 61
61270 Saint-Hilaire-sur-Risle 61 49 Ac 56
28220 Saint-Hilaire-sur-Yerre 28 69 Bb 60
19400 Saint-Hilaire-Taurieux 19 138 Bf 78
78125 Saint-Hilarion 78 50 Be 57
77160 Saint-Hilliers 76 72 Db 57
12140 Saint-Hippolyte 12 139 Cd 80
13280 Saint-Hippolyte 13 169 Ee 87
15400 Saint-Hippolyte 15 127 Ce 77
17430 Saint-Hippolyte 17 110 Za 73
25190 Saint-Hippolyte 25 94 Ge 65
37600 Saint-Hippolyte 37 100 Ba 66
63140 Saint-Hippolyte 63 115 Da 73
66510 Saint-Hippolyte 66 179 Cf 92
71460 Saint-Hippolyte 71 118 Ed 69
30360 Saint-Hippolyte-de-Caton 30 154 Eb 84
30700 Saint-Hippolyte-de-Montaigue 30 154 Ec 84
30170 Saint-Hippolyte-du-Fort 30 153 Df 85
84330 Saint Hippolyte-le-Graveron 84 155 Fa 84
38350 Saint-Honoré 38 144 Fe 79
76590 Saint-Honoré 77 37 Ba 50
83250 Saint-Honoré 83 172 Gb 90
58360 Saint-Honoré-les-Bains 58 104 Df 67
43260 Saint-Hostien 43 141 Ea 78
22390 Saint-Houameau 22 63 We 58
56160 Saint-Houarno 56 79 We 60
57640 Saint-Hubert 57 56 Gc 53
72360 Saint-Hubert 72 85 Ac 62
84390 Saint-Hubert 84 156 Fb 84
78690 Saint-Hubert-le-Roi 78 50 Bf 56
82240 Saint-Hugues 82 150 Bd 83
71460 Saint-Huruge 71 105 Ed 69
14130 Saint-Hymer 14 35 Ab 53
39240 Saint Hymetière 39 119 Fd 70
39240 Saint-Hymetière-sur-Valouse 39 119 Fd 70
68590 Saint Hyppolyte = Sankt Pilt 68 60 Hc 59
22570 Saint-Igeaux 22 63 Wf 59
12260 Saint-Igest 12 151 Ca 82
31800 Saint-Ignan 31 163 Ae 90
63720 Saint-Ignat 63 116 Db 73
82330 Saint-Igne 82 151 Bf 83
22270 Saint-Igneuc 22 64 Xd 58
18800 Saint-Igny 18 103 Ce 66
28480 Saintigny 28 69 Af 58
71170 Saint-Igny-de-Roche 71 117 Eb 71
69790 Saint-Igny-de-Vers 69D 117 Ec 71
22360 Saint-Illan 22 64 Xb 57
15310 Saint-Illide 15 139 Cb 78
78980 Saint-Illiers-la-Ville 78 50 Bd 55
78980 Saint-Illiers-le-Bois 78 50 Bd 55
51160 Saint-Imoges 51 53 Df 54
60410 Saintines 60 52 Ce 53
62250 Saint-Inglevert 62 26 Be 43
33990 Saint Isidore 33 122 Yf 77
53940 Saint-Isle 53 66 Za 60
38330 Saint-Ismier 38 132 Fe 77
12480 Saint-Izaire 12 152 Ce 85
04330 Saint-Jacques 04 157 Gc 85
22290 Saint-Jacques 22 63 Wf 56
22400 Saint-Jacques 22 64 Xc 57
29380 Saint-Jacques 29 79 Wb 61
76510 Saint-Jacques-d'Aliermont 77 37 Bb 49
63230 Saint-Jacques-d'Ambur 63 115 Ce 73
35136 Saint-Jacques-de-la-Landes 35 65 Yb 60
50390 Saint-Jacques-de-Néhou 50 33 Yc 52
69860 Saint-Jacques-des-Arrêts 69D 118 Ed 71
15800 Saint-Jacques-des-Blats 15 139 Ce 78
41800 Saint-Jacques-des-Guérets 41 85 Ae 62
79100 Saint-Jacques-de-Thouars 79 99 Ze 67
05800 Saint-Jacques-en-Valgodemard 05 144 Ga 80
76160 Saint-Jacques-sur-Darnetal 77 37 Bb 52
22750 Saint-Jacut-de-la-Mer 22 65 Xe 57
22330 Saint-Jacut-du-Mené 22 64 Xd 59
56220 Saint-Jacut-les-Pins 56 81 Xe 62
22380 Saint-Jaguel 22 65 Xe 57
19700 Saint-Jal 19 126 Bd 76
36190 Saint-Jallet 36 113 Bd 70
22100 Saint-James 22 65 Xf 58
50240 Saint-James 50 66 Ye 57
64160 Saint-Jammes 64 162 Ze 88
59270 Saint-Jans-Cappel 59 30 Ce 44
06420 Saint Jean 06 159 Hb 85
06550 Saint-Jean 06 173 Gf 87
12170 Saint-Jean 12 151 Cc 84
12400 Saint-Jean 12 152 Ce 85
13150 Saint Jean 13 169 Ee 86
22340 Saint-Jean 22 63 Wd 59
22860 Saint-Jean 22 63 Wf 56
22200 Saint-Jean 22 63 We 57
27390 Saint-Jean 27 48 Ac 53
29390 Saint-Jean 29 78 Wb 60
29390 Saint-Jean 29 79 Wb 60
31240 Saint-Jean 31 164 Bd 87
34290 Saint-Jean 34 167 Db 88
46700 Saint-Jean 46 137 Ba 82
47200 Saint-Jean 47 136 Aa 82
54470 Saint-Jean 54 56 Ff 55
56440 Saint-Jean 56 80 Wf 61
56230 Saint-Jean 56 81 Xd 63
06210 Saint Jean 83 172 Gf 87
84390 Saint-Jean 84 156 Fc 84
20251 Saint Jean CTC 183 Kb 95
58270 Saint-Jean-aux-Amognes 58 103 Dc 66
08220 Saint-Jean-aux-Bois 08 41 Eb 50
60350 Saint-Jean-aux-Bois 60 52 Cf 52
29860 Saint-Jean-Balanant 29 62 Vd 57
42650 Saint-Jean-Bonnefonds 42 130 Ec 76
56660 Saint-Jean-Brévelay 56 80 Xb 61
06230 Saint-Jean-Cap-Ferrat 06 173 Hb 86
07240 Saint-Jean-Chambre 07 142 Ed 79
76430 Saint-Jean-d'Abbetot 77 36 Ac 52
12250 Saint-Jean-d'Alcapiès 12 152 Cf 85
12250 Saint-Jean-d'Alcas 12 152 Da 85
17400 Saint-Jean-d'Angély 17 110 Zc 73
17620 Saint-Jean-d'Angle 17 122 Za 74
69220 Saint-Jean-d'Ardières 69D 118 Ee 72
73530 Saint-Jean-d'Arves 73 132 Gb 77
73230 Saint-Jean-d'Arvey 73 132 Ff 75
72380 Saint-Jean-d'Assé 72 68 Aa 60
43500 Saint-Jean-d'Aubrigoux 43 129 De 76
74430 Saint-Jean-d'Aulps 74 121 Gd 71
38480 Saint-Jean-d'Avelanne 38 131 Fe 75
11360 Saint-Jean-de-Barrou 11 179 Cf 91
57930 Saint-Jean-de-Bassel 57 57 Gf 56
73440 Saint-Jean-de-Belleville 73 133 Gc 76
85210 Saint-Jean-de-Beugné 85 110 Yf 69
33420 Saint-Jean-de-Blaignac 33 135 Zf 80
44640 Saint-Jean-de-Boiseau 44 96 Yb 65
10320 Saint-Jean-de-Bonneval 10 73 Ea 60
21410 Saint-Jean-de-Bouf 21 105 Ee 65
38440 Saint-Jean-de-Bournay 38 131 Fa 75
45800 Saint-Jean-de-Braye 45 87 Bf 61
34380 Saint-Jean-de-Buèges 34 153 Dd 86
82500 Saint-Jean-de-Cauquessac 82 149 Ba 85
30360 Saint-Jean-de-Ceyrargues 30 154 Eb 84
73170 Saint-Jean-de-Chevelu 73 132 Fe 74
24800 Saint-Jean-de-Côle 24 125 Af 76
82400 Saint Jean-de-Cornac 82 149 Ba 84
34160 Saint-Jean-de-Cornies 34 168 Ea 86
73160 Saint-Jean-de-Couz 73 132 Fe 76
30610 Saint-Jean-de-Crieulon 30 154 Df 85
34270 Saint-Jean-de-Cuculles 34 153 Df 86
50620 Saint-Jean-de-Daye 50 46 Yf 53
47120 Saint Jean-de-Duras 47 136 Ab 80
76170 Saint-Jean-de-Folleville 77 36 Ad 51
34150 Saint-Jean-de-Fos 34 167 Dd 86
27150 Saint-Jean-de-Frenelles 27 50 Bc 53
01630 Saint-Jean-de-Gonville 01 120 Ff 71
81250 Saint-Jean-de-Jeannes 81 151 Cc 86
34700 Saint-Jean-de-la-Blaquière 34 167 Dc 86
49130 Saint-Jean-de-la-Croix 49 83 Zc 64
61340 Saint-Jean-de-la-Forêt 61 68 Ad 58
50300 Saint-Jean-de-la-Haize 50 46 Yd 56
72510 Saint-Jean-de-la-Motte 72 84 Aa 62
76210 Saint-Jean-de-la-Neuville 77 36 Ac 51
73250 Saint-Jean-de-la-Porte 73 132 Ga 75
50270 Saint-Jean-de-la-Rivière 50 46 Yb 52
45140 Saint-Jean-de-la-Ruelle 45 87 Bf 61
46260 Saint-Jean-de-Laur 46 151 Bf 82
40380 Saint-Jean-de-Lier 40 146 Za 86
49070 Saint-Jean-de-Linières 49 83 Zc 64
17170 Saint-Jean-de-Liversay 17 110 Za 71
14100 Saint-Jean-de-Livet 14 48 Ab 54
12170 Saint-Jean-Delnous 12 152 Cc 84
21170 Saint-Jean-de-Losne 21 106 Fb 66
64500 Saint-Jean-de-Luz 64 160 Yc 88
81350 Saint-Jean-de-Marcel 81 151 Cb 84

40230 Saint-Jean-de-Marsacq 40 160 Ye 87
30430 Saint-Jean-de-Maruéjols-et-Avéjan 30 154 Eb 83
73300 Saint-Jean-de-Maurienne 73 132 Gc 77
82240 Saint-Jean-de-Mazérac 82 150 Bd 83
34360 Saint-Jean-de-Minervois 34 166 Ce 88
38430 Saint-Jean-de-Moirans 38 131 Fd 76
85160 Saint-Jean-de-Monts 85 96 Xf 68
27180 Saint-Jean-de-Morsent 27 49 Ba 54
07300 Saint-Jean-de-Muzols 07 142 Ee 78
43320 Saint-Jean-de-Nay 43 141 De 78
01800 Saint-Jean-de-Niost 01 131 Fb 73
11260 Saint-Jean-de-Paracol 11 178 Ca 91
82220 Saint-Jean-de-Perges 82 150 Bd 83
28170 Saint-Jean-de-Rebervilliers 28 69 Bb 57
81500 Saint-Jean-de-Rives 81 165 Be 86
86330 Saint-Jean-de-Sauves 86 99 Aa 67
50680 Saint-Jean-de-Savigny 50 34 Za 53
50810 Saint-Jean-des-Baisants 50 47 Za 54
61800 Saint-Jean-des-Bois 61 47 Zb 56
50320 Saint-Jean-des-Champs 50 46 Yd 56
72320 Saint-Jean-des-Echelles 72 69 Ae 60
81630 Saint-Jean-de-Senespe 81 150 Bd 85
30350 Saint-Jean-de-Serres 30 154 Ea 85
14350 Saint-Jean-des-Essartiers 14 47 Za 54
74450 Saint-Jean-de-Sixt 74 120 Gc 73
49370 Saint-Jean-des-Marais 49 83 Zb 63
49320 Saint-Jean-des-Mauvrets 49 83 Zd 64
28240 Saint-Jean-des-Murgers 28 69 Af 58
63520 Saint-Jean-des-Ollières 63 128 Dc 75
24140 Saint-Jean-d'Estissac 24 136 Ad 78
69380 Saint-Jean-des-Vignes 69D 130 Ed 73
74250 Saint-Jean-de-Tholome 74 120 Gc 72
47270 Saint-Jean-de-Thurac 47 149 Ae 84
01390 Saint-Jean-de-Thurigneux 01 118 Ef 73
69700 Saint-Jean-de-Touslas 69M 130 Ed 75
39160 Saint-Jean-d'Etreux 39 119 Fc 70
71490 Saint-Jean-de-Trézy 71 105 Ed 67
30960 Saint-Jean-de-Valériscle 30 154 Ea 83
81210 Saint-Jean-de-Vals 81 166 Cb 86
51330 Saint-Jean-devant-Possesse 51 54 Ee 55
38220 Saint-Jean-de-Vaulx 38 144 Fe 78
34430 Saint-Jean-de-Védas 34 168 De 87
09000 Saint-Jean-de-Verges 09 177 Bd 90
24140 Saint-Jean-d'Eyraud 24 136 Ac 79
38710 Saint-Jean-d'Herans 38 144 Fe 79
63190 Saint-Jean-d' Heurs 63 128 Dc 74
33127 Saint-Jean-d'Illac 33 134 Zb 80
88210 Saint-Jean-d'Ormont 88 77 Gf 59
72430 Saint-Jean-du-Bois 72 84 Zf 61
82120 Saint-Jean-du-Bouzet 82 149 Af 85
12230 Saint-Jean-du-Bruel 12 153 Dc 84
76150 Saint-Jean-du-Cardonnay 77 37 Ba 51
09800 Saint-Jean-du-Castillonnais 09 176 Af 91
50140 Saint-Jean-du-Corail 50 66 Za 57
50370 Saint-Jean-du-Corail-des-Bois 50 46 Ye 56
04320 Saint-Jean-du-Désert 04 158 Ge 85
29630 Saint-Jean-du-Doigt 29 62 Wb 56
09100 Saint-Jean-du-Falga 09 165 Bd 90
30270 Saint-Jean-du-Gard 30 154 Df 84
88600 Saint-Jean-du-Marché 88 77 Ge 60
30140 Saint-Jean-du-Pin 30 154 Ea 84
27270 Saint-Jean-du-Thenney 27 48 Ac 54
81600 Saint-Jean-du-Vigan 81 151 Bf 86
26190 Saint-Jean-en-Royans 26 143 Fb 78
63490 Saint-Jean-en-Val 63 128 Dc 75
41160 Saint-Jean-Froidmentel 41 69 Bb 61
22170 Saint-Jean-Kerdaniel 22 64 Wf 57
57370 Saint-Jean-Kourtzerode 57 57 Hb 56
69550 Saint-Jean-la-Bussière 69D 117 Eb 73
43510 Saint-Jean-Lachalm 43 141 De 79
48170 Saint-Jean-la-Fouillouse 48 141 De 80
46400 Saint-Jean-Lagineste 46 138 Bf 80
56350 Saint-Jean-la-Poterie 56 81 Xf 63
06450 Saint-Jean-la-Rivière 06 159 Hb 85
66300 Saint-Jean-Lasseille 66 179 Cf 93
42440 Saint-Jean-la-Vêtre 42 129 De 74
14770 Saint-Jean-le-Blanc 14 47 Zc 55
45650 Saint-Jean-le-Blanc 45 87 Bf 61
07580 Saint-Jean-le-Centenier 07 142 Ed 81
32550 Saint-Jean-le-Comtal 32 163 Ad 87
12410 Saint-Jean-le-Froid 12 152 Ce 84
71000 Saint-Jean-le-Priche 71 118 Ef 70
55400 Saint-Jean-lès-Buzy 55 55 Fe 53
77660 Saint-Jean-les-Deux-Jumeaux 76 52 Cf 55
46400 Saint-Jean-Lespinasse 46 138 Bf 79
50530 Saint-Jean-le-Thomas 50 46 Yc 56
01640 Saint-Jean-le-Vieux 01 119 Fc 72
38420 Saint-Jean-le-Vieux 38 132 Ff 77
64220 Saint-Jean-le-Vieux 64 160 Ye 90
87260 Saint-Jean-Ligoure 87 125 Bb 74
46270 Saint-Jean-Mirabel 46 138 Ca 81
04270 Saint Jeannet 04 157 Ga 85
06640 Saint Jeannet 06 173 Ha 86
64220 Saint-Jean-Pied-de-Port 64 160 Ye 89
28400 Saint-Jean-Pierre-Fixte 28 69 Ae 59
66490 Saint-Jean-Pla-de-Corts 66 179 Ce 93
64330 Saint-Jean-Poudge 64 162 Ze 87
32190 Saint-Jean-Poutge 32 163 Ac 86
57510 Saint-Jean-Rohrbach 57 57 Gf 54
07160 Saint-Jean-Roure 07 142 Ec 79
37600 Saint-Jean-Saint-Germain 37 100 Ba 66
42155 SaintJean-Saint-Maurice-sur-Loire 42 117 Ea 73
05260 Saint-Jean-Saint Nicolas 05 144 Gb 80
67700 Saint-Jean-Saverne 67 58 Hc 56
42560 Saint-Jean-Soleymieux 42 129 Ea 75
35140 Saint-Jean-sur-Couesnon 35 66 Yd 59
53270 Saint-Jean-sur-Erve 53 67 Zd 60
53240 Saint-Jean-sur-Mayenne 53 67 Zb 60
51240 Saint-Jean-sur-Moivre 51 54 Ed 55
01560 Saint-Jean-sur-Reyssouze 01 118 Fa 70
51600 Saint-Jean-sur-Tourbe 51 54 Ee 54
01290 Saint-Jean-sur-Veyle 01 118 Ef 71
35220 Saint-Jean-sur-Vilaine 35 66 Yd 60
29120 Saint-Jean-Trolimon 29 78 Ve 61
18370 Saint-Jeanvrin 18 102 Cb 69
74490 Saint-Jeoire 74 120 Gc 72
73190 Saint-Jeoire-Prieuré 73 132 Ff 75
01640 Saint-Jérôme 01 119 Fc 72
81140 Saint-Jérome 81 150 Be 85
07320 Saint-Jeure-d'Andaure 07 142 Ec 78
07290 Saint-Jeure-d'Ay 07 142 Ee 78
43200 Saint-Jeures 43 141 Eb 78
63160 Saint-Jilien-de-Coppel 63 128 Db 74
44720 Saint-Joachim 44 81 Xe 64
42590 Saint-Jodard 42 129 Ea 73
55130 Saint-Joire 55 75 Fc 57
50250 Saint-Jores 50 33 Yd 53
74410 Saint-Jorioz 74 132 Ga 74
31790 Saint-Jory 31 164 Bc 86
24800 Saint-Jory-de-Chalais 24 125 Af 76
24160 Saint-Jory-las-Bloux 24 125 Af 76
13015 Saint-Joseph 13 170 Fc 88
22330 Saint-Joseph 22 64 Xd 59
29710 Saint-Joseph 29 78 Ve 61
44300 Saint-Joseph 44 82 Yc 65
50700 Saint-Joseph 50 33 Yc 51
86390 Saint-Joseph 86 113 Ba 70
38134 Saint-Joseph-de-Rivière 38 131 Fe 76
07530 Saint Joseph-des-Barics 07 142 Ec 80
69910 Saint-Joseph-en-Beaujolais 69D 118 Ed 71
42800 Saint Josepll 42 130 Ed 75
62170 Saint-Josse 62 28 Bd 46
35260 Saint-Jouan 35 65 Ya 56
22350 Saint-Jouan-de-L'Isle 22 65 Xf 59
35430 Saint-Jouan-des-Guérets 35 65 Ya 57
14430 Saint-Jouin 14 35 Zf 53
76280 Saint-Jouin-Bruneval 77 36 Aa 51
61360 Saint-Jouin-de-Blavou 61 68 Ac 58
79600 Saint-Jouin-de-Marnes 79 99 Zf 67
79380 Saint-Jouin-de-Milly 79 98 Zc 68
87510 Saint-Jouvent 87 113 Bb 73
25360 Saint-Juan 25 93 Gc 65
22630 Saint-Judoce 22 65 Ya 58
12460 Saint-Juéry 12 139 Ce 80
12550 Saint-Juéry 12 152 Ce 85
48310 Saint-Juéry 48 140 Da 80
81990 Saint-Juéry 81 151 Cb 85
85210 Saint-Juire-Champgillon 85 97 Yf 69
31540 Saint-Julia 31 165 Bf 88
11500 Saint-Julia-de-Bec 11 178 Cb 91
11200 Saint-Julien 11 167 Cf 90
12340 Saint-Julien 12 139 Cd 81
12170 Saint-Julien 12 151 Cd 84
12290 Saint-Julien 12 152 Ce 83
13012 Saint-Julien 13 170 Fc 89
21490 Saint-Julien 21 92 Fa 64
22210 Saint-Julien 22 64 Xc 59
22940 Saint-Julien 22 64 Xb 58
25210 Saint-Julien 25 108 Ge 65
26530 Saint-Julien 26 131 Fa 77
30340 Saint-Julien 30 154 Ea 83
31220 Saint-Julien 31 164 Ba 89
31550 Saint-Julien 31 164 Bc 89
39320 Saint-Julien 39 119 Fc 70
47700 Saint-Julien 47 148 Ab 83
51460 Saint-Julien 51 54 Ed 55
63320 Saint-Julien 63 128 Da 75
70120 Saint-Julien 70 92 Fe 62
81350 Saint Julien 81 151 Cb 84
82200 Saint-Julien 82 149 Ba 84
83560 Saint Julien 83 171 Ff 86
88410 Saint-Julien 88 76 Ff 60
69640 Saint-Julien 69D 118 Ed 72
19220 Saint-Julien-aux-Bois 19 138 Ca 78
33250 Saint-Julien-Beychevelle 33 122 Zb 78
07310 Saint-Julien-Boutières 07 142 Ec 79
43260 Saint-Julien-Chapteuil 43 141 Ea 78
43500 Saint-Julien-d'Ance 43 129 Df 77
40240 Saint-Julien-d'Armagnac 40 147 Zf 85
48400 Saint-Julien-d'Arpaon 48 153 De 83
04270 Saint-Julien-d'Asse 04 157 Ga 85
24310 Saint-Julien-de-Bourdeilles 24 124 Ad 76
11270 Saint-Julien-de-Briola 11 165 Bf 90
30500 Saint-Julien-de-Cassagnes 30 154 Eb 83
41400 Saint-Julien-de-Chédon 41 86 Bb 65
71800 Saint-Julien-de-Civry 71 117 Eb 70
44450 Saint-Julien-de-Concelles 44 97 Yd 65
24140 Saint-Julien-de-Crempse 24 136 Ad 79
09500 Saint-Julien-de-Gras-Capou 09 177 Bf 90
71110 Saint-Julien-de-Jonzy 71 117 Ea 71
15590 Saint-Julien-de-Jordanne 15 139 Cd 78
27600 Saint-Julien-de-la-Liegue 27 50 Bb 54
24370 Saint-Julien-de-Lampon 24 137 Bc 79
30440 Saint-Julien-de-la-Nef 30 153 De 85
17400 Saint-Julien-de-l'Escap 17 110 Zd 73
38122 Saint-Julien-de-L'Herms 38 131 Fa 76
14290 Saint-Julien-de-Mailloc 14 48 Ab 54
12320 Saint-Julien-de-Malnon 12 139 Cc 81
34210 Saint-Julien-de-Molières 34 166 Cd 88
30760 Saint-Julien-de-Peyrolas 30 155 Ed 83
12300 Saint-Julien-de-Piganiol 12 139 Cb 81
38134 Saint-Julien-de-Raz 38 131 Fd 76
43300 Saint-Julien-des-Chazes 43 141 Dd 78
53140 Saint-Julien-des-Eglantiers 53 67 Ze 58
85150 Saint-Julien-des-Landes 85 96 Yb 69
48160 Saint-Julien-des-Points 48 154 Df 83
47510 Saint-Julien-de-Terre-Fosse 47 149 Ad 83
15600 Saint-Julien-de-Toursac 15 139 Cb 80
44670 Saint-Julien-de-Vouvantes 44 82 Ye 63
24500 Saint-Julien-d'Eymet 24 136 Ac 80
07310 Saint-Julien-d'Intres 07 142 Ec 79
42260 Saint-Julien-d'Oddes 42 129 Df 73
07190 Saint-Julien-du-Gua 07 142 Ec 80
43200 Saint-Julien-du-Pinet 43 141 Ea 78
81440 Saint-Julien-du-Puy 81 151 Ca 86
89330 Saint-Julien-du-Sault 89 72 Db 60
07200 Saint-Julien-du Serre 07 142 Ec 81
53110 Saint-Julien-du-Terroux 53 67 Zd 58
48190 Saint-Julien-du-Tournel 48 141 De 82
04170 Saint-Julien-du-Verdon 04 158 Gd 85
05140 Saint-Julien-en-Beauchêne 05 144 Fe 81
40170 Saint-Julien-en-Born 40 146 Ye 84
05500 Saint-Julien-en-Champsaur 05 144 Ga 81
74160 Saint-Julien-en-Genevois 74 120 Ga 72
26150 Saint-Julien-en-Quint 26 143 Fb 79
07000 Saint-Julien-en-Saint-Alban 07 142 Ee 80
26420 Saint-Julien-en-Vercors 26 143 Fc 78
81340 Saint-Julien-Gaulène 81 151 Cb 85
24500 Saint-Julien-Innocence-Eulalie 24 136 Ac 80
07160 Saint-Julien-Labrousse 07 142 Ed 79
63390 Saint-Julien-la-Geneste 63 115 Ce 72
23110 Saint-Julien-la-Genête 23 115 Cc 72
86800 Saint-Julien-L'Ars 86 112 Ad 69
42440 Saint-Julien-la-Vêtre 42 129 De 74
23130 Saint-Julien-le-Châtel 23 114 Cb 72
14140 Saint-Julien-le-Faucon 14 48 Aa 54
72240 Saint-Julien-le-Pauvre 72 68 Zf 60
19430 Saint-Julien-le-Pèlerin 19 138 Ca 78
87460 Saint-Julien-le-Petit 87 126 Be 74
07240 Saint-Julien-le-Roux 07 142 Ee 79
54470 Saint Julien-lès-Gorze 54 56 Ff 54
57000 Saint-Julien-lès-Metz 57 56 Gb 54
25550 Saint-Julien-lès-Montbéliard 25 94 Ge 63
30340 Saint-Julien-les-Rosiers 30 154 Ea 83
10800 Saint-Julien-les-Villas 10 73 Ea 59
19210 Saint-Julien-le-Vendômois 19 125 Bb 76
19500 Saint-Julien-Maumont 19 138 Be 78
43220 Saint-Julien-Molhesabate 43 130 Ec 77
42220 Saint-Julien-Molins-Molette 42 130 Ed 77
73870 Saint-Julien-Mont-Denis 73 132 Gc 77
63820 Saint-Julien-Puy-Larèze 63 127 Ce 75
55200 Saint-Julien-sous-les-Côtes 55 55 Fd 56
69690 Saint-Julien-sur-Bibost 69M 130 Ed 74
14130 Saint-Julien-sur-Calonne 14 48 Ab 53
41320 Saint-Julien-sur-Cher 41 87 Be 65
71210 Saint-Julien-sur-Dheune 71 105 Ed 68
01560 Saint-Julien-sur-Reyssouze 01 118 Fa 70
61170 Saint-Julien-sur-Sarthe 61 68 Ac 58
01540 Saint-Julien-sur Veyle 01 118 Ef 71
07690 Saint-Julien-Vocance 07 142 Ed 77
87200 Saint-Junien 87 125 Af 73
87300 Saint-Junien-les-Combes 87 113 Ba 72
23400 Saint-Junier-la-Bregère 23 126 Be 73
57420 Saint-Jure 57 56 Gb 55
04410 Saint Jurs 04 157 Gb 85
01250 Saint-Just 01 119 Fb 71
07700 Saint-Just 07 155 Ed 83
13014 Saint-Just 13 170 Fc 89
15320 Saint-Just 15 140 Db 79
18340 Saint-Just 18 102 Cd 67
24320 Saint-Just 24 124 Ad 76
27950 Saint-Just 27 50 Bc 54
34400 Saint-Just 34 168 Ea 87
35550 Saint-Just 35 81 Ya 62
63600 Saint-Just 63 129 De 76
38540 Saint-Just-Chaleyssin 38 130 Ef 75
69870 Saint-Just-d'Avray 69D 117 Ec 72
38680 Saint-Just-de-Claix 38 143 Fb 78
42990 Saint-Just-en-Bas 42 129 Df 74
60130 Saint-Just-en-Chaussée 60 39 Cc 51
42430 Saint-Just-en-Chevalet 42 117 Df 73
42740 Saint-Just-en-Doizieux 42 130 Ed 76
11500 Saint-Just-et-le-Bézu 11 178 Cb 91
30580 Saint-Just-et-Vacquières 30 154 Eb 84
64120 Saint-Just-Ibarre 64 161 Yf 89
32230 Saint-Justin 32 162 Aa 88
40240 Saint-Justin 40 147 Ze 85
42540 Saint-Just-la-Pendue 42 117 Eb 73
87590 Saint-Just-le-Martel 87 125 Bc 73
17320 Saint-Just-Luzac 17 122 Yf 74
43240 Saint-Just-Malmont 43 129 Eb 76
43100 Saint-Just-près-Brioude 43 128 Dc 77
42170 Saint-Just-Saint-Rambert 42 129 Eb 76
51260 Saint-Just-Sauvage 51 73 De 57
42170 Saint-Just-sur-Loire 42 129 Eb 75
22630 Saint-Juvat 22 65 Xf 58
08250 Saint-Juvin 08 42 Ef 53
36500 Saint-Lactencin 36 101 Bc 67
69220 Saint-Lager 69D 118 Ee 72
07210 Saint-Lager-Bressac 07 142 Ee 80
39230 Saint-Lamain 39 107 Fd 68
14570 Saint-Lambert 14 47 Zc 55
78470 Saint-Lambert 78 51 Ca 56
49750 Saint-Lambert-du-Lattay 49 83 Zc 65
08130 Saint-Lambert-et-Mont-de-Jeux 08 42 Ed 52
49070 Saint-Lambert-la-Potherie 49 83 Zb 64
61160 Saint-Lambert-sur-Dive 61 48 Aa 56
61400 Saint-Langis-lès-Mortagne 61 68 Ad 57
65700 Saint-Lanne 65 162 Zf 87
86200 Saint-Laon 86 99 Zf 67
09800 Saint-Lary 09 176 Af 91
32360 Saint-Lary 32 163 Ad 86
31350 Saint-Lary-Boujean 31 163 Ae 89
65170 Saint-Lary-Soulan 65 175 Ab 92
38840 Saint-Lattier 38 143 Fb 78
22230 Saint-Launeuc 22 64 Xd 59
63350 Saint-Laure 63 116 Db 73
05130 Saint-Laurent 05 144 Ff 82
08090 Saint-Laurent 08 42 Ee 50
11320 Saint-Laurent 11 165 Be 88
18330 Saint-Laurent 18 102 Cb 65
19130 Saint-Laurent 19 125 Bc 77
22140 Saint-Laurent 22 63 We 57
22150 Saint-Laurent 22 64 Xb 58
22240 Saint-Laurent 22 64 Xd 57
22580 Saint-Laurent 22 64 Xa 56
23000 Saint-Laurent 23 114 Bf 71
28240 Saint-Laurent 28 69 Ba 58
31230 Saint-Laurent 31 163 Ae 89
33790 Saint-Laurent 33 136 Aa 80
40250 Saint-Laurent 40 161 Zb 86
42340 Saint-Laurent 42 129 Eb 75
47130 Saint-Laurent 47 148 Ac 83
56400 Saint-Laurent 56 79 Wf 63
56800 Saint-Laurent 56 81 Xd 61
58150 Saint-Laurent 58 89 Cf 64
59114 Saint-Laurent 59 30 Cd 43
74800 Saint-Laurent 74 120 Gc 72
81310 Saint-Laurent 81 151 Bf 86
82200 Saint-Laurent 82 149 Ba 84
82270 Saint-Laurent 82 150 Bc 83
88000 Saint-Laurent 88 76 Gc 60
89500 Saint-Laurent 89 72 Db 60
62223 Saint-Laurent-Blagny 62 30 Ce 47
64160 Saint-Laurent-Bretagne 64 162 Ze 88
43100 Saint-Laurent-Chabreuges 43 128 Dc 77
69440 Saint-Laurent-d'Agny 69M 130 Ee 75
30220 Saint-Laurent-d'Aigouze 30 168 Eb 87
71210 Saint-Laurent-d'Andenay 71 105 Ed 68
33240 Saint Laurent-d'Arce 33 135 Zd 78
61500 Saint-Laurent-de-Beauménil 61 68 Aa 57
16190 Saint-Laurent-de-Belzagot 16 124 Aa 76
76700 Saint-Laurent-de-Brévedent 77 36 Ab 51
30200 Saint-Laurent-de-Carnols 30 155 Ed 83
66260 Saint-Laurent-de-Cerdans 66 179 Cd 94
16450 Saint-Laurent-de-Céris 16 112 Ac 73
69930 Saint-Laurent-de-Chamousset 69M 130 Ec 74
16100 Saint Laurent-de-Charente 16 123 Zd 74
14220 Saint-Laurent-de-Condel 14 47 Zd 54
50670 Saint-Laurent-de-Cuves 50 46 Yf 56
40390 Saint-Laurent-de-Gosse 40 160 Ye 87
86410 Saint-Laurent-de-Jourdes 86 112 Ad 70
17380 Saint-Laurent-de-la-Barrière 17 110 Zb 72
11220 Saint-Laurent-de-la-Cabrerisse 11 166 Ce 90
73440 Saint-Laurent-de-la-Côte 73 133 Gc 76
22190 Saint-Laurent-de-la-Mer 22 64 Xb 57
49290 Saint-Laurent-de-la-Plaine 49 83 Zb 65
17450 Saint-Laurent-de-la-Prée 17 110 Yf 73
66250 Saint-Laurent-de-la-Salanque 66 179 Cf 92
85410 Saint-Laurent-de-la-Salle 85 110 Za 69
12620 Saint-Laurent-de-Lévézou 12 152 Cf 83
37330 Saint-Laurent-de-Lin 37 85 Ab 63
82800 Saint-Laurent-de-Maynet 82 150 Bd 84
69720 Saint Laurent-de-Mure 69M 130 Fa 74
48100 Saint-Laurent-de-Muret 48 140 Db 81
65150 Saint-Laurent-de-Neste 65 163 Ac 90
30126 Saint-Laurent-des-Arbres 30 155 Ee 84
49270 Saint-Laurent-des-Autels 49 82 Ye 65
24510 Saint-Laurent-des-Bâtons 24 136 Ae 79
27220 Saint-Laurent-des-Bois 27 50 Bb 55
41240 Saint-Laurent-des-Bois 41 86 Bc 61
16480 Saint-Laurent-des-Combes 16 123 Aa 76
33330 Saint Laurent-des-Combes 33 135 Zf 79
27270 Saint-Laurent-des-Grès 27 48 Ac 55
24400 Saint-Laurent-des-Hommes 24 136 Ab 78
53290 Saint-Laurent-des-Mortiers 53 83 Zc 62
24100 Saint-Laurent-des-Vignes 24 136 Ac 80
50240 Saint-Laurent-de-Terregatte 50 66 Ye 57
48400 Saint-Laurent-de-Trèves 48 153 Dd 83
69670 Saint-Laurent-de-Vaux 69M 130 Ed 74
48310 Saint-Laurent-de-Veyrès 48 140 Da 80
69620 Saint-Laurent- -d'Oingt 69D 118 Ed 73
12560 Saint-Laurent d'Olt 12 152 Da 82
26350 Saint-Laurent-d'Onay 26 143 Fa 77
33540 Saint-Laurent-du-Bois 33 135 Zf 81
05500 Saint-Laurent-du-Cros 05 144 Ga 81
49410 Saint-Laurent-du-Mottay 49 83 Za 64
07800 Saint-Laurent-du-Pape 07 142 Ee 80
33190 Saint-Laurent-du-Plan 33 135 Zf 81
38380 Saint-Laurent-du-Pont 38 131 Fe 76
61470 Saint-Laurent-du-Tencement 61 48 Ac 55
06700 Saint-Laurent-du-Var 06 173 Hb 86
04500 Saint Laurent du-Verdon 04 171 Ga 86
38350 Saint-Laurent-en-Beaumont 38 144 Ff 79
71800 Saint-Laurent-en-Brionnais 71 117 Eb 71
76560 Saint-Laurent-en-Caux 77 37 Af 50
37380 Saint-Laurent-en-Gâtines 37 85 Ae 63
39150 Saint-Laurent-en-Grandvaux 39 120 Ff 69
26190 Saint-Laurent-en-Royans 26 143 Fb 78
42210 Saint-Laurent-la-Conche 42 129 Eb 74
28210 Saint-Laurent-la-Gâtine 28 50 Bd 56
39570 Saint-Laurent-la-Roche 39 106 Fd 69
24170 Saint-Laurent-la-Vallée 24 137 Ba 80
30330 Saint-Laurent-la-Vernède 30 154 Ec 84
30440 Saint-Laurent-le-Minier 30 153 Dd 85
07590 Saint-Laurent-les-Bains-Laval-d'Aurelle 07 141 Df 81
07590 Saint-Laurent-les-Bains-Laval-d'Aurelle 07 141 Df 81
87240 Saint-Laurent-les-Églises 87 113 Bc 73
46400 Saint-Laurent-les-Tours 46 138 Bf 79
46800 Saint-Laurent-Lolmie 46 150 Bb 83
33112 Saint-Laurent-Médoc 33 134 Zb 78
41220 Saint-Laurent-Nouan 41 86 Bd 62
07170 Saint-Laurent-sous-Coiron 07 142 Ec 81
87310 Saint-Laurent-sur-Gorre 87 125 Af 74
24330 Saint-Laurent-sur-Manoire 24 137 Ae 78
14710 Saint-Laurent-sur-Mer 14 47 Za 52
55150 Saint-Laurent-sur-Othain 55 43 Fd 52
56140 Saint-Laurent-sur-Oust 56 81 Xe 62
01750 Saint-Laurent-sur-Saône 01 118 Ef 71
85290 Saint-Laurent-sur-Sèvre 85 98 Za 67
79160 Saint-Laurs 79 110 Zc 69
58350 Saint-Lay 58 103 Db 65

22210 Saint-Leau 22 64 Xc 60
06260 Saint-Léger 06 158 Ge 84
14740 Saint-Léger 14 47 Zc 53
17800 Saint-Léger 17 122 Zc 75
47160 Saint Léger 47 148 Ab 83
47160 Saint-Léger 47 149 Af 82
53480 Saint-Léger 53 67 Zd 60
62128 Saint-Léger 62 30 Cf 47
68210 Saint-Léger 68 94 Ha 63
86380 Saint-Léger 86 99 Ac 68
60170 Saint-Léger-aux-Bois 60 39 Cf 52
76340 Saint-Léger-aux-Bois 77 38 Bd 50
23300 Saint-Léger-Bridereix 23 113 Bd 71
33113 Saint-Léger-de-Balson 33 147 Zd 82
58120 Saint-Léger-de-Fougeret 58 104 Df 66
21210 Saint-Léger-de-Fourches 21 105 Ea 65
79500 Saint-Léger-de-la-Martinière 79 111 Zf 71
86120 Saint-Léger-de-Montbrillais 86 99 Zf 66
79100 Saint-Léger-de-Montbrun 79 99 Zf 66
48100 Saint-Léger-de-Peyre 48 140 Db 81
27300 Saint-Léger-de-Rôtes 27 49 Ad 54
28700 Saint-Léger-des-Aubées 28 70 Be 58
49170 Saint-Léger-des-Bois 49 83 Zb 64
35270 Saint-Léger-des-Prés 35 65 Yc 58
58300 Saint-Léger-des-Vignes 58 104 Dc 67
33540 Saint Léger-de-Vignague 33 135 Zf 80
71360 Saint-Léger-du-Bois 71 105 Ec 66
14430 Saint-Léger-Dubosq 14 35 Zf 53
76160 Saint-Léger-du-Bourg-Denis 77 37 Ba 52
27520 Saint-Léger-du-Gennetey 27 49 Ae 53
48140 Saint-Léger-du-Malzieu 48 140 Db 79
84390 Saint-Léger-du-Ventoux 84 156 Fb 83
60155 Saint-Léger-en-Bray 60 38 Ca 52
78610 Saint-Léger-en-Yvelines 78 50 Be 56
87340 Saint-Léger-la-Montagne 87 113 Bc 72
23000 Saint-Léger-le-Guéretois 23 114 Be 72
18140 Saint-Léger-le-Petit 18 103 Da 66
80560 Saint-Léger-lès-Authie 80 29 Cd 48
80780 Saint-Léger-lès-Domart 80 29 Ca 48
05260 Saint-Léger-les-Melèzes 05 144 Gb 81
44710 Saint-Léger-les-Vignes 44 96 Yb 66
87190 Saint-Léger-Magnazeix 87 113 Bb 71
10800 Saint-Léger-Près-Troyes 10 73 Ea 59
71990 Saint-Léger-sous-Beuvray 71 105 Ea 67
10500 Saint-Léger-sous-Brienne 10 74 Ed 58
49280 Saint-Léger-sous-Cholet 49 98 Za 66
71520 Saint-Léger-sous-la-Bussière 71 118 Ed 71
10330 Saint-Léger-sous-Margerie 10 74 Ec 57
80140 Saint-Léger-sur-Bresle 80 38 Be 49
71510 Saint-Léger-sur-Dheune 71 105 Ed 67
42155 Saint-Léger-sur-Roanne 42 117 Df 72
61170 Saint-Léger-sur-Sarthe 61 68 Ac 57
03130 Saint-Léger-sur-Vouzance 03 117 Df 70
21270 Saint-Léger-Triey 21 92 Fc 65
89630 Saint-Léger-Vauban 89 90 Ea 64
86290 Saint-Léomer 86 113 Af 70
03220 Saint-Léon 03 116 De 70
22460 Saint-Léon 22 64 Xa 59
36190 Saint-Léon 23 114 Bd 70
31560 Saint-Léon 31 165 Bd 88
33670 Saint-Léon 33 135 Ze 80
47160 Saint-Léon 47 148 Ab 83
57870 Saint-Leon 57 57 Ha 57
28140 Saint-Léonard 28 70 Be 59
32380 Saint-Léonard 32 149 Ae 85
35120 Saint-Léonard 35 65 Yb 58
50300 Saint-Léonard 50 46 Yd 56
51500 Saint-Léonard 51 53 Ea 53
62360 Saint-Léonard 62 28 Bd 44
76400 Saint-Léonard 77 36 Ac 50
88650 Saint-Léonard 88 77 Gf 59
87400 Saint-Léonard-de-Noblat 87 125 Bc 73
72130 Saint-Léonard-des-Bois 72 68 Zf 58
61390 Saint-Léonard-des-Parcs 61 48 Ab 57
41370 Saint-Léonard-en-Beauce 41 86 Bc 61
24560 Saint Léon-d'Issigeac 24 136 Ae 80
12780 Saint-Léons 12 152 Cf 83
24110 Saint-Léon-sur-L'Isle 24 136 Ad 78
24290 Saint-Léon-sur-Vézère 24 137 Ba 78
03160 Saint-Leopardin 03 103 Da 68
03160 Saint-Léopardin-d'Augy 03 103 Da 68
56430 Saint-Léry 56 65 Xe 60
60340 Saint-Leu-d'Esserent 60 51 Cc 53
95320 Saint-Leu-la-Forêt 95 51 Cb 54
65500 Saint-Lézer 65 162 Aa 88
49120 Saint-Lézin 49 98 Zb 65
81120 Saint-Lieux-Lafenasse 81 151 Cb 86
81500 Saint-Lieux-lès-Lavour 81 150 Be 86
79000 Saint-Liguaire 79 110 Zc 71
79420 Saint-Lin 79 111 Ze 69
04330 Saint Lions 04 157 Gc 85
09190 Saint-Lizier 09 176 Ba 90
09140 Saint-Lizier 09 177 Bb 92
32220 Saint-Lizier-du-Planté 32 164 Af 88
43380 Saint-Ilpize 43 128 Dc 77
50000 Saint-Lô 50 34 Yf 54
50580 Saint-Lô-d'Ourville 50 46 Yb 52
44530 Saint-Lomer 44 81 Xf 64
72600 Saint-Longis 72 68 Ac 58
40300 Saint-Lon-les-Mines 40 161 Yf 87
22130 Saint-Lormel 22 65 Xe 57
39230 Saint-Lothain 39 107 Fd 68
37500 Saint-Louand 37 99 Ab 65
32220 Saint-Loube 32 164 Af 88
33690 Saint-Loubert 33 148 Zf 82
33450 Saint-Loubès 33 135 Zd 79
40320 Saint Loubouer 40 162 Zd 86
14310 Saint-Louet-sur-Seulles 14 34 Zc 54
50420 Saint-Louet-sur-Vire 50 47 Za 55
34510 Saint-Louis 34 167 Dc 88
44440 Saint-Louis 44 82 Ye 64
57970 Saint-Louis 57 44 Gb 52
57820 Saint-Louis 57 57 Hb 56
68300 Saint-Louis 68 95 Hd 63
33440 Saint-Louis-de-Montferrand 33 135 Zc 79
11500 Saint-Louis-et-Parahou 11 178 Cb 91
68300 Saint-Louis-la-Chaussée 68 95 Hd 63
57620 Saint-Louis-lès-Bitche = Münzthal 57 58 Hc 55
03150 Saint-Loup 03 116 Dc 70
17380 Saint-Loup 17 110 Zc 73
23130 Saint-Loup 23 114 Cb 72
28360 Saint-Loup 28 70 Bc 59
36400 Saint-Loup 36 102 Ca 69
39120 Saint-Loup 39 106 Fb 66
41320 Saint-Loup 41 101 Bf 65
50300 Saint-Loup 50 46 Ye 56
51120 Saint-Loup 51 53 De 56
58200 Saint-Loup 58 89 Da 64
82340 Saint-Loup 82 149 Af 84
69490 Saint-Loup 69D 118 Ec 73
31140 Saint-Loup-Cammas 31 164 Bc 86
08300 Saint-Loup-Champagne 08 41 Eb 52
10100 Saint-Loup-de-Buffigny 10 73 Dd 58
14340 Saint-Loup-de-Fribois 14 35 Aa 54
71350 Saint-Loup-de-la-Salle 71 106 Ef 67
77650 Saint-Loup-de-Naud 76 72 Db 57
18190 Saint-Loup-des-Chaumes 18 102 Cc 68
45340 Saint-Loup-des-Vignes 45 71 Cc 60
71240 Saint-Loup-de-Varennes 71 106 Ef 68
89330 Saint-Loup-d'Ordon 89 72 Da 60
53290 Saint-Loup-du-Dorat 53 84 Zd 61
53300 Saint-Loup-du-Gast 53 67 Zc 58
31350 Saint-Loup-en-Comminges 31 163 Ad 89
14400 Saint-Loup-Hors 14 47 Zb 53
79600 Saint-Loup-Lamaire 79 99 Zf 68
70100 Saint-Loup-Nantouard 70 92 Fe 64
52210 Saint-Loup-sur-Aujon 52 92 Fa 61
70800 Saint Loup-sur-Semouse 70 93 Gb 61
08130 Saint-Loup-Terrier 08 42 Ed 51
61570 Saint-Loyer-des-Champs 61 48 Aa 56
22110 Saint-Lubin 22 63 We 59
22210 Saint-Lubin 22 64 Xc 59
28270 Saint-Lubin-de-Cravant 28 49 Ba 56
28410 Saint-Lubin-de-la-Haye 28 50 Bd 56
28330 Saint-Lubin-des-cinq-Fonds 28 69 Af 59
28350 Saint-Lubin-des-Joncherets 28 49 Bb 56
41190 Saint-Lubin-en-Vergonnois 41 86 Bb 63
27930 Saint-Luc 27 50 Bb 55
28210 Saint-Lucien 28 50 Bd 57
76780 Saint-Lucien 77 37 Bc 51
51300 Saint-Lumier-en-Champagne 51 54 Ed 56
51340 Saint-Lumier-la-Populeuse 51 54 Ee 56
44190 Saint-Lumine-de-Clisson 44 97 Yd 66
44310 Saint-Lumine-de-Coutais 44 96 Yb 66
35800 Saint-Lunaire 35 65 Xf 57
28190 Saint-Luperce 28 69 Bb 58
39170 Saint-Lupicin 39 119 Fe 70
10350 Saint-Lupien 10 73 De 58
10180 Saint-Lyé 10 73 Ea 58
45170 Saint-Lyé-la-Forêt 45 70 Bf 60
44410 Saint-Lyphard 44 81 Xe 64
31470 Saint-Lys 31 164 Bb 87
49260 Saint-Macaire-du-Bois 49 98 Ze 66
49450 Saint-Macaire-en-Mauges 49 97 Za 66
27210 Saint-Maclou 27 36 Ac 52
76890 Saint-Maclou-de-Folleville 77 37 Ba 50
76110 Saint-Maclou-la-Brière 77 36 Ac 51
86400 Saint-Macoux 86 111 Ab 72
22350 Saint-Maden 22 65 Xf 59
82800 Saint-Mafre 82 150 Bd 84
33125 Saint Magne 33 134 Zc 81
33350 Saint-Magne-de-Castillon 33 135 Zf 79
63330 Saint-Maigner 63 115 Ce 72
17520 Saint-Maigrin 17 123 Ze 76
04300 Saint-Maime 04 156 Fe 85
23200 Saint-Maixant 23 114 Cb 73
33490 Saint-Maixant 33 135 Ze 81
72320 Saint-Maixent 72 69 Ad 60
79160 Saint-Maixent-de-Beugné 79 110 Zc 69
79400 Saint-Maixent-l'Ecole 79 111 Ze 70
85220 Saint-Maixent-sur-Vie 85 96 Yb 68
28170 Saint-Maixme-Hauterive 28 69 Bb 57
35400 Saint-Malo 35 65 Xf 57
35620 Saint Malo 35 82 Yc 62
56380 Saint-Malo-de-Beignon 56 81 Xf 61
44550 Saint-Malo-de-Guersac 44 81 Xf 64
50200 Saint-Malo-de-la-Lande 50 46 Yc 54
35480 Saint-Malo-de-Phily 35 82 Yb 61
56490 Saint-Malo-des-Trois-Fontaines 56 64 Xd 60
85590 Saint-Malô-du-Bois 85 98 Za 67
58350 Saint-Malo-en-Donziois 58 89 Db 65
26300 Saint Mamans 26 143 Fa 78
69860 Saint-Mamert 69D 118 Ed 71
30730 Saint-Mamert-du-Gard 30 154 Eb 85
31110 Saint-Mamet 31 176 Ad 92
15220 Saint-Mamet-la-Salvetat 15 139 Cb 79
77670 Saint-Mammès 76 72 Ce 58
17470 Saint-Mandé-sur-Brédoire 17 111 Ze 72
83430 Saint-Mandrier-sur-Mer 83 171 Ff 90
14380 Saint-Manvieu-Bocage 14 47 Za 56
14740 Saint-Manvieu-Norrey 14 35 Zd 53
15320 Saint-Marc 15 140 Db 79
22400 Saint-Marc 22 64 Xc 57
36300 Saint-Marc 36 100 Ba 68
44600 Saint-Marc 44 96 Xe 65
79160 Saint-Marc 79 110 Zd 69
83310 Saint-Marc 83 172 Gc 89
23200 Saint-Marc-à-Frongier 23 114 Ca 73
66110 Saint-Marcal 66 179 Cd 93
23460 Saint-Marc-à-Loubaud 23 126 Ca 73
35120 Saint-Marcan 35 65 Yc 57
41170 Saint-Marc-du-Cor 41 69 Af 61
08160 Saint-Marceau 08 42 Ee 50
72170 Saint-Marceau 72 68 Aa 59
01390 Saint-Marcel 01 118 Ef 73
08460 Saint-Marcel 08 41 Ed 50
12320 Saint-Marcel 12 139 Cc 81
13011 Saint-Marcel 13 170 Fc 89
27950 Saint-Marcel 27 50 Bc 54
36200 Saint-Marcel 36 101 Bd 69
54800 Saint Marcel 54 56 Ff 54
56140 Saint-Marcel 56 81 Xd 62
70500 Saint-Marcel 70 93 Fe 62
71380 Saint-Marcel 71 106 Ef 68
73600 Saint-Marcel 73 133 Gd 75
73440 Saint-Marcel 73 133 Gd 76
81170 Saint-Marcel 81 151 Bf 84
38080 Saint-Marcel-Bel-Accueil 38 131 Fb 75
07700 Saint-Marcel-d'Ardèche 07 155 Ed 83
30330 Saint-Marcel-de-Careinet 30 154 Ec 84
42122 Saint-Marcel-de-Félines 42 129 Eb 73
30122 Saint-Marcel-de-Fontfouillouse 30 153 De 84
24510 Saint-Marcel-du-Périgord 24 136 Ae 79
42430 Saint-Marcel-d'Urfé 42 129 Df 73
03420 Saint-Marcel-en-Marcillat 03 115 Cd 72
03390 Saint-Marcel-en-Murat 03 115 Da 71
71460 Saint-Marcelin-de-Cray 71 117 Ed 69
69170 Saint-Marcel L'Eclairé 69D 130 Ec 73
07100 Saint-Marcel-lès-Annonay 07 130 Ed 77
26740 Saint-Marcel-lès-Sauzet 26 142 Ee 81
26320 Saint-Marcel-lès-Valence 26 143 Ef 79
35600 Saint-Marcellin 35 81 Xf 62
38160 Saint-Marcellin 38 143 Fb 78
42680 Saint-Marcellin-en-Forez 42 129 Eb 76
31590 Saint-Marcel-Paulel 31 165 Bd 87
11120 Saint-Marcel-sur-Aude 11 167 Cf 89
31800 Saint-Marcet 31 163 Ae 89
13100 Saint-Marc-Jaumegarde 13 170 Fd 87
79310 Saint-Marc-la-Lande 79 111 Zd 69
35460 Saint-Marc-le-Blanc 35 66 Yd 58
24540 Saint-Marcory 24 137 Af 80
14330 Saint-Marcouf 14 34 Za 53
50310 Saint-Marcouf 50 33 Ye 52
35140 Saint-Marc-sur-Couesnon 35 66 Yd 59
21450 Saint-Marc-sur-Seine 21 91 Ed 62
02220 Saint-Mard 02 40 Dd 52
17700 Saint-Mard 17 110 Zb 72
54290 Saint-Mard 54 76 Gb 57
77230 Saint-Mard 76 51 Ce 54
80700 Saint-Mard 80 39 Ce 50
61400 Saint-Mard-de-Reno 61 68 Ad 57
71640 Saint-Mard-de-Vaux 71 105 Ee 68
51130 Saint-Mard-lès-Rouffy 51 53 Ea 55
76730 Saint-Mards 77 37 Ba 50
27500 Saint-Mards-de-Blacarville 27 36 Ad 52
27230 Saint-Mards-de-Fresne 27 48 Ac 54
10160 Saint-Mards-en-Othe 10 73 De 59
51800 Saint-Mard-sur-Auve 51 54 Ee 54
51330 Saint-Mard-sur-le-Mont 51 54 Ef 55
27150 Saint-Marie-de-Vatimesnil 27 50 Bd 53
23600 Saint-Marien 23 114 Cb 70
33620 Saint-Mariens 33 135 Zd 78
36200 Saint-Marin 36 101 Bc 69
43260 Saint-Marsal 43 141 Ea 78
79380 Saint-Marsault 79 98 Zc 68
44680 Saint-Mars-de-Coutais 44 96 Yb 66
72440 Saint-Mars-de-Locquenay 72 85 Ac 61
61350 Saint-Mars-d'Ergenne 61 67 Zb 57
85110 Saint-Mars-des-Pres 85 97 Za 68
72220 Saint-Mars-d'Outillé 72 85 Ab 61
44850 Saint-Mars-du-Désert 44 82 Yd 64
53700 Saint-Mars-du-Désert 53 67 Zf 59
77320 Saint-Mars-en-Brie 76 52 Db 56
72470 Saint-Mars-la-Brière 72 68 Ac 60
44540 Saint-Mars-la-Jaille 44 82 Ye 63
85590 Saint-Mars-la-Réorthe 85 98 Za 67
72290 Saint-Mars-sous-Ballon 72 68 Ab 59
53300 Saint-Mars-sur-Colmont 53 67 Zb 58
53220 Saint-Mars-sur-la-Futaie 53 66 Yf 58
77320 Saint-Mars-Vieux-Maisons 76 52 Db 56
07310 Saint-Martial 07 142 Eb 79
12800 Saint-Martial 12 151 Cc 84
15110 Saint-Martial 15 140 Da 79
16190 Saint-Martial 16 123 Aa 76
16210 Saint-Martial 16 124 Aa 77
17330 Saint-Martial 17 110 Zd 72
23600 Saint-Martial 23 114 Cb 71
30440 Saint-Martial 30 153 De 84
33490 Saint-Martial 33 135 Ze 81
33220 Saint-Martial 33 136 Ab 80
34360 Saint-Martial 34 166 Ce 88
46800 Saint-Martial 46 150 Bb 82
81100 Saint-Martial 81 165 Cb 87
24160 Saint-Martial-d'Albarède 24 125 Ba 77
24700 Saint Martial-d'Artenset 24 136 Ab 78
19150 Saint-Martial-de-Gimel 19 126 Bf 77
24250 Saint-Martial-de-Nabirat 24 137 Bb 80
24300 Saint-Martial-de-Valette 24 124 Ad 75
17500 Saint-Martial-de-Vitaterne 17 123 Zd 76
19400 Saint-Martial-Entraygues 19 138 Bf 78
24390 Saint-Martial-Laborie 24 125 Ba 77
23150 Saint-Martial-le-Mont 23 114 Ca 72
23100 Saint-Martial-le-Vieux 23 127 Cb 74
87330 Saint-Martial-sur-Isop 87 112 Af 72
17520 Saint-Martial-sur-Né 17 123 Zd 75
24320 Saint-Martial-Viveyrol 24 124 Ac 76
04200 Saint-Martin 04 156 Fe 83
04290 Saint-Martin 04 157 Ga 84
12100 Saint-Martin 12 152 Da 84
12310 Saint-Martin 12 152 Ce 82
17600 Saint-Martin 17 122 Za 74
23320 Saint-Martin 23 114 Be 71
24680 Saint-Martin 24 136 Ac 79
31160 Saint-Martin 31 164 Af 90
32300 Saint-Martin 32 163 Ac 87
32300 Saint-Martin 32 163 Ac 87
34700 Saint-Martin 34 167 Dc 86
34150 Saint-Martin 34 168 Dd 87
47350 Saint-Martin 47 136 Ab 81
47430 Saint-Martin 47 148 Ab 82
48000 Saint-Martin 48 140 Dd 81
50410 Saint-Martin 50 46 Yf 55
51460 Saint-Martin 51 54 Ed 55
54450 Saint-Martin 54 77 Ge 57
56200 Saint-Martin 56 81 Xe 62
64640 Saint-Martin 64 161 Yf 89
64390 Saint-Martin 64 161 Za 88
65360 Saint-Martin 65 162 Aa 90
66220 Saint-Martin 66 178 Cc 92
66480 Saint-Martin 66 179 Cf 94
67220 Saint-Martin 67 60 Hb 58
76680 Saint-Martin 77 37 Bb 50
81600 Saint-Martin 81 151 Bf 85
81390 Saint-Martin 81 165 Bf 86
82240 Saint-Martin 82 150 Bd 83
82160 Saint-Martin 82 150 Be 83
83560 Saint-Martin 83 171 Ff 87
83460 Saint-Martin 83 172 Gc 88
83520 Saint-Martin 83 172 Gd 88
69770 Saint-Martin 69M 130 Ec 74
76340 Saint-Martin-au-Bosc 77 38 Bd 50
76760 Saint-Martin-aux-Arbres 77 37 Af 51
60420 Saint-Martin-aux-Bois 60 39 Cd 51
76450 Saint-Martin-aux-Buneaux 77 36 Ad 50
51240 Saint-Martin-aux-Champs 51 54 Ec 56
14800 Saint-Martin-aux-Chartrains 14 36 Aa 53
71118 Saint-Martin-Belle-Roche 71 118 Ef 70
74370 Saint-Martin-Bellevue 74 120 Ga 73
62280 Saint-Martin-Boulogne 62 26 Bd 44
15140 Saint-Martin-Cantalès 15 139 Cb 78
23460 Saint-Martin-Château 23 126 Be 73
77560 Saint-Martin-Chennetron 76 72 Dc 57
62240 Saint-Martin-Chocquel 62 28 Bf 44
47700 Saint-Martin-Curton 47 148 Aa 82
45110 Saint-Martin-d'Abbat 45 87 Cb 61
51530 Saint-Martin-d'Ablois 51 53 Df 54
26330 Saint-Martin-d'Août 26 130 Ef 77
64640 Saint-Martin-d'Arberoue 64 160 Ye 88
49150 Saint-Martin-d'Arcé 49 84 Zf 63
07700 Saint-Martin-d'Ardèche 07 155 Ed 83
32110 Saint-Martin-d'Armagnac 32 162 Zf 86
64780 Saint-Martin-d'Arrossa 64 160 Ye 89
17270 Saint-Martin-d'Ary 17 123 Ze 77
50190 Saint-Martin-d'Aubigny 50 33 Yd 54
50310 Saint-Martin-d'Audouville 50 33 Yd 51
18110 Saint-Martin-d'Auxigny 18 102 Cc 65
71390 Saint-Martin-d'Auxy 71 105 Ed 68
34520 Saint-Martin-d'Azirou 34 153 Dd 86
01510 Saint-Martin-de-Bavel 01 131 Fe 73
47270 Saint-Martin-de-Beauville 47 149 Ae 83
73440 Saint-Martin-de-Belleville 73 133 Gd 76
79230 Saint-Martin-de-Bernegoue 79 111 Zd 71
14290 Saint-Martin-de-Bienfaite-la-Cressonnière 14 48 Ac 54
14710 Saint-Martin-de-Blagny 14 34 Za 53
42155 Saint-Martin-de-Boisy 42 117 Df 72
50750 Saint-Martin-de-Bonfossé 50 46 Ye 54
76840 Saint-Martin-de-Boscherville 77 37 Af 52
10100 Saint-Martin-de-Bossenay 10 73 De 58
48160 Saint-Martin-de-Boubaux 48 154 Df 83
50290 Saint-Martin-de-Bréhal 50 46 Yc 55
78660 Saint-Martin-de-Bréthencourt 78 70 Bf 57
04800 Saint-Martin-de-Brômes 04 157 Ff 86
82240 Saint-Martin-de-Caissac 82 150 Bd 83
81360 Saint-Martin-de-Calmes 81 166 Cb 86
09000 Saint-Martin-de-Caralp 09 177 Bd 91
84750 Saint-Martin-de-Castillon 84 156 Fd 85
38930 Saint-Martin-de-Celles 38 144 Fd 79
50210 Saint-Martin-de-Cenilly 50 46 Ye 55
50150 Saint-Martin-de-Chaulieu 50 47 Za 56
71490 Saint-Martin-de-Commune 71 105 Ed 67
53160 Saint-Martin-de-Connée 53 67 Ze 59
30124 Saint-Martin-de-Corconac 30 154 De 84
17360 Saint-Martin-de-Coux 17 135 Zf 78
13310 Saint-Martin-de-Crau 13 169 Ee 87
71460 Saint-Martin-de-Croix 71 105 Ed 69
14320 Saint-Martin-de-Fontenage 14 35 Zd 54
85200 Saint-Martin-de-Fraigneau 85 110 Zb 70
14170 Saint-Martin-de-Fresnay 14 48 Aa 55
24800 Saint-Martin-de-Fressengeas 24 125 Af 76
43150 Saint-Martin-de-Fugères 43 141 Df 79
32480 Saint-Martin-de-Goyne 32 149 Ad 84
24610 Saint-Martin-de-Gurçon 24 136 Aa 79
40390 Saint-Martin-de-Hinx 40 160 Ye 87
17400 Saint-Martin-de-Juillers 17 111 Zd 73
87200 Saint-Martin-de-Jussac 87 125 Af 73
84760 Saint-Martin-de-la-Brasque 84 156 Fd 86
81630 Saint-Martin-de-la-Cesquière 81 150 Be 85
38650 Saint-Martin-de-la-Cluze 38 144 Fd 79
17330 Saint-Martin-de-la-Coudre 17 110 Zc 72
14100 Saint-Martin-de-la-Lieue 14 48 Ab 54
21210 Saint-Martin-de-la-Mer 21 105 Eb 65
36110 Saint-Martin-de-Lamps 36 101 Bd 67
50730 Saint-Martin-de-Landelles 50 66 Ye 57
48110 Saint-Martin-de-Lansuscle 48 153 De 83
49160 Saint-Martin-de-la-Place 49 84 Zf 65
73140 Saint-Martin-de-la-Porte 73 132 Gc 77
34390 Saint-Martin-de-L'Arçon 34 167 Cf 87
32380 Saint-Martin-de-las-Oumettes 32 149 Af 85
33910 Saint Martin-de-Laye 33 135 Ze 78
12130 Saint-Martin-de-Lenne 12 152 Cf 82
33540 Saint-Martin-de-Lerm 33 135 Zf 81
71740 Saint-Martin-de-Lixy 71 117 Eb 71
34380 Saint-Martin-de-Londres 34 153 De 86
79100 Saint-Martin-de-Mâcon 79 99 Zf 66
14100 Saint-Martin-de-Mailloc 14 48 Ab 54
14700 Saint-Martin-de-Mieux 14 48 Ze 55
28130 Saint-Martin-de-Nigelles 28 70 Bd 57
40240 Saint-Martin-de-Noët 40 147 Ze 84
79110 Saint-Martin-d'Entraigues 79 111 Zf 72
06470 Saint-Martin-d'Entraunes 06 158 Ge 84
05120 Saint-Martin-de-Queyrières 05 145 Gd 79
17410 Saint-Martin-de-Ré 17 109 Yd 71
24600 Saint-Martin-de-Ribérac 24 124 Ac 77
79400 Saint-Martin-de-Saint-Maixent 79 111 Ze 70
71220 Saint-Martin-de-Salencey 71 117 Ed 69
14220 Saint-Martin-de-Sallon 14 47 Zc 55
79290 Saint-Martin-de-Sanzay 79 99 Ze 66
14350 Saint-Martin-des-Besaces 14 47 Za 54
41800 Saint-Martin-des-Bois 41 85 Ae 62
18140 Saint-Martin-des-Champs 18 103 Cf 66
29600 Saint-Martin-des-Champs 29 62 Wa 57

50300 Saint-Martin-des-Champs 50 46 Ye 56
77320 Saint-Martin-des-Champs 76 52 Dc 56
77560 Saint-Martin-des-Champs 76 72 Dc 57
78790 Saint-Martin-des-Champs 78 50 Be 55
89170 Saint-Martin-des-Champs 89 89 Da 63
24140 Saint-Martin-des-Combes 24 136 Ad 79
40390 Saint-Martin-de-Seignanx 40 160 Yd 87
14400 Saint-Martin-des-Entrées 14 47 Zb 53
33490 Saint-Martin-de-Sescas 33 135 Zf 81
12410 Saint-Martin-des-Faux 12 152 Ce 83
85570 Saint-Martin-des-Fontaines 85 110 Za 69
03230 Saint-Martin-des-Lais 03 104 Dd 69
61320 Saint-Martin-des-Landes 61 67 Zf 57
72400 Saint-Martin-des-Monts 72 68 Ad 60
85140 Saint-Martin-des-Noyers 85 97 Ye 68
63600 Saint-Martin-des-Olmes 63 129 De 75
61380 Saint-Martin-des-Pézerits 61 49 Ac 57
63570 Saint-Martin-des-Plains 63 128 Db 76
22320 Saint-Martin-des-Prés 22 64 Xa 59
11220 Saint-Martin-des-Puits 11 179 Cd 90
26140 Saint-Martin-des-Rosiers 26 130 Ef 77
85130 Saint-Martin-des-Tilleuls 85 97 Yf 67
42620 Saint-Martin-d'Estréaux 42 116 De 71
14500 Saint-Martin-de-Tallevende 14 47 Za 55
63210 Saint-Martin-de-Tours 63 127 Ce 74
07310 Saint Martin de-Valamas 07 142 Ec 79
30520 Saint-Martin-de-Valgalgues 30 154 Ea 84
50480 Saint-Martin-de-Varreville 50 34 Ye 52
46360 Saint-Martin-de-Vers 46 138 Bd 81
53290 Saint-Martin-de-Ville-Anglose 53 83 Zd 62
47210 Saint Martin-de-Villeréal 47 137 Ae 81
11300 Saint-Martin-de-Villereglan 11 166 Cb 90
38320 Saint-Martin-d'Hères 38 132 Fe 78
58130 Saint-Martin-d'Heuille 58 103 Db 66
63580 Saint-Martin-d'Ollières 63 128 Dc 76
14350 Saint-Martin-Don 14 47 Za 55
40090 Saint-Martin-d'Oney 40 147 Zc 85
89330 Saint-Martin-d'Ordon 89 72 Db 60
09100 Saint-Martin-d'Oydes 09 164 Bc 89
76133 Saint-Martin-du-Bec 77 35 Ab 51
33910 Saint-Martin-du-Bois 33 135 Ze 78
49500 Saint-Martin-du-Bois 49 83 Zb 62
77320 Saint-Martin-du-Boschet 76 52 Dc 56
16700 Saint-Martin-du-Clocher 16 111 Aa 72
87510 Saint-Martin-du-Fault 87 113 Bb 73
49170 Saint-Martin-du-Fouilloux 49 83 Zb 64
79420 Saint-Martin-du-Fouilloux 79 99 Zf 69
01430 Saint-Martin-du-Frêne 01 119 Fd 72
32200 Saint-Martin-du-Hour 32 164 Af 86
71110 Saint-Martin-du-Lac 71 117 Ea 71
12100 Saint-Martin-du-Larzac 12 152 Da 84
53800 Saint-Martin-du-Limet 53 83 Yf 62
76290 Saint-Martin-du-Manoir 77 36 Ab 51
14140 Saint-Martin-du-Mesnil-Oury 14 48 Aa 54
01160 Saint-Martin-du-Mont 01 119 Fb 72
21440 Saint-Martin-du-Mont 21 91 Ee 64
71580 Saint-Martin-du-Mont 71 106 Fb 69
76750 Saint-Martin-du-Plessis 77 36 Bc 51
33540 Saint-Martin-du-Puy 33 135 Zf 80
58140 Saint-Martin-du-Puy 58 90 Df 65
81140 Saint-Martin-d'Urbens 81 150 Be 84
38410 Saint-Martin-d'Uriage 38 144 Ff 78
71460 Saint-Martin-du-Tartre 71 105 Ed 69
89100 Saint-Martin-du-Tertre 89 72 Df 60
27300 Saint-Martin-du-Tilleul 27 49 Ad 54
06670 Saint-Martin-du-Var 06 159 Hb 86
61130 Saint-Martin-du-Vieux-Bellême 61 68 Ad 58
76160 Saint-Martin-du-Vivier 77 37 Ba 52
77630 Saint-Martin-en-Bière 76 71 Cd 58
71620 Saint-Martin-en-Bresse 71 106 Fa 68
76370 Saint-Martin-en-Campagne 77 37 Bb 49
71350 Saint-Martin-en-Gâtinois 71 106 Fa 67
69850 Saint-Martin-en-Haut 69M 130 Ed 75
26420 Saint-Martin-en-Vercors 26 143 Fc 78
32450 Saint-Martin-Gimois 32 163 Ae 87
50690 Saint-Martin-Gréard 50 33 Yc 51
03380 Saint Martinien 03 115 Cc 70
07400 Saint-Martin-l'Inférieur 07 142 Ee 81
46330 Saint-Martin-Labouval 46 138 Be 82
27930 Saint-Martin-la-Campagne 27 49 Ba 54
33390 Saint Martin-Lacaussade 33 134 Zc 78
78520 Saint-Martin-la-Garenne 78 50 Be 54
61320 Saint-Martin-L'Aiguillon 61 67 Ze 57
11400 Saint-Martin-Lalande 11 165 Ca 89
19320 Saint-Martin-la-Méanne 19 126 Bf 78
86380 Saint Martin la Pallu 86 99 Ab 68
71460 Saint-Martin-la-Patrouille 71 105 Ed 69
42800 Saint-Martin-la-Plaine 42 130 Ed 75
86350 Saint-Martin-L'Ars 86 112 Ad 71
85210 Saint-Martin-Lars-en-Sainte-Hermine 85 97 Za 69
42260 Saint-Martin-la-Sauveté 42 129 Df 73
24400 Saint-Martin-L'Astier 24 136 Ac 78
37270 Saint-Martin-le-Beau 37 85 Af 64
50800 Saint-Martin-le-Bouillant 50 46 Ye 56
01310 Saint-Martin-le-Châtel 01 118 Fa 71
76260 Saint-Martin-le-Gaillard 77 37 Bc 49
34500 Saint-Martin-le Grand 34 167 Db 89
50260 Saint-Martin-le-Hébert 50 33 Yc 51
87360 Saint-Martin-le-Mault 87 113 Bb 70
60000 Saint-Martin-le-Nœud 60 38 Ca 52
24300 Saint-Martin-le-Pin 24 124 Ad 75
46700 Saint Martin-le-Redon 46 137 Ba 81
04300 Saint Martin-les-Eaux 04 156 Fe 85
52200 Saint-Martin-lès-Langres 52 92 Fb 61
79500 Saint-Martin-lès-Melles 79 111 Zf 71
81140 Saint-Martin-L'Espinas 81 150 Be 85
04140 Saint-Martin-lès-Seyne 04 157 Gb 82
42110 Saint-Martin-Lestra 42 129 Ec 74
11170 Saint-Martin-le-Vieil 11 165 Ca 89
87700 Saint-Martin-le-Vieux 87 125 Ba 74
62500 Saint-Martin-lez-Tatinghem 62 27 Cb 44
51490 Saint-Martin-L'Heureux 51 54 Ec 53
76270 Saint-Martin-L'Hortier 77 37 Bc 50
60700 Saint-Martin-Longueau 60 51 Cd 52
11500 Saint-Martin-Lys 11 178 Cb 92
76680 Saint-Martin-Osmonville 77 37 Bb 51
47180 Saint-Martin-Petit 47 135 Aa 81
76370 Saint-Martin-Plage 77 37 Ba 49
02110 Saint-Martin-Rivière 02 31 Dd 48
23430 Saint-Martin-Sainte-Catherine 23 113 Bd 73
27450 Saint-Martin-Saint-Firmin 27 49 Ad 53
19210 Saint-Martin-Sepert 19 125 Bc 76
71640 Saint-Martin-sous-Montaigu 71 105 Ee 68
15230 Saint-Martin-sous-Vigouroux 15 139 Ce 79
89700 Saint-Martin-sur-Armançon 89 90 Ea 61
74700 Saint-Martin-sur-Arve 74 121 Gd 73
62128 Saint-Martin-sur-Cojeul 62 30 Cf 47
59213 Saint-Martin-sur-Ecaillon 59 30 Dd 47
73130 Saint-Martin-sur-la-Chambre 73 132 Gb 76
52120 Saint-Martin-sur-la-Renne 52 74 Ef 60
07400 Saint-Martin-sur-Lavezon 07 142 Ed 81
51520 Saint-Martin-sur-le-Pré 51 54 Ec 55
58150 Saint-Martin-sur-Nohain 58 88 Cf 64
45500 Saint-Martin-sur-Ocre 45 88 Cd 63
89110 Saint-Martin-sur-Ocre 89 89 Dc 62
89110 Saint-Martin-sur-Ocre 89 89 Dc 62
89260 Saint-Martin-sur-Oreuse 89 72 Dc 59
89120 Saint-Martin-sur-Ouanne 89 89 Da 61
87400 Saint-Martin-Terressus 87 113 Bc 73
15140 Saint-Martin-Valmeroux 15 139 Cc 78
06450 Saint-Martin-Vésubie 06 159 Hb 84
31360 Saint-Martory 31 164 Af 90
16260 Saint-Mary 16 124 Ac 74
15170 Saint-Mary-le-Gros 15 128 Da 77
15500 Saint-Mary-le-Plain 15 128 Da 77
51490 Saint-Masmes 51 41 Eb 53
29217 Saint-Mathieu 29 61 Vb 59
29600 Saint-Mathieu 29 62 Wb 57
56520 Saint-Mathieu 56 79 Wd 62
87440 Saint-Mathieu 87 124 Ae 74
34270 Saint-Mathieu-de-Tréviers 34 153 Df 86
22590 Saint-Mathurin 22 64 Xa 57
85150 Saint-Mathurin 85 109 Yb 69
19430 Saint-Mathurin-Léobazel 19 138 Ca 78
49250 Saint-Mathurin-sur-Loire 49 84 Ze 64
46800 Saint-Matré 46 150 Ba 82
22600 Saint-Maudan 22 64 Xb 60
56120 Saint-Maudé 56 81 Xc 61
22980 Saint-Maudez 22 65 Xe 58
29510 Saint-Maudez 29 78 Wa 60
35750 Saint-Maugan 35 65 Xf 60
80140 Saint-Maulvis 80 38 Bf 49
18270 Saint-Maur 18 102 Cb 69
32300 Saint-Maur 32 163 Ac 88
36250 Saint-Maur 36 101 Bd 68
39570 Saint-Maur 39 107 Fd 69
60210 Saint-Maur 60 38 Bf 51
60190 Saint-Maur 60 39 Ce 51
83310 Saint-Maur 83 172 Gc 89
50800 Saint-Maur-des-Bois 50 46 Yf 56
94210 Saint-Maur-des-Fossés 94 51 Cd 56
06460 Saint Maurice 06 158 Gf 86
12540 Saint-Maurice 12 152 Da 85
12380 Saint-Maurice 12 152 Cd 85
17130 Saint-Maurice 17 123 Zd 76
22310 Saint-Maurice 22 63 Wc 57
22320 Saint-Maurice 22 64 Wf 59
22600 Saint-Maurice 22 64 Xb 60
22400 Saint-Maurice 22 64 Xc 57
52200 Saint-Maurice 52 92 Fc 61
56240 Saint-Maurice 56 79 We 61
58300 Saint-Maurice 58 104 Dc 68
58330 Saint-Maurice 58 104 Dd 66
63270 Saint-Maurice 63 128 Db 74
67220 Saint-Maurice 67 60 Hc 59
70700 Saint-Maurice 70 93 Ff 64
79150 Saint-Maurice 79 98 Zc 66
81310 Saint-Maurice 81 151 Bf 86
82130 Saint-Maurice 82 150 Bb 84
54540 Saint-Maurice-aux-Forges 54 77 Gf 57
89190 Saint-Maurice-aux-Riches-Hommes 89 72 Dd 58
25260 Saint-Maurice-Colombier 25 94 Gd 64
39130 Saint-Maurice-Crillat 39 119 Fe 69
07200 Saint-Maurice-d'Ardèche 07 142 Ec 81
01700 Saint-Maurice de Beynost 01 130 Ef 73
30360 Saint-Maurice-de-Cazevieille 30 154 Eb 84
01800 Saint-Maurice-de-Gourdans 01 131 Fb 74
47290 Saint-Maurice-de-Lestapel 47 136 Ad 81
43200 Saint-Maurice-de-Lignon 43 129 Ea 77
01500 Saint-Maurice-de-Rémens 01 119 Fb 73
43810 Saint-Maurice-de-Roche 43 129 Df 77
73240 Saint-Maurice-de-Rotherens 73 131 Fe 75
71260 Saint-Maurice-de-Satonnay 71 118 Ee 70
71460 Saint-Maurice-des-Champs 71 105 Ed 69
16500 Saint-Maurice-des-Lions 16 112 Ae 73
85120 Saint-Maurice-des-Noues 85 98 Zb 69
17500 Saint Maurice-de-Tavernole 17 123 Zd 76
76330 Saint-Maurice-d'Etelan 77 36 Ad 52
48220 Saint-Maurice-de-Ventalon 48 154 De 83
07170 Saint-Maurice-d'Ibie 07 142 Ec 81
61600 Saint-Maurice-du-Désert 61 67 Zd 57
50270 Saint-Maurice-en-Cotentin 50 33 Yb 52
42240 Saint-Maurice-en-Gourgois 42 129 Eb 76
46120 Saint-Maurice-en-Quercy 46 138 Bf 80
71620 Saint-Maurice-en-Rivière 71 106 Fa 67
38930 Saint Maurice-en-Trièves 38 144 Fe 80
05800 Saint-Maurice-en-Valgodemard 05 144 Ga 80
86160 Saint-Maurice-la-Clouère 86 112 Ac 70
23300 Saint-Maurice-la-Souterraine 23 113 Bc 71
85390 Saint-Maurice-le-Girard 85 98 Zb 69
87800 Saint-Maurice-les-Brousses 87 125 Bb 74
61190 Saint-Maurice-lès-Charencey 61 49 Ae 57
71740 Saint-Maurice-lès-Châteauneuf 71 117 Eb 71
71490 Saint-Maurice-lès-Couches 71 105 Ed 67
89110 Saint-Maurice-le-Vieil 89 89 Dc 62
38550 Saint-Maurice-L'Exil 38 130 Ee 76
91530 Saint-Maurice-Montcouronne 91 71 Ca 57
34190 Saint-Maurice-Navacelles 34 153 Dd 85
23260 Saint-Maurice-près-Crocq 23 127 Cb 73
63330 Saint-Maurice-près-Pionsat 63 115 Cd 72
28240 Saint-Maurice-Saint-Germain 28 69 Ba 58
55210 Saint-Maurice-sous-les-Côtes 55 55 Fe 54
40270 Saint-Maurice-sur-Adur 40 147 Zd 86
45230 Saint-Maurice-sur-Aveyron 45 88 Cf 61
69440 Saint-Maurice-sur-Dargoire 69M 130 Ed 75
26110 Saint-Maurice-sur-Eygues 26 155 Fa 83
45700 Saint-Maurice-sur-Fessard 45 71 Cd 61
61110 Saint-Maurice-sur-Huisne 61 69 Ae 58
42155 Saint-Maurice-sur-Loire 42 117 Ea 73
88700 Saint-Maurice-sur-Mortagne 88 77 Gd 58
88560 Saint-Maurice-sur-Moselle 88 94 Ge 61
21610 Saint-Maurice-sur-Vingeanne 21 92 Fc 63
89110 Saint-Maurice-Thizouaille 89 89 Dc 62
47270 Saint-Maurin 47 149 Af 83
83560 Saint-Maurin 83 171 Fe 87
28800 Saint-Maur-sur-le-Loir 28 70 Bc 60
54130 Saint Max 54 56 Gb 56
80140 Saint-Maxent 80 38 Be 48
30700 Saint-Maximin 30 154 Ec 85
38530 Saint Maximin 38 132 Ga 76
60740 Saint-Maximin 60 51 Cc 53
83470 Saint-Maximin-la-Sainte-Baume 83 171 Ff 88
79410 Saint-Maxire 79 110 Zd 70
26510 Saint-May 26 156 Fb 82
22320 Saint-Mayeux 22 64 Wf 59
24380 Saint-Mayme-de-Péreyrol 24 136 Ad 78
87130 Saint-Méard 87 125 Bd 75
24600 Saint-Méard-de-Drône 24 124 Ac 77
24610 Saint-Méard-de-Gurçon 24 136 Ab 79
16300 Saint-Médard 16 123 Zf 75
17500 Saint-Médard 17 123 Zd 76
31360 Saint-Médard 31 163 Ae 90
32300 Saint-Médard 32 163 Ac 88
36700 Saint-Médard 36 101 Bb 67
46150 Saint Médard 46 137 Bb 81
47130 Saint-Médard 47 148 Ac 83
47360 Saint-Médard 47 149 Ad 82
57260 Saint-Médard 57 57 Gd 56
64370 Saint-Médard 64 161 Zc 87
79370 Saint-Médard 79 111 Ze 71
17220 Saint-Médard-d'Aunis 17 110 Za 72
33230 Saint Médard-de-Guizières 33 135 Zf 78
24400 Saint-Médard-de-Mussidan 24 136 Ac 78
46400 Saint-Médard-de-Presque 46 138 Bf 79
24160 Saint-Médard-d'Excideuil 24 125 Ba 76
33650 Saint-Médard-d'Eyrans 33 135 Zc 80
42330 Saint-Médard-en-Foerz 42 129 Eb 75
33160 Saint Médard-en-Jalles 33 134 Zb 79
23200 Saint-Médard-la-Rochette 23 114 Ca 72
46210 Saint-Médard-Nicourby 46 138 Ca 80
35250 Saint-Médard-sur-Ille 35 65 Yc 59
12360 Saint-Méen 12 166 Cf 86
29260 Saint-Méen 29 62 Ve 57
56380 Saint-Méen 56 81 Xe 61
35290 Saint-Méen-le-Grand 35 65 Xe 59
40310 Saint Meille 40 148 Aa 84
35220 Saint-Melaine 35 66 Yd 60
49610 Saint-Melaine-sur-Aubance 49 83 Zd 64
07260 Saint-Mélany 07 141 Ea 81
22980 Saint-Méloir 22 65 Xe 58
35350 Saint-Meloir-des-Ondes 35 65 Ya 57
16720 Saint-Même-les-Carrières 16 123 Zf 75
44270 Saint-Même-le-Tenu 44 96 Yb 66
51000 Saint-Memmie 51 54 Ec 55
51460 Saint-Memmie 51 54 Ed 55
88170 Saint-Menge 88 76 Ff 59
08200 Saint-Menges 08 42 Ef 50
03210 Saint-Menoux 03 103 Da 69
19320 Saint-Merd-de-Lapleau 19 126 Ca 77
23100 Saint-Merd-la-Breuille 23 127 Cc 74
19170 Saint-Merd-les-Oussines 19 126 Ca 75
56300 Saint-Mérec 56 79 Xa 60
77720 Saint-Méry 76 72 Ce 57
27370 Saint-Meslin-du-Bosc 27 49 Af 53
77410 Saint-Mesmes 76 51 Ce 55
10280 Saint-Mesmin 10 73 Df 58
21540 Saint-Mesmin 21 91 Ed 64
24270 Saint-Mesmin 24 125 Bb 76
85700 Saint-Mesmin 85 98 Zb 68
19330 Saint-Mexant 19 126 Bd 77
32700 Saint-Mézard 32 149 Ad 84
35500 Saint-M'Hervé 35 66 Yf 59
35360 Saint-M'Hervon 35 65 Xf 59
71460 Saint-Micaud 71 105 Ed 68
02830 Saint-Michel 02 41 Ea 49
09100 Saint-Michel 09 164 Bd 90
12100 Saint-Michel 12 152 Da 84
22110 Saint-Michel 22 79 Wd 59
29880 Saint-Michel 29 61 Vc 57
31220 Saint Michel 31 164 Ba 89
32300 Saint-Michel 32 163 Ac 88
34520 Saint-Michel 34 153 Dc 85
37290 Saint-Michel 37 100 Af 67
38650 Saint-Michel 38 144 Fd 79
40550 Saint-Michel 40 146 Ye 85
45340 Saint-Michel 45 71 Cc 60
46090 Saint-Michel 46 138 Bd 81
52190 Saint-Michel 52 92 Fb 62
64220 Saint-Michel 64 160 Ye 90
82340 Saint-Michel 82 149 Af 84
44730 Saint-Michel-Chef-Chef 44 96 Xf 65
07160 Saint-Michel-d'Aurence 07 142 Ec 79
46110 Saint-Michel-de-Bannières 46 138 Be 79
33840 Saint-Michel-de-Castelnau 33 148 Zf 83
07360 Saint-Michel-de-Chabrillanoux 07 142 Ed 79
05260 Saint-Michel-de-Chaillol 05 144 Gb 80
72440 Saint-Michel-de-Chavaignes 72 68 Ad 60
48160 Saint-Michel-de-Dèze 48 154 Df 83
24400 Saint-Michel-de-Double 24 136 Ab 78
53290 Saint-Michel-de-Feins 53 83 Zc 62
33126 Saint Michel-de-Fronsac 33 135 Ze 79
12400 Saint-Michel-de-Landesque 12 152 Ce 85
11410 Saint-Michel-de-Lanès 11 165 Be 89
50490 Saint-Michel-de-la-Pierre 50 33 Yd 54
33190 Saint-Michel-de-Lapujade 33 135 Aa 81
53350 Saint-Michel-de-la-Roë 53 83 Yf 61
81530 Saint-Michel-de-Léon 81 151 Cc 86
14140 Saint-Michel-de-Livet 14 48 Aa 54
66130 Saint-Michel-de-Llotes 66 179 Cd 93
73140 Saint-Michel-de-Maurienne 73 133 Gc 77
24230 Saint-Michel-de-Montaigne 24 135 Aa 79
50670 Saint-Michel-de-Montjoie 50 47 Yf 56
22980 Saint-Michel-de-Plélan 22 65 Xe 58
33720 Saint-Michel-de-Rieufret 33 135 Zd 81
24490 Saint-Michel-de-Rivière 24 135 Zf 78
12230 Saint-Michel-de-Rouviac 12 153 Db 84
38590 Saint-Michel-de-Saint-Geoirs 38 131 Fc 77
83920 Saint-Michel-d'Esclans 83 172 Gd 87
50610 Saint-Michel-des-Loups 50 46 Yc 56
30200 Saint-Michel-d'Euzet 30 155 Ed 83
81140 Saint-Michel-de-Vax 81 150 Be 84
23480 Saint-Michel-de-Veisse 23 114 Ca 73
24380 Saint-Michel-de-Villadeix 24 136 Ae 79
18390 Saint-Michel-de-Volangis 18 102 Cc 66
76440 Saint-Michel-d'Halescourt 77 38 Be 51
44522 Saint-Michel-du-Bois 44 83 Yf 64
38350 Saint Michel-en-Beaumont 38 144 Ff 79
36290 Saint-Michel-en-Brenne 36 100 Ba 68
22300 Saint-Michel-en-Grève 22 63 Wc 56
85580 Saint-Michel-en-L'Herm 85 109 Ye 70
40550 Saint-Michel-Escalus 40 146 Ye 85
49420 Saint-Michel-et-Chanveaux 49 83 Yf 62
81340 Saint-Michel-Labadié 81 151 Cc 84
85200 Saint-Michel-le-Cloucq 85 110 Zb 70
24490 Saint-Michel-l'Ecluse 24 135 Aa 78
61600 Saint-Michel-les-Andaines 61 67 Zd 57
38650 Saint-Michel-les-Portes 38 143 Fd 79
04870 Saint-Michel-l'Observatoire 04 156 Fe 85
46130 Saint-Michel-Loubéjou 46 138 Bf 79
85700 Saint-Michel-Mont-Mercure 85 98 Za 68
62650 Saint-Michel-sous-Bois 62 28 Bf 45
37130 Saint-Michel-sur-Loire 37 85 Ac 65
88470 Saint-Michel-sur-Meurthe 88 77 Gf 59
42410 Saint-Michel-sur-Rhône 42 130 Ee 76
26750 Saint-Michel-sur-Savasse 26 143 Fa 78
62130 Saint-Michel-sur-Ternoise 62 29 Cc 46
61300 Saint-Michel-Tubœuf 61 49 Ae 56
55300 Saint-Mihiel 55 55 Fd 55
13920 Saint-Mitre-les-Remparts 13 170 Fa 88
44350 Saint-Molf 44 81 Xd 64
56300 Saint-Molvan 56 79 Wf 60
59143 Saint-Momelin 62 27 Cb 44
32400 Saint-Mont 32 162 Zf 87
07220 Saint-Montant 07 155 Ed 82
89270 Saint-Moré 89 90 De 63
23400 Saint-Moreil 23 126 Be 73
08400 Saint-Morel 08 54 Ee 52
33650 Saint-Morillon 33 135 Zd 81
38190 Saint-Mury-Monteymond 38 132 Ff 77
63460 Saint-Myon 63 116 Da 73
67530 Saint-Nabor 67 60 Hc 58
88200 Saint-Nabord 88 77 Gd 60
10700 Saint-Nabord-sur-Aube 10 73 Eb 57
17600 Saint-Nadeau 17 122 Za 74
82370 Saint-Nauphary 82 150 Bc 85
30200 Saint-Nazaire 30 155 Ed 83
36800 Saint-Nazaire 36 101 Bb 69
38330 Saint-Nazaire 38 132 Ff 77
44600 Saint-Nazaire 44 81 Xe 65
47410 Saint-Nazaire 47 136 Ac 81
66570 Saint-Nazaire 66 179 Cf 92
11120 Saint-Nazaire-d'Aude 11 167 Cf 89
34490 Saint-Nazaire-de-Ladarez 34 167 Da 87
34400 Saint-Nazaire-de-Pézan 34 168 Ea 87
82190 Saint Nazaire-de-Valentane 82 149 Ba 83
26190 Saint-Nazaire-en-Royans 26 143 Fb 78
26340 Saint-Nazaire-le-Désert 26 143 Fb 81
17780 Saint-Nazaire-sur-Charente 17 110 Yf 73
33490 Saint-Nectaire 33 135 Ze 81
63710 Saint-Nectaire 63 128 Cf 75
24520 Saint-Nexans 24 136 Ad 80
29550 Saint-Nic 29 62 Ve 59
80190 Saint-Nicaise-le-Grand 80 39 Cf 50

22160 Saint-Nicodème 22 63 We 58
22220 Saint-Nicolas 22 63 We 56
22450 Saint-Nicolas 22 63 We 56
22960 Saint-Nicolas 22 64 Xb 58
56110 Saint-Nicolas 56 79 Wc 60
62223 Saint-Nicolas 62 30 Ce 47
90110 Saint-Nicolas 90 94 Gf 62
02410 Saint-Nicolas-aux-Bois 02 40 Dc 51
87230 Saint-Nicolas-Courbefy 87 125 Ba 75
76510 Saint-Nicolas-d'Aliermont 77 37 Bb 49
27160 Saint-Nicolas-d'Attez 27 49 Af 56
76940 Saint-Nicolas-de-Bliquetuit 77 36 Ae 51
37140 Saint-Nicolas-de-Bourgueil 37 84 Aa 65
85470 Saint-Nicolas-de-Brem 85 96 Ya 69
47220 Saint Nicolas-de-la-Balerme 47 149 Ae 84
82210 Saint Nicolas-de-la-Grave 82 149 Ba 84
76490 Saint-Nicolas-de-la-Haie 77 36 Ad 51
76170 Saint-Nicolas-de-la-Taille 77 36 Ac 51
38500 Saint-Nicolas-de-Macherin 38 131 Fd 76
50250 Saint-Nicolas-de-Pierrepont 50 33 Yc 53
54210 Saint-Nicolas-de-Port 54 56 Gb 57
44460 Saint-Nicolas-de-Redon 44 81 Xf 63
03250 Saint-Nicolas-des-Biefs 03 116 De 72
50370 Saint-Nicolas-des-Bois 50 46 Ye 56
61250 Saint-Nicolas-des-Bois 61 68 Aa 58
56930 Saint-Nicolas-des-Eaux 56 79 Wf 61
61550 Saint-Nicolas-des-Laitiers 61 48 Ac 55
37110 Saint-Nicolas-des-Motets 37 86 Ba 63
61550 Saint-Nicolas-de-Sommaire 61 49 Ad 56
74170 Saint-Nicolas-de-Véroce 74 133 Ge 73
27370 Saint-Nicolas-du-Bosc 27 49 Af 53
22480 Saint-Nicolas-du-Pélem 22 63 Wf 59
56910 Saint-Nicolas-du-Tertre 56 81 Xe 62
57700 Saint-Nicolas-en-Forêt 57 43 Ga 53
10400 Saint-Nicolas-la-Chapelle 10 72 Dc 57
73590 Saint-Nicolas-la-Chapelle 73 133 Gc 74
21700 Saint-Nicolas-lès-Cîteaux 21 106 Fa 66
50400 Saint-Nicolas-près-Granville 50 46 Yc 55
38410 Saint-Nizier 38 132 Ff 78
69870 Saint-Nizier-d'Azergues 69D 117 Ec 72
42380 Saint-Nizier-de-Fornas 42 129 Ea 76
38250 Saint-Nizier-du-Moucherotte 38 131 Fd 78
01560 Saint-Nizier-le-Bouchoux 01 118 Fa 70
01320 Saint-Nizier-le-Désert 01 118 Fa 72
42190 Saint-Nizier-sous-Charlieu 42 117 Ea 72
71190 Saint-Nizier-sur-Arroux 71 105 Ea 68
56300 Saint-Nizon 56 79 Wf 60
56250 Saint-Nolff 56 80 Xc 62
78860 Saint-Nom-la-Bretèche 78 51 Ca 55
22480 Saint-Norgant 22 63 We 58
29440 Saint-Oerrien 29 62 Ve 57
73100 Saint-Offenge 73 132 Ga 74
39570 Saint-Oidier 39 106 Fd 68
14220 Saint-Omer 14 47 Zd 55
44130 Saint-Omer 44 82 Ya 64
62500 Saint-Omer 62 27 Cb 44
62162 Saint-Omer-Capelle 62 27 Ca 43
60860 Saint-Omer-en-Chaussée 60 38 Ca 51
38490 Saint Ondras 38 131 Fd 75
35290 Saint-Onen-la-Chapelle 35 65 Xe 59
82200 Saint-Onge 82 149 Bb 84
27680 Saint-Opportune-la-Marne 27 36 Ad 52
23100 Saint-Oradoux-de-Chirouze 23 127 Cb 74
23260 Saint-Oradoux-près-Crocq 23 127 Cc 73
32120 Saint-Orens 32 164 Af 86
31650 Saint-Orens-de-Gameville 31 165 Bd 87
32100 Saint-Orens-Pouy-Petit 32 148 Ac 85
32300 Saint-Ost 32 163 Ac 88
76590 Saint-Ouen 77 37 Ba 50
80610 Saint-Ouen 80 38 Ca 48
85480 Saint-Ouen 85 97 Yf 69
93400 Saint-Ouen 93 51 Cc 55
27160 Saint-Ouen-d'Attez 27 49 Af 56
17230 Saint-Ouen-dAunis 17 110 Yf 71
61130 Saint-Ouën-de-la-Cour 61 68 Ad 58
27330 Saint-Ouen-de-Mancelles 27 49 Ad 55
72130 Saint-Ouen-de-Mimbré 72 68 Aa 59
27370 Saint-Ouen-de-Pontcheuil 27 49 Af 53
35140 Saint-Ouen-des-Alleux 35 66 Yd 59
14350 Saint-Ouen-des-Besaces 14 47 Za 54
27680 Saint-Ouen-des-Champs 27 36 Ad 52
61560 Saint-Ouen-de-Sécherouvre 61 68 Ac 57
53410 Saint-Ouën-des-Toits 53 66 Za 60
53150 Saint-Ouën-des-Vallons 53 67 Zc 59
27310 Saint-Ouen-de-Thouberville 27 37 Af 52
51320 Saint-Ouen-Domprot 51 74 Ec 57
76890 Saint-Ouen-du-Breuil 77 37 Ba 51
14670 Saint-Ouen-du-Mesnil-Oger 14 35 Zf 54
27670 Saint-Ouen-du-Tilleul 27 49 Af 53
72220 Saint-Ouen-en-Belin 72 84 Ab 62
77720 Saint-Ouen-en-Brie 76 72 Cf 57
72350 Saint-Ouen-en-Champagne 72 67 Ze 61
35460 Saint-Ouen-la-Rouërie 35 66 Yd 58
95310 Saint-Ouen-l' Aumône 95 51 Ca 54
61410 Saint-Ouen-le-Brisoult 61 67 Zd 57
14140 Saint-Ouen-le-Houx 14 48 Ab 55
76730 Saint-Ouen-le-Mauger 77 37 Af 50
14340 Saint-Ouen-le-Pin 14 35 Aa 54
88140 Saint-Ouen-lès-Parey 88 76 Fe 59
37530 Saint-Ouen-les-Vignes 37 86 Af 64
28260 Saint-Ouen-Marchefroy 28 50 Bd 55
76630 Saint-Ouen-sous-Bailly 77 37 Bb 49
87300 Saint-Ouen-sur-Gartempe 87 113 Ba 72
61300 Saint-Ouen-sur-Iton 61 49 Ae 56
58160 Saint-Ouen-sur-Loire 58 103 Db 67
61150 Saint-Ouen-sur-Maire 61 48 Ze 56
77750 Saint-Ouen-sur-Morin 76 52 Db 55
10170 Saint-Oulph 10 73 Df 57
47600 Saint-Ourens 47 148 Ac 84
04530 Saint-Ours 04 145 Ge 82
04530 St. Ours 04 145 Ge 82
63230 Saint-Ours 63 127 Cf 73
73410 Saint-Ours 73 132 Ff 74
18310 Saint-Outrille 18 101 Be 66
50300 Saint-Ovin 50 46 Ye 56
73260 Saint-Oyen 73 133 Gc 75
71260 Saint-Oyen-Montbellet 71 118 Ef 70
22430 Saint-Pabu 22 64 Xd 57
29830 Saint-Pabu 29 61 Vc 57
76480 Saint-Paër 77 37 Af 51
14670 Saint-Pair 14 48 Ze 53
14340 Saint-Pair-du-Mont 14 35 Aa 54
50380 Saint-Pair-sur-Mer 50 46 Yc 56
03370 Saint-Palais 03 114 Cb 70
18110 Saint-Palais 18 102 Cc 65
33820 Saint Palais 33 122 Zc 77
64120 Saint-Palais 64 161 Yf 89
17210 Saint-Palais-de-Négrignac 17 123 Ze 77
17800 Saint-Palais-de-Phiolin 17 122 Zc 75
16300 Saint-Palais-du-Né 16 123 Ze 75
17420 Saint-Palais-sur-Mer 17 122 Yf 75
46110 Saint-Palavy 46 138 Bd 78
43620 Saint-Pal-de-Mons 43 129 Eb 77
43160 Saint-Pal-de-Senouire 43 128 Dd 77
04150 Saint-Pancrace 04 156 Fd 84
24530 Saint Pancrace 24 124 Ae 76
73300 Saint-Pancrace 73 132 Gb 77
11330 Saint-Pancrasse 11 178 Cc 91
38660 Saint-Pancrasse 38 132 Ff 77
54730 Saint-Pancré 54 43 Fd 51
40180 Saint-Pandelon 40 161 Yf 86
46800 Saint-Pantaléon 46 150 Bb 82
71400 Saint-Pantaléon 71 105 Eb 67
84220 Saint-Pantaléon 84 156 Fb 85
19160 Saint-Pantaléon-de-Lapleau 19 126 Cb 77
19600 Saint-Pantaléon-de-Larche 19 137 Bc 78
26770 Saint-Pantaléon-les-Vignes 26 155 Fa 82
24640 Saint-Pantaly-d'Ans 24 125 Af 77
11400 Saint-Papoul 11 165 Ca 89
33870 Saint-Pardon 33 135 Ze 79
33210 Saint-Pardon-de-Comques 33 135 Ze 81
17400 Saint-Pardoult 17 111 Zd 73
23110 Saint-Pardoux 23 114 Cc 72
63440 Saint-Pardoux 63 115 Da 72
63680 Saint-Pardoux 63 127 Ce 75
87250 Saint-Pardoux 87 113 Bb 72
47410 Saint Pardoux-Bourgougnague 47 136 Ac 81
19210 Saint-Pardoux-Corbier 19 125 Bc 76
23260 Saint-Pardoux-d'Arnet 23 114 Cc 73
24600 Saint-Pardoux-de-Drône 24 124 Ac 77
47200 Saint-Pardoux-du-Breuil 47 136 Ab 82
24170 Saint-Pardoux-et-Vielvic 24 137 Af 80
47800 Saint-Pardoux-Isaac 47 136 Ac 81
19320 Saint-Pardoux-la-Croisille 19 126 Bf 77
24470 Saint-Pardoux-la-Rivière 24 124 Ae 76
87140 Saint-Pardoux-le-Lac 87 113 Bb 72
19200 Saint-Pardoux-le-Neuf 19 127 Cb 75
23200 Saint-Pardoux-le-Neuf 23 114 Cb 73
23150 Saint-Pardoux-les-Cards 23 114 Ca 72
19200 Saint-Pardoux-le-Vieux 19 127 Cb 75
19270 Saint-Pardoux-L'Ortigier 19 126 Bd 77
23400 Saint-Pardoux-Morterolles 23 114 Be 73
79310 Saint-Pardoux-Soutiers 79 98 Ze 69
79310 Saint-Pardoux-Soutiers 79 111 Ze 69
34230 Saint-Pargoire 34 167 Dd 87
58300 Saint-Parize-en-Viry 58 103 Dc 68
58490 Saint-Parize-le-Châtel 58 103 Db 67
10410 Saint-Parres-aux-Tertres 10 73 Ea 59
10260 Saint-Parres-lès-Vaudes 10 73 Eb 59
12300 Saint-Parthem 12 139 Cb 81
47290 Saint-Pastour 47 136 Ad 82
83340 Saint Pastour 83 172 Gb 88
65400 Saint-Pastous 65 175 Zf 90
31350 Saint-Patatin 31 163 Ae 89
37370 Saint-Paterne-Racan 37 85 Ac 63
77178 Saint-Pathus 76 52 Ce 54
37130 Saint-Patrice 37 85 Ab 65
50190 Saint-Patrice-de-Claids 50 46 Yd 53
61600 Saint-Patrice-du-Désert 61 67 Ze 57
04530 Saint-Paul 04 145 Ge 81
06570 Saint-Paul 06 173 Ha 86
19150 Saint-Paul 19 126 Bf 77
22470 Saint-Paul 22 63 Xa 56
31550 Saint-Paul 31 164 Bc 89
33390 Saint-Paul 33 135 Zc 78
60650 Saint-Paul 60 38 Ca 52
61100 Saint-Paul 61 47 Zc 56
65150 Saint-Paul 65 163 Ac 90
73170 Saint-Paul 73 132 Fe 74
76580 Saint-Paul 77 37 Ae 52
81530 Saint-Paul 81 151 Cd 86
81360 Saint-Paul 81 151 Cc 86
84750 Saint-Paul 84 156 Fd 85
87260 Saint-Paul 87 125 Bc 74
88170 Saint-Paul 88 76 Ff 59
02300 Saint-Paul-aux-Bois 02 40 Db 51
81220 Saint-Paul-Cap-de-Joux 81 165 Bf 87
32190 Saint-Paul-de-Baïse 32 148 Ac 86
82390 Saint-Paul-de-Burgues 82 149 Bb 83
66220 Saint-Paul-de-Fenouillet 66 178 Cd 92
27800 Saint-Paul-de-Fourques 27 49 Ae 53
09000 Saint-Paul-de-Jarrat 09 177 Bd 91
81140 Saint-Paul-de-Mamiac 81 150 Be 84
15140 Saint-Paul-de-Salers 15 139 Cd 78
24380 Saint-Paul-de-Serre 24 136 Ad 78
12250 Saint-Paul-des-Fonts 12 152 Da 85
15250 Saint-Paul-des-Landes 15 139 Cb 79
82400 Saint-Paul-d'Espis 82 149 Af 84
43420 Saint-Paul-de-Tartas 43 141 Df 80
01240 Saint-Paul-de-Varax 01 118 Fa 72
38760 Saint-Paul-de-Varces 38 144 Fd 78
46400 Saint-Paul-de-Vern 46 138 Bf 79
42590 Saint-Paul-de-Vézelin 42 129 Ea 73
38140 Saint-Paul-dIzeaux 38 131 Fc 77
31110 Saint-Paul-d'Oueil 31 176 Ad 91
49310 Saint-Paul-du-Bois 49 98 Zc 66
14490 Saint-Paul-du-Vernay 14 34 Zb 53
42600 Saint-Paul-d'Uzore 42 129 Ea 74
40200 Saint Paul-en-Born 40 146 Yf 83
74500 Saint-Paul-en-Chablais 74 120 Gd 70
83440 Saint-Paul-en-Forêt 83 172 Ge 87
79240 Saint-Paul-en-Gâtine 79 98 Zc 69
42740 Saint-Paul-en-Jarez 42 130 Ed 76
85500 Saint-Paul-en-Pareds 85 97 Za 68
11320 Saint-Paulet 11 165 Bf 88
30130 Saint-Paulet-de-Caisson 30 155 Ed 83
09000 Saint-Paulet-de-Jarrat 09 177 Bd 91
34570 Saint-Paul-et-Valmalle 34 168 De 87
43350 Saint-Paulien 43 141 De 78
30480 Saint-Paul-la-Coste 30 154 Df 84
24800 Saint-Paul-la-Roche 24 125 Ba 76
48600 Saint-Paul-le-Froid 48 141 Dd 80
72130 Saint-Paul-le-Gaultier 72 67 Zf 59
07460 Saint-Paul-le-Jeune 07 154 Ea 82
40990 Saint-Paul-lès-Dax 40 161 Yf 86
13115 Saint Paul-lès Durance 13 171 Fe 86
30330 Saint-Paul-les-Font 30 155 Ed 84
26750 Saint-Paul-les-Romans 26 143 Fa 78
24320 Saint-Paul-Lizonne 24 124 Ab 77
85670 Saint-Paul-Mont-Penit 85 97 Yc 68
73730 Saint-Paul-sur-Isère 73 132 Gc 75
59430 Saint-Paul-sur-Mer 59 27 Cc 42
27500 Saint-Paul-sur-Risle 27 49 Ad 52
31530 Saint-Paul-sur-Save 31 164 Bb 86
26130 Saint-Paul-Trois-Châteaux 26 155 Ee 82
04270 Saint Paulus 04 157 Gb 85
72190 Saint-Pavace 72 68 Ab 60
31480 Saint-Pé 31 164 Ba 86
32190 Saint-Pé 32 163 Ab 86
31510 Saint-Pé-d'Ardet 31 176 Ae 91
65270 Saint-Pé-de-Bigorre 65 162 Zf 90
31350 Saint-Pé-Delbosc 31 163 Ae 89
64270 Saint-Pé-de-Léren 64 161 Yf 88
64400 Saint-Pée-d'en-Bas 64 161 Zb 89
64400 Saint-Pée-d'en-Haut 64 161 Zb 89
64310 Saint-Pée-sur-Nivelle 64 160 Yc 88
28290 Saint-Pellerin 28 69 Ba 60
50500 Saint-Pellerin 50 46 Ye 53
35380 Saint-Péran 35 65 Xf 60
58270 Saint-Péraville 58 103 Db 66
45480 Saint-Péravy-Epreux 45 70 Bf 59
45310 Saint-Péravy-la-Colombe 45 70 Be 61
07130 Saint-Péray 07 142 Ef 79
40090 Saint Perdon 40 147 Zc 85
24560 Saint-Perdoux 24 136 Ad 80
46100 Saint-Perdoux 46 138 Ca 80
35430 Saint-Père 35 65 Ya 57
58200 Saint-Père 58 88 Cf 64
89450 Saint-Père 89 90 De 64
44320 Saint-Père-eb-Retz 44 96 Xf 65
45600 Saint-Père-sur-Loire 45 88 Cc 62
58110 Saint-Péreuse 58 104 De 66
35190 Saint-Pern 35 65 Ya 59
56350 Saint-Perreux 56 81 Xf 62
47170 Saint-Pé-Saint-Simon 47 148 Aa 84
22720 Saint-Péver 22 63 Wf 58
33330 Saint Pey-d'Armens 33 135 Zf 79
33350 Saint-Pey-de-Castets 33 135 Zf 80
82160 Saint-Peyronis 82 150 Be 83
10130 Saint-Phal 10 73 Ea 60
36110 Saint-Phalier 36 101 Bd 67
37340 Saint-Philbert 37 84 Aa 64
85660 Saint-Philbert-de-Bouaine 85 97 Yc 67
44310 Saint-Philbert-de-Grand-Lieu 44 97 Yc 66
14130 Saint-Philbert-des-Champs 14 48 Ab 53
49160 Saint-Philbert-du-Peuple 49 84 Zf 64
85110 Saint-Philbert-du-Pont-Charrault 85 97 Za 69
49600 Saint-Philbert-en-Mauges 49 97 Yf 66
61430 Saint-Philbert-sur-Orne 61 47 Zd 55
27290 Saint-Philbert-sur-Risle 27 49 Ad 53
14130 Saint-Philbert 14 36 Aa 52
21220 Saint-Philibert 21 106 Fa 65
29910 Saint-Philibert 29 78 Wb 62
73670 Saint Philibert 38 132 Ff 76
56470 Saint-Philibert 56 80 Wf 63
33350 Saint-Philippe-d'Aiguille 33 135 Zf 79
33220 Saint-Philippe-du-Seignal 33 136 Ab 80
22100 Saint-Piat 22 65 Ya 58
28130 Saint-Piat 28 70 Bd 57
02140 Saint-Pierre 02 41 De 50
04420 Saint-Pierre 04 157 Gc 83
04300 Saint-Pierre 04 157 Ff 85
06260 Saint-Pierre 04 158 Gf 85
09140 Saint-Pierre 09 177 Bb 91
12400 Saint-Pierre 12 152 Ce 85
14250 Saint-Pierre 14 34 Zc 53
15350 Saint-Pierre 15 127 Cc 76
26340 Saint-Pierre 26 143 Fb 80
31590 Saint-Pierre 31 165 Bd 87
32430 Saint-Pierre 32 164 Af 86
38850 Saint-Pierre 38 131 Fd 76
39150 Saint-Pierre 39 120 Ff 69
47270 Saint-Pierre 47 149 Af 83
51510 Saint-Pierre 51 54 Eb 55
56740 Saint-Pierre 56 80 Xa 63
59219 Saint-Pierre 59 31 Df 48
62380 Saint-Pierre 62 29 Ca 44
67140 Saint-Pierre 67 60 Hc 58
81390 Saint-Pierre 81 151 Bf 86
82300 Saint-Pierre 82 150 Bd 83
83560 Saint-Pierre 83 171 Ff 86
84600 Saint-Pierre 84 155 Fa 82
08310 Saint-Pierre-à-Arnes 08 54 Ec 53
79290 Saint-Pierre-à-Champ 79 98 Zd 66
02600 Saint-Pierre-Aigle 02 40 Db 53
05300 Saint-Pierre-Avez 05 156 Fe 83
14950 Saint-Pierre-Azif 14 48 Aa 53
23460 Saint-Pierre-Bellevue 23 114 Bf 73
76890 Saint-Pierre-Bénouville 77 37 Af 50
67220 Saint-Pierre-Bois 67 60 Hc 59
59630 Saint-Pierre-Brouck 59 27 Cb 43
14700 Saint-Pierre-Canivet 14 48 Ze 55
23430 Saint-Pierre-Chérignat 23 113 Bd 73
63320 Saint-Pierre-Colamine 63 128 Cf 75
73250 Saint-Pierre-d'Albigny 73 132 Ga 75
73170 Saint-Pierre-d'Alvey 73 131 Fe 75
17700 Saint-Pierre-d'Amilly 17 110 Zb 71
05140 Saint-Pierre-d'Argençon 05 144 Fe 81
50270 Saint-Pierre-d'Arthéglise 50 33 Yb 52
32290 Saint-Pierre-d'Aubézies 32 163 Aa 87
33490 Saint-Pierre-d'Aurillac 33 135 Ze 81
27950 Saint-Pierre-d'Autils 27 50 Bc 54
38830 Saint-Pierre-d'Avellard 38 132 Ga 76
27920 Saint-Pierre-de-Bailleul 27 50 Bc 54
33760 Saint Pierre-de-Bat 33 135 Ze 80
73220 Saint-Pierre-de-Belleville 73 132 Gb 76
12400 Saint-Pierre-de-Bétirac 12 152 Ce 85
42520 Saint-Pierre-de-Bœuf 42 130 Ee 76
38870 Saint-Pierre-de-Bressieux 38 131 Fb 77
47160 Saint Pierre-de-Buzet 47 148 Ab 83
47380 Saint-Pierre-de-Caubel 47 136 Ad 82
27390 Saint-Pierre-de-Cernières 27 49 Ad 55
69780 Saint-Pierre-de-Chandieu 69M 130 Fa 75
38380 Saint-Pierre-de-Chartreuse 38 132 Fe 76
38160 Saint-Pierre-de-Chérennes 38 143 Fc 78
72500 Saint-Pierre-de-Chevillé 72 85 Ac 63
24330 Saint Pierre-de-Chignac 24 137 Af 78
47270 Saint-Pierre-de-Clairac 47 149 Ae 83
24800 Saint-Pierre-de-Côle 24 124 Ae 76
07450 Saint-Pierre-de-Colombier 07 142 Eb 80
81330 Saint-Pierre-de-Combejac 81 152 Cd 86
38450 Saint-Pierre-de-Commiers 38 144 Fe 78
27260 Saint-Pierre-de-Cormeilles 27 48 Ac 53
73310 Saint-Pierre-de-Curtille 73 132 Fe 74
24450 Saint-Pierre-de-Frugie 24 125 Ba 75
23290 Saint-Pierre-de-Fursac 23 113 Bd 72
73360 Saint-Pierre-de-Genebroz 73 131 Fe 76
36260 Saint-Pierre-de-Jards 36 102 Bf 66
17400 Saint-Pierre-de-Juillers 17 111 Zd 73
34520 Saint-Pierre-de-la-Fage 34 153 Dc 86
31570 Saint-Pierre-de-Lages 31 165 Bd 87
66210 Saint-Pierre-dels-Forcats 66 178 Ca 94
86260 Saint-Pierre-de-Maillé 86 100 Af 68
14290 Saint-Pierre-de-Mailloc 14 48 Ab 54
76113 Saint-Pierre-de-Manneville 77 37 Af 52
38350 Saint-Pierre-de-Méaroz 38 144 Fe 79
81170 Saint-Pierre-de-Mercens 81 151 Bf 84
82190 Saint-Pierre-de-Nazac 82 149 Ba 83
48340 Saint-Pierre-de-Nogaret 48 140 Da 82
73670 Saint-Pierre-dEntremont 38 132 Ff 76
61800 Saint-Pierre-d'Entremont 61 47 Zc 56
35720 Saint-Pierre-de-Plesguen 35 65 Ya 58
09000 Saint-Pierre-de-Rivière 09 177 Bd 91
27800 Saint-Pierre-de-Salerne 27 49 Ad 53
72430 Saint-Pierre-des-Bois 72 67 Zf 61
12360 Saint-Pierre-des-Cats 12 167 Cf 86
11220 Saint-Pierre-des-Champs 11 179 Cd 90
37700 Saint-Pierre-des-Corps 37 85 Ae 64
79700 Saint-Pierre-des-Echaubrognes 79 98 Zb 67
50810 Saint-Pierre-de-Semilly 50 47 Yf 54
27370 Saint-Pierre-des-Fleurs 27 49 Af 53
14100 Saint-Pierre-des-Ifs 14 35 Ab 54
27450 Saint-Pierre-des-Ifs 27 49 Ad 53
76660 Saint-Pierre-des-Jonquières 77 37 Bc 49
53500 Saint-Pierre-des-Landes 53 66 Yf 59
53370 Saint-Pierre-des-Nids 53 67 Zf 58
61550 Saint-Pierre-de-Sommaire 61 49 Ad 56
72600 Saint-Pierre-des-Ormes 72 68 Ac 59
73800 Saint-Pierre-de-Soucy 73 132 Ga 76
48150 Saint-Pierre-des-Tripiers 48 153 Db 83
83690 Saint-Pierre-de-Tourtour 83 172 Gc 87
81330 Saint-Pierre-de-Trivisy 81 151 Cc 86
76480 Saint-Pierre-de-Varengeville 77 37 Af 51
71670 Saint-Pierre-de-Varennes 71 105 Ed 67
84330 Saint-Pierre-de-Vassols 84 156 Fa 84
86400 Saint-Pierre-d'Exideuil 86 112 Ab 72
24130 Saint-Pierre-d'Eyraud 24 136 Ab 79
64990 Saint-Pierre-dIrube 64 160 Yd 88
17310 Saint-Pierre-d'Oléron 17 109 Ye 73
27370 Saint-Pierre-du-Bosguérard 27 49 Af 53
14700 Saint-Pierre-du-Bû 14 48 Ze 55
43810 Saint-Pierre-du-Champ 43 129 Df 77
85120 Saint-Pierre-du-Chemin 85 98 Zb 68
14260 Saint-Pierre-du-Fresne 14 47 Zb 54
14670 Saint-Pierre-du-Jonquet 14 35 Zf 53
72150 Saint-Pierre-du-Lorouër 72 85 Ad 62
27330 Saint-Pierre-du-Mesnil 27 49 Ad 55
14450 Saint-Pierre-du-Mont 14 47 Za 52
58210 Saint-Pierre-du-Mont 58 89 Dc 64
17270 Saint-Pierre-du-Palais 17 135 Zf 77
91280 Saint-Pierre-du-Perray 91 71 Cd 57
61790 Saint-Pierre-du-Regard 14 47 Zc 55
50800 Saint-Pierre-du-Tronchet 50 46 Ye 56
27210 Saint-Pierre-du-Val 27 36 Ac 52
27100 Saint-Pierre-du-Vauvray 27 49 Bb 53
50330 Saint-Pierre-Église 50 33 Yd 51
74800 Saint Pierre-en-Faucigny 74 120 Gc 72
76540 Saint-Pierre-en-Port 77 36 Ac 50
76260 Saint-Pierre-en-Val 77 37 Bc 48
21230 Saint-Pierre-en-Vaux 21 105 Ed 66
49350 Saint-Pierre-en-Vaux 49 84 Ze 64
60850 Saint-Pierre-ès-Champs 60 38 Be 52
43260 Saint-Pierre-Eynac 43 141 Ea 78
53410 Saint-Pierre-la-Cour 53 66 Yf 60
63480 Saint-Pierre-la-Bourlhonne 63 129 De 74
61110 Saint-Pierre-la-Bruyère 61 69 Ae 58
46090 Saint-Pierre-Lafeuille 46 137 Bc 81
27600 Saint-Pierre-la-Garenne 27 50 Bc 54
50530 Saint-Pierre-Langers 50 46 Yd 56
42190 Saint-Pierre-la-Noaille 42 117 Ea 71
69210 Saint-Pierre-la-Palud 69M 130 Ed 74
61310 Saint-Pierre-la-Rivière 61 48 Ab 56
07400 Saint-Pierre-la-Roche 07 142 Ed 81
42620 Saint-Pierre-Laval 03 116 De 71
14770 Saint-Pierre-la-Vieille 14 47 Zc 55
76640 Saint-Pierre-Lavis 77 36 Ad 51
23600 Saint-Pierre-le-Bost 23 114 Cb 70
63230 Saint-Pierre-le-Chastel 63 127 Cf 74
07140 Saint-Pierre-le-Déchausselat 07 141 Ea 82
58240 Saint-Pierre-le-Moutier 58 103 Da 68
53000 Saint-Pierre-le-Potier 53 67 Zb 60
60350 Saint-Pierre-lès-Bitry 60 40 Da 52
18170 Saint-Pierre-les-Bois 18 102 Cb 69
76320 Saint-Pierre-lès-Elbeuf 77 49 Ba 53
18210 Saint-Pierre-les-Etieux 18 102 Cd 68
77140 Saint-Pierre-lés-Nemours 76 71 Ce 59
71520 Saint-Pierre-le-Vieux 71 117 Ed 71
76740 Saint-Pierre-le-Vieux 77 37 Af 49
85420 Saint-Pierre-le-Vieux 85 110 Zb 70
76740 Saint-Pierre-le-Viger 77 37 Af 50
82160 Saint-Pierre-Livron 82 150 Be 83
02250 Saint-Pierremont 02 41 Df 50
08240 Saint-Pierremont 08 42 Ef 52
88700 Saint-Pierremont 88 77 Gd 58
49110 Saint-Pierre-Montlimart 49 83 Yf 65
56510 Saint-Pierre-Quiberon 56 80 Wf 63
63210 Saint-Pierre-Roche 63 127 Ce 74
14170 Saint-Pierre-sur-Dives 14 48 Zf 54
07520 Saint-Pierre-sur-Doux 07 142 Ec 78
47120 Saint-Pierre-sur-Dropt 47 136 Ab 81
53270 Saint-Pierre-sur-Erve 53 67 Zd 60
11560 Saint-Pierre-sur-Mer 11 167 Db 89

53160 Saint-Pierre-sur-Orthe 53 67 Ze 59
08430 Saint-Pierre-sur-Vence 08 42 Ee 50
14350 Saint-Pierre-Tarentaine 14 47 Zb 55
46160 Saint-Pierre-Toirac 46 138 Bf 81
07190 Saint-Pierreville 07 142 Ec 80
55230 Saint-Pierrevillers 55 43 Fe 52
03160 Saint-Plaisir 03 103 Cf 69
31580 Saint-Plancard 31 163 Ad 89
50400 Saint-Planchers 50 46 Yc 56
36190 Saint-Plantaire 36 113 Be 70
71520 Saint-Point 71 118 Ed 70
25160 Saint-Point-Lac 25 108 Gb 68
50670 Saint-Pois 50 46 Yf 56
53540 Saint-Poix 53 66 Yf 61
29250 Saint-Pol-de-Léon 29 62 Wa 56
42260 Saint-Polgues 42 117 Df 73
62130 Saint-Pol-sur-Ternoise 62 29 Cc 46
11300 Saint-Polycarpe 11 178 Cb 90
79160 Saint-Pompain 79 110 Zc 70
24170 Saint-Pompont 24 137 Ba 80
15500 Saint-Poncy 15 128 Db 78
04140 Saint-Pons 04 157 Gc 82
04400 Saint-Pons 04 158 Gd 82
06620 Saint Pons 06 158 Gf 86
07580 Saint-Pons 07 142 Ed 81
26110 Saint-Pons 26 155 Fb 82
34230 Saint-Pons-de-Mauchiens 34 167 Dd 87
34220 Saint-Pons-de-Thomières 34 166 Ce 88
30330 Saint-Pons-la-Calm 30 155 Ed 84
03110 Saint-Pont 03 116 Db 72
17250 Saint-Porchaire 17 122 Zb 74
79300 Saint-Porchaire 79 98 Zd 67
82700 Saint-Porquier 82 149 Bb 84
22550 Saint-Pôtan 22 64 Xe 57
10120 Saint-Pouange 10 73 Ea 59
03230 Saint-Pourçain-Malchère 03 116 Dd 69
03290 Saint-Pourçain-sur-Besbre 03 116 Dd 70
03500 Saint-Pourçain-sur-Sioule 03 116 Db 71
88500 Saint Prancher 88 76 Ff 58
88420 Saint-Prayel 88 77 Gf 58
43230 Saint-Préjet-Armandon 43 128 Dd 77
43580 Saint-Préjet-d'Allier 43 141 Dd 79
28300 Saint-Prest 28 70 Bd 58
16130 Saint Preuil 16 123 Ze 75
07000 Saint-Priest 07 142 Ed 80
23110 Saint-Priest 23 114 Cc 72
42560 Saint-Priest 42 129 Ea 75
63600 Saint-Priest 63 129 De 76
69800 Saint-Priest 69M 130 Ef 74
63310 Saint-Priest-Bramefant 63 116 Dc 72
03800 Saint-Priest-d'Andelot 03 116 Db 72
19800 Saint-Priest-de-Gimel 19 126 Bf 77
63640 Saint-Priest-des-Champs 63 115 Ce 73
42270 Saint-Priest-en-Jarrez 42 130 Ec 76
03390 Saint-Priest-en-Murat 03 115 Cf 70
23300 Saint-Priest-la-Feuille 23 113 Bd 71
18370 Saint-Priest-la-Marche 18 114 Cb 70
23240 Saint-Priest-la-Plaine 23 113 Bd 71
42830 Saint-Priest-la-Prugne 42 116 De 73
42590 Saint-Priest-la-Roche 42 117 Ea 73
42440 Saint-Priest-la-Vêtre 42 129 De 74
87290 Saint-Priest-le-Betoux 87 113 Bb 71
24450 Saint Priest-les-Fougères 24 125 Ba 75
87120 Saint-Priest-les-Vergnes 87 126 Be 74
87800 Saint-Priest-Ligoure 87 125 Bb 75
87700 Saint-Priest-sous-Aixe 87 125 Ba 74
87480 Saint-Priest-Taurion 87 113 Bc 73
38370 Saint-Prim 38 130 Ee 76
07200 Saint-Privat 07 142 Ec 81
12370 Saint-Privat 12 152 Ce 85
12150 Saint-Privat 12 152 Da 83
19220 Saint-Privat 19 138 Ca 78
24420 Saint-Privat 24 125 Af 77
34700 Saint-Privat 34 167 Dc 86
43580 Saint-Privat-d'Allier 38 141 Dd 79
30430 Saint-Privat-de-Champclos 30 154 Ec 83
24410 Saint-Privat-des-Prés 24 124 Ab 77
30340 Saint-Privat-des-Vieux 30 154 Ea 84
48240 Saint-Privat-de-Vallongue 48 153 Df 83
43380 Saint-Privat-du-Dragon 43 128 Dc 77
48140 Saint-Privat-du-Fau 48 140 Dc 79
57855 Saint-Privat-la-Montagne 57 56 Ga 53
71390 Saint-Privé 71 105 Ed 68
89220 Saint-Privé 89 89 Da 62
03120 Saint-Prix 03 116 Dd 71
07270 Saint-Prix 07 142 Ed 79
71990 Saint-Prix 71 104 Ea 67
71800 Saint-Prix 71 117 Eb 70
21230 Saint-Prix-lès-Arnay 21 105 Ec 66
46300 Saint-Projet 46 138 Bc 80
82160 Saint-Projet 82 150 Be 83
15140 Saint-Projet-de-Salers 15 139 Cd 78
16110 Saint-Projet-Saint-Constant 16 124 Ac 74
85110 Saint-Prouant 85 97 Za 68
45750 Saint-Pryvé-Saint-Mesmin 45 87 Bf 61
32310 Saint-Puy 32 148 Ac 85
59730 Saint-Python 59 30 Dc 47
17800 Saint-Quantin-de-Rançanne 17 122 Zc 75
22170 Saint-Quay 22 63 Xa 57
22700 Saint-Quay-Perros 22 63 Wd 56
22410 Saint-Quay-Portrieux 22 64 Xb 57
17490 Saint-Quen 17 123 Zf 73
44440 Saint-Quen 44 82 Ye 63
26110 Saint Quenin 26 156 Fb 83
02100 Saint-Quentin 02 40 Db 49
16420 Saint-Quentin 16 112 Ae 72
24200 Saint-Quentin 24 137 Bb 79
50810 Saint-Quentin 50 34 Za 54
71220 Saint-Quentin 71 118 Ec 69
76630 Saint-Quentin-au-Bosc 77 37 Bb 49
33750 Saint-Quentin-de-Baron 33 135 Ze 80
61360 Saint-Quentin-de-Blavou 61 68 Ac 58
33220 Saint Quentin-de-Caplong 33 136 Aa 80
16210 Saint-Quentin-de-Chalais 16 123 Aa 77
27270 Saint-Quentin-des-Isles 27 49 Ad 54
60380 Saint-Quentin-des-Prés 60 38 Be 51
47330 Saint Quentin-du-Dropt 47 136 Ad 80
49110 Saint-Quentin-en-Mauges 49 83 Za 65
80120 Saint-Quentin-en-Tourmont 80 28 Bd 47
38070 Saint-Quentin-Fallavier 38 131 Fa 75
23500 Saint-Quentin-la-Chabanne 23 126 Ca 73
80880 Saint-Quentin-la-Motte-Croix-au-Bailly 80 28 Bc 48
30700 Saint-Quentin-la-Poterie 30 154 Ec 84
09500 Saint-Quentin-la-Tour 09 178 Bf 90
08220 Saint-Quentin-le-Petit 08 41 Ea 51
53400 Saint-Quentin-les-Anges 53 83 Za 62
49150 Saint-Quentin-lès-Beaurepaire 49 84 Zf 63
61800 Saint-Quentin-les-Chardonnets 61 47 Zb 56
51300 Saint-Quentin-les-Marais 51 54 Ed 56
41800 Saint-Quentin-lès-Troo 41 85 Ae 62
51120 Saint-Quentin-le-Verger 51 73 De 57
16150 Saint-Quentin-sur-Charente 16 124 Ae 73
51240 Saint-Quentin-sur-Coole 51 54 Eb 55
37310 Saint-Quentin-sur-Indrois 37 100 Ba 65
38210 Saint-Quentin-sur-Isère 38 131 Fd 77
50220 Saint-Quentin-sur-le-Homme 50 66 Ye 57
58150 Saint-Quentin-sur-Nohain 58 89 Da 64
63490 Saint-Quentin-sur-Sauxillanges 63 128 Dc 75
33112 Saint-Queyran 33 134 Za 78
56500 Saint-Quidy 56 80 Xa 61
22940 Saint-Quihouet 22 64 Xb 58
63440 Saint-Quintin-sur-Sioule 63 115 Da 72
09700 Saint-Quirc 09 164 Bd 89
57560 Saint-Quirin 57 77 Ha 57
24210 Saint-Rabier 24 137 Ba 77
71800 Saint-Racho 71 117 Ec 71
26140 Saint-Rambert-d'Albon 26 130 Ee 77
01230 Saint-Rambert-en-Bugey 01 119 Fc 73
42170 Saint-Rambert-sur-Loire 42 129 Eb 76
46270 Saint-Rame 46 138 Ca 81
12580 Saint-Rames 12 139 Cd 81
56380 Saint-Raoul 56 81 Xf 61
24160 Saint-Raphaël 24 125 Ba 77
33480 Saint-Raphaël 33 134 Zb 79
83700 Saint Raphaël 83 172 Ge 88
42660 Saint-Regis-du-Coin 42 130 Ec 77
37530 Saint-Règle 37 86 Ba 64
07700 Saint-Remèze 07 154 Ed 82
54740 Saint Remimont 54 76 Gb 58
88800 Saint-Remimont 88 76 Ff 59
57140 Saint Remis 57 56 Ga 53
01310 Saint-Rémy 01 118 Fb 71
03370 Saint-Rémy 03 114 Cc 70
12200 Saint-Rémy 12 151 Ca 82
12430 Saint-Rémy 12 152 Ce 84
14570 Saint-Rémy 14 47 Zc 55
19290 Saint-Rémy 19 127 Cb 75
21500 Saint-Rémy 21 90 Eb 63
24700 Saint-Rémy 24 136 Ab 79
46090 Saint-Rémy 46 150 Bc 82
70160 Saint-Rémy 70 93 Ga 62
71100 Saint-Rémy 71 106 Ef 68
76340 Saint-Rémy 77 38 Bd 49
79410 Saint-Rémy 79 110 Zc 70
79310 Saint-Rémy 79 111 Ze 69
88480 Saint-Rémy 88 77 Ge 58
62870 Saint-Rémy-au-Bois 62 28 Bf 46
54290 Saint-Rémy-aux-Bois 54 76 Gc 58
02210 Saint-Rémy-Blanzy 02 52 Db 53
76260 Saint-Rémy-Boscrocourt 77 37 Bc 48
59620 Saint-Rémy-Chaussée 59 31 Df 47
63440 Saint-Rémy-de-Blot 63 115 Cf 72
63500 Saint-Rémy-de-Chargnat 63 128 Db 75
15110 Saint-Rémy-de-Chaudes-Aigues 15 140 Da 80
73660 Saint-Rémy-de-Maurienne 73 132 Gb 76
12210 Saint-Rémy-de-Montpeyroux 12 139 Ce 81
13210 Saint-Rémy-de-Provence 13 155 Ee 86
15140 Saint-Rémy-de-Salers 15 139 Cc 78
72140 Saint-Remy-de-Sillé 72 67 Zf 59
50580 Saint-Rémy-des-Landes 50 33 Yc 53
72600 Saint-Rémy-des-Monts 72 68 Ac 59
59330 Saint-Rémy-du-Nord 59 31 Df 47
35560 Saint-Rémy-du-Plain 35 65 Yc 58
72600 Saint-Rémy-du-Val 72 68 Ab 58
51290 Saint-Rémy-en-Bouzemont-Saint-Genest-et-Isson 51 54 Ed 57
60130 Saint Remy en l'Eau 60 39 Cc 52
49110 Saint-Rémy-en-Mauges 49 83 Yf 65
86390 Saint-Rémy-en-Montmorillon 86 112 Af 71
03110 Saint-Rémy-en-Rollat 03 116 Dc 71
55160 Saint-Rémy-la-Calonne 55 55 Fd 54
77320 Saint-Rémy-la-Vanne 76 52 Db 56
49250 Saint-Rémy-la-Varenne 49 84 Ze 64
78470 Saint-Rémy-lès-Chevreuse 78 51 Ca 56
78690 Saint-Rémy-L'Honoré 78 50 Bf 56
10700 Saint-Rémy-sous-Barbuise 10 73 Ea 58
51120 Saint-Rémy-sous-Broyes 51 53 De 56
28380 Saint-Remy-sur-Avre 28 50 Bb 56
51600 Saint-Rémy-sur-Bussy 51 54 Ed 54
86220 Saint-Rémy-sur-Creuse 86 100 Ae 67
63550 Saint-Rémy-sur-Durolle 63 116 Dd 73
29290 Saint-Renan 29 61 Vc 58
22120 Saint-René 22 64 Xc 58
85220 Saint-Révérend 85 96 Yb 68
58420 Saint-Révérien 58 104 Dc 65
18200 Saint-Rhomble 18 102 Cc 68
14670 Saint-Richer 14 35 Zf 53
22270 Saint-Rieul 22 64 Xd 58
72610 Saint-Rigomer-des-Bois 72 68 Ab 58
60510 Saint-Rimault 60 38 Cb 52
41800 Saint-Rimay 41 86 Af 62
22470 Saint-Riom 22 63 Xa 56
76560 Saint-Riquier 77 36 Ae 50
80135 Saint-Riquier 80 28 Bf 48
76340 Saint-Riquier-en-Rivière 77 37 Bd 49
76460 Saint-Riquier-lès-Plains 77 36 Ae 50
42370 Saint-Rirand 42 117 Df 72
56310 Saint-Rivalain 56 79 Wf 61
29190 Saint-Rivoal 29 62 Vf 58
19310 Saint-Robert 19 125 Bb 77
47340 Saint-Robert 47 149 Ae 83
63240 Saint-Robert 63 127 Ce 75
05600 Saint-Roch 05 145 Ge 80
37390 Saint-Roch 37 85 Ad 64
38380 Saint Roch 38 131 Fe 76
44160 Saint-Roch 44 81 Xf 64
65710 Saint-Roch 65 175 Ab 90
61350 Saint-Roch-sur-Ergenne 61 67 Zb 57
17220 Saint-Rogatien 17 110 Yf 72
16210 Saint-Romain 16 124 Aa 77
21190 Saint-Romain 21 105 Ee 67
31370 Saint-Romain 31 164 Ba 88
63660 Saint-Romain 63 129 Df 76
82190 Saint-Romain 82 149 Af 83
82220 Saint-Romain 82 150 Bb 84
86250 Saint-Romain 86 112 Ac 71
07290 Saint-Romain d'Ay 07 142 Ed 77
17600 Saint Romain-de-Benet 17 122 Za 74
76430 Saint-Romain-de-Colbosc 77 36 Ac 51
38460 Saint-Romain-de-Jalionas 38 131 Fb 74
07130 Saint-Romain-de-Lerps 07 142 Ee 79
24540 Saint Romain-de-Monpazier 24 137 Af 80
69490 Saint-Romain-de-Popey 69D 130 Ed 73
71570 Saint-Romain-des-Iles 71 118 Ee 71
38150 Saint-Romain-de-Surieu 38 130 Ef 76
42430 Saint-Romain-d'Urfé 42 117 De 73
69560 Saint-Romain-en-Gal 69M 130 Ef 75
42800 Saint-Romain-en-Jarez 42 130 Ed 75
84110 Saint-Romain-en-Viennois 84 155 Fa 83
43620 Saint-Romain-Lachalm 43 129 Ec 77
42640 Saint-Romain-la-Motte 42 117 Df 72
33240 Saint-Romain-la-Virvée 33 135 Zd 79
07320 Saint-Romain-le-Désert 07 142 Ec 78
47270 Saint-Romain-le-Noble 47 149 Ae 84
42610 Saint-Romain-le-Puy 42 129 Ea 75
42660 Saint-Romain-les-Atheux 42 129 Ec 76
71230 Saint-Romain-sous-Gourdon 71 105 Ec 69
71420 Saint-Romain-sous-Versigny 71 105 Eb 69
41140 Saint-Romain-sur-Cher 41 86 Bc 65
17240 Saint-Romain-sur-Gironde 17 122 Zb 76
86220 Saint-Romain-sur-Vienne 86 100 Ad 67
06200 Saint Roman 06 173 Hb 86
26410 Saint Roman 26 143 Fc 80
30440 Saint-Roman-de-Codières 30 153 De 84
84290 Saint-Roman-de-Malegarde 84 155 Ef 83
48110 Saint-Roman-de-Tousque 48 153 De 84
38160 Saint-Romans 38 143 Fb 78
79230 Saint-Romans-des-Champs 79 111 Zd 71
79500 Saint-Romans-lès-Melle 79 111 Ze 71
12540 Saint-Rome 12 153 Db 85
31290 Saint-Rome 31 165 Be 88
12490 Saint-Rome-de-Cernon 12 152 Cf 84
48500 Saint-Rome-de-Dolan 48 153 Db 83
12490 Saint-Rome-de-Tarn 12 152 Cf 84
50750 Saint-Romphaire 50 46 Yf 54
74210 Saint-Ruph 74 132 Gb 74
31620 Saint-Rustice 31 150 Bc 86
45130 Saintry 45 87 Bd 61
91250 Saintry-sur-Seine 91 71 Cc 57
89520 Saints 89 89 Db 63
12500 Saint-Saby 12 140 Cf 82
76680 Saint-Saens 77 37 Bb 50
76270 Saint-Saire 77 37 Bc 50
12200 Saint-Salvadou 12 151 Ca 83
19700 Saint-Salvadour 19 126 Be 76
11580 Saint-Salvayre 11 178 Cb 90
81530 Saint-Salvi-de-Carcavès 81 152 Cd 86
47360 Saint-Salvy 47 148 Ac 83
82600 Saint-Salvy 82 149 Ba 85
81120 Saint-Salvy-de-Fourestes 81 151 Cb 85
81490 Saint-Salvy-de-la-Balme 81 166 Cc 87
14670 Saint-Samson 14 35 Zf 53
29630 Saint-Samson 29 62 Wa 56
56580 Saint-Samson 56 64 Xb 60
56310 Saint-Samson 56 79 Wf 60
76440 Saint-Samson 77 37 Bd 51
50750 Saint-Samson-de-Bontosse 50 46 Yf 54
27680 Saint-Samson-de-la-Roque 27 36 Ac 52
60220 Saint-Samson-la-Poterie 60 38 Be 51
22100 Saint-Samson-sur-Rance 22 65 Xf 58
63450 Saint-Sandoux 63 128 Da 75
12300 Saint-Santin 12 139 Cb 81
15150 Saint-Santin-Cantalès 15 139 Cb 78
12300 Saint-Santin-de-Maurs 15 139 Cb 81
47360 Saint-Sardos 47 148 Ac 82
82600 Saint-Sardos 82 150 Ba 85
18300 Saint-Satur 18 88 Cf 64
15190 Saint-Saturnin 15 127 Ce 77
16290 Saint Saturnin 16 123 Aa 75
18370 Saint-Saturnin 18 114 Cb 69
34725 Saint-Saturnin 34 167 Dc 86
36700 Saint-Saturnin 36 100 Ba 67
48500 Saint-Saturnin 48 153 Db 82
51260 Saint-Saturnin 51 73 Df 57
63450 Saint-Saturnin 63 128 Da 75
84490 Saint-Saturnin-d'Apt 84 156 Fc 85
12560 Saint-Saturnin-de-Lenne 12 152 Da 82
17700 Saint-Saturnin-du-Bois 17 110 Zb 72
53800 Saint-Saturnin-du-Limet 53 83 Yf 62
84450 Saint-Saturnin-les-Avignon 84 155 Ef 85
49320 Saint-Saturnin-sur-Loire 49 84 Zd 64
72650 Saint Saturnir 72 68 Aa 60
24470 Saint-Saud-Lacoussière 24 124 Ae 75
80160 Saint-Sauflieu 80 38 Cb 50
58330 Saint-Saulge 58 104 Dd 66
59880 Saint-Saulve 59 31 Dd 46
15290 Saint-Saury 15 138 Ca 79
17610 Saint-Sauvant 17 123 Zc 74
86600 Saint-Sauvant 86 111 Aa 70
63950 Saint-Sauves-d'Auvergne 63 127 Ce 75
05200 Saint Sauveur 05 145 Gd 81
21270 Saint-Sauveur 21 92 Fc 64
24520 Saint-Sauveur 24 136 Ad 79
29400 Saint-Sauveur 29 62 Vf 58
31790 Saint-Sauveur 31 164 Bc 86
33250 Saint-Sauveur 33 122 Zb 77
34700 Saint-Sauveur 34 153 Db 86
47120 Saint-Sauveur 47 136 Ab 81
54480 Saint-Sauveur 54 77 Gf 57
60320 Saint-Sauveur 60 39 Ce 53
66230 Saint-Sauveur 66 178 Cc 94
70300 Saint-Sauveur 70 93 Gc 62
76110 Saint-Sauveur 77 36 Ab 51
79300 Saint-Sauveur 79 98 Zd 68
80470 Saint-Sauveur 80 38 Cb 49
85350 Saint-Sauveur 85 96 Xe 68
17540 Saint-Sauveur-dAunis 17 110 Za 71
50750 Saint-Sauveur-de-Bonfosse 50 46 Ye 54
61320 Saint-Sauveur-de-Carrouges 61 67 Zf 57
61800 Saint-Sauveur-de-Chaulieu 61 47 Za 56
07460 Saint-Sauveur-de-Cruzières 07 154 Eb 83
49500 Saint-Sauveur-de-Flée 49 83 Zb 62
48170 Saint-Sauveur-de-Ginestoux 48 141 Dd 80
49270 Saint-Sauveur-de-Landemont 49 82 Ye 65
76110 Saint-Sauveur-d'Emalleville 77 36 Ab 51
47180 Saint Sauveur-de-Meilhan 47 135 Aa 82
07190 Saint-Sauveur-de-Montagut 07 142 Ed 80
48130 Saint-Sauveur-de-Peyre 48 140 Db 81
50250 Saint-Sauveur-de-Pierrepont 50 46 Yc 52
33660 Saint Sauveur-de-Puynormand 33 135 Zf 79
35133 Saint-Sauveur-des-Landes 35 66 Ye 58
30750 Saint-Sauveur-des-Pourcils 30 153 Dc 84
89520 Saint-Sauveur-en-Puisaye 89 89 Db 63
42220 Saint-Sauveur-en-Rue 42 130 Ec 77
24700 Saint-Sauveur-Lalande 24 136 Ab 79
50510 Saint-Sauveur-la-Pommeraye 50 46 Yd 55
46240 Saint-Sauveur-la-Vallée 46 138 Bd 81
22210 Saint-Sauveur-le-Bas 22 64 Xc 60
50490 Saint-Sauveur-Lendelin 50 33 Yd 54
77480 Saint-Sauveur-lès-Bray 76 72 Db 58
50390 Saint-Sauveur-le-Vicomte 50 33 Yc 52
28170 Saint-Sauveur-Marville 28 69 Bb 57
77930 Saint-Sauveur-sur-Ecole 76 71 Cd 58
06420 Saint-Sauveur-sur-Tinée 06 158 Ha 84
50490 Saint-Sauveur-Villages 50 33 Yd 54
03370 Saint-Sauvier 03 114 Cc 70
32270 Saint-Sauvy 32 164 Ae 86
65120 Saint-Saveur 65 175 Zf 91
26340 Saint-Saveur-en-Diois 26 143 Fa 80
26110 Saint-Saveur-Gouvernet 26 156 Fc 82
33920 Saint Savin 33 135 Zd 78
38300 Saint-Savin 38 131 Fb 75
65400 Saint-Savin 65 175 Zf 91
86310 Saint-Savin 86 112 Af 69
17350 Saint-Savinien 17 122 Zb 73
86400 Saint-Saviol 86 112 Ab 72
13119 Saint Savournin 13 170 Fd 88
29590 Saint-Sébastian 29 62 Vf 59
22310 Saint-Sébastien 22 63 Wc 57
23160 Saint-Sébastien 23 113 Bd 70
38710 Saint Sébastien 38 144 Fe 79
30140 Saint-Sébastien-d'Aigrefeuille 30 154 Df 84
27180 Saint-Sébastien-de-Morsent 27 49 Ba 54
50190 Saint-Sébastien-de-Raids 50 46 Yd 53
44230 Saint-Sébastien-sur-Loire 44 97 Yc 65
44380 Saint-Sébastuen 44 81 Xe 65
86350 Saint-Secondin 86 112 Ac 71
29590 Saint-Ségal 29 62 Vf 59
35330 Saint-Séglin 35 81 Xf 61
58250 Saint-Seine 58 104 De 68
21130 Saint-Seine-en-Bâche 21 106 Fc 66
21440 Saint-Seine-L'Abbaye 21 91 Ee 64
21610 Saint-Seine-sur-Vingeanne 21 92 Fc 63
33650 Saint-Selve 33 135 Zd 80
50240 Saint-Senier-de-Beuvron 50 66 Ye 57
50300 Saint-Senier-sous-Avrances 50 46 Yd 56
37600 Saint-Senoch 37 100 Af 66
35580 Saint-Senoux 35 82 Yb 61
34400 Saint-Sériès 34 168 Ea 86
07200 Saint-Sernin 07 142 Ec 81
09210 Saint-Sernin 09 164 Bc 89
09140 Saint-Sernin 09 176 Bb 91
11420 Saint-Sernin 11 165 Be 89
11300 Saint-Sernin 11 178 Ca 91
24400 Saint-Sernin 24 136 Ab 79
31570 Saint-Sernin 31 165 Bd 87
47120 Saint-Sernin 47 136 Ab 80
81390 Saint-Sernin 81 151 Bf 86
81300 Saint-Sernin 81 165 Ca 86
71200 Saint-Sernin-du-Bois 71 105 Ec 67
71510 Saint-Sernin-du-Plain 71 105 Ed 67
81700 Saint-Sernin-lès-Lavaur 81 165 Bf 87
81130 Saint-Sernin-les-Mailhoc 81 151 Ca 85
12380 Saint-Sernin-sur-Rance 12 152 Cd 85
89140 Saint-Sérotin 89 72 Da 59
22160 Saint-Servais 22 63 Wd 58
29400 Saint-Servais 29 62 Vf 57
35400 Saint-Servan-sur-Mer 35 65 Xf 57
56120 Saint-Servent 56 81 Xc 61
19290 Saint-Setiers 19 126 Ca 74
33710 Saint-Seurin-de-Bourg 33 135 Zc 78
33180 Saint-Seurin-de-Cadourne 33 122 Zb 77
33390 Saint-Seurin-de-Cursac 33 122 Zc 78
17800 Saint-Seurin-de-Palenne 17 123 Zc 75
24230 Saint-Seurin-de-Prats 24 135 Aa 79
17120 Saint-Seurin-d'Uzet 17 122 Zb 75
33660 Saint-Seurin-sur-L'Isle 33 135 Zf 78
29600 Saint-Sève 29 62 Wa 57
33190 Saint-Séve 33 135 Zf 81
40500 Saint-Sever 40 147 Zc 86
14380 Saint-Sever-Calvados 14 46 Yf 55
65140 Saint-Sever-de-Rustan 65 163 Ab 88
17800 Saint-Sever-de-Saintonge 17 123 Zc 74
12370 Saint-Sever-du-Moustier 12 152 Ce 86
16390 Saint-Séverin 16 124 Ab 77
24190 Saint-Séverin-d'Estissac 24 136 Ac 78
17330 Saint-Séverin-sur-Boutonne 17 111 Zd 72
52200 Saints-Geosmes 52 92 Fb 62
30700 Saint Siffret 30 154 Ec 84
45310 Saint-Sigismond 45 70 Be 61
49123 Saint-Sigismond 49 83 Za 64
74300 Saint-Sigismond 74 120 Gd 72
85420 Saint-Sigismond 85 110 Zb 70
17240 Saint Sigismond-de-Clermont 17 123 Zc 76
23600 Saint-Silvain-Bas-le-Roc 23 114 Cb 71
23190 Saint-Silvain-Bellegarde 23 114 Cb 73
23320 Saint-Silvain-Montaigut 23 114 Be 72

23140 Saint-Silvain-Sous-Toulx 23 114 Cb 71
27560 Saint-Siméon 27 49 Ad 53
50580 Saint-Siméon 50 46 Yb 52
61350 Saint-Siméon 61 67 Zb 58
38870 Saint-Siméon-de-Bressieux 38 131 Fb 77
16120 Saint-Simeux 16 123 Zf 75
02640 Saint-Simon 02 40 Db 50
15130 Saint-Simon 15 139 Cc 79
16120 Saint-Simon 16 123 Zf 75
31100 Saint Simon 31 164 Bc 87
46320 Saint-Simon 46 138 Bf 80
17500 Saint-Simon-de-Bordes 17 123 Zd 76
17260 Saint Simon-de-Pellouaille 17 122 Zb 75
74800 Saint-Sixt 74 120 Gb 72
38620 Saint Sixte 38 131 Fd 76
42130 Saint-Sixte 42 129 Df 74
47220 Saint-Sixte 47 149 Ae 84
22100 Saint-Solent 22 65 Ya 58
19130 Saint-Solve 19 125 Bc 77
69440 Saint-Sorlin 69M 130 Ed 75
73530 Saint-Sorlin-d'Arves 73 132 Gb 77
17150 Saint-Sorlin-de-Cônac 17 122 Zb 76
38510 Saint-Sorlin-de-Morestel 38 131 Fc 75
38200 Saint-Sorlin-de-Vienne 38 130 Ef 76
01150 Saint-Sorlin-en-Bugey 01 131 Fc 73
26210 Saint-Sorlin-en-Valloire 26 130 Ef 77
03240 Saint-Sornin 03 115 Da 70
16220 Saint-Sornin 16 124 Ac 74
17600 Saint-Sornin 17 122 Za 74
85540 Saint-Sornin 85 109 Yd 70
87210 Saint-Sornin-la-Marche 87 113 Af 71
19230 Saint-Sornin-Lavolps 19 125 Bc 76
87290 Saint-Sornin-Leulac 87 113 Bb 71
32220 Saint-Soulan 32 164 Af 87
59360 Saint-Souplet 59 30 Dd 48
51600 Saint-Souplet-sur-Py 51 54 Ec 53
77165 Saint-Soupplets 76 52 Ce 54
46200 Saint-Sozy 46 138 Bd 79
88260 Saint-Stail 88 77 Ha 58
56700 Saint-Sterlin 56 79 We 62
35430 Saint-Suliac 35 65 Ya 57
22400 Saint-Sulien 22 64 Xd 58
01340 Saint-Sulpice 01 118 Fa 71
12320 Saint-Sulpice 12 139 Cc 81
14400 Saint-Sulpice 14 47 Zb 53
41000 Saint-Sulpice 41 86 Bb 63
42110 Saint-Sulpice 42 129 Ea 74
46160 Saint-Sulpice 46 138 Be 81
53360 Saint-Sulpice 53 83 Zb 61
60430 Saint-Sulpice 60 38 Ca 52
63760 Saint-Sulpice 63 127 Cd 75
70110 Saint-Sulpice 70 94 Gc 63
73160 Saint-Sulpice 73 132 Ff 75
81370 Saint-Sulpice 81 150 Be 86
86220 Saint-Sulpice 86 100 Ad 67
17250 Saint-Sulpice-d'Arnoult 17 122 Za 74
16370 Saint-Sulpice-de-Cognac 16 123 Zd 74
33330 Saint-Sulpice-de-Faleyrens 33 135 Ze 79
91910 Saint-Sulpice-de-Favières 91 71 Cb 57
27210 Saint-Sulpice-de-Graimbouville 27 36 Ac 52
33580 Saint-Sulpice-de-Guilleragues 33 135 Aa 81
24340 Saint-Sulpice-de-Mareuil 24 124 Ad 76
33540 Saint-Sulpice-de-Pommiers 33 135 Zf 80
24600 Saint-Sulpice-de-Roumaghac 24 124 Ac 77
17200 Saint-Sulpice-de-Royan 17 122 Yf 74
16460 Saint-Sulpice-de-Ruffec 16 112 Ab 73
35390 Saint-Sulpice-des-Landes 35 82 Yc 62
44540 Saint-Sulpice-des-Landes 44 82 Ye 63
38620 Saint-Sulpice-des-Rivoires 38 131 Fd 76
24800 Saint-Sulpice-d'Excideuil 24 125 Ba 76
24500 Saint-Sulpice-d'Eymet 24 136 Ac 80
85410 Saint-Sulpice-en-Pareds 85 98 Zb 69
33450 Saint-Sulpice-et-Cameyrac 33 135 Zd 79
35250 Saint-Sulpice-la-Forêt 35 65 Yc 59
87370 Saint-Sulpice-Laurière 87 113 Bc 72
23800 Saint-Sulpice-le-Dunois 23 114 Be 71
23000 Saint-Sulpice-le-Guérétois 23 114 Be 71
19250 Saint-Sulpice-les-Bois 19 126 Ca 75
23480 Saint-Sulpice-les-Champs 23 114 Ca 73
87160 Saint-Sulpice-les-Feuilles 87 113 Bc 71
85260 Saint-Sulpice-le-Verdon 85 97 Yd 67
31410 Saint-Sulpice-sur-Lèze 31 164 Bb 89
61300 Saint-Sulpice-sur-Risle 61 49 Ad 56
54620 Saint-Supplet 54 43 Fe 52
16120 Saint-Surin 16 123 Zf 75
14190 Saint-Sylvain 14 48 Ze 54
19380 Saint-Sylvain 19 138 Bf 77
76460 Saint-Sylvain 77 36 Ae 49
49480 Saint-Sylvain-d'Anjou 49 83 Zd 63
07440 Saint-Sylvestre 07 142 Ee 79
74540 Saint-Sylvestre 74 132 Ga 73
87240 Saint-Sylvestre 87 113 Bc 73
59114 Saint-Sylvestre-Cappel 59 27 Cd 44
27260 Saint-Sylvestre-de-Cormeilles 27 48 Ac 53
63310 Saint-Sylvestre-Pragoulin 63 116 Dc 72
47140 Saint-Sylvestre-sur-Lot 47 149 Ae 82
04200 Saint-Symphorien 04 157 Ga 83
12490 Saint Symphorien 12 152 Cf 84
18190 Saint-Symphorien 18 102 Cb 68
22130 Saint-Symphorien 22 64 Xe 58
27500 Saint-Symphorien 27 36 Ac 53
33113 Saint-Symphorien 33 147 Zd 82
35190 Saint-Symphorien 35 65 Yb 59
48600 Saint-Symphorien 48 141 Dd 79
56650 Saint-Symphorien 56 80 We 61
72240 Saint-Symphorien 72 67 Zf 60
79270 Saint-Symphorien 79 110 Zd 71
82240 Saint-Symphorien 82 150 Be 83
85600 Saint-Symphorien 85 97 Ye 67
71570 Saint-Symphorien-d'Ancelles 71 118 Ee 71
42470 Saint-Symphorien-de-Lay 42 117 Eb 73
07290 Saint-Symphorien-de-Mahun 07 142 Ed 77
71710 Saint-Symphorien-de-Marmagne 71 105 Eb 67
71800 Saint-Symphorien-des-Bois 71 117 Eb 71
61300 Saint-Symphorien-des-Bruyères 61 49 Ad 56
50640 Saint-Symphorien-des-Monts 50 66 Yf 57
12460 Saint-Symphorien-de-Thénières 12 139 Ce 80
69360 Saint-Symphorien-d'Ozon 69M 130 Ef 75
50160 Saint-Symphorien-les-Buttes 50 47 Za 54
37340 Saint-Symphorien-les-Ponceaux 37 85 Ab 64
50250 Saint-Symphorien-le-Valois 50 33 Yc 53
07210 Saint-Symphorien-sous-Chomérac 07 142 Ee 80
87140 Saint-Symphorien-sur-Couze 87 113 Bb 72
21170 Saint-Symphorien-sur-Saône 21 106 Fb 66
69590 Saint-Symphorien-sur-Coise 69M 130 Ec 75
29350 Saint-Thamec 29 79 Wc 62
22150 Saint-Théc 22 64 Xb 59
29410 Saint-Thégonnec 29 62 Wa 57
22460 Saint-Thélo 22 64 Xa 59
30260 Saint-Theodorit 30 154 Ea 85
38119 Saint-Théoffrey 38 144 Fe 79
73160 Saint-Thibaud-de-Couz 73 132 Ff 75
02220 Saint-Thibault 02 53 Dd 53
10800 Saint-Thibault 10 73 Ea 59
18300 Saint-Thibault 18 88 Cf 64
21350 Saint-Thibault 21 91 Ec 64
60210 Saint-Thibault 60 38 Bf 50
77400 Saint-Thibault-des-Vignes 76 51 Ce 55
34630 Saint-Thibéry 34 167 Dc 88
39110 Saint-Thiébaud 39 107 Ff 67
52150 Saint Thiebault 52 75 Fd 59
55130 Saint-Thiébault 55 75 Fc 57
51220 Saint-Thierry 51 53 Df 53
29520 Saint-Thois 29 62 Wa 60
02820 Saint-Thomas 02 40 De 52
31470 Saint-Thomas 31 164 Ba 87
17150 Saint-Thomas-de-Conac 17 122 Zb 76
53160 Saint-Thomas-de-Courceriers 53 67 Ze 59
51800 Saint-Thomas-en-Argonne 51 54 Ef 53
42600 Saint-Thomas-la-Garde 42 129 Ea 75
07220 Saint-Thomé 07 142 Ed 81
56690 Saint-Thomin 56 80 We 62
29800 Saint-Thonan 29 62 Vd 58
35190 Saint-Thual 35 65 Ya 58
35310 Saint-Thurial 35 65 Ya 60
56300 Saint-Thuriau 56 64 Xa 60
56150 Saint-Thuriau 56 79 Wf 60
27680 Saint-Thurien 27 36 Ad 52
29380 Saint-Thurien 29 79 Wc 61
42111 Saint-Thurin 42 129 Df 74
56330 Saint-Trémeur 56 80 Wf 62
62185 Saint-Tricat 62 27 Be 43
22510 Saint-Trimoël 22 64 Xc 58
84390 Saint-Trinit 84 156 Fc 84
01560 Saint-Trivier-de-Courtes 01 118 Fa 70
01990 Saint-Trivier-sur-Moignans 01 118 Ef 72
16100 Saint-Trojan 16 123 Ze 74
33710 Saint-Trojan 33 135 Zc 78
17370 Saint-Trojan-les-Bains 17 122 Ye 73
83990 Saint-Tropez 83 172 Gd 89
40200 Saint-Trosse 40 146 Yf 83
56540 Saint-Tugdual 56 79 Wd 60
29770 Saint-Tugen 29 61 Vc 60
04220 Saint-Tulle 04 156 Fe 86
26790 Saint-Turquoit 26 155 Ef 83
22330 Saint-Udy 22 64 Xc 59
72320 Saint-Ulphace 72 69 Ae 60
68210 Saint-Ulrich 68 94 Ha 63
22230 Saint-Unet 22 64 Xc 59
35360 Saint-Uniac 35 65 Xf 59
29800 Saint-Urbain 29 62 Ve 58
33710 Saint-Urbain 33 135 Zd 78
85230 Saint-Urbain 85 96 Xf 67
52300 Saint-Urbain-Maconcourt 52 75 Fb 58
47270 Saint-Urcisse 47 149 Ae 84
81630 Saint-Urcisse 81 150 Bd 85
82110 Saint-Urcisse 82 149 Bb 83
15110 Saint-Urcize 15 140 Da 80
50320 Saint-Ursin 50 46 Yd 56
10360 Saint-Usage 10 74 Ed 60
21170 Saint-Usage 21 106 Fb 66
86220 Saint-Ustre 86 100 Ad 67
71500 Saint-Usuge 71 106 Fb 68
51290 Saint-Utin 51 74 Ed 57
26240 Saint-Uze 26 142 Ef 77
14250 Saint-Vaas-sur-Seulles 14 34 Zc 54
60410 Saint-Vaast-de-Longmont 60 51 Ce 53
76510 Saint-Vaast-d'Equiqueville 77 37 Bb 50
76450 Saint-Vaast-Dieppedalle 77 36 Ae 50
76890 Saint-Vaast-du-Val 77 37 Ba 50
14640 Saint-Vaast-en-Auge 14 48 Aa 53
59188 Saint-Vaast-en-Cambrésis 59 30 Dc 47
80310 Saint-Vaast-en-Chaussée 80 38 Cb 49
50550 Saint-Vaast-la-Hougue 50 34 Ye 51
60660 Saint-Vaast-lès-Mello 60 51 Cc 53
17100 Saint-Vaize 17 122 Zc 74
36100 Saint-Valentin 36 101 Bf 67
85570 Saint-Valérien 85 110 Za 69
89150 Saint-Valérien 89 72 Da 59
60220 Saint-Valery 60 38 Be 50
76460 Saint-Valery-en Caux 77 36 Ae 49
80230 Saint-Valery-sur-Somme 80 28 Bd 47
71390 Saint-Vallerin 71 105 Ee 68
16480 Saint-Vallier 16 123 Zf 77
26240 Saint-Vallier 26 142 Ee 77
70100 Saint-Vallier 70 92 Fe 64
71230 Saint-Vallier 71 105 Ec 69
88270 Saint-Vallier 88 76 Gb 59
06460 Saint-Vallier-de-Thiey 06 172 Gf 86
52200 Saint-Vallier-sur-Marne 52 92 Fc 61
79330 Saint-Varent 79 99 Ze 67
81800 Saint-Vast 81 150 Be 86
23320 Saint-Vaury 23 114 Be 71
62350 Saint-Venant 62 29 Cd 45
29510 Saint-Venec 29 78 Vf 60
43580 Saint-Vénérand 43 141 De 79
58310 Saint-Vérain 58 89 Da 64
04250 Saint-Véran 04 157 Ga 83
05350 Saint-Véran 05 145 Gf 80
12100 Saint-Véran 12 153 Db 84
84330 Saint-Véran 84 155 Fa 84
84220 Saint-Véran 84 156 Fb 85
38160 Saint-Vérand 38 143 Fb 77
71570 Saint-Vérand 71 118 Ee 71
69620 Saint Vérand 69D 117 Ed 73
43440 Saint-Vert 43 128 Dd 76
19240 Saint-Viance 19 125 Bc 77
41210 Saint-Viâtre 41 87 Bf 63
44320 Saint-Viaud 44 96 Xf 65
72130 Saint-Victeur 72 68 Aa 59
03410 Saint-Victor 03 115 Cd 70
07410 Saint Victor 07 142 Ee 78
13200 Saint-Victor 13 169 Ed 87
19200 Saint-Victor 19 127 Cc 76
24350 Saint-Victor 24 124 Ac 77
43150 Saint-Victor 43 141 Df 79
47470 Saint-Victor 47 149 Af 83
76760 Saint-Victor 77 37 Af 51
81800 Saint-Victor 81 150 Be 86
28240 Saint-Victor-de-Buthon 28 69 Af 58
27300 Saint-Victor-de-Chrétienville 27 49 Ad 54
30500 Saint-Victor-de-Malcap 30 154 Eb 83
38510 Saint-Victor-de-Morestel 38 131 Fd 74
27800 Saint-Victor-d'Epine 27 49 Ad 53
61290 Saint-Victor-de-Reno 61 69 Ae 57
30700 Saint-Victor-des Oules 30 154 Ec 84
23000 Saint-Victor-en-Marche 23 114 Be 72
13730 Saint-Victoret 13 170 Fb 88
76890 Saint-Victor-l'Abbaye 77 37 Ba 50
30290 Saint-Victor-la-Coste 30 155 Ed 84
63790 Saint-Victor-la-Rivière 63 128 Cf 75
43140 Saint Victor-Malescours 43 129 Eb 77
63550 Saint-Victor-Montvianeix 63 116 Dd 73
09100 Saint-Victor-Rouzaud 09 165 Bd 90
43500 Saint-Victor-sur-Arlanc 43 129 De 76
27130 Saint-Victor-sur-Avre 27 49 Af 56
21410 Saint-Victor-sur-Ouche 21 105 Ee 65
42630 Saint-Victor-sur-Rhins 42 117 Eb 72
87420 Saint-Victurnien 87 125 Ba 73
43320 Saint-Vidal 43 141 De 78
40190 Saint-Vidou 40 147 Ze 85
27930 Saint-Vigor 27 50 Bb 54
14700 Saint-Vigor-de-Mieux 14 48 Ze 55
14770 Saint-Vigor-des-Mézerets 14 47 Zc 55
50420 Saint-Vigor-des-Monts 50 46 Yf 55
76430 Saint-Vigor-d'Ymonville 77 36 Ac 52
14400 Saint-Vigor-le-Grand 14 47 Zb 53
07700 Saint-Vincent 07 155 Ed 82
12370 Saint-Vincent 12 152 Ce 86
15380 Saint-Vincent 15 127 Cd 77
31290 Saint-Vincent 31 165 Be 88
35350 Saint-Vincent 35 65 Ya 56
43800 Saint-Vincent 43 141 Df 78
47320 Saint-Vincent 47 148 Ac 83
56160 Saint-Vincent 56 79 We 61
63320 Saint-Vincent 63 128 Da 75
64800 Saint-Vincent 64 162 Zf 90
82300 Saint-Vincent 82 150 Bc 84
82300 Saint-Vincent 82 151 Bf 83
20272 Saint Vincent CTC 183 Kc 95
71430 Saint-Vincent-Bragny 71 117 Ea 69
76430 Saint-Vincent-Cramesnil 77 36 Ac 51
34730 Saint-Vincent-de-Barbeyrargues 34 168 Df 86
07210 Saint-Vincent-de-Barrès 07 142 Ee 81
42120 Saint-Vincent-de-Boisset 42 117 Ea 72
24190 Saint-Vincent-de-Connezac 24 124 Ac 78
24220 Saint-Vincent-de-Cosse 24 137 Ba 79
07360 Saint-Vincent-de-Durfort 07 142 Ed 80
47310 Saint-Vincent-de-Lamontjoie 47 149 Ad 84
38660 Saint-Vincent-de-Mercuze 38 132 Ff 76
33440 Saint-Vincent-de-Paul 33 135 Zd 79
40990 Saint-Vincent-de-Paul 40 161 Yf 86
33420 Saint-Vincent-de-Pertignas 33 135 Zf 80
69240 Saint-Vincent-de-Reins 69D 117 Ec 72
27950 Saint-Vincent-des-Bois 27 50 Bc 54
44590 Saint-Vincent-des-Landes 44 82 Yd 63
71250 Saint-Vincent-des-Prés 71 118 Ed 70
72600 Saint-Vincent-des-Prés 72 68 Ac 59
40230 Saint Vincent-de-Tyrosse 40 160 Ye 87
34390 Saint-Vincent-d'Olargues 34 167 Cf 87
27230 Saint-Vincent-du-Boulay 27 49 Ac 54
72150 Saint-Vincent-du-Lorouër 72 85 Ac 62
46400 Saint-Vincent-du-Pendit 46 138 Bf 79
71440 Saint-Vincent-en-Bresse 71 106 Fa 69
24410 Saint-Vincent-Jalmoutiers 24 124 Ab 77
79500 Saint-Vincent-la-Châtre 79 111 Zf 71
26300 Saint-Vincent-la-Commanderie 26 143 Fa 79
27270 Saint-Vincent-la-Rivière 27 49 Ac 55
04340 Saint-Vincent-les-Forts 04 157 Gc 82
82400 Saint-Vincent-Lespinasse 82 149 Af 84
85480 Saint-Vincent-Puymaufrais 85 97 Yf 69
46140 Saint-Vincent-Rive-d'Olt 46 137 Bb 82
85110 Saint-Vincent-Sterlanges 85 97 Yf 68
85540 Saint-Vincent-sur-Graon 85 109 Yd 69
04200 Saint-Vincent-sur-Jabron 04 156 Fe 83
85520 Saint-Vincent-sur-Jard 85 109 Yc 70
24420 Saint-Vincent-sur-l'Isle 24 125 Af 77
56350 Saint-Vincent-sur-Oust 56 81 Xf 62
89430 Saint-Vinnemer 89 90 Ea 62
25410 Saint-Vit 25 107 Fe 65
34600 Saint-Vital 34 167 Da 87
73460 Saint Vital 73 132 Gb 75
47500 Saint-Vite 47 137 Af 82
18360 Saint-Vitte 18 115 Cd 69
87380 Saint-Vitte-sur-Briance 87 125 Bd 75
39290 Saint-Vivant-en-Amaou 39 106 Fc 66
17220 Saint-Vivien 17 110 Yf 72
24310 Saint-Vivien 24 124 Ad 77
24230 Saint-Vivien 24 136 Aa 79
47210 Saint-Vivien 47 136 Ad 81
33920 Saint Vivien-de-Blaye 33 135 Zc 78
33590 Saint-Vivien-de-Médoc 33 122 Yf 76
33580 Saint-Vivien-de-Monségur 33 136 Aa 81
03220 Saint-Voir 03 116 Dd 70
22120 Saint-Volon 22 64 Xb 58
29440 Saint-Vougay 29 62 Vf 57
51340 Saint-Vrain 51 54 Ee 56
91770 Saint-Vrain 91 71 Cb 57
22230 Saint-Vran 22 64 Xd 59
01150 Saint-Vulbas 01 131 Fb 74
59570 Saint-Waast 59 31 De 47
62990 Saint-Wandrille 62 28 Bf 45
76490 Saint-Wandrille-Rançon 77 36 Ae 51
95470 Saint-Witz 95 51 Cd 54
17138 Saint-Xandre 17 110 Yf 71
12540 Saint-Xist 12 152 Da 85
34260 Saint-Xist 34 167 Da 86
40400 Saint-Yaguen 40 147 Zb 85
71600 Saint-Yan 71 117 Ea 70
19140 Saint-Ybard 19 125 Bd 76
09210 Saint-Ybars 09 164 Bc 89
03270 Saint-Yorre 03 116 Dc 72
32320 Saint-Yors 32 163 Ab 87
23460 Saint-Yrieix-la-Montagne 23 126 Ca 73
87500 Saint-Yrieix-la-Perche 87 125 Bb 75
19300 Saint-Yrieix-le-Déjalat 19 126 Bf 76
23150 Saint-Yrieix-les-Bois 23 114 Bf 72
87700 Saint-Yrieix-sous-Aixe 87 125 Ba 73
16710 Saint Yrieix-sur-Charente 16 124 Aa 74
71460 Saint-Ythaire 71 118 Ed 69
56310 Saint-Yves 56 79 We 61
63500 Saint-Yvoine 63 128 Db 75
29140 Saint-Yvy 29 78 Wa 61
33920 Saint-Yzan-de-Soudiac 33 135 Zd 78
33340 Saint-Yzans-de-Médoc 33 122 Zb 77
83640 Saint-Zacharie 83 171 Fe 88
28700 Sainville 28 70 Bf 58
86420 Saires 86 99 Ab 67
61220 Saires-la-Verrerie 61 47 Zd 56
11310 Saissac 11 165 Cb 88
80540 Saisseval 80 38 Ca 49
71360 Saisy 71 105 Ed 67
95270 Sait-Martin-du-Tertre 95 51 Cc 54
79400 Saivres 79 111 Ze 70
81710 Saïx 81 165 Cb 87
86120 Saix 86 99 Aa 66
39110 Saizenay 39 107 Ff 67
54380 Saizerais 54 56 Ga 56
58190 Saizy 58 89 De 64
31370 Sajas 31 164 Ba 88
34360 Salabert 34 167 Cf 88
24160 Salagnac 24 125 Bb 77
38890 Salagnon 38 131 Fc 75
30120 Salagosse 30 153 Dd 84
38150 Salaise-sur-Sanne 38 130 Ee 76
39700 Salans 39 107 Fe 66
87130 Salas 87 125 Bc 74
34800 Salasc 34 167 Db 87
20242 Salastracu CTC 183 Kb 96
09140 Salau 09 176 Bb 92
33160 Salaunes 33 134 Zb 79
07150 Salaves 07 154 Ec 82
01270 Salavre 01 119 Fc 70
42550 Salayes 42 129 Df 76
30760 Salazac 30 155 Ed 83
40170 Salbert 40 146 Yf 84
90350 Salbert 90 94 Ge 62
41300 Salbris 41 87 Ca 64
34700 Salces 34 153 Dc 86
81360 Salclas 81 166 Cc 86
20246 Saleccia CTC 181 Kb 92
65370 Saléchan 65 176 Ad 91
31260 Saleich 31 176 Af 90
17510 Saleignes 17 111 Ze 72
66280 Saleilles 66 179 Cf 93
09220 Saleix 09 177 Bc 92
34700 Salèles 34 167 Dc 86
68240 Salem 68 77 Hb 59
15250 Salemagne 15 139 Cc 79
60400 Salency 60 39 Da 51
50430 Salenel 50 33 Yc 53
67440 Salenthal 67 58 Hc 57
05300 Saléon 05 156 Fe 83
05300 Salérans 05 156 Fe 83
31230 Salerm 31 164 Ae 89
83690 Salernes 83 172 Gb 87
15140 Salers 15 139 Cc 78
74150 Sales 74 132 Ff 73
81240 Sales 81 166 Cd 88
59218 Salesches 59 31 Dd 47
12600 Salesse 12 139 Cd 80
23260 Salesse 23 127 Cc 74
81240 Salesses 81 166 Cc 87
63120 Salet 63 128 Dd 74
26160 Salettes 26 142 Ef 81
43150 Salettes 43 141 Df 79
24460 Saleuil 24 124 Ae 77
80480 Saleux 80 38 Cb 49
48400 Salgas 48 153 Dd 83
12470 Salgues 12 139 Cf 81
19380 Salgues 19 138 Bf 78
46090 Salgues 46 150 Bc 82
48700 Salhens 48 140 Dc 80
20121 Salice CTC 182 If 96
20218 Saliceto CTC 183 Kb 94
48400 Saliège 48 153 De 82
13200 Saliers 13 169 Ec 87
81990 Saliès 81 151 Ca 85
64270 Salies-de-Béarn 64 161 Za 88
31260 Salies-du-Salat 31 164 Af 90
04290 Salignac 04 157 Ff 84
33240 Salignac 33 135 Zd 78
17130 Salignac-de-Mirambeau 17 123 Zd 76
24590 Salignac-Eyvigues 24 137 Bb 79
17800 Salignac-sur-Charente 17 123 Zd 74
39350 Saligney 39 107 Fd 65
58190 Saligny 58 89 Dd 64
85170 Saligny 85 97 Yd 68
89100 Saligny 89 72 Dc 59
18800 Saligny-le-Vif 18 103 Ce 66
03470 Saligny-sur-Roudon 03 116 De 70
65120 Saligos 65 175 Zf 91
65120 Saligos 65 175 Zf 91
15700 Salins 15 139 Cb 77
40200 Salin 40 146 Ye 83
13200 Salin-de-Badon 13 169 Ed 88
13129 Salin-de-Giraud 13 169 Ee 88
30340 Salindres 30 154 Ea 83
30250 Salinelles 30 154 Ea 86
09220 Salingres 09 177 Bc 92
77148 Salins 76 72 Da 58
39110 Salins-les-Bains 39 107 Ff 67
64360 Saliou 64 162 Zc 89
21580 Salives 21 91 Ef 63
06910 Sallagriffon 06 158 Gf 85
74700 Sallanches 74 120 Gd 73
87800 Sallas 87 125 Ba 74
62680 Sallaumines 62 30 Cf 46
20000 Sallccia CTC 182 Id 97
05100 Sallé 05 145 Gd 78
33370 Sallebœuf 33 135 Zd 79
63270 Sallèdes 63 128 Db 75
49110 Salle-et-Chapelle-Aubry 49 97 Za 65
11600 Sallèles-Cabardès 11 166 Cc 89
11590 Sallèles-d'Aude 11 167 Cf 89
14240 Sallen 14 34 Zb 54
80230 Sallenelle 80 28 Bd 47
14121 Sallenelles 14 48 Ze 53
32550 Salleneuve 32 163 Ad 87
74270 Sallenôves 74 120 Ff 72
85300 Sallertaine 85 96 Ya 67
01160 Salles 01 119 Fb 72
03140 Salles 03 116 Db 71
24480 Salles 24 137 Af 80
26310 Salles 26 143 Fc 81
33770 Salles 33 134 Za 81
47150 Salles 47 137 Af 82
65400 Salles 65 175 Zf 90
79800 Salles 79 111 Zf 70
81640 Salles 81 151 Ca 84
86300 Salles 86 112 Ad 70
65360 Salles-Adour 65 162 Aa 89

69460 Salles-Arbuissonnas-en-Beaujolais 69D 118 Ed 72
12260 Salles-Courbatiès 12 138 Ca 82
12410 Salles-Curan 12 152 Ce 83
16130 Salles-d'Angles 16 123 Ze 75
32370 Salles-d'Armagnac 32 148 Zf 86
11110 Salles-d'Aude 11 167 Da 89
16300 Salles-de-Barbezieux 16 123 Zf 76
24170 Salles-de-Belvès 24 137 Af 80
16700 Salles-de-Villefagnan 16 111 Aa 73
31110 Salles-et-Pratviel 31 176 Ad 92
12330 Salles-la-Source 12 151 Cd 82
16190 Salles-Lavalette 16 124 Ab 76
17470 Salles-lès-Aulnay 17 111 Ze 72
64300 Salles-Mongiscard 64 161 Za 88
64300 Sallespisse 64 161 Zb 87
26770 Salles-sous-Bois 26 155 Ef 82
31390 Salles-sur-Garonne 31 164 Bb 89
11410 Salles-sur-L'Hers 11 165 Be 89
17220 Salles-sur-Mer 17 110 Yf 72
64400 Sallet-de-Haut 64 161 Zb 89
26150 Sallières 26 143 Fc 80
74150 Sallongy 74 120 Ff 73
55000 Salmagne 55 55 Fb 56
21690 Salmaise 21 91 Ed 64
67160 Salmbach 67 59 Ia 55
12120 Salmiech 12 152 Cd 83
63230 Salmondèche 63 127 Ce 73
76116 Salmonville 77 37 Bb 52
59496 Salomé 59 30 Cf 45
87330 Salomon 87 112 Af 72
10700 Salon 10 53 Ea 57
24380 Salon 24 136 Ae 78
24290 Salon 24 137 Ba 79
13300 Salon-de-Provence 13 170 Fa 87
20246 Salone CTC 181 Kb 93
19510 Salon-la-Tour 19 125 Bd 75
57170 Salonnes 57 57 Gc 56
71250 Salornay-sur-Guye 71 118 Ed 69
80480 Salouël 80 38 Cb 49
63440 Salpaleine 63 115 Da 72
62500 Salperwick 62 27 Cb 44
09800 Salsein 09 176 Ba 91
66600 Salses-le-Chateau 66 179 Cf 91
11600 Salsigne 11 166 Cc 89
42110 Salt-en-Donzy 42 129 Eb 74
20146 Salvadilevo CTC 185 Kb 99
81320 Salvaget 81 166 Ce 87
12400 Salvagnac 12 152 Ce 85
81630 Salvagnac 81 150 Be 85
12260 Salvagnac-Cajarc 12 138 Bf 82
74740 Salvagny 74 121 Ge 72
09100 Salvayre 09 165 Bd 89
62380 Salvecques 62 29 Ca 45
48150 Salvensac 48 153 Dc 83
30450 Salveplane 30 154 Df 82
81190 Salveredonde 81 151 Ca 84
34330 Salvergues 34 167 Cf 87
12230 Salvetat 12 153 Db 85
15220 Salvetat 15 139 Cb 80
24480 Salvetat 24 137 Af 80
11140 Salvezines 11 178 Cb 92
46150 Salvezou 46 137 Bc 81
46340 Salviac 46 137 Bb 80
42110 Salvizinet 42 129 Eb 74
20117 Salvolaccia CTC 182 If 97
11330 Salza 11 178 Cc 91
43230 Salzuit 43 128 Dc 77
40320 Samadet 40 162 Zd 87
31350 Saman 31 163 Ae 89
32140 Samaran 32 163 Ad 88
32130 Samatan 32 164 Af 88
32230 Samazan 32 162 Aa 88
47250 Samazan 47 148 Aa 82
41120 Sambin 41 86 Bb 64
89160 Sambourg 89 90 Ea 62
59310 Saméon 59 30 Dc 46
62830 Samer 62 28 Be 45
21170 Samerey 21 106 Fc 66
64520 Sames 64 161 Yf 87
87460 Samis 87 126 Be 74
86200 Sammarçolles 86 99 Aa 66
77260 Sammeron 76 52 Da 55
74340 Samoëns 74 121 Ge 72
01580 Samognat 01 119 Fd 71
55100 Samogneux 55 55 Fc 53
77920 Samois-sur-Seine 76 71 Ce 58
33710 Samonac 33 135 Zc 78
77210 Samoreau 76 71 Ce 58
31420 Samouillan 31 164 Af 89
02840 Samoussy 02 40 De 51
07100 Samoyas 07 130 Ed 77
39100 Sampans 39 106 Fc 66
55300 Sampigny 55 55 Fd 56
71150 Sampigny-lès-Maranges 71 105 Ed 67
20134 Sampolo CTC 183 Ka 97
20227 Sampolu CTC 183 Kb 96
07120 Sampzon 07 154 Ec 82
25440 Samson 25 107 Ff 66
64350 Samsons-Lion 64 162 Zf 88
20270 Samuletu CTC 183 Kc 96
56360 Samzun 56 80 Wf 65
31220 Sana 31 164 Ba 89
83110 Sanary sur-Mer 83 171 Fe 90
19350 Sanas 19 125 Bb 77
20167 San Benedettu CTC 182 Ie 97
71000 Sancé 71 118 Ee 70
58420 Sancenay 58 104 Dc 65
18140 Sancergues 18 103 Cf 66
18300 Sancerre 18 88 Ce 65
25430 Sancey 25 94 Gd 65
25430 Sancey-le-Grand 25 94 Gd 65
25430 Sancey-le-Long 25 94 Gd 65
28800 Sancheville 28 70 Bd 59
88390 Sanchey 88 76 Gc 59
01370 Sanciat 01 119 Fc 71
20137 San Ciprianu CTC 185 Kc 99
18600 Sancoins 18 103 Cf 68
27150 Sancourt 27 38 Be 52
59268 Sancourt 59 30 Db 47
80400 Sancourt 80 39 Da 50
54560 Sancy 54 56 Ff 52
58800 Sancy 58 89 De 65
77580 Sancy 76 52 Cf 55
02880 Sancy-les-Cheminots 02 40 Dc 52
77320 Sancy-lès-Provins 76 52 Dc 56
67230 Sand 67 60 Hd 58
20213 San Damiano CTC 183 Kc 94
28120 Sandarville 28 69 Bc 58
88170 Sandaucourt 88 76 Ff 59
45640 Sandillon 45 87 Ca 61
38710 Sandon 38 144 Fe 80
76430 Sandouville 77 36 Ab 52
78520 Sandrancourt 78 50 Bd 54
01400 Sandrans 01 118 Ef 72
44410 Sandun 44 81 Xd 64
24400 Saneuil 24 136 Ab 78
62231 Sangatte 62 26 Be 43
20213 San-Gavino-d'Ampugnani CTC 181 Kc 94
20170 San-Gavino-di-Carbini CTC 185 Ka 98
20243 San Gavino-di-Fiumorbo CTC 183 Kb 97
20246 San-Gavino-di-Tenda CTC 181 Kb 93
20140 San Giorgio CTC 182 If 98
20230 San Giovanni-di-Moriani CTC 183 Ka 94
20114 San Giovano CTC 185 Ka 99
20230 San Giuliano CTC 183 Kd 95
40110 Sangla 40 146 Za 84
18170 Sanglier 18 102 Cb 68
57640 Sangry-lès-Vigy 57 56 Gb 53
58700 Sangué 58 103 Dc 66
36120 Sanguille 36 101 Be 68
40460 Sanguinet 40 134 Yf 82
07110 Sanilhac 07 142 Eb 81
30700 Sanilhac-Sagriès 30 154 Ec 85
30440 Sanissac 30 153 De 84
15110 Sanivalo 15 140 Cf 80
58110 Sanizy 58 104 Dd 66
20244 San Lorenzo = San Lorenzu CTC 183 Kb 94
20200 San-Martino-di-Lota CTC 181 Kc 92
20115 San Martinu CTC 182 Id 95
23110 Sannat 23 115 Cc 72
23190 Sannegrand 23 114 Cc 73
14940 Sannerville 14 48 Ze 53
84240 Sannes 84 156 Fc 86
20230 San Nicolao CTC 183 Kc 94
20246 San Pancraziu CTC 181 Kb 92
83380 San-Peïre-sur-Mer 83 172 Ge 88
20213 San Pellegrinu CTC 181 Kd 94
20167 San Petru CTC 182 If 96
20251 San Petru Fagu CTC 183 Kc 95
20214 San Quilcu CTC 180 Ie 94
57530 Sanry-sur-Nied 57 56 Gc 54
66360 Sansa 66 178 Cb 93
15130 Sansac-de-Marmiesse 15 139 Cc 79
15120 Sansac-Veinazès 15 139 Cc 80
79270 Sansais 79 110 Zc 71
32260 Sansan 32 163 Ad 87
21230 Sansange 21 105 Ec 66
33840 Sansin 33 148 Ze 83
43320 Sanssac-L'Eglise 43 141 De 78
03150 Sanssat 03 116 Dc 71
88260 Sans-Vallois 88 76 Ga 60
AD500 Santa Coloma ◻ AND 177 Bc 94
71460 Santagny 71 105 Ed 69
20114 Santa Lucia CTC 185 Ka 00
20250 Santa Lucia-di-Mercurio CTC 183 Kb 95
20230 Santa-Lucia-di-Moriani CTC 183 Kc 94
20169 Sant'Amanza CTC 185 Kb 00
20110 Santa Margarita CTC 184 If 99
20200 Santa Maria di Lota CTC 181 Kc 92
20143 Santa-Maria-Figaniella CTC 184 Ka 98
20221 Santa-Maria-Poggio CTC 183 Kc 94
20190 Santa-Maria-Siché CTC 182 If 97
20112 Sant' Andréa CTC 184 Ka 98
20212 Sant'Andrea- di-Bozio CTC 183 Kb 95
20221 Sant'Andrea-di-Cotone CTC 183 Kc 95
20151 Sant'Andréa-d'Orcino CTC 182 Ie 96
39380 Santans 39 107 Fd 66
20233 Sant' Antone CTC 181 Kc 92
20220 Sant'Antonino CTC 180 If 93
20236 Santa Régina CTC 183 Ka 94
20220 Santa-Reparata-di-Balagna CTC 180 If 93
20230 Santa-Reparata-di-Moriani CTC 183 Kc 94
20228 Santa Severa CTC 181 Kc 91
45170 Santeau 45 71 Ca 60
29250 Santec 29 62 Vf 56
21590 Santenay 21 105 Ee 67
41190 Santenay 41 86 Ba 63
52160 Santenoge 52 91 Ef 62
94440 Santeny 94 51 Cd 56
59211 Santes 59 30 Cf 45
28700 Santeuil 28 70 Be 58
95640 Santeuil 95 50 Bf 54
12420 Santignac 12 139 Ce 80
89420 Santigny 89 90 Ea 63
28310 Santilly 28 70 Bf 60
71460 Santilly 71 105 Ee 69
28310 Santilly-le-Vieux 28 70 Bf 60
AD600 Sant Julià de Lòria ◻ AND 177 Bc 94
25340 Santoche 25 94 Gd 64
20246 Santo-Pietro-di-Tenda CTC 181 Kb 93
20250 Santo Pietro-di-Venaco CTC 183 Kb 95
21340 Santosse 21 105 Ed 66
18240 Santranges 18 88 Ce 63
12200 Sanvensa 12 151 Ca 83
89310 Sanvigne 89 90 Ea 62
71410 Sanvignes-les-Mines 71 105 Eb 68
86600 Sanxay 86 111 Zf 70
79150 Sanzay 79 98 Zd 67
54200 Sanzey 54 56 Ff 56
49260 Sanziers 49 99 Ze 66
14330 Saon 14 47 Za 53
25660 Saône 25 107 Ga 65
14330 Saonnet 14 47 Za 53
06540 Saorge 06 159 Hd 85
72600 Saosnes 72 68 Ab 59
26400 Saou 26 143 Fa 81
64360 Saou 64 162 Zc 89
20100 Saparale CTC 184 If 99
20100 Saparella CTC 184 If 99
20138 Saparella Sottana CTC 182 Id 98
20242 Saparelle CTC 183 Kb 96
20122 Saparellu CTC 183 Ka 98
63710 Sapchat 63 128 Cf 75
52100 Sapignicourt 51 54 Ee 57
62121 Sapignies 62 30 Cf 48
08160 Sapogne-et-Feuchères 08 42 Ee 51
08370 Sapogne-sur-Marche 08 42 Fb 51
39300 Sapois 39 107 Ff 68
88120 Sapois 88 77 Ge 60
02130 Saponay 02 53 Dc 53
70210 Saponcourt 70 93 Ga 61
38700 Sappey-en-Chartreuse 38 132 Fe 77
09320 Saraillé 09 177 Bb 91
32450 Saramon 32 163 Ae 87
45770 Saran 45 70 Bf 61
25330 Saraz 25 107 Ff 67
40120 Sarbazan 40 147 Ze 84
72360 Sarcé 72 85 Ab 62
61200 Sarceaux 61 48 Zf 56
95200 Sarcelles 95 51 Cc 54
38700 Sarcenas 38 131 Fe 77
43220 Sarcenas 43 130 Ec 77
63870 Sarcenat 63 128 Da 74
52800 Sarcey 52 75 Fb 60
69490 Sarcey 69M 130 Ed 73
52000 Sarcicourt 52 75 Fa 60
81400 Sarclars 81 151 Cb 84
32420 Sarcos 32 163 Ae 88
60210 Sarcus 60 38 Bf 50
51170 Sarcy 51 53 De 53
30260 Sardan 30 154 Ea 85
23220 Sardé 23 114 Be 70
20134 Sardegna CTC 183 Kb 97
23250 Sardent 23 114 Bf 72
73500 Sardières 73 133 Ge 77
38260 Sardieu 38 131 Fb 76
58270 Sardolles 58 103 Dc 67
63260 Sardon 63 116 Db 73
38114 Sardonne 38 144 Ga 78
58800 Sardy-lès-Epiry 58 104 De 65
58530 Sardy-les-Forges 58 90 Dd 64
64310 Sare 64 160 Yc 89
72190 Sargé-lès-le-Mans 72 68 Ab 60
41170 Sargé-sur-Braye 41 85 Af 61
23400 Sargnat 23 113 Bd 73
09120 Sarguet 09 177 Bd 90
65230 Sariac-Magnoac 65 163 Ad 89
20145 Sari di Solenzara CTC 185 Kc 97
20151 Sari-d'Orcino CTC 182 Ie 96
77176 Sarigny-le-Temple 76 71 Cd 57
65130 Sarlabous 65 163 Ab 90
24270 Sarlande 24 125 Ba 76
43530 Sarlanges 43 129 Ea 77
24200 Sarlat-la-Canéda 24 137 Bb 79
24420 Sarliac-sur-l'Isle 24 125 Af 77
43200 Sarlis 43 129 Ea 78
81170 Sarmases 81 151 Bf 84
43100 Sarniat 43 128 Dc 76
65390 Sarniguet 65 162 Aa 89
60210 Sarnois 60 38 Bf 50
51260 Saron-sur-Aube 51 73 De 57
31160 Sarous 31 164 Af 90
65370 Sarp 65 176 Ad 90
63490 Sarpoil 63 128 Dc 76
64300 Sarpourenx 64 161 Zb 88
07110 Sarrabasche 07 141 Eb 81
09220 Sarradeil 09 177 Bd 92
65120 Sarradets 65 175 Zf 92
32400 Sarragachies 32 162 Zf 86
25240 Sarrageois 25 107 Gb 68
32170 Sarraguzan 32 163 Ab 88
57430 Sarralbe = Saaralben 57 57 Ha 55
57400 Sarraltroff 57 57 Ha 56
15270 Sarran 15 127 Cd 76
19800 Sarran 19 126 Bf 76
40310 Sarran 40 148 Aa 85
64490 Sarrance 64 174 Zc 90
65410 Sarrancolin 65 175 Ac 91
32120 Sarrant 32 149 Af 86
07370 Sarras 07 130 Ee 77
64220 Sarrasquette 64 161 Yf 89
09800 Sarrat 09 176 Ba 91
31160 Sarrat 31 163 Ae 90
65710 Sarrat de Bon 65 175 Ab 91
84390 Sarraud 84 156 Fc 84
24800 Sarrazac 24 125 Ba 76
40500 Sarraziet 40 162 Zd 86
18140 Sarré 18 103 Cf 65
57400 Sarrebourg 57 57 Ha 56
31350 Sarrecave 31 163 Ad 89
57200 Sarreguemines = Saargemünd 57 57 Ha 54
57905 Sarreinsming 57 57 Ha 54
31350 Sarremezan 31 163 Ae 89
67260 Sarre-Union 67 57 Ha 55
57400 Sarrewald 57 57 Ha 56
67260 Sarrewerden 67 57 Ha 55
52140 Sarrey 52 75 Fc 60
65140 Sarriac-Bigorre 65 162 Aa 88
84260 Sarrians 84 155 Ef 84
49800 Sarrigné 49 84 Zd 64
89110 Sarrigny 89 89 Dc 61
39270 Sarrogna 39 119 Fd 70
20167 Sarrola-Carcopino CTC 182 If 96
40800 Sarron 40 162 Ze 87
60700 Sarron 60 39 Cd 53
40430 Sarroucas 40 147 Zc 83
65600 Sarrouilles 65 162 Aa 89
48200 Sarroul 48 140 Db 80
51520 Sarry 51 54 Ec 55
71110 Sarry 71 117 Ea 71
89310 Sarry 89 90 Ea 62
62810 Sars-le-Bois 62 29 Cc 47
59216 Sars-Poteries 59 31 Ea 48
20100 Sartène CTC 184 If 99
88300 Sartes 88 75 Fe 59
33125 Sarton 33 135 Zc 82
62760 Sarton 62 29 Cc 48
78500 Sartrouville 78 51 Ca 55
88650 Sarupt 88 77 Gf 59
36230 Sarzay 36 101 Bf 69
56370 Sarzeau = Sarzhav 56 80 Xb 63
41310 Sasnières 41 86 Af 62
21230 Sasoge 21 105 Ed 66
71390 Sassangy 71 105 Ed 68
41700 Sassay 41 86 Bc 64
59145 Sassegnies 59 31 De 47
38360 Sassenage 38 131 Fd 77
71530 Sassenay 71 106 Ef 68
76730 Sassetot-le-Malgardé 77 37 Af 50
76540 Sassetot-le-Mauconduit 77 36 Ad 50
76450 Sasseville 77 36 Ae 50
27930 Sassey 27 49 Bb 54
36120 Sassierges-Saint-Germain 36 101 Bf 68
65120 Sassis 65 175 Zf 91
14170 Sassy 14 48 Zf 55
69580 Sathonay-Camp 69M 130 Ef 74
69580 Sathonay-Village 69M 130 Ef 73
07290 Satillieu 07 142 Ed 78
58320 Sating 58 103 Da 66
38290 Satolas-et-Bonce 38 131 Fa 74
34400 Saturargues 34 168 Ea 86
48150 Saubert 48 153 Dc 83
40230 Saubion 40 160 Yd 86
32370 Sauboires 32 148 Aa 85
64420 Saubole 64 162 Zf 89
40230 Saubrigues 40 160 Ye 87
40180 Saubusse 40 161 Ye 87
33650 Saucats 33 135 Zc 81
64400 Saucède 64 161 Zb 89
88470 Sauceray 88 77 Gf 59
76630 Sauchay-le-Bas 77 37 Bb 49
76630 Sauchay-le-Haut 77 37 Bb 49
62860 Sauchy-Cauchy 62 30 Da 47
62860 Sauchy-Lestrée 62 30 Da 47
12230 Sauclières 12 153 Dc 85
52270 Saucourt-sur-Rognon 52 75 Fb 58
62860 Saudemont 62 30 Da 47
51120 Saudoy 51 53 De 56
52230 Saudron 52 75 Fb 58
55000 Saudrupt 55 55 Fa 56
12430 Sauganne 12 152 Cd 84
39130 Saugeot 39 107 Fe 69
41200 Saugirard 41 86 Bd 65
41130 Saugirard 41 87 Bd 65
40410 Saugnacq-et-Muret 40 147 Zb 82
69124 Saugnieu 69M 131 Fa 74
33920 Saugon 33 135 Zc 77
43170 Saugues 43 140 Dd 79
64470 Sauguis-Saint-Etienne 64 161 Za 90
18290 Saugy 18 102 Ca 67
89240 Sauilly 89 89 Dc 62
12260 Saujac 12 138 Bf 82
17600 Saujon 17 122 Za 74
08130 Saulces-Champenoises 08 41 Ed 52
08270 Saulces-Monclin 08 41 Ec 51
26270 Saulce-sur-Rhône 26 142 Ee 80
03500 Saulcet 03 116 Db 71
02310 Saulchery 02 52 Db 55
62870 Saulchoy 62 28 Bf 46
80910 Saulchoy-sur-Davenescourt 80 39 Cd 50
10200 Saulcy 10 74 Ee 59
88580 Saulcy-sur-Meurthe 88 77 Gf 59
25580 Saules 25 107 Gb 66
71390 Saules 71 105 Ee 69
86500 Saulgé 86 112 Af 70
49320 Saulgé-L'Hôpital 49 84 Zd 65
53340 Saulges 53 67 Zd 61
16420 Saulgond 16 112 Ae 73
19110 Sauliac 19 127 Cc 76
46330 Sauliac-sur-Célé 46 138 Be 81
19400 Saulières 19 138 Bf 78
21210 Saulieu 21 90 Eb 65
52500 Saulles 52 92 Fd 62
36290 Saulnay 36 101 Bb 67
54650 Saulnes 54 43 Fe 51
58240 Saulnière 58 103 Db 68
28500 Saulnières 28 50 Bb 57
35320 Saulnières 35 82 Yc 61
70400 Saulnot 70 94 Gd 63
57140 Saulny 57 56 Ga 54
12580 Saulodes 12 139 Cd 81
21910 Saulon-la-Chapelle 21 106 Fa 65
21910 Saulon-la-Rue 21 106 Fa 65
84390 Sault 84 156 Fc 84
59990 Saultain 59 31 Dd 46
01150 Sault-Brénaz 01 131 Fc 73
50800 Saultchevreuil-du-Tronchet 50 46 Ye 56
64300 Sault-de-Navailles 64 161 Zb 87
08300 Sault-lès-Rethel 08 41 Ec 52
08190 Sault-Saint-Rémy 08 41 Ea 52
62158 Saulty 62 29 Cd 47
70240 Saulx 70 93 Gb 62
55500 Saulx-en-Barrois 55 55 Fc 56
55160 Saulx-en-Woëvre 55 55 Fd 54
54115 Saulxerotte 54 76 Ff 58
21120 Saulx-le-Duc 21 91 Fa 63
91160 Saulx-les-Chartreux 91 51 Cb 56
78650 Saulx-Marchais 78 50 Bf 55
52140 Saulxures 52 75 Fd 61
67420 Saulxures 67 77 Ha 58
88140 Saulxures-lès-Bulgnéville 88 76 Fe 59
54420 Saulxures-lès-Nancy 54 56 Gb 56
54170 Saulxures-lès-Vannes 54 76 Fe 57
88290 Saulxures-sur-Moselotte 88 77 Ge 61
18360 Saulzais-le-Potier 18 102 Cc 69
03800 Saulzet 03 116 Db 72
63540 Saulzet-le-Chaud 63 128 Da 74
63970 Saulzet-le-Froid 63 127 Cf 75
59227 Saulzoir 59 30 Dc 47
04150 Saumane 04 156 Fe 84
84800 Saumane-de-Vaucluse 84 155 Fa 85
47420 Sauméjan 47 148 Zf 83
04420 Saume-Longe 04 157 Gc 83
28800 Saumeray 28 69 Bb 59
45310 Saumery 45 70 Be 61
47600 Saumont 47 148 Ac 84
76440 Saumont-la-Poterie 77 38 Bd 51
33680 Saumos 33 134 Za 79
49400 Saumur 49 99 Zf 65
87230 Saumur 87 125 Ba 75
37110 Saunay 37 86 Af 63
71350 Saunières 71 106 Fa 67
40420 Sauque 40 147 Zc 84
60112 Sauqueuse-Saint-Lucien 60 38 Ca 51
76550 Sauqueville 77 37 Ba 49
79200 Saurais 79 99 Zf 69
09400 Saurat 09 177 Bd 91
63390 Sauret-Besserve 63 115 Ce 73
63320 Saurier 63 128 Da 75
47700 Saurine 47 148 Zf 83
74210 Saury 74 132 Gb 74
68390 Sausheim 68 95 Hc 62
65120 Saussa 65 175 Zf 92
34570 Saussan 34 168 De 87
28260 Saussay 28 50 Bc 55
76760 Saussay 77 37 Af 51
27150 Saussay-la-Champagne 27 37 Bd 53
50700 Saussemesnil 50 33 Yd 51
81350 Saussenac 81 151 Cb 85
88270 Saussenot 88 76 Gb 60
31460 Saussens 31 165 Be 87
04320 Sausses 04 158 Ge 84
65150 Sausset 65 175 Ac 90
13960 Sausset-les-Pins 13 170 Fa 89
08130 Sausseuil 08 41 Ed 51
76270 Sausseuse-Mare 77 37 Bd 50
76110 Sausseuzemare-en-Caux 77 36 Ac 51
50200 Saussey 50 46 Yd 54
24240 Saussignac 24 136 Ab 80
34160 Saussines 34 154 Ea 86
21380 Saussy 21 91 Ef 64
09300 Sautel 09 177 Be 91
33210 Sauternes 33 135 Zd 81
63410 Sauterre 63 115 Cf 73
34270 Sauteyrargues 34 154 Df 85
44880 Sautron 44 82 Yb 65
33680 Sautuges 33 134 Za 79
51260 Sauvage 51 73 De 57
58130 Sauvage 58 103 Db 66
52220 Sauvage-Magny 52 74 Ee 58
15300 Sauvages 15 139 Cf 77
16310 Sauvagnac 16 124 Ad 74
19270 Sauvagnac 19 126 Bd 77
24270 Sauvagnac 24 125 Bb 76
87340 Sauvagnac 87 113 Bc 72
47340 Sauvagnas 47 149 Ae 83
63470 Sauvagnat 63 127 Cd 74
63500 Sauvagnat-Sainte-Marthe 63 128 Db 75
32240 Sauvagnère 32 148 Zf 85
25170 Sauvagney 25 93 Ff 65
64230 Sauvagnon 64 162 Zd 88
03430 Sauvagny 03 115 Ce 70
43100 Sauvagny 43 128 Db 77
42990 Sauvain 42 129 Df 74
07460 Sauvas 07 154 Ea 83
15240 Sauvat 15 127 Cc 77
30610 Sauve 30 154 Df 85
24150 Sauvebœf 24 136 Ae 79
83260 Sauvebonne 83 171 Ga 89
64150 Sauvelade 64 161 Zb 88
07200 Sauveplantade 07 142 Ec 81
01220 Sauverny 01 120 Ga 71
63840 Sauvessanelle 63 129 Df 76
63840 Sauvessanges 63 129 Df 76
30150 Sauveterre 30 155 Ee 84
32220 Sauveterre 32 164 Af 88
48210 Sauveterre 48 153 Dc 82
65700 Sauveterre 65 162 Aa 88
81240 Sauveterre 81 166 Cd 88
82110 Sauveterre 82 150 Bb 83
64390 Sauveterre-de Béarn 64 161 Za 88
31510 Sauveterre-de-Comminges 31 176 Ae 90
33540 Sauveterre-de-Guyenne 33 135 Zf 80
12800 Sauveterre-de-Rouergue 12 151 Cb 83
47500 Sauveterre-la-Lémance 47 137 Ba 81
47220 Sauveterre-Saint-Denis 47 149 Ae 84
65120 Sauveur 65 175 Zf 91
32300 Sauviac 32 163 Ac 88
33430 Sauviac 33 148 Ze 82
34410 Sauvian 34 167 Db 89
63120 Sauviat 63 128 Dd 74
87400 Sauviat-sur-Vige 87 113 Bd 73
16480 Sauvignac 16 123 Zf 77
70140 Sauvigney-lès-Gray 70 92 Fe 64
70140 Sauvigney-lès-Pesmes 70 92 Fd 65
55140 Sauvigny 55 75 Fe 58
58800 Sauvigny 58 90 Dd 65
58270 Sauvigny 58 104 Dd 67
89420 Sauvigny-le-Beuréal 89 90 Ea 64

89200 Sauvigny-le-Bois 89 90 Df 63
58160 Sauvigny-les-Bois 58 103 Db 67
08390 Sauville 08 42 Ee 51
88140 Sauville 88 75 Fe 60
80110 Sauvillers-Mongival 80 39 Cc 50
32220 Sauvimont 32 164 Af 88
55190 Sauvoy 55 55 Fd 57
58270 Sauvry 58 104 Dc 67
46800 Saux 46 149 Ba 82
65100 Saux 65 162 Zf 90
82110 Saux 82 150 Bb 83
63490 Sauxillanges 63 128 Dc 75
81320 Sauyères 81 166 Ce 87
17470 Sauzaie 17 111 Zd 72
58460 Sauzay 58 89 Dc 64
58290 Sauzay 58 104 De 67
06470 Sauze 06 158 Ge 84
17190 Sauzelle 17 109 Ye 73
36220 Sauzelles 36 100 Ba 69
26740 Sauzet 26 142 Ee 81
30190 Sauzet 30 154 Eb 85
46140 Sauzet 46 150 Bb 82
63420 Sauzet 63 128 Da 76
87360 Sauzet 87 113 Ba 71
79190 Sauzé-Vaussais 79 111 Aa 72
06470 Sauze-Vieux 06 158 Ge 84
56360 Sauzon 56 80 We 64
46090 Savanac 46 138 Bd 82
17290 Savarit 17 110 Zb 72
31800 Savarthès 31 163 Ae 90
07430 Savas 07 130 Ee 77
38440 Savas 38 130 Fa 75
38440 Savas-Mépin 38 131 Fa 76
26740 Savasse 26 142 Ee 81
58230 Savault 58 104 Df 65
76680 Saveaumare 77 37 Bb 51
16240 Saveille 16 111 Zf 72
58230 Savelot 58 104 Df 65
23430 Savenas 23 113 Bd 73
44260 Savenay 44 81 Ya 64
58110 Savenay 58 104 De 66
82600 Savenès 82 149 Bb 86
23000 Savennes 23 114 Bf 72
63750 Savennes 63 127 Cc 75
49170 Savennières 49 83 Zc 64
09700 Saverdun 09 165 Bd 89
31370 Savères 31 164 Ba 88
87310 Savergnac 87 125 Af 74
74250 Savernaz 74 120 Gc 72
67700 Saverne = Zabern 67 58 Hc 56
77820 Saveteux 76 72 Ce 57
80470 Saveuse 80 38 Cb 49
71460 Savianges 71 105 Ed 68
10600 Savières 10 73 Df 58
39240 Savigna 39 119 Fd 70
12200 Savignac 12 151 Bf 82
12400 Savignac 12 152 Cf 85
33124 Savignac 33 135 Zf 81
47120 Savignac-de-Duras 47 136 Ab 80
33910 Savignac-de-l'Isle 33 135 Ze 79
24260 Savignac-de-Miremont 24 137 Af 79
24300 Savignac-de-Nontron 24 124 Ae 75
24270 Savignac-Lédrier 24 125 Bb 76
24420 Savignac-les-Églises 24 125 Af 77
09110 Savignac-les-Ormeaux 09 177 Be 92
32130 Savignac-Mona 32 164 Ba 88
47150 Savignac-sur-Leyze 47 137 Ae 82
11330 Savignan 11 178 Cc 91
30350 Savignargues 30 154 Ea 85
86400 Savigné 86 112 Ab 72
72460 Savigné-l'Evêque 72 68 Ab 60
72800 Savigné-sous-le-Lude 72 84 Aa 63
37340 Savigné-sur-Lathan 37 85 Ab 64
42600 Savigneux 42 129 Ea 75
42140 Savigneux 42 130 Ec 75
01480 Savigneyux 01 118 Ef 72
60650 Savignies 60 38 Bf 52
03190 Savigny 03 115 Cd 70
50210 Savigny 50 34 Yd 54
52500 Savigny 52 92 Fd 62
74520 Savigny 74 120 Ff 72
88130 Savigny 88 76 Gb 58
69210 Savigny 69M 130 Ed 74
71580 Savigny-en-Revermont 71 106 Fc 69
18240 Savigny-en-Sancerre 18 88 Ce 64
18390 Savigny-en-Septaine 18 102 Cd 66
89420 Savigny-en-Terre-Plaine 89 90 Ea 64
37420 Savigny-en-Véron 37 99 Aa 65
21420 Savigny-lès-Beaune 21 106 Ee 66
21380 Savigny-le-Sec 21 91 Fa 64
86800 Savigny-Lévescault 86 112 Ac 69
50640 Savigny-le-Vieux 50 66 Yf 57
58170 Savigny-Poil-Fol 58 104 Df 68
86140 Savigny-sous-Faye 86 99 Ab 67
21540 Savigny-sous-Mâlain 21 91 Ee 65
08400 Savigny-sur-Aisne 08 42 Ee 52
51170 Savigny-sur-Ardes 51 53 De 53
41360 Savigny-sur-Braye 41 85 Ae 61
89150 Savigny-sur-Clairis 89 72 Da 60
71460 Savigny-sur-Grosne 71 105 Ee 69
91600 Savigny-sur-Orge 91 51 Cc 56
71440 Savigny-sur-Seille 71 106 Fa 69
21430 Savilly 21 105 Eb 66
05160 Savines-le-Lac 05 145 Gc 81
77650 Savins 76 72 Db 57
10800 Savoie 10 73 Ea 59
84390 Savoillan 84 156 Fc 83
21500 Savoisy 21 91 Ec 62
21310 Savolles 21 92 Fb 64
37510 Savonnières 37 85 Ad 64
55000 Savonnières-devant-Bar 55 55 Fb 56
55170 Savonnières-en-Perthois 55 75 Fa 57
55300 Savonnières-en-Woëvre 55 55 Fd 55
21910 Savouges 21 106 Fa 65
05700 Savournon 05 156 Fe 82
70130 Savoyeux 70 92 Fe 63
02590 Savy 02 40 Db 50
62690 Savy-Berlette 62 29 Cd 46
74420 Saxel 74 120 Gc 71
58330 Saxi-Bourdon 58 104 Dc 66
54330 Saxon-Sion 54 76 Ga 58
42130 Say 42 129 Ea 74
63740 Say 63 127 Ce 74
63530 Sayat 63 128 Da 74
31340 Sayrac 31 150 Bc 85
79210 Sazay 79 110 Zb 71
30650 Saze 30 155 Ee 85
36160 Sazeray 36 114 Ca 70
65120 Sazos 65 175 Zf 91
87120 Sazy 87 126 Be 74
29390 Scaër = Skaer 29 79 Wb 60
20167 Scaglioli CTC 182 Ie 97
20122 Scapa di Noce CTC 183 Kb 98
20213 Scata CTC 181 Kc 94
24300 Sceau-Saint-Angel 24 124 Ae 76
07400 Sceautres 07 142 Ed 81
89420 Sceaux 89 90 Ea 63
49330 Sceaux-d'Anjou 49 83 Zc 63
45490 Sceaux-du-Gâtinais 45 71 Cd 60
72160 Sceaux-sur-Huisne 72 68 Ad 60
92290 Sceaux 92 51 Cb 56
46320 Scelles 46 138 Be 80
36300 Scèvole 36 100 Ba 69
25290 Scey-Maisières 25 107 Ga 66
70360 Scey-sur-Saône-et-Saint-Albin 70 93 Ff 63
57850 Schaeferhof 57 57 Hb 56
67150 Schaeffersheim 67 60 Hd 58
67470 Schaffhouse-près-Seltz 67 59 Ia 55
67270 Schaffhouse-sur-Zorn 67 58 Hd 56
57370 Schalbach 57 57 Hb 56
67350 Schalkendorf 67 58 Hd 55
67310 Scharrachbergheim-Irmstett 67 60 Hd 57
67630 Scheibenhard 67 59 Ia 55
67270 Scherlenheim 67 58 Hd 56
67750 Scherwiller 67 60 Hc 59
57960 Schieresthal 57 58 Hc 55
67340 Schillersdorf 67 58 Hd 55
67300 Schiltigheim 67 60 He 57
67110 Schirlenhof 67 58 He 55
67130 Schirmeck 67 77 Hb 58
67240 Schirrhein 67 58 Hf 56
67240 Schirrhoffen 67 58 Hf 56
67160 Schleithal 67 59 Ia 55
68440 Schlierbach 68 95 Hc 62
57412 Schmittviller 57 57 Hb 54
57400 Schneckenbusch 57 57 Ha 56
67370 Schnersheim 67 58 Hd 57
67390 Schœnau 67 60 Hd 59
67320 Schœnbourg 67 58 Hb 55
57350 Schœneck 57 57 Gf 53
67250 Schœnenburg 67 58 Hf 55
67260 Schopperten 67 57 Ha 55
57230 Schorbach 57 58 Hc 54
57910 Schottenhof 57 57 Gf 54
57320 Schreckling 57 57 Gd 53
67660 Schwabwiller 67 58 Hf 55
67440 Schwebwiller 67 58 Hc 56
68610 Schweighouse 68 77 Hb 61
67590 Schweighouse-sur-Moder 67 58 He 56
68520 Schweighouse-Thann 68 95 Hb 62
67440 Schwenheim 67 58 Hc 56
57320 Schwerdorff 57 44 Gd 52
57720 Schweyen 57 58 Hc 54
67270 Schwindratzheim 67 58 Hd 56
68130 Schwoben 68 95 Hb 63
67390 Schwobsheim 67 60 Hd 59
79000 Sciecq 79 110 Zd 70
74800 Scientrier 74 120 Gb 72
32230 Scieurac-et-Flourès 32 163 Ab 87
74140 Sciez 74 120 Gc 71
79240 Scillé 79 98 Zc 69
74950 Scionzier 74 120 Gd 72
20290 Scolca CTC 181 Kc 93
86140 Scorbé-Clairvaux 86 99 Ac 68
36300 Scoury 36 101 Bb 69
29640 Scrignac 29 63 Wb 58
51340 Scrupt 51 54 Ee 56
20000 Scudo CTC 182 Ie 97
57160 Scy-Chazelles 57 56 Ga 54
70170 Scye 70 93 Ga 63
32190 Séailles 32 162 Aa 86
12740 Sébazac-Concourès 12 152 Cd 82
27190 Sébécourt 27 49 Af 55
50480 Sébeville 50 34 Ye 52
24600 Sebinlou 24 124 Ab 77
02110 Seboncourt 02 40 Dc 49
59990 Sebourg 59 31 Dd 46
59990 Sebourquiaux 59 31 Dd 46
12190 Sébrazac 12 139 Cd 81
64410 Séby 64 162 Zd 88
08250 Séchault 08 54 Ee 53
17510 Sècheboue 17 111 Zf 73
02340 Séchelles 02 41 Df 50
07610 Sécheras 07 142 Ee 78
08150 Sécheval 08 42 Ed 49
74200 Séchex 74 120 Gc 70
38220 Séchilienne 38 144 Ff 78
25640 Séchin 25 93 Gb 65
59113 Seclin 59 30 Da 45
79170 Secondigné-sur-Belle 79 111 Ze 72
79130 Secondigny 79 98 Zd 69
82200 Sécot 82 149 Ba 83
15170 Secourieux 15 140 Cf 78
57420 Secourt 57 56 Gb 55
14740 Secqueville-en-Bassin 14 35 Zc 53
81260 Sécun 81 166 Cd 87
28140 Securay 28 70 Bd 60
08200 Sedan 08 42 Ef 50
31580 Sédeilhac 31 163 Ad 90
26560 Séderon 26 156 Fd 83
64160 Sedze-Maubecq 64 162 Zf 88
64160 Sedzère 64 162 Ze 88
67160 Seebach 67 59 Hf 55
61500 Sées 61 68 Ab 57
73700 Séez 73 133 Ge 75
09320 Ségalas 09 177 Bb 91
09420 Ségalas 09 177 Bc 90
47410 Ségalas 47 136 Ad 81
65140 Ségalas 65 162 Aa 88
19430 Ségatat 19 138 Bf 78
82200 Sèges 82 149 Ba 84
56160 Séglien 56 79 Wf 60
01170 Ségny 01 120 Ga 71
18200 Ségogne 18 102 Cd 68
33160 Ségonnes 33 134 Zb 79
12400 Segonzac 12 152 Ce 85
16130 Segonzac 16 123 Ze 75
19310 Segonzac 19 125 Bb 77
24350 Segonzac 24 124 Ac 77
24550 Segonzac 24 137 Bb 80
63340 Segonzat 63 128 Db 76
32400 Ségos 32 162 Ze 87
32600 Ségoufielle 32 164 Ba 87
58270 Segoute 58 104 Dc 66
72170 Ségrie 72 68 Aa 59
61100 Ségrie-Fontaine 61 47 Zd 56
36100 Ségry 36 102 Ca 67
31480 Séguenville 31 149 Ba 86
64240 Séguillon 64 160 Ye 88
12290 Ségur 12 152 Cf 83
09120 Ségura 09 177 Be 90
11350 Ségure 11 179 Ce 91
83600 Séguret 83 172 Ge 87
84110 Séguret 84 155 Fa 83
19230 Ségur-le-Château 19 125 Bb 76
15300 Ségur-les-Villas 15 127 Ce 77
62650 Séhen 62 28 Bf 45
65150 Seich 65 175 Ac 90
54280 Seichamps 54 56 Gb 56
45530 Seichebrières 45 71 Cb 61
54470 Seicheprey 54 56 Fe 55
49140 Seiches-sur-le-Loir 49 84 Zd 63
11240 Seignalens 11 165 Bf 90
22170 Seignaux 22 64 Xa 57
17510 Seigné 17 111 Ze 73
58150 Seigne 58 89 Da 64
89250 Seignelay 89 89 Dd 61
55000 Seigneulles 55 55 Fb 55
09120 Seigneurix 09 177 Be 90
40510 Seignosse 40 160 Yd 86
21150 Seigny 21 91 Ec 63
41110 Seigy 41 101 Bc 65
31840 Seilh 31 164 Bc 86
19700 Seilhac 19 126 Be 76
41150 Seillac 41 86 Ba 63
83440 Seillans 83 172 Gd 87
36310 Seillant 36 113 Bc 70
05140 Seille 05 144 Fe 81
09200 Seille 09 176 Ba 90
01470 Seillonnaz 01 131 Fc 74
83470 Seillons-Source-d'Argens 83 171 Ff 88
77240 Seine-Port 76 71 Cd 57
57455 Seingbouse 57 57 Ge 54
32260 Seissan 32 163 Ad 88
09140 Seix 09 177 Bb 91
43510 Séjallières 43 141 De 79
54170 Selaincourt 54 76 Ff 58
62390 Selandre 62 29 Ca 47
35320 Sel-de-Bretagne, Le 35 82 Yc 61
05340 Sélé 05 145 Gc 79
22320 Sélédin 22 63 Wf 59
02300 Selens 02 40 Db 52
67600 Sélestat 67 60 Hc 59
79170 Séligné 79 111 Ze 72
39120 Séligney 39 107 Fd 67
37800 Seligny 37 100 Ad 67
80640 Sélincourt 80 38 Bf 49
58110 Selins 58 104 Dd 66
16500 Sellas 16 112 Ae 73
53800 Selle-Craonnaise, la 53 83 Yf 61
27500 Selles 27 49 Ad 53
51490 Selles 51 54 Eb 53
62240 Selles 62 28 Bf 44
70210 Selles 70 76 Ga 61
41300 Selles-Saint-Denis 41 87 Bf 64
41130 Selles-sur-Cher 41 86 Bd 65
36180 Selles-sur-Nahon 36 101 Bc 66
39230 Sellières 39 107 Fd 68
39190 Sellières 39 119 Fc 69
41100 Selommes 41 86 Bb 62
25230 Seloncourt 25 94 Gf 64
21260 Selongey 21 92 Fb 63
04140 Selonnet 04 157 Gb 82
50390 Selsouef 50 46 Yc 52
76560 Seltot 77 37 Ae 50
67470 Seltz 67 59 Ia 55
56690 Séludierne 56 80 Wf 62
15290 Selves 15 139 Cb 79
09220 Sem 09 177 Bd 92
44260 Sem 44 81 Xf 64
81570 Sémalens 81 165 Ca 87
61250 Semallé 61 68 Aa 58
21320 Semarey 21 91 Ed 65
03800 Semautre 03 116 Db 72
43160 Sembadel 43 129 De 77
47360 Sembas 47 149 Ad 83
36700 Semblançay 36 101 Bb 67
37360 Semblançay 37 85 Ad 64
36210 Semblecay 36 101 Be 65
32230 Sembouès 32 163 Aa 88
65600 Séméac 65 162 Aa 89
64350 Séméacq-Blachon 64 162 Zf 88
57280 Semécourt 57 56 Ga 53
58360 Sémelay 58 104 Df 67
58270 Sémelin 58 104 Dc 66
33490 Semens 33 135 Ze 81
89560 Sementron 89 89 Dc 63
59440 Sémeries 59 31 Ea 48
41160 Semerville 41 86 Bc 61
21220 Semezanges 21 106 Ef 65
32450 Sémézies 32 163 Ae 87
32450 Sémézies-Cachan 32 163 Ae 88
33340 Sémian 33 122 Yf 76
08400 Semide 08 54 Ed 52
33112 Sémignan 33 134 Za 77
17150 Sémillac 17 122 Zc 76
02000 Semilly 02 40 Dd 51
52700 Semilly 52 75 Fc 59
89240 Semilly 89 89 Dc 62
70120 Semmadon 70 93 Ff 62
57570 Semming 57 44 Gb 52
10700 Semoine 10 53 Ea 56
36600 Semoire 36 101 Bd 66
21450 Semond 21 91 Ed 62
25750 Semondans 25 94 Ge 63
38260 Semons 38 131 Fb 76
17150 Semoussac 17 122 Zc 76
79170 Semoussais 79 111 Zf 72
52000 Semoutiers-Montsaon 52 75 Fa 60
45400 Semoy 45 87 Bf 61
32700 Sempesserre 32 149 Ad 84
60400 Sempigny 60 39 Cf 51
62170 Sempy 62 28 Bf 46
21140 Semur-en-Auxois 21 90 Ec 64
71110 Semur-en-Brionnais 71 117 Ea 71
72390 Semur-en-Vallon 72 69 Ad 60
17120 Semussac 17 122 Za 75
08130 Semuy 08 42 Ed 52
65140 Sénac 65 163 Ab 88
88220 Senade 88 77 Gc 60
88320 Senaide 88 76 Fe 61
46140 Senaillac-Latronquière 46 138 Ca 80
46360 Sénaillac-Lauzès 46 138 Bd 81
21500 Senailly 21 90 Eb 63
28300 Senainville 28 70 Bd 57
33112 Senajou 33 134 Za 78
89710 Senan 89 89 Dc 61
28210 Senantes 28 50 Bd 57
60650 Senantes 60 38 Bf 52
55250 Senard 55 55 Fa 55
31430 Sénarens 31 164 Af 88
70110 Sénargent-Mignafans 70 94 Gd 63
28300 Senarmont 28 69 Bc 57
80140 Senarpont 80 38 Be 49
13560 Sénas 13 170 Fa 86
34610 Sénas 34 167 Da 87
39320 Senaud 39 119 Fc 70
81530 Senaux 81 152 Cd 86
24310 Sencenac-Puy-de-Fourches 24 124 Ae 77
81140 Senchet 81 150 Be 84
09250 Senconac 09 177 Be 92
33690 Sendets 33 148 Zf 82
64320 Sendets 64 162 Ze 89
56860 Séné 56 80 Xb 63
56620 Senèbret 56 79 Wd 61
30450 Sénéchas 30 154 Ea 83
12360 Sénégas 12 152 Cf 85
46120 Sénéjouls 46 138 Bf 80
87510 Sénélas 87 113 Bb 73
12320 Sénergues 12 139 Cc 81
09500 Senesse 09 165 Bf 90
09600 Senesse-de-Senabugue 09 177 Be 90
47430 Sénestis 47 148 Ab 82
43510 Séneujols 43 141 De 79
42800 Sènevas 42 130 Ed 75
04330 Senez 04 157 Gc 85
43230 Senèze 43 128 Dc 77
15340 Sénezergues 15 139 Cc 80
68610 Sengern 68 77 Ha 61
31160 Sengouagnet 31 176 Ae 91
46240 Séniergues 46 138 Bd 80
15130 Senilhes 15 139 Cc 79
62380 Seninghem 62 29 Ca 44
62240 Senlecques 62 28 Bf 45
60300 Senlis 60 51 Cd 53
62310 Senlis 62 29 Ca 45
80300 Senlis-le-Sec 80 39 Cd 48
78720 Senlisse 78 51 Bf 56
23140 Senmadix 23 114 Ca 71
18340 Senneçay 18 102 Cc 67
71000 Sennecé-lès-Mâcon 71 118 Ef 70
71240 Sennecey-le-Grand 71 106 Ef 69
21800 Sennecey-lès-Dijon 21 92 Fa 65
45240 Sennely 45 87 Ca 62
37600 Sennevières 37 100 Ba 66
60440 Sennevières 60 52 Cf 54
27380 Senneville 27 50 Bb 53
78930 Senneville 78 50 Be 55
76400 Senneville-sur-Fécamp 77 36 Ac 50
89160 Sennevoy-le-Bas 89 90 Eb 62
89160 Sennevoy-le-Haut 89 90 Eb 62
74250 Senoche 74 120 Gc 72
55230 Senon 55 55 Fd 53
87510 Sénon 87 113 Ba 73
28250 Senonches 28 69 Ba 57
70160 Senoncourt 70 93 Ga 62
55220 Senoncourt-les-Maujouy 55 55 Fb 54
88210 Senones 88 77 Gf 58
88260 Senonges 88 76 Ga 60
53390 Senonnes 53 82 Ye 62
55300 Senonville 55 55 Fd 55
60240 Senots 60 51 Bf 53
81600 Senouillac 81 151 Bf 85
50270 Sénoville 50 33 Yb 52
71260 Senozan 71 118 Ef 70
89100 Sens 89 72 Db 59
18300 Sens-Beaujeu 18 88 Ce 65
35490 Sens-de-Bretagne 35 66 Yc 59
71330 Sens-sur-Seille 71 106 Fb 68
50250 Sensurière 50 46 Yc 52
64560 Senta 64 174 Zb 91
09800 Sentein 09 176 Af 91
80160 Sentelie 80 38 Ca 50
09240 Sentenac-de-Sérou 09 177 Bc 91
09140 Sentenac-d'Oust 09 176 Bb 91
32150 Sentex 32 148 Zf 85
68780 Sentheim 68 94 Ha 62
61150 Sentilly 61 48 Zf 56
65330 Sentous 65 163 Ac 89
57570 Sentzich 57 44 Gb 52
08250 Senuc 08 42 Ef 53
22170 Senven 22 63 Wf 58
22720 Senven-Lehart 22 63 Wf 58
33230 Sepeau 33 135 Ze 78
63660 Sephos 63 129 Df 75
59269 Sepmeries 59 31 Dd 47
37800 Sepmes 37 100 Ae 66
68580 Seppois-le-Bas 68 95 Hb 63
38780 Septème 38 130 Fa 75
13240 Septèmes-les-Vallons 13 170 Fc 88
78790 Septeuil 78 50 Be 55
77650 Septeveilles 76 72 Db 57
34330 Sept-Faux 34 166 Cd 87
47110 Septfond 47 149 Ad 82
82240 Septfonds 82 150 Bd 83
89170 Septfonds 89 89 Da 62
25270 Septfontaines 25 107 Gb 67
61330 Sept-Forges 61 67 Zc 58
80700 Sept-Fours 80 39 Cf 50
14380 Sept-Frères 14 46 Yf 55
76260 Sept-Meules 77 37 Bc 49
39310 Septmoncel 39 119 Ff 70
02200 Septmonts 02 52 Dc 52
55270 Septsarges 55 55 Fb 53
51400 Sept-Saulx 51 54 Eb 54
43170 Septsols 43 140 Dc 79
02410 Septvaux 02 40 Dc 51
14240 Sept-Vents 14 47 Zb 54
19160 Septzanges 19 127 Cb 77
46130 Sepval 46 138 Bf 79
81530 Sepval 81 152 Cd 86
55140 Sepvigny 55 75 Fe 57
79120 Sepvret 79 111 Zf 71
31360 Sepx 31 163 Af 90
02420 Sequehart 02 40 Db 49
62830 Séquières 62 28 Be 45
09140 Sérac 09 177 Bb 92
02110 Serain 02 40 Dc 48
08220 Seraincourt 08 41 Eb 51
95450 Seraincourt 95 50 Bf 54
86170 Seran 86 99 Aa 68
19160 Sérandon 19 127 Cc 76
06750 Séranon 06 158 Ge 86
60240 Serans 60 50 Be 53
61150 Serans 61 48 Zf 56
54830 Seranville 54 77 Gd 58
59400 Séranvillers 59 30 Db 48
55250 Seraucourt 55 55 Fb 55
02790 Seraucourt-le-Grand 02 40 Db 50
88630 Seraumont 88 75 Fd 58
76116 Seraville-Salmonville 77 37 Bb 52
28170 Serazereux 28 70 Bc 57
03700 Serbannes 03 116 Dc 72
89140 Serbonnes 89 72 Db 59
02220 Serches 02 52 Dc 52
88600 Sercœur 88 77 Gd 59
59173 Sercus 59 29 Cc 44
71460 Sercy 71 105 Ee 69
66360 Serdinya 66 178 Cb 93
32140 Sère 32 163 Ad 88
88320 Serécourt 88 76 Ff 60
64460 Sérée 64 162 Zf 88
65400 Sère-en-Lavedan 65 174 Zf 90
87620 Séreilhac 87 125 Ba 74
65100 Sère-Lanso 65 162 Aa 90
57240 Serémange-Erzange 57 43 Ga 53
32120 Sérempuy 32 164 Ae 86
81350 Sérénac 81 151 Cc 85
56460 Sérent 56 81 Xc 62
65220 Sère-Rustaing 65 163 Ab 89
28300 Séresville 28 70 Bc 58
60120 Sérévillers 60 39 Cc 51
43500 Sereys 43 129 Df 77
27220 Serez 27 50 Bc 55
38300 Sérézin-de-la-Tour 38 131 Fc 75
69360 Sérézin-du-Rhône 69M 130 Ee 75
24290 Sergeac 24 137 Ba 79
39230 Sergenaux 39 106 Fc 67
39120 Sergenon 39 106 Fc 67
89140 Sergines 89 72 Db 58
01630 Sergy 01 120 Ff 71
02130 Sergy 02 53 Dd 53
32230 Sérian 32 163 Ab 88
62270 Sericourt 62 29 Cb 47
15600 Sérières 15 139 Cb 80
15100 Sériers 15 140 Da 79
12170 Serieux 12 152 Cd 84
34650 Sérieys 34 167 Da 86
60590 Sérifontaine 60 38 Be 52
33680 Sérigas 33 134 Za 79
48150 Sérigas 48 153 Dc 83
30260 Sérignac 30 154 Ea 85
46700 Sérignac 46 149 Ba 82
82500 Sérignac 82 149 Ba 85
47410 Sérignac-Péboudou 47 136 Ad 81
47310 Sérignac-sur-Garonne 47 148 Ac 83
34410 Sérignan 34 167 Db 89
84830 Sérignan-du-Comtat 84 155 Ef 83
34410 Sérignan-Plage 34 167 Dc 89
85200 Sérigné 85 110 Za 69
17230 Sérigny 17 110 Yf 71
18600 Sérigny 18 103 Da 67
61130 Sérigny 61 68 Ad 58
86230 Sérigny 86 99 Ac 67
19190 Sérilhac 19 138 Be 78
89510 Serilly 89 72 Db 60
23190 Serinansanne 23 114 Cb 72
02130 Seringes 02 53 Dd 53
41500 Séris 41 86 Bd 62
71310 Serley 71 106 Fb 68
58290 Sermages 58 104 Df 66
41500 Sermaise 41 86 Bc 62
49140 Sermaise 49 84 Ze 63
91530 Sermaise 91 70 Ca 57
45300 Sermaises 45 71 Cb 59
60400 Sermaize 60 39 Cf 51
51250 Sermaize-les-Bains 51 54 Ef 56
90300 Sermamagny 90 94 Gf 62
39700 Sermange 39 107 Fd 65
20212 Sermano CTC 183 Kb 95
81340 Sermeja 81 151 Cc 85
12150 Sermels 12 152 Da 83

63120 Sermentizon 63 128 Dc 74
14240 Sermentot 14 34 Zb 54
38510 Sermérieu 38 131 Fc 74
67230 Sermersheim 67 60 Hd 58
71350 Sermesse 71 106 Fa 67
47260 Sermet 47 148 Ac 82
51500 Sermiers 51 53 Df 54
02220 Sermoise 02 40 Dc 52
58000 Sermoise-sur-Loire 58 103 Db 67
01190 Sermoyer 01 118 Ef 70
23700 Sermur 23 115 Cc 73
30210 Sernhac 30 155 Ed 85
88320 Serocourt 88 76 Ff 60
65320 Séron 65 162 Zf 89
41240 Séronville 41 70 Bc 61
60380 Séronville 60 38 Bf 51
38200 Serpaize 38 130 Ef 75
33230 Serpe 33 135 Zf 78
62910 Serques 62 27 Cb 44
52400 Serqueux 52 75 Fe 61
76440 Serqueux 77 37 Bd 51
27470 Serquigny 27 49 Ae 54
20140 Serra- di-Ferro CTC 184 Ie 98
20243 Serra-di-Fiumorbó CTC 183 Kc 97
20127 Serra-di-Scopamène CTC 185 Ka 98
20100 Serragia CTC 184 If 99
66230 Serralongue 66 179 Cd 94
74230 Serraval 74 132 Gc 74
15500 Serre 15 128 Da 77
62116 Serre 62 29 Ce 48
87120 Serre 87 126 Be 74
87130 Serre 87 126 Bd 74
05150 Serre-Boyer 05 156 Fd 82
38650 Serre-Brion 38 143 Fd 79
38930 Serre-des-Bailes 38 144 Fe 80
05170 Serre-Eyraud 05 144 Gb 80
39700 Serre-les-Moulières 39 107 Fd 65
25770 Serre-les-Sapins 25 107 Ff 65
05700 Serres 05 156 Fe 82
07310 Serres 07 142 Eb 79
11190 Serres 11 178 Cb 91
17132 Serres 17 122 Za 75
43270 Serres 43 141 De 77
47120 Serres 47 136 Ab 81
48500 Serres 48 153 Db 83
54370 Serres 54 57 Gc 56
84200 Serres 84 155 Fa 84
64121 Serres-Castet 64 162 Zd 88
24500 Serres- et-Montguyard 24 136 Ac 80
40700 Serres-Gaston 40 162 Zc 87
40700 Serreslous-et-Arribans 40 161 Zc 87
64160 Serres-Morlaàs 64 162 Ze 89
64170 Serres-Sainte-Marie 64 161 Zc 88
09000 Serres-sur-Arget 09 177 Bd 91
63690 Serrette 63 127 Cd 75
64570 Serreuille 64 161 Zb 90
20147 Serriera CTC 182 Ie 95
38550 Serrières 07 130 Ee 77
54610 Serrières 54 56 Gb 55
71960 Serrières 71 118 Ee 71
01470 Serrières-de-Briord 01 131 Fc 74
73310 Serrières-en-Chautagne 73
132 Ff 73
89700 Serrigny 89 90 Df 61
71310 Serrigny-en-Bresse 71 106 Fa 68
77700 Serris 76 52 Ce 55
40110 Serroun 40 146 Za 85
54560 Serrouville 54 43 Ff 52
18190 Serruelles 18 102 Cc 67
16410 Sers 16 124 Ab 75
02700 Servais 02 40 Dc 51
02160 Serval 02 40 De 52
82140 Servanac 82 150 Be 83
24410 Servanches 24 136 Aa 78
63560 Servant 63 115 Cf 72
01960 Servas 01 118 Fa 72
30340 Servas 30 154 Eb 84
63610 Serveix 63 127 Cf 75
22300 Servel 22 63 Wd 56
48700 Serverette 48 140 Dc 80
26600 Serves-sur-Rhône 26 142 Ee 78
34290 Servian 34 167 Db 88
19290 Servières 19 126 Bf 74
43450 Servières 43 128 Db 77
43170 Servières 43 140 Dc 79
48000 Servières 48 140 Dc 81
19220 Servières-le-Château 19 138 Ca 78
30700 Serviers-et-Labaume 30 154 Ec 84
34260 Serviès 34 167 Da 86
48190 Serviès 48 141 De 82
81220 Serviès 81 165 Ca 87
11220 Serviès-en-Val 11 166 Cd 90
01560 Servignat 01 118 Fa 70
70240 Servigney 70 93 Gb 62
50200 Servigny 50 46 Yd 54
57530 Servigny-lès-Raville 57 56 Gc 54
57640 Servigny-lès-Sainte-Barbe 57
56 Gb 54
28410 Serville 28 50 Bc 56
03120 Servilly 03 116 Dd 71
25430 Servin 25 94 Gc 65
89140 Servins 89 72 Dc 59
08150 Servion 08 41 Ed 50
16390 Servolle 16 124 Ab 76
50170 Servon 50 66 Yd 57
77170 Servon 76 51 Cd 56
51800 Servon-Melzicourt 51 54 Ef 53
35530 Servon-sur-Vitaine 35 66 Yd 60
74310 Servoz 74 121 Ge 73
08270 Sery 08 41 Ec 51
18220 Séry 18 103 Cd 65
89270 Sery 89 89 De 63
02240 Séry-lès-Mézières 02 40 Dc 50
60800 Sery-Magneval 60 52 Cf 53
51170 Serzy-et-Prin 51 53 De 53
67770 Sessenheim 67 59 Hf 56
34200 Sète 34 168 De 88
62380 Setques 62 29 Ca 44
52500 Seuchey 52 92 Fc 62
95270 Seugy 95 51 Cc 54
04340 Seuil 04 157 Gc 82
08300 Seuil 08 41 Ec 52
19520 Seuil-Bas 19 137 Bc 77
55250 Seuil-d'Argonne 55 55 Fa 55
19520 Seuil-Haut 19 137 Bc 77
03260 Seuillet 03 116 Dc 71
41120 Seur 41 86 Bc 63
21250 Seurre 21 106 Fa 67
07100 Seux 07 130 Ed 77
80540 Seux 80 38 Ca 49
88200 Seux 88 77 Gd 60
46160 Seuzac 46 138 Be 82
55300 Seuzey 55 55 Fd 55
12330 Seveirac 12 152 Cc 82
42460 Sevelinges 42 117 Eb 72
90400 Sevenans 90 94 Gf 63
23110 Sévennes 23 115 Cd 72
12240 Sever 12 151 Cb 83
44530 Sévérac 44 81 Xf 63
12150 Sévérac d'Aveyron 12 152 Da 83
12150 Sévérac-le-Château 12 152 Da 83
28140 Sevestreville 28 70 Be 59
70130 Seveux 70 92 Fe 63
70130 Seveux-Motey 70 92 Fe 63
22250 Sévignac 22 64 Xd 59
64260 Sévignacq-Meyracq 64 162 Zd 90
64160 Sévignacq-Thèze 64 162 Ze 88
34370 Sévignao 34 167 Da 88
61200 Sevigny 61 48 Zf 56
08230 Sévigny-la-Forêt 08 41 Ec 49
08220 Sévigny-Waleppe 08 41 Ea 51
76850 Sévis 77 37 Ba 50
61150 Sevrai 61 48 Zf 56
93190 Sevran 93 51 Cd 55
74250 Sevraz 74 120 Gc 72
92310 Sèvres 92 51 Cb 56
86800 Sèvres-Anxaumont 86 100 Ac 69
71100 Sevrey 71 106 Ef 68
74320 Sévrier 74 132 Ga 73
18140 Sévry 18 103 Ce 66
89550 Sevry 89 90 Dd 61
68290 Sewen 68 94 Gf 62
19430 Sexcles 19 138 Ca 78
54550 Sexey-aux-Forges 54 56 Ga 57
54840 Sexey-les-Bois 54 56 Ga 56
52330 Sexfontaines 52 75 Fa 59
63190 Seychalles 63 128 Dc 74
47350 Seyches 47 136 Ab 81
04140 Seyne 04 157 Gc 82
30580 Seynes 30 154 Eb 84
74600 Seynod 74 132 Ga 73
31560 Seyre 31 165 Be 88
40180 Seyresse 40 161 Yf 86
74910 Seyssel 74 119 Ff 73
31600 Seysses 31 164 Bb 88
32130 Seysses-savès 32 164 Ba 87
38170 Seyssinet 38 144 Fe 77
38180 Seyssins 38 131 Fe 78
38200 Seyssuel 38 130 Ef 75
74430 Seytroux 74 120 Gd 71
51120 Sézanne 51 53 De 56
39270 Sézéria 39 119 Fd 69
29180 Seznec 29 78 Vf 60
65120 Sia 65 175 Zf 91
07570 Sialles 07 142 Ec 79
87260 Siardeix 87 125 Bc 74
65500 Siarouy 65 162 Aa 89
43300 Siaugues-Sainte-Marie 43
141 Dd 78
19100 Siaurat 19 138 Bc 78
64470 Sibas 64 161 Za 90
64470 Sibas-Abense 64 161 Za 90
29250 Sibiril 29 62 Vf 57
62270 Sibiville 62 29 Cb 47
31190 Sicardou 31 164 Bc 88
63840 Sicaud 63 129 Df 76
38460 Siccieu-Saint-Julien-et-Carisieu 38
131 Fb 74
58700 Sichamps 58 103 Db 66
63660 Sichard 63 129 Df 75
68290 Sickert 68 94 Gf 62
50690 Sideville 50 33 Yb 51
18270 Sidiailles 18 114 Cb 69
20224 Sidossi CTC 180 Ka 95
17490 Siecq 17 123 Ze 74
67160 Siegen 67 59 Ia 55
34520 Sièges 34 153 Db 86
39360 Sièges 39 119 Fe 71
57480 Sierck-les-Bains 57 44 Gc 52
68510 Sierentz 68 95 Hc 63
57410 Siersthal 57 58 Hc 54
76690 Sierville 77 37 Ba 51
40180 Siest 40 161 Yf 87
81120 Sieurac 81 151 Ca 86
09130 Sieuras 09 164 Bc 89
38350 Siévoz 38 144 Ff 79
67320 Siewiller 67 57 Hb 55
46150 Siffray 46 137 Bc 81
06910 Sigale 06 158 Gf 85
33690 Sigalens 33 148 Zf 82
11130 Sigean 11 179 Cf 90
45110 Sigloy 45 87 Cb 61
31440 Signac 31 176 Ad 91
83870 Signes 83 171 Ff 89
52700 Signéville 52 75 Fb 59
86380 Signy 86 99 Ab 68
08460 Signy-l'Abbaye 08 41 Ec 50
08380 Signy-le-Petit 08 41 Eb 49
08370 Signy-Montlibert 08 42 Fb 51
77640 Signy-Signets 76 52 Da 55
16200 Sigogne 16 123 Zf 74
41370 Sigogne 41 86 Bc 62
68240 Sigolsheim 68 60 Hb 60
04300 Sigonce 04 157 Ff 85
05700 Sigottier 05 144 Fe 82
24240 Sigoulès-et-Flaugeac 24 136 Ac 80
24240 Sigoulès-et-Flaugeac 24 136 Ac 80
85110 Sigournais 85 97 Za 68
04200 Sigoyer 04 157 Ff 83
05130 Sigoyer 05 144 Ff 82
05200 Siguret 05 145 Gd 81
77520 Sigy 76 72 Db 58
76780 Sigy-en-Bray 77 37 Bc 51
71250 Sigy-le-Châtel 71 118 Ed 69
43300 Silcusin 43 141 Dd 78
56480 Silfiac 56 79 Wf 60
20222 Silgaggia CTC 181 Kc 92
07240 Silhac 07 142 Ed 79
33770 Sillac 33 134 Za 82
81350 Sillac 81 151 Cb 84
38590 Sillans 38 131 Fc 76
83690 Sillans-la Cascade 83 171 Gb 87
86320 Sillars 86 112 Ae 70
33690 Sillas 33 148 Zf 82
57420 Sillegny 57 56 Ga 55
64120 Sillègue 64 161 Yf 88
72140 Sillé-le-Guillaume 72 67 Zf 59
72460 Sillé-le-Philippe 72 68 Ac 60
76740 Silleron 77 37 Ae 49
51500 Sillery 51 53 Ea 53
25330 Silley-Amancey 25 107 Ga 66
74330 Sillingy 74 120 Ga 73
86200 Silly 86 99 Aa 67
61310 Silly-en-Gouffern 61 48 Aa 56
57420 Silly-en-Saulnois 57 56 Gb 55
02460 Silly-la-Poterie 02 52 Da 53
60330 Silly-le-Long 60 52 Ce 54
57530 Silly-sur-Nied 57 56 Gc 54
60430 Silly-Tillard 60 38 Ca 53
55000 Silmont 55 55 Fb 56
67260 Siltzheim 67 57 Ha 54
57535 Silvange 57 56 Ga 53
20215 Silvareccio CTC 181 Kc 94
52120 Silvarouvres 52 74 Ee 60
64350 Simacourbe 64 162 Zf 88
01250 Simandre 01 119 Fc 71
71290 Simandre 71 106 Ef 69
69360 Simandres 69M 130 Ef 75
71330 Simard 71 106 Fb 68
62123 Simencourt 62 29 Cd 47
13109 Simiane-Collongue 13 170 Fc 88
04150 Simiane-la-Rotonde 04 156 Fd 85
85210 Simon-la-Vineuse 85 110 Yf 69
17270 Simonneau 17 135 Ze 77
32420 Simorre 32 163 Ae 88
53360 Simplé 53 83 Za 61
59780 Sin 59 30 Db 45
60390 Sinancourt 60 38 Bf 52
38650 Sinard 38 144 Fd 79
02300 Sinceny 02 40 Db 51
74440 Sincerneret 74 121 Gd 72
21530 Sincey-lès-Rouvray 21 90 Ea 64
67440 Sindelsberg 67 58 Hc 56
40110 Sindères 40 146 Za 84
46230 Sindou 46 150 Be 82
63690 Singles 63 127 Cd 75
24500 Singleyrac 24 136 Ac 80
57410 Singling 57 57 Hb 54
08430 Singly 08 42 Ee 51
67440 Singrist 67 58 Hc 56
12600 Sinhalac 12 139 Ce 79
48100 Sinières-Planes 48 140 Da 81
59450 Sin-le-Noble 59 30 Da 46
30420 Sinsans 30 154 Ea 86
09310 Sinsat 09 177 Bd 92
48300 Sinzelles 48 141 De 80
65190 Sinzos 65 163 Ab 89
32110 Sion 32 162 Aa 86
19120 Sioniac 19 138 Be 79
44590 Sion-les-Mines 44 82 Yc 62
88630 Sionne 88 75 Fd 58
85270 Sion-sur-L'Océan 85 96 Xf 68
54300 Sionviller 54 57 Gd 57
24430 Siorac 24 136 Ad 77
24600 Siorac-de-Ribérac 24 124 Ac 77
24170 Siorac-en-Périgord 24 137 Af 80
36160 Sioudray 36 114 Ca 69
50340 Siouville-Hague 50 33 Ya 51
33340 Sipian 33 122 Za 76
32430 Sirac 32 164 Af 86
62130 Siracourt 62 29 Cb 46
15150 Siran 15 138 Ca 79
34210 Siran 34 166 Cd 89
65400 Sireix 65 174 Zf 91
46600 Siréjol 46 138 Bc 79
16440 Sireuil 16 123 Aa 75
24620 Sireuil 24 137 Ba 79
65370 Siridan 65 176 Ad 91
19220 Sirieix 19 126 Ca 77
39300 Sirod 39 107 Ff 68
05150 Sironne 05 156 Fd 82
64230 Siros 64 162 Zd 88
71250 Sirot 71 118 Ed 70
20233 Sisco CTC 181 Kc 92
AD400 Sispony □ AND 177 Bd 93
87300 Sissac 87 113 Af 72
02150 Sissonne 02 41 Df 51
02240 Sissy 02 40 Dc 50
82340 Sistels 82 149 Ae 84
04200 Sisteron 04 157 Ff 83
15100 Sistrières 15 140 Db 78
57870 Sitifort 57 57 Ha 56
87130 Sivergnat 87 126 Bd 74
84400 Sivergues 84 156 Fc 86
56500 Siviac 56 80 Xa 61
71220 Sivignon 71 117 Ed 70
10130 Sivrey 10 73 Df 60
21230 Sivry 21 105 Ec 66
54610 Sivry 54 56 Gb 56
51800 Sivry-Ante 51 54 Ef 55
77115 Sivry-Courtry 76 71 Ce 57
55100 Sivry-la-Perche 55 55 Fb 54
08240 Sivry-lès-Buzancy 08 42 Ef 52
55110 Sivry-sur-Meuse 55 42 Fb 53
83140 Six-Fours-les-Plages 83 171 Fe 90
74740 Sixt-Fer-à-Cheval 74 121 Ge 72
35550 Sixt-sur-Aff 35 81 Xf 62
29450 Sizun 29 62 Vf 58
62164 Slack 62 26 Bd 44
86240 Smarves 86 112 Ac 69
76660 Smermesnil 77 37 Bc 49
20125 Soccia CTC 182 If 95
25600 Sochaux 25 94 Ge 63
64122 Socoa 64 160 Yb 88
88130 Socourt 88 76 Gb 58
59380 Socx 59 27 Cc 43
43350 Soddes 43 141 De 78
64400 Soeix 64 161 Zd 90
57330 Soetrich 57 44 Ga 52
49330 Sœurdres 49 83 Zc 62
89450 Sœuvres 89 90 De 64
58700 Soffin 58 104 Dc 65
89260 Sognes 89 72 Dc 58
77520 Sognolles-en-Montois 76 72 Db 57
51520 Sogny-aux-Moulins 51 54 Ec 55
51340 Sogny-en-l'Angle 51 54 Ee 56
14190 Soignolles 14 48 Ze 54
28140 Soignolles 28 70 Be 59
77111 Soignolles-en-Brie 76 51 Ce 57
51210 Soigny 51 53 Dd 56
51700 Soilly 51 53 Dd 54
78200 Soindres 78 50 Be 55
70130 Soing-Cubry-Charentenay 70
93 Ff 63
41230 Soings-en-Sologne 41 86 Bd 64
18000 Soires 18 102 Cc 66
02200 Soissons 02 40 Dc 52
21270 Soissons-sur-Nacey 21 106 Fc 65
77650 Soisy-Bouy 76 72 Db 57
95600 Soisy-sous-Montmorency 95
51 Cb 55
91840 Soisy-sur-École 91 71 Cc 58
91450 Soisy-sur-Seine 91 51 Cc 57
02340 Soize 02 41 Ea 50
28330 Soizé 28 69 Af 60
51120 Soizy-aux-Bois 51 53 De 56
69360 Solaize 69M 130 Ef 75
74130 Solaizon 74 120 Gc 72
20240 Solaro CTC 183 Kb 97
12460 Solasols 12 139 Ce 80
26150 Solaure en Diois 15 143 Fc 80
67130 Solbach 67 77 Hb 58
49610 Solbre 49 83 Zc 64
46500 Sol-del-Pech 46 138 Bd 80
AD100 Soldeu □ AND 177 Be 93
04120 Soleilhas 04 158 Gd 85
25190 Solemont 25 94 Ge 64
60310 Solente 60 39 Cf 50
20145 Solenzara CTC 185 Kc 97
18800 Solerieu 18 103 Ce 66
26130 Solérieux 26 155 Ee 82
77111 Solers 76 51 Ce 57
59730 Solesmes 59 30 Dc 47
72300 Solesmes 72 84 Ze 61
38460 Soleymieu 38 131 Fc 74
42560 Soleymieux 42 129 Ea 75
48220 Soleyrols 48 153 Df 83
40210 Solférino 40 146 Za 84
57420 Solgne 57 56 Gb 55
14540 Soliers 14 35 Ze 54
87110 Solignac 87 125 Bb 74
43130 Solignac-sous-Roche 43 129 Df 77
43370 Solignac-sur-Loire 43 141 Df 79
63500 Solignat 63 128 Db 75
61380 Soligny-la-Trappe 61 68 Ad 57
10400 Soligny-les-Étangs 10 72 Dd 58
20140 Sollacaro CTC 184 If 98
42940 Sollègue 42 129 Df 75
73500 Sollières-Envers 73 133 Ge 77
73500 Sollières-Sardières 73 133 Ge 77
83210 Solliès-Pont 83 171 Ga 89
83210 Solliès-Toucas 83 171 Gb 89
83210 Solliès-Ville 83 171 Ga 89
71960 Sologny 71 118 Ee 70
32120 Solomiac 32 149 Af 86
59740 Solre 59 31 Ea 47
59740 Solre-le-Château 59 31 Ea 47
59740 Solrinnes 59 31 Ea 47
12330 Solsac 12 139 Cc 82
45700 Solterre 45 88 Ce 61
47500 Solurac 46 137 Ba 82
71960 Solutré 71 118 Ee 71
59490 Somain 59 30 Db 46
25520 Sombacour 25 108 Gb 67
21540 Sombernon 21 91 Ee 65
62179 Sombre 62 26 Be 43
62810 Sombrin 62 29 Cd 47
65700 Sombrun 65 162 Aa 88
49360 Somloire 49 98 Zc 66
59213 Sommaing 59 30 Dc 47
55250 Sommaisne 55 55 Fa 55
52130 Sommancourt 52 75 Fa 57
71540 Sommant 71 105 Eb 66
74440 Sommant 74 120 Gd 72
81170 Sommard le Fraisse 81 151 Bf 84
08240 Sommauthe 08 42 Ef 52
18500 Somme 18 102 Cb 66
51800 Somme-Bionne 51 54 Ee 54
89110 Sommecaise 89 89 Db 61
55320 Sommedieue 55 55 Fc 54
58140 Sommée 58 90 Df 65
55800 Sommeilles 55 54 Ef 55
02470 Sommelans 02 52 Db 54
55170 Sommelonne 55 55 Fa 56
51600 Sommepy-Tahure 51 54 Ed 53
08250 Sommerance 08 42 Ef 53
52150 Sommerécourt 52 75 Fd 59
60210 Sommereux 60 38 Bf 50
02260 Sommeron 02 41 Df 49
14400 Sommervieu 14 34 Zc 53
54110 Sommerviller 54 56 Gc 57
76440 Sommery 77 37 Bc 51
76560 Sommesnil 77 36 Ae 50
51320 Sommesous 51 53 Eb 56
51600 Somme-Suippe 51 54 Ed 54
51600 Somme-Tourbe 51 54 Ed 54
02480 Sommette 02 40 Da 50
10320 Sommeval 10 73 Df 60
51460 Somme-Vesle 51 54 Ed 55
52170 Sommeville 52 75 Fa 57
52220 Sommevoire 52 74 Ef 58
51330 Somme-Yèvre 51 54 Ee 55
30250 Sommières 30 154 Ea 86
86160 Sommières-du-Clain 86 112 Ac 71
82240 Somplessac 82 150 Bd 83
79110 Sompt 79 111 Zf 72
51320 Sompuis 51 54 Ec 56
51290 Somsois 51 74 Ed 57
08300 Son 08 41 Eb 51
46320 Sonac 46 138 Bf 80
63380 Sonazet 63 115 Cd 73
78120 Sonchamp 78 70 Bf 57
88170 Soncourt 88 76 Ff 58
52320 Soncourt-sur-Marne 52 75 Fa 59
68380 Sondernach 68 77 Ha 61
68480 Sondersdorf 68 95 Hc 64
73400 Soney 73 132 Gc 74
60380 Songeons 60 38 Bf 51
39130 Songeson 39 107 Fe 69
01260 Songieu 01 119 Fe 73
51240 Songy 51 54 Ed 56
12700 Sonnac 12 138 Ca 81
17160 Sonnac 17 123 Ze 73
11230 Sonnac-sur-L'Hers 11 178 Bf 90
37500 Sonnay 37 99 Ab 66
38150 Sonnay 38 130 Ef 76
73000 Sonnaz 73 132 Ff 75
58140 Sonne 58 90 Df 65
16170 Sonneville 16 123 Zf 74
16130 Sonneville 16 123 Ze 75
02270 Sons-et-Ronchères 02 40 De 50
01580 Sonthonnax-la-Montagne 01
119 Fd 71
01560 Sonville 01 118 Fa 70
28160 Sonville 28 69 Bb 59
37360 Sonzay 37 85 Ac 63
40510 Soorts 40 160 Yd 86
40150 Soorts-Hossegor 40 160 Yd 87
06560 Sophia-Antipolis 06 173 Ha 87
68780 Soppe-le-Bas 68 94 Ha 62
68780 Soppe-le-Haut 68 94 Ha 62
09800 Sor 09 176 Af 91
70190 Sorans-lès-Breurey 70 93 Ga 64
02580 Sorbais 02 41 Df 49
32110 Sorbets 32 162 Zf 86
40320 Sorbets 40 162 Ze 87
55230 Sorbey 55 43 Fd 52
57580 Sorbey 57 56 Gb 54
03220 Sorbier 03 116 Dd 70
05150 Sorbiers 05 156 Fd 82
42290 Sorbiers 42 130 Ec 76
20152 Sorbollano CTC 185 Ka 98
08300 Sorbon 08 41 Ec 51
34520 Sorbs 34 153 Dc 85
20213 Sorbu Ocagnano CTC 181 Kc 94
08270 Sorcy-Bauthémont 08 41 Ed 51
55190 Sorcy-Saint-Martin 55 55 Fd 56
40300 Sorde-l'Abbaye 40 161 Yf 87
40430 Sore 40 147 Zc 83
65350 Soréac 65 162 Aa 89
66690 Sorède 66 179 Cf 93
08090 Sorel 08 42 Ee 50
80240 Sorel 80 39 Da 48
80490 Sorel-en-Vimeu 80 38 Bf 48
28260 Sorel-Moussel 28 50 Bc 55
08800 Sorendal 08 42 Ef 49
81540 Sorèze 81 165 Ca 88
09110 Sorgeat 09 177 Bf 92
84700 Sorgues 84 155 Ef 84
64120 Sorhapuru 64 161 Za 89
64220 Sorhueta 64 160 Ye 89
37250 Sorigny 37 100 Ae 65
04200 Sorin 04 157 Ga 83
85440 Sorin 85 109 Yc 70
20246 Sorio CTC 181 Kb 93
46400 Sorm 46 138 Bf 79
89570 Sormery 89 73 De 60
08150 Sormonne 08 41 Ed 50
19290 Sornac 19 126 Cb 75
AD300 Sornàs □ AND 177 Bd 93
70150 Sornay 70 92 Fe 65
71500 Sornay 71 106 Fb 69
54280 Sornéville 54 56 Gc 56
76540 Sorquainville 77 36 Ad 50
77690 Sorques 76 71 Ce 58
62170 Sorrus 62 28 Be 46
40180 Sort-en-Chalosse 40 161 Za 86
50310 Sortosville 50 33 Yd 52
50270 Sortosville-en-Beaumont 50
33 Yb 52
47170 Sos 47 148 Aa 84
06380 Sospel 06 159 Hc 85
86230 Sossais 86 99 Ac 67
65370 Sost 65 176 Ad 91
01260 Sothonod 01 119 Fe 73
20146 Sotta CTC 185 Kb 99
50260 Sottevast 50 33 Yc 51
50340 Sotteville 50 33 Yb 51
76300 Sotteville-lès-Rouen 77 37 Ba 52
76410 Sotteville-sous-le-Val 77 37 Ba 53
76740 Sotteville-sur-Mer 77 37 Ae 49
57170 Sotzeling 57 57 Gd 55
81580 Soual 81 165 Ca 87
28400 Souancé-au-Perche 28 69 Af 59
62111 Souastre 62 29 Cd 48
32300 Soubaignan 32 163 Ac 87
24480 Soubartelle 24 137 Af 80
32240 Soubère 32 147 Zf 85
34700 Soubès 34 153 Dc 86
30140 Soubeyran 30 154 Df 84
24700 Soubie 24 135 Aa 78
33840 Soubiran 33 147 Ze 82
47300 Soubirous 47 136 Ae 82
17780 Soubise 17 110 Yf 73
65700 Soublecause 65 162 Zf 87
17150 Soubran 17 123 Zc 76
23250 Soubrebost 23 114 Bf 73
49140 Soucelles 49 84 Zd 63
62153 Souchez 62 29 Ce 46
57960 Soucht 57 58 Hc 55

39130 Soucia 39 119 Fe 69
69510 Soucieu-en-Jarrest 69M 130 Ee 74
46300 Soucirac 46 138 Bd 80
01150 Souclin 01 131 Fc 73
02600 Soucy 02 40 Da 53
89100 Soucy 89 72 Db 59
19370 Soudaine-Lavinadière 19 126 Be 75
44110 Soudan 44 82 Ye 62
79800 Soudan 79 111 Zf 70
24360 Soudat 24 124 Ad 75
41170 Souday 41 69 Af 60
51320 Soudé 51 54 Eb 56
19300 Soudeilles 19 126 Ca 76
51320 Soudé-Notre-Dame = Soudé-le-Petit 51 54 Eb 56
51320 Soudé-Sainte-Croix = Soudé-le-Grand 51 54 Eb 56
30460 Soudorgues 30 154 De 84
51320 Soudron 51 53 Eb 55
31160 Soueich 31 176 Ae 90
09140 Soueix 09 177 Bb 91
81170 Souel 81 151 Bf 84
65430 Soues 65 162 Aa 89
80310 Soues 80 38 Ca 49
41300 Souesmes 41 87 Cb 64
67460 Souffelweyersheim 67 58 He 57
67620 Soufflenheim 67 59 Hf 56
05800 Souffles 05 144 Ga 79
87120 Souffrangeas 87 126 Be 75
16380 Souffrignac 16 124 Ad 75
36500 Sougé 36 101 Bc 67
41800 Sougé 41 85 Ae 62
35610 Sougéal 35 66 Yc 57
72130 Sougé-le-Ganelon 72 68 Zf 59
89520 Sougères-en-Puisaye 89 89 Db 63
89470 Sougères-sur-Sinotte 89 90 Dd 61
11190 Sougraigne 11 178 Cc 91
45410 Sougy 45 70 Be 60
58300 Sougy-sur-Loire 58 104 Dc 67
51600 Souhain-Perthes-lès-Hurlus 51 54 Ed 53
17600 Souhe 17 122 Za 74
21140 Souhey 21 91 Ec 64
85420 Souil 85 110 Zb 70
11400 Souilhanels 11 165 Bf 88
11400 Souilhe 11 165 Bf 88
17270 Souillac 17 135 Ze 77
46200 Souillac 46 138 Bc 79
46300 Souillaguet 46 137 Bc 80
72380 Souillé 72 68 Ab 60
50300 Souillet 50 46 Yd 56
55220 Souilly 55 55 Fb 54
33113 Souis 33 147 Zd 82
09000 Soula 09 177 Be 91
33780 Soulac-sur-Mer 33 122 Yf 75
43500 Soulage 43 129 Df 76
12800 Soulages 12 151 Cb 83
15100 Soulages 15 140 Db 78
12210 Soulages-Bonneval 12 139 Ce 80
34520 Soulagets 34 153 Dc 85
65200 Soulagnets 65 175 Aa 90
52230 Soulaincourt 52 75 Fb 58
10200 Soulaines-Dhuys 10 74 Ee 58
49610 Soulaines-sur-Aubance 49 84 Zc 64
49460 Soulaire-et-Bourg 49 83 Zc 63
28130 Soulaires 28 70 Bd 57
09320 Soulan 09 177 Bb 91
32810 Soulan 32 163 Ae 87
65170 Soulan 65 175 Ab 91
51300 Soulanges 51 54 Ed 56
18220 Soulangis 18 102 Cd 65
18340 Soulangy 18 102 Cc 67
14700 Soulangy 14 48 Ze 55
11330 Soulatgé 11 178 Cd 91
52150 Soulaucourt-sur-Mouzon 52 75 Fe 59
10400 Soulaunoy 10 73 Dd 57
24540 Soulaures 24 137 Af 81
24560 Soulbarède 24 136 Ad 80
79100 Soulbrois 79 98 Ze 66
25190 Soulce-Cernay 25 94 Gf 65
81260 Soulègre 81 166 Cd 86
40200 Souleyraou 40 146 Ye 83
12440 Souleysset 12 151 Cb 83
53210 Soulgé-sur-Ouette 53 67 Zc 60
05350 Soulier 05 145 Ge 80
23250 Soulier 23 114 Be 72
63820 Soulier 63 127 Ce 74
23340 Soulière 23 126 Ca 74
51130 Soulières 51 53 Df 55
47150 Souliès 47 137 Ae 81
79600 Soulièvres 79 99 Ze 68
33760 Soulignac 33 135 Ze 80
79270 Souligné 79 110 Zc 71
72210 Souligné-Flacé 72 68 Aa 61
72290 Souligné-sous-Ballon 72 68 Ab 60
17250 Soulignonne 17 122 Zb 74
10320 Souligny 10 73 Df 59
72370 Soulitré 72 68 Ac 61
85300 Soullans 85 96 Ya 68
50750 Soulles 50 46 Ye 54
47290 Soulodres 47 136 Ad 81
46240 Soulomès 46 138 Bd 81
88630 Soulosse-sous-Saint Elophe 88 75 Fe 58
81340 Souls 81 151 Cc 84
15200 Soultz 15 127 Cb 77
68230 Soultzbach-les-Bains 68 77 Hb 60
68140 Soultzeren 68 77 Ha 60
68360 Soultz-Haut-Rhin 68 95 Hb 61
67120 Soultz-les-Bains 67 60 Hc 57
68570 Soultzmatt 68 60 Hb 61
67250 Soultz-sous-Forêts 67 58 Hf 55
44660 Soulvache 44 82 Yd 62
87130 Soumagnas 87 126 Bd 74
19320 Soumaille 19 126 Bf 77
89570 Soumaintrain 89 73 De 60
30125 Soumane 30 153 De 84
23600 Soumans 23 114 Cb 71
17450 Soumard 17 110 Yf 73
58150 Soumard 58 88 Cf 65
34600 Soumartre 34 167 Db 87
24640 Soumeil 24 125 Ba 77
23460 Soumeix 23 126 Bf 74
47120 Soumensac 47 136 Ab 80
17130 Souméras 17 123 Zd 77
34700 Soumont 34 167 Dc 86
14420 Soumont-Saint-Quentin 14 48 Ze 55
64420 Soumoulou 64 162 Ze 89
19290 Sounaleix 19 126 Ca 74
80290 Sounlicourt 80 38 Bf 50
03370 Souperons 03 115 Cc 69
11320 Soupex 11 165 Bf 88
77460 Souppes-sur-Loing 76 71 Ce 59
40250 Souprosse 40 147 Zb 86
32170 Souques 32 163 Ac 88
40260 Souquet 40 146 Yf 85
64250 Souraïde 64 160 Yd 88
25250 Sourans 25 94 Gd 64
24460 Sourbarie 24 124 Ae 77
45590 Source 45 87 Bf 62
49440 Source 49 83 Yf 62
02110 Source de la Somme 02 40 Dc 49
69210 Sourcieux-les-Mines 69M 130 Ed 74
50150 Sourdeval 50 47 Za 56
50450 Sourdeval-les-Bois 50 46 Ye 55
19120 Sourdoire 19 138 Be 79
17170 Sourdon 17 110 Za 71
80250 Sourdon 80 39 Cc 50
77171 Sourdun 76 72 Dc 57
66730 Sournia 66 178 Cc 92
15200 Sourniac 15 127 Cb 77
04290 Sourribes 04 157 Ga 84
18240 Sours 18 88 Cf 64
28630 Sours 28 70 Bd 58
19550 Soursac 19 126 Cb 77
24400 Sourzac 24 136 Ac 78
46190 Sousceyrac-en-Quercy 46 138 Ca 79
74140 Sous-Etraz 74 120 Gb 71
49540 Sousigné 49 98 Zd 65
24380 Sous-le-Denis 24 136 Ae 78
08220 Sous-lès-Faux 08 41 Eb 50
23150 Sous-Parsat 23 114 Bf 72
26160 Souspierre 26 143 Ef 81
33790 Soussac 33 135 Aa 80
33460 Soussans 33 134 Zb 78
63210 Soussat 63 127 Ce 74
21350 Soussey-sur-Brionne 21 91 Ed 65
82150 Soussis 82 149 Ba 82
40140 Soustons 40 160 Ye 86
19160 Soustras 19 126 Cb 76
34190 Soutayrol 34 153 Dd 85
42260 Souternon 42 129 Df 73
60290 Soutraine 60 39 Cc 53
18520 Soutrin 18 103 Ce 66
39380 Souvans 39 107 Fd 67
71190 Souve 71 104 Ea 68
54115 Souveraincourt 54 76 Ga 58
30250 Souvignargues 30 154 Ea 86
16240 Souvigné 16 111 Aa 73
37330 Souvigné 37 85 Ac 63
79800 Souvigné 79 111 Ze 70
72400 Souvigné-sur-Même 72 68 Ad 59
72300 Souvigné-sur-Sarthe 72 84 Zd 62
03210 Souvigny 03 116 Db 69
37530 Souvigny-de-Touraine 37 86 Ba 64
41600 Souvigny-en-Sologne 41 87 Ca 63
72240 Souvré 72 68 Zf 60
65350 Souyeaux 65 163 Ab 89
12330 Souyri 12 151 Cd 82
49400 Souzay-Champigny 49 99 Zf 65
24590 Souzet 24 137 Bc 78
12200 Souzils 12 151 Bf 83
69610 Souzy 69M 130 Ec 74
91580 Souzy-la-Briche 91 71 Ca 57
20250 Soveria CTC 183 Ka 94
56270 Soy 56 79 Wd 62
26400 Soyans 26 143 Fa 81
16800 Soyaux 16 124 Ab 75
18200 Soye 18 102 Cc 68
25250 Soye 25 94 Gc 64
02490 Soyécourt 02 40 Da 49
80200 Soyécourt 80 39 Ce 49
18340 Soye-en-Septaine 18 102 Cc 66
52400 Soyers 52 92 Fe 61
07130 Soyons 07 142 Ef 79
55300 Spada 55 55 Fd 55
67340 Sparsbach 67 58 Hc 55
72700 Spay 72 84 Aa 61
20270 Spazzola CTC 183 Kc 95
68720 Spechbach-le-Bas 68 95 Hb 62
68720 Spechbach-le-Haut 68 95 Hb 62
20226 Speloncato CTC 180 If 93
06530 Spéracèdes 06 172 Gf 87
67140 Sperberbaechtel 67 60 Hb 58
29540 Spézet 29 79 Wb 59
57350 Spicheren 57 57 Gf 53
55230 Spincourt 55 43 Fe 53
28630 Spoir 28 70 Bc 58
19550 Spontour 19 126 Cb 77
54800 Sponville 54 56 Fe 54
10200 Spoy 10 74 Ed 59
21120 Spoy 21 92 Fb 64
45480 Spuis 45 70 Ca 60
59380 Spycker 59 27 Cb 43
22200 Squiffiec 22 63 Wf 57
29590 Squiriou 29 62 Vf 59
68850 Staffelfelden 68 95 Hb 62
93240 Stains 93 51 Cc 55
55500 Stainville 55 55 Fb 57
67420 Stampoumont 67 77 Hb 58
07240 St-André- de-Chalençon 43 129 Df 77
29250 Stang 29 62 Vf 57
29720 Stang-ar-Bacol 29 78 Ve 61
29510 Stang-Kergoulay 29 78 Wa 60
29140 Stang-Tréblay 29 78 Wb 61
29500 Stang-Venn 29 78 Vf 60
13200 Stanislas 13 169 Ed 87
59190 Staple 59 27 Cc 44
38114 Station d'Oz 38 144 Ga 78
58150 Station Géophysique du Nivernais 58 89 Da 65
67770 Stattmatten 67 59 Ia 56
27930 St-Aubin-du-Vieil-Evreux 27 49 Bb 54
20229 Stazzona CTC 183 Kc 94
59270 Steent' je 59 29 Ce 44
59189 Steenbecque 59 29 Cc 44
59380 Steene 59 27 Cc 43
59114 Steenvoorde 59 30 Cd 44
59181 Steenwerck 59 30 Ce 44
67220 Steige 67 60 Hb 58
57430 Steinbach 57 57 Gf 55
68700 Steinbach 68 95 Ha 62
67790 Steinbourg 67 58 Hc 56
68440 Steinbrunn-le-Bas 68 95 Hc 62
68440 Steinbrunn-le-Haut 68 95 Hc 63
67160 Steinseltz 67 58 Hf 54
68640 Steinsoultz 68 95 Hc 63
62780 Stella-Plage 62 28 Bd 46
55700 Stenay 55 42 Fb 52
67170 Stephansfeld 67 58 He 56
68780 Sternenberg 68 94 Ha 62
68510 Stetten 68 95 Hc 63
89160 Stigny 89 90 Eb 62
67190 Still 67 60 Hc 57
56300 Stival 56 79 Xa 60
27560 St-Jean-de- la-Léqueraye 27 49 Ac 53
14340 St-Laurent- du-Mont 14 35 Aa 54
35750 St-Malon-sur-Mel 35 65 Xf 60
67100 Stockfeld 67 60 He 57
08390 Stonne 08 42 Ef 51
68470 Storckensohn 68 94 Gf 61
68140 Stosswihr 68 77 Ha 60
67140 Stotzheim 67 60 Hc 58
67000 Strasbourg 67 60 He 57
59270 Strazeele 59 30 Cd 44
46600 Strenquels 46 138 Bd 79
68580 Strueth 68 94 Ha 63
67290 Struth 67 58 Hb 55
57970 Stuckange 57 44 Gb 53
56300 Stumultan 56 79 Wf 60
67250 Stundwiller 67 59 Hf 55
57230 Sturzelbronn 57 58 Hd 54
67370 Stutzheim-Offenheim 67 58 Hd 57
St-Victor- et-Melvieu 12 152 Ce 84
90100 Suarce 90 94 Ha 63
20214 Suare CTC 180 Ie 94
20620 Suariccia CTC 181 Kc 93
20137 Suartone CTC 185 Kb 00
70120 Suaucourt-et-Pisseloup 70 92 Fe 62
16260 Suaux 16 124 Ad 73
65670 Subergelle 65 163 Ac 89
37310 Sublaines 37 86 Af 65
14400 Subles 14 34 Zb 53
18260 Subligny 18 88 Ce 64
89100 Subligny 89 72 Db 59
50870 Sublingy 50 46 Yd 56
36290 Subtray 36 101 Bb 68
38300 Succieu 38 131 Fc 75
64120 Succos 64 161 Yf 88
44240 Sucé-sur-Erdre 44 82 Yc 64
09220 Suc-et-Sentenac 09 177 Bc 92
48220 Sud Mont Lozère 48 153 De 82
81640 Suech 81 151 Ca 84
34270 Sueilles 34 153 De 86
41500 Suèvres 41 86 Bc 62
63490 Sugères 63 128 Dc 75
63120 Sugier 63 129 De 74
08400 Sugny 08 42 Ed 52
64470 Suhare 64 161 Za 90
64780 Suhescun 64 160 Ye 89
58150 Suilly-la-Tour 58 89 Da 64
71220 Suin 71 117 Ec 70
51600 Suippes 51 54 Ed 54
77166 Suisnes 76 51 Ce 56
57340 Suisse 57 57 Gd 55
13800 Sulauze 13 170 Ef 87
01400 Sulignat 01 118 Ef 71
71500 Sulignat 71 118 Fa 69
20143 Sullataia CTC 184 If 98
60380 Sully 60 38 Be 51
71360 Sully 71 105 Ec 66
71240 Sully 71 106 Ee 69
89630 Sully 89 90 Ea 64
45450 Sully-la-Chapelle 45 71 Cb 61
45600 Sully-sur-Loire 45 88 Cc 62
56250 Sulniac 56 80 Xc 62
30440 Sumène 30 153 De 85
68280 Sundhoffen 68 60 Hc 60
67920 Sundhouse 67 60 Hd 59
64470 Sunharette 64 161 Za 90
31110 Superbagnères 31 176 Ad 92
63610 Super-Besse 63 127 Cf 75
66210 Super-Bolquère 66 178 Ca 93
05250 Superdévoly 05 144 Ff 80
66480 Super-las-Illas 66 179 Ce 94
15300 Super-Lioran 15 139 Ce 78
74120 Super-Megève 74 133 Gd 73
04400 Super-Sauze 04 158 Ge 82
39300 Supt 39 107 Ff 67
63720 Surat 63 116 Db 73
09400 Surba 09 177 Bd 91
38118 Surbaix 38 131 Fc 74
67250 Surbourg 67 58 Hf 55
80620 Surcamps 80 29 Ca 48
61500 Surdon 61 48 Ab 57
19400 sur-Dordogne 19 138 Bf 78
87130 Surdoux 87 126 Bd 75
61360 Suré 61 68 Ac 58
72370 Surfonds 72 68 Ac 61
02240 Surfontaine 02 40 Dc 50
17700 Surgères 17 110 Zb 72
12150 Surguières 12 152 Cf 82
58500 Surgy 58 89 Dd 63
88140 Suriauville 88 76 Ff 59
38150 Surieu 38 130 Ef 76
79220 Surin 79 110 Zd 70
86250 Surin 86 112 Ac 72
16270 Suris 16 124 Ad 73
24210 Surjac 24 125 Ba 77
36300 Surjoux 36 100 Ba 68
01420 Surjoux-Lhôpital 01 119 Fe 72
01420 Surjoux-Lhôpital 01 119 Fe 72
74360 Sur-la-Fontaine 74 121 Ge 71
25380 Surmont 25 94 Gd 65
62850 Surques 62 27 Bf 44
14710 Surrain 14 47 Za 53
50270 Surtainville 50 33 Yb 52
27400 Surtauville 27 49 Ba 53
61310 Survie 61 48 Ab 55
04140 Surville 04 157 Gb 82
14130 Surville 14 35 Ab 53
27400 Surville 27 49 Ba 53
50250 Surville 50 46 Yb 53
95470 Survilliers 95 51 Cd 54
08090 Sury 08 42 Ed 50
58270 Sury 58 103 Dc 66
45530 Sury-aux-Bois 45 71 Cc 61
18300 Sury-en-Vaux 18 88 Ce 64
18260 Sury-ès-Bois 18 88 Ce 64
42450 Sury-le-Comtal 42 129 Eb 75
18240 Sury-près-Léré 18 88 Cf 64
56450 Surzur 56 80 Xc 63
64190 Sus 64 161 Zb 89
77390 Suscy-sous-Yèbles 76 71 Ce 57
64190 Susmiou 64 161 Zb 89
87130 Sussac 87 126 Bd 75
62810 Sus-Saint-Léger 62 29 Cc 47
34160 Sussargues 34 168 Ea 86
03450 Sussat 03 115 Da 72
64120 Sussaute 64 161 Yf 88
21430 Sussey 21 105 Ec 65
01260 Sutrieu 01 119 Fd 73
40110 Suzan 40 147 Zb 85
08130 Suzanne 08 42 Ed 51
80340 Suzanne 80 39 Ce 49
52300 Suzannecourt 52 75 Fb 58
27420 Suzay 27 50 Bd 53
26400 Suze 26 143 Fa 80
26790 Suze-la-Rousse 26 155 Ef 83
84190 Suzette 84 155 Fa 84
60400 Suzoy 60 39 Cf 51
20220 S.Vicensu CTC 180 If 93
08390 Sy 08 42 Ef 51
39300 Syam 39 107 Ff 68
27240 Sylvains-les-Moulains 27 49 Ba 55
12360 Sylvanès 12 152 Cf 85
12360 Sylvanès-les-Bains 12 152 Cf 86

T

64190 Tabaille-Usquain 64 161 Za 88
33550 Tabanac 33 135 Zd 80
09600 Tabre 09 177 Bf 91
16260 Tâche 16 124 Ac 73
58140 Tachely 58 104 De 65
32260 Tachoires 32 163 Ad 88
78910 Tacoignières 78 50 Be 55
44522 Tâcon 44 82 Ye 64
58420 Taconnay 58 89 Dc 65
54480 Taconville 54 77 Gf 57
22100 Taden 22 65 Xf 58
64330 Tadousse-Ussau 64 162 Ze 87
71480 Tageat 71 119 Fb 69
15260 Tagenac 15 140 Cf 79
20151 Taggia CTC 182 If 96
20230 Taglio-Isolaccio CTC 181 Kc 94
20144 Tagliu CTC 185 Kb 98
08300 Tagnon 08 41 Eb 52
68720 Tagolsheim 68 95 Hb 63
33380 Tagon 33 134 Za 81
68130 Tagsdorf 68 95 Hb 63
89560 Taigny 89 89 Dc 63
43300 Tailhac 43 140 Dc 78
84300 Taillades 84 155 Fa 86
55140 Taillancourt 55 75 Fe 57
17350 Taillant 17 110 Zc 73
61100 Taillebois 61 47 Zd 56
17350 Taillebourg 17 122 Zc 73
31210 Taillebourg 31 163 Ad 90
47200 Taillebourg 47 148 Ab 82
33580 Taillecavat 33 136 Aa 81
41170 Taillefer 41 69 Ae 60
02600 Taillefontaine 02 39 Da 53
66400 Taillet 66 179 Ce 93
08230 Taillette 08 41 Ec 49
35500 Taillis 35 66 Ye 59
08240 Tailly 08 42 Fa 52
21190 Tailly 21 106 Ee 67
80270 Tailly 80 38 Bf 49
26600 Tain-l' Hermitage 26 142 Ef 78
50170 Tains 50 66 Yd 57
88100 Taintrux 88 77 Gf 59
71100 Taisey 71 106 Ee 68
59550 Taisnières-en-Thiérache 59 31 De 48
59570 Taisnières-sur-Hon 59 31 Df 47
80290 Taisnil 80 38 Ca 50
18370 Taissone 18 114 Cb 70
51500 Taissy 51 53 Ea 53
81130 Taïx 81 151 Ca 84
71250 Taizé 71 118 Ee 69
17260 Taizé-Aizie 16 111 Ab 72
79100 Taizé-Maulais 79 99 Ze 67
79100 Taizé-Maulais 79 99 Zf 67
79290 Taizon 79 99 Ze 66
08360 Taizy 08 41 Eb 51
65300 Tajan 65 163 Ac 89
20230 Talafredu CTC 183 Kc 95
11220 Talairan 11 179 Cd 90
43100 Talairat 43 128 Db 77
33590 Talais 33 122 Yf 76
19430 Talamet 19 138 Bf 79
57525 Talange 57 56 Gb 53
21240 Talant 21 91 Fa 64
29160 Tal-ar-Groas 29 62 Vd 59
33680 Talaris 33 134 Yf 78
20230 Talasani CTC 183 Kc 94
66360 Talau 66 178 Cb 93
65500 Talazac 65 162 Aa 88
41370 Talcy 41 86 Bc 62
89420 Talcy 89 90 Ea 63
33400 Talence 33 135 Zc 80
07340 Talencieux 07 130 Ee 77
35160 Talensac 35 65 Ya 60
12240 Talespues 12 151 Cc 82
30570 Taleyrac 30 153 Dd 84
56650 Talhouet 56 80 We 62
15170 Talizat 15 140 Da 78
25680 Tallans 25 93 Gb 64
71240 Tallant 71 106 Ee 69
05130 Tallard 05 144 Ga 82
25870 Tallenay 25 93 Ga 65
63450 Tallende 63 128 Da 74
40260 Taller 40 146 Yf 85
43370 Tallobre 43 141 Df 79
20270 Tallone CTC 183 Kc 95
20270 Tallone CTC 183 Kc 96
85390 Tallud-Sainte-Gemme 85 98 Za 68
08250 Talma 08 42 Ef 52
80260 Talmas 80 39 Cb 48
21270 Talmay 21 92 Fc 64
17120 Talmont 17 122 Za 75
60590 Talmontiers 60 38 Be 52
85440 Talmont-Saint-Hilaire 85 109 Yc 70
58190 Talon 58 89 Dd 65
89500 Talouan 89 72 Dc 60
58240 Taloux 58 103 Da 68
51270 Talus-Saint-Prix 51 53 De 56
69440 Taluyers 69M 130 Ee 75
56930 Talvern-Nénez 56 64 Xa 61
34590 Tamariguières 34 168 Ea 87
13500 Tamaris 13 170 Fa 89
65330 Tamboury 65 163 Ac 89
50700 Tamerville 50 33 Yd 51
26510 Tamizat 26 156 Fc 82
58110 Tamnay-en-Bazois 58 104 De 66
24620 Tamniès 24 137 Ba 79
15100 Tanavelle 15 140 Da 78
21310 Tanay 21 92 Fb 64
76430 Tancarville 77 36 Ac 52
49310 Tancoigné 49 98 Zd 65
71740 Tancon 71 117 Eb 71
77440 Tancrou 76 52 Da 55
39400 Tancua 39 120 Ff 69
32700 Tane 32 149 Ae 85
62550 Tangry 62 29 Cc 46
09300 Tanière 09 177 Be 91
74440 Taninges 74 120 Gd 72
89430 Tanlay 89 90 Ea 61
68370 Tannach 68 77 Ha 60
08390 Tannay 08 42 Ee 51
58190 Tannay 58 89 Dd 64
59189 Tannay 59 29 Cc 45
83440 Tanneron 83 172 Gf 87
89350 Tannerre-en-Puisaye 89 89 Da 62
02220 Tannières 02 53 Dd 53
55000 Tannois 55 55 Fb 56
61150 Tanques 61 48 Zf 56
54116 Tantonville 54 76 Ga 58
81190 Tanus 81 151 Cb 84
61500 Tanville 61 68 Aa 57
17260 Tanzac 17 122 Zc 75
09130 Tapioffoix 09 164 Bc 89
43380 Tapon 43 128 Dc 77
69220 Taponas 69D 118 Ee 72
16110 Taponnat-Fleurignac 16 124 Ac 74
31570 Tarabel 31 165 Be 87
83460 Taradeau 83 172 Gc 88
47380 Taradel 47 136 Ac 82
69170 Tarare 69D 117 Ec 73
13150 Tarascon 13 155 Ed 86
09400 Tarascon-sur-Ariège 09 177 Bd 91
65320 Tarasteix 65 162 Zf 89
82140 Taraut 82 150 Be 83
20214 Tarazone CTC 180 Ie 93
48100 Tarbes 48 140 Db 81
65000 Tarbes 65 162 Aa 89
25620 Tarcenay-Foucherans 25 107 Ga 66
25620 Tarcenay-Foucherans 25 107 Ga 66
39160 Tarcia 39 119 Fc 70
20135 Tarcu CTC 185 Kc 98
01510 Tard 01 131 Fd 73
28250 Tardais 28 69 Ba 57
23170 Tardes 23 114 Cc 72
64470 Tardets-Sorholus 64 161 Za 90
62179 Tardinghen 62 26 Bd 43
42660 Tarentaise 42 130 Ec 76
66120 Targasonne 66 178 Bf 93
86100 Targé 86 100 Ad 68
03140 Target 03 115 Da 71
63360 Targnat 63 128 Db 73
33760 Targon 33 135 Ze 80
33730 Targos 33 135 Zd 82
29860 Tariec 29 61 Vd 57
33730 Taris 33 147 Zd 82
03140 Tarjazet 03 115 Da 71
60400 Tarlefesse 60 39 Da 51
19170 Tarnac 19 126 Bf 74
64330 Taron-Sadirac-Viellenave 64 162 Ze 87
57260 Tarquimpol 57 57 Ge 56
20114 Tarrabucceta CTC 185 Ka 99
20234 Tarrano CTC 183 Kc 94
43370 Tarreyres 43 141 Df 79
32400 Tarsac 32 162 Zf 86
64360 Tarsacq 64 162 Zc 88
21120 Tarsul 21 91 Ef 63
46320 Tartabelle 46 138 Be 80
40400 Tartas 40 147 Zb 85
70500 Tartécourt 70 93 Ff 61
63190 Tarteire 63 128 Dc 74
02290 Tartiers 02 40 Db 52
47600 Tartifume 47 148 Ac 84
60120 Tartigny 60 39 Cc 51
21110 Tart-L'Abbaye 21 106 Fb 65

21110 Tart-le-Bas 21 106 Fb 65
21110 Tart-le-Haut 21 106 Fb 65
04330 Tartonne 04 157 Gc 84
28190 Tartre 28 69 Bb 58
34130 Tartuguière 34 168 Ea 87
08380 Tarzy 08 41 Eb 49
32160 Tasque 32 162 Aa 87
24300 Tassat 24 124 Ad 75
72430 Tassé 72 84 Zf 61
39120 Tassenières 39 106 Fd 67
72540 Tassillé 72 67 Zf 61
20140 Tassinca CTC 184 Ie 98
69160 Tassin-la-Demi-Lune 69M 130 Ee 74
20134 Tasso CTC 183 Ka 97
07140 Tastavin 07 141 Ea 81
40140 Tastet 40 146 Ye 86
62500 Tatinghem 62 27 Cb 44
20219 Tattone CTC 183 Ka 96
79370 Tauché 79 111 Ze 71
17170 Taugon 17 110 Za 71
40120 Tauladon 40 147 Zd 84
79220 Taulais 79 111 Ze 70
29670 Taulé = Taole 29 62 Wa 57
26770 Taulignan 26 155 Ef 82
66110 Taulis 66 179 Cd 93
17920 Taupignac 17 122 Yf 74
56800 Taupont 56 81 Xd 61
81430 Taur 81 151 Cb 85
29630 Taureau 29 62 Wa 56
33710 Tauriac 33 135 Zc 78
46130 Tauriac 46 138 Be 79
81630 Tauriac 81 150 Bd 85
12360 Tauriac-de-Camarès 12 152 Da 86
12800 Tauriac-de-Naucelle 12 151 Cb 84
07110 Tauriers 07 142 Eb 81
09160 Taurignan-Castet 09 176 Ba 90
12120 Taurines 12 152 Cc 84
66500 Taurinya 66 178 Cc 93
11220 Taurize 11 166 Cd 90
12600 Taussac 12 139 Cd 80
33480 Taussac 33 134 Za 79
34600 Taussac 34 167 Da 87
33138 Taussat 33 134 Yf 80
66720 Tautavel 66 179 Ce 92
63690 Tauves 63 127 Cd 75
51150 Tauxières-Mutry 51 53 Ea 54
47600 Tauziète 47 148 Ab 84
20167 Tavaco CTC 182 If 96
37220 Tavant 37 99 Ac 66
39500 Tavaux 39 106 Fc 66
02250 Tavaux-et-Pontséricourt 02 41 Df 50
30126 Tavel 30 155 Ee 84
20163 Tavera CTC 182 Ka 96
20218 Taverna CTC 181 Kb 94
71400 Tavernay 71 105 Eb 66
07580 Taverne 07 142 Ed 80
12390 Tavernes 12 151 Cc 82
83670 Tavernes 83 171 Ga 87
38320 Tavernolles 38 144 Fe 78
33990 Taverny 95 51 Cb 54
45190 Tavers 45 87 Bd 62
33840 Taves 33 147 Zf 82
70400 Tavey 70 94 Ge 63
03140 Taxat 03 116 Da 71
03140 Taxat 03 116 Db 71
03140 Taxat-Senat 03 116 Da 71
39350 Taxenne 39 107 Fe 65
66690 Taxo-d'Amont 66 179 Cf 93
12120 Tayac 12 152 Cc 83
33460 Tayac 33 134 Zb 78
33570 Tayac 33 135 Zf 79
32120 Taybosc 32 149 Ae 86
69210 Taylan 69M 130 Ed 74
12440 Tayrac 12 151 Cb 83
47270 Tayrac 47 149 Af 83
12430 Taysses 12 152 Cd 84
58170 Tazilly 58 104 Df 68
38470 Têche 38 131 Fc 77
81600 Técou 81 151 Bf 85
20229 Teglia CTC 183 Kc 94
23500 Teiffoux 23 126 Ca 74
58190 Teigny 58 89 De 64
19320 Teil 19 126 Ca 77
81260 Teil 81 166 Cd 86
63460 Teilhède 63 115 Da 73
09500 Teilhet 09 165 Be 90
63560 Teilhet 63 115 Ce 72
35620 Teillay 35 82 Yc 62
45480 Teillay-le-Gaudin 45 70 Bf 59
45170 Teillay-Saint-Benoit 45 70 Ca 60
44440 Teillé 44 82 Ye 64
72290 Teillé 72 68 Ab 59
72540 Teillés, les 72 67 Ze 60
03410 Teillet 03 115 Cc 71
12240 Teillet 12 151 Cb 82
23110 Teillet 23 115 Cd 72
81190 Teillet 81 151 Cb 84
81120 Teillet 81 151 Cc 85
03410 Teillet-Argenty 03 115 Cd 71
24390 Teillots 24 125 Bb 77
15250 Teissières-de-Cornet 15 139 Cc 79
15130 Teissières-lès-Bouliès 15 139 Cd 80
63470 Teissonnières 63 127 Cd 74
29560 Telgruc-sur-Mer 29 62 Vd 59
35380 Telhouët 35 65 Xe 60
54260 Tellancourt 54 43 Fd 51
21270 Tellecey 21 92 Fb 65
61390 Tellières-le-Plessis 61 48 Ac 57
72220 Teloché 72 85 Ab 61
81340 Tels 81 151 Cc 84
56220 Temple de Haut, le 56 81 Xd 63
24390 Temple-Laguyon 24 125 Ba 77
59175 Templemars 59 30 Da 45
53380 Templerie-d'Echerbé 53 66 Za 59
59242 Templeuve-en-Pévèle 59 30 Db 45
80240 Templeux-la-Fosse 80 39 Da 49
80240 Templeux-le-Guérard 80 40 Da 49
59175 Tempoure 47 137 Af 82
01230 Tenay 01 119 Fd 73
43190 Tence 43 142 Eb 78
38570 Tencin 38 132 Ff 77
06430 Tende 06 159 Hd 84
88460 Tendon 88 77 Ge 60
18350 Tendron 18 103 Cf 67
36200 Tendu 36 101 Bd 69
62134 Teneur 62 29 Cb 46
23800 Tenèze 23 114 Be 70
72240 Tennie 72 68 Zf 60
57980 Tenteling 57 57 Gf 54
40700 Téoulé 40 161 Zc 86
65300 Tèpe 65 163 Ac 90
20270 Teppa CTC 183 Kc 96
86800 Tercé 86 112 Ad 69
61570 Tercey 61 48 Aa 56
04420 Tercier 04 158 Gc 83
23350 Tercillat 23 114 Ca 70
40180 Tercis- les-Bains 40 161 Yf 86
59114 Terdeghem 59 27 Cd 44
29630 Térénez 29 62 Wa 56
66130 Tererach 66 178 Cd 92
02700 Tergnier 02 40 Db 51
03420 Terjat 03 115 Cd 71
12560 Terménoux 12 152 Da 82
08250 Termes 08 42 Ee 53
11330 Termes 11 179 Cd 91
48310 Termes 48 140 Db 80
63640 Termes 63 115 Ce 73
32400 Termes-d'Armagnac 32 162 Zf 86
73500 Termignon 73 133 Ge 77
74130 Termine 74 120 Gc 72
28140 Terminiers 28 70 Be 60
69620 Ternand 69D 117 Ed 73
21220 Ternant 21 106 Ef 65
49490 Ternant 49 84 Ab 63
58250 Ternant 58 104 Df 68
63870 Ternant 63 128 Da 74
79410 Ternanteuil 79 111 Zd 70
63340 Ternant-les-Eaux 63 128 Da 76
62127 Ternas 62 29 Cc 46
52210 Ternat 52 91 Fa 61
41800 Ternay 41 85 Ae 62
86120 Ternay 86 99 Zf 66
69360 Ternay 69M 130 Ee 75
70270 Ternuay-Melay-et-Saint-Hilaire 70 94 Gd 62
02880 Terny-Sorny 02 40 Dc 52
16420 Terracher 16 112 Ae 73
19170 Terracot 19 126 Bf 75
80600 Terramesnil 80 29 Cc 48
74470 Terramont 74 120 Gc 71
71270 Terrans 71 106 Fb 67
42550 Terrasses 42 129 Df 76
24120 Terrasson-la-Villedieu 24 137 Bb 78
66300 Terrats 66 179 Ce 93
32700 Terraube 32 149 Ad 85
16230 Terrebourg 16 124 Ab 73
81120 Terre-Clapier 81 151 Cb 85
81120 Terre-de-Bancalié 81 151 Cb 86
29890 Terre-du-Pont 29 62 Ve 56
21290 Terrefondrée 21 91 Ef 62
46200 Terregaye 46 137 Bd 79
72110 Terrehault 72 68 Ac 59
40210 Terrenave 40 146 Yf 83
42100 Terrenoire 42 130 Ec 76
20230 Terre Rosse CTC 181 Kc 94
25190 Terres-de-Chaux 25 94 Ge 65
16270 Terres-de-Haute-Charente 16 124 Ad 73
24420 Terrier 24 125 Ba 77
12210 Terrisse 12 139 Ce 80
11580 Terroles 11 178 Cb 91
08430 Terron 08 42 Ed 51
08400 Terron-sur-Aisne 08 42 Ee 52
46120 Terrou 46 138 Bf 80
46170 Terry 46 150 Bc 83
33410 Terry-de-Castel 33 135 Ze 81
26390 Tersanne 26 130 Fa 77
87360 Tersannes 87 113 Ba 71
74210 Tertenoz 74 132 Gb 74
80200 Tertry 80 39 Da 49
79300 Terves 79 98 Zc 68
57180 Terville 57 56 Ga 52
12210 Tesq 12 139 Ce 81
47500 Tesquet 47 137 Af 81
78250 Tessancourt-sur-Aubette 78 50 Bf 54
16240 Tessé 16 111 Aa 72
61410 Tessé-Froulay 61 67 Zd 57
14250 Tessel 14 34 Zc 54
61140 Tessé-la-Madeleine 61 67 Zd 57
73210 Tessens 73 133 Gd 75
49160 Tesseul 49 84 Zf 64
17460 Tesson 17 122 Zc 75
24580 Tessoniéras 24 137 Af 78
79600 Tessonnière 79 99 Ze 68
74370 Tessy 74 120 Ga 73
50420 Tessy-sur-Vire 50 46 Yf 55
33380 Testarouch 33 134 Za 81
82160 Testas 82 150 Be 83
12330 Testet 12 139 Cc 82
08110 Tétaigne 08 42 Fa 51
59229* Téteghem-Coudekerque-Village 59 27 Cc 42
24230 Tête-Noire 24 135 Aa 79
57220 Téterchen 57 57 Gd 53
57385 Téting-sur-Nied 57 57 Gd 54
33710 Teuillac 33 135 Zc 78
81500 Teulat 81 165 Be 87
81430 Teulet 81 151 Cb 85
81600 Teulié 81 151 Ca 85
12200 Teulières 12 151 Ca 83
50630 Teurthéville-Bocage 50 33 Yd 51
50690 Teurthéville-Hague 50 33 Yb 51
33125 Teycheney 33 134 Zb 81
24300 Teyjat 24 124 Ad 75
34820 Teyran 34 168 Df 86
26220 Teyssières 26 156 Fa 82
46190 Teyssieu 46 138 Bf 79
19320 Teyssonnière 19 126 Ca 77
86250 Tezier 86 112 Ac 72
01120 Tfil 01 130 Fa 74
51230 Thaas 51 53 Df 57
17120 Thaims 17 122 Zb 75
17290 Thairé 17 110 Yf 72
17170 Thairé-le-Fagnoux 17 110 Za 71
58250 Thaix 58 104 De 67
19200 Thalamy 19 127 Cc 75
67320 Thal-Drulingen 67 57 Ha 55
67440 Thal-Marmoutier 67 58 Hc 56
68800 Thann 68 94 Ha 62
68590 Thannenkirch 68 60 Hb 59
67220 Thanvillé 67 60 Hc 59
14610 Thaon 14 35 Zd 53
88150 Thaon-les-Vosges 88 76 Gc 59
30430 Tharaux 30 154 Eb 83
89450 Tharoiseau 89 90 De 64
44730 Tharon-Plage 44 96 Xf 66
89200 Tharot 89 90 Df 63
18210 Thaumiers 18 103 Cd 68
23250 Thauron 23 114 Be 72
18300 Thauvenay 18 88 Ce 65
65370 Thèbe 65 176 Ad 91
57450 Théding 57 57 Gf 54
46150 Thédirac 46 137 Bb 81
46500 Thégra 46 138 Be 80
56130 Théhillac 56 81 Xf 63
19170 Theil 19 126 Be 75
19160 Theil 19 127 Cb 76
35240 Theil-de-Bretagne, le 35 82 Yd 61
19300 Theillac 19 126 Ca 76
41300 Theillay 41 87 Ca 65
27520 Theillement 27 49 Ae 53
87380 Theillornas 87 125 Bc 74
16240 Theil-Rabier 16 111 Aa 72
89320 Theil-sur-Vanne 89 72 Dc 60
63122 Theix 63 128 Da 74
69620 Theizé 69D 118 Ed 73
69470 Thel 69D 117 Ec 72
28130 Théléville 28 70 Bd 57
72320 Théligny 72 69 Ae 59
42220 Thélis-la-Combe 42 130 Ed 77
54330 Thélod 54 76 Ga 57
08350 Thelonne 08 42 Ef 51
62580 Thélus 62 30 Ce 46
95450 Théméricourt 95 50 Bf 54
89410 Thèmes 89 72 Db 61
46120 Thémines 46 138 Be 80
46120 Théminettes 46 138 Bf 80
17460 Thénac 17 122 Zc 75
24240 Thénac 24 136 Ac 80
02140 Thenailles 02 41 Df 50
36800 Thenay 36 101 Bc 69
41400 Thenay 41 86 Bb 64
02390 Thenelles 02 40 Dc 50
73200 Thénésol 73 132 Gc 74
86310 Thenet 86 113 Af 69
37220 Theneuil 37 99 Ac 66
03350 Theneuille 03 103 Cf 69
79390 Thénezay 79 99 Zf 68
18100 Thénioux 18 102 Bf 65
21150 Thenissey 21 91 Ed 64
77520 Thénisy 76 72 Db 58
80110 Thennes 80 39 Cc 50
24210 Thenon 24 137 Ba 78
08240 Thénorgues 08 42 Ef 52
06590 Théoule-sur-Mer 06 173 Gf 87
60510 Therdonne 60 38 Ca 52
60380 Thérines 60 38 Bf 51
74210 Thermesay 74 132 Gb 74
65230 Thermes-Magnoac 65 163 Ad 89
12600 Thérondels 12 139 Ce 79
12620 Thérondels 12 152 Cf 84
62129 Thérouanne 62 29 Cb 45
76540 Thérouldeville 77 36 Ad 50
39290 Thervay 39 107 Fd 65
36100 Théry 36 102 Ca 67
41140 Thesée 41 86 Bb 65
39110 Thésy 39 107 Ff 67
40990 Thétieu 40 146 Za 86
70120 Theuley 70 93 Fe 63
70600 Theuley-lès-Vars 70 92 Fd 63
36370 Theuret 36 113 Bb 69
05190 Théus 05 144 Gb 82
28360 Theuville 28 70 Bd 58
76540 Theuville 77 36 Ad 50
95810 Theuville 95 51 Ca 54
53000 Thévalles 53 67 Zb 60
29890 Théven 29 62 Vd 57
29233 Theven-Kerbrat 29 62 Vf 56
47420 Thevet 47 148 Zf 83
36400 Thevet-Saint-Julien 36 102 Ca 69
50330 Théville 50 33 Yd 51
27330 Thevray 27 49 Ae 55
70190 They 70 93 Ga 64
38570 Theys 38 132 Ff 77
88800 They-sous-Montfort 88 76 Ff 59
54930 They-sous-Vaudémont 54 76 Ga 58
66200 Théza 66 179 Cf 93
17600 Thézac 17 122 Zb 74
47370 Thézac 47 149 Ba 82
11200 Thézan-des-Corbières 11 166 Ce 90
34490 Thézan-lès-Béziers 34 167 Db 88
04200 Thèze 04 157 Ff 83
64450 Thèze 64 162 Zd 88
43210 Thézenac 43 129 Ea 77
54610 Thézey-Saint-Martin 54 56 Gb 55
30390 Théziers 30 155 Ed 85
01110 Thézillieu 01 119 Fd 73
80440 Thézy-Glimont 80 39 Cc 50
94320 Thiais 94 51 Cc 56
90100 Thiancourt 90 94 Gf 63
58260 Thianges 58 104 Dd 67
59224 Thiant 59 30 Dc 47
87170 Thias 87 125 Bb 74
87320 Thiat 87 113 Af 71
54470 Thiaucourt-Regniéville 54 56 Ff 55
54120 Thiaville-sur-Meurthe 54 77 Ge 58
27230 Thiberville 27 48 Ac 54
51510 Thibie 51 53 Eb 55
60240 Thibivillers 60 50 Bf 53
27800 Thibouville 27 49 Ae 54
57380 Thicourt 57 57 Gd 55
54300 Thiébauménil 54 77 Gd 57
25470 Thiébouhans 25 94 Gf 65
76890 Thiédeville 77 37 Af 50
10140 Thieffrain 10 74 Ec 59
70230 Thieffrans 70 93 Gb 64
88290 Thiéfosse 88 77 Ge 61
70320 Thiéloup 70 93 Gc 61
88220 Thiélouse 88 76 Gb 60
03230 Thiel-sur-Acolin 03 116 Dd 69
62560 Thiembronne 62 29 Ca 45
70230 Thiénans 70 93 Gb 64
59189 Thiennes 59 29 Cc 45
80300 Thiepval 80 29 Ce 48
77320 Thiercelieux 76 52 Dc 56
27140 Thierceville 27 38 Be 53
76540 Thiergeville 77 36 Ac 50
68600 Thierhurstkp 68 60 Hd 61
58160 Thiernay 58 103 Dc 67
02250 Thiernu 02 40 De 50
63300 Thiers 63 128 Dd 73
77570 Thiersanville 76 71 Ce 59
60520 Thiers-sur-Thève 60 51 Cd 54
27290 Thierville 27 49 Ae 53
55840 Thierville-sur-Meuse 55 55 Fc 53
06710 Thiéry 06 158 Ha 85
60310 Thiescourt 60 39 Cf 51
76540 Thiétreville 77 36 Ad 50
88260 Thiétry 88 76 Ga 60
80640 Thieulloy-L'Abbaye 80 38 Bf 50
80290 Thieulloy-la-Ville 80 38 Bf 50
60210 Thieuloy-Saint-Antoine 60 38 Bf 51
07600 Thieuré 07 142 Ec 80
60480 Thieux 60 39 Cb 51
77230 Thieux 76 51 Ce 54
14170 Thiéville 14 48 Zf 54
62760 Thièvres 62 29 Cc 48
15800 Thiézac 15 139 Ce 78
74500 Thièze 74 120 Gd 70
45300 Thignonville 45 71 Cb 59
10200 Thil 10 74 Ee 58
21390 Thil 21 90 Ec 64
31530 Thil 31 164 Ba 86
51220 Thil 51 41 Df 53
54880 Thil 54 43 Ff 52
08800 Thilay 08 42 Ee 49
52220 Thilleux 52 74 Ee 58
51370 Thillois 51 53 Df 53
55260 Thillombois 55 55 Fc 55
55210 Thillot 55 55 Fe 54
62450 Thilloy 62 30 Cf 48
77450 Thil-Manneville 77 37 Af 49
37260 Thilouze 37 100 Ad 65
71190 Thil-sur-Arroux 71 105 Ea 68
28170 Thimert-Gâtelles 28 69 Bb 57
57580 Thimonville 57 56 Gc 55
45260 Thimory 45 88 Cd 61
07140 Thines 07 141 Ea 82
08460 Thin-le-Moutier 08 41 Ec 50
63600 Thiolières 63 129 De 75
03220 Thionne 03 116 Dd 70
17780 Thionnet 17 110 Yf 73
57100 Thionville 57 44 Ga 52
78550 Thionville-sur-Opton 78 50 Bd 56
79100 Thiors 79 99 Ze 67
76450 Thiouville 77 36 Ad 50
50450 Thiphaigne 50 46 Ye 55
88500 Thiraucourt 88 76 Ga 59
85210 Thiré 85 110 Yf 69
28480 Thiron 28 69 Af 59
08090 This 08 42 Ed 50
25220 Thise 25 93 Ga 65
28630 Thivars 28 70 Bc 58
59154 Thivencelle 59 31 Dd 46
60160 Thiverny 60 51 Cc 53
78850 Thiverval-Grignon 78 50 Bf 55
52800 Thivet 52 75 Fb 61
24800 Thiviers 24 125 Af 76
28200 Thiville 28 69 Bc 60
36100 Thizay 36 101 Bf 67
37500 Thizay 37 99 Aa 65
03190 Thizon 03 115 Cd 70
89420 Thizy 89 90 Ea 63
69240 Thizy-les-Bourgs 69D 117 Eb 72
04380 Thoard 04 157 Ga 84
38260 Thodure 38 131 Fb 77
72260 Thoigné 72 68 Ab 59
30140 Thoiras 30 154 Df 84
21570 Thoires 21 91 Ee 61
72610 Thoiré-sous-Contensor 72 68 Ab 59
72500 Thoiré-sur-Dinan 72 85 Ac 62
01710 Thoiry 01 120 Ff 71
73230 Thoiry 73 132 Ga 75
78770 Thoiry 78 50 Be 55
01140 Thoissey 01 118 Ee 71
39160 Thoissia 39 119 Fc 70
21210 Thoisy-la-Berchère 21 90 Ec 65
21320 Thoisy-le-Désert 21 105 Ed 65
80160 Thoix 80 38 Ca 50
52240 Thol-lès-Millières 52 75 Fc 60
86290 Thollet 86 113 Ba 70
74500 Thollon-les-Mémises 74 121 Ge 70
74140 Tholomaz 74 120 Gb 71
16480 Thomas 16 123 Zf 77
31540 Thomasses 31 165 Bf 88
03300 Thomassin 03 116 Dc 72
27240 Thomer-la-Sôgne 27 49 Bb 55
77810 Thomery 76 72 Ce 58
21210 Thomirey 21 90 Eb 65
21360 Thomirey 21 105 Ed 66
24290 Thonac 24 137 Ba 78
48370 Thonas 48 153 De 83
74230 Thônes 74 132 Gb 73
52300 Thonnance-lès-Joinville 52 75 Fb 58
52230 Thonnance-les-Moulins 52 75 Fb 58
55600 Thonne-la-Long 55 43 Fc 51
55600 Thonne-lès-Près 55 43 Fc 51
55600 Thonne-le-Thil 55 43 Fc 51
55600 Thonnelle 55 43 Fc 51
74200 Thonon-les-Bains 74 120 Gc 70
57380 Thonville 57 57 Gd 55
45210 Thorailles 45 72 Cf 60
25320 Thoraise 25 107 Ff 65
04170 Thorame-Basse 04 158 Gc 84
04170 Thorame-Haute 04 158 Gd 84
04170 Thorame-Haute-Gare 04 157 Gd 84
43170 Thoras 43 141 Dd 79
72800 Thorée-les-Pins 72 84 Aa 62
21230 Thoreille 21 105 Ed 66
21230 Thoreille 21 105 Ec 66
41100 Thoré-la-Rochette 41 86 Af 62
06750 Thoreno 06 158 Ge 86
74570 Thorens-Glières 74 120 Gb 73
89430 Thorey 89 90 Ea 61
21110 Thorey-en-Plaine 21 106 Fa 65
54115 Thorey-Lyautey 54 76 Ga 58
21350 Thorey-sous-Charny 21 91 Ec 65
21360 Thorey-sur-Ouche 21 105 Ed 66
39130 Thoria 39 119 Fe 69
49220 Thorigné-d'Anjou 49 83 Zc 63
53270 Thorigné-en-Charnie 53 67 Zd 60
35235 Thorigné-Fouillard 35 65 Yc 60
72160 Thorigné-sur-Dué 72 68 Ad 60
85480 Thorigny 85 97 Ye 69
77400 Thorigny-sur-Marne 76 51 Ce 55
79360 Thorigny-sur-Mignon 79 110 Zc 72
89260 Thorigny-sur-Oreuse 89 72 Dc 59
69820 Thorins 69D 118 Ee 71
66360 Thorrent 66 178 Cc 93
10200 Thors 10 74 Ee 59
17160 Thors 17 123 Ze 73
58420 Thory 58 104 Dc 65
80250 Thory 80 39 Cc 50
89200 Thory 89 90 Df 63
21460 Thoste 21 90 Eb 64
18260 Thou 18 88 Cd 64
45420 Thou 45 88 Cf 63
49380 Thouarcé 49 84 Zc 65
44470 Thouaré-sur-Loire 44 82 Yd 65
79100 Thouars 79 99 Ze 67
85410 Thouarsais-Bouildroux 85 98 Za 69
09350 Thouars-sur-Arize 09 164 Bb 89
47230 Thouars-sur-Garonne 47 148 Ac 83
12430 Thouels 12 152 Cd 84
58210 Thouez 58 103 Dc 65
35134 Thourie 35 82 Yd 61
87140 Thouron 87 113 Bb 73
60150 Thourotte 60 39 Cf 52
41220 Thoury 41 86 Bd 63
77940 Thoury-Férottes 76 72 Cf 59
18400 Thoux 18 102 Cb 67
32430 Thoux 32 164 Af 86
87300 Thoveyrat 87 113 Ba 72
01300 Thoys 01 131 Fd 74
62650 Thubeauville 62 28 Be 45
53110 Thubœuf 53 67 Zd 57
74130 Thuel 74 120 Gc 72
38630 Thuellin 38 131 Fd 75
66360 Thuès-entre-Valls 66 178 Cb 93
07330 Thueyts 07 141 Eb 80
08300 Thugny-Trugny 08 41 Ec 52
54170 Thuilley-aux-Groseilles 54 76 Ff 57
88260 Thuillières 88 76 Ga 60
66300 Thuir 66 179 Ce 93
10190 Thuisy 10 73 De 59
27520 Thuit-Hébert 27 37 Af 53
25310 Thulay 25 94 Gf 64
54800 Thumeréville 54 56 Fe 53
59239 Thumeris 59 30 Da 46
59158 Thun 59 30 Dc 46
88240 Thunimont 88 76 Gb 60
59141 Thun-L'Evêque 59 30 Db 47
59141 Thun-Saint-Martin 59 30 Db 47
05140 Thuox 05 144 Fe 82
86110 Thurageau 86 99 Ab 68
86540 Thuré 86 100 Ac 68
63260 Thuret 63 116 Db 73
71440 Thurey 71 106 Fa 68
25870 Thurey-le-Mont 25 93 Ga 64
58210 Thurigny 58 89 Dd 64
69510 Thurins 69M 130 Ed 74
21340 Thury 21 105 Ed 66
89520 Thury 89 89 Db 63
60890 Thury-en-Valois 60 52 Da 54
14220 Thury-Harcourt 14 47 Zd 55
60250 Thury-sous-Clermont 60 39 Cb 52
74270 Thusel 74 120 Ff 73
74150 Thusy 74 120 Ff 73
74230 Thuy 74 120 Gb 73
74300 Thyez 74 120 Gd 72
73140 Thyl 73 133 Gc 77
81330 Tibarrie 81 151 Cc 86
65150 Tibiran-Jaunac 65 175 Ad 90
54780 Tichemont 54 56 Ff 53
61120 Ticheville 61 48 Ab 55
21250 Tichey 21 106 Fb 66
15250 Tidernat 15 139 Cd 78
67290 Tieffenbach 67 58 Hb 55
59229 Tiegerveld 59 27 Cc 42
49125 Tiercé 49 83 Zd 63
54190 Tiercelet 54 43 Ff 52
14480 Tierceville 14 35 Zc 53
12400 Tiergues 12 152 Cf 85
32160 Tieste-Uragnoux 32 162 Aa 87
73220 Tieulever 73 132 Gc 75
85130 Tiffauges 85 97 Yf 66
77163 Tigeaux 76 52 Cf 56
91250 Tigery 91 51 Cd 57
09110 Tignac 09 177 Be 92
49540 Tigné 49 98 Zd 65
88320 Tignécourt 88 76 Ff 60
73320 Tignes 73 133 Gf 76
38230 Tignieu-Jameyzieu 38 131 Fb 74
62180 Tigny 62 28 Be 46
73660 Tigny 73 132 Gb 76
62180 Tigny-Noyelle 62 28 Be 46
45510 Tigy 45 87 Cb 62
21120 Til-Châtel 21 92 Fb 63
40360 Tilh 40 161 Za 87
65130 Tilhouse 65 163 Ab 90

61390 Trémont 61 68 Ab 57
55000 Trémont-sur-Saulx 55 55 Fa 56
88240 Trémonzey 88 76 Gb 61
22230 Trémorel 22 64 Xe 59
29190 Trémorgat 29 62 Wa 59
29920 Trémorvezen 29 78 Wb 62
56400 Trémouec 56 80 Xa 62
15270 Trémouille 15 127 Ce 76
12290 Trémouilles 12 152 Cd 83
15120 Trémouilles 15 139 Cd 80
63810 Trémouille-Saint-Loup 63 127 Cd 76
43340 Trémoul 43 141 De 79
09700 Trémoulet 09 165 Be 90
15500 Trémoulet 15 128 Da 77
19320 Trémoulet 19 126 Ca 77
63220 Tremoulet 63 128 Dd 76
56450 Trémoyec 56 80 Xc 63
41500 Tremplay 41 86 Bc 62
56110 Trémunut 56 78 Wb 60
22440 Tremuson 22 64 Xa 57
15230 Trénac 15 139 Cf 79
39570 Trenal 39 106 Fc 69
18270 Trenay 18 114 Cb 69
40630 Trensacq 40 147 Zb 83
47140 Trentels 47 149 Af 82
56190 Trenue 56 81 Xd 63
22340 Tréogan 29 79 Wc 59
29720 Tréogat 29 78 Ve 61
29830 Tréompan 29 61 Vb 57
28500 Tréon 28 50 Bb 56
29290 Tréouergat 29 61 Vc 58
29390 Tréouzal 29 79 Wb 60
51380 Trépail 51 53 Eb 54
62780 Trépied 62 28 Bd 46
25620 Trépot 25 107 Ga 65
14690 Tréprel 14 47 Zd 55
38460 Trept 38 131 Fb 74
38930 Trésanne 38 143 Fd 79
55160 Trésauvaux 55 55 Fd 54
09000 Tresbens 09 177 Bd 91
35320 Tresbœuf 35 82 Yc 61
44420 Trescalan 44 81 Xd 64
62147 Trescault 62 30 Da 48
26410 Treschenu-Creyers 26 143 Fd 80
05700 Trescléoux 05 156 Fe 82
64300 Trescoint 64 161 Za 88
12170 Trescos 12 152 Cc 84
70190 Trésilley 70 93 Ga 64
51140 Treslon 51 53 De 53
77515 Tresmes 76 52 Cf 56
11420 Tresmezes 11 165 Be 89
58240 Tresnay 58 103 Db 68
46090 Trespoux-Rassiels 46 150 Bc 82
30330 Tresques 30 155 Ed 84
22100 Tressaint 22 65 Xf 58
34230 Tressan 34 167 Dc 87
57710 Tressange 57 43 Ff 52
79260 Tressauves 79 111 Ze 70
35720 Tressé 35 65 Ya 58
40170 Tresse 40 146 Ye 84
32700 Tressens 32 148 Ac 85
66300 Tresserre 66 179 Ce 93
33370 Tresses 33 135 Zd 79
22290 Tressignaux 22 63 Xa 57
59152 Tressin 59 30 Db 45
72440 Tresson 72 85 Ad 61
37310 Tressort 37 100 Af 65
22660 Trestel 22 63 Wd 56
03220 Treteau 03 116 Dd 70
13530 Trets 13 171 Fe 88
36250 Treuilleau 36 101 Bd 67
22160 Treusvern 22 63 Wd 58
80300 Treux 80 39 Cd 49
29560 Treuzelom 29 62 Ve 59
77710 Treuzy-Levelay 76 72 Ce 59
71110 Tréval 71 117 Ea 71
56480 Trévannec 56 79 Wf 60
04270 Trévans 04 157 Gb 85
29570 Trévarguen 29 61 Vc 59
43600 Trevas 43 129 Eb 77
22600 Trévé 22 64 Xb 59
56130 Trévélo 56 81 Xd 63
56220 Trévelo 56 81 Xd 63
22410 Trévenais 22 64 Xa 57
90400 Trévenans 90 94 Gf 63
22160 Trévénec 22 63 Wc 58
22410 Trévénec 22 64 Xa 57
55130 Tréveray 55 75 Fc 57
22290 Trévérec 22 63 Wf 57
56450 Tréverel 56 80 Xc 63
35190 Trévérien 35 65 Ya 58
30750 Trèves 30 153 Dc 84
69420 Trèves 69M 130 Ee 75
49350 Trèves-Cunault 49 84 Ze 65
56700 Trévidel 56 80 We 62
81190 Trévien 81 151 Ca 84
14710 Trevières 14 47 Za 53
34270 Tréviers 34 153 Df 86
73100 Trévignin 73 132 Ff 74
29910 Trévignon 29 78 Wa 62
66130 Trévillach 66 179 Cd 92
11400 Tréville 11 165 Bf 88
25470 Trévillers 25 94 Gf 65
89420 Trévilly 89 90 Ea 63
22140 Trévoazan 22 63 We 56
03460 Trévol 03 103 Db 69
22660 Trévou-Treguignec 22 63 Wd 56
01600 Trévoux 01 118 Ee 73
22100 Trévron 22 65 Xf 58
43290 Treyches 43 129 Eb 77
07310 Treynas 07 142 Eb 79
29560 Trez-Bellec-Plage 29 62 Vd 59
49260 Trézé 49 99 Zf 66
22140 Trézelan 22 63 We 57
03220 Trézelles 03 116 Dd 71
29810 Trézen 29 61 Vb 58
29100 Trézent 29 78 Ve 60
22450 Trézény 22 63 Wd 56
11230 Tréziers 11 178 Bf 90
29440 Trézilidé 29 62 Vf 57
63520 Trézioux 63 128 Dc 74
35380 Trézon 35 65 Xf 61
29890 Trez 29 62 Ve 57
16200 Triac-Lautrait 16 123 Zf 74
85580 Triaize 85 110 Ye 70
50620 Tribehou 50 34 Ye 53
12390 Triboulan 12 139 Cc 82
89430 Trichey 89 90 Ea 61
19190 Tricolet 19 138 Be 78
47160 Tricot 47 148 Ab 83
60420 Tricot 60 39 Cd 51
60590 Trie-Château 60 50 Be 53
60590 Trie-la-Ville 60 50 Bf 53
78510 Triel-sur-Seine 78 51 Ca 55
67220 Triembach-au-Val 67 60 Hb 58
65220 Trie-sur-Baïse 65 163 Ac 89
38890 Trieux 38 131 Fc 75
54750 Trieux 54 43 Ff 53
59970 Trieux-de-Fresnes 59 31 Dd 46
21270 Triey 21 92 Fc 65
59250 Triez-Cailloux 59 30 Da 44
83840 Trigance 83 157 Gc 86
22490 Trigavou 22 65 Xf 57
17120 Trignac 17 122 Za 75
17130 Trignac 17 123 Zd 76
44570 Trignac 44 81 Xe 65
56910 Trignac 56 81 Xe 61
51140 Trigny 51 53 Df 53
44590 Trigouet 44 82 Yc 63
45220 Triguères 45 72 Cf 61
77450 Trilbardou 76 52 Ce 55
66220 Trilla 66 178 Cd 92
77470 Trilport 76 52 Cf 55
67470 Trimbach 67 59 Ia 55
65120 Trimbareilles 65 175 Aa 92
35190 Trimer 35 65 Ya 58
63230 Trimoulet 63 127 Cf 73
14500 Trinay 45 70 Bf 60
89630 Trinquelin 89 90 Ea 64
26750 Triors 26 143 Fa 78
79370 Triou 79 111 Ze 71
86330 Triou 86 99 Aa 67
12260 Trioulou 12 151 Bf 82
41240 Tripleville 41 70 Bc 61
33230 Tripoteau 33 135 Zf 79
76170 Triquerville 77 36 Ad 51
27500 Triqueville 27 48 Ac 52
27330 Trisay 27 49 Ae 55
33730 Triscos 33 135 Zd 82
48200 Trisos 48 140 Db 80
59125 Trith-Saint-Léger 59 30 Dc 47
57385 Tritteling 57 57 Gd 54
12350 Trivale 12 151 Cb 82
12400 Trivalle 12 152 Ce 85
34520 Trivalle 34 153 Dc 86
19510 Trix 19 126 Bd 75
15400 Trizac 15 127 Cd 77
17250 Trizay 17 122 Za 73
28120 Trizay 28 69 Bc 58
28400 Trizay-Coutretot-Saint-Serge 28 69 Af 59
28800 Trizay- lès- Bonneval 28 69 Bc 59
71520 Trjvy 71 118 Ec 70
29460 Troaon 29 62 Ve 59
14670 Troarn 14 48 Ze 53
35600 Trobert 35 81 Xf 62
19230 Troche 19 125 Bc 76
21310 Trochères 21 92 Fb 64
02460 Troesnes 02 52 Db 53
45520 Trogny 45 70 Be 60
22450 Troguéry 22 63 We 56
37220 Trogues 37 100 Ac 66
22600 Trohelleuc 22 64 Xb 60
29540 Troheol 29 79 Wb 59
58400 Trohsanges 58 103 Da 66
52600 Troischamps 52 92 Fd 61
45470 Trois-Croix 45 71 Ca 61
60190 Trois-Etots 60 39 Cd 52
23230 Trois-Fonds 23 114 Cb 71
51340 Trois Fontaines 51 54 Ef 56
57870 Troisfontaines 57 57 Ha 57
52130 Troisfontaines-la-Ville 52 75 Fa 57
22110 Troisgots 50 46 Yf 54
57370 Trois-Maisons 57 58 Hb 56
14210 Trois-Monts 14 47 Zd 54
16730 Trois-Palis 16 123 Aa 75
51500 Trois-Puits 51 53 Ea 53
63640 Troissagnes 23 115 Cd 73
60112 Troissereux 60 38 Ca 52
51700 Troissy 51 53 De 54
58260 Trois-Vèvres 58 104 Dc 67
59980 Troisvillers 59 30 Dc 48
64470 Trois-Villes 64 161 Za 90
29770 Troloan 29 61 Vc 60
70150 Tromarey 70 92 Fe 64
57320 Tromborn 57 57 Gd 53
29160 Tromel 29 61 Vc 59
29820 Tromeur 29 61 Vc 58
24610 Trompette 24 135 Aa 79
86360 Tronc 86 99 Ac 69
32230 Troncens 32 163 Ab 88
74230 Tronchine 74 132 Gb 73
52260 Tronchoy 52 75 Fc 61
80640 Tronchoy 80 38 Bf 50
89700 Tronchoy 89 90 Df 61
71440 Tronchy 71 106 Fa 68
54570 Trondes 54 56 Fe 56
03240 Tronget 03 115 Da 70
33480 Tronquats 33 134 Za 79
54800 Tronville 54 56 Ff 54
55310 Tronville-en-Barrois 55 55 Fb 56
41800 Troo 41 85 Ae 62
33230 Troquereau-des-Landes 33 135 Zf 78
60350 Trosly-Breuil 60 39 Cf 52
02300 Trosly-Loire 02 40 Db 51
74500 Trossy 74 121 Ge 70
51700 Trotte 51 53 De 54
10700 Trouans 10 54 Eb 57
48220 Troubat 48 153 De 82
65370 Troubat 65 176 Ad 91
73170 Trouet 73 132 Fe 75
21170 Trouhans 21 106 Fb 66
21440 Trouhaut 21 91 Ee 64
66300 Trouillas 66 179 Ce 93
65140 Trouley-Labarthe 65 163 Ab 89
13310 Trouniaire 13 169 Ee 87
33720 Troupins 33 135 Zc 81
61150 Troussel 61 48 Zf 57
60120 Troussencourt 60 38 Cb 51
55190 Troussey 55 55 Fe 56
60390 Troussures 60 38 Bf 52
76210 Trouville 77 36 Ad 51
27680 Trouville-la-Houle 27 36 Ad 52
14360 Trouville-sur-Mer 14 35 Aa 52
18570 Trouy 18 102 Cc 66
29560 Trovéac 29 62 Vd 59
29460 Trovéoc 29 62 Ve 58
10000 Troyes 10 73 Df 59
55300 Troyon 55 55 Fc 54
22570 Trozulon 22 63 Wf 59
12400 Truans 12 152 Cf 85
05250 Truchières 05 144 Ff 80
67370 Truchtersheim 67 58 Hd 57
02860 Trucy 02 40 Dd 52
58460 Trucy-l' Orgueilleux 58 89 Dc 64
89460 Trucy-sur-Yonne 89 90 Dd 63
29650 Trudujou 29 63 Wc 57
21250 Trugny 21 106 Fa 67
22600 Truguez 22 64 Xb 59
26460 Truinas 26 143 Fa 81
60800 Trumilly 60 52 Ce 53
61160 Trun 61 48 Aa 55
14490 Trungy 14 34 Zb 53
29720 Trunvel 29 78 Vd 61
34260 Truscas 34 167 Da 86
14500 Truttemer-le-Grand 14 47 Zb 56
14500 Truttemer-le-Petit 14 47 Zb 56
37320 Truyes 37 85 Af 65
20245 Tuarelli CTC 182 Ie 94
62630 Tubersent 62 28 Be 45
61300 Tubœuf 61 49 Ae 56
40210 Tuc-Gaillat 40 146 Za 84
11350 Tuchan 11 179 Ce 91
54640 Tucquegnieux 54 56 Ff 53
19120 Tudeils 19 138 Be 78
32190 Tudelle 32 163 Ab 86
34360 Tudery 34 167 Cf 88
32380 Tudet 32 149 Ae 85
22430 Tu-es-Roc 22 64 Xd 57
20228 Tufo CTC 181 Kc 91
17130 Tugéras 17 123 Zd 76
02640 Tugny-et-Pont 02 40 Da 50
24700 Tuile 24 136 Aa 78
36160 Tuilerie 36 114 Ca 69
41270 Tuilerie 41 69 Af 60
46090 Tuilerie 46 150 Bc 82
76260 Tuilerie 77 37 Bc 49
89570 Tuilerie 89 73 De 60
72370 Tuilerie-de-la-Roche 72 68 Ac 60
17120 Tuileries 17 122 Zb 75
34210 Tuileries 34 166 Ce 89
44330 Tuileries 44 97 Ye 65
15270 Tuilière 15 127 Ce 76
24520 Tuilières 24 136 Ad 79
42830 Tuillière, la 42 116 De 73
26790 Tulette 26 155 Ef 83
19000 Tulle 19 126 Be 77
38210 Tullins 38 131 Fc 77
80130 Tully 80 28 Bd 48
03130 Tuloup 03 117 De 71
02120 Tupigny 02 40 Dd 49
69420 Tupin-et-Semons 69M 130 Ee 76
65120 Tuquerouye 65 175 Aa 92
21540 Turcey 21 91 Ee 64
68230 Turckheim 68 60 Hb 60
19500 Turenne 19 138 Bd 78
19500 Turenne-Gare 19 138 Bd 78
16350 Turgon 16 112 Ac 73
10210 Turgy 10 73 Ea 60
03230 Turiers 03 104 Dd 69
21460 Turley 21 90 Eb 63
89570 Turny 89 73 De 60
41130 Turpinay 41 86 Bd 65
49730 Turquant 49 99 Aa 65
57560 Turquestein-Blancrupt 57 77 Ha 57
50480 Turqueville 50 33 Ye 52
76280 Turretot 77 36 Ab 51
04250 Turriers 04 157 Gb 82
24620 Tursac 24 137 Ba 79
20167 Tuscia CTC 182 Ie 97
18170 Tuseau 18 102 Cb 68
16140 Tusson 16 111 Aa 73
58360 Tussy 58 104 Df 67
47170 Tustem 47 148 Ab 84
01170 Tutegny 01 120 Ga 71
40210 Tuyas 40 146 Za 83
65150 Tuzaguet 65 163 Ac 90
16700 Tuzie 16 111 Aa 73
22700 Ty-an-Tual 22 63 Wd 56
29150 Ty-ar-Glas 29 62 Ve 59
29190 Ty-ar-Seven 29 62 Wa 59
29190 Ty-Blaise 29 62 Wa 59
29300 Ty-Bodel 29 79 Wc 61
29000 Ty-Bos 29 78 Vf 61
29170 Ty-Broën 29 78 Vf 61
22200 Ty-Coat 22 63 Wf 57
29450 Ty-Douar 29 62 Wa 58
29510 Ty-Fléhan 29 78 Wa 60
29170 Ty-Glaz 29 78 Vf 61
29140 Ty-Guen 29 78 Wb 60
29700 Ty-Liopic 29 78 Ve 61
29700 Ty-Lippic 29 78 Ve 61
29390 Ty-Moter 56 79 Wb 60
29510 Ty-Nevez-Garnilis 29 78 Vf 60
29780 Ty-Pic 29 61 Vd 60
29000 Ty-Ru 29 78 Vf 60

U

07590 Ubac 07 141 Df 81
04340 Ubaye-Serre-Ponçon 04 157 Gb 82
67350 Uberach 67 58 Hd 55
57430 Uberkinger 57 57 Gf 55
88130 Ubexy 88 76 Gb 59
74360 Ubine 74 121 Ge 71
04240 Ubraye 04 158 Ge 85
20133 Ucciani CTC 182 If 96
07200 Ucel 07 142 Ec 81
40090 Uchacq-et-Parentis 40 147 Zc 85
33450 Ucham p 33 135 Zd 79
30620 Uchaud 30 154 Eb 86
21230 Uchey 21 105 Ec 66
20100 u Chiusu di a Casa CTC 184 If 99
71700 Uchizy 71 118 Ef 69
71190 Uchon 71 105 Eb 68
57270 Uckange 57 44 Ga 53
40120 Udrères 40 147 Zd 84
68580 Ueberstrass 68 95 Ha 63
46110 Uffande 46 138 Be 79
68510 Uffheim 68 95 Hc 63
68700 Uffholtz 68 95 Hb 62
73400 Ugine 73 132 Gc 74
65300 Uglas 65 163 Ac 90
40230 Ugne 40 160 Ye 87
65140 Ugnouas 65 162 Aa 88
54870 Ugny 54 43 Fe 52
02300 Ugny-le-Gay 02 40 Da 51
80400 Ugny-L'Equipée 80 39 Da 50
55140 Ugny-sur-Meuse 55 55 Fe 57
64120 Uhart-Mixe 64 161 Yf 89
67350 Uhlwiller 67 58 He 56
67350 Uhrwiller 67 58 Hd 55
79150 Ulcot 79 98 Zd 66
42560 Uliècq 42 129 Ea 76
60730 Ully-Saint-Georges 60 51 Cb 53
28700 Umpeau 28 70 Be 58
09250 Unac 09 177 Be 92
21350 Uncey-le-Franc 21 91 Ed 64
51170 Unchair 51 53 De 53
64130 Undurein 64 161 Za 89
47400 Unet 47 148 Ac 82
68190 Ungersheim 68 95 Hb 61
42210 Unias 42 129 Eb 75
10140 Unienville 10 74 Ed 59
31240 Union, l' 31 164 Bc 87
09240 Unjat 09 177 Bc 90
57230 Untermuhltal 57 58 Hd 55
28160 Unverre 28 69 Ba 59
09100 Unzent 09 165 Bd 89
05300 Upaix 05 157 Ff 83
62129 Upen-d'Amont 62 29 Cb 45
62129 Upen-d'Aval 62 29 Cb 45
26120 Upie 26 143 Ef 80
20110 u Ponte CTC 184 If 99
31260 Urau 31 176 Af 90
57720 Urbach 57 58 Hb 54
20128 Urbalacone CTC 184 If 97
66500 Urbanya 66 178 Cb 93
67220 Urbeis 67 60 Hb 59
68121 Urbès 68 94 Gf 61
58140 Urbigny 58 90 De 64
42310 Urbise 42 117 Df 71
03360 Urçay 03 102 Cd 69
90800 Urcerey 90 94 Ge 63
36160 Urciers 36 114 Ca 69
54800 Urcourt 54 56 Ff 54
64990 Urcuit 64 160 Yd 88
64240 Urcuray 64 160 Yd 88
03600 Urcy 03 115 Ce 71
21220 Urcy 21 91 Ef 65
32500 Urdens 32 149 Ae 85
64370 Urdès 64 161 Zc 88
64490 Urdos 64 174 Zc 91
64430 Urepel 64 160 Yd 90
40320 Urgons 40 162 Zd 87
32110 Urgosse 32 162 Zf 86
38410 Uriage-les-Bains 38 144 Fe 78
88220 Uriménil 88 76 Gc 60
74430 Urine 74 120 Gd 71
67280 Urmatt 67 60 Hb 57
61200 Urou 61 48 Aa 56
64122 Urrugne 64 160 Yb 88
09310 Urs 09 177 Be 92
68320 Urschenheim 68 60 Hc 60
68240 Ursprung 68 60 Hb 59
64240 Urt 64 160 Ye 88
20218 Urtaca CTC 181 Kb 93
54112 Uruffe 54 76 Fe 57
24480 Urval 24 137 Af 80
10200 Urville 10 74 Ed 59
14190 Urville 14 47 Ze 54
50700 Urville 50 33 Yd 52
50590 Urville 50 46 Yc 54
88140 Urville 88 76 Fe 59
50460 Urville-Naqueville 50 33 Yb 50
02690 Urvillers 02 40 Db 50
77760 Ury 76 71 Cd 58
58130 Urzy 58 103 Db 66
95450 Us 95 50 Bf 54
48100 Usanges 48 140 Da 81
20146 Usciolo CTC 185 Kb 99
07510 Usclades-et-Rieutord 07 141 Ea 80
34230 Usclas-d'Hérault 34 167 Dc 87
74570 Usillon 74 120 Gb 73
74910 Usinens 74 119 Ff 72
19270 Ussac 19 125 Bd 77
19260 Ussanges 19 126 Be 75
09400 Ussat 09 177 Bd 91
09400 Ussat-les-Bains 09 177 Bd 92
09160 Ussau 09 164 Ba 90
37420 Ussé 37 99 Ab 65
17220 Usseau 17 110 Yf 71
17800 Usseau 17 123 Zd 75
36500 Usseau 36 101 Bb 68
71540 Usseau 71 105 Eb 66
79210 Usseau 79 110 Zc 71
86230 Usseau 86 100 Ad 67
15300 Ussel 15 140 Cf 78
19200 Ussel 19 127 Cb 75
43370 Ussel 43 141 Df 79
03140 Ussel-d'Allier 03 116 Db 71
17800 Usson 17 123 Zd 75
63490 Usson 63 128 Dc 75
86350 Usson-du-Poitou 86 112 Ad 71
42550 Usson-en-Forez 42 129 Df 76
14420 Ussy 14 47 Ze 55
77260 Ussy-sur-Marne 76 52 Da 55
64480 Ustaritz 64 160 Yd 88
89450 Usy 89 90 Df 64
06450 Utelle 06 159 Hb 85
71270 Utre 71 106 Fc 67
67150 Uttenheim 67 60 Hd 58
67110 Uttenhoffen 67 58 Hd 55
67330 Uttwiller 67 58 Hc 55
64120 Utxiat 64 161 Yf 89
04400 Uvernet 04 158 Gd 82
71130 Uxeau 71 104 Ea 69
88390 Uxegney 88 76 Gc 59
39130 Uxelles 39 107 Fe 69
58240 Uxeloup 58 103 Db 67
59229 Uxem 59 27 Cc 42
40170 Uza 40 146 Ye 84
64370 Uzan 64 162 Zc 88
18190 Uzay-le-Venon 18 102 Cc 68
46310 Uzech 46 137 Bc 81
22310 Uzel 22 63 Wc 57
22460 Uzel 22 64 Xa 59
25340 Uzelle 25 94 Gc 64
88220 Uzemain 88 76 Gc 60
07110 Uzer 07 142 Eb 81
65200 Uzer 65 163 Ab 90
19140 Uzerche 19 126 Bd 76
30700 Uzès 30 154 Ec 84
33730 Uzeste 33 147 Ze 82
15220 Uzols 15 139 Cb 80
64110 Uzos 64 162 Zd 89

V

72500 Vaas 72 85 Ab 62
12850 Vabre 12 152 Cd 82
12120 Vabre 12 152 Cd 83
15150 Vabre 15 139 Cb 78
81330 Vabre 81 166 Cc 86
15100 Vabres 15 140 Db 78
30460 Vabres 30 154 Df 84
43580 Vabres 43 141 Dd 79
12400 Vabres-L'Abbaye 12 152 Cf 85
12240 Vabre-Tizac 12 151 Ca 83
12490 Vabrette 12 152 Ce 84
20230 Vaccaje CTC 183 Kc 95
33230 Vacher 33 135 Zf 79
55100 Vacherauville 55 55 Fc 53
04110 Vachères 04 156 Fd 85
43150 Vachères 43 141 Ea 79
43160 Vacheresse 43 129 De 77
74360 Vacheresse 74 121 Ge 71
28210 Vacheresses-les-Basses 28 50 Bd 57
06420 Vacherie du Collet 06 158 Ha 84
42440 Vachon 42 129 De 74
89210 Vachy 89 73 Dd 60
14210 Vacognes 14 35 Zc 54
14210 Vacognes-Neuilly 14 35 Zc 54
55190 Vacon 55 55 Fd 56
67130 Vacquenoux 67 77 Hb 58
80370 Vacquerie 80 29 Cb 48
62270 Vacquerie-le-Boucq 62 29 Cb 47
62140 Vacqueriette-Erquières 62 29 Ca 47
54540 Vacqueville 54 77 Ge 58
84190 Vacqueyras 84 155 Ef 84
34270 Vacquières 34 154 Df 85
31340 Vacquiers 31 150 Bc 86
16560 Vadalle 16 124 Ab 74
39600 Vadans 39 107 Fe 67
70140 Vadans 70 92 Fd 64
55220 Vadelaincourt 55 55 Fb 54
51400 Vadenay 51 54 Ec 54
02120 Vadencourt 02 40 Dd 49
80560 Vadencourt 80 39 Cc 48
20270 Vadina CTC 183 Kc 96
55200 Vadonville 55 55 Fd 56
72270 Vadré 72 84 Zf 62
07150 Vagnas 07 154 Ec 82
88120 Vagney 88 77 Ge 60
57660 Vahl-Ebersing 57 57 Ge 54
57670 Vahl-lès-Bénestroff 57 57 Ge 55
57380 Vahl-lès-Faulquemont 57 57 Gd 54
53480 Vaiges 53 67 Zd 60
43300 Vailhac 43 141 Dd 78
34320 Vailhan 34 167 Db 87
34570 Vailhauquès 34 168 De 86
12200 Vailhourles 12 151 Bf 83
46240 Vaillac 46 138 Bd 80
52160 Vaillant 52 92 Fa 62
12400 Vaillauzy 12 152 Cf 85
23170 Vaillière 23 115 Cc 71
10150 Vailly 10 73 Ea 58
18130 Vailly 18 103 Ce 67
74470 Vailly 74 120 Gd 71
02370 Vailly-sur-Aisne 02 40 Dd 52
18260 Vailly-sur-Sauldre 18 88 Cd 64
50360 Vains 50 33 Yd 52
50300 Vains 50 46 Yd 56
25220 Vaire 25 93 Ga 65
85150 Vairé 85 96 Yb 69
25220 Vaire-Arcier 25 93 Ga 65
25220 Vaire-le-Petit 25 93 Ga 65
80800 Vaire-sous-Corbie 80 39 Cd 49
77360 Vaires-sur-Marne 76 51 Cd 55
84110 Vaison-la-Romaine 84 155 Fa 83
82800 Vaïssac 82 150 Bd 84
70180 Vaïte 70 92 Fe 63
70000 Vaivre-et-Montoille 70 93 Ga 63

24530 Valade 24 124 Ae 76
12330 Valady 12 139 Cc 82
27300 Valailles 27 49 Ad 54
28200 Valainville 28 70 Bc 60
41120 Valaire 41 86 Bb 64
07310 Valamas 07 142 Ec 79
03150 Valançon 03 116 Dc 71
49670 Valanjou 49 98 Zc 65
12210 Valat 12 139 Ce 81
85390 Valaudin 85 97 Za 68
26230 Valaurie 26 155 Ee 82
83120 Valaury 83 172 Gd 88
04250 Valavoire 04 157 Ga 83
70140 Valay 70 92 Fd 64
63610 Valbeleix 63 128 Cf 76
04200 Valbelle 04 157 Ff 84
48400 Valbelle 48 153 Dd 83
06470 Valberg 06 158 Gf 84
55300 Valbois 55 55 Fd 55
38740 Valbonnais 38 144 Ff 79
06560 Valbonne 06 173 Ha 87
05300 Val Buëch-Méouge 05 156 Fe 83
31510 Valcabrère 31 176 Ad 90
20243 Valcaccia CTC 183 Kc 96
50760 Valcanville 50 34 Ye 51
66340 Valcebollère 66 178 Ca 94
73500 Val-Cenis 73 133 Ge 77
63600 Valcivières 63 129 De 75
73320 Val-Claret 73 133 Gf 76
35560 Val-Couesnon 35 66 Yd 58
52100 Valcourt 52 74 Ef 57
26150 Valcroissant 26 143 Fc 80
83390 Valcros 83 171 Ga 89
83250 Valcros 83 172 Gb 89
25800 Valdahon 25 108 Gc 66
30570 Val-d'Aigoual 30 153 Dd 84
60790 Valdampierre 60 51 Ca 53
35330 Val d'Anast 35 81 Xf 61
73220 Val-d'Arc 73 132 Gb 75
15320 Val d'Arcomie 15 140 Da 79
83200 Val-d'Ardène 83 171 Ff 89
16170 Val-d'Auge 16 123 Zf 73
10220 Val-d'Auzon 10 74 Ec 58
16230 Val-de-Bonnieure 16 124 Ab 73
57260 Val-de-Bride 57 57 Ge 56
54150 Val de Briey 54 56 Ff 53
74210 Val de Chaise 74 132 Gc 74
50260 Valdécie 50 33 Yc 52
11220 Val-de-Dagne 11 166 Cd 90
74150 Val-de-Fier 74 119 Ff 73
83310 Valdegilly 83 172 Gc 89
76380 Val-de-la-Haye 77 37 Ba 52
11230 Val de Lambronne 11 165 Bf 90
52120 Valdelancourt 52 75 Fa 60
79110 Valdelaume 79 111 Zf 72
33820 Val-de-Livenne 33 123 Zc 77
24510 Val de Louyre et Caudeau 24 136 Ae 79
06430 Val-del-Prat 06 159 Hd 84
89580 Val-de-Mercy 89 89 Dd 62
39160 Val-d'Epy 39 119 Fc 70
27100 Val-de-Reuil 27 49 Bb 53
81350 Valderiès 81 151 Cb 84
25640 Val-de-Roulans 25 93 Gb 64
06750 Valderoure 06 158 Ge 86
76890 Val-de-Saâne 77 37 Af 50
76720 Val-de-Scie 77 37 Ba 50
51130 Val-des-Marais 51 53 Df 55
09220 Val-de-Sos 09 177 Bc 92
05100 Val-des-Prés 05 145 Ge 79
83380 Val d' Esquières 83 172 Gd 88
72120 Val d'Étangson 72 85 Ad 61
51360 Val-de-Vesle 51 53 Eb 53
14140 Val-de-Vie 14 48 Ab 55
51340 Val-de-Vière 51 54 Ee 56
16250 Val de Vignes 16 123 Zf 75
67730 Val-de-Villé 67 60 Hc 59
38730 Val-de-Virieu 38 131 Fc 76
33240 Val de Virvée 33 135 Zd 78
68210 Valdieu-Lutran 68 94 Ha 63
73150 Val-d'Isère 73 133 Gf 76
87330 Val d'Issoire 87 112 Af 72
86300 Valdivienne 86 112 Ad 69
35450 Val-d'Izé 35 66 Ye 59
90300 Valdoie 90 94 Gf 62
69620 Val d'Oingt 69D 118 Ed 73
87320 Val-d'Oire-et-Gartempe 87 112 Af 71
55000 Val-d'Ornain 55 55 Fa 56
04530 Val d'Oronaye 04 145 Ge 82
05150 Valdoule 05 143 Fc 82
26310 Valdrôme 26 143 Fd 81
11260 Val-du-Faby 11 178 Ca 91
79360 Val-du-Mignon 79 110 Zc 71
81090 Valdurenque 81 166 Cb 87
42110 Valeille 42 129 Eb 74
82150 Valeilles 82 149 Af 82
01140 Valeins 01 118 Ef 72
39300 Valempoulières 39 107 Ff 68
36600 Valençay 36 101 Bd 66
16460 Valence 16 112 Ab 73
26000 Valence 26 142 Ef 79
82400 Valence 82 149 Af 84
81340 Valence-d'Albigeois 81 151 Cc 84
77830 Valence-en-Brie 76 72 Cf 58
86700 Valence-en-Poitou 86 111 Ab 71
62170 Valencendre 62 28 Be 46
32310 Valence-sur-Baïse 32 148 Ac 85
59300 Valenciennes 59 30 Dd 46
38540 Valencin 38 130 Fa 75
38730 Valencogne 38 131 Fd 76
72320 Valennes 72 69 Ae 61
04210 Valensole 04 157 Ff 85
32300 Valentées 32 163 Ac 87
25350 Valentigney 25 94 Ge 64
31800 Valentine 31 163 Ae 90
58800 Valentinges 58 90 De 65
94460 Valenton 94 51 Cc 56
23500 Valeoux 23 126 Ca 74
34130 Valergues 34 168 Ea 87
04200 Valernes 04 157 Ff 83
18370 Valeron 18 114 Cb 70
60130 Valescourt 60 39 Cc 52
83610 Valescure 83 172 Gc 89
83700 Valescure 83 172 Ge 88
15270 Valessard 15 127 Cd 76
54480 Val-et-Châtillon 54 77 Gf 57
04170 Valette 04 158 Gd 84
07310 Valette 07 141 Eb 79
15400 Valette 15 127 Cd 77
30570 Valette 30 153 Dd 84
57510 Valette 57 57 Gf 54
47290 Valettes 47 136 Ad 81
24310 Valeuil 24 124 Ad 77
33340 Valeyrac 33 122 Za 76
46600 Valeyrac 46 138 Bd 78
73210 Valezan 73 133 Ge 75
67210 Valff 67 60 Hd 58
39200 Valfin-lès-Saint-Claude 39 119 Fe 70
34270 Valflaunès 34 154 Df 86
42320 Valfleury 42 130 Ec 75
21220 Valforêt 21 106 Ef 65
61250 Valframbert 61 68 Aa 58
88270 Valfroicourt 88 76 Ga 59
05320 Valfroide 05 145 Gb 78
73110 Valgelon-La Rochette 73 132 Ga 76
07110 Valgorge 07 141 Ea 81
26350 Valherbasse 26 131 Fa 77
22690 Val-Hervelin 22 65 Ya 58
80750 Val-Heureux 80 29 Cb 48
54370 Valhey 54 57 Gc 56
62550 Valhuon 62 29 Cc 46
83170 Valiancelle 83 171 Ff 88
19200 Valiergues 19 127 Cb 76
03330 Valignat 03 115 Da 71
03360 Valigny 03 103 Ce 68
17270 Valin 17 135 Zf 78
80210 Valines 80 28 Bd 48
77154 Valjouan 76 72 Da 57
38740 Valjouffrey 38 144 Ff 79
15170 Valjouze 15 128 Da 78
30300 Vallabrègues 30 155 Ed 85
30700 Vallabrix 30 154 Ec 84
23150 Vallaise 23 114 Ca 72
89580 Vallan 89 89 Dd 62
95810 Vallangoujard 95 51 Ca 54
79270 Vallans 79 110 Zc 71
23130 Vallansange 23 114 Cb 72
42600 Vallansange 42 129 Ea 75
10170 Vallant-Saint-Georges 10 73 Df 58
15270 Vallat 15 127 Cd 76
06220 Vallauris 06 173 Ha 87
86180 Valle 86 99 Ac 69
20232 Vallecalle CTC 181 Kc 93
20234 Valle-d'Alesani CTC 181 Kc 95
20221 Valle-di-Campoloro CTC 183 Kc 94
20235 Valle-di-Rostino CTC 181 Kb 94
20229 Valle-d'Orezza CTC 183 Kc 94
61130 Vallée-Aubry 61 68 Ad 58
37210 Vallée-de-Raye 37 85 Af 64
41800 Vallée-de-Ronsard 41 85 Ad 62
71640 Vallée de Vaux 71 105 Ee 68
18140 Vallées 18 88 Cf 65
36600 Vallées 36 101 Bc 65
37150 Vallées 37 86 Af 65
07530 Vallées-d'Antraigues-Asperjoc 07 142 Eb 80
31290 Vallègue 31 165 Be 88
74520 Valleiry 74 120 Ff 72
63210 Valleix 63 127 Ce 74
20167 Valle-Mezzana CTC 182 Ie 96
18190 Vallenay 18 102 Cc 68
10500 Vallentigny 10 74 Ed 58
57340 Vallerange 57 57 Ge 55
30580 Vallérargues 30 154 Eb 84
30570 Valleraugue 30 153 Dd 84
37190 Vallères 37 85 Ac 65
52130 Valleret 52 75 Ef 58
24190 Vallereuil 24 136 Ad 78
70000 Vallerois-le-Bois 70 93 Gb 63
70000 Vallerois-Lorioz 70 93 Ga 63
25870 Valleroy 25 93 Ga 64
52500 Valleroy 52 92 Fe 62
54910 Valleroy 54 56 Ff 53
88270 Valleroy-aux-Saules 88 76 Ga 59
88800 Valleroy-le-Sec 88 76 Ga 59
89150 Vallery 89 72 Da 59
31570 Vallesvilles 31 165 Bd 87
17130 Vallet 17 123 Zd 77
44330 Vallet 44 97 Ye 66
27350 Valletot 27 36 Ad 52
27800 Valleville 27 49 Ae 53
20259 Vallica CTC 180 Ka 93
20114 Vallicello CTC 185 Ka 99
41240 Vallière 41 86 Bc 61
50200 Vallière 50 46 Yc 54
10210 Vallières 10 73 Ea 61
23120 Vallières 23 114 Ca 73
37230 Vallières 37 85 Ad 64
74150 Vallières 74 120 Ff 73
89260 Vallières 89 72 Dc 59
41400 Vallières-les-Grandes 41 86 Ba 64
74150 Vallières-sur-Fier 74 119 Ff 73
30210 Valliguières 30 155 Ed 84
76190 Valliquerville 77 36 Ae 51
73450 Valloire 73 132 Gc 78
54830 Vallois 54 77 Gd 58
12600 Vallon 12 139 Cd 80
03190 Vallon-en-Sully 03 115 Cd 69
48210 Vallonque 48 153 Dc 83
05800 Vallonpiere 05 144 Gb 80
07150 Vallon-Pont-d'Arc 07 154 Ec 82
72540 Vallon-sur-Gée 72 68 Zf 61
74660 Vallorcine 74 121 Gf 72
05290 Vallouise 05 145 Gc 79
05290* Vallouise-Pelvoux 04 145 Gc 79
65240 Val-Louron 65 175 Ac 92
89200 Valloux 89 90 Df 63
34570 Valmalle 34 168 De 87
13009 Valmante 13 170 Fc 89
66320 Valmanya 66 179 Cd 93
34800 Valmascle 34 167 Db 87
73450 Valmeinier 73 133 Gc 77
57970 Valmestroff 57 44 Gb 52
11580 Valmigère 11 178 Cc 91
95760 Valmondais 95 51 Cb 54
21340 Val-Mont 21 105 Ed 66
76540 Valmont 77 36 Ad 50
73260 Valmorel 73 132 Gc 76
63440 Valmort 63 115 Da 72
57220 Valmunster 57 57 Gd 53
51800 Valmy 51 54 Ee 54
50700 Valognes 50 33 Yd 51
24290 Valojoulx 24 137 Ba 78
50330 Valonges 50 33 Yd 51
25190 Valonne 25 94 Gd 64
25190 Valoreille 25 94 Ge 65
26110 Valouse 26 143 Fb 82
07110 Valousset 07 141 Eb 81
73110 Val-Pelouse 73 132 Gb 76
05460 Valpreveyre 05 145 Gf 80
46800 Valprionde 46 149 Ba 82
43210 Valprivas 43 129 Ea 77
89500 Valprotonde 89 72 Dc 60
91720 Valpuiseaux 91 71 Cb 58
34650 Valquières 34 167 Db 87
34350 Valras-Plage 34 167 Db 89
89110 Valravillon 89 89 Dc 61
84600 Valréas 84 155 Ef 82
01370 Val-Revermont 01 119 Fc 71
01260 Valromey-sur-Séran 01 119 Fd 73
41800 Valrond 41 86 Af 62
34290 Valros 34 167 Dc 88
83670 Val-Rose 83 171 Ff 87
20290 Valroso CTC 181 Kc 93
46090 Valroufié 46 138 Bc 81
14340 Valsemé 14 48 Aa 53
38740 Valsenestre 38 144 Ga 79
01200 Valserhône 01 119 Fe 72
05130 Valserres 05 144 Ga 82
43230 Vals-le-Chastel 43 128 Dd 77
69170 Valsonne 69D 117 Ec 73
39190 Val-Sonnette 39 106 Fc 69
43750 Vals-près-le-Puy 43 141 Df 78
39320 Val Suran 39 119 Fc 70
73440 Val-Thorens 73 133 Gd 77
15300 Valuéjols 15 140 Cf 78
07400 Valvignères 07 142 Ed 82
12220 Valzergues 12 139 Cb 82
39240 Valzin en Petite Montagne 39 119 Fd 70
63580 Valz-sous-Châteauneuf 63 128 Dc 76
51330 Vanault-le-Châtel 51 54 Ee 55
51340 Vanault-les-Dames 51 54 Ee 55
79120 Vançais 79 111 Aa 71
72310 Vancé 72 85 Ad 62
01200 Vanchy 01 119 Ff 72
69140 Vancia 69M 130 Ef 73
25580 Vanclans 25 108 Gc 66
01660 Vandeins 01 118 Fa 71
44850 Vandel 44 82 Ye 65
54890 Vandelainville 54 56 Ff 54
70190 Vandelans 70 93 Ga 64
79170 Vandeleigne 79 111 Ze 72
54115 Vandeléville 54 76 Ff 58
60490 Vandélicourt 60 39 Ce 51
62690 Vandelincourt 62 29 Cd 46
58290 Vandenesse 58 104 De 67
21320 Vandenesse-en-Auxois 21 105 Ed 65
51140 Vandeuil 51 53 De 53
51700 Vandières 51 53 De 54
54121 Vandières 54 56 Ga 55
54500 Vandœuvre-lès-Nancy 54 56 Gb 57
25230 Vandoncourt 25 94 Gf 64
17700 Vandré 17 110 Zb 72
27380 Vandrimare 27 37 Bc 52
08400 Vandy 08 42 Ee 52
88430 Vanémont 88 77 Gf 59
10210 Vanlay 10 73 Ea 60
70130 Vanne 70 93 Ff 63
89320 Vanne 89 72 Dc 60
57340 Vannecourt 57 57 Gd 55
27210 Vannecrocq 27 48 Ac 53
56000 Vannes 56 80 Xb 63
54112 Vannes-le-Châtel 54 76 Fe 57
45510 Vannes-sur-Cosson 45 87 Cb 62
39300 Vannoz 39 107 Ff 68
07690 Vansoc 07 130 Ed 77
57070 Vantoux 57 56 Gb 54
70700 Vantoux-et-Longevelle 70 93 Ff 64
21400 Vanvey 21 91 Ee 61
77370 Vanvillé 76 72 Da 57
24600 Vanxains 24 124 Ab 77
57070 Vany 57 56 Gb 54
17500 Vanzac 17 123 Ze 76
79120 Vanzay 79 111 Aa 71
74270 Vanzy 74 119 Ff 72
86120 Vaon 86 99 Aa 66
81140 Vaour 81 150 Be 84
38470 Varacieux 38 131 Fc 77
44370 Varades 44 83 Yf 64
13920 Varage 13 170 Ef 88
83670 Varages 83 171 Ff 87
24270 Varagnac 19 125 Bb 76
46500 Varagne 46 138 Be 80
24360 Varaignes 24 124 Ad 75
46260 Varaire 46 150 Be 82
17400 Varaize 17 111 Zd 73
01160 Varambon 01 119 Fb 72
21110 Varanges 21 106 Fb 65
54110 Varangéville 54 56 Gb 57
36500 Varanne 36 101 Bc 67
79100 Varanne 79 99 Zf 66
14390 Varaville 14 35 Zf 53
48000 Varazoux 48 140 Dd 82
38760 Varces-Allières-et-Risset 38 144 Fe 78
63740 Vareille 63 127 Ce 74
23300 Vareilles 23 113 Bc 71
48190 Vareilles 48 141 De 82
48000 Vareilles 48 141 Dd 82
63210 Vareilles 63 127 Cf 74
71800 Vareilles 71 117 Eb 71
89320 Vareilles 89 72 Dc 59
82330 Varen 82 151 Bf 84
76119 Varengeville-sur-Mer 77 37 Af 49
50250 Varenguebec 50 46 Yd 52
28800 Varenne 28 70 Bc 59
86220 Varenne 86 100 Ad 67
71110 Varenne-L'Arconce 71 117 Ea 70
03410 Varennes 03 115 Cd 70
03170 Varennes 03 115 Cf 71
21210 Varennes 21 90 Eb 65
23170 Varennes 23 114 Cb 71
24150 Varennes 24 136 Ae 80
31450 Varennes 31 165 Be 88
36300 Varennes 36 100 Ba 69
36330 Varennes 36 101 Be 68
37600 Varennes 37 100 Af 66
43300 Varennes 43 140 Dc 78
43580 Varennes 43 141 De 78
63450 Varennes 63 128 Da 74
71430 Varennes 71 117 Ea 69
80560 Varennes 80 29 Cd 48
82370 Varennes 82 150 Bc 85
86110 Varennes 86 99 Ab 68
89240 Varennes 89 89 Dc 62
89144 Varennes 89 90 De 61
71600 Varenne-Saint-Germain 71 117 Ea 70
45290 Varennes-Changy 45 88 Cd 61
55270 Varennes-en-Argonne 55 55 Fa 53
91480 Varennes-Jarcy 91 51 Cd 56
71240 Varennes-le-Grand 71 106 Ef 68
71000 Varennes-lès-Mâcon 71 118 Ee 71
58400 Varennes-lès-Narcy 58 103 Da 65
43270 Varennes-Saint-Honorat 43 141 Dd 77
71480 Varennes-Saint-Sauveur 71 119 Fb 70
71800 Varennes-sous-Dun 71 117 Ec 71
03150 Varennes-sur-Allier 03 116 Dc 71
52400 Varennes-sur-Amance 52 92 Fd 61
36210 Varennes-sur-Fouzon 36 101 Bd 65
71270 Varennes-sur-le-Doubs 71 106 Fb 67
49730 Varennes-sur-Loire 49 99 Aa 65
63720 Varennes-sur-Morge 63 116 Db 73
77130 Varennes-sur-Seine 76 72 Cf 58
03220 Varennes-sur-Têche 03 116 Dd 71
63500 Varennes-sur-Ussan 63 128 Db 75
58640 Varennes-Vauzelles 58 103 Da 66
58640 Varennes-Vauzelles 58 103 Da 66
12150 Varès 12 152 Cf 82
47400 Varès 47 148 Ac 82
60400 Varesnes 60 39 Da 51
39270 Varessia 39 119 Fd 69
19240 Varetz 19 125 Bc 77
70800 Varigney 70 93 Gb 61
09120 Varilhes 09 177 Bd 90
51330 Varimont 51 54 Ee 55
60890 Varinfroy 60 52 Da 54
02190 Variscourt 02 41 Df 52
28140 Varize 28 70 Bd 60
57220 Varize 57 57 Gc 54
15240 Varleix 15 127 Cc 77
88450 Varmonzey 88 76 Gb 59
87290 Varnat 87 113 Bb 71
83840 Varneige 83 158 Gd 86
55300 Varnéville 55 55 Fd 55
76890 Varneville-Bretteville 77 37 Ba 51
55000 Varney 55 55 Fa 56
70240 Varogne 70 93 Gb 62
21490 Varois-et-Chaignot 21 92 Fa 64
50330 Varouville 50 33 Yd 50
77910 Varreddes 76 52 Cf 54
50580 Varreville 50 46 Yb 53
05560 Vars 05 145 Ge 81
16330 Vars 16 124 Aa 74
70600 Vars 70 92 Fd 63
57880 Varsberg 57 57 Gd 53
19130 Vars-sur-Roseix 19 125 Bc 77
76890 Varvannes 77 37 Af 50
17380 Varzay 17 110 Zb 72
17460 Varzay 17 122 Zb 74
58210 Varzy 58 89 Dc 64
20240 Vasalla CTC 183 Kb 97
27910 Vascœuil 27 37 Bc 52
79340 Vasles 79 111 Zf 69
14600 Vasouy 14 35 Ab 52
57560 Vasperviller 57 57 Ha 57
63910 Vassel 63 128 Db 74
18110 Vasselay 18 102 Cc 66
38890 Vasselin 38 131 Fc 75
02290 Vassens 02 40 Da 52
02220 Vasseny 02 40 Dc 52
26420 Vassieux-en-Vercors 26 143 Fc 79
51320 Vassimont-et-Chapelaine 51 53 Ea 56
55800 Vassincourt 55 55 Fa 56
02160 Vassogne 02 40 De 52
76890 Vassonville 77 37 Ba 50
14410 Vassy 14 47 Zb 55
51700 Vassy 51 53 De 54
58140 Vassy 58 90 De 64
58700 Vassy 58 103 Dc 65
89560 Vassy 89 89 Dc 63
89200 Vassy 89 90 Df 63
89420 Vassy 89 90 Eb 63
76119 Vastérival 77 37 Af 49
50440 Vasteville 50 33 Yb 51
36150 Vatan 36 101 Be 66
54122 Vathiménil 54 77 Gd 57
76270 Vatierville 77 37 Bc 50
38470 Vatilieu 38 131 Fc 77
27150 Vatimesnil 27 50 Bd 53
57580 Vatimont 57 57 Gc 55
86330 Vâtre 86 99 Aa 67
51320 Vatry 51 54 Eb 56
45490 Vattereau 45 71 Cd 60
76110 Vattetot-sous-Beaumont 77 36 Ac 51
76111 Vattetot-sur-Mer 77 36 Ab 50
27430 Vatteville 27 50 Bb 53
76940 Vatteville-la-Rue 77 36 Ae 52
14490 Vaubadon 14 34 Za 53
79360 Vaubalier 79 111 Zd 71
71800 Vauban 71 117 Eb 71
55250 Vaubecourt 55 55 Fa 55
02600 Vauberon 02 52 Da 52
88500 Vaubexy 88 76 Gb 59
35420 Vaubondon 35 66 Ye 58
53300 Vaucé 53 67 Zb 58
50240 Vaucel 50 66 Yd 57
14400 Vaucelles 14 47 Zb 53
25360 Vauchamps 25 93 Gb 65
51210 Vauchamps 51 53 Dd 55
10190 Vauchassis 10 73 Df 59
60400 Vauchelles 60 39 Cf 51
80132 Vauchelles 80 28 Bf 48
80560 Vauchelles-lès-Authie 80 29 Cc 48
80620 Vauchelles-lès-Domart 80 29 Ca 48
58220 Vauchery 58 89 Da 64
10140 Vauchonvilliers 10 74 Ed 59
70170 Vauchoux 70 93 Ga 63
49320 Vauchrétien 49 83 Zd 65
51480 Vauciennes 51 53 Df 54
60117 Vauciennes 60 52 Da 53
58140 Vauclaix 58 104 De 65
51300 Vauclerc 51 54 Ed 56
04170 Vaucluse 04 158 Gd 84
05150 Vaucluse 05 156 Fd 82
25380 Vauclusotte 25 94 Ge 65
10240 Vaucogne 10 74 Ec 57
70120 Vauconcourt-Nervezain 70 93 Fe 63
55140 Vaucouleurs 55 75 Fe 57
54370 Vaucourt 54 57 Ge 56
77580 Vaucourtois 76 52 Cf 55
57530 Vaucremont 57 56 Gc 54
19260 Vaud 19 126 Be 75
74310 Vaudagne 74 121 Ge 73
60240 Vaudancourt 60 50 Be 53
71120 Vaudebarrier 71 117 Eb 70
71760 Vaudelin 71 104 Df 68
49260 Vaudelnay 49 99 Ze 66
14170 Vaudeloges 14 48 Zf 55
51380 Vaudemanges 51 53 Eb 54
54330 Vaudémont 54 76 Ga 58
10260 Vaudes 10 73 Eb 59
51600 Vaudesincourt 51 54 Ec 53
02320 Vaudesson 02 40 Dc 52
89320 Vaudeurs 89 73 Dd 60
07410 Vaudevant 07 142 Ed 78
54740 Vaudeville 54 76 Gb 58
88000 Vaudéville 88 77 Gd 59
55130 Vaudeville-le-Haut 55 75 Fd 58
70130 Vaudey 70 93 Fe 63
54740 Vaudigny 54 76 Gb 58
55230 Vaudoncourt 55 43 Fd 53
57220 Vaudoncourt 57 56 Gc 54
88140 Vaudoncourt 88 76 Fe 59
36400 Vaudouan 36 114 Bf 69
77141 Vaudoy-en-Brie 76 52 Da 56
57320 Vaudreching 57 57 Gd 53
52100 Vaudrecourt 52 75 Fd 59
52330 Vaudrémont 52 74 Ef 60
31250 Vaudreuille 31 165 Bf 88
50310 Vaudreville 50 33 Yd 51
39380 Vaudrey 39 107 Fd 67
62131 Vaudricourt 62 29 Cd 45
80230 Vaudricourt 80 28 Bd 48
50490 Vaudrimesnil 50 33 Yd 54
62380 Vaudringhem 62 29 Ca 45
25360 Vaudrivillers 25 93 Gc 65
10210 Vaudron 10 73 Eb 61
14500 Vaudry 14 47 Za 55
72320 Vaufargis 72 69 Ae 60
13009 Vaufrèges 13 170 Fc 89
25190 Vaufrey 25 94 Gf 64
72300 Vaugaillard 72 84 Zd 62
37230 Vaugareau 37 85 Ad 64
11200 Vaugelas 11 166 Ce 90
26400 Vaugelas 26 143 Fa 80
10190 Vaugelé 10 73 De 59
89800 Vau-Germain 89 90 De 62
86600 Vaugeton 86 111 Aa 70
21450 Vaugimois 21 91 Ec 62
84160 Vaugines 84 156 Fc 86
69670 Vaugneray 69M 130 Ed 74
91640 Vaugrigneuse 91 71 Ca 57
86210 Vaugueil 86 100 Ae 68
91430 Vauhallan 91 51 Cb 56
38114 Vaujany 38 132 Ga 78
69860 Vaujon 69D 117 Ed 71
19220 Vaujour 19 126 Ca 77
10160 Vaujuronnes 10 73 De 59
49150 Vaulandry 49 84 Zf 63
41150 Vauliard 41 86 Ba 63
89700 Vaulichères 89 90 Df 61
38410 Vaulnaveys-le-Haut 38 144 Fe 78
86190 Vaulorin 86 99 Aa 69
87140 Vaulry 87 113 Ba 72
89200 Vault-de-Lugny 89 90 Df 64
62390 Vaulx 62 29 Ca 47
74150 Vaulx 74 120 Ff 73
69120 Vaulx-en-Velin 69M 130 Ef 74
38090 Vaulx-Milieu 38 131 Fb 75
62159 Vaulx-Vraucourt 62 30 Cf 48
03220 Vaumas 03 116 Dd 70
04200 Vaumeilh 04 157 Ff 83
04000 Vaumet 04 157 Gb 84
60117 Vaumoise 60 52 Cf 53
60420 Vaumont 60 39 Cd 51
89320 Vaumort 89 72 Dc 60
24800 Vaunac 24 125 Af 76
43200 Vaunac 43 129 Ea 78
26400 Vaunaveys-la-Rochette 26 143 Fa 80
05140 Vaunières 05 144 Fd 81
61130 Vaunoise 61 68 Ac 58

28240 Vaupillon 28 69 Af 58
10700 Vaupoisson 10 73 Eb 57
55270 Vauquois 55 55 Fa 53
31250 Vauré 31 165 Bf 88
95490 Vauréal 95 51 Ca 54
77710 Vauredennes 76 72 Cf 59
12220 Vaureilles 12 151 Cb 82
23110 Vaureix 23 115 Cc 72
24390 Vaures 24 125 Ba 77
02200 Vaurezis 02 40 Db 52
47150 Vauris 47 137 Af 81
02860 Vaurseine 02 40 De 52
79190 Vaussais 79 111 Aa 72
79420 Vausseroux 79 111 Zf 69
71540 Vaussery 71 105 Eb 66
79420 Vautebis 79 111 Zf 69
90150 Vauthiermont 90 94 Ha 62
79190 Vauthion 79 111 Aa 72
53500 Vautorte 53 66 Za 59
76560 Vautuit 77 36 Ae 50
13126 Vauvenargues 13 171 Fd 87
30600 Vauvert 30 169 Eb 86
36400 Vauvet 36 102 Bf 69
14800 Vauville 14 36 Aa 53
50440 Vauville 50 33 Ya 51
70210 Vauvillers 70 93 Ga 61
80131 Vauvillers 80 39 Ce 49
74120 Vauvray 74 133 Gd 73
03190 Vaux 03 115 Cd 70
15150 Vaux 15 140 Da 78
16210 Vaux 16 123 Aa 77
19110 Vaux 19 127 Cc 76
34150 Vaux 31 165 Bf 88
36180 Vaux 36 101 Bc 67
37150 Vaux 37 86 Ba 64
57130 Vaux 57 56 Ga 54
58190 Vaux 58 89 De 64
58800 Vaux 58 104 Dd 65
60390 Vaux 60 38 Ca 52
60420 Vaux 60 39 Cd 51
71250 Vaux 71 118 Ed 70
80340 Vaux 80 39 Ce 49
86700 Vaux 86 111 Ab 71
89000 Vaux 89 89 Dd 62
02320 Vauxaillon 02 40 Dc 52
02110 Vaux-Andigny 02 40 Dd 48
52200 Vauxbons 52 92 Fa 61
35550 Vaux-Bourg 35 81 Xf 62
02200 Vauxbuin 02 40 Db 52
02160 Vauxcéré 02 53 Dd 52
08130 Vaux-Champagne 08 41 Ed 52
58130 Vaux d'Amognes 58 103 Db 66
55400 Vaux-devant-Damloup 55 55 Fc 53
80260 Vaux-en-Amiénois 80 38 Cb 49
69460 Vaux-en-Beaujolais 69D 118 Ed 72
01150 Vaux-en-Bugey 01 119 Fc 73
08240 Vaux-en-Dieulet 08 42 Ef 52
71460 Vaux-en-Pré 71 105 Ed 69
02590 Vaux-en-Vermandois 02 40 Da 50
25160 Vaux-et-Chantegrue 25 108 Gb 68
52400 Vaux-la-Douce 52 92 Fe 61
55500 Vaux-la-Grande 55 55 Fc 56
55500 Vaux-la-Petite 55 55 Fc 57
16320 Vaux-Lavalette 16 124 Ab 76
61150 Vaux-le-Bardoult 61 48 Zf 56
70700 Vaux-le-Moncelot 70 93 Ff 64
77000 Vaux-le-Pénil 76 71 Ce 57
08250 Vaux-lès-Mouron 08 54 Ee 53
08210 Vaux-lès-Mouzon 08 42 Fa 51
55300 Vaux-lès-Palameix 55 55 Fd 54
25770 Vaux-les-Prés 25 107 Ff 65
08220 Vaux-lès-Rubigny 08 41 Eb 50
39360 Vaux-lès-Saint-Claude 39 119 Fe 70
80140 Vaux-Marquenneville 80 38 Be 49
08270 Vaux-Montreuil 08 41 Ed 51
69820 Vauxrenard 69D 118 Ed 71
16170 Vaux-Rouillac 16 123 Zf 74
01110 Vaux-Saint-Sulpice 01 119 Fd 73
21440 Vaux-Saules 21 91 Ee 64
52190 Vaux-sous-Aubigny 52 92 Fb 63
14400 Vaux-sur-Aure 14 47 Zb 53
52130 Vaux-sur-Blaise 52 74 Ef 58
21560 Vaux-sur-Crône 21 92 Fb 65
27120 Vaux-sur-Eure 27 50 Bc 54
27710 Vaux-sur-Lunain 76 72 Cf 59
17640 Vaux-sur-Mer 17 122 Yf 75
39800 Vaux-sur-Poligny 39 107 Fe 68
52300 Vaux-sur-Saint-Urbain 52 75 Fb 58
78740 Vaux-sur-Seine 78 50 Bf 54
14400 Vaux-sur-Seulles 14 34 Zc 53
80800 Vaux-sur-Somme 85 97 Cd 49
86220 Vaux-sur-Vienne 86 100 Ad 67
02220 Vauxtin 02 40 Dd 52
08150 Vaux-Villaine 08 41 Ec 50
63610 Vauzelle 63 128 Cf 76
36330 Vauzelles 36 101 Bd 68
55000 Vavincourt 55 55 Fb 56
51300 Vavray-le-Grand 51 54 Ee 56
51300 Vavray-le-Petit 51 54 Ee 56
54120 Vaxainville 54 77 Ge 57
88330 Vaxoncourt 88 76 Gc 59
57170 Vaxy 57 57 Gd 55
44170 Vay 44 82 Yb 63
09110 Vaychis 09 177 Be 92
46230 Vaylats 46 150 Bd 82
46110 Vayrac 46 138 Be 79
87600 Vayres 87 124 Ae 74
91820 Vayres-sur-Essonne 91 71 Cc 58
46090 Vayrol 46 150 Bc 82
12450 Vayssac 12 152 Cd 83
12780 Vaysse-Rodié 12 152 Cf 83
46240 Vayssière 46 138 Bd 80
43320 Vazeilles-Limandre 43 141 De 78
82220 Vazerac 82 150 Bb 83
03450 Veauce 03 115 Da 72
42340 Veauche 42 129 Eb 75
18300 Veaugues 18 88 Ce 65
79230 Veaumoreau 79 111 Ze 71
22250 Veau-Ruset 22 64 Xe 58
76190 Veauville-lès-Baons 77 36 Ae 51
84340 Veaux 84 155 Fb 83
86450 Veaux 86 100 Ae 68
09310 Vèbre 09 177 Be 92
15240 Vebret 15 127 Cd 76
48400 Vébron 48 153 Dd 83
57370 Veckersviller 57 57 Hb 55
57920 Veckring 57 56 Gc 52
88200 Vecoux 88 77 Gd 61
80800 Vecquemont 80 39 Cc 49
52300 Vecqueville 52 75 Fa 58
36120 Vedeaux 36 102 Ca 68
87310 Vedeix 87 125 Af 74
84270 Vedène 84 155 Ef 85
20160 Vedolaccia CTC 182 Ie 96
19300 Vedrenne 19 126 Bf 76
19160 Vedrenne 19 127 Cb 76
87270 Vedrenne 87 113 Bb 73
15100 Védrines-Saint-Loup 15 140 Db 78
55000 Véel 55 55 Fa 56
19120 Végennes 19 138 Be 79
54450 Vého 54 77 Ge 57
37250 Veigné 37 85 Ae 65
74140 Veigy-Foncenex 74 120 Gb 71
81500 Veilhes 81 165 Be 87
16200 Veillard 16 123 Ze 74
41230 Veilleins 41 87 Be 64
21360 Veilly 21 105 Ed 66
87440 Veimpeire 87 125 Af 75
66300 Veïnat-d'en-Llense 66 179 Cd 93
69650 Veissieux 69M 118 Ee 73
19260 Veix 19 126 Bf 75
19170 Véjoles 19 126 Bf 75
54840 Velaine-en-Haye 54 56 Ga 56
55500 Velaines 55 55 Fb 56
54280 Velaine-sous-Amance 54 56 Gb 56
38620 Velanne 38 131 Fd 76
21370 Velars-sur-Ouche 21 91 Ef 65
13880 Velaux 13 170 Fb 87
71550 Velée 71 104 Ea 66
60510 Velennes 60 38 Cb 52
80160 Velennes 80 38 Ca 50
70100 Velesmes-Echevanne 70 92 Fe 64
25410 Velesmes-Essarts 25 107 Ff 65
70100 Velet 70 92 Fd 64
71190 Velet 71 105 Ea 67
82000 Velhaguet 82 150 Bb 85
34220 Vélieux 34 166 Ce 88
24230 Vélines 24 136 Aa 79
78140 Vélizy-Villacoublay 78 51 Cb 56
86230 Vellèches 86 100 Ad 67
70110 Vellechevreux-et-Courbenans 70 94 Gd 63
70700 Velleclaire 70 93 Ff 64
70000 Vellefaux 70 93 Ga 63
70700 Vellefrey-et-Vellefrange 70 93 Fe 64
70240 Vellefrie 70 93 Gb 62
70600 Velleguibelle 70 92 Fd 63
70000 Velleguindry-et-Levrecey 70 93 Ga 63
70000 Velle-le-Châtel 70 93 Ga 63
70240 Velleminfroy 70 93 Gb 63
70700 Vellemoz 70 93 Fe 64
21230 Velleneuve 21 105 Ec 66
84740 Velleron 84 155 Fa 85
25430 Vellerot-lès-Belvoir 25 94 Gd 64
25530 Vellerot-lès-Vercel 25 108 Gc 65
36330 Velles 36 101 Bd 68
52500 Velles 52 92 Fe 62
90100 Vellescot 90 94 Ha 63
54290 Velle-sur-Moselle 54 76 Gb 57
25430 Vellevans 25 94 Gc 65
70130 Vellexon Quetrey-et-Vaudey 70 93 Fe 63
70700 Velloreille-lès-Choye 70 92 Fe 64
85770 Velluire 85 110 Za 70
21350 Velogny 21 91 Ec 64
20230 Velone-Orneto CTC 183 Kc 94
70300 Velorcey 70 93 Gb 62
84800 Velorgues 84 155 Fa 85
55600 Velosnes 55 43 Fc 51
88270 Velotte-et-Tatignécourt 88 76 Gb 59
62124 Vélu 62 30 Cf 48
79600 Véluché 79 99 Zf 68
57220 Velving 57 57 Gd 53
51130 Vélye 51 53 Ea 55
15590 Velzic 15 139 Cd 79
95470 Vémars 95 51 Cd 54
27940 Venables 27 50 Bb 53
87140 Vénachat 87 113 Bb 72
20231 Venaco CTC 183 Kb 95
85190 Venansault 85 97 Yc 68
06450 Venanson 06 159 Hb 84
21150 Venarey-les-Laumes 21 91 Ec 63
19360 Venarsal 19 126 Bd 77
03190 Venas 03 115 Ce 70
84210 Venasque 84 156 Fa 85
06140 Vence 06 173 Ha 86
49150 Vendanger 49 84 Zf 64
34740 Vendargues 34 168 Df 87
03110 Vendat 03 116 Dc 72
33930 Vendays-Montalivet 33 122 Yf 76
59218 Vendegies-au-Bois 59 31 Dd 47
59213 Vendegies-sur-Ecaillon 59 30 Dd 47
63350 Vendègre 63 116 Dc 73
35140 Vendel 35 66 Ye 59
63150 Vendel 63 127 Ce 75
02490 Vendelles 02 40 Da 49
12400 Vendeloves 12 152 Cf 85
34230 Vendémian 34 168 Dd 87
71120 Vendenesse-lès-Charolles 71 117 Ec 70
71130 Vendenesse-sur-Arroux 71 104 Ea 69
67550 Vendenheim 67 58 He 56
14250 Vendes 14 34 Zc 54
15240 Vendes 15 127 Cc 77
43200 Vendets 43 129 Eb 77
02800 Vendeuil 02 40 Dc 50
60120 Vendeuil-Caply 60 38 Cb 51
14170 Vendeuvre 14 48 Zf 55
86380 Vendeuvre-du-Poitou 86 99 Ab 68
10140 Vendeuvre-sur-Barse 10 74 Ec 59
59175 Vendeville 59 30 Da 45
02420 Vendhuile 02 40 Db 48
02540 Vendières 02 52 Dc 55
62232 Vendin 62 29 Cd 45
31460 Vendine 31 165 Be 87
62880 Vendin-le-Vieil 62 30 Cf 46
36500 Vendœuvres 36 101 Bc 68
24320 Vendoire 24 124 Ab 76
41100 Vendôme 41 86 Ba 62
42590 Vendranges 42 117 Ea 73
85250 Vendrennes 85 97 Yf 68
34350 Vendres 34 167 Db 89
08160 Vendresse 08 42 Ee 51
02160 Vendresse-Beaulne 02 40 De 52
77440 Vendrest 76 52 Da 54
35410 Venecelle 35 66 Yc 60
48000 Venède 48 140 Dd 82
35410 Veneffles 35 66 Yc 60
30200 Vénéjan 30 155 Ed 83
13770 Venelles 13 170 Fc 87
17100 Vénérand 17 123 Zc 74
70100 Venère 70 92 Fe 64
38460 Vénérieu 38 131 Fb 75
31810 Venerque 31 164 Bc 88
81440 Vénès 81 165 Cb 86
18190 Venesmes 18 102 Cb 67
76730 Vénestanville 77 37 Af 50
77250 Veneux-les-Sablons 76 72 Ce 58
54540 Veney 54 77 Ge 58
50150 Vengeons 50 47 Za 56
86200 Véniers 86 99 Aa 66
25870 Venise 25 93 Ga 64
70500 Venisey 70 93 Ff 62
69200 Vénissieux 69M 130 Ef 74
02200 Vénizel 02 40 Dc 52
89210 Venizy 89 73 Db 60
11120 Venlenac-en-Minervois 11 167 Cf 89
45760 Vennecy 45 70 Ca 61
25390 Vennes 25 108 Gd 66
54830 Vennezey 54 77 Gc 58
18300 Venoize 18 88 Ce 65
27110 Venon 27 49 Ba 53
38610 Venon 38 144 Fe 77
38520 Vénosc 38 144 Ga 79
87130 Venouhant 87 126 Bd 74
86480 Venours 86 111 Aa 70
89230 Venouse 89 89 De 61
89290 Venoy 89 90 Dd 62
06660 Vens 06 158 Gf 83
33590 Vensac 33 122 Yf 76
63260 Vensat 63 116 Db 72
13122 Ventabren 13 170 Fb 87
46170 Ventaillac 46 150 Bc 82
48160* Ventalon en Cévennes 48 154 Df 83
05300 Ventavon 05 157 Ff 82
07470 Vente 07 141 Ea 80
51140 Ventelay 51 53 De 52
09120 Ventenac 09 177 Be 90
11610 Ventenac-Cabardès 11 166 Cb 89
23230 Ventenat 23 114 Cb 71
05130 Venterol 04 157 Ga 82
26110 Venterol 26 155 Fa 82
72600 Ventes-du-Four 72 68 Ab 58
76680 Ventes-Saint-Rémy 77 37 Bb 50
43170 Venteuges 43 140 Dc 79
51480 Venteuil 51 53 Df 54
73200 Venthon 73 132 Gc 74
82290 Ventillac 82 150 Bb 84
20240 Ventiseri CTC 183 Kb 97
46500 Ventoulou 46 138 Be 80
16460 Ventouse 16 112 Ab 73
63490 Ventre 63 128 Dc 75
88310 Ventron 88 94 Gf 61
57430 Ventzviller 57 57 Gf 55
20215 Venzolasca CTC 181 Kc 94
50450 Ver 50 46 Yd 55
33240 Vérac 33 135 Zd 79
20113 Vera Martini CTC 184 If 98
42520 Véranne 42 130 Ed 76
34400 Vérargues 34 168 Ea 86
01170 Veraz 01 120 Ga 71
11580 Véraza 11 178 Cb 91
60410 Verberie 60 39 Ce 53
52000 Verbiesles 52 75 Fb 60
25530 Vercel-Villedieu-le-Camp 25 108 Gc 65
59227 Verchain-Maugré 59 30 Dc 47
74440 Verchaix 74 121 Ge 72
26340 Vercheny 26 143 Fb 80
74210 Verchères 74 132 Gb 74
69510 Verchery 69M 130 Ee 74
62310 Verchin 62 29 Cb 46
71870 Verchizeuil 71 118 Ee 70
62560 Verchocq 62 29 Ca 45
42370 Verchu 42 117 Df 72
39190 Vercia 39 106 Fc 69
74340 Vercland 74 121 Ge 72
26510 Verclause 26 156 Fc 82
26170 Vercoiran 26 156 Fc 83
50240 Verconcey 50 66 Yd 57
80120 Vercourt 80 28 Be 47
01680 Vercraz 01 131 Fd 74
04140 Verdaches 04 157 Gc 83
81110 Verdalle 81 166 Ca 87
33490 Verdelais 33 135 Ze 81
77510 Verdelot 76 52 Dc 55
54450 Verdenal 54 77 Ge 57
60112 Verderel-lès-Sauqueuse 60 38 Ca 51
60140 Verderonne 60 39 Cc 53
41240 Verdes 41 70 Bc 61
20229 Verdese CTC 183 Kc 94
64400 Verdets 64 161 Zc 89
74440 Verdevant 74 120 Gd 72
51120 Verdey 51 53 De 56
12170 Verdier 12 152 Cd 84
19240 Verdier 19 125 Bc 77
19140 Verdier 19 126 Bd 76
46160 Verdier 46 138 Be 81
81260 Verdier 81 166 Cd 87
18300 Verdigny 18 88 Ce 64
16140 Verdille 16 123 Zf 73
24520 Verdon 24 136 Ad 80
51210 Verdon 51 53 Dd 55
21330 Verdonnet 21 90 Eb 62
33860 Verdot 33 123 Zd 77
09310 Verdun 09 177 Be 92
27400 Verdun 27 49 Ba 54
43580 Verdun 43 141 Dd 79
55100 Verdun 55 55 Fc 54
11400 Verdun-en-Lauragais 11 165 Ca 88
82600 Verdun-sur-Garonne 82 150 Bb 85
71350 Verdun-sur-le-Doubs 71 106 Fa 67
18600 Vereaux 18 103 Cf 67
74140 Vereitre 74 120 Gb 71
74290 Vérel 74 132 Gb 73
73330 Verel-de-Montbel 73 131 Fe 75
73230 Verel-Pragondran 73 132 Ff 75
69420 Verenay 69M 130 Ee 75
34600 Vérénoux 34 167 Da 87
37270 Véretz 37 85 Ae 64
70180 Vereux 70 92 Fd 63
31590 Verfeil 31 165 Bd 87
82330 Verfeil-sur-Seye 82 151 Bf 83
30630 Verfeuil 30 154 Ec 83
70100 Verfontaine 70 92 Fc 64
57260 Vergaville 57 57 Ge 55
35680 Vergéal 35 66 Ye 60
89240 Vergeot 89 89 Dc 62
23140 Verger 23 114 Ca 71
35260 Verger 35 65 Ya 56
36170 Verger 36 113 Bc 70
44290 Verger 44 82 Yb 63
86110 Verger-sur-Dive 86 99 Aa 68
39570 Verges 39 107 Fe 69
76280 Vergetot 77 36 Ab 51
43320 Vergezac 43 141 De 78
30310 Vergèze 30 169 Eb 86
63330 Vergheas 63 115 Cd 72
20138 Verghia CTC 182 Ie 98
20224 Verghio CTC 182 If 95
13310 Vergière 13 169 Ee 87
80270 Vergies 80 38 Bf 49
89600 Vergigny 89 73 De 61
71960 Vergisson 71 118 Ee 71
16220 Vergnas 16 124 Ad 74
19370 Vergnas 19 126 Be 75
23480 Vergnas 23 114 Ca 73
03600 Vergnaud 03 115 Ce 71
15190 Vergne 15 127 Ce 76
15310 Vergne 15 139 Cb 78
17330 Vergné 17 110 Zc 72
19320 Vergne 19 126 Ca 77
86400 Vergné 86 112 Ab 71
07160 Vergnes 07 142 Ec 79
12470 Vergnoles 12 139 Cf 81
19400 Vergnolles 19 138 Bf 78
32720 Vergoignan 32 162 Ze 86
71400 Vergoncey 71 105 Ec 67
43360 Vergongheon 43 128 Db 76
49420 Vergonnes 49 83 Yf 62
04170 Vergons 04 158 Gd 85
43300 Vergonzac 43 141 Dd 78
25110 Vergranne 25 93 Gc 64
24380 Vergt 24 136 Ae 78
62131 Verguin 62 29 Cd 45
71580 Vériat 71 106 Fc 69
29590 Véridy 29 62 Vf 59
71700 Verière 71 106 Ef 69
49125 Verigne 49 83 Zd 63
83630 Vérignon 83 172 Gb 87
28190 Vérigny 28 70 Bb 57
87920 Vérinas 87 125 Bb 74
42440 Vérine 42 129 De 74
17540 Vérines 17 110 Za 71
43150 Vérines 43 129 Df 77
60320 Vérines 60 52 Ce 53
71440 Vérissey 71 106 Fa 68
71260 Vérizet 71 118 Ef 70
01270 Verjon 01 119 Fc 70
71590 Verjux 71 106 Ef 67
80400 Verlaines 80 39 Da 50
70400 Verlans 70 94 Ge 63
42620 Verlecoup 42 116 De 71
15200 Verlhac 15 127 Cc 77
82230 Verlhac-Tescou 82 150 Bd 85
42410 Verlieu 42 130 Ee 76
89330 Verlin 89 72 Db 60
62830 Verlincthun 62 28 Be 45
59237 Verlinghem 59 30 Cf 44
02490 Vermand 02 40 Da 49
80320 Vermandovillers 80 39 Ce 49
30380 Vermeil 30 154 Ea 84
09500 Vermeille 09 165 Be 90
81660 Vermeils 81 166 Cc 87
62980 Vermelles 62 29 Ce 46
89270 Vermenton 89 90 De 63
89200 Vermoiron 89 90 De 63
25150 Vermondans 25 94 Ge 64
58230 Vermot 58 90 Df 65
43810 Vermoyal 43 129 Df 77
29840 Vern 29 61 Vb 58
18210 Vernais 18 103 Ce 68
69390 Vernaison 69M 130 Ee 75
09000 Vernajoul 09 177 Bd 91
51330 Vernancourt 51 54 Ee 55
49390 Vernantes 49 84 Aa 64
39570 Vernantois 39 107 Fd 69
38460 Vernas 38 131 Fb 74
43270 Vernassal 43 141 De 78
09250 Vernaux 09 177 Be 92
01190 Vernay 01 118 Ef 70
37120 Vernay 37 99 Ac 66
42300 Vernay 42 117 Ea 72
69430 Vernay 69D 117 Ed 72
49220 Vern-d'Anjou 49 83 Za 63
25110 Verne 25 93 Gc 64
42660 Verne 42 129 Ec 77
43200 Verne 43 142 Eb 77
13116 Vernègues 13 170 Fb 86
23170 Verneiges 23 114 Cc 71
72360 Verneil-le-Chétif 72 85 Ab 62
03190 Verneix 03 115 Ce 70
19450 Vernejoux 19 126 Be 76
19160 Vernejoux 19 127 Cb 76
58170 Vernes 58 104 Df 68
09700 Vernèses 09 165 Bd 89
71310 Vernes-Guyotte 71 106 Fb 67
31810 Vernet 31 164 Bc 88
63580 Vernet-la-Varenne 63 128 Dc 76
12260 Vernet-le-Bas 12 138 Bf 81
66820 Vernet-les-Bains 66 178 Cc 93
63970 Verneuge 63 128 Cf 74
63470 Verneugheol 63 127 Cd 74
03360 Verneuil 03 102 Cd 68
16310 Verneuil 16 124 Ae 74
18210 Verneuil 18 102 Cd 68
51700 Verneuil 51 53 De 54
58300 Verneuil 58 104 Dd 67
03500 Verneuil-en-Bourbonnais 03 116 Db 70
60550 Verneuil-en-Halatte 60 51 Cd 53
55600 Verneuil-Grand 55 43 Fc 51
77390 Verneuil-l' Etang 76 52 Ce 57
37120 Verneuil-le-Château 37 100 Ac 66
87360 Verneuil-Moustiers 87 113 Ba 70
55600 Verneuil-Petit 55 43 Fc 51
02380 Verneuil-sous-Coucy 02 40 Db 51
36400 Verneuil-sur-Igneraie 36 102 Ca 69
37600 Verneuil-sur-Indre 37 100 Ba 66
78480 Verneuil-sur-Seine 78 50 Bf 55
02000 Verneuil-sur-Serre 02 40 De 51
87430 Verneuil-sur-Vienne 87 125 Ba 73
29380 Verneur 29 79 Wb 61
27390 Verneusses 27 48 Ac 55
57130 Vernéville 57 56 Ga 54
05100 Verney 05 145 Gd 78
12160 Vernhe 12 152 Cc 83
72170 Vernie 72 68 Aa 59
81530 Vernières 81 151 Cc 86
25580 Vernierfontaine 25 108 Gb 66
72240 Verniette 72 68 Zf 60
43380 Vernines 43 140 Db 77
63210 Vernines 63 127 Cf 75
09340 Verniolle 09 165 Bd 90
38150 Vernioz 38 130 Ef 76
50370 Vernix 50 46 Ye 56
49390 Vernoil 49 84 Aa 64
37330 Vernoille 37 85 Ab 63
21210 Vernois 21 90 Eb 65
39210 Vernois 39 107 Fd 68
25190 Vernois-le-Fol 25 94 Gf 64
25430 Vernois-lès-Belvoir 25 94 Gd 65
21260 Vernois-lès-Vesvres 21 92 Fa 63
70500 Vernois-sur-Mance 70 93 Fe 61
15160 Vernols 15 127 Cf 77
07260 Vernon 07 141 Eb 81
27200 Vernon 27 50 Bc 54
45190 Vernon 45 87 Bd 62
86340 Vernon 86 112 Ac 70
87400 Vernon 87 125 Bd 73
10200 Vernonvilliers 10 74 Ee 59
07430 Vernosc-lès-Annonay 07 130 Ee 77
21120 Vernot 21 91 Ef 64
71670 Vernotte 71 105 Ed 67
41230 Vernou-en-Sologne 41 87 Be 63
28500 Vernouillet 28 50 Bb 56
78540 Vernouillet 78 50 Bf 55
77670 Vernou-la-Celle-sur-Seine 76 71 Cf 58
37210 Vernou-sur-Brenne 37 85 Af 64
01560 Vernoux 01 118 Fa 70
79240 Vernoux-en-Gâtine 79 98 Zc 69
07240 Vernoux-en-Vivarais 07 142 Ed 79
79170 Vernoux-sur-Boutonne 79 111 Ze 72
89150 Vernoy 89 72 Da 60
35770 Vern-sur-Seiche 35 65 Yc 60
58640 Vernuches 58 103 Da 66
15260 Vernuéjol 15 140 Cf 79
03390 Vernusse 03 115 Cf 71
57420 Verny 57 56 Gb 54
20172 Vero CTC 182 If 96
89510 Véron 89 72 Db 60
26340 Véronne 26 143 Fb 80
21260 Véronnes 21 92 Fb 63
21260 Véronnes-les-Petites 21 92 Fb 63
71220 Verosvres 71 117 Ec 70
08240 Verpel 08 42 Ef 52
88520 Verpellière 88 77 Ha 59
80700 Verpillières 80 39 Ce 50
10360 Verpillières-sur-Durce 10 74 Ed 60
13670 Verquières 13 155 Ef 85
62113 Verquigneul 62 29 Cd 45
73460 Verrens-Arvey 73 132 Gb 75
88330 Verrerie-de-Portieux, la- 88 76 Gc 58
34220 Verrerins-de-Moussans 34 166 Ce 88
43580 Verreyroles 43 141 Dd 79
21540 Verrey-sous-Drée 21 91 Ee 64
21690 Verrey-sous-Salmaise 21 91 Ed 64
10240 Verricourt 10 74 Ec 58
49400 Verrie 49 99 Ze 65
24130 Verrière 24 136 Ab 79
08390 Verrières 08 42 Ef 52
10390 Verrières 10 73 Ea 59
12520 Verrières 12 152 Da 83
14250 Verrières 14 34 Zc 53
16130 Verrières 16 123 Ze 75
18340 Verrières 18 102 Cc 67
48600 Verrières 48 141 Dd 79
51800 Verrières 51 54 Ef 54
63320 Verrières 63 128 Da 75
86410 Verrières 86 112 Ad 70
25300 Verrières-de-Joux 25 108 Gc 67
25580 Verrières-du-Grosbois 25 108 Gb 65
42600 Verrières-en-Forez 42 129 Df 75
61110 Verrières 61 69 Ae 58
45300 Verrine 45 71 Cb 60
79200 Verrine 79 99 Ze 68

86110 Verrine 86 99 Aa 68
79120 Verrines 79 111 Aa 71
79370 Verrines-sous-Celles 79 111 Ze 71
72200 Verron 72 84 Zf 62
86420 Verrue 86 99 Ab 67
79310 Verruyes 79 111 Ze 69
71240 Vers 71 106 Ef 69
74160 Vers 74 120 Ga 72
92430 Versailles 92 51 Cb 56
14700 Versainville 14 48 Ze 55
71110 Versaugues 71 117 Ea 70
52250 Verseilles-le-Bas 52 92 Fb 62
52250 Verseilles-le-Haut 52 92 Fb 62
39300 Vers-en-Montagne 39 107 Ff 68
02800 Versigny 02 40 Dc 51
60440 Versigny 60 52 Ce 54
43200 Versilhac 43 141 Eb 78
38890 Versin 38 131 Fc 75
28630 Vers-lès-Chartres 28 70 Bc 58
12400 Versols-et-Lapeyre 12 152 Cf 85
14790 Verson 14 35 Zd 54
01210 Versonnex 01 120 Ga 71
74150 Versonnex 74 120 Ff 73
73700 Versoye-les-Granges 73 133 Ge 75
30210 Vers-Pont-du-Gard 30 155 Ed 85
39230 Vers-sous-Sellières 39 107 Fd 68
80480 Vers-sur-Selle 80 38 Cb 49
60950 Ver-sur-Launette 60 51 Ce 54
14114 Ver-sur-Mer 14 47 Zc 52
40420 Vert 40 147 Zc 84
78930 Vert 78 50 Be 55
59730 Vertain 59 30 Dd 47
63910 Vertaizon 63 128 Db 74
39130 Vertamboz 39 107 Fe 69
21330 Vertault 21 90 Ec 61
17550 Vert-Bois 17 109 Ye 73
77760 Verteau 76 71 Cd 59
24320 Verteillac 24 124 Ac 76
28500 Vert-en-Drouais 28 50 Bb 56
47260 Verteuil-d'Agenais 47 136 Ac 82
16510 Verteuil-sur-Charente 16 111 Ab 73
73170 Verthemex 73 132 Fe 75
33180 Vertheuil 33 122 Za 77
74210 Verthier 74 132 Gb 74
89260 Vertilly 89 72 Dc 58
24330 Vertiol 24 137 Af 78
91810 Vert-le-Grand 91 71 Cc 57
91710 Vert-le-Petit 91 71 Cc 57
63480 Vertolaye 63 129 De 75
62180 Verton 62 28 Bd 46
44120 Vertou 44 97 Yd 66
38390 Vertrieu 38 131 Fc 73
77240 Vert-Saint-Denis 76 71 Cd 57
51130 Vert-Toulon 51 53 Df 55
51130 Vertus 51 53 Ea 55
81800 Vertus 81 150 Be 85
55200 Vertuzey 55 55 Fd 56
16330 Vervant 16 124 Aa 73
17400 Vervant 17 111 Zd 73
88600 Vervezelle 88 77 Ge 59
87120 Verviale 87 126 Bd 74
02140 Vervins 02 41 Df 49
24700 Very 24 136 Ab 79
55270 Véry 55 55 Fa 53
74330 Véry 74 120 Ga 73
71960 Verzé 71 118 Ee 70
72600 Verzé 72 68 Ab 58
11250 Verzeille 11 166 Cb 90
51360 Verzenay 51 53 Ea 54
57420 Verzon 57 56 Ga 54
03140 Verzun 03 115 Da 71
51380 Verzy 51 53 Ea 54
52700 Vesaignes-sous-Lafauche 52 75 Fc 59
52800 Vesaignes-sur-Marne 52 75 Fb 60
01170 Vesancy 01 120 Ga 70
26220 Vesc 26 143 Fa 81
90200 Vescemont 90 94 Gf 62
57370 Vescheim 57 58 Hb 56
39240 Vescles 39 119 Fd 70
01560 Vescours 01 118 Fa 70
20215 Vescovato CTC 181 Kc 94
18360 Vesdun 18 115 Cc 69
01220 Vésenex-Crassy 01 120 Ga 70
51320 Vésigneul-sur-Coole 51 54 Ec 56
51240 Vesigneul-sur-Marne 51 54 Ec 55
58140 Vésigneux 58 90 Df 64
45200 Vésine 45 71 Ce 60
01570 Vésines 01 118 Ef 70
02350 Vesles-et-Caumont 02 40 De 50
02840 Veslud 02 40 De 51
27870 Vesly 27 50 Bd 53
50430 Vesly 50 46 Yc 53
74210 Vésonne 74 132 Gb 74
70000 Vesoul 70 93 Ga 63
35460 Vesquerie 35 66 Yd 58
12720 Vessac 12 153 Db 84
07200 Vesseaux 07 142 Ec 81
50170 Vessey 50 66 Yd 57
71880 Vessey 71 105 Ee 68
43170 Vesseyre 43 140 Dc 79
30600 Vestric-et-Candiac 30 169 Eb 86
21350 Vesvres 21 91 Ed 64
52190 Vesvres-sous-Chalancey 52 92 Fb 62
21580 Vesvrotte 21 91 Ef 63
95510 Vétheuil 95 50 Be 54
74100 Vétraz-Monthoux 74 120 Gb 71
42111 Vêtre-sur-Anzon 42 129 De 73
20147 Vetriccia CTC 182 Ie 95
20113 Vetricella CTC 184 If 98
36600 Veuil 36 101 Bd 66
02810 Veuilly-la-Poterie 02 52 Db 54
76980 Veules-les-Roses 77 36 Ae 49
76450 Veulettes-sur-Mer 77 36 Ad 49
38113 Veurey-Voiroize 38 131 Fd 77
41150 Veuves 41 86 Ba 64
21360 Veuvey-sur-Ouche 21 105 Ee 65
21520 Veuxhaulles-sur-Aube 21 74 Ee 61
12200 Veuzac 12 151 Ca 82
58150 Vèvres 58 89 Da 65
39570 Vevy 39 107 Fd 69
88110 Vexaincourt 88 77 Ha 58
48400 Veygalier 48 153 Dd 83
57100 Veymerange 57 44 Ga 52
05400 Veynes 05 144 Fe 81
34510 Veyrac 34 167 Dc 88
34560 Veyrac 34 168 Dd 88
87520 Veyrac 87 113 Ba 73
34490 Veyran 34 167 Da 88
07000 Veyras 07 142 Ed 80
24210 Veyre 24 125 Ba 78
12720 Veyreau 12 153 Db 83
63960 Veyre-Monton 63 128 Da 74
33870 Veyres 33 135 Ze 79
01560 Veyriat 01 118 Fa 70
87130 Veyrieras 87 126 Bd 74
74290 Veyrier-du-Lac 74 132 Gb 73
15350 Veyrières 15 127 Cc 77
19340 Veyrières 19 127 Cd 75
19200 Veyrières 19 127 Cc 76
47250 Veyries 47 148 Aa 82
24370 Veyrignac 24 137 Bb 80
24470 Veyrinas 24 125 Af 75
17270 Veyrines 17 135 Ze 78
24250 Veyrines-de-Domme 24 137 Ba 80
24380 Veyrines-de-Vergt 24 136 Ae 78
50500 Veys 50 33 Yf 53
46230 Veysset 46 150 Bd 83
24410 Veyssière 24 123 Zf 77
38460 Veyssilieu 38 131 Fb 74
01100 Veyziat 01 119 Fd 71
60117 Vez 60 52 Da 53
15200 Vezac 15 127 Cb 77
15130 Vézac 15 139 Cd 79
24220 Vézac 24 137 Bb 79
79170 Vezançais 79 111 Ze 72
89700 Vézannes 89 90 Df 61
02290 Vézaponin 02 40 Db 52
15160 Vèze 15 128 Cf 77
89450 Vézelay 89 90 De 64
42590 Vézelin-sur-Loire 42 129 Ea 73
54330 Vézelise 54 76 Ga 58
90400 Vézelois 90 94 Gf 63
15130 Vezels-Roussy 15 139 Cd 80
30360 Vézénobres 30 154 Ea 84
38510 Vézeronce-Curtin 38 131 Fc 75
12200 Vèzes 12 151 Ca 82
70130 Vezet 70 93 Ff 63
43390 Vézézoux 43 128 Dc 76
86120 Vézières 86 99 Aa 66
27700 Vézillon 27 50 Bc 53
02130 Vézilly 02 53 De 53
54260 Vezin 54 43 Fd 52
35132 Vezin-le-Coquet 35 65 Yb 60
89700 Vézinnes 89 90 Df 61
49340 Vezins 49 98 Zb 66
50540 Vezins 50 66 Ye 57
12780 Vézins-de-Lévézou 12 152 Cf 83
12200 Vézis 12 151 Ca 83
72600 Vezot 72 68 Ab 58
12520 Vezouillac 12 152 Da 83
20242 Vezzani CTC 183 Kb 95
66120 Via 66 178 Ca 94
28150 Viabon 28 70 Be 59
44860 Viais 44 97 Yc 66
12250 Viala-du-Pas-de-Jaux 12 152 Da 85
34210 Vialanove 34 166 Ce 88
81240 Vialanove 81 166 Cd 87
15140 Vialard 15 139 Cc 78
46260 Vialars 46 151 Bf 82
48220 Vialas 48 154 Df 82
12260 Vialatelle 12 151 Bf 82
81260 Vialavert 81 166 Cc 87
24630 Viale 24 125 Ba 75
64330 Vialer 64 162 Ze 88
43350 Vialette 43 141 Df 78
19390 Vialleneix 19 126 Bf 76
63350 Vialle 63 116 Dc 73
24290 Vialot 24 137 Ba 78
40120 Vialotte 40 147 Ze 84
81530 Viane 81 166 Cd 86
21430 Vianges 21 105 Eb 66
47230 Vianne 47 148 Ab 83
10380 Viâpres-le-Grand 10 73 Ea 57
10380 Viâpres-le-Petit 10 73 Ea 57
95270 Viarmes 95 51 Cc 54
12290 Viarougé 12 152 Cf 83
34450 Vias 34 167 Dc 89
12130 Viaurals 12 140 Da 81
46320 Viazac 46 138 Be 80
46100 Viazac 46 138 Ca 81
57670 Vibersviller 57 57 Gf 55
76760 Vibeuf 77 37 Af 50
16120 Vibrac 16 123 Zf 75
17130 Vibrac 17 123 Zd 76
72320 Vibraye 72 69 Ae 60
30190 Vic 30 154 Ec 85
36400 Vic 36 102 Bf 69
21140 Vic-de-Chassenay 21 90 Eb 64
21360 Vic-des-Prés 21 105 Ed 66
09220 Vicdessos 09 177 Bc 92
65500 Vic-en-Bigorre 65 162 Aa 88
32190 Vic-Fezensac 32 148 Ab 86
63340 Vichel 63 128 Db 76
02210 Vichel-Nanteuil 02 52 Db 53
28480 Vichères 28 69 Af 59
23220 Vichez 23 114 Bf 70
03200 Vichy 03 116 Dc 72
34110 Vic-la-Gardiole 34 168 De 88
73700 Viclaire 73 133 Gf 75
63270 Vic-le-Comte 63 128 Db 75
30260 Vic-le-Fesq 30 154 Ea 85
32300 Vicnau 32 163 Ac 87
20160 Vico CTC 182 Ie 96
59590 Vicoigne 59 30 Dc 46
03450 Vicq 03 116 Da 72
52400 Vicq 52 92 Fd 61
59264 Vicq 59 31 Dd 46
78490 Vicq 78 50 Bf 56
87220 Vicq 87 125 Bc 74
40380 Vicq-d'-Auribat 40 146 Za 86
36400 Vicq-Exemplet 36 102 Ca 69
87260 Vicq-sur-Breuilh 87 125 Bc 75
86260 Vicq-sur-Gartempe 86 100 Af 68
36600 Vicq-sur-Nahon 36 101 Bd 66
76560 Vicquemare 77 37 Af 50
14170 Vicques 14 48 Zf 55
21390 Vic-sous-Thil 21 90 Eb 64
02290 Vic-sur-Aisne 02 40 Da 52
15800 Vic-sur-Cère 15 139 Cd 79
57630 Vic-sur-Seille 57 57 Gd 56
14430 Victot-Pontfol 14 35 Zf 54
61360 Vidai 61 68 Ac 58
46260 Vidaillac 46 150 Be 82
23250 Vidaillat 23 114 Bf 73
83550 Vidauban 83 172 Gc 88
84300 Vidauque 84 155 Fa 86
47420 Videau 47 148 Zf 83
50630 Videcosville 50 33 Yd 51
87600 Videix 87 124 Ae 74
91890 Videlles 91 71 Cc 58
15170 Videt 15 140 Da 77
65220 Vidou 65 163 Ab 89
50810 Vidouville 50 34 Za 54
65700 Vidouze 65 162 Zf 88
86160 Vieil-Airoux 86 112 Ac 71
62770 Vieil-Hesdin 62 29 Ca 46
65360 Vieille-Adour 65 162 Aa 90
43100 Vieille-Brioude 43 128 Dc 77
62136 Vieille-Chapelle 62 29 Ce 45
62162 Vieille-Église 62 27 Ca 43
78125 Vieille-Eglise-en-Yvelines 78 50 Bf 56
08500 Vieille-Forge 08 42 Ed 49
19150 Vieillemar 19 126 Bf 77
86250 Vieille-Métive 86 112 Ac 72
56130 Vieille Roche 56 81 Xd 64
45260 Vieilles-Maisons-sur-Joudry 45 88 Cc 61
15500 Vieillespesse 15 140 Da 78
31320 Vieille-Toulouse 31 164 Bc 87
15120 Vieillevie 15 139 Cc 81
31290 Vieillevigne 31 165 Bd 88
44116 Vieillevigne 44 97 Yd 67
23210 Vieilleville 23 113 Be 72
02540 Vieils-Maisons 02 52 Dc 55
02160 Viel-Arcy 02 40 Dd 52
65400 Vielettes 65 174 Ze 91
32400 Viella 32 162 Zf 87
65170 Vielle-Aure 65 175 Ab 92
64170 Viellenave-d'Arthez 64 162 Zd 88
64190 Viellenave-de-Navarrenx 64 161 Zb 88
64270 Viellenave-Sur-Bidouze 64 161 Yf 88
40560 Vielle-Saint-Girons 40 146 Ye 85
64150 Vielleségure 64 161 Zb 88
40240 Vielle-Soubiran 40 148 Ze 84
40320 Vielle-Tursan 40 162 Zd 86
58150 Vielmanay 58 89 Da 65
21540 Vielmoulin 21 91 Ee 65
81570 Vielmur-sur-Agout 81 165 Ca 87
43490 Vielprat 43 141 Df 79
08270 Viel-Saint-Remy 08 41 Ed 51
12450 Viel-Vayssac 12 152 Cd 83
21270 Vielverge 21 92 Fc 65
24170 Vielvic 24 137 Af 80
30450 Vielvic 30 154 Df 82
19220 Vielzot 19 126 Ca 77
79200 Viennay 79 99 Ze 68
38200 Vienne 38 130 Ef 75
95510 Vienne-en-Arthies 95 50 Be 54
14400 Vienne-en-Bessin 14 34 Zc 53
45510 Vienne-en-Val 45 87 Ca 62
51800 Vienne-la-Ville 51 54 Ef 54
51800 Vienne-le-Château 51 54 Ef 53
84750 Viens 84 156 Fd 85
88430 Vienville 88 77 Gf 59
04150 Vière 04 156 Fd 84
04420 Vière 04 157 Gc 83
05190 Vière 05 144 Gb 81
03300 Viermeux 03 116 Dd 72
23170 Viersat 23 115 Cc 71
28700 Vierville 28 70 Bf 58
50480 Vierville 50 46 Ye 52
14710 Vierville-sur-Mer 14 47 Za 52
18100 Vierzon 18 102 Ca 65
02210 Vierzy 02 52 Db 53
59271 Viesly 59 30 Dc 48
14410 Viessoix 14 47 Zb 55
25340 Viéthorey 25 94 Gc 64
01260 Vieu 01 119 Fe 73
01430 Vieu-d'Izenave 01 119 Fd 72
03430 Vieure 03 115 Cf 70
34390 Vieussan 34 167 Cf 87
28120 Vieuvicq 28 69 Bb 59
53120 Vieuvy 53 66 Za 58
14930 Vieux 14 35 Zd 54
81140 Vieux 81 151 Bf 85
59232 Vieux-Berquin 59 29 Cd 44
87220 Vieux Boisseuil 87 125 Bb 74
40480 Vieux-Boucau-les-Bains 40 146 Yd 86
03600 Vieux-Bourg 03 115 Ce 71
16100 Vieux-Bourg 16 123 Zd 74
35190 Vieux-Bourg 35 65 Ya 58
37230 Vieux-Bourg 37 85 Ad 64
40330 Vieux-Bourg 40 161 Zb 87
41800 Vieux-Bourg 41 85 Ae 62
61370 Vieux-Bourg 61 48 Ac 56
85540 Vieux-Bourg 85 109 Yd 69
29190 Vieux-Bourg-de-Lothey 29 62 Vf 59
77370 Vieux-Champagne 76 72 Da 57
89570 Vieux-Champs 89 73 De 60
25600 Vieux-Charmont 25 94 Gf 63
21460 Vieux-Château 10 73 Df 58
69840 Vieux-Château 69D 118 Ed 71
59690 Vieux-Condé 59 31 Dd 46
68480 Vieux-Ferrette 68 95 Hb 63
14270 Vieux-Fumé 14 48 Zf 54
08190 Vieux-lès-Asfeld 08 41 Ea 52
57635 Vieux-Lixheim 57 57 Ha 56
77320 Vieux-Maisons 77 52 Dc 56
76750 Vieux-Manoir 77 37 Bb 51
24340 Vieux-Mareuil 24 124 Ad 76
59138 Vieux-Mesnil 59 31 Df 47
29600 Vieux-Moulin 29 62 Wb 57
60350 Vieux-Moulin 60 39 Cf 52
88210 Vieux-Moulin 88 77 Gf 58
52200 Vieux-Moulins 52 92 Fb 61
61150 Vieux-Pont 61 48 Zf 57
14140 Vieux-Pont-en-Auge 14 48 Aa 54
27680 Vieux-Port 27 36 Ad 52
59600 Vieux-Reng 59 31 Ea 47
40410 Vieux-Richet 40 147 Zb 82
76390 Vieux-Rouen-sur-Bresle 77 38 Be 50
16350 Vieux-Ruffec 16 112 Ac 72
38490 Vieux-Saint-Ondras 38 131 Fd 75
35610 Vieux-Vil 35 66 Yc 57
26160 Vieux-Village 26 143 Ef 81
27600 Vieux-Villez 27 50 Bb 53
35490 Vieux-Vy-sur-Couesnon 35 66 Yd 58
65230 Vieuzos 65 163 Ac 89
21310 Viévigne 21 92 Fb 64
52310 Viéville 52 75 Fa 59
88500 Viéville 88 76 Gb 58
54470 Viéville-en-Haye 54 56 Ff 55
55210 Viéville-sous-les-Côtes 55 55 Fe 55
06430 Vievola 06 159 Hd 84
21230 Viévy 21 105 Ec 66
41290 Vievy-le-Rayé 41 86 Bb 61
65120 Viey 65 175 Aa 91
38450 Vif 38 144 Fe 78
02540 Viffort 02 52 Dc 55
19410 Vigeois 19 125 Bd 76
65100 Viger 65 175 Zf 90
23140 Viges 23 114 Ca 71
23140 Vigeville 23 114 Ca 72
20110 Viggianello CTC 184 If 98
45600 Viglain 45 88 Cb 62
12500 Vignac 12 140 Cf 81
40170 Vignacot 40 146 Ye 85
80650 Vignacourt 80 38 Cb 48
20290 Vignale CTC 181 Kc 93
20121 Vignale CTC 182 If 96
20272 Vignale CTC 183 Kc 95
20170 Vignalella CTC 185 Ka 99
19470 Vignane 19 126 Be 76
14700 Vignats 14 48 Zf 55
23000 Vignaud 23 114 Be 71
33380 Vignaud 33 134 Za 81
31480 Vignaux 31 164 Ba 86
77450 Vignely 76 52 Ce 55
60162 Vignemont 60 39 Ce 51
71550 Vignerux 71 105 Eb 66
58190 Vignes 58 89 De 64
64410 Vignes 64 162 Zd 87
89420 Vignes 89 90 Ea 63
52700 Vignes-la-Côte 52 75 Fb 59
54360 Vigneulles 54 76 Gb 57
55210 Vigneulles-lès-Hattonchâtel 55 55 Fe 55
55600 Vigneul-sous-Montmédy 55 42 Fc 51
44360 Vigneux-de-Bretagne 44 82 Yb 65
02340 Vigneux-Hocquet 02 41 Df 50
91270 Vigneux-sur-Seine 91 51 Cc 56
11330 Vignevieille 11 178 Cd 90
38890 Vignieu 38 131 Fc 75
35630 Vignoc 35 65 Yb 59
58190 Vignol 58 89 De 64
20119 Vignola CTC 182 If 97
72170 Vignole 72 68 Aa 59
21200 Vignoles 21 106 Ef 66
16300 Vignolles 16 123 Zf 75
16370 Vignolles 16 123 Zd 74
86330 Vignolles 86 99 Aa 67
06420 Vignols 06 158 Ha 84
19130 Vignols 19 125 Bc 77
33330 Vignonet 33 135 Zf 79
52320 Vignory 52 75 Fa 59
55200 Vignot 55 55 Fd 56
18110 Vignoux-sous-les-Aix 18 102 Cc 65
18500 Vignoux-sur-Barangeon 18 102 Cb 65
57420 Vigny 57 56 Gb 55
74520 Vigny 74 120 Ga 72
89210 Vigny 89 73 De 60
95450 Vigny 95 50 Bf 54
36160 Vigoulant 36 114 Ca 70
31320 Vigoulet-Auzil 31 164 Bc 87
15230 Vigouroux 15 139 Ce 79
36170 Vigoux 36 113 Bc 69
82500 Vigueron 82 149 Ba 85
57640 Vigy 57 56 Gb 53
49310 Vihiers 49 98 Zc 66
36160 Vijon 36 114 Ca 70
AD200 Vila □ AND 177 Bd 93
12490 Vila-du-Tarn 12 152 Cf 84
79170 Vilaine 79 111 Ze 71
87250 Vilarcoin 87 113 Bb 72
58400 Vilatte 58 103 Da 65
77540 Vilbert 76 52 Cf 56
54700 Vilcey-sur-Trey 54 56 Ff 55
86320 Vildard 86 112 Ae 70
22980 Vildé-Guingalan 22 65 Xf 58
35120 Vildé-la-Marine 35 65 Ya 57
01320 Vilette 01 119 Fb 73
78930 Vilette 78 50 Be 55
16220 Vilhonneur 16 124 Ac 74
04200 Vilhosc 04 157 Ga 83
33950 Villa-Algérienne 33 134 Ye 80
91100 Villabé 91 71 Cc 57
18800 Villabon 18 103 Ce 66
24120 Villac 24 125 Bb 77
10600 Villacerf 10 73 Df 58
54290 Villacourt 54 76 Gc 58
10290 Villadin 10 73 De 59
70110 Villafans 70 94 Gc 63
18100 Village-d'en-Haut 18 102 Ca 65
50190 Village-Fautrat 50 33 Yd 53
68128 Village-Neuf 68 95 Hd 63
73210 Villages 73 133 Ge 75
38850 Villages du Lac de Paladru 38 131 Fc 76
33650 Villagrains 33 135 Zc 81
87190 Villagrand 87 113 Bb 71
18140 Villain 18 103 Ce 66
58460 Villaine 58 89 Dc 64
21450 Villaines-en-Duesmois 21 91 Ed 62
72600 Villaines-la-Carelle 72 68 Ab 58
72400 Villaines-la-Gonais 72 68 Ad 60
53700 Villaines-la-Juhel 53 67 Ze 58
21500 Villaines-les-Prévôtes 21 90 Eb 63
37190 Villaines-les-Rochers 37 100 Ac 65
95570 Villaines-sous-Bois 95 51 Cc 54
72150 Villaines-sous-Lucé 72 85 Ac 61
72270 Villaines-sous-Malicorne 72 84 Zf 62
76280 Villainville 77 36 Ab 51
35460 Villais 35 66 Yd 58
11000 Villalbe 11 166 Cb 89
27240 Villalet 27 49 Ba 55
11600 Villalier 11 166 Cc 89
45310 Villamblain 45 70 Bd 60
24140 Villamblard 24 136 Ad 78
35420 Villamée 35 66 Ye 58
41100 Villamoy 41 86 Bb 62
28200 Villampuy 28 70 Bd 60
54260 Villancy 54 43 Fd 52
33730 Villandraut 33 135 Zd 82
37510 Villandry 37 85 Ad 64
39120 Villangrette 39 106 Fb 67
11600 Villanière 11 166 Cc 88
20167 Villanova CTC 182 Id 97
58370 Villapourçon 58 104 Df 67
73440 Villaranger 73 132 Gc 76
17470 Villarçay 17 111 Zd 73
41100 Villarceau 41 86 Bb 62
28150 Villarceaux 28 70 Bd 59
73420 Villarcher 73 132 Ff 75
01220 Villard 01 120 Ga 70
03220 Villard 03 116 Dd 71
04260 Villard 04 158 Gd 83
23800 Villard 23 114 Be 71
23210 Villard 23 114 Be 72
23150 Villard 23 114 Bf 72
63350 Villard 63 116 Dc 73
63980 Villard 63 128 Dd 76
71520 Villard 71 117 Ec 70
73700 Villard 73 133 Ge 75
74420 Villard 74 120 Gc 71
74410 Villard 74 132 Ga 74
87370 Villard 87 113 Bc 72
69790 Villard 69D 117 Ec 71
05480 Villar-d'Arêne 05 145 Gc 78
73260 Villard-Benoît 73 132 Gc 75
38190 Villard-Bonnet 38 132 Ff 77
71480 Villard-Chapelle 71 119 Fb 70
38250 Villard-de-Lans 38 143 Fd 78
73800 Villard-d'Héry 73 132 Ga 75
58150 Villardeau 58 88 Cf 64
11250 Villardebelle 11 178 Cc 90
38710 Villard-Julien 38 144 Fe 79
73390 Villard-Léger 73 132 Gb 75
38530 Villard-Noir 38 132 Ga 76
38520 Villard-Notre-Dame 38 144 Ga 78
11600 Villardonnel 11 166 Cb 88
38114 Villard-Reculas 38 144 Ga 78
38520 Villard-Reymond 38 144 Ga 78
63440 Villards 63 115 Cf 72
38119 Villard-Saint-Christophe 38 144 Fe 79
39200 Villard-Saint-Sauveur 39 119 Ff 70
73110 Villard-Sallet 73 132 Ga 76
39260 Villards-d'Héria 39 119 Fe 70
39200 Villard-sur-Bienne 39 119 Ff 70
73270 Villard-sur-Doron 73 133 Gd 74
39130 Villard-sur-l'Ain 39 107 Fe 68
77730 Villaré 76 52 Db 55
73300 Villarembert 73 132 Gb 77
38710 Villarent 38 144 Fe 79
11220 Villar-en-Val 11 166 Cc 90
07590 Villaret 07 141 Df 80
30570 Villaret 30 153 De 84
43260 Villaret 43 141 Ea 78
48190 Villaret 48 141 De 81
48150 Villaret 48 153 Dc 84
05350 Villargaudin 05 145 Ge 80
70110 Villargent 70 94 Gc 63
73260 Villargerel 73 133 Gd 75
21210 Villargoix 21 90 Eb 65
31380 Villariès 31 164 Bc 86
73700 Villarivon 73 133 Ge 75
05800 Villar-Loubière 05 144 Ga 80
73600 Villarlurin 73 133 Gd 76
04200 Villarnaud 04 157 Ff 83
58220 Villarnaud 58 89 Da 65
36200 Villarnoux 36 113 Bd 69
73500 Villarodin-Bourget 73 133 Ge 77
73640 Villaroger 73 133 Gf 75
73480 Villaron 73 133 Gf 76
73110 Villaroux 73 132 Ga 76
16420 Villars 16 112 Af 73
16200 Villars 16 123 Zf 74
16320 Villars 16 124 Ab 75
21430 Villars 21 105 Eb 65
24530 Villars 24 124 Ae 76
28150 Villars 28 70 Bd 59
42390 Villars 42 129 Ec 76
58360 Villars 58 104 Df 67
84400 Villars 84 156 Fc 85
11250 Villar-Saint-Anselme 11 178 Cb 90
05100 Villar-Saint-Pancrace 05 145 Gd 79
04370 Villars-Colmars 04 158 Gd 84
52120 Villars-en-Azois 52 74 Ee 60
17260 Villars-en-Pons 17 122 Zc 75
21140 Villars-et-Villenotte 21 90 Ec 63
21700 Villars-Fontaine 21 106 Ef 66
04370 Villars-Heyssier 04 158 Gd 84
70500 Villars-le-Pautel 70 93 Ff 61

25310 Villars-lès-Blamont 25 94 Gf 64
17770 Villars-les-Bois 17 123 Zd 74
01330 Villars-les-Dombes 01 118 Fa 72
90100 Villars-le-Sec 90 94 Gf 64
25410 Villars-Saint-Georges 25 107 Fe 66
52400 Villars-Saint-Marcellin 52 93 Fe 61
52160 Villars-Santenoge 52 91 Ef 62
25150 Villars-sous-Ecot 25 94 Ge 64
06710 Villars-sur-Var 06 158 Ha 85
11600 Villarzel-Cabardès 11 166 Cc 89
11300 Villarzel-du-Razès 11 166 Cb 90
11150 Villasavary 11 165 Ca 89
23250 Villatange 23 114 Be 72
31860 Villate 31 164 Bc 88
04140 Villaudemard 04 157 Gb 82
87190 Villaudrand 87 113 Bb 71
31620 Villaudric 31 150 Bc 86
41500 Villaugon 41 86 Bc 62
06750 Villaute 06 158 Gd 86
41800 Villavard 41 85 Af 62
41700 Villavrain 41 86 Bc 64
74370 Villaz 74 120 Gb 73
58400 Ville 58 103 Da 65
60138 Ville 60 39 Cf 51
67220 Villé 67 60 Hb 58
28150 Villeau 28 70 Bd 59
54620 Ville-au-Montois 54 43 Fe 52
54380 Ville-au-Val 54 56 Ga 55
54800 Ville-aux-Près 54 56 Ff 54
61310 Villebadin 61 48 Aa 56
41000 Villebarou 41 86 Bb 63
37460 Villebaslin 37 100 Bb 66
23350 Ville-Basse 23 114 Bf 70
50410 Villebaudon 50 46 Yf 55
11250 Villebazy 11 178 Cb 90
77710 Villebéon 76 72 Cf 59
41290 Villeberfol 41 86 Bb 62
49400 Villebernier 49 99 Zf 65
36500 Villebernin 36 101 Bb 67
21350 Villeberny 21 91 Ed 64
87140 Villebert 87 113 Bb 72
28220 Villebeton 28 69 Bc 60
21700 Villebichot 21 106 Fa 66
89340 Villeblevin 89 72 Da 59
01150 Villebois 01 131 Fc 73
16320 Villebois-Lavalette 16 124 Ab 76
05700 Villebois-les-Pins 26 156 Fd 83
28190 Villebon 28 69 Bb 58
28800 Villebon 28 70 Bc 59
89150 Villebougis 89 72 Da 59
37370 Villebourg 37 85 Ad 63
41270 Villebout 41 69 Bb 61
41330 Villebouzon 41 86 Bb 62
47380 Villebramar 47 136 Ac 81
03310 Villebret 03 115 Cd 71
07160 Villebrion 07 142 Ec 79
82370 Villebrumier 82 150 Bc 85
54890 Villecay-sur-Mad 54 56 Ff 54
18160 Villecelin 18 102 Cb 68
41160 Villecellier 41 86 Bc 61
77250 Villecerf 76 71 Cf 59
23430 Villechabrolle 23 113 Bd 72
36250 Villechaise 36 101 Bd 67
39320 Villechantria 39 119 Fc 70
36100 Villechaud 36 102 Bf 68
58200 Villechaud 58 88 Cf 64
41310 Villechauve 41 86 Af 63
63330 Villechelexi 63 115 Cd 72
69770 Villechenève 69M 130 Ec 74
36400 Villechère 36 102 Bf 68
10410 Villechétif 10 73 Ea 59
89320 Villechétive 89 72 Dd 60
50140 Villechien 50 66 Za 57
23360 Villechiron 23 114 Be 70
02490 Villecholles 02 40 Da 49
44520 Villechoux 44 82 Ye 63
89300 Villecien 89 72 Db 60
55600 Villécloye 55 43 Fc 51
35610 Villecolière 35 66 Yc 57
12580 Villecomtal 12 139 Cd 81
32730 Villecomtal-sur-Arros 32 163 Ab 88
21120 Villecomte 21 91 Fa 63
91580 Villeconin 91 71 Ca 57
80190 Villecourt 80 39 Cf 50
94440 Villecresnes 94 51 Cd 56
83690 Villecroze 83 172 Gb 87
34700 Villecun 34 167 Db 86
11200 Villedaigne 11 167 Cf 89
79160 Ville-Dé 79 110 Zc 69
23500 Villedeau 23 126 Cb 73
79170 Ville-des-Eaux 79 111 Zd 72
55260 Ville-devant-Belrain 55 55 Fc 55
55150 Ville-devant-Chaumont 55 55 Fc 53
15100 Villedieu 15 140 Da 78
16210 Villedieu 16 124 Aa 77
21330 Villedieu 21 90 Ec 61
41130 Villedieu 41 87 Bd 65
42110 Villedieu 42 129 Ea 74
72430 Villedieu 72 67 Zf 61
84110 Villedieu 84 155 Fa 83
49450 Villedieu-la-Blouère 49 97 Yf 66
41800 Villedieu-le-Château 41 85 Ad 62
61160 Villedieu-les-Bailleul 61 48 Aa 56
36320 Villedieu-sur-Indre 36 101 Bd 67
20279 Ville-di-Paraso CTC 180 If 93
20200 Ville-di-Pietrabugno CTC 181 Kc 92
37460 Villedômain 37 101 Bb 66
37110 Villedômer 37 85 Af 63
51390 Ville-Dommage 51 53 Df 53
17230 Villedoux 17 110 Yf 71
11800 Villedubert 11 166 Cc 89
74360 Ville-du-Nant 74 121 Ge 71
25650 Ville-du-Pont 25 108 Gc 66
41190 Villée 41 86 Ba 63
52130 Ville-en-Blaisois 52 74 Ef 58
74250 Ville-en-Sallaz 74 120 Gc 72
51500 Ville-en-Selve 51 53 Ea 54
51170 Ville-en Tardenois 51 53 De 53
54210 Ville-en-Vermois 54 76 Gb 57
55160 Ville-en-Woëvre 55 55 Fd 54
22330 Ville-Ermel 22 64 Xc 59
16240 Villefagnan 16 111 Aa 72
89240 Villefargeau 89 89 Dd 62
36100 Villefavant 36 101 Be 67
87190 Villefavard 87 113 Bb 72
21350 Villeferry 21 91 Ed 64
11570 Villefloure 11 166 Cc 90
79170 Villefollet 79 111 Ze 72
38090 Villefontaine 38 131 Fa 75
87520 Villeforceix 87 113 Af 73
11230 Villefort 11 178 Ca 91
48800 Villefort 48 154 Df 82
32420 Villefranche 32 163 Ae 88
55110 Villefranche 55 42 Fb 52
89120 Villefranche 89 89 Da 61
81430 Villefranche-d'Albigeois 81 151 Cc 85
03430 Villefranche-d'Allier 03 115 Cf 70
66500 Villefranche-de-Conflent 66 178 Cc 93
31290 Villefranche-de-Lauragais 31 165 Be 88
24610 Villefranche-de-Lonchet 24 135 Aa 79
12430 Villefranche-de-Panat 12 152 Ce 84
12200 Villefranche-de-Rouergue 12 151 Ca 82
24550 Villefranche-du-Périgord 24 137 Ba 81
47160 Villefranche-du-Queyran 47 148 Ab 83
26560 Villefranche-le-Château 26 156 Fc 83
41200 Villefranche-sur-Cher 41 87 Be 65
06230 Villefranche-sur-Mer 06 173 Hb 86
69400 Villefranche-sur-Saône 69D 118 Ee 73
41330 Villefrancœur 41 86 Bb 62
70700 Villefrancon 70 92 Fe 64
64990 Villefranque 64 160 Yd 88
65700 Villefranque 65 162 Zf 88
41500 Villefrisson 41 86 Bc 62
03320 Villefroide 03 103 Cf 68
11600 Villegailhenc 11 166 Cc 89
16700 Villegats 16 111 Ab 73
27120 Villegats 27 50 Bc 55
71620 Villegaudin 71 106 Fa 68
56490 Ville-Geffray 56 64 Xd 60
58220 Villegéneray 58 89 Da 64
18260 Villegenon 18 88 Cd 64
36340 Villeginet 36 113 Bd 69
11600 Villegly 11 166 Cc 89
36110 Villegongis 36 101 Bd 67
33141 Villegouge 33 135 Ze 79
36500 Villegouin 36 101 Bc 67
16150 Villegouret 16 124 Ae 73
41190 Villegray 41 86 Bb 63
41330 Villegrimont 41 86 Bb 62
41240 Villegruau 41 86 Bc 61
77560 Villegruis 76 72 Dc 57
52190 Villegusien-le-Lac 52 92 Fb 62
10220 Villehardouin 10 74 Ec 58
41200 Villeherviers 41 87 Be 64
54730 Ville-Houdlémont 54 43 Fd 51
55200 Ville-Issey 55 55 Fd 56
63210 Villejacques 63 127 Cf 74
22640 Ville-Jehan 22 64 Xd 58
16140 Villejésus 16 111 Aa 73
36150 Villejeu 36 101 Be 66
16560 Villejoubert 16 124 Ab 74
87400 Villejoubert 87 126 Bd 74
94550 Villejuif 94 51 Cc 56
41100 Villejumard 41 86 Ba 62
91140 Villejust 91 51 Cb 56
74100 Ville-la-Grand 74 120 Gb 71
58270 Ville-Langy 58 104 Dd 67
84530 Villelaure 84 170 Fc 86
80420 Ville-le-Marcler 80 38 Ca 48
22320 Ville-lès-Coquens 22 63 Wf 59
37460 Villeloin-Coulangé 37 101 Bb 66
43430 Villelonge 43 142 Eb 78
05700 Villelongue 05 156 Fe 82
48700 Villelongue 48 140 Dc 80
63230 Villelongue 63 127 Cf 73
65260 Villelongue 65 175 Zf 91
81320 Villelongue 81 166 Ce 87
82170 Villelongue 82 150 Bb 85
11300 Villelongue-d'Aube 11 178 Ca 90
66410 Villelongue-de-la-Salanque 66 179 Cf 92
66740 Villelongue-dels-Monts 66 179 Cf 93
41120 Villelouet 41 86 Bb 63
10350 Villeloup 10 73 Df 58
28200 Villeloup 28 70 Bc 60
82130 Villemade 82 150 Bb 84
11310 Villemagne 11 165 Ca 88
11220 Villemagne 11 166 Cd 90
34600 Villemagne 34 167 Da 87
28360 Villemain 28 70 Bc 58
45130 Villemain 45 70 Bd 61
79110 Villemain 79 111 Zf 72
45700 Villemandeur 45 71 Ce 61
89140 Villemanoche 89 72 Db 59
19260 Villemards 19 126 Be 75
41100 Villemardy 41 86 Bb 62
77710 Villemaréchal 76 72 Cf 59
77470 Villemareuil 76 52 Cf 55
33350 Villemartin 33 135 Zf 79
73350 Villemartin 73 133 Gd 76
69790 Villemartin 69D 117 Ec 71
31340 Villematier 31 150 Bd 86
10190 Villemaur-sur-Vanne 10 73 De 59
65220 Villembits 65 163 Ab 89
86410 Villemblée 86 112 Ad 70
60650 Villembray 60 38 Bf 52
33113 Villemegea 33 147 Zd 82
77250 Villemer 76 72 Ce 59
89113 Villemer 89 89 Dc 61
10800 Villemereuil 10 73 Ea 59
52160 Villemervry 52 91 Fa 62
28210 Villemeux-sur-Eure 28 50 Bc 56
63620 Villemeyre 63 127 Cc 74
38460 Villemoirieu 38 131 Fb 74
10160 Villemoiron-en-Othe 10 73 De 59
49370 Villemoisan 49 83 Za 64
58200 Villemoison 58 88 Cf 64
66300 Villemolaque 66 179 Cf 93
23340 Villemoneix 23 126 Bf 74
36120 Villemongin 36 101 Bf 68
18220 Villemont 18 102 Cd 66
42155 Villemontais 42 117 Df 73
19290 Villemonteix 19 126 Ca 74
87120 Villemonteix 87 126 Be 74
02210 Villemontoire 02 52 Db 53
08210 Villemontry 08 42 Fa 51
10110 Villemorien 10 74 Eb 60
17470 Villemorin 17 111 Ze 72
52160 Villemoron 52 92 Fa 62
86310 Villemort 86 112 Af 69
41100 Villemot 41 86 Ba 62
01270 Villemotier 01 119 Fb 70
11620 Villemoustaussou 11 166 Cc 89
45270 Villemoutiers 45 71 Cd 61
02540 Villemoyenne 02 53 Dd 55
02130 Villemoyenne 02 53 Dd 53
10260 Villemoyenne 10 73 Eb 59
65230 Villemur 65 163 Ad 89
45600 Villemurlin 45 88 Cb 62
31340 Villemur-sur-Tarn 31 150 Bd 85
04110 Villemus 04 156 Fe 85
41370 Villemuzard 41 86 Bc 62
10370 Villenauxe-la-Grande 10 73 Dd 57
77480 Villenauxe-la-Petite 76 72 Db 58
40110 Villenave 40 147 Zb 85
40390 Villenave 40 160 Yd 87
33550 Villenave-de-Rions 33 135 Zd 80
33140 Villenave-d'Ornon 33 135 Zc 80
65500 Villenave-près-Béarn 65 162 Zf 88
89140 Villenavolta 89 72 Db 59
77124 Villenay 76 52 Cf 55
01480 Villeneuve 01 118 Ef 72
01170 Villeneuve 01 120 Ff 71
03450 Villeneuve 03 115 Da 72
04180 Villeneuve 04 157 Ff 85
05500 Villeneuve 05 144 Ga 80
05240 Villeneuve 05 145 Gd 79
07470 Villeneuve 07 141 Ea 80
09800 Villeneuve 09 176 Af 91
12260 Villeneuve 12 151 Ca 82
13200 Villeneuve 13 169 Ed 87
16190 Villeneuve 16 123 Aa 76
16140 Villeneuve 16 123 Zf 73
16430 Villeneuve 16 124 Aa 74
17180 Villeneuve 17 110 Yf 72
17620 Villeneuve 17 122 Za 73
17600 Villeneuve 17 122 Zb 74
18410 Villeneuve 18 87 Cb 63
18110 Villeneuve 18 102 Cc 66
21350 Villeneuve 21 91 Ec 64
32240 Villeneuve 32 148 Ze 86
33710 Villeneuve 33 134 Zc 78
33121 Villeneuve 33 134 Yf 78
33480 Villeneuve 33 134 Za 79
33112 Villeneuve 33 134 Za 77
45340 Villeneuve 45 71 Cb 60
48000 Villeneuve 48 140 Dd 81
48170 Villeneuve 48 141 De 81
48400 Villeneuve 48 153 Dd 83
48220 Villeneuve 48 153 De 82
49600 Ville-Neuve 49 97 Yf 65
49540 Villeneuve 49 98 Zd 65
49700 Villeneuve 49 98 Ze 65
60800 Villeneuve 60 52 Ce 53
63340 Villeneuve 63 128 Db 76
66210 Villeneuve 66 178 Ca 93
77890 Villeneuve 76 71 Cd 60
79350 Villeneuve 79 98 Ze 68
79600 Villeneuve 79 99 Zf 68
79410 Villeneuve 79 111 Ze 70
81250 Villeneuve 81 152 Cc 85
83630 Villeneuve 83 171 Ga 86
85220 Villeneuve 85 96 Ya 68
85110 Villeneuve 85 97 Yf 69
85490 Villeneuve 85 110 Zc 70
86300 Villeneuve 86 112 Ad 69
16420 Villeneuve 87 112 Af 73
87620 Villeneuve 87 125 Ba 74
89420 Villeneuve 89 90 Ea 64
91670 Villeneuve 91 70 Ca 59
10130 Villeneuve-au-Chemin 10 73 Df 60
43380 Villeneuve-d'Allier 43 128 Dc 77
25270 Villeneuve-d'Amont 25 107 Ga 67
59650 Villeneuve-d'Ascq 59 30 Da 45
39600 Villeneuve-d'Aval 39 107 Fe 67
07170 Villeneuve-de-Berg 07 142 Ed 81
47120 Villeneuve-de-Duras 47 136 Ab 80
66180 Villeneuve-de-la-Raho 66 179 Cf 93
38440 Villeneuve-de-Marc 38 131 Fa 76
40190 Villeneuve-de-Marsan 40 147 Ze 85
47170 Villeneuve-de-Mézin 47 148 Ab 84
06470 Villeneuve-d'Entraunes 06 158 Ge 84
31800 Villeneuve-de-Rivière 31 163 Ad 90
66760 Villeneuve-des-Escaldes 66 178 Bf 94
09300 Villeneuve-d'Olmes 09 177 Be 91
09000 Villeneuve-du-Bosc 09 177 Bd 91
09130 Villeneuve-du-Latou 09 164 Bc 89
09100 Villeneuve-du-Paréage 09 165 Bd 90
71390 Villeneuve-en-Montagne 71 105 Ed 68
41290 Villeneuve-Frouville 41 86 Bb 62
63720 Villeneuve-L'Abbé 63 116 Db 73
11400 Villeneuve-la-Comptal 11 165 Bf 89
17330 Villeneuve-la-Comtesse 17 110 Zc 72
89150 Villeneuve-la-Dondrage 89 72 Da 60
89340 Villeneuve-la-Guyard 89 72 Da 58
77540 Villeneuve-la-Hurée 76 52 Da 56
51310 Villeneuve-la-Lionne 51 52 Dc 56
89190 Villeneuve-L'Archevêque 89 73 Dd 59
66610 Villeneuve-la-Rivière 66 179 Ce 92
77174 Villeneuve-le-Comte 76 52 Ce 56
31580 Villeneuve-Lécussan 31 163 Ac 90
94290 Villeneuve-le-Roi 94 51 Cc 56
30400 Villeneuve- lès-Avignon 30 155 Ee 85
34420 Villeneuve-lès-Béziers 34 167 Db 89
77154 Villeneuve-les-Bordes 76 72 Da 58
63310 Villeneuve-les-Cerfs 63 116 Db 72
39320 Villeneuve-lès-Charnod 39 119 Fc 71
11360 Villeneuve-les-Corbières 11 179 Ce 91
89350 Villeneuve-les-Genâts 89 89 Da 62
81500 Villeneuve-lès-Lavaur 81 165 Be 87
34750 Villeneuve-lès-Maguelonne 34 168 Df 87
11290 Villeneuve-lès-Montréal 11 165 Ca 89
60175 Villeneuve-les-Sablons 60 51 Ca 53
06270 Villeneuve-Loubet 06 173 Ha 87
06270 Villeneuve-Loubet-Plage 06 173 Ha 87
11160 Villeneuve-Minervois 11 166 Cc 89
56400 Villeneuve-Petit-Normand 56 80 Xa 62
51130 Villeneuve-Renneville 51 53 Ea 55
77174 Villeneuve-Saint-Denis 76 52 Ce 56
94190 Villeneuve-Saint-Georges 94 51 Cc 56
28150 Villeneuve-Saint-Nicolas 28 70 Bd 59
89230 Villeneuve-Saint-Salves 89 90 Dd 61
51120 Villeneuve-Saint-Vistre-et-Villevotte 51 53 De 57
77510 Villeneuve-sous-Bois 76 52 Db 55
21140 Villeneuve-sous-Charigny 21 91 Ec 64
77230 Villeneuve-sous-Dammartin 76 51 Cd 54
39570 Villeneuve-sous-Pymont 39 107 Fd 68
02190 Villeneuve-sur-Aisne 02 41 Df 52
03460 Villeneuve-sur-Allier 03 103 Db 69
91580 Villeneuve-sur-Auvers 91 71 Cb 58
77510 Villeneuve-sur-Bellot 76 52 Dc 55
18400 Villeneuve-sur-Cher 18 102 Cb 66
45310 Villeneuve-sur-Conie 45 70 Bd 60
02130 Villeneuve-sur-Fère 02 53 Dc 53
47300 Villeneuve-sur-Lot 47 149 Ae 82
60410 Villeneuve-sur-Verberie 60 51 Ce 53
81130 Villeneuve-sur-Vère 81 151 Ca 84
89500 Villeneuve-sur-Yonne 89 72 Db 60
31270 Villeneuve-Tolosane 31 164 Bc 87
34800 Villeneuvette 34 167 Dc 87
78670 Villennes 78 51 Bf 55
17330 Villenouvelle 17 111 Zd 72
31290 Villenouvelle 31 165 Bd 88
36360 Villentrois-Faverolles-en-Berry 36 101 Bc 65
36360 Villentrois-Faverolles-en-Berry 36 101 Bc 65
41220 Villeny 41 87 Be 63
23380 Villeot 23 114 Bf 71
53250 Villepail 53 67 Ze 58
77270 Villeparisis 76 51 Cd 55
70000 Villeparois 70 93 Gb 63
26510 Villeperdrix 26 156 Fb 82
18500 Ville-Perdue 18 102 Cb 66
37260 Villeperdue 37 100 Ad 65
89140 Villeperrot 89 72 Db 59
03390 Villepeze 03 115 Cf 70
11150 Villepinte 11 165 Ca 89
93270 Villepinte 93 51 Cd 55
06470 Villeplane 06 158 Ge 84
60860 Villepoix 60 38 Ca 51
41310 Villeporcher 41 86 Af 63
44110 Villepot 44 82 Ye 62
89560 Villepot 89 89 Dc 63
89480 Villeprenoy 89 89 Dc 63
58200 Villepreuvoir 58 88 Cf 64
28140 Villeprévost 28 70 Be 60
18220 Villepuant 18 103 Ce 65
76490 Villequier 77 36 Ae 51
02300 Villequier-Aumont 02 40 Db 51
18800 Villequiers 18 103 Ce 66
57340 Viller 57 57 Gd 55
41100 Villerable 41 86 Ba 62
41000 Villerbon 41 86 Bc 63
47210 Villeréal 47 136 Ae 81
28150 Villereau 28 70 Be 59
45170 Villereau 45 70 Bf 60
59530 Villereau 59 31 De 47
27440 Villerest 27 37 Bc 53
42300 Villerest 42 117 Ea 73
02420 Villeret 02 40 Db 49
10330 Villeret 10 74 Ed 58
01250 Villereversure 01 119 Fc 71
41240 Villermain 41 86 Bd 61
28310 Villermon 28 70 Be 59
66260 Villeroge 66 179 Cd 94
41100 Villeromain 41 86 Ba 62
95380 Villeron 95 51 Cd 54
11330 Villerouge-Termenès 11 179 Cd 90
77410 Villeroy 76 52 Ce 55
80140 Villeroy 80 38 Be 49
89100 Villeroy 89 72 Db 59
80150 Villeroy-sur-Authie 80 29 Ca 47
55190 Villeroy-sur-Méholle 55 75 Fd 57
18270 Villers 18 114 Cb 69
27700 Villers 27 50 Bc 53
36100 Villers 36 101 Bf 67
42460 Villers 42 117 Eb 72
60840 Villers 60 39 Cd 52
77120 Villers 76 52 Da 55
76360 Villers 77 37 Af 51
76390 Villers 77 38 Be 50
88500 Villers 88 76 Gb 59
02130 Villers-Agron-Aiguizy 02 53 De 54
51500 Villers-Allerand 51 53 Ea 54
62144 Villers-au-Bois 62 29 Ce 46
62450 Villers-au-Flos 62 30 Cf 48
59234 Villers-au-Tertre 59 30 Db 47
51130 Villers-aux-Bois 51 53 Df 55
80110 Villers-aux-Erables 80 39 Cd 50
51500 Villers-aux-Nœuds 51 53 Df 53
55800 Villers-aux-Vents 55 55 Fa 55
14310 Villers-Bacage 14 47 Zb 54
57640 Villers-Bettnach 57 56 Gc 53
80260 Villers-Bocage 80 29 Cb 49
70190 Villers-Bouton 70 93 Ff 64
80800 Villers-Bretonneux 80 39 Cd 49
62690 Villers-Brûlin 62 29 Cd 46
25170 Villers-Buzon 25 107 Ff 65
80140 Villers-Campsart 80 38 Be 49
14420 Villers-Canivet 14 48 Ze 55
80200 Villers-Carbonnel 80 39 Cf 49
08140 Villers-Cernay 08 42 Fa 50
62690 Villers-Châtel 62 29 Cd 46
70700 Villers-Chemin 70 93 Ff 64
25530 Villers-Chief 25 108 Gc 65
02600 Villers-Cotterêts 02 52 Da 53
55110 Villers-devant-Dun 55 42 Fa 52
08190 Villers-devant-le-Thour 08 41 Ea 51
08210 Villers-devant-Mouzon 08 42 Fa 51
76360 Villers-Ecalles 77 37 Af 51
51800 Villers-en-Argonne 51 54 Ef 54
95510 Villers-en-Arthies 95 50 Be 54
59188 Villers-en-Cauchies 59 30 Dc 47
54380 Villers-en-Haye 54 56 Ga 56
61550 Villers-en-Ouche 61 48 Ac 55
02160 Villers-en-Prayères 02 40 De 52
27420 Villers-en-Vexin 27 50 Bd 53
39800 Villerserine 39 107 Fd 67
70110 Villersexal 70 94 Gc 63
39600 Villers-Farlay 39 107 Fe 67
80240 Villers-Faucon 80 40 Da 49
51220 Villers-Franqueux 51 41 Df 53
25640 Villers-Grélot 25 93 Gb 64
59297 Villers-Guislain 59 30 Da 48
02600 Villers-Hélon 02 52 Db 53
54870 Villers-la-Chèvre 54 43 Fe 51
25510 Villers-la-Combe 25 108 Gc 65
21700 Villers-la-Faye 21 106 Ef 66
54920 Villers-la-Montagne 54 43 Fe 52
57530 Villers-Laquenexy 57 56 Gb 54
70110 Villers-la-Ville 70 94 Gc 63
51510 Villers-le-Château 51 54 Eb 55
25130 Villers-le-Lac 25 108 Ge 66
02210 Villers-le-Petit 02 52 Db 53
50240 Villers-le-Pré 50 66 Yd 57
54260 Villers-le-Rond 54 43 Fc 52
39800 Villers-les-Bois 39 107 Fd 67
62182 Villers-lès-Cagnicourt 62 30 Da 47
02240 Villers-le-Sec 02 40 Dd 50
51250 Villers-le-Sec 51 54 Ef 56
55500 Villers-le-Sec 55 75 Fb 57
58210 Villers-le-Sec 58 89 Dc 64
70000 Villers-le-Sec 70 93 Gb 63
02120 Villers-lès-Guise 02 40 De 49
70300 Villers-lès-Luxeuil 70 93 Gb 62
77320 Villers-les-Maillets 76 52 Dc 56
55150 Villers-lès-Mangiennes 55 43 Fd 52
54760 Villers-lès-Moivrons 54 56 Gb 56
54600 Villers-lès-Nancy 54 56 Ga 56
36250 Villers-les-Ormes 36 101 Bd 67
21130 Villers-les-Pots 21 106 Fc 65
80700 Villers-lès-Roye 80 39 Ce 50
08430 Villers-le-Tilleul 08 42 Ee 51
08430 Villers-le-Tourneur 08 41 Ed 51
62390 Villers-L'Hôpital 62 29 Cb 47
51380 Villers-Marmery 51 53 Eb 54
59142 Villers-Outréaux 59 40 Db 48
70190 Villers-Pater 70 93 Ga 64
21400 Villers-Patras 21 91 Ed 61
59231 Villers-Plouich 59 30 Da 48
59530 Villers-Pol 59 31 Dd 47
39120 Villers-Robert 39 106 Fd 67
21130 Villers-Rotin 21 106 Fc 66
60650 Villers-Saint-Barthélemy 60 38 Bf 52
02590 Villers-Saint-Christophe 02 40 Da 50
60810 Villers-Saint-Frambourg-Ognon 60 51 Cd 53
60810 Villers-Saint-Frambourg-Ognon 60 51 Cd 53
60620 Villers-Saint-Genest 60 52 Cf 54
25110 Villers-Saint-Martin 25 93 Gc 64
60870 Villers-Saint-Paul 60 51 Cc 53
60134 Villers-Saint-Sépulcre 60 38 Cb 52
59600 Villers-Sire-Nicole 59 31 Ea 46
62127 Villers-Sir-Simon 62 29 Cc 47
80690 Villers-sous-Ailly 80 28 Ca 48
25270 Villers-sous-Chalamont 25 107 Ga 67
51700 Villers-sous-Châtillon 51 53 De 54
76340 Villers-sous-Foucarmont 77 37 Bd 49
25620 Villers-sous-Montrond 25 107 Ga 66
55160 Villers-sous-Pareid 55 56 Fe 54
54700 Villers-sous-Prény 54 56 Ga 55
60340 Villers-sous-Saint-Leu 60 51 Cc 53
57530 Villers-Stoncourt 57 56 Gc 54
60650 Villers-sur-Auchy 60 38 Be 52
80120 Villers-sur-Authie 80 28 Be 47
08350 Villers-sur-Bar 08 42 Ef 50
60860 Villers-sur-Bonnières 60 38 Bf 51
60150 Villers-sur-Coudun 60 39 Ce 52
02130 Villers-sur-Fère 02 53 Dd 53
08430 Villers-sur-le-Mont 08 42 Ee 51
80132 Villers-sur-Mareuil 80 28 Be 48
14640 Villers-sur-Mer 14 48 Zf 53
55220 Villers-sur-Meuse 55 55 Fc 54
57340 Villers-sur-Nied 57 57 Gd 55
70170 Villers-sur-Port 70 93 Ga 62
70400 Villers-sur-Saulnot 70 94 Gd 63
60000 Villers-sur-Thère 60 38 Ca 52
60590 Villers-sur-Trie 60 38 Be 53
80500 Villers-Tournelle 80 39 Cc 51

70120 Villers-Vaudey 70 93 Fe 62
60380 Villers-Vermont 60 38 Be 51
60120 Villers-Vicomte 60 38 Cb 51
41190 Villeruche 41 86 Ba 62
54190 Villerupt 54 43 Ff 52
14113 Villerville 14 36 Aa 52
10320 Villery 10 73 Ea 59
01200 Villes 01 119 Fe 72
41500 Villesablon 41 86 Bc 62
51480 Villesaint 51 53 De 54
77130 Ville-Saint-Jacques 76 72 Cf 58
86310 Villesalem 86 113 Ba 69
80300 Ville-s-Ancre 80 39 Cd 49
23700 Villesauveix 23 115 Cd 72
02220 Ville-Savoye 02 53 Dd 53
41000 Villesecron 41 86 Bb 63
60640 Villeselve 60 40 Da 50
51130 Villeseneux 51 53 Ea 55
46090 Villesèque 46 150 Bb 82
11360 Villesèque-des-Corbières 11 179 Cf 90
41240 Villesiclaire 41 86 Bc 61
11150 Villesiscle 11 165 Ca 89
41240 Villeslin 41 70 Bc 61
48170 Villesoule 48 141 De 81
38150 Ville-sous-Anjou 38 130 Ef 76
10310 Ville-sous-la-Ferté 10 74 Ee 60
34360 Villespassans 34 167 Cf 88
11170 Villespy 11 165 Ca 89
11170 Villesquelande 11 166 Cb 89
84570 Villes-sur-Auzon 84 156 Fb 84
10110 Ville-sur-Arce 10 74 Ec 60
55120 Ville-sur-Cousances 55 55 Fb 54
88270 Ville-sur-Illon 88 76 Gb 59
69640 Ville-sur-Jarnioux 69D 118 Ed 73
08440 Ville-sur-Lumes 08 42 Ee 50
54740 Ville-sur-Madon 54 76 Gb 58
55000 Ville-sur-Saulx 55 55 Fa 56
10200 Ville-sur-Terre 10 74 Ee 59
51800 Ville-sur-Tourbe 51 54 Ee 53
54800 Ville-sur-Yron 54 56 Ff 54
06470 Villetalle 06 158 Ge 84
41500 Villetard 41 86 Bc 62
34400 Villetelle 34 168 Ea 86
87460 Villetelle 87 126 Bd 74
89140 Villethierry 89 72 Da 59
41310 Villethiou 41 86 Af 62
47400 Villeton 47 148 Ab 82
24600 Villetoureix 24 124 Ac 77
11220 Villetritouls 11 166 Cc 90
41100 Villetrun 41 86 Ba 62
04140 Villette 04 157 Gc 82
38380 Villette 38 131 Fe 76
54260 Villette 54 43 Fd 52
73410 Villette 73 132 Ff 74
73210 Villette 73 133 Gd 75
80400 Villette 80 39 Da 50
81630 Villette 81 150 Bd 85
38280 Villette-d'Anthon 38 131 Fa 74
38200 Villette-de-Vienne 38 130 Ef 75
39600 Villette-lès-Arbois 39 107 Fe 67
28170 Villette-les-Bois 28 69 Bb 57
39100 Villette-lès-Dole 39 106 Fc 66
27110 Villettes 27 49 Ba 54
10700 Villette-sur-Aube 10 73 Ea 57
69100 Villeurbanne 69M 130 Ef 74
89330 Villevallier 89 72 Db 60
87380 Villevarlange 87 125 Bc 75
36500 Villevassol 36 101 Bc 67
63620 Villevassoux 63 127 Cc 74
77410 Villevaudé 76 51 Cd 55
12270 Villevayre 12 151 Bf 83
51270 Villevenard 51 53 De 56
71440 Villeveny 71 106 Fa 69
02490 Villévèque 02 40 Da 49
49140 Villevêque 49 84 Zd 63
63620 Villevergne 63 127 Cc 74
07470 Villeverte 07 141 Df 80
34560 Villeveyrac 34 168 Dd 88
63820 Villevialle 63 127 Ce 74
04320 Villevieille 04 158 Ge 85
05350 Ville-Vieille 05 145 Ge 80
39140 Villevieux 39 106 Fc 68
28330 Villevillon 28 69 Ba 59
87290 Villevit 87 113 Bb 72
07690 Villevocance 07 130 Ed 77
45700 Villevoques 45 71 Cd 60
41000 Villevry 41 86 Bb 62
41500 Villexanton 41 86 Bc 62
17500 Villexavier 17 123 Zd 76
54200 Villey-Saint-Etienne 54 56 Ff 56
21120 Villey-sur-Tille 21 92 Fa 63
78270 Villez 78 50 Bd 54
91940 Villeziers 91 51 Cb 56
27950 Villez-sous-Bailleul 27 50 Bc 54
27110 Villez-sur-le-Neubourg 27 49 Af 54
69910 Villié- Morgon 69D 118 Ee 72
18160 Villiers 18 102 Cb 68
36370 Villiers 36 100 Ba 69
36290 Villiers 36 100 Bb 67
36260 Villiers 36 102 Bf 67
41500 Villiers 41 86 Bc 62
41330 Villiers 41 86 Bb 62
41230 Villiers 41 87 Be 64
45480 Villiers 45 70 Bf 59
45150 Villiers 45 87 Ca 61
45360 Villiers 45 88 Ce 63
58150 Villiers 58 89 Da 64
62170 Villiers 62 28 Bd 46
86200 Villiers 86 99 Aa 66
86190 Villiers 86 99 Aa 68
86190 Villiers 86 99 Ab 68
95840 Villiers-Adam 95 51 Cb 54
37330 Villiers-au-Bouin 37 85 Ab 63
52130 Villiers-aux-Bois 52 74 Ef 57
52110 Villiers-aux-Chênes 52 74 Ef 58
51260 Villiers-aux-Corneilles 51 73 De 57
89260 Villiers-Bonneux 89 72 Dc 58
53170 Villiers-Charlemagne 53 83 Zb 61
17510 Villiers-Couture 17 111 Zf 73
77190 Villiers-en-Bière 76 71 Cd 58
79360 Villiers-en-Bois 79 111 Zd 72
27640 Villiers-en-Désœuvre 27 50 Bc 55
52100 Villiers-en-Lieu 52 54 Ef 57
79160 Villiers-en-Plaine 79 110 Zc 70
41100 Villiersfaux 41 86 Af 62
50680 Villiers-Fossard 50 34 Yf 54
10700 Villiers-Herbisse 10 53 Ea 57
91190 Villiers-le-Bâcle 91 51 Ca 56
95400 Villiers-le-Bel 95 51 Cc 54
10210 Villiers-le-Bois 10 73 Eb 61
28630 Villiers-le-Bois 28 70 Bd 58
10220 Villiers-le-Brûlé 10 74 Ec 58
21400 Villiers-le-Duc 21 91 Ee 62
45130 Villiers-le-Gast 45 70 Bd 61
78770 Villiers-le-Mahieu 78 50 Be 55
28130 Villiers-le-Mornier 28 50 Bd 57
16240 Villiers-le-Roux 16 111 Aa 72
52190 Villiers-lès-Aprey 52 92 Fb 62
14480 Villiers-le-Sec 14 47 Zc 53
52000 Villiers-le-Sec 52 75 Fa 60
95720 Villiers-le-Sec 95 51 Cc 54
89160 Villiers-les-Hauts 89 90 Ea 62
78660 Villiers-les-Oudets 78 70 Bf 58
89630 Villiers-lès-pos 89 90 Df 64
89320 Villiers-Louis 89 72 Dc 59
89630 Villiers-Nonains 89 90 Df 64
89130 Villiers-Saint-Benoît 89 89 Db 62
02310 Villiers-Saint-Denis 02 52 Db 55
78640 Villiers-Saint-Frédéric 78 50 Bf 56
77560 Villiers-Saint-Georges 76 52 Dc 57
28800 Villiers-Saint-Orien 28 70 Bc 60
08000 Villiers-Semeuse 08 42 Ee 50
77760 Villiers-sous-Grez 76 71 Cd 59
61400 Villiers-sous-Mortagne 61 68 Ad 57
10210 Villiers-sous-Praslin 10 73 Eb 60
58210 Villiers-sur-Beuvron 58 89 Dc 64
79170 Villiers-sur-Chizé 79 111 Ze 72
27940 Villiers-sur-le-Roule 27 50 Bb 53
41100 Villiers-sur-Loir 41 86 Ba 62
52320 Villiers-sur-Marne 52 75 Fa 59
94350 Villiers-sur-Marne 94 51 Cd 56
77580 Villiers-sur-Morin 76 52 Cf 55
91700 Villiers-sur-Orge 91 51 Cb 57
14520 Villiers-sur-Port 14 47 Zb 52
77114 Villiers-sur-Seine 76 72 Dc 58
52210 Villiers-sur-Suize 52 75 Fb 61
89110 Villiers-sur-Tholon 89 89 Dc 61
58500 Villiers-sur-Yonne 58 89 Dd 64
89360 Villiers-Vineux 89 73 Df 61
21430 Villiesr-en-Morvan 21 105 Eb 66
01800 Villieu-Loyes 01 119 Fb 73
01800 Villieu-Loyes-Mollon 01 118 Fb 73
57550 Villing 57 57 Gd 53
14310 Villodon 14 47 Zc 54
16230 Villognon 16 123 Aa 73
89740 Villon 89 90 Eb 61
88150 Villoncourt 88 77 Gd 59
14610 Villons-les-Buissons 14 35 Zd 53
45190 Villorceau 45 86 Bd 62
58200 Villorget 58 88 Cf 64
63380 Villosanges 63 115 Cd 73
60390 Villotran 60 51 Ca 52
47400 Villotte 47 148 Ab 82
88320 Villotte 88 76 Fe 60
89130 Villotte 89 89 Db 62
55250 Villotte-devant-Louppy 55 55 Fa 55
21690 Villotte-Saint-Seine 21 91 Ee 64
55260 Villotte-sur-Aire 55 55 Fc 55
21400 Villotte-sur-Ource 21 91 Ee 61
36500 Villours 36 101 Bd 67
88350 Villouxel 88 75 Fd 58
77480 Villuis 76 72 Dc 58
58140 Villurbain 58 90 De 64
08370 Villy 08 42 Fb 51
89800 Villy 89 90 De 61
14310 Villy-Bocage 14 34 Zc 54
21350 Villy-en-Auxois 21 91 Ed 64
10140 Villy-en-Trodes 10 74 Ec 59
76260 Villy-le-Bas 77 37 Bc 49
10800 Villy-le-Bois 10 73 Ea 60
74350 Villy-le-Bouveret 74 120 Ga 72
76630 Villy-le-Haut 77 37 Bc 49
10800 Villy-le-Maréchal 10 73 Ea 59
21250 Villy-le-Moutier 21 106 Ef 66
74350 Villy-le-Pelloux 74 120 Ga 72
14700 Villy-lez-Falaise 14 48 Zf 55
70240 Vilory 70 93 Gb 62
55110 Vilosnes 55 42 Fb 53
55110 Vilosnes-Haraumont 55 42 Fb 53
57370 Vilsberg 57 58 Hb 56
53160 Vimarcé 53 67 Ze 59
19800 Vimbelle 19 126 Be 76
48240 Vimbouches 48 154 De 83
12310 Vimenet 12 152 Cf 82
48100 Vimenet 48 140 Dc 81
88600 Viménil 88 77 Gd 59
73160 Vimines 73 132 Ff 75
82440 Vimines 82 150 Bc 84
14370 Vimont 14 35 Ze 54
45700 Vimory 45 71 Ce 61
61120 Vimoutiers 61 48 Ab 55
77520 Vimpelles 76 72 Da 58
62580 Vimy 62 30 Ce 46
77230 Vinantes 76 52 Ce 54
34260 Vinas 34 167 Da 86
11110 Vinassan 11 167 Da 89
17510 Vinax 17 111 Ze 72
38470 Vinay 38 131 Fc 77
51530 Vinay 51 53 Df 54
72240 Vinay 72 68 Aa 60
66320 Vinça 66 179 Cd 93
39190 Vincelles 39 106 Fc 69
51700 Vincelles 51 53 Dd 54
71500 Vincelles 71 106 Fb 69
89290 Vincelles 89 90 Dd 62
89290 Vincelottes 89 90 Dd 62
73480 Vincendières 73 133 Gf 77
94300 Vincennes 94 51 Cc 55
33126 Vincent 33 135 Ze 79
03420 Vincents 03 115 Cd 72
36400 Vinceuil 36 102 Bf 68
88450 Vincey 88 76 Gb 58
20250 Vincinacce CTC 183 Kb 95
62310 Vincly 62 29 Cb 45
02340 Vincy 02 41 Ea 50
74330 Vincy 74 120 Ga 73
77139 Vincy-Manœuvre 76 52 Cf 54
02340 Vincy-Reuil-et-Magny 02 41 Ea 50
71110 Vindecy 71 117 Ea 70
50250 Vindefontaine 50 46 Yd 52
16430 Vindelle 16 124 Aa 74
50500 Vindelonde 50 34 Yd 53
51120 Vindey 51 53 De 56
81170 Vindrac-Alayrac 81 151 Bf 84
69490 Vindry-sur-Turdine 69D 117 Ec 73
12420 Vines 12 139 Ce 79
10700 Vinets 10 73 Eb 57
36110 Vineuil 36 101 Bd 67
41400 Vineuil 41 86 Bb 64
41350 Vineuil 41 86 Bc 63
60500 Vineuil-Saint-Firmin 60 51 Cc 53
07110 Vinezac 07 142 Eb 81
66600 Vingrau 66 179 Ce 91
02290 Vingré 02 40 Db 52
61250 Vingt-Hanaps 61 68 Aa 57
76540 Vinnemerville 77 36 Ad 50
89140 Vinneuf 89 72 Da 58
18300 Vinon 18 88 Ce 65
83560 Vinon-sur-Verdon 83 171 Fe 86
57940 Vinsberg 57 56 Gb 53
63420 Vins-Haut 63 128 Da 77
26110 Vinsobres 26 155 Fa 82
11230 Vinsou 11 178 Ca 91
83170 Vins-sur-Carami 83 171 Ga 88
57660 Vintrange 57 57 Ge 55
19290 Vinzan 19 126 Ca 74
03130 Vinzelle 03 116 De 71
63350 Vinzelles 63 116 Dc 73
71680 Vinzelles 71 118 Ee 71
74500 Vinzier 74 120 Gd 70
07340 Vinzieux 07 130 Ee 77
64130 Viodos-Abense-de-Bas 64 161 Za 89
02600 Violaine 02 52 Db 53
02220 Violaine 02 52 Dc 53
62138 Violaines 62 30 Ce 45
42780 Violay 42 129 Ec 73
84150 Violès 84 155 Ef 84
35420 Violette 35 66 Ye 58
87800 Violezeix 87 125 Bb 75
52600 Violot 52 92 Fc 62
34380 Viols-le-Fort 34 168 De 86
88260 Vioménil 88 76 Gb 60
07610 Vion 07 142 Ee 78
72300 Vion 72 84 Ze 62
73310 Vions 73 132 Fe 74
26150 Viopis 26 143 Fb 80
46600 Viors 46 138 Bd 79
88170 Vioucourt 88 76 Ff 59
32300 Viozan 32 163 Ac 88
03370 Viplaix 03 114 Cc 70
09120 Vira 09 177 Be 90
66220 Vira 66 178 Cc 92
81640 Virac 81 151 Ca 84
50690 Virandeville 50 33 Yb 51
34460 Viranel 34 167 Da 88
15300 Virargues 15 140 Cf 78
14500 Vire 14 47 Za 55
71260 Viré 71 118 Ef 70
89160 Vireaux 89 90 Ea 62
49420 Virebouton 49 83 Yf 62
54290 Virecourt 54 76 Gb 58
72350 Viré-en-Champagne 72 67 Ze 61
33460 Vire-Fougasse 33 134 Zb 78
33720 Virelade 33 135 Zd 81
39240 Viremont 39 119 Fd 70
46700 Vire-sur-Lot 46 137 Ba 82
08320 Vireux-Molhain 08 42 Ee 48
08320 Vireux-Wallerand 08 42 Ee 48
50600 Virey 50 66 Yf 57
70150 Virey 70 92 Fe 64
71530 Virey 71 106 Ef 67
10260 Virey-sous-Bar 10 74 Eb 60
51800 Virginy 51 54 Ee 53
01440 Viriat 01 118 Fb 71
42140 Viricelles 42 129 Ec 75
38730 Virieu 38 131 Fc 76
01510 Virieu-le-Grand 01 131 Fd 73
01260 Virieu-le-Petit 01 119 Fe 73
42140 Virigneux 42 129 Ec 74
01300 Virignin 01 131 Fe 74
38980 Viriville 38 131 Fb 77
17800 Virlet 17 123 Zd 75
63330 Virlet 63 115 Ce 72
63700 Virlet 63 115 Cf 71
57340 Virming 57 57 Ge 55
78220 Viroflay 92 51 Ca 56
87220 Virolle 87 125 Bc 74
87130 Virolle 87 126 Bd 74
17260 Virollet 17 122 Zb 75
79360 Virollet 79 111 Zd 72
80150 Vironchaux 80 28 Be 47
17290 Virson 17 110 Za 72
76110 Virville 77 36 Ac 51
02300 Viry 02 40 Db 51
39360 Viry 39 119 Fe 71
71120 Viry 71 117 Ec 70
74580 Viry 74 120 Ga 72
91170 Viry-Châtillon 91 51 Cc 56
84820 Visan 84 155 Ef 83
63250 Viscomtat 63 129 De 74
65120 Viscos 65 175 Zf 91
62156 Vis-en-Artois 62 30 Cf 47
21500 Viserny 21 90 Eb 63
21230 Visignot 21 105 Ec 66
65200 Visker 65 162 Aa 90
80140 Vismes 80 38 Be 48
12400 Vispens 12 152 Ce 85
43300 Vissac-Auteyrat 43 141 Dd 78
30770 Vissec 30 153 Dc 85
35130 Visseiche 35 66 Ye 61
81220 Viterbe 81 165 Bf 86
54123 Viterne 54 76 Ga 57
15220 Vitrac 15 139 Cb 80
24200 Vitrac 24 137 Bb 80
63410 Vitrac 63 115 Cf 73
81120 Vitrac 81 151 Ca 86
12420 Vitrac-en-Viadène 12 139 Ce 80
16310 Vitrac-Saint-Vincent 16 124 Ac 74
19800 Vitrac-sur-Montane 19 126 Bf 76
61300 Vitrai-sous-Laigle 61 49 Ae 56
03360 Vitray, Meaulne- 03 103 Cd 69
28360 Vitray-en-Beauce 28 70 Bc 59
28270 Vitray-sous-Brezolles 28 49 Ba 56
79600 Vitré 79 99 Zf 68
86350 Vitré 86 112 Ac 71
35500 Vitré = Gwitreg 35 66 Ye 60
39350 Vitreux 39 107 Fe 65
54330 Vitrey 54 76 Ga 58
70500 Vitrey-sur-Mance 70 93 Fe 62
54300 Vitrimont 54 76 Gc 57
05110 Vitrolles 05 157 Ff 82
13127 Vitrolles 13 170 Fb 88
84240 Vitrolles 84 156 Fd 86
94400 Vitry 94 51 Cc 56
45530 Vitry-aux-Loges 45 71 Cb 61
62490 Vitry-en-Artois 62 30 Cf 47
71600 Vitry-en-Charollais 71 117 Ea 70
52160 Vitry-en-Montagne 52 92 Fa 62
51300 Vitry-en-Perthois 51 54 Ed 56
58420 Vitry-Laché 58 104 Dd 65
51240 Vitry-la-Ville 51 54 Ec 55
10110 Vitry-le-Croisé 10 74 Ed 60
51300 Vitry-le-François 51 54 Ed 56
71250 Vitry-lès-Cluny 71 118 Ed 70
52800 Vitry-lès-Nogent 52 75 Fc 61
57185 Vitry-sous-Justemont 57 56 Ga 53
71140 Vitry-sur-Loire 71 104 De 68
55150 Vittarville 55 43 Fc 52
21350 Vitteaux 21 91 Ed 64
76450 Vittefleur 77 36 Ad 50
88800 Vittel 88 76 Ff 59
57670 Vittersbourg 57 57 Gf 55
57580 Vittoncourt 57 56 Gc 54
54700 Vittonville 54 56 Ga 55
80150 Vitz-sur-Authie 80 29 Ca 47
74250 Viuz-en-Sallaz 74 120 Gc 72
74540 Viuz-la-Chiésaz 74 132 Ga 74
02870 Vivaise 02 40 Dd 51
42310 Vivans 42 117 Df 71
20219 Vivario CTC 183 Kb 95
82140 Vivens 82 150 Be 83
63840 Viverols 63 129 Df 76
66490 Vivès 66 179 Ce 93
52160 Vivey 52 91 Fa 62
17120 Vivier 17 122 Za 74
42380 Vivier 42 129 Ea 76
49220 Vivier 49 83 Za 63
08440 Vivier-au-Court 08 42 Ee 50
02600 Vivières 02 52 Da 53
07220 Viviers 07 142 Ee 82
23350 Viviers 23 114 Ca 70
24370 Viviers 24 137 Bc 79
34830 Viviers 34 168 Df 86
57590 Viviers 57 56 Gc 55
89700 Viviers 89 90 Df 62
73420 Viviers-du-Lac 73 132 Ff 75
88260 Viviers-le-Gras 88 76 Ff 60
81500 Viviers-lès-Lavaur 81 165 Be 87
81290 Viviers-lès-Montagnes 81 165 Cb 87
88500 Viviers-lès-Offroicourt 88 76 Ga 59
10110 Viviers-sur-Artaut 10 74 Ec 60
54260 Viviers-sur-Chiers 54 43 Fd 52
09500 Viviès 09 177 Be 90
12110 Viviez 12 139 Cb 81
16120 Viville 16 123 Zf 75
16430 Viville 16 124 Ab 74
72170 Vivoin 72 68 Aa 59
64450 Vivon 64 162 Zd 88
86370 Vivonne 86 112 Ab 70
27400 Vivonvay 27 49 Bb 53
49680 Vivy 49 84 Zf 65
21400 Vix 21 91 Ed 61
85770 Vix 85 110 Za 70
42110 Vizezy 42 129 Ea 74
38220 Vizille 38 144 Fe 78
65120 Vizos 65 175 Zf 91
18800 Vizy 18 103 Ce 66
20219 Vizzavona CTC 183 Ka 96
07690 Vocance 07 130 Ed 77
63500 Vodable 63 128 Da 75
68420 Vœgtlinshofen 68 60 Hb 60
57320 Vœlfing-lès-Bouzonville 57 57 Gd 53
67430 Vœllerdingen 67 57 Ha 55
36260 Vœu 36 101 Bf 66
68600 Vogelgrun 68 60 Hd 60
73420 Voglans 73 132 Ff 75
07200 Vogüé 07 142 Ec 81
02140 Voharies 02 40 De 50
88220 Void-de-Girancourt 88 76 Gc 60
55190 Void-Vacon 55 55 Fd 56
10200 Voigny 10 74 Ee 59
51800 Voilemont 51 54 Ee 54
25110 Voillans 25 93 Gc 64
52130 Voillecomte 52 74 Ef 57
57580 Voimhaut 57 56 Gc 54
54134 Voinémont 54 76 Ga 57
63620 Voingt 63 127 Cd 74
77540 Voinsles 76 52 Da 56
51130 Voipreux 51 53 Ea 55
25580 Voires 25 107 Gb 66
25580 Voires 25 108 Gb 66
02170 Voirie 02 40 De 49
38500 Voiron 38 131 Fd 76
27520 Voiscreville 27 49 Ae 53
28700 Voise 28 70 Be 58
77950 Voisenon 76 71 Cd 57
52400 Voisey 52 93 Fe 61
21400 Voisin 21 91 Ed 62
52200 Voisines 52 92 Fb 61
89260 Voisines 89 72 Dc 59
77860 Voisins 76 52 Cf 55
78960 Voisins-le-Bretonneux 78 51 Ca 56
19300 Voissange 19 126 Bf 76
38620 Voissant 38 131 Fe 76
17400 Voissay 17 110 Zc 73
63210 Voissieux 63 127 Cf 74
18300 Voisy 18 88 Ce 65
39210 Voiteur 39 107 Fd 68
72210 Voivres-lès-le-Mans 72 84 Aa 61
59470 Volckerinckhove 59 27 Cb 43
71600 Volesvres 71 117 Ea 70
68600 Volgelsheim 68 60 Hd 60
89710 Volgré 89 89 Db 61
57100 Volkrange 57 44 Ga 52
67290 Volksberg 67 58 Hb 55
63120 Vollore-Montagne 63 129 De 74
63120 Vollore-Ville 63 128 Dd 74
57220 Volmerange-lès-Boulay 57 56 Gc 53
57330 Volmerange-les-Mines 57 43 Ga 52
57720 Volmunster 57 58 Hc 54
21190 Volnay 21 106 Ee 66
72440 Volnay 72 85 Ac 61
70180 Volon 70 92 Fe 63
04290 Volonne 04 157 Ga 84
20290 Volpajola CTC 181 Kc 93
15220 Volpiliac 15 139 Cc 79
71220 Volsin 71 105 Ec 69
57940 Volstroff 57 44 Gb 53
26560 Voluy 26 156 Fd 83
26470 Volvent 26 143 Fc 81
89240 Volvent 89 89 Dc 62
09230 Volvestre 09 164 Ba 90
63530 Volvic 63 128 Da 73
04130 Volx 04 157 Ff 85
88700 Vomécourt 88 77 Gd 59
88500 Vomécourt-sur-Madon 88 76 Gb 58
07140 Vompdes 07 154 Ea 82
52500 Voncourt 52 92 Fe 62
08400 Voncq 08 42 Ed 52
21270 Vonges 21 92 Fc 65
01540 Vonnas 01 118 Ef 71
32100 Vopillon 32 148 Ab 85
01230 Vorages 01 119 Fc 73
70190 Voray-sur-l'Ognon 70 93 Ga 64
61160 Vorché 61 48 Zf 56
38340 Voreppe 38 131 Fd 77
43800 Vorey 43 129 Df 77
02860 Vorges 02 40 Dd 51
25320 Vorges-les-Pins 25 107 Ff 66
18340 Vorly 18 102 Cc 67
36150 Vornault 36 101 Be 66
18130 Vornay 18 102 Cd 67
12160 Vors 12 151 Cc 83
89400 Vorvigny 89 73 Dd 60
39240 Vosbles- 39 119 Fd 70
21700 Vosne-Romanée 21 106 Ef 66
10130 Vosnon 10 73 Df 60
37240 Vou 37 100 Af 66
01590 Vouais 01 119 Fd 71
51260 Vouarces 51 73 Df 57
21230 Voudenay 21 105 Ec 66
10150 Voué 10 73 Ea 58
52320 Vouécourt 52 75 Fa 59
70500 Vougécourt 70 76 Ff 61
21640 Vougeot 21 106 Ef 65
39260 Vouglans 39 119 Fd 70
10210 Vougrey 10 73 Eb 60
74500 Vougron 74 120 Gd 70
42720 Vougy 42 117 Ea 72
74130 Vougy 74 120 Gc 72
16330 Vouharte 16 123 Aa 74
17700 Vouhé 17 110 Zb 72
79310 Vouhé 79 111 Ze 69
70200 Vouhenans 70 94 Gc 63
36310 Vouhet 36 113 Bb 70
16400 Vouil-et-Giget 16 124 Aa 75
79230 Vouillé 79 111 Zd 71
86190 Vouillé 86 99 Ab 69
85450 Vouillé-les-Marais 85 110 Za 70
51340 Vouillers 51 54 Ee 56
36100 Vouillon 36 102 Bf 68
14230 Vouilly 14 47 Yf 53
25420 Voujeaucourt 25 94 Ge 64
21290 Voulaines-les-Templiers 21 91 Ee 62
77580 Voulangis 76 52 Cf 55
86400 Voulême 86 111 Ab 72
16250 Voulgézac 16 124 Aa 75
79150 Voulmentin 79 98 Zc 67
86700 Voulon 86 111 Ab 70
02140 Voulpaix 02 41 De 49
79150 Voultegon 79 98 Zc 67
77560 Voulton 76 72 Dc 57
77940 Voulx 76 72 Cf 59
86580 Vouneuil-sous-Biard 86 112 Ab 69
86210 Vouneuil-sur-Vienne 86 100 Ad 68
29870 Vourch 29 61 Vc 57
38210 Vourey 38 131 Fd 77
69390 Vourles 69M 130 Ee 75
90400 Vourvenans 90 94 Gf 63
03140 Voussac 03 115 Da 71
89270 Voutenay-sur-Cure 89 90 De 63
19130 Voutezac 19 125 Bc 77
16220 Vouthon 16 124 Ac 74
55130 Vouthon-Bas 55 75 Fd 58
55130 Vouthon-Haut 55 75 Fd 58
53600 Voutré 53 67 Ze 60
17340 Voutron 17 110 Yf 72
85120 Vouvant 85 110 Zb 69
01200 Vouvray 01 119 Fe 72
37210 Vouvray 37 85 Ae 64
72160 Vouvray-sur-Huisne 72 68 Ad 60
72500 Vouvray-sur-Loir 72 85 Ac 62
21430 Vouvres 21 105 Ec 65
88170 Vouxey 88 76 Fe 58
86170 Vouzailles 86 99 Aa 68
16410 Vouzan 16 124 Ac 75
86200 Vouzeray 86 99 Ab 66
18330 Vouzeron 18 102 Cb 65

A
B
C
D
E
F
G
H
I
J
K
L
M
N
O
P
Q
R
S
T
U
V
W
X
Y
Z

F

08400 Vouziers 08 42 Ee 52
41600 Vouzon 41 87 Ca 63
51130 Vouzy 51 53 Ea 55
10260 Vove 10 73 Eb 59
28360 Vovelles 28 70 Bd 58
28150 Voves 28 70 Bd 59
28360 Vovette 28 70 Bd 58
01510 Vovray 01 119 Fe 73
74350 Vovray-en-Bornes 74 120 Ga 72
02250 Voyenne 02 40 De 50
80400 Voyennes 80 39 Cf 50
57560 Voyer 57 57 Ha 57
03110 Vozelle 03 116 Dc 72
76690 Vquebeuf 77 37 Bb 51
80240 Vraignes-en-Vermandois 80 39 Da 49
80640 Vraignes-lès-Hornoy 80 38 Bf 50
52310 Vraincourt 52 75 Fa 59
55120 Vraincourt 55 55 Fa 54
79290 Vraire 79 98 Ze 66
27370 Vraiville 27 49 Ba 53
86310 Vrassac 86 112 Af 69
50330 Vrasville 50 33 Yd 50
51150 Vraux 51 54 Eb 54
88140 Vrecourt 88 75 Fe 59
59870 Vred 59 30 Db 46
70150 Vregille 70 93 Ff 65
02880 Vregny 02 40 Dc 52
80170 Vrély 80 39 Ce 50
57640 Vrémy 57 56 Gb 54
39700 Vriange 39 107 Fd 65
08330 Vrigne-au-Bois 08 42 Ef 50
08350 Vrigne-Meuse 08 42 Ef 50
17210 Vrignon 17 123 Ze 77
45300 Vrigny 45 71 Cb 60
51390 Vrigny 51 53 Df 53
61570 Vrigny 61 48 Zf 56
79150 Vrillé 79 98 Zc 67
58220 Vrillon 58 89 Db 64
89520 Vrilly 89 89 Da 63
79100 Vrines 79 99 Ze 67
44540 Vritz 44 83 Yf 63
08400 Vrizy 08 42 Ee 52
60112 Vrocourt 60 38 Bf 51
51330 Vroil 51 54 Ef 55
03420 Vrolle 03 115 Cd 71
80120 Vron 80 28 Be 47
54330 Vroncourt 54 76 Ga 58
52240 Vroncourt-la-Côte 52 75 Fd 60
89700 Vrouerre 89 90 Df 62
88500 Vroville 88 76 Gb 59
57640 Vry 57 56 Gb 53
44640 Vue 44 96 Ya 65
25840 Vuillafans 25 107 Gb 66
25300 Vuillecin 25 108 Gb 67
10160 Vulaines 10 73 Dd 59
77160 Vulaines-lès-Provins 76 72 Db 57
77870 Vulaines-sur-Seine 76 71 Ce 58
74520 Vulbens 74 120 Ff 72
73700 Vulmis 73 133 Ge 75
57420 Vulmont 57 56 Gb 55
70400 Vyans-le-Val 70 94 Ge 63
70130 Vy-le-Ferroux 70 93 Ff 63
70230 Vy-lès-Filain 70 93 Gb 63
70200 Vy-lès-Lure 70 94 Gc 63
70120 Vy-lès-Rupt 70 93 Ff 63
25430 Vyt-lès-Belvoir 25 94 Gd 64

W

62180 Waben 62 28 Bd 46
59147 Wachemy 59 30 Cf 45
60420 Wacquemoulin 60 39 Cd 51
62250 Wacquinghen 62 26 Be 44
08200 Wadelincourt 08 42 Ef 50
80150 Wadicourt 80 28 Bf 47
08220 Wadimont 08 41 Eb 50
55160 Wadonville-en-Woëvre 55 55 Fe 54
67220 Wagenbach 67 77 Hb 58
08270 Wagnon 08 41 Ec 51
62161 Wagnonlieu 62 29 Ce 47
59261 Wahagnies 59 30 Da 46
68130 Wahlbach 68 95 Hc 63
67170 Wahlenheim 67 58 He 56
62770 Wail 62 29 Ca 46
62310 Wailly 62 29 Ca 45
62217 Wailly 62 29 Ce 47
80160 Wailly 80 38 Ca 50
62170 Wailly-Beauchamp 62 28 Be 46
68230 Walbach 68 60 Hb 60
67360 Walbourg 67 58 He 55
67430 Waldhambach 67 57 Hb 55
57720 Waldhouse 57 58 Hc 54
68640 Waldighofen 68 95 Hb 63
67700 Waldolwisheim 67 58 Hc 56
57320 Waldweistroff 57 44 Gd 52
57480 Waldwisse 57 44 Gd 52
08220 Waleppe 08 41 Ea 51
68130 Walheim 68 95 Hb 63
59127 Walincourt-Selvigny 59 30 Db 48
02210 Wallée 02 52 Dc 53
59135 Wallers 59 30 Dc 46
59132 Wallers-Trélon 59 31 Eb 48
59190 Wallon-Cappel 59 27 Cc 44
57720 Walschbronn 57 58 Hc 54
57870 Walscheid 57 57 Ha 57
57370 Waltembourg 57 57 Hb 56
68510 Waltenheim 68 95 Hc 63
67670 Waltenheim-sur-Zorn 67 58 Hd 56
55250 Waly 55 55 Fa 54
59400 Wambaix 59 30 Db 48
62140 Wambercourt 62 29 Ca 46
60380 Wambez 60 38 Bf 51
59118 Wambrechies 59 30 Cf 44
62770 Wamin 62 29 Ca 46
76660 Wanchy-Capval 77 37 Bc 49
62128 Wancourt 62 30 Cf 47
59870 Wandignies-Hamage 59 30 Db 46
62560 Wandonne 62 29 Ca 45
67520 Wangen 67 60 Hc 57
67710 Wangenbourg-Engenthal 67 58 Hb 57
59830 Wannehain 59 30 Db 45
62123 Wanquentin 62 29 Cd 47
08460 Warby 08 41 Ed 50
08000 Warcq 08 42 Ee 50
55400 Warcq 55 55 Fd 53
62120 Wardrecques 62 29 Cc 44
51800 Wargemoulin-Hurlus 51 54 Ee 54
59144 Wargenies-le-Grand 59 31 Dd 47
80670 Wargnies 80 38 Cb 48
59144 Wargnies-le-Petit 59 31 De 47
59380 Warhem 59 27 Cc 43
59870 Warlaing 59 30 Db 46
62450 Warlencourt-Eaucourt 62 30 Ce 48
62760 Warlingcourt-lès-Pass 62 29 Cd 47
80300 Warloy-Baillon 80 39 Cd 48
60430 Warluis 60 38 Ca 52
62123 Warlus 62 29 Ce 47
80270 Warlus 80 38 Bf 49
62810 Warluzel 62 29 Cc 47
51110 Warmeriville 51 41 Eb 52
62120 Warne 62 29 Cc 45
08090 Warnécourt 08 42 Ed 50
54400 Warnimont 54 43 Fe 51
59219 Warpont 59 31 Df 48
80500 Warsy 80 39 Cd 50
80170 Warvillers 80 39 Ce 50
02630 Wasigny 02 40 Dd 48
08270 Wasigny 08 41 Ec 51
59252 Wasnes-au-Bac 59 30 Db 47
59290 Wasquehal 59 30 Da 44
67310 Wasselonne 67 58 Hc 57
68230 Wasserbourg 68 60 Ha 60
52130 Wassy 52 74 Ef 58
80230 Wathiehurt 80 28 Bd 47
02830 Watigny 02 41 Eb 49
55160 Watronville 55 55 Fd 54
80220 Watteblèry 80 38 Bd 49
59143 Watten 59 27 Cb 43
62380 Watterdal 62 28 Ca 44
59139 Wattignies 59 30 Da 45
59680 Wattignies-la-Victoire 59 31 Ea 47
59150 Wattrelos 59 30 Db 44
68700 Wattwiller 68 95 Hb 61
60130 Wavignies 60 39 Cc 51
54890 Waville 54 56 Ff 54
62380 Wavrans-sur-L'Aa 62 29 Ca 44
62130 Wavrans-sur-Ternoise 62 29 Cb 46
59220 Wavrechain-sous-Denain 59 30 Dc 47
59111 Wavrechain-sous-Faulx 59 30 Db 47
55150 Wavrille 55 43 Fc 53
59136 Wavrin 59 30 Cf 45
59119 Waziers 59 30 Da 46
68600 Weckolsheim 68 60 Hd 60
68290 Wegscheid 68 94 Gf 62
57412 Weidesheim 57 57 Ha 54
67160 Weiler 67 58 Hf 54
67340 Weinbourg 67 58 Hc 55
57720 Weiskirch 57 58 Hc 54
67290 Weislingen 67 58 Hb 55
67500 Weitbruch 67 58 He 56
67340 Weiterswiller 67 58 Hc 55
57990 Welfer-Ippling 57 57 Ha 54
60420 Welles-Pérennes 60 39 Cc 51
59670 Wemaers-Cappel 59 27 Cc 44
67510 Wengelsbach 67 58 He 54
68220 Wentzwiller 68 95 Hc 63
68480 Werentzhouse 68 95 Hc 63
59117 Wervicq-Sud 59 30 Da 44
62380 Westbécourt 62 27 Ca 44
59380 West-Cappel 59 27 Cd 43
68250 Westhalten 68 60 Hb 61
67310 Westhoffen 67 60 Hc 57
67230 Westhouse 67 60 Hd 58
67440 Westhouse-Marmoutier 67 58 Hc 56
62575 Westhove 62 27 Cb 44
62960 Westrehem 62 29 Cc 45
62129 Westrehem 62 29 Cb 45
68920 Wettolsheim 68 60 Hb 60
67320 Weyer 67 57 Ha 55
67720 Weyersheim 67 58 He 56
51360 Wez 51 53 Eb 53
59320 Wez-Macquart 59 30 Cf 45
80140 Wiammeville 80 38 Bd 49
02420 Wiancourt 02 40 Db 49
67114 Wibolsheim 67 60 He 58
68320 Wickerschwihr 68 60 Hc 60
67270 Wickersheim-Wilshausen 67 58 Hd 56
59134 Wicres 59 30 Cf 45
62630 Widehem 62 28 Be 45
68320 Widensohlen 68 60 Hc 60
02120 Wiège-Faty 02 40 De 49
80170 Wiencourt-L'Equipée 80 39 Cd 49
62830 Wierre-au-Bois 62 28 Be 45
62720 Wierre-Effroy 62 26 Be 44
57200 Wiesviller 57 57 Ha 54
59212 Wignehies 59 41 Ea 48
08270 Wignicourt 08 41 Ed 51
68230 Wihr-au-Val 68 77 Hb 60
68180 Wihr-en-Plaine 68 60 Hc 60
67340 Wildenguth 67 58 Hc 55
68820 Wildenstein 68 77 Gf 61
67130 Wildersbach 67 60 Hb 58
62770 Willeman 62 29 Ca 46
59780 Willems 59 30 Db 45
62390 Willencourt 62 29 Ca 47
68960 Willer 68 95 Hb 63
55500 Willeroncourt 55 55 Fc 56
68760 Willer-sur-Thur 68 94 Ha 61
62580 Willerval 62 30 Cf 46
57430 Willerwald 57 57 Ha 54
67370 Willgottheim 67 58 Hd 56
08110 Williers 08 42 Fb 50
59740 Willies 59 31 Ea 48
67270 Wilshausen 67 58 Hd 56
67270 Wilwisheim 67 58 Hd 56
62930 Wimereux 62 26 Bd 44
62126 Wimille 62 26 Bd 44
67290 Wimmenau 67 58 Hc 55
02500 Wimy 02 41 Ea 49
68130 Windenhof 68 95 Hc 63
57850 Windsbourg 57 77 Hb 57
67110 Windstein 67 58 He 55
67510 Wingen 67 58 He 54
67290 Wingen-sur-Moder 67 58 Hc 55
62410 Wingles 62 30 Cf 46
68480 Winkel 68 95 Hb 64
59670 Winnezeele 59 30 Cd 43
57635 Wintersbourg 57 57 Hb 56
67590 Wintershouse 67 58 He 56
67470 Wintzenbach 67 59 Ia 55
68920 Wintzenheim 68 60 Hb 60
67370 Wintzenheim-Kochersberg 67 58 Hd 57
68570 Wintzfelden 68 77 Hb 61
62240 Wirwignes 62 28 Be 44
80270 Wiry-au-Mont 80 38 Bf 49
67130 Wisches 67 60 Hb 57
88520 Wisembach 88 77 Ha 59
55700 Wiseppe 55 42 Fb 52
62380 Wismes 62 29 Ca 45
62219 Wisques 62 29 Cb 44
62179 Wissant 62 26 Bd 43
67160 Wissembourg 58 Hf 54
02320 Wissignicourt 02 40 Dc 51
91320 Wissous 91 51 Cb 56
51420 Witry-lès-Reims 51 53 Ea 53
68310 Wittelsheim 68 95 Hb 62
68270 Wittenheim 68 95 Hc 62
62120 Witternesse 62 29 Cc 45
67230 Witternheim 67 60 Hd 59
68130 Wittersdorf 68 95 Hb 63
67670 Wittersheim 67 58 Hd 56
62120 Wittes 62 29 Cc 44
67820 Wittisheim 67 60 Hd 59
57905 Wittring 57 57 Ha 54
67370 Wiwersheim 67 58 Hd 57
62570 Wizernes 62 29 Cb 44
55210 Woël 55 56 Fe 54
57200 Wœlfling-lès-Sarreguemines 57 57 Hb 54
67370 Wœllenheim 67 58 Hd 56
80460 Woignarue 80 28 Bc 48
55300 Woimbey 55 55 Fc 55
80520 Woincourt 80 28 Bd 48
55300 Woinville 55 55 Fd 55
57140 Woippy 57 56 Ga 54
80140 Woirel 80 38 Be 49
68210 Wolfersdorf 68 94 Ha 63
68600 Wolfgantzen 68 60 Hd 60
67202 Wolfisheim 67 60 Hd 57
67260 Wolfskirchen 67 57 Ha 55
67700 Wolschheim 67 58 Hc 56
68480 Wolschwiller 68 95 Hc 64
67120 Wolxheim 67 60 Hd 57
59470 Wormhout 59 27 Cc 43
57915 Woustviller 57 57 Ha 54
68500 Wuenheim 68 95 Hb 61
88700 Wuillaume-Fontaine 88 77 Ge 59
57170 Wuisse 57 57 Gd 55
59143 Wulverdinghe 59 27 Cb 44
95420 Wy-dit-Joli-Village 95 50 Bf 54
59380 Wylder 59 27 Cc 43

X

88700 Xaffévillers 88 77 Gd 58
32200 Xaintrailles 32 163 Ae 87
47230 Xaintrailles 47 148 Ab 83
79220 Xaintray 79 110 Zd 70
16330 Xambes 16 123 Aa 74
54470 Xammes 54 56 Ff 55
88460 Xamontarupt 88 77 Gd 60
57630 Xanrey 57 57 Gd 56
85240 Xanton-Chassenon 85 110 Zb 70
88130 Xaronval 88 76 Gb 58
54300 Xermaménil 54 77 Gc 57
88220 Xertigny 88 76 Gc 60
54990 Xeuilley 54 76 Ga 57
54740 Xirocourt 54 76 Gb 58
55300 Xivray-et-Marvoisin 55 56 Fe 55
54490 Xivry-Circourt 54 43 Fe 52
57590 Xocourt 57 56 Gc 55
88400 Xonrupt-Longemer 88 77 Gf 60
54800 Xonville 54 56 Ff 54
57830 Xouaxange 57 57 Gf 56
88310 Xoulces 88 77 Gf 61
54370 Xousse 54 57 Ge 57
54370 Xures 54 57 Gd 56

Y

76480 Yainville 77 37 Ae 52
80135 Yaucourt-Bussus 80 28 Bf 48
04300 Ybourgues 04 156 Fe 85
40160 Ychoux 40 146 Za 83
15210 Ydes 15 127 Cc 76
15210 Ydes Bourg 15 127 Cc 76
76640 Yébleron 77 36 Ad 51
77390 Yèbles 76 52 Ce 57
73170 Yenne 73 132 Fe 74
28130 Yermenonville 28 70 Bd 57
91560 Yerres 91 51 Cc 56
76760 Yerville 77 37 Af 50
62610 Yeuse 62 27 Bf 44
45300 Yèvre-la-Ville 45 71 Cb 60
45300 Yèvre-le-Châtel 45 71 Cc 60
28160 Yèvres 28 69 Bb 59
10500 Yèvres-le-Petit 10 74 Ec 58
22120 Yffiniac 22 64 Xb 58
40110 Ygos-Saint-Saturnin 40 147 Zb 85
03160 Ygrande 03 115 Cf 69
76520 Ymare 77 37 Bb 52
28320 Ymeray 28 70 Be 57
19220 Ymons 19 126 Ca 77
28150 Ymonville 28 70 Be 59
28150 Ymorville 28 70 Bd 58
81430 Yole 81 151 Cc 85
15130 Yolet 15 139 Cd 79
08210 Yoncq 08 42 Fa 51
40170 Yons 40 146 Ye 84
80132 Yonval 80 28 Be 48
63700 Youx 63 115 Ce 72
76111 Y Port 77 36 Ab 50
76540 Ypreville-Biville 77 36 Ad 50
50400 Yquelon 50 46 Yc 55
63270 Yronde-et-Buron 63 128 Db 75
63200 Yssac-la-Tourette 63 116 Da 73
19310 Yssandon 19 125 Bc 77
43200 Yssingeaux 43 141 Ea 78
15130 Ytrac 15 139 Cc 79
62124 Ytres 62 30 Cf 48
57970 Yutz 57 44 Gb 52
76560 Yvecrique 77 37 Ae 50
36200 Yvernaud 36 101 Bd 69
86170 Yversay 86 99 Ab 68
17340 Yves 17 110 Yf 72
76190 Yvetot 77 36 Ae 51
50700 Yvetot-Bocage 50 33 Yc 52
22930 Yvias 22 63 Wf 56
16210 Yviers 16 123 Zf 77
22350 Yvignac 22 65 Xe 58
60410 Yvillers 60 51 Ce 53
76530 Yville-sur-Seine 77 37 Af 52
74140 Yvoire 74 120 Gb 70
41600 Yvoy-le-Marron 41 87 Bf 63
33370 Yvrac 33 135 Zd 79
16110 Yvrac-et-Malleyrand 16 124 Ac 74
61800 Yvrandes 61 47 Zb 56
72530 Yvré-Evêque 72 68 Ab 60
72330 Yvré-le-Pôlin 72 84 Aa 62
80150 Yvrench 80 28 Ca 47
80150 Yvrencheux 80 28 Bf 47
80520 Yzengremer 80 28 Bd 48
49360 Yzernay 49 98 Zb 66
69510 Yzeron 69M 130 Ed 74
03400 Yzeure 03 103 Dc 69
37290 Yzeures-sur-Creuse 37 100 Af 68
80310 Yzeux 80 38 Ca 49
40180 Yzosse 40 161 Yf 86

Z

68130 Zaessingue 68 95 Hc 63
88120 Zainvillers 88 77 Ge 61
20272 Zalana CTC 183 Kc 95
63970 Zanières 63 127 Cf 75
63420 Zanières 63 128 Da 76
57340 Zarbeling 57 57 Ge 55
57420 Zedrevaux 57 56 Gb 55
59470 Zegerscappel 59 27 Cc 43
67310 Zehnacker 67 58 Hc 56
67310 Zeinheim 67 58 Hc 56
64780 Zelhal 64 160 Ye 89
64240 Zelhay 64 160 Ye 88
57660 Zellen 57 57 Gf 55
68340 Zellenberg 68 60 Hb 60
67140 Zellwiller 67 60 Hc 58
67860 Zelsheim 67 60 Hd 59
59670 Zermazeele 59 27 Cc 44
20116 Zerubia CTC 185 Ka 98
47140 Zette 47 149 Ae 83
57905 Zetting 57 57 Ha 54
57320 Zeurange 57 44 Gd 52
20173 Zévaco CTC 182 Ka 97
20132 Zicavo CTC 183 Ka 97
20190 Zigliara CTC 184 If 97
20214 Zilia CTC 180 If 93
57370 Zilling 57 57 Hb 56
68720 Zillisheim 68 95 Hb 62
68230 Zimmerbach 68 60 Hb 60
68440 Zimmersheim 68 95 Hc 62
57690 Zimming 57 57 Gd 54
88330 Zincourt 88 76 Gc 59
67110 Zinswiller 67 58 Hd 55
57515 Zinzing 57 57 Ha 53
67290 Zittersheim 67 58 Hc 55
67270 Zœbersdorf 67 58 Hd 56
67260 Zollingen 67 57 Ha 55
57260 Zommange 57 57 Ge 56
20124 Zonza CTC 185 Kb 98
20140 Zoppu CTC 184 If 98
59440 Zorées 59 31 Df 48
67700 Zornhoff 67 58 Hc 56
62650 Zoteux 62 28 Bf 45
62890 Zouafques 62 27 Ca 44
57330 Zoufftgen 57 44 Ga 52
20112 Zoza CTC 184 Ka 98
20272 Zuani CTC 183 Kc 95
62500 Zudausques 62 27 Ca 44
62370 Zutkerque 62 27 Ca 43
67330 Zutzendorf 67 58 Hd 55
59123 Zuydcoote 59 27 Cc 42
59670 Zuytpeene 59 27 Cc 44